SV

Michel Foucault
Die Hauptwerke

Mit einem Nachwort von
Axel Honneth und Martin Saar

Suhrkamp Verlag

4. Auflage 2016

Erste Auflage 2008
© dieser Ausgabe Suhrkamp Verlag Frankfurt am Main 2008
Nachweise am Ende dieses Bandes
Alle Rechte vorbehalten, insbesondere das des
öffentlichen Vortrags sowie der Übertragung
durch Rundfunk und Fernsehen, auch einzelner Teile.
Kein Teil des Werkes darf in irgendeiner Form
(durch Fotografie, Mikrofilm oder andere Verfahren)
ohne schriftliche Genehmigung des Verlages
reproduziert oder unter Verwendung elektronischer Systeme
verarbeitet, vervielfältigt oder verbreitet werden.
Umschlag: Hermann Michels und Regina Göllner
Satz: Satz-Offizin Hümmer GmbH, Waldbüttelbrunn
Druck: Druckhaus Nomos, Sinzheim
Printed in Germany
ISBN 978-3-518-42008-9

Inhalt

Anhang

1
Die Ordnung der Dinge

Eine Archäologie
der Humanwissenschaften

Aus dem Französischen
von Ulrich Köppen

Inhalt

Zweiter Teil

Vorwort zur deutschen Ausgabe

Dieses Vorwort sollte vielleicht »Gebrauchsanweisung« überschrieben werden. Nicht, weil ich meine, daß dem Leser nicht vertraut werden kann – er kann natürlich frei entscheiden, was er mit dem Buch machen will, das er so freundlich war zu lesen. Welches Recht habe ich also, vorzuschlagen, daß es eher auf die eine denn auf die andere Art zu benutzen sei? Als ich das Buch schrieb, gab es viele Dinge, die mir unklar waren: einige schienen mir zu offensichtlich, andere zu dunkel. Also sagte ich mir: Der ideale Leser wäre folgendermaßen an mein Buch herangegangen, wenn meine Absichten deutlicher und mein Plan soweit fertiggestellt gewesen wären, um Gestalt anzunehmen.

1. Er würde erkennen, daß es sich um eine Arbeit über ein relativ vernachlässigtes Gebiet handelt. In Frankreich zumindest räumt die Wissenschaftsgeschichte der Mathematik, Kosmologie und Physik – edlen Wissenschaften, strengen Wissenschaften, notwendigen Wissenschaften, die alle der Philosophie nahestehen – den ersten Platz ein: in ihrer Geschichte kann man den beinahe ununterbrochenen Ausfluß von Wahrheit und reiner Vernunft beobachten. Die anderen Disziplinen jedoch – beispielsweise diejenigen, die die Lebewesen, die Sprachen oder die Ökonomie betreffen – werden als zu durchtränkt von empirischem Denken, als den Unbestimmtheiten des Zufalls oder der Einfälle, als uralten Überlieferungen und äußeren Einwirkungen zu sehr ausgesetzt betrachtet, als daß ihre Geschichte anders als unregelmäßig sein könnte. Bestenfalls wird von ihnen erwartet, Klarheit zu schaffen über einen Bewußtseinsstand, eine intellektuelle Mode, eine Mischung von Archaismus und kühner Mutmaßung, von Eingebung und Blindheit. Was aber, wenn empirisches Wissen zu einer gegebenen Zeit und innerhalb einer gegebenen Kultur *wirklich* eine wohldefinierte Regelmäßigkeit besäße? Wenn die bloße Möglichkeit, Fakten zu sammeln, sich zu erlauben, von ihnen überzeugt zu sein, sie in den Traditionen zu entstellen oder rein spekulativen Gebrauch von ihnen zu machen: was, wenn nicht einmal das der Gnade des Zufalls überlassen bliebe? Wenn Irrtümer (und Wahrheiten), die Anwendung alter Überzeugungen, einschließlich nicht nur wirklicher Enthüllungen, sondern auch

der simpelsten Begriffe in einem gegebenen Augenblick den Gesetzen eines bestimmten Wissenscode gehorchten? Kurz, wenn die Geschichte des nichtformalen Wissens selbst ein System hätte? Das war meine anfängliche Hypothese – das erste Risiko, das ich auf mich nahm.

2. Dieses Buch muß als eine vergleichende, nicht als eine symptomatologische Studie gelesen werden. Meine Absicht war nicht, auf der Basis eines bestimmten Wissenstyps oder Ideenkorpus das Bild einer Epoche zu zeichnen oder den Geist eines Jahrhunderts zu rekonstruieren. Was ich wollte, war, eine bestimmte Zahl von Elementen nebeneinander zu zeigen – das Wissen von den Lebewesen, das Wissen von den Gesetzen der Sprache und das Wissen der ökonomischen Fakten – und sie mit dem philosophischen Diskurs ihrer Zeit in Verbindung zu setzen für einen Zeitraum, der sich vom siebzehnten bis zum neunzehnten Jahrhundert erstreckt. Es sollte nicht eine Analyse der Klassik ganz allgemein sein, noch eine Suche nach einer *Weltanschauung*, sondern eine streng »regionale« Untersuchung.[1]

Jedoch bringt diese vergleichende Methode unter anderem Ergebnisse, die oft auffallend verschieden sind von denen, die man in Untersuchungen über einzelne Disziplinen findet. (So darf der Leser nicht erwarten, hier eine Geschichte der Biologie zu finden, die einer Geschichte der Linguistik, einer Geschichte der Politischen Ökonomie und einer Geschichte der Philosophie gegenübergestellt würde.) Es gibt auch in den Schwerpunkten Verschiebungen: Der Heiligen- und Heldenkalender ist etwas umgestellt (Linné wird mehr Platz eingeräumt als Buffon, Destutt de Tracy mehr als Rousseau; den Physiokraten wird als Einzelner nur Cantillon gegenübergestellt.) Grenzen sind neu gezogen und Dinge, die gewöhnlich weit auseinanderliegen, sind näher zusammengebracht worden und umgekehrt: anstatt die biologischen Taxinomien mit anderem Wissen vom Lebewesen (der Theorie der Fortpflanzung – oder der physiologischen Veränderung der Tiere oder des Pflanzenbaus) in Zusammenhang zu bringen, habe ich sie mit dem verglichen, was zur gleichen Zeit über linguistische Zeichen, allgemeine Ideenbildung, die Gebärdensprache, die Hierarchie der Bedürfnisse und den Warenaustausch gesagt worden sein mag.

Das hatte zwei Folgen: ich mußte die großen Einteilungen aufgeben, die uns heute allen geläufig sind. Ich hielt nicht im siebzehnten und achtzehn-

---

1 Ich gebrauche manchmal Begriffe wie »Denken« oder »klassische Wissenschaft«, aber diese beziehen sich praktisch immer auf die in Betracht gezogene besondere Disziplin.

ten Jahrhundert Ausschau nach den Anfängen der Biologie (oder der Philosophie oder der Ökonomie) des neunzehnten Jahrhunderts. Was ich sah, war das Auftauchen von Gebilden, die dem Zeitalter der Klassik eigen waren: eine »Taxinomie« oder eine »Naturgeschichte«, die relativ unberührt von dem zu der Zeit existierenden Wissen in tierischer oder pflanzlicher Physiologie waren; eine »Analyse der Reichtümer«, die wenig Notiz von den Annahmen der »politischen Arithmetik« ihrer Zeit nahm; und eine »allgemeine Grammatik«, die den historischen Analysen und exegetischen Werken, die damals ausgeführt wurden, völlig fremd waren. Das heißt erkenntnistheoretische Gebilde, die nicht auf die Wissenschaften, so wie sie im neunzehnten Jahrhundert individualisiert und genannt wurden, aufgepfropft wurden. Darüber hinaus sah ich zwischen diesen verschiedenen Gebilden ein Netz von Analogien deutlich werden, das die traditionellen Nachbarschaften überschritt: in den Wissenschaften der Klassik findet man zwischen der Klassifikation der Pflanzen und der Geldtheorie, zwischen dem Begriff des gattungsmäßigen Merkmals und der Analyse des Handels Isomorpheme, die die außerordentliche Vielfalt der in Betracht gestellten Objekte zu ignorieren scheinen. In ihrer Zeit war der Raum des Wissens völlig anders aufgeteilt als die systematisierte Ordnung des neunzehnten Jahrhunderts von Comte oder Spencer. Das zweite Risiko, das ich auf mich nahm, bestand darin, daß ich nicht so sehr die Entstehungsgeschichte unserer Wissenschaften als einen spezifischen epistemologischen Raum einer bestimmten Epoche beschreiben wollte.

3. Ich arbeitete deshalb nicht auf der Ebene, die gewöhnlich die des Wissenschaftshistorikers ist – ich sollte sagen, auf den zwei Ebenen, auf denen er gewöhnlich arbeitet. Denn einerseits zeichnet die Wissenschaftsgeschichte den Fortschritt der Entdeckungen, die Formulierung der Probleme und das Aufeinanderprallen verschiedener Standpunkte nach; sie analysiert auch die Theorien in ihrer immanenten Ökonomie; kurz, sie beschreibt die Prozesse und Ergebnisse des wissenschaftlichen Bewußtseins. Aber andererseits versucht sie zu erstellen, was diesem Bewußtsein entging: die Einflüsse, die an ihm hafteten, die impliziten Philosophien, die ihm zugrunde lagen, unartikulierte Thematik, die unsichtbaren Hindernisse; sie beschreibt das Unbewußte der Wissenschaft. Dieses Unbewußte ist immer die negative Seite der Wissenschaft – das, was ihr Widerstand leistet, sie vom Wege abbringt oder sie stört. Was ich jedoch erreichen wollte, war, ein *positives Unbewußtes* des Wissens zu enthüllen: eine Ebene, die

dem Bewußtsein des Wissenschaftlers entgleitet und dennoch Teil des wissenschaftlichen Diskurses ist – anstatt über seinen Wert zu streiten und seine wissenschaftliche Qualität zu verringern zu suchen. Was der Naturgeschichte, der Ökonomie und der Grammatik in der Klassik gemeinsam war, war dem Bewußtsein des Wissenschaftlers sicher nicht präsent; oder der Teil, der davon bewußt war, war oberflächlich, begrenzt und nahezu phantastisch (Adanson wollte beispielsweise ein artifizielles Bezeichnungssystem für Pflanzen aufstellen; Turgot verglich die Münzprägung mit der Sprache); aber die Naturgeschichtler, die Ökonomen und die Grammatiker benutzten – was ihnen selbst unbekannt blieb – die gleichen Regeln zur Definition der ihren Untersuchungen eigenen Objekte, zur Ausformung ihrer Begriffe, zum Bau ihrer Theorien. Diese Gesetze des Aufbaus, die für sich selbst nie formuliert worden sind, sondern nur in weit auseinanderklaffenden Theorien, Begriffen und Untersuchungsobjekten zu finden sind, habe ich zu enthüllen versucht, indem ich als den für sie spezifischen Ort eine Ebene isoliert, die ich, vielleicht zu willkürlich, die archäologische genannt habe. Indem ich die in diesem Buch abgesteckte Epoche als Beispiel genommen habe, habe ich versucht, die Basis oder das archäologische System zu bestimmen, das einer ganzen Reihe wissenschaftlicher »Repräsentationen« oder »Ergebnisse« gemeinsam ist, die überall in der Naturgeschichte, der Ökonomie und der Philosophie der Klassik verstreut sind.

   4. Ich möchte, daß man diese Arbeit als eine unabgeschlossene liest. Viele Fragen sind darin zur Sprache gekommen, die noch keine Antworten gefunden haben; und viele Lücken verweisen entweder auf frühere Werke oder andere, die noch nicht fertiggestellt oder noch nicht einmal begonnen worden sind. Ich möchte aber noch drei Probleme erwähnen.

   Das Problem der Veränderung: Man hat gesagt, dieses Buch leugne die Möglichkeit der Veränderung selbst. Und doch richtete sich mein hauptsächliches Interesse auf die Veränderungen. In der Tat sind mir zwei Dinge besonders aufgefallen: die Plötzlichkeit und die Gründlichkeit, mit der bestimmte Wissenschaften manchmal reorganisiert wurden; und die Tatsache, daß zur gleichen Zeit ähnliche Veränderungen in offensichtlich sehr verschiedenen Disziplinen auftraten. Innerhalb einiger weniger Jahre (um 1800) wurde die Tradition der allgemeinen Grammatik durch eine wesentlich historische Philologie ersetzt; naturgeschichtliche Klassifikationen wurden nach den Analysen der vergleichenden Anatomie angelegt; und eine

Politische Ökonomie wurde begründet, deren hauptsächliche Themen die Arbeit und die Produktion waren. Als ich mich mit dieser merkwürdigen Kombination von Phänomenen konfrontiert sah, schien es mir, daß diese Veränderungen noch näher untersucht werden müßten, ohne daß sie im Namen der Kontinuität in ihrer Abruptheit oder in ihrem Umfang reduziert werden. Am Anfang schien mir, als ob verschiedene Weisen der Veränderung im wissenschaftlichen Diskurs stattfänden – Veränderungen, die nicht auf der gleichen Ebene auftraten, sich mit derselben Geschwindigkeit vollzogen oder denselben Gesetzen gehorchten; aller Wahrscheinlichkeit nach vollzog sich die Weise, auf die innerhalb einer bestimmten Wissenschaft neue Vorschläge formuliert und neue Tatsachen herausgearbeitet oder neue Begriffe errichtet wurden (diejenigen Ereignisse, die das Alltagsleben einer Wissenschaft ausmachen), nicht nach demselben Modell wie das Auftauchen neuer Forschungsbereiche (und das häufig entsprechende Verschwinden ehemaliger Bereiche); aber das Auftauchen neuer Forschungsbereiche darf nicht verwechselt werden mit jenen übergeordneten Neuaufteilungen, die nicht nur den allgemeinen Aufbau einer Wissenschaft verändern, sondern auch ihr Verhältnis zu andern Wissensbereichen. Deshalb schien mir, daß all diese Veränderungen nicht auf derselben Ebene behandelt oder als in einem einzigen Punkt gipfelnd dargestellt werden dürften, so wie es manchmal gemacht wird, noch dem Genie eines Individuums, einem neuen Kollektivgeist oder etwa der Fruchtbarkeit einer einzigen Entdeckung zugeschrieben werden dürften; daß es besser wäre, derartige Unterschiede zu respektieren und sogar zu versuchen, sie in ihrer Spezifität zu erfassen. Auf diese Weise versuchte ich, die Kombination entsprechender Transformationen zu beschreiben, die das Auftauchen der Biologie, der Politischen Ökonomie, der Philologie, einer ganzen Anzahl von Humanwissenschaften und eines neuen Typus der Philosophie an der Schwelle des neunzehnten Jahrhunderts charakterisierten.

Das Problem der Kausalität: Es ist nicht immer einfach, zu entscheiden, was eine spezifische Veränderung in einer Wissenschaft verursacht hat. Was machte eine derartige Entdeckung möglich? Warum erschien dieser neue Begriff? Woher kam diese oder jene Theorie? Fragen wie diese sind oft sehr verwirrend, weil es keine endgültigen methodologischen Prinzipien gibt, auf denen eine solche Analyse zu errichten wäre. Viel größer ist die Verwirrung im Falle jener allgemeinen Veränderungen, die eine Wissenschaft als Ganzes verändern. Noch größer ist sie im Falle mehrerer sich

entsprechender Veränderungen. Doch sie erreicht ihren höchsten Stand
im Falle der empirischen Wissenschaften: denn die Rolle der Instrumente,
Techniken, Institutionen, Ereignisse, Ideologien und Interessen tritt sehr
in Augenschein; aber man weiß nicht, wie eine Artikulation, die so komplex und so vielfältig in der Komposition ist, wirklich vor sich geht. Mir
schien es unklug, jetzt eine Lösung zu erzwingen, die anzubieten, das gebe
ich zu, ich mich unfähig fühlte: die traditionellen Erklärungen – Zeitgeist,
technologische oder soziale Veränderungen, Einflüsse verschiedener Art –
schienen mir zum größten Teil mehr magischer als tatsächlicher Natur
zu sein. Ich ließ also in diesem Buch die Frage nach den Ursachen beiseite,[2] und entschied mich statt dessen, mich darauf zu beschränken, die
Transformationen selbst zu beschreiben, wobei ich davon ausging, daß dies
ein notwendiger Schritt sei, wenn einmal eine Theorie der wissenschaftlichen Veränderung und der epistemologischen Ursachen geschaffen werden sollte.

Das Problem des Subjekts: Es ist mir klar, daß ich mich mit der Unterscheidung zwischen der epistemologischen Ebene des Wissens (oder wissenschaftlichen Bewußtseins) und der archäologischen Ebene des Wissens
in eine Richtung bewege, die mit Schwierigkeiten beladen ist. Kann man
von Wissenschaft und ihrer Geschichte sprechen (und damit von ihren
Existenzbedingungen, ihren Veränderungen, den Irrtümern, die sie begangen hat, den plötzlichen Fortschritten, die sie in eine Bahn gelenkt haben),
ohne Bezug auf den Wissenschaftler selbst – und ich spreche nicht nur
vom konkreten Individuum, das durch einen Eigennamen gekennzeichnet
ist, sondern von seiner Arbeit und seiner speziellen Denkform? Kann eine
gültige Wissenschaftsgeschichte, die von Anfang bis Ende die ganze spontane Bewegung eines anonymen Wissenskorpus nachzeichnet, versucht
werden? Ist es legitim, ist es auch nützlich, das traditionelle »X dachte,
daß ...« durch ein »es war bekannt, daß ...« zu ersetzen? Aber das ist es
eigentlich nicht, was ich anfänglich untersuchen wollte. Ich will nicht
die Nützlichkeit der Beschreibungen des geistigen Werdegangs oder die
Möglichkeit einer Geschichte der Theorien, Begriffe oder der Themen
leugnen. Ich frage mich nur, ob sich solche Beschreibungen selbst genügen, ob sie der ungeheuren Dichte des wissenschaftlichen Diskurses gerecht werden und ob es nicht außerhalb ihrer gewohnten Grenzen Systeme

---

2 Ich habe diese Frage im Zusammenhang mit Psychiatrie und klinischer Medizin in zwei früheren
  Büchern erörtert.

von Regelmäßigkeiten gibt, die eine entscheidende Rolle in der Geschichte der Wissenschaften spielen. Ich wollte gern wissen, ob die Individuen, die verantwortlich für den wissenschaftlichen Diskurs sind, nicht in ihrer Situation, ihrer Funktion, ihren perzeptiven Fähigkeiten und in ihren praktischen Möglichkeiten von Bedingungen bestimmt werden, von denen sie beherrscht und überwältigt werden. Kurz, ich versuchte den wissenschaftlichen Diskurs nicht vom Standpunkt der sprechenden Individuen aus zu erforschen, noch, was sie sagen, vom Standpunkt formaler Strukturen aus, sondern vom Standpunkt der Regeln, die nur durch die Existenz solchen Diskurses ins Spiel kommen: welche Bedingungen hatte Linné (oder Petty oder Arnauld) zu erfüllen, um seinen Diskurs nicht nur kohärent und im Allgemeinen wahr zu machen, sondern ihm zu der Zeit, in der er geschrieben und aufgenommen wurde, Wert und praktische Anwendung als wissenschaftlichem Diskurs – oder, genauer, als naturgeschichtlichem, ökonomischem oder grammatischem Diskurs zu geben? Es ist mir klar, daß ich auch an dieser Stelle keinen großen Fortschritt gemacht habe. Aber ich möchte vermeiden, daß die Bemühungen, die ich in einer Richtung unternommen habe, mir als Ablehnung jeden anderen möglichen Zugangs gedeutet werden. Diskurs im allgemeinen und wissenschaftlicher Diskurs im besonderen ist eine so komplexe Realität, daß wir nicht allein Zugang dazu auf anderen Ebenen und mit verschiedenen Methoden finden können, sondern sollten. Wenn es aber einen Weg gibt, den ich ablehne, dann ist es der (man könnte ihn, ganz allgemein gesagt, den phänomenologischen Weg nennen), der dem beobachtenden Subjekt absolute Priorität einräumt, der einem Handeln eine grundlegende Rolle zuschreibt, der seinen eigenen Standpunkt an den Ursprung aller Historizität stellt – kurz, der zu einem transzendentalen Bewußtsein führt. Mir scheint, daß die historische Analyse des wissenschaftlichen Diskurses letzten Endes Gegenstand nicht einer Theorie des wissenden Subjekts, sondern vielmehr einer Theorie diskursiver Praxis ist.

5. Dieser letzte Punkt ist eine Bitte an den deutschsprachigen Leser. In Frankreich beharren gewisse halbgewitzte »Kommentatoren« darauf, mich als einen »Strukturalisten« zu etikettieren. Ich habe es nicht in ihre winzigen Köpfe kriegen können, daß ich keine der Methoden, Begriffe oder Schlüsselwörter benutzt habe, die die strukturale Analyse charakterisieren.

Ich wäre dankbar, wenn eine ernstere Öffentlichkeit mich von einer Verbindung freimachen würde, die mich sicher ehrt, die ich aber nicht verdient habe. Es mag bestimmte Ähnlichkeiten zwischen den Werken der Strukturalisten und meinen geben. Es stünde mir – von allen – am schlechtesten an, zu behaupten, daß mein Diskurs von Bedingungen und Regeln frei sei, auf die ich wenig achte und die andere heute gelieferte Arbeiten bestimmen. Aber es wäre zu leicht, die Mühe der Analyse solcher Arbeit zu vermeiden, indem man ihr ein zugegeben eindrucksvoll klingendes, aber ungenaues Etikett verpaßt.

Vorwort

Dieses Buch hat seine Entstehung einem Text von Borges zu verdanken. Dem Lachen, das bei seiner Lektüre alle Vertrautheiten unseres Denkens aufrüttelt, des Denkens unserer Zeit und unseres Raumes, das alle geordneten Oberflächen und alle Pläne erschüttert, die für uns die zahlenmäßige Zunahme der Lebewesen klug erscheinen lassen und unsere tausendjährige Handhabung des *Gleichen* und des *Anderen (du Même et de l'Autre)* schwanken läßt und in Unruhe versetzt. Dieser Text zitiert »eine gewisse chinesische Enzyklopädie«, in der es heißt, daß »die Tiere sich wie folgt gruppieren: a) Tiere, die dem Kaiser gehören, b) einbalsamierte Tiere, c) gezähmte, d) Milchschweine, e) Sirenen, f) Fabeltiere, g) herrenlose Hunde, h) in diese Gruppierung gehörige, i) die sich wie Tolle gebärden, k) die mit einem ganz feinen Pinsel aus Kamelhaar gezeichnet sind, l) und so weiter, m) die den Wasserkrug zerbrochen haben, n) die von weitem wie Fliegen aussehen«.[1] Bei dem Erstaunen über diese Taxinomie erreicht man mit einem Sprung, was in dieser Aufzählung uns als der exotische Zauber eines anderen Denkens bezeichnet wird – die Grenze unseres Denkens: die schiere Unmöglichkeit, *das* zu denken.

Was ist eigentlich für uns unmöglich zu denken? Um welche Unmöglichkeit handelt es sich? Jeder dieser eigenartigen Rubriken kann man einen präzisen Sinn und einen bestimmbaren Inhalt geben. Einige umfassen zwar phantastische Wesen, Fabeltiere oder Sirenen, aber eben dadurch, daß sie ihnen einen eigenen Platz zuweist, lokalisiert die chinesische Enzyklopädie ihre Ansteckungsfähigkeiten. Sie unterscheidet sorgfältig die wirklichen Tiere (die sich wie Tolle gebärden oder die einen Krug zerbrochen haben) und diejenigen, die ihren Platz nur im Imaginären haben. Die gefährlichen Mischungen werden verbannt, die Wappen und Fabeln haben einen höheren Ort erreicht. Kein unvorstellbares Amphibienwesen, kein mit Klauen besetzter Flügel, keine häßliche Schuppenhaut, keines jener polymorphen und dämonischen Gesichter, kein flammender Atem. Die Monstrosität verändert hier keinen wirklichen Körper und modifiziert

---

1 Jorge Luis Borges, *Die analytische Sprache John Wilkins'*, in: ders., *Das Eine und die Vielen. Essays zur Literatur*, München 1966, S. 212.

in nichts das Bestiarium der Vorstellungskraft. Sie verbirgt sich nicht in
der Tiefe irgendeiner fremden Kraft. Sie wäre nicht einmal irgendwo in
dieser Klassifikation gegenwärtig, wenn sie sich nicht in diesen ganzen leeren Raum, in das ganze eingeschaltete Weiße einschliche, das die Lebewesen voneinander *trennt*. Nicht die *Fabel*tiere sind unmöglich – sie werden
als solche bezeichnet –, sondern der geringe Abstand, in dem sie neben den
Hunden, die herrenlos sind, oder den Tieren, die von weitem wie Fliegen
aussehen, angeordnet sind. Was jede Vorstellungskraft und jedes mögliche
Denken überschreitet, ist einfach die alphabetische Serie (A, B, C, D), die
jede dieser Kategorien mit allen anderen verbindet.

Und dabei handelt es sich noch nicht um die Bizarrerie ungewohnten
Zusammentreffens. Man weiß, was in der Nähe der Extreme oder ganz
einfach in der plötzlichen Nachbarschaft beziehungsloser Dinge an Ver-
wirrungsmöglichkeiten enthalten ist. Die Aufzählung, die sie aufeinander-
stoßen läßt, besitzt für sich allein bereits eine Zauberkraft: »Und ich bin
nicht nüchtern mehr«, sprach Eusthenes. »Vor meinem Speichel sind heut
sicher den ganzen Tag: Aspen, Abedissimonen, Amphisbänen, Anerudu-
ten, Alhartrafen, Ammobaten, Apimaos, Alhatrabans, Asterionen, Alcha-
raten, Arakten, Argen, Askalaber, Attelaber, Askalaboten, Asseln.«[2] Aber
all diese Würmer und Schlangen, all diese Wesen der Fäulnis und Feuchtigkeit wimmeln wie die sie bezeichnenden Silben im Speichel von Eusthenes. Darin haben sie alle ihren gemeinsamen Platz wie der Regenschirm
und die Nähmaschine auf dem Operationstisch. Wenn die Seltsamkeit ihres Aufeinandertreffens hervortritt, dann auf dem Hintergrund dieses *Und*,
dieses *In* und dieses *Auf*, deren Festigkeit und Evidenz die Möglichkeit
einer Nebeneinanderstellung garantieren. Es war sicher unwahrscheinlich,
daß die Asseln, die Spinnen und die Ammobaten eines Tages in den Zähnen von Eusthenes sich befänden, aber trotz allem hatten sie in diesem
gastfreundlichen und gefräßigen Mund durchaus eine Möglichkeit, unter-
zukommen und den Palast* ihrer Koexistenz zu finden.

Die Monstrosität, die Borges in seiner Aufzählung zirkulieren läßt, besteht dagegen darin, daß der gemeinsame Raum des Zusammentreffens darin selbst zerstört wird. Was unmöglich ist, ist nicht die Nachbarschaft der

---

2 François Rabelais, *Gargantua und Pantagruel*, 2 Bde., München 1964, Bd. 2, S. 181 (Viertes Buch,
  64. Kapitel).
* Foucault benutzt die im Deutschen nicht reproduzierbare Homonymie von frz. *palais* (< lat. pala-
  tum) = »Gaumen« und *palais* (< lat. palatium) = »Palast«. (D. Übers.)

Dinge, sondern der Platz selbst, an dem sie nebeneinandertreten könnten. Die Tiere, »i) die sich wie Tolle gebärden, k) die mit einem ganz feinen Pinsel aus Kamelhaar gezeichnet sind«, könnten sich nie treffen, außer in der immateriellen Stimme, die ihre Aufzählung vollzieht, außer auf der Buchseite, die sie wiedergibt. Wo könnten sie nebeneinandertreten, außer in der Ortlosigkeit der Sprache? Diese aber öffnet stets nur einen unabwägbaren Raum, wenn sie sie entfaltet. Die zentrale Kategorie der »in diese Gruppierung gehörigen« Tiere bezeichnet durch den expliziten Bezug auf bekannte Paradoxe zur Genüge, daß man nie zur Definition eines stabilen Verhältnisses von Inhalt und Beinhaltendem zwischen jeder dieser Mengen *(ensembles)* und derjenigen kommt, die sie alle vereint. Wenn alle aufgeteilten Tiere sich ausnahmslos in einem der Felder der Distribution befinden, heißt das dann, daß all die anderen sich nicht darin befinden? Und in welchem Raum befindet sich dann dieses Feld seinerseits? Das Absurde ruiniert das *Und* der Aufzählung, indem es das *In*, in dem sich die aufgezählten Dinge verteilen, mit Unmöglichkeit schlägt. Borges fügt dem Atlas des Unmöglichen keine Gestalt hinzu. Er läßt nirgends den Blitz des poetischen Zusammentreffens aufleuchten, verbirgt lediglich die diskreteste, aber hartnäckigste der Notwendigkeiten. Er entzieht den Platz, den stummen Boden, an dem die Lebewesen nebeneinandergeraten können. Es handelt sich um ein maskiertes oder vielmehr durch die alphabetische Serie unseres ABCs auf lächerliche Weise indiziertes Verschwinden, das als (einzig sichtbarer) Leitfaden für die Aufzählungen einer chinesischen Enzyklopädie dienen soll ... Fortgenommen ist, in einem Wort, der berühmte »Operationstisch«. Und indem ich Roussel einen schwachen Teil dessen gebe, was ihm geschuldet wird, verwende ich dieses Wort »Tisch« in zwei übereinanderliegenden Bedeutungen: als vernickelten, gummiüberzogenen, weiß eingehüllten und unter der gläsernen Sonne, die den Schatten verschlingt, glänzenden Tisch, dort wo für einen Augenblick, vielleicht für immer, der Regenschirm die Nähmaschine trifft; und als Tableau, das dem Denken gestattet, eine Ordnungsarbeit mit den Lebewesen vorzunehmen, eine Aufteilung in Klassen, eine namentliche Gruppierung, durch die ihre Ähnlichkeiten und ihre Unterschiede bezeichnet werden, dort, wo seit fernsten Zeiten die Sprache sich mit dem Raum kreuzt.

Dieser Text von Borges hat mich lange Zeit trotz eines bestimmten und schwer zu überwindenden Unbehagens lachen lassen. Vielleicht, weil in seiner Folge der Verdacht aufkam, daß es eine schlimmere Unordnung gäbe als die des *Unstimmigen* und der Annäherung dessen, was nicht zueinander paßt. Das wäre die Unordnung, die die Bruchstücke einer großen Zahl von möglichen Ordnungen in der gesetzlosen und ungeometrischen Dimension des *Heterokliten* aufleuchten läßt. Und dieses Wort muß man möglichst etymologisch verstehen – die Dinge sind darin »niedergelegt«, »gestellt«, »angeordnet« an in dem Punkte unterschiedlichen Orten, daß es unmöglich ist, für sie einen Raum der Aufnahme zu finden und unterhalb der einen und der anderen einen gemeinsamen Ort zu definieren. Die *Utopien* trösten; wenn sie keinen realen Sitz haben, entfalten sie sich dennoch in einem wunderbaren und glatten Raum, sie öffnen Städte mit weiten Avenuen, wohlbepflanzte Gärten, leicht zugängliche Länder, selbst wenn ihr Zugang schimärisch ist. Die *Heterotopien* beunruhigen, wahrscheinlich weil sie heimlich die Sprache unterminieren, weil sie verhindern, daß dies *und* das benannt wird, weil sie die gemeinsamen Namen zerbrechen oder sie verzahnen, weil sie im voraus die »Syntax« zerstören und nicht nur die, die die Sätze konstruiert, sondern die weniger manifeste, die die Wörter und Sachen (die einen vor und neben den anderen) »zusammenhalten« läßt. Deshalb gestatten die Utopien Fabeln und Diskurse; sie sind in der richtigen Linie der Sprache befindlich, in der fundamentalen Dimension der *fabula*. Die Heterotopien (wie man sie so oft bei Borges findet) trocknen das Sprechen aus, lassen die Wörter in sich selbst verharren, bestreiten bereits in der Wurzel jede Möglichkeit von Grammatik. Sie lösen die Mythen auf und schlagen den Lyrismus der Sätze mit Unfruchtbarkeit.

Es scheint, daß bestimmte Aphasiker nicht auf kohärente Weise die mehrfarbigen Wolldocken ordnen können, die man ihnen auf einem Tisch vorweist, als könne dieses Rechteck nicht als homogener und neutraler Raum dienen, in dem die Dinge die zusammenhängende Ordnung ihrer Identitäten oder Unterschiede und das semantische Feld ihrer Bezeichnung gleichzeitig manifestierten. Sie bilden in diesem abgegrenzten Raum, in dem die Dinge sich normalerweise aufteilen und bezeichnen, eine Multiplizität kleiner klumpiger und fragmentarischer Gebiete, in denen namenlose Ähnlichkeiten zusammen die Dinge in diskontinuierlichen Inselchen agglutinieren. In eine Ecke stellen sie die hellsten Docken, in eine andere die roten, woandershin die, die von wolligerer Konsistenz sind, dann die längeren, entweder die, die ins Violette gehen, oder die, die zu einem Knäuel zusammengeknüpft sind. Kaum sind diese Gruppierungen skizziert, lösen sie sich schon wieder auf, weil die Identitätsfläche, durch die sie gestützt werden, sei sie auch noch so eng, doch zu weit ausgedehnt ist, um nicht unstabil zu sein. Und bis ins Unendliche sammelt der Kranke zusammen und trennt, häuft er die verschiedenen Ähnlichkeiten auf, zerstört er die evidentesten und verstreut die Identitäten, überlagert die verschiedenen Kriterien, gerät in Erregung, beginnt von neuem, wird unruhig und gelangt schließlich bis an den Rand der Angst.

Das Unbehagen, das uns lachen läßt, wenn wir Borges lesen, ist wahrscheinlich mit der tiefen Schwierigkeit derjenigen verwandt, deren Sprache zerstört ist. Es handelt sich darum, daß das »Gemeinsame« des Ortes und des Namens verlorengegangen ist: Atopie, Aphasie. Dennoch geht der Text von Borges in eine andere Richtung. Diese Verdrehung der Klassifizierung, die uns daran hindert, sie zu denken, und dieses Tableau ohne kohärenten Raum erhalten von Borges als mythische Heimat eine präzise Region, deren Name allein für das Abendland eine große Reserve an Utopien bildet. China ist doch in unserem Traum gerade der privilegierte *Ort* des *Raums*. Für unser imaginäres System ist die chinesische Kultur die metikuloseste, die am meisten hierarchisierte, die taubste gegenüber den Ereignissen der Zeit, am meisten dem reinen Ablauf der Ausdehnungen verhaftet. Wir denken an sie als an eine Zivilisation von Deichen und Barrieren unter dem ewigen Gesicht des Himmels. Wir sehen China ausgebreitet und auf die ganze Oberfläche eines mit Mauern umgebenen Kontinents geheftet. Sogar seine Schrift reproduziert den flüchtigen Flug der Stimme nicht in horizontalen Linien. Sie richtet das unbewegliche und noch erkennbare Bild der Dinge selbst in Säulen auf. Infolgedessen führen die von Borges zitierte chinesische Enzyklopädie und die Taxinomie, die sie vorschlägt, zu einem raumlosen Denken, zu obdachlosen Wörtern und Kategorien, die aber im Grunde auf einem heiligen Raum ruhen, der völlig mit komplexen Figuren, verflochtenen Wegen, seltenen Plätzen, geheimnisvollen Passagen und unvorhergesehenen Kommunikationen überladen ist. So gäbe es am anderen Ende der von uns bewohnten Welt eine Kultur, die völlig der Aufteilung der Ausdehnung geweiht ist, die aber die Ausbreitung der Lebewesen in keinem der Räume verteilte, in denen wir die Möglichkeit haben zu benennen, zu sprechen und zu denken.

Wenn wir eine reflektierte Klassifizierung einführen, wenn wir sagen, daß die Katze und der Hund sich weniger ähneln als zwei Windhunde, selbst wenn diese beiden gezähmt oder einbalsamiert sind, selbst wenn sie beide wie Irre laufen und wenn sie gerade einen Krug zerbrochen haben, von welchem Boden aus können wir es mit aller Gewißheit feststellen? Auf welchem »Tisch«, gemäß welchem Raum an Identitäten, Ähnlichkeiten, Analogien haben wir die Gewohnheit gewonnen, so viele verschiedene und ähnliche Dinge einzuteilen? Welche Kohärenz ist das, von der man sofort sieht, daß sie weder durch eine Verkettung *a priori* und notwendig determiniert ist noch durch unmittelbar spürbare Inhalte auferlegt wird? Denn es handelt sich nicht darum, Konsequenzen zu verbinden, sondern konkrete Inhalte einander anzunähern, zu analysieren, zu isolieren, anzupassen und zu verschachteln. Nichts ist tastender, nichts ist empirischer (wenigstens dem Anschein nach) als die Einrichtung einer Ordnung unter den Dingen. Nichts erfordert ein offeneres Auge, eine treuere und besser modulierte Sprache. Nichts verlangt mit mehr Nachdruck, daß man sich durch die Vervielfachung der Eigenschaften und der Formen tragen läßt. Dennoch könnte ein Blick, der nicht im voraus gewappnet ist, einige ähnliche Figuren einander annähern und andere aufgrund diesen oder jenen Unterschiedes trennen. Tatsächlich gibt es selbst für die naivste Erfahrung keine Ähnlichkeit, keine Trennung, die nicht aus einer präzisen Operation und der Anwendung eines im voraus bestehenden Kriteriums resultiert. Ein »System von Elementen«, eine Definition der Segmente, bei denen die Ähnlichkeiten und Unterschiede erscheinen können, die Variationstypen, durch die diese Segmente berührt werden können, schließlich die Schwelle, oberhalb deren es einen Unterschied und unterhalb deren es Ähnlichkeit gibt, ist unerläßlich für die Errichtung der einfachsten Ordnung. Die Ordnung ist zugleich das, was sich in den Dingen als ihr inneres Gesetz, als ihr geheimes Netz ausgibt, nach dem sie sich in gewisser Weise alle betrachten, und das, was nur durch den Raster eines Blicks, einer Aufmerksamkeit, einer Sprache existiert. Und nur in den weißen Feldern dieses Rasters manifestiert es sich in der Tiefe, als bereits vorhanden, als schweigend auf den Moment seiner Aussage Wartendes.

Die fundamentalen Codes einer Kultur, die ihre Sprache, ihre Wahrnehmungsschemata, ihren Austausch, ihre Techniken, ihre Werte, die Hierarchie ihrer Praktiken beherrschen, fixieren gleich zu Anfang für jeden Menschen die empirischen Ordnungen, mit denen er zu tun haben und in denen er sich wiederfinden wird. Am entgegengesetzten Ende des Denkens erklären wissenschaftliche Theorien oder die Erklärungen der Philosophen, warum es im allgemeinen eine Ordnung gibt, welchem allgemeinen Gesetz sie gehorcht, welches Prinzip darüber Rechenschaft ablegen kann, aus welchem Grund eher diese Ordnung als jene errichtet worden ist. Aber zwischen diesen beiden so weit auseinanderliegenden Gebieten herrscht ein Gebiet, das, obwohl es eher eine Zwischenrolle hat, nichtsdestoweniger fundamental ist. Es ist konfuser, dunkler und wahrscheinlich schwieriger zu analysieren. Dort läßt eine Zivilisation, indem sie sich unmerklich von den empirischen Ordnungen abhebt, die ihr von ihren primären Codes vorgeschrieben sind, und indem sie eine erste Distanz in Beziehung zu ihnen herstellt, sie ihre ursprüngliche Transparenz verlieren, hört auf, sich von ihnen passiv durchqueren zu lassen, ergreift ihre unmittelbaren und unsichtbaren Kräfte, befreit sich genug, um festzustellen, daß diese Ordnungen vielleicht nicht die einzig möglichen oder die besten sind. Infolgedessen findet sie sich vor der rohen Tatsache, daß es unterhalb ihrer spontanen Ordnungen Dinge gibt, die in sich selbst geordnet werden können, die zu einer gewissen stummen Ordnung gehören, kurz: daß *es* Ordnung *gibt*. Es ist, als applizierte die Kultur, während sie sich zu einem Teil von ihren linguistischen, perzeptiven und praktischen Rastern befreit, auf diese einen zweiten Raster, der die ersten neutralisiert, der sie, indem er sie verdoppelt, erscheinen läßt und gleichzeitig ausschließt, und als befände sie sich gleichzeitig vor dem rohen Sein der Ordnung. Im Namen dieser Ordnung werden die Codes der Sprache, der Perzeption und der Anwendung kritisiert und teilweise außer Kraft gesetzt. Auf dem Hintergrund dieser Ordnung, die als positiver Boden betrachtet wird, errichten sich die allgemeinen Theorien der Anordnung der Dinge und die Interpretationen, die sie zur Folge hat. So gibt es zwischen dem bereits kodierten Blick und der reflektierenden Erkenntnis ein Mittelgebiet, das die Ordnung in ihrem Sein selbst befreit. Darin erscheint die Ordnung nach den Kulturen und nach den Epochen kontinuierlich abgestuft oder gestückelt und diskontinuierlich, mit dem Raum verbunden oder in jedem Augenblick durch den Schub der Zeit konstituiert, mit einem Tableau von Variablen verwandt oder durch getrennte Kohärenzsysteme definiert, aus Ähnlichkeiten zusammengesetzt, die in nächster Nähe aufeinanderfolgen oder sich spiegelbildlich entsprechen, um wachsende Unterschiede herum organisiert etc. Infolgedessen kann diese »Mittel«-Region, insoweit sie die Seinsweisen der Ordnung manifestiert, sich als die fundamentalste erweisen, als den Worten vorangehend, vor den Perzeptionen und den Gesten liegend, die sie mit mehr oder weniger Genauigkeit oder Glück übersetzen

sollen (deshalb spielt diese Erfahrung der Ordnung in ihrem massiven und
ersten Sein stets eine kritische Rolle); fester, archaischer, weniger zweifelhaft, stets »wahrer« als die Theorien, die versuchen, ihnen eine explizite
Form, eine exhaustive Anwendung oder eine philosophische Begründung
zu geben. So gibt es in jeder Kultur zwischen dem Brauch dessen, was
man die Ordnungscodes und die Reflexion über die Ordnung nennen
könnte, die nackte Erfahrung der Ordnung und ihrer Seinsweisen.

In der hier vorliegenden Untersuchung wollen wir diese Erfahrung analysieren: es handelt sich darum zu zeigen, was sie seit dem sechzehnten
Jahrhundert inmitten einer Kultur wie der unseren hat werden können,
auf welche Weise unsere Kultur (indem sie gewissermaßen gegen den
Strom der gesprochenen Sprache, der natürlichen Wesen, so wie sie wahrgenommen und gesammelt wurden, des Tausches, so wie er praktiziert
wurde, anschwamm) manifestiert hat, daß es Ordnung gab und daß den
Modalitäten dieser Ordnung der Warentausch seine Gesetze, die Lebewesen ihre Regelmäßigkeit, die Wörter ihre Verkettung und ihren Zeichenwert verdankten. Welche Modalitäten der Ordnung sind erkannt, festgesetzt, mit Raum und Zeit verknüpft worden, um das positive Fundament
der Erkenntnisse zu bilden, die sich in der Grammatik und in der Philologie ebenso wie in der Naturgeschichte und in der Biologie, in der Untersuchung der Reichtümer und der Politischen Ökonomie entfalten? Eine
solche Analyse gehört, wie man sieht, nicht zur Ideengeschichte oder zur
Wissenschaftsgeschichte. Es handelt sich eher um eine Untersuchung, in
der man sich bemüht festzustellen, von wo aus Erkenntnisse und Theorien
möglich gewesen sind, nach welchem Ordnungsraum das Wissen sich
konstituiert hat, auf welchem historischen Apriori und im Element welcher Positivität Ideen haben erscheinen, Wissenschaften sich bilden, Erfahrungen sich in Philosophien reflektieren, Rationalitäten sich bilden können, um vielleicht sich bald wieder aufzulösen und zu vergehen. Es wird
also nicht die Frage in ihrem Fortschritt zu einer Objektivität beschriebe-
ner Erkenntnisse behandelt werden, in der unsere heutige Wissenschaft
sich schließlich wiedererkennen könnte. Was wir an den Tag bringen wollen, ist das epistemologische Feld, die *episteme*, in der die Erkenntnisse,
außerhalb jedes auf ihren rationalen Wert oder ihre objektiven Formen bezogenen Kriteriums betrachtet, ihre Positivität eingraben und so eine Geschichte manifestieren, die nicht die ihrer wachsenden Perfektion, sondern
eher die der Bedingungen ist, durch die sie möglich werden. In diesem Be-

richt muß das erscheinen, was im Raum der Gelehrsamkeit die Konfigurationen sind, die den verschiedenen Formen der empirischen Erkenntnis Raum gegeben haben. Eher als um eine Geschichte im traditionellen Sinne des Wortes handelt es sich um eine »Archäologie«.[3]

Nun hat aber diese archäologische Untersuchung zwei große Diskontinuitäten in der *episteme* der abendländischen Kultur freigelegt, die, die das klassische Zeitalter in der Mitte des siebzehnten Jahrhunderts einleitet, und die, die am Anfang des neunzehnten Jahrhunderts die Schwelle unserer modernen Epoche bezeichnet. Die Ordnung, auf deren Hintergrund wir denken, hat nicht die gleiche Seinsweise wie die der Klassik. Wir haben vergeblich den Eindruck einer fast ununterbrochenen Bewegung der europäischen *Ratio* seit der Renaissance bis zu unseren Tagen und können noch so sehr der Annahme sein, daß die Klassifikation Linnés, nachdem sie mehr oder weniger zurechtgerückt ist, im großen und ganzen weiterhin eine gewisse Gültigkeit haben kann und daß die Werttheorie bei Condillac sich teilweise im Marginalismus des neunzehnten Jahrhunderts wiederfindet, daß Keynes wohl die Affinität seiner eigenen Analysen zu denen von Cantillon gespürt hat, daß das Vorhaben der *Grammaire générale* (so, wie man es bei den Autoren von Port-Royal oder bei Beauzée findet) nicht allzu entfernt von unserer aktuellen Linguistik ist; diese ganze Quasi-Kontinuität auf der Ebene der Ideen und der Themen ist wahrscheinlich nur eine Oberflächenwirkung. Auf der archäologischen Ebene sieht man, daß das System der Positivitäten sich an der Wende vom achtzehnten zum neunzehnten Jahrhundert auf massive Weise gewandelt hat. Das heißt nicht, daß die Vernunft Fortschritte gemacht hat, sondern daß die Seinsweise der Dinge und der Ordnung grundlegend verändert worden ist, die die Dinge dem Wissen anbietet, indem sie sie aufteilt. Wenn die Naturgeschichte von Tournefort, Linné und Buffon eine Beziehung zu etwas anderem als zu sich selbst hat, dann nicht zur Biologie, zur vergleichenden Anatomie von Cuvier oder zum Evolutionismus Darwins, sondern zu der allgemeinen Grammatik von Beauzée, zur Analyse des Geldes und des Reichtums, so wie man sie bei Law, bei Véron de Fortbonnais oder bei Turgot findet. Die Erkenntnisse können sich vielleicht fortsetzen, die Ideen sich ändern und aufeinander wirken (aber wie? die Historiker haben es bis heute uns nicht sagen können), eines bleibt auf jeden Fall sicher: die Archäologie de-

---

3 Die methodologischen Probleme, die eine solche »Archäologie« stellt, werden in einer folgenden Veröffentlichung untersucht.

finiert Systeme der Gleichzeitigkeit, etwa die Serie der notwendigen und ausreichenden Mutationen, um die Schwelle einer neuen Positivität zu beschreiben, indem sie sich an den allgemeinen Raum der Gelehrsamkeit, an ihre Konfigurationen, an die Seinsweise der Dinge wendet, die darin auftauchen.

So hat die Analyse die Kohärenz zeigen können, die während des ganzen klassischen Zeitalters zwischen der Theorie der Repräsentation* und jenen der Sprache, der natürlichen Ordnungen, des Reichtums und des Wertes bestanden hat. Diese Konfiguration ändert sich vom neunzehnten Jahrhundert an völlig. Die Theorie der Repräsentation verschwindet als allgemeine Grundlage aller möglichen Ordnungen, die Sprache als spontanes Bild und ursprünglicher Raster der Dinge, als unerläßliches Relais zwischen der Repräsentation und den Wesen erlischt ihrerseits. Eine tiefe Historizität dringt in das Herz der Dinge ein, isoliert sie und definiert sie in ihrer eigenen Kohärenz, erlegt ihnen Ordnungsformen auf, die durch die Kontinuität der Zeit impliziert sind. Die Analyse des Warentauschs und des Geldes macht der Produktionsanalyse Platz, die Analyse des Organismus überflügelt die Suche nach taxinomischen Merkmalen. Vor allem die Sprache verliert ihren privilegierten Platz und wird ihrerseits eine Gestalt der Geschichte in ihrer Kohärenz mit der Mächtigkeit ihrer Vergangenheit. Aber in dem Maße, in dem die Dinge sich um sich selbst drehen, für ihr Werden nichts anderes verlangen als das Prinzip ihrer Intelligibilität und den Raum der Repräsentation aufgeben, tritt der Mensch seinerseits und zum ersten Mal in das Feld des abendländischen Denkens *(savoir)* ein. Seltsamerweise ist der Mensch, dessen Erkenntnis in naiven Augen als die älteste Frage seit Sokrates gilt, wahrscheinlich nichts anderes als ein bestimmter Riß in der Ordnung der Dinge, eine Konfiguration auf jeden Fall, die durch die neue Disposition gezeichnet wird, die sie unlängst in der Gelehrsamkeit angenommen hat. Daher stammen alle Schimären neuer Humanismen, alle Leichtigkeiten einer »Anthropologie«, wenn diese als allgemeine Reflexion (halb positivistisch, halb philosophisch) über den Menschen verstanden wird. Indessen gibt es eine Stärkung und tiefe Beruhigung, wenn man bedenkt, daß der Mensch lediglich eine junge Erfindung ist, eine Gestalt, die noch nicht zwei Jahrhunderte zählt, eine einfa-

---

* Da im Deutschen die Polyvalenz von *représentation, représenter* etc. nicht einheitlich wiedergegeben werden kann (Vorstellung, Darstellung, Vergegenwärtigung, Zeichen, Vertretung, Aufführung, . . .), wird durchgängig Repräsentation, repräsentieren etc. benutzt. (D. Übers.)

che Falte in unserem Wissen, und daß er verschwinden wird, sobald unser Wissen eine neue Form gefunden haben wird.

Man sieht, daß diese Untersuchung etwa wie ein Echo dem Plan antwortet, eine Geschichte des Wahnsinns in der Klassik zu schreiben. Sie hat in der Zeit die gleichen Gliederungen, nimmt ihren Anfang am Ende der Renaissance und findet ebenfalls in der Wende des neunzehnten Jahrhunderts die Schwelle einer Modernität, aus der wir immer noch nicht herausgekommen sind. Während in der Geschichte des Wahnsinns man nach der Art fragte, wie eine Kultur den Unterschied, der sie begrenzt, in einer massiven und allgemeinen Form setzen kann, handelt es sich jetzt darum, die Art zu beobachten, wie sie die Nähe der Dinge verspürt, von denen sie das Tableau ihrer Verwandtschaften und die Ordnung, in der man sie durchlaufen muß, errichtet. Es handelt sich insgesamt um eine Geschichte der Ähnlichkeit; unter welchen Bedingungen hat das klassische Denken Beziehungen der Ähnlichkeit oder der Äquivalenz zwischen den Dingen reflektieren können, die die Wörter, die Klassifikationen und den Austausch begründen und rechtfertigen? Von welchem historischen Apriori aus ist es möglich gewesen, das große Schachbrett der deutlichen Identitäten zu definieren, das sich auf dem verwirrten, undefinierten, gesichtslosen und gewissermaßen indifferenten Hintergrund der Unterschiede erstellt? Die Geschichte des Wahnsinns wäre die Geschichte des *Anderen*, dessen, das für eine Zivilisation gleichzeitig innerhalb und außerhalb steht, also auszuschließen ist (um die innere Gefahr zu bannen), aber indem man es einschließt (um seine Andersartigkeit zu reduzieren). Die Geschichte der Ordnung der Dinge wäre die Geschichte des *Gleichen (du Même)*, das für eine Zivilisation gleichzeitig dispers und verwandt ist, also durch Markierungen zu unterscheiden und in Identitäten aufzufassen ist.

Wenn man bedenkt, daß die Krankheit gleichzeitig die Unordnung, die gefährliche Entstellung im menschlichen Körper und bis hin zum Kern des Lebens aber auch ein Naturphänomen ist, das seine Regelmäßigkeiten, seine Ähnlichkeiten und seine Typen hat, sieht man, welchen Platz eine Archäologie des ärztlichen Blickes hätte. Von der Grenzerfahrung des *Anderen* bis zu den konstitutiven Formen des ärztlichen Wissens und von diesem bis zur Ordnung der Dinge und bis zum Denken des *Gleichen* bietet sich für die archäologische Analyse das ganze klassische Wissen an oder vielmehr jene Schwelle, die uns vom klassischen Denken trennt und unsere Modernität bildet. Auf dieser Schwelle ist zum ersten Mal die fremde

Gestalt des Wissens erschienen, die man den Menschen nennt und die
einen den Humanwissenschaften eigenen Raum gebildet hat. Man versucht, diese tiefe Denivellierung der abendländischen Kultur wieder an
den Tag zu bringen, und dadurch geben wir ihre Brüche, ihre Instabilität
und ihre Lücken unserem schweigenden und auf naive Weise unbeweglichen Boden wieder. Von neuem gerät unter unseren Schritten diese Oberfläche in Unruhe.

Erster Teil

1. Kapitel

Die Hoffräulein

I.

Der Maler steht etwas vom Bild entfernt. Er wirft einen Blick auf das Modell. Vielleicht ist nur noch ein letzter Tupfer zu setzen, vielleicht ist aber auch der erste Strich noch nicht einmal getan. Der Arm, der den Pinsel hält, ist nach links, in Richtung der Palette, geknickt und verharrt einen Augenblick unbeweglich zwischen der Leinwand und den Farben. Die geschickte Hand ist durch den Blick einen Moment zum Stillstand gekommen; andererseits ruht der Blick auf der Geste des Einhaltens. Zwischen der feinen Spitze des Pinsels und dem stählernen Blick kann das Schauspiel seinen vollen Umfang entfalten.

Das geschieht nicht ohne ein subtiles System von Ausweichmanövern. Der Maler hat sich in einige Entfernung neben das Bild gestellt, an dem er gerade arbeitet. Für den Betrachter steht er rechts von seinem Bild, das die äußerste linke Seite einnimmt. Demselben Betrachter ist nur die Rückseite des Bildes sichtbar, nur das riesige Gestell ist dem Blick freigegeben. Dagegen ist der Maler völlig sichtbar. Auf jeden Fall ist er nicht durch die hohe Leinwand verborgen, die ihn vielleicht in einigen Augenblicken verdecken wird, wenn er auf sie zugeht und sich wieder an die Arbeit macht. Wahrscheinlich ist er dem Betrachter gerade sichtbar geworden, als er aus dieser Art virtuellen Käfigs heraustrat, den die Oberfläche der Leinwand, die er bemalt, nach hinten projiziert. Man kann ihn jetzt, in einem Augenblick des Verharrens, im neutralen Zentrum dieser Oszillation sehen. Seine dunkle Gestalt, sein helles Gesicht bilden die Mitte zwischen Sichtbarem und Unsichtbarem. Er tritt hinter der für uns nicht einsehbaren Leinwand hervor und wird dadurch sichtbar; wenn er aber gleich einen Schritt nach rechts tun und sich unseren Blicken entziehen wird,

wird er genau vor dem von ihm gemalten Bild stehen. Er wird dann an jenem Platz vor dem für einen Augenblick vernachlässigten Bild stehen, das schattenlos und ohne etwas zu verschweigen für ihn wieder sichtbar werden wird. Als könnte der Maler nicht gleichzeitig auf dem Bild, das ihn darstellt, gesehen werden und seinerseits dasjenige sehen, auf dem er gerade etwas darstellen will. Er herrscht an der Grenze dieser beiden unvereinbaren Sichtbarkeiten.

Der Maler betrachtet mit leicht gewendetem Gesicht und zur Schulter geneigtem Kopf. Er fixiert einen unsichtbaren Punkt, den wir Betrachter aber leicht bestimmen können, weil wir selber dieser Punkt sind: unser Körper, unser Gesicht, unsere Augen. Das von ihm beobachtete Schauspiel ist also zweimal unsichtbar, weil es nicht im Bildraum repräsentiert ist und weil es genau in jenem blinden Punkt, in jenem essentiellen Versteck liegt, in dem sich unser eigener Blick unseren Augen in dem Augenblick entzieht, in dem wir blicken. Wie könnten wir jedoch diese Unsichtbarkeit vor unseren Augen nicht sehen, findet sie doch im Bild selbst ihren spürbaren Ausdruck, ihre versiegelte Gestalt. Man könnte tatsächlich erraten, was der Maler betrachtet, wenn man einen Blick auf die Leinwand werfen könnte, an der er arbeitet. Man sieht von ihr aber nur den eingespannten Rand, in der Horizontalen die Streben und in der Vertikalen die Schräge des Gestells. Das hohe, eintönige Rechteck, das die ganze linke Seite des wirklichen Bildes beherrscht und die Rückseite des abgebildeten Gemäldes bildet, stellt in der Art einer Oberfläche die in die Tiefe gehende Unsichtbarkeit dessen dar, was der Künstler betrachtet: jenen Raum, in dem wir uns befinden und der wir sind. Von den Augen des Malers zu dem von ihm Betrachteten ist eine beherrschende Linie gezogen, der wir als Betrachter uns nicht entziehen können. Sie durchläuft das wirkliche Gemälde und erreicht diesseits seiner Oberfläche jenen Ort, von dem aus wir den Maler sehen, der uns beobachtet. Diese punktierte Linie erreicht uns unweigerlich und verbindet uns mit der Repräsentation des Bildes.

Dem Anschein nach ist dieser Topos sehr einfach, er beruht auf Reziprozität. Wir betrachten ein Bild, aus dem heraus ein Maler seinerseits uns anschaut. Nichts als ein Sichgegenüberstehen, sich überraschende Augen, Blicke, die sich kreuzen und dadurch überlagern. Dennoch umschließt diese dünne Linie der Sichtbarkeit ein ganzes komplexes Netz von Unsicherheiten, Austauschungen und Ausweichungen. Der Maler lenkt seine Augen nur in dem Maße auf uns, in dem wir uns an der Stelle

seines Motivs befinden. Wir, die Zuschauer, sind noch darüber hinaus vorhanden. Von diesem Blick aufgenommen, werden wir von ihm auch verdrängt und durch das ersetzt, was zu allen Zeiten vor uns da war: durch
das Modell. Umgekehrt akzeptiert der Blick des Malers, den dieser nach
außen in die ihm gegenüberliegende Leere richtet, so viele Modelle, wie
Betrachter vorhanden sind. An dieser Stelle genau findet ein ständiger Austausch zwischen Betrachter und Betrachtetem statt. Kein Blick ist fest,
oder: in der neutralen Furche des Blicks, der die Leinwand senkrecht
durchdringt, kehren Subjekt und Objekt, Zuschauer und Modell ihre
Rolle unbegrenzt um. Und darin liegt die zweite Funktion der großen
Leinwand, deren Rückseite wir an der äußersten Linken sehen. Hartnäk-
kig unseren Blicken entzogen, verhindert sie, daß die Beziehung der Blicke
jemals feststellbar ist und definitiv hergestellt werden kann. Die opake
Festigkeit, die sie auf der einen Seite herrschen läßt, macht das Spiel der
Verwandlungen für immer beweglich, das sich im Zentrum zwischen
dem Betrachter und dem Modell herstellt. Weil wir nur diese Rückseite sehen, wissen wir nicht, wer wir sind und was wir tun. Sehen wir, oder werden wir gesehen? Der Maler fixiert gerade einen Punkt, der von Augenblick zu Augenblick seinen Inhalt, seine Form, sein Gesicht und seine
Identität wechselt. Aber die aufmerksame Unbeweglichkeit seiner Augen
weist in eine andere Richtung zurück, der sie schon gefolgt sind und die
sie, daran besteht kein Zweifel, bald wieder einschlagen werden: die Richtung hin zur unbeweglichen Leinwand, auf der – vielleicht schon lange
und für immer – ein Portrait umrissen ist, das nie wieder ausgelöscht wird.
Infolgedessen beherrscht der souveräne Blick des Malers ein virtuelles
Dreieck, das in seinen Umrissen dieses Bild eines Bildes definiert: an der
oberen Ecke als einzig sichtbarer Punkt – die Augen des Malers; an der Basis einerseits der unsichtbare Standpunkt des Modells und andererseits die
wahrscheinlich auf der Vorderseite der Leinwand skizzierte Gestalt.

   In dem Augenblick, in dem die Augen des Malers den Betrachter in ihr
Blickfeld stellen, erfassen sie ihn, zwingen ihn zum Eindringen in das Bild,
weisen ihm einen zugleich privilegierten und obligatorischen Platz zu, entnehmen ihm seine lichtvolle und sichtbare Art und werfen sie auf die unzugängliche Oberfläche der Leinwand. Der Betrachter sieht seine Unsichtbarkeit für den Maler sichtbar geworden und in ein für ihn selbst definitiv
unsichtbares Bild transponiert. Dies ist eine Überraschung, die noch vervielfacht und unvermeidlicher gemacht wird durch eine Falle am Rande.

Auf der äußersten Rechten erhält das Bild sein Licht durch ein Fenster, das in sehr kurzer Perspektive dargestellt ist. Man sieht nur seine Vertiefung, so daß das einflutende Licht zwei benachbarte und verbundene, aber irreduzible Räume gleichmäßig beleuchtet: die Oberfläche des Bildes mit dem von ihm repräsentierten Umfang (also das Atelier des Malers oder den Salon, in dem er seine Staffelei aufgestellt hat) und vor dieser Oberfläche den wirklichen Raum, den der Zuschauer einnimmt (oder auch den irrealen Standort des Modells). Während das Licht das Zimmer von rechts nach links durchläuft, zieht es den Betrachter zum Maler und das Modell zur Leinwand. Durch dieses weite goldene Licht wird auch der Maler dem Betrachter sichtbar und läßt den Rahmen der rätselvollen Leinwand, in der sein Bild, einmal übertragen, eingeschlossen wird, in den Augen des Modells wie goldene Linien erglänzen. Dieses äußerste Fenster, das kaum angedeutet ist, setzt ein volles und gemischtes Tageslicht frei, das der Repräsentation als gemeinsamer Punkt dient. Es bringt am anderen Ende des Bildes ein Gegengewicht zu der unsichtbaren Leinwand zustande: so wie diese, indem von ihr nur die Rückseite sichtbar ist, sich gegen das sie repräsentierende Gemälde lehnt und durch die Überlagerung ihrer sichtbaren Rückseite und der Oberfläche des sie tragenden Gemäldes den für uns unzugänglichen Punkt bildet, an dem das Bild *par excellence* schillert, so richtet auch das Fenster als reine Öffnung einen Raum ein, der ebenso manifest ist, wie der andere verborgen ist. Dem Maler, den Personen, den Modellen, den Betrachtern ist er ebenso vertraut wie der andere einsam (denn keiner sieht ihn an, nicht einmal der Maler). Von rechts dringt durch ein unsichtbares Fenster das reine Volumen eines Lichts, das jede Repräsentation sichtbar werden läßt. Links dehnt sich die Fläche aus, die auf der Vorderseite ihres allzu sichtbaren Rahmens die von ihr getragene Repräsentation verbirgt. Das Licht hüllt, indem es die Szene überflutet (sowohl das Zimmer als auch die Leinwand, das auf der Leinwand repräsentierte Zimmer und das Zimmer, in dem die Staffelei aufgestellt ist), die Personen und Betrachter ein und zieht sie durch den Blick des Malers zu dem Punkt, wo der Maler sie repräsentieren wird. Dieser Ort ist uns aber entzogen. Wir sehen uns als durch den Maler Betrachtete und seinen Augen durch das gleiche Licht sichtbar geworden, durch das er uns sichtbar wird. In dem Augenblick, in dem wir uns als auf seine Leinwand transponiert und durch seine Hand wie in einem Spiegel wiedergegeben begreifen können, können wir von dem Bild nur dessen düstere Rückseite erfassen – die Rückseite eines klappbaren Ankleidespiegels.

Nun hat der Maler jedoch genau gegenüber den Beschauern – uns gegenüber – auf der Wand, die den Hintergrund des Zimmers bildet, eine Serie von Bildern repräsentiert. Unter allen diesen Bildern glänzt eines ganz besonders stark. Sein Rahmen ist breiter und dunkler als die der anderen. Eine helle, dünne Linie läuft indessen an seiner Innenseite entlang, wodurch auf der ganzen Oberfläche des Bildes ein Licht entsteht, dessen Ursprung schlecht zu bestimmen ist. Es kommt von nirgends, es sei denn von einem in ihm liegenden Raum. In dieser seltsamen Helligkeit erscheinen zwei Silhouetten und über ihnen, ein wenig weiter hinten, ein langer Purpurvorhang. Die anderen Bilder zeigen kaum mehr als einige fahle Flecken an der Grenze einer tiefen Nacht. Dieses Bild aber ist auf einen Raum hin geöffnet, in dem sich Gegenstände in der Tiefe in einer Helligkeit abstufen, die nur ihm eigen ist. Unter allen Elementen, die die Bestimmung haben, Repräsentationen zu geben, sie aber in Frage stellen, sie verhüllen oder durch ihre Position oder ihre Entfernung ausweichen lassen, ist dies das einzige, das in aller Ehrenhaftigkeit funktioniert und zeigt, was es zeigen soll. Das geschieht trotz seiner Entfernung und trotz des umgebenden Schattens. Es handelt sich aber nicht um ein Bild, sondern um einen Spiegel. Er gibt endlich den Zauber frei, den ebenso die entfernt hängenden Gemälde wie das Licht des Vordergrundes mit der ironischen Leinwand verweigerten.

Von allen Repräsentationen, die das Bild repräsentiert, ist er die einzig sichtbare. Keiner jedoch schaut ihn an. Der Maler, der neben seiner Leinwand steht und dessen Aufmerksamkeit völlig auf sein Modell gerichtet ist, kann den sanft leuchtenden Spiegel hinter sich nicht sehen. Die meisten anderen Personen auf dem Bild haben ebenfalls ihre Blicke auf das gerichtet, was sich vor ihnen abspielt – auf die helle Unsichtbarkeit, die die Leinwand begrenzt, auf jenen Balkon aus Licht, der ihrem Blick diejenigen zeigt, von denen sie angesehen werden –, und nicht auf die dunkle Höhlung, die das Zimmer abschließt, in dem sie repräsentiert sind. Zwar sind einige Köpfe nur von der Seite sichtbar, keiner jedoch ist in ausreichendem Maße abgewandt, um hinten im Raum das kleine leuchtende Rechteck, diesen Spiegel zu sehen, der nichts als Sichtbarkeit ist, ohne daß sich jedoch ein Blick seiner bemächtigte, ihn aktualisierte und die reife Frucht seines Schauspiels genösse.

Diese Indifferenz findet sich in ihm selbst wieder. Der Spiegel reflektiert in der Tat nichts, was sich im selben Raum mit ihm befindet: weder den Maler, der ihm den Rücken zukehrt, noch die Personen in der Mitte des Zimmers. In seiner hellen Tiefe spiegelt er nicht das Sichtbare. In der holländischen Malerei war es Tradition, daß die Spiegel eine reduplizierende Rolle spielten. Sie wiederholten, was im Bild bereits gegeben war, aber in einem irrealen, modifizierten, verkürzten und gekrümmten Raum. Man sah darin die gleichen Dinge wie in der ersten Instanz des Bildes, aber nach einem anderen Gesetz zerlegt und rekomponiert. Hier wiederholt der Spiegel nichts von dem, was bereits gesagt worden ist. Dennoch ist seine Position in etwa zentral. Sein oberer Rand liegt genau auf der Linie, die die Höhe des Bildes halbiert, er nimmt auf der Wand im Hintergrund (oder zumindest in dem sichtbaren Teil davon) eine Mittelposition ein. Er müßte also von den gleichen perspektivischen Linien gekreuzt werden wie das Bild selbst. Man könnte erwarten, daß sich in ihm dasselbe Atelier, derselbe Maler, dieselbe Leinwand in einem identischen Raumverhältnis ordnen. Er könnte das perfekte Doppel sein.

Indes, er zeigt nichts von dem, was auf dem Gemälde zu sehen ist. Sein unbeweglicher Blick wird vor dem Bild, in jenem notwendig unsichtbaren Gebiet, das sein äußeres Gesicht bildet, die dort befindlichen Personen erfassen. Statt sich um die sichtbaren Dinge zu drehen, durchquert dieser Spiegel das ganze Feld der Repräsentation und vernachlässigt das, was er darin erfassen könnte, stellt die Sichtbarkeit dessen wieder her, was außerhalb der Zugänglichkeit jedes Blickes bleibt. Die Unsichtbarkeit, die er überwindet, ist nicht die des Verborgenen: er umgeht kein Hindernis, er weicht von keiner Perspektive ab, er wendet sich an das, was gleichzeitig durch die Struktur des Bildes und durch seine Existenz als Malerei unsichtbar ist. Was in ihm reflektiert wird, ist das, was alle Personen auf der Leinwand gerade fixieren, indem sie den Blick starr vor sich richten; also das, was man sehen könnte, wenn die Leinwand sich nach vorn verlängerte, tiefer hinabreichte, bis sie die Personen miteinbezöge, die dem Maler als Modell dienen. Da die Leinwand dort ihr Ende hat und den Maler und sein Atelier zeigt, ist es allerdings auch das, was dem Bild in dem Maße äußerlich ist, in dem es Bild ist, das heißt, in dem es rechteckiges Fragment von Linien und Farben mit dem Auftrag ist, etwas in den Augen jedes möglichen Betrachters zu repräsentieren. Im Hintergrund des Zimmers läßt der Spiegel, von allen unbemerkt, die Gestalten aufleuchten, die der Maler betrachtet (der Maler in seiner repräsentierten, objektiven Wirklichkeit als der eines arbeitenden Malers); aber auch die Gestalten, die den Maler an-

schauen (in jener materiellen Realität, die die Linien und Farben auf der
Leinwand niedergelegt haben). Diese beiden Gestalten sind, die eine wie
die andere, unzugänglich, dies jedoch auf unterschiedliche Weise: die erste
durch die Kompositionswirkung, die dem Bild eigen ist, die zweite durch
das Gesetz, das der Existenz eines jeden Bildes im allgemeinen seine
Zwänge auferlegt. Hier besteht das Spiel der Repräsentation darin, von
den beiden Formen der Unsichtbarkeit die eine in einer beweglichen Überlagerung an die Stelle der anderen zu setzen und sie sofort an das andere
äußerste Ende des Bildes zu verlagern, an jenen Pol, der der im höchsten
Maße repräsentierte ist: der einer Reflextiefe in der Höhlung einer Bild-
tiefe. Der Spiegel sichert eine Metathese der Sichtbarkeit, die gleichzeitig
den im Bild repräsentierten Raum und dessen Wesen als Repräsentation
berührt. Er läßt im Zentrum der Leinwand das sehen, was vom Bild notwendig zweimal unsichtbar ist.

Das ist eine seltsame Art, buchstabengetreu, wenn auch umgekehrt, den
Rat anzuwenden, den der alte Pachero seinem Schüler offensichtlich gege-
ben hatte, als er im Atelier von Sevilla arbeitete: »Das Bild muß aus dem
Rahmen heraustreten.«

II.

Vielleicht ist es jetzt an der Zeit, jenes Bild zu nennen, das in der Tiefe des
Spiegels erscheint und das der Maler vor dem Bild betrachtet. Vielleicht ist
es besser, die Identität der vorhandenen oder gezeigten Personen festzuhalten, um nicht unendlich in diese schwimmenden Bezeichnungen verwickelt
zu werden, die doch ein wenig abstrakt und immer von Zweideutigkeiten
und Verdoppelungen gefährdet sind. Gemeint sind die schwimmenden
Bezeichnungen »der Maler«, »die Gestalten«, »die Modelle«, »die Betrachter«, »die Bilder«. Statt ohne Ende eine auf fatale Weise dem Sichtbaren un-
angemessene Sprache fortzusetzen, genügte es zu sagen, daß Velasquez ein
Bild geschaffen hat, daß auf diesem Bild er sich selbst in einem Atelier oder
in einem Saal des Escorial repräsentiert hat, während er gerade zwei Personen malt, die die Infantin Margarete, von Hofdamen, Hoffräulein, Höflingen und Zwergen umgeben, betrachtet. Dieser Gruppe kann man sehr genau ihre Namen geben: die Überlieferung erkennt Doña Maria Agustina
Sarmiento, dann Nieto, dann Nicolaso Pertusato, einen italienischen Ko-

mödianten. Man braucht nur noch hinzuzufügen, daß die beiden dem Maler als Modell dienenden Personen nicht, wenigstens nicht direkt sichtbar sind, daß man sie aber in einem Spiegel bemerken kann, und es sich wahrscheinlich um König Philipp IV. und seine Frau Marianna handelt.

Diese Eigennamen könnten nützliche Aufschlüsse bieten und würden doppeldeutige Bezeichnungen vermeiden, sie würden uns auf jeden Fall sagen, was der Maler und mit ihm die Mehrzahl der Personen des Bildes anschaut. Aber die Beziehung der Sprache zur Malerei ist eine unendliche Beziehung; das heißt nicht, daß das Wort unvollkommen ist und angesichts des Sichtbaren sich in einem Defizit befindet, das es vergeblich auszuwetzen versuchte. Sprache und Malerei verhalten sich zueinander irreduzibel: vergeblich spricht man das aus, was man sieht: das, was man sieht, liegt nie in dem, was man sagt; und vergeblich zeigt man durch Bilder, Metaphern, Vergleiche das, was man zu sagen im Begriff ist. Der Ort, an dem sie erglänzen, ist nicht der, den die Augen freilegen, sondern der, den die syntaktische Abfolge definiert. Nun ist der Eigenname in diesem Spiel nur ein Kunstmittel: er gestattet, mit dem Finger zu zeigen, das heißt, heimlich von dem Raum, in dem man spricht, zu dem Raum überzugehen, in dem man betrachtet, das heißt, sie bequem gegeneinander zu stülpen, als seien sie einander entsprechend. Wenn man aber die Beziehung der Sprache und des Sichtbaren offenhalten will, wenn man nicht gegen, sondern ausgehend von ihrer Unvereinbarkeit sprechen will, so daß man beiden möglichst nahe bleibt, dann muß man die Eigennamen auslöschen und sich in der Unendlichkeit des Vorhabens halten. Durch Vermittlung dieser grauen, anonymen, stets peinlich genauen und wiederholenden, weil zu breiten Sprache wird die Malerei vielleicht ganz allmählich ihre Helligkeiten erleuchten.

Man muß also so tun, als wisse man nicht, wer sich im Hintergrund des Spiegels reflektiert, und diese Spiegelung auf der einfachen Ebene ihrer Existenz befragen.

Zunächst ist diese Spiegelung die Kehrseite der großen, links repräsentierten Leinwand, die Kehrseite oder eher die Vorderseite, da sie von vorn das zeigt, was die Leinwand durch ihre Stellung verbirgt. Außerdem steht die Spiegelung in Opposition zum Fenster und verstärkt es. Wie das Fenster ist der Spiegel ein Ort, der dem Bild und dem ihm Äußerlichen gemeinsam ist. Aber das Fenster operiert mit der fortgesetzten Bewegung einer Effusion, die von rechts nach links den aufmerksamen Personen, dem Maler, dem Bild das Schauspiel zugesellt, das sie betrachten. Der Spiegel ist in einer momentanen, rein überraschenden und heftigen Bewegung auf der Suche vor dem Bild nach dem befindlich, was betrachtet wird, was nicht sichtbar ist, um es in der fiktiven Tiefe sichtbar, aber für alle Blicke indifferent werden zu lassen. Die beherrschende punktierte Linie, die zwischen dem Reflex und dem Reflektierten gezogen werden kann, schneidet den seitlichen Einfall des Lichtes senkrecht durch. Schließlich, und das ist die dritte Funktion des Spiegels, hängt er unmittelbar neben einer Tür, die sich wie er in der Mauer im Hintergrund öffnet. Diese Tür schneidet auch ein helles Rechteck heraus, dessen mattes Licht nicht in das Zimmer dringt. Es wäre nichts als eine vergoldete Fläche, wenn die Tür sich nicht nach außen grübe, wenn sie nicht durch die skulpturartige Oberfläche und die Kurve eines Vorhangs und den Schatten verschiedener Stufen unterstrichen wäre. Dort beginnt ein Korridor, aber statt sich in der Dunkelheit zu verlieren, löst er sich in einer gelben Helle auf, in der das Licht, ohne nach vorn einzudringen, in sich selbst tobt und seine Ruhe findet. Auf diesem gleichzeitig nahen und grenzenlosen Hintergrund hebt sich die hohe Silhouette eines Mannes ab. Man sieht ihn im Profil, mit einer Hand hält er das Gewicht eines Vorhangs, seine Füße ruhen auf zwei verschiedenen Stufen, er hat das Knie gebeugt. Vielleicht wird er in das Zimmer eintreten, vielleicht beschränkt er sich darauf, zu betrachten, was sich im Innern abspielt, und ist zufrieden, zu beobachten, ohne beobachtet zu werden. Wie der Spiegel fixiert er das Innere der Szene. Und man schenkt ihm nicht mehr Aufmerksamkeit als dem Spiegel; man weiß nicht, woher er kommt; man kann annehmen, daß er im Laufe von unbestimmten Korridoren das Zimmer, in dem die Personen vereint sind und wo der Maler arbeitet, umgangen hat. Vielleicht befand er sich ebenfalls gerade im Vordergrund der Szene, in dem unsichtbaren Gebiet, das alle Augen des Bildes anschauen. Wie die Bilder, die man im Hintergrund des Spiegels beobachtet, kann auch er ein Emissär jenes verborgenen und evidenten Raumes sein. Er stellt jedoch einen Unterschied dar, indem er in Fleisch und Blut vor uns steht. Er tritt aus dem Äußeren hervor, befindet sich an der Schwelle des dargestellten Raumes. Er ist nicht anzweifelbar, ist kein wahrscheinlicher Reflex, sondern direktes Hereinbrechen. Der Spiegel läßt, indem er uns jenseits der Mauern des Ateliers das sehen läßt, was sich vor dem Bild ereignet, in seiner pfeilartigen Dimension das Innere und das Äußere oszillieren: einen Fuß auf der Stufe, den Körper völlig seitlich gekehrt, tritt der unbestimmte Besucher sowohl ein als auch hinaus, befindet er sich in einer unbeweglichen Balancestellung. Er wiederholt auf der Stelle, aber in der dunklen Realität seines Körpers, die plötzliche Bewegung der Bilder, die das Zimmer durchqueren, in den Spiegel eindringen, sich darin reflektieren und wie sichtbare neue und identische Arten wieder daraus hervortreten. Fahl und klein, werden die Silhouetten im Spiegel durch die hohe und feste Statur des Mannes abgewiesen, der im Rahmen der Tür erscheint.

Man muß aber vom Hintergrund des Bildes in den vorderen Raum der Szene zurückschreiten, man muß die von uns durchlaufene, schnecken-förmige Bewegung verlassen. Vom Blick des Malers ausgehend, der links gleichsam ein abgehobenes Zentrum bildet, bemerkt man zunächst die Rückseite der Leinwand, dann die ausgestellten Bilder, in ihrer Mitte den Spiegel, dann die offene Tür, neue Bilder, von denen aber eine sehr enge Perspektive nur die Rahmen in ihrer Dicke sehen läßt, und dann auf der äußersten Rechten das Fenster oder vielmehr die Fensterumrandung, durch die das Licht bricht. Diese schraubenartig geformte Muschel bietet den ganzen Zyklus der Repräsentation: den Blick, die Palette, den Pinsel, die noch unberührte Leinwand (das sind die materiellen Instrumente der Re-präsentation), die Bilder, die Reflexe, den realen Menschen (die vollen-dete, aber gewissermaßen von illusorischen oder wirklichen Inhalten, die ihr nahegerückt sind, freigemachte Repräsentation); dann löst sich die Re-präsentation auf: man sieht davon nur noch die Rahmen und jenes Licht, in dem von außen die Bilder gebadet werden, das aber diese wiederum in ihrer ihnen eigenen Art so darstellen müssen, als komme es von woan-ders und durchquere ihre Rahmen aus dunklem Holz. Und dieses Licht sieht man in der Tat auf dem Bild, das im Zwischenraum des Rahmens aufzutauchen scheint. Von da aus gelangt es zur Stirn, zu den Wangen, den Augen, dem Blick des Malers, der mit der einen Hand die Palette, mit der anderen den feinen Pinsel hält ... So schließt sich die schnecken-artige Kurve, oder vielmehr, so wird sie durch dieses Licht geöffnet.

Diese Öffnung ist nicht mehr – wie im Hintergrund – eine Tür, die man aufgemacht hat, sondern es handelt sich um die Breite des Bildes selbst, und die Blicke, die darauf fallen, sind nicht mehr die eines fernen Besu-chers. Der Fries, der den Vorder- und Mittelgrund des Bildes darstellt, wenn man dabei den Maler einbezieht, repräsentiert acht Personen. Fünf unter ihnen mit mehr oder weniger geneigtem, abgewandtem oder ge-

beugtem Kopf schauen senkrecht aus dem Bild. Das Zentrum der Gruppe
nimmt die kleine Infantin mit ihrem weiten grauen und rosa Kleid ein.
Die Prinzessin wendet den Kopf zur Rechten des Bildes, während ihr
Oberkörper und die großen Volants des Kleides leicht nach links gehen.
Aber der Blick ist genau senkrecht in die Richtung des Betrachters gerichtet, der sich vor dem Bild befindet. Eine mittlere Linie, die die Leinwand
in zwei gleiche Flügel teilte, verliefe zwischen den Augen des Kindes. Sein
Gesicht befindet sich in einem Drittel der Höhe des Bildes. Infolgedessen
liegt da das Hauptthema der Komposition. Daran ist nicht zu zweifeln.
Das ist der eigentliche Gegenstand dieses Gemäldes. Als wollte er es beweisen und noch besser unterstreichen, hat der Maler Zuflucht zu einer traditionellen Gestalt genommen: neben der Hauptgestalt hat er eine andere
gemalt, die kniet und sie anschaut. Wie der betende Stifter, wie der die
Jungfrau grüßende Engel streckt eine kniende Gouvernante die Hände
zur Prinzessin. Ihr Gesicht hebt sich in einem vollkommenen Profil ab.
Es befindet sich in der Höhe jenes des Kindes. Die Hofdame betrachtet
die Prinzessin und betrachtet nur sie. Ein wenig weiter rechts befindet sich
eine andere Hofdame, die ebenfalls zur Infantin gewendet ist, sich leicht
über sie neigt, aber die Augen eindeutig nach vorne gerichtet hat, dorthin,
wohin bereits der Maler und die Prinzessin schauen. Schließlich gibt es
zwei Gruppen, aus jeweils zwei Personen: die eine ist etwas zurückgezogen, die andere besteht aus Zwergen und befindet sich ganz im Vordergrund. Bei beiden Paaren schaut eine Person nach vorn, die andere nach
rechts oder links. Durch ihre Stellung und ihre Größe entsprechen die beiden Gruppen einander und bilden eine Dublette. Weiter hinten die Höflinge (die Frau links schaut nach rechts), weiter vorne die Zwerge (der
Knabe, der sich ganz außen rechts befindet, betrachtet das Bildinnere).
Diese Personengruppe in ihrer so gearteten Aufstellung kann je nach der
Aufmerksamkeit, die man dem Bild schenkt, oder dem Bezugszentrum,
das man wählt, zwei Figuren bilden. Die eine wäre ein großes X, im oberen
linken Punkt läge der Blick des Malers und rechts der des Höflings; an der
unteren Spitze links die Ecke der von der Rückseite repräsentierten Leinwand (genauer der Fuß des Gestells); rechts der Zwerg (sein auf den Rük-
ken des Hundes gestützter Schuh). Im Kreuzungspunkt dieser beiden Linien, im Zentrum des X, der Blick der Infantin. Die andere Figur wäre
eher die einer weiten Kurve; ihre beiden Grenzpunkte wären links durch
den Maler und durch den rechten Höfling bestimmt – zwei hohe und

nach hinten verlegte Extrempunkte. Die viel weiter herangezogene Krümmung fiele mit dem Gesicht der Prinzessin zusammen und mit dem Blick, den die Hofdame auf das Gesicht richtet. Diese weiche Linie zieht eine Schalenform, die gleichzeitig in der Mitte des Bildes die Stellung des Spiegels einbezieht und freiläßt.

Es gibt also zwei Zentren, die das Bild organisieren können, je nachdem, woran sich die Aufmerksamkeit des Betrachters heftet. Die Prinzessin steht mitten in einem Andreaskreuz, das sich um sie dreht mit der Schar aus Höflingen, Hofdamen, Tieren und Komödianten. Aber dieses Gedrehe ist durch ein Schauspiel angereichert, das absolut unsichtbar wäre, wenn die gleichen, plötzlich unbeweglichen Personen nicht wie in der Höhlung einer Schale die Möglichkeit böten, in die Tiefe eines Spiegels zu blicken und dabei die unvorhergesehene Verdoppelung ihrer Betrachtung zu erspähen. In der Richtung der Tiefe überlagert sich die Prinzessin dem Spiegel, in der Richtung der Höhe liegt der Reflex über dem Gesicht. Aber die Perspektive rückt sie beide in eine Nachbarschaft, so daß von beiden eine unvermeidliche Linie ausgeht. Die eine, vom Spiegel ausgehende Linie durchbricht die ganze repräsentierte Dicke (und geht sogar noch darüber hinaus, weil der Spiegel die Wand im Hintergrund durchlöchert und hinter ihr einen neuen Raum entstehen läßt); die andere ist kürzer, sie kommt vom Blick des Kindes und durchquert nur den Vordergrund. Diese beiden pfeilartigen Linien konvergieren in einem sehr spitzen Winkel, und ihr Treffpunkt diesseits der Leinwand liegt in dem Punkt fest, von dem aus wir etwa das Bild betrachten. Dieser Punkt ist ungewiß, da wir ihn nicht sehen. Er ist jedoch unvermeidlich und perfekt definiert, weil er durch diese beiden Hauptfiguren vorgeschrieben ist und außerdem von anderen punktierten, hinzukommenden Linien bestätigt wird, die aus dem Bild entstehen und ebenfalls aus dem Bild herauslaufen.

Was schließlich liegt in diesem völlig unzugänglichen Punkt, der dem Bild äußerlich ist, aber durch die ganzen Linien seiner Komposition vorgeschrieben wird? Was ist das für ein Schauspiel, was sind das für Gesichter, die sich zunächst in der Tiefe der Pupillen der Infantin, dann der Höflinge und des Malers und dann in der fernen Helle des Spiegels reflektieren? Aber sogleich wird diese Frage verdoppelt: das Gesicht, das der Spiegel wiedergibt, ist auch das, das ihn ansieht. Was alle Personen des Bildes betrachten, das sind auch die Personen, deren Augen sie als eine anzuschauende Szene geboten werden. Das Bild in seiner Gänze blickt auf eine

Szene, für die es seinerseits eine Szene ist. Der Spiegel als Betrachtender und Betrachteter manifestiert eine reine Reziprozität, deren beide Momente in den beiden Winkeln des Bildes aufgelöst werden: links steht die umgekehrte Leinwand, durch die der äußere Punkt zu einem reinen Schauspiel wird, rechts liegt der Hund, das einzige Element des Bildes, das weder schaut noch sich bewegt, weil es mit seinen großen Umrissen und dem Licht, das auf seinen seidigen Haaren spielt, nur dazu geschaffen ist, ein Gegenstand zu sein, den man betrachtet.

Dieses Schauspiel, das da im Blick ist, bilden, so hat uns der erste Eindruck des Gemäldes sofort gelehrt, die Herrscher. Man vermutet sie bereits hinter dem respektvollen Blick der Umstehenden, in dem Staunen des Kindes und der Zwerge. Man erkennt sie am Ende des Bildes in den beiden kleinen Silhouetten, die der Spiegel erglänzen läßt. Mitten in all diesen aufmerksamen Gesichtern und den geschmückten Körpern sind sie das bleicheste, am wenigsten reale, am meisten in Frage gestellte Bild: eine Bewegung, etwas Licht würden schon genügen, um sie verschwinden zu lassen. Von allen dargestellten Personen sind sie die am meisten vernachlässigten, denn niemand widmet jenem Reflex Aufmerksamkeit, der sich hinter allen einschleicht und schweigend durch einen unvermuteten Raum eingeführt wird. In dem Maße, in dem sie sichtbar sind, sind sie die zerbrechlichste Form und am entferntesten von der Realität. Umgekehrt sind sie in dem Maße, in dem sie außerhalb des Bildes stehend in eine essentielle Unsichtbarkeit zurückgezogen sind, das Zentrum, um das sich die ganze Repräsentation ordnet. Ihnen steht man gegenüber, zu ihnen ist man gewandt, ihren Augen wird die Prinzessin in ihrem Festkleid präsentiert. Von der umgedrehten Leinwand zur Infantin und von dieser zum spielenden Zwerg auf der äußersten Rechten ist eine Kurve gezeichnet (öffnet sich der untere Zweig des X), um für ihren Blick die ganze Anordnung des Bildes zu ordnen und so das ganze Zentrum der Komposition erscheinen zu lassen, dem der Blick der Infantin und das Bild im Spiegel schließlich unterworfen sind.

Dieses Zentrum ist symbolisch souverän in der Geschichte, da es durch den König Philipp IV. und seine Frau besetzt ist. Aber vor allem ist es durch die dreifache Funktion souverän, die es in Beziehung zum Bild einnimmt. In ihm überlagern sich genau der Blick des Modells im Augenblick, in dem es gemalt wird, der des Betrachters, der die Szene anschaut, und der des Malers im Augenblick, in dem er sein Bild komponiert (nicht das, das repräsentiert wird, sondern das, das vor uns liegt und von dem wir sprechen). Diese drei »betrachtenden« Funktionen vermischen sich in einem dem Bild äußeren Punkt: das heißt in einem idealen Punkt in Beziehung zu dem, was repräsentiert wird, der aber völlig real ist, da von ihm ausgehend die Repräsentation möglich wird. In dieser Realität kann er nicht nicht unsichtbar sein. Indessen wird diese Realität ins Innere des Bildes projiziert – projiziert und in drei Gestalten zerbrochen, die den drei Funktionen dieses idealen und realen Punktes entsprechen. Dies sind links der Maler mit seiner Palette in der Hand (Selbstportrait des Malers des Bildes); rechts der Besucher, einen Fuß auf der Stufe und bereit, in das Zimmer einzutreten, der die ganze Szene von hinten betrachtet, aber das königliche Paar von vorne sieht, das das Schauspiel selbst bildet; schließlich im Zentrum das Spiegelbild des Königs und der Königin, die geschmückt, unbeweglich, in der Haltung geduldiger Modelle verharren.

Dieses Spiegelbild zeigt naiv und im Schatten, was jedermann im Vordergrund betrachtet. Es restituiert gewissermaßen durch Verzauberung das, was jedem Blick fehlt: dem des Malers das Modell, das sein auf dem Bild repräsentiertes Double abmalt, dem des Königs sein Portrait, das sich auf der Vorderseite der Leinwand befindet und das er von seinem Standpunkt aus nicht sehen kann; dem des Zuschauers das reale Zentrum der Szene, dessen Platz er wie durch einen gewaltsamen Einbruch eingenommen hat. Vielleicht aber ist diese Großzügigkeit des Spiegels gespielt, vielleicht verbirgt er ebensoviel und mehr, als er offenbart. Der Platz*, auf dem der König mit seiner Gattin thront, ist ebenso der des Künstlers und der des Zuschauers. Im Hintergrund des Spiegels könnten und müßten das anonyme Gesicht des Vorübergehenden und das von Velasquez erscheinen. Denn die Funktion dieses Spiegelbildes ist es, ins Innere des Bildes das zu ziehen, was ihm auf intime Weise fremd ist: den Blick, der organisiert hat, und denjenigen, für den es sich entfaltet; aber weil sie in diesem Bild anwesend sind, rechts und links, so können der Künstler und der Besucher nicht im Spiegel untergebracht werden: so wie der König im Hintergrund des Spiegels in dem Maße erscheint, in dem er nicht zum Bild selbst gehört.

In der großen Kreiselbewegung, die den Perimeter des Ateliers durchlief, vom Blick des Malers, seiner Palette, seiner verharrenden Hand, bis

---

* Vgl. Kapitel 9, II (D. Übers.).

hin zu den vollendeten Bildern, entstand die Repräsentation und vollendete sie sich, um sich erneut im Licht aufzulösen. Der Kreis war vollkommen. Andererseits sind die Linien, die die Tiefe des Bildes durchqueren, unvollständig; es fehlt allen ein Teil ihrer Bahn. Diese Lücke verdankt sich der Abwesenheit des Königs, die wiederum ein Kunstgriff des Malers ist. Aber dieser Kunstgriff deckt und bezeichnet eine Vakanz, die ihrerseits unmittelbar ist, die des Malers und des Zuschauers, wenn sie das Bild betrachten oder komponieren. Vielleicht verbürgen sich in diesem Bild wie in jeder Repräsentation (deren manifeste Essenz es sozusagen ist) wechselseitig die tiefe Unsichtbarkeit dessen, was man sieht, und die Unsichtbarkeit dessen, der schaut – trotz der Spiegel, der Spiegelbilder, der Imitationen, der Portraits. Um die Szene herum sind die Zeichen und die sukzessiven Zeichen der Repräsentation angebracht, aber die doppelte Beziehung der Repräsentation zu ihrem Modell und zu ihrem Souverän, zu ihrem Autor wie zu dem, dem man sie bietet, diese Beziehung ist notwendig unterbrochen. Nie kann sie ohne Rest präsent sein, selbst nicht in einer Repräsentation, die sich selbst als Schauspiel gibt. In der Tiefe, die die Leinwand durchquert und sie fiktiv aushöhlt, sie in den Raum vor sich selbst projiziert, ist es nicht möglich, daß das reine Glück des Bildes jemals in vollem Licht den Meister bietet, der repräsentiert, und den Souverän, den man repräsentiert.

Vielleicht gibt es in diesem Bild von Velasquez gewissermaßen die Repräsentation der klassischen Repräsentation und die Definition des Raums, den sie eröffnet. Sie unternimmt in der Tat, sich darin in all ihren Elementen zu repräsentieren, mit ihren Bildern, den Blicken, denen sie sich anbietet, den Gesichtern, die sie sichtbar macht, den Gesten, die die Repräsentation entstehen lassen. Aber darin, in dieser Dispersion, die sie auffängt und ebenso ausbreitet, ist eine essentielle Leere gebieterisch von allen Seiten angezeigt: das notwendige Verschwinden dessen, was sie begründet – desjenigen, dem sie ähnelt, und desjenigen, in dessen Augen sie nichts als Ähnlichkeit ist. Dieses Sujet selbst, das gleichzeitig Subjekt ist, ist ausgelassen worden. Und endlich befreit von dieser Beziehung, die sie ankettete, kann die Repräsentation sich als reine Repräsentation geben.

2. Kapitel

Die prosaische Welt

I. Die vier Ähnlichkeiten

Bis zum Ende des sechzehnten Jahrhunderts hat die Ähnlichkeit im Denken (*savoir*) der abendländischen Kultur eine tragende Rolle gespielt. Sie hat zu einem großen Teil die Exegese und Interpretation der Texte geleitet, das Spiel der Symbole organisiert, die Erkenntnis der sichtbaren und unsichtbaren Dinge gestattet und die Kunst ihrer Repräsentation bestimmt. Die Welt drehte sich in sich selbst: die Erde war die Wiederholung des Himmels, die Gesichter spiegelten sich in den Sternen, und das Gras hüllte in seinen Halmen die Geheimnisse ein, die dem Menschen dienten. Die Malerei imitierte den Raum, und die Repräsentation, war sie nun Fest oder Wissenschaft (*savoir*), gab sich als Wiederholung: Theater des Lebens oder Spiegel der Welt, so lautete der Titel jeder Sprache, ihre Art, sich anzukündigen, und ihr Recht auf Sprache zu formulieren.

Wir müssen ein wenig bei jenem Augenblick verharren, in dem die Ähnlichkeit ihre Zugehörigkeit zum Wissen lösen und zumindest teilweise vom Horizont der Erkenntnis schwinden wird. Wie stellte man sich am Ende des sechzehnten und noch zu Beginn des siebzehnten Jahrhunderts die Ähnlichkeit gedanklich vor? Wie konnte sie die Figuren des Wissens organisieren? Und wenn es stimmt, daß die sich ähnelnden Dinge an Zahl unbegrenzt waren, kann man dann wenigstens die Formen feststellen, in denen sie einander ähnlich sein konnten?

Der semantische Raster der Ähnlichkeit ist im sechzehnten Jahrhundert reich: »Amicitia, aequalitas (contractus, consensus, matrimonium, societas, pax et similia) consonantia, concertus, continuum, paritas, proportio, similitudo, coniunctio, copula«.[1] Es gibt noch viele andere Begriffe, die an der Oberfläche des Denkens einander überkreuzen, überlappen, sich verstärken oder begrenzen. Im Augenblick mag es genügen, die wichtigsten Figuren zu nennen, die ihre Gliederungen dem Wissen der Ähnlichkeit vorschreiben. Vier davon sind mit Sicherheit essentiell gewesen.

---

1 Pierre Grégoire, *Syntaxeon artis mirabilis*, Köln 1610, S. 28.

Zunächst die *convenientia*. Tatsächlich wird durch dieses Wort die Nachbarschaft von Orten stärker bezeichnet als die Ähnlichkeit: »Convenientes« sind die Dinge, die sich nebeneinanderstellen, wenn sie einander nahekommen. Sie grenzen aneinander, ihre Fransen vermischen sich, die äußersten Grenzen des einen bezeichnen den Beginn des anderen. Dadurch teilt sich die Bewegung mit, ebenso die Einflüsse, die Leidenschaften und die Eigenheiten. Infolgedessen erscheint in jenem Scharnier der Dinge eine Ähnlichkeit. Diese Ähnlichkeit ist eine doppelte, sobald man versucht, sie herauszuschälen: Ähnlichkeit des Ortes, des Platzes, an den die Natur zwei Dinge gestellt hat, folglich Ähnlichkeit der Eigenheiten; denn in diesem natürlichen Behältnis, der Welt, ist die Nachbarschaft keine äußerliche Beziehung zwischen den Dingen, sondern Zeichen einer zumindest dunklen Verwandtschaft. Weiterhin entstehen aus dieser Berührung durch Austausch neue Ähnlichkeiten. Ein gemeinsames Regime stellt sich ein, der Ähnlichkeit als stummer Ursache der Nachbarschaft erlegt sich eine Ähnlichkeit auf, die die sichtbare Wirkung der Nähe ist. Die Seele und der Körper zum Beispiel berühren sich zweimal: die Sünde hat die Seele dick, schwer und irdisch machen müssen, damit Gott sie an die hohlste Stelle der Materie versetzte, aber diese Nachbarschaft verleiht der Seele die Bewegungen des Körpers, und dadurch assimiliert sie sich ihm, während »andererseits der Körper von seelischen Leidenschaften mitgenommen wird«.[2] In der weiten Syntax der Welt gleichen sich die verschiedenen Wesen einander an, die Pflanze kommuniziert mit dem Tier, die Erde mit dem Meer, der Mensch mit seiner ganzen Umgebung. Die Ähnlichkeit erlegt Nachbarschaften auf, die ihrerseits Ähnlichkeiten garantieren. Ort und Ähnlichkeit verflechten sich: man sieht auf dem Rücken der Schalentiere Moose wachsen, im Geweih der Hirsche Pflanzen und eine Art Gräser auf dem Gesicht der Menschen; und indem er sie mischt, stellt der eigenartige Zoophyt die Eigenschaften nebeneinander, die ihn ebenso der Pflanze wie dem Tier ähnlich machen.[3] So zahlreich sind die übereinstimmenden Zeichen.

Die *convenientia* ist eine mit dem Raum in der Form des unmittelbar Benachbarten verbundene Ähnlichkeit. Sie gehört zur Ordnung der Konjunktion und der Anpassung. Deshalb gehört sie weniger zu den Dingen

---

2 Giambattista della Porta, *Die Physiognomie des Menschen* [Der Körper als Ausdruck des Menschen. 1], Radebeul und Dresden 1931, S. 28.
3 Ulisse Aldrovandi, *Monstrorum historia*, Bologna 1648, S. 663.

selbst als zur Welt, in der sie sich befinden. Die Welt, das ist die universale »Konvenienz« der Dinge. Es gibt ebenso viele Fische im Wasser wie Tiere oder von der Natur oder den Menschen hervorgebrachte Objekte auf dem Lande (gibt es nicht Fische, die *Episcopus* heißen, und andere, die den Namen *Catena* oder *Priapus* tragen?); im Wasser und auf der Erdoberfläche gibt es ebenso viele Wesen wie am Himmel, und jenen entsprechen sie. Schließlich gibt es in all dem, was geschaffen worden ist, ebenso viele, die man besonders in Gott enthalten finden könnte, dem »Schöpfer der Existenz, der Macht, der Erkenntnis und der Liebe«.[4] So bildet durch die Verkettung der Ähnlichkeit und des Raumes, durch die Kraft dieser Konvenienz, die das Ähnliche in Nachbarschaft rückt und die nahe beieinanderliegenden Dinge assimiliert, die Welt eine Kette mit sich selbst. In jedem Berührungspunkt beginnt und endet ein Ring, der dem vorangehenden und dem folgenden ähnelt. Von Kreis zu Kreis setzen sich die Ähnlichkeiten fort, halten sie die Extreme in Distanz (Gott und die Materie) und rücken sie so aneinander, daß der Wille des Allmächtigen bis in die verschlafensten Ecken dringt. Diese immense Kette, gespannt und vibrierend, diese Saite der Konvenienz evoziert Porta in einem Text seiner *Magia naturalis*: »Weil denn nun Gott selbst die Gemüthsart erschaffen, von dieser aber die Seelenart; und aber diese alle Dinge, so auf sie folgen mit Leben begabet, darunter denn die Erdgewächse mit den Thieren, in dem Wachsen; die Thiere mit dem Menschen, in dem Empfinden: und dieser mit den Höhern in dem Verstande übereinkommt: So sehen wir, daß von der ersten Ursach an gleichsam ein großes Seil gezogen ist herunter biß in die Tieffe, durch welches alles zusammen geknuepffet, und gleichsam zu einem Stücke wird, also daß, wann die hoechste Krafft ihre Stralen scheinen läßt, dieselben auch biß herunter reichen: Gleich wie, wann ein ausgespannter Strich an einem Ort geruehret wird, derselbe gantz durch erzittert, und auch das Übrige sich beweget. Und dieses Band nun kan man wol mit an einander hangenden Ringen und einer Kette vergleichen [. . .].«[5]

Die zweite Form der Ähnlichkeit ist die *aemulatio*, eine Art Konvenienz, die aber vom Gesetz des Ortes frei ist und unbeweglich in der Entfernung ihr Spiel hat. Ein wenig so, als ob die räumliche Konnivenz gebrochen worden wäre und die Ringe der Kette, voneinander losgelöst, ihre Kreise weit

4 Tommaso Campanella, *Realis philosophia*, Frankfurt 1623, S. 98.
5 Giambattista della Porta, *Des vortrefflichen Herren Johann Baptista Portae, von Neapolis, Magia Naturalis, oder Haus-, Kunst- und Wunderbuch*, 2 Bde., Nürnberg 1680, Bd. I, S. 47 (Buch I, Kapitel 6, 7).

voneinander entfernt gemäß einer berührungslosen Ähnlichkeit reproduzierten. In der *aemulatio* gibt es etwas wie den Reflex oder den Spiegel; in ihr antworten die in der Welt verstreuten Dinge aufeinander. Von fern ist das Gesicht Nacheiferer des Himmels, und ebenso wie der Intellekt des Menschen unvollkommen die Weisheit Gottes reflektiert, reflektieren die beiden Augen mit ihrer begrenzten Helligkeit das große Licht, das am Himmel Sonne und Mond verbreiten. Der Mund ist Venus, denn durch ihn werden die Küsse und die Liebesworte ausgetauscht; die Nase ist das kleine Bild des Zepters Jupiters und des Heroldstabes Merkurs.[6] Durch diese Beziehung der *aemulatio* können die Dinge sich von einem Ende des Universums zum anderen ohne Verkettung oder unmittelbare Nähe nachahmen. Durch ihre Verdoppelung im Spiegel hebt die Welt die ihr eigene Distanz auf. Sie siegt dadurch über den Ort, der jedem Ding gegeben ist. Welches sind die ersten Widerspiegelungen, die den Raum durchlaufen? Wo ist die Realität, wo ist das wiedergegebene Bild? Oft ist es unmöglich, das zu sagen, denn die Nachahmung ist eine Art natürlicher Zwillingshaftigkeit der Dinge. Sie entsteht aus einer Falzung des Seins, deren beide Seiten sich unmittelbar gegenüberstehen. Paracelsus vergleicht diese grundlegende Reduplizierung *(redoublement)* der Welt mit dem Bild von Zwillingen, »die sich vollständig ähneln, ohne daß jemand sagen könnte, welcher von beiden dem anderen seine Ähnlichkeit gegeben hat«.[7]

Dennoch läßt die *aemulatio* die beiden reflektierten Gestalten, die sie einander gegenüberstellt, nicht untätig. Es kommt vor, daß die eine schwächer ist und den starken Einfluß derjenigen aufnimmt, die sich in ihrem passiven Spiegel reflektiert. Die Sterne sind ja den Gräsern der Erde, deren unveränderliches Modell und unveränderliche Form sie sind, überlegen, sie überschütten sie auch insgeheim mit der ganzen Herrschaft ihrer Einflüsse. Die düstere Erde ist der Spiegel des übersäten Himmels, aber in diesem Kampf haben beide Rivalen nicht den gleichen Wert und die gleiche Würde. Ohne Anstrengung gibt die Helligkeit des Grases die reine Form des Himmels wieder: »Die Gestirne sind die Matrix aller Gräser, und jeder Stern am Himmel ist lediglich die geistige Präfiguration eines Grases, so wie er es darstellt, und genau so, wie jedes Gras oder jede Pflanze ein irdischer Stern ist, der den Himmel betrachtet, so ist auch jeder Stern eine himmlische Pflanze in geistiger Form, die von dem Irdischen allein durch

6 Aldrovandi, a. a. O., S. 3.
7 Paracelsus, *Liber Paramirum* (französische Übersetzung von Grillot de Givry), Paris 1913, S. 3.

die Materie unterschieden ist ..., die Pflanzen und die himmlischen Gräser sind zur Erde gerichtet und betrachten die direkt von ihnen vorgebilde-
ten Gräser, wobei sie eine besondere Kraft in sie hineinfließen lassen.«[8]

Es kommt aber auch vor, daß der Kampf offen ausgeht und der ruhige
Spiegel nur das Bild der »zwei erregten Soldaten« reflektiert. Die Ähnlichkeit wird dann zum Kampf einer Form gegen die andere oder vielmehr ein
und derselben von sich durch das Gewicht der Materie oder den Abstand
der Orte getrennten Form. Der Mensch ist bei Paracelsus wie das Firmament »eine Konstellation von Sternen«, aber er ist nicht mit ihm verbunden, wie »der Dieb mit den Galeeren, der Mörder mit dem Rad, der Fisch
mit dem Fischer, das Wild mit seinem Jäger«. Es gehört zum Firmament
des Menschen, »frei und mächtig« zu sein, »keinem Befehl zu gehorchen,
von keiner der anderen Kreaturen beherrscht zu werden«. Sein innerer
Himmel kann autonom sein und nur auf sich beruhen, unter der Bedingung jedoch, daß er durch seine Weisheit, die auch Gelehrtheit ist, der
Ordnung der Welt ähnlich wird, sie in sich aufnimmt und so in sein inneres Firmament dasjenige bringt, an dem die sichtbaren Sterne glänzen.
Dann wird jene Weisheit des Spiegels umgekehrt die Welt umhüllen, in
die sie gestellt war. Ihr großer Ring wird sich bis zur Tiefe des Himmels
und darüber hinaus drehen. Der Mensch wird entdecken, daß er »die Sterne in seinem Innern« enthält »und daß er so das Firmament mit all seinen
Einflüssen trägt«.[9]

Die *aemulatio* stellt sich zunächst in der Form eines einfachen, flüchtigen, fernen Reflexes dar. Sie durchläuft schweigend die Räume der Welt,
jedoch wird die von ihr durchmessene Distanz nicht durch ihre subtile Metapher annulliert. Sie bleibt sichtbar. In diesem Duell bemächtigen sich die
beiden einander gegenüberstehenden Gestalten gegenseitig. Das Ähnliche
umhüllt das Ähnliche, das jenes seinerseits umgibt, und vielleicht wird es
neuerlich umhüllt durch eine Reduplizierung, die sich bis ins Unendliche
fortzusetzen vermag. Die Ringe der *aemulatio* bilden keine Kette wie die
Elemente der *convenientia*, sondern eher konzentrische, reflexive und riva-
lisierende Kreise.

Die dritte Form der Ähnlichkeit ist die Analogie. Dieser alte Begriff ist
bereits der griechischen Wissenschaft und dem mittelalterlichen Denken

---

8 Oswald Crollius, *Traité des signatures*, in: *La Royale Chymie de Crollius*, frz. Übersetzung, Lyon
  1624, S. 18.
9 Paracelsus, ebd.

vertraut, sein Gebrauch hat sich aber wahrscheinlich verändert. In dieser
Analogie überlagern sich *convenientia* und *aemulatio*. Wie die *aemulatio*
stellt die Analogie die wunderbare Gegenüberstellung der Ähnlichkeiten
durch den Raum hindurch sicher, aber sie spricht wie die *convenientia*
von Anpassungen, Verbindungen und von einem Gelenk. Ihre Kraft ist immens, denn die Ähnlichkeiten, die sie behandelt, sind nicht jene sichtbaren
und massiven der Dinge selbst; es genügt, daß es die subtileren Ähnlichkeiten der Verhältnisse *(rapports)* sind. Dadurch erleichtert, kann sie von einem einzigen Punkt aus eine unbeschränkte Zahl von Verwandtschaften
herstellen. Das Verhältnis etwa der Sterne zum Himmel, an dem sie glänzen, findet sich wieder zwischen Gras und Erde, den Lebenden und der
von ihnen bewohnten Kugel, im Verhältnis von Mineralen und Diamanten
zu den sie verbergenden Felsen, von Sinnesorganen zu dem von ihnen belebten Gesicht, von Flecken auf der Haut zu dem von ihnen insgeheim
markierten Körper. Eine Analogie kann sich auch genau umkehren, ohne
jedoch in Frage gestellt zu sein. Die alte Analogie zwischen Pflanze und
Tier (das Gewächs ist ein Tier, das seinen Kopf nach unten richtet, den
Mund [oder die Wurzeln] in die Erde eingegraben hat) wird von Cesalpino
weder kritisiert noch aufgehoben; er verstärkt sie dagegen, multipliziert sie
mit sich selbst, als er die Entdeckung macht, daß die Pflanze ein aufrech-
tes Tier ist, dessen Ernährungsprinzipien von unten nach oben einen Stengel entlanglaufen, der sich wie ein Körper erstreckt und in einem Kopf endet, mit Blüten und Blättern: ein umgekehrtes, aber nicht gegensätzliches
Verhältnis zu der ersten Analogie, die »die Wurzel in den unteren Teil der
Pflanze, den Stengel in den oberen Teil der Pflanze« verlegt, »denn bei
den Tieren beginnt das Adernsystem ebenfalls im unteren Teil des Bauches,
und die Hauptvene steigt zum Herzen und zum Kopf«.[10]

Diese Reversibilität gibt, ebenso wie diese Mehrwertigkeit, der Analogie
ein universales Anwendungsfeld. Durch sie können sich alle Gestalten der
Welt einander annähern. In jenem Raum mit in jede Richtung laufenden
Furchen existiert jedoch ein privilegierter Punkt. Er ist mit Analogien
übersättigt, von denen jede darin einen ihrer Stützpunkte finden kann,
und die Verhältnisse kehren sich bei seinem Durchlaufen um, ohne sich
zu verändern. Dieser Punkt ist der Mensch. Er steht in einer Proportion
zum Himmel wie zu den Tieren und den Pflanzen, zur Erde, den Metal-

---

10 Andrea Cesalpino, *De plantis libri XVI*, Florenz 1583.

len, den Stalaktiten oder den Gewittern. Zwischen den Flächen der Welt stehend, hat er Beziehung zum Firmament (sein Gesicht ist für seinen Körper das, was das Gesicht des Himmels für den Äther ist; sein Puls schlägt in seinen Adern, wie die Sterne nach den ihnen eigenen Wegen ihren Lauf nehmen; die sieben Öffnungen bilden in seinem Gesicht, was die sieben Planeten am Himmel sind); aber all diese Beziehungen wirft er durcheinander, und man findet sie in der Analogie des menschlichen Lebewesens mit der von ihm bewohnten Erde ähnlich wieder. Sein Fleisch ist eine Scholle, seine Knochen sind Felsen, seine Adern große Flüsse. Seine Harnblase ist das Meer, und seine sieben wichtigsten Glieder sind die sieben in der Tiefe der Minen verborgenen Metalle.[11] Der Körper des Menschen ist immer die mögliche Hälfte eines universalen Atlas. Man weiß, wie Pierre Belon bis in das Detail die erste vergleichende Tafel vom menschlichen Skelett und dem der Vögel gezeichnet hat: man sieht darauf »die Flügelspitze, genannt Appendix, die in Proportion zum Flügel sich verhält wie der Daumen zur Hand; die Extremität der Flügelspitze, die wie die Finger bei uns ist [. . .]; der den Vögeln als Bein gegebene Knochen entspricht unserer Hacke. So wie wir vier Zehen an den Füßen haben, haben die Vögel vier Krallen, von denen die hintere der großen Zehe bei uns entspricht.«[12] Soviel Präzision ist nur für einen mit den Kenntnissen des neunzehnten Jahrhunderts gewappneten Blick vergleichende Anatomie. Es ist festzustellen, daß der Raster, durch den wir die Gestalten der Ähnlichkeit bis zu unserem Wissen dringen lassen, in diesem Punkt, und beinahe nur in diesem Punkt allein, jenen Raster überschneidet, den das Wissen des sechzehnten Jahrhunderts über die Dinge gelegt hatte.

Aber die Beschreibung Belons gehört eigentlich nur zur Positivität, die sie in seiner Epoche möglich gemacht hat. Sie ist weder rationaler noch wissenschaftlicher als jene Beobachtung Aldrovandis anläßlich des Vergleichs der Eingeweide des Menschen mit den schmutzigen Orten der Welt, mit der Hölle, mit ihren Dunkelheiten, mit den Verdammten, die gleichsam die Exkremente des Universums sind.[13] Sie gehört zu der gleichen analogischen Kosmographie wie der Vergleich zwischen der Apoplexie und dem Sturm, der in der Zeit von Crollius schon klassisch geworden war. Das Gewitter beginnt, wenn die Luft schwer wird und in Wallung ge-

---

11 Crollius, a. a. O., S. 88.
12 Pierre Belon, *Histoire de la nature des oyseaux*, Paris 1555, S. 37.
13 Aldrovandi, a. a. O., S. 4.

rät, die Krise beginnt in dem Moment, wo die Gedanken schwer und beunruhigend werden. Dann häufen sich die Wolken auf, der Bauch schwillt
an, der Donner bricht aus, und die Harnblase zerbirst; die Blitze zucken,
während die Augen mit furchtbarem Glanz brennen, der Regen fällt, der
Mund schäumt, der Schwefel bricht nieder, während die Lebensgeister
die Haut zum Platzen bringen. Dann wird das Wetter aber wieder klar,
und die Vernunft stellt sich beim Kranken wieder ein.[14] Der Raum der
Analogien ist im Grunde genommen ein Raum der Strahlungen. Von allen
Seiten wird der Mensch davon betroffen, aber dieser gleiche Mensch vermittelt umgekehrt die Ähnlichkeiten, die er von der Welt erhält. Er ist
der große Herd der Proportionen, das Zentrum, auf das die Beziehungen
sich stützen und von dem sie erneut reflektiert werden.

Schließlich wird die vierte Form der Ähnlichkeit durch das Spiel der
Sympathien hergestellt. Kein Weg wird darin von vornherein festgelegt.
Keine Entfernung wird angenommen, keine Verkettung vorgeschrieben.
Die Sympathie spielt in freiem Zustand in den Tiefen der Welt. Sie durchläuft in einem Augenblick die weitesten Räume. Vom Planeten zum von
diesem beherrschten Menschen fällt die Sympathie wie von fern der Blitz.
Sie kann im Gegenteil durch eine einzige Berührung entstehen, wie jene
»Trauerkleider oder Tücher, welche man bey einer Leiche gebrauchet«,
die allein durch die Nachbarschaft des Todes jede Person, die ihren Duft
einatmet, »trauernd und einem Sterbenden gleich« machen.[15] Ihre Kraft
ist aber so groß, daß sie sich nicht damit begnügt, bei einer einzigen Berührung auszubrechen und die Räume zu durchlaufen. Sie ruft die Bewegung
der Dinge in der Welt hervor und bewirkt die Annäherung der entferntesten Dinge. Sie ist Ursprung der Mobilität, zieht die Schweren zur Schwere
des Bodens, die Leichten zum gewichtlosen Äther. Sie treibt die Wurzeln
ins Wasser und läßt die Sonnenbahn von der Sonnenblume nachvollziehen. Indem sie die Dinge einander in einer äußeren und sichtbaren Bewegung anziehen läßt, ruft sie außerdem insgeheim eine innere Bewegung
hervor, eine Verlegung der Eigenschaften, die einander in ihrem Platz ablösen. Das Feuer erhebt sich, weil es leicht und heiß ist, in die Luft, in die
seine Flammen unermüdlich dringen, es verliert aber seine eigene Trockenheit (die es mit der Erde verwandt machte) und erwirbt so eine Feuchtigkeit, die es mit dem Wasser und der Luft verbindet. Es verschwindet in

14 Crollius, a. a. O., S. 87.
15 Porta, a. a. O., Bd. I, S. 125 (Buch I, Kapitel 13, 4).

einem leichten Dampf, in einer blauen, rauchigen Wolke: es ist zur Luft geworden. Die Sympathie ist eine Instanz des *Gleichen (Même)*, die so stark
und so pressierend ist, daß sie sich nicht damit begnügt, eine der Formen
der Ähnlichkeit zu sein. Sie hat die gefährliche Kraft, zu *assimilieren*, die
Dinge miteinander identisch zu machen, sie zu mischen und in ihrer Individualität verschwinden zu lassen, sie also dem fremd zu machen, was sie
waren. Die Sympathie transformiert. Sie verändert, aber in der Richtung
des Identischen, so daß, wenn ihre Kraft nicht ausgeglichen würde, die
Welt sich auf einen Punkt reduzierte, auf eine homogene Masse, auf die
finstere Gestalt des Gleichen. All ihre Teile würden einander erhalten
und miteinander bruch- und distanzlos kommunizieren wie jene »Metall-
ketten durch die Anziehung eines einzigen Magnetsteins«.[16]

Deshalb wird die Sympathie durch ihre Zwillingsgestalt, die Antipathie,
kompensiert. Diese erhält die Dinge in ihrer Isolierung aufrecht und verhindert die Assimilierung. Sie schließt jede Art in ihrem obstinaten Unterschied und ihrer Neigung, in dem zu verharren, was sie ist, ein: »Die erd-
gewechs [...] dann das sie hassen und lieben [...] ist gnügsam offenbar.
Man sagt, daß der Oelbaum un die räben das Kolraut hassen, darzu
fleucht die kürbß den oelbaum.« Da sie durch die Hitze der Sonne und
die Feuchtigkeit der Erde wachsen, muß jeder Baum, der dicht und un-
durchdringlich ist, für den anderen ebenso wie die wurzelreichen verderblich sein. So werden sich durch die Zeit die Wesen der Welt hassen und ihren wilden Appetit gegen jede Sympathie aufrechterhalten. Die indische
Ratte ist gefährlich für das Krokodil, denn die Natur hat sie ihm zum
Feind gegeben. Infolgedessen stellt sie diesem gewalttätigen Tier, wenn
es sich in der Sonne erfreut, einen Hinterhalt und eine tödliche Falle.
Wenn sie bemerkt, daß das Krokodil in seinem Glück mit offenem Maul
schläft, läuft sie hinein und dringt durch die breite Kehle in den Bauch
des Tieres, dessen Eingeweide sie zernagt, und schließlich tritt sie durch
den Bauch des getöteten Tieres nach außen.[17] Andererseits wird die Ratte
von ihren Feinden beobachtet, denn sie lebt in Zwietracht mit der Spinne
und »stirbt oft im Kampf mit der Natter«. Durch dieses Spiel der Antipathie, das sie verstreut, aber ebenso zum Kampf zieht, sie tödlich werden

16 Ebd.
17 Girolamo Cardano, *De subtilitate*, deutsch nur gekürzt hrsg.; hier zitiert nach Girolamo Cardano,
Offenbarung der Natur und natürlicher Dingen auch mancherley subtiler Würckungen, Basel 1559,
Buch 8 ff., S. 883 ff. (= Ausgabe Basel 1591, S. 762 ff.); in der frz. Übersetzung *De la subtilité*, Paris
1556, S. 154.

läßt und sie ihrerseits dem Tode aussetzt, werden die Dinge und die Tiere
und alle Gestalten der Welt das bleiben, was sie sind.

Die Identität der Dinge, die Tatsache, daß sie einander ähneln und sich
anderen annähern können, ohne sich jedoch darin zu versenken, ist unter
Bewahrung ihrer Besonderheit das ständige Ausgleichen zwischen Sympathie und Antipathie, die auf die erste antwortet. Dieser Ausgleich erklärt,
daß die Dinge wachsen, sich entwickeln, sich mischen, verschwinden, sterben, aber unendlich oft sich immer wieder finden; kurz gesagt, daß es
einen Raum (der jedoch nicht ohne Anhaltspunkt oder Wiederholung,
ohne Zuflucht der Ähnlichkeit ist) und eine Zeit gibt (die jedoch unendlich lange dieselben Gestalten, dieselben Arten, dieselben Elemente wiedererscheinen läßt). »Obwohl die vier Körper (Wasser, Feuer, Luft, Erde)
an sich einfach sind und verschiedene Eigenschaften haben, vor allem, weil
der Schöpfer angeordnet hat, daß die elementaren Körper aus den vermischten Elementen gebildet werden, sind die Übereinstimmungen und
Abweichungen bemerkenswert, was man an ihren Eigenschaften sieht.
Das Element Feuer ist heiß und trocken. Es hat also eine Antipathie zu
den Eigenschaften des Wassers, das kalt und feucht ist. Die heiße Luft ist
feucht, die kalte Erde ist trocken, daraus folgt Antipathie. Um sie in Einklang zu bringen, ist die Luft zwischen Feuer und Wasser gestellt, das Wasser zwischen Erde und Luft. In der Beziehung, daß die Luft warm ist, ist
sie dem Feuer benachbart, und ihre Feuchtigkeit verträgt sich mit der des
Wassers. Weil ihre Feuchtigkeit gemäßigt ist, mäßigt sie die Wärme des
Feuers und erhält von diesem auch Unterstützung, wie die Luft andererseits durch ihre geringe Wärme die kühle Feuchtigkeit des Wassers erwärmt. Die Feuchtigkeit des Wassers wird durch die Hitze der Luft erwärmt und erleichtert die kalte Trockenheit der Erde.«[18] Die Souveränität
des Paares Sympathie – Antipathie, die Bewegung und die Verbreitung, die
es vorschreibt, geben allen Formen der Ähnlichkeit Raum. So finden sich
die drei ersten Ähnlichkeiten wieder aufgenommen und erklärt. Das ganze
Volumen der Welt, alle übereinstimmenden Nachbarschaften, alle Echos
der *aemulatio*, alle Verkettungen der Analogie werden unterstützt, aufrechterhalten und verdoppelt durch jenen Raum der Sympathie und der
Antipathie, der die Dinge unablässig einander annähert und sie auf Entfernung hält. Durch dieses Spiel bleibt die Welt identisch, die Ähnlichkeiten

18 S. G. S., *Annotations au Grand Miroir du Monde de Duchesne*, S. 498.

sind weiterhin, was sie sind, und bleiben einander ähnlich. Das Gleiche bleibt das Gleiche und in sich geschlossen.

II. Die Signaturen

Dennoch ist das System nicht abgeschlossen. Eine Öffnung bleibt, durch die das ganze Spiel der Ähnlichkeiten sich selbst entgleiten könnte oder im Dunkel bleiben könnte, wenn eine neue Gestalt der Ähnlichkeit diesen Kreis nicht schlösse und ihn damit nicht gleichzeitig perfekt und manifest machte.

Convenientia, aemulatio, Analogie und *Sympathie* sagen uns, wie die Welt sich verschließen, sich reduplizieren, sich reflektieren oder verketten muß, damit die Dinge sich ähneln können. Sie sagen uns, wie die Wege der Ähnlichkeit verlaufen. Sie sagen uns nicht, wo die Ähnlichkeit ist oder wie man sie sieht, noch, an welchem Merkpunkt man sie erkennt. Vielleicht widerführe es uns, dieses ganze wunderbare Gewimmel der Ähnlichkeiten zu durchqueren, ohne daß wir auch nur ahnen, daß es seit langem durch die Ordnung der Welt und zu unserem größten Vorteil vorbereitet ist. Um zu wissen, daß der Eisenhut unsere Augenkrankheiten heilt oder daß die im Mörser zerstampfte Nuß mit Weingeist unsere Kopfschmerzen heilt, muß man durch ein Zeichen darauf aufmerksam gemacht werden. Ohne das bleibt dieses Geheimnis unendlich lange verborgen. Wüßte man je, daß zwischen einem Menschen und einem Planeten eine Zwillings- oder Kampfbeziehung besteht, wenn auf seinem Körper und in den Falten seines Gesichts nicht das Zeichen vorhanden wäre, daß er ein Rivale des Mars oder ein Verwandter des Saturn ist? Die Ähnlichkeiten in ihrer Verborgenheit müssen an der Oberfläche der Dinge signalisiert werden. Ein sichtbares Zeichen muß die unsichtbaren Analogien verkünden. Jede Ähnlichkeit ist doch gleichzeitig das Manifesteste und Verborgenste. Sie ist tatsächlich nicht aus nebeneinanderstehenden Stücken gebildet, von denen die einen identisch, die anderen unterschiedlich sind, sondern besteht aus einem, das eine Ähnlichkeit zeigt oder nicht zeigt. Sie wäre also ohne Kriterium, wenn in ihr oder darüber oder daneben kein entscheidendes Element wäre, das ihr zweifelhaftes Glitzern in klare Sicherheit verwandelte.

Es gibt keine Ähnlichkeit ohne Signatur. Die Welt des Ähnlichen kann

nur eine bezeichnete Welt sein. »Dan alles was got erschaffen hat dem menschen zu gutem und als sein eigentumb in seine hent geben, wil er nit das es
verborgen bleib. und ob ers gleich verborgen, so hat ers doch nicht unbezeichnet gelassen mit auswendigen sichtlichen zeichen, das dan ein son-
dere praedestination gewesen. zu gleicher weis als einer, der ein schaz ein-
grebt, in auch nicht unbezeichnet laßt mit auswendigen zeichen, damit
er in selbs wider finden könne.«[19] Das Wissen *(savoir)* der Ähnlichkeiten
gründet sich auf die Aufzeichnung dieser Signaturen und ihre Entzffie-
rung. Es ist zwecklos, bei der Schale der Pflanzen stehenzubleiben, wenn
man ihre Natur kennenlernen will. Man muß direkt bis zu ihren Merkmalen gehen, »zum Schatten und zum Bilde Gottes, das sie tragen, oder zur
inneren Kraft, die ihnen vom Himmel als natürliches Erbe gegeben worden ist, ... eine Kraft, meine ich, die man eher an der Signatur erkennt«.[20]
Das System der Signaturen kehrt die Beziehung des Sichtbaren und Unsichtbaren um. Die Ähnlichkeit war die unsichtbare Form dessen, was
aus der Tiefe der Welt die Dinge sichtbar machte. Damit aber jene Form
ihrerseits bis zum Licht kommt, muß eine sichtbare Gestalt sie aus ihrer
tiefen Unsichtbarkeit zerren. Deshalb ist das Gesicht der Welt mit Wappen, Charakteren, Chiffren, dunklen Worten oder, wie Turner sagte, mit
»Hieroglyphen« überdeckt. Der Raum der unmittelbaren Ähnlichkeiten
wird zu einem großen, offenen Buch. Es starrt von Schriftzeichen. Man
sieht entlang der Seite eigenartige Gestalten, die sich überkreuzen und teilweise wiederholen. Man muß sie nur noch entziffern: »Stimmt es nicht,
daß alle Gräser, Pflanzen, Bäume und so weiter, die aus dem Inneren der
Erde kommen, ebenso viele Bücher und magische Zeichen sind?«[21] Der
große ruhige Spiegel, in dessen Tiefe sich die Dinge spiegelten und einander ihre Bilder zuschickten, ist in Realität voller lärmender Bilder. Die
stummen Reflexe sind durch sie bezeichnende Wörter verdoppelt. Dank
einer letzten Form der Ähnlichkeit, die alle anderen umhüllt und sie in
einem einzigen Kreis einschließt, kann die Welt mit einem sprechenden
Menschen verglichen werden: »Ebenso wie die geheimen Bewegungen seines Verstehens durch die Stimme manifestiert werden, ebenso scheint es,
daß die Gräser zu dem neugierigen Arzt durch ihre Signatur sprechen, in-

19 Theophrastus Paracelsus, *Die 9 Bücher der Natura rerum*, in: ders., *Sämtliche Werke* (Hrsg. Karl
   Sudhoff), München und Berlin 1923-1933, Bd. 11, S. 393.
20 Crollius, a. a. O., S. 4.
21 A. a. O., S. 6.

dem sie ihm ihre inneren, unter dem Schleier der Natur verborgenen Kräfte enthüllen.«[22]

Bei dieser Sprache muß man aber einen Augenblick verharren oder bei den Zeichen, aus denen sie gebildet ist, und bei der Weise, auf die diese Zeichen auf das zurückweisen, was sie bezeichnen.

Zwischen den Augen und dem Eisenhut besteht eine Sympathie. Diese unvorhergesehene Affinität bliebe im Schatten, wenn es auf der Pflanze nicht eine Signatur, ein Zeichen und gewissermaßen ein Wort gäbe, das besagte, daß sie für die Augenkrankheiten gut ist. Dieses Zeichen ist vollkommen lesbar in ihren Samenkörnern: das sind kleine dunkle Kügelchen, eingefaßt in weiße Schalen, die ungefähr das darstellen, was die Lider für die Augen sind.[23] Das gleiche gilt für die Affinität von Nuß und Kopf. »Die Wunden des Hirnschädels« werden durch die dicke grüne Schale geheilt, die auf den Knochen – auf der Schale – der Frucht liegt, aber die inneren Kopfschmerzen werden durch den Kern selbst bekämpft, »der völlig wie das Gehirn aussieht«.[24] Das Zeichen der Affinität und was sie sichtbar macht, ist ganz einfach die Analogie. Die Chiffre der Sympathie liegt in der Proportion.

Aber welche Signatur wird die Proportion selbst tragen, damit man sie wiedererkennen kann? Wie kann man wissen, daß die Falten der Hand oder die Falten der Stirn auf dem Körper der Menschen das abzeichnen, was die Neigungen, Zufälle und Unwegsamkeiten im großen Gewebe des Lebens sind? Es sei denn durch die Kommunikation des Körpers und des Himmels vermittels Sympathie, die die Bewegung der Planeten den Abenteuern der Menschen übermittelt. Es sei denn, weil die Kürze einer Linie das einfache Bild eines kurzen Lebens widerspiegelt, die Kreuzung zweier Falten die Begegnung mit einem Hindernis, die aufsteigende Bewegung einer Falte das Aufsteigen eines Mannes zum Erfolg. Die Breite ist Zeichen von Reichtum und Bedeutung, die Kontinuität markiert das Glück, die Diskontinuität das Unglück.[25] Die große Analogie des Körpers und des Schicksals wird durch das ganze System der Spiegel und der Anzie-

22 Ebd.

23 A. a. O., S. 33.

24 A. a. O., S. 33 f.

25 Cardano, *La Métoposcopie*, Paris 1658, S. III–VIII. – Nach den Angaben von Gabriel Naudé (1643), des Biographen Cardanos, galten den Hrsg. seiner Werke (Lyon 1663) die *Metoposcopiae libri tredecim* als verschollen. Vgl. den Nachdruck *Opera omnia*, 10 Bde., Stuttgart 1966, Bd. 1, *Praefatio*. (D. Übers.).

hungen bezeichnet. Die Sympathien und die *aemulatio* signalisieren die Analogien.

Die *aemulatio* kann man an der Analogie erkennen: die Augen sind Sterne, weil sie das Licht auf den Gesichtern wie die Sterne in der Dunkelheit verbreiten und weil die Blinden in der Welt das sind, was die Klarsichtigsten in dunkler Nacht sind. Man kann sie auch an der Übereinstimmung erkennen, denn man weiß seit den Griechen, daß die starken und kräftigen Tiere am Ende breite und wohlentwickelte Glieder haben, als habe sich ihre Kraft den entferntesten Teilen ihres Körpers mitgeteilt. Auf die gleiche Weise werden das Gesicht und die Hand des Menschen die Ähnlichkeit der Seele tragen, mit der sie verbunden sind. Das Erkennen der sichtbarsten Ähnlichkeiten vollzieht sich also auf dem Hintergrund einer Entdeckung, die die der Konvenienz *(convenientia)* der Dinge untereinander ist. Wenn man nun daran denkt, daß die *convenientia* nicht immer durch eine aktuelle Lokalisierung definiert wird, sondern daß durchaus sich Wesen konvenient verhalten, die getrennt sind (wie es sich zwischen der Krankheit und ihrem Heilmittel, dem Mensch und seinen Sternen, zwischen der Pflanze und dem von ihr benötigten Boden verhält), muß man erneut ein Zeichen der Konvenienz finden. Welches andere Zeichen aber gibt es dafür, daß zwei Dinge miteinander verkettet sind, als daß sie einander anziehen, wie die Sonne die Blüte der Sonnenblume oder wie das Wasser den Trieb der Gurke[26], als daß es zwischen ihnen eine Affinität und gewissermaßen eine Sympathie gibt?

So schließt sich der Kreis. Man sieht jedoch, durch welches System der Verdoppelungen dies geschieht. Die Ähnlichkeiten erfordern eine Signatur, denn keine unter ihnen könnte bemerkt werden, wenn sie nicht sichtbar bezeichnet wäre. Was sind aber diese Zeichen, woran erkennt man unter allen Aspekten der Welt und so vielen Gestalten, die sich überkreuzen, daß es hier ein Merkmal gibt, bei dem man verharren muß, weil es eine geheimnisvolle und wesentliche Ähnlichkeit anzeigt? Welche Form bildet das Zeichen in seinem eigenartigen Zeichenwert? – Es ist die Ähnlichkeit. Es bedeutet, insoweit es Ähnlichkeit mit dem von ihm Angezeigten hat (das heißt mit einer Ähnlichkeit). Es gibt jedoch keine Homologie, die von ihm signalisiert würde, denn sein durch die Signatur unterschiedliches Sein würde in dem von ihm bezeichneten Gesicht erlöschen. Es ist eine *an-*

---

26 Francis Bacon, *A Natural History*, § 462, in: ders., *The Works of Francis Bacon*, 16 Bde., London 1825-1834, Bd. 4 (1826), S. 221.

dere Ähnlichkeit, eine benachbarte Ähnlichkeit von anderem Typ, die zum Erkennen der ersten dient, die aber ihrerseits durch eine dritte enthüllt wird. Jede Ähnlichkeit erhält eine Signatur, aber diese Signatur ist nur eine Form in der Mitte der gleichen Ähnlichkeit. Infolgedessen läßt die Gesamtheit der Zeichen auf den Kreis der Ähnlichkeiten einen zweiten Kreis gleiten, der genau und Punkt für Punkt den ersten reduplizierte, wäre nicht dieser geringe Abstand, der bewirkt, daß das Zeichen der Sympathie in der Analogie ruht, das der Analogie in der *aemulatio*, das der *aemulatio* in der *convenientia*, die ihrerseits zur Anerkennung das Zeichen der Sympathie verlangt ... Die Signatur und das von ihr Bezeichnete sind von genau gleicher Natur, sie gehorchen nur einem unterschiedlichen Distributionsgesetz, die Abtrennung ist die gleiche.

Bezeichnende Form und bezeichnete Form sind Ähnlichkeiten, die nebeneinanderstehen. Wahrscheinlich ist darin die Ähnlichkeit im Denken des sechzehnten Jahrhunderts das, was es an Universellstem gibt; gleichzeitig das Sichtbarste, was man jedoch zu entdecken versuchen muß, denn es ist das am meisten Verborgene; das, was die Erkenntnisform determiniert (denn man erkennt nur, indem man den Wegen der Ähnlichkeit folgt) und was ihr den Reichtum ihres Inhalts garantiert (denn wenn man die Zeichen aufhebt und betrachtet, was sie bezeichnen, läßt man die Ähnlichkeit selbst in ihrem eigenen Licht an den Tag kommen und aufleuchten).

Nennen wir die Gesamtheit der Kenntnisse und Techniken, die gestatten, die Zeichen sprechen zu lassen und ihren Sinn zu entdecken, Hermeneutik. Nennen wir die Gesamtheit der Erkenntnisse und Techniken, die gestatten zu unterscheiden, wo die Zeichen sind, zu definieren, was sie als Zeichen instituiert, ihre Verbindungen und die Gesetze ihrer Verkettung zu erkennen, Semiologie: das sechzehnte Jahrhundert hat Semiologie und Hermeneutik in der Form der Ähnlichkeit übereinandergelagert. Den Sinn zu suchen heißt an den Tag zu bringen, was sich ähnelt. Das Gesetz der Zeichen zu suchen heißt die Dinge zu entdecken, die ähnlich sind. Die Grammatik der Wesen ist ihre Exegese. Die Sprache, die sie sprechen, erzählt nichts anderes als die sie verbindende Syntax. Die Natur der Dinge, ihre Koexistenz, die sie verknüpfende Verkettung, durch die sie kommunizieren, ist nicht von ihrer Ähnlichkeit unterschieden. Diese erscheint nur in dem Netz der Zeichen, das von einem Ende der Welt zum anderen verläuft. Die »Natur« wird in der geringen Dicke erfaßt, die Semiologie und Hermeneutik übereinanderhält. Sie ist mysteriös und verhüllt, bietet sich der Erkenntnis nicht dar, die manchmal vom Wege abbringt, es sei denn insoweit, als diese Überlagerung nicht ohne einen leichten Abstand der Ähnlichkeiten sich vollzieht. Plötzlich ist der Raster nicht mehr klar, seine Transparenz ist vom ersten Verteilen an verwirrt. Ein dunkler Raum erscheint, den man fortschreitend erhellen muß. Dort liegt die »Natur«, und um dessen Erkenntnis muß man sich bemühen. Alles wäre unmittelbar und evident, wenn die Hermeneutik der Ähnlichkeit und die Semiologie der Signaturen ohne das geringste Oszillieren übereinstimmten. Aber weil es eine »Kerbe« zwischen den Ähnlichkeiten gibt, die die Schriftzeichen bilden, und denen, die die Rede bilden, erhalten das Denken und seine unendliche Mühe genau dort den ihnen eigenen Raum: in jenem Abstand werden sie in einem unbegrenzten Zickzackkurs zwischen dem Ähnlichen und dem ihm Ähnlichen ihre Linien zu ziehen haben.

III. Die Grenzen der Welt

So sieht in sehr allgemeiner Skizzierung die *episteme* des sechzehnten Jahrhunderts aus. Diese Konfiguration zieht eine bestimmte Reihe von Konsequenzen nach sich.

Jenes Wissen hat zunächst einen gleichzeitig vollblütigen und armen Charakter; einen vollblütigen, weil es unbegrenzt ist, denn die Ähnlichkeit bleibt niemals in sich selbst fest, sie wird nur fixiert, wenn sie auf eine andere Ähnlichkeit verweist, die ihrerseits neue anspricht, so daß jede Ähnlichkeit nur durch die Akkumulation aller anderen ihren Wert erhält und die ganze Welt durchlaufen werden muß, damit die geringste Analogie gerechtfertigt wird und schließlich als gesichert erscheint. Es handelt sich also um ein Wissen, das durch unendliche Anhäufung von Bestätigungen, die sich einander auflösen, vorgehen kann und muß. Dadurch ruht dieses Wissen mit seinem Fundament auf sandigem Boden. Die einzig mögliche Verbindungsform zwischen den Bausteinen des Wissens ist die Addition. Daher rühren jene unermeßlichen Zahlenreihen, daher ihre Monotonie. Indem es als die Verbindung zwischen dem Zeichen und dem Bezeichneten die Ähnlichkeit (die gleichzeitig die dritte Kraft und einzige Gewalt ist, weil sie auf gleiche Weise dem Zeichen und dem Inhalt innewohnt) setzt, hat sich das Wissen des sechzehnten Jahrhunderts dazu verurteilt, stets nur die gleiche Sache zu erkennen, sie aber nur am niemals erreichten Ende einer unendlichen Bahn zu erkennen.

Hier tritt die allzu bekannte Kategorie des Mikrokosmos in Funktion. Dieser alte Begriff hat wahrscheinlich durch das Mittelalter hindurch und seit dem Anfang der Renaissance durch eine bestimmte neuplatonische Tradition zu neuem Leben gefunden, aber er hat schließlich im sechzehnten Jahrhundert eine fundamentale Rolle im Wissen gespielt. Es ist dabei gleichgültig, ob er, wie man einst sagte, Vision der Welt oder »Weltanschauung« ist. Auf jeden Fall hat er eine oder vielmehr zwei sehr präzise Funktionen in der erkenntnistheoretischen Gestaltung jener Epoche. Als *Denkkategorie* wendet er auf alle Naturgebiete das Spiel der reduplizierten Ähnlichkeiten an. Er garantiert der Nachforschung, daß jedes Ding in einer größeren Stufenleiter sein Spiegelbild und seine makrokosmische Versicherung findet. Es bestätigt dagegen, daß die sichtbare Ordnung der höchsten Sphären sich in der dunkelsten Tiefe der Erde widerspiegelt. Als *allgemeine Konfiguration* der Natur verstanden, setzt er jedoch wirkliche und gewissermaßen berührbare Grenzen für die unermüdliche Bewegung der Ähnlichkeiten, die aufeinanderfolgen. Er zeigt, daß eine große Welt existiert und daß deren Perimeter die Grenze aller geschaffenen Dinge zieht; daß am anderen Ende ein privilegiertes Wesen existiert, das in seinen begrenzten Dimensionen die unmeßbare Ordnung des Himmels, der Gestirne, der Gebirge, der Flüsse und Gewitter reproduziert, und daß in den wirksamen Grenzen dieser konstitutiven Analogie sich das Spiel der Ähnlichkeiten entfaltet. Dadurch kann die Entfernung des Mikrokosmos zum Makrokosmos noch so immens sein, sie ist nicht unendlich. Die Wesen, die darin ihren Aufenthalt haben, mögen noch so zahlreich sein, es gelänge schließlich doch, sie zu zählen. Infolgedessen laufen die Ähnlichkeiten, die sich durch das Spiel der von ihnen erforderten Zeichen aufeinander stützen, nicht Gefahr, sich ins Unendliche zu verflüchtigen; sie haben, um sich zu stützen und zu stärken, ein vollkommen abgeschlossenes Gebiet. Die Natur als Spiel der Zeichen und der Ähnlichkeiten schließt sich in sich selbst gemäß der reduplizierten Gestalt des Kosmos.

Man muß sich also davor hüten, die Verhältnisse umzukehren. Ohne Zweifel ist die Idee des Mikrokosmos, wie man sagt, »bedeutend« für das sechzehnte Jahrhundert. Unter allen Formulierungen, die eine Untersuchung aufzeichnen könnte, wäre sie wahrscheinlich eine der häufigsten. Aber es handelt sich hier nicht um eine Meinungsforschung, die nur eine statistische Analyse des geschriebenen Materials leisten könnte. Wenn man dagegen das Wissen des sechzehnten Jahrhunderts auf seiner archäologischen Ebene befragt – das heißt in dem, was dieses Wissen möglich gemacht hat –, erscheinen die Beziehungen des Makrokosmos und des Mikrokosmos als eine einfache Oberflächenwirkung. Nicht weil man an solche Beziehungen glaubte, hat man die ganzen Analogien der Welt aufgesucht, sondern es gab im Zentrum des Wissens eine Notwendigkeit. Man mußte den unendlichen Reichtum einer zwischen den Zeichen und ihrem Sinn als Drittes eingeführten Ähnlichkeit und die Monotonie, die die gleiche Zerteilung der Ähnlichkeit dem Bezeichnenden und dem von ihm Bezeichneten auferlegte, anpassen. In einer *episteme*, in der Zeichen und Ähnlichkeiten sich gegenseitig schneckenförmig und ohne Ende aufwickelten, mußte man in der Beziehung von Mikrokosmos und Makrokosmos die Garantie dieses Wissens und das Ende seines Ergusses sehen.

Dieses Wissen mußte in derselben Notwendigkeit zugleich und in der gleichen Ebene Magie und Gelehrsamkeit aufnehmen. Es scheint uns, daß die Kenntnisse des sechzehnten Jahrhunderts durch eine unstabile Mischung aus rationalem Wissen, von magischen Praktiken abgeleiteten Begriffen und einem ganzen kulturellen Erbe gebildet wurden, dessen Ansehen durch die Wiederentdeckung der alten Texte die Kraft seiner Autorität um ein Vielfaches vermehrt hatte. So konzipiert, scheint die Wissenschaft jener Epoche mit einer schwachen Struktur ausgestattet zu sein. Sie wäre nur der freizügige Ort einer Gegenüberstellung von Treue gegenüber der Antike, dem Geschmack am Wunderbaren und einer bereits erwachten Aufmerksamkeit für jene souveräne Rationalität, in der wir uns wiedererkennen. Und diese dreilappige Epoche müßte sich im Spiegel eines jeden Werkes und jeden geteilten Geistes reflektieren ... Tatsächlich leidet das Wissen des sechzehnten Jahrhunderts nicht an einer strukturellen Insuffizienz. Wir haben hingegen gesehen, wie metikulös die Konfigurationen sind, die seinen Raum definieren. Diese Strenge erlegt der Beziehung zur Magie und zur Gelehrsamkeit nicht übernommene Inhalte, sondern gesuchte Formen auf. Die Welt ist von Zeichen bedeckt, die man entziffern muß, und diese Zeichen, die Ähnlichkeiten und Affinitäten enthüllen, sind selbst nur Formen der Ähnlichkeit. Erkennen heißt also interpretieren: vom sichtbaren Zeichen zu dem dadurch Ausgedrückten gehen, das ohne das Zeichen stummes Wort, in den Dingen schlafend bliebe. »Wir menschen auf erden erfaren alles das, so in bergen ligt durch die eußern zeichen und gleichnus, auch dergleichen alle eigenschaft in kreutern und alles das in den steinen ist und nichts ist in der tiefe des mers, in der höhe des firmanments, der mensch mag es erkennen. kein berg, kein fels ist so dick nicht, das er das möge verhalten und verbergen das in im ist und dem menschen nicht offenbar werde. das alles kommt durch sein signatum signum.«[27] Die Divination ist keine mit der Erkenntnis konkurrierende Form, sondern bildet eine gemeinsame Form mit der Erkenntnis selbst. Nun bezeichnen aber die von uns interpretierten Zeichen das Verborgene nur in dem Maße, in dem sie ihm ähneln. Und man wird nicht auf die Zeichen hin handeln, ohne gleichzeitig auf das insgeheim von ihnen Bezeichnete zu wirken. Deshalb werden die Pflanzen, die den Kopf, die Augen, das Herz oder die Leber darstellen, eine Wirkung auf ein Organ haben; deshalb werden die Tiere selbst ein Gefühl für die sie bezeichnenden Merkmale haben. »lieber so sag mir doch, woher kompt es, das ein schlang in Schweiz, Algeu oder Schwaben die griechische sprach, osy, osya osy verstehet? [...] auf welchen universiteten haben sie so vil studirt, das sie so sie solche wort hören mit dem schwanz ire oren verstopfen, damit die wort nit von inen gehört werden sollen? dan so balt sie die wort hören, von stunt ligt sie wider ir natur und art still, tut dem menschen weder mit vergift noch stechen keinen schaden.« Man sollte nicht sagen, daß dies nur die Geräusche der gesprochenen Wörter bewirken. »dan so du dise wort auf ein pergament oder papir schreibest zu seiner zeit und legst es auf ein schlangen, so bleibt sie gleicher gestalt, als ob du die wort laut dazu redest.«[28] Der Plan der *Magiae naturales*, der einen breiten Raum am Ende des sechzehnten Jahrhunderts einnimmt und sich noch bis tief in die Mitte des siebzehnten Jahrhunderts hinein erstreckt, ist keine rückständige Wirkung im europäischen Bewußtsein, sondern es handelt sich, wie Campanella ausdrücklich feststellt[29], um eine Wiedererweckung aus Gründen jener Zeit, weil die fundamentale Konfiguration des Wissens die Zeichen und die Ähnlichkeiten aufeinander verwies. Die magische Form war der Erkenntnisweise inhärent.

Das gleiche gilt für die Gelehrsamkeit, denn in dem Schatz, den uns die Antike überliefert hat, gilt die Sprache als das Zeichen der Dinge. Es gibt keinen Unterschied zwischen jenen sichtbaren Zeichen, die Gott auf der Oberfläche der Erde gesetzt hat, um uns deren innere Geheimnisse erken-

---

27 Paracelsus, *Astronomia magna oder die ganze Philosophie sagax der großen und kleinen Welt samt Beiwerk*, in: ders., *Sämtliche Werke*, Bd. 12, S. 174 f.
28 Paracelsus, *Archidoxis magicae libri VII*, in: ders., *Sämtliche Werke*, Bd. 14, S. 438.
29 Campanella, *De sensu rerum et magia*, Frankfurt 1620.

nen zu lassen, und den lesbaren Wörtern, die die Bibel oder die Weisen der
Antike, die durch ein göttliches Licht erleuchtet worden sind, in ihren Büchern, die die Überlieferung gerettet hat, niedergelegt haben. Die Beziehung zu den Texten ist von gleicher Natur wie die Beziehung zu den Dingen; hier wie da nimmt man Zeichen auf. Aber Gott hat die Natur zur
Ausübung unserer Weisheit nur mit zu entziffernden Figuren besät (und
in diesem Sinne muß die Erkenntnis *divinatio* sein), während die Menschen der Antike bereits Interpretationen gegeben haben, die wir nur noch
zu sammeln brauchen. Die wir nur noch zu sammeln brauchten, wenn
man ihre Sprache nicht lernen müßte, um ihre Texte zu lesen und zu verstehen, was sie gesagt haben. Das Erbe der Antike ist wie die Natur selbst ein
weiter, zu interpretierender Raum. Hier wie dort muß man Zeichen sammeln und sie allmählich sprechen lassen. Mit anderen Worten: *Divinatio*
und *Eruditio* sind eine gleiche Hermeneutik, aber sie entwickelt sich,
wenn auch nach ähnlichen Figuren, auf zwei verschiedenen Ebenen, deren
eine vom stummen Zeichen zu den Dingen selbst verläuft und die Natur
sprechen läßt, deren andere vom unbeweglichen Graphismus zum hellen
Wort geht und den schlafenden Sprachen erneutes Leben gibt. Aber ganz
genau wie die natürlichen Zeichen mit dem von ihnen Bezeichneten in
der tiefen Beziehung der Ähnlichkeit verbunden sind, gehört die Rede
der antiken Menschen zu dem Bild dessen, was sie äußert. Wenn sie für
uns den Wert eines kostbaren Zeichens hat, dann deshalb, weil sie im
Grunde ihres Wesens und durch das Licht, von dem sie seit ihrer Entstehung unaufhörlich durchquert wird, den Dingen selbst angepaßt ist und
ihren Spiegel und ihre *aemulatio* bildet. Sie ist für die ewige Wahrheit
das, was die Zeichen für die Naturgeheimnisse sind (sie ist das zu entziffernde Zeichen dieses Wortes). Sie hat mit den von ihr zu enthüllenden
Dingen eine zeitlose Affinität. Es ist also nutzlos, nach ihrer Autorität zu
fragen, sie ist ein Schatz von Zeichen, die durch Ähnlichkeit mit dem verbunden sind, was sie bezeichnen können. Der einzige Unterschied liegt
darin, daß es sich um einen Schatz zweiten Grades handelt, der zu den Bezeichnungen der Natur zurückverweist, die ihrerseits dunkel das Feingold
der Dinge selbst bezeichnen. Die Wahrheit all dieser Zeichen, ob sie nun
die Natur durchqueren oder sich auf Pergament in den Bibliotheken aneinanderreihen, ist überall die gleiche. Sie ist ebenso archaisch wie die Institution Gott.

Zwischen den Zeichen und den Wörtern gibt es den Unterschied der

Beobachtung und der akzeptierten Autorität oder des Verifizierbaren und der Tradition nicht. Es gibt überall nur ein und dasselbe Spiel, das des Zeichens und des Ähnlichen, und deshalb können die Natur und das Verb sich unendlich kreuzen und für jemanden, der lesen kann, gewissermaßen einen großen und einzigen Text bilden.

IV. Die Schrift der Dinge

Im sechzehnten Jahrhundert ist die wirkliche Sprache keine einförmige und glatte Gesamtheit von unabhängigen Zeichen, in der die Dinge sich wie in einem Spiegel reflektierten, um darin Ding für Ding ihre besondere Wahrheit auszudrücken. Es ist vielmehr eine opake, mysteriöse, in sich selbst geschlossene Sache, eine fragmentierte und von Punkt zu Punkt rätselhafte Masse, die sich hier und da mit den Figuren der Welt mischt und sich mit ihnen verflicht, und zwar so sehr und so gut, daß sie alle zusammen ein Zeichennetz bilden, in dem jedes Zeichen in Beziehung zu allen anderen die Rolle des Inhalts oder des Zeichens, des Geheimnisses oder des Hinweises spielen kann und tatsächlich spielt. In ihrem rohen und historischen Sein des sechzehnten Jahrhunderts ist die Sprache kein willkürliches System; sie ist in der Welt niedergelegt und gehört zu ihr, weil die Dinge selbst ihr Rätsel wie eine Sprache verbergen und gleichzeitig manifestieren und weil die Wörter sich den Menschen als zu entziffernde Dinge anbieten. Die große Metapher des Buches, das man öffnet, das man buchstabiert und das man liest, um die Natur zu erkennen, ist nur die sichtbare Umkehrung einer anderen Übertragung, die viel tiefer ist und die Sprache dazu zwingt, auf seiten der Welt zwischen den Pflanzen, den Gräsern, den Steinen und den Tieren zu residieren.

Die Sprache gehört zur großen Distribution der Ähnlichkeiten und Signaturen. Infolgedessen muß sie selbst als eine Sache der Natur untersucht werden. Ihre Elemente haben wie die Tiere, Pflanzen oder Sterne ihre Affinitätsgesetze und Gesetze der Konvenienz, ihre obligaten Analogien. Ramus teilte seine Grammatik in zwei Teile. Den ersten Teil widmete er der Etymologie, was nicht heißt, daß man darin den ursprünglichen Sinn der Wörter suchte, sondern die inneren »Eigentümlichkeiten« der Buchstaben, der Silben und schließlich der ganzen Wörter. Der zweite Teil handelte von der Syntax. Sein Ziel war es, »den Bau der Wörter untereinander gemäß ihren Eigentümlichkeiten« zu lehren, und er bestand »fast nur in der Konvenienz und gegenseitigen Verbindung der Eigenheiten, wie des Nomens mit dem Nomen oder mit dem Verb, des Adverbs mit allen Wörtern, mit dem es verbunden ist, der Konjunktion in der Ordnung der verbundenen Dinge«.[30] Die Sprache ist nicht, was sie ist, weil sie einen Sinn hat. Ihr repräsentativer Inhalt, der für die Grammatiker des siebzehnten und achtzehnten Jahrhunderts so viel Bedeutung haben wird, daß er für ihre Analysen als Leitfaden dienen wird, spielt hier überhaupt keine Rolle. Die Wörter gruppieren Silben und die Silben Buchstaben, weil es in ihnen Kräfte gibt, die sie einander annähern oder sie voneinander entfernen, genauso, wie in der Welt sich die Zeichen gegenseitig anziehen oder in Opposition zueinander stehen. Die grammatischen Studien beruhen im sechzehnten Jahrhundert auf der gleichen erkenntnistheoretischen Disposition wie die Naturwissenschaft oder die esoterischen Disziplinen. Als einzige Unterschiede sind festzuhalten, daß es eine Natur und mehrere Sprachen gibt; und in der Esoterik werden die Eigenschaften der Wörter, der Silben und der Buchstaben durch einen anderen Diskurs entdeckt, der geheim bleibt, während in der Grammatik die Wörter und alltäglichen Sätze von selbst ihre Eigenschaften darstellen. Die Sprache steht auf halbem Wege zwischen den sichtbaren Figuren der Natur und der geheimen Übereinstimmung der esoterischen Diskurse. Es ist eine gestückelte Natur, die gegen sich selbst uneins und verändert ist und die ihre ursprüngliche Transparenz verloren hat. Es ist ein Geheimnis, das in sich, jedoch an der Oberfläche, die entschlüsselbaren Zeichen dessen trägt, was es sagen soll. Es ist gleichzeitig verborgene Enthüllung und Enthüllung, die sich allmählich in einer aufsteigenden Klarheit restituiert.

In ihrer ursprünglichen Form, als sie den Menschen von Gott gegeben wurde, war die Sprache ein absolut sicheres und wahres Zeichen der Dinge, weil sie ihnen ähnelte. Die Namen waren auf dem von ihnen Bezeichneten deponiert, wie die Kraft in den Körper des Löwen eingeschrieben ist, wie das Königtum in den Blick des Adlers, wie der Einfluß der Planeten auf der Stirn der Menschen markiert ist: durch die Form der Ähnlichkeit. Diese Transparenz wurde in Babel als Bestrafung für die Menschen zerstört. Die Sprachen wurden voneinander nur getrennt und wurden miteinander unvereinbar insoweit, als zunächst jene Ähnlichkeit mit den

---

30 Petrus Ramus, *Grammaire*, Paris [2]1572, S. 3 und 125 f.

Dingen ausgelöscht wurde, die die erste *raison d'être* der Sprache war. Alle Sprachen, die wir kennen, sprechen wir jetzt nur auf dem Hintergrund der verlorenen Ähnlichkeit und in dem Raum, den sie leer gelassen hat. Es gibt nur eine Sprache, die die Erinnerung daran nicht verloren hat, weil sie direkt vom ersten, jetzt vergessenen Wortschatz sich ableitet. Weil Gott nicht gewollt hat, daß die Bestrafung von Babel der Erinnerung der Menschen entgeht, weil diese Sprache dazu dienen mußte, die alte Verbindung Gottes mit seinem Volk zu erzählen, weil schließlich in dieser Sprache Gott sich an diejenigen gewandt hat, die auf ihn gehört haben. Das Hebräische trägt also wie aus Ruinen die Markierungen der ursprünglichen Bezeichnung. Und jene Worte, die Adam ausgesprochen hatte, indem er sie Tieren auferlegte, sind wenigstens teilweise geblieben und tragen mit sich in ihrer Mächtigkeit gewissermaßen ein Fragment stummen Wissens, die unbeweglichen Eigenschaften der Wesen: »So heißt der Storch, der wegen seiner Liebe zu seinen Eltern so gelobt wird, auf hebräisch *Chasida*, das heißt gütig, mildtätig, mitleidvoll ... Das Pferd, *Sus*, wird von dem Verb *Hasas* geschätzt, wenn nicht vielmehr dieses Verb von ihm abgeleitet ist, das ›sich erheben‹ bedeutet, denn von allen Vierbeinern ist das Pferd stolz und tüchtig, wie es Hiob im Kapitel neununddreißig beschreibt.«[31] Aber das sind nur noch fragmentarische Monumente, die anderen Sprachen haben diese radikalen Ähnlichkeiten verloren, die nur noch das Hebräische bewahrt, um zu zeigen, daß es einst die Gott, Adam und den Tieren am Anfang der Erde gemeinsame Sprache war.

Wenn aber die Sprache nicht mehr unmittelbar den Dingen ähnelt, die sie bezeichnet, ist sie dennoch nicht von der Welt getrennt. In einer anderen Form ist sie weiterhin der Ort der Enthüllungen und hat teil an dem Raum, in dem die Wahrheit sich gleichzeitig manifestiert und äußert. Gewiß ist sie nicht mehr die Natur in ihrer ursprünglichen Sichtbarkeit, aber sie ist andererseits auch kein mysteriöses Instrument, dessen Kräfte nur einige Privilegierte kennten. Sie ist vielmehr die Gestalt einer Welt, die im Begriff ist, sich loszukaufen, und sich endlich wieder auf das Hören des wahren Wortes konzentriert. Deshalb hat Gott das Latein, die Sprache seiner Kirche, sich über die ganze Erdkugel ausdehnen lassen. Deshalb haben alle Sprachen der Welt, so wie man sie dank dieser Eroberung hat kennenlernen können, gemeinsam das Bild der Wahrheit gebildet. Der Raum,

---

31 Claude Duret, *Thrésor de l'histoire des langues*, Cologny 1613, S. 40.

in dem sie sich entfalten, und ihre Verflechtung befreien das Zeichen der
geretteten Welt, genauso, wie die Disposition der ersten Namen den Dingen ähnelte, die Gott in den Dienst Adams gestellt hatte. Claude Duret bemerkt, daß die Hebräer, die Kanaaniter, die Samariter, die Chaldäer, die
Syrer, die Ägypter, die Phönizier, die Karthager, die Araber, die Sarazenen,
die Türken, die Mauren, die Perser, die Tataren von rechts nach links
schreiben und so »dem Lauf und der täglichen Bewegung des ersten Himmels folgen, der nach der Ansicht des großen Aristoteles sehr vollkommen
ist und der Einheit nahekommt«. Die Griechen, die Georgier, die Maroni-
ten, die Jakobiten, die Kopten und natürlich auch die Lateiner und alle Europäer schreiben von links nach rechts und folgen »dem Lauf und der Bewegung des zweiten Himmels ebenso wie den sieben Planeten«. Die Inder,
die Kathainer, die Chinesen, die Japaner schreiben von oben nach unten
»gemäß der Ordnung der Natur, die dem Menschen oben den Kopf und
unten die Füße gegeben hat«. »Genau umgekehrt wie die oben Genannten« schreiben die Mexikaner entweder von unten nach oben oder in »Spi-
rallinien, so wie sie die Sonne in dem jährlichen Lauf auf dem Zodiak vollzieht«. Und so »werden durch diese fünf verschiedenen Schreibarten die
Geheimnisse und Mysterien des Erdkreuzes und der Form des Kreuzes zusammen mit der Rundheit des Himmels und der Erde bezeichnet und ausgedrückt«.[32] Die Sprachen stehen mit der Welt in einer Analogiebeziehung
und weniger in einer Beziehung der Bedeutung, oder vielmehr ihr Zeichenwert und ihre Funktion der Reduplizierung überlagern sich. Sie sprechen den Himmel und die Erde aus, deren Bild sie sind, sie reproduzieren
in ihrer materiellsten Architektur das Kreuz, dessen Kommen sie verkünden, jenes Kommen, das sich seinerseits durch die Heilige Schrift und
das Wort Gottes etabliert. Es gibt eine symbolische Funktion in der Sprache; seit dem Unheil von Babel muß man sie jedoch bis auf einige seltene
Ausnahmen[33] nicht mehr in den Wörtern selbst, sondern in der Existenz
der Sprache suchen, in ihrer totalen Beziehung zu der Totalität der Welt,
in dem Überkreuzen ihres Raumes mit den Örtern und Gestalten des
Kosmos.

Daher rührt die Form des enzyklopädischen Projekts, so wie es am Ende
des sechzehnten Jahrhunderts oder in den ersten Jahren des folgenden

32 Ebd.
33 Conrad Gesner, *Mithridates de differentiis linguarum*, Zürich ²1610, S. 3 f., zitiert als Ausnahme
die Onomatopöie.

Jahrhunderts auftaucht: das, was man weiß, nicht mehr im neutralen Element der Sprache reflektieren – der Gebrauch des Alphabets als willkürlichen, aber wirksamen enzyklopädischen Ordnungsprinzips taucht erst in der zweiten Hälfte des siebzehnten Jahrhunderts auf[34] –, sondern durch die Verkettung der Wörter und durch ihre Anordnung im Raum die Ordnung der Welt rekonstruieren. Dieses Projekt findet man bei Grégoire in seinem *Syntaxeon artis mirabilis* (1610), bei Alsted in seiner *Encyclopaedia* (1630) oder auch bei jenem Christophe de Savigny *(Tableau de tous les arts libéraux)*, der die Kenntnisse gleichzeitig nach der kosmischen, unbeweglichen und perfekten Form des Kreises und der sublunaren, vergänglichen, multiplen und aufgeteilten Form des Baums räumlich anzuordnen vermag. Man findet sie auch bei La Croix du Maine, der gleichzeitig einen Raum der Enzyklopädie und der Bibliothek sich vorstellt, der die geschriebenen Texte nach den Figuren der Nachbarschaft, der Verwandtschaft, der Analogie und der Subordination anzuordnen gestattete, die die Welt selbst vorschreibt.[35] Auf jeden Fall ist eine derartige Verknüpfung der Sprache und der Dinge in einem Raum, der ihnen gemeinsam wäre, nur mit einem absoluten Privileg der Schrift vorzustellen.

Dieses Privileg hat die ganze Renaissance beherrscht und war wahrscheinlich eines der großen Ereignisse der abendländischen Kultur. Die Druckerkunst, das Eindringen orientalischer Manuskripte nach Europa, das Auftauchen einer Literatur, die nicht mehr für die Stimme oder für die Aufführung geschaffen war noch von ihnen bestimmt wurde, der der Interpretation der religiösen Texte vor der Tradition und der Autorität der Kirche gegebene Vorzug, all das bezeugt, ohne daß man zwischen Ursache und Wirkung unterscheiden könnte, den fundamentalen Platz, den die Schrift im Okzident einnahm. Künftig ist es die Hauptnatur der Sprache, geschrieben zu werden. Die Töne der Stimme bilden nur noch die vorübergehende und vergängliche Übersetzung davon. Was Gott in der Welt niedergelegt hat, sind geschriebene Worte. Als Adam den Tieren ihre ersten Namen gab, hat er die sichtbaren und schweigenden Zeichen nur abgelesen. Das Gesetz Gottes ist den Tafeln anvertraut worden und nicht der Erinnerung der Menschen, und das wahre Wort muß in einem Buch ge-

---

34 Die Sprachen ausgenommen, denn das Alphabet ist das Material der Sprache. Vgl. Gesner, *Mithridates*, Kap. 2. Die erste alphabetische Enzyklopädie ist der *Grand Dictionnaire historique* von Moréri (1674).

35 François La Croix du Maine, *Desseins pour dresser une bibliothèque parfaicte*, Paris 1583.

sucht werden. Vigenère und Duret[36] sagten beide und in fast identischen Worten, daß die Schrift stets dem Gesprochenen voraufgegangen sei, ganz gewiß in der Natur, vielleicht auch im Wissen der Menschen. Denn möglicherweise hat es vor Babel, vor der Sintflut eine Schrift gegeben, die aus den Zeichen der Natur zusammengesetzt war, so daß diese Charaktere die Kraft gehabt haben, direkt auf die Dinge einzuwirken, sie anzuziehen oder sie abzustoßen, ihre Eigenheiten, ihre Kräfte und ihre Geheimnisse darzustellen. Das ist eine auf primitive Weise natürliche Schrift, von der vielleicht bestimmte esoterische Gelehrsamkeiten, allen voran die Kabbala, eine verstreute Erinnerung bewahrt haben und die seit langem schlafenden Kräfte zu fassen versuchen. Die Esoterik ist im sechzehnten Jahrhundert ein Phänomen der Schrift und nicht des Sprechens. Auf jeden Fall ist das Sprechen seiner Kräfte beraubt; nach Vigenère und Duret ist es nur der weibliche Teil der Sprache, gewissermaßen ihr passiver Intellekt. Die Schrift ist der handelnde Intellekt, das »männliche Prinzip« der Sprache. Sie allein enthält die Wahrheit.

Dieser Primat des Geschriebenen erklärt die zwillingsartige Präsenz zweier Formen, die im Wissen des sechzehnten Jahrhunderts trotz ihrer offensichtlichen Opposition voneinander unlösbar sind. Zunächst handelt es sich um die Nichtunterscheidung zwischen dem Gesehenen und dem Gelesenen, zwischen dem Beobachteten und dem Berichteten, also um die Konstitution einer einzigen und glatten Schicht, auf der der Blick und die Sprache sich unendlich oft kreuzten. Und es handelt sich umgekehrt auch um die unmittelbare Dissoziaton jeder Sprache, die das nochmalige Untersuchen des Kommentars ohne einen jemals bestimmbaren Endpunkt verdoppelt.

Eines Tages wird sich Buffon darüber erstaunt zeigen, daß man bei einem Naturforscher wie Aldrovandi eine unentwirrbare Mischung genauer Beschreibung, aufgenommener Zitate, kritikloser Fabeln und Bemerkungen finden kann, die unterschiedslos über Anatomie, Wappen, Lebensverhältnisse, mythologische Werte eines Tieres handeln und darüber, welchen Gebrauch man davon in der Medizin oder in der Magie machen kann. Tatsächlich sieht man, wenn man sich der *Historia serpentum et draconum* zuwendet, daß das Kapitel »Über die Schlange im Allgemeinen« sich nach folgenden Rubriken aufgliedert: Doppeldeutigkeit (das heißt

---

36 Blaise de Vigenère, *Traité des chiffres*, Paris 1587, S. 1 f.; Claude Duret, *Thrésor de l'histoire des langues*, S. 19 f.

die verschiedenen Bedeutungen des Wortes *Schlange*), Synonyme und Etymologien, Unterschiede, Form und Beschreibung, Anatomie, Natur und
Gewohnheiten, Temperament, Zeugung und Fortpflanzung, Stimme, Bewegungen, Vorkommen, Ernährung, Physiognomie, Antipathie, Sympathie,
Fangweisen, Tod und Verwundungen durch die Schlange, Arten und Zeichen der Vergiftung, Heilmittel, Beiwörter, Bezeichnungen, Wunder und
Vorzeichen, Monstren, Mythologie, Götter, denen die Schlange heilig ist,
Lehrfabeln, Allegorien und Mysterien, Hieroglyphen, Embleme und Symbole, Sprichwörter, Münzen, rätselhafte Wunder, Devisen, heraldische
Zeichen, historische Fakten, Träume, Heiligtümer und Statuen, Gebrauch
bei der Nahrung, Gebrauch in der Medizin, verschiedene Gebräuche. Und
Buffon sagt, »daran mag man beurteilen, welchen Anteil Naturgeschichte
man in diesem ganzen Schwall von Geschriebenem finden kann. Das ist
alles keine Beschreibung, sondern Legende.« Tatsächlich ist all das für Aldrovandi und seine Zeitgenossen *legenda* – Dinge, die zu lesen sind. Aber
die Ursache dafür ist nicht darin zu sehen, daß man die Autorität der Menschen der Exaktheit eines nicht geschulten Blickes vorzieht, sondern daß
die Natur in sich selbst ein ununterbrochenes Gewebe aus Wörtern und
Zeichen, aus Berichten und Merkmalen, aus Reden und Formen ist. Wenn
man die *Geschichte* eines Tieres zu schreiben hat, ist es nutzlos und unmöglich, zwischen dem Gewerbe eines Naturwissenschaftlers und dem eines
Kompilatoren zu wählen: man muß in ein und derselben Form des Denkens all das zusammensuchen, was durch die Natur oder die Menschen,
durch die Sprache der Welt, der Überlieferungen oder der Dichter *gesehen,*
gehört und *erzählt* worden ist. Ein Tier oder eine Pflanze oder irgendeine
Sache der Erde zu erkennen heißt die ganze dicke Schicht der Zeichen zu-
sammenzusuchen, die in ihnen oder auf ihnen deponiert worden sein können. Das heißt auch, alle Konstellationen von Formen wiederzufinden, in
denen sie den Wert eines Wappens annehmen. Aldrovandi war kein besserer oder schlechterer Beobachter als Buffon, er war nicht leichtgläubiger
als er oder weniger der Treue des Blickes oder der Rationalität der Dinge
verhaftet. Sein Blick war lediglich nicht mit den Dingen durch das gleiche
System noch durch die gleiche Disposition der *episteme* verbunden. Aldrovandi betrachtete metikulös eine Natur, die durch und durch geschrieben
war.

Wissen (*savoir*) besteht also darin, Sprache auf Sprache zu beziehen, die
große einförmige Ebene der Wörter und der Sachen wiederherzustellen, al-

les sprechen zu lassen, das heißt, oberhalb aller Markierungen den Kommentar als zweiten Diskurs entstehen zu lassen. Dem Wissen ist eigen, weder zu sehen noch zu zeigen, sondern zu interpretieren. Kommentar der Heiligen Schrift, Kommentar der antiken Texte, Kommentar dessen, was die Reisenden berichtet haben, Kommentar der Legenden und Fabeln: man verlangt nicht von jedem dieser Diskurse, die man interpretiert, das Recht, eine Wahrheit auszusagen, man verlangt von ihm nur die Möglichkeit, über ihn zu sprechen. Die Sprache hat in sich selbst ihr inneres Prinzip der Fruchtbarkeit. »Es kostet mehr, die Auslegung auszulegen als die Sache selbst, und es gibt mehr Bücher über Bücher als über irgendeinen anderen Gegenstand. Wir machen nichts als Anmerkungen übereinander.«[37] Das ist keine Feststellung des Zusammenbruchs einer unter ihren eigenen Monumenten begrabenen Kultur, sondern die Definition der unvermeidbaren Beziehung, die die Sprache des sechzehnten Jahrhunderts mit sich selbst unterhielt. Einerseits gestattet diese Beziehung ein unendliches Schäumen der Sprache, die sich unaufhörlich entwickelt, sich selbst aufnimmt und ihre aufeinanderfolgenden Formen überlappen läßt. Zum ersten Mal vielleicht in der abendländischen Kultur wird diese absolut offene Dimension einer Sprache freigelegt, die nicht mehr aufhören kann, weil sie ihre Wahrheit nur in einem zukünftigen Diskurs darstellen wird, der völlig dazu bestimmt ist zu sagen, was sie gesagt haben wird, und weil sie nie in einem definitiven Sprechen eingeschlossen ist. Aber dieser Diskurs selbst enthält nicht die Kraft, sich anzuhalten, und was er sagt, schließt er wie ein Versprechen ein, das noch einem anderen Diskurs gemacht wird ... Die Aufgabe des Kommentars kann *per definitionem* nie beendet sein. Dennoch ist der Kommentar völlig auf den rätselhaften, gemurmelten Teil gerichtet, der sich in der kommentierten Sprache verbirgt. Er läßt unterhalb des existierenden Diskurses einen anderen, fundamentaleren und gewissermaßen »ersteren« Diskurs entstehen, den wiederherzustellen er sich zur Aufgabe macht. Es gibt nur einen Kommentar, wenn unterhalb der Sprache, die man liest und entziffert, die Souveränität eines ursprünglichen Textes verläuft. Und dieser Text verspricht bei der Begründung des Kommentars diesem gewissermaßen als Belohnung seine endgültige Entdeckung. Infolgedessen ist die notwendige Verbreitung der Exegese abgemessen, auf ideale Weise begrenzt und dennoch unaufhörlich durch jenes

---

37 Michel de Montaigne, *Essays*, III, 13, in: ders., *Gesammelte Schriften*, München, Berlin 1908 ff., Bd. 6, S. 166.

schweigende Reich belebt. Die Sprache des sechzehnten Jahrhunderts –
nicht als Episode in der Geschichte der Sprache, sondern als eine globale
kulturelle Erfahrung verstanden – wird wahrscheinlich in diesem Spiel
festgehalten, in diesem Zwischenraum zwischen dem ersten Text und
dem Unendlichen der Interpretation. Man spricht auf dem Untergrund
einer Schrift, die mit der Welt eins ist. Man spricht unendlich über sie,
und jedes ihrer Zeichen wird seinerseits zur Schrift für neue Diskurse.
Jeder Diskurs aber wendet sich an jene erste Schrift, deren Wiederkehr
er gleichzeitig verspricht und aufschiebt.

Man sieht, daß die Erfahrung der Sprache dem gleichen archäologischen Raster angehört wie die Erkenntnis der Dinge in der Natur. Diese
Dinge zu erkennen bedeutete das System der Ähnlichkeiten zu enthüllen,
die sie einander nahe und verbindlich werden ließen. Man konnte aber
die Ähnlichkeiten nur insoweit entdecken, als eine Gesamtheit von Zeichen an ihrer Oberfläche den Text einer unumstößlichen Indikation bildete. Diese Zeichen waren nun aber selbst nur ein Spiel von Ähnlichkeiten
und verwiesen auf die unendliche, notwendig unvollendete Aufgabe, das
Ähnliche zu erkennen. Die Sprache stellt sich auf die gleiche Weise die
Aufgabe, einen absolut ursprünglichen Diskurs wiederherzustellen, sie
kann ihn aber nicht äußern, es sei denn, indem sie sich ihm annähert, indem sie versucht, über ihn ihm ähnliche Dinge zu sagen, und indem sie
so bis ins Unendliche die nachbarliche Treue und Ähnlichkeit der Interpretation entstehen läßt. Der Kommentar ähnelt unbegrenzt dem, was er
kommentiert, und kann es nie äußern. Ebenso findet das Wissen über
die Natur immer neue Zeichen der Ähnlichkeit, weil die Ähnlichkeit nicht
von selbst erkannt werden kann, weil aber die Zeichen nicht etwas anderes
als Ähnlichkeiten sein können. Und ebenso wie dieses unendliche Spiel der
Natur seine Verbindung, seine Form und seine Begrenzung in der Beziehung des Mikrokosmos zum Makrokosmos findet, ebenso versichert sich
die unendliche Aufgabe des Kommentars durch das Versprechen eines
wirklich geschriebenen Textes, den die Interpretation eines Tages in seinem vollen Umfang enthüllen wird.

V. Das Sein der Sprache

Seit der Stoa war das System der Zeichen in der abendländischen Welt ternär, da man darin das Bezeichnende, das Bezeichnete und die »Konjunktur« (das τυγχάνον) erkannte. Seit dem siebzehnten Jahrhundert dagegen wird die Anordnung der Zeichen binär, weil man sie seit Port-Royal durch die Verbindung eines Bezeichnenden und eines Bezeichneten definieren wird. In der Renaissance ist die Organisation eine andere und viel komplexere. Sie ist ternär, weil sie sich des formalen Gebietes der Zeichen, dann des Inhalts, der durch diese Zeichen signalisiert wird, und der Ähnlichkeiten bedient, die diese Zeichen mit den bezeichneten Dingen verbinden. Aber da die Ähnlichkeit ebenso die Form der Zeichen wie ihr Inhalt ist, lösen sich die drei getrennten Elemente dieser Distribution in einer einzigen Figur auf.

Diese Disposition findet sich mit dem durch sie möglich gewordenen Spiel in umgekehrter Reihenfolge in der Erfahrung der Sprache wieder. Tatsächlich ist diese zunächst in ihrem rohen und primitiven Sein in der einfachen materiellen Form der Schrift, eines Stigmas auf den Dingen, einer in der Welt verbreiteten Markierung vorhanden, die zu ihren unauslöschlichsten Gestalten gehört. In einem Sinne ist diese Schicht der Sprache einzigartig und absolut. Aber sie läßt sehr schnell zwei andere Formen des Diskurses entstehen, die sie einrahmen. Über ihr den Kommentar, der die gegebenen Zeichen in einer neuen Wertfolge aufnimmt, und unterhalb den Text, von dem der Kommentar den unterhalb der für alle sichtbaren Markierungen verborgenen Primat voraussetzt. So gibt es drei Ebenen der Sprache, aber nur ein einziges Vorhandensein der Schrift. Dieses komplexe Spiel wird mit dem Ende der Renaissance verschwinden, und zwar auf zwei Arten: einmal, weil die Figuren, die unendlich zwischen einem und drei Gliedern oszillierten, in einer binären Form fixiert werden, die sie fest werden läßt; und zweitens, weil die Sprache, statt als die materielle Schrift der Dinge zu existieren, ihren Raum nur noch in der allgemeinen Herrschaft der repräsentativen Zeichen finden wird.

Diese neue Disposition zieht das Erscheinen eines neuen, bis dahin unbekannten Problems nach sich. In der Tat hatte man sich gefragt, wie man erkennen soll, daß ein Zeichen genau das bezeichnete, was es bedeutete. Vom siebzehnten Jahrhundert an wird man sich fragen, wie ein Zeichen mit dem verbunden sein kann, was es bedeutet. Auf diese Frage wird das klassische Zeitalter durch die Analyse der Repräsentation antworten, und das moderne Denken wird mit der Analyse des Sinnes und der Bedeutung antworten. Aber genau dadurch wird die Sprache nichts anderes mehr sein als ein besonderer Fall der Repräsentation – für die klassische Epoche – oder der Bedeutung – für uns. Die tiefe Zusammengehörigkeit der Sprache und der Welt wird dadurch aufgelöst. Der Primat der Schrift wird aufgehoben, und damit verschwindet jene uniforme Schicht, in der sich unendlich das *Gesehene* und das *Gelesene*, das Sichtbare und das Aussagbare kreuzten. Die Sachen und die Wörter werden sich trennen. Das Auge wird zum Sehen und nur zum Sehen bestimmt sein; das Ohr lediglich zum Hören. Der Diskurs wird zwar zur Aufgabe haben zu sagen, was ist, aber er wird nichts anderes mehr sein, als was er sagt.

Es handelt sich dabei um die ungeheure Reorganisation der Kultur, deren erste Etappe das klassische Zeitalter gewesen ist, vielleicht auch deren wichtigste, weil sie verantwortlich für die neue Anordnung ist, in der wir noch gefangen sind, denn sie trennt uns von einer Kultur, in der die Bedeutung der Zeichen nicht existierte, da sie in der Souveränität des Ähnlichen resorbiert war. In dieser aber schillerte das rätselhafte, monotone, obstinate, primitive Sein der Zeichen in einer unendlichen Dispersion.

Dieses Sein kann von uns durch nichts in unserem Wissen *(savoir)* oder unserer Überlegung mehr erinnert werden. Nichts, außer vielleicht die Literatur, und diese noch auf eine mehr allusive und diagonale als direkte Weise, kann uns daran erinnern. Man kann in einem bestimmten Sinne sagen, daß die »Literatur«, so wie sie sich gebildet und als solche an der Schwelle des modernen Zeitalters sich bezeichnet hat, das Wiedererscheinen des lebendigen Seins der Sprache dort offenbart, wo man es nicht erwartet hätte. Im siebzehnten und achtzehnten Jahrhundert wurden die eigene Existenz der Sprache, ihre alte Festigkeit einer in die Welt eingeschriebenen Sache in dem Funktionieren der Repräsentation aufgelöst. Jede Sprache galt als Diskurs. Die Kunst der Sprache war eine Art, »Zeichen zu geben«, gleichzeitig etwas zu bedeuten und um diese bedeutete Sache Zeichen zu disponieren: eine Art also, zu benennen und dann in einer gleichzeitig demonstrativen und dekorativen Verdoppelung diesen Namen zu umfangen, ihn einzuschließen und ihn zu verbergen, ihn seinerseits durch andere Namen zu bezeichnen, die dessen aufgeschobene Präsenz, sein zweites Zeichen, seine Figur, sein rhetorischer Apparat waren. Während des ganzen neunzehnten Jahrhunderts und bis in unsere Zeit – von Hölderlin zu Mallarmé, zu Antonin Artaud – hat die Literatur nun aber nur in ihrer Autonomie existiert, von jeder andern Sprache durch einen tiefen Einschnitt nur sich losgelöst, indem sie eine Art »Gegendiskurs« bildete und indem sie so von der repräsentativen oder bedeutenden Funktion der Sprache zu jenem rohen Sein zurückging, das seit dem sechzehnten Jahrhundert vergessen war.

Man glaubt, die Essenz der Literatur erreicht zu haben, indem man sie nicht mehr auf der Ebene dessen, was sie sagt, sondern in ihrer Bedeutungsform befragt. Wenn man dies tut, bleibt man bei dem klassischen Status der Sprache. In der modernen Zeit ist die Literatur das, was das signifikative Funktionieren der Sprache kompensiert (und nicht bestärkt). Durch sie glänzt das Sein der Sprache erneut an den Grenzen der abendländischen Kultur und in ihrem Herzen, denn es ist seit dem sechzehnten Jahrhundert das, was ihr am fremdesten ist. Seit dem gleichen sechzehnten Jahrhundert aber findet es sich im Zentrum dessen, was die Literatur umhüllt hat. Deshalb erscheint die Literatur immer mehr als das, was gedacht werden muß, aber ebensowohl und aus dem gleichen Grunde als das, was in keinem Fall ausgehend von einer Theorie der Bedeutung gedacht werden kann. Wenn man sie von der Seite des Bezeichneten her (von daher, was sie bedeutet, von ihren »Ideen« her, von ihrem Versprechen und dem her, worin sie engagiert) oder von der Seite des Bezeichnenden her (mit Hilfe von der Linguistik oder der Psychoanalyse entlehnten Schemata) analysiert, ergibt sich kaum ein Unterschied, es ist nur eine Episode. Im einen wie in dem anderen Fall sucht man sie außerhalb des Ortes, an dem sie für unsere Kultur seit anderthalb Jahrhunderten nicht aufgehört hat zu entstehen und Eindrücke zu hinterlassen. Solche Arten der Entschlüsselung gehören zur klassischen Situation der Sprache, derjenigen, die im siebzehnten Jahrhundert geherrscht hat, als das System der Zeichen binär wurde und die Bedeutung in der Form der Repräsentation reflektiert wurde. Damals bestand die Literatur aus einem Bezeichneten und einem Bezeichnenden und verdiente, als solche analysiert zu werden. Seit dem neunzehnten Jahrhundert stellt die Literatur die Sprache in ihrem Sein wieder ins Licht, aber nicht so, wie noch die Sprache am Ende der Renaissance erschien. Denn jetzt gibt es nicht mehr jenes ursprüngliche Sprechen, das absolut anfänglich war und wodurch die unendliche

Bewegung des Diskurses begründet und begrenzt wurde. Künftig wird die Sprache ohne Anfang, ohne Endpunkt und ohne Verheißung wachsen. Die Bahn dieses nichtigen und fundamentalen Raumes zeichnet von Tag zu Tag den Text der Literatur.

3. Kapitel

Repräsentieren

I. Don Quichotte

Mit ihren Wendungen und Umwegen bezeichnen die Abenteuer Don Quichottes die Grenze: in ihnen enden die alten Spiele der Ähnlichkeit und der Zeichen, knüpfen sich bereits neue Beziehungen. Don Quichotte ist nicht der Mann der Ungereimtheiten, sondern eher der ängstliche Pilger, der vor allen Marksteinen der Ähnlichkeit anhält. Er ist der Heros des Gleichen. Ebensowenig wie aus seiner engen Provinz vermag er sich aus der vertrauten Ebene zu entfernen, die sich um das Analoge erstreckt. Er durchläuft sie unendlich, ohne je die klaren Grenzen des Unterschiedes zu durchbrechen oder das Zentrum der Identität zu erreichen. Nun gehört er selbst zur Ähnlichkeit der Zeichen. Als langer magerer Graphismus, wie ein Buchstabe, ist er gerade den offenklaffenden Büchern entkommen. Sein ganzes Wesen ist nur Sprache, Text, bedruckte Blätter, bereits geschriebene Geschichte. Er ist aus verkreuzten Wörtern gemacht, ist in der Welt zwischen den Ähnlichkeiten der Dinge irrende Schrift. Jedoch nicht völlig, denn in seiner Realität als armer Hidalgo kann er nur Ritter werden, wenn er aus der Ferne das weltliche Epos hört, das das Gesetz formuliert. Das Buch ist weniger seine Existenz als seine Aufgabe. Unablässig muß er es konsultieren, damit er weiß, was er tun und sagen soll und welche Zeichen er sich selbst und den anderen geben kann, um zu beweisen, daß er gleicher Natur ist wie der Text, aus dem er hervorgegangen ist. Die Ritterromane haben ein für allemal die Vorschrift seines Abenteuers geliefert. Jede Episode, jede Entscheidung, jede Tat werden Zeichen dafür sein, daß Don Quichotte all diesen Zeichen, die er abgepaust hat, ähnlich ist.

Wenn er ihnen aber ähnlich sein will, muß er sie beweisen, das heißt, daß die lesbaren Zeichen bereits nicht mehr zur Ähnlichkeit der sichtbaren Wesen gehören. All diese geschriebenen Texte, all diese närrischen Romane sind gerade ohnegleichen: keiner in der Welt hat ihnen je geähnelt, ihre unendliche Sprache bleibt in der Schwebe, ohne daß je eine Ähnlichkeit sie jemals erfüllen wird. Sie können völlig verbrennen, die Gestalt der Welt wird dadurch nicht verändert. Indem er den Texten ähnelt, deren Zeuge, Repräsentant und analoges Wirkliche er ist, muß Don Quichotte den Beweis liefern und das unbezweifelbare Zeichen beibringen, daß sie die Wahrheit sagen, daß sie wirklich die Sprache der Welt sind. Es fällt ihm zu, das Versprechen der Bücher zu erfüllen. Er muß das Epos, wenn auch im umgekehrten Sinne, nachvollziehen. Das Epos erzählte (gab vor, zu erzählen) wirkliche Taten, die für die Erinnerung bestimmt waren. Don Quichotte muß die inhaltslosen Zeichen der Erzählung mit Realität erfüllen. Sein Abenteuer wird eine Entzifferung der Welt sein, ein minuziöser Weg, um an der ganzen Oberfläche der Erde Gestalten aufzulesen, die zeigen, daß die Bücher die Wahrheit sagen. Seine Taten müssen der Beweis sein. Sie bestehen nicht in einem wirklichen Triumph, weshalb der Sieg im Grunde ohne Bedeutung ist, sondern in der Transformation der Realität in ein Zeichen. In ein Zeichen, daß die Zeichen der Sprache den Dingen selbst doch konform sind. Don Quichotte liest die Welt, um die Bücher zu beweisen. Er gibt sich keine anderen Beweise als die Spiegelung der Ähnlichkeiten.

Sein ganzer Weg ist die Suche nach Ähnlichkeiten; die geringsten Analogien werden als eingeschläferte Zeichen herangezogen, die man aufwekken muß, damit sie erneut zu sprechen beginnen. Die Herden, die Dienerinnen, die Herbergen werden erneut zur Sprache der Bücher in dem unwahrnehmbaren Maße, in dem sie den Schlössern, den Damen und den Armeen ähneln. Dies ist eine stets täuschende Ähnlichkeit, die den gesuchten Beweis in Lächerlichkeit verwandelt und das Sprechen der Bücher unendlich hohl läßt. Aber die Nicht-Ähnlichkeit selbst hat ihr Vorbild, das sie sklavisch imitiert. Sie findet es in der Metamorphose der Zauberer. Infolgedessen ähneln alle Anzeichen der Nicht-Ähnlichkeit, alle Zeichen, die zeigen, daß die geschriebenen Texte nicht die Wahrheit sagen, jenem Spiel der Verzauberung, das durch List den Unterschied in die Unbezweifelbarkeit der Ähnlichkeit einführt. Und da diese Magie in den Büchern vorhergesehen und beschrieben worden ist, wird die illusorische Differenz, die sie einführt, niemals mehr als eine verzauberte Ähnlichkeit sein. Das ist also ein zusätzliches Zeichen dafür, daß die Zeichen der Wahrheit ähneln.

Don Quichotte zeichnet das Negativ der Welt der Renaissance. Die Schrift hat aufgehört, die Prosa der Welt zu sein. Die Ähnlichkeiten und die Zeichen haben ihre alte Eintracht aufgelöst. Die Ähnlichkeiten täuschen, kehren sich zur Vision und zum Delirium um. Die Dinge bleiben hartnäckig in ihrer ironischen Identität: sie sind nicht mehr das, was sie sind; die Wörter irren im Abenteuer umher, inhaltslos, ohne Ähnlichkeit, die sie füllen könnte. Sie bezeichnen die Dinge nicht mehr, sie schlafen zwischen den Blättern der Bücher, inmitten des Staubes. Die Magie, die die Entzifferung der Welt bei der Entdeckung der geheimen Ähnlichkeiten unter den Zeichen gestattete, dient nur noch zur Erklärung auf delirierende Weise, warum die Analogien immer getäuscht werden. Die Erudition, die wie einen einzigen Text die Natur und die Bücher las, wird zu ihren Chimären zurückverwiesen: die auf den vergilbten Seiten der Folianten niedergelegten Zeichen der Sprache haben nur noch den Wert der geringen Fiktion dessen, was sie repräsentieren. Die Schrift und die Dinge ähneln sich nicht mehr. Zwischen ihnen irrt Don Quichotte in seinem Abenteuer.

Dennoch ist die Sprache nicht völlig ohnmächtig geworden. Sie enthält künftig neue, ihr eigene Kräfte. In dem zweiten Teil des Romans trifft Don Quichotte auf Personen, die den ersten Teil des Buches gelesen haben. Der Text von Cervantes schließt sich in sich selbst, dringt in seine eigene Tiefe und wird für sich zum Objekt seiner eigenen Erzählung. Der erste Teil der Abenteuer spielt in dem zweiten Teil die Rolle, die anfangs die Ritterromane innehatten. Don Quichotte muß diesem Buch treu sein, zu dem er wirklich geworden ist. Er muß es vor Irrtümern, Fälschungen und apokryphen Fortsetzungen schützen. Er muß fortgelassene Details hinzufügen und seine Wahrheit aufrechterhalten. Aber dieses Buch hat Don Quichotte selbst nicht gelesen und braucht es nicht zu lesen, weil er es in Fleisch und Blut darstellt. Er ist, weil er Bücher gelesen hat, zu einem irrenden Zeichen der Welt geworden, die ihn nicht erkannt hat, und ist jetzt, gegen seinen Willen und ohne es zu wissen, zu einem Buch geworden, das seine Wahrheit enthält, genau alles, was er getan, gesagt, gesehen und gedacht hat, festhält und schließlich erlaubt, daß man ihn so lange erkennt, als er all diesen Zeichen ähnelt, deren unauslöschbare Spur er hinter sich gelassen hat. Zwischen dem ersten und dem zweiten Teil des Romans, im Zwischenraum dieser beiden Bände und allein durch ihre Kraft hat Don Quichotte seine Realität eingenommen. Diese Realität verdankt er nicht der Sprache, sie bleibt auch völlig den Worten innerlich. Die Wahrheit Don Quichottes liegt nicht in der Beziehung der Wörter zur Welt, sondern in jener kleinen und beständigen Beziehung, die die Sprachmarkierungen zwischen einander weben. Die getäuschte Fiktion der Epen ist zur darstellenden Kraft der Sprache geworden. Die Wörter haben sich über ihrer Zeichennatur verschlossen.

Don Quichotte ist das erste der modernen Werke, da man darin die grausame Vernunft der Identitäten und Differenzen bis ins Unendliche mit den Zeichen und den Ähnlichkeiten spielen sieht. Die Sprache zerbricht darin ihre alte Verwandtschaft mit den Dingen, um in jene einsame Souveränität einzutreten, aus der sie in ihrem abrupten Sein erst als zur Literatur gewordene wieder erscheinen wird. Die Ähnlichkeit tritt dort in ein Zeitalter ein, das für sie dasjenige der Unvernunft und der Imagination ist. Wenn die Ähnlichkeit und die Zeichen einmal losgeknüpft sind, können zwei Erfahrungen sich konstituieren und zwei Personen in ihrer Gegenüberstellung erscheinen. Einmal der nicht als Kranker, sondern als konstituierte und aufrechterhaltene Ableitung, als kulturelle, unerläßliche Funktion verstandene Irre, der in der abendländischen Erfahrung zum Menschen der wilden Ähnlichkeiten geworden ist. Diese Gestalt, so wie sie in den Romanen oder dem Theater des Barocks gezeichnet wird und so wie sie sich allmählich in der Psychiatrie des neunzehnten Jahrhunderts institutionalisiert hat, ist die desjenigen, der sich in der *Analogie entfremdet* hat. Er ist der regellose Spieler des Gleichen und des Anderen. Er nimmt die Dinge für das, was sie nicht sind, und die Leute verwechselt er miteinander. Er erkennt seine Freunde nicht und erkennt die Fremden. Er glaubt zu demaskieren, zwängt eine Maske auf und kehrt alle Werte und Proportionen um, weil er in jedem Augenblick Zeichen zu entziffern glaubt: für ihn macht das Flitterwerk den König aus. In der kulturellen Perzeption, die man bis zum Ende des achtzehnten Jahrhunderts von Irren hatte, ist er das Unterschiedene nur in dem Maße, in dem er den Unterschied nicht kennt. Er sieht überall nur Ähnlichkeiten und Zeichen der Ähnlichkeit. Alle Zeichen ähneln sich für ihn, und alle Ähnlichkeiten haben den Wert von Zeichen. In dem anderen Extrem des kulturellen Raums, das aber durch seine Symmetrie völlig nahe ist, ist der Dichter derjenige, der unterhalb der genannten und täglich vorhergesehenen Unterschiede die verborgenen Verwandtschaften der Dinge und ihre verstreuten Ähnlichkeiten wiederfindet. Unter den etablierten Zeichen und trotz ihnen hört er eine andere und viel tiefere Rede, die an die Zeit erinnert, in der die Worte in der universalen Ähnlichkeit der Dinge glitzerten: die Souveränität des Gleichen, die so schwierig auszusagen ist, löscht in ihrer Sprache die Trennung der Zeichen aus.

Daher rührt es wahrscheinlich in der modernen abendländischen Kultur, daß Poesie und Wahnsinn einander gegenüberstehen; aber es handelt sich nicht mehr um das alte platonische Thema des inspirierten Deliriums, es handelt sich um das Zeichen einer neuen Erfahrung mit der Sprache und den Dingen. In den Randgebieten eines Wissens, das die Wesen, die Zeichen und die Ähnlichkeiten trennt, sichert gewissermaßen als Begrenzung seiner Macht der Irre die Funktion des *Homosemantismus*. Er sammelt alle Zeichen und überschüttet sie mit einer Ähnlichkeit, die sich unaufhörlich fortpflanzt. Der Dichter sichert die umgekehrte Funktion, er hat die *allegorische* Rolle inne. Unter der Sprache der Zeichen und unter dem Spiel ihrer Unterscheidungen lauscht er »der anderen Sprache«, derjenigen, ohne Wörter und Rede, der Ähnlichkeit. Der Dichter läßt die Ähnlichkeit bis zu den Zeichen kommen, die sie aussprechen, der Irre belädt alle Zeichen mit einer Ähnlichkeit, die sie letzten Endes auslöscht. So haben sie beide am äußeren Rand unserer Kultur, und den wesentlichen Trennungen sehr nahe, diese Grenzsituation, jenen marginalen Posten und jene zutiefst archaische Silhouette, in der ihre Worte unaufhörlich ihre fremde Kraft und die Quelle ihrer Bestreitbarkeit finden. Zwischen ihnen ist der Raum eines Wissens entstanden, in dem durch einen wesentlichen Bruch in der abendländischen Welt es sich nicht mehr um die Frage der Ähnlichkeiten, sondern um die der Identitäten und der Unterschiede handelt.

II. Die Ordnung

Der Status der Diskontinuitäten ist für die Geschichte im allgemeinen nicht leicht herzustellen, wahrscheinlich noch schwieriger ist das jedoch für die Geschichte des Denkens möglich. Wollen wir eine Trennungslinie ziehen? Jede Grenze ist vielleicht nur ein willkürlicher Einschnitt in ein unendlich bewegliches Ganzes. Will man eine Periode heraustrennen? Hat man das Recht, in zwei Punkten der Zeit symmetrische Brüche herzustellen, um zwischen ihnen ein kontinuierliches und einheitliches System erscheinen zu lassen? Woher sollte das System sich konstituiert haben und wodurch sollte es erlöschen und umkippen? Welcher Ordnung würden gleichzeitig seine Existenz und sein Verschwinden gehorchen? Wenn es sein Kohärenzprinzip in sich trägt, wo kann das fremde Element dann herkommen, das es zurückweist? Wie kann ein Gedanke vor etwas anderem als sich selbst erlöschen? Was heißt auf allgemeine Weise, nicht mehr einen Gedanken denken zu können? Und einen neuen Gedanken zu fassen?

Das Diskontinuierliche – die Tatsache, daß eine Kultur mitunter in einigen Jahren aufhört zu denken, wie sie es bis dahin getan hat, und etwas anderes und anders zu denken beginnt – führt wahrscheinlich zu einer Erosion des Außen, zu jenem Raum, der für das Denken auf der anderen Seite liegt, in dem vom Ursprung an zu denken es aber dennoch nicht aufgehört hat. Das sich hier stellende Problem ist höchstenfalls das der Beziehung des Denkens zur Kultur: wie hat das Denken einen Platz in dem Raum der Welt gefunden, wie findet es darin einen Ursprung, und wie kommt es, daß es hier und dort nicht aufhört, ständig erneut zu beginnen? Aber vielleicht ist es noch nicht an der Zeit, dieses Problem zu stellen; wahrscheinlich muß man warten, bis die Archäologie des Denkens sich besser abgesichert hat, besser das Maß dessen gefunden hat, was sie direkt und positiv beschreiben kann, bis sie die einzelnen Systeme und die internen Verkettungen definiert hat, an die sie sich wendet, bevor man das Denken umfaßt und es in der Richtung befragt, in der es sich selbst entgeht? Im Augenblick soll es also genügen, diese Diskontinuitäten in der empirischen, zugleich evidenten und dunklen Ordnung anzunehmen, in der sie sich geben.

Am Anfang des siebzehnten Jahrhunderts, in jener Periode, die man zu Recht oder zu Unrecht das Barock genannt hat, hört das Denken auf, sich in dem Element der Ähnlichkeit zu bewegen. Die Ähnlichkeit ist nicht mehr die Form des Wissens, sondern eher die Gelegenheit des Irrtums, die Gefahr, der man sich aussetzt, wenn man den schlecht beleuchteten Ort der Konfusionen nicht prüft. In den ersten Zeilen der *Regulae* sagt Descartes: »Sooft die Menschen irgendeine Ähnlichkeit zwischen zwei Dingen bemerken, pflegen sie von beiden, mögen diese selbst in gewisser Hinsicht voneinander verschieden sein, das auszusagen, was sie nur bei einem als wahr erfunden haben.«[1] Das Zeitalter des Ähnlichen ist im Begriff, sich abzuschließen. Hinter sich läßt es nur Spiele, deren Zauberkräfte um jene neue Verwandtschaft der Ähnlichkeit und der Illusion wachsen. Überall zeichnen sich die Gespinste der Ähnlichkeit ab, aber man weiß, daß es Chimären sind. Es ist die privilegierte Zeit des *trompe-l'œil*, der komischen Illusion, des Theaters, das sich verdoppelt und ein Theater repräsentiert, des Quiproquo, der Träume und Visionen. Es ist die Zeit der Sinnestäuschungen, die Zeit, in der die Metaphern, die Vergleiche und

---

1 René Descartes, *Philosophische Werke, 1. Regeln zur Leitung des Geistes*, Leipzig 1906 [Philosophische Bibliothek. 26a], S. 3.

die Allegorien den poetischen Raum der Sprache definieren. Durch die
Tatsache selbst hinterläßt das Wissen des sechzehnten Jahrhunderts die de-
formierte Erinnerung einer gemischten und regellosen Erkenntnis, in der
alle Dinge der Welt sich dem Zufall der Erfahrungen, der Traditionen oder
der Leichtgläubigkeit nähern konnten. Künftig werden die schönen, strengen und zwingenden Figuren der Ähnlichkeit vergessen werden. Man wird
die sie markierenden Zeichen künftig für Träumereien und Zauber eines
Wissens halten, das noch nicht vernünftig geworden war.

Bei Bacon findet man bereits eine Kritik der Ähnlichkeit. Es handelt
sich um eine empirische Kritik, die nicht die Ordnungs- und Gleichheits-
beziehung zwischen den Dingen betrifft, sondern die Geistestypen und die
Formen der Illusion, denen diese unterworfen werden können. Es handelt
sich um eine Doktrin des Quiproquo. Die Ähnlichkeiten löst Bacon nicht
durch die Evidenz und ihre Regeln auf. Er zeigt sie in ihrem Flimmern vor
den Augen und in ihrer Auflösung, wenn man sich ihnen nähert, in ihrer
Rekomposition, die sich ein wenig später augenblicklich vollzieht. Es sind
Götzenbilder. Die *Götzenbilder der Höhle* und die *des Theaters* lassen uns
glauben, daß die Dinge dem ähneln, was wir gelernt haben, und den Theorien ähneln, die wir uns gebildet haben. Andere Götzenbilder lassen uns
glauben, daß die Dinge sich untereinander ähneln. »Der menschliche Geist
setzt vermöge seiner Natur leicht eine größere Regelmäßigkeit und Gleichheit in den Dingen voraus, als er später findet. Und obgleich in der Natur
vieles nur einmal vorkommt oder voller Ungleichheiten ist, so legt der
Geist doch den Dingen viel Gleichlaufendes, Übereinstimmendes und Beziehungen bei, die es nicht gibt. Daher jene Erdichtungen, daß die Himmelskörper sich alle in vollkommenen Kreisen bewegen ...« Das sind die
Götzenbilder des Stammes, spontane Fiktionen des Geistes. Denen gesellen
sich als Wirkungen und manchmal als Ursachen die Sprachkonfusionen
hinzu. Ein und derselbe Name wird unterschiedslos auf Dinge angewandt,
die nicht von gleicher Natur sind. Das sind die *Götzenbilder des Marktes*.[2]
Allein die Klugheit des Geistes kann sie auflösen, wenn er auf seine Hast
und natürliche Leichtigkeit verzichtet, um »durchdringend« zu werden
und schließlich die der Natur eigenen Unterschiede wahrzunehmen.

Die kartesianische Kritik an der Ähnlichkeit ist von anderem Typ. Es ist
nicht mehr das Denken des sechzehnten Jahrhunderts, das sich vor sich

---

2 Francis Bacon, *Franz Baco's Neues Organon*, Berlin 1870 [Philosophische Bibliothek 32], § 45 und
§ 59.

selbst beunruhigte und sich von seinen vertrautesten Gestalten zu lösen begann. Es ist das klassische Denken, das die Ähnlichkeit als fundamentale Erfahrung und erste Form des Wissens ausschließt und in ihr eine konfuse Mischung denunziert, die man in Termini der Identität und des Unterschieds, des Maßes und der Ordnung analysieren muß. Wenn Descartes die Ähnlichkeit ablehnt, dann nicht, indem er den Akt des Vergleiches aus dem rationalen Denken ausschließt oder indem er ihn zu begrenzen versucht, sondern indem er ihn universalisiert und ihm dadurch seine reinste Form gibt. Tatsächlich finden wir durch den Vergleich »Ausdehnung, Figur, Bewegung und dergl.« wieder, das heißt die einfachen Naturen in den Objekten, in denen sie präsent sein können. Andererseits ist in einer Deduktion vom Typ »alle A sind B, alle B sind C, also sind alle A = C« klar, daß der Geist »das Gesuchte und das Gegebene, nämlich A und C (miteinander vergleicht), in der Hinsicht, daß sie beide B sind«. Wenn man die Anschauung einer einzelnen Sache beiseite läßt, kann man folglich sagen, »daß überhaupt jede Erkenntnis [. . .] durch die Vergleichung zweier oder mehrerer Dinge miteinander erworben wird«.[3] Nun gibt es keine wahre Erkenntnis außer durch Anschauung, das heißt durch einen eigenartigen Akt der reinen und aufmerksamen Intelligenz und durch die Deduktion, die die Evidenzen miteinander verbindet. Wie kann der Vergleich, der fast für alle Erkenntnisse verlangt wird und durch Definition keine isolierte Evidenz noch eine Deduktion ist, einen wahren Gedanken gestatten? »Und zwar besteht fast die ganze Arbeit der menschlichen Vernunft darin, diese Tätigkeit vorzubereiten.«[4]

Es gibt zwei Formen des Vergleichs und nur zwei, den Vergleich des Maßes und der Ordnung. Man kann Einheiten oder Multiplizitäten messen, das heißt kontinuierliche oder diskontinuierliche Einheiten. Aber im einen wie im anderen Fall setzt die Meßoperation voraus, daß im Unterschied zur Rechnung, die von Elementen zur Totalität führt, man zunächst das Ganze betrachtet und es in Teile teilt. Diese Division endet bei Einheiten, von denen die einen konventionell oder »angenommen« (bei den fortgesetzten Einheiten) und die anderen (bei den Multiplizitäten oder diskontinuierlichen Einheiten) die Einheiten der Arithmetik sind. Zwei Einheiten oder zwei Multiplizitäten zu vergleichen erfordert auf jeden Fall, daß man bei der Analyse der einen wie der anderen eine gemeinsame Einheit anwen-

3 Descartes, a. a. O., S. 81.
4 Ebd.

det. So wird der durch das Maß ausgeübte Vergleich auf jeden Fall auf arithmetische Beziehungen der Gleichheit und der Ungleichheit zurückgeführt. Das Maß gestattet, das Ähnliche nach der kalkulierbaren Form der Identität und des Unterschiedes zu analysieren.

Was die Ordnung anbelangt, so wird sie ohne Bezug zu einer äußeren Einheit hergestellt: »Ich erkenne nämlich die Ordnung zwischen A und B, indem ich nichts anderes betrachte als den beiderseitigen Endpunkt.«[5] Man kann die Ordnung der Dinge nicht in »ihren Wesenheiten im einzelnen« erkennen, sondern indem man die einfachste Wesenheit, dann die dieser nächste entdeckt, damit man notwendig von da aus zu den komplexeren Dingen gelangen kann. Während der Vergleich mit Hilfe des Maßes zunächst eine Teilung, dann die Anwendung einer gemeinsamen Einheit verlangte, bilden Vergleichen und Ordnen hier nur ein und dieselbe Sache: der Vergleich durch die Ordnung ist ein einfacher Akt, der gestattet, von einem Punkt zum nächsten zu schreiten usw., in einer Bewegung, die »nirgendwo unterbrochen werden darf«.[6] So entstehen Serien, deren erster Punkt eine Wesenheit ist, von der man unabhängig von jeder anderen eine Anschauung haben kann und wo die anderen Punkte mit wachsenden Unterschieden erstellt werden.

Das sind die beiden Typen des Vergleichs: der eine analysiert in Einheiten, um Beziehungen der Gleichheit und Ungleichheit festzustellen, und der andere richtet Elemente ein, die möglichst einfach sind, und disponiert die Unterschiede nach möglichst schwachen Graden. Nun kann man das Maß der Einheiten und Vielheiten zur Herstellung einer Ordnung benutzen. Die Werte der Arithmetik sind immer in einer Serie anzuordnen. Die »Vielheit der Einheiten (kann) sodann in einer derartigen Ordnung angelegt werden, daß die Schwierigkeit, die in der Erkenntnis des Maßes besteht, schließlich nur noch von der Erforschung der Ordnung abhängt«.[7] Und darin genau besteht die Methode und ihr »Fortschritt«: jedes Maß (jede Determination durch Gleichheit und durch Ungleichheit) auf die Herstellung einer Serie zurückzuführen, die, wenn man vom einzelnen ausgeht, die Unterschiede als Grade der Komplexität entstehen läßt. Das Ähnliche wird, nachdem es gemäß der Einheit und gemäß den Beziehungen von Gleichheit oder Ungleichheit analysiert wurde, gemäß der evidenten

5 A. a. O., S. 92.
6 A. a. O., S. 25 und 32.
7 A. a. O., S. 92.

Identität und den Differenzen analysiert: *Differenzen*, die in der Ordnung der Vernunftschlüsse gedacht werden können. Diese Ordnung oder dieser verallgemeinerte Vergleich wird jedoch nur nach der Verkettung in der Erkenntnis errichtet. Der absolute Charakter, den man dem zuerkennt, was einfach ist, betrifft nicht das Sein der Dinge, sondern nur die Art, auf die sie erkannt werden können. Infolgedessen kann ein Ding absolut in bestimmten Beziehungen und relativ in anderen sein.[8] Die Ordnung kann gleichzeitig notwendig und natürlich (im Verhältnis zum Denken) und willkürlich (in Beziehung zu den Dingen) sein, weil ein und dieselbe Sache, je nach der Art, wie man sie betrachtet, an einem oder dem anderen Punkt der Ordnung plaziert sein kann.

All das war für das abendländische Denken von großer Konsequenz. Das Ähnliche, das lange Zeit eine fundamentale Kategorie des Wissens *(savoir)* gewesen war – zugleich Form und Inhalt der Erkenntnis –, findet sich in einer in Termini der Identität und des Unterschiedes erstellten Analyse aufgelöst. Außerdem, und sei es nun indirekt vermittels des Maßes oder direkt und wie auf gleicher Höhe, wird der Vergleich auf die Ordnung bezogen. Schließlich hat der Vergleich nur noch die Rolle, die Anordnung der Welt zu enthüllen. Er geschieht gemäß der Ordnung des Denkens und indem er auf natürliche Weise vom Einfachen zum Komplexen geht. Dadurch wird die ganze *episteme* der abendländischen Kultur in ihren fundamentalen Dispositionen modifiziert. Und insbesondere das empirische Gebiet, in dem der Mensch des sechzehnten Jahrhunderts noch die Verwandtschaften, die Ähnlichkeiten und die Affinitäten sich verknüpfen sah und wo sich ohne Ende die Sprache und die Dinge überkreuzten – dieses ganze immense Feld wird eine neue Konfiguration annehmen. Man kann, wenn man will, sie mit dem Namen »Rationalismus« bezeichnen; man kann, wenn man nichts im Kopf hat als vorgefertigte Begriffe, sagen, daß das siebzehnte Jahrhundert das Verschwinden der alten magischen oder abergläubischen Anschauungen und den Eintritt der Natur in die wissenschaftliche Ordnung bedeutet. Was man aber begreifen und wiederherzustellen versuchen muß, das sind die Modifikationen, die das Wissen selbst verändert haben, auf jener archaischen Ebene, die die Erkenntnisse und die Seinsweise dessen, was gewußt werden kann, möglich macht.

Diese Modifikationen können auf folgende Weise zusammengefaßt wer-

---

8 A. a. O., S. 25.

den. Zunächst die Substitution der analogischen Hierarchie durch die Analyse: im sechzehnten Jahrhundert anerkannte man zunächst das globale System der Entsprechungen (der Himmel und die Erde, die Planeten und das Gesicht, der Mikrokosmos und der Makrokosmos), und jede besondere Ähnlichkeit fand ihren Platz im Innern dieser Gesamtheitsbeziehung. Danach wird jede Ähnlichkeit dem Beweis des Vergleiches unterworfen, das heißt, sie wird nur noch anerkannt, wenn die gemeinsame Einheit durch das Maß oder, noch radikaler, durch die Ordnung, durch die Identität und die Serie der Unterschiede gefunden worden ist. Außerdem war das Spiel der Ähnlichkeiten einst unbegrenzt. Es war stets möglich, neue zu entdecken, und die einzige Begrenzung kam aus der Anordnung der Dinge und der Endlichkeit einer zwischen Makrokosmos und Mikrokosmos eingefaßten Welt. Jetzt wird eine völlige Aufzählung möglich werden, sei es nun in der Form einer erschöpfenden Bestandsaufnahme aller Elemente, die die ins Auge gefaßte Gesamtheit konstituiert, sei es in der Form einer Kategorisierung, die in ihrer Totalität das untersuchte Gebiet gliedert, sei es schließlich in der Form einer Analyse einer bestimmten Zahl von Punkten, die zahlenmäßig ausreichen, wenn man sie aus der ganzen Serie herausnimmt. Der Vergleich kann also eine vollkommene Gewißheit erreichen: das alte System der Ähnlichkeiten konnte, da es nie beendet war und stets neuen Eventualitäten offenstand, durch den Weg sukzessiver Bestätigungen immer wahrscheinlicher werden. Es war jedoch nie gewiß. Die vollzählige Aufzählung und die Möglichkeit, in jedem Punkt den notwendigen Übergang zum folgenden zu bestimmen, gestattet eine absolut sichere Erkenntnis der Identitäten und der Unterschiede: »... nur mit Hilfe der Aufzählung kann es aber geschehen, daß wir, womit wir uns auch beschäftigen, stets ein richtiges und gewisses Urteil fällen ...«[9] Die Aktivität des Geistes, und das ist der vierte Punkt, wird also nicht mehr darin bestehen, die Dinge *auseinanderzurücken*, auf die Suche all dessen zu gehen, was in ihnen gewissermaßen eine Verwandtschaft, eine Anziehungskraft oder eine insgeheim geteilte Natur enthüllen kann, sondern vielmehr darin, zu *unterscheiden*: das heißt, die Identitäten festzustellen, dann die Notwendigkeit des Überganges zu allen Graden, die sich davon entfernen. In diesem Sinne erlegt die Unterscheidung dem Vergleich die erste und fundamentale Suche nach dem Unterschied auf: sich durch die Anschau-

9 A. a. O., S. 32.

ung eine unterschiedene Repräsentation der Dinge zu geben und klar den notwendigen Übergang von einem Element der Serie zu demjenigen, das ihm unmittelbar folgt, zu erfassen. Schließlich ist die letzte Konsequenz, da erkennen unterscheiden heißt, daß die Geschichte und die Wissenschaft voneinander getrennt werden. Auf der einen Seite wird es die Erudition, die Lektüre der Autoren, das Spiel ihrer Meinungen geben; letzteres kann mitunter wohl den Wert von Hinweisen haben, und zwar weniger durch die Übereinstimmung, die sich darin bildet, als durch eine Mißhelligkeit: »Denn handelt es sich um eine schwierige Frage, so ist es weit wahrscheinlicher, daß der wahre Sachverhalt von wenigen, als von vielen gefunden wird.« Gegenüber dieser Geschichte, und ohne gemeinsames Maß mit ihr, stehen die gesicherten Urteile, die wir durch die Anschauungen und ihre Verkettung haben. Jene, und sie allein, bilden die Wissenschaft, und »wenn wir auch alle Argumente von Plato und Aristoteles gelesen hätten [...], alsdann nämlich hätten wir offenbar nicht Wissenschaft, sondern Geschichte gelernt.«[10] Von da an hört der Text auf, zu den Zeichen und zu den Formen der Wahrheit zu gehören. Die Sprache ist nicht mehr eine der Gestalten der Welt oder die Signatur, die seit der Tiefe der Zeit den Dingen auferlegt ist. Die Wahrheit findet ihre Manifestation und ihr Zeichen in der evidenten und deutlichen Wahrnehmung. Es gehört zu den Worten, sie zu übersetzen, wenn sie es können. Sie haben kein Recht mehr, ihre Markierung zu sein. Die Sprache zieht sich aus der Mitte der Wesen zurück, um in ihr Zeitalter der Transparenz und der Neutralität einzutreten.

Das ist ein allgemeines Phänomen in der Kultur des siebzehnten Jahrhunderts, ein noch allgemeineres als das eigenartige Schicksal des Kartesianismus.

Man muß in der Tat drei Dinge unterscheiden; einerseits gab es den Mechanismus, der für eine insgesamt ziemlich kurze Periode (die zweite Hälfte des siebzehnten Jahrhunderts höchstens) ein theoretisches Modell für bestimmte Gebiete des Wissens wie die Medizin oder die Physiologie vorgeschlagen hat. Es gab auch einen Versuch, wenn auch in seinen Formen sehr verschieden, der Mathematisierung der Empirie. Konstant und kontinuierlich für die Astronomie und einen Teil der Physik, war er sporadisch in den anderen Gebieten, manchmal tatsächlich versucht (wie

10 A. a. O., S. 11.

bei Condorcet), manchmal als universales Ideal und als Horizont der Forschung vorgeschlagen (wie bei Condillac oder Destutt), manchmal auch
bereits in seiner Möglichkeit abgelehnt (bei Buffon etwa). Aber weder
diese Anstrengung noch die Versuche des Mechanismus dürfen mit der Beziehung verwechselt werden, die das klassische Denken in seiner allgemeinsten Form mit der *mathesis*, als universale Wissenschaft des Maßes
und der Ordnung verstanden, hatte. Unter den hinter diesen auf dunkle
Weise magischen und leeren Worten »kartesianischen Einflusses« oder
»newtonschen Modells« vermengen die Schreiber der Ideengeschichte gewohnheitsmäßig diese drei Dinge und definieren den klassischen Rationalismus durch die Versuchung, die Natur mechanisch und kalkulierbar zu
machen. Die anderen, die nur halbwegs geschickten, strengen sich an, hinter diesem Rationalismus das Spiel »konträrer Kräfte« zu entdecken; Na-
tur- und Lebenskräfte, die sich nicht auf Algebra oder die Physik der Bewegung reduzieren lassen und so auf dem Grunde des Klassizismus die
Quelle des nicht Rationalisierbaren aufrechterhalten. Diese beiden Formen der Analyse sind in gleicher Weise unzureichend, denn das Fundamentale für die klassische *episteme* ist weder der Erfolg oder der Fehlschlag
des Mechanismus noch das Recht oder die Unmöglichkeit, die Natur zu
mathematisieren, sondern eine Beziehung zur *mathesis*, die bis zum Ende
des achtzehnten Jahrhunderts konstant und unverändert bleibt. Diese Beziehung weist zwei wesentliche Eigenschaften auf. Die erste besteht darin,
daß die Beziehung zwischen den Wesen wohl in der Form der Ordnung
und des Maßes gedacht werden, aber mit dem fundamentalen Ungleichgewicht, daß man die Probleme des Maßes stets auf die der Ordnung reduzieren kann. Infolgedessen gibt sich die Beziehung jeder Erkenntnis zur
mathesis als Möglichkeit, zwischen den Dingen, selbst den nicht meßbaren, eine geordnete Abfolge herzustellen. In diesem Sinne wird die *Analyse*
sehr schnell den Wert einer universalen Methode annehmen, und der Plan
von Leibniz, eine Mathematik der qualitativen Ordnungen herzustellen,
steht im Zentrum des klassischen Denkens selbst. Das klassische Denken
dreht sich völlig um diesen Kern. Aber andererseits bedeutet diese Beziehung zur *mathesis* als allgemeiner Wissenschaft der Ordnung keine Ab-
sorption des Wissens durch die Mathematik oder die auf sie gestellte Begründung aller möglichen Erkenntnis, sondern im Gegenteil sieht man
in Korrelation zu der Suche nach einer *mathesis* eine bestimmte Zahl
von empirischen Gebieten erscheinen, die bis dahin weder gebildet noch

definiert worden waren. In beinahe keinem dieser Gebiete ist es möglich, die Spur eines Mechanismus oder einer Mathematisierung zu finden. Dennoch hatten sie sich alle auf der Grundlage einer möglichen Wissenschaft der Ordnung gebildet. Wenn sie zur *Analyse* im allgemeinen gehörten, war ihr besonderes Werkzeug nicht die *algebraische Methode*, sondern das *Zeichensystem*. So sind die allgemeine Grammatik, die Naturgeschichte, die Analyse der Reichtümer als Ordnungswissenschaften auf dem Gebiet der Wörter, der Wesen und der Bedürfnisse aufgetaucht. Und all diese Empirizitäten, in der klassischen Epoche neu und ihrer Dauer koextensiv (sie haben als chronologische Markierungspunkte Lancelot und Bopp, Ray und Cuvier, Petty und Ricardo, von denen die ersten um 1660 und die jeweils zweiten in den Jahren von 1800 bis 1810 schrieben), haben sich nicht ohne die Beziehung bilden können, die die ganze *episteme* der abendländischen Kultur damals mit einer allgemeinen Wissenschaft der Ordnung unterhalten hat.

Diese Beziehung zur *Ordnung* ist für das klassische Zeitalter ebenso wichtig, wie für die Renaissance die Beziehung zur *Interpretation* war. Und so wie die Interpretation des sechzehnten Jahrhunderts eine Semiologie über eine Hermeneutik legte und im wesentlichen eine Erkenntnis der Ähnlichkeit war, so ist das Ordnen mit Hilfe der Zeichen die Konstitution allen empirischen Wissens als Wissensgebiete *(savoirs)* der Identität und des Unterschiedes. Die gleichzeitig unbegrenzte und geschlossene, volle und tautologische Welt der Ähnlichkeit findet sich dissoziiert und wie in ihrer Mitte geöffnet. Auf der einen Seite wird man die zu analytischen Instrumenten gewordenen Zeichen als Markierungen der Identität und des Unterschiedes, als Prinzipien des Ordnens, als Schlüssel für eine Taxinomie finden; und auf der anderen Seite die empirische und murmelnde Ähnlichkeit der Dinge, jene stumme Ähnlichkeit, die unterhalb des Denkens die unbegrenzte Materie der Trennungen und Distributionen liefert. Auf der einen Seite steht die allgemeine Zeichentheorie, die Theorie der Einteilungen und der Klassifizierungen, auf der anderen Seite das Problem der umittelbaren Ähnlichkeiten, das der spontanen Bewegung der Vorstellungskraft, der Wiederholungen in der Natur. Zwischen diesen beiden stehen die neuen Wissensgebiete *(savoirs)*, die ihren Raum in jener offenen Distanz finden.

III. Die Repräsentation des Zeichens

Was ist im klassischen Zeitalter ein Zeichen? Denn in der ersten Hälfte des siebzehnten Jahrhunderts haben sich für lange Zeit – vielleicht bis heute – die ganze Ordnung der Zeichen, die Bedingungen, unter denen sie ihre eigenartigen Funktionen ausüben, geändert. Unter so vielen anderen Dingen, die man weiß und die man sieht, ist es das, was sie plötzlich als Zeichen aufrichtet, ist es ihr Sein selbst, das sich geändert hat. An der Schwelle des klassischen Zeitalters hört das Zeichen auf, eine Gestalt der Welt zu sein, und es ist nicht länger mit dem verbunden, was es durch die festen und geheimnisvollen Bänder der Ähnlichkeit oder der Affinität markiert.

Die Klassik definiert das Zeichen nach drei Variablen[11]: dem Ursprung der Verbindung: ein Zeichen kann natürlich sein (wie der Reflex in einem Spiegel das bezeichnet, was er reflektiert) oder auf Übereinkunft beruhen (wie ein Wort für eine Gruppe Menschen eine Idee bedeuten kann); dem Typ der Verbindung: ein Zeichen kann der Gesamtheit zugehören, die es bezeichnet (wie das gesunde Aussehen, das zur von ihm manifestierten Gesundheit gehört) oder davon getrennt sein (wie die Gestalten des Alten Testaments die fernen Zeichen der Inkarnation oder der Erlösung sind); der Gewißheit der Verbindung: ein Zeichen kann so konstant sein, daß man seiner Zuverlässigkeit sicher ist (so bezeichnet das Atmen das Leben); aber es kann auch nur ganz einfach wahrscheinlich sein (wie die Blässe für die Schwangerschaft). Keine dieser Verbindungsformen impliziert notwendig die Ähnlichkeit; das natürliche Zeichen selbst erfordert es nicht; die Schreie sind spontane Zeichen der Angst, sind ihr aber nicht analog. Oder, wie Berkeley sagt, die visuellen Empfindungen sind Zeichen der Berührung, die von Gott eingerichtet sind, und dennoch ähneln sie ihr in keiner Weise.[12] Diese drei Variablen treten an die Stelle der Ähnlichkeit, um die Wirksamkeit des Zeichens in dem Gebiet der empirischen Erkenntnisse abzugrenzen.

1. Das Zeichen muß seinen Raum innerhalb der Erkenntnis finden, weil es stets entweder sicher oder wahrscheinlich ist. Im sechzehnten Jahrhun-

---

11 *Logique de Port-Royal*, 1. Teil, 4. Kapitel. – Dieses Kapitel erscheint erstmals in der Ausgabe Paris 1683. (D. Übers.)

12 George Berkeley, *Versuch einer neuen Theorie der Gesichtswahrnehmung*, Leipzig 1912 [Philosophische Bibliothek. 143], S. 84 f.

dert war man der Auffassung, daß die Zeichen auf den Dingen niedergelegt seien, damit die Menschen ihre Geheimnisse, ihre Natur oder ihre Kräfte an den Tag bringen könnten. Diese Entdeckung jedoch war nichts anderes als der letzte Zweck der Zeichen, die Rechtfertigung ihrer Präsenz. Es war ihre mögliche Benutzung und wahrscheinlich die beste, aber sie hatten es gar nicht nötig, erkannt zu werden, um zu existieren: falls sie schweigsam blieben und wenn niemals sie jemand bemerkte, verloren sie dennoch nichts von ihrer Konsistenz. Es war nicht die Erkenntnis, sondern die Sprache der Dinge selbst, die sie in ihrer Bedeutungsfunktion herstellte. Seit dem siebzehnten Jahrhundert teilt sich das ganze Gebiet des Zeichens zwischen dem Bestimmten und dem Wahrscheinlichen auf: das heißt, daß es kein unbekanntes Zeichen, keine stumme Markierung mehr geben konnte. Daraus folgt nicht, daß die Menschen im Besitz aller möglichen Zeichen sind, sondern daß es ein Zeichen erst von dem Augenblick an gibt, in dem die Möglichkeit einer substitutiven Beziehung zwischen zwei bereits *bekannten* Elementen *erkannt* wird. Das Zeichen wartet nicht schweigsam das Kommen desjenigen ab, der es erkennen kann: es bildet sich stets nur durch einen Akt der Erkenntnis.

Hier bricht das Wissen seine alte Verwandtschaft mit der *divinatio*. Diese setzte stets Zeichen voraus, die ihr zeitlich vorangingen. Infolgedessen war die Erkenntnis völlig in den Raum zwischen einem entdeckten oder bestätigten oder insgeheim übermittelten Zeichen gelagert. Sie hatte die Aufgabe, eine im voraus von Gott in der Welt aufgeteilte Sprache ausfindig zu machen. In diesem Sinne erriet sie durch eine essentielle Implikation, und sie erriet *Göttliches*. Von nun an begann das Zeichen, seine Bedeutung im Inneren der Erkenntnis zu haben: Dieser Erkenntnis entnahm es seine Gewißheit oder seine Wahrscheinlichkeit. Wenn Gott noch Zeichen benutzt, um durch die Natur zu uns zu sprechen, bedient er sich unserer Erkenntnis und der Verbindungen, die sich zwischen den Eindrücken etablieren, um in unserem Geist ein Bedeutungsverhältnis herzustellen. So wird bei Malebranche die Rolle des Gefühls oder die der Wahrnehmung bei Berkeley aufgefaßt. In den persönlichen Urteilen, in dem Gefühl, in den visuellen Eindrücken, in der Perzeption der dritten Dimension sind es hastige, konfuse, aber drängende, unvermeidliche, zwingende Erkenntnisse, die den diskursiven Erkenntnissen als Zeichen dienen, die wir, weil wir keine reinen Geister sind, nicht mehr müßig oder ohne Verbot selbst und allein durch die Kraft unseres Geistes erreichen. Bei Malebranche

und Berkeley ist das von Gott gelenkte Zeichen die listige und mahnende
Überlagerung zweier Erkenntnisse. Es gibt keine *divinatio*, keine Einreihung in den rätselhaften, offenen und heiligen Raum der Zeichen mehr,
sondern eine kurze und in sich selbst gedrängte Erkenntnis: die Kurzform
von einer langen Folge von Urteilen in der schnellen Figur des Zeichens.
Man sieht auch, wie durch eine rückläufige Bewegung die Erkenntnis,
die die Zeichen in ihren eigenen Raum eingeschlossen hat, jetzt sich der
Wahrscheinlichkeit wird öffnen können: von einem Eindruck zum anderen wird die Beziehung die vom Zeichen zum Bezeichneten sein, das heißt
eine Beziehung, die sich in der Art der Folge von der schwächsten Wahrscheinlichkeit bis zur äußersten Gewißheit entfalten wird: »Meine Antwort: daß die Verbindung der Ideen nicht das Verhältnis von Ursache und
Wirkung in sich schließt, sondern nur das Verhältnis eines Merkmals oder
Zeichens zu dem bezeichneten Objekt. Das Feuer, welches ich sehe, ist
nicht die Ursache des Schmerzes, den ich empfinde, wenn ich mich ihm
nähere, sondern das Merkmal, welches mich davor warnt.«[13] An die Stelle
der Erkenntnis, die, und zwar *zufällig*, absolute und ältere Zeichen als sie
selbst erriet, ist ein Netz von Zeichen getreten, das schrittweise durch die
Erkenntnis des Wahrscheinlichen errichtet worden ist. Hume ist möglich
geworden.

2. Die zweite Variable des Zeichens: die Form seiner Verbindung mit
dem Bezeichneten. Durch das Spiel der Konvenienz, der *aemulatio* und
der Sympathie vor allem triumphierte im sechzehnten Jahrhundert die
Ähnlichkeit über den Raum und die Zeit: es war nämlich Aufgabe des Zeichens, zusammenzuführen und zu vereinigen. Mit der Klassik dagegen
wird das Zeichen durch seine ihm wesentliche Dispersion charakterisiert.
Die kreisende Welt der konvergierenden Zeichen wird durch eine Entfaltung ins Unendliche ersetzt. In diesem Raum kann das Zeichen zwei
Positionen haben: entweder gehört es als Element zu dem, was es zu bezeichnen dient, oder es ist davon wirklich und aktuell getrennt. Diese Alternative ist, das muß eingeräumt werden, nicht radikal, denn das Zeichen
muß, um zu funktionieren, gleichzeitig in das eingereiht werden, was es bedeutet, und von ihm unterschieden werden. Damit das Zeichen in der Tat
das ist, was es ist, bedurfte es des Umstandes, daß es der Erkenntnis gleichzeitig mit dem von ihm Bezeichneten gegeben wird. Wie Condillac be-

---

13 Ders., *Abhandlung über die Principien der menschlichen Erkenntnis*, Leipzig [3]1920 [Philosophische
  Bibliothek. 20], S. 55.

merkt, würde ein Klang nie zum Sprachzeichen eines Gegenstandes für ein Kind werden, wenn es nicht zumindest einmal im gleichen Augenblick gehört worden ist, in dem dieser Gegenstand wahrgenommen wurde.[14] Damit aber ein Element einer Wahrnehmung dafür das Zeichen werden kann, genügt es nicht, daß es dazugehört. Es muß als Element unterschieden und von dem globalen Eindruck losgelöst werden, mit dem es in konfuser Weise verbunden ist. Folglich muß der Eindruck aufgeteilt werden, muß die Aufmerksamkeit sich auf eines jener verflochtenen Gebiete gerichtet haben, die diesen Eindruck bilden, und muß ihn davon isoliert haben. Die Bildung des Zeichens ist also von der Analyse nicht trennbar. Es ist ihr Resultat, weil es ohne sie nicht erscheinen könnte. Es ist auch ihr Instrument, weil, wenn es einmal isoliert und definiert ist, es auf neue Eindrücke übertragen werden kann, und dabei spielt es in Beziehung zu diesen gewissermaßen die Rolle eines Rasters. Weil der Geist analysiert, erscheint das Zeichen. Weil der Geist Zeichen disponiert, setzt sich die Analyse unaufhörlich fort. Man begreift, warum von Condillac bis zu Destutt de Tracy und zu Gerando die allgemeine Lehre der Zeichen und die Definition der analytischen Fähigkeit des Denkens sich sehr genau in einer einzigen Erkenntnistheorie überlagert haben.

Als die *Logik von Port-Royal* sagte, daß ein Zeichen dem Bezeichneten inhärent oder von ihm getrennt sein könne, zeigte sie, daß das Zeichen im klassischen Zeitalter nicht mehr die Welt sich nahezubringen und ihren eigenen Formen inhärent werden zu lassen hat, sondern die Aufgabe hat, sie aufzuteilen, die Welt nach einer unendlich offenen Oberfläche anzuordnen und von ihr ausgehend die unbegrenzte Entfaltung der Substitute fortzusetzen, in denen man die Welt denkt. Und dadurch wird sie gleichzeitig der Analyse und der Kombinatorik eröffnet, dadurch wird sie von einem Ende zum anderen ordnungsfähig. Das Zeichen löscht im klassischen Denken die Entfernungen nicht aus und beseitigt nicht die Zeit: es gestattet im Gegenteil, sie schrittweise aufzurollen und zu durchlaufen. Durch das Zeichen werden die Dinge unterschieden, bewahren sie sich in ihrer Identität, lösen sie sich auf und verbinden sie sich. Die abendländische Vernunft tritt in das Zeitalter des Urteils ein.

3. Es bleibt noch eine dritte Variable: die die beiden Werte der Natur und der Konvention annehmen kann. Man wußte seit langem und bereits

---

14 Etienne Bonnot de Condillac, *Essai sur l'origine des connaissances humaines*, in: ders., Œuvres, 23 Bde., Paris 1798, Bd. 1, 188-208.

vor dem *Kratylos*, daß die Zeichen von der Natur gegeben oder vom Menschen gebildet werden können. Das sechzehnte Jahrhundert wußte darüber ebenso Bescheid und erkannte in den menschlichen Sprachen die eingerichteten Zeichen. Aber die künstlichen Zeichen verdankten ihre Kraft nur ihrer Treue gegenüber den natürlichen Zeichen, die von fern all die anderen begründeten. Seit dem siebzehnten Jahrhundert gibt man der Natur und der Konvention eine inverse Wertigkeit. Als natürliches ist das Zeichen nichts anderes als ein den Dingen entnommenes Element und gewissermaßen ein durch die Erkenntnis konstituiertes Zeichen. Es ist also vorgeschrieben, rigid, unbequem, und der Geist kann seiner nicht Herr werden. Wenn man indes ein vereinbartes Zeichen einführt, kann man es stets (und man muß es in der Tat) so wählen, daß es immer einfach, leicht zu erinnern und auf eine unbegrenzte Zahl von Elementen anwendbar, selbst teilbar und zusammensetzbar ist; das geschaffene Zeichen ist das Zeichen in der Fülle seines Funktionierens. Es zieht die Trennungslinie zwischen dem Menschen und dem Tier; es transformiert die Vorstellungskraft in willentliche Erinnerung, die spontane Aufmerksamkeit in Überlegung und den Instinkt in vernünftige Erkenntnis.[15] Sein Fehlen hat Itard beim »Wilden von Aveyron« festgestellt. Von diesen vereinbarten Zeichen sind die natürlichen Zeichen nur die rudimentäre Skizze, ein entfernter Entwurf, der nur durch die Einführung des Arbiträren beendet werden wird.

Aber dieses Arbiträre wird durch seine Funktion gemessen, und seine Regeln werden durch sie sehr genau definiert. Ein willkürliches Zeichensystem muß die Analyse der Dinge in ihren einfachsten Elementen gestatten. Es muß bis hin zum Ursprung zerlegen, aber es muß auch zeigen, wie die Kombinationen dieser Elemente möglich werden, und die bildliche Genese der Komplexität der Dinge gestatten. »Arbiträr« steht nicht im Gegensatz zu »natürlich«, es sei denn, man will die Weise bezeichnen, in der die Zeichen festgesetzt worden sind. Aber das Arbiträre ist auch der Raster der Analyse und der kombinatorische Raum, durch die die Natur sich als das gibt, was sie ist – auf der Ebene der ursprünglichen Eindrücke und in allen möglichen Formen ihrer Kombination. In seiner Perfektion ist das Zeichensystem jene einfache, absolut transparente Sprache, die fähig ist, das Elementare zu bezeichnen. Es ist auch jene Gesamtheit von Operationen,

---

15 A. a. O., Bd. 1, S. 75.

die alle möglichen Verbindungen definiert. In unseren Augen erscheinen jene Suche nach dem Ursprung und jene Berechnung der Gruppierungen unvereinbar, und wir entschlüsseln sie gern als eine Ambiguität im Denken des siebzehnten und achtzehnten Jahrhunderts. Das gilt auch für das Spiel zwischen dem System und der Natur. Tatsächlich besteht für jenes Denken darin kein Widerspruch, genauer gesagt, es existiert eine notwendige und einmalige Disposition, die die ganze klassische *episteme* durchzieht: es ist die Zugehörigkeit zu einer universalen Berechnung und einer Suche nach dem Elementaren in einem künstlichen System, das dadurch die Natur von ihren ursprünglichen Elementen bis hin zur Gleichzeitigkeit all ihrer möglichen Kombinationen erscheinen lassen kann. Im klassischen Zeitalter sich der Zeichen zu bedienen heißt nicht, wie in den voraufgehenden Jahrhunderten, zu versuchen, unterhalb ihrer den ursprünglichen Text einer gehaltenen und für immer festgehaltenen Rede wiederzufinden. Es heißt vielmehr, den Versuch zu unternehmen, die arbiträre Sprache zu entdecken, die die Entfaltung der Natur in ihrem Raum, die letzten Punkte ihrer Analyse und ihre Kompositionsgesetze gestatten wird. Das Wissen hat nicht mehr das alte Wort an den unbekannten Orten, an denen es verborgen sein kann, zu entsanden, sondern muß eine Sprache herstellen, die wohlgestaltet ist, das heißt, daß sie analysierend und kombinierend, wirklich die Sprache des Rechnens *(langue des calculs)* ist.

Man kann jetzt die Instrumente definieren, die das Zeichensystem dem klassischen Denken vorschreibt. Es führt die Wahrscheinlichkeit, die Analyse und die Kombinatorik, das ausgewiesene Arbiträre des Systems in die Erkenntnis ein. Es gibt der Suche nach dem Ursprung und nach der Kalkulierbarkeit, der Bildung von Tabellen, die die möglichen Zusammensetzungen fixieren, und der Wiederherstellung einer Genese, ausgehend von den einfachsten Elementen, zugleich Raum. Es rückt alles Wissen in die Nähe einer Sprache und bemüht sich, allen Sprachen ein System künstlicher Symbole und Operationen logischer Natur zu substituieren. Auf der Ebene einer Geschichte der Anschauungen würde das alles wahrscheinlich wie eine Verflechtung von Einflüssen erscheinen, wo man wohl den individuellen Teil herausarbeiten müßte, der Hobbes, Berkeley, Leibniz, Condillac und den Ideologen zukäme. Wenn man aber das klassische Denken auf der Ebene dessen befragt, was es archäologisch möglich gemacht hat, bemerkt man, daß die Zusammenhanglosigkeit des Zeichens und der Ähnlichkeit seit dem Anfang des siebzehnten Jahrhunderts jene neu-

en Figuren – die Wahrscheinlichkeit, die Analyse, die Kombinatorik, das
System und die Weltsprache *(langue universelle)* – nicht als sukzessive
Themen hat erscheinen lassen, die sich gegenseitig erzeugen und ablösen,
sondern als ein einziges Netz von Notwendigkeiten. Es hat auch jene Individualitäten möglich gemacht, die wir Hobbes, Berkeley, Hume oder Condillac nennen.

IV. Die reduplizierte Repräsentation

Die fundamentalste Eigenheit der Zeichen für die *episteme* der Klassik ist
indessen bis jetzt nicht ausgesprochen worden. In der Tat, daß das Zeichen
mehr oder weniger wahrscheinlich, mehr oder weniger von dem von ihm
Bezeichneten entfernt, natürlich oder arbiträr sein kann, ohne daß seine
Natur oder sein Zeichenwert davon berührt werden mag – all das zeigt
wohl, daß die Beziehung des Zeichens zu seinem Inhalt nicht in der Ordnung der Dinge selbst gesichert wird. Die Beziehung des Bezeichnenden
zum Bezeichneten stellt sich jetzt in einen Raum, in dem keine vermittelnde Gestalt ihr Zusammentreffen mehr sichert: sie ist im Innern der Erkenntnis die zwischen der *Vorstellung (idée) einer Sache* und der *Vorstellung
einer anderen* hergestellte Verbindung. Die *Logik von Port-Royal* formuliert: »Das Zeichen schließt zwei Vorstellungen *(idées)* ein, die eine von
dem Ding, das repräsentiert, die andere von dem repräsentierten Ding;
seine Natur besteht darin, die zweite durch die erste hervorzurufen.«[16]
Das ist eine dualistische Theorie des Zeichens, die sich unzweideutig der
komplexeren Organisation der Renaissance gegenüberstellt. Die Zeichentheorie implizierte damals drei völlig voneinander getrennte Elemente:
das, was markiert wurde, das, was markierend war, und das, was gestattete,
im Einen die Markierung des Anderen zu sehen. Dieses letzte Element war
die Ähnlichkeit: das Zeichen markierte insoweit, als es »fast die gleiche Sache« war wie das, was es bezeichnete. Dieses einheitliche und dreifältige
System verschwindet gleichzeitig mit »dem Denken durch Ähnlichkeit«
und wird durch eine strikt binäre Organisation ersetzt.

Aber es gibt eine Bedingung dafür, daß das Zeichen ebendiese reine
Dualität ist. In seinem einfachen Sein als Idee oder als Bild oder als einer

---

16 *Logique de Port-Royal*, 1. Teil, 4. Kapitel. Vgl. Hinweis Anm. 11.

anderen assoziierte oder substituierte Perzeption ist das bezeichnende Element kein Zeichen. Es wird nur unter der Bedingung dazu, daß es unter anderem die Beziehung manifestiert, die es mit dem verbindet, was es bezeichnet. Es muß repräsentieren, aber diese Repräsentation muß ihrerseits in ihm repräsentiert sein. Als unerläßliche Bedingung für die binäre Organisation des Zeichens, die die *Logik von Port-Royal* ausspricht, bevor noch die Rede davon ist, was ein Zeichen ist, gilt: »Wenn man einen bestimmten Gegenstand nur so betrachtet, als repräsentiere er einen anderen, ist die Idee, die man davon hat, die Idee eines Zeichens, und jener erste Gegenstand heißt Zeichen.«[17] Die bezeichnende Idee spaltet *(se dédouble)* sich, denn über die eine andere ersetzende Idee legt sich die Vorstellung ihrer repräsentierenden Kraft. Sind das nicht drei Glieder *(termes)*: die bezeichnete Vorstellung *(idée)*, die bezeichnende Vorstellung *(idée)* und im Innern dieser die Vorstellung *(idée)* ihrer Rolle als Repräsentation? Es handelt sich indessen nicht um eine heimliche Rückkehr zu einem ternären System, sondern eher um eine unvermeidliche Verlagerung der Figur aus zwei Gliedern *(termes)*, die in Beziehung zu sich selbst zurückweicht und sich völlig im Innern des bezeichnenden Elements ansiedelt. Tatsächlich hat das Bezeichnende als alleinigen Inhalt, als alleinige Funktion und als alleinige Bestimmung nur das, was es repräsentiert: es ist völlig danach geordnet und transparent; aber dieser Inhalt wird nur in einer Repräsentation angezeigt, die sich als solche gibt, und das Bezeichnete liegt ohne Rückstände oder Undurchsichtigkeit im Innern der Repräsentation des Zeichens. Es ist charakteristisch, daß das erste Beispiel eines Zeichens, das die *Logik von Port-Royal* angibt, weder das Wort oder der Schrei oder das Symbol ist, sondern die räumliche und graphische Repräsentation – die Zeichnung: Karte oder Bild. In der Tat hat das Bild nur das zum Inhalt, was es repräsentiert, und dennoch erscheint dieser Inhalt nur durch eine Repräsentation repräsentiert. Die binäre Disposition des Zeichens, so wie sie im siebzehnten Jahrhundert erscheint, setzt sich an die Stelle einer Organisation, die auf verschiedene Weisen seit der Stoa und sogar seit den ersten griechischen Grammatikern stets ternär gewesen ist. Nun setzt diese Disposition voraus, daß das Zeichen eine gespaltene und reduplizierte Repräsentation ist. Eine Vorstellung *(idée)* kann das Zeichen einer anderen nicht nur deshalb sein, weil sich zwischen ihnen eine Verbindung der Repräsentation er-

17 Ebd.

geben kann, sondern weil diese Repräsentation sich selbst stets im Innern der Idee, die repräsentiert, repräsentieren kann; oder auch, weil in ihrem eigenen Wesen die Repräsentation immer senkrecht zu sich selbst steht: sie ist gleichzeitig *Indikation* und *Erscheinen*, Beziehung zu einem Gegenstand und Manifestation ihrer selbst. Vom klassischen Zeitalter an ist das Zeichen die *Repräsentativität* der Repräsentation, insoweit sie *repräsentierbar* ist.

Das hat Folgen von großem Gewicht, wobei die Bedeutung der Zeichen im klassischen Denken am nächsten liegt. Sie waren einst Mittel der Erkenntnis und Schlüssel zu einem Wissen, während sie jetzt der Repräsentation, das heißt dem gesamten Denken koextensiv sind; sie ruhen in ihm, sie durchlaufen es aber in seinem ganzen Ausmaß: sobald eine Repräsentation mit einer anderen verbunden ist und in sich selbst diese Verbindung darstellt, handelt es sich um ein Zeichen. Die abstrakte Idee bedeutet die konkrete Perzeption, von der sie gebildet worden ist (Condillac); die allgemeine Idee ist nur eine besondere Idee, die den anderen Zeichen als Zeichen dient (Berkeley); die Vorstellungen sind Zeichen der Wahrnehmungen, von denen sie ausgegangen sind (Hume, Condillac); die Empfindungen sind Zeichen voneinander (Berkeley, Condillac); und schließlich können die Empfindungen (wie bei Berkeley) selbst die Zeichen dessen sein, was Gott uns sagen will, was aus ihnen gewissermaßen die Zeichen einer Gesamtheit von Zeichen machte. Die Analyse der Repräsentation und die Zeichentheorie durchdringen sich absolut gegenseitig: und der Tag, an dem die Ideologie am Ende des achtzehnten Jahrhunderts sich die Frage nach dem Primat stellt, den man entweder der Idee oder dem Zeichen geben muß, der Tag, an dem Destutt Gerando vorgeworfen wird, eine Zeichentheorie entwickelt zu haben, bevor er ihre Idee definiert hatte[18], bedeutet, daß ihre unmittelbare Zugehörigkeit sich zu vermengen beginnt und die Idee und das Zeichen aufhören werden, völlig füreinander transparent zu werden.

Als zweite Konsequenz besteht jene universale Ausdehnung des Zeichens im Feld der Repräsentation, die bis zur Möglichkeit einer Theorie der Bedeutung hin alles ausschließt. In der Tat setzt die Frage nach der Bedeutung voraus, daß diese eine determinierte Gestalt im Bewußtsein sei. Wenn aber die Phänomene stets nur in einer Repräsentation gegeben sind,

---

18 Antoine Louis Destutt de Tracy, *Elémens d'Idéologie, Seconde Partie. Grammaire*, Paris An XI, S. 1.

die in sich selbst und ihrer eigenen Repräsentierbarkeit völlig Zeichen ist, kann die Bedeutung kein Problem sein. Oder noch mehr: sie erscheint nicht einmal. Alle Repräsentationen sind untereinander wie Zeichen verbunden; für sich allein bilden sie gewissermaßen ein immenses Netz; jede gibt sich in ihrer Transparenz als Zeichen dessen, was sie repräsentiert. Hingegen, oder vielmehr durch die Tatsache selbst, kann keine spezifische Aktivität des Bewußtseins jemals eine Bedeutung herausbilden. Wahrscheinlich weil das klassische Denken von der Repräsentation die Analyse der Bedeutung ausschließt, haben wir, die wir die Zeichen nur von der Analyse ausgehend denken, trotz aller Evidenz so viel Schwierigkeiten anzuerkennen, daß die klassische Philosophie von Malebranche bis zur *Idéologie* durch und durch eine Philosophie des Zeichens gewesen ist.

Es gibt keinen den Zeichen äußerlichen oder voraufgehenden Sinn, keine implizite Präsenz eines vorher existierenden Diskurses, den man wiederherstellen müßte, um die autochthone Bedeutung der Dinge an den Tag zu bringen. Aber es gibt ebensowenig einen konstituierenden Akt der Bedeutung oder der Genese innerhalb des Bewußtseins. Zwischen dem Zeichen und seinem Inhalt gibt es kein vermittelndes Element, keine Undurchsichtigkeit. Die Zeichen haben also keine anderen Gesetze als die, die ihren Inhalt beherrschen können. Jede Zeichenanalyse ist gleichzeitig und mit vollem Recht die Entzifferung dessen, was sie sagen wollen. Umgekehrt wird das Zumvorscheinbringen des Bezeichneten nur die Reflexion der Zeichen sein, die es bezeichnen. Wie im sechzehnten Jahrhundert überlagern sich »Semiologie« und »Hermeneutik«, aber in einer anderen Form. Im klassischen Zeitalter treffen sie sich nicht mehr im dritten Element der Ähnlichkeit, sondern verbinden sich in jener der Repräsentation eigenen Kraft, sich selbst zu repräsentieren. Es wird also keine Zeichentheorie geben, die von der Analyse der Bedeutung zu unterscheiden wäre. Dennoch gewährt das System der ersten ein gewisses Privileg gegenüber der zweiten. Da sie dem Bezeichneten keine andere Natur als dem Zeichen zugesteht, wird der Sinn nicht mehr als die Totalität der in ihrer Verkettung entfalteten Zeichen sein. Der Sinn wird im vollständigen *Tableau* der Zeichen gegeben sein. Andererseits verbindet und gliedert sich das komplette Netz der Zeichen nach den dem Sinn eigenen Abschnitten. Das Tableau der Zeichen wird das *Bild* der Dinge sein. Wenn die Existenz des Sinnes völlig auf seiten des Zeichens steht, liegt das ganze Funktionieren auf seiten des Bezeichneten. Deshalb vollzieht sich die Sprachanalyse von Lancelot bis zu Destutt de Tracy von einer abstrakten Theorie von Sprachzeichen aus und in der Form einer allgemeinen Grammatik, sie nimmt aber stets den Sinn der Worte als Leitfaden. Deshalb stellt sich auch die Naturgeschichte als Analyse der Merkmale der lebenden Wesen dar, aber deshalb haben auch selbst die künstlichen Taxinomien stets den Plan, die natürliche Ordnung zu erreichen oder sie möglichst wenig zu dissoziieren; deshalb vollzieht sich die Analyse der Reichtümer ausgehend vom Geld und vom Warentausch, aber deshalb ist auch der Wert stets auf das Bedürfnis gegründet. Im klassischen Zeitalter hat die reine Wissenschaft von den Zeichen den Wert des unmittelbaren Diskurses des Bezeichneten.

Schließlich bleibt die letzte Konsequenz, die sich wahrscheinlich bis heute gehalten hat: die binäre Zeichentheorie, die im siebzehnten Jahrhundert die allgemeine Wissenschaft vom Zeichen begründet hat, ist in einer fundamentalen Beziehung mit einer allgemeinen Theorie der Repräsentation verbunden. Wenn das Zeichen die reine und einfache Verbindung eines Bezeichnenden und eines Bezeichneten ist (eine Beziehung, die arbiträr oder nicht, freiwillig oder auferlegt, individuell oder kollektiv ist), kann auf jeden Fall die Beziehung nur im allgemeinen Element der Repräsentation etabliert werden: das Bezeichnende und das Bezeichnete sind nur in dem Maße miteinander verbunden, in dem beide repräsentiert werden (oder worden sind oder werden können) und in dem das eine gegenwärtig das andere repräsentiert. Es war also notwendig, daß die klassische Zeichentheorie sich als Grundlage und philosophische Rechtfertigung eine »Ideologie« gab, das heißt eine allgemeine Analyse aller Repräsentationsformen von der elementaren Wahrnehmung bis zur abstrakten und komplexen Idee. Es war wohl ebenfalls notwendig, daß beim Wiederaufnehmen des Plans einer allgemeinen Semiologie Saussure eine Definition vom Zeichen gegeben hat, die »psychologisch« hat erscheinen können (Verbindung eines Begriffs und eines Bildes): tatsächlich entdeckte er da die klassische Bedingung von neuem, die binäre Natur des Zeichens zu denken.

V. Die Imagination der Ähnlichkeit

Damit sind die Zeichen also von dem ganzen Gewimmel der Welt befreit, in dem die Renaissance sie einst aufgeteilt hatte. Sie werden künftig im Innern der Repräsentation, im Zwischenraum der Idee, in jenem schmalen Raum angesiedelt sein, in dem sie mit sich selbst spielt, sich zerlegt und sich wieder zusammensetzt. Die Ähnlichkeit wird künftig aus dem Gebiet der Erkenntnis herausfallen. Es handelt sich um die abgenutzteste Form des Empirischen; man »darf [...] den praktischen Verstand nicht für Philosophie halten«[19], es sei denn, sie wird in ihrer Ungenauigkeit als Ähnlichkeit beseitigt und durch das Wissen in eine Beziehung von Gleichheit oder Ordnung transformiert. Und dennoch bildet die Ähnlichkeit für die Erkenntnis eine unerläßliche Einfassung. Eine Gleichheit oder eine Ordnungsbeziehung kann nämlich zwischen zwei Dingen nur hergestellt werden, wenn ihre Ähnlichkeit zumindest die Gelegenheit geboten hat, sie zu vergleichen: Hume rechnete die Identitätsbeziehung zu jenen »philosophischen« Beziehungen, die eine Überlegung voraussetzen. Dagegen gehörte für ihn die Ähnlichkeit zu den natürlichen Beziehungen, die unseren Geist mit einer »stillen«, aber unvermeidlichen Kraft zwingen.[20] »Der Philosoph kann sich um so viel Präzision bemühen, wie er nur will [...], ich wage dennoch zu behaupten, daß er keinen einzigen Schritt bei seinen Vorhaben ohne die Unterstützung der Ähnlichkeit machen kann. Man werfe nur einen Blick auf das metaphysische Gesicht der Wissenschaften, auch der am wenigsten abstrakten, und man sage mir dann, ob die allgemeinen Induktionen, die man aus besonderen Fakten zieht, oder ob die Familien und Arten und alle abstrakten Begriffe sich anders als mit Hilfe der Ähnlichkeit bilden können.«[21] Am äußeren Saum des Wissens bildet die Ähnlichkeit jene kaum sich abzeichnende Form, jenes Rudiment einer Beziehung, die die Erkenntnis in ihrer vollen Breite bedecken muß, die aber unendlich lange unterhalb ihrer bleibt wie eine stumme und nicht zu beseitigende Notwendigkeit.

19 Thomas Hobbes, *Vom Körper (Elemente der Philosophie I)*, Hamburg ²1967 [Philosophische Bibliothek. 157], S. 6 (= *Rechnung oder Logik*, 1. 2).

20 David Hume, *Traktat über die menschliche Natur* (I, 4), 2 Teile, Hamburg und Leipzig ²1904, Bd. 1, S. 20-24.

21 Hans Bernhardt Merian, *Réflexions philosophiques sur la ressemblance*, in: ders., *Choix de mémoires et abrégé de l'histoire de l'Académie de Berlin*, Berlin und Paris 1767, S. 3 f.

Wie im sechzehnten Jahrhundert bedingen sich Ähnlichkeit und Zeichen auf fatale Weise, aber nach einer neuen Art, denn statt daß die Ähnlichkeit einer Markierung bedürfte, damit ihr Geheimnis gelüftet wird, bildet sie jetzt den undifferenzierten, sich bewegenden Hintergrund, auf dem die Erkenntnis ihre Beziehungen, ihre Maße und Identitäten errichten kann. Es handelt sich infolgedessen um eine doppelte Umkehrung, weil das Zeichen und mit ihm die ganze diskursive Erkenntnis einen Hintergrund der Ähnlichkeit verlangen und weil es sich nicht mehr um die Manifestierung eines vor der Erkenntnis feststehenden Inhalts handelt, sondern darum, einen Inhalt zu geben, der einen Anwendungsort für die Erkenntnisformen bietet. Während im sechzehnten Jahrhundert die Ähnlichkeit die fundamentale Beziehung des Seins zu sich selbst darstellte, ist sie im klassischen Zeitalter die einfachste Form, in der das erscheint, was zu erkennen ist und was von der Erkenntnis selbst am weitesten entfernt ist. Durch sie kann die Repräsentation erkannt werden, das heißt mit denen verglichen werden, die ähnlich sein können, in Elemente aufgelöst werden (in Elemente, die ihr mit anderen Repräsentationen gemeinsam sind), mit jenen kombiniert werden, die partielle Identitäten bieten können, und schließlich in einem geordneten Bild aufgeteilt werden. Die Ähnlichkeit in der klassischen Philosophie (das heißt in einer Philosophie der Analyse) spielt eine Rolle symmetrisch zu der, die im kritischen Denken und den Philosophien des Urteils das Verschiedene sichert.

In dieser Position der Grenze und der Bedingung (ohne was und diesseits wovon man nicht erkennen kann) steht die Ähnlichkeit auf der Seite der Imagination oder, genauer, sie erscheint nur durch die Kraft der Imagination, und die Imagination wirkt sich umgekehrt nur aus, indem sie sich auf sie stützt. Wenn man in der ununterbrochenen Kette der Repräsentation die einfachsten Eindrücke annimmt, die untereinander auch nicht die geringste Ähnlichkeit hätten, gäbe es in der Tat keine Möglichkeit, daß der zweite an den ersten erinnert, ihn wiedererscheinen ließe und so seine erneute Repräsentation im Imaginären gestattete. Die Eindrücke würden in völliger Verschiedenheit aufeinanderfolgen; diese Verschiedenheit wäre so total, daß sie nicht einmal wahrgenommen werden könnte, weil eine Repräsentation niemals die Gelegenheit hätte, sich an einen Platz zu heften, eine ältere hervorzurufen und sich neben sie zu stellen, um einem Vergleich Raum zu geben. Die geringe, für jede Differenzierung notwendige Identität wäre nicht einmal gegeben. Der ständige Wechsel würde haltlos in ständiger Monotonie ablaufen. Wenn es aber in der Repräsentation nicht die dunkle Kraft gäbe, sich einen vergangenen Eindruck erneut zu vergegenwärtigen, würde keiner einem vorangehenden ähnlich oder unähnlich erscheinen. Diese Kraft, zu erinnern, impliziert zumindest die Möglichkeit, zwei Eindrücke gewissermaßen als ähnlich (als benachbart und zeitgleich, auf fast die gleiche Weise existierend) erscheinen zu lassen, von denen dennoch eine gegenwärtig ist, während die andere vielleicht seit langer Zeit aufgehört hat zu existieren. Ohne die Imagination gäbe es keine Ähnlichkeit zwischen den Dingen.

Man sieht das doppelte Erfordernis. Es muß in den repräsentierten Dingen das eindringliche Gemurmel der Ähnlichkeit geben, es muß in der Repräsentation den stets möglichen Rückgriff der Imagination geben. Weder das eine noch das andere dieser Requisiten kann auf das verzichten, das es ergänzt und ihm gegenübersteht. Daher gibt es zwei Richtungen der Analyse, die sich während des ganzen klassischen Zeitalters erhalten haben und sich immer nähergekommen sind, um schließlich in der letzten Hälfte des achtzehnten Jahrhunderts ihre gemeinsame Wahrheit in der *Idéologie* zu äußern. Einerseits findet man die Analyse, die vom Umstürzen der Serie der Repräsentationen in ein inaktuelles, aber gleichzeitiges Bild von Vergleichen berichtet: Analyse des Eindrucks, der Erinnerung, der Imagination, des Gedächtnisses, des ganzen unfreiwilligen Hintergrundes, der gewissermaßen die Mechanik des Bildes in der Zeit ist. Auf der anderen Seite gibt es die Analyse, die von der Ähnlichkeit der Dinge berichtet, von ihrer Ähnlichkeit, bevor sie geordnet werden, von ihrer Zerlegung in identische und unterschiedene Elemente, von der Aufteilung in Tableaus ihrer ungeordneten Ähnlichkeiten. Warum geben sich diese Dinge in einem Übereinandergreifen, in einer Mischung, in einem Verkreuzen, in denen ihre essentielle Ordnung durcheinandergebracht wird, jedoch noch sichtbar genug bleibt, um in der Form von Ähnlichkeiten, vagen Übereinstimmungen, gelegentlichen Anspielungen für ein alarmiertes Gedächtnis transparent zu sein? Die erste Reihe von Problemen entspricht im Großen der *Analytik der Imagination* als positiver Kraft, die lineare Zeit der Repräsentation in einen gleichzeitigen Raum virtueller Elemente zu verwandeln; die zweite entspricht grob der *Analyse der Natur*, mit den Lücken und der Unordnung, die das Tableau der Wesen stören und sie in einer Folge von Repräsentationen verstreuen, die sich vage und entfernt ähneln.

Nun finden diese beiden entgegengesetzten Momente (das eine, negative, der Unordnung der Natur in den Eindrücken; das andere, positive, der Kraft, die Ordnung, ausgehend von diesen Eindrücken, wiederherzustellen) ihre Einheit in der Idee einer »Genese«. Dies ist auf zwei Arten möglich: entweder wird das negative Element (das der Unordnung, das der vagen Ähnlichkeit) auf das Konto der Imagination selbst geschrieben, die dann ganz allein eine doppelte Funktion ausübt. Wenn sie durch die alleinige Erneuerung der Repräsentation die Ordnung wiederherstellen kann, dann genau in dem Maße, in dem sie verhindern würde, daß man die Identitäten und die Unterschiede der Dinge direkt und in ihrer analytischen Wahrheit wahrnimmt. Die Stärke der Imagination ist nur die Umkehrung oder das andere Gesicht ihres Fehlers. Sie liegt im Menschen an der Naht zwischen Seele und Körper. Dort haben Descartes, Malebranche und Spinoza sie in der Tat analysiert, gleichzeitig als Ort des Irrtums und als Kraft, zu der mathematischen Wahrheit Zugang zu finden. Sie haben in ihr das Stigma der Begrenztheit erkannt, sei es nun das Zeichen eines Herausfallens aus der intelligiblen Ausdehnung oder die Markierung einer begrenzten Natur. Das positive Moment der Imagination dagegen, das der unklaren Ähnlichkeit, dem vagen Gemurmel der Übereinstimmungen zugerechnet werden kann, ist die Unordnung der Natur, die sich ihrer eigenen Geschichte, ihren Katastrophen oder vielleicht einfach ihrer verflochtenen Pluralität verdankt, die nicht mehr fähig ist, der Repräsentation anderes als sich ähnelnde Dinge anzubieten. Daraus folgt, daß die stets mit einander ganz nahen Inhalten verkettete Repräsentation sich wiederholt, sich erinnert, natürlich in sich verschlossen ist, fast identische Eindrücke wiederentstehen läßt und die Imagination befruchtet. In dieser vielfältig bewegten Welt einer multiplen Natur, die aber dunkel und grundlos wiederbegonnen wird, in der rätselhaften Tatsache einer Natur, die vor jeder Ordnung sich selbst ähnelt, haben Condillac und Hume die Verbindung der Ähnlichkeit und der Imagination gesucht. Das sind streng entgegengesetzte Lösungen, die aber das gleiche Problem beantworten. Man begreift auf jeden Fall, daß der zweite Typ der Analyse sich in der mythischen Form des ersten Menschen (Rousseau), des erwachenden Bewußtseins (Condillac) oder des fremden, in die Welt geworfenen Beobachters (Hume) entfaltet hat: diese Genese funktionierte genau an Ort und Stelle der *Genesis* selbst.

Es bleibt uns noch eine Bemerkung. Wenn die Begriffe Natur und menschliche Natur in der Klassik eine bestimmte Wichtigkeit haben, dann nicht, weil man plötzlich als Feld empirischer Untersuchungen jene stumme, unerschöpflich reiche Kraft entdeckt hat, die man Natur nennt. Es geschieht auch nicht, weil man im Innern jener weiten Natur eine kleine, einzigartige und komplexe Region isoliert hat, die die menschliche Natur sein soll. Tatsächlich funktionieren diese beiden Begriffe, um die Zugehörigkeit, das reziproke Band der Imagination und der Ähnlichkeit zu sichern. Wahrscheinlich ist die Imagination nur dem Anschein nach eine der Eigenschaften der menschlichen Natur und die Ähnlichkeit eine der Wirkungen der Natur; wenn man aber dem archäologischen Raster folgt, der dem klassischen Denken seine Gesetze gibt, sieht man, daß die menschliche Natur sich in jenem schmalen Überborden der Repräsentation ansiedelt, das ihr gestattet, sich zu repräsentieren (die ganze menschliche Natur liegt darin: gerade genug außerhalb der Repräsentation, damit sie sich erneut in dem weißen Raum präsentiert, der die Präsenz der Repräsentation und das »Re-« ihrer Wiederholung trennt); und daß die Natur nur die ungreifbare Verwirrung der Repräsentation ist, die bewirkt, daß die Ähnlichkeit darin spürbar wird, bevor die Ordnung der Identitäten sichtbar ist. Natur und menschliche Natur gestatten in der allgemeinen Konfiguration der *episteme* die Anpassung der Ähnlichkeit und der Imagination, die alle empirischen Wissenschaften der Ordnung begründet und möglich macht.

Im sechzehnten Jahrhundert war die Ähnlichkeit mit einem Zeichensystem verbunden, und es war die Interpretation dieser Zeichen, die das Feld der konkreten Erkenntnisse öffnete. Seit dem siebzehnten Jahrhundert wird die Ähnlichkeit an die Grenzen des Wissens zurückgedrängt, hin zu seinen niedrigsten und unwürdigsten Grenzen. Dort verbindet sie sich mit der Imagination, mit den unbestimmten Wiederholungen, mit den umnebelten Analogien. Und anstatt in eine Wissenschaft der Interpretation einzugehen, impliziert sie eine Genese, die von diesen ungeschliffenen Formen des Gleichen zu den großen Tableaus des gemäß den Formen der Identität, des Unterschiedes und der Ordnung entwickelten Wissens aufsteigt. Der Plan einer Wissenschaft der Ordnung, so wie er im siebzehnten Jahrhundert begründet worden ist, implizierte, daß dieser Plan um eine Genese der Erkenntnisse verdoppelt würde, wie er es in der Tat und ohne Unterbrechung von Locke bis hin zur *Idéologie* wurde.

VI. »Mathesis« und »Taxinomia«

Plan einer allgemeinen Wissenschaft der Ordnung; Zeichentheorie zur Analyse der Repräsentation; Anordnung in geordneten Tableaus von Identitäten und Unterschieden: so hat sich im klassischen Zeitalter ein Raum der Empirizität herausgebildet, der bis zum Ende der Renaissance nicht existiert hat und seit dem Anfang des neunzehnten Jahrhunderts wieder verschwinden sollte. Er ist für uns heute so schwierig wiederherzustellen, denn er ist durch das System der Positivitäten tief verdeckt worden, zu dem auch unser Wissen gehört, so daß er lange unbemerkt geblieben ist. Man deformiert ihn, man maskiert ihn mit Kategorien oder Zerlegungen, die unsere sind. Man will das wiederherstellen, so scheint es, was im siebzehnten und im achtzehnten Jahrhundert die »Lebenswissenschaften«, die »Naturwissenschaften« und die »Wissenschaften vom Menschen« gewesen sind. Dabei vergißt man ganz einfach, daß der Mensch, das Leben und die Natur keine Gebiete sind, die sich spontan und passiv der Neugier des Wissens anbieten.

Die Gesamtheit der klassischen *episteme* wird zunächst durch die Beziehung zu einer Erkenntnis der Ordnung möglich. Wenn es sich darum handelt, einfache Größen *(natures)* zu ordnen, nimmt man Zuflucht zu einer *mathesis*, deren universale Methode die Algebra ist. Wenn es sich darum handelt, komplexe Größen *(natures)* in eine Ordnung zu bringen (Repräsentationen im allgemeinen, so wie sie von der Erfahrung erfaßt werden), muß man eine *taxinomia* bilden und zu diesem Zweck ein Zeichensystem einrichten. Die Zeichen sind für die Ordnung der zusammengesetzten Größen *(natures)* das, was die Algebra für die Ordnung der einfachen Größen *(natures)* ist. Aber in dem Maße, in dem die empirischen Repräsentationen in einfache Größen auflösbar sein müssen, sieht man, daß die *taxinomia* sich völlig auf die *mathesis* bezieht. Dagegen kann man ebenso sagen, daß die *mathesis* nur ein besonderer Fall der *taxinomia* ist, da die Perzeption der Evidenzen nur ein besonderer Fall der Repräsentation im allgemeinen ist. In gleichem Maße bilden die Zeichen, die das Denken errichtet, gewissermaßen eine Algebra der komplexen Repräsentation und die Algebra umgekehrt eine Methode, einfachen Größen Zeichen zu geben und mit diesen Zeichen zu arbeiten. Wir haben also folgende Disposition:

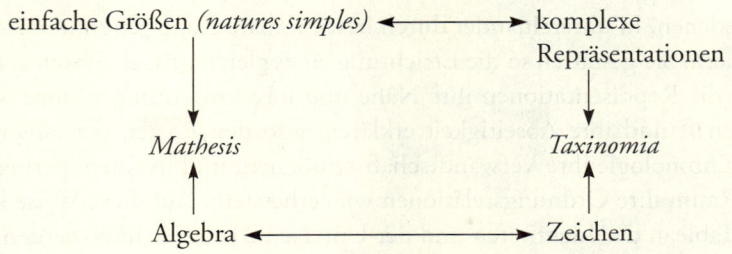

Das ist aber nicht alles. Die *taxinomia* impliziert außerdem ein gewisses Kontinuum der Dinge (eine Nicht-Diskontinuität, eine Fülle des Seins) und eine bestimmte Kraft der Imagination, die das erscheinen läßt, was nicht ist, aber dadurch selbst gestattet, das Kontinuierliche an den Tag zu bringen. Die Möglichkeit einer Wissenschaft der empirischen Ordnung verlangt also eine Analyse der Erkenntnis – eine Analyse, die zeigen muß, wie die verborgene Kontinuität (die gleichsam verwirrt ist) des Seins sich durch die zeitliche Verbindung der diskontinuierlichen Repräsentationen wiederherstellen kann. Daher die Notwendigkeit, nach dem Ursprung der Erkenntnisse zu fragen, die im Laufe der Klassik stets manifestiert worden ist. Tatsächlich widersprechen die empirischen Analysen nicht dem Projekt einer universalen *mathesis* wie etwa ein Skeptizismus dem Rationalismus. Sie waren in die Requisiten eines Wissens eingehüllt, das sich nicht mehr als Erfahrung mit dem Gleichen gibt, sondern als Errichtung der Ordnung. An den beiden extremen Punkten der klassischen *episteme* hat man also eine *mathesis* als Wissenschaft der kalkulierbaren Ordnung und eine *Genese* als Analyse der Bildung der Ordnungen von empirischen Folgen her. Einerseits benutzt man die Symbole der Operationen, die mit Identitäten und Unterschieden möglich sind, auf der anderen Seite analysiert man die fortschreitend durch die Ähnlichkeit der Dinge und die Rückgriffe der Imagination niedergelegten Markierungen. Zwischen der *mathesis* und der *Genese* breitet sich das Gebiet der Zeichen aus, die das ganze Gebiet der empirischen Repräsentation durchqueren, sie aber nie überschreiten. Durch die Berechnung und die Genese abgegrenzt, bildet es den Raum des *Tableaus*. In diesem Wissen handelt es sich darum, alles, was uns unsere Repräsentation anbieten kann, mit einem Zeichen zu belegen: Wahrnehmungen, Gedanken, Wünsche; diese Zeichen müssen als Merkmale gelten, das heißt die Gesamtheit der Repräsentation in unterschiedenen, in untereinander durch bestimmbare Züge getrennten Zonen gliedern. Sie gestatten so die Errichtung eines gleichzeitigen Systems, nach dem die Repräsentationen ihre Nähe und ihre Entfernungen, ihre Nachbarschaft und ihre Abseitigkeit erklären, also den Raster, der außerhalb der Chronologie ihre Verwandtschaft ermöglicht und in einem permanenten Raum ihre Ordnungsrelationen wiederherstellt. Auf diese Weise kann das Tableau der Identitäten und der Unterschiede gezeichnet werden.

In diesem Gebiet trifft man auf die *Naturgeschichte* – eine Wissenschaft von Merkmalen, die die Kontinuität der Natur und ihre Verzahnung gliedern. In diesem Gebiet trifft man auch die *Geldtheorie* und die *Werttheorie* an, Wissenschaften von Zeichen, die den Warentausch gestatten und es erlauben, zwischen den Bedürfnissen und den Wünschen der Menschen Gleichwertigkeit herzustellen. Schließlich siedelt sich da die *allgemeine Grammatik* an, eine Wissenschaft der Zeichen, durch die die Menschen die Besonderheit ihrer Wahrnehmungen ordnen und die fortgesetzte Bewegung ihrer Gedanken zerschneiden. Trotz ihrer Unterschiede haben diese drei Gebiete im klassischen Zeitalter nur insoweit existiert, als der fundamentale Raum der Tabelle sich zwischen der Berechnung der Gleichheiten und der Genese der Repräsentation errichtet hat.

Man sieht, daß diese drei Begriffe – *mathesis, taxinomia, Genese* – nicht so sehr getrennte Gebiete als vielmehr ein festes Netz von Zugehörigkeiten bezeichnen, das die allgemeine Konfiguration des Wissens in der klassischen Epoche definiert. Die *taxinomia* steht nicht in Opposition zur *mathesis*: sie siedelt sich in ihr an und unterscheidet sich von ihr, denn auch sie ist eine Wissenschaft der Ordnung – eine qualitative *mathesis*. Aber im strengen Sinn verstanden, ist die *mathesis* eine Wissenschaft der Gleichheiten, also der Zuweisungen und der Urteile; sie ist die Wissenschaft der *Wahrheit*. Die *taxinomia* ihrerseits behandelt Identitäten und Unterschiede; sie ist die Wissenschaft der Gliederung und der Klassen. Sie ist das Wissen von den *Wesen*. Gleichfalls ordnet sich die Genese im Innern der *taxinomia* an oder findet wenigstens in ihr ihre erste Möglichkeit. Aber die *taxinomia* stellt das Bild der sichtbaren Unterschiede her, die Genese setzt eine sukzessive Serie voraus; die eine behandelt die Zeichen in ihrer räumlichen Gleichzeitigkeit wie eine Syntax, während die andere sie wie eine Chronologie in einem Analogon der Zeit aufteilt. In Beziehung zur *mathesis* funktioniert die *taxinomia* wie eine Ontologie gegenüber einer apophantischen Logik; gegenüber der Genese funktioniert sie wie eine Semiologie gegenüber einer Geschichte. Sie definiert also das allgemeine Gesetz der Wesen und gleichzeitig die Bedingungen, unter denen man die verschiedenen Wesen erkennen kann. Daher rührt die Tatsache, daß die Zeichentheorie in der klassischen Epoche gleichzeitig eine Wissenschaft mit dogmatischem Anstrich, die sich als die Naturerkenntnis selbst ausgab, und eine Philosophie der Repräsentation hat tragen können, die im Laufe der Zeit immer mehr nominalistisch und skeptisch geworden ist. Daher rührt auch die Tatsache, daß eine solche Disposition so weit verschwunden ist, daß die nachfolgenden Epochen sogar die Erinnerung an ihre Existenz verloren haben. Nach der Kritik Kants und all dem, was sich in dem abendländischen Denken am Ende des achtzehnten Jahrhunderts zugetragen hat, ist eine Trennung neuen Typs vollzogen worden: auf der einen Seite hat die *mathesis* sich umgruppiert, indem sie eine Ontologie und eine apophantische Logik bildete. Sie hat bis heute in den formalen Disziplinen geherrscht; auf der anderen Seite haben die Geschichte und die Semiologie (diese übrigens durch die Geschichte absorbiert) sich in jenen Disziplinen der Interpretationen vereint, die ihre Bedeutung von Schleiermacher bis zu Nietzsche und Freud entwickelt haben.

Auf jeden Fall kann die klassische *episteme* in ihrer allgemeinsten Disposition durch das gegliederte System einer *mathesis*, einer *taxinomia* und einer *genetischen Analyse* definiert werden. Die Wissenschaften tragen das ferne Projekt einer erschöpfenden Ordnung stets mit sich: sie zielen immer auf die Entdeckung einfacher Elemente und ihrer fortschreitenden Komposition ab, und inmitten deren sind sie ein Tableau, sind sie die Ausbreitung von Erkenntnissen in einem sich selbst zeitgleichen System. Das Zentrum des Wissens im siebzehnten und achtzehnten Jahrhundert ist das Tableau. Die großen Auseinandersetzungen, die die Meinung beschäftigt haben, siedeln sich natürlich in den Falten dieser Organisation an.

Man kann eine Geschichte des Denkens in der klassischen Epoche wohl schreiben, indem man diese Erörterungen als Ausgangspunkt oder als Thema nimmt, aber man wird dann nur die Geschichte der Meinungen schreiben, das heißt der nach den Individuen, dem Milieu und den sozialen Gruppen vorgenommenen Auswahl; dabei wäre eine ganze Untersuchungsmethode impliziert. Wenn man eine archäologische Analyse des Wissens selbst unternehmen will, dann dürfen nicht diese berühmten Auseinandersetzungen als Leitfaden dienen und den Ansatz gliedern. Man muß in dem Fall das allgemeine Denksystem rekonstruieren, dessen Raster in seiner Positivität ein Spiel gleichzeitiger und offensichtlich kontradiktorischer Meinungen möglich macht. Dieser Raster definiert die Bedingungen der Möglichkeit für eine Auseinandersetzung oder für ein Problem, er selbst ist Träger der Historizität des Wissens. Wenn die abendländische Welt sich darum geschlagen hat, zu wissen, ob das Leben nur eine Bewegung oder ob die Natur in ausreichendem Maße geordnet sei, um Gott zu beweisen, dann nicht deshalb, weil ein Problem aufgedeckt worden war, sondern weil nach dem Zerstreuen des unbegrenzten Kreises der Zeichen und der Ähnlichkeiten und vor dem Organisieren der Kausalitäts- und Geschichtsfolgen die *episteme* der abendländischen Kultur einen tabellarischen Raum eröffnet hat, den sie von den kalkulierbaren Formen der Ordnung bis zur Analyse der komplexesten Repräsentationen zu durchlaufen nicht unterlassen hat. Und dieser Lauf kann an der historischen Oberfläche der Themen, der Auseinandersetzungen, der Probleme und der Meinungspräferenzen in seinen Spuren wahrgenommen werden. Die Erkenntnisse haben von einem Ende zum anderen einen »Wissensraum« durchlaufen, der plötzlich im siebzehnten Jahrhundert zur Verfügung gestellt worden war und erst hundertfünfzig Jahre später geschlossen werden sollte.

Diesen Raum in Tableauform müssen wir jetzt analysieren, und zwar dort, wo er uns in seiner klarsten Form erscheint, das heißt in der Theorie der Sprache, der Klassifikation und des Geldes.

Man wird vielleicht entgegenhalten, daß bereits allein die Tatsache, daß man gleichzeitig und auf einmal die allgemeine Grammatik, die Naturgeschichte und die Ökonomie analysieren will, indem man sie auf eine allgemeine Zeichentheorie und Theorie der Repräsentation beziehen will, eine Frage voraussetzt, die erst in unserem Jahrhundert entstanden sein kann. Wahrscheinlich hat das klassische Zeitalter, nicht mehr als irgendeine andere Kultur, das allgemeine System seines Wissens nicht umschreiben oder benennen können. Aber dieses System ist in genügendem Maße zwingend gewesen, so daß die sichtbaren Formen der Erkenntnisse darin von selbst ihre Verwandtschaften skizzieren, so als hätten sich die Methoden, Begriffe, die Typen der Analyse, die erworbenen Erfahrungen, die Geister und schließlich die Menschen selbst nach Belieben eines fundamentalen Rasters deplaziert, der die implizite, aber unvermeidliche Einheit des Wis-

sens definiert. Von diesen Deplazierungen hat die Geschichte tausend Beispiele gezeigt. Es ist eine allzuoft durchlaufene Bahn zwischen der Erkenntnistheorie, der Zeichentheorie und der Grammatik: Port-Royal hat seine
Grammatik als Zusatz und als natürliche Folge seiner *Logik* gegeben, an
die sie sich durch eine gemeinsame Zeichenanalyse anschließt; Condillac,
Destutt de Tracy und Gerando haben die Zerlegung der Erkenntnis in ihre
Bedingungen oder »Elemente« und danach die Reflexion über diese Zeichen gegliedert, von denen die Sprache nur die Anwendung und den sichtbarsten Gebrauch bildet. Es handelt sich auch um eine Bahn zwischen der
Analyse der Repräsentation und der Zeichen und der des Reichtums.
Quesnay, der Physiokrat, hat einen Artikel »Evidence« für die *Encyclopédie*
geschrieben. Condillac und Destutt haben in die Linie ihrer Erkenntnistheorie und Sprachtheorie die Theorie des Handels und der Ökonomie gestellt, die für sie den Wert einer Politik und auch einer Moral hatte. Man
weiß, daß Turgot den Artikel »Etymologie« in der *Encyclopédie* geschrieben
hat, die erste systematische Parallele zwischen dem Geld und den Wörtern;
daß Adam Smith außer seinem großen ökonomischen Werk einen Essay
über den Ursprung der Sprachen geschrieben hat. Es gibt eine Verbindung
zwischen der Theorie der Klassifikationen der Natur und denen der Sprache: Adanson hat nicht nur eine gleichzeitig künstliche und kohärente Nomenklatur auf dem Gebiet der Botanik schaffen wollen, sondern er meinte
(und wandte teilweise an) eine völlige Neuorganisation der Schrift nach
Funktion der phonetischen Gegebenheiten der Sprache. Rousseau hat unter seinen posthumen Werken Teile über Botanik und einen Traktat über
den Ursprung der Sprache hinterlassen.

So zeichnet sich wie in einer punktierten Linie das große Netz des empirischen Wissens ab: das der nicht quantitativen Ordnungen; und vielleicht erscheint die zurückgedrängte, aber eindringliche Einheit einer *Taxinomia universalis* in aller Klarheit bei Linné, als er den Plan faßt, in allen
konkreten Gebieten der Natur oder der Gesellschaft die gleichen Distributionen und die gleiche Ordnung wiederzufinden.[22] Die Grenze des Wissens wäre die vollkommene Transparenz der Repräsentationen für die Zeichen, durch die sie angeordnet werden.

---

22 Carl von Linné, *Philosophie botanique*, frz. Übersetzung, Paris 1788, § 155 und 256.

4. Kapitel

Sprechen

I. Kritik und Kommentar

Die Existenz der Sprache im klassischen Zeitalter ist gleichzeitig unumschränkt und zurückhaltend.

Sie ist unumschränkt, weil die Wörter die Aufgabe und die Kraft erhalten haben, »das Denken zu repräsentieren«. Repräsentieren bedeutet hier aber nicht übersetzen, eine sichtbare Version geben, ein materielles Doppel herstellen, das auf der äußeren Seite des Körpers das Denken in seiner Exaktheit wiedergeben kann. Repräsentieren ist im strengen Sinne zu verstehen. Die Sprache repräsentiert das Denken, wie sich das Denken selbst repräsentiert. Es gibt für die Bildung der Sprache oder für ihre Belebung von innen keinen wesentlichen oder primitiven Akt der Bedeutung, sondern im Zentrum der Repräsentation nur jene Kraft, die sie zu ihrer eigenen Repräsentation besitzt, das heißt die Kraft, sich zu analysieren, indem sie sich Teil für Teil unter dem Blick der Reflexion aneinanderreiht, und sich selbst in ein sie verlängerndes Substitut zu delegieren. Im klassischen Zeitalter ist nichts gegeben, was nicht auch in der Repräsentation gegeben wäre; dadurch taucht aber kein Zeichen auf, wird kein Sprechen laut und meint kein Satz und kein Wort jemals einen Inhalt, wenn es nicht durch das Spiel einer Repräsentation geschieht, die sich in Distanz zu sich selbst stellt, sich spaltet und sich in einer anderen Repräsentation reflektiert, die ihr äquivalent ist. Die Repräsentationen verwurzeln sich nicht in einer Welt, der sie ihren Sinn entlehnten; sie öffnen sich von selbst auf einen ihnen eigenen Raum, dessen innere Nervenbahnen dem Sinn Raum geben. In diesem abgeschlossenen Raum, den die Repräsentation für sich selbst errichtet, ist die Sprache vorhanden. Die Wörter bilden also nicht die dünne Schicht, die das Denken auf der Seite der Fassade verdoppelt, sie erinnern daran, sie verweisen darauf, zunächst aber in Richtung des Innern, unter all jenen Repräsentationen, die ihrerseits andere repräsentieren. Die klassische Sprache ist dem Denken, das sie repräsentieren soll, viel näher, als man glaubt, sie ist ihm aber nicht parallel, sondern in seinem Netz eingefangen und in das Gewebe verwoben, das sie entrollt. Sie ist keine äußere Wirkung des Denkens, sondern selbst Denken.

Dadurch wird die Sprache, wenigstens beinahe, unsichtbar. Auf jeden Fall ist sie für die Repräsentation so transparent geworden, daß ihre Existenz nicht länger ein Problem ist. Die Renaissance blieb bei der nackten Tatsache stehen, daß es Sprache gebe: in der Mächtigkeit der Welt war ein Graphismus mit den Dingen vermischt oder verlief unter ihnen, auf den Manuskripten oder Buchseiten waren Sigel niedergelegt. All diese bedrängenden Markierungen verlangten eine weitere Sprache, die des Kommentars, der Exegese, der Erudition, um die Sprache sprechen zu lassen und schließlich in Bewegung zu bringen, die in ihnen ruhte. Das Wesen der Sprache ging wie mit einer stummen Hartnäckigkeit dem, was man in ihr lesen konnte, und den Wörtern voraus, mit denen man sie widerklingen ließ. Seit dem siebzehnten Jahrhundert ist diese massive und intrigierende Existenz der Sprache beseitigt. Sie erscheint nicht länger im Rätsel der Markierung verborgen, sie erscheint andererseits auch noch nicht in der Bedeutungstheorie entfaltet. Höchstens könnte man sagen, daß die klassische Sprache nicht existiert, daß sie aber funktioniert. Ihre ganze Existenz besteht in ihrer repräsentierenden Rolle, wird darin mit Exaktheit abgegrenzt und erschöpft sich schließlich darin. Die Sprache hat keinen anderen Ort mehr als die Repräsentation und keinen anderen Wert außerhalb dieser: dieser Tiefe, die sie gestalten kann.

Dadurch entdeckt die klassische Sprache eine bestimmte Beziehung zu sich selbst, die bis dahin weder möglich noch auch nur begreifbar gewesen war. Gegenüber sich selbst befand sich die Sprache des sechzehnten Jahrhunderts in einer Position ständigen Kommentars. Dieser jedoch kann nur ausgeübt werden, wenn es Sprache gibt, Sprache, die schweigend vor dem Diskurs besteht, durch den man sie sprechen zu lassen versucht. Um zu kommentieren, bedarf es des absoluten Vorausgehens des Textes; und wie kann man umgekehrt, wenn die Welt ein Geflecht aus Markierungen und Wörtern ist, außer in der Form eines Kommentars über sie sprechen? Seit dem klassischen Zeitalter entfaltet sich die Sprache innerhalb der Repräsentation und in deren Spaltung (*dédoublement*), durch die sie ausgehöhlt wird. Künftig erlischt der erste Text und mit ihm der unerschöpfliche Grund der Wörter, deren stumme Existenz auf den Dingen eingeschrieben war. Als einzige verbleibt die Repräsentation, die sich in den sprachlichen, sie manifestierenden Zeichen abwickelt und dadurch zum

Diskurs wird. An die Stelle des Rätsels eines Sprechens, das eine zweite Sprache interpretieren muß, ist die essentielle Diskursivität der Repräsentation getreten, eine offene, noch neutrale und indifferente Möglichkeit, die der Diskurs aber vollenden und fixieren muß. Wenn dieser Diskurs seinerseits zum Gegenstand der Sprache wird, befragt man ihn nicht, als sagte er etwas, ohne es zu sagen, als wäre er eine in sich selbst verhaltene Sprache und ein verschlossenes Sprechen. Man sucht nicht mehr danach, wie man die große rätselhafte Wortfolge freilegen kann, die unter seinem Zeichen verborgen ist. Man fragt danach, wie er funktioniert, welche Repräsentationen er bezeichnet, welche Elemente er abtrennt und heraushebt, wie er analysiert und komponiert, welches Spiel der Ersatzmöglichkeiten ihm gestattet, seine Rolle als Repräsentation zu sichern. Der *Kommentar* hat der *Kritik* Platz gemacht.

Diese neue Beziehung, die die Sprache gegenüber sich selbst einnimmt, ist weder einfach noch einseitig. Offenbar steht die Kritik im Gegensatz zum Kommentar wie die Analyse einer sichtbaren Form im Gegensatz zur Entdeckung eines verborgenen Inhalts. Da aber diese Form die einer Repräsentation ist, kann die Kritik die Sprache nur in Begriffen von Wahrheit, Exaktheit, Eigenschaft oder Ausdruckskraft analysieren. Daher rührt die gemischte Rolle der Kritik und der Ambiguität, der sie sich nie hat entledigen können. Sie befragt die Sprache, als sei sie reine Funktion, Ensemble von Mechanismen, ein großes autonomes Spiel der Zeichen. Sie kann aber nicht umhin, ihr gleichzeitig die Frage nach ihrer Wahrheit oder ihrer Lüge, ihrer Transparenz oder ihrer Undurchsichtigkeit, also die Frage nach der Weise der Präsenz dessen zu stellen, was sie in den Wörtern sagt, durch die sie es repräsentiert. Von dieser doppelten, fundamentalen Notwendigkeit her ist der Gegensatz der Grundlage und der Form allmählich ans Licht gedrungen und hat schließlich den bekannten Platz eingenommen. Dieser Gegensatz hat sich wahrscheinlich erst sehr spät konsolidiert, als im neunzehnten Jahrhundert die kritische Beziehung ihrerseits zu bröckeln begann. In der klassischen Epoche wird Kritik, ohne Dissoziation und wie in einem Block, an der repräsentativen Rolle der Sprache geübt. Sie nimmt vier unterschiedliche Formen an, die jedoch verbunden und nacheinander gegliedert sind. Zunächst entfaltet sie sich in der reflexiven Ordnung als eine Kritik der *Wörter*: es handelt sich um die Unmöglichkeit, eine Wissenschaft oder eine Philosophie mit dem überkommenen Vokabular zu errichten; die allgemeinen Begriffe werden denunziert, mit deren

Hilfe das vermengt wird, was in der Repräsentation geschieden ist, und außerdem werden die abstrakten Termini kritisiert, die das trennen, was verbunden bleiben muß; es besteht die Notwendigkeit, den Schatz einer völlig
analytischen Sprache zu konstruieren. Die Kritik manifestiert sich auch in
der grammatikalischen Ordnung als eine Analyse der repräsentativen
Werte der Syntax, der Wortstellung und der Satzkonstruktionen. Kann
eine Sprache perfekter sein, wenn sie über Deklinationen verfügt oder ein
System von Präpositionen hat? Muß man die freie Wortstellung oder die
streng festgelegte Wortstellung vorziehen? Welche Zeitenfolge drückt am
besten die Beziehung zeitlicher Abfolge aus? Die Kritik nimmt auch Raum
bei der Prüfung der rhetorischen Formen: Analyse der *Figuren*, das heißt
der Redetypen mit dem jeweiligen Ausdruckswert, eine Analyse der *Tropen*, das heißt der verschiedenen Beziehungen, die die Wörter mit einem
gleichen repräsentativen Inhalt unterhalten können (Bezeichnung durch
einen Teil oder das Ganze, das Wesentliche oder ein Nebensächliches, ein
Ereignis oder den Umstand, die Sache selbst oder ihre Analoga). Schließlich stellt sich die Kritik angesichts der existierenden und bereits geschriebenen Sprache die Aufgabe, die Beziehung zu definieren, die sie mit dem
von ihr Repräsentierten unterhält. Auf diese Weise ist die Exegese religiöser Texte vom siebzehnten Jahrhundert an mit kritischen Methoden befaßt
gewesen. Es handelte sich in der Tat nicht mehr darum, das nochmals zu
sagen, was in jenen Texten bereits gesagt war, sondern zu definieren, durch
welche Figuren und Bilder, in der Folge welcher Ordnung, zum Ausdruck
welcher Ziele und zur Aussage welcher Wahrheit diese oder jene Rede von
Gott oder den Propheten in der uns überlieferten Form gehalten worden
war.

In dieser Verschiedenheit stellt die kritische Dimension sich notwendig
ein, wenn die Sprache sich selbst von ihrer Funktion aus befragt. Seit der
Klassik stehen sich Kommentar und Kritik in einem tiefen Gegensatz gegenüber. Die Kritik beurteilt und profaniert die Sprache, indem sie von
ihr in Begriffen der Repräsentation und der Wahrheit redet. Indem sie
die Sprache in dem Einbruch ihres Seins aufrechterhält und sie in Richtung ihres Geheimnisses befragt, verhält die Kommentierung vor der bö-
schungsartigen Befestigung des voraufgehenden Textes und stellt sich die
unmögliche, stets erneuerte Aufgabe, dessen Entstehung in sich zu wiederholen: sie sakralisiert ihn. Diese beiden Arten für die Sprache, zu sich
selbst eine Beziehung herzustellen, werden künftig in eine Rivalität eintre-

ten, aus der wir noch nicht herausgekommen sind. Und diese Rivalität verstärkt sich vielleicht von Tag zu Tag. Es handelt sich darum, daß die Literatur als privilegiertes Objekt der Kritik seit Mallarmé sich unaufhörlich
dem nähert, was die Sprache in ihrem Wesen selbst ist, und dadurch fordert sie eine zweite Sprache heraus, die nicht mehr die Form der Kritik,
sondern die Form eines Kommentars hat. Tatsächlich haben alle kritischen
Sprachen seit dem neunzehnten Jahrhundert sich die Aufgabe der Exegese
gestellt, etwa so, wie die Exegesen in der klassischen Epoche sich mit kritischen Methoden befaßt haben. Solange indes die Zugehörigkeit der Sprache zur Repräsentation in unserer Zivilisation nicht gelöst oder zumindest
umgangen wird, werden alle sekundären Sprachen in der Alternative der
Kritik oder des Kommentars erfaßt werden; und sie werden sich bis ins
Unendliche in ihrer Unentschiedenheit vervielfältigen.

II. Die allgemeine Grammatik

Ist die Existenz der Sprache einmal ausgelöscht, verbleiben allein noch
ihr Funktionieren in der Repräsentation, ihre Natur und ihre *diskursiven*
Kräfte. Der Diskurs ist nicht mehr als die Repräsentation selbst, die durch
sprachliche Zeichen repräsentiert wird. Welche Besonderheiten haben aber
diese Zeichen, welches ist die eigenartige Kraft, die ihnen gestattet, besser
als alle anderen die Repräsentation aufzuzeichnen, sie zu analysieren und
zu rekomponieren? Welches ist unter all den Zeichensystemen das der
Sprache eigene?

Bei erster Prüfung ist es möglich, die Worte durch ihr Arbiträres und
ihren kollektiven Charakter abzugrenzen. In ihrer ursprünglichen Wurzel
ist die Sprache, wie Hobbes sagt, aus einem System von Merkzeichen gemacht, das die Individuen zunächst für sich selbst gewählt haben. Durch
diese Markierungen können sie die Repräsentationen erinnern, sie verbinden, dissoziieren und mit ihnen arbeiten. Diese Merkzeichen sind durch
eine Vereinbarung oder gewaltsam einer Gemeinschaft auferlegt worden[1],
auf jeden Fall gehört der Sinn der Wörter nur der Repräsentation eines jeden und wird vergeblich von allen akzeptiert; er hat keine andere Existenz
als die im Denken der jeweils für sich betrachteten Individuen: »Die Worte

---

1 Hobbes, a. a. O., S. 14 f.

sind die sinnlichen Zeichen der Vorstellungen dessen, der sie gebraucht. [...] Deshalb bezeichnen sie ursprünglich und unmittelbar nur Vorstellungen dessen, der sie gebraucht ...«[2] Was die Sprache von allen anderen Zeichen trennt und ihr gestattet, in der Repräsentation eine entscheidende Rolle zu spielen, ist also nicht so sehr ihr individueller oder kollektiver, natürlicher oder arbiträrer Charakter, sondern die Tatsache, daß sie die Repräsentation nach einer notwendig sukzessiven Ordnung analysiert: die Laute sind in der Tat nur jeder für sich artikulierbar. Die Sprache kann den Gedanken nicht mit einem Schlag in seiner Totalität darstellen. Sie muß ihn Teil für Teil nach einer linearen Ordnung anlegen. Nun ist diese lineare Ordnung der Repräsentation fremd. Gewiß folgen die Gedanken in der Zeit aufeinander, aber jeder bildet eine Einheit, sei es nun, daß man mit Condillac[3] alle Elemente einer Repräsentation in einem Augenblick gegeben sieht und allein die Reflexion sie jede für sich ablaufen lassen kann oder daß man mit Destutt de Tracy eingesteht, daß sie sich mit einer so großen Geschwindigkeit folgen, daß es praktisch nicht möglich ist, ihre Ordnung zu beobachten oder festzuhalten.[4] Es sind diese so eng nebeneinander befindlichen Repräsentationen, die wir in den Sätzen ablaufen lassen müssen. Für meinen Blick ist »der Glanz der Rose innerlich«. In meinem Diskurs kann ich nicht vermeiden, daß er ihr folgt oder ihr vorausgeht.[5] Wenn der Geist die Ideen so aussprechen könnte, »wie er sie bemerkt«, dann »spräche er sie (ohne Zweifel) alle gleichzeitig aus«.[6] Aber gerade das ist nicht möglich, denn »wenn der Gedanke eine einfache Operation« ist, dann ist »seine Äußerung eine sukzessive Operation«.[7] Darin liegt die Eigenheit der Sprache, die sie gleichzeitig von der Repräsentation, deren Repräsentation sie ihrerseits nur ist, und von den Zeichen unterscheidet, denen sie ohne besonderes Privileg zugehört. Sie steht nicht im Gegensatz zum Gedanken wie das Äußere zum Inneren oder der Ausdruck zur Reflexion; sie steht nicht im Gegensatz zu den anderen Zeichen – Gesten, Pantomimen, Übersetzungen, Malereien, Emble-

---

2 John Locke, *Versuch über den menschlichen Verstand*, Buch 3, Kap. 2, § 2; 2 Bde., Berlin 1872 f. [Philosophische Bibliothek. 50. 51], Bd. 2, S. 4 f.

3 Condillac, *La Grammaire*, in: ders., a. a. O., Bd. 5, S. 39 f.

4 Destutt de Tracy, *Elémens d'Idéologie, Première Partie*, Paris An IX.

5 Urbain Domergue, *Grammaire générale analytique*, Paris An VII, Bd. 1, S. 10 f.

6 Condillac, *La Grammaire*, in: ders., a. a. O., Bd. 5, S. 336.

7 Abbé Roch-Ambroise Sicard, *Eléments de grammaire générale appliqués à la langue française*, Paris ³1808, Bd. 2, S. 113.

men[8] – wie das Willkürliche oder das Kollektive gegenüber dem Natürlichen oder dem Individuellen. Aber zu alldem steht sie im Gegensatz
wie das Aufeinanderfolgende zum Gleichzeitigen. Die Sprache ist für das
Denken und die Zeichen das, was die Algebra für die Geometrie ist; sie
setzt an die Stelle des simultanen Vergleichs der Teile (oder der Größen)
eine Ordnung, deren Grade man nacheinander durchlaufen kann. In diesem strengen Sinne ist die Sprache *Analyse* des Denkens, nicht nur einfaches Abschneiden, sondern tiefgreifende Schaffung der Ordnung im
Raum.

An dieser Stelle liegt das neue erkenntnistheoretische Gebiet, das die
Klassik die »allgemeine Grammatik« genannt hat. Es wäre ein *contresens*,
darin nur die reine und einfache Anwendung einer Logik auf die Sprachtheorie zu sehen. Aber ebenso widersinnig wäre es, darin gewissermaßen
die Präfiguration einer Linguistik entziffern zu wollen. *Die allgemeine Grammatik ist die Untersuchung der sprachlichen Ordnung in ihrer Beziehung
zur Gleichzeitigkeit, die sie ihrer Aufgabe nach repräsentieren soll.* Sie hat
also nicht das Denken und nicht die Sprache zum eigentlichen Objekt,
sondern den als Folge von sprachlichen Zeichen verstandenen *Diskurs*.
Diese Folge ist künstlich in Beziehung zu der Gleichzeitigkeit der Repräsentationen, und insoweit steht die Sprache im Gegensatz zum Denken
wie das Reflektierte zum Unmittelbaren. Dennoch ist diese Abfolge nicht
in allen Sprachen die gleiche, weil bestimmte die Handlung in die Mitte
des Satzes stellen, andere ans Ende; andere bezeichnen zunächst den Hauptgegenstand der Repräsentation, andere die beiläufigen Umstände. Wie in
der *Encyclopédie* bemerkt wird, ist die Unvereinbarkeit ihrer Wortfolge
mehr als der Unterschied der Wörter das Moment, das die fremden Sprachen füreinander undurchsichtig und so schwer zu übersetzen macht.[9] In
Beziehung zur evidenten, notwendigen und universalen Ordnung, die
die Wissenschaft und insbesondere die Algebra in die Repräsentation einführen, ist die Sprache spontan und unreflektiert, gewissermaßen natürlich. Die Sprache ist unter dem Gesichtspunkt, unter dem man sie betrachtet, ebenso eine bereits analysierte Repräsentation wie eine Reflexion im
Urzustand. Sie ist die konkrete Verbindung der Repräsentation zur Reflexion. Sie ist nicht so sehr das Kommunikationsinstrument der Menschen
untereinander wie der Weg, auf dem die Repräsentation notwendig mit

---

8 Destutt de Tracy, *Elémens d'Idéologie, Première Partie,* S. 261-266.
9 *Encyclopédie*, Artikel »Langue«.

der Reflexion kommuniziert. Deshalb hat die *allgemeine Grammatik* eine solche Bedeutung für die Philosophie im Laufe des achtzehnten Jahrhunderts angenommen. Sie war in einem Zusammenhang die spontane Form der Wissenschaft, gewissermaßen eine unkontrollierte Logik des Geistes[10], und die erste reflektierte Zerlegung des Denkens. Sie war einer der primitivsten Brüche mit dem Unmittelbaren. Sie bildete gewissermaßen eine dem Geist inhärente Philosophie – Adam Smith: »Die Erfindung sogar der einfachsten Adjektive muß mehr Metaphysik erfordert haben, als wir überhaupt begreifen können«[11] – und das, was jede Philosophie wieder aufnehmen mußte, um nach noch so verschiedener Wahl die notwendige und evidente Ordnung der Repräsentation wiederzufinden. Anfängliche Form jeder Reflexion, erstes Thema jeder Kritik – das ist die Sprache. Sie ist eine zweideutige Sache, ebensoweit wie die Erkenntnis, aber stets der Repräsentation innerlich, die der Gegenstand der *allgemeinen Grammatik* ist.

Sofort muß aber eine Reihe von Konsequenzen gezogen werden. Die *erste* ist die, daß man wohl sieht, wie sich in der klassischen Epoche die Wissenschaften von der Sprache aufteilen: einerseits in die Rhetorik, die von *Figuren* und *Tropen*, das heißt von der Weise handelt, auf die die Sprache sich in den sprachlichen Zeichen räumlich anordnet; und andererseits in die Grammatik, die von der Gliederung und Ordnung, das heißt von der Weise handelt, in der die Analyse der Repräsentation sich gemäß einer ablaufenden Serie anordnet. Die Rhetorik definiert die Räumlichkeit der Repräsentation so, wie sie mit der Sprache entsteht. Die Grammatik definiert für jede Sprache die Ordnung, die die Räumlichkeit in der Zeit aufteilt. Deshalb, das werden wir später sehen, setzt die Grammatik eine rhetorische Natur sogar der primitivsten und spontansten Sprachen voraus.

2. Andererseits manifestiert die Grammatik als Reflexion über die Sprache im allgemeinen die Beziehung, die diese mit der Universalität unterhält. Diese Beziehung kann zwei Formen erhalten, je nachdem, ob man die Möglichkeit einer *universalen Sprache* oder eines *universalen Diskurses* in Betracht zieht. In der klassischen Zeit bezeichnet man mit universaler Sprache nicht die primitive, unberührte und reine Sprechweise, die, wenn

10 Condillac, *La Grammaire*, in: ders., a. a. O., Bd. 5, S. 4 f. und 67-73.
11 Adam Smith, *Considerations concerning the first formation of languages, and the different genius of original and compounded languages*, in: ders., The Works, 5 Bde., London 1811 f. (Repr. Aalen 1963), Bd. 5, S. 10.

universal

man sie jenseits der Strafen des Vergessens wiederfände, die Einheit aus der
Zeit vor Babel wiederherstellen könnte. Es handelt sich um eine Sprache,
die jeder Repräsentation und jedem Element jeder Repräsentation das Zeichen zu geben vermöchte, durch das sie auf einmalige Weise markiert werden können. Sie wäre auch fähig, die Weise zu bezeichnen, in der die Elemente sich in einer Repräsentation anordnen und wie sie miteinander
verbunden sind. Da sie die Instrumente besäße, die alle eventuellen Beziehungen zwischen den Segmenten der Repräsentation zu bezeichnen gestatten, hätte sie dadurch die Kraft, sämtliche möglichen Ordnungen zu durchlaufen. Gleichzeitig Charakteristik und Kombinatorik, stellt die universale
Sprache nicht die Ordnung der alten Tage wieder her. Sie erfindet Zeichen,
eine Syntax, eine Grammatik, in denen jede vorstellbare Ordnung ihren
Platz finden muß. Was den universalen Diskurs anbetrifft, so ist er auch
nicht mehr der »einzige Text«, der in der Chiffre seines Geheimnisses den
Schlüssel zur Entschlüsselung allen Wissens enthält. Er ist vielmehr die
Möglichkeit, den natürlichen und notwendigen Schritt des Geistes von
den einfachsten Repräsentationen bis zu den feinsten Analysen und den
höchst komplexen Kombinationen zu definieren: dieser Diskurs ist das in
die einzige ihm von seinem Ursprung vorgeschriebene Ordnung gestellte
Wissen. Er durchläuft das ganze Feld der Erkenntnisse, aber auf eine in gewisser Weise unterirdische Art, um deren Möglichkeit von der Repräsentation her auftauchen zu lassen, um deren Entstehung zu zeigen und ihre natürliche, lineare und universale Bindung lebendig werden zu lassen. Dieser
gemeinsame Nenner, diese Begründung aller Erkenntnisse, dieser in einem
kontinuierlichen Diskurs manifestierte Ursprung ist die Ideologie, eine
Sprache, die den spontanen Faden der Erkenntnis in seiner ganzen Länge
redupliziert: »Der Mensch tendiert durch seine Natur immer zum nächsten
und eiligsten Ergebnis. Er denkt zunächst an seine Bedürfnisse, dann an
sein Vergnügen. Er beschäftigt sich mit Ackerbau, Medizin, Krieg, praktischer Politik, dann mit Poesie und den Künsten, bevor er an die Philosophie denkt. Und wenn er einmal innehält und zu reflektieren beginnt,
schreibt er seinem Urteil Regeln vor, die der Logik, seinen Reden die der
Grammatik, seinen Wünschen die der Moral. Er hält sich dann für auf
dem Gipfel der Theorie stehend«; aber er bemerkt, daß alle diese Operationen »eine gemeinsame Quelle« haben und daß »dieses einzige Zentrum aller Wahrheiten die Erkenntnis seiner intellektuellen Fähigkeiten ist«.[12]

12 Destutt de Tracy, *Elémens d'Idéologie. Préface*, S. 2.

Die universale Charakteristik und die Ideologie stehen einander gegenüber wie die Universalität der Sprache im allgemeinen (sie entfaltet alle
möglichen Ordnungen in der Gleichzeitigkeit eines einzigen fundamentalen Tableaus) und die Universalität eines erschöpfenden Diskurses (der die
einzige und für jeden gültige Genesis aller möglichen Erkenntnisse in ihrer
Verkettung rekonstruiert). Aber ihr Plan und ihre gemeinsame Möglichkeit beruhen auf einer Kraft, die das klassische Zeitalter der Sprache verleiht. Es handelt sich um die Fähigkeit, allen Repräsentationen, wie immer
sie beschaffen seien, adäquate Zeichen zu geben und zwischen ihnen alle
möglichen Verbindungen herzustellen. Insoweit die Sprache alle Repräsentationen repräsentieren kann, ist sie mit vollem Recht das Element des
Universalen. Es muß eine wenigstens mögliche Sprache geben, die in ihren
Wörtern die Totalität der Welt aufnimmt, und umgekehrt muß die Welt als
Totalität des Repräsentierbaren in ihrer Gesamtheit eine Enzyklopädie
werden können. Und der große Traum von Charles Bonnet erreicht da
das, was die Sprache in ihrer Verbindung und Zugehörigkeit zur Repräsentation ist: »Ich schaue gern die unzählbare Vielfalt der Welten wie ebenso
viele Bücher an, deren Sammlung die riesige Bibliothek des Universums
oder die wahre universale Enzyklopädie bildet. Ich stelle mir vor, daß die
wunderbare, zwischen den verschiedenen Welten bestehende Abstufung
den höheren Intelligenzien, denen es gegeben ist, sie zu durchlaufen oder
vielmehr sie zu lesen, den Erwerb von Wahrheiten jeder Art erleichtert,
die das Universum einschließt, und in ihre Erkenntnis jene Ordnung
und jene Verkettung legt, die seine hauptsächliche Schönheit ausmachen.
Aber jene himmlischen Enzyklopädisten besitzen nicht alle im gleichen
Grade die Enzyklopädie des Universums. Die einen besitzen davon nur
einige Zweige, andere besitzen eine größere Zahl, andere umfassen noch
mehr. Alle haben aber die Ewigkeit, um ihre Erkenntnisse zu vermehren
und zu perfektionieren und um alle ihre Fähigkeiten zu entwickeln.«[13]
Auf diesem Hintergrund einer absoluten Enzyklopädie bilden die Menschen vermittelnde Formen einer zusammengesetzten und begrenzten Universalität: alphabetische Enzyklopädien, die die größtmögliche Menge von
Erkenntnissen völlig in der Ordnung der Buchstaben anordnen; Pasigra-
phien, die gestatten, nach einem einzigen System von Figuren alle Spra-

---

13 Charles Bonnet, *Contemplation de la nature*, in: ders., *Œuvres d'histoire naturelle et de philosophie*,
   10 Bde., Neuchâtel 1779-1783, Bd. 4, S. 136 Anm.

chen der Welt niederzuschreiben[14]; vielwertige Lexika, die die Synonyme
in einer mehr oder weniger beträchtlichen Zahl von Sprachen festhalten.
Schließlich gibt es die systematisierten Enzyklopädien, die vorgeben, daß
sie, »soweit dies möglich ist, die Ordnung und die Verknüpfung der
menschlichen Kenntnisse darlegen« und dabei die »Genealogie und Ent-
wicklungsfolge *(filiation)* unserer Kenntnisse, der für ihre Entstehung be-
stimmenden Ursachen und ihrer unterscheidenden Merkmale« untersuchen.[15] Wie partiell der Charakter all dieser Projekte auch gewesen sein
mag, welche empirischen Umstände bei jenen Unternehmen auch immer
ausschlaggebend gewesen sein mögen, die Fundierung ihrer Möglichkeit
in der klassischen *episteme* liegt darin, daß, wenn das Wesen der Sprache
völlig auf ihr Funktionieren in der Repräsentation zurückgeführt wurde,
dies keine Beziehung außer der durch die Vermittlung der Sprache zum
Universalen hatte.

3. Erkenntnis und Sprache sind streng miteinander verkreuzt. Sie haben
in der Repräsentation gleichen Ursprung und gleiches Funktionsprinzip;
sie stützen sich aufeinander, ergänzen und kritisieren sich unaufhörlich.
In ihrer allgemeinsten Form bestehen Erkennen und Sprechen zunächst
in der Analyse des Gleichzeitigen der Repräsentation, in der Unterscheidung ihrer Elemente, in der Feststellung der Beziehungen, die die Elemente kombinieren, und in der Feststellung der möglichen Abfolge, nach
der man sie abrollen lassen kann: der Geist spricht und erkennt in der
gleichen Bewegung, »in den gleichen Prozessen lernt man sprechen und
entdeckt man entweder die Prinzipien des Systems der Welt oder die
der Operationen des menschlichen Geistes, das heißt alles, was es an Sub-
limem in unseren Kenntnissen gibt«.[16] Die Sprache ist aber nur in einer
unreflektierten Form Erkenntnis, sie drängt sich von außen den Individuen auf, die sie wohl oder übel zu konkreten oder abstrakten Begriffen
führt, die exakt oder wenig begründet sind. Die Erkenntnis dagegen ist
wie eine Sprache, bei der jedes Wort geprüft und jede Beziehung verifiziert worden ist. Wissen heißt: sprechen, wie man muß und wie es der bestimmte Weg des Geistes vorschreibt. Sprechen heißt wissen, wie man
kann und nach dem Modell, das die auferlegen, die von gleicher Geburt

---

14 Vgl. Destutt de Tracy, *Mémoires de l'Académie des Sciences morales et politiques*, Bd. 3, S. 535.
15 Jean Le Rond d'Alembert, *Einleitende Abhandlung zur Enzyklopädie (1751)*, Berlin 1958 [Philoso-
   phische Studientexte], S. 9 und 10.
16 Destutt de Tracy, *Elémens d'Idéologie, Première Partie*, S. 24.

sind. Die Wissenschaften sind wohlgeformte Sprachen insoweit, als die Sprachen brache Wissenschaften sind. Jede Sprache muß also neu geschaffen werden, das heißt neu erklärt und von jener analytischen Ordnung aus beurteilt werden, die keine von ihnen genau befolgt. Man muß sie eventuell auch neu anpassen, damit die Kette der Erkenntnisse in voller Helligkeit, schattenlos und lückenlos, erscheinen kann. So gehört zur Natur der Grammatik, präskriptiv zu sein, nicht etwa, weil sie die Norm einer schönen Sprache auferlegen wollte, die den Regeln des Geschmacks treu wäre, sondern weil sie die radikale Möglichkeit zu sprechen auf die Ordnungsweise der Repräsentation bezieht. Destutt de Tracy sollte eines Tages bemerken, daß die besten Abhandlungen über Logik im achtzehnten Jahrhundert von den Grammatikern geschrieben worden waren, weil die Vorschriften der Grammatik zur analytischen, nicht zur ästhetischen Ordnung gehörten.

Diese Zugehörigkeit der Sprache zum Wissen setzt ein ganzes historisches Feld frei, das in den vorausgehenden Epochen nicht existiert hatte. Etwas wie die Geschichte der Erkenntnis wird möglich. Wenn die Sprache eine spontane, sich selbst gegenüber dunkle und ungeschickte Wissenschaft ist, wird sie im Gegenteil durch die Erkenntnisse vervollkommnet, die sich nicht in ihren Wörtern niederlegen können, ohne ihre Spur zu hinterlassen. Die Sprache ist gewissermaßen ihre inhaltslose Hülle. Die Sprachen, unvollkommenes Wissen, sind die treue Erinnerung an seine Perfektionierung. Sie verleiten zum Irrtum, registrieren aber, was man gelernt hat. In ihrer ungeordneten Ordnung lassen sie falsche Ideen entstehen, aber die wahren Ideen legen in ihnen die unauslöschbare Markierung einer Ordnung nieder, die der Zufall allein nicht hätte schaffen können. Was uns die Zivilisationen und Völker als Monumente ihres Denkens hinterlassen, sind nicht so sehr die Texte wie die Vokabularien und Syntaxen, die Laute ihrer Sprachen eher als die gesprochenen Worte, weniger ihre Reden als das, was sie möglich macht: die Diskursivität ihrer Sprache. »Die Sprache eines Volkes bildet ihr Vokabular, und ihr Vokabular ist eine ziemlich treue Bibel aller Erkenntnisse dieses Volkes. Man könnte sich eine Vorstellung von den Fortschritten eines Volkes machen, wenn man allein das Vokabular der Nation zu verschiedenen Zeiten vergleicht. Jede Wissenschaft hat ihren Namen, jeder Begriff in der Wissenschaft hat den seinen, alles, was in der Natur bekannt ist, wird bezeichnet, ebenso wie alles, was man in den Künsten erfindet, sowohl die Phänomene als auch die Handwerke und die Instrumente.«[17] Von daher existiert die Möglichkeit, die Geschichte der Freiheit und der Sklaverei ausgehend von den Sprachen zu schreiben[18] oder auch eine Geschichte der Meinungen, der Vorurteile, des Aberglaubens, des Glaubens jeder Ordnung zu verfassen, wofür die Schriften stets weniger gut als die Wörter selber Zeugen sind.[19] Daher rührt auch das Projekt, eine Enzyklopädie »der Wissenschaften und Künste« zu verfassen, die nicht der Verkettung der Erkenntnisse selbst folgen wird, sondern sich in der Form der Sprache, im Innern des offenen Raumes in den Wörtern ansiedeln wird. Die kommenden Zeiten werden darin notwendig das suchen, was wir gewußt oder gedacht haben, denn die Wörter sind in ihrem rohen Auseinandergetrenntsein auf jener Mittellinie aufgeteilt, an der die Wissenschaft in die Nähe der Perzeption und die Reflexion in die Nähe der Bilder gerückt wird. In ihnen wird das, was man sich vorstellt, zu dem, was man weiß, und umgekehrt wird das, was man weiß, zu dem, was man sich alle Tage repräsentiert. Die alte Beziehung zum *Text*, durch die die Renaissance die Erudition definierte, hat sich jetzt transformiert: sie ist im klassischen Zeitalter die Beziehung zum reinen Element der *Sprache* geworden.

Man sieht, wie sich so das lichte Element aufhellt, in dem mit vollem Recht Sprache und Erkenntnis, wohlgeformter Diskurs und Wissen, universale Sprache und Analyse des Denkens, Geschichte der Menschen und Wissenschaften der Sprache kommunizieren. Sogar wenn es für die Publikation bestimmt war, wurde das Wissen der Renaissance innerhalb eines geschlossenen Raumes angeordnet. Die »Akademie« war ein geschlossener Zirkel, der an die Oberfläche der gesellschaftlichen Konfigurationen die essentiell geheime Form des Wissens projizierte. Das Wissen dieser Art hatte zur vordringlichsten Aufgabe, stumme Sigeln sprechen zu lassen. Es mußte ihre Formen erkennen, sie interpretieren und sie erneut in andere Spuren überschreiben, die ihrerseits entziffert werden mußten. Infolgedessen entging die Entdeckung des Geheimnisses selbst nicht

---

17 *Encyclopédie*, Artikel »Encyclopédie« (Diderot), Bd. 5, S. 637.

18 Jean-Jacques Rousseau, *Essai sur l'origine des langues*, in: ders., *Œuvres*, 20 Bde., Paris 1826, Bd. 13, S. 220 f.

19 Vgl. Johann David Michaelis, *Beantwortung der Frage von dem Einfluß der Meinungen in die Sprache und der Sprache in die Meinungen; welche den von der königlichen Academie der Wissenschaften für das Jahr 1759 gesetzten Preis erhalten hat*. Berlin 1760 (die frz. Übersetzg., Bremen 1762 ist erweitert). Es ist bekannt, daß die Griechen durch das Wort *doxa* Ehre und Meinung ausdrückten (S. 14), und aus dem Ausdruck »das liebe Gewitter«, daß die Germanen glaubten, daß »es den Akker fruchtbar macht« (S. 23).

jener verfänglichen Disposition, die sie gleichzeitig so schwierig und so
wertvoll gemacht hatte. Im klassischen Zeitalter verflechten sich das Erkennen und das Sprechen in einem gleichen Gewebe. Es handelt sich für
das Wissen und die Sprache darum, der Repräsentation Zeichen zu geben,
durch die man sie nach einer notwendigen und sichtbaren Ordnung abrollen kann. Wenn es ausgesagt wurde, war das Wissen des sechzehnten Jahrhunderts ein Geheimnis, aber ein geteiltes. Wenn es verborgen ist, dann ist
das Wissen des siebzehnten und achtzehnten Jahrhunderts ein Diskurs,
über dem man einen Schleier angebracht hat. Es gehört zur ursprünglichsten Natur der Wissenschaft, in das System der sprachlichen Kommunikationen einzudringen[20], und zu der der Sprache, Erkenntnis vom ersten
Wort an zu sein. Sprechen, Erklären und Wissen gehören im strengen
Sinne des Wortes zur *gleichen Ordnung*. Das Interesse, das das klassische
Zeitalter der Wissenschaft zuwendet, die Publizität seiner Auseinandersetzungen, sein stark populärer Charakter, seine Öffnung hin zum Profanen,
die von Fontenelle beeinflußte Astronomie, der von Voltaire gelesene Newton, alles das ist wahrscheinlich nicht mehr als ein soziologisches Phänomen. Es hat nicht die geringste Veränderung in der Geschichte des
Denkens hervorgerufen, hat das Werden des Wissens nicht um eine Daumenbreite modifiziert. Es erklärt nichts, außer auf doxographischer Ebene,
auf die man es in der Tat stellen muß. Aber die Bedingung, unter der es
möglich wurde, liegt in jener reziproken Zugehörigkeit des Wissens und
der Sprache. Das neunzehnte Jahrhundert wird sie später lösen, und es
wird ihm widerfahren, ein in sich geschlossenes Wissen und eine reine,
in ihrem Sein und ihrer Funktion rätselhaft gewordene Sprache einander
gegenüberstehen zu lassen – etwas, was man seit jener Epoche *Literatur*
nennt. Zwischen diesen beiden werden sich bis ins Unendliche die dazwischenliegenden Sprachen, abgeleitete oder, wenn man will, gefallene, des
Wissens ebenso wie der Werke, entfalten.

4. Weil sie zur Analyse und Ordnung geworden ist, knüpft die Sprache
mit der Zeit bis dahin nicht vorhandene Beziehungen. Das sechzehnte
Jahrhundert gestand zu, daß die Sprachen sich in der Geschichte folgten
und einander ins Leben rufen konnten. Die ältesten waren die Mutterspra-

---

20 Die Gelehrsamkeit der Alten und vor allem der Ägypter soll (so meint z. B. Warburton) nicht zunächst geheim, dann öffentlich gewesen sein, sondern umgekehrt nach gesellschaftlichem Werden
von den Priestern an sich gerissen, verhüllt und verkleidet worden sein. Die esoterische ist nicht die
ursprüngliche Form des Wissens, sondern nur seine Pervertierung.

chen. Von allen die archaischste war das Hebräische, weil es die Sprache
des ewigen Gottes war, als er sich an die Menschen wandte. Das Hebräische galt als die Sprache, die dem Syrischen und Arabischen zur Entstehung verholfen hatte. Dann kam das Griechische, aus dem das Koptische
ebenso wie das Ägyptische hervorgegangen war. Das Lateinische hatte in
seiner Filiation das Italienische, das Spanische und das Französische geschaffen. Schließlich leiteten sich vom »Teutonischen« das Deutsche, Englische und Flämische ab.[21] Seit dem siebzehnten Jahrhundert kehrt sich
die Beziehung der Sprache zur Zeit um. Die Zeit legt die Sprachen *(par-
lers)* nicht mehr der Reihe nach in der Weltgeschichte nieder, sondern es
sind die Sprachen, die die Repräsentationen und die Wörter nach einer Abfolge entrollen, deren Gesetz sie selbst bestimmen. Durch diese innere
Ordnung und Plazierung, die sie den Wörtern reserviert, definiert jede
Sprache ihre Besonderheit. Es geschieht also nicht mehr durch ihren Platz
in einer historischen Reihe. Die Zeit ist für die Sprache ihre innere Art der
Analyse und nicht mehr der Ort ihrer Entstehung; daher rührt das geringe
Interesse, das das klassische Zeitalter der chronologischen Filiation gewidmet hat, wobei es sogar soweit ging, entgegen jeder »Evidenz« (hier ist die
unsrige gemeint) die Verwandtschaft des Italienischen oder Französischen
mit dem Latein zu verneinen.[22] An die Stelle solcher Serien, die im sechzehnten Jahrhundert existierten und im neunzehnten Jahrhundert erneut
auftreten werden, setzt man Typologien, und zwar solche der Ordnung.
Es gibt die Gruppe der Sprachen, die zunächst den Gegenstand setzen,
von dem man spricht; dann die Handlung, die von ihm unternommen
oder ertragen wird; schließlich das Agens, auf das er sie ausübt: Zeugen dafür sind das Französische, das Englische, das Spanische. Dem gegenüber
steht die Gruppe der Sprachen, die »bald die Handlung, bald das Objekt,
bald die Modifikation oder den Umstand vorweggehen lassen«: das Lateinische zum Beispiel oder das »Slawische«, in denen die Funktion des Wortes nicht durch seinen Platz, sondern durch seine Flexion angezeigt wird.
Schließlich gibt es die dritte Gruppe, die die gemischten Sprachen (wie
das Griechische oder das Teutonische) bilden, »die von den zwei anderen

21 Etienne Guichard, *L'harmonie étymologique des langues hébraïque, chaldaïque, syriaque, grecque*,
   Paris 1606. Vgl. Klassifikationen gleichen Typs in Scaligers Diatribe über die europäischen Sprachen und bei John Wilkins, *An Essay towards a Real Character and a Philosophical Language*, London 1668, S. 3 f.
22 Claude-Saintin Le Blan, *Théorie nouvelle de la parole et des langues*, Paris 1750. Das Italienische,
   Französische und Spanische hätten vom Latein nur einige Wörter geerbt.

abhängen, die den Artikel und die Fälle haben«.[23] Man muß aber wohl verstehen, daß es nicht das Vorhandensein oder Fehlen der Flexionen ist, das für jede Sprache die mögliche oder notwendige Ordnung ihrer Wörter definiert. Es ist die Ordnung als Analyse und sukzessive Aufreihung der Repräsentationen, die von vornherein vorschreibt, Deklination oder Artikel zu benutzen. Die Sprachen, die der Ordnung »der Imagination und des Interesses« folgen, bestimmen keinen festen Platz für die Wörter: sie müssen sie durch Flexionen markieren (das sind die »transpositiven« Sprachen). Wenn sie dagegen der einförmigen Ordnung der Überlegung folgen, genügt es, daß sie durch einen Artikel die Zahl und das Geschlecht der Substantive anzeigen; der Platz in der analytischen Anordnung hat in sich selbst einen funktionalen Wert: dies sind die »analogen« Sprachen.[24] Die Sprachen sind miteinander verwandt und unterscheiden sich auch gemäß der Tabelle der möglichen Typen der Abfolge. Diese Tabelle ist gleichzeitig, suggeriert aber, welche die ältesten Sprachen gewesen sind. Man kann in der Tat zugeben, daß die spontanste Ordnung (die der Bilder und Leidenschaften) der reflektiertesten (der der Logik) voraufgegangen sein muß: die äußere Datierung wird von den internen Formen der Analyse und der Ordnung bestimmt. Die Zeit ist der Sprache innerlich geworden.

Hinsichtlich der Geschichte der Sprachen selbst ist zu sagen, daß sie nicht mehr als Erosion oder Zufall, Einführung, Zusammentreffen und Gemisch verschiedener Elemente ist. Ihr sind weder Gesetze noch Bewegungen, noch Notwendigkeiten eigen. Wie ist zum Beispiel die griechische Sprache gebildet? »Es sind Kaufleute aus Phönizien, phrygische Abenteurer und solche aus Mazedonien, Illyrien, von den Galatern, Skythen, vertriebene Banden oder Flüchtlinge, die die erste Grundlage der griechischen Sprachen aus so vielen Arten zahlloser Teilchen und aus so vielen Dialekten bildeten.«[25] Das Französische besteht aus lateinischen und gotischen Namen, aus gallischen Wendungen und Konstruktionen, arabischen Artikeln und Ziffern, dem Englischen und Italienischen etwa bei einer

23 Abbé Gabriel Girard, *Les vrais principes de la langue française*, 2 Bde., Paris 1747, Bd. 1, S. 22-25.

24 Über dieses Problem und die darüber geführten Diskussionen vgl. Nicolas Beauzée, *Grammaire générale ou Exposition raisonnée des éléments nécessaires au langage*, Paris 1767; abbé Charles Batteux, *Nouvel examen du préjugé sur l'inversion pour servir de réponse à M. Beauzée*, (Paris) 1767; abbé Pierre Joseph Thorelier d'Olivet, *Remarques sur la langue française*, Paris 1767 (1771, 1783 u. ö.).

25 Abbé Antoine Pluche, *La mécanique des langues et l'art de les enseigner*, Lyon 1811 (Neuausgabe), S. 26.

Reise, in Kriegen oder bei Handelsvereinbarungen entlehnten Wörtern.[26]
Die Sprachen entwickeln sich also durch die Wirkung von Bevölkerungs-
verschiebungen und von Siegen, Niederlagen, Moden oder Warenaustausch. Sie entwickeln sich aber nicht durch die Kraft einer Historizität,
die sie von selbst besäßen. Sie gehorchen keinem inneren Entwicklungsprinzip, sondern wickeln auf einer Linie die Repräsentationen und ihre
Elemente ab. Wenn es für die Sprachen eine positive Zeit gibt, muß man
sie nicht außerhalb, bei der Geschichte, suchen, sondern in der Anordnung der Wörter, im Innern des Diskurses.

Man kann jetzt das erkenntnistheoretische Feld der *allgemeinen Grammatik* umschreiben, das in der zweiten Hälfte des siebzehnten Jahrhunderts aufgekommen ist und in den letzten Jahren des folgenden Jahrhunderts beseitigt wurde. Die allgemeine Grammatik ist keine vergleichende
Grammatik. Die Annäherungen zwischen den Sprachen werden von der
allgemeinen Grammatik nicht zum Gegenstand genommen und nicht
als Methode benutzt. Ihre Allgemeinheit besteht nicht darin, im eigentlichen Sinne grammatische Gesetze zu finden, die allen linguistischen Gebieten gemeinsam wären und in einer idealen und zwingenden Einheit die
Struktur jeder möglichen Sprache erscheinen ließen. Wenn sie allgemein
ist, dann insoweit, als sie die repräsentative Funktion des Diskurses unterhalb der grammatischen Regeln, aber auf der Ebene ihrer Grundlage erscheinen lassen will, sei das nun die vertikale Funktion, die ein Repräsentiertes bezeichnet, oder die horizontale, die es auf die gleiche Weise bindet
wie das Denken. Da sie die Sprache als eine Repräsentation erscheinen
läßt, die eine andere gliedert, wird sie mit vollem Recht als »allgemein« bezeichnet. Sie handelt von der inneren Verdoppelung *(dédoublement)* der
Repräsentation. Da aber diese Gliederung auf verschiedene Weise sich
vollziehen kann, wird es paradoxerweise verschiedene allgemeine Grammatiken geben: die des Französischen, des Englischen, des Lateinischen,
des Deutschen usw.[27] Die allgemeine Grammatik meint keine Definition
der Gesetze aller Sprachen, sondern will der Reihe nach jede Einzelsprache
als einen Artikulationsmodus des Denkens über sich selbst behandeln. In

---

26 A. a. O., S. 23.
27 Vgl. etwa Claude Buffier, *Grammaire française sur un plan nouveau*, Paris 1723. Deshalb zieht man
   am Ende des achtzehnten Jahrhunderts den Ausdruck »philosophische Grammatik« dem der »allgemeinen Grammatik« vor, die »die aller Sprachen wäre«. Dieudonné Thiébault, *Grammaire philosophique*, 2 Bde., Paris 1802, Bd. I, S. 6 f.

jeder isoliert genommenen Sprache gibt sich die Repräsentation »Merkmale«. Die allgemeine Grammatik wird das System der Identitäten und Unterschiede definieren, das jene spontanen Merkmale voraussetzen und benutzen. Sie wird die *taxinomia* jeder Sprache herstellen, das heißt, sie wird das herstellen, was in jeder einzelnen Sprache aus ihr die Möglichkeit macht, eine Rede zu halten.

Daher rühren die beiden Richtungen, die sie notwendig einschlägt. Da der Diskurs seine Teile verbindet wie die Repräsentation ihre Elemente, wird die allgemeine Grammatik das repräsentative Funktionieren der einen Wörter im Verhältnis zu den anderen untersuchen müssen. Das setzt zunächst eine Analyse des Bandes voraus, das die Worte miteinander verknüpft (Theorie des Satzes und insbesondere des Verbs), dann eine Analyse der verschiedenen Worttypen und der Weise, auf die sie die Repräsentation zerschneiden und sich voneinander unterscheiden (Theorie der Gliederung). Aber da der Diskurs nicht einfach eine repräsentative Gesamtheit ist, sondern eine reduplizierte Repräsentation, die eine andere bezeichnet, nämlich die von ihr repräsentierte, muß die allgemeine Grammatik die Weise untersuchen, auf die die Wörter das bezeichnen, was sie sagen, zunächst in ihrer ursprünglichen Bedeutung (Theorie des Ursprungs und der Wurzel), dann in ihrer permanenten Fähigkeit zu gleiten, sich auszudehnen und sich zu reorganisieren (Theorie des rhetorischen Raums und der Derivation).

III. Die Theorie des Verbs

Für die Sprache ist der Satz (*proposition*) das, was die Repräsentation für das Denken ist, ihre zugleich allgemeinste und elementarste Form, weil man bei seiner Zerlegung nicht mehr auf den Diskurs, sondern auf seine Elemente als völlig verstreutes Material trifft. Unterhalb des Satzes findet man zwar Wörter, aber in ihnen vollzieht sich die Sprache nicht. Tatsächlich hat der Mensch anfangs nur einfache Schreie ausgestoßen, und diese begannen Sprache erst von dem Tag an zu sein, an dem sie, und sei es nur innerhalb ihrer Einsilber, eine Beziehung von der Art eines Satzes mit einschlossen. Das Heulen des Primitiven, der sich äußert, bildet nur ein wirkliches Wort, wenn das Heulen nicht mehr Begleitausdruck seines Leidens ist und wenn es den Wert eines Urteils oder einer Erklärung vom Typ »ich ersticke« hat.[28] Was das Wort zum Wort und über die Schreie und den Lärm erhebt, ist der in ihm verborgene Satz. Der Wilde von Aveyron hat nicht sprechen können, weil die Wörter für ihn stimmliche Merkmale der Dinge und der Eindrücke geblieben sind, die sie in seinem Geist hinterließen. Sie haben für ihn nicht den Wert eines Satzes erhalten. Er konnte zwar das Wort »Milch« angesichts des ihm dargebotenen Napfes aussprechen; das war aber nur »der konfuse Ausdruck für jene nährende Flüssigkeit, das Behältnis, in dem diese war, und den Wunsch, dessen Gegenstand er bildete.«[29] Nie ist das Wort zum repräsentativen Zeichen des Gegenstandes geworden, denn nie hat er auch nur sagen wollen, daß die Milch warm, fertig oder begehrt war. Tatsächlich löst der Satz das Lautzeichen von seinen unmittelbaren Ausdruckswerten und stellt es souverän in seine linguistische Möglichkeit. Für das klassische Denken beginnt die Sprache dort, wo nicht Ausdruck, sondern Diskurs vorhanden ist. Wenn man »nein« sagt, übersetzt man seine Ablehnung nicht in einen Schrei. Man faßt in einem Wort »einen ganzen Satz zusammen: . . . ich denke das nicht, oder ich glaube das nicht.«[30]

»Gehen wir direkt zum Satz über, dem wesentlichen Gegenstand der Grammatik.«[31] Alle Funktionen der Sprache werden darin auf die drei einzigen Elemente zurückgeführt, die zur Bildung eines Satzes unerläßlich sind: das Subjekt, das Attribut und ihre Verbindung. Dabei sind das Subjekt und das Attribut noch von gleicher Natur, weil der Satz bestätigt, daß das eine mit dem anderen identisch oder zusammengehörig ist. Es ist ihnen unter bestimmten Bedingungen also unmöglich, ihre Funktionen auszutauschen. Der einzige Unterschied, der jedoch entscheidend ist, ist die manifeste Irreduzibilität des Verbs: »Drei Dinge sind sonach bei jedem Satz zu betrachten: die beiden Namen, die das *Subjekt* und das *Prädikat* bilden, und ihre Verbindung durch die Kopula. Die beiden Namen erwekken in uns die Vorstellung ein und desselben Dinges, während die Kopula uns an den Grund erinnert, weswegen diese Namen diesem Dinge beigelegt wurden.«[32] Das Verb ist die unerläßliche Bedingung für jeden Diskurs.

28 Destutt de Tracy, *Elémens d'Idéologie. Seconde Partie. Grammaire*, Paris 1805, S. 87.
29 Jean-Marc Itard, *Rapport sur les nouveaux développements et l'état de Victor de l'Aveyron*, Paris 1807. Jetzt auch abgedruckt bei Lucien Malson, *Les enfants sauvages, mythe et réalité*, [le monde en 10/ 18], Paris 1964, S. 209.
30 Destutt de Tracy, a. a. O., S. 60.
31 Domergue, *Grammaire générale analytique*, S. 34.
32 Hobbes, a. a. O., S. 28.

Dort, wo es nicht existiert, nicht einmal auf virtuelle Weise, kann nicht von Sprache gesprochen werden. Die Nominalsätze verbergen alle die unsichtbare Präsenz eines Verbs, und Adam Smith meint[33], daß in ihrer primitiven Form die Sprache nur aus unpersönlichen Verben zusammengesetzt war (vom Typ »es regnet« oder »es donnert«) und daß von diesem Verbkern aus alle anderen Teile des Diskurses sich als abgeleitete und sekundäre Präzisierungen abgelöst haben. Die Schwelle der Sprache ist dort, wo das Verb auftaucht. Man muß das Verb also als gemischtes Wesen behandeln, gleichzeitig als Wort unter Wörtern, das den gleichen Regeln unterliegt, wie diese den Regeln und Konkordanzgesetzen gehorcht; und dann als hinter ihnen allen in einem Gebiet befindlich, das nicht das des Gesprochenen ist, sondern das, von wo aus man spricht. Es liegt am Rande des Diskurses, an der Nahtstelle dessen, was gesagt wird, und dessen, was selber spricht, genau dort, wo die Zeichen im Begriff sind, Sprache zu werden.

In dieser Funktion muß man es befragen, indem man es von dem befreit, wovon es unaufhörlich überladen und verdunkelt wird. Man darf nicht mit Aristoteles bei der Tatsache stehenbleiben, daß das Verb die Zeiten bezeichnet (viele andere Wörter, Adverbien, Adjektive, Nomen können zeitliche Bedeutungen tragen). Man darf auch nicht, wie es Scaliger tat, dabei stehenbleiben, daß es Aktives oder Passives ausdrückt, während die Nomen Dinge bezeichnen, und zwar beständige (denn es gibt gerade das Nomen »Aktion« selbst). Man darf nicht, wie es von Buxtorf getan wurde, den verschiedenen Personen des Verbs Bedeutungen zumessen, denn bestimmte Pronomen haben ebenfalls die Eigenheit, sie zu bezeichnen. Dagegen muß man sofort das voll ans Licht bringen, was es ausmacht: das Verb *bestätigt*, das heißt, es zeigt an, »daß der Diskurs, wo dieses Wort angewandt wird, der Diskurs eines Menschen ist, der nicht nur die Namen begreift, sondern der sie auch beurteilt.«[34] Es liegt ein Satz – und Diskurs – vor, wenn man zwischen zwei Dingen eine attributive Verbindung feststellt, wenn man sagt, dies *ist* jenes.[35] Die gesamte Art des Verbs führt auf das eine Verb zurück, das *sein* bedeutet. Alle anderen bedienen sich insgeheim dieser einzigen Funktion, sie haben sie aber mit sie verbergenden Determinationen bedeckt. Man hat Attribute hinzugefügt, und statt zu sa-

33 Adam Smith, a. a. O., Bd. 5, S. 27.
34 *Logique de Port-Royal*, S. 106-107.
35 Condillac, *La Grammaire*, in: ders., a. a. O., Bd. 5, S. 115.

gen »ich bin am Singen« *(je suis chantant)*, sagt man »ich singe« *(je chante)*.
Man hat Zeithinweise hinzugefügt, und statt zu sagen »einst bin ich am
Singen« *(autrefois, je suis chantant)*, sagt man »ich sang« *(je chantais)*.
Schließlich haben verschiedene Sprachen den Verben das Subjekt selber
einverleibt, und so sagen die Römer nicht »ego vivit«, sondern »vivo«. All
das ist nur Ablagerung und Sedimentierung um und über eine sprachliche
Funktion, die absolut dünn, aber wesentlich ist: »Es gibt nur das Verb
sein . . ., das in dieser Einfachheit geblieben ist.«[36] Das ganze Wesen der
Sprache findet sich in diesem besonderen Wort zusammen. Ohne es wäre
alles still geblieben, und die Menschen hätten wie bestimmte Tiere zwar
von ihrer Stimme Gebrauch machen können, aber keiner jener im Wald
ausgestoßenen Schreie hätte je die große Kette der Sprache geknüpft.

In der Klassik ist das rohe Sein der Sprache – jene Masse von in der Welt
niedergelegten Zeichen, um darin unsere Befragung auszuüben – verlo-
schen, aber die Sprache hat mit dem Sein neue Beziehungen geknüpft,
die noch viel schwieriger zu erfassen sind, weil die Sprache es durch ein
Wort aussagt und erfaßt. Vom Innern ihrer selbst bestätigt sie es. Dennoch
könnte sie als Sprache nicht existieren, wenn dieses Wort ganz allein nicht
im voraus jeden möglichen Diskurs unterstützte. Ohne eine Bezeichnungsweise des Seins gäbe es keine Sprache, aber ohne Sprache gibt es kein Verb
sein, das davon nur ein Teil ist. Dieses einfache Wort ist das in der Sprache
repräsentierte Sein. Es ist aber auch das repräsentierte Sein der Sprache,
das, was in ihm die Bestätigung dessen gestattet, was es sagt, was es für
die Wahrheit oder den Irrtum empfänglich macht. Darin unterscheidet
es sich von allen Zeichen, die all dem konform, treu, angepaßt (oder nicht)
sein können, was sie bezeichnen, aber nie wahr oder falsch sind. Die Sprache ist durch und durch Diskurs durch jene eigenartige Kraft eines Wortes,
das das Zeichensystem mit einem Schritt mit dem Sein dessen verbindet,
was bezeichnet wird.

Woher kommt aber diese Kraft? Und was ist das für ein Sinn, der den
Satz begründet, indem er über die Grenzen der Wörter hinausgeht? Die
Grammatiker von Port-Royal sagten, daß der Sinn des Verbs *sein* in der Affirmation besteht. Das zeigte wohl, in welchem Gebiet der Sprache sein absolutes Privileg lag, zeigte aber nicht, worin es bestand. Man darf es nicht

---

36 *Logique de Port-Royal*, S. 107. – Vgl. Condillac, a. a. O., Bd. 5, S. 132-134. In seinem *Essai sur
l'origine des connaissances humaines* wird die Geschichte des Verbs auf etwas andere Weise analysiert, nicht aber seine Funktion. – Siehe auch Thiébault, *Grammaire philosophique*, Bd. 1, S. 216.

so verstehen, daß das Verb *sein* die Idee der Affirmation enthält, denn dieses Wort *Affirmation* selbst und die Vokabel *ja* enthalten sie ebenso.[37] Es handelt sich also eher um die Affirmation der Idee, die dadurch gesichert wird. Aber eine Idee zu bestätigen, bedeutet das, ihre Existenz auszusagen? Das meint Beauzée, der darin einen Grund dafür findet, daß das Verb in seiner Form die Variationen der Zeit aufnimmt, denn das Wesen der Dinge verändert sich nicht, nur ihre Existenz erscheint und verschwindet, sie allein hat eine Vergangenheit und eine Zukunft.[38] Dazu kann Condillac bemerken, daß, wenn die Existenz den Dingen entzogen werden kann, sie nichts als ein Attribut ist und daß das Verb den Tod ebenso wie die Existenz bestätigen kann. Das einzige, was das Verb versichert, ist die Koexistenz zweier Repräsentationen, zum Beispiel der der Grüne und des Baums, des Menschen und der Existenz oder des Todes; weshalb die Zeit der Verben nicht diejenige anzeigt, in der die Dinge im Absoluten existiert haben, sondern ein relatives System der Vorzeitigkeit oder der Gleichzeitigkeit der Dinge untereinander.[39] Die Koexistenz ist in der Tat kein Attribut der Sache selbst, sondern sie ist lediglich eine Form der Repräsentation. Zu sagen, daß das Grün und der Baum gleichzeitig vorhanden sind, heißt, daß sie in allen oder der Mehrzahl der Eindrücke verbunden sind, die ich erhalte.

Infolgedessen hat das Verb *sein* wesentlich die Funktion, jede Sprache auf die von ihr bezeichnete Repräsentation zu beziehen. Das Sein, in dessen Richtung es die Zeichen überschreitet, ist nicht mehr und nicht weniger als das Sein des Denkens. Ein Grammatiker vom Ende des achtzehnten Jahrhunderts definiert, indem er die Sprache mit einem Bild vergleicht, die Nomen als Formen, die Adjektive als Farben und das Verb als die Leinwand selbst, auf der sie erscheinen. Es ist eine unsichtbare Leinwand, die völlig von dem Glanz und der Zeichnung der Wörter bedeckt ist, die aber der Sprache den Ort bietet, wo sie ihre Malerei zur Geltung bringen kann. Was das Verb bezeichnet, ist schließlich der repräsentative Charakter der Sprache, die Tatsache, daß sie ihren Ort im Denken hat und daß das Wort, das die Grenze der Zeichen überschreiten und sie in Wahrheit begründen kann, stets nur die Repräsentation selbst erreicht. Infolgedessen wird die Funktion des Verbs mit der Existenzweise der Sprache identifiziert, die

---

37 Vgl. *Logique de Port-Royal*, S. 107; und Girard, *Les vrais principes de la langue française*, Bd. 1, S. 56.
38 Beauzée, *Grammaire générale (...)*, Bd. 1, S. 426 f.
39 Condillac, *La Grammaire*, in: ders., a. a. O., Bd. 5, S. 185 f.

sie in ganzer Länge durchläuft. Sprechen heißt: gleichzeitig mit Zeichen
repräsentieren und den Zeichen eine vom Verb befehligte synthetische
Form geben. Wie Destutt sagt, ist das Verb die Attribution: die Stütze und
Form aller Attribute: »Das Verb *sein* findet sich in allen Sätzen, weil man
nicht sagen kann, daß eine Sache so ist, ohne zu sagen, daß sie ist [...].
Aber dieses Wort *ist*, das in allen Sätzen steckt, gehört darin stets zum Attribut, ist stets dessen Anfang und Basis, ist das allgemeine und gemeinsame Attribut.«[40]

Man sieht, wie, an diesem Punkt der Allgemeinheit angekommen, die
Funktion des Verbs sich nur noch aufzulösen braucht, sobald das einheitliche System der allgemeinen Grammatik verschwinden wird. Wenn die
Dimension des rein Grammatikalischen freigesetzt sein wird, wird der
Satz nur noch eine syntaktische Einheit sein. Das Verb wird mit seinen eigenen Konkordanz-, Flexions- und Rektionssystemen unter den anderen
Wörtern stehen. Im anderen Extrem wird die Darstellungskraft der Sprache in einer autonomen Frage wiedererscheinen, die noch archaischer ist
als die Grammatik. Während des ganzen neunzehnten Jahrhunderts wird
die Sprache in ihrer rätselhaften Natur als *Verb* befragt: dort, wo sie dem
Sein am nächsten ist, es am ehesten benennen, überliefern oder in seinem
fundamentalen Sinn aufleuchten lassen und es absolut manifest machen
kann. Von Hegel bis zu Mallarmé wird jenes Erstaunen vor den Beziehungen des Seins und der Sprache die Wiedereinführung des Verbs in die homogene Ordnung der grammatikalischen Funktionen ausbalancieren.

IV. Die Gliederung

Das Verb *sein*, ein Gemisch aus Attribution und Affirmation, eine Kreuzung des Diskurses über die erste und radikale Möglichkeit zu sprechen,
definiert die erste und fundamentalste Invariante des Satzes. Neben ihm
stehen auf beiden Seiten als Elemente die Wortarten oder »Redeteile«.
Diese Flächen sind noch indifferent und lediglich durch die schmale, fast
unwahrnehmbare und zentrale Gestalt determiniert, die das Sein bezeichnet. Sie funktionieren um jenen »Judikator« herum als die zu beurteilende
Sache – das *Judikandum*, und die beurteilte Sache – das *Judikat*.[41] Wie

---

40 Destutt de Tracy, *Elémens d'Idéologie. Seconde Partie. Grammaire*, S. 64.
41 Domergue, *Grammaire générale analytique*, S. 11.

kann dieses reine Gebilde des Satzes sich in verschiedene Sätze *(phrases)* transformieren? Wie kann der Diskurs den ganzen Inhalt einer Repräsentation aussagen?

Weil er aus Worten gemacht ist, die Teil für Teil das, was der Repräsentation gegeben wird, *benennen*.

Das Wort bezeichnet, das heißt, daß es in seiner Natur Name ist. Eigenname, weil es auf eine bestimmte Repräsentation zugespitzt ist und auf keine andere. Infolgedessen wimmeln in unendlicher Anzahl die Namen angesichts der Einförmigkeit des Verbs, das nie mehr als die universale Aussage der Attribution ist. Es müßte ebenso viele Namen wie zu benennende Dinge geben. Aber jeder Name wäre dann so stark allein an die Repräsentation geheftet, die er bezeichnet, daß man nicht die geringste Attribution formulieren könnte; und die Sprache fiele unterhalb ihrer selbst zurück: »Wenn wir als Substantive nur die Eigennamen hätten, müßte man sie endlos vervielfachen. Diese Wörter, deren Vielheit das Gedächtnis überladen würde, würden keine Ordnung in unsere Erkenntnisgegenstände bringen und infolgedessen auch nicht in unsere Vorstellungen, und alle unsere Reden wären äußerst konfus.«[42] Die Namen können nur dann in einem Satz funktionieren und die Attribution gestatten, wenn eines von beiden (wenigstens das Attribut) ein bestimmtes, mehreren Repräsentationen gemeinsames Element bezeichnet. Die Allgemeinheit des Namens ist ebenso notwendig für die Wortarten wie die Bezeichnung des Seins für die Form des Satzes.

Diese Allgemeinheit kann auf zwei Weisen erworben werden. Entweder durch eine horizontale Gliederung, die die Individuen, die bestimmte Übereinstimmungen miteinander haben, gruppiert und diejenigen trennt, die verschieden sind. Sie bildet dann eine sukzessive Verallgemeinerung der immer größeren Gruppen (die dadurch immer geringer an Zahl werden); sie kann sie ebenso fast bis ins Unendliche durch neue Unterscheidungen unterteilen und so den Eigennamen erreichen, zu dem sie gehört.[43] Die ganze Ordnung der Koordinationen und Subordinationen wird durch die Sprache bedeckt, und jeder dieser Punkte steht mit seinem Namen darin. Vom Individuum zur Art, dann von der Art zur Gattung und zur Klasse gliedert sich die Sprache genau im Gebiet der zunehmenden Allgemeinheiten. Diese taxinomische Funktion manifestieren die Sub-

42 Condillac, a. a. O., Bd. 5, S. 152.
43 A. a. O., Bd. 5, S. 155.

stantive in der Sprache. Man spricht von einem Tier, einem Vierfüßer, einem Hund, einem Pudel.[44] Oder durch eine vertikale Gliederung, die mit der ersten verbunden ist, denn sie sind füreinander unerläßlich; diese zweite Gliederung unterscheidet die Dinge, die von selbst bestehen, und diejenigen, die als Modifikationen, Züge, zufällige Eigenschaften oder Merkmale nie in unabhängigem Zustand angetroffen werden: in der Tiefe die Substanzen, an der Oberfläche die Beschaffenheit; diese Trennung – diese Metaphysik, wie Adam Smith sagte[45] – wird im Diskurs durch die Präsenz von Adjektiven manifestiert, die in der Repräsentation all das bezeichnen, was nicht von allein bestehen kann. Die erste Gliederung der Sprache (wenn man das Verb *sein* beiseite läßt, das ebenso Bedingung des Diskurses wie Wortart ist) vollzieht sich also nach zwei orthogonalen Achsen. Die eine davon geht vom Individuum zum Allgemeinen, die andere geht von der Substanz zur Beschaffenheit. In ihrem Kreuzungspunkt ruht der Gattungsname, an einem Ende der Eigenname, am anderen das Adjektiv.

Aber diese beiden Repräsentationstypen unterscheiden die Wörter untereinander nur in dem exakten Maße, in dem die Repräsentation nach diesem gleichen Modell analysiert wird. Wie die Autoren von Port-Royal sagen, heißen die Wörter, »die die Dinge bezeichnen, *Substantive*, wie *Erde, Sonne*. Die die Weisen bezeichnen und gleichzeitig das Subjekt markieren, mit dem sie zusammengehen, heißen *Adjektive*, wie *gut, recht, rund*.«[46] Zwischen der Gliederung der Sprache und der der Repräsentation gibt es jedoch ein Spiel. Wenn man von »Weiße« spricht, bezeichnet man wohl eine Eigenschaft, man bezeichnet sie aber durch ein Substantiv. Wenn man von den »Irdischen« spricht, benützt man ein Adjektiv, um Individuen zu bezeichnen, die von selbst existieren. Diese Verschiebung zeigt nicht, daß die Sprache anderen Gesetzen gehorcht als die Repräsentation, im Gegenteil zeigt sie, daß sie mit sich selbst und in ihrer eigenen Mächtigkeit Beziehungen unterhält, die denen der Repräsentation identisch sind. Ist sie nicht in der Tat eine gespaltene Repräsentation und hat sie nicht die Kraft, mit den Elementen der Repräsentation eine von der ersten unterschiedene Repräsentation zu kombinieren, obwohl diese nur den Sinn und die Funktion hätte, sie zu repräsentieren? Wenn der Diskurs sich des Ad-

44 A. a. O., Bd. 5, S. 153. Vgl. auch Adam Smith, *Considerations concerning the first formation of languages (...)*, in: ders., a. a. O., Bd. 5, S. 4 ff.

45 Adam Smith, a. a. O., Bd. 5, S. 10.

46 *Logique de Port-Royal*, S. 101.

jektivs bemächtigt, das eine Veränderung bezeichnet, und es innerhalb des Satzes *(phrase)* als *Substanz* des Satzes selbst gelten läßt, wird das Adjektiv zum Substantiv. Der Name dagegen, der sich im Satz akzidentell verhält, wird seinerseits zum Adjektiv, wobei er wie bisher Substanzen bezeichnet. »Da die Substanz das ist, was von selbst besteht, hat man alle Wörter Substantive genannt, die von selbst im Diskurs bestehen, selbst wenn sie Akzidentelles bezeichnen. Dagegen hat man Adjektive diejenigen genannt, die Substanzen bezeichnen, wenn sie in ihrer Bezeichnungsweise mit anderen Namen im Diskurs verbunden werden müssen.«[47] Die Elemente des Satzes haben untereinander Beziehungen, die mit denen der Repräsentation identisch sind. Aber diese Identität wird nicht Punkt für Punkt gesichert, so daß jede Substanz durch ein Substantiv und alles Akzidentelle durch ein Adjektiv bezeichnet wäre. Es handelt sich um eine globale und natürliche Identität. Der Satz *ist* eine Repräsentation. Er gliedert sich auf die gleiche Weise wie diese, aber er vermag die Repräsentation auf die eine oder die andere Weise zu gliedern, die er in Diskurs transformiert. Er ist in sich eine Repräsentation, die eine andere gliedert, mit der Möglichkeit einer Verschiebung, die gleichzeitig die Freiheit des Diskurses und den Unterschied der Sprachen bildet.

So sieht die erste Schicht der Gliederung aus: die oberflächlichste, auf jeden Fall die augenscheinlichste. Von jetzt an kann alles Diskurs werden, aber in einer noch wenig differenzierten Sprache; um nämlich die Namen zu verbinden, verfügt man erst über die Monotonie des Verbs *sein* und seine attributive Funktion. Nun gliedern sich aber die Elemente der Repräsentation gemäß einem Netz komplexer Beziehungen (Aufeinanderfolge, Subordination, Konsequenz), die man in die Sprache übergehen lassen muß, damit diese wirklich repräsentativ wird. Daher müssen alle Wörter, Silben, ja Buchstaben, die zwischen den Namen und den Verben zirkulieren, jene Ideen bezeichnen, die Port-Royal als »Nebenbegriffe« bezeichnete.[48] Es bedarf der Präpositionen und Konjunktionen; es bedarf der syntaktischen Zeichen, die die Identitätsbeziehungen oder die der Konkordanz, die der Abhängigkeit und die der Rektion anzeigen[49]: Merkmale des Plurals und des Geschlechts, die Fälle der Deklinationen; schließlich bedarf es der Wörter, die die Namen auf die von ihnen gemeinsam bezeichne-

---

47 A. a. O., S. 59 f.
48 A. a. O., S. 101.
49 [Antoine Arnauld], *Grammaire générale et raisonnée avec les notes de Duclos*, Paris 1754, S. 213.

ten Individuen beziehen – jene Artikel oder Demonstrativa, die Lemercier als »concrétiseurs« oder »désabstracteurs«[50] bezeichnete. Eine solche Vielzahl von Wörtern bildet eine Gliederung, die unter der Einheit des Nomens (Substantiv oder Adjektiv) liegt, so wie sie durch die nackte Form des Satzes verlangt wird. Keines von ihnen hält allein und isoliert einen repräsentativen Inhalt besetzt, der fest und determiniert wäre. Sie decken keine Idee, nicht einmal eine Nebenidee, bevor sie mit anderen Wörtern verbunden sind. Während die Nomen und Verben »für sich bedeutend« sind, haben diese nur eine Bedeutung in relativer Weise.[51] Zweifellos wenden sie sich an die Repräsentation; sie existieren nur insoweit, als diese bei ihrer Analyse das innere Netz dieser Beziehungen sehen läßt, aber sie selbst haben nur Wert durch die grammatikalische Einheit, von der sie ein Teil sind. Sie errichten in der Sprache eine neue und gemischte Gliederung, die gleichzeitig repräsentativ und grammatikalisch ist, ohne daß eine dieser beiden Ordnungen sich genau über die andere legen könnte.

Hier bevölkert sich das Satzgefüge mit syntaktischen Elementen, die von feinerem Schnitt sind als die weiten Figuren des Satzes. Dieser neue Schnitt stellt die allgemeine Grammatik vor die Notwendigkeit einer Wahl: entweder verfolgt sie weiter die Analyse unterhalb der nominalen Einheit und läßt vor der Bedeutung die bedeutungslosen Elemente erscheinen, aus denen sie errichtet ist, oder sie reduziert durch einen Schritt rückwärts diese nominale Einheit, erkennt ihr engere Maße zu und findet ihre repräsentative Wirksamkeit unterhalb der vollen Wörter, in den Partikeln, Silben und sogar in den Buchstaben wieder. Diese beiden Möglichkeiten bestehen, ja sie sind vorgeschrieben von dem Moment an, in dem die Sprachtheorie sich den Diskurs und die Analyse seiner repräsentativen Werte zur Aufgabe nimmt. Sie definieren den *Punkt der Häresie*, der die Grammatik des achtzehnten Jahrhunderts spaltet.

»Können wir voraussetzen, daß jeder Sinn, wie der Körper, teilbar ist, und Gedanken ohne Zahl in sich enthält? Wenn dies ungereimt ist, so müssen wir notwendig zugeben, daß es *einen bedeutenden Ton gibt, der keinen für sich bedeutenden Teil hat.*«[52] Die Bedeutung verschwindet, sobald die repräsentativen Werte der Wörter aufgelöst oder aufgehoben sind: dann

---

50 J.-B. Lemercier, *Lettre sur la possibilité de faire de la grammaire un Art-Science*, Paris 1806, S. 63-65.
51 James Harris, *Hermes oder philosophische Untersuchung über die allgemeine Grammatik* (dt. Übers.), Halle 1788, S. 24. Vgl. auch Smith, a. a. O., Bd. 5, S. 6 ff.
52 Harris, a. a. O., S. 19.

erscheinen in ihrer Unabhängigkeit Materialien, die sich nicht nach dem Denken gliedern und deren Verbindungen nicht auf die des Diskurses zurückgeführt werden können. Es gibt eine den Konkordanzen, der Rektion, den Flexionen, Silben und Lauten eigene »Mechanik«, und von dieser Mechanik kann kein repräsentativer Wert Rechenschaft ablegen. Man muß die Sprachen wie jene Maschinen behandeln, die allmählich perfekter werden.[53] In seiner einfachsten Form wird der Satz nur von einem Subjekt, einem Verb und einem Attribut gebildet, und jeder Sinnzuwachs erfordert eine neue und vollständige Aussage. So setzen die rudimentärsten Maschinen Bewegungsprinzipien voraus, die für jedes ihrer Organe unterschiedlich sind. Wenn sie aber vervollkommnet werden, unterwerfen sie alle ihre Organe ein und demselben Prinzip, die dann nur noch dessen Vermittler, dessen Transformationsmittel und Anwendungspunkte sind. Ebenso lassen die Sprachen den Sinn eines Satzes, während sie sich vervollkommnen, durch grammatikalische Organe wandern, die nicht in sich selbst einen repräsentativen Wert haben, sondern nur die Rolle, sie zu präzisieren, die Elemente zu verbinden und die aktuellen Determinationen anzuzeigen. In einem Satz und auf einmal kann man Beziehungen der Zeit, der Folge, des Besitzes, der Örtlichkeit markieren, die in die Abfolge Subjekt – Verb – Attribut eintreten, aber nicht von einer so weiten Unterscheidung eingegrenzt werden können. Daher rührt die Bedeutung, die seit Beauzée die Theorie des Objekts und der Subordination erhalten haben.[54] Daher rührt auch die wachsende Rolle der Syntax. In der Zeit von Port-Royal wurde die Syntax mit der Konstruktion und der Wortstellung identifiziert, also mit dem inneren Ablauf des Satzes.[55] Mit Sicard ist sie unabhängig geworden: sie »bestimmt jedem Wort die ihm eigene Form«.[56] So skizziert sich die Autonomie des Grammatikalischen so, wie sie ganz am Ende des Jahrhunderts durch Sylvestre de Saci definiert werden wird, als er als erster mit Sicard die logische Analyse des Satzes *(proposition)* und die grammatische Analyse des Satzes *(phrase)* unterscheidet.[57]

Man versteht, warum Analysen dieser Art in der Schwebe geblieben sind, solange der Diskurs der Gegenstand der Grammatik war. Sobald

---

53 Smith, a. a. O., Bd. 5, S. 30 f.
54 Beauzée, *Grammaire générale*, gebraucht erstmals den Begriff »complément«.
55 *Logique de Port-Royal*, S. 117 f.
56 Abbé Sicard, *Eléments de la grammaire générale*, Bd. 2, S. 2.
57 Marie-Alfred Sylvestre de Saci, *Principes de grammaire générale*, Paris 1799; Vgl. auch Domergue, *Grammaire générale analytique*, S. 29 f.

man eine Schicht der Gliederung erreichte, auf der die repräsentativen Werte in Staub zerfielen, ging man zur anderen Seite der Grammatik über, wo sie in einem Gebiet, das das des Gebrauchs und der Geschichte war, keinen Halt mehr hatte – die Syntax wurde im achtzehnten Jahrhundert als der Ort des Arbiträren betrachtet, in dem sich die Gewohnheiten eines jeden Volkes in ihrer Phantasie entfalteten.[58]

Auf jeden Fall konnten sie im achtzehnten Jahrhundert nicht mehr als abstrakte Möglichkeiten, nicht Präfiguration dessen, was die Philologie sein würde, sondern nicht-privilegierter Zweig einer Wahl sein. Demgegenüber, wenn man immer noch von dem gleichen Punkt der Häresie ausgeht, sieht man, wie sich eine Überlegung entwickelt, die für uns und die Wissenschaft von der Sprache, die wir seit dem neunzehnten Jahrhundert errichtet haben, ohne Wert ist, die aber damals gestattete, die ganze Analyse der sprachlichen Zeichen innerhalb des Diskurses aufrechtzuerhalten. Sie hatte durch diese genaue Übereinstimmung zu den positiven Figuren des Wissens gehört. Man suchte die dunkle Nominalfunktion, die man in jenen Wörtern, Silben, Flexionen und Buchstaben eingekleidet und verborgen glaubte, die die zu nachlässige Analyse der Aussage durch ihren Raster entweichen ließ. Wie die Autoren der Grammatik von Port-Royal bemerkten, haben schließlich alle Verbindungspartikeln doch einen bestimmten Inhalt, da sie die Weise repräsentieren, wie die Objekte verbunden sind, und die Art, wie sie sich in unseren Repräsentationen verketten.[59] Kann man nicht annehmen, daß sie Namen wie alle anderen gewesen sind? Aber statt an die Stelle der Objekte zu treten, hätten sie dann den Platz der Gesten eingenommen, durch die die Menschen sie bezeichneten oder ihre Verbindung oder ihre Folge nachahmten.[60] Diese Wörter haben allmählich ihren eigenen Sinn verloren (dieser war in der Tat nicht immer sichtbar, weil er mit den Gesten, dem Körper und der Situation des Sprechers verbunden war), oder sie haben sich in den anderen Wörtern verkörpert, in denen sie einen festen Halt fanden und denen sie umgekehrt ein ganzes System an Modifizierungen lieferten.[61] Folglich sind alle beliebigen Wörter schlafende Namen: die Verben haben die Verbindung zu Namen, die dem Verb *sein* hinzugefügt sind, die Konjunktionen und Präpositionen

---

58 Abbé Girard, *Les vrais principes de la langue française*, Bd. 1, S. 82 f.
59 *Logique de Port-Royal*, S. 59.
60 Abbé Batteux, *Nouvel examen du préjugé sur l'inversion pour servir de réponse à M. Beauzée*, S. 23 f.
61 A. a. O., S. 24-28.

sind die Namen von künftig bewegungslosen Gesten. Die Deklinationen und Konjugationen sind nichts als absorbierte Namen. Die Wörter können sich jetzt öffnen und den Flug aller Namen freisetzen, die sich in ihnen niedergelegt hatten. Wie es Le Bel als grundlegendes Prinzip der Analyse aussprach, gibt es »keine Sammlung, deren Teile nicht getrennt existiert hätten, bevor sie zusammengetan wurden«.[62] Das gestattete ihm, alle Wörter auf silbische Elemente zu reduzieren, in denen die alten vergessenen Namen wiedererscheinen, – die einzigen Vokabeln, die neben dem Verb *sein* existieren konnten: *Romulus* zum Beispiel[63] kommt von *Roma* und *moliri* (bauen), und *Roma* kommt von *Ro*, das die Kraft bezeichnet *(robur)*, und von *Ma*, das die Größe anzeigt *(magnus)*. Auf die gleiche Weise entdeckt Thiébault in »abandonner« drei verborgene Bedeutungen: *a*, das »die Vorstellung von der Tendenz oder der Bestimmung einer Sache zu einer anderen Sache darstellt«; *ban*, das »die Vorstellung von der Totalität des sozialen Körpers gibt«, und *do*, das »den Akt, durch den man sich von einer Sache trennt«[64], anzeigt.

Wenn man unterhalb der Silben bis zu den Buchstaben gehen muß, wird man darin noch die Werte einer rudimentären Benennung finden. Dem hat sich auf wunderbare Weise Court de Gébelin gewidmet, was ihm zu großem Ruhm verholfen hat, der jedoch auch schnell vergangen ist. »Die Berührung der Lippen, die am leichtesten zu vollbringen, sehr zart und sehr anmutig ist, diente zur Bezeichnung der ersten Wesen, die der Mensch erkennt, die ihn umgeben und denen er alles verdankt« (Papa, Mama und Kuß). Dagegen »sind die Zähne ebenso fest, wie die Lippen beweglich und flexibel sind. Die Töne, die von den Zähnen stammen, sind stark, dunkel und geräuschvoll ... Durch die dentale Berührung *donnert* man, *tönt* man *wieder, erstaunt* man. Durch sie werden die Trommeln *(tambours)*, die Pauken *(timbales)* und die Trompeten *(trompettes)* bezeichnet.« Die Vokale können isoliert ihrerseits das Geheimnis der jahrtausendealten Namen freigeben, worin sie der Gebrauch eingeschlossen hat: A für den Besitz (haben), E für die Existenz, I für die Stärke, O für das Erstaunen (die sich rundenden Augen), U für die Feuchtigkeit, also für den Humor.[65] Vielleicht bildeten in der ältesten Tiefe unserer Geschichte Konsonanten und

62 Jean-Louis Le Bel, *L'anatomie de la langue latine*, Paris 1764, S. 24.
63 A. a. O., S. 8.
64 Thiébault, *Grammaire philosophique*, S. 172 f.
65 Antoine Court de Gébelin, *Histoire naturelle de la parole ou grammaire universelle*, Paris 1816, S. 98-114.

Vokale, nur in zwei noch konfuse Gruppen geteilt, gewissermaßen die beiden einzigen Namen, die die menschliche Sprache gegliedert haben. Die singenden Vokale sprachen die Leidenschaften aus und die rauhen Konsonanten die Bedürfnisse.[66] Man kann noch die holprigen Sprechweisen des Nordens – Wald der gutturalen Laute, des Hungers und der Kälte – oder die meridionalen Sprachen unterscheiden, die völlig aus Vokalen bestehen und die aus der morgendlichen Begegnung der Schäfer entstanden sind, als »die ersten Feuer der Liebe aus dem reinen Kristall der Quellen entsprangen«.

In ihrer ganzen Mächtigkeit und bis hin zu den archaischsten Klängen, die sie zum ersten Mal dem Schrei entrissen haben, bewahrt die Sprache ihre repräsentative Funktion. In jeder ihrer Gliederungen seit der ältesten Zeit hat sie stets *benannt*. In ihr gibt es nur ein immenses Tosen von Benennungen, die sich bedecken, aneinanderrücken, sich verbergen, sich indessen aufrechterhalten, um die Analyse oder die Zusammensetzung der komplexesten Repräsentationen zu gestatten. Im Innern der Sätze, dort, wo die Bedeutung eine stumme Stütze bei unbedeutenden Silben zu nehmen scheint, gibt es stets eine schlafende Benennung, eine Form, die in ihrem klanglichen Gewand den Reflex einer unsichtbaren und trotzdem unauslöschbaren Repräsentation eingeschlossen hält. Für die Philologie des achtzehnten Jahrhunderts sind solche Analysen im strengen Sinne des Wortes »tote Buchstaben« geblieben. Das gilt jedoch nicht für die ganze Erfahrung mit der Sprache, war sie auch anfangs esoterisch und mystisch in der Epoche von Saint-Marc, von Reveroni, von Fabre d'Olivet, von Oegger, später literarisch, als das Rätsel des Worts in seinem massiven Sein bei Mallarmé, Roussel, Leiris oder Ponge wiederauftaucht. Die Idee, daß bei Zerstörung der Wörter es weder Geräusche noch reine, arbiträre Elemente sind, die man findet, sondern andere Wörter, die bei ihrer Pulverisierung wiederum andere freisetzen – diese Idee ist gleichzeitig das Negativ der ganzen modernen Wissenschaft der Sprachen und der Mythos, in den wir die dunkelsten Kräfte der Sprache, die zugleich die wirklichsten sind, transkribieren. Wahrscheinlich weil sie arbiträr ist und weil man definieren kann, unter welcher Bedingung sie Bedeutung trägt, wird die Sprache zum wissenschaftlichen Gegenstand. Aber weil die Sprache nicht aufgehört hat, diesseits ihrer selbst zu sprechen; weil unerschöpfliche Werte

---

66 Rousseau, *Essai sur l'origine des langues*, in: ders., Œuvres, 20 Bde., Paris 1826, Bd. 13, S. 144-159 und 188-192.

sie ebenso tief durchdringen, wie man in sie dringen kann, können wir in
ihr in jenem endlosen Gemurmel sprechen, aus dem sich die Literatur geknüpft hat. In der klassischen Epoche aber war die Beziehung nicht die
gleiche. Die beiden Figuren überdeckten sich exakt. Damit die Sprache
völlig in der allgemeinen Form des Satzes begriffen würde, mußte jedes
Wort in seinem geringsten Teilchen eine metikulöse Benennung sein.

V. Die Bezeichnung

Dennoch entdeckt die Theorie von der »verallgemeinerten Benennung«
am Ende der Sprache eine bestimmte Beziehung in den Dingen, die von
völlig anderer Natur ist als die Aussageform. Wenn die Sprache in ihrer
Tiefe die Funktion der Benennung hat, das heißt, eine Repräsentation sich
erheben zu lassen oder sie wie mit dem Finger zu bezeichnen, ist sie Hinweis und nicht Urteil. Sie verbindet sich mit den Dingen durch ein Merkmal, eine Note, eine assoziierte Gestalt, eine bezeichnende Geste. Das ist
nichts, was auf eine Beziehung der Prädikation reduzierbar wäre. Das Prinzip der ursprünglichen Benennung und des Ursprungs der Wörter bildet
ein Gleichgewicht zum formalen Primat der Beurteilung. Gewissermaßen
gibt es auf der jeweiligen Seite der in all ihren Gliederungen entfalteten
Sprache das Sein in seiner sprachlichen Rolle der Attribution und den Ursprung in seiner Rolle der ursprünglichen Bezeichnung. Diese gestattet,
ein Zeichen dem zu substituieren, was angezeigt wird, während jene sprachliche Rolle erlaubt, einen Inhalt mit einem anderen zu verbinden. So findet
man die beiden Funktionen der Verbindung und der Substitution, die dem
Zeichen im allgemeinen mit seiner Kraft, die Repräsentation zu analysieren, gegeben worden sind, in ihrer Opposition, aber auch in ihrer wechselseitigen Zugehörigkeit wieder.

   Den Ursprung der Sprache an den Tag zu bringen heißt, den ursprünglichen Moment wiederzufinden, in dem sie reine Bezeichnung war. Dadurch muß man gleichzeitig das Arbiträre in ihr erklären (weil das, was bezeichnet, ebenso von dem, was es zeigt, unterschieden sein kann wie eine
Geste vom Gegenstand, zu dem sie weist) und ihre tiefe Beziehung mit
dem erklären, was sie bezeichnet (weil eine Silbe oder ein bestimmtes Wort
stets zur Bezeichnung einer bestimmten Sache gewählt worden sind). Auf
die erste Forderung antwortet die Analyse der Gebärdensprache, auf die

zweite die Untersuchung der Wurzeln. Aber sie stehen sich nicht wie im *Kratylos* die Erklärung durch die »Natur« und die durch das »Gesetz« gegenüber. Sie sind im Gegenteil absolut unerläßlich füreinander, weil die erstgenannte Rechenschaft über die Substitution des Bezeichneten durch das Zeichen ablegt und die zweite die permanente Kraft der Bezeichnung dieses Zeichens rechtfertigt.

Die Gebärdensprache wird vom Körper gesprochen; dennoch ist sie nicht von Anfang an gegeben. Was die Natur gestattet, ist lediglich, daß der Mensch in den verschiedenen Situationen, in denen er sich befindet, Gesten macht. Sein Gesicht wird von Bewegungen belebt, er stößt unartikulierte Schreie aus, das heißt solche, die nicht »mit der Zunge oder den Lippen hervorgebracht werden«.[67] All das ist noch keine Sprache und noch kein Zeichen, sondern Wirkung und Folge unserer Animalität. Diese manifeste Bewegung hat jedoch für sich, daß sie allgemein ist, weil sie nicht von der Gestalt unserer Organe abhängt. Daher rührt für den Menschen die Möglichkeit, die Identität bei sich und seinen Begleitern zu bemerken. Er kann also mit dem Schrei, den er bei einem anderen hört, und den Grimassen, die er auf dessen Gesicht wahrnimmt, die gleichen Repräsentationen assoziieren, die mehrmals seine eigenen Schreie und Bewegungen begleitet haben. Er kann diese Mimik als das Merkmal und das Substitut des Denkens des anderen, also als ein Zeichen auffassen. Das Verstehen beginnt. Er kann umgekehrt die gleiche Mimik benutzen, die zum Zeichen geworden ist, um bei seinen Partnern die Vorstellung auszulösen, die er selbst verspürt, und die Empfindungen, die Bedürfnisse, die Mühsal, die gewöhnlich mit bestimmten Gesten oder mit bestimmten Klängen assoziiert werden: ein Schrei, den man absichtlich gegen jemand und in Richtung eines Gegenstandes ausstößt, eine reine Interjektion.[68] Mit diesem verabredeten Gebrauch des Zeichens, also bereits einem Ausdruck, beginnt etwas wie eine Sprache zu entstehen.

Man sieht aus diesen Condillac und Destutt gemeinsamen Analysen, daß die Gebärdensprache durch die Genese die Sprache mit der Natur verbindet. Das geschieht aber mehr, um sie davon loszulösen, als um sie darin zu verwurzeln, und um ihren unaufhebbaren Unterschied zum Schrei zu bezeichnen und das zu begründen, was das Künstliche an ihr ist. Solange

---

67 Condillac, *La Grammaire*, in: ders., *Œuvres*, Paris 1798, Bd. 5, S. 8.
68 Alle Wortarten wären demnach nur zerlegte und kombinierte Fragmente dieser initialen Interjektion (Destutt de Tracy, *Elémens d'Idéologie. Seconde Partie. Grammaire*, S. 75).

sie die einfache Verlängerung des Körpers ist, hat die Handlung keine Kraft der Sprache: sie ist nicht Sprache. Sie wird dazu, aber am Ende von definierten und komplexen Operationen: als Markierung einer Analogie in den Beziehungen (der Schrei des anderen ist im Verhältnis zu dem, was er verspürt – dem Unbekannten –, was mein Schrei für meinen Appetit oder meinen Schrecken ist). Die Inversion der Zeit und der freiwillige Gebrauch des Zeichens vor der Repräsentation, die es bezeichnet (vor dem Verspüren einer Hungerempfindung, die stark genug wäre, um mich schreien zu lassen, stoße ich den Schrei aus, der ihm zugeordnet ist); schließlich als die Absicht, beim anderen die dem Schrei oder der Geste korrespondierende Repräsentation entstehen zu lassen (aber daran ist das Besondere, daß ich beim Ausstoßen des Schreies nicht die Empfindung des Hungers entstehen lassen will und nicht entstehen lasse, sondern die Repräsentation der Beziehung zwischen diesem Zeichen und meinem eigenen Wunsch zu essen). Die Sprache wird nur aufgrund dieser Verflechtung möglich. Sie beruht nicht auf einer natürlichen Bewegung des Verstehens oder des Ausdrucks, sondern auf den reversiblen und analysierbaren Beziehungen der Zeichen und der Repräsentationen. Es ist nicht Sprache, wenn die Repräsentation sich veräußert, sondern wenn sie ein vereinbartes Zeichen von sich löst und sich von ihm repräsentieren läßt. Der Mensch entdeckt also nicht als sprechendes Subjekt noch vom Innern einer bereits fertigen Sprache aus um sich herum Zeichen, die als stumme Wörter zu entziffern und hörbar zu machen wären. Weil die Repräsentation sich Zeichen gibt, können Wörter und mit ihnen eine ganze Sprache entstehen, die nur die spätere Organisation der Klangzeichen ist. Trotz ihres Namens läßt die »Gebärdensprache« das irreduzible Netz von Zeichen entstehen, das die Sprache von den Gebärden trennt.

Dadurch begründet sie ihre Kunst auf der Natur. Die Elemente, aus denen diese Gebärdensprache zusammengesetzt ist (Laute, Gesten, Grimassen), werden nacheinander von der Natur vorgeschlagen, und dennoch haben sie zumeist keine inhaltliche Identität mit dem, was sie bezeichnen, sondern vor allem Beziehungen der Gleichzeitigkeit oder der Aufeinanderfolge. Der Schrei ähnelt nicht der Angst und die ausgestreckte Hand nicht dem Hungergefühl. Diese Zeichen bleiben, wenn sie einmal vereinbart sind, ohne »Phantasie und Einfall«[69], weil sie ein für allemal von der Natur

---

69 Condillac, *La Grammaire*, in: ders., *Œuvres*, Bd. 5, S. 10.

eingerichtet worden sind. Sie werden aber nicht die Natur des von ihnen
Bezeichneten ausdrücken, denn sie sind nicht sein Abbild. Von da ausgehend werden die Menschen eine konventionelle Sprache erstellen können.
Sie verfügen jetzt über genug Zeichen, die die Dinge markieren, um neue
festsetzen zu können, die die ersten analysieren und kombinieren. Rousseau brachte im *Discours sur l'origine de l'inégalité* zum Ausdruck[70], daß
keine Sprache auf einer Vereinbarung zwischen den Menschen beruhen
kann, weil diese Vereinbarung bereits eine erstellte, anerkannte und praktizierte Sprache voraussetzt. Man muß sich die Sprache also als empfangen
und nicht von den Menschen konstruiert vorstellen. In der Tat bestätigt
die Gebärdensprache diese Notwendigkeit und macht jene Hypothese
nutzlos. Der Mensch empfängt von der Natur die Möglichkeit, Zeichen
zu geben, und diese Zeichen dienen ihm zunächst zur Verständigung mit
den anderen Menschen, um die auszuwählen, die beibehalten bleiben,
und um die ihnen zuerkannten Werte, die Regeln des Gebrauchs festzusetzen. Sie dienen dann zur Bildung neuer Zeichen nach dem Beispiel der
ersten. Die erste Form der Vereinbarung besteht in der Wahl der Lautzeichen (die leichter von fern zu erkennen und nachts die einzig verwendba-
ren sind), die zweite in der Zusammensetzung von Lauten, die denen nahe
sind, die benachbarte Repräsentationen bezeichnen, um bisher noch nicht
markierte Repräsentationen zu bezeichnen. So bildet sich die eigentliche
Sprache aus einer Serie von Analogien, die die Gebärdensprache oder zumindest ihren klingenden Teil seitwärts verlängern. Sie ähnelt ihr, und
»diese Ähnlichkeit erleichtert ihr Verständnis. Man nennt sie Analogie ...
Man sieht, daß die Analogie, die dabei unser Gesetz ist, uns nicht gestattet,
die Zeichen zufällig oder willkürlich zu wählen.«[71]

Die Entstehung der Sprache von der Gebärdensprache aus entzieht sich
völlig der Alternative zwischen natürlicher Imitation und willkürlicher
Konvention. Wo Natur vorhanden ist – in den Zeichen, die spontan durch
unseren Körper entstehen –, gibt es keine Ähnlichkeit. Wo die Anwendung
der Ähnlichkeiten stattfindet, ist die freiwillige Vereinbarung zwischen
den Menschen bereits vollzogen. Die Natur stellt die Unterschiede nebeneinander und bindet sie gewaltsam. Die Reflexion entdeckt die Ähnlichkeiten, analysiert und entwickelt sie. Die erste Phase gestattet Kunstgriffe,

70 Rousseau, *Discours sur l'origine de l'inégalité*; vgl. Condillac, *La Grammaire*, in: ders., *Œuvres*,
   Bd. 5, S. 27, Anm. 1.
71 Condillac, *La Grammaire*, in: ders., *Œuvres*, Bd. 5, S. 11 f.

aber mit einem auf für alle Menschen identische Weise auferlegten Material. Die zweite Phase schließt das Arbiträre aus, öffnet aber der Analyse Wege, die nicht bei allen Menschen und bei allen Völkern genau überlagerbar sind. Das Naturgesetz ist der Unterschied der Wörter und der Sachen – die vertikale Trennung zwischen der Sprache und dem, was sie unter sich bezeichnen muß. Die Regel der Konventionen ist die Ähnlichkeit der Wörter untereinander, das große horizontale Netz, das die Wörter voneinander ausgehend bildet und sie bis ins Unendliche verbreitet.

Man versteht nun, warum die Theorie der Wurzeln in keiner Weise der Analyse der Gebärdensprache widerspricht, sondern genau in ihr ihren Platz findet. Die Wurzeln sind rudimentäre Wörter, die man in einer großen Zahl von Sprachen identifizieren kann – vielleicht sogar in allen. Sie sind von der Natur als unfreiwillige und von der Gebärdensprache spontan benutzte Schreie auferlegt worden. Dort haben die Menschen sie her, um in ihren konventionellen Sprachen ihnen einen Platz zu geben. Und wenn alle Völker bei jedem Klima aus dem Material der Gebärdensprache jene elementaren Klänge ausgewählt haben, dann geschah das deshalb, weil sie auf eine andere und reflektierte Weise darin eine Ähnlichkeit mit dem von ihnen bezeichneten Gegenstand oder die Möglichkeit, sie auf einen analogen Gegenstand anzuwenden, entdeckten. Die Ähnlichkeit der Wurzel mit dem, was sie benennt, erhält ihren Wert als Lautkörper nur durch die Vereinbarung, die die Menschen geeint hat und in einer Sprache ihre Gebärdensprache geregelt hat. So erreichen vom Innern der Repräsentation aus die Zeichen die Natur dessen, was sie bezeichnen, und so erlegt sich der primitive Vokabelschatz auf identische Weise allen Sprachen auf.

Die Wurzeln können sich auf mehrere Arten bilden. Durch Onomatopöie natürlich, die kein spontaner Ausdruck ist, sondern willentliche Artikulation eines ähnlichen Zeichens: »mit seiner Stimme das gleiche Geräusch machen, das der Gegenstand macht, den man benennen will«.[72] Durch Verwendung einer in den Empfindungen wahrgenommenen Ähnlichkeit: »der Eindruck der roten Farbe, die lebhaft, schnell und für das Auge hart ist, wird sehr gut durch den Laut R wiedergegeben, der einen analogen Eindruck auf das Gehör macht«.[73] Indem man den Organen

---

72 Charles de Brosses, *Traité de la formation méchanique des langues et des principes physiques de l'étymologie*, 2 Bde., Paris 1765, Bd. 1, S. 9.
73 Abbé Copineau, *Essai synthétique sur l'origine et la formation des langues*, Paris 1774, S. 34 f.

der Stimme analoge Bewegungen zu denen auferlegt, die man bezeichnen will: »so daß der Laut, der aus der Form und der natürlichen Bewegung des in diesen Zustand versetzten Organs resultiert, zum Namen des Gegenstandes wird«: die Kehle kratzt, um das Reiben zweier Körper aneinander zu bezeichnen, sie höhlt sich innerlich aus, um eine konkave Oberfläche anzuzeigen.[74] Schließlich, indem man zur Bezeichnung eines Organs die Laute benutzt, die es ganz natürlich hervorbringt: die Artikulation *ghen* hat der Kehle ihren Namen gegeben, aus dem sie hervorgegangen ist, und man bedient sich der Dentale (*d* und *t*), um die Zähne zu bezeichnen.[75] Mit diesen konventionellen Artikulationen der Ähnlichkeit kann sich jede Sprache ihr Spiel mit primitiven Wurzeln geben. Es ist das ein eingeschränktes Spiel, weil sie fast alle monosyllabisch sind und nur in kleiner Zahl bestehen (zweihundert für das Hebräische nach den Schätzungen von Bergier)[76]; und es ist noch eingeschränkter, wenn man bedenkt, daß sie (wegen jener Beziehungen der Ähnlichkeit, die sie einführen) den meisten Sprachen gemeinsam sind. De Brosses denkt, daß sie für alle Dialekte Europas und des Orients nicht einmal insgesamt »eine Seite Briefpapier« füllen. Aber ausgehend von ihnen kommt jede Sprache in ihrer Besonderheit zu ihrer Form: »Ihre Entwicklung ist wunderbar. Sie läßt aus einem Ulmenkorn einen ganzen Baum entstehen, der neue Keimlinge aus jeder Wurzel wirft und auf die Dauer einen wirklichen Wald produziert.«[77]

Die Sprache kann sich jetzt in ihrer Genealogie entfalten. De Brosses wollte sie in einem Raum von fortgesetzten Filiationen anordnen, den er den »Archéologue universel« nannte.[78] Oben in diesem Raum würde man die Wurzeln in ihrer geringen Zahl hinschreiben, die die europäischen und orientalischen Sprachen benutzen. Unterhalb jeder Wurzel würde man die komplizierteren Wörter hinsetzen, die sich davon ableiten, wobei man aber sorgfältig darauf achtete, daß zunächst die dastehen, die ihnen am nächsten sind, und eine ziemlich enge Ordnung folgen ließe, damit zwischen den aufeinanderfolgenden Wörtern der geringstmögliche Abstand bestünde. Man würde so vollkommene und erschöpfende Serien, kontinuierliche Ketten herstellen, in denen die Brüche, wenn solche existierten, beiläufig den Platz von heute verschwundenen Wörtern, Dialek-

74 De Brosses, a. a. O., Bd. 1, S. 16-18.
75 A. a. O., Bd. 1, S. 14.
76 Nicolas-Sylvestre Bergier, *Les éléments primitifs des langues*, Paris 1764, S. 7 f.
77 De Brosses, *Traité de la formation méchanique des langues*, Bd. 1, S. 18.
78 A. a. O., Bd. 2, S. 490-499.

ten oder Sprachen anzeigten.[79] Nach Herstellung dieser großen Schicht ohne Naht hätte man einen zweidimensionalen Raum, den man in Abszissen und Ordinaten durchlaufen könnte. In der Vertikalen hätte man die vollständige Filiation jeder Wurzel, in der Horizontalen dagegen die Wörter, die von einer gegebenen Sprache benutzt werden. Je weiter man sich von den primitiven Wurzeln entfernte, um so komplizierter und wahrscheinlich um so jünger wären die durch eine transversale Linie definierten Sprachen, aber gleichzeitig hätten die Wörter mehr Wirksamkeit und mehr Feinheit für die Analyse der Repräsentationen. So wären der historische Raum und der Raster des Denkens exakt übereinander gelegen.

Diese Suche nach den Wurzeln kann als eine Rückkehr zur Geschichte und der Theorie der Muttersprachen erscheinen, die die Klassik einen Augenblick lang in der Schwebe zu halten schien. Tatsächlich setzt die Analyse der Wurzeln die Sprache nicht erneut in eine Geschichte, die gewissermaßen ihr Entstehungsmilieu und das ihrer Transformation wäre. Sie macht eher aus der Geschichte die Bahn, und zwar in aufeinanderfolgenden Etappen, der gleichzeitigen Zerlegung der Repräsentation und der Wörter. Die Sprache ist in der klassischen Epoche kein Fragment der Geschichte, das zu einem bestimmten Augenblick eine definierte Denk- und Reflexionsweise autorisiert. Es ist ein Raum der Analyse, in dem die Zeit und das Denken der Menschen ihre Bahn vollziehen. Und daß die Sprache nicht durch die Theorie der Wurzeln ein historisches Wesen geworden oder erneut geworden ist, dafür würde man leicht den Beweis in der Weise finden, auf die man im achtzehnten Jahrhundert die Etymologien gesucht hat. Man nahm als Leitfaden nicht die Untersuchung der materiellen Transformationen des Wortes, sondern die Beständigkeit der Bedeutungen.

Diese Suche hatte zwei Aspekte: einmal die Definition der Wurzel, dann die Isolierung der Endungen und der Präfixe. Die Wurzel zu definieren heißt, eine Etymologie herzustellen. Es ist eine Kunst, die ihre Regeln in einem Kodex fixiert hat.[80] Man muß das Wort von allen Spuren frei machen, die die Kombination und Flexionen bei ihm haben hinterlassen können. Man muß bei einem einsilbigen Element anlangen, dieses Element in der ganzen Vergangenheit der Sprache durch die alten »Glossare und Papiere« verfolgen; zu andern, primitiveren Sprachen zurückgreifen.

79 A. a. O., Bd. 1, *Préface*, S. L.
80 Vgl. vor allem Turgots Artikel »Etymologie« in der *Encyclopédie*.

Und während dieser ganzen Prüfungen muß man wohl zugeben, daß der Einsilber sich verändert hat: alle Vokale können einander in der Geschichte einer Wurzel ersetzen, die Vokale, das ist die Stimme selbst, die nicht diskontinuierlich und nicht abgebrochen ist. Die Konsonanten dagegen modifizieren sich auf privilegierte Weise: Gutturale, Linguale, Palatale, Dentale, Labiale, Nasale bilden Familien homophoner Konsonanten, innerhalb deren sich vorzugsweise ohne irgendeine Verpflichtung die Veränderungen der Aussprache vollziehen.[81] Die einzige unauslöschbare Konstante, die die Kontinuität der Wurzel im Laufe ihrer Geschichte sichert, ist die Sinneinheit: die repräsentative Fläche, die unendlich fortbesteht. Denn »nichts vielleicht kann die Induktionen begrenzen, und alles kann ihnen als Grundlage dienen, von der totalen Ähnlichkeit bis hin zu den einfachsten Ähnlichkeiten«. Der Sinn der Worte ist »das sicherste Licht, das man befragen kann.«[82]

VI. Die Derivation

Wie geschieht es, daß die Wörter, die in ihrem ursprünglichen Wesen Namen und Bezeichnungen sind und sich gliedern, wie sich die Repräsentation selbst analysiert, sich unwiderstehlich von ihrer ursprünglichen Bedeutung entfernen und einen benachbarten, weiteren oder begrenzteren Sinn annehmen können? Wie kommt es, daß sie nicht nur ihre Form, sondern auch ihre Ausdehnung ändern können, neue Klänge und Inhalte annehmen können, so daß, ausgehend von einer wahrscheinlich identischen Ausstattung der Wurzeln, die verschiedenen Sprachen verschiedene Klänge und außerdem Wörter gebildet haben, deren Sinn nicht deckungsgleich ist?

Die Modifizierungen der Form sind ohne Regel, beinahe unbegrenzt und nie fest. Ihre Ursachen sind alle äußerer Natur: Leichtigkeit der Aussprache, Moden, Gewohnheiten, Klima – die Kälte favorisiert das »labiale Zischen«, die Hitze die »gutturalen Behauchungen«.[83] Die Bedeutungsver-

---

81 Mit einigen zusätzlichen Varianten sind dies die einzigen Gesetze phonetischer Variationen, die von de Brosses (*De la formation méchanique des langues*, Bd. 1, S. 108-123), Bergier (*Les éléments primitifs des langues*, S. 45-62), Court de Gébelin (*Histoire naturelle de la parole*, S. 59-64) und Turgot (Artikel »Etymologie« der *Encyclopédie*) anerkannt werden.

82 Turgot, Artikel »Etymologie« in der *Encyclopédie*.

83 De Brosses, *Traité de la formation méchanique des langues*, Bd. 1, S. 66 f.

änderungen dagegen, da sie insoweit begrenzt sind, als sie eine etymologische Wissenschaft gestatten, die, wenn auch nicht absolut sicher, zumindest »wahrscheinlich« ist[84], gehorchen Prinzipien, die man bestimmen kann. Diese Prinzipien, die die innere Geschichte der Sprachen gären lassen, sind alle von räumlicher Ordnung. Die einen betreffen die sichtbare Ähnlichkeit oder die Nachbarschaft der Dinge untereinander. Die anderen betreffen den Ort, an dem sich die Sprache und die Form, in der sie sich bewahrt, niederschlagen: sie betreffen die Figuren und die Schrift.

Man kennt zwei große Typen von Schrift, einmal die, die den Sinn der Worte nachzieht, dann die, die die Laute analysiert und rekonstruiert. Zwischen ihnen gibt es eine rigorose Trennung, sei es nun, daß man der Auffassung ist, daß die zweite bei bestimmten Völkern die erste infolge eines möglichen »Geniestreichs«[85] abgelöst hat, oder daß man zugibt, daß sie so voneinander verschieden sind, daß sie fast gleichzeitig aufgetaucht sind, die erste bei den zeichnenden Völkern, die zweite bei den singenden Völkern.[86] Graphisch den Sinn der Worte darzustellen heißt ursprünglich, eine exakte Zeichnung der Dinge herzustellen, die sie bezeichnet. Offen gesagt handelt es sich dabei kaum um eine Schrift, höchstens um eine malerische Wiedergabe, dank deren man kaum die konkretesten Erzählungen in Schrift umsetzen kann. Nach Warburton kannten die Mexikaner kaum etwas anderes als diesen Vorgang.[87] Die wirkliche Schrift begann, als man sich an die Repräsentation nicht mehr des Gegenstandes selbst, sondern eines der übrigen Elemente machte oder an die Repräsentation eines der gewöhnlichen Umstände, die ihn markieren, oder an die Repräsentation irgendeiner anderen Sache, der sie ähnelt. Daher rühren drei Techniken: die priesterliche Schrift der Ägypter, die die gröbste ist und »einen Hauptumstand eines Gegenstandes dazu benutzt, daß er für alles steht« (ein Bogen für eine Schlacht, eine Leiter für die Belagerung der Städte); dann die »tropischen« Hieroglyphen, die etwas vollkommener sind und einen bemerkenswerten Umstand benutzen (da Gott allmächtig ist, weiß er alles und kann die Menschen überwachen; man stellt ihn deshalb durch ein Auge dar); schließlich die Symbolschrift, die sich mehr oder weniger verborgener Ähnlichkeiten bedient (die sich erhebende Sonne wird durch den Kopf

84 Turgot, Artikel »Etymologie« in der *Encyclopédie*.

85 [Antoine Arnauld], *Grammaire générale et raisonnée avec les notes de Duclos*, Paris 1754, S. 43 f.

86 Destutt de Tracy, *Elémens d'Idéologie. Seconde Partie. Grammaire*, S. 307 bis 312.

87 William Warburton, *Essai sur les hiéroglyphes des Egyptiens*, frz. Übers., 2 Bde., Paris 1744, Bd. 1, S. 15.

eines Krokodils dargestellt, dessen runde Augen gerade die Wasseroberfläche überragen).[88] Man erkennt darin die drei großen Gestalten der Rhetorik, die Synekdoche, die Metonymie, die Katachrese. Folgt man der von ihnen vorgeschriebenen Maserung, so können sich diese mit einer symbolischen Schrift verbundenen Sprachen entwickeln. Sie beladen sich allmählich mit poetischen Kräften, die ersten Benennungen werden Ausgangspunkt langer Metaphern. Diese werden fortschreitend komplizierter und sind bald so weit von ihrem Ausgangspunkt entfernt, daß er schwierig wiederzufinden ist. So entstehen Aberglauben, die glauben machen, die Sonne sei ein Krokodil oder Gott ein großes Auge, das die Welt überwacht. So entsteht ebenfalls esoterisches Wissen bei jenen (den Priestern), die sich von Generation zu Generation Metaphern überliefern. So entstehen in der Rede Allegorien (die in den archaischsten Literaturen so häufig sind) und auch jene Illusion, daß das Wissen in der Erkenntnis der Ähnlichkeit bestehe.

Aber die Geschichte der Sprache, die mit einer Symbolschrift ausgestattet ist, ist schnell am Ende. Man kann darin nämlich keine Fortschritte machen. Die Zeichen vervielfachen sich nicht durch die akkurate Analyse der Repräsentationen, sondern durch die entferntesten Analogien. Infolgedessen ist die Vorstellungskraft der Völker stärker begünstigt als ihre Reflexion. Die Leichtgläubigkeit übertrifft die Wissenschaft. Obendrein benötigt die Erkenntnis zwei Lernprozesse, den der Wörter zunächst (wie für alle Sprachen), dann den der Sigeln, die keine Beziehung mit der Aussprache der Wörter haben. Ein Menschenleben ist für diese doppelte Erziehung nicht zu lang, und wenn man obendrein die Muße hatte, eine Entdeckung zu machen, verfügt man über keine Zeichen zu ihrer Übermittlung; umgekehrt bleibt ein übermitteltes Zeichen stets zweifelhaft, weil es keine innerliche Beziehung mit dem von ihm dargestellten Wort besitzt. Von Epoche zu Epoche besteht die Unsicherheit fort, ob der gleichen Gestalt der gleiche Laut zugehört. Neuigkeiten sind also unmöglich und Überlieferungen in Frage gestellt. Infolgedessen ist die einzige Sorge der Gelehrten, einen »abergläubischen Respekt« für die von den Vorfahren erhaltenen Erkenntnisse und für die Institutionen zu bewahren, die deren Erbe hüten: »Sie spüren, daß jede Veränderung in den Sitten eine solche der Sprache mit sich bringt und daß jede Veränderung in der Sprache ihre

88 A. a. O., Bd. 1, S. 19-23.

ganze Wissenschaft durcheinanderbringt und vernichtet.«[89] Wenn ein Volk nur eine symbolische Schrift besitzt, muß seine Politik die Geschichte ausschließen, wenigstens aber jede Geschichte, die nicht ganz schlicht und einfach Konservierung ist. In dieser Beziehung zwischen Raum und Sprache siedelt sich nach Volney der wesentliche Unterschied zwischen Orient und Okzident an.[90] Es ist so, als habe die räumliche Anordnung der Sprache das Gesetz der Zeit vorgeschrieben, als komme ihre Sprache nicht durch die Geschichte zu den Menschen, sondern als hätten sie zur Geschichte nur durch das System ihrer Zeichen Zugang. In diesem Knoten aus Repräsentation, Wörtern und Raum (die Wörter repräsentieren den Raum der Repräsentation und repräsentieren sich ihrerseits in der Zeit) bildet sich schweigend das Schicksal der Völker.

Mit der alphabetischen Schrift ändert sich in der Tat die Geschichte der Menschen vollends. Sie transkribieren im Raum nicht ihre Ideen, sondern die Laute, und aus diesen ziehen sie die gemeinsamen Elemente, um eine kleine Zahl einzigartiger Zeichen zu bilden, deren Kombination die Bildung aller möglichen Silben und Wörter gestattet. Während die symbolische Schrift in dem Wunsch, die Repräsentationen selbst räumlich aufzuteilen, dem konfusen Gesetz der Ähnlichkeiten folgt und die Sprache aus den Formen des reflexiven Denkens gleiten läßt, transponiert die alphabetische Schrift unter Verzicht auf die Zeichnung der Repräsentation in der Lautanalyse die Regeln, die für die Vernunft selbst gelten. Infolgedessen sind die Buchstaben nicht umsonst Repräsentationen der Vorstellungen (idées), sie verbinden sich nämlich untereinander wie die Vorstellungen, und die Vorstellungen verknüpfen sich und entknüpfen sich wie die Buchstaben des Alphabets.[91] Der Bruch des exakten Parallelismus zwischen der Repräsentation und dem Graphismus gestattet die Anordnung der Totalität der Sprache, sogar der geschriebenen Sprache, im allgemeinen Gebiet der Analyse und die jeweils gegenseitige Stützung des Fortschritts der Schrift und des Denkens.[92] Die gleichen graphischen Zeichen werden alle neuen Wörter zerlegen können und ohne die Furcht, etwas würde verges-

89 Destutt de Tracy, *Elémens d'Idéologie. Seconde Partie. Grammaire*, S. 284 bis 300.
90 Constantin François de Volnay, *Les ruines ou méditation sur les révolutions des empires*, 3 Bde., Paris 1791, Kapitel 15. Deutsch unter dem Titel *Die Ruinen*, Bremen 1871 und Braunschweig 1872.
91 Condillac, *La Grammaire*, Kapitel 2; in: ders., *Œuvres*, Bd. 5.
92 Adam Smith, *Considerations concerning the first formation of languages, and the different genius of original and compounded languages*, in: ders., *The Works*, 5 Bde., London 1811 f. (Repr. Aalen 1963), Bd. 5, S. 43.

sen, jede Entdeckung weitergeben können, sobald sie gemacht worden ist. Man wird sich des gleichen Alphabets zur Transkription verschiedener Sprachen bedienen und so einem Volk die Vorstellungen eines anderen überliefern. Das Lernen dieses Alphabets ist wegen der geringen Zahl seiner Elemente sehr einfach, und jeder wird der Reflexion und der Analyse der Vorstellungen die Zeit widmen können, die die anderen Völker mit der Erlernung der Schriftzeichen vergeuden. So entsteht im Innern der Sprache und ganz genau in jenem Falz der Wörter, in dem die Analyse und der Raum sich treffen, die erste, aber unbegrenzte Möglichkeit des Fortschritts. In seiner Wurzel ist der Fortschritt, so wie er im achtzehnten Jahrhundert definiert wird, keine der Geschichte innere Bewegung, sondern das Resultat einer fundamentalen Beziehung zwischen Raum und Sprache: »Die willkürlichen Zeichen der Sprache und der Schrift geben den Menschen das Mittel, den Besitz ihrer Vorstellungen zu sichern und sie anderen als eine ständig um die Entdeckungen jeden Jahrhunderts vermehrte Erbschaft zu übermitteln. Die Menschheit, in ihrer Entwicklung betrachtet, erscheint den Augen eines Philosophen wie ein unendliches Ganzes, das selbst wie jedes Individuum seine Kindheit und seine Fortschritte hat.«[93] Die Sprache gibt dem ständigen Bruch der Zeit die Kontinuität des Raumes, und insoweit sie die Repräsentation analysiert, gliedert und zerlegt, vermag sie durch die Zeit die Erkenntnisse der Dinge zu verbinden. Mit der Sprache zerbricht die konfuse Monotonie des Raumes, während sich die Verschiedenheit der Abfolgen vereinigt.

Indessen verbleibt ein letztes Problem, denn die Schrift ist durchaus die Stütze und der stets wache Hüter jener fortschreitend feineren Analysen. Sie ist nicht deren Ursprung noch ihre erste Bewegung. Die erste Bewegung ist ein der Aufmerksamkeit, den Zeichen und Wörtern gemeinsames Gleiten. In einer Repräsentation kann der Geist sich und ein Sprachzeichen an ein dazugehöriges Element, einen Begleitumstand, ein anderes, nicht vorhandenes Ding, das ihm ähnlich ist und seinetwegen wieder in das Gedächtnis tritt, heften.[94] So hat sich wohl die Sprache entwickelt und ganz allmählich ihre Abweichung von den ursprünglichen Bezeichnungen fortgesetzt. Am Anfang hatte alles einen Namen, einen eigenen

93 Anne-Robert-Jacques Turgot, *Tableau des progrès successifs de l'esprit humain* (1750), in: ders., *Œuvres* (Hrsg. Gustave Schelle), 5 Bde., Paris 1913-1923, S. 215.
94 Condillac, *Essai sur l'origine des connaissances humaines*, in: ders., *Œuvres*, 23 Bde., Paris 1798, Bd. 1, S. 75-87.

oder besonderen Namen. Dann hat der Name sich an ein einziges Element der Sache geheftet und wurde auf alle anderen Einzeldinge angewandt, die es ebenfalls enthielten. Es ging nicht mehr um jene Eiche, die man *Baum* genannt hat, sondern alles, was zumindest einen Stamm und Äste hat. Der Name hat sich auch mit einem hervorstechenden Umstand verbunden: Die *Nacht* bezeichnete nicht mehr das Ende dieses Tages, sondern den Abschnitt der Dunkelheit, der jeden Sonnenuntergang von jedem Sonnenaufgang trennt. Schließlich hat er sich an Analogien gehängt: Alles, was dünn und glatt wie das Blatt eines Baumes war, hat man *Blatt* genannt.[95] Die fortschreitende Analyse und weiter fortschreitende Gliederung der Sprache, die gestatten, einen einzigen Namen mehreren Dingen zu geben, sind entstanden, indem der Faden jener fundamentalen Figuren verfolgt wurde, die die Rhetorik gut kennt: Synekdoche, Metonymie und Katachrese (oder Metapher, wenn die Analogie weniger unmittelbar spürbar ist). Sie sind nicht die Wirkung einer Stilverfeinerung, sondern verraten im Gegenteil die jeder Sprache eigene Beweglichkeit, sobald die Sprache spontan ist: »Ein Tag, den man auf dem Markt in den Hallen verbringt, vermittelt mehr Figuren als mehrere Tage in akademischen Versammlungen.«[96] Wahrscheinlich war diese Beweglichkeit ursprünglich noch größer. In unserer Zeit ist die Analyse so fein, der Raster so eng gezogen, sind die Koordinations- und Subordinationsbeziehungen so wohl hergestellt, daß die Wörter kaum die Gelegenheit haben, von ihrem Platz zu weichen. Aber im Anfang der Menschheit, als es kaum Wörter gab, die Repräsentationen noch konfus und schlecht analysiert waren, die Leidenschaften sie veränderten oder sie vermengten, hatten die Wörter eine große Möglichkeit, sich zu deplazieren. Man kann also sagen, daß die Wörter erst bildlich waren, bevor sie zu eigentlichen wurden: daß heißt, sie hatten kaum den Status von besonderen Namen, als sie bereits durch die Kraft einer spontanen Rhetorik auf andere Repräsentationen ausgeweitet wurden. Wie Rousseau sagt, hat man wahrscheinlich von Riesen gesprochen, bevor man Menschen bezeichnete.[97] Zunächst hat man die Boote durch ihre Segel bezeichnet, und die Seele, die »Psyche«, erhielt ursprünglich die Gestalt eines Schmetterlings.[98]

---

95 César du Marsais, *Des tropes ou différents sens dans lesquels on peut prendre un même mot*, Saint-Brieuc 1811, S. 150 f.

96 Du Marsais, a. a. O., S. 2.

97 Rousseau, *Essai sur l'origine des langues*, in: ders., *Œuvres*, 20 Bde., Paris 1826, Bd. 13, S. 152 f.

98 De Brosses, *Traité de la formation méchanique des langues*, S. 267.

Auf dem Grunde der gesprochenen Sprache wie auf dem der Schrift entdeckt man also den rhetorischen Raum der Wörter; jene Freiheit eines Zeichens, sich gemäß der Analyse der Repräsentation auf einem inneren Element, einem Punkt ihrer Nachbarschaft oder einer analogen Figur abzulagern. Und wenn die Sprachen die Unterschiedlichkeit haben, die wir feststellen, wenn sie, ausgehend von primitiven Bezeichnungen, die wahrscheinlich wegen der Universalität der menschlichen Natur allgemein gewesen sind, nicht aufgehört haben, sich nach verschiedenen Formen zu entfalten, wenn sie jede ihre Geschichte, ihre Moden, ihre Gewohnheiten, ihr Vergessen gehabt haben, dann wegen der Wörter, die ihren *Platz* nicht in der *Zeit*, sondern in einem *Raum* haben, in dem sie ihren ursprünglichen Sitz finden, sich deplazieren, sich umkehren und langsam eine ganze Kurve entfalten können: in einem *tropologischen* Raum. Man erreicht so erneut das, was als Ausgangspunkt für die Reflexion der Sprache gedient hat. Unter allen Zeichen hatte die Sprache die Eigenschaft, Abfolge zu sein, nicht weil sie selbst einer Chronologie zugehörte, sondern weil sie das Gleichzeitige der Repräsentation in Klangfolgen ausbreitete. Diese Abfolge aber, die die diskontinuierlichen Elemente nacheinander analysiert und erscheinen läßt, durchläuft den Raum, den die Repräsentation dem Blick des Geistes bietet. Infolgedessen bringt die Sprache die repräsentierten Verbreitungen nur in eine lineare Ordnung. Der Satz entwickelt und läßt die Gestalt hören, die die Rhetorik dem Blick wahrnehmbar macht. Ohne diesen tropologischen Raum wäre die Sprache nicht aus all diesen Gattungsnamen gebildet, die eine Beziehung der Attribution zu errichten gestatten. Und ohne jene Analyse der Wörter wären die Figuren stumm, momentan geblieben, und in der augenblicklichen Erhellung wahrgenommen, wären sie sogleich in eine Nacht gefallen, in der es nicht einmal Zeit gibt.

Von der Theorie des Satzes bis zu der der Derivation ist die ganze Reflexion der Sprache in der Klassik – alles, was sich »allgemeine Grammatik« genannt hat – nur der gedrängte Kommentar folgenden einfachen Satzes: »Die Sprache analysiert.« An diesem Punkt geriet im siebzehnten Jahrhundert die ganze abendländische Erfahrung mit der Sprache ins Kippen, sie, die bis dahin stets geglaubt hatte, daß die *Sprache spreche.*

VII. Das Sprachviereck

Zum Abschluß noch einige Bemerkungen. Die vier Theorien – des Satzes, der Gliederung, der Bezeichnung und der Derivation – bilden gewissermaßen die Segmente eines Vierecks. Sie stehen sich jeweils zu zweit gegenüber und stützen sich jeweils zu zweit. Die Gliederung gibt der reinen, noch leeren Wortform des Satzes einen Inhalt. Sie füllt sie, steht aber zu ihr im Gegensatz, wie eine Bezeichnung, die die Dinge differenziert, sich der Attribution, die sie verbindet, entgegenstellt. Die Theorie der Bezeichnung manifestiert den Punkt, an dem alle Nominalformen festgemacht sind, die die Gliederung heraustrennt. Sie steht aber im Gegensatz zu dieser, wie die augenblickliche, gestenhafte, lotrechte Bezeichnung sich in Gegensatz zur Zerlegung der Allgemeinheiten stellt. Die Theorie der Derivation zeigt die fortgesetzte Bewegung der Wörter, ausgehend von ihrem Ursprung, aber das Gleiten hin zur Oberfläche der Repräsentation widersetzt sich der einzigen und festen Verbindung, die eine Wurzel mit einer Repräsentation verbindet. Schließlich kehrt die Derivation zum Satz zurück, da ohne ihn die Bezeichnung verschlossen bliebe und nicht jene Allgemeinheit erwerben könnte, die eine Verbindung der Attribution gestattet. Dennoch vollzieht sich die Derivation gemäß einer räumlichen Figur, während der Satz sich in einer Abfolge vollzieht.

Man muß zwischen den entgegengesetzten Spitzen dieses Rechtecks die Existenz von diagonalen Beziehungen bemerken. Zunächst zwischen der Gliederung und der Derivation. Wenn es eine gegliederte Sprache mit Wörtern geben kann, die nebeneinanderstehen oder ineinandergreifen oder sich nacheinander ordnen, dann insoweit, als ausgehend von ihrem ursprünglichen Wert und dem einfachen Akt der Bezeichnung, der sie begründet hat, die Wörter nicht aufgehört haben, unter Erwerb einer variablen Ausdehnung abzuleiten. Daher rührt eine Achse, die das ganze Viereck der Sprache durchquert. Entlang dieser Linie ist der Zustand einer Sprache fixiert. Die Kapazitäten ihrer Gliederung werden durch den Punkt der Derivation vorgeschrieben, bis zu dem sie gekommen ist. Dort wird gleichzeitig ihr historischer Punkt und die Kraft ihrer Unterscheidung definiert. Die andere Diagonale verläuft von dem Satz zum Ursprung, das heißt von der in jeden Urteilsakt eingehüllten Bestätigung zur durch jeden Akt der Benennung implizierten Bezeichnung. Entlang dieser Achse errichtet sich die Beziehung der Wörter zu dem, was sie repräsentieren. Dabei wird offenbar, daß die Wörter stets nur die Existenz der Repräsentation aussagen, daß sie aber stets etwas Repräsentiertes bezeichnen. Die erste Diagonale markiert den Fortschritt der Sprache in ihrer Kraft zu spezifizieren. Die zweite markiert das unbegrenzte Ineinanderrollen der Sprache und der Repräsentation, die Spaltung, die bewirkt, daß das Sprechsignal stets eine Repräsentation repräsentiert. Auf dieser letzten Linie funktioniert das Wort als Substitut (mit seiner Kraft zu repräsentieren); auf der ersten als Element (mit seiner Kraft, zusammenzusetzen und zu zerlegen).

Am Kreuzungspunkt dieser beiden Diagonalen, im Zentrum des Vierecks, dort, wo die Spaltung der Repräsentation sich als Analyse entdeckt und wo das Substitut aufzuteilen vermag, dort, wo sich folglich die Möglichkeit und das Prinzip einer allgemeinen Taxinomie der Repräsentation ansiedeln, gibt es den *Namen*. Benennen heißt gleichzeitig, einer Repräsentation eine sprachliche Repräsentation zu geben und sie in ein allgemeines Tableau zu rücken. Die ganze klassische Theorie der Sprache wird sich um diese privilegierte und zentrale Existenz organisieren. In ihr kreuzen sich alle Funktionen der Sprache, weil die Repräsentationen durch sie in einem Satz Gestalt annehmen können. Dadurch gliedert sich auch der Diskurs nach der Erkenntnis. Selbstverständlich kann allein das Urteil wahr oder falsch sein, aber wenn alle Namen stimmten, wenn die Analyse, auf der sie beruhen, vollkommen reflektiert wäre, wenn die Sprache »wohlgestaltet« wäre, gäbe es keine Schwierigkeit, wahre Urteile zu fällen, und der Irrtum, käme er vor, wäre ebenso leicht zu enthüllen und ebenso evident wie im algebraischen Kalkül. Die Unvollkommenheit der Analyse jedoch, jedes Gleiten der Derivation, hat Analysen, Abstraktionen oder illegitimen Kombinationen Namen auferlegt. Das wäre ohne Nachteil (wie wenn man den Monstren der Fabel einen Namen gibt), wenn das Wort sich nicht als Repräsentation einer Repräsentation gäbe. Infolgedessen kann man kein Wort, sei es auch noch so abstrakt, allgemein und leer, denken, ohne die Möglichkeit dessen zu bejahen, was es repräsentiert. Deshalb erscheint der Name in der Mitte des Sprachvierecks gleichzeitig als der Punkt, zu dem alle Sprachstrukturen konvergieren (er ist die intimste, bestgeschützte Gestalt der Sprache, reines inneres Ergebnis all ihrer Konventionen, all ihrer Regeln, ihrer ganzen Geschichte), und gewissermaßen als der Punkt, von dem aus die ganze Sprache in eine Beziehung zur Wahrheit treten kann, von wo aus sie beurteilt wird.

Dort verknüpft sich die ganze klassische Erfahrung der Sprache: der umkehrbare Charakter der grammatikalischen Analyse, die in einem Stück Wissenschaft und Vorschrift, Wortuntersuchung und Regel ihres Baus, ihrer Verwendung, ihre Umbildung in der repräsentierenden Funktion ist; dann der fundamentale Nominalismus in der Philosophie von Hobbes bis zur *Idéologie*, ein Nominalismus, der von einer Sprachkritik und dem ganzen Mißtrauen gegenüber den allgemeinen und abstrakten Wörtern, die man bei Malebranche, Berkeley, bei Condillac und Hume findet, nicht zu trennen ist; weiter die große Utopie von einer völlig transparenten Sprache, in der die Dinge selbst ohne Störung bezeichnet wären, sei es nun durch ein völlig arbiträres, aber genau reflektiertes System (eine künstliche Sprache) oder durch eine so natürliche Sprache, daß sie das Denken übersetzte wie das Gesicht, wenn es eine Leidenschaft ausdrückt (von dieser aus unmittelbaren Zeichen gemachten Sprache hat Rousseau im ersten seiner *Dialogues* geträumt). Man kann sagen, daß der Name den ganzen klassischen Diskurs organisiert. Sprechen oder schreiben heißt nicht, die Dinge zu sagen oder sich auszudrücken, heißt nicht, mit der Sprache zu spielen, sondern heißt, sich auf den Weg zum souveränen Akt der Bezeichnung zu begeben, durch die Sprache bis zu jenem Ort zu gehen, an dem die Sachen und die Wörter sich in ihrem gemeinsamen Wesen verknüpfen, das gestattet, ihnen einen Namen zu geben. Ist dieser Name einmal ausgesprochen, wird die Sprache in ihm resorbiert und erlischt, die bis zu ihm geführt hat oder die man zu seiner Erreichung durchquert hat. Deshalb strebt der klassische Diskurs in seinem tiefen Wesen immer zu jener Grenze. Er besteht aber nur dadurch fort, daß er jene weiter zurückschiebt. Er schreitet darin voran, daß der Name unaufhörlich in der Schwebe gehalten wird. Deshalb ist er in seiner Möglichkeit selbst mit der Rhetorik verbunden, das heißt mit dem ganzen Raum, der den Namen umgibt, ihn um das oszillieren läßt, was er repräsentiert, die Elemente oder die Nachbarschaft oder die Analogien dessen, was er benennt, erscheinen läßt. Die Figuren, die der Diskurs durchquert, sichern die Verspätung des Namens, der im letzten Augenblick sie erfüllt und beseitigt. Er ist die Einheit *(terme)* des Diskurses. Vielleicht ruht die ganze klassische Literatur in jenem Raum, in jener Bewegung, einen Namen zu erreichen, der stets zu fürchten ist, weil er die Möglichkeit des Sprechens dadurch beseitigt, daß er sie ausschöpft. Diese Bewegung hat die Erfahrung mit der Sprache seit dem so stark verhaltenen Geständnis der *Princesse de Clèves* und bis hin zur unmittelbaren Heftigkeit von *Juliette* davongetragen. Hier gibt sich die Benennung schließlich in ihrer einfachsten Nacktheit, und die Figuren der Rhetorik, die sie bis dahin in der Schwebe hielten, schlagen um und werden zu unbegrenzten Gestalten des Verlangens, die immer noch dieselben und stets wiederholten Namen unaufhörlich durchlaufen, ohne daß sie je deren Grenzen zu erreichen vermöchten.

Die ganze klassische Literatur ruht in der Bewegung, die von der Gestalt des Namens zum Namen selbst verläuft und von der Aufgabe, immer noch die gleiche Sache durch neue Gestalten zu benennen (darin liegt die Preziosität), zu jener Aufgabe verläuft, mit schließlich richtigen Worten das zu bezeichnen, was nie in den Falten ferner Wörter geschlafen hat oder noch darin im Schlaf verweilt: das sind die Seelengeheimnisse jener an der Grenze der Dinge und des Körpers entstandenen Eindrücke, für die die Sprache der *Cinquième Promenade* sich so spontan erhellt hat. Die Romantik wird glauben, mit dem vorausgehenden Zeitalter gebrochen zu haben, weil sie gelernt habe, die Dinge beim Namen zu nennen. In Wahrheit tendierte die ganze Klassik dahin. Hugo erfüllte das Versprechen von Voiture. Der Name aber bleibt dadurch nicht länger die Belohnung der Sprache. Er wird ihre rätselhafte Materie. Der einzige Augenblick – ein untolerierbarer und für lange Zeit im Geheimnis verborgener –, in dem der Name gleichzeitig Erfüllung und Substanz der Sprache, Verheißung und rohe Materie war, war der, als er mit de Sade in seiner ganzen Weite von der Lust durchquert wurde, deren Erscheinungsort, Sättigung und unbegrenzte Wiederaufnahme er war. Daher spielt das Werk de Sades in unserer Kultur die Rolle eines unaufhörlichen, anfänglichen Gemurmels. Mit jener Heftigkeit des endlich um seiner selbst willen ausgesprochenen Namens taucht die Sprache in ihrer Brutalität als Sache auf. Die anderen »Redeteile« nehmen ihrerseits Autonomie an, entgehen der Souveränität des Namens, hören auf, um ihn einen zusätzlichen Kreis von Ornamenten zu bilden. Da es keine besondere Schönheit mehr gibt, wenn man die Sprache im Umkreis und an der Grenze des Namens »hält«, sie zeigen läßt, was sie nicht sagt, wird es einen nicht-diskursiven Diskurs geben, dessen Rolle es sein wird, die Sprache in ihrer rohen Existenz zu manifestieren. Diese der Sprache eigene Existenz ist das, was das neunzehnte Jahrhundert als Verb bezeichnen wird (in Opposition zum »Verb« der Theoretiker in der Klassik, dessen Funktion es ist, die Sprache diskret, aber fortgesetzt mit der Existenz der Repräsentation zu verklammern). Und der Diskurs, der diese Existenz festhält und um ihrer selbst willen freiläßt, ist die Literatur.

Um dieses klassische Privileg des Namens herum definieren die theoretischen Segmente (Satz, Gliederung, Bezeichnung und Derivation) den Rand dessen, was damals die Erfahrung der Sprache war. Bei ihrer schrittweisen Analyse handelte es sich nicht um die Herstellung einer Geschichte der grammatikalischen Begriffe des siebzehnten und achtzehnten Jahrhunderts oder um die Errichtung eines allgemeinen Schnitts durch das, was die Menschen über die Sprache hatten denken mögen. Es handelte sich um die Determination der Bedingungen, unter denen die Sprache Gegenstand eines Wissens werden konnte, und um die Feststellung der Grenzen, zwischen denen sich jenes erkenntnistheoretische Gebiet entfaltete. Es war nicht die Aufgabe, den gemeinsamen Nenner der Meinungen zu berechnen, sondern abzugrenzen, von wo ausgehend es möglich war, daß es Meinungen, gleich welcher Art, über die Sprache gab. Deshalb bezeichnet dieses Rechteck mehr eine Peripherie als eine innere Gestalt und zeigt, wie die Sprache sich mit dem verflicht, was ihr äußerlich und unerläßlich ist. Wir hatten gesehen, daß es Sprache nur durch die Kraft des Satzes gab. Ohne die wenigstens implizite Präsenz des Verbs *sein* und der Attributionsbeziehung, die es gestattet, hätte man es nicht mit Sprache zu tun, sondern mit Zeichen wie allen anderen. Die Satzform stellt als Bedingung für die Sprache die Bestätigung einer Beziehung entweder der Identität oder des Unterschiedes. Man spricht nur insoweit, als diese Beziehung möglich ist. Die drei anderen theoretischen Segmente umfassen aber ein ganz anderes Erfordernis. Damit es eine Derivation der Wörter von ihrem Ursprung, damit es bereits eine ursprüngliche Zugehörigkeit einer Wurzel zu ihrer Bedeutung, damit es schließlich eine gegliederte Zerteilung der Repräsentationen gibt, müssen bereits bei der unmittelbarsten Erfahrung eine analoge Unruhe der Dinge und Ähnlichkeiten, die sich sofort ergeben, vorhanden sein. Wenn alles absolute Verschiedenheit wäre, wäre das Denken der Einzähligkeit ausgesetzt, und wie die Statue von Condillac, bevor sie mit der Erinnerung und dem Vergleich begonnen hat, wäre es der absoluten Verstreuung und der absoluten Monotonie ausgeliefert. Es gäbe weder Erinnerung noch mögliche Vorstellungskraft und infolgedessen auch keine Reflexion. Es wäre unmöglich, die Dinge miteinander zu vergleichen, ihre identischen Züge abzugrenzen und einen gemeinsamen Namen zu begründen. Es gäbe keine Sprache. Sprache existiert, weil unterhalb der Identitäten und Unterschiede der Boden der Kontinuitäten, der Ähnlichkeiten, der Wiederholungen und der natürlichen Verflechtungen liegt. Die Ähn-

lichkeit, die seit dem siebzehnten Jahrhundert aus dem Denken ausgeschlossen ist, bildet immer noch die äußere Grenze der Sprache: den Ring,
der das Gebiet dessen umgibt, was man analysieren, ordnen und erkennen
kann. Das ist das Gemurmel, das vom Diskurs aufgelöst wird, ohne das er
aber nicht sprechen könnte.

Man kann jetzt begreifen, was die feste und gedrängte Einheit der Sprache in der klassischen Erfahrung ist. Sie läßt durch das Spiel einer gegliederten Bezeichnung die Ähnlichkeit in die Satzbeziehung treten. Dadurch
gerät sie in ein System der Identitäten und Unterschiede, so wie es vom
Verb *sein* begründet und vom Netz der *Namen* manifestiert wird. Die fundamentale Aufgabe des klassischen »Diskurses« ist es, *den Dingen einen
Namen zuzuteilen* und *ihre Existenz in diesem Namen zu benennen*. Während zweier Jahrhunderte bildete der abendländische Diskurs den Ort der
Ontologie. Als er die Existenz jeder Repräsentation im allgemeinen benannte, war er Philosophie: Erkenntnistheorie und Analyse der Ideen. Als
er jedem repräsentierten Ding den Namen zuteilte, der ihm gemäß war,
und im ganzen Gebiet der Repräsentation den Raster einer wohlgestalteten Sprache anordnete, war er Wissenschaft – Nomenklatur und Taxinomie.

5. Kapitel

Klassifizieren

I. Was die Historiker sagen

Die Werke über Geschichte der Ideen oder der Wissenschaften – sie werden hier nur in ihrem mittleren Schnitt bezeichnet – verleihen dem siebzehnten und vor allem dem achtzehnten Jahrhundert eine frische Neugier, die die Wissenschaften vom Leben wenn nicht entdecken, so doch zumindest ihnen eine bis dahin unbekannte Breite und Präzision geben ließ. Diesem Phänomen werden gewöhnlich eine bestimmte Reihe von Ursachen und verschiedene wesentliche Manifestationen zugeschrieben.

Zu den Ursprüngen oder den Motiven werden die neuen Privilegien der Beobachtung gezählt, die Kräfte, die ihr seit Bacon zugestanden werden, und die technischen Perfektionierungen, die die Erfindung des Mikroskops dazu beigesteuert hat. Dazu rechnet man auch die damals noch junge Geltung, die die physikalischen Wissenschaften hatten, die ein Modell der Berechenbarkeit (*rationalité*) lieferten. Da man durch Experimente und Theorien die Bewegungsgesetze oder die der Reflexion des Lichtstrahls hatte analysieren können, war es wohl normal, durch Experimente, Beobachtungen oder Berechnungen nach den Gesetzen zu suchen, die das komplexere, jedoch benachbarte Gebiet der Lebewesen organisieren könnten. Die Maschinentheorie Descartes', die in der Folge ein Hindernis darstellte, wäre demnach zunächst das Instrument einer Übertragung gewesen und hätte also nicht ganz freiwillig von der mechanischen Berechenbarkeit zur Entdeckung jener anderen Berechenbarkeit geführt: der des Lebendigen. Immer noch in der Frage der Ursachen wenden die Kenner der Ideengeschichte ein wenig verworren ihre Aufmerksamkeit verschiedenen Dingen zu: zunächst das ökonomische Interesse für die Landwirtschaft, wie es die Physiokraten bezeugen, wie man es aber auch aus den ersten Bemühungen um eine Agronomie entnehmen kann; dann, auf halbem Wege zwischen Ökonomie und Theorie, ein neugieriges Interesse für die exotischen Pflanzen und Tiere, die man zu akklimatisieren versucht und von denen man durch die großen Untersuchungs- und Forschungsreisen, wie sie Tournefort im mittleren Orient, Adanson im Senegal unternommen haben, Beschreibungen, Gravuren und Muster erhält; schließlich und vor allem die ethische Wertung der Natur mit jener ganzen, in ihrem Ursprung vieldeutigen Bewegung, durch die man, sei es nun als Aristokrat oder als Bürger, Geld und Gefühl in eine Erde »investiert«, die in den voraufgegangenen Epochen lange verlassen war. Mitten im achtzehnten Jahrhundert sammelt Rousseau Gräser.

Die Historiker bezeichnen im Register der Manifestationen dann die verschiedenen Formen, die jene neuen Wissenschaften vom Leben angenommen haben, und den »Geist«, wie man sagt, der sie gelenkt hat. Demnach wären sie zunächst, noch unter dem Einfluß von Descartes, bis hin zum Ende des siebzehnten Jahrhunderts mechanistisch gewesen. Die ersten Anstrengungen einer kaum skizzierten Chemie hätten sie dann bestimmt, jedoch haben während des ganzen achtzehnten Jahrhunderts die Lebensthemen ihr Privileg erhalten oder wiedererhalten, um sich schließlich in einer einheitlichen Doktrin formuliert zu sehen, jenem »Vitalismus«, den in verschiedener Form Bordeu und Barthez in Montpellier, Blumenbach in Deutschland, Diderot, später Bichat in Paris vertreten. In jenen verschiedenen theoretischen Modellen sind fast immer dieselben Fragen gestellt worden, die jedesmal eine andere Lösung erhalten haben. Es geht um die Möglichkeit, Lebewesen zu klassifizieren, wobei die einen, etwa Linné, der Auffassung waren, daß die ganze Natur in einer Taxinomie erfaßt werden kann, und die anderen, so Buffon, der Meinung waren, daß sie zu unterschiedlich und zu reich ist, um sich einem so strengen Rahmen anzupassen. Es geht um den Entstehungsprozeß, wobei die einen, mehr mechanistisch eingestellt, der Vorausbestimmung *(préformation)* zuneigen und die anderen an eine spezifische Entwicklung der Keime glauben. Es geht schließlich um die Analyse der Funktionen (die Blutzirkulation nach Harvey, die Empfindungen, die Bewegungskräfte und, am Ende des Jahrhunderts, die Atmung).

Es ist ein leichtes für die Historiker, unter diesen Problemen und den daraus resultierenden Diskussionen die großen Auseinandersetzungen zu rekonstruieren, von denen es heißt, daß sie die Meinungen und Leidenschaften der Leute und auch ihr Denken geteilt haben. So glaubt man, die Spur eines bedeutenden Konfliktes zwischen einer Theologie, die in jeder Form und allen Bewegungen die Vorsehung Gottes, die Einfachheit, das Mysterium und die Sorge seiner Wege wiedererkennen will, und einer

Wissenschaft wiederzufinden, die bereits versucht, die Autonomie der Natur zu definieren. Man findet auch den Widerspruch zwischen einer der alten Vorherrschaft der Astronomie, der Mechanik und der Optik zu sehr
verhafteten Wissenschaft und einer anderen, die bereits ahnt, was es in
den Gebieten des Lebens an Irreduziblem und Spezifischem geben kann.
Schließlich sehen die Historiker, wie sich unter ihrem Blick die Opposition zwischen jenen abzeichnet, die an die Unbeweglichkeit der Natur
glauben (so etwa Tournefort und Linné vor allem), und jenen, die mit Bonnet, Benoît de Maillet und Diderot bereits die große schöpferische Kraft
des Lebens, seine unerschöpfliche Macht der Transformation, seine Pla-
stizität und jene Drift ahnen, durch die sie alle ihre Produktionen, auch
uns selbst, in einer Zeit, deren niemand Herr ist, einschließt. Lange vor
Darwin und auch vor Lamarck ist die große Auseinandersetzung um die
Evolutionstheorie durch den *Telliamed*, die *Palingénésie* und den *Rêve de
d'Alembert* eröffnet worden. Maschinentheorie und Theologie, die sich
aufeinander stützten oder sich unablässig in Frage stellten, haben das klassische Zeitalter sehr in der Nähe seines Ursprungs gehalten, in der Nähe
Descartes' und Malebranches. Die Irreligiosität und eine ganz konfuse
Anschauung vom Leben, die ihrerseits (wie bei Bonnet) in Konflikt oder
(wie bei Diderot) in Komplizität standen, haben dann demgegenüber das
klassische Zeitalter in die Nähe seiner Zukunft gelegt, in die Nähe des
neunzehnten Jahrhunderts, von dem angenommen wird, daß es den noch
dunklen und verflochtenen Versuchen des achtzehnten Jahrhunderts ihre
positive und rationale Erfüllung in einer Lebenswissenschaft, die die Rationalität nicht zu opfern brauchte, um ihrem Bewußtsein die Spezifität
des Lebendigen höchstmöglich eindringlich zu erhalten, und jene etwas
verborgene Wärme gegeben hat, die zwischen ihm (dem Gegenstand unserer Erkenntnis) und uns zirkuliert, die wir da sind, um es zu erkennen.

Es ist unnötig, auf die Voraussetzungen einer solchen Methode zurückzukommen. Es soll genügen, hier die Folgen aufzuzeigen. Einmal ist da die
Schwierigkeit, das Netz zu erfassen, das so verschiedene Untersuchungen
wie die taxinomischen Versuche und die mikroskopischen Beobachtungen
miteinander verbinden kann; zum anderen existiert die Notwendigkeit, als
Beobachtungstatsachen die Konflikte zwischen den Anhängern der Starrheitstheorie und ihren Gegnern oder auch zwischen den Anhängern des
Vorrangs der Methode und denen des Vorrangs des Systems aufzuzeichnen. Hinzu kommt die Verpflichtung, das Wissen in zwei Raster zu teilen,

die miteinander verflochten sind, obwohl sie einander fremd sind. Die erste Schicht wird durch das definiert, was man bereits und aus anderen
Quellen wußte (aristotelisches oder scholastisches Erbe, Gewicht des Kartesianismus, die Geltung Newtons), während die zweite durch das definiert wird, was man noch nicht wußte (Evolutionismus, Spezifität des
Lebens, Begriff des Organismus). Vor allem bildete die Anwendung von
Kategorien eine Schwierigkeit, die strenggenommen im Verhältnis zu diesem Wissen anachronistisch ist. Von allen Kategorien ist offensichtlich
die des Lebens die wichtigste. Man will Geschichten der Biologie im achtzehnten Jahrhundert schreiben. Aber man ist sich nicht darüber im klaren,
daß die Biologie nicht existierte und daß die Aufteilung des Wissens, die
uns seit mehr als hundertfünfzig Jahren vertraut ist, für eine voraufgehende Epoche keine Geltung haben kann; daß, wenn die Biologie unbekannt
war, es dafür einen ziemlich einfachen Grund gab: das Leben selbst existierte nicht. Es existierten lediglich Lebewesen, die durch einen von der
Naturgeschichte gebildeten Denkraster erschienen.

II. Die Naturgeschichte

Wie hat das klassische Zeitalter dieses Gebiet der »Naturgeschichte« definieren können, dessen Evidenz und dessen Einheit uns jetzt so fern und
als bereits verwirrt erscheinen? In welchem Feld ist die Natur zur Genüge
in sich selbst zusammengerückt erschienen, damit die Individuen, die sie
einschließt, klassifiziert werden konnten, und in welchem Feld war sie weit
genug von sich selbst entfernt, damit die Individuen durch die Analyse
und die Reflexion erfaßt werden mußten?

Man hat den Eindruck, und man spricht es auch oft aus, daß die Naturgeschichte auf dem Gewölbe der mechanistischen Theorie von Descartes
hat erscheinen müssen. Als es sich schließlich als unmöglich herausgestellt
hatte, die gesamte Welt in die Gesetze der geradlinigen Bewegung zu pres-
sen, als die Komplexität der Pflanzen und der Tiere den einfachen Formen
der ausgedehnten Substanz genügend widerstanden hatte, mußte die Natur sich in ihrem eigenartigen Reichtum manifestieren. Und die minuziöse
Beobachtung der Lebewesen wäre demnach auf jener Fläche entstanden,
von der sich der Kartesianismus gerade zurückgezogen hatte. Unglück-
licherweise geschahen die Dinge nicht mit dieser Einfachheit. Es ist wohl

möglich, und auch das wäre noch zu überprüfen, daß eine Wissenschaft aus einer anderen geboren wird, aber nie kann eine Wissenschaft aus dem Fehlen, dem Versagen einer Wissenschaft oder dem Hindernis, auf das die erste trifft, entstehen. Tatsächlich ist die Naturgeschichte mit Ray, Jonston Christophe Knaut dem kartesianischen Denken gleichzeitig und nicht seinem Scheitern. Dieselbe *episteme* hat sowohl die Mechanik seit Descartes bis hin zu d'Alembert und die Naturgeschichte von Tournefort bis hin zu Daubenton ermöglicht.

Damit die Naturgeschichte aufkam, bedurfte es nicht der Verdichtung, der Verdunklung der Natur und der Vervielfachung ihrer Mechanismen, bis sie das opake Gewicht einer Geschichte erhielt, die man nur nachziehen und beschreiben kann, ohne sie messen, berechnen oder erklären zu können. Es bedurfte, und das ist ja genau das Gegenteil, der Tatsache, daß die Geschichte Naturgeschichte wurde. Im sechzehnten Jahrhundert, ja bis zur Mitte des siebzehnten, existierten Geschichten. Belon hatte eine *Histoire de la nature des oiseaux* geschrieben; Duret eine *Histoire admirable des plantes*, Aldrovandi eine *Geschichte der Schlangen und Drachen*. 1657 veröffentlicht Jonston eine *Historia naturalis de quadripedibus*. Natürlich ist dieses Entstehungsdatum nicht streng anzusetzen.[1] Das Datum steht da, um einen Markstein zu symbolisieren und das offensichtliche Rätsel eines Ereignisses zu signalisieren. Dieses Ereignis ist die plötzliche Abklärung zweier künftig verschiedener Erkenntnisordnungen im Gebiet der *Historia*. Bis zu Aldrovandi war die Geschichte das unentwirrbare und völlig einheitliche Gewebe dessen, was man an den Dingen und all den Zeichen sieht, die in ihnen entdeckt oder auf ihnen niedergelegt worden sind. Die Geschichte einer Pflanze oder eines Tieres zu schreiben bedeutete, auch zu sagen, welches ihre Elemente und ihre Organe, welches die Ähnlichkeiten, die man in ihnen finden kann, welches die Kräfte, die man ihnen zuschreibt, die Legenden und Geschichten, mit denen sie vermischt werden, die Wappen, auf denen sie zu sehen sind, und die Medikamente, die man aus ihrer Substanz herstellt, die Nahrungsmittel, die sie bieten, gewesen sind. Hinzu kommt, was die antiken Autoren darüber erfahren haben. Die Geschichte eines Lebewesens war dieses Wesen selbst innerhalb des ganzen semantischen Rasters, der es mit der Welt verband. Die für uns so evidente Trennung zwischen dem, was wir sehen, und dem, was

---

1 1686 bis 1704 erscheint in London in drei Bänden von John Ray eine *Historia plantarum generalis*.

die anderen beobachtet und überliefert haben, was schließlich andere denken oder naiv glauben, die große Dreiteilung, die so einfach und so unmittelbar erscheint, zwischen der *Beobachtung*, dem *Dokument* und der *Fabel*, existierte nicht. Nicht etwa, weil die Wissenschaft zwischen einer rationalen Bestimmung und einem ganzen Gewicht naiver Tradition zögerte, sondern aus einem viel präziseren Grund, der viel zwingender war. Die Zeichen waren Teile der Dinge, während sie im siebzehnten Jahrhundert zu Repräsentationsweisen wurden.

Als Jonston seine *Historia naturalis de quadripedibus* schrieb, wußte er nicht mehr als Aldrovandi ein halbes Jahrhundert zuvor. Jedenfalls nicht viel mehr, wie die Historiker versichern. Aber das ist gar nicht die Frage; oder wenn man sie in diesen Worten stellen will, muß man antworten, daß Jonston viel weniger als Aldrovandi wußte. Dieser entwickelte hinsichtlich jedes untersuchten Tieres (und zwar auf gleicher Ebene) die Beschreibung seiner Anatomie und der Fangweisen; dann den allegorischen Gebrauch und seine Vermehrungsart, sein Vorkommen und die Paläste seiner Legenden, seine Nahrung und die beste Art, es zur Soße zu reichen. Jonston unterteilt sein Kapitel über das Pferd in zwölf Rubriken: Name, anatomische Teile, Ort des Vorkommens, Alter, Vermehrung, Stimme, Bewegungen, Sympathie und Antipathie, Gebrauch, ärztliche Anwendung.[2] All das fehlte nicht bei Aldrovandi, sondern es gab noch viel mehr. Und der wesentliche Unterschied beruht in diesem *Fehlen*. Die ganze tierische Semantik ist wie ein toter und nutzloser Teil weggefallen. Die Wörter, die mit dem Tier verbunden waren, sind losgeknüpft und fortgelassen worden: das lebendige Wesen in seiner Anatomie, seiner Form, seinen Sitten, in seiner Geburt und seinem Tod erscheint gewissermaßen nackt. Die Naturgeschichte findet in dieser jetzt offenen Distanz zwischen den Wörtern und den Sachen ihren Platz, in jener schweigsamen Distanz, die rein von jeder sprachlichen Ablagerung und dennoch nach den Bestandteilen der Repräsentation gegliedert ist, nach jenen Bestandteilen, die mit vollem Recht benannt werden können. Die Dinge treten bis an die Ufer des Diskurses, weil sie in der Tiefe *(creux)* der Repräsentation erscheinen. Man beginnt also nicht in dem Augenblick zu beobachten, in dem man darauf verzichtet zu berechnen. In der Bildung der Naturgeschichte mit dem empirischen Klima, in dem sie sich entwickelt, ist nicht die Erfahrung zu se-

---

2 Jan Jonston, *Historiae naturalis de quadripedibus libri*, Amsterdam 1657, S. 1-11.

hen, die wohl oder übel den Zugang der Erkenntnis erzwingt, die andernorts die Wahrheit der Natur beobachtete. Die Naturgeschichte ist der in der Repräsentation durch eine Analyse eröffnete Raum, die der Möglichkeit, zu benennen, vorgreift; weshalb die Naturgeschichte auch genau in jenem bestimmten Moment erschienen ist. Es handelt sich um die Möglichkeit, das zu *sehen*, was man wird *sagen* können, was man aber nicht in der Abfolge sagen könnte noch in der Distanz sehen könnte, wenn die Wörter und Sachen in ihrer Unterscheidung voneinander nicht von Anfang an in einer Repräsentation kommunizierten. Die deskriptive Ordnung, die Linné lange nach Jonston für die Naturgeschichte vorschlagen wird, ist sehr charakteristisch. Gemäß Linné muß jedes Kapitel über ein Tier folgenden Ablauf haben: Name, Theorie, Gattung, Art, Eigenschaften, Gebrauch (Linné, *Systema naturae*, Leyden 1756, S. 226 f.) und schließlich die Literaturhinweise. Die ganze durch die Zeit in den Dingen niedergelegte Sprache wird bis zur äußersten Grenze zurückgedrängt, wie ein Zusatz, in dem der Diskurs sich selbst erzählte und die Entdeckungen, Traditionen, Ansichten, poetischen Figuren berichtete. Vor dieser Sprache der Sprache erscheint die Sache selbst in ihren eigenen, wesentlichen Merkmalen, aber innerhalb dieser Realität, die von Anfang an durch den Namen aufgeteilt wird. Die Errichtung einer Naturwissenschaft im Zeitalter der Klassik ist nicht die direkte oder indirekte Auswirkung der Verlagerung einer andernorts gebildeten Rationalität (anläßlich der Geometrie oder der Mechanik); sie ist eine getrennte Bildung mit ihrer eigenen Archäologie, obwohl sie (aber nach der Weise der Korrelation und der Gleichzeitigkeit) mit der allgemeinen Zeichentheorie und dem Plan einer universalen *mathesis* verbunden ist.

Das alte Wort Geschichte ändert also seinen Wert, und vielleicht findet es eine seiner archaischen Bedeutungen wieder. Auf jeden Fall ist der Historiker, wenn er wirklich im griechischen Denken derjenige gewesen ist, der *sieht* und der von seinem Blick her erzählt, dies nicht immer in unserer Kultur gewesen. Erst sehr spät, nämlich an der Schwelle des klassischen Zeitalters, hat er diese Rolle eingenommen oder wiedereingenommen. Bis zur Mitte des siebzehnten Jahrhunderts hatte der Historiker die Aufgabe, die große Sammlung von Dokumenten und Zeichen von all dem zu errichten, was in der Welt gleichsam eine Markierung bilden konnte. Er hatte die Aufgabe, allen verschütteten Wörtern die Sprache wiederzugeben. Seine Existenz wurde nicht so sehr durch den Blick wie durch das

Wiedergesagte, durch ein zweites Sprechen bildet, das erneut so viele ver-
stummte Wörter aussprach. Das klassische Zeitalter gibt der Geschichte
einen ganz anderen Sinn: zum ersten Mal einen Blick auf die Dinge selbst
zu richten und danach das zu transkribieren, was er in glatten, neutralisier-
ten und sich treuen Wörtern aufnimmt. Man begreift, daß in dieser »Reinigung« die erste Form der Geschichte, die sich gebildet hat, die Geschichte
der Natur gewesen ist. Sie hat nämlich zu ihrer Errichtung nur unvermittelt den Dingen selbst applizierte Wörter nötig. Die Dokumente dieser
neuen Geschichte sind keine anderen Wörter, Texte oder Archive, sondern
klare Räume, in denen die Dinge nebeneinandertreten: Herbarien, Naturalienkabinette, Gärten. Der Ort dieser Geschichte ist ein zeitloses Rechteck,
in dem die Wesen, jeden Kommentars und jeder sie umgebenden Sprache
bar, sich nebeneinander mit ihren sichtbaren Oberflächen darstellen, gemäß ihren gemeinsamen Zügen aneinandergerückt, und dadurch bereits
virtuell analysiert und Träger allein ihres Namens. Oft sagt man, daß die
Bildung der botanischen Gärten und der zoologischen Sammlungen eine
junge Neugier für die Pflanzen und die exotischen Tiere anzeigte. Tatsächlich hatten diese bereits seit langem das Interesse geweckt. Was sich geändert hat, ist der Raum, in dem man sie sehen kann oder von wo aus man
sie beschreiben kann. In der Renaissance war die tierische Fremdheit ein
Schauspiel; sie wurde bei Festen, bei Kämpfen, bei fiktiven oder realen
Schlachten oder bei Rekonstruktionen von Legenden manifest, wenn das
Bestiarium seine zeitlosen Fabeln abwickelte. Das Naturalienkabinett und
der Garten, so wie man sie in der klassischen Epoche einrichtet, ersetzen
das kreishafte Drehen des »Zeigers« durch die Verteilung der Dinge in
einem »Tableau«. Was sich zwischen jene Theater und diesen Katalog ge-
schlichen hat, ist nicht der Wunsch zu wissen, sondern eine neue Art, die
Dinge gleichzeitig mit der Rede und dem Blick zu verschmelzen. Es handelt sich um eine neue Art, Geschichte zu machen.

Man kennt die methodologische Bedeutung, die diese Räume und jene
»natürlichen« Distributionen am Ende des achtzehnten Jahrhunderts für
die Klassifizierung der Wörter, der Sprachen, der Wurzeln, der Dokumente, der Archive, kurz: für die Konstitution eines ganzen historischen
Milieus der Geschichte (im jetzt vertrauten Sinne des Wortes) gespielt haben, in dem das neunzehnte Jahrhundert nach diesem reinen Tableau der
Dinge erneut die Möglichkeit gefunden hat, über Wörter zu reden. Das
neunzehnte Jahrhundert wird auch nicht mehr in der Form des Kommen-

tars, sondern in einer Weise darüber reden, die man als fast ebenso positiv und ebenso objektiv wie die der Naturgeschichte betrachten wird.

Das immer vollständigere Bewahren des Geschriebenen, die Einrichtung von Archiven, ihre Klassifizierung, die Neuorganisation der Bibliotheken, die Errichtung von Katalogen, Repertoiren und Inventaren stellen am Ende des klassischen Zeitalters mehr als eine neue Sensibilität gegenüber der Zeit, ihrer Vergangenheit und der Mächtigkeit ihrer Geschichte dar, nämlich eine Weise, in die bereits niedergelegte Sprache und in die Spuren, die sie hinterlassen hat, eine Ordnung einzuführen, die von der gleichen Art ist wie die, die man unter den Lebewesen errichtet. In dieser klassifizierten Zeit, in diesem rasterartigen und räumlich aufgeteilten Werden haben es die Historiker des neunzehnten Jahrhunderts unternommen, schließlich eine »wahre« Geschichte zu schreiben – das heißt, eine von der klassischen Rationalität, von ihrer Ordnung und ihrer Theodizee befreite, eine dem heftigen Einbruch der Zeit ausgesetzte Geschichte zu schreiben.

III. Die Struktur

So angeordnet und verstanden, hat die Naturgeschichte als Bedingung ihrer Möglichkeit die gemeinsame Zugehörigkeit der Sachen und der Sprache zur Repräsentation. Sie existiert aber als Aufgabe nur insoweit, als die Dinge und die Sprache getrennt sind. Sie wird also jene Distanz reduzieren müssen, um die Sprache dem Blick sehr nahe zu bringen und die betrachteten Dinge möglichst in die Nähe der Wörter zu rücken. Die Naturgeschichte ist nichts anderes als die Benennung des Sichtbaren. Daher rührt ihre scheinbare Einfachheit und jener Anstrich, der von weitem naiv erscheint, so einfach und durch die Evidenz der Dinge auferlegt ist sie. Man hat den Eindruck, daß mit Tournefort, mit Linné oder Buffon man schließlich begonnen hat, das auszusprechen, was schon immer sichtbar gewesen war, aber vor einer Art unüberwindbarer Unachtsamkeit der Blicke stumm geblieben war. Tatsächlich ist es keine jahrhundertealte Unaufmerksamkeit, die plötzlich verflogen ist, sondern ein neues Gesichtsfeld, das sich in seiner ganzen Mächtigkeit gebildet hat.

Die Naturgeschichte ist nicht möglich geworden, weil man besser und aus größerer Nähe hingeschaut hätte. Im strengen Sinne kann man sagen, daß das klassische Zeitalter sich angestrengt hat, wenn nicht so wenig wie möglich zu sehen, so doch wenigstens freiwillig das Feld seiner Erfahrung einzuengen. Die Beobachtung ist seit dem siebzehnten Jahrhundert eine sinnliche Erkenntnis, die mit systematisch negativen Bedingungen verbunden ist. Dabei war das Hörensagen ausgeschlossen, aber auch der Geschmack und der Geruch waren ausgeschlossen, weil sie mit ihrer Ungewißheit, ihrer Variabilität keine Analyse in getrennte Elemente gestatten, die allgemein akzeptabel wäre. Es handelt sich um eine sehr enge Begrenzung des Tastsinns auf die Bezeichnung einiger, ziemlich evidenter Oppositionen (wie jene des Glatten und des Rauhen); es hat fast ein exklusives Privileg der Sehkraft gegeben, die der Sinn der Evidenz und der Ausdehnung und infolgedessen einer von allen anerkannten Analyse *partes extra partes* ist. Der Blinde im achtzehnten Jahrhundert kann wohl Geometer sein, er kann aber nicht Naturforscher sein.[3] Trotzdem ist nicht alles von dem benutzbar, was sich dem Blick anbietet. Insbesondere die Farben können kaum nützliche Vergleiche bieten. Das Sichtfeld, in dem die Beobachtung ihre Kraft haben wird, ist nur das Residuum jener Ausschlüsse: eine von jeder anderen sinnlichen Last befreite und obendrein ins Grau in Grau übergegangene Sichtbarkeit. Dieses Feld definiert viel eher als die schließlich den Dingen selbst gegenüber aufmerksame Aufnahme die Bedingungen, unter denen die Naturgeschichte und das Erscheinen ihrer gefilterten Gegenstände (Linien, Oberflächen, Formen, Reliefs) möglich werden.

Man wird vielleicht sagen, daß die Anwendung des Mikroskops diese Einschränkungen aufwiegt und daß, wenn die sinnliche Erfahrung auf der Seite ihrer am meisten anzweifelbaren Ränder sich bezähmte, sie sich in Richtung der neuen Gegenstände einer technisch kontrollierten Beobachtung erweiterte. Tatsächlich ist es das gleiche Ensemble negativer Bedingungen, das das Gebiet der Erfahrung abgegrenzt und den Gebrauch optischer Instrumente möglich gemacht hat. Um durch eine Linse besser beobachten zu können, muß man darauf verzichten, mit den anderen Sinnen oder vom Hörensagen zu erkennen. Ein Wechsel der Stufenleiter auf der Ebene des Blicks muß mehr Wert haben als die Korrelationen zwischen den verschiedenen Zeugnissen, die die Eindrücke, die Lektüre oder die Lehre zusteuern können. Wenn das unbegrenzte Verschachteln des Sichtbaren mit seiner eigenen Ausdehnung sich besser dem Blick durch

---

3 Denis Diderot, *Lettre sur les aveugles.* Vgl. Linné, *Philosophie botanique*, Paris 1788, § 258: »Man muß alle zufälligen Merkmale zurückweisen, die bei der Pflanze weder für das Auge noch für die Berührung vorhanden sind.«

das Mikroskop darbietet, ist es davon nicht befreit. Und der beste Beweis dafür ist wahrscheinlich, daß die optischen Instrumente vor allem zur Lösung von Fortpflanzungsproblemen benutzt wurden, das heißt zur Entdeckung, wie die Formen, die Dispositionen, die charakteristischen Proportionen der erwachsenen Individuen und ihrer Art über die Zeitalter hin unter Beibehaltung ihrer strengen Identität fortgesetzt werden. Das Mikroskop ist nicht zur Überschreitung der Grenzen des fundamentalen Gebiets der Sichtbarkeit herangezogen worden, sondern zur Lösung eines der von diesem gestellten Probleme – der Aufrechterhaltung der sichtbaren Formen entlang der Linie der Generationen. Die Benutzung des Mikroskops ist auf eine nicht-instrumentale Beziehung zwischen den Dingen und den Augen gegründet. Diese Beziehung definiert die Naturgeschichte. Linné sagte zum Beispiel, daß die *Naturalia* im Gegensatz zu den *Coelestia* und den *Elementa* dazu bestimmt seien, sich direkt den Sinnen anzubieten.[4] Tournefort dachte, daß man zur Kenntnis der Pflanzen diese eher »so, wie sie uns unter die Augen kommen«, analysieren sollte, »als daß man jede ihrer Variationen mit einem ehrfürchtigen Skrupel untersuchte«.[5]

Beobachten heißt also, sich damit zu bescheiden zu sehen; systematisch wenige Dinge zu sehen. Zu sehen, was im etwas konfusen Reichtum der Repräsentation sich analysieren läßt, von allen erkannt werden und so einen Namen erhalten kann, den jeder verstehen wird: »Alle dunklen Ähnlichkeiten sind nur zur Schande der Kunst eingeführt worden.«[6] Die durch die Augen gewonnenen Repräsentationen werden, wenn sie selbst entfaltet, von allen Ähnlichkeiten befreit und sogar von ihren Farben gereinigt sind, schließlich der Naturgeschichte das geben, was ihren eigentlichen Gegenstand bildet: das genau, was sie in jene wohlgeformte Sprache übergehen läßt, die sie bauen will. Der Gegenstand ist der Umfang, aus dem die natürlichen Wesen bestehen, ein Umfang, der vier Variablen unterliegt und wirklich nur vier Variablen: der Form der Elemente; der Quantität dieser

---

4 *Caroli Linnaei Systema naturae sistens in regna tria naturae, in classes et ordines, genera et species redacta, tabulisque aeneis illustrata*, Leyden 1756, S. 214. Über die begrenzte Nützlichkeit des Mikroskops vgl. S. 220 f.

5 Joseph Pitton de Tournefort, *Isagoge in rem herbariam*, in: *Institutiones rei herbarii*, Paris 1719; in der Übersetzung von G. Becker als *Introduction à la botanique*, Paris 1957, S. 295. Buffon wirft der Methode Linnés vor, auf zu schwache Merkmale zurückzugreifen, so daß man zum Mikroskop greifen muß. Der Vorwurf, sich eines optischen Geräts zu bedienen, hat hier von einem Naturforscher zum anderen den Wert eines theoretischen Einwands.

6 Linné, *Philosophie botanique*, § 299.

Elemente; der Weise, wie sie im Raum in Beziehung zueinander verteilt sind; der relativen Größe eines jeden. Wie Linné in einem der wichtigsten Texte sagte, »muß jedes Merkmal aus der Zahl, der Gestalt, der Proportion, der Situation gezogen werden«.[7] Wenn man zum Beispiel die Fortpflanzungsorgane der Pflanze studiert, wird es ausreichen, aber auch unerläßlich sein, die Staubgefäße und Stempel zu zählen (oder eventuell ihr Fehlen festzustellen) und zu bestimmen, welche Form sie haben, nach welcher geometrischen Gestalt sie in der Blüte verteilt sind (Kreis, Sechseck, Dreieck), welches ihre Größe in bezug auf die anderen Organe ist. Diese vier Variablen, die man auf die gleiche Weise auf die fünf Teile der Pflanze anwenden kann – Wurzeln, Stiele, Blätter, Blüten, Früchte –, spezifizieren in ausreichendem Maße den Umfang, der sich der Repräsentation bietet, damit man ihn in einer für alle annehmbaren Beschreibung gliedern kann: von dem gleichen Einzelwesen wird jeder die gleiche Beschreibung machen können, und umgekehrt wird von einer solchen Beschreibung ausgehend jeder die ihr entsprechenden Einzelwesen erkennen können. In dieser fundamentalen Gliederung des Sichtbaren wird das erste Gegenübertreten der Sprache und der Dinge sich auf eine Weise herstellen können, die jede Ungewißheit ausschließt.

Jeder sichtbar unterschiedene Teil einer Pflanze oder eines Tieres ist also insoweit beschreibbar, als er vier Reihen von Werten annehmen kann. Diese vier Werte, die ein Organ oder irgendein Element betreffen und determinieren, nennen die Botaniker seine *Struktur*. »Unter der Struktur der Pflanzenteile versteht man die Zusammensetzung und Zusammenfügung der Stücke, die den Körper bilden.«[8] Sie gestattet sogleich, das zu beschreiben, was man sieht, und zwar auf zwei weder widersprüchliche noch einander ausschließende Weisen. Die Zahl und die Größe können stets durch eine Rechnung oder eine Messung bestimmt werden. Man kann sie also in Mengenbegriffen ausdrücken. Dagegen müssen die Formen und Dispositionen durch andere Verfahren beschrieben werden, entweder durch die Identifikation mit geometrischen Formen oder durch Analogien, die alle »von größter Evidenz« sein müssen.[9] So kann man bestimmte, ziemlich komplexe Formen ausgehend von ihrer sichtbaren Ähnlichkeit mit dem menschlichen Körper beschreiben, der als Reserve für die Beispiele der

7 A. a. O., § 167; vgl. auch § 327.
8 Tournefort, *Introduction à la botanique*, S. 558.
9 Linné, *Philosophie botanique*, § 299.

Sichtbarkeit dient und spontan die Angel bildet zwischen dem, was man sehen, und dem, was man sagen kann.[10]

Die Struktur gestattet dem Sichtbaren, indem sie es begrenzt und filtriert, sich in Sprache zu transkribieren. Durch sie geht die Sichtbarkeit des Tiers oder der Pflanze völlig in den Diskurs über, der sie aufnimmt. Vielleicht gelingt es ihm einmal, sich selbst dem Blick durch die Wörter wiederzugeben, wie in jenen botanischen Kalligrammen, von denen Linné träumte.[11] Er wünschte, daß die Reihenfolge der Beschreibung, ihre Aufteilung in Paragraphen und bis hin zu den typographischen Verfahren die Gestalt der Pflanze wiedergäben; daß der Text in seinen Formvariabeln, in den Abweichungen seiner Disposition und Menge eine pflanzliche Struktur hätte. »Es ist schön, wenn man der Natur folgt: von der Wurzel bis zu den Stielen, den Blattstielen, den Blättern, den Blütenstielen, den Blüten.« Man müßte die Beschreibung in so viele Absätze aufteilen, wie die Pflanze Teile hat, und in großen Buchstaben das drucken, was die Hauptteile betrifft, in kleinen Buchstaben die Analyse der »Teile von Teilen«. Man wird dann das hinzufügen, was man außerdem von der Pflanze weiß, nach der Art eines Zeichners, der seine Skizze durch Schatten- und Lichtspiele vervollständigt: »Die Schattierung wird genau die ganze Geschichte der Pflanze, wie ihre Namen, ihre Struktur, ihre äußere Gesamtheit, ihre Natur und ihren Gebrauch enthalten.« In Sprache umgesetzt, dringt die Pflanze darin ein und rekomponiert ihre reine Form unter den Augen des Lesers. Das Buch wird zum Herbarium der Strukturen, und man sollte nicht sagen, daß das die Träumerei eines Systematikers ist, der die Naturgeschichte nicht in ihrer ganzen Ausdehnung darstellt. Bei Buffon, der ein ständiger Gegner von Linné war, existiert die gleiche Struktur, und sie spielt auch die gleiche Rolle. Es ist »zu verstehen [...], daß diese anschauende Methode sich auf die Gestalt, auf die Größe, auf das äußerliche Ansehen, auf die verschiedenen Teile, auf ihre Anzahl, auf ihre Stellung, ja sogar auf ihre Materie gründen muß.«[12] Buffon und Linné setzen den gleichen Raster auf; ihr Blick besetzt auf den Dingen die gleiche

---

10 Linné (a. a. O., § 331) zählt die Körperteile auf, die für Maß und Form als Archetyp dienen können: Haare, Nägel, Daumen, Handspanne, Auge, Ohr, Finger, Nabel, Penis, Vulva, Brust.

11 A. a. O., § 328 f.

12 Georges-Louis de Buffon, *Discours sur la manière d'étudier et de traiter l'histoire naturelle*, deutsch unter dem Titel *Von der Art, wie man die natürliche Historie lernen und vortragen soll*, in: ders., *Allgemeine Historie der Natur nach allen ihren besonderen Theilen abgehandelt. Mit einer Vorrede von Albrecht von Haller*, 11 Bde., Hamburg und Leipzig 1750-1782, Bd. 1 (Erster Theil), S. 15.

Kontaktfläche. Die gleichen schwarzen Felder beherrschen das Unsichtbare. Die gleichen hellen und abgesetzten Flächen bieten sich für die Wörter an.

Durch die Struktur wird das, was die Repräsentation vermengt und in
der Form der Gleichzeitigkeit gibt, analysiert und dadurch der linearen
Abwicklung der Sprache überlassen. Die Beschreibung ist in der Tat für
das betrachtete Objekt das, was der Satz für die Repräsentation ist, die er
ausdrückt: die Aufreihung Element für Element. Man erinnert sich aber,
daß die Sprache in ihrer empirischen Form eine Theorie des Satzes und
eine weitere der Gliederung implizierte. In sich selbst blieb der Satz leer.
Hinsichtlich der Gliederung ist zu sagen, daß er nur dann wirklich Diskurs wurde, wenn er mit der offensichtlichen oder geheimen Funktion
des Verbs *sein* verbunden war. Die Naturgeschichte ist eine Wissenschaft,
das heißt eine Sprache, sie ist jedoch begründet und wohlgebildet: ihr Ablaufen in Sätzen ist füglich eine Gliederung. Die Anordnung der Elemente
in einer linearen Folge zerschneidet die Repräsentation in evidenter und
allgemeiner Weise. Während eine gleiche Repräsentation zu einer beträchtlichen Zahl von Sätzen Anlaß geben kann, weil die Namen, die sie füllen,
sie auf verschiedene Weise gliedern, werden ein und dasselbe Tier, ein und
dieselbe Pflanze auf die gleiche Weise beschrieben, insoweit von der Repräsentation zu der Sprache die Struktur herrscht. Die *Struktur*theorie,
die die Naturgeschichte in der Klassik in ihrem ganzen Umfang durchläuft, legt in ein und derselben Funktion die Rollen übereinander, die in
der Sprache die *Gliederung* und der *Satz* spielen.

Dadurch wird die Möglichkeit einer Naturgeschichte mit der *mathesis*
verbunden. Sie führt tatsächlich das ganze Feld des Sichtbaren auf ein System von Variablen zurück, dessen sämtliche Werte wenn nicht durch eine
Menge, so wenigstens durch eine völlig klare und stets begrenzte Beschreibung bestimmt werden können. Man kann also unter den natürlichen Wesen das System der Identitäten und die Ordnung der Unterschiede errichten. Adanson schätzte, daß man eines Tages die Botanik wie eine streng
mathematische Wissenschaft behandeln könnte und daß es möglich würde, darin Probleme zu stellen, wie man es in der Algebra oder der Geometrie tut: »den spürbarsten Punkt finden, der die Trennungslinie oder Ge-
gensatzlinie zwischen der Familie der Skabiosen und der des Geißblattes
herstellt«; oder auch eine bekannte Pflanzenart (natürliche oder künstliche, das spielt keine Rolle) zu finden, die genau den Platz zwischen der

Familie der Seidenpflanzen und der der Borretscharten einnimmt.[13] Die große Verbreitung der Wesen auf der Oberfläche der Erde kann durch die Kraft der Struktur gleichzeitig in die Abfolge einer beschreibenden Sprache und in das Feld einer *mathesis* eintreten, die eine allgemeine Wissenschaft der Ordnung wäre. Diese konstitutive und so komplexe Beziehung entsteht in der offensichtlichen Einfachheit eines *beschriebenen Sichtbaren.*

Das ist von großer Wichtigkeit für die Definition der Naturgeschichte in ihrem Bezug. Dieser wird durch Oberflächen und Linien gegeben, nicht durch Funktionieren oder unsichtbares Gewebe. Die Pflanze und das Tier werden weniger in ihrer organischen Einheit als durch die sichtbare Heraustrennung ihrer Organe gesehen. Sie sind Füße und Hufe, Blüten und Früchte, bevor sie Atmung und innere Säfte sind. Die Naturgeschichte durchläuft einen Raum von sichtbaren, gleichzeitigen, begleitenden Variablen, die ohne innere Beziehung einer Subordination oder Organisation sind. Die Anatomie hat im siebzehnten und achtzehnten Jahrhundert die lenkende Rolle verloren, die sie in der Renaissance besaß und zur Zeit von Cuvier wiederfinden wird. Die Neugier hat in der Zwischenzeit nicht abgenommen, das Wissen war nicht rückläufig, aber die fundamentale Disposition des Sichtbaren und des Aussagbaren dringt nicht mehr durch die Dicke des Körpers. Daher rührt der erkenntnistheoretische Vorrang der Botanik: der den Wörtern und Sachen gemeinsame Raum bildete einen für die Pflanzen in viel stärkerem Maße aufnahmebereiten Raster, der viel weniger »schwarzfeldig« war als für die Tiere; insoweit viele konstitutive Organe an der Pflanze sichtbar sind, die es bei den Tieren nicht sind, war die taxinomische Erkenntnis ausgehend von unmittelbar wahrnehmbaren Variablen in der botanischen viel reicher und viel kohärenter als in der zoologischen Ordnung. Man muß also das umkehren, was man gewöhnlich sagt. Nicht weil man sich im siebzehnten und achtzehnten Jahrhundert für die Botanik interessierte, hat man sich auf die Untersuchung der Klassifikationsmethoden geworfen, sondern weil man nur in einem taxinomischen Raum der Sichtbarkeit denken und sprechen konnte, mußte die Erkenntnis der Pflanzen die der Tiere übertreffen.

Botanische Gärten und Naturalienkabinette waren im Bereich der In-

---

13 Michel Adanson, *Familles des plantes,* Paris 1763, *Préface,* S. CCI.

stitutionen die notwendigen Korrelative dieser Zergliederung. Ihre Bedeutung für die klassische Kultur liegt wesentlich nicht in dem, was sie zeigen,
sondern in dem, was sie verbergen, und in dem, was durch diese Verschleie-
rung auftauchen kann. Sie verbergen die Anatomie und die Funktionsab-
läufe, sie verschleiern den Organismus, um vor Augen, die die Wahrheit erwarten, das sichtbare Relief der Formen mit deren Elementen, deren Art
der Verstreuung und deren Maßen entstehen zu lassen. Sie sind das Buch
der Strukturen, der Raum, in dem sich die Merkmale kombinieren und
die aufgeteilten Klassen entfalten. Cuvier wird eines Tages am Ende des
achtzehnten Jahrhunderts nach den Glasbehältern des Muséum d'Histoire
naturelle greifen, sie zerschlagen und die ganze klassische Konserve der tierischen Sichtbarkeit sezieren. Diese ikonoklastische Bewegung, zu der sich
Lamarck nie wird entschließen können, gibt keine frische Neugier für ein
Geheimnis wieder, das zu kennen man weder Sorge noch Mut, noch Möglichkeit gehabt hätte. Es handelt sich, und das ist viel gewichtiger, um eine
Veränderung im Raum der abendländischen Kultur: um das Ende der *Geschichte* im Sinne von Tournefort, Linné, Buffon, Adanson und in dem
Sinne, in dem Boissier de Sauvages sie verstand, als er die *historische* Erkenntnis des Sichtbaren der *philosophischen* Erkenntnis des Unsichtbaren,
des Verborgenen und der Ursachen gegenüberstellte.[14] Das wird auch der
Anfang dessen sein, was dadurch, daß die Anatomie an die Stelle der Einteilung, der Organismus an die Stelle der Struktur, die innere Subordination an die Stelle der sichtbaren Merkmale, die Serie an die Stelle des Tableaus tritt, eine tiefe Masse an Zeit in die alte, flache und schwarz auf
weiß geschriebene Welt der Tiere und der Pflanzen zu stürzen gestattet,
der man erneut den Namen *Geschichte* geben wird.

IV. Das unterscheidende Merkmal

Die Struktur ist jene Bezeichnung des Sichtbaren, die ihm in einer Art prä-
linguistischen Wahl gestattet, sich in die Sprache zu transkribieren. Aber
die so erhaltene Beschreibung ist nichts weiter als eine Art Eigenname.
Sie läßt jedem Wesen seine strenge Individualität und formuliert weder
die Übersicht, zu der es gehört, noch die Nachbarschaft, die es umgibt,

---

14 François Boissier de Sauvages, *Nosologie méthodique*, französische Übersetzung, 10 Bde., Lyon
   1772, Bd. 1, S. 91 f.

noch den Platz, den es einnimmt. Sie ist schlicht und einfach Bezeichnung. Damit die Naturgeschichte zur Sprache wird, muß die Beschreibung »Gattungsname« werden. Wir haben gesehen, wie in der spontanen Sprache die ersten Bezeichnungen, die nur einzelne Repräsentationen betrafen, allmählich durch die Kraft der Derivation allgemeinere Werte angenommen haben, nachdem sie aus der Gebärdensprache und aus primitiven Wurzeln entstanden waren. Die Naturgeschichte ist aber eine wohlgestaltete Sprache, die den Zwang der Derivation und ihrer Gestalt nicht annehmen muß. Sie braucht keiner Etymologie Vertrauen zu schenken.[15] Sie muß in ein und derselben Operation das vereinigen, was die Sprache des Alltags getrennt hält: sie muß gleichzeitig sehr genau alle natürlichen Wesen bezeichnen und sie in das System der Identitäten und Unterschiede einreihen, das sie an die anderen annähert und sie voneinander unterscheidet. Die Naturgeschichte muß in einem Zug eine bestimmte *Bezeichnung* und eine beherrschte *Derivation* sichern. Wie die Strukturtheorie die Gliederung und den Satz übereinanderlegte, ebenso muß die Theorie vom *Merkmal* die Werte, die bezeichnen, und den Raum, von dem sie abstammen *(dérivent)*, identifizieren. »Die Pflanzen zu erkennen, heißt genau die Namen zu wissen, die man ihnen in Beziehung zur Struktur einiger ihrer Teile gegeben hat ... Die Vorstellung vom unterscheidenden Merkmal, das die Pflanzen entscheidend voneinander abhebt, muß unveränderlich mit dem Namen jeder Pflanze verbunden bleiben.«[16]

Die Herausarbeitung des unterscheidenden Merkmals ist gleichzeitig leicht und schwierig. Leicht ist sie, weil die Naturgeschichte kein System von Namen ausgehend von schwierig zu analysierenden Repräsentationen zu errichten hat, sondern weil sie es auf eine Sprache gründen muß, die bereits in der Beschreibung entwickelt worden ist. Man wird bei der Benennung nicht von dem ausgehen, was man sieht, sondern von den Elementen, die die Struktur bereits hat in den Diskurs übergehen lassen. Es handelt sich um die Errichtung einer Sekundärsprache, ausgehend von jener Primärsprache, die bestimmt und allgemeingültig ist. Aber sogleich taucht eine größere Schwierigkeit auf. Zur Errichtung der Identitäten und Unterschiede zwischen allen natürlichen Wesen müßte man jedem Zug Rechnung tragen, der in einer Beschreibung hat erwähnt werden können. Es ist eine unendliche Aufgabe, die das Entstehen der Naturgeschichte in eine

15 Linné, *Philosophie botanique*, § 258.
16 Tournefort, *Introduction à la botanique*, S. 1 f.

unzugängliche Ferne rücken würde, wenn keine Techniken zur Umgehung
der Schwierigkeit und zur Begrenzung der vergleichenden Arbeit existierten. Diese Techniken kann man *a priori* in zwei Typen aufteilen. Entweder
macht man völlige Vergleiche innerhalb empirisch gebildeter Gruppen, in
denen die Zahl der Ähnlichkeiten eindeutig so hoch ist, daß die Aufzählung der Unterschiede bald vollendet ist. So kommt man allmählich zur
Errichtung der Identitäten und der Unterschiede. Man hat auch die Möglichkeit, eine endliche und ziemlich begrenzte Gesamtheit von Charakter-
zügen zu wählen, deren Beständigkeit und Variation man bei allen sich
anbietenden Individuen untersucht. Dieses letzte Vorgehen hat man das
System genannt, das andere die Methode. Man stellt sie einander gegenüber, wie man Linné und Buffon, Adanson, Antoine-Laurent de Jussieu
gegenüberstellt. Wie man eine feste und klare Auffassung der Natur der
feinen und unmittelbaren Perzeption ihrer Verwandtschaften gegenüberstellt, wie man die Auffassung einer unbeweglichen Natur der einer wimmelnden Kontinuität der miteinander kommunizierenden Wesen gegenüberstellt, die sich vermengen und sich eines in das andere verwandeln ...
Dennoch liegt das Wesentliche nicht in diesem Konflikt der großen Anschauungen der Natur. Es liegt eher in dem Geflecht der Notwendigkeit,
das in diesem Punkt die Wahl zwischen zwei Arten, die Naturgeschichte
wie eine Sprache zu errichten, möglich und unerläßlich gemacht hat.
Der ganze Rest ist lediglich logische und unvermeidbare Konsequenz.

Das *System* grenzt unter den Elementen, die seine Beschreibung minuziös nebeneinanderstellt, diese oder jene ab. Sie definieren die privilegierte,
ja exklusive Struktur, hinsichtlich deren man die Gesamtheit der Identitäten oder der Unterschiede untersuchen wird. Jeder Unterschied, der nicht
auf eines dieser Elemente zutrifft, wird als indifferent erachtet. Wenn man,
wie Linné, »alle verschiedenen Teile der Entwicklung von Blüte und
Frucht«[17] als charakteristisches Merkmal wählt, müssen Unterschiede der
Blätter, des Stiels oder der Wurzel systematisch außer acht gelassen werden. Ebenso hat jegliche Identität, die nicht eines dieser Elemente ist, keinen Wert für die Definition des unterscheidenden Merkmals. Wenn dagegen bei zwei Einzelwesen diese Elemente ähnlich sind, erhalten sie eine
gemeinsame Bezeichnung. Die für die Identitäten und die betreffenden
Unterschiede gewählte Struktur ist das, was man das unterscheidende

17 Linné, *Philosophie botanique*, § 192.

Merkmal *(caractère)* nennt. Nach Linné ergibt sich das wesentliche Merkmal aus »der sorgfältigsten Beschreibung der Entwicklung der Blüte und
Frucht der ersten Art. Alle anderen Arten der Gattung werden mit der ersten verglichen, wobei alle ungleichförmigen Merkmale ausgeschlossen
werden. Nach dieser Arbeit erhält man das wesentliche Merkmal.«[18]

Das System ist in seinem Ausgangspunkt arbiträr, weil es auf zwanghafte Weise jeden Unterschied und jede Identität außer acht läßt, die nicht
die privilegierte Struktur betreffen. Das ist freilich kein Hindernis dafür,
daß man eines Tages durch diese Technik ein natürliches System entdek-
ken könnte. Allen Unterschieden im unterscheidenden Merkmal entsprächen die Unterschiede gleichen Werts in der allgemeinen Struktur der
Pflanze. Umgekehrt hätten alle Einzelwesen oder alle Arten, die man unter
einem gemeinsamen Merkmal zusammenfaßt, in jedem ihrer Teile die gleiche Ähnlichkeitsbeziehung. Man kann aber erst zum natürlichen System
gelangen, wenn man mit Gewißheit ein künstliches System wenigstens in
bestimmten Gebieten der Pflanzen- und Tierwelt errichtet hat. Deshalb
versucht Linné nicht, unmittelbar ein natürliches System zu errichten, »bevor alles vollkommen bekannt ist, was passend ist«[19] (für sein System). Gewiß, die natürliche Methode bildet »den ersten und letzten Wunsch der
Botaniker«, und alle ihre »Fragmente müssen mit größter Sorgfalt gesucht
werden«[20], wie es Linné selbst in seinen *Classes plantarum* getan hat. Aber
da man noch nicht über diese natürliche Methode in ihrer bestimmten
und vollendeten Form verfügt, »sind die künstlichen Systeme absolut notwendig.«[21]

Obendrein ist das System relativ: es kann mit der gewünschten Präzision funktionieren. Wenn das gewählte unterscheidende Merkmal von
einer umfangreichen Struktur mit einer hohen Zahl von Variablen gebildet
wird, erscheinen die Unterschiede sehr früh, nämlich sobald man von
einem Einzelwesen zu einem anderen schreitet, sei dieses jenem auch absolut benachbart. Das unterscheidende Merkmal ist dann der ganz einfachen

18 A. a. O., § 193.
19 Linné, *Systema naturae*, Leyden 1756, S. 220: »Nullum Systema Plantarum Naturale, licet unum
   vel alterum propius accedat, adhucdum constructum est; nec ego heic Systema quoddam Naturale
   contendo (Fragmenta ejus in *Classibus plantarum* dedi) neque Naturale construi potuit, antequam
   omnia, ad nostrum Systema pertinentia, notissima sint. Interim tamen systemata artificialia defectu
   Naturalis, omnino necessaria sunt.«
20 Linné, *Philosophie botanique*, § 77.
21 Linné, *Systema naturae*, Leyden 1756, S. 220.

Beschreibung sehr nahe.[22] Wenn dagegen die bevorzugte Struktur eng gefaßt ist und wenige Variablen umfaßt, werden die Unterschiede rar und die Einzelwesen in kompakten Mengen gruppiert sein. Man wird das wesentliche Merkmal nach seiner Funktion bei der Feinheit der Einteilung, die man erhalten will, aussuchen. Um die Gattungen zu begründen, hat Tournefort als unterscheidendes Merkmal die Kombination aus Blüte und Frucht gewählt. Nicht wie Cesalpino, weil es die nützlichsten Teile der Pflanze waren, sondern weil sie eine Kombinatorik gestatteten, die numerisch zufriedenstellend war. Die den drei anderen Teilen (Wurzeln, Stiel und Blüten) entnommenen Elemente waren in der Tat entweder zu zahlreich, wenn man sie zusammen behandelte, oder von zu geringer Zahl, wenn man sie getrennt ins Auge faßte.[23] Linné hat ausgerechnet, daß die 38 Fortpflanzungsorgane, von denen jedes die vier Variablen der Zahl, der Gestalt, der Stellung und der Proportion umfaßte, fünftausendsiebenhundertsechsundsiebzig Konfigurationen gestatteten, die zur Definition der Gattungen ausreichen.[24] Wenn man zahlreichere Gruppen als die Gattungen erreichen will, muß man zu engeren Merkmalen greifen (»gekünstelten, zwischen den Botanikern vereinbarten Charakteristika«), wie zum Beispiel allein den Staubgefäßen oder dem Griffel: dann kann man Klassen und Ordnungen unterscheiden.[25]

So kann das gesamte Gebiet des Pflanzen- und Tierreichs gerastert werden. Jede Gruppe wird einen Namen erhalten. Auf diese Weise kann eine Art, ohne beschrieben werden zu müssen, mit größter Präzision durch die Namen der verschiedenen Gesamtheiten bezeichnet werden, mit denen sie verschachtelt ist. Ihr vollständiger Name durchläuft das ganze Netz der Merkmale, die man bis hinauf zu den höchsten Klassen herausarbeitet. Wie Linné jedoch bemerkt, muß bequemlichkeitshalber dieser Name teilweise »unausgesprochen« bleiben (man nennt nicht die Klasse und die Ordnung), aber der andere Teil muß »laut« werden. Man muß die Gattung, die Art und die Unterart nennen.[26] Die so in ihrem wesentlichen Merkmal erkannte und von ihm her bezeichnete Pflanze wird gleichzeitig mit dem, wovon sie genau bezeichnet wird, die Verwandtschaft formulie-

22 Linné, *Philosophie botanique*, § 193: »Die Darstellung ist der natürliche Charakter der Art.«

23 Tournefort, *Introduction à la botanique*, S. 27.

24 Linné, *Philosophie botanique*, § 167.

25 Linné, *Des Ritters Carl von Linné vollständiges Pflanzenreich nach der dreizehnten lateinischen Ausgabe*, 12 Bde., Nürnberg 1777-1785, Bd. 1, S. 37 f.

26 Linné, *Philosophie botanique*, § 212.

ren, durch die sie mit all jenen verbunden ist, die ihr ähneln und die zur
gleichen Gattung gehören (also zur gleichen Familie und zur gleichen Ordnung). Sie wird gleichzeitig ihren Eigennamen und die ganze (manifeste
oder verborgene) Serie der Gattungsnamen erhalten, in denen sie eingebettet ist. »Der Gattungsname ist sozusagen das gediegene Geld unserer botanischen Republik.«[27] Die Naturgeschichte wird so ihre fundamentale Aufgabe erfüllt haben, die in der »Disposition und der Benennung«[28] besteht.

Die *Methode* ist eine andere Technik zur Lösung des gleichen Problems.
Statt die seltenen oder zahlreichen Elemente in der beschriebenen Gesamtheit herauszuschneiden, die als Merkmale dienen werden, besteht die Methode darin, sie nach und nach zu deduzieren. Deduzieren ist hier im
Sinne von subtrahieren zu verstehen. Man geht (so wie es Adanson bei
der Untersuchung der Pflanzen im Senegal getan hat[29]) von einer willkürlich gewählten oder zunächst vom Zufall gegebenen Art aus. Man beschreibt sie völlig in allen ihren Teilen und legt die ganzen Werte fest,
die die Variablen in ihr angenommen haben. Diese Arbeit beginnt man
für die nächste Art von neuem, die ebenso durch das Arbiträre der Repräsentation gegeben ist. Die Beschreibung muß so umfassend wie die erste
sein, jedoch mit dem Unterschied, daß sich nichts, was in der ersten Beschreibung erwähnt worden ist, in der zweiten wiederholt. Lediglich die
Unterschiede werden erwähnt. So verfährt man mit der dritten in Beziehung zu den beiden anderen, und das ist unablässig fortsetzbar. Am Ende
schließlich sind alle verschiedenen Züge aller Pflanzen alle einmal erwähnt
worden, aber nie öfter als einmal. Um die ersten Beschreibungen gruppiert
man die danach gemachten, die mit fortschreitender Untersuchung lichter
werden, so daß man durch das ursprüngliche Chaos schließlich sieht, wie
sich die allgemeine Übersicht der Verwandtschaften abzeichnet. Das
Merkmal, das jede Art oder jede Gattung unterscheidet, ist der einzige
auf dem Hintergrund verschwiegener Identitäten erwähnte Zug. In der
Tat wäre eine solche Technik wahrscheinlich die sicherste, aber die Zahl
der existierenden Arten ist so groß, daß man mit ihnen nicht ans Ende
käme. Jedoch ist die Untersuchung der Arten, die einem begegnen, das
Mittel zur Enthüllung der Existenz der großen »Familien«, das heißt sehr

27 A. a. O., § 284.
28 A. a. O., § 151. – Diese beiden durch das wesentliche Merkmal garantierten Funktionen entsprechen genau der Bezeichnungs- und Ableitungsfunktion, die in der Sprache von den Gattungsnamen garantiert werden.
29 Adanson, *Histoire naturelle du Sénégal. Coquillages*, Paris 1757.

großer Gruppen, in denen die Arten und die Gattungen eine beträchtliche
Anzahl von Identitäten haben. Diese Zahl ist so beträchtlich, daß sie in
zahlreichen Zügen sich selbst dem am wenigsten analytischen Blick darbieten. Die Ähnlichkeit zwischen allen Arten der Ranunkeln oder die zwischen allen Akonitarten fällt unmittelbar auf. Damit die Aufgabe nicht
ins Unendliche wächst, muß man in diesem Punkt das Vorgehen umkehren. Man erkennt die großen, offensichtlich erkennbaren Familien an,
deren erste Beschreibungen quasi blindlings die großen Züge bestimmt haben. Diese gemeinsamen Züge stellt man jetzt in positiver Weise zusammen. Dann wird es bei jedem Mal, bei dem man auf eine Gattung oder
eine Art stößt, die ganz sicher dazugehört, genügen, darauf hinzuweisen,
durch welchen Unterschied sie sich von den anderen abheben, die ihnen
quasi als natürliche Umgebung dienen. Die Kenntnis von jeder Art kann
leicht von dieser allgemeinen Charakterisierung aus erworben werden:
»Wir werden jedes der drei Reiche in mehrere Familien teilen, die alle Wesen zusammenfassen werden, die untereinander frappierende Beziehungen
haben; wir werden alle allgemeinen oder besonderen Merkmale der in diesen Familien enthaltenen Wesen Revue passieren lassen.« Auf diese Weise
»wird man sichergehen können, daß man alle diese Wesen mit ihren natürlichen Familien in Beziehung setzt. So wird man, wenn man mit dem
Hausmarder und dem Wolf, dem Hund und dem Bären beginnt, zur Genüge den Löwen, den Tiger, die Hyäne erkennen, die Tiere der gleichen
Familie sind.«[30]
    Man sieht sofort, was Methode und System trennt. Es kann nur eine
Methode geben, man kann dagegen eine beachtenswerte Zahl von Systemen erfinden und anwenden: Adanson hat 65 Systeme definiert.[31] Das System ist arbiträr in seiner ganzen Abfolge, wenn aber einmal das System der
Variablen (das Merkmal) am Anfang definiert worden ist, ist es nicht mehr
möglich, es zu modifizieren, auch nur ein Element hinzuzufügen oder fort-
zulassen. Die Methode wird von außen aufgezwungen, und zwar durch
globale Ähnlichkeiten, die die Dinge miteinander verwandt machen. Sie
transkribiert die Perzeption sofort in Diskurs. Sie bleibt in ihrem Ausgangspunkt in nächster Nähe der Beschreibung, aber es ist ihr stets möglich, dem allgemeinen Merkmal, das sie empirisch definiert hat, doch die

---

30 Adanson, *Cours d'histoire naturelle fait en 1772, publié par M. J. Payer*, 2 Bde., Paris 1845, Bd. 1,
   S. 17.
31 Adanson, *Familles des plantes*, Paris 1763.

sich aufdrängenden Modifikationen hinzuzufügen: ein Zug, den man für eine Gruppe von Pflanzen oder Tieren als wesentlich annahm, kann indessen nur eine Besonderheit einiger sein, wenn man andere entdeckt, die, ohne ihn zu besitzen, auf evidente Weise zur gleichen Familie gehören. Die Methode muß stets zu ihrer eigenen Korrektur bereit sein. Wie Adanson sagt, ist das System gewissermaßen »die Regel der falschen Position in der Berechnung«: es resultiert aus einer Entscheidung, es muß aber absolut kohärent sein. Die Methode dagegen ist ein »beliebiges Arrangement von Dingen oder von Tatsachen, die durch Entsprechungen oder beliebige Ähnlichkeiten aneinandergerückt sind, die man durch einen allgemeinen und für alle diese Dinge anwendbaren Begriff ausdrückt, ohne daß man diesen fundamentalen Begriff oder dieses Prinzip als absolut oder invariabel oder als so allgemein betrachtet, daß es keine Ausnahme dulden könnte ... Die Methode unterscheidet sich vom System nur durch die Vorstellung, die der Autor mit seinen Prinzipien verbindet, indem er sie als variabel in der Methode und als absolut im System betrachtet.«[32]

Außerdem kann das System nur Koordinationsbeziehungen zwischen den Strukturen des Tieres und der Pflanze erkennen. Da das Merkmal nicht wegen seiner funktionalen Bedeutung, sondern wegen seiner kombinatorischen Wirksamkeit gewählt wird, beweist nichts, daß in der inneren Hierarchie des Einzelwesens eine bestimmte Form des Stempels, eine bestimmte Anordnung der Staubgefäße eine bestimmte Struktur zur Folge hat: Wenn der Fruchtknoten der Adoxa zwischen dem Kelch und der Blumenkrone liegt, wenn beim Aron die Staubgefäße zwischen den Stempeln angeordnet sind, sind das nicht mehr und nicht weniger als »besondere Strukturen«[33]: ihre geringe Bedeutung verdanken sie ihrer Seltenheit, während die gleiche Verteilung des Kelchs und der Blumenkrone keinen anderen Wert als ihre Häufigkeit hat.[34] Die Methode dagegen vermag vertikale Subordinationsbeziehungen erscheinen zu lassen, weil sie von den allgemeinsten Identitäten und Unterschieden zu jenen geht, die es in geringerem Maße sind. Sie gestattet in der Tat zu sehen, welches die in so ausreichendem Maße wichtigen Merkmale sind, daß sie in einer gegebenen Familie nie in Abrede gestellt werden können. In Beziehung zum System ist die Umkehrung sehr wichtig: die wesentlichsten Merkmale gestatten

32 A. a. O., *Préface.*
33 Linné, *Philosophie botanique,* § 105.
34 A. a. O., § 94.

die Unterscheidung der größten und am sichtbarsten unterschiedenen Familien, während für Tournefort oder Linné das wesentliche Merkmal die Gattung definierte. Es genügte, daß die Naturforscher durch »Übereinkunft« willkürlich ein Merkmal zur Unterscheidung der Klassen oder Ordnungen wählten. Bei der Methode sind der allgemeine Bau (*organisation*) und seine inneren Abhängigkeiten der Verlagerung seitwärts einer konstanten Ausstattung mit Variablen überlegen.

Trotz dieser Unterschiede ruhen System und Methode auf dem gleichen erkenntnistheoretischen Fundament. Man kann es mit einem Wort definieren, indem man sagt, daß im klassischen Wissen die Kenntnis der empirischen Einzelwesen nicht anders als durch eine kontinuierliche, geordnete und allgemeine Übersicht (*tableau*) aller möglichen Unterschiede erworben werden kann. Im sechzehnten Jahrhundert wurde die Identität der Pflanzen und Tiere durch die, oft sichtbare und mitunter verborgene, positive Markierung gesichert, deren Träger sie waren: was zum Beispiel die verschiedenen Arten der Vögel trennte, waren nicht die Unterschiede, die *zwischen* ihnen bestanden, sondern die Tatsache, daß die eine Art nachts jagte, eine andere auf dem Wasser lebte und wieder eine andere sich von lebendigen Tieren ernährte.[35] Jedes Wesen trug eine Markierung, und die Art bemaß sich nach dem Umfang eines gemeinsamen Wappens. Infolgedessen signalisierte sich jede Art selbst und drückte sie ihre Individualität unabhängig von allen anderen aus. Die einen hätten sehr wohl nicht existieren können, denn die Kriterien der Definition wären für die einzigen, die sichtbar geblieben wären, nicht modifiziert worden. Aber seit dem siebzehnten Jahrhundert kann es außer in der Analyse der Repräsentationen gemäß den Identitäten und Unterschieden keine Zeichen mehr geben. Das heißt, daß jede Bezeichnung durch eine bestimmte Beziehung zu allen anderen möglichen Bezeichnungen geschehen muß. Das zu erkennen, was einem Einzelwesen eigen ist, heißt, vor sich die Einteilung oder die Möglichkeit zu haben, die Gesamtheit der anderen zu klassifizieren. Die Identität und das, was sie markiert, werden durch das Residuum der Unterschiede definiert. Ein Tier oder eine Pflanze ist nicht das, was das Stigma anzeigt (oder verrät), das man an ihnen entdeckt. Es ist das, was die anderen nicht sind. Es existiert in sich selbst nur an der Grenze dessen, wovon es sich unterscheidet. Methode und System sind nur die beiden Ver-

---

35 Vgl. Pierre Belon, *Histoire de la nature des oyseaux*, Paris 1555.

fahren, die Identitäten durch das allgemeine Netz der Unterschiede zu definieren. Später, seit Cuvier, wird die Identität der Arten sich ebenfalls durch ein Spiel der Unterschiede definieren, diese werden aber auf dem Hintergrund der großen organischen Einheiten erscheinen, die ihre internen Abhängigkeitssysteme haben (Skelett, Atmung, Blutkreislauf): die Wirbellosen werden nicht allein durch das Fehlen der Wirbel definiert, sondern durch eine bestimmte Atmungsweise, durch die Existenz eines Kreislauftyps und durch eine organische Kohäsion, die eine positive Einheit umreißt. Die internen Gesetze des Organismus werden an Stelle der unterscheidenden Merkmale zum Gegenstand der Wissenschaften der Natur. Die Klassifikation als fundamentales und konstitutives Problem der Naturgeschichte hat sich historisch und auf notwendige Weise zwischen einer Theorie des *Merkmals* und einer Theorie des *Organismus* angesiedelt.

V. Das Kontinuum und die Katastrophe

Im Zentrum dieser wohlgestalteten Sprache, zu der die Naturgeschichte geworden ist, verbleibt ein Problem. Es wäre immer noch möglich, daß die Transformation der Struktur in ein Merkmal nie möglich wäre und daß der Gattungsname niemals aus dem Eigennamen entstehen kann. Wer kann garantieren, daß die Beschreibungen keine so unterschiedlichen Elemente von einem Einzelwesen zum anderen oder von einer Art zur anderen enthüllen, daß jeder Versuch zur Festlegung eines Gattungsnamens von vornherein zum Scheitern verurteilt wäre? Wer kann versichern, daß jede Struktur nicht streng von jeder anderen isoliert ist und daß sie nicht wie eine individuelle Markierung funktioniert? Damit das einfachste Merkmal erscheinen kann, muß wenigstens ein Element der zunächst betrachteten Struktur sich in einer anderen wiederholen. Denn die allgemeine Ordnung der Unterschiede, die die Einteilung der Arten gestattet, impliziert ein gewisses Spiel von Ähnlichkeiten. Dieses Problem ist von der gleichen Gestalt wie dasjenige, auf das wir bereits bei der Sprache gestoßen sind.[36] Damit ein Gattungsname möglich wurde, bedurfte es jener unmittelbaren Ähnlichkeit zwischen den Dingen, die den bedeutungstragenden Elementen gestattete, die Repräsentationen zu durchlaufen, an ih-

---

36 Vgl. oben, Kapitel 5, II (S. 174 f.).

ren Oberflächen zu gleiten und sich an ihren Ähnlichkeiten festzumachen, um schließlich kollektive Bezeichnungen zu bilden. Aber um jenen rhetorischen Raum zu umreißen, in dem die Namen allmählich ihren allgemeinen Wert annahmen, war es nicht nötig, das Gesetz dieser Ähnlichkeit zu bestimmen, noch, ob sie in Wahrheit bestand. Es genügte, daß sie der Vorstellungskraft ausreichend Kraft verlieh. Indessen können für die Naturgeschichte, diese wohlgeformte Sprache, die Analogien der Vorstellungskraft nicht als Garantien gelten. Und der radikale Zweifel, den Hume auf die Notwendigkeit der Wiederholung in der Erfahrung legte, muß von der Naturgeschichte, die davon ebenso wie jede Sprache bedroht ist, mit irgendeinem Mittel umgangen werden. Es muß in der Natur Kontinuität vorhanden sein.

Diese Forderung einer kontinuierlichen Natur hat in den Systemen und den Methoden nicht die völlig gleiche Form. Für die Systematiker besteht die Kontinuität nur aus der sprunglosen Nebeneinanderstellung der verschiedenen Gebiete, deren klare Trennung die Merkmale gestatten. Es bedarf nur einer ununterbrochenen Abstufung der Werte, die im ganzen Gebiet der Arten die als Merkmal gewählte Struktur annehmen kann. Geht man von diesem Prinzip aus, wird sich herausstellen, daß alle diese Werte mit wirklichen Wesen besetzt sind, sogar wenn man sie noch nicht kennt. »Das System zeigt die Pflanzen an, sogar die, die es nicht erwähnt hat; die Aufzählung eines Katalogs kann dies niemals tun.«[37] Und bei dieser fortgesetzten Nebeneinanderstellung werden die Kategorien nicht einfach arbiträre Übereinkommen sein; sie werden (wenn sie festgestellt worden sind, wie sie müssen) mit Gebieten korrespondieren können, die *getrennt* auf dieser *ununterbrochenen* Fläche der Natur existieren. Sie werden ausgedehntere, aber ebenso wirkliche Flächen wie die Einzelwesen sein. So hat nach Linné das Geschlechtssystem die Entdeckung der unbezweifelbar begründeten Gattung gestattet: »Man muß wissen, daß nicht das Merkmal die Gattung bildet, sondern die Gattung das Merkmal, daß das Merkmal aus der Gattung hervorgeht, nicht die Gattung aus dem Merkmal.«[38] Dagegen wird in den Methoden, für die die Ähnlichkeiten in ihrer evidenten und massiven Form als erste gegeben sind, die Kontinuität der Natur nicht jenes rein negative Postulat sein (keine weißen Flecken zwischen den getrennten Kategorien), sondern eine positive Forderung: die ganze Natur

---

37 Linné, *Philosophie botanique*, § 156.
38 A. a. O., § 169.

bildet ein großes Gewebe, in dem die Wesen sich von einem zum anderen
ähneln, in dem die benachbarten Einzelwesen untereinander unendlich
ähnlich sind. Deshalb ist jede Abteilung, die nicht die äußerst feine Unterscheidung des Einzelwesens, sondern weitergefaßte Kategorien anzeigt,
stets unwirklich. Es handelt sich um eine verschmolzene Kontinuität, in
der jede Allgemeinheit rein nominal ist. Buffon sagt, daß »unsere allgemeinen Begriffe, die insgesamt nur aus besonderen Begriffen zusammengesetzt sind, sich auf eine stets fortgehende Kette von Dingen beziehen,
von welcher wir eigentlich bloß die mittleren Glieder sehen, deren äußerste Enden aber unsern Augen je länger je mehr unsichtbar werden. [...]
Je mehr man die Eintheilungen der Naturgeschöpfe an der Anzahl vermeh-
ret, desto näher kommt man der Wahrheit, weil eigentlich nichts als einzelne Dinge in der Natur wirklich vorhanden sind, und weil die Arten,
die Ordnungen und die Classen bloß in unserer Einbildung bestehen.«[39]
Im gleichen Sinne sagte Bonnet, daß »es keine Sprünge in der Natur gibt:
Alles in ihr ist abgestuft und schattiert. Wenn zwischen zwei beliebigen
Wesen ein Leerraum existierte, welcher sollte dann der Grund des Übergangs von dem einen zum anderen sein? Es gibt also kein Wesen, unterhalb
und oberhalb dessen keines ist, das sich ihm nicht durch einige Merkmale
näherte und durch andere entfernte.« Man kann also immer »mittlere Geschöpfe« entdecken, zum Beispiel den Polypen zwischen den Pflanzen und
dem Tier, das fliegende Eichhörnchen zwischen dem Vogel und dem Vierfüßer, den Affen zwischen dem Vierfüßer und dem Menschen. Infolgedessen sind unsere Aufteilungen in Arten und Klassen »rein nominaler Natur«.
Sie stellen nichts anderes dar als »Mittel, die unseren Bedürfnissen und
den Grenzen unserer Kenntnisse entsprechen«.[40]
   Im achtzehnten Jahrhundert wird die Kontinuität der Natur von jeder
Naturgeschichte gefordert, das heißt von jeder Anstrengung, in der Natur
eine Ordnung zu errichten und darin allgemeine Kategorien zu entdecken,
seien sie nun real und von manifesten Trennungen vorgeschrieben oder
bequem und ganz einfach durch unsere Vorstellung abgetrennt. Allein
das Kontinuierliche kann garantieren, daß die Natur sich wiederholt und

---

39 Buffon, *Discours sur la manière d'étudier et de traiter l'histoire naturelle*, deutsch unter dem Titel
   Von der Art, wie man die natürliche Historie lernen und vortragen soll, in: ders., *Allgemeine Historie
   der Natur nach allen ihren besonderen Theilen abgehandelt. Mit einer Vorrede von Albrecht von Haller*, 11 Bde., Hamburg und Leipzig 1750-1782, Bd. 1 (Erster Theil), S. 23 und 25 f.
40 Charles Bonnet, *Contemplation de la nature*, in: ders., *Œuvres d'histoire naturelle et de philosophie*,
   10 Bde., Neuchâtel 1779-1783, Bd. 4, S. 35 f.

daß die Struktur infolgedessen zum Merkmal werden kann. Aber sogleich zerbricht diese Forderung, denn wenn es der Erfahrung in ihrer ununterbrochenen Bewegung gegeben wäre, genau Schritt für Schritt das Kontinuum der Einzelwesen, der Unterarten, der Arten, der Gattungen, der Klassen zu durchlaufen, bedürfte es keiner Bildung einer Wissenschaft. Die deskriptiven Bezeichnungen würden sich mit vollem Recht verallgemeinern, und die Sprache der Dinge würde in einer spontanen Bewegung sich als wissenschaftlicher Diskurs konstituieren. Die Identitäten der Natur würden sich gleichsam in allen Buchstaben der Vorstellungskraft anbieten, und das spontane Gleiten der Wörter in ihrem rhetorischen Raum würde in vollen Linien die Identität der Wesen in ihrer wachsenden Allgemeinheit reproduzieren. Die Naturgeschichte würde unnütz, oder vielmehr wäre sie bereits durch die Alltagssprache der Menschen gebildet. Die allgemeine Grammatik wäre gleichzeitig die allgemeine *Taxinomie* der Wesen. Wenn aber eine Naturgeschichte unerläßlich ist, die von der Analyse der Wörter völlig getrennt ist, so liegt das daran, daß die Erfahrung uns das Kontinuum der Natur nicht einfach so liefert. Sie gibt es gleichzeitig zerstückelt, weil es natürlich Lücken in der wirklich von den Variablen besetzten Folge der Werte gibt (es gibt mögliche Wesen, deren Platz man feststellt, die zu beobachten man aber niemals die Gelegenheit hat), und verwirrt wieder, weil der wirkliche, geographische und irdische Raum, in dem wir uns befinden, uns die miteinander verflochtenen Wesen in einer Ordnung zeigt, die in Beziehung zur großen Fläche der *Taxinomien* nichts anderes als Zufall, Unordnung oder Verwirrung ist. Linné bemerkte, daß, wenn der Kiefenwurm (der ein Tier ist) und die Konserve (eine Alge) oder auch der Schwamm und die Koralle am gleichen Ort zusammentreffen, die Natur nicht, wie es die Ordnung der Klassifikationen verlangt, »die vollkommensten Pflanzen mit den als sehr unvollkommen bezeichneten Tieren verbindet, sondern die unvollkommenen Tiere mit den unvollkommenen Pflanzen kombiniert«.[41] Und Adanson stellte fest, daß die Natur »eine konfuse Mischung aus Wesen ist, die der Zufall einander angenähert zu haben scheint. Hier wird das Gold mit einem anderen Metall, mit einem Stein oder mit Erde gemischt. Dort wächst die Eiche neben dem Veilchen. Unter diesen Pflanzen irren ebenfalls der Vierfüßer, das Reptil und das Insekt umher. Die Fische mischen sich sozusagen mit dem

41 Linné, *Philosophie botanique.*

wässerigen Element, in dem sie schwimmen, und mit den Pflanzen, die auf dem Grunde der Gewässer wachsen [...]. Diese Mischung ist sogar so allgemein und so vielfältig, daß sie eines der Naturgesetze zu sein scheint.«[42]

Nun ist diese Verflechtung das Resultat einer chronologischen Folge von Ereignissen. Diese haben ihren Ursprungspunkt und den Punkt ihrer ersten Auswirkung nicht in den lebendigen Arten selbst, sondern in dem Raum, in dem sie sich ansiedeln. Sie entstehen aus der Beziehung der Erde zur Sonne, aus der Ordnung der Klimate, in den Transformationen der Erdrinde. Was sie zunächst erreichen, sind die Meere und die Kontinente, ist die Oberfläche der Erde. Die Lebewesen werden nur indirekt und auf sekundäre Weise getroffen: Die Wärme zieht sie an oder stößt sie ab, die Vulkane zerstören sie; sie verschwinden mit den zerberstenden Erden. Es kann zum Beispiel so sein, wie es Buffon annahm[43], daß die Erde ursprünglich weißglühend war, bevor sie allmählich kälter wurde. Die Tiere, die an äußerst hohe Temperaturen gewöhnt waren, haben sich nach und nach in der einzigen heute heißen Region angesiedelt, während die gemäßigten oder kalten Regionen sich mit Arten füllten, die erst in dieser Zeit entstehen konnten. Mit den Umwälzungen in der Erdgeschichte wurde der taxinomische Raum (in dem die Nachbarschaften vom Range des *Merkmals* und nicht der *Lebensweise* sind) in einen konkreten Raum aufgeteilt, der ihn umwälzte. Darüber hinaus ist er wahrscheinlich gestückelt worden, und viele Arten, die mit denen, die wir kennen, benachbart sind oder zwischen taxinomischen Flächen liegen, die uns vertraut sind, haben verschwinden müssen und nichts hinter sich gelassen als schwierig zu entziffernde Spuren. Auf jeden Fall ist diese historische Ereignisabfolge zu der Schicht der Wesen hinzuzufügen: sie gehört ihr nicht als eigentlich an, sie rollt in dem realen Raum der Welt, nicht in dem analytischen der Klassifikationen ab. Was sie in Frage stellt, ist die Welt als Ort der Wesen, und nicht die Wesen, insoweit sie die Eigenheit der Lebewesen besitzen. Eine Historizität, die die biblischen Erzählungen symbolisieren, betrifft direkt unser astronomisches System und indirekt das taxinomische Netz der Arten. Es wäre sehr wohl möglich, daß außer der Genesis und der Sintflut »unsere Erde andere Umwälzungen erlebt hat, die uns nicht offenbart worden sind. Das betrifft das ganze astronomische System, und die Verbindun-

---

42 Adanson, *Cours d'histoire naturelle fait en 1772, publié par M. J. Payer*, Paris 1845, Bd. 1, S. 4 f.
43 Buffon, *Histoire de la Terre*.

gen, die diesen Erdball mit den anderen Himmelskörpern und insbesondere mit der Sonne und den Kometen vereinen, können die Quelle vieler Umwälzungen gewesen sein, von denen keine wahrnehmbare Spur für uns hinterbleibt und von denen Bewohner benachbarter Welten vielleicht Kenntnisse haben.«[44]

Um als Wissenschaft existieren zu können, setzt die Naturgeschichte zwei Einheiten *(ensembles)* voraus: eine von beiden wird durch das kontinuierliche Netz der Wesen gebildet; diese Kontinuität kann verschiedene räumliche Formen annehmen. Charles Bonnet denkt sie einmal in der Form einer großen linearen Abstufung, deren eines Ende sehr einfach, das andere sehr kompliziert ist, wobei sich im Zentrum ein enges mittleres Gebiet befindet, das einzige, was uns enthüllt ist, und zwar in der Form eines zentralen Stamms, von dem aus einerseits ein Ast (der der Schalentiere mit den Krabben und den Schnecken als zusätzlichen Abzweigungen) und auf der anderen Seite die Folge der Insekten abgehen, auf die sich die Insekten und Frösche zweighaft setzen.[45] Buffon definiert die gleiche Kontinuität »als ein weites Gewebe oder vielmehr als ein Rutenbündel, das von Intervall zu Intervall Zweige zur Seite wirft, um sich mit Bündeln einer anderen Ordnung zu vereinigen«.[46] Pallas denkt an die Figur eines Polyeders[47], Hermann möchte ein dreidimensionales Modell bilden, das aus Fäden besteht, die alle von einem gemeinsamen Punkt ausgehen und sich voneinander trennen, »sich in sehr großer Zahl seitlicher Zweige ausdehnen« und sich dann erneut sammeln.[48] Von diesen räumlichen Gebilden, die jedes auf seine Weise die taxinomische Kontinuität beschreiben, unterscheidet sich die Folge der Ereignisse. Diese ist diskontinuierlich und in jeder ihrer Episoden unterschiedlich, aber ihre Gesamtheit kann nur eine einfache Linie zeichnen, nämlich die der Zeit, die man nur als gerade, unterbrochene oder kreisförmige Linie auffassen kann. In ihrer konkreten Form und in der ihr eigenen Mächtigkeit ruht die Natur völlig zwischen der Fäche der *taxinomia* und der Linie der Umwälzungen. Die »Tableaus«, die sie unter den Augen der Menschen bildet und die der Diskurs der Wissenschaft durchlaufen muß, sind die Bruchstücke der großen Fläche der le-

44 Bonnet, *Palingénésie philosophique*, in: ders., *Œuvres*, Bd. 7, S. 122.
45 Bonnet, *Contemplation de la nature*, Kap. 20; in: ders., *Œuvres*, Bd. 4, S. 130 bis 138.
46 Buffon, *Histoire naturelle des oiseaux*, 9 Bde., Paris 1770-1783, Bd. 1, S. 396.
47 Peter Simon Pallas, *Elenchus Zoophytorum*, Hagae comitum 1766.
48 Jean Hermann, *Tabula affinitatum animalium*, Straßburg 1783, S. 24.

benden Arten, so wie sie zerschnitten, erschüttert worden und zwischen zwei Umwälzungen der Zeit geronnen ist.

Man sieht, wie oberflächlich es ist, zwei verschiedene und in ihrer fundamentalen Wahl sich gegenüberstehende Meinungen, einen »Fixismus«, der sich mit der Klassifikation der natürlichen Wesen in einer zusammenhängenden Übersicht *(tableau)* begnügt, und eine Art »Evolutionismus«, der an eine unerinnerliche Geschichte der Natur und an ein tiefes Treiben der Wesen durch die Kontinuität der Natur glaubt, in Opposition zueinander zu stellen. Die lückenlose Festigkeit eines Netzes der Arten und Gattungen und die Abfolge der Ereignisse, die es verwirrt haben, gehören auf gleicher Stufe zu dem erkenntnistheoretischen Fundament, von dem ausgehend ein Wissen wie die Naturgeschichte in der Klassik möglich gewesen ist. Es sind nicht zwei verschiedene Perzeptionsweisen der Natur, die in radikaler Opposition stehen, weil sie in ältere und fundamentalere philosophische Wahl als jede andere Wissenschaft einbezogen sind. Es sind zwei gleichzeitige Erfordernisse im archäologischen Raster *(réseau)*, der im klassischen Zeitalter das Wissen über die Natur definiert. Aber diese beiden Erfordernisse sind komplementär und folglich irreduzibel. Die zeitliche Abfolge kann nicht der Abstufung der Wesen integriert werden. Die Naturepochen schreiben nicht die innere *Zeit* der Wesen und ihrer Kontinuität vor, sie diktieren die *Unbilden*, die sie ununterbrochen zerstreuen, zerstören, vermengen, trennen und verflechten. Im klassischen Denken gibt es keinen und kann es keinen Verdacht eines Evolutionismus oder Transformismus geben, denn die Zeit wird nie als Entwicklungsprinzip für die Lebewesen in ihrer inneren Organisation begriffen, sie wird nur unter dem Gesichtspunkt der möglichen Umwälzung im äußeren Raum, in dem wir leben, wahrgenommen.

VI. Monstren und Fossile

Man wird dem entgegenhalten, daß es geraume Zeit vor Lamarck ein umfassendes evolutionäres Denken gab, dessen Einfluß in der Mitte des achtzehnten Jahrhunderts und bis zum von Cuvier markierten Haltpunkt groß war; daß Bonnet, Maupertuis, Diderot, Robinet, Benoît de Maillet ganz klar die Vorstellung artikuliert haben, daß die lebendigen Formen ineinander übergehen können, daß die derzeitigen Arten wahrscheinlich das Er-

gebnis älterer Transformationen sind und daß die lebendige Welt sich vielleicht zu einem künftigen Punkt hinbewegt, so daß man von keiner lebendigen Form mit Sicherheit sagen könnte, daß sie endgültig angenommen
und für immer gefestigt ist. Tatsächlich sind solche Analysen mit dem unvereinbar, was wir heute unter evolutionärem Denken verstehen. Sie haben
in der Tat das Tableau der Identitäten und Unterschiede und die Serie der
aufeinanderfolgenden Ereignisse zum Gegenstand. Um die Einheit dieser
Übersicht und dieser Serie zu denken, haben sie nur zwei Mittel zur Verfügung.

Das eine besteht in der Integration der aufeinanderfolgenden Ereignisse
in die Kontinuität der Wesen und ihrer Aufteilung in einer Übersicht. Alle
Wesen, die die Taxinomie in einer bruchlosen Gleichzeitigkeit verteilt hat,
sind dann der Zeit unterworfen; dies jedoch nicht mehr in dem Sinn, daß
die zeitliche Folge eine Multiplizität von Arten entstehen ließe, die ein
horizontaler Blick dann in einem klassifikatorischen Raster anordnen
könnte, sondern in dem Sinn, daß alle Punkte der Taxinomie mit einem
zeitlichen Merkmal versehen sind, so daß die »Evolution« nichts anderes
ist als die im ganzen verbundene und allgemeine Verlagerung der Rangordnung von dem ersten bis zum letzten ihrer Elemente. Das ist das System von Charles Bonnet. Es impliziert zunächst, daß die Kette der Wesen,
die durch eine zahllose Folge von Ringen bis hin zur absoluten Vollkommenheit Gottes gespannt ist, sie zur Zeit nicht erreicht[49]; daß die Entfernung zwischen Gott und der am wenigsten fehlerhaften Kreatur immer
noch unendlich ist und daß in dieser vielleicht unüberwindbaren Entfernung das ganze ununterbrochene Gewebe der Wesen sich unaufhörlich
zu einer größeren Perfektion entwickelt. Es impliziert auch, daß diese
»Evolution« die zwischen den verschiedenen Arten bestehende Beziehung
unangetastet aufrechterhält: Wenn eine vollkommener wird und dadurch
den Grad an Komplexität erhält, den die unmittelbar höheren Grades
zuvor besaß, wird diese dadurch nicht eingeholt, denn, von derselben Bewegung getragen, hat sie sich in einem entsprechenden Verhältnis vervollkommnet: »Es wird einen mehr oder weniger langsamen und kontinuierlichen Fortschritt aller Arten zu einer höheren Vervollkommnung geben,
so daß alle Grade der Stufenleiter in einer determinierten und konstanten
Beziehung fortgesetzt variabel sein werden ... Der in einer bevorzugten

---

49 Bonnet, *Contemplation de la nature*, 1. Teil, in: ders., *Œuvres*, Bd. 4, S. 34 f.

Stellung zu seinen hervorragenden Fähigkeiten gelangte Mensch wird dem Affen und dem Elefanten jenen ersten Platz überlassen, den er unter den Tieren unseres Planeten innehatte … Es wird unter den Affen Leute wie Newton und unter den Bibern wie Vauban geben. Die Austern und die Polypen werden in Beziehung zu den höchsten Arten das sein, was die Vögel für die Vierfüßer im Verhältnis zum Menschen sind.«[50] Dieser »Evolutionismus« ist keine Weise, das Erscheinen der einen Wesen ausgehend von den anderen aufzufassen, er ist in Wirklichkeit eine Art, das Kontinuitätsprinzip und das Gesetz zu verallgemeinern, das verlangt, daß die Wesen eine ununterbrochene Schicht bilden. Er fügt in einem dem von Leibniz ähnelnden Vorgehen[51] das Kontinuierliche der Zeit dem Kontinuierlichen des Raums und der unendlichen Vielfalt der Wesen die Unendlichkeit ihrer Vervollkommnung hinzu. Es handelt sich nicht um eine fortschreitende Hierarchisierung, sondern um das beständige und globale Treiben einer voll bestehenden Hierarchie. Das setzt endlich voraus, daß die Zeit, weit entfernt davon, ein Prinzip der *taxinomia* zu sein, nur einer ihrer Faktoren ist; und daß sie im vorhinein geschaffen ist wie alle anderen von allen anderen Variablen angenommenen Werte. Man muß also feststellen, daß Bonnet Vertreter der Präformationstheorie ist, und dies im weitesten Sinne dessen, was wir seit dem neunzehnten Jahrhundert unter »Evolutionismus« verstehen. Er ist gezwungen anzunehmen, daß die Transformationen oder Katastrophen der Erde im voraus gleichsam als Gelegenheiten zur Fortbewegung der unendlichen Kette der Wesen in Richtung einer unendlichen Verbesserung angelegt gewesen sind: »Diese Evolutionen sind vorhergesehen und in den Keimen der Tiere vom ersten Tag der Schöpfung an eingegraben. Denn diese Evolutionen sind mit Revolutionen im ganzen Sonnensystem verbunden, die Gott im voraus bereitet hat.« Die Welt war vollständig Larve, jetzt ist sie Puppe, eines Tages wird sie wahrscheinlich Schmetterling werden.[52] Und alle Arten werden auf die gleiche Weise von dieser großen Bewegung fortgerissen werden. Ein solches System ist, wie man sieht, kein Evolutionismus, der das alte Dogma der Starrheit zu beseitigen beginnt. Es ist eine *taxinomia*, die obendrein die Zeit umfaßt, eine verallgemeinerte Klassifikation.

---

50 Bonnet, *Palingénésie philosophique*, in: ders., *Œuvres*, Bd. 7, S. 149 f.
51 Bonnet, *Œuvres*, Bd. 3, S. 173, zitiert einen Brief von Leibniz an Hermann über die »chaîne des êtres«.
52 Bonnet, *Palingénésie philosophique*, in: ders., *Œuvres*, Bd. 7, S. 193.

Die andere Form des »Evolutionismus« besteht darin, die Zeit eine dem völlig entgegengesetzte Rolle spielen zu lassen. Sie dient nicht mehr dazu, auf der endlichen oder unendlichen Linie der Perfektionierung die Gesamtheit der klassifikatorischen Übersicht zu verlagern, sondern dazu, nacheinander alle Felder *(cases)* erscheinen zu lassen, die zusammen das kontinuierliche Netz der Arten bilden. Er läßt nacheinander die Variablen des Lebendigen alle möglichen Werte annehmen: er ist die Instanz einer Charakterisierung, die in kleinen Schritten und quasi Element für Element vollzogen wird. Die Ähnlichkeiten oder die partiellen Identitäten, die die Möglichkeit einer *taxinomia* unterstützen, wären demnach die in der Präsenz eines einzigen und gleichen Lebewesens verteilten Markierungen, die durch die Transformationen der Natur fortbestehen und dadurch alle Möglichkeiten ausfüllen, die die taxinomische Übersicht in ihren Leerstellen bietet. Wenn die Vögel, so meint Benoît de Maillet, Flügel haben, wie die Fische Flossen haben, so liegt das daran, daß sie in der Zeit des großen Zurückweichens der ursprünglichen Wasser ausgetrocknete Goldfische oder Delphine gewesen sind, die für immer in eine luftige Heimat übergewechselt haben. »Der Samen dieser Fische kann, wenn er in Sümpfe gelangte, der Ursprung der ersten Wanderung der Art von ihrem Aufenthalt im Meer zu dem auf der Erde gewesen sein. Wenn hundert Millionen umgekommen sind, ohne daß sie die Gewohnheit haben annehmen können, so genügte es doch, daß zwei überlebten, damit die Art entstehen konnte.«[53] Die Veränderungen in den Lebensbedingungen scheinen dort wie bei bestimmten Formen des Evolutionismus das Erscheinen neuer Arten nach sich zu ziehen, aber die Wirkungsweise der Luft, des Wassers, des Klimas, der Erde auf die Tiere ist nicht die eines Milieus auf eine Funktion und auf die Organe, in denen sich die Funktion erfüllt. Die äußeren Elemente greifen nur gelegentlich ein, um ein *Merkmal* erscheinen zu lassen. Und dieses Erscheinen ist, wenn es chronologisch durch ein solches globales Ereignis bedingt ist, *a priori* möglich geworden durch die allgemeine Übersicht der Variablen, die alle eventuellen Formen des Lebendigen definiert. Der Quasi-Evolutionismus des achtzehnten Jahrhunderts scheint ebenso auf die spontane Veränderung des Merkmals (wie man sie bei Darwin findet) wie die positive Einwirkung des Milieus vorauszudeuten, so wie Lamarck sie beschreiben wird. Aber das ist eine durch den Rückblick

---

53 Benoît de Maillet, *Telliamed ou les entretiens d'un philosophe indien avec un missionnaire français*, Amsterdam 1748, S. 142.

bedingte Illusion: für jene Form des Denkens ist in der Tat die Zeitabfolge stets nur die Linie gewesen, entlang deren sich alle möglichen Werte der im voraus erstellten Variablen folgen. Und infolgedessen muß man ein Modifikationsprinzip definieren, das dem Lebewesen innerlich ist und ihm gestattet, anläßlich einer natürlichen Peripetie einen neuen Charakter zu erwerben.

Man befindet sich also vor einem neuen Punkt der Entscheidung: entweder muß man beim Lebendigen eine spontane Fähigkeit annehmen, die Form zu wechseln (oder wenigstens im Laufe der Generationen einen leicht von dem unterschiedenen Charakter zu erwerben, der im Ursprung gegeben war, so daß er allmählich nicht mehr erkennbar sein wird), oder man muß dem Lebendigen die dunkle Suche nach einer endgültigen Art zuschreiben, die die Merkmale all jener hätte, die ihr voraufgegangen sind, lediglich mit einem höheren Grad an Komplexität und Vollkommenheit.

Das erste System ist das der unendlichen Abirrungen – so wie man es bei Maupertuis findet. Die Zusammenstellung der Arten, die die Naturgeschichte errichten kann, wäre Stück um Stück durch das in der Natur konstante Gleichgewicht zwischen einer Erinnerung, die das Kontinuum sichert (Aufrechterhaltung der Arten in der Zeit und Ähnlichkeit der einen mit der anderen), und einer Neigung zur Abweichung errichtet worden, das gleichzeitig die Geschichte, die Unterschiede und die Verstreuung sichert. Maupertuis vermutet, daß die Partikeln der Materie mit Aktivität und Erinnerung ausgestattet sind. Voneinander angezogen, bilden die weniger aktiven die mineralischen Substanzen, die aktiveren bilden den komplexeren Körper der Tiere. Diese Formen, die sich der Anziehung und dem Zufall verdanken, verschwinden, wenn sie nicht weiter bestehen können. Diejenigen, die sich halten, lassen neue Einzelwesen entstehen, deren Erinnerung die Merkmale des elterlichen Paars behält. Das geht so lange vonstatten, bis eine Abweichung der Partikeln – ein Zufall – eine neue Art entstehen läßt, die durch die obstinate Kraft der Erinnerung ihrerseits aufrechterhalten bleibt: »Die unendliche Diversität der Tiere ist kraft wiederholter Abweichungen entstanden.«[54] So erhalten die Lebewesen allmählich durch einander folgende Variationen alle Merkmale, die wir an ihnen kennen, und die von ihnen gebildete kohärente und feste Schicht ist, wenn man sie in der zeitlichen Dimension betrachtet, nur das fragmentarische

---

54 Pierre de Maupertuis, *Essai sur la formation des corps organisés*, Berlin 1754, S. 41.

Ergebnis eines engeren, viel feineren Netzes: ein Kontinuum, das aus einer nicht berechenbaren Zahl kleiner vergessener oder nicht zu gehöriger Reife gekommener Unterschiede besteht. Die sichtbaren Arten, die sich unserer Analyse anbieten, sind aus dem unaufhörlichen Grunde der Monstrositäten herausgetrennt, die erscheinen, aufblitzen, untergehen und sich mitunter erhalten. Dies ist der fundamentalste Punkt: die Natur hat eine Geschichte nur insoweit, als sie dem Kontinuum unterliegt. Weil sie nacheinander alle möglichen Merkmale annimmt (jeden Wert aller Variablen), stellt sie sich in Form der Abfolge dar.

Beim umgekehrten System des Prototyps und der endgültigen Art ist es nicht anders. In diesem Fall muß man mit Robinet annehmen, daß die Kontinuität nicht durch die Erinnerung, sondern durch einen Entwurf gewahrt ist. Es ist der Entwurf eines komplexen Wesens, auf das die Natur zusteuert, indem sie von einfachen Elementen ausgeht, die sie zusammensetzt und allmählich ordnet: »Zunächst verbinden sich die Elemente. Eine geringe Zahl von einfachen Bestandteilen dient als Basis für alle Körper«; sie bestimmen ausschließlich die Organisation der Minerale. Dann hört die »Großartigkeit der Natur« nicht auf, »bis zu den Wesen, die sich auf der Oberfläche der Erde bewegen«, zuzunehmen; »die Variation der Organe hinsichtlich ihrer Zahl, Größe, Feinheit, inneren Struktur und äußeren Gestalt ergibt Arten, die sich unendlich durch neue Anordnungen teilen und unterteilen«.[55] So geht es weiter bis zur komplexesten Anordnung, die wir kennen. Infolgedessen liegt die ganze Kontinuität der Natur zwischen einem absolut archaischen, tiefer als jede Geschichte vergrabenen Prototyp und der äußersten Komplizierung dieses Modells, wie man sie, wenigstens auf der Erdkugel, in der Gestalt des Menschen beobachten kann.[56] Zwischen diesen beiden Extremen bestehen alle möglichen Grade von Komplexität und Kombination: wie eine immense Versuchsfolge, bei der bestimmte in Form konstanter Arten überdauert haben und in der andere untergegangen sind. Die Monstren sind nicht von anderer »Natur« als die Arten selbst: »Wir sollten glauben, daß die bizarrsten Erscheinungsformen [...] notwendig und wesentlich zur allgemeinen Ebene des Seins gehören; daß sie ebenso natürliche Metamorphosen des Prototyps wie die anderen sind, obwohl sie uns unterschiedliche Phänomene bieten und den

---

55 Jean-Baptiste René Robinet, *De la nature*, 3 Bde., Amsterdam ⁵1766, Bd. 1, S. 25-28.
56 Robinet, *Considérations philosophiques sur la gradation naturelle des formes de l'être*, Paris 1768, S. 4 f.

benachbarten Formen als Übergang dienen; daß sie auch die ihnen folgenden Kombinationen vorbereiten und herrichten, so wie sie von denjenigen herbeigeführt werden, die ihnen voraufgehen; daß sie zur Ordnung der Dinge beitragen und weit entfernt davon sind, sie zu stören. Dies geschieht vielleicht nur kraft solcher Wesen, die die Natur aus den regelmäßigeren Wesen, die über eine äußerst symmetrische Organisation verfügen, hervorzubringen vermag.«[57]

Bei Robinet sind wie bei Maupertuis die Folge und die Geschichte für die Natur nur Mittel, den Raster der unendlichen Variationen zu durchlaufen, denen sie unterliegt. Es ist also nicht die Zeit noch die Dauer, die durch die Unterschiedlichkeit der Lebensumstände die Kontinuität und die Spezifizierung der Lebewesen sichert, sondern auf dem kontinuierlichen Grund sämtlicher möglichen Variationen zeichnet die Zeit einen Weg, in dem das Klima und die Geographie nur privilegierte und zum Fortbestehen bestimmte Gebiete herausgreifen. Das Kontinuum ist nicht die sichtbare Furchung einer fundamentalen Geschichte, in der sich ein gleiches Lebensprinzip mit einem variablen Milieu stritte. Denn das Kontinuum geht der Zeit voraus, es ist deren Bedingung, und in Beziehung zu ihm kann die Geschichte nur eine negative Rolle spielen. Sie hebt heraus und läßt fortbestehen, oder sie vernachlässigt und läßt verschwinden.

Das hat zwei Konsequenzen. Da ist zunächst die Notwendigkeit, die Monstren eingreifen zu lassen, die quasi die Geräuschkulisse, das ununterbrochene Murmeln der Natur sind. Wenn in der Tat die begrenzte Zeit das ganze Kontinuum der Natur zu durchlaufen oder bereits durchlaufen hat, muß man zugeben, daß eine beträchtliche Zahl Variationen auf diesem Weg gekreuzt und zurückgewiesen worden sind. Genau wie die geologische Katastrophe notwendig dafür war, daß man durch eine unklare, chaotische und zerstückelte Erfahrung von der taxinomischen Übersicht zum Kontinuum zurückschreiten konnte, ebenso ist die Vermehrung von kurzlebigen Monstren notwendig, damit man vom Kontinuum durch eine zeitliche Folge zur Übersicht zurückschreiten kann. Mit anderen Worten heißt das, daß, was in einer Richtung als Drama der Erde und der Meere gelesen werden muß, in der anderen Richtung als offenbare Abweichung der Formen gelesen werden muß. Das Monstrum sichert in der Zeit und

---

57 A. a. O., S. 198.

für unser theoretisches Denken eine Kontinuität, die die Sintfluten, Vulkane und zerborstenen Kontinente im Raum für unsere tägliche Erfahrung verwirren. Die andere Konsequenz ist, daß im Laufe einer solchen Geschichte die Zeichen der Kontinuität nicht mehr nur zur Ordnung der Ähnlichkeit gehören. Weil keine Beziehung des Milieus zum Organismus[58] diese Geschichte definiert, werden die lebendigen Formen darin alle möglichen Veränderungen erleben und werden hinter sich als Merkmal der durchlaufenen Bahn nur die Marksteine der Ähnlichkeit lassen. Woran kann man zum Beispiel erkennen, daß die Natur nicht, vom ursprünglichen Prototyp ausgehend, aufgehört hat, die vorläufig endgültige Gestalt des Menschen zu entwerfen? Man erkennt es daran, daß sie auf ihrer Bahn tausend Formen hinter sich gelassen hat, die das rudimentäre Modell des Menschen bilden. Wie viele Fossilien sind für das Ohr, den Schädel oder die Geschlechtsorgane des Menschen gewissermaßen die Gipsstatuen, die eines Tages geschaffen und wegen einer vollkommeneren Form aufgegeben wurden? »Die Art, die dem menschlichen Herzen ähnelt und die man deshalb Anthropokardit nennt [...], verdient besondere Aufmerksamkeit. Ihre Substanz ist ein Kiesel im Inneren. Die Form eines Herzens ist so gut nachgebildet, daß sie sogar eines sein könnte. Man erkennt den Stamm der Hohlvene mit einem Teil ihrer beiden Schnitte. Man sieht auch aus der linken Kammer den Stamm der großen Arterie mit ihrem unteren oder abwärts laufenden Teil hervorgehen.«[59] Das Fossil in seiner aus Tier und Mineral gemischten Natur ist der bevorzugte Ort einer Ähnlichkeit, die der Historiker des Kontinuums verlangt, während der Raum der *taxinomia* sie streng zerlegte.

Das Monstrum und das Fossil spielen beide eine sehr präzise Rolle in dieser Konfiguration. Durch diese Kraft des Kontinuums, die die Natur besitzt, läßt das Monstrum den Unterschied erscheinen: dieser Unterschied ist noch ohne Gesetz und ohne näher definierte Struktur. Das Monstrum ist die Quelle der Spezifizierung, aber es ist nur eine Unterart in der langsamen Widerspenstigkeit der Geschichte. Das Fossil läßt die Ähnlichkeiten durch alle Abweichungen hindurch fortbestehen, die die Natur durchlaufen hat; es funktioniert wie eine ferne und approximative Form der Identität. Es markiert ein Quasi-Merkmal in dem zeitlich Bewegten.

---

58 Über die Nicht-Existenz des biologischen Begriffs »Milieu« im achtzehnten Jahrhundert vgl. Georges Canguilhem, *La connaissance de la vie*, Paris ²1965, S. 129-154.

59 Robinet, *Considérations philosophiques sur la gradation naturelle des formes de l'être*, S. 19.

Das Monstrum und das Fossil sind nämlich nichts anderes als die Projektion nach rückwärts dieser Unterschiede und Identitäten, die für die *taxinomia* die Struktur und dann das Merkmal definieren. Sie bilden zwischen der Übersicht und dem Kontinuum die schattige, bewegliche und bebende Region, wo die Analyse etwas als Identität definiert, was jedoch nicht mehr als stumme Analogie ist. Was sie als bestimmbaren und konstanten Unterschied definieren wird, ist lediglich freie und zufällige Abweichung. In Wirklichkeit aber ist für die *Naturgeschichte* die *Geschichte der Natur* so unmöglich zu denken und ist die erkenntnistheoretische Anordnung, die durch die Übersicht und das Kontinuum gebildet wird, so fundamental, daß das Werden nur einen vermittelnden Platz hat, der durch die alleinige Forderung des Gesamten bemessen wird. Deshalb tritt er nur bei dem notwendigen Übergang von einem zum anderen in Aktion. Das geschieht als Gesamtheit von den Lebendigen fremden Unbilden, die jenen stets nur von außen begegnen. Das geschieht im anderen Fall nur durch eine unaufhörlich versuchte Bewegung, die aber bei ihrem ersten Ansatz zur Ruhe kommt und nur am Rand der Übersicht, in den vernachlässigten äußeren Gebieten wahrnehmbar ist: und so erzählt das Monstrum wie eine Karikatur auf dem Grund des Kontinuums die Genesis der Unterschiede, und das Fossil erinnert in der Ungewißheit seiner Ähnlichkeiten an die ersten hartnäckigen Versuche der Identität.

VII. Der Diskurs der Natur

Die Theorie der Naturgeschichte ist nicht von der der Sprache lösbar. Dennoch handelt es sich nicht um die Übertragung einer Methode von der einen auf die andere noch um den Austausch von Begriffen oder von Vorzügen, die man einem Modell einräumte, das, weil es »mit Erfolg« angewendet wurde, nun auf das benachbarte Gebiet übertragen wird. Es handelt sich ebensowenig um eine allgemeinere Rationalität, die dem Denken über die Grammatik und der *taxinomia* identische Formen auferlegte, sondern um eine fundamentale Anordnung des Wissens, das die Erkenntnis der Wesen nach der Möglichkeit ordnet, sie in einem System von Namen zu repräsentieren. Wahrscheinlich gab es in jenem Gebiet, das wir heute das Leben nennen, viele andere Untersuchungen als die Anstrengungen der Klassifikation, viele andere Analysen als die der Identitäten und der

Unterschiede. Alle beruhten aber auf einer Art historischem Apriori, das sie in ihrer Verstreutheit, in ihren besonderen und divergenten Plänen erlaubte, das alle Erörterungen der Meinungen, denen sie Raum gaben, möglich machte. Dieses Apriori wird nicht durch eine Ausstattung mit konstanten Problemen gebildet, die die konkreten Phänomene stets erneut wie eine ebenso große Zahl von Rätseln der Neugier der Menschen präsentierten. Es besteht ebenfalls nicht aus einem bestimmten Zustand der Erkenntnisse, der im Laufe der voraufgehenden Epochen gefestigt worden wäre und als Boden für die mehr oder weniger ungleichen oder schnellen Fortschritte der Rationalität diente. Es ist wahrscheinlich nicht einmal durch das determiniert, was man die Mentalität oder »Denkrahmen« einer bestimmten Epoche nennt, wenn man darunter das historische Profil der spekulativen Interessen, der Leichtgläubigkeit oder der großen theoretischen Wahl versteht. Dieses Apriori ist das, was in einer bestimmten Epoche in der Erfahrung ein mögliches Wissensfeld abtrennt, die Seinsweise der Gegenstände, die darin erscheinen, definiert, den alltäglichen Blick mit theoretischen Kräften ausstattet und die Bedingungen definiert, in denen man eine Rede über die Dinge halten kann, die als wahr anerkannt wird. Das historische Apriori, das im achtzehnten Jahrhundert die Untersuchungen oder Auseinandersetzungen über die Existenz der Gattungen, die Stabilität der Arten, die Übertragung der Merkmale durch ganze Generationen begründet hat, ist die Existenz einer Naturgeschichte: die Organisation eines bestimmten Sichtbaren als Gebiet des Wissens, die Definition der vier Variablen der Beschreibung, die Konstituierung eines Raumes von Nachbarschaften, in dem jedes Einzelwesen, gleich welcher Art, sich ansiedeln kann. Die Naturgeschichte in der Klassik entspricht nicht der ganz einfachen Entdeckung eines ganz neuen Gegenstands, auf den sich die Neugier richtet. Sie umfaßt eine Folge komplexer Operationen, die in eine Gesamtheit von Repräsentationen die Möglichkeit einer konstanten Ordnung einbringen. Sie konstituiert ein ganzes Gebiet der Empirizität gleichzeitig als *beschreibbar* und als *in Ordnung versetzbar*. Was sie mit den Sprachtheorien verwandt macht, unterscheidet sie von dem, was wir seit dem neunzehnten Jahrhundert unter Biologie verstehen, und läßt sie im klassischen Denken eine bestimmte kritische Rolle spielen.

Die Naturgeschichte ist mit der Sprache zeitgleich: sie liegt auf der gleichen Ebene wie das spontane Spiel, das die Repräsentationen in der Erinnerung analysiert, ihre gemeinsamen Elemente feststellt, von ihnen ausge-

hend Zeichen feststellt und schließlich Namen auferlegt. Klassifizieren und
Sprechen finden beide ihren Ursprung in dem gleichen Raum, den die Repräsentation innerhalb ihrer selbst eröffnet, weil sie der Zeit, der Erinnerung, der Überlegung und der Kontinuität geweiht ist. Aber die Naturgeschichte kann nicht und darf nicht als von allen anderen unabhängige
Sprache existieren, außer wenn sie wohlgebildete Sprache ist. Außerdem
muß sie allgemeingültig sein. In der spontanen und »schlecht gestalteten«
Sprache lassen die vier Elemente (Satz, Gliederung, Bezeichnung, Derivation) zwischen sich offene Räume bestehen: die Erfahrungen eines jeden,
die Bedürfnisse oder Leidenschaften, Gewohnheiten, Vorurteile, eine mehr
oder weniger wache Aufmerksamkeit haben Hunderte von verschiedenen
Sprachen gebildet, die sich nicht nur durch die Form der Wörter unterscheiden, sondern vor allem durch die Weise, in der diese Wörter die Repräsentation zerlegen. Die Naturgeschichte wird nur eine wohlgeformte
Sprache sein, wenn das Spiel geschlossen ist: wenn die Exaktheit der Beschreibung aus jedem Satz eine konstante Zerteilung des Realen macht
(wenn man der Repräsentation immer das *zuweisen* kann, was man darin
gliedert) und wenn die *Bezeichnung* jedes Wesens füglich den Platz anzeigt, den es in der allgemeinen *Disposition* der Gesamtheit besitzt. In
der Sprache ist die Funktion des Verbs allgemein und leer. Sie schreibt lediglich die allgemeinste Form des Satzes vor, und innerhalb dieses Satzes
lassen die Namen ihr Gliederungssystem spielen. Die Naturgeschichte
gruppiert diese beiden Funktionen erneut in der Einheit der *Struktur*,
die sämtliche Variablen miteinander verbindet, die einem Wesen zugewiesen werden können. Und wenn in der Sprache die Bezeichnung in ihrem
individuellen Funktionieren dem Zufall der Derivationen ausgesetzt ist,
die ihre Weite und ihre Ausdehnung den Gattungsnamen geben, gestattet
das *Merkmal*, so wie es von der Naturgeschichte festgesetzt wird, gleichzeitig die Markierung des Einzelwesens und seine Stellung in einen Raum
von Allgemeinheiten, die sich ineinander verschachteln. Infolgedessen errichtet sich oberhalb der alltäglichen Wörter (und durch sie hindurch, weil
man sie durchaus für die ersten Beschreibungen benutzen muß) das Gebäude einer Sprache zweiten Grades, in der schließlich die exakten Namen
der Dinge herrschen: »Als Seele der Wissenschaft bezeichnet die Methode
beim ersten Blick irgendeinen Körper der Natur, so daß dieser Körper den
Namen aussagt, der ihm eigen ist, und dieser Name erinnert an alle Erkenntnisse, die im Laufe der Zeit über diesen so bezeichneten Körper ha-

ben erworben werden können: infolgedessen entdeckt man in der extremen Konfusion die souveräne Ordnung der Natur.«[60]

Aber diese wesentliche Benennung – dieser Übergang von der sichtbaren Struktur zum taxinomischen Merkmal – weist auf eine kostspielige Forderung zurück. Die spontane Sprache hatte zur Erfüllung und zum Abschluß der Gestalt, die von der monotonen Funktion des Verbs *sein* bis zur Derivation und zum Durchlaufen des rhetorischen Raumes geht, nichts als das Spiel der Vorstellungskraft gebraucht, das heißt unmittelbare Ähnlichkeiten. Damit die *Taxinomie* möglich ist, bedarf es dagegen der wirklich kontinuierlichen Natur, und zwar in ihrer Fülle selbst. Wo die Sprache die Ähnlichkeit der Eindrücke verlangte, verlangt die Klassifikation das Prinzip des geringstmöglichen Unterschiedes zwischen den Dingen. Nun wird jenes Kontinuum, das so auf dem Grunde der Benennung in der zwischen der Beschreibung und der Anordnung belassenen Öffnung erscheint, lange vor der Sprache und gewissermaßen als ihre Bedingung angenommen. Und das nicht nur, weil es eine wohlgestaltete Sprache begründen kann, sondern weil es von jeder Sprache im allgemeinen Rechenschaft ablegt. Es ist wahrscheinlich die Kontinuität der Natur, die dem Gedächtnis Gelegenheit gibt, wirksam zu werden, wenn eine Repräsentation durch irgendeine konfuse und schlecht wahrgenommene Identität eine andere vergegenwärtigt und gestattet, auf beide das arbiträre Zeichen eines Gattungsnamens anzuwenden. Was sich in der Vorstellungskraft als eine blinde Ähnlichkeit gab, war nur die unreflektierte und trübe Spur des großen ununterbrochenen Rasters der Identitäten und Unterschiede. Die Vorstellungskraft (die, indem sie Vergleiche gestattet, die Sprache möglich macht) bildete, ohne daß man es wußte, den nicht eindeutigen Ort, in dem die zerstörte, aber insistierende Kontinuität der Natur die leere, aber aufmerksame Kontinuität des Bewußtseins traf. Infolgedessen wäre es nicht möglich gewesen zu sprechen und hätte es keinen Platz für den geringsten Namen gegeben, wenn in der Tiefe der Dinge vor jeder Repräsentation die Natur nicht kontinuierlich gewesen wäre. Zur Errichtung der großen, lückenlosen Übersicht der Arten, Gattungen und Klassen bedurfte es der Tatsache, daß die Naturgeschichte eine Sprache benutzt, kri-

---

60 Linné, *Systema naturae per regna tria naturae secundum classes, ordines, genera species*, 3 Bde., Stockholm 1766-1768, Bd. 1, S. 13: »Methodus, anima scientiae, indigitat, primo intuitu, quodcunque Corpus naturale, ut hoc corpus dicat proprium suum Nomen, & hoc nomen quaecunque de nominato corpore beneficio seculi innotuere, ut sic in summa confusione rerum apparenti, summus conspiciatur Naturae ordo.«

tisiert, klassifiziert und schließlich erneut zusammensetzt, deren Möglichkeit eben durch dieses Kontinuum bedingt wurde. Die Sachen und die
Wörter sind sehr streng miteinander verkreuzt. Die Natur gibt sich nur
durch den Raster der Benennungen, und sie, die ohne solche Namen
stumm und unsichtbar bliebe, schillert von fern hinter ihnen, ist ständig
jenseits dieses Rasters gegenwärtig, der sie jedoch ununterbrochen dem
Wissen anbietet und nur völlig von Sprache durchdrungen sichtbar macht.

Deshalb wahrscheinlich kann die Naturgeschichte in der klassischen
Epoche sich nicht als Biologie konstituieren. Bis zum Ende des achtzehnten Jahrhunderts existiert in der Tat das Leben nicht, sondern lediglich Lebewesen. Diese bilden eine oder vielmehr mehrere Klassen in der Folge aller Dinge auf der Welt: und wenn man vom Leben sprechen kann, dann
lediglich als von einem Merkmal – im taxinomischen Sinne des Wortes –
in der allgemeinen Verteilung der Wesen. Man ist gewohnt, die natürlichen Dinge in drei Klassen aufzuteilen: die Minerale, denen man Wachstum ohne Bewegung und Empfinden zuerkennt; die Pflanzen, die wachsen können und bestimmte Wahrnehmungen machen können; die Tiere,
die sich von allein bewegen.[61] Hinsichtlich des Lebens und der von ihm gesetzten Schwelle kann man, je nach den angewandten Kriterien, beide entlang dieser Stufenleiter gleiten lassen. Wenn man es mit Maupertuis durch
die Beweglichkeit und die Affinitätsbeziehungen definiert, die die Elemente sich gegenseitig anziehen lassen und sie zusammenhängend aufrechterhalten, muß man das Leben in die einfachsten Materieteilchen verlagern. Man ist gezwungen, das Leben viel höher in der Folge anzusetzen,
wenn man es durch ein beladenes und komplexes Merkmal definiert, wie
es Linné tat, als er dem Leben Kriterien wie die Geburt (durch Samen oder
Keim), die Ernährung (durch Nahrungsaufnahme), das Altern, die äußere
Bewegung, den inneren Antrieb der Säfte, die Krankheit, den Tod, das
Vorhandensein von Gefäßen, von Drüsen, von Epidermis und von Gleich-
gewichtssinn zuwies.[62] Das Leben bildet keine manifeste Schwelle, von der
aus völlig neue Formen des Wissens verlangt werden; es ist eine Kategorie
der Klassifizierung, die wie alle anderen zu den Kriterien, deren man sich
bedient, in Beziehung steht. Und wie alle anderen ist es bestimmten Unge-

---

61 Vgl. z. B. Linné, *Systema naturae*, Leyden 1756, S. 215; vor allem *Systema naturae*, Stockholm 1766-
1768, Bd. 1, S. 12.
62 Linné, *Philosophie botanique*, § 133. Vgl. auch *Des Ritters Carl von Linné vollständiges Pflanzenreich nach der dreizehnten lateinischen Ausgabe*, 12 Bde., Nürnberg 1777-1785, Bd. 1 (1777), S. 18.

nauigkeiten unterworfen, sobald es sich um die Feststellung seiner Grenzen handelt. Ebenso wie der Zoophyt an der unklaren Grenze zwischen Tieren und Pflanzen steht, ebenso verhält es sich mit den Fossilien und können sich die Metalle an jener unbestimmten Linie ansiedeln, von der man nicht weiß, ob man von Leben sprechen soll oder nicht. Aber der Einschnitt zwischen Lebendigem oder Nicht-Lebendigem ist nie ein entscheidendes Problem.[63] Linné sagt, daß der Naturforscher – den er *Historicus naturalis* nennt – in der Lage ist, »durch den Blick die Teile der natürlichen Körper zu unterscheiden: er beschreibt sie angemessen nach ihrer Zahl, ihrer Gestalt, ihrer Lage und ihrer Proportion; er benennt sie.«[64] Der Naturforscher ist der Mann des strukturierten Sichtbaren und der charakteristischen Benennung, er ist jedoch nicht der Mann des Lebens.

Man darf also die Naturgeschichte, so wie sie sich in der Klassik entfaltet hat, nicht mit einer Philosophie vom Leben in Zusammenhang bringen, und sei diese auch noch so dunkel und noch so stammelnd. Sie ist in Wirklichkeit mit einer Theorie der Wörter verkreuzt. Die Naturgeschichte liegt zugleich vor und hinter der Sprache, sie zerlegt die alltägliche Sprache, um sie erneut zusammenzusetzen und das zu entdecken, was sie durch die blinden Ähnlichkeiten der Vorstellungskraft möglich gemacht hat. Sie kritisiert sie, aber um ihre Grundlage zu entdecken. Sie nimmt sie wieder auf und will sie in ihrer Vollkommenheit vollenden, aber das geschieht gleichzeitig damit, daß sie zu ihrem Ursprung zurückkehrt. Sie greift nach diesem alltäglichen Wortschatz, der ihr als unmittelbarer Boden dient, und diesseits dessen sucht sie das, was seine *raison d'être* hat bilden können. Umgekehrt ordnet sie sich aber völlig in den Raum der Sprache, weil sie im wesentlichen ein verabredeter Gebrauch von Namen ist und letztlich zum Ziel hat, den Dingen ihre wahre Benennung zu geben. Zwischen der Sprache und der Theorie der Natur besteht also eine Beziehung kritischen Typs. Die Natur zu erkennen heißt in der Tat, ausgehend von der Sprache eine wahre Sprache zu errichten, die aber entdecken wird, unter welchen Bedingungen jegliche Sprache möglich ist und innerhalb welcher Grenzen sie ein Gebiet der Gültigkeit haben kann. Die kritische Frage hat im achtzehnten Jahrhundert durchaus existiert,

---

63 Bonnet nahm im 2. Teil, 1. Kapitel der *Contemplation de la nature* folgende Vierteilung der Natur an: »êtres bruts inorganisés« (Anorganisches), »êtres organisés inanimés« (Vegetabilia), »êtres organisés animés« (Tiere) und »êtres organisés et raisonnables« (Menschen).

64 Linné, *Systema naturae*, Leyden 1756, S. 215.

aber verbunden mit der Form eines determinierten Wissens. Aus diesem
Grunde konnte sie weder Autonomie noch die Bedeutung einer radikalen
Fragestellung annehmen: sie war unaufhörlich in einem Gebiet vorhanden, wo es sich um die Frage der Ähnlichkeit, um die Stärke der Vorstellungskraft, um die Natur und die menschliche Natur, den Wert der allgemeinen und der abstrakten Vorstellungen, kurz um die Beziehungen
zwischen der Wahrnehmung der Ähnlichkeit und der Gültigkeit des Begriffs handelte. In der Klassik, das bezeugen Locke und Linné, Buffon
und Hume, ist die kritische Frage die nach der Grundlage der Ähnlichkeit
und der Existenz der Gattung.

Am Ende des achtzehnten Jahrhunderts wird eine neue Konfiguration
erscheinen, die für die modernen Augen den alten Raum der Naturgeschichte endgültig trüben wird. Einerseits verlagert sich die Kritik und löst
sich von dem Boden, auf dem sie entstanden war. Während Hume aus
dem Kausalitätsproblem einen Fall allgemeiner Fragestellung über die
Ähnlichkeiten machte[65], kehrt Kant, indem er die Kausalität isoliert, die
Frage um. Dort, wo es sich um die Herstellung von Identitäts- und Unter-
scheidungsbeziehungen auf dem kontinuierlichen Hintergrund der Ähnlichkeiten handelte, läßt er das umgekehrte Problem der Synthese des Unterschiedlichen erscheinen. Im gleichen Zug verlegt er die kritische Frage
vom Begriff zum Urteil, von der Existenz der Gattung (die durch die Analyse der Repräsentationen gewonnen wurde) zu der Möglichkeit, die Repräsentationen miteinander zu verbinden, vom Recht, zu benennen, zur
Grundlage der Attribution, von der namentlichen Gliederung zum Satz
selbst und zum Verb *sein*, das ihn errichtet. Sie wird also absolut verallgemeinert. Statt lediglich Geltung hinsichtlich der Beziehung der Natur
und der menschlichen Natur zu besitzen, erfragt sie die Möglichkeit jeglicher Erkenntnis.

Andererseits erreicht zur gleichen Zeit das Leben seine Autonomie gegenüber den Begriffen der Klassifikation. Es entgeht jener kritischen Beziehung, die im achtzehnten Jahrhundert für das Wissen über die Natur
konstitutiv war. Es entgeht – das heißt zweierlei. Einmal wird das Leben
zum Erkenntnisgegenstand unter anderen, und in diesem Punkte gehört
es zu jeder Kritik im allgemeinen; aber es widersteht auch jener kritischen
Rechtsprechung, die es auf sein Konto nimmt und die es in seinem eige-

---

65 David Hume, *Traktat über die menschliche Natur* (I, 5 und III, 14), 2 Bde., Hamburg und Leipzig
  [2]1904, Bd. 1, S. 26 f. und 210 f.

nen Namen auf die gesamte mögliche Erkenntnis überträgt. Infolgedessen werden sich während des ganzen neunzehnten Jahrhunderts, von Kant zu Dilthey und zu Bergson die kritischen Denkweisen und die Lebensphilosophien in einer Position der Wiederaufnahme und des gegenseitigen Infragestellens befinden.

6. Kapitel

Tauschen

I. Die Analyse der Reichtümer

In der Klassik gab es also kein Leben und keine Wissenschaft vom Leben, ebensowenig wie eine Philologie. Es gab aber eine Naturgeschichte und eine allgemeine Grammatik. Ebenso gab es keine Politische Ökonomie, weil in der Wissensordnung die Produktion nicht existierte. Es existiert dagegen im siebzehnten und im achtzehnten Jahrhundert ein Begriff*, der uns vertraut geblieben ist, obwohl er für uns seine wesentliche Präzision verloren hat. Dabei dürfte man noch nicht einmal von einem »Begriff« sprechen, denn er liegt nicht innerhalb eines Spiels ökonomischer Konzepte, die er gering verlagern würde, indem er ihnen etwas von ihrem Sinn nähme oder einen Teil ihrer Ausdehnung abknüpfte. Es handelt sich vielmehr um ein allgemeines Gebiet, um eine sehr kohärente und gut gelagerte Schicht, die die Begriffe Wert, Preis, Handel, Zirkulation, Rente, Zins als Teilobjekte umfaßt und beherbergt. Dieses Gebiet, Grundlage und Gegenstand der »Ökonomie« in der Klassik, ist das des *Reichtums*. Es ist nutzlos, ihm Fragen zu stellen, die von einem verschiedenen, zum Beispiel um die Produktion oder die Arbeit organisierten Typ der Ökonomie herkommen; es ist ebenfalls nutzlos, seine verschiedenen Konzepte zu analysieren (sogar und vor allem, wenn ihr Name sich in der Folge mit einigen Bedeutungsanalogien perpetuiert hat), ohne dem System Rechnung zu tragen, in dem sie ihre Positivität erlangen. Das hieße, die Gattung bei Linné außerhalb der Naturgeschichte zu analysieren oder die Theorie der Zeitenfolge bei Beauzée, ohne der Tatsache Rechnung zu tragen, daß die allgemeine Grammatik die historische Bedingung war, unter der diese Theorie möglich wurde.

Man muß also vermeiden, eine retrospektive Lektüre vorzunehmen, die

---

* Die hier vorgenommene Unterscheidung zwischen *notion* und *concept* findet sich auch bei Alain Badiou, *Le concept de modèle. Introduction à une épistémologie matérialiste des mathématiques*, Paris 1970, S. 13. Demzufolge beträfe *notion* den ideologischen, *concept* den wissenschaftlichen Diskurs. (D. Übers.)

der klassischen Analyse der Reichtümer nur die spätere Einheit einer Politischen Ökonomie verliehe, die sich erst tastend bildete. Es ist jedoch von den Ideengeschichtlern gewöhnlich diese Weise zur Rekonstruktion der rätselhaften Entstehung jenes Wissens benutzt worden, das im abendländischen Denken demnach voll gewappnet und bereits gefährlich in der Epoche von Ricardo und Say entstanden wäre. Sie nehmen an, daß eine wissenschaftliche Ökonomie durch eine rein moralische Problematik des Profits und der Rente (Theorie des gerechten Preises, Rechtfertigung oder Verurteilung der Zinsen), dann durch eine systematische Verwechslung von Geld und Reichtum, Wert und Marktpreis lange Zeit verunmöglicht worden ist: für diese Assimilation wäre demnach der Merkantilismus einer der Hauptverantwortlichen und das augenfälligste Beispiel. Allmählich aber soll dann das achtzehnte Jahrhundert die wesentlichen Unterschiede gesichert und einige der großen Probleme herausgeschält haben, die die positive Ökonomie in der Folge ständig mit besser geeigneten Werkzeugen behandelt hat: So wäre das Geld in seinem konventionellen, jedoch nicht arbiträren Charakter entdeckt worden (und dies durch die lange Diskussion zwischen den Metallisten und den Anti-Metallisten: zu den ersten müßte man Child, Petty, Locke, Cantillon und Galiani zählen, zu der Gegenpartei Barbon, Boisguillebert und vor allem Law, dann in etwas zurückhaltenderer Weise nach dem Desaster von 1720 Montesquieu und Melon); so hätte man – und das ist das Werk von Cantillon – damit begonnen, die Theorie des Tauschpreises und die des immanenten Tauschwertes voneinander abzuheben; man hätte das große »Paradox des Wertes« herausgeschält, indem man den nutzlosen Preis des Diamanten in Gegensatz zu der Billigkeit des Wassers gestellt hat, ohne das wir nicht leben können (es ist tatsächlich möglich, dieses Problem bei Galiani streng formuliert zu finden). Man hätte demnach begonnen, Jevons und Menger vorwegnehmend, den Wert mit einer allgemeinen Theorie der Nützlichkeit zu verbinden (die bei Galiani, bei Graslin und Turgot skizziert ist). Man hätte die Bedeutung der hohen Preise für die Entwicklung des Handels verstanden (das »Prinzip von Becher«, das auf diese Weise in Frankreich von Boisguillebert und Quesnay übernommen worden wäre). Schließlich, und hier sind wir bei den Physiokraten, hätte man die Analyse des Produktionsmechanismus begonnen. So wäre aus Stücken und Teilen die Politische Ökonomie still zur Plazierung ihrer wesentlichen Themen bis zu dem Augenblick gelangt, wo Adam Smith in einem anderen Sinne die Produktionsanalyse wiederaufnahm und den Prozeß der wachsenden Teilung der Arbeit ans Licht gehoben hat, Ricardo die Rolle des Kapitals und Say einige der grundlegenden Gesetze der Marktwirtschaft untersuchte. Seitdem bestünde so die Politische Ökonomie mit ihrem eigenen Gegenstand und ihrer inneren Kohärenz.

Tatsächlich sind die Begriffe von Geld, Preis, Wert, Zirkulation und Markt im siebzehnten und achtzehnten Jahrhundert nicht von einer Zukunft aus gedacht worden, die sie im Schatten erwartete, sondern durchaus auf dem Boden einer strengen und allgemeinen erkenntnistheoretischen Disposition. Diese Disposition trägt in ihrer notwendigen Einheit die »Analyse der Reichtümer«. Diese ist für die Politische Ökonomie das, was die allgemeine Grammatik für die Philologie und die Naturgeschichte für die Biologie sind. Und ebensowenig wie man die Theorie des Verbs und Namens, die Analyse der Gebärdensprache, die der Wurzeln und ihrer Derivation verstehen kann, ohne sich vermittels der allgemeinen Grammatik auf jenen archäologischen Raster zu beziehen, der sie möglich und notwendig macht, ebensowenig wie man, ohne das Gebiet der Naturgeschichte einzugrenzen, verstehen kann, was die Beschreibung, die Charakterisierung und die Taxinomie in der Klassik waren oder was die Opposition zwischen System und Methode oder »Fixismus« und »Evolution« bedeutete, ebensowenig ist es möglich zu verstehen, wo die notwendige Verbindung liegt, durch die die Analyse des Geldes, der Preise, des Wertes und des Handels verflochten sind, wenn man jenes Gebiet der Reichtümer nicht beleuchtet, das die Stätte ihres Zusammentreffens ist.

Wahrscheinlich hat sich die Analyse der Reichtümer nicht auf den gleichen Umwegen und nicht im gleichen Rhythmus herausgebildet wie die allgemeine Grammatik oder die Naturgeschichte. Das Nachdenken über das Geld, den Handel und den Warentausch ist mit einer Praxis und mit Institutionen verbunden. Wenn man aber die Praxis der reinen Spekulation gegenüberstellen kann, beruhen beide auf jeden Fall auf einem einzigen und gleichen Wissen. Geldreformen, Gebrauch von Banken, ein Handelsverfahren können sich nach eigenen Formen rationalisieren, sich entwickeln, erhalten bleiben oder verschwinden. Sie sind immer auf ein bestimmtes Wissen gegründet; ein dunkles Wissen, das sich nicht für sich selbst in einem Diskurs manifestiert, sondern dessen Notwendigkeiten immer dieselben sind wie für die abstrakten Theorien oder die Spekulationen ohne offenen Bezug zur Realität. In einer Kultur, und in einem bestimmten

Augenblick, gibt es immer nur eine *episteme*, die die Bedingungen definiert, unter denen jegliches Wissen möglich ist. Ob es sich nun um das handelt, das in einer Theorie manifest wird, oder das, was schweigend durch eine Praxis eingehüllt wird, spielt dabei keine Rolle. Die von den Generalständen im Jahre 1575 in Frankreich vorgeschriebene Geldreform, die merkantilistischen Maßnahmen oder der Versuch von Law und seine Liquidierung haben das gleiche archäologische Fundament wie die Theorien von Davanzatti, Bouteroue, Petty oder Cantillon; und diese fundamentalen Notwendigkeiten des Wissens müssen wir sprechen lassen.

II. Geld und Preis

Im sechzehnten Jahrhundert war das ökonomische Denken nahezu auf das Problem der Preise und das der Geldsubstanz beschränkt. Die Frage der Preise betrifft den absoluten oder relativen Charakter der Teuerung der Waren und die Wirkung, die die fortlaufende Entwertung oder der Zufluß amerikanischen Metalls auf die Preise haben können. Das Problem der Substanz des Geldes ist das der Natur des Eichmaßes, der Preisbeziehung zwischen den verschiedenen in Anwendung befindlichen Metallen, die klaffende Differenz zwischen dem Gewicht der Münzen und ihrem Nominalwert. Aber diese beiden Problemfolgen waren miteinander verbunden, weil das Metall nur als Zeichen erschien, und zwar als Reichtümer messendes Zeichen, solange es selbst einen Reichtum darstellte. Wenn es bezeichnen konnte, so lag das daran, daß es selbst ein wirkliches Merkmal war. Und so wie die Wörter die gleiche Realität hatten wie das, was sie sagten, so wie die Merkmale der Lebewesen auf ihrem Körper nach der Art sichtbarer und positiver Markierungen eingeschrieben waren, so mußten die Zeichen, die den Reichtum anzeigten und maßen, selber dessen reales Merkmal tragen. Um den Preis nennen zu können, mußten sie wertvoll sein. Sie mußten selten, nützlich und begehrenswert sein. Es war gleichfalls nötig, daß alles dies feste Eigenschaften waren, damit die Markierung, die sie vollzogen, eine wirkliche Signatur von allgemeiner Lesbarkeit war. Daher rührt die Korrelation des Problems der Preise und der Natur des Geldes, die den bevorzugten Gegenstand jeder Reflexion über den Reichtum von Kopernikus bis zu Bodin und Davanzatti bildete.

In der materiellen Realität des Geldes vermengen sich seine beiden

Funktionen: gemeinsames Maß für die Waren und Substitut im Mechanismus des Warentausches. Ein Maß ist stabil, von allen anerkannt und überall gültig, wenn es eine bestimmbare Realität zum Eichmaß hat, die man mit der Verschiedenheit der Dinge, die man messen will, vergleichen kann: so, meint Kopernikus, das Klafter und der Scheffel, deren materielle Länge und Inhalt als Einheit dienen.[1] Infolgedessen mißt das Geld wirklich nur, wenn seine Einheit eine Realität ist, auf die man jede Ware beziehen kann. In diesem Sinne greift das sechzehnte Jahrhundert auf die wenigstens während eines Teils des Mittelalters vertretene Theorie zurück, die dem Fürsten oder auch der Vereinbarung des Volkes das Recht zugestand, den *valor impositus* des Geldes festzulegen, seinen Zinsfuß zu ändern und eine Kategorie von Geldstücken oder jedes gewünschte Metall zu entwerten. Der Wert des Geldes muß durch die darin enthaltene Metallmasse reguliert sein, das heißt, daß er auf das zurückgebracht wird, was er einst war, als die Fürsten ihr Bild und Siegel noch nicht auf Metallstücken abgebildet hatten. In jener Zeit »waren weder Kupfer noch Gold, noch Silber gemünzt, sondern wurden nur nach ihrem Gewicht geschätzt«[2]; man ließ keine arbiträren Zeichen als reale Markierungen gelten. Das Geld war ein genaues Maß, weil es nichts anderes bedeutete als seine Kraft, die Reichtümer von seiner eigenen materiellen Realität als Reichtum aus zu eichen.

Auf diesem erkenntnistheoretischen Boden sind im sechzehnten Jahrhundert die Reformen vorgenommen worden und haben die Auseinandersetzungen ihre eigenen Dimensionen erhalten. Man versucht, die Münzzeichen auf ihr exaktes Maß zurückzuführen: die Nominalwerte, die auf den Stücken ablesbar sind, müssen mit der Menge Metall übereinstimmen, die man als Eichmaß gewählt hat und die sich darin verkörpert findet. Das Geld wird in diesem Fall nicht mehr bedeuten als seinen Maßwert. In diesem Sinne verlangt der anonyme Autor des *Compendious*, daß »alles jetzt im Umlauf befindliche Geld es von einem bestimmten Zeitpunkt an nicht mehr ist«, denn die »Überhöhungen« des Nominalwertes haben seit langem seine Funktion als Maß verändert. Die bereits gemünzten Stücke dürfen nur noch »nach der Schätzung des enthaltenen Metalls« akzeptiert werden. Das neue Geld soll dann zum Nominalwert sein eigenes Gewicht

---

1 Nikolaus Kopernikus, *Discours sur la frappe des monnaies*, in: Jean-Yves Le Branchu, *Ecrits notables sur la monnaie (XVIᵉ siècle) de Copernic à Davanzatti*, 2 Bde., Paris 1934, Bd. 1, S. 5.

2 Anonym, *Compendieux ou bref examen de quelques plaintes*, in: Le Branchu, a. a. O., Bd. 2, S. 117.

haben. »Von jenem Moment an werden allein das neue und das alte Geld mit einem gemeinsamen Wert, einem gleichen Gewicht und einer gleichen Benennung im Umlauf sein, und so wird das Geld zu seinem alten Fuß und zu seiner alten Güte wiederhergestellt werden.«[3] Man weiß nicht, ob der Text des *Compendious*, der nicht vor 1581 veröffentlicht worden ist, aber sicher als Manuskript bereits dreißig Jahre vorher existiert hat und zirkulierte, die Geldpolitik unter Elisabeth inspiriert hat. Zumindest ist gewiß, daß nach einer Reihe von »Überhöhungen« (Abwertungen) zwischen 1544 und 1559 die Proklamation vom März 1561 den Nominalwert der Münzen »senkt« und ihn auf die enthaltene Metallmenge reduziert. In Frankreich verlangen die Generalstände von 1575 ebenso, und sie setzen sie auch durch, die Ausschaltung der Rechnungseinheiten (die eine dritte Definition des Geldes einführten, und zwar eine rein arithmetischer Natur, die zur Definition durch das Gewicht und zu der durch den Nominalwert hinzutrat: diese zusätzliche Beziehung verbarg vor den Augen derer, die nicht wohlunterrichtet waren, die Bedeutung der Geldmanipulationen). Das Edikt vom September 1577 bestimmt den Golddukaten gleichzeitig als reales Stück und als Rechnungseinheit, dekretiert die Unterordnung aller anderen Metalle unter das Gold – insbesondere das Silber, mit dem man zwar weiterhin Obligationen einlösen kann, das jedoch den rechtlich angestammten Charakter der Unabänderlichkeit verliert. So werden die Münzen nach ihrem Metallgewicht neu eingestuft. Das Zeichen, das sie tragen – der *valor impositus* – ist nur die genaue und transparente Markierung des Maßes, das sie bilden.

Gleichzeitig mit der Forderung nach dieser Rückkehr zum früheren Zustand, die auch manchmal vollzogen wird, sind eine Reihe von Phänomenen an den Tag gebracht worden, die dem Geld als Zeichen eigen sind und vielleicht endgültig seine Rolle als Maß in Frage stellen. Zunächst wird deutlich, daß Geld desto schneller zirkuliert, je schlechter es ist, während die Stücke von großem Metallgehalt verborgen werden und im Handel nicht auftauchen: das ist das nach Gresham benannte Gesetz[4], das Kopernikus[5] und der Autor des *Compendious*[6] bereits kennen. Dann, und vor allem, erhellt die Beziehung zwischen den geldlichen Tatsachen und der

3 A.a.O., Bd. 2, S. 155.
4 *Avis de Sir Thomas Gresham concernant la chute du change, 1558*, in: Le Branchu, a.a.O., Bd. 2, S. 7 und S. 11.
5 Kopernikus, *Discours sur la frappe des monnaies*, in: Le Branchu, a.a.O., Bd. 1, S. 12.
6 *Compendieux ou bref examen de quelques plaintes*, in: Le Branchu, a.a.O., Bd. 2, S. 156.

Preisbewegung. Dadurch ist das Geld als eine Ware unter anderen offenbar geworden – nicht als absolutes Eichmaß sämtlicher Äquivalenzen, sondern als Ware, deren Tauschfähigkeit und infolgedessen Wert, als Substitut im Warentausch zu dienen, sich mit seiner Häufigkeit und seiner Seltenheit ändert: Das Geld hat ebenfalls seinen Preis. Malestroit[7] hatte bemerkt, daß es trotz des Anscheins keine Preiserhöhungen im Laufe des sechzehnten Jahrhunderts gegeben hat; da die Waren immer das sind, was sie sind, und das Geld in seiner ihm eigenen Natur ein konstantes Eichmaß ist, kann die Teuerung der Waren nur auf die Erhöhung der Nominalwerte zurückgeführt werden, die eine gleichbleibende Metallmasse trägt: aber für die gleiche Menge Getreide bezahlt man stets das gleiche Gewicht von Gold und Geld. Das heißt, daß »nichts teurer geworden ist«. Da der Golddukat unter Philipp VI. in Verrechnungsdevisen zwanzig *sous tournois* wert war und jetzt fünfzig wert ist, muß notwendig eine Elle Velours, die einst vier *livres* kostete, heute zehn kosten. Die »Teuerung aller Dinge kommt nicht daher, daß man mehr zahlt, sondern daß man an Gold- und Feinsilbermenge weniger erhält, als man gewohnt war«. Aber von dieser Identifikation der Rolle des Geldes mit der Masse des Metalls, die es zirkulieren läßt, ausgehend, begreift man wohl, daß es denselben Veränderungen unterworfen ist wie alle anderen Waren. Und wenn Malestroit implizit sagte, daß die Menge und der Handelswert der Metalle stabil blieben, stellt Bodin einige Jahre später[8] eine Erhöhung der aus der neuen Welt importierten Metallmenge fest und infolgedessen eine reale Teuerung der Waren, weil die Fürsten, die von den Untertanen die Barren in größerer Zahl erhielten oder schon besaßen, gehaltvollere und mehr Stücke schlagen ließen. Für die gleiche Ware gibt man also jetzt eine größere Menge Metall. Das Steigen der Preise hat also eine »prinzipielle Ursache und fast die einzige, auf die bis heute noch niemand gekommen ist«: es ist »der Überfluß an Gold und Silber«, »der Überfluß an dem, was den Dingen ihren Preis und ihre Schätzung gibt«.

Das Eichmaß der Äquivalenzen wird selbst ins System des Tausches einbezogen, und die Kaufkraft des Geldes bezeichnet nur den Handelswert des Metalls. Das Merkmal, das das Geld unterscheidet, bestimmt, sichert und für alle akzeptabel macht, ist also reversibel, und man kann es in zwei Richtungen lesen: es verweist auf eine Menge Metall, die konstantes Maß

---

7 Malestroit, *Le Paradoxe sur le fait des monnaies*, Paris 1566.
8 Jean Bodin, *La Réponse aux paradoxes de M. de Malestroit*, Paris 1568.

ist (so wird es von Malestroit gesehen); aber es verweist auch auf jene in Menge und Preis variablen Waren: die Metalle (so sieht es Bodin). Man hat hier eine Disposition analog zu der, die die allgemeine Ordnung der Zeichen im sechzehnten Jahrhundert charakterisiert. Die Zeichen, so erinnern wir uns, wurden von Ähnlichkeiten gebildet, die ihrerseits Zeichen brauchten, damit man sie erkennen konnte. Hier kann das monetäre Zeichen seinen Tauschwert nur definieren und sich als Merkmal nur erweisen an einer Metallmasse, die ihrerseits ihren Wert in der Ordnung der anderen Waren erhält. Wenn man dem Tausch im System der Bedürfnisse eine Entsprechung zur Ähnlichkeit im System der Erkenntnisse zugesteht, sieht man, daß ein und dieselbe Konfiguration der *episteme* während der Renaissance die Kenntnisse der Natur und die Reflexion oder die Praktiken, die das Geld betrafen, bestimmt hat.

Ebenso wie die Beziehung des Mikrokosmos zum Makrokosmos unerläßlich zur Feststellung der unendlichen Oszillation der Ähnlichkeit und des Zeichens war, bedurfte es der Herstellung einer Beziehung zwischen Metall und Ware, die höchstenfalls die Bestimmung des gesamten Handelswerts der Edelmetalle gestattete und in der Folge erlaubte, auf sichere und definitive Art den Preis aller Waren zu staffeln. Diese Beziehung ist durch die Vorsehung geschaffen worden, als sie in der Erde die Gold- und Silberminen verborgen hat und langsam hat wachsen lassen, wie auf der Erde die Pflanzen wachsen und die Tiere sich vermehren. Zwischen allen Dingen, deren der Mensch bedarf und nach denen er verlangt, und den glitzernden Adern, die in der Erde verborgen sind und in denen die Metalle dunkel wachsen, gibt es eine absolute Entsprechung. »Die Natur hat alle irdischen Dinge gut gemacht; ihre Summe ist kraft der Vereinbarung, die die Menschen getroffen haben, soviel wert wie das ganze Gold, das verarbeitet wird; alle Menschen wünschen also alles, um alle Dinge zu erwerben. [...] Um jeden Tag die Regel und die mathematischen Verhältnisse festzustellen, die die Dinge zueinander und zum Gold haben, müßte man aus der Höhe des Himmels oder von einem sehr hohen Observatorium herab die Dinge, die existieren und auf der Erde hergestellt werden, oder eher noch ihre am Himmel wie in einem treuen Spiegel reproduzierten und reflektierten Bilder betrachten können. Wir würden dann all unsere Rechnerei aufgeben, und wir würden sagen: es gibt auf der Erde soviel Gold, so viele Dinge, so viele Menschen, so viele Bedürfnisse. In dem Maße, in dem jedes Ding Bedürfnisse befriedigt, wird sein Wert so viele

Dinge oder soviel Gold betragen.«[9] Dieses himmlische und erschöpfende
Kalkül kann nur Gott vornehmen: es entspricht jener anderen Berech-
nung, die jedes Element des Mikrokosmos mit einem Element des Ma-
krokosmos in Beziehung setzt, lediglich mit dem Unterschied, daß diese
Berechnung das Irdische mit dem Himmlischen verbindet und von den
Dingen, den Tieren und den Menschen zu den Sternen reicht, während
das andere Kalkül die Erde mit ihren Gruben und ihren Minen verbindet.
Es läßt die Dinge, die unter den Händen der Menschen entstehen, und die
seit der Schöpfung der Welt verborgenen Schätze einander entsprechen.
Die Merkmale der Ähnlichkeit wenden sich an die Vollkommenheit des
Himmels, weil sie die Erkenntnis leiten. Die Zeichen des Warentausches
stützen sich auf das schwarze, gefährliche und verdammte Glitzern des
Metalls, weil sie das Verlangen stillen. Es handelt sich um ein doppeldeuti-
ges Glitzern, denn es reproduziert in der Tiefe der Erde das, was am Ende
der Nacht brodelt: Es ruht darin wie ein umgekehrtes Versprechen des
Glücks, und weil das Metall den Sternen ähnelt, ist das Wissen um alle
diese gefährlichen Schätze zugleich die Kenntnis der Welt. Und die Reflexion über die Reichtümer stolpert so in die große Spekulation über
den Kosmos, so wie umgekehrt das tiefe Erkennen der Ordnung der Welt
zum Geheimnis der Metalle und zum Besitz der Schätze führen muß. Man
sieht, welches enggezogene Netz von Notwendigkeiten im sechzehnten
Jahrhundert die Elemente des Wissens verbindet: Wie die Kosmologie
der Zeichen das Nachdenken über die Preise und das Geld verdoppelt
und schließlich begründet, wie sie auch eine theoretische und praktische
Spekulation über die Metalle gestattet, wie sie die Verheißungen des Verlangens und die der Erkenntnisse auf dieselbe Weise kommunizieren läßt,
antworten und nähern sich die Metalle und die Sterne durch geheime Affinitäten. An den Grenzen des Wissens, dort, wo es sehr stark und quasi
göttlich ist, treffen drei große Funktionen zusammen, die des *Basileus*,
die des *Philosophos* und die des *Metallikos*. Aber genau wie dieses Wissen
nur durch Bruchstücke und in dem aufmerksamen Aufblitzen der *divinatio* gegeben ist, ebenso ist den Menschen für die singulären und partiellen
Beziehungen der Dinge und des Metalls, des Verlangens und der Preise die
göttliche Erkenntnis oder die, die man »von irgendeinem hohen Observatorium« erlangen könnte, nicht gegeben. Sie ist zumindest nur für kurze

9 Bernardo Davanzatti Bostichi, *Leçon sur les monnaies*, in: Le Branchu, a. a. O., Bd. 2, S. 230 f.

Augenblicke und wie durch Zufall den Geistern gegeben, die aufmerksam beobachten können, das heißt den Kaufleuten. Was die *Seher* im unbestimmten Spiel der Ähnlichkeiten und Zeichen waren, sind die *Kaufleute* im ebenfalls stets offenen Spiel des Warentausches und des Geldes. »Von hier auf der Erde entdecken wir kaum die wenigen Dinge, die uns umgeben, und wir geben ihnen einen Preis danach, ob wir sie als mehr oder weniger gefragt an jedem Ort und zu jeder Zeit betrachten. Die Kaufleute sind darüber genau und unmittelbar informiert, und deshalb kennen sie den Preis der Dinge auf bewundernswerte Weise.«[10]

III. Der Merkantilismus

Damit das Gebiet der Reichtümer sich als Reflexionsgegenstand im klassischen Denken konstituierte, bedurfte es der Auflösung der im sechzehnten Jahrhundert errichteten Konfiguration. Bei den »Ökonomen« der Renaissance und noch bis hin zu Davanzatti beruhten die Fähigkeit des Geldes, die Waren zu messen, und seine Austauschbarkeit auf seinem immanenten Wert: Man wußte, daß die Edelmetalle wenig Nützlichkeit außerhalb der Münze besaßen; aber wenn sie als Eichmaß gewählt wurden, wenn sie im Warentausch benutzt wurden und infolgedessen einen hohen Preis erreichten, dann weil in der natürlichen Ordnung und in ihnen selbst sie einen absoluten, fundamentalen und höheren als jeden anderen Preis hatten, auf den man den Wert jeder Ware beziehen konnte.[11] Das schöne Metall war in sich Merkmal des Reichtums. Sein ihm eigener Glanz zeigte zur Genüge an, daß es gleichzeitig verborgene Präsenz und sichtbare Signatur aller Reichtümer der Welt war. Aus diesem Grunde hatte es seinen *Preis*. Aus diesem Grunde *maß* es auch alle Preise. Aus diesem Grunde konnte man es auch gegen alles, was einen Preis hatte, *austauschen*. Es war das *Kostbare par excellence*. Im siebzehnten Jahrhundert weist man diese drei Eigenheiten dem Geld immer noch zu, läßt sie aber alle drei nicht mehr auf der ersten Eigenheit (einen Preis zu haben), sondern auf der letzten (an die Stelle dessen zu treten, was einen Preis hat) beruhen. Während die Renaissance

---

10 Davanzatti, *Leçon sur les monnaies*, in: Le Branchu, a. a. O., Bd. 2, S. 231.

11 Noch am Anfang des siebzehnten Jahrhunderts schrieb Antoine de la Pierre, *De la nécessité du pèzement*, o. O. u. J.: »Der Wert der Silber- und Goldmünzen beruht im wesentlichen auf dem Edelmetall, das sie enthalten.«

die beiden *Funktionen* des gemünzten Metalls (Maß und Ersatz) auf der Verdoppelung seines immanenten *Merkmals* (die Tatsache, daß es wertvoll war) beruhen ließ, erschüttert das siebzehnte Jahrhundert diese Analyse. Es ist die Tauschfunktion, die als Grundlage für die beiden anderen Merkmale dient (die Fähigkeit, zu messen, und die Fähigkeit, einen Preis zu erhalten, die als *Eigenschaften* erschienen, die sich aus dieser *Funktion* ableiteten).

Diese Umkehrung ist das Werk eines Zusammenhangs von Überlegungen und Praktiken, die sich auf das ganze siebzehnte Jahrhundert (von Scipion de Gramont bis hin zu Nicolas de Barbon) verteilen und die man unter dem ziemlich approximativen Begriff »Merkantilismus« zusammenfaßt. Gewöhnlich charakterisiert man den Merkantilismus hastig als einen absoluten »Monetarismus«, das heißt als eine systematische (oder hartnäckige) Vermengung der Reichtümer und der Geldsorten. Tatsächlich ist es keine mehr oder weniger vermengte Identität, die der Merkantilismus zwischen den einen und den anderen herstellt, sondern eine überlegte Gliederung, die aus dem Geld das Instrument der Repräsentation und der Analyse der Reichtümer und umgekehrt aus den Reichtümern den vom Geld repräsentierten Inhalt macht. So wie die alte kreisartige Konfiguration der Ähnlichkeiten und der Markierungen sich aufgelöst hatte, um sich in zwei korrelativen Schichten aus Repräsentation und aus Zeichen zu entfalten, ebenso löst sich der Kreis des »Kostbaren« in der Epoche des Merkantilismus auf; die Reichtümer entfalten sich als Gegenstände der Bedürfnisse und der Wünsche. Sie teilen sich und treten gegenseitig an ihre Stelle durch das Spiel der Münzstücke, die sie bezeichnen; und die reziproken Beziehungen des Geldes und des Reichtums stellen sich in der Form der Zirkulation und des Warentausches her. Wenn man hat glauben können, daß der Merkantilismus Geld und Reichtum vermengte, liegt das wahrscheinlich daran, daß das Geld für die Merkantilisten die Kraft der Repräsentation jedes möglichen Reichtums hat, daß es deren universales Instrument bei der Analyse und Repräsentation ist, daß es ohne Rückstand die Gesamtheit ihres Gebietes erfaßt. Jeder Reichtum ist *münzbar* und tritt so in *Umlauf*. Auf die gleiche Weise war jedes natürliche Wesen *charakterisierbar* und konnte in eine *Taxinomie* treten; war jedes Einzelwesen *benennbar* und konnte in eine *gegliederte Sprache* treten; konnte jede Repräsentation *bezeichnet werden* und, um *erkannt* zu werden, in ein *System von Identitäten und Unterschieden* treten.

Aber das verlangt eine nähere Untersuchung. Unter allen in der Welt existierenden Dingen werden vom Merkantilismus alle die als »Reichtümer«
bezeichnet werden, die, da sie vorstellbar sind, obendrein Gegenstände
des Verlangens sind. Das heißt, daß sie außerdem »durch die Notwendigkeit, Nützlichkeit, Freude oder Seltenheit«[12] markiert sind. Kann man
nun aber sagen, daß die Metalle, die zur Herstellung von Geldstücken dienen (es handelt sich hier nicht um schlechte Münzen, die in bestimmten
Gegenden nur als Nachschuß dienen, sondern um solche, die in Außen-
handelsgeschäften benutzt werden), zum Reichtum gehören? Gold und
Silber haben nur geringe Nützlichkeit – »so wie man sich ihrer zum Haus-
gebrauch bedienen könnte«; sie können noch so selten sein, ihr Überfluß
ist immer noch so groß, daß sie jene geringen Gebrauchsmöglichkeiten
übersteigen. Wenn man sie sucht, wenn die Menschen finden, daß sie ihnen immer fehlen, wenn die Menschen in Minen arbeiten und Krieg führen, um sich in Besitz von Gold zu bringen, liegt das daran, daß die Herstellung von Gold- und Silbermünzen ihnen eine Nützlichkeit und eine
Seltenheit verschafft hat, die diese Metalle nicht von selbst besitzen.
»Das Geld erhält seinen Wert nicht durch den Stoff, aus dem es besteht,
sondern aus der Form, die das Bild oder das Zeichen des Fürsten ist.«[13]
Weil das Gold Geld ist, ist es kostbar, nicht etwa umgekehrt. Plötzlich ist
die im sechzehnten Jahrhundert so eng fixierte Beziehung umgekehrt:
das Geld (und bis hin zum Metall, aus dem es gemacht wird) erhält seinen
Wert aus der reinen Funktion als Zeichen. Das hat zwei Konsequenzen.
Zunächst kommt der Wert der Dinge nicht mehr vom Metall. Er entsteht
von selbst, ohne Bezug zum Geld, nach Kriterien der Nützlichkeit, des Ver-
nügens oder der Seltenheit. Die Dinge nehmen in Beziehung zueinander
Wert an. Das Metall wird lediglich gestatten, den Wert zu repräsentieren,
wie ein Name eine Idee oder ein Bild repräsentiert, diese aber nicht ausmacht: »Das Gold ist nur das Zeichen und gewöhnliche Instrument, um
den Wert der Dinge in Anwendung zu bringen; aber die wahre Schätzung
des Wertes hat seine Quelle im menschlichen Urteil und in jener Fähigkeit,
die man die des Einschätzens nennt.«[14] Die Reichtümer sind Reichtümer,
weil wir sie schätzen, so wie unsere Vorstellungen das sind, was sie sind,

---

12 Scipion de Gramont, *Le Denier royal, traité curieux de l'or et de l'argent*, Paris 1620, S. 48.
13 A. a. O., S. 13 f.
14 A. a. O., S. 46 f.

weil wir sie uns vergegenwärtigen. Die geldlichen oder sprachlichen Zeichen fügen sich dem obendrein hinzu.

Warum aber haben Gold und Silber, die in sich selbst kaum Reichtümer sind, jene bezeichnende Kraft erhalten oder angenommen? Man könnte wahrscheinlich auch eine andere Ware zu diesem Zweck benutzen, »sei sie auch noch so unbedeutend und wertlos«.[15] Das Kupfer, das bei vielen Nationen im Zustand einfachen Stoffes billig bleibt, wird bei bestimmten Nationen erst in dem Maß wertvoll, in dem man es in Geld umwandelt.[16] Aber allgemein bedient man sich des Goldes und des Silbers, weil sie in sich selbst »eigene Vollkommenheit« bergen. Diese Vollkommenheit gehört nicht zur Ordnung des Preises, sondern rührt von ihrer unbegrenzten Fähigkeit der Repräsentation her. Sie sind hart, unvergänglich, unveränderbar; sie können sich in kleinste Teilchen zerteilen; sie können ein großes Gewicht in einem kleinen Volumen zusammenfassen, sie können leicht transportiert werden und sind leicht zu prägen. All das macht aus Gold und Silber ein bevorzugtes Instrument zur Repräsentation aller anderen Reichtümer und um diese durch die Analyse einem strengen Vergleich zu unterziehen. So wird die Beziehung des Geldes mit den Reichtümern definiert. Es ist eine arbiträre Beziehung, weil es nicht der immanente Wert des Metalls ist, der den Dingen den Preis gibt. Jeder Gegenstand, selbst einer ohne Preis, kann als Geld dienen, aber er muß noch besondere Fähigkeiten der Repräsentation und der Analyse besitzen, die gestatten, zwischen den Reichtümern Gleichheits- oder Unterschiedsbeziehungen herzustellen. Es scheint also, daß die Benutzung des Goldes und des Silbers richtig begründet ist. Wie Bouteroue sagt, »ist [das Geld] ein Teil der Materie, dem die öffentliche Autorität ein Gewicht und einen bestimmten Wert gegeben hat, damit er als Preis dienen und im Handel die Ungleichheit aller Dinge ausgleichen kann«.[17] Der »Merkantilismus« hat das Geld gleichzeitig von der Forderung nach dem eigenen Wert des Metalls befreit – »Wahnsinn bei denjenigen, für die Geld eine Ware wie jede andere ist«[18] – und zwischen ihm und dem Reichtum eine strenge Bezie-

---

15 A. a. O., S. 14.
16 Wilhelm von Schroeder, *W. Freyh. von Schroedern fürstliche Schatz- und Rentcammer*, Leipzig, Königsberg 1744, S. 111. – Geminiano Montanari, *Della moneta, trattato mercantile* [Scrittori classici italiani di economia politica. Parte antica. 3], Milano 1804, S. 35.
17 Claude Bouteroue, *Recherches curicuses des monnaies de France*, Paris 1666, S. 8.
18 Joshua Gee, *The trade and Navigation of Great-Britain considered*, Glasgow ⁵1750, S. 8: »[...] so mistaken are many people [...] they say money is a commodity like other things.«

hung der Repräsentation und Analyse hergestellt. »Was man im Geld betrachtet, ist nicht so sehr die Silbermenge, die es enthält, sondern die Tatsache, daß es in Umlauf ist.«[19]

Gewöhnlich ist man ungerecht oder sogar zweifach ungerecht mit dem, was man »Merkantilismus« nennt. Entweder denunziert man in ihm das, was er unaufhörlich kritisiert hat (den immanenten Wert des Metalls als Prinzip des Reichtums), oder man entdeckt in ihm eine Folge unmittelbarer Widersprüche: Hat er nicht das Geld in seiner reinen Zeichenfunktion entdeckt, während er seine Akkumulation als die einer Ware verlangte? Hat er nicht die Bedeutung der quantitativen Fluktuation des Bargeldes erkannt und ihre Wirkung auf die Preise verkannt; war er nicht protektionistisch und hat dabei auf den Warentausch den Mechanismus des Anwachsens der Reichtümer sich gründen lassen? Tatsächlich bestehen diese Widersprüche oder dieses Zögern nur, wenn man dem Merkantilismus eine Wahl aufzwingt, die für ihn überhaupt keinen Sinn haben konnte: nämlich die Wahl zwischen Geld als Ware und Geld als Zeichen. Für das klassische Denken, das sich damals bildete, ist das Geld das, was die Reichtümer zu repräsentieren gestattet. Ohne solche Zeichen würden die Reichtümer unbeweglich, nutzlos und sozusagen stumm bleiben. Gold und Silber sind in diesem Sinne Schöpfer all dessen, was der Mensch begehren kann. Aber um diese Rolle der Repräsentation spielen zu können, muß das Geld Eigenheiten bieten (natürliche und nicht ökonomische), die es seiner Aufgabe adäquat und folglich kostbar machen. Als allgemeingültiges Zeichen wird es zur seltenen und ungleichmäßig verteilten Ware: »Umlauf und Wert, die jedem Geld auferlegt werden, sind seine wahre, ihm innewohnende Güte.«[20] Genau wie in der Ordnung der Repräsentationen müssen die Zeichen, die sie ersetzen und analysieren, ihrerseits Repräsentationen sein, das Geld kann nicht die Reichtümer bezeichnen, ohne selbst ein Reichtum zu sein. Es wird aber ein Reichtum, weil es Zeichen ist, während eine Repräsentation zunächst vergegenwärtigt werden muß, um in der Folge zum Zeichen zu werden.

Daher rühren die offensichtlichen Widersprüche zwischen den Prinzipien der Akkumulation und den Regeln der Zirkulation. In einem bestimmten Augenblick ist die Zahl der existierenden Geldstücke determi-

---

19 Nicolas Barbon, *A discourse concerning coining the new money lighter*, London 1696, nicht paginiert.
20 Dumoulin, zitiert bei René Gonnard, *Histoire des doctrines monétaires*, 2 Bde., Paris 1935-1936, Bd. 1, S. 173.

niert. Colbert glaubte sogar, und zwar trotz der Ausbeutung der Minen und des aus Amerika eingeführten Metalls, daß »die Menge Silber, die in Europa zirkuliert, konstant ist«. Man hat aber dieses Silber nötig, um die Reichtümer zu repräsentieren, das heißt, um sie anzuziehen und erscheinen zu lassen, indem man sie aus dem Ausland herbeischafft oder sie an Ort und Stelle fabriziert. Man braucht dieses Geld auch, um die Reichtümer im Tauschprozeß von Hand zu Hand laufen zu lassen. Man muß also Metall importieren, indem man es den benachbarten Staaten entzieht: »Es gibt nur den Handel und alles, was davon abhängt, was diese Wirkung haben kann.«[21] Die Gesetzgebung muß also auf zwei Dinge achten: »das Verbringen des Metalls ins Ausland oder seine Benutzung zu anderen Zwecken als zur Münze untersagen und die Zollrechte festlegen, so daß sie die Handelsbilanz stets positiv halten können, den Import von Rohprodukten begünstigen und soviel wie möglich Fertigwaren vom eigenen Land fernzuhalten, aber die Produkte aus den Manufakturen eher als die Rohstoffe selbst exportieren, deren Verschwinden Hungersnot und Preissteigerungen nach sich zieht.«[22] Nun ist das akkumulierte Metall nicht zum Einschlämmen oder zum Schlafen bestimmt, man zieht es nur in einen Staat, damit es dort im Warentausch verbraucht wird. Wie Becher sagt, ist alles, was für einen der Partner Ausgaben sind, für den anderen Einnahmen.[23] Und Thomas Mun identifizierte das Bargeld mit dem Reichtum.[24] Das Geld wird nur zum wirklichen Reichtum in dem präzisen Maße, in dem es seine Vertretungsfunktion erfüllt: Wenn es die Waren ersetzt, wenn es ihre Verlagerung oder ihr Horten gestattet, wenn es den Rohmaterialien die Gelegenheit gibt, konsumierbar zu werden, und wenn es die Arbeit verteilt. Also es ist nicht zu fürchten, daß die Akkumulation des Geldes in einem Staat Preissteigerungen auslöst. Und das von Bodin aufgestellte Prinzip, daß die große Teuerung im sechzehnten Jahrhundert dem Zufluß amerikanischen Goldes zuzuschreiben war, ist ungültig. Wenn die Vervielfachung des Geldes zunächst auch die Preise steigen läßt, stimuliert sie doch den Handel und die Manufakturen. Die Menge der Reichtümer wächst, und die Zahl der Elemente, zwischen denen sich die Geld-

21 Pierre Clément, *Lettres, instructions et mémoires de Colbert*, 10 Bde., Paris 1861-1882, Bd. 7, S. 239.
22 A. a. O., Bd. 7, S. 284. – Vgl. auch Bouteroue, *Recherches curieuses des monnaies de France*, S. 10 f.
23 Johann Joachim Becher, *Politischer Discurs von den eigentlichen Ursachen des Auf- und Abnehmens der Städte, Länder und Republicken*, Frankfurt 1668.
24 Thomas Mun, *England's Treasure by forraign trade*, London 1664, 2. Kapitel.

stücke aufteilen, wird um ebensoviel erhöht. Die Preissteigerung ist nicht
zu fürchten; im Gegenteil: jetzt, da die kostbaren Gegenstände sich vervielfacht haben, jetzt, da die Bürger, wie es Scipion de Gramont ausdrückt, Sa-
tin und Velours tragen können, hat der Wert sogar der seltensten Dinge in
Beziehung zur Gesamtheit der anderen nur sinken können. Ebenso verliert
jedes Stück Metall von seinem Wert gegenüber den anderen in dem Maße,
in dem die Masse der zirkulierenden Geldstücke zunimmt.[25] Die Beziehungen zwischen Reichtum und Geld entstehen also im Zirkulations-
und Tauschprozeß und nicht mehr durch die »Kostbarkeit« des Metalls.
Wenn die Güter zirkulieren können (und zwar dank dem Gelde), vervielfachen sie sich, und der Reichtum nimmt zu. Wenn die Stücke durch Wirkung einer guten Zirkulation und günstigen Bilanz zahlreicher werden,
kann man neue Waren anziehen und die Pflanzungen und die Fabriken
vermehren. Man muß also mit Horneck sagen, daß Gold und Silber »unser
bestes Geblüt, das innerste Mark unserer Kräfften«, die »zwey unentbähr-
lichen allgemeinen Werckzeig menschlicher Handlungen und Subsistenz«
sind.[26] Man findet hier die alte Metapher von einem Geld wieder, das für
die Gesellschaft das ist, was das Blut für den Körper darstellt.[27] Aber bei
Davanzatti spielte das Bargeld keine andere Rolle als die, die verschiedenen Teile der Nation zu durchtränken. Jetzt, wo Geld und Reichtum beide
innerhalb des Raums des Warentauschs und der Zirkulation erfaßt werden, kann der Merkantilismus seine Analyse dem unlängst von Harvey gelieferten Modell anpassen. Nach Hobbes[28] ist der venenartige Kreislauf
des Geldes der der Steuern und Auflagen, die eine bestimmte Metallmenge von den beförderten, gekauften oder verkauften Waren erheben.
Diese Metallmenge wird bis ins Herz des Leviathan gebracht – das heißt
in die Staatskasse. Dort erhält das Metall das »Lebensprinzip«, der Staat
kann es einschmelzen oder wieder in Umlauf setzen. Seine Autorität allein
ist es in jedem Fall, die ihm zum Umlauf verhilft. Wieder an die Untertanen verteilt (in Form von Pensionen, Besoldungen oder Zuteilungen für
vom Staat gekaufte Lieferungen), stimuliert es bei dem zweiten Umlauf,
der jetzt arterieller Natur ist, den Warentausch, die Fabrikation und den

25 Gramont, *Le Denier royal*, S. 116-119.
26 Paul Wilhelm von Horneck, *Österreich über alles, wenn es nur will. Das ist: wohlmeinender Fürschlag wie mittelst einer wolbestellten Lands-Oeconomie die kayserlichen Erbland in kurzem über alle
   andere Staat von Europa zu erheben [. . .]*, Regensburg ²1685, S. 12 und S. 288.
27 Vgl. Davanzatti, *Leçon sur les monnaies*, in: Le Branchu, a. a. O., Bd. 2, S. 230.
28 Thomas Hobbes, *Leviathan*, Cambridge 1904, S. 179 f.

Ackerbau. Die Zirkulation wird so eine der fundamentalen Kategorien der Analyse. Aber die Übertragung dieses physiologischen Modells ist nur durch die tiefere Öffnung eines dem Geld und dem Zeichen, dem Reichtum und den Repräsentationen gemeinsamen Raumes möglich geworden. Die in unserem Abendland so hartnäckige Metapher vom Staat als Körper hat im siebzehnten Jahrhundert ihre Vorstellungskräfte nur auf dem Hintergrund von viel radikaleren archäologischen Notwendigkeiten erhalten.

Durch die merkantilistische Erfahrung bildet sich das Gebiet des Reichtums auf die gleiche Weise wie das der Repräsentationen. Wir haben gesehen, daß diese die Kraft hatten, sich von sich selbst aus zu vergegenwärtigen: in sich einen Raum zu eröffnen, in dem sie sich analysierten, und mit ihren eigenen Elementen Substitute zu bilden, die gleichzeitig die Errichtung eines Zeichensystems und die Erstellung eines Tableaus von Identitäten und Unterschieden gestattete. Auf die gleiche Weise können die Reichtümer sich austauschen; sich in Teilen analysieren, die Beziehungen der Gleichheit und der Ungleichheit gestatten; sich gegenseitig durch jene Elemente von Reichtum zu bezeichnen, die völlig vergleichbar sind – nämlich die Edelmetalle. Und ganz wie die gesamte Welt der Repräsentation sich mit Repräsentationen zweiten Grades, die jene repräsentieren, bedeckt (und zwar in einer ununterbrochenen Kette), sind die einen Reichtümer der Welt mit den anderen insoweit in Beziehung gesetzt, als sie zu einem Tauschsystem gehören. Von einer Repräsentation zur anderen gibt es keinen autonomen Bedeutungsakt, sondern eine einfache und undefinierte Möglichkeit des Austausches. Wie immer die Determinationen und ökonomischen Folgen gewesen sein mögen, erscheint der Merkantilismus, wenn man ihn auf der Ebene der *episteme* befragt, als die langsame, lange Anstrengung, die Reflexion über die Preise und das Geld in die gerade Linie der Analyse der Repräsentationen zu rücken. Er hat ein Gebiet des »Reichtums« auftauchen lassen, das mit dem konnex ist, das sich vor der allgemeinen Grammatik entfaltet hat. Aber während sich in den beiden letzten Fällen die Veränderung abrupt vollzogen hat (eine gewisse Seinsweise der Sprache richtete sich plötzlich in der Grammatik von Port-Royal auf, eine bestimmte Seinsweise der natürlichen Einzelwesen offenbarte sich fast plötzlich mit Jonston und Tournefort), hatte dagegen die Seinsweise des Geldes und des Reichtums, weil sie mit einer ganzen *Praxis*, mit einem institutionellen Ganzen verbunden war, ein Anzeichen viel höherer historischer Viskosität. Die natürlichen Wesen und die Sprache bedurften nicht des Äquivalents der langen merkantilistischen Operation, um in das Gebiet der Repräsentation einzutreten, sich ihren Gesetzen zu unterwerfen, ihre Zeichen und Ordnungsprinzipien zu erhalten.

IV. Pfand und Preis

Die klassische Geld- und Preistheorie ist durch Erfahrungen entwickelt worden, die wohlbekannt sind. Zunächst gab es die große Krise der Geldzeichen, die in Europa ziemlich früh im siebzehnten Jahrhundert begonnen hat. Muß man dafür in der Versicherung Colberts, daß die Metallmasse in Europa stabil ist und die Zuflüsse aus Amerika außer acht gelassen werden können, eine erste, noch nicht zentrale und nur angedeutete Bewußtseinskrise sehen? Auf jeden Fall macht man am Ende des Jahrhunderts die Erfahrung, daß das gemünzte Metall zu selten ist. Der Handel geht zurück, die Preise fallen, es bestehen Schwierigkeiten bei der Schuldentilgung, Renten und Steuern können nicht bezahlt werden, der Boden verliert an Wert. Daher die große Serie der Abwertungen, die während der ersten fünfzehn Jahre des achtzehnten Jahrhunderts in Frankreich stattgefunden hat, um das Bargeld zu vervielfachen; die elf »diminutions« (niedrigeres Festsetzen der Preise), die vom 1. Dezember 1713 bis zum 1. September 1715 gestaffelt sind und deren (vergebliche) Bestimmung es ist, das versteckte Metall wieder in Umlauf zu bringen; eine Folge von Maßnahmen, die den Rentensatz verringern und das Nominalkapital reduzieren; das Erscheinen von Papiergeld im Jahre 1701, das bald durch Staatsrenten ersetzt wird. Unter anderen Folgen hat das Experiment von Law das Wiedererscheinen der Metalle, die Erhöhung der Preise, die Aufwertung des Bodens, die Zunahme des Handels gestattet. Die Edikte vom Januar und Mai 1726 richten für das ganze achtzehnte Jahrhundert ein stabiles Metallgeld ein: sie ordnen die Herstellung eines *louis d'or* an, der vierundzwanzig *livres tournois* wert ist und es bis zur Revolution sein wird.

Gewöhnlich sieht man in diesen Versuchen, in ihrem theoretischen Kontext, in den Diskussionen, denen sie Raum gegeben haben, die Auseinandersetzungen zwischen den Anhängern eines Geldes als Zeichen und den Anhängern eines Geldes als Ware. Zur einen Seite rechnet man selbst-

verständlich Law mit Terrasson[29], Dutot[30], Montesquieu[31], den Chevalier
de Jaucourt[32]; diesen stellt man, außer Paris-Duverney[33], den Kanzler
D'Aguesseau[34], Condillac, Destutt de Tracy gegenüber; zwischen den beiden Gruppen und gewissermaßen auf einer Mittellinie müßte man Melon[35] und Graslin[36] sehen. Natürlich wäre es interessant, die genaue Auf-
rechnung der Meinungen vorzunehmen und zu bestimmen, wie sie sich
in den verschiedenen gesellschaftlichen Gruppen verteilt fanden. Wenn
man aber das Wissen befragt, das sie alle miteinander gleichzeitig möglich
gemacht hat, bemerkt man, daß diese Opposition oberflächlich ist; und
daß, wenn sie nötig ist, sie es nur von einer einzigen Disposition her ist,
die lediglich an einem bestimmten Punkt die Gabelung einer unerläßlichen Wahl herbeiführt.

Diese einzige Disposition definiert das Geld als Pfand. Diese Definition
findet sich bei Locke und etwas vor ihm bei Vaughan[37]; später bei Melon –
»Gold und Silber sind nach allgemeiner Übereinkunft das Pfand, das Äquivalent oder das gemeinsame Maß all dessen, was den Menschen zum Gebrauch dient«[38]; bei Dutot – »Reichtümer durch Vertrauen oder Meinung
sind nur repräsentativer Natur, wie das Gold, das Silber, die Bronze, das
Kupfer«[39]; bei Fortbonnais – »der wichtige Punkt« bei den Reichtümern durch Übereinkunft besteht »in der Sicherheit, in der sich die Besitzer von Geld und Waren darüber befinden, daß sie sie austauschen können, wann sie wollen ... und zwar nach dem durch Brauch festgelegten
Fuß«[40]. Zu sagen, daß das Geld ein Pfand ist, heißt, daß es nicht mehr

29 Abbé Jean Terrasson, *Trois lettres sur le nouveau système des finances*, Paris 1720.

30 Dutot, *Réflexions politiques sur les finances et le commerce*, 2 Bde., La Haye 1738.

31 Charles de Montesquieu, *Vom Geist der Gesetze*, Buch 22, Kapitel 2.

32 *Encyclopédie*, Artikel »Monnaie«.

33 Joseph Paris-Duverney, *Examen du livre intitulé: »Réflexions politiques sur les finances et le commerce«*, 2 Bde., La Haye 1740.

34 Henri-François d'Aguesseau, *Considérations sur la monnaie* (1718), in: ders., *Œuvres*, 13 Bde., Paris
1759-1789, Bd. 10 (1777).

35 Jean François Melon, *Essai politique sur le commerce*, Paris 1734.

36 Jean-Joseph Graslin, *Essai analytique sur la richesse et l'impôt*, London 1767.

37 Rice Vaughan, *A discourse of coin and coinage*, London 1675, S. 1. – John Locke, *Considerations of
the lowering of interests*, in: ders., *Works*, 10 Bde., London 1801, Bd. 5, S. 21-23.

38 Melon, *Essai politique sur le commerce*, zitiert bei Eugène Daire, *Economistes financiers du XVIIIᵉ siècle*, Paris 1843, S. 761.

39 Dutot, *Réflexions politiques sur les finances et le commerce*, zitiert bei Daire, *Economistes financiers
du XVIIIᵉ siècle*, S. 905 f.

40 François Véron Duverger de Fortbonnais, *Eléments de commerce*, 2 Bde., Leyden 1756, Bd. 2, S. 91.
Vgl. auch ders., *Recherches et considérations sur les finances de France depuis l'année 1595 jusqu'à
l'année 1721*, 2 Bde., Basel 1758, Bd. 2, S. 582.

als ein durch gemeinsame Übereinstimmung erhaltener Jeton ist – eine reine Fiktion demnach. Aber es heißt auch, daß es genau das wert ist, wofür man es gibt, weil es seinerseits gegen genau die gleiche Menge Ware oder ihr Äquivalent ausgetauscht werden kann. Das Geld kann stets das in die Hände seines Besitzers zurückbringen, was er gegen es eintauscht, so wie in der Repräsentation ein Zeichen dem Denken das wiederbringen können muß, was es repräsentiert. Das Geld ist eine solide Erinnerung, eine sich spaltende Repräsentation, ein aufgeschobener Tausch. Wie Le Trosne sagt, ist der Handel, der sich des Geldes bedient, in dem Maße eine Vervollkommnung, in dem er »unvollendeter Handel«[41] ist, ein Akt, dem während einer bestimmten Zeit der fehlt, der ihn kompensiert, eine halbe Operation, die den umgekehrten Tausch verspricht und erwartet, durch den das Pfand sich in seinen wirksamen Inhalt rückverwandelt finden wird.

Aber wie kann das monetäre Pfand diese Sicherheit geben? Wie kann es dem Dilemma zwischen wertlosem Zeichen oder der allen anderen analogen Ware entgehen? Da ruht für die klassische Analyse des Geldes der Punkt der Häresie – die Wahl, die die Anhänger Laws und seine Gegner in Opposition bringt. Man kann tatsächlich sich vorstellen, daß die Operation, die das Geld verpfändet, durch den Handelswert des Stoffes gesichert wird, aus dem es gemacht ist. Oder es wird durch eine andere, ihm äußerliche Ware gesichert, die mit ihm durch die kollektive Übereinkunft oder den Willen des Fürsten verbunden ist. Diese zweite Lösung hat Law gewählt, und zwar wegen der Seltenheit des Metalls und wegen der Schwankungen seines Handelswertes. Er meint, daß man ein Papiergeld in Umlauf setzen kann, das durch den Grundbesitz gedeckt wäre: man braucht nur noch »Billets auszugeben, die durch Ländereien gedeckt sind und durch jährliche Zahlungen erlöschen müssen [...], diese Billets werden wie gemünztes Geld zu dem von ihnen ausgedrückten Wert zirkulieren.«[42] Wir wissen, daß Law gezwungen war, auf diese Technik bei seinem Versuch in Frankreich zu verzichten, und daß er die Deckung des Geldes durch eine Handelsgesellschaft sichern ließ. Das Fehlschlagen des Unternehmens hat jedoch in nichts die Theorie des Geldes als Pfand berührt,

---

41 Guillaume François Le Trosue, *De l'intérêt social*, Paris 1777, zitiert bei Daire, *Physiocrates*, Paris 1846, S. 908.

42 John Law, *Considérations sur le numéraire et le commerce*, La Haye 1720, zitiert bei Daire, *Economistes financiers du XVIIIᵉ siècle*, S. 519.

die das Unternehmen möglich gemacht hatte, die aber ebenfalls jede andere Überlegung über das Geld, sei sie auch den Überlegungen Laws entgegengesetzt, ermöglichte. Und als 1726 ein stabiles Metallgeld ausgegeben wird, wird die Deckung von der Substanz der Stücke selbst verlangt. Was dem Geld selbst seine Tauschbarkeit sichert, wird der Handelswert des Metalls sein, das darin enthalten ist. Turgot wird Law dafür kritisieren, daß er geglaubt hat, daß »das Geld nur ein abstrakter Reichtum ist, dessen Kredit auf dem Siegel des Fürsten beruht. Dieses Siegel befindet sich nur darauf, um Gewicht und Titel zu bescheinigen. [...] Also als Ware ist das Geld nicht das Zeichen, sondern das gemeinsame Maß der anderen Waren. [...] Das Gold zieht seinen Preis aus seiner Seltenheit, und anstatt daß es ein Übel wäre, daß es gleichzeitig als Ware und als Maß verwandt wird, stützen diese beiden Verwendungen seinen Preis.«[43] Law stellt sich mit seinen Anhängern seinem Jahrhundert nicht als der geniale oder unvorsichtige Vorläufer der Banknoten entgegen. Auf dieselbe Weise wie seine Gegner definiert er das Geld als Pfand. Aber er meint, daß die Grundlage dafür besser (gleichzeitig umfangreicher und stabiler) gesichert ist durch eine dem Geldstück selbst äußerliche Ware. Seine Gegner dagegen denken, es sei besser gesichert (gewisser und den Spekulationen weniger ausgesetzt) durch die Metallsubstanz, die die materielle Wirklichkeit des Geldes bildet. Der Gegensatz zwischen Law und seinen Kritikern betrifft nur die Entfernung zwischen Verbürgtem und Bürgen. Im einen Fall ist das Geld, in sich selbst um jeden Handelswert erleichtert, aber durch einen ihm äußeren Wert gesichert, dasjenige, »durch das« man die Waren austauscht.[44] Im anderen Fall hat das Geld in sich einen Preis und ist gleichzeitig das, »durch das« und »für das« man Reichtümer austauscht. Aber im einen wie im anderen Fall gestattet das Geld die Festlegung des Preises der Dinge dank einer bestimmten *proportionalen* Beziehung zu den Reichtümern und einer bestimmten Kraft, sie *zirkulieren* zu lassen.

Als Pfand bezeichnet das Geld einen bestimmten (aktuellen oder nicht aktuellen) Reichtum: es stellt dessen Preis fest. Aber die Beziehung zwischen dem Geld und den Waren, also das Preissystem, wird modifiziert, sobald die Geldmenge oder die Warenmenge zu einem bestimmten Zeit-

43 Turgot, *Seconde lettre à l'abbé de Cice (1749)*, in: ders., *Œuvres* (Hrsg. Gustave Schelle), 5 Bde., Paris 1913-1923, Bd. 1, S. 146 f.
44 Law, *Considérations sur le numéraire et le commerce*, zitiert bei Daire, *Economistes financiers du XVIIIᵉ siècle*, S. 472 f.

punkt ebenfalls verändert werden. Wenn das Geld in Beziehung zu den
Waren in geringer Menge vorhanden ist, wird es einen großen Wert haben,
und die Preise werden niedrig sein. Wenn seine Menge bis zu dem Punkt
zunimmt, an dem es gegenüber den Reichtümern im Überfluß vorhanden
sein wird, wird es geringen Wert haben, und die Preise werden sehr hoch
sein. Die Repräsentationskraft und die analytische Kraft des Geldes ändern sich mit der Menge der Geldstücke einerseits und der Menge der
Reichtümer andererseits: Sie wären nur konstant, wenn die beiden Mengen stabil wären oder gemeinsam in einem gleichen Verhältnis sich änderten.

Das »Mengengesetz« ist nicht von Locke »erfunden« worden. Bodin und
Davanzatti wußten bereits im sechzehnten Jahrhundert, daß das Anwachsen der in Zirkulation befindlichen Metallmassen die Warenpreise steigen
ließ. Aber dieser Mechanismus schien mit einer immanenten Entwertung
des Metalls verbunden zu sein. Am Ende des siebzehnten Jahrhunderts
wird dieser gleiche Mechanismus von der Funktion des Geldes als Repräsentant aus definiert; »die Geldmenge stand in einem Verhältnis zum ganzen Handel«. Mehr Metall – und sofort kann jede auf der Welt existierende Ware über etwas mehr an repräsentativen Elementen verfügen; mehr
Waren – und jede Metalleinheit wird etwas stärker gedeckt sein. Es genügt,
irgendeine Ware als festen Punkt zu benutzen, und das Phänomen der Veränderung erscheint in aller Deutlichkeit: »Wenn wir das Getreide zum festen Maß nehmen, werden wir herausfinden, daß das Geld in seinem Wert
die gleichen Veränderungen erfährt wie die anderen Waren. [...] Der
Grund dafür ist erkennbar. Seit der Entdeckung Westindiens gibt es zehnmal mehr Silber auf der Welt als vorher. Deshalb ist es auch neun Zehntel
weniger wert, das heißt, man muß zehnmal mehr geben, als man vor zweihundert Jahren bezahlte, wenn man die gleiche Warenmenge kaufen
will.«[45] Das Sinken des Metallwertes, das hier angedeutet wird, betrifft
nicht eine bestimmte edle Eigenschaft, die ihm eigen wäre, sondern seine
allgemeine Kraft als Repräsentant. Man muß die Gelder und die Reichtümer als zwei Zwillingsmengen betrachten, die einander notwendig entsprechen: »Wie sich die Gesamtmenge des einen zur Gesamtmenge des anderen verhält, so wird sich auch der Teilbetrag des einen zu dem des anderen
verhalten. Nehmen wir an, es gäbe nur eine einzige Art von Erzeugnis oder

---

45 Locke, *Considerations of the lowering of interests*, in: ders., *Works*, Bd. 5, S. 73.

Ware in der Welt oder nur eine, die sich wie Gold verkaufen und teilen läßt, so wird ein Teil dieser Ware einem Teil der Geldmenge entsprechen.«[46] Wenn man annähme, daß es nur ein Gut auf der Welt gäbe, müßte alles Gold der Erde es repräsentieren. Und umgekehrt müßten, wenn die Menschen alle zusammen nur über ein Geldstück verfügten, sämtliche Reichtümer, die in der Natur entstehen und durch Menschenhand geschaffen werden, sich in dessen Unterteilungen teilen. Von dieser Grenzsituation aus wird, wenn der Zufluß des Geldes beginnt (und die Warenmenge gleichbleibt) »der Wert jeden Teils des Geldstücks um ebensoviel sinken«. Wenn dagegen »die Industrie, die Künste und die Wissenschaften neue Gegenstände in die Warenzirkulation einbringen [...], muß man dem neuen Wert der neuen Produkte einen Teil der die Werte repräsentierenden Zeichen zuwenden. Wenn dieser Teil von der Masse der Zeichen genommen wird, wird seine relative Menge abnehmen und wird sein repräsentativer Wert um ebensoviel zunehmen, weil er mehr Werten gegenübersteht, denn seine Funktion ist es, sie alle zu repräsentieren, und zwar in den ihnen gemäßen Proportionen.«[47]

Es gibt also keinen genauen Preis: nichts in einer beliebigen Ware zeigt durch irgendein immanentes Merkmal die Geldmenge an, durch die man sie bezahlen muß. Das Billige ist nicht mehr und nicht weniger exakt als das Teure. Dennoch existieren Regeln der Bequemlichkeit, die gestatten, die Geldmenge zu fixieren, durch die wünschenswerterweise die Reichtümer repräsentiert werden. Im äußersten Fall müßte jedes austauschbare Ding sein Äquivalent – »seine Bezeichnung« – in Geldstücken haben. Das wäre kein Nachteil in dem Fall, in dem das benutzte Geld aus Papier wäre (man würde nach der Vorstellung von Law welches fabrizieren und auch vernichten, je nach Maßgabe der Tauschbedürfnisse); was aber hinderlich oder sogar unmöglich wäre, wenn das Geld aus Metall wäre. Nun erhält aber ein und dieselbe monetäre Einheit bei der Zirkulation die Kraft, mehrere Dinge zu repräsentieren. Wenn sie von Hand zu Hand geht, ist sie mal Bezahlung eines Gegenstandes beim Unternehmer, mal Lohn für den Arbeiter, mal Bezahlung einer Ware beim Händler, eines Erzeugnisses beim Bauern oder auch Bezahlung der Rente an den Eigentümer. Eine einzige Metallmasse kann im Laufe der Zeit und gemäß den Individuen, die sie erhalten, mehrere äquivalente Dinge repräsentieren (einen Gegenstand,

46 Montesquieu, *Vom Geist der Gesetze* (Buch 22, Kapitel 7), 2 Bde., Tübingen 1951, Bd. 2, S. 88 f.
47 Graslin, *Essai analytique sur la richesse et l'impôt*, London 1767, S. 54 f.

eine Arbeit, ein Maß Getreide, einen Teil des Ertrags) – wie ein Gattungsname mehrere Dinge oder ein taxinomisches Charakteristikum mehrere
Individuen, mehrere Arten, mehrere Gattungen usw. repräsentieren kann.
Während aber das Charakteristikum eine größere Allgemeinheit nur erfaßt, indem es einfacher wird, vertritt das Geld mehr Reichtümer nur
durch schnellere Zirkulation. Die Ausdehnung des charakteristischen Merkmals wird durch die Arten definiert, die es in einer Gruppe zusammenfaßt
(also durch den Raum, den es in dem Tableau einnimmt); die Zirkulations-
geschwindigkeit wird durch die Zahl der Hände definiert, durch die Geld
während der Zeit läuft, die es braucht, um wieder an seinen Ausgangspunkt zurückzukommen (deshalb wählt man als Ausgangspunkt die Bezahlung der Produkte der Ernte im Ackerbau, weil man dort jährliche,
absolut sichere Zyklen hat). Man sieht also, daß der taxinomischen Ausdehnung des charakteristischen Merkmals im gleichzeitigen Raum des
Tableaus die Bewegungsgeschwindigkeit des Geldes in einer bestimmten
Zeit korrespondiert.

Diese Geschwindigkeit hat zwei Grenzen: eine unendlich schnelle Geschwindigkeit, die eines unmittelbaren Tauschs, wo das Geld keine Rolle
spielen würde, und eine unendlich langsame Geschwindigkeit, wo jedes
Reichtumselement seine geldliche Entsprechung hätte. Zwischen diesen
beiden Extremen gibt es variable Geschwindigkeiten, denen die sie ermöglichenden Geldmengen entsprechen. Nun werden die Zirkulationszyklen
durch die jährlichen Ernten bestimmt: es ist also von diesen ausgehend
und unter Berücksichtigung der einen Staat bevölkernden Individuen
möglich, die notwendige und hinreichende Geldmenge zu bestimmen,
die durch alle Hände geht und darin wenigstens den Unterhalt eines jeden
repräsentiert. Man versteht, wie im achtzehnten Jahrhundert die Zirku-
lationsanalysen, ausgehend von den Erträgen der Landarbeit, das Problem
der Bevölkerungsentwicklung und die Berechnung der bestmöglichen
Menge von gemünztem Geld verbunden waren. Das ist eine dreifache
Frage, die in einer normativen Form gestellt wird; denn das Problem ist,
nicht zu wissen, durch welche Mechanismen das Geld zirkuliert oder stagniert, wie es ausgegeben oder aufgehäuft wird (solche Fragen sind nur
in einer Ökonomie möglich, die nach dem Problem der Produktion und
des Kapitals fragt), sondern welches die notwendige Geldmenge ist, damit
in einem bestimmten Land die Zirkulation rasch genug vonstatten geht
und das Geld durch eine ausreichende Zahl von Händen läuft. Dann wer-

den die Preise nicht immanent »genau«, sondern genau angemessen sein: die Aufteilungen der Geldmasse werden die Reichtümer nach einer Gliederung analysieren, die weder zu locker noch zu eng sein wird. Das »Tableau« wird gut gestaltet sein.

Dieses optimale Verhältnis ist nicht das gleiche, wenn man ein isoliertes Land oder das Spiel seines Außenhandels betrachtet. Wenn man einen Staat annimmt, der sich selbst erhalten kann, hängt die für die Zirkulation notwendige Geldmenge von verschiedenen Variablen ab: von der Warenmenge, die in das System des Warentauschs eingeht; dem Teil dieser Waren, der durch das System des direkten Tauschs weder verteilt noch entgolten wird und zu irgendeinem Zeitpunkt seines Laufs durch Geld repräsentiert werden muß; der Metallmenge, der Papiergeld entsprechen kann; schließlich dem Rhythmus, in dem die Zahlungen vollzogen werden müssen: es ist nicht, meint Cantillon[48], gleichgültig, ob die Arbeiter wöchentlich oder täglich bezahlt werden, ob die Renten am Jahresende gezahlt werden oder vielmehr, wie es üblich ist, am Ende jeden Trimesters. Der Wert dieser vier Variablen wird für ein bestimmtes Land definiert, und dann kann man die optimale Menge von Metallgeld bestimmen. Um eine Berechnung dieser Art anstellen zu können, geht Cantillon von der landwirtschaftlichen Produktion aus, aus der alle Schätze direkt oder indirekt hervorgehen. Diese Produktion teilt sich in drei Renten in den Händen des Pächters: die dem Eigentümer gezahlte Rente; die, die zum Unterhalt des Pächters, der Menschen und der Pferde benutzt wird; »endlich eine dritte Rente, die ihm verbleiben muß, um einen Ertrag aus seinem Unternehmen zu ziehen«.[49] Nun brauchen lediglich die erste Rente und ungefähr die Hälfte der dritten in bar gezahlt zu werden, die anderen können in Form direkten Tausches gezahlt werden. Wenn man der Tatsache Rechnung trägt, daß die Hälfte der Bevölkerung in den Städten lebt und höhere Unterhaltskosten hat als die Bauern, sieht man, daß die zirkulierende Geldmasse ungefähr zwei Drittel der Produktion entsprechen müßte. Wenn nun wenigstens alle Zahlungen einmal im Jahr vorgenommen würden; tatsächlich aber wird die Grundrente jedes Trimester gezahlt; es genügt also eine Menge an Bargeld, die einem Sechstel der Produktion entspricht. Außerdem werden viele Zahlungen täglich oder wöchentlich vorgenommen.

---

48 Philippe de Cantillon, *Abhandlung über die Natur des Handels im allgemeinen* [Sammlung sozialwissenschaftlicher Meister. 25]. Jena 1931, S. 82 f.
49 A. a. O., S. 78.

Die erforderliche Geldmenge entspricht also einem Neuntel der Produktion – das heißt einem Drittel der Rente der Eigentümer.[50]

Doch diese Berechnung ist nur unter der Bedingung exakt, daß man eine Nation isoliert betrachtet. Die meisten Staaten unterhalten nun aber einen Handel untereinander, in dem die einzigen Zahlungsmittel der direkte Tausch, das nach seinem Gewicht geschätzte Metall (und nicht die Geldstücke mit ihrem Nominalwert) und eventuell Bankeffekten sind. In diesem Falle kann man ebenfalls die relative Geldmenge berechnen, die in Umlauf zu bringen wünschenswert ist: auf jeden Fall darf diese Bewertung nicht die Produktion des Grund und Bodens zum Bezugspunkt nehmen, sondern eine bestimmte Beziehung der Löhne und Preise zu denen, die im Ausland üblich sind. Tatsächlich wird in einer Gegend, in der die Preise (aufgrund einer geringen Geldmenge) relativ niedrig sind, das fremde Geld durch große Kaufmöglichkeiten angezogen: die Geldmenge nimmt zu. Der Staat wird, wie man sagt, »reich und mächtig«; er kann eine Flotte und eine Armee unterhalten, Siege erringen und dabei noch reicher werden. Die Menge des zirkulierenden Geldes läßt die Preise steigen, wodurch die Untertanen die Möglichkeit zum Kauf im Ausland erlangen, dort, wo die Preise niedriger sind; allmählich verschwindet das Metall, und der Staat wird erneut arm. So sieht der Zyklus aus, den Cantillon beschreibt und den er in einem allgemeinen Prinzip formuliert: »Der zu große Geldüberfluß, der, solange er anhält, die Macht der Staaten bedeutet, wirft sie unmerklich, aber natürlicher Weise in die Armut zurück.«[51]

Es wäre wahrscheinlich nicht möglich, diese Schwankungen zu vermeiden, wenn in der Ordnung der Dinge nicht eine umgekehrte Tendenz existierte, die das Elend der bereits armen Nationen ständig erschwert und dagegen die Prosperität der reichen Staaten erhöht. Die Bevölkerungsbewegungen gehen nämlich in eine entgegengesetzte Richtung wie das Bargeld. Dieses läuft von den reichen Staaten in die Gebiete mit niedrigen Preisen. Die Menschen dagegen werden von den hohen Löhnen angelockt, also von den Ländern, die einen Überfluß an Bargeld haben. Die armen Länder haben demnach die Tendenz, sich zu entvölkern. Der Ackerbau und die Industrie werden dort schlechter werden, und das Elend nimmt zu. In den reichen Ländern dagegen gestattet der Zufluß an Arbeitskräf-

---

50 A. a. O., S. 79-84. – William Petty, *The Political anatomy of Ireland*, London 1691, gab das analoge Verhältnis von einem Zehntel.

51 Cantillon, a. a. O., S. 118.

ten die Erschließung neuer Reichtümer, deren Verkauf die zirkulierende Geldmenge im Verhältnis steigert.[52] Die Politik muß also die beiden entgegengesetzten Bewegungen von Bevölkerung und Bargeld zu verbinden versuchen. Die Zahl der Einwohner muß allmählich, aber unaufhaltsam wachsen, damit die Manufakturen stets reichlich Arbeitskräfte finden können. Dann werden die Löhne nicht schneller steigen als die Reichtümer und die Preise ebensowenig. Die Handelsbilanz wird dann günstig bleiben können. Man erkennt hier die Grundlage der populationistischen Thesen.[53] Andererseits aber muß die Menge des Bargeldes stets eine leichte Zunahme aufweisen. Das ist das einzige Mittel dafür, daß die Produktion in der Landwirtschaft oder der Industrie gut bezahlt wird, daß die Löhne ausreichend sind, daß die Bevölkerung nicht inmitten der Reichtümer, die sie hervorbringt, elend dahinlebt. Daher rühren alle Maßnahmen, um den Außenhandel zu begünstigen und eine positive Bilanz aufrechtzuerhalten.

Was das Gleichgewicht sichert und das tiefe Schwanken zwischen Reichtum und Armut verhindert, ist also nicht ein bestimmter definitiv erworbener Status, sondern eine gleichzeitig natürliche und bedachte Zusammenlegung zweier Bewegungen. Prosperität ist in einem Staat nicht dann vorhanden, wenn die Geldstücke zahlreich oder die Preise hoch sind, sondern wenn die Geldstücke jenes Stadium der Zunahme erreicht haben – das man unbegrenzt verlängern können muß –, das die Aufrechterhaltung der Löhne ohne weitere Preissteigerungen gestattet. Dann wächst die Bevölkerung· regelmäßig, wird ihre Arbeit ständig produktiver und, da die darauffolgende Vermehrung der Geldstücke (nach dem Gesetz der Repräsentativität) sich auf wenig Reichtümer verteilt, steigen die Preise nicht im Verhältnis zu denen, die im Ausland herrschen. Lediglich »zwischen der Zunahme der Goldmenge und der Preissteigerung ist die Zunahme der Gold- und Geldmenge für die Industrie günstig. Eine Nation, deren Bargeldmenge abnimmt, ist in dem Augenblick, wo man den Vergleich anstellt, schwächer und ärmer als eine andere, die nicht mehr besitzt, deren Bargeldmenge aber zunimmt.«[54] So erklärt sich das spanische Desaster: Der Besitz der Minen hatte tatsächlich das Bargeld massiv zu-

52 Dutot, *Réflexions politiques sur les finances et le commerce*, zitiert bei Daire, *Economistes financiers du XVIIIᵉ siècle*, S. 862 und S. 906.

53 Vgl. Véron Duverger de Fortbonnais, *Eléments du commerce*, Bd. 1, S. 45; vor allem Josiah Tucker, *Questions importantes sur le commerce* (1755), in der Übersetzung von Turgot, *Œuvres*, Bd. 1, S. 335.

54 David Hume, *De la circulation monétaire* (frz. Übersetzung), in: ders., *Œuvre économique*, Paris 1888, S. 29 f.

242 Die Ordnung der Dinge

nehmen lassen – die Folge davon waren Preissteigerungen –, ohne daß die Industrie, die Landwirtschaft und die Bevölkerung zwischen Wirkung und Ursache genügend Zeit zu ihrer Entwicklung hatten. Es war fatal, daß das amerikanische Gold sich in Europa ausbreitete, Waren kaufte, die Manufakturen wachsen ließ, die landwirtschaftlichen Betriebe reich werden ließ, während Spanien ärmer zurückblieb, als es jemals gewesen war. England dagegen hat, wenn es Metall jemals an sich gezogen hat, immer die Arbeit davon profitieren lassen und nicht allein den Luxus seiner Bewohner, das heißt, es hat mit dem Metall vor jeglicher Preissteigerung die Zahl seiner Arbeiter und die Menge seiner Produkte erhöht.[55]

Solche Analysen sind wichtig, weil sie den Begriff des Fortschritts in die Ordnung menschlicher Aktivitäten einbringen. Wichtiger sind sie aber noch, weil sie das Spiel der Zeichen und Repräsentationen mit einem zeitlichen Indiz versehen, das die Bedingung bestimmt, unter der der Fortschritt möglich ist. Ein solches Anzeichen findet man auf keinem anderen Gebiet der Theorie der Ordnung. Das Geld kann in der Tat so, wie es das klassische Denken begreift, den Reichtum nicht repräsentieren, ohne daß diese Kraft mit der Zeit von innen modifiziert wird – sei es nun, daß ein spontaner Zyklus seine Fähigkeit, die Reichtümer zu repräsentieren, erhöht, nachdem er sie gesenkt hat, oder daß ein Politiker mit geballten Anstrengungen die Konstanz seiner Repräsentativität aufrechterhält. In der Ordnung der Naturgeschichte lagen die *Merkmale* (die Bündel von Identitäten, die zur Repräsentation und Unterscheidung mehrerer Arten oder mehrerer Gattungen gewählt wurden) im Inneren des kontinuierlichen Raums der Natur, den sie in ein taxinomisches Tableau zerteilten. Die Zeit griff nur von außen ein, um die Kontinuität der kleinsten Unterschiede zu erschüttern und sie gemäß den zerstückelten Örtern der Geographie zu verstreuen. Hier dagegen gehört die Zeit zum inneren Gesetz der Repräsentationen, bildet sie ein Ganzes mit diesem Gesetz. Sie folgt der und verändert ohne Unterbrechung die Kraft, die die Reichtümer besitzen, sich selbst zu repräsentieren und sich in einem Monetarsystem zu analysieren. Dort, wo die Naturgeschichte Flächen von durch Unterschiede getrennten Identitäten entdeckte, entdeckt die Analyse der Reichtümer »Differentiale« – Tendenzen des Anwachsens und des Abnehmens.

55 Véron Duverger de Fortbonnais gibt in den *Eléments du commerce*, Bd. 1, S. 51 f., die acht fundamentalen Regeln des englischen Handels.

Diese Funktion der Zeit im Reichtum mußte notwendig in dem Augenblick (am Ende des siebzehnten Jahrhunderts) erscheinen, als das Geld als Pfand definiert und dem Kredit assimiliert wurde: dann mußte die Frist der Schuld, die Geschwindigkeit, mit der sie fällig wurde, die Zahl der Hände, durch die sie in einer bestimmten Zeit lief, zu charakteristischen Variablen für seine repräsentative Kraft werden. Das alles aber war nur die Folge einer Form der Reflexion, die das Geldzeichen in Beziehung zum Reichtum in eine Stellung der *Repräsentation* im umfassenden Sinne des Wortes stellte. Folglich ist es der gleiche archäologische Raster, auf dem in der Analyse der Reichtümer die Theorie des *Geldes als Repräsentation* und in der Naturgeschichte die Theorie des *wesentlichen Merkmals als Repräsentation* beruhen. Das wesentliche Merkmal bezeichnet die Wesen, indem es sie in ihrer Nachbarschaft ansiedelt; der Geldpreis bezeichnet die Reichtümer jedoch im Wachsen oder in ihrer Abnahme.

V. Die Bildung des Werts

Die Theorie des Geldes und des Handels antwortet auf die Frage: wie können in der Bewegung des Warentauschs die Preise Dinge charakterisieren, wie kann das Geld ein Zeichensystem und ein Bezeichnungssystem zwischen den Reichtümern herstellen? Die Werttheorie antwortet auf eine Frage, die diese überschneidet, und befragt gewissermaßen in der Tiefe und in der Vertikalen die horizontale Fläche, auf der der Warentausch unbegrenzt vollzogen wird: Warum gibt es Dinge, die die Menschen tauschen wollen, warum sind die einen mehr wert als die anderen, warum haben bestimmte, die nutzlos sind, einen hohen Wert, während andere, nämlich die unerläßlichen, keinen Wert besitzen? Es handelt sich also nicht mehr um die Frage, nach welchem Mechanismus die Reichtümer sich untereinander (durch den allgemein repräsentativen Reichtum, das Edelmetall) vertreten *(représenter)* können, sondern warum die Gegenstände des Verlangens und Bedürfnisses repräsentiert werden müssen, warum man den Wert einer Sache festsetzt und warum man bestimmen kann, daß sie soviel oder soviel wert ist.

Wert sein heißt für das klassische Denken zunächst, ein Ding wert sein, in einem Tauschprozeß an die Stelle dieses Dings treten können. Das Geld ist nur erfunden worden, die Preise sind nur festgelegt worden und ändern sich nur, insoweit dieser Warentausch besteht. Nun ist der Warentausch nur dem Anschein nach ein einfaches Phänomen. Tatsächlich tauscht man nur eine Ware gegen die andere, wenn jeder der beiden Partner dem, was der andere hat, einen Wert zuerkennt. In einem bestimmten Sinne müssen also diese tauschbaren Dinge mit ihrem ihnen eigenen Wert vorher in den Händen eines jeden bestehen, damit schließlich das gegenseitige Überlassen und der gegenseitige Erwerb vollzogen werden können. Andererseits aber hat das, was jeder ißt und trinkt, was er zum Leben braucht, so lange keinen Wert, wie er es nicht hergibt; und wessen er nicht bedarf, ist ebenfalls wertlos, solange er sich seiner nicht bedient, um etwas zu erwerben, dessen er bedarf. Anders gesagt: damit ein Ding in einem Tausch ein anderes ersetzen kann, muß beiden bereits ein Wert innewohnen. Und dennoch besteht der Wert nur innerhalb des (aktuellen oder möglichen) Ersetzens, das heißt innerhalb des Tauschs oder der Tauschbarkeit. Daher rühren zwei gleichzeitig mögliche Lesarten: die eine analysiert den Wert im Tauschakt selbst, im Kreuzungspunkt des Gegebenen und Empfangenen; die andere analysiert den Wert als dem Tausch vorangehend und als erste Bedingung dafür, daß dieser stattfinden kann. Die erste der beiden Lesarten entspricht einer Analyse, die das ganze Wesen der Sprache in den Satz legt und darin einschließt, und die andere einer Analyse, die ebendieses Wesen der Sprache bei den primitiven Bezeichnungen entdeckt, der Gebärdensprache oder der Wurzel. Im ersten Fall findet die Sprache den Ort ihrer Möglichkeit tatsächlich in einer durch das Verb gesicherten Attribution – das heißt in einer Attribution durch jenes Sprachelement, das hinter allen Wörtern steht, das sie aber miteinander in Beziehung setzt. Das Verb, das alle Wörter der Sprache von ihrer Satzverbindung aus möglich macht, entspricht dem Warentausch, der den Wert der getauschten Dinge und den Preis, um den man sie hergibt, als ein ursprünglicherer Akt als die anderen begründet. In der anderen Form der Analyse ist die Sprache außerhalb ihrer selbst und gleichsam in der Natur oder den Analogien der Dinge verwurzelt; die Wurzel, der erste Schrei, der den Wörtern zur Entstehung verhalf, bevor noch die Sprache entstanden war, entspricht der unmittelbaren Bildung des Werts vor dem Warentausch und vor den einander entsprechenden Maßnahmen des Bedarfs.

Aber für die Grammatik sind diese beiden Formen der Analyse – ausgehend vom Satz oder ausgehend von den Wurzeln – völlig unterschieden, weil sie mit der Sprache zu tun hat, das heißt mit einem System von Repräsentationen, das gleichzeitig bezeichnen und beurteilen muß oder: das gleichzeitig Beziehung zu einem Gegenstand und zu einer Wahrheit hat. In der Ordnung der Ökonomie besteht diese Unterscheidung nicht, denn für das Verlangen bilden die Beziehung zu seinem Objekt und die Bestätigung, daß es begehrenswert ist, nur ein und dieselbe Sache: es zu bezeichnen heißt bereits, die Verbindung herzustellen. Infolgedessen kennt die Ökonomie dort, wo die Grammatik über zwei theoretische, voneinander getrennte und aneinander angepaßte Segmente verfügte, womit sie zunächst eine Analyse des Satzes (oder des Urteils), dann eine Analyse der Bezeichnung (der Geste oder der Wurzel) bildete, nur ein theoretisches Segment, das aber gleichzeitig für zwei entgegengesetzte Lesarten verfügbar ist. Die eine analysiert den Wert vom Tausch der Gegenstände des Bedürfnisses her (der *nützlichen Gegenstände*); die andere nimmt die Analyse ausgehend von der Schaffung und Entstehung der Gegenstände vor, deren Tausch schließlich den Wert bestimmen wird, also ausgehend vom Überfluß der Natur. Man erkennt zwischen diesen beiden möglichen Lesarten einen uns vertrauten Punkt der Häresie: er trennt die sogenannte »psychologische Theorie« von Condillac, von Galiani, von Graslin von der der Physiokraten mit Quesnay und seiner Schule. Die Physiokratie hat wahrscheinlich nicht die Bedeutung, die ihr die Ökonomen in der ersten Hälfte des neunzehnten Jahrhunderts zugeschrieben haben, als sie in ihr den Gründungsakt der Politischen Ökonomie sahen, aber es wäre wahrscheinlich ebenso vergeblich, die gleiche Rolle der »psychologischen Schule« zuzuschreiben, wie es die Marginalisten getan haben. Zwischen diesen beiden Modi der Analyse gibt es keine anderen Unterschiede als die Wahl des Ursprungspunkts und der Richtung, um einen Raster der Notwendigkeit zu durchlaufen, der identisch bleibt.

Damit es Werte und Reichtümer gibt, muß nach Ansicht der Physiokraten ein Tausch möglich sein: das heißt, man muß einen Überfluß zur Verfügung haben, der das Bedürfnis des anderen bildet. Die Frucht, nach der mich hungert, die ich pflücke und die ich esse, ist ein *Gut*, das mir die Natur bietet. Es wird keinen *Reichtum* geben, wenn die Früchte auf meinem Baum nicht zahlreich genug sind, um meinen Appetit zu übersteigen. Dabei muß außer mir noch jemand Hunger haben und nach ihnen verlangen. »Die Luft, die wir atmen, das Wasser, das wir im Fluß schöpfen, und alle anderen überreichlich vorhandenen Güter oder Reichtümer, die allen Menschen gemein sind, sind nicht handelbar: das sind Güter, keine Reichtümer.«[56] Vor dem Warentausch gibt es nur jene knappe oder reichhaltige Wirklichkeit, die die Natur liefert. Lediglich das Verlangen des einen und der Verzicht des anderen können Werte erscheinen lassen. Nun hat der Warentausch genau zum Ziel, die Überschüsse so zu verteilen, daß sie denen zukommen, denen daran mangelt. Sie sind also nur vorübergehend »Reichtümer« während der Zeit, in der sie, bei den einen vorhanden, bei den anderen fehlend, den Weg beginnen und vollenden, der sie zu den Konsumenten führt und sie dadurch zu ihrer ursprünglichen Natur von Gütern zurückbringt. »Das Ziel des Warentauschs ist der Genuß, der Konsum, so daß der Handel zusammenfassend definiert werden kann als der Austausch von nützlichen Dingen, damit diese bei ihrer Verteilung in die Hände ihrer Konsumenten gelangen.«[57] Nun kann diese Wertbildung durch den Handel[58] nicht ohne eine Substraktion von Gütern geschehen: Tatsächlich transportiert der Handel die Dinge, bringt er Transportkosten, Lagerkosten, Transformationskosten und Verkaufskosten mit sich[59]: kurz, es kostet einen bestimmten Verbrauch von *Gütern*, damit die *Güter* selbst in *Reichtum* verwandelt werden. Der einzige Handel, der nichts kosten würde, wäre der ganz einfache, direkte Warentausch. Die Güter sind dabei keine Reichtümer und Werte, abgesehen von einem blitzartigen Moment: während des Augenblickes des Tausches: »Es gäbe nichts Günstigeres für die beiden Tauschenden, als wenn der Tausch unmittelbar und ohne Kosten vorgenommen werden könnte; daher täuscht man sich auch kaum, wenn man die vermittelnden Operationen, die zur Herbeiführung des Handels dienen, für den Handel selbst hält.«[60] Die Physiokraten geben sich nur die materielle Realität der Güter; die Bildung des Werts im Warentausch wird dann teuer und bedeutet einen Abzug von den existierenden Gütern. Wert zu bilden bedeutet also nicht, zahlreicheren Bedürfnissen Genüge zu tun, es bedeutet, Güter zu opfern, um andere dafür zu tauschen. Die Werte bilden das Negativ der Güter.

Woher aber kommt es, daß der Wert sich so bilden kann? Wo liegt der

---

56 Quesnay, Artikel »Hommes«, zitiert bei Daire, *Physiocrates*, S. 42.

57 Pierre Paul Mercier de la Rivière, *L'ordre naturel et essentiel des sociétés politiques*, London 1767, zitiert bei Daire, a. a. O., S. 709.

58 Quesnay, Artikel »Hommes«, zitiert bei Daire, *Physiocrates*, S. 138: »Wenn man sie als handelbare Reichtümer betrachtet, sind Getreide, Eisen, Vitriol, Diamant ebenfalls Reichtümer, deren Wert nur im Preis besteht.«

59 Pierre Samuel Dupont de Nemours, *Réponse demandée par M. le marquis de *** à celle qu'il a faite aux »Réflexions sur l'écrit intitulé Richesse de l'Etat«*, London 1763, S. 16.

60 Jean-Nicolas Guérineau de Saint-Péravy, *Journal d'agriculture*, Dezember 1765.

Ursprung für diesen Überfluß, der den Gütern gestattet, sich in Reichtum zu verwandeln, ohne daß sie jedoch erlöschen und durch laufenden Tausch und die Zirkulation verschwinden? Wie kommt es, daß die Kosten dieser unaufhörlichen Wertbildung nicht die Güter erschöpfen, die den Menschen zur Verfügung stehen?

Kann der Handel in sich selbst diese notwendige Ergänzung finden? Sicher nicht, da er jeden Tausch von Werten für Werte, und zwar nach der größtmöglichen Gleichheit, zum Ziel hat. »Um viel zu erhalten, muß man viel geben; um viel zu geben, muß man viel erhalten. Das ist die ganze Kunst des Handels. Der Handel ist von Natur aus nur der Tausch gleichwertiger Dinge.«[61] Zweifellos kann eine Ware, wenn sie auf einen entfernten Markt gelangt, für einen höheren Preis als den ausgetauscht werden, den sie daheim einbrächte. Aber diese Erhöhung entspricht den wirklichen Transportkosten. Und wenn sie so nichts verliert, dann weil die am Ort verharrende Ware, gegen die sie eingetauscht wird, die Transportkosten an ihrem eigenen Preis verloren hat. Man transportiert die Waren vergeblich von einem Ende der Welt zum anderen, die Kosten des Tausches werden bei den ausgetauschten Gütern stets erhoben. Es ist nicht der Handel, der solchen Überfluß hervorgebracht hat. Der Handel wurde erst durch das Bestehen des Überflusses möglich.

Ebensowenig ist die Industrie fähig, die Kosten der Wertbildung zu entgelten. Tatsächlich können die Produkte der Manufakturen nach zwei Systemen verkauft werden. Wenn die Preise frei sind, tendiert die Konkurrenz dahin, den Wert sinken zu lassen, so daß sie außer den Rohstoffen gerade noch die Arbeit des Arbeiters, der sie transformiert hat, decken. Nach der Definition von Cantillon entspricht dieser Lohn dem Unterhalt des Arbeiters während seiner Arbeitszeit. Zweifellos muß man noch die Existenz und die Gewinne des Unternehmers hinzufügen. Auf jeden Fall aber stellt der Wertzuwachs durch die Manufaktur den Konsum derjenigen dar, die sie entlohnt. Um Reichtümer herzustellen, mußte man Güter opfern: »Der Handwerker zerstört soviel an Subsistenz, wie er durch seine Arbeit produziert.«[62] Wenn es einen Monopolpreis gibt, können die Verkaufspreise beträchtlich steigen. Aber dann wird die Arbeit der Arbeiter nicht besser entlohnt: die Konkurrenz, die sich zwischen ihnen abspielt, hält ihre Löhne auf dem Niveau dessen, was gerade für ihre Existenz uner-

61 Ebd.
62 *Maximes de gouvernement*, zitiert bei Daire, *Physiocrates*, S. 289.

läßlich ist.[63] Hinsichtlich der Gewinne der Unternehmer ist zu sagen, daß die Monopolpreise sie tatsächlich steigen lassen, insoweit der Wert der auf den Markt geworfenen Gegenstände sich erhöht. Aber diese Zunahme ist nichts anderes als die verhältnismäßige Senkung des Tauschwerts der anderen Waren: »Alle diese Unternehmer gewinnen nur ein Vermögen, weil andere Ausgaben machen.«[64] Offensichtlich erhöht die Industrie die Werte. Tatsächlich erhebt sie im Tausch selbst den Preis für ein oder zwei Existenzen. Der Wert bildet sich nicht und wächst nicht durch die Produktion, sondern durch den Konsum, sei es nun der des Arbeiters, der seinen Lebensunterhalt sichert, der des Unternehmers, der seine Gewinne macht, oder der des Müßigen, der kauft: »Das Anwachsen des Werts beim Verkauf, der sich der sterilen Klasse verdankt, ist die Wirkung der Ausgaben des Arbeiters und nicht die seiner Arbeit. Der müßige Mensch, der ausgibt, ohne zu arbeiten, ruft in dieser Hinsicht die gleiche Wirkung hervor.«[65] Der Wert erscheint nur dort, wo Güter verschwunden sind, und die Arbeit funktioniert wie eine Ausgabe: sie bildet einen Preis des Lebensunterhalts, den sie selbst konsumiert hat.

Das stimmt selbst für die Landarbeit. Der Arbeiter, der pflügt, hat keinen anderen Status als der Weber oder der Transportarbeiter. Er ist nur eines »der Arbeitswerkzeuge oder der Ackerbauwerkzeuge«[66] – ein Werkzeug, das erhalten werden muß und diesen Unterhalt von den Erzeugnissen der Erde nimmt. Wie in allen anderen Fällen hat auch die Bezahlung der Landarbeit die Tendenz, sich genau diesem Existenzminimum anzupassen. Dennoch hat die Landarbeit ein Privileg, kein ökonomisches – im System des Warentauschs – sondern ein natürliches in der Ordnung der Güterproduktion: die Erde liefert nämlich, wenn sie bearbeitet wird, eine Menge zum möglichen Auskommen, die weit höher ist als das für den Anbauenden Notwendige. Als belohnte Arbeit ist die Mühe des Landarbeiters also ebenso negativ und kostspielig wie die der Manufakturarbeiter, aber als »natürlicher Handel« mit der Natur[67] ruft sie bei ihr eine unermeßliche Fruchtbarkeit hervor. Und wenn es stimmt, daß diese Fülle im voraus durch die Preise des Pflügens, der Saat, der Nahrung für die Tiere

63 Turgot, *Réflexions sur la formation des richesses*, [Nov. 1766], § 6; in: ders., *Œuvres* (Hrsg. Gustave Schelle), Bd. 2.

64 Zitiert bei Daire, *Physiocrates*, S. 289.

65 Victor Riqueti, Marquis de Mirabeau, *Philosophie rurale*, Amsterdam 1763, S. 56.

66 A. a. O., S. 8.

67 Dupont de Nemours, *Journal d'agriculture*, Mai 1766.

bezahlt wird, so weiß man doch wohl, daß man eine Ähre dort vorfinden wird, wo man ein Korn gesät hat. Und die Herden »werden jeden Tag, selbst bei der Ruhe, fetter, was von einem Ballen Wolle oder Seide in den Lagern nicht gesagt werden kann.«[68] Der Ackerbau ist das einzige Gebiet, wo die der Produktion verdankte Wertzunahme nicht dem Unterhalt des Produzenten äquivalent ist. Das heißt in Wirklichkeit, daß es einen unsichtbaren Produzenten gibt, der keinen Lohn braucht. Mit ihm ist der Bauer assoziiert, ohne es zu wissen. Und in dem Moment, da der Landarbeiter soviel konsumiert, wie er arbeitet, produziert die gleiche Arbeit kraft seines Mitautors all die Güter, durch die die Wertbildung zustande kommt: »Der Ackerbau ist eine Manufaktur göttlicher Einrichtung, in der der Fabrizierende den Schöpfer der Natur zum Gesellschafter hat, den Produzenten aller Güter und Reichtümer.«[69]

Man begreift die theoretische und praktische Bedeutung, die die Physiokraten dem Bodenzins zugeschrieben haben – und nicht der Landarbeit. Die Landarbeit wird durch einen Konsum entlohnt, während der Bodenzins die Nettoproduktion darstellt oder darstellen soll: die Menge an Gütern, die die Natur liefert, ohne den Lebensunterhalt, den sie dem Arbeiter sichert, und den Aufwand, den sie selbst verlangt, um weiterzuproduzieren. Diese Rente gestattet die Transformation der Güter in Werte oder in Reichtümer. Sie liefert den Lohn für alle anderen Arbeiten und jeden ihnen entsprechenden Konsum. Daher rühren hauptsächlich zwei Sorgen: Wie stellt man ihr eine genügend große Menge Bargeld zur Verfügung, damit sie die Arbeit, den Handel und die Industrie nähren kann; wie soll man darüber wachen, daß der vorgeschossene Teil absolut geschützt wird, der der Erde zukommen muß, damit sie wieder produzieren kann? Das ökonomische und politische Programm der Physiokraten wird also in aller Notwendigkeit umfassen: eine Erhöhung der landwirtschaftlichen Preise, aber nicht der Löhne für die, die das Land bearbeiten; die Erhebung aller Steuern vom Bodenzins selbst; Beseitigung der Monopolpreise und aller Handelsprivilegien (damit die Industrie und der Handel, kontrolliert durch die Konkurrenz, genau den gerechten Preis einhalten); ein starker Rückfluß des Geldes zum Land als Vorschuß, der für die künftigen Ernten notwendig ist.

Das ganze Tauschsystem, die ganze teure Wertbildung werden auf die-

68 Mirabeau, *Philosophie rurale*, S. 37.
69 A. a. O., S. 33.

sen ungleichgewichtigen, radikalen und primitiven Tausch zurückgeführt, der sich zwischen dem Vorschuß des Eigentümers und der Großzügigkeit der Natur herstellt. Allein dieser Tausch ist absolut gewinnbringend, und innerhalb dieses Nettogewinns können die Kosten erhoben werden, die jeder Tausch, also die Erscheinung jedes Elements des Reichtums, benötigt. Es wäre falsch zu sagen, daß die Natur spontan Werte produziert, aber sie ist die unermüdliche Quelle der Güter, die der Tausch in Werte transformiert, wenn auch nicht ohne Ausgaben und Verbrauch. Quesnay und seine Schüler analysieren die Reichtümer ausgehend von dem, was in den Tausch gegeben wird – das heißt von dem Überfluß her, der ohne jeden Wert existiert, aber der dadurch zum Wert wird, daß er in einen Umlauf von Substitutionen eintritt, wo er jede seiner Deplazierungen, jede seiner Transformationen mit Löhnen, Nahrung, Unterhalt, kurz, mit einem Teil jenes Überschusses bezahlt, dem er selber zugehört. Die Physiokraten beginnen ihre Analyse mit der Sache selbst, die sich im Wert bezeichnet findet, die aber dem System der Reichtümer präexistent ist. Das gleiche gilt für die Grammatiker, wenn sie die Wörter von der Wurzel her, von der unmittelbaren Beziehung her, die einen Laut und ein Ding verbindet, und von den sukzessiven Abstraktionen her, wodurch diese Wurzel in einer Sprache zu einem Namen wird, analysieren.

VI. Die Nützlichkeit

Die Analyse von Condillac, Galiani, Graslin und Destutt de Tracy entspricht der grammatikalischen Theorie vom Satz. Sie wählt zum Ausgangspunkt nicht das, was in einem Tausch gegeben wird, sondern das, was man erhält. Dieselbe Sache also, aber vom Blickpunkt desjenigen aus betrachtet, der ihrer bedarf, der nach ihr verlangt und der bereit ist zum Verzicht auf das, was er besitzt, um jene andere Sache zu erhalten, die er als nützlicher einschätzt und der er größeren Wert beimißt. Die Physiokraten und ihre Gegner durchlaufen in der Tat das gleiche theoretische Teilstück, jedoch in entgegengesetzter Richtung. Die einen fragen sich, unter welcher Bedingung und zu welchen Kosten ein Gut in einem Tauschsystem zu einem Wert werden kann, die anderen fragen sich, unter welcher Bedingung ein Urteil der Wertschätzung sich in dem gleichen Tauschsystem in einen Preis transformieren kann. Man begreift, warum die Analysen der

Physiokraten und die der Utilitaristen oft so nahe beieinanderliegen und mitunter komplementär sind; warum Cantillon von den einen hat in Anspruch genommen werden können – wegen seiner Theorie der drei Bodenerträge und der Bedeutung, die er dem Boden beimißt – und von den anderen ebenso für sich in Anspruch genommen worden ist – wegen seiner Analyse des Umlaufs und der Rolle, die er das Geld spielen läßt[70]; warum Turgot den Physiokraten in *La formation et la distribution des richesses* hat treu bleiben und Galiani in *Valeur et monnaie* hat sehr nahekommen können.

Nehmen wir die rudimentärste Tauschsituation an: ein Mann, der nur Mais oder Getreide hat, und ihm gegenüber ein anderer, der Wein oder Holz hat. Es gibt noch keinen festen Preis, keine Äquivalenz, kein gemeinsames Maß. Dennoch steht fest: Wenn diese Männer das Holz gesammelt haben, wenn sie den Mais und das Getreide gesät und geerntet haben, dann deshalb, weil sie ihnen ein bestimmtes Urteil zukommen ließen; ohne einen Vergleich mit irgend etwas zu haben, beurteilten sie dieses Getreide oder dieses Holz so, daß es eines ihrer Bedürfnisse befriedigen könnte; daß es ihnen *nützlich* sein würde: »Zu sagen, daß eine Sache etwas wert ist, heißt, daß sie für einen Gebrauch gut ist oder wir sie so einschätzen. Der Wert der Dinge beruht also auf ihrer Nützlichkeit oder, was auf dasselbe hinauskommt, auf dem Gebrauch, den wir davon machen.«[71] Dieses Urteil begründet das, was Turgot die »valeur estimative« der Dinge nennt.[72] Dieser Wert ist absolut, weil er jede Ware individuell und ohne Vergleich mit einer anderen betrifft; dennoch ist er relativ und verändert sich, weil er sich mit dem Appetit, dem Verlangen oder dem Bedürfnis der Menschen ändert.

Der sich auf dem Grunde dieser ursprünglichen Nützlichkeiten vollziehende Tausch indessen ist nicht die einfache Reduzierung auf einen gemeinsamen Nenner. Er ist in sich selbst Schöpfer von Nützlichkeit, weil er der Wertschätzung des einen das bietet, was für den anderen bis dahin nur wenig Nutzen hatte. Es gibt in diesem Augenblick dann drei Möglichkeiten. Entweder »der Überfluß eines jeden«, wie es Condillac ausdrückt[73] – das also, was man nicht benutzt hat oder nicht unmittelbar zu

70 Cantillon, *Abhandlung über die Natur des Handels im allgemeinen*, S. 78, 79, 83.
71 Condillac, *Le commerce et le gouvernement*, in: ders., *Œuvres*, Bd. 4, S. 10.
72 Turgot, *Valeur et monnaie*, in: ders., *Œuvres* (Hrsg. Gustave Schelle), Bd. 3, S. 91 f.
73 Condillac, *Le commerce et le gouvernement*, in: ders., *Œuvres*, Bd. 4, S. 28.

benutzen gedenkt –, entspricht in Qualität und Quantität den Bedürfnissen des anderen: der ganze Surplus des Besitzers von Getreide enthüllt sich in der Tauschsituation als nützlich für den Besitzer von Wein, und umgekehrt; von diesem Moment an wird das, was völlig nutzlos war, durch die Schaffung von gleichzeitigen und gleichen Werten auf jeder Seite völlig nützlich; was in der Bewertung des einen nichts war, wird in der des anderen etwas Positives; und da die Situation symmetrisch ist, sind die Schätzwerte, die so geschaffen werden, automatisch äquivalent. Nützlichkeit und Preis entsprechen sich ohne Rückstand. Die Wertschätzung paßt sich nämlich mit vollem Recht der Bewertung an. Oder der Überfluß des einen genügt den Bedürfnissen des anderen nicht, und dieser wird sich hüten, alles herzugeben, was er besitzt. Er wird einen Teil davon bewahren, um von einem Dritten die seinem Bedürfnis unerläßliche Ergänzung zu erhalten. Dieser entnommene Teil, dessen Reduktion der Partner nach Möglichkeit versucht, weil er des ganzen Überflusses des ersten bedarf, läßt den Preis in Erscheinung treten: man tauscht nicht mehr das Zuviel an Getreide gegen das Zuviel an Wein, sondern nach einem Gespräch gibt man eine bestimmte Menge Fässer Wein gegen eine bestimmte Zahl Seidel Getreide. Wird man sagen können, daß der, der am meisten gibt, im Tausch am meisten an Wert von dem verliert, was er besaß? Nein, denn dieser Überfluß ist für ihn nutzlos, oder jedenfalls räumt er dem mehr Wert ein, was er erhält, als dem, wovon er sich trennt, denn er hat sich zum Tausch bereit erklärt. Die dritte Hypothese schließlich besagt, daß nichts absolut für jemand überflüssig ist, denn jeder der beiden Partner weiß, daß er über einen längeren oder kürzeren Zeitraum die Gesamtheit dessen, was er besitzt, gebrauchen kann: Der *Bedarfs*zustand ist allgemein, und jedes Eigentumsteilchen wird zum Reichtum. Unter diesem Gesichtspunkt brauchen die beiden Partner sehr wohl nichts mehr auszutauschen; aber jeder kann gleichzeitig einschätzen, daß ein Teil der Ware des anderen ihm nützlicher wäre als ein Teil seiner eigenen. Beide ermitteln – und zwar jeder für sich und gemäß verschiedener Berechnung – eine minimale Ungleichheit: der eine wird sich sagen, so viele Maß Mais, die ich nicht habe, werden für mich etwas mehr wert sein als so viele Maß meines Holzes; der andere dagegen wird sich sagen, daß eine bestimmte Menge Holz ihm kostbarer sein wird als soundsoviel Mais. Diese beiden ungleichen Einschätzungen definieren für jeden den relativen Wert, den er dem, was er besitzt, und dem, was er nicht besitzt, zumißt. Um diese beiden Ungleichheiten aneinander

anzupassen, gibt es kein anderes Mittel, als zwischen ihnen die Gleichheit
zweier Beziehungen herzustellen: der Warentausch wird vollzogen, wenn
die Beziehung zwischen Mais und Holz für den einen gleich mit der Beziehung für Holz und Mais für den anderen wird. Während der ästimative
Wert allein durch das Spiel eines Bedürfnisses und eines Gegenstandes –
also durch ein einzelnes Interesse bei einem isolierten Individuum – definiert wird, gibt es in dem appreziativen Wert, so wie er jetzt erscheint,
»zwei Männer, die vergleichen, und vier verglichene Interessen; die beiden besonderen Interessen eines jeden der beiden Vertragspartner sind
zunächst à part miteinander verglichen worden, und die Resultate sind
daraufhin gemeinsam verglichen worden, um einen mittleren Schätzwert
zu bilden«. Diese Gleichheit der Beziehung gestattet, daß man von vier
Maß Mais und fünf Klafter Holz sagt, daß sie den gleichen Tauschwert haben.[74] Diese Gleichheit bedeutet aber nicht, daß man Nützlichkeit für
Nützlichkeit in identischen Portionen austauscht; man tauscht Ungleichheiten aus, das heißt, von beiden Seiten – und obwohl jedes Element des
Geschäfts eine immanente Nützlichkeit hat – erhält man mehr Wert, als
man besaß. Statt zweier unmittelbarer Nützlichkeiten hat man zwei andere, von denen die Ansicht herrscht, daß sie größere Bedürfnisse befriedigen.

Solche Analysen zeigen das Sich-Überkreuzen von Wert und Tausch:
Man würde nicht tauschen, wenn keine unmittelbaren Werte bestünden,
das heißt, wenn in den Dingen nicht »ein ihnen akzidentelles und allein
von den Bedürfnissen des Menschen abhängiges Attribut (wie die Wirkung von ihrer Ursache abhängt) existierte«.[75] Aber der Warentausch schafft
seinerseits Wert. Das geschieht auf zwei Weisen. Zunächst macht er die
Dinge nützlich, die ohne ihn von schwacher oder ohne jede Nützlichkeit
wären. Was wäre ein Diamant für die Menschen wert, die Hunger oder
das Bedürfnis nach Kleidung haben? Aber es genügt, daß eine Frau auf
der Welt existiert, die gefallen will, und es bedarf nur eines Handels, der
den Diamanten in ihre Hände zu legen vermag, damit der Stein »indirek-
ter Reichtum für seinen Besitzer wird, der seiner nicht bedarf [...] der
Wert dieses Objekts ist für ihn ein Tauschwert«.[76] Er wird sich ernähren
können, indem er das verkauft, was nur zum Glanz dient: daher rührt

---

74 Turgot, *Valeur et monnaie*, in: ders., *Œuvres*, Bd. 3, S. 91-93.
75 Graslin, *Essai analytique sur la richesse et l'impôt*, S. 33.
76 A. a. O., S. 45.

die Bedeutung des Luxus[77], daher rührt die Tatsache, daß es vom Standpunkt der Reichtümer aus keinen Unterschied zwischen Bedürfnis, Bequemlichkeit und Annehmlichkeit gibt.[78] Andererseits läßt der Warentausch einen neuen Werttyp entstehen, den der »Wertschätzung«: er organisiert unter den Nützlichkeiten eine reziproke Beziehung, die die Beziehung zum einfachen Bedürfnis verdoppelt. Und er modifiziert sie vor allem: denn in der Ordnung der Wertschätzung, also des Vergleichs jeden Wertes mit allen anderen, vermindert die geringste neue Schöpfung von Nützlichkeit den relativen Wert derjenigen, die bereits existieren. Die Gesamtheit der Reichtümer nimmt nicht zu, obwohl neue Gegenstände auftreten, die die Bedürfnisse befriedigen können; jede Produktion läßt lediglich »eine neue Ordnung von Werten relativ zur Masse der Reichtümer entstehen; die ersten Gegenstände des Bedürfnisses werden an Wert verlieren, um in der Masse dem neuen Wert der der Bequemlichkeit und der Annehmlichkeit dienenden Gegenstände Platz zu machen«.[79] Der Warentausch erhöht also die Werte (indem er neue Nützlichkeiten erscheinen läßt, die, wenigstens indirekt, Bedürfnisse befriedigen); aber er vermindert ebenfalls die Werte (die einen im Verhältnis zu den anderen in der Wertschätzung, die man einem jeden zukommen läßt). Durch den Warentausch wird das Nicht-Nützliche nützlich, und im gleichen Verhältnis wird das Nützlichere nutzloser. Die konstitutive Rolle des Warentauschs im Spiel der Werte ist, daß er jedem Ding einen Preis gibt und den Preis jeden Dinges senkt.

Man sieht, daß die theoretischen Elemente bei den Physiokraten und ihren Gegnern die gleichen sind. Das Korpus der fundamentalen Sätze ist ihnen gemeinsam. Aller Reichtum entsteht aus dem Boden; der Wert der Dinge ist an den Warentausch gebunden; das Geld gilt als Repräsentation der in Zirkulation befindlichen Reichtümer: die Zirkulation muß ebenso einfach und vollständig wie möglich sein. Aber diese theoretischen Segmente werden von den Physiokraten und den Utilitaristen in umgekehrter Ordnung eingeteilt. Infolge dieses Spiels der Dispositionen wird das, was für die einen eine positive Rolle hat, für die anderen negativ. Condillac, Galiani, Graslin gehen vom Tausch der Nützlichkeiten als subjektiver

77 Hume, *De la circulation monétaire*, in: ders., *Œuvre économique*, Paris 1888, S. 41.
78 Graslin, a. a. O., S. 24, versteht unter Bedürfnis »die Notwendigkeit, die Nützlichkeit, den Geschmack und die Annehmlichkeit«.
79 Graslin, a. a. O., S. 36.

und positiver Grundlage aller Werte aus. Alles, was den Bedarf befriedigt, hat also einen Wert, und jede Transformation oder jeder Transport, der mehr Bedürfnisse zu befriedigen gestattet, bildet eine Wertzunahme: Diese Zunahme erlaubt die Bezahlung der Arbeiter, indem man ihnen das Äquivalent ihres Unterhalts gibt, das von diesem Zuwachs abgezogen wird. Aber alle diese positiven, den Wert bildenden Elemente beruhen auf einem bestimmten Bedürfniszustand bei den Menschen, also auf dem begrenzten Charakter der Fruchtbarkeit der Natur. Für den Physiokraten muß dieselbe Abfolge umgekehrt durchlaufen werden. Jede Transformation und jede Arbeit an den Produkten der Erde werden durch den Lebensunterhalt des Arbeiters belohnt. Sie werden demnach als Abzug von der Gesamtheit der Güter eingetragen. Wert entsteht nur dort, wo konsumiert wird. Damit also der Wert erscheint, muß die Natur mit unbegrenzter Fruchtbarkeit begabt sein. Alles, was positiv und gewissermaßen hervorgehoben in einer dieser beiden Lesarten aufgefaßt wird, wird in der anderen negativ, das heißt hohl, perzipiert. Die Utilitaristen gründen die *Attribution* eines bestimmten Wertes der Dinge auf die *Gliederung* des Warentausches. Die Physiokraten erklären die fortschreitende *Zertrennung* der Werte durch die *Existenz* der Reichtümer. Aber bei den einen wie den anderen verbindet die Werttheorie wie die der *Struktur* in der Naturgeschichte den Augenblick, der *zuweist*, mit dem, der *gliedert*.

Vielleicht wäre es einfacher gewesen, wenn wir sagten, daß die Physiokraten die Grundbesitzer und die »Utilitaristen« die Händler und Unternehmer repräsentieren. Daß diese infolgedessen an die Erhöhung des Wertes für den Fall glaubten, daß die Naturproduktionen transformiert oder verlagert wurden; daß sie durch den Zwang der Dinge mit einer Marktökonomie beschäftigt waren, wo das Gesetz der Bedürfnisse und des Verlangens herrschte. Daß die Physiokraten dagegen nur an die landwirtschaftliche Produktion glaubten und für sie einen besseren Lohn verlangten; daß sie als Besitzer dem Bodenzins eine natürliche Grundlage zusprachen und, indem sie die politische Macht forderten, wünschten, daß sie als einzige der Steuer unterworfen wären und damit die Rechte hätten, die die Steuer mit sich bringt. Wahrscheinlich würde man durch die Interessenzusammenhänge hindurch die großen ökonomischen Optionen der einen und der anderen wiederfinden. Aber wenn die Zugehörigkeit zu einer sozialen Gruppe auch erklären kann, daß diese oder jene ein Denksystem eher als das andere gewählt hat, besteht die Bedingung dafür, daß dieses

System gedacht worden ist, niemals in der Existenz dieser Gruppe. Man muß sorgfältig zwei Formen und zwei Ebenen der Untersuchung unterscheiden. Die eine wäre eine Untersuchung von Meinungen, um zu erfahren, wer im achtzehnten Jahrhundert Physiokrat gewesen ist und wer Anti-Physiokrat war; welche Interessen im Spiel waren, welches die Punkte und Argumente der Polemik waren, wie sich der Kampf um die Macht abgewickelt hat. Die andere Frage besteht, ohne daß man den Personen oder ihrer Geschichte Rechnung trägt, darin, daß man die Bedingungen definiert, von denen ausgehend es möglich gewesen ist, in kohärenten und gleichzeitigen Formen »das physiokratische« Denken und das »utilitaristische« Denken zu denken. Die erste Analyse würde einer Doxologie zukommen. Die Archäologie kann nur die zweite anerkennen und praktizieren.

VII. Allgemeines Tableau

Der allgemeine Bau der empirischen Ordnungen kann jetzt in seiner Gesamtheit gezeichnet werden.[80]

Man stellt zunächst fest, daß die *Analyse der Reichtümer* derselben Konfiguration gehorcht wie die *Naturgeschichte* und die *allgemeine Grammatik*. Die Werttheorie gestattet in der Tat zu erklären (sei es nun durch Entbehrung und Bedürfnis oder durch die Überfülle der Natur), wie bestimmte Objekte in das Tauschsystem eingebracht werden können, wie durch die primitive Geste des direkten Tauschs eine Sache als einer anderen äquivalent gegeben werden kann; wie die Bewertung der ersten auf die Bewertung der zweiten gemäß einer Egalitätsbeziehung (A und B haben den gleichen Wert) oder gemäß einer Analogiebeziehung (der Wert von A, das mein Partner besitzt, ist für mein Bedürfnis das, was für ihn der Wert von B ist, das ich besitze) bezogen werden kann. Der Wert entspricht also der Attributsfunktion, die für die *allgemeine Grammatik* durch das Verb gesichert wird und die erste Schwelle bildet, von der aus es Sprache gibt, weil sie den Satz erscheinen läßt. Aber wenn der gewürdigte Wert *(valeur appréciative)* zum veranschlagten Wert *(valeur estimative)* wird, das heißt, wenn er innerhalb des durch allen möglichen Tausch konstituierten Systems definiert und begrenzt wird, dann wird jeder Wert von allen anderen festgesetzt und abgetrennt: von diesem Moment an sichert der Wert die gliedernde Rolle, die die *allgemeine Grammatik* allen nicht verbalen Elementen des Satzes zugestand (das heißt den Nomen und jedem der Wörter, die sichtbar oder verborgen eine Nominalfunktion haben). Im System des Warentauschs, im Spiel, das jedem Teil des Reichtums gestattet, die anderen zu bezeichnen oder von ihnen bezeichnet zu werden, ist der Wert gleichzeitig *Verb* und *Nomen*, Verbindungskraft und Prinzip der Analyse, Attribution und Abtrennung. Der *Wert* hat in der Analyse der Reichtümer also genau die gleiche Position wie die *Struktur* in der Naturgeschichte; wie diese verbindet er in ein und derselben Operation die Funktion, die ein Zeichen einem anderen Zeichen, eine Repräsentation einer anderen zuzumessen gestattet, und die, die die Gliederung der Elemente, aus denen die Gesamtheit der Repräsentationen zusammengesetzt ist, oder der Zeichen, die sie zerlegen, gestattet.

Ihrerseits ist die Theorie des Geldes und des Handels eine Erklärung dafür, wie ein bestimmter Stoff eine Bezeichnungsfunktion annehmen kann, wenn er sich auf ein Objekt bezieht und ihm als permanentes Zeichen dient. Sie erklärt auch (durch das Spiel des Handels, die Zunahme und die Abnahme des Bargeldes), wie diese Beziehung von Zeichen zu Bezeichnetem sich verändern kann, ohne jemals zu verschwinden, wie ein gleiches monetäres Element mehr oder weniger Reichtümer bezeichnen kann, wie es gleiten, sich ausdehnen, sich zusammenziehen kann in Beziehung zu den Werten, die es repräsentieren soll. Die Theorie des Geldpreises entspricht also dem, was in der *allgemeinen Grammatik* in der Form einer Analyse der Wurzeln und der Gebärdensprache *(Bezeichnungsfunktion)* erscheint, und dem, was in der Form der Tropen und der Bedeutungsverschiebungen *(Derivationsfunktion)* erscheint. Das Geld hat wie die Wörter die Rolle, zu bezeichnen, hört aber nicht auf, um diese vertikale Achse zu schwanken: die Preisveränderungen sind für die erste Errichtung der Beziehung zwischen Metall und Reichtümern das, was die rhetorischen Verlagerungen für den ursprünglichen Wert der sprachlichen Zeichen sind. Aber es gibt noch mehr zu bemerken. Indem es, ausgehend von seinen eigenen Möglichkeiten, die Bezeichnung der Reichtümer, die Feststellung der Preise, die Veränderung der Nominalwerte, die Verarmung und Bereicherung der Nationen sichert, funktioniert das Geld in Beziehung zu den Reichtümern wie das *wesentliche Merkmal* in Beziehung zu den natürlichen Wesen. Es gestattet gleichzeitig, ihnen eine besondere Markierung aufzuerlegen und ihnen einen wahrscheinlich provisorischen Platz in dem augenblicklich durch die Gesamtheit der Dinge und der Zeichen, über die man verfügt, definierten Raum zu benennen. Die Theorie des Geldes und der Preise hat in der Analyse der Reichtümer die gleiche Position wie die Theorie des wesentlichen Merkmals in der Naturgeschichte. Wie diese verbindet sie in ein und derselben Funktion die Möglichkeit, den Dingen ein Zeichen zu geben, ein Ding durch ein anderes repräsentieren zu lassen, und die Möglichkeit, ein Zeichen in Beziehung zu dem von ihm Bezeichneten gleiten zu lassen.

Die vier Funktionen, die das sprachliche Zeichen in seinen besonderen Eigenheiten definieren und es von allen anderen Zeichen unterscheiden, die die Repräsentation sich geben kann, finden sich also in der theoretischen Signalisierung der Naturgeschichte und in der praktischen Benutzung der monetären Zeichen wieder. Die Ordnung der Reichtümer und die Ordnung der natürlichen Wesen werden errichtet und entdeckt, sofern man zwischen den Bedarfsgegenständen, zwischen den sichtbaren Einzelwesen Zeichensysteme einrichtet, die die Bezeichnung der Repräsentationen durch andere, die Derivation der bezeichnenden Repräsentationen in Beziehung zu den bezeichneten, die Gliederung dessen, was repräsentiert wird, die Zuweisung bestimmter Repräsentationen zu anderen gestatten. In diesem Sinne kann man sagen, daß für das klassische Denken die Systeme der Naturgeschichte und die Geld- und Handelstheorien unter den gleichen Bedingungen möglich werden wie die Sprache selbst. Das heißt zweierlei. Zunächst, daß die Ordnung in der Natur und die Ordnung in den Reichtümern für die klassische Erfahrung die gleiche Seinsweise haben wie die Ordnung der Repräsentationen, so wie sie von den Wörtern offenbart wird. Dann, daß die Wörter ein Zeichensystem bilden, das so ausreichend privilegiert ist, daß, wenn es sich darum handelt, die Ordnung der Dinge erscheinen zu lassen, die Naturgeschichte, wenn sie gut gebildet wird, und das Geld, wenn es gut geregelt wird, auf die Weise der Sprache funktionieren. Was die Algebra für die *mathesis* ist, sind die Zeichen und insbesondere die Wörter für die *taxinomia*: Konstitution und evidente Manifestation der Ordnung der Dinge.

Es existiert indessen ein bedeutender Unterschied, der die Klassifikation daran hindert, spontane Sprache der Natur zu sein, und die Preise daran hindert, natürliche Rede der Reichtümer zu sein. Oder vielmehr: es existieren zwei Unterschiede, von denen der eine die Unterscheidung

der Gebiete der sprachlichen Zeichen, der Reichtümer und der natürlichen
Wesen gestattet und der andere die Unterscheidung der Theorie der Naturgeschichte von der des Wertes oder der Preise erlaubt.

Die vier Momente, die die wesentlichen Funktionen der Sprache definieren (Attribution, Gliederung, Bezeichnung, Derivation), sind fest miteinander verbunden, weil jeweils sie von dem Moment an von den anderen
verlangt werden, wo man mit dem Verb die Schwelle der Existenz der Sprache überschritten hat. Aber in der realen Genese der Sprachen verläuft
die Bahn nicht in der gleichen Richtung und auch nicht mit der gleichen
Strenge. Ausgehend von primitiven Bezeichnungen ruft die Vorstellungskraft der Menschen (gemäß den Klimaten, in denen sie leben, gemäß den
Bedingungen ihrer Existenz, gemäß ihren Gefühlen und Leidenschaften
und den Erfahrungen, die sie machen) Derivationen hervor, die sich bei
den Völkern unterscheiden und die wahrscheinlich außer der Verschiedenheit der Sprachen die relative Instabilität einer jeden erklären. In einem gegebenen Augenblick dieser Derivation und innerhalb einer besonderen
Sprache haben die Menschen eine Gesamtheit von Wörtern, von Namen
zur Verfügung, die sich nacheinander gliedern und ihre Repräsentationen
zerteilen. Aber diese Analyse ist so unvollkommen, sie läßt so viele Unge-
nauigkeiten und so viele Überlappungen fortbestehen, daß bei den gleichen Repräsentationen die Menschen verschiedene Wörter benutzen und
verschiedene Sätze aussprechen: ihre Reflexion ist vor dem Irrtum nicht
geschützt. Zwischen der Gliederung und der Attribution vervielfacht sich
der Irrtum der Reflexion. Deshalb projiziert man an den vielleicht unendlich weit zurückgedrängten Horizont der Sprache die Idee einer Universalsprache, in der der repräsentative Wert der Wörter ziemlich genau fixiert,
ziemlich gut begründet, in ausreichendem Maße anerkannt wäre, damit
die Reflexion in aller Klarheit der Wahrheit über irgendeinen Satz entscheiden kann – durch diese Sprache, »mit deren Hilfe die Bauern besser
über die Wahrheit der Dinge urteilen könnten, als es heute die Philosophen tun«.[81] Eine völlig distinkte Sprache würde eine gänzlich klare Rede
gestatten. Diese Sprache wäre in sich selbst eine *Ars combinatoria*. Deshalb
muß die Ausübung jeglicher wirklichen Sprache durch eine Enzyklopädie
verdoppelt werden, die die Bahn der Wörter definiert, die natürlichsten
Wege vorschreibt, das legitime Gleiten des Wissens abzeichnet und die

---

81 René Descartes, *Briefe*, Köln, Krefeld 1949, S. 29 (Brief an Mersenne vom 20. November 1629).

Nachbarschafts- und Ähnlichkeitsbeziehungen kodifiziert. Das Wörterbuch wird geschaffen, um das Spiel der Derivationen von der ursprünglichen Bezeichnung der Wörter aus zu kontrollieren, ganz wie die Universalsprache geschaffen wird, um ausgehend von einer gut angelegten Gliederung die Irrtümer der Reflexion zu kontrollieren, wenn sie ein Urteil formuliert. Die *Ars combinatoria* und die Enzyklopädie bilden auf der einen und der anderen Seite der Unvollkommenheit der realen Sprache ein Gegenstück zueinander.

Die Naturgeschichte, weil sie natürlich eine Wissenschaft sein muß; die Zirkulation der Reichtümer, weil sie eine von den Menschen geschaffene und kontrollierte Institution ist, müssen diesen den spontanen Sprachen inhärenten Gefahren entgehen. Es ist kein Irrtum möglich zwischen der Gliederung und der Attribution in der Ordnung der Naturgeschichte, weil die Struktur sich in einer unmittelbaren Sichtbarkeit zeigt. Es gibt in der Vorstellung auch keine Verschiebungen, keine falschen Ähnlichkeiten, keine unzusammenhängenden Nachbarschaften, die ein natürliches Wesen, das korrekt bezeichnet worden ist, in einen Raum stellen würden, der nicht der seine ist, weil das wesentliche Merkmal entweder durch die Kohärenz des Systems oder durch die Genauigkeit der Methode erstellt wird. Die Struktur und das wesentliche Merkmal sichern in der Naturgeschichte die theoretische Festigkeit dessen, was in der Sprache offenbleibt und an ihren Grenzen die Projekte von im wesentlichen unvollendeten Künsten entstehen läßt. Ebenso garantieren der Wert, der von einem ästimativen automatisch zu einem appreziativen wird, und das Geld, das durch seine wachsende oder abnehmende Menge stets die Schwankungen der Preise hervorruft, aber auch begrenzt, in der Ordnung der Reichtümer die Anpassung der Attribution und der Gliederung, die der Bezeichnung und der Derivation. Der Wert und die Preise sichern die praktische Geschlossenheit der Segmente, die in der Sprache offenbleiben. Die Struktur gestattet der Naturgeschichte, sich sofort in dem Element einer Kombinatorik zu finden, und das wesentliche Merkmal gestattet ihr, hinsichtlich der Wesen und ihrer Ähnlichkeiten eine exakte und definitive Poetik zu erstellen. Der Wert kombiniert die Reichtümer miteinander, das Geld gestattet ihren realen Austausch. Dort, wo die ungeordnete Ordnung der Sprache die kontinuierliche Beziehung zu einer Kunst und ihren unvollendeten Aufgaben impliziert, offenbaren sich die Ordnung der Natur und die der Reichtümer in der schlichten und einfachen Existenz der Struktur und des wesentlichen Merkmals, des Wertes und des Geldes.

Dennoch muß man feststellen, daß die natürliche Ordnung sich in einer Theorie formuliert, die als die richtige Lesart einer Serie oder eines realen Bildes gilt: Daher ist die Struktur der Wesen gleichzeitig die unmittelbare Form des Sichtbaren und seine Gliederung; ebenso bezeichnet und lokalisiert das wesentliche Merkmal mit ein und derselben Bewegung. Der ästimative Wert wird dagegen nur durch eine Transformation zum appreziativen. Und die initiale Beziehung zwischen dem Metall und der Ware wird nur allmählich zu einem Veränderungen unterliegenden Preis. Im ersten Fall handelt es sich um die genaue Überlagerung der Attribution und der Gliederung, der Bezeichnung und der Derivation, im anderen Fall handelt es sich um einen Übergang, der mit der Natur der Dinge und der Aktivität der Menschen verbunden ist. Mit der Sprache wird das System der Zeichen passiv in seiner Unvollkommenheit empfangen, und allein eine Kunst kann es berichtigen: Die Theorie der Sprache ist unmittelbar präskriptiv. Die Naturgeschichte richtet von sich selbst aus zur Bezeichnung der Wesen ein Zeichensystem ein, und deshalb ist sie eine Theorie. Die Reichtümer sind Zeichen, die von den Menschen produziert, multipliziert und modifiziert werden. Die Theorie der Reichtümer ist durch und durch mit einer Politik verbunden.

Währenddessen bleiben die anderen beiden Seiten des fundamentalen Vierecks geöffnet. Wie kommt es, daß die Bezeichnung (einzelner und punktueller Akt) eine Gliederung der Natur, der Reichtümer und der Repräsentationen gestattet? Wie können auf allgemeine Weise die beiden entgegengesetzten Segmente (des Urteils und der Bedeutung für die Sprache, der Struktur und der Preise für die Theorie der Reichtümer) sich aufeinander beziehen und so eine Sprache, ein Natursystem und die ununterbrochenen Bewegungen der Reichtümer gestatten? Hier muß man wohl annehmen, daß die Repräsentationen sich ähneln und in der Vorstellung gegenseitig sich in Erinnerung rufen; daß die natürlichen Wesen in einer Nachbarschaftsbeziehung und Ähnlichkeitsbeziehung stehen; daß die Bedürfnisse der Menschen sich entsprechen und ihre Befriedigung finden. Die Verkettung der Repräsentationen, die dicke, bruchlose Schicht der Wesen, die Fruchtbarkeit der Natur sind stets erforderlich, damit es Sprache gibt, damit es Reichtümer und Handhabung der Reichtümer geben kann. Das Kontinuum der Repräsentationen und des Seins, eine negativ als Fehlen des Nichts definierte Ontologie, eine allgemeine Repräsentierbarkeit des Seins und das durch die Präsenz der Repräsentation offenbarte

Sein – alles das gehört zur Konfiguration der Gesamtheit der klassischen *episteme*. Man wird in diesem Prinzip des Kontinuierlichen das metaphysisch starke Moment des Denkens des siebzehnten und achtzehnten Jahrhunderts erkennen können (was der Satzform gestattet, einen effektiven Sinn zu haben, der Struktur, sich in wesentlichen Merkmalen zu ordnen, dem Wert der Dinge, in Preisen berechnet zu werden); während die Beziehung zwischen Gliederung und Attribution, Bezeichnung und Derivation (was einerseits das Urteil und andererseits den Sinn, die Struktur und das wesentliche Merkmal, den Wert und die Preise begründet) für dieses Denken den wissenschaftlich starken Augenblick (was die Grammatik, die Naturgeschichte, die Wissenschaft der Reichtümer möglich macht) definieren. Das Ordnen der Empirizität findet sich so mit der Ontologie verbunden, die das klassische Denken charakterisiert. Es findet sich in der Tat von Anfang an innerhalb einer durch die Tatsache transparent gewordenen Ontologie, daß das Sein bruchlos der Repräsentation gegeben wird; und innerhalb einer durch die Tatsache erhellten Repräsentation, daß sie das Kontinuierliche des Seins freisetzt.

Was nun die Veränderung betrifft, die sich am Ende des achtzehnten Jahrhunderts in der ganzen abendländischen *episteme* vollzogen hat, so ist es von jetzt an möglich, sie von fern zu charakterisieren, indem wir sagen, daß ein wissenschaftlich starker Augenblick sich dort gebildet hat, wo die klassische *episteme* eine metaphysisch starke Zeit kannte; und daß umgekehrt ein philosophischer Raum sich dort gelöst hat, wo die Klassik ihre festesten erkenntnistheoretischen Verschlüsse angebracht hatte. In der Tat hat die Produktionsanalyse als neuer Plan der neuen »Politischen Ökonomie« im wesentlichen die Analyse zwischen dem Wert und den Preisen zum Inhalt. Die Vorstellungen von Organismen und Körperbau, die Methoden der vergleichenden Anatomie, kurz alle Themen der aufkommenden »Biologie« erklären, wie die an Einzelwesen beobachtbaren Strukturen als allgemeine Merkmale für Gattungen, Familien und Abzweigungen Geltung haben können. Schließlich wird zur Vereinheitlichung der formalen Einteilungen einer Sprache (ihre Fähigkeit, Sätze zu bilden) und der Bedeutung, die ihren Wörtern zugehört, die »Philologie« nicht mehr die repräsentativen Funktionen der Rede, sondern eine Gesamtheit von morphologischen Konstanten untersuchen, die einer Geschichte unterliegen. Philologie, Biologie und Politische Ökonomie bilden sich nicht anstelle der *allgemeinen Grammatik*, der *Naturgeschichte* und der *Analyse der Reichtümer*, sondern dort, wo diese Wissensgebiete nicht existierten, in dem Raum, den sie weiß ließen, in der Tiefe der Furche, die ihre großen theoretischen Segmente trennte und die die Geräusche des ontologischen Kontinuums füllten. Der Gegenstand des Wissens im neunzehnten Jahrhundert bildet sich genau dort, wo die klassische Fülle des Seins zum Schweigen gelangte.

Umgekehrt wird sich ein neuer philosophischer Raum dort frei machen, wo sich die Gegenstände des klassischen Wissens auflösen. Der Augenblick der Attribution (als Form des Urteils) und der der Gliederung (als allgemeine Abtrennung der Wesen) trennen sich und lassen das Problem der Beziehung zwischen einer Apophantik und einer formalen Ontologie entstehen. Der Augenblick der primitiven Bezeichnung und der der Derivation durch die Zeit hindurch trennen sich, öffnen einen Raum, wo die Frage nach der Beziehung zwischen dem ursprünglichen Sinn und der Geschichte gestellt wird. So erhalten die beiden großen Formen der modernen philosophischen Reflexion ihren Platz. Die eine befragt die Beziehungen zwischen der Logik und der Ontologie; sie beschreitet die Wege der Formalisierung und trifft unter einem neuen Aspekt auf das Problem der *mathesis*. Die andere befragt die Beziehung zwischen Bedeutung und Zeit; sie unternimmt eine Enthüllung, die nicht beendet ist und es wahrscheinlich nie sein wird, und sie bringt die Ideen und Methoden der *Interpretation* wieder an den Tag. Wahrscheinlich betrifft die fundamentalste Frage, die man in der Philosophie stellen kann, die Beziehung zwischen diesen beiden Formen der Reflexion. Gewiß, es ist nicht Aufgabe der Archäologie zu sagen, ob diese Beziehung möglich ist oder wie sie hergestellt werden kann, aber sie kann das Gebiet bezeichnen, wo die Beziehung sich zu knüpfen sucht, an welcher Stelle der *episteme* die moderne Philosophie ihre Einheit zu finden sucht, an welchem Punkt des Wissens sie ihr weitestes Gebiet entdeckt: dieser Ort ist der, wo das Formale (der Apophantik und der Ontologie) das Signifikative trifft, so wie es sich in der Interpretation erhellt. Das wesentliche Problem des klassischen Denkens lag in der Beziehung zwischen dem *Namen* und der *Ordnung*: eine *Nomenklatur* zu entdecken, die *Taxinomie* war, oder auch ein Zeichensystem einzurichten, das transparent für die Kontinuität des Seins war. Was das moderne Denken von Grund auf in Frage stellen wird, ist die Beziehung des Sinns zur Form der Wahrheit und zur Form des Seins: am Himmel unserer Reflexion herrscht eine Rede – eine vielleicht unzugängliche Rede –, die mit einem Schlag eine Ontologie und eine Semantik sein soll. Der Strukturalismus ist keine neue Methode, er ist das erwachte und unruhige Bewußtsein des modernen Wissens.

VIII. Das Verlangen und die Repräsentation

Die Menschen des siebzehnten und achtzehnten Jahrhunderts denken den Reichtum, die Natur und die Sprachen nicht mit dem, was ihnen die voraufgehenden Zeitalter gelassen hatten, und auf der Linie dessen, was bald entdeckt werden sollte; sie denken ausgehend von einer allgemeinen Einteilung, die ihnen nicht nur Begriffe und Methoden vorschreibt, sondern die, auf fundamentalere Weise, eine bestimmte Seinsweise für die Sprache, die Einzelwesen, die Natur, die Gegenstände des Bedürfnisses und des Verlangens vorschreibt. Diese Seinsweise ist die der Repräsentation. Von nun an erscheint ein ganzer gemeinsamer Boden, auf dem die Geschichte der Wissenschaften als eine Oberflächenwirkung figuriert. Das heißt nicht, daß man sie künftig beiseite lassen kann, sondern daß eine Reflexion über das Historische eines Wissens sich nicht mehr damit zufriedengeben kann, durch die Folge der Zeiten dem Faden der Kenntnisse zu folgen. Diese sind in der Tat keine Phänomene der Erbschaft und Tradition. Und man sagt nicht, was sie möglich gemacht hat, wenn man das ausspricht, was vor ihnen bekannt war und was sie, wie man sagt, »Neues hinzugebracht« haben. Die Geschichte des Wissens kann nur ausgehend von dem gebildet werden, was ihm gleichzeitig war, und nicht in Termini gegenseitiger Beeinflussung, sondern in Termini von Bedingungen und in der Zeit gebildeter Apriori. In diesem Sinne kann die Archäologie von der *Existenz* einer allgemeinen Grammatik, einer Naturgeschichte und einer Analyse der Reichtümer berichten und so einen Raum ohne Fissuren freisetzen, in dem die Geschichte der Wissenschaften, die der Ideen und der Ansichten, wenn sie wollen, sich belustigen können.

Wenn die Analysen der Repräsentation, der Sprache, der natürlichen Ordnungen und der Reichtümer vollkommen kohärent und homogen sind, existiert immerhin ein tiefes Ungleichgewicht. Die Repräsentation befehligt nämlich die Seinsweise der Sprache, der Einzelwesen, der Natur und des Bedürfnisses selbst. Die Analyse der Repräsentation hat also einen determinierenden Wert für alle empirischen Gebiete. Das ganze klassische

System der Ordnung, jene ganze große *taxinomia*, die die Erkenntnis der Dinge durch das System ihrer Identitäten gestattet, entfaltet sich im offenen Raum innerhalb eines selbst durch die Repräsentation, wenn sie sich selbst repräsentiert: Das Sein und das Identische haben darin ihren Platz. Die Sprache ist nur die Repräsentation der Wörter; die Natur ist nur die Repräsentation der Wesen; das Bedürfnis ist nur die Repräsentation des Bedarfs. Das Ende des klassischen Denkens und das jener *episteme*, die allgemeine Grammatik, Naturgeschichte und Wissenschaft von den Reichtümern möglich gemacht hat, wird mit dem Rückzug der Repräsentation oder vielmehr mit der Freisetzung der Sprache, des Lebendigen und des Bedürfnisses hinsichtlich der Repräsentation zusammenfallen. Der dunkle, aber hartnäckige Geist eines sprechenden Volkes, die Gewalt und die unaufhörliche Anstrengung des Lebens, die stumme Kraft der Bedürfnisse werden der Seinsweise der Repräsentation entgehen. Und diese wird verdoppelt, begrenzt, eingeengt, vielleicht mystifiziert, auf jeden Fall von außen durch den enormen Schub einer Freiheit, eines Verlangens oder eines Wunsches beherrscht werden, die sich als die metaphysische Umkehrung des Bewußtseins geben werden. Etwas wie ein Wollen oder eine Kraft wird in der modernen Erfahrung auftreten, wird sie vielleicht konstituieren und auf jeden Fall signalisieren, daß das klassische Zeitalter zu Ende ist und mit ihm die Herrschaft der repräsentierenden Rede, die Dynastie einer Repräsentation, die sich selbst bezeichnet und in der Folge ihrer Wörter die schlafende Ordnung der Dinge aussagt.

Diese Umkehrung ist für die Zeit de Sades anzusetzen. Oder eher: dieses unermüdliche Werk offenbart das schwankende Gleichgewicht zwischen dem Gesetz ohne Gesetz des Verlangens und dem metikulösen Anordnen einer diskursiven Repräsentation. Die Ordnung des Diskurses findet darin ihre Grenze und ihr Gesetz, aber sie hat noch die Kraft, sogar mit dem koextensiv zu bleiben, was sie regiert. Da liegt wahrscheinlich das Prinzip jener »Libertinage«, die die letzte der abendländischen Welt war (danach beginnt das Zeitalter der Sexualität): der Libertin ist der, der allen Phantasien des Verlangens und jedem Toben gehorcht, aber auch die geringste Regung durch eine luzide und willkürlich vorgenommene Repräsentation erhellen kann und muß. Es gibt eine strikte Ordnung des Libertinerlebens: jede Repräsentation muß sich sofort im lebendigen Körper des Verlangens beleben, jedes Verlangen muß sich im reinen Licht eines repräsentierenden Diskurses aussprechen. Daher rührt jene rigide Abfolge der

»Szenen« (die Szene ist bei de Sade die der Repräsentation verordnete Regellosigkeit) und innerhalb der Szenen das sorgfältige Gleichgewicht zwischen der Kombinatorik der Körper und der Verkettung der Seelen. Vielleicht sind *Justine* und *Juliette* beim Entstehen der modernen Kultur in
der gleichen Position wie *Don Quichotte* zwischen der Renaissance und
der Klassik. Der Held bei Cervantes, der in den Beziehungen der Welt
und der Sprache liest, wie man es im sechzehnten Jahrhundert tat, und
durch das alleinige Spiel der Ähnlichkeit Schlösser in den Herbergen und
Damen in den Bauernmädchen entschlüsselte, machte sich zum Gefangenen, ohne daß er es wußte, jener Weise der reinen Repräsentation. Aber da
diese Repräsentation nur die Ähnlichkeit zum Gesetz hatte, konnte sie
nicht umhin, in der lächerlichen Form des Deliriums zu erscheinen. Nun
erhielt im zweiten Teil des Romans aber Don Quichotte von dieser repräsentierten Welt seine Wahrheit und sein Gesetz. Er konnte von diesem
Buch, in dem er geboren war und das er nicht gelesen hatte, aber dessen
Lauf er verfolgen mußte, nur noch ein Schicksal erwarten, das ihm künftig
von den anderen auferlegt war. Es genügte ihm, sich in einem Schloß leben
zu lassen, wo er selbst, der durch seinen Wahnsinn in die Welt der reinen
Repräsentation eingedrungen war, schließlich zur reinen und einfachen
Gestalt in der Künstlichkeit einer Repräsentation wurde. Die Personen
von de Sade entsprechen ihm am anderen Ende des klassischen Zeitalters,
das heißt, im Augenblick seines Niedergangs. Es ist nicht mehr der ironische Triumph der Repräsentation über die Ähnlichkeit, es ist die dunkle,
wiederholte Gewalt des Verlangens, das an die Grenzen der Repräsentation schlägt. *Justine* würde dem zweiten Teil des *Don Quichotte* entsprechen. Sie ist das unbegrenzte Objekt des Verlangens, dessen reiner Ursprung sie ist, wie Don Quichotte gegen seinen Willen der Gegenstand
der Repräsentation ist, die er selbst in seinem tiefen Wesen ist. In Justine
kommunizieren das Verlangen und die Repräsentation nur durch die Präsenz eines *Anderen*, der sich die Heldin als Gegenstand des Verlangens vorstellt, während sie selbst nur die leichte, ferne, äußerliche und eisige Form
des Verlangens der Repräsentation kennt. Ihr Unglück ist, daß ihre Unschuld immer zwischen dem Verlangen und der Repräsentation als Drittes
bleibt. Juliette dagegen ist nicht mehr als die Gestalt aller möglichen Wünsche, aber diese Lüste werden ohne Rückstand in die Repräsentation aufgenommen, die sie vernünftig in *Diskurs* bringt und sie aus freien Stücken
in *Szenen* verwandelt. Infolgedessen entfaltet die große Erzählung des Le-

bens Juliettes während der ganzen Begierden, Gewalttätigkeiten, Wildheiten und des Todes das glitzernde Bild der Repräsentation. Aber dieses Bild ist so klein, so sehr für alle Figuren des Verlangens transparent, die sich unablässig in ihm aufhäufen und sich allein durch die Kraft ihrer Kombinatorik multiplizieren, daß es ebenso unvernünftig ist wie das von Don Quichotte, als er von Ähnlichkeit zu Ähnlichkeit durch die gemischten Wege der Welt und der Bücher vorwärtszuschreiten glaubte, sich aber im Labyrinth seiner eigenen Repräsentationen verrannte. *Juliette* schwächt diese Mächtigkeit des Repräsentierten, damit darin ohne den geringsten Fehler, das geringste Verschweigen, den geringsten Schleier alle Möglichkeiten des Verlangens angedeutet werden.

Darin schließt diese Erzählung das klassische Zeitalter in sich selbst, wie *Don Quichotte* es eröffnet hatte. Und wenn es die letzte noch mit Rousseau und Racine zeitgenössische Sprache ist, wenn es der letzte Diskurs ist, der zu »repräsentieren« versucht, das heißt zu *benennen* versucht, so weiß man, daß sie gleichzeitig diese Zeremonie auf das genaueste Maß zurückbringt (sie nennt die Dinge bei ihrem strikten Namen, löst so jeden rhetorischen Raum auf) und sie ins Unendliche verlängert (indem sie alles benennt, ohne die geringste Möglichkeit zu vergessen, denn sie werden alle nach der universellen Charakteristik des Verlangens durchlaufen). De Sade gelangt ans Ende des Diskurses und des Denkens der Klassik. Er herrscht genau an ihrer Grenze. Von ihm an werden Gewalt, Leben und Tod, Verlangen, Sexualität unterhalb der Repräsentation eine immense, schattige Schicht ausbreiten, die wir jetzt so, wie wir können, wieder in unseren Diskurs, in unsere Freiheit, in unser Denken aufzunehmen versuchen. Aber unser Denken ist so kurz, unsere Freiheit ist so unterworfen, unser Diskurs so wiederkäuend, daß wir uns wohl darüber klar sein müssen, daß im Grunde dieser Schatten unterwärts das Meer ist, aus dem wir trinken müssen. Die Üppigkeit Juliettes wird immer vereinzelter, und es hat kein Ende.

268

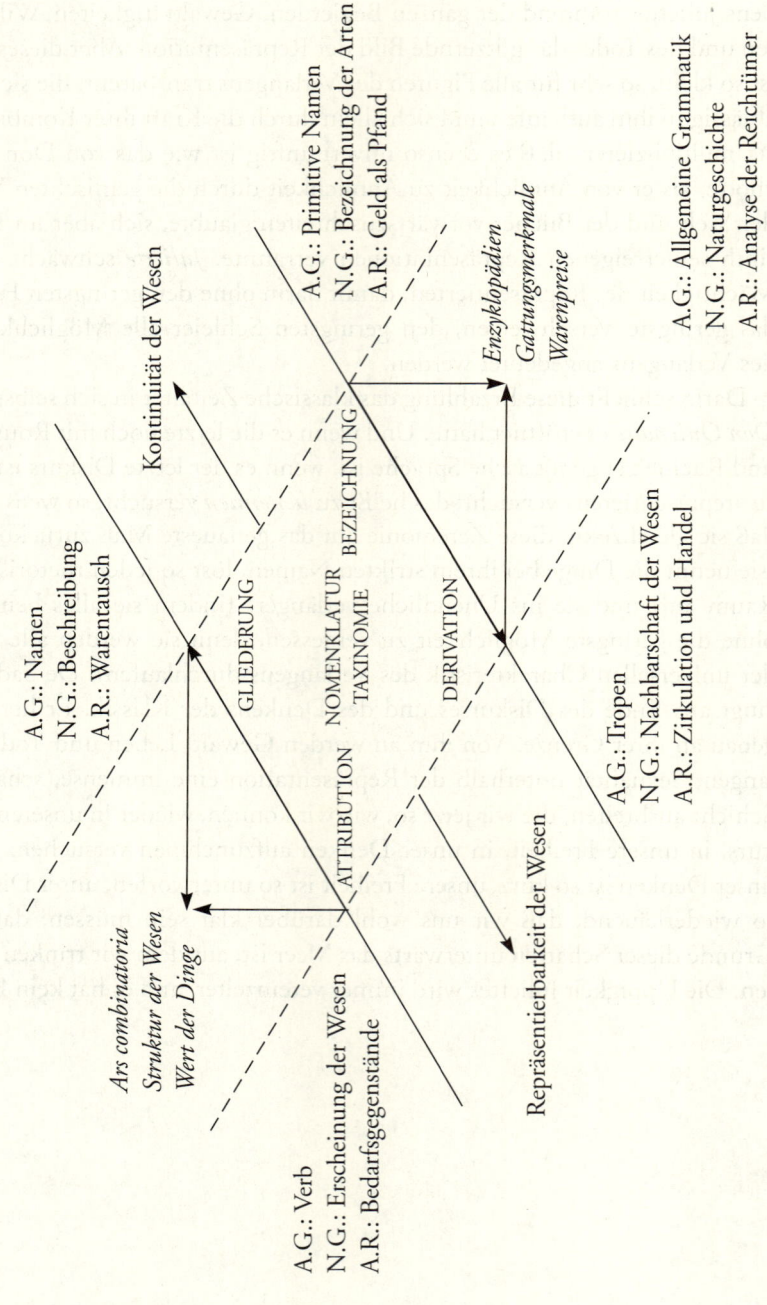

17. und 18. Jahrhundert

Ars combinatoria
Struktur der Wesen
Wert der Dinge

A.G.: Namen
N.G.: Beschreibung
A.R.: Warentausch

A.G.: Verb
N.G.: Erscheinung der Wesen
A.R.: Bedarfsgegenstände

GLIEDERUNG

ATTRIBUTION

NOMENKLATUR

TAXINOMIE

DERIVATION

BEZEICHNUNG

Kontinuität der Wesen

Repräsentierbarkeit der Wesen

Enzyklopädien
Gattungsmerkmale
Warenpreise

A.G.: Primitive Namen
N.G.: Bezeichnung der Arten
A.R.: Geld als Pfand

A.G.: Tropen
N.G.: Nachbarschaft der Wesen
A.R.: Zirkulation und Handel

A.G.: Allgemeine Grammatik
N.G.: Naturgeschichte
A.R.: Analyse der Reichtümer

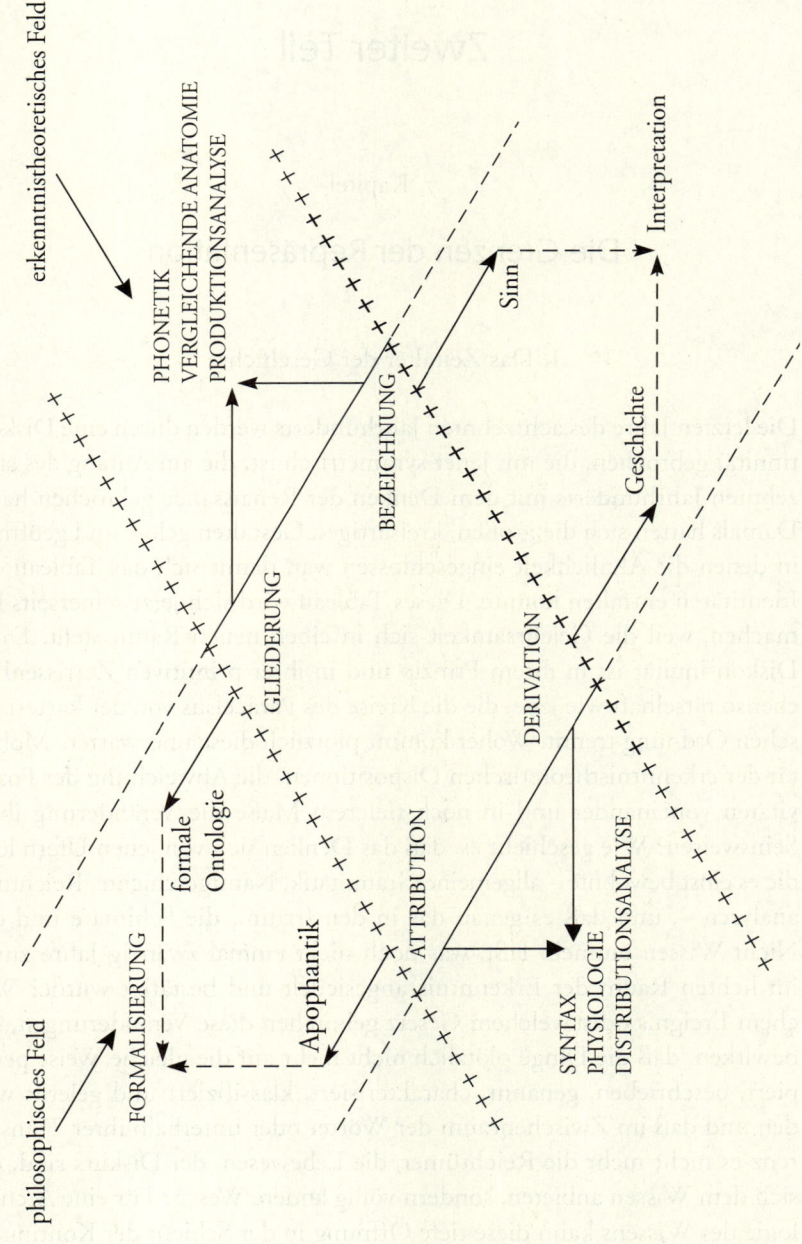

Zweiter Teil

7. Kapitel

Die Grenzen der Repräsentation

I. Das Zeitalter der Geschichte

Die letzten Jahre des achtzehnten Jahrhunderts werden durch eine Diskontinuität gebrochen, die mit jener symmetrisch ist, die am Anfang des siebzehnten Jahrhunderts mit dem Denken der Renaissance gebrochen hatte. Damals hatten sich die großen, kreisartigen Gestalten gelöst und geöffnet, in denen die Ähnlichkeit eingeschlossen war, damit sich das Tableau der Identitäten entfalten konnte. Dieses Tableau wird sich jetzt seinerseits losmachen, weil die Gelehrsamkeit sich in einen neuen Raum stellt. Diese Diskontinuität ist in ihrem Prinzip und in ihrer primitiven Zerrissenheit ebenso rätselhaft wie jene, die die Kreise des Paracelsus von der kartesianischen Ordnung trennt. Woher kommt plötzlich diese unerwartete Mobilität der erkenntnistheoretischen Dispositionen, die Abweichung der Positivitäten voneinander und in noch tieferem Maße die Veränderung ihrer Seinsweisen? Wie geschieht es, daß das Denken sich von jenen Ufern löst, die es einst bewohnte – allgemeine Grammatik, Naturgeschichte, Reichtumanalysen –, und daß es genau das in den Irrtum, die Schimäre und das Nicht-Wissen taumeln läßt, was noch nicht einmal zwanzig Jahre zuvor im lichten Raum der Erkenntnis angesiedelt und bestätigt wurde? Welchem Ereignis oder welchem Gesetz gehorchen diese Veränderungen, die bewirken, daß die Dinge plötzlich nicht mehr auf die gleiche Weise perzipiert, beschrieben, genannt, charakterisiert, klassifiziert und gelernt werden und daß im Zwischenraum der Wörter oder unterhalb ihrer Transparenz es nicht mehr die Reichtümer, die Lebewesen, der Diskurs sind, die sich dem Wissen anbieten, sondern völlig andere Wesen? Für eine Archäologie des Wissens kann diese tiefe Öffnung in der Schicht der Kontinuitäten, wenn sie analysiert, und zwar minuziös analysiert werden soll, nicht mit einem einzelnen Wort »erklärt« oder auch nur aufgenommen werden. Sie ist ein radikales Ereignis, das sich an der ganzen sichtbaren Oberfläche des Wissens verteilt und dessen Zeichen, Erschütterungen und Wirkungen man Schritt für Schritt verfolgen kann. Allein das Denken, das sich selbst bei der Wurzel seiner Geschichte packte, könnte ohne jeden Zweifel begründen, was in ihm selbst die einsame Wahrheit dieses Ereignisses gewesen ist.

Die Archäologie muß das Ereignis gemäß seiner manifesten Disposition durchlaufen. Sie wird berichten, wie die jeder Positivität eigenen Konfigurationen sich modifiziert haben (zum Beispiel wird sie bei der Grammatik das Erlöschen der dem Namen zugeschriebenen Hauptrolle und die neue Bedeutung der Flexionssysteme analysieren; oder auch die Unterordnung des Merkmals beim Lebendigen unter die Funktion). Sie wird die Veränderung der empirischen Wesen analysieren, die die Positivitäten bevölkern (die Substitution des Diskurses durch die Sprachen, der Reichtümer durch die Produktion). Sie wird die Verlagerung der Positivitäten in ihrer Beziehung zueinander untersuchen (zum Beispiel die neue Beziehung zwischen der Biologie, den Sprachwissenschaften und der Ökonomie). Schließlich und vor allem wird sie zeigen, daß der allgemeine Raum des Wissens nicht mehr der der Identitäten oder der Unterschiede ist, der der nicht-quantitativen Ordnungen, der einer universellen Charakterisierung, einer allgemeinen *Taxinomie*, einer *Mathesis* des Nicht-Meßbaren, sondern ein Raum, der geprägt ist von Organisationen, das heißt von inneren Beziehungen zwischen den Elementen, deren Gesamtheit eine Funktion sichert. Sie wird zeigen, daß diese Organisationen diskontinuierlich sind, daß sie also kein Tableau von bruchlosen Gleichzeitigkeiten bilden, sondern daß bestimmte von gleichem Niveau sind, während andere lineare Serien oder Folgen bilden. Infolgedessen sieht man als Organisationsprinzipien dieses Raums von Empirizitäten die *Analogie* und die *Folge* entstehen: die Verbindung von einer Organisation zur anderen kann in der Tat nicht mehr die Identität eines oder mehrerer Elemente sein, sondern die Identität der Beziehung zwischen den Elementen (wo die Erscheinung keine Rolle mehr spielt) und der Funktion, die sie ausüben. Wenn es obendrein vorkommt, daß diese Organisationen benachbart sind, etwa durch die Wirkung einer besonders großen Dichte von Analogien, so besetzen sie keine einander nahen Plätze in einem klassifikatorischen Raum, sondern sie sind alle gleichzeitig und im Werden der Folgen, die eine sofort nach der anderen gebildet wurden. Während im klassischen Denken die Folge der Chronologien den im voraus vorhandenen und fundamentaleren Raum eines Tableaus nur durchlief, das von vornherein alle Möglichkeiten dafür bot, werden künftig die gleichzeitigen und gleichzeitig im Raum beobachtbaren Ähnlichkeiten nur die festgelegten und fixierten Formen einer Folge sein, die von Analogie zu Analogie vorwärtsschreitet. Die klassische Ordnung verteilte in einem permanenten Raum die nicht-quantitativen Identitäten und Unterschiede, die die Dinge trennten und vereinten. Jene Ordnung herrschte souverän, aber jedesmal nur gemäß Formen und leicht verschiedenen Gesetzen, über den Diskurs der Menschen, das Tableau der natürlichen Wesen und den Austausch der Reichtümer. Seit dem neunzehnten Jahrhundert entfaltet die Geschichte in einer zeitlichen Serie die Analogien, die die unterschiedenen Organisationen einander annähern. Jene Geschichte wird ihre Gesetze allmählich der Produktionsanalyse, der Analyse der organisierten Wesen und schließlich der der linguistischen Gruppen auferlegen. Die Geschichte *gibt* den analogen Organisationen *Raum*, so wie die Ordnung den Weg der Identitäten und der *abfolgenden* Unterschiede öffnete.

Man sieht aber wohl, daß die Geschichte hier nicht zu verstehen ist als die Sammlung der De-facto-Folgen, so wie sie vielleicht festgestellt worden sind. Es handelt sich um die fundamentale Seinsweise der Empirizitäten, von wo aus sie bestätigt, festgesetzt, angeordnet und im Raum des Wissens für eventuelle Erkenntnisse und für mögliche Wissenschaften aufgeteilt worden sind. Ebenso wie die Ordnung im klassischen Denken nicht die sichtbare Harmonie der Dinge oder ihre festgestellte Anpassung, Regularität oder Symmetrie war, sondern der eigene Raum ihres Seins und das, was vor jeder wirklichen Erkenntnis sie im Wissen aufstellte, ebenso definiert vom neunzehnten Jahrhundert an die Geschichte den Entstehungsort des Empirischen, das, worin es diesseits jeder errichteten Chronologie ein Sein annimmt, das ihm eigen ist. Wahrscheinlich hat sich deshalb die Geschichte so früh gemäß einer Doppeldeutigkeit, die man wahrscheinlich nicht meistern können wird, in eine empirische Wissenschaft der Ereignisse und diese radikale Seinsweise geteilt, die allen empirischen Wesen und auch jenen eigenartigen Wesen, die wir sind, ihr Schicksal vorschreibt. Die Geschichte ist, wie man weiß, die gelehrteste, informierteste, aufgeweckteste und von der Erinnerung vielleicht überfüllteste Fläche, sie ist aber gleichzeitig der Grund, von dem aus alle Wesen zu ihrer Existenz und zu ihrem unsicheren Aufleuchten gelangen. Als Seinsweise all dessen, was uns in der Erfahrung gegeben wird, ist die Geschichte so zum Unumgänglichen unseres Denkens geworden. Darin ist sie wahrscheinlich von der klassischen Ordnung noch nicht einmal so sehr unterschieden. Diese konnte man ebenfalls in einem konzertierten Wissen errichten, sie war aber auf fundamentalere Weise der Raum, in dem jedes Wesen zur Kenntnis kam, und die klassische Metaphysik stellte sich genau in jene Distanz der Ordnung zur *Ordnung*, der Klassifizierungen zur *Identität*, der natürlichen Wesen zur *Natur*, kurz: der Perzeption (oder der Vorstellungskraft) der Menschen zum Verstehen und zum Willen Gottes. Die Philosophie des neunzehnten Jahrhunderts wird sich in die Distanz der Geschichte zur *Geschichte*, der Ereignisse zum *Ursprung*, der Evolution zum ersten Zerreißen der Quelle, des Vergessens zur *Wiederkehr* stellen. Sie wird als Metaphysik nur noch insoweit sein, als sie Erinnerung ist, und notwendig wird sie das Denken auf die Frage danach zurückführen, was es für das Denken bedeutet, eine Geschichte zu haben. Diese Frage wird unermüdlich die Philosophie von Hegel bis zu Nietzsche und darüber hinaus bedrängen. Wir sollten darin aber nicht das Ende einer autonomen philosophischen Reflexion sehen, die im Grunde noch zu jung und zu stolz ist, um sich exklusiv dem zuzuneigen, was vor ihr und von anderen gesagt wurde. Wir sollten das nicht zum Vorwand nehmen, um ein Denken zu denunzieren, das unfähig wäre, sich allein aufrechtzuerhalten, und stets gezwungen wäre, sich in ein bereits bestehendes Denken zu verwickeln. Es soll genügen, darin eine Philosophie zu erkennen, die sich von einer bestimmten Metaphysik gelöst hat, weil sie von dem Raum der Ordnung abgehoben ist, die aber der Zeit, ihrem Fluß und ihrer Wiederkehr zugewandt ist, weil sie in der Seinsweise der Geschichte verfangen ist.

Man muß aber mit etwas stärkerer Detailarbeit auf das zurückkommen, was sich an der Wende vom achtzehnten zum neunzehnten Jahrhundert vollzogen hat: auf jene zu schnell gezeichnete Veränderung von der *Ordnung* zur *Geschichte* und auf die fundamentale Veränderung jener Positivitäten, die während fast eineinhalb Jahrhunderten sehr vielen benachbarten Wissensgebieten Raum gegeben haben – der Analyse der Repräsentation, der allgemeinen Grammatik, der Naturgeschichte, den Überlegungen über den Reichtum und den Handel. Wie sind jene Arten, die Empirizität zu ordnen, die der *Diskurs*, das *Tableau* und der *Warentausch* für sich bildeten, ausgelöscht worden? In welchem anderen Raum und gemäß welchen

Figuren haben die Wörter, die Wesen und die Gebrauchsgegenstände ihren Platz gefunden und sich in Beziehung zueinander aufgeteilt? Welche neue Seinsweise haben sie erhalten müssen, damit am Ende von nur wenigen Jahren jene jetzt vertrauten Wissensgebiete erschienen sind, die wir seit dem neunzehnten Jahrhundert *Philologie, Biologie, Politische Ökonomie* nennen? Wir stellen uns gerne vor, daß, wenn diese neuen Gebiete im letzten Jahrhundert definiert worden sind, es sich um ein wenig mehr Objektivität in der Erkenntnis, mehr Genauigkeit in der Beobachtung, mehr Strenge in der Gedankenführung, mehr Organisation in der Untersuchung und wissenschaftlichen Information handelt – all das, mit etwas Glück oder Genie, von einigen glücklichen Entdeckungen unterstützt, hat uns aus einem prähistorischen Zeitalter heraustreten lassen, in dem das Wissen noch mit der *Grammatik von Port-Royal*, den Klassifikationen Linnés und den Handels- und Ackerbautheorien herumstammelte. Wenn man aber vom Standpunkt der Rationalität der Erkenntnisse aus für die Positivitäten wohl von Vorgeschichte sprechen kann, kann man von Geschichte nur ganz kurz sprechen. Es bedurfte wohl eines fundamentalen Ereignisses, eines der radikalsten wahrscheinlich, das der abendländischen Zivilisation zugestoßen ist, damit sich die Positivität der klassischen Gelehrsamkeit auflöste und sich eine Positivität bildete, aus der wir wahrscheinlich noch nicht ganz herausgekommen sind.

Dieses Ereignis, sicher weil wir noch in ihm befangen sind, entgeht uns zu einem großen Teil. Sein Umfang, die tiefen Schichten, die es erreicht hat, all die Positivitäten, die es hat umstürzen und rekomponieren können, die souveräne Kraft, die ihm gestattet hat, innerhalb nur weniger Jahre den ganzen Raum unserer Kultur zu durchlaufen, all das könnte erst am Ende einer fast unendlichen Untersuchung geschätzt und gemessen werden, die nicht mehr und nicht weniger als das Sein unserer Modernität selbst beträfe. Die Konstituierung so vieler positiver Wissenschaften, das Erscheinen der Literatur, der Rückzug der Philosophie auf ihr eigenes Werden, das Auftauchen der Geschichte, gleichzeitig als Wissen und als Seinsweise der Empirizität, sind nur einige Zeichen eines tiefen Bruchs. Es sind im Raum des Wissens verteilte Zeichen, weil sie sich hier in der Bildung einer Philosophie, dort in der Bildung einer Politischen Ökonomie und dort in der einer Biologie bemerken lassen. Es handelt sich auch um eine Dispersion in der Chronologie. Sicher stellt sich die Gesamtheit des Phänomens zwischen leicht fixierbare Daten (die äußersten Punkte sind die Jahre 1775 und 1825); aber man kann in jedem der untersuchten Gebiete zwei aufeinanderfolgende Phasen erkennen, deren Verbindungspunkt ungefähr um 1795 bis 1800 liegt. In der ersten dieser Phasen ist die fundamentale Seinsweise der Positivitäten nicht verändert. Die Reichtümer der Menschen, die natürlichen Arten, die Wörter, mit denen die Sprachen bevölkert sind, bleiben noch, was sie im klassischen Zeitalter waren: reduplizierte Repräsentationen – Repräsentationen, deren Rolle es ist, Repräsentationen zu bezeichnen, sie zu analysieren, sie zu komponieren und sie zu dekomponieren, um in ihnen mit dem System ihrer Identitäten und ihrer Unterschiede das allgemeine Prinzip einer Ordnung auftauchen zu lassen. In der zweiten Phase erst werden die Wörter, die Klassen und die Reichtümer eine Seinsweise erlangen, die nicht mehr mit der der Repräsentation vereinbar ist. Was sich dagegen seit den Analysen von Adam Smith, von Antoine-Laurent de Jussieu oder von Vicq d'Azyr, in der Epoche von Jones oder von Anquetil-Duperron sehr bald verändert, ist die Konfiguration der Positivitäten: die Weise, auf die innerhalb jeder Positivität die repräsentativen Elemente in ihrer gegenseitigen Beziehung funktionieren, auf die sie ihre doppelte Rolle als Bezeichnung und Artikulation sichern, auf die sie durch das Spiel der Vergleiche zur Errichtung einer Ordnung gelangen. Diese erste Phase wird in diesem Kapitel untersucht.

II. Das Maß der Arbeit

Man versichert gerne, daß Adam Smith die moderne Politische Ökonomie begründet hat – man könnte ganz einfach von Ökonomie sprechen –, indem er in ein Gebiet der Reflexion den Begriff der Arbeit einführte, den dieses noch nicht kannte: mit einem Schlag sind alle alten Analysen des Geldes, des Handels und des Warentauschs in ein prähistorisches Zeitalter des Wissens gerückt worden – mit Ausnahme der Physiokraten vielleicht, denen man wenigstens das Verdienst zuschreibt, die Analyse der Agrarproduktion versucht zu haben. Tatsächlich bezieht Adam Smith von Anfang an den Begriff des Reichtums auf den der Arbeit: »Die jährliche Arbeit jeder Nation bildet den Fonds, welcher sie ursprünglich versieht mit all den notwendigen und angenehmen Dingen des Lebens, die sie jährlich verzehrt und die immer aus dem unmittelbaren Produkt dieser Arbeit bestehen oder daraus, was mit diesem Produkt von anderen Nationen ge-

kauft wird.«[1] Es ist ebenso wahr, daß Smith den Gebrauchswert der Dinge
in Beziehung zu den Bedürfnissen der Menschen setzt und den Tauschwert zur Menge der zu seiner Herstellung verwandten Arbeit: »Daher stimmt
der Wert einer beliebigen Ware für ihren Besitzer, der sie nicht selbst verwenden oder verzehren, sondern gegen andere Waren austauschen will,
mit dem Quantum der Arbeit überein, das er damit kaufen oder kommandieren kann.«[2] Tatsächlich ist der Unterschied zwischen den Analysen von
Smith und denen Turgots oder Cantillons weniger groß, als man glaubt,
oder vielmehr beruht er nicht in dem, worin man sich ihn vorstellt. Seit
Cantillon und bereits vor ihm unterschied man genau den Gebrauchswert
und den Tauschwert. Seit Cantillon bediente man sich ebenfalls des Arbeitsquantums, um die Arbeit zu messen. Aber die Arbeitsmenge, die in
dem Preis der Dinge enthalten ist, war nur ein relatives und zugleich reduzibles Maßinstrument. Die Arbeit eines Menschen war der Nahrungsmenge gleich, die notwendig war, ihn und seine Familie während der Zeit
zu unterhalten, die das Werk beanspruchte.[3] Infolgedessen definierte in
letzter Instanz das Bedürfnis – Nahrung, Kleidung, Wohnung – das absolute Maß des Marktpreises. Während des ganzen klassischen Zeitalters
ist es das Bedürfnis, das die Äquivalenzen mißt, der Gebrauchswert, der
als absoluter Bezugspunkt für die Tauschwerte dient. Die Nahrung eicht
die Preise und gibt der Agrarproduktion, dem Getreide und dem Boden
das Privileg, das ihnen alle zuerkannt haben.

Adam Smith hat also nicht die Arbeit als ökonomischen Begriff erfunden, da man ihn bereits bei Cantillon, bei Quesnay und bei Condillac findet. Er läßt ihn nicht einmal eine neue Rolle spielen, denn er bedient sich
seiner als Maß des Tauschwertes. »Arbeit ist also das reale Maß des Tauschwerts aller Waren.«[4] Aber er deplaziert die Arbeit, er bewahrt ihr immer
noch die Funktion der Analyse der austauschbaren Reichtümer. Diese
Analyse ist jedoch kein reines und einfaches Moment mehr, um den Warentausch auf die Bedürfnisse zurückzuführen (und den Handel auf die
primitive Geste des Tauschs). Sie entdeckt eine irreduzible, unüberschreitbare und absolute Maßeinheit. Mit einem Schlag stellen die Reichtümer

1 Adam Smith, *Eine Untersuchung über das Wesen und die Ursachen des Reichtums der Nationen*
  [Ökonom. Studientexte. 3], Berlin 1963, S. 5.
2 A. a. O., S. 40.
3 Philippe de Cantillon, *Abhandlung über die Natur des Handels im allgemeinen* [Sammlung sozialwissenschaftlicher Meister. 25], Jena 1931, S. 19 f.
4 Smith, a. a. O., S. 40.

die innere Ordnung ihrer Äquivalenzen nicht mehr durch einen Vergleich der auszutauschenden Gegenstände oder durch eine Schätzung der jedem eigenen Kraft her, einen Gegenstand des Bedürfnisses (und in letzter Linie den fundamentalsten von allen, die Nahrung) zu repräsentieren; sie werden nach den Arbeitseinheiten zerlegt, durch die sie wirklich hergestellt worden sind. Die Reichtümer sind immer repräsentative Elemente, die funktionieren: was sie aber schließlich repräsentieren, ist nicht mehr der Gegenstand des Verlangens, sondern die Arbeit.

Sogleich stellen sich zwei Erwiderungen ein. Wie kann die Arbeit festes Maß des natürlichen Preises der Dinge sein, wo sie doch selber einen Preis hat, der sogar variabel ist? Wie kann die Arbeit eine unübergehbare Einheit sein, während sie ihre Form ändert und der Fortschritt der Manufakturen sie unaufhörlich produktiver werden läßt, indem die Arbeit ständig mehr aufgeteilt wird? Gerade durch diese Entgegnungen und gewissermaßen durch ihre Verdolmetschung kann man die Irreduzibilität der Arbeit und ihren ursprünglichen Charakter an den Tag bringen. Tatsächlich gibt es in der Welt Gegenden und in ein und derselben Gegend Augenblicke, wo die Arbeit teuer ist: die Arbeiter sind nicht sehr zahlreich, die Löhne sind sehr hoch; woanders oder zu einem anderen Zeitpunkt ist die Zahl der Arbeiter sehr hoch; man bezahlt sie schlecht, die Arbeit ist sehr billig. Was aber bei diesem Wechsel die Veränderung darstellt, ist die Quantität der Nahrung, die man sich mit dem Entgelt eines Arbeitstages verschaffen kann. Wenn es wenig Waren gibt und viele Konsumenten, wird jede Arbeitseinheit nur durch eine geringe Quantität an Nahrungsmitteln belohnt. Sie wird dagegen hoch bezahlt, wenn die Waren in großer Zahl vorhanden sind. Das sind nur Folgen einer Marktsituation. Die Arbeit selbst, die gebrauchten Stunden, die Mühe und die Erschöpfungen sind auf jeden Fall die gleichen. Je mehr man von diesen Einheiten braucht, um so teurer werden die Produkte sein. »Gleiche Quantitäten Arbeit müssen zu allen Zeiten und an allen Orten für den Arbeiter denselben Wert haben.«[5]

Nur könnte man sagen, daß diese Einheit nicht fest ist, weil man zur Herstellung ein und desselben Gegenstandes je nach dem Grad der Vollkommenheit der Manufakturen (das heißt nach der Arbeitsteilung, die man darin vorgenommen hat) eine kürzere oder längere Arbeit braucht. In Wahrheit ist es aber nicht die Arbeit an sich, die sich geändert hat, son-

5 A. a. O., S. 43.

dern die Beziehung der Arbeit zur Produktion. Die Arbeit, als Tagewerk,
Mühe und Erschöpfung begriffen, ist ein fester Nenner, allein der Zähler
(die Zahl der produzierten Gegenstände) ist Veränderungen unterworfen.
Ein Arbeiter, der allein sämtliche achtzehn verschiedenen Vorgänge zu be-
werkstelligen hätte, die die Produktion einer Nadel erfordert, würde wahrscheinlich nicht mehr als zwanzig an einem Tag herstellen. Aber zehn Arbeiter, von denen jeder nur eine oder zwei Operationen zu vollziehen hätte,
könnten zusammen mehr als achtundvierzigtausend Nadeln an einem Tag
herstellen. Da also jeder Arbeiter ein Zehntel dieses Produkts herstellt, kann
er als einer betrachtet werden, der an seinem Arbeitstag viertausendacht-
hundert Nadeln herstellt.[6] Die Produktivkraft der Arbeit ist vervielfacht
worden; in einer gleichen Einheit (dem Arbeitstag eines Lohnabhängigen)
hat sich die Zahl der geschaffenen Gegenstände erhöht. Ihr Tauschwert
wird also sinken, jeder von ihnen wird nur noch eine verhältnismäßig geringere Menge Arbeit kaufen können. Die Arbeit hat in Beziehung zu
den Dingen nicht abgenommen. Die Dinge haben sich in Beziehung zur
Arbeitseinheit gewissermaßen zusammengezogen.

Tatsächlich tauscht man Waren, weil man Bedürfnisse hat. Ohne diese
bestünde kein Handel, keine Arbeit und vor allem nicht jene Teilung,
durch die die Arbeit produktiver wird. Umgekehrt sind es die Bedürfnisse,
die nach ihrer Befriedigung die Arbeit und ihre Vervollkommnung begrenzen: »Da die Arbeitsteilung von der Möglichkeit zum Austausch bewirkt
wird, muß das Ausmaß dieser Teilung immer durch das Ausmaß dieser
Möglichkeit oder, mit anderen Worten, durch die Ausdehnung des Marktes begrenzt sein.«[7] Die Bedürfnisse und der Austausch der Produkte, die
jene befriedigen können, sind stets das Prinzip der Ökonomie: sie sind
ihr Motor und setzen ihre Grenzen. Die Arbeit und ihre Teilung sind
nur Auswirkungen davon. Innerhalb des Warentauschs, im Bereich der
Äquivalenzen, ist das Maß, das die Gleichheiten und Unterschiede feststellt, von anderer Natur als das Bedürfnis. Es ist nicht mit dem Verlangen
der Individuen verbunden, ist nicht, wie dieses, variabel und wird nicht
gleichzeitig mit ihm modifiziert. Es ist ein absolutes Maß, wenn man darunter versteht, daß es nicht vom Herzen der Menschen oder ihrem Appetit
abhängt. Es erlegt sich ihnen von außen auf, es ist ihre Zeit und Mühe. In
Beziehung zu der seiner Vorläufer stellt die Analyse von Adam Smith eine

6 A. a. O., S. 10 f.
7 A. a. O., S. 25.

essentielle Loslösung dar. Sie unterscheidet den Grund des Warentausches und das Maß des Austauschbaren, die Natur der Ware und die Einheiten, die ihre Zerlegung gestatten. Man tauscht Waren, weil man Bedürfnisse hat, und genau die Gegenstände, die man braucht; aber die Ordnung des Warentausches, seine Hierarchie und die sich darin manifestierenden Unterschiede werden durch die Arbeitseinheiten hergestellt, die in den zur Frage stehenden Gegenständen sich niederschlagen. Wenn für die Erfahrung des Menschen – auf der Ebene dessen, was sich unaufhörlich Psychologie nennt – das von ihnen Ausgetauschte ihnen »unerläßlich, bequem oder angenehm« ist, ist für den Ökonomen, was in Form der Dinge zirkuliert, die Arbeit. Es sind nicht mehr Bedarfsgegenstände, die sich gegenseitig repräsentieren, sondern transformierte, verborgene, vergessene Zeit und Mühe.

Dieses Loslösen ist von großer Bedeutung. Gewiß, Adam Smith analysiert noch wie seine Vorgänger jenes Feld der Positivität, das im achtzehnten Jahrhundert als »Reichtümer« bezeichnet wurde; er verstand darunter ebenfalls Gebrauchsgegenstände – also die Gegenstände einer bestimmten Form von Repräsentation –, die sich selbst in den Bewegungen und Prozessen des Tauschs repräsentierten. Innerhalb dieser Reduplizierung aber, und um damit das Gesetz, die Einheiten und die Maße des Tauschs zu regulieren, formuliert er ein Ordnungsprinzip, das nicht auf die Analyse der Repräsentation reduzibel ist. Er bringt die Arbeit ans Licht, das heißt: die Mühe und die Zeit, jenen Tag, der das Leben eines Menschen gleichzeitig zerteilt und verbraucht. Die Äquivalenz der Gegenstände des Verlangens wird nicht mehr vermittels anderer Gegenstände und anderen Verlangens, sondern durch einen Übergang zu dem festgestellt, was zu ihnen in radikaler Heterogenität sich befindet. Wenn es eine Ordnung in den Reichtümern gibt, wenn dieses jenes kaufen kann, wenn Gold zweimal soviel Wert ist wie Silber, dann nicht mehr, weil die Menschen vergleichbare Wünsche haben, nicht weil sie durch ihren Körper den gleichen Hunger verspüren oder weil das Herz aller dem gleichen Zauber unterliegt, sondern weil sie alle der Zeit, der Mühe, der Ermüdung und, wenn man bis zur äußersten Grenze geht, dem Tod selbst unterworfen sind. Die Menschen tauschen, weil sie Bedürfnisse und Verlangen haben. Aber sie *können* tauschen und diesen Tauch *ordnen*, weil sie der Zeit und der großen äußeren Fatalität unterliegen. Hinsichtlich der Fruchtbarkeit dieser Arbeit ist zu sagen, daß sie sich nicht so sehr der Geschicklichkeit des einzelnen oder

der Berechnung der Interessen verdankt. Sie ist auf Bedingungen gegründet, die ebenfalls ihrer Repräsentation äußerlich sind: industrieller Fortschritt, steigende Arbeitsteilung, Akkumulation des Kapitals, Trennung von produktiver und nicht-produktiver Arbeit. Man sieht, auf welche Weise die Reflexion über die Reichtümer mit Adam Smith beginnt den Raum zu überschreiten, der ihr in der Klassik bestimmt war. Man siedelte sie damals innerhalb der »Ideologie« – innerhalb der Analyse der Repräsentation – an. Künftig bezieht sie sich gewissermaßen verquer auf zwei Gebiete, die beide den Formen und Gesetzen der Zerlegung der Repräsentationen sich entziehen. Einerseits zielt sie bereits auf eine Anthropologie, die das Wesen des Menschen (seine Endlichkeit, seine Beziehung zur Zeit und den drohenden Tod) und das Objekt in Frage stellt, in das er seine Zeit und seine Mühe investiert, ohne darin den Gegenstand seines unmittelbaren Bedürfnisses erkennen zu können. Andererseits weist sie, zwar in einer bestimmten Leere, noch auf die Möglichkeit einer Politischen Ökonomie hin, die nicht mehr den Austausch von Reichtümern zum Gegenstand hätte (und das Spiel der ihn begründenden Repräsentationen), sondern ihre wirkliche Produktion: die Formen der Arbeit und des Kapitals. Man versteht, wie zwischen diesen neu gebildeten Positivitäten (einer Anthropologie, die von einem sich selbst fremdgewordenen Menschen, und einer Ökonomie, die von den dem menschlichen Bewußtsein äußerlichen Mechanismen spricht) die Ideologie oder die Analyse der Repräsentationen darauf reduziert werden wird, bald nur noch eine Psychologie zu sein, während sich ihr gegenüber und gegen sie die Dimension einer möglichen Geschichte errichtet, die sie bald in voller Höhe beherrschen soll. Seit Adam Smith ist die Zeit der Ökonomie nicht die zyklische der Verarmungen und des wachsenden Reichtums. Es ist auch nicht die lineare Zunahme geschickter Politiker, die die Produktion schneller ankurbeln, als sie die Preise erhöhen, indem sie ständig die Zahl der zirkulierenden Geldstücke leicht anheben. Es wird die innere Zeit einer Organisation sein, die gemäß ihrer eigenen Notwendigkeit wächst und die nach autochthonen Gesetzen sich entwickelt – die Zeit des Kapitals und der Produktionsweise.

III. Die Organisation der Wesen

Auf dem Gebiet der Naturgeschichte sind die Veränderungen, die man zwischen 1775 und 1795 feststellen kann, von gleichem Typus. Das Prinzip der Klassifikationen wird nicht in Frage gestellt. Diese haben stets das Ziel der Bestimmung des »wesentlichen Merkmals«, das die Einzelwesen und die Arten in allgemeineren Einheiten gruppiert, das diese Einheiten unterscheidet und ihnen schließlich eine Verschachtelung solcher Art gestattet, daß sie ein Tableau bilden, in dem alle Individuen und alle Gruppen – bekannte oder unbekannte – ihren Platz werden finden können. Diese wesentlichen Merkmale werden der totalen Repräsentation der Einzelwesen entnommen. Sie sind deren Analyse und gestatten, indem sie diese Repräsentation repräsentieren, die Konstituierung einer Ordnung. Die allgemeinen Prinzipien der *taxinomia*, die die Systeme von Tournefort und von Linné, die Methode von Adanson bestimmten, haben für Jussieu, für Vicq d'Azyr, für Lamarck und für Candolle immer noch auf gleiche Weise Geltung. Dennoch werden die Technik, die die Herausarbeitung eines wesentlichen Merkmals gestattet, die Beziehung zwischen sichtbarer Struktur und Kriterien der Identität modifiziert, wie von Adam Smith die Beziehungen zwischen Bedürfnis und Preis modifiziert worden sind. Während des ganzen achtzehnten Jahrhunderts hatten die Klassifikatoren das wesentliche Merkmal durch den Vergleich der sichtbaren Strukturen festgestellt, das heißt dadurch, daß sie Elemente in Beziehung setzten, die homogen waren, da jedes nach dem gewählten Ordnungsprinzip als Repräsentation der anderen dienen konnte. Der einzige Unterschied lag darin, daß für die Systematiker die repräsentativen Elemente von Anfang an festgelegt waren, während sie sich für die Methodiker allmählich bei einer fortschreitenden Konfrontation herauslösten. Aber der Übergang von der beschriebenen Struktur zum klassifikatorischen Merkmal vollzog sich völlig auf der Ebene der repräsentativen Funktionen, die das Sichtbare hinsichtlich seiner selbst ausübte. Seit Jussieu, Lamarck und Vicq d'Azyr hat das Merkmal oder eher die Transformation der Struktur in ein Merkmal sich auf ein dem Gebiet des Sichtbaren fremdes Prinzip gegründet – ein inneres, auf das reziproke Spiel der Repräsentationen nicht reduzierbares Prinzip. Dieses Prinzip (dem in der Ordnung der Ökonomie die Arbeit entspricht) ist die *Organisation*. Als Grundlage der Taxinomien erscheint die Organisation auf vier verschiedene Weisen.

1. Zunächst in der Form einer Hierarchie der Merkmale. Wenn man in
der Tat die Arten nicht nebeneinander und in ihrer größten Diversität auf-
fächert und wenn man zur sofortigen Begrenzung des Untersuchungsfel-
des die großen, von der Evidenz aufgedrängten Gruppierungen akzeptiert –
etwa die Grasartigen, Kreuzblumen, Hülsenartigen für die Pflanzen; oder
für die Tiere die Würmer, die Fische, die Vögel, die Vierfüßer –, sieht man,
daß bestimmte Merkmale absolut konstant sind und in keiner Gattung,
keiner erkennbaren Art fehlen: zum Beispiel die Einfügung der Staubfäden, ihre Stellung in Beziehung zum Griffel, die Einfügung der Blumenkrone, wenn sie die Staubfäden trägt, die Zahl der Samenlappen, die der
Samenkeim hat. Andere Merkmale sind in einer Familie sehr häufig, erreichen aber nicht den gleichen Grad an Beständigkeit. Sie werden von weniger wesentlichen Organen gebildet (die Zahl der Blütenblätter, Vorhandensein oder Fehlen der Blumenkrone, entsprechende Lage des Kelches
oder des Griffels). Das sind die »subuniformen, sekundären« Merkmale.
Schließlich sind die »semi-uniformen, tertiären« Merkmale mal konstant,
mal variabel (monophyllische oder polyphyllische Struktur des Kelches,
Zahl der Kammern in der Frucht, Lage der Blüten und der Blätter, Natur
des Stiels). Mit diesen semi-uniformen Merkmalen ist die Definition der
Familien oder der Ordnungen unmöglich. Nicht weil sie, wenn man sie
auf alle Arten anwenden würde, unfähig wären, allgemeine Entitäten zu
bilden, sondern weil sie nicht das betreffen, was es an Wesentlichem in
einer Gruppe von Lebewesen gibt. Jede große, natürliche Familie verfügt
über Besonderheiten, die sie definieren; und die Merkmale, die gestatten,
sie zu erkennen, sind jenen fundamentalen Bedingungen sehr nahe: So
ist der Same, weil die Reproduktion die Hauptfunktion der Pflanze ist,
der wichtigste Teil der Pflanze, und man wird die Pflanzen in drei Klassen
aufteilen können: in Nacktkeimende, Einsamenlappige und Zweisamen-
lappige. Auf dem Hintergrund dieser wesentlichen und »primären« Merkmale werden die anderen erscheinen und feinere Unterscheidungen einführen können. Man sieht, daß das Merkmal nicht mehr direkt der sichtbaren
Struktur entnommen wird, ohne weiteres Kriterium als seine Präsenz oder
sein Fehlen. Es gründet sich auf die Existenz für das Lebewesen wesentlicher Funktionen und auf Beziehungen der Wichtigkeit, die nicht mehr
allein von der Beschreibung abhängen.

2. Die Merkmale sind also mit Funktionen verbunden. In einer Hinsicht kommt man zur alten Theorie der Signaturen oder der Markierungen

zurück, die annahm, daß die Wesen am sichtbarsten Punkt ihrer Oberfläche das Zeichen dessen tragen, was an ihnen das Wesentlichste ist. Aber hier sind die Beziehungen der Wichtigkeit Beziehungen der funktionalen Subordination. Wenn die Zahl der Samenlappen entscheidend ist für die Klassifizierung der Pflanzen, dann deshalb, weil sie eine determinierende Rolle in der Funktion der Reproduktion spielen und dadurch selbst mit der ganzen inneren Organisation der Pflanze verbunden sind. Sie weisen auf eine Funktion hin, die die ganze Disposition des Einzelwesens bestimmt.[8] So hat Vicq-d'Azyr für die Tiere gezeigt, daß die Ernährungsfunktionen wahrscheinlich die bedeutendsten sind. Aus diesem Grunde »bestehen konstante Beziehungen zwischen der Struktur der Zähne der Fleischfresser und der ihrer Muskeln, ihrer Zehen, ihrer Krallen, ihrer Zunge, ihres Magens, ihrer Eingeweide«.[9] Das Merkmal wird also nicht durch eine Beziehung des Sichtbaren zu sich selbst erstellt. Es ist in sich selbst nur die sichtbare Spitze einer komplexen und hierarchisierten Organisation, in der die Funktion eine wesentliche Befehls- und Determinationsrolle spielt. Nicht, weil es in den beobachteten Strukturen so häufig ist, ist ein Merkmal bedeutend, sondern weil es funktional wichtig ist, begegnet man ihm so oft. Wie Cuvier bemerkt hat, als er das Werk der letzten großen Methodiker seines Jahrhunderts zusammenfaßte, sind, je weiter man sich zu den allgemeineren Klassen hinwendet, »die Eigenheiten, die als gemeinsame bleiben, auch um so konstanter. Und da die konstantesten Beziehungen diejenigen sind, die zu den bedeutendsten Teilen gehören, werden die Merkmale der höheren Unterteilungen aus den bedeutendsten Teilen entnommen [...] so wird die Methode eine natürliche sein, weil sie der Bedeutung der Organe Rechnung trägt.«[10]

3. Unter diesen Bedingungen begreift man, wie der Begriff des Lebens für die Anordnung der natürlichen Wesen unerläßlich geworden ist. Er ist es aus zwei Gründen geworden: zunächst mußte man in der Tiefe des Körpers die Beziehungen erfassen können, die die Organe an der Oberfläche mit denen verbinden, deren Existenz und verborgene Form die wesentlichen Funktionen sichern. So schlägt Wolffer vor, die Säugetiere nach der Anordnung ihrer Hufe zu klassifizieren. Diese Anordnung ist mit der

8 Antoine Laurent de Jussieu, *Genera plantarum*, Paris 1789, S. 18.

9 Félix Vicq-d'Azyr, *Quadrupèdes*, Paris 1792, in: *Encyclopédie méthodique. Système anatomique*, Bd. 2, *Discours préliminaire*, S. LXXXVII.

10 Georges Cuvier, *Tableau élémentaire de l'histoire naturelle des animaux*, Paris An VI (1798), S. 20 f.

Weise, sich zu bewegen, und den Bewegungsmöglichkeiten des Tieres verbunden. Nun korrelieren diese Weisen ihrerseits mit der Form der Ernährung und den verschiedenen Organen des Verdauungssystems.[11] Außerdem kommt es vor, daß die bedeutendsten Merkmale am verborgensten
sind. Bereits in der Ordnung der Pflanzen hat man feststellen können,
daß nicht die Blüten und die Früchte (die sichtbarsten Teile der Pflanze)
die kennzeichnenden Elemente sind, sondern der Keimapparat und Organe wie die Samenlappen. Dieses Phänomen ist bei den Tieren noch häufiger. Wolffer dachte, daß man die großen Klassen durch die Formen des
Blutkreislaufes definieren müsse. Und Lamarck, der ja doch selber keine
Sezierungen vornahm, lehnt für die niederen Tiere ein Klassifizierungs-
prinzip ab, das sich nur auf die sichtbare Form beschränkte: »Die Betrachtung der Gliederungen des Körpers und der Glieder der Schalentiere hat
sie von allen Naturforschern als wirkliche Insekten angesehen werden lassen, und ich habe selbst lange hinsichtlich dieses Punktes die gleiche Meinung gehabt. Aber da anerkannt wird, daß der Körperbau *(organisation)*
die wesentlichste Erwägung ist, um eine methodische und natürliche Aufteilung der Tiere zu leiten und um die wirklichen Beziehungen unter ihnen zu bestimmen, so folgt daraus, daß die Krustentiere, die einzig durch
die Kiemen nach Art der Mollusken atmen und wie sie ein muskulöses
Herz haben, unmittelbar nach ihnen, vor den Arachniden und den Insekten angeordnet werden müssen, die keine ähnliche Organisation haben.«[12]
    Klassifizieren heißt also nicht mehr das Sichtbare auf sich selbst bezie-
hen, indem man einem seiner Elemente die Aufgabe überträgt, die anderen zu repräsentieren, sondern heißt, in einer die Analyse drehenden Bewegung, das Sichtbare wie auf seine tiefe Ursache auf das Unsichtbare zu
beziehen, dann aus dieser geheimen Architektur wieder zu deren manifesten Zeichen hinaufzusteigen, die an der Oberfläche der Körper gegeben
sind. Wie Pinel als Naturforscher sagte: »heißt, sich an die äußeren Merkmale zu halten, die von den Nomenklaturen bestimmt werden, nicht, sich
die fruchtbarste Quelle an Instruktionen zu verschließen und sozusagen
das Aufschlagen des großen Buches der Natur abzulehnen, die zu erkennen man sich dabei vorgenommen hat?«[13] Künftig nimmt das Merkmal

11 Friedrich Wolffer, *Prodromus methodi mammalium*, Tübingen 1780, S. 7-20.
12 Jean-Baptiste de Lamarck, *Système des animaux sans vertèbres*, Paris 1801, S. 143 f.
13 Philippe Pinel, »Nouvelle méthode de classification des quadrumanes« in: *Actes de la Société d'histoire naturelle*, Bd. 1, S. 52; zitiert nach Henri Daudin, *Cuvier et Lamarck. Les classes zoologiques
   et l'idée de série animale, 1790-1830*, 2 Bde., Paris 1926, Bd. 1, S. 18.

seine alte Rolle als sichtbares Zeichen wieder an, das auf eine verborgene Tiefe zielt. Worauf es aber hindeutet, ist nicht ein geheimer Text, ein eingehülltes Wort oder eine, um exponiert zu werden, zu kostbare Ähnlichkeit. Es ist die kohärente Gesamtheit einer Organisation, die im einheitlichen Gewebe ihrer Souveränität das Sichtbare wie das Unsichtbare aufnimmt.

4. Der Parallelismus zwischen Klassifikation und Nomenklatur wird durch diese Tatsache selbst aufgelöst. Solange das Einteilen in einer fortschreitend verschachtelten Zerlegung des sichtbaren Raums bestand, war es sehr begreiflich, daß die Abgrenzung und die Bezeichnung dieser Gesamtheiten gleichwertig sich vollziehen konnten. Das Problem des Namens und das Problem der Gattung waren isomorph. Aber jetzt, da das Merkmal nur noch klassifizieren kann, indem es sich zunächst auf den Bau der Einzelwesen bezieht, erfolgt »unterscheiden« nicht mehr nach denselben Kriterien und durch dieselben Operationen wie »benennen«. Um die fundamentalen Gesamtheiten zu finden, die die natürlichen Wesen neu gruppieren, muß man diesen Raum in der Tiefe durchlaufen, der von den Organen an der Oberfläche zu den geheimnisvollsten und von diesen zu den größten Funktionen reicht, die sie sicherstellen. Eine gute Nomenklatur dagegen wird ihre Entfaltung im flachen Raum der Tabelle fortsetzen. Ausgehend von den sichtbaren Merkmalen des Einzelwesens wird man zu dem präzisen Feld gelangen müssen, in dem sich der Name dieser Gattung und ihrer Art befindet. Es gibt eine fundamentale Verdrehung zwischen dem Raum der Organisation und dem der Nomenklatur, oder vielmehr: statt sich genau zu decken, stehen sie künftig senkrecht zueinander. Und in ihrem Verbindungspunkt findet man das offenbare Merkmal, das in der Tiefe eine Funktion andeutet und an der Oberfläche gestattet, einen Namen zu finden. Diese Unterscheidung, die in einigen Jahren die Naturgeschichte und die Vorherrschaft der *taxinomia* verfallen lassen wird, verdanken wir dem Geist Lamarcks: Im *Discours préliminaire* der *Flore française* hat er die zwei Aufgaben der Botanik als völlig getrennt gegenübergestellt: die »Determinierung«, die die Regeln der Analyse anwendet und gestattet, den Namen durch das einfache Spiel einer binären Methode zu finden (entweder ein bestimmtes Merkmal ist im untersuchten Einzelwesen vorhanden, und man muß versuchen, es im rechten Teil des Tableaus zu ermitteln; oder es ist nicht vorhanden, und man muß versuchen, es im linken Teil des Tableaus zu ermitteln; und das bis

zur letzten Bestimmung); und die Entdeckung der wirklichen Beziehungen der Ähnlichkeit, die die Prüfung der gesamten Organisation der Arten voraussetzt.[14] Der Name und die Gattungen, die Bezeichnung und die Klassifikation, die Sprache und die Natur hören auf, sich füglich zu schneiden. Die Ordnung der Wörter und die Ordnung der Wesen decken sich nur noch in einer künstlich definierten Linie. Ihre alte Zugehörigkeit, die die Naturgeschichte in der Klassik begründet hat und die die Struktur in einer einzigen Bewegung bis zum Merkmal, die Repräsentation bis zum Namen und das sichtbare Einzelwesen bis zur abstrakten Gattung geführt hat, fängt an, sich aufzulösen. Man beginnt, über Dinge zu sprechen, die in einem anderen Raum als die Wörter *statt*haben. Indem er, und zwar sehr früh, eine solche Unterscheidung vornimmt, hat Lamarck das Zeitalter der Naturgeschichte beendet und das der Biologie viel besser, auf eine viel radikalere und sicherere Weise als dadurch eröffnet, daß er ungefähr zwanzig Jahre später das bereits bekannte Thema der einzigen Serie der Arten und ihrer fortschreitenden Transformierung wiederaufnahm.

Der Begriff der Organisation existierte bereits in der Naturgeschichte des achtzehnten Jahrhunderts, so wie in der Analyse der Reichtümer der Begriff der Arbeit ebenfalls nicht beim Ausgang des klassischen Zeitalters erfunden worden war. Aber er diente damals zur Definition einer bestimmten Weise der Zusammensetzung der komplexen Einzelwesen ausgehend von elementareren Stoffen. Linné unterschied zum Beispiel die »Juxtaposition«, die das Mineral wachsen läßt, und die Aufnahme (»Intussusception«), durch die die Pflanze sich bei ihrer Ernährung entwickelt.[15] Bonnet stellte den »aggrégat des solides brutes« und die »composition des solides organisés« gegenüber, »die eine fast unendliche Zahl von teils flüssigen, teils festen Teilen verknüpft«.[16] Nun hat dieser Begriff der Organisation nie vor dem Ende des achtzehnten Jahrhunderts zur Begründung der Naturordnung, zur Definition ihres Raums oder zur Abgrenzung ihrer Gestalten gedient. Vermittels der Werke von Jussieu, Vicq-d'Azyr und Lamarck beginnt er zum ersten Mal als Methode der Charakterisierung zu funktionieren. Er ordnet die Merkmale einander unter. Er verbindet sie

---

14 Lamarck, *Flore française*, 3 Bde., Paris 1777-1778, Bd. 1, *Discours préliminaire*, S. XC-CII.

15 Linné, *Des Ritters Carl von Linné vollständiges Pflanzenreich nach der dreizehnten lateinischen Ausgabe*, 12 Bde., Nürnberg 1777-1785, Bd. 1 (1777), S. 19-21.

16 Charles Bonnet, *Contemplation de la nature*, in: ders., *Œuvres d'histoire naturelle et de philosophie*, 10 Bde., Neuchâtel 1779-1783, Bd. 4, S. 40.

mit Funktionen, teilt sie ebensowohl nach einer internen wie externen und nicht weniger sichtbaren als unsichtbaren Architektur ein. Er teilt sie in einem anderen Raum auf als dem der Namen, des Diskurses und der Sprache. Er begnügt sich nicht mehr mit der Bezeichnung einer Kategorie von Wesen unter anderen, weist nicht mehr nur auf einen Ausschnitt im taxinomischen Raum hin; er definiert für bestimmte Wesen das innere Gesetz, das einer bestimmten ihrer Strukturen gestattet, den Wert eines Merkmals anzunehmen. Die Organisation reiht sich ein zwischen die Strukturen, die gliedern, und die Merkmale, die bezeichnen, wodurch sie einen tiefen, inneren, wesentlichen Raum zwischen ihnen einführt.

Diese bedeutende Veränderung spielt sich noch im Element der Naturgeschichte ab. Sie modifiziert die Methoden und die Techniken einer *taxinomia*, sie lehnt aber nicht die fundamentalen Bedingungen ab, unter denen sie möglich wird, sie berührt noch nicht die Seinsweise einer natürlichen Ordnung. Sie zieht indessen eine wichtige Konsequenz nach sich: die Radikalisierung der Trennung zwischen Organischem und Anorganischem. In der Tabelle der Wesen, die die Naturgeschichte entfaltete, definierten das Organisierte und das Nicht-Organisierte nicht mehr als zwei Kategorien; diese überkreuzten sich mit der Opposition zwischen Lebendigem und Nicht-Lebendigem, ohne notwendig damit zu koinzidieren. Von dem Augenblick an, in dem der Körperbau *(organisation)* zum fundamentalen Begriff der natürlichen Charakterisierung wird und gestattet, von der sichtbaren Struktur zur Bezeichnung überzugehen, muß er aufhören, nicht mehr als ein Merkmal zu sein. Er verbiegt den taxinomischen Raum, in dem er sich befand, und wird nun seinerseits zum Raum für eine mögliche Klassifizierung. Durch diese Tatsache wird der Gegensatz zwischen Organischem und Anorganischem grundlegend. In der Tat verschwindet seit den Jahren zwischen 1775 und 1795 die alte Gliederung der drei oder vier Reiche; die Opposition der beiden Reiche, des organischen und des anorganischen, ersetzt sie zwar nicht genau, aber die alte Gliederung wird dadurch von der neuen unmöglich gemacht, daß diese eine andere Aufteilung auf einer anderen Ebene und in einem anderen Raum vornimmt. Pallas und Lamarck[17] formulieren diese große Dichotomie, mit der die Opposition zwischen Lebendigem und Nicht-Lebendigem dann koinzidiert. »Es gibt nur zwei Reiche in der Natur«, schreibt Vicq-d'Azyr 1786, »das eine

---

17 Lamarck, *Flore française*, Bd. I, S. I f.

verfügt über Leben, das andere nicht.«[18] Das Organische wird zum Lebendigen, und das Lebendige ist das, was produziert, indem es wächst und sich reproduziert. Das Anorganische ist das Nicht-Lebendige, ist das, was sich nicht entwickelt und sich nicht reproduziert: an den Grenzen des Lebens, das Unfruchtbare und Bewegungslose – der Tod. Wenn es mit dem Leben vermischt ist, so als das, was in ihm die Tendenz hat, es zu töten und zu zerstören. »Es existieren in allen Lebewesen zwei starke, sehr bestimmte und stets in Gegensatz zueinander stehende Kräfte, so daß jede von ihnen ständig die Wirkungen zerstört, die die andere hervorgebracht hat.«[19] Man sieht, wie, während in der Tiefe das große Tableau der Naturgeschichte zerbrochen wird, etwas wie eine Biologie wird möglich werden können, und auch, wie in den Analysen von Bichat die fundamentale Opposition von Leben und Tod wird auftauchen können. Es wird nicht der mehr oder weniger prekäre Triumph eines Vitalismus über einen Mechanismus sein; der Vitalismus und seine Bemühung, die Eigentümlichkeit des Lebens zu definieren, sind nur die Oberflächenwirkung jener archäologischen Ereignisse.

IV. Die Flexion der Wörter

Die genaue Entgegnung auf diese Ereignisse findet man in der Analyse der Sprache. Wahrscheinlich haben sie dort eine verborgenere Form und sicher auch eine langsamere Zeitfolge. Dafür gibt es einen leicht entdeckbaren Grund. Während des ganzen klassischen Zeitalters war die Sprache als Diskurs problematisiert und reflektiert worden, das heißt als spontane Analyse der Repräsentation. Von allen Formen nicht-quantitativer Ordnung war sie am unmittelbarsten, am wenigsten verabredet, am tiefsten mit der der Repräsentation eigenen Bewegung verbunden. Und im gleichen Ausmaß war sie besser in ihr und ihrer Seinsweise verwurzelt als jene reflektierten – gelehrten oder eigensüchtigen – Ordnungen, die die Klassifikation der Wesen oder der Austausch der Reichtümer begründeten. Technische Modifizierungen wie jene, die das Maß der Tauschwerte oder das Vorgehen bei der Charakterisierung getroffen haben, genügten, um die Analyse

---

18 Vicq-d'Azyr, *Premiers discours anatomiques*, Paris 1786, S. 17 f.
19 Lamarck, *Mémoires de physique et d'histoire naturelle*, o. O. 1797, S. 248.

der Reichtümer oder die Naturgeschichte beträchtlich zu verändern. Damit die Wissenschaft der Sprache ebenso bedeutende Veränderungen vollzöge, bedurfte es tiefergreifender Ereignisse, die in der abendländischen Kultur bis hin zum Sein der Repräsentationen selbst etwas zu verändern fähig waren. Genau wie die Theorie des Namens im siebzehnten und achtzehnten Jahrhundert der Repräsentation sehr nahe war und dadurch bis zu einem bestimmten Punkt die Analyse der Strukturen und des Merkmals bei den Lebewesen, des Preises und des Wertes bei den Reichtümern bestimmte, ebenso besteht sie am Ende des klassischen Zeitalters am längsten fort und löst sich erst sehr spät in dem Augenblick auf, als die Repräsentation selbst sich auf der tiefsten Ebene ihrer archäologischen Ordnung verändert.

Bis zum Anfang des neunzehnten Jahrhunderts offenbaren die Analysen der Sprache nur geringe Veränderungen. Die Wörter werden immer noch ausgehend von ihren Repräsentationswerten als virtuelle Elemente des Diskurses befragt, der ihnen allen eine gleiche Seinsweise vorschreibt. Dennoch werden diese Vorstellungsinhalte nicht mehr nur in der Dimension analysiert, die sie einem absoluten Ursprung naherückt, sei der nun mythisch oder nicht. In der *allgemeinen Grammatik* in ihrer reinsten Form waren alle Wörter einer Sprache Träger einer mehr oder weniger verborgenen Bedeutung, die mehr oder weniger abgeleitet war, deren primitiver Seinsgrund aber in einer anfänglichen Bezeichnung lag. Jegliche Sprache, sei sie auch noch so komplex, war in den ein für allemal durch die archaischen Schreie herbeigeführten Anfang gestellt. Die lateralen Ähnlichkeiten mit den anderen Sprachen – benachbarte Laute, die analoge Bedeutungen deckten – wurden nur vermerkt und gesammelt, um die vertikale Beziehung einer jeden mit jenen tiefen, versandeten, fast stummen Werten zu bestätigen. Im letzten Viertel des achtzehnten Jahrhunderts erreicht der horizontale Vergleich zwischen den Sprachen eine andere Funktion. Er gestattet nicht mehr, zu erfahren, was jede an vorväterlichen Erinnerungen mitbringt, welche Markierungen aus der Zeit vor Babel im Klang ihrer Wörter niedergelegt sind. Aber sie muß zu messen gestatten, bis zu welchem Punkt sie sich ähneln, welche Dichte ihre Ähnlichkeiten haben, innerhalb welcher Grenzen sie füreinander transparent sind. Daher rühren jene großen Konfrontationen diverser Sprachen, die man am Ende des Jahrhunderts auftauchen sieht – manchmal unter dem Druck politischer Anlässe, wie die in Rußland vorgenommenen Versuche, eine Bestandsaufnahme der Sprachen des Zarenreiches zu vollziehen.[20] 1787 erscheint in Petrograd der erste Band des *Glossarium comparativum totius orbis*, der 279 Sprachen aufzählt: 171 für Asien, 55 für Europa, 30 für Afrika, 23 für Amerika.[21] Diese Vergleiche geschehen noch ausschließlich ausgehend von den Vorstellungsinhalten und in ihrer Funktion. Man konfrontiert einen gleichen Bedeutungskern, der als Invariante dient, mit den Wörtern, durch die die verschiedenen Sprachen ihn bezeichnen können (Adelung[22] bietet 500 Übersetzungen des Vaterunsers in verschiedenen Sprachen und Dialekten); oder indem man eine Wurzel als konstantes Element bei vielen leicht variierenden Formen wählt, bestimmt man den Fächer der Bedeutungen, die sie annehmen kann (es sind die ersten Versuche der Lexikographie wie der von Butet de la Sarthe). All diese Analysen verweisen stets auf zwei Prinzipien, die bereits die der *allgemeinen Grammatik* waren: das einer primitiven und allgemeinen Sprache, die das ursprüngliche Maß Wurzeln geliefert hätte, und das einer Folge historischer, der Sprache fremder Ereignisse, die sie von außen beugen, abnutzen, verfeinern, geschmeidiger machen, die ihre Formen vervielfachen oder vermengen (Invasionen, Völkerwanderungen, Fortschritt der Erkenntnisse, Freiheit oder politische Sklaverei usw.).

Nun bringt die Konfrontation der Sprachen am Ende des achtzehnten Jahrhunderts eine mittlere Figur zwischen der Gliederung der Inhalte und dem Wert der Wurzeln hervor. Es handelt sich um die Flexion. Gewiß, die Grammatiker kannten seit langem schon die Flexionserscheinungen (so wie man in der Naturgeschichte vor Pallas oder Lamarck den Begriff der Organisation kannte und in der Ökonomie den Begriff der Arbeit vor Adam Smith), aber die Flexionen wurden nur wegen ihres Repräsentationswertes analysiert, sei es nun, daß man sie als annexe Repräsentationen betrachtete oder daß man in ihnen eine Weise sah, die Repräsentationen miteinander zu verbinden (so etwas wie eine zweite Wortstellung). Wenn man aber wie Cœurdoux[23] und William Jones[24] den Vergleich zwischen

20 Hartwich Ludwig Bacmeister, *Idea et desideria de colligendis linguarum specimenibus*, Petrograd 1773; Güldenstädt, *Dr. J. A. Güldenstädts Beschreibung der kaukasischen Länder, aus seinen Papieren [...]*, Berlin 1834.

21 Die zweite Ausgabe erschien 1790-1791 in vier Bänden.

22 Johann Christoph Adelung, *Mithridates oder allgemeine Sprachenkunde mit dem »Vater unser« als Sprachprobe in beynahe fünfhundert Sprachen und Mundarten*, 4 Bde., Berlin 1806-1817.

23 R.-P. Cœurdoux, *Mémoires de l'Académie des inscriptions*, Bd. 49, S. 647-697.

24 William Jones, *The Works*, 13 Bde., London 1807.

den verschiedenen Formen des Verbs *sein* im Sanskrit, Latein oder Griechischen anstellt, entdeckt man eine konstante Beziehung, die genau umgekehrt ist wie die, die man sonst anerkannte: die Wurzel wird verändert, und die Flexionen sind analog. Die Sanskritfolge *asmi, asi, asti, smas, stha, santi* entspricht genau, aber durch die Flexionsanalogie, der lateinischen Reihe *sum, es, est, sumus, estis, sunt.* Wahrscheinlich blieben Cœurdoux und Anquetil-Duperron auf der Ebene der Analysen der *allgemeinen Grammatik*, als der erste in diesem Parallelismus die Reste einer Ursprache sah und der zweite das Ergebnis der historischen Vermischung, die zwischen Hindus und Mediterranen sich in der Epoche des baktrischen Reiches hat vollziehen können. Was bei dieser vergleichenden Konjugation indes auf dem Spiele stand, war bereits nicht mehr die Verbindung zwischen Ursilbe und ursprünglicher Bedeutung, sondern eine komplexere Beziehung zwischen den Modifizierungen der Wurzel und den Funktionen der Grammatik. Man entdeckte, daß in zwei verschiedenen Sprachen es eine konstante Beziehung zwischen einer determinierten Folge von formalen Veränderungen und einer ebenfalls determinierten Folge von grammatischen Funktionen, syntaktischen Werten und Bedeutungsveränderungen gab.

Aber ebendadurch beginnt die *allgemeine Grammatik*, ihre Konfiguration zu ändern. Ihre verschiedenen theoretischen Segmente verketten sich nicht mehr völlig auf die gleiche Weise miteinander. Und der sie vereinende Raster deutet eine bereits leicht verschiedene Bahn an. In der Epoche von Beauzée und Condillac wurde das Verhältnis zwischen den Wurzeln so labiler Form und der in den Repräsentationen herausgetrennten Bedeutung *(sens)* oder auch die Verbindung zwischen der Kraft, zu bezeichnen, und der, zu gliedern, durch die Souveränität des Namens gesichert. Jetzt tritt ein neues Element hinzu. Für die Bedeutung oder die Repräsentation deutet das neue Element nur einen zusätzlichen, notwendig sekundären Wert an (es handelt sich um die Rolle des Subjekts oder des Objekts, die das Individuum oder die bezeichnete Sache spielen; und um die Zeit der Handlung). Bei der Form jedoch bildet das neue Element die feste, konstante, völlig oder beinahe unveränderbare Gesamtheit, deren souveränes Gesetz sich den repräsentativen Wurzeln auferlegt, ja, sie sogar verändert. Außerdem ist dieses durch den signifikativen Wert sekundäre, durch die formale Konsistenz primäre Element nicht selbst eine isolierte Silbe, gleichsam eine Art konstanter Wurzel. Es ist ein System von Modifizierungen, deren diverse Segmente sich gegenseitig verbürgen. Der Buchstabe *s*

bezeichnet nicht die zweite Person, wie, nach der Meinung von Court de
Gébelin, der Buchstabe *e* die Atmung, das Leben und die Existenz bezeich-
nete. Die Gesamtheit der Modifizierungen *m, s, t* gibt der Verbwurzel die
Werte der ersten, zweiten, dritten Person.

Diese neue Analyse ruht bis zum Ende des achtzehnten Jahrhunderts in
der Suche der repräsentativen Werte der Sprache. Noch handelt es sich um
den Diskurs. Aber es erscheint bereits durch das System der Flexionen hindurch die Dimension des rein Grammatikalischen. Die Sprache wird nicht
mehr nur durch Repräsentationen konstituiert und durch Laute, die diese
ihrerseits repräsentieren und sich untereinander ordnen, wie es die Ge-
dankenverbindungen *(liens de la pensée)* fordern. Sie wird außerdem von
formalen, in einem System gruppierten Elementen konstituiert, die den
Lauten, Silben und Wurzeln eine Ordnung auferlegen, die nicht die der
Repräsentation ist. So hat man in die Sprachanalyse ein Element eingeführt, das irreduzibel ist (so wie man die *Arbeit* in die Analyse des Tauschs
oder die *Organisation* in die Analyse der Merkmale einführt). Als erste
Konsequenz kann man das Erscheinen einer Phonetik am Ende des achtzehnten Jahrhunderts festhalten, die nicht mehr die Suche nach den ersten
Ausdruckswerten, sondern die Analyse der Laute, ihrer Beziehungen und
möglichen Transformationen ineinander ist. Hellwag definiert 1781 das
Vokaldreieck.[25] Man kann auch das Erscheinen der ersten Entwürfe der
vergleichenden Grammatik bemerken. Man macht in den verschiedenen
Sprachen nicht mehr das durch eine Gruppe von Buchstaben und eine bestimmte Bedeutung *(sens)* gebildete Paar zum Gegenstand des Vergleichs,
sondern Gesamtheiten von Modifizierungen mit grammatischem Wert
(Konjugationen, Deklinationen und Silbenanhängungen). Die Sprachen
stehen nicht mehr in Konfrontation zueinander durch das, was die Wörter
bezeichnen, sondern durch das, was diese miteinander verbindet. Sie kommunizieren jetzt nicht vermittels jenes anonymen und allgemeinen Denkens, das sie zu repräsentieren haben, sondern direkt von einer zur anderen, dank jenen schwachen, dem Anschein nach so zerbrechlichen, aber
so beständigen, irreduziblen Instrumenten, die die Wörter in Beziehung
zueinander einteilen. Monboddo sagte: »Der Mechanismus der Sprachen
ist weniger arbiträr und besser geregelt als die Aussprache der Wörter, weshalb wir darin ein hervorragendes Kriterium zur Bestimmung der Ver-

---

25 Christoph Friedrich Hellwag, *De formatione loquelae*, Tübingen 1781.

wandtschaft der Sprachen miteinander finden. Deshalb können wir, wenn wir zwei Sprachen die großen Verfahren der Sprache (die Derivation, die Zusammensetzung und die Beugung) auf die gleiche Weise verwenden sehen, daraus schließen, daß die eine von der anderen abgeleitet ist oder daß sie beide Dialekte einer gleichen ursprünglichen Sprache sind.«[26] Solange die Sprache als Diskurs definiert worden war, konnte sie keine andere Geschichte als die ihrer Repräsentationen haben: die Vorstellungen (idées), die Dinge, die Erkenntnisse, die Gefühle mußten sich ändern, bevor die Sprache sich überhaupt und dann in dem genauen Verhältnis dieser Verwandlungen modifizierte. Künftig gibt es einen inneren »Mechanismus« der Sprachen, der nicht nur die Individualität jeder einzelnen, sondern auch die Ähnlichkeit mit den anderen bestimmt. Dieser Mechanismus als Träger von Identität und Unterschied, als Zeichen der Nachbarschaft, als Merkmal der Verwandtschaft wird zur Stütze der Geschichte werden. Durch ihn wird die Historizität sich in der Mächtigkeit des Sprechens selbst Zutritt verschaffen können.

V. Ideologie und Kritik

In der *allgemeinen Grammatik*, der *Naturgeschichte* und der *Analyse der Reichtümer* hat sich also in den letzten Jahren des achtzehnten Jahrhunderts ein Ereignis vollzogen, das überall von gleichem Typ ist. Die Zeichen, mit denen die Repräsentationen versehen wurden, die Analyse der Identitäten und der Unterschiede, die dann vorgenommen werden konnte, die gleichzeitig kontinuierliche und gegliederte Tabelle, die man in den Überfluß der Ähnlichkeiten einführte, die unter den empirischen Mannigfaltigkeiten definierte Ordnung können sich künftig nicht mehr allein auf die Reduplizierung der Repräsentation in bezug zu sich selbst gründen. Von diesem Ereignis an ist das, was die Gegenstände des Verlangens bewertet, nicht mehr allein die anderen Gegenstände, die das Verlangen sich repräsentieren kann, sondern ein auf diese Repräsentation irreduzibles Element: die *Arbeit*. Was die Charakterisierung eines natürlichen Wesens gestattet, sind nicht mehr die Elemente, die man an den Repräsentationen analysieren kann, die man sich von ihm und den anderen macht, sondern

---

26 James Burnet (Lord Monboddo), *Ancient metaphysics or the science of universals*, 6 Bde., Edinburgh 1779-1799, Bd. 4, S. 326.

ist ein bestimmtes diesem Wesen inneres Verhältnis, das man seinen Bau *(organisation)* nennt. Was die Definition einer Sprache gestattet, ist nicht die Weise, wie sie die Repräsentationen repräsentiert, sondern eine bestimmte innere Architektur, eine bestimmte Weise, die Wörter selbst gemäß ihrer grammatikalischen Stellung zu modifizieren, die sie in Beziehung zueinander einnehmen: es ist ihr *Flexionssystem.* In jedem Fall verlaufen der Bezug der Repräsentation zu sich selbst und die Ordnungsrelationen, die er außerhalb jedes quantitativen Maßes zu bestimmen gestattet, durch der Repräsentation in ihrer Aktualität äußerliche Bedingungen. Um die Repräsentation einer Bedeutung *(sens)* mit der eines Wortes zu verbinden, muß man sich auf rein grammatikalische Gesetze einer Sprache beziehen, die, jeder Kraft bar, die Repräsentationen zu repräsentieren, dem strengen System ihrer phonetischen Modifizierungen und syntaktischen Unterordnungen unterworfen ist. In der Klassik hatten die Sprachen eine Grammatik, weil sie die Kraft der Repräsentation hatten. Jetzt repräsentieren sie von jener Grammatik her, die für sie gewissermaßen eine historische Kehrseite, ein inneres und notwendiges Volumen ist, dessen repräsentative Werte nur noch die äußere, schillernde und sichtbare Seite sind. Um in einem bestimmten Merkmal eine Teilstruktur mit der Gesamterscheinung eines Lebewesens zu verbinden, muß man sich jetzt auf die rein biologischen Gesetze beziehen, die außerhalb sämtlicher Beschreibungsmerkmale, und gewissermaßen in Beziehung zu ihnen eingerückt, die Beziehungen zwischen Funktionen und Organen organisieren. Die Lebewesen bestimmen ihre Ähnlichkeiten, ihre Affinitäten und Familien nicht mehr ausgehend von ihrer entfalteten Beschreibbarkeit. Sie haben Merkmale, die die Sprache durchlaufen und definieren kann, weil sie eine Struktur haben, die gewissermaßen die dunkle, voluminöse und nach innen gekehrte Seite ihrer Erscheinung ist. An der hellen und diskursiven Oberfläche dieser abgeschiedenen, aber unangefochtenen Masse tauchen die Merkmale auf, eine Art äußerer Ablage an der Peripherie der Organismen, die jetzt in sich selbst verknüpft sind. Schließlich muß man, wenn es sich um die Verbindung der Repräsentation eines Gebrauchsgegenstandes mit all denen handelt, die im Tauschakt ihm gegenübertreten können, zu der Form und der Menge einer Arbeit greifen, die seinen Wert bestimmt. Was die Dinge in den kontinuierlichen Bewegungen des Marktes hierarchisiert, sind nicht die anderen Gegenstände und auch nicht die anderen Bedürfnisse, sondern die Aktivität, die sie produziert hat und die sich schweigend in ihnen niedergeschlagen hat. Es sind die Tage und Stunden, die zu ihrer Produktion, ihrer Gewinnung oder zu ihrem Transport notwendig sind, die ihren eigenen Druck, ihre Handelsfestigkeit, ihr inneres Gesetz und dadurch auch das ausmachen, was man ihren realen Preis nennen kann. Von diesem essentiellen Kern aus wird der Tausch sich vollziehen können, und die Marktpreise werden, nachdem sie schwankten, ihren festen Punkt finden können.

Dieses etwas rätselhafte Ereignis, dieses Ereignis von unterhalb, das sich gegen Ende des achtzehnten Jahrhunderts in diesen drei Gebieten vollzogen hat und sie mit einem Schlag einem gleichen Bruch unterwarf, kann man jetzt in der Einheitlichkeit bestimmen, die seine verschiedenen Formen begründet. Diese Einheitlichkeit würde man oberflächlich in einem Fortschritt der Rationalität oder in der Entdeckung eines neuen kulturellen Themas suchen. In den letzten Jahren des achtzehnten Jahrhunderts hat man die komplexen Phänomene der Biologie, der Geschichte der Sprachen oder der industriellen Produktion nicht in Formen der rationalen Analyse gebracht, denen sie bis dahin fremd geblieben waren. Man hat sich ebensowenig – unter dem »Einfluß« irgendeiner entstehenden »Romantik« – plötzlich für die komplexen Figuren des Lebens, der Geschichte und der Gesellschaft interessiert. Man hat sich nicht unter dem Drängen seiner Probleme von einem dem Modell der Mechanik, den Regeln der Analyse und den Gesetzen des Verstandes unterworfenen Rationalismus gelöst. Oder vielmehr: Das alles hat sich sehr wohl ereignet, jedoch als Bewegung an der Oberfläche, Veränderung und Verschiebung der kulturellen Interessen, Neuverteilung der Meinungen und Urteile, Auftreten neuer Formen in der wissenschaftlichen Abhandlung, zum ersten Mal gezogene Furchen auf dem hellen Antlitz des Wissens. Auf fundamentalere Weise und auf jener Ebene, in der die Erkenntnisse sich in ihrer Positivität verwurzeln, betrifft das Ereignis nicht die in der Erkenntnis erfaßten, analysierten und erklärten Gegenstände, nicht einmal die Weise, sie zu erkennen oder zu rationalisieren, sondern das Verhältnis der Repräsentation zu dem, was in ihr gegeben ist. Was sich mit Adam Smith, mit den ersten Philologen, mit Jussieu, Vicq-d'Azyr oder Lamarck ereignet hat, ist eine sehr kleine Verschiebung, die aber absolut wesentlich ist und das ganze abendländische Wissen ins Wanken geraten ließ: Die Repräsentation hat die Kraft verloren, von ihr selbst ausgehend, in ihrer eigenen Entfaltung und durch das sie reduplizierende Spiel die Bande zu stiften, die ihre verschie-

denen Elemente vereinen können. Keine Zusammensetzung, keine Zerlegung, keine Auflösung in Identitäten und Unterschiede kann mehr die
Verbindung der Repräsentationen miteinander rechtfertigen. Die Ordnung, die Tabelle, in der sie sich räumlich aufteilt, die von ihr definierten
Nachbarschaften, die von ihr als ebenso viele mögliche Wege *(parcours)*
zwischen den Punkten an ihrer Oberfläche gestatteten Abfolgen vermögen
nicht mehr die Repräsentationen oder die Elemente jeder einzelnen untereinander zu verbinden. Die Bedingung dieser Verbindungen ruht künftig
außerhalb der Repräsentation, jenseits ihrer unmittelbaren Erscheinung
(visibilité), in einer Art Hinterwelt, die tiefer und dicker als sie selbst ist.
Um den Punkt zu erreichen, an dem sich die sichtbaren Formen der Wesen
verknüpfen – die Struktur der Lebewesen, der Wert der Reichtümer, die
Syntax der Wörter –, muß man sich jenem Gipfel, jener notwendigen, aber
nie zugänglichen Spitze zuwenden, die sich außerhalb unseres Blicks in die
Richtung des Herzens der Dinge gräbt. Auf ihre eigene Essenz zurückgezogen, in der sie belebenden Kraft ruhend und in dem Bau *(organisation)*,
der sie hält, in der Genese, die sie unaufhörlich produziert, entgehen die
Dinge in ihrer fundamentalen Wahrheit dem Raum des Tableaus. Anstatt
nichts weiter als die Beständigkeit zu sein, die gemäß denselben Formen
ihre Repräsentationen einteilt, drehen sie sich um sich selbst, geben sich
ein eigenes Volumen, definieren sie einen *inneren* Raum, der für unsere
Repräsentation *außerhalb* liegt. Ausgehend von der von ihnen verborgenen
Architektur und der Kohäsion, die ihre unangefochtene und geheime Herrschaft über jeden ihrer Teile aufrechterhält, geben vor dem Hintergrund
dieser Kraft, die sie entstehen läßt und gewissermaßen unbeweglich, aber
noch vibrierend in ihnen bleibt, die Dinge sich in Fragmenten, Profilen,
Stücken, Splittern, wenn auch stückweise, der Repräsentation. Von ihrer
unzugänglichen Reserve löst diese nur Stück für Stück winzige Elemente,
deren Einheitlichkeit stets darunter verknüpft bleibt. Der Ordnungsraum,
der als *gemeinsamer Ort* für die Repräsentation und die Dinge, die empirische Erscheinung und die wesentlichen Regeln diente; der die Regelmäßigkeiten der Natur und die Ähnlichkeiten der Vorstellungskraft in dem
Raster der Identitäten und Unterschiede vereinte; der die empirische Folge
der Repräsentation in einer gleichzeitigen Tabelle aufteilte und in einer logischen Folge das Durchlaufen der Gesamtheit der Elemente der Natur,
die sich selbst gleichzeitig gemacht wurden, Schritt für Schritt gestattete –
dieser Ordnungsraum wird künftig zerbrochen werden. Es wird die Dinge

mit ihrem eigenen Bau *(organisation)*, mit ihrer geheimen Aderung *(nervures)*, dem sie gliedernden Raum und der sie hervorbringenden Zeit geben. Und dann wird es die Repräsentation geben, eine rein zeitliche Abfolge, in der sie sich stets stückweise einer Subjektivität, einem Bewußtsein, dem einzelnen Bemühen um Erkenntnis, dem »psychologischen« Individuum ankündigen, das vom Grunde seiner eigenen Geschichte oder ausgehend von der Tradition, die man ihm überliefert hat, zu wissen versucht. Die Repräsentation ist auf dem Wege, nicht mehr die den Dingen und der Erkenntnis gemeinsame Seinsweise definieren zu können. Das eigentliche Wesen dessen, was repräsentiert wird, wird jetzt aus der Repräsentation selbst herausfallen.

Dieser Satz ist jedoch unvorsichtig. Er antizipiert auf jeden Fall eine Disposition des Wissens, die am Ende des achtzehnten Jahrhunderts noch nicht definitiv eingeführt worden ist. Man darf nicht vergessen, daß, wenn Smith, Jussieu und Jones sich der Begriffe Arbeit, Organisation und grammatisches System bedient haben, sie es nicht taten, um aus dem tabellarischen, vom klassischen Denken definierten Raum herauszukommen, und nicht, um die Erscheinung *(visibilité)* der Dinge zu umgehen und dem Spiel der sich selbst repräsentierenden Repräsentation zu entgehen. Es ging lediglich darum, eine Form der Verbindung einzuführen, die gleichzeitig analysierbar, konstant und begründet ist. Es handelte sich immer noch um das Auffinden der allgemeinen Ordnung von Identitäten und Unterschieden. Der große Umweg, der auf der anderen Seite der Repräsentation das eigentliche Sein dessen, was repräsentiert wird, sucht, ist noch nicht vollzogen. Allein der Ort ist bereits gegründet, von dem aus er möglich sein wird. Aber dieser Ort figuriert immer noch in den inneren Einteilungen der Repräsentation. Ohne Zweifel entspricht dieser nicht eindeutigen epistemologischen Konfiguration eine philosophische Dualität, die auf deren baldige Auflösung hinweist.

Die Koexistenz der Ideologie und der kritischen Philosophie am Ende des achtzehnten Jahrhunderts (Destutt de Tracy und Kant) teilt das in die Form zweier einander äußerlicher, aber gleichzeitiger Denkarten, was die wissenschaftlichen Reflexionen in einer Einheit aufrechterhalten, die sich bald auflösen sollte. Bei Destutt oder Gerando gibt sich die Ideologie gleichzeitig als die einzige rationale und wissenschaftliche Form, die die Philosophie bekleiden kann, und als einzige philosophische Grundlage, die den Wissenschaften im allgemeinen und jedem besonderen Gebiet

der Erkenntnis vorgeschlagen werden kann. Als Wissenschaft von den
Ideen muß die Ideologie eine Erkenntnis gleichen Typs sein wie diejenigen, die sich die Wesen der Natur, die Wörter der Sprache oder die Gesetze
der Gesellschaft zum Gegenstand geben. Aber in dem Maß, in dem sie die
Vorstellungen *(idées)* und die Weise, sie mit Wörtern auszudrücken und sie
in Folgerungen zu verbinden, zum Gegenstand hat, gilt sie als die Grammatik und Logik jeder möglichen Wissenschaft. Die Ideologie fragt nicht
nach der Grundlage, den Grenzen oder der Wurzel der Repräsentation. Sie
durchläuft das Gebiet der Repräsentationen im allgemeinen. Sie fixiert die
notwendigen Abfolgen, die darin auftreten. Sie definiert die Verbindungen, die sich darin knüpfen; sie offenbart die Gesetze der Zusammensetzung und Zerlegung, die darin herrschen können. Sie stellt alles Wissen
in den Raum der Repräsentation und formuliert beim Durchlaufen dieses Raumes das Wissen der ihn organisierenden Gesetze. Sie ist in einem
bestimmten Sinne das Wissen aller Wissenschaften. Aber dieses grundlegende Reduplizieren läßt sie nicht aus dem Feld der Repräsentation herauskommen. Es hat zum Ziel, alles Wissen auf eine Repräsentation zu
reduzieren, deren Unmittelbarkeit man niemals entgeht: »Sind Sie sich je
darüber etwas klarer geworden, was es heißt, zu denken, und was Sie verspüren, wenn Sie an irgend etwas denken? [...] Sagen Sie sich: *ich denke
dies*, wenn Sie eine Meinung haben, wenn Sie sich ein Urteil bilden? Tatsächlich: ein falsches oder wahres Urteil zu bilden ist ein Akt des Denkens.
Dieser Akt besteht darin, zu empfinden, daß es ein Verhältnis, eine Beziehung gibt. [...] *Denken heißt*, wie Sie sehen, *stets empfinden* und ist stets
nur empfinden.«[27] Man muß indes festhalten, daß bei der Definition des
Denkens eines Verhältnisses durch das Empfinden dieses Verhältnisses,
oder kürzer: des Denkens im allgemeinen durch das Empfinden, Destutt
de Tracy, ohne es zu überschreiten, sehr wohl das gesamte Gebiet der Repräsentation erfaßt. Aber er erreicht die Grenze, an der das Empfinden
als ursprüngliche, absolut einfache Form der Repräsentation, als Minimal-
inhalt dessen, was dem Denken gegeben werden kann, in die Ordnung der
physiologischen Bedingungen gerät, die darüber Rechenschaft ablegen
können. Was, wenn man es in einem bestimmten Sinne liest, als die geringste Allgemeinheit des Denkens erscheint, erscheint in einer anderen Richtung entschlüsselt als das komplexe Ergebnis einer zoologischen Besonder-

27 Antoine-Louis-Claude Destutt de Tracy, *Eléments d'Idéologie. Première Partie. Idéologie proprement
dite*, Paris 1801, S. 33-35.

heit: »Man hat nur eine unvollständige Kenntnis von einem Tier, wenn man dessen intellektuelle Fähigkeiten nicht kennt. Die Ideologie ist ein Teil der Zoologie, und vor allem beim Menschen ist dieser Teil wichtig und verdient seine Vertiefung.«[28] Die Analyse der Repräsentation berührt in dem Augenblick, in dem sie ihre größte Ausdehnung erreicht, mit ihrer äußersten Grenze ein Gebiet, das in etwa das einer Naturwissenschaft vom Menschen ist – oder vielmehr sein wird, weil es noch nicht existiert.

Wie unterschiedlich in ihrer Form, ihrem Stil und ihrer Zielrichtung die Fragen Kants und die der Ideologen auch sein mögen, sie finden im gleichen Punkt ihre Anwendung: im Verhältnis der Repräsentationen zueinander. Was aber dieses Verhältnis begründet und ausweist, wird von Kant nicht auf der Ebene der Repräsentation erfragt, sei diese auch in ihrem Inhalt so abgemildert, daß sie, an den Grenzen der Passivität und des Bewußtseins, nur noch reines und einfaches Empfinden ist. Er befragt es in der Richtung dessen, was es in seiner Allgemeinheit möglich macht. Statt die Verbindung zwischen den Repräsentationen durch eine Art inneren Aushöhlens zu begründen, das sie allmählich bis zum reinen Eindruck hin aushöhlt, gründet er sie auf die Bedingungen, die die allgemeingültige Form davon definieren. Indem er so seine Frage richtet, umgeht Kant die Repräsentation und was in ihr gegeben wird, um sich direkt an das zu wenden, von wo ausgehend jede beliebige Repräsentation gegeben werden kann. Es sind also nicht die Repräsentationen selbst gemäß den Gesetzen eines ihnen eigenen Spieles, die sich, ausgehend von sich selbst, entfalten und in einer einzigen Bewegung (durch die Analyse) zerlegen und (durch die Synthese) zusammensetzen könnten: Allein Erfahrungsurteile und empirische Feststellungen können sich auf die Inhalte der Repräsentation gründen. Jede andere Verbindung muß, wenn sie universal sein soll, sich jenseits jeder Erfahrung in dem sie ermöglichenden Apriori begründen. Es handelt sich nicht um eine andere Welt, sondern um die Bedingungen, unter denen jede Repräsentation der Welt im allgemeinen existieren kann.

Es gibt also eine bestimmte Entsprechung zwischen der kantischen Kritik und dem, was sich in der gleichen Zeit als in etwa vollständige ursprüngliche Form der ideologischen Analyse ergab. Aber die Ideologie, die ihre Reflexion über das ganze Erkenntnisfeld – von den ursprünglichen Eindrücken bis zur Politischen Ökonomie über die Logik, die Arith-

28 A. a. O., *Préface*, S. 1.

metik, die Wissenschaften von der Natur und die Grammatik – ausdehnte, versuchte, in der Form der Repräsentation genau das wiederaufzunehmen, was sich außerhalb dieser bildete und rekonstruierte. Diese Wiederaufnahme konnte nur in der quasi mythischen Form einer zugleich besonderen und allgemeinen Genese sich vollziehen: ein isoliertes, leeres und abstraktes Bewußtsein mußte von der schwächsten Repräsentation aus allmählich das große Tableau all dessen entwickeln, was repräsentierbar ist. In diesem Sinne ist die Ideologie die letzte der klassischen Philosophien, etwa so, wie *Juliette* die letzte der klassischen Erzählungen ist. Die Szenen und Überlegungen von de Sade nehmen die ganze neue Heftigkeit des Verlangens in der Entfaltung einer transparenten und fehlerlosen Repräsentation auf. Die Analysen der Ideologie nehmen in der Erzählung einer Entstehung alle Formen, sogar die komplexesten, der Repräsentation auf. Gegenüber der Ideologie markiert die kantische Kritik die Schwelle unserer Modernität. Sie fragt die Repräsentation nicht nach der unbegrenzten Bewegung, die vom einfachen Element zu all seinen möglichen Kombinationen verläuft, sondern ausgehend von ihren De-jure-Grenzen. Sie sanktioniert so zum ersten Mal jenes Ereignis der europäischen Kultur, das dem Ende des achtzehnten Jahrhunderts zeitgenössisch ist: den Rückzug des Denkens *(pensée)* und des Wissens *(savoir)* aus dem Raum der Repräsentation. Dieser wird dann in seiner Grundlage, in seinem Ursprung und seinen Grenzen in Frage gestellt: dadurch erscheint das unbegrenzte Feld der Repräsentation, das das klassische Denken eingeführt hatte, das die Ideologie schrittweise diskursiv und wissenschaftlich hatte durchlaufen wollen, als eine Metaphysik. Jedoch als eine Metaphysik, die sich nie selbst von allen Seiten betrachtet hätte, die sich in einen unbewußten Dogmatismus gestellt hätte, die die Frage nach ihrer Berechtigung nie voll ans Licht hätte kommen lassen. In diesem Sinne läßt die Kritik die metaphysische Dimension hervortreten, die die Philosophie des achtzehnten Jahrhunderts allein durch die Analyse der Repräsentation hatte einengen wollen. Aber sie eröffnet gleichzeitig die Möglichkeit einer anderen Metaphysik, die zum Gegenstand hat, außerhalb der Repräsentation alles das zu erforschen, was ihre Quelle und ihr Ursprung ist. Sie gestattet jene Lebensphilosophie, Willensphilosophie und Philosophie des göttlichen Worts, die das neunzehnte Jahrhundert im Sog der Kritik entfalten wird.

VI. Die objektiven Synthesen

Das hat eine fast unendliche Serie von Konsequenzen. Auf jeden Fall sind diese Konsequenzen unbegrenzt, denn unser Denken heute gehört noch zu ihrer Dynastie. An erste Stelle muß man wahrscheinlich das gleichzeitige Auftauchen eines transzendentalen Themas und neuer oder zumindest auf neue Weise eingeteilter und begründeter empirischer Felder stellen. Wir sahen, wie im siebzehnten Jahrhundert das Erscheinen der *mathesis* als allgemeiner Ordnungswissenschaft nicht nur eine begründende Rolle in den mathematischen Disziplinen spielte, sondern daß sie mit der Bildung von verschiedenen und rein empirischen Gebieten wie der allgemeinen Grammatik, der Naturgeschichte und der Analyse der Reichtümer korrelierte. Diese sind nicht nach einem »Modell« errichtet worden, das ihnen die Mathematisierung oder die Mechanisierung der Natur vorgeschrieben hätte. Sie haben sich auf der Grundlage einer allgemeinen Möglichkeit konstituiert und angeordnet. Diese Möglichkeit gestattete, zwischen den Repräsentationen ein geordnetes Tableau von Identitäten und Unterschieden einzuführen. Die Auflösung dieses homogenen Feldes der ordnungsfähigen Repräsentationen in den letzten Jahren des achtzehnten Jahrhunderts läßt zwei neue, korrelative Formen von Gedanken entstehen. Die eine fragt nach den Bedingungen eines Verhältnisses zwischen den Repräsentationen dort, wo sie im allgemeinen möglich gemacht werden: sie deckt so ein transzendentales Feld auf, in dem das Subjekt, das nie in der Erfahrung gegeben wird (weil es nicht empirisch ist), das aber endlich ist (weil es keine intellektuelle Intuition gibt), in seinem Verhältnis zu einem Objekt X alle formalen Bedingungen der Erfahrungen im allgemeinen bestimmt. Die Analyse des transzendentalen Subjekts legt die Grundlage einer möglichen Synthese zwischen den Repräsentationen frei. Gegenüber dieser Öffnung auf das Transzendentale, und zwar symmetrisch zu ihr, fragt eine andere Form des Denkens nach den Bedingungen eines Verhältnisses zwischen den Repräsentationen auf seiten des Seins selbst, das sich darin repräsentiert findet. Was sich am Horizont aller aktuellen Repräsentationen von selbst als Grundlage ihrer Einheit bezeichnet, sind jene nie objektivierbaren Objekte, jene nie völlig repräsentierbaren Repräsentationen, jene gleichzeitig offenbaren und unsichtbaren Erscheinungen *(visibilités)*, jene Realitäten, die in dem Maße genau eingerückt sind, in dem sie

Begründerinnen dessen sind, was sich ergibt und bis zu uns vordringt: die Arbeitskraft, die Lebenskraft und das Sprachvermögen. Von diesen Formen her, die an den äußeren Grenzen unserer Erfahrung sich bewegen, kommen der Wert der Dinge, der Bau *(organisation)* der Lebewesen, die grammatikalische Struktur und die historische Verwandtschaft der Sprachen bis zu unseren Repräsentationen und verlangen von uns die vielleicht unendliche Aufgabe der Erkenntnis. Man sucht so nach den Bedingungen der Möglichkeit für die Erfahrung in den Bedingungen der Möglichkeit des Objekts und seiner Existenz, während man in der transzendentalen Reflexion die Bedingungen der Möglichkeit der Erfahrungsgegenstände mit den Bedingungen der Möglichkeit der Erfahrung selbst identifiziert. Die neue Positivität der Wissenschaften vom Leben, von der Sprache und der Ökonomie korrespondiert mit der Einführung einer Transzendentalphilosophie.

Die Arbeit, das Leben und die Sprache erscheinen jeweils als »Transzendentalien«, die die objektive Erfahrung der Lebewesen, der Produktionsgesetze und der Formen der Sprache ermöglichen. In ihrem Sein sind sie außererkenntnismäßig *(hors connaissance)*, aber dadurch selbst sind sie Bedingungen der Erkenntnisse. Sie entsprechen der Entdeckung eines transzendentalen Feldes durch Kant, und dennoch unterscheiden sie sich davon in zwei wesentlichen Punkten: sie liegen auf der Seite des Objekts und in bestimmter Weise jenseits davon; wie die Idee in der transzendentalen Dialektik totalisieren sie die Phänomene und besagen sie die apriorische Kohärenz der empirischen Mannigfaltigkeiten. Aber sie begründen sie in einem Sein, dessen rätselhafte Realität vor jeder Erkenntnis die Ordnung und die Verbindung dessen ausmacht, was sie zu erkennen hat. Außerdem betreffen sie das Gebiet der Wahrheiten a posteriori und die Prinzipien ihrer Synthese, und nicht die Synthese a priori jeder möglichen Erfahrung. Der erste Unterschied (die Tatsache, daß die Transzendentalien bei dem Objekt ruhen) erklärt das Entstehen jener Metaphysiken, die trotz ihrer nachkantischen Chronologie als »präkritische« erscheinen: Tatsächlich wenden sie sich von der Analyse der Bedingungen der Erkenntnis ab, die sich auf der Ebene der transzendentalen Subjektivität enthüllen können. Aber diese Metaphysiken entwickeln sich ausgehend von objektiven Transzendentalien (dem Wort Gottes, dem Willen, dem Leben), die nur möglich in dem Maße sind, in dem das Gebiet der Repräsentation vorab begrenzt wird. Sie haben also den gleichen archäologischen Boden wie die Kritik selbst. Der zweite Unterschied (die Tatsache, daß diese Transzendentalien die aposteriorischen Synthesen betreffen) erklärt das Erscheinen eines »Positivismus«: eine ganze Schicht von Phänomenen wird der Erfahrung gegeben, deren Rationalität und Verkettung auf einer objektiven Grundlage ruhen, die man unmöglich an den Tag bringen kann. Man kann nicht die Substanzen erkennen, sondern die Phänomene; nicht die Essenzen, sondern die Gesetze; nicht die Wesen, sondern ihre Regelmäßigkeiten. So errichtet sich von der Kritik her – oder eher von jener Verschiebung des Seins im Verhältnis zur Repräsentation, deren erste philosophische Bestandsaufnahme der Kantianismus ist – eine grundlegende Korrelation: auf der einen Seite Metaphysiken des Objekts, genauer Metaphysiken jenes nie objektivierbaren Grundes, von dem die Gegenstände zu unserer oberflächlichen Erkenntnis kommen; und auf der anderen Seite Philosophien, die sich allein die Beobachtung genau dessen zur Aufgabe machen, was einer positiven Erkenntnis gegeben wird. Man sieht, wie die beiden Glieder dieser Opposition sich stützen und einander verstärken. Im Schatz der positiven Erkenntnisse (und vor allem derjenigen, die die Biologie, die Ökonomie oder die Philologie liefern können) werden die Metaphysiken der »Tiefen« oder der objektiven »Transzendentalien« ihren Angriffspunkt finden. Umgekehrt werden die verschiedenen Formen von Positivismus in der Trennung von unerkennbarem Grund und Rationalität des Erkennbaren ihre Rechtfertigung finden. Das Dreieck aus Kritik, Positivismus und Metaphysik des Objekts ist konstitutiv für das europäische Denken vom Anfang des neunzehnten Jahrhunderts bis zu Bergson.

Eine solche Organisation ist in ihrer archäologischen Möglichkeit mit dem Auftauchen jener empirischen Felder verbunden, von denen die schlichte und einfache, innere Analyse der Repräsentation nicht mehr Rechenschaft ablegen kann. Sie ist also mit einer bestimmten Zahl der der modernen *episteme* eigenen Dispositionen korrelativ.

Zunächst kommt ein Thema ans Licht, das bis dahin unformuliert, ja sogar inexistent geblieben war. Es mag seltsam erscheinen, daß man in der klassischen Epoche nicht versucht hat, die Beobachtungswissenschaften, die grammatikalischen Kenntnisse oder die ökonomische Erfahrung zu mathematisieren. Als seien die galileische Mathematisierung der Natur und die Begründung der Mechanik bereits ausreichend gewesen, um den Plan einer *mathesis* zu erfüllen. Darin liegt nichts Paradoxes: die Analyse der Repräsentationen gemäß ihren Identitäten und ihren Unterschieden, ihre Anordnung in zusammenhängenden Tableaus stellten mit vollem Recht die Wissenschaften des Qualitativen in das Feld einer universalen *mathesis*. Am Ende des achtzehnten Jahrhunderts vollzieht sich eine grundlegende und neue Aufteilung. Jetzt, wo die Verbindung der Repräsentationen sich nicht mehr in der Bewegung ihrer eigenen Zerlegung herstellt, finden die analytischen Disziplinen ihre erkenntnistheoretische Trennung von denen, die die Synthese benutzen müssen. Es wird also ein Feld von apriorischen, von formalen und reinen, von deduktiven Wissenschaften geben, die zur Logik und zur Mathematik gehören. Andererseits sieht man, wie sich ein Gebiet von aposteriorischen, von empirischen Wissenschaften herauslöst, die die deduktiven Formen nur fragmentarisch und in engbegrenzten Gebieten benutzen. Diese Teilung hat die erkenntnistheoretische Sorge zur Folge, auf einer anderen Ebene die Einheitlichkeit wiederzufinden, die mit der Dissoziation von *mathesis* und universaler Ordnungswissenschaft verlorengegangen ist. Daher rührt eine Zahl von Bemühungen, die das moderne Reflektieren der Wissenschaften charakterisieren: die Klassifizierung der Wissensgebiete ausgehend von der Mathematik, die zur Erreichung des Komplexesten und am wenigsten Exakten hergestellte Hierarchie, die Reflexion über empirische Induktionsmethoden und die Anstrengung, sie gleichzeitig philosophisch zu begründen und unter formalem Gesichtspunkt zu rechtfertigen, der Versuch, die Gebiete der Biologie, der Ökonomie und schließlich der Linguistik selbst zu reinigen, zu formalisieren und vielleicht zu mathematisieren. Als Gegenpunkt zu diesen Versuchen, ein einheitliches erkenntnistheoretisches Feld zu rekonstruieren, findet man in regelmäßigen Abständen die Versicherung einer Unmöglichkeit: Diese verdanke sich entweder einer irreduziblen Spezifität des Lebens (die man vor allem am Anfang des neunzehnten Jahrhunderts einzukreisen versucht) oder dem besonderen Charakter der Humanwissenschaften *(sciences humaines)*, die jeder methodologischen Reduktion widerstehen (diesen Widerstand versucht man vor allem in der zweiten Hälfte des neunzehnten Jahrhunderts zu definieren und zu messen). Wahrscheinlich muß man in dieser doppelten, alternierenden oder gleichzeitigen Versicherung, das Empirische formalisieren oder nicht formalisieren zu können, die Konturen jenes tiefen Ereignisses wiedererkennen, das gegen Ende des achtzehnten Jahrhunderts die Möglichkeit der Synthese aus dem Raum der Repräsentationen herausgelöst hat. Dieses Ereignis stellt die Formalisierung oder Mathematisierung in das Zentrum jedes modernen wissenschaftlichen Vorhabens. Es erklärt ebenfalls, warum jede hastige Mathematisierung oder jede naive Formalisierung des Empirischen das Wesen eines »präkritischen« Dogmatismus annimmt und im Denken wie eine Rückkehr zu den Schalheiten der Ideologie widerhallt.

Es wäre noch ein zweites Merkmal der modernen *episteme* zu evozieren. Während der Klassik rechtfertigte das konstante und grundlegende Verhältnis sogar des empirischen Wissens zu einer universalen *mathesis* das in verschiedenen Formen stets wiederaufgenommene Vorhaben eines schließlich vereinigten *Corpus* der Erkenntnisse. Dieser Plan hat nacheinander, ohne daß jedoch seine Grundlage modifiziert worden wäre, den Anstrich einer allgemeinen Wissenschaft der Bewegung, einer universalen Charakteristik oder einer in all ihren Werten der Analyse und in all ihren syntaktischen Möglichkeiten reflektierten und rekonstruierten Sprache oder schließlich einer alphabetischen oder analytischen Enzyklopädie des Wissens angenommen. Es ist von geringer Bedeutung, daß diese Versuche keine Vollendung gefunden und den Entwurf nicht völlig umgesetzt haben, der sie hatte entstehen lassen: sie offenbaren alle an der sichtbaren Oberfläche der Ereignisse oder der Texte die tiefe Einheitlichkeit, die die Klassik eingeführt hatte, indem sie dem Wissen die Analyse der Identitäten und der Unterschiede und die universale Möglichkeit der Aufstellung einer Ordnung zum archäologischen Fundament gegeben hatte. Infolgedessen blieben Descartes, Leibniz, Diderot und D'Alembert in dem, was man ihr Scheitern nennen kann, in ihrem suspendierten oder aufgeschobenen Werk dem doch sehr nahe, was für das klassische Denken konstitutiv war. Dann, im neunzehnten Jahrhundert, wird die Einheit der *mathesis* gebrochen. Zweimal gebrochen gar; einmal entlang der Linie, die die reinen Formen der Analyse und die Gesetze der Synthese teilt, und andererseits entlang der Linie, die die transzendentale Subjektivität und die Seinsweise der Objekte trennt, wenn es sich um die Fundierung der Synthesen handelt. Diese beiden Bruchformen lassen zwei Versuchsfolgen entstehen, die ein bestimmtes Universalitätsstreben als Echo auf die Vorhaben Descartes' oder Leibniz' entwickelt hat. Aber schaut man sie sich ein wenig näher an, so hat die Vereinheitlichung des Erkenntnisfeldes im neunzehnten Jahrhundert nicht die gleichen Formen, Prätentionen und Grundlagen wie in der klassischen Epoche gehabt oder haben können. In der Epoche von Descartes oder Leibniz war die reziproke Transparenz von Wissen und Philosophie vollständig bis zu dem Punkt, daß die Universalisierung des

Wissens in ein philosophisches Denken keine spezifische Reflexionsweise erforderte. Seit Kant stellte sich das Problem völlig anders. Das Wissen kann sich nicht mehr auf dem vereinheitlichten und vereinheitlichenden Hintergrund einer *mathesis* entfalten. Einerseits stellt sich das Problem der Beziehungen zwischen dem formalen und dem transzendentalen Feld (und auf dieser Ebene werden alle empirischen Inhalte des Wissens in Klammern gerückt und bleiben jeglicher Gültigkeit enthoben); andererseits stellt sich das Problem der Beziehungen zwischen dem Gebiet der Empirizität und der transzendentalen Grundlage der Erkenntnis (dann wird die reine Ordnung des Formalen beiseite gelegt als nicht sachdienlich, um über jenes Gebiet Rechenschaft abzulegen, in dem jede Erfahrung, sogar die der reinen Denkformen begründet ist). Aber im einen wie im anderen Fall liegt der philosophische Gedanke von der Universalität nicht auf der gleichen Ebene wie das Feld des realen Wissens. Er konstituiert sich entweder als eine reine Reflexion, die *fundieren* kann, oder als eine Wiederaufnahme, die befähigt ist, zu *enthüllen*. Die erste Form von Philosophie hat sich zuerst in dem Unterfangen Fichtes offenbart, in dem die Totalität des transzendentalen Gebiets genetisch von den reinen, universalen und leeren Gesetzen des Denkens abgeleitet wird. Dadurch hat sich ein Untersuchungsfeld eröffnet, in dem man versucht, entweder jede transzendentale Reflexion auf die Analyse der Formalismen zurückzuführen oder in der transzendentalen Subjektivität den Boden für die Möglichkeit jeglichen Formalismus zu finden. Hinsichtlich der anderen philosophischen Erschließung ist zu sagen, daß sie erstmals in der Hegelschen Phänomenologie erschienen ist, als die Totalität des empirischen Gebiets innerhalb eines sich selbst als Geist enthüllenden Bewußtseins wiederaufgenommen wurde, das heißt als zugleich empirisches und transzendentales Feld.

Man sieht, wie die phänomenologische Aufgabe, die Husserl sich viel später stellen wird, in der größten Tiefe ihrer Möglichkeiten und Unmöglichkeiten mit dem Schicksal der abendländischen Philosophie verbunden ist, so wie sie seit dem neunzehnten Jahrhundert errichtet wird. Sie versucht in der Tat, die Rechte und Grenzen einer formalen Logik in einer Reflexion transzendentalen Typs zu verankern und andererseits die transzendentale Subjektivität mit dem impliziten Horizont der empirischen Inhalte zu verbinden, die zu errichten, aufrechtzuerhalten und durch unbegrenzte Erklärungen zu erschließen ihr allein die Möglichkeit gegeben

ist. Aber vielleicht entgeht sie nicht der Gefahr, die, sogar vor der Phänomenologie, jedes dialektische Unternehmen bedroht und vielleicht stets
freiwillig oder gewaltsam in eine Anthropologie hineintaumeln läßt. Es
ist zweifellos nicht möglich, den empirischen Inhalten einen transzendentalen Wert zu geben, noch, sie in Richtung auf eine konstituierende Subjektivität zu verlagern, ohne wenigstens verschwiegen einer Anthropologie
Raum zu geben, das heißt einer Denkweise, in der die De-jure-Grenzen
der Erkenntnis – und infolgedessen jedes empirischen Wissens – gleichzeitig die konkreten Formen der Existenz sind, so wie sie sich genau in demselben empirischen Wissen ergeben.

Die entferntesten und für uns die am schwierigsten zu umgehenden
Folgen des grundlegenden Ereignisses, das der abendländischen *episteme*
gegen Ende des achtzehnten Jahrhunderts widerfuhr, können so zusammengefaßt werden: Negativ isoliert sich das Gebiet der reinen Erkenntnisformen, nimmt gleichzeitig Autonomie und Souveränität im Verhältnis zu
jedem empirischen Wissen an, läßt den Plan der Formalisierung des Konkreten und der Konstituierung reiner Wissenschaften entgegen allem entstehen und immer wieder entstehen; positiv verbinden sich die empirischen Gebiete mit Reflexionen über die Subjektivität, das menschliche
Wesen und die Endlichkeit, nehmen sie Wert und Funktion von Philosophie ebensowohl an wie von Reduzierung der Philosophie oder von Gegen-
philosophie.

8. Kapitel

Arbeit, Leben, Sprache

I. Die neuen Empirizitäten

Wir haben uns weit über das historische Ereignis, dessen Feststellung es galt, hinausgewagt, sehr weit hinaus über die chronologischen Grenzen jenes Bruches, der in seiner Tiefe die *episteme* der abendländischen Welt teilt und für uns den Beginn einer bestimmten *modernen* Weise der Erkenntnis der Empirizitäten isoliert. Das Denken, das uns zeitgenössisch ist und mit dem wir wohl oder übel denken, wird noch stark beherrscht einerseits durch die am Ende des achtzehnten Jahrhunderts an den Tag gebrachte Unmöglichkeit, die Synthesen im Raum der Repräsentation zu begründen, und andererseits durch die dazu korrelative, gleichzeitige, aber sogleich gegen sie selbst geteilte Verpflichtung, das transzendentale Feld der Subjektivität zu öffnen und, umgekehrt, jenseits des Objekts jene »Quasi-Transzendentalia« zu konstituieren, die für uns das Leben, die Arbeit und die Sprache sind. Um diese Verpflichtung und diese Unmöglichkeit in der Strenge ihres historischen Einbruchs hervorzurufen, mußte man die Analyse über das ganze Denken sich erstrecken lassen, das seine Quelle in einer solchen Kluft findet. Die Erörterung mußte hastig das Schicksal oder die Neigung des modernen Denkens reduplizieren, um schließlich den Scheitelpunkt zu erreichen: diese heutige, noch blasse, aber vielleicht entscheidende Klarheit, die uns, wenn auch nicht völlig das Umgehen, so doch wenigstens die fragmentarische Beherrschung und Meisterung dessen gestattet, was von dem an der Schwelle des modernen Zeitalters gebildeten Denken noch bis zu uns reicht, uns einhüllt und als kontinuierliches Fundament für unseren Diskurs dient. Die andere Hälfte des Ereignisses, wahrscheinlich die bedeutendere – denn sie betraf die Positivitäten, an denen sich unsere empirischen Kenntnisse festhaken, in ihrem Sein selbst, in ihrer Verwurzelung – ist in der Schwebe geblieben. Ihr gilt jetzt unsere Analyse.

In einer ersten Phase, die sich chronologisch von 1775 bis 1795 erstreckt und deren Konfiguration man durch die Werke von Smith, Jussieu und

Wilkins bezeichnen kann, wurden die Begriffe der Arbeit, des Organismus und des grammatischen Systems in die Analyse der Repräsentationen und den tabellarischen Raum, in dem diese sich bisher entfaltete, eingeführt oder erneut, mit einem besonderen Status, eingeführt. Ohne Zweifel war ihre Funktion bisher nur, diese Analyse zu gestatten, die Feststellung von Identitäten und von Unterschieden zu erlauben und als qualitative Elle das Werkzeug eines Anordnens zu liefern. Aber weder die Arbeit noch das grammatische System, noch die Organisation des Lebendigen konnten durch das einfache Spiel der Repräsentation definiert oder gesichert werden, die sich zerlegte, analysierte, sich wieder zusammensetzte und sich so selbst in einer einfachen Reduplizierung repräsentierte. Der Raum der Analyse konnte also nicht umhin, seine Autonomie zu verlieren. Künftig bildet das Tableau, das aufhört, der Ort aller möglichen Ordnungen, die Matrix aller Beziehungen, die Distributionsform aller Wesen in ihrer besonderen Individualität zu sein, für das Wissen nur noch eine dünne Oberflächenschicht. Die Nachbarschaften, die es manifestiert, die elementaren Identitäten, die es umschreibt und deren Wiederholung es zeigt, die Ähnlichkeiten, die es herauslöst, indem es sie ausbreitet, die Beständigkeiten, die es zu durchlaufen gestattet, sind nichts mehr als die Wirkungen bestimmter Synthesen oder Organisationen oder Systeme, die jenseits all dieser Einteilungen fungieren, die man, vom Sichtbaren ausgehend, anordnen kann. Die Ordnung, die sich dem Blick mit dem permanenten Raster der Unterscheidungen bietet, ist nur noch ein oberflächliches Glitzern über einer Tiefe.

Der Raum des abendländischen Wissens steht vor einer starken Umwälzung: Die *taxinomia*, deren große universale Fläche in Korrelation mit der Möglichkeit einer *mathesis* sich ausbreitete und die den betonten Taktteil des Wissens bildete – gleichzeitig seine ursprüngliche Möglichkeit und den Endpunkt seiner Vollendung –, wird sich in einer dunklen Vertikalität ordnen. Diese wird dafür selbst das Gesetz der Ähnlichkeiten definieren, wird die Nachbarschaften und Diskontinuitäten vorschreiben, wird die wahrnehmbaren Einteilungen begründen und die großen horizontalen Abläufe der *taxinomia* bis zu dem etwas beiläufigen Gebiet der Konsequenzen verschieben. So erfindet sich die europäische Kultur eine Tiefe, in der nicht mehr von Identitäten, unterscheidenden Merkmalen, zusammenhängenden Tafeln mit all ihren Wegen und möglichen Bahnen, sondern von großen verborgenen Kräften, die von ihrem ursprünglichen und unzugänglichen Kern her entwickelt sind, und vom Ursprung, von der Kausalität und der Geschichte die Rede sein wird. Künftig werden die Dinge nur noch aus der Tiefe jener in sich zurückgezogenen Dicke, vielleicht unklar und durch deren Dunkelheit verfinstert, aber stark mit sich selbst verknüpft, gesammelt oder aufgeteilt, durch die Strenge, die sich da unten in dieser Tiefe verbirgt, hilflos gruppiert, zur Repräsentation gelangen. Die sichtbaren Gestalten, ihre Verbindungen, die weißen Stellen, die sie isolieren und ihre Umrisse einschreiben, werden sich unserem Blick nur noch völlig zusammengesetzt, bereits in jener Nacht von unten gegliedert anbieten, die sie mit der Zeit hervorruft.

Dann (und das ist die andere Phase des Ereignisses) wechselt das Wissen in seiner Positivität seine Natur und seine Form. Es wäre falsch und vor allem ungenügend, diese Veränderung der Entdeckung von noch unbekannten Gegenständen zuzuschreiben, etwa dem grammatikalischen System des Sanskrit oder der Beziehung (beim Lebendigen) zwischen den anatomischen Dispositionen und den funktionalen Ebenen oder auch der ökonomischen Rolle des Kapitals; und es wäre ebenso unrichtig, sich vorzustellen, daß die allgemeine Grammatik zur Philologie, die Naturgeschichte zur Biologie und die Analyse der Reichtümer zur Politischen Ökonomie geworden ist, weil alle diese Erkenntnisweisen ihre Methoden berichtigt, sich ihrem Gegenstand stärker genähert, ihre Begriffe rationalisiert und bessere Formalisierungsmodelle gewählt haben – kurz, weil sie sich von ihrer Vorgeschichte durch eine Art Selbstanalyse der Vernunft gelöst haben. Was an der Wende des Jahrhunderts sich geändert, eine irreparable Veränderung durchgemacht hat, ist das Wissen selbst als im voraus bestehende und ungeteilte Seinsweise zwischen dem erkennenden Subjekt und dem Gegenstand der Erkenntnis. Wenn man sich an die Untersuchung der Produktionskosten gemacht hat, wenn man die ideale und primitive Situation des direkten Tausches nicht mehr bei der Analyse der Wertbildung benutzt, liegt das daran, daß auf der archäologischen Ebene die Produktion als fundamentale Gestalt im Raum des Wissens sich an die Stelle des Tausches gesetzt hat und so neue erkennbare Gegenstände (wie das Kapital) hat erscheinen lassen und andererseits neue Begriffe und neue Methoden (wie die Analyse der Produktionsformen) vorschreibt. Ebenso: wenn man seit Cuvier die innere Organisation der Lebewesen studiert und dafür die Methoden der vergleichenden Anatomie benutzt, so deshalb, weil das Leben als fundamentale Form des Wissens neue Gegenstände (wie die Beziehung des Merkmals zur Funktion) und neue Methoden (wie die Suche nach Analogien) hat erscheinen lassen. Schließlich: wenn Grimm und Bopp die Definition der Gesetze des Ablaufs und der Lautverschiebungen zu definieren versuchen, dann deshalb, weil der Diskurs als Modus des Wissens durch die Sprache ersetzt worden ist, die bis dahin nicht offenbare Gegenstände (Sprachfamilien, deren grammatische Systeme analog sind) definiert und Methoden vorschreibt, die noch nicht angewandt worden sind (die Analyse der Transformationsregeln der Konsonanten und der Vokale). In der Produktion, dem Leben und der Sprache darf man keine Gegenstände sehen, die wie durch ihr eigenes Gewicht und unter der Wirkung eines autonomen Drängens von außen einer Erkenntnis auferlegt worden wären, die zu lange Zeit sie vernachlässigt hätte. Man darf darin auch keine allmählich errichteten Begriffe sehen, die dank neuer Methoden durch den Fortschritt der Wissenschaften, die sich auf dem Wege zu ihrer eigenen Rationalität befinden, erstellt worden sind. Es sind fundamentale Modi des Wissens, die in ihrer rißlosen Einheit die zweite und abgeleitete Korrelation von Wissenschaften und neuen Techniken mit den noch neuen Gegenständen tragen. Die Konstitution dieser fundamentalen Bedingtheiten ist wahrscheinlich tief in die Mächtigkeit der archäologischen Schichten eingegraben. Man kann indessen einige Zeichen davon durch die Werke von Ricardo für die Ökonomie, von Cuvier für die Biologie und von Bopp für die Philologie entschleiern.

II. Ricardo

In der Analyse von Adam Smith verdankte die Arbeit ihr Privileg der ihr zuerkannten Kraft, zwischen den Werten der Dinge ein konstantes Maß festzustellen. Sie gestattete, im Tausch Bedarfsgegenstände vergleichbar zu machen, deren Eichung anderenfalls dem Wechsel ausgesetzt wäre oder einer essentiellen Relativität unterläge. Aber eine solche Rolle konnte die Arbeit nur um den Preis einer Bedingung erhalten. Man mußte annehmen, daß die Menge unerläßlicher Arbeit für die Produktion einer Sache der Arbeitsmenge gleich war, die diese Sache umgekehrt im Tauschprozeß erwerben konnte. Aber wie sollte man diese Identität rechtfertigen, womit sollte man sie begründen, wenn nicht durch eine bestimmte, mehr dunkel als klar zugestandene Assimilation zwischen der Arbeit als produktiver Aktivität und der Arbeit als Ware, die man kaufen und verkaufen kann? In diesem zweiten Fall kann sie nicht als konstantes Maß benutzt werden, denn »sie ist so vielen Schwankungen unterworfen, als es die Waren sind, die damit verglichen werden«.[1] Diese Konfusion hatte bei Adam Smith ihren Ursprung in der der Repräsentation zugestandenen Vorrangigkeit: jede Ware repräsentierte eine bestimmte Arbeit, und jede Arbeit konnte eine bestimmte Menge von Waren repräsentieren. Die Aktivität der Menschen und der Wert der Dinge kommunizierten im transparenten Element der Repräsentation. Dort findet auch die Analyse von Ricardo ihren Platz und den Grund ihrer entscheidenden Bedeutung. Sie ist nicht die erste, die der Arbeit einen bedeutenden Platz im Spiel der Ökonomie zuweist, aber sie läßt die Einheit des Begriffes aufbrechen und unterscheidet zum ersten Mal auf radikale Weise jene Kraft, jene Mühe, jene Zeit des Arbeiters, die gekauft und verkauft werden, und jene Aktivität, die der Ursprung des Wertes der Dinge ist. Man hat also auf der einen Seite die von den Arbeitern angebotene Arbeit, die die Unternehmer annehmen oder verlangen und die durch Lohn bezahlt wird. Auf der anderen Seite haben wir die Arbeit, die Metalle ausgräbt, die Erzeugnisse produziert, Gegenstände fabriziert, Waren transportiert und so austauschbare Werte bildet, die vor ihr nicht existierten und ohne sie nicht erschienen wären.

Sicher kann für Ricardo wie für Smith die Arbeit sehr wohl die Äquivalenz der Waren messen, die durch den Kreislauf des Tausches gehen: »In den frühen Stufen der gesellschaftlichen Entwicklung ist der Tauschwert jener Waren oder das Gesetz, welches bestimmt, wieviel von einer Ware für eine andere hingegeben werden muß, fast ausschließlich von der verhältnismäßigen Menge Arbeit abhängig, die auf jede verwandt wurde.«[2] Aber der Unterschied zwischen Smith und Ricardo besteht in folgendem. Für den ersten kann die Arbeit, weil sie in Tagen der Subsistenz analysiert werden kann, als gemeinsame Einheit für alle anderen Waren dienen (von denen die für den Lebensunterhalt notwendige Menge dabei selbst ein Teil ist); für Ricardo gestattet die Arbeitsmenge die Bestimmung des Wertes einer Sache, nicht nur, weil diese in Arbeitseinheiten repräsentiert werden kann, sondern zunächst und grundsätzlich, weil die Arbeit als Produktionstätigkeit »die Quelle jeden Wertes« ist. Dieser kann nicht mehr wie in der

---

1 David Ricardo, *Grundsätze der politischen Ökonomie und der Besteuerung* [Ökonomische Studientexte. 1], Berlin 1959, S. 12.
2 A. a. O., S. 10 f.

Klassik ausgehend vom Gesamtsystem der Äquivalenzen und der Fähigkeit der Waren zu gegenseitiger Repräsentation definiert werden. Der Wert
hat aufgehört, ein Zeichen zu sein, er ist ein Produkt geworden. Wenn die
Dinge soviel wert sind wie die Arbeit, die man darauf verwendet, oder
wenn wenigstens ihr Wert in einem bestimmten Verhältnis zu dieser Arbeit
steht, dann nicht, weil die Arbeit ein fester, konstanter, zu jeder Zeit und in
allen Ländern austauschbarer Wert wäre, sondern weil jeder beliebige Wert
seinen Ursprung in der Arbeit hat. Und der beste Beweis dafür ist, daß der
Wert der Dinge mit der Arbeitsmenge zunimmt, die man darauf verwenden muß, wenn man sie produzieren will. Aber er ändert sich nicht mit
der Erhöhung oder der Senkung der Löhne, gegen die die Arbeit wie jede
andere Ware ausgetauscht wird.[3] Wenn die Werte auf den Märkten zirkulieren und gegeneinander ausgetauscht werden, haben sie durchaus noch
eine Kraft der Repräsentation. Aber diese Kraft ziehen sie im übrigen aus
jener Arbeit, die primitiver und radikaler ist als jede Repräsentation und
die infolgedessen nicht durch den Tausch definiert werden kann. Während im klassischen Denken der Handel und der Warentausch als unübergehbare Grundlage für die Analyse der Reichtümer dienen (und dies sogar
noch bei Adam Smith, wo die Arbeitsteilung durch die Kriterien des unmittelbaren Tausches bestimmt wird), wird seit Ricardo die Möglichkeit
des Warentausches auf die Arbeit gegründet. Und die Theorie der Produktion muß künftig stets der der Zirkulation voraufgehen.

Das hat drei Konsequenzen, die wir berücksichtigen müssen. Die erste
ist die Errichtung einer Kausalkette völlig neuer Form. Im achtzehnten
Jahrhundert kannte man sehr wohl das Spiel der ökonomischen Determinationen. Man erklärte, wie das Geld das Land verlassen oder zufließen
konnte, wie die Preise stiegen und sanken, wie die Produktion wuchs, sta-
gnierte oder abnahm. Aber all diese Bewegungen wurden von einem tabellarischen Raum aus definiert, in dem die Werte sich gegenseitig repräsentieren konnten. Die Preise stiegen, wenn die repräsentierenden Elemente
schneller wuchsen als die repräsentierten Elemente. Die Produktion nahm
ab, wenn die Instrumente der Repräsentation in Beziehung zu den zu repräsentierenden Dingen abnahmen etc. Es handelte sich stets um eine
kreisläufige und oberflächliche Kausalität, weil sie stets nur die reziproken
Kräfte des Analysierenden und des Analysierten betraf. Seit Ricardo wird

---

3 A. a. O., S. 37 ff.

die Arbeit, in Beziehung zur Repräsentation verschoben und sich in einer
Region einrichtend, die dem Zugriff der Repräsentation entzogen ist, gemäß einer ihr eigenen Kausalität organisiert. Die für die Produktion einer
Sache (oder für die Ernte oder ihren Transport) notwendige Arbeitsmenge,
die deren Wert determiniert, hängt von den Produktionsformen ab. Gemäß dem Grad der Arbeitsteilung, der Menge und Natur der Werkzeuge,
der Kapitalmasse, über die der Unternehmer verfügt, und der, die er in
die Einrichtungen der Fabrik investiert hat, wird die Produktion modifiziert. In bestimmten Fällen wird sie kostspielig sein, in anderen wird sie
es in geringerem Maße sein.[4] Aber da auf jeden Fall die Kosten (Löhne, Kapital und Zinsen, Profite) durch die bereits geleistete und auf die Produktion angewandte Arbeit bestimmt wird, sieht man eine große lineare und
homogene Folge entstehen, die die der Produktion ist. Jede Arbeit hat
ein Resultat, das in der einen oder anderen Form auf eine neue Arbeit angewandt wird, deren Kosten sie definiert. Diese neue Arbeit tritt ihrerseits
in die Wertbildung ein etc. Diese serielle Akkumulation bricht zum ersten
Mal mit den reziproken Bestimmungen, die in der klassischen Analyse der
Reichtümer allein eine Rolle gespielt haben. Sie führt dadurch selbst die
Möglichkeit einer historisch kontinuierlichen Zeit ein, selbst wenn tatsächlich, wie wir es sehen werden, Ricardo die kommende Entwicklung
nur in der Form einer Verlangsamung und höchstens einer totalen Aufhebung der Geschichte denkt. Auf der Ebene der Bedingungen der Möglichkeit des Denkens hat Ricardo, indem er Bildung und Repräsentativität des
Wertes trennte, die Gliederung der Ökonomie nach der Geschichte gestattet. Die »Reichtümer« organisieren sich und akkumulieren sich in einer
zeitlichen Kette, anstatt sich in einem Tableau zu verteilen und dadurch
ein Äquivalenzsystem zu konstituieren. Jeder Wert wird nicht nach den Instrumenten bestimmt, die seine Analyse gestatten, sondern nach den Produktionsbedingungen, die ihn haben entstehen lassen. Darüber hinaus
werden diese Bedingungen durch die für ihre Produktion angewandte Arbeitsmenge determiniert. Noch bevor die ökonomische Reflexion mit der
Geschichte der Ereignisse oder der Gesellschaft in einem expliziten Diskurs verbunden worden ist, ist die Historizität, wahrscheinlich für lange
Zeit, in die Seinsweise der Ökonomie eingedrungen. Diese ist in ihrer
Positivität nicht mehr an einen simultanen Raum von Unterschieden

4 A. a. O., S. 21 ff.

und Identitäten, sondern an die Zeit aufeinanderfolgender Produktionen
gebunden.

Was nun die zweite Konsequenz anbelangt, die nicht weniger entscheidend ist, so betrifft sie den Begriff des Mangels. Für die klassische Analyse
wurde der Mangel in Beziehung zum Bedürfnis definiert: Man ging davon
aus, daß der Mangel bemerkbar wurde oder sich verlagerte, wenn die Bedürfnisse zunahmen oder neue Formen annahmen. Für diejenigen, die
Hunger haben, besteht Mangel an Getreide. Aber für die Reichen, die in
der großen Welt verkehren, sind Diamanten Mangelware. Dieser Mangel
wurde von den Ökonomen des achtzehnten Jahrhunderts, seien sie nun
Physiokraten gewesen oder nicht, so gedacht, daß der Boden oder die Bearbeitung des Bodens seine Überwindung, wenigstens teilweise, gestattete,
denn der Boden hat die wunderbare Eigenschaft, viel mehr Bedürfnisse befriedigen zu können als die der ihn bebauenden Menschen. Im klassischen
Denken gibt es Mangel, weil die Menschen sich Gegenstände repräsentieren, die sie nicht haben. Aber es gibt Reichtum, weil der Boden in einem
bestimmten Überfluß Gegenstände produziert, die nicht sofort konsumiert werden und also andere im Warentausch und in der Zirkulation repräsentieren können. Ricardo dreht die Glieder dieser Analyse um. Die
scheinbare Großzügigkeit des Bodens verdankt sich in der Tat nur seinem
wachsenden Geiz. Und was zuerst da ist, ist nicht das Bedürfnis und die
Repräsentation des Bedürfnisses im Geist der Menschen, sondern ganz
schlicht und einfach eine ursprüngliche Entbehrung.

Die Arbeit, das heißt die ökonomische Aktivität, ist tatsächlich in der
Geschichte der Welt nicht vor dem Tag erschienen, an dem die Menschen
zu zahlreich waren, als daß sie sich von den spontanen Früchten der Erde
hätten ernähren können. Da sie nichts für ihren Unterhalt hatten, starben
etliche, und viele andere wären gestorben, wenn sie sich nicht an die Bearbeitung des Bodens gemacht hätten. Je mehr die Bevölkerung sich vermehrte, um so mehr mußten neue Streifen der Erde abgeholzt, gerodet
und kultiviert werden. In jedem Augenblick ihrer Geschichte arbeitet die
Menschheit nicht mehr, als unter der Drohung des Todes notwendig. Jede
Bevölkerung ist, wenn sie keine neuen Quellen findet, dem Untergang geweiht. Umgekehrt unternehmen die Menschen in dem Maße, in dem sie
sich vermehren, zahlreichere, fernere, schwierigere, weniger unmittelbar
fruchtbare Arbeiten. Die Drohung des Todes ist in dem Verhältnis stärker
zu fürchten, in dem der notwendige Lebensunterhalt schwieriger zugäng-

lich wird, und deshalb muß umgekehrt die Arbeit an Intensität zunehmen
und alle Mittel benutzen, um sich als ertragreicher zu erweisen. So ist das,
wodurch die Ökonomie möglich und notwendig wird, eine ständige und
fundamentale Situation des Mangels. Gegenüber einer Natur, die von sich
aus untätig und bis auf einen sehr kleinen Teil steril ist, riskiert der Mensch
sein Leben. Es ist nicht mehr das Spiel der Repräsentation, worin die Ökonomie ihr Prinzip findet, sondern sie findet ihren Ursprung in jenem gefährlichen Gebiet, in dem das Leben dem Tod gegenübersteht. Sie verweist
also auf jene Ordnung der ziemlich doppeldeutigen Betrachtungen, die
man anthropologisch nennen kann. Sie bezieht sich in der Tat auf die biologischen Eigenheiten einer menschlichen Art, von der Malthus in der Zeit
Ricardos gezeigt hat, daß sie zu ständigem Anwachsen neigt und dagegen
kein Heil- oder Zwangsmittel besitzt. Sie bezieht sich auch auf die Situation jener Lebewesen, die Gefahr laufen, in der sie umgebenden Natur
nichts mehr zu finden, was ihre Existenz sichert. Sie bezeichnet schließlich
in der Arbeit und auch in der Härte dieser Arbeit das einzige Mittel, die
fundamentale Entbehrung zu negieren und einen Moment lang über den
Tod zu triumphieren. Die Positivität der Ökonomie siedelt sich in dieser
anthropologischen Leere an. Der *homo oeconomicus* ist nicht derjenige,
der sich seine eigenen Bedürfnisse und die Gegenstände, die sie mildern
können, repräsentiert. Er ist derjenige, der sein Leben verbringt, verbraucht und verliert, indem er versucht, der Drohung des Todes zu entgehen. Er ist ein endliches Wesen, und wie seit Kant die Frage nach der Endlichkeit fundamentaler geworden ist als die Analyse der Repräsentationen
(diese konnte nur noch abgeleitet in Beziehung zu jener sein), so beruht
seit Ricardo die Ökonomie auf mehr oder weniger explizite Weise auf
einer Anthropologie, die der Endlichkeit konkrete Formen zuzuweisen versucht. Die Ökonomie des achtzehnten Jahrhunderts stand in Beziehung
zu einer *mathesis* als allgemeiner Wissenschaft aller möglichen Ordnungen. Die des neunzehnten Jahrhunderts wird auf eine Anthropologie als
Diskurs über die natürliche Endlichkeit des Menschen bezogen. Durch
diese Tatsache ziehen sich Bedürfnis und Verlangen in die subjektive
Sphäre, in jenes Gebiet zurück, das zur gleichen Epoche der Gegenstand
der Psychologie zu werden im Begriff war. Genau dort werden in der zweiten Hälfte des neunzehnten Jahrhunderts die Marginalisten den Begriff
der Nützlichkeit suchen. Man wird dann glauben, daß Condillac, Graslin
oder Fortbonnais »bereits Psychologisten« waren, weil sie den Wert vom

Bedürfnis her analysierten. Und man wird ebenfalls glauben, daß die Physiokraten die ältesten Vorläufer einer Ökonomie sind, die seit Ricardo den Wert von den Produktionskosten her analysiert hat. Tatsächlich wird man aus der Konfiguration herausgetreten sein, die gleichzeitig Quesnay und Condillac möglich gemacht hat. Man wird der Herrschaft jener *episteme* entgangen sein, die die Erkenntnis auf der Ordnung der Repräsentationen aufbaute, und man wird in eine andere erkenntnistheoretische Disposition eingetreten sein, die (nicht ohne sie aufeinander zu beziehen) eine Psychologie der repräsentierten Bedürfnisse und eine Anthropologie der natürlichen Endlichkeit unterscheidet.

Schließlich betrifft die letzte Konsequenz die Entwicklung der Ökonomie. Ricardo zeigt, daß man nicht als Fruchtbarkeit der Natur das interpretieren darf, was, und zwar auf stets hartnäckigere Weise, ihren wesentlichen Geiz ausmacht. Die Grundrente, in der alle Ökonomen, bis hin zu Adam Smith,[5] das Zeichen einer dem Boden eigenen Fruchtbarkeit sahen, existiert nur in dem genauen Maße, in dem die Landarbeit härter und immer weniger »rentabel« wird. Sofern man durch das ununterbrochene Wachsen der Bevölkerung zur Rodung weniger fruchtbaren Bodens gezwungen ist, erfordert die Ernte dieser neuen Getreideeinheiten mehr Arbeit. Entweder der Pflug muß tiefer in die Erde dringen, oder die besäte Fläche muß größer sein, oder es bedarf einer größeren Menge Düngers. Die Produktionskosten sind also viel höher für diese letzteren Ernten als für die ersteren, die im Anfang auf reichem und fruchtbarem Boden gemacht wurden. Nun sind aber diese so schwer zu erhaltenden Erzeugnisse nicht weniger unerläßlich als die anderen, wenn man nicht will, daß ein bestimmter Teil der Menschheit an Hunger stirbt. Also werden die Produktionskosten für das Getreide von den sterilsten Landstrichen den Preis des Getreides im allgemeinen bestimmen, selbst wenn es mit zwei- oder dreimal so wenig Arbeit errungen wurde. Daher rührt der für leicht zu bearbeitenden Boden erhöhte Gewinn; er gestattet den Besitzern, ihn zu vermieten, wobei sie eine bedeutende Pacht erheben. Die Grundrente ist die Wirkung nicht einer fruchtbaren Natur, sondern eines geizigen Bodens. Nun wird dieser Geiz jedoch von Tag zu Tag stärker spürbar. Die Bevölkerung entwickelt sich, man macht sich an die Bearbeitung immer ärmeren Bodens, die Produktionskosten steigen, die Preise in der Landwirtschaft

---

5 Adam Smith, *Eine Untersuchung über das Wesen und die Ursachen des Reichtums der Nationen* [Ökonomische Studientexte. 3], Berlin 1963, S. 192.

und mit ihnen die Grundrenten steigen. Unter diesem Druck ist es wohl möglich, sogar notwendig, daß der Nominallohn der Arbeiter ebenfalls wächst, damit er die Minimalkosten für ihren Lebensunterhalt deckt. Aber aus dem gleichen Grund wird der Reallohn praktisch nicht über das unerläßliche Maß für Kleidung, Wohnung und Nahrung des Arbeiters hinausgehen. Und letztlich wird der Profit der Unternehmer insofern sinken, als die Grundrente steigt und die Entlohnung der Arbeiter stagniert. Sie würde sogar unendlich sinken und verschwinden, wenn man nicht zu einer Grenze gelangte. Von einem bestimmten Moment an werden die Industrieprofite zu niedrig sein, als daß man neue Arbeiter arbeiten läßt; mangels zusätzlicher Löhne wird die Zahl der Arbeiter nicht zunehmen können, wird die Bevölkerung stagnieren. Es wird nicht mehr notwendig sein, noch neues Land zu roden, das noch unfruchtbarer ist als das zuvor. Die Grundrente wird ein bestimmtes Niveau erreichen und nicht mehr den gewohnten Druck auf die Industriegewinne ausüben, die sich dann stabilisieren können. Die Geschichte wird letztlich von immer gleichem Maß sein. Die *Endlichkeit* des Menschen wird ein für allemal, das heißt für *unbegrenzte* Zeit, *definiert* sein.

Paradoxerweise ist es die von Ricardo in die Ökonomie eingebrachte Historizität, die jene Immobilisierung der Geschichte zu denken gestattet. Das klassische Denken konzipierte für die Ökonomie eine stets offene und stets sich wandelnde Zukunft. Aber es handelte sich tatsächlich um eine Modifizierung räumlichen Typs. Das Tableau, das die Reichtümer bei ihrer Entfaltung, bei ihrer Anordnung und bei ihrem Tausch bilden mußten, konnte wohl größer werden. Es blieb aber das gleiche Tableau, wobei jedes Element von seiner relativen Oberfläche verlor, indessen in Beziehung zu neuen Elementen trat. Die kumulative Zeit der Bevölkerung und der Produktion und die ununterbrochene Geschichte des Mangels sind es dagegen, die vom neunzehnten Jahrhundert an die Verarmung der Geschichte, ihre fortschreitende Bewegungslosigkeit, ihre Versteinerung und bald ihre felshafte Immobilität zu denken gestatten. Man sieht, welche Rolle die Geschichte und die Anthropologie im Verhältnis zueinander spielen. Es gibt Geschichte (Arbeit, Produktion, Akkumulation, Anwachsen der realen Kosten) nur, insofern der Mensch als natürliches Wesen endlich ist. Diese Endlichkeit verlängert sich wohl über die ursprünglichen Grenzen der Art und der unmittelbaren Bedürfnisse des Körpers hinaus, hört aber nicht auf, wenigstens heimlich, die ganze Bewegung der Zivilisationen zu beglei-

ten. Je mehr der Mensch sich im Herzen der Welt niederläßt, um so mehr
schreitet er in der Naturbeherrschung vorwärts, um so stärker wird er auch
durch die Endlichkeit bedrängt, um so mehr nähert er sich seinem eigenen
Tode. Die Geschichte gestattet dem Menschen nicht, sich seinen anfänglichen Grenzen zu entziehen, außer dem Schein nach und wenn man dem
Wort Grenze den oberflächlichsten Sinn gibt. Wenn man aber die fundamentale Endlichkeit des Menschen betrachtet, bemerkt man, daß seine anthropologische Situation seine Geschichte unablässig stärker dramatisiert,
sie immer gefährlicher werden läßt und sie sozusagen ihrer eigenen Unmöglichkeit annähert. In dem Moment, in dem sie an solche Grenzen
rührt, kann die Geschichte nur noch anhalten, einen Moment auf ihrer
Achse vibrieren und sich für immer in die Bewegungslosigkeit begeben.
Aber das kann auf zwei Weisen geschehen; entweder erreicht sie fortschreitend und mit einer immer deutlicheren Langsamkeit einen Zustand der
Stabilität, der in der Unbegrenztheit der Zeit das sanktioniert, wohin sie
stets vorwärtsgeschritten ist, das, was sie im Grunde von Anfang an immer
gewesen ist. Oder es kann im Gegenteil sein, daß sie einen Punkt des Um-
schlagens erreicht, in dem sie sich nur befestigt, insoweit sie das beseitigt,
was sie bis dahin ständig gewesen ist.

In der ersten Lösung (die durch den »Pessimismus« von Ricardo repräsentiert wird) funktioniert die Geschichte gegenüber den anthropologischen Determinationen wie eine Art großer kompensatorischer Mechanismus. Sicher, sie liegt in der menschlichen Endlichkeit, aber sie erscheint
darin als eine positive Figur und hervorgehoben. Sie gestattet dem Menschen, den Mangel zu überwinden, dem er ausgesetzt ist. Da diese Entbehrung jeden Tag strenger wird, wird die Arbeit immer intensiver. Die Produktion wächst in absoluten Ziffern, aber gleichzeitig mit ihr und in der
gleichen Bewegung steigen die Produktionskosten, das heißt die notwendige Arbeitsmenge, um einen gleichen Gegenstand zu produzieren. Infolgedessen muß unvermeidlich ein Augenblick kommen, in dem der Arbeit
nicht mehr durch die produzierte Ware entsprochen wird (sobald diese
nicht mehr kostet als die Nahrung des Arbeiters, der sie erhält). Die Produktion kann das Manko nicht mehr aufheben. So wird sich der Mangel
von selbst begrenzen (durch eine demographische Stabilisierung), und
die Arbeit wird sich genau den Bedürfnissen anpassen (durch eine determinierte Verteilung der Reichtümer). Künftig werden die Endlichkeit und
die Produktion sich genau in einer einzigen Figur überlagern. Jede zusätz-

liche Mühe wird nutzlos sein. Jedes Übermaß an Bevölkerung wird untergehen. Leben und Tod werden so genau gegeneinander, Oberfläche gegen Oberfläche, gestellt und beide durch ihr antagonistisches Drängen immobilisiert und gewissermaßen verstärkt. Die Geschichte wird die Endlichkeit des Menschen bis zu dem Grenzpunkt führen, wo sie schließlich in ihrer Reinheit erscheint. Sie wird keinen Rand mehr lassen, der ihr gestattet, sich sich selbst zu entziehen, keine Anstrengung mehr, die gemacht werden muß, um sich eine Zukunft zu erarbeiten, keinen neuen, den zukünftigen Menschen offenstehenden Boden mehr. In der großen Erosion der Geschichte wird der Mensch allmählich all dessen entkleidet, was ihn seinen eigenen Augen verbergen kann. Er wird alle die Möglichkeiten ausgeschöpft haben, die seine anthropologische Nacktheit ein wenig verwirren und unter den Verheißungen der Zeit verbergen. Auf langen, aber unvermeidlichen, doch zwingenden Wegen wird die Geschichte den Menschen bis zu jener Wahrheit geführt haben, die ihn in sich selbst arretiert.

In der zweiten Lösung (die Marx repräsentiert) wird die Beziehung der Geschichte zur anthropologischen Endlichkeit in umgekehrter Richtung entschlüsselt. Hier spielt die Geschichte eine negative Rolle. Sie ist es, in der Tat, die den Zwang des Bedürfnisses akzentuiert, die die Entbehrungen wachsen läßt und die Menschen zur Arbeit und zur Produktion in steigendem Maße zwingt, ohne daß sie mehr als das erhalten, was ihnen zum Leben unerläßlich ist, mitunter sogar weniger. Folglich wird im Laufe der Zeit das Produkt der Arbeit akkumuliert und entgeht unerbittlich denen, die sie leisten. Diese produzieren unendlich viel mehr als den Teil des Wertes, der ihnen in der Form von Lohn wieder zukommt, und geben so dem Kapital die Möglichkeit, erneut Arbeitskraft zu kaufen. So wächst unaufhörlich die Zahl derer, die die Geschichte an den Grenzen ihrer Existenzbedingungen hält. Und dadurch werden diese Bedingungen fortwährend prekärer und nähern sich dem, was die Existenz unmöglich machen wird. Die Akkumulation des Kapitals, das Wachsen der Unternehmen und ihrer Kapazitäten, der konstante Druck auf die Löhne, die Überproduktion schränken den Arbeitsmarkt ein, vermindern die Entlohnung und steigern die Arbeitslosigkeit. Eine ganze Klasse von Menschen hat, durch das Elend an die Grenzen des Todes gedrängt, unmittelbar die Erfahrung dessen gemacht, was Bedürfnis, Hunger und Arbeit sind. Was die anderen der Natur oder der spontanen Ordnung der Dinge zuschreiben, wird von ihnen als Ergebnis einer Geschichte und als Entfremdung einer Endlichkeit erkannt, die nicht diese Form hat. Diese Wahrheit des menschlichen Wesens können sie – und allein sie können es – aus diesem Grunde erfassen, um sie wiederherzustellen. Das kann nur durch die Beseitigung oder wenigstens die Umkehrung der Geschichte, so wie sie sich bisher abgespielt hat, geschehen. Erst dann wird eine Zeit beginnen, die nicht mehr die gleiche Form noch die gleichen Gesetze, noch die gleiche Verlaufsweise hat.

Die Alternative zwischen dem »Pessimismus« von Ricardo und der revolutionären Verheißung von Marx ist wahrscheinlich von geringer Bedeutung. Ein solches System von Optionen stellt nicht mehr dar als die beiden möglichen Weisen, die Beziehungen der Anthropologie und der Geschichte zu durchlaufen, so wie die Ökonomie sie durch die Begriffe des Mangels und der Arbeit erstellt. Für Ricardo füllt die Geschichte die durch die anthropologische Endlichkeit herbeigeführte Leere, die durch einen ständigen Mangel offenbart wird, bis der Punkt einer endgültigen Stabilisierung erreicht ist. Gemäß der marxistischen Lesart läßt die Geschichte, indem sie den Menschen seiner Arbeit beraubt, die positive Form seiner Endlichkeit hervortreten – seine materielle, schließlich freigesetzte Wahrheit. Gewiß, man versteht ohne Schwierigkeit, wie auf der Ebene der Meinung die reale Wahl verschieden getroffen wurde, warum manche für den ersten Typ der Analyse optiert und andere sich für den zweiten entschieden haben. Aber das sind abgeleitete Unterschiede, die insgesamt und für alles einer Untersuchung und einer doxologischen Behandlung unterliegen. In der Tiefe des abendländischen Wissens hat der Marxismus keinen wirklichen Einschnitt erbracht: Er hat sich ohne Schwierigkeit als eine volle, ruhige, komfortable, ja für eine bestimmte Zeit (die seine) befriedigende Figur in eine erkenntnistheoretische Disposition gestellt, die ihn günstig aufgenommen hat (da gerade sie es war, die ihm Platz einräumte), und er hatte umgekehrt weder das Ziel, sie zu verwirren, noch vor allem die Kraft, sie zu verändern, sei es auch nur um eine Daumenbreite, weil er völlig auf ihr beruhte. Der Marxismus ruht im Denken des neunzehnten Jahrhunderts wie ein Fisch im Wasser. Das heißt: überall sonst hört er auf zu atmen. Wenn er sich den »bürgerlichen« Theorien der Ökonomie entgegenstellt und wenn er in dieser Opposition eine radikale Wende der Geschichte entwirft, haben dieser Konflikt und dieser Entwurf als Bedingung ihrer Möglichkeit nicht die Wiederingriffnahme der ganzen Geschichte, sondern ein Ereignis, das von der ganzen Archäologie mit Präzision eingeordnet werden kann und das gleichzeitig auf die gleiche Weise die bürger-

liche und die revolutionäre Ökonomie des neunzehnten Jahrhunderts vorgeschrieben hat. Ihre Auseinandersetzungen werfen vergeblich einige Wo-
gen auf und zeichnen an der Oberfläche einige Falten ab: Es sind lediglich
Stürme im Wasserglas.

Das Wesentliche ist, daß sich am Anfang des neunzehnten Jahrhunderts
eine Wissensdisposition konstituiert hat, in der gleichzeitig die Historizität
der Ökonomie (in Beziehung zu den Produktionsformen), die Endlichkeit
der menschlichen Existenz (in Beziehung zum Mangel und zur Arbeit)
und die Fälligkeit eines Ziels der Geschichte vorkommen, ob diese nun unendliche Verlangsamung oder radikale Umkehr ist. Geschichte, Anthropologie und Unentschiedenheit des Werdens gehören zueinander gemäß
einer Figur, die für das Denken des neunzehnten Jahrhunderts einen ihrer
bedeutenden Raster definiert. Man kennt zum Beispiel die Rolle, die jene
Disposition gespielt hat, um den müden guten Willen der Humanismen
neu zu beleben. Man weiß, wie er die Utopien der Vollendung hat neu
erstehen lassen. Im klassischen Denken funktionierte die Utopie eher
wie ein Traum vom Ursprung. Die Frische der Welt sollte die ideale Entfaltung eines Bildes garantieren, in dem jedes Ding mit seinen Nachbarschaften, seinen ihm eigenen Unterschieden und unmittelbaren Äquivalenzen
an seiner Stelle stünde. In diesem ursprünglichen Licht durften die Repräsentationen noch nicht von der lebhaften, scharfen und spürbaren Präsenz
dessen losgelöst sein, was sie repräsentieren. Im neunzehnten Jahrhundert
betrifft die Utopie den Verfall der Zeit eher als ihren Anfang. Das Denken
wird nicht mehr nach Art eines Tableaus konstituiert, sondern als eine
Folge, als eine Verkettung oder ein Werden. Wenn mit dem verheißenen
Abend der Schatten der Entscheidung kommen wird, werden die langsame
Erosion oder die Heftigkeit der Geschichte die anthropologische Wahrheit
des Menschen in seiner felsartigen Immobilität hervortreten lassen. Die
Zeit der Kalender wird durchaus fortlaufen können, sie wird gewisserma-
ßen leer sein, denn die Historizität wird sich genau über das menschliche
Wesen gelagert haben. Der Ablauf des Werdens mit all seinen Quellen
von Drama, von Vergessen und von Entfremdung wird in einer anthropo-
logischen Endlichkeit gefangen sein, die darin umgekehrt ihre erleuchtete
Manifestation findet. Die *Endlichkeit* mit ihrer Wahrheit gibt sich in der
Zeit, und sofort ist die *Zeit endlich*. Das große Träumen von einem Endpunkt der Geschichte ist die Utopie eines kausalen Denkens, wie der
Traum von den Ursprüngen die Utopie des klassifikatorischen Denkens
war.

Diese Einteilung ist lange zwingend geblieben, und am Ende des neunzehnten Jahrhunderts hat sie Nietzsche zum letzten Mal leuchten lassen, als er sie in Flammen aufgehen ließ. Er hat das Ende der Zeiten wiederaufgenommen, um daraus den Tod Gottes und die Irrungen des letzten Menschen zu machen. Er hat die anthropologische Endlichkeit wiederaufgenommen, um daraus den gewaltigen Sprung des Übermenschen hervorbrechen zu lassen. Er hat die große kontinuierliche Kette der Geschichte wiederaufgenommen, aber um sie im Unendlichen der Wiederkehr zu beugen. Der Tod Gottes, das Bevorstehen des Übermenschen, die Verheißung und der Schrecken des großen Jahres haben vergeblich die Elemente, die sich im Denken des neunzehnten Jahrhunderts verteilt haben und dessen archäologischen Raster bilden, gewissermaßen Punkt für Punkt wiederaufgenommen; dennoch entflammen sie alle festen Formen, zeichnen sie mit ihren verkalkten Resten fremde, vielleicht unmögliche Gesichter. Und in einem Licht, von dem man noch nicht genau weiß, ob es den letzten Brand erneut entfacht oder ob es die Morgenröte anzeigt, sieht man, wie sich der mögliche Raum des zeitgenössischen Denkens öffnet. Auf jeden Fall hat Nietzsche für uns und noch bevor wir geboren waren, die vermengten Verheißungen der Dialektik und der Anthropologie verbrannt.

III. Cuvier

In seinem Plan, eine Klassifikation mit der Zuverlässigkeit einer Methode und mit der Strenge eines Systems zu errichten, hatte Jussieu die Regel der Subordination der Merkmale entdeckt, so wie Smith den konstanten Wert der Arbeit zur Feststellung des natürlichen Preises der Dinge im Spiel der Äquivalenzen benutzt hat. Ebenso wie Ricardo die Arbeit von ihrer Rolle als Maß befreit hat, um sie diesseits jeden Warentausches in die allgemeine Produktionsform treten zu lassen, ebenso hat Cuvier die Subordination der Merkmale von ihrer taxinomischen Funktion befreit, um sie diesseits jeder eventuellen Klassifizierung in die verschiedenen Organisationsebenen der Lebewesen treten zu lassen. Das innere Band, das die Strukturen voneinander abhängen läßt, ruht nicht mehr allein auf der Ebene der Frequenzen, es wird zur Grundlage selbst dieser Korrelationen. Diese Verlagerung und diese Inversion sollte Geoffroy Saint-Hilaire eines Tages übersetzen, als er sagte: »Der Körperbau wird zu einem abstrakten Wesen [...], das zahl-

reiche Formen annehmen kann.«[6] Der Raum der Lebewesen dreht sich um
diesen Begriff, und alles, was bis dahin durch den Raster der Naturgeschichte (Gattungen, Arten, Individuen, Strukturen, Organe) hat erscheinen können, alles, was sich dem Blick geboten hatte, nimmt künftig eine
neue Seinsweise an.

An erster Stelle stehen dabei die Elemente oder Gruppen von verschiedenen Elementen, die der Blick, wenn er die Körper der Einzelwesen abta-
stet, gliedern kann und die man *Organe* nennt. Bei der Analyse in der Klassik wurde das Organ gleichzeitig durch seine Struktur und seine Funktion
definiert. Es war gewissermaßen ein System mit doppeltem Eingang, in
dem man exhaustiv, entweder ausgehend von der von ihm gespielten Rolle
(zum Beispiel der der Reproduktion) oder ausgehend von seinen morphologischen Variabeln (Form, Größe, Anordnung und Zahl) lesen konnte.
Die beiden Arten der Entschlüsselung deckten sich genauestens, sie waren
aber voneinander unabhängig – die erste sagte das *Benutzbare* aus, die
zweite das *Identifizierbare*. Diese Einteilung stößt Cuvier um. Er hebt
auch das Postulat der Anpassung ebenso wie das der Unabhängigkeit auf,
er läßt, und zwar in breitem Maße, die Funktion gegenüber dem Organ
an Bedeutung zunehmen und unterwirft die Disposition des Organs der
Souveränität der Funktion. Er löst, wenn nicht die Individualität, so wenigstens die Unabhängigkeit des Organs auf. Es ist ein Irrtum zu glauben,
»es sey an einem wichtigen Organe auch alles wichtig«. Man muß »die Aufmerksamkeit mehr auf die Verrichtung selbst, als auf ihre Organe wenden«.[7] Vor der Definition der Organe durch ihre Variablen muß man sie
auf die von ihnen erfüllte Funktion beziehen. Nun sind diese Funktionen ziemlich gering an Zahl: Atmung, Verdauung, Zirkulation und Bewegung ... Infolgedessen taucht die sichtbare Verschiedenheit der Strukturen nicht mehr vor dem Hintergrund eines Tableaus von Variablen auf,
sondern auf dem Hintergrund großer funktionaler Einheiten, die auf verschiedene Weisen ihr Ziel erfüllen und sich realisieren: »[...] das jeder
Art von Organen Gemeinschaftliche, wenn man es bey allen Thieren betrachtet, sich auf sehr Weniges reducirt und daß sie sich oft nur durch ihre
Wirkung gleichen, die sie hervorbringen. Diese mußte besonders in Rücksicht auf die Respiration in die Augen fallen, die in den verschiedenen

6 Zitiert bei Théophile Cahn, *La vie et l'œuvre d'Etienne Geoffroy Saint-Hilaire*, Paris 1962, S. 138.
7 Georges Cuvier, *Vorlesungen über vergleichende Anatomie*, 4 Bde., Leipzig 1809-1810, Bd. 1 (1. Vor-
    lesung, 5. Abschnitt), S. 52.

Classen, durch so mannigfaltige Organe bewerkstelligt ward, daß ihre Struktur auch in keinem Stücke mit einander übereinkommt.«[8] Wenn man das Organ in seiner Beziehung zur Funktion betrachtet, sieht man also »Ähnlichkeiten« erscheinen, wo es kein »identisches« Element gibt. Diese Ähnlichkeit bildet sich durch den Übergang zur evidenten Unsichtbarkeit der Funktion. Es ist gleichgültig, ob die Kiemen und die Lungen einige Form-, Größen- und Zahlunterschiede gemein haben. Sie ähneln sich, weil sie zwei verschiedene Seiten des nichtexistierenden, abstrakten, irrealen, unbestimmbaren und jeder beschreibbaren Art fehlenden, dennoch im Tierreich in seiner Gesamtheit vorhandenen Organs sind, das *allgemein zum Atmen* dient. So stellt man in der Analyse des Lebendigen die Analogien vom aristotelischen Typ wieder her. Die Kiemen sind für die Atmung im Wasser das, was die Lungen für die Atmung in der Luft sind. Gewiß waren solche Beziehungen in der Klassik völlig bekannt. Aber sie dienten lediglich zur Bestimmung der Funktionen. Man benutzte sie nicht zur Errichtung der Ordnung der Dinge im Raum der Natur. Seit Cuvier dient die in der nicht wahrnehmbaren Form der zu erreichenden Wirkung definierte Funktion als mittleres konstantes Glied und gestattet, Gesamtheiten aus Elementen, die der geringsten sichtbaren Identität ermangeln, aufeinander zu beziehen. Was für den klassischen Blick nur reine und einfache Unterschiede waren, die man neben Identitäten stellte, muß jetzt, ausgehend von einer funktionalen Homogenität, die es verborgen trägt, geordnet und gedacht werden. Es gibt *Naturgeschichte*, wenn das *Gleiche* und das *Andere* nur einem einzigen Raum zugehören. Etwas wie die *Biologie* wird möglich, als diese einheitliche Ebene sich aufzulösen beginnt und die Unterschiede vor dem Hintergrund einer tieferen und gewissermaßen ernsthafteren Identität, als sie selbst ist, sich hervorheben.

Dieser Bezug auf die Funktion, dieses Auseinanderhaken der Ebene der Identitäten und der Unterschiede lassen neue Beziehungen auftreten: die der *Koexistenz*, der *inneren Hierarchie*, der *Abhängigkeit* gegenüber dem *Organisationsplan*. Die *Koexistenz* bezeichnet die Tatsache, daß ein Organ oder ein System von Organen in einem Lebewesen nicht präsent sein können, ohne daß ein anderes Organ oder ein anderes System von determinierter Natur und Form es ebenfalls sind: »Alle Organe eines gleichen Lebewesens bilden ein einziges System, von dem alle Teile sich gegenseitig halten

---

8 A. a. O., Bd. 1 (1. Vorlesung, 3. Abschnitt), S. 29.

und aufeinander einwirken und reagieren. Es kann in keinem Teile eine Veränderung geben, die nicht analoge in allen anderen nach sich zieht.«[9] Innerhalb des Verdauungssystems ändert die Form der Zähne (die Tatsache, daß es Schneide- oder Mahlzähne sind) sich gleichzeitig wie »die Länge, die Falten und Erweiterungen des Darmkanals«; oder, um auch ein Beispiel der Koexistenz zwischen verschiedenen Systemen zu geben, die Verdauungsorgane können nicht unabhängig von der Gestaltung der Glieder (und insbesondere der Form der Klauen) variieren: je nachdem, ob es Krallen oder Hufe gibt – also ob das Tier seine Nahrung ergreifen und zerreißen kann oder nicht –, werden der Verdauungskanal, die »auflösenden Flüssigkeiten«, die Form der Zähne nicht die gleichen sein.[10] Dies sind laterale Entsprechungen, die zwischen Elementen auf gleicher Ebene Beziehungen des Begleitens herstellen, die auf funktionalen Notwendigkeiten beruhen. Da das Tier sich ernähren *muß*, können die Natur der Beute und die Fangweise den Kau- und Verdauungsapparaten nicht fremd bleiben (und umgekehrt).

Es gibt dennoch *hierarchische* Abstufungen. Man weiß, wie die klassische Analyse zur Aufhebung des Privilegs der wichtigsten Organe geführt hat, so daß nur noch deren taxinomische Wirksamkeit betrachtet wurde. Jetzt, wo man keine unabhängigen Variablen mehr behandelt, sondern durcheinander bestimmte Systeme, wird das Problem der reziproken Bedeutung gestellt. So steht der Ernährungskanal der Säugetiere nicht nur in einer Beziehung von eventueller Kovariation mit den Organen der Bewegung und des Fangs. Er wird zumindest teilweise durch die Art der Reproduktion vorgeschrieben. Ist sie der Form nach lebendgebärend, so impliziert sie nicht einfach das Vorhandensein der Organe, die unmittelbar damit verbunden sind, sie erfordert auch die Existenz von Organen der Milchproduktion, Vorhandensein von Lippen und einer fleischigen Zunge. Sie schreibt andererseits die Zirkulation von warmem Blut und die Zweikammrigkeit des Herzens vor.[11] Die Analyse der Organismen und die Möglichkeit, zwischen ihnen Ähnlichkeiten und Unterschiede festzustellen, setzt also voraus, daß man das Tableau nicht der Elemente, die von Art zu Art sich ändern können, sondern der Funktionen, die allgemein

---

9 Cuvier, *Rapport historique sur le progrès des sciences naturelles depuis 1789*, Paris 1810, S. 330.
10 Cuvier, *Vorlesungen über vergleichende Anatomie*, Bd. 1 (1. Vorlesung, 4. Abschnitt), S. 46.
11 Cuvier, »Second mémoire sur les animaux à sang blanc«, in: *Magazin encyclopédique*, 2 (1725), S. 441.

bei den Lebewesen sich gegenseitig bestimmen, sich ordnen und sich beeinflussen, fixiert hat: nicht mehr das Polygon der möglichen Modifizierungen, sondern die hierarchische Pyramide der Wichtigkeiten. Cuvier
hat zunächst gedacht, daß die Funktionen der Existenz vor denen der Beziehung rangierten (»denn das Tier *ist* zunächst, dann *empfindet* es und
handelt es«). Er setzte also voraus, daß die Vermehrung und die Blutzirkulation zunächst eine bestimmte Zahl von Organen bestimmen müßten, denen die Disposition der anderen unterworfen wäre. Jene würden die primären Merkmale bilden, diese die sekundären Merkmale.[12] Dann hat er die
Blutzirkulation der Verdauung untergeordnet, denn diese existiert bei
allen Tieren (der Körper des Polypen ist in seiner Gesamtheit nur eine
Art Verdauungsapparat), während das Blut und die Gefäße »nur bey den
höhern Thieren vor(kommen) und allmählig in den niederen Classen verschwinden«.[13] Später ist es das Nervensystem (mit der Existenz oder Nicht-
existenz einer Rückenmarksäule), die ihm determinierend für alle organischen Dispositionen erschien: »Es ist im Grunde das Ganze am Tier. Die
anderen Systeme sind nur dazu da, um es zu unterhalten.«[14]

Dieses Herausragen einer Funktion über alle anderen impliziert, daß
der Organismus in seinen sichtbaren Dispositionen einem *Plan* gehorcht.
Ein solcher Plan garantiert die Herrschaft der wesentlichen Funktionen
und verbindet mit einem größeren Grad an Freiheit die Organe damit,
die weniger wichtiges Funktionieren sichern. Als hierarchisches Prinzip
definiert dieser Plan die herausragenden Funktionen, verteilt die anatomischen Elemente, die ihm gestatten, sich auszuwirken, und installiert sie an
den privilegierten Plätzen des Körpers. So läßt die Klasse der Insekten in
der großen Gruppe der Gliederfüßler die besondere Bedeutung der Bewe-
gungsfunktionen und der Bewegungsorgane erkennen. Bei den drei anderen sind es die Vitalfunktionen, die demgegenüber besondere Bedeutung
haben.[15] In der regionalen Kontrolle, die er über die weniger fundamentalen Organe ausübt, spielt der Organisationsplan keine so determinierende
Rolle. Er wird in gewisser Weise freizügiger, je weiter man sich vom Zentrum entfernt, wo er dann Modifizierungen, Veränderungen, Wechsel in
der Form oder möglichen Anwendung gestattet. Man findet ihn in weiche-

---

12 Ebd.
13 Cuvier, *Vorlesungen über vergleichende Anatomie*, Bd. 3, S. 4.
14 Cuvier, »Sur un nouveau rapprochement à établir entre les classes qui composent le Règne animal«,
   in: *Annales du Muséum*, 19 (1812), S. 76.
15 Ebd.

rer Form und für andere Determinationsformen durchdringbarer wieder.
Das ist bei den Säugetieren anläßlich des Bewegungssystems leicht feststellbar. Die vier Bewegungsglieder gehören zum Plan des Körperbaus,
aber lediglich als sekundäre Merkmale. Sie sind niemals völlig aufgehoben,
noch fehlen sie oder sind ersetzt, sondern sind »manchmal wie bei den Flü-
geln der Fledermäuse oder bei den hinteren Flossen der Seehunde verborgen«. Es kommt sogar vor, daß sie »beim Gebrauch wie bei den Brustflos-
sen der Waltiere denaturiert werden. Die Natur hat aus einem Arm eine
Flosse gemacht. Man sieht, daß es stets eine Art Beständigkeit bei den
sekundären Merkmalen gemäß ihrer Verkleidung gibt«.[16] Man begreift,
warum die Arten sich gleichzeitig ähneln (um Gruppen wie die Gattungen, die Klassen und das, was Cuvier Verzweigungen *(embranchements)*
nennt, zu bilden) und sich voneinander unterscheiden können. Was sie aneinander annähert, ist keine bestimmte Menge von überlagerbaren Elementen, sondern eine Art gemeinsamen Ausgangspunkts für die Identität,
den man nicht in sichtbaren Flächen analysieren kann, weil er die reziproke Bedeutung der Funktionen definiert. Von jenem unwahrnehmbaren
Zentrum der Identitäten her ordnen sich die Organe an, und in dem
Maße, wie sie sich davon entfernen, gewinnen sie an Elastizität, an Möglichkeit zur Variation und an unterscheidenden Merkmalen. Die Tierarten
unterscheiden sich an der Peripherie, sie ähneln sich im Zentrum. Das Unzugängliche verbindet sie, das Offenbare verstreut sie. Sie verallgemeinern
sich bezüglich dessen, was wesentlich für ihr Leben ist; sie vereinzeln sich
hinsichtlich dessen, was ihnen nur als Zusatz dient. Je mehr man ausgedehnte Gruppen erreichen will, desto mehr muß man sich in das Dunkle
des Organismus, hin zum wenig Sichtbaren, in jene Dimension, die dem
Wahrgenommenen entgeht, hineingraben. Je mehr man die Individualität
einkreisen will, desto mehr muß man an die Oberfläche zurückgehen
und in ihrer Sichtbarkeit die vom Licht berührten Formen aufleuchten lassen; denn die Multiplizität wird gesehen, und die Einheit ist verborgen.
Kurz gesagt, die lebendigen Arten »entgehen« dem Gewimmel der Individuen und Arten, sie können nur, weil sie leben, und ausgehend von dem,
was sie verbergen, klassifiziert werden.

Man kann die immense Umkehrung ermessen, die das alles in Beziehung zur klassischen *taxinomia* voraussetzt. Diese errichtete sich völlig

16 Cuvier, »Second mémoire sur les animaux à sang blanc«, in: *Magazin encyclopédique*, 2 (1795),
    S. 441.

ausgehend von den vier Beschreibungsvariabeln (Formen, Zahl, Disposition und Größe), die wie in einer einzigen Bewegung von der Sprache und vom Blick durchlaufen wurden. Und in dieser Aufteilung des Sichtbaren erschien das Leben wie die Wirkung einer Zerlegung – als einfache klassifikatorische Grenze. Seit Cuvier begründet das Leben in dem, was es an Nicht-Wahrnehmbarem, an rein Funktionalem hat, die äußere Möglichkeit einer Klassifizierung. Es gibt auf der großen Schicht der Ordnung nicht mehr die Klasse dessen, was leben kann, sondern aus der Tiefe des Lebens herauskommend, her von dem, was es an Entferntestem für den Blick gibt, ist die Möglichkeit der Klassifizierung vorhanden. Das Lebewesen war eine Örtlichkeit der natürlichen Klassifizierung. Die Tatsache, klassifizierbar zu sein, ist jetzt eine Eigenschaft des Lebendigen. So verschwindet der Plan einer allgemeinen *taxinomia*. So verschwindet die Möglichkeit, eine große natürliche Ordnung ablaufen zu lassen, die ohne Diskontinuität vom Einfachsten und Bewegungslosesten zum Lebendigsten und Komplexesten geht. So verschwindet die Suche nach der Ordnung als gemeinsamem Boden und gemeinsamer Grundlage einer allgemeinen Wissenschaft der Natur. So verschwindet die »Natur« – wobei sich versteht, daß während des ganzen klassischen Zeitalters sie zunächst nicht als »Thema«, »Idee«, als unbegrenzte Quelle des Wissens, sondern als homogener Raum der ordnungsfähigen Identitäten und Unterschiede bestanden hat.

Dieser Raum wird jetzt aufgelöst und in seiner Mächtigkeit gewissermaßen geöffnet. Statt eines einheitlichen Feldes der Erscheinung und Ordnung, dessen Elemente unterscheidenden Wert im Verhältnis zueinander haben, verfügt man über eine Serie von Oppositionen, deren beide Punkte nicht auf gleicher Ebene liegen. Einerseits gibt es sekundäre Organe, die an der Oberfläche des Körpers sichtbar sind und sich ohne Eingriff der unmittelbaren Wahrnehmung bieten, und andererseits die primären Organe, die essentiell, zentral, verborgen sind und die man nur durch Aufschneiden erreicht, das heißt, indem man materiell die farbige Fülle der sekundären Organe auslöscht. Ebenfalls auf tieferer Stufe gibt es die Opposition zwischen den Organen im allgemeinen, die räumlich, fest, direkt oder indirekt sichtbar sind, und den Funktionen, die sich nicht der Wahrnehmung bieten, sondern gewissermaßen von unten die Disposition dessen vorschreiben, was man wahrnimmt. Schließlich gibt es als Grenze die Opposition zwischen Identitäten und Unterschieden: sie sind nicht mehr von

gleicher Körnung, sie werden nicht mehr nach einem homogenen Plan im
Verhältnis zueinander errichtet, sondern die Unterschiede sind an der Oberfläche zahllos, während sie in der Tiefe vergehen, sich vermengen, sich miteinander verknüpfen und sich der großen, mysteriösen, unsichtbaren foka-
len Einheit nähern, aus der das Vielfältige wie durch eine unaufhörliche
Zerstreuung hervorzugehen scheint. Das Leben ist nicht mehr das, was
sich auf mehr oder weniger bestimmte Weise vom Mechanischen unterscheiden kann. Darin begründen sich sämtliche möglichen Unterscheidungen unter den Lebewesen. Dieser Übergang vom taxinomischen Begriff zum synthetischen Begriff des Lebens wird in der Chronologie der
Ideen und Wissenschaften durch das Wiederaufleben vitalistischer Themen am Anfang des neunzehnten Jahrhunderts signalisiert. Vom archäologischen Blickpunkt her sind es die Bedingungen der Möglichkeit einer
Biologie, die sich zu diesem Zeitpunkt errichten.

Auf jeden Fall hat diese Folge von Oppositionen, die den Raum der Naturgeschichte zerlegte, Folgen großen Gewichts gehabt. Für die Praxis ist
es das Erscheinen zweier korrelativer Techniken, die sich stützen und abwechseln. Die erste dieser Techniken wird durch die vergleichende Anatomie gebildet: diese läßt einen inneren Raum auftauchen, der einerseits
durch die oberflächliche Schicht der Häute und Schalen und andererseits
durch die Quasi-Unsichtbarkeit des unendlich Kleinen begrenzt ist. Denn
die vergleichende Anatomie ist nicht schlicht und einfach die Vertiefung
der deskriptiven Techniken, die man in der Klassik benutzte. Sie gibt sich
nicht damit zufrieden, unter die Oberfläche, besser und von näher zu sehen. Sie richtet einen Raum ein, der weder der der sichtbaren Merkmale
noch der der mikroskopischen Elemente ist.[17] Dort läßt sie die reziproke
Disposition der Organe, ihre Korrelation und die Weise erscheinen, wie
sich die wichtigsten Elemente einer Funktion zerlegen, räumlich aufteilen
und zueinander anordnen. Und so, in Opposition zum einfachen Blick,
der beim Durchlaufen der unberührten Organismen vor sich die Vielzahl
der Unterschiede sich entfalten sieht, läßt die Anatomie, indem sie die
Körper tatsächlich zerschneidet, in getrennte Teilchen zerlegt, sie im
Raum zerstückelt, die großen Ähnlichkeiten hervortreten, die unsichtbar

---

17 Über die Ablehnung des Mikroskops, die bei Cuvier und den Vertretern der pathologischen Anatomie gleich ist, vgl. Cuvier, *Vorlesungen über vergleichende Anatomie*, Bd. 4 (29. Vorlesung, 4. Abteilung, 1. Abschnitt), S. 575; und ders., *Le règne animal distribué d'après son organisation*, 4 Bde.,
Paris 1817, Bd. 1, S. 28.

geblieben wären. Sie rekonstruiert die unter den großen sichtbaren Verstreuungen liegenden Einheiten. Die Bildung großer taxinomischer Einheiten (Klassen und Ordnungen) war im siebzehnten und achtzehnten
Jahrhundert ein Problem der *linguistischen Zerlegung*. Man mußte einen
allgemeinen und begründeten Namen finden. Jetzt rührt sie von der *anatomischen Zergliederung* her. Man muß das bedeutendere funktionale System isolieren. Die realen Trennungen der Anatomie gestatten, die großen
Familien der Lebewesen zu verknüpfen.

Die zweite Technik beruht auf der Anatomie (da sie deren Resultat ist),
steht aber im Gegensatz zu ihr (weil sie erlaubt, auf die Anatomie zu verzichten). Sie besteht in der Herstellung von Hinweisverhältnissen zwischen
oberflächlichen, also sichtbaren Elementen und anderen, die in der Tiefe
der Körper verborgen sind. Durch das Gesetz der Solidarität des Organismus kann man wissen, welches periphere und zusätzliche Organ eine bestimmte Struktur in einem wesentlicheren Organ impliziert. So gestattet
sie »die Errichtung der Entsprechung äußerer und innerer Formen, die
beide integrierender Bestandteil des Wesens des Tiers sind«.[18] Bei den Insekten zum Beispiel hat die Anordnung der Antennen keinen unterscheidenden Wert, weil sie in keiner Korrelation zu irgendeiner der großen inneren Organisationen steht. Die Form des Unterkiefers dagegen kann eine
Hauptrolle bei der Einteilung der Insekten nach ihren Ähnlichkeiten und
Unterschieden spielen. Denn sie ist mit der Ernährung, mit der Verdauung
und damit mit den wesentlichen Funktionen des Tieres verbunden: »Die
Kauorgane müssen im Verhältnis zu denen der Ernährung und folglich
zu denen der ganzen Lebensart und der ganzen Organisation stehen.«[19] Jedoch verläuft diese Technik der Hinweise nicht zwangsläufig von der sichtbaren Peripherie zu den grauen Formen der organischen Innerlichkeit. Sie
kann Netze der Notwendigkeit herausarbeiten, die von irgendeinem Punkt
des Körpers zu irgendeinem anderen verlaufen. Infolgedessen kann ein einziges Element in bestimmten Fällen genügen, um die allgemeine Architektur eines Organismus anzudeuten. Man kann ein ganzes Tier »an einem
einzigen Knochen, an einer einzigen Knochenfacette erkennen: Diese Methode hat überraschende Ergebnisse über fossile Tiere erbracht.«[20] Wäh-

18 Cuvier, *Le règne animal distribué d'après son organisation*, Bd. 1, S. 14.
19 Cuvier, Brief an Hartmann, zitiert bei Henri Daudin, *Cuvier et Lamarck. Les classes zoologiques et
l'idée de série animale, 1790-1830*, 2 Bde., Paris 1926, Bd. 2, S. 20, Anm. 1.
20 Cuvier, *Rapport historique sur le progrès des sciences naturelles depuis 1789*, Paris 1810, S. 329 f.

rend für das Denken des achtzehnten Jahrhunderts das Fossil eine Präfiguration aktueller Formen war und so die große Kontinuität der Zeit anzeigte, wird es künftig die Indikation derjenigen Gestalt sein, der es wirklich zugehört. Die Anatomie hat nicht nur den tabellarischen und homogenen Raum der Identitäten zerbrochen, sie hat die angenommene Kontinuität der Zeit gebrochen.

Von der Theorie her sind die Analysen Cuviers die völlige Neuzusammensetzung der Herrschaft der natürlichen Kontinuitäten und Diskontinuitäten. Die vergleichende Anatomie gestattet in der Tat die Errichtung zweier völlig getrennter Formen von Kontinuität in der Welt der Lebewesen. Die erste betrifft die großen Funktionen, die sich in den meisten Arten wiederfinden (Atmung, Verdauung, Blutkreislauf, Vermehrung, Bewegung ...). Sie stellt im gesamten Lebendigen eine weite Ähnlichkeit her, die man nach einer Stufenleiter der abnehmenden Komplexität verteilen kann, die vom Menschen bis zum Zoophyten verläuft. Bei den höheren Arten sind alle Funktionen vorhanden, dann sieht man sie nacheinander verschwinden, und beim Zoophyten gibt es schließlich »kein Zentrum der Zirkulation, keine Nerven, kein Sinneszentrum mehr. Jeder Punkt scheint sich durch Aufsaugen zu ernähren«.[21] Aber diese Kontinuität ist schwach, relativ lose und bildet durch die begrenzte Zahl der wesentlichen Funktionen eine einfache Tabelle von Vorhandenem und Fehlendem. Die andere Kontinuität ist viel gedrängter: sie betrifft die mehr oder weniger große Perfektion der Organe. Man kann aber von da aus nur begrenzte Serien, auf Gebiete beschränkte und schnell unterbrochene Kontinuitäten errichten, die sich obendrein in verschiedenen Richtungen verschränken. In den verschiedenen Arten »folgen nicht alle Organe derselben Ordnung von Vereinfachung und Abnahme: Dieses ist in seiner höchsten Vollkommenheit in dieser Thier-Art vorhanden, und jenes in einer ganz anderen Art«.[22] Man hat also etwas, was man begrenzte und partielle »Mikroserien« nennen könnte, die weniger die Arten betreffen als dieses oder jenes Organ. Und am anderen Extrem hat man eine diskontinuierliche, ausgebreitete »Makroserie«, die weniger die Organismen selbst als das große fundamentale Register der Funktionen betrifft.

Zwischen den beiden Kontinuitäten, die sich nicht überlagern und nicht anpassen, sieht man große diskontinuierliche Massen sich aufteilen.

---

21 Cuvier, *Tableau élémentaire de l'histoire naturelle des animaux*, Paris An VI (1798), S. 6 f.
22 Cuvier, *Vorlesungen über vergleichende Anatomie*, Bd. 1 (1. Vorlesung, 4. Abschnitt), S. 48 f.

Sie gehorchen verschiedenen Organisationsplänen, wobei sich die gleichen Funktionen nach verschiedenen Hierarchien geordnet und von Organen diversen Typs realisiert finden. Es ist zum Beispiel leicht, beim Tintenfisch »alle Funktionen wiederzufinden, die bei den Fischen vorhanden sind, obwohl es keine Ähnlichkeit, keine Analogie in der Disposition gibt«.[23] Man muß also jede dieser Gruppen in sich selbst analysieren, nicht den schmalen Faden der Ähnlichkeiten, die sie mit einer anderen verbinden können, sondern die starke Kohäsion betrachten, die sie in sich selbst zusammendrängt. Man wird nicht danach suchen, ob die Tiere mit rotem Blut auf der gleichen Linie wie die Tiere mit weißem Blut liegen, lediglich mit zusätzlichen Vollkommenheiten. Man wird feststellen, daß jedes Tier mit rotem Blut – und darin verfügt es über einen autonomen Plan – stets einen knochigen Kopf, eine Wirbelsäule, Extremitäten (ausgenommen die Schlangen), Arterien und Venen, eine Leber, ein Pankreas, eine Milz und Nieren hat.[24] Wirbeltiere und Wirbellose bilden völlig isolierte Flächen, zwischen denen man keine Mittelform finden kann, die den Übergang in der einen oder anderen Richtung sichert: »Welche Anordnung man auch den rückgrathigen und den rückgrathlosen Thieren geben mag, man wird doch nicht dahin gelangen, an das Ende der einen oder zu Anfang der anderen dieser großen Abtheilungen zwey Thiere zu bringen, welche sich so gleichen, daß sie als Verbindungsglieder zwischen ihnen dienen könnten.«[25] Man sieht also, daß die Theorie der Verzweigungen keinen zusätzlichen taxinomischen Rahmen für die traditionellen Klassifizierungen bietet. Sie ist mit der Bildung eines neuen Raumes der Identitäten und Unterschiede verbunden. Dieser Raum ist ohne essentielle Kontinuität, ein Raum, der von Anfang an sich in der Form der Zerstückelung gibt. Es ist ein von Linien durchlaufener Raum, die mitunter divergieren und manchmal sich überlagern. Um dessen allgemeine Form zu bezeichnen, muß man also an die Stelle des Bildes der kontinuierlichen Stufenleiter, das im achtzehnten Jahrhundert von Bonnet bis Lamarck traditionell war, das einer Strahlung oder vielmehr einer Gesamtheit von Zentren setzen, von denen aus sich eine Multiplizität von Strahlen entfaltet. Man könnte so jedes Wesen in »jenes immense Netz rückversetzen, das die orga-

23 Cuvier, *Mémoire sur les céphalopodes et sur leur anatomie*, in: ders., *Mémoires pour servir à l'histoire et à l'anatomie des mollusques*, Paris 1817, S. 42.
24 Cuvier, *Tableau élémentaire de l'histoire naturelle des animaux*, S. 84 f.
25 Cuvier, *Vorlesungen über vergleichende Anatomie*, Bd. 1 (1. Vorlesung, 4. Abschnitt), S. 49.

nisierte Natur bildet [...], aber zehn oder zwanzig Strahlen würden nicht genügen, um jene zahllosen Beziehungen auszudrücken«.[26]

Die gesamte klassische Erfahrung vom Unterschied bricht damit zusammen und mit ihr das Verhältnis von Sein und Natur. Im siebzehnten und achtzehnten Jahrhundert hatte der Unterschied die Funktion, die Arten miteinander zu verbinden und so den Abstand zwischen den äußersten Punkten des Seins zu füllen. Er spielte eine »Kettenrolle«, war so begrenzt und so gering wie möglich. Er lag im engsten Raster, war stets teilbar und konnte sogar unter die Schwelle der Wahrnehmung fallen. Seit Cuvier dagegen vervielfacht er sich selbst, fügt verschiedene Formen hinzu, sendet und klingt durch den Organismus hindurch wider, isoliert ihn von allen anderen auf verschiedene gleichzeitige Weisen. Er steht nämlich nicht in dem Zwischenraum der Wesen, um sie miteinander zu verbinden, er funktioniert im Verhältnis zum Organismus, damit er mit sich selbst »eine Gesamtheit bilden« und sich am Leben erhalten kann. Er füllt nicht das Mittelstück zwischen den Wesen durch aufeinanderfolgende Feinheiten; er höhlt es aus, indem er sich selbst vertieft, um die großen Typen der Kompatibilität in deren Isolierung zu definieren. Die Natur des neunzehnten Jahrhunderts ist in dem Maße diskontinuierlich, wie sie selbst lebendig ist.

Man erkennt die Bedeutung dieser Veränderung. In der klassischen Epoche bildeten die natürlichen Wesen eine kontinuierliche Menge *(ensemble)*, weil sie Wesen waren und weil es keinen Grund für die Unterbrechung ihrer Entfaltung gab. Es war nicht möglich, das zu repräsentieren, was das Sein von sich selbst trennte. Das Kontinuierliche der Repräsentation (der Zeichen und der Merkmale) und das Kontinuierliche der Wesen (die extreme Nähe der Strukturen) waren also korrelativ. Dieser gleichzeitig ontologische und repräsentative Raster zerreißt endgültig mit Cuvier. Die Lebewesen können, weil sie leben, keinen Raster mehr mit fortschreitenden und abgestuften Unterschieden bilden. Sie müssen sich um Kerne der Kohärenz drängen, die völlig voneinander getrennt sind und gewissermaßen ebenso viele verschiedene Ebenen zur Erhaltung des Lebens sind. Das klassische Sein war ohne Fehler; das Leben ist ohne Randzone und Abstufung. Das Sein ergoß sich in einem immensen Tableau; das Leben isoliert Formen, die sich in sich selbst verknüpfen. Das Sein gab sich im immer analysierbaren Raum der Repräsentation; das Leben zieht sich in

26 Cuvier, *Histoire naturelle des poissons*, 22 Bde., Paris 1828-1849, Bd. 1, S. 569.

das Rätsel einer in ihrem Wesen unzugänglichen Kraft zurück, die lediglich in den Anstrengungen erfaßbar ist, die sie hier und da unternimmt, um sich zu offenbaren und aufrechtzuerhalten. Kurz gesagt: während des ganzen klassischen Zeitalters gehörte das Leben zu einer Ontologie, die auf die gleiche Weise die materiellen, der Ausdehnung, der Schwere und der Bewegung unterworfenen Wesen betraf. Und in diesem Sinne hatten alle Wissenschaften von der Natur und insbesondere vom Lebendigen eine tiefe mechanische Bestimmung. Seit Cuvier entgeht das Lebendige, wenigstens in erster Instanz, den allgemeinen Gesetzen des ausgedehnten Seins. Das biologische Sein wird regional und autonom. Das Leben ist, an den Grenzen des Seins, das, was ihm äußerlich ist und was sich dennoch in ihm manifestiert. Wenn man die Frage nach seinen Beziehungen zum Nicht-Lebendigen oder die nach seinen physisch-chemischen Determinationen stellt, dann nicht etwa in der Linie eines »Mechanismus«, der hartnäckig bei seinen klassischen Modalitäten bliebe, sondern in einer neuen Weise, um zwei Naturen nacheinander zu gliedern.

Da aber die Diskontinuitäten durch Aufrechterhaltung des Lebens und seiner Bedingungen erklärt werden müssen, sieht man eine unvorhergesehene Kontinuität – oder zumindest ein Spiel von noch nicht analysierten Interaktionen – zwischen dem Organismus und dem, was ihm zu leben gestattet, sich abzeichnen. Wenn die Wiederkäuer sich von den Nagern unterscheiden, und zwar durch ein System massiver Unterschiede, die man nicht abschwächen kann, so deshalb, weil sie eine andere Bezahnung, einen anderen Verdauungsapparat und eine andere Anordnung der Hufe und Zehen haben. Sie können nicht die gleiche Nahrung zu sich nehmen, sie können sie nicht auf die gleiche Weise behandeln. Sie haben andere Nährstoffe zu verdauen. Das Lebendige darf auch nicht nur als eine bestimmte Kombination von bestimmte Merkmale tragenden Molekülen begriffen werden. Es hebt eine Organisation hervor, die ununterbrochene Beziehungen zu äußerlichen Elementen unterhält, die sie (durch Atmung, durch die Nahrung) benutzt, um ihre eigene Struktur aufrechtzuerhalten und zu entwickeln. Um das Lebendige herum, oder besser durch es hindurch und durch den Filter seiner Oberfläche, muß man »einen beständigen, fortdauernden und innerhalb gewisser Gränzen vor sich gehenden Kreislauf, von außen nach innen und von innen nach außen denken. Der lebende Körper muß also als eine Art von Heerd betrachtet werden, auf welchen die todten Substanzen nach einander gebracht werden, um daselbst unter sich verschiedene Verbindungen einzugehen ...«[27] Das Lebendige findet sich durch das Spiel und die Souveränität der gleichen Kraft, die es in Diskontinuität zu sich selbst hält, einer kontinuierlichen Beziehung mit dem es Umgebenden unterworfen. Damit das Lebendige leben kann, muß es mehrere aufeinander irreduzible Organisationen und ebenso eine ununterbrochene Bewegung zwischen einer jeden und der von ihr geatmeten Luft, dem von ihr getrunkenen Wasser, der von ihr aufgenommenen Nahrung geben. Indem sie die alte klassische Kontinuität des Seins und der Natur bricht, läßt die geteilte Kraft des Lebens zerstreute, aber sämtlich mit Existenzbedingungen verbundene Formen erscheinen. Innerhalb einiger Jahre hat die europäische Kultur an der Wende vom achtzehnten zum neunzehnten Jahrhundert die fundamentale räumliche Aufteilung des Lebendigen völlig modifiziert. Für die klassische Erfahrung war das Lebendige ein Feld oder eine Folge von Feldern in der universalen *taxinomia* des Seins. Wenn seine geographische Lokalisierung eine Rolle (wie bei Buffon) spielte, dann um bereits mögliche Variationen erscheinen zu lassen. Seit Cuvier hüllt sich das Lebendige in sich selbst ein, bricht es seine taxinomischen Nachbarschaften ab, entreißt es sich dem weiten, zwingenden Plan der Kontinuitäten und errichtet sich einen neuen Raum: einen doppelten Raum, müssen wir sagen, denn es ist der innere, der der anatomischen Kohärenzen und der physiologischen Kompatibilitäten, und der äußere, der der Elemente, in denen das Lebendige ruht, um daraus seinen eigenen Körper zu machen. Aber diese beiden Räume haben eine einheitliche Steuerung, nicht mehr die der Möglichkeiten des Seins, sondern die der Lebensbedingungen.

Das ganze historische Apriori einer Wissenschaft der Lebewesen wird dadurch umgestürzt und erneuert. In seiner archäologischen Tiefe und nicht auf der deutlicheren Ebene der Entdeckungen, Diskussionen, Theorien oder philosophischen Optionen betrachtet, überragt das Werk Cuviers bei weitem das, was die Zukunft der Biologie sein sollte. Man stellt oft die »transformistischen« Intuitionen Lamarcks, die so aussehen, als »präfigurierten« sie den Evolutionismus, und den alten, völlig von traditionellen Vorurteilen und theologischen Postulaten durchtränkten Fixismus einander gegenüber, in dem sich Cuvier hartnäckig verankerte. Durch ein ganzes Spiel von Amalgamen, Metaphern, schlecht kontrollierten Ana-

---

27 Cuvier, *Vorlesungen über vergleichende Anatomie*, Bd. 1, S. 4.

logien zeichnet man das Profil eines »reaktionären« Denkens, das leidenschaftlich an der Immobilität der Dinge hängt, um die prekäre Ordnung
der Menschen zu garantieren. Das wäre die Philosophie eines Cuvier, eines
Mannes aller Kräfte. Gegenüber zeichnet man das schwierige Schicksal
eines progressistischen Denkens, das an die Kraft der Bewegung, an die
unaufhörliche Neuheit, an die Lebhaftigkeit der Adaptationen glaubt: Lamarck, der Revolutionär, stünde dort. So liefert man unter dem Vorwand,
Ideengeschichte in einem streng historischen Sinne zu schreiben, ein schönes Beispiel von Naivität. Denn in der Geschichtlichkeit des Wissens zählen nicht die Meinungen oder die Ähnlichkeiten, die man durch die Epochen hindurch zwischen ihnen feststellen kann (es gibt in der Tat eine
»Ähnlichkeit« zwischen Lamarck und einem bestimmten Evolutionismus,
so wie zwischen diesem und den Vorstellungen von Diderot, von Robinet
oder von Benoît de Maillet); was wichtig ist, was die Geschichte des Denkens in sich selbst zu gliedern gestattet, sind ihre immanenten Bedingungen der Möglichkeit. Nun genügt es, ihre Analyse zu versuchen, um sogleich zu bemerken, daß Lamarck die Transformationen der Arten nur
von der ontologischen Kontinuität her dachte, die die der Naturgeschichte
der Klassiker war. Er nahm eine fortschreitende Abstufung, eine ununterbrochene Perfektionierung, eine große, unaufhörliche Schicht der Wesen
an, die sich voneinander ausgehend bilden könnten. Was das Denken Lamarcks möglich macht, ist nicht das ferne Ahnen eines Evolutionismus,
der da kommen würde, sondern die Kontinuität der Wesen, so wie sie
die natürlichen »Methoden« entdeckten und annahmen. Lamarck ist ein
Zeitgenosse von Jussieu, nicht von Cuvier. Dieser hat in die klassische Stufenleiter der Wesen eine radikale Diskontinuität eingebracht. Und genau
dadurch läßt er Begriffe auftauchen wie den der biologischen Inkompatibilität, den der Beziehungen zu den äußeren Elementen, den der Existenzbedingung. Er läßt auch eine bestimmte Kraft auftauchen, die das Leben
erhalten muß, und eine bestimmte Drohung, die es mit dem Tode belegt.
Hier finden sich mehrere der Bedingungen vereinigt, die etwas wie das
Evolutionsdenken möglich machen. Die Diskontinuität der lebendigen
Formen hat die Konzeption einer großen zeitlichen Verschiebung gestattet, die trotz der Oberflächenanalogien von der Kontinuität der Strukturen und der Merkmale nicht gestattet wurde. Man hat eine »Geschichte«
der Natur an die Stelle der Naturgeschichte stellen können dank dem
räumlichen Diskontinuum, dank dem Bruch des Tableaus, dank der Frak-

tionierung jener Schicht, in der alle natürlichen Wesen ihren Platz in der Ordnung fanden. Sicher, der klassische Raum schloß, wie wir sahen, nicht die Möglichkeit eines Werdens aus, aber dieses Werden sicherte lediglich eine Bahn auf der verborgen im voraus bestehenden Tafel der möglichen Variationen. Der Bruch dieses Raumes hat die Entdeckung einer dem Leben eigenen Historizität gestattet: die seiner Aufrechterhaltung in seinen Existenzbedingungen. Der »Fixismus« Cuviers als Analyse einer solchen Aufrechterhaltung ist die Anfangsweise gewesen, diese Historizität in dem Augenblick zu reflektieren, als sie zum ersten Mal im abendländischen Wissen sich andeutete.

Die Historizität ist also jetzt in die Natur oder vielmehr in das Lebendige eingedrungen. Sie ist darin aber mehr als eine wahrscheinliche Form der Abfolge. Sie bildet gewissermaßen eine fundamentale Seinsweise. Zweifellos existiert in der Epoche Cuviers noch keine Geschichte des Lebendigen wie die, die der Evolutionismus beschreiben wird. Aber das Lebendige wird von Anfang an mit den Bedingungen gedacht, die ihm eine Geschichte zu haben gestatten. Auf die gleiche Weise hatten die Reichtümer in der Epoche Ricardos den Status einer Historizität erlangt, der sich ebenfalls noch nicht als Wirtschaftsgeschichte formuliert hatte. Die baldige Stabilität der industriellen Einkünfte, der Bevölkerung und der Rente, so wie sie Ricardo vorhergesehen hatte, die Beständigkeit der von Cuvier gesicherten Arten können nach einer oberflächlichen Prüfung als eine Ablehnung der Geschichte gelten. Tatsächlich lehnten Ricardo und Cuvier nur die Modalitäten der chronologischen Abfolge ab, so wie sie im achtzehnten Jahrhundert gedacht worden waren. Sie lösten die Zugehörigkeit der Zeit zur hierarchischen oder klassifikatorischen Ordnung der Repräsentationen. Dagegen konnten sie jene aktuelle oder künftige Immobilität, die sie beschrieben oder ankündigten, erst von der Möglichkeit einer Geschichte her konzipieren. Diese war ihnen entweder durch die Existenzbedingungen des Lebendigen oder durch die Produktionsbedingungen des Wertes gegeben. Paradoxerweise erscheinen der Pessimismus Ricardos und der Fixismus Cuviers nur auf einem historischen Hintergrund. Sie definieren die Stabilität der Wesen, die künftig auf der Ebene ihrer tiefen Modalität ein Recht auf eine Geschichte haben. Die klassische Idee, daß die Reichtümer gemäß einem kontinuierlichen Fortschritt wachsen oder daß die Arten mit der Zeit sich ineinander transformieren konnten, definierte im Gegenteil die Beweglichkeit der Wesen, die vor jeder Geschichte be-

reits einem System von Variabeln, Identitäten oder Äquivalenzen gehorchten. Es bedurfte der Aufhebung und gewissermaßen der Einklammerung
dieser Geschichte, damit die Wesen der Natur und die Arbeitsprodukte
eine Historizität erhielten, die dem modernen Denken gestattete, sie in
den Griff zu bekommen und in der Folge die diskursive Wissenschaft ihrer
Abfolge zu gestalten. Für das Denken des achtzehnten Jahrhunderts sind
die chronologischen Folgen nur eine Eigenheit und eine mehr oder weniger undeutliche Offenbarung der Ordnung der Wesen. Seit dem neunzehnten Jahrhundert drücken sie auf mehr oder weniger direkte Art und
bis in ihre Unterbrechung hinein die tief historische Seinsweise der Dinge
und der Menschen aus.

Auf jeden Fall hat die Bildung einer lebendigen Geschichtlichkeit für
das europäische Denken breite Folgen gehabt; ebenso breite wie die, die
durch die Bildung einer ökonomischen Geschichtlichkeit erbracht wurden. Auf der oberflächlichen Ebene der großen imaginären Werte zeichnet
sich das künftig der Geschichte gewidmete Leben in der Form der Animalität ab. Das Tier, dessen große Bedrohung oder radikale Fremdheit am
Ende des Mittelalters oder wenigstens an der Schwelle der Renaissance
aufgehoben und gleichsam entwaffnet worden war, findet im neunzehnten
Jahrhundert neue phantastische Kräfte. In der Zwischenzeit hatte die klassische Natur die pflanzlichen Werte privilegiert, trug doch die Pflanze auf
ihrem sichtbaren Wappen die nicht verschwiegene Markierung jeder eventuellen Ordnung. Aber mit all ihren vom Stiel zum Korn, von der Wurzel
zur Frucht einmal entfalteten Gestalten bildete die Pflanze für ein Denken
innerhalb eines Tableaus einen reinen Gegenstand, der für die großzügig
hervorgekehrten Geheimnisse transparent war. Seit dem Moment, in dem
Merkmale und Strukturen, in die Tiefe hingestuft, zum Leben aufsteigen
– jenem souveränen, unendlich entfernten, aber konstitutiven Fluchtpunkt –, ist es das Tier, das zur privilegierten Gestalt wird mit seinen verborgenen Knochengerüsten, seinen eingehüllten Organen und so vielen
unsichtbaren Funktionen und jener fernen Kraft in der Tiefe von allem,
die es am Leben erhält. Wenn das Lebendige eine Klasse von Wesen ist,
sagt das Gras besser als alles andere seine klare Essenz aus. Wenn aber
das Lebendige eine Manifestation des Lebens ist, läßt das Tier besser bemerken, worin sein Rätsel besteht. Mehr als das ruhige Bild der Merkmale
zeigt es den unaufhörlichen Übergang des Anorganischen zum Organischen durch die Atmung oder die Nahrung und die umgekehrte Transfor-

mation der großen funktionalen Architekturen in Staub ohne Leben unter
der Wirkung des Todes: »Der lebende Körper muß also als eine Art von
Heerd betrachtet werden, auf welchen die todten Substanzen nach einander gebracht werden, um daselbst unter sich verschiedene Verbindungen
einzugehen, um daselbst eine durch die Art dieser Verbindungen bestimmte Stelle einzunehmen, oder eine dadurch bestimmte Wirkung hervorzubringen, und um sich davon einst los zu machen und unter die Gesetze der todten Natur zurück zu kehren.«[28] Die Pflanze herrschte an
den Grenzen zwischen Bewegung und Bewegungslosigkeit, des sinnlich
Wahrnehmbaren und des sinnlich nicht Wahrnehmbaren. Das Tier dagegen hält sich an den Grenzen zwischen Leben und Tod. Der Tod belagert
es von allen Seiten. Ja, er bedroht es sogar von innen, denn allein der Organismus kann sterben, und aus der Tiefe ihres Lebens überfällt der Tod die
Lebenden. Daher rühren wahrscheinlich die nicht eindeutigen Werte, die
die Animalität am Ende des achtzehnten Jahrhunderts annahm: das Tier
erscheint als Träger jenes Todes, dem es gleichzeitig unterworfen ist. Es
gibt in ihm eine ständige Verzehrung des Lebens durch sich selbst. Es gehört der Natur nur dadurch an, daß es den Kern einer Gegennatur einschließt. Indem es seine geheimste Essenz von der Pflanze auf das Tier zurückführt, verläßt das Leben den Raum der Ordnung und wird erneut
wild. Es enthüllt sich als tödlich in der gleichen Bewegung, die es dem
Tode widmet. Es tötet, weil es lebt. Die Natur kann nicht mehr gut sein.
Daß das Leben nicht vom Mord, die Natur nicht vom Bösen, das Verlangen nicht von der Gegennatur getrennt werden kann, kündigte de Sade
dem achtzehnten Jahrhundert, dessen Sprache er austrocknete, und dem
modernen Zeitalter an, das ihn lange zum Schweigen hatte verurteilen wollen. Man entschuldige die Anmaßung (wem gegenüber?): *Les 120 Journées*
sind die schneckenartige und wunderbare Umkehrung der *Leçons d'anatomie comparée*. Auf jeden Fall haben sie im Kalender unserer Archäologie
das gleiche Alter.

Aber der imaginäre Status der mit den beunruhigenden und nächtlichen
Kräften beladenen Animalität weist tiefer zurück auf die multiplen und
gleichzeitigen Funktionen des Lebens im Denken des neunzehnten Jahrhunderts. Vielleicht zum ersten Mal in der abendländischen Kultur entzieht sich das Leben den allgemeinen Gesetzen des Seins, so wie es sich

---

28 Cuvier, *Vorlesungen über vergleichende Anatomie*, Bd. 1, S. 4.

in der Repräsentation ergibt und analysiert wird. Andererseits wird von allen Dingen, die diesseits sogar derjenigen stehen, die sein können, das Leben, sie stützend, um sie erscheinen zu lassen, und sie unaufhörlich durch die Gewalt des Todes zerstörend, zu einer fundamentalen Kraft, die sich dem Sein entgegenstellt wie die Bewegung der Bewegungslosigkeit, die Zeit dem Raum, das geheime Wollen der sichtbaren Manifestation. Das Leben ist die Wurzel jeglicher Existenz, und das Nicht-Lebendige, die tote Natur, ist nicht mehr als das eingefallene Leben. Das reine und einfache Sein ist das Nicht-Sein des Lebens. Denn dieses (weshalb es im Denken des neunzehnten Jahrhunderts auch einen radikalen Wert hat) ist gleichzeitig der Kern des Seins und des Nicht-Seins: Es gibt Sein nur, weil es Leben gibt, und in dieser fundamentalen Bewegung, die sie dem Tode weiht, bilden sich die verstreuten und einen Moment festen Wesen, halten an, heften es fest (und töten es in einem bestimmten Sinne), werden aber ihrerseits durch jene unerschöpfliche Kraft zerstört. Die Erfahrung des Lebens gibt sich also als allgemeinstes Gesetz der Wesen, als das Hervorbringen jener primitiven Kraft, von der her sie existieren. Sie funktioniert wie eine wilde Ontologie, die das Sein und das Nicht-Sein als von allen Wesen nicht trennbar bezeichnen will. Aber diese Ontologie enthüllt weniger das, was die Wesen begründet, als das, was sie einen Augenblick lang zu einer prekären Form führt und insgeheim bereits von innen auszehrt, um sie zu zerstören. In Beziehung zum Leben sind die Wesen nur transitorische Gestalten, und das Sein, das sie während der Periode ihrer Existenz aufrechterhalten, ist nichts mehr als ihre Vermessenheit und ihr Wunsch, zu bestehen. Infolgedessen ist für die Erkenntnis das Sein der Dinge Illusion, ein Schleier, den man zerreißen muß, um die stumme und unsichtbare Heftigkeit wiederzufinden, die sie in der Nacht verschlingt. Die Ontologie der Vernichtung der Wesen gilt also als Kritik der Erkenntnis. Aber es handelt sich nicht so sehr um die Begründung des Phänomens, nicht darum, gleichzeitig dessen Grenze und Gesetz zu nennen, es auf die Endlichkeit zu beziehen, die es möglich macht, wie darum, es aufzulösen und zu zerstören, wie das Leben selbst die Wesen zerstört: denn sein ganzes Sein ist nur Schein.

Man sieht, wie sich so ein Denken konstituiert, das fast in jedem seiner Punkte sich dem entgegenstellt, das mit der Bildung einer ökonomischen Geschichtlichkeit verbunden war. Diese stützte sich, wie wir sahen, auf eine dreifache Theorie der irreduziblen Bedürfnisse, der Objektivität der

Arbeit und des Ziels der Geschichte. Hier sehen wir dagegen ein Denken
sich entwickeln, in dem die Individualität mit ihren Formen, Grenzen
und Bedürfnissen nur ein prekäres, der Zerstörung verheißenes Moment
ist, das insgesamt und für alles ein einfaches Hindernis bildet, das man
auf dem Weg dieser Vernichtung vermeiden muß; ein Denken, in dem
die Objektivität der Dinge nur Schein, Schimäre der Wahrnehmung, Illusion ist, die man auflösen und dem reinen Willen ohne Phänomen wiedergeben muß, der sie hat entstehen lassen und sie einen Augenblick getragen
hat; ein Denken, für das der Wiederbeginn des Lebens, seine unaufhörlichen Wiederaufnahmen, seine Hartnäckigkeit ausschließen, daß man
ihm eine Grenze in der Dauer stellt, zumal die Zeit selbst mit ihren chronologischen Einteilungen und mit ihrem quasi räumlichen Kalender
zweifellos nichts anderes ist als eine Illusion der Erkenntnis. Dort, wo
ein Denken das Ende der Geschichte vorsieht, kündigt ein anderes die Unendlichkeit der Geschichte an. Wo das eine eine wirkliche Produktion der
Dinge durch die Arbeit erkennt, löst das andere die Schimären des Bewußtseins auf. Wo das eine mit den Grenzen des Individuums die Erfordernisse seines Lebens bestätigt, löscht sie das andere in dem Gemurmel
des Todes aus. Ist diese Opposition das Zeichen, daß seit dem neunzehnten Jahrhundert das Feld des Wissens einer in all ihren Punkten homogenen und uniformen Reflexion keinen Raum mehr geben kann? Muß
man zugeben, daß künftig jede Form von Positivität die »Philosophie«
hat, die ihr zukommt: die Ökonomie die einer mit dem Zeichen des Bedürfnisses markierten Arbeit, der aber schließlich die große Belohnung
der Zeit verheißen ist? Die Biologie die eines Lebens, das durch jene Kontinuität markiert wird, die die Wesen nur bildet, um sie aufzulösen, und dadurch von allen Grenzen der Geschichte befreit ist? Und die Wissenschaften der Sprache eine Philosophie der Kulturen, ihrer Relativität und ihrer
besonderen Kraft der Offenbarung?

IV. Bopp

»Jener entscheidende Punkt aber, der hier alles aufhellen wird, ist die innre
Structur der Sprachen oder die vergleichende Grammatik, welche uns ganz
neue Aufschlüsse über die Genealogie der Sprachen auf ähnliche Weise
geben wird, wie die vergleichende Anatomie über die höhere Naturge-

schichte Licht verbreitet hat.«[29] Schlegel wußte sehr wohl: die Konstitution der Historizität auf dem Gebiet der Grammatik hat sich nach dem gleichen Modell vollzogen wie in der Wissenschaft vom Lebendigen. Und wirklich liegt darin nichts Überraschendes, weil während des ganzen klassischen Zeitalters die Wörter, aus denen man die Sprachen zusammengesetzt dachte, und die Merkmale, durch die man versuchte, eine natürliche Ordnung zu konstituieren, auf identische Weise den gleichen Status erhalten haben. Sie existierten nur durch den repräsentativen Wert, der ihnen zukam, und die Kraft zur Analyse, zur Reduplizierung, zur Zusammensetzung, zur Anordnung, die man ihnen hinsichtlich der repräsentierten Dinge zuerkannte. Mit Jussieu und Lamarck zunächst, dann mit Cuvier hatte das wesentliche Merkmal seine repräsentative Funktion verloren oder vielmehr war, wenn es noch »repräsentieren« konnte und die Errichtung von Nachbarschafts- oder Verwandtschaftsbeziehungen gestattete, dies nicht mehr durch die seiner sichtbaren Struktur oder den beschreibbaren Elementen, aus denen es sich zusammensetzte, eigene Kraft möglich, sondern weil es zunächst auf eine Gesamtorganisation und eine Funktion bezogen war, die es auf direkte oder indirekte, bedeutende oder kollaterale, »primäre« oder »sekundäre« Weise sichert. Auf dem Gebiet der Sprache unterliegt das Wort ungefähr in der gleichen Epoche einer analogen Transformation. Sicher, es hört nicht auf, einen Sinn zu haben und etwas im Geist dessen, der es benutzt oder hört, »repräsentieren« zu können. Aber diese Rolle ist nicht mehr konstitutiv für das Wort in seinem Sein selbst, in seiner essentiellen Architektur, in dem, was ihm gestattet, innerhalb eines Satzes Platz zu finden und sich darin mit anderen mehr oder weniger verschiedenen Wörtern zu verbinden. Wenn das Wort in einer Rede auftreten kann und etwas bedeutet, dann nicht durch die Kraft einer unmittelbaren Diskursivität, die ihm schon von der Entstehung her eigen wäre, sondern weil in seiner Form selbst, in den es bildenden Klängen, in den Veränderungen, denen es gemäß der grammatischen Funktion, die es innehat, unterliegt, in den Modifikationen schließlich, denen es durch die Zeit hindurch sich unterziehen muß, es einer bestimmten Zahl von strengen Gesetzen gehorcht, die auf ähnliche Weise alle anderen Elemente derselben Sprache regieren. Infolgedessen ist das Wort nur noch an eine Repräsentation gebunden, insoweit es zunächst Teil der grammatischen Organisation ist, durch die die

29 Friedrich Schlegel, *Über die Sprache und Weisheit der Indier*, Heidelberg 1808, S. 28.

Sprache ihre eigene Kohärenz definiert und sichert. Damit das Wort das sagen kann, was es sagt, muß es zu einer grammatischen Totalität gehören, die in Beziehung zu ihm ursprünglich, fundamental und determinierend ist.

Diese Versetzung des Wortes, diese Art von Sprung nach rückwärts, hinaus aus den repräsentativen Funktionen ist sicher gegen Ende des achtzehnten Jahrhunderts eines der bedeutenden Ereignisse der abendländischen Kultur gewesen; eines derjenigen auch, die am unbemerktesten sich vollzogen haben. Man schenkt gern den ersten Augenblicken der Politischen Ökonomie, der Analyse des Bodenzinses und der Produktionskosten durch Ricardo viel Aufmerksamkeit. Man erkennt hier, daß das Ereignis große Ausmaße gehabt hat, weil es allmählich nicht nur die Entwicklung einer Wissenschaft gestattete, sondern auch eine bestimmte Zahl von ökonomischen und politischen Veränderungen nach sich gezogen hat. Man vernachlässigt die neuen Formen, die die Wissenschaften von der Natur angenommen haben, ebenfalls nicht zu sehr. Und wenn es zutrifft, daß man durch eine retrospektive Illusion Lamarck höher als Cuvier schätzt, wenn es zutrifft, daß man sich nur schlecht darüber klar wird, daß das »Leben« zum ersten Mal mit den *Leçons d'anatomie comparée* die Schwelle seiner Positivität erreicht, hat man doch zumindest das diffuse Bewußtsein, daß die abendländische Kultur von jenem Moment an einen neuen Blick über die Welt des Lebendigen hat gleiten lassen. Die Isolierung der indoeuropäischen Sprachen dagegen, die Konstituierung einer vergleichenden Grammatik, die Untersuchung der Flexionen, die Formulierung der Gesetze des Ablauts und der Lautverschiebungen – kurz, das ganze philologische Werk von Grimm, Schlegel, Rask und von Bopp bleibt am Rand unseres historischen Bewußtseins, als habe es nur eine etwas abseitige und esoterische Disziplin begründet, als sei es nicht tatsächlich die ganze Seinsweise der Sprache (auch unserer), die sich durch sie hindurch modifiziert hat. Wahrscheinlich muß man nicht den Versuch der Rechtfertigung eines solchen Vergessens trotz der Bedeutung der Veränderung machen, sondern im Gegenteil von ihr und von der blinden Nähe ausgehen, die dieses Ereignis stets für unsere von ihrer gewohnten Aufgeklärtheit nur schlecht gelösten Augen wahrt. Noch in der Epoche, in der es sich vollzog, wurde es bereits, wenn nicht von einem Geheimnis, doch zumindest von einer bestimmten Diskretion umhüllt. Vielleicht sind die Veränderungen in der Seinsweise der Sprache wie die Wandlungen, die die Aussprache, die

Grammatik oder die Semantik betreffen: so schnell sie auch sich vollziehen mögen, sie werden nie klar von denen erfaßt, die sprechen und deren Sprache dennoch bereits das Vehikel dieser Veränderungen ist. Man wird sich dessen nur verquer und in bestimmten Momenten bewußt. Schließlich wird die Entscheidung nur auf negative Weise gezeigt: durch den radikalen und unmittelbar wahrnehmbaren Verlust des Gebrauchs der benutzten Sprache. Es ist wahrscheinlich einer Kultur nicht möglich, auf thematische und positive Weise sich dessen bewußt zu werden, daß ihre Sprache aufhört, für ihre Repräsentationen transparent zu sein, sich zu verdicken beginnt und eine eigene Schwere erhält. Wenn man fortfährt zu reden, wie sollte man da wissen – wenn nicht durch einige dunkle Hinweise, die man kaum und schlecht interpretiert –, daß die Sprache (deren man sich bedient) eine auf die reine Diskursivität irreduzible Dimension zu erhalten im Begriff ist. Aus all diesen Gründen ist wahrscheinlich die Entstehung der Philologie im abendländischen Bewußtsein viel verborgener geblieben als die der Biologie und der Politischen Ökonomie. Dabei gehörte sie zur gleichen archäologischen Umwälzung. Dabei haben sich ihre Konsequenzen vielleicht in unserer Kultur noch viel weiter verbreitet, wenigstens in den unterirdischen Schichten, die sie durchlaufen und stützen.

Wie hat sich diese philologische Positivität herausgebildet? Vier theoretische Glieder signalisieren uns ihre Konstituierung am Anfang des neunzehnten Jahrhunderts, in der Epoche des Schlegelschen Essays *Über die Sprache und Weisheit der Indier* (1808), der *Deutschen Grammatik* von Grimm (1818) und des Buches von Bopp über das *Conjugationssystem der Sanskritsprache in Vergleichung mit jenem der griechischen, lateinischen, persischen und germanischen Sprache* (1816).

1. Das erste dieser Glieder betrifft die Weise, wie eine Sprache sich von innen charakterisieren und von den anderen sich unterscheiden kann. In der klassischen Epoche konnte man die Individualität einer Sprache ausgehend von mehreren Kriterien definieren: Proportion der verschiedenen bei der Wortbildung benutzten Laute (es gibt Sprachen mit mehr Vokalen als Konsonanten und umgekehrt), das bestimmten Wortkategorien zugestandene Privileg (Sprachen mit konkreten Substantiven, Sprachen mit abstrakten Substantiven etc.), die Darstellungsweise der Beziehungen (durch Präpositionen oder Deklinationen), gewählte Einteilung zur Anordnung der Wörter (entweder man stellt wie die Franzosen das logische Subjekt nach vorn, oder man gibt den wichtigsten Wörtern wie im Lateinischen den

Vorrang); so unterschied man die Sprachen des Nordens und die des Südens, die des Gefühls und die des Bedürfnisses, die der Freiheit und die
der Sklaverei, die der Barbarei und die der Zivilisation, die der logischen
Schlußfolgerung und die der rhetorischen Argumentation. All diese Unterscheidungen zwischen den Sprachen betrafen stets nur die Weise, wie sie
die Repräsentation analysieren, dann deren Elemente zusammensetzen
konnten. Aber seit Schlegel werden die Sprachen wenigstens in ihrer allgemeinsten Typologie durch die Weise definiert, wie sie die sie bildenden eigentlichen sprachlichen Elemente miteinander verbinden. Unter diesen
Elementen sind bestimmte sicher repräsentativ, sie besitzen auf jeden Fall
einen Repräsentationswert, der sichtbar ist, aber andere enthalten keine
Bedeutung und dienen nur durch eine bestimmte Komposition zur Bestimmung der Bedeutung eines anderen Elementes in der Redeeinheit.
Dieses Material – bestehend aus Nomen, Verben, Wörtern im allgemeinen,
aber auch aus Silben und Lauten – verbinden die Sprachen untereinander,
um einfache Sätze (propositions) und Satzgefüge (phrases) zu bilden. Aber
die durch die Anordnung der Laute, Silben und Wörter konstituierte materielle Einheit wird nicht durch die reine und einfache Kombinatorik der
Elemente der Repräsentation gelenkt. Sie hat ihre eigenen Prinzipien, die
in den verschiedenen Sprachen sich unterscheiden: die grammatische
Komposition besitzt Regelmäßigkeiten, die für die Bedeutung des Diskurses nicht transparent sind. Da nun die Bedeutung fast vollständig von
einer Sprache in die andere übergehen kann, sind es diese Regelmäßigkeiten, die die Individualität einer Sprache zu definieren gestatten. Jede hat
einen autonomen grammatischen Raum. Man kann diese Räume seitlich,
das heißt von einer Sprache zur anderen, vergleichen, ohne durch ein gemeinsames »Milieu« gehen zu müssen, das das Feld der Repräsentation
mit all ihren möglichen Unterteilungen wäre.

Es ist leicht, sofort zwei große Kombinationsweisen der grammatischen
Elemente zu unterscheiden. Die eine besteht in ihrer Nebeneinanderstellung, so daß sie sich gegenseitig determinieren. In diesem Fall ist die Sprache aus einer Vielzahl von Elementen (die im allgemeinen sehr kurz sind)
gemacht, die auf verschiedene Weise kombiniert werden können, wobei
aber jede dieser Einheiten ihre Autonomie, folglich die Möglichkeit bewahrt, die transitorische Verbindung zu brechen, die sie im Inneren eines
Satzgefüges (phrase) oder eines einfachen Satzes (proposition) mit einer anderen hergestellt hat. Die Sprache wird dann durch die Zahl ihrer Einhei-

ten und durch alle möglichen Kombinationen definiert, die sie in der Rede
untereinander herstellen können. Es handelt sich also um einen »Haufen
Atome«, wobei »der Zusammenhang eigentlich ein anderer, als ein bloß
mechanischer durch äußere Anfügung« ist.[30] Es existiert noch eine andere
Verbindungsweise zwischen den Elementen einer Sprache. Das ist das Flexionssystem, das von innen die Silben oder die wesentlichen Wörter – die
Wurzelformen – verändert. Jede dieser Formen trägt eine bestimmte Zahl
möglicher, vorab determinierter Variationen; und entsprechend den anderen Wörtern des Satzgefüges, entsprechend den Abhängigkeitsbeziehungen oder den Beziehungen der Korrelation zwischen diesen Wörtern, entsprechend den Nachbarschaften und Assoziationen wird diese oder jene
Variable benutzt. Dem Anschein nach ist diese Verbindungsweise weniger
reich als die erste, weil die Zahl der kombinatorischen Möglichkeiten viel
eingeengter ist. In Wirklichkeit aber existiert das Flexionssystem nie in seiner reinsten und magersten Form. Die innere Modifizierung der Wurzel
gestattet ihm, durch Hinzufügung ihrerseits von innen modifizierbare Elemente zu erhalten, so daß »jede Wurzel wahrhaft das (ist), was der Name
sagt, und wie ein lebendiger Keim; denn weil die Verhältnisbegriffe durch
innre Veränderung bezeichnet werden, so ist der Entfaltung freier Spielraum gegeben, die Fülle der Entwicklung kann ins Unbestimmbare sich
ausbreiten.«[31]

Diesen beiden großen Typen sprachlicher Organisation entspricht auf
der einen Seite das Chinesische. »Im Chinesischen sind die Partikeln, welche die Nebenbestimmung der Bedeutung bezeichnen, für sich bestehende
von der Wurzel ganz unabhängige einsylbige Worte.«[32] Andererseits entspricht dem das Sanskrit, von dem man festhalten kann, »daß die Structur der Sprache durchaus organisch gebildet, durch Flexionen oder innre
Veränderungen und Umbiegungen des Wurzellauts in allen seinen Bedeutungen ramificirt« ist.[33] Zwischen diesen bedeutenden und extremen Modellen kann man alle beliebigen anderen Sprachen aufteilen. Jede wird
notwendig eine Organisation haben, die sie in die Nähe eines der beiden
Modelle rückt oder sie, in gleichem Abstand zu beiden, in der Mitte des
so definierten Feldes halten wird. Dem Chinesischen am nächsten findet

---

30 Schlegel, *Über die Sprache und Weisheit der Indier*, S. 51.
31 A. a. O., S. 50.
32 A. a. O., S. 49.
33 A. a. O., S. 40.

man das Baskische, das Koptische, die amerikanischen Sprachen. Sie verbinden trennbare Elemente miteinander. Aber statt stets im freien Zustand
und gewissermaßen als irreduzible sprachliche Atome zu verharren, beginnen sie bereits, »mit dem Worte selber zu verschmelzen«. Das Arabische
wird durch eine Mischung des Systems der Suffixe und jenes der Flexionen definiert. Das Keltische ist fast eine Flexionssprache, man findet darin
aber »noch einzelne Spuren der Grammatik durch Suffixa«. Vielleicht
wird man sagen, daß diese Opposition bereits im achtzehnten Jahrhundert
bekannt war und daß man seit langem die Kombinatorik der chinesischen
Wörter von den Deklinationen und Konjugationen von Sprachen wie dem
Latein und dem Griechischen zu unterscheiden wußte. Man wird dem entgegenhalten, daß die absolute Opposition, wie sie Schlegel aufstellte, sehr
früh von Bopp kritisiert wurde. Dort, wo Schlegel zwei radikal unannäher-
bare Typen von Sprachen sah, hat Bopp einen gemeinsamen Ursprung gesucht. Er sucht herauszuarbeiten[34], daß die Flexionen keine Art innerer
und spontaner Entwicklung des ursprünglichen Elementes sind, sondern
Partikeln, die sich der Wurzelsilbe dazugehäuft haben: das *m* der ersten
Person im Sanskrit *(bhavami)* oder das *t* der dritten Person *(bhavati)* sind
die Wirkung der Verbindung der Verbwurzel mit dem Pronomen *mam*
(mich) und *tam* (ihn). Aber das Bedeutende für die Konstituierung der
Philologie ist nicht so sehr zu wissen, ob die Elemente der Konjugation
in einer mehr oder weniger fernen Vergangenheit eine isolierte Existenz
mit autonomem Wert haben genießen können. Das Wesentliche, und dadurch unterscheiden sich die Analysen von Schlegel und Bopp von denen,
die im achtzehnten Jahrhundert durchaus sie haben antizipieren können[35],
ist, daß die ursprünglichen Silben nicht wachsen (durch innere Anhän-
gung oder Vermehrung) ohne eine bestimmte Zahl von geregelten Modifizierungen in der Wurzel. In einer Sprache wie dem Chinesischen gibt es
nur Gesetze des Nebeneinanderstellens, aber in Sprachen, in denen die
Wurzeln dem Wachstum unterliegen (seien sie nun monosyllabisch wie
im Sanskrit oder polysyllabisch wie im Hebräischen), findet man immer regelmäßige Formen innerer Veränderungen. Man begreift, daß die neue
Philologie, die zur Charakterisierung der Sprachen diese Kriterien der inneren Organisation hat, die hierarchischen Klassifizierungen aufgegeben

34 Franz Bopp, *Über das Conjugationssystem der Sanskritsprache in Vergleichung mit jenem der griechischen, lateinischen, persischen und germanischen Sprache*, Frankfurt 1816, S. 147.
35 John Horne Tooke, *Paroles volantes*, London 1798.

hat, die im achtzehnten Jahrhundert praktiziert wurden. Man gestand damals zu, daß es wichtigere Sprachen als andere gab, weil die Analyse der Repräsentationen darin präziser und feiner war. Künftig sind alle Sprachen gleich. Sie haben lediglich einen unterschiedlichen inneren Bau. Daher rührt jene Neugier für die seltenen, wenig gesprochenen, schlecht »zivilisierten« Sprachen, die zum Beispiel Rask in seiner großen Untersuchung für Skandinavien, Rußland, den Kaukasus, Persien und Indien bezeugt.

2. Die Untersuchung dieser *internen Abweichungen* bildet das zweite theoretische Glied von Bedeutung. In ihren etymologischen Forschungen untersuchte die allgemeine Grammatik sehr wohl die Transformationen der Wörter und der Silben durch die Zeit hindurch. Aber diese Untersuchung war aus drei Gründen begrenzt: sie betraf eher die Metamorphose der Buchstaben des Alphabets als die Weise, auf die die effektiv ausgesprochenen Laute modifiziert werden konnten. Außerdem wurden diese Transformationen als zu jeder Zeit und unter allen Bedingungen mögliche Wirkung einer bestimmten Verwandtschaft der Buchstaben untereinander betrachtet. Man gestand zu, daß das *p* und das *b*, das *m* und das *n* ziemlich benachbart waren, so daß das eine an die Stelle des anderen treten könnte. Solche Veränderungen wurden nur durch jene zweifelhafte Nähe und die möglicherweise folgende Konfusion bei der Aussprache oder beim Hören hervorgerufen und bestimmt. Schließlich wurden die Vokale als das flüssigste und unstabilste Element der Sprache behandelt, während die Konsonanten als diejenigen galten, die die feste Architektur der Sprache bilden (das Hebräische zum Beispiel verzichtet doch sogar auf die Schreibung der Vokale).

Zum ersten Mal wird mit Rask, Grimm und Bopp die Sprache, obwohl man nicht mehr versucht, sie auf ihre ursprünglichen Schreie zurückzuführen, als eine Gesamtheit von phonetischen Elementen behandelt. Während für die allgemeine Grammatik die Sprache entstand, als das Geräusch des Mundes oder der Lippen zum *Buchstaben* geworden war, wird man künftig davon ausgehen, daß Sprache dann vorliegt, wenn diese Geräusche in einer Folge von distinkten *Lauten* gegliedert und geteilt sind. Das ganze Sein der Sprache ist jetzt lautlich. Das erklärt das neue Interesse, das die Brüder Grimm und Raynouard für die nicht geschriebene Literatur, die Volkserzählungen und die gesprochenen Dialekte an den Tag legen. Man sucht die Sprache sehr nahe bei dem, was sie ist: im Sprechen, jenem Sprechen, das die Schrift austrocknet und auf dem Blatt festheftet. Eine ganze My-

stik entsteht dadurch, die des Verbs, des reinen poetischen Glanzes, der
ohne Spur vorübergeht und hinter sich nur eine einen Moment lang aufgehaltene Vibration hinterläßt. In seiner vorübergehenden und tiefen Klanghaftigkeit wird das Sprechen souverän. Und seine geheimen, durch den
Atem der Propheten belebten Kräfte stellen sich fundamental (selbst wenn
sie einige Überschneidungen gestatten) der Esoterik der Schrift gegenüber,
die die zusammengeschrumpfte Permanenz eines Geheimnisses im Zentrum sichtbarer Labyrinthe voraussetzt. Die Sprache ist nicht mehr so sehr
jenes mehr oder weniger entfernte, ähnliche und arbiträre Zeichen, für das
die Logik von Port-Royal als unmittelbares und evidentes Modell das Portrait eines Menschen oder einer geographischen Karte vorschlug. Sie hat
eine vibrierende Natur angenommen, die sie vom sichtbaren Zeichen löst,
um sie der Musiknote anzunähern. Und Saussure mußte genau diesen Moment des Sprechens umgehen, der für die ganze Philologie des neunzehnten Jahrhunderts von besonderer Bedeutung war, um jenseits der historischen Formen die Dimension der Sprache im allgemeinen zu restaurieren
und nach soviel Vergessen das alte Problem des Zeichens neu zu eröffnen,
das das gesamte Denken von Port-Royal bis hin zu den letzten Ideologen
ununterbrochen beschäftigt hat.

Im neunzehnten Jahrhundert beginnt also eine Analyse, die die Sprache
als eine Gesamtheit von Lauten behandelt, befreit von den Buchstaben, die
sie transkribieren können.[36] Sie wurde in drei Richtungen vorgenommen.
Zunächst die Typologie der verschiedenen Laute, die in einer Sprache benutzt werden: für die Vokale gibt es zum Beispiel die Opposition von einfachen und doppelten (gelängten wie in *a, o*; oder diphthongierten wie in
*æ, ei); und bei den einfachen Vokalen besteht Opposition zwischen den reinen
(a, i, o, u)* und den getrübten *(e, ö, ü).* Unter den reinen gibt es die, die verschiedene Aussprachen haben können (etwa das *o*), und die, die nur
eine haben *(a, i, u).* Schließlich unterliegen von den letzteren die einen
Schwankungen und können den Umlaut erhalten (*a* und *u*); das *i* dagegen
bleibt immer fest.[37] Die zweite Form der Analyse betrifft die Bedingungen,
die die Schwankungen in einem Laut bestimmen können: Sein Platz im
Wort ist ein bedeutender Faktor. Eine Endsilbe schützt sein Fortbestehen

36 Man macht Grimm oft den Vorwurf, Buchstaben und Laute verwechselt zu haben (das Wort
   Schrift zerlegt er in acht Bestandteile, weil er *f* in *p* und *h* teilt). Es war schwierig, die Sprache als
   reines Lautgebilde zu behandeln.
37 Jacob Grimm, *Deutsche Grammatik*, 4 Bde., Göttingen ²1822-1837, Bd. 1, S. 5. Diese Analysen befinden sich noch nicht in der ersten Ausgabe (1818).

weniger leicht, als wenn es sich um eine Wurzel handelt. Die Buchstaben der Wurzel, sagt Grimm, haben langes Leben; die Laute der Endung haben ein kürzeres Leben. Aber außerdem gibt es positive Determinationen, denn »kein Vocal steht oder wechselt willkürlich in derselben Mundart«.[38] Dieses Fehlen des Arbiträren war für Grimm die Bestimmung eines Sinns (in der Wurzel einer großen Zahl deutscher Verben steht das *a* in Opposition zum *i* wie das Präteritum zum Präsens). Für Bopp ist es die Wirkung einer bestimmten Zahl von Gesetzen. Die einen definieren die Regeln des Wechsels, wenn zwei Konsonanten in Kontakt treten. »Wenn es im Sanskrit *at-ti* (er ißt) statt *ad-ti* von der Wurzel *ad* (essen) heißt, hat der Wechsel von *d* zu *t* ein physikalisches Gesetz zur Ursache.« Andere definieren die Aktionsweise einer Endung auf die Laute der Wurzel: »Unter mechanischen Gesetzen verstehe ich besonders die Gesetze der Schwere und besonders den Einfluß, den das Gewicht der persönlichen Endungen auf die vorhergehende Silbe ausübt.«[39] Schließlich betrifft die letzte Form der Analyse die Beständigkeit der Transformationen durch die Geschichte. Grimm hat so eine Tafel der Entsprechungen für die Labiale, Dentale und Gutturale zwischen dem Griechischen, dem Gotischen und dem Hochdeutschen aufgestellt: das *p, b* und *f* der Griechen werden entsprechend *f, p, b* im Gotischen und *b* oder *v, f* und *p* im Hochdeutschen; *t, d, th* im Griechischen werden im Gotischen *th, t, d* und im Hochdeutschen *d, z, t*. Durch diese Gesamtheit von Beziehungen sind die Wege der Geschichte vorgeschrieben. Und statt daß die Sprachen dem äußeren Maß, diesen Dingen der menschlichen Geschichte unterliegen, die für das klassische Denken ihre Veränderungen erklären mußten, besitzen sie selbst ein Evolutionsprinzip. Hier wie dort fixiert die »Anatomie« das Schicksal.[40]

3. Diese Definition eines Gesetzes von konsonantischen oder vokalischen Veränderungen gestattet die Errichtung einer *neuen Wurzeltheorie.* In der klassischen Epoche wurden die Wurzeln durch ein doppeltes System von Konstanten ausgemacht: die alphabetischen Konstanten betrafen

---

38 A. a. O., Bd. 1, S. 5.

39 Bopp, *Grammaire comparée des langues indoeuropéennes [. . .] traduite sur la deuxième édition et précédée d'une introduction par M. Michel Bréal,* 5 Bde., Paris 1866-1874, Bd. 1, S. 1, Anm. Es handelt sich um eine schriftliche Auskunft von Bopp, die sich in den deutschen Ausgaben nicht findet [D. Übersetzer].

40 Grimm, *Über den Ursprung der Sprache,* Berlin [4]1858, S. 8. Vgl. auch ders., *Deutsche Grammatik,* Bd. 1, S. 588.

eine arbiträre Zahl von Buchstaben (im äußersten Fall gab es nur einen), und die Bedeutungskonstanten gruppierten unter einem allgemeinen Thema eine unbegrenzt ausdehnbare Menge von benachbarten Bedeutungen. Bei der Kreuzung dieser beiden Konstanten, dort, wo ein bestimmter Sinn durch einen bestimmten Buchstaben oder eine bestimmte Silbe zutage trat, vereinzelte man eine Wurzel. Die Wurzel ist ein Ausdruckskern, der, von einem ursprünglichen Laut ausgehend, unendlich transformierbar ist. Aber wenn Vokale und Konsonanten sich nur gemäß bestimmten Gesetzen und unter bestimmten Bedingungen transformieren, muß die Wurzel eine stabile sprachliche Individualität (innerhalb bestimmter Grenzen) sein, die man mit ihren eventuellen Veränderungen isolieren kann und die mit ihren verschiedenen möglichen Formen ein Sprachelement bildet. Um die ursprünglichen und absolut einfachen Elemente einer Sprache zu determinieren, mußte die allgemeine Grammatik bis zu dem imaginären Kontaktpunkt zurückschreiten, an dem der noch nicht sprachliche Laut in bestimmter Weise die Lebhaftigkeit der Repräsentation anrührte. Künftig sind die Elemente einer Sprache ihr innerlich (selbst wenn sie den anderen ebenfalls angehören): es existieren rein linguistische Mittel, um ihre konstante Komposition und die Tafel ihrer möglichen Modifikationen festzustellen. Die Etymologie wird also aufhören, ein unbegrenztes Zurückschreiten zu einer ursprünglichen Sprache zu sein, die völlig von ursprünglichen Naturschreien bevölkert ist. Sie wird eine bestimmte und begrenzte Methode der Analyse, um in einem Wort die Wurzel wiederzufinden, von der aus es gebildet worden ist: »Erst nach gelungener zergliederung der flexionen und ableitungen [...] hoben sich die wurzeln hervor [...]«.[41]

Man kann so feststellen, daß in bestimmten Sprachen, etwa im Semitischen die Wurzeln zweisilbig sind (im allgemeinen bestehen sie aus drei Buchstaben); daß sie in anderen (den indogermanischen) regelmäßig monosyllabisch sind; einige werden aus einem einzigen Vokal gebildet (*i* die Wurzel der Verben, die *gehen* bedeuten, *u* die Wurzel derjenigen, die *widerhallen* bedeuten); aber meistens besteht in diesen Sprachen die Wurzel wenigstens aus einem Konsonanten und einem Vokal – wobei der Konsonant am Ende oder am Anfang stehen kann. Im ersten Fall ist der Vokal notwendig am Anfang befindlich, im anderen Fall kommt es vor,

---

41 Grimm, *Über den Ursprung der Sprache*, S. 39.

daß ihm noch ein zweiter Konsonant folgt, der ihn stützt (wie in der Wurzel *ma, mad*, die im Lateinischen *metiri* ergibt, im Deutschen *messen*[42]). Es kommt auch vor, daß diese monosyllabischen Wurzeln verdoppelt werden, wie sich im Sanskrit *do* zu *dadami* verdoppelt, im Griechischen δίδωμι, oder bei *sta* in *tishtami* und ἵστημι.[43] Schließlich (und vor allem) werden die Natur der Wurzel und ihre konstituierende Rolle in der Sprache auf eine absolut neue Weise konzipiert: im achtzehnten Jahrhundert war die Wurzel ein rudimentärer Name, der in seinem Ursprung ein konkretes Ding, eine unmittelbare Repräsentation, ein Objekt bezeichnete, das sich dem Blick oder irgendeinem der Sinne darbot. Die Sprache wurde von dem Spiel ihrer nominalen Charakterisierungen her erbaut: Die Ableitung erweiterte deren Tragweite; die Abstraktion ließ Adjektive entstehen, und es genügte dann, das andere irreduzible Element, die große monotone Funktion des Verbs *sein*, hinzuzufügen, damit sich die Kategorie der konjugierbaren Wörter bildete – eine Art Verengung des Seins und des Epithetons auf eine Verbalform. Bopp läßt auch gelten, daß die Verben durch die Verknüpfung des Verbs mit einer Wurzel erhaltene Mischungen sind. Aber seine Analyse differiert in mehreren wesentlichen Punkten vom klassischen Schema. Es handelt sich nicht um die virtuelle, unter der Oberfläche liegende und unsichtbare Hinzufügung der attributiven Funktion und des propositionalen Sinns, den man dem Verb *sein* zuschreibt; es handelt sich zunächst um eine materielle Verbindung zwischen einer Wurzel und den Formen des Verbs *sein*. Das *as* im Sanskrit findet sich im Sigma des griechischen Aorists, im *er* des Plusquamperfekts oder des Futurs der Vergangenheit des Lateinischen wieder. Das *bhu* im Sanskrit findet sich im *b* des Futurs und des Imperfekts im Latein wieder. Außerdem gestattet diese Hinzufügung des Verbs *sein* im wesentlichen die Zuweisung einer Zeit und einer Person zur Wurzel (die durch die Wurzel des Verbs *sein* gebildete Endung bringt außerdem die des gewöhnlichen Personalpronomens mit wie in *scrip*-s-i)[44]. Infolgedessen verwandelt nicht die Anfügung von *sein* ein Beiwort in ein Verb; die Wurzel selbst besitzt eine Verbalbedeutung, der die abgeleiteten Endungen der Konjugation von *sein* lediglich Modifizierungen der Person und der Zeit hinzufügen. Die Wurzeln der Verben bezeichnen also ursprünglich keine »Sachen«, sondern Handlungen, Pro-

42 A. a. O., S. 42.
43 Bopp, *Über das Conjugationssystem der Sanskritsprache [. . .]*, S. 61 f.
44 A. a. O., S. 137 ff.

zesse, Verlangen, Willen; und da sie bestimmte aus dem Verb *sein* und den Personalpronomen hervorgegangene Endungen erhalten, werden sie für Konjugationen empfänglich, während sie, wenn sie andere, ihrerseits modifizierbare Suffixe erhalten, zu Nomina werden, die der Deklination fähig sind. Der Bipolarität von Nomen und Verb *sein*, die die Analyse der Klassik charakterisierte, muß man jetzt eine komplexere Einteilung substituieren: Wurzeln mit Verbalbedeutung, die Endungen verschiedenen Typs erhalten und so konjugierbaren Verben oder Substantiven zur Entstehung verhelfen können. Die Verben (und Personalpronomen) werden so das erstrangige Element der Sprache, von dem aus sie sich entwickeln kann: »Hebel aller Wörter scheinen pronomina und verba.«[45]

Die Analysen von Bopp sollten eine hervorragende Bedeutung nicht nur für die innere Zerlegung einer Sprache, sondern auch für die Definition dessen haben, was die Sprache in ihrem Wesen sein kann. Sie ist nicht mehr ein System von Repräsentationen, das die Kraft hat, andere Repräsentation zu zerlegen und zu rekomponieren. Sie bezeichnet in ihren konstantesten Wurzeln Handlungen, Zustände, Willen. Eher als das, was man sieht, bedeutet sie im Ursprung das, was man tut oder was man erleidet. Und wenn sie schließlich die Dinge wie mit dem Finger zeigt, dann insofern, als sie das Resultat oder der Gegenstand oder das Instrument dieser Handlung sind. Die Namen zerschneiden nicht so sehr das komplexe Bild einer Repräsentation. Sie zerschneiden und arretieren und heften den Prozeß einer Handlung fest. Die Sprache »verwurzelt sich« nicht bei den wahrgenommenen Dingen, sondern beim aktiven Subjekt. Und vielleicht ist sie dann eher dem Wollen und der Kraft entsprungen als jener Erinnerung, die die Repräsentation redupliziert. Man spricht, weil man handelt, und nicht, weil man beim Wiedererkennen erkennt. Wie die Handlung drückt die Sprache einen tiefen Willen aus. Das hat zwei Konsequenzen. Die erste ist bei einem hastigen Hinsehen paradox: In dem Augenblick, in dem die Philologie sich durch die Entdeckung einer Dimension der reinen Grammatik konstituiert, schreibt man der Sprache erneut tiefe Ausdruckskräfte zu (Humboldt ist nicht nur Zeitgenosse von Bopp – er kannte sein Werk sogar im Detail): Während in der Klassik die Ausdrucksfunktion der Sprache nur im Ursprungspunkt und allein zur Erklärung dafür gesucht wurde, daß ein Laut eine Sache repräsentieren kann, wird im neunzehnten Jahr-

---

45 Grimm, *Über den Ursprung der Sprache*, S. 41.

hundert die Sprache während ihres ganzen Laufs und in ihren komplexesten Formen einen irreduziblen Ausdruckswert haben. Nichts Arbiträres, keine grammatische Konvention können ihn verschütten, denn wenn die Sprache etwas ausdrückt, dann nicht, insofern sie die Dinge imitiert und redupliziert, sondern insoweit sie das fundamentale Wollen der Sprechenden offenbart und übersetzt. Die zweite Konsequenz ist, daß die Sprache nicht mehr mit den Zivilisationen durch das Niveau der Erkenntnisse verbunden ist, das sie erreicht haben (die Feinheit des repräsentativen Netzes, die Multiplizität der Verbindungen, die sich zwischen den Elementen herstellen können), sondern durch den Geist des Volkes, das sie hervorgebracht hat, sie belebt und sich in ihnen erkennen kann. So wie der lebendige Organismus durch seine Kohärenz die ihn am Leben haltenden Funktionen manifestiert, macht die Sprache, und zwar in der ganzen Architektur ihrer Grammatik, den fundamentalen Willen sichtbar, der ein Volk am Leben erhält und ihm die Kraft gibt, eine nur ihm gehörige Sprache zu sprechen. Plötzlich sind die Bedingungen der Historizität der Sprache verändert. Die Veränderungen kommen nicht mehr von oben (von der Elite der Gelehrten, der kleinen Gruppe der Händler und Reisenden, den siegreichen Armeen, der Aristokratie der Invasion), sondern sie entstehen dunkel in der Tiefe, denn die Sprache ist kein Instrument oder Produkt – kein *ergon*, wie Humboldt sagte –, sondern eine unaufhörliche Aktivität, eine *energeia*. Wer in einer Sprache spricht und nicht aufhört, in einem Gemurmel zu sprechen, das man nicht hört, aber von dem dennoch der ganze Glanz kommt, ist das Volk. Ein solches Gemurmel glaubte Grimm im *Altdeutschen Meistergesang* zu hören und Raynouard in den *Transcriptions des poésies originales des troubadours*. Die Sprache ist nicht mehr mit der Kenntnis der Dinge verbunden, sondern mit der Freiheit der Menschen: »Es bleibt nichts übrig, als daß sie eine menschliche, mit voller freiheit ihrem ursprung und fortschritt nach eine selbst erworbne sein müsse: nichts anders kann sie sein, sie ist unsre geschichte, unsre erbschaft.«[46] In dem Augenblick, in dem man die immanenten Gesetze der Grammatik definiert, knüpft man eine tiefe Verwandtschaft zwischen der Sprache und dem freien Schicksal der Menschen. Während des neunzehnten Jahrhunderts hat die Philologie stets tiefe politische Resonanz.

4. Die Analyse der Wurzeln hat eine neue Definition der *Verwandt-*

46 A. a. O., S. 29.

schaftssysteme zwischen den Sprachen möglich gemacht. Dies ist der vierte große theoretische Bereich, der das Erscheinen der Philologie charakterisiert. Diese Definition setzt zunächst voraus, daß die Sprachen sich in diskontinuierlichen Gesamtheiten in Beziehung zueinander gruppieren. Die allgemeine Grammatik schloß den Vergleich aus, insofern sie in allen beliebigen Sprachen zwei Ordnungen der Kontinuität annahm: die eine, vertikale, gestattete ihnen allen, über das Maß der primitivsten Wurzeln zu verfügen, das, wenn man einige Transformationen vornahm, jede Sprache mit den ursprünglichen Artikulationen verknüpfte. Die andere, horizontale, ließ die Sprachen in der Universalität der Repräsentation kommunizieren. Alle hatten Repräsentationen zu analysieren, zu zerlegen und zusammenzusetzen, die (in ziemlich weiten Grenzen) für die gesamte Menschheit dieselben waren. Infolgedessen war es nur möglich, die Sprachen auf indirekte Weise und wie durch ein dreieckiges Vorgehen zu vergleichen. Man konnte die Weise analysieren, auf die diese oder jene Sprache die gemeinsame Ausstattung mit primitiven Wurzeln behandelt und modifiziert hatte; man konnte auch die Weise vergleichen, auf die zwei Sprachen dieselben Repräsentationen zertrennten und erneut verbanden. Nun ist aber seit Grimm und Bopp der direkte und laterale Vergleich zweier oder mehrerer Sprachen möglich geworden. Es ist ein direkter Vergleich, weil es nicht mehr notwendig ist, durch reine Repräsentationen oder die absolut primitive Wurzel zu gehen. Es genügt, die Modifizierung der Wurzeln, das Flexionssystem und die Folge der Endungen zu untersuchen. Es ist aber ein lateraler Vergleich, der nicht mehr nach den allen Sprachen gemeinsamen Elementen oder dem Vorstellungsgrund, aus dem sie schöpften, greift. Es ist also nicht mehr möglich, eine Sprache auf die Form oder die Prinzipien, die alle anderen ermöglichen, zu beziehen. Man muß sie nach ihrer formalen Nähe gruppieren: »Die Ähnlichkeit liegt nicht bloß in einer großen Anzahl von Wurzeln, die sie mit ihnen gemein hat, sondern sie erstreckt sich bis in die innerste Structur und Grammatik.«[47]

Nun bieten diese grammatischen Strukturen, die man direkt miteinander vergleichen kann, zwei besondere Merkmale; einmal das, nur als System zu existieren. Mit monosyllabischen Wurzeln ist eine bestimmte Zahl von Flexionen möglich. Das Gewicht der Endungen kann Wirkungen haben, deren Zahl und Natur bestimmbar sind. Die Weisen der Affixie-

---

47 Schlegel, *Über die Sprache und Weisheit der Indier*, S. 1.

rung entsprechen einigen vollkommen festen Modellen; wohingegen in den
Sprachen mit polysyllabischen Wurzeln alle Modifizierungen und Zusammensetzungen anderen Gesetzen gehorchen. Zwischen zwei Systemen wie
diesen (von denen das eine für die indoeuropäischen, das andere für die semitischen Sprachen charakteristisch ist) findet man keinen Zwischentyp
und keine Übergangsformen. Von einer Familie zur anderen haben wir
es mit Diskontinuität zu tun. Andrerseits gestatten aber die grammatikalischen Systeme, weil sie eine bestimmte Zahl von Evolutions- und Verschie-
bungsgesetzen vorschreiben, bis zu einem bestimmten Punkt die Fixierung
des Hinweises für das Altern einer Sprache. Damit eine bestimmte Form
von einer bestimmten Wurzel her erscheint, bedurfte es dieser oder jener
Transformation. Wenn sich zwei Sprachen ähnelten, mußte man sie in
der Klassik entweder beide mit der absolut primitiven Sprache verknüpfen
oder annehmen, daß die eine von der anderen sich ableitete (das Kriterium
war aber äußerlich; die abgeleitetere Sprache war ganz einfach die, die
in der Geschichte zu einem jüngeren Datum erschienen war), oder man
mußte einen Austausch zugeben, der außersprachlichen Ereignissen zuzuschreiben war: einer Invasion, dem Handel, den Völkerwanderungen.
Jetzt, da zwei Sprachen analoge Systeme präsentieren, muß man entscheiden können, daß entweder die eine von der anderen abgeleitet ist, oder
daß sie beide aus einer dritten hervorgegangen sind, von der aus jede
zum Teil verschiedene, zum Teil auch wieder analoge Systeme entwickelt
hat. So hat man hinsichtlich des Sanskrit und des Griechischen nacheinander die Hypothese von Cœurdoux, der an Spuren der primitiven Sprache
glaubte, und die von Anquetil aufgegeben, der eine Vermengung in der
Zeit des Königreiches von Baktriane annahm; und Bopp hat auch Schlegel
zurückweisen können, für den feststand, daß »die indische Sprache die ältere sei, die andern (römische, griechische, germanische, persische) aber
jünger und aus jener abgeleitet«.[48] Er hat gezeigt, daß es zwischen dem
Sanskrit, dem Latein und dem Griechischen und den germanischen Sprachen eine »Verwandtschaftsbeziehung« gab, wobei das Sanskrit nicht die
Mutter der anderen, sondern eher ihre ältere Schwester und am nächsten
einer Sprache war, die den Ursprung dieser ganzen Familie bildete.

Man sieht, daß die Historizität in das Gebiet der Sprachen wie in das
der Lebewesen eingegangen ist. Damit eine Evolution, die nicht nur die

48 A. a. O., S. 1.

Bahn der ontologischen Kontinuitäten ist, gedacht werden konnte, bedurfte es der Zerschlagung der ununterbrochenen und glatten Ebene der Naturgeschichte, der Hervorbringung der Organisationspläne in ihrer unvermittelten Verschiedenheit durch die Diskontinuitäten der Verzweigungen, der Ordnung der Organismen gemäß den funktionalen Dispositionen, die sie sichern müssen, und der Verknüpfung der Beziehungen des Lebendigen mit dem, was ihm zu existieren gestattet. Auf die gleiche Weise bedurfte es, damit die Geschichte der Sprachen gedacht werden konnte, ihrer Loslösung von jener großen chronologischen Kontinuität, die sie ohne Bruch mit dem Ursprung verknüpfte. Sie mußten auch von der gemeinsamen Schicht der Repräsentation befreit werden, in der sie gefangen waren. Unter Ausnutzung dieses doppelten Bruchs ist die Heterogenität der grammatikalischen Systeme mit ihren eigenen Zerstreuungen, den Gesetzen, die in einem jeden die Veränderungen vorschreiben, und den Wegen erschienen, die die Möglichkeiten der Evolution fixieren. Als die Geschichte der Arten als chronologische Folge aller möglichen Formen einmal aufgehoben war, (und erst dann) konnte das Lebendige eine Historizität erhalten. Desgleichen: wenn man in der Ordnung der Sprache nicht die Analyse jener unendlichen Ableitungen und jener grenzenlosen Vermengungen, die die allgemeine Grammatik stets voraussetzte, aufgehoben hätte, wäre die Sprache nie von einer inneren Historizität berührt worden. Man mußte das Sanskrit, Griechische, Lateinische und Deutsche in einer systematischen Gleichzeitigkeit behandeln. Unter Durchbrechung jeder Chronologie mußte man sie in einer verwandtschaftlichen Zeit einrichten, damit ihre Strukturen transparent würden und eine Geschichte der Sprachen lesbar würde. Hier wie andernorts mußten die chronologischen Anordnungen ausgelöscht, ihre Elemente neu verteilt werden; eine neue Geschichte hat sich dann konstituiert, die nicht nur die Weise der Abfolge der Wesen und ihre Verkettung in der Zeit, sondern auch die Modalitäten ihrer Herausbildung aussagt. Die Empirizität – es handelt sich ebensowohl um die natürlichen Einzelwesen wie um die Wörter, durch die man sie benennen kann – wird künftig von der Geschichte, und zwar in der ganzen Mächtigkeit ihres Seins, durchdrungen. Die Ordnung der Zeit beginnt.

Indessen gibt es einen bedeutenden Unterschied zwischen den Sprachen und den Lebewesen. Diese haben nur eine wirkliche Geschichte durch eine bestimmte Beziehung zwischen ihren Funktionen und ihren Existenzbedingungen. Tatsächlich macht ihre innere Zusammensetzung als die organisierter Individuen ihre Geschichtlichkeit möglich; diese wird aber nur zur wirklichen Geschichte durch die äußere Welt, in der sie leben. Damit diese Geschichte also in vollem Licht erscheinen und in einem Diskurs beschrieben werden konnte, mußte zu der vergleichenden Anatomie von Cuvier die Analyse des Milieus und der Bedingungen, die sich auf das Lebendige auswirken, hinzutreten. Die »Anatomie« der Sprache, um den Ausdruck von Grimm wiederaufzunehmen, funktioniert dagegen im Element der Geschichte, denn es ist eine Anatomie der möglichen Veränderungen, die nicht die wirkliche Koexistenz der Organe oder ihren gegenseitigen Ausschluß, sondern die Richtung aussagt, in der die Veränderungen sich vollziehen oder nicht vollziehen können. Die neue Grammatik ist unmittelbar diachronisch. Wie hätte es anders sein sollen, da ihre Positivität nur durch einen Bruch zwischen der Sprache und der Repräsentation errichtet werden konnte? Der innere Bau der Sprachen, das, was sie erlauben und ausschließen, um funktionieren zu können, konnte nur in der Form der Wörter erfaßt werden. In sich selbst aber kann diese Form ihr eigenes Gesetz nur aussprechen, wenn man sie auf ihre vorherigen Zustände bezieht, auf die Veränderungen, denen sie unterliegt, und auf die Modifizierungen, die sich nie ereignen. Indem man die Sprache von dem trennte, was sie repräsentiert, ließ man sie gewiß zum ersten Mal in ihrer eigenen Gesetzmäßigkeit erscheinen, und sofort gelobte man sich, daß man sie nur noch in der Geschichte erfassen könne. Wir wissen, daß Saussure dieser diachronischen Bestimmung der Philologie nur hat entgehen können, indem er die Beziehung der Sprache zur Repräsentation wiederherstellte und bereit war, eine neue »Semiologie« zu konstruieren, die nach Art der allgemeinen Grammatik das Zeichen durch die Verbindung zwischen zwei Ideen definiert. Das gleiche archäologische Ereignis hat sich also auf teilweise unterschiedliche Weise für die Naturgeschichte und die Sprache vollzogen. Indem man die Merkmale des Lebendigen oder die Regeln der Grammatik von den Gesetzen einer Repräsentation abhebt, die analysiert wird, hat man die Historizität des Lebens und der Sprache möglich gemacht. Aber diese Historizität hat in der Ordnung der Biologie eine zusätzliche Geschichte benötigt, die die Beziehungen zwischen Individuum und Milieu aussagen sollte. In einem Sinne ist die Geschichte des Lebens der Historizität des Lebendigen äußerlich. Deshalb bildet der Evolutionismus eine biologische Theorie, die unter der Bedingung einer Biologie ohne Evolution – der von Cuvier – möglich war. Die Historizität der Sprache jedoch entdeckt sehr bald und ohne Vermittlung ihre Geschichte. Sie kommunizieren miteinander von innen. Während die Biologie des neunzehnten Jahrhunderts immer weiter an das Äußere des Lebendigen geht, hin zu seiner anderen Seite, und dadurch jene Oberfläche des Körpers immer durchdringbarer macht, die der Blick des Naturforschers einst nicht hat durchdringen können, wird die Philologie die Beziehungen auflösen, die der Grammatiker zwischen Sprache und äußerer Geschichte errichtet hatte, um eine innere Geschichte zu definieren. Und sobald diese einmal in ihrer Objektivität gesichert ist, wird sie, zum Nutzen der eigentlichen Geschichte, als Leitfaden bei der Rekonstruktion der aus der Erinnerung geratenen Ereignisse dienen können.

V. Die Objekt gewordene Sprache

Man kann bemerken, daß die vier theoretischen Bereiche, die analysiert worden sind, weil sie wahrscheinlich den archäologischen Boden der Philologie bilden, Teil für Teil mit denen korrespondieren und sich denen entgegensetzen, die die allgemeine Grammatik zu definieren gestatteten.[49] Wenn man vom letzten zum ersten dieser vier Bereiche zurückschreitet, sieht man, daß die Theorie der *Verwandtschaft* der Sprachen (Diskontinuität zwischen den großen Familien und innere Analogien in der Ordnung der Veränderungen) der Theorie der *Derivation* gegenübersteht, die unaufhörliche Faktoren von Abnutzung und Vermengung annahm und auf die gleiche Weise auf alle beliebigen Sprachen von einem äußeren Prinzip her und unbegrenzt wirkte. Die Theorie des *Stamms (radical)* steht der der *Bezeichnung* gegenüber. Denn der Stamm ist eine linguistische Individualität, isolierbar, einer Gruppe von Sprachen innerlich und dient vor allem als Kern für die sprachlichen Formen, während die Wurzel *(racine)* bei der Natur und dem Schrei in die Sprache eingreift und sich so weit erschöpfte, daß sie nicht mehr als ein unendlich transformierbarer Laut war, der zur Funktion eine erste namentliche Heraustrennung der Dinge hatte. Die Untersuchung der *inneren Variationen* der Sprache steht gleichfalls in Opposition zur Theorie der *Gliederung* der Repräsentation. Diese begrenzte und vereinzelte die Wörter einander gegenüber, indem sie sie

---

49 Vgl. oben, S. 163.

auf den Inhalt bezog, den sie bedeuten konnten. Die Gliederung der Sprache war die sichtbare Analyse der Repräsentation. Jetzt werden die Wörter zunächst durch ihre Morphologie und die Gesamtheit der Veränderungen charakterisiert, die jeder ihrer Laute eventuell erleiden kann. Schließlich (und vor allem) steht die *innere Analyse* der Sprache dem Primat gegenüber, den das klassische Denken dem Verb *sein* zuerkannte. Dieses herrschte an den Grenzen der Sprache, weil es die erste Verbindung der Wörter war und zugleich die fundamentale Kraft der Affirmation besaß. Es markierte die Schwelle der Sprache, zeigte ihre Spezifität an, verknüpfte sie auf unauslöschliche Weise mit den Formen des Denkens. Die unabhängige Analyse der grammatischen Strukturen, so wie man sie vom neunzehnten Jahrhundert an vornimmt, isoliert im Gegenteil die Sprache, behandelt sie als eine autonome Organisation, bricht ihre Verbindungen mit den Urteilen, der Attribution und der Affirmation. Der ontologische Übergang, den das Verb *sein* lange zwischen Sprechen und Denken sicherte, ist gebrochen. Die Sprache erhält plötzlich ein eigenes Sein. Dieses Sein enthält die Gesetze, die es beherrschen.

Die klassische Ordnung der Sprache hat sich jetzt in sich geschlossen. Sie hat ihre transparente und wichtige Funktion auf dem Gebiet des Wissens verloren. Im siebzehnten und im achtzehnten Jahrhundert war sie das unmittelbare und spontane Abrollen der Repräsentationen. Zunächst erhielten diese in ihr ihre ersten Zeichen, zerteilten und gruppierten in ihr ihre gemeinsamen Züge neu, richteten Identitäts- und Attributionsbeziehungen ein. Die Sprache war eine Erkenntnis, und die Erkenntnis war mit Fug und Recht ein Diskurs. In Beziehung zu jeder Erkenntnis befand sie sich also in einer fundamentalen Situation: man konnte die Dinge der Welt nur erkennen, wenn man durch sie hindurchging. Nicht weil sie in einer ontologischen Verflechtung (wie in der Renaissance) ein Teil der Welt war, sondern weil sie der erste Entwurf einer Ordnung in den Repräsentationen der Welt war; weil sie die anfängliche, unvermeidliche Weise war, die Repräsentationen zu repräsentieren. In ihr bildete sich jede Allgemeinheit heraus. Die klassische Erkenntnis war zutiefst nominalistisch. Vom neunzehnten Jahrhundert an verschließt sich die Sprache, erhält sie ihr eigene Mächtigkeit, entfaltet sie eine Geschichte, Gesetze und eine Objektivität, die nur ihr gehören. Sie ist ein Erkenntnisgegenstand unter anderen geworden: neben den Lebewesen, neben Reichtümern und Wert, neben der Geschichte der Ereignisse und der Menschen. Sie hängt vielleicht von besonderen Begriffen ab, aber die Analysen, die sie betreffen, sind in der gleichen Ebene verwurzelt wie alle die, die die empirischen Erkenntnisse betreffen. Jene Überhöhung, die der *allgemeinen Grammatik* gestattete, gleichzeitig *Logik* zu sein und sich mit ihr zu überschneiden, wird künftig zurückgeschraubt sein. Die Sprache zu erkennen heißt nicht mehr, sich der Erkenntnis selbst möglichst stark zu nähern, sondern heißt lediglich, die Methoden des Wissens im allgemeinen auf ein besonderes Gebiet der Objektivität anzuwenden.

Diese Nivellierung der Sprache, die sie auf den reinen Status eines Objekts bringt, wird jedoch auf drei Weisen kompensiert. Zunächst durch die Tatsache, daß sie eine notwendige Vermittlung für jegliche wissenschaftliche Erkenntnis ist, die sich als Diskurs manifestieren will. Umsonst wird sie selbst unter dem Blick einer Wissenschaft angeordnet, entfaltet und analysiert, stets taucht sie wieder beim erkennenden Subjekt auf, sobald es sich für dieses um die Aussage dessen handelt, was es weiß. Daher bestanden zwei ständige Sorgen im neunzehnten Jahrhundert. Die eine beruhte darauf, daß man die wissenschaftliche Sprache neutralisieren und gleichsam glätten wollte, so daß sie, jeder Besonderheit bar und von ihren Unsauberkeiten und Akzidenzien gereinigt – als gehörten sie nicht zu ihrem Wesen –, der exakte Reflex, das metikulöse Doppel, der fleckenlose Spiegel einer nicht sprachlichen Erkenntnis werden konnte. Das ist der positivistische Traum von einer Sprache, die genau auf der Höhe dessen gehalten würde, was man weiß. Eine Tableau-Sprache wie die wahrscheinlich, von der Cuvier träumte, als er der Wissenschaft den Plan entwarf, eine »Kopie« der Natur zu sein. Gegenüber den Dingen wäre der wissenschaftliche Diskurs deren »Tableau«. Hier hat Tableau aber eine fundamental andere Bedeutung als im achtzehnten Jahrhundert. Es handelte sich damals darum, die Natur durch eine konstante Tafel der Identitäten und der Unterschiede aufzuteilen, für die die Sprache einen ersten, annähernden und korrigierbaren *Raster* lieferte. Jetzt ist die Sprache Bild, aber in dem Sinne, daß sie, losgelöst von der Einmischung, die ihr eine unmittelbar klassifikatorische Rolle gibt, sich in einer bestimmten Distanz zur Natur hält, um durch ihre eigene Dozilität deren getreues Portrait beschwören und schließlich aufnehmen zu können.[50] Die andere Besorgnis, völlig verschieden von der ersten, obwohl sie deren Korrelat ist, bestand in der Su-

---

50 Cuvier, *Rapport historique sur le progrès des sciences naturelles depuis 1789*, S. 4.

che einer von der Grammatik, vom Wortschatz, von den synthetischen Formen, den Wörtern unabhängigen Logik: einer Logik, die die universalen Implikationen des Denkens an den Tag bringen und benutzen könnte, indem sie sie geschützt hält vor den Besonderheiten einer dort konstituierten Sprache, wo sie maskiert werden könnten. Eine symbolische Logik mußte mit Boole in der Epoche entstehen, in der die Sprachen Gegenstände für die Philologie wurden. Trotz der oberflächlichen Ähnlichkeiten und einiger technischer Analogien handelte es sich nicht um die Frage, eine Universalsprache wie in der Klassik zu bilden, sondern die Formen und Verknüpfungen des Denkens außerhalb jeder Sprache zu repräsentieren. Da aber die Sprache Gegenstand für die Wissenschaften wurde, bedurfte es der Erfindung einer Sprache, die eher Symbolik als Sprache war und die deshalb für das Denken in der Bewegung, die ihm zu erkennen gestattet, transparent war. Man könnte in einem bestimmten Sinne sagen, daß die *logische Algebra* und die *indoeuropäischen Sprachen* zwei Produkte der Auflösung der *allgemeinen Grammatik* sind. Die indoeuropäischen Sprachen zeigen das Gleiten der Sprache in bezug auf den erkannten Gegenstand, während die logische Algebra die Bewegung zeigt, die die Sprache bezüglich des Erkenntnisakts straucheln läßt, wobei sie sie jeder bereits konstituierten Form beraubt. Es würde aber nicht genügen, die Tatsache in dieser rein negativen Form auszusprechen. Auf der archäologischen Ebene sind die Bedingungen, unter denen eine nicht sprachliche Logik und eine historische Grammatik möglich werden, die gleichen. Der Boden ihrer Positivität ist identisch.

Die zweite Kompensation für die Nivellierung der Sprache ist der kritische Wert, den man ihrer Untersuchung zugeschrieben hat. Die Sprache bildet, wo sie zur dichten und konsequenten historischen Realität geworden ist, den Ort der Traditionen, der stummen Gewohnheiten des Denkens, des dunklen Geistes der Völker. Sie akkumuliert eine Schicksalserinnerung, die sich selbst nicht als Erinnerung kennt. Indem die Menschen ihre Gedanken in Wörtern ausdrücken, deren sie nicht Herr sind, indem sie sie in Sprachformen unterbringen, deren historische Dimensionen ihnen entgehen, wissen sie nicht, daß sie sich den Erfordernissen ihrer Sprache unterwerfen, glauben dagegen, daß sie ihnen gehorcht. Die grammatischen Einteilungen einer Sprache sind das Apriori dessen, was darin ausgesagt werden kann. Der Wahrheit des Diskurses wird von der Philologie eine Falle gestellt. Daher besteht diese Notwendigkeit, von den Ansichten,

den Philosophien und vielleicht sogar von den Wissenschaften bis zu den
Wörtern zurückzuschreiten, die sie möglich gemacht haben, und darüber
hinaus bis zu einem Denken, dessen Lebendigkeit noch nicht im Netz
der Grammatiken verfangen ist. So begreift man die stark betonte Erneuerung aller Techniken der Exegese im neunzehnten Jahrhundert. Dieses
Wiedererscheinen verdankt sich der Tatsache, daß die Sprache die rätselhafte Dichte wiedererlangt hat, die ihr in der Renaissance eigen war. Aber
es wird sich jetzt nicht mehr darum handeln, ein ursprüngliches, darin verborgenes Reden wiederzufinden, sondern die Wörter, die wir sprechen, in
Unruhe zu versetzen und jene grammatische Faltung unserer Vorstellungen zu denunzieren, die Mythen aufzulösen, die unsere Wörter beleben,
den Teil des Schweigens erneut hörbar und laut zu machen, den jeder Diskurs mit sich trägt, wenn er ausgesagt wird. Das erste Buch des *Kapitals* ist
eine Exegese des »Wertes«; der ganze Nietzsche eine Exegese einiger grie-
chischer Wörter; Freud die Exegese all jener stummen Sätze, die gleichzeitig unsere offenbaren Diskurse, unsere Phantasmen, unsere Träume, unseren Körper aufrechterhalten und aushöhlen. Die Philologie als Analyse
dessen, was in der Tiefe des Diskurses gesagt wird, ist zur modernen Form
der Kritik geworden. Wenn es sich am Ende des achtzehnten Jahrhunderts
um die Fixierung der Grenzen der Erkenntnis handelte, wird man die Syntaxen jetzt zu entknüpfen, die zwingenden Weisen, zu sprechen, zu durchbrechen, die Wörter in alldem umzukehren versuchen, was trotz ihrer und
durch sie hindurch gesagt wird. Gott ist vielleicht weniger ein Jenseits des
Denkens als ein bestimmtes Diesseits unserer Sätze. Und wenn der abendländische Mensch von ihm untrennbar ist, so liegt das nicht an einer unüberwindlichen Neigung zur Durchbrechung der Grenzen der Erfahrung,
sondern daran, daß seine Sprache ihn unaufhörlich im Schatten ihrer Gesetze hegt: »Ich fürchte, wir werden Gott nicht los, weil wir noch an die
Grammatik glauben ...«[51] Die Interpretation verlief im sechzehnten Jahrhundert von der Welt (Dinge und Texte zugleich) zum göttlichen Wort,
das sich in ihr entzifferte. Unsere Interpretation, auf jeden Fall die, die sich
im neunzehnten Jahrhundert gebildet hat, geht von den Menschen, von
Gott, von den Erkenntnissen oder Gespinsten zu den Wörtern, die diese
möglich machen. Und was sie entdeckt, ist nicht die Souveränität eines ersten Diskurses, sondern die Tatsache, daß wir vor dem geringsten gespro-

---

51 Friedrich Nietzsche, *Götzendämmerung. Die »Vernunft« in der Philosophie*, 5, in: ders., *Werke*, 3
   Bde. (Hrsg. Schlechta), München 1966, Bd. 2, S. 960.

chenen Wort bereits durch die Sprache beherrscht und von ihr durchdrungen sind. Ein eigenartiger Kommentar, dem sich die moderne Kritik widmet, denn er gelangt nicht von der Feststellung, daß es Sprache gibt, zur Entdeckung dessen, was sie bedeutet, sondern von der Entfaltung des manifesten Diskurses zur Offenlegung der Sprache in ihrem rohen Sein.

Die Interpretationsmethoden stehen also im modernen Denken den Techniken der Formalisierung gegenüber, die erstgenannten mit dem Anspruch, die Sprache unterhalb ihrer selbst und möglichst nahe dem sprechen zu lassen, was ohne sie in ihr gesagt wird, die zweiten mit dem Ziel, jede eventuelle Sprache zu kontrollieren und durch das Gesetz dessen, was ihr zu sagen möglich ist, zu überhangen. Interpretieren und Formalisieren sind die beiden großen Formen der Analyse unseres Zeitalters geworden. Tatsächlich kennen wir keine anderen. Aber kennen wir die Beziehungen der Exegese und der Formalisierung, sind wir fähig, sie zu kontrollieren und zu beherrschen? Denn wenn die Exegese uns weniger zu einem ersten Diskurs als zur nackten Existenz von etwas wie einer Sprache führt, wird sie da nicht gezwungen, lediglich die reinen Formen der Sprache auszusagen, noch bevor diese einen Sinn angenommen hat? Aber um das zu formalisieren, was man für Sprache hält, muß man da nicht ein Minimum an Exegese praktiziert haben und wenigstens alle diese stummen Figuren interpretiert haben, als bedeuteten diese etwas? Die Trennung zwischen Interpretation und Formalisierung bedrängt uns heute tatsächlich und beherrscht uns. Aber sie ist nicht streng genug, die von ihr gezeichnete Gabelung dringt nicht tief genug in unsere Kultur ein, ihre beiden Zweige sind zu gleichzeitig, als daß wir auch nur sagen könnten, daß sie eine einfache Wahl vorschreibt und uns auffordert, zwischen der Vergangenheit, die an den Sinn glaubte, und der Gegenwart (der Zukunft) zu wählen, die den Signifikanten entdeckt hat. Es handelt sich in der Tat um zwei korrelative Techniken, deren gemeinsamer Boden der Möglichkeit durch das Sein der Sprache gebildet wird, so wie es sich an der Schwelle des modernen Zeitalters konstituiert hat. Die kritische Erhöhung der Sprache, die ihre Nivellierung im Objekt kompensierte, implizierte, daß sie gleichzeitig einem Akt reinen Erkennens jeden Sprechens und dem angenähert sei, was sich in jeder unserer Diskurse nicht erkennen läßt. Man mußte sie entweder für die Formen der Erkenntnis transparent machen oder sie in die Inhalte des Unbewußten hineindrängen. Das erklärt sehr wohl den doppelten Weg des neunzehnten Jahrhunderts zum Formalismus des Denkens

und zur Entdeckung des Unbewußten – hin zu Russell und zu Freud. Das
erklärt auch die Versuche, beide aufeinander hinzulenken und diese beiden
Richtungen sich kreuzen zu lassen. Das war ein Versuch, um zum Beispiel
die reinen Formen an den Tag zu bringen, die vor jedem Inhalt sich unserem Unbewußten auferlegen, oder auch die Anstrengung, deren Erfah-
rungsboden, den Sinn des Seins, den erlebten Horizont all unserer Erkenntnisse in unseren Diskurs eindringen zu lassen. Der Strukturalismus
und die Phänomenologie finden hier mit ihrer eigenen Einteilung den allgemeinen Raum, der ihren *gemeinsamen Platz* definiert.

Schließlich ist die letzte der Kompensationen für die Nivellierung der
Sprache die bedeutendste und zugleich die unerwartetste: das Erscheinen
der Literatur. Der Literatur als solcher, denn seit Dante, seit Homer gab
es in der abendländischen Welt durchaus eine Form von Sprache, die wir
heute als »Literatur« bezeichnen. Aber das Wort ist frischen Datums, wie
in unserer Kultur auch die Isolierung einer besonderen Sprache noch jung
ist, deren besondere Modalität es ist, »literarisch« zu sein. Am Anfang des
neunzehnten Jahrhunderts, der Epoche, in der die Sprache sich in ihrer
Dicke als Objekt eingrub und sich allmählich von einem Wissen durchdringen ließ, rekonstruierte sie sich anderswo in einer unabhängigen,
schwierig zugänglichen, bezüglich des Rätsels ihrer Entstehung verschlossenen und völlig auf den reinen Akt des Schreibens bezogenen Form.
Die Literatur ist die Infragestellung der Philologie (deren Zwillingsgestalt
sie gleichwohl ist): sie führt die Sprache der Grammatik auf die nackte
Kraft zu sprechen zurück, und da trifft sie das wilde und beherrschende
Sein der Wörter. Von der romantischen Revolte gegen einen in seiner Zeremonie immobilisierten Diskurs bis zur Entdeckung des Wortes in seiner
ohnmächtigen Kraft durch Mallarmé sieht man wohl, welche Funktion
die Literatur im neunzehnten Jahrhundert in Beziehung zur modernen
Seinsweise der Sprache hat. Auf dem Hintergrund dieses wesentlichen
Spiels ist der Rest nur Wirkung: Literatur unterscheidet sich mehr und
mehr vom Diskurs der Vorstellungen, schließt sich in eine radikale Intran-
sitivität ein. Sie löst sich von allen Werten, die im klassischen Zeitalter sie
zirkulieren lassen konnten (der Geschmack, das Vergnügen, das Natürliche, das Wahre), und läßt in ihrem eigenen Raum alles entstehen, was
dessen spielerische Verneinung sichern kann (das Skandalöse, das Häßliche, das Unmögliche). Sie bricht mit jeder Definition der »Gattungen«
als einer Ordnung von Repräsentationen angepaßten Formen und wird

zur reinen und einfachen Offenbarung einer Sprache, die zum Gesetz nur die Affirmation – gegen alle anderen Diskurse – ihrer schroffen Existenz hat. Sie braucht also nur noch in einer ständigen Wiederkehr sich auf sich selbst zurückzukrümmen, so als könnte ihr Diskurs nur zum Inhalt haben, ihre eigene Form auszusagen. Sie wendet sich an sich selbst als schreibende Subjektivität, oder sie sucht in der Bewegung, in der sie entsteht, das Wesen jeder Literatur zu erfassen, und so konvergieren all ihre Fäden zu der feinsten – besonderen, augenblicklichen und dennoch absolut universalen – Spitze, zum einfachen Akt des Schreibens. In dem Augenblick, in dem die Sprache als ausgebreitetes Sprechen Gegenstand der Erkenntnis wird, erscheint sie wieder in einer streng entgegengesetzten Modalität: schweigsame, vorsichtige Niederlegung eines Wortes auf das Weiße eines Papiers, wo es weder Laut noch Sprecher geben kann, wo sie nichts anderes mehr zu sagen hat als sich selbst, nichts anderes zu tun hat, als im Glanz ihres Seins zu glitzern.

9. Kapitel

Der Mensch und seine Doppel

I. Die Wiederkehr der Sprache

Mit der Literatur, mit der Wiederkehr der Exegese und der Sorge um die Formalisierung, mit der Einführung einer Philologie, kurz mit dem Wiedererscheinen der Sprache in einem multiplen Gewimmel kann die Ordnung des klassischen Denkens in der Folge verwischen. Zu jener Zeit, so stellt es sich jedem späteren Blick dar, tritt sie in eine Region des Schattens ein. Dabei dürfte man noch nicht einmal von Dunkelheit sprechen, sondern von einem etwas verdüsterten, fälschlicherweise evidenten Licht, das mehr verbirgt, als es offenbart: In der Tat scheint es uns, als wüßten wir vom klassischen Wissen alles und als begriffen wir, daß es rationalistisch ist, daß es seit Galilei und Descartes der Mechanik ein absolutes Privileg zugesteht, daß es eine allgemeine Anordnung der Natur unterstellt, daß es eine ziemlich radikale Möglichkeit der Analyse einräumt, um das Element oder den Ursprung zu entdecken, aber daß es bereits durch und trotz jener Begriffe des Verstandes die Bewegung des Lebens, die Mächtigkeit der Geschichte und die schwer zu meisternde Unordnung der Natur spürt. Aber das klassische Denken nur an solchen Zeichen wiederzuerkennen heißt seine grundlegende Disposition zu verkennen; heißt, völlig die Beziehung zwischen solchen Manifestationen und dem zu vernachlässigen, was sie möglich machte. Und wie soll man letzten Endes (wenn nicht durch eine mühsame und langsame Technik) die komplexe Beziehung der Repräsentationen, der Identitäten, der Ordnungen, der natürlichen Wesen, der Wünsche und der Interessen von dem Augenblick an wiederfinden, wo jenes große Netz sich auflöst, wo die Bedürfnisse ihre Produktion für sich selbst organisiert haben, wo die Lebewesen sich auf die wesentlichen Funktionen des Lebens zurückgezogen haben, wo die Wörter als Schwere ihre materielle Geschichte erhalten haben, kurz, von dem Augenblick an, wo die Identitäten der Repräsentation aufgehört haben, ohne Verschwiegenheit und Rückstand die Ordnung der Wesen zu offenbaren? Das ganze System der Raster, das die Folge der Repräsentationen (als schmale zeitliche Folge, die im Geist der Menschen abrollte) analysierte, um sie taumeln zu lassen, um sie anzuhalten, um sie zu entfalten und sie in einem permanenten Tableau aufzuteilen; alle die von den Wörtern und dem Diskurs, von den Merkmalen und der Einteilung, von den Äquivalenten und dem Warentausch eingeführten Schikanen werden jetzt aufgehoben, so daß es schwierig ist, die Weise wiederzufinden, auf die jene Gesamtheit hat funktionieren können. Das letzte »Stück«, das herausgesprungen ist – und dessen Verschwinden das klassische Denken für immer von uns entfernt hat –, ist eben der erste jener Raster: der Diskurs, der die initiale, spontane und naive Entfaltung der Repräsentation in einem Tableau gestattete. Von dem Tag an, wo der Diskurs innerhalb der Repräsentation nicht mehr als deren erste Anordnung existierte und funktionierte, hat das klassische Denken sogleich aufgehört, uns direkt zugänglich zu sein.

Die Schwelle zwischen Klassik und Modernität (aber die Wörter spielen eine geringe Rolle, sagen wir also von unserer Vorgeschichte zu dem, was uns noch zeitgenössisch ist) ist endgültig überschritten worden, als die Wörter sich nicht mehr mit den Repräsentationen überkreuzten und die Erkenntnis der Dinge nicht mehr spontan rasterten. Zu Beginn des neunzehnten Jahrhunderts haben sie ihre alte, rätselhafte Mächtigkeit wiedergefunden. Das geschah aber nicht, um den Bogen der Welt zu reintegrieren, der sie in der Renaissance barg, oder um sich mit den Dingen in einem zirkelartigen Zeichensystem zu vermengen. Künftig, und bis heute noch, existiert die Sprache von der Repräsentation losgelöst nicht mehr anders als in einer verstreuten Weise. Für die Philologen sind die Wörter ebenso viele, von der Geschichte eingeführte und deponierte Gegenstände; wer formalisieren will, für den muß die Sprache ihren konkreten Inhalt herausschälen und nur noch die allgemeingültigen Formen des Diskurses erscheinen lassen. Wenn man interpretieren will, werden die Wörter aufzubrechender Text, damit man jene andere Bedeutung in vollem Licht auftauchen sehen kann, die sie verbergen. Schließlich taucht Sprache für sich selbst in einem Schreibakt auf, der nichts anderes als sich selbst bezeichnet. Diese Verstreuung erlegt der Sprache, wenn nicht ein Privileg, so doch ein Schicksal auf, das eigenartig erscheint, wenn man es mit dem der Arbeit oder des Lebens vergleicht. Als das Tableau der Naturgeschichte aufgelöst wurde, wurden die Lebewesen nicht verstreut, sondern im Gegenteil neu um das Rätsel des Lebens gruppiert. Als die Analyse der Reichtümer verschwand, haben sich alle ökonomischen Prozesse um die Produktion und um das, was sie ermöglichte, neu gruppiert. Als dagegen die Einheit der allgemeinen Grammatik – der Diskurs – sich auflöste, erschien die Sprache nach multiplen Seinsweisen, deren Einheit ohne Zweifel nicht wiederhergestellt werden konnte. Aus diesem Grunde vielleicht hat sich die philosophische Reflexion lange Zeit von der Sprache ferngehalten. Als sie unermüdlich im Leben oder in der Arbeit etwas wie ihren Gegenstand, ihre begrifflichen Modelle oder ihren realen und grundlegenden Boden suchte, lieh sie der Sprache nur eine untergeordnete Aufmerksamkeit. Es handelte sich für sie vor allem darum, die Hindernisse aus dem Wege zu räumen, die die Sprache ihrer Aufgabe entgegenstellen konnte. Zum Beispiel mußten die Wörter von den verschwiegenen Inhalten befreit werden, die sie entfremdeten, oder die Sprache mußte geschmeidig und von innen gewissermaßen flüssig gemacht werden, damit sie, von den räumlichen Einteilungen des Verstandes befreit, die Bewegung des Lebens und ihre eigene Dauer wiedergeben könnte. Die Sprache ist erst am Ende des neunzehnten Jahrhunderts direkt und für sich selbst in das Feld des Denkens getreten. Man könnte sogar sagen, erst im zwanzigsten Jahrhundert, wenn Nietzsche als Philologe – auch da war er so klug und wußte soviel und schrieb so gute Bücher – nicht als erster der philosophischen Aufgabe einer radikalen Reflexion über die Sprache nahegekommen wäre.

In diesem philosophisch-philologischen Raum, den Nietzsche für uns eröffnet hat, taucht die Sprache jetzt in einer rätselhaften Mannigfaltigkeit auf, die man bezähmen müßte. Als Vielzahl von Vorhaben (als Schimären vielleicht, ohne daß wir es im Augenblick wissen) erscheinen dann die Themen einer universalen Formalisierung jeglichen Diskurses oder die einer integralen Exegese der Welt, die gleichzeitig die vollkommene Demystifizierung wäre, oder jene einer allgemeinen Zeichentheorie; oder auch das Thema (das historisch zweifellos ursprünglicher ist) einer restlosen Transformation, einer integralen Resorption aller Diskurse in einem einzigen Wort, aller Bücher auf einer Seite, alles in einem Buch. Die große Aufgabe, der sich Mallarmé bis zum Tode gewidmet hat, beherrscht uns heute. In ihrem Gestammel umhüllt sie all unsere Anstrengungen, die wir heute unternehmen, um das zerstückelte Sein der Sprache auf den Zwang einer vielleicht unmöglichen Einheitlichkeit zurückzubringen. Das Unterfangen Mallarmés, jeden möglichen Diskurs in die brüchige Dicke des Wortes, in jene dünne und materielle, von der Tinte auf dem Papier gezogene schwarze Linie einzuschließen, entspricht im Grunde der Frage, die Nietzsche der Philosophie vorschrieb. Für Nietzsche handelte es sich nicht darum, was Gut und Böse in sich seien, sondern wer bezeichnet wurde oder vielmehr *wer sprach*, als man, um sich selbst zu bezeichnen, *agathos* sagte und *deilos*, um die anderen zu bezeichnen.[1] Nämlich in dem, der den Diskurs *hält* und – noch tiefer – das Sprechen *besitzt*, versammelt sich die ganze Sprache. Auf jene Frage Nietzsches: Wer spricht? antwortet Mallarmé und nimmt seine Antwort immer wieder auf, indem er sagt, daß das, was spricht, in seiner Einsamkeit, seiner zerbrechlichen Vibration, in seinem Nichts das Wort selbst ist – nicht die Bedeutung des Wortes, sondern sein rätselhaftes und prekäres Sein. Während Nietzsche bis zum Schluß die Frage nach dem, was spricht, durchhält, wobei er letzten Endes bereit ist, selbst in das Innere dieser Befragung einzubrechen, um sie in sich selbst als sprechendem und fragendem Subjekt zu begründen: *Ecce homo*, hört Mallarmé nicht auf, sich mit seiner eigenen Sprache auszulöschen, so daß er nur noch als Ausführender in einer reinen Zeremonie des Buches darin vorkommen will, in dem der Diskurs sich aus sich selbst zusammensetzte. Es ist durchaus möglich, daß alle die Fragen, die gegenwärtig unsere Neugier beschäftigen (Was ist Sprache? Was ist ein Zeichen? Was in der Welt, in unseren Gesten und dem ganzen rätselhaften Wappen unseres Verhaltens, in unseren Träumen und Krankheiten stumm ist, welche Sprache spricht es, mit welcher Grammatik? Ist alles bezeichnend, oder für wen und nach welchen Regeln ist was bezeichnend? Welche Beziehung besteht zwischen der Sprache und dem Sein: wendet sich die Sprache nicht immer an das Sein, zumindest die, die wirklich spricht? Was ist also das für eine Sprache, die nichts sagt und nie schweigt und »Literatur« heißt?) – es könnte also sein, daß alle diese Fragen sich heute in dem nie ausgefüllten Zwischenraum zwischen der Frage Nietzsches und der Antwort stellen, die ihm Mallarmé gegeben hat.

Wir wissen jetzt, woher diese Fragen kommen. Sie sind durch die Tatsache möglich geworden, daß am Anfang des neunzehnten Jahrhunderts das Gesetz des Diskurses sich von der Repräsentation abgesetzt hat und das Sein der Sprache praktisch in Stücke zerrissen wurde. Sie sind aber notwendig geworden, als mit Nietzsche und Mallarmé das Denken, wenn auch gewaltsam, zur Sprache selbst, zu ihrem einmaligen und schwierigen Sein zurückgeführt wurde. Die ganze Neugierde unseres Denkens richtet

---

1 Nietzsche, *Zur Genealogie der Moral*, I, 5; in: ders., a. a. O., Bd. 2, S. 776.

sich jetzt auf die Frage: Was ist die Sprache, wie kann man sie umreißen, um sie in sich und in ganzer Fülle erscheinen zu lassen? Einerseits löst diese Frage diejenigen ab, die im neunzehnten Jahrhundert das Leben und die Arbeit betrafen. Aber der Status dieser Untersuchung und all der Fragen, die sie diversifizieren, ist nicht völlig klar. Muß man darin die Entstehung oder noch früher das erste Leuchten eines sich kaum ankündigenden Tages in der Tiefe des Himmels ahnen, in dem wir aber bereits vermuten, daß das Denken – jenes Denken, das seit Jahrtausenden spricht, ohne zu wissen, was sprechen heißt oder daß es überhaupt spricht – sich in seiner Ganzheit erfaßt und sich erneut in der Helle des Seins beleuchtet? Bereitete Nietzsche nicht genau das vor, als er innerhalb seiner Sprache den Menschen und Gott gleichzeitig tötete und mit der Wiederkehr das multiple und erneute Glitzern der Götter verhieß? Oder muß man ganz einfach zugeben, daß so viele Fragen bezüglich der Sprache nur jenes Ereignis, dessen Existenz und erste Wirkungen seit Ende des achtzehnten Jahrhunderts uns die Archäologie gelehrt hat, fortsetzen und höchstens beenden? Die Fraktionierung der Sprache, die sich zur Zeit ihres Übergangs zur philologischen Objektivität vollzog, wäre demnach nur die gerade erst sichtbar gewordene (weil geheimste und grundlegendste) Folge des Bruchs der klassischen Ordnung. Indem wir uns anstrengten, diesen Bruch zu bewältigen und die Sprache in ihrer Ganzheit erscheinen zu lassen, würden wir das zu seinem Ende bringen, was sich vor und ohne uns gegen Ende des achtzehnten Jahrhunderts vollzogen hat. Was wäre das aber für eine Vollendung? Wenn man die verlorengegangene Einheitlichkeit der Sprache rekonstruieren will, geht man dann bis ans Ende eines Denkens, nämlich jenes des neunzehnten Jahrhunderts, oder wendet man sich an Formen, die bereits inkompatibel mit ihm sind? Die Dispersion der Sprache ist in der Tat auf grundlegende Weise mit jenem archäologischen Ereignis verbunden, das man durch das Verschwinden des Diskurses bestimmen kann. In einem einzigen Raum das große Spiel der Sprache wiederzufinden könnte ebenso heißen, einen entscheidenden Sprung zu einer völlig neuen Form des Denkens zu machen, wie auch, einen im vorangegangenen Jahrhundert eingeführten Wissensmodus in sich selbst abzuschließen.

Auf diese Fragen vermag ich nicht zu antworten, und bei dieser Alternative weiß ich auch keinen Endpunkt anzugeben. Ich ahne nicht einmal, ob ich jemals werde darauf antworten können oder ob mir eines Tages Gründe beifallen werden, die mir zu einer Entscheidung verhelfen. Auf jeden Fall weiß ich jetzt, warum ich mir diese Fragen wie jeder andere stellen kann und ich sie mir heute stellen muß. Nur diejenigen, die nicht lesen können, werden staunen, daß ich es klarer bei Cuvier, Bopp und bei Ricardo als bei Kant oder Hegel verstanden habe.

II. Der Platz des Königs

Wahrscheinlich müßte man angesichts so vieler Unkenntnisse und so vieler offengebliebener Fragen einmal aufhören. Da ist das Ende des Diskurses fixiert worden und vielleicht der Wiederbeginn der Arbeit. Dennoch müssen noch einige Worte gesagt werden. Worte, deren Status zweifellos schwierig zu rechtfertigen ist, denn es handelt sich darum, im letzten Augenblick und gewissermaßen mit einem künstlichen Theatertrick eine Gestalt einzuführen, die im großen klassischen Spiel der Repräsentationen noch nicht vorgekommen ist. Man möchte das vorab bestehende Gesetz des Spiels in dem Bild der *Meninas* erkennen, wo die Repräsentation in jedem ihrer Momente repräsentiert wird: Maler, Palette, große dunkle Fläche der Rückseite der Leinwand, an den Mauern befestigte Gemälde, betrachtende Zuschauer, die gleichzeitig von den sie Betrachtenden eingerahmt werden; schließlich im Zentrum, im Herzen der Repräsentation, dem am nächsten, was essentiell ist, der Spiegel, der zeigt, was repräsentiert wird, aber als ein so ferner, so in einen irrealen Raum eingetriebener, allen Blicken, die sich woanders hinwenden, so fremder Reflex, daß er nur die zerbrechlichste Reduplizierung der Repräsentation ist. Alle inneren Linien des Bildes und vor allem die, die von der zentralen Spiegelung kommen, zielen auf das, was repräsentiert wird, aber nicht vorhanden ist. Gleichzeitig Objekt – weil es das ist, was der repräsentierte Künstler gerade auf seine Leinwand überträgt – und Subjekt – weil das, was der Maler vor Augen hatte, als er sich in seiner Arbeit repräsentierte, er selbst war, weil die auf dem Bild dargestellten *(figurés)* Blicke auf diesen fiktiven Platz der königlichen Person gerichtet sind, der der reale Ort des Malers ist, weil schließlich der Gast dieses nicht eindeutigen Platzes, an dem unbegrenzt der Maler und der Souverän wie in einem Blinken sich abwechseln, der Zuschauer ist, dessen Blick das Bild in ein Objekt transformiert, reine Repräsentation dieses wesentlichen Fehlens. Dabei bildet dieses Manko noch nicht einmal eine Lücke außer für den Diskurs, der mühsam das Bild zerlegt, denn es ist stets bewohnt, und zwar wirklich, wie die Aufmerksamkeit des dargestellten Malers, die Achtung der Personen, die das Gemälde zeigt, das Vorhandensein der großen, von hinten sichtbaren Leinwand und unser Blick, für den dieses Bild existiert und, aus der Tiefe der Zeit, angeordnet worden ist, es beweisen.

Für wen im klassischen Denken die Repräsentation existiert und wer sich selbst in ihr repräsentiert, sich als Bild oder Reflex erkennt, alle überkreuzten Fäden der »Repräsentation als Bild« verknüpft – der wird sich darin nie selbst präsent finden. Vor dem Ende des achtzehnten Jahrhunderts existierte der *Mensch* nicht. Er existierte ebensowenig wie die Kraft des Lebens, die Fruchtbarkeit der Arbeit oder die historische Mächtigkeit der Sprache. Es ist eine völlig junge Kreatur, die die Demiurgie des Wissens eigenhändig vor noch nicht einmal zweihundert Jahren geschaffen hat. Er ist aber so schnell gealtert, daß man sich leicht vorgestellt hat, daß er während Tausenden von Jahren im Schatten den Moment seiner Beleuchtung erwartet hat, in dem er schließlich bekannt wurde. Gewiß wird man sagen können, daß die allgemeine Grammatik, die Naturgeschichte, die Analyse der Reichtümer in bestimmtem Sinne Weisen waren, den Menschen zu erkennen, aber man muß hierbei unterscheiden. Zweifellos haben die Naturwissenschaften vom Menschen als einer Art oder Gattung gehandelt: die Diskussion über das Rassenproblem im achtzehnten Jahrhundert bezeugt das. Die Grammatik und die Ökonomie benutzten außerdem Begriffe wie die des Bedürfnisses, des Verlangens oder der Erinnerung und Vorstellungskraft. Aber es gab kein erkenntnistheoretisches Bewußtsein vom Menschen als solchem. Die klassische *episteme* gliedert sich nach Linien, die in keiner Weise ein spezifisches und eigenes Gebiet des Menschen isolieren. Und wenn man beharrlich bleibt, wenn man dem entgegenhält, daß dennoch keine Epoche der menschlichen Natur mehr zugeschrieben hat, keine ihr einen definitiveren und besser dem Diskurs zugänglichen Status gegeben hat, wird man antworten können, daß der Begriff der menschlichen Natur und die Weise, auf die er funktionierte, ausschloß, daß es eine klassische Wissenschaft vom Menschen gab.

In der klassischen *episteme*, das muß man festhalten, stehen die Funktionen der »Natur« und der »menschlichen Natur« sich wie zwei Glieder gegenüber. Die Natur läßt durch das Spiel einer realen und ungeordneten Nebeneinanderstellung den Unterschied im geordneten Kontinuierlichen der Wesen auftauchen. Die menschliche Natur läßt das Identische in der ungeordneten Kette der Repräsentationen erscheinen, und zwar durch das Spiel einer Auffächerung der Bilder. Die eine impliziert die Verwirrung einer Geschichte zur Einführung aktueller landschaftlicher Darstellungen. Die andere impliziert den Vergleich inaktueller Elemente, die das Gewebe einer chronologischen Folge auflösen. Trotz dieser Opposition oder vielmehr durch sie hindurch sieht man, wie sich die positive Beziehung der Natur und der menschlichen Natur abzeichnet. Sie spielen in der Tat mit identischen Elementen (das Gleiche, das Kontinuierliche, der unwahrnehmbare Unterschied, die bruchlose Abfolge). Alle beide lassen auf einem ununterbrochenen Raster die Möglichkeit einer allgemeinen Analyse erscheinen, die die Aufteilung isolierbarer Identitäten und sichtbarer Unterschiede gemäß einem tabellarischen Raum und in einer geordneten Folge gestattet. Aber sie gelangen nicht unabhängig voneinander dazu, und dadurch kommunizieren sie. In der Tat kann durch das Vermögen, sich zu reduplizieren (in der Vorstellungskraft, der Erinnerung und der vielfältigen, vergleichenden Aufmerksamkeit), die Kette der Repräsentationen unterhalb der Unordnung der Erde die bruchlose Schicht der Wesen finden. Die zunächst kühne und den Launen der Repräsentationen, so wie sie sich bieten, ausgelieferte Erinnerung festigt sich allmählich in einem allgemeinen Tableau alles Existierenden. Der Mensch kann dann die Welt in die Souveränität eines Diskurses eintreten lassen, die ihre Repräsentation zu repräsentieren vermag. Im Akt des Sprechens oder vielmehr (um näher an dem zu bleiben, was es für die klassische Erfahrung mit der Sprache an Wesentlichem gibt) im Akt des *Benennens* transformiert die menschliche Natur als Faltung der Repräsentation in sich selbst die lineare Folge der Gedanken in eine konstante Tafel von teilweise unterschiedlichen Wesen. Der Diskurs, in dem sie ihre Repräsentationen redupliziert und offenbart, verbindet sie mit der Natur. Umgekehrt ist die Kette der Wesen mit der menschlichen Natur durch das Spiel mit der Natur verbunden. Da die reale Welt, so wie sie sich den Blicken gibt, nicht schlicht und einfach Ablauf der grundlegenden Kette der Wesen ist, sondern deren vermengte – wiederholte und diskontinuierliche – Fragmente bietet, ist die Folge der Repräsentationen im Geist nicht dazu gezwungen, den kontinuierlichen Weg der unwahrnehmbaren Unterschiede zu nehmen. Die Extrempunkte treffen sich darin, dieselben Sachen ergeben sich darin mehrmals. Die identischen Züge überlagern sich im Gedächtnis; die Unterschiede brechen auf. So drückt sich die große und unbegrenzte und kontinuierliche

Schicht in getrennten Merkmalen, in mehr oder weniger allgemeinen Zügen, in Markierungen der Identifikation aus. Und infolgedessen auch in Wörtern. Die Kette der Wesen wird zum Diskurs und verbindet sich dadurch mit der menschlichen Natur und der Folge der Repräsentationen.

Daß hier die Natur und die menschliche Natur in Kommunikation gestellt werden, und zwar von zwei entgegengesetzten, aber komplementären Funktionen aus, weil sie nicht einzeln sich auswirken können, bringt weitgehende theoretische Konsequenzen mit sich. Im klassischen Denken steht der Mensch nicht in der Natur durch Vermittlung jener regionalen, begrenzten und spezifischen »Natur«, die ihm durch Geburtsrecht wie allen anderen Wesen gegeben ist. Wenn die menschliche Natur sich mit der Natur verflicht, dann durch die Mechanismen der Gelehrsamkeit und ihr Funktionieren. Oder vielmehr: in der großen Disposition der klassischen *episteme* sind die Natur, die menschliche Natur und ihre Beziehungen funktionale, definierte und vorgesehene Momente. Der Mensch als dichte und ursprüngliche Realität, als schwieriges Objekt und souveränes Subjekt jeder möglichen Erkenntnis findet darin keinen Platz. Die modernen Themen eines gemäß den Gesetzen einer Ökonomie, Philologie und Biologie lebenden, sprechenden und arbeitenden Individuums, das aber in einer Art innerer Verdrehung und Überlappung durch das Spiel jener Gesetze selbst das Recht erhalten hätte, sie zu erkennen und völlig an den Tag zu bringen, alle jene Themen, die uns vertraut und mit der Existenz der »Humanwissenschaften« verbunden sind, werden durch das klassische Denken ausgeschlossen. Es war zu jener Zeit nicht möglich, daß sich an der Grenze der Welt jene eigenartige Gestalt eines Wesens erhebt, dessen Natur (die es determiniert, es festhält und seit der Tiefe der Zeiten durchdringt) es wäre, die Natur und infolgedessen sich selbst als natürliches Wesen zu erkennen.

An dem Punkt des Zusammentreffens der Repräsentation und des Seins dagegen, dort, wo sich Natur und menschliche Natur überkreuzen – an jener Stelle, an der wir heute die ursprüngliche, unabweisbare und rätselhafte Existenz des Menschen zu erkennen glauben –, läßt das klassische Denken die Macht des Diskurses auftauchen. Das heißt: der Sprache, insofern sie repräsentiert – die Sprache, die die Dinge benennt, zerschneidet, kombiniert, verknüpft und entknüpft, indem sie sie in der Transparenz der Wörter sichtbar macht. In dieser Rolle transformiert die Sprache die Folge der Wahrnehmungen in ein Bild, und umgekehrt zerteilt sie das Konti-

nuum der Wesen in Merkmale. Dort, wo es Diskurs gibt, fächern sich die
Repräsentationen auf und stellen sich dicht nebeneinander. Die Dinge
sammeln sich und gliedern sich. Die tiefe Bestimmung der klassischen
Sprache ist es stets gewesen, ein »Tableau« zu ergeben: gleich, ob das nun
als natürliche Rede, Sammlung der Wahrheit, Beschreibung der Dinge,
Korpus exakter Kenntnisse oder enzyklopädisches Wörterbuch geschah.
Sie existiert also nur, um transparent zu sein. Sie hat jene geheime Konsistenz verloren, die sie im sechzehnten Jahrhundert zu einem zu entschlüsselnden Sprechen verdichtete und mit den Dingen der Welt verflocht.
Sie hat noch nicht jene multiple Existenz erworben, nach der wir uns heute
fragen: in der Klassik ist der Diskurs die durchsichtige Notwendigkeit,
durch die die Repräsentation und die Wesen gehen, wenn die Repräsentation die Wesen in ihrer Wahrheit sichtbar macht. Die Möglichkeit, die
Dinge und ihre Ordnung zu erkennen, läuft in der klassischen Erfahrung
durch die Souveränität der Wörter: Diese sind genau genommen weder
zu entschlüsselnde Markierungen (wie in der Epoche der Renaissance)
noch mehr oder weniger treue und beherrschbare Instrumente (wie in
der Zeit des Positivismus). Sie bilden eher den farblosen Raster, von dem
aus die Wesen sich offenbaren und die Repräsentationen sich ordnen. Daher rührt zweifellos die Tatsache, daß die klassische Reflexion der Sprache,
während sie zu einer allgemeinen Disposition gehörte, in die sie gleichgestellt mit der Analyse der Reichtümer und der Naturgeschichte eintritt,
in Beziehung zu diesen doch eine bestimmende Rolle ausübt.

Die wesentliche Folge aber ist, daß die klassische Sprache als *gemeinsamer Diskurs* der Repräsentation und der Sachen, als Ort, in dem Natur
und menschliche Natur sich überkreuzen, absolut etwas ausschließt, das
man als »Wissenschaft vom Menschen« bezeichnen könnte. Solange diese
Sprache in der abendländischen Kultur gesprochen hat, war es nicht möglich, daß die menschliche Existenz für sich selbst in Frage gestellt wurde,
denn was sich in ihr verknüpfte, war die Repräsentation und das Sein.
Der Diskurs, der im siebzehnten Jahrhundert das »Ich denke« und das
»Ich bin« desjenigen miteinander verbunden hat, der ihn unternahm – dieser Diskurs ist in einer sichtbaren Form das Wesen der klassischen Sprache
geblieben, denn was sich in ihm verknüpfte, und zwar mit vollem Recht,
das waren die Repräsentation und das Sein. Der Übergang vom »Ich
denke« zum »Ich bin« vollzog sich im Licht der Evidenz innerhalb eines
Diskurses, dessen ganzes Gebiet und ganzes Funktionieren darin bestan-

den, daß man das, was man sich repräsentiert, und das, was ist, nacheinander gliedert. Diesem Übergang kann man also weder entgegenhalten, daß das Sein im allgemeinen nicht im Denken enthalten ist, noch, daß das besondere Sein, so wie es in dem »Ich bin« bezeichnet wird, nicht für sich selbst befragt oder analysiert worden ist. Oder diese Entgegnungen können vielmehr entstehen und ihr Recht geltend machen, aber ausgehend von einem Diskurs, der zutiefst anders ist und als Seinsgrund nur die Verbindung der Repräsentation und des Seins hat. Allein eine Problematik, die die Repräsentation umgeht, wird solche Entgegnungen formulieren können. Solange aber der klassische Diskurs gedauert hat, konnte eine Frage nach der durch das Cogito implizierten Seinsweise nicht artikuliert werden.

III. Die Analytik der Endlichkeit

Erst als die Naturgeschichte zur Biologie, die Analyse der Reichtümer zur Ökonomie und als vor allem die Reflexion der Sprache zur Philologie wird und jener klassische Diskurs erlischt, in dem das Sein und die Repräsentation ihren gemeinsamen Platz fanden, erscheint in der tiefen Bewegung einer solchen archäologischen Veränderung der Mensch mit seiner nicht eindeutigen Position als Objekt für ein Wissen und als Subjekt, das erkennt: Unterworfener Souverän, betrachteter Betrachter, taucht er dort an jener Stelle des Königs auf, die ihm im voraus die *Hoffräulein* zuwiesen, von wo aber für lange Zeit seine reale Präsenz ausgeschlossen war. Als würden in jenem vakanten Raum, zu dem das ganze Bild von Velasquez gewendet war, den es aber dennoch nur durch den Zufall eines Spiegels und gewissermaßen durch ein Hineinbrechen reflektierte, alle Figuren, deren Abwechseln, reziprokes Ausschließen, Verflochtensein und Geflimmer (das Modell, der Maler, der König, der Betrachter) man vermutete, plötzlich ihren unwahrnehmbaren Tanz beenden, sich in eine volle Gestalt heften und fordern, daß der ganze Raum der Repräsentation endlich auf einen Blick aus Fleisch bezogen würde.

Das Motiv dieser neuen Präsenz, die ihr eigene Modalität, die besondere Disposition der *episteme*, die sie gestattet, die neue Beziehung, durch die sie sich zwischen den Wörtern, den Sachen und ihrer Ordnung einführt, all das kann jetzt ans Licht gehoben werden. Cuvier und seine Zeitgenossen hatten vom Leben verlangt, selbst und in der Tiefe seines Seins die Bedingungen der Möglichkeit des Lebendigen zu definieren. Auf die gleiche Weise hatte Ricardo von der Arbeit die Bedingungen der Möglichkeit des Warentausches, des Profits und der Produktion verlangt. Die ersten Philologen hatten sich ebenfalls in der historischen Tiefe der Sprachen die Möglichkeit des Diskurses und der Grammatik gesucht. Dadurch selbst hat die Repräsentation aufgehört, für die Lebewesen, die Bedürfnisse und die Wörter Geltung als ihr Ursprungsort und ursprünglicher Sitz ihrer Wahrheit zu haben. Im Verhältnis zu ihnen ist sie künftig nicht mehr als eine mehr oder weniger verschwommene, ihnen in einem Bewußtsein entsprechende Wirkung, das sie ergreift und sie wiederherstellt. Die Repräsentation, die man sich von den Dingen macht, braucht in einem souveränen Raum nicht mehr das Bild ihrer Anordnung zu entfalten. Sie ist hinsichtlich dieses empirischen Individuums, des Menschen, das Phänomen – vielleicht noch weniger: der Anschein – einer Ordnung, die jetzt den Dingen selbst und ihrem inneren Gesetz zugehört. In der Repräsentation offenbaren die Wesen nicht mehr ihre Identität, sondern die äußerliche Beziehung, die sie zum menschlichen Wesen herstellen. Der Mensch mit seinem eigenen Sein, mit seiner Kraft, sich Repräsentationen zu geben, taucht mit einer durch die Lebewesen, die Tauschgegenstände und die Wörter bestimmten Tiefe auf, als sie unter Aufgabe der Repräsentation, die bis dahin ihr natürlicher Sitz gewesen war, sich in die Tiefe der Dinge zurückziehen, sich in sich selbst gemäß den Gesetzen des Lebens, der Produktion und der Sprache drehen. Inmitten ihrer aller und eingeengt durch den von ihnen gebildeten Kreis wird der Mensch von ihnen bezeichnet und sogar verlangt, weil er spricht, weil er als unter den Tieren lebend gesehen wird (und an einer Stelle, die nicht nur privilegiert, sondern für die von ihnen gebildete Gesamtheit ordnungskräftig ist: selbst wenn er nicht als Endpunkt der Entwicklung begriffen wird, erkennt man in ihm den äußersten Punkt einer langen Folge), weil schließlich die Beziehung zwischen den Bedürfnissen und den Mitteln, die er zu ihrer Befriedigung hat, so ist, daß er notwendig Mittel und Prinzip jeder Produktion ist. Aber diese gebieterische Bezeichnung ist nicht eindeutig. Einerseits wird der Mensch durch die Arbeit, das Leben und die Sprache beherrscht: seine konkrete Existenz findet in ihnen ihre Bestimmungen. Man kann zu ihm nur Zugang durch seine Wörter, seinen Organismus, die von ihm hergestellten Gegenstände haben. Als hielten sie als erste (und vielleicht allein) die Wahrheit in Hän-

den. Und er selbst enthüllt sich, sobald er denkt, seinen eigenen Augen nur
in der Form eines Wesens, das bereits in einer notwendig darunterliegen-
den Schicht, in einer irreduziblen Vorherigkeit, ein Lebewesen, ein Pro-
duktionsinstrument, ein Vehikel für ihm präexistente Wörter ist. Alle diese
Inhalte, die sein Wissen ihm als ihm äußerlich und älter als seine Entstehung enthüllt, antizipieren ihn, überpfropfen ihn mit ihrer ganzen Festigkeit und durchdringen ihn, als wäre er nichts weiter als ein Naturge-
genstand oder ein Gesicht, das in der Geschichte verlöschen muß. Die
Endlichkeit des Menschen kündigt sich, und zwar auf gebieterische Weise,
in der Positivität des Wissens an. Man weiß, daß der Mensch endlich ist,
so wie man die Anatomie des Gehirns, den Mechanismus der Produktionskosten oder das System der indoeuropäischen Konjugation kennt; oder
vielmehr, man begreift, wenn man zwischen den Zeilen all dieser positiven, festen und vollen Gestalten liest, die Endlichkeit und die Grenzen,
die sie auferlegen, man vermutet gewissermaßen als weiße Fläche all das,
was sie unmöglich machen.

In Wirklichkeit ist diese erste Entdeckung der Endlichkeit nicht stabil.
Nichts gestattet, sie in sich selbst festzumachen. Und könnte man nicht annehmen, daß sie das gleiche Unendliche verspricht, das sie gemäß dem System der Aktualität ablehnt? Die Evolution der Art ist noch nicht beendet.
Die Produktionsformen und die Arbeitsformen verändern sich unablässig,
und vielleicht wird der Mensch eines Tages in seiner Arbeit nicht mehr das
Prinzip seiner Entfremdung noch in seinen Bedürfnissen die konstante Erinnerung an seine Grenzen finden. Nichts beweist auch, daß er nicht eines
Tages Symbolsysteme finden wird, die in genügender Weise rein sind, um
die alte Undurchsichtigkeit der historischen Sprachen aufzulösen. In der
Positivität angekündigt, zeichnet sich die Endlichkeit des Menschen in ihrer paradoxen Form des Unbestimmten ab. Sie zeigt (eher als die Strenge
der Grenze) die Monotonie einer Bewegung an, die wahrscheinlich keine
Schwelle hat, die aber vielleicht nicht ohne Hoffnung ist. Dennoch haben
alle diese Inhalte mit dem, was sie verheimlichen, und dem, was sie auch
auf die Grenzen der Zeit abzielen lassen, keine Positivität im Raum des
Wissens, sie stellen sich der Aufgabe einer möglichen Erkenntnis nur
durch und durch mit der Endlichkeit verbunden. Denn sie stünden nicht
in jenem Licht, das sie zu einem bestimmten Teil beleuchtet, wenn der
Mensch, der sich durch sie hindurch entdeckt, in dem stummen, nächtlichen, unmittelbaren und glücklichen Anfang des animalischen Lebens

gefangen wäre. Aber sie würden sich ebensowenig in dem spitzen Winkel ergeben, der sie, von ihnen selbst ausgehend, verschleiert, wenn der Mensch sie ohne Rest in dem Aufleuchten eines unendlichen Verstandes durchlaufen könnte. Aber der Erfahrung des Menschen ist ein Körper gegeben, der sein Körper ist – Bruchstück eines nicht eindeutigen Raumes, dessen eigene und irreduzible Räumlichkeit sich indessen nach dem Raum der Dinge gliedert. Dieser selben Erfahrung ist das Verlangen als anfänglicher Appetit gegeben, von dem ausgehend alle Dinge einen Wert, und zwar einen relativen Wert annehmen. Derselben Erfahrung ist eine Sprache gegeben, in deren Linie alle Diskurse aller Zeiten, alle Abfolgen und Gleichzeitigkeiten gegeben werden können. Das heißt, daß jede dieser positiven Formen, in denen der Mensch erfahren kann, daß er endlich ist, ihm nur auf dem Hintergrund seiner eigenen Endlichkeit gegeben ist. Nun ist diese nicht die gereinigteste Essenz der Positivität, sondern das, wovon ausgehend ihr Erscheinen möglich wird. Die Seinsweise des Lebens und das, was bewirkt, daß das Leben nicht existiert, ohne mir seine Formen vorzuschreiben, sind mir fundamental durch meinen Körper gegeben. Die Seinsweise meiner Produktion, das Lasten ihrer Bestimmungen auf meiner Existenz sind mir durch mein Verlangen gegeben. Die Seinsweise der Sprache, die ganzen historischen Furchen, die die Wörter in dem Augenblick aufleuchten lassen, in dem man sie ausspricht, und vielleicht in einer noch unwahrnehmbareren Zeit, werden mir nur entlang der feinen Kette meines sprechenden Denkens gegeben. Als Grundlage aller empirischen Positivitäten und dessen, was sich der Existenz des Menschen als konkrete Begrenzung anzeigen kann, entdeckt man eine Endlichkeit, die in einem bestimmten Sinne dieselbe ist. Sie wird durch die Räumlichkeit des Körpers, durch die Unerfülltheit des Verlangens und die Zeit der Sprache markiert. Dennoch ist sie radikal eine andere. Dort manifestiert sich die Grenze nicht als dem Menschen von außen auferlegte Bestimmung (weil er eine Natur oder eine Geschichte hat), sondern als fundamentale Endlichkeit, die nur auf ihrer eigenen Tatsache beruht und sich auf die Positivität jeder konkreten Grenze hin öffnet.

So zeichnet sich im Zentrum der Empirizität selbst die Verpflichtung ab, zu einer Analytik der Endlichkeit hinaufzusteigen oder, wenn man will, hinabzusteigen, in der das Sein des Menschen alle Formen in ihrer Positivität begründen kann, die ihm zeigen, daß er nicht unendlich ist. Das erste Merkmal, mit dem diese Analytik die Seinsweise des Menschen markieren

wird, oder vielmehr der Raum, in dem sie sich völlig entfalten wird, wird
der der Wiederholung sein – der der Identität und der des Unterschiedes
zwischen dem Positiven und dem Grundlegenden: Der Tod, der anonym
an der alltäglichen Existenz des Lebendigen nagt, ist derselbe wie der fundamentale, von dem ausgehend sich mir mein empirisches Leben ergibt.
Das Verlangen, das die Menschen in der Neutralität des ökonomischen
Prozesses verbindet und trennt, ist das gleiche, von dem ausgehend jedes
Ding für mich begehrenswert ist. Die Zeit, die die Sprachen trägt, in ihnen
ruht und sie schließlich abnutzt, ist die Zeit, die meinen Diskurs dehnt, bevor ich ihn noch in einer Abfolge ausgesprochen habe, die keiner bezähmen kann. Von einem Ende der Erfahrung zum andern erwidert sich die
Endlichkeit auf sich selbst. Sie ist in der Figur des *Gleichen* die Identität
und der Unterschied der Positivitäten und ihrer Grundlage. Man sieht,
wie die moderne Reflexion beim ersten Verlocken dieser Analytik die Aufteilung der Repräsentation mit ihrer Entfaltung in einem Bild, so wie es
das klassische Wissen ordnete, sich zu einem bestimmten Denken des
Gleichen – wo der Unterschied dasselbe ist wie die Identität – umwendet.
In diesem schmalen und immensen, durch die Wiederholung des Positiven im Fundamentalen eröffneten Raum wird sich jene ganze Analytik
der Endlichkeit, die so mit dem Schicksal des modernen Denkens verbunden ist, entfalten. Dort wird man nacheinander das Transzendentale das
Empirische, das Cogito das Ungedachte, die Wiederkehr des Ursprungs
sein Zurückweichen wiederholen sehen. Dort wird sich ausgehend von
sich selbst ein Denken des *Gleichen* bekräftigen, das für die klassische Philosophie irreduzibel ist.
  Man wird vielleicht sagen, daß es nicht notwendig war, das neunzehnte
Jahrhundert zu erwarten, damit die Idee der Endlichkeit ans Licht käme.
Tatsächlich hat es sie vielleicht nur im Raum des Denkens an eine andere
Stelle gerückt, indem es sie eine komplexere, weniger eindeutige, weniger
leicht zu umgehende Rolle spielen ließ: Für das Denken des siebzehnten
und achtzehnten Jahrhunderts war es seine Endlichkeit, die den Menschen
zwang, in einer animalischen Existenz zu leben, im Schweiße seines Angesichts zu arbeiten und in opaken Wörtern zu denken. Diese gleiche Endlichkeit hinderte ihn daran, absolut die Mechanismen seines Körpers, die
Mittel zur Befriedigung seiner Bedürfnisse, die Methode ohne die gefährliche Hilfe einer völlig von Gewohnheiten und Vorstellungskräften durch-
wobenen Sprache zu denken. Als Ungleichung bis ins Unendliche legte die

Grenze des Menschen ebenso Rechenschaft ab über die Existenz dieser empirischen Inhalte wie über die Unmöglichkeit, sie unmittelbar zu erkennen. Und so ergab sich die negative Beziehung bis ins Unendliche – ob sie nun als Schöpfung, Fall, Verbindung der Seele mit dem Körper, Bestimmung innerhalb des unendlichen Seins, besonderer Gesichtspunkt in der Totalität oder Verbindung der Repräsentation mit dem Eindruck begriffen wurde – als der Empirizität des Menschen und der Kenntnis, die er davon erhalten kann, vorzeitig. Die Endlichkeit begründete in einer einzigen Bewegung, aber ohne reziproke Verweisung oder Zirkularität, die Existenz der Körper, der Bedürfnisse und der Wörter und die Unmöglichkeit, sie in einer absoluten Erkenntnis zu beherrschen. Die Erfahrung, die sich am Anfang des neunzehnten Jahrhunderts bildete, stellt die Entdeckung der Endlichkeit nicht mehr ins Innere des Denkens über das Unendliche, sondern genau in das Zentrum jener Inhalte, die durch ein endliches Wissen als die konkreten Formen der endlichen Existenz gegeben werden. Daher rührt das unbeendbare Spiel eines reduplizierten Bezugs. Wenn das Wissen des Menschen endlich ist, dann weil es ohne mögliche Befreiung in den positiven Inhalten der Sprache, der Arbeit und des Lebens gefangen ist. Umgekehrt, wenn das Leben, die Arbeit und die Sprache sich in ihrer Positivität ergeben, dann weil die Erkenntnis endliche Formen hat. Mit anderen Worten: für das klassische Denken legt die Endlichkeit (als positiv vom Unendlichen her eingeführte Bestimmung) Rechenschaft über jene negativen Formen ab: den Körper, das Bedürfnis, die Sprache und die begrenzte Kenntnis, die man davon haben kann. Für das moderne Denken begründet die Positivität des Lebens, der Produktion und der Arbeit (die ihre Existenz, ihre Historizität und ihre eigenen Gesetze haben) als ihre negative Korrelation den begrenzten Charakter der Erkenntnis. Und umgekehrt begründen die Grenzen der Erkenntnis positiv die Möglichkeit zu wissen, wenn auch in einer stets begrenzten Erfahrung, was das Leben, die Arbeit und die Sprache sind. Solange diese empirischen Inhalte innerhalb des Raums der Repräsentation lagen, war eine Metaphysik des Unendlichen nicht nur nötig, sondern erforderlich. Sie mußten in der Tat die manifesten Formen der menschlichen Endlichkeit sein; dennoch mußten sie ihren Ort und ihre Wahrheit innerhalb der Repräsentation haben können. Die Idee des Unendlichen und die seiner Bestimmung in der Endlichkeit gestatteten beides. Aber als die empirischen Inhalte von der Repräsentation losgelöst wurden und das Prinzip ihrer Existenz in sich selbst ent-

hüllten, wurde die Metaphysik des Unendlichen nutzlos. Die Endlichkeit
hörte nicht mehr auf, auf sich selbst zu verweisen (von der Positivität der
Inhalte zur Begrenzung der Erkenntnis, von der begrenzten Positivität
der Erkenntnis zum begrenzten Wissen der Inhalte). Dabei wurde das gesamte Feld des abendländischen Denkens umgestülpt. Dort, wo einst Korrelation zwischen einer *Metaphysik* der Repräsentation und des Unendlichen und einer *Analyse* der Lebewesen, des menschlichen Verlangens
und der Wörter seiner Sprache bestand, sieht man jetzt, wie eine *Analytik*
der Endlichkeit und der menschlichen Existenz und, in Opposition zu ihr
(aber in einer korrelativen Opposition), eine ständige Versuchung entstehen, eine *Metaphysik* des Lebens, der Arbeit und der Sprache einzuführen.
Aber das sind stets nur Versuchungen, die sofort in Frage gestellt und die
von innen miniert werden, denn es kann sich nur um von den menschlichen Endlichkeiten bemessene Metaphysiken handeln: um die Metaphysik eines zum Menschen selbst konvergierenden Lebens, auch wenn sie
nicht bei ihm aufhört; um die Metaphysik einer den Menschen befreienden Arbeit, so daß der Mensch sich seinerseits davon befreien kann; um
die Metaphysik einer Sprache, die der Mensch im Bewußtsein seiner eigenen Kultur sich wieder aneignen kann. Infolgedessen wird das moderne
Denken sich in seinem eigenen Vorgelände in Frage stellen und zeigen,
daß die Reflexionen über das Leben, die Arbeit und die Sprache, insoweit
sie als Analytik der Endlichkeit gelten, das Ende der Metaphysik offenbaren. Die Philosophie des Lebens denunziert die Metaphysik als Schleier
der Illusion, die der Arbeit denunziert sie als entfremdetes Denken und
Ideologie, die der Sprache als kulturelle Episode.

Aber das Ende der Metaphysik ist nur die negative Seite eines viel komplexeren Ereignisses, das sich im abendländischen Denken vollzogen hat.
Dieses Ereignis ist das Auftauchen des Menschen. Man sollte jedoch nicht
glauben, daß er plötzlich an unserem Horizont erschienen ist, indem er in
einem Hereinbrechen in unser Denken dieses völlig aus der Bahn warf und
uns die rohe Tatsache seines Körpers, seiner Arbeit und seiner Sprache aufgezwungen hat. Nicht das positive Elend des Menschen hat gewaltsam die
Metaphysik reduziert. Zweifellos beginnt auf der Ebene der Erscheinungen die Modernität, als das menschliche Wesen innerhalb seines Organismus, innerhalb der Schale seines Kopfes, der Rüstung seiner Glieder und
durch das ganze verzweigte System seiner Physiologie zu existieren beginnt; als er im Zentrum einer Arbeit zu existieren beginnt, deren Prinzip

ihn beherrscht und deren Produkt ihm entgeht; als er sein Denken in die Falten einer Sprache legt, die so viel älter als er ist, daß er die durch die Insistenz seines Sprechens wiederbelebten Bedeutungen nicht beherrschen kann. Aber auf noch fundamentalere Weise hat unsere Kultur die Schwelle, von der aus wir unsere Modernität erkennen, an dem Tag überschritten, an dem die Endlichkeit in einem unbeendbaren Bezug zu sich selbst gedacht worden ist. Wenn es auf der Ebene der verschiedenen Wissensgebiete zutrifft, daß die Endlichkeit stets vom konkreten Menschen und den empirischen Formen aus, die man für seine Existenz bestimmen kann, bezeichnet wird, ist auf der archäologischen Ebene, die das historische und allgemeine Apriori eines jeden der Wissensgebiete entdeckt, der moderne Mensch – dieser in seiner körperlichen, arbeitenden und sprechenden Existenz bestimmbare Mensch – nur als Gestalt der Endlichkeit möglich. Die moderne Kultur kann den Menschen denken, weil sie das Endliche von ihm selbst ausgehend denkt. Man begreift unter diesen Bedingungen, daß das klassische Denken und alles Denken, das ihm vorhergegangen ist, vom Geist und vom Körper, vom menschlichen Wesen, von seinem so begrenzten Platz innerhalb des Universums, von allen Grenzen, die seine Erkenntnis oder seine Freiheit bemessen, haben sprechen können, aber daß keine unter ihnen den Menschen je so gekannt hat, wie es dem modernen Wissen gegeben ist. Der »Humanismus« der Renaissance, der »Rationalismus« der klassischen Epoche haben dem Menschen in der Ordnung der Welt wohl einen privilegierten Platz geben können, sie haben jedoch den Menschen nicht denken können.

IV. Das Empirische und das Transzendentale

Der Mensch ist in der Analytik der Endlichkeit eine seltsame, empirischtranszendentale Dublette, weil er ein solches Wesen ist, in dem man Kenntnis von dem nimmt, was jede Erkenntnis möglich macht. Aber die menschliche Natur der Empiriker spielte ja im achtzehnten Jahrhundert die gleiche Rolle. Tatsächlich waren, was man damals analysierte, die Eigentümlichkeiten und die Formen der Repräsentation, die die Erkenntnis im allgemeinen gestatteten (so definierte Condillac die notwendigen und ausreichenden Operationen, damit sich die Repräsentation in der Erkenntnis entfaltet: Erinnerung, Selbstbewußtsein, Vorstellungskraft, Gedächtnis); jetzt, wo der Ort der Analyse nicht mehr die Repräsentation, sondern der Mensch in seiner Endlichkeit ist, handelt es sich darum, die Bedingungen der Erkenntnis ausgehend von den empirischen, in ihr gegebenen Inhalten an den Tag zu bringen. Es ist für die allgemeine Bewegung des modernen Denkens nicht wichtig, wo diese Inhalte lokalisiert worden sind. Man braucht nicht zu wissen, ob man sie in der Introspektion oder in anderen Formen der Analyse gesucht hat. Denn die Schwelle unserer Modernität liegt nicht in dem Augenblick, wo man auf die Untersuchung des Menschen objektive Methoden hat anwenden wollen, und nicht in dem Tag, an dem sich eine empirisch-transzendentale Dublette herausgebildet hat, die man den *Menschen* nannte. Man hat damals zwei Arten von Analysen entstehen sehen. Die einen haben sich auf den Raum des Körpers beschränkt und durch die Untersuchung der Wahrnehmung, der Sinnesmechanismen, der neuromotorischen Schemata, der gemeinsamen Gliederung von Dingen und Organismus wie eine Art transzendentaler Ästhetik funktioniert. Man entdeckte dabei, daß die Erkenntnis anatomisch-physiologische Bedingungen hatte, daß sie sich allmählich in dem Nervensystem des Körpers bildete, daß sie darin vielleicht einen privilegierten Platz hatte, daß ihre Formen auf jeden Fall von den Besonderheiten ihres Funktionierens losgelöst werden konnten. Kurz, es gab eine *Natur* der menschlichen Erkenntnis, die deren Formen bestimmte und gleichzeitig ihr in ihren eigenen empirischen Inhalten offenbart werden konnte. Es gab auch die Analysen, die durch die Untersuchung der mehr oder weniger alten und mehr oder weniger schwierig von der Menschheit zu überwindenden Illusionen wie eine Art transzendentaler Dialektik funktioniert haben. Man zeigt so, daß die Erkenntnis historische, gesellschaftliche oder ökonomische Bedingungen hatte, daß sie sich innerhalb der Beziehungen bildete, die sich zwischen den Menschen herstellen, und daß sie nicht unabhängig von der besonderen Gestalt war, die sie hier oder dort gewinnen konnten, kurz, daß es eine *Geschichte* der menschlichen Erkenntnis gab, die gleichzeitig dem empirischen Wissen gegeben werden und ihm seine Form vorschreiben konnte.

Nun ist das besondere an diesen Analysen, daß sie, so scheint es, ihrer gegenseitig nicht bedürfen. Außerdem können sie auch auf jeden Rückgriff auf eine Analytik (oder auf eine Theorie des Subjekts) verzichten. Sie behaupten, nur auf sich selbst beruhen zu können, weil es die Inhalte selbst sind, die als transzendentale Reflexion funktionieren. Aber tatsächlich setzt die Suche nach einer Natur oder nach einer Geschichte der Erkenntnis in der Bewegung, in der sie die der Kritik eigene Dimension auf die Inhalte einer empirischen Erkenntnis reduziert, den Gebrauch einer bestimmten Kritik voraus. Diese Kritik ist nicht die Ausübung einer reinen Reflexion, sondern das Ergebnis einer Folge von mehr oder weniger dunklen Teilungen. Zunächst handelt es sich um relativ verdeutlichte Teilungen, selbst wenn sie arbiträr sind: Erstens die, die die rudimentäre, unvollkommene, schlecht ausgewogene, entstehende Erkenntnis von der unterscheidet, die man, wenn nicht als abgeschlossen, so doch wenigstens als in ihren festen und definitiven Formen konstituierte Erkenntnis bezeichnen kann (diese Teilung macht die Untersuchung der natürlichen Bedingungen der Erkenntnis möglich); die, die die Illusion von der Wahrheit, den ideologischen Wahn von der wissenschaftlichen Theorie unterscheidet (diese Trennung macht die Untersuchung der historischen Bedingungen der Erkenntnis möglich). Aber es gibt noch eine dunklere und grundlegendere Teilung: die der Wahrheit selbst. Es muß in der Tat eine Wahrheit existieren, die zur Ordnung des Objekts gehört, die sich allmählich durch den Körper skizziert, bildet, ins Gleichgewicht bringt und die Rudimente der Wahrnehmung offenbart; die sich auch in dem Maße abzeichnet, in dem die Illusionen sich auflösen und die Geschichte sich in einem aus der Entfremdung befreiten Status errichtet. Aber es muß auch eine Wahrheit bestehen, die zur Ordnung des Diskurses gehört, eine Wahrheit, die gestattet, über die Natur oder über die Geschichte der Erkenntnis eine wahre Sprache zu haben. Der Status dieses wahren Diskurses bleibt uneindeutig. Von zwei Sachen ist eine möglich: Entweder dieser wahre Diskurs findet seine Begründung und sein Modell in jener empirischen Wahrheit, deren Genese in der Natur und der Geschichte er wiedergibt, und dann hat man eine Analyse vom positivistischen Typ (die Wahrheit des Objekts schreibt die Wahrheit des Diskurses vor, der dessen Bildung beschreibt); oder der wahre Diskurs antizipiert jene Wahrheit, deren Natur und Geschichte er definiert, er skizziert sie im voraus und ruft sie von ferne hervor, und dann haben wir einen Diskurs von eschatologischem Typ (die Wahrheit des philosophischen Diskurses konstituiert die Wahrheit während ihrer Formierung). Tatsächlich handelt es sich dabei weniger um eine Alternative als um ein Oszillieren, das jeder Analyse inhärent ist, die das Empirische auf der Ebene des Transzendentalen zur Geltung bringt. Comte und Marx sind Zeugen der Tatsache, daß die Eschatologie (als ob-

jektive Wahrheit, die aus dem Diskurs über den Menschen kommt) und
der Positivismus (als Wahrheit des Diskurses, die ausgehend von der des
Objekts definiert wird) archäologisch nicht voneinander lösbar sind: ein
Diskurs, der gleichzeitig empirisch und kritisch sein will, kann nicht positivistisch und eschatologisch in einem sein. Der Mensch erscheint darin
als eine gleichzeitig reduzierte und verheißene Wahrheit. Die präkritische
Naivität herrscht darin ungeteilt.

Deshalb hat das moderne Denken – und ausgehend genau von jenem
naiven Diskurs – nicht vermeiden können, den Ort eines Diskurses zu suchen, der weder zur Reduktion noch zur Verheißung gehört: einen Diskurs, dessen Spannung das Empirische und das Transzendentale in einer
Trennung aufrechterhielte und dennoch gestattete, gleichzeitig auf beide
zu zielen; einen Diskurs, der erlauben würde, den Menschen als Subjekt,
das heißt als Ort empirischer, aber möglichst nahe auf das, was sie möglich
macht, zurückgeführter Erkenntnisse und als reine, unmittelbar diesen Inhalten gegenwärtige Form zu analysieren. Einen Diskurs also, der im Verhältnis zur Quasi-Ästhetik und zur Quasi-Dialektik die Rolle einer Analytik spielte, die beide gleichzeitig in einer Theorie des Subjekts begründete
und ihnen vielleicht gestatten würde, sich in diesem dritten und vermittelnden Glied zu artikulieren, in dem sich gleichzeitig die Erfahrung des
Körpers und die der Kultur verwurzeln. Eine so komplexe, so überdetermi-
nierte und so notwendige Rolle hat im modernen Denken die Analyse des
Erlebten eingenommen. In der Tat ist das Erlebte gleichzeitig der Raum,
in dem alle empirischen Inhalte der Erfahrung gegeben werden; es ist auch
die ursprüngliche Form, die jene Inhalte im allgemeinen möglich macht
und ihre erste Verwurzelung bezeichnet. Es läßt den Raum des Körpers
mit der Zeit der Kultur, die Bestimmungen der Natur mit dem Gewicht
der Geschichte kommunizieren, jedoch unter der Bedingung, daß der Körper und durch ihn hindurch die Natur zunächst in der Erfahrung einer irreduziblen Räumlichkeit gegeben sind und daß die Kultur als Trägerin von
Geschichte zunächst in der Unmittelbarkeit der sedimentierten Bedeutungen verspürt wird. Man kann sehr wohl verstehen, daß die Analyse des Erlebten sich in der modernen Reflexion als eine radikale Infragestellung des
Positivismus und der Eschatologie eingeführt hat, daß sie versucht hat, die
vergessene Dimension des Transzendentalen wiederherzustellen, daß sie
den naiven Diskurs einer auf das Empirische reduzierten Wahrheit und
den prophetischen Diskurs hat beschwören wollen, der naiv das Auftreten

eines Menschen in der Erfahrung verheißt. Immer noch verbleibt, daß die
Analyse des Erlebten ein Diskurs gemischter Natur ist: sie wendet sich an
eine spezifische, aber doppeldeutige, ausreichend konkrete Schicht, damit
man eine sorgfältige und deskriptive Sprache auf sie anwenden kann, jedoch auch ausreichend gegenüber der Positivität der Dinge zurückgezo-
gene Schicht, so daß man ausgehend davon jener Naivität entgehen, sie
in Frage stellen und nach ihren Grundlagen fragen kann. Sie versucht
die mögliche Identität einer Erkenntnis der Natur nach der ursprünglichen Erfahrung zu gliedern, die sich durch den Körper hindurch skizziert, und die mögliche Geschichte einer Kultur nach der semantischen
Mächtigkeit zu gliedern, die sich gleichzeitig in der erlebten Erfahrung
verbirgt und zeigt. Sie erfüllt also nur mit größerer Sorgfalt die hastigen
Forderungen, die erhoben worden waren, als man im Menschen das Empirische für das Transzendentale hatte gelten lassen wollen. Man sieht,
welches enge Netz trotz des Anscheins das Denken positivistischen oder
eschatologischen Typs (an erster Stelle den Marxismus) und die durch
die Phänomenologie inspirierten Reflexionen verbindet. Die kürzliche Annäherung ist nicht als späte Versöhnung zu verstehen. Auf der Ebene der
archäologischen Konfigurationen waren sowohl die einen wie die anderen – und die einen für die anderen – notwendig seit der Aufstellung des
anthropologischen Postulats, das heißt von dem Moment an, in dem der
Mensch als empirisch-transzendentale Dublette erschienen ist.

Das wahre Infragestellen des Positivismus und der Eschatologie ist also
keine Rückkehr zum Erlebten (das sie, um die Wahrheit zu sagen, eher bestätigt, indem es sie verwurzelt); sondern, wenn es sich auswirken könnte,
dann ausgehend von einer Frage, die zweifellos abwegig erscheint, in solchem Maße ist sie in Diskordanz mit dem befindlich, was historisch unser
ganzes Denken möglich gemacht hat. Diese Frage bestünde darin, ob der
Mensch wirklich existiert. Man glaubt, daß es ein Paradox ist, wenn man
einen Augenblick lang annimmt, was die Welt und das Denken und die
Wahrheit sein könnten, wenn der Mensch nicht existierte. Wir sind nämlich so durch die frische Evidenz des Menschen verblendet, daß wir nicht
einmal die Zeit, die jedoch nicht allzu fern ist, in der die Welt, ihre Ordnung, die menschlichen Wesen existierten, aber nicht der Mensch, in unserer Erinnerung bewahrt haben. Man begreift die Erschütterungskraft, die
das Denken Nietzsches hat haben können (und für uns noch bewahrt), als
es in der Form des bevorstehenden Ereignisses die Verheißung und Dro-

hung ankündigte, daß der Mensch bald nicht mehr existieren werde, sondern der Übermensch. Das bedeutete in einer Philosophie der Wiederkehr, daß der Mensch bereits seit langem verschwunden war und immer weiter verschwand und daß unser modernes Denken vom Menschen, unsere Sorge um ihn, unser Humanismus heiter auf seiner grollenden Nichtexistenz schliefen. Wir glauben uns an eine Endlichkeit gebunden, die nur uns gehört und die uns durch das Erkennen die Welt öffnet, aber müssen wir uns nicht daran erinnern, daß wir auf dem Rücken eines Tigers sitzen?

V. Das Cogito und das Ungedachte

Wenn der Mensch also in der Welt der Ort einer empirisch-transzendentalen Reduplizierung ist, wenn er jene paradoxe Gestalt sein muß, in der die empirischen Inhalte der Erkenntnis die Bedingungen, aber von sich aus, liefern, die sie möglich gemacht haben, kann der Mensch sich nicht in der unsichtbaren und souveränen Transparenz eines Cogito geben. Aber er kann ebensowenig in der objektiven Untätigkeit dessen ruhen, was nicht zum Selbstbewußtsein kommt und nie kommen wird. Der Mensch ist eine solche Seinsweise, daß sich in ihm jene stets offene, nie ein für allemal begrenzte, sondern unendlich durchlaufene Dimension begründet, die von einem Teil seiner selbst, den er nicht in einem Cogito reflektiert, zum Denkakt verläuft, durch den er sie erfaßt: und die umgekehrt von jenem reinen Erfassen zur empirischen Überfülle, zum ungeordneten Hinaufsteigen der Inhalte, zum Überhang der Erfahrungen, die sich selbst entgehen, also zum ganzen stummen Horizont dessen verläuft, was sich in der sandigen Weite des Nicht-Denkens ergibt. Weil er empirisch-transzendentale Dublette ist, ist der Mensch auch der Ort des Verkennens, jenes Verkennens, das sein Denken stets dem aussetzt, daß es durch sein eigenes Sein überbordet wird, und das ihm gleichzeitig gestattet, sich von dem ihm Entgehenden aus zu erinnern. Aus diesem Grunde findet das transzendentale Denken in seiner modernen Form den Punkt seiner Notwendigkeit nicht wie bei Kant in der Existenz einer Wissenschaft der Natur (gegen die sich der ständige Kampf und die Unsicherheit der Philosophen sträuben), sondern in der stummen, dennoch sprachbereiten und gewissermaßen insgeheim von einem virtuellen Diskurs durchlaufenen Existenz jenes Nichtbekannten, von dem aus der Mensch unaufhörlich zur Erkenntnis seiner selbst aufgerufen ist. Die Frage lautet nicht mehr, wie die Erfahrung der Natur notwendigen Urteilen Raum gibt, sondern wie es kommt, daß der Mensch denkt, was er nicht denkt, wie er auf die Weise einer stummen Besetzung in dem wohnt, was ihm entgeht, in einer Art geronnenen Bewegung jene Gestalt seiner selbst belebt, die sich ihm in der Form einer hartnäckigen Exteriorität präsentiert. Wie kann der Mensch dieses Leben sein, dessen Netz, dessen Pulsieren, dessen verborgene Kraft unendlich die Erfahrung überschreiten, die ihm davon unmittelbar gegeben ist? Wie kann er jene Arbeit sein, deren Erfordernisse und Gesetze sich ihm als ein fremder Zwang auferlegen? Wie kann er das Subjekt einer Sprache sein, die seit Jahrtausenden ohne ihn gebildet worden ist, deren System ihm entgeht, deren Bedeutung in einem fast unüberwindlichen Schlaf in den Wörtern ruht, die er einen Augenblick durch seinen Diskurs aufblitzen läßt und innerhalb deren er von Anfang an sein Sprechen und sein Denken plazieren muß, als täten sie nichts anderes, als für einige Zeit ein Segment auf diesem Raster unzähliger Möglichkeiten zu beleben? Es handelt sich um eine vierfache Verlagerung im Verhältnis zur kantischen Frage, weil es sich nicht mehr um die Wahrheit, sondern um das Sein; nicht mehr um die Natur, sondern um den Menschen; nicht mehr um die Möglichkeit einer Erkenntnis, sondern um die eines ursprünglichen Verkennens; nicht mehr um den gegenüber der Wissenschaft nicht begründeten Charakter der philosophischen Theorien, sondern um die Wiederaufnahme des ganzen Gebietes von nicht begründeten Erfahrungen, in denen der Mensch sich nicht wiedererkennt, in einem klaren philosophischen Bewußtsein handelt.

Ausgehend von dieser Verlagerung der transzendentalen Frage konnte das zeitgenössische Denken nicht umhin, das Thema des Cogito erneut zu beleben. Hatte Descartes nicht auch ausgehend von der Illusion, vom Irrtum, vom Traum, vom Wahnsinn, von all diesen Erfahrungen des nicht fundierten Denkens die Unmöglichkeit entdeckt, daß sie nicht gedacht werden – so daß das Denken des schlecht Gedachten, des Nicht-Wahren, des Hirngespinsts, des rein Imaginären als der Ort der Möglichkeit all dieser Erfahrungen und als erste unabweisbare Evidenz erschien? Aber das moderne Cogito ist ebenso von dem Descartes' unterschieden, wie unsere transzendentale Reflexion von der kantischen Analyse entfernt ist. Es handelte sich für Descartes darum, das Denken als die allgemeinste Form all jener Gedanken ins Licht zu heben, wie sie der Irrtum oder die Illusion bil-

den, um auf diese Weise deren Gefahr zu beschwören, selbst um den Preis,
sie am Ende seines Unterfangens wiederzufinden, um sie zu erklären und
so die Methode zu liefern, sich davor zu bewahren. Im modernen Cogito
handelt es sich dagegen darum, in ihrer größtmöglichen Dimension die
Distanz gelten zu lassen, die das sich selbst gegenwärtige Denken zugleich
von dem trennt und mit dem verbindet, was vom Denken sich im Nicht-
gedachten verwurzelt. Es muß (und deshalb ist es weniger eine entdeckte
Evidenz als eine unaufhörliche Aufgabe, die stets wiederaufgenommen
werden muß) die Gliederung des Denkens nach dem, was in ihm, um es
herum und unterhalb seiner nicht gedacht wird, ihm aber dennoch gemäß
einer irreduziblen, unüberwindbaren Exteriorität nicht fremd ist, durchlaufen, reduplizieren und in einer expliziten Form reaktivieren. In dieser
Form wird das Cogito nicht die plötzliche, erleuchtende Entdeckung sein,
daß jedes Denken gedacht wird, sondern die stets erneuerte Frage danach,
wie das Denken außerhalb von hier und dennoch sich selbst so sehr nah
weilt und wie es unter den Arten des Nicht-Denkenden *sein* kann. Es
führt nicht alles Sein der Dinge auf das Denken zurück, ohne das Sein
des Denkens bis in die untätigen Bahnen dessen zu verzweigen, was nicht
denkt.

Diese doppelte, dem modernen Cogito eigene Bewegung erklärt, warum das »Ich denke« nicht zur Evidenz des »Ich bin« führt. Sobald in der
Tat das »Ich denke« sich in eine ganze Mächtigkeit einbezogen zeigt, in
der es quasi gegenwärtig ist, die es belebt, wenn auch auf die nicht eindeutige Weise eines schlummernden Wachens, ist es nicht mehr möglich, daraus die Bestätigung folgen zu lassen, daß »Ich bin«: kann ich in der Tat sagen, daß ich diese Sprache bin, die ich spreche und in die mein Denken so
weit hineingleitet, daß es in ihr das System all seiner eigenen Möglichkeiten findet, das aber nur in der Schwere der Sedimentierungen existiert,
die es nie vollständig aktualisieren können wird? Kann ich sagen, daß ich
jene Arbeit bin, die ich mit meinen Händen ausführe, aber die mir nicht
nur entgeht, wenn ich sie beendet habe, sondern sogar, bevor ich sie angefangen habe? Kann ich sagen, daß ich jenes Leben bin, das ich in der Tiefe
meiner selbst spüre, das mich aber gleichzeitig durch die furchtbare Zeit,
die es mit sich schleppt und die mich einen Augenblick lang auf ihrem
Kamm reiten läßt, aber auch durch die drohende Zeit, die mir meinen
Tod vorschreibt, einhüllt? Ich kann sagen, daß ich das bin und daß ich
das alles nicht bin. Das Cogito führt nicht zu einer Seinsbestätigung, son-

dern es eröffnet den Weg zu einer ganzen Reihe von Fragen, wo es sich um die Frage des Seins handelt: Was muß ich sein, der ich denke und der ich mein Denken bin, damit ich das bin, was ich nicht denke, damit mein Denken das ist, was ich nicht bin? Was ist das für ein Wesen, das in der Weite des Cogito glitzert und sozusagen blinkt, das aber nicht unabhängig in ihm und von ihm gegeben wird? Was ist das für ein Verhältnis und was für eine schwierige Zusammengehörigkeit des Seins und des Denkens? Was ist das Sein des Menschen und wie kann dieses Wesen, das man so leicht dadurch charakterisieren könnte, daß »es Denken hat« und daß es dies vielleicht alleine besitzt, eine unauslöschliche und grundlegende Beziehung zum Ungedachten haben? Eine Form der Reflexion errichtet sich, die weit vom Kartesianismus und von der kantischen Analyse entfernt ist, in der es zum ersten Mal um das Sein des Menschen in der Dimension geht, gemäß der das Denken sich an das Ungedachte wendet und sich nach ihm gliedert.

Das hat zwei Konsequenzen, von denen die erste negativ und rein historischer Ordnung ist. Es kann den Anschein haben, daß die Phänomenologie das kartesianische Thema des Cogito und das transzendentale Motiv, das Kant aus der Kritik Humes herausgelöst hatte, miteinander verbindet. So hätte Husserl die tiefste Bestimmung der abendländischen *ratio* wiederbelebt, indem er sie in sich selbst in einer Reflexion beugte, die eine Radikalisierung der reinen Philosophie und Grundlage der Möglichkeit ihrer eigenen Geschichte wäre. Husserl hat jedoch diese Verbindung nur in dem Maß vornehmen können, in dem die transzendentale Analyse ihren Anwendungspunkt verändert hatte (dieser ist von der Möglichkeit einer Wissenschaft der Natur zur Möglichkeit für den Menschen, sich zu denken, verlagert worden) und in dem das Cogito seine Funktion verändert hatte (diese besteht nicht mehr darin, ausgehend von einem Denken, das sich überall bestätigt, wo es denkt, zu einer apodiktischen Existenz zu führen, sondern darin, zu zeigen, wie das Denken sich selbst entgleiten und somit zu einer multiplen und fruchtbaren Fragestellung über das Sein führen kann). Die Phänomenologie ist also viel weniger der Rückgriff auf eine alte rationale Bestimmung des Abendlandes als das sehr spürbare und angepaßte Verzeichnen des großen Bruchs, der sich in der modernen *episteme* an der Wende vom achtzehnten zum neunzehnten Jahrhundert vollzogen hat. Wenn sie sich mit etwas auseinandersetzt, dann mit der Entdeckung des Lebens, der Arbeit und der Sprache, aber auch mit jener neuen Gestalt, die unter dem alten Namen des Menschen vor weniger als zweihundert Jahren aufgetaucht ist; mit der Fragestellung nach der Seinsweise des Menschen und nach seinem Verhältnis zum Ungedachten. Deshalb hat die Phänomenologie, selbst wenn sie sich zunächst durch den Antipsychologismus skizziert hat, oder eher in dem Maße, in dem sie das Problem des Apriori und das transzendentale Motiv hat wiederauftauchen lassen, niemals die hinterhältige Verwandtschaft, die gleichzeitig verheißungsvolle und drohende Nachbarschaft mit den empirischen Analysen über den Menschen verbannen können. Deshalb hat sie auch, während sie durch eine Reduktion auf das Cogito eingeführt wurde, immer zu Fragen, zu *der* ontologischen Frage geführt. Unter unseren Augen löst sich das phänomenologische Vorhaben auf in eine Beschreibung des Erlebten, die ungewollt empirisch ist, und in eine Ontologie des Ungedachten, die den Primat des »Ich denke« außer Kurs setzt.

Die andere Konsequenz ist positiv. Sie betrifft das Verhältnis des Menschen zum Ungedachten oder vielmehr ihr zwillingshaftes Erscheinen in der abendländischen Kultur. Man hat leicht den Eindruck, daß seit dem Moment, in dem der Mensch sich als positive Gestalt im Feld des Wissens gebildet hat, das alte Privileg der reflexiven Erkenntnis, des sich selbst denkenden Denkens notwendig verschwinden mußte. Daß es aber durch die Tatsache selbst einem objektiven Denken gegeben war, den Menschen in seiner Gesamtheit zu durchlaufen um den Preis, darin das zu entdecken, was genau nie seiner Reflexion, nicht einmal seinem Bewußtsein gegeben werden konnte: dunkle Mechanismen, gestaltlose Determinationen, eine ganze Schattenlandschaft, die man direkt oder indirekt das Unbewußte genannt hat. Ist das Unbewußte nicht das, was sich notwendig dem wissenschaftlichen Denken gibt, das der Mensch auf sich selbst anwendet, wenn er aufhört, sich in der Form der Reflexion zu denken? Tatsächlich sind das Unbewußte und auf allgemeine Weise die Formen des Ungedachten nicht die Belohnung für ein positives Denken des Menschen gewesen. Der Mensch und das Ungedachte sind auf archäologischer Ebene Zeitgenossen. Der Mensch hat sich nicht als eine Konfiguration in der *episteme* abzeichnen können, ohne daß das Denken gleichzeitig, sowohl in sich und außerhalb seiner, an seinen Rändern, die aber ebenso mit seinem eigenen Raster verwoben sind, ein Stück Nacht, eine offensichtlich untätige Mächtigkeit, in die es verwickelt ist, ein Ungedachtes, das voll im Denken enthalten, in dem das Denken ebenso gefangen ist, entdeckt. Das Ungedachte (welchen Namen man ihm auch immer geben mag) ruht nicht im Menschen wie eine gewundene Natur oder eine Geschichte, die sich ausgebreitet hätte; es ist in Beziehung zum Menschen das *Andere*: das brüderliche *Andere*, der Zwilling, nicht von ihm geboren, nicht in ihm, sondern neben ihm und gleichzeitig in einer identischen Neuheit, in einer zufluchtlosen Dualität. Diese dunkle Fläche, die man gern als ein teuflisches Gebiet in der Natur des Menschen deutet und gewissermaßen als von seiner Geschichte besonders gesicherte Festung betrachtet, ist mit ihm auf eine ganz andere Weise verbunden. Sie ist ihm gleichzeitig äußerlich und unerläßlich: ein wenig der Schatten, den dieser Mensch beim Auftauchen im Wissen trägt; ein wenig wie der blinde Fleck, von wo aus es möglich ist, ihn zu erkennen. Auf jeden Fall hat das Ungedachte ihm als stumme und ununterbrochene Begleitung seit dem neunzehnten Jahrhundert gedient. Da es im Grunde nur ein insistentes Double war, ist es nie für sich selbst in autonomer Weise reflektiert worden. Das, dessen *Anderes* und Schatten es ist, hat ihm die komplementäre Form und den entgegengesetzten Namen gegeben. Es ist das *An sich* gegenüber dem *Für sich* in der Hegelschen Phänomenologie gewesen, es ist das *Unbewußte* für Schopenhauer gewesen. Für Marx war es der entfremdete Mensch, in den Analysen von Husserl das Implizite, das Unaktuelle, das Sedimentierte, das Nichtausgeführte: auf jeden Fall die unausschöpfliche Unterlage, die sich dem reflexiven Denken als die wirre Projektion dessen, was der Mensch in seiner Arbeit ist, bietet, die aber ebensowohl die Rolle des im vorhinein bestehenden Hintergrundes spielt, von wo aus der Mensch sich selbst sammeln und sich zu seiner Wahrheit bringen muß. Dieses Doppel ist vergeblich nahe: es ist fremd, und die Rolle des Denkens, seine eigene Initiative wird es sein, es so nahe wie möglich an sich heranzubringen. Das ganze moderne Denken ist von dem Gesetz durchdrungen, das Ungedachte zu denken, in der Form des *Für sich* die Inhalte des *An sich* zu reflektieren, den Menschen aus der Entfremdung zu befreien *(désaliéner)*, indem man ihn mit seinem eigenen Wesen versöhnt, den Horizont zu erklären, der den Erfahrungen ihren Hintergrund der unmittelbaren und entwaffneten Evidenz gibt, den Schleier des Unbewußten zu lüften, sich in seinem Schweigen zu absorbieren oder das Ohr auf sein unbegrenztes Gemurmel zu richten.

In der modernen Erfahrung implizieren die Möglichkeit, den Menschen in ein Wissen einzuführen, und das einfache Erscheinen jener neuen Gestalt im Feld der *episteme* einen Imperativ, der das Denken von innen

heimsucht. Es ist von geringer Bedeutung, daß es in den Formen einer Moral, einer Politik, eines Humanismus, einer Pflicht, das abendländische
Schicksal auf sich zu nehmen, oder ganz schlicht und einfach in dem Bewußtsein, in der Geschichte eine Beamtenaufgabe zu erfüllen, gemünzt
ist. Das Wesentliche ist, daß das Denken für sich und in der Mächtigkeit
seiner Arbeit gleichzeitig Wissen und Modifizierung dessen, was es weiß,
und Reflexion und Transformation der Seinsweise dessen, worüber es reflektiert, ist. Es läßt sofort das in Bewegung geraten, was es berührt: es
kann das Ungedachte nicht entdecken oder wenigstens in seine Richtung
gehen, ohne es sofort sich selbst anzunähern – oder vielleicht auch: ohne es
zu entfernen, ohne daß das Sein des Menschen auf jeden Fall, weil es sich
in dieser Entfernung entfaltet, dadurch verändert wird. Darin liegt etwas
auf tiefe Weise mit unserer Modernität Verbundenes: außerhalb der religiösen Moral hat das Abendland zweifellos nur zwei Formen von Ethik gekannt: die alte (in der Form des Stoizismus oder des Epikureismus) glie-
derte sich nach der Ordnung der Welt und konnte, indem sie deren Gesetz
entdeckte, daraus das Prinzip einer Weisheit oder die Konzeption eines
Staates deduzieren. Sogar das politische Denken des achtzehnten Jahrhunderts gehört noch zu dieser allgemeinen Form. Die moderne dagegen formuliert keine Moral, insofern jeder Imperativ innerhalb des Denkens
und seiner Bewegung zur Erfassung des Ungedachten ruht.[2] Es ist die Reflexion, es ist die Bewußtwerdung, die Erhellung des Verschwiegenen, das
der Stummheit wiedergegebene Wort, das An-den-Tag-Kommen jenes
schattigen Teiles, der den Menschen sich selbst entzieht, es ist die Wiederbelebung des Bewegungslosen, es ist alles, was für sich allein den Inhalt
und die Form der Ethik bildet. Das moderne Denken hat in Wirklichkeit
nie eine Moral vorschlagen können: der Grund dafür aber ist nicht, daß es
reine Spekulation ist. Ganz im Gegenteil, es ist von Anbeginn an in seiner
eigenen Mächtigkeit eine bestimmte Handlungsweise. Lassen wir diejenigen sprechen, die das Denken auffordern, aus seiner Zurückgezogenheit
herauszutreten und seine Wahl zu treffen. Lassen wir diejenigen gewähren,
die außerhalb jeder Verheißung und in der Abwesenheit von Tugend eine
Moral bilden wollen. Für das moderne Denken gibt es keine mögliche Moral, denn seit dem neunzehnten Jahrhundert ist das Denken bereits in seinem eigenen Sein aus sich selbst »herausgetreten«, es ist nicht mehr Theo-

---

2 Der kantische Augenblick bildet den Angelpunkt zwischen beiden; es ist die Entdeckung, daß das
   Subjekt, soweit es vernünftig ist, sich sein eigenes Gesetz gibt, das das allgemeine Gesetz ist.

rie. Sobald es denkt, verletzt es oder versöhnt es, nähert es an oder entfernt es, bricht es, dissoziiert es, verknüpft es oder verknüpft es erneut. Es kann nicht umhin, entweder zu befreien oder zu versklaven. Noch bevor es vorschreibt, eine Zukunft skizziert, sagt, was man tun muß, noch bevor es ermahnt oder Alarm schlägt, ist das Denken auf der einfachen Ebene seiner Existenz, von seiner frühesten Form an, in sich selbst eine Aktion, ein gefährlicher Akt. De Sade, Nietzsche, Artaud und Bataille haben es im Gegensatz zu allen denen gewußt, die es ignorieren wollten. Aber es ist sicher, daß auch Hegel, Marx und Freud es wußten. Kann man sagen, daß diejenigen in ihrer tiefen Einfältigkeit es nicht wissen, die versichern, daß es keine Philosophie ohne politische Entscheidung gibt, daß alles Denken »fortschrittlich« oder »reaktionär« ist? Ihre Dummheit ist es zu glauben, daß alles Denken die Ideologie einer Klasse »ausdrückt«; ihre ungewollte Tiefe ist, daß sie mit dem Finger auf die moderne Seinsweise des Denkens zeigen. An der Oberfläche kann man sagen, daß die Erkenntnis des Menschen im Unterschied zu den Wissenschaften der Natur stets (selbst in ihrer unentschiedensten Form) mit ethischen Theorien oder politischen Theorien verbunden ist. Noch grundlegender dringt das moderne Denken vor in jene Richtung, in der das *Andere* des Menschen das *Gleiche* werden muß, das er ist.

VI. Das Zurückweichen und die Wiederkehr des Ursprungs

Der letzte Zug, der gleichzeitig die Seinsweise des Menschen und die sich an ihn wendende Reflexion charakterisiert, ist das Verhältnis zum Ursprung. Ein sehr unterschiedliches Verhältnis im Unterschied zu dem, das das klassische Denken in seine idealen Genesen einführen wollte. Im achtzehnten Jahrhundert den Ursprung wiederzufinden hieß, sich möglichst nahe an die schlichte und einfache Reduplizierung der Repräsentation zu stellen: Man dachte die Ökonomie vom simplen Tausch her, weil in ihm die beiden Repräsentationen, die jeder der beiden Partner von seinem Besitz und dem des anderen hatte, äquivalent waren. Sie waren, da sie die Befriedigung zweier fast identischer Wünsche bildeten, etwa »entsprechend«. Man dachte die Ordnung der Natur vor jeder Katastrophe als ein Tableau, in dem die Wesen sich in einer so engen Ordnung und in einem so kontinuierlichen Raster hätten folgen sollen, daß von einem Punkt zum anderen innerhalb dieser Abfolge man sich innerhalb einer Quasi-Identität deplaziert hätte und man sich von einem Ende zum anderen über die glatte Schicht des »Entsprechenden« bewegt hätte. Man dachte den Ursprung der Sprache als Transparenz zwischen der Repräsentation einer Sache und der Repräsentation eines Schreies, des Lautes, der Mimik (der Gebärdensprache), die sie begleitete. Schließlich wurde der Ursprung der Erkenntnis bei jener reinen Folge von Repräsentationen gesucht – einer so vollkommenen und so linearen Folge, daß die zweite die erste ersetzte, ohne daß man sich dessen bewußt wurde, weil sie ihr nicht gleichzeitig war, weil es nicht möglich war, zwischen ihnen beiden einen Unterschied festzustellen, und man die folgende nicht anders als der ersten »entsprechend« verspüren konnte. Und lediglich wenn eine Empfindung einer vorangehenden »entsprechender« erschien als alle anderen, konnte die Erinnerung ins Spiel treten, konnte die Vorstellungskraft erneut eine Repräsentation repräsentieren und die Erkenntnis in dieser Reduplizierung Fuß fassen. Es war von geringer Bedeutung, ob dieses Entstehen als fiktiv oder real betrachtet wurde, ob es den Wert einer explikativen Hypothese oder eines historischen Ereignisses hatte. In Wahrheit existieren diese Unterscheidungen nur für uns. In einem Denken, für das die chronologische Entwicklung sich innerhalb eines Tableaus befindet, in dem sie nur eine Bahn bildet, ist der Ausgangspunkt gleichzeitig außerhalb der realen Zeit und in ihr. Es ist jene erste Faltung, durch die alle historischen Ereignisse stattfinden können.

Im modernen Denken ist ein solcher Ursprung nicht mehr feststellbar: man hat gesehen, wie die Arbeit, das Leben, die Sprache ihre eigene Historizität angenommen haben, in die sie eingegraben waren. Sie konnten also nie wirklich ihren Ursprung aussagen, obwohl ihre ganze Geschichte von innen auf ihn hin zugespitzt ist. Es ist nicht mehr der Ursprung, der der Geschichtlichkeit Raum gibt, sondern die Historizität, die in ihrem Raster die Notwendigkeit eines Ursprungs sich abzeichnen läßt, der ihr zugleich innerlich und fremd wäre. Wie der virtuelle Gipfel eines Kegels, auf dem alle Unterschiede, alle Dispersionen, alle Diskontinuitäten zusammengefaßt wären, um nur noch einen Punkt der Identität und eine unfaßbare Gestalt des *Gleichen* zu bilden, die jedoch die Kraft hätte, aus sich herauszuplatzen und anders zu werden.

Der Mensch hat sich vom Anfang des neunzehnten Jahrhunderts an in Korrelation zu diesen Historizitäten, zu allen in sich selbst geschlossenen

Dingen gebildet, die durch ihre Auffächerung, aber gemäß ihren eigenen Gesetzen die unzulängliche Identität ihres Ursprungs anzeigen. Dennoch hat der Mensch nicht auf die gleiche Weise Beziehung zu seinem Ursprung. In der Tat entdeckt sich der Mensch nur als mit einer bereits geschaffenen Geschichtlichkeit verbunden: er ist niemals Zeitgenosse jenes Ursprungs, der durch die Zeit der Dinge hindurch sich abzeichnet und sich verheimlicht. Wenn er sich als Lebewesen zu definieren versucht, entdeckt er seinen eigenen Anfang nur auf dem Hintergrund eines Lebens, das selbst lange vor ihm begonnen hat. Wenn er versucht, sich als arbeitendes Wesen zu erfassen, bringt er die rudimentärsten Formen davon nur an den Tag innerhalb einer menschlichen Zeit und eines menschlichen Raumes, die bereits institutionalisiert, bereits von der Gesellschaft beherrscht sind. Wenn er seine Essenz als die eines sprechenden Subjekts zu definieren versucht, diesseits jeder effektiv konstituierten Sprache, findet er stets nur die Möglichkeit der bereits entfalteten Sprache und nicht das Gestammel, das erste Wort, von dem aus alle Sprachen und Sprache selbst möglich geworden sind. Stets auf einem Hintergrund eines bereits Begonnenen kann der Mensch das denken, was für ihn als Ursprung gilt. Dieser Ursprung ist also für ihn absolut nicht der Beginn, eine Art erster Morgen der Geschichte, seit dem sich alle späteren Errungenschaften aufgehäuft hätten. Der Ursprung liegt eher in der Weise, in der der Mensch im allgemeinen, jeder Mensch sich nach dem bereits Begonnenen der Arbeit, des Lebens und der Sprache artikuliert. Er ist in jener Falte zu suchen, in der der Mensch in aller Naivität eine seit Jahrtausenden bearbeitete Welt bearbeitet, in der Frische seiner einmaligen jungen und prekären Existenz ein Leben lebt, das bis in die ersten organischen Formationen zurückgeht; in der er Wörter in noch nie gesprochenen Sätzen (selbst wenn Generationen sie wiederholt haben) zusammensetzt, die älter sind als jede Erinnerung. In diesem Sinne ist zweifellos die Ebene des Ursprünglichen für den Menschen das, was ihm am nächsten ist: jene Oberfläche, die er unschuldig, stets zum ersten Mal beschreitet und auf der seine kaum geöffneten Augen ebenso junge Gestalten wie sein Blick entdeckt – Gestalten, die nicht älter sind als er, aber aus einem entgegengesetzten Grund. Nicht weil sie stets ebenso jung sind, sondern weil sie einer Zeit angehören, die nicht das gleiche Maß und die gleichen Grundlagen haben wie er. Aber diese dünne Oberfläche des Ursprünglichen, die unsere ganze Existenz bemißt und ihr nie fehlt (nicht einmal und vor allem nicht im Augenblick des Todes, in dem sie sich im Gegenteil praktisch nackt zeigt), ist nicht das Unmittelbare einer Entstehung. Sie ist völlig bevölkert mit jenen komplexen Vermittlungen, die in ihrer eigenen Geschichte die Arbeit, das Leben und die Sprache gebildet und niedergelegt haben. Infolgedessen sind es in dieser einfachen Berührung, vom ersten mit der Hand bearbeiteten Gegenstand an, seit der Manifestation des einfachsten Bedürfnisses, beim Dahinhauchen des neutralsten Wortes stets die Vermittlungen einer ihn fast unendlich beherrschenden Zeit, die der Mensch, ohne es zu wissen, wiederbelebt. Ohne es zu wissen, aber es muß doch auf eine bestimmte Art gewußt werden, weil dadurch die Menschen in Kommunikation treten und sich in dem bereits geknüpften Raster des Verstehens befinden. Dennoch ist dieses Wissen begrenzt diagonal und partiell, weil es von allen Seiten mit einem immensen Gebiet an Schatten umgeben ist, in dem die Arbeit, das Leben und die Sprache ihre Wahrheit (und ihren eigenen Ursprung) sogar denen verbergen, die sprechen, existieren und sich an der Arbeit befinden.

Das Ursprüngliche, so wie seit der *Phänomenologie des Geistes* das moderne Denken es unaufhörlich beschreibt, ist also durchaus unterschieden von jener idealen Genese, die das klassische Zeitalter zu rekonstruieren versucht hatte. Aber es ist auch verschieden (obwohl es mit ihm gemäß einer fundamentalen Korrelation verbunden ist) vom Ursprung, der sich in einer Art retrospektiven Jenseits durch die Historizität der Wesen hindurch abzeichnet. Weit entfernt davon, zu einem realen oder virtuellen Gipfel der Identität zurückzuführen oder auch nur darauf hinzuzielen, weit entfernt davon, den Moment des *Gleichen* anzuzeigen, indem die Dispersion des *Anderen* noch nicht am Werke war, ist das Ursprüngliche im Menschen das, was von Anfang an ihn nach etwas anderem gliedert als ihm selbst. Es ist das, was in seiner Erfahrung Inhalte und Formen einführt, die älter als er sind und die er nicht beherrscht. Es ist das, was ihn mit multiplen, verkreuzten, oft aufeinander irreduziblen Zeitfolgen verbindet, ihn durch die Zeit verstreut und inmitten der Dauer der Dinge sternförmig ausstrahlen läßt. Paradoxerweise kündigt das Ursprüngliche im Menschen nicht die Zeit seines Entstehens oder den ältesten Kern seiner Erfahrung an. Es verbindet ihn mit dem, was nicht die gleiche Zeit hat wie er, und es befreit in ihm all das, was ihm nicht zeitgenössisch ist. Es zeigt unaufhörlich und in einer stets erneuerten Wucherung an, daß die Dinge lange vor ihm begonnen haben und daß aus diesem selben Grunde keiner ihm, dessen Erfahrung völlig durch diese Dinge gebildet und begrenzt wird, einen Ursprung bestimmen könnte. Diese Unmöglichkeit hat nun aber selbst zwei Aspekte: Sie bedeuten einerseits, daß der Ursprung der Dinge stets zurückgedrängt wird, weil er auf einen Kalender zurückgeht, in dem der Mensch noch nicht vorkommt. Aber sie bedeutet andererseits, daß der Mensch im Gegensatz zu diesen Dingen, deren glitzernde Entstehung in ihrer Mächtigkeit die Zeit bemerken läßt, das Wesen ohne Ursprung ist, derjenige, »der keine Heimat und kein Datum hat«, derjenige, dessen Entstehen nie zugänglich ist, weil es nie »statt«gefunden hat. Was sich in der Unmittelbarkeit des Ursprünglichen ankündigt, ist also, daß der Mensch von dem Ursprung getrennt ist, der ihn seiner eigenen Existenz zeitgenössisch machen würde: Unter all diesen Dingen, die in der Zeit entstehen und zweifellos darin vergehen, ist er, von jedem Ursprung getrennt, bereits da. So daß in ihm die Dinge (sogar jene, die ihn überragen) ihren Beginn finden: eher als in irgendeinem Augenblick der Dauer markierte Narbe ist er der Anfang, von dem aus die Zeit im allgemeinen sich rekonstruieren, die Dauer verlaufen und die Dinge in dem Augenblick erscheinen können, der ihnen eigen ist. Wenn in der empirischen Ordnung die Dinge stets für ihn fortgeschoben und in ihrem Nullpunkt ungreifbar sind, findet sich der Mensch grundlegend im Verhältnis zu jenem Zurückweichen der Dinge verschoben, und dadurch können sie auf dem Unmittelbaren der ursprünglichen Erfahrung ihre dauerhafte Vorzeitigkeit lasten lassen.

Dem Denken stellt sich nun eine Aufgabe: den Ursprung der Dinge in Frage zu stellen, aber ihn in Frage zu stellen, um ihn zu begründen, indem die Weise wiedergefunden wird, auf die sich die Möglichkeit der Zeit gründet, jener Ursprung ohne Ursprung oder Anfang, von wo aus alles seine Entstehung haben kann. Eine solche Aufgabe impliziert, daß alles, was zur Zeit gehört, alles, was sich in ihr gebildet hat, alles, was in ihrem beweglichen Element ruht, in Frage gestellt wird, so daß der Riß ohne Chronologie und Geschichte erscheint, aus dem die Zeit hervortritt. Dieser wäre dann in jenem Denken aufgehoben, das ihm jedoch nicht entgeht, weil es nie mit dem Ursprung zeitgenössisch ist. Aber diese Aufhebung hätte die Kraft, die reziproke Beziehung des Ursprungs und des Denkens ins Wanken geraten zu lassen. Es würde sich um sich selbst drehen, und da der Ursprung das wird, was das Denken noch zu denken hat und stets von neuem zu denken hat, würde er dem Denken in einem stets näheren, unmittelbaren, jedoch nie erfüllten Bevorstehen verheißen. Der

Ursprung ist also das, was wiederkommt, die Wiederholung, auf die das Denken zugeht, die Rückkehr dessen, was stets bereits begonnen hat, die Nähe eines Lichts, das zu allen Zeiten geleuchtet hat. So profiliert sich ein drittes Mal der Ursprung durch die Zeit, aber diesmal ist es das Zurückweichen in die Zukunft, das Gebot, das das Denken erhält und sich selbst macht, mit Spatzenschritten auf das zuzuschreiten, was es selbst ermöglicht hat, vor sich zu spähen auf die Linie, die stets zurückgesetzt wird, auf die Linie seines Horizonts, das Licht, von dem her es gekommen ist und von dem her es in reichem Maße kommt.

Genau in dem Augenblick, als es ihm möglich war, die im achtzehnten Jahrhundert beschriebenen Genesen als Hirngespinste zu denunzieren, errichtete das moderne Denken eine Ursprungsproblematik, die sehr komplex und sehr verflochten war. Diese Problematik hat als Grundlage unserer Erfahrung mit der Zeit gedient, und ausgehend von ihr sind seit dem neunzehnten Jahrhundert alle Versuche entstanden, das zu erfassen, was in der menschlichen Ordnung der Beginn und der Wiederbeginn, die Entfernung und die Präsenz des Anfangs, die Rückkehr und das Ende sein konnten. Das moderne Denken hat in der Tat eine Beziehung zum Ursprung hergestellt, die für den Menschen und die Dinge in entgegengesetztem Verhältnis stand. Es gestattete so (aber vereitelte sie auch im voraus und bewahrte ihnen gegenüber seine ganze Kraft des Infragestellens) die positivistischen Bemühungen, die Chronologie des Menschen in die der Dinge einzureihen, so daß die Einheit der Zeit wiederhergestellt und der Ursprung des Menschen nichts als ein Datum, nichts als eine Falte in der seriellen Abfolge der Wesen ist (diesen Ursprung und mit ihm das Erscheinen der Kultur, der Morgenröte der Zivilisationen in die Bewegung der biologischen Entwicklungen zu stellen). Sie gestattete auch die umgekehrte und komplementäre Bemühung, gemäß der Chronologie des Menschen die Erfahrung, die er mit den Dingen hat, die Kenntnisse, die er von ihnen hat, die Wissenschaften, die er so hat bilden können, in eine Linie zu bringen (so daß, wenn alle Anfänge des Menschen ihren Platz in der Zeit der Dinge haben, die individuelle oder kulturelle Zeit des Menschen in einer psychologischen oder historischen Genese den Augenblick zu definieren gestattet, in dem die Dinge zum ersten Mal das Gesicht ihrer Wahrheit treffen). In jeder dieser beiden Aufreihungen ist der Ursprung der Dinge und der des Menschen jeweils dem anderen untergeordnet. Aber allein die Tatsache, daß es zwei mögliche und unversöhnliche Linien gibt, zeigt die grundlegende Asymmetrie, die das moderne Denken vom Ursprung charakterisiert. Außerdem läßt dieses Denken in einem letzten Licht und gewissermaßen in einer essentiell zurückhaltenden Helle eine bestimmte Schicht des Ursprünglichen erscheinen, wo kein Ursprung präsent ist, aber wo die beginnlose Zeit des Menschen für ein mögliches Gedächtnis die erinnerungslose Zeit der Dinge offenbarte. Darin liegt eine doppelte Versuchung: jede Erkenntnis zu verpsychologisieren und aus der Psychologie eine Art allgemeiner Wissenschaft aller Wissenschaften zu machen; oder umgekehrt diese ursprüngliche Schicht in einem Stil zu beschreiben, der jedem Positivismus entgeht, so daß man von da ausgehend die Positivität jeder Wissenschaft beunruhigen und gegen sie den grundlegenden, unumgänglichen Charakter dieser Erfahrung zu Hilfe nehmen kann. Aber indem es sich die Aufgabe stellt, das Gebiet des Ursprünglichen wiederherzustellen, entdeckt das moderne Denken darin sofort das Zurückweichen des Ursprungs, und es nimmt sich paradoxerweise vor, in der Richtung vorzugehen, in der sich dieses Zurückweichen vollzieht und sich unaufhörlich vertieft. Es versucht, ihn jenseits der Erfahrung als dasjenige, was es in seiner Zurückgezogenheit unterstützt, als das, was seiner sichtbarsten Möglichkeit am nächsten kommt, und als das erscheinen zu lassen, was in ihm unmittelbar bevorstehend ist. Und wenn das Zurückweichen des Ursprungs sich so in seiner größten Klarheit ergibt, ist es nicht der Ursprung selbst, der befreit wird und in der Dynastie seines Archaismus zu sich selbst zurückschreitet? Deshalb ist das moderne Denken durch und durch der großen Beschäftigung mit der Wiederkehr, der Sorge, von neuem zu beginnen, jener seltsamen Unruhe auf dem Fleck geweiht, die es die Wiederholung zu wiederholen verpflichtet. So hat sich von Hegel bis zu Marx und bis zu Spengler das Thema eines Denkens entfaltet, das durch die Bewegung, in der es sich vollzieht – erreichte Totalität, gewaltsames Wiederergreifen im Höhepunkt des Mangels, Sonnenuntergang – sich in sich selbst beugt, seine eigene Fülle beleuchtet, seinen Kreis vollendet, sich in allen fremden Gestalten seiner Odyssee wiederfindet und bereit ist, in demselben Ozean zu verschwinden, aus dem es einst hervorgegangen ist. Am Gegenpunkt dieser Wiederkehr, die selbst wenn sie nicht glücklich ist, so doch vollkommen ist, zeichnet sich die Erfahrung Hölderlins, Nietzsches und Heideggers ab, wo die Wiederkehr sich nur in dem extremen Zurückweichen des Ursprungs gibt, dort, wo die Götter sich abgewandt haben und die Wüste wächst, wo die τεχυή die Beherrschung des Willens errichtet hat. Infolgedessen handelt es sich nicht um eine Beendung oder um eine Kurve, sondern um jenen unaufhörlichen Riß, der den Ursprung in dem Maße seines Rückzuges freisetzt. Das Äußerste ist also das Nächste. Aber ob diese Schicht des Ursprünglichen, vom modernen Denken in der Bewegung, in der es den Menschen erfunden hat, freigelegt, nun die Fälligkeit der Erfüllung und der vollendeten Mannigfaltigkeiten verheißt oder die Leere des Ursprungs wiederherstellt – die durch sein Zurückweichen geschaffene und die, die seine Annäherung gräbt –, auf jeden Fall ist das, was es zu denken vorschreibt, so etwas wie das »Gleiche«: durch das Gebiet des Ursprünglichen hindurch, das die menschliche Erfahrung nach der Zeit der Natur und des Lebens, nach der Geschichte und nach der abgelagerten Vergangenheit der Kulturen gliedert, bemüht sich das moderne Denken, den Menschen in seiner Identität, in jener Fülle oder in jenem Nichts, das er selbst ist, die Geschichte und die Zeit in jener Wiederholung, die sie unmöglich machen, aber die sie zu denken zwingen, und das Sein in genau dem, was es ist, wiederzufinden.

Und dadurch, in dieser unendlichen Aufgabe, den Ursprung möglichst nahe und möglichst fern von sich zu denken, entdeckt das Denken, daß der Mensch nicht mit dem zeitgenössisch ist, was ihn existieren läßt – oder mit dem, von wo ausgehend er ist; sondern, daß er in einer Kraft gefangen ist, die ihn verstreut, ihn fern von seinem eigenen Ursprung hält, aber ihm seinen Ursprung in einem unmittelbaren Bevorstehen verheißt, das vielleicht für immer ihm entzogen bleibt. Nun ist ihm diese Kraft nicht fremd. Sie liegt nicht außerhalb seiner selbst in der Heiterkeit der ewigen und unablässig wiederbegonnenen Ursprünge, denn dann wäre der Ursprung tatsächlich gegeben. Diese Kraft ist die seines Seins selbst. Die Zeit, aber jene Zeit, die er selbst ist, hält ihn ebenso von dem Morgen fern, aus dem er hervorgegangen ist, wie von dem, der ihm angekündigt ist. Man sieht, wie sehr diese grundlegende Zeit – diese Zeit, von der aus die Zeit der Erfahrung gegeben werden kann – von der verschieden ist, die in der Philosophie der Repräsentation von Bedeutung war: Die Zeit verstreute damals die Repräsentation, weil sie ihr die Form einer linearen Abfolge auferlegte; aber es gehörte zur Repräsentation, sich in der Vorstellungskraft sich selbst wiederzugeben, sich auf diese Weise vollkommen zu reduplizieren und die Zeit zu beherrschen. Das Bild gestattete, die Zeit insgesamt wiederaufzunehmen, das wiederzuerfassen, was der Abfolge konzediert worden war, und ein Wissen zu errichten, das ebenso wahr war wie das eines ewigen Verstandes. In der modernen Erfahrung dagegen ist der Rückzug des Ursprungs grundlegender als jede Erfahrung, weil in dem Ursprung die Erfahrung leuchtet und ihre Positivität manifestiert. Weil der Mensch nicht zeitgenössisch mit seinem Sein ist, geben die Dinge sich mit einer ihnen eigenen Zeit. Und man findet hier das anfängliche Thema der Endlichkeit wieder. Aber diese Endlichkeit, die zunächst durch das Überragen der Dinge über den Menschen angekündigt wurde – durch die Tatsache, daß er durch das Leben, durch die Geschichte und durch die Sprache beherrscht wurde –, erscheint jetzt auf einer fundamentaleren Ebene: sie ist die unüberwindliche Beziehung des Seins des Menschen zur Zeit.

So schließt das moderne Denken, indem es die Endlichkeit in der Frage nach dem Ursprung wiederentdeckt, das große Viereck, das es zu zeichnen begonnen hat, als die ganze abendländische *episteme* am Ende des achtzehnten Jahrhunderts ins Wanken geraten war: Die Verbindung der Positivitäten mit der Endlichkeit, die Reduplizierung des Empirischen im Transzendentalen, die ständige Beziehung des Cogito zum Ungedachten, der Rückzug und die Wiederkehr des Ursprungs definieren für uns die Seinsweise des Menschen. Auf die Analyse dieser Seinsweise und nicht mehr auf die der Repräsentation versucht die Reflexion seit dem neunzehnten Jahrhundert die Möglichkeit des Wissens philosophisch zu gründen.

VII. Der Diskurs und das Sein des Menschen

Man kann bemerken, daß diese vier theoretischen Segmente (Analyse der Endlichkeit, der empirisch-transzendentalen Wiederholung, des Ungedachten und des Ursprungs) ein bestimmtes Verhältnis zu den vier untergeordneten Gebieten haben, die alle zusammen in der klassischen Epoche die allgemeine Theorie der Sprache bildeten.[3] Dieses Verhältnis ist beim ersten Blick eines der Ähnlichkeit und der Symmetrie. Wir erinnern uns, daß die Theorie des *Verbs* erklärte, wie die Sprache über sich selbst hinausgehen und das Sein bestätigen konnte – dies in einer Bewegung, die umgekehrt das Sein der Sprache sicherte, weil sie nur dort sich errichten und ihren Raum eröffnen konnte, wo es bereits, wenigstens in einer geheimen Form,

---

3 Vgl. oben, S. 163.

das Verb »sein« gab. Die Analyse der *Endlichkeit* erklärt auf die gleiche
Weise, wie das Sein des Menschen durch Positivitäten bestimmt wird,
die ihm äußerlich sind und ihn mit der Mächtigkeit der Dinge verbinden,
wie aber umgekehrt es das endliche Sein ist, das jeder Bestimmung die
Möglichkeit gibt, in ihrer positiven Wahrheit zu erscheinen. Während
die Theorie der *Gliederung* zeigte, auf welche Weise sich die Abtrennung
der Wörter und der Dinge, die sie repräsentieren, vollziehen konnte, zeigt
die Analyse der *empirisch-transzendentalen Reduplizierung*, wie sich in
einer unendliche Oszillation das, was in der Erfahrung gegeben ist, und
das, was die Erfahrung möglich macht, entsprechen. Die Suche nach
den ursprünglichen *Bezeichnungen* ließ im ruhigsten Zentrum der Wörter,
der Silben, ja sogar der Laute eine schlafende Repräsentation auftauchen,
die gewissermaßen deren vergessene Seele bildete (und die man wieder
ans Tageslicht bringen, sprechen lassen und erneut klingen lassen mußte
für eine größere Folgerichtigkeit des Denkens und eine wunderbarere
Kraft der Poesie). Nach analogem Modus ist für das moderne Denken
die untätige Mächtigkeit des *Ungedachten* stets auf eine bestimmte Weise
durch ein Cogito bewohnt, und man muß jenes in dem, was nicht gedacht
wird, schlummernde Denken erneut beleben und in die Souveränität des
»Ich denke« spannen. Schließlich gab es in der klassischen Reflexion über
die Sprache eine Theorie der *Derivation*. Sie zeigte, wie die Sprache vom
Anfang ihrer Geschichte an und vielleicht auch im Augenblick ihres Ursprungs, von dem Punkt an, in dem sie zu sprechen begann, in ihren eigenen Raum glitt, sich um sich selbst drehte und sich von ihrer ursprünglichsten Repräsentation abwandte und sogar ihre ältesten Wörter nur bereits
gemäß rhetorischen Figuren entfaltet anordnete. Dieser Analyse entspricht
die Anstrengung, einen *Ursprung* zu denken, der stets bereits verschleiert
ist; sich in jene Richtung vorzuwagen, in der das Sein des Menschen in Beziehung zu ihm selbst stets in einer Entfernung und in einem Abstand, die
es konstituieren, gehalten wird.

Aber dieses Spiel der Entsprechungen darf zu keinen Illusionen Anlaß
geben. Man braucht sich nicht vorzustellen, daß die klassische Analyse
des Diskurses ohne Modifizierung durch die Epochen hindurch beibehalten wurde und sich lediglich einem neuen Gegenstand zuwandte; daß sie
sich kraft irgendeines historischen Gewichts trotz so vieler benachbarter
Veränderungen in ihrer Identität aufrechterhalten hat. Tatsächlich haben
sich die vier theoretischen Segmente, die den Raum der allgemeinen Gram-

matik umrissen, nicht erhalten, sondern sie haben sich abgetrennt, ihre Funktion und ihre Ebene geändert, sie haben ihr gesamtes Gültigkeitsgebiet verändert, als am Ende des achtzehnten Jahrhunderts die Theorie der Repräsentation verschwunden ist. Während der Klassik hatte die allgemeine Grammatik die Funktion, zu zeigen, wie innerhalb der Abfolgekette der Repräsentationen eine Sprache eingeführt werden konnte, die, indem sie sich in der einfachen und absolut gehaltenen Linie des Diskurses offenbarte, Formen der Gleichzeitigkeit voraussetzte (Bestätigung der Existenzen und Koexistenzen, Abtrennung der repräsentierten Dinge und Bildung von Allgemeinheiten; ursprüngliche und unauslöschliche Beziehung der Wörter und Sachen, Verlagerung der Wörter in ihrem rhetorischen Raum). Dagegen steht die Analyse der Seinsweise des Menschen, so wie sie sich seit dem neunzehnten Jahrhundert entwickelt hat, nicht innerhalb der Theorie einer Repräsentation. Es ist im Gegenteil ihre Aufgabe, zu zeigen, wie die Dinge im allgemeinen der Repräsentation gegeben werden können, unter welchen Bedingungen, auf welchem Boden, innerhalb welcher Grenzen sie in einer tieferen Positivität als die verschiedenen Perzeptionsweisen erscheinen können. Was dann in dieser Koexistenz des Menschen und der Dinge durch die große räumliche Entfaltung, die die Repräsentation eröffnet, hindurch entdeckt wird, ist die radikale Endlichkeit des Menschen, die Dispersion, die ihn gleichzeitig vom Ursprung fernhält und ihn ihm verheißt, der unumgängliche Abstand der Zeit. Die Analytik nimmt nicht die Analyse des Diskurses wieder auf, so wie sie woanders gebildet worden ist und wie die Tradition sie ihm geliefert hat. Das Vorhandensein oder das Fehlen einer Theorie der Repräsentation, genauer gesagt der ursprüngliche Charakter oder die abgeleitete Position dieser Theorie modifiziert von Grund auf das Gleichgewicht des Systems. Solange die Repräsentation als allgemeines Element des Denkens sich von selbst versteht, gilt die Theorie des Diskurses gleichzeitig (und in einer einzigen Bewegung) als Grundlage jeder möglichen Grammatik und als Erkenntnistheorie. Aber sobald der Primat der Repräsentation verschwindet, löst sich die Theorie des Diskurses auf, und man kann ihre entleibte und verwandelte Form auf zwei Ebenen wiederfinden: auf der empirischen Ebene finden sich die vier konstitutiven Segmente, aber die Funktion, die sie ausübten, ist völlig umgestülpt.[4] Wo man das Privileg des Verbs,

---

4 Vgl. oben, S. 360 f.

seine Kraft, den Diskurs aus sich selbst heraustreten zu lassen und im Sein
der Repräsentation zu verwurzeln, analysierte, hat man die Analyse einer
grammatischen, inneren Struktur eingeführt, die jeder Sprache immanent
ist und sie als ein in sich selbst autonomes Sein konstituiert. Das gleiche
gilt für die Theorie der Flexionen und die Suche nach den Gesetzen der
den Wörtern eigenen Veränderungen, die die Analyse der den Wörtern
und den Dingen gemeinsamen Gliederung ersetzen. Die Theorie des Stammes ist an die Stelle der Analyse der repräsentativen Wurzel getreten.
Schließlich hat man die Verwandtschaft der Sprachen nebeneinander dort
entdeckt, wo man die Kontinuität der Derivationen ohne Grenzen suchte.
Mit anderen Worten: alles, was in der Dimension der Verhältnisse zwischen den Dingen (so wie sie repräsentiert werden) und den Wörtern
(mit ihrem repräsentativen Wert) funktioniert hatte, wird innerhalb der
Sprache wiederaufgenommen und hat die Aufgabe, deren innere Gesetzmäßigkeit zu sichern. Auf der Ebene der Grundlagen finden sich die vier
Segmente der Theorie des Diskurses ebenfalls wieder. Wie in der Klassik
dienen sie in dieser neuen Analytik des menschlichen Seins zur Offenlegung des Verhältnisses zu den Dingen. Aber diesmal ist die Modifizierung
umgekehrt wie die vorige. Es handelt sich nicht mehr darum, sie in einem
der Sprache inneren Raum umzustellen, sondern sie aus dem Gebiet der
Repräsentation zu befreien, innerhalb dessen sie gefangen waren, und sie
in jener Dimension der Exteriorität spielen zu lassen, in der der Mensch
als begrenzt, bestimmt, in die Mächtigkeit dessen einbezogen, was er nicht
denkt, und in seinem Sein selbst der Dispersion der Zeit unterworfen erscheint.

Die klassische Analyse des Diskurses ist von dem Augenblick an, in dem
sie nicht mehr in Kontinuität zu einer Theorie der Repräsentation stand,
gewissermaßen in zwei Teile gespalten worden. Sie hat sich einerseits in
eine empirische Erkenntnis der grammatischen Formen eingekleidet, und
sie ist andererseits zu einer Analytik der Endlichkeit geworden. Aber keine
dieser beiden Übertragungen hat sich ohne eine totale Umkehr des Funktionierens vollziehen können. Man kann jetzt, und zwar bis in ihre Tiefe
hinein, die Inkompatibilität begreifen, die zwischen der Existenz des klassischen Diskurses (der sich auf die nicht befragte Evidenz der Repräsentation stützt) und der Existenz des Menschen herrscht, so wie sie dem modernen Denken gegeben wird (mit der anthropologischen Reflexion, die
es gestattet). Etwas wie eine Analytik der Seinsweise des Menschen ist erst

möglich geworden, als die Analyse des repräsentativen Diskurses einmal
aufgelöst, übertragen und umgekehrt worden war. Man ahnt dabei auch,
welche Drohung das zeitgenössische Wiedererscheinen der Sprache in
dem Rätsel ihrer Einheitlichkeit und ihres Seins auf dem Sein des so definierten und gesetzten Menschen ruhen läßt. Ist es unsere künftige Aufgabe, uns zu einer Denkweise vorzuwagen, die bisher in unserer Kultur unbekannt ist und die gestatten würde, gleichzeitig (ohne Diskontinuität
oder Widerspruch) das Sein des Menschen und das Sein der Sprache zu reflektieren? Und in diesem Fall muß man mit der größten Vorsicht all das
bannen, was naive Rückkehr zur klassischen Theorie des Diskurses sein
könnte (eine Rückkehr, deren Versuchung, das muß man zugeben, um so
größer ist, als wir ziemlich waffenlos sind, um das schillernde, aber abrupte Sein der Sprache zu denken, während die alte Theorie der Repräsentation völlig ausgebildet ist und uns einen Platz bietet, wo dieses Sein sich
ansiedeln und in einem reinen Funktionieren sich auflösen kann). Aber es
ist auch möglich, daß das Recht, gleichzeitig das Sein der Sprache und das
Sein des Menschen zu denken, für immer ausgeschlossen bleibt. Es kann
sein, daß darin eine unauslöschliche Kluft (in der genau wir existieren
und sprechen) besteht, so daß man jede Anthropologie, in der die Frage
nach dem Sein der Sprache gestellt würde, und jede Auffassung der Sprache oder der Bedeutung, die das Sein des Menschen erreichen, offenbaren
und befreien will, zu den Hirngespinsten zählen müßte. Da hat vielleicht
die wichtigste philosophische Wahl unserer Epoche ihre Wurzel. Eine
Wahl, die sich nur in der Erprobung einer künftigen Reflexion vollziehen
kann. Denn nichts kann uns im voraus sagen, nach welcher Seite der Weg
offensteht. Das einzige, was wir im Augenblick mit voller Sicherheit wissen, ist, daß niemals in der abendländischen Kultur das Sein des Menschen
und das Sein der Sprache zusammen existieren und sich nacheinander haben gliedern können. Ihre Inkompatibilität ist einer der fundamentalen
Züge unseres Denkens gewesen.

Die Veränderung der Analyse des Diskurses in eine Analytik der Endlichkeit hat jedoch eine andere Folge. Die klassische Theorie des Zeichens
und des Worts sollte zeigen, wie die Repräsentationen, die sich in einer so
engen und gedrängten Kette folgten, daß die Unterscheidungen darin
nicht erschienen und sie gewissermaßen alle gleich waren, sich in einem
zusammenhängenden Tableau fester Unterschiede und begrenzter Identitäten verteilen konnten. Es handelte sich um eine Genese des Unterschie-

des, ausgehend von der insgeheim variierten Monotonie des »Entsprechenden«. Die Analytik der Endlichkeit hat eine genau umgekehrte Rolle. Indem sie zeigt, daß der Mensch determiniert ist, handelt es sich für sie
darum, hervorzuheben, daß die Grundlage dieser Determinationen das
Sein des Menschen selbst in seinen radikalen Grenzen ist. Sie muß ebenfalls offenlegen, daß die Inhalte der Erfahrung bereits ihre eigenen Bedingungen sind, daß das Denken im voraus das Ungedachte heimsucht, das
jenen entgeht und das stets wiederzuerfassen es die Aufgabe hat. Sie zeigt,
wie dieser Ursprung, dessen Zeitgenosse der Mensch nie ist, ihm gleichzeitig entzogen und auf die Weise des unmittelbaren Bevorstehens gegeben
wird. Kurz gesagt, es handelt sich immer für sie darum zu zeigen, wie
das *Andere*, das Ferne, ebensowohl das Nächste und das *Gleiche* ist. So
ist man von einer Reflexion über die Ordnung der Unterschiede (mit
der Analyse, die sie voraussetzt, und jener Ontologie des Kontinuums, jener Forderung eines vollen, bruchlosen, in seiner Perfektion entfalteten
Seins, die eine Metaphysik voraussetzen) zu einem Denken des *Gleichen*
übergegangen, das stets seinem Gegenteil abzugewinnen ist: das impliziert
(außer der Ethik, von der wir gesprochen haben) eine Dialektik und jene
Form von Ontologie, die, weil sie des Kontinuums nicht bedarf, weil sie
das Sein nur in seinen begrenzten Formen oder in der Entfernung seines
Abstands zu reflektieren hat, auf eine Metaphysik verzichten kann und
muß. Ein dialektisches Spiel und eine Ontologie ohne Metaphysik verlangen nach einander und entsprechen einander durch das moderne Denken
hindurch und während seiner ganzen Geschichte. Denn es ist ein Denken,
das nicht mehr zu der niemals beendeten Bildung des Unterschiedes verläuft, sondern zu der stets zu vollziehenden Enthüllung des *Gleichen*.
Nun verläuft eine solche Enthüllung nicht ohne das gleichzeitige Auftauchen des Doppels und jenes sehr, sehr kleinen, aber unaufhebbaren Abstandes, der in dem »und« des Zurückweichens *und* der Wiederkehr, des
Denkens *und* des Ungedachten, des Empirischen *und* des Transzendentalen, dessen, was zur Ordnung der Positivität gehört, *und* dessen, was zur
Ordnung der Grundlagen gehört, ruht. Die von sich selbst in einem in bestimmtem Sinn ihr innerlichen Abstand, der sie aber in einem anderen
Sinne erst bildet, getrennte Identität, und die Wiederholung, die das Identische, wenn auch in der Form der Entfernung gibt, sind zweifellos im Zentrum dieses modernen Denkens befindlich, dem man die Entdeckung der
Zeit schnell zuschreibt. Wenn man tatsächlich mit etwas mehr Aufmerk-

samkeit hinschaut, bemerkt man, daß das klassische Denken die Möglichkeit, die Dinge im Raum eines Tableaus zu verteilen, auf jene Eigenschaft der reinen repräsentativen Abfolge bezog, sich ausgehend von sich selbst zu erinnern, sich zu reduplizieren und eine Gleichzeitigkeit ausgehend von einer kontinuierlichen Zeit zu bilden: die Zeit begründete den Raum. Im modernen Denken enthüllt sich bei der Begründung der Geschichte der Dinge und der dem Menschen eigenen Historizität der Abstand, der das *Gleiche* aushöhlt, die Abweichung, die es verstreut und an den Enden seiner selbst sammelt. Diese tiefe Räumlichkeit gestattet dem modernen Denken, stets die Zeit zu denken und sie als Abfolge zu erkennen, sie sich als Abschluß, Ursprung oder Wiederkehr zu verheißen.

VIII. Der anthropologische Schlaf

Die Anthropologie als Analytik des Menschen hat mit Sicherheit eine konstitutive Rolle im modernen Denken gespielt, weil wir zu einem guten Teil uns noch nicht davon gelöst haben. Sie war von dem Moment an notwendig geworden, in dem die Repräsentation die Kraft verloren hatte, für sich allein und in einer einzigen Bewegung das Spiel ihrer Synthesen und Analysen zu bestimmen. Diese empirischen Synthesen mußten woanders als in der Souveränität des »Ich denke« gesichert werden. Sie mußten dort gesucht werden, wo genau jene Souveränität ihre Grenze findet, das heißt: in der Endlichkeit des Menschen, die ebensowohl die des Bewußtseins wie die des lebenden, sprechenden und arbeitenden Individuums ist. Das hatte Kant bereits in der Logik formuliert, als er seiner traditionellen Trilogie eine letzte Fragestellung hinzufügte: die drei kritischen Fragen (1. Was kann ich wissen? 2. Was soll ich tun? 3. Was darf ich hoffen?) sind auf eine vierte bezogen und gewissermaßen ihr in Rechnung gestellt: »Was ist der Mensch?«[5]

Diese Frage durchzieht, wie wir sahen, das Denken seit dem Anfang des neunzehnten Jahrhunderts. Sie nimmt unter der Hand und im voraus die Vermengung des Empirischen und Transzendentalen vor, deren Teilung Kant indessen gezeigt hatte. Dadurch hat sich eine Reflexion unterschiedlichen Niveaus konstituiert, die die moderne Philosophie charakterisiert.

5 Immanuel Kant, *Logik*, in: ders., *Werke* (Hrsg. Cassirer), 11 Bde., Berlin 1912-1922, Bd. 8 (1922), S. 343.

Die Sorge um den Menschen, die sie nicht nur in ihren Diskursen, sondern auch in ihrem Pathos in Anspruch nimmt, die Sorgfalt, mit der sie ihn als lebendiges Wesen, als arbeitendes Individuum oder als sprechendes Subjekt zu definieren versucht, signalisieren nur für die schönen Seelen das schließlich wiedergekommene Jahr eines menschlichen Reiches. Tatsächlich handelt es sich, und das ist prosaischer und weniger moralisch, um eine empirisch-kritische Reduplizierung, durch die man den Menschen der Natur, des Warentauschs und des Diskurses als Grundlage seiner eigenen Endlichkeit zur Geltung bringen will. In dieser Wendung bedeckt die transzendentale Funktion mit ihrem gebieterischen Raster den untätigen und grauen Raum der Empirizität. Umgekehrt beleben sich die empirischen Inhalte, richten sich allmählich auf, stehen und werden sogleich in einen Diskurs aufgenommen, der ihre transzendentale Anmaßung in die Ferne rückt. Und plötzlich hat die Philosophie in dieser Wendung einen neuen Schlaf gefunden. Nicht mehr den des Dogmatismus, sondern den der Anthropologie. Jede empirische Erkenntnis, vorausgesetzt, daß sie den Menschen betrifft, gilt als mögliches philosophisches Feld, in dem sich die Grundlagen der Erkenntnis, die Definition ihrer Grenzen und schließlich die Wahrheit jeder Wahrheit enthüllen muß. Die anthropologische Konfiguration der modernen Philosophie besteht in der Spaltung des Dogmatismus, darin, ihn in zwei verschiedene Ebenen aufzuspalten, die sich gegenseitig stützen und gegenseitig begrenzen: Die präkritische Analyse dessen, was der Mensch in seiner Essenz ist, wird zur Analytik all dessen, was sich im allgemeinen der Erfahrung des Menschen geben kann.

Um das Denken aus einem solchen Schlaf zu wecken, der so tief ist, daß es ihn paradoxerweise als Wachen empfindet (so sehr verwechselt es die Zirkularität eines Dogmatismus, der sich spaltet, um in sich selbst seine eigene Stütze zu finden, mit der Beweglichkeit und der Unruhe eines radikal philosophischen Denkens), um es an seine ursprünglichsten Möglichkeiten zu erinnern, gibt es kein anderes Mittel, als das anthropologische »Viereck« bis in seine Grundlagen hin zu zerstören. Man weiß auf jeden Fall sehr wohl, daß alle Anstrengungen, neu zu denken, sich genau ihm zuwenden, handele es sich nun um die Durchquerung des anthropologischen Feldes und, wenn man sich, von dem ausgehend, was es aussagt, ihm entreißt, um das Wiederfinden einer gereinigten Ontologie oder eines radikalen Denkens des Seins; oder handele es sich darum, daß man, indem man außer dem Psychologismus und dem Historizismus alle konkreten Formen des anthropologischen Vorurteils ausschaltet: man versucht immer, die Grenzen des Denkens erneut zu befragen und so mit dem Plan einer allgemeinen Kritik der Vernunft wiederanzuknüpfen. Vielleicht müßte man das erste Bemühen dieser Entwurzelung der Anthropologie, der zweifellos das zeitgenössische Denken gewidmet ist, in der Erfahrung Nietzsches sehen. Durch eine philologische Kritik, durch eine bestimmte Form des Biologismus hat Nietzsche den Punkt wiedergefunden, an dem Mensch und Gott sich gehören, an dem der Tod des zweiten synonym mit dem Verschwinden des ersten ist und wo die Verheißung des Übermenschen zunächst und vor allem das Bevorstehen des Todes des Menschen bedeutet. Worin Nietzsche also, indem er uns jene Zukunft sogleich als Fälligkeit und als Aufgabe vor Augen führt, die Schwelle markiert, von der aus die zeitgenössische Philologie erneut zu denken beginnen kann. Sie wird wahrscheinlich für lange Zeit ihren Weg überragen. Wenn die Entdeckung der Wiederkehr das Ende der Philosophie ist, ist das Ende des Menschen dagegen die Wiederkehr des Anfangs der Philosophie. In unserer heutigen Zeit kann man nur noch in der Leere des verschwundenen Menschen denken. Diese Leere stellt kein Manko her, sie schreibt keine auszufüllende Lücke vor. Sie ist nichts mehr und nichts weniger als die Entfaltung eines Raums, in dem es schließlich möglich ist, zu denken.

Die Anthropologie bildet vielleicht die grundlegende Position, die das philosophische Denken von Kant bis zu uns bestimmt und geleitet hat. Diese Disposition ist wesentlich, weil sie zu unserer Geschichte gehört. Aber sie ist im Begriff, sich unter unseren Augen aufzulösen, weil wir beginnen, darin gleichzeitig das Vergessen des Anfangs, der sie möglich gemacht hat, und das hartnäckige Hindernis, das sich widerspenstig einem künftigen Denken entgegenstellt, zu erkennen und kritisch zu denunzieren. Allen, die noch vom Menschen, von seiner Herrschaft oder von seiner Befreiung sprechen wollen, all jenen, die noch fragen nach dem Menschen in seiner Essenz, jenen, die von ihm ausgehen wollen, um zur Wahrheit zu gelangen, jenen umgekehrt, die alle Erkenntnis auf die Wahrheiten des Menschen selbst zurückführen, allen, die nicht formalisieren wollen, ohne zu anthropologisieren, die nicht mythologisieren wollen, ohne zu demystifizieren, die nicht denken wollen, ohne sogleich zu denken, daß es der Mensch ist, der denkt, all diesen Formen linker und linkischer Reflexion kann man nur ein philosophisches Lachen entgegensetzen – das heißt: ein zum Teil schweigendes Lachen.

10. Kapitel

Die Humanwissenschaften

I. Das Triëder des Wissens

Die Seinsweise des Menschen, so wie sie sich im modernen Denken herausgebildet hat, gestattet ihm, zwei Rollen zu spielen. Er ist gleichzeitig die Grundlage aller Positivitäten und auf eine Art, die man nicht einmal als privilegiert bezeichnen kann, im Element der empirischen Dinge präsent. Diese Tatsache, bei der es sich nicht um das allgemeine Wesen des Menschen, sondern ganz einfach um jenes historische Apriori handelt, das seit dem neunzehnten Jahrhundert als fast evidenter Boden für unser Denken dient, diese Tatsache ist ohne Zweifel für den Status entscheidend, den man den »Humanwissenschaften«, diesem Korpus von Kenntnissen (aber dieses Wort selbst ist vielleicht zu stark: sagen wir, um neutraler zu bleiben, dieser Gesamtheit von Diskurs), geben muß, das den Menschen in seinen empirischen Teilen zum Gegenstand nimmt.

Das erste, was man feststellt, ist, daß die Humanwissenschaften kein bereits vorgezeichnetes Gebiet als Erbschaft mitbringen, das vielleicht in seiner Gesamtheit abgesteckt wäre, aber brachläge, und das sie nun mit schließlich wissenschaftlichen Begriffen und positiven Methoden erarbeiten müßten. Das achtzehnte Jahrhundert hat den Humanwissenschaften unter dem Namen des Menschen oder der Natur keinen von außen umschriebenen, aber noch leeren Raum überliefert, den in der Folge zu bedecken und zu analysieren sie zur Aufgabe gehabt hätten. Das erkenntnistheoretische Feld, das die Humanwissenschaften durchlaufen, ist nicht im voraus vorgeschrieben gewesen: keine Philosophie, keine politische oder moralische Option, keine empirische Wissenschaft gleich welcher Art, keine Beobachtung des menschlichen Körpers, keine Analyse der Sinneswahrnehmung, der Vorstellungskraft oder der Leidenschaft ist jemals im siebzehnten und achtzehnten Jahrhundert auf etwas wie den Menschen gestoßen. Der Mensch existierte ebensowenig wie das Leben, die Sprache und die Arbeit. Die Humanwissenschaften sind nicht in Erscheinung getreten, als unter der Wirkung eines drängenden Rationalismus, eines nicht gelösten wissenschaftlichen Problems, eines bestimmten praktischen Interesses man sich entschlossen hat, den Menschen (wohl oder übel und mit mehr oder weniger Erfolg) auf die Seite der wissenschaftlichen Gegenstände zu rücken – wobei es vielleicht immer noch nicht bewiesen ist, daß er dort wirklich absolut eingeordnet werden kann; sie sind von dem Tag an erschienen, an dem der Mensch sich in der abendländischen Kultur gleichzeitig als das konstituiert hat, was man denken muß, und als das, was zu wissen ist. Es gibt gar keinen Zweifel, daß das historische Auftauchen einer jeden Humanwissenschaft sich anläßlich eines Problems, einer Forderung, eines Hindernisses theoretischer oder praktischer Ordnung vollzogen hat. Sicher bedurfte es der neuen Normen, die die Industriegesellschaft den Individuen auferlegt hat, damit im Laufe des neunzehnten Jahrhunderts sich langsam die Psychologie als Wissenschaft bildete. Ohne Zweifel hat es auch der Drohungen bedurft, die seit der Französischen Revolution auf dem sozialen Gleichgewicht ruhten und auf dem besonders, das die Bourgeoisie errichtet hat, damit eine Reflexion soziologischen Typs erschien. Aber wenn diese Ausführungen wohl erklären können, warum in einem bestimmten Umstand und als Antwort auf eine präzise Frage diese Wissenschaften sich artikuliert haben, kann ihre immanente Möglichkeit, die nackte Tatsache, daß zum ersten Mal, seit es menschliche, in Gesellschaft lebende Wesen gibt, der Mensch isoliert oder in der Gruppe zum Gegenstand der Wissenschaft geworden ist, nicht als ein Phänomen der Anschauung betrachtet oder behandelt werden: es ist ein Ereignis innerhalb der Ordnung des Wissens.

Und dieses Ereignis hat sich in einer allgemeinen Neuverteilung der *episteme* vollzogen: als die Lebewesen den Raum der Repräsentation verließen und sich in der spezifischen Tiefe des Lebens die Reichtümer im fortschreitenden Druck der Produktionsformen, die Wörter im Werden der Sprache ansiedelten. Unter diesen Bedingungen war es nötig, daß die Kenntnis vom Menschen in seiner wissenschaftlichen Betrachtung als mit der Biologie, der Ökonomie und der Philologie gleichzeitig und mit gleichem Ursprung auftauchte, so daß man in ihr ganz natürlich einen der entscheidendsten in der Geschichte der europäischen Kultur durch die empirische Rationalität vollzogenen Fortschritte gesehen hat. Da aber gleichzeitig die allgemeine Theorie der Repräsentation verschwand und sich dagegen die Notwendigkeit der Frage nach dem Sein des Menschen als Begründung aller Positivitäten aufdrängte, mußte notwendig ein Un-

gleichgewicht entstehen: der Mensch wurde das, von wo aus jede Erkenntnis in ihrer unmittelbaren und nicht problematisierten Evidenz gebildet
werden konnte. Er wurde aus viel stärkerem Grunde das, was die Infragestellung jeder Erkenntnis des Menschen gestattet. Daher jene doppelte
und unvermeidliche Kontestation: die unaufhörliche Auseinandersetzung
zwischen den Wissenschaften vom Menschen und den Wissenschaften
schlechthin, wobei die ersten die unüberwindliche Prätention besitzen,
die zweiten zu begründen, die unaufhörlich zur Suche nach ihrer eigenen
Grundlage, der Rechtfertigung ihrer Methode oder der Reinigung ihrer
Geschichte, gegen den »Psychologismus«, gegen den »Soziologismus«, gegen den »Historizismus« gezwungen sind; und die ständige Auseinandersetzung zwischen der Philosophie, die den Humanwissenschaften die Naivität vorhält, mit der sie sich selbst zu begründen versuchen, und jenen
Humanwissenschaften, die als den ihr eigenen Gegenstand das beanspruchen, was einst das Gebiet der Philosophie gebildet habe.

Aber wenn diese Infragestellungen notwendig sind, soll das nicht heißen, daß sie sich im Element des reinen Widerspruchs entwickeln. Ihre
Existenz, ihre unermüdliche Wiederholung seit mehr als einem Jahrhundert zeigen nicht die Permanenz eines unendlich offenen Problems an, sondern sie verweisen auf eine präzise erkenntnistheoretische Disposition, die
in der Geschichte sehr wohl determiniert ist. In der klassischen Epoche
war vom Vorhaben einer Analyse der Repräsentation bis hin zum Thema
der *mathesis universalis* das Feld des Wissens vollkommen homogen: jede
beliebige Erkenntnis ging beim Ordnen mit Hilfe der Errichtung der Unterschiede vor und definierte die Unterschiede durch die Errichtung einer
Ordnung. Das traf für die Mathematik zu, ebenso für die *Taxinomien* (in
weitem Sinne) und die Wissenschaften der Natur. Es traf aber ebenfalls
auf alle approximativen, unvollkommenen und zu einem großen Teil spontanen Erkenntnisse zu, die bei der Konstruktion des geringsten Diskurses oder in den alltäglichen Prozessen des Warentauschs am Werk sind.
Schließlich traf es auch für das philosophische Denken und jene langen,
geordneten Ketten zu, die die Ideologen nicht weniger als Descartes oder
Spinoza, aber auf andere Weise haben errichten wollen, um notwendig
von den einfachsten und evidentesten Vorstellungen bis zu den kompliziertesten Wahrheiten zu führen. Aber seit dem neunzehnten Jahrhundert zerstückelt sich das epistemologische Feld oder vielmehr: es springt in verschiedene Richtungen auseinander. Man entgeht nur schwer dem Zauber

der Klassifikationen und der linearen Hierarchien, wie sie von Auguste Comte entworfen wurden. Aber alle Gebiete des modernen Denkens nach der Mathematik auszurichten heißt, die Frage nach der Positivität der verschiedenen Gebiete des Wissens, ihrer Seinsweisen, ihre Verwurzelung in den Bedingungen ihrer Möglichkeit, die in der Geschichte ihnen zugleich ihren Gegenstand und ihre Form gibt, allein dem Gesichtspunkt der Objektivität der Erkenntnis zu unterwerfen.

Wenn man auf diesem archäologischen Niveau das Feld der modernen *episteme* befragt, ordnet es sich nicht nach dem Ideal einer vollkommenen Mathematisierung und entrollt keine lange Folge von immer mehr mit Empirizität beladenen, absteigenden Erkenntnissen von einer formalen Reinheit aus. Man muß sich das Gebiet der modernen *episteme* vielmehr als einen voluminösen und nach drei Dimensionen geöffneten Raum vorstellen. In einer Dimension würde man die mathematischen und nichtmathematischen Naturwissenschaften anordnen, für die die Folge stets eine deduktive und lineare Verkettung evidenter oder verifizierter Aussagen ist; es gäbe in einer zweiten Dimension Wissenschaften (wie die der Sprache, des Lebens, der Produktion und der Distribution der Reichtümer), die diskontinuierliche, aber analoge Elemente in Beziehung setzen, so daß sie untereinander kausale Relationen und Strukturkonstanten errichten können. Diese beiden ersten Dimensionen definieren zwischen sich eine gemeinsame Ebene: Diese kann je nach der Richtung, in der man sie durchläuft, als Anwendungsfeld der Mathematik für die empirischen Wissenschaften oder als Gebiet des Mathematisierbaren in der Linguistik, der Biologie und der Ökonomie erscheinen. Was die dritte Dimension anbelangt, so ist es die der philosophischen Reflexion, die sich als Denken des *Gleichen* entwickelt. Mit der Dimension der Linguistik, der Biologie und der Ökonomie umreißt sie eine gemeinsame Ebene, auf der die verschiedenen Lebensphilosophien, Philosophien des entfremdeten Menschen und der symbolischen Formen (wenn man die Begriffe und Probleme auf die Philosophie überträgt, die in verschiedenen empirischen Gebieten entstanden sind) erscheinen können und in der Tat erschienen sind. Auf ihr sind aber ebenfalls, wenn man von einem radikalphilosophischen Gesichtspunkt her nach den Grundlagen jener Empirizitäten fragt, regionale Ontologien erschienen, die die Definition dessen versuchen, was in ihrem eigenen Sein das Leben, die Arbeit und die Sprache sind. Schließlich definiert die philosophische Dimension mit der der mathematischen Disziplinen eine gemeinsame Ebene: die der Formalisierung des Denkens.

Aus diesem erkenntnistheoretischen Trieder sind die Humanwissenschaften wenigstens in dem Sinne ausgeschlossen, daß man sie in keiner dieser Dimensionen oder an der Oberfläche keiner der so gezeichneten Ebenen finden kann. Man kann aber ebensogut sagen, daß sie in das Trieder eingeschlossen sind, denn in dem Zwischenraum dieser verschiedenen Wissensgebiete, genauer in dem von ihren drei Dimensionen bestimmten Volumen finden sie ihren Platz. Diese Situation (die in einem Sinne von geringerer Bedeutung ist und in einem anderen Sinne privilegiert ist) setzt sie in Beziehung zu allen anderen Wissensformen: Sie haben den mehr oder weniger verschobenen, aber konstanten Plan, sich eine mathematische Formalisierung zu geben oder auf jeden Fall auf der einen oder anderen Ebene eine solche zu benutzen. Sie prozedieren gemäß Modellen oder Begriffen, die der Biologie, der Ökonomie und den Wissenschaften von der Sprache entliehen sind. Sie wenden sich schließlich an jene Seinsweise des Menschen, die die Philosophie auf der Ebene der radikalen Endlichkeit zu denken versucht, während sie selbst deren sämtliche empirischen Manifestationen durchlaufen wollen. Vielleicht ist es diese wolkenartige Aufteilung in einem dreidimensionalen Raum, die die Humanwissenschaften so schwierig anzuordnen macht, die ihrer Lokalisierung im erkenntnistheoretischen Gebiet ihre unaufhebbare Unsicherheit gibt, die sie gleichzeitig gefährlich und gefährdet erscheinen läßt. Als gefährlich erscheinen sie, weil sie für alle anderen Gebiete des Wissens gewissermaßen eine permanente Gefahr darstellen. Sicher riskieren weder die deduktiven noch die empirischen Wissenschaften, noch das philosophische Denken, wenn sie in ihren eigenen Dimensionen verbleiben, den »Übergang« zu den Humanwissenschaften oder die Übernahme ihrer Unreinheit. Man weiß aber, welche Schwierigkeiten manchmal die Herstellung der Zwischenbereiche bereitet, die die drei Dimensionen des erkenntnistheoretischen Raumes miteinander verbinden. Die geringste Abweichung im Verhältnis zu diesen strengen Ebenen läßt das Denken in das von den Humanwissenschaften besetzte Gebiet stürzen. Daher rührt die Gefahr des »Psychologismus«, des »Soziologismus« – dessen, was man mit einem Wort als »Anthropologismus« bezeichnen könnte –, die sofort bedrohlich wird, sobald man zum Beispiel die Beziehungen des Denkens und der Formalisierung nicht korrekt reflektiert oder sobald man die Seinsweisen des Lebens, der Arbeit und der Sprache nicht wie notwendig analysiert. Die »Anthropologisierung« ist heutzutage die große innere Gefahr der Wissenschaften. Man glaubt leicht, daß der

Mensch sich von sich selbst befreit hat, seit er entdeckt hat, daß er weder im Zentrum der Schöpfung noch in der Mitte des Raumes, noch vielleicht auf dem Gipfel und am letzten Ende des Lebens befindlich ist. Wenn der Mensch aber nicht mehr souverän im Reich der Welt steht, wenn er nicht im Zentrum des Seins herrscht, sind die »Humanwissenschaften« gefährliche Mittelglieder im Raum des Wissens. Diese Stellung aber weiht sie einer wesentlichen Instabilität. Was die Schwierigkeiten der »Humanwissenschaften«, ihre Empfindlichkeit, ihre Unsicherheit als Wissenschaften, ihre gefährliche Vertrautheit mit der Philosophie, ihr schlechtdefiniertes Sichstützen auf andere Gebiete des Wissens, ihren stets sekundären und abgeleiteten Charakter, aber ihren Anspruch auf Universalität erklärt, ist nicht, wie man oft sagt, die extreme Dichte ihres Gegenstandes; es ist nicht der metaphysische Status oder die unauslöschliche Transzendenz jenes Menschen, von dem sie sprechen, sondern sehr wohl die Komplexität der erkenntnistheoretischen Konfiguration, in die sie sich gestellt finden, und ihre konstante Beziehung zu den drei Dimensionen, die ihnen ihr Raum gibt.

II. Die Form der Humanwissenschaften

Es ist an der Zeit, die Form dieser Positivität zu umreißen. Gewöhnlich versucht man, sie in der Funktion der Mathematik zu definieren. Entweder versucht man, sie ihr möglichst nahe anzunähern, indem man alles inventarisiert, was in den Wissenschaften vom Menschen mathematisierbar ist, und voraussetzt, daß alles, was sich einer solchen Formalisierung entzieht, noch nicht in seiner wissenschaftlichen Positivität erreicht worden ist; oder man versucht umgekehrt, das Gebiet des Mathematisierbaren sorgfältig von jenem anderen zu trennen, das nicht auf es zurückgeführt werden kann, weil es der Ort der Interpretation wäre, weil man darin vor allem die Methoden des Verstehens anwenden würde, weil es um den klinischen Pol des Wissens zusammengefaßt wäre. Solche Analysen sind nicht nur ermüdend, weil sie abgenutzt sind, sondern zunächst einmal, weil sie des Zusammenhanges ermangeln. Gewiß, es gibt keinen Zweifel, daß diese Form empirischen Wissens, die auf den Menschen angewendet wird (und die man, um der Konvention zu gehorchen, auch »Humanwissenschaften« nennen kann, bevor man überhaupt weiß, in welche Richtung und innerhalb welcher Grenzen man sie als »Wissenschaften« bezeichnen kann), Beziehung zur Mathematik hat. Wie jedes andere Gebiet des Wissens können sie unter bestimmten Bedingungen das mathematische Handwerkszeug benutzen. Einige ihrer Verfahren und verschiedene ihrer Ergebnisse können formalisiert werden. Es ist mit aller Sicherheit von größter Bedeutung, diese Werkzeuge zu kennen, diese Formalisierungen vornehmen zu können, die Ebenen zu definieren, in denen sie vollzogen werden können. Es ist ohne Zweifel interessant für die Geschichte, zu wissen, wie Condorcet die Wahrscheinlichkeitsrechnung auf die Politik angewandt hat, wie Fechner die logarithmische Beziehung zwischen dem Wachsen der Sinneswahrnehmung und der Erregung definiert hat, wie die heutigen Psychologen sich der Informationstheorie bedienen, um die Phänomene des Lernens zu begreifen. Aber trotz der Spezifität der gestellten Probleme ist es wenig wahrscheinlich, daß die Beziehung zur Mathematik (die Möglichkeiten der Mathematisierung oder der Widerstand gegen alle Bemühungen der Formalisierung) für die Humanwissenschaften in ihrer besonderen Positivität konstitutiv ist. Dafür gibt es zwei Gründe. Erstens, weil ihnen im wesentlichen diese Probleme mit anderen Disziplinen (wie der Biologie, der Genetik) gemeinsam sind, selbst wenn sie hier und dort nicht identisch sind; und zweitens vor allem, weil die archäologische Analyse im historischen Apriori der Wissenschaften vom Menschen keine neue Form der Mathematik oder ein brüskes Vorprellen dieser auf das Gebiet des den Menschen Betreffenden, sondern viel eher eine Art Rückzug der *mathesis*, eine Auflösung ihres einheitlichen Feldes und die Freisetzung der empirischen Organisationen wie der des Lebens, der Sprache und der Arbeit in bezug zur linearen Ordnung der kleinstmöglichen Unterschiede enthüllt hat. In diesem Sinne wären das Erscheinen des Menschen und die Konstituierung der Humanwissenschaften (und sei es nur in der Form eines Plans) Korrelate einer Art »Demathematisierung«. Man wird wahrscheinlich sagen, daß diese Auflösung eines in seiner Ganzheit als *mathesis* konzipierten Wissens kein Zurückweichen der Mathematik sei, schon aus dem einfachen Grunde, daß dieses Wissen (außer in der Astronomie und auf bestimmten Gebieten der Physik) nie zu einer effektiven Mathematisierung geführt hat. Als es verschwand, machte es eher die Natur und das ganze Feld der Empirizitäten für eine in jedem Augenblick begrenzte und kontrollierte Anwendung der Mathematik frei. Die ersten großen Fortschritte der mathematischen Physik, die ersten massiven Anwendun-

gen der Wahrscheinlichkeitsrechnung datieren ja erst aus der Zeit, in der
man darauf verzichtet hat, unmittelbar eine allgemeine Wissenschaft der
nicht quantifizierbaren Ordnungen zu bilden. Man kann in der Tat nicht
leugnen, daß der Verzicht auf eine *mathesis* (wenigstens vorläufig) in bestimmten Gebieten des Wissens die Aufhebung des Hindernisses der Qualität und die Anwendung des mathematischen Werkzeuges dort gestattet
hat, wo es noch nicht eingedrungen war. Wenn aber auf der Ebene der Physik die Auflösung des Plans einer *mathesis* nur ein und dieselbe Sache mit
der Entdeckung neuer Anwendungen der Mathematik bildet, so ist das
nicht in allen Gebieten gleich gewesen. Die Biologie hat sich zum Beispiel
außerhalb einer Wissenschaft der qualitativen Ordnungen als Analyse der
Beziehungen zwischen den Organen und den Funktionen, als Untersuchung der Strukturen und der Gleichgewichte, als Forschungen über ihre
Bildung und Entwicklung in der Geschichte der Einzelwesen oder der
Arten konstituiert. All dies hat die Biologie nicht daran gehindert, die Mathematik zu benutzen, und diese konnte in weit größerem Maße als in der
Vergangenheit auf die Biologie angewendet werden. Aber nicht in ihrer Be-
ziehung zur Mathematik hat die Biologie ihre Autonomie erlangt und ihre
Positivität definiert. Das gleiche gilt für die Humanwissenschaften. Der
Rückzug der *mathesis* und nicht das Vordringen der Mathematik hat dem
Menschen gestattet, sich selbst als Gegenstand des Denkens zu konstituieren. Als die Arbeit, das Leben und die Sprache sich in sich selbst enthüllten, war das Erscheinen dieses neuen Gebietes von außen vorgeschrieben.
Das Erscheinen dieses empirisch-transzendentalen Wesens, dieses Wesens,
von dem das Denken unaufhörlich mit dem Ungedachten verwoben wird,
dieses stets von einem Ursprung getrennten Wesens, der ihm in der Unmittelbarkeit der Wiederkehr verheißen ist – dieses Erscheinen gibt den Humanwissenschaften ihren besonderen Anstrich. Auch hier, wie in anderen
Disziplinen, kann die Anwendung der Mathematik am Anfang des neunzehnten Jahrhunderts durch alle im abendländischen Wissen vollzogenen
Modifizierungen erleichtert worden sein (und es noch immer mehr werden). Aber sich vorzustellen, daß die Humanwissenschaften an dem Tag
ihr radikalstes Vorhaben definiert haben und ihre positive Geschichte begonnen haben, an dem man die Wahrscheinlichkeitsrechnung auf die Phänomene der politischen Meinungen hat anwenden und Logarithmen zur
Messung der wachsenden Intensität der Empfindungen hat benutzen wollen, heißt, eine oberflächliche Gegenwirkung für das fundamentale Ereignis zu halten.

Mit anderen Worten: Unter den drei Dimensionen, die den den Humanwissenschaften eigenen Raum öffnen und ihnen den Umfang, in dem sie
eine Masse bilden, bestimmen, ist die Dimension der Mathematik vielleicht die am wenigsten problematische. Auf jeden Fall unterhalten die
Humanwissenschaften mit ihr die klarsten, ungetrübtesten und in gewisser
Weise transparentesten Beziehungen. Daher ist der Rückgriff auf die Mathematik in der einen oder anderen Form stets die einfachste Weise gewesen, dem positiven Wissen über den Menschen einen Stil, eine Form oder
eine Rechtfertigung zu geben, die wissenschaftlich waren. Die fundamentalsten Schwierigkeiten dagegen, die, die die beste Definition dessen gestatten, was die Humanwissenschaften in ihrem Wesen sind, liegen bei
den beiden anderen Dimensionen des Wissens: der, wo sich die Analytik
der Endlichkeit entfaltet, und der, entlang deren sich die empirischen Wissenschaften verteilen, die zum Gegenstand die Sprache, die Arbeit und das
Leben haben.

Die Humanwissenschaften wenden sich in der Tat insoweit an den Menschen, als er lebt, spricht und produziert. Als lebendiges Wesen wächst er,
hat er Funktionen und Bedürfnisse, sieht er einen Raum sich öffnen, dessen bewegliche Koordinaten er in sich selbst verknüpft. Auf allgemeine
Weise überschneidet seine körperliche Existenz sich teilweise mit dem Lebendigen. Als Produzent von Gegenständen und Werkzeugen, im durch
seine Bedürfnisse bestimmten Tausch und in der Organisation eines Zirkulationsnetzes, das das durchläuft, was er konsumieren kann und worin er
sich als ein Relais definiert findet, erscheint er in seiner Existenz unmittelbar mit den anderen verflochten. Da er eine Sprache hat, kann er sich
schließlich ein ganzes Universum aus Symbolen bilden, innerhalb dessen
er Beziehung zu seiner Vergangenheit, zu den Dingen, zu anderen Menschen hat, mit Hilfe dessen er ebenfalls so etwas wie ein Wissen bilden
kann (auch insbesondere jenes Wissen, das er über sich selbst hat und
von dem die Humanwissenschaften eine der möglichen Formen umrei
ßen). Man kann also den Sitz der Wissenschaften vom Menschen in der
Nachbarschaft, an den unmittelbaren Grenzen und in der ganzen Länge
dieser Wissenschaften ansiedeln, denen es um die Frage des Lebens, der
Arbeit und der Sprache geht. Diese Wissenschaften haben sich ja gerade
in der Epoche gebildet, in der der Mensch sich zum ersten Mal der Möglichkeit eines positiven Wissens anbietet. Dennoch dürfen weder die Biologie noch die Ökonomie, noch die Philologie als die ursprünglichen Hu

manwissenschaften oder die fundamentalsten betrachtet werden. Man ist sofort bereit, das für die Biologie zuzugeben, die sich nicht nur an den Menschen wendet. Schwieriger wird das bei der Ökonomie und der Philologie, die spezifische Aktivitäten des Menschen zum eigenen und ausschließlichen Gebiet haben. Man fragt sich aber nicht, warum die Biologie oder die Physiologie des Menschen, warum die Anatomie der Hirnrindenzentren für die Sprache in keiner Weise als Wissenschaften vom Menschen betrachtet werden können. Deren Gegenstand ergibt sich niemals in der Seinsweise eines biologischen Funktionierens (nicht einmal seiner besonderen Form und gewissermaßen seiner Verlängerung im Menschen). Er ist eher umgekehrt eine leere Markierung. Er beginnt dort, wo nicht die Handlung oder die Wirkungen, sondern das eigentliche Sein jenes Funktionierens aufhört – dort, wo sich wahre oder falsche, klare oder dunkle, völlig bewußte oder in die Tiefe irgendeiner Schlafwandelei eingeschlossene, direkt oder indirekt beobachtbare, in dem, was der Mensch selber aussagt, gebotene oder lediglich von außen auffindbare Repräsentationen freisetzen. Die Untersuchung der intrakortikalen Verbindungen zwischen den verschiedenen (auditiven, visuellen, motorischen) Integrationszentren der Sprache gehört nicht zu den Humanwissenschaften, sondern diese finden ihren Spielraum, sobald man jenen Raum von Wörtern, jene Präsenz oder jenes Vergessen ihres Sinnes, jenen Abstand zwischen dem, was man sagen will, und der Artikulation befragt, in die diese Absicht sich hüllt, deren Subjekt vielleicht kein Bewußtsein hat, die aber keine bestimmbare Seinsweise hätten, wenn das gleiche Subjekt nicht über Repräsentationen verfügte.

Auf allgemeinere Weise ist der Mensch für die Humanwissenschaften nicht jenes Lebendige, das eine besondere Form hat (eine ziemlich spezielle Physiologie und eine fast einzigartige Autonomie). Dieses Lebendige bildet aus dem Inneren des Lebens, zu dem es durch und durch gehört und von dem es in seinem ganzen Sein durchdrungen ist, Repräsentationen, dank deren es lebt und von denen ausgehend es jene seltsame Fähigkeit hat, sich ebendas Leben vorzustellen. Ebenso ist der Mensch zwar, wenn nicht die einzige Art auf der Welt, die arbeitet, so doch wenigstens die, bei der die Produktion, Distribution und Konsumtion der Güter eine solche Bedeutung und so vielseitige und differenzierte Formen angenommen hat; aber die Ökonomie wird dadurch noch lange keine Humanwissenschaft. Man wird vielleicht sagen, daß sie zur Definition von Gesetzen, die auf jeden Fall den Produktionsmechanismen innerlich sind (wie die Akkumulation des Kapitals oder die Beziehung zwischen Lohn und Herstellungskosten), Zuflucht nimmt zu menschlichem Verhalten und zu einer Repräsentation, die sie begründen (Interesse, Suche nach Maximalprofiten, Tendenz zum Sparen). Wenn sie das aber tut, dann benutzt sie die Repräsentationen als Requisit eines Funktionierens (das in der Tat durch eine menschliche Aktivität geht). Wissenschaft vom Menschen wird es dagegen nur dann geben, wenn man sich der Weise, auf die sich Individuen oder Gruppen ihre Partner in der Produktion und im Tausch vorstellen, der Weise, auf die sie dieses Funktionieren und ihre Position darin erhellen, ignorieren oder verschleiern, der Weise, wie sie sich die Gesellschaft vorstellen, wo dieses Funktionieren statthat, und schließlich der Art zuwendet, wie sie sich in die Gesellschaft integriert oder von ihr isoliert, abhängig, unterworfen oder frei fühlen. Der Gegenstand der Humanwissenschaften ist nicht jener Mensch, der seit der Morgenröte der Welt oder jenem ersten Schrei des Goldenen Zeitalters zur Arbeit verdammt ist. Es ist jenes Wesen, das innerhalb der Produktionsformen, durch die seine ganze Existenz bestimmt wird, die Repräsentation der Bedürfnisse und der Gesellschaft bildet, durch die, mit der oder gegen die er sie befriedigt, so daß von da an er sich schließlich die Repräsentation der Ökonomie selbst geben kann. Hinsichtlich der Sprache ist es das gleiche. Obwohl der Mensch das einzig sprechende Wesen auf der Welt ist, ist es keine Humanwissenschaft, die phonetischen Veränderungen, die Verwandtschaft der Sprachen, das Gesetz semantischer Verschiebungen zu erkennen. Man kann dagegen von Humanwissenschaft sprechen, sobald man versucht, die Weise zu definieren, wie die Individuen oder die Gruppen sich die Wörter repräsentieren, ihre Form und ihre Bedeutung benutzen, wirkliche Diskurse bilden und in ihnen das zeigen und verbergen, was sie denken, vielleicht unbewußt mehr oder weniger sagen, als sie wollen, auf jeden Fall von diesen Gedanken eine Menge sprachlicher Spuren hinterlassen, die man entschlüsseln und soweit wie möglich ihrer repräsentativen Lebhaftigkeit wiedergeben muß. Der Gegenstand der Humanwissenschaften ist also nicht die (obwohl doch nur von den Menschen gesprochene) Sprache, es ist jenes Wesen, das vom Inneren der Sprache, durch die es umgeben ist, sich beim Sprechen den Sinn der Wörter oder der von ihm ausgesprochenen Sätze repräsentiert und sich schließlich die Repräsentation der Sprache selbst gibt.

Man sieht, daß die Humanwissenschaften nicht die Analyse dessen sind, was der Mensch von Natur aus ist, sondern eher die Analyse dessen, was sich zwischen dem, was der Mensch in seiner Positivität ist (lebendiges, arbeitendes, sprechendes Wesen), und dem erstreckt, was demselben Wesen zu wissen (oder zu wissen zu versuchen) gestattet, was das Leben ist, worin das Wesen der Arbeit und ihre Gesetze bestehen und auf welche Weise es sprechen kann. Die Humanwissenschaften nehmen also die Entfernung ein, die die Biologie, die Ökonomie und die Philologie (nicht ohne sie zu vereinen) von dem trennt, was sie im Sein des Menschen selbst ermöglicht. Es wäre also unrichtig, aus den Humanwissenschaften die in die Spezies Mensch, in ihren komplexen Organismus, in ihr Verhalten und ihr Bewußtsein hineingezogene Verlängerung der biologischen Mechanismen zu machen. Ebenso unrichtig wäre es, die Wissenschaft von der Ökonomie und von der Sprache (deren Irreduzibilität auf die Humanwissenschaften durch die Anstrengung offenbar wird, eine reine Ökonomie und eine reine Linguistik einzuführen) ins Innere der Humanwissenschaften zu stellen. Tatsächlich stehen die Humanwissenschaften ebensowenig im Inneren dieser Wissenschaften, wie sie diese verinnerlichen, indem sie sie zur Subjektivität des Menschen hinlenken. Wenn sie sie in der Dimension der Repräsentation wiederaufnehmen, dann eher, indem sie sie an ihren äußeren Flächen packen, indem sie sie ihrer Undurchsichtigkeit überlassen, indem sie die von ihnen isolierten Mechanismen und Funktionsweisen als Dinge aufnehmen, indem sie diese nicht in dem, was sie sind, sondern in dem befragen, was sie zu sein aufhören, wenn sich der Raum der Repräsentation öffnet. Und von daher zeigen sie, wie eine Repräsentation dessen, was sie sind, entstehen und sich entfalten kann. Sie führen die Wissenschaften vom Leben, von der Arbeit und der Sprache heimlich zu jener Analytik der Endlichkeit zurück, die zeigt, wie der Mensch in seinem Sein mit den Dingen, die er kennt, zu tun haben und die Dinge kennen kann, die in der Positivität seine Seinsweise determinieren. Aber was diese Analytik in der Innerlichkeit oder wenigstens in der tiefen Zugehörigkeit eines Wesens, das seine Endlichkeit nur sich selbst verdankt, verlangt, entwickeln die Humanwissenschaften in der Exteriorität der Erkenntnis. Deshalb ist das den Humanwissenschaften Eigene nicht das Ziel eines bestimmten Inhalts (jenes besondere Objekt, das menschliche Wesen); es ist vielmehr ein rein formaler Charakter: die einfache Tatsache, daß sie in Beziehung zu den Wissenschaften, in denen das menschliche Wesen als (für die Ökono-

mie und Philologie exklusives, für die Biologie partielles) Objekt gegeben
ist, in einer Position der Reduplizierung sich befinden und daß diese Reduplizierung a fortiori für sie selbst Geltung haben kann.

Diese Position wird auf zwei Ebenen spürbar gemacht: die Humanwissenschaften behandeln nicht das Leben, die Sprache und die Arbeit des
Menschen in der größten Transparenz, in der diese sich zeigen können,
sondern in jener Schicht von Verhaltensweisen, Benehmen, Attitüden, bereits vollzogenen Gesten, bereits ausgesprochenen oder geschriebenen Sätzen, innerhalb deren sie vorab ein erstes Mal denen gegeben worden sind,
die handeln, sich verhalten, tauschen, arbeiten und sprechen. Auf einer
anderen Ebene (und das ist immer noch die gleiche formale Eigenschaft,
die aber bis in ihren extremsten und außerordentlichsten Punkt entwickelt
ist) ist es stets möglich, im Stil von Humanwissenschaften (Psychologie,
Soziologie, Kulturgeschichte, Ideengeschichte oder Wissenschaftsgeschichte) die Tatsache zu behandeln, daß es für bestimmte Individuen oder bestimmte Gesellschaften etwas wie ein spekulatives Wissen über das Leben,
die Produktion und die Sprache gibt – im Grenzfall eine Biologie, eine
Ökonomie und eine Philologie. Wahrscheinlich ist das lediglich der Hinweis auf eine Möglichkeit, die nur selten erfüllt wird und auf der Ebene
der Empirizitäten vielleicht keinen großen Reichtum bieten kann. Aber
die Tatsache, daß sie als eventuelle Distanz, als Raum des Rückzugs, der
den Humanwissenschaften in Beziehung zu dem, woher sie kommen, gegeben worden ist, und auch die Tatsache, daß dieses Spiel auf sie selbst angewandt werden kann (man kann stets die Humanwissenschaften der Humanwissenschaften, die Psychologie der Psychologie, die Soziologie der
Soziologie etc. herstellen), genügen, um ihre eigenartige Konfiguration
zu zeigen. In Beziehung zur Biologie, Ökonomie, zu den Sprachwissenschaften ermangeln sie also nicht der Exaktheit oder der Strenge. Sie sind
eher Wissenschaften des Reduplizierens in einer »metaepistemologischen«
Position. Das Präfix ist dabei vielleicht nicht sehr gut gewählt, denn man
spricht nur von Metasprache, wenn es sich um die Definition der Interpre-
tationsregeln einer ursprünglichen Sprache handelt. Hier zielen die Humanwissenschaften, wenn sie die Wissenschaften der Sprache, der Arbeit
und des Lebens reduplizieren, wenn sie sich in ihrer feinsten Spitze selbst
reduplizieren, nicht auf die Errichtung eines formalisierten Diskurses ab.
Sie durchdringen dagegen den Menschen, den sie sich bezüglich der Endlichkeit, der Relativität, der Perspektive zum Gegenstand wählen – bezüg-

lich der unbegrenzten Erosion der Zeit. Man müßte bei ihnen vielleicht besser von einer »ana-« oder »hypoepistemologischen« Position sprechen. Wenn man dieses letzte Präfix davon befreite, was es an Pejorativem enthalten mag, würde es wahrscheinlich von den Dingen gut Rechenschaft ablegen. Es würde verstehen lassen, daß der unüberwindliche Eindruck von Verschwommenheit, Ungenauigkeit, Präzisionsmangel, den alle Humanwissenschaften hinterlassen, nur die Oberflächenwirkung dessen ist, was sie in ihrer Positivität zu definieren gestattet.

III. Die drei Modelle

Bei einer ersten Annäherung kann man sagen, daß das Gebiet der Wissenschaften vom Menschen durch drei »Wissenschaften« ausgefüllt wird oder eher durch drei epistemologische Bereiche, die alle in sich unterteilt und alle miteinander verkreuzt sind. Diese Bereiche werden durch die dreifache Beziehung der Humanwissenschaften im allgemeinen zur Biologie, zur Ökonomie und zur Philologie definiert. Man könnte so sagen, daß »der psychologische Bereich« seinen Platz dort gefunden hat, wo das Lebewesen in der Verlängerung seiner Funktionen und seiner neuromotorischen Schemata, seiner physiologischen Regulierungen, aber auch in der Kippe, die sie unterbricht und begrenzt, sich der Möglichkeit der Repräsentation bietet. Auf die gleiche Weise hätte der »soziologische Bereich« seinen Platz dort gefunden, wo das arbeitende, produzierende und konsumierende Individuum sich die Repräsentation der Gesellschaft gibt, in der diese Aktivität vollzogen wird; der Gruppen und Individuen, unter denen sie verteilt ist; der Befehle, Strafen, Riten, Feste und des Glaubens, durch die sie unterhalten oder skandiert wird. Schließlich: in jenem Bereich, in dem die Gesetze und Formen einer Sprache herrschen, wo diese indessen am Rand ihrer selbst bleiben und dem Menschen gestatten, dahinein das Spiel seiner Repräsentationen übergehen zu lassen, entstehen die Untersuchung der Literaturen und Mythen, die Analyse aller mündlichen Manifestationen und aller schriftlichen Dokumente, kurz: die Analyse der sprachlichen Spuren, die eine Kultur oder ein Individuum hinterlassen können. Obwohl diese Aufteilung sehr summarisch ist, ist sie zweifellos nicht zu ungenau. Sie läßt jedoch zwei grundlegende Probleme völlig offen: das eine betrifft die Form der Positivität, die den Humanwissenschaf-

ten eigen ist (die Begriffe, um die sie sich organisieren, den Typ von Rationalität, auf den sie sich beziehen und durch den sie sich als Wissen zu
bilden trachten); das andere ist ihr Verhältnis zur Repräsentation (und
die paradoxe Tatsache, daß, während sie nur dort einen Platz finden, wo
es Repräsentation gibt, sie sich an Mechanismen, Formen, unbewußte
Prozesse und auf jeden Fall an die äußeren Grenzen des Bewußtseins
wenden).

Man kennt nur allzugut die Auseinandersetzungen, zu denen die Suche
nach einer spezifischen Positivität im Feld der Humanwissenschaften Anlaß gegeben hat: genetische oder strukturale Analyse? Erklärung oder
Begreifen? Rückgriff auf das »Inferiore« oder Aufrechterhaltung der Entschlüsselung auf der Höhe der Lektüre? All diese theoretischen Diskussionen sind nicht entstanden und haben sich nicht während der ganzen Geschichte der Humanwissenschaften fortgesetzt, weil diese in der Gestalt
des Menschen mit einem so komplexen Gegenstand zu tun gehabt hätten,
daß man in seiner Richtung noch keinen Modus eines einmaligen Zugangs gefunden hätte oder daß man gezwungen gewesen wäre, nach und
nach mehrere zu benutzen. Tatsächlich haben diese Diskussionen nur bestehen können, insoweit die Positivität der Humanwissenschaften sich
gleichzeitig auf die Übertragung dreier verschiedener Modelle stützt. Diese Übertragung ist für die Humanwissenschaften kein Randphänomen
(keine Art Stützstruktur oder Umweg durch eine äußere Intelligibilität
oder Bestätigung von bereits gebildeten Wissenschaften her). Ebensowenig
ist es eine begrenzte Episode ihrer Geschichte (eine Krise der Formation in
einer Epoche, in der sie noch so jung waren, daß sie sich nicht selbst ihre
Begriffe und Gesetze bilden konnten). Es handelt sich um eine unauslöschliche Tatsache, die für immer mit der den Humanwissenschaften eigenen
Disposition im epistemologischen Raum verbunden ist. Man muß in der
Tat zwei Arten von in den Humanwissenschaften benutzten Modellen unterscheiden (wenn man die Formalisierungsmodelle beiseite läßt). Es gab
einerseits – und gibt noch jetzt oft – Begriffe, die von einem anderen Er-
kenntnisgebiet herübergebracht worden sind und die dann, jede operatio-
nale Wirksamkeit verlierend, nur noch eine bildhafte Rolle spielen (die or-
ganizistischen Metaphern in der Soziologie des neunzehnten Jahrhunderts;
die energetischen Metaphern bei Janet; die geometrischen und dynamischen Metaphern bei Lewin). Aber es gibt ebensowohl die konstituierenden Modelle, die für die Humanwissenschaften keine Formalisierungs-

techniken oder einzelne Mittel sind, mit geringerem Aufwand Prozesse vorzustellen. Sie gestatten die Bildung von Gesamtzusammenhängen von Phänomenen als »Objekte« für ein mögliches Wissen. Sie sichern ihre Verbindung in der Empirizität, aber sie bieten sie der Erfahrung als bereits miteinander verbunden an. Sie spielen die Rolle von »Kategorien« im besonderen Denken der Humanwissenschaften.

Die konstituierenden Modelle sind den drei Gebieten der Biologie, der Ökonomie und der Sprachuntersuchung entnommen. An der Projektionsoberfläche der Biologie erscheint der Mensch als ein Wesen mit *Funktionen*, das Stimuli erhält (physiologische, aber eben auch soziale, zwischenmenschliche, kulturelle), auf die es antwortet, denen es sich anpaßt, wobei es sich entwickelt, sich den Erfordernissen des Milieus unterwirft, mit den von ihm auferlegten Modifizierungen abfindet, die Ungleichgewichte zu beseitigen sucht, nach Regelmäßigkeiten reagiert und insgesamt Existenzbedingungen und die Möglichkeit hat, mittlere Anpassungs*normen* zu finden, die ihm die Ausübung seiner Funktionen gestatten. An der Projektionsoberfläche der Ökonomie erscheint der Mensch als mit Bedürfnissen und Wünschen ausgestattet, die er befriedigen will (also hat er Interessen), an Profiten interessiert, im Gegensatz zu anderen Menschen stehend. Kurz gesagt: er erscheint in einer irreduziblen *Konflikt*situation. Diese Konflikte flieht er, er weicht ihnen aus, oder es gelingt ihm, sie zu beherrschen, eine Lösung zu finden, die wenigstens auf einer bestimmten Ebene und für eine bestimmte Zeit die Widersprüche zur Ruhe bringt. Er errichtet einen *Regel*zusammenhang, der gleichzeitig Begrenzung und Wiederaufbäumen des Konflikts ist. Schließlich erscheint an der Projektionsoberfläche der Sprache das Verhalten des Menschen als etwas, das etwas bedeutet. Seine geringsten Gesten haben bis hinein in ihre unfreiwilligen Mechanismen und bis hin zu ihrem Mißlingen eine *Bedeutung*. Alles, was er um sich herum deponiert, macht daraus Objekte, Bräuche, Gewohnheiten, Reden; die ganzen Spuren, die er hinter sich läßt, konstituieren ein kohärentes Ganzes und ein Zeichen*system*. So bedecken die drei Paare der *Funktion* und der *Norm*, des *Konflikts* und der *Regel*, der *Bedeutung* und des *Systems* ohne Rückstand das gesamte Gebiet der menschlichen Erkenntnis.

Man darf jedoch nicht glauben, daß jedes dieser Begriffspaare an der Projektionsoberfläche lokalisiert bleibt, an der sie aufgetaucht sind: die Funktion und die Norm sind keine psychologischen und ausschließlich solche Begriffe; der Konflikt und die Regel finden keine begrenzte Anwen-

dung allein auf das soziologische Gebiet. Die Bedeutung und das System
gelten nicht nur für die mehr oder weniger mit der Sprache verwandten
Phänomene. All diese Begriffe sind in den gemeinsamen Raum der Humanwissenschaften aufgenommen. Sie gelten in jedem der von ihm einge-
schlossenen Gebiete. Daher kommt es, daß es oft so schwierig ist, die
Grenzen nicht nur zwischen den Objekten, sondern auch zwischen den
der Psychologie, der Soziologie, den literarischen Analysen und den Mythen eigenen Methoden abzustecken. Dennoch kann man in globaler
Weise sagen, daß die Psychologie grundlegend eine Untersuchung des
Menschen im Rahmen von Funktionen und Normen ist (Funktionen
und Normen, die man auf sekundäre Weise von den Konflikten und Bedeutungen, den Regeln und den Systemen her interpretieren kann). Die
Soziologie ist grundlegend eine Untersuchung des Menschen im Rahmen
von Regeln und Konflikten (aber diese kann man interpretieren, und man
interpretiert sie unaufhörlich auf sekundäre Weise, entweder von den Funktionen her, als seien sie organisch mit sich selbst verbundene Einzelwesen,
oder von den Bedeutungssystemen her, als seien sie geschriebene oder gesprochene Texte). Die Untersuchung der Literaturen und Mythen schließlich gehört im wesentlichen der Analyse der Bedeutungen und der Bezeichnungssysteme, aber man weiß sehr wohl, daß man diese Analyse in
Termini funktionaler Kohärenz oder in Termini von Konflikten und Regeln wiederaufnehmen kann. So überkreuzen sich alle Humanwissenschaften und können sich stets gegenseitig interpretieren, verwischen sich ihre
Grenzen, vervielfachen sich unbegrenzt die dazwischenliegenden und vermischten Disziplinen, löst sich ihr eigener Gegenstand schließlich auf.
Gleich welcher Natur die Analyse und wie das Gebiet ist, auf das sie angewandt wird, man hat ein formales Kriterium, um zu wissen, was zur Psychologie, zur Soziologie oder zur Sprachanalyse gehört. Die Wahl des
grundlegenden Modells und die Stellung des zweiten Modells gestatten,
daß man weiß, in welchen Momenten man bei der Untersuchung der Literaturen und Mythen »psychologisiert« oder »soziologisiert«, in welchem
Augenblick man in der Psychologie Textentschlüsselungen oder die soziologische Analyse vornimmt. Aber dieses Übereinanderlegen mehrerer Modelle ist kein methodischer Fehler. Ein Fehler liegt nur vor, wenn die Modelle nicht geordnet und explizit nacheinander gegliedert sind. Man weiß,
mit welcher bewundernswerten Präzision man die Untersuchung der indoeuropäischen Mythologien hat führen können, indem man auf dem Hin-

tergrund einer Analyse der Bezeichnungen und der Bedeutungen das soziologische Modell benutzt hat. Wir wissen umgekehrt, zu welchen synkretistischen Banalitäten das stets unbedeutende Unterfangen geführt hat, eine »klinische« Psychologie zu begründen.

Ob es nun begründet oder gemeistert ist oder ob es sich in der Konfusion vollzieht, dieses Überkreuzen konstituierender Modelle erklärt die Diskussionen über Methoden, die wir gerade evoziert haben. Sie haben ihren Ursprung und ihre Rechtfertigung nicht in einer manchmal kontradiktorischen Komplexität, die der dem Menschen eigene Charakter wäre, sondern im Spiel von Oppositionen, das die Definition eines jeden der drei Modelle im Verhältnis zu den anderen beiden gestattet. Die Genese der Struktur gegenüberzustellen heißt, die Funktion (in ihrer Entwicklung, in ihren fortschreitend in stärkerem Maße verschiedenen Operationen, in ihren mit der Zeit erworbenen und ausgeglichenen Adaptationen) dem Synchronismus des Konflikts und der Regel, der Bedeutung und des Systems gegenüberzustellen; die Analyse durch das »Inferiore« der gegenüberzustellen, die sich auf der Höhe des Gegenstandes hält, heißt, den Konflikt (als ursprüngliche, archaische Gegebenheit, die mit den grundlegenden Bedürfnissen des Menschen vorhanden ist) der Funktion und der Bedeutung gegenüberzustellen, so wie sie sich in ihrer eigenen Vollendung entfalten; das Verstehen der Erklärung gegenüberzustellen heißt, die Technik, die die Entschlüsselung einer Bedeutung ausgehend vom Bezeichnungssystem gestattet, in Opposition zu denen zu stellen, die erlauben, über einen Konflikt mit seinen Folgen oder über Formen und Deformierungen Rechenschaft abzulegen, die eine Funktion mit ihren Organen annehmen und denen sie unterliegen kann. Aber wir müssen noch weiter gehen. Wir wissen, daß in den Humanwissenschaften der Gesichtspunkt der Diskontinuität (die Schwelle zwischen Natur und Kultur, die Irreduzibilität der Gleichgewichte oder der von jeder Gesellschaft oder jedem Individuum gefundenen Lösungen aufeinander, das Fehlen von Zwischenformen, die Inexistenz eines im Raum oder in der Zeit gegebenen Kontinuums) sich dem Gesichtspunkt der Kontinuität gegenüberstellt. Die Existenz dieser Opposition erklärt sich durch den zweipoligen Charakter der Modelle: Die Analyse im Stil der Kontinuität stützt sich auf die Permanenz der Funktionen (die man vom Grunde des Lebens an in einer Identität wiederfindet, die die aufeinanderfolgenden Adaptationen gestattet und verwurzelt), auf die Verkettung der Konflikte (sie können noch so verschiedene

Formen annehmen, ihr Grundgeräusch hört nie auf), auf den Raster der
Bedeutungen (die sich gegenseitig aufnehmen und gewissermaßen die
Schicht eines Diskurses bilden). Die Analyse der Diskontinuitäten versucht vielmehr, die innere Kohärenz der Bezeichnungssysteme, die Spezifität der Gesamtheit der Regeln und den Entscheidungscharakter, den sie
im Verhältnis zu dem annehmen, was geregelt werden muß, das Auftauchen der Norm oberhalb der funktionalen Oszillationen hervortreten zu
lassen.

Man könnte vielleicht die gesamte Geschichte der Humanwissenschaften seit dem neunzehnten Jahrhundert von diesen drei Modellen ausgehend nachzeichnen. Sie haben in der Tat das ganze Werden umfaßt, weil
man seit mehr als einem Jahrhundert die Dynastie ihrer Privilegien verfolgen kann: Zunächst die Herrschaft des biologischen Modells (der Mensch,
seine Psyche, seine Gruppe, seine Gesellschaft und die Sprache, die er
spricht, existieren in der Romantik als Lebendige, und zwar in dem Maße,
in dem sie in der Tat leben; ihre Seinsweise ist organisch, und man analysiert sie in Termini der Funktion). Dann kommt die Herrschaft des ökonomischen Modells (der Mensch und seine ganze Aktivität sind der Platz
von Konflikten, deren mehr oder weniger manifester Ausdruck oder mehr
oder weniger gelungene Lösung sie sind). Schließlich, so wie Freud nach
Comte und Marx kommt, beginnt die Herrschaft des philologischen Modells (wenn es sich um die Interpretation und die Entdeckung der verborgenen Bedeutung handelt) und des linguistischen Modells (wenn es sich
um die Strukturierung und Erhellung des Bezeichnungssystems handelt).
Eine starke Verschiebung hat also die Humanwissenschaften von einer
dichteren Form in lebendigen Modellen zu einer anderen, gesättigteren
Form von der Sprache entnommenen Modellen geführt. Aber dieses Gleiten ist nochmals verdoppelt worden durch dasjenige, das das erste Glied
eines jeden der konstituierenden Paare (Funktion, Konflikt, Bedeutung)
hat zurückweichen und die Bedeutung des zweiten mit um so größerer Intensität hat hervortreten lassen (Norm, Regel, System). Goldstein, Mauss,
Dumezil können ungefähr den Moment repräsentieren, in dem sich die
Umkehrung in jedem der Modelle vollzogen hat. Eine solche Umkehrung
hat zwei Serien von bemerkenswerten Konsequenzen. Solange der Gesichtspunkt der Funktion den der Norm übertraf (solange nicht ausgehend
von der Norm und vom Kern der Aktivität, die sie aufstellt, versucht wurde, den Vollzug der Funktion zu begreifen), mußte man de facto das nor-

male Funktionieren von dem nicht normalen unterscheiden. Man ließ so eine Psychologie der Pathologie neben der normalen zu, aber jene sollte deren umgekehrtes Bild sein (daher die Bedeutung des Schemas Jacksons von der Desintegration bei Ribot oder Janet); man räumte auch eine Pathologie der Gesellschaften (Durkheim), der irrationalen und quasi morbiden Formen von Glauben ein (Lévy-Bruhl, Blondel). Und solange der Gesichtspunkt des Konflikts wichtiger war als der der Regel, nahm man an, daß bestimmte Konflikte nicht überwunden werden könnten, daß die Individuen und Gesellschaften darin unterzugehen riskierten. Solange schließlich der Gesichtspunkt der Bedeutung den des Systems übertraf, teilte man das Bedeutende und das Nichtsbedeutende, gab man zu, daß es in bestimmten Gebieten des menschlichen Verhaltens oder des gesellschaftlichen Raumes eine Bedeutung gab und daß es woanders keine gab. Infolgedessen vollzogen die Humanwissenschaften in ihrem eigenen Feld eine wesentliche Teilung, erstreckten sie sich stets zwischen einem negativen und einem positiven Pol, bezeichneten sie stets eine Andersartigkeit (und dies ausgehend von der Kontinuität, die sie analysierten). Als im Gegenteil die Analyse vom Gesichtspunkt der Norm aus, von der Regel und vom System aus vorgenommen wurde, hat jede Gesamtheit ihre eigene Kohärenz und ihre eigene Gültigkeit erhalten, ist es nicht mehr möglich gewesen, selbst in bezug auf Kranke von einem »morbiden Bewußtsein«, selbst in bezug auf von der Geschichte aufgegebene Gesellschaften von »primitiven Mentalitäten«, selbst in bezug auf absurde Erzählungen oder offensichtlich kohärenzlose Legenden von »nichtsbedeutenden Reden« zu sprechen. Alles kann in der Ordnung des Systems, der Regel und der Norm gedacht werden. Das Feld der Humanwissenschaften wird vereinheitlicht, indem es pluralisiert wird, weil die Systeme isoliert sind, weil die Regeln geschlossene Gesamtheiten bilden, weil die Regeln sich in ihre Autonomie stellen: Es hat plötzlich aufgehört, nach einer Dichotomie von Werten gespalten zu sein. Und wenn man bedenkt, daß Freud mehr als jeder andere die Erkenntnis des Menschen von dessen philologischem und linguistischem Modell her befördert hat, daß er es aber auch als erster unternahm, radikal die Teilung des Positiven und des Negativen auszulöschen (des Normalen und des Pathologischen, des Begreifbaren und des Nichtmitteilbaren, des Bedeutenden und des Nichtsbedeutenden), versteht man, wie er den Übergang von einer Analyse in Begriffen der Funktionen, der Konflikte und der Bedeutungen zu einer Analyse in Begriffen der Norm, der Regel und der

Systeme ankündigt. So dreht sich das ganze Wissen, innerhalb dessen sich die abendländische Kultur in einem Jahrhundert ein bestimmtes Bild vom Menschen gegeben hatte, um das Werk von Freud, ohne jedoch aus seiner grundlegenden Disposition herauszutreten. Aber immer noch ist das nicht, wie wir gleich sehen werden, die entscheidendste Bedeutung der Psychoanalyse.

Auf jeden Fall nähert uns dieser Übergang zum Gesichtspunkt der Norm, der Regel und des Systems einem Problem, das bisher in der Schwebe gelassen worden ist: das der Rolle der Repräsentation in den Humanwissenschaften. Es konnte bereits sehr angreifbar erscheinen, diese (um sie der Biologie, der Ökonomie und der Philologie gegenüberzustellen) in den Raum der Repräsentation einzuschließen. Mußte man nicht bereits gelten lassen, daß eine Funktion sich vollziehen kann, ein Konflikt seine Folgen entwickeln kann, eine Bedeutung ihre Intelligibilität aufdrängen kann, ohne durch das Moment eines expliziten Bewußtseins zu verlaufen? Und muß man jetzt nicht erkennen, daß das der Norm Eigene im Verhältnis zu der von ihr bestimmten Funktion, das der Regel Eigene im Verhältnis zu dem von ihr bestimmten Konflikt, das dem System Eigene im Verhältnis zur Bedeutung, die es möglich macht, genau das ist, daß es nicht dem Bewußtsein gegeben wird? Muß man den beiden bereits isolierten historischen Stufen nicht eine dritte hinzufügen und sagen, daß seit dem neunzehnten Jahrhundert die Humanwissenschaften unaufhörlich jenem Gebiet des Unbewußten sich annähern, in dem die Instanz der Repräsentation in der Schwebe gehalten wird? In der Tat ist die Repräsentation nicht das Bewußtsein, und nichts beweist, daß dieses Hervorbringen von Elementen oder Organisationen, die niemals als solche dem Bewußtsein gegeben werden, die Humanwissenschaften dem Gesetz der Repräsentation entgehen läßt. In der Tat besteht die Rolle des Begriffs der Bedeutung darin, zu zeigen, wie etwas wie eine Sprache, selbst wenn es sich nicht um einen expliziten Diskurs handelt und selbst wenn sie nicht für ein Bewußtsein entfaltet wird, im allgemeinen der Repräsentation gegeben werden kann. Die Rolle des komplementären Begriffs des Systems ist es, zu zeigen, wie die Bedeutung niemals ursprünglich und zeitgleich mit sich selbst ist, sondern stets sekundär und gewissermaßen im Verhältnis zu einem System abgeleitet, das ihr vorhergeht, wobei dieses System ihren positiven Ursprung bildet und sich allmählich in Fragmenten und Profilen durch sie hindurch gibt. Im Verhältnis zum Bewußtsein einer Bedeutung ist das System stets unbewußt, weil es bereits vor ihr da war, weil sie in ihm liegt und ausgehend von ihm wirksam wird; weil es jedoch stets einem künftigen Bewußtsein verheißen ist, das es vielleicht nie totalisieren wird. Anders gesagt: das Paar Bedeutung – System sichert gleichzeitig die Repräsentabilität der Sprache (als Text oder Struktur, die durch die Philologie und Linguistik analysiert werden) und die nahe, aber zurückgedrängte Präsenz des Ursprungs (so wie er sich als Seinsweise des Menschen durch die Analytik der Endlichkeit offenbart). Auf die gleiche Weise zeigt der Begriff des Konflikts, wie das Bedürfnis, das Verlangen oder das Interesse, auch wenn sie nicht dem Bewußtsein, das sie verspürt, gegeben werden, in der Repräsentation Form annehmen können. Die Rolle des umgekehrten Begriffs der Regel ist es, zu zeigen, wie die Heftigkeit des Konflikts, die anscheinend wilde Nachdrücklichkeit des Bedürfnisses und die gesetzlose Unendlichkeit des Verlangens tatsächlich bereits durch ein Ungedachtes organisiert sind, das ihm nicht nur ihre Regel vorschreibt, sondern sie ausgehend von einer Regel möglich macht. Das Paar Konflikt – Regel sichert die Repräsentabilität des Bedürfnisses (jenes Bedürfnisses, das die Ökonomie als objektiven Prozeß in der Arbeit und der Produktion untersucht) und die Repräsentabilität jenes Ungedachten, das die Analytik der Endlichkeit enthüllt. Schließlich hat der Begriff der Funktion die Rolle, zu zeigen, wie die Strukturen des Lebens der Repräsentation (selbst wenn sie nicht bewußt sind) Anlaß sein können; und der Begriff der Norm hat die Rolle, zu zeigen, wie die Funktion sich selbst ihre eigenen Bedingungen der Möglichkeit und die Grenzen ihrer Ausübung gibt.

So versteht man, warum diese großen Kategorien das ganze Feld der Humanwissenschaften organisieren können. Sie durchlaufen es von einem Ende zum anderen, halten die empirischen Positivitäten des Lebens, der Arbeit und der Sprache (von denen ausgehend der Mensch historisch sich als Gestalt eines möglichen Wissens herausgelöst hat) auf Abstand, verbinden sie aber auch mit den Formen der Endlichkeit, die die Seinsweise des Menschen charakterisieren (so wie er sich von dem Tag an konstituiert hat, an dem die Repräsentation aufhörte den allgemeinen Raum der Erkenntnis zu definieren). Diese Kategorien sind also keine einfachen empirischen Begriffe von ziemlich großer Allgemeinheit. Sie sind das, von wo aus der Mensch sich einem möglichen Wissen bieten kann. Sie durchlaufen das ganze Feld seiner Möglichkeit und gliedern es stark nach den beiden es begrenzenden Dimensionen.

Das ist aber nicht alles. Sie gestatten die für das ganze heutige Wissen vom Menschen charakteristische Trennung des Bewußtseins von der Repräsentation. Sie definieren die Weise, auf die die Empirizitäten der Repräsentation gegeben werden können, aber in einer Form, die dem Bewußtsein nicht präsent ist (die Funktion, der Konflikt, die Bedeutung sind durchaus die Weisen, auf die das Leben, das Bedürfnis, die Sprache in der Repräsentation redupliziert werden, aber in einer Form, die völlig unbewußt sein kann). Andererseits definieren sie die Weise, auf die die fundamentale Endlichkeit der Repräsentation in einer positiven und empirischen, aber nicht für das naive Bewußtsein transparenten Form gegeben werden kann (weder die Norm noch die Regel, noch das System werden der alltäglichen Erfahrung gegeben: sie durchdringen sie, geben einem partiellen Bewußtsein Raum, können aber nur durch ein reflexives Wissen völlig aufgeklärt werden). Infolgedessen sprechen die Humanwissenschaften nur in dem Element des Repräsentierbaren, aber gemäß einer bewußt-unbewußten Dimension, die um so mehr markiert ist, als man versucht, die Ordnung der Systeme, der Regeln und der Normen ans Licht zu bringen. Alles vollzieht sich so, als habe die Dichotomie des Normalen und des Pathologischen die Tendenz, sich zugunsten der Bipolarität des Bewußtseins und des Unbewußten zu verlieren.

Man darf also nicht vergessen, daß die mehr und mehr vom Unbewußten markierte Bedeutung in nichts den Primat der Repräsentation in Frage stellt. Dieser Primat schafft indessen ein bedeutendes Problem. Jetzt, wo das empirische Wissen, also das über das Leben, die Arbeit und die Sprache, dem Gesetz des Unbewußten entgeht, jetzt, wo man versucht, die Seinsweise des Menschen außerhalb seines Feldes zu definieren, was ist da die Repräsentation anderes als ein Phänomen empirischer Ordnung, das sich im Menschen ereignet und das man als solches analysieren könnte? Und wenn die Repräsentation sich im Menschen vollzieht, welchen Unterschied gibt es dann zwischen ihr und dem Bewußtsein? Aber die Repräsentation ist nicht einfach ein Gegenstand für die Humanwissenschaften, sie ist, wie man hat sehen können, das Feld der Humanwissenschaften selbst in ihrer vollen Ausdehnung. Sie ist das allgemeine Fundament jener Form des Wissens, das, von wo aus es möglich ist. Das hat zwei Konsequenzen. Die eine ist historischer Art: es geht um die Tatsache, daß die Humanwissenschaften im Unterschied zu den empirischen Wissenschaften seit dem neunzehnten Jahrhundert und im Unterschied zum modernen Denken den Primat der Repräsentation nicht haben umgehen können. Wie das ganze klassische Wissen ruhen sie in ihr. Aber sie sind nicht etwa die Erben oder die Fortsetzung davon, denn die ganze Konfiguration des Wissens hat sich geändert, und sie sind nur in dem Maße entstanden, in dem mit dem Menschen ein Wesen erschienen ist, das vorher nicht im Feld der *episteme* existierte. Indessen kann man verstehen, warum man jedesmal, wenn man sich der Humanwissenschaften bedienen will, um zu philosophieren, um in den Raum des Denkens das zu bringen, was man dort hat lernen können, wo der Mensch zur Debatte stand, die Philosophie des achtzehnten Jahrhunderts nachahmt, in der der Mensch noch keinen Platz hatte. Wenn man das Gebiet des Wissens vom Menschen über seine Grenzen hinaus ausdehnt, dehnt man gleichzeitig die Herrschaft der Repräsentation darüber hinaus aus und stellt sich erneut in eine Philosophie klassischen Typs. Die andere Folge ist, daß die Humanwissenschaften, während sie das behandeln, was Repräsentation (in einer bewußten oder unbewußten Form) ist, ebendas als ihren Gegenstand behandeln, was für sie die Bedingung der Möglichkeit ist. Sie sind also stets von einer Art transzendentaler Beweglichkeit belebt. Sie hören nicht auf, sich selbst gegenüber eine kritische Wiederaufnahme zu praktizieren. Sie gehen von dem, was der Repräsentation gegeben wird, zu dem, was die Repräsentation möglich macht, was aber wiederum eine Repräsentation ist. So suchen sie weniger, wie die anderen Wissenschaften, danach, sich zu verallgemeinern oder zu präzisieren, als danach, sich unaufhörlich zu entmystifizieren: von einer unmittelbaren und nicht kontrollierten Evidenz zu weniger transparenten, aber grundlegenderen Formen überzugehen. Dieses quasi transzendentale Vorwärtsgehen gibt sich stets in der Form der Entschleierung. Indem sie enthüllen, können sie sich stets in einem Gegenschlag verallgemeinern oder so weit verfeinern, daß sie die individuellen Phänomene denken können. Am Horizont jeder Humanwissenschaft gibt es den Plan, das Bewußtsein des Menschen auf seine realen Bedingungen zurückzuführen, es auf die Inhalte und Formen zurückzubringen, die es haben entstehen lassen und die sich in ihm verbergen. Deshalb ist das Problem des Unbewußten – seine Möglichkeit, sein Status, seine Existenzweise, die Mittel, es zu erkennen und es zu beleuchten – nicht nur ein den Humanwissenschaften immanentes Problem, auf das sie zufällig bei ihrem Vorgehen träfen, sondern es ist ein Problem, das schließlich ihrer Existenz selbst koextensiv ist. Eine transzendentale Überhöhung, die in eine Entschleierung des Nichtbewußten umgekehrt ist, ist konstitutiv für alle Wissenschaften vom Menschen.

Vielleicht würde man darin das Mittel finden, sie in dem einzukreisen, was sie an Wesentlichem haben. Was auf jeden Fall das Eigentümliche der Humanwissenschaften offenbart, ist, wie man sieht, nicht jener privilegierte und besonders unklare Gegenstand Mensch. Aus dem guten Grunde, daß nicht der Mensch sie konstituiert und ihnen ein spezifisches Gebiet bietet. Sondern es ist die allgemeine Disposition der *episteme*, die ihnen Raum gibt, sie hervorruft und einrichtet und ihnen so gestattet, den Menschen als ihr Objekt zu konstituieren. Man wird also sagen, daß es »Humanwissenschaft« nicht überall dort gibt, wo es um die Frage des Menschen sich handelt, sondern überall dort, wo in der dem Unbewußten eigenen Dimension Normen, Regeln und Bedeutungsmengen definiert werden, die dem Bewußtsein die Bedingungen seiner Formen und Inhalte enthüllen. Von »Humanwissenschaften« zu sprechen wäre in jedem anderen Fall ganz einfach ein sprachlicher Mißbrauch. Man kann daran ermessen, wie vergeblich und müßig all die erdrückenden Diskussionen über die Frage sind, ob bestimmte Erkenntnisse als wirklich wissenschaftliche bezeichnet werden können und welchen Bedingungen sie unterliegen müßten, um es zu werden. Die »Wissenschaften vom Menschen« gehören zur modernen *episteme* wie die Chemie, die Medizin oder eine andere Wissenschaft oder auch, wie die Grammatik und die Naturgeschichte zur klassischen *episteme* gehörten. Aber zu sagen, daß sie zum epistemologischen Feld gehören, bedeutet lediglich, daß sie ihre Positivität darin verwurzeln, daß sie darin ihre Existenzbedingung finden, daß sie also nicht nur Illusionen und pseudowissenschaftliche Schimären sind, die auf der Ebene der Meinungen, der Interessen, des Glaubens motiviert sind, daß sie nicht das sind, was andere mit dem seltsamen Namen »Ideologie« belegen. Das heißt aber nicht, daß es Wissenschaften sind.

Wenn tatsächlich jede Wissenschaft, sobald man sie auf der archäologischen Ebene befragt und den Boden ihrer Positivität freizulegen versucht, stets die erkenntnistheoretische Konfiguration enthüllt, die sie möglich gemacht hat, kann dagegen jede erkenntnistheoretische Konfiguration, selbst wenn sie in ihrer Positivität völlig bestimmbar ist, sehr wohl keine Wissenschaft sein: sie reduziert sich dadurch nicht auf einen Trug. Man muß drei Dinge sorgfältig unterscheiden. Es gibt die Themen, die sich wissenschaftlich geben und die man auf der Ebene der Meinungen treffen kann, die aber nicht (oder nicht mehr) zum erkenntnistheoretischen Raster einer Kultur gehören: seit dem siebzehnten Jahrhundert zum Beispiel hat die *Magia naturalis* aufgehört zur abendländischen *episteme* zu gehören, sie hat sich aber noch lange in dem Spiel des Glaubens und der affektiven Wertschätzungen gehalten. Dann gibt es die erkenntnistheoretischen Figuren, deren Zeichnung, Position und Funktionieren in ihrer Positivität durch eine Analyse archäologischen Typs wiederhergestellt werden können; und sie können ihrerseits zwei verschiedenen Organisationen gehorchen. Die einen bieten Merkmale der Objektivität und der Systematizität, die gestatten, sie als Wissenschaften zu definieren. Die anderen gehorchen diesen Kriterien nicht, das heißt, ihre Form der Kohärenz und ihr Verhältnis zu ihrem Gegenstand werden allein durch ihre Positivität bestimmt. Auch wenn diese keine formalen Kriterien einer wissenschaftlichen Erkenntnis besitzen, gehören sie dennoch zum positiven Gebiet des Wissens. Es wäre also ebenso unnütz und ungerechtfertigt, sie als Phänomene von Meinungen zu analysieren, wie sie durch die Geschichte oder die Kritik mit den eigentlich wissenschaftlichen Formationen zu konfrontieren. Es wäre noch absurder, sie als eine Kombination zu behandeln, die nach variablen Proportionen »rationale Elemente« und andere, die es nicht sind, mischt. Man muß sie auf die Ebene der Positivität stellen, die sie möglich macht und notwendig ihre Form bestimmt. Die Archäologie hat also ihnen gegenüber zwei Aufgaben: die Weise zu bestimmen, auf die sie sich in der *episteme*, in der sie verwurzelt sind, anordnen; und auch zu zeigen, worin sich ihre Konfiguration radikal von der der Wissenschaften im strengen Sinne unterscheidet. Diese ihnen eigentümliche Konfiguration ist nicht als ein negatives Phänomen zu behandeln. Nicht das Vorhandensein eines Hindernisses, nicht irgendeine innere Mangelhaftigkeit lassen sie an der Schwelle der wissenschaftlichen Formen scheitern. Sie bilden in ihrer eigenen Gestalt neben den Wissenschaften und auf dem gleichen archäologischen Fundament *andere* Konfigurationen des Wissens.

Von diesen Konfigurationen hat man mit der allgemeinen Grammatik oder der klassischen Werttheorie Beispiele kennengelernt. Sie hatten das gleiche Fundament der Positivität wie die kartesianische Mathematik, sie waren aber keine Wissenschaften, zumindest nicht für die meisten derjenigen, die ihnen zeitgenössisch waren. Das ist auch der Fall bei denen, die man heute Humanwissenschaften nennt. Wenn man ihre archäologische Analyse vornimmt, zeichnen sie Konfigurationen, die völlig positiv sind. Sobald man aber die Konfigurationen und die Weise bestimmt, auf die sie in der modernen *episteme* angeordnet sind, begreift man, warum sie

keine Wissenschaften sein können. Was sie in der Tat möglich macht, ist
eine bestimmte Situation der »Nachbarschaft« zur Biologie, zur Ökonomie
und zur Philologie (oder zur Linguistik). Sie existieren nur, insoweit sie neben diesen stehen – oder vielmehr unterhalb, im Raum ihrer Projektion.
Sie unterhalten jedoch mit ihnen eine Beziehung, die radikal von der unterschieden ist, die sich zwischen zwei »konnexen« oder »angrenzenden«
Wissenschaften herstellen kann. Diese Beziehung setzt in der Tat die Übertragung äußerer Modelle in die Dimension des Unbewußten und des Bewußtseins und den Rückstrom der kritischen Reflexion zu jenem Ort voraus, von dem diese Modelle kommen. Es ist also nutzlos zu sagen, daß die
»Humanwissenschaften« falsche Wissenschaften sind. Die Konfiguration,
die ihre Positivität definiert und sie in der modernen *episteme* verwurzelt,
setzt sie gleichzeitig außerstand, Wissenschaften zu sein. Und wenn man
dann fragt, warum sie diesen Namen angenommen haben, genügt es,
daran zu erinnern, daß es zu der archäologischen Definition ihrer Verwurzelung gehört, daß sie die Übertragung von Wissenschaften entnommenen
Modellen hervorrufen und annehmen. Es ist also nicht die Irreduzibilität
des Menschen, das, was man als seine unüberwindliche Transzendenz bezeichnet, noch seine zu große Komplexität, die ihn daran hindert, zum Gegenstand der Wissenschaften zu werden. Die abendländische Kultur hat
unter dem Namen des Menschen ein Wesen konstituiert, das durch ein
und dasselbe Spiel von Gründen positives Gebiet des *Wissens* sein muß
und nicht Gegenstand der *Wissenschaft* sein kann.

IV. Die Geschichte

Wir haben von Humanwissenschaften gesprochen. Wir haben von jenen
großen Gebieten gesprochen, die die Psychologie, die Soziologie, die Analyse der Literaturen und Mythologien ungefähr begrenzen. Wir haben
nicht von der Geschichte gesprochen, obwohl sie die erste und gewissermaßen die Mutter aller Wissenschaften vom Menschen und vielleicht
ebenso alt ist wie die menschliche Erinnerung. Oder vielmehr genau aus
diesem Grunde haben wir sie bis jetzt mit Schweigen übergangen. Vielleicht hat sie in der Tat keinen Platz unter den Humanwissenschaften noch
neben ihnen: Es ist wahrscheinlich, daß sie mit ihnen allen eine fremde,
undefinierte und unauslöschliche und grundlegendere Beziehung hat, als

es vielleicht eine Nachbarschaftsbeziehung in einem gemeinsamen Raum wäre.

Wirklich hat die Geschichte lange vor der Bildung der Humanwissenschaften bestanden. Seit der Tiefe des griechischen Zeitalters hat sie in der abendländischen Kultur eine bestimmte Zahl von bedeutenden Funktionen ausgeübt: Erinnerung, Mythos, Überlieferung des Wortes und des Beispiels, Vehikel der Tradition, kritisches Bewußtsein des Gegenwärtigen, Entschlüsselung des Schicksals der Menschheit, Antizipation der Zukunft oder Verheißung einer Wiederkehr. Was diese Geschichte charakterisierte, was sie wenigstens in ihren allgemeinsten Zügen im Gegensatz zu der unsrigen definieren kann, ist, daß man die Zeit der Menschen nach dem Werden der Welt (in einer Art großer kosmischer Chronologie wie bei den Stoikern) oder umgekehrt ordnete, indem man das Prinzip und die Bewegung einer menschlichen Bestimmung bis zu den kleinsten Teilchen der Natur ausdehnte (etwas nach der Art der christlichen Vorsehung), eine große, glatte, in jedem ihrer Punkte uniforme Geschichte konzipierte, die in einer gleichen Verschiebung, einem gleichen Fall oder einem gleichen Abstieg, einem gleichen Zyklus alle Menschen und mit ihnen die Dinge, die Tiere, jedes lebendige oder unbewegliche Wesen bis hin zu den ruhigsten Gesichtern der Erde mit sich gezogen hätte. Nun ist diese Einheit am Anfang des neunzehnten Jahrhunderts während der großen Umwälzung der abendländischen *episteme* zerbrochen worden: Man hat eine der Natur eigene Historizität entdeckt. Man hat sogar für jeden großen Typ des Lebendigen Formen der Anpassung an das Milieu konzipiert, die in der Folge die Definition seines Evolutionsprofils gestatteten. Man hat sogar zeigen können, daß so merkwürdige menschliche Beschäftigungen wie die Arbeit oder das Sprechen in sich eine Historizität enthielten, die ihren Platz nicht in der großen gemeinsamen Erzählung der Dinge und der Menschen finden konnte: die Produktion hat Entwicklungsweisen, das Kapital Akkumulationsweisen, die Preise Gesetze, nach denen sie schwanken und sich ändern, die nicht auf die Naturgesetze und nicht auf den allgemeinen Gang der Menschheit sich reduzieren lassen. Ebenso ändert sich die Sprache nicht so sehr mit den Völkerwanderungen, dem Handel und den Kriegen nach dem Belieben dessen, was dem Menschen widerfährt, oder nach der Phantasie dessen, was er erfinden kann, sondern unter Bedingungen, die den phonetischen oder grammatischen Formen, aus denen die Sprache besteht, eigen sind. Und wenn man hat sagen kön-

nen, daß die verschiedenen Sprachen entstehen, leben und ihre Kraft verlieren, indem sie älter werden und schließlich absterben, so ist diese biologische Metapher nicht geschaffen, ihre Geschichte in eine Zeit aufzulösen,
die die des Lebens ist, sondern eher, um zu unterstreichen, daß auch sie inneren Funktionsgesetzen unterliegen und daß sich ihre Chronologie gemäß einer Zeit entwickelt, die zunächst ihrer besonderen Kohärenz sich
verdankt.

Man neigt gewöhnlich dazu, zu glauben, daß das neunzehnte Jahrhundert aus überwiegend politischen und sozialen Gründen der menschlichen
Geschichte schärfere Aufmerksamkeit bezeugt hat, daß man die Idee einer
Ordnung oder eines kontinuierlichen Plans der Zeit, auch die Idee eines
ununterbrochenen Fortschritts aufgegeben hat und daß die Bourgeoisie,
als sie ihren eigenen Aufstieg beschreiben wollte, im Kalender ihres Sieges
die historische Mächtigkeit der Institutionen, das Gewicht der Gewohnheiten und des Glaubens, die Heftigkeit der Kämpfe, das Wechseln von
Erfolg und Mißerfolg vorgefunden hat. Und man nimmt an, daß von da
ausgehend man die im Menschen entdeckte Historizität auch auf Gegenstände ausgedehnt hat, die er fabriziert hat, auf die Sprache, die er sprach,
und sogar auf das Leben. Die Untersuchung der Ökonomie, die Geschichte der Literaturen und der Grammatiken, schließlich die Entwicklung des
Lebendigen wären demnach nichts anderes als die Wirkung einer Ausbreitung einer zunächst im Menschen entdeckten Historizität auf immer fernere Erkenntnisflächen. In Wirklichkeit hat sich genau das Gegenteil vollzogen. Die Dinge haben zunächst eine eigene Historizität erhalten, die sie
von jenem kontinuierlichen Raum befreit hat, der ihnen die gleiche Chronologie wie den Menschen auferlegte. Infolgedessen fand sich der Mensch
praktisch dessen enteignet, was die offenbarsten Inhalte seiner Geschichte
bildete: die Natur spricht ihm nicht mehr von Schöpfung oder vom Ende
der Welt, von seiner Abhängigkeit oder von seinem baldigen Urteil; sie
spricht nur noch von einer natürlichen Zeit. Ihre Reichtümer zeigen ihm
nicht das Alter und die baldige Rückkehr eines Goldenen Zeitalters an.
Sie sprechen nicht mehr von den Produktionsbedingungen, die sich in
der Geschichte verändern. Die Sprache trägt nicht länger die Merkzeichen
aus der Zeit vor Babel oder die der ersten Schreie, die im Wald haben
widerhallen können. Sie trägt das Zeichen ihrer eigenen Filiation. Der
Mensch hat keine Geschichte mehr oder vielmehr: da er spricht, arbeitet
und lebt, findet er sich in seinem eigentlichen Sein völlig mit Geschich-

ten verflochten, die ihm weder völlig homogen noch untergeordnet sind. Durch die Zerstückelung des Raums, in dem sich kontinuierlich das klassische Wissen ausdehnte, durch das Zusammenrollen eines jeden so freigemachten Gebiets mit seinem Werden ist der Mensch, der am Anfang des neunzehnten Jahrhunderts erscheint, »enthistorisiert«.

Die imaginären Werte, die dann die Vergangenheit angenommen hat, der ganze lyrische Hof, der in dieser Epoche das Bewußtsein von der Geschichte, die lebhafte Neugier für die Dokumente und die Spuren umgeben hat, die die Zeit hat hinter sich lassen können, all das offenbart oberflächlich die nackte Tatsache, daß der Mensch sich leer von Geschichte fand und daß er sich bereits die Aufgabe gestellt hatte, in der Tiefe seiner selbst und unter all diesen Dingen, die ihm noch sein Bild widerspiegeln konnten (die anderen schwiegen und waren in sich selbst verschlossen), eine Historizität wiederzufinden, die mit ihm essentiell verbunden war. Aber diese Historizität ist sofort mehrdeutig. Wird, da der Mensch sich dem positiven Wissen nur insoweit gibt, als er spricht, arbeitet und lebt, seine Geschichte etwas anderes sein können als der unentwirrbare Knoten verschiedener Zeiten, die einander fremd und heterogen sind? Wird die Geschichte des Menschen mehr sein als eine Art gemeinsamer Modulation der Veränderungen in den Lebensbedingungen (Klimate, Fruchtbarkeit des Bodens, Anbauweisen, Erschließung der Reichtümer), der Transformationen der Ökonomie (und infolgedessen der Gesellschaft und der Institutionen) und der Aufeinanderfolge der Formen und Gebrauchsweisen der Sprache? Dann aber ist der Mensch nicht selber historisch: die Zeit kommt ihm von woanders her als von ihm selbst, und er bildet sich nur als Subjekt der Geschichte durch die Überlagerung der Geschichte der Lebewesen, der Geschichte der Dinge und der Geschichte der Wörter. Er ist ihren reinen Ereignissen unterworfen, aber sogleich kehrt sich dieses Verhältnis reiner Passivität um: was in der Sprache spricht, was in der Ökonomie arbeitet und konsumiert, was im menschlichen Leben lebt, ist nämlich der Mensch selbst. Deshalb hat er ebenfalls das Recht auf ein ebenso positives Werden wie das der Wesen und der Dinge (eines, das nicht weniger autonom ist, aber vielleicht grundlegender): Gestattet ihm nicht eine dem Menschen eigene und tief in sein Sein eingeschriebene Historizität, sich wie jedes Lebewesen anzupassen und sich zu entwickeln (aber mittels Werkzeugen, Techniken, Organisationen, die keinem anderen Lebewesen eigen sind); Produktionsformen zu erfinden, die Gültigkeit der ökonomischen Gesetze durch das Bewußtsein, das er davon hat, und durch die Gesetze, die er ausgehend von ihnen und um sie herum schafft, zu stabilisieren, zu verlängern und abzukürzen; schließlich in jedem der gesprochenen Wörter auf die Sprache einen konstanten inneren Druck auszuüben, der sie unmerklich in jedem Augenblick der Zeit in sich selbst gleiten läßt? So erscheint hinter der Geschichte der Positivitäten die radikalere des Menschen selbst. Diese Geschichte betrifft jetzt das Sein des Menschen, da es sich erweist, daß er nicht nur um sich »Geschichte hat«, sondern daß er selbst in seiner eigenen Historizität das ist, wodurch sich eine Geschichte des menschlichen Lebens, eine Geschichte der Ökonomie, eine Geschichte der Sprachen abzeichnet. Es gäbe also auf einer sehr verborgenen Ebene eine Geschichtlichkeit des Menschen, die für sich seine eigene Geschichte wäre, aber auch die radikale Verstreuung, die alle anderen begründet. Diese ursprüngliche Erosion hat das neunzehnte Jahrhundert in seiner Sorge, alles zu vergeschichtlichen, über alles eine allgemeine Geschichte zu schreiben, unaufhörlich in der Zeit zurückzuschreiten und die festesten Dinge in die Befreiung durch die Zeit zu stellen, gesucht. Auch dabei muß man wahrscheinlich die Weise revidieren, auf die traditionell die Geschichte der Geschichte geschrieben wird. Man hat die Gewohnheit zu sagen, daß mit dem neunzehnten Jahrhundert die reine Chronik der Ereignisse, die einfache Erinnerung an eine nur mit Individuen und Zufällen bevölkerte Vergangenheit aufgehört hat und daß man die allgemeinen Gesetze des Werdens gesucht hat. In der Tat war keine Geschichte »explikativer«, mehr mit allgemeinen Gesetzen und Konstanten befaßt als die des klassischen Zeitalters, als die Welt und der Mensch zusammen den Körper einer einzigen Geschichte bildeten. Seit dem neunzehnten Jahrhundert tritt eine nackte Form der menschlichen Historizität ans Licht, die Tatsache, daß der Mensch als solcher dem Ereignis ausgesetzt ist. Daher auch die Sorge, Gesetze für diese reine Form zu finden (und das sind Philosophien wie die Spenglers) oder sie ausgehend von der Tatsache zu definieren, daß der Mensch lebt, daß der Mensch arbeitet, daß der Mensch spricht und denkt: das sind die Interpretationen der Geschichte ausgehend von einem Menschen, der als lebende Art betrachtet wird, oder ausgehend von den Gesetzen der Ökonomie oder ausgehend von kulturellen Gesamtheiten.

Auf jeden Fall ist diese Disposition der Geschichte im epistemologischen Raum von großer Bedeutung für die Humanwissenschaften. Da der historische Mensch der lebendige, arbeitende und sprechende Mensch ist, gehört jeder Inhalt der Geschichte zur Psychologie, zur Soziologie oder zu den Wissenschaften von der Sprache. Umgekehrt aber, da das menschliche Wesen durch und durch historisch geworden ist, kann keiner der von den Humanwissenschaften analysierten Inhalte in sich selbst stabil bleiben und der Bewegung der Geschichte entgehen. Dies aus zwei Gründen: weil die Psychologie, Soziologie und Philosophie, selbst wenn man sie auf Gegenstände (das heißt auf Menschen) anwendet, die ihnen zeitgenössisch sind, nie auf etwas anderes als synchronische Schnitte innerhalb einer Historizität, die sie konstituiert und durchquert, abzielen; weil die nacheinander von den Humanwissenschaften angenommenen Formen, die Wahl, die sie bei ihren Objekten treffen, die Methoden, die sie auf sie anwenden, durch die Geschichte gegeben sind und unaufhörlich durch sie getragen und nach ihrem Willen modifiziert werden. Je mehr die Geschichte über ihre eigene historische Verwurzelung hinauszukommen versucht, desto mehr Anstrengungen unternimmt sie, um jenseits der historischen Relativität ihres Ursprungs und ihrer Optionen die Sphäre der Universalität zu erreichen; desto klarer trägt sie die Stigmata ihrer historischen Entstehung, desto deutlicher erscheint durch sie hindurch die Geschichte, zu der sie selbst gehört (und nochmals bezeugen das Spengler und alle Geschichtsphilosophen). Je besser sie umgekehrt ihre Relativität akzeptiert, desto mehr dringt sie in die Bewegung ein, die ihr mit dem gemeinsam ist, was sie erzählt, desto mehr neigt sie zur Dünne der Erzählung und löst sich der ganze positive Inhalt auf, den sie sich durch die Humanwissenschaften gab.

Die Geschichte bildet also für die Aufnahme der Humanwissenschaften ein gleichzeitig privilegiertes und gefährliches Gebiet. Für jede Wissenschaft vom Menschen bietet sie einen Hintergrund, der sie konstituiert und ihr ein Fundament und gewissermaßen eine Heimat festlegt. Sie bestimmt die kulturelle Fläche – die chronologische Episode, die geographische Einreihung –, wo man die Gültigkeit dieses Wissens erkennen kann. Aber sie kreist sie mit einer Grenze ein und zerstört von Anfang an ihren Anspruch, in dem Element der Universalität zu gelten. Sie enthüllt auf diese Weise, daß, wenn der Mensch, bevor er es noch wußte, stets den Bestimmungen unterworfen war, die die Psychologie, die Soziologie und die Analyse der Sprachen haben offenbaren können, er dennoch nicht das zeitlose Objekt eines Wissens ist, das wenigstens auf der Ebene seiner Rechte selber zeitlos wäre. Selbst wenn sie jeden Bezug auf die Geschichte vermeiden, tun die Humanwissenschaften (und dazu kann man in diesem Fall die Geschichte selbst zählen) nie etwas anderes, als eine kulturelle Episode zu einer anderen in Beziehung zu setzen (die, auf die sie als auf ihren Gegenstand angewendet werden, und die, in denen sie sich hinsichtlich ihrer Existenz, ihrer Seinsweise, ihrer Methoden und ihrer Begriffe verwurzeln). Und wenn sie auf ihre eigene Synchronie angewendet werden, beziehen sie die kulturelle Episode, aus der sie hervorgegangen sind, auf sich selbst. Infolgedessen erscheint der Mensch niemals in seiner Positivität, ohne daß diese sofort durch das Unbegrenzte der Geschichte begrenzt wäre.

Man sieht, wie hier eine Bewegung rekonstruiert wird, die analog zu der ist, die das ganze Gebiet der Wissenschaften vom Menschen von innen belebte: so, wie sie oben analysiert worden ist, lieferte diese Bewegung ständig Positivitäten, die das Sein des Menschen für die Endlichkeit bestimmen, die ebendiese Positivitäten erscheinen läßt. Infolgedessen wurden die Wissenschaften selbst in diese große Oszillation einbezogen, nahmen sie aber ihrerseits in der Form ihrer eigenen Positivität auf, wobei sie unaufhörlich versuchten, vom Bewußten zum Unbewußten zu gelangen. Hier beginnt nun mit der Geschichte erneut eine ähnliche Oszillation. Aber diesmal spielt sie nicht zwischen der Positivität des als Objekt aufgefaßten (empirisch durch die Arbeit, das Leben und die Sprache manifestierten) Menschen und den radikalen Grenzen seines Seins: sie spielt zwischen den zeitlichen Grenzen, die die besonderen Formen der Arbeit, des Lebens und der Sprache definieren, und der historischen Positivität des Subjekts, das durch die Erkenntnis Zugang zu ihnen findet. Wiederum sind hier Subjekt und Objekt in einer reziproken Fragestellung verbunden. Aber während dort diese Infragestellung sich innerhalb der positiven Erkenntnis selbst und durch die fortschreitende Enthüllung des Unbewußten durch das Bewußtsein vollzog, vollzieht sie sich hier an den äußeren Grenzen des Objekts und des Subjekts. Sie bezeichnet die Erosion, der beide unterworfen sind, die Dispersion, die sie voneinander trennt, sie einer ruhigen, verwurzelten und definitiven Positivität entreißt. Indem sie das Unbewußte als ihren grundlegenden Gegenstand enthüllten, zeigten die Humanwissenschaften, daß es stets weiter in dem zu denken gab, was bereits auf manifester Ebene gedacht worden war. Indem sie das Gesetz der Zeit als äußere Grenze der Humanwissenschaften entdeckt, zeigt die Geschichte, daß alles, was gedacht wird, noch durch ein Denken gedacht werden wird, das noch nicht an den Tag getreten ist. Vielleicht haben wir aber da in den konkreten Formen des Unbewußten der Geschichte nur die beiden Seiten jener Endlichkeit, die, indem sie entdeckte, daß sie selbst ihre eigene Grundlage war, im neunzehnten Jahrhundert die Gestalt des Menschen hat auftauchen lassen. Eine Endlichkeit ohne Unendliches ist zweifellos eine Endlichkeit, die nie beendet ist und die stets im Verhältnis zu sich selbst eingerückt ist und der noch etwas zu denken sogar in dem Augenblick verbleibt, in dem sie denkt, die stets noch über Zeit verfügt, um erneut das zu denken, was sie gedacht hat.

Im modernen Denken stehen sich der Historizismus und die Analytik der Endlichkeit gegenüber. Der Historizismus ist eine Weise, die ständige kritische Beziehung für sich zur Geltung zu bringen, die sich zwischen der Geschichte und den Humanwissenschaften bewegt. Aber er errichtet sie allein auf der Ebene der Positivitäten: die positive Erkenntnis des Menschen wird durch die historische Positivität des Subjekts, das erkennt, begrenzt, so daß der Augenblick der Endlichkeit in dem Spiel einer Relativität aufgelöst wird, der zu entgehen nicht möglich ist und die selbst als ein Absolutes gilt. Endlich zu sein hieße ganz einfach, von den Gesetzen einer Perspektive erfaßt zu sein, die ein bestimmtes Erfassen (vom Typ der Perzeption oder des Begreifens) gestattet und gleichzeitig verhindert, daß dieses jemals universale und definitive Bewußtheit *(intellection)* ist. Jede Erkenntnis wurzelt in einem Leben, in einer Gesellschaft, einer Sprache, die eine Geschichte haben. Und in dieser Geschichte selbst findet sie das Element, das ihr gestattet, mit anderen Lebensformen, anderen Gesellschaftstypen und anderen Bedeutungen zu kommunizieren. Deshalb impliziert der Historizismus stets eine bestimmte Philosophie oder zumindest eine bestimmte Methodologie des lebendigen Begreifens (in dem Element der *Lebenswelt*), der zwischenmenschlichen Kommunikation (vor dem Hintergrund der gesellschaftlichen Organisationen) und der Hermeneutik (als Wiedererfassen eines zugleich sekundären und primären, das heißt eines mehr verborgenen, aber auch grundlegenderen Sinnes durch den offenbaren Sinn eines Diskurses hindurch). Dadurch können die verschiedenen durch die Geschichte gebildeten und in ihr niedergelegten Positivitäten miteinander in Kontakt treten, sich auf die Weise der Erkenntnis enthüllen, den in ihnen schlummernden Inhalt befreien. Es sind dann nicht die Grenzen selbst, die in ihrer gebieterischen Strenge erscheinen, sondern partielle Totalitäten, Totalitäten, die de facto begrenzt sind, Totalitäten, deren Grenzen man bis zu einem gewissen Punkt in Bewegung bringen kann, die sich aber niemals in den Raum einer definitiven Analyse erstrecken werden und sich ebensowenig jemals bis zu einer absoluten Totalität erheben werden. Deshalb beansprucht die Analyse der Endlichkeit stets gegenüber dem Historizismus den Teil, den dieser vernachlässigt hat. Sie hat vor, auf dem Grunde aller Positivitäten und vor ihnen die sie ermöglichende Endlichkeit auftauchen zu lassen; dort, wo der Historizismus die Möglichkeit und die Rechtfertigung konkreter Beziehungen zwischen begrenzten Totalitäten suchte, deren Seinsweise im vorhinein vom Leben, von den sozialen Formen oder den Bedeutungen der Sprache gegeben wurde, will die Analytik der Endlichkeit diese Beziehung des menschlichen Seins mit dem Sein erfragen, das, indem es die Endlichkeit bezeichnet, die Positivitäten in ihrer konkreten Seinsweise möglich macht.

V. Psychoanalyse, Ethnologie

Die Psychoanalyse und die Ethnologie haben in unserem Wissen einen privilegierten Platz inne; zweifellos nicht, weil sie besser als jede andere Humanwissenschaft ihre Positivität gesichert und schließlich das alte Vorhaben vollendet hätten, wirklich wissenschaftlich zu sein; sondern eher, weil sie an den Grenzen aller Erkenntnisse über den Menschen mit Sicherheit einen unerschöpflichen Schatz von Erfahrungen und Begriffen, aber vor allem ein ständiges Prinzip der Unruhe, des Infragestellens, der Kritik, des Bestreitens dessen bilden, was sonst hat als erworben gelten können. Nun gibt es dafür einen Grund, der zu dem Gegenstand gehört, den sie sich abwechselnd beide nehmen, der aber noch mehr mit der Position, die sie innehaben, und mit der Funktion zu tun hat, die sie im allgemeinen Raum der *episteme* ausüben.

Die Psychoanalyse hält sich in der Tat sehr nah bei jener kritischen Funktion, von der wir sahen, daß sie allen Humanwissenschaften eignet. Indem sie sich die Aufgabe stellt, durch das Bewußtsein den Diskurs des Unbewußten sprechen zu lassen, schreitet sie in Richtung jenes grundlegenden Gebietes vorwärts, in dem sich die Beziehungen der Repräsentation und der Endlichkeit abspielen. Während alle Humanwissenschaften nur mit ihm zugewandtem Rücken zum Unbewußten gehen und darauf warten, daß es sich in dem Maß enthüllt, in dem sich gewissermaßen rückwärtsschreitend die Analyse des Bewußtseins vollzieht, zielt die Psychoanalyse direkt mit Überlegung auf das Unbewußte und nicht auf das, was sich allmählich in dem fortschreitenden Beleuchten des Impliziten aufhellt, sondern auf das, was da ist, sich entzieht, was mit der stummen Festigkeit einer Sache, eines in sich selbst abgeschlossenen Textes oder einer freien Stelle in einem sichtbaren Text existiert und was sich dadurch verteidigt. Man darf nicht davon ausgehen, daß das Vorgehen Freuds Bestandteil einer Interpretation eines Sinnes und einer Dynamik des Widerstandes oder der Sperre ist. Indem sie den gleichen Weg nimmt wie die Humanwissenschaften, aber mit in entgegengesetzter Richtung gewendetem Blick, geht die Psychoanalyse auf den Moment zu, der per definitionem für jede theoretische Erkenntnis des Menschen und für jedes kontinuierliche Erfassen in Begriffen der Bedeutung, des Konflikts oder der Funktion unzugänglich ist – wo die Bewußtseinsinhalte sich gliedern oder vielmehr in ihrer Kluft zur Endlichkeit des Menschen verharren. Das heißt: im Unterschied zu den Humanwissenschaften, die, indem sie den Weg zum Unbewußten rückwärts zurücklegen, stets im Raum des Repräsentierbaren bleiben, geht die Psychoanalyse vorwärts, um die Repräsentation zu überschreiten, sie auf der Seite der Endlichkeit zu übersteigen und so, dort wo man die tragenden Funktionen ihrer Normen erwartete, die regelbeladenen Konflikte und die systembildenden Bedeutungen, die nackte Tatsache hervorzurufen, daß es ein System (also Bedeutung), eine Regel (also Opposition) und eine Norm (also Funktion) geben kann. In dem Gebiet, in dem die Repräsentation dauernd in der Schwebe, an der Grenze ihrer selbst und in gewisser Weise auf die Abgeschlossenheit der Endlichkeit hin geöffnet bleibt, zeichnen sich die drei Gestalten ab, durch die das Leben mit seinen Funktionen und Normen in der stummen Wiederholung des Todes, die Konflikte und die Regeln in dem nackten Anfang der Lust, die Bedeutungen und Systeme in einer Sprache, die gleichzeitig Gesetz ist, sich begründen. Man weiß, wie Psychologen und Philosophen alles das genannt haben: freudianische Mythologie. Es war sehr notwendig, daß dieser Schritt Freuds ihnen so erschienen ist. Für ein Wissen, das im Repräsentierbaren ruht, kann das, was nach außen hin die Möglichkeit der Repräsentation selbst begrenzt und definiert, nur Mythologie sein. Aber wenn man der Psychoanalyse auf ihrem Weg der Bewegung folgt und wenn man den erkenntnistheoretischen Raum in seiner Gesamtheit durchläuft, erkennt man wohl, daß diese Gestalten – wahrscheinlich imaginäre für einen kurzsichtigen Blick – die Formen der Endlichkeit selbst sind, so wie sie im modernen Denken analysiert wird: Ist der Tod nicht das, von wo aus das Wissen im allgemeinen möglich ist, so daß er bei der Psychoanalyse die Gestalt jener empirisch-transzendentalen *Reduplizierung* wäre, die in der Endlichkeit die Seinsweise des Menschen charakterisiert? Ist die Lust nicht das, was stets *ungedacht* im Zentrum des Denkens bleibt? Und jene Spra-che-als-Gesetz (gleichzeitig Sprechen und System des Sprechens), die die Psychoanalyse sprechen lassen will, ist sie nicht das, worin jede Bedeutung ihren *Ursprung* nimmt, der ferner ist als sie selbst, und ist sie nicht eben-falls das, dessen Wiederkehr in dem Akt der Analyse selbst verheißen wird? Weder der Tod noch jene Lust, noch jenes Gesetz können sich jemals innerhalb des Wissens treffen, das in seiner Positivität das empirische Ge-biet des Menschen durchläuft. Aber der Grund dafür ist, daß sie die Bedin-gungen der Möglichkeit alles Wissens über den Menschen bezeichnen.

Und genau, wenn sich diese Sprache im nackten Zustand zeigt, sich aber gleichzeitig jeder Bedeutung entzieht, als wäre sie ein großes und leeres System; wenn die Lust in wildem Zustand herrscht, als wenn die Strenge ihrer Regel jeden Gegensatz nivelliert hätte; wenn der Tod jede psychologische Funktion beherrscht und sich über ihr als ihre einzige und verheerende Norm hält, dann erkennen wir den Wahnsinn in seiner gegenwärtigen Form, den Wahnsinn, so wie er sich der modernen Erfah-rung als ihre Wahrheit und ihre Entstellung gibt. In dieser empirischen Ge-stalt, die dennoch all (und in) dem fremd ist, was wir erfahren können, fin-det unser Bewußtsein nicht mehr wie im sechzehnten Jahrhundert die Spur einer anderen Welt. Es stellt nicht mehr das Irren der aus der Bahn geworfenen Vernunft fest. Es sieht das auftauchen, was uns auf gefährliche Weise das nächste ist, so als ob plötzlich die Leere unserer Existenz selbst sich als Relief abhöbe. Die Endlichkeit, von der aus wir sind, denken und wissen, ist plötzlich vor uns als gleichzeitig reale und unmögliche Exi-stenz, als Gedanke, den wir nicht denken können, als Gegenstand unserer Wissenschaft, der sich ihr aber immer entzieht. Deshalb findet die Psycho-analyse in jenem Wahnsinn par excellence, den die Psychiater Schizophre-nie nennen, ihre intimste, aber unüberwindlichste Qual. Denn in jenem Wahnsinn ergeben sich in einer absolut offenbaren und absolut zurückge-zogenen Form die Formen der Endlichkeit, zu der sie gewöhnlich unend-lich (und ins Unbeendbare) vorwärtsschreitet, ausgehend von dem, was ihr freiwillig-unfreiwillig in der Sprache des Patienten geboten wird. Infolgedessen »erkennt sich darin« die Psychoanalyse, wenn sie vor die gleichen Psychosen gestellt wird, denen sie jedoch (oder vielmehr aus ebendiesem Grund) keinen Zugang abgewinnen kann: als breitete die Psychose in einer grausamen Beleuchtung das aus und gäbe uns in einer nicht allzu fernen, sondern geradezu nahen Weise das, wohin die Analyse langsam schreiten soll.

Aber diese Beziehung der Psychoanalyse zu dem, was alles Wissen im allgemeinen in den Humanwissenschaften möglich macht, hat noch eine weitere Konsequenz. Sie kann sich nämlich nicht als reine spekulative Erkenntnis oder allgemeine Theorie vom Menschen entfalten. Sie kann nicht das ganze Feld der Repräsentation durchqueren, ihre Grenzen zu umgehen versuchen und auf das Grundlegendere in der Form einer empirischen Wissenschaft hinzielen, die von sorgfältigen Beobachtungen aus errichtet ist. Dieses Eindringen kann nur innerhalb einer Praxis vollzogen werden, in die nicht nur die Kenntnis vom Menschen einbezogen ist, sondern der Mensch selbst, der Mensch mit jenem Tod, der bei seinem Leiden am Werk ist, jener Lust, die ihren Gegenstand verloren hat, und jener Sprache, durch die hindurch und mit deren Hilfe sich schweigend sein Gesetz artikuliert. Alles analytische Wissen ist also unüberwindlich mit einer Anwendung verbunden, mit jenem Abwürgen der Beziehung zwischen zwei Individuen, von denen das eine die Sprache des anderen hört und so sein Verlangen nach dem Objekt, das es verloren hat, freisetzt (indem es es hören läßt, daß es es verloren hat) und es aus der stets wiederholten Nachbarschaft des Todes befreit (indem es es hören läßt, daß es eines Tages sterben muß). Deshalb ist der Psychoanalyse nichts fremder als etwas wie eine allgemeine Theorie des Menschen oder eine Anthropologie.

Ebenso wie die Psychoanalyse sich in die Dimension des Unbewußten stellt (jener kritischen Belebung, die von innen das ganze Gebiet der Wissenschaften vom Menschen beunruhigt), stellt sich die Ethnologie in die der Historizität (die Dimension jenes ständigen Oszillierens, das bewirkt, daß die Humanwissenschaften stets in Frage gestellt werden, und zwar von außen von ihrer eigenen Geschichte). Zweifellos ist es schwierig zu behaupten, daß die Ethnologie eine grundlegende Beziehung zur Historizität hat, weil sie nach traditioneller Vorstellung die Kenntnis der Völker ohne Geschichte ist. Auf jeden Fall untersucht sie in den Kulturen (gleichzeitig durch systematische Wahl und aus Mangel an Dokumenten) viel mehr die Invarianten in den Strukturen als die Abfolge der Ereignisse. Sie hebt den

langen »chronologischen« Diskurs auf, durch den wir versuchen unsere
eigene Kultur innerhalb ihrer selbst zu reflektieren, um synchronische Korrelationen in anderen Kulturformen hervorzuheben. Dennoch ist die Ethnologie selbst nur von einer bestimmten Situation, von einem absolut
einzigartigen Ereignis her möglich, worin gleichzeitig unsere Geschichtlichkeit und die aller Menschen, die den Gegenstand einer Ethnologie bilden können, einbezogen sind. Dabei ist selbstverständlich, daß wir die
Ethnologie unserer eigenen Gesellschaft vollkommen erstellen könnten.
Die Ethnologie wurzelt in der Tat in einer Möglichkeit, die der Geschichte
unserer Kultur, mehr noch ihrer grundlegenden Beziehung zu jeder Geschichte eigen ist und die ihr gestattet, sich mit anderen Kulturen nach
der Weise reiner Theorie zu verbinden. Es gibt eine bestimmte Position
der abendländischen *ratio*, die sich in ihrer Geschichte gebildet hat und
die Beziehung begründet, die sie mit allen anderen Gesellschaften haben
kann, sogar mit der Gesellschaft, in der sie historisch erschienen ist. Das
heißt natürlich nicht, daß die kolonisatorische Situation für die Ethnologie
unerläßlich ist. Weder die Hypnose noch die Entfremdung des Kranken in
der phantasmatischen Gestalt des Arztes sind für die Psychoanalyse konstitutiv. Aber so wie diese sich nur in der ruhigen Heftigkeit einer besonderen Beziehung und der Verlagerung, nach der die Beziehung verlangt,
entfalten kann, erhält die Ethnologie ihre Dimensionen nur in der stets verhaltenen, aber stets aktuellen historischen Souveränität des europäischen
Denkens und der Beziehung, die sie allen anderen Kulturen wie sich selbst
gegenüberstellen kann.

Aber diese Beziehung schließt die Ethnologie (in dem Maße, in dem sie
nicht versucht, sie zu verwischen, sondern sie im Gegenteil noch vertieft,
indem sie sich definitiv in ihr einrichtet) nicht in die kreisartigen Spiele
des Historizismus ein. Sie versetzt sie vielmehr in die Position, daß sie deren Gefahr entgehen kann, indem sie die Bewegung, die sie entstehen läßt,
umkehrt. Statt in der Tat die empirischen Inhalte so, wie die Psychologie,
die Soziologie oder die Analyse der Literatur und der Mythen sie erscheinen lassen können, auf die historische Positivität des sie wahrnehmenden
Subjekts zu beziehen, stellt die Ethnologie die besonderen Formen jeder
Kultur, die Unterschiede, die sie in Gegensatz zu anderen stehen läßt, die
Grenzen, durch die sie sich definiert und in ihrer eigenen Kohärenz abschließt, in die Dimension, in der sich ihre Beziehungen mit jeder der drei
großen Positivitäten (Leben, Bedürfnis und Arbeit, Sprache) verknüpfen.

So zeigt die Ethnologie, wie sich in einer Kultur die Normalisierung der großen biologischen Funktionen, die Regeln, die alle Tausch-, Produktions- und Konsumtionsformen möglich machen oder vorschreiben, und die Systeme bilden, die sich um das oder nach dem Modell der linguistischen Strukturen organisieren. Die Ethnologie schreitet also zu jener Region vor, in der die Humanwissenschaften sich nach dieser Biologie, dieser Ökonomie, dieser Philologie und dieser Linguistik gliedern, von denen man sah, um wieviel sie sie überragten. Deshalb ist das allgemeine Problem jeder Ethnologie genau das der Beziehungen (Kontinuitäts- oder Diskontinuitätsbeziehungen) zwischen der Natur und der Kultur. Aber bei dieser Frageweise wird das Problem der Geschichte umgekehrt, denn es handelt sich dann um die Bestimmung, und zwar gemäß den benutzten Zeichensystemen, gemäß den vorgeschriebenen Regeln und den funktionalen Normen, die man gewählt und gesetzt hat, welcher Art historischen Werdens die Kultur unterliegt. Es geht um die Erfassung bis zur Wurzel der Art der Geschichtlichkeit, die darin erscheinen kann, und der Gründe, weshalb die Geschichte notwendig kumulativ oder zyklisch, progressiv oder regulatorischen Oszillationen unterworfen, zu spontanen Anpassungen fähig oder Krisen unterworfen ist. Und so wird die Grundlage jener historischen Verschiebung an den Tag gebracht, innerhalb deren die verschiedenen Humanwissenschaften ihren Wert annehmen und auf eine gegebene Kultur und eine synchronisch gegebene Fläche angewandt werden können.

Die Ethnologie befragt wie die Psychoanalyse nicht den Menschen selbst, so wie er in den Humanwissenschaften erscheinen kann, sondern sie befragt jenes Gebiet, das im allgemeinen ein Wissen über den Menschen möglich macht. Wie die Psychoanalyse durchquert sie das ganze Feld jenes Wissens in einer Bewegung, die dessen Grenzen erreichen will. Aber die Psychoanalyse bedient sich der besonderen Beziehung der Übertragung, um an den äußeren Grenzen der Repräsentation das Verlangen, das Gesetz, den Tod zu entdecken, die im äußersten Teil der analytischen Sprache und der analytischen Anwendung die konkreten Gestalten der Endlichkeit umreißen. Die Ethnologie steht innerhalb der besonderen Beziehung, die die abendländische *ratio* mit allen anderen Kulturen herstellt. Und von da ausgehend, umgeht sie die Repräsentationen, die die Menschen in einer Zivilisation von sich selbst, ihrem Leben, ihren Bedürfnissen, von den in ihrer Sprache niedergelegten Bedeutungen haben können.

Und sie sieht hinter diesen Repräsentationen die Normen auftauchen, von denen her die Menschen die Funktionen des Lebens erfüllen, aber deren unmittelbaren Druck sie zurückweisen, ebenso wie die Regeln, durch die sie ihre Bedürfnisse verspüren und aufrechterhalten, und die Systeme, auf deren Hintergrund jede Bedeutung ihnen gegeben ist. Das Privileg der Ethnologie und der Psychoanalyse, der Grund ihrer tiefen Verwandtschaft und ihrer Symmetrie sind also nicht in einer bestimmten Sorge zu suchen, die sie beide hätten, das tiefe Rätsel, den geheimnisvollsten Teil der Natur zu durchdringen. Tatsächlich spiegelt sich im Raum ihres Diskurses viel eher das historische Apriori aller Wissenschaften über den Menschen – die großen Zäsuren, die Furchen, die Trennungen, die in der abendländischen *episteme* das Profil des Menschen umrissen und ihn für ein mögliches Wissen disponiert haben. Es war also notwendig, daß beide immer Wissenschaften des Unbewußten sind, nicht weil sie im Menschen das erreichen, was unterhalb seines Bewußtseins liegt, sondern weil sie sich dem zuwenden, was außerhalb des Menschen erlaubt, daß man (und zwar in einem positiven Wissen) das weiß, was seinem Bewußtsein gegeben wird oder ihm entgeht.

Man kann von daher eine bestimmte Zahl von entscheidenden Fakten begreifen. An erster Stelle steht, daß die Psychoanalyse und die Ethnologie nicht so sehr Humanwissenschaften neben den anderen sind, sondern daß sie deren gesamtes Gebiet durchlaufen, daß sie es auf seiner ganzen Oberfläche beleben und überall ihre Begriffe verstreuen, daß sie an allen Orten ihre Methoden zur Entschlüsselung und ihre Interpretationen vorschlagen können. Keine Humanwissenschaft kann sicher sein, von ihnen unbehelligt zu bleiben oder völlig unabhängig von dem zu sein, was sie haben entdecken können, noch kann sie sicher sein, nicht von ihnen in der einen oder anderen Weise abhängig zu sein. Aber ihre Entwicklung hat die Besonderheit, daß sie trotz ihrer quasi universellen »Tragweite« nie einen allgemeinen Begriff des Menschen erreichen. In keinem Augenblick zielen sie darauf ab, das einzukreisen, was es an Spezifischem, Irreduziblem an ihm geben könnte, was überall, wo er der Erfahrung gegeben ist, an einförmig Gültigem vorhanden sein könnte. Die Idee einer »psychoanalytischen Anthropologie«, die Idee einer »menschlichen Natur«, die von der Ethnologie wieder hervorgebracht würden, sind nur fromme Wünsche. Sie können nicht nur auf den Begriff des Menschen verzichten, sondern sie können ihn nicht einmal durchdringen, denn sie wenden sich stets an das, was seine äußeren Grenzen bildet. Man kann von beiden sagen, was Lévi-Strauss von der Ethnologie sagt: daß sie den Menschen auflösen. Es handelt sich nicht etwa darum, ihn besser und reiner und gewissermaßen befreit wiederzufinden; sondern daß sie zu dem zurückgehen, was seine Positivität nährt. Im Verhältnis zu den »Humanwissenschaften« sind die Psychoanalyse und die Ethnologie eher »Gegenwissenschaften«. Das bedeutet nicht, daß sie weniger »rational« oder »objektiv« sind als die anderen, sondern daß sie ihnen entgegen arbeiten und sie auf ihr epistemologisches Fundament zurückführen und nicht aufhören, diesen Menschen »kaputt« zu machen, der in den Humanwissenschaften seine Positivität bildet und erneut bildet. Man begreift also schließlich, daß die Psychoanalyse und die Ethnologie in einer fundamentalen Korrelation zueinander errichtet worden sind: seit *Totem und Tabu* eröffnen die Errichtung eines ihnen gemeinsamen Feldes, die Möglichkeit eines Diskurses, der ohne Diskontinuität von der einen zur anderen verlaufen könnte, die doppelte Gliederung der Geschichte der Individuen nach dem Unbewußten der Kulturen und der Historizität der Kulturen nach dem Unbewußten der Individuen zweifellos die allgemeinsten Probleme, die sich hinsichtlich des Menschen stellen können.

Man ahnt die Geltung und Bedeutung einer Ethnologie, die – statt sich, wie sie es bisher getan hat, durch die Untersuchung der geschichtslosen Gesellschaften zu definieren – eindeutig ihren Gegenstand bei den unbewußten Prozessen suchen würde, die das System einer gegebenen Kultur charakterisieren. Sie würde so das Verhältnis von Historizität, das für jede Ethnologie im allgemeinen konstitutiv ist, innerhalb der Dimension spielen lassen, in der sich die Psychoanalyse stets entfaltet hat. Wenn sie das täte, würde sie die Mechanismen und Formen einer Gesellschaft nicht der Repression und dem Druck von kollektiven Phantasmen assimilieren, und so (wenn auch auf einer größeren Stufenleiter) das wiederfinden, was die Analyse auf der Ebene der Individuen entdecken kann. Sie würde als System des kulturellen Unbewußten die Gesamtheit der formalen Strukturen definieren, die die mythischen Diskurse signifikant machen, die den Regeln, die die Bedürfnisse steuern, ihre Kohärenz und Notwendigkeit geben und anders als in der Natur und auf etwas anderem als auf reinen biologischen Funktionen die Normen des Lebens begründen. Man ahnt die symmetrische Bedeutung einer Psychoanalyse, die ihrerseits die Dimension einer Ethnologie erreichte, und zwar nicht durch die Errichtung einer

»Kulturpsychologie«, nicht durch die soziologische Erklärung von auf individueller Stufe offenbarten Phänomenen, sondern durch die Entdeckung, daß auch das Unbewußte eine bestimmte formale Struktur besitzt oder vielmehr: daß es eine solche *ist*. Dadurch kämen Ethnologie und Psychoanalyse nicht dazu, sich zu überlagern oder auch nur sich zu erreichen, sondern sich wie zwei unterschiedlich orientierte Linien zu kreuzen. Die eine würde von der offensichtlichen Elision des Bezeichneten in der Neurose zu der Lücke im bezeichnenden System gehen, in dem diese sich offenbart. Die andere würde von der Analogie der multiplen Signifikate (in der Mythologie zum Beispiel) zur Einheit einer Struktur verlaufen, deren formale Transformationen die Diversität der Erzählungen liefern würde. Also nicht auf der Ebene der Beziehungen zwischen Individuum und Gesellschaft, wie man so oft geglaubt hat, könnten Psychoanalyse und Ethnologie sich nach einander gliedern; nicht weil das Individuum zu seiner Gruppe gehört, nicht weil eine Kultur sich mehr oder weniger indirekt im Individuum reflektiert und ausdrückt, sind diese beiden Wissensformen miteinander benachbart. Sie haben wirklich nur einen gemeinsamen Punkt, aber er ist wesentlich und unvermeidbar. In ihm schneiden sie sich rechtwinklig, denn die signifikante Kette, durch die sich die alleinige Erfahrung des Individuums konstituiert, steht senkrecht zum formalen System, von dem aus sich die Bedeutungen einer Kultur errichten. In jedem Augenblick findet die der individuellen Erfahrung eigene Struktur in den gesellschaftlichen Systemen eine bestimmte Zahl von Wahlmöglichkeiten (und von ausgeschlossenen Möglichkeiten). Umgekehrt finden die gesellschaftlichen Strukturen in jedem ihrer Wahlpunkte eine bestimmte Zahl von möglichen Individuen (und von anderen, die nicht möglich sind), so wie in der Sprache die lineare Struktur in einem gegebenen Moment die Wahl zwischen mehreren Wörtern oder mehreren Phonemen möglich macht (aber alle anderen ausschließt).

So bildet sich das Thema einer reinen Sprachtheorie, die der Ethnologie und der Psychoanalyse, wenn sie so begriffen werden, ihr formales Modell gäbe. So gäbe es eine Disziplin, die in ihrer einzelnen Bahn ebenso jene Dimension der Ethnologie decken kann, die die Humanwissenschaften auf die sie begrenzenden Positivitäten bezieht, wie jene Dimension der Psychoanalyse, die das Wissen des Menschen auf die ihn begründende Endlichkeit bezieht. Mit der Linguistik hätte man eine völlig in der Ordnung der dem Menschen äußerlichen Positivitäten begründete Wissenschaft (da es sich um reine Sprache handelt), die nach Durchlaufen des gesamten Raumes der Humanwissenschaften zur Frage der Endlichkeit gelangen würde (da durch die Sprache und in ihr das Denken denken kann, so daß die Sprache in sich selbst eine Positivität ist, die als das Fundamentale gilt). Über der Ethnologie und der Psychoanalyse, oder genauer gesagt mit ihnen verwoben, würde eine dritte »Gegenwissenschaft« das ganze von den Humanwissenschaften gebildete Feld durchlaufen, beleben, beunruhigen und, indem sie sowohl bezüglich der Positivitäten wie bezüglich der Endlichkeit über es hinausgeht, dessen allgemeinste Infragestellung bilden. Wie die beiden anderen Gegenwissenschaften würde sie auf diskursive Weise die Grenzformen der Humanwissenschaften erscheinen lassen. Wie diese beiden würde sie ihre Erfahrung in jenen erhellten und gefährlichen Gebieten ansiedeln, wo das Wissen des Menschen in der Gestalt des Unbewußten und der Historizität seine Beziehung mit dem ausspielt, was sie möglich macht. Zu dritt setzen sie, indem sie es »darlegen«, genau das aufs Spiel, was dem Menschen gestattet hat, erkannt zu werden. So spult sich unter unseren Augen das Schicksal des Menschen auf, es spult sich aber in umgekehrter Richtung auf. Auf diesen eigenartigen Spindeln wird es zu den Formen seiner Entstehung, zur Heimat, die es ermöglicht hat, zurückgeführt. Aber ist das nicht eine Art, es zu seinem Ziel zu bringen? Denn die Linguistik spricht nicht mehr vom Menschen selbst, als es die Psychoanalyse oder die Ethnologie tun.

Vielleicht wird die Linguistik, so mag man sagen, wenn sie diese Rolle spielt, nur die Funktion wiederaufnehmen, die einst die Biologie oder die Ökonomie innehatten, als man im neunzehnten Jahrhundert und am Anfang des zwanzigsten Jahrhunderts die Humanwissenschaften in der Biologie oder der Ökonomie entlehnten Begriffen hatte vereinigen wollen. Aber der Linguistik könnte es blühen, eine viel fundamentalere Rolle zu spielen; und dies aus verschiedenen Gründen. Zunächst, weil sie gestattet – weil sie auf jeden Fall sich bemüht, es zu ermöglichen –, die Inhalte selbst zu strukturieren. Sie ist also nicht eine theoretische Wiederaufnahme der woanders erworbenen Erkenntnisse, Interpretation einer bereits vollzogenen Lektüre der Phänomene. Sie schlägt keine »linguistische Version« der in den Humanwissenschaften beobachteten Tatsachen vor, sie ist das Prinzip einer ursprünglichen Entschlüsselung. Unter einem mit ihr bewaffneten Blick gelangen die Dinge zur Existenz nur, insoweit sie die Elemente eines Zeichensystems bilden können. Die linguistische Analyse ist mehr

eine Perzeption als eine Explikation. Das heißt: sie ist konstitutiv für ihr
Objekt. Außerdem findet sich durch dieses Auftauchen der Struktur (als
invarianter Beziehung in einer Menge von Elementen) die Beziehung der
Humanwissenschaften zur Mathematik erneut und gemäß einer völlig
neuen Dimension erschlossen. Es handelt sich nicht mehr darum, zu wissen, ob man Resultate quantifizieren kann oder ob die menschlichen Verhaltensweisen in das Feld einer meßbaren Wahrscheinlichkeit treten können. Es stellt sich die Frage, ob man ohne Wortspiele den Begriff Struktur
benutzen kann oder ob wenigstens in der Mathematik und in den Humanwissenschaften von der gleichen Struktur gesprochen wird. Das ist eine
zentrale Frage, wenn man die Möglichkeiten und die Rechte, die Bedingungen und die Grenzen einer gerechtfertigten Formalisierung erkennen
will. Man sieht, daß die Beziehung der Wissenschaften vom Menschen
zur Achse der formalen und apriorischen Disziplinen – eine Beziehung,
die bisher und so lange nicht wesentlich gewesen ist, wie man sie mit
dem Recht, zu messen, hatte identifizieren wollen – sich erneut belebt
und vielleicht jetzt fundamental wird, wo im Raum der Humanwissenschaften gleichzeitig deren Beziehung zur empirischen Positivität der Sprache und zur Analytik der Endlichkeit auftaucht. Die drei Achsen, die das
den Wissenschaften vom Menschen eigene Volumen definieren, werden
so – und zwar fast gleichzeitig – sogar in den Fragen sichtbar, die sie stellen. Schließlich läßt die Wichtigkeit der Linguistik und ihre Anwendung
auf die Erkenntnis des Menschen in ihrer rätselhaften Nachdrücklichkeit
die Frage nach dem Sein der Sprache wiederauftauchen, von der wir bereits sahen, wie sehr sie mit den fundamentalen Problemen unserer Kultur
verbunden war. Diese Frage wird durch das stets erweiterte Benutzen linguistischer Kategorien noch erschwert, weil man künftig sich wird fragen
müssen, was die Sprache sein muß, um das zu strukturieren, was doch
nicht von sich aus Sprechen oder Diskurs ist, und um sich selbst nach
den reinen Erkenntnisformen zu gliedern. Auf einem viel längeren und viel
unvorhergeseheneren Wege wird man zu dem Ort zurückgeführt, den
Nietzsche und Mallarmé schon angezeigt hatten, als der eine fragte: Wer
spricht? und der andere die Antwort im *Wort* selbst hatte aufleuchten sehen. Die Frage nach dem, was die Sprache in ihrem Sein ist, nimmt nochmals einen imperativen Ton an.

In diesem Punkt, in dem die Frage der Sprache mit einer so starken
Überdetermination wiederauftaucht und in dem sie die Gestalt des Men-

schen von allen Seiten einzuhüllen scheint (jene Gestalt, die einst genau den Platz des klassischen Diskurses eingenommen hatte), ist die zeitgenössische Kultur in einem bedeutenden Teil ihrer Gegenwart und vielleicht ihrer Zukunft am Werke. Einerseits erscheinen Fragen als plötzlich all diesen empirischen Gebieten sehr nahe, die bis dahin sehr fern zu liegen schienen: Das sind die Fragen nach einer allgemeinen Formalisierung des Denkens und der Erkenntnis. In dem Augenblick, als man sie noch allein der Beziehung zwischen Logik und Mathematik gewidmet glaubt, eröffnen sie die Möglichkeit und auch die Aufgabe, die alte empirische Vernunft durch die Konstituierung formaler Sprachen zu reinigen und eine zweite Kritik der reinen Vernunft von neuen Formen des mathematischen Apriori her auszuüben. Auf der anderen Seite unserer Kultur jedoch finden wir die Frage der Sprache jener Form von Sprechen anvertraut, die wahrscheinlich diese Frage immer wieder gestellt hat, die sie aber zum ersten Mal sich selbst stellt. Wenn die Literatur unserer Tage durch das Sein der Sprache fasziniert ist, so ist das weder das Zeichen eines Endes noch der Beweis einer Radikalisierung, sondern ein Phänomen, das seine Notwendigkeit in einer sehr weiten Konfiguration wurzeln läßt, in der sich das ganze Geäder unseres Denkens und unseres Wissens abzeichnet. Wenn aber die Frage der formalen Sprachen die Möglichkeit oder Unmöglichkeit, die positiven Inhalte zu strukturieren, zur Geltung bringt, dann hebt eine der Sprache gewidmete Literatur die fundamentalen Formen der Endlichkeit in ihrer empirischen Lebhaftigkeit hervor. Von innerhalb der als Sprache erlebten und durchlaufenen Sprache, im Spiel ihrer bis auf ihren Extrempunkt angespannten Möglichkeiten kündigt sich an, daß der Mensch »endlich« ist und daß beim Erreichen des Gipfels jeden möglichen Sprechens er nicht zum Zentrum seiner selbst gelangt, sondern zur Grenze dessen, was ihn einschließt: zu jenem Gebiet, wo der Tod weilt, wo das Denken erlischt, wo die Verheißung des Ursprungs unendlich sich zurückzieht. Diese neue Seinsweise der Literatur müßte in Werken wie denen Artauds oder Roussels enthüllt werden – und von Männern wie ihnen. Bei Artaud wird die als Diskurs zurückgewiesene und in der plastischen Heftigkeit des Zusammenpralls wiederaufgenommene Sprache auf den Schrei, auf den gefolterten Körper, auf die Materialität des Denkens, auf das Fleisch rückverwiesen. Bei Roussel erzählt die durch einen systematisch gesteuerten Zufall zu Staub reduzierte Sprache unendlich die Wiederholung des Todes und das Rätsel der gespaltenen Ursprünge. Und als könnte dieses Erleben

der Formen der Endlichkeit in der Sprache nicht ertragen werden oder als
wäre es ungenügend (vielleicht war sein Ungenügen sogar unerträglich),
hat sich dieses Erleben innerhalb des Wahnsinns manifestiert – die Gestalt
der Endlichkeit ergibt sich so in der Sprache (als das, was sich in ihr enthüllt), aber auch vor ihr, diesseits, als jene unförmige, stumme, bedeu-
tungslose Region, in der die Sprache sich befreien kann. Und in diesem
so freigelegten Raum hat sich die Literatur zunächst mit dem Surrealismus (aber in einer noch sehr verkleideten Form), dann in immer reinerer
Form mit Kafka, mit Bataille, mit Blanchot als Erfahrung gegeben: als Erfahrung des Todes (und im Element des Todes), des undenkbaren Gedankens (in seiner unzugänglichen Gegenwärtigkeit), der Wiederholung (der
ursprünglichen Unschuld, die stets im nächsten und immer am weitesten
entfernten Glied der Sprache vorhanden ist); als Erfahrung der Endlichkeit (die in der Öffnung und dem Zwang dieser Endlichkeit gefangen ist).

Man sieht, daß diese »Wiederkehr« der Sprache in unserer Kultur nicht
den Wert einer plötzlichen Unterbrechung hat; es ist keine hereinbrechen-
de Entdeckung einer seit langem verborgenen Evidenz, nicht das Merkzeichen eines Rückzugs des Denkens in sich selbst in der Bewegung, durch
die es sich von jedem Inhalt befreit, oder eines Narzißmus der Literatur,
die sich endlich von dem befreit, was sie zu sagen hätte, und nur noch
von der Tatsache spricht, daß sie auf ihre Nacktheit gebrachte Sprache
ist. Tatsächlich handelt es sich um die strenge Auseinanderlegung der
abendländischen Kultur gemäß der Notwendigkeit, die sie sich selbst am
Anfang des neunzehnten Jahrhunderts gegeben hat. Es wäre falsch, in diesem allgemeinen Index der Erfahrung, den man als »Formalismus« bezeichnen könnte, das Zeichen des Austrocknens, des Seltenerwerdens des
Denkens zu sehen, das unfähig wäre, die Fülle der Inhalte zu erfassen. Es
wäre ebenso falsch, ihn sofort an den Horizont eines neuen Denkens
und eines neuen Wissens zu stellen. Innerhalb der sehr engen, sehr kohärenten Zeichnung der modernen *episteme* hat diese zeitgenössische Erfahrung ihre Möglichkeit gefunden. Durch ihre Logik hat diese Zeichnung
selbst sie hervorgerufen, allmählich konstituiert und es unmöglich gemacht, daß sie nicht existiert. Was sich in der Epoche von Ricardo, von
Cuvier und von Bopp vollzogen hat, jene Form des Wissens, die sich mit
der Ökonomie, der Biologie und der Philologie errichtet hat, der Gedanke
der Endlichkeit, den die kantische Kritik der Philosophie als Aufgabe vorgeschrieben hat, alles das bildet noch den unmittelbaren Raum unserer Reflexion. Wir denken an diesem Ort.

Der Eindruck der Vollendung und des Endes jedoch, das taube Gefühl, das unser Denken trägt und belebt, es mit der Leichtigkeit seiner Verheißungen vielleicht einschläfert und uns glauben läßt, daß etwas Neues zu beginnen im Begriff ist, von dem man erst einen leichten hellen Streifen unten am Horizont wahrnimmt, dieses Gefühl und dieser Eindruck sind vielleicht nicht unbegründet. Sie existieren und formulieren sich, so wird man sagen, seit dem Anfang des neunzehnten Jahrhunderts ständig neu. Man wird behaupten, daß Hölderlin, Hegel, Feuerbach, Marx bereits diese Gewißheit hatten, daß in ihnen ein Denken und eine Kultur vielleicht ein Ende fanden und daß aus der Tiefe der Distanz, die vielleicht nicht unüberwindbar war, eine andere sich in der Zurückhaltung des Morgengrauens, in der Helle des Mittags oder in der Mißhelligkeit des sich neigenden Tages näherte. Aber dieses nahe, gefährliche Bevorstehen, dessen Verheißung wir heute fürchten, dessen Gefahr wir aufnehmen, ist wahrscheinlich von einer anderen Ordnung. Was diese Ankündigung dem Denken befahl, war, für den Menschen einen festen Aufenthalt auf dieser Erde herzustellen, von der die Götter sich abgewandt hatten oder auf der sie erloschen waren. Heutzutage, und wiederum ist es Nietzsche, der von fern den Wendepunkt anzeigt, ist es nicht so sehr das Fehlen oder der Tod Gottes, der bestätigt wird, sondern das Ende des Menschen (jenes geringe, jenes unwahrnehmbare Verschieben, jenes Zurückweichen in der Form der Identität, die aus der Endlichkeit des Menschen sein Ende haben werden lassen). Hier macht man die Entdeckung, daß der Tod Gottes und der letzte Mensch miteinander zu tun haben: kündigt nicht der letzte Mensch an, daß er Gott getötet hat, und stellt so seine Sprache, sein Denken und sein Lachen in den Raum des bereits toten Gottes, gibt sich aber auch als derjenige, der Gott getötet hat und dessen Existenz die Freiheit und die Entscheidung dieser Tötung einschließt? So ist der letzte Mensch gleichzeitig jünger und älter als der Tod Gottes; da er Gott getötet hat, ist er selbst für seine eigene Endlichkeit verantwortlich. Da er aber im Tod Gottes spricht, denkt und existiert, ist seine Tötung selber dem Tode geweiht. Neue Götter, die gleichen, wühlen bereits den künftigen Ozean auf. Der Mensch wird verschwinden. Mehr als den Tod Gottes oder vielmehr in der Spur dieses Todes und gemäß einer tiefen Korrelation mit ihm kündigt das Denken Nietzsches das Ende seines Mörders, das Aufbrechen des Gesichtes des Menschen im Lachen und die Wiederkehr der Masken, die Verbreitung des tiefen Flusses der Zeit, von dem er sich getra-

gen fühlte und dessen Druck er im Sein der Dinge selbst vermutete, die
Identität der Wiederkehr des *Gleichen* und die absolute Zerstreuung des
Menschen an. Während des ganzen neunzehnten Jahrhunderts bildeten
das Ende der Philosophie und die Verheißung einer nahen Kultur zweifellos nur ein und dieselbe Sache mit dem Denken der Endlichkeit und mit
dem Erscheinen des Menschen in der Gelehrsamkeit. Unserer Tage beweisen ohne Zweifel die Tatsache, daß die Philosophie immer noch und immer wieder im Begriff ist, zu enden, und die Tatsache, daß vielleicht in
ihr und noch mehr außerhalb ihrer selbst und gegen sie, in der Literatur
wie in der formalen Reflexion, die Frage der Sprache sich stellt, daß der
Mensch im Begriff ist, zu verschwinden.

Die ganze moderne *episteme* – die sich gegen Ende des achtzehnten
Jahrhunderts gebildet hat und immer noch als positiver Boden für unser
Denken dient; die die besondere Seinsweise des Menschen und die Möglichkeit, ihn empirisch zu erkennen, konstituiert hat – diese ganze *episteme*
war mit dem Verschwinden des Diskurses und ihrer monotonen Herrschaft, mit dem Gleiten der Sprache hin zur Objektivität und zu ihrem
multiplen Wiedererscheinen verbunden. Wenn die gleiche Sprache jetzt
mit mehr und mehr Nachdruck in einer Einheit wiederauftaucht, die
wir denken müssen, die wir aber noch nicht denken können, so ist das
doch ein Zeichen dafür, daß die ganze Konfiguration jetzt ins Wanken gerät und der Mensch unterzugehen droht, je stärker seine Sprache an unserem Horizont glänzt. Der Mensch hat sich gebildet, als die Sprache zur
Verstreuung bestimmt war, und wird sich deshalb wohl auflösen, wenn
die Sprache sich wieder sammelt. Wenn das stimmte, wäre es wohl ein Irrtum – ein tiefer Irrtum, weil er uns das verbärge, was man jetzt denken
muß –, die aktuelle Erfahrung als eine Anwendung der Formen der Sprache auf die Ordnung des Menschlichen zu interpretieren. Müßte man
nicht eher darauf verzichten, den Menschen zu denken oder, um strenger
zu sein, möglichst nahe jenes Verschwinden des Menschen – und den Boden der Möglichkeit aller Wissenschaften vom Menschen – in seiner Korrelation mit unserer Sorge um die Sprache zu denken? Muß man nicht
zugeben, daß, da die Sprache erneut da ist, der Mensch zu jener heiteren
Inexistenz zurückgelangen wird, in der ihn einst die beherrschende Einheit
des Diskurses gehalten hat? Der Mensch war eine Gestalt zwischen zwei
Seinsweisen der Sprache gewesen; oder vielmehr: er hatte sich erst in der
Zeit konstituiert, in der die Sprache, nachdem sie innerhalb der Repräsen-

tation untergebracht und gewissermaßen in ihr aufgelöst worden war, nur durch ihre eigene Zerstückelung sich davon befreit hat. Der Mensch hat seine eigene Gestalt in den Zwischenräumen einer fragmentierten Sprache zusammengesetzt. Sicher sind das keine Bestätigungen, sondern höchstens Fragen, auf die es keine Antworten gibt. Man muß sie in der Schwebe lassen, wo sie sich stellen, wobei man lediglich weiß, daß die Möglichkeit, sie zu stellen, wahrscheinlich ein künftiges Denken erschließt.

VI.

Eines ist auf jeden Fall gewiß: der Mensch ist nicht das älteste und auch nicht das konstanteste Problem, das sich dem menschlichen Wissen gestellt hat. Wenn man eine ziemlich kurze Zeitspanne und einen begrenzten geographischen Ausschnitt herausnimmt – die europäische Kultur seit dem sechzehnten Jahrhundert –, kann man sicher sein, daß der Mensch eine junge Erfindung ist. Nicht um ihn und um seine Geheimnisse herum hat das Wissen lange Zeit im dunkeln getappt. Tatsächlich hat unter den Veränderungen, die das Wissen von den Dingen und ihrer Ordnung, das Wissen der Identitäten, der Unterschiede, der Merkmale, der Äquivalenzen, der Wörter berührt haben – kurz, inmitten all der Episoden der tiefen Geschichte des *Gleichen* –, eine einzige, die vor anderthalb Jahrhunderten begonnen hat und sich vielleicht jetzt abschließt, die Gestalt des Menschen erscheinen lassen. Es ist nicht die Befreiung von einer alten Unruhe, der Übergang einer jahrtausendealten Sorge zu einem lichtvollen Bewußtsein, das Erreichen der Objektivität durch das, was lange Zeit in Glaubensvorstellungen und in Philosophien gefangen war: es war die Wirkung einer Veränderung in den fundamentalen Dispositionen des Wissens. Der Mensch ist eine Erfindung, deren junges Datum die Archäologie unseres Denkens ganz offen zeigt. Vielleicht auch das baldige Ende.

Wenn diese Dispositionen verschwänden, so wie sie erschienen sind, wenn durch irgendein Ereignis, dessen Möglichkeit wir höchstens vorausahnen können, aber dessen Form oder Verheißung wir im Augenblick noch nicht kennen, diese Dispositionen ins Wanken gerieten, wie an der Grenze des achtzehnten Jahrhunderts die Grundlage des klassischen Denkens es tat, dann kann man sehr wohl wetten, daß der Mensch verschwindet wie am Meeresufer ein Gesicht im Sand.

Bibliographie

Adanson, Michel, *Histoire naturelle du Sénégal. Coquillages*, Paris 1757.

–, *Familles des plantes*, Paris 1763.

–, *Cours d'histoire naturelle fait en 1772, publié par M. J. Payer*, 2 Bde., Paris 1845.

Adelung, Johann Christoph, *Mithridates oder allgemeine Sprachenkunde mit dem »Vater unser« als Sprachprobe in beynahe fünfhundert Sprachen und Mundarten*, 4 Bde., Berlin 1806-1817.

D'Aguesseau, Henri-François, *Considérations sur la monnaie* (1718), in: ders., *Œuvres*, 13 Bde., Paris 1759-1789, Bd. 10 (1777).

Aldrovandi, Ulisse, *Monstrorum historia*, Bologna 1648.

D'Alembert, Jean Le Rond, *Einleitende Abhandlung zur Enzyklopädie (1751)*. Mit Einleitung und Anmerkungen versehen von Georg Klaus, Berlin 1958.

Bacmeister, Hartwich Ludwig, *Idea et desideria de colligendis linguarum specimenibus*, Petrograd 1773.

Bacon, Francis, *A Natural History*, in: ders., *The Works of Francis Bacon*, 16 Bde., London 1825-1834, Bd. 4 (1826).

–, *Franz Baco's Neues Organon*, [Philosophische Bibliothek. 32], Berlin 1870.

Barbon, Nicolas, *A discourse concerning coining the new money lighter*, London 1696.

Batteux, abbé Charles, *Nouvel examen du préjugé sur l'inversion pour servir de réponse à M. Beauzée*, (Paris) 1767.

Beauzée, Nicolas, *Grammaire générale, ou Exposition raisonnée des éléments nécessaires du langage*, Paris 1767.

Becher, Johann Joachim, *Politischer Discurs von den eigentlichen Ursachen des Auf- und Abnehmens der Städte, Länder und Republicken*, Frankfurt 1668.

Belon, Pierre, *Histoire de la nature des oyseaux*, Paris 1555.

Bergier, Nicolas-Sylvestre, *Les Éléments primitifs des langues*, Paris 1764.

Berkeley, George, *Versuch einer neuen Theorie der Gesichtswahrnehmung*, [Philosophische Bibliothek. 143], Leipzig 1912.

–, *Abhandlung über die Principien der menschlichen Erkenntnis*, [Philosophische Bibliothek. 20], Berlin 1869, 31920.

Boissier de Sauvages, François, *Nosologie méthodique* (französische Übersetzung), 10 Bde., Lyon 1772.

Bonnet, Charles, *Contemplation de la nature*, in: ders., *Œuvres d'histoire naturelle et de philosophie*, 10 Bde., Neuchâtel 1779-1783, Bd. 4.

–, *Palingénésie philosophique*, in: ders., *Œuvres d'histoire naturelle et de philosophie*, 10 Bde., Neuchâtel 1779-1783, Bd. 7.

Bopp, Franz, *Über das Conjugationssystem der Sanskritsprache in Vergleichung mit jenem der griechischen, lateinischen, persischen und germanischen Sprache*, Frankfurt 1816.

–, *Grammaire des langues indoeuropéennes [...] traduite sur la deuxième édition et précédée d'une introduction par M. Michel Bréal*, 5 Bde., Paris 1866-1874.

Borges, Jorge Luis, *Das Eine und die Vielen. Essays zur Literatur*, München 1966.

Bouteroue, Claude, *Recherches curieuses des monnaies de France*, Paris 1666.

Brosses, Charles de, *Traité de la formation méchanique des langues et des principes physiques de l'étymologie*, 2 Bde., Paris 1765.

Buffier, Claude, *Grammaire française sur un plan nouveau*, Paris 1723.

Buffon, Georges Louis de, *Von der Art, wie man die natürliche Historie lernen und vortragen soll*, in: ders., *Allgemeine Historie der Natur nach allen ihren besonderen Theilen abgehandelt. Mit einer Vorrede von Albrecht von Haller*, 11 Bde., Hamburg und Leipzig 1750-1782, Bd. 1 (Erster Theil).

–, *Histoire naturelle des oiseaux*, 9 Bde., Paris 1770-1783.

–, *Histoire de la terre*.

Burnet, James (Lord Monboddo), *Ancient metaphysics or the science of universals*, 6 Bde., Edinburgh 1779-1799.

Cahn, Théophile, *La vie et l'œuvre d'Etienne Geoffroy Saint-Hilaire*, Paris 1962.

Campanella, Tommaso, *De sensu rerum et magia*, Frankfurt 1620.

–, *Realis philosophia*, Frankfurt 1623.

Canguilhem, Georges, *La connaissance de la vie*, Paris ²1965.

Cantillon, Philippe de, *Abhandlung über die Natur des Handels im allgemeinen*, [Sammlung sozialwissenschaftlicher Meister. 25], Jena 1931.

Cardano, Girolamo, *Les livres de Hiérome Cardanus (...) intitulés de la subtilité* (französische Übersetzung), Paris 1556.

–, *Offenbarung der Natur und natürlicher Dingen auch mancherley wunderbarlichen und subtiler Würckungen*, Basel 1559.

–, *La Métoposcopie de H. Cardan*, Paris 1658.

Cesalpino, Andrea, *De plantis libri XVI*, Florenz 1583.

Clément, Pierre, *Lettres, instructions et mémoires de Colbert*, 10 Bde., Paris 1861-1882.

Condillac, abbé Etienne Bonnot de, *Essai sur l'origine des connaissances humaines*, in: ders., *Œuvres*, 23 Bde., Paris 1798, Bd. 1.

–, *Le commerce et le gouvernement*, in: ders., *Œuvres*, 23 Bde., Paris 1798, Bd. 4.

–, *La Grammaire*, in: ders., *Œuvres*, 23 Bde., Paris 1798, Bd. 5.

Copineau, abbé, *Essai synthétique sur l'origine et la formation des langues*, Paris 1774.

Court de Gébelin, Antoine, *Histoire naturelle de la parole ou grammaire universelle*, Paris 1816.

Croll[ius], Oswald, *Traité des signatures*, in: ders., *La Royale Chymie de Crollius*, (französische Übersetzung), Lyon 1624.

Cuvier, Georges, »Second mémoire sur les animaux à sang blanc«, in: *Magazin encyclopédique*, 2 (1795).

–, *Tableau élémentaire de l'histoire naturelle des animaux*, Paris An VI (1798).

–, *Vorlesungen über vergleichende Anatomie*, 4 Bde., Leipzig 1809-1810.

–, *Rapport historique sur le progrès des sciences naturelles depuis 1789*, Paris 1810.

–, »Sur un nouveau rapprochement à établir entre les classes qui composent le Règne animal«, in: *Annales du Muséum d'Histoire Naturelle*, 19 (1812), S. 73-84.

–, *Le règne animal distribué d'après son organisation*, 4 Bde., Paris 1817.

–, *Mémoire sur les céphalopodes et sur leur anatomie*, in: *Mémoires pour servir à l'histoire et à l'anatomie des mollusques*, Paris 1817, S. 1-54.

–, *Histoire naturelle des poissons*, 22 Bde., Paris 1828-1849.

Daire, Eugène, *Économistes financiers du XVIIIe siècle*, Paris 1843.

–, *Physiocrates*, Paris 1846.

Daudin, Henri, *Cuvier et Lamarck. Les classes zoologiques et l'idée de série animale, 1790-1830*, 2 Bde., Paris 1926.

Davanzatti Bostichi, Bernardo, *Leçon sur les monnaies*, in: Jean-Yves Le Branchu, *Écrits notables sur la monnaie (XVIe siècle) de Copernic à Davanzati*, 2 Bde., Paris 1934, Bd. 2.

Descartes, René, *Philosophische Werke. I. Regeln zur Leitung des Geistes*, [Philosophische Bibliothek. 26a], Leipzig 1906.

–, *Briefe*, Köln, Krefeld 1949.

Destutt de Tracy, Antoine-Louis-Claude, *Élémens d'Idéologie*, 5 Bde., Paris 1801-1815.

Domergue, Urbain, *Grammaire générale analytique*, Paris An VII.

Duclos, [Antoine Arnauld], *Grammaire générale et raisonnée avec les notes de Duclos*, Paris 1754.

Du Marsais, César, *Des tropes ou différents sens dans lesquels on peut prendre un même mot*, Saint-Brieuc 1811.

Dupont de Nemours, Pierre Samuel, *Réponse demandée par M. le marquis de *** à celle qu'il a faite aux »Réflexions sur l'écrit intitulé Richesse de l'Etat«*, London 1763.

Duret, Claude, *Thrésor de l'histoire des langues*, Cologny 1613.

Dutot, *Réflexions politiques sur les finances et le commerce*, 2 Bde., La Haye 1738.

Gee, Joshua, *The trade and Navigation of Great-Britain considered*, Glasgow ^5 1750.

Gesner, Conrad, *Mithridates de differentiis linguarum*, Tiguri [Zürich] ^2 1610.

Girard, abbé Gabriel, *Les vrais principes de la langue française*, 2 Bde., Paris 1747.

Gonnard, René, *Histoire des doctrines monétaires*, 2 Bde., Paris 1935-1936.

Gramont, Scipion de, *Le Denier royal, traité curieux de l'or et de l'argent*, Paris 1620.

Graslin, Jean-Joseph, *Essai analytique sur la richesse et l'impôt*, London 1767.

Grégoire, Pierre, *Syntaxeon artis mirabilis*, Köln 1610.

Gresham, Sir Thomas, *Avis de Sir Thomas Gresham concernant la chute du change, 1558*, (französische Übersetzung), in: Jean-Yves Le Branchu, *Écrits notables sur la monnaie (XVIe siècle) de Copernic à Davanzati*, 2 Bde., Paris 1934, Bd. 2.

Grimm, Jacob, *Deutsche Grammatik*, 4 Bde., Göttingen ^2 1822-1837.

–, *Über den Ursprung der Sprache*, Berlin ^4 1858.

Güldenstädt, J. A., *Dr. J. A. Güldenstädts Beschreibung der kaukasischen Länder, aus seinen Papieren (...)*, Berlin 1834.

Guichard, Etienne, *L'harmonie étymologique des langues hébraïque, chaldaïque, syriaque, grecque (...)*, Paris 1606.

Harris, James, *Hermes oder philosophische Untersuchung über die allgemeine Grammatik*, (deutsche Übersetzung), Halle 1788.

Hellwag, Christoph Friedrich, *De formatione loquelae*, Tübingen 1781.

Hermann, Jean, *Tabula affinitatum animalium*, Straßburg 1783.

Hobbes, Thomas, *Leviathan*, Cambridge 1904.

–, *Vom Körper (Elemente der Philosophie I)*, Hamburg ^2 1967 [Philosophische Bibliothek. 157].

Horneck, Paul Wilhelm von, *Oesterreich über alles, wenn es nur will. Das ist: wohlmeinender Fürschlag wie mittelst einer wolbestellten Lands-Oeconomie die kayserliche Erbland in kurzem über alle andere Staat von Europa zu erheben [...]*, Regensburg ^2 1685.

Hume, David, *De la circulation monétaire*, in: ders., *Œuvre économique*, Paris 1888.

–, *Traktat über die menschliche Natur*, 2 Teile, Hamburg und Leipzig ²1904.

Itard, Jean-Marc, *Rapport sur les nouveaux développements et l'état actuel de Victor de l'Aveyron*, Paris 1807; neu herausgegeben in: Lucien Malson, *Les enfants sauvages*, Paris 1964.

Jones, William, *The Works*, 3 Bde., London 1807.

Jonston, Jan, *Historiae naturalis de quadripedibus libri*, Amsterdam 1657.

Jussieu, Antoine Laurent de, *Genera Plantarum*, Paris 1789.

Kant, Immanuel, *Logik* (1800), in: *Werke* (Hrsg. Cassirer), 11 Bde., Berlin 1912-1922, Bd. 8 (1922).

Kopernikus, Nikolaus, *Discours sur la frappe des monnaies*, in: Jean-Yves Le Branchu, *Écrits notables sur la monnaie (XVIe siècle) de Copernic à Davanzati*, 2 Bde., Paris 1934, Bd. 2.

Lamarck, Jean-Baptiste de, *Flore française*, 3 Bde., Paris 1777-1778.

–, *Mémoires de physique et d'histoire naturelle*, o. O., 1797.

–, *Système des animaux sans vertèbres*, Paris 1801.

La Pierre, Antoine de, *De la nécessité du pèzement*, o. O., o. J.

Law, John, *Considérations sur le numéraire et le commerce*, in: Eugène Daire, *Économistes financiers du XVIIIe siècle*, Paris 1843.

Le Blan, Claude-Saintin, *Théorie nouvelle de la parole et des langues*, Paris 1750.

Le Bel, Jean-Louis, *L'anatomie de la langue latine*, Paris 1764.

Le Branchu, Jean-Yves, *Écrits notables sur la monnaie (XVIe siècle) de Copernic à Davanzati*, 2 Bde., Paris 1934.

Lemercier, J.-B., *Lettre sur la possibilité de faire de la grammaire un Art-Science*, Paris 1806.

Le Trosne, Guillaume François, *De l'intérêt social*, Paris 1777.

Linné, Carl von, *Caroli Linnaei Systema naturae sistens regna tria [. . .]*, Leyden 1756.

–, *Systema naturae per regna tria naturae secundum classes, ordines, genera, species*, 3 Bde., Holmiae 1766-1768.

–, *Des Ritters Carl von Linné vollständiges Pflanzenreich nach der dreizehnten lateinischen Ausgabe*, 12 Bde., Nürnberg 1777-1785.

–, *Philosophie botanique*, (französische Übersetzung), Paris 1788.

Locke, John, *Considerations of the lowering of interests*, in: ders., *Works*, 10 Bde., London 1801, Bd. 5.

–, *Versuch über den menschlichen Verstand* [Philosophische Bibliothek. 50. 51], 2 Bde., Berlin 1872 f.

Maillet, Benoît de, *Telliamed ou les entretiens d'un philosophe indien avec un missionnaire français*, Amsterdam 1748.

Maupertuis, Pierre L. de, *Essai sur la formation des corps organisés*, Berlin 1754.

Melon, Jean François, *Essai politique sur le commerce*, (Paris) 1734.

Mercier de La Riviere, Pierre Paul, *L'ordre naturel et essentiel des sociétés politiques*, London 1767.

Merian, Hans Bernhardt, *Réflexions philosophiques sur la ressemblance*, in: ders., *Choix de mémoires et abrégé de l'histoire de l'Académie de Berlin*, Berlin und Paris 1767.

Michaelis, Johann David, *Beantwortung der Frage von dem Einfluß der Meinungen in die Sprache und der Sprache in die Meinungen, welche den von der königlichen Academie der Wissenschaften für das Jahr 1759 gesetzten Preis erhalten hat*, Berlin 1760.

–, *De l'influence des opinions sur le langage*, (erweiterte französische Übersetzung), Bremen 1762.

Mirabeau, Victor Riqueti, Marquis de, *Philosophie rurale*, Amsterdam 1763.

Montaigne, Michel de, *Essays*, in: ders., *Gesammelte Schriften*, München und Leipzig 1908 ff., Bd. 6.

Montanari, Geminiano, *Della moneta, trattato mercantile*, [Scrittori classici italiani di economia politica. Parte antica. 3], Milano 1804.

Montesquieu, Charles de, *Vom Geist der Gesetze*, 2 Bde., Tübingen 1951.

Mun, Thomas, *England's Treasure by forraign trade*, London 1664.

Nietzsche, Friedrich, *Werke* (Hrsg. Karl Schlechta), 3 Bde., München 1966.

D'Olivet, abbé Pierre Joseph Thorelier, *Remarques sur la langue française*, Paris 1771.

Pallas, Peter Simon, *Elenchus Zoophytorum*, Hagae comitum 1766.

Paracelsus, Theophrastus, *Die 9 Bücher der Natura rerum*, in: ders., *Sämtliche Werke* (Hrsg. Karl Sudhoff), München und Berlin 1923-1933, Bd. 11.

–, *Astronomia magna oder die ganze Philosophie sagax der großen und kleinen Welt samt Beiwerk*, in: ders., *Sämtliche Werke* (Hrsg. Karl Sudhoff), München und Berlin 1923-1933, Bd. 12.

–, *Archidoxis magicae libri VII*, in: ders., *Sämtliche Werke* (Hrsg. Karl Sudhoff), München und Berlin, 1923-1933, Bd. 14.

–, *Liber Paramirum*, (französische Übersetzung), Paris 1913.

Paris-Duverney, Joseph, *Examen du livre intitulé: »Réflexions politiques sur les finances et le commerce«*, 2 Bde., La Haye 1740.

Petty, William, *The Political anatomy of Ireland*, London 1691.

Pluche, abbé Antoine, *La mécanique des langues et l'art de les enseigner*, Lyon 1811.

Porta, Giambattista della, *Des vortrefflichen Herren Johann Baptista Portae, von Neapolis, Magia Naturalis, oder Haus-, Kunst- und Wunderbuch*, 2 Bde., Nürnberg 1680.

–, *Die Physiognomie des Menschen*, [Der Körper als Ausdruck des Menschen. 1], Radebeul und Dresden 1931.

Rabelais, François, *Gargantua und Pantagruel*, 2 Bde., München 1964.

Ramus, Petrus, *Grammaire*, Paris ^{2}1572.

Ray, John, *Historia plantarum generalis*, 3 Bde., London 1686-1704.

Ricardo, David, *Grundsätze der politischen Ökonomie und der Besteuerung*. [Ökonomische Studientexte. 1], Berlin 1959.

Robinet, Jean-Baptiste René, *Considérations philosophiques sur la gradation naturelle des formes de l'être*, Paris 1768.

–, *De la nature*, 3 Bde., Amsterdam ^{5}1766.

Rousseau, Jean-Jacques, *Essai sur l'origine des langues*, in: ders., *Œuvres*, 20 Bde., Paris 1826, Bd. 13.

Saci, Sylvestre de, *Principes de grammaire générale*, Paris 1799.

Schlegel, Friedrich, *Über die Sprache und Weisheit der Indier*, Heidelberg 1808.

Schroeder, Wilhelm von, *Wilhelm Freyherr von Schroedern fürstliche Schatz- und Rentcammer*, Leipzig und Königsberg 1744.

S. G. S., *Annotations au Grand Miroir du Monde de Duchesne*.

Sicard, abbé Roch-Ambroise, *Éléments de grammaire générale appliqués à la langue française*, Paris ^{3}1808.

Smith, Adam, *Eine Untersuchung über das Wesen und die Ursachen des Reichtums der Nationen*, [Ökonomische Studientexte. 3], Berlin 1963.

–, *Considerations concerning the first formation of Languages, and the Different Genius of original and compounded Languages*, in: *The Works of Adam Smith*, 5 Bde., London 1811-1812, Bd. 5 (Repr. Aalen 1963).

Terrasson, abbé Jean, *Trois lettres sur le nouveau système des finances*, Paris 1720.

Thiébault, Dieudonné, *Grammaire philosophique*, Paris 1802.

Tooke, John Horne, *Paroles volantes*, London 1798.

Tournefort, Joseph Pitton de, *Isagoge in rem herbariam*, in: ders., *Institutiones rei herbarii*, Paris 1719; in der Übersetzung von G. Becker als *Introduction à la botanique*, Paris 1957.

Tucker, Josiah, *Questions importantes sur le commerce* (1755), (französische Übersetzung), in: Anne-Robert-Jacques Turgot, *Œuvres*, (Hrsg. Gustave Schelle), 5 Bde., Paris 1913-1923, Bd. 1.

Turgot, Anne-Robert-Jacques, *Seconde lettre à l'abbé de Cice*, in: ders., *Œuvres*, (Hrsg. Gustave Schelle), 5 Bde., Paris 1913-1923, Bd. 1.

–, *Réflexions sur la formation des richesses*, [Nov. 1766], in: ders., *Œuvres*, (Hrsg. Gustav Schelle), 5 Bde., Paris 1913-1923, Bd. 2.

–, *Valeur et monnaie*, in: ders., *Œuvres*, (Hrsg. Gustave Schelle), 5 Bde., Paris 1913-1923, Bd. 3.

–, *Tableau des progrès successifs de l'esprit humain, 1750*, in: ders., *Œuvres*, (Hrsg. Gustave Schelle), 5 Bde., Paris 1913-1923.

Vaughan, Rice, *A discourse of coin and coinage*, London 1675.

Véron Duverger de Fortbonnais, François, *Éléments de commerce*, 2 Teile, Leyden 1756.

–, *Recherches et considérations sur les finances de France depuis l'anné 1595 jusqu'à l'année 1721*, Basel 1758.

Vicq-d'Azyr, Félix, *Premiers discours anatomiques*, Paris 1786.

–, *Quadrupèdes:* in: Encyclopédie méthodique; Système anatomique, 2, Paris 1792.

Vigenère, Blaise de, *Traité des chiffres*, Paris 1587.

Volnay, Constantin François de, *Les Ruines ou méditation sur les révolutions des empires*, 3 Bde., Paris 1791.

Warburton, William, *Essai sur les hiéroglyphes des Égyptiens*, (französische Übersetzung), 2 Bde., Paris 1744.

Wilkins, John, *An Essay towards a Real Character and a philosophical language*, London 1668.

2
Archäologie des Wissens

Aus dem Französischen von
Ulrich Köppen

Inhalt

I
Einleitung

Seit Jahrzehnten richtet sich nun schon die Aufmerksamkeit der Historiker vorzugsweise auf die langen Perioden, als ob sie sich anschickten, unter den politischen Peripetien und ihren Episoden die festen und schwer zu störenden Gleichgewichte, die irreversiblen Prozesse, die konstanten Regulierungen, die Phänomene mit der Tendenz, nach jahrhundertelanger Dauer ihren Höhepunkt zu erreichen und umzuschlagen, die Akkumulationsbewegungen und langsamen Sättigungen, die großen, unbeweglichen und stummen Sockel, die die Verschachtelung der traditionellen Berichte mit einer dicken Schicht von Ereignissen bedeckt hatte, zum Vorschein zu bringen. Um diese Analyse vorzunehmen, verfügen die Historiker über zum Teil übernommene, zum Teil selbstverfertigte Instrumente: Modelle wirtschaftlichen Wachstums, Mengenanalysen des Warenflusses, Kurven über die Zunahme und den Rückgang der Bevölkerungsziffer, Untersuchung des Klimas und seiner Schwankungen, Ermittlung soziologischer Konstanten, Beschreibung technischer Anpassungen, ihrer Verbreitung und ihrer Beständigkeit. Diese Instrumente haben ihnen erlaubt, im Felde der Geschichte verschiedene Ablagerungsschichten zu unterscheiden. An die Stelle der linearen Abfolgen, die bis dahin den Untersuchungsgegenstand gebildet haben, ist ein Spiel von in die Tiefe gehenden Loshakungen getreten; von der politischen Mobilität bis hin zu den der »materiellen Kultur« eigenen geringen Geschwindigkeiten haben sich die Ebenen der Analyse vervielfacht: jede hat ihre spezifischen Brüche, jede umfaßt einen nur ihr gehörigen Ausschnitt; und je weiter man zu den tiefsten Sockeln hinabsteigt, um so breiter werden die Skansionen. Hinter der erschütterten Geschichte der Regierungen, Kriege und Hungersnöte zeichnen sich für das Auge fast unbewegliche Geschichten ab, Geschichten mit leichtem Gefälle: die Geschichte der Seewege, die Geschichte des Getreides oder der Goldminen, die Geschichte der Dürre und der Bewässerung, der Koppelwirtschaft, die Geschichte des von der Menschheit erreichten Gleichgewichts zwischen Hunger und Vermehrung. Die alten Fragen der traditionellen Analyse (welche Verbindung zwischen disparaten Ereignissen soll

man feststellen? wie soll man eine notwendige Folge zwischen ihnen feststellen? Welche Kontinuität durchdringt sie oder welche Gesamtbedeu-
tung nehmen sie schließlich an? Kann man eine Totalität definieren oder
muß man sich auf die Rekonstruktion von Verkettungen beschränken?)
werden künftig durch Fragestellungen anderen Typs ersetzt: welche Schichten muß man voneinander isolieren, welche Serientypen einführen? welche
Periodisierungskriterien für jede von ihnen anwenden? welches Beziehungssystem (Hierarchie, Dominanz, Abstufung, eindeutige Determination, kreisförmige Kausalität) kann man von einer zur anderen beschreiben? Welche
Serien von Serien kann man feststellen? Und in welcher Tabelle kann man
langfristig distinkte Folgen von Ereignissen bestimmen?

Nun hat sich ungefähr zur gleichen Zeit in den Disziplinen, die man
Ideengeschichte, Wissenschaftsgeschichte, Philosophiegeschichte, Geschichte des Denkens und auch Literaturgeschichte nennt (ihre Spezifität kann
für einen Augenblick vernachlässigt werden), in jenen Disziplinen, die
trotz ihres Namens zum größten Teil der Arbeit des Historikers und seinen
Methoden sich entziehen, im Gegenteil die Aufmerksamkeit von den großen Einheiten, die man als »Epochen« oder als »Jahrhunderte« beschrieb,
zu Phänomenen des Bruches verlagert. Unter den großen Kontinuitäten
des Denkens, unter den massiven und homogenen Manifestationen eines
Geistes oder einer kollektiven Mentalität, unter dem hartnäckigen Werden
einer Wissenschaft, die danach trachtet, zu existieren und von Anfang an
ihr Ende zu finden, unter dem Beharren einer Gattung, einer Form, einer
Disziplin, einer theoretischen Aktivität, sucht man jetzt die Auswirkung
der Unterbrechungen zu entdecken. Unterbrechungen, deren Statut und
Natur sehr unterschiedlich sind. *Erkenntnistheoretische Akte und Schwellen*, wie Gaston Bachelard sie beschreibt: sie heben die unbegrenzte Aufhäufung der Erkenntnisse auf, brechen ihr langsames Reifen und lassen
sie in eine neue Zeit eintreten, schneiden sie von ihrem empirischen Ursprung und von ihren anfänglichen Motivationen ab, säubern sie von ihren
imaginären Komplizitäten. Sie schreiben so der historischen Analyse nicht
mehr die Suche nach den stillen Anfängen, nicht mehr das endlose Rück-
schreiten hin zu den ersten Vorläufern, sondern das Auffinden eines neuen
Typs von Rationalität und seiner vielfältigen Wirkungen vor. *Deplazierungen und Transformationen* der Begriffe: die Analysen von Georges Canguilhem können dabei als Modell dienen; sie zeigen, daß die Geschichte eines
Begriffs nicht alles in allem die seiner fortschreitenden Verfeinerung, sei-

ner ständig wachsenden Rationalität, seines Abstraktionsanstiegs ist, sondern die seiner verschiedenen Konstitutions- und Gültigkeitsfelder, die seiner aufeinanderfolgenden Gebrauchsregeln, der vielfältigen theoretischen Milieus, in denen sich seine Herausarbeitung vollzogen und vollendet hat. Ebenfalls von Georges Canguilhem wird die Unterscheidung vorgenommen zwischen den *mikroskopischen* und den *makroskopischen Abstufungen* der Wissenschaftsgeschichte, auf denen die Ereignisse und ihre Folgen sich nicht auf gleiche Weisen verteilen: so daß eine Entdeckung, das Ausrichten einer Methode, das Werk eines Gelehrten, auch seine Fehlschläge, nie die gleiche Auswirkung haben und nicht auf gleiche Weise auf einem wie dem anderen Niveau beschrieben werden können; es ist nicht die gleiche Geschichte, die hier und dort erzählt wird. *Rücklaufende Neueinteilungen*, die mehrere Vergangenheiten, mehrere Verkettungsformen, mehrere Hierarchien der Gewichtung, mehrere Determinationsraster, mehrere Teleologien für ein und dieselbe Wissenschaft entsprechend den Veränderungen ihrer Gegenwart erscheinen lassen. Infolgedessen ordnen sich die historischen Beschreibungen notwendig nach der Aktualität des Wissens, vervielfachen sie sich mit seinen Transformationen und hören ihrerseits nicht auf, mit sich selbst zu brechen (für dieses Phänomen hat Michel Serres die Theorie auf dem Gebiet der Mathematik entwickelt). *Architektonische Einheiten* der Systeme, so wie sie von Martial Guéroult analysiert worden sind und für die die Beschreibung der Einflüsse, der Traditionen, der kulturellen Kontinuitäten nicht zutreffend ist, sondern eher die der internen Kohärenzen, der Axiome, der deduktiven Ketten, der Kompatibilitäten. Schließlich sind zweifellos die radikalsten Skansionen die durch eine theoretische Transformationsarbeit vollzogenen Einschnitte, wenn sie »eine Wissenschaft begründet, indem sie sie von der Ideologie ihrer Vergangenheit löst und diese Vergangenheit als ideologisch nachweist«.[1] Dem müßte man selbstverständlich die literarische Analyse hinzufügen, die sich künftig nicht das Gefühl oder die Sensibilität einer Epoche, nicht die »Gruppen«, »Schulen«, »Generationen« oder »Bewegungen«, nicht die Gestalt des Autors im Spiel des Austausches, das sein Leben und seine »Schöpfung« verknüpft hat, sondern die einem Werk, einem Buch, einem Text eigene Struktur als Einheit nimmt.

Solchen historischen Analysen stellt sich künftig nicht mehr die Fra-

---

1 Louis Althusser, *Für Marx*, Frankfurt: Suhrkamp 1968, S. 106.

ge, auf welchem Wege die Kontinuitäten sich haben errichten können, auf welche Weise ein und derselbe Entwurf sich hat erhalten und für so viele verschiedene Geister zeitlich nacheinander einen einheitlichen Horizont hat bilden können, welche Aktionsart und welche Unterstützung das Spiel der Übertragungen, der Wiederaufnahmen, des Vergessens und der Wiederholungen impliziert, wie der Ursprung seine Herrschaft durchaus über sich selbst hinaus und bis hin zu jenem Abschluß, der nie gegeben ist, ausdehnen kann; das Problem betrifft nicht mehr die Tradition und Spur, sondern den Ausschnitt und die Grenze; es ist nicht mehr das Problem der sich perpetuierenden Grundlage, sondern das der Transformationen, die als Fundierung und Erneuerung der Fundierungen gelten. Man sieht dabei ein ganzes Feld von Fragen sich entfalten, von denen einige bereits vertraut sind und durch die diese neue Form von Geschichte ihre eigene Theorie zu erarbeiten versucht: wie soll man die verschiedenen Begriffe spezifizieren, die das Denken der Diskontinuität gestatten (Schwelle, Bruch, Einschnitt, Wechsel, Transformation)? Nach welchen Kriterien soll man die Einheiten isolieren, mit denen man es zu tun hat: was ist *eine* Wissenschaft? Was ist *ein* Werk? Was ist *eine* Theorie? Was ist *ein* Begriff? Was ist *ein* Text? Wie soll man Abwechslung in die Niveaus bringen, auf die man sich stellen kann und von denen jedes seine Skansionen und seine Form der Analyse besitzt: welches ist das angemessene Niveau der Formalisierung? welches das der Interpretation? welches das der strukturalen Analyse? welches das der Kausalitätsbestimmungen?

Alles in allem scheint die Geschichte des Denkens, der Erkenntnisse, der Philosophie, der Literatur die Brüche zu vervielfachen und alles Sträuben der Diskontinuität zu suchen, während die eigentliche Geschichte, kurzum die Geschichte zugunsten der nichtlabilen Strukturen das Hereinbrechen der Ereignisse auszulöschen scheint.

Aber dieses Überkreuzen soll keine Illusionen schaffen. Man soll sich, weil man dem Schein traut, nicht einbilden, daß bestimmte der historischen Disziplinen vom Kontinuierlichen zum Diskontinuierlichen übergegangen sind, während die anderen vom Gewimmel der Diskontinuitäten zu den großen ununterbrochenen Einheiten übergingen; sich nicht einbilden, daß man in der Analyse der Politik, der Institutionen oder der Ökonomie für die globalen Determinationen in immer größerem Maße aufnahmebereit gewesen sei, daß man aber in der Analyse der Ideen und des Wissens eine immer größere Aufmerksamkeit dem Mechanismus des Unterschiedes gewidmet habe; man soll nicht glauben, daß diese beiden großen Beschreibungsformen sich noch einmal, ohne sich zu erkennen, begegnet seien.

Tatsächlich sind es die gleichen Probleme, die sich in beiden Fällen stellten, jedoch haben sie an der Oberfläche entgegengesetzte Wirkungen hervorgerufen. Diese Probleme kann man in einem Wort zusammenfassen als die Infragestellung des *Dokuments*. Damit es kein Mißverständnis gibt: es ist ziemlich evident, daß, seit es eine Disziplin wie die Geschichte gibt, man Dokumente benutzt hat, sie befragt hat, sich Fragen über sie gestellt hat; man hat ihnen nicht nur die Frage nach ihrer Bedeutung gestellt, sondern auch gefragt, ob sie wohl die Wahrheit sagten und kraft wessen sie das beanspruchen konnten, ob sie aufrichtig oder verfälschend waren, gut informiert oder ignorant, authentisch oder verändert. Jede dieser Fragen aber und jene ganze große kritische Unruhe zielten auf ein Gemeinsames hin: die Rekonstruktion der Vergangenheit, aus der sie kommen und die jetzt fern hinter ihnen sich verflüchtigt hat, von dem ausgehend, was diese Dokumente, manchmal nur andeutungsweise, besagten. Das Dokument wurde immer als die Sprache einer jetzt zum Schweigen gebrachten Stimme behandelt, als deren zerbrechliche, glücklicherweise aber entzifferbare Spur. Nun hat aber durch eine Veränderung nicht heutigen Datums, die wahrscheinlich noch nicht abgeschlossen ist, die Geschichte ihre Position gegenüber dem Dokument verändert: sie stellt sich als erste Aufgabe nicht, es zu interpretieren, nicht zu bestimmen, ob es die Wahrheit sagt und welches sein Ausdruckswert ist, sondern es von innen zu bearbeiten und es auszuarbeiten: sie organisiert es, zerlegt es, verteilt es, ordnet es, teilt es nach Schichten auf, stellt Serien fest, unterscheidet das, was triftig ist, von dem, was es nicht ist, findet Elemente auf, definiert Einheiten, beschreibt Beziehungen. Das Dokument ist also für die Geschichte nicht mehr jene untätige Materie, durch die hindurch sie das zu rekonstruieren versucht, was die Menschen gesagt oder getan haben, was Vergangenheit ist und wovon nur die Spur verbleibt: sie sucht nach der Bestimmung von Einheiten, Mengen, Serien, Beziehungen in dem dokumentarischen Gewebe selbst. Man muß die Geschichte von dem Bild lösen, in dem sie sich lange gefallen hat und wodurch sie ihre anthropologische Rechtfertigung fand: dem eines tausendjährigen und kollektiven Gedächtnisses, das sich auf materielle Dokumente stützte, um die Frische seiner Erinnerungen wiederzufinden; sie ist die Arbeit und Anwendung einer dokumentarischen Materialität (Bücher, Texte, Erzählungen, Register, Akten, Gebäude, Institutionen, Regelungen, Techniken, Gegenstände, Sitten usw.), die stets und überall, in jeder Gesellschaft entweder spontane oder organisierte Formen der Remanenz bietet. Das Dokument ist nicht das glückliche Instrument einer Geschichte, die in sich selbst und mit vollem Recht *Gedächtnis* ist; die Geschichte ist eine bestimmte Art für eine Gesellschaft, einer dokumentarischen Masse, von der sie sich nicht trennt, Gesetz und Ausarbeitung zu geben.

Um der Kürze willen sagen wir also, daß die Geschichte in ihrer traditionellen Form es unternahm, die *Monumente* der Vergangenheit zu »memorisieren«, sie in *Dokumente* zu transformieren und diese Spuren sprechen zu lassen, die an sich oft nicht sprachlicher Natur sind oder insgeheim etwas anderes sagen, als sie sagen; heutzutage ist die Geschichte das, was die *Dokumente* in *Monumente* transformiert und was dort, wo man von den Menschen hinterlassene Spuren entzifferte, dort, wo man in Aushöhlungen das wieder zu erkennen versuchte, was sie gewesen war, eine Masse von Elementen entfaltet, die es zu isolieren, zu gruppieren, passend werden zu lassen, in Beziehung zu setzen und als Gesamtheiten zu konstituieren gilt. Es gab eine Zeit, in der die Archäologie als Disziplin der stummen Monumente, der bewegungslosen Spuren, der kontextlosen Gegenstände und der von der Vergangenheit hinterlassenen Dinge nur durch die Wiederherstellung eines historischen Diskurses zur Geschichte tendierte und Sinn erhielt; man könnte, wenn man etwas mit den Worten spielte, sagen, daß die Geschichte heutzutage zur Archäologie tendiert – zur immanenten Beschreibung des Monuments.

Das hat mehrere Konsequenzen. Zunächst die Oberflächenwirkung, auf die bereits hingewiesen worden ist: die Vervielfachung der Brüche in der Ideengeschichte, das Freilegen der langen Perioden in der eigentlichen Geschichte. Diese stellte sich in der Tat in ihrer traditionellen Form die Aufgabe, Beziehungen (einfacher Kausalität, kreisförmiger Determination, antagonistische und Ausdrucksbeziehungen) zwischen Tatsachen oder datierten Ereignissen zu definieren: da die Serie gegeben war, handelte es sich um die Präzisierung der Nachbarschaft eines jeden Elements. Künftig ist das Problem das der Konstituierung von Serien: für jede ihre Elemente zu definieren, ihre Grenzen zu fixieren, den Typ von Beziehungen freizulegen, der für sie spezifisch ist, ihr Gesetz zu formulieren und danach die Beziehungen zwischen verschiedenen Serien zu beschreiben, um so Serien von Serien oder »Tableaus« zu konstituieren: daher die Multiplikation der Schichten, ihr Auseinanderhaken, die Spezifität der ihnen eigenen Zeit und Chronologien; daher die Notwendigkeit, nicht mehr nur wichtige Ereignisse (mit einer langen Kette von Folgen) und unbedeutende Ereignisse zu unterscheiden, sondern Typen von Ereignissen völlig unterschiedlichen Niveaus (die einen kurz, die anderen von mittlerer Dauer, wie die Ausdehnung einer Technik oder das Seltenwerden des Geldes, die anderen schließlich von langsamer Gangart, wie ein demographisches Gleichgewicht oder die fortschreitende Anpassung einer Ökonomie an eine klimatische Veränderung); daher die Möglichkeit, Serien mit weit auseinanderliegenden Merkpunkten erscheinen zu lassen, die aus seltenen Ereignissen oder wiederholten Ereignissen gebildet werden. Das Erscheinen langer Perioden in der heutigen Geschichte ist keine Rückkehr zu den Philosophien der Geschichte, zu den großen Zeitaltern der Welt oder zu den vom Schicksal der Kulturen vorgeschriebenen Phasen; es ist die Auswirkung der methodologisch konzertierten Erarbeitung der Serien. Nun hat aber in der Ideengeschichte, in der Geschichte des Denkens und in der Wissenschaftsgeschichte die gleiche Veränderung eine umgekehrte Wirkung hervorgerufen: sie hat die durch den Fortschritt des Bewußtseins, die Teleologie der Vernunft oder die Evolution des menschlichen Denkens gebildete lange Abfolge aufgelöst; sie hat die Themen der Konvergenz und der Erfüllung erneut in Frage gestellt; sie hat die Möglichkeiten der Totalisierung in Zweifel gezogen. Sie hat die Individualisierung von verschiedenen Serien erbracht, die sich nebeneinanderstellen, aufeinanderfolgen, sich überlappen, sich überkreuzen, ohne daß man sie auf ein lineares Schema reduzieren kann. So sind an Stelle der kontinuierlichen Chronologie der Vernunft, die man gleichbleibend bis zum unzugänglichen Ursprung, bis zu ihrem Anfangsgrund rücklaufen ließ, mitunter kurze, voneinander verschiedene, einem einheitlichen Gesetz sich widersetzende Abstufungen erschienen, die oft Trägerinnen eines Geschichtstyps sind, der jeder von ihnen eigen ist, und die auf das allgemeine Modell eines Bewußtseins sich nicht zurückführen lassen, das erwirbt, fortschreitet und sich erinnert.

Zweite Folge: der Begriff der Diskontinuität nimmt einen bedeutenden Platz in den historischen Disziplinen ein. Für die Geschichte in ihrer klassischen Form war das Diskontinuierliche gleichzeitig das Gegebene und

Undenkbare: das, was sich in der Art der verstreuten Ereignisse (Entscheidungen, Zufälle, Initiativen, Entdeckungen) bot; und was durch die Analyse umgangen, reduziert und ausgelöscht werden mußte, damit die Kontinuität der Ereignisse erscheinen konnte. Die Diskontinuität war jenes
Stigma der zeitlichen Verzettelung, die der Historiker aus der Geschichte
verbannen mußte. Sie ist jetzt eines der grundlegenden Elemente der historischen Analyse geworden. Sie erscheint darin in einer dreifachen Rolle.
Sie bildet zunächst eine überlegte Operation des Historikers (und nicht
mehr das, was er ungewollt von dem von ihm zu behandelnden Material
erhält): denn er muß wenigstens im Sinne einer systematischen Hypothese
die möglichen Ebenen der Analyse, die Methoden, die jeder Ebene eigen
sind, und die ihnen entsprechenden Periodisierungen unterscheiden. Sie
ist auch das Ergebnis seiner Beschreibung (und nicht mehr das, was durch
die Wirkung seiner Analyse verschwinden muß): denn was er zu entdecken
unternimmt, sind die Grenzen eines Prozesses, der Neigungspunkt einer
Kurve, die Umkehrung einer regelnden Bewegung, die Grenzen einer Oszillation, die Schwelle einer Gangbarkeit, der Augenblick der Regellosigkeit einer kreisförmigen Kausalität. Sie ist schließlich der Begriff, den die
Arbeit unablässig spezifiziert (statt ihn wie ein einheitliches und zwischen
zwei positiven Figuren indifferentes Weiß zu vernachlässigen); sie nimmt
eine spezifische Form und Funktion gemäß dem Gebiet und der Ebene
ein, auf denen man sie bestimmt: man spricht nicht von der gleichen Diskontinuität, wenn man eine epistemologische Schwelle, die Richtungsän-
derung einer Bevölkerungskurve oder die Substitution einer Technik
durch eine andere beschreibt. Der Begriff der Diskontinuität ist paradox:
er ist zugleich Instrument und Gegenstand der Untersuchung; er grenzt
das Feld ab, dessen Wirkung er ist; er gestattet die Vereinzelung der Gebiete, kann aber nur durch ihren Vergleich festgestellt werden. Schließlich
ist er vielleicht nicht einfach ein im Diskurs des Historikers gegenwärtiger
Begriff, sondern wird von diesem insgeheim unterstellt: von wo aus könnte
er in der Tat sprechen, wenn nicht ausgehend von jenem Bruch, der ihm
die Geschichte – und seine eigene Geschichte – als Gegenstand anbietet?
Einer der wesentlichsten Züge der neuen Geschichte ist ohne Zweifel diese
Deplazierung des Diskontinuierlichen: sein Übergang vom Hindernis zur
Vertrautheit; seine Integration in den Diskurs des Historikers dort, wo er
nicht mehr die Rolle einer äußerlichen Fatalität spielt, die man verringern
muß, sondern die eines operationellen Begriffs, den man benutzt; und da-

her rührt die Umkehrung der Zeichen, dank deren er nicht mehr das Negativ der historischen Lektüre (ihre Kehrseite, ihr Scheitern, die Grenze ihrer Macht) ist, sondern das positive Element, das ihren Gegenstand determiniert und ihre Analyse gewichtet.

Dritte Folge: das Thema und die Möglichkeit einer *globalen Geschichte* beginnen zu verwischen, und man sieht, wie sich das stark verschiedene Gebilde dessen abzeichnet, was man eine *allgemeine Geschichte* nennen könnte. Das Vorhaben einer globalen Geschichte ist das, was die Gesamtform einer Kultur, das materielle oder geistige Prinzip einer Gesellschaft, die allen Phänomenen einer Periode gemeinsame Bedeutung, das Gesetz, das über ihre Kohäsion Rechenschaft ablegt, das, was man metaphorisch das »Gesicht« einer Epoche nennt, wiederherzustellen versucht. Ein solches Vorhaben ist mit zwei oder drei Hypothesen verbunden: man nimmt an, daß unter allen Ereignissen eines räumlich-zeitlich wohlabgesteckten Bereichs, zwischen allen Phänomenen, deren Spur man wiedergefunden hat, sich ein System homogener Beziehungen feststellen lassen muß: ein Netz der Kausalität, die die Ableitung eines jeden von ihnen gestattet, Analogiebeziehungen, die zeigen, wie sie einander symbolisieren oder wie sie alle ein und denselben zentralen Kern ausdrücken; man nimmt andererseits an, daß ein und dieselbe Form von Geschichtlichkeit die ökonomischen Strukturen, die sozialen Stabilitäten, die Unbeweglichkeit der Mentalitäten, die technischen Gewohnheiten, das politische Verhalten hinwegschwemmt und alle demselben Transformationstyp unterwirft; man nimmt schließlich an, daß die Geschichte selbst in große Einheiten gegliedert werden kann – Stadien oder Phasen, die in sich selbst ihr Kohäsionsprinzip enthalten. Diese Postulate stellt die neue Geschichte in Frage, wenn sie die Serien, die Ausschnitte, die Grenzen, die Höhenunterschiede, die Verschiebungen, die chronologischen Spezifitäten, die besonderen Formen des Beharrens, die möglichen Beziehungstypen problematisiert. Aber sie sucht keinesfalls nach einer Pluralität von nebeneinanderstehenden und voneinander unabhängigen Geschichten: der der Ökonomie neben der der Institutionen und neben ihnen noch jene der Wissenschaften, Religionen oder Literaturen; ebensowenig versucht sie, nur zwischen diesen verschiedenen Geschichten zeitliche Koinzidenz oder formale Analogien und solche des Sinns festzustellen. Das Problem, das sich hier stellt – und das die Aufgabe einer allgemeinen Geschichte definiert – ist, zu bestimmen, welche Bezugsform legitimerweise zwischen diesen verschiedenen Serien beschrieben werden kann; welches vertikale System sie zu bilden imstande sind, welches Spiel von Korrelationen und Dominanzen zwischen ihnen besteht; welche Wirkung die Verschiebungen, die verschiedenen Zeitlichkeiten, die verschiedenen Beharrungszustände haben können; in welchen verschiedenen Mengen gewisse Elemente gleichzeitig vorkommen können; kurz: nicht nur, welche Folgen, sondern welche »Folgen von Folgen« – oder in anderen Worten, welche »Tableaus«[2] gebildet werden können. Eine globale Beschreibung faßt alle Phänomene um ein einziges Zentrum zusammen – Prinzip, Bedeutung, Geist, Weltsicht, Gesamtform; eine allgemeine Geschichte würde im Gegenteil den Raum einer Streuung entfalten.

Als letzte Folge schließlich: die neue Geschichte trifft auf eine gewisse Zahl von methodologischen Problemen, von denen mehrere (daran ist kein Zweifel) ihr präexistent waren, deren Bündel indessen jetzt sie charakterisiert. Unter ihnen kann man nennen: die Konstitution von kohärenten und homogenen Dokumenten*korpussen* (offene oder geschlossene, endliche oder unbestimmte Korpusse); die Erstellung eines Auswahlprinzips (je nachdem, ob man die dokumentarische Masse erschöpfend behandeln will oder ob man nach statistischen Auswahlmethoden Stichproben vornimmt oder im voraus die repräsentativsten Elemente zu bestimmen versucht); die Definition des Niveaus der Analyse und der Elemente, die für es treffend sind (im untersuchten Material kann man die numerischen Indikationen ablesen; der explizite oder nicht explizite Bezug auf Ereignisse, auf Institutionen, auf Praktiken; die benutzten Wörter mit ihren Gebrauchsregeln und die semantischen Felder, die sie umreißen, oder auch die formale Struktur der Propositionen und der sie verbindenden Verkettungstypen); die Spezifizierung einer Methode der Analyse (quantitative Behandlung der Gegebenheiten, Zerlegung gemäß einer bestimmten Zahl zuweisbarer Züge, deren Korrelationen man untersucht, deutende Entzifferung, Analyse der Frequenzen und Distributionen); die Abgrenzung der Mengen und der Teilmengen, die das untersuchte Material gliedern (Regionen, Perioden, unitäre Prozesse); die Determination der Beziehungen, welche die Charakterisierung einer Menge gestatten (es kann sich um nu-

---

2 Muß man die letzten Müßiggänger darauf hinweisen, daß ein »Tableau« (und wahrscheinlich in allen möglichen Bedeutungen des Wortes) formal eine »Serie von Serien« ist? Auf jeden Fall ist es kein kleines festes Bild, das man vor eine Laterne stellt – zur großen Enttäuschung der kleinen Kinder, die in ihrem Alter freilich die Belebtheit des Kinos vorziehen.

merische oder logische Relationen, um funktionale, kausale, analoge Relationen handeln; es kann sich um die Relation von Signifikant zu Signifikat handeln).

All diese Probleme gehören künftig zum methodologischen Feld der Geschichte. Dieses Feld verdient aus zwei Gründen Aufmerksamkeit; zunächst, weil man sieht, bis zu welchem Punkt es sich von dem, was vor kurzem noch die Philosophie der Geschichte konstituierte, und von den Fragen freigemacht hat, die sie stellte (über die Rationalität oder die Teleologie des Werdens, über die Relativität des historischen Wissens, über die Möglichkeit, einen Sinn in der Unbeweglichkeit des Vergangenen und der unvollendeten Totalität des Gegenwärtigen zu entdecken und zu konstituieren). Dann weil es in bestimmten seiner Punkte Probleme erneut anschneidet, die man woanders wiederfindet – zum Beispiel in den Gebieten der Linguistik, der Ethnologie, der Ökonomie, der literarischen Analyse, der Mythologie. Diesen Problemen kann man, wenn man will, durchaus das Kürzel Strukturalismus geben. Jedoch unter mehreren Bedingungen: sie sind weit davon entfernt, für sich allein das methodologische Feld der Geschichte abzudecken, sie besetzen nur einen Teil davon, dessen Bedeutung je nach den Gebieten und den Ebenen der Analyse variiert; außer in einer Zahl relativ begrenzter Fälle sind sie nicht von der Linguistik oder der Ethnologie her (dem heutigen Verlauf entsprechend) importiert worden, sondern sie haben ihren Ursprung im Feld der Geschichte selbst – im wesentlichen in dem der ökonomischen Geschichte und angelegentlich der von ihr gestellten Fragen; schließlich gestatten sie keineswegs, von einer Strukturalisierung der Geschichte oder wenigstens von einem Versuch zu sprechen, einen »Konflikt« oder eine »Opposition« von Struktur und Werden zu überwinden: die Historiker versuchen bereits geraume Zeit vergeblich, Strukturen zu finden, zu beschreiben und zu analysieren, ohne jemals sich haben fragen zu müssen, ob sie nicht die lebendige, zerbrechliche, zitternde »Geschichte« sich entgehen ließen. Die Opposition Struktur – Werden ist weder für die Definition des historischen Feldes noch wahrscheinlich für die Definition einer strukturalen Methode zutreffend.

Diese erkenntnistheoretische Veränderung der Geschichte ist heute noch nicht abgeschlossen. Sie datiert aber nicht von gestern, da man wahr-

scheinlich ihren Ursprung bis auf Marx zurückführen kann. Es hat aber
lange gedauert, bis sie Auswirkungen zeigte. Noch heute und vor allem
für die Geschichte des Denkens gilt, daß sie nicht aufgenommen und reflektiert worden ist, während andere, jüngere Transformationen, jene der
Linguistik zum Beispiel, es haben werden können. Als sei es in dieser Geschichte, die die Menschen von ihren eigenen Ideen und ihren eigenen
Kenntnissen zeichnen, besonders schwierig gewesen, eine allgemeine Theorie der Diskontinuität, der Serien, der Grenzen, der Einheiten, der spezifischen Ordnungen, der Autonomien und differenzierten Abhängigkeiten
zu formulieren. Als habe man dort, wo man daran gewöhnt war, nach
Ursprüngen zu suchen, unbegrenzt die Linie der Rückläufigkeiten abzu-
laufen, Traditionen zu rekonstruieren, Entwicklungskurven zu verfolgen,
Teleologien zu entwerfen und unaufhörlich zu den Lebensmetaphern zurückzugreifen, eine eigenartige Abneigung verspürt, den Unterschied zu
denken, Abweichungen und Dispersionen zu beschreiben, die vergewis-
sernde Form des Identischen aufzulösen. Oder genauer gesagt: als hätte
man Mühe, von jenen Begriffen der Schwelle, der Veränderung, der unabhängigen Systeme, der begrenzten Serien – so wie sie tatsächlich von den
Historikern benutzt werden – die Theorie zu schaffen oder die allgemeinen Konsequenzen zu ziehen, ja sogar all die möglichen Implikationen abzuleiten. Als hätten wir Angst, *das Andere* in der Zeit unseres eigenen Denkens zu denken.

Dafür gibt es einen Grund. Wenn die Geschichte des Denkens der Ort
der ununterbrochenen Kontinuitäten bleiben könnte, wenn sie unaufhörlich Verkettungen knüpfte, die keine Analyse ohne Abstraktion aufzulösen
vermöchte, wenn sie um das, was die Menschen sagen und tun, dunkle
Synthesen wöbe, die ihm vorgreifen, es vorbereiten und unbegrenzt zu seinem Werden hinführen – wäre sie für die Souveränität des Bewußtseins
ein privilegierter Schutz. Die kontinuierliche Geschichte ist das unerläßliche Korrelat für die Stifterfunktion des Subjekts: die Garantie, daß alles,
was ihm entgangen ist, ihm wiedergegeben werden kann; die Gewißheit,
daß die Zeit nichts auflösen wird, ohne es in einer erneut rekomponierten
Einheit wiederherzustellen; das Versprechen, daß all diese in der Ferne
durch den Unterschied aufrechterhaltenen Dinge eines Tages in der Form
des historischen Bewußtseins vom Subjekt erneut angeeignet werden können und dieses dort seine Herrschaft errichten und darin das finden kann,
was man durchaus seine Bleibe nennen könnte. Aus der historischen Ana-

lyse den Diskurs des Kontinuierlichen machen und aus dem menschlichen Bewußtsein das ursprüngliche Subjekt allen Werdens und jeder Anwendung machen, das sind die beiden Gesichter ein und desselben Denksystems. Die Zeit wird darin in Termini der Totalisierung begriffen, und die Revolutionen sind darin stets nur Bewußtwerdungen.

In verschiedenen Formen hat dieses Thema eine konstante Rolle seit dem 19. Jahrhundert gespielt: gegen alle Dezentrierung die Souveränität des Subjekts und die Zwillingsgestalten der Anthropologie und des Humanismus aufrechtzuerhalten. Gegen die Dezentrierung, wie sie Marx vornahm – durch die historische Analyse der Produktionsverhältnisse, der ökonomischen Bestimmungen und der Klassenkämpfe –, hat es gegen Ende des 19. Jahrhunderts die Suche nach einer globalen Geschichte veranlaßt, in der alle Unterschiede einer Gesellschaft auf eine einzige Form, auf die Organisation einer Weltanschauung, auf die Errichtung eines Wertesystems, auf einen kohärenten Zivilisationstyp zurückgeführt werden könnten. Der durch die Genealogie von Nietzsche vorgenommenen Dezentrierung hat sie die Suche nach einer ursprünglichen Fundierung entgegengesetzt, die aus der Rationalität das *telos* der Menschheit macht und alle Geschichten des Denkens mit der Bewahrung dieser Rationalität, mit der Aufrechterhaltung dieser Teleologie und mit der stets notwendigen Rückkehr hin zu diesem Fundament verbindet. Schließlich in noch jüngerer Zeit, als die Untersuchungen der Psychoanalyse, der Linguistik, der Ethnologie das Subjekt im Verhältnis zu den Gesetzen seines Verlangens, zu den Formen seiner Sprache, zu den Regeln seines Handelns oder zum Ziel seiner mythischen oder fabelartigen Diskurse dezentriert haben, als es klar war, daß der Mensch selbst, danach befragt, was er sei, von seiner Sexualität und seinem Unbewußten, von den systematischen Formen seiner Sprache oder der Regularität seiner Fiktionen keine Rechenschaft ablegen konnte, ist das Thema einer Kontinuität der Geschichte erneut aktiviert worden: einer Geschichte, die nicht Einschnitt ist, sondern Werden; die kein Spiel von Relationen, sondern innere Dynamik ist; die nicht System, sondern harte Arbeit der Freiheit ist; die nicht Form, sondern unaufhörliche Anstrengung eines sich selbst erneuernden Bewußtseins ist, das versucht, sich seiner selbst bis hin zur Tiefe seiner Bedingungen zu bemächtigen; einer Geschichte, die zugleich lange ununterbrochene Geduld und Lebhaftigkeit einer Bewegung ist, die schließlich alle Grenzen sprengt. Um dieses Thema zur Geltung zu bringen, das der »Immobilität« der

Strukturen, ihrem »geschlossenen« System, ihrer notwendigen »Synchronie«
die lebendige Offenheit der Geschichte entgegenstellt, muß man selbstverständlich in den historischen Analysen selbst den Gebrauch der Diskontinuität, die Definition der Ebenen und Grenzen, die Beschreibung spezifischer Folgen, das Hervorbringen des ganzen Spiels der Unterschiede
verneinen. Man wird also dazu gebracht, Marx zu anthropologisieren,
aus ihm einen Historiker der Totalitäten zu machen und in ihm das Vorhaben des Humanismus zu finden; man wird also dazu gebracht, Nietzsche
in Termini der Transzendentalphilosophie zu interpretieren und seine Genealogie auf die Ebene einer Suche nach dem Ursprünglichen zurückzuführen; man wird dazu gebracht, jenes ganze Feld methodologischer Probleme, die die neue Geschichte heute stellt, beiseite zu lassen, als sei es
auch noch nie an die Oberfläche gekommen. Denn wenn es klar würde,
daß die Frage der Diskontinuitäten, der Systeme und Transformationen,
der Folgen und Schwellen sich in allen historischen Disziplinen stellt
(und in jenen, die die Ideen oder die Wissenschaften betreffen, in nicht geringerem Maße als in denen, die die Ökonomie und die Gesellschaften betreffen), wie könnte man dann mit irgendeinem Hinblick auf Legitimität
das »Werden« dem »System«, die Bewegung den kreisförmigen Regulierungen oder, wie man in leichtfertiger Unüberlegtheit sagt, die »Geschichte«
der »Struktur« gegenüberstellen?

Die gleiche konservative Funktion ist bei dem Thema kultureller Totalitäten am Werk, weswegen man Marx kritisiert und dann verfälscht hat; im
Thema einer Suche nach dem Ursprünglichen, das man Nietzsche entgegengehalten hat, bevor man ihn hat darin hineinversetzen wollen; und im
Thema einer lebendigen, kontinuierlichen und offenen Geschichte. Man
wird also jedesmal vom Mord der Geschichte tönen, wenn man in einer historischen Analyse – und vor allem, wenn es sich um das Denken, die
Ideen oder die Kenntnisse handelt – sieht, wie auf zu manifeste Weise
die Kategorien der Diskontinuität und des Unterschiedes, die Begriffe
der Schwelle, des Bruchs und der Transformation, die Beschreibung der
Folgen und Grenzen benutzt werden. Man wird dann einen Anschlag
auf die Grundrechte der Geschichte und gegen die Fundierung jeder möglichen Historizität denunzieren. Man darf sich darin aber nicht täuschen:
was man so stark beweint, ist nicht das Verschwinden der Geschichte, sondern das Verwischen jener Form von Geschichte, die insgeheim, aber völlig, auf die synthetische Aktivität des Subjekts bezogen war; was man be-

weint, ist jenes Werden, das der Souveränität des Bewußtseins einen sicheren, weniger exponierten Schutz als die Mythen, die Verwandtschaftssy-
steme, die Sprachen, die Sexualität oder das Verlangen liefern sollte; was
man beweint, ist die Möglichkeit, durch das Vorhaben, die Arbeit des
Sinns oder die Bewegung der Totalisierung den Mechanismus der materiellen Determinationen, der Anwendungsregeln, der unbewußten Systeme,
der strengen, aber nicht reflektierten Relationen, der Korrelationen wiederzubeleben, die jeder erlebten Erfahrung entgehen; was man beweint,
ist jener ideologische Gebrauch der Geschichte, durch den man versucht,
dem Menschen all das wiederzugeben, was seit mehr als einem Jahrhundert ihm stets entgangen ist. Man hatte alle Schätze von einst in der alten
Zitadelle dieser Geschichte aufgehäuft; man glaubte sie fest, man hatte sie
heiliggesprochen, man hat daraus den letzten Ort des anthropologischen
Denkens gemacht und geglaubt, darin jene zu fangen, die gegen sie aufgestanden waren; man hatte geglaubt, aus ihnen deren wachsame Wärter zu
machen. Aber diese alte Festung ist seit langem von den Historikern verlassen worden, und sie haben ihre Arbeit woanders aufgenommen. Man bemerkt sogar, daß Marx oder Nietzsche nicht die Sicherheit dessen garantieren, was man ihnen anvertraut hatte. Man darf nicht mehr auf sie zählen,
um die Privilegien zu bewahren, noch um ein weiteres Mal zu versichern –
und doch weiß Gott, ob man in dem heutigen Elend es nötig hätte –, daß
wenigstens die Geschichte lebendig und kontinuierlich ist, daß sie für das
zur Frage stehende Subjekt der Ort der Ruhe, der Gewißheit, der Versöhnung – des sorglosen Schlafes ist.

In diesem Punkt bestimmt sich ein Unterfangen, von dem die *Histoire
de la folie*, die *Naissance de la clinique* und *Les mots et les choses* sehr unvollkommen den Plan umrissen haben. Ein Unterfangen, durch das versucht
wird, das Maß der Veränderungen festzuhalten, die sich im allgemeinen
auf dem Gebiet der Geschichte vollziehen; durch das die Methoden, die
Grenzen, die der Ideengeschichte eigenen Themen in Frage gestellt werden und versucht wird, darin die letzten anthropologischen Zwänge aufzulösen. Ein Unterfangen, das im Gegenzug erscheinen lassen will, wie diese
Zwänge sich haben bilden können. Diese Aufgaben sind in einer bestimmten Unordnung skizziert worden, ohne daß ihre allgemeine Gliederung
klar definiert wäre. Es war an der Zeit, ihnen Kohärenz zu verleihen, zumindest es aber zu versuchen. Das Resultat dieses Versuchs ist das vorliegende Buch.

Einige Bemerkungen sollen zuvor zur Vermeidung jedes Mißverständnisses noch gemacht werden.

– Es handelt sich nicht um die Übertragung einer strukturalistischen Methode, die ihren Beweis in anderen Feldern der Analyse geliefert hat, auf das Gebiet der Geschichte und insbesondere der Geschichte der Erkenntnisse. Es handelt sich um die Entfaltung der Prinzipien und Konsequenzen einer autochthonen Transformation, die sich gerade im Gebiet des historischen Wissens vollzieht. Es ist durchaus möglich, daß diese Transformation, daß die von ihr gestellten Probleme, die von ihr benutzten Instrumente, die darin definierten Begriffe, die von ihr erlangten Ergebnisse zu einem bestimmten Teil dem nicht fremd sind, was man als strukturale Analyse bezeichnet, aber diese Analyse wird darin nicht spezifisch aufgeboten;

– es handelt sich nicht (und sogar noch weniger) darum, die Kategorien der kulturellen Totalitäten zu benutzen (ob es nun die Weltanschauungen, die Idealtypen oder der besondere Geist von Epochen sind), um der Geschichte auch gegen ihren Willen die Formen strukturaler Analyse aufzuzwingen. Die beschriebenen Folgen, die festgesetzten Grenzen, die Vergleiche und festgestellten Korrelationen stützen sich nicht auf die alten Philosophien der Geschichte, sondern haben die Infragestellung der Teleologien und Totalisierungen zum Ziel;

– insofern es sich darum handelt, eine Methode historischer Analyse zu definieren, die von dem anthropologischen Thema befreit ist, sieht man, daß die Theorie, die sich jetzt abzeichnet, sich zu den bereits vorgenommenen Untersuchungen in einer doppelten Beziehung befindet. Sie versucht in allgemeinen Termini (und nicht ohne viele Berichtigungen, nicht ohne viele Ausarbeitungen) die Instrumente zu formulieren, die diese Untersuchungen unterwegs benutzt oder für die Zwecke des Unternehmens geschaffen haben. Andererseits aber wird sie verstärkt durch die so gewonnenen Resultate, um eine Methode der Analyse zu definieren, die von jedem Anthropologismus frei ist. Der Boden, auf dem sie ruht, ist der von ihr entdeckte. Die Untersuchungen über den Wahnsinn und das Auftauchen einer Psychologie, über die Krankheit und das Entstehen einer klinischen Medizin, über die Wissenschaften vom Leben, der Sprache und der Ökonomie sind zu einem Teil blinde Versuche gewesen: aber sie erhellten sich allmählich nicht nur, weil sie nach und nach ihre Methode präzisierten,

sondern weil sie in dieser Auseinandersetzung über den Humanismus und
die Anthropologie den Punkt ihrer historischen Möglichkeit entdeckten.

Mit einem Wort, dieses Werk reiht sich wie die vorangehenden nicht – wenigstens nicht direkt und in erster Instanz – in die Auseinandersetzung um
die (mit der Genese, der Geschichte, dem Werden konfrontierte) Struktur
ein, sondern in das Feld, in dem sich die Fragen nach dem menschlichen
Sein, dem Bewußtsein, dem Ursprung und dem Subjekt manifestieren,
überkreuzen und spezifizieren. Aber zweifellos hätte man nicht unrecht,
wenn man sagte, daß auch da sich das Problem der Struktur stellt.

Diese Arbeit ist nicht die Wiederaufnahme und genaue Beschreibung
dessen, was man in der *Histoire de la folie*, der *Naissance de la clinique* oder
in *Les mots et les choses* lesen kann; in verschiedenen Punkten unterscheidet
es sich davon. Es umfaßt auch etliche Korrekturen und innere Kritiken.
Auf allgemeine Art räumte die *Histoire de la folie* einen viel zu beträchtlichen und übrigens ziemlich rätselhaften Teil dem ein, was darin als eine
»Erfahrung« bezeichnet wurde, wodurch das Buch zeigte, in welchem
Maße man noch bereit war, ein anonymes und allgemeines Subjekt der Geschichte zuzugestehen. In der *Naissance de la clinique* drohte der mehrmals versuchte Rückgriff auf die strukturale Analyse die Spezifität des gestellten Problems und die der Archäologie eigene Ebene zu verbergen; in
Les mots et les choses schließlich hat das Fehlen einer methodologischen Abgrenzung an Analysen in Termini kultureller Totalität glauben lassen können. Es bedrückt mich, daß ich nicht in der Lage war, diese Gefahren zu
vermeiden, ich tröste mich jedoch damit, daß ich mir sage, daß sie in das
Unterfangen selbst einbezogen waren, denn es hatte, um seine eigenen
Maße zu erhalten, sich selbst von den verschiedenen Methoden und den
verschiedenen Formen der Geschichte zu lösen; und dann, ohne die Fragen, die mir gestellt worden sind[3], ohne die entstandenen Schwierigkeiten,
ohne die Entgegnungen hätte ich wahrscheinlich nicht auf so klare Art das
Unterfangen sich abzeichnen sehen, mit dem ich wohl oder übel künftig
verbunden bin. Daher rührt die vorsichtige und tastende Weise dieses Textes. In jedem Augenblick nimmt er Distanz ein, stellt nach allen Seiten

---

3 Insbesondere die ersten Seiten dieses Textes haben, in etwas anderer Form, die Antwort auf die Fragen des *Cercle d'Épistémologie* der École Normale Supérieure (6, rue d'Ulm) gebildet (vgl. *Cahiers
pour l'Analyse*, Nr. 9). Andererseits habe ich bestimmte Gedanken als Antwort für die Leser von
Esprit (Nr. 371, Mai 1968, S. 850-874) entwickelt.

seine Maße fest, tastet nach seinen Grenzen, stößt sich an dem, was er nicht sagen will, höhlt Gräben aus, um seinen eigenen Weg zu definieren. In jedem Augenblick denunziert er die mögliche Konfusion. Er schiebt seine Identität von sich, nicht ohne vorher zu sagen: ich bin weder dies noch das. Zumeist ist das keine Kritik, keine Art zu sagen, daß jedermann sich rechts und links geirrt hat. Es ist die Definition eines besonderen Standortes durch die Äußerlichkeiten seiner Nachbarschaften; das heißt – statt die anderen zum Schweigen zu bringen, indem man vorgibt, daß ihre Worte nichtig sind –, daß man versucht, jenen weißen Raum zu definieren, von dem aus ich spreche und der langsam Form in einem Diskurs annimmt, den ich als noch so schwach und unbestimmt empfinde.

Sie sind also dessen nicht sicher, was Sie sagen? Sie verlagern erneut Ihren Standpunkt im Verhältnis zu den Fragen, die man Ihnen stellt, Sie werden sagen, daß die Einwände nicht genau den Platz treffen, von dem aus Sie sprechen? Sie bereiten sich darauf vor, wiederum zu behaupten, daß Sie nie das gewesen sind, was zu sein man Ihnen vorwirft? Sie präparieren bereits den Ausweg, der Ihnen im nächsten Buch gestattet, woanders aufzutauchen und, wie Sie es jetzt tun, zu höhnen: nein, nein, ich bin nicht da, wo ihr mich vermutet, sondern ich stehe hier, von wo aus ich euch lachend ansehe?

Ja, glauben Sie denn, daß ich mir soviel Mühe machen würde und es mir soviel Spaß machen würde zu schreiben, glauben Sie, daß ich mit solcher Hartnäckigkeit den Kopf gesenkt hätte, wenn ich nicht mit etwas fiebriger Hand das Labyrinth bereitete, wo ich umherirre, meine Worte verlagere, ihm ein Souterrain öffne, es fern von ihm selbst einstürze, an ihm Vorkragungen finde, die seine Bahn zusammenfassen und deformieren, wo ich mich verliere und schließlich vor Augen auftauche, die ich nie wieder treffen werde? Mehr als einer schreibt wahrscheinlich wie ich und hat schließlich kein Gesicht mehr. Man frage mich nicht, wer ich bin, und man sage mir nicht, ich solle der gleiche bleiben: das ist eine Moral des Personenstandes; sie beherrscht unsere Papiere. Sie soll uns frei lassen, wenn es sich darum handelt, zu schreiben.

II
Die diskursiven Regelmäßigkeiten

1. Die Einheiten des Diskurses

Das Benutzen der Begriffe von Diskontinuität, Bruch, Schwelle, Grenze, Serie, Transformation stellt jeder historischen Analyse nicht nur Fragen des Vorgehens, sondern theoretische Probleme. Diese Probleme werden hier untersucht (die Fragen des Vorgehens werden im Laufe späterer empirischer Untersuchungen ins Auge gefaßt, wenigstens, wenn die Gelegenheit, das Verlangen und die Kraft, sie zu unternehmen, mir nicht fehlen). Abermals werden sie nur in einem besonderen Feld untersucht: in denjenigen Disziplinen, die ihrer Grenzen so ungewiß, in ihrem Inhalt so unentschieden sind und die man Ideengeschichte oder Geschichte des Denkens oder der Wissenschaften oder der Erkenntnisse nennt.

Zunächst ist eine negative Arbeit zu leisten: sich von einem ganzen Komplex von Begriffen zu lösen, von denen jeder auf seine Weise in das Thema der Kontinuität Abwechslung bringt. Sie haben zweifellos keine sehr strenge begriffliche Struktur; ihre Funktion ist aber präzis. So der Begriff der Tradition: er zielt darauf ab, einer Menge gleichzeitig sukzessiver und identischer (oder zumindest analoger) Phänomene ein besonderes zeitliches Statut zu geben; er gestattet, die Streuung der Geschichte in der Form des Gleichen erneut zu denken; er gestattet, den allem Beginn eigenen Unterschied zu beschränken, um ohne Unterbrechung in der unbegrenzten Bestimmung des Ursprungs zurückzugehen; dank seiner kann man die Neuigkeiten auf einem Hintergrund der Permanenz isolieren und das Verdienst auf die Ursprünglichkeit, auf das Genie, auf die den Individuen eigene Entscheidung übertragen. Der Begriff des Einflusses ebenfalls, der eine Stütze – eine zu magische, um richtig analysiert zu werden – für die Übertragungs- und Kommunikationsfakten liefert. Er bezieht die Ähnlichkeits- oder Wiederholungsphänomene auf einen Prozeß kausalen Anstrichs (aber ohne strenge Begrenzung oder theoretische Definition). Er verbindet auf Entfernung und durch die Zeit hindurch – wie durch Vermittlung eines Milieus der Verbreitung – als Individuen, Werke, Begriffe oder Theorien definierte Einheiten. Ebenso die Begriffe von Entwicklung

und Evolution: sie gestatten, eine Folge von verstreuten Ereignissen zu gruppieren, sie auf ein einziges und gleiches organisatorisches Prinzip zu beziehen, sie der exemplarischen Kraft des Lebens (mit seinen Anpassungsmechanismen, seiner Erneuerungsfähigkeit, der unablässigen Korrelation
seiner verschiedenen Elemente, seinen Assimilations- und Austauschsyste-
men) zu unterwerfen, bereits in jedem Beginn ein Kohärenzprinzip und
die Skizze einer künftigen Einheit am Werk zu finden, die Zeit durch eine
ständig reversible, immer am Werk befindliche Beziehung zwischen einem
Ursprung und einem Endpunkt zu beherrschen, die nie gegeben werden.
Weiterhin die Begriffe der »Mentalität« oder des »Geistes«, die die Feststellung einer Sinngemeinsamkeit, symbolischer Verbindungen, eines Spiels
der Ähnlichkeit und der Spiegelung zwischen den gleichzeitigen oder sukzessiven Phänomenen einer gegebenen Epoche gestatten – oder die als
Einheits- und Erklärungsprinzip die Souveränität eines kollektiven Bewußtseins aufkommen lassen. Man muß erneut jene völlig fertiggestellten
Synthesen, jene Gruppierungen in Frage stellen, die man gewöhnlich vor
jeder Prüfung anerkennt, jene Verbindungen, deren Gültigkeit ohne weiteres zugestanden wird.

Man muß jene dunklen Formen und Kräfte aufstöbern, mit denen man
gewöhnlich die Diskurse der Menschen miteinander verbindet. Man muß
sie aus dem Schatten jagen, in dem sie herrschen. Und ehe man sie spontan
gelten läßt, muß man aus methodischen Erwägungen und in erster Instanz
annehmen, daß man es nur mit einer Menge verstreuter Ereignisse zu tun
hat.

Man muß auch angesichts jener Unterteilungen und Gruppierungen
unruhig werden, die uns vertraut geworden sind. Kann man ohne weiteres
die Unterscheidung der großen Diskurstypen oder jene der Formen oder
der Gattungen zugeben, die Wissenschaft, Literatur, Philosophie, Religion,
Geschichte, Fiktion usw. in Opposition zueinander stellen und daraus Arten großer historischer Individualitäten machen? Wir sind uns selbst nicht
sicher über den Gebrauch dieser Unterscheidungen in unserer Welt des
Diskurses. Dies um so mehr, wenn es sich darum handelt, Mengen von
Aussagen zu analysieren, die in der Epoche ihrer Formulierung einer völlig anderen Distribution, Aufteilung und Charakterisierung unterlagen:
schließlich sind die »Literatur« und die »Politik« junge Kategorien, die
man nicht auf die mittelalterliche Kultur oder auch nur auf die klassische
Kultur außer durch eine retrospektive Hypothese und durch ein Spiel for-

maler Analogien oder semantischer Ähnlichkeiten anwenden kann; aber
weder die Literatur noch die Politik und ebensowenig die Philosophie
und die Wissenschaften gliederten das Feld des Diskurses im 17. oder im
18. Jahrhundert, wie sie es im 19. Jahrhundert gegliedert haben. Auf jeden
Fall sind diese Unterteilungen – ob es sich nun um die von uns eingestan-
denen oder um jene handelt, die den untersuchten Diskursen zeitgenössisch sind – stets selbst reflexive Kategorien, Ordnungsprinzipien, normative Regeln, institutionalisierte Typen: dies sind ihrerseits Diskursfakten,
die neben den anderen analysiert zu werden verdienen; sie hatten ganz sicher mit ihnen komplexe Beziehungen, sind aber keine immanenten, autochthonen und allgemein erkennbaren Merkmale davon.

Aber vor allem sind die Einheiten, die man unentschieden lassen muß,
diejenigen, die sich auf unmittelbarste Weise aufdrängen: jene des Buches
und des Werks. Dem Ansehen nach: kann man sie ohne einen extremen
Kunstgriff auslöschen? Sind sie nicht auf die sicherste Weise gegeben? Materielle Individualisierung des Buches, das einen determinierten Raum innehat, das einen ökonomischen Wert hat und das von sich aus durch eine
bestimmte Zahl von Zeichen die Grenzen seines Beginns und seines Endes
markiert; Feststellung eines Werks, das man erkennt und abgrenzt, indem
man einem Autor eine bestimmte Zahl von Texten zuweist. Dennoch beginnen die Schwierigkeiten, sobald man ein wenig näher hinschaut. Materielle Einheit des Buches? Ist das wirklich dieselbe, wenn es sich um eine
Anthologie von Gedichten, um eine Sammlung posthumer Fragmente,
um den *Traité des Coniques* oder um einen Band der *Histoire de France*
von Michelet handelt? Ist es dieselbe, wenn es sich um *Un coup de dés*
von Mallarmé, um den Prozeß von Gilles de Rais, um Butors *San Marco*
oder um ein katholisches Meßbuch handelt? Mit anderen Worten: ist die
materielle Einheit des Bandes nicht eine schwache, nebensächliche Einheit
im Hinblick auf die diskursive Einheit, der sie Unterstützung verleiht?
Aber ist diese diskursive Einheit ihrerseits homogen und einheitlich anwendbar? Ein Roman von Stendhal oder ein Roman von Dostojewskij individualisieren sich nicht wie jene der *Comédie humaine* von Balzac; und
diese unterscheiden sich nicht voneinander wie die *Odyssee* vom *Ulysses*.
Die Grenzen eines Buches sind nie sauber und streng geschnitten: über
den Titel, die ersten Zeilen und den Schlußpunkt hinaus, über seine innere Konfiguration und die es autonomisierende Form hinaus ist es in
einem System der Verweise auf andere Bücher, andere Texte, andere Sätze

verfangen: ein Knoten in einem Netz. Und dieses Spiel der Verweise ist
nicht gleichförmig, wenn man es mit einem mathematischen Traktat,
einem Textkommentar, einer historischen Erzählung, einer Episode in
einem Romanzyklus zu tun hat; hier und da kann die Einheit des Buches,
selbst wenn sie als Bündel von Beziehungen verstanden wird, nicht als
identisch betrachtet werden. Das Buch gibt sich vergeblich als ein Gegenstand, den man in der Hand hat; vergeblich schrumpft es in das kleine
Parallelepiped, das es einschließt: seine Einheit ist variabel und relativ. Sobald man sie hinterfragt, verliert sie ihre Evidenz; sie zeigt sich nicht selbst
an, sie wird erst ausgehend von einem komplexen Feld des Diskurses konstruiert.

Hinsichtlich des Werkes sind die entstehenden Probleme noch schwieriger. Was gibt es jedoch dem Anschein nach Einfacheres? Eine Summe von
Texten, die durch das Zeichen eines Eigennamens denotiert werden können. Nun ist diese Denotation (selbst wenn man die Probleme der Attribution beiseite läßt) keine homogene Funktion: denotiert der Name eines Autors einen Text, den er selbst unter seinem Namen veröffentlicht hat, einen
Text, den er unter einem Pseudonym vorgestellt hat, einen anderen, den
man nach seinem Tode im Stadium des Entwurfs entdeckt hat, und einen
weiteren noch, der lediglich ein Gekritzel, ein Notizbuch, ein »Papier« darstellt, auf die gleiche Weise? Die Konstitution eines Gesamtwerks oder
eines *opus* setzt eine bestimmte Anzahl von Wahlmöglichkeiten voraus,
die nicht einfach zu rechtfertigen, ja nicht einmal einfach zu formulieren
ist: genügt es, den vom Autor veröffentlichten Texten diejenigen hinzuzufügen, die er in Druck zu geben vorhatte und die nur unvollendet geblieben sind, weil er gestorben ist? Muß man außerdem jeden Schmierzettel,
jeden ersten Entwurf, Korrekturen und Durchstreichungen der Bücher
hinzuzählen? Muß man die verworfenen Skizzen hinzufügen? Und welchen Status soll man den Briefen, den Anmerkungen, den berichteten Gesprächen, den von Hörern niedergeschriebenen Äußerungen, kurz: jenem
ganzen Gewimmel sprachlicher Spuren geben, die ein Individuum bei seinem Tode hinterläßt und die in einem unbestimmten Verkreuzen so viele
verschiedene Sprachen sprechen? Auf jeden Fall bezieht sich der Name
»Mallarmé« nicht auf die gleiche Weise auf die englischen Themen, auf
die Übersetzungen von Edgar Allan Poe, auf die Gedichte, auf Antworten
zu Umfragen; ebenso besteht nicht die gleiche Beziehung zwischen dem
Namen Nietzsche einerseits und andererseits den Autobiographien seiner

Jugend, den Schulaufsätzen, den philologischen Aufsätzen, *Zarathustra, Ecce homo*, den Briefen, den letzten mit »Dionysos« oder »Kaiser Nietzsche« unterzeichneten Postkarten, den zahllosen Notizbüchern, in denen sich die Wäschereirechnungen und die Entwürfe für Aphorismen verschränken. Wenn man so gern und ohne sich weiter zu fragen vom »Werk« eines Autors spricht, dann setzt man es in der Tat durch eine bestimmte Ausdrucksfunktion definiert voraus. Man gesteht ein, daß es darin ein Niveau geben muß (so tief, wie es sich vorzustellen notwendig ist), auf dem das Werk sich in all seinen Fragmenten, sogar den allerkleinsten und unwesentlichsten als der Ausdruck des Denkens oder der Erfahrung oder der Imagination oder des Unbewußten des Autors oder auch der historischen Determinationen enthüllt, in die er eingeschlossen war. Man sieht dabei sogleich, daß eine solche Einheit, weit entfernt davon, unmittelbar gegeben zu sein, durch ein Tun konstituiert wird; daß dieses Tun interpretativ ist, weil es im Text die Transkription von etwas entziffert, was er verbirgt und zugleich manifestiert; daß schließlich das Tun, das das *opus* in seiner Einheit und folglich das Werk selbst determiniert, nicht das gleiche sein wird, wenn es sich um den Autor des »Théâtre et son double« oder den Autor des »Tractatus« handelt[1], und daß folglich hier wie dort man nicht im gleichen Sinne von einem »Werk« sprechen wird. Das Werk kann weder als unmittelbare Einheit noch als eine bestimmte Einheit, noch als eine homogene Einheit betrachtet werden.

Schließlich, als letzte Vorsicht, um die unreflektierten Kontinuitäten außer Kurs zu setzen, durch die man im voraus den Diskurs organisiert, den man zu analysieren vorhat: auf zwei Themen verzichten, die aneinander gebunden sind und sich gegenüberstehen. Das eine verlangt, daß es nie möglich ist, in der Ordnung des Diskurses den Einbruch eines wirklichen Ereignisses zu bestimmen; daß jenseits jedes offenbaren Beginns es stets einen geheimen Ursprung gibt – einen so geheimen und so ursprünglichen, daß man nie ihn völlig in sich selbst erfassen kann. Infolgedessen wäre man durch die Naivität der Chronologien schicksalhaft zu einem unbestimmt weit zurückgerückten Punkt gebracht, der nie in irgendeiner Geschichte gegenwärtig ist; er wäre nur seine eigene Leere; und ausgehend von ihm könnten alle Anfänge stets nur Wiederanfang oder Okkultation (tatsächlich, in ein und derselben Bewegung, das eine *und* das andere)

---

1 von Antonin Artaud und Ludwig Wittgenstein (Anm. d. Übers.).

sein. An dieses Thema schließt sich ein anderes an, gemäß dem jeder manifeste Diskurs insgeheim auf einem bereits Gesagten beruhte. Und dieses bereits Gesagte wäre nicht einfach ein schon ausgesprochener Satz, ein schon geschriebener Text, sondern ein »noch nie Gesagtes«, ein Diskurs ohne Körper, ein ebenso stummer Laut wie ein Hauch, eine Schrift, die nur das Negativ ihrer eigenen Spur ist. Man setzt so voraus, daß alles, was der Diskurs formuliert, sich bereits in diesem Halbschweigen artikuliert findet, das ihm vorausgeht, das ihm hartnäckig unterhalb seiner selbst folgt, das er aber bedeckt und zum Schweigen bringt. Der manifeste Diskurs wäre schließlich und endlich nur die repressive Präsenz dessen, was er nicht sagt; und dieses Nichtgesagte wäre eine Höhlung, die von innen alles Gesprochene unterminiert. Das erste Motiv bestimmt die historische Analyse des Diskurses dazu, Suche nach und Wiederholung von einem Ursprung zu sein, der jeder historischen Bestimmung entgeht; die andere bestimmt sie dazu, Interpretation oder Anhören eines bereits Gesagten zu sein, das gleichzeitig ein Nichtgesagtes wäre. Man muß auf all jene Themen verzichten, die die Funktion haben, die unendliche Kontinuität des Diskurses und sein geheimes Sichgegenwärtigsein in dem Spiel einer stets verlängerten Abwesenheit zu garantieren. Sich bereit halten, jeden Augenblick des Diskurses in seinem ereignishaften Hereinbrechen aufzunehmen; in der Punktualität, in der er erscheint, und in jener zeitlichen Verstreuung, die ihm gestattet, wiederholt, gewußt, vergessen, transformiert, bis in seine geringsten Spuren ausgelöscht, fern von jedem Blick im Staub der Bücher vergraben zu werden. Man muß den Diskurs nicht auf die ferne Präsenz des Ursprungs verweisen; man muß ihn im Mechanismus seines Drängens behandeln.

Diese vorausgehenden Formen von Kontinuität, all diese Synthesen, die man nicht problematisiert und die man füglich gelten läßt, muß man also in der Schwebe halten. Sie gewiß nicht definitiv abweisen, sondern die Ruhe erschüttern, mit der man sie akzeptiert; zeigen, daß sie nicht von allein da sind, daß sie stets die Wirkung einer Konstruktion sind, deren Regeln man erkennen und deren Rechtfertigungen man kontrollieren muß; definieren, unter welchen Bedingungen und mit Blick auf welche Analysen bestimmte legitim sind; diejenigen bezeichnen, die auf jeden Fall nicht mehr zugelassen werden können. Zum Beispiel könnten die Begriffe »Einfluß« oder »Evolution« von einer Kritik herrühren, die sie für mehr oder weniger lange Zeit außer Gebrauch setzt. Aber das »Werk«, aber das

»Buch« oder auch jene Einheiten wie die »Wissenschaft« oder die »Literatur«, muß man auf diese immer verzichten? Muß man sie für Illusionen, für unausgewiesene Konstruktionen, für schlecht erlangte Ergebnisse halten? Muß man darauf verzichten, sich auch nur im geringsten auf sie zu stützen und ihnen jemals eine Definition zu geben? Es handelt sich tatsächlich darum, sie ihrer Quasievidenz zu entreißen, die von ihnen gestellten Probleme freizusetzen; zu erkennen, daß sie nicht der ruhige Ort sind, von dem aus man andere Fragen (über ihre Struktur, ihre Kohärenz, ihre Systematizität, ihre Transformationen) stellen kann, sondern daß sie von selbst ein Bündel von Fragen stellen (Was sind sie? Wie sie definieren und abgrenzen? Welchen distinkten Gesetzestypen können sie gehorchen? Für welche Gliederung sind sie empfänglich? Welchen Teilmengen können sie Raum geben? Welche spezifischen Phänomene lassen sie im Feld des Diskurses erscheinen?). Es handelt sich darum, zu erkennen, daß sie letzten Endes vielleicht nicht das sind, was man beim ersten Hinsehen glaubte. Kurz, daß sie eine Theorie erfordern; und daß diese Theorie sich nicht herstellen läßt, ohne daß in seiner nicht synthetischen Reinheit das Feld der Fakten des Diskurses erscheint, von dem aus man sie konstruiert.

Und ich meinerseits werde nichts anderes tun: gewiß, ich werde als anfänglichen Bezugspunkt ganz gegebene Einheiten (wie die Psychopathologie oder die Medizin oder die politische Ökonomie) nehmen; aber ich werde mich nicht in diese zweifelhaften Einheiten stellen, um deren innere Konfiguration oder geheime Widersprüche zu untersuchen. Ich werde mich nur für die Zeit auf sie stützen, die ich brauche, um mich zu fragen, welche Einheiten sie bilden; mit welchem Recht sie ein Gebiet, das sie im Raum spezifiziert, und eine Kontinuität in Anspruch nehmen können, die sie in der Zeit individualisiert; nach welchen Gesetzen sie sich bilden; auf dem Hintergrund welcher diskursiven Ereignisse sie sich zerlegen; und ob sie schließlich nicht in ihrer akzeptierten und quasi institutionellen Individualität die Oberflächenwirkung von konsistenteren Einheiten sind. Ich werde die Gesamtheiten, die mir die Geschichte anbietet, nur akzeptieren, um sie sogleich der Frage zu unterziehen; um sie zu entknüpfen und um zu erfahren, ob man sie legitimerweise rekomponieren kann; um zu erfahren, ob man daraus nicht andere rekonstruieren muß; um sie in einen allgemeineren Raum zu stellen, der, indem er ihre scheinbare Vertrautheit auflöst, erlaubt, ihre Theorie zu bilden.

Hat man diese unmittelbaren Formen der Kontinuität einmal suspen-

diert, findet sich in der Tat ein ganzes Gebiet befreit. Ein immenses Gebiet,
das man aber definieren kann: es wird durch die Gesamtheit aller effektiven Aussagen (énonces) (ob sie gesprochen oder geschrieben worden sind,
spielt dabei keine Rolle) in ihrer Dispersion von Ereignissen und in der
Eindringlichkeit, die jedem eignet, konstituiert. Bevor man in aller Gewißheit mit einer Wissenschaft oder mit Romanen, mit politischen Reden
oder dem Werke eines Autors oder gar einem Buch zu tun hat, ist das Material, das man in seiner ursprünglichen Neutralität zu behandeln hat, eine
Fülle von Ereignissen im Raum des Diskurses im allgemeinen. So erscheint das Vorhaben einer *reinen Beschreibung der diskursiven Ereignisse*
als Horizont für die Untersuchung der sich darin bildenden Einheiten.
Diese Beschreibung kann man leicht von der Analyse der Sprache unterscheiden. Freilich kann man ein linguistisches System (wenn man es nicht
künstlich konstruiert) nur feststellen, wenn man ein Korpus von Aussagen
oder eine Sammlung von diskursiven Fakten benutzt; es handelt sich dann
aber darum, ausgehend von dieser Menge, die den Wert einer Muster-
sammlung hat, Regeln zu definieren, die eventuell die Konstruktion anderer Aussagen als jener gestatten: sogar wenn sie seit langem verschwunden
ist, wenn niemand sie mehr spricht und man sie auf Grund seltener Fragmente restauriert hat, bildet eine Sprache stets ein System für mögliche
Aussagen: es ist eine endliche Menge von Regeln, die eine unendliche Zahl
von Performanzen gestattet. Das Feld der diskursiven Ereignisse dagegen
ist die stets endliche und zur Zeit begrenzte Menge von allein den linguistischen Sequenzen, die formuliert worden sind; sie können durchaus zahllos
sein, sie können durch ihre Masse jegliche Aufnahme-, Gedächtnis- oder
Lesekapazität übersteigen: sie konstituieren dennoch eine endliche Menge.
Die von der Sprachanalyse hinsichtlich eines beliebigen diskursiven Fak-
tums gestellte Frage ist stets: gemäß welchen Regeln ist eine bestimmte
Aussage konstruiert worden und folglich gemäß welchen Regeln könnten
andere ähnliche Aussagen konstruiert werden? Die Beschreibung der diskursiven Ereignisse stellt eine völlig andere Frage: wie kommt es, daß eine
bestimmte Aussage erschienen ist und keine andere an ihrer Stelle?

Man sieht zugleich, daß diese Beschreibung des Diskurses sich in Gegensatz zur Geschichte des Denkens stellt. Wiederum kann man ein
Denksystem nur ausgehend von einer bestimmten Menge von Diskursen
bestimmen. Aber diese Menge wird so behandelt, daß man jenseits der
Aussagen selbst die Absicht des sprechenden Subjekts, seine bewußte Akti-

vität, das, was es hat sagen wollen, oder auch das unbewußte Spiel, das gegen seinen Willen in dem, das es gesagt hat, oder in den fast unwahrnehmbaren Bruchstellen seiner manifesten Worte ans Licht gekommen ist, wiederzufinden sucht; auf jeden Fall handelt es sich um die Rekonstruktion eines anderen Diskurses, um das Wiederfinden des stummen, murmelnden, unerschöpflichen Sprechens, das von innen die Stimme belebt, die man hört, um die Wiederherstellung des kleinen und unsichtbaren Textes, der den Zwischenraum der geschriebenen Zeilen durchläuft und sie manchmal umstößt. Die Analyse des Denkens ist stets *allegorisch* im Verhältnis zu dem Diskurs, den sie benutzt. Ihre Frage ist unweigerlich: was wurde in dem, was gesagt worden ist, wirklich gesagt? Die Analyse des diskursiven Feldes ist völlig anders orientiert; es handelt sich darum, die Aussage in der Enge und Besonderheit ihres Ereignisses zu erfassen; die Bedingungen ihrer Existenz zu bestimmen, auf das genaueste ihre Grenzen zu fixieren, ihre Korrelationen mit den anderen Aussagen aufzustellen, die mit ihm verbunden sein können, zu zeigen, welche anderen Formen der Äußerung sie ausschließt. Man sucht unterhalb dessen, was manifest ist, nicht das halbverschwiegene Geschwätz eines anderen Diskurses; man muß zeigen, warum er nicht anders sein konnte, als er war, worin er gegenüber jedem anderen exklusiv ist, wie er inmitten der anderen und in Beziehung zu ihnen einen Platz einnimmt, den kein anderer besetzen könnte. Die für eine solche Analyse typische Frage könnte man folgendermaßen formulieren: was ist das also für eine sonderbare Existenz, die in dem ans Licht kommt, was gesagt wird – und nirgendwo sonst?

Man muß sich fragen, wozu schließlich diese Aufhebung aller zugelassenen Einheiten dienen kann, wenn es sich insgesamt darum handelt, die Einheiten wiederzufinden, die man am Anfang zu befragen vorgegeben hat. Tatsächlich gestattet das systematische Auslöschen der völlig gegebenen Einheiten zunächst, der Aussage ihre Besonderheit eines Ereignisses wiederzugeben und zu zeigen, daß die Diskontinuität nicht nur einer jener großen Zufälle ist, die in der Geologie der Geschichte einen Bruch bildet, sondern bereits da in der einfachen Tatsache der Aussage; man läßt sie in ihrem historischen Hereinbrechen auftauchen; man versucht jenen Einschnitt, den sie darstellt, in den Blick zu bringen, jenes irreduzible – und sehr oft äußerst kleine – Auftauchen. So banal eine Aussage auch sein mag, so wenig bedeutsam, wie man sie sich in ihren Folgen vorstellt, so schnell, wie man sie nach ihrem Erscheinen auch vergessen kann, so wenig

verstanden oder schlecht entziffert, wie man sie annimmt, ist sie doch stets
ein Ereignis, das weder die Sprache noch der Sinn völlig erschöpfen können. Ein seltsames Ereignis mit Sicherheit: zunächst, weil sie einerseits
mit einem Schriftzug oder mit der Artikulation eines Wortes verbunden
ist, aber weil andererseits sie sich selbst gegenüber eine im Feld einer Erinnerung oder in der Materialität der Manuskripte, der Bücher und irgendeiner Form der Aufzeichnung zurückbleibende Existenz eröffnet; dann
weil sie einzigartig ist wie jedes Ereignis, aber weil sie der Wiederholung,
der Transformation und der Reaktivierung offensteht; schließlich weil
sie nicht nur mit Situationen, die sie hervorrufen, und mit Folgen, die sie
herbeiführt, sondern gleichzeitig und gemäß einer völlig anderen Modalität mit Aussagen verbunden ist, die ihr voraufgehen und die ihr folgen.

Aber wenn man im Verhältnis zur Sprache und zum Denken die Instanz
des Aussageereignisses isoliert, geschieht dies nicht, um eine zahllose
Menge von Fakten zu verstreuen. Es geschieht, um sicher zu sein, sie nicht
auf Verfahren der Synthese zu beziehen, die rein psychologischer Natur
wären (die Absicht des Autors, die Form seines Geistes, die Strenge seines
Denkens, die ihn beschäftigenden Themen, das Vorhaben, das seine Existenz durchläuft und ihr Bedeutung gibt), und um andere Formen der
Regelmäßigkeit, andere Typen der Beziehung erfassen zu können. Beziehungen der Aussagen untereinander (selbst wenn diese Beziehungen dem
Bewußtsein des Autors entgehen; selbst wenn es sich um Aussagen handelt, die nicht den gleichen Autor haben; selbst wenn diese Autoren einander nicht kennen); Beziehungen zwischen so aufgestellten Gruppen von
Aussagen (selbst wenn diese Gruppen nicht die gleichen Gebiete oder benachbarte Gebiete treffen; selbst wenn sie nicht das gleiche formale Niveau haben; selbst wenn sie nicht der Ort bestimmbaren Austausches
sind); Beziehungen zwischen Aussagen oder Gruppen von Aussagen oder
Ereignissen einer ganz anderen (technischen, ökonomischen, sozialen, politischen) Ordnung. Den Raum in seiner Reinheit erscheinen zu lassen, in
dem sich die diskursiven Ereignisse entfalten, heißt nicht, zu versuchen,
ihn in einer Isolierung wiederherzustellen, die nichts zu überwinden vermöchte; heißt nicht, ihn in sich selbst zu verschließen; es heißt, sich frei
zu machen, um in ihm, und außerhalb seiner, Spiele von Beziehungen zu
beschreiben.

Drittes Interesse einer solchen Beschreibung der diskursiven Fakten: indem man sie von allen Gruppierungen befreit, die sich als natürliche, un-

mittelbare und universelle Einheiten geben, gibt man sich die Möglichkeit, aber diesmal durch eine Menge von beherrschten Entscheidungen, andere Einheiten zu beschreiben. Vorausgesetzt, daß man deren Bedingungen klar definiert, wäre es legitim, ausgehend von korrekt beschriebenen Beziehungen, diskursive Mengen zu bilden, die nicht arbiträr wären, indessen aber unsichtbar geblieben wären. Gewiß, diese Beziehungen wären niemals in den in Frage stehenden Aussagen formuliert worden (im Unterschied z. B. zu jenen expliziten Beziehungen, die durch den Diskurs selbst gesetzt und gesagt werden, wenn er sich die Form des Romans gibt oder wenn er sich in eine Folge von mathematischen Theoremen einschreibt). Indessen würden sie in keiner Weise eine Art geheimen Diskurses bilden, der von innen heraus die manifesten Diskurse belebt; also könnte keine Interpretation der Aussagefakten sie ans Licht bringen, sondern lediglich die Analyse ihrer Koexistenz, ihrer Abfolge, ihres wechselseitigen Funktionierens, ihrer reziproken Determination, ihrer unabhängigen oder korrelativen Transformation.

Es ist jedoch ausgeschlossen, daß man ohne Bezugspunkte alle möglicherweise so erscheinenden Relationen beschreiben kann. Bei einer ersten Annäherung muß man eine provisorische Zerteilung in Kauf nehmen: Ein anfängliches Gebiet, das bei der Analyse umgestoßen und, wenn nötig, neu organisiert wird. Wie soll man dieses Gebiet umschreiben? Einerseits muß man empirisch einen Bereich wählen, in dem die Relationen womöglich zahlreich, gedrängt und relativ leicht zu beschreiben sind: Und gibt es ein anderes Gebiet, in dem die diskursiven Ereignisse besser und nach besser entzifferbaren Relationen miteinander verbunden scheinen als in jenem, das man im allgemeinen mit dem Terminus Wissenschaft bezeichnet? Wie soll man sich andererseits aber mehr Chancen verschaffen, in einer Aussage nicht das Moment ihrer formalen Struktur und ihrer Konstruktionsgesetze, sondern das ihrer Existenz und der Regeln ihres Erscheinens zu erfassen, wenn man sich nicht an Gruppen wenig formalisierter Diskurse hält, in denen die Aussagen nicht notwendig gemäß rein syntaktischen Regeln erzeugt zu werden scheinen? Wie kann man sicher sein, daß man Unterteilungen wie denen des Werks, Kategorien wie jenen des Einflusses entgeht, außer wenn man von Anfang an ziemlich weite Bereiche und ziemlich umfassende chronologische Skalen vorschlägt? Wie kann man schließlich sicher sein, daß man sich nicht von all diesen wenig reflektierten Einheiten oder Synthesen einfangen läßt, die sich auf das sprechende Individuum, auf das Subjekt des Diskurses, auf den Autor des Textes, kurz auf all diese anthropologischen Kategorien beziehen? Außer vielleicht, indem man die Gesamtheit der Aussagen, durch die hindurch diese Kategorien sich konstituiert haben – die Gesamtheit der Aussagen, die das Subjekt der Diskurse (ihr eigenes Subjekt) zum »Objekt« gewählt haben und seine Entfaltung als Feld von Erkenntnissen in Angriff genommen haben, betrachtet?

So erklärt sich die tatsächliche Privilegierung, die ich jenen Diskursen zugestanden habe, von denen man sehr schematisch sagen kann, daß sie die »Wissenschaften vom Menschen« definieren. Aber darin liegt nur ein anfängliches Privileg. Man muß zwei Tatsachen sich stets vergegenwärtigen: daß die Analyse der diskursiven Ereignisse in keiner Weise auf einen solchen Bereich begrenzt ist und daß andererseits die Heraustrennung dieses Bereichs selbst nicht als definitiv noch als absolut gültig betrachtet werden kann; es handelt sich um eine erste Annäherung, die gestatten soll, Beziehungen erscheinen zu lassen, die die Grenzen dieser ersten Skizze zu verwischen drohen.

2. Die diskursiven Formationen

Ich habe es also unternommen, Beziehungen zwischen Aussagen zu beschreiben. Ich habe mich darum bemüht, keine jener Einheiten gelten zu lassen, die mir haben vorgeschlagen werden können und die die Gewohnheit mir zur Verfügung stellte. Ich habe mich entschlossen, keine Form von Diskontinuität, von Schnitt, von Schwelle oder Grenze zu vernachlässigen. Ich habe mich entschlossen, Aussagen im Feld des Diskurses und die Beziehungen, denen sie unterliegen, zu beschreiben. Zwei Problemfolgen stellen sich, wie ich sehe, sofort ein: Die eine, die ich im Augenblick in der Schwebe lasse und später wiederaufnehmen werde, betrifft die wilde Benutzung der Termini Aussage, Ereignis, Diskurs durch mich; die andere betrifft die Beziehungen, die legitim zwischen jenen Aussagen beschrieben werden können, die ich in ihrer provisorischen und sichtbaren Gruppierung gelassen habe.

Es gibt zum Beispiel Aussagen, die sich – und dies seit einem leicht bestimmbaren Datum – als zur Politischen Ökonomie oder der Biologie oder der Psychopathologie gehörig geben; es gibt auch solche, die sich als zu jenen jahrtausendealten, fast entstehungslosen Kontinuitäten gehörig geben, die man als die Grammatik oder die Medizin bezeichnet. Was sind diese Einheiten jedoch? Wie kann man sagen, daß die von Willis vorgenommene Analyse der Kopfkrankheiten und die Kliniken von Charcot zur gleichen diskursiven Ordnung gehören? Daß die Erfindungen Pettys die Kontinuität der Ökonometrie von Neumann darstellen? Daß die Analyse des Urteils durch die Grammatiker von Port-Royal zum gleichen Bereich wie das Herausfinden der Vokalverschiebungen in den indogermanischen Sprachen gehört? Was ist also *die* Medizin, *die* Grammatik, *die* Politische Ökonomie? Sind sie nichts anderes als eine retrospektive Umgruppierung, durch die die heutigen Wissenschaften sich einer Illusion über ihre eigene Vergangenheit anheimgeben? Sind sie Formen, die sich ein für allemal errichtet und sich souverän durch die Zeit hindurch entwickelt haben? Decken sie andere Einheiten ab? Und welche Art von Verbindung soll man zwischen all diesen Aussagen als gültig anerkennen, die auf zugleich vertraute und eindringliche Weise eine rätselhafte Masse bilden?

Die erste Hypothese – die mir zunächst die wahrscheinlichste und die am leichtesten nachzuvollziehende schien –: Die in ihrer Form verschiedenen, in der Zeit verstreuten Aussagen bilden eine Gesamtheit, wenn sie sich auf ein und dasselbe Objekt beziehen. So scheinen die zur Psychopathologie gehörigen Aussagen sich insgesamt auf jenes Objekt zu beziehen, das sich auf verschiedene Weisen in der individuellen oder gesellschaftlichen Erfahrung profiliert und das man als den Wahnsinn bezeichnen kann. Nun habe ich schnell bemerkt, daß die Einheit des Objekts »Wahnsinn« nicht die Individualisierung einer Gesamtheit von Aussagen und die Herstellung einer zugleich beschreibbaren und konstanten Relation zwischen ihnen gestattet. Dies aus zwei Gründen. Man würde sich mit Sicherheit täuschen, wenn man dem Sein des Wahnsinns selbst, seinem geheimen Inhalt, seiner stummen und in sich verschlossenen Wahrheit das abverlangen würde, was man zu einem bestimmten Augenblick hat darüber sagen können. Die Geisteskrankheit ist durch die Gesamtheit dessen konstituiert worden, was in der Gruppe all der Aussagen gesagt worden ist, die sie benannten, sie zerlegten, sie beschrieben, sie explizierten, ihre Entwicklungen erzählten, ihre verschiedenen Korrelationen anzeigten, sie beurteilten und ihr eventuell die Sprache verliehen, indem sie in ihrem Namen Diskurse artikulierten, die als die Ihren gelten sollten. Aber mehr noch: Diese Gesamtheit von Aussagen ist weit davon entfernt, sich auf ein einziges Objekt zu beziehen, das ein für allemal gebildet ist, und es unbeschränkt als ihren Horizont unerschöpflicher Idealität zu bewahren; das Objekt, das von den medizinischen Aussagen des 17. oder 18. Jahrhunderts als ihr Korrelat gesetzt worden ist, ist nicht identisch mit dem Objekt, das sich durch die juristischen Urteilssprüche und die polizeilichen Maßnahmen hindurch abzeichnet; ebenso sind alle Gegenstände des psychopathologischen Diskurses seit Pinel oder Esquirol bis zu Bleuler hin verändert worden: Es sind nicht dieselben Krankheiten, um die es sich dort oder hier handelt; es sind nicht dieselben Irren, um die es geht.

Aus dieser Vielfalt der Objekte könnte man, müßte man vielleicht schließen, daß es nicht möglich ist, den »den Wahnsinn betreffenden Diskurs« als eine gültige Einheit für die Konstituierung einer Gesamtheit von Aussagen zuzulassen. Vielleicht müßte man sich allein an die Gruppen von Aussagen halten, die einen einzigen Gegenstand haben: Die Diskurse über die Melancholie oder über die Neurose. Aber man würde sich schnell darüber klar werden, daß seinerseits jeder dieser Diskurse seinen Gegenstand konstituiert und so weit bearbeitet hat, daß er ihn völlig transformierte. Infolgedessen stellt sich das Problem, ob die Einheit eines Diskurses nicht eher durch den Raum, in dem verschiedene Objekte sich profilieren und ständig sich transformieren, als durch die Permanenz oder die Besonderheit eines Objekts gebildet wird. Die charakteristische Beziehung, die die Individualisierung einer Menge von den Wahnsinn betreffenden Aussagen gestatten würde, wäre demnach: die Regel gleichzeitigen oder sukzessiven Auftauchens verschiedener Objekte, die darin benannt, beschrieben, analysiert, geschätzt oder beurteilt werden. Die Einheit der Diskurse über den Wahnsinn wäre nicht auf die Existenz des Gegenstands »Wahnsinn« oder die Konstitution eines einzigen Horizontes von Objektivität gegründet; es wäre das Spiel der Regeln, die während einer gegebenen Periode das Erscheinen von Objekten möglich machen: von Objekten, die durch Maßnahmen der Diskriminierung und Repression abgegrenzt werden, von Objekten, die sich im täglichen Gebrauch, in der Jurisprudenz, in der religiösen Kasuistik, in der Diagnostik der Ärzte differenzieren, von Objekten, die sich in pathologischen Beschreibungen manifestieren, von Objekten, die von Bestimmungen oder Rezepten der Medikation, der Behandlung, der Pflege umrissen sind. Außerdem wäre die Einheit der Diskurse über den Wahnsinn das Spiel der Regeln, die die Transformationen dieser verschiedenen Objekte, ihre Nicht-Identität durch die Zeit hindurch, den

Bruch, der sich in ihnen vollzieht, die immanente Diskontinuität definieren, die ihre Permanenz aufhebt. Auf paradoxe Weise bestünde die Definition einer Gesamtheit von Aussagen in dem, was sie an Individuellem hat, darin, die Dispersion dieser Objekte zu beschreiben, alle Zwischenräume zu erfassen, die sie trennen, die Abstände zu messen, die zwischen ihnen bestehen – mit anderen Worten darin, ihr Verteilungsgesetz zu formulieren.

Die zweite Hypothese zur Definition einer Gruppe von Beziehungen zwischen Aussagen: Form und Typ ihrer Verkettung. Es schien mir zum Beispiel, als sei die medizinische Wissenschaft seit dem 19. Jahrhundert weniger durch ihre Gegenstände oder ihre Begriffe als durch einen bestimmten *Stil*, einen bestimmten konstanten Charakter der Äußerung charakterisiert. Zum ersten Mal wurde die Medizin nicht mehr durch eine Gesamtheit von Traditionen, Beobachtungen, heterogenen Rezepten konstituiert, sondern durch ein Korpus von Erkenntnissen, das zur Voraussetzung immer den gleichen auf die Dinge gerichteten Blick hatte, immer den gleichen Raster im Wahrnehmungsfeld, immer die gleiche Analyse der pathologischen Tatsache gemäß dem sichtbaren Raum des Körpers, immer das gleiche System der Transkription von dem, was man wahrnimmt, in das, was man sagt (gleiches Vokabular, gleiches Spiel von Metaphern); kurz: Es schien mir, daß die Medizin sich als eine Folge von deskriptiven Aussagen organisierte. Aber auch hier mußte ich diese Anfangshypothese aufgeben und erkennen, daß der klinische Diskurs ebenso eine Gesamtheit von Hypothesen über das Leben und den Tod, von ethischen Entscheidungen, von therapeutischen Entscheidungen, von institutionellen Regelungen, von Unterrichtsmodellen wie eine Gesamtheit von Beschreibungen war; daß diese Gesamtheit auf jeden Fall nicht von jenen abstrahiert werden durfte und daß die deskriptive Äußerung nur eine der gegenwärtigen Formulierungen im medizinischen Diskurs war. Ebenso mußte ich erkennen, daß diese Beschreibung sich unaufhörlich verlagert hat: Sei es weil von Bichat bis zur Zellpathologie man die Skalen und Bezugspunkte deplaziert hat; sei es weil von der visuellen Inspektion, von der Auskultation und der Palpation zum Gebrauch des Mikroskops und der biologischen Tests das Informationssystem modifiziert worden ist; sei es auch weil von der einfachen anatomisch-klinischen Korrelation zur feinen Analyse der physiopathologischen Prozesse das Lexikon der Zeichen und ihre Entzifferung völlig umkonstruiert worden ist; sei es schließlich weil der Arzt allmählich aufgehört hat, selber der Ort der Registrierung und Interpretation der Information zu sein, und weil neben ihm, außerhalb seiner, sich dokumentarische Massen, Korrelationsinstrumente und Techniken der Analyse gebildet haben, die er freilich zu benutzen hat, die jedoch hinsichtlich des Kranken seine Position als die eines betrachtenden Subjekts verändern.

All diese Veränderungen, die uns vielleicht heute an die Schwelle einer neuen Medizin führen, haben sich langsam im Laufe des 19. Jahrhunderts im medizinischen Diskurs niedergelegt. Wenn man diesen Diskurs durch ein kodifiziertes und normatives Äußerungssystem definieren wollte, müßte man erkennen, daß diese Medizin sich sogleich nach ihrem Erscheinen aufgelöst hat und nur bei Bichat und Laennec sich hat formulieren können. Wenn es eine Einheit gibt, so ist deren Prinzip keine determinierte Form von Aussagen; wäre es nicht eher die Gesamtheit der Regeln, die gleichzeitig oder nacheinander reine perzeptive Beschreibungen, aber auch durch Instrumente vermittelte Beobachtungen, Erfahrungsprotokolle aus Laboratorien, statistische Berechnungen, epidemiologische oder demographische Feststellungen, institutionelle Regelungen, therapeutische Vorschriften möglich gemacht haben? Was müßte man charakterisieren und individualisieren? Die Koexistenz dieser verstreuten und heterogenen Aussagen, das System, das ihre Verteilung beherrscht, die Stütze, die sie sich gegenseitig bieten, die Weise, wie sie sich implizieren oder ausschließen, die Transformation, der sie unterliegen, den Mechanismus, wie sie sich abwechseln, sich anordnen und sich ersetzen.

Eine andere Richtung der Untersuchung, eine andere Hypothese: Könnte man nicht Gruppen von Aussagen aufstellen, indem man das System der permanenten und kohärenten Begriffe bestimmt, die darin impliziert werden? Beruht zum Beispiel nicht die Analyse der Sprache und der grammatischen Fakten bei den Klassikern (seit Lancelot bis zum Ende des 18. Jahrhunderts) auf einer bestimmten Zahl von Begriffen, deren Inhalt und Gebrauch ein für allemal festgelegt waren: Der Begriff des *Urteils*, definiert als die allgemeine und normative Form jeden Satzes; die Begriffe *Subjekt* und *Attribut*, die unter der allgemeineren Kategorie des *Nomen* eingruppiert waren; der Begriff des *Verbs*, der als Äquivalent für den der *logischen Kopula*, der Begriff des *Worts*, der als Zeichen einer Vorstellung definiert wurde usw.? Man könnte so die begriffliche Architektur der klassischen Grammatik rekonstruieren. Aber auch hier würde man bald auf Grenzen stoßen: Kaum könnte man mit solchen Elementen die von den

Autoren von Port-Royal gemachten Analysen beschreiben; sehr schnell wäre man gezwungen festzustellen, daß neue Begriffe erscheinen; bestimmte unter ihnen sind vielleicht von den ersten abgeleitet, die anderen aber sind völlig heterogen und einige sogar mit ihnen unvereinbar. Die Vorstellung der natürlichen oder umgekehrten syntaktischen Ordnung, die Vorstellung des (im Laufe des 18. Jahrhunderts von Beauzée eingeführten) Objekts können zweifellos noch in das begriffliche System der Grammatik von Port-Royal integriert werden. Aber weder die Idee eines ursprünglich expressiven Werts der Laute noch die eines primitiven, in die Wörter eingehüllten und dunkel von ihnen überlieferten Wissens, noch die einer Regelmäßigkeit in der Konsonantenveränderung, noch die Konzeption des Verbs als einfachen Namens, der die Bezeichnung einer Handlung oder eines Tuns gestattet, ist mit der Gesamtheit der Begriffe vereinbar, die Lancelot oder Duclos benutzen konnten. Muß man unter diesen Umständen zugeben, daß die Grammatik nur dem Anschein nach eine kohärente Figur bildet; und daß die Gesamtheit von Aussagen, Analysen, Beschreibungen, Prinzipien und Konsequenzen, Deduktionen, die seit einem Jahrhundert sich unter diesem Namen perpetuiert hat, nur eine falsche Einheit ist? Vielleicht würde man indessen eine diskursive Einheit finden, wenn man sie nicht in der Kohärenz der Begriffe, sondern in ihrem gleichzeitigen oder sukzessiven Auftauchen, in ihrem Abstand, in der sie trennenden Distanz und eventuell in ihrer Inkompatibilität suchte. Dann würde man also nicht mehr eine Architektur hinreichend allgemeiner und abstrakter Begriffe suchen, die von allen anderen Rechenschaft ablegen könnten und sie in das gleiche deduktive Gebäude einführen würden; man unternähme den Versuch, das Spiel ihres Erscheinens und ihrer Verstreuung zu analysieren.

Schließlich als vierte Hypothese, um die Aussagen neu zu gruppieren, ihre Verkettung zu beschreiben und von den unitären Formen zu berichten, in denen sie sich präsentieren: Die Identität und die Hartnäckigkeit der Themen. In »Wissenschaften« wie der Ökonomie oder der Biologie, die so sehr der Polemik ausgesetzt sind, für philosophische oder moralische Optionen so durchlässig sind und in bestimmten Fällen für eine politische Benutzung bereitstehen, ist es in erster Instanz legitim anzunehmen, daß eine bestimmte Thematik wie ein Organismus, der seine Bedürfnisse, seine innere Kraft und seine Überlebensfähigkeiten besitzt, fähig ist, eine Gesamtheit von Diskursen zu binden und zu beleben. Könnte man nicht

etwa als Einheit das konstituieren, was von Buffon bis zu Darwin das evo-
lutionistische Thema gebildet hat? Das ist zunächst eine mehr philosophische als wissenschaftliche Frage, die der Kosmologie näher ist als der Biologie; ein Thema, das vielmehr Forschungen von Ferne gelenkt hat, als
daß es Resultate benannt, erlangt und expliziert hätte. Dieses Thema un-
terschob stets mehr, als man davon wußte, aber zwang dazu, von dieser
fundamentalen Wahl auszugehen und das in diskursives Wissen zu transformieren, was als Hypothese oder Forderung skizziert war. Könnte man
nicht auf die gleiche Weise von dem physiokratischen Thema sprechen?
Eine Idee, die jenseits jeglicher Demonstration und vor jeglicher Analyse
den natürlichen Charakter der drei Grundrenten postulierte; die infolgedessen den ökonomischen und politischen Primat des ländlichen Besitzes
annahm; die jegliche Analyse der Mechanismen der industriellen Produktion ausschloß; die umgekehrt die Beschreibung der Geldzirkulation innerhalb eines Staates, der Verteilung des Geldes unter den verschiedenen
gesellschaftlichen Kategorien und der Kanäle, durch die das Geld zur Produktion zurückgelangte, implizierte; die schließlich Ricardo zu der Frage
geführt hat, in welchen Fällen diese dreifache Rente nicht erschien, unter
welchen Bedingungen sie sich bilden konnte, und die ihn infolgedessen
zur Denunziation des Willkürlichen am physiokratischen Thema gebracht
hat?

Aber ausgehend von einem solchen Versuch wird man zwei entgegengesetzte und komplementäre Feststellungen treffen. In einem Fall gliedert
sich dieselbe Thematik ausgehend von zwei begrifflichen Spielen, von zwei
Arten der Analyse, von zwei Gegenstandsbereichen, die völlig unterschiedlich sind: Die Idee der Evolution ist vielleicht in ihrer allgemeinsten Formulierung dieselbe bei Benoît de Maillet, Bordeu oder Diderot und bei
Darwin; aber tatsächlich wird sie nur möglich und kohärent durch etwas,
was hier und dort keinesfalls von gleicher Ordnung ist. Im 18. Jahrhundert
wird die Idee der Evolution ausgehend von einer Verwandtschaft der Arten definiert, die ein von Anfang an vorgeschriebenes Kontinuum bildet
(allein die Naturkatastrophen hätten es unterbrochen) oder ein Kontinuum, das durch den Ablauf der Zeit fortschreitend konstituiert wurde. Im
19. Jahrhundert betrifft das Thema der Evolution weniger die Bildung
der zusammenhängenden Tafel der Arten als die Beschreibung diskontinuierlicher Gruppen und die Analyse der Modalitäten von Interaktion zwischen einem Organismus, dessen Elemente sämtlich feste Bestandteile

sind, und einem Milieu, das ihm seine wirklichen Lebensbedingungen bietet. Es ist ein und dasselbe Thema, ausgehend jedoch von zwei Typen des Diskurses. Im Fall der Physiokraten dagegen beruht die Wahl von Quesnay genau auf demselben Begriffssystem wie die umgekehrte Meinung, die von denen vertreten wird, die man als Utilitaristen bezeichnen könnte. In jener Epoche enthielt die Analyse der Reichtümer ein ziemlich begrenztes Spiel von Begriffen, das von allen zugegeben wurde (man benutzte dieselbe Definition des Geldes; man gab dieselbe Erklärung für die Preise; man stellte auf die gleiche Weise die Kosten einer Arbeit fest). Nun gab es aber von diesem einheitlichen begrifflichen Spiel her zwei verschiedene Weisen, die Wertbildung zu erklären, je nachdem, ob man sie vom Tausch oder von der Entlohnung des Arbeitstages her analysierte. Diese beiden in der ökonomischen Theorie und in den Regeln ihres begrifflichen Spiels enthaltenen Möglichkeiten haben ausgehend von denselben Elementen zwei verschiedenen Optionen Raum gegeben.

Man hätte also zweifellos unrecht, wollte man in der Existenz dieser Themen die Prinzipien der Individualisierung eines Diskurses suchen. Muß man sie nicht vielmehr in der Verstreuung der Punkte suchen, die er zur Wahl stellt? Wären das nicht die verschiedenen Möglichkeiten, die er eröffnet, bereits existierende Themen wiederzubeleben, entgegengesetzte Strategien hervorzurufen, unvereinbaren Interessen einen Platz einzuräumen, verschiedene Partien mit einem Spiel determinierter Begriffe zu spielen zu erlauben? Könnte man nicht eher die Verstreuung der zur Wahl stehenden Punkte auffinden und diesseits von jeder Option, von jeder thematischen Bevorzugung ein Feld strategischer Möglichkeiten definieren, als die Permanenz der Themen der Bilder und der Meinungen durch die Zeit hindurch zu suchen, als die Dialektik ihrer Konflikte nachzuzeichnen, um Aussagemengen zu individualisieren?

Ich stehe also vier Versuchen gegenüber, vier Fehlschlägen – und vier Hypothesen, die sie jetzt ablösen. Ich werde sie jetzt ausprobieren müssen. Hinsichtlich jener großen Familien von Aussagen, die sich unseren Gewohnheiten auferlegen – und die man als *die* Medizin oder *die* Ökonomie oder *die* Grammatik bezeichnet –, hatte ich mich gefragt, worauf sie ihre Einheit gründen könnten. Auf ein volles, gedrängtes, kontinuierliches, geographisch wohlgegliedertes Gebiet von Objekten? Mir sind vielmehr lückenhafte und verzahnte Folgen, Beispiele für Unterschiede, für Abstände, für Substitutionen, für Transformationen erschienen. Auf einen definier-

ten und normativen Typ von Äußerung? Aber ich habe Formulierungen
von zu unterschiedlichem Niveau und von zu heterogener Funktion gefunden, die sich nicht verbinden und in einer einheitlichen Figur zusammen-
finden oder durch die Zeit hindurch, über individuelle Werke hinweg eine
Art großen ununterbrochenen Textes simulieren können. Auf ein wohldefi-
niertes Alphabet ideologischer Begriffe (*notions*)? Wir haben es mit Begriffen (*concepts*) zu tun, die in der Struktur und den Benutzungsregeln abweichen, die sich gegenseitig fremd sind oder sich ausschließen und nicht in
die Einheitlichkeit einer logischen Architektur eintreten können. Über
die Permanenz einer Thematik? Nun findet man eher verschiedene strategische Möglichkeiten, die die Aktivierung unvereinbarer Themen oder
auch die Einbettung eines selben Themas in verschiedene Gesamtheiten
gestatten. Daher rührt die Idee, diese Verstreuungen selbst zu beschreiben;
zu untersuchen, ob unter diesen Elementen, die sich mit Sicherheit nicht
wie ein fortschreitend deduktives Gebäude noch wie ein maßloses Buch,
das allmählich durch die Zeit hindurch geschrieben würde, noch als das
Werk eines kollektiven Subjekts organisieren, man keine Regelmäßigkeit
feststellen kann: Eine Ordnung in ihrer sukzessiven Erscheinung, Korrelationen in ihrer Gleichzeitigkeit, bestimmbare Positionen in einem gemeinsamen Raum, ein reziprokes Funktionieren, verbundene und hierarchisierte Transformationen. Eine solche Analyse würde nicht versuchen,
kleine Flecken der Kohärenz zu isolieren, um deren innere Struktur zu beschreiben; sie würde sich nicht die Aufgabe stellen, die latenten Konflikte
zu vermuten und ans volle Licht zu bringen; sie würde Formen der Verteilung untersuchen. Oder auch: anstatt *Ketten von logischen Schlüssen* (wie
man es oft in der Geschichte der Wissenschaften oder der Philosophie
tut) zu rekonstruieren, anstatt *Tafeln der Unterschiede* (wie es die Linguisten tun) aufzustellen, würde sie *Systeme der Streuung* beschreiben.

In dem Fall, wo man in einer bestimmten Zahl von Aussagen ein ähnliches System der Streuung beschreiben könnte, in dem Fall, in dem
man bei den Objekten, den Typen der Äußerung, den Begriffen, den thematischen Entscheidungen eine Regelmäßigkeit (eine Ordnung, Korrelationen, Positionen und Abläufe, Transformationen) definieren könnte,
wird man übereinstimmend sagen, daß man es mit einer *diskursiven Formation* zu tun hat, wodurch man Wörter vermeidet, die ihren Bedingungen und Konsequenzen nach zu schwer, übrigens zur Bezeichnung einer
solchen Dispersion auch inadäquat sind: wie »Wissenschaft«, »Ideologie«,

»Theorie« oder »Objektivitätsbereich«. Man wird *Formationsregeln* die Bedingungen nennen, denen die Elemente dieser Verteilung unterworfen sind (Gegenstände, Äußerungsmodalität, Begriffe, thematische Wahl). Die Formationsregeln sind Existenzbedingungen (aber auch Bedingungen der Koexistenz, der Aufrechterhaltung, der Modifizierung und des Verschwindens) in einer gegebenen diskursiven Verteilung.

Das ist das Feld, das wir jetzt durchlaufen müssen; das sind die Begriffe, die man ausprobieren muß, und die Analysen, die man vornehmen muß. Ich weiß, daß die Risiken nicht klein sind. Ich habe mich bei einer ersten Suche bestimmter Gruppierungen bedient, die ziemlich matt, jedoch reichlich vertraut sind: Nichts beweist mir, daß ich sie am Ende der Analyse wiederfinden werde, noch, daß ich das Prinzip ihrer Abgrenzung und Individualisierung finden werde. Ich bin nicht sicher, daß die diskursiven Formationen, die ich isolieren werde, die Medizin in ihrer globalen Einheit, die Ökonomie und die Grammatik in der Gesamtkurve ihrer historischen Bestimmung definieren werden. Ich bin nicht sicher, daß sie keine unvorhergesehenen Einschnitte einführen werden. Ebenso beweist mir nichts, daß eine solche Beschreibung über die Wissenschaftlichkeit (oder Nichtwissenschaftlichkeit) dieser diskursiven Gesamtheiten Beweis liefert, die ich als Angriffspunkt gewählt habe und die sich anfangs sämtlich mit einem bestimmten Anspruch wissenschaftlicher Rationalität geben. Nichts beweist mir, daß meine Analyse sich nicht auf eine völlig andere Ebene stellen wird und eine auf die Epistemologie oder die Geschichte der Wissenschaften irreduzible Beschreibung bildet. Es wäre auch möglich, daß am Ende eines solchen Unternehmens man die Einheiten nicht wiederfindet, die man aus methodischer Besorgnis in der Schwebe gehalten hat: Daß man gezwungen ist, die Werke aufzulösen, die Einflüsse und Traditionen zu ignorieren, definitiv die Frage nach dem Ursprung aufzugeben, die beherrschende Präsenz der Autoren verschwinden zu lassen, und daß so all das verschwindet, was im eigentlichen die Geschichte der Ideen bildete. Die Gefahr besteht also insgesamt darin, daß man, anstatt eine Begründung für das bereits Existierende zu liefern, anstatt in vollen Zügen skizzierte Linien noch einmal zu durchlaufen, anstatt durch diese Wiederkehr und diese schließliche Bestätigung sich zu vergewissern, anstatt den glücklichen Kreis zu vollenden, der schließlich nach tausend Listen und soviel Nächten verkündet, daß alles gerettet ist, gezwungen ist, die vertrauten Landschaften zu verlassen und fern von den gewohnten Garantien

auf ein neues Gebiet vorzustoßen, das man noch nicht gerastert hat, und
hin zu einem Endpunkt zu gelangen, der nicht leicht vorherzusehen ist.
Was bis dahin unter der Obhut des Historikers wachte und ihn zur Mor-
gendämmerung begleitete (das Schicksal der Rationalität und die Teleologie der Wissenschaften, die lange kontinuierliche Arbeit des Denkens
durch die Zeit hindurch, das Erwachen und der Fortschritt des Bewußtseins, sein ständiges Wiederaufnehmen durch sich selbst, die unabgeschlossene, jedoch ununterbrochene Bewegung der Totalisierungen, die
Wiederkehr zu einem stets offenen Ursprung und schließlich die historisch-transzendentale Thematik): Riskiert all das nicht, zu verschwinden
und für die Analyse einen weißen, indifferenten Raum ohne Innerlichkeit
und Verheißung freizulegen?

3. Die Formation der Gegenstände

Jetzt gilt es, ein Inventar der offenen Richtungen herzustellen und in Erfahrung zu bringen, ob man jenem kaum skizzierten Begriff der »Formationsregeln« einen Inhalt geben kann. Zunächst die Formation der Gegenstände. Und um sie leichter zu analysieren, das Beispiel des Diskurses der
Psychopathologie seit dem 19. Jahrhundert. Ein zeitlicher Bruch, den man
leicht bei erster Annäherung eingestehen kann. Dafür gibt es Anzeichen in
ausreichendem Maße. Wir wollen zwei davon wenigstens festhalten: die
Anwendung einer neuen Art des Ausschlusses und der Einordnung des Irren in die psychiatrische Klinik am Anfang des Jahrhunderts; und die
Möglichkeit, den Faden bestimmter aktueller Begriffe bis hin zu Esquirol,
Heinroth oder Pinel zurückzuverfolgen (von der Paranoia kann man bis
zur Monomanie, vom Intelligenzquotienten bis zum ursprünglichen Begriff der Imbezillität, von der allgemeinen Paralyse zur chronischen Enze-
phalitis, von der Charakterneurose bis zum Wahnsinn ohne Delirium zurückgehen); wenn man aber weiter in der Zeit zurück den Weg verfolgen
will, verliert man ihn sofort, verwirren sich die Fäden, und die Projektion
von Du Laurens oder sogar van Swieten auf die Pathologie von Kraepelin
oder Bleuler liefert nur noch zufällige Übereinstimmungen. Die Gegenstände, mit denen die Psychologie seit dieser Zäsur zu tun gehabt hat, sind
nun aber sehr zahlreich, zu einem großen Teil sehr neu, jedoch ebenso
zerbrechlich, in Veränderung begriffen und teilweise zu einem schnellen

Verschwinden bestimmt: neben motorischer Unruhe, Halluzinationen und abwegigen Reden (die bereits als Erscheinungen des Wahnsinns betrachtet wurden, obwohl sie auf andere Weise erkannt, abgegrenzt, beschrieben und analysiert wurden) konnte man Erscheinungen beobachten, die sich in bis dahin benützten Registern nicht fanden: leichte Verhaltensstörungen, sexuelle Störungen und Verirrungen, suggestive und hypnotische Fakten, Verletzungen des zentralen Nervensystems, intellektuelle oder motorische Adaptationsmängel, Kriminalität. Und in jedem jener Register sind vielfältige Gegenstände genannt, umschrieben, analysiert, dann berichtigt, erneut definiert, in Frage gestellt, gelöscht worden. Kann man die Regel feststellen, der ihr Erscheinen unterworfen war? Kann man in Erfahrung bringen, gemäß welchem nicht-deduktiven System diese Gegenstände sich haben nebeneinanderstellen und einander folgen können, um das zerstückelte Feld der Psychopathologie zu bilden, das an manchen Punkten lückenhaft, an manchen übervoll ist? Welches System der Existenz hatten sie als Objekte des Diskurses?

a. Man müßte zunächst die ersten *Oberflächen* ihres *Auftauchens* finden: das heißt zeigen, wo die individuellen Unterschiede auftauchen, die dann bezeichnet und analysiert werden können; die gemäß den Rationalisationsgraden, den begrifflichen Kodes und den Theorietypen das Statut von Krankheit, Wahnsinn, Anomalie, Demenz, Neurose oder Psychose, Entartung usw. erhalten werden. Diese Flächen des Zutagetretens sind in den verschiedenen Gesellschaften, verschiedenen Epochen und in den verschiedenen Formen des Diskurses nicht gleich. Um nur einmal bei der Psychopathologie des 19. Jahrhunderts zu bleiben: es ist wahrscheinlich, daß sie durch die Familie, die umgebende soziale Gruppe, das Arbeitsmilieu, die Glaubensgemeinschaft bestimmt wurden (die alle normativ, gegenüber der Abweichung empfindlich sind, die alle eine Toleranzgrenze und alle eine Schwelle haben, jenseits deren der Ausschluß verlangt wird, die alle einen Modus der Bezeichnung und der Ablehnung des Wahnsinns haben, die alle, wenn nicht die Verantwortung für die Heilung und die Behandlung, so doch wenigstens die Aufgabe der Erklärung der Medizin übertragen); obwohl sie auf spezifische Weise organisiert sind, sind diese Flächen des Auftauchens für das 19. Jahrhundert nicht neu. Dagegen beginnen zweifellos gerade in dieser Zeit neue Oberflächen des Auftretens wirksam zu werden: die Kunst mit ihrer eigenen Normativität, die Sexualität (ihre

Abweichungen werden im Vergleich zu den üblichen Verboten zum ersten
Mal für den psychiatrischen Diskurs zum Gegenstand der Orientierung,
der Beschreibung und der Analyse), das Strafsystem (während der Wahnsinn in den voraufgehenden Epochen sorgfältig vom kriminellen Verhalten
getrennt wurde und als Entschuldigung galt, wird die Kriminalität selbst –
und das seit den berühmten »Monomanien des Tötens« – eine Form der
Abweichung, die mit dem Wahnsinn mehr oder weniger verwandt ist).
In diesen Feldern der ersten Differenzierung, in den Entfernungen, den
Diskontinuitäten und den Schwellen, die sich darin manifestieren, findet
der psychiatrische Diskurs die Möglichkeit, seinen Bereich abzugrenzen,
das zu definieren, worüber er spricht, ihm den Objektstatus zu geben –
es also erscheinen zu lassen, es nennbar und beschreibbar zu machen.

b. Außerdem müßte man die *Instanzen der Abgrenzung* beschreiben: die
Medizin (als reglementierte Institution, als Gesamtheit der Individuen,
die die Körperschaft der Ärzte ausmacht, als Wissen und als Praxis, als
von der öffentlichen Meinung, Justiz und Administration anerkannte Zuständigkeit) ist im 19. Jahrhundert zur Hauptinstanz geworden, die in
der Gesellschaft den Wahnsinn als Gegenstand beurteilt, bezeichnet, benennt und einsetzt; aber sie spielte nicht allein diese Rolle: die Justiz und
ganz besonders die Strafjustiz (mit den Definitionen der Entschuldigung,
der Nichtverantwortlichkeit, der mildernden Umstände und mit dem Gebrauch von Begriffen wie denen des Totschlags im Affekt, der Erblichkeit,
der Gefahr für die Gesellschaft), die kirchliche Autorität (in dem Maße,
wie sie sich als Entscheidungsinstanz etabliert, die das Mystische vom
Pathologischen, das Geistige vom Körperlichen, das Übernatürliche vom
Anomalen scheidet und wie sie die Lenkung des Gewissens mehr zur
Erkenntnis der Individuen als zu einer kasuistischen Klassifizierung der
Handlungen und der Umstände handhabt), die Kunst- und Literaturkritik
(die im Laufe des 19. Jahrhunderts das Werk immer weniger als Gegenstand des Geschmacks, den es zu beurteilen gilt, sondern mehr und mehr
als eine Sprache behandelt, die es zu interpretieren und in der es die Aus-
drucksmechanismen eines Autors zu erkennen gilt).

c. Und schließlich müßte man die *Spezifikationsraster* analysieren: es handelt sich um Systeme, aufgrund deren man die verschiedenen »Wahnsinns-
arten« als Gegenstände des psychiatrischen Diskurses scheidet, gegenüber-

stellt, annähert, neugruppiert, klassifiziert, die einen von den anderen ableitet. (Diese Differenzierungsraster waren im 19. Jahrhundert: die Seele als Gruppe hierarchisierter, benachbarter und mehr oder weniger gegenseitig durchdringbarer Fähigkeiten; der Körper als dreidimensionales Volumen von Organen, die durch Abhängigkeits- und Kommunikationsschemata miteinander verbunden sind; das Leben und die Geschichte der Individuen als lineare Phasenfolge, als Verschachtelung der Spuren, als Gesamtheit möglicher Reaktivierungen, zyklischer Wiederholungen; die neuropsychologischen Korrelationsmechanismen als Systeme reziproker Projektionen und als Feld zirkulärer Kausalität.)

Eine solche Beschreibung ist allein noch ungenügend. Und das aus zwei Gründen. Die Ebenen des gerade gefundenen Auftauchens, diese Instanzen der Grenzgebung oder diese Spezifikationsformen liefern keine völlig konstituierten und strukturierten Gegenstände, die der Diskurs der Psychopathologie dann nur noch zu inventarisieren, zu klassifizieren und zu benennen, auszuwählen und schließlich mit einem Raster aus Wörtern und Sätzen zuzudecken hätte: es sind nicht die Familien – mit ihren Normen, ihren Verboten, ihren Sensibilitätsschwellen –, die Wahnsinnige determinieren und »Kranke« für die Analyse oder die Entscheidung der Psychiater vorschlagen; es ist nicht die Jurisprudenz, die aus sich heraus bei einem Mord der mentalen Medizin ein paranoisches Delirium benennt oder die bei einem Sexualdelikt eine Neurose vermutet. Der Diskurs ist etwas ganz anderes als der Ort, wo sich Gegenstände, die vorher errichtet worden wären, niederlegen und überlagern wie auf einer einfachen Inschriftenfläche. Aber die eben gemachte Aufzählung ist auch aus einem zweiten Grunde unzureichend. Sie hat nacheinander mehrere Differenzierungsebenen skizziert, auf denen die Gegenstände des Diskurses erscheinen können. Aber welche Beziehungen bestehen zwischen ihnen? Warum diese und nicht eine andere Aufzählung? Welches abgegrenzte und geschlossene Ganze glaubt man auf diese Weise zu umschreiben? Und wie kann man von einem »Formationssystem« sprechen, wenn man nur eine Reihe verschiedener und heterogener Determinationen ohne bestimmbare Beziehungen oder Verbindungen kennt?

Tatsächlich verweisen diese beiden Reihen von Fragen auf denselben Punkt. Um ihn zu verstehen, wollen wir das voraufgegangene Beispiel noch weiter einschränken. In dem Bereich, mit dem die Psychopathologie im

19. Jahrhundert zu tun hatte, sieht man sehr früh (seit Esquirol) eine ganze
Reihe von Gegenständen auftauchen, die zum Register der Kriminalität
gehören: den Mord (und den Selbstmord), Affekthandlungen, die sexuellen Vergehen, bestimmte Formen des Diebstahls, die Landstreicherei –
und sieht dann durch sie hindurch die Vererbung, das neurogene Milieu,
aggressives Verhalten oder Selbstbestrafungen, die Perversitäten, die kriminellen Triebe, die Suggestibilität usw. Es wäre unangemessen zu sagen, daß
man es dabei mit den Folgen einer Entdeckung zu tun hat: Das Herausle-
sen einer Ähnlichkeit zwischen kriminellen Handlungen und pathologi-
schem Verhalten – eines schönen Tages von einem Psychiater gemacht;
die Aufdeckung einer Präsenz klassischer Zeichen des Wahnsinns bei bestimmten Straftätern. Solche Tatsachen liegen außerhalb der augenblicklichen Untersuchung: tatsächlich besteht das Problem darin, zu erfahren,
was sie ermöglicht hat und wie auf diese »Entdeckungen« andere folgen
konnten, die sie wiederaufgenommen, berichtigt, modifiziert oder eventuell aufgehoben haben. Genauso unangemessen wäre es, wollte man die Erscheinung dieser neuen Gegenstände den der bürgerlichen Gesellschaft
eigenen Normen des 19. Jahrhunderts, einem verstärkten Straf- und Poli-
zeinetz, der Schaffung eines neuen Strafgesetzbuches, der Einführung
und dem Gebrauch der mildernden Umstände, der Ausbreitung der Kriminalität zuschreiben. All diese Prozesse haben sich zweifellos wirklich abgespielt; aber sie allein haben keine Gegenstände für den psychiatrischen
Diskurs bilden können: wollte man die Beschreibung auf dieser Ebene wei-
terführen, würde man diesmal diesseits dessen bleiben, was man sucht.

Wenn in unserer Gesellschaft zu einer genau umrissenen Zeit der Straftäter psychologisiert und pathologisiert worden ist, wenn das transgressive
Verhalten einer ganzen Reihe von Wissensgegenständen Raum geben konnte, dann deshalb, weil im psychiatrischen Diskurs eine Gesamtheit determinierter Beziehungen angewandt wurde. Beziehung zwischen den Spezi-
fikationsebenen wie den Strafkategorien und den Stufen der verminderten
Zurechnungsfähigkeit und den psychologischen Charakterisierungsebenen
(die Anlagen, die Fähigkeiten, die Entwicklungs- oder Regressionsstufen,
die Arten der Reaktion auf das Milieu, die erworbenen, angeborenen oder
erblichen Charaktertypen). Beziehung zwischen der ärztlichen und der gerichtlichen Entscheidungsinstanz (eine wirklich vielschichtige Beziehung,
da die ärztliche Entscheidung die gerichtliche Instanz absolut anerkennt,
wenn es um die Definition des Verbrechens, um die Feststellung seiner

Umstände und die Sanktion geht, die es verdient; sich aber die Analyse seiner Entstehungsgeschichte und die Einschätzung der enthaltenen Verantwortung vorbehält). Beziehung zwischen dem Filter, den die gerichtlichen Verhöre, die polizeilichen Hinweise, die Untersuchung und der ganze Apparat der juridischen Information bilden, und dem Filter, den der ärztliche Fragebogen, die klinischen Untersuchungen, die Erforschung der Vorbedingungen und der biographischen Berichte bilden. Beziehung zwischen den familiären, sexuellen und pönalen Verhaltensnormen der Individuen und dem Bild der pathologischen Symptome und der Krankheiten, deren Anzeichen sie sind. Beziehung zwischen den therapeutischen Vorbehalten im Krankenhausmilieu (mit seinen besonderen Schwellen, seinen Heilungskriterien und seiner Art, das Normale vom Pathologischen abzugrenzen) und den Haftverschärfungen im Gefängnis (mit seinem System der Züchtigung und Erziehung, seinen Kriterien der guten Führung, der Besserung und Befreiung). Diese Beziehungen bewirken im psychiatrischen Diskurs die Bildung einer Gesamtheit verschiedener Objekte.

Verallgemeinern wir also: der psychiatrische Diskurs charakterisiert sich im 19. Jahrhundert keineswegs nur durch bevorzugte Objekte, sondern durch die Art, seine – übrigens breitgestreuten – Gegenstände zu gestalten. Diese Gestaltung wird gewährleistet durch eine Gesamtheit von zwischen den Instanzen des Auftauchens, der Abgrenzung und der Spezifizierung aufgestellten Beziehungen. Man wird also sagen können, daß eine diskursive Formation sich abzeichnet (wenigstens hinsichtlich ihrer Gegenstände), wenn man eine solche Gesamtheit aufstellen kann; wenn man zeigen kann, wie irgendein Gegenstand des in Frage stehenden Diskurses darin seinen Platz und das Gesetz seines Erscheinens findet; wenn man zeigen kann, daß er gleichzeitig oder nacheinander sich einander ausschließende Gegenstände hervorbringen kann, ohne daß er sich selbst verändern müßte.

Von daher ergibt sich eine ganze Anzahl von Bemerkungen und Folgen.

1. Die Bedingungen dafür, daß ein Diskursgegenstand in Erscheinung tritt, die historischen Bedingungen dafür, darüber »etwas sagen« zu können, und dafür, daß mehrere Menschen Verschiedenes darüber sagen können, die Bedingungen dafür, daß er sich mit anderen Gegenständen in ein verwandtes Gebiet einschreibt, dafür, daß er mit ihnen Ähnlichkeits-, Nachbarschafts-, Entfernungs-, Unterschieds- und Transformationsbeziehungen her-

stellen kann – diese Bedingungen sind, wie man sieht, zahlreich und gewichtig. Das bedeutet, daß man nicht in irgendeiner Epoche über irgend etwas sprechen kann; es ist nicht einfach, etwas Neues zu sagen; es genügt nicht, die Augen zu öffnen, Obacht zu geben, sich bewußt zu werden, damit neue Gegenstände sich sofort erhellen und auf ebener Erde ihr erstes Leuchten hervorbringen. Diese Schwierigkeit ist aber nicht nur negativ; man darf sie nicht mit einem Hindernis verbinden, dessen einzige Kraft es ausschließlich wäre, die Entdeckung zu verdecken, zu stören und zu verhindern, die Reinheit der Evidenz oder die stumme Hartnäckigkeit der Dinge selbst dem Blick zu entziehen; der Gegenstand wartet nicht in der Vorhölle auf die Ordnung, die ihn befreien und ihm gestatten wird, in einer sichtbaren und beredten Objektivität Gestalt anzunehmen; er ist sich selbst nicht präexistent, von einem Hindernis zurückgehalten an den ersten Ufern des Lichts. Er existiert unter den positiven Bedingungen eines komplexen Bündels von Beziehungen.

2. Diese Beziehungen werden zwischen Institutionen, ökonomischen und gesellschaftlichen Prozessen, Verhaltensformen, Normsystemen, Techniken, Klassifikationstypen und Charakterisierungsweisen hergestellt; und diese Beziehungen sind im Gegenstand nicht präsent; bei einer Analyse werden sie nicht entfaltet; sie zeichnen dabei nicht den Rahmen nach, die immanente Rationalität, dieses ideale Gerüst, das völlig oder teilweise wiedererscheint, denkt man es in seiner begrifflichen Wahrheit. Sie bestimmen nicht seine innere Konstitution, sondern das, was ihm gestattet, in Erscheinung zu treten, sich neben andere Gegenstände zu stellen, sich in Beziehung zu ihnen zu setzen, seine Verschiedenartigkeit, seine Unauflösbarkeit und vielleicht seine Heterogenität zu definieren, kurz, in einem Feld der Äußerlichkeit plaziert zu sein.

3. Diese Beziehungen unterscheiden sich zunächst von den Beziehungen, die man »primäre« nennen könnte und die, unabhängig von jedem Diskurs oder jedem Diskursgegenstand, zwischen Institutionen, Techniken, Gesellschaftsformen usw. beschrieben werden können. Man weiß schließlich, daß es zwischen der bürgerlichen Familie und dem Funktionieren der Instanzen und gerichtlichen Kategorien im 19. Jahrhundert Beziehungen gibt, die man für sich analysieren kann. Nun sind sie aber nicht immer den die Gegenstände bildenden Beziehungen überstülpbar: die Abhängig-

keitsbeziehungen, die man dieser Primär-Ebene zuordnen kann, drücken sich nicht unbedingt in der Herstellung von Beziehungen aus, die die Gegenstände des Diskurses ermöglicht. Darüber hinaus muß man aber die sekundären Beziehungen unterscheiden, die man im Diskurs selbst formuliert finden kann: das, was die Psychiater des 19. Jahrhunderts beispielsweise über die Beziehungen zwischen Familie und Kriminalität sagen konnten, reproduziert nicht, wie man wohl weiß, das Zusammenspiel der wirklichen Abhängigkeiten; aber es reproduziert auch nicht das Zusammenspiel der Beziehungen, welche die Gegenstände des psychiatrischen Diskurses ermöglichen und unterstützen. So öffnet sich ein ganzer aus möglichen Beschreibungen gegliederter Raum: System der *primären* oder *wirklichen Beziehungen*, System der *sekundären* oder *reflexiven Beziehungen* und System der *Beziehungen*, die man eigentlich *diskursiv* nennen kann. Das Problem besteht darin, die Spezifität dieser letzteren und ihr Zusammenspiel mit den anderen beiden deutlich werden zu lassen.

4. Die diskursiven Beziehungen sind dem Diskurs nicht innerlich, wie man sieht: sie verbinden die Begriffe oder die Wörter nicht untereinander; sie errichten zwischen den Sätzen oder den Propositionen keine deduktive oder rhetorische Architektur. Aber es sind dennoch keine dem Diskurs äußerlichen Beziehungen, die ihn beschränken oder ihm bestimmte Formen auferlegen oder ihn zwingen würden, unter bestimmten Umständen bestimmte Dinge zu äußern. Sie befinden sich irgendwie an der Grenze des Diskurses: sie bieten ihm die Gegenstände, über die er reden kann, oder vielmehr (denn dieses Bild des Angebots setzt voraus, daß die Gegenstände auf der einen Seite gebildet werden und der Diskurs auf der anderen) sie bestimmen das Bündel von Beziehungen, die der Diskurs bewirken muß, um von diesen und jenen Gegenständen reden, sie behandeln, sie benennen, sie analysieren, sie klassifizieren, sie erklären zu können. Diese Beziehungen charakterisieren nicht die Sprache, die der Diskurs benutzt, nicht die Umstände, unter denen er sich entfaltet, sondern den Diskurs selbst als Praxis.

Man kann jetzt die Analyse schließen und ermessen, worin sie den ursprünglichen Plan erfüllt und worin sie auch ihn verändert.

Hinsichtlich jener Gesamtbilder, die sich auf eindringliche, aber wirre Weise als *die* Psychopathologie, *die* Ökonomie, *die* Grammatik, *die* Medizin gaben, fragte man sich, welche Art von Einheit sie wohl konstituieren konnte: waren sie nur eine nachträgliche Rekonstruktion aus Einzelwerken oder aufeinanderfolgenden Theorien, aus Begriffen oder Themen, von denen einige fallengelassen, andere von der Tradition erhalten und wieder andere vom Vergessen verschüttet und dann wieder ans Licht gebracht worden waren? Waren sie nur eine Reihe verbundener Unternehmen?

Man hatte die Einheit des Diskurses in den Gegenständen selbst, ihrer Distribution, dem Spiel ihrer Unterschiede, ihrer Nähe oder ihrer Entfernung gesucht – kurz, in dem, was dem sprechenden Wesen gegeben ist: und man wird schließlich verwiesen auf die Herstellung von Beziehungen, die die diskursive Praxis selbst charakterisiert; und man entdeckt auf diese Weise keine Konfiguration oder Form, sondern eine Gesamtheit von *Regeln*, die einer Praxis immanent sind und sie in ihrer Spezifität definieren. Auf der anderen Seite hatte man sich einer »Einheit« wie *der* Psychopathologie als Markstein bedient: Wenn man ein Entstehungsdatum und ein genaues Gebiet für sie hätte bestimmen wollen, hätte man zweifellos das Auftauchen des Wortes wiederfinden und definieren müssen, auf welches Analyseverfahren es sich anwenden ließe und wie seine Trennung von der Neurologie auf der einen und der Psychologie auf der anderen Seite erfolgte. Was man ans Licht gebracht hat, ist eine Einheit eines anderen Typs, die wahrscheinlich nicht dieselben Daten, dieselbe Oberfläche oder dieselben Gliederungen besitzt, die aber Rechnung ablegen kann von einer Gesamtheit von Gegenständen, für die der Begriff der Psychopathologie nur eine reflexive, sekundäre und klassifikatorische Rubrik war. Die Psychopathologie erwies sich endlich als eine Disziplin, die ununterbrochen in der Erneuerung begriffen, ununterbrochen von Entdeckungen, Kritiken, berichtigten Irrtümern gekennzeichnet war; das schon definierte Formationssystem bleibt stabil. Damit wir uns aber verstehen: nicht die Gegenstände bleiben konstant noch der Bereich, den sie bilden, und nicht einmal ihr Punkt des Auftauchens oder ihre Charakterisierungsweise, sondern das Inbeziehungsetzen der Oberflächen, wo sie erscheinen, sich abgrenzen, analysiert werden und sich spezifizieren können.

Man sieht: in den Beschreibungen, deren Theorie ich gerade darzulegen versuchte, handelt es sich nicht darum, den Diskurs zu interpretieren, um durch ihn eine Geschichte des Referenten zu zeichnen. In dem gewählten Beispiel will man nicht wissen, wer zu jener Zeit wahnsinnig gewesen ist, worin sein Wahnsinn bestand oder ob seine Verwirrungen wohl dieselben waren, wie sie uns heute bekannt sind. Man fragt sich nicht, ob die Zauberer verkannte und verfolgte Wahnsinnige waren oder ob zu einem anderen Zeitpunkt eine mystische oder ästhetische Erfahrung nicht zu Unrecht verarztet wurde. Man versucht nicht zu rekonstruieren, was der Wahnsinn selbst gewesen sein konnte, so wie er sich vielleicht zuerst in einer ursprünglichen, fundamentalen, dumpfen, kaum artikulierten Erfahrung gegeben hat[2] und so wie er dann wohl von den Diskursen und dem verdrehten, oft listigen Spiel ihres Verfahrens organisiert (übertragen, deformiert, travestiert, vielleicht zerstört) worden ist. Eine solche Geschichte des Referenten ist zweifellos möglich; man schließt das Bemühen, den Text von diesen »prädiskursiven« Erfahrungen zu entsanden und zu befreien, nicht von Anfang an aus. Aber hier handelt es sich nicht darum, den Diskurs zu neutralisieren, aus ihm das Zeichen von etwas anderem zu machen, seine Mächtigkeit zu durchqueren, um auf das zu stoßen, was schweigend diesseits von ihm bleibt; es handelt sich im Gegenteil darum, ihn in seiner Konsistenz zu erhalten, ihn in der ihm eigenen Komplexität hervortreten zu lassen. In einem Wort, man möchte sich gänzlich der »Dinge« enthalten; sie »ent-gegenwärtigen«; ihre reiche, schwere und unmittelbare Fülle verbannen, aus der man gewöhnlich das Ur-Gesetz eines Diskurses macht, der sich davon nur durch Irrtum, Vergessen, Illusion, Unwissenheit oder Trägheit der Meinungen und der Traditionen oder auch durch den vielleicht unbewußten Wunsch, nichts zu sehen und nichts zu sagen, fernhalten würde; die regelmäßige Formation der Objekte, die sich nur im Diskurs abzeichnen, an die Stelle des rätselhaften Schatzes der »Dinge« von vor dem Diskurs setzen; diese *Gegenstände* ohne Beziehung zum *Grund der Dinge* definieren, indem man sie aber auf die Gesamtheit der Regeln bezieht, die es erlauben, sie als Gegenstände eines Diskurses zu bilden, und somit ihre Bedingungen des historischen Erscheinens konstituieren; eine Geschichte der diskursiven Gegenstände schreiben, die sie nicht in die gemeinsame Tiefe eines Urgrunds stieße, sondern den Nexus der Regelmäßigkeiten entfaltete, die ihre Dispersion steuern.

Jedoch den Augenblick der »Dinge selbst« auszulassen heißt nicht, sich notwendigerweise in die linguistische Analyse der Bedeutung hineinzubegeben. Wenn man die Formation der Gegenstände eines Diskurses beschreibt, versucht man, die hergestellten Beziehungen, die eine diskursive

---

2 Das ist gegen ein in *Wahnsinn und Gesellschaft* expliziertes und insbesondere im Vorwort mehrmals besonders gegenwärtiges Thema geschrieben worden.

Praxis charakterisieren, aufzufinden, bestimmt man nicht eine lexikalische
Organisation oder die Skansionen eines semantischen Feldes: man erfragt
nicht den in einer Epoche den Wörtern »Melancholie« oder »Wahnsinn
ohne Delirium« verliehenen Sinn oder den inhaltlichen Gegensatz zwischen »Psychose« und »Neurose«. Nicht, daß solche Analysen als illegitim
oder unmöglich angesehen würden, sondern sie sind unpassend, wenn es
sich beispielsweise darum handelt zu erfahren, warum die Kriminalität
ein Gegenstand der medizinischen Untersuchung geworden ist oder warum die sexuelle Abweichung sich als ein möglicher Gegenstand des psychiatrischen Diskurses abzeichnet. Die Analyse der lexikalischen Inhalte definiert sowohl die Bedeutungselemente, über die die sprechenden Wesen
zu einer gegebenen Zeit verfügen, als auch die semantische Struktur, die
an der Oberfläche der schon geäußerten Diskurse erscheint; sie betrifft
nicht die diskursive Praxis als Ort, an dem eine verschachtelte Vielfalt,
die lückenhaft und übereinandergelegt zugleich ist, von Gegenständen sich
formiert und deformiert, erscheint und erlischt.

Der Scharfsinn der Kommentatoren hat sich darin nicht getäuscht: Die
Wörter sind in einer Analyse wie der, die ich erstelle, ebenso bewußt fern
wie die *Dinge* selbst; nicht mehr Beschreibung eines Wortschatzes als
Rückgriff auf die lebendige Fülle der Erfahrung. Man kommt nicht mehr
zum Diesseits des Diskurses zurück – dorthin, wo noch nichts gesagt worden ist und wo die Dinge kaum ins Dämmerlicht ragen; man geht nicht
darüber hinaus, um die Formen wiederzufinden, die er angeordnet und
hinter sich gelassen hat: man hält, man versucht, sich auf dem Niveau
des Diskurses selbst zu halten. Da man mitunter Punkte auf die Iota der
immerhin manifesten Abwesenheiten setzen muß, werde ich sagen, daß
ich in all den Untersuchungen, mit denen ich erst so wenig weit vorangekommen bin, zeigen möchte, daß die »Diskurse«, so wie man sie hören
kann und so wie man sie in ihrer Textform lesen kann, nicht, wie man vielleicht erwarten könnte, eine reine und einfache Verschränkung der Dinge
und der Wörter sind: dunkler Rahmen der Dinge, greifbare, sichtbare und
farbige Kette der Wörter; ich möchte zeigen, daß der Diskurs keine dünne
Kontakt- oder Reibefläche einer Wirklichkeit und einer Sprache, die Ver-
strickung eines Lexikons und einer Erfahrung ist; ich möchte an präzisen
Beispielen zeigen, daß man bei der Analyse der Diskurse selbst die offensichtlich sehr starke Umklammerung der Wörter und der Dinge sich lok-
kern und eine Gesamtheit von der diskursiven Praxis eigenen Regeln sich

ablösen sieht. Diese Regeln definieren keineswegs die stumme Existenz einer Realität, keinesfalls den kanonischen Gebrauch eines Wortschatzes, sondern die Beherrschung der Gegenstände. »Die Wörter und die Sachen«[3] ist der – ernst gemeinte – Titel eines Problems; ist der – ironische – Titel der Arbeit, die dessen Form verändert, die Gegebenheiten verlagert und letzten Endes eine ganz andere Aufgabe freilegt. Eine Aufgabe, die darin besteht, nicht – nicht mehr – die Diskurse als Gesamtheiten von Zeichen (von bedeutungstragenden Elementen, die auf Inhalte oder Repräsentationen verweisen), sondern als Praktiken zu behandeln, die systematisch die Gegenstände bilden, von denen sie sprechen. Zwar bestehen diese Diskurse aus Zeichen; aber sie benutzen diese Zeichen für mehr als nur zur Bezeichnung der Sachen. Dieses *mehr* macht sie irreduzibel auf das Sprechen und die Sprache. Dieses *mehr* muß man ans Licht bringen und beschreiben.

4. Die Formation der Äußerungsmodalitäten

Qualitative Beschreibungen, biographische Erzählungen, Auffinden, Interpretation und Zerlegen der Zeichen, Analogieschlüsse, Deduktion, statistische Schätzungen, experimentelle Überprüfungen und andere Formen von Aussagen sind das, was man im 19. Jahrhundert im Diskurs der Ärzte finden kann. Welche Verkettung, welche Notwendigkeit besteht zwischen ihnen? Warum diese und keine anderen? Man müßte das Gesetz all dieser verschiedenen Äußerungen und den Ort, von dem sie kommen, finden.

a. Erste Frage: Wer spricht? Wer in der Menge aller sprechenden Individuen verfügt begründet über diese Art von Sprache? Wer ist ihr Inhaber? Wer erhält von ihr seine Einzigartigkeit, sein Prestige, und umgekehrt: Von wem erhält sie wenn nicht ihre Garantie, so wenigstens ihren Wahrheitsanspruch? Welches Statut haben die Individuen, die (und zwar sie allein) das reglementäre oder traditionelle, juristisch definierte oder spontan akzeptierte Recht besitzen, einen solchen Diskurs vorzubringen? Der Status des Arztes umfaßt Kriterien des Wissens und der Kompetenz; Institu-

---

3 *Les mots et les choses* ist der Originaltitel von *Die Ordnung der Dinge*. Der Titel wurde auf Wunsch des Verfassers in der deutschen Übersetzung geändert (Anm. d. Übersetzers).

tionen, Systeme, pädagogische Normen; gesetzliche Bedingungen, die ein
Recht auf die Anwendung und das Ausprobieren des Wissens geben, allerdings nicht ohne ihnen Grenzen zu setzen. Er umfaßt auch ein System der
Differenzierung und der Beziehungen (Aufteilung der Attributionen, hierarchische Unterordnungen, funktionelle Ergänzung, Nachfrage, Informa-
tionsübertragung und -austausch) mit anderen Individuen oder anderen
Gruppen, die selbst ein Statut besitzen (mit der politischen Macht und ihren Repräsentanten, mit der richterlichen Gewalt, mit den verschiedenen
Berufskörperschaften, mit den religiösen Gruppierungen und nötigenfalls
den Priestern). Er umfaßt auch eine bestimmte Anzahl von Zügen, die sein
Funktionieren im Verhältnis zur Gesamtgesellschaft bestimmen (die Rolle,
die dem Arzt zuerkannt wird, je nachdem, ob er von einer Privatperson gerufen wird oder mehr oder weniger gezwungenermaßen durch die Gesellschaft hinzugezogen wird, je nachdem, ob er einen Beruf ausübt oder ob er
Funktionsträger ist; die Interventions- und Entscheidungsrechte, die ihm
in den verschiedenen Fällen zuerkannt werden; was von ihm als Wächter,
Aufpasser und Garant der Gesundheit einer Bevölkerung, einer Gruppe,
einer Familie, eines Individuums verlangt wird; den Teil, den er vom öffentlichen Reichtum oder vom Privatvermögen abschöpft; die explizite
oder implizite Form des Vertrages, den er mit der Gruppe, in der er praktiziert, oder mit der Macht, die ihm eine Aufgabe anvertraut hat, oder mit
dem Kunden, der von ihm einen Rat, eine Therapie, eine Heilung verlangt
hat, abschließt). Dieser Status der Ärzte ist im allgemeinen ein ziemlich besonderer in allen Gesellschafts- und Zivilisationsformen. Er ist nie eine undifferenzierte oder austauschbare Gestalt. Das ärztliche Wort kann nicht
von irgend jemand kommen; sein Wert, seine Wirksamkeit, sogar seine
therapeutischen Kräfte und auf allgemeine Weise seine Existenz als ärztliches Wort sind nicht ablösbar von der durch einen Status definierten Persönlichkeit, die das Recht hat, es zu artikulieren, indem sie für dieses Wort
die Kraft in Anspruch nimmt, Leiden und Tod zu bannen. Man weiß aber
auch, daß dieses Statut in der abendländischen Zivilisation am Ende des
18. Jahrhunderts, ja am Ende des 19. Jahrhunderts tiefgreifend verändert
worden ist, als die Gesundheit der Bevölkerungen eine der ökonomischen
Normen geworden ist, die die Industriegesellschaften verlangten.

b. Man muß auch die institutionellen *Plätze* beschreiben, von denen aus
der Arzt seine Rede hält und wo diese ihren legitimen Ursprung und ihren

Anwendungspunkt findet (ihre spezifischen Gegenstände und ihre Instrumente der Verifizierung). Diese Plätze sind für unsere Gesellschaften: Das Krankenhaus, Ort einer ständigen, kodierten, systematischen, durch ein differenziertes und hierarchisiertes ärztliches Personal gesicherten Beobachtung, das somit ein quantifizierbares Häufigkeitsfeld bilden kann; die Privatpraxis, die ein Gebiet für zufälligere, lückenhaftere, weniger zahlreiche Beobachtungen bietet, die jedoch mitunter Feststellungen von größerer zeitlicher Tragweite mit besserer Kenntnis der Vorgeschichte und des Milieus erlauben; das Laboratorium, ein autonomer Ort, der lange Zeit vom Krankenhaus unterschieden wurde und in dem bestimmte Wahrheiten allgemeiner Ordnung über den menschlichen Körper, das Leben, die Krankheit, die Verletzungen erstellt werden, der bestimmte Elemente der Diagnose, bestimmte Zeichen der Entwicklung, bestimmte Kriterien für eine Heilung liefert und therapeutische Experimente gestattet; und schließlich das, was man als »Bibliothek« oder das dokumentarische Feld bezeichnen könnte, das nicht nur die Bücher oder Traktate, die man traditionell als gültig anerkennt, sondern auch die Gesamtheit der publizierten und überlieferten Berichte und Beobachtungen umfaßt, aber auch die große Masse der statistischen Informationen (die das soziale Milieu, das Klima, die Epidemien, die Sterblichkeitsrate, die Krankheitshäufigkeit, die Ansteckungsherde, die Berufskrankheiten betrifft), die dem Arzt durch die Verwaltungsapparate, durch andere Ärzte, durch Soziologen, durch Geographen geliefert werden können. Auch diese verschiedenen »Plätze« des ärztlichen Diskurses sind im 19. Jahrhundert tief verändert worden: Die Bedeutung des Dokuments wächst unaufhörlich (wodurch im gleichen Maße die Autorität des Buches oder der Tradition vermindert wird); das Krankenhaus, das für den Diskurs über die Krankheiten nur ein Stützpunkt gewesen war und an Bedeutung und an Wert hinter der privaten Praxis zurückstand (wo die Krankheiten, die ihrem natürlichen Milieu überlassen wurden, im 18. Jahrhundert sich in ihrer pflanzlichen Wahrheit enthüllen sollten), wird nun zum Ort systematischer und homogener Beobachtungen, ein Ort von Gegenüberstellungen auf breiter Stufenleiter, ein Ort der Aufstellung von Häufigkeits- und Wahrscheinlichkeitslisten, von Annullierung der individuellen Varianten, kurz zum Ort des Auftauchens der Krankheit nicht mehr als einzelner Art, die ihre wesentlichen Züge unter dem Blick des Arztes entfaltet, sondern als mittlerer Prozeß mit seinen signifikativen Merkpunkten, seinen Grenzen und seinen Entwicklungschancen. Ebenso hat sich die alltägliche ärztliche Praxis im 19. Jahrhundert das Laboratorium als den Ort eines Diskurses einverleibt, der die gleichen experimentellen Normen besitzt wie die Physik, die Chemie oder die Biologie.

c. Die Positionen des Subjekts werden ebenfalls durch die Situation definiert, die es seinen Möglichkeiten nach im Verhältnis zu verschiedenen Gebieten oder Gruppen von Gegenständen einnehmen kann: Es ist fragendes Subjekt mit einem bestimmten Raster von mehr oder weniger expliziten Fragestellungen und horchendes Subjekt gemäß einem bestimmten Informationsprogramm; es ist betrachtendes Subjekt mit einer Tafel von charakteristischen Zügen und notierendes Subjekt gemäß einem deskriptiven Typ; es wird in eine optimale perzeptive Distanz gestellt, deren Grenzen die Körnung der zutreffenden Information abstecken; es benutzt instrumentelle Zwischenstücke, die die Stufenleiter der Information verändern, indem sie das Subjekt im Verhältnis zur mittleren oder unmittelbaren Wahrnehmungsebene deplazieren, seinen Übergang von einer oberflächlichen Ebene zu einem tiefen Niveau sicherstellen und es in dem inneren Raum des Körpers zirkulieren lassen – von manifesten Symptomen zu den Organen, von den Organen zum Gewebe, vom Gewebe schließlich zu den Zellen. Zu diesen Wahrnehmungssituationen muß man auch noch die Positionen hinzufügen, die das Subjekt in dem Informationsnetz einnehmen kann (im theoretischen Unterricht oder in der Krankenhauspädagogik; im System mündlicher Kommunikation oder dem der geschriebenen Dokumentation; als Sender und Empfänger von Beobachtungen, von Berichten, von statistischen Gegebenheiten, von allgemeinen theoretischen Aussagen, von Plänen oder Entscheidungen). Die verschiedenen Situationen, die das Subjekt des ärztlichen Diskurses einnehmen kann, sind zu Beginn des 19. Jahrhunderts mit der Organisation eines völlig anderen Wahrnehmungsfeldes (das in die Tiefe hin angeordnet ist, durch instrumentelle Relais manifestiert wird, durch die chirurgischen Techniken oder die Methoden der Autopsie entfaltet wird und um Verwundungsherde herum zentriert ist) und mit der Anwendung neuer Systeme des Registrierens, des Notierens, des Beschreibens, des Klassifizierens und des Aufnehmens in numerische Folgen und in Statistiken, mit der Einrichtung neuer Formen des Unterrichts, des In-Umlauf-Bringens von Informationen in Beziehung zu den anderen theoretischen Gebieten (Wissenschaften oder Philosophie) und zu den anderen Einrichtungen (ob nun administrativer, politischer oder ökonomischer Ordnung) neu definiert worden.

Wenn im klinischen Diskurs der Arzt der Reihe nach der souveräne und direkte Fragesteller, das Auge, das betrachtet, der Finger, der berührt, das Organ der Entzifferung der Zeichen, der Punkt der Integration bereits vollzogener Beschreibungen, der Labortechniker ist, dann deshalb, weil ein ganzes Bündel von Beziehungen ins Spiel gebracht wird. Es sind Beziehungen zwischen dem Raum des Krankenhauses als dem gleichzeitigen Ort des Beistands, der gereinigten und systematischen Beobachtung und der Therapie, die teilweise erprobt, teilweise experimentell ist, und einer ganzen Gruppe von Wahrnehmungstechniken und Wahrnehmungskodes des menschlichen Körpers – so wie er durch die pathologische Anatomie definiert wird; das sind auch Beziehungen zwischen dem Feld der unmittelbaren Beobachtungen und dem Gebiet der bereits erworbenen Informationen; Beziehungen zwischen der Rolle des Arztes als Therapeuten, seiner Rolle als Pädagogen, seiner Rolle als Station in der Verbreitung ärztlichen Wissens und seiner Rolle als für die öffentliche Gesundheit im gesellschaftlichen Raum Verantwortlichen. Wenn man die klinische Medizin als Erneuerung der Gesichtspunkte, der Inhalte, der Formen und sogar des Stils der Beschreibung, der Benutzung von induktiven oder probabilistischen Überlegungen, der Bestimmungstypen der Kausalität, kurz als Erneuerung der Modalitäten der Äußerung betrachtet, so darf sie nicht als das Resultat einer neuen Beobachtungstechnik aufgefaßt werden – der Autopsie, die seit langem, schon vor dem 19. Jahrhundert praktiziert wurde; noch als das Resultat der Suche der pathogenen Ursachen in der Tiefe des Organismus – Morgagni übte das bereits in der Mitte des 18. Jahrhunderts; noch als die Wirkung jener neuen Institution, die die Klinik darstellte – es existierten seit Jahrzehnten bereits solche in Österreich und in Italien; noch als das Resultat der Einführung des Begriffs des Gewebes durch den *Traité des membranes* von Bichat. Sondern als das In-Beziehung-Setzen (innerhalb des ärztlichen Diskurses) einer bestimmten Zahl von unterschiedlichen Elementen, von denen die einen den Status der Mediziner, andere den institutionellen und technischen Ort, von dem aus sie sprachen, andere ihre Position als wahrnehmende, beobachtende, beschreibende, unterrichtende Subjekte betrafen. Man kann sagen, daß das In-Beziehung-Setzen von verschiedenen Elementen, von denen bestimmte neu, andere schon vorher

existent sind, durch den klinischen Diskurs bewirkt wird: Er als Praxis
stellt zwischen ihnen ein Beziehungssystem her, das nicht »wirklich« gegeben noch im vorhinein konstituiert ist; und wenn er eine Einheit hat, wenn
die Modalitäten der Äußerung, die er benutzt oder denen er Raum gibt,
nicht einfach durch eine Folge von historischen Berührungen nebeneinan-
dergestellt sind, dann liegt das daran, daß er jenes Bündel von Beziehungen auf konstante Weise anwendet.

Noch eine Bemerkung. Nachdem man die Unterschiedlichkeit der Äußerungstypen im klinischen Diskurs festgestellt hat, hat man nicht versucht, sie zu vermindern, indem man die formalen Strukturen, die Kategorien, die Weisen der logischen Verkettung, die Typen der Argumentation und
der Induktion, die Formen der Analyse und Synthese, die in einem Diskurs
angewandt werden konnten, zum Vorschein brachte; man hat nicht die rationale Organisation freilegen wollen, die Aussagen wie denen der Medizin
das zu geben in der Lage ist, was sie an immanenter Notwendigkeit enthalten. Weiterhin hat man den allgemeinen Horizont der Rationalität, vor
dem sich allmählich die Fortschritte der Medizin, ihre Anstrengungen, sich
nach den exakten Wissenschaften zu richten, die Verengung ihrer Beobach-
tungsmethoden, das langsame, schwierige Vertreiben der Bilder oder der
Phantasmen, die sie bewohnen, die Reinigung ihres Überlegungssystems
abgehoben haben, auf einen Gründungsakt oder ein konstituierendes Bewußtsein beziehen wollen. Schließlich hat man nicht versucht, die empirische Genese oder die verschiedenen Bestandteile der ärztlichen Mentalität
zu beschreiben: Wie sehr sich das Interesse der Ärzte verlagert hat, durch
welches theoretische oder experimentelle Modell sie beeinflußt worden
sind, welche Philosophie oder welche moralische Thematik das Klima ihrer
Reflexion bestimmt hat, auf welche Fragen, auf welches Verlangen sie zu
antworten hatten, welche Anstrengungen sie unternehmen mußten, um sich
von traditionellen Vorurteilen zu lösen, auf welchem Wege sie zur nie vollendeten Vereinheitlichung und nie erreichten Kohärenz ihres Wissens gegangen sind. Man bezieht also insgesamt die verschiedenen Modalitäten
der Äußerung nicht auf die Einheit eines Subjekts – ob es sich nun um
ein Subjekt handelt, das als reine Gründungsinstanz der Rationalität aufgefaßt wird, oder um ein Subjekt, das man als empirische Funktion der Synthese betrachtet. Auch nicht das »Erkennen«, nicht die »Kenntnisse«.

In der vorgeschlagenen Analyse manifestieren die verschiedenen Modalitäten der Äußerung, anstatt auf *die* Synthese oder auf *die* vereinheit-

lichende Funktion *eines* Subjekts zu verweisen, seine Dispersion.[4] In den verschiedenen Statuten, an den verschiedenen Plätzen, in den verschiedenen Positionen, die es innehaben oder erhalten kann, wenn es einen Diskurs hält. In der Diskontinuität der Ebenen, von wo aus es spricht. Und wenn diese Ebenen durch ein Bezugssystem verbunden sind, wird dieses nicht durch die synthetische Aktivität eines mit sich selbst identischen, stummen oder jedem Sprechen vorhergehenden Bewußtseins hergestellt, sondern durch die Spezifität einer diskursiven Praxis. Man wird also darauf verzichten, im Diskurs ein Phänomen des Ausdrucks zu sehen – die wörtliche Übersetzung einer woanders vorgenommenen Synthese; man wird darin eher ein Feld von Regelmäßigkeit für verschiedene Positionen der Subjektivität sehen. Der so begriffene Diskurs ist nicht die majestätisch abgewickelte Manifestation eines denkenden, erkennenden und es aussprechenden Subjekts: Im Gegenteil handelt es sich um eine Gesamtheit, worin die Verstreuung des Subjekts und seine Diskontinuität mit sich selbst sich bestimmen können. Es ist ein Raum der Äußerlichkeit, in dem sich ein Netz von unterschiedlichen Plätzen entfaltet. Vorhin haben wir gezeigt, daß es sich weder um die »Wörter« noch um die »Sachen« handelte, wenn man das System der einer diskursiven Formation eigenen Gegenstände definieren wollte. Ebenso muß man jetzt erkennen, daß es weder durch den Rückgriff auf ein transzendentales Subjekt noch durch den Rückgriff auf eine psychologische Subjektivität zu leisten ist, wenn es um die Definition des Systems seiner Äußerungen geht.

5. Die Formation der Begriffe

Vielleicht kann die Begriffsfamilie, die sich in dem Werk von Linné (aber auch in dem, das wir bei Ricardo oder in der Grammatik von Port-Royal finden) in einer kohärenten Gesamtheit organisiert werden. Vielleicht könnte man die deduktive Architektur wiederherstellen, die sie bildet. Auf jeden Fall sollte man den Versuch unternehmen, und er ist mehrmals unternommen worden. Wenn man umgekehrt eine größere Stufenleiter wählt und als Bezugspunkt Disziplinen wie die Grammatik, die Ökonomie oder die Untersuchung der Lebewesen nimmt, gehorcht das Spiel der Begriffe,

---

4 In dieser Hinsicht war der Ausdruck »ärztlicher Blick«, den ich in der *Naissance de la Clinique* benutzt habe, nicht sehr glücklich.

die man auftauchen sieht, nicht ebenso strengen Bedingungen: Ihre Geschichte ist nicht Stein für Stein die Konstruktion eines Gebäudes. Muß
man dieser Verstreuung den Anschein ihrer Unordnung überlassen, darin
eine Folge von begrifflichen Systemen sehen, von denen jedes seine eigene
Organisation hat und sich lediglich entweder nach der Permanenz der Probleme oder der Kontinuität der Tradition oder dem Mechanismus der Einflüsse artikuliert? Könnte man nicht ein Gesetz finden, das von dem sukzessiven oder gleichzeitigen Auftauchen disparater Begriffe Rechenschaft
ablegt? Kann man nicht ebenso ein System des Vorkommens zwischen ihnen finden, das keine logische Systematizität ist? Anstatt die Begriffe in
einem virtuellen deduktiven Gebäude erneut anordnen zu wollen, müßte
man die Organisation des Feldes der Aussagen beschreiben, in dem sie auftauchen und zirkulieren.

a. Diese Organisation umfaßt zunächst Formen der *Abfolge*. Unter ihnen
die verschiedenen *Anordnungen* der *Äußerungsfolgen* (handle es sich nun
um die Ordnung von Inferenzen, von sukzessiven Implikationen, von demonstrativen Überlegungen; um die Ordnung der Beschreibungen, die
Schemata der Verallgemeinerung oder der fortschreitenden Spezifizierung,
denen sie gehorchen; um die räumlichen Verteilungen, die sie durchlaufen;
oder die Ordnung der Erzählungen und die Weise, auf die die Ereignisse
der Zeit in der linearen Folge der Aussagen aufgeteilt sind); die verschiedenen *Abhängigkeitstypen* der Aussagen (die nicht stets identisch oder den
manifesten Abfolgen der Äußerungsfolge überlagerbar sind: so für die Abhängigkeit Hypothese – Verifizierung; Behauptung – Kritik; allgemeines
Gesetz – besondere Anwendung); die diversen rhetorischen *Schemata*, mittels deren man Aussagegruppen *kombinieren* kann (wie sich die einen Beschreibungen, Deduktionen, Definitionen, deren Folge die Architektur
eines Textes charakterisiert, mit den anderen verketten). Oder z. B. der Fall
der Naturgeschichte in der klassischen Epoche: Sie bedient sich nicht derselben Begriffe wie im 16. Jahrhundert; bestimmte ältere (Gattung, Art,
Zeichen) werden anders verwendet; andere (wie der der Struktur) kommen erstmals vor; wieder andere (der des Organismus) bilden sich noch
später. Was aber im 17. Jahrhundert geändert worden ist und das Auftauchen und die Rekurrenz der Begriffe für die ganze Naturgeschichte beherrschen wird, ist die allgemeine Anordnung der Aussagen und ihre serielle
Anordnung in determinierten Gesamtheiten; ist die Art, das umzuschrei-

ben, was man beobachtet, und entlang dem Faden der Aussagen eine perzeptive Bahn wiederherzustellen; es ist die Beziehung und das Spiel von
Subordinationen zwischen Beschreiben, In-distinktiven-Zügen-Artikulie-
ren, Charakterisieren und Klassifizieren; es ist die reziproke Position von
Einzelbeobachtungen und allgemeinen Prinzipien; es ist das Abhängigkeitssystem zwischen dem, was man gelernt hat, was man gesehen hat, was man
ableitet, was man als wahrscheinlich annimmt, was man fordert. Die Naturgeschichte ist im 17. und 18. Jahrhundert nicht mehr einfach eine Form
von Erkenntnis, die den Begriffen »Gattung« oder »Merkmal« eine neue
Definition gegeben und die neue Begriffe wie den der »natürlichen Klassifikation« oder »Säugetier« eingeführt hat; vor allem handelt es sich um
eine Menge von Regeln, um Aussagen in einer Folge anzuordnen, eine obligatorische Menge von Abhängigkeits-, von Ordnungs- und Abfolgesche-
mata, worin sich die rekurrenten Elemente verteilen, die als Begriffe gelten
können.

b. Die Konfiguration des Äußerungsfeldes umfaßt auch Formen der *Koexistenz*. Diese zeichnen zunächst ein *Feld der Präsenz* (und darunter muß
man alle bereits woanders formulierten Aussagen verstehen, die in einem
Diskurs als anerkannte Wahrheit, als exakte Beschreibung, als begründete
Überlegung oder notwendige Annahme wiederaufgenommen werden; man
muß auch die darunter verstehen, die kritisiert, diskutiert und beurteilt
werden, wie die, die zurückgewiesen oder ausgeschlossen werden); in diesem Feld der Präsenz können die errichteten Beziehungen zur Ordnung
der experimentellen Überprüfung, der logischen Wertung, der reinen und
einfachen Wiederholung, der durch die Tradition und Autorität gerechtfertigten Annahme, des Kommentars, der Untersuchung der verborgenen
Bedeutungen, der Analyse und des Irrtums sein; diese Beziehungen können explizit (und mitunter in spezialisierten Aussagetypen formuliert sein:
Referenzen, kritische Diskussionen) oder implizit und in die gewöhnlichen
Aussagen eingekleidet sein. Auch hier ist es leicht festzustellen, daß das
Feld der Präsenz der Naturgeschichte in der klassischen Epoche nicht
den gleichen Formen noch den gleichen Auswahlkriterien, noch denselben
Prinzipien des Ausschlusses wie in der Epoche gehorchen, in der Aldrovandi in ein und demselben Text all das aufnahm, was über Monstren gesehen, beobachtet, erzählt, tausendmal mündlich weitergegeben und sogar
von Dichtern erfunden sein konnte. Von diesem Feld der Präsenz unter-

schieden kann man u. a. ein *Feld der Begleitumstände* beschreiben (es handelt sich dabei um Aussagen, die völlig andere Gegenstandsbereiche betreffen und zu völlig anderen Diskurstypen gehören; die aber unter den
untersuchten Aussagen insofern aktiv werden, als sie als analoge Bestätigung dienen oder als allgemeines Prinzip und akzeptierte Prämissen für
eine Überlegung oder als Modelle, die man auf andere Inhalte übertragen
kann, oder daß sie als höhere Instanz funktionieren, der man wenigstens
bestimmte Sätze, die man bekräftigt, konfrontieren oder unterwerfen muß):
So definiert sich das Feld der Begleitumstände der Naturgeschichte in
der Epoche von Linné und Buffon durch eine bestimmte Zahl von Beziehungen zur Kosmologie, zur Erdgeschichte, zur Philosophie, zur Theologie, zur Heiligen Schrift und zur Bibelexegese, zu den mathematischen
Disziplinen (in der sehr allgemeinen Form einer Ordnungswissenschaft);
und all diese Beziehungen setzen sie in Gegensatz ebenso zum Diskurs
der Naturforscher des 16. Jahrhunderts wie zu dem der Biologen des 19.
Jahrhunderts. Schließlich umfaßt das Äußerungsfeld das, was man ein *Er-
innerungsgebiet* nennen könnte (es handelt sich um die Aussagen, die nicht
mehr zugelassen und nicht diskutiert werden, die infolgedessen kein Korpus von Wahrheiten oder ein Gültigkeitsgebiet definieren, sondern in Hinblick auf die sich Beziehungen der Ableitung, der Genese, der Transformation, der historischen Kontinuität und Diskontinuität herstellen): So
erscheint das Erinnerungsfeld der Naturgeschichte seit Tournefort als besonders eng und arm in seinen Formen, wenn man es mit dem so weiten,
so kumulativen, so wohlspezifizierten Erinnerungsfeld vergleicht, das sich
die Biologie seit dem 19. Jahrhundert gegeben hat; es erscheint umgekehrt
als viel besser definiert und besser artikuliert als das Erinnerungsfeld, das
in der Renaissance die Geschichte der Pflanzen und Tiere umgibt: denn
damals unterschied es sich kaum vom Feld der Präsenz; es hatte die gleiche
Ausdehnung und die gleiche Form wie jenes; es implizierte die gleichen
Beziehungen.

c. Man kann schließlich die *Prozeduren der Intervention* definieren, die legitim auf die Aussagen angewendet werden können. Diese Prozeduren
sind in der Tat nicht dieselben für alle diskursiven Formationen; diejenigen, die darin benutzt werden (unter Ausschluß aller anderen), die Beziehungen, die sie verbinden, und die Gesamtheit, die sie auf diese Weise errichten, gestatten die Spezifizierung einer jeden. Diese Prozeduren können

erscheinen: in *Techniken der Neuschreibung* (wie z. B. jenen, die den Naturforschern des klassischen Zeitalters erlaubt haben, die linearen Beschreibungen in klassifikatorische Tabellen umzuschreiben, die weder die gleichen Gesetze noch die gleiche Konfiguration wie die Listen und Verwandtschaftsgruppen haben, die man im Mittelalter oder während der Renaissance hergestellt hat); in *Methoden der Transkription* der (in der natürlichen Sprache artikulierten) Aussagen gemäß einer mehr oder weniger formalisierten und künstlichen Sprache (man findet den Plan dafür und bis zu einem bestimmten Punkt bereits die Realisierung bei Linné und Adanson); die *Übersetzungsweisen* der quantitativen Aussagen in qualitative Formulierungen und umgekehrt (Herstellung von Beziehungen zwischen Maßen und den rein perzeptiven Beschreibungen); die dazu benutzten Mittel, die *Annäherung* der Aussagen wachsen zu lassen und ihre Exaktheit zu verfeinern (die strukturelle Analyse gemäß der Form, der Zahl, der Anordnung und der Größe hat seit Tournefort eine größere und vor allem konstantere Annäherung der deskriptiven Aussagen gestattet); die Weise, auf die man erneut – durch Ausdehnung oder Einschränkung – das Gültigkeitsgebiet der Aussagen *abgrenzt* (die Äußerung der strukturellen Merkmale ist von Tournefort bis Linné eingegrenzt, dann erneut von Buffon bis hin zu Jussieu erweitert worden); die Weise, auf die man einen Aussagetyp von einem Anwendungsfeld zu einem anderen *transferiert* (wie die Übertragung der pflanzlichen Charakterisierung auf die tierische Taxonomie; oder der Beschreibung der oberflächlichen Züge auf die inneren Elemente des Organismus); die Methoden der *Systematisierung* der Sätze, die bereits existieren, weil sie vorher formuliert worden sind, aber in einem getrennten Zustand; oder auch die Methoden der Neuverteilung der Aussagen, die bereits miteinander verbunden sind, die man aber in einer neuen systematischen Gesamtheit anordnet (so etwa Adanson, als er die natürlichen Charakterisierungen wiederaufnahm, die vor ihm oder durch ihn in einer Menge von künstlichen Beschreibungen haben vorgenommen werden können, deren Schema er sich im vorhinein durch eine abstrakte Kombinatorik gegeben hatte).

Diese Elemente, deren Analyse vorgeschlagen wird, sind ziemlich heterogen. Bestimmte von ihnen bilden Regeln formaler Konstruktion, andere rhetorische Gewohnheiten; bestimmte definieren die innere Konfiguration eines Textes; andere die Art der Beziehung und Interferenz zwischen unterschiedlichen Texten; bestimmte sind charakteristisch für eine abgeschlossene Epoche; andere haben einen fernen Ursprung und eine sehr große zeitliche Tragweite. Was aber einer diskursiven Formation eigen ist und was die Abgrenzung der Gruppe von wenn auch disparaten Begriffen gestattet, die für sie spezifisch sind, ist die Weise, auf die die verschiedenen Elemente miteinander in Beziehung gesetzt werden: z. B. die Weise, auf die die Bestimmung der Beschreibungen oder der Erzählungen mit den Techniken des Neuschreibens verbunden sind; die Weise, wie das Erinnerungsfeld mit den Formen der Hierarchie und Unterordnung verbunden ist, die die Aussagen eines Textes beherrschen; die Weise, wie die Annäherungsmodi und Entwicklungsarten der Aussagen und die Weise der Kritik, der Kommentare, der Interpretation von bereits formulierten Aussagen verbunden sind. Dieses Bündel von Beziehungen konstituiert ein System begrifflicher Formation.

Die Beschreibung eines solchen Systems konnte keine Gültigkeit für eine direkte und unmittelbare Beschreibung der Begriffe selbst haben. Es handelt sich nicht darum, eine erschöpfende Bestandsaufnahme vorzunehmen, die Züge festzustellen, die ihnen gemeinsam sein können, ihre Klassifizierung zu unternehmen, ihre innere Kohärenz zu ermessen und ihre Kompatibilität auszuprobieren; man wählt zum Gegenstand der Analyse nicht die begriffliche Architektur eines isolierten Textes, eines Einzelwerkes oder einer Wissenschaft zu einem bestimmten gegebenen Zeitpunkt. Man stellt sich in Beziehung zu jenem manifesten begrifflichen Spiel etwas zurück; und man versucht zu bestimmen, gemäß welchen Schemata (der seriellen Anordnung, der gleichzeitigen Gruppierungen, der linearen oder reziproken Modifizierung) die Aussagen miteinander in einem Diskurstyp verbunden werden können; man versucht so herauszufinden, wie die rekurrenten Elemente der Aussagen erneut erscheinen, sich auflösen, sich erneut zusammensetzen, an Ausdehnung oder Bestimmung gewinnen, innerhalb neuer logischer Strukturen aufgenommen werden, umgekehrt neue semantische Inhalte annehmen und untereinander partielle Organisationen bilden können. Diese Schemata gestatten die Beschreibung nicht der Gesetze der inneren Konstruktion der Begriffe, nicht ihre fortschreitende und einzelne Genese im Geiste eines Menschen, sondern ihre anonyme Verstreuung durch Texte, Bücher und Werke. Diese Verstreuung charakterisiert einen Diskurstyp und definiert zwischen den Begriffen Formen der Deduktion, der Ableitung, der Kohärenz, aber auch der Inkompatibilität, des Überkreuzens, der Substitution, des Ausschlusses, der reziproken Veränderung, der Deplazierung usw. Eine solche Analyse betrifft also auf einer in bestimmter Weise *vorbegrifflichen* Ebene das Feld, in dem die Begriffe nebeneinander bestehen können, und die Regeln, denen dieses Feld unterworfen ist.

Um zu präzisieren, was man hier unter »vorbegrifflich« verstehen muß, werde ich das Beispiel der vier »theoretischen Schemata« aufnehmen, die ich in *Die Ordnung der Dinge* untersucht habe und die im 17. und 18. Jahrhundert die allgemeine Grammatik charakterisieren. Diese vier Schemata – Attribution, Gliederung, Bezeichnung und Ableitung – bezeichnen keine wirklich von den klassischen Grammatikern benutzten Begriffe; sie gestatten ebensowenig die Rekonstruktion oberhalb verschiedener grammatischer Werke einer Art allgemeineren, abstrakteren, ärmeren Systems, das jedoch ebendadurch die tiefe Kompatibilität dieser verschiedenen, offensichtlich entgegengesetzten Systeme entdecken würde. Sie gestatten zu beschreiben:

1. Wie sich die verschiedenen grammatikalischen Analysen ordnen und abwickeln können und welche Formen der Abfolge zwischen den Analysen des Namens, denen des Verbs, denen der Adjektive und denen, die die Phonetik und die Syntax betreffen, denen, die die ursprüngliche Sprache betreffen, und denen, die eine künstliche Sprache entwerfen, möglich sind. Diese verschiedenen möglichen Ordnungen werden durch die Abhängigkeitsbeziehungen vorgeschrieben, die man zwischen den Theorien der Attribution, der Gliederung, der Bezeichnung und der Ableitung herausfinden kann.

2. Wie die allgemeine Grammatik sich ein Gebiet der *Gültigkeit* definiert (nach welchen Kriterien man über die Wahrheit oder Falschheit einer Proposition diskutieren kann); wie sie sich ein Gebiet der *Normativität* konstituiert (nach welchen Kriterien man bestimmte Aussagen als für den Diskurs nicht pertinent oder als unwesentlich und am Rande liegend oder als unwissenschaftlich ausschließt); wie sie sich ein Gebiet der *Aktualität* bildet (das die erlangten Lösungen umfaßt, die gegenwärtigen Probleme definiert, den außer Brauch gekommenen Begriffen und Bestätigungen ihren Platz zuweist).

3. Welche Beziehungen die *allgemeine Grammatik* mit der *Mathesis* (mit der kartesianischen und nachkartesianischen Algebra, mit dem Plan einer allgemeinen Ordnungswissenschaft) unterhält, mit der philosophischen

Analyse der Repräsentation und der Theorie der Zeichen, mit der Naturgeschichte, den Problemen der Charakterisierung und der Taxinomie, mit
der Analyse der Reichtümer und den Problemen der arbiträren Zeichen
von Maß und Tausch: Wenn man diese Beziehungen findet, kann man
die Wege bestimmen, die von einem Gebiet zum andern die Zirkulation,
die Übertragung, die Modifikation der Begriffe, die Veränderung ihrer
Form oder den Wechsel ihres Anwendungsgebietes sichern. Der durch
die vier theoretischen Segmente gebildete Raster definiert nicht die logische Architektur all der von den Grammatikern benutzten Begriffe; er
zeichnet den regelmäßigen Raum ihrer Bildung.

4. Wie gleichzeitig oder nacheinander (in der Form alternativer Wahl,
der Modifikation oder der Substitution) die verschiedenen Auffassungen
des Verbs *sein*, der Kopula, der Verbwurzel und der Endung möglich sind
(dies für das theoretische Schema der *Attribution*); wie die verschiedenen
Konzeptionen der phonetischen Elemente, des Alphabets, des Nomens,
der Substantive und der Adjektive (dies für das theoretische Schema der
Gliederung); wie die verschiedenen Begriffe des Eigennamens und Gattungsnamens, des Demonstrativums, der Nominalwurzel, der Silbe oder
des expressiven Lauts (dies für das theoretische Segment der *Bezeichnung*);
wie die verschiedenen Begriffe der ursprünglichen und abgeleiteten Sprache, der Metapher und der Figur, der poetischen Sprache (dies für das
theoretische Segment der *Ableitung*).

Die »vorbegriffliche« Ebene, die man so freigesetzt hat, verweist nicht
auf einen Horizont der Idealität oder auf eine empirische Genese der Abstraktionen. Einerseits ist das kein Horizont der Idealität, der durch eine
begründende Geste gesetzt, entdeckt oder errichtet wird – und insoweit
ein ursprünglicher, als er jeder chronologischen Einreihung sich entzöge;
es handelt sich nicht an den Grenzen der Geschichte um ein unausschöpf-
bares Apriori, das gleichzeitig zurückgezogen wäre, weil es jedem Anfang,
jeder genetischen Wiederherstellung sich entzöge, und zurückgezogen,
weil es nie mit sich selbst gleichzeitig in einer expliziten Totalität sein
könnte. Tatsächlich stellt man die Frage auf der Ebene des Diskurses selbst,
der nicht mehr äußerliche Übersetzung ist, sondern Ort des Auftauchens
der Begriffe; man verbindet die Konstanten des Diskurses nicht mit den
idealen Strukturen des Begriffs, sondern man beschreibt den begrifflichen
Raster ausgehend von den immanenten Regelmäßigkeiten des Diskurses;
man unterwirft die Vielfältigkeit der Äußerungen nicht der Kohärenz der

Begriffe und diese der schweigenden Andacht einer metahistorischen Idealität; man stellt die umgekehrte Serie her: man stellt die reinen Ziele des Nichtwidersprechens in einen verschachtelten Raster von begrifflicher Kompatibilität und Inkompatibilität; und man bezieht diese Verschachtelung auf die Regeln, die eine diskursive Praxis charakterisieren. Genau dadurch ist es nicht mehr notwendig, auf die Themen des unendlich zurückgedrängten Ursprungs und des unausschöpfbaren Horizontes zurückzugreifen: Die Organisation einer Menge von Regeln in der Praxis des Diskurses, auch wenn sie kein ebensoleicht einzuordnendes Ereignis wie eine Formulierung oder eine Entdeckung darstellt, kann doch im Element der Geschichte determiniert werden; und wenn diese Menge von Regeln unausschöpfbar ist, legt das vollkommen beschreibbare System, das sie bildet, Rechenschaft ab von einem sehr beachtlichen Spiel von Begriffen und einer sehr bedeutenden Anzahl von Transformationen, die gleichzeitig diese Begriffe und ihre Beziehungen betreffen. Das so beschriebene »Vorbegriffliche« ist, statt einen Horizont zu zeichnen, der aus der Tiefe der Geschichte käme und sich durch sie hindurch aufrechterhielte, im Gegenteil auf der »oberflächlichsten« Ebene (auf der Ebene der Diskurse) die Menge der Regeln, die darin effektiv angewandt werden.

Man sieht, daß es sich ebensowenig um eine Genese der Abstraktionen handelt, die die Serie der Operationen wiederzufinden versuchen, die gestattet haben, sie zu konstituieren: Globale Intuitionen, Entdeckung besonderer Fälle, Ausgrenzung imaginärer Themen, Begegnung mit theoretischen oder technischen Hindernissen, sukzessive Anleihen bei traditionellen Modellen, Definition der adäquaten formalen Struktur usw. In der Analyse, die hier vorgeschlagen wird, haben die Formationsregeln ihren Platz nicht in der »Mentalität« oder dem Bewußtsein der Individuen, sondern im Diskurs selbst; sie auferlegen sich folglich gemäß einer Art uniformer Anonymität allen Individuen, die in diesem diskursiven Feld sprechen. Andererseits nimmt man nicht an, daß sie universell gültig für alle beliebigen Gebiete seien; man beschreibt sie stets in determinierten diskursiven Feldern und erkennt ihnen nicht von Anfang an unbegrenzte Möglichkeiten der Ausdehnung zu. Höchstens kann man in einem systematischen Vergleich von Gebiet zu Gebiet die Formationsregeln der Begriffe konfrontieren: So hat man versucht, die Identitäten und die Unterschiede festzustellen, die diese Mengen von Regeln in der klassischen Epoche in der allgemeinen Grammatik, in der Naturgeschichte und der Analyse der Reich-

tümer aufweisen können. Diese Regelmengen sind in jedem dieser Gebiete
spezifisch genug, um eine einzelne und wohl individualisierte diskursive
Formation charakterisieren zu können; aber sie bieten ausreichend Analogien, damit man diese verschiedenen Formationen eine größere und auf
höherem Niveau befindliche diskursive Gruppierung bilden sieht. Auf jeden Fall sind die Formationsregeln der Begriffe, wie allgemein sie auch immer seien, nicht das in der Geschichte niedergelegte und in der Mächtigkeit der kollektiven Gewohnheiten sedimentierte Resultat von durch die
Individuen vorgenommenen Operationen. Sie bilden nicht das magere
Schema einer ganzen dunklen Arbeit, in deren Verlauf die Begriffe sich
durch Illusionen, Vourteile, Irrtümer, Traditionen hindurch Bahn gebrochen hätten. Das vorbegriffliche Feld läßt die Regelmäßigkeiten und diskursiven Zwänge erscheinen, die die heterogene Multiplizität der Begriffe
möglich gemacht haben, und dann darüber hinaus das Wimmeln dieser
Themen, dieses Glaubens, dieser Repräsentationen, an die man sich gerne
hält, wenn man die Ideengeschichte schreiben will.

Um die Formationsregeln der Gegenstände zu analysieren, dürfte man,
wie wir sahen, sie nicht in den Dingen verwurzeln oder auf das Gebiet der
Wörter beziehen; um die Formation der Äußerungstypen zu analysieren,
durfte man sie nicht auf das erkennende Subjekt oder auf eine psychologische Individualität beziehen. Ebensowenig darf man, um die Formation
der Begriffe zu analysieren, sie auf den Horizont der *Idealität* oder auf den
empirischen Gang der *Ideen* beziehen.

6. Die Formation der Strategien

Diskurse wie die Ökonomie, die Medizin, die Grammatik, die Wissenschaft von den Lebewesen geben bestimmten Begriffsorganisationen, bestimmten Umgruppierungen von Gegenständen, bestimmten Aussagetypen Raum, die gemäß ihrem Grad an Kohärenz, Strenge und Stabilität
Themen oder Theorien bilden: In der Grammatik des 18. Jahrhunderts
etwa das Thema einer ursprünglichen Sprache, von der alle anderen abgeleitet wären und die mitunter entzifferbare Erinnerung trügen; in der Philologie des 19. Jahrhunderts etwa die Theorie einer Verwandtschaft –
Kindschaft oder Vetterschaft – zwischen allen indoeuropäischen Sprachen
und einer archaischen Sprache, die ihnen als gemeinsamer Ausgangspunkt

gedient hätte; im 18. Jahrhundert das Thema einer Evolution der Arten, die die Kontinuität der Natur in der Zeit entwickelt und die aktuellen Lücken in der taxinomischen Tabelle erklärt; bei den Physiokraten die Theorie einer Zirkulation der Reichtümer ausgehend von der agrikolen Produktion. Gleich welchen formalen Niveaus sie sind, man wird konventionell diese Themen und Theorien als »Strategien« bezeichnen. Das Problem bleibt zu wissen, wie sie sich in der Geschichte verteilen. Eine Notwendigkeit, die sie verkettet, sie unvermeidlich macht, sie genau nacheinander an ihren Platz stellt und daraus die sukzessiven Lösungen ein und desselben Problems macht? Oder Randbegegnungen von Ideen unterschiedlichen Ursprungs, von Einflüssen, Entdeckungen, spekulativen Klimaten, theoretischen Modellen, die die Geduld oder das Genie der Individuen in mehr oder weniger wohlgeordneten Gesamtheiten anordnete? Es sei denn, es bleibt unmöglich, zwischen ihnen eine Regelmäßigkeit festzustellen, und man bleibt unfähig, das gemeinsame System ihrer Formation zu definieren.

Bei der Analyse dieser Strategien wird es mir sehr schwer, ins Detail zu gehen. Der Grund dafür ist einfach: In den verschiedenen diskursiven Gebieten, die ich zweifellos auf sehr tastende Weise und, vor allem am Anfang, ohne ausreichende methodische Kontrolle inventarisiert habe, handelte es sich jedesmal darum, die diskursive Formation in all ihren Dimensionen und gemäß ihren eigenen Charakteristika zu beschreiben. Es mußten also jedesmal die Formationsregeln der Gegenstände, der Äußerungsmodalitäten, der Begriffe, der theoretischen Wahl definiert werden. Es hat sich aber herausgestellt, daß der schwierige Punkt der Analyse und das, was am meisten Aufmerksamkeit verlangte, nicht immer dieselben waren. In *Wahnsinn und Gesellschaft* hatte ich mit einer diskursiven Formation zu tun, deren Punkte theoretischer Wahl ziemlich leicht zu finden waren, deren begriffliche Systeme relativ gering an Zahl und ohne Komplexität waren, deren Äußerungssystem schließlich ziemlich homogen und monoton war; was umgekehrt ein Problem darstellte, war das Auftauchen einer ganzen Menge von Gegenständen, die stark verschachtelt und komplex waren. Um die Gesamtheit des psychiatrischen Diskurses in seiner Spezifität herauszufinden, handelte es sich vor allem um die Beschreibung der Formation dieser Objekte. In *La Naissance de la Clinique* war der wesentliche Punkt der Untersuchung die Weise, wie sich am Ende des 18. und zu Beginn des 19. Jahrhunderts die Äußerungsformen des ärztlichen

Diskurses modifiziert hatten. Die Analyse hatte sich also weniger auf die
Formation der Begriffssysteme oder auf die der theoretischen Wahl als
auf den Status, den institutionellen Platz, die Situation und Einreihungs-
weisen des diskurrierenden Subjekts erstreckt. Schließlich erstreckte sich
die Untersuchung in *Die Ordnung der Dinge* im wesentlichen auf die Be-
griffsraster und Formationsregeln (identische oder unterschiedliche), wie
man sie in der allgemeinen Grammatik, der Naturgeschichte und der Analyse der Reichtümer finden konnte. Was die strategische Wahl betrifft, so
sind ihr Platz und ihre Implikationen gezeigt worden, ob das nun beispielsweise hinsichtlich Linnés oder Buffons, der Physiokraten und der Utilitaristen geschah; aber ihre Ermittlung ist summarisch geblieben, und die
Analyse hat sich kaum bei ihrer Bildung aufgehalten. Sagen wir, daß die
Analyse der theoretischen Wahl noch die Gestalt einer Baustelle behalten
hat bis zu einer späteren Untersuchung, wo sie mit besonderer Aufmerksamkeit behandelt werden könnte.

Im Augenblick ist es gerade möglich, die Richtung, in die die Untersuchung gehen muß, anzuzeigen. Diese könnte man folgendermaßen zusammenfassen:

1. Die möglichen *Bruchpunkte* des Diskurses bestimmen. Diese Punkte
charakterisieren sich zunächst als *Punkte der Inkompatibilität*: Zwei Objekte oder zwei Äußerungstypen oder zwei Begriffe können in derselben
diskursiven Formation erscheinen, ohne – es sei denn um den Preis des manifesten Widerspruches oder der Inkonsequenz – in ein und dieselbe Folge
von Aussagen einzutreten. Sie sind weiterhin als *Äquivalenzpunkte* charakterisiert: Die beiden inkompatiblen Elemente werden auf dieselbe Weise
und ausgehend von denselben Regeln gebildet; die Bedingungen ihres Erscheinens sind identisch; sie stehen auf gleicher Ebene, und statt ein reines
und einfaches Fehlen von Kohärenz darzustellen, bilden sie eine Alternative: selbst wenn sie in der zeitlichen Abfolge nicht gleichzeitig auftauchen, selbst wenn sie nicht die gleiche Bedeutung gehabt haben und nicht
auf gleiche Weise in der Menge der effektiven Aussagen dargestellt werden,
präsentieren sie sich in der Form des »entweder . . . oder«. Schließlich werden sie als *Aufhängungspunkte einer Systematisierung* charakterisiert: Ausgehend von jedem dieser gleichzeitig äquivalenten und inkompatiblen Elemente ist eine kohärente Serie von Gegenständen, von Äußerungsformen,
von Begriffen abgeleitet worden (eventuell mit neuen Punkten der Inkom-

patibilität in jeder Serie). Mit anderen Worten: die untersuchten Verstreuungen auf den vorhergehenden Ebenen bilden nicht einfach Abweichungen, Nicht-Identitäten, diskontinuierliche Serien, Lücken; es passiert, daß
sie diskursive Teilmengen bilden – ebendie, denen man gewöhnlich eine
größere Bedeutung zumißt, als wären sie die unmittelbare Einheit und
das ursprüngliche Material, aus dem die größeren diskursiven Mengen
bestehen (»Theorien«, »Auffassungen«, »Themen«). Zum Beispiel berücksichtigt man in einer Analyse wie dieser hier nicht, daß die Analyse der
Reichtümer im 18. Jahrhundert die Resultante (auf dem Wege gleichzeitiger Zusammensetzung oder chronologischer Abfolge) mehrerer unterschiedlicher Konzeptionen des Geldes, des Austauschs von Gebrauchsge-
genständen, der Formation des Wertes und der Preise oder der Grundrente
ist. Man zieht nicht in Betracht, daß sie aus den Ideen von Cantillon, der
damit jene von Petty abgelöst hat, dem Experiment von Law, das nacheinander von verschiedenen Theoretikern reflektiert wurde, und dem physiokratischen System gebildet wurde, das sich den utilitaristischen Auffassungen entgegenstellte. Man beschreibt sie eher als eine Einheit der
Distribution, die ein Feld möglicher Optionen öffnet und verschiedenen
und einander ausschließenden Architekturen gestattet, nebeneinander oder
nacheinander aufzutauchen.

2. Aber all diese möglichen Kombinationen werden nicht wirklich realisiert: es gibt durchaus Teilmengen, regionale Kompatibilitäten, kohärente
Architekturen, die hätten ans Licht kommen können und sich nicht manifestiert haben. Um von den Entscheidungen zu berichten, die unter all denen vollzogen worden sind, die hätten vollzogen werden können (und nur
von diesen), muß man die spezifischen Entscheidungsinstanzen beschreiben. An erster Stelle unter ihnen die Rolle, die der untersuchte Diskurs
im Verhältnis zu denjenigen spielt, die ihm zeitgenössisch und benachbart
sind. Man muß also die *Ökonomie der diskursiven Konstellation* untersuchen, der er zugehört. Er kann in der Tat die Rolle eines formalen Systems
spielen, dessen Anwendung auf verschiedene semantische Felder andere
Diskurse wären. Es kann umgekehrt die eines konkreten Modells sein,
das man auf andere Diskurse von höherem Abstraktionsniveau (wie die allgemeine Grammatik im 17. und 18. Jahrhundert als ein besonderes Modell der allgemeinen Zeichentheorie und der Repräsentation erscheint) anwenden muß. Der untersuchte Diskurs kann auch in einer Beziehung der

Analogie, der Opposition oder der Komplementarität mit bestimmten anderen Diskursen stehen (Analogiebeziehung liegt zum Beispiel in der klassischen Epoche zwischen der Analyse der Reichtümer und der Naturgeschichte vor; die erste ist für die Repräsentation des Bedürfnisses und des Verlangens das, was die zweite für die Repräsentation der Wahrnehmungen und der Urteile ist; man kann auch festhalten, daß die Naturgeschichte und die allgemeine Grammatik untereinander in Gegensatz stehen wie eine Theorie der natürlichen Merkmale und eine Theorie der konventionellen Zeichen; alle beide stehen ihrerseits im Gegensatz zur Analyse der Reichtümer wie die Untersuchung der qualitativen Zeichen zu der der quantitativen Zeichen des Maßes; jede schließlich entwickelt eine der drei komplementären Rollen des repräsentativen Zeichens: Bezeichnen, Klassifizieren, Tauschen). Man kann schließlich zwischen mehreren Diskursen Beziehungen der reziproken Abgrenzung beschreiben, wobei jeder von ihnen sich die unterscheidenden Anzeichen seiner Besonderheit durch die Differenzierung seines Gebietes, seiner Methoden, seiner Instrumente, seines Anwendungsbereiches gibt (so für die Psychiatrie und die organische Medizin, die praktisch von dem Ende des 18. Jahrhunderts nicht voneinander unterschieden waren und seitdem einen Abstand bilden, der sie charakterisiert). Dieser ganze Komplex von Beziehungen bildet ein Bestimmungsprinzip, das innerhalb eines gegebenen Diskurses eine bestimmte Anzahl von Aussagen gestattet oder ausschließt: es gibt begriffliche Systematisierungen, Äußerungsverkettungen, Gruppen und Organisationen von Gegenständen, die möglich gewesen wären (und deren Abwesenheit auf der Ebene ihrer eigenen Formationsregeln nichts rechtfertigen kann), aber die durch eine diskursive Konstellation auf höherer Ebene und von größerer Ausdehnung ausgeschlossen werden. Eine diskursive Formation besetzt also nicht das ganze mögliche Volumen, das ihr die Formationssysteme ihrer Gegenstände, ihrer Äußerungen, ihrer Begriffe mit Recht öffnen. Sie ist wesentlich lückenhaft, und dies durch das Formationssystem ihrer strategischen Wahl. Daher rührt die Tatsache, daß eine gegebene diskursive Formation, die wiederaufgenommen, in einer neuen Konstellation angeordnet und interpretiert wird, neue Möglichkeiten erscheinen lassen kann (so können in der aktuellen Verteilung der wissenschaftlichen Diskurse die Grammatik von Port-Royal oder die Taxinomie von Linné Elemente freisetzen, die in Beziehung zu ihnen gleichzeitig immanent und unausgesprochen sind); aber es handelt sich nicht um einen verschwiegenen Inhalt, der implizit geblieben wäre, der ausgesprochen worden wäre, ohne ausgesprochen zu sein, und der unterhalb der manifesten Aussagen eine Art von fundamentalerem Unterdiskurs bildete, der schließlich jetzt ans Tageslicht kommt. Es handelt sich um eine Modifikation in dem Prinzip des Ausschlusses und der Möglichkeit der Wahl; eine Modifikation, die wir der Einreihung in eine neue diskursive Konstellation verdanken.

3. Die Bestimmung der wirklich durchgeführten theoretischen Wahl gehört zu einer anderen Instanz. Diese Instanz wird zunächst durch die *Funktion* charakterisiert, die der untersuchte Diskurs *in einem Feld nichtdiskursiver Praktiken* ausüben muß. So hat die allgemeine Grammatik in der pädagogischen Praxis eine Rolle gespielt; auf eine viel manifestere und viel bedeutendere Weise hat die Analyse der Reichtümer eine Rolle nicht nur in den politischen und ökonomischen Entscheidungen der Regierungen gespielt, sondern auch in der alltäglichen, kaum konzeptualisierten, kaum theoretisierten Praxis des aufkommenden Kapitalismus und in den sozialen und politischen Kämpfen, die die klassische Epoche charakterisiert haben. Diese Instanz umfaßt auch *das System und die Prozesse der Aneignung* des Diskurses: denn in unseren Gesellschaften (und wahrscheinlich in vielen anderen) ist der Besitz des Diskurses – gleichzeitig als Recht zu sprechen, Kompetenz des Verstehens, erlaubter und unmittelbarer Zugang der bereits formulierten Aussagen, schließlich als Fähigkeit, diesen Diskurs in Entscheidungen, Institutionen oder Praktiken einzusetzen, verstanden – in der Tat (manchmal auf reglementierende Weise sogar) für eine bestimmte Gruppe von Individuen reserviert; in den bürgerlichen Gesellschaften, die wir seit dem 16. Jahrhundert kennengelernt haben, ist der ökonomische Diskurs niemals ein allgemeiner Diskurs gewesen (ebensowenig der ärztliche Diskurs, der literarische Diskurs, wenn auch auf eine andere Weise). Schließlich charakterisiert sich diese Instanz durch die *möglichen Positionen des Verlangens im Verhältnis zum Diskurs:* dieser kann in der Tat der Ort für gaukelhafte Inszenierung, Element der Symbolisierung, Form des Verbots, Instrument der abgeleiteten Befriedigung sein (diese Möglichkeit, in Beziehung mit dem Verlangen zu stehen, ist nicht einfach die Tatsache der poetischen, romanhaften oder imaginären Ausübung des Diskurses: die Diskurse über den Reichtum, die Sprache, die Natur, den Wahnsinn, das Leben und den Tod, vielleicht auch viele andere, die noch viel abstrakter sind, können im Verhältnis zum Verlangen wohl determi-

nierte Positionen einnehmen). Auf jeden Fall muß die Analyse dieser Instanz zeigen, daß weder die Beziehung des Diskurses zum Verlangen noch
die Prozesse seiner Aneignung, noch seine Rolle unter den nicht-diskursiven Praktiken seiner Einheit, seiner Charakterisierung und den Gesetzen
seiner Formation äußerlich sind. Es sind keine störenden Elemente, die, indem sie sich seiner reinen, neutralen, zeitlosen und stummen Form überlagern, sie zurückdrängten und an seiner Stelle einen verkleideten Diskurs
sprechen ließen, sondern es sind durchaus bildende Elemente.

Eine diskursive Formation wird individualisiert werden, wenn man das
Formationssystem der verschiedenen sich darin entfaltenden Strategien definieren kann; in anderen Worten, wenn man zeigen kann, wie sie sich alle
(trotz ihrer manchmal extremen Unterschiedlichkeit, trotz ihrer Verstreuung in der Zeit) vom selben Mechanismus von Relationen ableiten. Zum
Beispiel wird die Analyse der Reichtümer im 17. und 18. Jahrhundert
durch das System charakterisiert, das gleichzeitig den Merkantilismus
von Colbert und den »Neomerkantilismus« von Cantillon, die Strategie
von Law und die von Paris-Duverney, die physiokratische Option und
die utilitaristische Option hat bilden können. Und dieses System wird
man definiert haben, wenn man beschreiben kann, wie die Bruchpunkte
des ökonomischen Diskurses sich voneinander ableiten, sich bestimmen
und sich implizieren (wie sich von einer Entscheidung anläßlich des Wert-
begriffes ein Wahlpunkt anläßlich der Preise ableitet); wie die vorgenommenen Auswahlentscheidungen von der allgemeinen Konstellation abhängen, in der der ökonomische Diskurs figuriert (die Wahl zugunsten des
Geldes als Zeichen ist mit dem Platz verbunden, den die Analyse der Reichtümer neben der Theorie der Sprache, der Analyse der Repräsentationen,
der Mathesis und der Wissenschaft der Ordnung einnimmt); wie diese
Wahlvorgänge mit der Funktion verbunden sind, die der ökonomische Diskurs in der Praxis des aufkommenden Kapitalismus einnimmt, mit dem
Aneignungsprozeß verbunden sind, dessen Objekt er für die Bourgeoisie
ist, mit der Rolle verbunden sind, die er in der Verwirklichung der Interessen und der Wünsche spielen kann. Der ökonomische Diskurs in der klassischen Epoche definiert sich durch eine bestimmte konstante Weise, wie
einem Diskurs innerliche Möglichkeiten der Systematisierung mit anderen Diskursen, die ihm äußerlich sind, und ein ganzes nicht-diskursives
Feld von Praktiken, von Aneignungen, von Interessen und Bedürfnissen
in Beziehung gesetzt werden können.

Man muß festhalten, daß die so beschriebenen Strategien sich nicht diesseits des Diskurses in der stummen Tiefe einer gleichzeitig vorläufigen und fundamentalen Wahl verwurzeln. All diese Gruppierungen von Aussagen, die man zu beschreiben hat, sind nicht der Ausdruck einer Weltsicht, die in den Wortarten gemünzt worden wäre, noch die heuchlerische Übersetzung eines Interesses, das sich unter dem Vorwand einer Theorie schützt: die Naturgeschichte in der klassischen Epoche ist etwas anderes als die Konfrontation im Vorraum der manifesten Geschichte zwischen der Vision (nach dem Konzept Linnés) eines statischen, geordneten, aufgeteilten und von seinem Ursprung an dem klassifikatorischen Raster weise angebotenen Universums und der noch etwas konfusen Wahrnehmung einer Natur als Erbin der Zeit, mit dem Gewicht ihrer Zufälle und geöffnet hin auf die Möglichkeit einer Evolution; ebenso ist die Analyse der Reichtümer etwas anderes als der Interessenkonflikt zwischen einer Bourgeoisie, die zum Grundbesitzer geworden ist, ihre ökonomischen oder politischen Forderungen durch die Stimme der Physiokraten ausdrückt, und einer Handelsbourgeoisie, die protektionistische oder liberale Maßnahmen durch die Utilitaristen verlangt. Weder die Analyse der Reichtümer noch die Naturgeschichte können, wenn man sie auf der Ebene ihrer Existenz, ihrer Einheit, ihrer Permanenz und ihrer Transformationen befragt, als die Summe dieser verschiedenen Optionen betrachtet werden. Diese müssen im Gegenteil beschrieben werden als systematisch unterschiedene Weisen, Diskursobjekte zu behandeln (sie abzugrenzen, sie erneut zu gruppieren oder sie zu trennen, sie zu verketten und sich voneinander ableiten zu lassen), Äußerungsformen zur Verfügung zu stellen (sie auszuwählen, sie zu plazieren, Serien zu konstituieren, sie in großen rhetorischen Einheiten zusammenzusetzen), Begriffe zu manipulieren (ihnen Gebrauchsregeln zu geben, sie in regionale Zusammenhänge eintreten zu lassen und so begriffliche Architekturen zu errichten). Diese Optionen sind keine Keime von Diskursen (worin diese im vorhinein determiniert und in einer quasi mikroskopischen Form vorgeformt würden); es sind regulierte Weisen (und auch als solche beschreibbar), Diskursmöglichkeiten anzuwenden.

Aber diese Strategien dürfen ebenfalls nicht als sekundäre Elemente analysiert werden, die sich einer diskursiven Rationalität überlagerten, die zu Recht von ihnen unabhängig wäre. Es gibt (wenigstens für die historische Beschreibung, deren Möglichkeit wir hier umreißen, kann man dies nicht zugestehen) keine Art idealen Diskurses, gleichzeitig als äußersten und zeitlosen, den Wahlentscheidungen äußerlichen Ursprungs pervertiert, umgestoßen, unterdrückt und zu einer vielleicht fernen Zukunft zurückgedrängt hätten; man darf zum Beispiel nicht annehmen, daß zwei überlagerte und verschachtelte Diskurse über die Natur und die Ökonomie bestehen: der eine, der sich langsam fortsetzt, der sein erworbenes Wissen akkumuliert und sich allmählich vervollständigt (als wahrer Diskurs, der aber in seiner Reinheit nur an den teleologischen Grenzen der Geschichte existiert); der andere, der stets ruiniert wird, stets erneuert und in ständigem Bruch mit sich selbst befindlich aus heterogenen Fragmenten zusammengesetzt ist (als Diskurs von Meinungen, die die Geschichte im Laufe der Zeit in die Vergangenheit zurückwirft). Es gibt keine natürliche Taxinomie, die exakt gewesen wäre, den Fixismus ausgenommen. Es gibt keine Ökonomie des Tausches und der Nützlichkeit, die wahr gewesen wäre, ohne daß sie zugleich die Vorzüge und die Illusionen einer Handelsbourgeoisie vertreten hätte. Die klassische Taxinomie oder die Analyse der Reichtümer, so wie sie wirklich existiert und historische Figuren gebildet haben, umfassen in einem gegliederten, aber unauflösbaren System Objekte, Äußerungen, Begriffe *und* theoretische Auswahl. Ebenso wie man die Formation der Gegenstände weder auf die Wörter noch auf die Sachen, die der Äußerungen weder auf die reine Form der Erkenntnis noch auf das psychologische Subjekt, die der Begriffe weder auf die Struktur der Idealität noch auf die Abfolge der Ideen beziehen durfte, darf man die Formation der theoretischen Auswahl nicht auf ein fundamentales *Vorhaben* noch auf das sekundäre Spiel der *Meinungen* beziehen.

7. Bemerkungen und Konsequenzen

Jetzt müssen wir eine bestimmte Zahl von verstreuten Hinweisen in den voraufgehenden Analysen noch einmal aufnehmen, auf einige der Fragen antworten, die sie stellen, und vor allem die Entgegnung ins Auge fassen, die sich einzustellen droht, denn das Paradox des Unternehmens taucht sofort auf.

Von Anfang an hatte ich jene im vorhinein aufgestellten Einheiten in Frage gestellt, gemäß denen man traditionellerweise das undefinierte, monotone, wimmelnde Gebiet des Diskurses abstuft. Es handelte sich nicht darum, diesen Einheiten jeden Wert zu bestreiten oder ihre Anwendung zu untersagen; sondern darum, zu zeigen, daß sie eine theoretische Ausarbeitung verlangen, wenn sie exakt definiert werden sollen. Doch – und hier erscheinen alle vorhergehenden Analysen problematisch – war es denn notwendig, diesen vielleicht in der Tat etwas ungewissen Einheiten eine andere Kategorie von weniger sichtbaren, abstrakteren und mit Sicherheit problematischeren Einheiten zu überlagern? Selbst in dem Fall, wo ihre historischen Grenzen und die Spezifität ihrer Organisation ziemlich leicht wahrzunehmen sind (das beweisen die allgemeine Grammatik oder die Naturgeschichte), stellen diese diskursiven Formationen viel schwierigere Probleme des Auffindens als das Buch oder das Werk. Warum also soll man an Neugruppierungen gehen, die in dem Moment selbst so zweifelhaft sind, wo man diejenigen problematisiert, die evidenter erschienen? Welches neue Gebiet hofft man zu entdecken? Welche bisher im dunkeln oder implizit gebliebenen Beziehungen? Welche noch außerhalb der Reichweite der Historiker verbliebenen Transformationen? Kurz, welche deskriptive Wirksamkeit kann man diesen neuen Analysen zugestehen? All diese Fragen werde ich noch zu beantworten versuchen. Aber wir müssen jetzt schon auf eine der Fragestellungen antworten, die im Verhältnis zu jenen späteren Analysen sich früher stellt, umgekehrt im Verhältnis zu den vorhergehenden einen Abschluß bildet: Ist man gegenüber diesen diskursiven Formationen, die ich zu definieren versucht habe, wirklich im Recht, wenn man dabei von Einheiten spricht? Vermag die Abtrennung, die wir vorschlagen, Gesamtheiten zu individualisieren? Und welche Natur hat die so entdeckte oder konstruierte Einheit?

Wir waren von einer Feststellung ausgegangen: bei der Einheit eines Diskurses wie dem der klinischen Medizin, der Politischen Ökonomie oder der Naturgeschichte hat man mit einer Verstreuung von Elementen zu tun. Nun kann diese Verstreuung selbst mit ihren Lücken, ihren Rissen, ihren Verschachtelungen, ihren Überlagerungen, ihren Inkompatibilitäten, ihren Ersetzungen und Substitutionen in ihrer Besonderheit beschrieben werden, wenn man fähig ist, die spezifischen Regeln zu bestimmen, gemäß denen Objekte, Äußerungen, Begriffe, theoretische Optionen gebildet worden sind: wenn es eine Einheit gibt, liegt sie nicht in der sichtbaren und horizontalen Kohärenz der gebildeten Elemente; sie liegt durchaus diesseits in dem System, das ihre Bildung möglich macht und beherrscht. Aber mit welchem Recht kann man von Einheiten und Systemen sprechen? Wie kann man versichern, daß man durchaus diskursive Gesamtheiten indivi-

dualisiert hat? Wo man doch auf ziemlich waghalsige Weise hinter der offenbar irreduziblen Vielfältigkeit der Gegenstände, der Äußerungen, der
Begriffe und der Wahlmöglichkeiten eine Masse von Elementen angewandt
hat, die nicht weniger zahlreich und nicht weniger verstreut waren, aber
die obendrein untereinander heterogen waren? Während man all diese Elemente in vier verschiedene Gruppen aufgeteilt hat, deren Gliederungs-
weise kaum definiert worden war? Und in welchem Sinne kann man
sagen, daß all diese Elemente, die hinter den Gegenständen, den Äußerungen, den Begriffen und den Strategien der Diskurse ans Licht gebracht
worden sind, die Existenz von nicht weniger individualisierbaren Gesamtheiten als Werke oder Bücher sichern?

1. Wir haben es gesehen, und es ist wahrscheinlich nicht nötig, darauf zurückzukommen: wenn man von einem Formationssystem spricht, denkt
man nicht nur an das Nebeneinanderstellen, die Koexistenz oder die Interaktion von heterogenen Elementen (Institutionen, Techniken, gesellschaftlichen Gruppen, perzeptiven Organisationen, Beziehungen zwischen
verschiedenen Diskursen), sondern an die Herstellung einer Beziehung
zwischen ihnen – und zwar in einer sehr bestimmten Form – durch die diskursive Praxis. Aber was hat es nun mit diesen vier Systemen ihrerseits
oder vielmehr mit diesen vier Bündeln von Systemen auf sich? Wie können
sie für sie alle ein einziges Formationssystem definieren?

Das liegt daran, daß die verschiedenen so definierten Ebenen nicht voneinander unabhängig sind. Wir haben gezeigt, daß die strategische Wahl
nicht direkt aus einer Weltsicht oder einer Vorherrschaft von Interessen
hervortritt, die diesem oder jenem sprechenden Subjekt eigen wäre; sondern daß ihre Möglichkeit selbst durch divergierende Punkte im Spiel
der Begriffe determiniert wird; wir haben auch gezeigt, daß die Begriffe
nicht direkt auf dem annähernden, konfusen und lebendigen Hintergrund
der Ideen gebildet wurden, sondern ausgehend von Formen der Koexistenz
zwischen den Aussagen; hinsichtlich der Äußerungsmodalitäten sahen wir,
daß sie ausgehend von der Position beschrieben wurden, die das Subjekt in
Beziehung zum Gebiet der Objekte einnimmt, über die es spricht. Auf
diese Weise existiert ein vertikales Abhängigkeitssystem: Alle Positionen
des Subjekts, alle Typen der Koexistenz zwischen Aussagen, alle diskursiven Strategien sind nicht gleichermaßen möglich, sondern nur diejenigen,
die durch die vorhergehenden Ebenen autorisiert werden; wenn zum Bei-

spiel das Formationssystem gegeben ist, das im 18. Jahrhundert die Gegenstände der Naturgeschichte (als Individualitäten, die Träger von Merkmalen und dadurch klassifizierbar sind; als strukturelle Elemente, die Variationen unterliegen, als sichtbare und analysierbare Oberflächen, als Feld
von kontinuierlichen und regelmäßigen Unterschieden) beherrscht, werden bestimmte Modalitäten der Äußerung (zum Beispiel die Entzifferung
der Zeichen) ausgeschlossen, andere (zum Beispiel die Beschreibung gemäß einem determinierten Kode) werden impliziert; ebenso, wenn die verschiedenen Positionen gegeben sind, die das diskurrierende Subjekt einnehmen kann (als Subjekt, das ohne instrumentelle Vermittlung schaut,
als Subjekt, das bei der perzeptiven Vielheit lediglich die Elemente der
Struktur heraushebt, als Subjekt, das diese Elemente in ein kodiertes Vokabular umschreibt usw.), gibt es zwischen den Aussagen eine bestimmte
Anzahl von Koexistenzen, die ausgeschlossen sind (wie zum Beispiel die
gelehrte Reaktivierung des bereits Gesagten oder den exegetischen Kommentar eines sakralisierten Textes), andere dann, die möglich sind oder
verlangt werden (wie die Integration von völlig oder teilweise analogen
Aussagen in eine klassifikatorische Tabelle). Die Ebenen sind also in Beziehung zueinander nicht frei und entfalten sich nicht gemäß einer grenzenlosen Autonomie: Von der primären Differenzierung der Gegenstände hin
zur Formation der diskursiven Strategien existiert eine ganze Hierarchie
von Beziehungen.

Aber die Beziehungen errichten sich gleichzeitig in einer umgekehrten
Richtung. Die niederen Ebenen sind nicht unabhängig von denen, die
über ihnen liegen. Die theoretischen Wahlen schließen die Bildung bestimmter Begriffe, das heißt bestimmte Formen der Koexistenz zwischen
den Aussagen, in den Aussagen aus, von denen sie bewirkt werden, oder
implizieren sie: So wird man in den Texten der Physiokraten nicht dieselben Integrationsweisen der quantitativen Gegebenheiten und der Maße
finden wie in den Analysen, die die Utilitaristen vorgenommen haben.
Nicht daß die physiokratische Wahl die Menge der Regeln modifizieren
könnte, die die Formation der ökonomischen Begriffe im 18. Jahrhundert
sichern; aber sie kann diese oder jene der Regeln anwenden oder ausschließen und infolgedessen bestimmte Begriffe erscheinen lassen (wie den des
Nettoprodukts zum Beispiel), die nirgends sonst auftauchen. Nicht die
theoretische Wahl hat die Formation des Begriffs reguliert, sondern er hat
sie durch die Vermittlung der spezifischen Regeln der Begriffsformation

und durch das Spiel der Beziehungen, die er mit dieser Ebene unterhält,
produziert.

2. Diese Formationssysteme dürfen nicht für unbewegliche Blöcke, für sta-
tische Formen gehalten werden, die sich von außen dem Diskurs auferlegen und ein für allemal seine Merkmale und Möglichkeiten definieren
würden. Es sind keine Zwänge, die ihren Ursprung in den Gedanken der
Menschen oder im Spiel ihrer Repräsentationen hätten, aber es sind auch
keine Determinationen, die, auf der Ebene der Institutionen oder der gesellschaftlichen Beziehungen oder der Ökonomie geformt, sich gewaltsam
an der Oberfläche der Diskurse umschrieben. Diese Systeme – man hat
schon mit Nachdruck darauf hingewiesen – ruhen im Diskurs selbst; oder
vielmehr (da es sich nicht um seine Innerlichkeit und um das handelt, was
sie enthalten kann, sondern um seine spezifische Existenz und um seine
Bedingungen) an seiner Grenze, an jener Grenze, an der die spezifischen
Regeln definiert werden, die ihn als solchen existieren lassen. Unter Formationssystem muß man also ein komplexes Bündel von Beziehungen verstehen, die als Regel funktionieren: Es schreibt das vor, was in einer diskursiven Praxis in Beziehung gesetzt werden mußte, damit diese sich auf
dieses oder jenes Objekt bezieht, damit sie diese oder jene Äußerung zum
Zuge bringt, damit sie diesen der jenen Begriff benutzt, damit sie diese
oder jene Strategie organisiert. Ein Formationssystem in seiner besonderen
Individualität zu definieren heißt also, einen Diskurs oder eine Gruppe
von Aussagen durch die Regelmäßigkeit einer Praxis zu charakterisieren.
    Als Gesamtheit von Regeln für eine diskursive Praxis ist das Formations-
system der Zeit nicht fremd. Es sammelt nicht alles auf, was durch eine sä-
kulare Folge von Aussagen hindurch in einem anfänglichen Punkt erscheinen kann, der gleichzeitig Beginn, Ursprung, Begründung, Axiomssystem
wäre und von dem ausgehend die Peripetien der wirklichen Geschichte
sich nur noch auf ganz notwendige Weise abwickeln müßten. Was es zeichnet, ist das Regelsystem, das angewandt werden mußte, damit ein bestimmter Gegenstand sich transformiert, eine bestimmte neue Äußerung
auftaucht, ein bestimmter Begriff herausgearbeitet, verwandelt oder importiert wird, eine bestimmte Strategie modifiziert wird, ohne jedoch weiterhin demselben Diskurs anzugehören; und was es ebenfalls umreißt, ist
das Regelsystem, das angewandt werden mußte, damit eine Veränderung
in anderen Diskursen (in anderen Praktiken, in den Institutionen, in den

sozialen Beziehungen, in den ökonomischen Prozessen) sich innerhalb
eines gegebenen Diskurses umschreiben konnte und so einen neuen Gegenstand konstituierte, eine neue Strategie herbeiführte, neuen Äußerungen oder neuen Begriffen Raum ab. Eine diskursive Formation spielt also
nicht die Rolle einer Figur, die die Zeit anhält und für Jahrzehnte oder
Jahrhunderte einfriert; sie determiniert eine zeitlichen Prozessen eigene
Regelmäßigkeit; sie setzt das Artikulationsprinzip zwischen einer Serie
von diskursiven Ereignissen und anderen Serien von Ereignissen, von Transformationen, von Veränderungen und Prozessen fest. Sie ist nicht zeitlose
Form, sondern Entsprechungsschema zwischen mehreren zeitlichen Serien.

Diese Mobilität des Formationssystems gibt sich auf zwei verschiedene
Weisen. Zunächst auf der Ebene der Elemente, die in Beziehung gesetzt
werden: diese können in der Tat eine bestimmte Zahl von immanenten
Veränderungen eingehen, die in die diskursive Praxis integriert sind, ohne
daß die allgemeine Form ihrer Regelmäßigkeit verändert wird. So haben
während des ganzen 19. Jahrhunderts die Kriminalrechtsprechung, der demographische Druck, die Nachfrage nach Arbeitskräften, die Formen der
Fürsorge, der juristische Status und die rechtlichen Bedingungen der Internierung sich unaufhörlich geändert; dennoch hat die diskursive Praxis der
Psychiatrie weiterhin zwischen diesen Elementen eine Gesamtheit von Beziehungen hergestellt; so hat das System die Merkmale seiner Individualität beibehalten; durch dieselben Formationsgesetze hindurch erscheinen
neue Gegenstände (neue Typen von Individuen, neue Verhaltensklassen
werden als pathologisch charakterisiert), neue Äußerungsmodalitäten werden benutzt (quantitative Notierungen und statistische Berechnungen),
neue Begriffe werden entworfen (wie die der Degenerierung, der Perversität, der Neurose), und selbstverständlich können neue theoretische Gebäude errichtet werden. Umgekehrt modifizieren aber die diskursiven
Praktiken die Gebiete, die sie in Beziehung setzen. Sie richten vergeblich
spezifische Beziehungen ein, die nur auf ihrer eigenen Ebene analysiert
werden können, diese Beziehungen haben ihre Wirkungen nicht allein
im Diskurs: sie schreiben sich auch in die Elemente ein, die sie nacheinander artikulieren. Das Feld des Krankenhauses zum Beispiel ist nicht unveränderlich geblieben, nachdem es einmal durch den klinischen Diskurs mit
dem Laboratorium in Beziehung gesetzt worden war: sein Verordnungswe-
sen, den Status, den darin der Arzt erhält, die Funktion seines Blickes, das

Niveau der Analyse, die man darin hat vornehmen können, waren auf einmal notwendig verändert.

3. Was man als »Formationssysteme« beschreibt, bildet nicht die abschließende Stufe des Diskurses, wenn man unter diesem Terminus die Texte (oder die Worte) versteht, die sie sich mit ihrem Vokabular, ihrer Syntax, ihrer logischen Struktur oder ihrer rhetorischen Organisation geben. Die Analyse bleibt diesseits dieses manifesten Niveaus, das dasjenige der abgeschlossenen Konstruktion ist: Indem sie das Distributionsprinzip der Objekte in einem Diskurs definiert, berichtet sie nicht über all ihre Verbindungen, über ihre feine Struktur noch über ihre inneren Unterteilungen; indem sie das Dispersionsgesetz der Begriffe sucht, berichtet sie nicht über alle Prozesse der Erarbeitung noch über alle deduktiven Ketten, in denen sie vorkommen können. Wenn sie die Modalitäten der Äußerung untersucht, stellt sie weder den Stil noch die Verkettung der Sätze in Frage. Kurz: sie läßt die schließliche Plazierung des *Textes* als punktierte Linie offen. Damit wir uns aber richtig verstehen: Wenn sie im Verhältnis zu jener letzten Konstruktion sich zurückhält, dann nicht, um sich vom Diskurs abzuwenden und sich an die stumme Arbeit des Denkens zu wenden; ebensowenig, um sich vom Systematischen abzuwenden und die »lebendige« Unordnung der Versuche, der Irrtümer und des Wiederanfangens hervorzukehren.

Darin steht die Analyse der diskursiven Formationen in Gegensatz zu vielen gewöhnlichen Beschreibungen. Man ist in der Tat gewohnt anzunehmen, daß die Diskurse und ihre systematische Anordnung nicht der letzte Zustand, das Resultat letzter Instanz einer lange Zeit gewundenen Herausarbeitung sind, wo die Sprache und das Denken, die empirische Erfahrung und die Kategorien, das Gelebte und die idealen Notwendigkeiten, die Kontingenz der Ereignisse und das Spiel der formalen Zwänge mit im Spiel sind. Hinter der sichtbaren Fassade des Systems nimmt man die reiche Ungewißheit der Unordnung an; und unter der dünnen Oberfläche des Diskurses vermutet man die ganze Masse eines zum Teil schweigenden Werdens: Ein »präsystematisches«, das nicht zur Ordnung des Systems gehört; ein »prädiskursives«, das zu einer wesentlichen Stummheit gehört. Diskurs und System dürfen sich demnach nur – und zwar verbunden – auf dem Grat dieser immensen Reserve produzieren. Was aber hier analysiert wird, sind gewiß nicht die endgültigen Zustände des Diskurses; sondern es sind Systeme, die die letzten systematischen Formen möglich machen; es sind *präterminale Regelmäßigkeiten*, im Verhältnis zu denen der endgültige Zustand sich eher durch seine Varianten definiert, wobei er weit entfernt davon ist, den Entstehungsort des Systems zu bilden. Hinter dem abgeschlossenen System entdeckt die Analyse der Formationen nicht das schäumende Leben selbst, nicht das noch nicht eingefangene Leben; sondern es ist eine immense Mächtigkeit von Systematizitäten, eine gedrängte Menge multipler Beziehungen. Und obendrein sind diese Beziehungen nicht umsonst das Gewebe des Textes selbst. Sie sind nicht von Natur aus dem Diskurs fremd. Man kann sie als »prädiskursive« qualifizieren, unter der Bedingung jedoch, daß man zugibt, daß dieses Prädiskursive noch zum Diskursiven gehört, das heißt, daß sie nicht einen Gedanken spezifizieren oder ein Bewußtsein oder eine Menge von Repräsentationen, die letztlich und auf nie ganz notwendige Weise in einen Diskurs umgeschrieben würden, sondern daß sie bestimmte Ebenen des Diskurses charakterisieren, daß sie Regeln definieren, die er als singuläre Praxis aktualisiert. Man sucht also nicht danach, vom Text zum Denken, vom Geschwätz zum Schweigen, vom Äußeren zum Inneren, von der räumlichen Dispersion zur reinen Aufnahme des Augenblicks, von der oberflächlichen Vielfalt zur tiefen Einheit überzugehen. Man bleibt in der Dimension des Diskurses.

III
Die Aussage und das Archiv

1. Die Aussage definieren

Ich gehe jetzt davon aus, daß man das Risiko akzeptiert hat; daß man für die Artikulation der großen Oberfläche der Diskurse bereit war, die etwas seltsamen, etwas entfernten Figuren anzunehmen, die ich diskursive Formationen genannt habe; daß man die traditionellen Einheiten des Buches und des Werkes nicht definitiv, sondern für eine bestimmte Zeit und aus methodischer Besorgnis beiseite gestellt hat; daß man aufhört, die Konstruktionsgesetze des Diskurses (mit der formalen Organisation, die daraus resultiert) oder die Situation des sprechenden Subjekts (mit dem Kontext und dem psychologischen Kern, die diese Situation charakterisieren) als Einheitsprinzip zu nehmen; daß man den Diskurs nicht mehr auf den ursprünglichen Boden einer Erfahrung noch auf die Apriori-Instanz einer Kenntnis bezieht; sondern daß man ihn in sich selbst nach seinen Formationsregeln befragt. Ich nehme an, daß man bereit ist, diese langen Untersuchungen über das System des Auftauchens der Gegenstände, der Erscheinung und Distribution der Äußerungsweisen, der Plazierung und Dispersion der Begriffe, der Entfaltung der strategischen Wahlen akzeptiert. Ich nehme an, daß man gewillt ist, ebenso abstrakte und ebenso problematische Einheiten zu konstruieren, statt die zu nehmen, die wenn nicht einer unbezweifelbaren Evidenz, so doch wenigstens einer quasi perzeptiven Vertrautheit gegeben waren.

Wovon habe ich aber eigentlich bisher gesprochen? Was war mein Untersuchungsgegenstand? Und was wollte ich eigentlich beschreiben? »Aussagen« (»énoncés«) – gleichzeitig in jener Diskontinuität, die sie von allen Formen befreit, worin man sie so leicht als Gefangene akzeptierte, und in dem allgemeinen, unbegrenzten, scheinbar formlosen Feld des Diskurses. Nun habe ich mich davor gehütet, eine Definition der Aussage im vorhinein zu geben. Ich habe nicht versucht, eine zu konstruieren, je weiter ich vorwärts schritt, um der Naivität meines Ausgangspunktes eine Rechtfertigung nachzuschicken. Weiter noch, und darin liegt vielleicht die Strafe für soviel Sorglosigkeit, frage ich mich, ob ich nicht auf dem durchlaufenen Weg eine neue Richtung eingeschlagen habe; ob ich nicht an die Stelle des ursprünglichen Horizontes eine andere Untersuchung gestellt habe; ob ich bei der Analyse von »Gegenständen« oder »Begriffen« und noch viel mehr von »Strategien« noch von Aussagen gesprochen habe; ob die vier Regelmengen, durch die ich eine diskursive Formation charakterisiert habe, wirklich Aussagegruppen definieren. Schließlich glaube ich, daß ich, statt allmählich die so schwimmende Bedeutung des Wortes »Diskurs« verengt zu haben, seine Bedeutung vervielfacht habe: einmal allgemeines Gebiet aller Aussagen, dann individualisierbare Gruppe von Aussagen, schließlich regulierte Praxis, die von einer bestimmten Zahl von Aussagen berichtet; und habe ich nicht das gleiche Wort Diskurs, das als Grenze und als Hülle für den Terminus Aussage hätte dienen sollen, variieren lassen, je nachdem, wie ich meine Analyse oder ihren Anwendungspunkt verlagerte und die Aussage selbst aus dem Blick verlor?

Jetzt steht also folgende Aufgabe an: die Definition der Aussage noch einmal bei der Wurzel packen und schauen, ob sie in den vorhergehenden Beschreibungen wirkungsvoll angewandt worden ist; schauen, ob es sich bei der Analyse der diskursiven Formationen tatsächlich um die Aussage handelt.

Zu wiederholten Malen habe ich den Terminus Aussage benutzt, um entweder von einer »Population von Aussagen« (als handelte es sich um einzelne Individuen oder einzelne Ereignisse) zu sprechen oder um ihn jenen Gesamtheiten entgegenzusetzen, die die »Diskurse« wären (wie sich der Teil vom Ganzen unterscheidet). Beim ersten Blick erscheint die Aussage als ein letztes, unzerlegbares Element, das in sich selbst isoliert werden kann und in ein Spiel von Beziehungen mit anderen ihm ähnlichen Elementen eintreten kann. Ein Punkt ohne Oberfläche, der aber in Verteilungsplänen und spezifischen Formen von Gruppierungen ausgemacht werden kann. Ein Korn, das an der Oberfläche eines Gewebes auftaucht, dessen konstitutives Element es ist. Ein Atom des Diskurses.

Und da stellt sich sogleich das Problem: wenn die Aussage die elementare Einheit des Diskurses ist, worin besteht sie dann? Welches sind ihre unterscheidenden Züge? Welche Grenzen muß man ihr zuerkennen? Ist diese Einheit identisch oder nicht identisch mit der, die die Logiker mit dem Terminus Proposition bezeichnet haben, mit der, die die Grammatiker als Satz charakterisieren, oder mit der, die die »Analytiker« unter der Bezeichnung von Sprechakt zu finden versuchen? Welchen Platz nimmt

sie unter all den Einheiten ein, die die Untersuchung der Sprache bereits
an den Tag gebracht hat und deren Theorie oft weit davon entfernt ist, abgeschlossen zu sein, weil die von ihnen gestellten Probleme so schwierig
sind und weil es in vielen Fällen so unangenehm ist, sie auf strenge Weise
abzugrenzen?

Ich glaube nicht, daß die notwendige und ausreichende Bedingung für
eine Aussage die Präsenz einer abgegrenzten propositionellen Struktur ist
und daß man von Aussage jedesmal und nur in dem Fall sprechen kann,
wenn eine Proposition vorliegt. Man kann in der Tat zwei vollständig verschiedene Aussagen haben, die von durchaus unterschiedlichen diskursiven Gruppierungen herrühren, wo man nur eine einzige Proposition findet, die nur ein und denselben Wert hat, ein und derselben Menge von
Konstruktionsgesetzen gehorcht und die gleichen Anwendungsmöglich-
keiten enthält. »Niemand hat gehört« und »es stimmt, daß niemand gehört
hat« sind vom logischen Standpunkt her nicht unterscheidbar und können
nicht als zwei verschiedene Propositionen betrachtet werden. Als Aussagen
jedoch sind diese beiden Formulierungen nicht äquivalent und nicht gegeneinander austauschbar. Sie können sich im Plan des Diskurses nicht
an der gleichen Stelle befinden und nicht genau der gleichen Gruppe von
Aussagen angehören. Wenn man die Formulierung »niemand hat gehört«
in der ersten Zeile eines Romans findet, weiß man, bis auf weiteres, daß
es sich um eine Feststellung handelt, die entweder der Autor oder eine Gestalt (mit lauter Stimme oder in der Form des monologue intérieur) trifft;
wenn man die zweite Formulierung »es stimmt, daß niemand gehört hat«
vorfindet, kann man sich nur in einem Spiel von Aussagen befinden, die
einen monologue intérieur, eine stumme Diskussion, eine Auseinandersetzung mit sich selbst oder ein Dialogfragment, eine Gesamtheit von Fragen
und Antworten konstituieren. Hier wie dort liegt eine propositionelle
Struktur vor, aber es handelt sich um durchaus unterschiedliche Äußerungs-
merkmale. Umgekehrt kann es komplexe und reduplizierte propositionelle
Formen geben oder im Gegenteil fragmentarische und unabgeschlossene
Propositionen, wo man es auf manifeste Weise mit einer einfachen, vollständigen und autonomen Aussage zu tun hat (selbst wenn sie zu einer
ganzen Menge anderer Aussagen gehört): Man kennt das Beispiel »Der gegenwärtige König von Frankreich ist kahl« (das nur vom logischen Gesichtspunkt her analysiert werden kann, wenn man in der Form einer einzigen Aussage zwei verschiedene Propositionen anerkennt, von denen jede

für sich wahr oder falsch sein kann) oder auch das Beispiel einer Proposition wie »ich lüge«, die nur wahr sein kann in ihrer Beziehung zu einer Behauptung auf darunterliegendem Niveau. Die Kriterien, die die Definition der Identität einer Proposition, die Unterscheidung mehrerer Propositionen in der Einheit einer einzigen Formulierung, die Charakterisierung ihrer Autonomie oder ihrer Vollständigkeit gestatten, gelten nicht für die Beschreibung der besonderen Einheit einer Aussage.

Und der Satz? Muß man nicht eine Äquivalenz zwischen Satz und Aussage zugeben? Überall, wo ein grammatisch isolierbarer Satz vorliegt, kann man die Existenz einer unabhängigen Aussage erkennen; umgekehrt kann man aber nicht von einer Aussage sprechen, wenn man unterhalb des Satzes selbst zur Ebene seiner Konstituenten kommt. Es würde zu nichts dienen, wenn man dieser Äquivalenz entgegenhielte, daß bestimmte Aussagen außerhalb der kanonischen Form Subjekt-Kopula-Prädikat aus einem einfachen Nominalsyntagma (»dieser Mann!«) oder einem Adverb (»genau«) oder einem Personalpronomen (»sie!«) zusammengesetzt sein können. Denn die Grammatiker selbst erkennen in solchen Formulierungen unabhängige Sätze an, selbst wenn sie durch eine Serie von Transformationen ausgehend vom Schema Subjekt-Prädikat erlangt worden sind. Darüber hinaus: sie gestehen den Status »akzeptabler« Sätze Mengen von sprachlichen Elementen zu, die nicht korrekt gebildet worden sind, vorausgesetzt, daß sie interpretierbar sind; sie gestehen umgekehrt den Status von grammatikalischen Sätzen interpretierbaren Mengen unter der Bedingung zu, daß sie korrekt gebildet worden sind. Mit einer so weiten – und in gewissem Sinne so nachlässigen – Definition von Satz erkennt man nur schwer, wie man Sätze erkennen soll, die keine Aussagen wären, oder Aussagen, die keine Sätze wären.

Dennoch ist die Äquivalenz bei weitem nicht total; und es ist relativ leicht, Aussagen anzuführen, die der sprachlichen Struktur von Sätzen nicht entsprechen. Wenn man in einer lateinischen Grammatik eine Folge von untereinander angeordneten Worten findet: *amo, amas, amat*, hat man es nicht mit einem Satz zu tun, aber mit der Aussage der verschiedenen Personalflektionen des Indikativs Präsens des Verbs *amare*. Vielleicht wird man das Beispiel nicht undiskutiert hinnehmen wollen, vielleicht wird man sagen, daß es sich da um einen Kunstgriff der Präsentation handelt, daß diese Aussage ein elliptischer, abgekürzter, auf relativ ungewöhnliche Weise räumlich angeordneter Satz ist und daß man ihn lesen muß wie

den Satz »das Präsens des Indikativs des Verbs *amare* ist *amo* für die erste
Person« usw. Andere Beispiele auf jeden Fall sind weniger uneindeutig:
eine klassifikatorische Tabelle der botanischen Arten wird von Aussagen
konstituiert, es handelt sich nicht um Sätze (die *Genera Plantarum* von
Linné sind ein ganzes Buch voller Aussagen, worin man nur eine begrenzte
Zahl von Sätzen finden kann); ein genealogischer Baum, ein Rechnungs-
buch, die Schätzung einer Handelsbilanz sind Aussagen: wo sind die
Sätze? Man kann noch weiter gehen: eine Gleichung des n-ten Grades
oder die algebraische Formel des Gesetzes der Strahlenbrechung müssen
als Aussagen betrachtet werden: und wenn sie eine sehr strenge Gramma-
tikalität besitzen (da sie aus Symbolen zusammengesetzt sind, deren Sinn
durch Gebrauchsregeln und die von Konstruktionsgesetzen beherrschte
Abfolge determiniert sind), handelt es sich nicht um dieselben Kriterien,
die in einer natürlichen Sprache die Definition eines akzeptablen oder
interpretierbaren Satzes gestatten. Schließlich bilden eine Graphik, eine
Wachstumskurve, eine Alterspyramide, eine Vorkommensabbildung Aussagen: was die Sätze anbelangt, von denen sie begleitet werden können,
so sind sie die Interpretation oder der Kommentar; sie sind nicht deren
Äquivalent: der Beweis dafür ist, daß in vielen Fällen allein eine unendliche Zahl von Sätzen all den Elementen entsprechen könnte, die in dieser
Art von Aussagen explizit formuliert sind. Es scheint also insgesamt nicht
möglich, eine Aussage durch die grammatikalischen Merkmale zu definieren.

Bleibt eine letzte Möglichkeit: auf den ersten Blick die wahrscheinlichste von allen. Kann man nicht sagen, daß eine Aussage überall dort vorliegt, wo man einen Akt der Formulierung erkennen und isolieren kann –
so etwa wie jenem »speech act«, jenem »illokutionären« Akt, von dem die
englischen Sprachanalytiker reden? Es versteht sich, daß man darunter
nicht auf den materiellen Akt abzielt, der im Sprechen (mit lauter oder
leiser Stimme) und im Schreiben (mit der Hand oder mit der Maschine)
besteht; man meint ebensowenig die Absicht des Individuums, das im Begriff ist zu sprechen (die Tatsache, daß es überzeugen will, daß es Gehorsam wünscht, daß es die Lösung eines Problems zu entdecken sucht oder
daß es Neuigkeiten mitteilen will); man bezeichnet damit ebenfalls nicht
das eventuelle Resultat dessen, was es gesagt hat (wenn es überzeugt oder
Mißtrauen ausgelöst hat; wenn man ihm zugehört hat und wenn seine Anweisungen ausgeführt worden sind; wenn seine Bitte gehört worden ist);

man beschreibt die Operation, die durch die Formulierung selbst bewirkt worden ist, in ihrem Auftauchen: Versprechen, Befehl, Dekret, Vertrag, Engagement, Feststellung. Der illokutionäre Akt ist nicht das, was sich vor dem Augenblick der Aussage selbst abgewickelt hat (im Denken des Autors oder im Spiel seiner Absichten); es ist nicht das, was nach der Aussage selbst sich hat vollziehen können in der Spur, die sie hinter sich gelassen hat, und den Konsequenzen, die sie ausgelöst hat; sondern das, was sich durch die Tatsache selbst vollzogen hat, daß es eine Aussage gegeben hat – und genau diese Aussage (und keine andere) unter ganz bestimmten Umständen. Man kann also annehmen, daß die Individualisierung der Aussagen von denselben Kriterien abhängt wie das Auffinden der Formulierungsakte: jeder Akt nähme demnach in einer Aussage Gestalt an und jede Aussage wäre innen durch einen dieser Akte bewohnt. Sie würden durch einander und in einer exakten Reziprozität existieren.

Eine solche Korrelation hält indessen keiner Prüfung stand. Es bedarf oft mehr als einer Aussage, um einen »Sprechakt« zu bewirken: Schwur, Bitte, Vertrag, Versprechen, Demonstration verlangen die meiste Zeit eine bestimmte Zahl von unterschiedlichen Formulierungen oder getrennten Sätzen: es wäre schwierig, jedem von ihnen den Status der Aussage unter dem Vorwand vorzuenthalten, daß sie alle von ein und demselben illokutionären Akt durchquert sind. Man wird vielleicht sagen, daß in diesem Fall der Akt selbst während der ganzen Serie der Aussagen nicht der einzige bleiben wird; daß es in einer Bitte soviel begrenzte, sukzessive und nebeneinandergelegene Akte der Bitte gibt wie Forderungen, die von verschiedenen Aussagen formuliert worden sind; und daß es in einem Versprechen ebenso viele Verpflichtungen gibt wie in getrennten Aussagen individualisierbare Sequenzen. Mit dieser Antwort könnte man jedoch nicht zufrieden sein: zunächst weil der Formulierungsakt nicht mehr zur Definition der Aussage dienen würde, sondern im Gegensatz durch diese definiert werden müßte, die gerade das Problem stellt und Individualisierungskriterien verlangt. Außerdem können bestimmte illokutionäre Akte nicht als in ihrer besonderen Einheit abgeschlossen betrachtet werden, wenn nicht mehrere Aussagen artikuliert worden sind und jede den ihr zukommenden Platz erhalten hat. Diese Akte werden also durch die Serie oder die Summe dieser Aussagen, durch ihre notwendige Nebeneinanderstellung konstituiert. Man kann nicht annehmen, daß sie alle völlig in der geringsten unter ihnen gegenwärtig sind und daß sie sich mit jeder einzelnen erneuern. Auch hier könnte man zwischen der Gesamtheit der Aussagen und der der illokutionären Akte keine bi-univoke Beziehung herstellen.

Wenn man die Aussagen individualisieren will, kann man also keines der der Grammatik, der Logik oder der »Analyse« entnommenen Modelle ohne Vorbehalt zulassen. In allen drei Fällen bemerkt man, daß die vorgeschlagenen Kriterien zu zahlreich und zu gewichtig sind, daß sie der Aussage nicht ihre ganze Ausdehnung lassen und daß, wenn manchmal die Aussage durchaus die beschriebenen Formen annimmt und sich ihnen genau anpaßt, es auch vorkommt, daß sie ihnen nicht gehorcht: Man findet Aussagen ohne legitime propositionelle Struktur; man findet Aussagen dort, wo man keinen Satz erkennen kann; man findet mehr Aussagen, als man Sprechakte isolieren kann. Als sei die Aussage feiner, weniger mit Determinationen beladen, weniger stark strukturiert, auch allgegenwärtiger als all diese Figuren; als seien ihre Merkmale an Zahl geringer und weniger schwierig zusammenzufassen, als weise sie aber gerade dadurch jede Möglichkeit der Beschreibung zurück. Und das um so mehr, als man schlecht sieht, auf welcher Ebene man sie einordnen soll und mit welcher Methode man sich ihr nähern soll: für alle Analysen, die man gerade heranzieht, ist sie stets nur Unterstützung oder akzidentielle Substanz: in der logischen Analyse ist sie das, was »bleibt«, wenn man die Satzstruktur herausgearbeitet und definiert hat; für die grammatische Analyse ist sie die Folge von sprachlichen Elementen, in der man die Form eines Satzes erkennen oder nicht erkennen kann. Für die Analyse der Sprechakte erscheint sie als der sichtbare Körper, in dem sie sich manifestieren. In Beziehung zu all diesen deskriptiven Annäherungen spielt sie die Rolle eines residualen Elements, de facto unbedingt, aus nicht passendem Material.

Muß man schließlich zugeben, daß die Aussage keinen eigenen Charakter haben kann und daß sie für eine adäquate Definition ungeeignet ist, insoweit sie für alle Analysen der Sprache der äußerliche Stoff ist, von dem aus sie ihren Gegenstand determinierten? Muß man zugestehen, daß irgendeine Folge von Zeichen, von Figuren, von Graphismen oder Spuren – gleich welcher Organisation oder welcher Wahrscheinlichkeit – für die Konstituierung einer Aussage genügt; und daß die Grammatik sagen muß, ob es sich um einen Satz handelt oder nicht, daß es der Logik zufällt zu definieren, ob er eine propositionelle Form hat oder nicht, und daß die Analyse präzisieren muß, welcher Sprechakt ihn durchqueren kann? In diesem Fall müßte man zugeben, daß eine Aussage vorliegt, sobald es mehrere neben-

einanderstehende Zeichen gibt – und warum vielleicht nicht? –, sobald es
eines und nur eines gibt. Die Schwelle der Aussage wäre die Schwelle der
Existenz der Zeichen. Dennoch sind, auch hier, die Dinge nicht so einfach, und der Sinn, den man einem Ausdruck wie »die Existenz der Zeichen« geben muß, verlangt eine Erhellung. Was will man sagen, wenn
man sagt, daß es Zeichen gibt und daß es genügt, daß es Zeichen *gibt*, damit es eine Aussage *gibt*? Welchen besonderen Status will man diesem »es
gibt« einräumen?

Es ist nämlich evident, daß die Aussagen nicht in dem Sinne existieren,
in dem eine Sprache existiert und mit ihr eine Menge von durch ihre oppositionellen Züge und ihre Anwendungsregeln definierten Zeichen; die
Sprache ist in der Tat niemals in sich selbst und in ihrer Totalität gegeben;
sie könnte es nur auf sekundäre Weise und auf dem Umweg über eine Beschreibung, die sie zum Gegenstand nimmt, sein. Die Zeichen, die ihre
Elemente konstituieren, sind Formen, die sich den Aussagen auferlegen
und sie von innen beherrschen. Wenn es keine Aussagen gäbe, existierte
die Sprache nicht. Aber keine Aussage ist unerläßlich, damit die Sprache
existiert (und man kann immer an der Stelle irgendeiner Aussage eine andere Aussage annehmen, die die Sprache als solche nicht ändern würde).
Die Sprache existiert nur als Konstruktionssystem für mögliche Aussagen;
andererseits existiert sie nur als (mehr oder weniger erschöpfende) Beschreibung, die man aus einer Menge wirklicher Aussagen erhält. Sprache
und Aussage stehen nicht auf der gleichen Existenzstufe; und man kann
nicht sagen, daß es Aussagen gibt, so wie man sagt, daß es Sprache gibt.
Genügt es aber dann, daß die Zeichen einer Sprache eine Aussage konstituieren, wenn sie auf die eine oder andere Weise produziert (artikuliert, gezeichnet, fabriziert, geschrieben) worden sind, wenn sie in einem Augenblick der Zeit und in einem Punkt des Raumes erschienen sind, wenn
die Stimme, die sie ausgesprochen hat, oder die Geste, die sie vollzogen
hat, ihnen die Dimensionen einer materiellen Existenz gegeben haben?
Können die Buchstaben des Alphabets, die ich zufällig auf ein Blatt Papier
geschrieben habe als ein Beispiel dafür, was keine Aussage ist, können die
Bleilettern, die man zum Druck der Bücher benutzt – und man kann ihre
Materialität bezüglich Raum und Umfang nicht leugnen –, können diese
ausgebreiteten, sichtbaren, greifbaren Zeichen vernünftigerweise als Aussagen betrachtet werden?

Wenn man ein wenig näher hinschaut, sind diese beiden Beispiele (von den Bleilettern und von den von mir geschriebenen Buchstaben) nicht völlig deckungsgleich. Diese Handvoll Druckbuchstaben, die ich zwischen den Fingern halten kann, oder auch die Buchstaben, die auf der Tastatur einer Schreibmaschine angezeigt sind, konstituieren keine Aussagen: es sind höchstens Instrumente, mit denen man Aussagen schreiben kann. Die Buchstaben umgekehrt, die ich zufällig auf ein Blatt Papier schreibe, wie sie mir in den Kopf kommen, und um zu zeigen, daß sie in ihrer Unordnung keine Aussage konstituieren, was sind sie, welche Figur bilden sie? Was, wenn nicht eine Tabelle von auf kontingente Weise ausgesuchten Buchstaben, die Aussage einer alphabetischen Folge, die keine anderen Gesetze hat als den Zufall? Ebenso ist die Tabelle der zufälligen Zahlen, die die Statistiker benutzen, eine Folge von numerischen Symbolen, die durch keine syntaktische Struktur miteinander verbunden sind; dennoch ist sie eine Aussage: die einer Menge von Ziffern, die man durch ein Vorgehen gewonnen hat, das alles eliminiert, was die Wahrscheinlichkeit der aufeinanderfolgenden Ausgänge wachsen lassen könnte. Engen wir das Beispiel noch mehr ein: Die Tastatur einer Schreibmaschine ist keine Aussage; aber die gleiche Serie von Buchstaben A, Z, E, R, T, in einem Lehrbuch für das Schreibmaschineschreiben aufgezählt, ist die Aussage der alphabetischen Ordnung, die für die französischen Schreibmaschinen angewendet wird. Wir stehen hier also vor einer bestimmten Zahl negativer Konsequenzen: eine reguläre sprachliche Konstellation wird nicht zur Bildung einer Aussage verlangt (diese kann durch eine Folge mit sehr geringer Wahrscheinlichkeit konstituiert werden); aber es genügt ebenfalls nicht irgendeine materielle Auswirkung von sprachlichen Elementen, es genügt nicht irgendein Auftauchen von Zeichen in der Zeit und im Raum, damit eine Aussage erscheint und zu existieren beginnt. Die Aussage existiert also weder auf dieselbe Weise wie die Sprache (obwohl sie aus Zeichen zusammengesetzt ist, die in ihrer Individualität nur innerhalb eines natürlichen oder künstlichen sprachlichen Systems definierbar sind) noch auf dieselbe Weise wie irgendwelche der Wahrnehmung gegebenen Gegenstände (obwohl sie immer mit einer bestimmten Materialität ausgestattet ist und man sie stets gemäß räumlich-zeitlichen Koordinaten einordnen kann).

Es ist noch nicht an der Zeit, auf die allgemeine Frage nach der Aussage zu antworten, aber man kann künftig das Problem eingrenzen: die Aussage ist keine Einheit derselben Art wie der Satz, die Proposition oder der Sprechakt; sie gehorcht nicht den gleichen Kriterien; aber sie ist ebenfalls keine Einheit, wie ein materieller Gegenstand es sein könnte, der seine Grenzen und seine Unabhängigkeit besitzt. Sie ist in ihrer besonderen Seinsweise (keiner völlig sprachlichen noch ausschließlich materiellen) unerläßlich dafür, daß man sagen kann, ob ein Satz, eine Proposition, ein Sprechakt vorliegt oder nicht; und damit man sagen kann, ob der Satz korrekt (oder akzeptabel oder interpretierbar), ob die Proposition legitim und wohlgeformt, ob der Sprechakt den Erfordernissen konform ist und ob er richtig bewerkstelligt worden ist. Man darf in der Aussage keine lange oder kurze, stark oder schwach strukturierte Einheit suchen, sondern eine, die wie die anderen in einer logischen, grammatischen oder lokutorischen Verflechtung erfaßt ist. Es handelt sich weniger um ein Element unter anderen, weniger um einen auf einer bestimmten Ebene der Analyse feststellbaren Ausschnitt, es handelt sich vielmehr um eine Funktion, die in Beziehung zu diesen verschiedenen Einheiten sich vertikal auswirkt und die von einer Serie von Zeichen zu sagen gestattet, ob sie darin vorhanden sind oder nicht. Die Aussage ist also nicht eine Struktur (das heißt eine Menge von Beziehungen zwischen variablen Elementen, die so eine vielleicht unendliche Zahl von konkreten Modellen gestattet; sie ist eine Existenzfunktion, die den Zeichen eigen ist und von der ausgehend man dann durch die Analyse oder die Anschauung entscheiden kann, ob sie einen »Sinn ergeben« oder nicht, gemäß welcher Regel sie aufeinanderfolgen und nebeneinanderstehen, wovon sie ein Zeichen sind und welche Art von Akt sich durch ihre (mündliche oder schriftliche) Formulierung bewirkt findet. Man braucht also nicht zu staunen, daß man für die Aussage keine strukturellen Einheitskriterien gefunden hat. Das liegt daran, daß sie in sich selbst keine Einheit ist, sondern eine Funktion, die ein Gebiet von Strukturen und möglichen Einheiten durchkreuzt und sie mit konkreten Inhalten in der Zeit und im Raum erscheinen läßt.

Diese Funktion müssen wir jetzt als solche beschreiben, das heißt in ihrer Auswirkung, in ihren Bedingungen, die sie und das Feld, in dem sie sich bemerkbar macht, kontrollieren.

2. Die Aussagefunktion

Die Aussage bei den einheitlichen Gruppierungen der Zeichen zu suchen ist also nutzlos. Weder Syntagma noch Konstruktionsregel, noch kanonische Form der Abfolge und der Permutation, ist die Aussage das, was solche Mengen von Zeichen existieren läßt und diesen Regeln oder diesen Formen die Aktualisierung gestattet. Wenn sie sie aber existieren läßt, dann auf besondere Weise, die man nicht mit der Existenz der Zeichen als Elementen einer Sprache noch mit der materiellen Existenz jener Merkmale verwechseln kann, die einen kleinen Raum einnehmen und mehr oder weniger lange dauern. Diese besondere Existenzweise, die für jede Folge von Zeichen charakteristisch ist, vorausgesetzt, daß sie geäußert wird, müssen wir jetzt hinterfragen.

a. Wiederum das Beispiel jener Zeichen, die in einer definierten Materialität geschaffen oder gezeichnet und auf eine arbiträre oder nicht arbiträre Weise gruppiert sind, die auf jeden Fall nicht grammatikalisch ist. So die Tastatur einer Schreibmaschine; so eine Handvoll Drucklettern. Es genügt, daß die so gegebenen Zeichen von mir auf ein Blatt Papier übertragen werden (und sogar in der Ordnung, in der sie aufeinanderfolgen, ohne daß sich ein Wort ergibt), damit sie eine Aussage bilden: die Aussage von Buchstaben des Alphabets in einer Anordnung, die das Tippen erleichtert, die Aussage einer zufälligen Gruppe von Buchstaben. Was hat sich also vollzogen, damit eine Aussage vorliegt? Was kann diese zweite Gesamtheit an Neuem im Verhältnis zur ersten haben? Die Reduplikation, die Tatsache, daß es eine Kopie ist? Zweifellos nicht, weil die Tastaturen der Schreibmaschinen alle ein bestimmtes Modell kopieren und dennoch keine Aussagen sind. Das Eingreifen eines Subjekts? Die Antwort wäre doppelt unbefriedigend: denn es genügt nicht, daß die Wiederholung einer Folge sich der Initiative eines Individuums verdankt, damit sie dadurch selbst in eine Aussage transformiert wird; und auf jeden Fall liegt das Problem nicht in der Ursache oder im Ursprung der Reduplikation, sondern in der besonderen Beziehung zwischen diesen beiden identischen Folgen. Die zweite Folge ist in der Tat nicht Aussage allein durch die Tatsache, daß man eine bi-univoke Beziehung zwischen jedem ihrer Elemente und denen der ersten Serie herstellen kann (diese Beziehung charakterisiert entweder die Tatsache der Duplikation, wenn es sich einzig und allein um eine Kopie handelt, oder die Genauigkeit der Aussage, wenn man eben die Schwelle des Äußerns überschritten hat; aber sie gestattet nicht, diese Schwelle und die Tatsache der Aussage selbst zu definieren). Eine Folge von Zeichen wird zur Aussage unter der Bedingung, daß sie zu »etwas anderem« (was ihr seltsamerweise ähnlich und quasi identisch wie in dem gewählten Beispiel sein kann) eine spezifische Beziehung hat, die sie selbst betrifft – und nicht ihre Ursache, nicht ihre Elemente.

Man wird wahrscheinlich sagen, daß es nichts Rätselhaftes in dieser Beziehung gibt, daß sie vielmehr ziemlich vertraut ist, daß sie unaufhörlich analysiert worden ist: daß es sich um die Beziehung des Signifikats zum Signifikant und des Namens zu dem, was er bezeichnet, handelt; um die Beziehung des Satzes zu seinem Sinn; oder um die Beziehung der Proposition zu ihrem Referenten. Nun glaube ich aber, daß man zeigen kann, daß die Beziehung der Aussage zu dem, was geäußert wird, nicht mit jedem dieser Verhältnisse deckungsgleich ist.

Die Aussage hat, selbst wenn sie auf ein Nominalsyntagma reduziert wird (»Das Boot!«), selbst wenn sie auf einen Eigennamen reduziert wird (»Peter!«), nicht dasselbe Verhältnis zu dem, was sie aussagt, wie der Name zu dem, was er bezeichnet oder was er bedeutet. Der Name ist ein sprachliches Element, das verschiedene Plätze in grammatischen Gesamtheiten einnehmen kann: sein Sinn wird durch seine Anwendungsregeln definiert (ob es sich nun um Individuen handelt, die durch ihn gültig bezeichnet werden können, oder um syntaktische Strukturen, in die er korrekt eintreten kann); ein Name wird durch seine Möglichkeit der Rückläufigkeit definiert. Eine Aussage existiert außerhalb jeder Möglichkeit wiederzuerscheinen; und das Verhältnis, das sie mit dem unterhält, was sie aussagt, ist nicht identisch mit einer Menge von Anwendungsregeln. Es handelt sich um ein einzigartiges Verhältnis: und wenn unter diesen Bedingungen eine identische Formulierung wiederauftaucht, sind es immer dieselben Wörter, die benutzt werden, sind es substantiell dieselben Namen, ist es insgesamt derselbe Satz, aber es ist nicht zwangsläufig dieselbe Aussage.

Man darf auch das Verhältnis zwischen einer Aussage und dem, was sie aussagt, nicht verwechseln mit dem Verhältnis zwischen einer Proposition und ihrem Referenten. Die Logiker sagen, wie man weiß, daß eine Proposition wie »Das goldene Gebirge liegt in Kalifornien« nicht verifiziert werden kann, weil sie keinen Referenten hat: ihre Verneinung ist also nicht we-

niger wahr oder falsch als ihre Bestätigung. Muß man ebenso sagen, daß
eine Aussage sich auf nichts bezieht, wenn die Proposition, der sie zur Existenz verhilft, keinen Referenten hat? Man müßte eher das Gegenteil bestätigen. Und sagen, nicht daß das Fehlen des Referenten die Abwesenheit
eines Korrelats für die Aussage mit sich bringt, sondern daß das Korrelat der Aussage, das, worauf sie sich bezieht, das, was durch sie ins Spiel gebracht wird, nicht nur das, was gesagt wird, sondern das, wovon sie spricht,
ihr »Thema« – zu sagen gestattet, ob die Proposition einen Bezug hat oder
nicht: er gestattet, darüber definitiv zu entscheiden. Nehmen wir in der
Tat an, daß die Formulierung »Das goldene Gebirge liegt in Kalifornien«
sich nicht in einem Geographiebuch oder in einem Reisebericht, sondern
in einem Roman oder in irgendeiner Fiktion findet, dann wird man ihr
einen Wert als Wahrheit oder Irrtum zuerkennen (gemessen daran, ob die
imaginäre Welt, auf die sie sich bezieht, eine solche geologische oder geographische Phantasie erlaubt oder nicht). Man muß wissen, worauf sich
die Aussage bezieht, welchen Korrelationsraum sie hat, um sagen zu können, ob eine Proposition einen Referenten hat oder nicht. »Der gegenwärtige König von Frankreich ist kahl« hat nur keinen Referenten, insofern
man annimmt, daß die Aussage sich auf die heutige historische Informa-
tionswelt bezieht. Die Beziehung der Proposition zum Referenten kann
nicht als Modell und als Gesetz für das Verhältnis der Aussage zu dem,
was sie aussagt, dienen. Diese letztere ist nicht nur von gleichem Niveau
wie jene, sondern sie erscheint als ihr vorangehend.

Schließlich ist sie auch nicht deckungsgleich mit dem Verhältnis, das
zwischen einem Satz und seinem Sinn bestehen kann. Der Abstand zwischen diesen beiden Verhältnisformen erscheint deutlich angelegentlich jener berühmten Sätze, die keinen Sinn haben, obwohl ihre grammatische
Struktur völlig korrekt ist (wie in dem Beispiel: »Farblose grüne Ideen
schlafen wütend«). Zu sagen, daß ein Satz wie dieser keinen Sinn hat, setzt
tatsächlich voraus, daß man bereits eine bestimmte Anzahl von Möglichkeiten ausgeschlossen hat: man gibt zu, daß es sich nicht um die Erzählung eines Traums handelt, daß es sich nicht um einen poetischen Text
handelt, daß es sich nicht um eine kodierte Nachricht handelt, auch nicht
um das Sprechen eines unter Einfluß von Drogen Stehenden, sondern um
einen Aussagetyp, der auf eine bestimmte Weise mit einer sichtbaren Realität im Verhältnis stehen muß. Innerhalb einer Aussagerelation, die determiniert und stabilisiert ist, kann das Verhältnis eines Satzes zu seinem Sinn

bestimmt werden. Darüber hinaus sind diese Sätze, selbst wenn man sie auf der Aussageebene nimmt, wo sie keinen Sinn haben, als Aussagen nicht ohne Korrelationen: zunächst die, die zu sagen gestatten, daß zum Beispiel Ideen nie farbig oder farblos sind, also daß der Satz keinen Sinn hat (und diese Korrelationen betreffen einen Plan der Wirklichkeit, wo die Ideen unsichtbar sind, wo die Farben dem Blick gegeben werden usw.); die anderen, die den in Frage stehenden Satz als Erwähnung eines Typs korrekter syntaktischer Organisation, aber bar des Sinnes werten (und diese Korrelationen betreffen den Plan der Sprache, ihrer Gesetze und ihrer Eigenheiten). Ein Satz kann zwar nicht signifikant sein, er bezieht sich dennoch auf etwas, insofern er eine Aussage ist.

Wie soll man diese Relation, die die Aussage in ihrer Eigentümlichkeit charakterisieren würde – eine Relation, die implizit vom Satz oder der Proposition angenommen zu werden scheint und die als vor ihnen bestehend erscheint – definieren? Wie soll man sie für sich von jenen Sinnverhältnissen oder von jenen Wahrheitswerten lösen, mit denen man sie gewöhnlich vermengt? Eine Aussage gleich welcher Art, und so einfach man sie sich auch vorstellen mag, hat als *Korrelat* kein Individuum oder einzelnes Objekt, das durch ein bestimmtes Wort des Satzes bezeichnet würde. In dem Fall einer Aussage wie »Das goldene Gebirge liegt in Kalifornien« ist das *Korrelat* nicht diese wirkliche oder imaginäre, mögliche oder absurde Formation, die durch das Nominalsyntagma bezeichnet wird, das als Subjekt dient. Aber das *Korrelat* der Aussage ist ebensowenig ein dinglicher Zustand oder eine Relation, die die Proposition verifizieren kann (in dem gewählten Beispiel wäre es die räumliche Inklusion eines bestimmten Gebirges in einer determinierten Region). Was man umgekehrt als das Korrelat der Aussage definieren kann, ist eine Menge von Gebieten, wo solche Objekte erscheinen können und wo solche Relationen bestimmt werden können: es wird zum Beispiel ein Gebiet von materiellen Gegenständen sein, das eine bestimmte Zahl von feststellbaren physischen Eigenheiten, Relationen von wahrnehmbarer Größe besitzt, oder umgekehrt wird es ein Gebiet von fiktiven Gegenständen sein, die mit arbiträren Eigenschaften ausgestattet sind (selbst wenn sie eine bestimmte Beständigkeit und eine bestimmte Kohärenz haben), ohne Instanz experimenteller oder perzeptiver Verifikationen; es wird ein Gebiet räumlicher und geographischer Lokalisierungen sein mit Koordinaten, Distanzen, Nachbarschaftsrelationen und Inklusionsrelationen – oder umgekehrt ein Gebiet symbolischer Zugehörigkeiten und geheimer Verwandtschaften; es wird ein Gebiet von Objekten sein, die in demselben Augenblick existieren und auf derselben Zeitskala, auf der die Aussage formuliert wird, oder es wird ein Gebiet von Gegenständen sein, das einer ganz anderen Gegenwart zugehört – dasjenige, das durch die Aussage selbst angegeben und konstituiert wird, und nicht das, dem die Aussage auch angehört. Eine Aussage hat vor sich (und auf gewisse Weise als tête-à-tête) kein *Korrelat* – oder das Fehlen eines *Korrelats*, wie eine Proposition einen Referenten hat (oder nicht hat), wie ein Eigenname ein Individuum (oder niemand) bezeichnet. Sie ist vielmehr mit einem »Referential« verbunden, das nicht aus »Dingen«, »Fakten«, »Realitäten« oder »Wesen« konstituiert wird, sondern von Möglichkeitsgesetzen, von Existenzregeln für die Gegenstände, die darin genannt, bezeichnet oder beschrieben werden, für die Relationen, die darin bekräftigt oder verneint werden. Das Referential der Aussage bildet den Ort, die Bedingung, das Feld des Auftauchens, die Differenzierungsinstanz der Individuen oder der Gegenstände, der Zustände der Dinge und der Relationen, die durch die Aussage selbst ins Spiel gebracht werden; es definiert die Möglichkeiten des Auftauchens und der Abgrenzung dessen, was dem Satz seinen Sinn, der Proposition ihren Wahrheitswert gibt. Diese Gesamtheit charakterisiert das *Aussage*niveau der Formulierung, im Gegensatz zu ihrem grammatischen Niveau und ihrem logischen Niveau: durch das Verhältnis zu diesen verschiedenen Möglichkeitsgebieten macht die Aussage aus einem Syntagma oder aus einer Folge von Symbolen einen Satz, dem man einen Sinn zuweisen kann oder nicht, eine Proposition, die einen Wahrheitswert erhalten kann oder nicht.

Man sieht auf jeden Fall, daß die Beschreibung dieser Aussageebene nicht durch eine formale Analyse, eine semantische Untersuchung oder eine Verifikation vollzogen werden kann, sondern durch die Analyse der Verhältnisse zwischen der Aussage und dem Raum der Differenzierung, worin sie selbst die Unterschiede auftauchen läßt.

b. Eine Aussage unterscheidet sich unter anderem von einer beliebigen Folge von sprachlichen Elementen durch die Tatsache, daß sie mit einem Subjekt eine bestimmte Beziehung unterhält. Die Natur dieser Beziehung muß präzisiert werden, und vor allem müssen wir sie von den Relationen unterscheiden, mit denen man sie verwechseln könnte.

In der Tat darf man das Subjekt der Aussage nicht auf jene grammatischen Elemente in der ersten Person reduzieren, die innerhalb dieses Satzes gegenwärtig sind. Zunächst, weil das Subjekt der Aussage nicht dem sprachlichen Syntagma innerlich ist; dann weil auch eine Aussage ein Subjekt hat, die nicht die erste Person enthält; schließlich und vor allem haben alle Aussagen, die eine fixierte grammatische Form haben (ob nun in der ersten oder der zweiten Person), nicht genau den gleichen Typ von Verhältnis zu dem Subjekt der Aussage. Man begreift leicht, daß diese Relation nicht dieselbe ist in einer Aussage vom Typ »Der Abend bricht herein« wie in »Jede Wirkung hat eine Ursache«; bei einer Aussage vom Typ »Lange bin ich abends früh schlafen gegangen« ist das Verhältnis zu dem Subjekt, das äußert, nicht dasselbe, wenn man sie im Laufe einer Unterhaltung artikuliert hört und wenn man sie in der ersten Zeile eines Buches mit dem Titel *Auf der Suche nach der verlorenen Zeit* liest.

Ist dieses dem Satz äußere Subjekt nicht ganz einfach jenes wirkliche Individuum, das ihn artikuliert oder geschrieben hat? Keine Zeichen, so weiß man, ohne daß jemand sie von sich gibt, auf jeden Fall ohne etwas wie ein sendendes Element. Damit eine Folge von Zeichen existiert, braucht man nach dem Kausalitätsprinzip einen »Autor« oder eine produktive Instanz. Aber dieser »Autor« ist nicht mit dem Subjekt der Aussage identisch; und das Produktionsverhältnis, das er mit der Formulierung unterhält, ist nicht deckungsgleich mit dem Verhältnis, das das äußernde Subjekt und das, was es äußert, verbindet. Wir wollen wegen seiner Einfachheit nicht den Fall von materiell hergestellten oder geschriebenen Zeichen nehmen: ihre Produktion impliziert in der Tat einen Autor, es liegt dennoch weder Aussage noch Subjekt der Aussage vor. Um die Dissoziation zwischen dem Sender von Zeichen und dem Subjekt einer Aussage zu zeigen, könnte man auch den Fall des von einer dritten Person gelesenen Textes oder der vom Schauspieler rezitierten Rolle nehmen. Das sind aber Grenzfälle. Auf allgemeine Weise scheint es beim ersten Blick wenigstens so, daß das Subjekt der Aussage genau dasjenige ist, das die verschiedenen Elemente in einer Bedeutungsabsicht produziert hat. Dennoch sind die Dinge nicht so einfach. Man weiß, daß in einem Roman der Autor der Formulierung jenes wirkliche Individuum ist, dessen Name auf dem Umschlag des Buches steht (dennoch stellt sich das Problem der Elemente in Dialogform und der Sätze, die auf das Denken einer Person bezogen werden; weiter stellt sich das Problem der unter einem Pseudonym veröffentlichten Texte: und man kennt die ganzen Schwierigkeiten, die diese Spaltungen bei den Verteidigern der interpretativen Analyse hervorrufen, wenn sie diese Formulierungen in einem Block auf den Autor des Textes, auf das, was er sagen wollte, auf das, was er dachte, kurz auf den großen stummen, unscheinbaren und einförmigen Diskurs beziehen wollen, auf den sie diese ganze Pyramide verschiedener Niveaus zusammenstutzen); aber sogar außerhalb dieser Formulierungsinstanzen, die nicht mit dem Individuum des Autors identisch sind, haben die Aussagen des Romans nicht dasselbe Subjekt, je nachdem, ob sie wie von außen die historischen und räumlichen Bezugspunkte der erzählten Geschichte abgeben, ob sie die Dinge beschreiben, wie sie vielleicht ein anonymes, unsichtbares und auf magische Weise neutrales Individuum, das unter die Gestalten der Fiktion gemischt ist, sähe, oder ob sie wie durch eine innere und unmittelbare Entzifferung die sprachliche Version dessen geben, was eine Gestalt schweigend verspürt. Diese Aussagen setzen für das äußernde Subjekt nicht dieselben Merkmale aus, obwohl der Autor derselbe ist, obwohl er sie niemand anderem als sich selbst zuschreibt, obwohl er keine zusätzliche Relaisstelle zwischen dem, was er ist, und dem Text, den man liest, erfindet. Sie implizieren nicht dasselbe Verhältnis zwischen diesem Subjekt und dem, was es zu äußern gerade im Begriff ist.

Vielleicht wird man sagen, daß das oft zitierte Beispiel des Romantextes keine Beweiskraft hat; oder vielmehr, daß es das Wesen der Literatur selbst in Frage stellt und nicht den Status des Subjekts der Aussagen im allgemeinen. Es sei gerade das Eigentümliche an der Literatur, daß der Autor ihr fernbleibt, sich verbirgt, sich delegiert oder sich darin aufteilt. Und aus dieser Dissoziation dürfe man auf universelle Weise nicht schließen, daß das Subjekt der Aussage in allem – Natur, Status, Funktion, Identität – verschieden vom Autor der Formulierung ist. Dennoch ist diese Verschiebung nicht allein auf die Literatur begrenzt. Sie ist absolut allgemein, insoweit das Subjekt der Aussage eine determinierte Funktion ist, die aber nicht notwendig bei einer Aussage wie der anderen dieselbe ist; insoweit es eine leere Funktion ist, die bis zu einem bestimmten Punkt von indifferenten Individuen gefüllt werden kann, wenn sie die Aussage formulieren; insoweit ein einziges Individuum nach und nach in einer Folge von Äußerungen verschiedene Positionen und die Rolle verschiedener Subjekte einnehmen kann. Nehmen wir das Beispiel einer mathematischen Abhandlung. In dem Satz des Vorwortes, worin man erklärt, warum, unter welchen Umständen, als Antwort auf welches ungelöste Problem oder auf welche pädagogische Sorge, unter Benutzung welcher Methoden, nach welchen Versuchen und Mißerfolgen diese Abhandlung geschrieben worden ist, kann die Position des äußernden Subjekts nur von dem Autor oder den Autoren der Formulierung eingenommen werden: die Bedingungen der Individualisierung des Subjekts sind in der Tat sehr streng, sehr zahlreich und gestatten in diesem Fall nur ein mögliches Subjekt. Wenn man umgekehrt in dem Text der Abhandlung einem Satz begegnet wie »Zwei Größen, die einer dritten Größe gleich sind, sind einander gleich«, ist das Subjekt der Aussage die absolut neutrale, gegenüber der Zeit, dem Raum, den Umständen indifferente Position, die in gleich welchem sprachlichen System und in gleich welchem Schrift- oder symbolischen Kode identisch ist, die jedes Individuum einnehmen kann, um eine solche Proposition zu bestätigen. Andererseits tragen Sätze vom Typ »Man hat bereits bewiesen, daß ...« präzise kontextuelle Bedingungen, die nicht in der vorhergehenden Formulierung impliziert waren, um geäußert zu werden: die Position ist dann innerhalb eines durch eine endliche Menge von Aussagen begrenzten Gebiets fixiert; sie ist in einer Folge von Aussageereignissen lokalisiert, die sich bereits vollzogen haben müssen; sie wird in einer demonstrativen Zeit festgestellt, deren vorhergehende Augenblicke sich nie verlieren und die also nicht auf identische Weise erneut begonnen oder wiederholt zu werden brauchen, um erneut gegenwärtig gemacht zu werden (eine Erwähnung genügt, um sie in ihrer ursprünglichen Gültigkeit zu reaktivieren); sie wird durch die vorgängige Existenz einer bestimmten Zahl von wirksamen Operationen determiniert, die vielleicht nicht von ein und demselben Individuum vorgenommen werden (demjenigen, das gerade spricht), die aber selbstverständlich auch dem äußernden Subjekt zugehören, die zu seiner Verfügung stehen und die es bei Bedarf einsetzen kann. Man wird das Subjekt einer solchen Aussage durch die Gesamtheit dieser Erfordernisse und dieser Möglichkeiten definieren, und man wird es nicht als Individuum beschreiben, das wirklich Operationen vorgenommen hätte, das in einer Zeit ohne Vergessen und Bruch lebte, das im Horizont seines Bewußtseins eine Gesamtheit von wahren Propositionen verinnerlicht hätte und davon in der lebendigen Gegenwart seines Denkens das virtuelle Wiedererscheinen beibehielte (das ist bei den Individuen höchstens der psychologische und »gelebte« Aspekt ihrer Position als äußernder Subjekte).

Auf die gleiche Weise könnte man beschreiben, welches die spezifische Position des äußernden Subjekts ist in Sätzen wie »Eine Gerade nenne

ich jede Menge von Punkten, die ...« oder »Gegeben sei eine endliche
Menge von beliebigen Elementen«; hier wie dort ist die Position des Subjekts mit der Existenz einer gleichzeitig determinierten und aktuellen Operation verbunden; hier wie dort ist das Subjekt der Aussage auch das Subjekt der Operation (das die Definition aufstellt, ist gleichzeitig dasjenige,
das sie äußert; das die Existenz setzt, ist auch und in der gleichen Zeit dasjenige, das die Aussage setzt); hier und dort schließlich verbindet das Subjekt durch diese Operation und die Aussage, worin sie materiell wird, seine
künftigen Aussagen und Operationen (als äußerndes Subjekt akzeptiert es
diese Aussage als sein eigenes Gesetz). Es existiert indessen ein Unterschied: im ersten Fall ist das, was ausgesagt wird, eine sprachliche Konvention – jener Sprache, die das äußernde Subjekt benutzen muß und innerhalb deren es sich definiert: das äußernde Subjekt und das, was ausgesagt
wird, stehen also auf gleicher Ebene (während für eine formale Analyse
eine Aussage wie diese die der Metasprache eigene Denivellierung impliziert); im zweiten Fall dagegen läßt das äußernde Subjekt ein Objekt bestehen, das einem bereits definierten Gebiet zugehört, dessen Gesetze der
Möglichkeit bereits artikuliert worden sind und dessen Merkmale der Äußerung, die es setzt, vorzeitig sind. Wir haben vorhin gesehen, wie die Position des äußernden Subjekts nicht stets identisch ist, wenn es sich darum
handelt, einen wahren Satz zu bestätigen; jetzt sehen wir, daß sie ebenfalls
nicht dieselbe ist, wenn es sich um die Ausführung einer Operation in der
Aussage selbst handelt.

Man darf sich also das Subjekt der Aussage nicht als mit dem Autor der
Formulierung identisch vorstellen, weder substantiell noch funktional. Es
ist tatsächlich nicht Ursache, Ursprung oder Ausgangspunkt jenes Phänomens, das die schriftliche oder mündliche Artikulation eines Satzes darstellt; sie ist ebenfalls nicht jenes bedeutungsvolle Zielen, das, indem es
schweigend die Worte antizipiert, sie als den sichtbaren Körper seiner Intuition ordnet. Sie ist nicht der konstante, unbewegliche und mit sich
selbst identische Herd einer Folge von Operationen, die die Aussagen abwechselnd an der Oberfläche des Diskurses manifestieren würden. Sie ist
ein determinierter und leerer Platz, der wirklich von verschiedenen Individuen ausgefüllt werden kann; anstatt aber ein für allemal definiert zu werden und sich als solcher während eines ganzen Textes, eines Buches oder
eines Werkes zu erhalten, ändert sich dieser Platz – oder vielmehr er ist variabel genug, um entweder mit sich selbst identisch über mehrere Sätze hin

fortbestehen oder sich mit jedem Satz ändern zu können. Er ist eine Dimension, die jede Formulierung als Aussage charakterisiert. Es ist einer der Züge, die der Aussagefunktion eigen sind und sie zu beschreiben gestatten. Wenn eine Proposition, ein Satz, eine Menge von Zeichen als »geäußert« bezeichnet werden können, dann also nicht, insofern es eines Tages jemand gab, der sie vorbrachte oder irgendwo ihre provisorische Spur niederlegte; sondern insofern die Position des Subjekts bestimmt werden kann. Eine Formulierung als Aussage zu beschreiben besteht nicht darin, die Beziehungen zwischen dem Autor und dem, was er gesagt hat (oder hat sagen wollen oder, ohne es zu wollen, gesagt hat), zu analysieren; sondern darin, zu bestimmen, welche Position jedes Individuum einnehmen kann und muß, um ihr Subjekt zu sein.

c. Drittes Merkmal der Aussagefunktion: sie kann nicht ohne Existenz eines assoziierten Gebiets ausgeübt werden. Das macht aus der Aussage etwas anderes und mehr als eine reine Ansammlung von Zeichen, die zu ihrer Existenz lediglich einer materiellen Stütze bedürfte – etwa die Oberfläche einer Inschrift, eine lautliche Substanz, eine bearbeitbare Materie, die Einkerbung einer Spur. Aber das unterscheidet die Aussage auch und vor allem vom Satz und von der Proposition.

Gegeben sei eine Menge von Wörtern oder Symbolen. Um zu entscheiden, ob sie eine grammatische Einheit wie den Satz oder eine logische Einheit wie die Proposition bilden, ist es notwendig und ausreichend zu bestimmen, nach welchen Regeln sie konstruiert worden ist. »Peter ist gestern angekommen« bildet einen Satz, aber nicht »Peter gestern ist angekommen«; A + B = C + D bildet eine Proposition, aber nicht ABC + = D. Allein die Überprüfung der Elemente und ihrer Verteilung im Bezug zum natürlichen oder künstlichen System der Sprache gestattet die Feststellung des Unterschiedes zwischen dem, was Proposition ist, und dem, was nicht, zwischen dem, was Satz ist, und dem, was einfache Anhäufung von Wörtern ist. Darüber hinaus gestattet diese Prüfung die Bestimmung, welchem Typ grammatischer Struktur der in Frage stehende Satz (Aussagesatz, in der Vergangenheit, mit einem Nomen als Subjekt usw.) zugehört oder welchem Typ von Proposition die ins Auge gefaßte Folge von Zeichen entspricht (eine Äquivalenz zwischen zwei Additionen). Man kann sich notfalls einen Satz oder eine Proposition vorstellen, die sich »ganz allein« determinieren, ohne daß ihnen etwas anderes als Kontext dient, ohne daß eine Menge von Sätzen oder Propositionen hinzuträte: wenn sie unter diesen Bedingungen unnütz und unbenutzbar sind, hindert das nicht daran, sie sogar so in ihrer Einzigartigkeit zu erkennen.

Zweifellos kann man eine bestimmte Zahl von Entgegnungen aussprechen. Zum Beispiel sagen, daß eine Proposition als solche nur festgestellt und individualisiert werden kann unter der Bedingung, daß man das Axiomensystem kennt, dem sie gehorcht: diese Definitionen, diese Regeln, diese Konventionen der Schrift bilden ein zugehöriges Feld, das man nicht von der Proposition trennen kann (ebenso sind die Regeln der Grammatik, die in der Kompetenz des Subjekts implizit verwendet werden, notwendig, damit man einen Satz und einen Satz von bestimmtem Typ erkennen kann). Man muß indessen bemerken, daß diese aktuelle oder virtuelle Menge nicht auf gleicher Ebene befindlich ist wie die Proposition oder der Satz: sondern daß sie sich auf ihre möglichen Elemente, ihre Verkettung, ihre Distribution erstreckt. Sie ist ihnen nicht beigeordnet: sie wird von ihnen vorausgesetzt. Man kann auch entgegenhalten, daß viele (nicht tautologische) Propositionen nicht von ihren Konstruktionsregeln allein her verifiziert werden können und daß der Rückgriff auf den Referenten notwendig ist, um zu entscheiden, ob sie wahr oder falsch sind: gleich, ob wahr oder falsch, bleibt eine Proposition eine Proposition, und es ist nicht der Rückgriff auf den Referenten, der entscheidet, ob sie eine Proposition ist oder nicht: das gleiche gilt für die Sätze: in vielen Fällen können sie ihren Sinn nur im Verhältnis zum Kontext hervorbringen (sei es, daß sie »deiktische« Elemente enthalten, die auf eine konkrete Situation verweisen, sei es, daß sie Pronomen in erster oder zweiter Person benutzen, die das sprechende Subjekt und seine Gesprächspartner bezeichnen; sei es, daß sie sich pronominaler Elemente oder Verbindungspartikeln bedienen, die sich auf vorhergehende oder künftige Sätze beziehen); daß der Sinn aber nicht abgeschlossen werden kann, ist kein Hindernis dafür, daß der Satz grammatisch vollkommen und autonom ist. Gewiß, man weiß nicht sehr genau, was eine Menge von Wörtern wie »Das werde ich Ihnen morgen sagen« »sagen will«; auf jeden Fall kann man dieses *morgen* weder datieren noch die Gesprächspartner nennen, noch ahnen, was gesagt werden soll. Dennoch bleibt, daß es sich um einen völlig abgeschlossenen und den Konstruktionsregeln des Deutschen konformen Satz handelt. Man wird schließlich dem entgegenhalten können, daß es mitunter ohne Kontext schwierig ist, die Struktur eines Satzes zu definieren (»Wenn er gestorben ist, werde ich es nie erfahren« kann konstruiert werden: »In dem Fall, daß er tot ist, werde ich das nie wissen«; oder auch »Ich werde nie von seinem Tod informiert werden«). Aber es handelt sich da um eine Ambiguität, die völlig definierbar ist, deren gleichzeitige Möglichkeiten man auszählen kann und die zu der dem Satz eigenen Struktur gehört. Auf allgemeine Weise kann man sagen, daß ein Satz oder eine Proposition – selbst wenn sie isoliert, selbst wenn sie aus dem natürlichen Kontext, der sie erhellt, herausgetrennt sind, selbst wenn sie von allen Elementen befreit oder amputiert sind, auf die sie implizit oder nicht verweisen können – stets ein Satz oder eine Proposition bleiben und es stets möglich ist, sie als solche zu erkennen.

Umgekehrt kann die Aussagefunktion – wodurch sie sehr wohl zeigt, daß sie nicht ganz einfach eine Konstruktion von im vorhinein bestehenden Elementen ist – auf einen Satz oder eine Proposition im freien Zustand einwirken. Es genügt nicht, einen Satz zu sagen, es genügt nicht einmal, ihn in einem auf ein Objektfeld hin determinierten Verhältnis oder in einem auf ein Subjekt hin determinierten Verhältnis zu sagen, damit eine Aussage vorliegt, damit es sich um eine Aussage handelt. Man muß ihn in Verhältnis zu einem ganzen angrenzenden Feld stellen. Oder vielmehr, da es sich dabei nicht um ein zusätzliches Verhältnis handelt, das sich den anderen noch aufdrückt, kann man einen Satz nicht sagen, kann man ihn nicht zu der Existenz einer Aussage gelangen lassen, ohne daß ein Nebenraum verwendet wird. Eine Aussage hat stets Ränder, die von andern Aussagen bevölkert sind. Diese Ränder unterscheiden sich von dem, was man gewöhnlich unter – wirklichem oder verbalem – »Kontext« versteht, das heißt von der Gesamtheit der Situations- oder Sprachelemente, die eine Formulierung motivieren und ihren Sinn determinieren. Und sie unterscheiden sich, insoweit sie ihn genau möglich machen: das kontextuelle Verhältnis zwischen einem Satz und denjenigen, die ihn umgeben, ist nicht dasselbe, wenn man es mit einem Roman oder mit einer physikalischen Abhandlung zu tun hat; es wird nicht dasselbe sein zwischen einer Formulierung und dem objektiven Milieu, wenn es sich um eine Konversation oder um einen Erfahrungsbericht handelt. Auf dem Grunde eines allgemeineren Verhältnisses zwischen den Formulierungen, auf dem Grunde eines ganzen sprachlichen Rasters kann die Wirkung des Kontextes determiniert werden. Diese Ränder sind ebensowenig mit den verschiedenen Texten, mit den verschiedenen Sätzen identisch, die das Subjekt in seinem

Geist gegenwärtig haben kann, wenn es spricht. Hier wiederum sind sie extensiver als diese psychologische Umgebung, und bis zu einem bestimmten Punkt bestimmen sie sie, denn je nach der Position, dem Status und der Rolle einer Formulierung unter all den anderen – je nachdem, ob sie sich in das Feld der Literatur einschreibt oder ob sie sich in einer gleichgültigen Bemerkung auflösen muß, je nachdem, ob sie zu einer Erzählung gehört oder ob sie einen Beweis bestimmt – wird die Weise der Präsenz der anderen Aussagen im Bewußtsein des Subjekts nicht dieselbe sein: es ist weder dasselbe Niveau noch dieselbe Form sprachlicher Erfahrung, sprachlicher Erinnerung, des Evozierens von bereits Gesagtem, die hier und dort verwandt werden. Der psychologische Hof einer Formulierung wird von fern durch die Disposition des Aussagefeldes bestimmt.

Das assoziierte Feld, das aus einem Satz oder einer Folge von Zeichen eine Aussage macht und ihnen gestattet, einen determinierten Kontext, einen spezifizierten repräsentativen Inhalt zu haben, bildet einen komplexen Raster. Es wird zunächst durch die Folge anderer Formulierungen konstituiert, in die die Aussage sich einschreibt und wovon sie ein Element bildet (ein Spiel von Erwiderungen, die eine Konversation bilden, die Architektur eines Beweises, von seinen Prämissen einerseits, seinem Schluß andererseits begrenzt, die Folge der Aussagen, die eine Geschichte konstituieren). Es wird auch aus der Menge der Formulierungen gebildet, auf die die Aussage sich (implizit oder nicht) bezieht, sei es nun, um sie zu wiederholen, sei es, um sie zu modifizieren oder zu adaptieren, sei es, um in Gegensatz dazu zu treten oder um ihrerseits davon zu sprechen; es gibt keine Aussage, die auf die eine oder die andere Weise nicht erneut andere aktualisiert (rituale Elemente in einer Erzählung; bereits in einem Beweis zugegebene Propositionen; konventionelle Sätze in einem Gespräch). Es wird weiterhin durch die Menge der Formulierungen konstituiert, deren spätere Möglichkeit die Aussage bewerkstelligt und die als ihre Konsequenz oder ihre natürliche Folge oder ihre Erwiderung nach ihr kommen können (ein Befehl eröffnet nicht dieselben Aussagemöglichkeiten wie die Propositionen einer Axiomatik oder wie der Beginn einer Erzählung). Es wird schließlich von der Menge der Formulierungen konstituiert, deren Status die in Frage stehende Aussage teilt, unter denen sie einen Platz ohne Betrachtung der linearen Reihenfolge findet, mit denen sie erlischt oder mit denen sie umgekehrt an Wert gewinnen wird, bewahrt werden wird, sakralisiert werden wird und als mögliches Objekt einem künftigen Diskurs angeboten werden wird (eine Aussage ist nicht von dem Status ablösbar, den sie als »Literatur« oder als unwesentliche Bemerkung, die man gleich wieder vergessen kann, als wissenschaftliche Wahrheit, die für immer erworben worden ist, oder als prophetisches Wort erhalten kann). Ganz allgemein kann man sagen, daß eine Sequenz von sprachlichen Elementen eine Aussage nur dann ist, wenn sie in ein Aussagefeld eingetaucht ist, wo sie dann als ein besonderes Element erscheint.

Die Aussage ist nicht die direkte Projektion einer determinierten Situation oder einer Menge von Repräsentationen auf die Ebene der Sprache. Sie ist nicht einfach die Anwendung einer bestimmten Zahl von Elementen und sprachlichen Regeln durch ein sprechendes Subjekt. Von Anbeginn an, bereits an der Wurzel trennt sie sich aus einem Aussagefeld heraus, worin sie einen Platz und Status hat, der für sie mögliche Verhältnisse mit der Vergangenheit disponiert und ihr eine eventuelle Zukunft eröffnet. Jede Aussage wird so spezifiziert: es gibt keine Aussage im allgemeinen, keine freie, neutrale und unabhängige Aussage; sondern stets eine Aussage, die zu einer Folge oder einer Menge gehört, eine Rolle inmitten der anderen spielt, sich auf sie stützt und sich von ihnen unterscheidet: sie integriert sich stets in einen Aussagemechanismus, in dem sie ihren Anteil hat, und sei dieser auch noch so leicht und so unscheinbar. Während die grammatische Konstruktion zu ihrem Vollzug keiner Elemente und Regeln bedarf, während man schließlich eine (selbstverständlich künstliche) Sprache konzipieren könnte, die nur zur Konstruktion eines einzigen Satzes dienen würde, während das Alphabet, die Konstruktions- und Transformationsregeln eines formalen Systems gegeben sind, kann man die erste Proposition dieser Sprache völlig definieren, während es für die Aussage nicht so ist. Es gibt keine Aussage, die keine anderen voraussetzt; es gibt nicht eine einzige, die um sich herum kein Feld von Koexistenzen, von Serien- und Folgewirkungen, keine Distribution von Funktionen und Rollen hätte. Wenn man von einer Aussage sprechen kann, dann insoweit, als ein Satz (eine Proposition) in einem bestimmten Punkt mit einer determinierten Position, in einem Aussagemechanismus, der über sie hinausgeht, figuriert.

Vor diesem Hintergrund der Aussagekoexistenz heben sich auf einer autonomen und beschreibbaren Ebene die grammatikalischen Verhältnisse zwischen Sätzen, die logischen Verhältnisse zwischen Propositionen, die metasprachlichen Verhältnisse zwischen einer Objektsprache und derjenigen ab, die deren Regeln definiert, die rhetorischen Verhältnisse zwischen

Gruppen (oder Elementen) von Sätzen. Gewiß ist es müßig, all diese Verhältnisse zu analysieren, ohne daß man das Aussagefeld selbst zum Thema
erhebt, das heißt das Gebiet der Koexistenz, worin sich die Aussagefunktion auswirkt. Aber sie können nur existieren und sind für eine Analyse
nur zugänglich, insoweit diese Sätze »geäußert« worden sind; mit anderen
Worten insoweit, als sie sich in einem Aussagefeld entfalten, das ihnen gestattet, aufeinander zu folgen, sich zu ordnen, zu koexistieren und im Verhältnis zueinander eine Rolle zu spielen. Die Aussage, weit entfernt davon,
das Individualisierungsprinzip der signifikanten Mengen (das signifikative
»Atom«, das Minimum, von dem ausgehend Sinn vorliegt) zu sein, ist das,
was diese Bedeutungseinheiten in einen Raum stellt, worin sie sich vervielfachen und anhäufen.

d. Damit eine Folge von sprachlichen Elementen als eine Aussage betrachtet und analysiert werden kann, muß sie schließlich eine vierte Bedingung
erfüllen. Sie muß eine materielle Existenz haben. Könnte man von einer
Aussage sprechen, wenn eine Stimme sie nicht artikuliert hätte, wenn eine
Oberfläche nicht ihre Zeichen trüge, wenn sie nicht in einem sinnlich er-
faßbaren Element inkorporiert wäre und – wäre dies auch nur für einige
Augenblicke – in einer Erinnerung oder einem Raum eine Spur hinterlassen hätte? Könnte man von einer Aussage wie von einer idealen und
stummen Figur sprechen? Die Aussage ist stets durch eine materielle Dichte hindurch gegeben, selbst wenn sie verschleiert ist, selbst wenn sie kurz
nach ihrem Auftauchen wieder zum Vergehen verurteilt ist. Und die Aussage bedarf nicht nur dieser Materialität; sondern diese wird ihr nicht zusätzlich gegeben, wenn all ihre Determinationen einmal fixiert sind: zu
einem Teil konstituiert die Materialität die Aussage. Aus denselben Wörtern zusammengesetzt, genau mit demselben Sinn beladen, in seiner syntaktischen und semantischen Identität aufrechterhalten, konstituiert ein
Satz nicht die gleiche Aussage, wenn er von jemand im Laufe einer Konversation artikuliert wird oder wenn er in einem Roman gedruckt wird; wenn
er eines Tages vor Jahrhunderten geschrieben worden ist und wenn er jetzt
in einer mündlichen Formulierung wiederauftaucht. Die Koordinaten und
der materielle Status der Aussage gehören zu ihren immanenten Merkmalen. Das ist evident – oder beinahe. Denn sobald man dem etwas Aufmerksamkeit widmet, verwirren sich die Dinge und vervielfachen sich die Probleme.

Gewiß ist man versucht zu sagen, daß, wenn die Aussage wenigstens teilweise durch ihren materiellen Status charakterisiert wird und wenn ihre Identität für eine Modifizierung dieses Status zugänglich ist, es für die Sätze oder die Propositionen ebenso ist: die Materialität der Zeichen ist in der Tat nicht vollständig indifferent gegenüber der Grammatik oder der Logik. Man kennt die theoretischen Probleme, die die materielle Beständigkeit der benutzten Symbole der Logik stellt (wie soll man die Identität eines Symbols durch die verschiedenen Substanzen hindurch definieren, in denen es sich verkörpern kann, und wie soll man die verschiedenen Variationen, die es hinsichtlich der Form duldet, definieren? Wie soll man es erkennen und sicherstellen, daß es dasselbe ist, wenn man es als »einen konkreten physischen Körper« definieren muß?); man kennt ebenfalls die Probleme, die ihr der Begriff einer Folge von Symbolen stellt (was heißt vorhergehen und folgen?, »vorher« und »nachher« kommen?, in welchem Raum gibt es eine solche Anordnung?). Besser noch sind die Verhältnisse der Materialität und der Sprache bekannt – die Rolle der Schrift und des Alphabets, die Tatsache, daß es weder dieselbe Syntax noch dasselbe Vokabular sind, die in einem geschriebenen Text und in einer Konversation, in einem Buch und in einer Zeitung, in einem Brief und auf einem Plakat verwandt werden; darüber hinaus gibt es Folgen von Wörtern, die wohl individualisierte und vollkommen akzeptable Sätze bilden, wenn sie in den Hauptüberschriften einer Zeitung vorkommen, und die dennoch im Laufe einer Konversation niemals als ein sinnvoller Satz gelten könnten. Dennoch spielt die Materialität in der Aussage eine viel wichtigere Rolle: sie ist nicht nur Variationsprinzip, Modifikation der Kriterien des Wiedererkennens oder Determination der sprachlichen Teilmengen. Sie ist konstitutiv für die Aussage selbst: eine Aussage bedarf einer Substanz, eines Trägers, eines Orts und eines Datums. Und wenn diese Erfordernisse sich modifizieren, wechselt sie selbst die Identität. Sogleich taucht eine Fülle von Fragen auf; bildet ein und derselbe Satz, den man mit lauter und leiser Stimme wiederholt, eine einzige Aussage oder mehrere? Bildet beim Auswendiglernen eines Textes jede Wiederholung eine neue Aussage, oder muß man annehmen, daß es dieselbe ist, die wiederholt wird? Wenn ein Satz getreu in eine andere Sprache übersetzt wird, handelt es sich dann um zwei verschiedene oder um dieselbe Aussage? Und wie viele Aussagen muß man in einer Gruppenrezitation – einem Gebet oder einer Lektion – zählen? Wie soll man durch diese vielfältigen Vorkommnisse, durch diese

Wiederholungen, diese Transkriptionen hindurch die Identität der Aussage feststellen?

Das Problem wird zweifellos dadurch verdunkelt, daß man darin oft verschiedene Ebenen vermischt. Man muß zunächst die Vielfalt der Äußerungen (*énonciations*) beiseite lassen. Man wird sagen, daß jedesmal eine solche Äußerung vorliegt, wo eine Menge von Zeichen gesendet wird. Jede dieser Artikulationen hat ihre eigene räumlich-zeitliche Individualität. Zwei Personen können durchaus zur gleichen Zeit dieselbe Sache sagen; da sie zwei sind, wird es zwei distinkte Äußerungen geben. Ein und dasselbe Subjekt kann durchaus mehrmals denselben Satz wiederholen; es wird ebenso viele distinkte Äußerungen in der Zeit geben. Die Äußerung ist ein Ereignis, das sich nicht wiederholt; es hat seine Besonderheit, die festgelegt und datiert ist und die man nicht reduzieren kann. Diese Besonderheit läßt dennoch eine bestimmte Anzahl von Konstanten durchgehen: grammatische, semantische, logische, durch die man unter Neutralisierung des Moments der Äußerung und der Koordinaten, die die Individualisierung vornehmen, die allgemeine Form eines Satzes, einer Bedeutung, einer Proposition erkennen kann. Die Zeit und der Ort der Äußerung, der materielle Träger, den sie benutzt, werden dann wenigstens zu einem großen Teil indifferent: und was sich löst, ist eine unendlich wiederholbare Form, die den verstreutesten Äußerungen Raum geben kann. Nun kann die Aussage selbst nicht auf dieses reine Ereignis der Äußerung zurückgeführt werden, denn trotz ihrer Materialität kann sie wiederholt werden: man wird mühelos sagen, daß derselbe von zwei Personen unter etwas verschiedenen Umständen ausgesprochene Satz nur *eine* Aussage bildet. Und dennoch reduziert sie sich nicht auf eine grammatische oder logische Form, insoweit sie mehr als dieser Satz und auf eine verschiedene Weise für Unterschiede in der Materie, Substanz, Zeit und des Ortes empfänglich ist. Welche Materialität ist also der Aussage eigen und autorisiert gewisse besondere Typen der Wiederholung? Wie kann es geschehen, daß man von derselben Aussage sprechen kann, wo mehrere distinkte Äußerungen vorliegen – während man von mehreren Aussagen sprechen muß, wo man identische Formen, Strukturen, Konstruktionsregeln, Absichten erkennen kann? Welche Regelung *wiederholbarer Materialität* charakterisiert also die Aussage?

Wahrscheinlich ist es keine wahrnehmbare, qualitative, in Form der Farbe, des Lauts oder der Festigkeit gegebene Materialität, die durch das gleiche räumliche Meßsystem wie der perzeptive Raum gerastert wird. Nehmen wir ein sehr einfaches Beispiel: ein mehrmals reproduzierter Text, die aufeinanderfolgenden Ausgaben eines Buches, besser noch die verschiedenen Exemplare derselben Auflage verursachen nicht ebenso viele distinkte Aussagen: in allen Ausgaben der *Fleurs du mal* (wenn man von den Varianten und verbotenen Texten absieht) findet man dasselbe Bündel von Aussagen wieder; dennoch sind weder die Schrifttypen noch die Tinte, noch das Papier und auf keinen Fall die Lokalisierung des Textes und die Anordnung der Zeichen dieselben: das ganze Gewebe der Materialität hat sich geändert. Aber hier sind diese »kleinen« Unterschiede nicht so wirksam, daß sie die Identität der Aussage verändern und eine andere entstehen lassen: sie werden alle in dem allgemeinen – selbstverständlich materiellen, aber gleichzeitig institutionellen und ökonomischen – Element des »Buches« neutralisiert: ein Buch ist unabhängig von der Zahl der Exemplare oder Auflagen, unabhängig von den verschiedenen dafür benutzten Substanzen ein Platz exakter Äquivalenz für die Aussagen und ist für sie eine Instanz der Wiederholung ohne Veränderung ihrer Identität. Man sieht bei diesem ersten Beispiel, daß die Materialität der Aussage nicht durch den eingenommenen Raum oder das Datum der Formulierung definiert wird, sondern eher durch ein Statut als Sache oder als Objekt. Dieses Statut ist nie definitiv, sondern modifizierbar, relativ und kann immer in Frage gestellt werden: man weiß zum Beispiel sehr wohl, daß für die Literaturhistoriker die Ausgabe eines unter Obhut des Autors veröffentlichten Buches nicht dasselbe Statut hat wie die posthumen Ausgaben, daß die Aussagen darin einen besonderen Wert haben, daß sie nicht eine der Manifestationen ein und derselben Gesamtheit sind, daß sie das sind, in bezug worauf Wiederholung vorliegt und vorliegen muß. Auf dieselbe Weise kann man nicht sagen, daß zwischen dem Text einer Verfassung oder eines Testaments, einer religiösen Offenbarung und all den Manuskripten oder Drucken, die sie genau mit derselben Schrift, mit denselben Drucktypen oder auf ähnlichem Material reproduzieren, Äquivalenz besteht: einerseits gibt es die Aussagen selbst, andererseits ihre Reproduktion. Nicht ein stoffliches Fragment sichert die Identität der Aussage, sondern deren Identität variiert mit einem komplexen System von materiellen Institutionen.

Eine Aussage kann nämlich auf einem Blatt Papier geschrieben oder in einem Buch veröffentlicht dieselbe sein; sie kann dieselbe sein, wenn sie

mündlich ausgesprochen wird, auf einem Anschlag gedruckt oder durch
ein Magnetophon reproduziert wird; wenn umgekehrt ein Romanautor
einen beliebigen Satz im täglichen Leben ausspricht, ihn dann so in das
von ihm redigierte Manuskript setzt und einer Person zuschreibt oder
ihn durch die anonyme Stimme aussprechen läßt, die als die des Autors
gilt, kann man nicht sagen, daß es sich in beiden Fällen um dieselbe Aussage handelt. Das System der Materialität, dem die Aussagen notwendig
gehorchen, gehört also mehr der Institution zu als der räumlich-zeitlichen
Lokalisierung; es definiert *Möglichkeiten der Re-Inskription und der Transkription* (aber auch Schwellen und Grenzen) mehr als begrenzte und vergängliche Individualitäten.

Die Identität einer Aussage wird einer zweiten Menge von Bedingungen
und Grenzen unterworfen: denjenigen, die ihr durch die Gesamtheit der
anderen Aussagen auferlegt sind, unter denen sie auftaucht, durch das Gebiet, in dem man sie benutzen oder anwenden kann, durch die Rolle oder
Funktionen, die sie zu spielen hat. Die Behauptung, daß die Erde rund ist
oder daß die Arten sich entwickeln, bildet vor und nach Kopernikus, vor
und nach Darwin nicht dieselbe Aussage. Bei so einfachen Formulierungen kann man nicht sagen, daß der Sinn der Worte sich geändert habe.
Was sich geändert hat, ist das Verhältnis dieser Behauptungen zu anderen
Propositionen, ihre Anwendungsbedingungen und Reinvestitionsbedin-
gungen, ist das Feld von Erfahrung, von möglichen Verifizierungen, von
zu lösenden Problemen, worauf man sie beziehen kann. Der Satz, daß
»die Träume die Wünsche erfüllen«, kann über Jahrhunderte hin wiederholt werden; er ist bei Platon und bei Freud nicht die gleiche Aussage.
Die Anwendungsschemata, die Gebrauchsregeln, die Konstellationen, worin sie eine Rolle spielen können, ihre strategischen Virtualitäten bilden für
die Aussagen ein *Feld der Stabilisierung*, das trotz aller Äußerungsunter-
schiede sie in ihrer Identität zu wiederholen gestattet. Aber dasselbe Feld
kann ebensowohl hinter den manifestesten semantischen, grammatischen
oder formalen Identitäten eine Schwelle definieren, jenseits deren es keine
Äquivalenz mehr gibt und man durchaus das Erscheinen einer neuen Aussage anerkennen muß. Aber es ist wahrscheinlich möglich, noch weiter zu
gehen: man kann annehmen, daß nur ein und dieselbe Aussage vorliegt,
wo dennoch die Wörter, die Syntax, die Sprache selbst nicht identisch
sind. Etwa bei einem Diskurs und seiner gleichzeitigen Übersetzung; etwa
bei einem wissenschaftlichen Text auf englisch und seiner französischen

Übersetzung; etwa bei einer Ankündigung in drei Spalten in drei verschiedenen Sprachen: es handelt sich nicht um so viele Aussagen wie verwendete Sprachen, sondern um eine einzige Menge von Aussagen in verschiedenen sprachlichen Formen. Besser noch: eine gegebene Information kann mit anderen Wörtern, mit vereinfachter Syntax oder in einem vereinbarten Kode übertragen werden; wenn der informative Inhalt und die Verwendungsmöglichkeiten dieselben sind, wird man in beiden Fällen von derselben Aussage sprechen können.

Noch einmal, es handelt sich nicht um ein Individualisierungskriterium der Aussage, sondern eher um ihr Variationsprinzip: einmal ist sie vielfältiger als die Satzstruktur (und ihre Identität ist dann feiner, zerbrechlicher, leichter zu modifizieren als die einer semantischen oder grammatischen Gesamtheit), einmal ist sie konstanter als diese Struktur (und ihre Identität ist dann weiter, fester, für die Variationen weniger zugänglich). Diese Identität der Aussage kann obendrein nicht für allemal im Verhältnis zu der des Satzes definiert werden, sondern sie ist selbst relativ und schillert gemäß dem Gebrauch, den man von der Aussage macht, und gemäß der Weise, auf die man sie handhabt. Wenn man eine Aussage benutzt, um ihre grammatische Struktur, die rhetorische Konfiguration oder die Konnotationen hervorzukehren, die sie trägt, so ist es evident, daß man sie nicht als in ihrer ursprünglichen Sprache und ihrer Übersetzung identisch betrachten kann. Wenn man umgekehrt die Aussage in eine Prozedur experimenteller Überprüfung einführen will, dann bilden Text und Übersetzung durchaus dieselbe Aussagegesamtheit. Oder man kann auch auf einer bestimmten Stufenleiter der Makrogeschichte der Auffassung sein, daß eine Behauptung wie »die Arten entwickeln sich« bei Darwin und Simpson dieselbe Aussage bildet; auf einer feineren Ebene und unter Betrachtung begrenzterer Anwendungsfelder (der »Neodarwinismus« im Gegensatz zum eigentlichen darwinschen System) hat man es mit zwei verschiedenen Aussagen zu tun. Die Beständigkeit der Aussage, die Aufrechterhaltung ihrer Identität durch die besonderen Ereignisse der Äußerungen, ihre Spaltungen durch die Identität der Formen hindurch, alles das ist Funktion des *Anwendungsfeldes*, in das sie sich eingehüllt findet.

Man sieht, daß die Aussage nicht wie ein Ereignis behandelt werden darf, das sich in einer bestimmten Zeit und an einem bestimmten Ort abgespielt hat und an das sich zu erinnern – und das von ferne zu feiern – in einem Gedächtnisakt gerade möglich wäre. Man sieht aber, daß sie auch

keine ideale Form ist, die man in einem beliebigen Körper, in einer indifferenten Menge und unter bedeutungslosen materiellen Bedingungen stets
aktualisieren kann. Zu wiederholbar, um sich völlig in den räumlich-zeitlichen Koordinaten ihrer Entstehung zu halten (sie ist etwas anderes als
Datum und Ort ihres Erscheinens), zu sehr mit dem verbunden, was sie
umgibt und stützt, um ebenso frei wie eine reine Form zu sein (sie ist etwas
anderes als ein Konstruktionsgesetz, das sich auf eine Menge von Elementen erstreckt), ist sie mit einer bestimmten modifizierbaren Schwere, mit
einem Gewicht ausgestattet, das in Beziehung zu dem Feld steht, in dem
sie sich befindet, mit einer Beständigkeit ausgestattet, die verschiedene
Verwendungen erlaubt, mit einer zeitlichen Permanenz, die nicht die Ta-
tenlosigkeit einer einfachen Spur hat und nicht auf ihrer eigenen Vergangenheit schlummert. Während eine Äußerung *erneut begonnen* oder *erneut
evoziert* werden kann, während eine (sprachliche oder logische) Form *erneut aktualisiert* werden kann, hat die Aussage als Eigenheit, *wiederholt*
werden zu können: aber immer unter ganz strengen Bedingungen.

Diese wiederholbare Materialität, die die Aussagefunktion charakterisiert,
läßt die Aussage als ein spezifisches und paradoxes Objekt, als ein Objekt immerhin unter all denen erscheinen, die die Menschen produzieren,
handhaben, benutzen, transformieren, tauschen, kombinieren, zerlegen und
wieder zusammensetzen, eventuell zerstören. Statt etwas ein für allemal
Gesagtes – und wie die Entscheidung einer Schlacht, eine geologische Katastrophe oder der Tod eines Königs in der Vergangenheit Verlorenes –
zu sein, erscheint die Aussage gleichzeitig, wie sie in ihrer Materialität
auftaucht, mit einem Statut, tritt in Raster ein, stellt sich in Anwendungsfelder, bietet sich Übertragungen und möglichen Modifikationen an, integriert sich in Operationen und Strategien, in denen ihre Identität aufrechterhalten bleibt oder erlischt. So zirkuliert, dient, entzieht sich die Aussage,
gestattet oder verhindert sie die Erfüllung eines Wunsches, ist sie gelehrig
oder rebellisch gegenüber Interessen, tritt sie in die Ordnung der Infragestellungen und der Kämpfe ein, wird sie zum Thema der Aneignung oder
der Rivalität.

3. Die Beschreibung der Aussagen

Die Front der Analyse ist inzwischen beträchtlich verlagert; ich hatte jene Definition der Aussage aufnehmen wollen, die anfangs in der Schwebe gelassen worden war. Alles hatte sich so vollzogen und war so gesagt worden, als sei die Aussage eine leicht feststellbare Einheit und als handle es sich nur um die Beschreibung der Möglichkeiten und der Gesetze ihrer Gruppierung. Nun habe ich bei der Rückkehr zu meinem Ausgangspunkt bemerkt, daß ich die Aussage nicht als eine Einheit sprachlichen Typs (die oberhalb des Phonems und des Worts, unterhalb des Textes läge) definieren konnte, sondern daß ich es eher mit einer Aussagefunktion zu tun hatte, die verschiedene Einheiten aufbietet (sie können manchmal mit Sätzen, manchmal mit Propositionen zusammenfallen; sie sind aber manchmal aus Fragmenten von Sätzen, aus Serien oder Tabellen von Zeichen, aus einem Spiel von Propositionen oder äquivalenten Formulierungen gemacht). Anstatt diesen Einheiten einen »Sinn« zu geben, stellt diese Funktion sie in Beziehung zu einem Objektfeld. Anstatt ihnen ein Subjekt zuzuweisen, öffnet sie ihnen eine Menge von möglichen subjektiven Positionen. Anstatt ihre Grenzen zu fixieren, plaziert sie sie in ein Gebiet der Koordination und Koexistenz, statt ihre Identität zu determinieren, siedelt sie sie in einem Raum an, in dem sie eingeschlossen, benutzt und wiederholt werden. Kurz: was entdeckt worden ist, ist nicht die atomistische Aussage – mit ihrer Wirkung von Sinn, ihrem Ursprung, ihren Grenzen und ihrer Individualität –, sondern das Wirkungsfeld der Aussagefunktion und die Bedingungen, unter denen sie verschiedene Einheiten erscheinen läßt (die, wenn auch nicht notwendigerweise, grammatischer oder logischer Ordnung sein können). Aber jetzt stehe ich vor der Verpflichtung, auf zwei Fragen zu antworten: was muß man im weiteren unter der ursprünglich gestellten Aufgabe verstehen, Aussagen zu beschreiben? Wie kann diese Theorie der Aussage sich der Analyse der diskursiven Formationen anpassen, die ohne sie skizziert worden war?

A

1. Erste Sorge: das Vokabular fixieren. Wenn wir es akzeptieren, jede Menge von Zeichen, die wirklich ausgehend von einer natürlichen (oder künstlichen) Sprache produziert sind, *sprachliche Performanz* oder viel-

leicht besser *linguistische Performanz* zu nennen, dann wird man den individuellen (notfalls auch kollektiven) Akt, der auf einem beliebigen Material und gemäß einer determinierten Form diese Gruppe von Zeichen erscheinen läßt, auch *Formulierung* nennen können: die Formulierung ist
ein Ereignis, das, wenigstens in direkter Linie, stets gemäß räumlich-zeitlichen Koordinaten auffindbar ist, das stets auf einen Autor bezogen werden kann und eventuell von selbst einen spezifischen Akt (einen »perfor-
mativen« Akt, wie die englischen Sprachanalytiker sagen) konstituieren
kann. Die Einheiten, die die Grammatik oder die Logik in einer Zeichenmenge erkennen können, nennen wir *Satz* oder *Proposition:* diese Einheiten können stets durch die Elemente, die darin vorkommen, und durch
die Konstruktionsregeln, die sie verbinden, charakterisiert werden. Im Verhältnis zum Satz und zur Proposition sind die Fragen nach Ursprung, Zeit,
Ort und nach Kontext nur Nebenfragen. Die entscheidende Frage ist die
nach ihrer Berichtigung (und sei das nur in der Form der »Akzeptabilität«).
Man wird *Aussage* die dieser Zeichenmenge eigene Existenzmodalität nennen: diese Modalität gestattet ihr, etwas anderes als eine Folge von Spuren
zu sein, etwas anderes als die Abfolge von Anzeichen auf einer Substanz,
etwas anderes als ein beliebiges Objekt, das von einem Menschen geschaffen worden ist. Diese Modalität gestattet ihr, im Verhältnis zu einem Objektbereich zu stehen, jedem möglichen Subjekt eine feste Position vorzuschreiben, unter anderen sprachlichen Performanzen angesiedelt zu sein,
schließlich mit einer wiederholbaren Materialität ausgestattet zu sein. Hinsichtlich des Terminus *Diskurs*, den wir hier mit verschiedenen Bedeutungen benutzt und abgenutzt haben, kann man jetzt den Grund seiner Un-
eindeutigkeit verstehen: auf die allgemeinste und unentschiedenste Weise
bezeichnete er eine Menge von sprachlichen Performanzen. Wir verstanden unter Diskurs einmal, was (eventuell sogar alles, was) an Zeichenmengen produziert worden war. Aber wir verstanden darunter auch eine
Menge von Formulierungsakten, eine Folge von Sätzen oder Propositionen. Schließlich – und diese Bedeutung hat schließlich überwogen (zusammen mit der ersten, die ihr als Horizont dient) – wird der Diskurs
durch eine Menge von Zeichenfolgen konstituiert, insoweit sie Aussagen
sind, das heißt, insoweit man ihnen besondere Existenzmodalitäten zuweisen kann. Wenn es mir zu zeigen gelingt, wie ich es gleich versuchen
werde, daß das Gesetz einer solchen Serie genau das ist, was ich bisher eine
diskursive Formation genannt habe, wenn es mir zu zeigen gelingt, daß

diese das Verbreitungs- und Verteilungsprinzip ist, und zwar nicht der Formulierungen, nicht der Sätze, nicht der Propositionen, sondern der Aussagen (in dem Sinne, den ich diesem Wort gegeben habe), wird der Terminus Diskurs bestimmt werden können: eine Menge von Aussagen, die einem gleichen Formationssystem zugehören. Und so werde ich von dem klinischen Diskurs, von dem ökonomischen Diskurs, von dem Diskurs der Naturgeschichte, vom psychiatrischen Diskurs sprechen können.

Ich weiß sehr wohl, daß diese Definitionen in der Mehrzahl nicht mit der gebräuchlichen Verwendung übereinstimmen: die Linguisten sind gewohnt, dem Wort Diskurs einen völlig andern Sinn zu geben. Die Logiker und Sprachanalytiker benutzen den Terminus Aussage anders. Ich habe aber nicht die Absicht, hier ein Spiel von Begriffen, eine Form der Analyse, eine Theorie, die allesamt woanders gebildet worden sind, auf ein Gebiet zu übertragen, das nur auf dieses Licht warten würde. Ich habe nicht die Absicht, ein Modell zu gebrauchen, indem ich es in der ihm eigenen Wirksamkeit auf neue Inhalte anwende. Ich will gewiß den Wert eines solchen Modells nicht bestreiten. Ich will auch nicht, bevor ich es ausprobiert habe, seine Tragweite beschränken und gebieterisch die Schwelle aufzeigen, die es nicht überschreiten dürfe. Ich möchte eine deskriptive Möglichkeit erscheinen lassen, das Gebiet umreißen, für das sie geeignet ist, ihre Grenzen und ihre Autonomie definieren. Diese deskriptive Möglichkeit gliedert sich nach anderen, sie leitet sich nicht davon ab.

Man sieht insbesondere, daß die Analyse der Aussagen keine totale, erschöpfende Deskription der »Sprache« oder dessen, »was gesagt worden ist«, zu sein vorgibt. In der ganzen durch die sprachlichen Performanzen verflochtenen Dichte stellt sie sich auf eine besondere Ebene, die von anderen gelöst, im Verhältnis zu ihnen charakterisiert und abstrahiert werden muß. Insbesondere nimmt sie nicht den Platz einer logischen Analyse der Propositionen, einer grammatischen Analyse der Sätze, einer psychologischen oder kontextuellen Analyse der Formulierungen ein: sie stellt eine andere Weise dar, die sprachlichen Performanzen in Angriff zu nehmen, ihre Komplexität aufzulösen, die Termini zu isolieren, die sich darin überkreuzen, und die verschiedenen Regelmäßigkeiten aufzufinden, denen sie gehorchen. Indem man die Aussage gegenüber dem Satz oder der Proposition ins Spiel bringt, sucht man nicht eine verlorene Totalität wiederzufinden noch, wie so viele Sentimentalitäten, die nicht zum Schweigen kommen wollen, dazu einzuladen, die Fülle des lebendigen Sprechens, den

Reichtum des Verbs, die tiefe Einheit des Logos wiederauferstehen zu lassen. Die Analyse der Aussagen entspricht einer spezifischen Ebene der Beschreibung.

2. Die Aussage ist also keine elementare Einheit, die den von der Grammatik oder von der Logik beschriebenen Einheiten sich hinzufügte oder sich daruntermengte. Sie kann nicht wie ein Satz, eine Proposition oder ein Akt der Formulierung isoliert werden. Eine Aussage zu beschreiben läuft nicht darauf hinaus, ein horizontales Segment zu isolieren und zu charakterisieren, sondern darauf, die Bedingungen zu definieren, unter denen sich die Funktion ausgewirkt hat, die einer Serie von Zeichen (wobei diese nicht notwendig grammatisch oder logisch strukturiert ist) eine Existenz gegeben hat, und zwar eine spezifische Existenz. Diese Existenz läßt sie als etwas anderes denn als eine reine Spur erscheinen, nämlich als Verhältnis zu einem Gegenstandsbereich; als etwas anderes denn als das Resultat einer Handlung oder einer individuellen Operation, nämlich eher als einen Komplex möglicher Positionen für ein Subjekt; als etwas anderes denn als eine organische, autonome, in sich geschlossene und für sich allein zur Bildung eines Sinnes geeignete Totalität, nämlich eher als ein Element in einem Feld der Koexistenz; als etwas anderes denn als ein vorübergehendes Ereignis oder ein bewegungsloses Objekt, nämlich eher als eine wiederholbare Materialität. Die Beschreibung der Aussagen wendet sich nach einer in gewisser Weise vertikalen Dimension den Existenzbedingungen der verschiedenen Bedeutungsmengen zu. Daher rührt ein Paradox: sie versucht nicht die sprachlichen Performanzen zu umgehen, um hinter ihnen oder unter ihrer offenbaren Oberfläche ein verborgenes Element, einen heimlichen Sinn, der sich in ihnen vergräbt oder durch sie hindurch, ohne es zu sagen, an den Tag kommt, zu entdecken; und dennoch ist die Aussage nicht unmittelbar sichtbar, sie gibt sich nicht auf eine ebenso manifeste Weise wie eine grammatische oder logische Struktur (selbst wenn diese nicht völlig klar ist, selbst wenn diese sehr schwierig zu erhellen ist). Die Aussage ist gleichzeitig nicht sichtbar und nicht verborgen.

Nicht verborgen per definitionem, weil sie die einer wirklich produzierten Menge von Zeichen eigenen Existenzmodalitäten charakterisiert. Die Aussageanalyse kann niemals sich auf etwas anderes beziehen als auf gesagte Dinge, auf Sätze, die wirklich ausgesprochen oder geschrieben worden sind,

auf Bedeutungselemente, die geschrieben oder artikuliert worden sind –
und genauer auf jene Besonderheit, die sie existieren läßt, die sie dem
Blick, der Lektüre, einer eventuellen Reaktivierung, tausend möglichen
Verwendungen oder Transformationen unter anderen Dingen, aber nicht
wie die anderen Dinge, bietet. Sie kann nur realisierte sprachliche Performanzen betreffen, weil sie sie auf der Ebene ihrer Existenz analysiert: Beschreibung der gesagten Dinge, genau insoweit sie gesagt worden sind.
Die Aussageanalyse ist also eine historische Analyse, die sich aber außerhalb jeder Interpretation hält: sie fragt die gesagten Dinge nicht nach
dem, was sie verbergen, was in ihnen und trotz ihnen gesagt wurde, nach
dem Nicht-Gesagten, das sie verbergen, dem Gewimmel von Gedanken,
Bildern oder Phantasmen, die sie bewohnen. Sondern umgekehrt, auf welche Weise sie existieren, was es für sie heißt, manifestiert worden zu sein,
Spuren hinterlassen zu haben und vielleicht für eine eventuelle Wiederver-
wendung zu verbleiben; was es für sie heißt, erschienen zu sein – und daß
keine andere an ihrer Stelle erschienen ist. Von diesem Gesichtspunkt her
kennt man keine verborgene Aussage: denn das, woran man sich wendet,
ist die Evidenz der effektiven Sprache.

Eine schwierig zu haltende These. Man weiß sehr wohl – und vielleicht
seit die Menschen sprechen –, daß die einen Dinge oft durch die anderen
gesagt werden; daß ein und derselbe Satz gleichzeitig zwei verschiedene
Bedeutungen haben kann; daß ein manifester, von jedem ohne Schwierigkeit aufgenommener Sinn einen zweiten, esoterischen oder prophetischen
verbergen kann, den eine subtilere Entzifferung oder allein die Erosion
der Zeit schließlich entdecken werden; daß unter einer sichtbaren Formulierung eine andere herrschen kann, die sie bestimmt, sie umstößt, sie verwirrt, ihr eine nur ihr gehörige Gliederung auferlegt; daß kurz gesagt auf
die eine oder die andere Weise die gesagten Dinge mehr als nur sich selbst
aussagen. Aber tatsächlich berühren diese Wirkungen der Reduplizierung
oder der Spaltung, dieses Nicht-Gesagte, das trotz allem gesagt wird, die
Aussage nicht, wenigstens so, wie sie hier definiert worden ist. Die Polyse-
mie – die die Hermeneutik und die Entdeckung eines anderen Sinns gestattet – betrifft den Satz und die semantischen Felder, die dieser verwendet: ein und dieselbe Menge von Wörtern kann mehreren Bedeutungen,
mehreren möglichen Konstruktionen Raum geben; es kann also, miteinander verflochten oder abwechselnd, verschiedene Bedeutungen geben, jedoch auf einem Aussagesockel, der identisch bleibt. Ebenso sind die Unter-

drückung einer sprachlichen Performanz durch eine andere, ihre gegenseitige Substitution oder Interferenz Phänomene, die zur Ebene der Formulierung gehören (selbst wenn sie Auswirkungen auf die sprachlichen oder logischen Strukturen haben); aber die Aussage selbst wird durch diese Spaltung oder diese Zurückdrängung nicht betroffen: weil sie die Existenzmodalität der sprachlichen Performanz ist, so wie sie bewirkt worden ist. Die Aussage kann nicht als das kumulative Resultat oder die Kristallisation mehrerer schwimmender Aussagen betrachtet werden, die kaum artikuliert sind und sich gegenseitig zurückwerfen. Die Aussage wird nicht durch die geheime Präsenz des Nicht-Gesagten, der verborgenen Bedeutungen, der Repressionen heimgesucht; im Gegenteil hängt die Weise, auf die die verborgenen Elemente funktionieren und auf die sie wiederhergestellt werden können, von der Aussagemodalität selbst ab: man weiß sehr wohl, daß das »Nicht-Gesagte«, das »Unterdrückte« nicht dasselbe ist – weder in seiner Struktur noch in seiner Auswirkung –, wenn es sich um eine mathematische oder um eine ökonomische Aussage, wenn es sich um eine Autobiographie oder um die Erzählung eines Traums handelt.

Indessen muß man all diesen verschiedenen Modalitäten des *Nicht-Gesagten*, die auf dem Grund des Aussagefeldes gefunden werden können, zweifellos ein *Manko* hinzufügen, das, anstatt immanent zu sein, diesem Feld korrelativ wäre und eine Rolle bei der Determination seiner Existenz selbst spielen würde. Geben kann es in der Tat – und zweifellos gibt es immer – bei den Bedingungen des Auftauchens der Aussagen Ausschlüsse, Grenzen oder Lücken, die ihren Bezug abgrenzen, eine einzige Serie von Modalitäten für gültig erklären, Gruppen der Koexistenz abgrenzen und einschließen, bestimmte Anwendungsformen verhindern. Aber man darf weder in seinem Statut noch in seiner Auswirkung das charakteristische Manko einer Aussageregelmäßigkeit und die in dem, was sich darin formuliert findet, verborgenen Bedeutungen verwechseln.

3. Nun ist die Aussage, auch wenn sie nicht verborgen ist, nicht deshalb bereits sichtbar. Sie bietet sich der Wahrnehmung nicht als der manifeste Träger ihrer Grenzen und Merkmale. Man bedarf einer bestimmten Wendung des Blicks und der Haltung, um sie erkennen und in sich selbst betrachten zu können. Vielleicht ist sie dieses zu Bekannte, das sich unaufhörlich entzieht; vielleicht ist sie wie jene vertrauten Transparenzen, die auch, wenn sie in ihrer Dichte nichts verbergen, nicht in aller Klarheit gegeben sind. Das Aussageniveau skizziert sich in seiner Nähe selbst.

Dafür gibt es mehrere Gründe. Der erste ist bereits genannt worden: die Aussage ist keine Einheit neben – über oder unter – den Sätzen oder den Propositionen; sie wird stets in Einheiten dieser Gattung eingehüllt oder sogar in Zeichenfolgen, die nicht ihren Gesetzen gehorchen (und die Listen, zufällige Serien, Tabellen sein können). Sie charakterisiert nicht das, was sich in ihnen gibt, oder die Weise, auf die sie abgegrenzt werden, sondern die Tatsache selbst, daß sie gegeben werden, und die Weise, wie dies der Fall ist. Sie hat jene Quasi-Unsichtbarkeit des »es gibt«, die sich genau in dem verwischt, wovon man sagen kann: »Es gibt diese oder jene Sache.«

Der zweite Grund ist, daß die Bedeutungsstruktur der Sprache immer auf etwas anderes verweist; die Gegenstände sind darin bezeichnet; der Sinn ist darin angezielt; auf das Subjekt wird durch eine bestimmte Zahl von Zeichen Bezug genommen, selbst wenn es nicht in sich selbst gegenwärtig ist. Die Sprache scheint stets durch das Andere, das Woanders, das Distanzierte, das Ferne bevölkert; sie wird durch die Abwesenheit ausgehöhlt. Ist sie nicht der Ort des Erscheinens von etwas anderem als sich selbst und scheint in dieser Funktion ihre eigene Existenz sich nicht aufzulösen? Wenn man nun aber die Aussageebene beschreiben will, muß man jene Entfernung selbst betrachten; die Sprache nicht in der Richtung befragen, auf die sie verweist, sondern in der Dimension, in der die Sprache gegeben wird; die Kraft vernachlässigen, die sie hat, um zu bezeichnen, zu benennen, zu zeigen, erscheinen zu lassen, der Ort des Sinns oder der Wahrheit zu sein, und sich umgekehrt bei dem Augenblick – der sogleich verfestigt, sogleich in dem Spiel zwischen Signifikat und Signifikant erfaßt wird – festhalten, der ihre besondere und begrenzte Existenz bestimmt. Es handelt sich bei der Prüfung der Sprache nicht nur darum, den Gesichtspunkt des Signifikats in der Schwebe zu halten (daran ist man inzwischen gewöhnt), sondern auch den des Signifikanten, um die Tatsache erscheinen zu lassen, daß hier wie dort im Verhältnis mit möglichen Objekt- und Subjektbereichen, im Verhältnis mit anderen Formulierungen und eventuellen Wiederverwendungen *Sprache* vorliegt.

Der letzte Grund für diese Quasi-Unsichtbarkeit der Aussage ist der, daß die Aussage von allen anderen Analysen der Sprache angenommen wird, ohne daß sie sie je ans Licht bringen müßten. Damit die Sprache als Objekt aufgefaßt, in verschiedene Schichten zerlegt, beschrieben und analysiert werden kann, muß eine »Aussagegegebenheit« existieren, die

stets determiniert und nicht unendlich ist: die Analyse einer Sprache vollzieht sich stets an einem Korpus von Worten und Texten; die Interpretation und das Hervorbringen der impliziten Bedeutung beruhen stets auf
einer begrenzten Gruppe von Sätzen; die logische Analyse eines Systems
impliziert in der erneuten Schreibung, in einer formalen Sprache, eine gegebene Menge von Propositionen. Was die Aussageebene betrifft, so findet
sie sich stets neutralisiert: entweder wird sie nur als ein repräsentatives Muster definiert, das gestattet, unbegrenzt anwendbare Strukturen freizusetzen; oder sie entzieht sich in einem reinen Schein, hinter dem die Wahrheit
eines anderen Sprechens sich enthüllen muß; oder sie gilt als eine indifferente Substanz, die als Stütze für die formalen Relationen dient. Daß sie
jedesmal unerläßlich dafür ist, daß die Analyse vorgenommen werden kann,
nimmt ihr jede Pertinenz für die Analyse selbst. Wenn man dem hinzufügt,
daß all diese Beschreibungen sich nur auswirken können, indem sie selbst
endliche Mengen von Aussagen konstituieren, wird man gleichzeitig verstehen, warum das Aussagefeld sie von allen Seiten umgibt, warum sie sich
davon nicht befreien können und es nicht direkt zum Thema nehmen können. Die Aussagen in sich selbst zu betrachten wird nicht bedeuten, jenseits
all dieser Analysen und auf einer tieferen Ebene ein bestimmtes Geheimnis
oder eine bestimmte Wurzel der Sprache zu suchen, die sie vernachlässigt
hätten. Es heißt zu versuchen, diese so nahe Transparenz sichtbar und analysierbar zu machen, die das Element ihrer Möglichkeit bildet.

Weder verborgen noch sichtbar befindet sich das Aussageniveau an der
Grenze der Sprache: es ist in sich keine Menge von Merkmalen, die sich,
selbst auf nicht-systematische Weise, der unmittelbaren Erfahrung gäben,
aber es ist ebensowenig hinter dieser der rätselhafte und stumme Rest,
den sie nicht übersetzt. Sie definiert die Modalität ihres Auftauchens: ihre
Peripherie eher als ihre innere Organisation, ihre Oberfläche eher als ihren
Inhalt. Daß man aber diese Aussageoberfläche beschreiben kann, beweist,
daß das »Gegebene« der Sprache nicht das einfache Zerreißen einer fundamentalen Stummheit ist; daß die Wörter, die Sätze, die Bedeutungen,
die Bestätigungen, die Verkettungen von Propositionen nicht sich direkt
an die ursprüngliche Nacht eines Schweigens anlehnen, sondern daß das
plötzliche Auftauchen eines Satzes, das Aufblitzen des Sinns, der brüske
Hinweis der Bezeichnung stets in dem Wirkungsgebiet einer Aussagefunktion auftauchen; daß zwischen der Sprache, so wie man sie liest und versteht, aber auch so, wie man sie spricht, und dem Fehlen jeder Formulie-

rung nicht das Gewimmel von all diesen kaum gesagten Dingen, von all diesen in der Schwebe befindlichen Sätzen, von all den halbverbalisierten Gedanken, von diesem unendlichen Monolog vorliegt, aus dem nur einige Fragmente auftauchen; sondern vor allem – oder in jedem Fall vor ihm (denn er hängt von ihnen ab) – die Bedingungen, gemäß denen sich die Aussagefunktion vollzieht. Das beweist auch, daß man vergeblich jenseits der strukturellen, formalen oder interpretativen Analysen der Sprache nach einem bereits von jeder Positivität befreiten Gebiet sucht, worin sich die Freiheit des Subjekts, das Mühen des Menschen oder der Beginn einer transzendentalen Bestimmung sich entfalten könnten. Gegen die linguistischen Methoden oder die logischen Analysen kann man nicht sagen: »Was machen Sie – nachdem Sie soviel über ihre Konstruktionsregeln gesagt haben – mit der Sprache selbst in der Fülle ihres lebendigen Körpers? Was machen Sie mit jener Freiheit oder mit jenem vor jeder Bedeutung bestehenden Sinn, ohne die es keine Individuen gäbe, die sich gegenseitig in der stets wiederaufgenommenen Arbeit der Sprache verstehen? Wissen Sie denn nicht, daß man, sobald man die abgeschlossenen Systeme überwindet, die das Unendliche des Diskurses möglich machen, aber unfähig sind, ihn zu begründen und darüber Rechenschaft abzulegen, die Markierung einer Transzendenz oder das Werk des Menschen findet? Wissen Sie, daß Sie lediglich einige Merkmale einer Sprache beschrieben haben, deren Auftauchen und Seinsweise völlig irreduzibel auf Ihre Analysen sind?« Diesen Entgegnungen muß man entgehen: auch wenn es eine Dimension gibt, die weder der Logik noch der Linguistik zugehört, so handelt es sich dabei dennoch nicht um die wiederhergestellte Transzendenz noch um den wiedergeöffneten Weg in Richtung auf den unzugänglichen Ursprung, noch um die Bildung seiner eigenen Bedeutungen von seiten des Menschen. Die Sprache in der Instanz ihrer Erscheinung und ihrer Seinsweise ist die Aussage; als solche gehört sie zu einer Beschreibung, die weder transzendental noch anthropologisch ist. Die Aussageanalyse schreibt den linguistischen oder logischen Analysen keine Grenze vor, vor der aus sie verzichten und ihre Unfähigkeit anerkennen müßten. Sie markiert nicht die Linie, die beider Gebiete abschließt. Sie entfaltet sich in einer anderen Richtung, die beide kreuzt. Die Möglichkeit einer Aussageanalyse muß, wenn sie eingeführt wird, gestatten, die transzendentale Stütze fortzunehmen, die eine bestimmte Form philosophischen Diskurses allen Analysen der Sprache im Namen des Seins dieser Sprache und der Fundierung, wo sie ihren Ursprung nehmen sollte, entgegensetzt.

B

Ich muß mich jetzt der zweiten Gruppe von Fragen zuwenden: wie kann die so definierte Beschreibung der Aussagen sich der Analyse der diskursiven Formationen anpassen, deren Prinzipien ich weiter oben skizziert habe? Und umgekehrt: inwieweit kann man sagen, daß die Analyse der diskursiven Formationen durchaus eine Beschreibung der Aussagen in dem Sinne ist, den ich diesem Wort gegeben habe? Diese Frage zu beantworten ist wichtig, denn in diesem Punkt muß das Unternehmen, mit dem ich seit so vielen Jahren verbunden bin, das ich auf ziemlich blinde Weise entwickelt habe und dessen Gesamtprofil ich jetzt wieder zu erfassen versuche – in der Bereitschaft, es anzupassen, etliche Irrtümer oder Unvorsichtigkeiten darin zu berichtigen –, seinen Kreis schließen. Man hat es bereits sehen können: ich versuche hier nicht zu sagen, was ich früher in der einen oder anderen konkreten Analyse getan habe, das Vorhaben, das ich im Kopf hatte, die Hindernisse, denen ich begegnet bin, der Verzicht, zu dem ich oftmals gezwungen war, die mehr oder weniger befriedigenden Resultate, die ich habe erlangen können. Ich beschreibe nicht einen wirklich durchlaufenen Weg, um darauf hinzuweisen, wie er hätte eigentlich aussehen müssen, wie er von heute an aussehen wird: ich suche eine Beschreibungsmöglichkeit, die ich benutzt habe, ohne ihre Zwänge und ihre Kräfte richtig zu erkennen, in sich selbst zu erhellen, um deren Maße festzustellen und ihre Erfordernisse festzuhalten. Ich versuche weniger zu untersuchen, was ich gesagt habe und was ich hätte sagen können, vielmehr bemühe ich mich, in der ihm eigenen und von mir schlecht beherrschten Regelmäßigkeit das erscheinen zu lassen, was das möglich machte, was ich sagte. Man sieht ebenfalls, daß ich hier keine Theorie im strengen und starken Sinne des Wortes entwickele: die Deduktion eines abstrakten und auf eine unbestimmte Zahl von empirischen Beschreibungen anwendbaren Modells ausgehend von einer bestimmen Zahl von Axiomen. Die Zeit eines solchen Gebäudes, falls es je möglich sein sollte, ist gewiß noch nicht gekommen. Ich leite die Analyse der diskursiven Formationen nicht von einer Definition der Aussagen ab, die als Grundlage gelte. Ich leite die Natur der Aussagen auch nicht davon ab, was die diskursiven Formationen sind, wie man sie von dieser oder jener Beschreibung hat ableiten können. Sondern ich versuche zu zeigen, wie ohne Fehler, ohne Widerspruch, ohne innere Arbitrarität sich ein Gebiet organisieren kann, in dem die Aussagen, ihr Gruppierungsprinzip, die großen historischen Einheiten, die sie bilden können, und die Methoden, die ihre Beschreibung gestatten, sich in Frage gestellt sehen. Ich gehe nicht mittels einer linearen Deduktion vor, sondern in konzentrischen Kreisen, und ich bewege mich mal mehr zu den äußeren, mal mehr zu den inneren: Ausgehend von dem Problem der Diskontinuität im Diskurs und der Singularität der Aussage (zentrales Thema) habe ich versucht, bestimmte rätselhafte Gruppierungsformen an der Peripherie zu analysieren. Aber die Vereinheitlichungsprinzipien, die mir dann begegnet sind und die weder grammatisch noch logisch, noch psychologisch sind und infolgedessen sich nicht auf Sätze, Propositionen, Repräsentationen beziehen können, haben verlangt, daß ich zum Zentrum, zu diesem Problem der Aussage zurückkehre und daß ich versuche zu erhellen, was man unter Aussage verstehen muß. Ich werde davon ausgehen, daß ich kein strenges theoretisches Modell errichtet habe, sondern daß ich ein kohärentes Beschreibungsgebiet freigesetzt habe, daß ich, wenn vielleicht auch nicht sein Modell errichtet, so doch wenigstens die Möglichkeit eröffnet und zubereitet habe, wenn ich »den Kreis habe schließen« und zeigen können, daß die Analyse der diskursiven Formationen sich auf eine Beschreibung der Aussage in ihrer Spezifität zentriert. Kurz: wenn ich habe zeigen können, daß es ebendie der Aussage eigenen Dimensionen sind, die bei dem Auffinden der diskursiven Formationen eingesetzt werden. Es handelt sich weniger darum, direkt eine Theorie zu *gründen* – und dies noch bevor man es eventuell tun kann (ich leugne nicht, daß ich bedaure, noch nicht bis dahin gelangt zu sein) –, es handelt sich im Augenblick darum, eine Möglichkeit *herzustellen*.

Bei der Untersuchung der Aussage haben wir eine Funktion gefunden, die Zeichenmengen betrifft, die nicht mit der grammatischen »Akzeptabilität« oder der logischen Berichtigung identisch ist und für ihre Wirksamkeit einen Bezug (der nicht exakt eine Tatsache, ein sachlicher Zustand, noch ein Objekt, sondern ein Differenzierungsprinzip ist) verlangt; ein Subjekt (nicht das sprechende Bewußtsein, nicht den Autor der Formulierung, sondern eine Position, die unter bestimmten Bedingungen mit indifferenten Individuen gefüllt werden kann); ein angeschlossenes Feld (das nicht der wirkliche Kontext der Formulierung, die Situation, in der sie artikuliert worden ist, sondern ein Gebiet der Koexistenz für andere Aussagen ist); eine Materialität (die nicht nur die Substanz oder der Träger der Artikulation, sondern ein Statut, Transkriptionsregeln, Verwendungs- oder Wiederverwendungsmöglichkeiten ist). Was nun aber unter dem Namen

diskursive Formation beschrieben wurde, sind im strengen Sinn Aussagegruppen. Das heißt Mengen von sprachlichen Performanzen, die miteinander nicht auf der Ebene der *Sätze* durch grammatische (syntaktische oder
semantische) Verbindungen verbunden sind; die nicht untereinander auf
der Ebene der *Propositionen* durch logische Verbindungen (formaler Kohärenz oder begrifflicher Verkettung) verbunden sind; die ebensowenig auf
der Ebene der *Formulierungen* durch psychologische Verbindungen (sei
es nun die Identität der Bewußtseinsformen, die Beständigkeit der Mentalitäten oder die Wiederholung eines Vorhabens) verbunden sind; sondern
die auf der Ebene der *Aussagen* verbunden sind. Das impliziert, daß man
das allgemeine System, dem ihre Objekte gehorchen, die Dispersionsform,
die das regelmäßig verteilt, wovon sie sprechen, das System ihrer Bezüge
definieren kann. Das impliziert, daß man das allgemeine System definiert,
dem die verschiedenen Äußerungsweisen, die mögliche Verteilung subjektiver Positionen und das System gehorchen, das sie definiert und vorschreibt. Das impliziert ferner, daß man das all ihren assoziierten Gebieten
gemeinsame System, die Abfolgeformen, die Formen der Gleichzeitigkeit,
der Wiederholung, denen sie unterliegen, und das System definiert, das all
diese Felder der Koexistenz miteinander verbindet. Das impliziert schließlich, daß man das allgemeine System definieren kann, dem das Statut
dieser Aussagen, die Weise, wie sie institutionalisiert, aufgenommen, verwandt, wiederbenutzt, miteinander kombiniert werden, die Weise definieren kann, auf die sie zu Aneignungsobjekten, Instrumenten für das Verlangen oder das Interesse, Elementen für eine Strategie werden. Aussagen und
die Aussagefunktion, deren Trägerinnen sie sind, zu beschreiben, die Bedingungen zu analysieren, unter denen sich diese Funktion vollzieht, die
verschiedenen von ihr angenommenen Gebiete und die Weise zu durchlaufen, wie sie sich gliedern, heißt es darauf abgesehen zu haben, das hervorzubringen, was sich als diskursive Formation individualisieren kann. Oder
auch – und das läuft darauf hinaus, dasselbe zu sagen, nur in umgekehrter
Richtung: die diskursive Formation ist das allgemeine Aussagesystem,
dem eine Gruppe sprachlicher Performanzen gehorcht – nicht das einzige
System, von dem sie beherrscht wird, da sie außerdem und nach ihren anderen Dimensionen einem logischen, linguistischen, psychologischen System gehorcht. Was als »diskursive Formation« definiert worden ist, skandiert die allgemeine Ebene der gesagten Dinge auf der spezifischen Ebene
der Aussagen. Die vier Richtungen, in denen man sie analysiert (Forma-

tion der Gegenstände, Formation der subjektiven Positionen, Formationen der Begriffe, Formation der strategischen Wahl) korrespondieren mit den vier Gebieten, in denen sich die Aussagefunktion auswirkt. Und wenn die diskursiven Formationen im Verhältnis zu den großen rhetorischen Einheiten des Textes oder des Buches frei sind, wenn sie nicht die Strenge einer deduktiven Architektur zum Gesetz haben, wenn sie sich nicht mit dem Werk eines Autors identifizieren, dann deshalb, weil sie die Aussageebene mit den sie charakterisierenden Regelmäßigkeiten und nicht die grammatische Ebene der Sätze oder die logische Ebene der Propositionen oder die psychologische Ebene der Formulierung anwenden.

Von da ausgehend kann man eine bestimmte Zahl von Propositionen vortragen, die im Kern all dieser Analysen stehen.

1. Man kann sagen, daß das Auffinden der diskursiven Formationen unabhängig von anderen möglichen Vereinheitlichungsprinzipien die spezifische Ebene der Aussage offenlegt. Man kann aber ebensogut sagen, daß die Beschreibung der Aussagen und der Weise, wie die Aussageebene organisiert ist, zu der Individualisierung der diskursiven Formationen führt. Die beiden Vorgehensweisen sind in gleichem Maße zu rechtfertigen und umkehrbar. Die Analyse der Aussage und die der Formation werden korrelativ erstellt. Wenn schließlich der Tag zur Theoriegründung gekommen sein wird, wird es nötig sein, eine deduktive Ordnung zu definieren.

2. Eine Aussage gehört zu einer diskursiven Formation, wie ein Satz zu einem Text und eine Proposition zu einer deduktiven Gesamtheit gehört. Während aber die Regelmäßigkeit eines Satzes durch die Gesetze einer Sprache und die Regelmäßigkeit einer Proposition durch die Gesetze einer Logik definiert wird, wird die Regelmäßigkeit der Aussagen durch die diskursive Formation selbst definiert. Ihre Zugehörigkeit und ihr Gesetz bilden ein und dieselbe Sache. Das ist nicht paradox, da die diskursive Formation sich nicht durch Formationsprinzipien, sondern durch eine tatsächliche Streuung definiert, da sie für die Aussagen keine Bedingung der Möglichkeit, sondern ein Gesetz der Koexistenz ist, und da umgekehrt die Aussagen keine austauschbaren Elemente, sondern durch ihre Existenzmodalität charakterisierte Gesamtheiten sind.

3. Man kann also jetzt der Definition des »Diskurses«, die weiter oben angeregt worden war, einen vollen Sinn geben. Diskurs wird man eine Menge von Aussagen nennen, insoweit sie zur selben diskursiven Formation gehören. Er bildet keine rhetorische oder formale, unbeschränkt wiederholbare Einheit, deren Auftauchen oder Verwendung in der Geschichte man signalisieren (und gegebenenfalls erklären) könnte. Er wird durch eine begrenzte Zahl von Aussagen konstituiert, für die man eine Menge von Existenzbedingungen definieren kann. Der so verstandene Diskurs ist keine ideale und zeitlose Form, die obendrein eine Geschichte hätte. Das Problem besteht also nicht darin, sich zu fragen, wie und warum er zu diesem Zeitpunkt hat auftauchen und Gestalt annehmen können. Er ist durch und durch historisch: Fragment der Geschichte, Einheit und Diskontinuität in der Geschichte selbst, und stellt das Problem seiner eigenen Grenzen, seiner Einschnitte, seiner Transformationen, der spezifischen Weisen seiner Zeitlichkeit eher als seines plötzlichen Auftauchens inmitten der Komplizitäten der Zeit.

4. Schließlich kann jetzt das präzisiert werden, was man »diskursive Praxis« nennt. Man kann sie nicht mit dem expressiven Tun verwechseln, durch das ein Individuum eine Idee, ein Verlangen, ein Bild formuliert, noch mit der rationalen Aktivität, die in einem System von Schlußfolgerungen verwandt wird; noch mit der »Kompetenz« eines sprechenden Subjekts, wenn es grammatische Sätze bildet. Sie ist eine Gesamtheit von anonymen, historischen, stets im Raum und in der Zeit determinierten Regeln, die in einer gegebenen Epoche und für eine gegebene soziale, ökonomische, geographische oder sprachliche Umgebung die Wirkungsbedingungen der Aussagefunktion definiert haben.

Mir bleibt jetzt noch, die Analyse umzuwenden und, nachdem die diskursiven Formationen auf die Aussagen bezogen worden sind, die sie beschreiben, in einer anderen Richtung, diesmal nach außen hin, den legitimen Gebrauch dieser Begriffe zu suchen: was man durch sie hindurch entdecken kann, wie sie unter anderen Beschreibungsmethoden ihren Platz einnehmen können, inwieweit sie das Gebiet der Ideengeschichte modifizieren und neu unterteilen können. Aber bevor ich diese Umkehrung vornehme und um sie sicherer zu gestalten, werde ich noch ein wenig in der Dimension verweilen, die ich gerade erforscht habe, und werde versuchen, das zu präzisieren, was die Analyse des Aussagefeldes und der Formationen, die es skandieren, verlangt und was sie ausschließt.

4. Seltenheit, Äußerlichkeit, Häufung

Die Aussageanalyse zieht eine Seltenheitswirkung in Betracht. Die meiste Zeit wird die Analyse des Diskurses unter das doppelte Zeichen der Totalität und der Überfülle gestellt. Man zeigt, wie die verschiedenen Texte, mit denen man es zu tun hat, aufeinander verweisen, in einer einzigen Figur organisiert werden, mit Institutionen und Praktiken konvergieren und Bedeutungen tragen, die einer ganzen Epoche gemeinsam sein können. Jedes in Betracht gezogene Element wird als der Ausdruck einer Totalität aufgefaßt, zu der es gehört und die über es hinausgeht. Und man setzt so an die Stelle der Verschiedenheit der gesagten Dinge eine Art großen uniformen Textes, der noch nie artikuliert worden ist und zum erstenmal das ans Licht bringt, was die Menschen nicht nur in ihren Worten und Texten, ihren Diskursen und Schriften, sondern in den Institutionen, Praktiken, Techniken und von ihnen hergestellten Objekten haben »sagen wollen«. Im Verhältnis zu diesem impliziten, souveränen und gemeinschaftlichen »Sinn« erscheinen die Aussagen in ihrer Vermehrung als in Überfülle vorhanden, weil sie alle auf ihn allein verweisen und weil er allein ihre Wahrheit bildet: Überfülle der Bedeutungselemente im Verhältnis zu diesem einzigen Signifikat. Aber da dieser erste und letzte Sinn durch die manifesten Formulierungen hindurchquillt, da er sich unter dem verbirgt, was erscheint, und er es insgeheim spaltet, barg also jeder Diskurs die Kraft in sich, etwas anderes zu sagen, als was er sagte, und so eine Pluralität von Sinn einzuhüllen. Überfülle des Signifikats im Verhältnis zu einem einzigen Signifikanten. Der so untersuchte Diskurs ist gleichzeitig Fülle und unbeschränkter Reichtum.

Die Analyse der Aussagen und diskursiven Formationen eröffnet eine völlig entgegengesetzte Richtung: sie will das Prinzip bestimmen, gemäß dem nur die signifikanten Gesamtheiten haben erscheinen können, die Aussagen gewesen sind. Sie versucht, ein Gesetz der Seltenheit aufzustellen. Diese Aufgabe umfaßt mehrere Aspekte:

– Sie beruht auf dem Prinzip, daß nie *alles* gesagt worden ist. Im Verhältnis
zu dem, was in einer natürlichen Sprache hätte ausgesagt werden können,
im Verhältnis zu der unbegrenzten Kombinatorik der sprachlichen Elemente, sind die Aussagen (wie zahlreich sie auch immer sein mögen) stets
im Defizit. Ausgehend von der Grammatik und dem Wortschatz, über die
eine gegebene Epoche verfügt, gibt es insgesamt nur relativ wenig Dinge,
die gesagt werden. Man muß also das Prinzip des Abnehmens oder wenigstens der Nichtausfüllung des Feldes der möglichen Formulierungen suchen, so wie es von der Sprache eröffnet worden ist. Die diskursive Formation erscheint gleichzeitig als Skandierungsprinzip in der Verzahnung der
Diskurse und als Prinzip der Leere im Feld der Sprache.

– Man untersucht die Aussagen an der Grenze, die sie von dem Nicht-
Gesagten trennt, in der Instanz, die sie beim Ausschluß all der anderen auftauchen läßt. Es handelt sich nicht darum, die sie umgebende Stummheit
sprechen zu lassen oder alles das wiederzufinden, was in und neben ihnen
geschwiegen hatte oder zum Schweigen gebracht worden war. Es handelt
sich ebensowenig darum, die Hindernisse zu untersuchen, die eine bestimmte Entdeckung verhindert, eine bestimmte Formulierung zurückgehalten, eine bestimmte Äußerungsform, eine bestimmte unbewußte Bedeutung oder im Werden begriffene Rationalität zurückgedrängt haben,
sondern um die Definition eines begrenzten Systems von Präsenzen. Die
diskursive Formation ist also keine in der Entwicklung begriffene Totalität, die ihre eigene Dynamik oder eine besondere Bewegungslosigkeit hat
und mit sich in einem unformulierten Diskurs das trägt, was sie nicht
mehr sagt, noch nicht sagt oder was ihr im Augenblick widerspricht. Es
ist kein reiches und schwieriges Sprießen, es ist eine Verteilung von Lük-
ken, Leeren, Absencen, Schnitten.

– Jedoch verbindet man diese »Ausschlüsse« nicht mit einem Zurück-
drängen oder einer Repression. Man nimmt nicht an, daß unterhalb der
manifesten Aussagen etwas kaschiert und unterschwellig bleibt. Man analysiert die Aussagen nicht als solche, die an die Stelle anderer, unter die Linie des möglichen Auftauchens gefallener Aussagen getreten sind, sondern
als stets an ihrem eigenen Platz befindliche. Man stellt sie in einen Raum,
der völlig entfaltet wäre und keine Reduplikation umfaßte. Es gibt keinen
Text unterhalb. Daher also keine Überfülle. Das Aussagegebiet ist völlig an
seiner eigenen Oberfläche befindlich. Jede Aussage nimmt darin einen
Platz ein, der nur ihr gehört. Die Beschreibung besteht also anläßlich einer

Aussage nicht darin herauszufinden, den Platz welches Nicht-Gesagten sie einnimmt, noch, wie man sie auf einen stummen und gemeinsamen Text reduzieren kann, sondern umgekehrt darin, welchen besonderen Platz sie einnimmt, welche Verzweigungen im System der Formationen ihre Lokalisierung gestatten, wie sie sich in der allgemeinen Streuung der Aussagen isoliert.

– Diese Seltenheit der Aussagen, die lückenhafte und zerstückelte Form des Aussagefeldes, die Tatsache, daß wenige Dinge insgesamt gesagt werden können, erklären, daß die Aussagen nicht wie die geatmete Luft eine unendliche Transparenz sind, sondern Dinge, die sich überliefern und bewahren, die einen Wert haben und die man sich anzueignen sucht, die man wiederholt, die man reproduziert und die man transformiert, denen man im vorhinein erstellte Kreisläufe zuweist und denen man ein Statut in der Institution gibt. Dinge, die man nicht nur durch die Kopie oder durch die Übersetzung, sondern auch durch die Exegese, den Kommentar oder die innere Vermehrung des Sinns spaltet. Weil die Aussagen selten sind, nimmt man sie in Totalitäten auf, die sie vereinheitlichen, und vervielfältigt man die Bedeutungen, die jeder Aussage innewohnen.

Im Unterschied zu all diesen Interpretationen, deren Existenz nur durch die wirkliche Seltenheit der Aussagen möglich ist, die sie aber verkennen und umgekehrt den kompakten Reichtum des Gesagten zum Thema nehmen, wendet sich die Analyse der diskursiven Formationen dieser Seltenheit selbst zu. Sie nimmt sie zum expliziten Gegenstand. Sie versucht, deren besonderes System zu bestimmen, und gleichzeitig trägt sie der Tatsache Rechnung, daß dabei Interpretation hat vorliegen können. Interpretieren ist eine Weise, auf die Aussagearmut zu reagieren und sie durch die Vervielfachung des Sinns zu kompensieren; eine Weise, ausgehend von ihr und trotz ihrer zu sprechen. Aber eine diskursive Formation zu analysieren heißt, das Gesetz dieser Armut zu suchen, ihr Maß zu nehmen und ihre spezifische Form zu bestimmen. Es ist also in einem gewissen Sinn das Wägen des »Wertes« der Aussagen. Dieser Wert wird nicht durch ihre Wahrheit definiert, wird nicht durch die Präsenz eines geheimen Inhalts geschätzt, sondern charakterisiert ihren Platz, ihre Zirkulations- und Tauschfähigkeit, ihre Transformationsmöglichkeit, nicht nur in der Ökonomie der Diskurse, sondern in der allgemeinen Verwaltung der seltenen Ressourcen. So begriffen hört der Diskurs auf, das zu sein, was er für die exe-

getische Position ist: unerschöpflicher Schatz, aus dem man stets neue, jedesmal unvorhersehbare Reichtümer ziehen kann. Vorsehung, die stets im
vorhinein gesprochen hat und, wenn man zu hören versteht, retrospektive
Orakel erklingen läßt: er erscheint als ein endliches, begrenztes, wünschenswertes, nützliches Gut, das seine Erscheinungsregeln, aber auch seine An-
eignungs- und Anwendungsbedingungen hat. Ein Gut, das infolgedessen
mit seiner Existenz (und nicht nur in seinen »praktischen Anwendungen«)
die Frage nach der Macht stellt. Ein Gut, das von Natur aus der Gegenstand eines Kampfes und eines politischen Kampfes ist.

Ein anderer charakteristischer Zug: die Analyse der Aussagen behandelt
sie in der systematischen Form der Äußerlichkeit. Gewöhnlich wird die historische Beschreibung der gesagten Dinge völlig von dem Gegensatz des
Inneren und des Äußeren durchherrscht und völlig bestimmt von der Aufgabe, wieder von jener Äußerlichkeit – die nur Kontingenz oder reine materielle Notwendigkeit, sichtbarer Körper oder unbestimmte Übersetzung
wäre – hin zu dem wesentlichen Kern der Innerlichkeit zu gelangen. Die
Geschichte dessen anzupacken, was gesagt worden ist, heißt also in entgegengesetzter Richtung die Arbeit des Ausdrucks zu wiederholen: von den
im Faden der Zeit aufbewahrten und durch den Raum hindurch verstreuten Aussagen zu jenem inneren Geheimnis aufzusteigen, das ihnen vorangegangen ist, sich in ihnen niedergelegt hat und sich darin verraten findet
(in jedem Sinn des Wortes). So wird der Kern der begründenden Subjektivität befreit. Diese Subjektivität bleibt stets im Verhältnis zur manifesten
Geschichte zurückgezogen und findet unterhalb der Ereignisse eine andere, ernsthaftere, geheimnisvollere, fundamentalere, dem Ursprung nähere und mit ihrem äußersten Horizont besser verbundene Geschichte
(die infolgedessen all ihrer Bestimmungen mehr Herrin ist). Diese andere
Geschichte, die unterhalb der Geschichte verläuft, die unaufhörlich diese
vorwegnimmt und unbegrenzt die Vergangenheit aufnimmt, kann man
auf soziologische oder psychologische Weise gut als die Evolution der
Mentalitäten beschreiben. Man kann ihr in der tiefen Andacht des Logos
oder der Teleologie der Vernunft ein philosophisches Statut geben; man
kann sie schließlich in der Problematik von einer Spur zu reinigen versuchen, die vor jedem Sprechen, Beginn der Inschrift und Abstand der aufgeschobenen Zeit wäre: immer ist es aber das historisch-transzendentale
Thema, das sich neu einkleidet.

Die Aussageanalyse versucht sich von diesem Thema zu befreien. Um

die Aussagen in ihrer reinen Verstreuung wiederherzustellen, um sie in einer Äußerlichkeit zu analysieren, die zweifellos paradox ist, weil sie auf
keine umgekehrte Form der Innerlichkeit verweist; um sie in ihrer Diskontinuität zu betrachten, ohne sie durch eine jener Verschiebungen, die sie
außer Umlauf setzen und unwesentlich machen, auf eine Eröffnung und
einen fundamentaleren Unterschied beziehen zu müssen; um ihr Hereinbrechen selbst an der Stelle und an dem Moment, wo es sich vollzogen
hat, zu erfassen; um ihr Einwirken als Ereignis wiederzufinden. Wahrscheinlich würde man besser von »Neutralität« sprechen als von Äußerlichkeit; aber dieses Wort selbst verweist zu leicht auf ein in der Schwebe
gehaltenes Glauben, auf ein Verwischen oder eine Einklammerung jeder
Existenzposition hin, während es sich darum handelt, dieses Draußen wiederzufinden, in dem sich in ihrer relativen Seltenheit, in ihrer lückenhaften Nachbarschaft, in ihrem entfalteten Raum die Aussageereignisse verteilen.

– Diese Aufgabe setzt voraus, daß das Feld der Aussagen nicht als eine
Übersetzung von Operationen oder Prozessen beschrieben wird, die sich
anderswo (im Denken der Menschen, in ihrem Bewußtsein oder ihrem
Unbewußten, in der Sphäre der transzendentalen Konstitutionen) abwik-
keln. Daß es aber in seiner empirischen Bescheidenheit als der Ort der Ereignisse, der Regelmäßigkeiten, der Verhältnisse, der bestimmten Veränderungen, der systematischen Transformationen akzeptiert wird. Daß man,
kurz gesagt, ihn nicht als das Resultat oder die Spur von etwas anderem behandelt, sondern als ein praktisches Gebiet, das autonom (wenn auch abhängig) ist und das man auf seiner eigenen Ebene beschreiben kann (obwohl man es nach etwas anderem gliedern muß als ihm selbst).
    – Sie setzt weiter voraus, daß dieses Aussagefeld nicht auf ein indivi-
duelles Subjekt, nicht auf etwas wie ein kollektives Bewußtsein, eine transzendentale Subjektivität bezogen wird, sondern daß man es als ein anonymes Feld beschreibt, dessen Konfiguration den möglichen Platz der
sprechenden Subjekte definiert. Es ist nicht nötig, die Aussagen im Verhältnis zu einer souveränen Subjektivität zu plazieren, sondern in den verschiedenen Formen der sprechenden Subjektivität dem Aussagefeld eigene
Wirkungen zu erkennen.
    – Sie setzt infolgedessen voraus, daß in seinen Transformationen, in sei-
nen aufeinanderfolgenden Serien, in seinen Ableitungen das Feld der Aus-

sagen nicht der Zeitlichkeit des Bewußtseins als seinem notwendigen Modell gehorcht. Man braucht – wenigstens auf dieser Ebene und in dieser Beschreibungsform – nicht zu hoffen, eine Geschichte der gesagten Dinge schreiben zu können, die mit Fug und Recht gleichzeitig in ihrer Form, in ihrer Regelmäßigkeit und in ihrer Natur die Geschichte eines individuellen oder anonymen Bewußtseins, eines Vorhabens, eines Systems von Absichten, einer Menge von Zielrichtungen wäre. Die Zeit der Diskurse ist nicht die Übersetzung in sichtbare Chronologie der dunklen Zeit des Denkens.

Die Analyse der Aussagen vollzieht sich also ohne Bezug auf ein Cogito. Sie stellt nicht die Frage dessen, der spricht, der sich manifestiert oder sich in dem, was er sagt, verbirgt, der, indem er spricht, seine souveräne Freiheit ausübt oder sich, ohne es zu wissen, den Zwängen unterwirft, die er schlecht wahrnimmt. Sie stellt sich tatsächlich auf die Ebene des »man sagt«, und darunter braucht man keine Art gemeinsamer Meinung, kollektiver Repräsentation zu verstehen, die sich jedem Individuum auferlegte. Man darf darunter keine große anonyme Stimme verstehen, die notwendig durch die Diskurse eines jeden spräche, sondern die Menge der gesagten Dinge, die Relationen, die Regelmäßigkeiten und Transformationen, die darin beobachtet werden können, das Gebiet, das mit bestimmten Figuren, mit bestimmten Schnittpunkten den besonderen Platz eines sprechenden Subjekts anzeigt, das den Namen eines Autors erhalten kann. »Egal, wer spricht«, doch was er sagt, sagt er nicht von irgendwo aus. Er ist notwendig in das Spiel einer Äußerlichkeit eingefangen.

Dritter Zug der Aussageanalyse: sie wendet sich an spezifische Häufungsformen, die nicht mit einer Verinnerlichung in der Form der Erinnerung oder mit einer indifferenten Totalisierung der Dokumente identifiziert werden kann. Gewöhnlich betrachtet man bei der Analyse der bereits vollzogenen Diskurse diese als von einer wesentlichen Bewegungslosigkeit affiziert: sie sind bewahrt worden durch Zufall oder die Sorge der Menschen und die Illusionen, die diese sich über den Wert und die unsterbliche Würde ihrer Worte haben machen können. Sie sind aber künftig nichts anderes als im Staub der Bibliotheken aufgehäufte Graphismen, die in einem Schlaf liegen, zu dem sie unaufhörlich hingeglitten sind, seit sie ausgesprochen worden sind, seit sie vergessen worden sind und ihre sichtbare Wirkung sich in der Zeit verloren hat. Höchstens können sie noch hoffen, bei den Wiederentdeckungen der Lektüre aufgenommen zu werden. Höchstens können sie sich darin als Träger von Zeichen freilegen, die auf die Instanz ihrer Äußerung rückverweisen. Diese Markierungen können, wenn sie einmal entziffert sind, höchstens in einer Art Erinnerung, die die Zeit durchquert, Bedeutungen, Gedanken, Wünsche, begrabene Phantasmen freilegen. Diese vier Glieder: Lektüre – Spur – Entzifferung – Erinnerung (egal, welches Privileg man den einzelnen gibt und welche metaphorische Ausdehnung man ihnen zugesteht und wie man ihnen gestattet, die drei anderen mit einzubeziehen) definieren das System, das gewöhnlich erlaubt, den vergangenen Diskurs seiner Bewegungslosigkeit zu entreißen und für einen Augenblick etwas von seiner verlorenen Lebhaftigkeit wiederzufinden.

Nun liegt das Besondere der Aussageanalyse nicht darin, die Texte aus ihrem aktuellen Schlaf wiederaufzuwecken, um das Aufblitzen ihrer Entstehung wiederzufinden, indem man die noch an ihrer Oberfläche ablesbaren Zeichen beschwört. Es handelt sich umgekehrt darum, sie während ihres ganzen Schlummers zu verfolgen oder vielmehr die dem Schlaf, dem Vergessen, dem verlorenen Ursprung verwandten Themen aufzuheben und zu ermitteln, welche Existenzweise die Aussagen unabhängig von ihrer Äußerung in der Dichte der Zeit charakterisieren kann, in der sie weiterbestehen, in der sie bewahrt werden, in der sie reaktiviert und benutzt werden, in der sie auch, aber nicht in einer ursprünglichen Bestimmung, vergessen, vielleicht sogar zerstört werden.

– Diese Analyse setzt voraus, daß die Aussagen in der *Persistenz* betrachtet werden, die ihnen eigen ist und die nicht die des stets aktualisierbaren Verweises auf das vergangene Ereignis der Formulierung ist. Zu sagen, daß die Aussagen persistent sind, heißt nicht, daß sie im Feld der Erinnerung bleiben oder daß man das wiederfinden kann, was sie bedeuteten, sondern heißt, daß sie dank einer bestimmten Zahl von Trägern und materiellen Techniken (von denen das Buch selbstverständlich nur ein Beispiel ist), gemäß bestimmten institutionellen Typen (der Bibliothek unter anderem) bewahrt werden und dabei bestimmte Modalitäten in ihrem Statut haben (die nicht dieselben sind, wenn es sich um einen religiösen Text, um eine juristische Regelung oder um eine wissenschaftliche Wahrheit handelt). Das bedeutet auch, daß sie in Techniken eingekleidet sind, die sie anwenden, in Praktiken, die sich daraus ableiten, in soziale Verhältnisse, die sich durch sie hindurch gebildet oder verändert haben. Das heißt schließlich,

daß die Dinge keine völlig gleiche Existenzweise, nicht mehr dasselbe System von Beziehungen mit dem, was sie umgibt, dieselben Verwendungs-
schemata, dieselben Transformationsmöglichkeiten haben, nachdem sie
gesagt worden sind. Diese Aufrechterhaltung durch die Zeit hindurch ist
nicht die zufällige oder glückliche Verlängerung einer Existenz, die dafür
geschaffen ist, im Augenblick unterzugehen, sondern die Persistenz gehört
völlig zur Aussage. Das Vergessen und die Zerstörung sind in gewisser
Weise nur der Grad Null dieser Persistenz. Und auf dem Hintergrund,
den sie bildet, können sich die Spiele des Gedächtnisses und der Erinnerung entfalten.

   – Diese Analyse setzt ebenfalls voraus, daß man die Aussagen in der
Form der *Additivität* behandelt, die für sie spezifisch ist. In der Tat sind
die Gruppierungstypen zwischen aufeinanderfolgenden Aussagen nicht
überall dieselben, und sie schreiten niemals durch einfache Aufhäufung
oder Nebeneinanderstellung von aufeinanderfolgenden Elementen vorwärts. Die mathematischen Aussagen addieren sich nicht untereinander
wie die religiösen Texte oder die Akte der Jurisprudenz (sie haben jeweils
eine spezifische Weise der Zusammensetzung, der Annullierung, des Aus-
schließens, des sich Ergänzens, der Bildung von mehr oder weniger unauflösbaren und mit besonderen Eigenschaften ausgestatteten Gruppen).
Überdies sind diese Formen der Additivität nicht ein für allemal und für
eine bestimmte Kategorie von Aussagen gegeben: die heutigen ärztlichen
Beobachtungen bilden ein Korpus, das nicht denselben Kompositionsge-
setzen gehorcht wie die Sammlung der Fälle im 18. Jahrhundert. Die moderne Mathematik häuft ihre Aussagen nicht nach dem gleichen Modell
auf wie die euklidische Geometrie.

   – Die Aussageanalyse setzt schließlich voraus, daß man die Phänomene
der *Rekurrenz* betrachtet. Jede Aussage umfaßt ein Feld von vorhergehenden Elementen, im Verhältnis zu denen sie ihren Platz findet, die sie aber
neu organisieren und neu verteilen kann, gemäß neuen Verhältnissen. Sie
bildet sich ihre Vergangenheit, definiert in dem, was ihr vorhergeht, ihre eigene Filiation, zeichnet das neu, was sie möglich oder notwendig macht,
schließt das aus, was nicht mit ihr kompatibel sein kann. Und diese Äuße-
rungsvergangenheit setzt sie als erworbene Wahrheit, als ein Ereignis, das
sich vollzogen hat, als eine Form, die man modifizieren kann, als eine zu
transformierende Materie oder auch als ein Objekt, von dem man sprechen kann. Im Verhältnis zu all diesen Möglichkeiten der Rekurrenz sind

die Erinnerung und das Vergessen, das Wiederentdecken des Sinns oder seine Unterdrückung weit davon entfernt, fundamentale Gesetze zu sein, und umgekehrt nur besondere Figuren.

Die Beschreibung der Aussagen und der diskursiven Formationen muß sich also von dem so häufigen und hartnäckigen Bild der Wiederkehr befreien. Sie behauptet nicht, über eine Zeit hinweg, die nur Fall, Latenz, Vergessen, Überlappen oder Irren wäre, zu dem begründenden Augenblick zurückzugelangen, in dem das Wort noch nicht in irgendeiner Materialität eingefaßt, noch keiner Persistenz geweiht war und wo es sich in der noch nicht bestimmten Dimension der Eröffnung zurückhielt. Sie versucht nicht, für das bereits Gesagte den paradoxen Augenblick des zweiten Entstehens zu bilden. Sie invoziert keine erneut bevorstehende Morgenröte. Sie behandelt umgekehrt die Aussagen in der Dicke der Häufung, in der sie gefangen sind und die sie unaufhörlich verändern, beunruhigen, umstoßen und mitunter ruinieren.

Eine Menge von Aussagen nicht als die geschlossene und übervolle Totalität einer Bedeutung zu beschreiben, sondern als eine lückenhafte und zerstückelte Figur; eine Menge von Aussagen nicht als in bezug zur Innerlichkeit einer Absicht, eines Gedankens oder eines Subjekts zu beschreiben, sondern gemäß der Streuung einer Äußerlichkeit; eine Menge von Aussagen zu beschreiben, nicht um darin den Augenblick oder die Spur des Ursprungs wiederzufinden, sondern die spezifischen Formen einer Häufung, bedeutet gewiß nicht das Hervorbringen einer Interpretation, die Entdeckung einer Fundierung, die Freilegung von Gründungsakten. Es bedeutet auch nicht die Entscheidung über eine Rationalität oder das Durchlaufen einer Teleologie, sondern die Feststellung dessen, was ich gerne als eine *Positivität* bezeichnen würde. Eine diskursive Formation zu analysieren heißt also, eine Menge von sprachlichen Performanzen auf der Ebene der Aussagen und der Form der Positivität, von der sie charakterisiert werden, zu behandeln; oder kürzer: es heißt den Typ von Positivität eines Diskurses zu definieren. Wenn man an die Stelle der Suche nach den Totalitäten die Analyse der Seltenheit, an die Stelle des Themas der transzendentalen Begründung die Beschreibung der Verhältnisse der Äußerlichkeit, an die Stelle der Suche nach dem Ursprung die Analyse der Häufungen stellt, ist man ein Positivist, nun gut, ich bin ein glücklicher Positivist, ich bin sofort damit einverstanden. Plötzlich bin ich nicht mehr verärgert,

daß ich mehrmals (wenn auch in etwas blinder Weise noch) den Terminus
Positivität benutzt habe, um von fern das Knäuel zu bezeichnen, das ich zu
entwirren versucht habe.

5. Das historische *Apriori* und das Archiv

Die Positivität eines Diskurses wie dessen der Naturgeschichte, der Politischen Ökonomie oder der Klinischen Medizin charakterisiert dessen Einheit durch die Zeit hindurch und weit über die individuellen Werke, die
Bücher und die Texte hinaus. Diese Einheit gestattet sicher nicht zu entscheiden, ob Linné oder Buffon, ob Quesnay oder Turgot, ob Broussais
oder Bichat die Wahrheit sagte, wer stringent argumentierte, wer sich am
meisten seinen eigenen Forderungen gemäß verhielt; sie gestattet auch
nicht zu sagen, welches dieser Werke einer ursprünglichen oder äußersten
Bestimmung am nächsten kam, welches den allgemeinen Plan einer Wissenschaft am radikalsten formulierte. Was sie aber sichtbar werden läßt,
ist, inwieweit Buffon und Linné (oder Turgot und Quesnay, Broussais
und Bichat) von »derselben Sache« sprachen, indem sie sich auf »dasselbe
Niveau« oder in »dieselbe Entfernung« stellten, indem sie »dasselbe Be-
griffsfeld« entfalteten und sich auf »demselben Schlachtfeld« gegenübertra-
ten; und sie macht auf der anderen Seite auch sichtbar, warum man nicht
sagen kann, daß Darwin von derselben Sache spricht wie Diderot, daß
Laennec van Swieten fortsetzt oder daß Jevons den Physiokraten entspricht. Sie definiert einen begrenzten Kommunikationsraum. Ein relativ
beschränkter Raum, denn er ist weit davon entfernt, die Weitläufigkeit
einer in ihrem ganzen historischen Werden begriffenen Wissenschaft von
ihrem fernen Ursprung bis zum Punkt des augenblicklich von ihr Erreichten zu besitzen; ein Raum aber, der ausgedehnter ist als das Spiel der Einflüsse, das sich von einem Autor zum anderen auswirken konnte, oder als
das Gebiet der expliziten Polemiken. Die verschiedenen Werke, die verstreuten Bücher, diese ganze Masse von Texten, die einer selben diskursiven Formation angehören – und so viele Autoren, die sich gegenseitig kennen und nicht kennen, kritisieren, für nichtig erklären, ausräubern, sich
wiederbegegnen, ohne es zu wissen, und hartnäckig ihre vereinzelten Diskurse in einem Gewebe überkreuzen, das sie nicht beherrschen, dessen
Ganzes sie nicht wahrnehmen und dessen Ausmaß sie schlecht ermessen –,

alle diese Gestalten und diese verschiedenen Individualitäten kommunizieren nicht nur durch die logische Verkettung der Propositionen, die sie vorbringen, noch durch die Rückläufigkeit der Themen oder die Hartnäckigkeit einer überkommenen, vergessenen und wiederentdeckten Bedeutung; sie kommunizieren durch die Form der Positivität ihres Diskurses. Oder genauer: diese Positivitätsform (und die Ausübungsbedingungen der Aussagefunktion) definiert ein Feld, wo sich möglicherweise formale Identitäten, thematische Kontinuitäten, Begriffsübertragungen und polemische Spiele entfalten können. Daher spielt die Positivität die Rolle dessen, was man *ein historisches Apriori* nennen könnte.

Diese beiden Worte nebeneinander rufen eine etwas schrille Wirkung hervor; ich will damit ein *Apriori* bezeichnen, das nicht Gültigkeitsbedingung für Urteile, sondern Realitätsbedingung für Aussagen ist. Es handelt sich nicht darum, das wiederzufinden, was eine Behauptung legitimieren könnte, sondern die Bedingungen des Auftauchens von Aussagen, das Gesetz ihrer Koexistenz mit anderen, die spezifische Form ihrer Seinsweise und die Prinzipien freizulegen, nach denen sie fortbestehen, sich transformieren und verschwinden. Ein *Apriori* nicht von Wahrheiten, die niemals gesagt werden oder wirklich der Erfahrung gegeben werden könnten; sondern einer Geschichte, die gegeben ist, denn es ist die der wirklich gesagten Dinge. Der Grund für den Gebrauch dieses etwas sprachwidrigen Ausdrucks ist, daß dieses *Apriori* Aussagen in ihrer Streuung, in all den durch ihre Nicht-Kohärenz offenen Spalten, in ihrer Überlappung und ihrem wechselseitigen Sich-Ersetzen, in ihrer nicht zu vereinheitlichenden Gleichzeitigkeit und ihrer nicht deduzierbaren Abfolge erklären muß; kurz, es muß die Tatsache erklären, daß der Diskurs nicht nur einen Sinn oder eine Wahrheit besitzt, sondern auch eine Geschichte, und zwar eine spezifische Geschichte, die ihn nicht auf die Gesetze eines unbekannten Werdens zurückführt. Es muß zum Beispiel zeigen, daß die Geschichte der Grammatik im Feld der Sprache und ihrer Probleme nicht die Projektion einer Geschichte ist, die im allgemeinen die der Vernunft oder einer Denkart wäre, einer Geschichte auf jeden Fall, die sie mit der Medizin, der Mechanik oder der Theologie gemeinsam hätte; sondern daß sie einen Geschichtstyp umfaßt – eine Form von Dispersion in der Zeit, einen Abfolge-, Stabilitäts- und Reaktivierungsmodus, eine Rotations- oder Ablaufgeschwindigkeit –, der ihr eigen ist, selbst wenn sie nicht ohne Beziehung zu anderen Geschichtstypen ist. Darüber hinaus entgeht dieses *Apriori* nicht der Historizität: es konstituiert nicht über den Ereignissen und in einem Himmel, der unbeweglich bliebe, eine zeitlose Struktur; es definiert sich als die Gesamtheit der Regeln, die eine diskursive Praxis charakterisieren: nun erlegen sich diese Regeln den Elementen, die sie in Beziehung setzen, nicht von außen auf; sie sind genau in das einbezogen, was sie verbinden; und wenn sie sich nicht mit dem geringsten der Elemente verändern, verändern sie sie und transformieren sich mit ihnen doch an bestimmten entscheidenden Schwellen. Das *Apriori* der Positivitäten ist nicht nur das System einer zeitlichen Streuung; es ist selbst ein transformierbares Ganzes.

Gegenüber den formalen *Aprioris*, deren Instanz sich zufallslos ausdehnt, ist es eine rein empirische Figur; aber auf der anderen Seite muß es, da es gestattet, die Diskurse im Gesetz ihres wirklichen Werdens zu erfassen, die Tatsache erklären können, daß ein bestimmter Diskurs zu einem gegebenen Zeitpunkt diese oder jene formale Struktur aufnehmen und anwenden oder im Gegenteil ausschließen, vergessen oder verkennen kann. Es kann (durch etwas wie eine psychologische oder kulturelle Genese) formale *Apriori* nicht erklären; aber es gestattet zu begreifen, wie die formalen *Apriori* in der Geschichte Punkte zum Einhaken, der Einreihung, des Hereinbrechens oder des Auftauchens, Anwendungsbereiche oder -gelegenheiten haben können; und zu begreifen, wie diese Geschichte nicht absolut äußerer Zufall, nicht Notwendigkeit der ihre eigene Dialektik entfaltenden Form, sondern spezifische Regelmäßigkeit sein kann. Nichts wäre also angenehmer, aber irriger, als dieses historische *Apriori* als ein formales *Apriori* zu begreifen, das darüber hinaus mit einer Geschichte versehen wäre: eine große unbewegliche und leere Figur, die eines Tages an der Oberfläche der Zeit auftauchte, die auf das Denken der Menschen eine Gewaltherrschaft ausübte, der niemand sich zu entziehen wüßte, die dann mit einem Schlag in einer Verdunkelung verschwände, für die kein Ereignis eine Vorbedingung gestellt hätte: synkopiertes Transzendental, ein Spiel blinkender Formen. Das formale *Apriori* und das historische *Apriori* stehen nicht auf demselben Niveau, noch sind sie von gleicher Natur: wenn sie sich kreuzen, dann weil sie zwei verschiedenen Dimensionen angehören.

Der so nach historischen *Apriori* gegliederte, so durch verschiedene Positivitätstypen charakterisierte und durch distinkte diskursive Formationen aufgeteilte Aussagenbereich hat nicht mehr diesen Charakter eintöniger und unendlich verlängerter Ebene, den ich ihm anfangs verlieh, als ich von der »Oberfläche der Diskurse« sprach; ebenso hört er auf, als träges, glattes und neutrales Element zu erscheinen, wo Themen, Ideen, Begriffe und Erkenntnisse jeweils gemäß ihrer eigenen Bewegung oder von einer unsichtbaren Dynamik getrieben an die Oberfläche treten. Man hat es jetzt mit einem komplexen Volumen zu tun, worin sich heterogene Gebiete differenzieren und wo sich aufgrund spezifischer Regeln Praktiken entfalten, die sich nicht überlagern können. Anstatt zu sehen, wie im großen mythischen Buch der Geschichte sich Wörter aneinanderreihen, die vorher und woanders gebildete Gedanken in sichtbare Zeichen umsetzen, hat man in der Dichte der diskursiven Praktiken Systeme, die die Aussagen als Ereignisse (die ihre Bedingungen und ihr Erscheinungsgebiet haben) und Dinge (die ihre Verwendungsmöglichkeit und ihr Verwendungsfeld umfassen) einführen. All diese Aussagensysteme (Ereignisse einerseits und Dinge andererseits) schlage ich vor *Archiv* zu nennen.

Mit diesem Ausdruck meine ich nicht die Summe aller Texte, die eine Kultur als Dokumente ihrer eigenen Vergangenheit oder als Zeugnis ihrer beibehaltenen Identität bewahrt hat; ich verstehe darunter auch nicht die Einrichtungen, die in einer gegebenen Gesellschaft gestatten, die Diskurse zu registrieren und zu konservieren, die man im Gedächtnis und zur freien Verfügung behalten will. Es ist vielmehr, es ist im Gegenteil das, was bewirkt, daß so viele von so vielen Menschen seit Jahrtausenden gesagte Dinge nicht allein gemäß den Gesetzen des Denkens oder allein nach dem Komplex der Umstände aufgetaucht sind, daß sie nicht einfach auf der Ebene sprachlicher Performanzen die Signalisation dessen sind, was sich in der Ordnung des Geistes oder in der Ordnung der Dinge entwickeln konnte; sondern daß sie dank einem ganzen Spiel von Beziehungen erschienen sind, die die diskursive Ebene charakterisieren; daß sie, anstatt zufällig erscheinende und ein wenig planlos auf stumme Prozesse gepfropfte Gestalten zu sein, gemäß spezifischen Regelmäßigkeiten entstehen; kurz, daß man, wenn es gesagte Dinge gibt – und nur diese –, nicht die Dinge, die sich darin gesagt finden, oder die Menschen, die sie gesagt haben, sondern das System der Diskursivität und die Aussagemöglichkeiten und -unmöglichkeiten, die es ermöglicht, nach dem unmittelbaren Grund dafür befragen muß. Das Archiv ist zunächst das Gesetz dessen, was gesagt werden kann, das System, das das Erscheinen der Aussagen als einzelne Ereignisse beherrscht. Aber das Archiv ist auch das, was bewirkt, daß all diese gesagten Dinge sich nicht bis ins Unendliche in einer amorphen Vielzahl anhäufen, sich auch nicht in eine bruchlose Linearität einschreiben und nicht allein schon bei zufälligen äußeren Umständen verschwinden; sondern daß sie sich in distinkten Figuren anordnen, sich aufgrund vielfältiger Beziehungen miteinander verbinden, gemäß spezifischen Regelmäßigkeiten sich behaupten oder verfließen; was bewirkt, daß sie nicht im gleichen Schritt mit der Zeit zurückgehen, sondern daß diejenigen, die besonders stark wie nahe Sterne glänzen, in Wirklichkeit von weit her kommen, während andere, noch völlig junge, bereits außerordentlich verblaßt sind. Das Archiv ist nicht das, was trotz ihres unmittelbaren Entrinnens das Ereignis der Aussage bewahrt und ihren Personenstand als den einer Ausbrecherin für die zukünftigen Gedächtnisse aufbewahrt; es ist das, was an der Wurzel der Aussage selbst als Ereignis und in dem Körper, in dem sie sich gibt, von Anfang an *das System ihrer Aussagbarkeit* definiert. Das Archiv ist auch nicht das, was den Staub der wieder unbeweglich gewordenen Aussagen aufsammelt und das eventuelle Wunder ihrer Auferstehung gestattet; es ist das, was den Aktualitätsmodus der Aussage als Sache definiert; es ist *das System ihres Funktionierens*. Weit davon entfernt, das zu sein, was all das vereinigt, was in jenem großen wirren Gemurmel *eines* Diskurses gesagt worden ist, weit davon entfernt, nur das zu sein, was uns die Sicherheit bietet, inmitten *des* aufrechterhaltenen Diskurses zu existieren, ist es das, was *die* Diskurse in ihrer vielfachen Existenz differenziert und sie in ihrer genauen Dauer spezifiziert.

Zwischen der *Sprache*, die das Konstruktionssystem möglicher Sätze definiert, und dem *Korpus*, das die gesprochenen Worte passiv aufnimmt, definiert das *Archiv* eine besondere Ebene: die einer Praxis, die eine Vielfalt von Aussagen als ebenso viele regelmäßige Ereignisse, ebenso viele der Bearbeitung und der Manipulation anheimgegebene Dinge auftauchen läßt. Sie hat nicht die Schwere der Tradition; und sie bildet nicht die zeit- und ortlose Bibliothek aller Bibliotheken; sie ist aber auch nicht das gastliche Vergessen, das jedem neuen Wort das Übungsfeld seiner Freizügigkeit eröffnet; zwischen der Tradition und dem Vergessen läßt sie die Regeln einer Praxis erscheinen, die den Aussagen gestattet, fortzubestehen und zugleich sich regelmäßig zu modifizieren. Es ist *das allgemeine System der Formation und der Transformation der Aussagen*.

Es liegt auf der Hand, daß man das Archiv einer Gesellschaft, einer Kultur oder einer Zivilisation nicht erschöpfend beschreiben kann; zweifellos nicht einmal das Archiv einer ganzen Epoche. Auf der anderen Seite ist es

uns nicht möglich, unser eigenes Archiv zu beschreiben, da wir innerhalb
seiner Regeln sprechen, da es dem, was wir sagen können – und sich selbst
als dem Gegenstand unseres Diskurses –, seine Erscheinungsweisen, seine
Existenz- und Koexistenzformen, sein System der Anhäufung, der Historizität und des Verschwindens gibt. Das Archiv ist in seiner Totalität nicht
beschreibbar; und es ist in seiner Aktualität nicht zu umreißen. Es gibt sich
in Fragmenten, Gebieten und Ebenen, zweifellos um so besser und in um
so größerer Deutlichkeit, je mehr die Zeit uns davon trennt: im Grenzfall,
wäre nicht die Seltenheit der Dokumente, so wäre die größte zeitliche Perspektive nötig, um es zu analysieren. Wie könnte jedoch diese Beschreibung des Archivs gerechtfertigt werden, beleuchten, was sie ermöglicht,
den Ort ausmachen, von wo aus sie selbst spricht, ihre Rechte und Pflichten überwachen, ihre Begriffe erproben und ausarbeiten – wenigstens in
diesem Stadium der Untersuchung, wo sie ihre Möglichkeiten allein im
Augenblick ihrer Ausübung bestimmen kann –, wenn sie hartnäckig niemals etwas anderes als die entferntesten Horizonte beschriebe? Muß sie
sich nicht möglichst weit dieser Positivität, der sie selbst gehorcht, und diesem Archivsystem annähern, das gestattet, heute vom Archiv im allgemeinen zu sprechen? Muß sie nicht, und wäre es schief, dieses Aussagefeld, zu
dem sie selbst gehört, erhellen? Die Analyse des Archivs umfaßt also ein
privilegiertes Gebiet: gleichzeitig uns nahe, aber von unserer Aktualität abgehoben, ist es der Saum der Zeit, die unsere Gegenwart umgibt, über sie
hinausläuft und auf sie in ihrer Andersartigkeit hinweist; es ist das, was uns
außerhalb von uns begrenzt. Die Beschreibung des Archivs entfaltet ihre
Möglichkeiten (und die Beherrschung ihrer Möglichkeiten) ausgehend von
Diskursen, die gerade aufgehört haben, die unsrigen zu sein; ihre Existenzschwelle wird von dem Schnitt gesetzt, der uns von dem trennt, was wir
nicht mehr sagen können, und von dem, was außerhalb unserer diskursiven Praxis fällt; sie beginnt mit dem unserer eigenen Sprache Äußeren;
ihr Ort ist der Abstand unserer eigenen diskursiven Praxis. In diesem Sinne
gilt sie für unsere Diagnose. Nicht weil sie uns gestatten würde, die Tabelle
unserer unterscheidenden Merkmale aufzustellen und im voraus die Gestalt zu skizzieren, die wir in Zukunft haben werden. Aber sie nimmt uns
unsere Kontinuitäten; sie löst diese zeitliche Identität auf, worin wir uns
gerne selbst betrachten, um die Brüche der Geschichte zu bannen; sie zerreißt den Faden der transzendentalen Teleologien; und da, wo das anthropologische Denken nach dem Sein des Menschen oder seiner Subjektivität

fragte, läßt sie das Andere und das Außen aufbrechen. Die so verstandene Diagnose erreicht nicht die Feststellung unserer Identität durch das Spiel der Unterscheidungen. Sie stellt fest, daß wir Unterschiede sind, daß unsere Vernunft der Unterschied der Diskurse, unsere Geschichte der Unterschied der Zeiten, unser Ich der Unterschied der Masken ist. Daß der Unterschied, weit davon entfernt, vergessener und wiedererlangter Ursprung zu sein, jene Verstreuung ist, die wir sind und die wir vornehmen.

Das niemals vollendete, niemals restlos vollzogene Hervorbringen des Archivs bildet den allgemeinen Hintergrund, zu dem die Beschreibung der diskursiven Formationen, die Analyse der Positivitäten, das Ermitteln des Aussagefeldes gehören. Das Recht der Wörter – das nicht mit dem der Philologen zusammenfällt – gestattet also, allen diesen Untersuchungen den Titel *Archäologie* zu verleihen. Dieser Ausdruck fördert nicht zur Suche nach irgendeinem Anfang auf; er rückt die Analyse nicht in verwandtschaftliche Nähe zu Ausgrabung oder geologischer Sondierung. Er bezeichnet das allgemeine Thema einer Beschreibung, die das schon Gesagte auf dem Niveau seiner Existenz befragt: über die Aussagefunktion, die sich in ihm vollzieht, über die diskursive Formation, zu der er gehört, über das allgemeine Archivsystem, dem er untersteht. Die Archäologie beschreibt die Diskurse als spezifizierte Praktiken im Element des Archivs.

IV
Die archäologische Beschreibung

1. Archäologie und Ideengeschichte

Man kann jetzt das Vorgehen umkehren; man kann talwärts schreiten und, wenn das Gebiet der diskursiven Formationen und der Aussagen durchlaufen, ihre allgemeine Theorie einmal skizziert ist, hin zu den möglichen Anwendungsgebieten gelangen. Einmal schauen, wozu diese Analyse verwendet werden kann, die ich in einem vielleicht etwas feierlichen Spiel »Archäologie« getauft habe. Man muß es sogar tun: denn um offen zu sein, die Dinge sind im Augenblick ziemlich beunruhigend. Ich bin von einem relativ einfachen Problem ausgegangen: Der Skansion des Diskurses gemäß großen Einheiten, die nicht die der Werke, der Autoren, der Bücher oder der Themen waren. Und bei dem alleinigen Ziel, sie aufzustellen, habe ich eine ganze Serie von Begriffen angesetzt (diskursive Formationen, Positivität, Archiv), habe ich ein Gebiet definiert (die Aussagen, das Aussagenfeld, die diskursiven Praktiken), habe ich versucht, die Spezifität einer Methode hervorzubringen, die weder formalisierend noch interpretativ wäre. Ich habe, kurz gesagt, nach einem ganzen Apparat gegriffen, dessen Schwere und wahrscheinlich bizarre Maschinerie hinderlich sind. Dies aus zwei oder drei Gründen: es gibt bereits genug Methoden, die fähig sind, die Sprache zu beschreiben und zu analysieren, als daß es nicht anmaßend wäre, noch eine hinzufügen zu wollen. Und dann hatte ich Einheiten des Diskurses wie das »Buch« oder das »Werk« in Verdacht, weil ich von ihnen annahm, daß sie nicht so unmittelbar und evident wären, wie sie schienen: Ist es sehr vernünftig, ihnen Einheiten gegenüberzustellen, die man um den Preis einer solchen Anstrengung, tastenden Suche und gemäß so dunklen Prinzipien errichtet, daß man Hunderte von Seiten brauchte, um sie zu erhellen? Sind jene berühmten »Diskurse«, die all diese Instrumente schließlich abgrenzen und deren Identität sie aufspüren, die gleichen wie die Figuren (die man »Psychiatrie«, »Politische Ökonomie« oder »Naturgeschichte« nennt), von denen ich empirisch ausgegangen war und die mir als Vorwand gedient haben, um dieses seltsame Arsenal aufzustellen? Ich muß jetzt mit aller Notwendigkeit die deskriptive Wirksamkeit der Be-

griffe messen, die ich zu definieren versucht habe. Ich muß in Erfahrung
bringen, ob die Maschine läuft und was sie produzieren kann. Was kann
also jene »Archäologie« bieten, was andere Beschreibungen nicht geben
könnten? Welche Belohnung bietet sich für ein so schweres Unternehmen?

Dabei kommt mir gleich ein erster Verdacht. Ich habe so getan, als entdeckte ich ein neues Gebiet und als müßte ich, um dessen Inventar zu erstellen, bisher ungenannte Maße und Merkpunkte haben. Habe ich mich
aber nicht tatsächlich sehr genau in dem Raum angesiedelt, den man,
und bereits seit langem, unter dem Namen »Ideengeschichte« kennt? Habe
ich mich nicht indirekt auf sie bezogen, auch wenn ich zwei oder drei Mal
versucht habe, Abstand zu halten? Wenn ich die Augen nicht abgewandt
hätte, hätte ich dann nicht darin, bereits präpariert, bereits analysiert, all
das gefunden, was ich suchte? Vielleicht bin ich im Grunde nur ein Ideengeschichtler, aber ein verschämter oder, wenn man so will, ein anmaßender. Ein Ideengeschichtler, der von Grund auf seine Disziplin hat erneuern
wollen; der wahrscheinlich den Wunsch hatte, ihr jene Strenge zu geben,
die so viele andere Beschreibungen, die nahe dabei liegen, in letzter Zeit
erreicht haben; der aber, unfähig, jene alte Form der Analyse wirklich zu
modifizieren, unfähig, sie die Schwelle der Wissenschaftlichkeit überschreiten zu lassen (sei es, daß eine solche Metamorphose für immer unmöglich ist oder daß er nicht die Kraft hatte, selbst diese Transformationen vorzunehmen), erklärt, um Unklarheit zu schaffen, daß er stets etwas
anderes getan hat und hat tun wollen. Dieser ganze neue Nebel, um zu verbergen, daß man sich noch immer in derselben Landschaft befindet, noch
immer an einen alten, bis zum Elend ausgelaugten Boden geheftet ist. Ich
werde kein Recht auf Ruhe haben, solange ich mich nicht von der »Ideengeschichte« getrennt habe, solange ich nicht gezeigt habe, worin die archäologische Analyse sich von deren Beschreibungen unterscheidet.

Es ist nicht leicht, eine Disziplin wie die Ideengeschichte zu charakterisieren: unbestimmtes Objekt, schlechtgezogene Grenzen, allseitig entlehnte Methoden, Vorgehen ohne Geradlinigkeit noch Festigkeit. Es scheint indessen, daß man ihr zwei Rollen zuerkennen kann. Einerseits erzählt sie
die Geschichte der Nebenpositionen und der Randpositionen. Nicht die
Geschichte der Wissenschaften, aber die jener unvollkommenen, schlecht
begründeten Kenntnisse, die nie während eines ganzen hartnäckigen Lebens die Form der Wissenschaftlichkeit haben erreichen können (Geschich-

te der Alchimie eher als der Chemie, der Lebensgeister oder der Phrenologie eher als der Physiologie, Geschichte der atomistischen Themen und nicht der Physik). Geschichte jener Philosophien im Schatten, die die Literaturen, die Kunst, die Wissenschaften, das Recht, die Moral und auch das alltägliche Leben der Menschen heimsuchen; Geschichte jener säkularen Thematiken, die sich nie in einem strengen und individuellen System kristallisiert haben, die aber die spontanen Philosophien derjenigen gebildet haben, die nicht philosophierten. Geschichte nicht der Literatur, sondern jenes seitlichen Rumorens, jener alltäglichen und so schnell verwischten Schrift, die nie den Status des Werks erhält oder sofort wieder herausfällt: Analyse der Subliteraturen, der Almanache, der Revuen und der Zeitungen, der flüchtigen Erfolge, der unnennbaren Autoren. So definiert – aber man sieht sofort, wie schwierig es ist, dem genaue Grenzen zu setzen – wendet sich die Ideengeschichte an jenes ganze aufständische Denken, an jenes ganze Spiel der Repräsentationen, die anonym zwischen den Menschen laufen; im Zwischenraum der großen diskursiven Momente läßt sie den zerreibbaren Boden erscheinen, auf dem sie ruhen. Es ist die Disziplin der fließenden Sprachen, der gestaltlosen Werke, der nicht-verbundenen Themen. Analyse der Meinungen mehr als des Wissens, der Irrtümer mehr als der Wahrheit, nicht der Gedankenformen, sondern der Mentalitätstypen.

Aber andererseits stellt sich die Ideengeschichte die Aufgabe, die existierenden Disziplinen zu durchqueren, sie zu behandeln und neu zu interpretieren. Sie konstituiert also einen Stil der Analyse, ein In-die-Perspektive-Setzen eher als ein Randgebiet. Sie weist sich das historische Feld der Wissenschaften, der Literaturen und der Philosophien zu, aber sie beschreibt darin die Kenntnisse, die für spätere Formalisierungen als empirischer und nicht-reflektierter Fundus gedient haben; sie versucht, die unmittelbare Erfahrung wiederzufinden, die der Diskurs transkribiert; sie folgt der Genese, die, von den empfangenen oder erworbenen Repräsentationen ausgehend, Systemen und Werken zur Entstehung verhilft. Sie zeigt umgekehrt, wie allmählich jene großen, so gebildeten Figuren sich zerlegen: wie die Themen sich entknüpfen, ihr isoliertes Leben fortsetzen, außer Gebrauch geraten oder sich auf neue Weise rekomponieren. Die Ideengeschichte ist dann die Disziplin der Anfänge und der Enden, die Beschreibung der dunklen Kontinuitäten und der Wiederkehr, die Rekonstruktion der Entwicklungen in der linearen Form der Geschichte. Aber sie kann auch und genau dadurch das ganze Spiel des Austausches und der Vermittlungen von einem Gebiet zum anderen beschreiben: sie zeigt, wie das wissenschaftliche Wissen sich verbreitet, gibt philosophischen Begriffen Raum und nimmt eventuell in literarischen Werken Form an. Sie zeigt, wie Probleme, Begriffe, Themen von dem philosophischen Feld, in dem sie formuliert worden sind, zu wissenschaftlichen oder politischen Diskursen übergehen können. Sie setzt Werke mit Institutionen, Gebräuchen oder sozialem Verhalten, Techniken, Bedürfnissen und stummen Praktiken in Beziehung. Sie versucht, die am weitesten ausgearbeiteten Formen des Diskurses in der konkreten Landschaft, im Milieu des Wachstums und der Entwicklung, das sie hat entstehen sehen, erneut zum Leben kommen zu lassen. Sie wird also die Disziplin der Interferenzen, die Beschreibung der konzentrischen Kreise, die die Werke umgeben, sie unterstreichen, sie miteinander verbinden und sie in alles das, was nicht sie ist, einreihen.

Man sieht durchaus, wie diese beiden Rollen der Ideengeschichte sich nacheinander artikulieren. Man kann sagen, daß sie in ihrer allgemeinsten Form unaufhörlich – in allen Richtungen, in denen er sich vollzieht – den Übergang von der Nicht-Philosophie zur Philosophie, von der Nicht-Wissenschaftlichkeit zur Wissenschaft, von der Nicht-Literatur zum Werk selbst beschreibt. Sie ist die Analyse des stummen Entstehens, der entfernten Entsprechungen, der Permanenzen, die sich hartnäckig unterhalb des offenen Wandels halten, der langsamen Formationen, die von tausend blinden Komplizitäten profitieren, von jenen globalen Figuren, die sich allmählich verknüpfen und plötzlich sich in der feinen Spitze des Werkes kondensieren. Genese, Kontinuität, Totalisierung: das sind die großen Themen der Ideengeschichte und das, wodurch sie sich mit einer bestimmten Form, die inzwischen traditionell ist, der historischen Analyse verknüpft. Es ist unter diesen Bedingungen normal, daß jede Person, die sich künftig von der Geschichte, ihren Methoden, ihren Erfordernissen und ihren Möglichkeiten noch jene ein wenig verwelkte Vorstellung macht, sich nicht vorstellen kann, daß man eine Disziplin wie die Ideengeschichte aufgibt; oder vielmehr der Auffassung ist, daß jede andere Form der Analyse des Diskurses ein Verrat an der Geschichte selbst wäre. Nun ist aber die archäologische Beschreibung gerade die Preisgabe der Ideengeschichte, die systematische Zurückweisung ihrer Postulate und Prozeduren, der Versuch, eine ganz andere Geschichte dessen zu schreiben, was die Menschen gesagt haben. Daß verschiedene Leute nicht in diesem Unternehmen die

Geschichte ihrer Kindheit erkennen, daß sie diese beweinen und daß sie in einer Epoche, die nicht mehr für sie geschaffen ist, den großen Schatten von einst invozieren, beweist mit Sicherheit ihre äußerste Treue. Aber dieser konservative Eifer bestärkt mich in meinem Vorhaben und bestätigt mich in dem, was ich habe tun wollen.

Zwischen der archäologischen Analyse und der Ideengeschichte sind die Trennpunkte zahlreich. Ich werde versuchen, vier Unterschiede sogleich herauszustellen, die mir wesentlich erscheinen: hinsichtlich der Bestimmung der Neuheit; hinsichtlich der Analyse der Widersprüche; hinsichtlich der komparativen Beschreibungen; schließlich hinsichtlich des Auffindens der Transformationen. Ich hoffe, daß man bei diesen verschiedenen Punkten die Besonderheit der archäologischen Analyse erfassen und eventuell ihre deskriptive Fähigkeit ermessen können wird. Vorerst mag es genügen, einige Prinzipien festzuhalten.

1. Die Archäologie versucht, nicht die Gedanken, die Vorstellungen, die Bilder, die Themen, die Heimsuchungen zu definieren, die sich in den Diskursen verbergen oder manifestieren; sondern jene Diskurse selbst, jene Diskurse als bestimmten Regeln gehorchende Praktiken. Sie behandelt den Diskurs nicht als *Dokument*, als Zeichen für etwas anderes, als Element, das transparent sein müßte, aber dessen lästige Undurchsichtigkeit man oft durchqueren muß, um schließlich dort, wo sie zurückgehalten wird, die Tiefe des Wesentlichen zu erreichen; sie wendet sich an den Diskurs in seinem ihm eigenen Volumen als *Monument*. Es ist keine interpretative Disziplin, sie sucht nicht einen »anderen Diskurs«, der besser verborgen wäre. Sie wehrt sich dagegen, »allegorisch« zu sein.

2. Die Archäologie sucht nicht den kontinuierlichen und unspürbaren Übergang aufzufinden, der in leichter Neigung die Diskurse mit dem verbindet, was ihnen vorhergeht, sie umgibt oder ihnen folgt. Sie späht nicht nach dem Moment, wo sie ausgehend von dem, was sie noch nicht waren, geworden sind, was sie sind; und ebensowenig nach dem Moment, wo sie unter Auflösung der Festigkeit ihrer Gestalt allmählich ihre Identität verlieren werden. Ihr Problem ist umgekehrt, die Diskurse in ihrer Spezifität zu definieren; zu zeigen, worin das Spiel der Regeln, die sie in Bewegung setzen, irreduzibel auf jedes andere ist. Ihnen auf der ganzen Länge ihres äußeren Umrisses zu folgen, um sie besser unterstreichen zu können. Sie geht nicht in langsamer Progression vom konfusen Feld der Meinung zur

Besonderheit des Systems oder zur definitiven Stabilität der Wissenschaft; sie ist keine »Doxologie«, sondern eine differentielle Analyse der Modalitäten des Diskurses.

3. Die Archäologie ist nicht nach der souveränen Gestalt des Werkes geordnet; sie sucht nicht den Moment zu erfassen, wo dieses sich dem anonymen Horizont entrissen hat. Sie will nicht den rätselhaften Punkt wiederfinden, wo das Individuelle und das Soziale sich eines ins andere umkehren. Sie ist weder Psychologie noch Soziologie, noch allgemein Anthropologie der Schöpfung. Das Werk ist für sie kein pertinenter Ausschnitt, selbst wenn es sich darum handeln sollte, es in seinem globalen Kontext oder in dem Raster der Kausalitäten, die es unterstützen, erneut anzuordnen. Sie definiert Typen und Regeln von diskursiven Praktiken, die individuelle Werke durchqueren, die mitunter sie völlig bestimmen und sie beherrschen, ohne daß ihnen etwas entgeht, mitunter aber nur einen Teil davon beherrschen. Die Instanz des schöpferischen Subjekts als *raison d'être* eines Werkes und Prinzip seiner Einheit ist ihr fremd.

4. Schließlich sucht die Archäologie nicht nach der Wiederherstellung dessen, was von den Menschen in dem Augenblick, da sie den Diskurs vortrugen, hat gedacht, gewollt, anvisiert, verspürt, gewünscht werden können; sie nimmt sich nicht zum Ziel, jenen flüchtigen Kern zu suchen, wo der Autor und das Werk ihre Identität austauschen; wo der Gedanke noch am nächsten bei sich bleibt, in der noch nicht entstellten Form des Selbst, und wo die Sprache sich noch nicht in der räumlichen und sukzessiven Dispersion des Diskurses entfaltet hat. Mit anderen Worten, sie versucht nicht das zu wiederholen, was gesagt worden ist, indem sie es in seiner Identität erreicht. Sie behauptet nicht, sich selbst in der uneindeutigen Bescheidenheit einer Lektüre auszulöschen, die das ferne, prekäre, fast verloschene Licht des Ursprungs in seiner Reinheit wiederkommen ließe. Sie ist nicht mehr und nicht weniger als eine erneute Schreibung: das heißt in der aufrechterhaltenen Form der Äußerlichkeit eine regulierte Transformation dessen, was bereits geschrieben worden ist. Das ist nicht die Rückkehr zum Geheimnis des Ursprungs; es ist die systematische Beschreibung eines Diskurses als Objekt.

2. Das Originale und das Regelmäßige

Im allgemeinen behandelt die Ideengeschichte das Feld der Diskurse als einen zweiwertigen Bereich; jedes hier geortete Element kann charakterisiert werden als alt oder neu; unbekannt oder wiederholt; herkömmlich oder ursprünglich; einem Durchschnittstyp konform oder abweichend. Man kann also zwei Kategorien von Formulierungen unterscheiden: die wertvollen und relativ seltenen, die zum ersten Mal erscheinen, keine ihnen ähnlichen Vorläufer haben, den anderen vielleicht als Modelle dienen werden und in dieser Hinsicht als Schöpfungen gelten können; und die banalen, alltäglichen, groben, die nicht für sich verantwortlich sind und die sich ableiten von dem, was schon gesagt worden ist, gelegentlich, um es wörtlich zu wiederholen. Jeder dieser beiden Gruppen gibt die Ideengeschichte ein Statut, und sie unterwirft sie nicht der gleichen Analyse: bei der Beschreibung der ersten erzählt sie die Geschichte der Erfindungen, der Veränderungen, der Verwandlungen, zeigt sie, wie die Wahrheit sich dem Irrtum entrissen hat, wie das Bewußtsein aus dem fortgesetzten Schlaf erwacht ist, wie neue Formen sich nacheinander aufgerichtet haben, um uns die Landschaft zu geben, die jetzt die unsrige ist; zeigt dem Historiker, wie man die kontinuierliche Linie einer Evolution ausgehend von diesen vereinzelten Punkten, diesen sukzessiven Brüchen wiederfindet. Die andere Gruppe zeigt im Gegensatz dazu Geschichte als Trägheit und Schwere, als langsame Akkumulation des Vergangenen und stillschweigende Ablagerung des Gesagten; die Aussagen müssen darin massiert und nach ihren Gemeinsamkeiten behandelt werden; die Besonderheit ihres Ereignisses kann neutralisiert werden; ihre Bedeutung verlieren auch die Identität ihres Autors, Ort und Zeitpunkt ihres Erscheinens; dafür muß ihre Ausbreitung gemessen werden: bis wohin und bis wann sie sich wiederholen, durch welche Kanäle sie verbreitet werden, in welchen Gruppen sie zirkulieren; welchen allgemeinen Horizont sie für das Denken der Menschen zeichnen, welche Grenzen sie ihm setzen; und wie sie beim Charakterisieren einer Epoche gestatten, diese von anderen zu unterscheiden: man beschreibt also eine Serie globaler Figuren. Im ersten Fall beschreibt die Ideengeschichte eine Abfolge von Denkereignissen; im zweiten Fall hat man ununterbrochene Wirkungsschichten; im ersten rekonstruiert man das Auftauchen der Wahrheiten oder der Formen; im zweiten stellt man die vergessenen Solidaritäten wieder her und verweist die Diskurse auf ihre Relativität.

Es ist wahr, daß die Ideengeschichte unaufhörlich Beziehungen zwischen diesen beiden Instanzen bestimmt; niemals findet man hier die eine der beiden Analysen im Reinzustand: sie beschreibt die Konflikte zwischen dem Alten und dem Neuen, die Resistenz der erworbenen Kenntnisse, den Druck, den sie auf das ausüben, was noch nie gesagt worden ist, die Verhüllungen, mit denen sie es verbergen, das Vergessen, dem sie es bisweilen anheimzugeben vermögen; aber sie beschreibt auch die Erleichterungen, die, dunkel und von fern, die künftigen Diskurse vorbereiten; sie beschreibt die Auswirkungen der Entdeckungen, die Schnelligkeit und Ausdehnung ihrer Verbreitung, die langsamen Austauschprozesse oder die heftigen Erschütterungen, die die Umgangssprache umkrempeln; sie beschreibt die Integration des Neuen in das schon strukturierte Feld der erworbenen Kenntnisse, die fortschreitende Auflösung des Originalen im Überlieferten oder auch das Wiederauftauchen des schon Gesagten und das Wiederfreilegen des Ursprünglichen. Aber diese Überschneidung hindert sie nicht, immer eine zweipolige Analyse des Alten und des Neuen zu bewahren, eine Analyse, die in das empirische Element der Geschichte und in jeden dieser Momente die Problematik des Ursprungs wieder einführte: in jedem Werk, in jedem Buch, dem kleinsten Text besteht das Problem nun darin, den Punkt des Bruches wiederzufinden, mit höchstmöglicher Genauigkeit die Trennung zwischen der impliziten Dicke des bereits Vorhandenen, der vielleicht unfreiwilligen Treue zur angenommenen Meinung, dem Gesetz der diskursiven Fatalitäten und der Lebhaftigkeit der Schöpfung, dem Sprung in den irreduziblen Unterschied festzustellen. Diese Beschreibung der Ursprünglichkeiten stellt, obwohl sie selbstverständlich zu sein scheint, zwei methodologisch sehr schwierige Probleme: das der Ähnlichkeit und das der Präzession. Sie setzt in der Tat voraus, daß man eine Art großer, einzigartiger Serie aufstellen könnte, in der jede Formulierung einen festen Zeitpunkt aufgrund homogener, chronologischer Merkpunkte hätte. Sieht man aber etwas genauer hin, ist dann Grimm genau auf die gleiche Weise und auf derselben zeitlichen Linie mit seinem Gesetz über die Lautverschiebungen Bopp vorangegangen (der dieses Gesetz zitiert, benutzt, angewandt und Korrekturen daran angebracht hat), wie Cœurdoux und Anquetil-Duperron (bei der Feststellung von Analogien zwischen dem Griechischen und dem Sanskrit) die Definition der indo-europäischen Sprachen vorweggenommen haben und den Gründern der vergleichenden Grammatik vorangegangen sind? »Gehen« wirklich Peirce mit seiner Semiotik, Lancelot und Arnauld mit der klassischen Analyse des Zeichens, die Stoiker mit der Theorie des Signifikanten in derselben Serie und auf die gleiche Weise der Vorzeitigkeit Saussure »voraus«? Die Präzession ist nicht eine erste und irreduzible Gegebenheit; sie kann nicht die Rolle des absoluten Maßstabs spielen, der gestattete, jeden Diskurs zu messen und das Original vom Wiederholten zu unterscheiden. Das Auffinden des Vorangegangenen genügt allein nicht, um eine diskursive Ordnung zu bestimmen: im Gegenteil, es ordnet sich dem Diskurs, den man analysiert, dem Niveau, das man wählt, der Stufenleiter, die man errichtet, unter. Wenn man den Diskurs über einen Zeitmesser erstreckt und jedem seiner Elemente einen Zeitpunkt zuweist, erreicht man nicht die endgültige Hierarchie der Präzessionen und der Ursprünglichkeiten; diese verhält sich immer nur relativ zu den Systemen der Diskurse, die sie zu bewerten unternimmt.

Was die Ähnlichkeit zweier oder mehrerer aufeinanderfolgender Formulierungen betrifft, so wirft sie ihrerseits eine Reihe von Problemen auf. In welchem Sinne und nach welchen Kriterien kann man behaupten: »Dies ist bereits gesagt worden«; »dasselbe findet man bereits in jenem Text«; »diese Proposition kommt jener schon sehr nahe« usw.? Was ist innerhalb der Ordnung des Diskurses die teilweise oder völlige Identität? Daß zwei Äußerungen völlig identisch sind, daß sie sich aus denselben Wörtern zusammensetzen, die in derselben Bedeutung gebraucht werden, berechtigt, wie man weiß, nicht, sie absolut zu identifizieren. Selbst wenn man bei Diderot und Lamarck oder bei Benoît de Maillet und Darwin dieselbe Formulierung des Evolutionsprinzips fände, kann man nicht annehmen, daß es sich bei den einen und bei den anderen um ein und dasselbe diskursive Ereignis handelt, das über die Zeit hinweg einer Reihe von Wiederholungen unterworfen war. Auch die vollständige Identität ist kein Kriterium; noch weniger, wenn sie nur partiell ist, wenn die Wörter nicht jedesmal in der gleichen Bedeutung gebraucht werden oder wenn derselbe Bedeutungskern in verschiedenen Wörtern erfaßt wird: inwieweit kann man behaupten, daß in den so verschiedenen Diskursen und Wortschätzen von Buffon, Jussieu und Cuvier durchaus dasselbe organizistische Thema hervortritt? Und kann man umgekehrt sagen, daß dasselbe Wort Organisation bei Daubenton, Blumenbach und Geoffroy Saint-Hilaire dieselbe Bedeutung hat? Ist es allgemein auch derselbe Typ von Ähnlichkeit, den man zwischen Cuvier und Darwin und zwischen demselben Cuvier und Linné (oder Aristoteles) ausmacht? Keine Ähnlichkeit an sich zwischen den Formulierungen, die sofort erkennbar wäre: ihre Analogie rührt her vom diskursiven Feld, wo man sie gewahrt.

Es ist also nicht legitim, unvermittelt bei den untersuchten Texten nach ihrem Anteil an Ursprünglichkeit und danach zu fragen, ob sie wohl jene Ahnentafel besitzen, die sich hier an der Abwesenheit von Vorfahren bemißt. Die Frage kann nur bei genauestens definierten Serien, bei Gesamtheiten, deren Grenzen und deren Bereich man abgesteckt hat, und zwischen Marksteinen einen Sinn haben, die diskursive und genügend homogene Felder eingrenzen.[1] Aber in der großen Anhäufung des bereits Gesagten den Text herauszusuchen, der »im vorhinein« einem späteren Text ähnelt, herumzustöbern, um in der Geschichte das Spiel der Vorwegnahmen oder der Echos wiederzufinden, bis auf die ersten Keime zurückzugehen oder bis zu den letzten Spuren hinabzusteigen, um bei einem Werk nacheinander die Traditionsverbundenheit oder seinen Teil irreduzibler Einzigartigkeit hervorzukehren, seine Quote an Ursprünglichkeit steigen oder fallen zu lassen, zu sagen, die Grammatiker von Port-Royal hätten überhaupt nichts erfunden, oder zu entdecken, daß Cuvier mehr Vorläufer hatte, als man annahm, das alles sind liebenswerte, aber verspätete Spielchen von Historikern in kurzen Hosen.

Die archäologische Beschreibung wendet sich an die diskursiven Praktiken, auf die die Tatsachen der Abfolge bezogen werden müssen, will man sie nicht in ungebändigter und naiver Weise, das heißt in Begriffen des Verdienstes, feststellen. Auf der Ebene, auf der sie sich ansiedelt, ist der Gegensatz Ursprünglichkeit – Banalität folglich unzutreffend: zwischen einer ursprünglichen Formulierung und dem Satz, der sie Jahre, Jahrhunderte später mehr oder weniger exakt wiedergibt, errichtet sie keine Wertehierarchie, bildet sie keinen radikalen Unterschied. Sie will allein die *Regelmäßigkeit* der Aussagen feststellen. Regelmäßigkeit steht hier nicht im Gegensatz zur Unregelmäßigkeit, die in den Randzonen der herrschenden Meinung oder der häufigsten Texte die abweichende (anomale, prophetische, zurückgebliebene, geniale oder pathologische) Aussage kennzeichnen würde; sie bezeichnet für jede Art sprachlicher Performanz (sei sie

---

1 Auf diese Weise hat Canguilhem die Folge der Propositionen zusammengestellt, die von Willis bis Prochaska die Definition des Reflexes gestattete.

außergewöhnlich oder banal, in ihrer Art einzigartig oder tausendfach wiederholt) die Gesamtheit der Bedingungen, unter denen sich die ihre Existenz sichernde und bestimmende Aussagefunktion vollzieht. So verstanden, charakterisiert die Regelmäßigkeit nicht eine bestimmte zentrale Position innerhalb der Grenzen einer statistischen Kurve – sie kann also nicht als Häufigkeits- und Wahrscheinlichkeitsindiz gelten; sie spezifiziert ein tatsächliches Erscheinungsfeld. Jede Aussage ist Träger einer gewissen Regelmäßigkeit und kann davon nicht getrennt werden. Man hat also die Regelmäßigkeit einer Aussage nicht der Unregelmäßigkeit einer anderen gegenüberzustellen (die unerwarteter, einzigartiger und reicher an Neuerungen ist), sondern anderen Regelmäßigkeiten, die andere Aussagen charakterisieren.

Die Archäologie ist nicht auf der Suche nach den Erfindungen und bleibt unbeeindruckt gegenüber dem (zugegeben beeindruckenden) Augenblick, in dem jemand zum ersten Mal einer bestimmten Wahrheit sicher war. Sie versucht nicht, den Glanz dieser frühen Feste wiederherzustellen; aber nicht, um sich an die durchschnittlichen Meinungserscheinungen und an das Grau in Grau dessen zu wenden, was alle Welt in einer bestimmten Epoche wiederholen konnte. In den Texten von Linné oder Buffon, Petty oder Ricardo, Pinel oder Bichat versucht sie nicht, eine Liste der heiligen Begründer aufzustellen, sondern die Regelmäßigkeit einer diskursiven Praxis ans Licht zu bringen. Diese Praxis wird in gleicher Weise auch bei all ihren am wenigsten originellen Nachfolgern oder bei bestimmten ihrer Vorgänger angewendet und legt in ihrem Werk selbst nicht nur von den ursprünglichsten Aussagen (an die vor ihnen noch niemand gedacht hatte) Rechenschaft ab, sondern auch von denen, die sie von ihren Vorgängern übernommen, sogar abgeschrieben haben. Vom Gesichtspunkt der Aussage her ist eine Entdeckung nicht weniger regelmäßig als der Text, der sie wiederholt und verbreitet. Die Regelmäßigkeit ist bei einer Banalität nicht weniger eingreifend, wirkungsvoll und aktiv als bei einer ungewöhnlichen Formation. Bei einer solchen Beschreibung kann man einen Wesensunterschied zwischen schöpferischen Aussagen (die etwas Neues sichtbar machen, die eine ungeäußerte Information in Umlauf bringen und in gewissem Maße »aktiv« sind) und nachahmenden Aussagen (die die Information aufnehmen und wiederholen, sozusagen »passiv« bleiben) nicht zugeben. Das Feld der Aussagen ist nicht eine Menge von bewegungslosen Flächen, skandiert von fruchtbaren Momenten; es ist ein Gebiet, das durch und durch aktiv ist.

Diese Analyse der Aussageregelmäßigkeiten öffnet sich in mehrere Richtungen, die man dereinst vielleicht sorgfältiger erforschen müßte.

1. Eine bestimmte Form der Regelmäßigkeit charakterisiert also eine Menge von Aussagen, ohne daß es nötig oder möglich ist, zwischen dem zu unterscheiden, was neu und was nicht neu ist. Aber diese Regelmäßigkeiten – im folgenden werden wir darauf zurückkommen – sind nicht ein für allemal gegeben; man findet bei Tournefort und Darwin oder bei Lancelot und Saussure, bei Petty und bei Keynes nicht dieselbe Regelmäßigkeit angewendet. Man hat also homogene Felder von Aussageregelmäßigkeiten (sie charakterisieren eine diskursive Formation), aber diese Felder sind untereinander verschieden. Es ist also nicht notwendig, daß der Übergang zu einem neuen Feld von Aussageregelmäßigkeiten Veränderungen mit sich bringt, die allen anderen Ebenen der Diskurse entsprechen. Man kann sprachliche Performanzen finden, die vom Standpunkt der Grammatik (des Wortschatzes, der Syntax und ganz allgemein von der Sprache) aus identisch sind; die auch vom Standpunkt der Logik (unter dem Gesichtspunkt der propositionellen Struktur oder des deduktiven Systems, in dem sie angesiedelt ist) aus gleichermaßen identisch sind; die aber *aussagemäßig* verschieden sind. So kann die Formulierung des quantitativen Verhältnisses zwischen den Preisen und der im Umlauf befindlichen Geldmenge vielleicht mit denselben – oder synonymen – Worten ausgedrückt und mit derselben Überlegung erreicht werden; aussagemäßig ist sie bei Gresham oder Locke und den Marginalisten des 19. Jahrhunderts nicht identisch; sie gehört hier und dort nicht zu demselben Formationssystem der Gegenstände und Begriffe. Man muß also unterscheiden zwischen *linguistischer Analogie* (oder Übersetzbarkeit), *logischer Identität* (oder Äquivalenz) und *Aussagehomogenität*. Die Archäologie kümmert sich ausschließlich um diese Homogenitäten. Sie kann demnach aus den sprachlichen Formulierungen, die linguistisch analog oder logisch äquivalent bleiben (so haben die Grammatiker von Port-Royal bisweilen Wort für Wort die alte Theorie von Satz-Attribution, Verb-Kopula wiederaufgenommen und damit eine Aussageregelmäßigkeit eingeleitet, deren Spezifität die Archäologie beschreiben muß), eine neue diskursive Praxis entstehen sehen. Umgekehrt kann sie die Unterschiede des Wortschatzes außer acht lassen, über semantische Felder oder verschiedene deduktive Organisationen hinweggehen, wenn sie imstande ist, trotz dieser Heterogenität hier und da eine gewisse Aussa-

geregelmäßigkeit zu erkennen (unter diesem Gesichtspunkt sind die Theorie der Gebärdensprache, die Erforschung des Ursprungs der Sprachen, die
Aufstellung der primitiven Wurzeln, worum man sich im 18. Jahrhundert
kümmerte, nicht »neu« im Verhältnis zu den »logischen« Analysen, die
Lancelot vornahm).

So sieht man, wie sich eine gewisse Zahl von Auseinanderhakungen und
Gliederungen abzeichnet. Man kann nicht mehr sagen, daß eine Entdek-
kung, die Formulierung eines allgemeinen Grundsatzes oder die Definition eines Projekts mit aller Wucht eine neue Phase in der Geschichte
des Diskurses einleitet. Man braucht nicht mehr diesen Punkt absoluten
Ursprungs oder totaler Revolution zu suchen, von dem aus sich alles organisiert, alles möglich und notwendig wird, alles einstürzt, um wiederanzu-
fangen. Man hat es mit Ereignissen verschiedener Typen und Ebenen zu
tun, die in verschiedenen historischen Verknüpfungen festgehalten werden; eine Aussagehomogenität, die eingeführt wird, impliziert in keiner
Weise, daß künftig und für Jahrzehnte oder Jahrhunderte die Menschen
dasselbe sagen und denken werden; sie impliziert auch nicht die Definition – als explizite oder implizite – einer gewissen Anzahl von Grundsätzen, von denen alles übrige als Konsequenz sich ableitete. Aussageho-
mogenitäten (und -heterogenitäten) überkreuzen sich mit linguistischen
Kontinuitäten (und Veränderungen), mit logischen Identitäten (und Unterschieden), ohne daß sie sich jeweils im gleichen Schritt bewegten oder
notwendigerweise gegenseitig bestimmten. Jedoch muß zwischen ihnen
eine gewisse Zahl von Beziehungen und Interdependenzen bestehen, deren zweifellos sehr komplexes Gebiet inventarisiert werden muß.

2. Eine andere Untersuchungsrichtung: die den Aussageregelmäßigkeiten
innerlichen Hierarchien. Wir haben gesehen, daß jede Aussage zu einer bestimmten Regelmäßigkeit gehörte –, daß infolgedessen keine als reine und
einfache Schöpfung oder wunderbare Unordnung des Geistes angesehen
werden konnte. Aber wir haben auch gesehen, daß keine Aussage als inak-
tiv angesehen werden und als kaum wirklicher Schatten oder Abklatsch
einer ursprünglichen Aussage gelten konnte. Das gesamte Aussagefeld ist
zugleich regelmäßig und im Alarmzustand: es ist ohne Schlaf; die kleinste
Aussage – die differenzierteste oder die banalste – benutzt das ganze Spiel
der Regeln, nach denen ihr Gegenstand, ihre Modalität, die Begriffe, die
sie gebraucht, und die Strategie, deren Bestandteil sie ist, gebildet werden.

Diese Regeln sind niemals in einer Formulierung gegeben, sie durchdringen die Formulierungen und bilden ihnen einen koexistentiellen Raum; man kann also die einmalige Aussage, die sie um ihrer selbst willen artikulieren würde, nicht auffinden. Bestimmte Gruppen von Aussagen verwenden jedoch diese Regeln in ihrer allgemeinsten und am weitesten anwendbaren Form; von ihnen ausgehend kann man sehen, wie andere Gegenstände, andere Begriffe, andere Aussagemodalitäten oder eine andere strategische Wahl mit weniger allgemeinen Regeln gebildet werden können, deren Anwendungsbereich spezifischer ist. Man kann so einen Stammbaum der Aussagen beschreiben: an seiner Wurzel die Aussagen, die die Formationsregeln in ihrer weitesten Ausdehnung anwenden; in der Spitze und nach einer gewissen Anzahl von Verzweigungen die Aussagen, die dieselbe Regelmäßigkeit, nur feiner gegliedert und in ihrer Ausdehnung besser abgegrenzt und lokalisiert, verwenden.

Die Archäologie kann so – und das ist eine ihrer Hauptaufgaben – den Stammbaum eines Diskurses erstellen. Beispielsweise den der Naturgeschichte. Als *leitende Aussagen* wird sie in bezug auf die Wurzel diejenigen setzen, die die Definition der beobachtbaren Strukturen und des Feldes möglicher Gegenstände betreffen; diejenigen, die die Formen der Beschreibung und die perzeptiven Kodes vorschreiben, deren der Diskurs sich bedienen kann; diejenigen, die die allgemeinsten Charakterisierungsmöglichkeiten erscheinen lassen und damit ein ganzes Gebiet zu errichtender Begriffe eröffnen; und schließlich diejenigen, die, indem sie eine strategische Wahl konstituieren, einer sehr großen Zahl späterer Optionen Raum lassen. Und sie wird am äußersten Ende der Äste oder zumindest beim Durchlaufen eines ganzen Strauchwerks »Entdeckungen« (wie die der fossilen Reihen), begriffliche Transformationen (wie die neue Definition der Gattung), das Auftauchen neuer Begriffe (wie die der Säugetiere oder des Organismus) und Ausrichtung von Techniken (organisatorische Prinzipien der Sammlungen, Methode der Einordnung und Nomenklatur) finden. Diese Ableitung von den leitenden Aussagen kann nicht mit einer Deduktion verwechselt werden, die sich von den Axiomen her vollziehen würde; sie darf auch nicht dem Aufkeimen einer allgemeinen Idee oder eines philosophischen Kerns assimiliert werden, deren Bedeutungen sich langsam in genauen Erfahrungen oder Konzeptualisierungen entfalten würden; schließlich darf sie nicht für eine psychologische Genese ausgehend von einer Entdeckung gehalten werden, die langsam ihre Konsequenzen ent-

wickeln und ihre Möglichkeiten entfalten würde. Sie unterscheidet sich
von all diesen Bahnen und muß in ihrer Autonomie beschrieben werden.
Man kann auf diese Weise die archäologischen Ableitungen der Naturgeschichte beschreiben, ohne bei ihren unbeweisbaren Axiomen oder ihren
fundamentalen Themen (der Kontinuität der Natur zum Beispiel) zu beginnen und ohne als Ausgangspunkt und als Leitfaden die ersten Entdek-
kungen oder die ersten Annäherungen (die von Tournefort vor denen
von Linné, die von Jonston vor denen von Tournefort) zu nehmen. Die archäologische Ordnung ist weder die der Systematizitäten noch die der
chronologischen Abfolgen.

Aber man sieht, wie sich ein ganzer Bereich möglicher Fragen öffnet.
Denn diese verschiedenen Ordnungen können noch so spezifisch sein und
jede ihre Autonomie haben, es muß zwischen ihnen Beziehungen und Abhängigkeiten geben. Für bestimmte diskursive Formationen unterscheidet
sich die archäologische Ordnung vielleicht nicht viel von der systematischen Ordnung, wie in anderen Fällen folgt sie vielleicht dem Faden der
chronologischen Abfolgen. Diese Parallelismen (im Gegensatz zu den Verdrehungen, die man woanders findet) verdienen, analysiert zu werden. Es
ist jedenfalls wichtig, diese verschiedenen Anordnungen nicht miteinander
zu verwechseln und nicht in einer ursprünglichen »Entdeckung« oder in
der Ursprünglichkeit einer Formulierung das Prinzip zu suchen, von dem
man alles ableiten und deduzieren kann; nicht in einem allgemeinen Prinzip das Gesetz der Aussageregelmäßigkeiten oder individuellen Erfindungen zu suchen; und nicht von der archäologischen Ableitung zu verlangen,
die Ordnung der Zeit zu reproduzieren oder ein deduktives Schema hervorzubringen.

Nichts wäre unrichtiger, als in der Analyse der diskursiven Formationen
einen Versuch der totalitären Periodisierung zu sehen: von einem bestimmten Augenblick an und für eine bestimmte Zeit dächte jedermann trotz
der oberflächlichen Unterschiede gleich, sagte durch einen polymorphen
Wortschatz dasselbe und stellte eine Art großen Diskurs her, den man
gleichgültig in allen Richtungen durchlaufen könnte. Die Archäologie beschreibt dagegen eine Schicht von Aussagehomogenität, die ihren eigenen
zeitlichen Schnitt hat und nicht all die anderen Formen von Identität und
Unterschieden, die man in der Sprache ausmachen kann, mit sich zieht.
Und auf dieser Ebene errichtet sie eine Anordnung, Hierarchien, eine gan-

ze Verästelung, die eine grobe, amorphe und ein für allemal global gegebene Synchronie ausschließen. In jenen so verschwommenen Einheiten,
die man »Epochen« nennt, läßt sie »Aussageperioden« mit ihrer Spezifität
auftauchen, die sich, aber ohne sich mit ihnen zu vermengen, über der Zeit
der Begriffe, über den theoretischen Phasen, über den Stadien der Formalisierung und über den Etappen der linguistischen Entwicklung gliedern.

3. Die Widersprüche

Gewöhnlich gewährt die Ideengeschichte dem Diskurs, den sie analysiert,
einen Kohärenzkredit. Widerfährt es ihr, eine Unregelmäßigkeit im Wort-
gebrauch, mehrere unvereinbare Propositionen, ein Spiel von Bedeutungen, die nicht zueinander passen, und Begriffe, die nicht zusammen in ein
System gebracht werden können, festzustellen, so macht sie es sich zur
Aufgabe, auf einer mehr oder weniger tiefen Ebene ein Kohäsionsprinzip
zu finden, das den Diskurs organisiert und ihm eine verborgene Einheit
wiedergibt. Dieses Gesetz der Kohärenz ist eine heuristische Regel, eine
Verpflichtung im Vorgehen, fast ein moralischer Zwang der Forschung:
nicht unnütz die Widersprüche zu vermehren; sich nicht bei den kleinen
Unterschieden aufzuhalten; den Veränderungen, dem Bedauern, den Rück-
wendungen zur Vergangenheit und den Polemiken nicht allzuviel Gewicht
beizumessen; nicht vorauszusetzen, daß der Diskurs der Menschen fortwährend von innen her durch den Widerspruch ihrer Wünsche, durch
die Einflüsse, denen sie unterlagen, oder die Bedingungen, unter denen
sie leben, unterminiert wird, sondern zuzugestehen, daß, wenn sie sprechen und wenn sie untereinander Zwiegespräche führen, es wohl eher darum geht, diese Widersprüche zu überwinden und den Ausgangspunkt zu
finden, von wo aus sie in den Griff zu bekommen sind. Aber diese selbe
Kohärenz ist auch das Ergebnis der Forschung: sie definiert die letzten Einheiten, die die Analyse abschließen; sie legt die innere Organisation eines
Textes, die Entwicklungsform eines individuellen Werkes oder den Begeg-
nungsort verschiedener Diskurse frei. Man muß sie wohl annehmen, um
sie zu rekonstruieren, und nur, wenn man ihr weit und lange genug nachgegangen ist, wird man sicher sein, sie gefunden zu haben. Sie erscheint
als ein Optimum: die größtmögliche Zahl von mit den einfachsten Mitteln gelösten Widersprüchen.

Nun sind die angewandten Mittel sehr zahlreich, und dadurch können die gefundenen Kohärenzen sehr verschieden sein. Bei der Analyse der Wahrheit von Propositionen und den sie verbindenden Beziehungen kann man ein Feld logischen Nicht-Widerspruchs definieren: man wird dann eine Systematizität entdecken; man wird vom sichtbaren Körper der Sätze aus zu der reinen Idealarchitektur gelangen, die von den Mehrdeutigkeiten der Grammatik und der Ausdrucksüberladung der Wörter zweifellos ebensosehr verdeckt wie übersetzt worden ist. Folgt man dem Faden der Analogien und der Symbole, kann man aber umgekehrt eine Thematik finden, die mehr imaginär als diskursiv, mehr affektiv als rational und dem Wunsch näher ist als dem Begriff; ihre Kraft belebt die einander am weitesten entgegengesetzten Figuren, um sie sogleich in einer langsam transformierbaren Einheit zu verschmelzen; was man dann aufdeckt, ist eine plastische Kontinuität, die Bahn eines Sinnes, der in Repräsentationen, in Bildern und in verschiedenen Metaphern Form annimmt. Seien sie nun thematisch oder systematisch, diese Kohärenzen können explizit sein oder nicht: man kann sie auf der Ebene von Repräsentationen suchen, die dem sprechenden Subjekt bewußt waren, die aber sein Diskurs – umständehalber oder aus an die Form seiner Sprache selbst gebundener Unfähigkeit – nicht ausdrücken konnte; man kann sie auch in Strukturen suchen, die den Autor mehr eingezwängt hätten, als daß er sie konstruiert hätte, und ihm Postulate, Operationsschemata, linguistische Regeln, eine Menge grundlegender Bekräftigungen und Meinungen, Bildertypen oder eine ganze Logik des Phantasmas auferlegt hätten. Es kann sich schließlich um Kohärenzen handeln, die man auf der Ebene eines Individuums errichtet – aus seiner Biographie oder den besonderen Umständen seines Diskurses, aber man kann sie auch nach weiter auseinanderliegenden Bezugspunkten errichten und ihnen die kollektiven und diachronischen Dimensionen einer Epoche, einer allgemeinen Bewußtseinsform, eines Gesellschaftstyps, eines Traditionsganzen, einer imaginären Landschaft verleihen, die einer ganzen Kultur gemeinsam ist. In all diesen Formen spielt die so entdeckte Kohärenz immer dieselbe Rolle: aufzuzeigen, daß die unmittelbar sichtbaren Widersprüche nichts weiter als ein Schillern der Oberfläche sind; und daß man dieses Spiel verstreuten Glanzes auf einen einzigen Fokus zurückführen muß. Der Widerspruch ist die Illusion einer Einheit, die sich verbirgt oder die verborgen ist: sie hat ihren Platz nur im Zwischenraum zwischen Bewußtsein und dem Unbewußten, dem Gedanken und dem Text, der Idealität und dem zufälligen Ausdruckskörper. Auf jeden Fall muß die Analyse, soweit sie kann, den Widerspruch unterdrücken.

Am Ende dieser Arbeit bleiben nur noch rückständige Widersprüche – Zufälle, Defekte, Versagen – oder es tritt im Gegensatz der fundamentale Widerspruch hervor, so als ob die ganze Analyse insgeheim und gegen ihren Willen nur dahin geführt hätte: Einführung unvereinbarer Forderungen genau im Ursprung des Systems, Überlagerung von Einflüssen, die man nicht in Einklang bringen kann, erste Brechung der Lust, ökonomischer und politischer Konflikt, der eine Gesellschaft mit sich selbst konfrontiert, all das entpuppt sich schließlich, anstatt wie so viele oberflächliche Elemente zu erscheinen, die man reduzieren muß, als organisatorisches Prinzip, als geheimes und begründendes Gesetz, das von all den kleineren Widersprüchen Rechenschaft ablegt und ihnen ein festes Fundament gibt: kurz, ein Modell aller anderen Gegensätze. Ein solcher Widerspruch, weit davon entfernt, Erscheinungsform und Zufälligkeit des Diskurses zu sein, weit davon entfernt, das zu sein, wovon man ihn befreien muß, damit er endlich seine entfaltete Wahrheit enthüllt, bildet das eigentliche Gesetz seiner Existenz: denn aus ihm taucht der Diskurs hervor; er spricht gleichzeitig, um ihn zu übersetzen und um ihn zu überwinden; während der Widerspruch immer wieder durch ihn entsteht, setzt sich der Diskurs fort und fängt unendlich oft wieder an, um ihm zu entgehen; weil er stets diesseits des Diskurses ist – und der Diskurs ihn also niemals umgehen kann –, ändert der Diskurs sich, verwandelt er sich, entgeht er von selbst der eigenen Kontinuität. Im Laufe des Diskurses erfüllt der Widerspruch also die Funktion des Prinzips seiner Historizität.

Die Ideengeschichte anerkennt also zwei Ebenen von Widersprüchen: die der Erscheinungsformen, die sich in der tiefen Einheit des Diskurses auflöst; und die der Grundlagen, die den Diskurs selbst veranlaßt. Im Verhältnis zur ersten Widerspruchsebene ist der Diskurs die ideale Gestalt, die man von ihrer zufälligen Präsenz, ihrem zu deutlichen Körper loslösen muß; im Verhältnis zur zweiten ist der Diskurs die empirische Gestalt, die die Widersprüche annehmen können und deren sichtbaren Zusammenhalt man zerschlagen muß, um sie schließlich in ihrem Hereinbrechen und ihrer Heftigkeit wiederzufinden. Der Diskurs ist der Weg von einem Widerspruch zum nächsten: wenn er die auslöst, die man sieht, dann weil er jenem gehorcht, den er verbirgt. Den Diskurs zu analysieren heißt, die Widersprüche verschwinden und wiedererscheinen zu lassen; heißt, das Spiel,

das sie in ihm spielen, aufzudecken; heißt, zu zeigen, wie er sie ausdrük-
ken, ihnen Gestalt geben kann oder ihnen eine flüchtige Erscheinungsform zu leihen vermag.

Für die archäologische Analyse sind die Widersprüche weder zu über-
windende Erscheinungen noch geheime Prinzipien, die man herauslösen
müßte. Es sind Gegenstände, die um ihrer selbst willen beschrieben werden müssen, ohne daß man untersucht, von welchem Gesichtspunkt aus
sie sich auflösen können oder auf welcher Ebene sie sich radikalisieren und
aus Wirkungen zu Ursachen werden. Nehmen wir ein einfaches Beispiel,
das hier schon mehrere Male genannt wurde: dem Starrheitsprinzip von
Linné ist im 18. Jahrhundert widersprochen worden, nicht so sehr durch
die Entdeckung der *Peloria*, die allein die Anwendungsmodalitäten dabei
geändert hat, sondern durch eine bestimmte Zahl »evolutionstheoreti-
scher« Bestätigungen, die man bei Buffon, Diderot, Bordeu, Maillet und
vielen anderen findet. Die archäologische Analyse besteht nicht darin zu
zeigen, daß unterhalb dieses Gegensatzes, auf einer Ebene, die wesentlicher ist, jedermann eine gewisse Zahl fundamentaler Thesen akzeptierte
(die Kontinuität der Natur und ihre Fülle, die Korrelation zwischen den
jüngeren Formen und dem Klima, den fast unmerklichen Übergang vom
Nicht-Lebendigen zum Lebendigen); sie besteht auch nicht darin zu zeigen, daß ein solcher Gegensatz im speziellen Bereich der Naturgeschichte
einen allgemeineren Konflikt widerspiegelt, der das gesamte Wissen und
Denken des 18. Jahrhunderts spaltet (der Konflikt zwischen der Idee einer
geordneten Schöpfung, die ein für allemal angenommen und ohne irreduzibles Geheimnis entfaltet wurde, und der Idee einer wimmelnden Natur,
die mit rätselhaften Kräften ausgestattet ist, sich nach und nach in der Geschichte entfaltet und alle räumlichen Ordnungen gemäß dem großen
Drängen der Zeit umstößt). Die Archäologie versucht zu zeigen, wie die
beiden Standpunkte, der »fixistische« und der »evolutionstheoretische«, ihren gemeinsamen Platz in einer gewissen Beschreibung der Arten und der
Gattungen haben: diese Beschreibung nimmt die sichtbare Struktur der
Organe zum Gegenstand (das heißt ihre Form, ihre Größe, ihre Anzahl
und ihre Stellung im Raum); und sie kann ihn auf zwei Weisen begrenzen
(auf die Gesamtheit des Organismus oder bestimmte seiner Elemente, die
entweder wegen ihrer Wichtigkeit oder wegen ihrer taxinomischen Bequemlichkeit determiniert werden); im zweiten Fall läßt man ein regelmä-
ßiges Tableau erscheinen, das mit einer Anzahl abgegrenzter Felder ausge-

stattet ist und sozusagen das Programm jeder möglichen Schöpfung bildet (so daß die aktuelle, noch zukünftige oder schon verschwindende Anordnung der Arten und Gattungen endgültig fixiert ist); und im ersten Fall Verwandtschaftsgruppen, die undefiniert und offenbleiben, die voneinander getrennt sind und die neue Formen in unbegrenzter Zahl dulden, die den zuvor existierenden Formen so nahe sind, wie man möchte. Indem man so den Widerspruch zwischen zwei Behauptungen von einem bestimmten Gegenstandsbereich, von seinen Begrenzungen und seinem Raster ableitet, löst man ihn nicht auf; entdeckt man nicht den Punkt der Vermittlung. Aber man überträgt den Widerspruch auch nicht auf eine fundamentalere Ebene; man definiert den Ort, an dem er sich ansiedelt; man läßt die Gabelung der Alternative erscheinen; man lokalisiert die Divergenz und den Ort, wo die beiden Diskurse nebeneinandertreten. Die Theorie der Struktur ist nicht eine gemeinsame Forderung, eine Basis allgemeinen Glaubens, die von Linné und Buffon geteilt wurde, eine feste und fundamentale Behauptung, die den Konflikt zwischen Evolutionismus und Fixismus auf die Ebene eines nebensächlichen Streites zurückdrängte; sie ist das Prinzip ihrer Unvereinbarkeit, das Gesetz, das ihre Ableitung und ihre Koexistenz beherrscht. Indem sie die Widersprüche als Beschreibungsgegenstände nimmt, versucht die archäologische Analyse nicht, an ihrer Stelle eine gemeinsame Form oder Thematik zu entdecken; sie versucht, Ausmaß und Form ihres Abstandes zu bestimmen. Im Verhältnis zu einer Ideengeschichte, die die Widersprüche in der halbdunklen Einheit einer globalen Figur auflösen oder sie in ein allgemeines, abstraktes und gleichförmiges Interpretations- oder Explikationsprinzip überführen möchte, beschreibt die Archäologie die verschiedenen *Räume der Entzweiung*.

Sie sieht also davon ab, den Widerspruch als eine allgemeine Funktion zu behandeln, die sich auf allen Ebenen des Diskurses in der gleichen Weise auswirkt und die die Analyse entweder völlig beseitigen oder zu einer ursprünglichen und konstitutiven Form zurückführen müßte: an die Stelle des großen Mechanismus *des* Widerspruchs – in tausend Aspekten gegenwärtig, dann unterdrückt und schließlich wiederhergestellt in dem großen Konflikt, in dem er kulminiert – setzt sie die Analyse der verschiedenen Widerspruchstypen, der verschiedenen Ebenen, gemäß denen man ihn erkennen kann, und der verschiedenen Funktionen, die er ausüben kann.

Die verschiedenen Typen zuerst. Bestimmte Widersprüche lokalisieren sich allein auf der Ebene der Propositionen oder Behauptungen, ohne im geringsten das Aussagesystem zu berühren, das sie ermöglicht hat: so steht im 18. Jahrhundert die Behauptung des animalischen Charakters der Fossilien der traditionellen These ihrer mineralischen Beschaffenheit gegenüber; zwar sind die Konsequenzen zahlreich und weitführend, die man aus diesen beiden Behauptungen hat ziehen können; aber man kann zeigen, daß sie ihren Ursprung in derselben diskursiven Formation, im gleichen Punkt und gemäß denselben Arbeitsbedingungen der Aussagefunktion haben; das sind Widersprüche, die archäologisch *abgeleitet* sind und einen Endzustand bilden. Andere dagegen überschreiten die Grenzen einer diskursiven Formation und stellen Behauptungen gegeneinander, die nicht denselben Äußerungsbedingungen unterliegen: so wird dem Fixismus von Linné durch Darwins Evolutionstheorie widersprochen, aber nur insoweit man den Unterschied zwischen der Naturgeschichte, zu der ersterer gehört, und der Biologie, wozu die zweite gehört, neutralisiert. Das sind *äußere* Widersprüche, die auf den Gegensatz zwischen verschiedenen diskursiven Formationen verweisen. Für die archäologische Beschreibung (ohne hier mögliches Hin und Her des Verfahrens zu vermerken) bildet dieser Gegensatz den *terminus a quo*, während die abgeleiteten Widersprüche den *terminus ad quem* der Analyse bilden. Zwischen diesen beiden Extremen zeichnet die archäologische Beschreibung das auf, was man die *inneren* Widersprüche nennen könnte: die sich in der diskursiven Formation selbst entfalten und die, selbst hervorgegangen aus einem Punkt des Systems der Formationen, Subsysteme hervorbringen: so, um uns an das Beispiel der Naturgeschichte im 18. Jahrhundert zu halten, der Widerspruch, der die »methodischen« den »systematischen« Analysen gegenüberstellt. Der Gegensatz ist hier keinesfalls terminal: es sind nicht zwei widersprüchliche Propositionen über denselben Gegenstand, es sind nicht zwei unvereinbare Verwendungen desselben Begriffs, sondern sehr wohl zwei Weisen, Aussagen zu bilden, die jeweils durch bestimmte Gegenstände, bestimmte Positionen von Subjektivität, bestimmte Begriffe und bestimmte strategische Auswahl charakterisiert werden. Dennoch sind diese Systeme nicht ursprünglich: man kann nämlich zeigen, in welchem Punkt sie beide sich von ein und derselben Positivität herleiten: der Naturgeschichte. Diese *immanenten Gegensätze* sind für die archäologische Analyse bedeutungsvoll.

Dann die verschiedenen Ebenen. Ein archäologisch immanenter Widerspruch ist nicht einzig und allein eine Tatsache, die man nur wie ein Prinzip festzustellen oder wie eine Wirkung zu erklären brauchte. Es ist ein komplexes Phänomen, das sich auf verschiedene Ebenen der diskursiven Formation aufteilt. So kann man für die systematische Naturgeschichte und die methodische Naturgeschichte, die während eines guten Teils des 18. Jahrhunderts sich gegenüberstanden, erkennen: eine *Nichtübereinstimmung* der Gegenstände (im einen Fall beschreibt man das allgemeine Äußere der Pflanze; im anderen einige im vorhinein bestimmte Variablen; im einen Fall beschreibt man die Totalität der Pflanze oder wenigstens ihre wichtigsten Teile; im anderen eine gewisse Zahl von wegen ihrer taxinomischen Bequemlichkeit willkürlich ausgewählten Elementen; einmal beachtet man die verschiedenen Wachstums- und Reifestadien der Pflanze, dann wieder beschränkt man sich auf einen Moment und auf ein Stadium optimaler Sichtbarkeit); eine *Divergenz* der Aussagemodalitäten (im Fall der systematischen Analyse der Pflanzen wendet man einen strengen perzeptiven und linguistischen und auf einer festen Skala beruhenden Kode an; für die methodische Beschreibung sind die Kodes relativ frei, und die Orientierungsskalen können schwanken); eine *Inkompatibilität* der Begriffe (in den »Systemen« ist der Begriff des Gattungsmerkmals eine willkürliche, aber auch verläßliche Hervorhebung zur Bezeichnung der Arten; bei den Methoden muß derselbe Begriff die wirkliche Definition der Gattung abdecken); und schließlich einen *Ausschluß* der theoretischen Optionen (die systematische Taxinomie ermöglicht die »Starrheitstheorie« selbst, auch wenn sie durch die Idee einer durch die Zeit kontinuierlichen Schöpfung, die nach und nach die Elemente der Tableaus entwickelt, oder die Idee der Naturkatastrophen berichtigt wird, die für unseren gegenwärtigen Blick die lineare Ordnung der natürlichen Nachbarschaften getrübt haben, aber sie schließt die Möglichkeit einer Transformation aus, die die Methode akzeptiert, ohne sie völlig zu implizieren).

Die Funktionen. Nicht alle diese Gegensatzformen spielen in der diskursiven Praxis dieselbe Rolle: sie bilden nicht auf homogene Weise Hindernisse, die zu überwinden sind, oder ein Wachstumsprinzip. Es genügt auf jeden Fall nicht, in ihnen die Ursache für die Verlangsamung oder die Beschleunigung der Geschichte zu suchen; die Zeit dringt nicht von der leeren und allgemeinen Form des Gegensatzes aus in die Wahrheit und Idealität des Diskurses ein. Diese Gegensätze sind immer determinierte funktionale Momente. Einige sichern eine *additionelle Entwicklung* des Aussagefeldes; sie eröffnen Folgen der Argumentation, der Erfahrung, von Verifizierungen und verschiedenen Schlüssen; sie gestatten die Determination neuer Gegenstände, sie bewirken neue Aussagemodalitäten, sie definieren neue Begriffe oder modifizieren das Feld der Anwendung der bestehenden: aber ohne daß am System der Positivität des Diskurses etwas geändert würde (so geschah es mit den Diskussionen, die die Naturforscher im 18. Jahrhundert über die Grenze zwischen dem Mineralischen und dem Pflanzlichen führten, über die Grenzen des Lebens oder der Natur und über den Ursprung der Fossilien); solche additiven Prozesse können offenbleiben oder auf eine entscheidende Weise geschlossen werden aufgrund einer Darlegung, die sie zurückweist, oder aufgrund einer Entdeckung, die sie aus dem Spiel wirft. Andere bewirken eine *Neuorganisation* des diskursiven Feldes: sie stellen die Frage nach der möglichen Übersetzung einer Gruppe von Aussagen in eine andere, nach dem Kohärenzpunkt, der sie nacheinander gliedern könnte, nach ihrer Integration in einen allgemeineren Raum (so bewirkt der Gegensatz System – Methode bei den Naturforschern des 18. Jahrhunderts eine Reihe von Versuchen, um sie alle beide wieder in eine einzige Beschreibungsform einzuschreiben, um der Methode die Strenge und Regelmäßigkeit des Systems zu verleihen und um das Willkürliche des Systems mit den konkreten Analysen der Methode zusammenfallen zu lassen); es sind keine neuen Gegenstände, keine neuen Begriffe, keine neuen Aussagemodalitäten, die sich linear an die alten anschließen; sondern Gegenstände einer anderen (allgemeineren oder besonderen) Ebene, Begriffe, die eine andere Struktur und ein anderes Anwendungsfeld haben, Äußerungen eines anderen Typs, ohne daß jedoch die Formationsregeln geändert werden. Andere Gegensätze haben eine *kritische* Funktion: sie setzen die Existenz und die »Akzeptabilität« der diskursiven Praxis aufs Spiel; sie bestimmen den Punkt ihrer effektiven Unmöglichkeit und ihrer historischen Umkehr (so duldet die Beschreibung der organischen Übereinstimmungen und der Funktionen, die sich innerhalb der anatomischen Variablen unter begrenzten Existenzbedingungen auswirken, in der Naturgeschichte selbst keine Naturgeschichte mehr – zumindest nicht als autonome diskursive Formation –, die eine taxinomische Wissenschaft der Wesen von ihren sichtbaren Merkmalen her wäre).

Eine diskursive Formation ist also nicht der ideale, kontinuierliche und

glatte Text, der unter der Multiplizität der Widersprüche einherläuft und
sie in der stillen Einheit eines kohärenten Denkens auflöst; sie ist auch
nicht die Oberfläche, an der sich unter tausend verschiedenen Aspekten
ein Widerspruch spiegelt, der immer zurückgezogen, aber überall domi-
nierend wäre. Es ist vielmehr ein Raum mannigfaltiger Entzweiungen;
eine Menge verschiedener Gegensätze, deren Ebenen und Rollen zu beschreiben sind. Die archäologische Analyse hebt also den Primat eines Widerspruchs auf, der sein Modell in der gleichzeitigen Affirmation und Negation ein und derselben Proposition hat. Aber es geht dabei nicht darum,
alle Gegensätze in allgemeine Formen des Denkens einzuebnen und sie
mit Gewalt durch den Rückgriff auf ein zwingendes *Apriori* zu befrieden.
Es handelt sich dagegen darum, in einer bestimmten diskursiven Praxis
den Punkt zu ermitteln, an dem sie sich konstituieren, die Form, die sie annehmen, die Beziehungen, die sie untereinander unterhalten, und den Bereich, über den sie bestimmen, zu definieren. Kurz, es handelt sich darum,
den Diskurs in seinen vielgestaltigen Unebenheiten zu erhalten; und infolgedessen das Thema eines gleichermaßen verlorenen und wiedergefundenen, entschiedenen und immer wieder entstehenden Widerspruchs im undifferenzierten Element des Logos zu unterdrücken.

4. Die Vergleichstatsachen

Die archäologische Analyse individualisiert und beschreibt diskursive Formationen. Das heißt, sie muß sie in der Gleichzeitigkeit, in der sie sich präsentieren, konfrontieren und sie einander gegenüberstellen, sie von denen
unterscheiden, die nicht dieselbe Zeitrechnung haben, sie in ihrer Spezifität mit den nicht diskursiven Praktiken in Beziehung setzen, die sie
umgeben und ihnen als allgemeines Element dienen. Auch darin von den
epistemologischen oder »architektonischen« Beschreibungen sehr verschieden, die die innere Struktur einer Theorie analysieren, befindet sich die archäologische Untersuchung immer im Plural: sie arbeitet in einer Vielzahl
von Registern; sie durchläuft Zwischenräume und Abstände; sie hat ihren
Bereich dort, wo die Einheiten nebeneinanderstehen, sich trennen, ihre
Ränder festlegen, sich gegenüberstehen und zwischen sich leere Räume
zeichnen. Wenn sie sich an einen einzelnen Diskurstyp wendet (den der
Psychiatrie in der *Histoire de la folie* oder den der Medizin in der *Naissance*

de la Clinique), so um mittels Vergleich dessen zeitliche Grenzen zu ziehen; und auch, um zur gleichen Zeit wie sie und in Korrelation mit ihnen ein institutionelles Feld zu beschreiben, eine Gesamtheit von Ereignissen, Praktiken, politischen Entscheidungen, eine Verkettung ökonomischer Prozesse, worin demographische Schwankungen, Techniken des Beistands, Mangel an Arbeitskräften, verschiedene Ebenen der Arbeitslosigkeit usw. auftreten. Aber sie kann auch mit einer Art seitlicher Annäherung (wie in *Les mots et les choses*) mehrere distinkte Positivitäten ins Spiel bringen, deren Begleitzustände sie über eine festgesetzte Zeit vergleicht und die sie anderen Diskurstypen gegenüberstellt, die in einer gegebenen Epoche ihren Platz eingenommen haben.

Aber all diese Analysen sind von denen sehr verschieden, die man üblicherweise anwendet.

1. Ein Vergleich ist hier immer begrenzt und regional. Weit davon entfernt, allgemeine Formen erscheinen lassen zu wollen, versucht die Archäologie, einzelne Konfigurationen aufzuzeichnen. Wenn man die Allgemeine Grammatik, die Analyse der Reichtümer und die Naturgeschichte im klassischen Zeitalter miteinander konfrontiert, dann nicht, um drei besonders mit Ausdruckswert beladene und erstaunlicherweise bisher wenig beachtete Bekundungen einer Geisteshaltung neu zu gruppieren, die wohl im 17. und 18. Jahrhundert üblich war; ebensowenig, um von einem beschränkten Modell und einem einzelnen Gebiet aus die Formen von Rationalität zu rekonstruieren, die in der ganzen Wissenschaft der Klassik wirksam waren; und noch nicht einmal, um den am wenigsten bekannten Anblick eines kulturellen Antlitzes zu erhellen, das wir als vertraut beurteilen. Wir wollten nicht zeigen, daß die Menschen des 18. Jahrhunderts sich allgemein mehr für die Ordnung als für die Geschichte, mehr für die Klassifizierung als für das Werden und mehr für die Zeichen als für die Mechanismen der Kausalität interessierten. Es handelte sich darum, eine wohl determinierte Gesamtheit diskursiver Formationen erscheinen zu lassen, welche untereinander eine gewisse Zahl beschreibbarer Beziehungen haben. Diese Beziehungen gehen über angrenzende Bereiche nicht hinaus, und man kann sie nicht allmählich auf die Gesamtheit der zeitgenössischen Diskurse, noch weniger auf das, was man gemeinhin den »Geist der Klassik« nennt, übertragen; sie sind eng auf die untersuchte Dreiheit bezogen und gelten nur in dem dadurch spezifizierten Bereich. Diese inter-

diskursive Gesamtheit befindet sich selbst und in ihrer Gruppenform in
Beziehung mit anderen Diskurstypen (mit der Analyse der Repräsentation, der allgemeinen Zeichentheorie und »der Ideologie« einerseits; und
der Mathematik, der algebraischen Analyse und dem Versuch der Einrichtung einer *mathesis* andererseits). Diese inneren und äußeren Verhältnisse
charakterisieren die Naturgeschichte, die Analyse der Reichtümer und
die Allgemeine Grammatik als ein spezifisches Ganzes und gestatten, in
ihnen eine *interdiskursive Konfiguration* zu erkennen. Denen, die sagen
könnten: »Warum ist nicht von der Kosmologie, der Physiologie oder der
Bibelexegese gesprochen worden? Könnten die Chemie vor Lavoisier oder
die Mathematik Eulers oder die Geschichte Vicos – brächte man sie ins
Spiel – nicht all die Analysen annullieren, die man in *Les mots et les choses*
finden kann? Gibt es im erfinderischen Reichtum des 18. Jahrhunderts
nicht viele andere Ideen, die in den strengen Rahmen der Archäologie
nicht eingehen?«, diesen, ihrer legitimen Ungeduld, all den Gegenbeispie-
len, die sie, wie ich wohl weiß, liefern könnten, würde ich antworten: freilich. Ich gebe nicht nur zu, daß meine Analyse begrenzt ist, sondern ich
wollte es so, ich habe es ihr auferlegt. Für mich wäre ein Gegenbeispiel gerade die Möglichkeit zu sagen: all diese Beziehungen, die Sie im Hinblick
auf die drei besonderen Formationen beschrieben haben, all diese Raster,
worin sich die Theorien der Attribution, der Gliederung, der Bezeichnung
und der Derivation nacheinander gliedern, die ganze Taxinomie, die auf
einer diskontinuierlichen Charakterisierung und auf einer Kontinuität
der Ordnung beruht, findet man gleichgestaltet und gleichermaßen in
der Geometrie, der berechenbaren Mechanik, der Physiologie der Säfte
und Keime, der Kritik der biblischen Geschichte und der aufkommenden
Kristallographie. Das wäre in der Tat der Beweis dafür, daß ich nicht, wie
ich zu unternehmen vorgab, ein *Gebiet der Interpositivität* beschrieben
hätte; dann hätte ich den Geist oder die Wissenschaft einer Epoche beschrieben – wogegen mein Unternehmen gerade gerichtet ist. Die Beziehungen, die ich beschrieben habe, gelten, um eine besondere Konfiguration zu definieren; es sind keine Zeichen, um das Gesicht einer Kultur in
seiner Totalität zu beschreiben. Den Freunden der Weltanschauung, die
enttäuscht sind: ich lege Wert darauf, daß die Beschreibung, die ich unternommen habe, nicht vom selben Typ ist wie ihre. Was bei ihnen Lücke,
Vergessen, Irrtum wäre, ist für mich bewußter und methodischer Ausschluß.

Aber man könnte auch sagen: Sie haben die Allgemeine Grammatik mit der Naturgeschichte und der Analyse der Reichtümer konfrontiert. Warum aber nicht mit der Geschichte, mit der Bibelkritik, mit der Rhetorik, mit der Theorie der schönen Künste, so wie man sie zu der Zeit betrieb? Hätten Sie nicht ein ganz anderes Interpositivitätsfeld entdeckt? Welchen Vorrang hat also das von Ihnen beschriebene? – Vorrang – keinen; es ist nur eine der beschreibbaren Gesamtheiten; in der Tat, nähme man nochmals die Allgemeine Grammatik auf und versuchte man, ihr Verhältnis zu den historischen Disziplinen und zur Textkritik zu definieren, dann würde man sicher ein ganz anderes Beziehungssystem sich abzeichnen sehen; und die Beschreibung würde einen interdiskursiven Raster erscheinen lassen, der sich dem ersten nicht überlagern, aber ihn in bestimmten seiner Punkte kreuzen würde. Ebenso könnte die Taxinomie der Naturforscher nicht mehr mit der Grammatik und der Ökonomie konfrontiert werden, sondern mit der Physiologie und der Pathologie: wiederum würden sich neue Interpositivitäten abzeichnen (man vergleiche die Beziehungen Taxinomie – Grammatik – Ökonomie, die in *Les mots et les choses* analysiert worden sind, und die Beziehungen Taxinomie – Pathologie, die in *Naissance de la clinique* untersucht worden sind). Diese Raster sind also nicht zahlenmäßig vorausbestimmt; allein der Beweis der Analyse kann zeigen, ob sie und welche existieren (das heißt, welche beschrieben werden können). Darüber hinaus gehört nicht (jedenfalls nicht notwendig) jede diskursive Formation zu nur einem dieser Systeme; sondern sie geht gleichzeitig in mehrere Beziehungsfelder ein, in denen sie nicht denselben Platz einnimmt und nicht dieselbe Funktion ausübt (die Verhältnisse Taxinomie – Pathologie sind nicht von gleicher Gestalt wie die Verhältnisse Taxinomie – Grammatik; die Verhältnisse Grammatik – Analyse der Reichtümer sind nicht von gleicher Gestalt wie die Verhältnisse Grammatik – Exegese).

Der Horizont, an den sich die Archäologie wendet, ist also nicht *eine* Wissenschaft, *eine* Rationalität, *eine* Mentalität, *eine* Kultur; es ist eine Verzahnung von Interpositivitäten, deren Begrenzungen und Kreuzungspunkte nicht auf einmal festgelegt werden können. Die Archäologie: eine vergleichende Analyse, die nicht dazu bestimmt ist, die Unterschiedlichkeit der Diskurse zu reduzieren und die Einheit, die sie totalisieren soll, zu zeichnen, sondern dazu, ihre Unterschiedlichkeit in verschiedenen Gestalten aufzuteilen. Der archäologische Vergleich hat keine vereinheitlichende, sondern eine vervielfachende Wirkung.

2. Wenn man die Allgemeine Grammatik, die Naturgeschichte und die Analyse der Reichtümer im 17. und 18. Jahrhundert miteinander konfrontiert, könnte man sich fragen, welche Ideen zu dieser Zeit den Linguisten, Naturforschern und ökonomischen Theoretikern gemeinsam waren; man könnte sich fragen, welche impliziten Postulate sie gemeinsam, trotz der Verschiedenheit ihrer Theorien, voraussetzten, welchen allgemeinen Prinzipien sie vielleicht stillschweigend gehorchten; man könnte sich fragen, welchen Einfluß die Analyse der Sprache auf die Taxinomie ausgeübt hat oder welche Rolle die Idee einer geordneten Natur in der Theorie des Reichtums gespielt hat; ebenso könnte man die diesen verschiedenen Diskurstypen jeweils eigene Verbreitung untersuchen, die einem jeden zuerkannte Geltung, die Bewertung nach seinem Alter (oder umgekehrt seinem neueren Datum) und seiner größeren Strenge, die Kommunikationskanäle und die Wege, auf denen sich der Informationsaustausch vollzog; an völlig traditionelle Analysen anknüpfend, könnte man sich schließlich fragen, inwieweit Rousseau auf die Analyse der Sprachen und ihren Ursprung sein Wissen und seine Erfahrung als Botaniker übertragen hat; welche gemeinsamen Kategorien Turgot auf die Analyse des Geldes, die Theorie der Sprache und die Etymologie angewendet hat; wie die Idee einer universellen, künstlichen und vollkommenen Sprache von Klassifikatoren wie Linné oder Adanson überarbeitet und angewendet wurde. Zwar wären all diese Fragen legitim (zumindest einige unter ihnen . . .). Aber weder die einen noch die anderen gehören zu der Ebene der Archäologie.

Was diese freisetzen will, ist zunächst – in der von verschiedenen diskursiven Formationen aufrechterhaltenen Spezifität und Distanz – das Spiel der Analogien und der Unterschiede, so wie sie auf der Ebene der Formationsregeln erscheinen. Das beinhaltet fünf voneinander abgegrenzte Aufgaben:

a. Zu zeigen, wie völlig unterschiedliche diskursive Elemente von analogen Regeln aus gebildet werden können (die Begriffe der allgemeinen Grammatik wie Verb, Subjekt, Objekt und Wurzel werden ausgehend von denselben Dispositionen des Aussagefeldes gebildet – Theorien der Attribution, der Gliederung, der Bezeichnung und der Ableitung – wie die doch sehr verschiedenen, doch radikal andersartigen Begriffe der Naturgeschichte und der Ökonomie); die *archäologischen Isomorphismen* zwischen den verschiedenen Formationen aufzuzeigen.

b. Zu zeigen, inwieweit diese Regeln in der gleichen Weise angewandt werden, sich in derselben Ordnung verknüpfen, sich in den verschiedenen Diskurstypen nach demselben Modell ausrichten oder es nicht tun (die allgemeine Grammatik verknüpft – und zwar in dieser Reihenfolge – die Theorie der Attribution, die der Gliederung, die der Bezeichnung und der Ableitung; die Naturgeschichte und die Analyse der Reichtümer stellen die ersten und letzten beiden um, aber sie verknüpfen jede in einer umgekehrten Reihenfolge): das *archäologische Modell* jeder Formation zu definieren.

c. Zu zeigen, wie vollständig verschiedene Begriffe (wie die des Wertes, des spezifischen Merkmals oder des Preises und des Gattungsmerkmals) eine analoge Position in der Verzweigung ihres Positivitätssystems einnehmen – daß sie also mit einer *archäologischen Isotopie* ausgestattet sind –, obwohl ihr Anwendungsbereich, ihr Formalisierungsgrad und besonders ihre historische Entstehung sie einander völlig entfremden.

d. Dagegen zu zeigen, wie ein und derselbe Begriff (eventuell durch ein und dasselbe Wort bezeichnet) zwei archäologisch distinkte Elemente abdecken kann (die Begriffe des Ursprungs und der Evolution haben im Positivitätssystem der allgemeinen Grammatik wie in dem der Naturgeschichte weder dieselbe Rolle noch denselben Platz oder dieselbe Formation); die *archäologischen Verlagerungen* anzuzeigen.

e. Schließlich zu zeigen, wie sich Subordinations- oder Komplementaritätsbeziehungen von einer Positivität zur anderen herstellen können (so spielt die Beschreibung der Sprache in der Epoche der Klassik in bezug auf die Analyse der Reichtümer und der Arten eine beherrschende Rolle, insoweit sie die Theorie der institutionellen Zeichen ist, die die Repräsentation selbst verdoppeln, hervorheben und repräsentieren): die *archäologischen Korrelationen* festzusetzen.

Nichts in all diesen Beschreibungen stützt sich auf die Bestimmung von Einflüssen, Austausch, übermittelten Informationen und Kommunikationen. Nicht, daß es sich darum handelt, sie zu leugnen oder zu bestreiten, daß sie jemals einen Beschreibungsgegenstand abgeben könnten; sondern vielmehr einen bestimmten Abstand zu ihnen einzunehmen, die Angriffsebene der Analyse zu verschieben und das, was sie ermöglicht hat, ans Licht zu bringen; die Punkte ausfindig zu machen, wo sich die Projektion eines Begriffes auf einen anderen hat vollziehen können, den Isomorphismus zu fixieren, der eine Übertragung von Methoden oder Techniken gestattete, die Nachbarschaften, Symmetrien oder Analogien zu zeigen, die

die Verallgemeinerungen erlaubten; kurz, das Feld von Vektoren und differentieller Rezeptivität (von Durchlässigkeit und Undurchlässigkeit) zu beschreiben, das eine Bedingung historischer Möglichkeit für den Mechanismus des Tauschs war. Eine Konfiguration der Interpositivität ist keine Gruppe benachbarter Disziplinen; ist nicht nur ein benachbartes Phänomen der Ähnlichkeit; ist nicht nur die globale Beziehung mehrerer Diskurse zu einem anderen; sie ist das Gesetz ihrer Kommunikationen. Das heißt nicht: weil Rousseau und andere mit ihm abwechselnd über die Ordnung der Arten und den Ursprung der Sprachen nachgedacht haben, haben sich zwischen Taxinomie und Grammatik Verbindungen geknüpft und ist ein Austausch vorgenommen worden; weil Turgot nach Law und Petty das Geld als Zeichen behandeln wollte, haben sich die Ökonomie und die Theorie der Sprache angenähert, und ihre Geschichte trägt noch die Spur dieser Versuche. Sondern es heißt vielmehr – wenigstens, wenn man eine archäologische Beschreibung vornehmen will –, daß die jeweiligen Dispositionen dieser drei Positivitäten so waren, daß man auf der Ebene der Werke, Autoren, individuellen Existenzen, Projekte und Versuche solche Tauschbeziehungen finden kann.

3. Die Archäologie läßt auch Verhältnisse zwischen den diskursiven Formationen und den nichtdiskursiven Bereichen erscheinen (Institutionen, politische Ereignisse, ökonomische Praktiken und Prozesse). Diese Annäherungen verfolgen nicht den Zweck, große kulturelle Kontinuitäten ans Licht zu bringen oder Kausalitätsmechanismen zu isolieren. Gegenüber einem Komplex von Aussagefakten fragt sich die Archäologie nicht, was ihn hat motivieren können (denn das ist die Untersuchung der Formulierungskontexte); sie sucht auch nicht zu erkennen, was sich in ihnen ausdrückt (die Aufgabe einer Hermeneutik); sie versucht zu determinieren, wie die Formationsregeln, von denen er abhängt – und die die Positivität charakterisieren, zu der er gehört – mit nichtdiskursiven Systemen verbunden sein können: sie sucht spezifische Artikulationsformen zu definieren.

Als Beispiel diene die Klinische Medizin, deren Einführung am Ende des 18. Jahrhunderts in die gleiche Zeit fällt wie eine bestimmte Zahl politischer Ereignisse, ökonomischer Phänomene und institutioneller Veränderungen. Zwischen diesen Tatsachen und der Organisation einer Krankenhausmedizin kann man leicht, wenigstens intuitiv, Verbindungen vermuten. Wie aber soll man sie analysieren? Eine symbolische Analyse würde in der Organisation der Klinischen Medizin und in den sie begleitenden historischen Prozessen zwei gleichzeitige Ausdrücke sehen, die sich gegenseitig widerspiegeln und symbolisieren, die sich gegenseitig als Spiegel dienen und deren Bedeutungen sich in ein unbegrenztes Spiel der Rückverweise einreihen: zwei Ausdrücke, die nichts anderes ausdrücken als die ihnen gemeinsame Form. So würden also die ärztlichen Ideen organischen Zusammenhalts, funktionaler Kohäsion und geweblicher Kommunikation – und die Aufgabe des klassifikatorischen Prinzips der Krankheiten zugunsten einer Analyse körperlicher Interaktionen – einer politischen Praxis entsprechen (um sie zu reflektieren, aber auch, um sich in ihr zu spiegeln), die unter noch feudalen Schichtungen Beziehungen funktionalen Typs, ökonomischen Zusammenhalt und eine Gesellschaft entdeckt, deren Abhängigkeiten und Wechselbeziehungen in der Form der Kollektivität das Analogon des Lebens sichern sollten. Dagegen würde eine kausale Analyse darin bestehen, herauszufinden, in welchem Maße die politischen Veränderungen oder die ökonomischen Prozesse das Bewußtsein der Wissenschaftler haben bestimmen können – den Horizont und die Richtung ihres Interesses, ihr Wertesystem, ihre Art, die Dinge wahrzunehmen, den Stil ihrer Rationalität; so hat die Krankheit in einer Epoche, in der der industrielle Kapitalismus seinen Bedarf an Arbeitskräften zu kontrollieren begann, eine soziale Dimension angenommen: die Erhaltung der Gesundheit, die Heilung, die Hilfe für die wenig begüterten Kranken, die Untersuchung der Krankheitsursachen und -herde sind zu einer kollektiven Aufgabe geworden, die der Staat einerseits auf seine Rechnung nehmen und zum anderen überwachen muß. Daher leiten sich die Bewertung des Körpers als Instrument der Arbeit, die Bemühung, die Medizin nach dem Modell der anderen Wissenschaften zu rationalisieren, die Anstrengungen, das Gesundheitsniveau einer Bevölkerung zu halten, und die Sorgfalt ab, die der Therapeutik, der Sicherung ihrer Ergebnisse, der Registrierung der Phänomene von langer Dauer entgegengebracht wurde.

Die Archäologie stellt ihre Analyse auf ein anderes Niveau: die Phänomene des Ausdrucks, des Reflexes und der Symbolisierung sind für sie nur die Auswirkungen einer globalen Lektüre bei der Suche nach formalen Analogien oder Übertragungen des Sinns; die kausalen Beziehungen können nur auf der Ebene des Kontexts oder der Situation und ihrer Wirkung auf das sprechende Subjekt bestimmt werden; auf jeden Fall erst wenn die

Positivitäten dort, wo sie erscheinen, und die Regeln, nach denen diese Positivitäten gebildet worden sind, definiert worden sind, können die einen wie die anderen abgesteckt werden. Das Feld von Beziehungen, das eine diskursive Formation charakterisiert, ist der Ort, von wo aus die Symbolisierungen und Wirkungen bemerkt, lokalisiert und bestimmt werden können. Wenn die Archäologie den medizinischen Diskurs an eine gewisse Zahl von Praktiken annähert, dann um weniger »unmittelbare« Verhältnisse als den Ausdruck, aber viel direktere als die einer durch das Bewußtsein der sprechenden Subjekte abgelösten Kausalität zu entdecken. Nicht wie die politische Praxis den Sinn und die Form des medizinischen Diskurses bestimmt hat, will sie zeigen, sondern wie und in welcher Eigenschaft sie zu den Bedingungen seines Auftauchens, seiner Einbeziehung und seines Funktionierens gehört. Diese Beziehung kann mehreren Ebenen zugewiesen werden. Zunächst der der Heraustrennung und der Begrenzung des medizinischen Gegenstands: natürlich hat nicht die politische Praxis seit dem Beginn des 19. Jahrhunderts der Medizin neue Gegenstände auferlegt wie die Gewebeverletzungen oder die anatomisch-physiologischen Korrelationen; sondern sie hat neue Gemarkungsfelder für medizinische Gegenstände eröffnet (diese Felder werden von der Masse der Bevölkerung gebildet, die von der Administration erfaßt und überwacht, nach bestimmten Lebens- und Gesundheitsnormen gemessen und nach dokumentarischen und statistischen Registrierungsformen analysiert wird; sie werden auch von den großen Volksarmeen in der revolutionären und napoleonischen Zeit mit ihrer besonderen Art medizinischer Kontrolle gebildet; darüber hinaus werden sie von den Einrichtungen der Krankenhausfürsorge gebildet, die am Ende des 18. und am Anfang des 19. Jahrhunderts, je nach den ökonomischen Bedürfnissen der Zeit und der wechselnden Stellung der gesellschaftlichen Klassen definiert worden sind). Dieses Verhältnis der politischen Praxis zum medizinischen Diskurs sieht man ebenfalls auftauchen im Statut, das dem Arzt gegeben wird, der nicht nur zum privilegierten, sondern zum nahezu ausschließlichen Träger dieses Diskurses wird, in der Form des institutionellen Verhältnisses, das der Arzt zum Kranken im Krankenhaus oder zu seinen Privatpatienten unterhalten kann, in den Modalitäten der Lehre und der Verbreitung, die für dieses Wissen vorgeschrieben oder erlaubt werden. Schließlich kann man diese Beziehung in der Funktion erkennen, die dem medizinischen Diskurs zugestanden wird, oder in der Rolle, die man von ihm verlangt, wenn es sich darum handelt, Individuen zu beurteilen, administrative Entscheidungen zu treffen, die Normen einer Gesellschaft aufzustellen, Konflikte anderer Ordnung zu übersetzen – um sie zu »lösen« oder um sie zu verdecken – und den Analysen der Gesellschaft und den sie betreffenden Praktiken Modelle aus der Natur entlehnten Typs zu geben. Es handelt sich also nicht darum zu zeigen, wie die politische Praxis einer gegebenen Gesellschaft die medizinischen Begriffe und die theoretische Struktur der Pathologie konstituiert oder modifiziert hat; sondern darum, wie der medizinische Diskurs als Praxis, der sich an ein bestimmtes Feld von Gegenständen wendet, der sich in den Händen einer gewissen Zahl von statutarisch bezeichneten Individuen befindet, der schließlich bestimmte Funktionen in der Gesellschaft zu erfüllen hat, sich über Praktiken artikuliert, die ihm äußerlich und selbst nicht diskursiver Natur sind.

Wenn die Archäologie in dieser Analyse das Thema des Ausdrucks und des Reflexes beiseite läßt, wenn sie sich weigert, im Diskurs die Oberfläche symbolischer Projektion von Ereignissen oder anderswo angesiedelten Prozessen zu sehen, dann nicht, um eine kausale Verkettung wiederzufinden, die man Punkt für Punkt beschreiben könnte und die gestattete, eine Entdeckung und ein Ereignis oder einen Begriff und eine gesellschaftliche Struktur in Beziehung zu setzen. Wenn sie aber andererseits eine solche kausale Analyse in der Schwebe hält, wenn sie den notwendigen Eingriff durch das sprechende Subjekt vermeiden will, dann nicht, um die souveräne und einsame Unabhängigkeit des Diskurses zu sichern; sondern um den Existenz- und Funktionsbereich einer diskursiven Praxis zu entdecken. Mit anderen Worten, die archäologische Beschreibung der Diskurse entfaltet sich in der Dimension einer allgemeinen Geschichte; sie versucht jenes ganze Gebiet der Institutionen, ökonomischen Prozesse und gesellschaftlichen Beziehungen zu entdecken, über die sich eine diskursive Formation artikulieren kann; sie versucht zu zeigen, wie die Autonomie des Diskurses und seine Spezifität ihm dennoch kein Statut reiner Idealität und völliger historischer Unabhängigkeit geben; was sie ans Licht bringen will, ist die eigenartige Ebene, auf der die Geschichte begrenzte Diskurstypen verursachen kann, die ihren eigenen Typ von Historizität haben und mit einer Menge verschiedener Historizitäten in Beziehung stehen.

5. Die Veränderung und die Transformationen

Wie steht es jetzt mit der archäologischen Beschreibung der Veränderung? Man mag der traditionellen Ideengeschichte alle theoretischen Kritiken, wie man will oder kann, entgegenhalten: sie hat zumindest den Vorteil, die Phänomene zeitlicher Abfolge und Verkettung als wesentliches Thema zu nehmen, sie nach den Evolutionsschemata zu analysieren und so die historische Entfaltung der Diskurse zu beschreiben. Die Archäologie scheint dagegen die Geschichte nur zu behandeln, um sie zum Erstarren zu bringen. Einerseits läßt sie bei der Beschreibung der diskursiven Formationen die zeitlichen Serien, die sich darin manifestieren können, außer acht; sie sucht allgemeine Regeln, die gleichermaßen auf dieselbe Weise zu allen Zeitpunkten gelten; erlegt sie dann nicht einer vielleicht langsamen und nicht wahrnehmbaren Entwicklung die zwingende Gestalt einer Synchronie auf? Bringt sie in dieser »Welt der Ideen«, die in sich selbst so labil ist, in der die scheinbar stabilsten Figuren so schnell verfließen, in der sich dagegen so viele Unregelmäßigkeiten ergeben, die später ein definitives Statut erhalten, in der die Zukunft immer sich selbst vorausgreift, während die Vergangenheit sich unaufhörlich verschiebt, nicht gleichsam eine Art unbeweglichen Denkens zur Geltung? Und wenn sie andererseits Zuflucht nimmt zur Chronologie, dann, so scheint es, einzig um an den Grenzen der Positivitäten zwei Klammerungspunkte anzubringen: den Augenblick, in dem sie entstehen, und den, in dem sie verlöschen, so als ob die Dauer nur gebraucht würde, um diese rudimentäre Zeitrechnung zu fixieren, die während der ganzen Analyse selbst aber ausgefallen war; so als ob es Zeit nur in dem leeren Augenblick des Bruches gebe, in diesem leeren und paradoxerweise zeitlosen Riß, wo eine Formation plötzlich an die Stelle einer anderen tritt. Als Synchronie der Positivitäten, Augenblicklichkeit der Substitutionen, wird die Zeit umgangen, und mit ihr verschwindet die Möglichkeit einer historischen Beschreibung. Der Diskurs wird dem Gesetz des Werdens entrissen und etabliert sich in einer diskontinuierlichen Zeitlosigkeit. Er gelangt stückweise zur Bewegungslosigkeit: unsicheres Aufblitzen der Ewigkeit. Aber man wird es vergeblich tun: mehrere Ewigkeiten, die aufeinanderfolgen, ein Spiel festgefügter Bilder, die sich nacheinander verdunkeln – das ergibt weder eine Bewegung noch eine Zeit oder eine Geschichte.

Man muß jedoch die Dinge näher besehen.

A

Zunächst die augenscheinliche Synchronie der diskursiven Formationen. Eines ist wahr: die Regeln werden vergebens in jede Aussage eingekleidet; sie werden infolgedessen vergebens in einer jeden erneut angewendet, sie verändern sich nicht jedesmal; man kann sie in Aussagen oder in der Zeit stark verstreuten Aussagegruppen am Werk finden. Wir haben zum Beispiel gesehen, daß die verschiedenen Gegenstände der Naturgeschichte während fast eines Jahrhunderts – von Tournefort bis Jussieu – identischen Formationsregeln gehorchten; wir haben gesehen, daß die Attributionstheorie bei Lancelot, Condillac und Destutt de Tracy dieselbe ist und dieselbe Rolle spielt. Wir haben darüber hinaus gesehen, daß gemäß der archäologischen Abteilung die Ordnung der Aussagen nicht unbedingt die Ordnung der Abfolgen reproduzierte: bei Beauzée kann man Aussagen finden, die archäologisch vor denen liegen, denen man in der *Grammatik* von Port-Royal begegnet. Es gibt also wohl in einer solchen Analyse eine zeitweilige Aufhebung *zeitlicher Folgen* – genauer gesagt der Zeitrechnung der Formulierungen. Aber diese Aufhebung verfolgt genau den Zweck, Beziehungen erscheinen zu lassen, die die Zeitlichkeit der diskursiven Formationen charakterisieren und die sie in Serien gliedern, deren Überschneidung die Analyse nicht behindert.

a. Die Archäologie definiert die Formationsregeln einer Gesamtheit von Aussagen. Sie manifestiert damit, wie eine Folge von Ereignissen in genau der Reihenfolge, in der sie sich präsentiert, Gegenstand des Diskurses werden, registriert, beschrieben, erklärt, in Begriffen ausgearbeitet werden und die Gelegenheit zu einer theoretischen Wahl bieten kann. Die Archäologie analysiert den Grad und die Form der Durchlässigkeit eines Diskurses: sie liefert das Prinzip seiner Gliederung nach einer Kette aufeinanderfolgender Ereignisse; sie definiert die Operatoren, durch die sich die Ereignisse in die Aussagen transkribieren. Sie bestreitet zum Beispiel nicht die Beziehung zwischen der Analyse der Reichtümer und den großen Geldschwankungen im 17. und am Anfang des 18. Jahrhunderts; sie versucht zu zeigen, was von diesen Krisen als Diskursgegenstand gegeben werden konnte und wie sie darin konzeptualisiert werden konnten, wie die Interessen, die sich im Lauf dieser Prozesse gegenüberstanden, dort ihre Strategie einsetzen konnten. Sie behauptet auch nicht, daß die Cholera von 1832 kein Ereignis für die Medizin gewesen sei: sie zeigt, wie der klinische Diskurs solche Regeln anwandte, daß ein ganzer medizinischer Gegenstandsbereich neuorganisiert werden konnte, daß man eine Gesamtheit von Registrierungs- und Notationsmethoden benutzen konnte, daß man den Begriff der Entzündung aufgeben und das alte theoretische Problem der Fieber endgültig auflösen konnte. Die Archäologie leugnet nicht die Möglichkeit neuer Aussagen in Korrelation zu »äußeren« Ereignissen. Ihre Aufgabe ist zu zeigen, unter welcher Bedingung es zwischen ihnen eine solche Korrelation geben kann und worin sie genau besteht (welches ihre Grenzen, ihre Form, ihre Kode, ihr Gesetz der Möglichkeit sind). Sie weicht dieser Mobilität der Diskurse, die diese im Rhythmus der Ereignisse bewegt, nicht aus; sie versucht, das Niveau freizulegen, auf dem sie ausgelöst wird – das man das Niveau der Ereignis*schaltung* nennen könnte. (Ein Schalten, das für jede diskursive Formation spezifisch ist und das zum Beispiel in der Analyse der Reichtümer und in der Politischen Ökonomie, in der alten Medizin der »Konstitutionen« und in der modernen Epidemiologie nicht dieselben Regeln, dieselben Operatoren noch dieselbe Sensibilität besitzt.)

b. Obendrein haben nicht alle Formationsregeln, die von der Archäologie einer Positivität zugewiesen werden, den gleichen Grad an Allgemeinheit: einige sind weniger allgemein und leiten sich von den anderen ab. Diese Subordination kann nur hierarchisch sein, aber sie kann auch einen zeitlichen Vektor enthalten. So sind in der Allgemeinen Grammatik die Theorie des Verbs als Attribution und die des Namens als Artikulation miteinander verbunden: und die zweite leitet sich von der ersten ab, ohne daß man aber zwischen ihnen eine Reihenfolge bestimmen könnte (außer der deduktiven oder rhetorischen, die für das Exposé gewählt wurde). Dagegen konnten die Analyse der Satzergänzung oder die Untersuchung der Wurzeln erst erscheinen (oder wiedererscheinen), als die Analyse des Attributivsatzes oder der Auffassung des Namens als analytischen Zeichens der Repräsentation einmal herausgearbeitet waren. Ein anderes Beispiel: in der Zeit der Klassik wird das Prinzip der Kontinuität der Wesen von der Klassifikation der Arten gemäß den Strukturmerkmalen impliziert; und in diesem Sinne sind sie gleichzeitig; dagegen können die Lücken und Mängel in den Kategorien einer Geschichte der Natur, der Erde und der Arten erst interpretiert werden, wenn diese Klassifikation einmal ausgeführt worden ist. In anderen Worten, die archäologische Verzweigung der

Formationsregeln ist kein einförmig gleichzeitiger Raster: es gibt Beziehungen, Verzweigungen und Ableitungen, die zeitlich neutral sind; es gibt andere, die eine bestimmte zeitliche Richtung implizieren. Die Archäologie nimmt also weder ein rein logisches Schema von Gleichzeitigkeiten noch eine lineare Ereignisabfolge zum Modell; sondern sie versucht die Überschneidung der Beziehungen, die notwendig sukzessiv sind, mit anderen, die es nicht sind, zu zeigen. Es ist infolgedessen nicht anzunehmen, daß ein Positivitätssystem eine synchronische Figur ist, die man nur wahrnehmen kann, wenn man die diachronische Gesamtheit des Prozesses in Klammern setzt. Weit davon entfernt, der Abfolge gegenüber indifferent zu sein, ortet die Archäologie die *zeitlichen Vektoren der Ableitung*.

Die Archäologie behandelt nicht das als Simultanes, was sich als Sukzessives gibt; sie versucht nicht, die Zeit erstarren zu lassen und an die Stelle ihres Ereignisflusses Korrelationen zu setzen, die eine unbewegliche Figur zeichnen. In Zweifel zieht sie das Thema, daß die Abfolge ein Absolutum sei: eine ursprüngliche und unauflösbare Verkettung, der der Diskurs durch das Gesetz seiner Endlichkeit unterworfen wäre; und auch das Thema, daß es im Diskurs nur eine einzige Form und ein einziges Niveau der Abfolge gibt. An die Stelle dieser Themen stellt sie Analysen, die zugleich die verschiedenen Formen der Aufeinanderfolgen, die sich im Diskurs überlagern (und unter Formen darf man nicht einfach die Rhythmen oder die Ursachen verstehen, sondern die Serien selbst wohl), und die Weise erscheinen lassen, auf die sich die derart spezifizierten Abfolgen gliedern. Anstatt den Faden einer ursprünglichen Zeitrechnung zu verfolgen, im Verhältnis zu dem man die Chronologie der sukzessiven oder simultanen Ereignisse, der kurzen oder beständigen Prozesse, der momentanen Phänomene und der Permanenzen festlegte, versucht man zu zeigen, wie es eine Abfolge geben kann und auf welchen verschiedenen Niveaus man voneinander abgegrenzte Abfolgen findet. Man muß sich also, um eine archäologische Geschichte des Diskurses zu konstituieren, von zwei Modellen befreien, die zweifellos lange Zeit ihr Bild aufgezwungen haben: das lineare Modell des Sprechens (und zu einem Teil wenigstens der Schrift), worin die Ereignisse aufeinanderfolgen, trotz Auswirkungen des Zusammenfalls und der Überlagerung; und das Modell des Bewußtseinsstroms, dessen Gegenwart sich immer sich selbst in der Eröffnung der Zukunft und im Zurückhalten der Vergangenheit entzieht. So paradox das auch ist, die

diskursiven Formationen haben nicht dasselbe Historizitätsmodell wie der
Lauf des Bewußtseins oder die Linearität der Sprache. Der Diskurs, zumindest so, wie er von der Archäologie analysiert wird, das heißt auf der Ebene
seiner Positivität, ist kein Bewußtsein, das sein Vorhaben in der äußerlichen Form der Sprache unterbringt; ist nicht eine Sprache plus ein Subjekt, das die Sprache spricht. Es ist eine Praxis, die ihre eigenen Formen
der Verkettung und der Abfolge besitzt.

B

Noch lieber als die Ideengeschichte spricht die Archäologie von Einschnit-
ten, Rissen, klaffenden Öffnungen, völlig neuen Formen der Positivität
und plötzlichen Neuverteilungen. Die Geschichte der Politischen Ökonomie zu schreiben hieß gewöhnlich all das zu suchen, was Ricardo hatte vorausgehen können, alles, was im vorhinein seine Analysen, ihre Methoden
und Hauptbegriffe hatte anreißen, alles das, was seinen Entdeckungen mehr Wahrscheinlichkeit hatte geben können; die Geschichte der Vergleichenden Grammatik zu schreiben hieß, weit vor Bopp und Rask die
Spur der voraufgehenden Untersuchungen über die Filiation und Verwandtschaft der Sprachen aufzufinden; hieß, den Anteil zu bestimmen,
den Anquetil-Duperron an der Konstitution eines indogermanischen Gebiets hatte haben können; hieß, den ersten Vergleich der Konjugationen
des Sanskrit und des Latein, der 1769 vorgenommen wurde, wieder ans
Licht zu bringen; das hieß, wenn es nötig war, bis auf Harris oder Ramus
zurückzugehen. Die Archäologie geht umgekehrt vor: sie sucht vielmehr
all diese Fäden zu entwirren, die die Geduld der Historiker gespannt hatte;
sie multipliziert die Unterschiede, verwischt die Linien der Kommunikation und bemüht sich, die Übergänge schwieriger zu gestalten; sie versucht
nicht zu zeigen, daß die physiokratische Analyse der Produktion diejenige
von Ricardo vorbereitete; sie betrachtet es nicht als für ihre eigenen Analysen zutreffend zu sagen, daß Cœurdoux Bopp vorbereitet hat.

Wem entspricht dieses Beharren auf den Diskontinuitäten? Es ist in
Wahrheit nur paradox im Verhältnis zur Gewohnheit der Historiker. Mit
ihrer Sorge um die Kontinuitäten, die Übergänge, die Vorwegnahmen, die
vorangehenden Entwürfe spielt diese oft genug das Paradox. Von Daubenton bis Cuvier, von Anquetil bis Bopp, von Graslin, Turgot oder Fortbonnais bis Ricardo sind trotz eines so beschränkten zeitlichen Intervalls die
Unterschiede unzählbar und von verschiedenster Art: die einen sind lokali-

siert, die anderen sind allgemein; die einen betreffen die Methoden, die anderen die Begriffe; bald handelt es sich um den Gegenstandsbereich, bald um das gesamte sprachliche Instrument. Erstaunlicher noch ist das Beispiel der Medizin: in einem Vierteljahrhundert, von 1790 bis 1815, hat sich der medizinische Diskurs tiefergreifend geändert als seit dem 17. Jahrhundert, wahrscheinlich als seit dem Mittelalter und vielleicht sogar als seit der griechischen Medizin: eine Veränderung, die Gegenstände (organische Verletzungen, tiefsitzende Herde, gewebliche Veränderungen, Wege und Formen der Ausstrahlung zwischen Organen, anatomisch-klinische Zeichen und Korrelationen), Techniken der Beobachtung, des Aufspürens des pathologischen Herdes, der Registrierung auftauchen ließ; einen anderen Wahrnehmungsraster und fast ein neues Beschreibungsvokabular; bisher unbekannte Komplexe von Begriffen und nosographischen Distributionen (bisweilen verschwinden hundertjährige, bisweilen tausendjährige Kategorien wie die des Fiebers oder der Konstitution, und Krankheiten, die vielleicht so alt wie die Welt sind – die Tuberkulose –, werden schließlich isoliert und benannt). Überlassen wir es also denen, die aus Nachlässigkeit niemals die *Nosographie philosophique* von Pinel und den *Traité des membranes* von Bichat aufgeschlagen haben sollten, zu sagen, die Archäologie erfinde willkürlich Unterschiede. Sie bemüht sich nur, sie ernst zu nehmen: ihr Knäuel aufzulösen, festzustellen, wie sie sich aufteilen, sich implizieren, sich bestimmen, sich einander unterordnen, welchen getrennten Kategorien sie angehören; kurz, es handelt sich darum, diese Unterschiede zu beschreiben, nicht ohne zwischen ihnen das System ihrer Unterschiede festzustellen. Wenn es ein Paradox der Archäologie gibt, so besteht es nicht darin, daß sie die Unterschiede vervielfacht, sondern darin, daß sie sich weigert, sie zu reduzieren, und damit die gewohnten Werte umkehrt. Für die Ideengeschichte ist der Unterschied, so wie er erscheint, ein Irrtum oder eine Falle; anstatt sich von ihm zum Stehen bringen zu lassen, muß die Spitzfindigkeit der Analyse versuchen, ihn aufzulösen: unterhalb seiner einen kleineren Unterschied zu entdecken und unter diesem einen noch eingeschränkteren, und dies unendlich weiter bis zur idealen Grenze, die die Nicht-Unterschiedlichkeit der vollkommenen Kontinuität wäre. Dagegen nimmt die Archäologie zum Gegenstand ihrer Beschreibung, was man gewöhnlich für ein Hindernis hält: ihr Vorhaben ist nicht, die Unterschiede zu überwinden, sondern sie zu analysieren, zu sagen, worin sie genau bestehen, und sie zu *unterscheiden*. Wie funktioniert diese Differenzierung?

1. Anstatt anzunehmen, daß der Diskurs nur aus einer Serie von homogenen Ereignissen besteht (den individuellen Formulierungen), unterscheidet die Archäologie in der Diskursdichte selbst mehrere Ebenen möglicher Ereignisse: die Ebene der Aussagen selbst in ihrem besonderen Hervortreten; die Ebene des Erscheinens der Gegenstände, der Aussagetypen, der Begriffe, der strategischen Wahl (oder der Transformationen, die die schon bestehenden beeinflussen); die Ebene der Ableitung neuer Formationsregeln ausgehend von Regeln, die schon angewendet werden – aber immer im Element einer einzigen und selben Positivität; schließlich auf einer vierten Ebene, wo die Substitution einer diskursiven Formation durch eine andere stattfindet (oder des Erscheinens und ganz einfachen Verschwindens einer Positivität). Diese Ereignisse, die bei weitem die seltensten sind, sind für die Archäologie die wichtigsten: sie allein auf jeden Fall kann sie erscheinen lassen. Aber sie sind nicht der ausschließliche Gegenstand ihrer Beschreibung; man hätte unrecht, wollte man glauben, daß sie gebieterisch allen anderen befehlen und daß sie analoge und simultane Brüche auf den verschiedenen Ebenen, die wir haben unterscheiden können, herbeiführen. Alle Ereignisse, die in der Dichte des Diskurses entstehen, stehen nicht lotrecht aufeinander. Zwar ist das Erscheinen einer diskursiven Formation oft einer umfassenden Erneuerung der Gegenstände, Äußerungsformen, Begriffe und Strategien korrelativ (ein Prinzip, das jedoch nicht allgemein gilt: die Allgemeine Grammatik hat sich im 17. Jahrhundert ohne viele erkennbare Veränderungen in der grammatischen Tradition hergestellt); aber es ist nicht möglich, den determinierten Begriff oder den besonderen Gegenstand zu fixieren, der plötzlich seine Präsenz offenbart. Man darf also nicht ein solches Ereignis mit Kategorien beschreiben, die auf das Auftauchen einer Formulierung oder das Erscheinen eines neuen Wortes zutreffen können. Es ist nutzlos, bei diesem Ereignis Fragen zu stellen, wie: »Wer ist sein Urheber? Wer hat gesprochen? Unter welchen Umständen und innerhalb welchen Kontextes? Von welchen Absichten bewegt und aufgrund welchen Vorhabens?« Das Erscheinen einer neuen Positivität wird nicht durch einen neuen – unerwarteten, überraschenden, der Logik nach unvorhersehbaren, stilistisch abweichenden – Satz signalisiert, der sich in einen Text einreihte und entweder den Anfang eines neuen Kapitels oder den Eingriff eines neuen Sprechers ankündigte. Das ist ein Ereignis eines völlig anderen Typs.

2. Um solche Ereignisse zu analysieren, genügt es nicht, Veränderungen festzustellen und sie sogleich auf das theologische und ästhetische Schöpfungsmodell (mit seiner Transzendenz, mit dem ganzen Spiel seiner Ursprünge und Erfindungen) oder das psychologische Modell des Bewußtwerdens (mit seinen dunklen Vorentscheidungen, seinen Vorwegnahmen, seinen günstigen Umständen, seinen Kräften der Umstrukturierung) oder auch das biologische Evolutionsmodell zu beziehen. Man muß genau definieren, worin diese Veränderungen bestehen: das heißt die Analyse der *Transformationen* an die Stelle der undifferenzierten Bezugnahme auf die *Veränderung* – zugleich allgemeiner Inhalt aller Ereignisse und abstraktes Prinzip ihrer Abfolge – setzen. Das Verschwinden einer Positivität und das Aufkommen einer anderen impliziert mehrere Transformationstypen. Indem man von den speziellsten hin zu den allgemeinsten geht, kann und muß man beschreiben: wie sich die verschiedenen Elemente eines Formationssystems transformiert haben (welche beispielsweise die Variationen der Arbeitslosigkeitsrate und der notwendigen Arbeitsplätze waren, welche politischen Entscheidungen die Körperschaften und die Universität betrafen; welches die neuen Bedürfnisse und die neuen Möglichkeiten der Fürsorge am Ende des 18. Jahrhunderts waren – Elemente, die alle in das Formationssystem der klinischen Medizin eingehen); wie sich die charakteristischen Beziehungen eines Formationssystems transformiert haben (wie zum Beispiel in der Mitte des 17. Jahrhunderts die Beziehung zwischen perzeptivem Feld, sprachlichem Kode, instrumentaler Vermittlung und Information, die vom Diskurs über die Lebewesen verwandt worden war, verändert worden ist und somit die Definition der der Naturgeschichte eigenen Gegenstände gestattete); wie die Beziehungen zwischen verschiedenen Formationsregeln transformiert worden sind (wie zum Beispiel die Biologie die Ordnung und die Abhängigkeit verändert, die die Naturgeschichte zwischen der Theorie der Merkmalsgebung und der Analyse der zeitlichen Derivationen hergestellt hatte); wie sich schließlich die Beziehungen zwischen verschiedenen Positivitäten transformieren (wie die Beziehungen zwischen Philologie, Biologie und Ökonomie die Beziehungen zwischen Grammatik, Naturgeschichte und Analyse der Reichtümer transformieren; wie sich die interdiskursive Konfiguration auflöst, die die privilegierten Beziehungen dieser drei Disziplinen umriß; wie sich ihre die Mathematik und die Philosophie betreffenden Beziehungen verändert haben; wie sich ein Platz für andere diskursive Formationen

und insbesondere für jene Interpositivität abzeichnet, die den Namen Humanwissenschaften tragen wird). Statt die lebendige Kraft der Veränderung zu bemühen (als wäre sie ihr eigenes Prinzip) und statt deren Ursachen zu erforschen (als wäre sie zu keiner Zeit etwas anderes als schlicht und einfach Wirkung), versucht die Archäologie das System der Transformationen aufzustellen, worin die »Veränderung« besteht; sie versucht, diesen leeren und abstrakten Begriff zu erarbeiten, um ihm das analysierbare Statut der Transformation zu geben. Man begreift, daß gewisse Köpfe, die all diesen alten Metaphern verhaftet sind, unter denen man sich während anderthalb Jahrhunderten die Geschichte vorgestellt hat (Bewegung, Strömen, Evolution), darin nur die Negation der Geschichte und die grobe Bestätigung der Diskontinuität sehen; und wirklich können sie nicht zugestehen, daß man die Veränderung von all diesen Modellen reinigt, die sich ihr aufgedrängt haben, daß man ihr zugleich die Vorherrschaft als universelles Gesetz und das Statut der allgemeinen Wirkung nimmt und daß man die Analyse verschiedener Transformationen an ihre Stelle setzt.

3. Zu sagen, daß eine diskursive Formation an die Stelle einer anderen tritt, heißt nicht, daß eine ganze Welt von Gegenständen, Äußerungen, Begriffen, von theoretisch absolut neuen Wahlentscheidungen vollgewappnet und durchorganisiert in einem Text auftaucht, der sie ein für allemal einordnet; es heißt, daß sich eine allgemeine Transformation der Beziehungen vollzogen hat, die aber nicht unbedingt alle Elemente verändert; es heißt, daß die Aussagen neuen Formationsregeln gehorchen, es heißt nicht, daß alle Gegenstände oder Begriffe, alle Äußerungen oder alle theoretischen Wahlmöglichkeiten verschwinden. Man kann im Gegenteil ausgehend von diesen neuen Regeln Phänomene der Kontinuität, der Rückkehr und der Wiederholung beschreiben und analysieren: man darf wirklich nicht vergessen, daß eine Formationsregel weder die Determination eines Gegenstandes noch die Charakterisierung eines Äußerungstyps, noch die Form oder der Inhalt eines Begriffs, sondern das Prinzip ihrer Vielfältigkeit und ihrer Streuung ist. Eines dieser Elemente – oder mehrere von ihnen – können identisch bleiben (denselben Ausschnitt, dieselben Merkmale, dieselben Strukturen beibehalten) und trotzdem verschiedenen Streuungssystemen angehören und von unterschiedlichen Formationsgesetzen abhängen. Man kann also Phänomene wie die folgenden finden: Elemente, die durch verschiedene Positivitäten hindurch verharren, wobei ihre Form und

ihr Inhalt dieselben bleiben, aber ihre Formationen heterogen sind (so die Geldzirkulation zunächst als Gegenstand der Analyse der Reichtümer, dann der Politischen Ökonomie; der Merkmalsbegriff zunächst in der Naturgeschichte, dann in der Biologie). Elemente, die sich in einer diskursiven Formation konstituieren, modifizieren, organisieren und, schließlich stabilisiert, in einer anderen figurieren (so der Begriff des Reflexes, dessen Entwicklung in der Wissenschaft der Klassik von Willis bis Prochaska und dessen schließliches Eintreten in die moderne Physiologie Georges Canguilhem gezeigt hat); Elemente, die spät als eine letzte Ableitung in einer diskursiven Formation erscheinen und einen ersten Platz in einer späteren Formation belegen (so der Begriff des Organismus, der am Ende des 18. Jahrhunderts in der Naturgeschichte und als Resultat des ganzen taxinomischen Unterfangens der Charakterisierung erschienen ist und zum Oberbegriff der Biologie zur Zeit von Cuvier wird; so der Begriff des Herdes der Verwundung, den Morgagni hervorbringt und der einer der Hauptbegriffe der klinischen Medizin wird); Elemente, die nach einer Zeit der Ungebräuchlichkeit, des Vergessens oder gar der Annullierung wiedererscheinen (so die Rückkehr zu einem Fixismus Linnéschen Typs bei einem Biologen wie Cuvier; so die Reaktivierung der alten Idee von der ursprünglichen Sprache im 18. Jahrhundert). Für die Archäologie besteht das Problem nicht darin, diese Phänomene zu leugnen, noch, ihre Bedeutung schmälern zu wollen; sondern im Gegenteil, sie zu bemessen und darüber zu berichten: wie kann es diese Permanenzen oder diese Wiederholungen, diese langen Verkettungen oder diese die Zeit umfassenden Bögen geben? Die Archäologie hält das Kontinuierliche nicht für die erste und letzte Gegebenheit, die über das übrige Aufschluß geben soll; sie meint im Gegenteil, daß das gleiche, das Wiederholte und das Ununterbrochene nicht weniger Probleme stellen als die Brüche; für sie muß man das Identische und das Kontinuierliche nicht am Ende der Analyse auffinden; sie erscheinen im Element einer diskursiven Praxis; auch sie werden von den Formationsregeln der Positivitäten beherrscht; weit davon entfernt, diese fundamentale und beruhigende Trägheit aufzuweisen, auf die man die Veränderung so gern zurückführt, werden sie selbst aktiv und regelmäßig gebildet. Und denen, die versucht wären, der Archäologie die privilegierte Analyse des Diskontinuierlichen vorzuhalten, allen, die Platzangst haben vor der Geschichte und vor der Zeit, all denen, die Unterbrechung und Irrationalität miteinander verwechseln, werde ich antworten: »So wie ihr es gebraucht, entwertet ihr das Kontinuierliche. ihr behandelt es als ein Stützelement, auf das sich alles übrige beziehen muß; ihr macht aus ihm das erste Gesetz und die essentielle Schwere jeder diskursiven Praxis; ihr hättet gern, daß man jede Veränderung im Feld dieser Trägheit analysiert, wie man jede Bewegung im Feld der Gravitation analysiert. Aber ihr gebt ihm dieses Statut nur, indem ihr es neutralisiert und zu einer ursprünglichen Passivität an die äußere Grenze der Zeit zurückstoßt. Die Archäologie beabsichtigt, diese Disposition umzukehren oder vielmehr (denn es handelt sich nicht darum, dem Diskontinuierlichen die bisher der Kontinuität zugestandene Rolle zu verleihen) das Kontinuierliche und das Diskontinuierliche gegeneinander auszuspielen: zu zeigen, wie das Kontinuierliche aufgrund derselben Bedingungen und nach denselben Regeln gebildet wird wie die Dispersion; und daß es – nicht mehr und nicht weniger als die Unterschiede, die Erfindungen, die Neuheiten oder die Abweichungen – in das Feld der diskursiven Praxis eingeht.«

4. Das Auftauchen und das Erlöschen der Positivitäten und der Mechanismus der Substitutionen, den sie ermöglichen, konstituieren keinen homogenen Prozeß, der überall gleichermaßen abrollte. Es sollte nicht geglaubt werden, daß der Bruch eine Art großes allgemeines Abweichen sei, dem zugleich alle diskursiven Formationen unterworfen wären: der Bruch ist keine tote, undifferenzierte Zeit, die sich – und sei es auch nur für einen Augenblick – zwischen zwei manifeste Phasen schöbe; er ist kein Versehen ohne Dauer, das zwei Epochen trennte und auf beiden Seiten des Risses zwei heterogene Zeiten entwickelte; er ist immer eine durch eine gewisse Zahl abgegrenzter Transformationen spezifizierte Diskontinuität zwischen abgegrenzten Positivitäten. Infolgedessen hat die Analyse der archäologischen Einschnitte zum Ziel, zwischen so vielen verschiedenen Modifikationen Analogien und Differenzen, Hierarchien, Komplementaritäten, Koinzidenzen und Verschiebungen festzustellen: kurz, die Streuung der Diskontinuitäten selbst zu beschreiben.

Die Idee ein und desselben Einschnittes, der mit einem Mal und in einem gegebenen Augenblick alle diskursiven Formationen unterteilt, sie mit einer einzigen Bewegung unterbricht und sie gemäß denselben Regeln wiederherstellt – diese Idee sollte nicht beibehalten werden. Die Gleichzeitigkeit mehrerer Transformationen bedeutet nicht ihre genaue chronologische Koinzidenz: Jede Transformation kann ihr besonderes Indiz zeitlicher

»Viskosität« haben. Die Naturgeschichte, die allgemeine Grammatik und die Analyse der Reichtümer haben sich auf analoge Weise und alle drei im Laufe des 17. Jahrhunderts gebildet; aber das Formationssystem in der Analyse der Reichtümer war an eine große Zahl nicht-diskursiver Bedingungen und Praktiken gebunden (Warenzirkulation, Geldmanipulationen mit ihren Auswirkungen, Schutzsystem des Handels und der Manufakturen, Schwankungen in der Menge des zu Geld verarbeiteten Metalls): daher die Langsamkeit eines Prozesses, der sich während mehr als einem Jahrhundert vollzog (von Grammont bis Cantillon), während die Transformationen, die die Grammatik und die Naturgeschichte begründeten, sich kaum über mehr als fünfundzwanzig Jahre erstreckt hatten. Umgekehrt verweisen gleichzeitige, analoge und miteinander verbundene Transformationen nicht auf ein einziges Modell, das sich mehrere Male an der Oberfläche der Diskurse wiederholte und allen eine genau identische Form des Bruchs auferlegte: als der archäologische Einschnitt beschrieben wurde, der die Philologie, die Biologie und die Ökonomie ermöglicht hat, handelte es sich darum zu zeigen, wie diese drei Positivitäten (durch das Verschwinden der Analyse des Zeichens und der Theorie der Repräsentation) miteinander verbunden waren, welche symmetrischen Auswirkungen er hervorrufen konnte (die Idee einer Totalität mit einer organischen Adaptation bei den Lebewesen; die Idee einer morphologischen Kohärenz und einer geregelten Evolution in den Sprachen, die Idee einer Produktionsform, die ihre inneren Gesetze und ihre Evolutionsgrenzen hat); aber es handelte sich nicht weniger darum zu zeigen, welches die spezifischen Unterschiede dieser Transformationen waren (wie besonders die Geschichtlichkeit auf besondere Weise in diese drei Positivitäten eindringt, wie infolgedessen ihr Verhältnis zur Geschichte nicht dasselbe sein kann, obwohl alle ein bestimmtes Verhältnis zu ihr unterhalten).

Schließlich bestehen zwischen den verschiedenen archäologischen Brüchen wichtige Verschiebungen – und manchmal sogar zwischen sehr benachbarten und miteinander durch zahlreiche Beziehungen verbundenen diskursiven Formationen. So für die Disziplinen der Sprache und der historischen Analyse: die große Transformation, die in den allerersten Jahren des 19. Jahrhunderts die historische und vergleichende Grammatik hervorgebracht hat, geht ein gutes halbes Jahrhundert der Veränderung des historischen Diskurses voraus: infolgedessen ist das System der Interpositivität, in das die Philologie eingefaßt war, in der zweiten Hälfte des 19. Jahrhunderts tiefgreifend verändert worden, ohne daß die Positivität der Philologie erneut in Frage gestellt wurde. Daher rühren Phänomene der »Fugenverschiebung«, wofür wenigstens ein weiteres bekanntes Beispiel genannt werden kann: Begriffe wie die des Mehrwerts oder des tendenziellen Falls der Profitrate, so wie man ihnen bei Marx begegnet, können ausgehend vom System der Positivität beschrieben werden, das schon im Werk Ricardos vorhanden ist; diese Begriffe (die neu sind, nicht aber ihre Formationsregeln) erscheinen nun – bei Marx selbst – als gleichzeitig zu einer anderen diskursiven Praxis gehörig: sie werden hier nach spezifischen Gesetzen gebildet, sie nehmen hier eine andere Stellung ein, sie tauchen nicht in denselben Verkettungen auf: diese neue Positivität ist nicht eine Transformation der Analysen von Ricardo; es ist nicht eine neue politische Ökonomie, es ist ein Diskurs, dessen Einführung anläßlich der Ableitung bestimmter ökonomischer Begriffe stattgefunden hat, der aber dafür die Bedingungen definiert, unter denen der Diskurs der Ökonomen sich vollzieht, und also als Theorie und Kritik der Politischen Ökonomie gelten kann.

Die Archäologie löst die Synchronie der Einschnitte, wie sie die abstrakte Einheit der Veränderung und des Ereignisses voneinander gelöst hätte. Die *Epoche* ist weder ihre Grundeinheit noch ihr Horizont oder ihr Gegenstand: wenn sie davon spricht, dann immer im Hinblick auf determinierte diskursive Praktiken als Resultat ihrer Analysen. Das Zeitalter der Klassik, das in den archäologischen Analysen oft erwähnt wurde, ist keine zeitliche Gestalt, die ihre Einheit und leere Form allen Diskursen auferlegte; es ist der Name, den man einer Verflechtung von Kontinuitäten und Diskontinuitäten, von den Positivitäten immanenten Veränderungen und diskursiven Formationen geben kann, die erscheinen und verschwinden. Ebenso ist der *Bruch* für die Archäologie nicht der Brückenkopf ihrer Analysen, die Grenze, die sie von fern signalisiert, ohne sie determinieren noch ihr eine Spezifität geben zu können: der Bruch ist der den Transformationen gegebene Name, die sich auf das allgemeine System einer oder mehrerer diskursiver Formationen auswirken. So spielt die Französische Revolution – denn um sie herum waren bisher alle archäologischen Analysen zentriert – nicht die Rolle eines den Diskursen äußerlichen Ereignisses, von dem man die Auswirkung seiner Aufteilung, um normgerecht zu denken, in allen Diskursen wiederfinden müßte; sie funktioniert wie eine komplexe, gegliederte, beschreibbare Gesamtheit von Transformationen, die eine bestimmte Zahl von Positivitäten unberührt ließen, für bestimmte andere Regeln aufgestellt haben, die noch wir benutzen, und auch Positivitäten errichtet haben, die sich aufgelöst haben oder sich noch unter unseren Augen auflösen.

6. Wissenschaft und Wissen

Ich habe allen vorhergehenden Analysen eine stillschweigende Begrenzung auferlegt, ohne daß ich deren Prinzip erklärt, sogar ohne daß ich das Ziel präzisiert hatte. Alle zitierten Beispiele gehörten ohne Ausnahme einem sehr begrenzten Bereich an. Wir sind weit davon entfernt, den unerschöpflichen Bereich des Diskurses, ich sage nicht inventarisiert, sondern auch nur sondiert zu haben: warum wurden systematisch »literarische«, »philosophische« oder »politische« Texte ausgeklammert? Haben die diskursiven Formationen und die Systeme der Positivität auf diesen Gebieten keinen Platz? Und um sich nur einmal an die Ordnung der Wissenschaften zu halten, warum wurden Mathematik, Physik oder Chemie stillschweigend übergangen? Warum sind so viele zweifelhafte, noch ungestalte Disziplinen und solche, die vielleicht ausersehen sind, immer unterhalb der Schwelle der Wissenschaftlichkeit zu bleiben, herangezogen worden? Mit einem Wort, welche Beziehung besteht zwischen der Archäologie und der Analyse der Wissenschaften?

a. Positivitäten, Disziplinen, Wissenschaften
Erste Frage: Beschreibt die Archäologie in den etwas seltsamen Begriffen »diskursive Formation« und »Positivität« nicht einfach Pseudowissenschaften (wie die Psychopathologie), Wissenschaften im vorhistorischen Zustand (wie die Naturgeschichte) oder völlig ideologisch durchtränkte Wissenschaften (wie die Politische Ökonomie)? Ist sie nicht die privilegierte Analyse dessen, was immer quasi-wissenschaftlich bleiben wird? Wenn man als »Disziplinen« Gesamtheiten von Aussagen bezeichnet, die ihre Organisation wissenschaftlichen Modellen entleihen, zur Kohärenz und zur Beweisfähigkeit neigen, wie Wissenschaften angenommen, institutionalisiert, übermittelt und manchmal gelehrt werden, könnte man dann nicht sagen, daß die Archäologie Disziplinen beschreibt, die nicht wirklich Wissenschaften sind, während die Epistemologie Wissenschaften beschreiben würde, die sich ausgehend von (oder trotz) den bestehenden Disziplinen haben bilden können?

Auf diese Frage kann man mit nein antworten. Die Archäologie beschreibt keine Disziplinen. Diese können in ihrer manifesten Entfaltung höchstens als Anreiz für die Beschreibung der Positivitäten dienen; aber sie setzen ihr keine Grenzen: sie zwingen ihr keine endgültigen Zuschnitte auf; sie finden sich nicht einfach am Ende der Analyse wieder; man kann nicht eine doppelt eindeutige Beziehung zwischen den eingerichteten Disziplinen und den diskursiven Formationen herstellen.

Hier ein Beispiel für diese Verzerrung. Der Anknüpfungspunkt von *Wahnsinn und Gesellschaft* war das Auftauchen einer psychiatrischen Disziplin am Anfang des 19. Jahrhunderts. Diese Disziplin hatte weder denselben Inhalt noch dieselbe innere Organisation, weder denselben Platz in der Medizin noch dieselbe praktische Funktion, noch dieselbe Anwendungsweise wie das traditionelle Kapitel der »Krankheiten des Kopfes« oder der »Nervenkrankheiten«, die man in den medizinischen Abhandlungen des 18. Jahrhunderts fand. Bei der Befragung dieser neuen Disziplin hat man zwei Dinge entdeckt: was sie in der Zeit ermöglicht hat, in der sie aufgetaucht ist, was diese große Veränderung in der Ökonomie der Begriffe, der Analysen und der Beweise determiniert hat, ist ein ganzes Bündel von Beziehungen zwischen der Hospitalisierung, der Internierung, den Bedingungen und Prozeduren des gesellschaftlichen Ausschlusses, den Regeln der Jurisprudenz, den Normen der industriellen Arbeit und der bürgerlichen Moral, kurz eine Gesamtheit, die für diese diskursive Praxis die Formation ihrer Aussagen charakterisiert; aber diese Praxis manifestiert sich nicht allein in einer Disziplin mit wissenschaftlichem Statut und Anspruch; man findet sie ebenso in juridischen Texten, in literarischen Ausdrücken, in philosophischen Betrachtungen, bei politischen Entscheidungen, in täglichen Redensarten, in Meinungen angewandt. Die diskursive Formation, deren Existenz die psychiatrische Disziplin aufzufinden gestattet, ist nicht von gleicher Ausdehnung; weit davon entfernt, geht sie weit über sie hinaus und umhüllt sie von allen Seiten. Aber noch mehr: als wir in der Zeit zurückgingen und untersuchten, was im 17. und 18. Jahrhundert der Errichtung der Psychiatrie vorausgegangen sein konnte, haben wir bemerkt, daß es keine vorwegnehmende Disziplin gab: alles, was von den Ärzten in der Zeit der Klassik über Manien, Delirien, Melancholien und Nervenkrankheiten gesagt wurde, konstituierte in keiner Weise eine autonome Disziplin, sondern höchstens eine Rubrik in der Analyse der Fieber, der Säfteveränderungen oder der Einflüsse auf das Gehirn. Es war jedoch trotz des Fehlens jeglicher etablierten Disziplin eine diskursive Praxis am Werk, die ihre Regelmäßigkeit und ihre Konsistenz hatte. Diese diskursive Praxis war zwar in die Medizin eingebettet, aber ebenso in die Verwaltungsordnung, in die literarischen oder philosophischen Texte, in die Kasuistik, in die Theorien oder Projekte der Zwangsarbeit oder Armenfürsorge. Man hat also in der Zeit der Klassik eine diskursive Formation und eine Positivität, die der Beschreibung vollauf zugänglich sind, denen jedoch keine definierte Disziplin entspricht, die man mit der Psychiatrie vergleichen könnte.

Wenn es aber wahr ist, daß die Positivitäten nicht die einfachen Dubletten der schon bestehenden Disziplinen sind, sind sie dann nicht der Entwurf künftiger Wissenschaften? Bezeichnet man nicht mit dem Namen diskursiver Formation die retrospektive Projektion der Wissenschaften auf ihre eigene Vergangenheit, den Schatten, den sie auf das werfen, was ihnen vorangegangen ist und sie so im vorhinein profiliert zu haben scheint? War, was man beispielsweise als Analyse der Reichtümer oder als allgemeine Grammatik beschrieben hat, indem man ihnen eine vielleicht künstliche Autonomie verlieh, nicht ganz einfach die Politische Ökonomie im Anfangsstadium oder eine der Errichtung einer schließlich strengen Sprachwissenschaft vorangehende Phase? Versucht die Archäologie nicht durch eine Rückwärtsbewegung, deren Legitimität zweifellos schwierig festzustellen wäre, in einer unabhängigen diskursiven Praxis alle heterogenen und verstreuten Elemente neu zu gruppieren, deren Komplizität sich als notwendig für die Errichtung einer Wissenschaft erweisen wird?

Auch da muß die Antwort wieder negativ sein. Was unter dem Namen der Naturgeschichte analysiert worden ist, umfaßt nicht in einer einzigen Figur alles, was im 17. und 18. Jahrhundert als Entwurf für eine Wissenschaft vom Leben gelten und in ihrer legitimen Genealogie vorkommen könnte. Die so ans Licht gebrachte Positivität berichtet wohl von einer gewissen Zahl von Aussagen, die die Ähnlichkeiten und die Unterschiede der Lebewesen, ihre sichtbare Struktur, ihre spezifischen und generischen Merkmale, ihre mögliche Klassifizierung, die sie trennenden Diskontinuitäten und die sie verbindenden Übergänge betreffen, aber viele andere Analysen, die zwar aus derselben Zeit stammen und ebenfalls die Ahnentafeln der Biologie aufzeichnen, läßt sie beiseite: die Analyse der Reflexbewegung (die für die Konstitution einer anatomischen Physiologie des Nervensystems von großer Bedeutung sein wird), die Theorie der Keime (die

die Probleme der Evolution und der Genetik vorwegzunehmen scheint),
die Erklärung tierischen oder pflanzlichen Wachstums (die eine der großen Fragen der Physiologie der Organismen im allgemeinen sein wird).
Außerdem: weit davon entfernt, eine zukünftige Biologie vorwegzunehmen, schloß die Naturgeschichte – als taxinomischer Diskurs an die Zeichentheorie und an den Plan einer Wissenschaft der Ordnung gebunden –
die Erstellung einer einheitlichen Wissenschaft vom Leben aufgrund ihrer
Solidität und ihrer Autonomie aus. Desgleichen ist die diskursive Formation, die man als allgemeine Grammatik beschreibt, weit davon entfernt,
Aufschluß über all das zu geben, was zur Zeit der Klassik über die Sprache
gesagt werden konnte und dessen Erbe oder Verwerfung, Entwicklung
oder Kritik man später in der Philologie finden sollte: sie läßt die Methoden der Bibelexegese und die Sprachphilosophie, die bei Vico oder Herder
formuliert wird, beiseite. Die diskursiven Formationen sind also nicht die
zukünftigen Wissenschaften in dem Augenblick, wo sie sich, ihrer selbst
noch nicht bewußt, leise konstituieren: sie befinden sich in der Tat nicht
in einem Zustand teleologischer Unterordnung im Verhältnis zur Orthogenese der Wissenschaften.

Muß man also sagen, daß es keine Wissenschaft geben kann, wo Positivität vorliegt, und daß die Positivitäten da, wo man sie entdecken kann,
stets die Wissenschaften ausschließen? Muß man annehmen, daß sie gegenüber den Wissenschaften statt in einer chronologischen Beziehung in
einer Alternativsituation stehen? Daß sie sozusagen die positive Figur eines
gewissen epistemologischen Mangels sind? Aber man könnte auch in diesem Fall ein Gegenbeispiel liefern. Die klinische Medizin ist sicher keine
Wissenschaft. Nicht nur weil sie den formalen Kriterien nicht entspricht
und nicht den Exaktheitsgrad erreicht, den man von der Physik, der Chemie oder selbst von der Physiologie erwarten kann; sondern auch weil sie
eine kaum organisierte Anhäufung von empirischen Beobachtungen, Versuchen und rohen Ergebnissen, Verschreibungen, therapeutischen Vorschriften und institutionellen Verordnungen enthält. Und dennoch schließt diese Nicht-Wissenschaft die Wissenschaft nicht aus: sie hat im Laufe des
19. Jahrhunderts genau umrissene Beziehungen zwischen den vollkommen
erstellten Wissenschaften wie der Physiologie, der Chemie oder der Mikrobiologie hergestellt; sie hat darüber hinaus Diskursen wie dem der pathologischen Anatomie Raum gegeben, dem den Titel falscher Wissenschaft zu
geben vermessen wäre.

Man kann also die diskursiven Formationen weder mit Wissenschaften noch mit kaum wissenschaftlichen Disziplinen, noch mit jenen Figuren, die die künftigen Wissenschaften von fern umreißen, noch schließlich mit Formen identifizieren, die von Anfang an jede Wissenschaftlichkeit ausschließen. Wie steht es dann mit der Beziehung zwischen den Positivitäten und den Wissenschaften?

b. Das Wissen

Die Positivitäten charakterisieren keine Erkenntnisformen – seien es apriorische und notwendige Bedingungen oder Formen von Rationalität, die nacheinander von der Geschichte angewendet werden konnten. Sie definieren aber auch nicht den Stand der Erkenntnisse zu einem gegebenen Zeitpunkt: sie stellen nicht die Bilanz dessen auf, was von diesem Augenblick an hatte gezeigt werden und als endgültig gesichertes Wissen hatte gelten können, die Bilanz dessen, was umgekehrt ohne Beweis oder genügende Demonstration akzeptiert wurde, oder dessen, was allgemein verbreitete Annahme war oder von der Einbildungskraft verlangt wurde. Positivitäten zu analysieren heißt zu zeigen, nach welchen Regeln eine diskursive Praxis Gegenstandsgruppen, Äußerungsmengen, Begriffsbündel und Serien theoretischer Wahlmöglichkeiten bilden kann. Die so gebildeten Elemente konstituieren keine Wissenschaft mit einer Struktur definierter Idealität; ihr System von Beziehungen ist gewiß weniger genau; es sind aber auch keine nebeneinander angehäuften, aus Erfahrungen, Überlieferungen oder heterogenen Entdeckungen stammenden und nur durch die Identität des sie besitzenden Subjekts verbundenen Erkenntnisse. Sie sind das, wovon ausgehend kohärente (oder nicht kohärente) Propositionen gebaut, mehr oder weniger genaue Beschreibungen entwickelt, Verifizierungen vollzogen und Theorien entfaltet werden. Sie bilden die Vorform dessen, was als eine Erkenntnis oder eine Illusion, eine anerkannte Wahrheit oder ein denunzierter Irrtum, eine endgültige Erfahrung oder ein überwundenes Hindernis sich enthüllen und funktionieren wird. Man sieht wohl, daß diese Vorform nicht als ein Gegebenes, eine gelebte Erfahrung analysiert werden kann, die noch ganz im Imaginären oder in der Wahrnehmung eingeschlossen ist und die die Menschheit im Lauf ihrer Geschichte in der Form der Rationalität hätte wiederaufnehmen müssen oder die jedes Individuum für sich durchlaufen müßte, will es die idealen Bedeutungen auffinden, die darin eingehüllt oder verborgen sind. Es handelt

sich nicht um eine Vorkenntnis oder ein archaisches Stadium in der Bewegung, die von der unmittelbaren Erkenntnis zur Apodiktizität geht; es handelt sich um Elemente, die von einer diskursiven Praxis müssen gebildet
worden sein, damit sich möglicherweise ein wissenschaftlicher Diskurs
konstituiert, der nicht allein durch seine Form und Genauigkeit spezifiziert ist, sondern auch durch die Gegenstände, von denen er handelt, die
Äußerungstypen, die er ins Spiel bringt, die Begriffe, die er handhabt,
und die Strategien, die er benutzt. So bezieht man die Wissenschaft nicht
auf das, was erlebt werden mußte oder muß, damit die ihr eigene Intention
der Idealität begründet sei; sondern auf das, was gesagt werden mußte oder
muß, damit es einen Diskurs geben kann, der nötigenfalls experimentellen
oder formalen Kriterien der Wissenschaftlichkeit entspricht.

Diese Menge von einer diskursiven Praxis regelmäßig gebildeten und
für die Konstitution einer Wissenschaft unerläßlichen Elementen, obwohl
sie nicht notwendig dazu bestimmt sind, sie zu veranlassen, kann man *Wissen* nennen. Ein Wissen ist das, wovon man in einer diskursiven Praxis
sprechen kann, die dadurch spezifiziert wird: der durch die verschiedenen
Gegenstände, die ein wissenschaftliches Statut erhalten werden oder nicht,
konstituierte Bereich (das Wissen der Psychiatrie im 19. Jahrhundert ist
nicht die Summe dessen, was man als wahr angesehen hat, es ist die Gesamtheit der Verhaltensweisen, Eigentümlichkeiten und Abweichungen,
über die man im psychiatrischen Diskurs sprechen kann); ein Wissen ist
auch der Raum, in dem das Subjekt die Stellung einnehmen kann, um
von Gegenständen zu sprechen, mit denen es in seinem Diskurs zu tun
hat (in diesem Sinne ist das Wissen der klinischen Medizin die Gesamtheit
der Funktionen des Blicks, der Befragung, der Entzifferung, der Registrierung, der Entscheidung, die das Subjekt des medizinischen Diskurses ausüben kann); ein Wissen ist auch das Feld von Koordination und Subordination der Aussagen, wo die Begriffe erscheinen, bestimmt, angewandt
und verändert werden (auf dieser Ebene ist das Wissen der Naturgeschichte im 18. Jahrhundert nicht die Summe dessen, was gesagt worden ist, sondern die Gesamtheit der Weisen und Positionen, nach denen man in das
schon Gesagte jede neue Aussage integrieren kann); schließlich definiert
sich ein Wissen durch die Möglichkeiten der Benutzung und der Aneignung, die vom Diskurs geboten werden (so ist das Wissen der Politischen
Ökonomie in der Zeit der Klassik nicht die These der verschiedenen verteidigten Behauptungen, sondern die Gesamtheit ihrer Gliederungspunk-

te nach anderen Diskursen oder anderen nicht-diskursiven Praktiken). Es gibt Wissensgebiete, die von den Wissenschaften unabhängig sind (die weder deren historischer Entwurf noch ihre gelebte Kehrseite sind), aber es gibt kein Wissen ohne definierte diskursive Praxis; und jede diskursive Praxis kann durch das Wissen bestimmt werden, das sie formiert.

Anstatt der Achse Bewußtsein – Erkenntnis – Wissenschaft (die vom Index der Subjektivität nicht befreit werden kann) zu folgen, folgt die Archäologie der Achse diskursive Praxis – Wissen – Wissenschaft. Und während die Ideengeschichte den Gleichgewichtspunkt ihrer Analyse im Element der Erkenntnis findet (wodurch sie, und sei es gegen ihren Willen, der transzendentalen Frage zu begegnen gezwungen sein wird), findet die Archäologie den Gleichgewichtspunkt ihrer Analyse im Wissen – das heißt in einem Bereich, wo das Subjekt notwendigerweise angesiedelt und abhängig ist, ohne daß es dort jemals als Inhaber auftreten kann (sei es als transzendentale Aktivität, sei es als empirisches Bewußtsein).

So wie die Dinge liegen, versteht man, daß sorgfältig zwischen den *wissenschaftlichen Bereichen* und den *archäologischen Gebieten* unterschieden werden muß: ihre Einteilung und ihre Organisationsprinzipien sind ganz verschiedene. Nur die Propositionen, die bestimmten Konstruktionsgesetzen gehorchen, gehören einem Wissenschaftsbereich an; Behauptungen, die denselben Sinn hätten, dasselbe aussagten, ebenso wahr wie jene wären, aber nicht derselben Systematizität entstammten, wären aus diesem Bereich ausgeschlossen: das, was *Le Rêve de d'Alembert* von Diderot über das Werden der Arten sagt, vermag wohl bestimmte Begriffe oder bestimmte wissenschaftliche Hypothesen der Zeit zu übersetzen, kann sogar auf eine zukünftige Wahrheit vorgreifen, entstammt aber nicht dem Wissenschaftsbereich der Naturgeschichte, sondern gehört im Gegenteil zu ihrem archäologischen Gebiet, wenn man dabei wenigstens dieselben Formationsregeln wie bei Linné, bei Buffon, bei Daubenton oder Jussieu angewandt finden kann. Die archäologischen Gebiete können ebenso durch »literarische« oder »philosophische« Texte gehen wie durch wissenschaftliche Texte. Das Wissen ist nicht nur in Demonstrationen eingehüllt, es kann auch in Fiktionen, in Überlegungen, in Berichten, institutionellen Verordnungen, in politischen Entscheidungen liegen. Das archäologische Gebiet der Naturgeschichte umfaßt die *Palingénésie philosophique* von Bonnot oder den *Telliamed* von Benoît de Maillet, obwohl sie zu einem großen Teil nicht den zu ihrer Zeit anerkannten wissenschaftlichen Normen entsprechen und noch weniger sicherlich denen, die später gefordert sein werden. Das archäologische Gebiet der Allgemeinen Grammatik schließt die Träumereien von Fabre d'Olivet (die niemals ein wissenschaftliches Statut erhalten haben und eher ins Register des mystischen Denkens gehören) nicht weniger ein als die Analyse der Attributivsätze (die ihrerzeit mit der Klarheit der Evidenz aufgenommen wurde und worin heute die generative Grammatik ihre präfigurierte Wahrheit erkennen kann).

Die diskursive Praxis fällt nicht mit der wissenschaftlichen Erarbeitung zusammen, der sie Raum geben kann; und das Wissen, das sie bildet, ist weder die grobe Skizze noch das tägliche Nebenprodukt einer konstituierten Wissenschaft. Die Wissenschaften – der Unterschied zwischen den Diskursen, die den Anspruch auf oder gar ein Statut der Wissenschaftlichkeit haben, und denen, die wirklich die formalen Kriterien dafür bieten, ist im Augenblick ohne Belang –, die Wissenschaften erscheinen im Element einer diskursiven Formation und auf dem Grunde des Wissens. Das eröffnet zwei Reihen von Problemen: welchen Platz und welche Rolle kann ein Gebiet der Wissenschaftlichkeit im archäologischen Territorium haben, in dem sie sich abzeichnet? Nach welchem Prinzip und welchen Prozessen vollzieht sich das Hervortreten eines Gebiets der Wissenschaftlichkeit in einer gegebenen diskursiven Formation? Probleme, die wir hier und heute nicht beantworten könnten: es geht allein darum anzuzeigen, in welcher Richtung man sie vielleicht analysieren könnte.

c. Wissen und Ideologie

Eine Wissenschaft nimmt, wenn sie einmal konstituiert ist, nicht all das auf sich und in die ihr eigenen Verkettungen auf, was die diskursive Praxis bildete, in der sie erscheint; sie löst auch das sie umgebende Wissen nicht auf, um es in die Vorgeschichte der Irrtümer, der Vorurteile oder der Einbildungskraft zu verweisen. Die pathologische Anatomie hat die Positivität der klinischen Medizin nicht auf die Normen der Wissenschaftlichkeit reduziert und zurückgeführt. Das Wissen ist nicht die epistemologische Baustelle, die in der sie vollendenden Wissenschaft verschwände. Die Wissenschaft (oder was sich als solche ausgibt) lokalisiert sich in einem Feld des Wissens und spielt darin eine Rolle. Diese Rolle variiert mit den verschiedenen diskursiven Formationen und modifiziert sich mit ihren Veränderungen. Das, was sich in der Zeit der Klassik als medizinische Erkenntnis der Geisteskrankheiten ausgab, nahm im Wissen vom Wahnsinn einen sehr begrenzten Platz ein: es bildete gerade nur eine der Oberflächen des Auftauchens unter vielen anderen (Rechtswissenschaft, Kasuistik, Polizeivorschrift usw.); dagegen haben die psychopathologischen Analysen des 19. Jahrhunderts, die sich auch als eine wissenschaftliche Erkenntnis der Geisteskrankheiten ausgaben, eine davon sehr verschiedene und viel wichtigere Rolle im Wissen vom Wahnsinn gespielt (Rolle als Modell und als Entscheidungsinstanz). Desgleichen sichert der wissenschaftliche Diskurs (oder der mit wissenschaftlichem Anspruch) nicht dieselbe Funktion im ökonomischen Wissen des 17. Jahrhunderts und in dem des 19. Jahrhunderts. In jeder diskursiven Formation findet man eine spezifische Beziehung zwischen Wissenschaft und Wissen; und die archäologische Analyse muß, anstatt zwischen ihnen eine Beziehung des Ausschlusses oder der Entziehung zu definieren (indem sie das sucht, was vom Wissen sich der Wissenschaft entzieht und ihr noch widersteht, und das, was von der Wissenschaft noch durch die Nachbarschaft und den Einfluß des Wissens gefährdet wird), positiv zeigen, wie sich eine Wissenschaft ins Element des Wissens einreiht und funktioniert.

Die Beziehungen der Ideologie zu den Wissenschaften festigen und spezifizieren sich zweifellos in diesem Spielraum. Das Übergreifen der Ideologie auf den wissenschaftlichen Diskurs und das ideologische Funktionieren der Wissenschaften artikulieren sich nicht auf der Ebene ihrer idealen Struktur (selbst wenn sie sich auf mehr oder weniger sichtbare Weise dorthin übertragen können) noch auf der Ebene ihrer technischen Anwendung in einer Gesellschaft (obwohl diese einen Einfluß darauf haben kann), noch auf der Ebene des Bewußtseins der Subjekte, die sie errichten; sie artikulieren sich dort, wo sich die Wissenschaft aus dem Wissen herausschält. Wenn die Frage nach der Ideologie der Wissenschaft gestellt werden kann, dann insoweit diese, ohne sich mit dem Wissen zu identifizieren, aber auch ohne es auszulöschen oder es auszuschließen, sich in ihm lokalisiert, bestimmte seiner Gegenstände strukturiert, bestimmte seiner Äußerungen systematisiert und einige seiner Begriffe und Strategien formalisiert; sie kann gestellt werden, insoweit diese Erarbeitung das Wissen skandiert, es modifiziert und zum Teil neu verteilt, zum Teil bestätigt und gelten läßt; insoweit die Wissenschaft in einer diskursiven Regelmäßigkeit ihren Platz findet und sich dadurch entfaltet und in einem ganzen Feld diskursiver Praktiken funktioniert oder nicht. Kurz, die der Wissenschaft gestellte Frage nach der Ideologie ist nicht die Frage nach Situationen

oder Praktiken, die sie auf mehr oder weniger bewußte Weise reflektiert;
ist auch nicht die Frage nach ihrer möglichen Anwendung oder dem Mißbrauch, den man damit treiben kann; es ist die Frage ihrer Existenz als diskursive Praxis und ihres Funktionierens neben anderen Praktiken.

Man kann wohl grob sagen, wenn man dabei über jede Vermittlung und
jede Spezifität hinweggeht, daß die Politische Ökonomie in der kapitalistischen Gesellschaft eine Bedeutung hat, daß sie den Interessen der bürgerlichen Klasse dient, daß sie von ihr und für sie geschaffen worden ist,
daß sie schließlich das Stigma ihrer Ursprünge bis in ihre Begriffe und ihren logischen Aufbau trägt; aber jede genauere Beschreibung der Beziehungen zwischen der epistemologischen Struktur der Ökonomie und ihrer
ideologischen Funktion wird durch die Analyse der diskursiven Formation, die sie ermöglicht hat, und die Analyse der Gesamtheit der Gegenstände, Begriffe und theoretischen Wahlmöglichkeiten gehen müssen, die
sie zu erarbeiten und zu systematisieren hatte; und man wird dann zeigen
müssen, wie die diskursive Praxis, die eine solche Positivität ermöglichte,
neben anderen Praktiken funktioniert hat, die diskursiver, aber auch politischer oder ökonomischer Ordnung sein konnten.

Das gestattet, eine bestimmte Zahl von Vorschlägen zu machen:

1. Die Ideologie liegt nicht außerhalb der Wissenschaftlichkeit. Wenige
Diskurse haben der Ideologie soviel Platz eingeräumt wie der klinische
Diskurs oder der der Politischen Ökonomie: das ist kein ausreichender
Grund, um die Gesamtheit ihrer Aussagen dem Irrtum, dem Widerspruch
und dem Fehlen von Objektivität zuzuschlagen.

2. Die Widersprüche, die Lücken, die theoretischen Mängel können
wohl das ideologische Funktionieren einer Wissenschaft (oder eines Diskurses mit wissenschaftlichem Anspruch) anzeigen; sie können erlauben
zu bestimmen, an welchem Punkt des Gebäudes dieses Funktionieren seine Wirkungen ausübt. Aber die Analyse dieses Funktionierens muß sich
auf der Ebene der Positivität und der Beziehungen zwischen den Formationsregeln und den Strukturen der Wissenschaftlichkeit vollziehen.

3. Ein Diskurs, der korrigiert, dessen Irrtümer berichtigt, dessen Formalisierungen gestrafft werden, löst deshalb nicht und nicht notwendig seine
Beziehung zur Ideologie. Deren Rolle wird nicht in dem Maße geschmä-
lert, in dem die Strenge zunimmt und die Falschheit verschwindet.

4. Dem ideologischen Funktionieren einer Wissenschaft sich zuzuwen-

den, um es erscheinen zu lassen und umzugestalten, heißt nicht, die philosophischen Voraussetzungen ans Licht zu bringen, die ihr innewohnen mögen; heißt nicht, auf die Grundlagen zurückzugreifen, die sie ermöglicht haben und sie legitimieren: es heißt, sie als diskursive Formation in Frage zu stellen; es heißt, nicht gegen die formalen Widersprüche ihrer Propositionen anzugehen, sondern gegen das Formationssystem ihrer Gegenstände, ihrer Äußerungstypen, ihrer Begriffe, ihrer theoretischen Wahlmöglichkeiten. Es heißt, sie als Praxis neben anderen Praktiken wiederaufzunehmen.

d. Die verschiedenen Schwellen und ihre Chronologie

Man kann für eine diskursive Formation mehrere verschiedene Fälle des Zutagetretens beschreiben. Man wird den Augenblick, von dem an eine diskursive Praxis sich vereinzelt und ihre Autonomie gewinnt, den Augenblick folglich, in dem ein und dasselbe Formationssystem der Aussagen angewendet wird, oder auch den Augenblick, in dem dieses System transformiert wird, *Schwelle der Positivität* nennen können. Wenn im Komplex einer diskursiven Formation eine Gesamtheit von Aussagen sich herausschält und vorgibt (selbst ohne es zu erreichen), Verifikations- und Kohärenznormen zur Geltung zu bringen, und eine beherrschende Funktion (als Modell, als Kritik oder als Verifikation) im Hinblick auf das Wissen ausübt, wird man sagen, daß die diskursive Formation eine *Schwelle der Epistemologisierung* überschreitet. Wenn die so gezeichnete epistemologische Figur einer gewissen Anzahl formaler Kriterien gehorcht, wenn ihre Aussagen nicht nur archäologischen Formationsregeln entsprechen, sondern darüber hinaus bestimmten Konstruktionsgesetzen der Propositionen, wird man sagen, daß sie eine *Schwelle der Wissenschaftlichkeit* überschritten hat. Wenn schließlich dieser wissenschaftliche Diskurs seinerseits die für ihn notwendigen Axiome, die von ihm benutzten Elemente, die für ihn legitimen propositionellen Strukturen und die von ihm akzeptierten Transformationen wird definieren können, wenn er so und von sich aus das formale Gebäude, das er konstituiert, wird entfalten können, wird man sagen, daß er die *Schwelle der Formalisierung* überschritten hat.

Die Verteilung dieser verschiedenen Schwellen in der Zeit, ihre Abfolge, ihre Verschiebung, ihre mögliche Koinzidenz, die Art, wie sie einander bestimmen oder implizieren können, die Bedingungen, unter denen sie sich nacheinander errichten, bilden für die Archäologie einen ihrer wichtigsten

Forschungsbereiche. Ihre Chronologie ist in der Tat weder regelmäßig noch homogen. Alle diskursiven Formationen überschreiten diese Schwellen keineswegs gleichmäßig und gleichzeitig und teilen so die Geschichte in verschiedene Zeitalter ein: zu der Zeit, als eine ganze Menge Positivitäten die Schwelle der Formalisierung überschritten, haben viele andere noch nicht einmal die der Wissenschaftlichkeit oder selbst der Epistemologisierung erreicht. Darüber hinaus: nicht jede diskursive Formation geht nacheinander über diese verschiedenen Schwellen wie durch die natürlichen Stadien einer biologischen Reifung, wo die einzige Variable die Latenzzeit oder die Dauer der Intervalle wäre. Es handelt sich tatsächlich um Ereignisse, deren Streuung nicht evolutiv ist: ihre besondere Ordnung ist eines der Merkmale jeder diskursiven Formation. Hier sind einige Beispiele für diese Unterschiede.

In bestimmten Fällen wird die Schwelle der Positivität schon vor der Epistemologisierung überschritten: so hat die Psychopathologie als Diskurs mit wissenschaftlichem Anspruch am Anfang des 19. Jahrhunderts mit Pinel, Heinroth und Esquirol eine diskursive Praxis epistemologisiert, die lange vor ihr existierte und die schon lange ihre Autonomie und ihr Regelsystem erlangt hatte. Aber es kann auch geschehen, daß diese beiden Schwellen in der Zeit verschmelzen und daß die Errichtung einer Positivität gleichzeitig das Auftauchen einer epistemologischen Figur ist. Manchmal sind die Schwellen der Wissenschaftlichkeit an den Übergang von einer Positivität zur anderen gebunden; manchmal sind sie davon verschieden; so hat sich der Übergang von der Naturgeschichte (mit der ihr eigenen Wissenschaftlichkeit) zur Biologie (als Wissenschaft nicht der Einordnung der Lebewesen, sondern der spezifischen Korrelationen der verschiedenen Organismen) zur Zeit von Cuvier nicht ohne die Transformation einer Positivität in eine andere vollzogen; dagegen haben die experimentelle Medizin von Claude Bernard und dann die Mikrobiologie von Pasteur den von der pathologischen Anatomie und Physiologie verlangten Wissenschaftlichkeitstyp verändert, ohne daß die diskursive Formation der klinischen Medizin, so wie sie damals fixiert worden war, ihre Geltung verloren hätte. Desgleichen hat die in den biologischen Disziplinen durch den Evolutionismus neu erstellte Wissenschaftlichkeit nicht die biologische Positivität verändert, die zur Zeit von Cuvier definiert worden war. Im Falle der Ökonomie sind die Auseinanderhakungen ganz besonders zahlreich. Man kann im 17. Jahrhundert eine Positivitätsschwelle erkennen: sie fällt ungefähr mit der Praxis und Theorie des Merkantilismus zusammen; aber ihre Epistemologisierung vollzieht sich erst ein wenig später, ganz am Ende des Jahrhunderts oder am Anfang des folgenden Jahrhunderts mit Locke und Cantillon. Unterdessen bestimmt das 19. Jahrhundert mit Ricardo einen neuen Positivitätstyp, eine neue Form der Epistemologisierung, die Cournot und Jevons ihrerseits zu genau der Zeit modifizieren, in der Marx, ausgehend von der Politischen Ökonomie, eine völlig neue diskursive Praxis erscheinen läßt.

Wenn man in der Wissenschaft nur die lineare Anhäufung der Wahrheiten oder die Orthogenese der Vernunft erkennt, wenn man in ihr keine diskursive Praxis erkennt, die ihre verschiedenen Ebenen, Schwellen, Brüche hat, kann man nur eine einzige geschichtliche Trennung beschreiben, deren Modell sich durch die Zeit und für jede Wissensform fortsetzt: die Trennung in das, was noch nicht, und das, was endgültig wissenschaftlich ist. Die ganze Dichte der Auseinanderhakungen, die ganze Streuung der Brüche, die ganze Verschiebung ihrer Auswirkungen und der Mechanismus ihrer Interdependenz werden auf den monotonen Akt einer stetig zu wiederholenden Gründung reduziert.

Zweifellos gibt es nur eine Wissenschaft, bei der man diese verschiedenen Schwellen nicht unterscheiden noch eine solche Gesamtheit von Verschiebungen zwischen ihnen beschreiben kann: die Mathematik, die einzige diskursive Praxis, die mit einem Mal die Schwelle der Epistemologisierung, die der Wissenschaftlichkeit und die der Formalisierung überschritten hat. Die Möglichkeit ihrer Existenz implizierte, daß von Anfang an das gegeben war, was überall sonst während der ganzen Geschichte verstreut bleibt: ihre ursprüngliche Positivität mußte eine schon formalisierte diskursive Praxis konstituieren (selbst wenn andere Formalisierungen in der Folgezeit vorgenommen werden sollten). Daher rührt die Tatsache, daß ihre Einführung so enigmatisch (der Analyse so wenig zugänglich, in die Form des absoluten Anfanges so eingezwängt) und zugleich so sehr bewertet ist (da sie gleichzeitig als Ursprung und als Grundlage gilt); daher die Tatsache, daß man in der ersten Geste des ersten Mathematikers die Konstitution einer Idealität gesehen hat, die sich während der ganzen Geschichte entfaltete und nur in Frage gestellt wurde, um wiederholt und gereinigt zu werden; daher die Tatsache, daß der Anfang der Mathematik weniger als ein historisches Ereignis befragt wird denn als Historizitätsprinzip; daher schließlich die Tatsache, daß man bei allen anderen Wissenschaften die Beschreibung ihrer historischen Genese, ihrer Tastversuche und ihres Scheiterns, ihres zögernden Hervorkommens auf das meta-historische Modell einer Geometrie bezieht, die plötzlich und ein für allemal aus den trivialen Praktiken der Feldvermessung hervorgeht. Wenn man aber die Errichtung des mathematischen Diskurses als Prototyp für das Entstehen und Werden aller anderen Wissenschaften nimmt, dann läuft man Gefahr, alle besonderen Formen der Historizität zu homogenisieren, all die verschiedenen Schwellen, die eine diskursive Praxis überschreiten kann, auf die Instanz eines einzigen Schnittes zurückzuführen und endlos zu allen Zeitpunkten die Problematik des Ursprungs zu reproduzieren: so fänden sich die Rechte der historisch-transzendentalen Analyse fortgesetzt. Modell ist die Mathematik ganz sicher für die meisten wissenschaftlichen Diskurse in ihrem Bemühen um formale Strenge und Beweisfähigkeit gewesen; aber für den Historiker, der das wirkliche Werden der Wissenschaften hinterfragt, ist sie ein schlechtes Beispiel – ein Beispiel, das man auf keinen Fall wird verallgemeinern können.

e. Die verschiedenen Typen von Wissenschaftsgeschichte

Die vielfältigen Schwellen, die man hat auffinden können, erlauben verschiedene Formen historischer Analyse. Zunächst die Analyse auf der Ebene der Formalisierung: diese Geschichte erzählt die Mathematik im Prozeß ihrer eigenen Ausarbeitung unaufhörlich über sich selbst. Was sie in einem gegebenen Augenblick gewesen ist (ihr Bereich, ihre Methoden, die Gegenstände, die sie definiert, die Sprache, die sie benutzt), wird nie in das äußere Feld der Nicht-Wissenschaftlichkeit zurückgeworfen, sondern wird ständig (und sei es nur als Gebiet, das aus dem Gebrauch gekommen oder vorübergehend unfruchtbar ist) in dem formalen Gebäude neu definiert, das sie konstituiert; diese Vergangenheit enthüllt sich als besonderer Fall, naives Modell, partieller und ungenügend verallgemeinerter Entwurf einer Theorie, die abstrakter, kräftiger oder von höherem Niveau ist; ihre wirkliche historische Bahn überträgt die Mathematik wieder in das Vokabular von Nachbarschaften, Abhängigkeiten, Unterordnungen, fortschreitenden Formalisierungen und Verallgemeinerungen, die sich umgreifen. Für diese Geschichte *der* Mathematik (diejenige, die sie konstituiert, und diejenige, die sie über sich selbst erzählt) ist die Algebra von Diophantos nicht eine in der Schwebe gebliebene Erfahrung; die Algebra, so wie man sie seit Abel und Galois kennt, ist ein besonderer Fall; die griechische

Methode der Exhaustionen ist keine Sackgasse gewesen, von der man sich abwenden mußte; sie ist ein naives Modell der Integralrechnung. Jede historische Peripetie hat ihr formales Niveau und ihre formale Lokalisierung. Es handelt sich dabei um eine *rekurrentiale Analyse*, die sich nur innerhalb einer konstituierten Wissenschaft und nur, wenn ihre Formalisierungsschwelle einmal überschritten ist, vornehmen läßt.[2]

Eine andere ist die historische Analyse, die sich an der Schwelle der Wissenschaftlichkeit ansiedelt und sich fragt, wie diese ausgehend von verschiedenen epistemologischen Figuren überschritten werden konnte. Es handelt sich beispielsweise darum, zu erfahren, wie ein Begriff – noch mit Metaphern oder imaginären Inhalten beladen – gesäubert worden ist und Statut und Funktion eines wissenschaftlichen Begriffes annehmen konnte. Zu erfahren, wie ein schon festgelegter, schon teilweise artikulierter, aber noch von unmittelbaren praktischen Anwendungen oder effektiven Bewertungen durchzogener Erfahrungsbereich sich als ein wissenschaftliches Gebiet konstituieren konnte; auf eine allgemeinere Art zu erfahren, wie sich eine Wissenschaft gegen ein und über ein vorwissenschaftliches Niveau hinweg errichtet hat, das sie zugleich vorbereitete und ihr im vorhinein Widerstand leistete, wie sie die Hindernisse und Grenzen, die sich ihr noch entgegenstellten, überwinden konnte. Gaston Bachelard und Georges Canguilhem haben die Modelle für diese Geschichte geliefert. Sie braucht sich nicht wie die rekurrentiale Analyse im Innern der Wissenschaft anzusiedeln und alle Episoden in dem Gebäude, das sie selbst errichtet, neu zu plazieren und ihre Formalisierung in ihrem heutigen formalen Vokabular zu erzählen: wie könnte sie es auch, zeigt sie doch, wovon sich die Wissenschaft befreit hat und was sie alles aus sich herausfallen lassen mußte, um die Schwelle der Wissenschaftlichkeit zu erreichen. Aufgrund dieser Tatsache selbst nimmt diese Beschreibung die konstituierte Wissenschaft zur Norm; die Geschichte, die sie erzählt, wird notwendigerweise durch den Gegensatz zwischen Wahrheit und Irrtum, Rationalem und Irrationalem, Hindernis und Fruchtbarkeit, Reinheit und Unreinheit, Wissenschaftlichem und Unwissenschaftlichem gegliedert. Es handelt sich dabei um eine *epistemologische Geschichte* der Wissenschaften.

Der dritte Typ historischer Analyse: diejenige, die als Angriffspunkt die Schwelle der Epistemologisierung nimmt – den Scheidepunkt zwischen

---

2 Vgl. dazu Michel Serres, »Les Anamnèses mathématiques« (in: *Hermes ou la communication*, S. 78).

den durch ihre Positivität bestimmten diskursiven Formationen und den epistemologischen Figuren, die nicht alle unbedingt Wissenschaften sind (und denen es übrigens vielleicht niemals gelingt, welche zu werden). Auf diesem Niveau dient die Wissenschaftlichkeit nicht als Norm: was man in dieser *archäologischen Geschichte* freizulegen versucht, sind die diskursiven Praktiken, insoweit sie einem Wissen Raum geben und dieses Wissen das Statut und die Rolle von Wissenschaft annimmt. Auf diesem Niveau eine Geschichte der Wissenschaften anzupacken heißt nicht diskursive Formationen ohne Beachtung der epistemologischen Strukturen zu beschreiben; es heißt zu zeigen, wie die Errichtung einer Wissenschaft und möglicherweise ihr Übergang zur Formalisierung ihre Möglichkeit und ihre Auswirkung in einer diskursiven Formation und in den Modifizierungen ihrer Positivität gefunden haben kann. Es handelt sich also für eine solche Analyse darum, die Wissenschaftsgeschichte ausgehend von einer Beschreibung der diskursiven Praktiken zu profilieren; zu definieren, wie, gemäß welcher Regelmäßigkeit und dank welcher Modifizierungen sie den Epistemologisierungsprozessen Platz machen, die Normen der Wissenschaftlichkeit erreichen und vielleicht bis an die Schwelle der Formalisierung gelangen konnte. Wenn man in der historischen Dichte der Wissenschaften das Niveau der diskursiven Praxis erforscht, will man sie nicht auf ein tiefes und ursprüngliches Niveau zurückführen, will man sie nicht auf den Boden gelebter Erfahrung zurückführen (auf diese Erde, die sich vor jeder Geometrie unregelmäßig und zerrissen darbietet, auf diesen Himmel, der durch den Raster aller Astronomien strahlt); will man zwischen Positivitäten, Wissen, epistemologischen Figuren und Wissenschaften das ganze Spiel der Unterschiede, der Beziehungen, der Abstände, der Verschiebungen, der Unabhängigkeiten und der Autonomien und die Weise erscheinen lassen, wie ihre eigenen Historizitäten sich nacheinander artikulieren.

Die Analyse der diskursiven Formationen, der Positivitäten und des Wissens in ihren Verhältnissen zu den epistemologischen Figuren und den Wissenschaften haben wir, um sie von den anderen möglichen Formen von Wissenschaftsgeschichte zu unterscheiden, die Analyse der *Episteme* genannt. Man wird vielleicht diese Episteme verdächtigen, so etwas wie eine Weltanschauung, ein Stück einer allen Erkenntnissen gemeinsamen Geschichte zu sein, die einer jeden dieselben Normen und dieselben Forderungen, ein allgemeines Stadium der Vernunft und eine gewisse Gedankenstruktur auferlegte, der die Menschen eines Zeitalters nicht entgehen könnten – eine große Gesetzgebung, ein für allemal von anonymer Hand verfaßt. Unter *Episteme* versteht man in der Tat die Gesamtheit der Beziehungen, die in einer gegebenen Zeit die diskursiven Praktiken vereinigen können, durch die die epistemologischen Figuren, Wissenschaften und vielleicht formalisierten Systeme ermöglicht werden; den Modus, nach dem in jeder dieser diskursiven Formationen die Übergänge zur Epistemologisierung, zur Wissenschaftlichkeit und zur Formalisierung stattfinden und sich vollziehen; die Aufteilung jener Schwellen, die zusammenfallen, einander untergeordnet oder zeitlich verschoben sein können; die lateralen Verhältnisse, die zwischen epistemologischen Figuren oder Wissenschaften bestehen, insoweit sie zu benachbarten, aber distinkten diskursiven Praktiken gehören. Die Episteme ist keine Form von Erkenntnis und kein Typ von Rationalität, die, indem sie die verschiedensten Wissenschaften durchdringt, die souveräne Einheit eines Subjekts, eines Geistes oder eines Zeitalters manifestierte; es ist die Gesamtheit der Beziehungen, die man in einer gegebenen Zeit innerhalb der Wissenschaften entdecken kann, wenn man sie auf der Ebene der diskursiven Regelmäßigkeiten analysiert.

Die Beschreibung der Episteme zeigt also mehrere wesentliche Merkmale: sie eröffnet ein unerschöpfliches Feld und kann nie geschlossen werden; ihr Ziel ist nicht, das System von Postulaten zu rekonstruieren, dem alle Erkenntnisse einer Epoche gehorchen, sondern ein unbegrenztes Feld von Beziehungen zu durchlaufen. Darüber hinaus ist die Episteme keine unbewegliche Figur, die, eines Tages aufgetaucht, dazu bestimmt wäre, ebenso plötzlich wieder zu erlöschen: sie ist eine unendlich bewegliche Gesamtheit von Skansionen, Verschiebungen und Koinzidenzen, die sich herstellen und auflösen. Außerdem gestattet die Episteme als Gesamtheit von Beziehungen zwischen Wissenschaften, epistemologischen Figuren, Positivitäten und diskursiven Praktiken das Spiel der Zwänge und Begrenzungen zu erfassen, die sich zu einem gegebenen Zeitpunkt dem Diskurs auferlegen: aber diese Begrenzung ist nicht jene negative, die der Erkenntnis die Unwissenheit, der Beweisführung die Einbildungskraft, der gewappneten Erfahrung das Festhalten an Erscheinungen und den Vernunftschlüssen und Schlußfolgerungen die Träumerei gegenüberstellt; die Episteme ist nicht das, was man in einem Zeitalter unter Berücksichtigung der technischen Unzulänglichkeiten, der geistigen Gewohnheiten oder der durch die Tradition gesetzten Grenzen wissen kann; sie ist das, was in der Positivität der diskursiven Praktiken die Existenz der epistemologischen Figuren und Wissenschaften möglich macht. Man sieht schließlich, daß die Analyse der Episteme kein Verfahren ist, um die kritische Frage wiederaufzunehmen (»wenn etwas wie eine Wissenschaft gegeben ist, mit welchem Recht oder welcher Legitimation ist sie es?«); das ist eine Fragestellung, die das Gegebene einer Wissenschaft nur anerkennt, um sich zu fragen, was für diese Wissenschaft die Tatsache des Gegebenseins ist. Im Rätsel des wissenschaftlichen Diskurses stellt sie nicht sein Recht, eine Wissenschaft zu sein, sondern die Tatsache, daß er besteht, zur Diskussion. Der Punkt, in dem sie sich von allen Erkenntnisphilosophien trennt, ist, daß sie diese Tatsache nicht auf die Instanz einer ursprünglichen Schenkung, die in einem transzendentalen Subjekt die Tatsache und das Recht begründete, sondern auf die Prozesse einer historischen Praxis bezieht.

f. Andere Archäologien

Eine Frage bleibt in der Schwebe: könnte man eine archäologische Analyse konzipieren, die auch die Regelmäßigkeit eines Wissens erscheinen ließe, sich aber nicht vornähme, sie in Richtung der epistemologischen Figuren und Wissenschaften zu analysieren? Ist die Orientierung auf die Episteme hin die einzige, die sich der Archäologie öffnen kann? Muß diese – und ausschließlich – eine bestimmte Art sein, die Geschichte der Wissenschaften zu befragen? Mit anderen Worten: hat die Archäologie, indem sie sich bis jetzt auf das Gebiet der wissenschaftlichen Diskurse beschränkt, einer Notwendigkeit gehorcht, die sie nicht überschreiten könnte – oder hat sie nach einem besonderen Beispiel Analyseformen skizziert, die eine ganz andere Ausdehnung haben können?

Ich bin im Augenblick noch zu wenig fortgeschritten, um auf diese Frage endgültig zu antworten. Aber ich entwerfe gern – unter Vorbehalt noch zahlreicher Versuche, die es zu unternehmen gälte, und vieler Tastversuche – Archäologien, die sich in verschiedene Richtungen entwickeln würden. So zum Beispiel eine archäologische Beschreibung der »Sexualität«. Von nun an sehe ich genau, wie man sie auf die Episteme hin orientieren könnte: man würde zeigen, auf welche Weise sich im 19. Jahrhundert epistemologische Figuren wie die Biologie oder die Psychologie der Sexualität gebildet haben; und durch welchen Bruch sich mit Freud ein Diskurs wissenschaftlichen Typs errichtet hat. Aber ich sehe auch eine andere Analysemöglichkeit: anstatt das sexuelle Verhalten der Menschen zu einer be-

stimmten Zeit zu untersuchen (indem man dessen Gesetz in einer Gesell-
schaftsstruktur, in einem kollektiven Unbewußten oder in einer gewissen
moralischen Haltung sucht), anstatt das zu beschreiben, was die Menschen
über die Sexualität haben denken können (welche religiöse Interpretation
sie von ihr gaben, welche Aufwertung oder welche Mißbilligung sie ihr zu-
maßen, welche Meinungs- oder Moralkonflikte sie hervorrufen konnte),
würde man sich fragen, ob sich in diesen Verhaltensformen und in diesen
Repräsentationen nicht eine ganze diskursive Praxis angelegt findet; ob
die Sexualität, außerhalb jeder Orientierung auf einen wissenschaftlichen
Diskurs hin, keine Gesamtheit von Gegenständen ist, über die man sprechen kann (oder über die zu sprechen verboten ist), ein Feld möglicher Äußerungen (ob es sich um lyrische Ausdrücke oder um juridische Vorschriften handelt), eine Gesamtheit von Begriffen (die sich zweifellos unter der
elementaren Form von ideologischen Begriffen oder Themen darstellen
können), ein Bündel von Wahlmöglichkeiten (das in der Kohärenz der Verhaltensformen oder in Vorschriftssystemen erscheinen kann). Wenn sie Erfolg in ihrer Aufgabe hätte, würde eine solche Archäologie zeigen, wie die
Verbote, Ausschlüsse, Grenzen, Aufwertungen, Freizügigkeiten, Grenzüber-
schreitungen der Sexualität, alle ihre sprachlichen oder nicht-sprachlichen
Manifestationen an eine determinierte diskursive Praxis gebunden sind.
Sie würde eine gewisse »Sprechweise« gewiß nicht als letzte Wahrheit über
die Sexualität, sondern als die eine der Dimensionen, in denen man sie
beschreiben kann, erscheinen lassen; und man würde zeigen, wie diese
Sprechweise nicht in wissenschaftlichen Diskursen, sondern in einem System von Verboten und Werten angelegt ist. Diese Analyse vollzöge sich
so nicht in der Richtung der Episteme, sondern in der, die man als die
der Ethik bezeichnen könnte.

Nun aber das Beispiel einer anderen möglichen Orientierung. Man
kann, um ein Bild zu analysieren, den verborgenen Diskurs des Malers rekonstruieren; man kann das Gemurmel seiner Absichten, die schließlich
nicht in Worte, sondern in Linien, Oberflächen und Farben übersetzt worden sind, wiederfinden wollen, man kann versuchen, die implizite Philosophie herauszulösen, die als seine Weltanschauung angesehen wird. Ebenso
ist es möglich, die Wissenschaft oder wenigstens die Meinungen der Zeit
zu befragen und zu erkennen zu suchen, was der Maler ihnen hat entnehmen können. Die archäologische Analyse hätte ein anderes Ziel: sie
würde untersuchen, ob der Raum, die Entfernung, die Tiefe, die Farbe,

das Licht, die Proportionen, die Inhalte, die Umrisse in der betrachteten Epoche nicht in einer diskursiven Praxis benannt, geäußert und in Begriffe gefaßt worden sind; und ob das Wissen, dem diese diskursive Praxis Raum gibt, nicht in Theorien und vielleicht Spekulationen, in Unterrichtsformen und in Verschreibungen, aber auch in Verfahren, in Techniken und fast in der Gebärde des Malers angelegt war. Es würde sich nicht darum handeln, zu zeigen, daß die Malerei eine bestimmte Weise des Bezeichnens oder des »Sagens« ist, woran das Besondere wäre, daß sie auf Worte verzichtete. Man müßte zeigen, daß sie wenigstens in einer ihrer Dimensionen eine diskursive Praxis ist, die in Techniken und Auswirkungen Gestalt annimmt. So beschrieben ist die Malerei nicht eine reine Vision, die man anschließend in die Materialität des Raumes übertragen müßte; sie ist ebensowenig eine nackte Gebärde, deren stumme und unendlich leere Bedeutungen durch spätere Interpretationen freigesetzt werden müßten. Sie wird von der Positivität eines Wissens völlig durchlaufen – unabhängig sowohl von wissenschaftlichen Erkenntnissen als auch von philosophischen Themen.

Mir scheint, daß man eine Analyse desselben Typs auch für das politische Wissen erstellen könnte. Man würde zu sehen versuchen, ob das politische Verhalten einer Gesellschaft, einer Gruppe oder einer Klasse nicht von einer determinierten und unbeschreibbaren diskursiven Praxis durchlaufen wird. Diese Positivität fiele selbstverständlich weder mit den politischen Theorien der Zeit noch mit den ökonomischen Determinationen zusammen: sie würde definieren, was von der Politik Äußerungsobjekt werden kann, welche Formen diese Äußerung annehmen kann, welche Begriffe dabei angewendet werden, welche strategischen Wahlen darin vollzogen werden. Dieses Wissen würde man, anstatt es – was immer möglich ist – in der Richtung der Episteme zu analysieren, der es Raum geben kann, in der Richtung der Verhaltensformen, der Kämpfe, der Konflikte, der Entscheidungen und der Taktiken analysieren. Man würde so ein politisches Wissen erscheinen lassen, das zu keiner zweiten Theoretisierung der Praxis gehört und das auch keine Anwendung der Theorie ist. Da es regelmäßig von einer diskursiven Praxis gebildet wird, die sich neben anderen Praktiken entfaltet und nach ihnen artikuliert, ist es kein Ausdruck, der auf mehr oder weniger adäquate Weise eine bestimmte Zahl von »objektiven Gegebenheiten« oder wirklichen Praktiken »widerspiegelte«. Von Anfang an schreibt es sich in das Feld der verschiedenen Praktiken ein,

wo es zugleich seine Spezifizierung, seine Funktionen und das Netz seiner
Abhängigkeiten findet. Wenn eine solche Beschreibung möglich wäre,
wäre es – wie man sieht – nicht nötig, die Instanz eines individuellen oder
kollektiven Bewußtseins zu durchlaufen, um den Ort der Artikulation
einer politischen Praxis und politischen Theorie zu erfassen; es wäre nicht
nötig zu untersuchen, in welchem Maße dieses Bewußtsein einerseits
stumme Bedingungen ausdrücken und andererseits theoretischen Wahrheiten gegenüber sich empfänglich zeigen kann; man müßte nicht das psychologische Problem einer Bewußtwerdung stellen; man müßte die Formation und die Transformationen eines Wissens analysieren. Die Frage wäre
zum Beispiel nicht, zu bestimmen, von welchem Augenblick an ein revolu-
tionäres Bewußtsein erscheint, noch, welche wechselseitigen Rollen die
ökonomischen Bedingungen und die Arbeit theoretischer Erhellung bei
der Genese dieses Bewußtseins spielen konnten; es würde sich nicht darum handeln, die allgemeine und exemplarische Biographie des revolutionären Menschen nachzuzeichnen oder die Verankerung seines Vorhabens
zu finden; sondern zu zeigen, wie sich eine diskursive Praxis und ein revo-
lutionäres Wissen gebildet haben, die sich in Verhaltensweisen und Strategien anlegen, die einer Gesellschaftstheorie Raum geben und die die Interferenz und die wechselseitige Transformation der einen wie der anderen
bewirken.

Jetzt kann man auf die eben gestellte Frage antworten: Befaßt sich die
Archäologie nur mit Wissenschaften? Ist sie immer nur eine Analyse wissenschaftlicher Diskurse? Und zweimal mit nein antworten. Was die Archäologie zu beschreiben versucht, ist nicht die Wissenschaft in ihrer spezifischen Struktur, sondern der durchaus andersartige Bereich des *Wissens*.
Wenn sie sich darüber hinaus mit dem Wissen in seinem Verhältnis zu
den epistemologischen Figuren und den Wissenschaften befaßt, kann sie
ebensogut das Wissen in einer anderen Richtung befragen und es in einem
anderen Bündel von Beziehungen beschreiben. Die Orientierung auf die
Episteme hin ist bisher die einzig erforschte gewesen. Der Grund dafür
ist, daß die diskursiven Formationen durch ein Gefälle, das unsere Kulturen zweifellos charakterisiert, unaufhörlich epistemologisiert werden. Das
Gebiet der Positivitäten konnte gerade durch die Befragung der Wissenschaften, ihrer Geschichte, ihrer seltsamen Einheit, ihrer Streuung und
ihrer Brüche erscheinen; den Mechanismus der diskursiven Formationen
konnte man gerade im Zwischenraum der wissenschaftlichen Diskurse

aufgreifen. Es ist unter diesen Umständen nicht erstaunlich, daß das fruchtbarste und für die archäologische Beschreibung am weitesten geöffnete Gebiet jene »Zeit der Klassik« war, die von der Renaissance bis zum 19. Jahrhundert die Epistemologisierung so vieler Positivitäten entwickelt hat; ebensowenig erstaunlich ist, daß die diskursiven Formationen und die spezifischen Regelmäßigkeiten des Wissens sich dort abgezeichnet haben, wo die Ebenen der Wissenschaftlichkeit und der Formalisierung am schwierigsten zu erreichen gewesen sind. Aber das ist nur der bevorzugte Angriffspunkt; das ist kein Pflichtgebiet für die Archäologie.

V
Schluß

– Während des ganzen Buches haben Sie schlecht und recht versucht, sich dem »Strukturalismus« oder dem, was man gewöhnlich darunter versteht, zu entziehen. Dabei haben Sie geltend gemacht, daß Sie sich weder seiner Methoden noch seiner Begriffe bedienen; daß Sie auf die Prozeduren der linguistischen Beschreibung keinen Bezug nehmen; daß Sie sich um die Formalisierung nicht sorgen. Was bedeuten diese Unterschiede aber anderes, als daß Sie nicht einmal das bewerkstelligt haben, was an Positivem in den strukturalen Analysen liegen kann, was sie an Strenge und vorweisbarer Wirksamkeit mit sich bringen können; als daß das Gebiet, das zu behandeln Sie versucht haben, sich dieser Art von Unterfangen widersetzt hat und sein Reichtum unaufhörlich sich den Schemata entzogen hat, in die Sie es einschließen wollten? Und mit ziemlicher Unverfrorenheit haben Sie Ihre Unfähigkeit als Methode verkleidet; uns präsentieren Sie jetzt die unüberwindbare Distanz, die Sie von einer wirklichen strukturalistischen Analyse trennt und immer trennen wird, als einen explizit gewollten Unterschied.

Wir haben uns nämlich nicht täuschen lassen. Tatsächlich haben Sie an die leeren Stellen der von Ihnen nicht benutzten Methoden eine ganze Folge von ideologischen Begriffen (*notions*) gesetzt, die den jetzt von jenen, die Sprachen oder Mythen, literarische Werke oder Märchen beschreiben, zugelassenen wissenschaftlichen Begriffen (*concepts*) fremd sind. Sie haben von Formationen, von Positivitäten, von Wissen, von diskursiven Praktiken gesprochen: einem ganzen Rüstzeug von Termini, deren Besonderheit und wunderbare Kräfte Sie voller Stolz jeweils einzeln unterstrichen haben. Wäre es aber nötig gewesen, so viele Absonderlichkeiten zu erfinden, wenn Sie nicht einige der grundlegendsten Themen des Strukturalismus – und sogar diejenigen, die seine bestreitbarsten Postulate und seine zweifelhafteste Philosophie ausmachen – in einem für sie irreduziblen Gebiet zur Geltung zu bringen versucht hätten? Es spielt sich alles ab, als hätten Sie von den heutigen Methoden der Analyse nicht die seriöse und empirische Arbeit beibehalten, sondern ein oder zwei Themen, die obendrein mehr Extrapolationen daraus als notwendige Prinzipien sind.

So haben Sie die dem Diskurs eigenen Dimensionen reduzieren, seine
spezifische Unregelmäßigkeit vernachlässigen und verbergen wollen, was
er an Initiative und Freiheit enthalten kann, ja das Ungleichgewicht, das
er in der Sprache errichtet, kompensieren wollen: Sie haben diese Öffnung
schließen wollen. Nach dem Beispiel einer bestimmten Form von Linguistik haben Sie auf das sprechende Subjekt verzichten wollen. Sie glaubten,
man könne den Diskurs aller seiner anthropologischen Bezüge entledigen
und ihn behandeln, als sei er nie von jemand formuliert worden, als sei er
nicht unter besonderen Umständen entstanden, als werde er nicht von Vorstellungen (*représentations*) durchdrungen, als richte er sich an niemand.
Schließlich haben Sie ein Prinzip der Gleichzeitigkeit auf ihn angewandt:
Sie haben es abgelehnt zu sehen, daß der Diskurs, im Gegensatz vielleicht
zur Sprache, wesentlich historisch ist, daß er nicht aus verfügbaren Elementen konstituiert wurde, sondern aus realen und sukzessiven Ereignissen, daß man ihn nicht außerhalb der Zeit analysieren kann, in der er sich
entfaltet hat.

– Sie haben recht: ich habe die Transzendenz des Diskurses verkannt,
ich habe bei einer Beschreibung abgelehnt, ihn auf eine Subjektivität zu beziehen. Ich habe nicht an erster Stelle und so, als sei es seine allgemeine
Form, seinen diachronischen Charakter hervorgehoben. Das alles war aber
nicht dazu bestimmt, Begriffe und Methoden nach außerhalb des Gebietes
der Sprache zu übertragen, in dem sie erprobt worden waren. Wenn ich
vom Diskurs gesprochen habe, ging es nicht darum zu zeigen, daß sich
die Mechanismen oder Prozesse der Sprache darin unberührt weiter erhielten; sondern vielmehr darum, in der Dichte der sprachlichen Performanzen die Verschiedenheit der möglichen Ebenen der Analyse erscheinen
zu lassen; und zu zeigen, daß man neben den Methoden linguistischer
Strukturierung (oder jenen der Interpretation) eine spezifische Beschreibung der Aussagen, ihrer Bildung und der dem Diskurs eigenen Regelmäßigkeiten herstellen konnte. Wenn ich die Bezüge zum sprechenden
Subjekt aufgehoben habe, ging es nicht um die Entdeckung der Konstruktionsgesetze oder der Formen, die von allen Sprechern auf die gleiche
Weise angewandt würden, nicht darum, den großen, universalen Diskurs
sprechen zu lassen, der allen Menschen einer Epoche gemeinsam wäre.
Im Gegenteil handelte es sich darum zu zeigen, worin die Unterschiede bestehen, wie es möglich sei, daß Menschen innerhalb einer diskursiven Praxis von verschiedenen Gegenständen sprechen, entgegengesetzte Meinun-

gen haben, eine sich widersprechende Wahl treffen; und es handelte sich auch darum zu zeigen, worin die diskursiven Praktiken sich voneinander unterscheiden. Kurz gesagt, ich habe das Problem des Subjekts nicht ausschließen wollen, sondern die Positionen und Funktionen definieren wollen, die das Subjekt in der Verschiedenheit der Diskurse einnehmen konnte. Schließlich haben Sie feststellen können: ich habe die Geschichte nicht negiert, ich habe die allgemeine und leere Kategorie des Wechsels in der Schwebe gehalten, um Transformationen verschiedener Ebenen auftauchen zu lassen. Ich lehne ein einförmiges Modell der Temporalisierung ab, um für jede diskursive Praxis ihre Häufungs-, Ausschluß-, Reaktivierungsregeln, ihre ihr eigenen Ableitungsgesetze und ihre spezifischen Modi der Kopplung mit verschiedenen Abfolgen zu beschreiben.

Ich habe also das strukturalistische Unterfangen nicht über seine legitimen Grenzen hinausführen wollen. Und soviel Gerechtigkeit wird man mir angedeihen lassen, daß ich in *Die Ordnung der Dinge* den Terminus Struktur nicht ein einziges Mal gebraucht habe. Aber weg von den Polemiken um den »Strukturalismus«; sie leben nur mit Mühe noch in den Regionen fort, die von denjenigen, die arbeiten, verlassen worden sind. Diese Auseinandersetzung, die sehr fruchtbar gewesen ist, wird jetzt nur noch von den Mimen und Schaustellern geführt.

– Vergeblich haben Sie sich bemüht, diese Polemiken zu verschleiern; dem Problem entgehen Sie so nicht. Uns geht es nämlich nicht um Strukturalismus. Wir anerkennen gern seine Angemessenheit und seine Wirksamkeit: wenn es sich um die Analyse einer Sprache, von Mythologien, Volksmärchen, Gedichten, Träumen, literarischen Werken, sogar Filmen handelt, läßt die strukturale Analyse Beziehungen erscheinen, die ohne sie nicht hätten isoliert werden können. Sie gestattet die Definition von rekurrenten Elementen mit ihren Oppositionsformen und ihren Kriterien der Individualisierung; sie erlaubt auch die Herstellung von Konstruktionsgesetzen, von Äquivalenzen und Transformationsregeln. Trotz einiger anfänglicher Versuche, Schweigen darüber zu legen, akzeptieren wir jetzt ohne Schwierigkeit, daß die Sprache, das Unbewußte, die Imagination der Menschen Strukturgesetzen gehorchen. Wir lehnen aber absolut ab, was Sie machen: daß man die wissenschaftlichen Diskurse in ihrer Abfolge analysieren könne, ohne sie auf etwas wie eine konstitutive Aktivität zu beziehen, ohne bis in ihr Zögern hinein den Anfang eines ursprünglichen Vorhabens oder einer fundamentalen Teleologie zu erkennen, ohne die

tiefe Kontinuität wiederzufinden, die sie verbindet und bis zu dem Punkt
führt, an dem wir sie erfassen können; daß man so das Werden der Vernunft entwirren und die Geschichte des Denkens von jedem Index der
Subjektivität befreien könne. Fassen wir die Auseinandersetzung einmal
zusammen: wir geben zu, daß man in Termini von Elementen und Konstruktionsregeln von der Sprache im allgemeinen sprechen kann – jener
Sprache von einst und anderswo, die die der Mythen ist, oder auch jener
trotz allem ein wenig fremden Sprache des Unbewußten oder unserer Werke; aber die Sprache unseres Wissens, die Sprache, die wir hier und jetzt
sprechen, dieser strukturale Diskurs selbst, der uns die Analyse so vieler anderer Sprachen gestattet, wird von uns in seiner historischen Mächtigkeit
für irreduzibel gehalten. Sie können doch nicht vergessen, daß lediglich
ausgehend von ihm, von seiner langsamen Genese, von jenem dunklen
Werden, das ihn bis zum heutigen Zustand geführt hat, wir von anderen
Diskursen in Termini der Struktur sprechen können. Er hat uns dazu die
Möglichkeit und das Recht gegeben; er bildet den blinden Fleck, von
dem aus die Dinge sich um uns herum ordnen, wie wir sie heute sehen.
Wir haben nichts dagegen, wenn man mit Elementen, Beziehungen und
Diskontinuitäten spielt, wenn man indo-europäische Legenden oder die
Tragödien Racines analysiert; wir haben auch nichts dagegen, wenn man
im Rahmen des Möglichen die Frage nach den sprechenden Subjekten
übergeht. Aber wir bestreiten, daß man, wenn diese Versuche erfolgreich
waren, sich autorisiert glauben kann, die Analyse zurückzudrängen, bis
zu den Diskursformen, die sie ermöglichen, zurückzugehen und den Ort
in Frage zu stellen, von dem aus wir heute sprechen. Die Geschichte dieser
Analysen, worin die Subjektivität sich verbirgt, bewahrt für sich ihre eigene
Transzendenz.

– Mir scheint darin (und viel mehr sogar als in der wiedergekäuten
Frage des Strukturalismus) tatsächlich der Streitpunkt und der Kern Ihres
Widerstandes zu liegen. Gestatten Sie mir – im Spiel selbstverständlich,
denn wie Sie wissen, habe ich keine besondere Neigung zur Interpretation – Ihnen zu sagen, wie ich Ihre Rede von vorhin verstanden habe. »Gewiß«, sagten Sie leise, »trotz aller von uns gelieferten Nachhutgefechte sind
wir künftig gezwungen, die Formalisierung von deduktiven Diskursen zu
akzeptieren; selbstverständlich müssen wir hinnehmen, daß man die Architektur eines philosophischen Systems eher beschreibt als die Geschichte
einer Seele und eher als ein Existenzprojekt. Selbstverständlich – und un-

abhängig davon, was wir darüber denken – müssen wir die Analysen tolerieren, die die literarischen Werke nicht auf die Lebenserfahrung eines Individuums, sondern auf die Strukturen der Sprache beziehen. Selbstverständlich haben wir alle Diskurse aufgeben müssen, die wir einst auf die Souveränität des Bewußtseins zurückführten. Was wir aber seit jetzt mehr als einem halben Jahrhundert verloren haben, beabsichtigen wir durchaus auf der zweiten Stufe durch die Analyse all dieser Analysen oder wenigstens durch die fundamentale Befragung wiederzuerlangen, die wir ihnen auferlegen. Wir werden sie nach ihrer Herkunft, nach der sie ohne ihr Wissen durchherrschenden Bestimmung, nach der Naivität, die sie gegenüber den sie ermöglichenden Bedingungen blind macht, und der metaphysischen Einfriedung fragen, in der sich ihr rudimentärer Positivismus einschließt. Und sofort wird es endlich unerheblich sein, daß das Unbewußte nicht, wie wir geglaubt und geäußert haben, der implizite Rand des Bewußtseins ist. Es wird unerheblich sein, daß eine Mythologie keine Weltanschauung mehr und ein Roman etwas anderes ist als die äußere Seite einer gelehrten Erfahrung; denn die Vernunft, die alle diese neuen »Wahrheiten« herstellt, überwachen wir ganz besonders: weder sie noch ihre Vergangenheit, noch was sie möglich macht, noch was sie unser werden läßt, entgeht seiner transzendentalen Bestimmung. Ihr – und wir sind entschlossen, niemals darauf zu verzichten – werden wir jetzt die Frage nach ihrem Ursprung, nach der ersten Konstitution, dem teleologischen Horizont, der zeitlichen Kontinuität stellen. Dieses Denken, das sich heute als das unsere aktualisiert, werden wir in der historisch-transzendentalen Dominanz aufrechterhalten. Auch wenn wir wohl oder übel alle Strukturalismen auszuhalten gezwungen sind, so würden wir dennoch nicht akzeptieren, daß man an jene Geschichte des Denkens rührt, die unsere Geschichte ist. Wir könnten nicht hinnehmen, daß alle transzendentalen Fäden gelöst werden, die sie seit dem 19. Jahrhundert mit der Problematik des Ursprungs und der Subjektivität verbunden haben. Dem, der sich dieser Festung nähert, in die wir uns geflüchtet haben und die wir fest zu verteidigen beabsichtigen, werden wir mit der Bewegung, die die Entweihung verhindert, wiederholen: *Noli tangere!*

Nun bin ich aber unbeirrt weiter vorwärts gegangen. Nicht weil ich des Sieges oder meiner Waffen sicher wäre. Sondern weil mir schien, daß im Augenblick das Wesentliche darin lag, die Geschichte des Denkens aus seiner transzendentalen Unterwerfung zu befreien. Für mich bestand das Problem absolut nicht darin, sie zu strukturalisieren, indem ich auf das Werden des Wissens oder auf die Genese der Wissenschaften Kategorien anwendete, die auf dem Gebiet der Sprache ihren Beweis geliefert hatten. Es handelte sich darum, diese Geschichte in einer Diskontinuität zu analysieren, die keine Teleologie von vornherein reduzieren würde; sie in einer Streuung festzustellen, die kein vorher bestehender Horizont umschließen könnte; sie sich in einer Anonymität entfalten zu lassen, der keine transzendentale Konstitution die Form des Subjekts auferlegen würde; sie für eine Zeitlichkeit zu öffnen, die nicht die Wiederkehr einer Morgenröte verspräche. Es handelte sich darum, sie von jeglichem transzendentalen Narzißmus zu befreien; sie mußte aus seinem Zirkel des verlorenen und wiedergefundenen Ursprungs, in dem sie gefangen war, befreit werden. Es mußte gezeigt werden, daß die Geschichte des Denkens nicht jene enthüllende Rolle des transzendentalen Moments besitzen konnte, die die rationale Mechanik seit Kant, die mathematischen Idealitäten seit Husserl und die Bedeutungen der wahrgenommenen Welt seit Merleau-Ponty nicht mehr besitzen – trotz der Anstrengungen, die diese hingegen unternommen haben, um sie darin zu entdecken.

Und ich glaube, daß wir uns trotz der durch die ansehnliche Debatte des Strukturalismus eingeführten Doppeldeutigkeit im Grunde völlig verstanden haben. Das heißt: wir verstanden sehr wohl, was wir jeweils tun wollten. Es war durchaus normal, daß Sie die Rechte einer kontinuierlichen Geschichte verteidigten, die gleichzeitig für die Arbeit einer Teleologie und die unbestimmten Prozesse der Kausalität geöffnet ist. Sie taten es aber nicht, um sie vor einer strukturalistischen Invasion zu schützen, die deren Bewegung, Spontaneität und innere Dynamik nicht anerkannt hätte, sondern wollten in Wahrheit die Kräfte eines konstitutiven Bewußtseins garantieren, da gerade sie in Frage gestellt wurden. Diese Verteidigung mußte aber andernorts stattfinden und nicht direkt an der Stelle der Auseinandersetzung: wenn Sie nämlich einer empirischen Untersuchung, einer kleinen historischen Arbeit das Recht zugestanden, die transzendentale Dimension in Frage zu stellen, dann gaben Sie das Wesentliche auf. Daher rührt eine Serie von Verschiebungen. Die Archäologie als eine Suche nach dem Ursprung, nach formalen Apriori, Gründungsakten, kurz als eine Art historischer Phänomenologie zu behandeln (während es sich für sie dagegen darum handelt, die Geschichte aus der phänomenologischen Umarmung zu befreien) und ihr dann vorzuwerfen, daß sie in ihrer

Aufgabe scheitert und immer nur eine Serie empirischer Fakten entdeckt; ferner: der archäologischen Beschreibung, ihrer Bemühung, Schwellen, Brüche und Transformationen festzustellen, die wirkliche Arbeit der Historiker gegenüberzustellen, die im Aufzeigen der Kontinuitäten bestünde (während die Geschichte seit Jahrzehnten andere Ziele verfolgt), und ihr dann ihre Sorglosigkeit gegenüber Empirizitäten vorzuhalten; sie überdies als ein Unternehmen zur Beschreibung kultureller Totalitäten, zur Homogenisierung der hervorstechendsten Unterschiede und zur Wiederauffindung der Universalität der zwingenden Formen zu betrachten (wo sie sich doch vorgenommen hat, die besondere Spezifität der diskursiven Praktiken zu definieren) und ihr dann Unterschiede, Wechsel und Veränderungen vorzuhalten; sie schließlich als die Importierung des Strukturalismus (obwohl dessen Methoden und Begriffe keinesfalls zur Verwechslung Anlaß geben können) in das Gebiet der Geschichte zu bezeichnen und dann zu zeigen, daß sie nicht als eine wirkliche strukturale Analyse funktionieren kann.

Dieses ganze Spiel von Deplazierungen und Unterschätzungen ist in sich völlig kohärent und notwendig. Es enthielt einen sekundären Vorteil: sich schräg an all jene Formen von Strukturalismus wenden zu können, die man durchaus tolerieren muß und denen man bereits in so vielem hat nachgeben müssen, und ihnen zu sagen: »Ihr seht, wem ihr euch aussetzen würdet, wenn ihr die Gebiete berührtet, die uns noch gehören. Eure Vorgehensweisen, die vielleicht woanders einige Gültigkeit haben mögen, würden hier ihre Grenzen erreichen. Sie würden den ganzen konkreten Inhalt, den ihr analysieren wolltet, entgleiten lassen. Ihr wäret gezwungen, auf euren vorsichtigen Empirismus zu verzichten. Ihr würdet gegen euren Willen in eine fremde Ontologie der Struktur geraten. Seid also so klug, euch auf die Gebiete zu beschränken, die ihr zweifellos erobert habt, von denen wir aber künftig so tun werden, als hätten wir sie euch überlassen, weil wir selber ihre Grenzen abstecken.« Was den größeren Vorteil anbelangt, so besteht dieser selbstverständlich darin, die Krise, in der wir uns seit langem befinden und deren Größe ständig wächst, zu verdecken. In dieser Krise handelt es sich um jene transzendentale Überlegung, mit der seit Kant sich die Philosophie identifiziert hat, geht es um jene Thematik des Ursprungs, um jene Verheißung der Wiederkehr, durch die wir den Unterschied unserer Gegenwart verbergen; und handelt es sich um ein anthropologisches Denken, das all diese Fragestellungen nach der Frage des Seins des Men-

schen ordnet und die Analyse der Praxis zu vermeiden gestattet; handelt es
sich um alle humanistischen Ideologien und schließlich und vor allem um
den Status des Subjekts. Diese Debatte wünscht ihr zu verhüllen, und von
ihr hofft ihr, wie ich glaube, die Aufmerksamkeit abzulenken, indem ihr
das gefällige Spiel der Genese und des Systems, der Synchronie und des
Werdens, der Relation und der Ursache, der Struktur und der Geschichte
weiterverfolgt. Seid ihr sicher, nicht eine theoretische Metathese vorzunehmen?

   – Nehmen wir an, daß die Auseinandersetzung so liegt, wie Sie sagen;
nehmen wir an, daß es sich darum handelt, das letzte Bollwerk des transzendentalen Denkens zu verteidigen oder anzugreifen, und räumen wir
ein, daß unsere heutige Diskussion mit der Krise zu tun hat, von der Sie
sprechen: welchen Titel trägt dann Ihr Diskurs? Woher kommt er, und
mit welchem Recht spricht er? Wie könnte er sich legitimieren? Wenn
Sie nichts anderes unternommen haben als eine empirische Untersuchung,
die sich dem Erscheinen und der Transformation der Diskurse widmet,
wenn Sie Aussagemengen, epistemologische Figuren, die historischen Formen eines Wissens beschrieben haben, wie können Sie dann der Naivität
all dieser Positivismen entgehen? Und wie könnte Ihr Unternehmen gegenüber der Frage nach dem Ursprung und dem notwendigen Rückgriff auf
ein konstitutives Subjekt standhalten? Wenn Sie aber behaupten, eine radikale Fragestellung zu eröffnen, wenn Sie Ihren Diskurs auf die Ebene stellen wollen, auf die wir uns selbst stellen, dann wissen Sie sehr wohl, daß er
in unser Spiel Eingang findet und seinerseits jene Dimension verlängert,
von der er sich doch zu befreien versucht. Entweder er erreicht uns nicht,
oder wir nehmen ihn selbst in Anspruch. Auf jeden Fall sind Sie gehalten,
uns zu sagen, was diese Diskurse sind, die Sie nun seit bald zehn Jahren
hartnäckig verfolgen, ohne sie jemals näher auszuweisen. Mit einem Wort,
was sind sie: Geschichte oder Philosophie?

   – Mehr als Ihre Entgegnungen von vorhin bringt mich, wie ich gerne
zugebe, diese Frage in Schwierigkeiten. Sie überrascht mich durchaus
nicht, aber ich hätte sie gern noch einige Zeit offengelassen. Denn im Augenblick und ohne daß ich ein Ende absehen könnte, meidet mein Diskurs – weit davon entfernt, den Ort zu bestimmen, von dem aus er
spricht – den Boden, auf den er sich stützen könnte. Er ist Diskurs über
Diskurse: aber er beabsichtigt nicht, in ihnen ein verborgenes Gesetz,
einen wiederentdeckten Ursprung zu finden, den man nur noch freisetzen

müßte. Er beabsichtigt ebensowenig, von selbst und ausgehend von ihm selbst die allgemeine Theorie aufzustellen, deren konkrete Modelle sie wären. Es handelt sich um die Entfaltung einer Streuung, die man nie auf ein einziges System von Unterschieden zurückführen kann, eine Verzettelung, die sich nicht auf zwei absolute Bezugsachsen bezieht. Es handelt sich darum, eine Dezentralisierung vorzunehmen, die keinem Zentrum ein Privileg zugesteht. Ein solcher Diskurs hat nicht die Aufgabe, das Vergessen aufzulösen und in der Tiefe der gesagten Dinge, dort, wo sie schweigen, den Moment ihrer Entstehung wiederzufinden (ob es sich nun um ihre empirische Schöpfung oder den transzendentalen Akt, der ihnen Ursprung verleiht, handelt). Er ist nicht das Sammeln des Ursprünglichen oder die Erinnerung der Wahrheit. Er hat im Gegenteil die Unterschiede zu *machen*: sie als Objekte zu konstituieren, sie zu analysieren und ihren Begriff zu definieren. Statt das Feld der Diskurse zu durchlaufen, um selbständig die ruhenden Totalisierungen vorzunehmen, statt in dem, was gesagt worden ist, jenen *anderen* verborgenen Diskurs zu suchen, der aber *derselbe* bleibt (statt infolgedessen ständig die *Allegorie* und die *Tautologie* zu spielen), nimmt er unaufhörlich die Differenzierungen vor, ist er *Diagnostik*. Wenn die Philosophie Erinnerung oder Rückkehr des Ursprungs ist, kann das, was ich tue, in keinem Fall als Philosophie betrachtet werden. Und wenn die Geschichte des Denkens darin besteht, halb verwischten Figuren erneut Leben zu geben, ist das, was ich tue, auch nicht Geschichte.

– Man muß von dem von Ihnen soeben Gesagten zumindest festhalten, daß Ihre Archäologie keine Wissenschaft ist. Sie lassen sie schwimmen, mit dem unbestimmten Status einer Beschreibung. Wahrscheinlich noch einer von den Diskursen, die für irgendeine im Entstehen begriffene Disziplin gehalten werden wollen. Das bringt ihren Autoren den doppelten Vorteil, ihre explizite und strenge Wissenschaftlichkeit nicht begründen zu müssen und sie für eine künftige Allgemeinheit zu öffnen, die sie von den Zufällen ihrer Entstehung befreit. Noch eines jener Vorhaben, die sich für das, was sie nicht sind, rechtfertigen, indem sie das Wesentliche ihrer Aufgabe, den Moment ihrer Verifizierung und die endgültige Anwendung ihrer Kohärenz, stets auf später vertagen. Noch eine dieser Gründungen, wie sie seit dem 19. Jahrhundert in so großer Zahl angekündigt worden sind. Man weiß auf dem Gebiet der modernen Theorie sehr wohl, daß man sich darin gefällt, nicht so sehr demonstrierbare Systeme zu erfinden, sondern Disziplinen, deren Möglichkeit man eröffnet, deren Programm man entwirft und deren Schicksal und Zukunft man anderen anvertraut. Kaum ist die punktierte Linie ihres Aufrisses beendet, verschwinden sie mit ihren Autoren, und das Feld, das sie hätten bearbeiten sollen, bleibt für immer steril.

– Es stimmt, daß ich die Archäologie nie als eine Wissenschaft präsentiert habe, nicht einmal als die erste Grundlage einer künftigen Wissenschaft. Und ich habe mich weniger um den Plan eines künftigen Gebäudes gekümmert als um die Bilanz dessen, was ich anläßlich konkreter Untersuchungen unternommen hatte, wobei ich unterdes bereit war, viele Korrekturen anzubringen. Das Wort Archäologie hat keinen antizipatorischen Wert. Es bezeichnet lediglich eine der Angriffslinien für die Analyse verbaler Performanzen: Spezifizierung eines Niveaus, dessen der Aussage und des Archivs; Determination und Erhellung eines Gebiets: die Äußerungsregelmäßigkeiten, die Positivitäten; Anwendung von Begriffen wie denen der Formationsregeln, der archäologischen Ableitung, des historischen Apriori. Aber in fast all seinen Dimensionen und auf fast all seinen Kämmen hat das Unterfangen Beziehung zu Wissenschaften, zu Analysen wissenschaftlichen Typs oder zu Theorien, die Kriterien der Strenge gehorchen. Zunächst hat es Beziehung zu Wissenschaften, die sich im archäologisch beschriebenen Wissen konstituieren und ihre Normen herstellen: das sind für es ebensosehr *Wissenschaftsgegenstände*, wie es bereits die pathologische Anatomie, die Philologie, die Politische Ökonomie, die Biologie haben sein können. Es hat auch zu wissenschaftlichen Analyseformen Beziehung, von denen es sich entweder durch das Niveau oder das Gebiet oder durch die Methoden unterscheidet und die es nach charakteristischen Trennungslinien nebeneinanderstellt. Dieses Unterfangen löst sich von einer Untersuchung, die die linguistische *Kompetenz* zum privilegierten Gebiet hätte, indem sie, in der Masse der gesagten Dinge, die als Funktion der Realisierung der sprachlichen *Performanz* definierte Aussage in Angriff nimmt: während eine solche Beschreibung zur Definition der Akzeptabilität der Aussagen ein generatives Modell konstituiert, versucht die Archäologie zur Definition der Bedingungen ihrer Realisierung Formationsregeln aufzustellen. Daher gibt es zwischen diesen beiden Analyseformen eine bestimmte Zahl von Analogien, aber auch von Unterschieden (insbesondere was das mögliche Niveau der Formalisierung anbelangt); auf jeden Fall spielt für die Archäologie eine generative Grammatik die Rolle einer *Konnex-Analyse*. Außerdem gliedern sich die archäologischen Beschreibungen in ihrer Entwicklung und den Feldern, die sie durchlaufen, nach anderen Disziplinen: die Archäologie begegnet bei der Suche nach der Definition der verschiedenen Positionen des Subjekts, die die Aussagen implizieren können, außerhalb jeden Bezugs auf eine psychologische oder konstitutive Subjektivität einer Frage, die heute von der Psychoanalyse gestellt wird. Indem sie versucht, die Formationsregeln der Begriffe, die Abfolgeweisen, die Weisen der Verkettung und der Koexistenz der Aussagen hervorzubringen, begegnet sie dem Problem der epistemologischen Strukturen. Indem sie die Formation der Gegenstände, die Felder, in denen sie auftauchen und sich spezifizieren, und auch die Aneignungsbedingungen der Diskurse untersucht, begegnet sie der Analyse der Gesellschaftsformationen. Das sind für die Archäologie entsprechend viele *korrelative Räume*. Schließlich wird in dem Maße, in dem es möglich ist, eine allgemeine Theorie der Produktionen aufzustellen, die Archäologie als Analyse der den verschiedenen diskursiven Praktiken eigenen Regeln das finden, was man ihre *umfassende Theorie* nennen könnte.

Wenn ich die Archäologie unter so vielen bereits konstituierten Diskursen ansiedele, dann nicht um sie wie durch Kontiguität oder Ansteckung an einem Status teilhaben zu lassen, den sie sich nicht selber geben könnte. Auch nicht um ihr einen definitiv umrissenen Platz innerhalb einer unbeweglichen Konstellation anzuweisen, sondern um mit dem Archiv die diskursiven Formationen, die Positivitäten, die Aussagen, ihre Formationsbedingungen, ein spezifisches Feld auftauchen zu lassen. Dieses spezifische Gebiet ist noch nicht Gegenstand irgendeiner Analyse gewesen (wenigstens hinsichtlich dessen, was es an Besonderem und für die Interpretationen und Formalisierungen Irreduziblem hat), sondern es handelt sich um ein Gebiet, bei dem nichts im vorhinein – wenigstens bei dem noch rudimentären Punkt der Suche, an dem ich mich befinde – garantiert, daß es stabil und autonom bleiben wird. Letztlich wäre es möglich, daß die Archäologie nichts anderes macht, als die Rolle eines Instrumentes zu spielen, das auf weniger ungenaue Weise als in der Vergangenheit die Analyse der gesellschaftlichen Formationen und die epistemologischen Beschreibungen zu artikulieren gestattet, oder das erlaubt, eine Analyse der Positionen des Subjekts mit einer Theorie der Geschichte der Wissenschaften zu verbinden, oder das die Feststellung des Kreuzungspunktes zwischen einer allgemeinen Theorie der Produktion und einer generativen Analyse der Aussagen erlaubt. Es könnte sich ja schließlich herausstellen, daß die Ar-

chäologie der einem bestimmten Teil der theoretischen Konjunktur, die
sich heute vollzieht, gegebene Name ist. Daß diese Konjunktur einer individualisierbaren Disziplin Raum gibt, deren erste Merkmale und globale
Grenzen sich hier abzeichnen würden, oder daß sie ein Bündel von Problemen heraufbeschwört, deren aktuelle Kohärenz nicht verhindert, daß sie
später woanders, auf höherem Niveau oder gemäß anderen Methoden wiederaufgenommen werden können: über all das kann ich im Augenblick
nichts Entscheidendes sagen. Und wirklich werde nicht ich derjenige sein,
der die Entscheidung fällt. Ich akzeptiere, daß mein Diskurs erlischt wie
die Gestalt, die bis hier seine Trägerin war.

  – Sie machen ja selbst einen eigentümlichen Gebrauch von jener Freiheit, die Sie anderen bestreiten, denn Sie räumen sich das ganze Feld eines
freien Raumes ein, den Sie nicht einmal in seinen Eigenschaften bestimmen wollen. Vergessen Sie aber nicht die Mühe, die Sie sich selbst gemacht
haben, um den Diskurs der anderen in Regelsysteme einzuschließen? Vergessen Sie denn all die Zwänge, die Sie mit äußerster Pingeligkeit beschrieben haben? Haben Sie den Individuen nicht das Recht entzogen, persönlich in Positivitäten einzugreifen, in denen sich ihre Diskurse ansiedeln?
Sie haben das geringste ihrer Worte mit Verpflichtungen verbunden, die
die geringste ihrer Neuerungen als Konformismus verurteilen. Für Sie ist
die Revolution leicht, wenn es sich um Sie selbst handelt, aber schwierig,
wenn es sich um die anderen handelt. Es wäre wahrscheinlich besser, wenn
Sie ein klareres Bewußtsein von den Bedingungen hätten, unter denen Sie
sprechen, und umgekehrt ein größeres Vertrauen in die wirkliche Aktion
der Menschen und in ihre Möglichkeiten.

  – Ich fürchte, Sie begehen einen doppelten Irrtum: hinsichtlich der diskursiven Praktiken, die ich zu definieren versucht habe, und hinsichtlich
des Teils, den Sie selbst der menschlichen Freiheit reservieren. Die Positivitäten, die festzustellen ich versucht habe, dürfen nicht als eine Menge von
Determinationen begriffen werden, die sich von außen dem Denken der
Individuen auferlegen oder es von innen und im vorhinein bewohnen.
Sie bilden eher die Gesamtheit der Bedingungen, nach denen sich eine Praxis vollzieht, nach denen diese Praxis teilweise oder völlig neuen Aussagen
Raum gibt, nach denen sie schließlich modifiziert werden kann. Es handelt sich weniger um der Initiative der Subjekte gesetzte Grenzen als um
das Feld, in dem sie sich artikuliert (ohne dessen Zentrum zu bilden),
um Regeln, die sie anwendet (ohne sie erfunden oder formuliert zu haben),

um Beziehungen, die ihr als Stütze dienen (ohne deren letztes Ergebnis oder deren Konvergenzpunkt zu sein). Es handelt sich darum, die diskursiven Praktiken in ihrer Komplexität und in ihrer Dichte erscheinen zu lassen, zu zeigen, daß Sprechen etwas tun heißt – etwas anderes, als das auszudrücken, was man denkt, das zu übersetzen, was man weiß, etwas anderes auch, als die Strukturen einer Sprache spielen zu lassen; zu zeigen, daß eine Aussage einer bereits vorher existierenden Folge von Aussagen hinzuzufügen heißt, eine komplizierte und kostspielige Geste zu tun, die Bedingungen impliziert (und nicht nur eine Situation, einen Kontext, Motive) und die Regeln umfaßt (die von den logischen und sprachlichen Konstruktionsregeln verschieden sind); zu zeigen, daß eine Veränderung in der Ordnung des Diskurses nicht »neue Ideen«, ein wenig Erfindungskraft und Kreativität, eine andere Mentalität, sondern Transformationen in eine Praxis, eventuell in solche Praxisgebiete, die ihr benachbart sind, und Transformationen in ihre gemeinsame Gliederung voraussetzt. Ich habe nicht verneint – ja ganz im Gegenteil –, daß die Möglichkeit der Veränderung des Diskurses besteht: ich habe das ausschließliche und augenblickliche Recht dazu der Souveränität des Subjekts entrissen.

»Und ich meinerseits würde, um zum Schluß zu kommen, Ihnen eine Frage stellen: welche Vorstellung haben Sie von der Veränderung und sagen wir von der Revolution, wenigstens in der wissenschaftlichen Ordnung und in dem Feld der Diskurse, wenn Sie sie mit den Themen des Sinns, des Vorhabens, des Ursprungs und der Wiederkehr, des konstitutiven Subjekts, kurz mit der ganzen Thematik verbinden, die der Geschichte die universelle Präsenz des Logos garantiert? Welche Möglichkeit geben Sie ihr, wenn Sie sie nach dynamischen biologischen, evolutionstheoretischen Metaphern analysieren, in die man gewöhnlich das schwierige und spezifische Problem der historischen Veränderung auflöst? Oder genauer: welchen politischen Status können Sie dem Diskurs geben, wenn Sie in ihm nur eine dünne Transparenz erblicken, die einen Augenblick an der Grenze der Dinge und der Gedanken aufleuchtet? Hat die Praxis des revolutionären und wissenschaftlichen Diskurses in Europa seit mehr als zweihundert Jahren Sie nicht von der Idee befreit, daß die Wörter Wind, ein äußerliches Geflüster, ein Flügelschlagen sind, das man nur mit Mühe in der Ernsthaftigkeit der Geschichte hört? Oder muß man sich vorstellen, daß Sie, um diese Lektion zurückzuweisen, hartnäckig die diskursiven Praktiken in Ihrer eigenen Existenz verkannt haben und gegen sie eine

Geschichte des Geistes, der Erkenntnisse der Vernunft, der Ideen oder der
Meinungen haben aufrechterhalten wollen? Welche Angst läßt Sie in Begriffen von Bewußtsein antworten, wenn man mit Ihnen über eine Praxis,
über ihre Bedingungen, ihre Regeln und ihre historischen Transformationen spricht? Welche Angst läßt Sie jenseits aller Grenzen nach Brüchen,
Erschütterungen, Skansionen, dem großen historisch-transzendentalen
Schicksal des Abendlandes suchen?«

Auf diese Frage gibt es, wie ich meine, nur eine politische Antwort. Für
heute wollen wir sie offenlassen. Vielleicht werden wir sie in Kürze auf andere Weise wiederaufnehmen müssen.

Dieses Buch ist geschrieben worden, um einige präliminare Schwierigkeiten auszuräumen. Wie jeder andere weiß ich, wie »undankbar« – im
strengen Sinne des Wortes – die Anstrengungen sein können, von denen
ich spreche und die ich seit nunmehr zehn Jahren unternehme. Ich weiß,
daß die Behandlung der Diskurse nicht von dem zarten, stummen und intimen Bewußtsein, das sich darin ausdrückt, sondern von einer dunklen
Gesamtheit anonymer Regeln her sich etwas kreischend ausnimmt. Ich
weiß, was daran mißfällt, wenn man die Grenzen und die Notwendigkeiten einer Praxis erscheinen läßt, wo man gewöhnlich in reiner Transparenz
die Mechanismen des Genies und der Freiheit sich entfalten sah. Ich weiß,
wie provozierend es ist, jene Geschichte der Diskurse als ein Bündel von
Transformationen zu behandeln, die bisher von den beruhigenden Metamorphosen des Lebens oder der intentionalen Kontinuität des Gelebten
durchherrscht wurde. Ich weiß, wie unerträglich es schließlich ist, wenn
man berücksichtigt, daß jeder in seinen eigenen Diskurs etwas von »sich
selbst« hineinlegen will, hineinzulegen denkt, wenn er zu sprechen beginnt, ich weiß, wie unerträglich es ist, all diese jetzt wieder zum Schweigen gelangten Texte zu zerlegen, zu analysieren, zu kombinieren, zu rekomponieren, ohne daß sich darin jemals das verklärte Gesicht des Sprechers
abzeichnete. »Na und! So viele aufgehäufte Wörter, so viele auf soviel Papier niedergelegte Markierungen und so zahllosen Blicken angebotene
Markierungen, ein solcher Eifer, um sie jenseits der Geste aufrecht zu halten, die sie gliedert, eine so tiefe Frömmigkeit, die sich bemüht, sie zu konservieren und sie in das Gedächtnis der Menschen einzuschreiben – alles
das, damit nichts übrigbleibt von dieser armen Hand, die sie gezogen
hat, von jener Unruhe, die sich in ihnen zu beruhigen suchte, und von jenem vollendeten Leben, das außer ihnen künftig nichts zum Überleben

hat? Der Diskurs in seiner tiefsten Bestimmung wäre keine ›Spur‹? Und sein Murmeln wäre nicht der Ort der Unsterblichkeiten ohne Substanz? Man müßte also zugeben, daß die Zeit des Diskurses nicht die vom Bewußtsein den Dimensionen der Geschichte zugeschriebene Zeit oder die in der Form des Bewußtseins präsente Zeit der Geschichte ist? Ich müßte annehmen, daß in meinem Diskurs nichts mein Überleben sichert? Und daß ich beim Sprechen nicht meinen Tod banne, sondern daß ich ihn herstelle; oder vielmehr, daß ich jede Innerlichkeit in diesem Außen beseitige, das für mein Leben so indifferent und so *neutral* ist, daß es zwischen meinem Tod und meinem Leben keinen Unterschied läßt?«

Ich verstehe das Unbehagen all dieser Leute sehr gut. Sie haben wahrscheinlich ziemlich viel Mühe gehabt zu erkennen, daß ihre Geschichte, ihre Ökonomie, ihr soziales Verhalten, die Sprache, die sie sprechen, die Mythologie ihrer Vorfahren und die Fabeln, die man ihnen in ihrer Kindheit erzählte, Regeln gehorchen, die nicht alle ihrem Bewußtsein gegeben sind. Sie wünschen kaum, daß man sie außerdem und obendrein jenes Diskurses entledigt, in dem sie unmittelbar, ohne Abstand das sagen können wollen, was sie denken, glauben oder sich vorstellen. Sie werden es eher vorziehen zu leugnen, daß der Diskurs eine komplexe und differenzierte Praxis ist, die analysierbaren Regeln und Transformationen gehorcht, als dieser zarten, so trostreichen Gewißheit beraubt zu sein, daß man, wenn nicht die Welt, wenn nicht das Leben, so wenigstens doch ihren »Sinn« allein durch die Frische eines Wortes verändern könnte, das nicht von ihnen selbst herrührte und unbegrenzt an der Nähe der Quelle bliebe. So viele Dinge sind ihnen in ihrer Sprache bereits entgangen: sie wollen nicht mehr, daß ihnen außerdem *das* entgeht, *was sie sagen*, jenes kleine Diskursfragment – Sprechen oder Schrift, das spielt keine Rolle –, dessen zerbrechliche und unbestimmte Existenz ihr Leben weiter und länger tragen muß. Sie können nicht ertragen (und man kann sie auch ein wenig verstehen), wenn man ihnen sagt: »Der Diskurs ist nicht das Leben: seine Zeit ist nicht die eure; in ihm versöhnt ihr euch nicht mit dem Tode; es kann durchaus sein, daß ihr Gott unter dem Gewicht all dessen, was ihr gesagt habt, getötet habt. Denkt aber nicht, daß ihr aus all dem, was ihr sagt, einen Menschen macht, der länger lebt als er.«

3
Überwachen und Strafen

Die Geburt des Gefängnisses

*Aus dem Französischen
von Walter Seitter*

Inhalt

Inhalt

I. Marter

1. Der Körper der Verurteilten

Am 2. März 1757 war Damiens dazu verurteilt worden, »vor dem Haupt-tor der Kirche von Paris öffentliche Abbitte zu tun«, wohin er »in einem Stürzkarren gefahren werden sollte, nackt bis auf ein Hemd und eine bren-nende zwei Pfund schwere Wachsfackel in der Hand; auf dem Grève-Platz sollte er dann im Stürzkarren auf einem dort errichteten Gerüst an den Brustwarzen, Armen, Oberschenkeln und Waden mit glühenden Zangen gezwickt werden; seine rechte Hand sollte das Messer halten, mit dem er den Vatermord begangen hatte, und mit Schwefelfeuer gebrannt werden, und auf die mit Zangen gezwickten Stellen sollte geschmolzenes Blei, sie-dendes Öl, brennendes Pechharz und mit Schwefel geschmolzenes Wachs gegossen werden; dann sollte sein Körper von vier Pferden auseinandergezo-gen und zergliedert werden, seine Glieder und sein Körper sollten vom Feuer verzehrt und zu Asche gemacht, und seine Asche in den Wind ge-streut werden.«[1]

»Schließlich vierteilte man ihn«, erzählt die *Gazette d'Amsterdam*.[2] »Die-se letzte Operation war sehr langwierig, weil die verwendeten Pferde ans Ziehen nicht gewöhnt waren, so daß man an Stelle von vier deren sechs einsetzen mußte; und als auch das noch nicht genug war, mußte man, um die Schenkel des Unglücklichen abzutrennen, ihm die Sehnen durch-schneiden und die Gelenke zerhacken ... Man versichert, daß ihm, ob-wohl er immer ein großes Lästermaul gewesen war, keine Blasphemie ent-kam; nur schreckliche Schreie ließen ihn die übermäßigen Schmerzen ausstoßen, und oft wiederholte er: ›Mein Gott, hab Erbarmen mit mir! Jesus hilf mir!‹ Alle Zuschauer waren erbaut von der Fürsorge des Pfarrers von Saint-Paul, der trotz seines hohen Alters keinen Augenblick versäumte, um den armen Sünder zu trösten.«

Und der Polizeioffizier Bouton: »Man zündete den Schwefel an, aber das Feuer war so schwach, daß die Haut der Hand davon kaum verletzt wurde. Dann nahm ein Scharfrichter, die Ärmel bis über die Ellenbogen

---

1 *Pièces originales et procédures du procès fait à Robert-François Damiens*, 1757, Bd III, S. 372-374.
2 *Gazette d'Amsterdam*, 1. April 1757.

hinaufgestreift, eine etwa anderthalb Fuß lange, zu diesem Zweck hergestellte Zange aus Stahl, zwickte ihn damit zuerst an der Wade des rechten
Beines, dann am Oberschenkel, darauf am rechten Ober- und Unterarm
und schließlich an den Brustwarzen. Obwohl dieser Scharfrichter kräftig
und robust war, hatte er große Mühe, die Fleischstücke mit seiner Zange
loszureißen; er mußte jeweils zwei- oder dreimal ansetzen und drehen
und winden; die zugefügten Wunden waren so groß wie Laubtaler.

Bei diesem Zangenreißen schrie Damiens sehr laut, ohne freilich zu lästern; danach hob er das Haupt und besah sich. Derselbe Scharfrichter
nahm nun mit einem Eisenlöffel aus einem Topf die siedende Flüssigkeit,
die er auf jede Wunde goß. Darauf knüpfte man dünne Stricke an die Seile, die an die Pferde gespannt werden sollten, und band damit die Pferde
an je ein Glied.

Der Herr Gerichtsschreiber Le Breton näherte sich mehrmals dem Verurteilten, um ihn zu fragen, ob er etwas zu sagen habe, was er verneinte.
Bei jeder Peinigung schrie er so unbeschreiblich, wie man es von den Verdammten sagt: ›Verzeihung, mein Gott! Verzeihung, Herr!‹ Trotz all dieser
Schmerzen hob er von Zeit zu Zeit das Haupt und besah sich unerschrok-
ken. Die Seile, die von den Menschen so fest angebunden und gezogen
wurden, bereiteten ihm unaussprechliche Schmerzen. Der Herr Le Breton
trat noch einmal zu ihm und fragte ihn, ob er nicht etwas sagen wolle; er
sagte nein. Die Beichtväter näherten sich ihm und sprachen lange zu
ihm; er küßte gerne das Kruzifix, das sie ihm darboten; er schob die Lippen vor und sagte immer: ›Verzeihung, Herr!‹

Die Pferde gaben einen kräftigen Ruck und zerrten dabei jeweils an
einem Glied; jedes Pferd wurde von einem Scharfrichter gehalten. Eine
Viertelstunde später dieselbe Zeremonie noch einmal; und nach weiteren
Versuchen war man gezwungen, die Pferde ziehen zu lassen: diejenigen
an den Armen in Richtung Kopf, diejenigen an den Schenkeln in Richtung Arme, was ihm die Arme an den Gelenken gebrochen hat. Dieses Ziehen wurde mehrmals wiederholt – ohne Erfolg. Er hob das Haupt und
blickte sich an. Man war gezwungen, zwei weitere Pferde zusätzlich an
die Schenkel zu spannen, so daß man nun sechs Pferde hatte. Aber ohne
Erfolg.

Schließlich sagte der Scharfrichter Samson dem Herrn Le Breton, daß
es kein Mittel und keine Hoffnung gebe, ans Ziel zu gelangen, und ersuchte ihn, er möge die Gerichtsherren fragen, ob sie wollten, daß er ihn

in Stücke schneiden lasse. Aus der Stadt zurückgekehrt, hat der Herr Le Breton den Befehl gegeben, neue Anstrengungen zu machen, was auch versucht wurde; aber die Pferde wurden widerspenstig, und eines von denen, die an die Schenkel gespannt waren, fiel aufs Pflaster. Die Beichtväter traten wieder zu ihm und sprachen mit ihm. Er sagte ihnen (ich habe es gehört): ›Küssen Sie mich, gnädige Herren!‹ Der Pfarrherr von Saint-Paul wagte es nicht, aber der von Marsilly schlüpfte unter dem Seil des linken Armes durch und küßte ihn auf die Stirn. Die Scharfrichter standen beisammen, und Damiens sagte ihnen, sie sollten nicht lästern, sie sollten ihre Arbeit tun, er sei ihnen nicht böse. Er bat sie, Gott für ihn zu bitten, und den Pfarrer von Saint-Paul ersuchte er, bei der ersten Messe für ihn zu beten.

Nach zwei oder drei Versuchen zogen die Scharfrichter Samson und derjenige, der ihn mit der Zange gepeinigt hatte, Messer aus ihren Taschen und schnitten die Schenkel vom Rumpf des Körpers ab; die vier Pferde rissen nun mit voller Kraft die Schenkel los: zuerst den der rechten Seite, dann den andern; dasselbe wurde bei den Armen gemacht, und zwar an den Schultern und an den Achselhöhlen; man mußte das Fleisch beinahe bis zu den Knochen durchschneiden; die Pferde legten sich ins Geschirr und rissen zuerst den rechten Arm und dann den andern los.

Nachdem diese vier Teile abgetrennt waren, kamen die Beichtväter zu ihm und wollten mit ihm sprechen; aber der Scharfrichter sagte ihnen, er sei tot, obwohl ich in Wahrheit gesehen habe, wie der Mann sich bewegte und wie der Unterkiefer auf und nieder ging, als ob er spräche. Einer der Scharfrichter sagte sogar, daß er noch am Leben gewesen sei, als sie den Rumpf des Körpers aufgehoben hätten, um ihn auf den Scheiterhaufen zu werfen. Die vier von den Seilen der Pferde losgelösten Glieder wurden auf einen Scheiterhaufen geworfen, der in der Nähe des Gerüstes vorbereitet war; dann wurde der Rumpf und das Ganze mit Scheitern und Reisig zugedeckt, und am Stroh, das unter das Holz gemischt war, wurde Feuer angesteckt.

... In Vollstreckung des Urteils wurde alles zu Asche gemacht. Das letzte Stück, das in der Kohlenglut gefunden wurde, war erst nach halb elf am Abend gänzlich verbrannt. Die Fleischstücke und der Rumpf brannten ungefähr vier Stunden lang. Die Offiziere, zu denen ich gehörte, und mein Sohn sowie das Kommando der Bogenschützen, wir sind bis fast elf Uhr auf dem Platz geblieben.

Man möchte Schlußfolgerungen daraus ziehen, daß sich am nächsten Tag ein Hund auf die Feuerstelle legte und, als er mehrmals weggejagt wurde, immer wieder dahin zurückkehrte. Aber es ist nicht schwer zu verstehen, daß das Tier es an diesem Platz wärmer fand als anderswo.«[3]

Ein Dreivierteljahrhundert später verfaßt Léon Faucher ein Reglement »für das Haus der jungen Gefangenen in Paris«[4]:

»Art. 17. Der Tag der Häftlinge beginnt im Winter um sechs Uhr morgens, im Sommer um fünf Uhr. Die Arbeit dauert zu jeder Jahreszeit neun Stunden täglich. Zwei Stunden sind jeden Tag dem Unterricht gewidmet. Die Arbeit und der Tag enden im Winter um neun Uhr, im Sommer um acht Uhr.

Art. 18. *Aufstehen.* Beim ersten Trommelwirbel müssen die Häftlinge aufstehen und sich stillschweigend ankleiden, während der Aufseher die Türen der Zellen öffnet. Beim zweiten Trommelwirbel müssen sie aufsein und ihr Bett machen. Beim dritten ordnen sie sich zum Gang in die Kapelle, wo das Morgengebet stattfindet. Zwischen jedem Trommelwirbel ist ein Abstand von fünf Minuten.

Art. 19. Das Gebet wird vom Anstaltsgeistlichen verrichtet, worauf eine moralische oder religiöse Lesung folgt. Diese Übung darf nicht länger als eine halbe Stunde dauern.

Art. 20. *Arbeit.* Um Viertel vor sechs im Sommer, um Viertel vor sieben im Winter gehen die Häftlinge in den Hof, wo sie sich waschen müssen und eine erste Zuteilung von Brot erhalten. Unmittelbar darauf formieren sie sich zu Werkstattgruppen und begeben sich an die Arbeit, die im Sommer um sechs Uhr beginnen muß und im Winter um sieben Uhr.

Art. 21. *Mahlzeit.* Um zehn Uhr verlassen die Häftlinge die Arbeit, um sich in den Speisesaal zu begeben; im Hof waschen sie sich die Hände und ordnen sich zu Abteilungen. Nach dem Essen bis zwanzig Minuten vor elf Uhr Erholung.

Art. 22. *Schule.* Beim Trommelwirbel um zwanzig vor elf formieren sich die Abteilungen, man geht zur Schule. Der Unterricht dauert zwei Stunden, die abwechselnd dem Lesen, dem Schreiben, dem geometrischen Zeichnen und dem Rechnen gewidmet werden.

Art. 23. Um zwanzig Minuten vor ein Uhr verlassen die Häftlinge in Abteilungen geordnet die Schule und begeben sich zur Erholung in den Hof.

3 Zitiert in: A. L. Zevaes, *Damiens le régicide,* 1937, S. 201-214.
4 L. Faucher, *De la réforme des prisons,* 1838, S. 274-282.

Beim Trommelwirbel um fünf vor eins formieren sie sich wieder zu Werkstattgruppen.

Art. 24. Um ein Uhr müssen sich die Häftlinge in die Werkstätten begeben haben: die Arbeit dauert bis vier Uhr.

Art. 25. Um vier Uhr verlassen die Häftlinge die Werkstätten und begeben sich in den Hof, wo sie sich die Hände waschen und zu Abteilungen für den Speisesaal formieren.

Art. 26. Das Abendessen und die darauffolgende Erholung dauern bis fünf Uhr: zu diesem Zeitpunkt kehren die Häftlinge in die Werkstätten zurück.

Art. 27. Die Arbeit endet im Sommer um sieben Uhr, im Winter um acht Uhr; in den Werkstätten gibt es eine letzte Brotzuteilung. Eine viertelstündige Lesung, die irgendwelche lehrreichen Begriffe oder einen wichtigen Charakterzug zum Gegenstand hat, wird von einem Häftling oder einem Aufseher durchgeführt, worauf das Abendgebet folgt.

Art. 28. Um halb acht Uhr im Sommer, um halb neun Uhr im Winter, müssen die Häftlinge in den Zellen sein, nachdem sie sich im Hof die Hände gewaschen haben und dort die Bekleidung kontrolliert worden ist. Beim ersten Trommelwirbel entkleiden sie sich, beim zweiten legen sie sich zu Bett. Die Türen der Zellen werden geschlossen, und die Aufseher machen die Runde in den Korridoren, um sich der Ordnung und Stille zu vergewissern.«

Das eine Mal eine Leibesmarter, das andere Mal eine Zeitplanung. Die beiden sanktionieren nicht dieselben Verbrechen, sie bestrafen nicht ein und denselben Typ von Delinquenten. Aber sie definieren jeweils einen bestimmten Straf-Stil. Zwischen ihnen liegt kaum ein Jahrhundert: innerhalb dieses Zeitraums wurde in Europa und in den Vereinigten Staaten die gesamte Ökonomie der Züchtigung umgestaltet. Es ist die Zeit der großen »Skandale« für die Justiz, die Zeit der unzähligen Reformprojekte. Neue Theorien von Gesetz und Verbrechen; neue moralische oder politische Rechtfertigungen des Rechts zum Strafen; Aufhebung der alten Anordnungen, Ende des Gewohnheitsrechts; Entwurf oder Abfassung »moderner« Gesetzbücher: 1769 Rußland; 1780 Preußen; 1786 Pennsylvania und Toscana; 1788 Österreich; 1791, Jahr IV, 1808 und 1810 Frankreich. Für die Strafjustiz bricht ein neues Zeitalter an.

Unter den zahlreichen Änderungen sei eine hervorgehoben: das Verschwinden der Martern, d. h. der »peinlichen Strafen«. Heute pflegt man es geringzuschätzen – vielleicht war es zu seiner Zeit Anlaß allzu lauter Deklamationen; vielleicht hat man es allzu leichtfertig und emphatisch einer »Vermenschlichung« zugeschrieben, die eine Analyse überflüssig erscheinen ließ. Und worin besteht denn eigentlich seine Bedeutung – vergleicht man es mit den großen institutionellen Transformationen: mit den ausführlichen und allgemeingültigen Gesetzbüchern, den vereinheitlichten Verfahrensregeln, der fast allgemeinen Zulassung von Geschworenen, der Definition der Strafe als Korrektur und jener seit dem 19. Jahrhundert ständig zunehmenden Tendenz, das Ausmaß der Strafe von den individuellen Bestimmungen des Schuldigen abhängig zu machen? Nicht mehr so unmittelbar physische Bestrafungen, eine gewisse Diskretion in der Kunst des Zufügens von Leid, ein Spiel von subtileren, geräuschloseren und prunkloseren Schmerzen – verdient dies eine besondere Aufmerksamkeit, wo es doch lediglich Effekt tiefergehender Umwälzungen ist? Gleichwohl ist eine Tatsache unbestreitbar: binnen weniger Jahrzehnte ist der gemarterte, zerstückelte, verstümmelte, an Gesicht oder Schulter gebrandmarkte, lebendig oder tot ausgestellte, zum Spektakel dargebotene Körper verschwunden. Verschwunden ist der Körper als Hauptzielscheibe der strafenden Repression.

Am Ende des 18. Jahrhunderts, zu Beginn des 19. Jahrhunderts ist das düstere Fest der Strafe, trotz einigen großen letzten Aufflackerns, im Begriff zu erlöschen. In dieser Transformation haben sich zwei Prozesse miteinander vermengt, die weder dieselbe Chronologie noch dieselben Gründe haben. Auf der einen Seite das Verschwinden des Strafschauspiels. Das Zeremoniell der Strafe tritt allmählich ins Dunkel und ist schließlich nicht mehr als ein weiterer Akt des Verfahrens oder der Verwaltung. Die öffentliche Abbitte ist in Frankreich zum ersten Mal im Jahre 1791 abgeschafft worden und nach einer nicht lange währenden Wiedereinführung neuerlich 1830; der Pranger wird 1789 abgeschafft, in England 1837. Die öffentlichen Arbeiten, die in Österreich, in der Schweiz und in Teilen der Vereinigten Staaten wie in Pennsylvania auf offener Straße von Zuchthäuslern verrichtet wurden – an eisernen Halsketten, in buntscheckigen Gewändern, Eisenkugeln an den Füßen, mit der Menschenmenge Drohungen, Beleidigungen, Verspottungen, Schläge, Zeichen von Rachsucht oder Komplizenschaft austauschend[5] –, werden am Ende des 18. Jahrhunderts oder

---

5 Robert Vaux, *Notices*, S. 45; zit. in: N. K. Teeters, *They were in prison*, 1937, S. 24.

in der ersten Hälfte des 19. Jahrhunderts fast überall abgeschafft. Die Zurschaustellung ist in Frankreich 1831 beibehalten worden – trotz heftiger
Kritiken: »ekelerregende Szene« sagt Réal[6]; sie wird schließlich im April
1848 abgeschafft. Und die Kette, an der die Zuchthäusler durch ganz
Frankreich, bis Brest und Toulon, zogen, wird im Jahre 1837 durch dezen-
te schwarzbemalte Zellenwagen ersetzt. Die Bestrafung hat allmählich aufgehört, ein Schauspiel zu sein. Alles an ihr, was nach einem Spektakel aus-
sah, wird nun negativ vermerkt. Als ob die Funktionen der Strafzeremonie
immer weniger verstanden würden, verdächtigt man nun diesen Ritus, der
das Verbrechen »abschloß«, mit diesem schielende Verwandtschaften zu
unterhalten: ihm an Unmenschlichkeit nicht nachzustehen, ja es darin zu
übertreffen, die Zuschauer an eine Grausamkeit zu gewöhnen, von der
man sie fernhalten wollte, ihnen die Häufigkeit der Verbrechen vor Augen
zu führen, den Henker einem Verbrecher gleichen zu lassen und die Richter Mördern, im letzten Augenblick die Rollen zu verkehren und den Hingerichteten zum Gegenstand von Mitleid oder Bewunderung zu machen.
Beccaria hatte es schon sehr früh gesagt: »Wir sehen ja, daß Menschen kaltblütig hingerichtet werden, obgleich der Mord als eine abscheuliche Misse-
tat ausposaunt wird.«[7] Die öffentliche Hinrichtung erscheint jetzt als der
Brennpunkt, in welchem die Gewalt Feuer fängt. Die Bestrafung sollte
also zum verborgensten Teil der Rechtssache werden, was mehrere Folgen
hat: sie verläßt den Bereich der alltäglichen Wahrnehmung und tritt in den
des abstrakten Bewußtseins ein; ihre Wirksamkeit erwartet man von ihrer
Unausweichlichkeit, nicht von ihrer sichtbaren Intensität; die Gewißheit,
bestraft zu werden, und nicht mehr das abscheuliche Theater, soll vom Verbrechen abhalten; der Abschreckungsmechanik werden andere Räder eingesetzt. Also übernimmt die Justiz nicht mehr öffentlich jene Gewaltsamkeit, die an ihre Vollstreckung geknüpft ist. Daß auch sie tötet, daß sie
zuschlägt, ist nicht mehr die Verherrlichung ihrer Kraft, sondern ein Element an ihr, das sie hinnehmen muß, zu dem sie sich aber kaum bekennen
mag. Die Elemente der Schändlichkeit werden umverteilt: im Straf-Schau-
spiel verbreitete sich vom Schafott aus ein Schauer, der sowohl den Henker
wie den Verurteilten umhüllte – er konnte die dem Hingerichteten ange-

---

6 *Archives parlementaires*, Zweite Serie, Bd. LXXII, 1. Dez. 1831.
7 Cesare de Beccaria, *Dei delitti e delle pene*, 1764. Hier zit. nach der deutschen Übersetzung von Karl
Ferd. Hommel: *Des Herren Marquis von Beccaria unsterbliches Werk von Verbrechen und Strafen.*
Breslau 1778, S. 144.

tane Schande in Mitleid oder Ruhm verkehren wie auch die gesetzmäßige
Gewalt des Vollstreckers in Schändlichkeit verwandeln. Nunmehr sind Är-
gernis und Licht anders verteilt: die Verurteilung selbst hat den Delinquenten mit einem eindeutigen und negativen Zeichen zu versehen: daher die
Öffentlichkeit der Debatten und des Urteils; und die Vollstreckung ist
gleichsam eine zusätzliche Schande, welche dem Verurteilten anzutun die
Justiz sich schämt; sie distanziert sich von ihr, versucht ständig, sie anderen
anzuvertrauen, und zwar unter dem Siegel des Geheimnisses. Es ist häßlich, straffällig zu sein – und wenig ruhmvoll, strafen zu müssen. Daher jenes zweifache Schutzsystem, das die Justiz zwischen sich und der von ihr
auferlegten Strafe errichtet hat. Der Vollzug der Strafe wird allmählich
zu einem autonomen Sektor, welcher der Justiz von einem Verwaltungsapparat abgenommen wird; die Justiz befreit sich von diesem geheimen
Unbehagen, indem sie die Strafe in Bürokratie vergräbt. Charakteristischerweise unterstand die Gefängnisverwaltung in Frankreich lange dem Innenministerium und die Verwaltung der Zuchthäuser der Kontrolle der Ma-
rine oder der Kolonien. Und jenseits dieser Rollenverteilung vollzieht sich
die theoretische Selbstverleugnung: das Wesentliche der Strafe, welche die
Richter auferlegen, besteht nicht in der Bestrafung, sondern in dem Versuch zu bessern, zu erziehen, zu »heilen«. Eine Technik der Verbesserung
verdrängt in der Strafe die eigentliche Sühne des Bösen und befreit die Behörden von dem lästigen Geschäft des Züchtigens. Es gibt in der modernen Justiz und bei ihren Sachwaltern eine Scham vor dem Bestrafen, die
den Eifer nicht ausschließt, die aber ständig wächst: auf dieser Wunde gedeiht der Psychologe und der kleine Funktionär der moralischen Orthopädie.

Das Verschwinden der Martern ist also das Ende des Schauspiels, es ist
aber auch die Lockerung des Zugriffs auf den Körper. Rush im Jahre 1787:
»Ich kann nur hoffen, daß die Zeit nicht mehr fern ist, in der die Galgen,
der Pranger, das Schafott, die Peitsche und das Rad in der Geschichte der
peinlichen Strafen als Zeichen der Barbarei von Jahrhunderten und Ländern betrachtet werden und als Beweise dafür, wie schwach der Einfluß
der Vernunft und der Religion auf den menschlichen Geist ist.«[8] Und in
der Tat, als sechzig Jahre später van Meenen den zweiten Strafrechtskongreß in Brüssel eröffnete, erinnerte er an die Zeit seiner Kindheit wie an

---

8 B. Rush vor der Society for promoting political enquiries, in N. K. Teeters, *The Cradle of the penitentiary*, 1935, S. 30.

eine überwundene Epoche: »Ich habe gesehen, wie die Erde mit Rädern, Galgen, Prangern übersät war; ich habe gesehen, wie Skelette auf den Straßen scheußlich verstreut waren.«[9] Das Brandmal wurde in England (1834) und Frankreich (1832) abgeschafft; England wagte 1820 die große Marter der Verräter nicht mehr in vollem Umfang durchzuführen (Thistlewood wurde nicht geviertelt). Nur die Peitsche blieb noch in einigen Strafsystemen (Rußland, England, Preußen). Aber ganz allgemein wurden die Strafpraktiken schamhafter. Man sollte nicht mehr an den Körper rühren – oder jedenfalls sowenig wie möglich und um in ihm etwas zu erreichen, was nicht der Körper selber ist. Zwar sind das Gefängnis, das Zuchthaus, die Zwangsarbeiten, das Aufenthaltsverbot, die Deportation, die in den Strafsystemen des 19. Jahrhunderts so wichtig waren, durchaus »physische« Strafen: im Unterschied zur Geldbuße zielen sie ja direkt auf den Körper. Aber die Beziehung zwischen Züchtigung und Körper ist dabei nicht dieselbe wie seinerzeit bei den peinlichen Strafen. Der Körper fungiert hier als Instrument oder Vermittler: durch Einsperrung oder Zwangsarbeit greift man in ihn ein, um das Individuum einer Freiheit zu berauben, die sowohl als ein Recht wie als ein Besitz betrachtet wird. Durch dieses Strafsystem wird der Körper in ein System von Zwang und Beraubung, von Verpflichtungen und Verboten gesteckt. Das physische Leiden, der Schmerz des Körpers selbst bilden nicht mehr die wesentlichen Elemente der Strafe. Die Züchtigung ist nicht mehr eine Kunst der unerträglichen Empfindungen, sondern eine Ökonomie der suspendierten Rechte. Soweit die Justiz den Körper der Verurteilten immer noch angreifen und manipulieren muß, tut sie es distanziert, sauber und nüchtern, wobei sie ein viel »höheres« Ziel im Auge hat. Aufgrund dieser neuen Zurückhaltung wird der Scharfrichter, der unmittelbare Anatom des Leidens, von einer ganzen Armee von Technikern abgelöst: Aufseher, Ärzte, Priester, Psychiater, Psychologen, Erzieher; allein durch ihre Gegenwart beim Verurteilten singen sie der Justiz das Loblied, dessen sie bedarf: sie garantieren ihr, daß es ihrer strafenden Tätigkeit letztlich nicht um den Körper und den Schmerz geht. Man vergegenwärtige sich eines: heute müssen zum Tode Verurteilte bis zum letzten Augenblick von einem Arzt überwacht werden, der so als Verantwortlicher für das Wohlbefinden, als Agent des Nicht-Leidens, denen an die Seite gestellt wird, die das Leben auszulöschen haben. Unmittelbar

---

9 Vgl. *Annales de la Charité*, II, 1847, S. 529-530.

vor der Exekution werden Beruhigungsinjektionen verabreicht. Utopie einer schamhaften Justiz: man nimmt das Leben und vermeidet dabei jede Empfindung; man raubt alle Rechte, ohne leiden zu machen; man erlegt Strafen auf, die von jedem Schmerz frei sind. Der Rückgriff auf Psychopharmaka und auf diverse physiologische »Unterbrecher« liegt genau in der Richtung dieses »körperlosen« Strafsystems.

Dieser zweifache Prozeß – Verschwinden des Schauspiels, Beseitigung des Schmerzes – wird von den modernen Ritualen der Hinrichtung bezeugt. Ein und dieselbe Bewegung hat alle europäischen Gesetzgebungen – jede in ihrem eigenen Rhythmus – mitgerissen: gleicher Tod für alle – ohne besondere Kennzeichnung des Verbrechens oder des gesellschaftlichen Status des Verbrechers; ein Tod, der nur einen Augenblick dauert und den keine Wut im vorhinein vervielfältigen oder am Leichnam verlängern darf – eine Hinrichtung, die eher das Leben als den Körper betrifft. Nicht mehr jene langen Prozeduren, in denen der Tod durch kalkulierte Unterbrechungen verzögert und durch sukzessive Attacken vervielfältigt wurde. Nicht mehr jene komplizierten Kombinationen, die man zur Tötung der Königsmörder inszenierte, oder diejenige, von der zu Beginn des 18. Jahrhunderts der Autor von *Hanging not Punishment enough*[10] träumte und die vorsah, den Verurteilten auf dem Rad zu brechen, dann bis zur Ohnmacht auszupeitschen, darauf an Ketten aufzuhängen, um ihn langsam Hungers sterben zu lassen. Nicht mehr jene Martern, bei denen der Verurteilte auf einer Schleife gezogen wurde (um zu vermeiden, daß sein Kopf auf dem Pflaster berste), bei denen der Bauch geöffnet wurde und die Eingeweide hastig herausgerissen wurden, damit er mit seinen eigenen Augen sehen könne, wie man sie ins Feuer warf; und bei denen er schließlich enthauptet und sein Körper geviertelt wurde.[11] Die Reduktion jener »tausend Tode« auf die eigentliche Hinrichtung definiert eine neue Moral des Strafaktes.

Bereits im Jahre 1760 hatte man in England (für die Hinrichtung von Lord Ferrer) eine Erhängungsmaschine ausprobiert (ein Sockel, der unter den Füßen des Verurteilten verschwand, sollte die langsamen Agonien so-

---

10 Anonymer Text, veröffentlicht 1701.
11 Hinrichtung von Verrätern, beschrieben von W. Blackstone, *Commentaire sur le Code criminel anglais*, franz. Übersetzung 1776, I, S. 105. Die französische Ausgabe sollte die Menschlichkeit der englischen Gesetzgebung im Gegensatz zur französischen Verordnung von 1670 zur Geltung bringen. Der Kommentator bemerkt dazu: »Bei dieser als Spektakel erschreckenden Marter leidet der Schuldige weder viel noch lange.«

wie die Handgreiflichkeiten zwischen Opfer und Henker vermeiden lassen). Sie wurde vervollkommnet und schließlich im Jahre 1783 endgültig eingeführt, als man den traditionellen Zug von Newgate nach Tyburn abschaffte und nach den Gordon-Unruhen und dem Neubau des Gefängnisses die Schafotte in Newgate aufstellte.[12] Der berühmte Artikel 3 des französischen Gesetzbuchs von 1791 – »Jedem zum Tode Verurteilten wird der Kopf abgehauen« – bedeutet dreierlei: ein gleicher Tod für alle (»Delikte der gleichen Art werden durch Strafen der gleichen Art sanktioniert, unabhängig von Rang und Status des Schuldigen«, hieß es bereits im Antrag Guillotins, der am 1. Dezember 1789 zum Beschluß erhoben wurde); ein einziger Tod für jeden Verurteilten – durch einen einzigen Schlag und ohne jene »langen und infolgedessen grausamen« Martern, wie sie etwa der von Le Peletier abgelehnte Galgen mit sich bringt; schließlich Strafe nur für den Verurteilten, da die Enthauptung, die Strafe der Vornehmen, für die Familie des Verbrechers die am wenigsten entehrende ist.[13] Die seit März 1792 in Verwendung befindliche Guillotine ist die Maschine, die diesen Prinzipien entspricht. Der Tod ist damit auf ein sichtbares, aber augenblickliches Ereignis reduziert. Die Berührung zwischen dem Gesetz bzw. seinen Vollstreckern und dem Körper des Verbrechers dauert nur den Augenblick eines Blitzstrahls. Es gibt keine körperliche Konfrontation; der Henker hat nur mehr ein sorgfältiger Mechaniker zu sein. »Die Erfahrung und die Vernunft beweisen, daß die in der Vergangenheit übliche Methode, einem Verbrecher den Kopf abzuschlagen, zu einer grausamen Marter wird und nicht bloß das Leben auslöscht, wie es das Gesetz wünscht und weshalb die Hinrichtung in einem Augenblick und mit einem Schlag erledigt sein sollte. Alle Beispiele zeigen, wie schwer es ist, das zu erreichen. Damit das Verfahren sicher ist, muß es von konstanten mechanischen Mitteln abhängen, deren Stärke und Wirkung man bestimmen kann … Es ist nicht schwierig, eine derartige Maschine zu konstruieren, deren Wirkung unfehlbar ist. Die Enthauptung wird, wie das neue Gesetz es wünscht, in einem Augenblick vollzogen. Sollte dieser Apparat notwendig erscheinen, wird er kein Aufsehen erregen und kaum bemerkt werden.«[14] Beinahe ohne den Körper zu berühren, löscht die Guillotine

12 Vgl. Ch. Hibbert, *The Roots of evil*, 1966, S. 85 f.

13 Le Peletier de Saint-Fargeau, *Archives parlementaires*, Bd. XXVI, 3. Juni 1791. S. 720.

14 A. Louis, Bericht über die Guillotine; zitiert von Saint-Edme, *Dictionnaire de pénalité*, 1825, Bd. IV, S. 161.

das Leben aus, so wie das Gefängnis die Freiheit nimmt oder eine Geldbuße Besitztum. Sie soll das Gesetz weniger an einem wirklichen, schmerz-
empfindlichen Körper vollstrecken als vielmehr an einem juristischen
Subjekt, das unter anderem das Recht auf Existenz innehat. Sie muß so
abstrakt sein wie das Gesetz selber.

Eine Zeitlang ist in Frankreich die Nüchternheit der Hinrichtungen
von Spuren der Martern bereichert worden. Die Vatermörder – sowie die
ihnen gleichgestellten Königsmörder – wurden unter einem schwarzen
Schleier zum Schafott geführt; bis 1832 wurde ihnen dort die Hand abgehauen. Davon sollte nur noch der Trauerflor übrigbleiben. So bei Fieschi
im November 1836: »Er soll an den Ort der Hinrichtung geführt werden –
bekleidet mit einem Hemd, mit bloßen Füßen und das Haupt von einem
schwarzen Schleier verhüllt; er soll auf einem Schafott stehen, während ein
Gerichtsdiener vor dem Volk das Urteil verliest, und gleich darauf soll er
hingerichtet werden.« Man muß sich an Damiens erinnern: die letzte Zutat zur Todesstrafe ist ein Trauerschleier. Der Verurteilte darf nicht mehr
gesehen werden. Allein die Verlesung des Urteils auf dem Schafott kündet
von einem Verbrechen, das kein Gesicht haben darf.[15] Die letzte Spur der
großen Martern ist deren endgültige Aufhebung: eine Draperie, die einen
Körper verbirgt. Benoît, der dreifach Ruchlose – Mörder seiner Mutter,
Homosexueller, Mörder –, war der erste Verwandtenmörder, dem das Gesetz das Abhauen der Faust ersparte: »Während man das Urteil verlas,
stand er auf dem Schafott, gestützt von den Scharfrichtern. Es war schauer-
lich, dieses Spektakel zu sehen: eingehüllt in ein weites weißes Leinentuch,
das Gesicht von einem Trauerflor bedeckt, entkam der Muttermörder den
Blicken der schweigenden Menge, und unter dieser geheimnisvollen und
schauerlichen Gewandung manifestierte sich das Leben nur noch durch
schreckliches Geheul, das unter dem Messer alsbald erstarb.«[16]

Zu Beginn des 19. Jahrhunderts geht also das große Schauspiel der peinlichen Strafe zu Ende; man schafft den gemarterten Körper beiseite; man
verbannt die Inszenierung des Leidens aus der Züchtigung. Man tritt ins
Zeitalter der Strafnüchternheit ein. Dieses Verschwinden der Martern
wird zwischen 1830 und 1848 endgültig. Allerdings bedarf diese globale

---

15 Ein für die Zeit typisches Motiv: der Verbrecher muß, da er ein Monster ist, des Lichtes beraubt
   werden: darf nicht sehen und nicht gesehen werden. Für den Vatermörder müßte man »einen Käfig
   aus Eisen bauen oder ein undurchdringliches Versteck graben, wo er für ewig zurückgezogen ist.«
   De Molène, *De l'humanité des lois criminelles*, 1830, S. 275-277.
16 *Gazette des tribunaux*, 30. August 1832.

Behauptung gewisser Einschränkungen. Einmal muß bemerkt werden, daß sich die Transformationen nicht überall gleichmäßig und nicht in einem einheitlichen Prozeß vollzogen. Es gab Verzögerungen. Paradoxerweise war England recht widerspenstig gegenüber der Abschaffung der peinlichen Strafen: vielleicht wegen der Modellrolle, die seinem Kriminalrecht aufgrund der Institution der Geschworenen, des öffentlichen Verfahrens, des Respekts des Habeas Corpus zukam; und vor allem, weil es die Strenge seiner Strafgesetze während der großen sozialen Unruhen 1780-1820 nicht mildern wollte. Lange Zeit versuchten Romilly, Mackintosh und Fowell Buxton vergeblich, die Vielfalt und die Schwere der vom englischen Gesetz vorgesehenen Strafen herabzusetzen – jener »schauerlichen Schlächterei«, wie Rossi sagte. Die Strenge des Gesetzes (die allerdings von den Geschworenen nicht immer voll durchgesetzt wurde, gerade weil sie exzessiv erschien) hat sogar zugenommen, denn Blackstone zählte 1760 in der englischen Gesetzgebung 160 Kapitalverbrechen, während man 1819 auf 223 kam. Dann müßte man die Beschleunigungen und die Rückschläge in Rechnung stellen, die der Gesamtprozeß zwischen 1760 und 1840 erfahren hat: die Reformeile in einigen Ländern wie Österreich, Rußland, den Vereinigten Staaten und Frankreich zur Zeit der Verfassunggebenden Versammlung und den Rückschlag in der Periode der Restauration in Europa und der großen sozialen Angst der Jahre 1820-1848; mehr oder weniger vorübergehende Modifikationen, die durch Gerichte oder Ausnahmegesetze herbeigeführt wurden; die Verzerrung der wirklichen Praxis der Gerichte gegenüber dem Zustand der Gesetzgebung. All dies macht die Entwicklung vom 18. ins 19. Jahrhundert hinein recht unregelmäßig.

Wenngleich schließlich das Wesentliche der Transformation um 1840 vollzogen ist und die Mechanismen der Bestrafung ihre neue Funktionsweise angenommen haben, so ist doch der Gesamtprozeß keineswegs abgeschlossen. Die Einschränkung der Marter ist eine Tendenz, die in der großen Transformation der Jahre 1760-1840 verwurzelt ist. Aber sie ist nicht vollendet; die Praxis der Marter hat unser Strafsystem noch lange Zeit durchwirkt, und noch heute steckt sie darin. Die Guillotine, diese Maschinerie der schnellen und diskreten Tode, hatte in Frankreich eine neue Ethik des legalen Todes angekündigt, doch wurde sie von der Revolution alsbald mit einem großen theatralischen Ritual umgeben. Jahre hindurch hat sie ein Spektakel abgegeben. Man mußte sie ans Stadttor Saint-Jacques verlegen, man mußte den offenen Karren durch einen geschlossenen Wagen ersetzen, man mußte den Verurteilten hastig aus dem Wagen und aufs Brett stoßen und die Hinrichtungen in aller Eile und zu ungewohnten Stunden durchführen. Schließlich mußte man die Guillotine innerhalb der Gefängnisse aufstellen und dem Zugang des Publikums entziehen (nach der Hinrichtung von Weidmann im Jahre 1939), die Straßen zum Gefängnis absperren, in welchem das Schafott versteckt ist und wo die Hinrichtung unter Geheimhaltung vollzogen wird (Hinrichtung von Buffet und Bontemps im Jahre 1972). Man mußte den Zeugen der Szene jedes Berichten unter Androhung gerichtlicher Verfolgung verbieten, damit die Hinrichtung endlich kein Spektakel mehr sei, damit sie ein Geheimnis zwischen der Justiz und ihrem Verurteilten bleibe. So viele Vorsichtsmaßregeln machen wohl einsichtig, daß im Grunde die Hinrichtung auch heute noch ein Schauspiel ist, das man ebendeswegen zu untersagen hat.

Auch der Zugriff auf den Körper hat sich in der Mitte des 19. Jahrhunderts nicht völlig gelöst. Zweifellos hat die Strafe seither nicht mehr die Schmerzenstechnik der Marter zum Mittelpunkt; ihr Hauptziel ist der Verlust eines Besitzes oder eines Rechts. Aber eine Strafe wie die Zwangsarbeit oder auch das Gefängnis – die bloße Freiheitsberaubung – kam niemals ohne ein Element aus, das den Körper selbst in Mitleidenschaft zog: Rationierung der Nahrung, Entziehung sexueller Möglichkeiten, Schläge, Isolierung. Handelt es sich um ungewollte, aber unvermeidliche Konsequenzen der Einsperrung? Tatsächlich verfügte das Gefängnis immer über gezielte Einrichtungen, die ein bestimmtes Maß an körperlichem Leiden sichern. Die Kritik, der sich der Strafvollzug in der ersten Hälfte des 19. Jahrhunderts häufig ausgesetzt sah (das Gefängnis strafe zuwenig: die Häftlinge litten oft weniger unter Hunger und Kälte, seien insgesamt weniger benachteiligt als die Armen oder selbst viele Arbeiter), enthält ein Postulat, das niemals wirklich aufgehoben wurde: es ist gerecht, daß ein Verurteilter physisch mehr leidet als die anderen Menschen. Die Strafe läßt sich kaum von dem Zusatz körperlichen Schmerzes ablösen. Was sollte eine unkörperliche Züchtigung sein?

Es bleibt also ein »peinlicher« Rest in den modernen Mechanismen der Kriminaljustiz – ein Rest, der nicht ganz überwunden wird, der aber immer mehr in ein Strafsystem des Körperlosen integriert wird.

Die Milderung der Strafstrenge im Laufe der letzten Jahrhunderte ist ein Phänomen, das den Rechtshistorikern wohlbekannt ist. Aber lange Zeit wurde es global als ein quantitatives Phänomen betrachtet: weniger Grausamkeit, weniger Leiden, mehr Milde, mehr Respekt, mehr »Menschlichkeit«. In Wirklichkeit hat sich hinter diesen Veränderungen eine Verschiebung im Ziel der Strafoperation vollzogen. Es handelt sich nicht so sehr um eine Intensitätsminderung als vielmehr um eine Zieländerung.

Wenn sich das Strafsystem in seinen strengsten Formen nicht mehr an den Körper wendet, worauf richtet es dann seinen Zugriff? Die Antwort der Theoretiker – jener, die um 1760 eine bis heute nicht abgeschlossene Periode eröffnen – ist einfach, fast banal. Sie scheint in der Frage selbst enthalten zu sein. Da es nicht mehr der Körper ist, ist es die Seele. Der Sühne, die dem Körper rasende Schmerzen zufügt, muß eine Strafe folgen, die in der Tiefe auf das Herz, das Denken, den Willen, die Anlagen wirkt. Ein für allemal hat Mably das Prinzip formuliert: »Die Strafe soll, wenn ich so sagen darf, eher die Seele treffen als den Körper.«[17]

Dies ist ein wichtiger Augenblick. Die alten Mitspieler des Straf-Festes, der Leib und das Blut, räumen den Platz. Auf die Bühne tritt eine neue Person – verschleiert. Eine gewisse Tragödie ist zu Ende, es beginnt eine Komödie mit schattenhaften Silhouetten, gesichtslosen Stimmen, unbetastbaren Wesen. Der Apparat der Strafjustiz hat es nun mit dieser körperlosen Realität zu tun.

Ist das bloß eine theoretische Behauptung, die von der Strafpraxis dementiert wird? Dies zu sagen wäre voreilig. Wahr ist, daß Strafe auch heute nicht einfach in der Konversion einer Seele besteht; aber der Grundsatz von Mably ist auch nicht bloß ein frommer Wunsch geblieben. Seine Wirkungen lassen sich im gesamten modernen Strafsystem verfolgen.

Zunächst also handelt es sich darum, daß die Objekte und Ziele des Strafens andere werden. Damit ist nicht gesagt, daß man sich sogleich darangemacht hat, andere Verbrechen zu bestrafen. Zwar hat sich seit zwei Jahrhunderten viel geändert: die Definition der Gesetzesübertretungen, die Hierarchie ihrer Schwere, die Grenzen der Duldung – der faktischen Toleranz und der gesetzlichen Erlaubtheit; viele Verbrechen haben aufgehört, welche zu sein, weil sie mit einem bestimmten Vollzug religiöser Autorität oder mit einem Typ des wirtschaftlichen Lebens verbunden waren – die Gotteslästerung hat ihren Status als Verbrechen verloren, der Schleichhandel und der häusliche Diebstahl einen Teil ihrer Schwere. Aber diese

---

17 G. de Mably, *De la législation, Œuvres complètes*, 1789, Bd. IX, S. 326.

Verschiebungen sind wohl nicht die wichtigste Tatsache: die Grenzziehung zwischen dem Erlaubten und dem Verbotenen hat über die Jahrhunderte hinweg eine gewisse Konstanz gewahrt. Hingegen ist der Gegenstand »Verbrechen«, das Objekt der Strafpraxis, tiefgehend verändert worden: die Qualität, die Natur, die Substanz gewissermaßen des Strafbaren eher als seine formelle Abgrenzung. Die relative Stabilität des Gesetzes hat zahlreiche subtile und rasche Ablösungen verdeckt. Als Verbrechen oder Vergehen beurteilt man immer noch Rechtsgegenstände, die vom Gesetzbuch definiert sind, aber gleichzeitig urteilt man über Leidenschaften, Instinkte, Anomalien, Schwächen, Unangepaßtheiten, Milieu- oder Erbschäden; man bestraft Aggressionen, aber durch sie hindurch Aggressivitäten; Vergewaltigungen, aber zugleich Perversionen; Morde, die auch Triebe und Begehren sind. Nun wird man sagen: nicht darüber wird geurteilt; man zieht es heran, um die zu beurteilenden Tatsachen zu erklären und um zu bestimmen, inwieweit der Wille des Subjekts am Verbrechen beteiligt ist. Die Antwort ist ungenügend, denn es sind diese Schatten hinter den Tatsachen des Verfahrens, die in Wirklichkeit beurteilt und bestraft werden. Beurteilt werden sie vermittels der »mildernden Umstände«, die in den Wahrspruch ja nicht nur die »Umstände« der Tat eintreten lassen, sondern etwas ganz anderes, rechtlich gar nicht Kodifizierbares: die Erkenntnisse und Einschätzungen betreffend den Verbrecher, das Wissen von den Beziehungen zwischen ihm, seiner Vergangenheit und seinem Verbrechen, die Erwartungen von seiner Zukunft. Geurteilt wird über jene Schatten auch durch all die Begriffe, die seit dem 19. Jahrhundert zwischen Medizin und Jurisprudenz zirkulieren (die »Monster« der Zeit von Georget, die »psychischen Anomalien« der Verfügung von Chaumié, die »Perversen« und »Unangepaßten« der heutigen Gutachten) und die unter dem Vorwand, eine Tat zu erklären, ein Individuum qualifizieren. Bestraft werden jene Schatten durch eine Züchtigung, die dem Delinquenten »nicht nur das Verlangen sondern auch die Fähigkeit geben soll, in Respekt vor dem Gesetz zu leben und für seine eigenen Bedürfnisse zu sorgen«; bestraft werden sie durch die innere Ökonomie einer Strafe, die zwar das Verbrechen sanktionieren soll, sich aber je nach dem Verhalten des Verurteilten ändern kann (durch Abkürzung oder Verlängerung); bestraft werden sie auch durch jene »Sicherheitsmaßnahmen«, welche die Strafe begleiten (Aufenthaltsverbot, überwachte Freiheit, Gerichtsvormundschaft, Zwang zu medizinischer Behandlung) und welche nicht die Gesetzesübertretung sanktionieren sollen, sondern das Individuum kontrollieren, seinen gefährlichen Zustand neutralisieren, seine verbrecherischen Anlagen verändern und erst nach erreichter Änderung aufhören sollen. Auf die Seele des Verbrechers beruft man sich vor Gericht nicht nur zur Erklärung seines Verbrechens und zur Feststellung ihrer Verantwortlichkeit; man beruft sich auf sie mit einer solchen Emphase, mit einem solchen Bemühen um Verständnis und einem so großen »wissenschaftlichen« Eifer, um sie gleichzeitig mit dem Verbrechen zu verurteilen und zur Bestrafung zu übernehmen. In das gesamte Strafritual – vom Zeugenverhör bis zur Urteilsverkündung und bis zu den letzten Straffolgen – hat man einen Bereich von Gegenständen eindringen lassen, welche die juristisch definierten und kodifizierten Gegenstände ergänzen, aber auch in Frage stellen. Das psychiatrische Gutachten sowie ganz allgemein die Kriminalanthropologie und der hartnäckige Diskurs der Kriminologie haben hier ihre Funktionen: indem sie die Gesetzesübertretungen feierlich in den Bereich der wissenschaftlich erkennbaren Gegenstände einweisen, berechtigen sie die Mechanismen der gesetzlichen Bestrafung zum Zugriff nicht nur auf die Gesetzesübertretungen, sondern auf die Individuen – nicht nur auf das, was die Individuen getan haben, sondern auf das, was sie sind, sein werden, sein können. Die Seelen-Zugabe, die sich die Justiz gesichert hat, hat nur anscheinend erklärende und begrenzende Funktion; tatsächlich handelt es sich um eine Annexion. Seitdem vor 150 oder 200 Jahren Europa seine neuen Strafsysteme geschaffen hat, sind die Richter Schritt für Schritt – im Zuge einer noch weiter zurückreichenden Entwicklung – darangegangen, über etwas anderes als die Verbrechen zu richten: über die »Seele« der Verbrecher.

Und damit haben sie auch begonnen, etwas anderes zu tun, als zu richten. Oder genauer gesagt: in das richterliche Urteilen haben sich andere Arten des Abschätzens und Beurteilens eingeschlichen, die seinen Charakter wesentlich modifizieren. Seitdem das Mittelalter langsam und mühselig das große Verfahren der Untersuchung aufgebaut hatte, bedeutete das Richten die Feststellung der Wahrheit eines Verbrechens, die Bestimmung seines Urhebers, die Verhängung einer gesetzlichen Sanktion. Die Erkenntnis des Vergehens, die Erkenntnis des Verantwortlichen und die Erkenntnis des Gesetzes – diese drei Bedingungen erlaubten es, ein Urteil auf Wahrheit zu gründen. Jetzt aber ist im Urteil eine ganz andere Wahrheitsfrage enthalten. Nicht mehr bloß die Frage: »Ist die Tat festgestellt, und handelt es sich um ein Vergehen?«, sondern auch die Frage: »Was ist denn eigentlich diese Tat, was ist dieses Gewaltverbrechen oder dieser Mord? Welcher Ebene oder welchem Bereich ist die Tat zuzuordnen – Wahngebilde, psychotische Reaktion, Augenblick der Verwirrung, Perversität?« Nicht mehr einfach: »Wer ist der Täter?«, sondern: »Wie kann man den Kausalprozeß, der zur Tat geführt hat, einordnen? Wo ist sein Ursprung im Täter selbst? Instinkt, Unbewußtes, Milieu, Erbanlage?« Nicht mehr einfach: »Welches Gesetz sanktioniert dieses Vergehen?«, sondern: »Welche Maßnahmen sind die angemessensten? Wie läßt sich die Entwicklung des Individuums voraussehen? Auf welche Weise wird es am sichersten gebessert werden können?« Eine ganze Reihe von abschätzenden, diagnostischen, prognostischen, normativen Beurteilungen des kriminellen Individuums ist in die Apparatur des Gerichtsurteils eingezogen. Eine andere Wahrheit hat die von der Justizmechanik erforderte Wahrheit durchdrungen: eine Wahrheit, die in ihrer Verwicklung mit dieser aus der Schuldbehauptung einen sonderbaren wissenschaftlich-juristischen Komplex macht. Eine dafür bezeichnende Tatsache ist die Art, in der sich die Frage des Wahnsinns in der Strafpraxis entwickelt hat. Nach dem Strafgesetzbuch von 1810 stellte sich diese Frage nur im Artikel 64, der feststellt, daß weder ein Verbrechen noch ein Vergehen vorliegt, wenn der Täter im Augenblick der Tat im Zustand des Wahnsinns war. Die Diagnose eines Wahnsinns schloß also die Qualifizierung einer Tat als Verbrechen aus: war der Täter wahnsinnig, so wurde dadurch nicht die Schwere des Vergehens oder die Bemessung der Strafe modifiziert – das Vergehen selber verschwand. Es war also unmöglich, jemanden gleichzeitig für schuldig und wahnsinnig zu erklären. Die Diagnose eines Wahnsinns konnte nicht ins Urteil eingehen, sondern sie unterbrach das Verfahren und hob den Zugriff der Justiz auf den Urheber der Tat auf. Nicht nur die Untersuchung des möglicherweise Wahnsinnigen, sondern auch deren Resultate mußten dem Urteilsspruch äußerlich bleiben. Sehr bald haben nun die Gerichte des 19. Jahrhunderts diesen Artikel 64 mißdeutet. Obwohl der Oberste Gerichtshof in mehreren Urteilen daran erinnerte, daß der Zustand des Wahnsinns weder zu einem Strafnachlaß noch zu einem Freispruch führen kann, sondern nur zu einer Einstellung des Verfahrens, haben sie das Problem des Wahnsinns in ihre Urteilssprechung eingehen lassen. Sie haben zugelassen, daß man zugleich schuldig und wahnsinnig sein kann: um so weniger schuldig allerdings, je mehr man wahnsinnig ist; auch als Schuldiger eher einzusperren und zu pflegen als zu bestrafen; ein gefährlicher Schuldiger aufgrund offenkundiger Krankheit ... Vom Standpunkt des Strafgesetzbuches aus waren das allesamt juristische Absurditäten. Aber hier lag der Ausgangspunkt für eine Entwicklung, die im Laufe der folgenden 150 Jahre von der Rechtsprechung und von der Gesetzgebung selbst vorangetrieben werden sollte. Bereits die Reform von 1832, welche die mildernden Umstände einführte, machte es möglich, daß im Urteil Grade einer Krankheit und Formen eines Halbwahnsinns berücksichtigt wurden. Und die bei Geschworenengerichten allgemein übliche, gelegentlich auf die Strafkammern ausgedehnte Praxis des psychiatrischen Gutachtens führt dazu, daß das Gerichtsurteil, obgleich es immer auf eine gesetzliche Sanktion abzielt, mehr oder weniger verdeckt Urteile über Normalität, Kausalzuordnungen, Abschätzungen möglicher Veränderungen, Voraussagen über die Zukunft der Delinquenten enthält. All diese Erkenntnisleistungen bereiten ein wohlbegründetes Urteil keineswegs bloß von außen vor, vielmehr gehen sie in den Prozeß der Urteilsfindung unmittelbar ein. Anstatt daß der Wahnsinn im ursprünglichen Sinne des Artikels 64 das Verbrechen auslöscht, ist nun mit jedem Verbrechen oder Vergehen als ein legitimer Verdacht, aber auch als ein beanspruchbares Recht, die Hypothese des Wahnsinns oder jedenfalls der Anomalie verbunden. Und Verurteilung oder Freispruch sind nicht mehr bloß Beurteilungen von Schuld oder Nichtschuld und legale Sanktionsentscheidungen; vielmehr enthalten sie Normalitätsabschätzungen und technische Vorschriften im Hinblick auf eine mögliche Normalisierung. Der Richter unserer Tage – ob Beamter oder Geschworener – hat nicht mehr ausschließlich zu »richten«.

Aber er ist auch nicht mehr der einzige, der zu richten hat. Im gesamten Verlauf des Strafverfahrens und des Strafvollzugs wimmelt es von zahlreichen angeschlossenen Instanzen. Kleine Gerichtsbarkeiten und Nebenrichter haben sich um die Hauptrechtsprechung herum vervielfältigt: psychiatrische oder psychologische Sachverständige, Beamte des Strafvollzugs, Erzieher, Funktionäre der Justizverwaltung zerstückeln die gesetzliche Strafgewalt; zwar ist es richtig, daß keiner von ihnen wirklich am Recht zu strafen teilhat; daß die einen nach dem Urteilsspruch nur das Recht haben, eine vom Gericht festgesetzte Strafe zu vollstrecken, und daß vor allem die anderen – die Sachverständigen – davor nicht eingeschaltet werden, um ein Urteil zu fällen, sondern um die Entscheidung der Richter zu erhellen. Sobald aber die vom Gericht festgesetzten Strafen und Sicherheitsmaßnahmen nicht von vornherein endgültig bestimmt werden, sondern im Lauf des Vollzugs modifiziert werden können, sobald andere als die Strafrichter entscheiden können, ob der Verurteilte »verdient«, in Halb-Freiheit oder bedingte Freiheit gesetzt zu werden, ob seine Bevormundung aufgehoben werden kann – in diesem Moment werden eben doch Mechanismen der gesetzlichen Bestrafung in die Hände dieser anderen gelegt und ihrer Einschätzung anheimgestellt: Nebenrichter, aber gleichwohl Richter. Der ganze Apparat, der sich seit Jahren um den Vollzug der Strafen und ihre Anpassung an die Individuen entwickelt hat, vervielfältigt die Instanzen der richterlichen Entscheidung und verlängert diese über den Urteilsspruch hinaus. Wie weit es die psychiatrischen Sachverständigen auch von sich weisen mögen, Richter zu sein, seit dem Rundschreiben von 1958 haben sie auf folgende drei Fragen zu antworten: Stellt der Beschuldigte eine Gefahr dar? Kann er einer Bestrafung zugeführt werden? Kann er geheilt oder wiederangepaßt werden? Diese Fragen haben mit dem Artikel 64 ebensowenig zu tun wie mit einem möglichen Wahnsinn des Täters im Augenblick der Tat. Sie betreffen nicht die Verantwortlichkeit des Täters, sondern die Administration der Strafe, ihre Notwendigkeit, ihren Nutzen, ihre mögliche Wirkung. Sie erlauben es, in einem kaum kodifizierten Vokabular anzugeben, ob die Heilanstalt dem Gefängnis vorzuziehen ist, ob eine kurze oder eine lange Haft vorzusehen ist, eine medizinische Behandlung oder Sicherheitsmaßnahmen. Der Psychiater ist nicht Experte in Sachen Verantwortlichkeit, sondern Berater in Sachen Bestrafung. Er hat zu sagen, ob das Individuum »gefährlich« ist, wie man sich davor schützen kann, wie man es verändern kann, ob man es eher niederhalten oder heilen soll. Zu Beginn seiner Geschichte hatte das psychiatrische Gutachten »wahre« Sätze über den Anteil zu formulieren, den die Freiheit des Täters an seiner Tat hatte. Nunmehr hat sie eine Empfehlung zu seiner »gerichtsmedizinischen Behandlung« abzugeben.

Seitdem das neue Strafsystem, das durch die großen Gesetzbücher des 18. und 19. Jahrhunderts definiert wird, in Kraft ist, hat ein globaler Prozeß dazu geführt, daß die Richter über etwas anderes als über Verbrechen richten; daß sie in ihren Urteilen etwas anderes tun, als zu richten; und daß die Richtgewalt teilweise anderen Instanzen als den Strafrichtern übertragen worden ist. Die gesamte Operation des Bestrafens hat sich mit außerjuristischen Elementen und Personen aufgeladen. Man könnte sagen, daß daran nichts Ungewöhnliches ist, da das Recht nun einmal ihm fremde Elemente zu absorbieren pflegt. Aber eines ist doch merkwürdig in der modernen Strafjustiz: außerrechtliche Elemente hat sie nicht aufgenommen, um sie zu verrechtlichen und allmählich in die eigentliche Strafgewalt zu integrieren, sondern um sie innerhalb der Operation des Bestrafens als nichtrechtliche Elemente zu belassen, um dieser Operation den Charakter der bloßen Bestrafung zu nehmen, um dem Richter die Schmach zu ersparen, einfach nur der zu sein, der bestraft: »Gewiß, wir fällen ein Urteil, das von einem Verbrechen veranlaßt worden ist; aber für uns ist es lediglich eine Anleitung zur Behandlung eines Kriminellen. Wir bestrafen zwar, doch wollen wir damit eine Heilung erreichen.« Funktion und Rechtfertigung der Kriminaljustiz liegen heute nur mehr in diesem ständigen Bezug auf etwas anderes als sie selber, in ihrer ständig erneuerten Integration in nichtrechtliche Systeme. Sie muß sich ihre Qualifikation immer wieder durch das Wissen bestätigen lassen. Hinter der zunehmenden Milde der Strafen läßt sich also eine Verschiebung ihres Ziels beobachten – und damit auch ein neues Feld von Gegenständen, ein neues Regime der Wahrheit und eine Reihe bislang unbekannter Rollen im Vollzug der Kriminaljustiz. Es formiert sich ein Wissen, das Techniken und »wissenschaftliche« Diskurse einschließt und sich mit der Praxis der Strafgewalt verflicht.

Thema dieses Buches ist eine Korrelationsgeschichte der modernen Seele und einer neuen Richtgewalt. Eine Genealogie des heutigen Wissenschaft/Justiz-Komplexes, in welchem die Strafgewalt ihre Stützen, ihre Rechtfertigungen und ihre Regeln findet, ihre Wirkungen ausweitet und ihre ungeheure Einzigartigkeit maskiert.

Wie aber läßt sie sich erfassen und darstellen, diese Geschichte der modernen Seele im Gerichtsurteil? Hält man sich an die Entwicklung der Rechtsregeln und der Strafverfahren, so läuft man Gefahr, die Veränderung der kollektiven Sensibilität, den Fortschritt des Humanismus oder die Entwicklung der Humanwissenschaften als massive, feststehende und ursprüngliche Tatsache anzusehen. Analysiert man wie Durkheim[18] lediglich die allgemeinen gesellschaftlichen Formen, so riskiert man, als Prinzip der Strafmilderung Individualisierungsprozesse anzusetzen, die eher zu den Wirkungen und zu den neuen Strafmechanismen neuer Machttaktiken gehören. Die vorliegende Studie hält sich an vier allgemeine Regeln:

1. Die Analyse der Strafmechanismen soll nicht in erster Linie an deren

18 É. Durkheim, *Deux lois de l'évolution pénale*, in: *Année sociologique*, IV, 1899-1900.

»repressiven« Wirkungen als »Sanktionen« ausgerichtet sein, sondern sie in die Gesamtheit ihrer positiven Wirkungen, auch der zunächst marginal erscheinenden, einordnen. Die Bestrafung soll demnach als eine komplexe gesellschaftliche Funktion betrachtet werden.

2. Die Strafmethoden sollen nicht als bloße Konsequenzen aus Rechtsregeln oder Indikatoren von Gesellschaftsstrukturen analysiert werden; vielmehr als Techniken, die im allgemeineren Feld der übrigen Gewaltverfahren ihre Eigenart haben. Die Bestrafungen sind in der Perspektive der politischen Taktik zu betrachten.

3. Die Geschichte des Strafrechts und die Geschichte der Humanwissenschaften sollen nicht als zwei getrennte Linien behandelt werden, deren Überschneidung sich auf die eine oder andere oder auf beide störend oder fördernd auswirkt. Vielmehr soll untersucht werden, ob es nicht eine gemeinsame Matrix gibt und ob nicht beide Geschichten in einen einzigen »epistemologisch-juristischen« Formierungsprozeß hineingehören. Die Technologie der Macht soll also als Prinzip der Vermenschlichung der Strafe wie auch der Erkenntnis des Menschen gesetzt werden.

4. Die Seele tritt auf die Bühne der Justiz, und damit wird ein ganzer Komplex »wissenschaftlichen« Wissens in die Gerichtspraxis einbezogen. Zu untersuchen ist, ob dies nicht dadurch bewirkt wird, daß sich die Art und Weise, in welcher der Körper von den Machtverhältnissen besetzt wird, transformiert hat.

Es soll also der Versuch unternommen werden, die Metamorphose der Strafmethoden von einer politischen Technologie des Körpers her zu untersuchen, aus der sich vielleicht eine gemeinsame Geschichte der Machtverhältnisse und der Erkenntnisbeziehungen ablesen läßt. So könnte aus der Analyse der Strafmilde verständlich werden, wie der Mensch, die Seele, das normale oder anormale Individuum zu weiteren Zielen der Strafintervention neben dem Verbrechen geworden sind; und wie eine spezifische Unterwerfungsmethode zur Geburt des Menschen als Wissensgegenstand für einen »wissenschaftlichen« Diskurs führen konnte.

Doch erhebe ich nicht den Anspruch, der erste zu sein, der in dieser Richtung arbeitet.[19]

---

19 Auf keinen Fall vermag ich durch Hinweise oder Zitate sichtbar zu machen, was dieses Buch G. Deleuze und seiner gemeinsamen Arbeit mit F. Guattari verdankt (Deleuze/Guattari, *Anti-Ödipus. Kapitalismus und Schizophrenie I*. Frankfurt 1974. Ebenso verpflichtet bin ich R. Castel (*Le Psychanalysme*, Paris 1973) und P. Nora.

Aus dem großen Buch von Rusche und Kirchheimer[20] lassen sich einige wesentliche Richtlinien gewinnen. Festzuhalten ist zunächst, daß man sich von der Illusion lösen muß, das Strafsystem sei vor allem (oder gar ausschließlich) eine Methode der Unterdrückung von Verbrechen und in dieser Funktion könne es je nach den Gesellschaftsformen, den politischen oder religiösen Systemen streng oder nachsichtig, auf Sühnung oder auf Wiedergutmachung, auf Verfolgung von Individuen oder auf Feststellung kollektiver Verantwortlichkeiten gerichtet sein. Vielmehr sind die »konkreten Strafsysteme« zu analysieren, und zwar als gesellschaftliche Erscheinungen, die weder durch die juristische Apparatur der Gesellschaft noch durch ihre ethischen Grundentscheidungen hinreichend erklärt werden können. Sie sind in ihr Funktionsfeld einzuordnen, in welchem die Sanktionierung der Verbrechen nicht das einzige Element ist. Es ist zu zeigen, daß die Strafmaßnahmen nicht einfach »negative« Mechanismen sind, die einschränken, verhindern, ausschließen, unterdrücken; sondern daß sie an eine Reihe positiver und nutzbringender Effekte geknüpft sind, welche sie befördern – in diesem Sinne kann man sagen, daß die gesetzlichen Strafen zwar zur Sanktionierung der Vergehen bestimmt sind, die Definition der Vergehen und deren Verfolgung aber wiederum dazu dienen, die Strafmechanismen in Gang zu halten. Rusche und Kirchheimer haben in dieser Perspektive die verschiedenen Strafsysteme mit den Produktionssystemen in Beziehung gesetzt, in welchen sie ihre Wirkungen ausüben: in einer Sklavenwirtschaft haben die Strafmechanismen die Aufgabe, zusätzliche Arbeitskraft herbeizuschaffen – und damit eine »zivile« Sklaverei neben der durch Krieg und Handel sichergestellten zu schaffen; mit dem Feudalzeitalter und seiner geringen Entwicklung von Geld und Produktion nehmen die körperlichen Züchtigungen stark zu – der Körper ist ja häufig das einzige erreichbare Gut; das Zuchthaus (Hôpital générale, Spinhuis oder Rasphuis), die Zwangsarbeit, die Strafmanufaktur erscheinen mit der Entwicklung der Tauschwirtschaft. Da jedoch das industrielle System einen freien Markt der Arbeitskraft verlangt, geht im 19. Jahrhundert der Anteil der Zwangsarbeit innerhalb der Strafmechanismen zurück; an ihre Stelle tritt eine Internierung zum Zweck der Besserung. Zu diesen eindeutigen Zuordnungen werden sicher einige Bemerkungen zu machen sein.

Zweifellos aber läßt sich ein Gedanke festhalten: daß in unseren Gesell-

---

20 G. Rusche and O. Kirchheimer, *Punishment and social structures*, 1939. Deutsche Ausgabe: *Sozialstruktur und Strafvollzug*. Frankfurt/Köln 1974.

schaften die Strafsysteme in eine bestimmte »politische Ökonomie« des Körpers einzuordnen sind. Selbst wenn sie auf gewaltsame oder blutige Züchtigungen verzichten, selbst wenn sie die »milden« Methoden der Einsperrung oder Besserung verwenden, geht es doch immer um den Körper – um den Körper und seine Kräfte, um deren Nützlichkeit und Gelehrigkeit, um deren Anordnung und Unterwerfung. Selbstverständlich ist es legitim, einer Geschichte der Strafen moralische Ideen oder juristische Strukturen zugrunde zu legen. Die Frage aber ist, ob man ihr auch eine Geschichte der Körper zugrunde legen kann, da die Strafen doch nur mehr auf die geheime Seele der Straffälligen abzielen wollen.

Die Historiker beschäftigen sich seit längerer Zeit mit der Geschichte des Körpers. Sie haben den Körper im Feld der historischen Demographie und Pathologie studiert. Sie haben ihn als Sitz von Bedürfnissen und Gelüsten, als Ort von physiologischen Prozessen und von Metabolismen, als Zielscheibe für die Angriffe von Mikroben und Viren untersucht. Sie haben gezeigt, bis zu welchem Grade die historischen Prozesse in das verwikkelt waren, was als rein biologischer Sockel der Existenz gelten mochte, und welcher Platz in der Geschichte der Gesellschaften biologischen »Ereignissen« wie der Ausbreitung von Bazillen oder der Verlängerung der Lebensdauer einzuräumen ist.[21] Aber der Körper steht auch unmittelbar im Feld des Politischen; die Machtverhältnisse legen ihre Hand auf ihn; sie umkleiden ihn, markieren ihn, dressieren ihn, martern ihn, zwingen ihn zu Arbeiten, verpflichten ihn zu Zeremonien, verlangen von ihm Zeichen. Diese politische Besetzung des Körpers ist mittels komplexer und wechselseitiger Beziehungen an seine ökonomische Nutzung gebunden; zu einem Gutteil ist der Körper als Produktionskraft von Macht- und Herrschaftsbeziehungen besetzt; auf der anderen Seite ist seine Konstituierung als Arbeitskraft nur innerhalb eines Unterwerfungssystems möglich (in welchem das Bedürfnis auch ein sorgfältig gepflegtes, kalkuliertes und ausgenutztes politisches Instrument ist); zu einer ausnutzbaren Kraft wird der Körper nur, wenn er sowohl produktiver wie unterworfener Körper ist. Diese Unterwerfung wird aber nicht allein durch Instrumente der Gewalt oder der Ideologie erreicht; sie kann sehr wohl direkt und physisch sein, Kraft gegen Kraft ausspielen, materielle Elemente einbeziehen und gleichwohl auf Gewaltsamkeit verzichten; sie kann kalkuliert, organisiert, technisch

---

21 Vgl. E. Le Roy-Ladurie, L'histoire immobile, in: *Annales*, mai-juin 1974.

durchdacht, subtil sein, weder Waffen noch Terror gebrauchen und gleichwohl physischer Natur sein. Es kann also ein »Wissen« vom Körper geben, das nicht mit der Wissenschaft von seinen Funktionen identisch ist, sowie eine Meisterung seiner Kräfte, die mehr ist als die Fähigkeit zu ihrer Besiegung: dieses Wissen und diese Meisterung stellen die politische Ökonomie des Körpers dar. Gewiß, diese Technologie ist diffus, in zusammenhängenden und systematischen Diskursen kaum formuliert; sie setzt sich aus Stücken und Stückchen zusammen; sie arbeitet mit disparaten Werkzeugen und Verfahren; trotz der Kohärenz ihrer Resultate ist sie häufig ein vielgestaltiger Prozeß. Man kann sie auch weder in bestimmten Institutionen noch im Staatsapparat festmachen. Diese greifen auf sie zurück; sie benützen, fördern oder erzwingen ihre Prozeduren. Aber sie selbst mitsamt ihren Mechanismen und Wirkungen liegt auf einer anderen Ebene. Es handelt sich gewissermaßen um eine Mikrophysik der Macht, die von den Apparaten und Institutionen eingesetzt wird; ihre Wirksamkeit liegt aber sozusagen zwischen diesen großen Funktionseinheiten und den Körpern mit ihrer Materialität und ihren Kräften.

Das Studium dieser Mikrophysik setzt nun voraus, daß die darin sich entfaltende Macht nicht als Eigentum, sondern als Strategie aufgefaßt wird, daß ihre Herrschaftswirkungen nicht einer »Aneignung« zugeschrieben werden, sondern Dispositionen, Manövern, Techniken, Funktionsweisen; daß in ihr ein Netz von ständig gespannten und tätigen Beziehungen entziffert wird anstatt eines festgehaltenen Privilegs; daß ihr als Modell die immerwährende Schlacht zugrunde gelegt wird und nicht der Vertrag über die Abtretung eines Gebietes oder die Eroberung, die sich eines solchen bemächtigt. Diese Macht ist nicht so sehr etwas, was jemand besitzt, sondern vielmehr etwas, was sich entfaltet; nicht so sehr das erworbene oder bewahrte »Privileg« der herrschenden Klasse, sondern vielmehr die Gesamtwirkung ihrer strategischen Positionen – eine Wirkung, welche durch die Position der Beherrschten offenbart und gelegentlich erneuert wird. Anderseits richtet sich diese Macht nicht einfach als Verpflichtung oder Verbot an diejenigen, welche »sie nicht haben«; sie sind ja von der Macht eingesetzt, die Macht verläuft über sie und durch sie hindurch; sie stützt sich auf sie, ebenso wie diese sich in ihrem Kampf gegen sie darauf stützen, daß sie von der Macht durchdrungen sind. Diese Beziehungen reichen nämlich tief in die Gesellschaft hinein und reduzieren sich nicht auf das Verhältnis des Staates zu den Bürgern oder auf die Schranke zwischen den

Klassen; sie beschränken sich nicht darauf, auf der Ebene der Individuen, der Körper, der Gesten und der Verhaltensweisen die allgemeine Form des Gesetzes oder der Herrschaft zu reproduzieren. Zwar besteht ein Zusammenhang zwischen ihnen (denn sie sind durch zahlreiche komplexe Räderwerke an Gesetz und Herrschaft angeschlossen), doch handelt es sich nicht um einen Zusammenhang analoger oder homologer Art, sondern um einen Zusammenhang je spezifischer Mechanismen und Verfahren. Die Beziehungen sind keine eindeutigen Relationen, vielmehr definieren sie zahllose Konfrontationspunkte und Unruheherde, in denen Konflikte, Kämpfe und zumindest vorübergehende Umkehrung der Machtverhältnisse drohen. Die Umwälzung dieser »Mikromächte« gehorcht nicht dem Gesetz des Alles oder Nichts. Sie wird nicht ein für allemal durch eine neue Kontrolle über die Apparate erreicht, ebensowenig wie durch eine Erneuerung oder Zerstörung der Institutionen; vielmehr besteht sie aus einzelnen Episoden, die jeweils in ihr Geschichtsnetz verflochten sind.

Man muß wohl auch einer Denktradition entsagen, die von der Vorstellung geleitet ist, daß es Wissen nur dort geben kann, wo die Machtverhältnisse suspendiert sind, daß das Wissen sich nur außerhalb der Befehle, Anforderungen, Interessen der Macht entfalten kann. Vielleicht muß man dem Glauben entsagen, daß die Macht wahnsinnig macht und daß man nur unter Verzicht auf die Macht ein Wissender werden kann. Eher ist wohl anzunehmen, daß die Macht Wissen hervorbringt (und nicht bloß fördert, anwendet, ausnutzt); daß Macht und Wissen einander unmittelbar einschließen; daß es keine Machtbeziehung gibt, ohne daß sich ein entsprechendes Wissensfeld konstituiert, und kein Wissen, das nicht gleichzeitig Machtbeziehungen voraussetzt und konstituiert. Diese Macht/Wissen-Beziehungen sind darum nicht von einem Erkenntnissubjekt aus zu analysieren, das gegenüber dem Machtsystem frei oder unfrei ist. Vielmehr ist in Betracht zu ziehen, daß das erkennende Subjekt, das zu erkennende Objekt und die Erkenntnisweisen jeweils Effekte jener fundamentalen Macht/Wissen-Komplexe und ihrer historischen Transformationen bilden. Es ist also nicht so, daß die Aktivität des Erkenntnissubjekts ein für die Macht nützliches oder gefährliches Wissen hervorbringt; sondern die Formen und Bereiche der Erkenntnis werden vom Komplex Macht/Wissen, von den ihn durchdringenden und konstituierenden Prozessen und Kämpfen bestimmt.

Analysiert man die politische Besetzung des Körpers und die Mikrophysik der Macht, so muß man im Hinblick auf die Macht den Gegensatz Gewalt/Ideologie, die Metapher des Eigentums, das Modell des Vertrags sowie das der Eroberung fallenlassen; im Hinblick auf das Wissen ist der Gegensatz zwischen dem »interessierten« und dem »desinteressierten« ebenso aufzugeben wie das Modell der Erkenntnis und der Primat des Subjekts. Man könnte an eine politische »Anatomie« denken, sofern man dem Wort einen anderen Sinn gibt als im 17. Jahrhundert Petty und seine Zeitgenossen. Gemeint wäre damit nicht die Analyse eines Staates als »Körper« (mit seinen Elementen, Energiequellen, Kräften), aber auch nicht die Analyse des Körpers und seiner Umgebung als »kleiner Staat«. Zu behandeln wäre der »politische Körper« als Gesamtheit der materiellen Elemente und Techniken, welche als Waffen, Schaltstationen, Verbindungswege und Stützpunkte den Macht- und Wissensbeziehungen dienen, welche die menschlichen Körper besetzen und unterwerfen, indem sie aus ihnen Wissensobjekte machen.

Die Bestrafungstechniken – ob sie sich im Ritual der Martern des Körpers bemächtigen oder sich an die Seele wenden – sind in die Geschichte dieses politischen Körpers einzuordnen. Die Strafpraktiken sind weniger als eine Folge von Rechtstheorien zu betrachten denn als ein Kapitel der politischen Anatomie.

Kantorowicz[22] hat dem »Körper des Königs« eine bemerkenswerte Untersuchung gewidmet: nach der Rechtstheologie des Mittelalters handelt es sich um einen zweifachen Körper, da er außer dem vergänglichen Element, welches geboren wird und stirbt, eines enthält, welches über die Zeit hinweg dauert und sich als der physische und gleichwohl unberührbare Träger des Königtums erhält; um diese Zweiheit herum, die ursprünglich dem christologischen Modell nahestand, organisieren sich eine Ikonographie, eine politische Theorie der Monarchie, Rechtsmechanismen, welche die Person des Königs und die Erfordernisse der Krone zugleich trennen und verbinden, sowie ein Ritual, das in der Krönung, im Leichenbegängnis und in den Unterwerfungszeremonien seine stärksten Augenblicke findet. Am Gegenpol könnte man sich den Körper des Verurteilten vorstellen. Auch er hat seinen rechtlichen Status; auch ihm sind ein Zeremoniell und

---

22 Ernst H. Kantorowicz, *The King's two Bodies. A Study in Mediaeval Political Theology*, Princeton 1957.

ein theoretischer Diskurs zugeordnet; aber dieser Diskurs begründet nicht
das »Machtplus«, das die Person des Souveräns auszeichnet, sondern das
»Machtminus«, das die Straffälligen kennzeichnet. In der düstersten Re-
gion des Politischen bildet der Verurteilte die Gegengestalt des Königs.
Zu untersuchen wäre, was man Kantorowicz zu Ehren den »geringsten
Körper des Verurteilten« nennen könnte.

Das Mehr an Macht auf seiten des Königs führt zur Verdoppelung seines Körpers – hat nicht die Übermacht, die sich am unterworfenen Körper
des Verurteilten ausläßt, eine andere Verdoppelung hervorgerufen? Die
Verdoppelung durch ein Unkörperliches – eine »Seele«, wie Mably sagte.
Die Geschichte dieser »Mikrophysik« der Strafgewalt wäre also eine Genealogie oder ein Stück der Genealogie der modernen »Seele«. In dieser
Seele wäre also nicht ein wiederbelebtes Relikt einer Ideologie zu erblik-
ken, sondern der aktuelle Bezugspunkt einer bestimmten Technologie
der Macht über den Körper. Man sage nicht, die Seele sei eine Illusion
oder ein ideologischer Begriff. Sie existiert, sie hat eine Wirklichkeit, sie
wird ständig produziert – um den Körper, am Körper, im Körper – durch
Machtausübung an jenen, die man bestraft, und in einem allgemeineren
Sinn an jenen, die man überwacht, dressiert und korrigiert, an den Wahnsinnigen, den Kindern, den Schülern, den Kolonisierten, an denen, die
man an einen Produktionsapparat bindet und ein Leben lang kontrolliert.
Historische Wirklichkeit dieser Seele, die im Unterschied zu der von der
christlichen Theologie vorgestellten Seele nicht schuldbeladen und straf-
würdig geboren wird, sondern aus Prozeduren der Bestrafung, der Überwachung, der Züchtigung, des Zwangs geboren wird. Diese wirkliche und
unkörperliche Seele ist keine Substanz; sie ist das Element, in welchem
sich die Wirkungen einer bestimmten Macht und der Gegenstandsbezug
eines Wissens miteinander verschränken; sie ist das Zahnradgetriebe, mittels dessen die Machtbeziehungen ein Wissen ermöglichen und das Wissen die Machtwirkungen erneuert und verstärkt. Über dieser Verzahnung
von Machtwirklichkeit und Wissensgegenstand hat man verschiedene Begriffe und Untersuchungsbereiche konstruiert: Psyche, Subjektivität, Persönlichkeit, Bewußtsein, Gewissen usw.; man hat darauf wissenschaftliche
Techniken und Diskurse erbaut; man hat darauf die moralischen Ansprüche des Humanismus gegründet. Doch täusche man sich nicht: man hat
an die Stelle der Seele, der Illusion der Theologen, nicht einen wirklichen
Menschen, einen Gegenstand des Wissens, der philosophischen Reflexion

oder technischen Intervention, gesetzt. Der Mensch, von dem man uns spricht und zu dessen Befreiung man einlädt, ist bereits in sich das Resultat einer Unterwerfung, die viel tiefer ist als er. Eine »Seele« wohnt in ihm und schafft ihm eine Existenz, die selber ein Stück der Herrschaft ist, welche die Macht über den Körper ausübt. Die Seele: Effekt und Instrument einer politischen Anatomie. Die Seele: Gefängnis des Körpers.

Daß die Bestrafungen und im besonderen das Gefängnis zu einer politischen Technologie des Körpers gehören, habe ich vielleicht weniger von der Geschichte als von der Gegenwart gelernt. Im Laufe der letzten Jahre haben sich in verschiedenen Teilen der Erde Gefängnisrevolten abgespielt. Ihre Ziele, ihre Forderungen, ihr Ablauf hatten gewiß etwas Paradoxes. Es waren Revolten gegen ein physisches Elend, das seit über einem Jahrhundert andauert: gegen die Kälte, gegen das Ersticken, gegen die Überfüllung, gegen die alten abgenutzten Mauern, gegen den Hunger, gegen die Schläge. Es waren aber auch Revolten gegen die Mustergefängnisse, gegen die Tranquilizer, gegen die Isolierung, gegen die medizinische oder pädagogische Betreuung. Hatten die Revolten nur materielle Ziele? Waren die Revolten widersprüchlich: gegen das Elend – aber auch gegen den Komfort, gegen die Aufseher – aber auch gegen die Psychiater? Tatsächlich ging es um die Körper und um materielle Dinge in all diesen Bewegungen ebenso wie in den zahllosen Diskursen, die das Gefängnis seit dem Beginn des 19. Jahrhunderts hervorgebracht hat. Wovon diese Diskurse und diese Revolten, diese Erinnerungen und diese Schmähungen gelebt haben, waren gewiß diese kleinen, diese winzigen Materialitäten. Man mag darin nur blinde Forderungen oder von außen gelenkte Strategien sehen. In Wirklichkeit handelte es sich um eine Revolte auf der Ebene der Körper gegen den Körper des Gefängnisses. Letztlich ging es nicht um den allzu veralteten oder allzu aseptischen, allzu kargen oder allzu perfektionierten Rahmen des Gefängnisses, sondern um seine Materialität als Machtwerkzeug und -träger; um jene ganze Technologie der Macht über den Körper, die von der Technologie der »Seele« – derjenigen der Erzieher, Psychologen und Psychiater – weder maskiert noch kompensiert werden kann, da sie ja nur eines ihrer Instrumente ist. Die Geschichte dieses Gefängnisses mit all den politischen Besetzungen des Körpers, die es in seiner geschlossenen Architektur versammelt, möchte ich schreiben. Werden hier nicht die Zeiten zu einem Anachronismus verquickt? Nun, ich habe nicht vor, die Geschichte der Vergangenheit in die Begriffe der Gegenwart zu fassen. Wohl aber ist es meine Absicht, die Geschichte der Gegenwart zu schreiben.[23]

2. Das Fest der Martern

Die Verordnung von 1670 bestimmte bis zur Revolution die allgemeinen Formen der Strafpraxis. Sie sah folgende Hierarchie der Züchtigungen vor: »Tod, Folter unter Vorbehalt der Beweise, Galeere auf Zeit, Peitsche, öffentliche Abbitte, Verbannung.« Einen beträchtlichen Anteil nehmen also die physischen Strafen ein, und sie werden durch das Gewohnheitsrecht, die Art der Verbrechen und den Stand der Verurteilten noch vervielfältigt. »Die Todesstrafe umfaßt alle Arten des Todes: die einen werden zum Tod durch Erhängen verurteilt; anderen wird die Hand abgeschlagen oder die Zunge abgeschnitten oder durchbohrt, und dann werden sie erhängt; für schwerere Verbrechen werden andere bei lebendigem Leibe gerädert und ihnen dann die Glieder zerschlagen; wieder andere werden so lange gerädert, bis sie eines natürlichen Todes sterben; andere werden erdrosselt und anschließend gerädert; wieder andere werden bei lebendigem Leibe verbrannt oder zuerst erdrosselt und dann verbrannt; einigen wird die Zunge abgeschnitten oder durchbohrt, und sie werden dann lebendig verbrannt; andere werden mit Pferden geviertelt; wieder anderen wird der Kopf abgeschlagen oder zertrümmert.«[24] Und beiläufig fügt Soulatges hinzu, daß es auch leichte Strafen gibt, von denen die Verordnung nicht spricht: Genugtuung für die beleidigte Person, Ermahnung, Tadel, Gefängnis für eine bestimmte Zeit, Vertreibung von einem Ort und schließlich die Vermögensstrafen – Geldbußen oder Konfiskation.

Man sollte gleichwohl nicht übersehen, daß zwischen diesem Arsenal des Schreckens und der alltäglichen Praxis der Strafe ein beträchtlicher Spielraum lag. Die Hinrichtungen waren bei weitem nicht die häufigsten Strafen. In unseren Augen mag der Anteil der Todesurteile in der Strafjustiz des klassischen Zeitalters bedeutend erscheinen: von den Entscheidungen des Gerichts von Châtelet in den Jahren 1755 bis 1785 lauteten 9-10 %

23 Ich werde die Geburt des Gefängnisses nur innerhalb des französischen Strafsystems untersuchen. Die Unterschiede in den historischen Entwicklungen und in den Institutionen lassen eine umfassende *und* detaillierte Darstellung kaum zu; unter Verzicht auf die Details aber würde eine Rekonstruktion des Gesamtphänomens allzu schematisch werden.
24 J.A. Soulatges, *Traité des crimes*, 1762, Bd. I, S. 169-171.

auf Hinrichtung (Rad, Galgen oder Scheiterhaufen).[25] Beim Gerichtshof von Flandern kamen von 1721 bis 1730 auf 260 Verurteilungen 39 Todesurteile (von 1781 bis 1790 kamen 26 auf 500).[26] Die Gerichte fanden viele Mittel, um die Strenge der Strafgesetze zu umgehen: sie verweigerten die Verfolgung von allzu hart bestraften Vergehen, oder sie veränderten die Einstufung von Verbrechen. Gelegentlich gab sogar die Zentralgewalt des Königs Anweisung, eine besonders strenge Verordnung nicht voll anzuwenden.[27] Jedenfalls lauteten die meisten Urteile auf Verbannung oder Geldbuße: beim Gericht von Châtelet (das sich nur mit relativ schweren Delikten befaßte) machte die Verbannung mehr als die Hälfte aller verhängten Strafen aus. Einem Großteil dieser nichtkörperlichen Strafen wurden allerdings Züchtigungen beigefügt, die etwas von einer Marter an sich hatten: Zurschaustellung, Pranger, Halseisen, Peitsche, Brandmarkung. Dies war die Regel bei allen Verurteilungen zur Galeere oder zu deren Äquivalent für Frauen – dem Zuchthaus; der Verbannung ging häufig die Zurschaustellung und die Brandmarkung voraus; zur Geldbuße kam häufig die Peitsche hinzu. Die Marter offenbarte ihre Bedeutung im Strafsystem also nicht nur in den großen feierlichen Hinrichtungen, sondern auch in Form solcher Zugaben: jede einigermaßen ernsthafte Strafe mußte etwas von einer peinlichen Strafe an sich haben.

Was ist nun eigentlich die peinliche Strafe oder Marter? »Körperliche, schmerzhafte, mehr oder weniger grausame Strafe«, sagte Jaucourt und fügte hinzu: »Es ist unerklärlich, was die weite Einbildungskraft der Menschen daraus an Barbarei und Grausamkeit gemacht hat.«[28] Unerklärlich ist es vielleicht, aber gewiß nicht regellos und ungeordnet. Die peinliche Strafe ist eine Technik und hat nichts mit einer gesetzlosen Raserei zu tun. Um eine Marter zu sein, muß eine Strafe drei Hauptkriterien entsprechen: sie muß einmal eine bestimmte Menge an Schmerzen erzeugen, die man, wenn schon nicht messen, so doch abschätzen, vergleichen und ordnen kann; der Tod ist eine Marter, sofern er nicht einfach den Entzug des Lebensrechts darstellt, sondern Anlaß und Abschluß einer kalkulierten Abstufung von Schmerzen: von der Enthauptung – die alle Schmerzen auf

25 Vgl. den Artikel von P. Petrovitch in *Crime et Criminalité en France XVIIe-XVIIIe siècles*, 1971, S. 226 ff.

26 P. Dautricourt, *La Criminalité et la répression au Parlement de Flandre 1721-1790*, 1912.

27 Angabe von Choiseul in der Erklärung vom 3. August 1764 über die Landstreicher (*Mémoire expositif*, Bibliothèque Nationale, Ms. 8129, fol. 128-129).

28 *Encyclopédie*, Artikel »Supplice«.

eine einzige Geste und einen einzigen Augenblick reduziert und damit den
Nullpunkt der Marter bildet – über den Galgen, den Scheiterhaufen und
das Rad bis zur Vierteilung, welche die Schmerzen beinahe ins Endlose
steigert; die Todesmarter ist die Kunst, das Leben im Schmerz festzuhalten, indem sie den Tod in »tausend Tode« unterteilt und vor dem Erlöschen
der Existenz »the most exquisite agonies«[29] erreicht. Die Marter beruht auf
einer quantifizierenden Kunst des Schmerzes. Aber diese Erzeugung hat
auch ihre Regeln. Die Marter setzt die Art der Körperbeschädigung, die
Qualität, die Intensität, die Länge der Schmerzen mit der Schwere des Verbrechens, der Persönlichkeit des Verbrechers, dem Rang seiner Opfer in
Beziehung. Es gibt einen juristischen Code des Leidens; die peinliche
Strafe stürzt sich nicht so auf den Körper, wie der Zufall es gerade will
oder ihre Kraft es zuläßt; nach genauen Regeln wird kalkuliert, wie viele
Peitschenhiebe verabreicht werden, wo das glühende Eisen angesetzt wird,
wie lange die Agonie auf dem Scheiterhaufen oder auf dem Rad dauern
soll (das Gericht entscheidet, ob der arme Sünder erdrosselt werden soll,
bevor er eines natürlichen Todes stirbt, und wann dieser Gnadenakt stattfinden soll), welche Art von Verstümmelung zugefügt werden soll (Abschlagen der Hand, Durchschneiden der Lippen oder der Zunge). All diese
verschiedenen Elemente vervielfältigen die Strafen und ihre Kombinationen je nach den Gerichten und den Verbrechen: »Dantes Dichtung als Gesetz«, sagte Rossi. Auf jeden Fall ein altehrwürdiges Körper-Straf-Wissen.
Die Marter ist zudem Teil eines Rituals. Sie ist ein Element in einer Strafliturgie, in der sie zwei Anforderungen zu entsprechen hat. Auf seiten des
Opfers muß sie brandmarkend sein: durch die Narbe, die sie am Körper
hinterläßt, oder durch das Aufsehen, das sie erregt, muß sie ihr Opfer
der Schande ausliefern; auch wenn sie das Verbrechen »tilgen« soll, so
versöhnt sie doch nicht, sie gräbt um den Körper oder besser noch: am
Körper des Verurteilten Zeichen ein, die nicht verlöschen dürfen. Das Gedächtnis der Menschen wird in jedem Fall die Erinnerung an die Zurschaustellung, den Pranger, die ordnungsgemäß festgestellten Qualen
und Schmerzen bewahren. Und auf seiten der Justiz muß die Marter aufse-
henerregend sein, sie muß von allen zur Kenntnis genommen werden – als
Triumph der Justiz. Gerade das Übermaß ihrer Gewaltsamkeiten ist ein
Element ihrer Glorie: daß der Schuldige unter den Schlägen heult und

---

29 Der Ausdruck stammt von Olyffe, *An Essay to prevent capital crimes*, 1731.

schreit, das ist kein verschämtes Beiseite, sondern gerade das Zeremoniell der sich in ihrer Kraft offenbarenden Gerechtigkeit. Daher auch die Martern, die sich noch nach dem Tod abspielen: verbrannte Leichname, in den Wind gestreute Asche, auf Schleifen gezogene Körper, am Straßenrand ausgestellte Körper. Die Justiz verfolgt den Körper noch über jeden möglichen Schmerz hinaus.

Die peinliche Strafe deckt also nicht jede beliebige körperliche Bestrafung ab. Sie ist eine differenzierte Produktion von Schmerzen, ein um die Brandmarkung der Opfer und die Kundgebung der strafenden Macht herum organisiertes Ritual – und keineswegs das Außersichgeraten einer Justiz, die ihre Prinzipien vergessen und jedes Maß verloren hätte. Im »Übermaß« der Martern ist eine ganze Ökonomie der Macht investiert.

Der gemarterte Körper gehört zunächst in ein Gerichtszeremoniell, das die Wahrheit des Verbrechens an den Tag bringen muß.

Ebenso wie in den meisten europäischen Ländern (mit der bemerkenswerten Ausnahme Englands) blieb in Frankreich das gesamte Strafverfahren, bis zum Urteilsspruch, geheim: undurchsichtig nicht nur für die Öffentlichkeit, sondern auch für den Angeklagten selbst. Es spielte sich ohne ihn ab oder jedenfalls so, daß er die Anklage und ihre einzelnen Punkte, die Zeugenaussagen, die Beweise nicht kennen konnte. In der Ordnung der Strafgerichtsbarkeit war das Wissen das absolute Privileg der Verfolgung. »So sorgfältig und so geheim wie nur möglich« mußte die Untersuchung dem Edikt von 1498 zufolge sein. Nach der Verordnung von 1670, welche die Strenge der vorausgehenden Epoche bestätigte und in einigen Punkten verschärfte, war es dem Angeklagten unmöglich, Zugang zu den Akten des Verfahrens zu haben, die Identität der Denunzianten zu kennen, vor Zurückweisung der Zeugen ihre Aussagen zu kennen, vor den allerletzten Augenblicken des Prozesses rechtfertigende Tatsachen zur Geltung zu bringen, zur Kontrolle der Regelmäßigkeit des Verfahrens oder zur sachlichen Teilnahme an der Verteidigung einen Anwalt zu haben. Hingegen hatte die Justizbehörde das Recht, anonyme Denunziationen anzunehmen, dem Angeklagten den Inhalt des Verfahrens zu verheimlichen, ihn in verfänglicher Weise zu verhören und auf jede nur denkbare Weise zu Aussagen zu bewegen.[30] Sie erstellte in alleiniger Machtvollkommenheit

---

30 Bis ins 18. Jahrhundert gab es lange Diskussionen darüber, ob es dem Richter im Laufe der verfänglichen Verhöre erlaubt sei, falsche Versprechen, Lügen, doppelsinnige Wörter zu verwenden. Eine ganze Kasuistik der richterlichen Hinterhältigkeit.

eine Wahrheit, in die sie den Angeklagten einsperrte. Die Richter übernahmen diese Wahrheit, wie sie war, in Form von Akten und schriftlichen Berichten; für sie waren diese Elemente die einzigen Beweise; sie begegneten
dem Angeklagten nur einmal, um ihn zu verhören, bevor sie ihr Urteil fäll-
ten. Die geheime und schriftliche Form des Verfahrens beruht auf dem
Prinzip, daß die Feststellung der Wahrheit in Strafsachen für den Souverän
und seine Richter ein absolutes Recht und eine ausschließliche Gewalt
darstellte. Ayrault nahm an, daß dieses Verfahren (das im wesentlichen bereits im 16. Jahrhundert festlag) aus »Angst vor Unruhen, Schreiereien und
Zurufen des Volkes, aus Angst vor Unordnung, Gewaltsamkeit, Heftigkeit
gegen die Parteien oder gar die Richter« angeordnet worden sei; der König
habe damit zeigen wollen, daß die »souveräne Macht« des Rechts zu strafen in keinem Fall der »Menge« gehören dürfe.[31] Vor der Gerichtsbarkeit
des Souveräns müssen alle Stimmen verstummen.

Aber trotz der Geheimhaltung mußte man zur Feststellung der Wahrheit bestimmten Regeln gehorchen, ja gerade die Geheimhaltung machte
die Definition eines strengen Modells der gerichtlichen Beweisführung erforderlich. Eine ganze Tradition, die bis ins hohe Mittelalter zurückreichte
und von den großen Juristen der Renaissance weiterentwickelt worden
war, bestimmte Art und Funktion der Beweise. Noch im 18. Jahrhundert
findet man häufig Unterscheidungen wie diese: die wahren, unmittelbaren
oder legitimen Beweise (z. B. Zeugenaussagen) auf der einen Seite und die
mittelbaren, mutmaßlichen, künstlichen Beweise (durch Argumentation)
auf der andern Seite; oder: die offensichtlichen Beweise, die beachtenswer-
ten Beweise, die unvollkommenen oder unbedeutenden Beweise;[32] oder:
die »dringlichen oder notwendigen« Beweise, die an der Wahrheit der Tatsache nicht zweifeln lassen (das sind die »vollen« Beweise – z. B. zwei unbe-
scholtene Zeugen, die behaupten, den Angeklagten mit einem blanken
und blutbefleckten Schwert in der Hand von dem Ort kommen gesehen
zu haben, an dem einige Zeit darauf der Körper des mit einem Schwert Er-
schlagenen gefunden wurde); dann die näheren Indizien oder halb-vollen
Beweise, die man als wahr betrachten kann, sofern sie nicht vom Angeklagten durch einen Gegenbeweis entkräftet werden (»halb-volle« Beweise sind
etwa ein einziger Augenzeuge oder Todesdrohungen vor einem Mord);
und schließlich die entfernten Indizien oder »Hilfsbeweise«, die nur in

31 P. Ayrault, *L'Ordre, formalité et instruction judiciaire*, 1576, Buch III, Kap. LXXII und LXXIX.
32 D. Jousse, *Traité de la justice criminelle*, 1771, Bd. I, S. 660.

der Meinung von Menschen bestehen (öffentliches Gerücht, Flucht des
Verdächtigen, Verwirrung des Angeklagten beim Verhör).[33] Bei diesen Unterscheidungen handelt es sich nun nicht bloß um theoretische Spitzfin-
digkeiten; vielmehr haben sie wirkliche Funktionen. Zunächst kann jedes
dieser Indizien für sich genommen einen bestimmten rechtlichen Effekt
herbeiführen: die vollen Beweise können jede beliebige Verurteilung nach
sich ziehen; die halb-vollen können zu körperlichen Strafen führen, aber
niemals zum Tod; die unvollkommenen und unbedeutenden Indizien genügen zur »Dekretierung« des Verdächtigen, zur Veranlassung weiterer Untersuchungen gegen ihn oder zur Verhängung einer Geldbuße. Und dann
können die Beweise nach bestimmten Kalkülregeln miteinander kombiniert werden: zwei halb-volle Beweise können einen vollständigen Beweis
ergeben; Hilfsbeweise können, wenn mehrere konvergieren, zusammen
einen halben Beweis ausmachen; aber niemals können sie allein, wie zahlreich sie auch sein mögen, einem vollständigen Beweis gleichkommen. Es
handelt sich also um eine Strafarithmetik, die in vielen Punkten präzis ist,
aber dennoch Diskussionen einen großen Spielraum läßt: kann man sich
zum Fällen eines Todesurteils mit einem einzigen vollen Beweis begnügen,
oder müssen andere Indizien hinzukommen? Kommen zwei nähere Indizien immer einem vollen Beweis gleich? Sollte man nicht drei davon verlangen und sie mit den entfernten Indizien kombinieren? Gibt es Elemente, die nur für bestimmte Verbrechen, unter bestimmten Umständen
oder bezüglich bestimmter Personen als Indizien gelten können (so ist etwa
eine Zeugenaussage nichtig, wenn sie von einem Landstreicher stammt;
hingegen wird sie höher bewertet, wenn es sich um eine »angesehene Person« handelt oder um den Hausherrn im Falle eines häuslichen Vergehens)? Die Arithmetik wird durch eine Kasuistik verfeinert, die festsetzt,
wie ein gerichtlicher Beweis konstruiert sein kann. Einerseits macht dieses
System der »gesetzlichen Beweise« aus der Wahrheit im Strafverfahren das
Resultat einer komplexen Kunst. Es gehorcht Regeln, die nur Spezialisten
kennen können, und verstärkt damit das Prinzip der Geheimhaltung. »Es
genügt nicht, daß der Richter die Überzeugung hat, die jeder verständige
Mensch haben kann ... Nichts ist unzuverlässiger als diese Art des Urteilens, die in Wahrheit nur eine mehr oder weniger begründete Meinung
ist.« Und andererseits stellt es für den Beamten einen strengen Zwang dar;

---

33 P. F. Muyart de Vouglans, *Institutes au droit criminel*, 1757, S. 345-347.

ohne diese Regelhaftigkeit wäre jede Verurteilung leichtfertig und gewissermaßen sogar unrecht, selbst wenn der Angeklagte in Wahrheit schuldig wäre.[34] Eines Tages sollte die Besonderheit dieser Gerichtswahrheit anstößig erscheinen: als ob die Justiz nicht den Regeln der allgemeinen Wahrheit gehorchen müßte: »Was würde man von einem halben Beweis in den exakten Wissenschaften sagen? Was wäre ein halber Beweis in der Geometrie oder Algebra?«[35] Doch darf man nicht vergessen, daß diese formellen Zwänge der juristischen Beweisführung eine absolute und ausschließlich über Wissen verfügende Macht intern regulierten.

Schriftlich, geheim und zur Konstruktion ihrer Beweise strengen Regeln unterworfen, ist die Strafuntersuchung eine Maschine, welche die Wahrheit in Abwesenheit des Angeklagten zu produzieren vermag. Obwohl dieses Verfahren des Angeklagten strenggenommen gar nicht bedarf, versucht es gleichwohl, sein Geständnis herbeizuführen. Dieses stellt nämlich einen so starken Beweis dar, daß man kaum noch andere Beweise hinzufügen und auch nicht in die schwierige und zweifelhafte Kombinatorik der Indizien eintreten muß. Das ordnungsgemäß abgelegte Geständnis enthebt den Ankläger beinahe der Sorge, weitere Beweise zu liefern (jedenfalls die schwierigsten). Und außerdem kann das Verfahren nur dann den Charakter willkürlicher Autorität verlieren und zu einem wirklichen Sieg über den Angeklagten und zu einem Triumph der Wahrheit werden, wenn der Verbrecher selbst die Verantwortung für sein Verbrechen übernimmt und selber bestätigt, was in der Untersuchung mit Sachkenntnis und unter Geheimhaltung konstruiert wurde. »Es genügt nicht«, sagte Ayrault, der kein Freund dieser geheimen Verfahren war, »daß die Übeltäter gerecht bestraft werden. Wenn es möglich ist, sollen sie selber über sich zu Gericht sitzen und sich verurteilen.«[36] Innerhalb der Rekonstruktion des Verbrechens in einem schriftlichen Verfahren spielt der geständige Verbrecher die Rolle der lebenden Wahrheit. Als Akt des kriminellen, verantwortlichen und sprechenden Subjekts vervollständigt das Geständnis die geheimen Akten einer geheimen Ermittlung. Darum mißt jedes Verfahren inquisitorischer Art dem Geständnis eine solche Bedeutung bei.

34 Poullain du Parc, *Principes du droit français selon les coutumes de Bretagne 1767-1771*, Bd. XI, S. 112-113. Vgl. A. Esmein, *Histoire de la procédure criminelle en France*, 1882, S. 260-283; K. J. Mittermaier, *Theorie des Beweises im Peinlichen Prozesse nach den gemeinen positiven Gesetzen und den Bestimmungen der französischen Criminalgesetzgebung.* Darmstadt 1821, S. 13-23.

35 G. Seigneux de Correvon, *Essai sur l'usage, l'abus et les inconvénients de la torture*, 1768, S. 63.

36 P. Ayrault, *L'Ordre, formalité et instruction judiciaire*, Buch I, Kap. 14.

Darum ist seine Rolle aber auch so zweideutig. Einerseits versucht man, es in den allgemeinen Kalkül der Beweise einzuführen; es ist nur ein Beweis unter anderen und nicht die *evidentia rei*. Ebenso wie der stärkste Beweis kann es für sich genommen auch nicht zur Verurteilung führen, sondern muß von Nebenindizien und Vermutungen gestützt sein. Denn man hat durchaus schon Angeklagte erlebt, welche die Schuld an Verbrechen auf sich genommen haben, die sie nicht begangen hatten. Der Richter muß also zusätzliche Nachforschungen anstellen, wenn er lediglich das Geständnis des Schuldigen in der Hand hat. Anderseits ist das Geständnis jedem andern Beweis überlegen und transzendiert ihn bis zu einem gewissen Grad. Einerseits Element im Kalkül der Wahrheit, ist es doch auch der Akt, durch den der Angeklagte die Anklage annimmt und ihre Stichhaltigkeit anerkennt; aus einem ohne ihn zustande gekommenen Untersuchungsergebnis macht er damit eine freiwillige Bestätigung. Mit dem Geständnis tritt der Angeklagte selbst in das Ritual der Wahrheitsermittlung ein. Wie bereits das mittelalterliche Recht sagte, macht das Geständnis die Sache notorisch und manifest. Zu dieser ersten Zweideutigkeit kommt noch eine weitere: da es ein ausnehmend starker Beweis ist, der zur Verurteilung nur noch einige zusätzliche Indizien verlangt, der die Untersuchungsarbeit und die Beweisführung auf ein Minimum reduziert, bemüht man sich um das Geständnis und setzt alle Zwangsmittel zu seiner Erreichung ein. Als lebendes und mündliches Gegenstück zum schriftlichen Untersuchungsverfahren, als autorisierende Replik des Angeklagten, muß das Geständnis darum bestimmten formellen Ansprüchen genügen. Da es etwas von einem Übereinkommen hat, muß es spontan sein, vor dem zuständigen Gericht und mit vollem Bewußtsein abgelegt werden, darf es nichts Unmögliches aussagen usw.[37] Mit dem Geständnis verbürgt sich der Angeklagte für das Verfahren; er bestätigt die Wahrheit der Untersuchung.

Diese doppelte Zweideutigkeit des Geständnisses (Beweiselement und Gegenstück zur Untersuchung; Resultat eines Zwanges und halb-freiwilliges Übereinkommen) erklärt die beiden Hauptmittel, die das klassische Strafrecht zu seiner Herbeiführung einsetzt: den Schwur, den man vom

---

37 In den Katalogen der Gerichtsbeweise erscheint das Geständnis im 13. Jahrhundert. Man findet es nicht bei Bernhard von Pavia, wohl aber bei Hostiemis. Charakteristisch ist übrigens die Formel von Crater: »Aut legitime convictus aut sponte confessus.«
Im mittelalterlichen Recht hatte das Geständnis nur Geltung, wenn es von einem Großjährigen und in Anwesenheit des Gegners abgelegt wurde. Vgl. J. Ph. Lévy, *La Hiérarchie des preuves dans le droit savant du Moyen-Age*, 1939.

Angeklagten vor dem Verhör fordert (und damit die Drohung, daß er vor dem Gericht der Menschen und dem Gottes meineidig wird und gleichzeitig die rituelle Verpflichtung) und die Folter (physische Gewalt zur Erpressung einer Wahrheit, die allerdings, um beweiskräftig zu sein, anschließend vor den Richtern als »spontanes« Geständnis wiederholt werden muß). Am Ende des 18. Jahrhunderts sollte die Folter als Relikt von Barbareien eines anderen Zeitalters, als Zeichen »gothischer« Roheit angeprangert werden. Tatsächlich ist die Praxis der Folter uralt: sie geht nicht nur auf die Inquisition, sondern weit darüber hinaus auf die Sklavenmartern zurück. Im klassischen Recht ist sie nicht eine bloße Spur oder ein Schandfleck. Sie hat ihren genau bestimmten Platz in einem komplexen Strafmechanismus, in welchem das Inquisitionsverfahren mit Elementen der Anklage beladen ist, die schriftliche Beweisführung einer mündlichen Entsprechung bedarf, die Techniken der von den Behörden konstruierten Beweise sich mit Herausforderungen an den Angeklagten vermischten, der Angeklagte wenn nötig mit Gewalt gezwungen wird, im Verfahren freiwillig mitzuspielen, und die Wahrheit insgesamt mittels zweier Methoden ermittelt wird: durch die von der Gerichtsautorität geheim geführte Untersuchung und durch den vom Angeklagten selbst formell vollzogenen Akt. Der Körper des Angeklagten, ein sprechender und wenn nötig leidender Körper, gewährleistet die Verzahnung dieser beiden Mechanismen. Solange das klassische Strafsystem nicht von Grund auf in Frage gestellt wird, gibt es darum nur ganz wenige radikale Kritiken der Folter.[38] Viel häufiger finden sich Klugheitsratschläge: »Die Folter ist ein gefährliches Mittel, um zur Erkenntnis der Wahrheit zu gelangen; deshalb dürfen die Richter nicht unüberlegt darauf zurückgreifen. Nichts ist zweideutiger. Es gibt Schuldige, die genug Festigkeit besitzen, ein tatsächliches Verbrechen zu verheimlichen ... und andere, die unschuldig sind, aber unter der Gewalt der Qualen Verbrechen gestanden haben, die sie gar nicht begangen hatten.«[39]

Von da aus läßt sich das Funktionieren der Folter als Wahrheitsmarter bestimmen. Zunächst ist festzuhalten, daß mit der Folter die Wahrheit nicht um jeden Preis erpreßt werden soll. Die Folter ist nicht die entfesselte Tortur der modernen Verhöre. Sie ist zwar grausam, aber nicht maßlos. Es handelt sich um eine geregelte Praxis, die ein genau definiertes Verfahren

38 Die berühmteste Kritik ist die von Nicolas: *Si la torture est un moyen à vérifier les crimes*, 1682.
39 Cl. Ferrière, *Dictionnaire de pratique*, 1740, Bd. II, S. 612.

darstellt. Augenblicke, Dauer, Instrumente, Länge der Seile, Schwere der Gewichte, Zahl der Keile, Eingriffe des verhörenden Beamten – all das ist in den einzelnen Gewohnheitsrechten sorgfältig kodifiziert.[40] Die Folter ist eine Gerichtsprozedur mit strengen Spielregeln, die über die Inquisitionstechniken hinaus an die alten Prüfungen in Anklageverfahren anknüpft: Unschuldsproben, Kampfgerichte, Gottesurteile. Zwischen dem Richter, der die Folter anordnet, und dem gefolterten Verdächtigen, wird gewissermaßen noch ein Zweikampf ausgetragen. Der »Patient« (wie der Gemarterte heißt) wird einer Reihe von Proben unterworfen, deren Strenge abgestuft ist. Entweder gelingt es ihm »durchzuhalten«, oder er versagt und gesteht.[41] Der Richter kann aber die Folter nicht anordnen, ohne auch seinerseits Risiken einzugehen. Nicht nur läuft er Gefahr, den Verdächtigen sterben zu sehen; er verpfändet in dem Spiel die Beweiselemente, die er bereits gesichert hat. Denn in der Regel ist die Behörde gezwungen, wenn der Angeklagte »durchhält« und nicht gesteht, die Anklagepunkte fallenzulassen. Der Gemarterte hat gewonnen. Für die schwersten Fälle hat sich darum die Gewohnheit gebildet, die Folter »unter Vorbehalt der Beweise« durchzuführen: in diesem Fall konnte der Richter seine Vermutungen auch nach den Foltern aufrechterhalten; der Verdächtige wurde durch seinen Widerstand nicht gerechtfertigt; immerhin verdankte er es seinem Siege, nicht mehr zum Tod verurteilt werden zu können. Der Richter behielt alle seine Karten – außer dem Trumpf. *Omnia citra mortem.* Deswegen wurde den Richtern häufig von der Anordnung der Folter abgeraten, wenn jemand schwerster Verbrechen hinreichend verdächtig war; falls er nämlich der Folter widerstand, konnte er nicht mehr zum gleichwohl verdienten Tod verurteilt werden: in diesem Zweikampf wäre die Justiz der Verlierer. Wenn die Beweise ausreichen, »um einen solchen Schuldigen zum Tod zu verurteilen«, darf man »die Verurteilung nicht vom Zufall und vom Ausgang einer häufig ergebnislosen Folter abhängig machen; denn es dient schließlich dem Heil und dem öffentlichen Interesse, bei schweren, abscheulichen und Kapitalverbrechen Exempel zu statuieren.«[42]

---

40 1729 ließ Aguesseau eine Untersuchung über die in Frankreich üblichen Folterinstrumente und -regeln durchführen. Sie ist zusammengefaßt bei Joly de Fleury, Bibliothèque Nationale, Fonds Joly de Fleury, 258, vol. 322-328.

41 Der erste Grad der Folter bestand im Anblick der Instrumente. Bei Kindern und Alten über 70 ging man über dieses Stadium nicht hinaus.

42 G. du Rousseaud de la Combe, *Traité des matières criminelles*, 1741, S. 503.

Unter dem Anschein einer erbitterten und ungeduldigen Wahrheitsuche erweist sich die klassische Folter als Verfahren eines Gottesurteils: eine physische Herausforderung muß über die Wahrheit entscheiden. Ist der Angeklagte schuldig, so sind die Schmerzen der Folter nicht ungerecht; im Fall seiner Unschuld aber sind sie die Zeichen seiner Rechtfertigung. Schmerz, Kampf und Wahrheit sind in der Folter miteinander verbunden: gemeinsam bearbeiten sie den Körper des »Patienten«. Die Wahrheitsuche durch die Folter soll gewiß ein Indiz zum Vorschein bringen, das schwerwiegendste aller Indizien – das Bekenntnis des Schuldigen.

Die rituelle »Hervorbringung« der Wahrheit spiegelt sich in einer Schlacht, in der einer über den anderen siegt. Die Folter, die zum Geständnis führen soll, ist nicht nur Untersuchung, sondern auch Zweikampf.

Ebenso paradox vermengen sich darin Ermittlung und Bestrafung. Die Folter soll die Beweisführung vervollständigen, wenn »es im Prozeß keine ausreichenden Strafen gibt«. Und in der Hierarchie der Strafen gilt sie als so schwer, daß die Verordnung von 1670 sie gleich nach dem Tod nennt. Wie kann eine Strafe als Mittel der Untersuchung eingesetzt werden? Wie kann als Strafe gelten, was ein Verfahren der Beweisführung sein sollte? Die Antwort liegt in der Art und Weise, in der die Strafgerichtsbarkeit des klassischen Zeitalters die Produktion der Wahrheit sich vollziehen ließ. Die verschiedenen Teile der Beweisführung bildeten nicht neutrale Elemente; sie warteten nicht darauf, zu einem einzigen Bündel geschnürt zu werden, um dann die endgültige Gewißheit über die Schuld herbeizuführen. Jedes einzelne Indiz brachte einen Grad von Abscheu mit sich. Die Schuld begann nicht erst nach der Vereinigung aller Beweisstücke; sie wurde von jedem Element konstituiert, das einen Schuldigen erkennen ließ. So ließ ein Halb-Beweis dem Verdächtigen nicht seine Unschuld, sofern er nicht vervollständigt wurde: er machte aus ihm einen Halb-Schuldigen. Das leichte Indiz eines schweren Verbrechens machte jemanden »ein bißchen« kriminell. Die Beweisführung bei Gericht gehorchte also nicht dem dualistischen System wahr/falsch, sondern einem Prinzip der stetigen Abstufung: eine bestimmte Stufe der Beweisführung bildete bereits eine Schuldstufe und hatte darum eine bestimmte Strafstufe zur Folge. Der Verdächtige als solcher verdiente immer eine bestimmte Züchtigung; man konnte nicht unschuldigerweise Gegenstand eines Verdachts sein. Der Verdacht bildete für den Richter ein Beweiselement, für den Angeklagten das Zeichen einer bestimmten Schuld und verlangte deswegen auch nach einer bestimmten Strafe. Ein Verdächtiger, der verdächtig blieb, wurde damit nicht für unschuldig erklärt, sondern in eingeschränktem Maße bestraft. War man also zu einem bestimmten Grad des Verdachts gelangt, so konnte man legitimerweise eine Praxis anwenden, mit der zweierlei erreicht werden sollte: eine erste Bestrafung angesichts der bereits gesammelten Indizien und mittels dieses Anfangs die Erpressung der noch ausstehenden Wahrheit. Im 18. Jahrhundert ist die Gerichtsfolter Element jener sonderbaren Ökonomie, in der das Ritual der Wahrheitsermittlung mit dem Ritual der Bestrafung auf gleichem Fuße steht. Der in der Marter befragte Körper ist Zielscheibe der Züchtigung und Ort der Wahrheitserpressung. Und wie der Verdacht Untersuchungselement und Schuldfragment in einem ist, so bildet der Schmerzkalkül der Folter zugleich eine Strafmaßnahme und einen Ermittlungsakt.

Diese Verzahnung der beiden Rituale am Körper setzt sich sonderbarerweise nach Abschluß der Beweisführung und nach der Urteilsverkündung in der Vollstreckung der Strafe fort. Auch im Zeremoniell der öffentlichen Züchtigung ist der Körper ein wichtiges Stück. Der Schuldige hat seine Verurteilung und die Wahrheit des von ihm begangenen Verbrechens an den Tag zu bringen. Sein gezeigter, vorgeführter, ausgestellter, gemarterter Körper wird nun zum öffentlichen Träger eines bis dahin im Schatten gebliebenen Verfahrens; in ihm und an ihm muß der Akt der Justiz für alle sichtbar werden. Diese wirksame und aufsehenerregende Kundgabe der Wahrheit in der öffentlichen Vollstreckung der Strafen hat im 18. Jahrhundert mehrere Aspekte.

1. Zunächst wird der Schuldige zum Herold seiner eigenen Verurteilung gemacht. Er muß die Wahrheit dessen, was ihm vorgeworfen worden ist, verkünden und bezeugen: Gang durch die Straßen; an Rücken, Brust oder Kopf angebrachte Schrifttafel mit dem Urteil; Halt an mehreren Kreuzungen, Verlesung des Urteils; öffentliche Abbitte an Kirchenpforten, wobei der Verurteilte sich feierlich zu seinem Verbrechen bekennt: »Barfuß, in einem Hemd, eine Fackel in der Hand und kniend sagen und erklären, daß er böse, abscheulich, verräterisch und absichtlich das verwerfliche Verbrechen begangen hat usw.«; Zurschaustellung an einem Pfahl, wo an die Taten und das Urteil erinnert wird; erneute Verlesung des Urteils am Fuße des Schafotts; sowohl am Pranger wie auf dem Scheiterhaufen oder Rad veröffentlicht der Verurteilte sein Verbrechen und die ihm widerfahrende Gerechtigkeit an seinem eigenen Körper.

2. Noch einmal wird die Szene des Geständnisses erneuert. Auf die erzwungene Erklärung der öffentlichen Abbitte folgt ein spontanes öffentliches Bekenntnis. Die Hinrichtung wird zum Moment der Wahrheit. Diese letzten Augenblicke, in denen der Schuldige nichts mehr zu verlieren hat, sollen für das volle Licht des Wahren gewonnen werden. Nach der Verurteilung konnte das Gericht ja bereits eine neue Folter anordnen, um die Namen möglicher Komplizen zu erfahren. Ebenso konnte der Verurteilte vor dem Besteigen des Schafotts um Aufschub bitten, um neue Enthüllungen zu machen. Das Publikum wartete auf diese Peripetie der Wahrheit. Viele nutzten die Möglichkeit, um ein wenig Zeit zu gewinnen, wie jener Michel Barbier, der eines bewaffneten Angriffs schuldig war: »Unverfroren blickte er auf das Schafott und sagte, daß es sicher nicht für ihn errichtet worden sei, da er unschuldig sei; zuerst ersuchte er darum, zum Gericht gebracht zu werden, wo er eine halbe Stunde nur Unsinn redete und sich zu rechtfertigen suchte; darauf zur Hinrichtung gebracht, steigt er mit entschlossenem Gesicht auf das Schafott; wie er sich aber seiner Kleider entledigt und aufs Kreuz gelegt sieht, um die Schläge zu empfangen, verlangt er, ein zweites Mal zum Gericht zurückzukehren, und legt dort endlich das Geständnis seines Verbrechens ab und erklärt sich sogar noch eines zweiten Mordes für schuldig.«[43] Die wahre Marter hat die Wahrheit aufzusprengen; und insofern führt sie vor den Augen des Publikums die Arbeit der Folter weiter. Der Verurteilung fügt sie das Siegel des Verurteilten hinzu. Eine gelungene Marter rechtfertigt die Gerichtsbarkeit, sofern sie die Wahrheit des Verbrechens im Körper des Gemarterten kundtut. Das Musterbild eines guten Verurteilten war François Billiard, der Generalkassier der Post gewesen war und 1772 seine Frau getötet hatte; der Henker wollte ihm das Gesicht verhüllen, um ihn den Schmähungen zu entziehen: »Man hat diese verdiente Strafe nicht über mich verhängt‹, sagte er, ›damit ich vom Publikum nicht gesehen werde ...‹ Er trug noch Trauerkleidung ... und ganz neue feine Schuhe, war gekämmt und weiß gepudert und legte ein so bescheidenes und beeindruckendes Verhalten an den Tag, daß die ihn aus der Nähe betrachtenden Personen sagten, er müsse entweder der vollkommenste Christ oder der größte aller Heuchler gewesen sein. Als sich die Schrifttafel, die er auf der Brust trug, verschoben hatte, bemerkte man, wie er sie selbst wieder richtete, zweifellos damit man sie besser lesen

---

43 S. P. Hardy, *Mes loisirs*, Bibliothèque Nationale, Ms. 6680-87, Bd. IV, S. 80, 1778.

konnte.«[44] Wenn alle Akteure bei der Strafzeremonie ihre Rolle gut spielen, so wirkt sie wie ein ausführliches öffentliches Geständnis.

3. Die Marter schließt ans Verbrechen an, indem zwischen beiden klar erkennbare Beziehungen hergestellt werden. So wird der Leichnam des Verurteilten am Ort seines Verbrechens oder an benachbarten Straßenkreuzungen zur Schau gestellt; oder die Hinrichtung findet selber am Ort des Verbrechens statt – wie bei jenem Studenten, der 1723 mehrere Personen getötet hatte und für den nach dem Beschluß des Oberlandesgerichts von Nantes das Schafott vor dem Gasthaus errichtet wurde, in welchem er seine Morde begangen hatte;[45] die Form »symbolischer« Martern verweist auf die Natur der Verbrechen: die Zunge von Gotteslästerern wird durchbohrt, Unzüchtige werden verbrannt, dem Mörder wird die Faust abgeschlagen; gelegentlich läßt man den Verurteilten das Werkzeug seiner Untat vorzeigen – wie jenen Damiens das berühmte kleine Messer, das man mit Schwefel übergoß und in die schuldige Hand steckte, damit beide gleichzeitig brennen. Diese alte Rechtsprechung war, wie Vico sagte, »eine ganze Poetik«.

Das kann so weit gehen, daß die Hinrichtung des Schuldigen zu einer theatralischen Wiedergabe des Verbrechens wird: dieselben Instrumente, dieselben Gesten. In den Martern wiederholt die Justiz vor den Augen aller das Verbrechen, das sie damit in seiner Wahrheit kundtut und gleichzeitig im Tod des Schuldigen vernichtet. Noch im späten 18. Jahrhundert, im Jahre 1772, findet man ein Urteil wie dieses: in Cambrai wird eine Dienerin, die ihre Herrin getötet hat, dazu verurteilt, in einem Stürzkarren, »der zur Beseitigung des Unrats von den Straßen dient«, an den Ort ihrer Hinrichtung gebracht zu werden; dort wird »am Fuße des Galgens derselbe Sessel stehen, in welchem die Frau von Laleu gesessen ist, als sie sie ermordete; die Dienerin wird auf diesem Sessel Platz nehmen, dann wird ihr der Scharfrichter die Hand abschlagen und vor ihren Augen ins Feuer werfen und ihr gleich darauf vier Schläge mit dem Hackmesser versetzen, dessen sie sich zur Ermordung ihrer Herrin bedient hatte: den ersten und den zweiten auf den Kopf, den dritten auf den linken Unterarm und den vierten auf die Brust; danach soll sie am Galgen erhängt und erdrosselt werden, bis der Tod eintritt; nach zwei Stunden soll ihr toter Körper abgenom-

---

44 S. P. Hardy, *Mes loisirs*, Bd. I, S. 327 (nur der Band I ist gedruckt).
45 Archives municipales de Nantes, F. F. 124. Vgl. P. Parfouru, *Mémoires de la société archéologique d'Ille-et-Vilaine*, 1896, Bd. XXV.

men werden und am Fuße des Galgens auf dem Schafott der Kopf vom
Körper getrennt werden, und zwar wieder mit demselben Hackmesser,
mit dem sie ihre Herrin ermordet hat; und der Kopf soll auf einer 20
Fuß hohen Stange vor dem Stadttor von Cambrai nahe dem Weg nach
Douai zur Schau gestellt werden, und der Rest soll in einen Sack gesteckt
und bei derselben Stange zehn Fuß tief vergraben werden.«[46]

4. Die lange Dauer der Hinrichtung, ihre einzelnen Höhepunkte, die
Schreie und die Schmerzen des Verurteilten stellen als Abschluß des Ge-
richtsrituals noch eine letzte Prüfung dar. Wie jede Agonie sagt auch die
auf dem Schafott eine bestimmte Wahrheit aus: aber mit größerer Intensität, da sie vom Schmerz bedrängt wird; mit einer unerbittlicheren Härte,
da sie genau zwischen der Gerichtsbarkeit der Menschen und der Gottes
liegt; mit einem größeren Aufsehen, da sie sich in der Öffentlichkeit abspielt. Die Schmerzen der Hinrichtung verlängern die Schmerzen der Folter; war in dieser noch nicht alles ausgespielt und konnte man das Leben
noch retten, so stirbt man jetzt gewiß, und es geht um die Rettung der
Seele. Das Spiel der Ewigkeit hat begonnen: die Marter greift auf die Qualen des Jenseits vor und stellt sie dar. Sie ist das Theater der Hölle. Die
Schreie des Verurteilten, sein Widerstand, seine Gotteslästerungen weisen
bereits auf sein unabwendbares Geschick. Aber die Schmerzen des Diesseits können auch als Buße die Züchtigungen des Jenseits mildern: wenn
ein solches Martyrium mit Ergebung getragen wird, wird Gott es nicht
übersehen. Die Grausamkeit der irdischen Bestrafung wird von der künftigen Strafe abgezogen: die Zusage der Verzeihung zeichnet sich ab. Aber
man kann auch sagen: sind nicht so rasende Schmerzen das Zeichen,
daß Gott den Schuldigen den Menschen ausgeliefert hat? Und gehören
sie nicht bereits zur bevorstehenden Verdammung, anstatt die künftige
Vergebung zu verheißen? Ist nicht hingegen ein rascher Tod ohne verlängerte Agonie der Beweis, daß Gott den Verurteilten beschützen und nicht
in Verzweiflung fallen lassen wollte? Dieser Schmerz ist also vieldeutig
und kann sowohl die Wahrheit des Verbrechens wie den Irrtum der Richter, die Güte oder die Bosheit des armen Sünders, die Übereinstimmung
oder den Gegensatz zwischen dem menschlichen und dem göttlichen Urteil bedeuten. Darum drängen sich auch die Zuschauer mit einer so außer-
gewöhnlichen Neugier um das Schafott und die dort zum besten gegebe-

---

46 Zitiert in: P. Dautricourt, op. cit., S. 269-270.

nen Schmerzen: es gilt, Verbrechen und Unschuld, Vergangenheit und Zukunft, Diesseits und Ewigkeit zu entziffern. Alle Zuschauer verhören den
Augenblick der Wahrheit: jedes Wort, jeder Schrei, die Dauer des Todes-
kampfes, der Widerstand des Körpers, das Leben, das sich nicht losreißen
will – all dies hat zeichenhafte Bedeutung. Da wird von dem berichtet, der
»sechs Stunden lang auf dem Rad« gelebt hat und »nicht wollte, daß ihn
der Henker, der ihn nach eigenem Ermessen tröstete und ermutigte, einen
Augenblick verlasse«, oder von dem, »der mit sehr christlichen Gefühlen
stirbt und die aufrichtigste Reue zeigt«, oder von dem, der, »eine Stunde
nachdem er aufs Rad geflochten worden ist, dort den Geist aufgibt; man
sagt, daß die Zuschauer bei seiner Hinrichtung gerührt waren ob der
Frömmigkeit und Reue, die er bekundete«. Da gibt es den, der auf dem
ganzen Weg zum Schafott die lebhaftesten Zeichen der Zerknirschung
von sich gab, aber lebendig auf das Rad geflochten, nicht aufhörte, »fürch-
terlich heulende Schreie auszustoßen«, oder jene Frau, die »ihre Kaltblütig-
keit bis zur Verlesung des Urteils bewahrt hatte, deren Kopf aber dann in
Verwirrung geriet; sie befand sich in vollständigem Wahnsinn, als man
sie erhängte«.[47]

Der Kreis ist geschlossen: von der Folter bis zur Hinrichtung hat der
Körper die Wahrheit des Verbrechens hervorgeholt und wiederholt. In
einem Ritual von Prüfungen legt er das Geständnis ab, daß das Verbrechen
stattgefunden hat, stößt er das Bekenntnis hervor, daß er selbst es begangen hat, bekundet er, daß er die Spuren des Verbrechens an sich trägt,
erduldet die Operation der Züchtigung und trägt ihre Wirkungen zur
Schau. Der zu wiederholten Malen gemarterte Körper garantiert die Synthese aus der Wirklichkeit der Tatsachen und der Wahrheit der Untersuchung, den Akten des Verfahrens und den Worten des Verbrechers, dem
Verbrechen und der Strafe. Er ist das Hauptelement in einer Strafliturgie,
der Gegenspieler zu einem Souverän, dessen ungeheure Rechte auf Verfolgung und Geheimhaltung das Verfahren bestimmen.

Die peinliche Strafe ist auch als ein politisches Ritual zu verstehen. Sie gehört auf ihre Weise zu den Zeremonien, in denen sich die Macht manifestiert.

Über den Schaden hinaus, den es möglicherweise anrichtet, auch über

---

47 S. P. Hardy, *Mes loisirs*, Bd. I, S. 13; Bd. IV, S. 42; Bd. V, S. 134.

die Regel hinaus, die es verletzt, fügt das Vergehen im klassischen Recht demjenigen Unrecht zu, der das Gesetz zur Geltung bringt: »Selbst unter der Voraussetzung, daß keinem Individuum Unrecht geschehen ist, liegt immer dann, wenn etwas begangen worden ist, was das Gesetz verboten hat, ein Vergehen vor, das nach Wiedergutmachung verlangt, weil das Recht des Herrschers verletzt ist und seine Würde beleidigt ist.«[48] Das Verbrechen greift über sein unmittelbares Opfer hinaus den Souverän an; es greift ihn persönlich an, da das Gesetz als Wille des Souveräns gilt; es greift ihn physisch an, da die Kraft des Gesetzes die Kraft des Fürsten ist. Denn »damit in diesem Königreich ein Gesetz in Kraft sein kann, mußte es direkt vom Souverän ausgegangen sein oder zumindest durch das Siegel seiner Autorität bekräftigt worden sein.«[49] Der Eingriff des Souveräns ist also nicht ein Schiedsspruch zwischen zwei Gegnern; er ist auch nicht nur eine Aktion zur Durchsetzung der Rechte eines jeden; sondern er ist der unmittelbare Gegenschlag gegen den Beleidiger. »Die Ausübung der souveränen Gewalt in der Bestrafung der Verbrechen bildet zweifellos einen der wesentlichsten Teile der Justizverwaltung.«[50] Die Züchtigung kann also nicht mit der Wiedergutmachung des Schadens gleichgesetzt werden oder auch nur an ihr Maß nehmen. An jeder Strafe hat der Fürst Anteil; und dieser Anteil bleibt auch dann der wesentliche, wenn er sich mit der Wiedergutmachung eines Schadens verbindet. Er umfaßt seinerseits einmal die Sühnung des Unrechts, das seinem Königtum zugefügt worden ist (Unordnung, schlechtes Beispiel) und das in keinem Vergleich zu einem Unrecht steht, das einem einzelnen geschehen ist, und dann noch die Rache des Königs für die seiner Person zugefügte Schmach.

Das Recht zu strafen erscheint als Aspekt jenes Rechts, kraft dessen der Souverän Krieg gegen seine Feinde führen darf: Züchtigen gehört zu jenem »Recht des Schwertes, jener absoluten Gewalt über Leben und Tod, das im römischen Recht als *merum imperium* erscheint und kraft dessen der Fürst sein Gesetz vollziehen läßt, indem er die Bestrafung des Verbrechens anordnet.«[51] Die Züchtigung nimmt aber auch Rache, eine zugleich persönliche und öffentliche Rache, weil sich im Gesetz die physisch-politische Gewalt des Fürsten repräsentiert findet: »Bereits aus der Definition

---

48 P. Risi, *Observations sur les matières de jurisprudence criminelle*, 1768, S. 9; mit Bezug auf Cocceius, *Dissertationes ad Grotium*, XII, § 545.

49 P. F. Muyart de Vouglans, *Les lois criminelles de France*, 1780. S. XXXIV.

50 D. Jousse, *Traité de la justice criminelle*, 1777, S. VII.

51 P. F. Muyart de Vouglans, *Les lois criminelles de France*, 1780, S. XXXIV.

des Gesetzes geht hervor, daß es die Mißachtung seiner Autorität nicht nur
verbietet, sondern durch die Bestrafung derer, die sein Verbot übertreten,
auch rächt.«[52] Noch im ordentlichsten Strafverfahren, noch in der genauesten Befolgung der Rechtsformen sind die Kräfte der Ahndung lebendig.

Die Marter hat also eine rechtlich-politische Funktion. Es handelt sich
um ein Zeremoniell zur Wiederherstellung der für einen Augenblick verletzten Souveränität. Sie erneuert sie, indem sie ein Feuerwerk ihrer Macht
abbrennt. Die öffentliche Hinrichtung, wie hastig und alltäglich sie auch
sein mag, fügt sich in die Reihe der großen Rituale der verdunkelten und
erneuerten Macht ein (Krönung, Einzug des Königs in eine eroberte Stadt,
Unterwerfung aufständischer Subjekte); als Sieg über das den Souverän
verletzende Verbrechen entfaltet sie vor den Augen aller eine unüberwindliche Kraft. Sie soll weniger ein Gleichgewicht wiederherstellen als vielmehr die Asymmetrie zwischen dem Subjekt, welches das Gesetz zu verletzen gewagt hat, und dem allmächtigen Souverän, der das Gesetz zur
Geltung bringt, bis zum Äußersten ausspielen. Die Wiedergutmachung
des durch das Vergehen entstandenen privaten Schadens muß angemessen,
das Urteil muß gerecht sein, doch die Vollstreckung der Strafe ist kein
Schauspiel des Ebenmaßes, sondern des Übergewichts und des Übermaßes.
In dieser Liturgie der Strafe muß die emphatische Bejahung der Macht
und ihrer inneren Überlegenheit vollzogen werden. Und diese Überlegenheit ist nicht einfach die des Rechts, sondern die der physischen Kraft
des Souveräns, der sich auf den Körper seines Gegners stürzt und ihn besiegt: indem er das Gesetz gebrochen hat, hat der Übeltäter die Person
des Fürsten angegriffen; und diese bemächtigt sich nun – vermittels ihrer
Beauftragten – des Körpers des Verurteilten, um ihn gebrandmarkt, besiegt, gebrochen vorzuführen. Die Strafzeremonie ist also »terrorisierend«.
Als die Kontroverse mit den Reformern einsetzte, bemühten sich die Juristen des 18. Jahrhunderts um eine einschränkende und »modernistische«
Interpretation der physischen Grausamkeit der Strafen: strenge Strafen
sind nötig, weil sich das Exempel tief ins Herz der Menschen einsenken
muß. Bis dahin hatte jedoch die Praxis der peinlichen Strafen nicht auf
einer Ökonomie des Exempels im Sinne der Ideologen beruht (wonach
die Vorstellung von der Strafe das Interesse am Verbrechen überwältigen
sollte), sondern auf einer Politik des Schreckens: am Körper des Übeltäters

---

52 Ebd.

sollte allen die entfesselte Gegenwart des Souveräns spürbar gemacht werden. Nicht die Gerechtigkeit, sondern die Macht wurde durch die Marter wiederhergestellt. Im 17. und zu Beginn des 18. Jahrhunderts war diese mitsamt ihrem Schreckenstheater daher nicht ein noch nicht beseitigtes Relikt aus einem anderen Zeitalter. Ihre Versessenheit, ihr Aufsehen, die körperliche Gewalt, die Entfesselung ihrer Kräfte und die Sorgfältigkeit ihres Zeremoniells fügten sich in die politische Funktion des Strafsystems ein.

Einige Aspekte der Hinrichtungsliturgie lassen sich von da aus verstehen. Vor allem die Bedeutung eines Rituals, das sein Gepränge in der Öffentlichkeit entfalten mußte. Nichts von diesem Triumph des Gesetzes durfte verborgen bleiben. Die einzelnen Elemente waren üblicherweise immer dieselben, gleichwohl fehlte ihre Aufzählung in den Urteilen nie – so wichtig waren sie im Strafmechanismus: Zug durch die Stadt, Halt an Straßenkreuzungen und Kirchenpforten, öffentliche Verlesung des Urteils, Niederknien, laute Erklärungen der Reue über die Gott und dem König angetane Beleidigung. Auch Fragen der Reihenfolge und der Etikette wurden gelegentlich vom Gericht geregelt: »Die Offiziere werden in folgender Ordnung die Pferde besteigen: an der Spitze die beiden Polizeisergeanten; darauf der arme Sünder; hinter diesem werden Bonfort und Le Corre zusammen zu seiner Linken gehen; ihnen wird der Gerichtsschreiber folgen, und so werden sie zum öffentlichen Platz des großen Marktes ziehen, wo das Urteil vollstreckt werden wird.«[53] Dieses sorgfältige Zeremoniell hat ganz ausdrücklich nicht nur gerichtlichen, sondern auch militärischen Charakter. Die Justiz des Königs erweist sich als bewaffnete Gerechtigkeit. Das Schwert, das den Schuldigen straft, ist dasjenige, das auch die Feinde vernichtet. Ein ganzer militärischer Apparat umstellt die Hinrichtung: Kavalleristen, Bogenschützen, Polizeioffiziere, Soldaten. Einmal geht es ja darum, jede Möglichkeit zur Flucht oder zu einem Gewaltstreich zu vereiteln; aber auch das Volk muß daran gehindert werden, in einer Anwandlung von Sympathie den Verurteilten zu retten oder in einem Wutausbruch ihn selbst sogleich zu töten. Darüber hinaus aber muß auch in Erinnerung gerufen werden, daß in jedem Verbrechen eine Erhebung gegen das Gesetz liegt und daß der Verbrecher ein Feind des Fürsten ist. Alle diese Elemente – situationsbedingte Vorsichtsmaßnahmen oder Riten – machen

---

53 Zitiert in: A. Corre, *Documents pour servir à l'histoire de la torture judiciaire en Bretagne*, 1896, S. 7.

aus der öffentlichen Hinrichtung mehr als ein Justizverfahren: eine Manifestation der Macht; oder vielmehr ist es gerade die Justiz als physische, materielle, furchterregende Gewalt des Souveräns, die sich entfaltet. Die Zeremonie der Hinrichtung läßt die Gewalt, die dem Gesetz seine Macht gibt, offen ausbrechen.

Als Ritual des bewaffneten Gesetzes, in welchem sich der Fürst als Gerichtsherr und Kriegsherr in einem zeigt, hat die öffentliche Hinrichtung zwei Gesichter: Kampf und Sieg. Einerseits schließt sie feierlich einen Krieg zwischen dem Verbrecher und dem Souverän ab, dessen Ausgang von vornherein feststand; sie muß die maßlose Macht des Souveräns über die von ihm zur Ohnmacht Verdammten kundtun. Die Asymmetrie, das unaufhebbare Ungleichgewicht der Kräfte gehörten wesentlich zur Hinrichtung. Ein zunichte gemachter, zu Staub gewordener, in alle Winde gestreuter Körper, ein von der unbegrenzten Macht des Souveräns Stück für Stück zerstörter Körper, bildet die nicht nur ideale, sondern wirkliche Grenze der Züchtigung. Dies bezeugt die berühmte Hinrichtung von Massola in Avignon, die als eine der ersten den Unwillen der Zeitgenossen erregte – eine als Hinrichtung paradoxe Marter, weil sie sich fast zur Gänze nach dem Tode abspielt und die Justiz dabei nur an einem Leichnam ihr großartiges Theater zur Lobpreisung ihrer Gewalt entfaltet: der Verurteilte ist an einen Pfahl gefesselt, die Augen sind verbunden; um ihn herum auf dem Schafott Pfähle mit Eisenzangen. »Der Beichtvater flüstert dem armen Sünder ins Ohr, und gleich nachdem er ihm den Segen erteilt hat, versetzt ihm der Scharfrichter mit einer Eisenkeule, wie man sie in den Brühhäusern verwendet, einen wuchtigen Schlag auf die Schläfe, worauf der Unglückliche tot zusammenbricht; sofort schneidet ihm der *exactor mortis*[54] die Kehle durch; Blut überströmt ihn, was ein schreckliches Schauspiel abgibt; er schneidet ihm die Sehnen bis zu den Fersen auf und öffnet ihm anschließend den Leib, aus dem er das Herz, die Leber, die Milz und die Lungen reißt, die er auf einer Eisenzange aufspießt; er zerschneidet und seziert ihn Stück für Stück und heftet die Teile jeweils an die anderen Eisenzangen, wie man es bei einem Tier macht. Wer so etwas ansehen kann, sehe es an!«[55] In der ausdrücklich erwähnten Form der Schlächterei wird die infinitesimale Zerteilung des Körpers zum Schauspiel: jedes Stück wird auf der Fleischbank ausgelegt.

---

54 Vollstrecker der Todesstrafe, Scharfrichter.
55 A. Bruneau, *Observations et maximes sur les matières criminelles*, 1715, S. 259.

Die Hinrichtung vollendet sich in einem Zeremoniell des Triumphes; als dramatischen Kern in ihrem monotonen Ablauf enthält sie aber auch eine Kampfszene: das unmittelbare Einwirken des Scharfrichters auf den Körper des »Patienten«. Sein Handeln ist festgelegt, da durch das Gewohnheitsrecht, aber häufig auch durch das Urteil die Hauptelemente vorgeschrieben sind. Gleichwohl hat es noch etwas von einer Schlacht. Der Scharfrichter ist nicht einfach derjenige, der das Gesetz vollzieht, sondern einer, der Gewalt anwendet; er ist Vertreter einer Gewaltsamkeit, die sich gegen die Gewalt des Verbrechens richtet, um sie zu besiegen. Materiell und physisch ist er der Gegner dieses Verbrechens, ein mitleidiger oder ein erbitterter Gegner. Damhoudère beklagte sich, mit vielen Zeitgenossen, darüber, daß die Scharfrichter »gegenüber den verurteilten Übeltätern alle Grausamkeiten anwenden, sie so behandeln, schlagen und töten, als hätten sie es mit Tieren zu tun«.[56] Und diese Gewohnheit sollte sich über lange Zeit erhalten.[57] Noch ist etwas von Herausforderung und Zweikampf in der Zeremonie der Hinrichtung. Triumphiert der Scharfrichter, gelingt es ihm, den Kopf mit einem Schlag abzuhauen, so »zeigt er ihn dem Volk, legt ihn auf die Erde und grüßt dann das Publikum, das ihm seinen Beifall mit Händeklatschen bezeugt«.[58] Wenn er jedoch versagt und die Tötung nicht in der geforderten Weise vollbringt, macht er sich strafbar. So geschah es mit dem Scharfrichter von Damiens, der diesen mit dem Messer zerschneiden mußte, weil ihm die ordnungsgemäße Vierteilung nicht gelungen war; die Hinrichtungspferde, die man ihm versprochen hatte, wurden zugunsten der Armen beschlagnahmt. Oder einige Jahre später mit einem Henker in Avignon, der die drei furchterregenden Banditen, die er erhängen sollte, zuviel leiden ließ; die Zuschauer werden zornig und denunzieren ihn; um ihn zu bestrafen, aber auch um ihn der Volksahndung zu entziehen, sperrt man ihn ins Gefängnis.[59] Hinter dieser Bestrafung des ungeschickten Scharfrichters zeichnet sich eine Tradition ab, die noch ganz nahe ist: der zufolge der Verurteilte begnadigt wird,

56 J. de Damhoudère, *Pratique judiciaire ès causes civiles*, 1572, S. 219.

57 Die *Gazette des tribunaux* vom 6. Juli 1837 berichtet nach dem *Journal of Gloucester* von dem »rohen und ekelhaften« Verhalten eines Scharfrichters, der einen Verurteilten erhängte und darauf »den Leichnam an den Schultern faßte, ihn um sich selbst drehen ließ und mehrmals schlug und dabei sagte: ›Alter Narr, bist du jetzt tot genug?‹ Dann wandte er sich der Menge zu und gab in einem spöttischen Ton die geschmacklosesten Äußerungen von sich.«

58 Bericht von T. S. Gueulette über die Hinrichtung des Polizeioffiziers Montigny im Jahre 1737. Vgl. Anchel, *Crimes et châtiments au XVIIIe siècle*, 1933, S. 62-69.

59 Vgl. L. Duhamel, *Les Exécutions capitales à Avignon*, 1890, S. 25.

wenn die Hinrichtung nicht gelingt. Es war das ein Gewohnheitsrecht, das in einigen Ländern klar festgesetzt war.[60] Das Volk wartete oft auf seine Anwendung, und es gelang ihm, Verurteilte zu retten, die auf diese Weise entronnen waren. Um dieses Gewohnheitsrecht und diese Erwartung zum Verschwinden zu bringen, mußte man sich auf das Sprichwort »Das Wild läßt seine Beute nicht los« berufen und in die Todesurteile die ausdrückliche Anweisung einfügen »erhängt und erdrosselt bis zum Eintritt des Todes«, »bis zum Erlöschen des Lebens«. Noch im 18. Jahrhundert bestehen Juristen wie Serpillon oder Blackstone darauf, daß das Versagen des Henkers für den Verurteilten nicht die Rettung des Lebens bedeutet.[61] Noch lag in der Hinrichtungszeremonie eine Spur von Gottesurteil und Kampfgericht, wobei der Scharfrichter der Vorkämpfer des Königs war. Allerdings ein Vorkämpfer, zu dem man sich nicht bekennen konnte und den man stets verleugnete: wer einen Brief an den Henker versiegelt hatte, legte ihn nicht auf den Tisch, sondern warf ihn auf die Erde. Die Verbote, die dieses »sehr notwendige« und dennoch »widernatürliche Amt«[62] umgaben, sind bekannt. War der Scharfrichter auch in einem gewissen Sinn das Schwert des Königs, so hatte er doch auch an der Ruchlosigkeit seines Gegners teil. Die souveräne Macht, die ihm das Töten auferlegte und durch ihn hindurch zuschlug, war in ihm nicht gegenwärtig, identifizierte sich nicht mit seiner Versessenheit. Und ihr Auftritt war gerade dann am glänzendsten, wenn sie die Verrichtungen des Henkers durch einen Gnadenerlaß unterbrach. Die kurze Zeitspanne zwischen dem Urteil und der Hinrichtung (oft nur einige Stunden) führte dazu, daß die Begnadigung meistens im letzten Augenblick eintraf. Zweifellos aber wurde die Zeremonie so in die Länge gezogen, um dieser Möglichkeit Platz zu schaffen.[63] Die Verurteilten hofften darauf, und um Zeit zu gewinnen, behaupteten

60 Z. B. in Burgund; vgl. Chassanée, *Consuetudo Burgundi*, fol. 55.
61 F. Serpillon, *Code criminel*, 1767, Bd. III, S. 1100. Blackstone: »Wenn ein Verbrecher dazu verurteilt ist, bis zum Eintritt des Todes erhängt zu werden, und durch die Ungeschicklichkeit des Henkers dem Tod entrinnt, ist es klar, daß der Sheriff die Exekution wiederholen lassen muß, weil das Urteil nicht vollstreckt worden ist. Wenn man sich hier falschem Mitleid hingäbe, würde man betrügerischen Abmachungen Tür und Tor öffnen.« (*Commentaire sur le Code criminel d'Angleterre*, 1776, S. 201).
62 Ch. Loyseau, *Cinq livres du droit des offices*, 1613, S. 80-81.
63 Vgl. S. P. Hardy, *Mes loisirs*, Bd. I, S. 125 und Bd. IV, S. 229; R. Anchel, *Crimes et châtiments au XVIIIᵉ siècle*, S. 162-163, berichtet die Geschichte von Antoine Boulleteix, der bereits am Fuße des Schafotts steht, als ein Reiter das berühmte Pergament bringt. Man ruft: »Es lebe der König!« und führt Boulleteix ins Wirtshaus, während der Gerichtsschreiber in seinem Hut für ihn sammelt.

sie noch am Fuße des Schafotts, Enthüllungen machen zu können. Wenn
das Volk die Begnadigung wünschte, verlangte es schreiend danach, versuchte, den letzten Augenblick hinauszuschieben, spähte nach dem Boten
aus, der den Brief mit dem grünen Wachssiegel bringen sollte, und versuchte nötigenfalls, sein Herannahen glaubhaft zu machen (so am 3. August 1750 bei der Hinrichtung der wegen der Kinderentführungs-Unru-
hen Verurteilten). Der Souverän ist bei der Hinrichtung nicht nur als die
Macht, die das Gesetz rächt, gegenwärtig, sondern auch als die Macht,
die sowohl das Gesetz wie die Rache suspendieren kann. Er allein vermag
die ihm zugefügten Beleidigungen zu tilgen. Zwar hat er den Gerichten die
Ausübung seiner Gerichtshoheit anvertraut, doch hat er diese Hoheit nicht
veräußert. Er behält sie voll und ganz – zur Aufhebung der Strafe oder
auch zu ihrer Verschärfung.

Man muß die Marter in ihrer Ritualisierung bis ins 18. Jahrhundert als
politischen Faktor verstehen. Sie fügt sich logisch in ein Strafsystem ein, in
welchem direkt oder indirekt der Souverän selbst Anklage erhebt, das Urteil fällt und die Strafen vollstrecken läßt, da über das Gesetz er selbst
durch das Verbrechen angegriffen worden ist. In jedem Vergehen steckt
ein *crimen majestatis* und noch im geringsten Verbrecher ein kleiner po-
tentieller Königsmörder. Der Königsmörder seinerseits ist nicht mehr und
nicht weniger als der totale und absolute Verbrecher, weil er nicht, wie irgendein Übeltäter, eine besondere Entscheidung der souveränen Macht
angreift, sondern deren Prinzip in der physischen Person des Fürsten.
Die ideale Bestrafung des Königsmörders würde die Summe aller möglichen Martern bilden. Die schrankenlose Rache: die französischen Gesetze sahen jedenfalls keine bestimmte Strafe für diese Monstrosität vor.
Für Ravaillac mußte man eine Bestrafung erfinden, indem man die grau-
samsten in Frankreich üblichen Martern kombinierte. Für Damiens wollte
man sich noch gräßlichere ausdenken. Es gab Pläne, die man aber doch
nicht für so vollkommen hielt. So griff man wieder auf die für Ravaillac
entwickelte Dramaturgie zurück. Diese war noch maßvoll, vergleicht man
sie mit der entfesselten Rache, der im Jahre 1584 der Mörder Wilhelms
von Oranien ausgeliefert wurde. »Am ersten Tag wurde er auf den Platz geführt, wo sich ein Kessel mit siedendem Wasser befand; darein wurde der
Arm getaucht, mit dem er den Hieb geführt hatte. Am Tag darauf wurde
ihm der Arm abgeschlagen, und man stieß ihn mit dem Fuß von der Höhe
des Schafotts herunter. Am dritten Tag Zangenreißen an der Brust und am

Arm; am vierten Tag dasselbe von hinten am Arm und an den Hinterbak-
ken; und so wurde der Mann 18 Tage lang gemartert.« Am letzten Tag
wurde er gerädert und »geklopft«. Nach sechs Stunden verlangte er noch
nach Wasser, das man ihm nicht gab. »Schließlich wurde der Justizleut-
nant ersucht, ein Ende zu machen und ihn erdrosseln zu lassen, damit
seine Seele nicht verzweifle und verlorengehe.«[64]

Zweifellos läßt sich die Existenz der Martern nicht nur aus der inneren Organisation des Strafsystems erklären. Mit Recht sehen Rusche und Kirchheimer in ihr die Wirkung eines Produktionssystems, in welchem die Arbeitskräfte und damit der menschliche Körper nicht die Nützlichkeit
und den Marktwert haben wie später in einer industriellen Ökonomie.
Gewiß hängt die »Verachtung« des Körpers auch mit einer allgemeinen
Einstellung zum Tod zusammen, in der neben den dem Christentum eigentümlichen Wertungen auch die demographische und gewissermaßen
biologische Situation eine Rolle spielt: die Verheerungen der Krankheit
und des Hungers, die periodischen Massaker der Epidemien, die ungeheure Kindersterblichkeit, die Labilität der bio-ökonomischen Gleichgewichte – all das machte den Tod vertraut und ließ um ihn herum Rituale
entstehen, die ihn integrieren und annehmbar machen, seiner ständigen
Aggression einen Sinn verleihen sollten. Wollte man diese lange Beibehaltung der peinlichen Strafen analysieren, müßte man auch die politische
Lage mit einbeziehen. Die Verordnung von 1670, welche die Strafjustiz
bis zum Vorabend der Revolution bestimmte, hatte ja die Strenge der alten
Edikte teilweise noch verschärft; Pussort, der unter den mit der Vorbereitung der Texte Beauftragten die Intentionen des Königs repräsentierte,
hatte sie gegen den Widerstand einiger Beamter wie Lamoignon so durchgesetzt; die Vielzahl der Unruhen noch mitten im klassischen Zeitalter,
das Donnerrollen nicht allzu ferner Bürgerkriege und der Wille des Königs, seiner Macht zuungunsten der alten Parlamente Geltung zu verschaffen, erklären zu einem großen Teil die Fortdauer eines »harten« Strafsystems.

Diese allgemeinen und gewissermaßen äußeren Gründe erklären die
Möglichkeit und das lange Bestehen der peinlichen Strafen, die Schwäche
und Isolierung des dagegen gerichteten Widerstands. Von da aus aber gilt

---

64 Brantôme, *Mémoires. La vie des hommes illustres*, Ausg. von 1772, Bd. II, S. 191-192.

es, ihre Funktion genau zu bestimmen. Die Marter hat sich in die Gerichtspraxis so tief eingefressen, weil sie Wahrheitsbeweis und Machtvoll-
zug ist. Sie verbindet das Schriftliche mit dem Mündlichen, das Geheime
mit dem Öffentlichen, das Untersuchungsverfahren mit der Geständnis-
ablegung. Sie kehrt das Verbrechen gegen den sichtbaren Körper des Verbrechers und wiederholt es an ihm; in ein und demselben Schrecken macht
sie das Verbrechen kund und zunichte. Den Körper des Verurteilten macht
sie zum Ort der souveränen Rache, der offenbarten Macht und der Asymmetrie der Kräfte. Wie wir später sehen werden, bleibt der Bezug Wahr-
heit/Macht im Herzen aller Strafmechanismen – unter anderen Formen
und mit anderen Wirkungen bis heute. Die Aufklärung sollte nicht zögern,
die Martern zu verurteilen, indem sie ihnen ihre »Gräßlichkeit« vorwirft.
Mit diesem Begriff wurden sie häufig auch von den Juristen charakterisiert, die keine Kritik im Sinn hatten. Der Ausdruck »Gräßlichkeit« gehört
vielleicht zu denen, welche die Ökonomie der Marter in der alten Strafpraxis am besten bezeichnen. Die Gräßlichkeit ist zunächst eine Eigenschaft
gewisser großer Verbrechen und bezieht sich auf die Verletzung natürlicher
oder positiver, göttlicher oder menschlicher Gesetze, das anstoßerregende
Aufsehen oder die geheime List, womit sie begangen worden sind, auf den
Rang ihrer Urheber und Opfer, auf die sie begünstigende oder durch sie
herbeigeführte Unordnung, auf den von ihnen hervorgerufenen Schrek-
ken. Sofern die Bestrafung das Verbrechen in seiner ganzen unerbittlichen
Härte vor aller Augen aufleuchten lassen soll, muß sie eben seine Gräßlichkeit übernehmen: sie muß es durch Geständnisse, Reden, Inschriften pu-
blik machen; sie muß es in Erniedrigungs- und Leidenszeremonien, die
es auf den Körper des Schuldigen übertragen, wiederholen. In der Marter
lodert die Gräßlichkeit des Verbrechens auf, in der Züchtigung wird die
Wahrheit des Verbrechens sichtbar, in der Strafe wird die Wirklichkeit
des Verbrechens endgültig erwiesen. Die Gräßlichkeit des Verbrechens ist
aber auch die gewaltsame Herausforderung an den Souverän, die durch
seinen übermächtigen Gegenschlag an Gräßlichkeit überboten, besiegt
und vernichtet wird. Darum spielt die Grausamkeit der Marter eine doppelte Rolle: einerseits Spiegelbild des Verbrechens, andererseits seine Über-
mächtigung. Sie ist in einem Durchbruch der Wahrheit und Durchbruch
der Macht, feierlicher Abschluß der Ermittlung und festlicher Triumph
des Souveräns. Und beides verknüpft sie am gemarterten Körper. Die
Strafpraxis wird versuchen, einen möglichst großen Abstand zwischen

der »gelassenen« Suche nach der Wahrheit und der nicht gänzlich vermeidbaren Gewaltsamkeit der Bestrafung zu wahren. Man wird darauf achten, daß der grundsätzliche Unterschied zwischen dem zu sanktionierenden Verbrechen und der von der öffentlichen Gewalt verhängten Strafe deutlich wird. Zwischen der Wahrheit und der Bestrafung wird es nur noch die gesetzlich festgelegte Folgebeziehung geben dürfen. Die Strafgewalt besudle sich nicht mit einem Verbrechen, das größer ist als das von ihr sanktionierte! Sie mache sich nicht schuldig durch die von ihr auferlegte Strafe! »Beeilen wir uns, solche Martern zu verbieten! Sie waren nur der gekrönten Monster würdig, welche die Römer regierten.«[65] Im Strafsystem des Ancien régime aber zeugten die Wahlverwandtschaft von Marter und Verbrechen sowie die Verquickung von Beweisführung und Züchtigung nicht von einem barbarischen Durcheinander: was sich in der Marter abspielte, war die Mechanik der Gräßlichkeit in der Gesamtheit ihrer Verzahnungen. Die Ruchlosigkeit des Verbrechens wurde durch die übermächtige Gräßlichkeit der Sühnung getilgt.

Daß Schuld und Strafe einander spiegeln und in der Gräßlichkeit übereinstimmen, war nicht die Folge eines geheimen Gesetzes der Vergeltung. Die Strafriten waren vielmehr Funktionen einer Macht, die nicht nur kein Hehl daraus macht, sich unmittelbar an den Körpern auszulassen, sondern sich an ihren physischen Manifestationen auch noch begeistert und steigert; einer Macht, die als bewaffnete Gewalt auftritt und den Krieg nicht völlig hinter sich gelassen hat; einer Macht, die Regeln und Pflichten als persönliche Bindungen gelten läßt, deren Bruch eine Beleidigung darstellt und nach Rächung verlangt; einer Macht, für die der Ungehorsam ein Akt der Feindseligkeit, ja der Rebellion und letztlich des Bürgerkriegs ist; einer Macht, die nicht nachzuweisen hat, warum sie ihre Gesetze anwendet, sondern die ihren Feinden beweist, welche Entfesselung von Gewalt sie bedroht; einer Macht, die mangels einer lückenlosen Überwachung ihre Bekräftigung in aufsehenerregenden Kundmachungen sucht; einer Macht, die aus den rituellen Ausbrüchen ihrer Übermacht neue Kraft schöpft.

Aus mancherlei Gründen sollte man die Strafen, die sich ihrer »Gräßlichkeit« nicht schämten, durch solche ersetzen, die sich ihrer »Menschlichkeit« rühmten. Einer von diesen Gründen soll bereits jetzt analysiert wer-

65 C. E. de Pastoret, *Des lois pénales*, 1790. Bd. II, S. 61 (über die Bestrafung der Königsmörder).

den, weil er zum Wesen der Marter gehört: als Element ihrer Wirkung und als Prinzip ihrer dauernden Störung.

Die Hauptperson bei den Marterzeremonien ist das Volk, dessen wirkliche und unmittelbare Gegenwart zu ihrer Durchführung erfordert wird. Eine Hinrichtung, von der man gewußt hätte, die aber im geheimen vollzogen worden wäre, hätte kaum Sinn gehabt. Mit der Statuierung des Exempels sollte ja nicht nur das Bewußtsein geweckt werden, daß jedem Vergehen Bestrafung drohte; sondern durch das Schauspiel der am Schuldigen wütenden Macht sollte eine Terrorwirkung hervorgerufen werden: »Der schwierigste Punkt in einem Strafverfahren ist die Vollstreckung der Strafe: sie ist Zweck und Ende des gesamten Verfahrens, und bei guter Arbeit ist sie durch Exempel und Terror die einzige Frucht des Verfahrens.«[66]

In dieser Schreckensszene ist jedoch die Rolle des Volkes zweideutig. Es wird als Zuschauer gebraucht; es wird herbeigerufen, um den Ausstellungen auf der Schandbühne und den öffentlichen Abbitten beizuwohnen; die Pranger, die Galgen, die Schafotte werden auf den öffentlichen Plätzen oder am Rand der Wege errichtet; es kommt vor, daß man die Leichen der Hingerichteten für einige Tage nahe den Orten ihrer Verbrechen zur Schau stellt. Es genügt nicht, daß die Leute wissen; sie müssen mit ihren eigenen Augen sehen. Nicht nur, weil sie Angst haben sollen, sondern auch, weil sie die Zeugen, die Bürger der Bestrafung sein und bis zu einem gewissen Grad daran teilnehmen sollen. Das Recht, Zeuge zu sein, ist ein Recht, das die Leute haben und beanspruchen; eine geheime Hinrichtung ist die Hinrichtung eines Privilegierten, und oft vermutet man, daß sie nicht mit aller Strenge vollzogen wurde. Man protestiert, wenn das Opfer im letzten Augenblick den Blicken entzogen wird. Der Generalkassier der Post, der seine Frau getötet hat, wird an den Pranger gestellt und dann der Menge entzogen; »man läßt ihn in einen Wagen einsteigen; wenn er nicht so gut eskortiert gewesen wäre, hätte man ihn wohl kaum vor Mißhandlungen des Pöbels schützen können, der Zeter und Mordio gegen ihn schrie.«[67] Bei der Erhängung der Lescombat bemühte man sich darum, ihr das Gesicht mit »einer Art Haube« zu verhüllen; sie hat ein Tuch um den Hals und um den Kopf, weswegen das Volk murrt und sagt, es sei

---

66 A. Bruneau, *Observations et maximes sur les affaires criminelles*, 1715, Vorwort.
67 S. P. Hardy, *Mes loisirs*, Bd. I, S. 328.

gar nicht die Lescombat.[68] Das Volk besteht auf seinem Recht, den Vollzug und das Opfer der Hinrichtung im Auge zu haben.[69] Und es hat auch das Recht, sich an der Züchtigung zu beteiligen. Der durch die Straßen geführte, an den Pranger gestellte, gedemütigte, mehrmals mit seinem schrecklichen Verbrechen in aller Erinnerung gerufene Verurteilte wird den Schmähungen, gelegentlich auch den Angriffen der Zuschauer dargeboten. In die Rache des Souveräns sollte sich auch die des Volkes einordnen. Nicht als ob sie das Fundament jener wäre und der König die Ahndung des Volkes nur auf seine Weise auszuführen hätte; vielmehr hat das Volk dem König seine Unterstützung zu gewähren, wenn dieser es unternimmt, »sich an seinen Feinden zu rächen« – auch dann und gerade dann, wenn diese Feinde inmitten des Volkes sind. Es gibt so etwas wie einen »Schafott-Dienst«, den das Volk der Rache des Königs schuldet. Dieser »Dienst« war bereits in den alten Verordnungen vorgesehen; das Edikt von 1347 bestimmte, daß die Gotteslästerer »von der ersten Stunde an bis zum Tode« an den Pranger gestellt werden sollten und »daß man ihnen Schmutz und anderen Unrat ins Gesicht werfen kann, nur keine Steine und andere verletzende Dinge ... Bei Rückfälligkeit soll er an einem großen Markttag an den Pranger gestellt werden; die Oberlippe soll ihm durchgeschnitten werden, so daß die Zähne sichtbar werden«. Im klassischen Zeitalter wird diese Form der Beteiligung an der Marter zweifellos nur noch geduldet, und man versucht, sie einzuschränken, weil sie zu Barbareien führt und vor allem zur Usurpation der Strafgewalt. Aber sie hing allzu eng mit der allgemeinen Ökonomie der Martern zusammen, als daß man sie gänzlich beseitigt hätte. Noch im 18. Jahrhundert findet man Szenen wie die bei der Hinrichtung von Montigny: während der Scharfrichter den Verurteilten exekutierte, führten die Fischhändlerinnen der Markthalle eine Puppe mit, der sie den Kopf abschlugen.[70] Und oft mußte man vor dem Volk Verbrecher schützen, die man langsam in seiner Mitte gehen ließ – als Exempel und als Zielscheibe, als mögliche Bedrohung und als gleichzeitig versprochene und verbotene Beute. Indem der Souverän die Menge zur Kundmachung seiner Macht herbeirief, duldete er für einen Augenblick ihre Gewaltsamkeiten, die er als Zeichen der Untertänigkeit wertete, denen er aber alsbald seine eigenen Vorrechte als Schranken entgegensetzte.

---

68 T. S. Gueulette, zit. in: R. Anchel, *Crimes et châtiments au XVIIIe siècle*, S. 70 f.

69 Vom ersten Einsatz der Guillotine berichtet die *Chronique de Paris*, das Volk habe sich darüber beklagt, nichts zu sehen, und habe gesungen: »Gebt uns unser Wildbret wieder!« (vgl. J. Laurence, *A history of capital punishment*, 1932, S. 71 f.).

70 T. S. Gueulette, zit. in: R. Anchel, loc. cit., S. 63. Die Szene spielt im Jahr 1737.

An diesem Punkt kann nun das Volk, das zu einem Schauspiel zum Zweck seiner Terrorisierung herbeigerufen worden ist, seine Ablehnung der Strafgewalt oder sogar seine Rebellion überstürzen. Es kann eine Hinrichtung, die es für ungerecht hält, verhindern, einen Verurteilten den Händen des Scharfrichters entreißen, seine Begnadigung erzwingen, vielleicht die Scharfrichter verfolgen und sich auf sie stürzen, auf jeden Fall die Richter mit ihrem Urteil verfluchen – all das gehört zu den Praktiken des Volkes, die das Ritual der Martern umgeben, durchkreuzen und häufig erschüttern. Oft geschieht solches, wenn es sich um die Hinrichtung von Aufrührern handelt: so nach der Affäre der Kinderentführungen, als die Menge die Hinrichtung der drei angeblichen Aufrührer verhindern wollte, die man im Friedhof Saint-Jean erhängen ließ, »weil es da weniger Ausgänge und Wege zu bewachen gab«;[71] der verängstigte Scharfrichter band einen der Verurteilten los; die Bogenschützen schossen ab. Ebenso im Jahre 1775 nach den Getreide-Unruhen oder auch 1786, als die Tagelöhner auf Versailles marschierten und dann die Inhaftierten befreiten. Während aber in diesen Fällen die Unruhen vorweg und nicht aufgrund von Justizmaßnahmen ausgebrochen waren, sind viele aufrührerische Bewegungen unmittelbar durch Urteile und Hinrichtungen ausgelöst worden: unzählige kleine »Schafott-Erregungen«.

Zunächst beginnen solche Unruhen mit Ermutigungen oder Beifallsbezeugungen, die den Verurteilten zur Hinrichtung begleiten. Auf seinem langen Weg wird er vom »Mitleid der Zartfühlenden und vom Beifall, der Bewunderung, dem Neid der Bösen und Verstockten«[72] getragen.

---

71 Marquis d'Argenson, *Journal et Mémoires*, Bd. VI, S. 241. Vgl. das *Journal* von Barbier, Bd. IV, S. 455. Eine der ersten Episoden dieser Affäre ist übrigens sehr charakteristisch für die Volksunruhen des 18. Jahrhunderts in Zusammenhang mit der Strafjustiz. Der Generalleutnant der Polizei Berryer hatte »liederliche und dahergelaufene Kinder« entführen lassen; die Polizeioffiziere wollen die Kinder ihren Eltern nur »gegen Geld« herausgeben; man munkelt, die Kinder sollten den Vergnügungen des Königs geopfert werden. Die Menge, die einen Spion aufgegriffen hat, massakriert ihn »mit einer bis zum Äußersten getriebenen Unmenschlichkeit« und »zerrt ihn nach seinem Tod mit einem Halsseil vor die Haustür des Herrn Berryer«. Dieser Spion war ein Dieb, der mit seinem Komplizen Raffiat hätte gerädert werden sollen, wenn er nicht die Rolle des Denunzianten übernommen hätte; seine genaue Kenntnis der ganzen Affäre brachte ihm die Wertschätzung der Polizei ein; er war in seinem neuen Beruf »hoch angesehen«. Dieses Beispiel ist sehr bedeutungsvoll: eine Aufstandsbewegung, die durch ein relativ junges Repressionsmittel ausgelöst worden ist, nicht durch die Strafjustiz, sondern durch die Polizei; ein Fall jener technischen Kollaboration zwischen Verbrechern und Polizisten, die seit dem 18. Jahrhundert zum System wird; ein Aufruhr, in welchem es das Volk auf sich nimmt, einen Verurteilten hinzurichten, der dem Schafott ungerechterweise entronnen war.

72 H. Fielding, *An inquiry*, in: *The Causes of the late increase of Robbers*, 1751, S. 61.

Wenn sich die Menge um das Schafott drängt, so tut sie das nicht nur, um den Schmerzen des Verurteilten beizuwohnen und die Wut des Henkers anzufeuern: sie will auch den, der nichts mehr zu verlieren hat, die Richter, die Gesetze, die Macht, die Religion verfluchen hören. Die Hinrichtung gestattet dem Verurteilten solche Ausschweifungen in einem Augenblick, in welchem nichts mehr verboten und strafbar ist. Im Schatten des bevorstehenden Todes kann der Verbrecher alles sagen, können ihm die Umstehenden akklamieren. »Gäbe es Annalen, in denen die letzten Worte der Hingerichteten sorgfältig verzeichnet würden, wobei man nur den von seiner grausamen Neugier zu den Schafotten getriebenen feigen Pöbel befragte, so würde man lesen, daß es keinen aufs Rad Geflochtenen gibt, der nicht den Himmel wegen des Elends anklagt, das ihn zum Verbrechen geführt hat, der nicht den Richtern ihre Barbarei vorwirft, den ihn begleitenden Diener des Altars verflucht und Gott, dessen Organ jener ist, lästert.«[73] Es gibt in diesen Hinrichtungen, welche die Schreckensgewalt des Fürsten kundtun sollten, etwas Karnevaleskes, das die Rollen vertauscht, die Gewalten verhöhnt und die Verbrecher heroisiert. Der Abscheu schlägt um; sowohl die Unerschrockenheit der Verbrecher wie auch ihre Tränen oder Schreie erregen nur noch Mißtrauen gegen das Gesetz. Fielding erwähnt es mit Bedauern: »Sieht man einen Verurteilten zittern, so denkt man nicht an seine Schändlichkeit; und noch weniger, wenn er überheblich ist.«[74] Für das anwesende und zuschauende Volk gibt es auch noch in der strengsten Ahndung des Souveräns einen Vorwand für Rache.

Vor allem dann, wenn die Verurteilung als ungerecht betrachtet wird. Und wenn ein Mann aus dem Volk hingerichtet wird für ein Verbrechen, das einem Vornehmeren oder Reicheren eine verhältnismäßig leichte Strafe eingetragen hätte. Es scheint, daß einige Praktiken der Strafjustiz im 18. Jahrhundert – und vielleicht früher – von den unteren Bevölkerungsschichten nicht mehr hingenommen wurden, was leicht zu Aufruhrversuchen führte. Da die Ärmsten, wie ein Gerichtsbeamter bemerkt, nicht imstande sind, sich bei der Justiz Gehör zu verschaffen[75], können sie nur dort eingreifen, physisch eingreifen, wo die Justiz öffentlich wird, wo sie als Zeugen und beinahe als Gehilfen dieser Justiz herbeigerufen werden: sie

73 A. Boucher d'Argis, *Observations sur les lois criminelles*, 1781, S. 129. Boucher d'Argis war Richter in Châtelet.
74 H. Fielding, loc. cit., S. 41.
75 C. Dupaty, *Mémoire pour trois hommes condamnés à la roue*, 1786, S. 247.

können mit Gewalt in den Strafmechanismus eindringen und seine Wirkungen umverteilen; sie können die Gewaltsamkeit der Strafrituale in eine
andere Richtung lenken. Aufruhr gegen Strafunterschiede je nach den gesellschaftlichen Klassen: im Jahr 1781 war der Pfarrer von Champré vom
Grundherrn des Ortes getötet worden, den man als Wahnsinnigen gelten
lassen wollte; »die Bauern, die ihrem Seelsorger sehr zugetan waren, waren
wütend und schienen zunächst zu den äußersten Ausschreitungen gegen
ihren Herrn bereit, dessen Schloß in Brand zu stecken sie Miene gemacht
hatten ... Jedermann war mit Recht über die Nachsicht des Ministeriums
entrüstet, das der Justiz die Mittel zur Bestrafung eines so abscheulichen
Verbrechens verweigerte.«[76] Aufruhr auch gegen allzu schwere Strafen, die
wegen häufiger und nicht für schwer erachteter Vergehen verhängt wurden
(z. B. Einbruchsdiebstahl). Aufruhr gegen Bestrafung von bestimmten Vergehen, die an solche soziale Bedingungen geknüpft sind wie etwa der Diebstahl von Dienstboten; die Todesstrafe für dieses Verbrechen führte zu
vielen Empörungen, weil die Dienstboten zahlreich waren, weil es für sie
schwer war, ihre Unschuld zu beweisen, weil sie leicht zu Opfern der Böswilligkeit ihrer Herren werden konnten und weil die Nachsicht mancher
Herren, welche die Augen zudrückten, das Schicksal der angeklagten, verurteilten und erhängten Dienstboten noch unbilliger machte. Deren Hinrichtung war oft Anlaß zu Mißfallenskundgebungen.[77] 1761 gab es in Paris
einen kleinen Aufruhr zugunsten einer Dienstbotin, die ihrem Herrn ein
Stück Tuch gestohlen hatte. Trotz dessen Herausgabe und trotz aller Bitten
wollte ihr Herr die Klage nicht zurückziehen: am Tag der Hinrichtung verhindern die Leute des Stadtviertels die Erhängung, verwüsten den Laden
des Kaufmanns und plündern ihn. Die Dienstbotin wird schließlich begnadigt; aber eine Frau, die den bösen Herrn mit Nadeln stechen wollte, wird
für drei Jahre verbannt.[78]

Aus dem 18. Jahrhundert ist die Erinnerung an einige große Justizskan-
dale lebendig geblieben, in welchen die aufgeklärte Meinung mit den Philosophen und gewissen Gerichtsbeamten eingriff: Cala, Sirven, La Barre.
Weniger spricht man von den Volksunruhen in Zusammenhang mit der
Strafpraxis. Sie haben sich ja nur selten über ein Stadtviertel oder gar über
eine Stadt hinaus ausgeweitet. Gleichwohl hatten sie wirkliche Bedeutung.

76 S. P. Hardy, *Mes loisirs*, Bd. IV, S. 394.
77 Vgl. dazu S. P. Hardy, *Mes loisirs*, Bd. I., S. 319 und 367; Bd. III, S. 227 f. und Bd. IV, S. 180.
78 Vgl. R. Anchel, *Crimes et Châtiments au XVIIIe siècle*, 1937, S. 226.

Entweder haben diese von unten ausgehenden Bewegungen die Aufmerksamkeit höhergestellter Personen gefunden, die ihnen Widerhall und damit eine neue Dimension verschafften (so in den Jahren vor der Revolution die Affären der fälschlich des Vatermordes überführten Catherine Espinas (1785); der drei Geräderten von Chaumont, für die 1786 Dupaty seine berühmte Denkschrift verfaßte, oder jener Marie Françoise Salmon, die vom Gerichtshof von Rouen 1782 als Giftmischerin verurteilt worden war, 1786 aber noch immer nicht hingerichtet war). Oder diese Tumulte haben um die Strafjustiz herum ein Klima dauernder Unruhe geschaffen und damit ihre einzelnen Kundmachungen bedroht. Wie oft mußte man zur Aufrechterhaltung der Ruhe um das Schafott Maßnahmen ergreifen, die »für das Volk ärgerlich und für die Autorität demütigend«[79] waren? Man sah sehr wohl, daß das große Schauspiel der Strafen von seinem Publikum auf den Kopf gestellt zu werden drohte. Der Schrecken der Martern entzündete Herde von Gesetzwidrigkeiten: an den Tagen von Hinrichtungen ruhte die Arbeit, die Wirtshäuser waren voll, man beschimpfte die Autoritäten, dem Scharfrichter, den Polizeioffizieren und den Soldaten warf man Schmähworte oder Steine zu; man versuchte, sich des Verurteilten zu bemächtigen, um ihn entweder zu retten oder noch besser zu töten; man schlug sich, und die Diebe hatten keine besseren Gelegenheiten als das Gedränge und die Neugier um das Schafott.[80] Aber vor allem – und hier wurden diese Mißstände zu einer politischen Gefahr – fühlte sich das Volk niemals den Bestraften näher als bei jenen Ritualen, welche die Abscheulichkeit des Verbrechens und die Unbesiegbarkeit der Macht zeigen sollten; niemals fühlte es sich, so wie jene, mehr von einer gesetzlichen Gewalt bedroht, die ohne Gleichgewicht und ohne Maß war. Die Solidarität einer ganzen Bevölkerungsschicht mit den kleinen Missetätern – Landstreicher, falsche Bettler, verdächtiges Gesindel, Taschendiebe, Hehler – war deutlich und fest geworden, wie der Widerstand gegen Polizeieinsatz, die Jagd auf Spione, die Angriffe auf Wachtposten zeigten.[81] Die Brechung dieser Solidarität sollte allmählich das Ziel der Justiz- und Polizeirepression werden. Und es wurde immer sichtbarer, daß durch die Zeremonie der Martern, dieses unsichere Fest mit seiner plötzlich umkehrbaren Gewaltsam-

---

79 Marquis d'Argenson, *Journal et Mémoires*, Bd. VI, S. 241.
80 Hardy berichtet von zahlreichen Fällen, darunter jenem großen Diebstahl, der in dem Haus begangen wurde, in welchem der zur Hinrichtung zugeteilte Leutnant untergebracht war. (*Mes loisirs*, Bd. IV, S. 56).
81 Vgl. D. Richet, *La France moderne*, 1974, S. 118 f.

keit, vielmehr jene Solidarität als die Macht des Souveräns gestärkt wurde. Die Reformer des 18. und 19. Jahrhunderts werden nicht vergessen, daß am Ende die öffentlichen Hinrichtungen dem Volk nicht bloß Angst einflößten. Eine ihrer ersten Forderungen zielte auf die Abschaffung dieser Hinrichtungen.

Die Mitwirkung des Volkes am Spiel der Marter stellte ein politisches Problem dar, das anhand zweier Szenen verdeutlicht werden soll. Die eine spielt am Ende des 17. Jahrhunderts in Avignon. Sie enthält die Hauptelemente des Theaters des Gräßlichen: die physische Konfrontation zwischen dem Scharfrichter und dem Verurteilten, die Wiederbelebung des Kampfgerichts, die Verfolgung des Scharfrichters durch das Volk, die Rettung des Verurteilten im Aufruhr und die gewaltsame Umkehrung der Strafmaschinerie. Es ging um die Erhängung eines Mörders namens Pierre du Fort. Er hatte »sich mit den Füßen mehrmals an den Sprossen festgehalten und war darum nicht frei gegangen. Als der Scharfrichter das sah, bedeckte er ihm das Gesicht mit dem Überrock und stieß ihn mit dem Knie in den Magen und Bauch. Als das Volk sah, daß er ihn zu sehr leiden ließ, und sogar glaubte, er mache ihn mit dem Bajonett nieder, ... warf es aus Mitleid für den armen Sünder und aus Zorn gegen den Scharfrichter nach diesem mit Steinen; gleichzeitig nahm der Scharfrichter die beiden Leitern ab, sprang dem armen Sünder auf die Schulter und drückte ihn nach unten, während seine Frau an den Füßen zog. Aus dem Mund des armen Sünders kam Blut. Aber der Steinhagel wurde stärker, und einige Steine trafen den Erhängten am Kopf, was den Scharfrichter zwang, auf die Leiter zu steigen, von der er dann so überstürzt herabstieg, daß er mit dem Kopf auf die Erde fiel. Sofort stürzt sich eine Menge Volkes auf ihn. Er erhebt sich, mit dem Bajonett in der Hand, und bedroht alle, die sich ihm nähern, mit dem Tod. Nachdem er noch einige Male gefallen und wieder aufgestanden ist, wird er ganz niedergeschlagen, mißhandelt und im Straßengraben erwürgt und mit großer Erregung und Raserei des Volkes zur Universität und von da zum Franziskanerfriedhof gezerrt. Sein Diener wurde ebenfalls niedergeschlagen, elend zugerichtet und dann ins Spital gebracht, wo er einige Tage darauf starb. Inzwischen stiegen einige Fremde auf die Leiter und schnitten den Strick ab, während andere den armen Sünder, der bereits länger als ein großes Miserere gegangen war, aufnahmen. Gleichzeitig zerbrach man den Galgen, und das Volk zerlegte die Leiter des Scharfrichters in Stücke ... Die Kinder warfen den Galgen in die Rhône. Den

Gemarterten brachte man in einen Friedhof, damit ihn die Justiz nicht fange, und von da zur Kirche Saint-Antoine.« Der Erzbischof gewährte ihm seine Begnadigung, ließ ihn ins Spital bringen und legte den Offizieren nahe, ihm eine besondere Fürsorge angedeihen zu lassen. Schließlich, so fügt der Protokollführer hinzu, »haben wir ihm dort ein neues Gewand machen lassen sowie zwei Paar Strümpfe und Schuhe; wir haben ihn von Kopf bis Fuß neu eingekleidet. Unsere Mitbrüder haben Hemden, Handschuhe und eine Perücke gegeben.«[82]

Die zweite Szene spielt ein Jahrhundert später in Paris. Es war im Jahr 1775, nach dem Getreideaufruhr. Die im Volk herrschende Spannung führt zum Wunsch nach einer »sauberen« Hinrichtung. Zwischen dem Schafott und dem sorgfältig auf Distanz gehaltenen Publikum wacht eine Doppelreihe von Soldaten einerseits über die Hinrichtung und anderseits darüber, daß kein Aufruhr ausbricht. Der Kontakt ist gebrochen: zwar ist die Hinrichtung öffentlich, doch ist das Moment des Schauspiels neutralisiert und auf eine abstrakte Einschüchterung reduziert. Im Schutz der Waffen und auf leerem Platz führt die Justiz eine nüchterne Hinrichtung durch. Den Tod, den sie schenkt, zeigt sie nur aus ferner Höhe: »Erst um 3 Uhr nachmittags hatte man die zwei Galgen errichtet, die 18 Fuß hoch waren, damit das Exempel sichtbarer werde. Zwei Stunden vor der Hinrichtung besetzten Soldaten verschiedener Truppen zu Fuß und zu Pferd den Grève-Platz und seine Umgebung. Die Schweizer und die französischen Garden patrouillierten in den anliegenden Straßen. Während der Hinrichtung wurde niemand auf den Platz gelassen, der von einer doppelten Soldatenreihe umschlossen war: das Bajonett am Gewehr standen sie Rücken an Rücken, so daß die einen nach außen und die andern auf den Platz schauten ... Die zwei Unglücklichen schrien auf ihrem Weg, daß sie unschuldig seien, und setzten ihre Beteuerungen noch fort, als sie auf die Leiter stiegen.«[83] Welche Rolle spielten die Gefühle der Menschlichkeit für die Verurteilten bei der Abschaffung der Marterliturgie? Jedenfalls gab es auf seiten der Macht eine politische Angst vor der Wirkung dieser zweideutigen Rituale.

82 L. Duhamel, *Les Exécutions capitales à Avignon au XVIIIe siècle*, 1890, S. 5 f. Derartige Szenen haben sich noch im 19. Jahrhundert abgespielt; vgl. J. Laurence, *A history of capital punishment*, 1932, S. 195-196 und S. 56.
83 S. P. Hardy, *Mes loisirs*, Bd. III, S. 67.

Deutlich wurde diese Zweideutigkeit auch in den »Schafott-Diskursen«.
Der Ritus der Hinrichtung wollte es, daß der Verurteilte in der öffentlichen Abbitte seine Schuld selbst kundtat, daß er sie in der Schrifttafel verkündete und daß er zu persönlichen Erklärungen angehalten wurde. Im
Augenblick der Hinrichtung gab man ihm Gelegenheit, das Wort zu ergreifen – nicht um seine Unschuld zu beteuern, sondern um sein Verbrechen und die Gerechtigkeit der Verurteilung zu bestätigen. Die Chroniken
berichten uns viele Diskurse dieser Art. In einigen Fällen handelt es sich
sicher um wirkliche Erklärungen, aber häufiger um fiktive Reden, die
man zur Abschreckung und zur Erbauung in Umlauf setzte. Welchen
Glauben soll man etwa dem schenken, was vom Tod der Marion Le Goff
berichtet wird, die in der Mitte des 18. Jahrhunderts als Führerin einer
Räuberbande berühmt war? Sie soll vom Schafott herab gerufen haben:
»Väter und Mütter, die ihr mich hört, hütet und belehret eure Kinder
wohl! Ich war in meiner Kindheit verlogen und faul; ich habe damit begonnen, daß ich ein kleines Messer für sechs Heller gestohlen habe ... Später
habe ich Hausierer und Viehhändler bestohlen; schließlich habe ich eine
Bande von Dieben befehligt, und darum bin ich jetzt hier. Sagt das euren
Kindern, damit es ihnen wenigstens ein Beispiel sei!«[84] Ein solcher Diskurs
ist bis in seine Wortwahl den moralisierenden Fliegenden Blättern, Zeitungs-
enten, Kolportagen zu ähnlich, als daß er echt sein könnte. Aber die Existenz der Literaturgattung »Letzte Worte eines Verurteilten« ist an sich
bedeutsam. Der Justiz lag daran, daß ihr Opfer die Hinrichtung gewissermaßen autorisiere. Man verlangte vom Verbrecher, seine Bestrafung selbst
zu rechtfertigen und die Abscheulichkeit seiner Verbrechen zu verkünden.
So ließ man Jean-Dominique Langlade, einen dreifachen Mörder, sagen:
»Vernehmt alle meine schreckliche, ruchlose und beklagenswerte Tat, begangen in der Stadt Avignon, wo mein Gedächtnis verabscheut wird,
durch die unmenschliche Verletzung der geheiligten Rechte der Freundschaft!«[85] Fliegende Blätter und Todesgesang bilden gewissermaßen den
Abschluß des Prozesses oder die Weiterführung der Prozedur-Marter, in
deren Verlauf die Wahrheit des Verbrechens im Körper, in der Geste, im
Diskurs des Verbrechers ans Licht kommt. Die Justiz bedurfte jener Apo-
kryphe, um sich auf Wahrheit zu gründen. Ihre Entscheidungen waren
durch all jene posthumen »Beweise« gedeckt. Es kam sogar vor, daß zu Pro-

---

84 Corre, *Documents de criminologie rétrospective*, 1896, S. 257.
85 Zitiert in: L. Duhamel, loc. cit., S. 32.

pagandazwecken vor Prozeßbeginn Verbrechergeschichten und -schicksale veröffentlicht wurden, um einer allzu milden Bestrafung vorzubeugen. Zur Diskreditierung der Schmuggler veröffentlichte die Pächtervereinigung »Bulletins«, die ihre Verbrechen erzählten: im Jahr 1768 verteilte sie gegen den Bandenführer Montagne Blätter, deren Verfasser selbst sagt: »Man hat ihm einige Diebstähle zugeschrieben, deren Wahrheit ziemlich ungewiß ist . . .; man hat Montagne als ein wildes Tier dargestellt, als eine Hyäne, auf die Jagd zu machen ist; da die Auvergnaten Hitzköpfe sind, hat die Idee eingeschlagen.«[86]

Wirkung und Verwendung dieser Literatur waren aber nicht eindeutig. Der Verurteilte wurde durch die ausführliche Schilderung seiner Verbrechen heroisiert, manchmal auch durch die Behauptung seiner späten Reue. Gegen das Gesetz, gegen die Reichen, die Mächtigen, die Behörden, die Gendarmerie, gegen die Pächter scheint er einen Kampf geführt zu haben, mit dem man sich leicht identifizieren konnte. Die Verbrechergeschichten hoben niedrige, alltägliche Kämpfe zu epischen Höhen empor. Hatte der Verurteilte bereut, das Urteil angenommen, Gott und die Menschen um Verzeihung für seine Verbrechen gebeten, so sah man ihn als gereinigt an: er starb wie ein Heiliger. Aber auch seine Unbeugsamkeit galt als Größe: indem er sich durch die Martern nicht erweichen ließ, zeigte er eine Kraft, die von keiner Macht gebeugt werden konnte: »Am Tag der Hinrichtung sah man mich, was kaum glaublich erscheinen wird, ohne jede Erregung, als ich die öffentliche Abbitte leistete; schließlich setzte ich mich auf das Kreuz, ohne Angst zu bekunden.«[87] Schauriger Held oder reuiger Frevler, Verteidiger der Wahrheit oder unüberwindbare Gewalt – der Verbrecher der Fliegenden Blätter, der Kolportagen, der Almanache, der Volkslegenden ist nicht nur Träger einer offenkundigen Moral des abschreckenden Beispiels, sondern darunter auch einer Tradition von Kämpfen und Konfrontationen. Es gab Verurteilte, die nach ihrem Tod so etwas wie Heilige wurden, deren Andenken und Grab man ehrte.[88] Es gab Frev-

---

86 Archiv von Puy-de-Dôme. Zit. in: M. Juillard, *Brigandage et contrebande en haute Auvergne au XVIIIe siècle*, 1937, S. 24.

87 Klagelied von J. D. Langlade, hingerichtet am 12. April 1768 in Avignon.

88 So bei dem um 1740 in der Bretagne hingerichteten Tanguy, der allerdings vor seiner Verurteilung eine lange, von seinem Beichtvater angeordnete Buße begonnen hatte. Konflikt zwischen Zivilgerichtsbarkeit und religiöser Buße? Vgl. dazu A. Corre, *Documents de criminologie rétrospective*, 1895, S. 21. Corre bezieht sich auf Trevedy, *Une promenade à la montagne de justice et à la tombe Tanguy.*

ler, die beinahe zu gänzlich positiven Helden wurden. Und es gab Verbrecher, bei denen Ruhm und Schande in einer doppelgesichtigen Gestalt noch lange vereint blieben. In dieser Literatur, die um einige überragende Verbrechergestalten herum entstanden ist,[89] soll man weder einen reinen »Ausdruck des Volkes« noch eine bloß von oben konzertierte Propaganda und Moralisierung sehen. Vielmehr war sie der Ort, an dem beide Besetzungen der Strafpraxis aufeinandertrafen, eine Front des Kampfes um das Verbrechen, seine Bestrafung und seine Erinnerung. Die Geschichten werden in Druck und Umlauf gesetzt, weil man sich von ihnen eine ideologische Kontrolle verspricht:[90] wahrsagende Fabeln der kleinen Geschichte. Die Geschichten finden aber solche Aufmerksamkeit, sie gehören zum Lesestoff der unteren Volksschichten, weil darin nicht nur Erinnerungen, sondern auch Stützpunkte gefunden werden: das Interesse der »Neugier« ist auch ein politisches Interesse. Die Texte können darum als doppeldeutige Diskurse gelesen werden: in den berichteten Taten und dem diesen verliehenen Echo und in dem Ruhm, der den als »illuster« bezeichneten Verbrechern zugesprochen wird, und sogar in den benutzten Wörtern (analysiert werden müßte der Gebrauch der Kategorien »Unglück«, »Greuel«, »berühmt«, »beklagenswert« in Erzählungen wie: »Geschichte des Lebens, der großen Diebereien und Betrügereien des Guilleri und seiner Kumpanen sowie ihres beklagenswerten und unglücklichen Endes«).[91]

In der Nähe dieser Literatur sind zweifellos die »Schafott-Erregungen« zu sehen, in denen durch den Körper des Gemarterten hindurch die verurteilende Macht und das Volk als Zeuge, Mitvollzieher, mögliches und »herausragendes« Opfer der Hinrichtung aneinandergerieten. Als Widerhall auf eine Zeremonie, welche die Machtverhältnisse ritualisierte und mit Mühe kanalisierte, entstand eine Masse von Diskursen, in der sich dieselbe Konfrontation abspielte. Die posthume Kundmachung der Verbrechen rechtfertigte die Justiz, verherrlichte aber auch den Verbrecher. Darum haben die Reformer des Strafsystems bald das Verbot der Fliegenden Blätter ge-

---

89 R. Mandrou nennt zwei Große: Cartouche und Mandrin, denen noch Guilleri hinzuzufügen ist. (*De la culture populaire aux XVIIe et XVIIIe siècles*, 1964, S. 112). In England spielten Jonathan Wild, Jack Sheppard, Claude Duval eine ähnliche Rolle.

90 Druck und Verbreitung von Almanachen, Flugblättern usw. unterlagen im Prinzip einer strengen Kontrolle.

91 Diesen Titel findet man sowohl in der *Bibliothèque bleue* (Legendensammlung) der Normandie wie in der von Troyes (vgl. R. Helot, *La Bibliothèque bleue en Normandie*, 1928).

fordert.[92] Darum hat man im Volk diesen niedrigen und alltäglichen Heldensagen der Gesetzwidrigkeiten ein so lebhaftes Interesse entgegengebracht. Und darum haben sie ihre Bedeutung verloren, als sich die politische Funktion der im Volk beheimateten Gesetzwidrigkeit änderte.

Und schließlich sind sie verschwunden, als sich eine ganze Literatur des Verbrechens entwickelte. Eine Literatur, in der das Verbrechen verherrlicht wird, weil es eine der schönen Künste ist, weil es nur das Werk von Ausnahmenaturen sein kann, weil es die Monstrosität der Starken und der Mächtigen enthüllt, weil auch die Ruchlosigkeit noch ein Privileg ist: vom Schauerroman bis zu Quincey[93], vom *Schloß Otranto*[94] bis zu Baudelaire wird das Verbrechen ästhetisch wiedergegeben, verwandelt und annehmbar gemacht. Anscheinend handelt es sich dabei um die Entdeckung der Schönheit und der Größe des Verbrechens; in Wirklichkeit ist es die Behauptung, daß die Größe auch ein Recht auf das Verbrechen hat und dieses sogar zum ausschließlichen Privileg der wirklich Großen wird. Die schönen Morde sind nichts für die Tagelöhner der Gesetzwidrigkeit. Und die mit Gaboriau[95] einsetzende Kriminalliteratur folgt auf diese erste Verschiebung: durch seine subtilen Schliche, durch seine extrem scharfe Intelligenz erhebt sich der Verbrecher über jeden Verdacht; und der Kampf zwischen zwei reinen Geistern – dem Mörder und dem Detektiv – stellt die wesentliche Auseinandersetzung dar. Man ist hier denkbar weit entfernt von jenen Berichten, die das Leben und die Untaten des Frevlers auseinanderlegten, ihn seine Verbrechen selber gestehen ließen und ausführlich die erduldete Marter erzählten: von der Erzählung der Taten oder dem Geständnis ist man zum langwierigen Prozeß der Aufdeckung übergegangen; vom Augenblick der Hinrichtung zum Moment der Überführung; von der physischen Konfrontation mit der Macht zum intellektuellen Kampf zwischen dem Kriminellen und dem Untersuchungsbeamten. Mit dem Aufkommen der Kriminalliteratur verschwinden ja nicht bloß die Fliegenden Blätter, sondern der Ruhm des volkstümlichen Übeltäters und seine

---

92 Vgl. z. B. Lacretelle: »Um unser Bedürfnis nach starken Erregungen zu befriedigen, um den Eindruck eines großen Beispiels zu vertiefen, läßt man diese schauerlichen Geschichten umlaufen, die Dichter des Volkes bemächtigen sich ihrer und verbreiten die Kunde davon überall. So manche Familie hört eines Tages vor ihrem Haus von den Untaten und der Hinrichtung ihrer Söhne singen.« (*Discours sur les peines infamantes*, 1784, S. 106)

93 Thomas de Quincey (1785-1859), *Mord als schöne Kunst betrachtet*, Frankfurt 1976.

94 Horace Walpole, *The Castel of Otranto, a Gothic Story*, London 1765. Dt. Übersetzung von A. W. Schlegel, *Schloß Otranto*, Leipzig 1800.

95 Emile Gaboriau (1832-1873).

düstere Heroisierung durch die öffentliche Hinrichtung. Der Mann aus
dem Volk ist nun zu einfältig, als daß er Protagonist der subtilen Wahrheiten sein könnte. In diesem neuen Genre kommen die volkstümlichen Helden ebensowenig vor wie die großen Hinrichtungen: man ist ruchlos, aber
intelligent, und wenn man bestraft wird, hat man nicht zu leiden. Die Kriminalliteratur überträgt das Aufsehen um den Verbrecher in eine andere
gesellschaftliche Klasse, während die graue Masse der Vergehen und Strafen in die alltäglichen Zeitungsberichte eingeht. Die Grenze ist gezogen:
das Volk gebe seinen alten Stolz auf seine Verbrechen auf, nachdem die großen Morde das lautlose Spiel der Weisen geworden sind.

II. Bestrafung

1. Die verallgemeinerte Bestrafung

»Die Strafen sollen maßvoll und den Vergehen angemessen sein; die Todesstrafe soll nur noch über schuldige Mörder verhängt werden; und die der Menschlichkeit ins Gesicht schlagenden Martern sollen abgeschafft werden.«[1] Der Protest gegen die peinlichen Strafen findet sich in der zweiten Hälfte des 18. Jahrhunderts überall: bei den Philosophen und Rechtstheoretikern; bei den Juristen, den Rechtskundigen und Richtern; in den Beschwerdebriefen und bei den Mitgliedern der Verfassunggebenden und Gesetzgebenden Versammlungen. Die Bestrafung muß anders werden: die physische Konfrontation zwischen dem Souverän und dem Verurteilten muß ebenso ein Ende finden wie der Nahkampf, den sich vermittels des Gemarterten und des Scharfrichters die Rache des Fürsten und die verhaltene Wut des Volkes liefern. Sehr rasch ist die Marter unerträglich geworden, welche die Tyrannei, die Maßlosigkeit, den Rachedurst des Souveräns und »das grausame Vergnügen des Bestrafens«[2] auf so empörende Weise verrät, welche ihr Opfer erniedrigt, in Verzweiflung stürzt und von ihm auch noch verlangt, daß es »den Himmel und seine Richter, von denen es preisgegeben scheint«[3], segne, welche der Gewalttätigkeit sowohl des Königs wie des Volkes in so gefährlicher Weise Vorschub leistet. Die souveräne Macht mußte ja in der Gräßlichkeit ihrer Vergeltungen eine Herausforderung sehen, die eines Tages angenommen werden könnte: wenn das Volk daran gewöhnt ist, »Blut strömen zu sehen«, lernt es schnell, daß »es sich nur mit Blut rächen kann«.[4] In jenen Zeremonien durchkreuzen sich die Maßlosigkeit der bewaffneten Justiz und die Wut des bedrohten Volkes. In diesem Verhältnis sollte Joseph de Maistre einen der fundamen-

---

1 So faßt im Jahr 1789 das Justizministerium die allgemeine Linie der Beschwerden über die peinlichen Strafen zusammen. Vgl. E. Seligman, *La Justice sous la Révolution*, Bd. I, 1901; A. Desjardin, *Les Cahiers des États généraux et la justice criminelle*, 1883, S. 13-20.

2 J. Petion de Villeneuve, Rede vor der Verfassunggebenden Versammlung, *Archives parlementaires*, Bd. XXVI, S. 641.

3 A. Boucher d'Argis, *Observations sur les lois criminelles*, 1781, S. 125.

4 Lachèze, Rede vor der Verfassunggebenden Versammlung am 3. Juni 1791, *Archives parlementaires*, Bd. XXVI.

talen Mechanismen der absoluten Macht erkennen: zwischen dem Fürsten und dem Volke steht vermittelnd der Henker. Der von ihm herbeigeführte Tod gleicht dem der geknechteten Bauern, die über verpesteten Sümpfen Sankt Petersburg erbauten: er ist ein Prinzip der Universalität. Aus dem besonderen Willen des Despoten macht er ein Gesetz für alle und aus jedem zugrunde gerichteten Körper einen Stein für den Staat. Was tut's, wenn er Unschuldige trifft? An dieser zugleich gewagten und ritualisierten Gewaltsamkeit setzten jedoch die Reformer des 18. Jahrhunderts das aus, was auf beiden Seiten über legitime Machtausübung hinausging: Tyrannei und Revolte, die einander gegenüberstehen und einander herausfordern. Um dieser zweifachen Gefahr zu begegnen, muß die Strafjustiz, anstatt zu rächen, endlich bestrafen.

Diese Notwendigkeit einer Züchtigung ohne Marter artikuliert sich zunächst als Schrei des Herzens oder der entrüsteten Natur: im verruchtesten Mörder ist zumindest eines noch zu respektieren, wenn man bestraft: seine menschliche Natur. Im 19. Jahrhundert sollte dieser im Verbrecher entdeckte »Mensch« zur Zielscheibe einer bessernden und ändernden Straf-Intervention, zum Bereich sonderbarer »Straf«-Praktiken und »Kriminal«-Wissenschaften werden. Aber jetzt in der Aufklärung wird der Mensch nicht als Gegenstand eines positiven Wissens der Barbarei der Martern entgegengehalten, sondern als Rechtsschranke, als legitime Grenze der Strafgewalt. Er ist nicht das, was die Strafgewalt angreifen und verändern, sondern was sie intakt lassen und respektieren soll. *Noli me tangere.* Er markiert den Haltepunkt gegenüber der Rache des Souveräns. Der »Mensch«, den die Reformer gegen den Despotismus des Schafotts zur Geltung gebracht haben, ist nicht das Maß der Dinge, sondern das Maß der Macht.

Wie wurde nun dieser Mensch als Grenze der traditionellen Praxis der Züchtigungen entgegengesetzt? Wie konnte er zur großen moralischen Rechtfertigung der Reformbewegung werden? Wie kam es, daß der Abscheu vor den Martern so einmütig und der Nachdruck auf »menschliche« Züchtigungen so schwärmerisch war? Wie konnten sich die beiden Elemente »Mäßigung« und »Menschlichkeit«, die in allen Forderungen nach einem gemilderten Strafsystem enthalten waren, zu einer einzigen Strategie verbinden? Beide Elemente sind notwendig, aber ungewiß und verworren und noch dazu im selben zweifelhaften Verhältnis verbunden, das man auch heute findet, da sich wieder einmal das Problem einer Ökonomie der Züchtigungen stellt. Es scheint, als hätte das 18. Jahrhundert die Krise dieser Ökonomie eröffnet, indem es zu ihrer Überwindung das Grundgesetz aufgestellt hat, die Züchtigung müsse die »Menschlichkeit« zum »Maß« haben – ohne daß diesem doch als unumstößlich betrachteten Grundsatz ein endgültiger Sinn hätte gegeben werden können. Darum ist es notwendig, von der Entstehung und der anfänglichen Entwicklung dieser rätselhaften »Milde« zu berichten.

Man rühmt die großen Reformer – Beccaria, Servan, Dupaty oder Lacretelle, Duport, Pastoret, Target, Bergasse, die Publizisten oder die Mitglieder der Verfassunggebenden Versammlung, weil sie diese Milde gegen einen Justizapparat und gegen »klassische« Theoretiker durchgesetzt haben, von denen sie noch im späten 18. Jahrhundert mit entschiedenen Argumenten abgelehnt wurde.[5]

Gleichwohl ist diese Reform in einen Prozeß einzuordnen, den die Historiker vor kurzem durch das Studium von Gerichtsarchiven aufgedeckt haben: die Milderung des Strafsystems im Laufe des 18. Jahrhunderts oder, genauer gesagt, eine zweifache Bewegung, in der während jener Periode die Verbrechen an Gewaltsamkeit zu verlieren scheinen, während die Intensität der Bestrafungen nachläßt und ihre Häufigkeit zunimmt. Seit dem Ende des 17. Jahrhunderts ist tatsächlich eine beträchtliche Abnahme der Blutverbrechen und überhaupt der physischen Gewaltsamkeiten zu bemerken; die Eigentumsdelikte scheinen die Gewaltverbrechen abzulösen. Diebstahl und Betrug verdrängen Mord, Körperverletzung und Handgreiflichkeiten. Die diffuse, als »Gelegenheitsarbeit« aber häufig betriebene Delinquenz der ärmsten Schichten wird von einer begrenzten und anspruchsvolleren Delinquenz abgelöst. Die Kriminellen des 17. Jahrhunderts sind »erschöpfte, schlecht genährte Menschen, jähzornige Männer des Augenblicks, Saisonverbrecher«, die des 18. Jahrhunderts hingegen »Schlaumeier, Schlawiner, gerissene Rechner – Außenseiter«.[6] Auch die innere Organisation der Delinquenz ändert sich: die großen Banden von Übeltätern (Räuber in kleinen bewaffneten Einheiten; Schmugglerbanden, die auf die Angestellten der Pachthöfe schießen; entlassene Soldaten oder Deserteure, die zusammen herumstreifen) lösen sich allmählich auf; durch die wirksamere Verfolgung gezwungen, sich zu verkleinern (häufig auf eine Handvoll

---

5 Vgl. insbesondere die Polemik von Muyart de Vouglans gegen Beccaria: *Réfutation du Traité des délits et des peines*, 1766.
6 P. Chaunu, *Annales de Normandie*, 1962, S. 236; 1966, S. 107 f.

Männer), um unbemerkt durchzukommen, begnügen sie sich mit blitzartigen Operationen, bei denen Kraftaufwand und Tötungsrisiken geringer sind: »Die physische Liquidation bzw. die Auseinanderreißung der großen Banden überläßt nach 1755 das Feld einer gegen das Eigentum gerichteten Delinquenz, die sich individualistisch gibt oder zur Sache ganz kleiner Gruppen (bis zu vier Personen) von Straßenräubern und Taschendieben wird.«[7] Die Gesetzwidrigkeit wendet sich von der Gewalttätigkeit gegen Körper ab und der mehr oder weniger direkten Entwendung von Gütern zu. Und dieselbe Bewegung führt zu einer Verschiebung von einer »Massenkriminalität« zu einer »Kriminalität von Außenseitern und Randständigen«, die zu einem Teil Professionellen vorbehalten bleibt. Es scheint also, als hätte es eine fortschreitende Senkung des Pegelstandes – »eine Entschärfung der Spannungen in den menschlichen Beziehungen ... eine bessere Kontrolle der gewaltsamen Triebe«[8] gegeben und als hätten die gesetzwidrigen Praktiken ihren Zugriff auf den Körper gelockert und sich anderen Zielen zugewandt. Vor der Milderung der Gesetze gab es eine Milderung der Verbrechen. Diese Transformation kann aber nicht von mehreren sie unterstützenden Prozessen getrennt werden; zunächst, wie P. Chaunu bemerkt, von einer Veränderung im System der ökonomischen Zwänge, einer allgemeinen Erhöhung des Lebensstandards, einem starken Anwachsen der Bevölkerung, einer Vervielfältigung der Reichtümer und Güter und des »daraus folgenden Sicherheitsbedürfnisses«.[9] Überdies ist im Laufe des 18. Jahrhunderts zu bemerken, daß die Justiz schwerfälliger und in einigen Punkten strenger wird: von den 223 Kapitalverbrechen, die zu Beginn des 19. Jahrhunderts kodifiziert waren, waren 156 erst in den letzten 100 Jahren als solche definiert worden.[10] In Frankreich war die Gesetzgebung über die Landstreicherei seit dem 17. Jahrhundert mehrmals erneuert und verschärft worden. Eine sorgfältigere und genauere Ju-

7 E. Le Roy-Ladurie, in: *Contrepoint*, 1973.

8 N.W. Mogensen, *Aspects de la société augeronne aux XVIIᵉ et XVIIIᵉ siècles*, 1971 Diss., S. 326. Der Autor zeigt, daß in Auge die Gewaltverbrechen am Vorabend der Revolution viermal weniger zahlreich sind als am Ende der Regierungszeit von Ludwig XIV. Ganz allgemein weisen die unter der Anleitung von P. Chaunu entstandenen Arbeiten nach, daß das Gewaltverbrechen vom Betrug verdrängt wird. Vgl. die Artikel von B. Boutelet, J. Cl. Gégot, und V. Boucheron in: *Annales de Normandie*, 1962, 1966 und 1971. Für Paris vgl. P. Petrovitch in: *Crime et criminalité en France de aux XVIIᵉ et XVIIIᵉ siècles*, 1971. Dasselbe scheint auch für England zu gelten; vgl. Ch. Hibbert, *The Roots of evil*, 1966, S. 72; J. Tobias, *Crime and industrial society*, 1967, S. 37 ff.

9 P. Chaunu, *Annales de Normandie*, 1971, S. 56.

10 Thomas Fowell Buxton, *Parliamentary Debate*, 1819, XXXIX.

stizpraxis beginnt nun, auch eine »kleine« Delinquenz zu erfassen, die sie früher leichter durchschlüpfen ließ: »Sie wird im 18. Jahrhundert langsamer, überlegter, strenger gegen den Diebstahl, dessen Häufigkeit zugenommen hat und gegen den sie als bürgerliche Klassenjustiz auftritt.«[11] In Frankreich und vor allem in Paris wird der Polizeiapparat immer umfangreicher, was die Entwicklung einer organisierten und unter freiem Himmel praktizierten Kriminalität behindert und die Kriminalität zu diskreteren Formen zwingt. Diese Vorsichtsmaßnahmen werden durch den ziemlich allgemeinen Glauben an das ständige und gefährliche Anwachsen der Kriminalität ergänzt. Während die heutigen Historiker ein Zurückgehen der großen Verbrecherbanden feststellen, sah Le Trosne sie wie Heuschreckenschwärme sich über das ganze französische Land stürzen: »Das sind gefräßige Insekten, die täglich den Lebensunterhalt der Landwirte verwüsten. Das sind, um es ohne Umschweife zu sagen, feindliche Truppen, die über das Territorium verstreut sind und dort kaum bemerkt wie in einem eroberten Land leben und unter dem Titel von Almosen regelrechte Abgaben eintreiben«: die ärmsten Bauern bringen sie um mehr als die Steuer, und wo die Besteuerung am höchsten ist, treiben sie noch mindestens ein Drittel davon ein.[12] Die meisten Beobachter sind der Meinung, daß die Delinquenz zunimmt. Vor allem die Anhänger einer größeren Strenge sind dieser Meinung. Aber auch diejenigen, die denken, eine in ihren Gewaltanwendungen gemäßigtere Justiz sei wirksamer, da sie vor ihren eigenen Konsequenzen nicht zurückzuweichen brauche;[13] und die Gerichtsbeamten, die behaupten, durch die Vielzahl der Prozesse überlastet zu sein: »Das Elend der Völker und die Verderbnis der Sitten haben die Verbrechen und die Schuldigen vervielfacht.«[14] Die Meinung scheint durch die wirkliche Praxis der Gerichte bestätigt zu werden: »Die letzten Jahre des Ancien régime kündigen bereits die Ära der Revolution und des Kaisertums an. Das Ansteigen der Gefahren wird in den Prozessen der Jahre 1782 bis

11 E. Le Roy-Ladurie, *Contrepoint*, 1973. A. Farge, *Le Vol d'aliments à Paris au XVIIIᵉ siècle*, 1974, bestätigt diese Tendenz: von 1750 bis 1755 werden 5 % der Lebensmitteldiebe zur Galeere verurteilt, von 1775 bis 1790 hingegen sind es 15 %: »Die Strenge der Gerichte verschärft sich mit der Zeit ... eine Gesellschaft, die geordnet sein möchte und das Eigentum respektiert, verteidigt die ihr nützlichen Werte.« (S. 130-142).

12 G. Le Trosne, *Mémoires sur les vagabonds*, 1764, S. 4.

13 Vgl. zum Beispiel C. Dupaty, *Mémoire justificatif pour trois hommes condamnés à la roue*, 1786, S. 247.

14 Ein Gerichtspräsident von Tournelle in einem Schreiben an den König (2. August 1768), zit. in: A. Farge, loc. cit., S. 66.

1789 ganz deutlich: Härte gegen die Armen, Verweigerung der Zeugenaussage, Mißtrauen, Haß und Furcht auf allen Seiten.«[15]

In der Tat ist die Verlagerung des Schwergewichts von den Gewaltdelikten zu den Betrugsdelikten Teil eines komplexen Mechanismus aus Produktionsentwicklung, Vermehrung der Reichtümer, rechtlicher und moralischer Aufwertung der Eigentumsbeziehungen, strengeren Überwachungsmethoden, sorgfältigerem Durchkämmen der Bevölkerung, besseren Erfassungs-, Ergreifungs- und Ermittlungstechniken: der Verschiebung der gesetzwidrigen Praktiken entspricht eine Ausweitung und Verfeinerung der Strafpraktiken.

Handelt es sich um einen allgemeinen Einstellungswechsel, eine »Veränderung im Bereich des Geistes und des Unterbewußtseins«?[16] Das mag sein; aber gewisser und unmittelbarer handelt es sich um ein Bemühen, die Machtmechanismen, welche die Existenz der Individuen einrahmen, zu verfeinern. Es handelt sich um eine Anpassung und Verfeinerung der Apparate, die das alltägliche Verhalten der Individuen, ihre Identität, ihre Tätigkeit, ihre scheinbar bedeutungslosen Gesten erfassen und überwachen. Es handelt sich um eine andere Politik bezüglich der Vielfalt von Körpern und Kräften einer Bevölkerung. Was sich abzeichnet, ist weniger ein neuer Respekt vor dem Menschen im Verurteilten – die Martern sind auch für leichte Verbrechen noch häufig, sondern vielmehr eine Tendenz zu einer sorgfältigeren und verfeinerten Justiz, zu einem lückenloseren Durchkämmen des Gesellschaftskörpers. Es handelt sich um eine kreisförmige Entwicklung, in der sich die Zugangsschwelle zu den Gewaltverbrechen erhöht, die Unduldsamkeit gegenüber Eigentumsdelikten zunimmt, die Kontrollen dichter werden und die Strafmaßnahmen früher einsetzen und zahlreicher werden.

Stellt man diesen Prozeß dem kritischen Diskurs der Reformer gegenüber, so läßt sich eine bemerkenswerte strategische Übereinstimmung bemerken. Was die Reformer an der traditionellen Justiz angreifen, bevor sie die Grundlagen zu einem neuen Strafsystem legen, ist das Übermaß der Züchtigungen – aber ein Übermaß, das mehr als Regellosigkeit denn als Mißbrauch der Strafgewalt erscheint. Am 24. März 1790 eröffnet Thouret in der Verfassunggebenden Versammlung die Diskussion über die neue Organisation der Strafgewalt. Diese Gewalt ist nach seiner Meinung in

---

15 P. Chaunu, *Annales de Normandie*, 1966, S. 108.
16 Der Ausdruck stammt von N. W. Mogensen, loc. cit.

Frankreich dreifach »denaturiert«. Erstens durch eine private Aneignung: die Richterämter werden verkauft oder vererbt; sie haben einen Tauschwert, und die Rechtsprechung ist kostspielig. Zweitens durch eine Verquikkung zweier Gewalten: der Rechtsprechung, die ein Urteil fällt, indem sie das Gesetz anwendet, und der Gewalt der Gesetzgebung. Und schließlich durch eine Reihe von Privilegien, welche die Rechtsprechung ungewiß machen: es gibt privilegierte Gerichte, Prozeduren, Prozeßführer, sogar privilegierte Delikte, die nicht unter das allgemeine Recht fallen.[17] Dies ist nur eine der zahllosen Kritiken eines halben Jahrhunderts, die in dieser Denaturierung das Prinzip einer regellosen Justiz sehen. Die Justiz ist regellos, weil ihre Instanzen so vielfältig sind, daß sie keine einheitliche Pyramide bilden.[18] Selbst wenn man die kirchlichen Gerichtsbarkeiten beiseite läßt, sind die Sprünge, Überschneidungen und Konflikte zwischen den verschiedenen Rechtsprechungen nicht zu übersehen: da gibt es die der Grundherren, die für die Verfolgung kleiner Delikte immer noch wichtig sind; die zahlreichen Gerichtsbarkeiten des Königs sind untereinander schlecht koordiniert (die souveränen Gerichtshöfe sind häufig mit den Vogteien und vor allem mit den kürzlich als Zwischeninstanzen geschaffenen Landgerichten in Konflikt); weitere Gerichtsbarkeiten werden de jure oder de facto von Verwaltungs- oder Polizeiinstanzen wahrgenommen (von den Intendanten bzw. von den Profosen oder Polizeileutnanten); dazu kommt noch das Recht des Königs oder seiner Vertreter, außerhalb jedes geregelten Verfahrens Entscheidungen über Internierung oder Verbannung zu fällen. Diese vielfältigen Instanzen neutralisieren sich gerade durch ihre Überfülle gegenseitig und sind nicht imstande, den Gesellschaftskörper in seiner gesamten Ausdehnung zu erfassen. Gerade durch ihr Durcheinander wird die Strafjustiz lückenhaft. Lückenhaft aufgrund der verschiedenen Gewohnheitsrechte und Verfahrensweisen, die trotz der allgemeinen Verordnung von 1670 bestehen; lückenhaft aufgrund der inneren Kompetenzkonflikte; lückenhaft aufgrund der – politischen oder ökonomischen – Einzelinteressen, die jeweils eine Instanz zu verteidigen hat; lückenhaft schließlich aufgrund der Eingriffe der königlichen Macht, die durch Begnadigungen, Strafmilderungen, Anrufung einer höheren Instanz oder unmittelbaren Druck auf die Gerichte den geregelten und nüchternen Ablauf der Justiz stören kann.

---

17 *Archives parlementaires*, Bd. XII, S. 344.
18 Vgl. dazu S. Linguet, *Nécessité d'une réforme dans l'administration de la justice*, 1764; A. Boucher d'Argis, *Cahier d'un magistrat*, 1789.

In der Kritik der Reformer geht es weniger um Schwäche oder Grausamkeit als um eine fehlerhafte Ökonomie der Macht. Zuviel Macht liegt
bei den unteren Instanzen, die – unter Ausnutzung von Unwissenheit und
Armut der Verurteilten – Berufungen übergehen und willkürliche Urteile
ohne Kontrolle vollstrecken lassen können. Zuviel Macht liegt bei der Anklage, deren Verfolgungsmittel praktisch unbegrenzt sind, während der Angeklagte ihr gegenüber wehrlos ist; dies verleitete die Richter bald zu übermäßiger Strenge und bald zu übertriebener Nachsicht. Zuviel Macht liegt
bei den Richtern, die sich mit oberflächlichen Beweisen begnügen können,
wenn sie nur »gesetzmäßig« sind, und die bei der Festsetzung der Strafe
über eine beträchtliche Freiheit verfügen. Zuviel Macht ist den »Leuten
des Königs« zugestanden, und zwar nicht nur gegenüber den Angeklagten,
sondern auch gegenüber den anderen Behörden. Zuviel Macht wird schließlich vom König ausgeübt, der das Verfahren suspendieren, die Entscheidungen modifizieren, die Richter für unzuständig erklären, absetzen oder
verbannen und durch eine königliche Kommission ersetzen kann. Die
Lähmung der Justiz ist weniger auf eine Schwäche als auf eine falsche Verteilung der Macht zurückzuführen: auf ihre Konzentrierung an mehreren
Stellen und den daraus resultierenden Konflikten und Unstimmigkeiten.

Diese Dysfunktionalität der Macht verweist vor allem auf die monarchische »Übermacht«, in der das Strafrecht und die persönliche Gewalt des
Souveräns eins sind. Die theoretische Identifikation, die den König zur
*fons iustitiae**\ macht, hat praktische Konsequenzen, die sich ihrem Absolutismus entgegenzusetzen scheinen. Weil sich der König aus fiskalischen
Gründen das Recht zuspricht, die ihm »gehörenden« Justizämter zu verkaufen, sind seine Beamten unbelehrbare, unwissende, gewinnsüchtige,
bestechliche »Inhaber« von Ämtern. Weil der König ständig neue Ämter
schafft, vervielfältigt er die Macht- und Kompetenzkonflikte. Weil der König seine Leute mit zu großen Machtbefugnissen ausstattet, verschärft er
die Konflikte in den Gerichtsbehörden. Weil der König allzu viele Eilverfahren (Rechtsprechung durch Profose oder Polizeileutnante) und Verwaltungsmaßnahmen eingeführt hat, ist die geregelte Justiz gelähmt, ist sie
bald zu nachsichtig und unsicher, bald überstürzt und zu streng.[19]

---

* Quelle der Gerechtigkeit

19 Zu dieser Kritik der »Übermacht« und ihrer falschen Verteilung im Justizapparat vgl. bes. C. Dupaty, *Lettres sur la procédure criminelle*, 1788; P. L. de Lacretelle, *Dissertation sur le ministère public*,
in: *Discours sur le préjugé des peines infamantes*, 1784; G. Target, *L'Esprit des cahiers présentés aux
Etats généraux*, 1789.

Kritisiert werden weniger die Privilegien der Justiz, ihre Willkür, ihre archaische Arroganz, ihre unkontrollierten Rechte als vielmehr das Gemisch von Schwächen und Maßlosigkeiten, Übertreibungen und Lücken, und vor allem ihr Prinzip: die monarchische Übermacht. Das eigentliche Ziel der Reform und ihrer allgemeinsten Forderungen ist nicht so sehr die Begründung eines neuen Strafrechts auf gerechteren Prinzipien, sondern vielmehr die Etablierung einer neuen »Ökonomie« der Strafgewalt und die Gewährleistung einer besseren Verteilung dieser Gewalt dergestalt, daß sie weder an einigen bevorzugten Stellen zu stark konzentriert noch unter gegensätzlichen Instanzen zu sehr aufgeteilt, sondern in homogenen Kreisläufen verteilt ist, die den Gesellschaftskörper überall gleichmäßig durchdringen.[20] Die Reform des Kriminalrechts ist als eine Strategie zur Stärkung der Strafgewalt aufzufassen und soll diese geregelter, wirksamer, beständiger und präziser machen; sie soll ihre Wirksamkeit erhöhen und ihre ökonomischen Kosten ebenso senken (durch ihre Ablösung vom System des Eigentums, des Kaufens und Verkaufens, der Käuflichkeit von Ämtern wie von Entscheidungen) wie ihre politischen Kosten (durch ihre Ablösung von der Willkür der monarchischen Macht). Die neue juristische Theorie des Strafsystems verdeckt tatsächlich eine neue »politische Ökonomie« der Strafgewalt. Man versteht nun, warum diese »Reform« nicht von einem einzigen Punkt ihren Ausgang genommen hat. Nicht die Aufgeklärtesten unter den Opfern der Justiz, nicht die Philosophen als Feinde des Despotismus und Freunde der Menschheit, nicht einmal die gesellschaftlichen Gruppen, die den souveränen Gerichtshöfen feindlich gegenüberstanden – oder vielmehr: nicht sie allein –, bildeten den Ausgangspunkt der Reform. In dem globalen Projekt einer Neuordnung der Strafgewalt und einer Neuverteilung ihrer Wirkungen überschneiden sich viele verschiedene Interessen. Die Reform war nicht außerhalb des Justizapparats und nicht gegen alle seine Vertreter, sondern im wesentlichen von innen her von einer großen Zahl von Beamten aufgrund von gemeinsamen Zielen und von internen Machtkonflikten vorbereitet worden. Gewiß bildeten die Reformer nicht die Mehrheit unter den Beamten; aber zahlreiche

---

20 Vgl. N. Bergasse: »Ausgeschlossen von jedweder Aktivität gegen das politische Regime des Staates wie auch von jedem Einfluß auf die zur Bildung oder Erhaltung des Regimes beitragenden Willenskräfte, muß die Gerichtsgewalt zum Schutz aller Individuen und aller ihrer Rechte über eine solche Macht verfügen, daß sie zur Verteidigung und Hilfe allmächtig ist, aber ohnmächtig wird, sobald man versucht, ihre Bestimmung zu verändern und sie zur Unterdrückung zu benutzen.« (*Rapport à la Constituante sur le pouvoir judiciaire*, 1789, S. 11 f.).

Juristen haben die Grundlinien der Reform gezeichnet: eine Richtgewalt, die nicht von der unmittelbaren Souveränitätsgewalt des Fürsten erdrückt wird, die vom Anspruch des Gesetzgebens befreit ist, die von Eigentumsbeziehungen gelöst ist, die ausschließlich der Aufgabe des Richtens geweiht ihre Macht voll ausschöpfen kann. Die richterliche Gewalt soll also nichts mehr mit den vielfältigen, disparaten und gelegentlich widersprüchlichen Privilegien der Souveränität zu tun haben, sondern die öffentliche Gewalt in gleichmäßiger Weise zur Wirkung bringen. Dieses allgemeine Prinzip definiert eine Gesamtstrategie, hinter der sich zahlreiche verschiedene Kämpfe verbergen: die Kämpfe von Philosophen wie Voltaire und von Publizisten wie Brissot oder Marat; aber auch die Auseinandersetzungen von Juristen, die sehr verschiedene Interessen hatten: Le Trosne, Rat am Landgericht Orléans, und Lacretelle, Generaladvokat am souveränen Gerichtshof; Target, der sich mit den Anhängern der Gerichtshöfe der Reform von Maupeou widersetzt; aber auch J. N. Moreau, der die königliche Gewalt gegen die souveränen Gerichtshöfe unterstützt; Servan und Dupaty, die beide Justizbeamte sind, aber mit ihren Kollegen in Streit liegen usw.

Im Laufe des 18. Jahrhunderts bildet sich innerhalb und außerhalb des Justizapparates, in der alltäglichen Strafpraxis wie in der Kritik der Institutionen, eine neue Strategie zur Ausübung der Strafgewalt aus. Und die eigentliche »Reform«, die sich in den Rechtstheorien und in den Projekten niederschlägt, ist die politische oder philosophische Version jener Strategie, deren erste Ziele sind: daß aus der Bestrafung und Unterdrückung der Ungesetzlichkeiten eine regelmäßige und die gesamte Gesellschaft erfassende Funktion wird; daß nicht weniger, sondern besser gestraft wird; daß vielleicht mit einer gemilderten Strenge, aber jedenfalls mit größerer Universalität und Notwendigkeit gestraft wird; daß die Strafgewalt tiefer im Gesellschaftskörper verankert wird.

Die Gesamtsituation, die Voraussetzung der Reform war, ist also nicht eine neue Empfindsamkeit, sondern eine andere Politik gegenüber den Gesetzwidrigkeiten.

Im Ancien régime hatte jede gesellschaftliche Schicht ihre Toleranzschwelle bezüglich der Gesetzwidrigkeit: die Nicht-Anwendung der Regel, die Nicht-Beobachtung der zahllosen Edikte oder Verordnungen waren eine Bedingung für das politische und ökonomische Funktionieren der Gesellschaft. Gewiß gilt solches nicht nur für das Ancien régime. Aber damals war diese Gesetzwidrigkeit so tief verankert und so notwendig für das Leben jeder gesellschaftlichen Schicht, daß sie gewissermaßen ihre eigene Kohärenz und Ökonomie hatte. Zum einen als institutionalisierte Ausnahme – die Privilegien von Individuen und Gemeinschaften; zum andern als massive und allgemeine Nichtbefolgung von Verordnungen, die jahrzehnte-, ja jahrhundertelang immer wieder veröffentlicht und bestätigt werden konnten, ohne jemals zur Anwendung zu gelangen. Manchmal war es so, daß Verordnungen allmählich in Vergessenheit gerieten und plötzlich wieder erneuert wurden. Manchmal handelte es sich um ein stillschweigendes Einverständnis auf seiten der Macht, eine Nachlässigkeit oder einfach um die tatsächliche Unmöglichkeit, das Gesetz durchzusetzen und die Gesetzesbrecher zu verfolgen. Die am stärksten benachteiligten Schichten der Bevölkerung erfreuten sich im allgemeinen keiner Privilegien: aber an den Rändern der Gesetze und Gebräuche verfügten sie über einen Toleranzraum, den sie sich durch Gewalt oder Hartnäckigkeit erobert hatten; dieser Raum war für sie eine so unverzichtbare Existenzbedingung, daß sie oft bereit waren, ihn notfalls in Aufständen zu verteidigen. Die immer wieder gemachten Versuche, ihn durch Erneuerung der alten Gesetze oder Verfeinerung der Unterdrückungsverfahren einzuschränken, führten regelmäßig zu Volksunruhen – ebenso wie die Versuche, gewisse Privilegien einzuschränken, den Adel, den Klerus und die Bourgeoisie aufbrachten.

Diese notwendige Gesetzwidrigkeit, die in jeder gesellschaftlichen Schicht spezifische Formen annahm, war einer Reihe von Paradoxen verhaftet. In ihren unteren Regionen war sie der Kriminalität so nahe, daß sie sich rechtlich und auch moralisch nur schwer davon unterscheiden ließ: von den Steuer- und Zollvergehen bis zur Schmugglerbande, Plünderung und bis zum bewaffneten Kampf gegen die Finanzbeamten und dann gegen die Soldaten selbst und schließlich bis zum Aufstand gab es ein Kontinuum ohne scharfe Abgrenzungen. Die Landstreicherei (die nach den Buchstaben der fast nie zur Anwendung gekommenen Gesetze strenge Strafen nach sich zog) brachte Raub, Diebstahl und manchmal Mord mit sich und rekrutierte sich aus Arbeitslosen, Arbeitern, die ihren Unternehmern entlaufen waren, Dienstboten, die vor ihren Herren fliehen mußten, mißhandelten Lehrlingen, Deserteuren und allen jenen, die der Zwangsaushebung entrinnen wollten. Somit beruhte die Kriminalität auf einer diffuseren Gesetzwidrigkeit, die für die unteren Volksschichten Existenzbedingung war; und gleichzeitig trug diese Gesetzwidrigkeit ständig zur Vermehrung der Kriminalität bei. Daraus resultiert eine Zweideutigkeit im Verhalten dieser Volksschichten: einerseits profitierte der Kriminelle – etwa ein Schmuggler oder ein durch Überforderungen zugrunde gerichteter Bauer – von einer spontanen Wertschätzung, da man in seinen Gewalttaten die Wiederaufnahme alter Kämpfe sah. Anderseits wurde derjenige, der als ein vom Volk akzeptierter Gesetzesbrecher auf Kosten desselben Verbrechen beging, z. B. als stehlender und mordender Landstreicher, leicht zur Zielscheibe eines besonderen Hasses: hatte er doch die Gesetzwidrigkeit gegen die gewandt, zu deren Existenzbedingungen sie gehörte. So knüpften sich an die Verbrechen Ruhm und Schande; Unterstützung und Furcht begleiteten jenes wandernde Volk, dem man sich so nahe fühlte und aus dem jederzeit das Verbrechen hervorgehen konnte. Die Gesetzwidrigkeit des Volkes legte sich um einen Kern von Kriminalität, die zugleich deren Extremform und innere Gefahr bildete.

Zwischen der Gesetzwidrigkeit der unteren Volksschichten und derjenigen der anderen gesellschaftlichen Gruppen gab es weder eine völlige Konvergenz noch einen grundsätzlichen Gegensatz. Zwischen den Gesetzwidrigkeiten der verschiedenen Gruppen bestanden Beziehungen der Rivalität, der Konkurrenz, der Interessenkonflikte, der gegenseitigen Unterstützung und der Komplizenschaft: wenn sich die Bauern weigerten, bestimmte staatliche oder kirchliche Abgaben zu leisten, so wurde das von den Grundeigentümern nicht unbedingt mißbilligt; wenn sich die Handwerker nicht an die Fabrikreglements hielten, wurden sie von den neuen Unternehmern häufig dazu ermuntert; wie die Geschichte des von der gesamten Bevölkerung gefeierten, in den Schlössern aufgenommenen und von den Gerichtshöfen beschützten Mandrin beweist, wurde der Schmuggel weithin unterstützt. Das ging so weit, daß im 17. Jahrhundert Steuerverweigerungen zu gemeinsamen Aufständen weit auseinanderliegender Bevölkerungsschichten führten. Das Wechselspiel der Gesetzwidrigkeiten gehörte einfach zum politischen und ökonomischen Leben der Gesellschaft. Mehr noch: eine Reihe von Transformationen (das Außergebrauchkommen der Reglements von Colbert, die Nichtbeachtung der Zollschranken im Königreich, der Zerfall der Korporationen) wurde von der laufenden Gesetzwidrigkeit des Volkes vorangetrieben. Die Bourgeoisie aber brauchte diese Transformationen, da sie zum Teil das ökonomische Wachstum darauf gründete. So wurde die Toleranz zur Ermutigung.

In der zweiten Hälfte des 18. Jahrhunderts aber beginnt der Prozeß sich umzukehren. Einmal mit der allgemeinen Vermehrung des Reichtums, aber auch mit dem starken Anwachsen der Bevölkerung zielt die Gesetzwidrigkeit des Volkes nicht mehr so sehr auf die Rechte als vielmehr auf die Güter ab: Plünderung und Diebstahl verdrängen allmählich Schleichhandel und bewaffneten Kampf gegen Steuereintreiber. Somit werden die Bauern, die Pächter, die Handwerker häufig zu den Hauptopfern. Le Trosne hat sicher nur übertrieben, wenn er schrieb, die Bauern litten unter den Überforderungen der Landstreicher mehr als seinerzeit unter den Forderungen der Feudalherren: die heutigen Diebe stürzen sich auf sie wie Schwärme schädlicher Insekten, indem sie die Ernten verschlingen und die Kornkammern vernichten.[21] Im 18. Jahrhundert ist die volkstümliche Gesetzwidrigkeit in eine Krise geraten, und weder die Volksbewegungen am Beginn der Revolution (Verweigerung der Herrenrechte) noch die späteren Unruhen, in denen sich der Kampf gegen die Rechte der Besitzenden, der politische und religiöse Protest und die Verweigerung der Aushebung vereinigten, haben diese Gesetzwidrigkeit zu ihrer alten und einnehmenden Form zusammengeschmolzen. Hatte ein beträchtlicher Teil des Bürgertums die Gesetzwidrigkeit gegen die Rechte geduldet, so war sie weniger duldsam, wenn es um die Rechte des Eigentums ging. Nichts charakterisiert dieses Problem besser als bäuerliche Delinquenz am Ende des 18. Jahrhunderts und vor allem seit dem Beginn der Revolution.[22] Der Übergang zu einer intensiveren Landwirtschaft übt auf die Nutzungsrechte und Duldungen immer mehr Druck und Zwang aus. Das Grundeigentum, das zum Teil von der Bourgeoisie erworben wurde und von den Feudallasten befreit wurde, wurde zu einem absoluten Eigentum: alle Freiheiten, die sich die Bauernschaft erworben oder erhalten hatte (Befreiung von alten Verpflichtungen oder Festigung außergesetzlicher Praktiken: Recht auf unentgeltliche Weide, Holzsammeln usw.), werden nun von den neuen Eigentümern verfolgt und schlicht und einfach als Gesetzesübertretung behandelt (was in der Bevölkerung zu einer Kettenreaktion von immer illegaleren oder kriminelleren Aktionen führt: Aufbrechen von Einfriedungen, Diebstahl oder Töten von Vieh, Brandstiftung, Gewalttätigkeit, Mord.[23] Die Gesetzwidrigkeit gegen

21 Le Trosne, *Mémoire sur les vagabonds*, 1764, S. 4.
22 Y. M. Bercé, *Croquants et nu-pieds*, 1974, S. 161.
23 Vgl. O. Festy, *Les Délits ruraux et leur répression sous la Révolution et le Consulat*, 1956; M. Agulhon, *La vie sociale en Provence*, 1970.

die Rechte, die häufig das Überleben der Ärmsten sicherte, richtet sich mit
dem neuen Status des Eigentums immer mehr gegen die Güter. Darum
muß sie bestraft werden.

Wird diese Gesetzwidrigkeit von der Bourgeoisie beim Grundbesitz
kaum geduldet, so ist sie beim Handels- und Industrieeigentum völlig
unerträglich: die Entwicklung der Häfen, die Entstehung der großen Sta-
pelplätze, wo sich die Waren häufen, die Organisation der großen Werkstätten (mit einer beträchtlichen Masse von Rohstoffen, Werkzeugen, Werk-
stücken, die dem Unternehmer gehören und schwer zu überwachen sind)
verlangen auch eine strenge Verfolgung der Gesetzwidrigkeit. Die Investi-
tionen des Reichtums in Waren und Maschinen und in ganz neuen Grö-
ßenordnungen fordern eine systematische und bewaffnete Unduldsamkeit
gegenüber der Gesetzwidrigkeit. Am deutlichsten ist das Phänomen dort,
wo die ökonomische Entwicklung am intensivsten ist. Colquoun versuchte, diese Notwendigkeit der Verfolgung der zahllosen gesetzwidrigen Praktiken allein für London in Zahlen zu fassen: nach den Schätzungen der
Unternehmer und der Versicherungen belief sich der Diebstahl an Produkten, die aus Amerika importiert worden und an den Ufern der Themse gelagert waren, im Jahresschnitt auf 250 000 Pfund; insgesamt wurden allein
im Hafen von London jährlich Waren im Wert von annähernd 500 000
Pfund entwendet (wobei die Arsenale nicht berücksichtigt sind); für die
Stadt selbst kamen noch einmal 700 000 Pfund dazu. Bei dieser ununterbrochenen Plünderung sind nach Colquoun drei Phänomene in Betracht
zu ziehen: die Komplizenschaft und häufige Mitwirkung der Angestellten,
Aufseher, Offizianten und Arbeiter: »Überall wo eine große Vereinigung
von Menschen ist, und hauptsächlich unter den niedern Volksklassen, findet stets ein gewisses Verhältnis zwischen gesunkener Moralität und schlechtem Lebenswandel statt.«[24] Sodann ein organisierter Schleichhandel, der
in den Werkstätten und Warenlagern seinen Ausgang nimmt und über
die Hehler – die »Großhehler«, die auf bestimmte Warentypen spezialisiert
sind, und die »Kleinhehler«, die in den Auslagen nur ein »armseliges Wa-
renlager von altem Eisen, Lumpen oder Trödelkleidern feilbieten ... während sie in den hinteren Gemächern die teuersten Artikel von Schiffge-
räten, kupfernen Bolzen und Nägeln, Messing und anderes Metall von
Wert, Westindische Produkte, Hausrat und Kleidungsstücke, die sie von

24 P. Colquoun, *Polizei von London*. Aus dem Englischen übersetzt und mit erläuternden Anmerkungen versehen von Volkmann. Leipzig 1800. Bd. II, S. 54.

Handwerkern, Dockenarbeitern, Abländern, temporären Accise- und Zoll-
assistenten, Hausbedienten, Lehrburschen, Tagelöhnern, Trägern, Schott-
fegern, wandernden Juden und anderen der Art kaufen, fassen« – bis zu
den Straßenverkäufern geht, die das Diebsgut auf dem Land vertreiben.[25]
Und schließlich die Herstellung von Falschgeld: in ganz England soll es 40
bis 50 Falschgeldfabriken gegeben haben, die ständig arbeiteten. Dieses
ungeheure Unternehmen von Plünderung, Veruntreuung und Konkurrenz
wird durch eine Reihe von Duldungen erleichtert, die zum Teil als erworbene Rechte gelten (etwa das Recht, um die Schiffe herum Eisenstücke
und Tauenden zu sammeln oder den Zuckerkehricht wiederzuverkaufen),
zum Teil moralisch gutgeheißen werden: die Ähnlichkeit dieser Plünderung mit dem Schleichhandel »macht allmählich die Menschen mit Betrug und unerhörten Verfahren, vor welchen sie am Anfang sich entsetz-
ten, vertraut.«[26]
Alle diese unerlaubten Praktiken müssen darum kontrolliert und neu
kodifiziert werden. Es ist notwendig, daß die Gesetzesübertretungen definiert und ausnahmslos bestraft werden, daß in dieser Masse von einerseits
tolerierten und andererseits übermäßig scharf sanktionierten Unregelmäßigkeiten genau bestimmt wird, was eine untragbare Gesetzesübertretung ist
und folglich mit einer unentrinnbaren Strafe bedacht wird. Mit den neu-
en Formen der Kapitalakkumulation, der Produktionsverhältnisse und des
rechtlichen Status des Eigentums sind alle volkstümlichen Praktiken, die
unauffällig oder geduldet oder gewaltsam die Gesetzwidrigkeit gegenüber
Rechten verkörperten, in die Gesetzwidrigkeit gegen Güter umgeschlagen.
Im Übergang von einer Gesellschaft rechtlich-politischer Unterdrückung
zu einer Gesellschaft der Aneignung von Arbeitsmitteln und -produkten
wird der Diebstahl zur ersten Chance, der Gesetzlichkeit zu entgehen:
die Ökonomie der Gesetzwidrigkeiten hat sich der Entwicklung der kapitalistischen Gesellschaft angepaßt, die Gesetzwidrigkeit gegen Güter hat
sich von der gegen Rechte getrennt. Diese Teilung deckt sich mit dem Gegensatz der Klassen, weil die dem gewöhnlichen Volk am leichtesten zugängliche Gesetzwidrigkeit diejenige gegen die Güter ist – die gewaltsame
Übertragung von Besitztümern. Andersseits behält sich die Bourgeoisie
Gesetzwidrigkeit gegen Rechte vor: die Möglichkeit, ihre eigenen Regeln
und Gesetze zu umgehen oder durch die Gesetzgebung stillschweigend

25 P. Colquoun, op. cit., I, S. 14.
26 P. Colquoun, op. cit., I, S. 83.

oder ausdrücklich den ökonomischen Kreislauf sicherzustellen und zu erweitern. Diese große Neuverteilung der Gesetzwidrigkeiten findet sogar in einer Spezialisierung der Gerichtsbarkeiten ihren Niederschlag: für die Gesetzwidrigkeiten gegen Güter – für den Diebstahl – gibt es die ordentlichen Gerichte, die Strafen verhängen; für die Gesetzwidrigkeiten gegen Rechte – für Betrug, Steuerhinterziehung, unregelmäßige Geschäftstätigkeiten – gibt es besondere Rechtsprechungen mit Vergleichen, Abfindungen, Geldstrafen. Die Bourgeoisie hat sich das fruchtbare Gebiet der Gesetzwidrigkeiten gegen Rechte vorbehalten. Und gleichzeitig mit dieser Spaltung wird es notwendig, vor allem die Gesetzwidrigkeit gegen Güter beständig zu überwachen. Es wird notwendig, sich von einer alten Ökonomie der Strafgewalt zu lösen, deren Prinzipien waren: eine verworrene und lückenhafte Vielfalt von Instanzen; eine Machtverteilung und -konzentration, die zu Wirkungslosigkeit und faktischer Duldung führen; Strafen, die Aufsehen erregen, aber nicht ohne Risiko sind. Es wird notwendig, eine andere Bestrafungsstrategie und neue Techniken zu entwickeln, um die Ökonomie der Verausgabung und des Exzesses durch eine Ökonomie der Kontinuität und der Dauer zu ersetzen. Die Strafreform hat also dort ihren Ausgang genommen, wo sich der Kampf gegen die Übermacht des Souveräns mit dem Kampf gegen die »Untermacht« der erkämpften und geduldeten Gesetzwidrigkeiten trifft. Und die Reform war nicht das flüchtige Ergebnis eines rein zufälligen Zusammentreffens, denn zwischen jener Übermacht und jener »Untermacht« war ein Netz von Beziehungen geknüpft. Ebendie monarchische Souveränität, die dem Souverän eine in die Augen springende, schrankenlose, persönliche, regellose und unstetige Macht auflud, ließ auf seiten der Untertanen den Raum für eine stetige Gesetzwidrigkeit offen: diese war gleichsam jenem Machttyp zugeordnet. Wer darum gewisse Vorrechte des Souveräns anfocht, stellte damit auch das Funktionieren der Gesetzwidrigkeiten in Frage. Die beiden Ziele standen in engem Zusammenhang, und die Reformer gaben je nach den Umständen oder den besonderen Taktiken dem einen oder dem anderen den Vorrang. Der Physiokrat Le Trosne, der Rat am Landgericht Orléans war, mag hier als Beispiel dienen. Im Jahre 1764 veröffentlicht er eine Denkschrift über die Landstreicherei: jene Pflanzschule von Dieben und Mördern, »die mitten in der Gesellschaft leben, ohne deren Mitglieder zu sein«, die »einen wirklichen Krieg gegen alle Bürger führen und mitten unter uns in jenem Zustand sind, der vielleicht vor der Errichtung unserer bürgerlichen Gesellschaft bestand«. Gegen sie fordert er strengere Strafen (charakteristischerweise wundert er sich darüber, daß man ihnen gegenüber nachsichtiger ist als gegenüber den Schleichhändlern); er will, daß die Polizei verstärkt wird, daß die Gendarmerie sie mit Hilfe der unter ihren Diebstählen leidenden Bevölkerung verfolgt; er verlangt, daß diese unnützen und gefährlichen Leute »dem Staat übereignet werden und ihm gehören wie Sklaven ihren Herren«; und daß man notfalls in den Wäldern gemeinschaftlich auf sie Jagd macht, um ihrer habhaft zu werden, und daß jeder, der einen Fang macht, dafür entlohnt wird: »Für den Kopf eines Wolfes zahlt man 10 Pfund. Ein Landstreicher aber ist unendlich viel gefährlicher für die Gesellschaft.«[27] Im Jahre 1777 fordert derselbe Le Trosne, daß die Vorrechte der Strafverfolgung eingeschränkt werden, daß die Angeklagten bis zu ihrer möglichen Verurteilung als unschuldig betrachtet werden, daß der Richter ein gerechter Schlichter zwischen ihnen und der Gesellschaft sei, daß die Gesetze »fest, beständig, genauestens bestimmt« sind, damit die Untertanen wissen, »womit sie zu rechnen haben«, und die Richter nichts weiter sind als das »Organ des Gesetzes«.[28] Bei Le Trosne (wie bei vielen anderen jener Zeit) schließt der Kampf um die Eingrenzung der Strafgewalt unmittelbar an die Forderung an, die Gesetzwidrigkeit des Volkes einer strengeren und stetigeren Kontrolle zu unterwerfen. Nun wird verständlich, warum die Kritik an den Martern in der Strafrechtsreform so bedeutsam war: in der Marter waren die schrankenlose Macht des Souveräns und die ständig drohende Gesetzwidrigkeit des Volkes sichtbar vereinigt. Beidem sollen nun durch die Menschlichkeit der Strafen Schranken gesetzt werden: der »Mensch«, der in der Strafe geachtet werden soll, ist die rechtliche und moralische Form dieser zweifachen Einschränkung.

Hat sich die Reform – als Theorie des Strafrechts und als Strategie der Strafgewalt – am Vereinigungspunkt jener beiden Ziele abgezeichnet, so verdankt sie ihre Stabilität doch dem Umstand, daß das zweite Ziel lange Zeit vorrangig blieb. Weil der Kampf gegen die Gesetzwidrigkeiten des Volkes während der Revolution, im Kaiserreich und im ganzen 19. Jahrhundert ein wesentlicher Imperativ war, wurde aus dem Projekt der Reform eine Institution und eine Gesamtpraxis. Zwar zeichnet sich die neue Strafgesetzgebung durch eine Milderung der Strafen, eine sorgfältigere Kodifizierung, eine beträchtliche Verringerung der Willkür und einen stärke-

---

27 G. Le Trosne, *Mémoire sur les vagabonds*, 1764, S. 8, 50, 54, 61 f.
28 G. Le Trosne, *Vues sur la justice criminelle*, 1777, S. 31, 37, 103-106.

ren Konsens hinsichtlich der Strafgewalt aus (zuungunsten der Gewalten-
teilung bei der Ausübung der Strafgewalt), aber sie beruht auf einer Umwälzung der traditionellen Ökonomie der Gesetzwidrigkeiten und einem
strengen Zwang zu ihrer neuartigen Bewältigung. Das Strafsystem ist ein
Apparat zur differenzierten Behandlung der Gesetzwidrigkeiten, nicht zu
ihrer globalen Unterdrückung.

Es gilt, das Ziel zu verschieben und den Maßstab zu verändern; neue Taktiken zu definieren, um einen Gegner zu treffen, der jetzt raffinierter, aber
auch verbreiteter im gesellschaftlichen Körper ist. Es gilt, neue Techniken
zu finden, um die Strafen und ihre Wirkungen dem neuen Ziel anzupassen. Es gilt, neue Prinzipien zur Regulierung, Verfeinerung und Verallgemeinerung der Strafkunst festzusetzen. Es gilt, die Ausübung dieser Kunst
zu vereinheitlichen; ihre ökonomischen und politischen Kosten herabzusetzen, gleichzeitig ihre Wirksamkeit zu erhöhen und ihre Wirkungsberei-
che zu vervielfachen. Es geht also um eine neue Ökonomie und um eine
neue Technologie der Strafgewalt: dies sind zweifellos die wesentlichen
Gründe für die Strafrechtsreform des 18. Jahrhunderts.
   Auf der Ebene der Prinzipien läßt sich diese neue Strategie leicht innerhalb der allgemeinen Vertragstheorie formulieren. Der Bürger hat darin
ein für allemal mit den Gesetzen der Gesellschaft auch das Gesetz angenommen, das ihn zu strafen droht. Der Kriminelle erscheint somit rechtlich gesehen als ein paradoxes Wesen. Er hat den Vertrag gebrochen, ist
also der Feind der gesamten Gesellschaft, beteiligt sich aber an der Bestrafung, die an ihm vollzogen wird. Das geringste Vergehen greift die ganze
Gesellschaft an; und die ganze Gesellschaft – einschließlich des Kriminellen – ist in der geringsten Bestrafung anwesend. Die Bestrafung ist also
eine verallgemeinerte Funktion, die mit dem Gesellschaftskörper und mit
jedem seiner Elemente koextensiv ist. Es stellt sich also das Problem des
»Maßes« und der Ökonomie der Strafgewalt.
   Die Gesetzesübertretung setzt in der Tat ein Individuum dem gesamten
Gesellschaftskörper entgegen. Die Gesellschaft hat das Recht, sich in ihrer
Gesamtheit zur Bestrafung des Individuums zu rüsten. Ein ungleicher
Kampf: auf einer einzigen Seite alle Kräfte, alle Macht, alle Rechte. Und
es muß so sein, denn es geht um die Verteidigung eines jeden. Ein unheim-
liches Recht auf Bestrafung konstituiert sich auf diese Weise, da der
Rechtsbrecher zum gemeinsamen Feind wird. Schlimmer als ein Feind,

versetzt er der Gesellschaft seine Schläge aus deren Innerem heraus: ein Verräter, ein »Monster«. Wie sollte die Gesellschaft über ihn kein absolutes Recht haben? Wie sollte sie nicht schlicht und einfach seine Auslöschung verlangen? Und wenn das Prinzip der Strafen im Vertrag gebilligt sein muß, muß dann nicht auch jeder Bürger die äußerste Strafe für diejenigen unter ihnen bejahen, die sie in ihrer Gesamtheit angreifen? »Überdies wird jeder Übeltäter dadurch, daß er das Gesellschaftsrecht verletzt, infolge seiner Verbrechen zum Aufrührer und Verräter an seinem Vaterlande; ... In diesem Falle ist die Erhaltung des Staats mit der seinigen unvereinbar; einer von beiden muß zugrunde gehen, und wenn man den Schuldigen den Tod erleiden läßt, so stirbt er nicht sowohl als Bürger, sondern als Feind.«[29] Das Recht der Strafe hat sich von der Rache des Souveräns auf die Verteidigung der Gesellschaft verschoben. Aber es ist nun mit so starken Elementen versehen, daß es beinahe noch fürchterlicher wird. Man hat den Übeltäter einer Bedrohung entzogen, die von Natur aus gewaltig war; doch nun setzt man ihn einer Strafe aus, bei der überhaupt keine Begrenzung abzusehen ist. Eine schreckliche Übermacht kehrt wieder. Und es wird notwendig, der Strafgewalt ein Prinzip der Mäßigung entgegenzusetzen.

»Wer sollte nicht bei solchen Mordgeschichten vor Schrecken schaudern, wenn er findet, daß Männer, die sich den Namen der Weisen und Sanftmütigen beigelegt, die Erfinder und Vollzieher der schrecklichsten Martern gewesen?«[30] Oder: »Die Gesetze rufen mich zur Bestrafung des größten aller Verbrechen. Ich folge dem Gesetz mit all den Schaudern, die mir das Verbrechen einflößt. Aber nein, sie gehen noch darüber hinaus ... Gott, der du in unsere Herzen die Abneigung gegen Schmerz für uns selbst und unseresgleichen gesenkt hast, sind das jene Wesen, die du so schwach und empfindlich geschaffen hast, die so barbarische und raffi-

---

29 J.-J. Rousseau, *Der Gesellschaftsvertrag – Contrat social*. Hg. von H. Weinstock und übers. von H. Denhardt. Stuttgart 1966, Buch II, Kap. 5. Es ist zu bemerken, daß diese Ideen Rousseaus in der Verfassunggebenden Versammlung von einigen Abgeordneten benutzt worden sind, die ein sehr strenges Strafsystem aufrechterhalten wollten. Die Prinzipien des *Contrat social* konnten sogar dazu dienen, die alte Gleich-Gräßlichkeit zwischen Verbrechen und Strafe zu stützen: »Der den Bürgern geschuldete Schutz verlangt danach, die Strafen an der Gräßlichkeit der Verbrechen zu messen und nicht im Namen der Menschlichkeit die Menschlichkeit zu opfern.« (Mougins de Roquefort, der auch den oben angeführten Abschnitt des *Contrat social* zitiert: Discours à la Constituante, *Archives parlementaires*, Bd. XXVI, S. 637).

30 Beccaria, op. cit., S. 130.

nierte Martern erfunden haben?«[31] Selbst wenn es gilt, den Feind des Gesellschaftskörpers zu bestrafen, artikuliert sich das Prinzip der Strafmilderung zunächst als ein Diskurs des Herzens. Oder vielmehr: als ein Auf-
schrei des Körpers, der sich gegen den Anblick oder die Vorstellung allzu
großer Grausamkeiten empört. Der Grundsatz, daß das Strafsystem »menschlich« bleiben muß, wird von den Reformern in der ersten Person formuliert: als käme die Empfindsamkeit des Sprechenden unmittelbar zum Ausdruck; als würde zwischen der Erbitterung des Scharfrichters und dem
Gemarterten der Körper des Philosophen oder Theoretikers sein eigenes
Gesetz behaupten und es schließlich der gesamten Ökonomie der Strafen
auferlegen. Offenbaren diese Gefühle die Unmöglichkeit, ein rationales
Fundament des Strafkalküls zu finden? Wo läßt sich zwischen dem Ver-
tragsprinzip, das den Verbrecher aus der Gesellschaft verstößt, und dem
von der Natur verschlungenen Monster eine Grenze ausfindig machen –
wenn nicht in der menschlichen Natur, die sich weder in der Strenge des
Gesetzes noch in der Blutgier des Missetäters zeigt, sondern in der Empfindsamkeit des verständigen Menschen, der das Gesetz macht und kein
Verbrechen begeht?

Aber diese Berufung auf die »Empfindsamkeit« ist eigentlich nicht Ausdruck einer theoretischen Unmöglichkeit, sondern enthält ein Kalkülprin-
zip. Bei der Achtung vor dem Körper, der Einbildungskraft, dem Leiden,
dem Herzen geht es weniger um den zu bestrafenden Übeltäter als um
die Menschen, die aufgrund des Vertrags das Recht haben, sich zur Gewalt-
anwendung gegen jenen zusammenzuschließen. Was durch die Milderung
der Strafen ausgeschlossen werden soll, sind die Schmerzen der Richter
oder der Zuschauer mitsamt ihren Folgen wie Herzensverhärtung, Gewöhnung an Unmenschlichkeit oder unbegründetem Mitleid: »Gnade für jene
zarten und empfindlichen Seelen, auf welche jene schrecklichen Martern
wie Foltern wirken!«[32] Die Rückwirkungen der Strafe auf die Träger der
Strafgewalt gilt es zu kalkulieren und zu verringern.

Darauf beruht der Grundsatz, daß man immer nur »menschliche« Strafen verhängen darf, mag der Verbrecher auch ein Verräter oder ein Monster
sein. Muß das Gesetz jetzt den »Naturwidrigen« menschlich behandeln
(während einst die Justiz den »Gesetzwidrigen« unmenschlich behandelte),
so liegt der Grund dafür nicht in einer tief verborgenen Menschlichkeit

---

31 P. L. de Lacretelle, *Discours sur le préjugé des peines infamantes*, 1784, S. 129.
32 P. L. de Lacretelle, op. cit., S. 131.

des Übeltäters, sondern in der notwendigen Regulierung der Gewaltwirkungen. Diese »ökonomische« Rationalität muß die Strafe bemessen und die angemessenen Techniken vorschreiben. »Menschlichkeit« ist der ehrerbietige Name für diese Ökonomie mit ihren sorgfältigen Kalkülen. »Das Mindestmaß der Strafe wird von der Menschlichkeit befohlen und von der Politik empfohlen.«[33]

Zum Verständnis dieser Technopolitik der Bestrafung diene als Grenzfall das letzte der Verbrechen, eine entsetzliche Untat, welche die heiligsten Gesetze allesamt verletzt. Es vollzieht sich unter so außerordentlichen Umständen, in einem so tiefen Geheimnis, mit einer solchen Unermeßlichkeit, gleichsam an der äußersten Grenze aller Möglichkeit, daß es nur das einzige und jedenfalls letzte seiner Art sein kann: niemand wird es nachahmen können, niemand kann sich ein Beispiel daran nehmen oder auch nur Anstoß an ihm nehmen. Es kann nur verschwinden, ohne eine Spur zu hinterlassen. Diese Fabel vom »äußersten Verbrechen«[34] ist im neuen Strafsystem etwa das, was einst die Geschichte von der Erbsünde war: der letzte Grund und die reine Form der Strafen.

Wie soll ein derartiges Verbrechen bestraft werden? Wonach soll sich die Strafe bemessen, und welchen Nutzen soll sie in der Ökonomie der Strafgewalt erbringen? Sie müßte das »der Gesellschaft zugefügte Übel«[35] wiedergutmachen. Sieht man nun vom eigentlich materiellen Schaden ab – der selbst dann, wenn er wie bei einem Mord nicht mehr wiedergutzumachen ist, für eine ganze Gesellschaft wenig bedeutet, so ist das Unrecht, das dem Gesellschaftskörper durch das Verbrechen zugefügt worden ist, die Unordnung, die dadurch entsteht: der erregte Anstoß, das Beispiel, der Anreiz zur Wiederholung bei Straflosigkeit, die Möglichkeit zur Verallgemeine-

---

33 A. Duport, Discours à la Constituante (22. Dez. 1789), *Archives parlementaires*, Bd. X, S. 744. Hier könnte man auch die verschiedenen Preisausschreiben Gelehrter Gesellschaften und Akademien vom Ende des 18. Jahrhunderts zitieren: »Wie kann die Menschlichkeit der Untersuchung und der Strafen mit der Gewißheit einer exemplarischen Bestrafung vereinbart werden, so daß die bürgerliche Gesellschaft die größtmögliche Sicherheit für Freiheit und Menschlichkeit finde?« (Berner Ökonomische Gesellschaft, 1777; an diesem Preisausschreiben beteiligte sich Marat mit seinem *Plan de Législation criminelle*). »Mit welchen Mitteln kann die Strenge der Strafgesetze in Frankreich gemildert werden, ohne daß die öffentliche Sicherheit Schaden leide?« (Académie de Châlons-sur-Marne, 1780; preisgekrönt wurden Brissot und Bernardi) »Vermag äußerste Strenge der Gesetze die Zahl und die Entsetzlichkeit der Verbrechen bei einer verdorbenen Gesellschaft zu verringern?« (Académie de Marseille, 1786; den Preis erhielt Eymar).

34 G. Target, *Observations sur le projet du Code pénal*, in: Locré, *La Législation de la France*, Bd. XXIX, S. 7 f. In einer Umkehrung findet sich diese Fabel bei Kant.

35 C. E. de Pastoret, *Des lois pénales*, 1790, Bd. II, S. 21.

rung. Um nützlich zu sein, muß die Bestrafung auf die Folgen des Verbrechens zielen, d.h. auf die Gesamtheit der möglicherweise nachfolgenden Störungen. »Das Verhältnis zwischen der Strafe und der Beschaffenheit des Vergehens bestimmt sich nach dem Einfluß der Vertragsverletzung auf die gesellschaftliche Ordnung.«[36]

Dieser Einfluß eines Verbrechens steht aber nicht unbedingt in direktem Verhältnis zu seiner Gräßlichkeit. Eine Untat, die das Gewissen empört, ist oft von geringerer Wirkung als ein Vergehen, das jedermann toleriert und seinerseits nachzuahmen bereit ist. Die großen Verbrechen sind selten; gefährlich sind die kleinen Missetaten, die uns vertraut sind und deren Zahl ansteigt. Darum hat es keinen Sinn, zwischen dem Verbrechen und seiner Bestrafung eine qualitative Beziehung, eine Äquivalenz des Schreckens, herzustellen: »Kann das Geheule und Brüllen eines Gequälten seine schon vollbrachten Taten aus der nie zurückkehrenden Zeit vertilgen und herausreißen?«[37] Die Strafe ist nicht nach dem Verbrechen, sondern nach seiner möglichen Wiederholung zu bemessen. Nicht auf den vergangenen Rechtsbruch, sondern auf die künftige Unordnung soll sie gezielt sein: der Übeltäter soll weder den Wunsch haben können, seine Tat noch einmal zu begehen, noch die Möglichkeit, von anderen nachgeahmt zu werden.[38] Die Bestrafung wird also eine Kunst der gezielten Wirkungen sein müssen: anstatt der Entsetzlichkeit des Vergehens die Entsetzlichkeit der Strafe entgegenzusetzen, gilt es, die Wirkungen der Bestrafung den Wirkungen des Verbrechens anzupassen. Eine Untat ohne Nachfolger verlangt nicht nach Strafe. Ebensowenig wie – nach einer anderen Version jener Fabel – eine Gesellschaft vor ihrer Auflösung oder ihrem Verschwinden das Recht hätte, Blutgerüste aufzurichten. Das letzte der Verbrechen kann nur ungestraft bleiben.

Die Vorstellung ist alt, und es bedurfte nicht der Reform des 18. Jahrhunderts, damit diese Abschreckungswirkung der Strafe zur Geltung kam. Daß die Bestrafung auf die Zukunft abzielt und mindestens eine ihrer Hauptfunktionen die Vorbeugung ist, gehörte seit Jahrhunderten zu den

---

36 G. Filangieri, *La Science de la législation*, 1786, Bd. IV, S. 214.

37 Beccaria, op. cit., S. 58.

38 A. Barnave, Discours à la Constituante: »Die Gesellschaft sieht in den von ihr verhängten Strafen nicht den barbarischen Genuß am Leiden eines menschlichen Wesens; sie sieht darin eine notwendige Vorsichtsmaßnahme zur Vermeidung ähnlicher Verbrechen, um von einer Gesellschaft die Übel fernzuhalten, die ihr bei einem Anschlag drohen.« (*Archives parlementaires*, Bd. XXVII, 6. Juni 1791, S. 9).

gängigsten Rechtfertigungen des Strafrechts. Der Unterschied aber ist, daß die Vorbeugung, die man sich als Wirkung von der Maßlosigkeit einer aufsehenerregenden Strafe erwartete, nun zum Prinzip ihrer Ökonomie und zum Maß ihrer richtigen Proportionen zu werden beginnt. Man muß gerade so viel bestrafen, um zu verhindern. Es kommt zu einer Verschiebung in der Mechanik des Exempels: in einem Strafsystem der Marter war das Exempel die Erwiderung auf das Verbrechen; als verdoppelnde Manifestation hatte es das Verbrechen kundzumachen wie auch die souveräne Macht, die es überwältigte. In einem seine eigenen Effekte kalkulierenden Strafsystem muß das Exempel mit der größtmöglichen Diskretion auf das Verbrechen verweisen, muß es den Eingriff der Macht so sparsam gestalten wie nur möglich und im Idealfall jedes weitere Auftreten von Verbrechen und Strafe verhindern. Das Strafexempel ist nicht mehr ein Manifestationsritual, sondern ein Verhinderungszeichen. Mit dieser Technik der Strafzeichen, welche die gesamte Zeitstruktur der Bestrafung umkehrt, wollen die Reformer der Strafgewalt ein ökonomisches, wirksames und auf den gesamten Gesellschaftskörper auszuweitendes Instrument an die Hand geben, mit dem sich alle Verhaltensweisen kodifizieren lassen und folglich auch der gesamte diffuse Bereich der Gesetzwidrigkeiten reduzieren läßt. Die Zeichentechnik, mit der man die Strafgewalt auszustatten versucht, beruht auf fünf oder sechs Hauptregeln.

Regel der minimalen Quantität. Ein Verbrechen wird begangen, weil es Vorteile verschafft. Würde man mit der Idee des Verbrechens die Idee eines etwas größeren Nachteils verknüpfen, so würde es aufhören, begehrenswert zu sein. »Es ist schon genug, um eine Strafe in ihrer Wirksamkeit zu erhalten, daß das aus der Strafe entstandene Übel den Vorteil übertreffe, welchen das Verbrechen mit sich bringt.«[39] Die Strafe bleibt auf das Verbrechen bezogen; aber nicht mehr in der alten Form, wo die Marter der Untat gleichkommen mußte – mit einer Spur der Übermacht der legitimen Rache des Souveräns. Jetzt geht es um eine Äquivalenz auf der Ebene der Interessen, wobei die Vermeidung der Strafe etwas interessanter sein muß als das Risiko des Vergehens.

Regel der ausreichenden Idealität. Liegt das Motiv eines Verbrechens in der Vorstellung eines Vorteils, so beruht die Wirksamkeit der Strafe auf der Erwartung eines Nachteils. Das Quälende in der Bestrafung ist nicht

---

39 Beccaria, op. cit., S. 127.

die Empfindung des Schmerzes, sondern die Idee eines Schmerzes, einer
Unannehmlichkeit – Qual der Vorstellung der Qual. Die Bestrafung hat
es also nicht mit dem Körper zu tun, sondern mit der Vorstellung. Oder
vielmehr: der Körper ist weniger Leidenssubjekt denn Vorstellungsobjekt.
Die Erinnerung an einen Schmerz kann den Rückfall verhindern, ebenso
wie das Schauspiel, und sei es künstlich, einer körperlichen Strafe die an-
steckende Wirkung eines Vergehens vereiteln kann. Aber nicht der Schmerz
selber ist das Instrument der Bestrafungstechnik. Erst wenn es um die Erzeugung einer wirksamen Vorstellung geht, sollte man das Arsenal der
Blutgerüste hervorholen. Der Körper verschwindet als Subjekt der Strafe,
aber nicht unbedingt als Element in einem Schauspiel. Die Ablehnung
der Marter, die an der Schwelle zur Theorie nur lyrisch artikuliert wurde,
beginnt hier, rational formuliert zu werden: nicht die körperliche Wirksamkeit der Strafe muß auf ein Höchstmaß gesteigert werden, sondern
die Vorstellung davon.

   Regel der Nebenwirkungen. Die Strafe muß sich am stärksten bei jenen
auswirken, welche die Untat nicht begangen haben. Könnte man sicher
sein, daß der Schuldige nicht rückfällig wird, würde es sogar genügen,
die anderen nur glauben zu machen, daß er bestraft wurde. Diese zentrifu-
gale Verstärkung der Wirkung führt zu dem Paradox, daß im Kalkül der
Strafen der Schuldige am wenigsten interessiert (sofern nicht mit seinem
Rückfall zu rechnen ist). Beccaria hat dieses Paradox illustriert, indem er
als Ersatz der Todesstrafe die Sklaverei auf Lebenszeit vorschlug. Ist diese
Strafe physisch grausamer als der Tod? Keineswegs, sagte er, denn der
Schmerz der Sklaverei ist für den Verurteilten auf alle Augenblicke verteilt,
die er noch zu leben hat, Die Strafe ist endlos teilbar – eine eleatische
Strafe, die viel weniger streng ist als die Todesstrafe, welche alle Qual auf
einen Augenblick konzentriert. Für diejenigen hingegen, die diese Sklaven
sehen oder sich vorstellen, ziehen sich die erduldeten Leiden zu einer einzigen Idee zusammen: alle Augenblicke der Sklaverei verdichten sich zu
einer Vorstellung, die schrecklicher ist als die Idee des Todes. Diese Strafe
ist ökonomisch betrachtet ideal: sie ist minimal für den, der sie erleidet
(und der als Sklave auch nicht mehr rückfällig werden kann), und sie ist
maximal für den, der sie sich vorstellt. »Da nun also die Strafe kein Sühn-
opfer ist, so muß diejenige Art der Züchtigung erwählt und vorgezogen
werden, welche mit Beobachtung eines richtigen Verhältnisses gegen die
Größe des Greuels die kräftigsten und dauerhaftesten Eindrücke auf die

Gemüter macht, aber für die Empfindsamkeit des Unglücklichen am wenigsten folternd und schmerzhaft ist.«[40]

Regel der vollkommenen Gewißheit. Mit der Idee eines jeden Verbrechens und der davon erwarteten Vorteile muß die Idee einer bestimmten Züchtigung und der daraus folgenden Unannehmlichkeiten verknüpft sein; die Verbindung zwischen beiden muß als notwendig und unlösbar betrachtet werden. Dieses allgemeine Element der Gewißheit, das dem Strafsystem seine Wirksamkeit verleihen muß, enthält eine Reihe bestimmter Maßnahmen. Die Gesetze, welche die Verbrechen definieren und die Strafen festsetzen, müssen völlig klar sein, »damit jedes Glied der Gesellschaft die verbrecherischen Handlungen von den tugendhaften Handlungen unterscheiden kann«.[41] Diese Gesetze müssen veröffentlicht sein, jedermann muß zu ihnen Zugang haben können. An die Stelle der mündlichen Überlieferungen und Gewohnheitsrechte muß eine schriftliche Gesetzgebung treten, die »das stabile Monument des Gesellschaftsvertrages« ist – gedruckte Texte, die jedermann zugänglich sind. »Die Druckerei ... ist es, welche das Publikum, und nicht einige wenige zu Aufsehern und Beschützern der heiligen Gesetze macht.«[42] Der Monarch verzichte auf sein Gnadenrecht, damit die Gewalt, die in der Idee der Strafe liegt, nicht durch die Hoffnung auf Begnadigung geschwächt werde: »Laßt euch nur einigermaßen merken, daß die Verbrechen Vergebung erhalten können und die Strafe nicht allemal deren unausbleibliche Folge sei; o! so nährt ihr dadurch den Zunder der ... Hoffnung, ... daß die Verbrechen unbestraft bleiben ... Die Gesetze müssen demnach wie Felsen stehen, und diejenigen, die sie vollziehen, unerbittlich ... sein.«[43] Vor allem darf kein Verbrechen dem Blicke jener entgehen, die Recht zu sprechen haben. Nichts macht den Apparat der Gesetze brüchiger als die Hoffnung auf Straflosigkeit. Wie läßt sich im Geiste der Bürger die unauflösliche Verbindung zwischen einer Untat und einer Strafe herstellen, wenn es einen Unsicherheitskoeffizienten gibt? Müßte man nicht die Strafe um so furchtbarer aufgrund ihrer Gewaltsamkeit machen, je weniger sie aufgrund ihrer Gewißheit zu fürchten ist? Anstatt solchermaßen das alte System nachzuahmen

---

40 Beccaria, op. cit., S. 59.
41 J. P. Brissot, *Théorie des lois criminelles,* 1781, Bd. I, S. 24.
42 Beccaria, op. cit., S. 27.
43 Beccaria, op. cit., S. 236 f.; vgl. auch Brissot: »Wenn Gnade angemessen ist, ist das Gesetz schlecht; wo die Gesetzgebung gut ist, sind Begnadigungen nur Vergehen gegen das Gesetz.« (*Théorie des lois criminelles,* 1781, Bd. I, S. 200).

und »strenger zu sein, soll man wachsamer sein«.[44] Daher die Idee, daß an
den Justizapparat ein Überwachungsorgan anzuschließen ist, mit dem Verbrechen verhindert oder Verbrecher festgenommen werden können. Polizei und Justiz sollen gemeinsam marschieren und einander ergänzen: die
Polizei soll »das Handeln der Gesellschaft gegenüber jedem Individuum
sicherstellen«, die Justiz soll »die Rechte der Individuen gegen die Gesellschaft«[45] garantieren. So wird jedes Vergehen ans Tageslicht kommen und
mit vollkommener Gewißheit bestraft werden. Zudem ist notwendig, daß
die Verfahren nicht geheim bleiben, daß die Gründe für eine Verurteilung
oder einen Freispruch allen bekannt werden und die Gründe für eine
Strafe von jedem anerkannt werden können. »Das Gericht verkünde seinen Urteilsspruch mit lauter Stimme; es soll verpflichtet sein, in seinem
Urteil den Text des Gesetzes zu nennen, das den Schuldigen verurteilt ...
die Prozesse, die sich in der geheimnisvollen Dunkelheit von Gerichtskanz-
leien abspielen, müssen allen Bürgern zugänglich werden, die sich für das
Schicksal der Verurteilten interessieren.«[46]

Regel der gemeinen Wahrheit. Hinter diesem recht banalen Prinzip verbirgt sich eine bedeutungsvolle Transformation. Das alte System der legalen Beweise, die Anwendung der Folter, die Erpressung des Geständnisses,
der Gebrauch der Marter, des Körpers, des Schauspiels für die Ermittlung
der Wahrheit hatten die Gerichtspraxis für lange Zeit von den gemeinen
Formen der Beweisführung isoliert: Halb-Beweise führten zu Halb-Wahr-
heiten und zu Halb-Schuldigen, durch Folter erpreßten Aussagen wurde
Glaube geschenkt, bloßer Verdacht führte bereits zu einer bestimmten
Strafe. Dieser Gegensatz zur üblichen Beweisführung erregte erst dann Anstoß, als die Strafgewalt für ihre eigene Ökonomie das Element unabweis-
barer Gewißheit brauchte. Wie soll sich im Geiste der Menschen die Idee
des Verbrechens mit der Idee der Züchtigung unlösbar verbinden, wenn
die Wirklichkeit der Züchtigung nicht in jedem Fall auf die Wirklichkeit
des Verbrechens folgt? Diese mit voller Gewißheit und mit den für alle gül-
tigen Methoden zu ermitteln, wird zur ersten Aufgabe. Die Feststellung
des Verbrechens muß den allgemeinen Kriterien aller Wahrheit unterlie-

44 G. de Mably, *De la législation, Œuvres complètes,* 1789, Bd. IX, S. 327. Vgl. auch Vattel: »Nicht so
   sehr die Gräßlichkeit der Strafen als vielmehr die Gewißheit ihres Vollzugs hält die Leute in der
   Pflicht fest.« (*Le Droit des gens,* 1768, S. 163).
45 Duport, Discours à la Constituante, *Archives parlementaires,* Bd. XXI, S. 45.
46 G. de Mably, op. cit., S. 348.

gen. Das Gerichtsurteil muß in seinen Argumenten und Beweisen dem Urteil schlechthin entsprechen. Legale Beweise und Folter sind darum abzuschaffen; eine vollständige Beweisführung zur Feststellung einer gerechten Wahrheit ist notwendig; jede Beziehung zwischen Verdacht und Strafausmaß ist zu beseitigen. Ebenso wie eine mathematische Wahrheit kann die Wahrheit des Vergehens erst nach vollständigem Beweis anerkannt werden; folglich muß der Angeklagte bis zur endgültigen Überführung als unschuldig gelten. Und zur Beweisführung darf sich der Richter keiner Rituale bedienen, sondern der allgemeinen Werkzeuge, jener gemeinen Vernunft, welche auch die der Philosophen und Gelehrten ist: »In der Theorie betrachte ich den Richter als einen Philosophen, der sich vornimmt, eine interessante Wahrheit zu entdecken ... Aufgrund seines Scharfsinns wird er alle Umstände und alle Beziehungen erfassen, wird er alles gehörig verbinden und trennen, um ein richtiges Urteil zu fällen.«[47] Als Vollzug der allgemeinen Vernunft streift die Untersuchung das alte Modell der Inquisition ab, um das viel geschmeidigere der empirischen Nachforschung anzunehmen, das sowohl durch die Wissenschaft wie durch den gemeinen Menschenverstand ausgewiesen ist. Der Richter wird wie »ein Steuermann zwischen den Felsklippen segeln ...: Wie aber werden diese Beweise beschaffen sein müssen, oder mit welchen Anzeigen wird man sich begnügen können? Weder ich noch sonst jemand hat sich bisher getraut, dieses überhaupt zu bestimmen. Da die Umstände der Verbrechen fast unendlichen Abwechslungen unterworfen sind; da die Beweise und Anzeigen aus diesen Umständen hergeleitet werden müssen: so müssen auch notwendig die hellsten Beweise und Anzeigen abwechselnd und veränderlich sein.«[48]

Nunmehr unterliegt die Gerichtspraxis einer gemeinsamen Herrschaft der Wahrheit – einem komplexen System, worin sich die »innere Überzeugung« des Richters aus den heterogenen Elementen des wissenschaftlichen Beweises, der sinnlichen Gewißheit und des gemeinen Menschenverstandes bildet. Hält die Strafjustiz an ihren Formen fest, kann sie sich allen Wahrheiten öffnen, wenn sie nur gewiß, bewiesen und für jedermann annehmbar sind. Das Gerichtsritual ist nicht mehr selber Erzeuger einer Teilwahrheit, sondern in das Bezugsfeld der allgemeinen Beweisführung hineingestellt. Mit der Vielfalt der wissenschaftlichen Beweise knüpfen sich

---

47 G. Seigneux de Correvon, *Essai sur l'usage de la torture*, 1768, S. 49.
48 Paul Risi, *Abhandlungen über einige Gegenstände des peinlichen Rechts*. Eine Übersetzung. Mietau und Leipzig 1771. S. 60 f.

nun schwierige und endlose Beziehungen an, die von der Strafjustiz heute gar nicht mehr kontrolliert werden können. Der Gerichtsherr ist nicht
mehr Herr seiner Wahrheit.

Regel der optimalen Spezifizierung. Damit die Semiotik des Strafsystems
das gesamte Feld der zu bewältigenden Gesetzwidrigkeiten abdecken kann,
müssen alle Rechtsbrüche qualifiziert werden; sie müssen so klassifiziert
und in Arten vereinigt werden, daß keiner ausgelassen wird. Darum ist
ein Strafgesetzbuch notwendig, das hinreichend genau ist, um jede Art
von Rechtsbruch eindeutig anzuführen. Es darf kein Schweigen des Gesetzes geben, in das sich Hoffnung auf Straflosigkeit stürzen könnte. Also bedarf es eines erschöpfenden und ausführlichen Gesetzbuches, welches die
Verbrechen definiert und die Strafen festsetzt.[49] Sollen aber die Vergehen
durch die Zeichen-Wirkungen der Bestrafung vollständig abgedeckt werden, so muß man noch weiter gehen. Die Idee ein und derselben Bestrafung hat nämlich nicht die gleiche Wirkung auf jedermann: die Geldbuße
ist für den Reichen nicht abschreckend, ebensowenig die Ehrlosigkeit für
den, der bereits am Pranger gestanden ist. Zudem hängen die Schädlichkeit und die Ansteckungskraft eines Deliktes vom Rang des Rechtsbre-
chers ab: das Verbrechen eines Adeligen ist für die Gesellschaft schädlicher
als dasjenige eines gemeinen Mannes.[50] Da schließlich die Züchtigung
den Rückfall verhindern soll, muß sie darauf Rücksicht nehmen, was der
Verbrecher in seiner inneren Natur ist: auf den vermutlichen Grad seiner
Bosheit, auf die innere Qualität seines Willens. »Wenn zwei Menschen
den gleichen Diebstahl begangen haben, inwieweit ist dann derjenige, der
kaum das Nötigste hatte, weniger schuldig als der andere, der von Überfluß strotzte? Inwieweit ist von zwei Meineidigen derjenige ein größerer
Verbrecher, dem man von Kindheit an Ehrgefühle einzupflanzen versucht
hat, im Vergleich zum anderen, welcher, der Natur ausgeliefert, niemals
eine Erziehung genossen hat?«[51] Mit der Notwendigkeit einer parallelen
Klassifizierung von Verbrechen und Strafen entsteht gleichzeitig die Notwendigkeit einer Individualisierung der Strafen, die dem besonderen Charakter eines jeden Verbrechers gerecht wird. Die Individualisierung, die in
der gesamten Geschichte des modernen Strafrechts von großem Gewicht
sein sollte, hat hier ihren Ursprung. Unter dem Blickwinkel der Rechts-

49 Vgl. dazu S. Linguet, *Nécessité d'une réforme de l'administration de la justice criminelle*, 1764, S. 8.
50 P. L. de Lacretelle, *Discours sur les peines infamantes*, 1784, S. 144.
51 J.-P. Marat, *Plan de législation criminelle*, 1780, S. 34.

theorie sowie der Anforderungen der täglichen Praxis widerspricht sie zweifellos dem Prinzip der Kodifizierung. Geht man aber von der neuen Ökonomie der Strafgewalt aus, die im gesamten Gesellschaftskörper genau bemessene Straf-Zeichen – ohne Überschwang und ohne Lücken, ohne unnütze Machtverausgabung und ohne Ängstlichkeit – in Umlauf setzen will, so sieht man, daß die Kodifizierung des Systems Verbrechen/ Strafen und die individuelle Modulierung des Paares Verbrecher/Bestrafung einander bedingen und entsprechen. Die Individualisierung erscheint als die eigentliche Absicht einer exakten Kodifizierung.

Diese Individualisierung unterscheidet sich wesentlich von den Straf-Abstufungen der alten Rechtsprechung. Diese benutzte – in Übereinstimmung mit der christlichen Bußpraxis – zur Bemessung der Züchtigung zwei Variablen: die »Umstände« und die »Intention«, d.h. Elemente, die zur Qualifizierung der Tat selber beitrugen. Die Modulierung der Strafe war also Sache einer »Kasuistik« im weitesten Sinn.[52] Was sich aber jetzt abzuzeichnen beginnt, ist eine Modulierung, die sich auf den Täter selbst bezieht: auf seine Natur, seine Lebens- und Denkweise, seine Vergangenheit, die »Qualität« und nicht mehr die Intention seines Willens. Man entdeckt den Ort in der Strafpraxis, an dem später die kasuistische Jurisprudenz durch das psychologische Wissen abgelöst werden sollte. Davon ist man am Ende des 18. Jahrhunderts noch weit entfernt. Die Verbindung zwischen Kodifizierung und Individualisierung wird in den wissenschaftlichen Modellen der Zeit gesucht. Das geeignetste Schema wurde zweifellos von der Naturgeschichte angeboten: die Taxinomie der Arten in einer kontinuierlichen Abstufung. Gesucht wird ein Linné der Verbrechen und Strafen dergestalt, daß jede einzelne Gesetzesübertretung und jedes straffällige Individuum ohne irgendeine Willkür unter ein allgemeines Gesetz fallen können. »Man muß ein Tableau aller Gattungen von Verbrechen zusammenstellen, die man in verschiedenen Ländern beobachtet. Dazu bedarf es nach der Aufzählung der Verbrechen einer Einteilung in Arten. Die beste Regel für diese Unterteilung scheint mir zu sein, daß man die Verbrechen nach ihren unterschiedlichen Gegenständen einteilt. In dieser Aufteilung muß jede Art von der andern scharf unterschieden sein, und jedes besondere Verbrechen muß in all seinen Beziehungen zum vorangehenden und zum nachfolgenden Verbrechen erfaßt sein. Dieses Tableau muß

---

52 Zum nicht-individualisierenden Charakter der Kasuistik vgl. P. Cariou, *Les Idéalités casuistiques* (Verv. Ms.).

schließlich so beschaffen sein, daß es auf ein anderes Tableau, nämlich das der Strafen, abgestimmt ist und die beiden einander genau entsprechen.«[53] In der Theorie – oder vielmehr in einer theoretischen Träumerei – vermag die zweifache Taxinomie der Strafen und der Verbrechen das Problem zu lösen, wie sich feststehende Gesetze auf besondere Individuen anwenden lassen.

Unabhängig von diesem spekulativen Modell gab es damals einige wenn auch spärliche Ansätze zur anthropologischen Individualisierung. Einer davon ist der Begriff des Rückfalls, der zwar in den alten Strafgesetzen keineswegs unbekannt war,[54] nun aber zu einer Qualifizierung des Delinquenten selbst wird und zur Modifizierung der Strafe beitragen kann. Nach der Gesetzgebung von 1791 stand auf Rückfall fast durchweg die doppelte Strafe, nach dem Gesetz vom Floréal des Jahres X wurden Rückfällige mit dem Buchstaben R gebrandmarkt, und das Strafgesetzbuch von 1810 setzte entweder das Höchstmaß der Strafe oder die nächsthöhere Strafe fest. Mit dem Rückfall zielt man nicht auf den Urheber einer durch das Gesetz definierten Tat ab, sondern auf das sich vergehende Subjekt, auf einen bestimmten Willen, der seinen zuinnerst verbrecherischen Charakter offenbart. Je mehr die Kriminalität anstelle des Verbrechens Gegenstand der Strafintervention wird, um so wichtiger wird der Gegensatz zwischen Ersttäter und Rückfälligem. Verstärkt wird dieser Unterschied durch einen Begriff, der sich in derselben Zeit herausbildet: den Begriff des »leidenschaftlichen« Verbrechens, des unfreiwilligen, unreflektierten, an außerordentliche Umstände gebundenen Verbrechens, das zwar nicht die Entschuldigung des Wahnsinns für sich hat, das aber verspricht niemals ein Gewohnheitsverbrechen zu sein. Schon Le Peletier machte 1791 darauf aufmerksam, daß die feine Abstufung der Strafen, die er in der Verfassunggebenden Versammlung vorschlug, »den Bösewicht, der kaltblütig eine Untat plant«, vom Verbrechen abhalten kann, da ihn die Furcht vor der Strafe zurückhält; daß sie jedoch gegenüber den Verbrechen machtlos ist, »die aus heftigen, nichtberechnenden Leidenschaften hervorgehen«; aber

---

53 P. L. de Lacretelle, op. cit., S. 351 f.

54 Im Gegensatz zu den Aussagen von Carnot, F. Helie und Chauveau ist festzuhalten, daß der Rückfall in vielen Gesetzen des Ancien régime mit Sanktionen bedacht wurde. So erklärt die Verordnung von 1549, daß der Missetäter, der von neuem beginnt, ein »abscheuliches, infames, für die Öffentlichkeit besonders gefährliches Wesen« ist. Rückfällige Gotteslästerer, Diebe, Landstreicher wurden mit besonderen Strafen bedroht.

das hat wenig Bedeutung, da solche Verbrechen »keinerlei überlegte Bosheit« bei ihren Urhebern verraten.[55]

Hinter der Humanisierung der Strafen findet man all diese Regeln, welche die »Milde« als eine kalkulierte Ökonomie der Strafgewalt erlauben, ja fordern. Aber sie verlangen auch eine Verschiebung des Zielpunktes dieser Gewalt: es geht nicht mehr um den Körper in einem Ritual der übermäßigen Schmerzen, in einem Spiel der brandmarkenden Martern; es geht um den Geist oder vielmehr um ein Spiel von Vorstellungen und Zeichen, die diskret, aber mit zwingender Gewißheit im Geiste aller zirkulieren. Nicht mehr der Körper, sondern die Seele, sagte Mably. Nun wird sichtbar, was unter »Seele« zu verstehen ist: das Korrelat einer Machttechnik. Man gibt den alten Bestrafungs-»Anatomien« den Abschied. Aber ist man damit auch wirklich ins Zeitalter der körperlosen Züchtigungen eingetreten?

An den Ausgangspunkt kann man also den politischen Plan stellen, die Gesetzwidrigkeiten genau zu erfassen, die Bestrafung zu verallgemeinern und die Strafgewalt zu kontrollieren und einzugrenzen. Daraus ergeben sich zwei Linien der Objektivierung von Verbrechen und Verbrecher. Einerseits wird der Verbrecher als Feind aller bezeichnet, den zu verfolgen alle ein Interesse haben, er fällt aus dem Vertrag heraus, disqualifiziert sich als Bürger und wird zu einem, der ein wildes Stück Natur in sich trägt. Er erscheint als Ruchloser, Monster, vielleicht als Wahnsinniger, als Kranker und bald als »Anormaler«. In dieser Eigenschaft sollte er eines Tages zum Gegenstand einer Wissenschaft werden – und einer entsprechenden »Behandlung«. Auf der anderen Seite folgen aus der Notwendigkeit, die Wirkungen der Strafgewalt von innen zu messen, Vorschriften für die Interventionstaktiken gegenüber Verbrechern, den wirklichen und den möglichen: die Organisation der Vorbeugung, der Kalkül der Interessen, der Einsatz von Vorstellungen und Zeichen, die Konstituierung eines Horizonts von Gewißheit und Wahrheit, die Anpassung der Strafen an immer subtilere Variablen. All das führt gleichermaßen zu einer Objektivierung der Verbrecher und der Verbrechen. In beiden Fällen beginnt die Machtbeziehung, auf der die Bestrafung beruht, durch eine Erkenntnisbeziehung ergänzt zu werden, die sowohl das Verbrechen als eine nach gemeinsamen Normen zu ermittelnde Tatsache wie auch den Verbrecher als ein nach spezifischen Kriterien zu erkennendes Individuum erfaßt. Diese Gegenstandsbezie-

---

55 Le Peletier de Saint-Fargeau, *Archives parlementaires*, Bd. XXVI, S. 321 f. Ein Jahr darauf – im Fall Gras – hält Bellart zum ersten Mal ein Plädoyer für ein Verbrechen aus Leidenschaft.

hung legt sich nicht bloß von außen auf die Strafpraxis – etwa als Verbot,
welches das Rasen der Marter in die Schranken der Empfindsamkeit weist,
oder als rationale, »wissenschaftliche« Frage, was dieser Mensch sei, den
man bestraft. Die Prozesse der Vergegenständlichung entwickeln sich in
den Taktiken und Verfahren der Macht selber.

Die beiden Objektivierungstypen, die sich mit den Projekten der Strafreform abzeichnen, unterscheiden sich allerdings recht deutlich voneinander: durch ihre Chronologie und durch ihre Wirkungen. Die Vergegenständlichung des Rechtlosen, des Naturwesens, ist noch nicht mehr als
eine Möglichkeit, eine Fluchtlinie, in der sich die Gedanken der politischen Kritik und Gestalten der Einbildungskraft treffen. Es wird noch
lange Zeit dauern, bis der *homo criminalis* ein bestimmter Gegenstand in
einem Erkenntnisfeld wird. Die andere Objektivierungsweise hat viel ra-
schere und entscheidendere Wirkungen gezeitigt, da sie direkt mit der
Reorganisation der Strafgewalt verbunden war: Kodifizierung, Definition
der Vergehen, Festsetzung der Strafen, Prozeßvorschriften, Definition der
Rolle der Gerichtsbeamten. Außerdem konnte sie sich auf den bereits konstituierten Diskurs der Ideologen stützen. Dieser lieferte tatsächlich durch
die Theorie der Interessen, der Vorstellungen und der Zeichen, durch die
Rekonstruktion von Reihen und Entwicklungen eine Art Generalrezept
für die Ausübung von Gewalt über Menschen: der »Geist« als Schrifttafel
in der Hand der Macht, mit der Semiologie als Griffel; die Unterwerfung
der Körper durch die Kontrolle der Ideen; die Analyse der Vorstellungen
als Prinzip einer Politik der Körper, die wirksamer ist als die rituelle Anatomie der Martern. Das Denken der Ideologen war nicht nur eine Theorie
des Individuums und der Gesellschaft; es entwickelte sich als eine Technologie der subtilen, wirksamen und sparsamen Gewalten, im Gegensatz
zum kostspieligen Machtaufwand der Souveräne. Hören wir noch einmal
auf Servan: die Ideen von Verbrechen und Züchtigung müssen fest verbunden sein und »lückenlos aufeinander folgen ... Wenn ihr so die Kette der
Ideen in den Köpfen eurer Mitbürger gespannt habt, könnt ihr euch rühmen, sie zu führen und ihre Herren zu sein. Ein schwachsinniger Despot
kann Sklaven mit eisernen Ketten zwingen; ein wahrer Politiker jedoch
bindet sie viel fester durch die Kette ihrer eigenen Ideen; deren erstes Ende
macht er an der unveränderlichen Ordnung der Vernunft fest. Dieses
Band ist um so stärker, als wir seine Zusammensetzung nicht kennen
und es für unser eigenes Werk halten. Verzweiflung und Zeit nagen an Ket-

ten aus Eisen und Stahl, sie vermögen aber nichts gegen die gewohnheitsmäßige Vereinigung der Ideen, sondern binden sie nur noch fester zusammen. Auf den weichen Fasern des Gehirns beruht die unerschütterliche Grundlage der stärksten Reiche.«[56]

Diese Zeichentechnik der Bestrafungen, diese »ideologische Gewalt«, bleibt, jedenfalls zu einem Teil, in der Schwebe. An ihrer Stelle setzt sich eine neue politische Anatomie durch, in der der Körper, allerdings in ganz neuer Weise, zur Hauptperson wird. Diese neue politische Anatomie wird es möglich machen, daß sich die beiden divergierenden Objektivierungslinien, die sich im 18. Jahrhundert bilden, kreuzen: diejenige, die den Verbrecher aus der Gesellschaft ausschließt – auf die Seite einer Natur wider die Natur; und die andere, welche die Delinquenz durch eine kalkulierte Ökonomie der Bestrafungen zu kontrollieren sucht. Ein Blick auf die neue Kunst des Strafens zeigt die Ablösung der Zeichen-Straftechnik durch eine neue Politik des Körpers.

2. Die Milde der Strafen

Die Kunst des Strafens muß also auf einer Technologie der Vorstellung beruhen. Das Unternehmen kann nur gelingen, wenn es sich in eine natürliche Mechanik integriert. »Die Kraft, welche die Menschen ohne Unterlaß zu Lüsten und Begierden hinreißt, ist der Schwerkraft ähnlich, welche alle Körper nach dem Mittelpunkte des Erdbodens unaufhörlich zieht, und die sich durch nichts anderes als durch Hindernisse, die man ihr entgegensetzt, aufhalten läßt. Die ganze Folge menschlicher Handlungen ist eine Wirkung dieser moralischen Schwerkraft.«[57] Für ein Verbrechen die passende Züchtigung finden bedeutet, den Nachteil ausfindig zu machen, dessen Idee so beschaffen ist, daß sie der Idee der Untat für immer die Anziehungskraft nimmt. Es handelt sich um eine Kunst der Energien, die sich bekämpfen, um eine Kunst der Bilder, die sich verknüpfen, um die Herstellung dauerhafter Verbindungen, welche der Zeit trotzen. Es geht darum, Gegensatzpaare in der Vorstellung zu etablieren, quantitative Differenzen zwischen den wirkenden Kräften einzurichten, ein System von Hemmzeichen aufzubauen, welche die Bewegung der Kräfte einem Macht-

56 J. M. Servan, *Discours sur l'administration de la justice criminelle*, 1767, S. 35.
57 Beccaria, op. cit., S. 29.

verhältnis zu unterwerfen vermögen. »Also müssen die gedachten Hemm-
nismittel ... unaufhörlich vor Augen schweben, wenn sie den starken Eindrücken der stürmenden Leidenschaften das Gleichgewicht halten sollen.«[58] Haben einst Brandmale das Wesen der Martern ausgemacht, so
konstituieren nun Hemmzeichen das neue Arsenal der Strafen. Dazu müssen sie aber mehreren Bedingungen gehorchen.

  1. Sie müssen sowenig willkürlich sein wie nur möglich. Zwar definiert
die Gesellschaft aufgrund ihrer eigenen Interessen, was als Verbrechen zu
betrachten ist: dieses ist also nichts Natürliches. Will man aber, daß die Bestrafung ohne Schwierigkeit im Geiste gegenwärtig werde, wenn man ans
Verbrechen denkt, so muß die Verbindung zwischen beiden so unmittelbar
sein wie nur möglich: eine Verbindung von Gleichheit, Analogie, Ähnlichkeit. Es ist notwendig, »daß die Strafe der Natur des Verbrechens einigermaßen entspreche und, soviel wie möglich, einen Bezug auf dasselbe habe.
Durch diese Gleichförmigkeit wird der Kontrast, welchen der Antrieb
zum Verbrechen und das Gegengewicht der darauf geordneten Strafe gegeneinander machen sollen, ungemein verschönert.«[59] Die ideale Bestrafung wird auf das von ihr sanktionierte Verbrechen hin vollkommen transparent sein. Für den, der sie betrachtet, wird sie unfehlbar das Zeichen des
bestraften Vergehens sein. Und dem, der vom Verbrechen träumt, wird die
bloße Idee der Untat das Strafzeichen in Erinnerung rufen. Das ist ein Vorteil sowohl für die Festigkeit der Verbindung wie auch für den Kalkül der
Proportionen zwischen Verbrechen und Züchtigung und für die quantitative Abschätzung der Interessen. Ein Vorteil ist es aber vor allem auch, weil
die Bestrafung, welche die Form einer natürlichen Abfolge annimmt, nicht
mehr als willkürliche Wirkung einer menschlichen Gewalt erscheint: »Die
beste Methode, die Bestrafung in ein richtiges Verhältnis zum Verbrechen
zu bringen, ist die, daß man die Züchtigung aus dem Vergehen ableitet.
Wenn das der Triumph der Gerechtigkeit ist, ist es auch der Triumph der
Freiheit, da dann die Strafen nicht mehr aus dem Willen des Gesetzgebers,
sondern aus der Natur der Dinge fließen. Man sieht den Menschen nicht
mehr dem Menschen Gewalt antun.«[60] In der von der Analogie geleiteten
Bestrafung verbirgt sich die Gewalt, die bestraft.

  Die Strafen sollen also durch Institutionen geschaffene Naturgegeben-

58 Beccaria, op. cit., S. 11.
59 Beccaria, op. cit., S. 102 f.
60 J.-P. Marat, *Plan de législation criminelle*, 1780, S. 33.

heiten sein und in ihrer Form den Inhalt des Verbrechens wiederholen. Die Reformer haben ein ganzes Arsenal solcher Strafen ersonnen. Zum Beispiel Vermeil: wer die öffentliche Freiheit mißbraucht, wird seiner Freiheit beraubt; wer die Wohltaten des Gesetzes und die Vorrechte der öffentlichen Funktionen mißbraucht, verliert seine Bürgerrechte; Erpressung und Wucher werden mit Geldbuße bestraft, Diebstahl mit Einziehung des Vermögens; auf das Vergehen der »eitlen Ruhmsucht« steht Entehrung, auf Mord Tod und auf Brandstiftung Scheiterhaufen. Dem Giftmischer »wird der Scharfrichter einen Kelch reichen und ihm die Flüssigkeit daraus ins Gesicht schütten – mit dem Bild seiner Untat wird ihm deren Abscheulichkeit in die Augen springen; darauf wird er ihn in einen Kessel voll siedenden Wassers tauchen.«[61] Das mag vielleicht nur Träumerei sein, aber das Prinzip der symbolischen Kommunikation wird noch von Le Peletier klar formuliert, als er 1791 das neue Strafgesetz einbringt: »Es bedarf genauer Beziehungen zwischen der Natur des Vergehens und der Natur der Bestrafung.« Wer in seinem Verbrechen gewalttätig war, wird körperliche Schmerzen erleiden; der Taugenichts wird zu einer mühevollen Arbeit gezwungen werden; der Niederträchtige wird eine entehrende Strafe erleiden.[62]

Trotz der Grausamkeiten, die stark an die Martern des Ancien régime erinnern, ist in diesen Analogie-Strafen ein ganz anderer Mechanismus am Werk. Es handelt sich nicht mehr um ein Kampfgericht zwischen Gräßlichkeit und Gräßlichkeit, nicht mehr um die Symmetrie der Rache, sondern um die Transparenz zwischen Zeichen und Bezeichnetem. Man möchte auf dem Theater der Züchtigungen ein Verhältnis etablieren, das den Sinnen unmittelbar einsichtig ist und einen einfachen Kalkül möglich macht. Es geht um so etwas wie eine verständige Ästhetik der Strafe. »Die Nachahmung der Natur ist nicht allein bei Künsten und Wissenschaften, welche auf Geschmack beruhen, der Weg zu Meisterstücken und Vollkommenheit, sondern auch die Staatskunst und gesetzgebende Klugheit, nämlich die wahre und dauerhafte, ist ihren Regeln unterworfen.«[63]

2. Dieses Zeichenspiel muß in die Mechanik der Kräfte eingreifen: es muß das Begehren, welches das Verbrechen anziehend macht, mindern;

---

61 F. M. Vermeil, *Essai sur les réformes à faire dans notre législation criminelle*, 1781, S. 68-145; vgl. auch Ch. E. Dufriche de Valazé, *Des lois pénales*, 1784, S. 349. S. 133.

62 Le Peletier de Saint-Fargeau, *Archives parlementaires*, Bd. XXVI, S. 321 f.

63 Beccaria, op. cit., S. 114.

es muß die Furcht vor der Strafe steigern; es muß das Verhältnis der Kräfte umkehren, so daß die Vorstellung der Strafe und ihrer Nachteile lebhafter ist als die des Verbrechens mit seinen Vergnügungen. Es handelt sich also um eine Mechanik des Interesses, seiner Bewegung, seiner Vorstellung und der Lebhaftigkeit dieser Vorstellung. »Ich vergleiche den Gesetzgeber mit einem geschickten Baumeister, dessen Hauptsorge dahin geht, der niederdrückenden Kraft der Schwere andere erhaltende und unterstützende Kräfte entgegenzustellen, um durch diese Vereinigung des Gewichtes und Gegengewichtes seinem Gebäude Festigkeit zu geben.«[64]

Dazu gibt es mehrere Mittel: »Geradewegs auf die Quelle des Übels losgehen«;[65] die Triebkraft, welche die Vorstellung des Verbrechens belebt, brechen; das zugrundeliegende Interesse schwächen. Hinter den Vergehen der Landstreicher steckt die Faulheit; sie muß man bekämpfen. »Man wird keinen Erfolg haben, wenn man die Bettler in Gefängnisse sperrt, die eher Kloaken sind.« Man wird sie zur Arbeit zwingen müssen. »Beschäftigung ist die beste Strafe für sie.«[66] Gegen eine schlechte Leidenschaft setzt man eine gute Gewohnheit; gegen eine Gewalt eine andere Gewalt; aber hier handelt es sich nicht um die Gewalt der Waffen, sondern um Leidenschaft und Empfindsamkeit. »Sind nicht alle Strafen aus dem einfachen, glücklichen und bereits bekannten Prinzip abzuleiten: sie nämlich so auszuwählen, daß die Leidenschaft, die zum Verbrechen geführt hat, am empfindlichsten getroffen wird?«[67]

Die Gewalt, die zum Vergehen geführt hat, muß gegen sich selber ausgespielt werden. Das Interesse muß gespalten werden; es muß benutzt werden, damit die Strafe abschreckend wird. Die Züchtigung muß es noch mehr reizen, als die Untat ihm schmeicheln konnte. Hat der Stolz zu einem Verbrechen geführt, so muß er durch die Bestrafung verletzt, ja empört werden. Die Wirksamkeit der entehrenden Strafen beruht darauf, daß sie den eitlen Wahn ausnutzen, der an der Wurzel des Vergehens lag. Die fanatischen Schwärmer rühmen sich ihrer Meinungen und auch noch der Martern, die sie dafür erdulden. Spielen wir also gegen die Schwärmerei den hochmütigen Eigensinn aus, der ihr zugrunde liegt. »Für Schwärmerei schickt sich nichts Besseres, als ihr mit Verachtung zu begegnen und sie lä-

64 Beccaria, op. cit., S. 30.
65 Mably, *De la législation, Œuvres complètes*, IX, S. 246.
66 J.-P. Brissot, *Théorie des lois criminelles*, 1781, I, S. 258.
67 P.-L. de Lacretelle, op. cit., S. 361.

cherlich zu machen; solchergestalt wird ihr Stolz durch den Stolz der Zuschauer gedemütigt.«[68] Hingegen hüte man sich, sie mit körperlichen und schmerzhaften Strafen zu belegen.

Ein nützliches und tugendhaftes Interesse muß wiederbelebt werden, wenn es sich abgeschwächt hat, wie das Verbrechen zeigt. Das Gefühl des Respekts für das Eigentum – das Eigentum an Reichtümern, aber auch das Eigentum an Ehre, Freiheit, Leben – hat der Übeltäter verloren, wenn er stiehlt, verleumdet, entführt oder tötet. Also muß man es ihm wieder beibringen. Und am besten beginnt man damit, daß man ihn es sich selber lehren läßt: man läßt ihn spüren, was es bedeutet, die freie Verfügung über seine Güter, seine Ehre, seine Zeit und seinen Körper zu verlieren – damit er sie dann auch bei anderen respektiert.[69] Die Strafe, die dauerhafte und leicht lesbare Zeichen formt, muß auf diese Weise die Ökonomie der Interessen und die Dynamik der Leidenschaften erneuern.

3. Darum ist eine zeitliche Abstufung der Strafe vonnöten. Die Strafe transformiert, indem sie Zeichen etabliert und Hemmnisse einrichtet. Worin läge ihr Nutzen, wenn sie das Ende bedeuten müßte? Eine Strafe ohne Begrenzung wäre ein Widerspruch: alle Zwangsmittel, die sie dem Verurteilten auferlegt, würden diesem nichts mehr nützen, wenn er tugendhaft geworden ist, und wären damit nichts als Martern. Und die zu seiner Umformung gemachten Anstrengungen wären für die Gesellschaft verlorene Mühen und Kosten. Wenn es Unverbesserliche gibt, muß man sich entschließen, sie zu beseitigen. Aber alle anderen Strafen erfüllen ihren Zweck nur dann, wenn sie einmal beendet werden. Diese Analyse wurde von den Mitgliedern der Verfassunggebenden Versammlung akzeptiert: das Strafgesetzbuch von 1791 sieht den Tod für die Verräter und Mörder vor; alle anderen Strafen müssen eine Begrenzung haben (das Höchstmaß beträgt 20 Jahre).

Vor allem muß die Dauer eine Funktion innerhalb der Ökonomie der Strafe haben. Die Martern mit ihrer Gewaltsamkeit bargen die Gefahr in sich, daß die Züchtigung um so kürzer ausfiel, je schwerer das Vergehen war. Zwar spielte die Dauer im alten System der Strafen durchaus eine Rolle: Tage der Anprangerung, Jahre der Verbannung, Stunden auf dem Rad. Doch es war eine Zeit der Prüfung, nicht der konzertierten Transformation. Jetzt muß die Dauer zur eigentlichen Leistung der Züchtigung

---

68 Beccaria, op. cit., S. 113.
69 G. E. Pastoret, *Des lois pénales*, 1790, I, S. 49.

beitragen: »Eine verlängerte Abfolge von unangenehmen Beeinträchtigungen erspart der Menschheit den Schauer der Martern und beeindruckt den Schuldigen weit stärker als ein flüchtiger Augenblick von Schmerz … Sie erneuert vor den Augen des zuschauenden Volkes ohne Unterlaß die Erinnerung an die rächenden Gesetze und läßt zu jeder Zeit einen heilsamen Schrecken wiederaufleben.«[70] Die Zeit als Faktor der Strafe.

Nun läßt es die zerbrechliche Mechanik der Leidenschaften nicht zu, daß man ihnen im Laufe ihrer Umformung immer in derselben Weise und mit derselben Intensität Zwang auferlegt. Es ist besser, wenn die Strafe sich mit den von ihr herbeigeführten Wirkungen abschwächt. Sie kann zwar vom Gesetz dahingehend fixiert sein, daß sie für alle in der gleichen Weise beendet wird; aber ihr innerer Mechanismus muß variabel sein. In seiner Vorlage für die Verfassunggebende Versammlung schlug Le Peletier Strafen mit abnehmender Intensität vor: ein zur schwersten Strafe Verurteilter soll den Kerker (Kette an Füßen und Händen, Dunkelheit, Einsamkeit, Wasser und Brot) nur in einer ersten Phase erleiden; er soll die Möglichkeit haben, an zwei, später an drei Tagen der Woche zu arbeiten. Nach zwei Dritteln seiner Strafzeit soll er zur verschärften Haft überwechseln können (Licht, Kette um den Leib, Einzelarbeit an fünf Tagen der Woche, Arbeit in Gemeinschaft an den zwei übrigen Tagen; diese Arbeit wird ihm bezahlt, damit er seine Kost aufbessern kann). Wenn er schließlich dem Ende seiner Strafe näher kommt, wird er ins Gefängnis überwechseln können: »Er wird sich alle Tage mit den anderen Gefangenen zur gemeinsamen Arbeit vereinigen können. Wenn er es vorzieht, wird er allein arbeiten können. Seine Kost wird so sein, wie sie von seiner Arbeit erbracht wird.«[71]

4. Für den Verurteilten ist die Strafe eine Mechanik der Zeichen, der Interessen, der Dauer. Aber der Schuldige ist nicht die einzige Zielscheibe der Strafe. Diese richtet sich vor allem an die anderen: an alle potentiellen Schuldigen. Die Hemmzeichen, die man langsam der Vorstellung des Verurteilten einprägt, müssen in der gesamten Gesellschaft rasch zirkulieren; sie müssen von allen aufgenommen und weiter verteilt werden; sie müssen den Diskurs bilden, den jeder jedermann hält und mittels dessen alle sich

---

70 Le Peletier de Saint-Fargeau, *Archives parlementaires*, Bd. XXVI. Die Autoren, die auf die Todesstrafe verzichten, sehen einige lebenslängliche Strafen vor: J. P. Brissot, op. cit., S. 29 f.; Ch. E. Dufriche de Valazé, op. cit., S. 344: immerwährendes Gefängnis für die »unheilbar Bösen«.

71 Le Peletier de Saint-Fargeau, op. cit., S. 329 f.

das Verbrechen untersagen. Wie eine gute Währung, die den falschen Gewinn des Verbrechens ersetzt.

Zu diesem Zwecke muß die Züchtigung nicht nur natürlich erscheinen, sie muß interessieren können. Jeder muß darin seinen eigenen Vorteil erblicken können. An die Stelle jener aufsehenerregenden, aber nutzlosen Strafen, auch an die Stelle von geheimen Strafen müssen Züchtigungen treten, die als Wiedergutmachung betrachtet werden können, welche der Schuldige seinen Mitbürgern für die ihnen im Verbrechen zugefügte Beleidigung leistet: Strafen, »die unter den Augen der Bürger ohne Unterlaß verbüßt werden« und die »den öffentlichen Nutzen aus den gemeinsamen und besonderen Bewegungen hervorgehen lassen«.[72] Das Ideal wäre, wenn der Verurteilte als eine Art rentables Eigentum erschiene: ein Sklave im Dienste aller. Warum auch soll die Gesellschaft ein Leben und einen Körper vernichten, die sie sich aneignen kann? Es ist doch nützlicher, ihn »dem Staate in einer Sklavenschaft dienen zu lassen, die je nach der Natur seines Verbrechens mehr oder weniger ausgedehnt ist«; Frankreich hat nur allzu viele ungangbare Wege, die den Handel behindern; die Diebe, welche ebenfalls den freien Warenverkehr stören, brauchen nur die Straßen instand zu setzen. Beredter als der Tod ist das Beispiel eines Menschen, den man immer vor Augen hat und dem man die Freiheit genommen hat und der den Rest seines Lebens dazu verwenden muß, den Schaden, den er der Gesellschaft verursacht hat, wiedergutzumachen.«[73]

Im alten System wurde der Körper des Verurteilten zur Sache des Königs, welcher der Souverän sein Brandmal eindrückte und an welcher er seine Macht ausließ. Jetzt ist er eher ein gesellschaftliches Eigentum, Gegenstand einer kollektiven und nutzbringenden Aneignung. Darum haben die Reformer fast immer die öffentlichen Arbeiten als eine der besten möglichen Strafen vorgeschlagen, und die Beschwerdebriefe sind ihnen darin gefolgt: »Diejenigen, die nicht zum Tode verurteilt werden, sollen zu öffentlichen Arbeiten des Landes verurteilt werden, so lange, wie es ihrem Verbrechen entspricht.«[74] »Öffentliche Arbeit« bedeutet zweierlei: das kol-

---

72 Ch. E. Dufriche de Valazé, op. cit., S. 346

73 A. Boucher d'Argis, *Observations sur les lois criminelles*, 1781, S. 139.

74 Vgl. L. Masson, *La Révolution pénale en 1791*, S. 139. Gegen die Arbeit als Strafe wurde allerdings eingewendet, daß sie wieder auf Gewalt zurückgreife (Le Peletier) oder daß sie die Heiligkeit der Arbeit profaniere (Duport). Rabaud Saint-Étienne setzt den Ausdruck »Zwangsarbeiten« durch, als Gegensatz zu den »freien Arbeiten, die ausschließlich Sache der freien Menschen sind«. (*Archives parlementaires*, Bd. XXVI, S. 710 f.).

lektive Interesse an der Strafe des Verurteilten sowie die Sichtbarkeit und
Kontrollierbarkeit der Züchtigung. Der Schuldige zahlt somit zweifach:
durch die Arbeit, die er leistet, und durch die Zeichen, die er von sich gibt.
Inmitten der Gesellschaft, auf den öffentlichen Plätzen oder den großen
Straßen, ist er ein Brennpunkt von Gewinnen und Bedeutungen. Sichtba-
rerweise dient er einem jeden; aber gleichzeitig läßt er in den Geist aller
das Zeichen Verbrechen/Strafe eindringen: dieser zweite Nutzen ist rein
moralisch, aber um so wirklicher.

5. Daraus ergibt sich eine ganze und sehr gelehrte Ökonomie der Öffentlichkeit. Bei der körperlichen Marter wurde das abschreckende Beispiel
vom Terror getragen: physisches Erschaudern, allgemeines Entsetzen und
Bilder, die sich ins Gedächtnis der Zuschauer eingraben wie das Brandmal
auf die Wange oder Schulter des Verurteilten. Jetzt ist der Träger des Exempels die Lektion, der Diskurs, das lesbare Zeichen, die Inszenierung und
Abbildung der öffentlichen Moralität. Die Zeremonie der Züchtigung beruht nicht mehr auf der schreckenerregenden Wiederherstellung der Souveränität, sondern auf der Wiederinkraftsetzung des Strafgesetzbuches, auf
der kollektiven Festigung des Bandes zwischen der Idee des Verbrechens
und der Idee der Strafe. In der Bestrafung ist nicht mehr der Souverän gegenwärtig, die Gesetze selber werden lesbar. Diese hatten ja an ein bestimmtes Verbrechen eine bestimmte Züchtigung geknüpft. Sobald nun ein Verbrechen begangen worden ist, tritt unverzüglich die Bestrafung ein, die
den Diskurs des Gesetzes verwirklicht und beweist, daß der Code, der die
Ideen verbindet, auch die Wirklichkeiten verbindet. Der unmittelbaren Verknüpfung im Text muß eine unmittelbare Verknüpfung in den Taten entsprechen. »Betrachtet die ersten Augenblicke, in denen sich die Kunde von
einer gräßlichen Tat in unseren Städten oder auf dem Lande verbreitet: die
Bürger gleichen Menschen, die den Blitz hinter sich einschlagen sehen; jeder ist durchdrungen von Entrüstung und Schauer... Das ist der Moment
zur Bestrafung des Verbrechens: laßt ihn nicht vorübergehen! Laßt den Un-
täter nicht entwischen! Beeilt euch, ihn zu überführen und zu verurteilen!
Errichtet Blutgerüste, Scheiterhaufen, zerrt den Schuldigen auf die öffentlichen Plätze, ermuntert das Volk zu lautem Schreien! Dann werdet ihr hören,
wie es der Verkündigung eurer Urteile Beifall klatscht wie der Verkündigung des Friedens und der Freiheit. Und ihr werdet es zu jenen schrecklichen Schauspielen eilen sehen wie zu einem Triumph der Gesetze.«[75]

75 J. M. Servan, *Discours sur l'administration de la justice criminelle*, 1767, S. 35 f.

Die öffentliche Bestrafung ist die Zeremonie der unmittelbaren Wiederherstellung des Codex/Code.

Das Gesetz formiert sich neu und nimmt seinen Platz neben der Untat ein, die es verletzt hat. Der Missetäter hingegen wird aus der Gesellschaft verstoßen. Er verläßt sie. Doch nicht mehr in jenen zweideutigen Festen des Ancien régime, in denen das Volk am Verbrechen oder an der Hinrichtung sich zu beteiligen drohte, sondern in einer Trauerzeremonie. Die Gesellschaft, die ihre Gesetze wiedergefunden hat, verliert denjenigen ihrer Bürger, der sie verletzt hat. Die öffentliche Bestrafung muß eine zweifache Trübnis kundtun: daß einer das Gesetz mißachten konnte und daß man sich von einem Mitbürger trennen muß. »Verknüpft die Bestrafung mit dem Apparat des rührendsten Schmerzes! Dieser Tag soll für das Vaterland ein Tag der Trauer sein. Große Lettern sollen allenthalben vom allgemeinen Schmerze künden ... Der Gerichtsvorsteher trage einen Trauerflor, wenn er dem Volk den Anschlag und die traurige Notwendigkeit einer gesetzlichen Rache verkündet. Die verschiedenen Szenen dieser Tragödie mögen alle Sinne rühren, alle zarten und ehrenhaften Regungen in Bewegung versetzen.«[76]

Der Sinn dieser Trauer muß für alle klar sein. Jedes Element ihres Rituals muß sprechen, muß das Verbrechen nennen, an das Gesetz erinnern, die Notwendigkeit der Bestrafung aufzeigen, ihr Maß rechtfertigen. Anschlagzettel, Schrifttafeln, Zeichen, Symbole müssen in großer Zahl jedem die Bedeutung des Geschehens erklären. Die Öffentlichkeit der Bestrafung darf keine physische Schreckenswirkung verbreiten; sie muß ein Buch aufschlagen, das zu lesen ist. Le Peletier schlug vor, daß das Volk einmal im Monat die »Verurteilten in ihrem armseligen Loch besuchen könne: über der Kerkertür wird es in großen Buchstaben den Namen des Schuldigen, das Verbrechen und das Urteil lesen können«.[77] Und einige Jahre später ersinnt Bexon im naiven militärischen Stil des Empire ein ganzes Arsenal von Straf-Ausrüstungen: »Der zum Tode Verurteilte wird zum Schafott in einem Wagen geführt, ›der schwarz-rot bespannt oder bemalt ist‹. Ein Verräter wird ein rotes Hemd tragen, auf dem vorne und hinten das Wort ›Verräter‹ geschrieben steht; bei einem Vatermörder wird der Kopf mit einem schwarzen Schleier verhüllt sein, und auf seinem Hemd werden Dolche oder die Werkzeuge seines Mordes in Stickereien abgebildet sein; ein Gift-

---

76 Dufau, *Discours à la Constituante, Archives parlementaires*, Bd. XXVI, S. 688.
77 Op. cit., S. 329 f.

mischer wird ein rotes Hemd tragen, das mit Schlangen und anderen giftigen Tieren geschmückt ist.«[78]

Diese sichtbare Lektion, diese rituelle Recodierung, muß so oft wie
möglich wiederholt werden. Die Züchtigungen sollten eher eine Schule
sein als ein Fest, eher ein ständig aufgeschlagenes Buch als eine Zeremonie.
Die Dauer, welche die Strafe für den Schuldigen wirksam macht, ist auch
für die Zuschauer nützlich. Sie müssen jederzeit das permanente Lexikon
von Verbrechen und Strafe konsultieren können. Eine geheime Strafe wäre
beinahe verlorene Mühe. Darum müßten die Kinder an die Orte der Straf-
vollstreckung kommen können und hier ihre Staatsbürgerkunde absolvieren. Und die Erwachsenen würden sich die Gesetze immer wieder neu einprägen. Betrachten wir die Orte der Züchtigungen als einen Garten der
Gesetze, den die Familien am Sonntag besuchen. »Ich möchte, daß man
von Zeit zu Zeit die Geister durch eine verständige Rede über die Erhaltung der gesellschaftlichen Ordnung und über die Nützlichkeit der Strafen
belehrt und dann die Jungen wie die Erwachsenen zu den Minen, zu den
Zwangsarbeiten führt, damit sie das schreckliche Schicksal der Geächteten
betrachten. Diese Wallfahrten wären nützlicher als jene, welche die Türken nach Mekka führen.«[79] Und Le Peletier war der Meinung, daß diese
Sichtbarkeit der Züchtigungen eines der grundlegenden Prinzipien des
neuen Strafgesetzbuches sei: »Häufig und zu bestimmten Zeiten muß die
Anwesenheit des Volkes den Schuldigen mit seiner Schande konfrontieren;
und die Anwesenheit des Schuldigen in seinem erbärmlichen Zustand, in
den ihn sein Verbrechen geführt hat, muß in der Seele des Volkes eine nützliche Belehrung bewirken.«[80] Längst bevor der Verbrecher als Gegenstand
der Wissenschaft konzipiert wird, träumt man von ihm als einem Element
der Belehrung. Nachdem im 17. Jahrhundert der Gefangenenbesuch erfunden oder neu entdeckt worden ist, mit dem der Mitleidige den Schmerz
des Häftlings teilen wollte, denkt man nun daran, daß Kinder im Gefängnis lernen sollen, wie die Wohltätigkeit des Gesetzes sich gegenüber dem
Verbrechen auswirkt: lebende Lektion im Museum der Ordnung.

6. Und damit läßt sich nun in der Gesellschaft der traditionelle Diskurs
vom Verbrechen in eine andere Richtung lenken. Eine drückende Sorge

78 S. Bexon, *Code de sûreté publique*, 2. Teil, S. 24 f. Es handelte sich um einen Vorschlag für den König von Bayern.
79 J.-P. Brissot, *Théorie des lois criminelles*, 1781.
80 *Archives parlementaires*, Bd. XXVI, S. 322.

für die Gesetzgeber des 18. Jahrhunderts war ja, wie man den zweifelhaften Ruhm der Verbrecher auslöschen könne: Wie kann man die von Almanachen, Fliegenden Blättern und Volkserzählungen gesungene Heldensage der großen Frevler zum Schweigen bringen? Wenn die strafende Recodierung richtig vollzogen wird, wenn die Trauerzeremonie wunschgemäß abläuft, wird das Verbrechen nur mehr als ein Unglück erscheinen können und der Übeltäter nur mehr als ein Feind, dem man das gesellschaftliche Leben wieder beibringt. Anstelle jener Loblieder, die den Verbrecher heroisieren, werden im Diskurs der Leute nur mehr die Hemmzeichen zirkulieren, die das Verlangen nach dem Verbrechen durch die kalkulierte Furcht vor der Strafe aufhalten. Die positive Mechanik wird sich in der Sprache des Alltags voll durchsetzen und ihrerseits durch neue Erzählungen ständig verstärkt werden. Der Diskurs wird zum Vehikel des Gesetzes: zu einem dauerhaften Prinzip der universalen Rekodifizierung/Recodierung. Die Dichter des Volkes werden sich endlich mit jenen verbinden, die sich selber die Missionare der »ewigen Vernunft« nennen: sie werden Moralisten. »Jeder Bürger wird die schrecklichen Bilder und die heilsamen Ideen, von denen er ganz erfüllt ist, in seiner Familie verbreiten. Er wird seinen um ihn versammelten und begierig zuhörenden Kindern mit glühendem Herzen Geschichten erzählen, damit diese ihrem jungen Gedächtnis die Idee von Verbrechen und Strafe, die Liebe zu den Gesetzen und zum Vaterland, die Achtung und das Vertrauen gegenüber den Behörden unauslöschlich einprägen. Die Landleute, die Zeugen solcher Strafen sind, werden die Kunde davon um ihre Hütten verbreiten; der Geschmack der Tugend wird in ihren rohen Seelen Wurzel schlagen, während der Frevler, bestürzt von der öffentlichen Freude und der Zahl seiner Gegner, vielleicht von seinen Vorhaben abläßt, deren Ausgang ebenso unabwendbar wie unheilvoll wäre.«[81]

So also hat man sich die Straf-Gesellschaft vorzustellen: an den Wegkreuzungen, in den Gärten, an den Straßen, die erneuert werden, an den Brücken, die gebaut werden, in den Werkstätten, die allen offenstehen, in den Tiefen der Bergwerke, die man besucht – tausend kleine Züchtigungstheater. Jedem Verbrechen sein Gesetz, jedem Verbrecher seine Strafe. Eine sichtbare, eine geschwätzige Strafe, die alles sagt, die erklärt, sich rechtfertigt, überzeugt: Schrifttafeln, Mützen, Anschlagzettel, Plakate, Sym-

---

81 J. M. Servan, *Discours sur l'administration de la justice criminelle*, 1767, S. 37.

bole, Texte – alles wiederholt unablässig den Codex/Code. Dekorationen,
Perspektiven, optische Täuschungen vergrößern die Szene, machen sie
noch furchterregender, aber auch noch deutlicher. Das Publikum meint
sogar, Grausamkeiten zu sehen, die gar nicht stattfinden. Das Wesentliche
dieser übertriebenen oder wirklichen Härten ist es aber, daß sie allesamt
nach einer bestimmten Ökonomie eine Lektion erteilen: jede Züchtigung
ist eine Lehrfabel. Als Kontrapunkt zu den unmittelbaren Beispielen der
Tugend kann man jederzeit in lebenden Bildern die Mißgeschicke des Verbrechens vor Augen haben. Um eine jede dieser moralischen »Vorstellungen« werden sich die Schüler mit ihren Lehrern drängen, und die Erwachsenen werden lernen, was sie ihren Kindern zu lehren haben. Hat einst das
große Ritual der Martern Schrecken verbreitet, so laufen nun an allen Tagen und auf allen Straßen die vielfältigen belehrenden Szenen eines ernsthaften Theaters ab. Und das Gedächtnis des Volkes wird in seinem Reden
und Raunen den nüchternen Diskurs des Gesetzes wiedergeben. Vielleicht
aber ist es notwendig, über diesen tausend Spektakeln und Erzählungen
das große Zeichen der Strafe für das schrecklichste Verbrechen anzubringen: als Schlußstein des Straf-Baues. Vermeil ersann jedenfalls die Szene
der absoluten Bestrafung, die alle Theater der alltäglichen Züchtigung beherrschen sollte: den einzigen Fall, in dem man die Strafe ins Unbegrenzte
treiben sollte. Es handelt sich um ein Äquivalent dessen, was im alten Strafsystem der Königsmörder war. Dem Schuldigen sollten die Augen ausgestochen werden, und dann würde man ihn in einen eisernen Käfig stecken,
der auf einem öffentlichen Platz in der Höhe aufgehängt wird. Er sollte
vollständig nackt und mit einem Eisengürtel an die Gitterstangen gebunden sein. Bis ans Ende seiner Tage würde er mit Wasser und Brot ernährt
werden. »Er wäre so allen Unbilden der Jahreszeiten ausgesetzt, bald wäre
seine Stirn mit Schnee bedeckt, bald von der brennenden Sonne versengt.
In dieser intensiven Marter, die eher einen schmerzhaften Tod als ein qual-
volles Leben verlängert, wäre der Frevler dem Schauer der gesamten Natur
ausgeliefert und dazu verurteilt, den Himmel, den er beleidigt hat, nicht
mehr zu sehen, und die Erde, die er besudelt hat, nicht mehr zu bewohnen.«[82] Über der Straf-Gesellschaft hängt diese eiserne Spinne. Und ge-
kreuzigt werden soll durch dieses neue Gesetz der Vatermörder.

---

82 F. M. Vermeil, *Essai sur les réformes à faire dans notre législation criminelle*, 1781, S. 148 f.

Ein ganzes Arsenal von pittoresken Züchtigungen. »Hütet euch, dieselben Strafen zu verhängen!« sagte Mably. Die Idee einer einförmigen, nur nach der Schwere der Schuld abgestuften Strafe wird verbannt. Genauer: der Einsatz des Gefängnisses als allgemeine Form der Züchtigung kommt in diesen Projekten spezifischer, sichtbarer, sprechender Strafen niemals vor. Zwar ist auch das Gefängnis vorgesehen, aber als eine Strafe unter anderen. Es stellt ebendie spezifische Züchtigung für bestimmte Vergehen dar, nämlich für solche, welche die Freiheit der Individuen angreifen (wie die Entführung) oder aus dem Mißbrauch der Freiheit entspringen (wie die Ausschreitung, die Gewalttätigkeit). Außerdem ist es als Voraussetzung für die Vollstreckung bestimmter anderer Strafen (wie der Zwangsarbeit) vorgesehen. Aber es deckt nicht – mit der Dauer als einzigem Variationsprinzip – den gesamten Bereich der Strafjustiz ab. Die Idee des Strafgefängnisses wird von vielen Reformern sogar ausdrücklich kritisiert: weil es der Unterschiedlichkeit der Verbrechen nicht gerecht wird; weil es keine Wirkung auf die Öffentlichkeit ausübt; weil es der Gesellschaft nicht nützt, sondern schadet (es ist kostspielig, es hält die Verurteilten im Müßiggang fest, es vermehrt ihre Laster);[83] weil der Vollzug einer solchen Strafe schwer zu kontrollieren ist und weil man die Gefangenen der Willkür ihrer Aufseher auszuliefern riskiert; weil es Sache von Tyrannen ist, einen Menschen seiner Freiheit zu berauben und ihn im Gefängnis zu überwachen. »Ihr fordert, daß es unter euch Monster gibt; und wenn es diese hassenswerten Menschen gäbe, müßte sie der Gesetzgeber vielleicht wie Mörder behandeln.«[84] Das Gefängnis ist insgesamt unvereinbar mit der ganzen Technik der Straf-Wirkung, der Straf-Vorstellung, der allgemeinen Straf-Funktion, des Straf-Zeichens und Straf-Diskurses. Es ist Finsternis, Gewalt, Verdacht. »Es ist ein Ort von Finsternissen, wo das Auge des Bürgers die Opfer nicht zählen kann und ihre Zahl als Exempel folglich verloren ist ... Wenn man hingegen das Exempel der Züchtigungen vervielfältigen könnte, ohne die Verbrechen zu vermehren, könnte man schließlich die Züchtigungen weniger notwendig machen. Übrigens weckt das Dunkel der Gefängnisse bei den Bürgern Mißtrauen; sie gelangen leicht zur Annahme, daß dort große Ungerechtigkeiten geschehen ... Etwas geht sicher schief, wenn das Gesetz, das zum Wohl der Menge gemacht ist, anstatt deren Anerkennung zu gewinnen, ständiges Gemunkel verursacht.«[85]

---

83 Vgl. *Archives parlementaires*, Bd. XXVI, S. 712.
84 G. de Mably, *Œuvres complètes*, 1789, Bd. IX, S. 338.
85 Ch. E. Dufriche de Valazé, *Des lois pénales*, 1784, S. 344 f.

Daß das Gefängnis, wie heute, den gesamten Strafbereich zwischen der Todesstrafe und den leichten Strafen abdecken kann, ist eine Idee, die den Reformern nicht ohne weiteres kommen konnte.

Das Problem ist nun, daß binnen kurzer Zeit die Haft zur wesentlichen Form der Züchtigung wurde. Im Strafgesetzbuch von 1810 nimmt sie in einigen Abwandlungen zwischen der Todesstrafe und den Geldbußen fast den gesamten Bereich möglicher Bestrafungen ein. »Was ist denn das neue Strafsystem, das mit dem neuen Gesetz in Kraft getreten ist? Es ist die Inhaftierung in allen ihren Formen. Vergleicht doch die vier Hauptstrafen, die im Strafgesetzbuch verbleiben. Die Zwangsarbeiten sind eine Form der Inhaftierung. Die Galeere ist ein Gefängnis im Freien. Das Gefängnis, das Zuchthaus, die Besserungshaft sind eigentlich nur verschiedene Namen für ein und dieselbe Züchtigung.«[86] Und diese vom Gesetz vorgesehene Haft wird vom Empire alsbald in die Wirklichkeit übertragen – entsprechend einer Hierarchie der Strafen, der Verwaltung, der Geographie: auf der niedrigsten Stufe sind jedem Friedensgericht Häuser der Ortspolizei zugeordnet; in jedem Bezirk gibt es Arresthäuser; in jedem Departement ist ein Besserungshaus; ganz oben gibt es mehrere Hauptgefängnisse für die Verbrecher oder für jene Besserungshäftlinge, die zu mehr als einem Jahr verurteilt sind; in einigen Häfen sind schließlich die Galeeren. Ein großes Haftsystem wird programmiert, dessen verschiedene Ebenen genau den Ebenen der administrativen Zentralisierung entsprechen müssen. An die Stelle des Schafotts, wo der Körper des Gemarterten der rituell manifestierten Gewalt des Souveräns ausgeliefert war, an die Stelle des StrafTheaters, wo dem Gesellschaftskörper eine Dauervorstellung der Züchtigung gegeben werden sollte, ist eine große, geschlossene, komplexe und hierarchisierte Architektur getreten, die sich in den Körper des Staatsapparates integriert. Es handelt sich um eine ganz andere Materialität, um eine ganz andere Physik der Macht, eine ganz andere Art, den Körper der Menschen zu besetzen. Mit der Restauration und der Juli-Monarchie findet man zwischen 40 000 und 43 000 Gefangenen in den französischen Gefängnissen (auf 600 Einwohner kommt ein Gefangener). Die hohe Mauer ist nicht mehr diejenige, die umgibt und schützt, auch nicht mehr diejenige, die durch ihren imposanten Eindruck Macht und Reichtum offenbart, sondern die sorgfältig geschlossene Mauer, die in keiner Richtung

86 C. F. M. de Rémusat, *Archives parlementaires*, Bd. LXXII, 1. Dezember 1831, S. 185.

zu überschreiten ist und sich um die nun geheimnisvolle Arbeit der Bestrafung schließt – diese Mauer wird in der Nähe der Städte des 19. Jahrhunderts und manchmal sogar in ihrem Zentrum die monotone, zugleich materielle und symbolische Gestalt der Strafgewalt sein. Schon zur Zeit des Konsulats war der Innenminister beauftragt worden, in den Städten Nachforschungen über die verschiedenen Sicherungsanstalten anzustellen, die bereits in Funktion waren oder für die Verwendung in Frage kamen. Einige Jahre später sah man Kredite vor, um auf der Höhe der Macht, die sie repräsentieren und der sie dienen sollten, die neuen Schlösser der bürgerlichen Ordnung zu erbauen. Das Empire verwendete sie allerdings für einen anderen Krieg.[87] Eine weniger aufwendige, aber hartnäckigere Ökonomie sollte sie schließlich im Laufe des 19. Jahrhunderts wirklich errichten.

In weniger als zwanzig Jahren ist aus dem in der Verfassunggebenden Versammlung so klar formulierten Prinzip der spezifischen, angemessenen, wirksamen, in jedem Fall alle belehrenden Strafen das Gesetz geworden, das für jede einigermaßen bedeutende Gesetzesübertretung, sofern sie nicht den Tod verdient, die Haftstrafe vorsieht. Diesem Traum vom Straf-Theater, das wesentlich auf den Geist der Straffälligen wirken sollte, folgte der große einförmige Apparat der Gefängnisgebäude, deren Netz sich über ganz Frankreich und Europa ausweitete. Wahrscheinlich ist es aber schon zuviel, wenn man diesem Übergang zwanzig Jahre gibt. Man kann sagen, daß er sich beinahe in einem Augenblick vollzogen hat. Betrachten wir den Entwurf zum Strafgesetz ein wenig näher, der der Verfassunggebenden Versammlung von Le Peletier vorgelegt wurde. Der eingangs formulierte Grundsatz lautet, daß es »genauer Beziehungen zwischen der Natur des Delikts und der Natur der Bestrafung bedarf«: Schmerzen für die Gewalttätigen, Arbeit für die Faulen, Ehrlosigkeit für die Verkommenen. Die tatsächlich vorgeschlagenen schmerzhaften Strafen sind jedoch drei Formen der Haft: der Kerker, wo die Haftstrafe durch verschiedene Maßnahmen verschärft wird (Einzelhaft, Dunkelhaft, Nahrungsbeschränkungen); das »peinliche« Gefängnis, wo diese Begleitmaßnahmen gemildert sind, und schließlich das gemeine Gefängnis, das in bloßer Inhaftierung besteht. Die Unterschiedlichkeit, die so feierlich versprochen wurde, reduziert sich schließlich auf dieses monotone Straf-

---

87 Vgl. E. Decazes, Rapport au roi sur les prisons, *Le Moniteur*, 11. April 1819.

system. Immerhin gab es damals Abgeordnete, die sich darüber wunderten, daß man, anstatt eine Naturbeziehung zwischen Vergehen und Strafen herzustellen, einem ganz anderen Plan gefolgt ist: »Wenn ich mein Land verrate, sperrt man mich ein; wenn ich meinen Vater töte, sperrt man mich ein; alle denkbaren Vergehen werden auf die einförmigste Weise bestraft. Das kommt mir vor, wie wenn ein Arzt für alle Übel ein und dasselbe Heilmittel hätte.«[88]

Dieser rasche Übergang war kein Privileg Frankreichs; man findet ihn auch in den anderen Ländern. Als Katharina II. in den Jahren nach dem Erscheinen von Beccarias *Dei delitti e delle pene* ein Projekt für ein neues Gesetzbuch ausarbeiten ließ, war die Lektion von der spezifischen Unterschiedlichkeit der Strafen nicht vergessen; sie wurde beinahe Wort für Wort aufgenommen: »Es ist der Triumph der bürgerlichen Freiheit, wenn die Strafgesetze jede Strafe aus der besonderen Natur eines jeden Verbrechens herleiten. Jede Willkür hat dann ihr Ende; die Strafe hängt nicht mehr von den Einfällen des Gesetzgebers ab, sondern von der Natur der Dinge. Es ist nicht mehr der Mensch, der dem Menschen Gewalt antut, sondern dessen eigenes Handeln.«[89] Noch einige Jahre später dienen die allgemeinen Grundsätze von Beccaria als Grundlage für das neue toskanische Gesetzbuch und für das Gesetzbuch, das Joseph II. Österreich gibt. Und dennoch machen beide Gesetzgebungen aus der Haft – abgestuft durch Dauer und in einigen Fällen durch Brandmarkung oder Eisen verschärft – eine fast einförmige Strafe: mindestens dreißig Jahre Haft für Anschlag auf den Souverän, für Falschgeld und für Mord mit Raub; fünfzehn bis dreißig Jahre für bewußte Menschentötung oder für Raub mit bewaffneter Hand; ein Monat bis fünf Jahre für einfachen Diebstahl usw.

Diese Eroberung der Strafjustiz durch die Haft ist deswegen so erstaunlich, weil die Haft im System der Strafen keineswegs fest verankert war (etwa als Züchtigung unterhalb der Todesstrafe, die natürlicherweise an die Stelle der verschwundenen Martern treten mußte). Tatsächlich nahm das Gefängnis – nicht nur in Frankreich, sondern auch in anderen Ländern – im System der Strafen einen sehr beschränkten und unbedeutenden Platz ein. Die Texte beweisen es. Die Verordnung von 1670 erwähnt die Haft nicht unter den peinlichen Strafen. Zweifellos gab es das lebensläng-

---

88 Ch. Chabroud, *Archives parlementaires*, Bd. XXVI, S. 618.
89 Katharina II., *Instructions pour la commission chargée de dresser le projet du nouveau code des lois*, Art. 67.

liche oder zeitliche Gefängnis in einigen Gewohnheitsrechten.[90] Doch ist
es mit anderen Strafen außer Gebrauch gekommen: »Es gab einst Strafen,
die heute in Frankreich keine Anwendung mehr finden, wie etwa das
Schreiben der Strafe auf das Gesicht oder die Stirn des Verurteilten oder
das lebenslängliche Gefängnis, wie man einen Verbrecher heute auch nicht
mehr dazu verurteilen darf, den wilden Tieren oder den Bergwerken ausgesetzt zu werden.«[91] Gewiß hat sich die Gefängnisstrafe auf der Ebene
lokaler Gewohnheitsrechte hartnäckig gehalten, und zwar zur Sanktionierung leichter Verstöße. In diesem Sinn sprach Soulatges von »leichten Strafen«, die in der Verordnung von 1670 nicht erwähnt sind: die Rüge, die
Ermahnung, die Verbannung vom Ort, die Genugtuung gegenüber der be-
leidigten Person und das Gefängnis auf Zeit. In einigen Regionen, besonders in solchen, die ihre Gerichtshoheit besser bewahrt hatten, hatte die
Gefängnisstrafe noch eine große Ausdehnung, so in dem erst kurz zuvor
annektierten Roussillon.

Ungeachtet dieser Unterschiede halten die Juristen am Grundsatz fest,
daß das Gefängnis in unserem bürgerlichen Recht nicht als Strafe zu betrachten ist.[92] Seine Aufgabe ist die Sicherstellung der Person und ihres
Körpers als Unterpfand: *ad continendos homines, non ad puniendos*, sagt
das Sprichwort. In diesem Sinn hat die Verhaftung eines Verdächtigen ungefähr die Bedeutung der Verhaftung eines Schuldners. Durch das Gefängnis versichert man sich einer Person, man bestraft sie nicht.[93] Das ist das
allgemeine Prinzip. Und wenn das Gefängnis dennoch in wichtigen Fällen
als Strafe dient, so vor allem als Ersatz: es ersetzt die Galeere für diejenigen – Frauen, gebrechliche Kinder –, die dort nicht einzusetzen sind. »Die
zeitlich begrenzte oder immerwährende Haft in einem Zwangshaus bedeutet gleich viel wie die Galeerenstrafe.«[94] In dieser Äquivalenz zeichnet sich

90 Vgl. z. B. Coquille, *Coutume du Nivernais.*
91 G. du Rousseaud de la Combe, *Traité des matières criminelles*, 1741, S. 3.
92 F. Serpillon, *Code criminel*, 1767, Bd. III, S. 1095. Bei Serpillon findet man allerdings auch die Idee,
   daß die Strenge des Gefängnisses ein Anfang von Strafe ist.
93 In diesem Sinn muß man die zahlreichen Gefängnis-Reglements verstehen, die von der Überforde-
   rung der Kerkermeister, der Sicherheit der Örtlichkeiten und der Unmöglichkeit der Kommunikation zwischen den Gefangenen handeln. Vgl. dazu den Erlaß des Gerichtshofes von Dijon vom
   21. September 1706; sowie F. Serpillon, *Code criminel*, 1767, Bd. III, S. 601-647.
94 So in der Erklärung vom 4. März 1724 über die rückfälligen Diebe oder in der Erklärung vom
   18. Juli 1724 über die Landstreicher. Ein junger Knabe, der noch nicht zur Galeere gehen konnte,
   blieb so lange in einem Zwangshaus, bis man ihn dorthin schicken konnte – oder auch um hier
   seine ganze Strafe zu verbüßen. Vgl. *Crime et criminalité en France sous l'Ancien Régime*, 1971,
   S. 266 ff.

die Möglichkeit einer Ablösung ab. Damit es aber zu dieser wirklich kam, war es notwendig, daß das Gefängnis seinen Rechtsstatus änderte.

Und es war notwendig, daß ein zweites Hindernis überwunden wurde, das jedenfalls in Frankreich eine große Rolle spielte. Das Gefängnis war vor allem deswegen in solchem Verruf, weil es in der Praxis direkt mit der königlichen Willkür und den Exzessen der souveränen Macht verbunden war. Die »Zwangshäuser«, die Armenhäuser, die »Befehle des Königs« oder die Befehle des Polizeileutnants, die königlichen Haftbefehle, die durch die Notabeln oder durch die Familien erwirkt werden konnten, bildeten ein Repressionssystem, das neben der regulären Justiz und noch häufiger in Gegensatz zu ihr stand. Diese außergerichtliche Inhaftierung wurde sowohl von den klassischen Juristen wie auch von den Reformern verworfen. Das Gefängnis ist Sache des Fürsten, sagte ein Traditionalist wie Serpillon, der sich auf die Autorität des Gerichtspräsidenten Bouhier berief: »Obwohl die Fürsten aus Gründen der Staatsräson diese Strafe gelegentlich verhängen, macht die ordentliche Justiz von derartigen Verurteilungen keinen Gebrauch.«[95] Die Inhaftierung ist in bevorzugter Weise eine Gestalt und ein Werkzeug des Despotismus, sagen die Reformer in unzähligen Erklärungen: »Was wird man von den geheimen Gefängnissen sagen, die vom verhängnisvollen Geist des Monarchismus erfunden worden sind und in erster Linie den Philosophen vorbehalten sind, in deren Hände die Natur ihre Fackel gelegt hat und die ihr Jahrhundert zu erleuchten wagen, oder jenen stolzen und unabhängigen Seelen, die nicht so feige sind, daß sie die Übel ihres Vaterlandes verschweigen? Von den Gefängnissen, deren unheilvolle Tore durch geheimnisvolle Briefe geöffnet werden, damit ihre unseligen Opfer darin für immer begraben werden? Was wird man von diesen Briefen sagen, Meisterwerken einer ausgeklügelten Tyrannei, die das Privileg eines jeden Bürgers, vor dem Urteil gehört zu werden, ins Gegenteil verkehren und die für die Menschen tausendmal gefährlicher sind als die Erfindungen eines Phalaris*...?«[96]

Gewiß betreffen diese aus so verschiedenen Richtungen kommenden Proteste nicht das Gefängnis als gesetzliche Strafe, sondern den außergesetzlichen Einsatz der willkürlichen und ungeregelten Inhaftierung. Das ändert aber nichts daran, daß das Gefängnis überhaupt durch den Miß-

95 F. Serpillon, *Code criminel*, 1767, Bd. III, S. 1095.
*   Tyrann von Akragas (Agrigent) im 6. Jahrhundert v. Chr.
96 J. P. Brissot, *Théorie des lois criminelles*, 1781, Bd. I, S. 173.

brauch der Macht gleichsam gebrandmarkt erscheint. Viele Beschwerdebriefe verwerfen es als unvereinbar mit einer guten Justiz. Bald im Namen
der klassischen Rechtsprinzipien: »Die Gefängnisse sind nach der Intention des Gesetzes nicht dazu bestimmt, Personen zu bestrafen, sondern
sich ihrer zu versichern ...«[97] Bald unter Berufung auf die Wirkungen
des Gefängnisses, welches bereits diejenigen bestraft, die noch nicht verurteilt sind, welches das Übel verbreitet und verallgemeinert, das es verhindern sollte, und welches gegen das Prinzip der Individualität der Strafen
verstößt, indem es ganze Familien bestraft. Man sagt, daß »das Gefängnis
keine Strafe ist. Die Menschlichkeit erhebt sich gegen den abscheulichen
Gedanken, daß es keine Bestrafung ist, einen Bürger seines wertvollsten
Gutes zu berauben, ihn in das schmachvolle Haus des Verbrechens zu stek-
ken, ihn von allem loszureißen, was ihm teuer ist, ihn vielleicht in den
Ruin zu stürzen und nicht nur ihm, sondern auch seiner unglücklichen Familie die Mittel zum Lebensunterhalt zu nehmen.«[98] Immer wieder wird
die Beseitigung dieser Internierungshäuser gefordert: »Wir glauben, daß
die Zwangshäuser abgerissen werden müssen ...«[99] Und das Dekret vom
13. März 1790 ordnet tatsächlich an, »daß alle Personen in Freiheit gesetzt
werden, die in den Schlössern, Klöstern, Zwangshäusern, Polizeihäusern
oder sonstigen Gefängnissen aufgrund von Haftbefehlen oder auf Befehl
von Vertretern der Exekutive festgehalten werden.«

Wie konnte die Inhaftierung, die so sichtbar mit der bis zur Macht des
Fürsten reichenden Gesetzwidrigkeit verbunden war, in so kurzer Zeit zu
einer der allgemeinsten Formen der Bestrafung werden?

Die Antwort auf diese Frage wird zumeist darin gesehen, daß im klassischen Zeitalter einige große Modelle der Straf-Haft entstanden sind. Das
Ansehen dieser Modelle, deren jüngste aus England und Amerika kamen,
soll so groß gewesen sein, daß es beide Hindernisse überwinden half: die
alten Rechtsregeln vom Gefängnis als Nichtstrafe und den despotischen
Gebrauch des Gefängnisses. Sehr schnell sollen sie den von den Reformern
ersonnenen Strafzauber hinweggefegt und die ernsthafte Wirklichkeit der
Haft etabliert haben. Es gibt keinen Zweifel daran, daß diese Modelle sehr

97 A. Desjardin, *Les Cahiers de doléance et la justice criminelle*, S. 477.
98 A. Desjardin, op. cit., S. 483.
99 A. Desjardin, op. cit., S. 484. Vgl. P. Goubert et M. Denis, *Les Français ont la parole*, 1964, S. 203.
 Es finden sich auch Ansuchen um die Erhaltung von Hafthäusern, die von Familien verwendet werden könnten.

wichtig waren. Aber anstatt die Lösung zu liefern, werfen gerade sie die
entscheidenden Probleme auf: das Problem ihrer Existenz und das Problem ihrer Verbreitung. Wie konnten sie entstehen, und vor allem: wie
konnten sie so allgemein akzeptiert werden? Denn es läßt sich leicht zeigen, daß sie mit den allgemeinen Prinzipien der Strafreform zwar einige
Übereinstimmungen aufweisen, ihnen in vielen Punkten aber auch diame-
tral entgegengesetzt sind.

Das älteste dieser Modelle und dasjenige, das alle übrigen inspiriert haben dürfte, ist das Rasphuis in Amsterdam, das 1596 eröffnet wurde.[100] Es
war vor allem für Bettler und junge Tunichtgute bestimmt und zeichnete
sich durch drei Grundregeln aus. Erstens konnte die Dauer der Strafen innerhalb gewisser Grenzen von der Verwaltung selbst bestimmt werden – je
nach dem Verhalten des Gefangenen (dieser Ermessensspielraum konnte
übrigens bereits im Urteil vorgesehen sein: 1597 wurde ein Häftling zu
zwölf Jahren Gefängnis verurteilt, die auf acht Jahre reduziert werden
konnten, falls sein Betragen zufriedenstellend sein würde). Die Arbeit
war Pflicht und wurde gemeinschaftlich verrichtet (die Einzelzelle fand
übrigens nur als zusätzliche Strafe Verwendung; die Häftlinge schliefen
zu zweit oder zu dritt in einem Bett – in Zellen, die vier bis zwölf Personen
beherbergten); für ihre Arbeit erhalten die Häftlinge einen Lohn. Schließlich herrscht eine minutiöse Zeiteinteilung. Ein System von Verboten
und Verpflichtungen, eine stete Überwachung, ein Programm von Ermahnungen und geistlichen Lesungen sollen die Häftlinge »zum Guten hinziehen und vom Bösen abwenden«. Dem Rasphuis von Amsterdam kommt
eine Schlüsselstellung zu, sofern es zwischen der für das 16. Jahrhundert
typischen Theorie einer pädagogischen und geistlichen Umformung der
Individuen durch stete Übung und den in der zweiten Hälfte des 18. Jahrhunderts erdachten Straftechniken vermittelt. Und es hat die grundlegen-

---

100 Vgl. Thorsten Sellin, *Pioneering in Penology*, 1944 – eine ausführliche Darstellung des Rasphuis
und Spinhuis in Amsterdam. Ein anderes »Modell«, das im 18. Jahrhundert häufig zitiert wurde,
kann hier beiseite gelassen werden: dasjenige, das von Mabillon* in den *Réflexions sur les prisons
des ordres religieux* vorgestellt wurde, die 1845 neu aufgelegt wurden. Wie es scheint, ist dieser
Text im 19. Jahrhundert in dem Augenblick wieder ausgegraben worden, als die Katholiken den
Protestanten den Platz streitig machten, den sich diese in der Philanthropischen Bewegung und
in einigen Zweigen der Administration erobert hatten. Die Schrift Mabillons, die nicht sehr bekannt und einflußreich geworden zu sein scheint, sollte zeigen, daß »das erste Denken des amerikanischen Strafsystems« ein »durchaus monastisches und französisches Denken« ist, »was immer
man auch von seinem Ursprung in Genf oder Pennsylvanien gesagt haben mag« (L. Faucher).
* Jean Mabillon (1632-1707), Benediktinermönch und Gelehrter.

den Prinzipien für die drei damals geschaffenen Anstalten geliefert, welche diese Prinzipien in unterschiedlichen Richtungen fortentwickeln sollten.

Ökonomischen Imperativen gehorchend, hat das Zwangshaus von Gent vor allem die Arbeit als Strafe organisiert. Als Begründung galt, daß der Müßiggang die allgemeine Ursache der meisten Verbrechen sei. Eine Untersuchung von 1749 – zweifellos eine der ersten – über die Verurteilten im Gerichtsbezirk von Alost zeigt, daß die Übeltäter nicht »Handwerker oder Landarbeiter waren (die Arbeiter denken einzig an die Arbeit, die sie ernährt), sondern Taugenichtse, die sich dem Bettel ergeben«.[101] Daher rührt die Idee eines Hauses, das den Arbeitsscheuen die universale Pädagogik der Arbeit sichert. Sie hat vier Vorteile: die Zahl der Strafverfolgungen, die dem Staat teuer zu stehen kommen, kann verringert werden (in Flandern können auf diese Weise 100 000 Pfund eingespart werden); man muß den Eigentümern von Wäldern, die durch Landstreicher verwüstet worden sind, keine Steuererleichterungen mehr gewähren; es wird eine große Menge neuer Arbeiter herangebildet, was »durch die Konkurrenz zur Senkung der Arbeitslöhne beitragen würde«; schließlich gelangen die wirklich Armen dann in den ungeteilten Genuß der notwendigen Nächstenliebe.[102] Diese so nützliche Pädagogik wird beim faulen Subjekt den Geschmack an der Arbeit wiederherstellen; sie wird es in ein System von Interessen hineinzwingen, in welchem die Arbeit mehr Vorteile bringt als die Faulheit; sie wird um es herum eine kleine, beschränkte Gesellschaft von einfachem und zwingendem Charakter schaffen, in der die Maxime herrscht: wer leben will, muß arbeiten. Verpflichtung zur Arbeit – aber auch Entlohnung der Arbeit, die dem Häftling erlaubt, sein Schicksal während und nach der Haft zu verbessern. »Der Mensch, der seinen Lebensunterhalt nicht findet, muß das Verlangen entwickeln, ihn sich durch Arbeit zu verschaffen. Durch Polizei und Disziplin wird er ihm angeboten; man zwingt ihn gewissermaßen dazu. Der Köder des Gewinns reizt ihn immer

---

101 Vilan XIV, *Mémoire sur les moyens de corriger les malfaiteurs*, 1773, S. 64. Diese Denkschrift, die sich an die Gründung des Zwangshauses von Gent knüpft, blieb bis 1841 unveröffentlicht. Die Verbindung zwischen Verbrechen und Landstreicherei wurde durch die Häufigkeit der Verbannung noch verstärkt. Im Jahre 1771 stellten die Stände Flanderns fest, daß »die gegen Bettler verhängten Verbannungsstrafen ohne Wirkung bleiben, weil sich die Staaten ihre gefährlichen Subjekte gegenseitig zuschieben. Einem solchermaßen von Ort zu Ort gejagten Bettler bleibt schließlich nichts anderes übrig, als sich zu erhängen. Hätte man ihn an die Arbeit gewöhnt, so wäre er nicht auf diese schiefe Bahn geraten.« (L. Stoobant, in: *Annales de la Société d'histoire de Gand*, Bd. III, 1898, S. 228). Vgl. Abb. 15.

102 Vilan XIV, op. cit., S. 68.

mehr; in seinen Sitten gebessert, ans Arbeiten gewöhnt, im Besitz einigen
Geldes, das er für seine Entlassung aufbewahrt«, hat er einen Beruf erlernt,
»der ihm einen sicheren Lebensunterhalt garantiert«.[103] Die Wiederherstellung des *homo oeconomicus* schließt die Anwendung allzu kurzer Strafen
aus, da sie die Aneignung von Techniken und die Gewinnung des Geschmacks an der Arbeit verhindern würde, und ebenso schließt sie das Verhängen lebenslänglicher Strafen aus, das jedes Lernen nutzlos machen
würde. »Eine Strafdauer von sechs Monaten ist zu kurz, um die Verbrecher
bessern und sie zum Geist der Arbeit hinaufführen zu können«; auf der anderen Seite »stürzt sie lebenslängliche Strafe in Verzweiflung; sie gewinnen
kein Interesse an der Besserung der Sitten und am Arbeitsgeist; sie denken
nur an Ausbruch und Aufruhr; und da man sie nicht zum Verlust des
Lebens verurteilt hat, warum sollte man es ihnen dann unerträglich machen?«[104] Sinnvoll ist die Dauer der Strafe nur im Hinblick auf eine mögliche Besserung und eine ökonomische Verwendung der gebesserten Verbrecher.

Zum Prinzip der Arbeit fügt das englische Modell als wesentliche Bedingung der Besserung die Isolierung hinzu. Zur Rechtfertigung führt Han-
ways Entwurf von 1775 zunächst negative Gründe an: die Vermischung
im Gefängnis führt zu schlechtem Beispiel und zur Möglichkeit von Flucht,
Erpressung oder Komplizenschaft. Das Gefängnis würde allzusehr einer
Manufaktur gleichen, wenn man die Gefangenen gemeinsam arbeiten
ließe. Sodann die positiven Gründe: die Isolierung stellt einen »fürchter-
lichen Schock« dar, aufgrund dessen der Verurteilte, schlechten Einflüssen
entzogen, zu sich selbst zurückkehren und auf dem Grund seines Gewissens die Stimme des Guten wiederfinden kann. Die einsame Arbeit wird
dann ebensosehr zu einer Konversionsübung wie zu einer Handwerks-
übung; sie wird nicht nur das dem *homo oeconomicus* eigene Interessensy-
stem reformieren, sondern auch die Imperative des moralischen Subjekts.
Die Zelle, jene Technik des christlichen Mönchtums, die nur noch in katholischen Ländern weiterbestand, wird in dieser protestantischen Gesellschaft das Instrument zur Wiederherstellung des *homo oeconomicus* und
des religiösen Bewußtseins. Zwischen dem Verbrechen und der Rückkehr
zu Recht und Tugend bildet das Gefängnis einen »Raum zwischen zwei

103 Vilan XIV, op. cit., S. 107.
104 Vilan XIV, op. cit., S. 102 f.

Welten«, einen Ort für die individuellen Transformationen, die dem Staat die verlorenen Subjekte zurückerstatten. Hanway nennt diesen Apparat zur Veränderung der Individuen ein »Reformatorium«.[105] Das sind die allgemeinen Prinzipien, die im Jahre 1779 von Howard und Blackstone in die Wirklichkeit umgesetzt werden, da die Unabhängigkeit der Vereinigten Staaten Deportationen unmöglich macht und ein Gesetz zur Veränderung des Strafsystems vorbereitet wird. Die Einkerkerung zum Zwecke der Transformation der Seele und des Verhaltens tritt damit ins System der bürgerlichen Gesetze ein. Die von Blackstone und Howard verfaßte Präambel des Gesetzes beschreibt die individuelle Haft in ihrer dreifachen Funktion als abschreckendes Beispiel, als Konversionsinstrument und als Handwerkslehre: »In einsamer Gefangenschaft, bei wohlgeordneter Arbeit und religiösem Unterrichte ... würden die Missetäter nicht allein andere von Begehung gleicher Verbrechen abschrecken, sondern auch selbst gebessert, und an Fleiß gewöhnt werden.«[106]

Daher die Entscheidung, zwei Buß- und Besserungshäuser zu errichten, eines für die Männer und eines für die Frauen, in denen die Einzelhäftlinge zu den Arbeiten angehalten werden sollten, »welche die erniedrigendsten und mit der Unwissenheit, Achtlosigkeit und Hartnäckigkeit der Verbrecher am leichtesten zu vereinbaren sind«: die Tretmühle, mit der eine Maschine in Gang gesetzt wird; Festmachen von Spillen; Polieren von Marmor, Wergzupfen, Blauholzraspeln, Lumpenwalken, Knüpfen von Seilen und Säcken. Tatsächlich wurde nur ein Buß- und Besserungshaus erbaut, dasjenige von Gloucester, das dem ursprünglichen Plan auch nur teilweise entsprach: gänzliche Einzelhaft für die gefährlichsten Verbrecher; gemeinsame Arbeit am Tag und Trennung in der Nacht für die übrigen.

Und schließlich das Modell von Philadelphia, welches das berühmteste ist, weil es mit den politischen Neuerungen des amerikanischen Systems verbunden ist und auch nicht wie die anderen nach kurzem Bestehen Schiffbruch erlitten hat; es wurde kontinuierlich erneuert und verändert – bis zu den großen Diskussionen über die Strafrechtsreform um 1830. Das im Jahre 1790 eröffnete Gefängnis von Walnut Street war vom Geist der Quäker geprägt und knüpfte in vielen Punkten an Gent und Gloucester

---

105 J. Hanway, *The Defects of Police*, 1775.
106 Einleitung des Besserungshaus-Gesetzes von 1779, zit. in: Nikolaus Heinrich Julius, *Vorlesungen über die Gefängniß-Kunde oder über die Verbesserung der Gefängnisse und sittliche Besserung der Gefangenen, entlassenen Sträflinge usw.* Berlin 1828, S. 51.

an:[107] Zwangsarbeit in Werkstätten, ununterbrochene Beschäftigung der
Häftlinge, Finanzierung des Gefängnisses durch diese Arbeit – aber auch
individuelle Entlohnung der Gefangenen zu ihrer moralischen und materiellen Wiedereingliederung in die strenge Welt der Ökonomie; die Verurteilten werden »ständig mit produktiven Arbeiten beschäftigt, damit sie
die Kosten des Gefängnisses tragen, damit sie nicht in Untätigkeit bleiben
und damit ihnen am Ende ihrer Gefangenschaft Mittel zur Verfügung stehen«.[108] Das Leben wird durch eine totale Zeitplanung, eine pausenlose
Überwachung durchgängig erfaßt; jeder Augenblick des Tages erhält seine
Verwendung, schreibt eine bestimmte Tätigkeit vor und bringt seine Verpflichtungen und Verbote mit sich: »Alle Häftlinge erheben sich bei Tages-
anbruch; nachdem sie ihre Betten gemacht, sich gereinigt und gewaschen
und anderen Notwendigkeiten Genüge getan haben, beginnen sie ihre Arbeit im allgemeinen bei Sonnenaufgang. Von diesem Augenblick an kann
niemand mehr in die Säle oder an andere Orte gehen, außer in die Werkstätten oder an die Arbeitsplätze ... Bei Einbruch der Nacht ertönt eine
Glocke, welche den Häftlingen anzeigt, daß sie ihre Arbeit verlassen sollen ... Man gibt ihnen eine halbe Stunde, damit sie ihre Betten herrichten;
danach erlaubt man ihnen nicht mehr, laut zu sprechen und den geringsten Lärm zu machen.«[109] Ebenso wie in Gloucester ist die Einzelhaft nicht
total; es gibt sie für diejenigen, die früher zum Tode verurteilt worden wären, und für solche, die innerhalb des Gefängnisses eine besondere Strafe
verdienen: »Hier verbringt der Gefangene, ohne Beschäftigung und ohne
Zerstreuung, in der ungewissen Erwartung des Augenblicks der Befreiung,
lange bange Stunden, eingeschlossen in Gedanken, die den Geist eines jeden Schuldigen beherrschen.«[110] Und wie in Gent kann die Dauer der Gefangenschaft mit dem Verhalten des Häftlings variieren: bis etwa 1820 erreichen die Gefängnisinspektoren nach Einsicht in das Dossier bei den
Obrigkeiten die Begnadigung der Häftlinge, die sich gut aufgeführt haben.

Walnut Street weist auch einige besondere Merkmale auf oder bringt
einige in anderen Modellen angelegte Merkmale zur Entfaltung. Zunächst

---

107 Gewiß kannten die Quäker auch das Rasphuis und das Spinhuis von Amsterdam. Vgl. T. Sellin,
    Pioneering in Penoloy, S. 109 f. ... Auf jeden Fall steht das Gefängnis von Walnut Street in einem
    Zusammenhang mit Almhouse, das 1767 eröffnet wurde, sowie mit der Strafgesetzgebung, welche
    die Quäker trotz der englischen Administration durchsetzen wollten.
108 G. de la Rochefoucauld-Liancourt, *Des prisons de Philadelphie*, 1796, S. 9.
109 J. Turnbull, *Visite à la prison de Philadelphie*, 1797, S. 15 f.
110 Caleb Lownes, in: N. K. Teeters, *Cradle of penitentiary*, 1955, S. 49.

das Prinzip der Nichtöffentlichkeit der Strafe. Während die Verurteilung mitsamt ihren Gründen allen bekannt sein muß, hat sich die Vollziehung der Strafe im geheimen abzuspielen; das Publikum hat weder als Zeuge noch als Garant der Bestrafung einen Platz; die Gewißheit, daß der Gefangene hinter den Mauern seine Strafe verbüßt, muß zur Statuierung eines Exempels genügen: Schluß mit jenen Straßenspektakeln, die das Gesetz von 1786 eingeführt hatte, das öffentliche Arbeiten in den Städten oder auf den Straßen vorsah![111] Die Züchtigung und die durch sie zu erreichende Besserung sind Prozesse, die sich zwischen dem Häftling und seinen Aufsehern abspielen. Diese Prozesse führen zu einer Umformung des gesamten Individuums – seines Körpers und seiner Gewohnheiten durch die Arbeit, zu der es gezwungen wird, seines Geistes und seines Willens durch die geistliche Fürsorge, deren Gegenstand er ist: »Bibeln und andere Bücher der praktischen Religion werden bereitgestellt; der Klerus der verschiedenen ortsansässigen Denominationen versieht seinen Dienst einmal in der Woche, und jede andere erbauliche Person hat ebenfalls jederzeit Zugang zu den Häftlingen.«[112] Aber die Verwaltung hat sich auch unmittelbar um diese Umformung zu kümmern. Die Einsamkeit und die Rückkehr zu sich selbst genügen ebensowenig wie die rein religiösen Ermahnungen. An der Seele des Gefangenen muß soviel wie nur möglich gearbeitet werden. Der Verwaltungsapparat Gefängnis ist gleichzeitig eine Gesinnungswandel-Maschine. Wenn der Häftling einzieht, liest man ihm das Reglement vor; »zugleich versuchen die Inspektoren, die moralischen Verpflichtungen in ihm zu stärken; sie führen ihm die Untat vor Augen, die er ihnen gegenüber begangen hat, das Übel, das daraus für die ihn beschützende Gesellschaft gefolgt ist, sowie die Notwendigkeit einer Wiedergutmachung durch Beispiel und Buße. Sie ermuntern ihn dann, seine Pflicht mit Freude zu tun, sich anständig zu benehmen, und versprechen ihm oder machen ihm Hoffnung, daß er vor Ablauf seiner Strafzeit seine Freilassung erlangen könne, wenn er sich gut aufführe ... Von Zeit zu Zeit machen sich die Inspektoren eine Pflicht daraus, mit den einzelnen Sträflingen ein Ge-

---

111 Zu den Ruhestörungen, die durch dieses Gesetz verursacht wurden, vgl. B. Rush, *An inquiry into the effects of public punishments*, 1787, S. 5-9; Robert Vaux, *Notices*, S. 45. Es ist zu bemerken, daß in dem Gutachten von J. L. Siegel, welches das Rasphuis von Amsterdam inspiriert hat, vorgesehen war, daß die Strafen nicht öffentlich verkündet werden, daß die Häftlinge nachts in das Besserungshaus geführt werden und die Aufseher sich unter Eid verpflichten, die Identität jener nicht zu verraten, und daß kein Besuch gestattet ist. (T. Sellin, *Pioneering in Penology*, S. 27 f.).

112 Erster Bericht der Aufseher von Walnut Street, zit. in: N. K. Teeters, op. cit., S. 53 f.

spräch über ihre Pflichten als Menschen und als Glieder der Gesellschaft zu führen.«[113]

Das bedeutendste aber ist, daß die Bildung eines Wissens von den Individuen – als Voraussetzung und Konsequenz – diese Kontrolle und Umformung des Verhaltens begleitet. Gleichzeitig mit dem Verurteilten selbst erhält die Verwaltung von Walnut Street einen Bericht über das Verbrechen, über die Umstände, unter denen es begangen wurde, eine Zusammenfassung des Verhörs, Notizen über das Benehmen des Angeklagten vor und nach der Urteilsverkündung. Alle diese Elemente sind unentbehrlich, will man »bestimmen, welche Maßnahmen notwendig sein werden, damit seine alten Gewohnheiten zerstört werden«.[114] Und die ganze Haftzeit hindurch wird er beobachtet werden; man wird sein Verhalten Tag für Tag registrieren. Und die Inspektoren – zwölf angesehene Bürger der Stadt, die 1795 ernannt wurden und jede Woche zu zweit das Gefängnis besuchen – müssen sich darüber informieren, was geschehen ist, müssen vom Verhalten jedes Sträflings Kenntnis nehmen und diejenigen bezeichnen, um deren Begnadigung ersucht werden soll. Diese Kenntnis der Individuen, die kontinuierlich auf den neuesten Stand gebracht wird, macht es möglich, die Individuen innerhalb des Gefängnisses weniger aufgrund ihrer Verbrechen als vielmehr entsprechend ihren gezeigten Charakteren zu verteilen. Seit 1797 waren die Häftlinge in vier Klassen aufgeteilt: die erste Klasse bilden diejenigen, die ausdrücklich zur Einzelhaft verurteilt worden sind oder die im Gefängnis schwere Verstöße begangen haben; die zweite Klasse ist denen vorbehalten, die »als alte Übeltäter wohlbekannt sind ... oder deren entartete Moral, deren gefährlicher Charakter, deren ungeregelte Anlagen oder ungeordnetes Benehmen« sich während ihrer Gefängniszeit gezeigt hat; eine weitere Klasse bilden diejenigen, »deren Charakter und Umstände vor und nach der Verurteilung nahelegen, daß es sich nicht um gewohnheitsmäßige Verbrecher handelt«. Schließlich gibt es eine gesonderte Abteilung, eine Probeklasse für diejenigen, deren Charakter noch nicht bekannt ist oder die, falls man sie besser kennt, nicht in die vorhergehende Kategorie aufgenommen zu werden verdienen.[115] So organisiert

113 J. Turnbull, *Visite à la prison de Philadelphie*, 1797, S. 27.

114 B. Rush, der einer der Inspektoren war, notiert nach einem Besuch in Walnut Street folgendes: »Moralische Bemühungen: Predigt, Lesen guter Bücher, Sauberkeit der Kleider und der Zimmer, Bäder; man spricht nur leise, wenig Wein, so wenig Tabak wie möglich, wenig obszönes oder profanes Gespräch. Beständige Arbeit; man kümmert sich um den Garten; schönes Wetter: 1200 Kohlköpfe.« (N. K. Teeters, op. cit., S. 50).

115 N. K. Teeters, op. cit., S. 59.

sich ein individualisierendes Wissen, das sich nicht so sehr auf das begangene Verbrechen bezieht (jedenfalls nicht auf das Verbrechen als isolierte Tatsache), sondern auf die mögliche Gefährlichkeit eines Individuums, die sich in seinem täglich beobachteten Verhalten zeigt. Das Gefängnis funktioniert als ein Wissensapparat.

Zwischen diesem Strafapparat, der sich im flämischen, englischen und amerikanischen Modell verkörpert, zwischen diesen »Reformatorien« also und allen jenen von den »Reformern« ausgedachten Züchtigungen, von denen wir weiter oben sprachen, lassen sich sowohl Konvergenzen wie auch Divergenzen feststellen.

Zu den Übereinstimmungen gehört zunächst die Umkehrung des Zeitbezuges der Bestrafung. Auch die »Reformatorien« stellen sich nicht die Aufgabe, ein Verbrechen auszulöschen, sondern wollen seine neuerliche Begehung verhindern. Es handelt sich um Maßnahmen, die auf die Zukunft gerichtet sind und die Wiederholung der Untat unmöglich machen sollen. »Der Zweck der Strafe besteht nicht in der Aussöhnung und Abbüßung des Verbrechens; denn diese muß dem Ermessen der Vorsehung anheimgestellt werden, sondern in der Verhütung ähnlicher Verbrechen auf die Zukunft.«[116] Und in Pennsylvanien sagte Buxton, daß die Grundsätze von Montesquieu und Beccaria jetzt die »Kraft von Axiomen« haben müßten: »die Prävention der Verbrechen ist der einzige Zweck der Züchtigung«.[117] Man straft also nicht, um ein Verbrechen auszulöschen, sondern um einen (wirklichen oder möglichen) Schuldigen umzuformen. Die Züchtigung muß darum eine Verbesserungstechnik beinhalten. Auch hier steht Rush den Reform-Juristen ganz nahe, wenn er sagt: man hat Maschinen erfunden, welche die Arbeit erleichtern; um wieviel mehr müßte man den loben, der die schnellsten und wirksamsten Methoden erfände, »mit denen man den lasterhaftesten Teil der Menschheit zur Tugend und zum Glück führen und einen Teil des Verbrechens in der Welt zum Verschwinden bringen könnte«.[118] Die angelsächsischen Modelle verlangen schließ-

---

116 *Vermischte Abhandlungen über verschiedne Rechtsmaterien* von William Blackstone. Aus dem Englischen übersetzt. Bremen 1779. S. 106.

117 W. Bradford, *An inquiry how far the punishment of death is necessary in Pennsylvania*, 1793, S. 3.

118 B. Rush, *An inquiry into the effects of public punishments*, 1787, S. 14. Diese Idee eines Transformationsapparates findet sich bereits bei Hanway in seinem Projekt eines »Reformatoriums« *(reformatory)*: »Die Idee des Spitals und die des Übeltäters sind unvereinbar; versuchen wir doch aus dem Gefängnis ein eigentliches und wirksames Reformatorium zu machen, damit es nicht wie die anderen eine Schule des Lasters sei.« *(Defects of police,* S. 52).

lich ebenso wie die Reformprojekte der Gesetzgeber und Theoretiker nach
Verfahren zur Individualisierung der Strafe: in ihrer Dauer, ihrer Natur, ihrer Intensität, ihrer Vollzugsweise muß die Züchtigung dem Charakter des
Individuums und seiner Gefährlichkeit für die anderen angepaßt werden.
Das System der Strafen muß für individuelle Variablen offen sein. In ihren
Grundlinien standen also die Modelle, die mehr oder weniger an das Rashuis von Amsterdam anknüpften, keineswegs im Gegensatz zu den Vorschlägen der Reformer. Auf den ersten Blick könnte man sie sogar für
deren Entfaltung – oder Skizze – auf der Ebene konkreter Institutionen
halten.

Und doch springt der Unterschied in die Augen, sobald man die Techniken der individualisierenden Besserung definiert. Die Verschiedenheit
zeigt sich in dem Verfahren des Zugangs zum Individuum; in der Art, in
der sich die Strafgewalt den Zugriff aufs Individuum verschafft; in den Instrumenten, die sie zu seiner Umformung einsetzt. Der Unterschied liegt
in der Technologie der Strafe, nicht in der theoretischen Begründung.
Sie liegt in dem Verhältnis, das diese Technologie zum Körper und zur
Seele herstellt, und nicht in ihrer Einfügung ins System des Rechts.

Vergegenwärtigen wir uns noch einmal die von den Reformern vorgeschlagene Methode. Worauf zielt die Strafe, wodurch verschafft sie sich ihren Zugriff aufs Individuum? Es sind die Vorstellungen: Vorstellungen seiner Interessen, Vorstellungen seiner Vorteile, Vorstellungen von Nachteilen,
Vorstellungen seines Vergnügens und Mißvergnügens. Und wenn sich die
Züchtigung seines Körpers bemächtigt, wenn sie ihn mit Techniken bearbeitet, die den alten peinlichen Strafen nicht nachstehen, so geschieht dies
in dem Maße, in welchem der Körper – für den Sträfling und für die Zuschauer – ein Gegenstand der Vorstellung ist. Mit welchem Instrument
wirkt man auf die Vorstellungen ein? Mit anderen Vorstellungen oder vielmehr mit Vorstellungspaaren (Verbrechen/Strafe, eingebildeter Vorteil des
Verbrechens/wahrgenommener Nachteil der Züchtigungen); diese Paarungen können nur im Element der Öffentlichkeit ihre Funktion erfüllen:
Straf-Szenen machen sie dem Blick aller deutlich und eindringlich; Diskurse setzen sie in Umlauf und werten jederzeit das Spiel der Zeichen
auf. Angesichts des Gesetzes und der Verbrechen hat der Verbrecher in
der Bestrafung die wirkliche Gegenwart des Signifikats vorzuführen, die
wirkliche Gegenwart der Strafe, die nach den Buchstaben des Gesetzes
mit dem Vergehen unmittelbar verknüpft sein muß. Ausgiebig und unüber

sehbar dieses Signifikat vorstellen, damit das Signifikantensystem des Gesetzes immer wieder aktualisieren, die Idee des Verbrechens als ein Zeichen der Bestrafung zur Geltung bringen – das ist die Währung, mit welcher der Missetäter der Gesellschaft seine Schuld abzahlt. Die individuelle Besserung muß also das Individuum wieder zu einem Rechtssubjekt machen: durch die Wiederaufwertung der Zeichensysteme und der durch sie in Umlauf gesetzten Vorstellungen.

Der Apparat der reformatorischen Besserungsstrafe funktioniert ganz anders. Die Zielscheibe der Strafe ist nicht die Vorstellung, sondern der Körper, die Zeit, die alltäglichen Gesten und Tätigkeiten. Auch die Seele ist Zielscheibe, aber nur in dem Maße, in welchem sie der Sitz der Gewohnheiten ist. Als Ursprung des Verhaltens bilden Körper und Seele nun das Objekt der Strafe. Diese beruht nicht mehr auf einer Kunst der Vorstellungen, sondern auf einer überlegten Manipulation des Individuums: »Jedes Verbrechen findet seine Heilung im physischen und moralischen Einfluß«; um die Züchtigungen festzusetzen, muß man darum »das Prinzip der Empfindungen und der Sympathien kennen, die sich im Nervensystem abspielen«.[119] Als Instrumente dienen nicht mehr die Vorstellungsspiele, die man verstärkt und in Umlauf setzt, sondern Zwangsmaßnahmen, die sorgfältig angewandt und wiederholt werden. Es handelt sich nicht mehr um Zeichen, sondern um Übungen: Stundenpläne, Zeiteinteilungen, vorgeschriebene Bewegungen, regelmäßige Tätigkeiten, einsame Meditation, gemeinsame Arbeit, Schweigen, Aufmerksamkeit, Respekt, gute Gewohnheiten. Und was durch diese Besserungstechnik schließlich wiederhergestellt werden soll, ist nicht so sehr das Rechtssubjekt, das in die fundamentalen Interessen des Gesellschaftsvertrags integriert ist, sondern das gehorchende Subjekt, das Individuum, das Gewohnheiten, Regeln, Ordnungen unterworfen ist und einer Autorität, die um es und über ihm stetig ausgeübt wird und die es automatisch in sich selber wirken lassen soll. Es handelt sich also um zwei wohlunterschiedene Methoden der Reaktion auf das Verbrechen: Wiederherstellung eines Rechtssubjekts innerhalb eines Gesellschaftsvertrags oder Formierung eines Gehorsamssubjekts, das den allgemeinen und ausgeklügelten Prozeduren irgendeiner Macht unterworfen ist.

Da es in beiden Fällen darum geht, unterworfene Individuen zu bilden,

---

119 B. Rush, *An inquiry into the effects of public punishments*, 1787, S. 13.

könnte man den Unterschied für ziemlich spekulativ halten. Doch ergeben
sich aus dem System der »Zwangs-Strafe« entscheidende Konsequenzen.
Die Dressur des Verhaltens durch die vollständige Zeitplanung, die Aneignung von Gewohnheiten, das Einzwängen des Körpers: all das führt zu
einem besonderen Verhältnis zwischen dem Bestraften und dem Bestrafenden. Dieses Verhältnis macht die Dimension des Schauspiels nicht nur
überflüssig: es schließt sie aus.[120] Der Straf-Agent muß eine totale Gewalt
ausüben, die von keinem Dritten gestört werden darf; das zu bessernde
Individuum muß in die Macht, der es ausgeliefert ist, vollständig eingeschlossen sein. Geheimhaltung ist geboten. Und damit auch die zumindest
relative Autonomie dieser Straftechnik. Die Straftechnik muß ihre eigenen
Funktionen, Regeln, Methoden, sie muß ihr eigenes Wissen haben; sie muß
selber ihre Normen festsetzen und über ihre Ergebnisse entscheiden. Von
der Gerichtsgewalt, welche die Schuld erklärt und die allgemeinen Grenzen der Bestrafung festsetzt, muß sie abgesetzt sein oder ihr gegenüber
zumindest ihre Eigenart behaupten. Diese beiden Konsequenzen – Geheimhaltung und Selbständigkeit des Vollzugs der Strafgewalt – sprengen
jedoch eine Theorie und Politik des Strafens, die sich zwei Ziele setzten:
alle Bürger an der Züchtigung des gesellschaftlichen Feindes teilnehmen
zu lassen und die Strafgewalt den sie öffentlich begrenzenden Gesetzen
zu unterwerfen. Geheime und von der Gesetzgebung nicht kodifizierte
Strafen, eine Strafgewalt, die im Dunkeln nach unkontrollierten Kriterien
und mit unkontrollierten Instrumenten ausgeübt wird – das würde die gesamte Reformstrategie kompromittieren. Nach der Urteilsverkündung tritt
eine Gewalt auf den Plan, die an die Strafgewalt des Ancien régime denken läßt. Die Macht, welche die Strafen vollstreckt, droht ebenso willkürlich und despotisch zu sein wie diejenige, die einst über die Strafen entschied.

Es handelt sich also um die Divergenz zwischen Straf-Bürgerschaft und
Zwangs-Institution. Auf der einen Seite eine Strafgewalt, die innerhalb des
gesamten Gesellschaftskörpers verteilt ist, überall als Szene, Spektakel, Zeichen, Diskurs gegenwärtig ist; wie ein aufgeschlagenes Buch lesbar ist;
durch eine ständige Rekodifizierung des Geistes wie der Bürger wirkt;
das Verbrechen bekämpft, indem sie der Idee des Verbrechens Hindernisse
entgegensetzt; unsichtbarerweise auf die »weichen Fasern des Gehirns« ein-

---

120 Vgl. die Kritik, die Rush an den Straf-Spektakeln, insbesondere an den von Dufriche de Valazé
     ausgedachten, übt (B. Rush, op. cit., S. 5-9).

wirkt, wie Servan sagte. Eine Strafgewalt, die das gesamte gesellschaftliche Netz durchläuft, an jedem ihrer Punkte wirksam wird und schließlich nicht mehr als Macht der einen über die anderen wahrgenommen wird, sondern als unmittelbare Reaktion aller gegenüber jeweils einem. Auf der anderen Seite eine kompakte Strafgewalt: eine gewissenhafte Übernahme des Körpers und der Zeit des Schuldigen; eine Einfassung seiner Gesten und Verhaltensweisen in ein Autoritäts- und Wissenssystem; eine konzertierte Orthopädie, mit der die Schuldigen individuell wiederhergerichtet werden sollen; eine autonome Führung dieser Macht, die sich vom Gesellschaftskörper ebenso isoliert wie von der eigentlichen Gerichtsgewalt. Im Gefängnis sollte sich die Strafgewalt institutionalisieren, aber zunächst war die Frage zu beantworten: Kann die Strafgewalt ihr strategisches Ziel (die Unterdrückung der im Volk verbreiteten Gesetzwidrigkeiten) sicherer erreichen, wenn sie sich in der Straf-Bürgerschaft hinter einer allgemeinen gesellschaftlichen Funktion verbirgt, oder indem sie sich als Zwangsinstitution in das geschlossene Reformatorium einsperrt?

Auf jeden Fall läßt sich sagen, daß man am Ende des 18. Jahrhunderts vor drei Möglichkeiten der Organisation der Strafgewalt steht. Die erste ist diejenige, die auf dem Monarchenrecht beruhte und noch immer Bedeutung hatte. Die beiden anderen berufen sich auf eine präventive, utilitaristische, korrektive Konzeption eines Rechts zum Strafen, das der gesamten Gesellschaft eignen soll; auf der Ebene der vorgesehenen Techniken und Maßnahmen unterscheiden sich jedoch diese beiden Möglichkeiten sehr stark voneinander. Vereinfachend könnte man sagen, daß im monarchischen Recht die Bestrafung ein Zeremoniell der Souveränität ist; sie brandmarkt den Körper des Verurteilten mit den Malen der Rache; und sie entfaltet vor den Augen der Zuschauer einen Terroreffekt, der um so stärker ist, als die physische Gegenwart des Souveräns und seiner Macht unvorhersehbar, unregelmäßig ist und über ihren eigenen Gesetzen steht. Für die Reform-Juristen ist die Bestrafung eine Maßnahme, durch welche die Individuen wieder zu Rechtssubjekten gemacht werden sollen; sie arbeitet nicht mit Brandmalen, sondern mit Zeichen, mit codierten Vorstellungskomplexen, die durch die Strafszenen in den schnellsten Umlauf gesetzt und zu allgemeinster Anerkennung gebracht werden müssen. Und im Projekt der Kerkerinstitution ist die Bestrafung eine Technik des Einzwängens der Individuen; sie arbeitet mit Dressurmethoden, die am Körper nicht Zeichen, sondern Spuren hinterlassen: die Gewohnheiten des

Verhaltens; und sie setzt die Etablierung einer eigens institutionalisierten Strafgewalt voraus. Gewalt des Souveräns, Gesellschaftskörper, Verwaltungsapparat; Mal, Zeichen, Spur; Zeremonie, Vorstellung, Übung; besiegter Feind, wiedereingebürgertes Rechtssubjekt, unmittelbarem Zwang unterworfenes Individuum; gemarterter Körper, manipulierte Vorstellungen der Seele, dressierter Körper: diese drei Serien von Elementen charakterisieren die drei konkurrierenden Strafsysteme der zweiten Hälfte des 18. Jahrhunderts. Man kann sie nicht auf Rechtstheorien reduzieren (obwohl sie sich damit decken), man kann sie nicht mit Apparaten oder Institutionen identifizieren (obwohl sie sich darauf stützen), und man kann sie nicht von moralischen Wertungen herleiten (obwohl sie darin ihre Rechtfertigung finden). Es handelt sich um Modalitäten der Ausübung von Strafgewalt, um drei Technologien der Macht.

Das Problem stellt sich also folgendermaßen: Wie kommt es, daß sich das dritte Modell schließlich durchgesetzt hat? Wieso hat das zwanghafte, körperliche, isolierende und verheimlichende Modell der Strafgewalt das repräsentative, szenische, zeichenhafte, öffentliche und kollektive Modell verdrängt? Warum hat sich die physische Vollstreckung der Bestrafung (die von der Marter zu unterscheiden ist) mitsamt ihrer institutionellen Basis, dem Gefängnis, gegenüber dem gesellschaftlichen Spiel der Strafzeichen und dem geschwätzigen Fest, das sie in Umlauf bringt, durchgesetzt?

1. N. Andry, *L'orthopédie ou l'art de prévenir et de corriger dans les enfants les difformités du corps*, 1749 (Dt.: Die Orthopädie oder die Kunst, bei den Kindern die Mißbildungen des Körpers zu verhüten und zu korrigieren).

2. Medaille zur Erinnerung an die erste Militärparade vor Ludwig XIV. im Jahre 1666 (B. N. Cabinet des médailles). Vgl. S. 894.

3./4. P. Giffart, *L'Art militaire français*, 1696. Vgl. S. 858.

Figur LXVI: Stützt euch auf die Waffen!

Dieser Befehl wird in vier Zeiten ausgeführt: die erste Zeit streckt man den rechten Arm in die Höhe der Halsbinde, die Muskete steht aufgepflanzt auf dem Kolben; die zweite Zeit läßt man die Muskete unter den Hosengürtel gleiten und hebt die linke Hand zum Ende des Laufs; die dritte Zeit läßt man den Kolben der Muskete fallen, und die vierte Zeit schiebt man die rechte Hand zur linken Hand.

Figur LXX: Nehmt eure Lunten auf!

Dieser Befehl wird in vier Zeiten ausgeführt: die erste Zeit setzt man die Spitze des rechten Fußes auf vier Finger von der Lunte vor, wobei der rechte Arm in der Höhe der Halsbinde gestreckt ist; die zweite Zeit senkt man den Körper mit gestraffter Kniekehle und leicht gebeugtem rechten Knie, um die Lunte in die Finger der rechten Hand zu nehmen; die dritte Zeit richtet man sich wieder auf, setzt den rechten Fuß gegenüber dem linken und läßt den Kolben der Muskete gleiten, um die Lunte in die Finger der rechten Hand zu geben; die vierte Zeit hebt man die Muskete wieder auf die Schulter und streckt den rechten Arm am Schenkel.

FIGURE LXVI.

Reposez-vous sur vos armes.

CE commandement s'éxecute en quatre temps : le premier, en étendant le bras droit vis-à-vis la cravatte, le mousquet planté droit sur sa crosse : le second temps, en laissant glisser le mousquet au dessous de la ceinture de la culotte, & en haussant la main gauche au bout du canon du mousquet : le troisième, en laissant tomber la crosse du mousquet : & le quatrième, en glissant la main droite pour la joindre à la main gauche.

FIGURE LXVI.

Reposez vous sur vos armes.

R ij

FIGURE LXX.

Reprenez vos mesches.

CE commandement s'éxecute en quatre temps : le premier est, d'avancer la pointe du pied droit à quatre doigts de la mesche, ayant le bras droit étendu à la hauteur de la cravatte : le deuxième est, de baisser le corps en tenant le jarret roide, & le genouil droit un peu plié pour prendre la mesche dans les doigts de la main droite : le troisième temps est, de se relever droit en mettant le pied droit vis-à-vis du pied gauche, & en glissant la crosse du mousquet en dedans pour remettre la mesche dans les doigts de la main gauche : le quatrième temps est, de repousser son mousquet sur l'épaule, & d'étendre le bras droit le long de la cuisse.

FIGURE LXX.

Reprenez vos méches

S ij

5

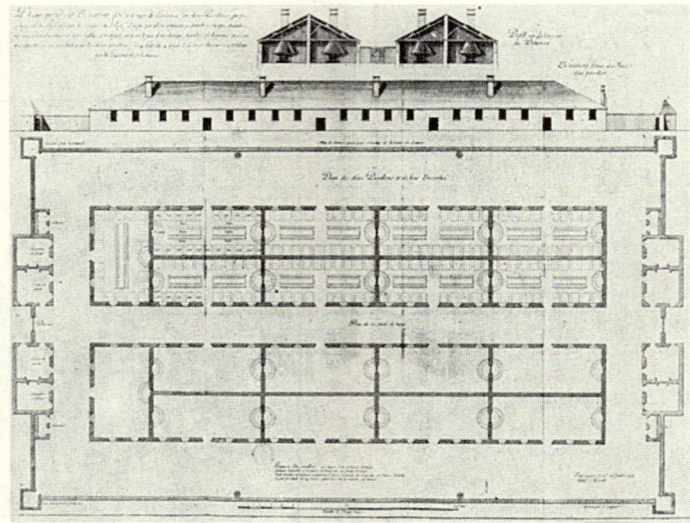

6

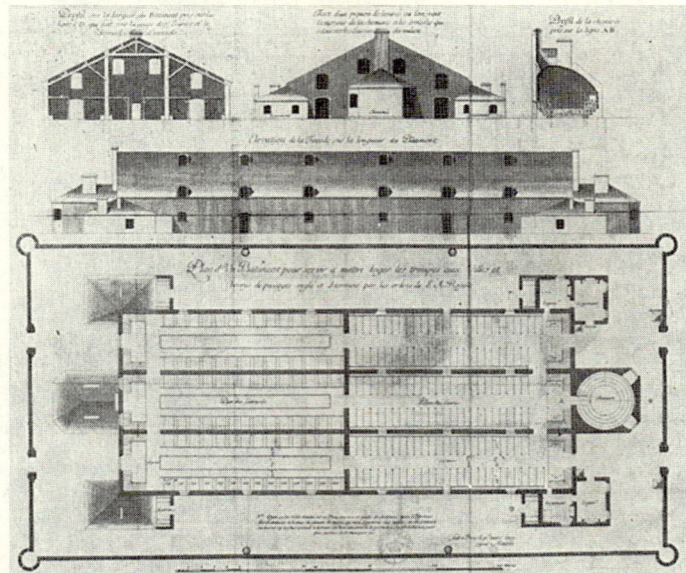

5./6. Beilagen zur Verordnung vom 25. September 1719 über die Errichtung von Kasernen. Vgl. S. 845.

7. P. G. Joly de Maizeroy, *Théorie de la guerre*, 1777. Lager für 18 Bataillone und 24 Schwadronen. 1. Lager der Infanterie. 2. Lager der Kavallerie. 3. Leichte Truppen. 4. Große Garden. 5. Lagergarden. 6. Generalquartier. 7. Artilleriepark. 8. Proviantlager. 9. Schanzen. Vgl. S. 877.

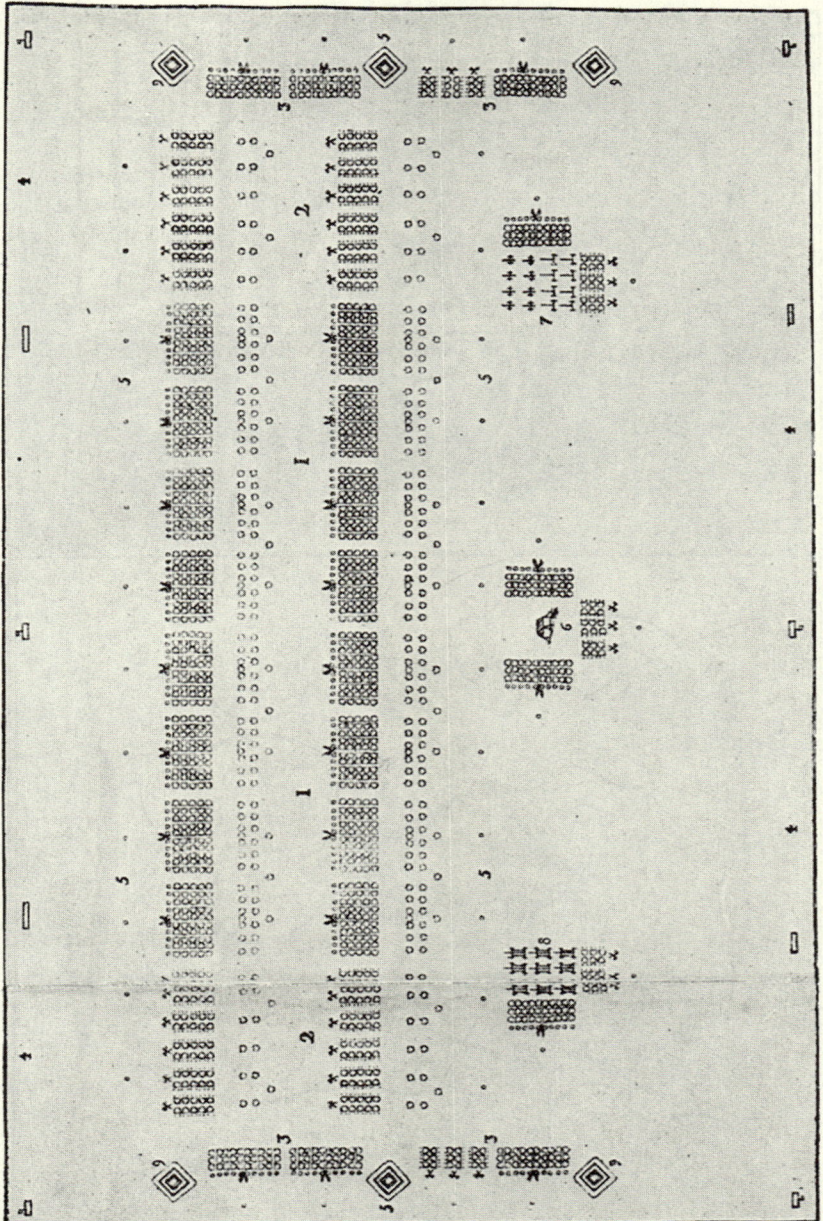

8

8. Schönschreiben. (Collections historiques de l'I. N. R. D. P.) Vgl. S. 856.

9. Collège de Navarre. Stich von F.-N. Martinet, um 1760. (Collections historiques de l'I. N. R. D. P.). Vgl. S. 846.

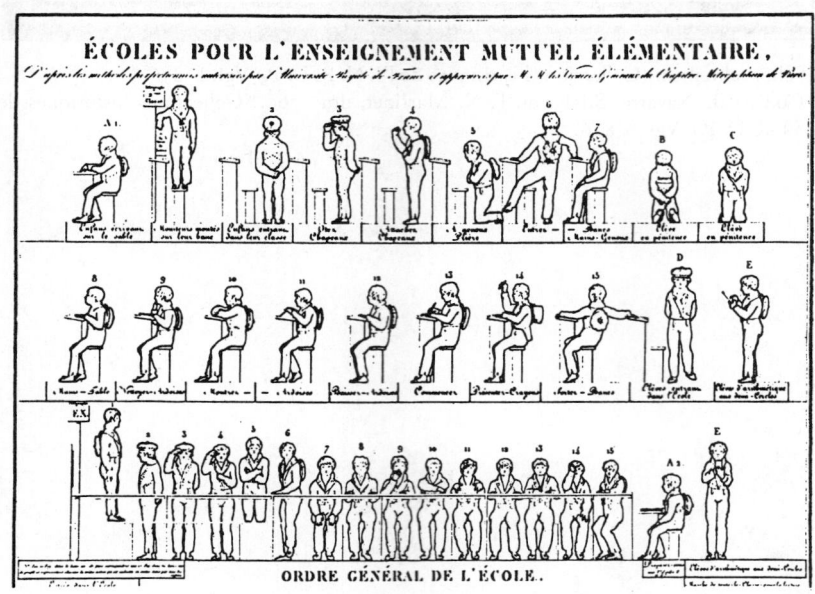

10./11. Schule mit wechselseitigem Unterricht während der Schreibübung. Lithographie von H. Lecomte, 1818. (Collections historiques de l'I. N. R. D. P.) Vgl. S. 851.

12. B. Poyet, Plan für einen
Spitalbau, 1786. Vgl. S. 879.
13. J. F. de Neufforge, Plan
für einen Spitalbau. Vgl.
S. 879.

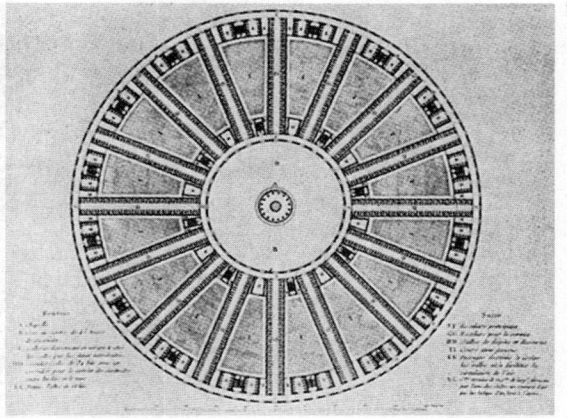

13

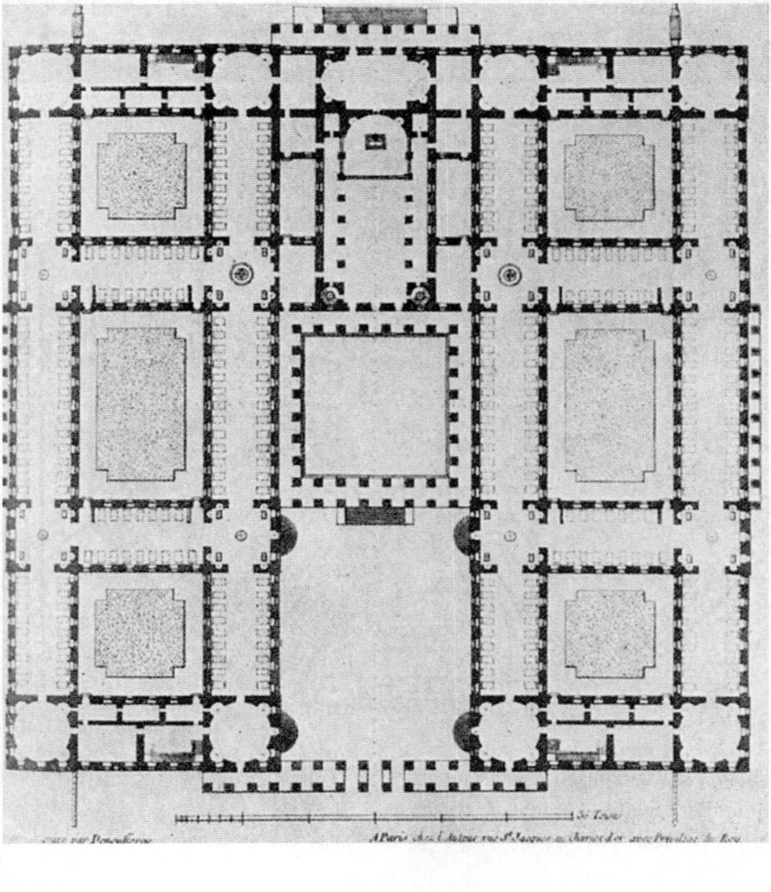

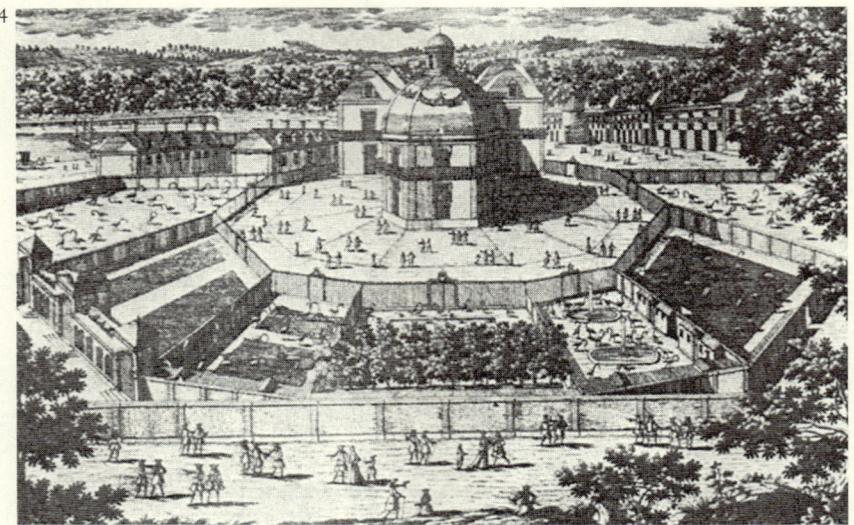

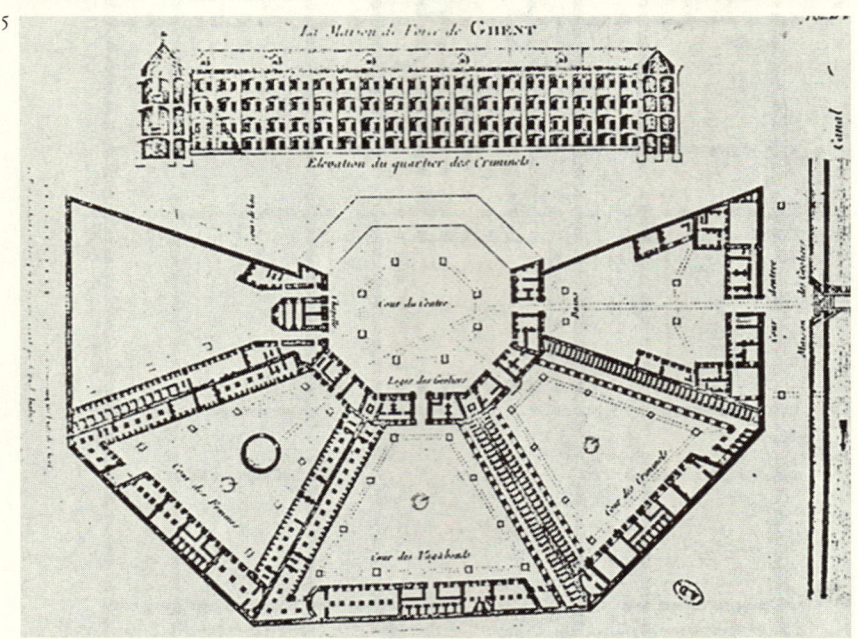

14. Menagerie von Versailles zur Zeit Ludwigs XIV. Stich von Aveline. Vgl. S. 908.
15. Plan für das Zuchthaus von Gent, 1773. Vgl. S. 825.
16. J. F. de Neufforge, Plan für einen Gefängnisbau. Vgl. S. 879.

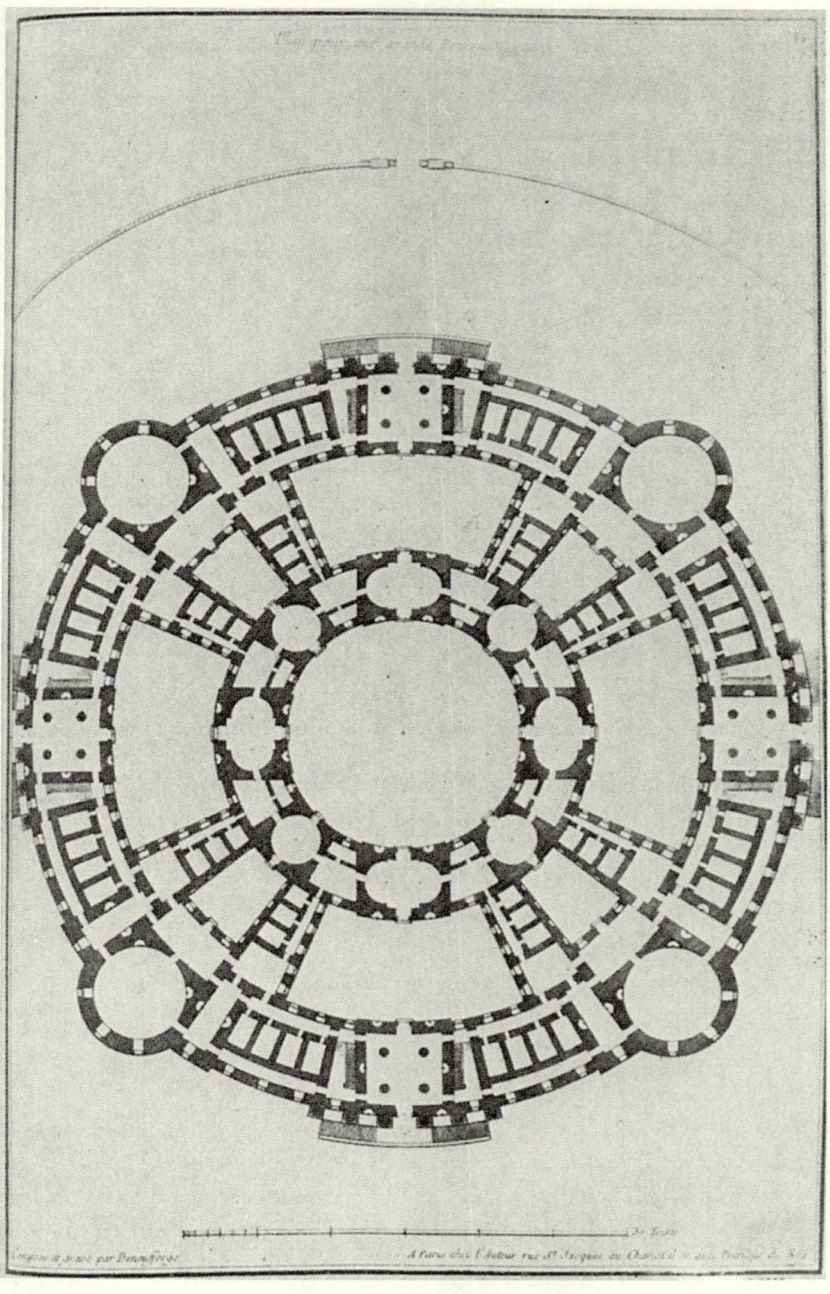

17

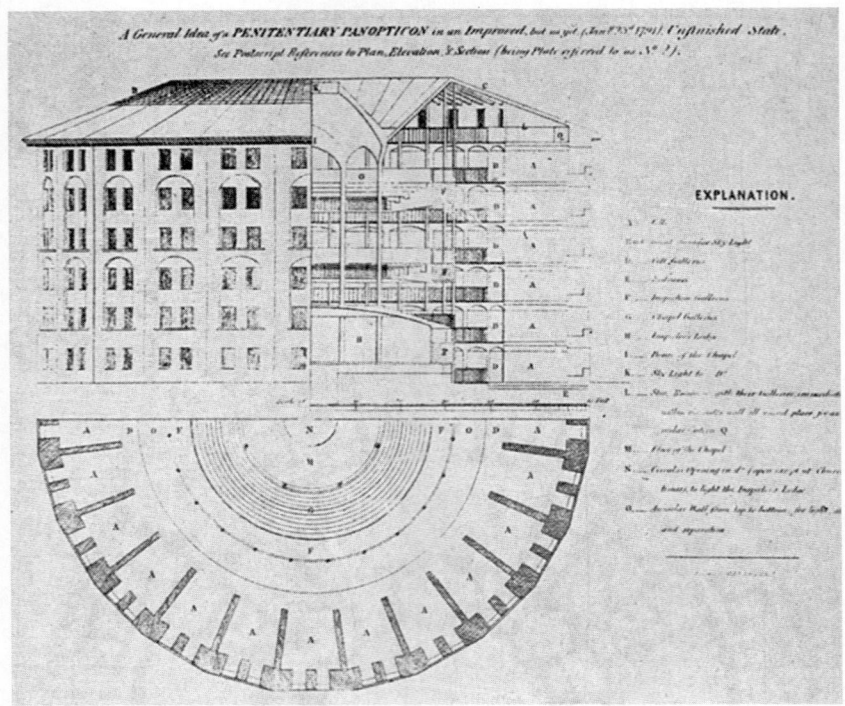

17. J. Bentham. Plan für das Panopticon (*The Works of Jeremy Bentham*, Bd. IV, S. 172 f.)
Vgl. S. 906.
18./19. N. Harou-Romain, Pläne für Strafanstalten, 1840. Vgl. S. 956.

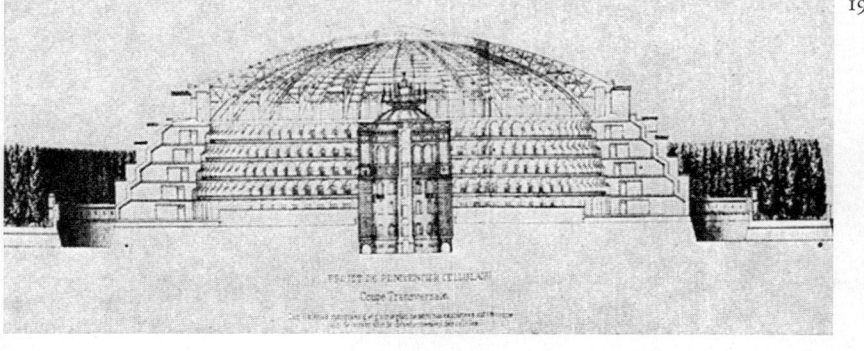

PROJET DE PÉNITENCIER CELLULAIRE
Coupe Transversale

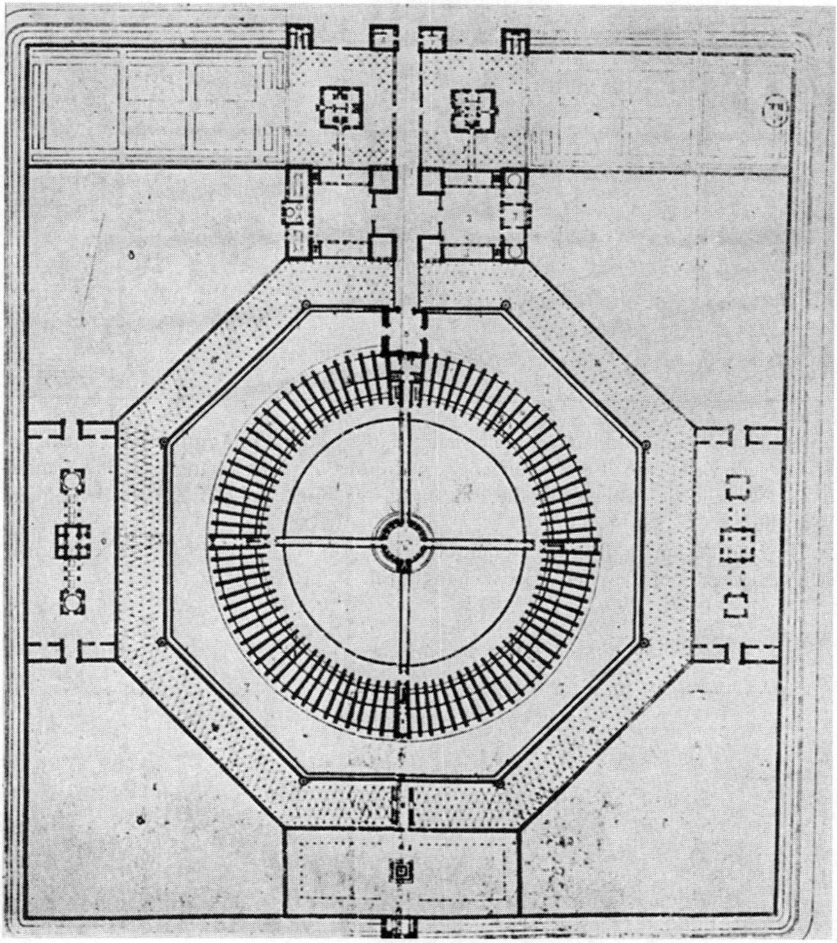

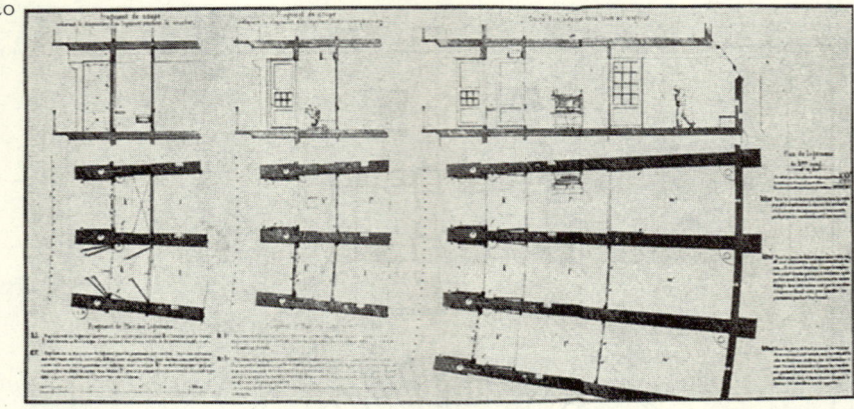

20. N. Harou-Romain, Plan für Strafanstalt, 1840. Grundriß und Aufriß der Zellen. Vgl. S. 956. Jede Zelle enthält einen Eingang, ein Zimmer, eine Werkstätte und eine Wandelhalle. Während des Gebetes ist die Eingangstür geöffnet, der Häftling auf den Knien. Vgl. Abb. 21.

21. N. Harou-Romain, Plan für Strafanstalt, 1840. Ein Häftling verrichtet in seiner Zelle sein Gebet vor dem zentralen Überwachungsturm.

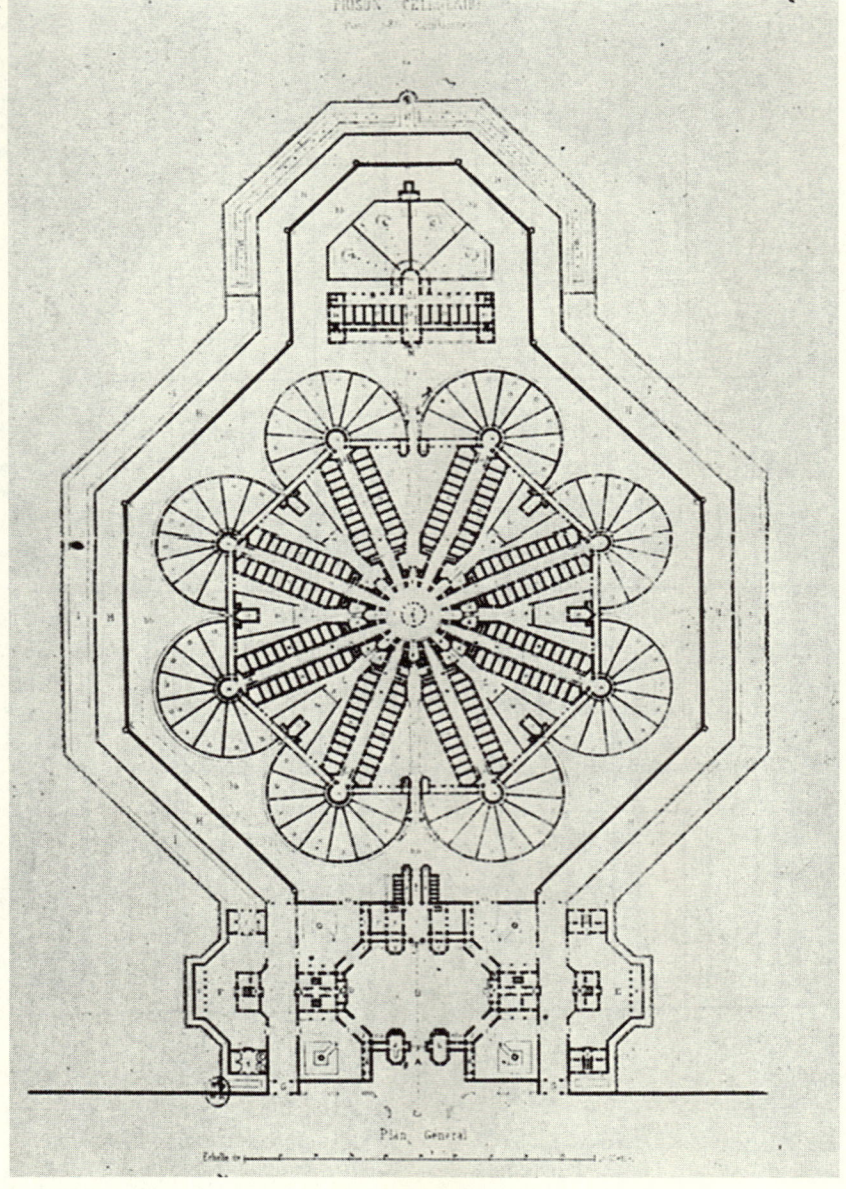

22. A. Blouet, Plan für ein Zellengefängnis (585 Sträflinge), 1843. Vgl. S. 956.
23. Plan für das Gefängnis von Mazas. Vgl. S. 956.
24. Gefängnis Petite Roquette. Vgl. S. 956.

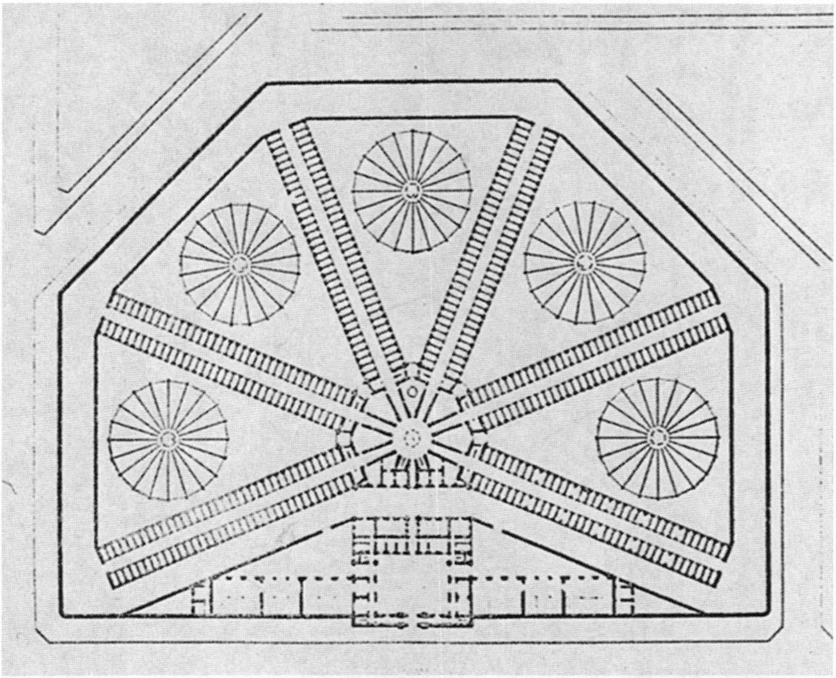

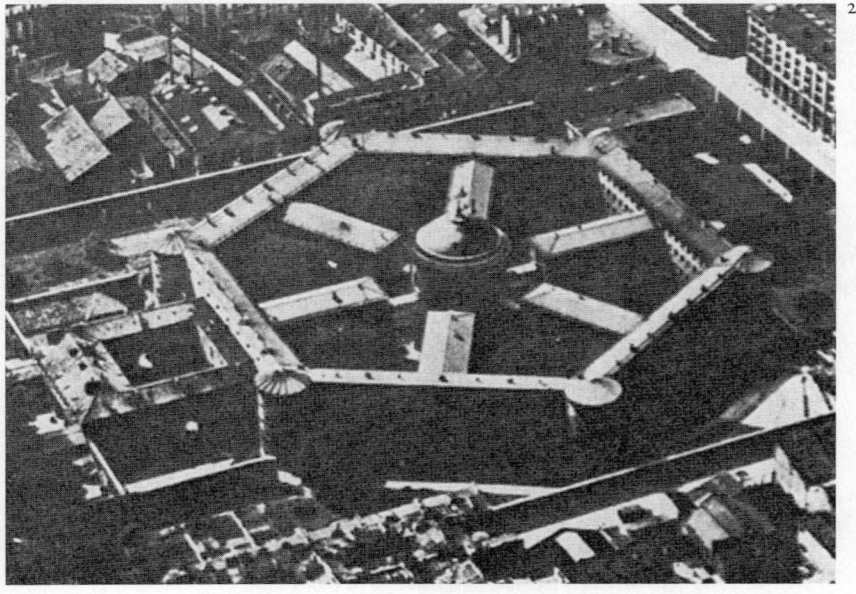

25

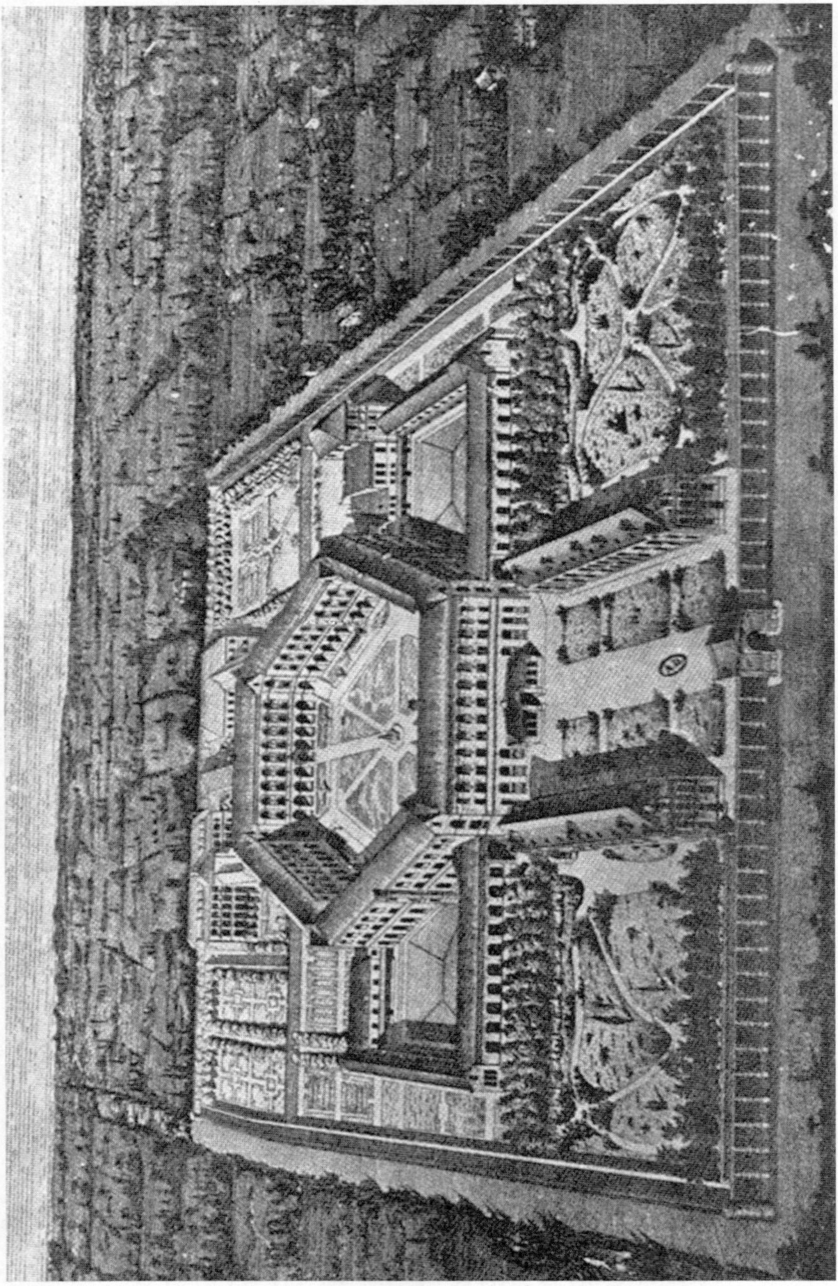

25. Das Staatsgefängnis von Rennes im Jahre 1877. Vgl. S. 956.
26. Inneres der Strafanstalt von Stateville (USA), 20. Jahrhundert. Vgl. S. 956.

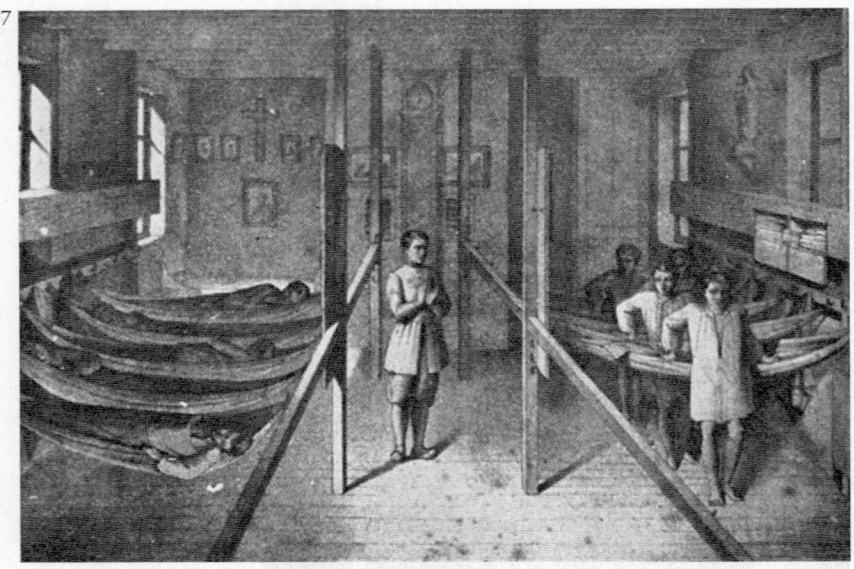

27. Das Zubettgehen in der Strafkolonie von Mettray. Vgl. S. 1005.
28. Vortrag über die schlimmen Folgen des Alkoholismus im Hörsaal des Gefängnisses von Fresnes.

29. *Dampfmaschine zur schnellen und sicheren Besserung der kleinen Mädchen und der kleinen Knaben.* Die Väter und Mütter, Onkel, Tanten, Vormünder, Heimleiter und -leiterinnen und überhaupt alle Personen, die faule, gefräßige, ungelehrige, ausgelassene, unverschämte, zänkische, klatschsüchtige, geschwätzige, unfromme oder sonstwie fehlerhafte Kinder haben, werden davon in Kenntnis gesetzt, daß Herr Watschenmann und Frau Bißgurn in jedem Bezirk der Stadt Paris eine Maschine aufgestellt haben, wie sie auf obigem Stich abgebildet ist, und daß sie jeden Tag von 12 bis 2 Uhr alle bösen Kinder, die gebessert werden müssen, in Behandlung nehmen.

Die Herren Werwolf, Schwarzermann und Unersättlich sowie die Damen Altefuchtel, Blödekuh und Saufschwester, die Freunde und Verwandte von Herrn Watschenmann und Frau Bißgurn sind, werden binnen kurzem ähnliche Maschinen in den Provinzstädten aufstellen und sich immer wieder selbst dorthin begeben, um ihren Einsatz zu leiten. Der wohlfeile Preis der durch die Dampfmaschine erzielten Besserung und ihre überraschenden Wirkungen werden die Eltern bewegen, sich ihrer so oft zu bedienen, wie das schlechte Betragen ihrer Kinder sie nötigen wird. Unverbesserliche Kinder werden auch in Pension genommen und mit Wasser und Brot ernährt.
Stich von Ende des 18. Jahrhunderts. (Collections historiques de l'I. N. R. D. P.)

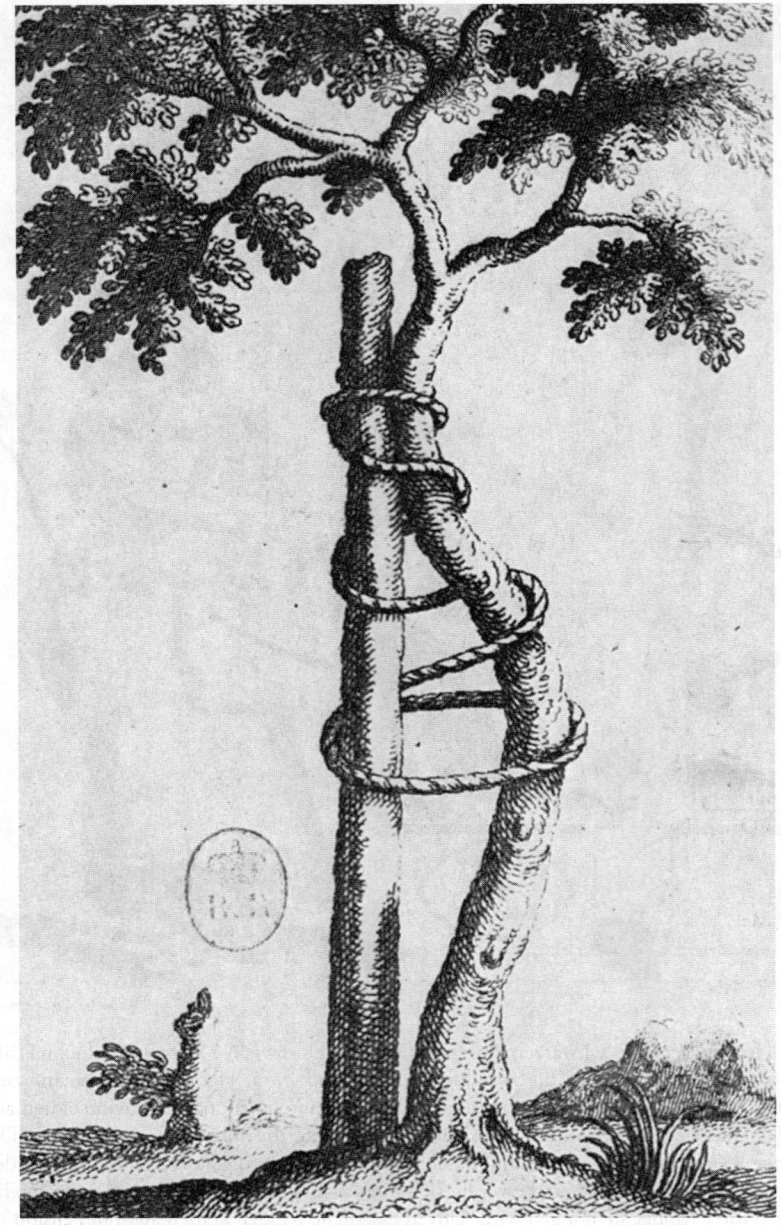

30. N. Andry, *L'orthopédie ou l'art de prévenir et de corriger dans les enfants les difformités du corps*, 1749.

III. Disziplin

1. Die gelehrigen Körper

Das ist die Idealfigur des Soldaten, wie sie noch zu Beginn des 17. Jahrhunderts beschrieben wurde: der Soldat ist zunächst jemand, der von weitem zu erkennen ist. Er trägt Zeichen: die natürlichen Zeichen seiner Kraft und seines Mutes und seines Stolzes; sein Körper ist das Wappen seiner Stärke und seiner Tapferkeit. Zwar muß er das Waffenhandwerk allmählich – vor allem im Kampf selbst – erlernen, doch sind Manöver wie das Marschieren oder Haltungen wie die Kopfhaltung zu einem guten Teil Elemente einer körperlichen Rhetorik der Ehre. »Die Zeichen zu erkennen, die allertüchtigste zu dem Kriegswesen sein die lebendige und wackere, ein starkes Haupt, ein hohen Magen, breite Schultern, lange Arm, starke Finger, kleinen Bauch, dicke Hüfte, geschmeidige Schenkel und trockene Füß. Darum daß der Mensch so solche Gestalt und Proportion des Leibs hat, notwendig muß geschwind und stark sein ...«[1] »Im marchiren müssen die ... Piquiere mit so vieler grace und grauitet als immer möglich ist, acht geben auf die Cadence des Trommelschlags. Denn die Pique ist ein ehrliches Gewehr, und welches wohl wert ist, daß es getragen werde mit tapferen und kecken Gebärden.«[2] In der zweiten Hälfte des 18. Jahrhunderts ist der Soldat etwas geworden, was man fabriziert. Aus einem formlosen Teig, aus einem untauglichen Körper macht man die Maschine, deren man bedarf; Schritt für Schritt hat man die Haltungen zurechtgerichtet, bis ein kalkulierter Zwang jeden Körperteil durchzieht und bemeistert, den gesamten Körper zusammenhält und verfügbar macht und sich insgeheim bis in die Automatik der Gewohnheiten durchsetzt. Man hat also den Bauern »vertrieben« und ihm die »Art des Soldaten« gegeben.[3] Man gewöhnt die Rekruten daran, »den Kopf gerade und hoch zu halten; sich aufrecht zu halten, ohne den Rücken zu krümmen, den Bauch und die Brust vorspringen zu lassen und den Rücken einzuziehen; damit sie sich daran

---

1 L. de Montgommery, *Militia Gallica oder Frantzösische Kriegskunst*. Aus dem Französischen von J. J. von Wallhausen, Hanau 1617. S. 6.
2 L. de Montgommery, op. cit., S. 7.
3 Verordnung vom 20. März 1764.

gewöhnen, wird man ihnen diese Haltung beibringen, indem man sie so an eine Mauer stellt, daß die Fersen, die Waden, die Schultern und die Taille sie berühren und desgleichen die Handrücken, wobei die Arme am Körper anliegend nach außen gedreht sind ...; man wird sie ebenfalls lehren, die Augen niemals zu Boden zu senken, sondern ihr Gegenüber immer verwegen ins Auge zu fassen ..., unbeweglich zu bleiben und auf den Befehl zu warten, ohne den Kopf, die Hände oder Füße zu rühren ... und schließlich mit festem Schritt zu marschieren, das Knie und die Kniekehle gestrafft, die Fußspitze gesenkt und nach außen gekehrt.«[4]

Im Laufe des klassischen Zeitalters spielte sich eine Entdeckung des Körpers als Gegenstand und Zielscheibe der Macht ab. Die Zeichen für jene große Aufmerksamkeit, die damals dem Körper geschenkt wurde, sind leicht zu finden. Die Aufmerksamkeit galt dem Körper, den man manipuliert, formiert und dressiert, der gehorcht, antwortet, gewandt wird und dessen Kräfte sich mehren. Das große Buch vom Menschen als Maschine wurde gleichzeitig auf zwei Registern geschrieben: auf dem anatomisch-metaphysischen Register, dessen erste Seiten von Descartes stammen und das von den Medizinern und Philosophen fortgeschrieben wurde; und auf dem technisch-politischen Register, das sich aus einer Masse von Militär-, Schul- und Spitalreglements sowie aus empirischen und rationalen Prozeduren zur Kontrolle oder Korrektur der Körpertätigkeiten angehäuft hat. Die beiden Register sind wohlunterschieden, da es hier um Unterwerfung und Nutzbarmachung, dort um Funktionen und Erklärung ging: ausnutzbarer Körper und durchschaubarer Körper. Gleichwohl gibt es Überschneidungen. Der *Homme-machine* von La Mettrie ist sowohl eine materialistische Reduktion der Seele wie eine allgemeine Theorie der Dressur, zwischen denen der Begriff der »Gelehrigkeit« herrscht, der den analysierbaren Körper mit dem manipulierbaren Körper verknüpft. Gelehrig ist ein Körper, der unterworfen werden kann, der ausgenutzt werden kann, der umgeformt und vervollkommnet werden kann. Die berühmten Automaten waren nicht bloß Illustrationen des Organismus; sie waren auch politische Puppen, verkleinerte Modelle von Macht: sie waren die Obsession Friedrichs II., des pedantischen Königs der kleinen Maschinen, der gutgedrillten Regimenter und der langen Übungen.

Was ist eigentlich das Neue in den Gelehrigkeiten, denen das 18. Jahr-

4 Ebd.

hundert ein solches Interesse entgegenbrachte? Es ist ja nicht das erste
Mal, daß der Körper zum Gegenstand so gebieterischer und eindringlicher
Besetzungen wird; in jeder Gesellschaft wird der Körper von sehr harten
Mächten vereinnahmt, die ihm Zwänge, Verbote und Verpflichtungen auferlegen. In den Techniken des 18. Jahrhunderts sind aber doch einige Dinge neu. Zunächst die Skala oder Größenordnung der Kontrolle: es geht
nicht darum, den Körper in der Masse, en gros, als eine unterschiedslose
Einheit zu behandeln, sondern ihn im Detail zu bearbeiten; auf ihn einen
fein abgestimmten Zwang auszuüben; die Zugriffe auf der Ebene der Mechanik ins Kleinste gehen zu lassen: Bewegungen, Gesten, Haltungen, Schnelligkeit. Eine infinitesimale Gewalt über den tätigen Körper. Sodann ist der
Gegenstand der Kontrolle neu: es geht nicht oder nicht mehr um die Bedeutungselemente des Verhaltens oder um die Sprache des Körpers, sondern um die Ökonomie und Effizienz der Bewegungen und ihrer inneren Organisation; der Zwang zielt eher auf die Kräfte als auf die Zeichen
ab; die einzige wirklich bedeutsame Zeremonie ist die der Übung. Und
schließlich die Durchführungsweise: sie besteht in einer durchgängigen
Zwangsausübung, die über die Vorgänge der Tätigkeit genauer wacht als
über das Ergebnis und die Zeit, den Raum, die Bewegungen bis ins kleinste codiert. Diese Methoden, welche die peinliche Kontrolle der Körpertätigkeiten und die dauerhafte Unterwerfung ihrer Kräfte ermöglichen und
sie gelehrig/nützlich machen, kann man die »Disziplinen« nennen. Gewiß
gab es seit langem viele Disziplinarprozeduren – in den Klöstern, in den
Armeen, auch in den Werkstätten. Aber im Laufe des 17. und 18. Jahrhunderts sind die Disziplinen zu allgemeinen Herrschaftsformen geworden.
Sie unterscheiden sich von der Sklaverei, da sie nicht auf dem Besitz des
Körpers beruhen; das ist ja gerade die Eleganz der Disziplin, daß sie auf
ein so kostspieliges und gewaltsames Verhältnis verzichtet und dabei mindestens ebenso beachtliche Nützlichkeitseffekte erzielt. Sie unterscheiden
sich auch vom Domestikentum – einem dauerhaften, umfassenden, massiven, nicht-analytischen und schrankenlosen Herrschaftsverhältnis, das auf
dem Einzelwillen des Herrn, seiner »Laune«, beruht. Ebenso unterscheiden sie sich vom Vasallentum – einem hochcodierten und bedeutungsrei-
chen Unterwerfungsverhältnis, das aber Abstand hält und sich weniger auf
Körpertätigkeiten als auf Arbeitsleistungen und Huldigungsrituale bezieht.
Schließlich unterscheiden sie sich von der Askese und der klösterlichen
Zucht, die eher Entsagung als Vermehrung des Nutzens zu fördern haben

und, auch wenn sie Gehorsam gegenüber einem andern einschließen, doch wesentlich auf eine Steigerung der Herrschaft eines jeden einzelnen über seinen Körper abzielen. Der historische Augenblick der Disziplinen ist der Augenblick, in dem eine Kunst des menschlichen Körpers das Licht der Welt erblickt, die nicht nur die Vermehrung seiner Fähigkeiten und auch nicht bloß die Vertiefung seiner Unterwerfung im Auge hat, sondern die Schaffung eines Verhältnisses, das in einem einzigen Mechanismus den Körper um so gefügiger macht, je nützlicher er ist, und umgekehrt. So formiert sich eine Politik der Zwänge, die am Körper arbeiten, seine Elemente, seine Gesten, seine Verhaltensweisen kalkulieren und manipulieren. Der menschliche Körper geht in eine Machtmaschinerie ein, die ihn durchdringt, zergliedert und wieder zusammensetzt. Eine »politische Anatomie«, die auch eine »Mechanik der Macht« ist, ist im Entstehen. Sie definiert, wie man die Körper der anderen in seine Gewalt bringen kann, nicht nur, um sie machen zu lassen, was man verlangt, sondern um sie so arbeiten zu lassen, wie man will: mit den Techniken, mit der Schnelligkeit, mit der Wirksamkeit, die man bestimmt. Die Disziplin fabriziert auf diese Weise unterworfene und geübte Körper, fügsame und gelehrige Körper. Die Disziplin steigert die Kräfte des Körpers (um die ökonomische Nützlichkeit zu erhöhen) und schwächt diese selben Kräfte (um sie politisch fügsam zu machen). Mit einem Wort: sie spaltet die Macht des Körpers; sie macht daraus einerseits eine »Fähigkeit«, eine »Tauglichkeit«, die sie zu steigern sucht; und andererseits polt sie die Energie, die Mächtigkeit, die daraus resultieren könnte, zu einem Verhältnis strikter Unterwerfung um. Wenn die ökonomische Ausbeutung die Arbeitskraft vom Produkt trennt, so können wir sagen, daß der Disziplinarzwang eine gesteigerte Tauglichkeit und eine vertiefte Unterwerfung im Körper miteinander verkettet.

Die »Erfindung« dieser neuen politischen Anatomie ist nicht als plötzliche Entdeckung zu verstehen. Sondern als eine Vielfalt von oft geringfügigen, verschiedenartigen und verstreuten Prozessen, die sich überschneiden, wiederholen oder nachahmen, sich aufeinander stützen, sich auf verschiedenen Gebieten durchsetzen, miteinander konvergieren – bis sich allmählich die Umrisse einer allgemeinen Methode abzeichnen. Man findet sie sehr früh in den Kollegs; später in den Elementarschulen; sie haben langsam den Raum des Spitals eingekreist; und binnen weniger Jahrzehnte haben sie das Militärwesen umgestaltet. Gelegentlich wanderten sie rasch von einem Punkt zum andern (zwischen der Armee und den technischen Schulen oder zwischen den Kollegs und den Gymnasien); manchmal wanderten sie langsam und diskret (schleichende Militarisierung der großen Werkstätten). Aber beinahe immer haben sie sich durchgesetzt, um in konkreten Situationen bestimmten Erfordernissen zu genügen: hier eine industrielle Neuerung, dort der Ausbruch epidemischer Krankheiten, anderswo die Erfindung des Gewehrs und die Siege Preußens. Gleichwohl fügen sie sich insgesamt in allgemeine und wesentliche Transformationen ein, die herauszuarbeiten sein werden.

Es kann hier nicht darum gehen, die Geschichte der verschiedenen Disziplinarinstitutionen in ihrer jeweiligen Besonderheit auszuführen. Es sollen nur anhand einer Reihe von Beispielen einige wesentliche Techniken untersucht werden, die sich gegenseitig gestützt und am leichtesten verallgemeinert haben. Es handelt sich immer um minutiöse, oft um unscheinbare Techniken, die aber ihre Bedeutung haben. Denn sie definieren eine bestimmte politische und detaillierte Besetzung des Körpers, eine neue »Mikrophysik« der Macht; und seit dem 17. Jahrhundert haben sie nicht aufgehört, immer weitere Gebiete zu erobern — so als wollten sie den gesamten Gesellschaftskörper einnehmen. Kleine Hinterlistigkeiten von großer Verbreitungsmacht; subtile Maßnahmen von scheinbarer Unschuld, aber tiefem Mißtrauen; Einrichtungen, die verborgenen Ökonomien gehorchen oder Zwänge ohne Größe ausüben — sie sind es, welche die Mutation des Strafwesens an der Schwelle zur Moderne durchgesetzt haben. Will man sie beschreiben, so muß man bereit sein, im Detail auf der Stelle zu treten und auf Kleinigkeiten zu achten; unter den niedrigsten Gestalten nicht einen Sinn, sondern eine Vorsichtsmaßnahme zu suchen und sie nicht nur in den Zusammenhang einer Funktion, sondern auch in das Zusammenspiel einer Taktik einzuordnen. Es handelt sich nicht um die List der großen Vernunft, die noch in ihrem Schlaf am Werk ist und dem Unbedeutenden einen Sinn gibt, sondern um die Listen der aufmerksamen »Böswilligkeit«, die alle Wässerchen auf ihre Mühlen leitet. Die Disziplin ist eine politische Anatomie des Details.

Doch erinnern wir an den Marschall Moritz von Sachsen: »Obgleich diejenigen, die sich mit den Details beschäftigen, als beschränkte Leute gelten, scheint es mir doch, daß dieser Teil wesentlich ist, weil er das Fundament ist und weil es unmöglich ist, irgendeinen Bau zu errichten oder irgendeine Methode einzuführen, ohne die Prinzipien zu haben. Es genügt

nicht, Geschmack für Architektur zu haben. Man muß den Schliff der
Steine kennen.«[5] Von diesem »Schliff der Steine« wäre eine ganze Geschichte zu schreiben – die Geschichte der nutzbringenden Rationalisierung des Details in der moralischen Buchführung und in der politischen
Kontrolle. Das klassische Zeitalter hat diesen »Schliff« nicht erfunden; es
hat ihn beschleunigt und erweitert, ihm präzise Instrumente zur Verfügung gestellt und ihn vielleicht im Infinitesimalkalkül und in der Beschreibung der feinsten Charaktere der Lebewesen wiederhallen lassen. Jedenfalls war das »Detail« schon seit langem eine Kategorie der Theologie und
der Askese: jedes Detail ist wichtig, weil in den Augen Gottes keine Unermeßlichkeit größer ist als ein Detail. Und weil nichts zu klein ist, als daß es
nicht durch einen seiner einzelnen Willensentschlüsse gewollt worden
wäre. In diese große Tradition der Erhabenheit des Details fügen sich alle
Kleinlichkeiten der christlichen Erziehung, der Schul- oder Militärpädago-
gik und schließlich aller Formen der Dressur ohne weiteres ein. Für den
disziplinierten Menschen ist wie für den wahren Gläubigen kein Detail
gleichgültig – nicht so sehr, weil darin ein Sinn verborgen ist, sondern weil
es der Macht, die es erfassen will, dazu Gelegenheit bietet. Charakteristisch ist die große Hymne an die »kleinen Dinge« und ihre ewige Bedeutsamkeit, die Jean-Baptiste de la Salle in seiner *Abhandlung über die Verpflichtungen der Brüder der christlichen Schulen* gesungen hat. Die Mystik
des Alltags sollte in die Disziplin des Details einmünden. »Wie gefährlich
ist es, die kleinen Dinge zu mißachten. Es ist eine wahrhafte tröstliche Betrachtung für eine Seele wie die meinige, die kaum zu großen Taten fähig
ist, daran zu denken, daß die Treue zu den kleinen Dingen durch einen un-
auffälligen Fortschritt uns zur erhabensten Heiligkeit emporführen kann:
weil die kleinen Dinge auf die großen vorbereiten ... Kleine Dinge, sagt
man, o mein Gott: was können wir denn schon Großes für dich tun, so
schwache und sterbliche Geschöpfe, wie wir sind? Kleine Dinge: wenn
sich große Dinge anbieten, würden wir sie in Angriff nehmen? Würden
wir nicht glauben, sie gehen über unsere Kräfte? Kleine Dinge: und wenn
Gott sie wohlgefällig annimmt und sie für groß erachten will? Kleine
Dinge: hat man es denn nachgeprüft, urteilt man aufgrund von Erfahrung? Kleine Dinge: macht man sich nicht schuldig, wenn man sie als solche betrachtet und zurückweist? Kleine Dinge: sie sind es immerhin, die

5 Maréchal de Saxe, *Mes rêveries*, Bd. I, S. 5.

große Heilige geformt haben. Ja, kleine Dinge: aber große Triebkräfte, große Gefühle, große Inbrunst, große Glut, und folglich große Verdienste, große Schätze, große Belohnungen.«[6] Die Kleinlichkeit der Reglements, der kleinliche Blick der Inspektionen, die Kontrolle über die kleinsten Parzellen des Lebens und des Körpers werden im Rahmen der Schule, der Kaserne, des Spitals oder der Werkstätte jenem mystischen Kalkül des unendlich Kleinen und Großen bald einen weltlichen Inhalt, eine ökonomische oder technische Rationalität verleihen. Eine Geschichte des Details im 18. Jahrhundert würde unter dem Zeichen Jean-Baptiste de la Salles stehen, Leibniz, Buffon und Friedrich II. streifen, die Pädagogik, die Medizin, die militärische Taktik und die Ökonomie durchqueren und müßte schließlich zu jenem Mann führen, der am Ende des Jahrhunderts davon geträumt hat, ein neuer Newton zu sein: nicht mehr der Newton der Unermeßlichkeiten des Himmels und der Planetenmassen, sondern der Newton der »kleinen Körper«, der kleinen Bewegungen, der kleinen Handlungen. Zu dem Mann, der auf Monges Behauptung »Es gab nur eine einzige Welt zu entdecken« erwiderte: »Was habe ich da gehört? Aber die Welt der Details – wer hat je an diese andere, an diese Welt da gedacht? Ich habe seit meinem 15. Lebensjahr daran geglaubt. Ich habe mich damals damit beschäftigt, und diese Erinnerung lebt in mir fort wie eine fixe Idee, die mich nie verlassen wird ... Diese andere Welt ist die wichtigste von allen, die ich zu entdecken hoffte: wenn ich daran denke, wird mir weh ums Herz.«[7] Er hat sie nicht entdeckt. Aber man weiß, daß er angetreten ist, sie zu organisieren; und daß er alles um sich herum zu einer Macht-Anlage ausgebaut hat, die ihm die Wahrnehmung noch des kleinsten Ereignisses in dem von ihm regierten Staat ermöglichte; mittels der strengen Disziplin, die er durchsetzte, beabsichtigte er, »die Gesamtheit jener unermeßlichen Maschine zu umfassen, ohne daß ihm doch das kleinste Detail entgehen könnte«.[8]

Eine minutiöse Beobachtung des Details und gleichzeitig eine politische Erfassung der kleinen Dinge durch die Kontrolle und die Ausnutzung der Menschen setzen sich im Laufe des klassischen Zeitalters zunehmend durch und bringen eine Reihe von Techniken, ein Korpus von Verfahren

6 J.-B. de la Salle, *Traité sur les obligations des frères des Écoles chrétiennes*, 1783, S. 238 f.
7 Diese Äußerung wird Napoleon von E. Geoffroy Saint-Hilaire in *Notions synthétiques et historiques de philosophie naturelle* zugeschrieben.
8 J. B. Treilhard, *Motifs du code d'instruction criminelle*, 1808, S. 14.

und Wissen, von Beschreibungen, Rezepten und Daten mit sich. Aus diesen Kleinigkeiten und Kleinlichkeiten ist der Mensch des modernen Humanismus geboren worden.[9]

Die Kunst der Verteilungen

Die Disziplin macht sich zunächst an die Verteilung der Individuen im Raum. Zu diesem Zweck setzt sie mehrere Techniken ein.

1. Bisweilen erfordert die Disziplin die *Klausur*, die bauliche Abschließung eines Ortes von allen anderen Orten. Die Stätte der Disziplinar-Monotonie wird behütet. Es gab die große »Einschließung« der Landstreicher und der Elenden; und es gab andere Einschließungen, die diskreter waren, aber vielleicht hinterhältiger und wirksamer. Kollegs: das Modell des Klosters setzt sich allmählich durch; das Internat erscheint, wenn nicht als häufigste, so doch als vollkommenste Erziehungsform; es wird im Collège Louis-le-Grand obligatorisch, wo man nach dem Auszug der Jesuiten ein Musterkolleg aufbaut.[10] Kasernen: die Armee, diese umherschweifende Masse, muß festgesetzt werden; Plünderungen und Gewalttätigkeiten müssen verhindert werden; die Bevölkerung, die umherziehende Truppen schlecht erträgt, muß beruhigt werden; die Konflikte mit den zivilen Autoritäten müssen vermieden werden; der Fahnenflucht muß Einhalt geboten werden; die Ausgaben müssen unter Kontrolle gebracht werden. Die Verordnung von 1719 schreibt die Errichtung mehrerer hundert Kasernen vor – nach dem Vorbild der im Süden bereits bestehenden. Die Einschließung darin wird streng sein: »Das Ganze wird durch eine Umfassungsmauer von 10 Fuß Höhe fest abgeschlossen sein; die Mauer wird die 10 Pavillons in einem Abstand von 30 Fuß umgeben.« Damit sollen die Truppen in »der Ordnung und Disziplin gehalten und der Offizier in die Lage versetzt werden, die Verantwortung dafür zu übernehmen«.[11] 1745 gab es in etwa 320 Städten Kasernen; die gesamte Fassungskraft der Kasernen

---

9 Ich werde die Beispiele aus den Institutionen des Militärs, der Medizin, der Schule und der Industrie nehmen. Andere Beispiele wären im Kolonialismus, im Sklavenwesen oder in der Kleinkinderpflege zu finden gewesen.

10 Vgl. Ph. Ariès, *Geschichte der Kindheit*. Mit einem Vorwort von Hartmut von Hentig. Aus dem Französischen von C. Neubauer und K. Kersten. München 1975, S. 376-383; und G. Snyders, *La pédagogie en France aux XVIIᵉ et XVIIIᵉ siècles*, 1965, S. 35-41.

11 *L'ordonnance militaire*, Bd. XII. 25. Sept. 1719. Vgl. Abb. 5.

schätzte man 1775 auf ungefähr 200 000 Mann.[12] Neben den verstreuten Werkstätten entwickeln sich auch die Großräume der Manufakturen, die im Inneren homogen und nach außen sauber abgegrenzt sind: zuerst die vereinigten Manufakturen und später, in der zweiten Hälfte des 18. Jahrhunderts, die Fabriken. (Die Hüttenwerke von Chaussade nehmen die ganze Halbinsel von Médine zwischen Nièvre und Loire ein; um die Fabrik von Indret zu errichten, baut Wilkinson 1777 mit Aufschüttungen und Dämmen eine Insel auf der Loire aus; Toufait gestaltet das Tal der Charbonnière um und bezieht in die Anlage von Le Creusot auch Arbeiterwohnungen ein.) Es ändert sich nicht nur die Größenordnung, sondern es entsteht damit auch ein neues Kontrollwesen. Die Fabrik nimmt sich ausdrücklich das Kloster, die Festung, die geschlossene Stadt zum Vorbild. Der Aufseher »öffnet die Pforten erst bei der Rückkehr der Arbeiter und nach dem Läuten der Glocke, welche die Wiederaufnahme der Arbeit ankündigt«; eine Viertelstunde später hat niemand mehr das Recht auf Zutritt; am Ende des Tages müssen die Werkstattleiter die Schlüssel dem Schweizer der Manufaktur aushändigen, der die Pforten wieder öffnet.[13] Denn in dem Maße, in dem sich die Produktionskräfte konzentrieren, gilt es, möglichst viele Vorteile daraus zu ziehen und die Unannehmlichkeiten zu neutralisieren (Diebstähle, Arbeitsunterbrechungen, Ruhestörungen und »Kabalen«); gilt es, die Materialien und Werkzeuge zu schützen und die Arbeitskräfte zu meistern: »Die Ordnung und das Reglement, die einzuhalten sind, verlangen, daß die Arbeiter unter einem Dach vereint werden, damit derjenige der Gesellschafter, der mit der Leitung der Manufaktur beauftragt ist, die Mißbräuche verhindern und wiedergutmachen kann, die sich vielleicht bei den Arbeitern einschleichen und den Fortschritt der Manufaktur beeinträchtigen.«[14]

2. Aber das Prinzip der »Klausur« ist in den Disziplinarapparaten weder durchgängig noch unverzichtbar, noch hinreichend. Diese bearbeiten nämlich den Raum noch viel feiner und geschmeidiger. Zunächst nach dem Prinzip der elementaren Lokalisierung oder der *Parzellierung*. Jedem Indi-

---

12 Daisy, *Le Royaume de France*, 1745, S. 201-209; anonyme Denkschrift von 1775 (Dépôt de la guerre, 3689, f. 156); A. Navereau, *Le Logement et les ustensiles des gens de guerre de 1439 à 1789*, 1924, S. 132-135. Vgl. Abb. 5 und 6.

13 *Projet de règlement pour l'aciérie d'Amboise*, Archives nationales, f. 121301.

14 Denkschrift an den König betreffend die Segeltuchfabrik in Angers; zit. in: V. Dauphin, *Recherches sur l'industrie textile en Anjou*, 1913, S. 199.

viduum seinen Platz und auf jeden Platz ein Individuum. Gruppenverteilungen sollen vermieden, kollektive Einnistungen sollen zerstreut, massive und unübersichtliche Vielheiten sollen zersetzt werden. Der Disziplinarraum hat die Tendenz, sich in ebenso viele Parzellen zu unterteilen, wie Körper oder Elemente aufzuteilen sind. Es geht gegen die ungewissen Verteilungen, gegen das unkontrollierte Verschwinden von Individuen, gegen ihr diffuses Herumschweifen, gegen ihre unnütze und gefährliche Anhäufung: eine Antidesertions-, Antivagabondage-, Antiagglomerationstaktik. Es geht darum, die Anwesenheiten und Abwesenheiten festzusetzen und festzustellen; zu wissen, wo und wie man die Individuen finden kann; die nützlichen Kommunikationskanäle zu installieren und die anderen zu unterbrechen; jeden Augenblick das Verhalten eines jeden überwachen, abschätzen und sanktionieren zu können; die Qualitäten und die Verdienste zu messen. Es handelt sich also um eine Prozedur zur Erkennung, zur Meisterung und zur Nutzbarmachung. Die Disziplin organisiert einen analytischen Raum.

Und auch dabei knüpft sie an ein altes architektonisches und religiöses Verfahren an: die Zelle der Klöster. Auch wenn seine Abteilungen nicht äußerlich realisiert werden, ist der Raum der Disziplinen im Grunde immer zellenförmig. Der Körper und die Seele müssen einsam sein, sagte eine bestimmte Askese: sie müssen sich zumindest zeitweilig der Versuchung und der Strenge Gottes aussetzen. »Der Schlaf ist das Bild des Todes, der Schlafsaal ist das Abbild des Grabes ... Obwohl die Schlafsäle gemeinsam sind, sind die Betten so angeordnet und durch Vorhänge so abgeschlossen, daß die Töchter aufstehen und zu Bett gehen, ohne sich zu sehen.«[15] Aber das ist noch eine sehr grobe Form der Raumaufteilung.

3. Die *Zuweisung von Funktionsstellen* wird in den Disziplinarinstitutionen immer mehr einen Raum codieren, der von der Architektur her noch verschiedene Verwendungen zuläßt. Die genaue Festlegung von Plätzen entspricht nicht nur der Notwendigkeit der Überwachung und der Unterbrechung von gefährlichen Verbindungen, sondern auch der Schaffung eines nutzbaren Raumes. Dieser Prozeß wird in den Spitälern deutlich, vor allem in den Militär- und Hafenspitälern. In Frankreich diente offensichtlich Rochefort als Versuch und Modell. Ein Hafen, ein Militärhafen, ist

---

15 *Règlement pour la communauté de filles du Bon Pasteur;* zit. in: Delamare, *Traité de Police*, III, V, S. 507. Vgl. auch Abb. 9.

mit seinem Umschlag von Waren, seinen freiwillig oder gewaltsam ange-
worbenen Menschen, den abfahrenden oder landenden Seeleuten, mit
Krankheiten und Epidemien immer ein Ort der Desertion, des Schleich-
handels, der Ansteckung: eine Kreuzung gefährlicher Vermengungen und
ein Treffpunkt verbotener Verkehrsströme. Das Hafenspital muß darum
nicht nur heilen, sondern auch filtern, festsetzen und aufgliedern. Es muß
dieser beweglichen und wimmelnden Masse Herr werden, indem es das
Durcheinander von Gesetzwidrigkeit und Krankheit entwirrt. Die medizinische Überwachung der Krankheiten und der Ansteckungen geht Hand
in Hand mit anderen Kontrollen: mit der militärischen Kontrolle der Deserteure, mit der fiskalischen Kontrolle der Waren, mit der administrativen
Kontrolle der Heilmittel, der Verpflegung, der Abwesenheiten, der Heilungen, der Todesfälle, der Verstellungen. Daher die Notwendigkeit, den
Raum rigoros zu gliedern und abzuschließen. Die ersten Maßnahmen in
Rochefort betreffen weniger die Menschen als die Dinge, viel mehr die
wertvollen Waren als die Kranken. Die Einrichtungen der Steuer- und
Wirtschaftsüberwachung gehen den Techniken der Krankenüberwachung
voraus: die Medikamente werden in geschlossenen Behältern aufbewahrt,
ihre Verwendung wird registriert; etwas später schafft man ein System
zur Feststellung der wirklichen Zahl der Kranken, ihrer Identität, ihrer Zugehörigkeit; dann reglementiert man ihr Kommen und Gehen, und zwingt
sie, in den Sälen zu bleiben; an jedem Bett ist der Name des Darinliegen-
den angebracht; jedes behandelte Individuum wird in ein Register eingetragen, das der Arzt bei der Visite konsultieren muß; dazu kommen später
die Isolierung der Ansteckenden, die getrennten Betten. Allmählich verfeinert sich ein administrativer und politischer Raum zu einem therapeutischen Raum, der die Körper, die Krankheiten, die Symptome, die Leben
und die Tode zu individualisieren sucht und ein wirkliches Tableau von aneinandergereihten und sorgfältig voneinander geschiedenen Besonderheiten bildet.

In den Fabriken, die am Ende des 18. Jahrhunderts entstehen, ist das
Prinzip der Parzellierung noch komplexer. Dort müssen nicht nur die Individuen in einem Raum verteilt werden, wo man sie isolieren und feststellen
kann, sondern diese Verteilung muß noch an einen Produktionsapparat
angeschlossen werden, der seine eigenen Erfordernisse hat. In der Verteilung der »Posten« sind also die Aufteilung der Körper, die räumliche Organisation des Produktionsapparates und die verschiedenen Tätigkeitsfor-

men miteinander in Einklang zu bringen. Diesem Prinzip entspricht die
Manufaktur von Oberkampf in Jouy. Sie besteht aus einer Reihe von Werkstätten, in denen jeweils ein bestimmter Typ von Tätigkeit seinen Platz hat:
die Drucker, die Pinslerinnen, die Koloristen, die Ausbesserer, die Gra-
veure, die Färber. Das größte Gebäude, das 1791 von Toussaint Barré errichtet wurde, ist 110 m lang und hat drei Stockwerke. Das Erdgeschoß
ist im wesentlichen der Druckerei vorbehalten; es enthält 132 Tische, die
in zwei Reihen den von 88 Fenstern erhellten Saal füllen; jeder Drucker arbeitet an einem Tisch zusammen mit einem »Abzieher«, der die Farben
vorbereiten und auftragen muß. Insgesamt also 264 Personen. Am Ende
eines jeden Tisches befindet sich ein Gestell, auf welches das bedruckte
Leinen zum Trocknen gelegt wird.[16] Vom Mittelgang der Werkstätte aus
läßt sich eine allgemeine und zugleich individuelle Überwachung durchführen: Feststellung der Anwesenheit, des Eifers und der Arbeitsqualität
des Arbeiters; Vergleich der Arbeiter untereinander; und ihre Klassifizierung nach Geschicklichkeit und Schnelligkeit; Verfolgung der Fabrika-
tionsphasen. Alle diese Reihenfolgen bilden ein bleibendes Strukturgitter,
das alle Unübersichtlichkeiten beseitigt:[17] die Produktion teilt sich und
der Arbeitsprozeß gliedert sich einerseits nach den Tätigkeiten und Phasen,
anderseits nach den arbeitenden Individuen, nach den tätigen Einzelkör-
pern. Jede Variable der Arbeitskraft – Stärke, Schnelligkeit, Geschicklichkeit, Ausdauer – kann beobachtet, charakterisiert, eingeschätzt, verrechnet
und dem dafür Zuständigen berichtet werden. Die Arbeitskraft wird über-
sichtlich auf die aneinandergereihten Einzelkörper aufgeteilt und damit in
individuellen Einheiten analysierbar. Gleichzeitig mit der Teilung des Produktionsprozesses stößt man bei der Geburt der Großindustrie auf die individualisierende Zerlegung der Arbeitskraft; beides wurde durch die Gliederungen des Disziplinarraumes ermöglicht.

4. In der Disziplin sind die Elemente austauschbar, da sie sich durch ihren Platz in der Reihe und durch ihren Abstand voneinander bestimmen.
Die Einheit ist hier also weder das Territorium (Herrschaftseinheit) noch
der Ort (Wohnsitz), sondern der *Rang*: der Platz in einer Klassifizierung,

---

16 Reglement der Fabrik von Saint-Maur. B. N. Ms. coll. Delamare. *Manufactures* III.
17 Das bemerkte La Métherie, als er Le Creusot besuchte: »Die Gebäude für eine so schöne Anlage
  und eine solche Menge an verschiedenen Arbeiten mußten eine hinreichende Ausdehnung haben,
  um jedes Durcheinander unter den Arbeitern während der Arbeitszeit zu verhindern.« (*Journal
  de physique*, Bd. XXX, 1787, S. 66).

der Kreuzungspunkt zwischen einer Linie und einer Kolonne, das Intervall in einer Reihe von Intervallen. Die Disziplin ist die Kunst des Ranges und die Technik der Transformation von Anordnungen. Sie individualisiert die Körper durch eine Lokalisierung, die sie nicht verwurzelt, sondern in einem Netz von Relationen verteilt und zirkulieren läßt.

Nehmen wir das Beispiel der »Klasse«. In den Jesuitenkollegs gab es noch eine Organisation, die zugleich massiv und dualistisch war. Die Klassen, die bis zu 200 oder 300 Schülern zählten, waren in Zehnergruppen geteilt. Jede dieser Gruppen hatte einen Dekurio und stand entweder im Lager der Römer oder in dem der Karthager, so daß jeder Dekurie eine feindliche gegenüberstand. Der Krieg und die Rivalitäten bildeten die allgemein herrschende Form. Die Arbeit, das Lernen, die Klassifizierung spielten sich im Zweikampf oder in der Auseinandersetzung zwischen den beiden Armeen ab. Die Leistung jedes Schülers zeichnete sich in diesem allgemeinen Duell ab, und sie trug ihrerseits zum Sieg oder zur Niederlage eines Lagers bei. Jedem Schüler wurde ein Platz zugewiesen, der seiner Rolle und seiner Tüchtigkeit als Mitkämpfer in der einheitlichen Gruppe der Dekurie entsprach.[18] Diese römische Komödie kombinierte übrigens die Rivalitätsübungen mit einer von der Legion inspirierten Raumordnung: mit Rang, Hierarchie, pyramidenförmiger Überwachung. Und ganz allgemein hat das römische Modell im Zeitalter der Aufklärung eine Doppelrolle gespielt: in seinem republikanischen Gewande war es die Institution der Freiheit, in seinem militärischen Gewande war es das ideale Schema der Disziplin. Das Rom des 18. Jahrhunderts und der Revolution ist das Rom des Senats und des Forums – aber auch das Rom der Legion und der Lager. Bis zum Empire hat die Erinnerung an Rom sowohl das Rechtsideal der Bürgerschaft wie auch die Technik der Disziplinarprozeduren gerechtfertigt. In der antiken Fabel, die von den Jesuitenkollegs unablässig gespielt wurde, hat jedenfalls das eigentlich Disziplinäre den Sieg über das Kampf- und Kriegsspiel davongetragen. Allmählich – vor allem nach 1762 – »verflacht« sich der Schulraum: die Klasse wird homogen und besteht nur mehr aus individuellen Elementen, die sich nebeneinander unter dem Blick des Lehrers ordnen. Der »Rang« beginnt im 18. Jahrhundert die große Form der Verteilung der Individuen in der Schulordnung zu definieren: Schülerreihen in der Klasse, Korridore, Kurse; jeder erhält bei jeder

---

18 Vgl. C. de Rochemonteix, *Un collège au XVIIe siècle*, 1889, Bd. III, S. 51 f.

Aufgabe und bei jeder Prüfung einen Rang zugewiesen – von Woche zu
Woche, von Monat zu Monat, von Jahr zu Jahr; Gleichschaltung der verschiedenen Altersklassen; Abfolge des Lehrstoffs und der behandelten Fragen in der Ordnung zunehmender Schwierigkeit. Und in diesem System
obligatorischer Gleichschaltungen erhält jeder Schüler nach seinem Alter,
seinen Leistungen, seinem Benehmen bald diesen Rang und bald einen andern; er verschiebt sich ständig auf jenen Reihen, von denen die einen rein
ideal eine Hierarchie des Wissens und der Fähigkeiten markieren, während die andern die Verteilung der Werte und der Verdienste materiell in
den Raum der Klasse oder des Kollegs übersetzen. In dieser ständigen Bewegung ersetzen sich die Individuen. In diesem Raum skandieren sich
gleichgeschaltete Intervalle.

Die Organisation eines seriellen Raumes war eine der großen technischen Mutationen des Elementarunterrichts, der das traditionelle System
(ein Schüler arbeitet einige Minuten lang mit dem Lehrer, während die ungeordnete Masse der anderen ohne Aufsicht müßig ist und wartet) abgelöst
hat. Indem er individuelle Plätze zuwies, hat er die Kontrolle eines jeden
und die gleichzeitige Arbeit aller möglich gemacht. Er hat eine neue Ökonomie der Lernzeit organisiert. Er hat den Schulraum zu einer Lernmaschi-
ne umgebaut – aber auch zu einer Überwachungs-, Hierarchisierungs-,
Belohnungsmaschine. J.-B. de la Salle träumte von einer Klasse, deren
räumliche Ordnung gleichzeitig eine Reihe von Unterscheidungen gewährleisten könnte: die Unterscheidungen nach dem Fortschritt der Schüler,
nach dem Wert eines jeden, nach ihrem Charakter, nach ihrem Eifer, nach
ihrer Sauberkeit und nach dem Vermögen der Eltern. So würde der Klassenraum unter dem sorgfältig »klassifizierenden« Blick des Lehrers ein einziges großes Tableau mit vielfältigen Eintragungen bilden: »In allen Klassen werden allen Schülern aller Lektionen Plätze zugeteilt sein, so daß sich
die Schüler derselben Lektion immer an ein und demselben Platz befinden. Die Schüler der höchsten Lektionen werden in den Bänken sitzen,
die der Mauer am nächsten sind, und die anderen werden sich in der Reihenfolge der Lektionen der Mitte der Klasse annähern ... Jeder der Schüler wird seinen festgelegten Platz haben, und keiner wird ihn verlassen oder
wechseln ohne die Anordnung und Zustimmung des Inspektors der Schulen.« Man wird es so einrichten, daß »diejenigen, deren Eltern nachlässig
sind und Ungeziefer haben, von denen getrennt sind, die sauber sind und
keines haben; daß ein leichtsinniger und flatterhafter Schüler zwischen

zwei vernünftigen und gesetzten Schülern sitzt, ein liederlicher Schüler entweder allein oder zwischen zwei frommen Schülern«.[19]

Indem sie die »Zellen«, die »Plätze« und die »Ränge« organisieren, fabrizieren die Disziplinen komplexe Räume aus Architektur, Funktionen und Hierarchien. Diese Räume leisten die Festsetzung und sie erlauben den Wechsel; sie schneiden individuelle Segmente ab und installieren Operationsverbindungen; sie markieren Plätze und zeigen Werte an; sie garantieren den Gehorsam der Individuen, aber auch eine bessere Ökonomie der Zeit und der Gesten. Es handelt sich um Mischräume: sie sind real, da sie die Anlage der Gebäude, der Säle, der Möbel bestimmen; sie sind ideal, weil dieser Anordnung Charakterisierungen, Schätzungen, Hierarchien entsprechen. Die erste große Operation der Disziplin ist also die Errichtung von »lebenden Tableaus«, die aus den unübersichtlichen, unnützen und gefährlichen Mengen geordnete Vielheiten machen. Die Erstellung von »Tableaus« gehörte zu den großen Problemen der wissenschaftlichen, politischen und ökonomischen Technologie des 18. Jahrhunderts: Anlegung der Pflanzen- und Tiergärten und gleichzeitig rationale Klassifizierung der Lebewesen; Beobachtung, Kontrolle und Regulierung des Kreislaufs der Waren und des Geldes und damit auch die Konstruktion eines ökonomischen Tableaus als Grundlage der Bereicherung; Inspektion der Menschen, Feststellung ihrer Anwesenheit und Abwesenheit und Aufstellung eines allgemeinen und beständigen Registers der bewaffneten Kräfte; Aufteilung der Kranken und ihre Absonderung voneinander, sorgfältige Abdichtung des Spitalraumes und systematische Klassifizierung der Krankheiten: bei allen diesen Doppeloperationen hängen die beiden Elemente eng zusammen: die Aufteilung und die Analyse, die Kontrolle und das Verständnis. Das Tableau ist im 18. Jahrhundert zugleich eine Machttechnik und ein Wissensverfahren. Es geht um die Organisation des Vielfältigen, das überschaut und gemeistert, dem eine »Ordnung« verliehen werden muß. Wie dem Armeeführer, von dem Guibert sprach, nehmen auch dem

---

19 J.-B. de la Salle, *Conduite des écoles chrétiennes*, B. N. Ms. 11759, S. 248 f. Etwas früher schlug Batencour vor, daß die Klassenzimmer drei Abteilungen haben sollten: »Die ehrenvollste Abteilung gehört jenen, die Latein lernen ... Es ist zu wünschen, daß es so viele Plätze an den Tischen gibt wie schreibende Schüler, damit von den Faulen keine Unordnungen angestiftet werden können.« In einer zweiten Abteilung sitzen die Schüler, die lesen lernen: eine Bank für die Reichen, eine Bank für die Armen, »damit sich das Ungeziefer nicht überträgt«. Die dritte Abteilung ist für die Neuankömmlinge: »Sobald man ihre Fähigkeit erkannt hat, wird man ihnen einen Platz zuteilen« (M. I. D. B., *Instructions méthodique pour l'école paroissiale*, 1669, S. 56 f.) Vgl. Abb. 10 und 11.

Naturforscher, dem Arzt, dem Ökonomen »die vielen kleinen Nebensachen seine ganze Zeit und Mühe weg ... und die Menge der Sachen, die er zu besorgen hat, werden ihn in Verwirrung setzen und betäuben; ... aus dem Zusammenfluß so vieler Sachen entsteht eine Vervielfältigung der Gegenstände seiner Aufmerksamkeit; so viele Dinge, die er auf einmal übersehen soll, sind eine Last für ihn, die seine Kräfte weit übersteigt ... Wenn die heutige Kriegswissenschaft etwas vollkommener würde und sich den wahren Grundsätzen mehr näherte, so könnte sie auch viel einfacher und leichter werden. Alsdann würden die Armeen eine einfache, gleichförmige und zu allen Arten von Bewegungen schickliche Taktik haben«.[20] Die Taktik ist die räumliche Anordnung der Menschen; die Taxinomie ist der Disziplinarraum der Lebewesen; das ökonomische Tableau ist die geregelte Bewegung der Reichtümer.

Doch hat das Tableau auf den verschiedenen Registern keine einheitliche Funktion. Im Bereich der Ökonomie ermöglicht es die Messung der Quantitäten und die Analyse der Bewegungen. In der Taxinomie hat es zu charakterisieren (und damit die individuellen Besonderheiten zu reduzieren) und Klassen zu bilden (also zahlenmäßige Betrachtungen auszuschließen). In der Disziplinaranordnung hat es hingegen die Vielfältigkeit als solche zu behandeln und aus ihrer Gliederung die größtmöglichen Wirkungen zu ziehen. Während die Taxinomie der Naturgeschichte auf der Achse liegt, die vom Charakter zur Kategorie geht, bewegt sich die Disziplinartaktik auf der Achse, die das Einzelne und das Vielfältige verbindet. Sie ermöglicht sowohl die Charakterisierung des Individuums als Individuum wie auch die Ordnung einer gegebenen Vielfalt. Sie ist die erste Bedingung für die Kontrolle und Nutzbarmachung einer Gesamtheit verschiedener Elemente: die Basis für eine Mikrophysik der Macht, die man »zellenförmig« nennen könnte.

Die Kontrolle der Tätigkeit

1. Die *Zeitplanung* ist ein altes Erbe. In den klösterlichen Gemeinschaften hatte sich ein strenges Schema entwickelt, das sich rasch ausbreitete. Seine drei Elemente – Festsetzung von Rhythmen, Zwang zu bestimmten Tätigkeiten, Regelung der Wiederholungszyklen – tauchten in den Kollegs, den

---

20 J. A. Guibert, *Versuch über die Tactik, Nebst einer vorläufigen Abhandlung über den gegenwärtigen Zustand der Staats- und Kriegswissenschaft in Europa* ... Aus dem Französischen ... Dresden 1774.

Werkstätten, den Spitälern wieder auf. Von alten Mustern ausgehend, setzten sich die neuen Disziplinen mühelos durch; die Erziehungshäuser und die Fürsorgeeinrichtungen setzten das Leben und die Regelmäßigkeit der Klöster fort, an die sie oft angeschlossen waren. Die Strenge der Fabrikzeit hielt lange an einer religiösen Gangart fest; die Reglements der großen Manufakturen des 17. Jahrhunderts legten die Übungen fest, welche die Arbeit skandieren sollten: »Alle Personen ... die am Morgen zur Arbeit erscheinen, waschen sich zuvor die Hände, opfern ihre Arbeit Gott auf, machen das Kreuzzeichen und beginnen dann zu arbeiten.«[21] Und im 19. Jahrhundert, da man in der Industrie die Landbevölkerung einsetzt, greift man zur Gewöhnung an die Werkstattarbeit auf Kongregationen zurück; man sperrt die Arbeiter in »Kloster-Fabriken« ein. Die große Militärdisziplin hat sich in den protestantischen Armeen eines Moritz von Oranien und Gustav Adolf herangebildet – und zwar in einer Zeitrhythmik, die durch Frömmigkeitsübungen skandiert war. Und viel später noch sagte Boussanelle, die Armee müsse einige »der Vollkommenheiten des Klosters« haben.[22] Jahrhundertelang waren die religiösen Orden Meister der Disziplin: sie waren die Spezialisten der Zeit, die großen Techniker des Rhythmus und der regelmäßigen Tätigkeiten. Die Verfahren der zeitlichen Reglementierung werden von den Disziplinen übernommen und modifiziert. Zunächst werden sie verfeinert. Man beginnt, in Viertelstunden, Minuten, Sekunden zu rechnen. In der Armee führt Guibert Zeitmessungen beim Schießen ein, die Vauban vorgeschlagen hat. In den Elementarschulen wird die Zeiteinteilung immer strenger; die Tätigkeiten werden aus nächster Nähe von Befehlen umdrängt, denen unmittelbar zu entsprechen ist: »Am Ende der Stunde schlägt ein Schüler die Glocke, und beim ersten Schlag knien alle Schüler nieder, kreuzen die Arme und schlagen die Augen nieder. Nach dem Gebet gibt der Lehrer ein Zeichen, um die Schüler aufstehen zu heißen, ein zweites, um sie den Gruß Christi sprechen zu heißen, und ein drittes, damit sie sich setzen.«[23] Zu Beginn des 19. Jahrhunderts schlägt man für die Schule mit wechselseitigem Unterricht folgenden Stundenplan vor: »8^{45} Eintritt des Monitors, 8^{52} Ruf des Monitors, 8^{56} Eintritt der Schüler und Gebet, 9 Uhr Einrücken in die Bänke, 9^{04} erste Schiefer-

---

21 Artikel I des Reglements für die Fabrik von Saint-Maur.
22 L. de Boussanelle, *Le Bon militaire*, 1770, S. 2. Zum religiösen Charakter der Disziplin in der schwedischen Armee vgl. *The Swedish Discipline*, London 1632.
23 J.-B. de la Salle, *Conduite des écoles chrétiennes*, B. N. Ms. 11759, S. 27 f.

tafel, 9[08] Ende des Diktats, 9[12] zweite Schiefertafel usw.«[24] Die fortschreitende Ausweitung der Lohnarbeit führt ebenfalls zu einer zunehmenden
Verengung des Zeitgitters: »Sollten die Arbeiter über eine Viertelstunde
nach dem Glockenschlag erscheinen ...«;[25] »wer während der Arbeit gefragt wird und mehr als fünf Minuten verliert ...«; »wer zur festgesetzten
Stunde nicht bei seiner Arbeit ist ...«.[26] Man sucht aber auch die Qualität
der Zeitnutzung zu gewährleisten: ununterbrochene Kontrolle, Druck der
Aufseher, Vermeidung aller Quellen von Störung und Zerstreuung. Es geht
um die Herstellung einer vollständig nutzbaren Zeit: »Es ist ausdrücklich
verboten, während der Arbeit die Genossen durch Gesten oder sonstwie
zu unterhalten, irgendwelche Spiele zu treiben, zu essen, zu schlafen, Geschichten oder Possen zu erzählen«;[27] und selbst während der Essenspause
»sollen keine Abenteuergeschichten erzählt oder sonstige Unterhaltungen
geführt werden, welche die Arbeiter von ihrer Arbeit ablenken«. Es ist jedem Arbeiter ausdrücklich und bedingungslos verboten, Wein in die Manufaktur einzuschleppen und in den Werkstätten zu trinken.[28] Die gemes-
sene und bezahlte Zeit muß auch eine Zeit ohne Fehl und Makel sein, eine
Zeit guter Qualität, in welcher der Körper ganz seiner Pflichttätigkeit hingegeben ist. Die Genauigkeit und die Aufmerksamkeit bilden mit der Regelmäßigkeit die Kardinaltugenden der Disziplinarzeit. Aber nicht darin
liegt eigentlich das Neueste. Andere Verfahren sind noch charakteristischer für die Disziplinen.

2. *Die zeitliche Durcharbeitung der Tätigkeit.* Es gibt zwei Arten, den
Marsch einer Truppe zu kontrollieren. Anfang des 17. Jahrhunderts: »Weiter muß man die Soldaten gewöhnen im marchiren, wie gesagt ist, in solchen Reihen, sowohl als wenn man zu Land zieht oder in Bataillon, daß
sie marchiren nach dem Schlag der Trommeln. Und damit sie es desto besser tun, soll man anfangen mit dem linken Fuß und aufhören mit dem
rechten, damit die ganze Truppe zugleich einen Fuß anhebe und zu gleicher Zeit zusammen niederstelle.«[29] In der Mitte des 18. Jahrhunderts

---

24 Bally, zit. in: R. R. Tronchot, *L'Enseignement mutuel en France*, Ms., I, S. 221.
25 *Projet de règlement pour la fabrique d'Amboise*, Art. 2, Archives nationales F 12 1301.
26 Provisorisches Reglement für die Fabrik von M. S. Oppenheim, 1809, Art. 7-8; zit. in: Hayem,
   Mémoires et documents pour revenir à l'histoire du commerce.
27 Règlement pour la fabrique de M. S. Oppenheim, Art. 16.
28 *Projet de règlement pour la fabrique d'Amboise*, Art. 4.
29 L. de Montgommery, *Militia Gallica oder Frantzösische Kriegskunst.* Aus dem Französischen von
   J. J. von Wallhausen. Hanau 1617, S. 80.

kennt man vier Arten von Schritten: »Die Länge des kleinen Schrittes beträgt einen Fuß, diejenige des gewöhnlichen Schrittes, des doppelten Schrittes und des Straßenschrittes zwei Fuß, gemessen jeweils von Ferse zu Ferse.
Was die Dauer anlangt, so hat man für den kleinen Schritt und für den gewöhnlichen Schritt eine Sekunde, für den doppelten Schritt eine halbe Sekunde, für den Straßenschritt etwas mehr als eine Sekunde. Den Schräg-
schritt macht man ebenfalls in einer Sekunde; er beträgt höchstens 18
Zoll ... Den gewöhnlichen Schritt macht man nach vorn, mit erhobenem
Kopf und aufrechtem Körper, indem man sich abwechselnd jeweils auf
einem Bein im Gleichgewicht hält und das andere nach vorn hebt; die Kniekehle ist gestrafft, die Fußspitze etwas nach außen gewendet und gesenkt,
um den Boden, auf dem man marschiert, leicht zu streifen und den Fuß so
auf die Erde zu setzen, daß alle seine Teile gleichzeitig aufsetzen, ohne an
die Erde zu stoßen.«[30] In der Zeit zwischen diesen beiden Reglements ist
ein neues Bündel von Zwängen entwickelt worden, ein anderer Präzisions-
grad in der Zerlegung der Gesten und der Bewegungen, eine andere Methode zur Anpassung des Körpers an zeitliche Imperative.

Die Verordnung von 1766 definiert nicht einen zeitlichen Rahmen für
eine Tätigkeit und auch nicht bloß einen von außen auferlegten kollektiven und obligatorischen Rhythmus; sondern ein »Programm«, das die
Durcharbeitung der Tätigkeit selbst gewährleistet und ihren Ablauf und
ihre Phasen von innen her kontrolliert. Von einem Befehl, der die Gesten
mißt oder skandiert, ist man zu einem Raster übergegangen, der sie im
Lauf ihrer ganzen Verkettung zusammenzwingt und -hält. Es formiert sich
so etwas wie ein anatomisch-chronologisches Verhaltensschema. Der Akt
wird in seine Elemente zerlegt; die Haltung des Körpers, der Glieder, der
Gelenke wird festgelegt; jeder Bewegung wird eine Richtung, ein Aus-
schlag, eine Dauer zugeordnet; ihre Reihenfolge wird vorgeschrieben.
Die Zeit durchdringt den Körper, und mit der Zeit durchsetzen ihn alle
minutiösen Kontrollen der Macht.

3. Daraus folgt die *Zusammenschaltung von Körper und Geste*. Die Diszi-
plinarkontrolle besteht nicht einfach darin, eine Reihe bestimmter Gesten
zu lehren oder zu erzwingen; sie zwingt zur besten Beziehung zwischen
den Gesten und der Gesamthaltung des Körpers, die zur Wirksamkeit
und Schnelligkeit jener am meisten beiträgt. Im richtigen Einsatz des Kör-

---

30 *Ordonnance du Ier janvier 1766, pour régler l'exercice de l'infanterie.*

pers, der einen richtigen Einsatz der Zeit erlaubt, darf nichts müßig und
nutzlos bleiben: alles muß zum erforderten Akt beitragen. Ein wohldiszi-
plinierter Körper bildet den Operationskontext für die geringste Geste.
Eine gute Schrift zum Beispiel setzt eine ganze Gymnastik voraus: eine
Routine, deren rigoroser Code den gesamten Körper von der Fußspitze
bis zum Zeigefinger erfaßt. »Um gut zu schreiben, ist es notwendig, daß
man sich in einer bequemen und in der dazu passenden Lage befinde.
Man muß den Körper gerade halten, ein wenig nach der linken Seite geneigt und nur ein wenig vorgebeugt, und zwar so, daß, wenn man den Ellbogen auf den Tisch setzen würde, das Kinn sich auf die Faust stützen
könnte, vorausgesetzt, daß die Beschaffenheit des Auges dies gestattet.
Das linke Bein muß unter dem Tische um etwas weiter vorgestreckt werden als das rechte. Die Leichtigkeit im Schreiben sowohl als die Gesundheit der Kinder macht es notwendig, daß sie sich mit der Magengegend
nicht an den Tisch anlehnen. Der rechte Arm muß vom Körper etwa drei
Fingerbreiten entfernt sein und vom Tische beiläufig fünf Fingerbreiten
abstehen, der linke Ellbogen auf dem Rande des Tisches und die Hand
auf dem Papiere ruhen. Der Lehrer muß die Schüler während der Schrei-
bezeit über die Haltung belehren, die sie beim Schreiben zu beobachten
haben, und sie durch Zeichen oder auf eine andere Weise zurechtweisen,
wenn sie davon abweichen.«[31] Ein disziplinierter Körper ist der Träger
einer leistungsstarken Geste.

4. *Die Zusammenschaltung von Körper und Objekt.* Die Disziplin definiert jedes Verhältnis, das der Körper mit dem manipulierten Objekt eingehen muß, und legt eine bestimmte Verzahnung fest. »Die Waffe nach vorn!
Die erste Zeit hebt man das Gewehr mit der rechten Hand, nähert es dem
Körper an und hält es senkrecht gegenüber dem rechten Knie; das Ende
des Laufes ist in Augenhöhe; man faßt das Gewehr mit der linken Hand;
der Arm ist in der Höhe des Koppels straff an den Körper angelegt. Die
zweite Zeit führt man das Gewehr mit der linken Hand vor den Körper:
den Lauf nach innen und senkrecht zwischen den Augen; die rechte Hand
faßt den Griff; der Abzugsbügel ist auf den Zeigefinger gestützt; die linke
Hand ist in der Höhe der Kerbe; der Daumen am Lauf gegen die Zierleiste
hin gestreckt. Die dritte Zeit läßt man das Gewehr aus der linken Hand
den Schenkel entlang fallen, hebt es mit der rechten Hand; das Schloß

---

31 J.-B. de la Salle, *Conduite des Écoles chrétiennes*, 1828, S. 63 f. Vgl. Abbildung 8.

ist außen und gegenüber der Brust; der rechte Arm ist halb ausgestreckt, der Ellbogen an den Körper gelegt, der Daumen gegen das Schloß gestreckt und auf die erste Schraube gelegt; der Hahn ist an den Zeigefinger gelegt, der Lauf senkrecht.«[32] Das ist ein Beispiel für die instrumentelle Codierung des Körpers. Sie zerlegt die Gesamthandlung in zwei parallele Reihen: die Reihe der Körperelemente, die ins Spiel zu bringen sind (rechte Hand, linke Hand, verschiedene Finger, Knie, Auge, Ellbogen), und die Reihe der manipulierten Objektelemente (Lauf, Kerbe, Hahn, Schraube); und dann setzt sie die beiden mit Hilfe einer Reihe einfacher Gesten (stützen, beugen) in Beziehung zueinander; schließlich fixiert sie die kanonische Folge, in der jede dieser Korrelationen einen bestimmten Platz einnimmt. Diese verpflichtende Syntax nannten die Militärtheoretiker des 18. Jahrhunderts das »Manöver«. Die traditionelle Empfehlung wird von ausführlichen und zwingenden Vorschriften abgelöst. Die gesamte Berührungsfläche zwischen dem Körper und dem manipulierten Objekt wird von der Macht besetzt: die Macht bindet den Körper und das manipulierte Objekt fest aneinander und bildet den Komplex Körper/Waffe, Körper/Instrument, Körper/Maschine. Damit ist man denkbar weit entfernt von jenen Formen der Unterwerfung, die dem Körper nur Zeichen und Produkte, Ausdrucksformen oder Arbeitsleistungen abverlangten. Die von der Macht durchgesetzte Reglementierung der Tätigkeit ist zugleich deren inneres Konstruktionsgesetz. Und so wird der Charakter dieser Disziplinarmacht sichtbar: es geht ihr weniger um Ausbeutung als um Synthese, weniger um Entwindung des Produktes als um Zwangsbindung an den Produktionsapparat.

5. *Die erschöpfende Ausnutzung.* Der traditionellen Zeitreglementierung lag ein wesenhaft negatives Prinzip zugrunde: das Prinzip des Nicht-Müßiggangs. Es ist verboten, eine Zeit zu verlieren, die von Gott gezählt und von den Menschen bezahlt wird. Der Stundenplan sollte die Gefahr der Verschwendung – eine moralische Schuld und eine wirtschaftliche Unredlichkeit – bannen. Die Disziplin hingegen organisiert eine positive Ökonomie. Sie setzt auf das Prinzip einer theoretisch endlos wachsenden Zeitnutzung. Nicht nur Einsatz, sondern Ausschöpfung. Es geht darum, aus der Zeit immer noch mehr verfügbare Augenblicke und aus jedem Augenblick immer noch mehr nutzbare Kräfte herauszuholen. Man muß darum versuchen, die Ausnutzung des geringsten Augenblicks zu intensi-

---

32 *Ordonnance du 1er janvier*, Titel XI, Art. 2.

vieren, als ob die Zeit gerade in ihrer Zersplitterung unerschöpflich wäre oder man durch eine immer feinere Detaillierung auf einen Punkt gelangen könnte, wo die größte Schnelligkeit mit der höchsten Wirksamkeit eins ist. Dies war die Technik, die in den berühmten Reglements der preußischen Infanterie entfaltet wurde, welche ganz Europa nach den Siegen Friedrichs II. nachgeahmt hat.[33]

Je mehr man die Zeit zerlegt, um so mehr vervielfältigt man ihre Unterteilungen; um so besser entfaltet man ihre einzelnen inneren Elemente unter einem sie kontrollierenden Blick; um so mehr kann man eine Operation beschleunigen bzw. ihre Geschwindigkeit optimal regulieren. Daher jene Reglementierung der Handlungszeit, die in der Armee so wichtig war und es für die gesamte Technologie der menschlichen Tätigkeit werden sollte: das preußische Reglement für die Infanterie sah sechs »Zeiten« dafür vor, das Gewehr bei Fuß zu stellen; vier Zeiten zum Spannen; 13 Zeiten, um es auf die Schulter zu legen, usw. Mit anderen Instrumenten war auch die französische Werkschule (Schule mit wechselseitigem Unterricht) als ein Apparat zur Intensivierung der Zeitnutzung ausgestattet. Ihre Organisation umging den linearen und sukzessiven Unterricht durch den Lehrer: sie regulierte das kontrapunktische Zusammenspiel gleichzeitiger Gruppenarbeiten unter der Aufsicht von Monitoren und Gehilfen, so daß jeder noch so flüchtige Augenblick mit vielfältigen, aber geordneten Tätigkeiten bevölkert war. Und anderseits zwang der Rhythmus der Signale, Pfiffe, Befehle allen zeitliche Normen auf, die den Lernprozeß beschleunigen und zugleich die Geschwindigkeit selber als Tugend lehren sollten.[34] »Der einzige Zweck dieser Befehle ist ... die Kinder daran zu gewöhnen, dieselben Aufgaben schnell und richtig durchzuführen und durch die Geschwindigkeit den Zeitverlust, den der Übergang von einer Tätigkeit zur anderen mit sich bringt, zu verringern.«[35]

---

33 Den Erfolg der preußischen Truppen kann man nur »der Vorzüglichkeit ihrer Disziplin und ihres Exerzierens zuschreiben; es ist eben nicht gleichgültig, wie man exerziert; in Preußen arbeitet man daran seit 40 Jahren mit unermüdlichem Eifer«. Marschall Moritz von Sachsen, Brief an den Grafen von Argenson, 25. Februar 1750, Arsenal Ms. 2701 und *Mes rêveries*, Bd. II, S. 249. Vgl. Abb. 3 und 4.

34 Schreibübung: »... 9. Hände auf die Knie. Dieser Befehl wird durch einen Glockenschlag gegeben. 10. Hände auf den Tisch. Kopf hoch. 11. Reinigt die Schiefertafeln: alle wischen die Tafeln mit etwas Speichel oder besser mit einem Filzbausch ab. 12. Zeigt die Tafeln vor. 13. Monitoren, schaut sie an: die Monitoren besichtigen die Tafeln ihrer Gehilfen und dann die ihrer Bank. Die Gehilfen besichtigen die Tafeln ihrer Bank, und alle bleiben auf ihrem Platz.«

35 Samuel Bernard, Rapport du 30 octobre 1816 à la société de l'enseignement mutuel.

Mit dieser Unterwerfungstechnik bildet sich ein neues Objekt aus, das den mechanischen Körper langsam ablöst: den festen und beweglichen Körper, dessen Bild die Träumer der Disziplinarvollkommenheit so lange begeistert hatte. Dieses neue Objekt ist der natürliche Körper: ein Träger von Kräften und Sitz einer Dauer; es ist der Körper, der für spezifische Operationen mit ihrer Ordnung, ihrer Zeit, ihren inneren Bedingungen, ihren Aufbauelementen empfänglich ist. Indem der Körper zur Zielscheibe für neue Machtmechanismen wird, bietet er sich neuen Wissensformen dar. Es handelt sich mehr um einen Körper der Übung als um einen Körper der spekulativen Physik; eher um einen von der Autorität manipulierten Körper als um einen von Lebensgeistern bevölkerten Körper; um einen Körper der nützlichen Dressur und nicht der rationellen Mechanik. Gerade in diesem Körper kündigen sich nun allerdings gewisse Erfordernisse der Natur sowie der funktionellen Zwänge an. Das entdeckt Guibert in seiner Kritik an allzu künstlichen Manövern. In der Übung, die ihm aufgezwungen wird und gegen die er sich zur Wehr setzt, bringt der Körper seine konstitutionellen Wechselbeziehungen zur Geltung und verwirft spontan, was damit unvereinbar ist: »So gehe man nur in die mehresten unserer Exercier-Schulen; da wird man finden, daß alle diese armen Soldaten in einer gezwungenen und mühsamen Stellung stehen, ihre Muskeln zusammengepreßt sind, und der Umlauf des Geblüts gehemmt ist ... Wir dürfen nur über die Absicht der Natur bei dem Bau des menschlichen Körpers nachdenken, so werden wir die Stellung, die sie den Soldaten zu geben deutlich vorschreibt, leicht finden ... Der Kopf soll gerade gehalten werden, über den Schultern frei stehen und auf der Mitte derselben senkrecht aufsitzen. Er soll weder rechts noch links gewendet sein, weil vermöge der Gemeinschaft, die sich zwischen den Gelenken des Halses, und zwischen dem Schulterblatte, mit welchem sie verbunden sind, befindet, keines derselben kreiszirkelförmig wirken kann, ohne daß es einigermaßen einen Teil der Schultern nach der Seite, wohin es wirkt, nach sich ziehe, und da sodann der Körper nicht mehr so vollkommen gleich steht, so kann der Soldat nicht mehr gerade vor sich hingehen, noch weniger zum Richtungspunkte in gerader Linie dienen ...; denn da das Hüftbein, welches das Reglement als den Punkt angibt, an welchem der Flinten-Kolben anliegen soll, nicht bei allen Menschen einerlei situiert ist, so muß das Gewehr bei einigen mehr rechts, bei anderen dagegen mehr links getragen werden. Aus der nämlichen Ursache der Ungleichheit des Körperbaues ist der Bügel mehr oder weniger am Körper angedrückt, nachdem ein Mann an dem äußeren Teile der Schulter mehr oder weniger fleischig . . .«[36]

Wir haben gesehen, wie sich die Prozeduren der Disziplinargliederung in die zeitgenössischen Techniken der Klassifizierung und Tabellierung einreihten – aber auch wie sie da das spezifische Problem der Individuen und der Vielfältigkeit einführten. Desgleichen haben die Disziplinarkontrollen der Tätigkeit ihren Platz unter den theoretischen und praktischen Versuchen zur natürlichen Mechanik der Körper – aber sie beginnen damit, spezifische Prozesse zu entdecken. Das Verhalten und seine organischen Anforderungen verdrängen allmählich die einfache Physik der Bewegung. Der Körper, der bis in die kleinsten Operationen hinein gelehrig zu sein hat, bringt dagegen die einem Organismus eigenen Funktionsbedingungen zur Geltung. Der Disziplinarmacht entspricht eine Individualität, die nicht nur analytisch und »zellenförmig« ist, sondern auch natürlich und »organisch«.

Die Organisation von Entwicklungen

Das Gründungsedikt der Gobelinmanufaktur von 1667 sah auch die Einrichtung einer Schule vor. 60 Stipendiaten sollten vom Oberintendanten der königlichen Gebäude ausgewählt und für eine gewisse Zeit einem Lehrer anvertraut werden, der »ihre Erziehung und Bildung« übernehmen sollte; dann sollten sie bei verschiedenen Meistern der Manufaktur (die dafür eine von den Stipendien abzuziehende Entschädigung erhalten sollten) in die Lehre genommen werden; nach sechs Lehrjahren, vier Gesellenjahren und einer Meisterprüfung hatten sie das Recht, »in jeder Stadt des Königreiches einen Laden aufzumachen und zu betreiben«. Man findet da die Eigentümlichkeiten des zunftmäßigen Lehrverhältnisses: individuelle und totale Abhängigkeit vom Meister; statutenmäßig festgesetzte Dauer der Ausbildung, die durch eine Qualifikation abgeschlossen ist, sich jedoch nicht nach einem bestimmten Programm gliedert; umfassender Austausch zwischen dem Meister, der sein Wissen geben muß, und dem Lehrling, der seine Dienste, seine Unterstützung und häufig ein Lehrgeld zu leisten hat. Eine Mischung aus Dienstbotenverhältnis und Wissensübertragung.[37] Ein

---

36 J. A. Guibert, *Versuch über die Tactik* . . ., S. 163-166.

37 Diese Mischung kommt in manchen Lehrverträgen deutlich zum Ausdruck: der Meister ist verpflichtet, seinem Schüler (der ihn mit Geld und Arbeit entschädigt) sein gesamtes Wissen weiterzugeben, ohne daß er ein Geheimnis für sich bewahren darf; andernfalls macht er sich straffällig. Vgl. z. B. F. Grosrenaud, *La Corporation ouvrière à Besancon*, 1907, S. 62.

Edikt von 1737 begründet eine Zeichenschule für die Lehrlinge der Gobelinmanufaktur; sie soll die Ausbildung bei den Meistern nicht ersetzen,
sondern ergänzen. Dabei sieht sie eine ganz andere Organisation der Zeit
vor. Mit Ausnahme der Sonntage und Feiertage versammeln sich die Schüler in der Schule. Nach einer an der Wand befestigten Liste wird der Appell durchgeführt; die Abwesenden werden in ein Register eingetragen.
Die Schule ist in drei Klassen geteilt. Die erste Klasse ist für diejenigen,
die keinerlei Begriff vom Zeichnen haben; sie müssen Vorlagen kopieren,
die je nach der Fähigkeit des einzelnen schwerer oder leichter sind. Die zweite Klasse ist für »diejenigen, die bereits einige Grundlagen haben« oder die
erste Klasse abgeschlossen haben; sie müssen Bilder »auf bloße Sicht« abzeichnen. In der dritten Klasse lernen sie die Farben, arbeiten mit Pastell
und werden in die Theorie und Praxis des Färbens eingeführt. Die Kinder
machen regelmäßig Schulaufgaben; jede dieser Übungsarbeiten wird mit
Namen und Datum versehen und dem Professor ausgehändigt; die besten
werden belohnt; am Ende des Jahres werden sie zusammengestellt und verglichen, wodurch sich die Fortschritte, die augenblickliche Tauglichkeit,
der Rang eines jeden Schülers ermitteln lassen; so werden diejenigen bestimmt, die in die nächsthöhere Klasse aufsteigen können. Ein General-
buch, das von den Professoren und ihren Gehilfen geführt wird, muß
das Verhalten der Schüler und alle Vorkommnisse in der Schule Tag für
Tag registrieren; es wird regelmäßig dem Inspektor vorgelegt.[38]
   Die Schule an der Gobelinmanufaktur ist nur ein Beispiel für ein be-
deutsames Phänomen: die im klassischen Zeitalter sich vollziehende Entwicklung einer neuen Technik zur Erfassung der Zeit der Einzelexistenzen; zur Reglementierung der Verhältnisse der Zeiten, Körper und Kräfte;
zur Akkumulation der Dauer; und zur ständigen Steigerung der Rentabilität des Zeitflusses. Wie läßt sich die Zeit der Individuen kapitalisieren?
Wie läßt sich in jedem von ihnen, in ihren Körpern, ihren Kräften und Fähigkeiten ihre Zeit auf nutzbringende und kontrollierbare Weise kumulie-
ren? Wie lassen sich profitable Dauerhaftigkeiten organisieren? Die Disziplinen, die den Raum analysieren und die Tätigkeiten zerlegen und wieder
zusammensetzen, müssen auch als Apparate funktionieren, welche die Zeit
addieren und kapitalisieren. Das tun sie mittels vier Verfahren, die in der
Militärorganisation deutlich hervortreten.

---

38 Vgl. E. Gerspach, *La Manufacture des Gobelins*, 1892.

Erstens wird die Dauer in sukzessive oder parallele Abschnitte geteilt, von denen jeder auf ein bestimmtes Endziel ausgerichtet ist. So wird etwa die Zeit der Ausbildung von der Periode der Praxis isoliert; die Instruktion der Rekruten wird nicht mit dem Exerzieren der Altgedienten vermengt; vom Militärdienst abgesonderte Militärschulen werden eröffnet (1774 Gründung der Militärschule von Paris, 1776 Gründung von 12 Provinzschulen); im jüngsten Alter werden die Soldaten rekrutiert: man nimmt Kinder und »läßt sie vom Vaterland adoptieren und in besonderen Schulen aufziehen«.[39] Schritt für Schritt lehrt man die Positur, das Marschieren, die Handhabung der Waffen, das Abfeuern und geht erst dann zu einer Tätigkeit über, wenn die vorhergehende vollständig »sitzt«: »Denn es einer derer vornehmster Fehler ist, wann einem Kerl das ganze Exercieren auf einmal gewisen wird, welches ein neuer Kerl ohnmöglich begreifen kann, sondern wenn er das Letzte lernet, vergisset er wieder das Erste, und wann er das Erste wieder lernet, vergisset er wieder das Letzte.«[40] Die Zeit wird also in einzelne aufeinander abgestimmte Stränge zerlegt. Zweitens werden diese Stränge nach einem analytischen Schema organisiert – als Abfolgen von möglichst einfachen Elementen, die sich mit zunehmender Komplexität miteinander verschränken. Das setzt voraus, daß der Unterricht vom Prinzip der analogen Wiederholung abgeht. Bestand im 16. Jahrhundert das militärische Exerzieren hauptsächlich darin, einen Kampf nachahmend zu spielen und die Tüchtigkeit oder Kraft des Soldaten insgesamt zu steigern[41], so folgt im 18. Jahrhundert der Leitfaden des »Handbuchs« dem Prinzip des »Elementaren« – und nicht mehr dem des »Exemplarischen«. Es geht um einfache Gesten (Fingerstellung, Schenkelbeugung, Armbewegung), die für die nützliche Verhaltensweise nur Basiselemente sind und darüber hinaus eine allgemeine Dressur der Kraft, der Geschicklichkeit,

---

39 Vorgeschlagen in: J. Servan, *Le Soldat citoyen*, 1780, S. 456.

40 *Reglement vor die Königl. Preußische Infanterie, Worinn enthalten: Die Evolutions, das Manual und die Chargirung, und wie der Dienst im Felde und in der Garnison geschehen soll. Auch wornach die sämtliche Officiers sich sonst zu verhalten haben. Desgleichen wie viel an Tractament bezahlet und darvon abgezogen wird, und wie die Mundierung gemachet werden soll. Ordnung halber in XII Theile, ein jeder Theil in gewisse Tituls, ein jeder Titul in gewisse Articels abgefasset*, Berlin 1750. V. Theil, IV. Titul, XI. Artic.

41 F. de la Noue, der am Ende des 16. Jahrhunderts die Schaffung von Militärakademien empfahl, wollte, daß man darin lerne, »die Pferde zu behandeln, mit dem Dolch im Wams oder bewaffnet zu laufen, die Waffen zu ziehen, Luftsprünge zu machen; kommt das Schwimmen und das Kämpfen dazu: nur um so besser; denn all das macht die Person robuster und tüchtiger«. *Discours politiques et militaires*, 1614, S. 181 f.

der Gelehrigkeit gewährleistet. Drittens werden diese Zeitabschnitte finali-
siert; es wird ihnen ein bestimmtes Ziel gesetzt, das durch eine Prüfung
ausgewiesen wird. Diese Prüfung hat zu zeigen, daß das Subjekt das vorgeschriebene Niveau erreicht hat; sie hat die Gleichförmigkeit seiner Ausbildung mit der der anderen zu garantieren; und sie hat die Fähigkeiten aller
Individuen zu differenzieren. Wenn die Unteroffiziere, Gefreiten usw.,
»die mit der Ausbildung der anderen beauftragt sind, glauben, jemanden
so weit gebracht zu haben, daß er in die erste Klasse überwechseln kann,
so präsentieren sie ihn zuerst den Offizieren ihrer Kompanie, die ihn mit
Sorgfalt prüfen; wenn sie ihn noch nicht genug geübt finden, werden sie
seine Aufnahme verweigern; wenn ihnen aber der präsentierte Mann auf-
nahmewürdig erscheint, so schicken ihn die Offiziere zum Kommandan-
ten des Regiments, der selber sehen wird, ob er ihn für geeignet hält, und
ihn von den Stabsoffizieren überprüfen lassen wird. Die geringsten Fehler
genügen zu seiner Zurückweisung, und keiner wird von der zweiten Klasse
in die erste aufsteigen können, ohne diese Prüfung abgelegt zu haben«.[42]
Und schließlich werden Serien von Serien installiert: jedem werden entsprechend seinem Niveau, seinem Dienstalter, seinem Grad die ihm zukommenden Übungen vorgeschrieben; die gemeinsamen Übungen spielen
eine differenzierende Rolle, und jeder Differenz entsprechen bestimmte
Übungen. Am Ende jeder Serie beginnen andere und verzweigen sich ihrerseits. So ist jedes Individuum in eine Zeitreihe eingespannt, die sein Niveau und seinen Rang definiert. Zucht-Polyphonie der Disziplinarübun-
gen: »Die Soldaten der zweiten Klasse werden jeden Morgen von den
Unteroffizieren, Korporälen, Gefreiten, Soldaten der ersten Klasse gedrillt ...
Die Soldaten der ersten Klasse werden jeden Sonntag vom Chef der Truppe
gedrillt ...; die Korporäle und die Gefreiten werden jeden Dienstag nachmittags von den Unteroffizieren ihrer Kompanie und diese wiederum jeden 2., 12. und 22. des Monats nachmittags von den Stabsoffizieren gedrillt.«[43]
Diese Disziplinarzeit greift allmählich auf die pädagogische Praxis
über – und spezialisiert die Zeit der Ausbildung, indem sie sie von der Er-
wachsenen-Zeit, von der Berufs-Zeit ablöst; indem sie durch abgestufte
Prüfungen voneinander geschiedene Stadien organisiert; indem sie Programme festlegt, die jeweils während einer bestimmten Dauer ablaufen

---

42 *Instruction par l'exercice de l'infanterie*, 14. Mai 1754.
43 Ebd.

müssen und Übungen von zunehmender Schwierigkeit enthalten; indem
sie die Individuen je nach dem Durchlauf durch diese Serien qualifiziert.
Die Initiations-Zeit der traditionellen Ausbildung (eine globale Zeit, die
von *einem* Meister kontrolliert und durch *eine* Prüfung sanktioniert wird)
hat die Disziplinarzeit durch vielfältige fortschreitende Reihen abgelöst. Es
entsteht eine analytische Pädagogik, die in ihrem Detail sehr sorgfältig ist
(sie zerlegt den Unterrichtsstoff in seine einfachsten Elemente und hierarchisiert jede Phase des Fortschritts in präzisen Stufen) und in ihrem
geschichtlichen Auftreten sehr zukunftsweisend (sie greift weit auf die genetische Analyse der Ideologen voraus, als deren technisches Modell sie erscheint). Zu Beginn des 18. Jahrhunderts wollte Demia, daß das Lesenler-
nen in sieben Niveaus unterteilt werde: das erste Niveau für die Schüler,
die gerade die Buchstaben zu erkennen anfangen; das zweite für die, welche das Buchstabieren lernen; das dritte für diejenigen, welche die Silben
zu verbinden lernen; das vierte für diejenigen, die Latein satzweise lesen;
das fünfte für diejenigen, die Französisch zu lesen beginnen; das sechste
für die besseren Leser; das siebte für diejenigen, welche Handschriften lesen. Falls jedoch die Schüler zu zahlreich sind, muß man weitere Unterteil-
lungen einführen. Die erste Klasse müßte vier Gruppen enthalten: eine für
diejenigen, welche »die einfachen Buchstaben« lernen; die zweite für die-
nigen, welche die Zwielaute (au, ei, eu) lernen; die dritte für diejenigen,
welche die Umlaute (ä, ö, ü) lernen; und eine vierte für diejenigen, welche
die Doppellaute (ff, ss, tt, st) lernen; die zweite Klasse wäre in drei Gruppen geteilt: diejenigen, die »jeden Buchstaben laut aussprechen, bevor sie
die Silbe buchstabieren: d. o. – do«; des weiteren für diejenigen, welche die
schwierigeren Silben buchstabieren, wie etwa: berg, brand, nung, usw.[44]
Jede Stufe in der Kombination der Elemente reiht sich in eine große Zeit-
serie ein, die zugleich ein natürlicher Gang des Geistes und Code für die
Erziehungsprozeduren ist.

Die »Einreihung« der Tätigkeiten eröffnet die Möglichkeit einer Besetzung der Dauer durch die Macht: die Möglichkeit einer detaillierten Kontrolle und pünktlichen Intervention (einer differenzierenden, korrigierenden, strafenden, ausschaltenden Intervention) in jedem Moment der Zeit;
die Möglichkeit des Beurteilens und damit des Einsatzes der Individuen je
nach dem Niveau, das sie auf ihren Laufbahnen erreicht haben; die Mög-

---

44 Demia, *Règlement pour les écoles de la ville de Lyon*, 1716, S. 19 f. Die Laut- und Silbenbeispiele sind
   vom Übersetzer teilweise den Eigenheiten der deutschen Sprache angepaßt worden.

lichkeit der Akkumulierung, Einholung, Totalisierung und Ausnutzung der Zeit und der Tätigkeit im Endresultat, das die endgültige Tauglichkeit des Individuums ist. Man liest die zerstreute Zeit zusammen, um sie in die Scheuern des Nutzens einzufahren und sie gegen alle Winde zu schützen, die wehen, wo sie wollen. Die Macht tritt der Zeit sehr nahe und sichert sich ihre Kontrolle und ihre Ausnutzung.

Die Disziplinarverfahren bringen eine lineare Zeit zur Erscheinung, deren Momente sich ineinander verschränken und die sich auf einen fixen Endpunkt ausrichtet. Es handelt sich um »evolutive« Zeit. Und es ist daran zu erinnern, daß eben damals die Kontrolltechniken der Administration und der Wirtschaft eine gesellschaftliche Zeit serieller, gerichteter und kumulativer Art zur Geltung brachten: Entdeckung einer Evolution als »Fortschritt«. Die Disziplinartechniken bringen individuelle Serien hervor: Entdeckung einer Evolution als »Entwicklung«. Der Fortschritt der Gesellschaften und die Entwicklung der Individuen – diese beiden großen Entdeckungen des 18. Jahrhunderts entsprechen wohl den neuen Machttechniken, den neuen Prozeduren des abteilenden, reihenden, zusammenfügenden und -zählenden Einsatzes der Zeit. Diese Makrophysik und diese Mikrophysik der Macht haben gewiß nicht die (längst wirkliche) Geschichte konstituiert; aber sie haben in die Ausübung von Kontrollen und in die Praxis von Beherrschungen eine einheitliche, kontinuierliche und kumulative Zeitdimension integriert. Die »evolutive« Geschichtlichkeit, die sich damals durchsetzt – und zwar so tiefgreifend, daß sie heute noch für viele eine Selbstverständlichkeit ist –, hängt an einer Funktionsweise der Macht. Die »Erinnerungs-Geschichte« der Chroniken, Genealogien und Urkunden, der Reiche und der Taten hing an einer anderen Spielart der Macht. Mit den neuen Unterwerfungstechniken beginnt die »Dynamik« der steten Entwicklungen die »Dynastik« der überragenden Ereignisse zu verdrängen.

Jedenfalls scheint das kleine Zeit-Kontinuum der Entwicklungsindividualität ebenso wie die Zellenindividualität und die Organismusindividualität sowohl Effekt wie Objekt der Disziplin zu sein. Und im Zentrum dieser reihenden Zurichtung der Zeit findet man eine Prozedur, die für sie das bedeutet, was das »Tableau« für die Aufteilung der Individuen und die Parzellierung des Raumes oder was das »Manöver« für die Ökonomie der Tätigkeiten und organische Kontrolle bedeuteten. Es handelt sich um die »Übung«. Die Übung ist nämlich jene Technik, mit der man den Körpern Aufgaben stellt, die sich durch Wiederholung, Unterschiedlichkeit und Abstufung auszeichnen. Indem sie das Verhalten auf einen Endzustand ausrichtet, ermöglicht die Übung eine ständige Charakterisierung des Individuums: entweder in bezug auf dieses Ziel oder in bezug auf die anderen Individuen oder in bezug auf eine bestimmte Gangart. Auf diese Weise gewährleistet sie in der Form der Stetigkeit und des Zwanges sowohl Steigerung wie Beobachtung und Qualifizierung. Bevor die Übung diese eigentlich disziplinäre Form annahm, hatte sie schon eine lange Geschichte gehabt: man findet sie in den Praktiken des Militärs, der Religion, der Universitäten – als Initiationsritual, Vorbereitungszeremonie, Theaterprobe, Prüfung. Ihre lineare und stetig fortschreitende Organisation und ihr evolutiver Ablauf in der Zeit sind religiösen Ursprungs – in der Schule und in der Armee sind sie erst später eingeführt worden. Die Idee eines Schul-»Programms«, welches das Kind bis zum Ende seiner Erziehung begleitet und von Jahr zu Jahr, von Monat zu Monat, immer schwierigere Übungen enthält, scheint jedenfalls zuerst in einer religiösen Gruppe aufgetaucht zu sein: bei den Brüdern vom gemeinsamen Leben.[45] Stark von Ruysbroek und der rheinischen Mystik inspiriert, haben sie einen Teil der geistlichen Techniken auf die Erziehung – nicht nur der Geistlichen, sondern auch der Beamten und der Kaufleute – übertragen. Die Vollkommenheit, zu welcher der vorbildliche Meister hinführt, wird bei ihnen zu einer autoritären Vervollkommnung der Schüler durch den Professor; aus den immer strenger werdenden Übungen des asketischen Lebens werden die zunehmend komplizierteren Aufgaben, welche die fortschreitende Aneignung des Wissens und des guten Betragens ausweisen; aus dem Streben der gesamten Gemeinschaft nach dem Heil wird der ständige kollektive Wettbewerb der Individuen, die sich im Vergleich qualifizieren und klassifizieren. In den Verfahren des gemeinsamen Lebens und Heils lag vielleicht der erste Kern der Methoden, die individuell charakterisierte, aber kollektiv genutzte Fähigkeiten produzieren sollten.[46] In der Mystik und

45 Vgl. Codina Meir, *Aux sources de la pédagogie des Jésuites*, 1968, S. 160 f.
46 Eine Vermittlungsrolle spielten hier die Schulen von Lüttich, Devenport, Zwolle, Wesel sowie Johann Sturm mit seiner Denkschrift für die Gründung eines Gymnasiums in Straßburg (1538). Vgl. *Bulletin de la société d'histoire du protestantisme*, Bd. XXV, S. 499-505.
Die Beziehungen zwischen dem Militär, der religiösen Organisation und der Pädagogik sind übrigens sehr komplex. Die römische Militäreinheit der »Dekurie« findet sich als Arbeits- und somit Überwachungseinheit in den Benediktinerklöstern wieder. Die Brüder vom gemeinsamen Leben haben sie dort entlehnt und auf ihre pädagogische Organisation übertragen: die Schüler wurden in Zehnergruppen aufgeteilt. Die Jesuiten haben diese Militäreinheit in die Dramaturgie ihrer Kollegs übernommen; doch mußte die Dekurie einem noch ausgeprägteren Militärschema mit Rängen, Kolonnen, Linien weichen.

Asketik richtete die Übung die diesseitige Zeit auf die Erlangung des Heils aus. Diesen ihren Sinn sollte sie im Abendland allmählich verkehren, und zwar unter Beibehaltung einiger ihrer Techniken: dann dient sie dem haushälterischen Einsatz und nutzbringenden Zusammenraffen der Lebenszeit sowie der Ausübung von Macht über die Menschen mittels der so organisierten Zeit. Die Übung wird ein Element in einer politischen Technologie des Körpers und der Dauer. Anstatt in einem Jenseits zu gipfeln, richtet sie sich auf eine nie abzuschließende Unterwerfung aus.

Die Zusammensetzung der Kräfte

»Aus dieser Ursache will ich zuförderst das alte Vorurteil zu vernichten suchen, nach welchem man meynt, die Stärke eines Trupps zu vermehren, wenn man dessen Tiefe vergrößert. Alle physische Gesetze der Bewegung und des Stoßes der Körper sind bloße Chimären, wenn man sie auf die Tactik anwenden will.«[47]

Seit dem Ende des 17. Jahrhunderts lag das technische Problem der Infanterie darin, sich vom physikalischen Modell der Masse zu befreien. Ausgerüstet mit Piken und Musketen, die ein rasches und genaues Zielen kaum erlaubten, wurde die Truppe entweder als Wurfgeschoß oder als Mauer und Festung eingesetzt. In diesem Sinne sprach man von der »furchterregenden Infanterie der Armee Spaniens«. Die Anordnung der Soldaten in dieser Masse richtete sich nach Dienstalter und Tüchtigkeit: In der Mitte, wo es um das Gewicht der Körpermassen ging, waren die Jüngsten; vorn, an den Eckpunkten und Flanken waren die mutigsten und geschicktesten Soldaten. Im Laufe des klassischen Zeitalters ging man dann zu einer feineren Gliederung über. Die Einheit – Regiment, Bataillon, Zug, später auch »Division«[48] – wird zu einer Maschine mit vielfältigen Teilen, die sich gegeneinander verschieben, um eine bestimmte Konstellation zu bilden und ein bestimmtes Resultat zu erzielen. Die Gründe für die Mutation sind zum Teil ökonomischer Natur: es galt, jedes Individuum nützlich sowie die Ausbildung, den Unterhalt und die Bewaffnung der Truppe rentabel zu machen; jeder Soldat stellte eine wertvolle Einheit dar und muß-

---

47 J. A. Guibert, *Versuch über die Tactik* ..., S. 155. Tatsächlich wird dieses sehr alte Problem im 18. Jahrhundert aus ökonomischen und technischen Gründen wieder aktuell. Und das in Frage stehende »Vorurteil« wird keineswegs nur bei Guibert diskutiert (z. B. auch Folard, Pireh, Mesnil-Durand).

48 In dieser Bedeutung wurde der Ausdruck seit 1759 gebraucht.

te darum zu einem Höchstmaß an Wirksamkeit instand gesetzt werden. Doch wurden diese ökonomischen Gründe erst aufgrund einer technischen Umwälzung entscheidend: der Erfindung des Gewehrs.[49] Da es genauer und schneller als die Muskete war, wertete es die Geschicklichkeit des Soldaten auf; da es ein besseres Zielen ermöglichte, erlaubte es die Ausnutzung der Feuerkraft auf individueller Ebene; und anderseits machte es aus jedem Soldaten eine mögliche Zielscheibe und verlangte aus diesem Grunde eine größere Beweglichkeit; es führte also zum Verschwinden einer Technik der Massen zugunsten einer Kunst, die Einheiten und Menschen auf langen, geschmeidigen und beweglichen Linien verteilte. Darum wurde es nötig, eine kalkulierte Praxis der individuellen und kollektiven Standorte, der Stellungswechsel von Gruppen oder isolierten Elementen und des Übergangs von einer Anordnung zu einer anderen zu entwickeln; es mußte eine Maschinerie erfunden werden, deren Prinzip nicht mehr die bewegliche oder unbewegliche Masse war, sondern eine Geometrie teilbarer Abschnitte, deren Basiseinheit der bewegliche Soldat mit seinem Gewehr ist[50] – der Soldat mit seinen geringfügigen Gesten, seinen elementaren Aktionszeiten und den von ihm besetzten oder durchlaufenen Raumfragmenten.

Dieselben Probleme stellen sich, wenn es darum geht, eine Produktivkraft zu bilden, die leistungsfähiger ist als die sie konstituierenden Elementarkräfte: »Verglichen mit einer gleich großen Summe vereinzelter individueller Arbeitstage, produziert der kombinierte Arbeitstag größere Massen von Gebrauchswert ... Ob er im gegebnen Fall diese Produktivkraft erhält, weil er die mechanische Kraftpotenz der Arbeit erhöht oder ihre räumliche Wirkungssphäre ausdehnt oder das räumliche Produktionsfeld im Verhältnis zur Stufenleiter der Produktion verengt oder im kritischen Moment viel Arbeit in wenig Zeit flüssig macht ..., unter allen Umständen ist die spezifische Produktivkraft des kombinierten Arbeitstags gesellschaftliche Produktivkraft der Arbeit oder Produktivkraft gesellschaftlicher Arbeit. Sie entspringt aus der Kooperation selbst.«[51]

49 Seit der Schlacht von Steenkerke (1692) setzte sich das Gewehr allgemein durch.
50 Zu dieser Bedeutung der Geometrie siehe J. de Beausobre: »Die Kriegswissenschaft ist wesentlich geometrisch ... Die Anordnung eines Bataillons und eines Schwadrons auf einer ganzen Front und von einer solchen Höhe ist einzig die Wirkung einer tiefen und noch unbekannten Geometrie.« (Commentaires sur les défenses des places, 1757, Bd. II, S. 307.
51 K. Marx, Das Kapital, Buch I, IV. Abschnitt, 11. Kapitel. In: K. Marx/Fr. Engels, Werke, Bd. 23, S. 348 f. Marx betont auch wiederholt die Analogie zwischen den Problemen der Arbeitsteilung

Diesem Erfordernis muß die Disziplin gerecht werden: sie muß eine Maschine konstruieren, die durch genau abgestimmte Ineinanderfügung ihrer Teilchen ein hohes Maß an Effizienz erreicht. Die Disziplin ist nicht mehr bloß eine Kunst der Verteilung von Körpern und der Gewinnung und Anhäufung von Zeit, sondern die Kunst der Zusammensetzung von Kräften zur Herstellung eines leistungsfähigen Apparates. Dieses Erfordernis kommt zu mehrfachem Ausdruck.

1. Der einzelne Körper wird zu einem Element, das man plazieren, bewegen und an andere Elemente anschließen kann. Nicht mehr seine Tüchtigkeit oder seine Kraft definiert ihn – sondern der Platz, den er einnimmt, der Abstand, den er überbrückt, die Regelmäßigkeit und Geordnetheit seiner Stellungswechsel. Guibert charakterisiert den Soldaten in seinem *Versuch über die Tactik* folgendermaßen: »Man muß rechnen, daß jeder Soldat, wenn er unter dem Gewehr steht, zwei Fuß in seinem größten Durchmesser, das ist, von einem Ellenbogen zum andern, und ohngefähr einen Fuß in seiner größten Dicke, von der Brust bis zu den Schultern gerechnet, einnimmt; überdieses muß man noch einen Fuß Raum zwischen ihm und dem folgenden Manne hinzufügen, welches, auf jeder Seite genommen, zwei Fuß auf jeden Soldaten gibt, und zugleich anzeigt, daß ein in Schlachtordnung gestellter Trupp Infanterie, so viel Schritte als er Rotten hat, teils in seiner Front, teils in seiner Tiefe einnimmt.« Der Körper wird auf seine Funktion reduziert, und gleichzeitig wird dieser segmentierte Körper seinerseits als ein Segment in eine Gesamtheit eingefügt. Der Soldat, dessen Körper darauf dressiert wurde, Stück für Stück bei bestimmten Operationen zu funktionieren, bildet in einem übergeordneten Mechanismus selber ein Element. Zuerst wird man die Soldaten »einzeln, dann zu zweien, danach in einer größeren Zahl« instruieren; »wenn die Soldaten im Umgang mit den Waffen einzeln ausgebildet sind, wird man darauf achten, daß sie ihn zu zweien üben und daß sie wechselseitig ihre Plätze tauschen, damit der zur Linken lerne, sich nach dem zur Rechten zu richten«.[52] Der Körper konstituiert sich als Element einer vielgliedrigen Maschine.

2. Um Stücke handelt es sich gleichfalls bei den verschiedenen chrono-

und denen der militärischen Taktik: »Wie die Angriffskraft einer Kavallerieschwadron oder die Widerstandskraft eines Infanterieregiments wesentlich verschieden ist von der Summe der ... vereinzelt entwickelten Angriffs- und Widerstandskräfte, so die mechanische Kraftsumme vereinzelter Arbeiter von der gesellschaftlichen Kraftpotenz, die sich entwickelt, wenn viele Hände gleichzeitig in derselben ungeteilten Operation zusammenwirken.« (Op. cit., S. 345).

52 *Ordonnance sur l'exercice de l'infanterie*, 6. Mai 1755.

logischen Serien, welche die Disziplin kombinieren muß, um eine zusammengesetzte Zeit zu bilden. Die Zeit der einen muß sich so an die Zeit der anderen fügen, daß aus allen ein Höchstmaß an Kräften herausgezogen und zu einem optimalen Resultat kombiniert werden kann. So träumte Servan von einem Militärapparat, der das gesamte Territorium der Nation überziehen würde und in dem jeder ohne Unterbrechung entsprechend dem Abschnitt und der Abfolge seiner Entwicklung beschäftigt wäre. Das militärische Leben sollte im frühesten Alter beginnen, indem man den Kindern in »Militärheimen« das Waffenhandwerk beibringt; und seinen Abschluß fände es in ebendiesen Heimen, wo die Altgedienten bis zu ihrem letzten Tag die Kinder unterrichten, die Rekruten bei ihren Manövern und die Soldaten bei ihren Übungen sowie bei den öffentlichen Arbeiten überwachen und schließlich die Ordnung im Lande aufrechterhalten, während sich die Truppen an den Grenzen schlagen. Es gibt keinen einzigen Augenblick des Lebens, aus dem nicht Kräfte herauszuholen sind, sofern man ihn zu differenzieren und mit anderen zu kombinieren weiß. In gleicher Weise greift man in den großen Werkstätten auf die Kinder und die Alten zurück, weil sie zu einfachen Arbeiten taugen, für die man nicht Arbeiter mit anderen Fähigkeiten einsetzen muß; zudem handelt es sich um billige Arbeitskräfte, und wenn sie arbeiten, fallen sie niemandem zur Last: »Die arbeitsame Menschheit«, sagte ein Steuereinnehmer über einen Betrieb in Angers, »kann in dieser Manufaktur vom zehnten Lebensjahr an bis ins Greisenalter Hilfsmittel gegen den Müßiggang und das daraus folgende Elend finden.«[53] Am subtilsten aber wird diese Abstimmung der verschiedenen Chronologien zweifellos im Elementarunterricht gehandhabt. Vom 17. Jahrhundert bis zur Einführung der Methode von Lancaster zu Beginn des 19. Jahrhunderts baut sich das komplizierte Uhrwerk der Schule mit wechselseitigem Unterricht Rad für Rad auf: zunächst hat man den ältesten Schülern einfache Überwachungsaufgaben anvertraut, dann Aufgaben der Arbeitskontrolle und schließlich des Unterrichts; zu guter Letzt ist die gesamte Zeit aller Schüler entweder mit Unterrichten oder mit Unterrichtetwerden ausgefüllt. Die Schule wird zu einem Lernapparat, in welchem alle Schüler, alle Niveaus, alle Augenblicke bei richtiger Kombination ständig im allgemeinen Unterrichtsprozeß eingesetzt sind. Ein großer Vorkämpfer der Schule mit wechselseitigem Unterricht setzt

---

53 Harvouin, Rapport sur la généralité de Tours; zit. in: P. Marchegay, *Archives d'Anjou*, II, 1850, S. 360.

den Maßstab für diesen Fortschritt: »In einer Schule mit 360 Kindern könnte der Lehrer, der jeden Schüler der Reihe nach unterrichten möchte, in drei Stunden jedem einzelnen nur eine halbe Minute widmen. Dank der neuen Methode schreiben, lesen oder rechnen alle 360 Schüler jeweils zweieinhalb Stunden lang.«[54]

3. Diese sorgfältig abgestimmte Kombination der Kräfte erfordert ein präzises Befehlssystem. Jede Tätigkeit des disziplinierten Individuums muß durch Einschärfungen aufrechterhalten und unterbrochen werden, deren Wirksamkeit auf ihrer Kürze und Eindeutigkeit beruht. Der Befehl wird weder erläutert noch gar begründet; er hat allein das gewollte Verhalten auszulösen. Das Verhältnis des Zuchtmeisters zum Zögling läuft über Signale: es geht nicht um das Verstehen des Befehls, sondern um die Wahrnehmung des Signals und die alsbaldige Reaktion darauf entsprechend einem vorgegebenen Code. Die Körper befinden sich in einer kleinen Welt von Signalen, denen jeweils eine einzige obligatorische Antwort zugeordnet ist: es handelt sich um eine Dressurtechnik, die »despotisch die winzigste Vorstellung und das geringste Murmeln ausschließt«; der disziplinierte Soldat »beginnt zu gehorchen, was immer man befiehlt; sein Gehorsam ist prompt und blind; jeder Anschein von Ungelehrigkeit, das leiseste Zögern, wäre ein Verbrechen«.[55] Die Dressur der Schüler muß sich in derselben Art vollziehen: wenig Worte, keine Erklärung, im Grenzfall ein totales Stillschweigen, das nur durch Signale unterbrochen wird – durch Glocken, Händeklatschen, Gesten, durch den bloßen Blick des Lehrers oder durch jenes kleine hölzerne Gerät, dessen sich die christlichen Schulbrüder bedienten; es war das »Signal« schlechthin und mußte mit seinem einfachen Anschlag sowohl die Technik des Befehls wie die Moral des Gehorsams heben. »Der erste und hauptsächliche Gebrauch des Signals dient dazu, mit einem Schlag alle Blicke der Schüler auf den Lehrer zu lenken, damit sie auf das aufmerken, was er ihnen bekanntgeben will. So wird er jedesmal, wenn er die Aufmerksamkeit der Kinder auf sich ziehen will und eine Übung beenden lassen will, einen Schlag geben. Ein guter Schüler wird, immer wenn er das Signal hört, die Stimme des Lehrers oder vielmehr die Stimme Gottes selber zu hören sich einbilden, der ihn bei seinem Namen ruft. Und er wird sich in die Gefühle des jungen Samuel versetzen

---

54 Samuel Bernard, Rapport du 30 octobre 1816, Bericht vom 30. Okt. 1816 vor der Gesellschaft für wechselseitigen Unterricht.
55 L. de Boussanelle, *Le Bon Militaire*, 1770, S. 2.

und mit ihm im tiefsten Grunde seiner Seele sprechen: ›Herr, da bin ich.‹«
Der Schüler wird den Code der Signale gelernt haben müssen und auf jedes von ihnen automatisch antworten. »Hierauf gibt der Lehrer, nachdem das Gebet verrichtet ist, einen Schlag mit dem Signal, und indem er das Kind ansieht, das er will lesen lassen, macht er ein Zeichen anzufangen. Wenn der Lehrer bemerkt, daß ein Kind nicht folgt, gibt er ein Signal, um dem Lesenden anzuzeigen, er möge einhalten, und macht jenem Schüler, den er für unaufmerksam hält, ein Zeichen, im Lesen fortzufahren ... Um jenem, der liest, anzuzeigen, daß er einen gemachten Fehler verbessern soll, gibt er zwei schnell aufeinanderfolgende Schläge mit dem Signal. Wenn der Schüler, nachdem er getadelt worden ist, nicht wieder bei dem Wort anfängt, das er übel ausgesprochen hat, weil er nach diesem noch mehrere Wörter gelesen hat, so gibt der Lehrer drei deutliche Signalschläge, um ihm anzudeuten, er möge noch um einige Wörter zurückgehen ...«[56] Die Schule mit wechselseitigem Unterricht hat diese Verhaltenskontrolle mit ihrem Signalsystem noch überboten. Selbst die wörtlichen Befehle sind Elemente der Signalisierung: »Geht in eure Bänke! Beim Wort *Geht* legen die Schüler vernehmlich ihre rechte Hand auf die Bank und setzen ein Bein in die Bank; bei *in eure Bänke* ziehen sie das andere Bein nach und setzen sich vor ihre Schiefertafeln ... Nehmt die Tafeln! Beim Wort *Nehmt* legen die Kinder die rechte Hand an die Schnur, mit der die Tafel am Nagel aufgehängt ist, und mit der linken fassen sie die Tafel; bei *die Tafeln* nehmen sie sie ab und legen sie auf den Tisch.«[57]

Zusammenfassend kann man sagen, daß die Disziplin mit ihrer Körperkontrolle vier Typen von Individualität oder vielmehr eine Individualität mit vier Merkmalen produziert: diese Individualität ist zellenförmig (aufgrund der räumlichen Parzellierung); sie ist organisch (dank der Codierung der Tätigkeiten); sie ist evolutiv (aufgrund der Zeithäufung); sie ist kombinatorisch (durch die Zusammensetzung der Kräfte). Und um das zu erreichen, setzt die Disziplin vier große Techniken ein: sie konstruiert Tableaus; sie schreibt Manöver vor; sie setzt Übungen an; und um das Zu-

---

56 J.-B. de la Salle, *Conduite des Écoles chrétiennes*, 1828, S. 137-138. Vgl. auch Ch. Demia, *Règlements pour les écoles de la ville de Lyon*, 1716, S. 21.

57 *Journal pour l'instruction élémentaire*, April 1816. Vgl. R. R. Tronchot (*L'enseignement mutuel en France*, Ms.), der ausgerechnet hat, daß die Schüler täglich mehr als 200 Befehle zu empfangen hatten (die außerordentlichen Anordnungen nicht mitgezählt); allein am Vormittag waren es 26 mündliche Befehle, 23 Befehle durch Zeichen, 37 durch Klingeln und 24 durch Pfeifen; das bedeutet, daß es alle drei Minuten ein Pfeif- oder Klingelsignal gab.

sammenspiel der Kräfte zu gewährleisten, ordnet sie »Taktiken« an. Die Taktik als die Kunst, mit Hilfe lokalisierter Körper, codierter Tätigkeiten und formierter Fähigkeiten Apparate zu bauen, die das Produkt verschiedener Kräfte durch ihre kalkulierte Kombination vermehren, stellt zweifellos die höchste Stufe der Disziplinarpraktik dar. In diesem Wissen sahen die Theoretiker des 18. Jahrhunderts die allgemeine Grundlage der gesamten militärischen Praxis – von der Kontrolle und Übung der individuellen Körper bis zum Einsatz ausgebildeter Kräfte in den kompliziertesten Vielfältigkeiten. Es handelt sich um die Architektur, die Anatomie, die Mechanik, die Ökonomie des Disziplinarkörpers. Guibert: »In den Augen der meisten Militärs ist die Tactik nur ein Zweig der umfassenden Kriegswissenschaft; in den meinigen ist sie das Fundament dieser Wissenschaft; ja, sie ist diese Wissenschaft selber, da sie lehrt, die Truppen aufzustellen, sie zu ordnen, sie in Bewegung zu setzen, sie kämpfen zu lassen; sie allein ist imstande, mit der Zahl fertig zu werden und die Menge zu handhaben; schließlich wird sie die Erkenntnis der Menschen, der Waffen, der Spannungen, der Umstände einschließen, weil alle diese vereinigten Erkenntnisse jene Bewegungen bestimmen müssen.« Oder Maizeroy: »Der Begriff der Taktik gibt die Idee der wechselseitigen Stellung der Männer, die eine Truppe bilden, der wechselseitigen Position der verschiedenen Truppen, die eine Armee bilden, sowie ihrer Bewegungen und ihrer Aktionen und ihrer Beziehungen zueinander.«[58]

Es mag sein, daß der Krieg als Strategie die Fortsetzung der Politik ist. Aber man darf nicht vergessen, daß die »Politik« als die Fortsetzung, wenn schon nicht eigentlich des Krieges, so doch des militärischen Modells konzipiert worden ist: als grundlegendes Mittel zur Verhütung der bürgerlichen Unordnung. Als Technik des inneren Friedens und der inneren Ordnung hat die Politik die perfekte Armee, die disziplinierte Masse, die gelehrige und nützliche Truppe, das Regiment im Lager und im Felde für das Manöver und die Übung angelegt und eingesetzt. In den großen Staaten des 18. Jahrhunderts garantiert die Armee den zivilen Frieden nicht nur, weil sie eine wirkliche Gewalt, ein drohendes Schwert, ist, sondern auch, weil sie eine Technik ist und ein Wissen, die den gesamten Gesellschaftskörper erfassen können. Läuft der Weg von der Politik zum Krieg über die Strategie, so vermittelt zwischen der Armee und der Politik

---

58 P. Joly de Maizeroy, *Théorie de la guerre*, 1777, S. 2.

die Taktik. Läßt die Strategie den Krieg als eine Art der Politik zwischen den Staaten verstehen, so läßt die Taktik die Armee als ein Mittel zur Vermeidung des Krieges innerhalb der bürgerlichen Gesellschaft verstehen. Das klassische Zeitalter sah die große politische und militärische Strategie entstehen, in der die Nationen ihre ökonomischen und demographischen Kräfte gegeneinander ausspielen; es sah aber auch die detaillierte militärische und politische Taktik sich entwickeln, durch die innerhalb der Staaten die Kontrolle über die individuellen Körper und Kräfte ausgeübt wird. »Das« Militär – die Militärinstitution, das Militärpersonal, die Militärwissenschaft, die sich von dem, was einst den »Kriegsmann« ausmachte, so deutlich abheben – kristallisiert sich in dieser Zeit als ein eigener Bereich heraus, und zwar im Schnittpunkt zwischen Krieg und Schlachtenlärm einerseits und der stillschweigend gefügigen Ordnung des Friedens anderseits. Der Traum von einer vollkommenen Gesellschaft wird von den Ideenhistorikern gern den Philosophen und Rechtsdenkern des 18. Jahrhunderts zugeschrieben. Es gab aber auch ein militärisches Träumen von der Gesellschaft; dieses berief sich nicht auf den Naturzustand, sondern auf die sorgfältig montierten Räder einer Maschine; nicht auf einen ursprünglichen Vertrag, sondern auf dauernde Zwangsverhältnisse; nicht auf grundlegende Rechte, sondern auf endlos fortschreitende Abrichtungen; nicht auf den allgemeinen Willen, sondern auf die automatische Gelehrigkeit und Fügsamkeit.

»Man müßte die Disziplin zu einer nationalen Sache machen«, sagte Guibert: »Endlich wird derjenige Staat, den ich hier geschildert habe, eine einfache, dauerhafte und leicht zu führende Administration haben. Diese wird den großen Maschinen gleich sein, die bei wenigen, ohne große Künstelei zusammengesetzten Triebfedern, die größten Wirkungen hervorbringen. Die Macht dieses Staates wird aus seiner Stärke, und seine Wohlfahrt aus seinem glücklichen Zustande entstehen. Die Zeit, die alles zerstört, wird seine Macht noch vermehren. Er wird das gemeine Vorurteil widerlegen, daß die Monarchien einem nicht zu widerstehenden Gesetze des Verfalls und des Untergangs unterworfen sind.«[59] Das Regime Napoleons ist nicht fern und mit ihm jene Staatsform, die es überlebt hat und von Rechtsdenkern, aber auch von Soldaten, von Staatsmännern und Unteroffizieren, von Männern des Gesetzes und von Männern des Lagers vorberei-

---

59 J. A. Guibert, *Versuch über die Tactik ...*, S. 50. Vgl. auch, was Marx über die Armee und die Formen der bürgerlichen Gesellschaft sagte (Brief an Engels vom 25. September 1857).

tet worden war. Das römische Vorbild enthält ja beides: die Bürger und die Legionäre, das Gesetz und das Manöver. Während die Rechtsgelehrten und Philosophen im Vertrag ein ursprüngliches Modell für den Aufbau oder Wiederaufbau des Gesellschaftskörpers suchten, erarbeiteten die Militärs und mit ihnen die Techniker der Disziplin die Verfahren zur individuellen und kollektiven Bezwingung der Körper.

2. Die Mittel der guten Abrichtung

Zu Beginn des 17. Jahrhunderts sprach Wallhausen von der »rechten Disziplin oder Zucht« als einer Kunst der »guten Abrichtung«.[60] Die Zuchtgewalt ist in der Tat eine Macht, die, anstatt zu entziehen und zu entnehmen, vor allem aufrichtet, herrichtet, zurichtet – um dann allerdings um so mehr entziehen und entnehmen zu können. Sie legt die Kräfte nicht in Ketten, um sie einzuschränken; sie sucht sie allesamt so zu verbinden, daß sie vervielfältigt und nutzbar gemacht werden. Anstatt einheitlich und massenweise alles zu unterwerfen, was ihr untersteht, trennt sie, analysiert sie, differenziert sie, treibt sie ihre Zersetzungen bis zu den notwendigen und hinreichenden Einzelheiten. Sie richtet die unsteten, verworrenen, unnützen Mengen von Körpern zu einer Vielfalt von individuellen Körpern, Elementen, kleinen abgesonderten Zellen, organischen Autonomien, evolutiven Identitäten und Kontinuitäten, kombinatorischen Segmenten ab. Die Disziplin »verfertigt« Individuen: sie ist die spezifische Technik einer Macht, welche die Individuen sowohl als Objekte wie als Instrumente behandelt und einsetzt. Es handelt sich nicht um eine triumphierende Gewalt, die aufgrund ihres Überschwanges an ihre Überlegenheit glaubt, sondern um eine bescheidene und mißtrauische Gewalt, die als eine sparsam kalkulierte, aber beständige Ökonomie funktioniert. Vergleicht man ihre Verfahren mit den majestätischen Ritualen der Souveränität oder mit den großen Staatsapparaten, so sind sie winzig und unscheinbar. Doch sind sie es, die sich allmählich in jene großen Formen einschleichen, ihre Mechanismen umgestalten und ihnen ihre eigenen Prozeduren aufzwingen sollten. Der Justizapparat wird von dieser kaum geheimen Invasion nicht verschont bleiben. Zweifellos liegt der Erfolg der Disziplinarmacht am

---

60 Johann Jacobi von Wallhausen, *Kriegskunst zu Fuß*, Oppenheim 1615, S. 13.

Einsatz einfacher Instrumente: des hierarchischen Blicks, der normierenden Sanktion und ihrer Kombination im Verfahren der Prüfung.

Die hierarchische Überwachung

Die Durchsetzung der Disziplin erfordert die Einrichtung des zwingenden
Blicks: eine Anlage, in der die Techniken des Sehens Machteffekte herbeiführen und in der umgekehrt die Zwangsmittel die Gezwungenen deutlich
sichtbar machen. Langsam bauen sich im Laufe des klassischen Zeitalters
jene »Observatorien« der menschlichen Vielfältigkeit auf, denen die Wissenschaftsgeschichte so wenig Aufmerksamkeit gewidmet hat. Neben der
großen Technologie der Fernrohre, der Linsen, der Lichtkegel, die mit
der Gründung der neuen Physik und Kosmologie Hand in Hand ging, entstanden die kleinen Techniken der vielfältigen und überkreuzten Überwachungen, der Blicke, die sehen, ohne gesehen zu werden; eine lichtscheue
Kunst des Lichtes und der Sichtbarkeit hat unbemerkt in den Unterwerfungstechniken und Ausnutzungsverfahren ein neues Wissen über den
Menschen angebahnt.

Diese »Observatorien« haben ein beinahe ideales Muster: das Militär-
lager. Das Lager ist die flüchtige und künstliche Stadt, die man fast ganz
nach Willen aufbaut und umbaut. Das Lager ist die Hauptstätte einer
Macht, die um so intensiver und diskreter, um so wirksamer und vorbeu-
gender sein muß, als es eine Macht über Bewaffnete ist. Im vollkommenen
Lager beruht die Machtausübung auf einem System der genauen Überwachung; jeder Blick ist ein Element im Gesamtgetriebe der Macht. Der alt-
hergebrachte quadratische Plan wurde unzählige Male beträchtlich verfeinert: die Geometrie der Alleen, die Anzahl und Verteilung der Zelte, die
Richtung ihrer Eingänge, die Anordnung der Reihen und Linien werden
festgelegt; das Netz der einander kontrollierenden Blicke wird geknüpft.
»Auf der Place d'Armes kommen 5 Linien, die erste 16 Fuß vor der zweiten, die übrigen sind 8 Fuß voneinander und die Letzte ist 8 Fuß von
den Gewehr-Mäntels. Die Gewehr-Mäntels sind 10 Fuß vor den Unter-
Officiers-Zelten, gerade gegen der vordersten Stange. Eine Compagnie-
Gasse ist 51 Fuß breit ... Die Zelter stehen überall 2 Fuß von einander.
Die Subalternes-Zelter stehen gegen die Brand-Gassen von ihren Compa-
gnien, die hinterste Stange 8 Fuß von dem letzten Gemeinen-Zelt, und
die Thüre ist nach den Capitaines-Zeltern zu ... Der Capitaines-Zelter ste-

hen gegen ihren Compagnie-Gassen, die Thüre nach der Compagnie . . .«[61]
Das Lager ist die Raumordnung einer Macht, die sich mit Hilfe einer allgemeinen Sichtbarkeit durchsetzt. Im Städtebau und bei der Errichtung
von Arbeitersiedlungen, Spitälern, Asylen, Gefängnissen oder Erziehungs-
heimen sollte dieses Modell des Lagers zumindest in seinem Grundprinzip
lange Zeit nachwirken: das Prinzip der räumlichen Verschachtelung hierarchisierter Überwachungen, das Prinzip der »Einlagerung«. Das Lager bedeutete für die wenig rühmliche Kunst der Überwachungen das, was die
Dunkelkammer für die große Wissenschaft von der Optik war.

Damit entwickelt sich auch die Problematik einer Architektur, die nicht
mehr bloß wie der Prunk der Paläste dem Gesehenwerden oder die Geometrie der Festungen der Überwachung des äußeren Raumes dient, sondern der inneren, gegliederten und detaillierten Kontrolle und Sichtbarma-
chung ihrer Insassen. Noch allgemeiner geht es um eine Architektur, die
ein Instrument zur Transformation der Individuen ist: die auf diejenigen,
welche sie verwahrt, einwirkt, ihr Verhalten beeinflußbar macht, die Wirkungen der Macht bis zu ihnen vordringen läßt, sie einer Erkenntnis aussetzt und sie verändert. Die Steine können sehr wohl gelehrig und erkennbar machen. An die Stelle des einfachen alten Schemas der Einschließung
und Klausur mit der dicken Mauer und der festen Pforte, die das Hereinkommen und Hinausgehen verhindern, tritt allmählich der Kalkül der
Öffnungen, Wände und Zwischenräume, der Durchgänge und Durch-
blicke. Auf diese Weise organisiert sich der Spitalbau allmählich als Instrument der ärztlichen Behandlung. Er muß die Beobachtung der Kranken
und die Abstimmung ihrer Pflege fördern; die Form der Gebäude muß
durch sorgfältige Trennung der Kranken Ansteckungen verhindern; die
Luft, die man um jedes Bett ziehen läßt, muß verhindern, daß die verderblichen Dämpfe um den Patienten ins Stocken geraten, seine Säfte zersetzen
und die Krankheit vervielfältigen. Das Spital, das man in der zweiten
Hälfte des 18. Jahrhunderts einrichten will und für das man nach dem
zweiten Brand des Hôtel-Dieu so viele Pläne gemacht hat, ist nicht mehr
bloß das Dach, unter dem das Elend und der nahe Tod Zuflucht suchen.
Es ist auch in seiner baulichen Materialität ein Heilmittel.

---

61 *Reglement vor die Königl. Preußische Infanterie* . . ., IX. Artic., IV. Titul., VIII. Theil. Zu den älteren
   Ordnungen siehe Praissac, *Les Discours militaires*, 1623, S. 27 f.; Montgommery, *Militia Gallica* . . .,
   S. 77; zu den Neuerungen vgl. Beneton de Morange, *Histoire de la guerre*, 1741, S. 61-64, und *Dis-*
   sertations sur les Tentes; vgl. auch die zahlreichen Reglements wie z. B. die *Instruction sur le service*
   des règlements de Cavalerie dans les camps vom 29. Juni 1753. Vgl. Abb. 7.

Auf ähnliche Weise muß das Schulgebäude ein Dressurmittel sein. Was sich Pâris-Duverney für die Militärschule ausgedacht und dem Architekten Gabriel bis in die kleinsten Details aufgetragen hat, ist eine pädagogische Maschine. Der Gesundheitsimperativ schreibt vor, kräftige Körper heranzuzüchten; der Qualifikationszwang gebietet die Herstellung fähiger Offiziere; der politische Imperativ verlangt die Ausbildung fügsamer Militärs; der moralische Imperativ will die Verhütung von Ausschweifung und Homosexualität. Dieser vierfache Grund gebietet die Einrichtung von dichten Trennwänden zwischen den Individuen, aber auch von Durchstichen zur steten Überwachung. Das Gebäude der Militärschule sollte selber ein Überwachungsapparat sein; die Zimmer waren den Gang entlang wie eine Reihe kleiner Zellen angeordnet; in regelmäßigen Abständen fand man eine Offizierswohnung, so daß »jede Zehnerschaft von Schülern einen Offizier zur Rechten und zur Linken hatte«; die Schüler waren darin die ganze Nacht eingeschlossen; Pâris hatte darauf bestanden, daß man die »Wand jedes Zimmers auf der Gangseite vom Riegel an bis ein oder zwei Fuß unter der Decke verglase. Abgesehen davon, daß der Blick durch dieses Glasfenster nur angenehm sein kann, möchte man sagen, daß er in vielerlei Hinsicht nützlich ist, ohne von den Gründen der Disziplin zu sprechen, die zu dieser Einrichtung führen können.«[62] In den Speisesälen hatte man »ein erhöhtes Podium für die Tische der Studieninspektoren angelegt, damit diese alle Tische der Schüler ihrer Abteilungen während der Mahlzeit überblicken können«. Die Aborte hatte man mit Halbtüren ausgestattet, damit der zuständige Aufseher den Kopf und die Beine der Schüler sehen könne, jedoch auch mit genügend hohen seitlichen Trennwänden, »damit die darin Befindlichen sich nicht sehen können«.[63] Das sind die unabsehbaren Skrupel der Überwachung, die von der Architektur in tausend unrühmliche Anlagen umgesetzt werden. Doch wird man diese Instrumentierung nur dann lächerlich finden, wenn man ihre unscheinbare, aber durchgreifende Rolle bei der fortschreitenden Objektivierung und immer feineren Durchdringung der individuellen Verhaltensweisen vergißt. Die Disziplinarinstitutionen haben eine Kontrollmaschinerie hervorgebracht, die als Mikroskop des Verhaltens funktioniert; ihre feinen analytischen Unterscheidungen haben um die Menschen einen Beobachtungs-, Regi-

---

62 Zit. in: R. Laulan, *L'École militaire de Paris*, 1950, S. 117 f.
63 Arch. nat. MM. 666-669. Bentham erzählt, daß seinem Bruder die Idee des *Panopticon* zum ersten Mal beim Besuch der École militaire gekommen sei.

strier- und Dressurapparat aufgebaut. Wie sind in diesen Beobachtungs-
maschinen die Blicke unterteilt? Welche Anschlüsse, welche Verbindungen
sind zwischen ihnen installiert? Wie ist es eingerichtet, daß aus ihrer kalkulierten Vielfalt eine homogene und kontinuierliche Macht resultiert?

Der perfekte Disziplinarapparat wäre derjenige, der es einem einzigen
Blick ermöglichte, dauernd alles zu sehen. Ein zentraler Punkt wäre zugleich die Lichtquelle, die alle Dinge erhellt, und der Konvergenzpunkt für
alles, was gewußt werden muß: ein vollkommenes Auge der Mitte, dem
nichts entginge und auf das alle Blicke gerichtet wären. So etwas schwebte
Ledoux vor, als er Arc-et-Senans erbaute: im Zentrum der ringförmig angeordneten und nach innen geöffneten Gebäude sollte ein hoher Bau die
administrativen Funktionen der Leitung, die polizeilichen Funktionen
der Überwachung, die ökonomischen Funktionen der Kontrolle und Erhebung, die religiösen Funktionen der Ermutigung zu Gehorsam und Arbeit
auf sich vereinigen; von da würden alle Befehle kommen, da würden alle
Tätigkeiten registriert, würden alle Fehler wahrgenommen und beurteilt
werden. Und zwar würde sich das alles unmittelbar, dank jener strengen
Geometrie vollziehen. Die Vorliebe für kreisförmige Architekturen in der
zweiten Hälfte des 18. Jahrhunderts hatte mancherlei Gründe; einer davon
war zweifellos der, daß sie eine bestimmte politische Utopie zum Ausdruck
brachten.[64]

Der Disziplinarblick kam aber ohne Relaisstationen nicht aus. Besser
als der Kreis konnte die Pyramide seinen beiden Anforderungen entsprechen: einmal mußte er ein lückenloses Netz bilden und imstande sein, seine Angriffspunkte zu vervielfältigen und auf der gesamten zu kontrollierenden Oberfläche zu verteilen; anderseits mußte er einigermaßen diskret
sein, um nicht zu schwer auf der zu disziplinierenden Tätigkeit zu lasten,
um nicht als Schranke oder Hemmnis zu wirken; er mußte sich in die Disziplinaranlage so integrieren, daß er deren Leistungen steigerte. Der Disziplinarblick muß die Instanzen der Disziplin streuen, um ihre Produktivität
zu erhöhen. Er muß die Überwachung aufgliedern und funktionstüchtig
machen.

Das ist das Problem der großen Werkstätten und Fabriken, in denen
sich ein neuer Typ von Überwachung entwickelt. Diese Überwachung unterscheidet sich von derjenigen in der Manufaktur, die »von außen« ausge-

64 Vgl. Abb. 12, 13, 16.

übt wurde, d.h. von Inspektoren, die mit der Durchsetzung der Reglements beauftragt waren. Nunmehr geht es um eine innere, intensive, stetige Kontrolle, die den gesamten Arbeitsprozeß durchzieht und sich nicht allein auf die Produktion bezieht (Art und Menge der Rohstoffe, Art der eingesetzten Instrumente, Dimensionen und Qualitäten der Produkte), sondern die Tätigkeit der Menschen, ihre Geschicklichkeit, ihre Gewandtheit, ihre Behendigkeit, ihren Eifer, ihr Verhalten erfaßt. Diese Überwachung unterscheidet sich aber auch von der häuslichen Kontrolle, bei welcher der Herr neben seinen Bediensteten oder Lehrlingen steht. Denn sie wird durch Angestellte, Aufseher, Kontrolleure, Vorarbeiter sichergestellt. Je umfangreicher und komplexer der Produktionsapparat wird, je höher die Zahl der Arbeiter und der Grad der Arbeitsteilung steigen, um so dringlicher und schwieriger werden die Kontrollaufgaben. Die Überwachung wird zu einer eigenen Funktion, die aber integrierendes Element des Produktionsprozesses sein muß und ihn in seinem ganzen Verlauf begleiten muß. Ein spezialisiertes Personal wird unverzichtbar, das ständig anwesend und von den Arbeitern unterschieden ist: »In der großen Manufaktur geschieht alles auf Glockenschlag; die Arbeiter werden mit Zwangsmaßnahmen und Rügen behandelt. Die Angestellten haben sich einen überlegenen Befehlston angeeignet, der bei dieser Menge wirklich notwendig ist, und behandeln sie mit Härte oder Verachtung; deswegen sind diese Arbeiter entweder teurer oder nur vorübergehend in der Manufaktur.«[65] Während jedoch die Arbeiter die zunftmäßige Organisation diesem neuen Überwachungssystem vorziehen, erkennen die Fabrikherren darin ein unverzichtbares Element der industriellen Produktion, des Privateigentums und des Profits. In einer Fabrik, in einem Hüttenwerk, in einem Bergwerk »sind die Aufwendungen so vielfältig, daß die kleinsten Veruntreuungen insgesamt zu einem riesigen Verlust führen würden, der nicht nur die Gewinne, sondern auch das Kapital angreifen würde ...; die geringfügigste übersehene und darum jeden Tag wiederholte Unfähigkeit kann für das Unternehmen verderblich werden und es binnen kurzer Zeit vernichten«; darum können nur Angestellte, die direkt vom Besitzer abhängen und allein mit dieser Aufgabe betraut sind, darüber wachen, »daß nicht ein einziger Sou unnütz ausgegeben werde, daß nicht ein Augenblick des Tages verlorengehe«; sie müssen »die Arbeiter überwachen, alle Arbeiten besichtigen, den Aus-

---

65 *Encyclopédie*, Artikel »Manufacture«.

schuß von allen Vorkommnissen unterrichten«.[66] Die Überwachung wird zu einem entscheidenden ökonomischen Faktor, da sie sowohl ein Element im Produktionsapparat wie auch ein Rädchen innerhalb der Disziplinargewalt ist.[67]

Dieselbe Entwicklung findet in der Umgestaltung des Elementarunterrichts statt: die Überwachung wird zu einer eigenen Aufgabe und zugleich in das Erziehungsverhältnis integriert. Die Vermehrung der Pfarrschulen und das Anwachsen ihrer Schülerzahlen, das Fehlen von Methoden zur gleichzeitigen Regulierung der Tätigkeit einer ganzen Klasse und die daraus folgenden Unruhen machen die Verbesserung der Kontrollen nötig. Um den Lehrer zu unterstützen, wählt Battencourt unter den besten Schülern eine Reihe von »Offizieren« aus: Intendanten, Beobachter, Monitoren, Repetitoren, Vorbeter, Vorschreiber, Tintenmeister, Almosenmeister, Visitatoren. Diese Rollen gehören zwei Ebenen an: die einen haben materielle Aufgaben zu erfüllen (Verteilung von Tinte und Papier, Abgeben von Überfluß an die Armen, Vorlesen der geistlichen Texte an den Festtagen); die anderen haben Überwachungsaufgaben: die »Beobachter« müssen jeden notieren, der seine Bank verläßt, der schwätzt, der weder Rosenkranz noch Stundenbücher hat, der sich bei der Messe schlecht benimmt, der sich auf der Straße Unanständigkeiten, Klatschen, Lärmen zuschulden kommen läßt; die »Admonitoren« müssen auf diejenigen aufpassen, die während ihrer Lektionen sprechen oder vor sich hinsingen, die nicht schreiben oder die tändeln; die »Visitatoren« müssen sich in den Familien nach den Schülern erkundigen, die abwesend waren oder schwere Verstöße begangen haben; die »Intendanten« überwachen alle übrigen Offiziere; allein die »Repetitoren« haben eine pädagogische Aufgabe: sie müssen die Schüler zu je zweien leise lesen lassen.[68] Einige Jahrzehnte später entwirft Demia eine Hierarchie gleichen Typs; doch sind jetzt fast alle Überwachungsfunktionen mit pädagogischen Rollen gekoppelt: ein Unterlehrer bringt das Halten der Feder bei, führt die Hand, verbessert die Irrtümer und notiert gleichzeitig »die Fehler, wenn man streitet«; ein anderer Unterlehrer hat dieselben Aufgaben in der Leseklasse; der Intendant, der die anderen Offiziere kontrolliert und über die allgemeine Haltung wacht, muß auch

---

66 Cournol, *Considérations d'intérêt public sur le droit d'exploiter les mines,* 1790, Arch. nat. A XIII 14.
67 Vgl. K. Marx, op. cit., S. 350: »Diese Funktion der Leitung, Überwachung, Vermittlung, wird zur Funktion des Kapitals, sobald die ihm untergeordnete Arbeit kooperativ wird. Als spezifische Funktion des Kapitals erhält die Funktion der Leitung spezifische Charaktermale.«
68 M. I. D. B., *Instruction méthodique pour l'école paroissiale,* 1669, S. 68-83.

»die Neuankömmlinge zu den Schulübungen anleiten«; die Dekurione lassen die Lektionen rezitieren und notieren diejenigen, die sie nicht können.[69] Hier zeichnet sich eine »wechselseitige« Institution ab, die drei Prozeduren zusammenfaßt: den eigentlichen Unterricht, die Aneignung von Kenntnissen durch die Ausübung der pädagogischen Tätigkeit und schließlich eine gegenseitige und hierarchisierte Beobachtung. Ein definiertes und geregeltes Überwachungsverhältnis steht im Zentrum der Unterrichtspraxis: nicht mehr als danebenliegendes Element, sondern als ein Mechanismus, der ihre Leistung von innen heraus steigert.

Die hierarchisierte, stetige und funktionelle Überwachung gehört gewiß nicht zu den großen technischen »Erfindungen« des 18. Jahrhunderts – vielmehr beruht ihre schleichende Ausweitung auf den neuen Machtmechanismen, die sie enthält. Mit ihr wird die Disziplinargewalt ein »integriertes« System, das von innen her mit der Ökonomie und den Zwecken der jeweiligen Institution verbunden ist und das sich so zu einer vielfältigen, autonomen und anonymen Gewalt entwickelt. Denn die Überwachung beruht zwar auf Individuen, doch wirkt sie wie ein Beziehungsnetz von oben nach unten und bis zu einem gewissen Grade auch von unten nach oben und nach den Seiten. Dieses Netz »hält« das Ganze und durchsetzt es mit Machtwirkungen, die sich gegenseitig stützen: pausenlos überwachte Überwacher. In der hierarchisierten Überwachung der Disziplinen ist die Macht keine Sache, die man innehat, kein Eigentum, das man überträgt; sondern eine Maschinerie, die funktioniert. Zwar gibt ihr der pyramidenförmige Aufbau einen »Chef«; aber es ist der gesamte Apparat, der »Macht« produziert und die Individuen in seinem beständigen und stetigen Feld verteilt. Das erlaubt es der Disziplinarmacht, absolut indiskret zu sein, da sie immer und überall auf der Lauer ist, da sie keine Zone im Schatten läßt und da sie vor allem diejenigen pausenlos kontrolliert, die zu kontrollieren haben; und zugleich kann sie absolut »diskret« sein, da sie stetig und zu einem gut Teil verschwiegen funktioniert. Die Disziplin hält eine aus Beziehungen bestehende Macht in Gang, die sich durch ihre eigenen Mechanismen selber stützt und aufsehenerregenden Kundma-

---

69 Ch. Demia, *Règlement pour les écoles de la ville de Lyon*, 1716, S. 27-29. Ein ähnliches Phänomen läßt sich in der Organisation der Kollegs feststellen: lange Zeit waren die »Präfekten« unabhängig von den Professoren für kleine Schülergruppen moralisch verantwortlich. Nach 1762 entwickelt sich dann eine Kontrolle, die administrativer und in die Hierarchie besser integriert ist: Aufseher, Quartiermeister, Unterlehrer. Vgl. Dupont-Ferrier, *Du collège de Clermont au lycée Louis-le-Grand*, I, S. 254 und 476.

chungen ein lückenloses System kalkulierter Blicke vorzieht. Dank den Techniken der Überwachung vollzieht die »Physik« der Macht ihren Zugriff auf den Körper nach den Gesetzen der Optik und der Mechanik und in einem Spiel von Räumen, Linien, Schirmen, Bündeln, Stufen und verzichtet zumindest im Prinzip auf Ausschreitung und Gewalt. Diese Macht ist scheinbar um so weniger körperlich und physisch, je gelehrter und physikalischer sie ist.

Die normierende Sanktion

1. Im Waisenhaus des Ritters Paulet fanden jeden Morgen Gerichtssitzungen statt: »Wir fanden alle Schüler in vollkommener Schlachtordnung unbeweglich und stillschweigend vor. Der Major, ein junger Edelmann von 16 Jahren, war aus dem Glied getreten, das Schwert in der Hand; auf seinen Befehl setzte sich der Trupp im Doppelschritt in Bewegung, um einen Kreis zu bilden. Der Rat versammelte sich in der Mitte; jeder Offizier erstattete für die letzten 24 Stunden Bericht von seinem Trupp. Die Angeklagten konnten sich verteidigen; man vernahm die Zeugen; man beriet, und nachdem über die Urteile Einvernehmen erzielt worden war, verkündete der Major mit lauter Stimme die Zahl der Schuldigen, die Art der Delikte und der angeordneten Strafen. Der Trupp marschierte in größter Ordnung ab.«[70] Im Herzen aller Disziplinarsysteme arbeitet ein kleiner Strafmechanismus, der mit seinen eigenen Gesetzen, Delikten, Sanktionsformen und Gerichtsinstanzen so etwas wie ein Justizprivileg genießt. Die Disziplinen etablieren eine »Sub-Justiz«; sie erfassen einen Raum, der von den Gesetzen übergangen wird; sie bestrafen und qualifizieren Verhaltensweisen, die den großen Bestrafungssystemen entwischen. »Beim Eintritt müssen sich die Kameraden gegenseitig begrüßen; ... beim Weggang müssen sie die Waren und Werkzeuge, deren sie sich bedienten, einschließen und zur Nachtzeit ihre Lampen löschen«; es ist ausdrücklich verboten, die Kameraden durch »Gesten oder sonstwie zu unterhalten«; sie müssen »sich ehrsam und geziemend benehmen«; wer mehr als fünf Minuten abwesend ist, ohne Herrn Oppenheim verständigt zu haben, wird »für einen halben Tag notiert«; und damit sicher ist, daß in dieser kleinlichen Kriminaljustiz nichts vergessen wurde, ist alles verboten, »was Herrn Oppen-

---

70 Pictet de Rochemont, *Journal de Genève*. 5. Januar 1788.

heim und seinen Teilhabern schaden kann«.[71] Was in der Werkstatt, in der
Schule, in der Armee überhandnimmt, ist eine Mikro-Justiz der Zeit (Ver-
spätungen, Abwesenheiten, Unterbrechungen), der Tätigkeit (Unaufmerksamkeit, Nachlässigkeit, Faulheit), des Körpers (»falsche« Körperhaltungen
und Gesten, Unsauberkeit), der Sexualität (Unanständigkeit, Schamlosigkeit). Gleichzeitig werden als Bestrafungen eine Reihe subtiler Verfahren
eingesetzt: von der leichten körperlichen Züchtigung bis zu geringfügigen
Entziehungen und kleinen Demütigungen. Einerseits sollen die kleinsten
Verhaltensfehler mit Strafen belegt werden, anderseits sollen anscheinend
harmlose Elemente des Disziplinarapparates zu Strafen umfunktioniert
werden: bis alles dazu dienen kann, alles zu bestrafen; bis jedes Subjekt
in einem Universum von Strafbarkeiten und Strafmitteln heimisch wird.
»Unter Bestrafung, Züchtigung, Korrektion etc. muß alles verstanden werden, was fähig ist, die Kinder die Fehler fühlen zu lassen, die sie begangen
haben; alles, was geeignet ist, sie zu demütigen, zu beschämen ...; sie
gewissermaßen kaltsinnig, gleichgültig, demütigend zu behandeln, ihnen
etwas zu entziehen, sie von einem ihnen übertragenen Amte zu entsetzen ...«[72]

2. Die Strafen der Disziplin sind aber nicht nur eine verkleinerte Nachahmung der Gerichtsstrafen, sondern sie haben ihre Eigentümlichkeiten.
Unter das Strafsystem der Disziplin fällt die Nicht-Beobachtung, die Abweichung von der Regel. Strafbar ist alles, was nicht konform ist: der Soldat begeht einen »Fehler«, wenn er das vorgeschriebene Niveau nicht erreicht; der »Fehler« des Schülers kann ein kleiner Verstoß sein oder die
Unfähigkeit, eine Aufgabe zu erfüllen. Das Reglement für die preußische
Infanterie sah »alle nur mögliche Strenge« für den Soldaten vor, der nicht
gelernt hat, sein Gewehr richtig zu handhaben. Desgleichen »kann ein
Schüler, der den Katechismus vom Vortag nicht behalten hat, dazu angehalten werden, ihn so zu lernen, daß er ihn am nächsten Tag fehlerlos her-
sagen kann; oder er muß ihn stehend oder kniend mit gefalteten Händen
anhören, oder man wird ihm eine andere Strafe auferlegen«.

Die Ordnung, der durch die Disziplinarstrafen zum Respekt verholfen
werden soll, ist zweifacher Art: es ist eine »künstliche« Ordnung, die ausdrücklich durch ein Gesetz, ein Programm, ein Reglement gesetzt ist; es
ist aber auch eine Ordnung, die auf beobachtbaren und natürlichen Pro-

---

71 Provisorisches Reglement für die Fabrik von M. Oppenheim, 29. Sept. 1809.
72 J.-B. de la Salle, *Conduite des Écoles chrétiennes*, 1828, S. 204 f.

zessen beruht: die Dauer einer Lehre, die Zeit einer Übung, das Niveau einer Tauglichkeit hängen auch von natürlichen Regelmäßigkeiten ab. Die Kinder der christlichen Schulen dürfen niemals in eine »Lektion« gesetzt werden, für die sie noch nicht geeignet sind, weil man sie damit der Gefahr aussetzen würde, nichts lernen zu können; gleichwohl ist die Dauer jedes Stadiums reglementiert, und wer nach drei Prüfungen nicht in die höhere Stufe aufsteigen durfte, muß selbstverständlich in die Eselsbank. Im Disziplinarsystem beruht die Bestrafung sowohl auf rechtlichen wie auf natürlichen Gesichtspunkten.

3. Die Disziplinarstrafe hat die Aufgabe, Abweichungen zu reduzieren. Sie ist darum wesentlich *korrigierend*. Neben den Strafmitteln, die direkt der Justiz entliehen sind (Geldbuße, Peitsche, Karzer), bevorzugen die Disziplinarsysteme Bestrafungen, die in den Bereich des Übens, des intensivierten, vervielfachten, wiederholten Lernens fallen. Das Infanteriereglement von 1766 sah vor, daß »die Soldaten der ersten Klasse, die irgendeine Nachlässigkeit oder Unwilligkeit zeigen, in die letzte Klasse zurückversetzt werden«, und in die erste Klasse können sie erst nach neuen Übungen und einer neuen Prüfung wieder aufsteigen. Wie es auch Jean-Baptiste de la Salle sagte: »Von allen Arten von Bestrafungen ist die Strafaufgabe die anständigste für einen Lehrer, die vorteilhafteste für die Kinder und die angenehmste für die Eltern ... weil sie es mit Vergnügen sehen, wenn ein Lehrer selbst die Fehler ihrer Kinder als Mittel zu benützen weiß, ihre Fortschritte zu beschleunigen, und dadurch zugleich die Fehler selbst für die Zukunft verhindert«; denjenigen zum Beispiel, »die nicht alles geschrieben haben, was sie schreiben mußten, oder die es nicht schön machen wollen, wird man etwas zum Schreiben oder zum Auswendiglernen als Strafaufgabe geben«.[73] Die Disziplinarstrafe ist zu einem gut Teil mit der Verpflichtung selbst identisch. Sie ist weniger die Rache des verletzten Gesetzes als vielmehr seine Wiederholung, seine nachdrückliche Einschärfung. Der erwartete Besserungseffekt resultiert weniger aus Sühne und Reue als vielmehr direkt aus der Mechanik einer Dressur. Richten ist Abrichten.

4. In der Disziplin ist die Bestrafung nur ein Element innerhalb eines Systems von Vergütung und Sanktion, von Dressur und Besserung. Der Lehrer »muß Züchtigungen so weit wie nur möglich vermeiden; im Gegenteil, er muß versuchen häufiger Belohnungen auszuteilen als Strafen;

73 Ebd.

denn die Faulen werden durch das Verlangen, ebenso belohnt zu werden
wie die Fleißigen, mehr angeeifert als durch die Furcht vor Strafen; darum wird es sehr ersprießlich sein, wenn es dem Lehrer, der eine Strafe anwenden muß, zuvor gelingt, das Herz des Schülers zu gewinnen«.[74] Dieser Zweitaktmechanismus ermöglicht eine Reihe von Operationen, die
für die Disziplinarjustiz charakteristisch sind. Zunächst die Qualifizierung
der Verhaltensweisen und Leistungen auf einer Skala zwischen Gut und
Schlecht. Während in der Strafjustiz das Verbot als einfache Scheidelinie
fungiert, handelt es sich hier um eine Verteilung zwischen einem positiven
und einem negativen Pol. Das gesamte Verhalten fällt unter gute oder
schlechte Noten, unter Gutpunkte oder Schlechtpunkte. Und das läßt sich
sogar quantifizieren und zu einer Zahlenökonomie ausbauen. Eine ständig
auf den neuesten Stand gebrachte Buchführung legt die Strafbilanz eines
jeden jederzeit offen. Die Schuljustiz hat dieses System, von dem sich in
der Armee und in der Werkstatt zumindest Spuren finden, sehr weit getrieben. Die christlichen Schulbrüder organisierten eine ganze Mikro-Ökonomie der Privilegien und der Strafaufgaben: »Die Privilegien sollen den
Schülern dienen, um sich damit von den Bußen zu befreien, die ihnen etwa
auferlegt werden könnten ... Ein Schüler etwa, der die Strafaufgabe bekommen hat, vier oder sechs Katechismusfragen abzuschreiben, kann sich
mittels einer bestimmten Zahl von Privilegienpunkten davon loskaufen;
der Lehrer wird bestimmen, welche Zahl jeder Frage entspricht ... Da jedes Privileg eine bestimmte Punktzahl wert ist, können kleinere Privilegien
auch als Wechselgeld dienen. Wenn etwa ein Kind, das über ein Privileg
von 10 Punkten verfügt, eine Strafaufgabe hat, von der es sich mit sechs
Punkten loskaufen kann, so gibt es dem Lehrer sein Privileg zurück und
bekommt dafür eines von vier Punkten wieder.«[75] Mit Hilfe dieser Quantifizierung, dieses Geldumlaufs von Guthaben und Schulden, dieser ständigen Notierung von Pluspunkten und Minuspunkten hierarchisieren die
Disziplinarapparate die »guten« und die »schlechten« Subjekte im Verhältnis zueinander. In dieser Mikro-Ökonomie einer pausenlosen Justiz vollzieht sich die Differenzierung – nicht der Taten, sondern der Individuen
selber: ihrer Natur, ihrer Anlagen, ihres Niveaus, ihres Wertes. Indem sie
die Taten mit größter Genauigkeit sanktioniert, durchschaut sie die Indi-

---

74 Ch. Demia, op. cit., S. 17.
75 J.-B. de la Salle, *Conduite des Écoles chrétiennes*, B. N., Ms. 11759, S. 156 f. Die Herkunft aus dem
   Ablaßsystem ist nicht zu übersehen.

viduen »in Wahrheit«. Ihr Strafsystem gehört in den Kreislauf der Erkenntnis der Individuen.

5. Die Anordnung nach Rängen oder Stufen hat eine zweifache Aufgabe: sie soll die Abstände markieren, die Qualitäten, Kompetenzen und Fähigkeiten hierarchisieren; sie soll aber auch bestrafen und belohnen. Die Reihung wirkt sanktionierend, die Sanktionen wirken ordnend. Die Disziplin belohnt durch Beförderungen, durch die Verleihung von Rängen und Plätzen; sie bestraft durch Zurücksetzungen. Der Rang selber gilt als Belohnung oder Bestrafung. In der École militaire wurde ein kompliziertes System von »Ehrenklassen« eingeführt; diese Klassen wurden in der Kleidung allen sichtbar gemacht und ebenso in den Strafen, die als Zeichen des Vorzugs oder der Schlechtigkeit ehrenvoller oder beschämender ausfielen. Diese Klassifizierung beruhte auf Berichten, die in regelmäßigen Abständen von den Offizieren, den Professoren und ihren Gehilfen ohne Ansehung von Alter oder Grad »über die moralischen Qualitäten« der Schüler und ihr allgemein anerkanntes Verhalten abgegeben wurden. Die erste Klasse ist die Klasse »der sehr Guten« und ist durch ein silbernes Schulterstück ausgezeichnet; ihre Ehre besteht darin, als »ein rein militärischer Trupp« behandelt zu werden; sie hat darum auch auf militärische Strafen Anspruch (Arrest oder in schweren Fällen Gefängnis). Die zweite Klasse ist die Klasse »der Guten« und trägt ein rot-silbernes Schulterstück; ihre Mitglieder können mit Gefängnis und Arrest, aber auch mit Karzer und Niederknien bestraft werden. Die Klasse der »Mittelmäßigen« trägt ein Schulterstück aus rotem Leinen; zu den vorhin genannten Strafen kommt im Notfall das braune Wollkleid. Die letzte Klasse, die Klasse der »Schlechten«, ist durch ein Schulterstück aus braunem Leinen gekennzeichnet; die Schüler dieser Klasse werden allen im Haus üblichen Strafen unterworfen sowie auch allen anderen für notwendig erachteten und selbst der Dunkelhaft im Karzer. Dazu kam einige Zeit die »Schandklasse«, für die man besondere Vorkehrungen traf, »so daß ihre Mitglieder immer von den anderen abgesondert und mit braunem Wollstoff bekleidet waren«. Da allein Verdienst und Verhalten über die Plätze der Schüler entscheiden dürfen, »können die aus den beiden letzten Klassen hoffen, in die ersten Klassen aufzusteigen und deren Abzeichen zu tragen, wenn sie sich nach allgemein anerkannten Zeugnissen durch die Änderung ihres Verhaltens und durch ihre Fortschritte dessen würdig gemacht haben; und diejenigen aus den ersten Klassen steigen in die anderen ab, wenn sie nachlassen und wenn die

negativen Berichte zeigen, daß sie die Zuteilungen und Vorzüge der ersten Klassen nicht mehr verdienen«. Die bestrafende Klassifizierung muß auf ihr eigenes Verschwinden hinarbeiten. Die »Schandklasse« existiert nur, um sich aufzulösen: »Um die Wandlung der Schüler aus der Schandklasse, die sich dort gut aufführen, zu beurteilen, führt man sie in andere Klassen zurück und gibt ihnen ihre früheren Gewänder wieder; während der Mahlzeiten und Erholungszeiten bleiben sie aber mit ihren Schandgenossen zusammen; und sie werden dort bleiben, wenn sie sich nicht weiterhin gut benehmen; sie »verlassen sie jedoch gänzlich, wenn man mit ihnen in der guten Klasse zufrieden ist«.[76] Diese hierarchisierende Strafjustiz hat eine doppelte Wirkung: sie sortiert die Schüler nach ihren Tauglichkeiten und ihrem Benehmen und somit auch nach dem Gebrauch, den man nach der Schule von ihnen machen wird; zudem übt sie einen ständigen Druck auf sie aus, damit sie sich alle demselben Muster unterwerfen, damit sie allesamt »zur Unterordnung, zur Fügsamkeit, zur Aufmerksamkeit in den Studien und Übungen und zur genauen Ausführung der Aufgaben und aller Teile der Disziplin angehalten werden«. Damit sie sich alle gleichen.

Im System der Disziplinarmacht zielt die Kunst der Bestrafung nicht auf Sühne und auch nicht eigentlich auf die Unterdrückung eines Vergehens ab. Sie führt vielmehr fünf verschiedene Operationen durch: sie bezieht die einzelnen Taten, Leistungen und Verhaltensweisen auf eine Gesamtheit, die sowohl Vergleichsfeld wie auch Differenzierungsraum und zu befolgende Regel ist. Die Individuen werden untereinander und im Hinblick auf diese Gesamtregel differenziert, wobei diese sich als Mindestmaß, als Durchschnitt oder als optimaler Annäherungswert darstellen kann. Die Fähigkeiten, das Niveau, die »Natur« der Individuen werden quantifiziert und in Werten hierarchisiert. Hand in Hand mit dieser »wertenden« Messung geht der Zwang zur Einhaltung einer Konformität. Als Unterschied zu allen übrigen Unterschieden wird schließlich die äußere Grenze gegenüber dem Anormalen gezogen (die »Schandklasse« der École militaire). Das lückenlose Strafsystem, das alle Punkte und alle Augenblicke der Disziplinaranstalten erfaßt und kontrolliert, wirkt vergleichend, differenzierend, hierarchisierend, homogenisierend, ausschließend. Es wirkt *normend, normierend, normalisierend.*

Es setzt sich damit von einer Strafjustiz ab, die sich nicht auf ein Ganzes

---

76 Archives Nationales, MM 658 (30. März 1758) und MM 666 (15. Sept. 1763).

beobachtbarer Phänomene bezieht, sondern auf ein Korpus von Gesetzen, die im Gedächtnis zu bewahren sind; die nicht Individuen zu differenzieren hat, sondern Taten nach allgemeinen Kategorien typisiert; die nicht in hierarchische Skalen einordnet, sondern einfach den Gegensatz zwischen dem Erlaubten und Verbotenen zur Geltung bringt; die nicht homogenisierend wirkt, sondern verurteilend ein für allemal entscheidet und scheidet. Die Disziplinaranstalten haben ein »Strafsystem der Norm« geschaffen, das weder in seinen Grundlagen noch in seinen Wirkungsweisen auf das traditionelle Strafsystem des Gesetzes zu reduzieren ist. Das kleine Tribunal, das in den Häusern der Zucht ständig zu tagen scheint, führt sich zwar manchmal wie ein Hohes Gericht auf: von Formalitäten abgesehen führt es jedoch nicht die Mechanismen der Strafjustiz ins Detail der täglichen Existenz hinein fort; vielmehr haben die Disziplinen unter Einbeziehung einiger alter Verfahrensweisen ein neues Strafverfahren geschaffen, das seinerseits vom scheinbar nachgeahmten Justizapparat Besitz ergreift. Das Funktionsverhältnis von Recht und Mensch, das die moderne Strafjustiz kennzeichnet, hat seinen Ursprung nicht in der Einbeziehung der Humanwissenschaften mit ihrer neuen Rationalität oder ihrem Humanismus, sondern in der Disziplinartechnik, die jene neuen Mechanismen der normierenden Sanktion eingeführt hat.

In den Disziplinen kommt die Macht der Norm zum Durchbruch. Handelt es sich dabei um das neue Gesetz der modernen Gesellschaft? Sagen wir vorsichtiger, daß seit dem 18. Jahrhundert die Macht der Norm zu anderen Mächten hinzutritt und neue Grenzziehungen erzwingt: zur Macht des Gesetzes, zur Macht des Wortes und des Textes, zur Macht der Tradition. Das Normale etabliert sich als Zwangsprinzip im Unterricht zusammen mit der Einführung einer standardisierten Erziehung und der Errichtung der Normalschulen; es etabliert sich in dem Bemühen, ein einheitliches Korpus der Medizin und eine durchgängige Spitalversorgung der Nation zu schaffen, womit allgemeine Gesundheitsnormen durchgesetzt werden sollen; es etabliert sich in der Regulierung und Reglementierung der industriellen Verfahren und Produkte.[77] Zusammen mit der Überwachung wird am Ende des klassischen Zeitalters die Normalisierung zu einem der großen Machtinstrumente. An die Stelle der Male, die Standeszugehörigkeiten und Privilegien sichtbar machten, tritt mehr und mehr

---

77 Siehe dazu die wesentlichen Ausführungen von G. Canguilhem, *Das Normale und das Pathologische*. Aus dem Franz. von M. Noll und R. Schubert, München 1974, S. 161-177.

ein System von Normalitätsgraden, welche die Zugehörigkeit zu einem homogenen Gesellschaftskörper anzeigen, dabei jedoch klassifizierend, hierarchisierend und rangordnend wirken. Einerseits zwingt die Normalisierungsmacht zur Homogenität, anderseits wirkt sie individualisierend, da sie Abstände mißt, Niveaus bestimmt, Besonderheiten fixiert und die Unterschiede nutzbringend aufeinander abstimmt. Die Macht der Norm hat innerhalb eines Systems der formellen Gleichheit so leichtes Spiel, da sie in die Homogenität, welche die Regel ist, als nützlichen Imperativ und als präzises Meßergebnis die gesamte Abstufung der individuellen Unterschiede einbringen kann.

Die Prüfung

Die Prüfung kombiniert die Techniken der überwachenden Hierarchie mit denjenigen der normierenden Sanktion. Sie ist ein normierender Blick, eine qualifizierende, klassifizierende und bestrafende Überwachung. Sie errichtet über den Individuen eine Sichtbarkeit, in der man sie differenzierend behandelt. Darum ist in allen Disziplinaranstalten die Prüfung so stark ritualisiert. In ihr verknüpfen sich das Zeremoniell der Macht und die Formalität des Experiments, die Entfaltung der Stärke und die Ermittlung der Wahrheit. Im Herzen der Disziplinarprozeduren manifestiert sie die subjektivierende Unterwerfung jener, die als Objekte wahrgenommen werden, und die objektivierende Vergegenständlichung jener, die zu Subjekten unterworfen werden. Die Überlagerung der Machtverhältnisse und der Wissensbeziehungen erreicht in der Prüfung ihren sichtbarsten Ausdruck. Auch hier handelt es sich um eine Errungenschaft des klassischen Zeitalters, die von den Wissenschaftshistorikern im dunkeln gelassen worden ist. Man schreibt die Geschichte der Experimente an den Blindgeborenen, an den Wolfskindern oder mit der Hypnose. Wer jedoch wird die allgemeinere, unschärfere, aber entscheidendere Geschichte der Prüfung schreiben – der Prüfung mit ihren Ritualen, ihren Methoden, ihren Rollen, ihren Frage- und Antwortspielen, ihren Notierungs- und Klassifizierungssystemen? In dieser winzigen Technik steckt nämlich ein ganzer Wissensraum und ebenso ein ganzer Machttyp. Man spricht oft von der Ideologie, welche die Human-»Wissenschaften« verschwiegen oder geschwätzig mit sich herumtragen. Aber die Technologie dieser Wissenschaften, jenes kleine Verfahrensschema, das eine solche Verbreitung hat (von der

Psychiatrie bis zur Pädagogik, von der Diagnose der Krankheiten bis zur Überprüfung von Arbeitskräften), jenes so vertraute Verfahren der Prüfung – bringt es nicht innerhalb eines einzigen Mechanismus Machtbeziehungen zum Einsatz, mit denen Wissen erhoben und gebildet wird? Die politische Besetzung des Wissens erfolgt ja nicht bloß auf der Ebene des Bewußtseins und der Vorstellungen und in dem, was man zu wissen glaubt, sondern auf der Ebene dessen, was ein Wissen ermöglicht.

Eine der wesentlichen Bedingungen für die epistemologische Enthemmung der Medizin am Ende des 18. Jahrhunderts war die Organisation des Spitals als »Prüfungsapparat«. Das Ritual der Visite ist der sichtbarste Ausdruck dafür. Im 17. Jahrhundert verband der von außen kommende Arzt seine Inspektion mit einer Reihe anderer – religiöser, administrativer – Kontrollen; an der regulären Führung des Spitals nahm er kaum teil. Mit der Zeit wurde die Visite regelmäßiger, strenger und vor allem ausgedehnter: sie wurde zu einem immer wichtigeren Element des Spitalbetriebs. 1661 wurde der Arzt des Hôtel-Dieu von Paris mit einer täglichen Visite beauftragt; 1687 mußte ein »abwartender« Arzt nachmittags gewisse Schwerkranke besuchen. Die Reglements des 18. Jahrhunderts setzen den Zeitplan der Visiten und ihre Dauer (mindestens zwei Stunden) fest; sie bestehen darauf, daß ein Turnus ihre Durchführung alle Tage sicherstellt – »selbst am Ostersonntag«. 1771 wird schließlich ein im Hause wohnender Arzt eingestellt und damit beauftragt, »alle Dienste seines Standes sowohl des Nachts wie des Tags jeweils zwischen den Visiten eines von außen kommenden Arztes zu versehen«.[78] Aus der unregelmäßigen und flüchtigen Inspektion von einst ist eine geregelte Beobachtung geworden, die den Kranken in eine fast ununterbrochene Überprüfungssituation versetzt. Das hat einmal zur Folge, daß der Arzt, der in der inneren Hierarchie des Spitals bislang kaum eine Rolle spielte, das Ordenspersonal allmählich verdrängt und ihm eine bestimmte, aber untergeordnete Rolle in der Technik der Überprüfung zuweist: es entsteht die Rolle des Krankenpflegers bzw. der Krankenschwester. Zum andern wird aus dem Spital, das vor allem eine Stätte der Fürsorge war, ein Ort der Erkenntnisbildung und -übertragung. Der Wandel in den Machtverhältnissen ermöglicht die Konstituierung eines Wissens. Das wohldisziplinierte Spital ist genau der Ort für die medizinische Disziplin, die nunmehr ihre literarische Bindung an die

78 *Registre des délibérations du bureau de l'Hôtel-Dieu.*

Tradition maßgeblicher Autoren gegen den Zugang zu einem Bereich ständig überprüfbarer Objekte eintauscht.

In gleicher Weise wird die Schule zu einem pausenlos funktionierenden Prüfungsapparat, der den gesamten Unterricht begleitet. Es geht immer weniger um jene Wettkämpfe, in denen die Schüler ihre Kräfte maßen, und immer mehr um einen ständigen Vergleich zwischen dem einzelnen und allen anderen, der zugleich Messung und Sanktion ist. Die christlichen Schulbrüder sahen vor, daß ihre Schüler jeden Tag eine Prüfung machen: am ersten Tag in Orthographie, am zweiten in Arithmetik, am dritten Tag morgens im Katechismus und abends im Schreiben usw. Zudem mußte jeden Monat eine große Schularbeit geschrieben werden, damit diejenigen bezeichnet werden konnten, die zur Prüfung vor dem Inspektor zugelassen werden durften.[79] Seit 1775 gab es an der Schule für Brücken- und Straßenbau jährlich 16 Prüfungen: drei in Mathematik, drei in Architektur, drei im Zeichnen, zwei im Schreiben, eine im Steinschliff, eine im Stil, eine in der Planaufnahme, eine in der Landvermessung und eine in der Gebäudevermessung.[80] Die Prüfung begnügt sich nicht damit, eine Lehrzeit abzuschließen; vielmehr ist sie eines von deren ständigen Elementen und begleitet sie in einem dauernd wiederholten Machtritual. Und vor allem gestattet es das Examen dem Lehrer, der sein Wissen weitergibt, seinerseits über den Schülern ein ganzes Feld von Erkenntnissen aufzubauen. Während in der Zunfttradition die Prüfung eine Lehrzeit beendete und eine erworbene Fertigkeit bestätigte – das »Meisterstück« bezeugte eine bereits vollzogene Wissensübertragung –, ist die Prüfung in der Schule ein tatsächlicher und beständiger Austausch zwischen dem einen und dem andern Wissen: sie bestätigt den Übergang der Erkenntnisse vom Lehrer an den Schüler, und gleichzeitig erhebt sie am Schüler ein Wissen, das für den Lehrer bestimmt und ihm vorbehalten ist. Die Schule wird zum Ort, an dem die Pädagogik erarbeitet wird. Wie die Prozedur der Krankenuntersuchung im Spital die Medizin epistemologisch freigesetzt hat, so hat die »Prüfungsschule« den Beginn einer als Wissenschaft auftretenden Pädagogik markiert. Und in gleicher Weise hat die Periode endlos wiederholter Inspektionen und Manöver in der Armee die Entfaltung eines unermeßlichen taktischen Wissens mit sich gebracht, das sich dann in der Zeit der napoleonischen Kriege bewähren konnte.

79 J.-B. de la Salle, *Conduite des Écoles chrétiennes*, 1828, S. 160.
80 Vgl. *L'Enseignement et la diffusion des sciences au XVIIIᵉ*, 1964, S. 360.

Die Prüfung ist ein Mechanismus, der eine bestimmte Form der Machtausübung mit einem bestimmten Typ der Wissensformierung kombiniert.

1. *Die Prüfung kehrt die Ökonomie der Sichtbarkeit in der Machtausübung um.* Die traditionelle Macht ist diejenige, die sich sehen läßt, die sich zeigt, die sich kundtut und die die Quelle ihrer Kraft gerade in der Bewegung ihrer Äußerung findet. Jene aber, an denen sich die Macht entfaltet, bleiben im dunkeln; sie empfangen nur soviel Licht von der Macht, wie diese ihnen zugesteht: den Widerschein eines Augenblicks. Ganz anders die Disziplinarmacht: sie setzt sich durch, indem sie sich unsichtbar macht, während sie den von ihr Unterworfenen die Sichtbarkeit aufzwingt. In der Disziplin sind es die Untertanen, die gesehen werden müssen, die im Scheinwerferlicht stehen, damit der Zugriff der Macht gesichert bleibt. Es ist gerade das ununterbrochene Gesehenwerden, das ständige Gesehenwerdenkönnen, ... was das Disziplinarindividuum in seiner Unterwerfung festhält. Und das Examen ist die Technik, durch welche die Macht, anstatt ihre Mächtigkeit erstrahlen zu lassen und ihren Abglanz auf ihre Untertanen fallen zu lassen, diese in einem Objektivierungsmechanismus einfängt. In dem von ihr beherrschten Raum manifestiert die Disziplinargewalt ihre Macht durch die sorgfältige Zurichtung und Verteilung von Objekten. Die Prüfung ist gleichsam die Zeremonie dieser Objektivierung.

Die politische Zeremonie war immer eine überwältigende, aber geregelte Entfaltung von Macht gewesen: ein verschwenderischer Ausdruck von Kraft; eine übermäßige, aber codierte »Verausgabung«, aus der die Macht ihre Kraft schöpfte. Mehr oder weniger glich sie immer dem Triumph. Das feierliche Auftreten des Souveräns hatte etwas von Weihe, Krönung und Sieg an sich. Bis zu den Totenfeierlichkeiten gab es nichts, was sich nicht im Feuerwerk der Machtentfaltung abspielte. Ein ganz anderer Typ von Zeremonie entspricht der Disziplin: nicht die übermächtige Sichtbarkeit des Triumphes, sondern die Übersichtlichkeit der Parade. In dieser prunkvollen Spielart der Prüfung werden die »Subjekte« als Objekte einer Macht zur Beobachtung vorgeführt, die sich nur durch ihren Blick kundtut. Sie empfangen nicht direkt das Bild der souveränen Macht, sondern bringen deren Wirkungen nur in ihren genau lesbar und gelehrig gewordenen Körpern zur Geltung. Am 15. März 1666 nimmt Ludwig XIV. seine erste Militärparade ab: 18 000 Mann, »eine der aufsehenerregendsten Aktionen des Königsreichs, die ganz Europa in Unruhe versetzt haben soll«.

Einige Jahre darauf wird zur Erinnerung an das Ereignis eine Münze geschlagen.[81] Sie trägt die Inschriften *Disciplina militaris restituta* und *Prolusio ad victorias.** Zur Rechten steht der König mit vorgesetztem rechtem Fuß und leitet selbst die Übung mit einem Stab. Links davon sieht man mehrere Ränge von Soldaten in gestaffelter Ordnung; sie strecken ihren Arm in Schulterhöhe und halten das Gewehr genau senkrecht; sie setzen das rechte Bein vor und haben den linken Fuß nach außen gewendet. Auf dem Boden überschneiden sich Linien im rechten Winkel und bilden unter den Füßen der Soldaten große Quadrate, die für die verschiedenen Exerzierphasen und -positionen als Richtmaße dienen. Im Hintergrund zeichnet sich eine klassische Architektur ab. Die Säulen des Palastes setzen die Kolonnen der in gerader Linie angetretenen Männer und der aufgepflanzten Gewehre fort; ebenso wie der Plattenbelag die Exerzierlinien nachzeichnet. Doch auf der Balustrade des Gebäudes stellen Statuen tanzende Personen dar: mit geschwungenen Linien, Gesten und Falten. Den Marmor durchlaufen Bewegungen, deren Einheitsprinzip harmonisch ist. Die Menschen hingegen sind in einer von Rang zu Rang und von Linie zu Linie einförmig wiederholten Haltung erstarrt: taktische Einheit. Die Ordnung der Architektur, die auf ihrer Bekrönung die Figuren tanzen läßt, zwingt auf dem Boden den disziplinierten Menschen ihre Regeln und ihre Geometrie auf. Kolonnen der Macht. »Sehr gut‹, sagte der Großfürst Michael einmal von einem Regiment, nachdem er es eine ganze Stunde lang hatte das Gewehr präsentieren lassen, ›sehr gut, aber *sie atmen!*‹«[82]

Diese Medaille mag uns den Augenblick bezeugen, da sich auf paradoxe, aber bezeichnende Weise die prunkendste Gestalt der souveränen Macht mit dem Heraufkommen der für die Disziplinarmacht charakteristischen Rituale verbindet. Die kaum auszuhaltende Sichtbarkeit des Monarchen wendet sich in die unerbittliche Sichtbarkeit der »Subjekte«. Und diese Umkehrung der Sichtbarkeit im Funktionieren der Disziplinen sollte die Ausübung der Macht bis in die feinsten Details hinein sicherstellen. Man tritt ins Zeitalter der unbegrenzten Überprüfung und der zwingenden Objektivierung ein.

---

81 Zu dieser Medaille vgl. den Artikel von J. Jucquiot in: *Le Club français de la médaille*, 1970/4, S. 50-54. Abb. 2.

* *Wiederherstellung der Militärdisziplin* und *Vorspiel zu Siegen.*

82 Petr Kropotkin, *Memoiren eines Revolutionärs.* Autorisierte Übersetzung von Max Pannwitz, Frankfurt 1969, S. 14. Diesen Hinweis verdanke ich Georges Canguilhem.

2. *Die Prüfung macht auch die Individualität dokumentierbar.* Sie läßt ein durchaus gründliches Archiv von Körpern und Tagen weit hinter sich. Die Prüfung stellt die Individuen in ein Feld der Überwachung und steckt sie gleichzeitig in ein Netz des Schreibens und der Schrift; sie überhäuft sie und erfaßt sie und fixiert sie mit einer Unmasse von Dokumenten. Von Anfang an waren die Prüfungsverfahren an ein System der Registrierung und Speicherung von Unterlagen angeschlossen. Als wesentliches Element in den Räderwerken der Disziplin konstituiert sich eine »Schriftmacht«, die sich zwar in vielen Punkten an die traditionellen Methoden der administrativen Dokumentation anlehnt, aber doch auch bedeutende Änderungen und Neuerungen einführt. So ging es in der Armee darum, die Deserteure wiederzufinden, wiederholte Aushebungen zu vermeiden, von den Offizieren vorgelegte fiktive Rechnungen zu korrigieren, alle Dienststellen sowie den Wert eines jeden einzelnen zu erfassen, die Bilanz der Vermißten und der Toten genau zu ziehen. Ähnlich ging es in den Spitälern darum, die Kranken zu erkennen, die Simulanten zu verjagen, die Entwicklung der Krankheiten zu verfolgen, die Wirksamkeit der Behandlungen festzustellen, die gleichartigen Fälle und die Anfänge von Epidemien zu erfassen. Und in den Unterrichtsanstalten hatte man die Geeignetheit eines jeden zu bestimmen, sein Niveau und seine Fertigkeiten festzustellen sowie ihre mögliche Nutzbarmachung anzugeben: »Auf das Register kann man jederzeit zurückgreifen, um die Sitten der Schüler, ihr Fortschreiten in der Frömmigkeit, im Katechismus und im Schreiben entsprechend der Schulzeit, ihrem Geist und ihrer bisherigen Beurteilung zu erkennen.«[83]

So formieren sich eine Reihe von Codes der Disziplinarindividualität, mit denen sich die durch die Prüfung ermittelten individuellen Züge vereinheitlichen und verschlüsseln lassen: der physische Code der Signale, der medizinische Code der Symptome, der schulische oder militärische Code der Verhaltensweisen und Leistungen. Diese Codes waren weder in ihrer qualitativen noch in ihrer quantitativen Ausgestaltung sehr entwickelt – gleichwohl markieren sie den Augenblick einer ersten »Formalisierung« des Individuellen innerhalb von Machtbeziehungen.

Die anderen Neuerungen der Disziplinarschrift betreffen die Korrelierung dieser Elemente, die Speicherung und Ordnung der Unterlagen, die Organisation von Vergleichsfeldern zum Zwecke der Klassifizierung, Kate-

83 M. I. D. B., *Instruction méthodique pour l'école paroissiale,* 1669, S. 64.

gorienbildung, Durchschnittsermittlung und Normenfixierung. Besonders
die Spitäler des 18. Jahrhunderts waren große Laboratorien für die Auf-
zeichnungs- und Dokumentationsmethoden. Die Führung der Register,
ihre Spezialisierung sowie ihre Übertragung aufeinander, ihr Zirkulieren
während der Visiten, ihre gegenseitige Konfrontierung im Laufe regelmäßiger Sitzungen der Ärzte und Verwalter, die Weiterleitung ihrer Daten
an zentrale Stellen (das Spital oder das Zentralbüro der Krankenhäuser),
die Buchführung über die Krankheiten, die Heilungen und die Todesfälle
innerhalb eines Spitals oder einer Stadt oder gar der gesamten Nation – all
das bildet den Prozeß, in dem die Spitäler dem Disziplinarsystem unterworfen worden sind. Zu den grundlegenden Bedingungen einer guten medizinischen »Disziplin« in beiden Bedeutungen des Wortes gehören die
Aufzeichnungsverfahren, welche die individuellen Daten lückenlos in Spei-
chersysteme einbringen, so daß man von jedem allgemeinen Register zu
einem Individuum gelangt und umgekehrt jedes individuelle Prüfungser-
gebnis auf die Gesamtaufstellungen zurückwirkt.

Mit Hilfe dieses angeschlossenen Aufzeichnungsapparates eröffnet das
Examen zwei miteinander zusammenhängende Entwicklungen: einerseits
konstituiert sich das Individuum als beschreibbarer und analysierbarer
Gegenstand, der aber nicht wie das Lebewesen der Naturforscher in »spezifische Eigenschaften« zerlegt wird, sondern unter dem Blick eines beständigen Wissens in seinen besonderen Zügen, in seiner eigentümlichen Entwicklung, in seinen eigenen Fähigkeiten und Fertigkeiten festgehalten
wird; anderseits baut sich ein Vergleichssystem auf, das die Messung globaler Phänomene, die Beschreibung von Gruppen, die Charakterisierung
kollektiver Tatbestände, die Einschätzung der Abstände zwischen den Individuen und ihre Verteilung in einer »Bevölkerung« erlaubt.

Darin liegt die entscheidende Neuerung dieser kleinen Notierungs-, Re-
gistrierungs-, Auflistungs- und Tabellierungstechniken, die uns so vertraut sind: sie haben die epistemologische Blockade der Wissenschaften
vom Individuum aufgehoben. Das aristotelische Problem, ob eine Wissenschaft vom Menschen möglich sei, ist gewiß ein großes Problem und hat
vielleicht große Lösungen gefunden. Doch gibt es das kleine historische
Problem, daß gegen Ende des 18. Jahrhunderts etwas aufgetaucht ist, was
man die »klinischen« Wissenschaften nennen könnte; das Problem des Ein-
tritts des Individuums (und nicht mehr der Spezies) in das Feld des Wissens; das Problem der Einführung der Einzelbeschreibung, der Verneh-

mung, der Anamnese, des »Dossiers« in den allgemeinen Betrieb des wissenschaftlichen Diskurses. Auf diese simple Tatsachenfrage ist zweifellos nur eine Antwort ohne Größe möglich: man muß sich bei jenen Aufzeichnungs- und Registrierungsverfahren, bei den Überprüfungsmechanismen, bei der Formierung der Disziplinaranlagen und bei der Herausbildung eines neuen Typs von Macht über die Körper umsehen. Die Geburt der Wissenschaften vom Menschen hat sich wohl in jenen ruhmlosen Archiven zugetragen, in denen das moderne System der Zwänge gegen die Körper, die Gesten, die Verhaltensweisen erarbeitet worden ist.

3. *Die Prüfung macht mit Hilfe ihrer Dokumentationstechniken aus jedem Individuum einen »Fall«:* einen Fall, der sowohl Gegenstand für eine Erkenntnis wie auch Zielscheibe für eine Macht ist. Der Fall ist nicht mehr wie in der Kasuistik oder in der Jurisprudenz ein Ganzes von Umständen, das eine Tat qualifiziert und die Anwendung einer Regel modifizieren kann; sondern der Fall ist das Individuum, wie man es beschreiben, abschätzen, messen, mit andern vergleichen kann – und zwar in seiner Individualität selbst; der Fall ist aber auch das Individuum, das man zu dressieren oder zu korrigieren, zu klassifizieren, zu normalisieren, auszuschließen hat usw.

Lange Zeit hindurch war die beliebige, die gemeine Individualität unterhalb der Wahrnehmungs- und Beschreibungsschwelle geblieben. Betrachtet werden, beobachtet werden, erzählt werden und Tag für Tag aufgezeichnet werden waren Privilegien. Die Chronik eines Menschen, die Erzählung seines Lebens, die Geschichtsschreibung seiner Existenz gehörten zu den Ritualen seiner Macht. Die Disziplinarprozeduren nun kehren dieses Verhältnis um, sie setzen die Schwelle der beschreibbaren Individualität herab und machen aus der Beschreibung ein Mittel der Kontrolle und eine Methode der Beherrschung. Es geht nicht mehr um ein Monument für ein künftiges Gedächtnis, sondern um ein Dokument für eine fallweise Auswertung. Und diese neue Beschreibbarkeit ist um so ausgeprägter, je rigoroser die Disziplinarerfassung ist: das Kind, der Kranke, der Wahnsinnige, der Verurteilte werden seit dem 18. Jahrhundert im Zuge des Ausbaus der Disziplinarmechanismen immer häufiger zum Gegenstand individueller Beschreibungen und biographischer Berichte. Diese Aufschreibung der wirklichen Existenzen hat nichts mehr mit Heroisierung zu tun: sie fungiert als objektivierende Vergegenständlichung und subjektivierende Unterwerfung. Das sorgfältig nachgeprüfte Leben der Geisteskranken oder

der Delinquenten hat ebenso wie die Chronik der Könige oder die Heldensage der großen volkstümlichen Banditen mit einer politischen Funktion
der Schrift zu tun; jedoch in einer ganz anderen Technik der Macht.

Als rituelle und zugleich »wissenschaftliche« Fixierung der individuellen
Unterschiede, als Festnagelung eines jeden auf seine eigene Einzelheit (im
Gegensatz zur Zeremonie, in der Standeszugehörigkeiten, Abstammungen,
Privilegien, Ämter zu unübersehbarem Ausdruck kamen), zeigt die Prüfung das Heraufkommen einer neuen Spielart der Macht an, in der jeder
seine eigene Individualität als Stand zugewiesen erhält, in der er auf die
ihn charakterisierenden Eigenschaften, Maße, Abstände und »Noten« festgelegt wird, die aus ihm einen »Fall« machen.

Letzten Endes steht das Examen im Zentrum der Prozeduren, die das
Individuum als Effekt und Objekt von Macht, als Effekt und Objekt von
Wissen konstituieren. Indem sie hierarchische Überwachung und normie-
rende Sanktion kombiniert, erbringt die Prüfung die großen Disziplinarlei-
stungen der Verteilung und Klassifizierung, der maximalen Ausnutzung
der Kräfte und Zeiten, der stetigen Anhäufung und optimalen Zusammensetzung der Fähigkeiten. Also der Herstellung der zellenförmigen, organischen, evolutiven und kombinatorischen Individualität. Die Prüfung ritualisiert jene Disziplinen, die man mit einem Wort charakterisieren kann,
indem man sagt, sie sind eine Spielart der Macht, für die der individuelle
Unterschied entscheidend ist.

Die Disziplinen markieren die Umkehrung der politischen Achse der Individualisierung. In den Gesellschaften, für die das Feudalsystem nur ein
Beispiel ist, erreicht die Individualisierung ihren höchsten Grad in den höheren Bereichen der Macht und am Ort der Souveränität. Je mehr Macht
oder Vorrechte einer innehat, um so mehr wird er durch Rituale, Diskurse
oder bildliche Darstellungen als Individuum ausgeprägt. Der »Name« und
der Stammbaum, die innerhalb der Verwandtschaft einen Platz anweisen;
Heldentaten, welche die Überlegenheiten der Kräfte dartun und durch Erzählungen unsterblich gemacht werden; Zeremonien, die durch ihre Ordnung Machtverhältnisse ausdrücken; Denkmäler oder Stiftungen, die das
Überleben nach dem Tode sichern; der Prunk und das Übermaß der Verausgabung; die vielfältigen und sich kreuzenden Bande von Untertänigkeit
und Oberhoheit – all das sind Verfahren einer »aufsteigenden« Individualisierung. In einem Disziplinarregime hingegen ist die Individualisierung
»absteigend«: je anonymer und funktioneller die Macht wird, um so mehr

werden die dieser Macht Unterworfenen individualisiert: und zwar weniger durch Zeremonien als durch Überwachungen; weniger durch Erinnerungsberichte als durch Beobachtungen; nicht durch Genealogien, die auf Ahnen verweisen, sondern durch vergleichende Messungen, die sich auf die »Norm« beziehen; weniger durch außerordentliche Taten als durch »Abstände«. In einem Disziplinarsystem wird das Kind mehr individualisiert als der Erwachsene, der Kranke mehr als der Gesunde, der Wahnsinnige und der Delinquent mehr als der Normale. Es sind jedenfalls immer die ersteren, auf die unsere Zivilisation alle Individualisierungsmechanismen ansetzt; und wenn man den gesunden, normalen, gesetzestreuen Erwachsenen individualisieren will, so befragt man ihn immer danach, was er noch vom Kind in sich hat, welcher geheime Irrsinn in ihm steckt, welches tiefe Verbrechen er eigentlich begehen wollte. Alle *Psycho*logien, -graphien, -metrien, -analysen, -hygienen, -techniken und -therapien gehen von dieser historischen Wende der Individualisierungsprozeduren aus. Als man von den traditionell-rituellen Mechanismen der Individualisierung zu den wissenschaftlich-disziplinären Mechanismen überging, als das Normale den Platz des Altehrwürdigen einnahm und das Maß den Platz des Standes, als die Individualität des berechenbaren Menschen die Individualität des denkwürdigen Menschen verdrängte und die Wissenschaften vom Menschen möglich wurden – da setzten sich eine neue Technologie der Macht und eine andere politische Anatomie des Körpers durch. Und wenn vom Mittelalter bis heute das »Abenteuer« die Erzählung von der Individualität kennzeichnet, so verweisen doch die Übergänge vom Epos zum Roman, von der Großtat zur heimlichen Besonderheit, von den langen Irrfahrten zur inneren Suche nach der Kindheit, von den Kämpfen zu den Phantasmen auf die Formierung einer Disziplinargesellschaft. Es sind die Unglücke des kleinen Hans und nicht mehr die von Hänschen klein, die das Abenteuer unserer Kindheit erzählen. Der *Rosenroman* wird heute von Mary Barnes geschrieben. Den Platz des Ritters Lanzelot nimmt der Gerichtspräsident Schreber ein.

Man sagt oft, das Modell einer Gesellschaft, die wesentlich aus Individuen bestehe, sei den abstrakten Rechtsformen des Vertrags und des Tausches entlehnt. Die Warengesellschaft habe sich als eine vertragliche Vereinigung von isolierten Rechtssubjekten verstanden. Mag sein. Die politische Theorie des 17. und 18. Jahrhunderts scheint diesem Schema tatsächlich häufig zu entsprechen. Doch darf man nicht vergessen, daß es in derselben Epoche eine Technik gab, mit deren Hilfe die Individuen als Macht- und Wissenselemente wirklich hergestellt worden sind. Das Individuum ist zweifellos das fiktive Atom einer »ideologischen« Vorstellung der Gesellschaft; es ist aber auch eine Realität, die von der spezifischen Machttechnologie der »Disziplin« produziert worden ist. Man muß aufhören, die Wirkungen der Macht immer negativ zu beschreiben, als ob sie nur »ausschließen«, »unterdrücken«, »verdrängen«, »zensieren«, »abstrahieren«, »maskieren«, »verschleiern« würde. In Wirklichkeit ist die Macht produktiv; und sie produziert Wirkliches. Sie produziert Gegenstandsbereiche und Wahrheitsrituale: das Individuum und seine Erkenntnis sind Ergebnisse dieser Produktion.

Doch traut man den oft unscheinbaren Hinterlistigkeiten der Disziplin nicht zuviel zu, wenn man ihnen solche Macht zuspricht? Wie ist es möglich, daß sie so unabsehbare Wirkungen auslösen?

3. Der Panoptismus

Nach einem Reglement vom Ende des 17. Jahrhunderts mußten folgende Maßnahmen ergriffen werden, wenn sich die Pest in einer Stadt ankündigte.[84]

Vor allem ein rigoroses Parzellieren des Raumes: Schließung der Stadt und des dazugehörigen Territoriums; Verbot des Verlassens unter Androhung des Todes; Tötung aller herumlaufenden Tiere; Aufteilung der Stadt in verschiedene Viertel, in denen die Gewalt jeweils einem Intendanten übertragen wird. Jede Straße wird unter die Autorität eines Syndikus gestellt, der sie überwacht; würde er sie verlassen, verlöre er sein Leben. Am bezeichneten Tage muß sich jeder in seinem Haus einschließen: Herausgehen wird mit dem Tode bestraft. Der Syndikus schließt selber die Tür eines jeden Hauses von außen ab; den Schlüssel überbringt er dem Intendanten, der ihn bis zum Ende der Quarantäne verwahrt. Jede Familie muß ihre Vorräte gespeichert haben; aber für die Versorgung mit Wein und Brot werden zwischen der Straße und dem Inneren der Häuser kleine hölzerne Kanäle angelegt, die eine Verteilung der Rationen ohne Berührung zwischen den Zulieferern und den Bewohnern ermöglichen; für die

---

84 *Archives militaires de Vincennes*, A 151691. Dieses Reglement entspricht im wesentlichen vielen anderen, die damals oder schon früher erlassen worden sind.

Zuteilung von Fleisch, Fisch und Gemüse verwendet man Rollen und Körbe. Müssen Leute unbedingt aus dem Haus gehen, so geschieht es nach einem Turnus, damit jedes Zusammentreffen vermieden wird. Auf den Straßen bewegen sich nur die Intendanten, die Syndizi, die Gardesoldaten und zwischen den infizierten Häusern, von einem Leichnam zum andern auch die »Raben«, die man ohne weiteres dem Tode ausliefern kann: es handelt sich um Leute von geringem Wert, welche die Kranken tragen, die Toten bestatten und Reinigungs- sowie andere niedere Arbeiten verrichten. Der Raum erstarrt zu einem Netz von undurchlässigen Zellen. Jeder ist an seinen Platz gebunden. Wer sich rührt, riskiert sein Leben: Ansteckung oder Bestrafung.

Die Überwachung ist lückenlos. Überall ist der Blick auf der Hut: »Ein ansehnliches Milizkorps, das von guten Offizieren und ordentlichen Männern kommandiert wird«, Gardekorps an den Stadttoren, am Rathaus und in allen Stadtvierteln zur Gewährleistung des öffentlichen Gehorsams und die unbedingteste Autorität der Verwaltung, »um ebenfalls alle Ruhestörungen, Diebereien und Plünderungen zu verhindern«. An den Stadttoren Wachposten, desgleichen an allen Straßenenden. Jeden Tag sucht der Intendant das ihm übertragene Stadtviertel auf, erkundigt sich, ob die Syndizi ihre Aufgaben erfüllen, ob sich die Bewohner zu beklagen haben; sie »überwachen ihre Handlungen«. Jeden Tag geht der Syndikus durch die Straße, für die er verantwortlich ist; er hält vor jedem Haus und läßt die Bewohner an die Fenster kommen (denjenigen, die im Hinterhof wohnen, wird ein Fenster an der Straßenseite zugewiesen, wo nur sie sich zeigen dürfen); er ruft jeden bei seinem Namen und informiert sich nach dem Zustand jedes einzelnen, »wobei die Bewohner die Wahrheit sagen müssen, unter Androhung der Todesstrafe«; wenn sich jemand nicht am Fenster präsentiert, muß der Syndikus nach den Gründen fragen. »Auf diese Weise wird er leicht entdecken, ob man Tote oder Kranke verbirgt.« Jeder ist in seinen Käfig eingesperrt, jeder an seinem Fenster, bei Nennung seines Namens antwortend und zeigend, worum man ihn fragt – das ist die große Parade der Lebenden und der Toten.

Diese Überwachung stützt sich auf ein lückenloses Registrierungssystem: Berichte der Syndizi an die Intendanten, der Intendanten an die Schöffen oder an den Bürgermeister. Zu Beginn der »Einschließung« wird das Verzeichnis erstellt, das jeden in der Stadt anwesenden Bewohner erfaßt; »eingetragen werden darin Name, Alter, Geschlecht ausnahmslos

aller«: ein Exemplar für den Intendanten des Viertels, ein zweites für das
Büro des Rathauses und ein weiteres für den Syndikus, der den täglichen
Appell durchführen muß. Alles, was im Laufe dieser Besuche beobachtet
wird – Todesfälle, Krankheiten, Beschwerden, Ruhestörungen –, wird notiert und den Intendanten sowie den Verwaltungsbeamten übermittelt.
Diese sind auch für die ärztliche Versorgung zuständig: sie haben einen verantwortlichen Arzt ernannt, ohne dessen schriftliche Bestätigung kein Arzt
etwas unternehmen, kein Apotheker Medikamente herstellen und kein
Beichtvater einen Kranken besuchen darf, »um zu verhindern, daß man
ohne Wissen der Behörden ansteckend Kranke versteckt oder behandelt«.
Die Registrierung des Pathologischen muß lückenlos und zentral gelenkt
sein. Die Beziehung jedes einzelnen zu seiner Krankheit und zu seinem
Tod läuft über die Instanzen der Macht: ihre Registrierungen und ihre Entscheidungen.

Fünf oder sechs Tage nach Beginn der Quarantäne geht man daran, ein
Haus nach dem andern zu säubern. Man schafft die Bewohner hinaus; in
jedem Zimmer hebt oder hängt man »die Möbel und die Waren« auf;
man versprüht Riechstoff und läßt ihn verbrennen, nachdem man die Fenster und Türen bis zu den Schlüssellöchern, die man mit Wachs verstopft,
abgedichtet hat. Am Ende schließt man das gesamte Haus ab, während
sich der Riechstoff verzehrt. Ebenso wie beim Betreten des Hauses durch-
sucht man die Riechstoffhändler »in Gegenwart der Hausbewohner, um
zu sehen, ob sie nicht beim Hinausgehen etwas bei sich haben, was sie
zuerst nicht hatten«. Vier Stunden später können die Leute wieder einziehen.

Dieser geschlossene, parzellierte, lückenlos überwachte Raum, innerhalb dessen die Individuen in feste Plätze eingespannt sind, die geringsten
Bewegungen kontrolliert und sämtliche Ereignisse registriert werden, eine
ununterbrochene Schreibarbeit das Zentrum mit der Peripherie verbindet,
die Gewalt ohne Teilung in einer bruchlosen Hierarchie ausgeübt wird,
jedes Individuum ständig erfaßt, geprüft und unter die Lebenden, die
Kranken und die Toten aufgeteilt wird – dies ist das kompakte Modell
einer Disziplinierungsanlage. Auf die Pest antwortet die Ordnung, die alle
Verwirrungen zu entwirren hat: die Verwirrungen der Krankheit, welche
sich überträgt, wenn sich die Körper mischen, und sich vervielfältigt, wenn
Furcht und Tod die Verbote auslöschen. Die Ordnung schreibt jedem seinen Platz, jedem seinen Körper, jedem seine Krankheit und seinen Tod, je-

dem sein Gut vor: kraft einer allgegenwärtigen und allwissenden Macht, die sich einheitlich bis zur letzten Bestimmung des Individuums verzweigt – bis zur Bestimmung dessen, was das Individuum charakterisiert, was ihm gehört, was ihm geschieht. Gegen die Pest, die Vermischung ist, bringt die Disziplin ihre Macht, die Analyse ist, zur Geltung. Es gab um die Pest eine ganze Literatur, die ein Fest erträumte: die Aufhebung der Gesetze und Verbote; das Rasen der Zeit; die respektlose Vermischung der Körper; das Fallen der Masken und der Einsturz der festgelegten und anerkannten Identitäten, unter denen eine ganz andere Wahrheit der Individuen zum Vorschein kommt. Jedoch gab es auch einen entgegengesetzten, einen politischen Traum von der Pest: nicht das kollektive Fest, sondern das Eindringen des Reglements bis in die feinsten Details der Existenz vermittels einer perfekten Hierarchie, welche das Funktionieren der Macht bis in ihre letzten Verzweigungen sicherstellt. Hier geht es nicht um Masken, die man anlegt oder fallen läßt, sondern um den »wahren« Namen, den »wahren« Platz, den »wahren« Körper und die »wahre« Krankheit, die man einem jeden zuweist. Der Pest als zugleich wirklicher und erträumter Unordnung steht als medizinische und politische Antwort die Disziplin gegenüber. Hinter den Disziplinarmaßnahmen steckt die Angst vor den »Ansteckungen«, vor der Pest, vor den Aufständen, vor den Verbrechen, vor der Landstreicherei, vor den Desertionen, vor den Leuten, die ungeordnet auftauchen und verschwinden, leben und sterben.

Wenn es wahr ist, daß die Ausschließungsrituale, mit denen man auf die Lepra antwortete, bis zu einem gewissen Grad das Modell für die große Einsperrung im 17. Jahrhundert abgegeben haben, so hat die Pest das Modell der Disziplinierungen herbeigerufen. Anstelle einer massiven und zweiteilenden Grenzziehung zwischen den einen und den andern verlangt die Pest nach vielfältigen Trennungen, nach individualisierenden Aufteilungen, nach einer in die Tiefe gehenden Organisation der Überwachungen und der Kontrollen, nach einer Intensivierung und Verzweigung der Macht. Der Leprakranke wird verworfen, ausgeschlossen, verbannt: ausgesetzt; draußen läßt man ihn in einer Masse verkommen, die zu differenzieren sich nicht lohnt. Die Pestkranken hingegen werden sorgfältig erfaßt und individuell differenziert – von einer Macht, die sich vervielfältigt, sich gliedert und verzweigt. Die große Einsperrung auf der einen Seite und die gute Abrichtung auf der andern; die Aussetzung der Lepra und die Aufgliederung der Pest; die Stigmatisierung des Aussatzes und die Analyse der

Pest. Die Verbannung der Lepra und die Bannung der Pest – das sind nicht
dieselben politischen Träume. Einmal ist es der Traum von einer reinen
Gemeinschaft, das andere Mal der Traum von einer disziplinierten Gesellschaft. Es handelt sich um zwei Methoden, Macht über die Menschen auszuüben, ihre Beziehungen zu kontrollieren und ihre gefährlichen Vermi-
schungen zu entflechten. Die verpestete Stadt, die von Hierarchie und
Überwachung, von Blick und Schrift ganz durchdrungen ist, die Stadt,
die im allgemeinen Funktionieren einer besonderen Macht über alle individuellen Körper erstarrt – diese Stadt ist die Utopie der vollkommen regierten Stadt/Gesellschaft. Die Pest (jedenfalls die zu erwartende) ist die
Probe auf die ideale Ausübung der Disziplinierungsmacht. Versetzten sich
die Juristen in den Naturzustand, um die Rechte und Gesetze in der reinen Theorie funktionieren zu lassen, so träumten die Regierenden vom
Pestzustand, um die perfekten Disziplinen funktionieren zu lassen. Im Hintergrund der Disziplinierungsmodelle steht das Bild der Pest für alle Verwirrungen und Unordnungen, wie das Bild des Aussatzes hinter den Modellen der Ausschließung steht.

Die beiden Grundmodelle unterscheiden sich voneinander, sind aber
nicht unvereinbar. Es läßt sich beobachten, wie sie sich allmählich annähern. Das Eigentümliche des 19. Jahrhunderts ist es, auf den Raum der
Ausschließung, der symbolisch vom Aussätzigen (und tatsächlich von den
Bettlern, den Landstreichern, den Irren, den Gewalttätigen) bewohnt war,
die Machttechnik der parzellierenden Disziplin anzuwenden. Seit dem Beginn des 19. Jahrhunderts arbeitet die Disziplinargewalt daran, die »Aussätzigen« wie »Pestkranke« zu behandeln, die sublimen Unterteilungen der
Disziplin auf den amorphen Raum der Einsperrung zu projizieren, diesen
Raum mit den Methoden der analytischen Machtverteilung zu durchsetzen, die Ausgeschlossenen zu individualisieren, aber auch mit Hilfe der Individualisierungsprozeduren die Auszuschließenden zu identifizieren. Das
psychiatrische Asyl, die Strafanstalt, das Besserungshaus, das Erziehungs-
heim und zum Teil auch die Spitäler – alle diese der Kontrolle des Individuums dienenden Instanzen funktionieren gleichermaßen als Zweiteilung
und Stigmatisierung (wahnsinnig – nichtwahnsinnig, gefährlich – harm-
los, normal – anormal) sowie als zwanghafte Einstufung und disziplinie-
rende Aufteilung. (Um wen handelt es sich? Wohin gehört er? Wodurch
ist er zu charakterisieren, woran zu erkennen? Wie läßt er sich einer individuellen und stetigen Überwachung unterziehen?) Auf der einen Seite »ver-

pestet« man die Aussätzigen, indem man auf die Ausgeschlossenen die Taktik der individualisierenden Disziplinen anwendet, und auf der anderen Seite dient die Vielfalt und Allgegenwart der disziplinierenden Kontrollen dazu, den »Aussätzigen« zu stigmatisieren und die dualistischen Ausschließungsmechanismen gegen ihn einzusetzen. Die hartnäckige Grenzziehung zwischen dem Normalen und dem Anormalen, der jedes Individuum unterworfen ist, verewigt und verallgemeinert die zweiteilende Stigmatisierung und die Aussetzung des Aussätzigen. Die Existenz zahlreicher Techniken und Institutionen, die der Messung, Kontrolle und Besserung der Anormalen dienen, hält die Disziplinierungsverfahren am Leben, die einst von der Furcht vor der Pest herbeigerufen worden sind. Alle Machtmechanismen, die heute das Anormale umstellen, um es zu identifizieren und zu modifizieren, setzen sich aus jenen beiden Formen zusammen, von denen sie sich herleiten.

Das *Panopticon* von Bentham ist die architektonische Gestalt dieser Zusammensetzung. Sein Prinzip ist bekannt: an der Peripherie ein ringförmiges Gebäude; in der Mitte ein Turm, der von breiten Fenstern durchbrochen ist, welche sich nach der Innenseite des Ringes öffnen; das Ringgebäude ist in Zellen unterteilt, von denen jede durch die gesamte Tiefe des Gebäudes reicht; sie haben jeweils zwei Fenster, eines nach innen, das auf die Fenster des Turms gerichtet ist, und eines nach außen, so daß die Zelle auf beiden Seiten von Licht durchdrungen wird. Es genügt demnach, einen Aufseher im Turm aufzustellen und in jeder Zelle einen Irren, einen Kranken, einen Sträfling, einen Arbeiter oder einen Schüler unterzubringen. Vor dem Gegenlicht lassen sich vom Turm aus die kleinen Gefangenensilhouetten in den Zellen des Ringes genau ausnehmen. Jeder Käfig ist ein kleines Theater, in dem jeder Akteur allein ist, vollkommen individualisiert und ständig sichtbar. Die panoptische Anlage schafft Raumeinheiten, die es ermöglichen, ohne Unterlaß zu sehen und zugleich zu erkennen. Das Prinzip des Kerkers wird umgekehrt, genauer gesagt: von seinen drei Funktionen – einsperren, verdunkeln und verbergen – wird nur die erste aufrechterhalten, die beiden anderen fallen weg. Das volle Licht und der Blick des Aufsehers erfassen besser als das Dunkel, das auch schützte. Die Sichtbarkeit ist eine Falle.

Zunächst wird damit jene dichtgedrängte und ruhelose Masse von Eingekerkerten vermieden, wie sie Goya gemalt und Howard beschrieben hat.

Jeder ist an seinem Platz sicher in eine Zelle eingesperrt, wo er dem Blick
des Aufsehers ausgesetzt ist; aber die seitlichen Mauern hindern ihn daran,
mit seinen Gefährten in Kontakt zu treten. Er wird gesehen, ohne selber zu
sehen; er ist Objekt einer Information, niemals Subjekt in einer Kommunikation. Die Lage seines Zimmers gegenüber dem Turm zwingt ihm eine
radiale Sichtbarkeit auf; aber die Unterteilungen des Ringes, diese wohlge-
schiedenen Zellen, bewirken eine seitliche Unsichtbarkeit, welche die Ordnung garantiert. Sind die Gefangenen Sträflinge, so besteht keine Gefahr
eines Komplottes, eines kollektiven Ausbruchsversuches, neuer verbreche-
rischer Pläne für die Zukunft, schlechter gegenseitiger Einflüsse; handelt
es sich um Kranke, besteht keine Ansteckungsgefahr; sind es Irre, gibt es
kein Risiko gegenseitiger Gewalttätigkeiten; sind es Kinder, gibt es kein
Abschreiben, keinen Lärm, kein Schwätzen, keine Zerstreuung; handelt
es sich um Arbeiter, gibt es keine Schlägereien, keine Diebstähle, keine Verbindungen und keine Zerstreuungen, welche die Arbeit verzögern und weniger vollkommen machen oder zu Unfällen führen. Die dichtgedrängte
Masse, die vielfältigen Austausch mit sich bringt und die Individualitäten
verschmilzt, dieser Kollektiv-Effekt wird durch eine Sammlung von getrennten Individuen ersetzt. Vom Standpunkt des Aufsehers aus handelt
es sich um eine abzählbare und kontrollierbare Vielfalt; vom Standpunkt
der Gefangenen aus um eine erzwungene und beobachtete Einsamkeit.[85]

Daraus ergibt sich die Hauptwirkung des Panopticon: die Schaffung
eines bewußten und permanenten Sichtbarkeitszustandes beim Gefangenen, der das automatische Funktionieren der Macht sicherstellt. Die Wirkung der Überwachung ›ist permanent, auch wenn ihre Durchführung
sporadisch ist‹; die Perfektion der Macht vermag ihre tatsächliche Ausübung
überflüssig zu machen; der architektonische Apparat ist eine Maschine,
die ein Machtverhältnis schaffen und aufrechterhalten kann, welches vom
Machtausübenden unabhängig ist; die Häftlinge sind Gefangene einer
Machtsituation, die sie selber stützen. Im Hinblick darauf ist es sowohl
zuviel wie auch zuwenig, daß der Häftling ohne Unterlaß von einem Auf-

---

85 J. Bentham, *Panopticon*, in: *Works*, London, Bd. IV, S. 60-64. Vgl. Abb. 17. Der Originaltitel lautet:
   *Panopticon; or, the Inspection House: containing the Idea of a new Principle of Construction applicable
   to any Sort of Establishment, in which Persons of any Description are to be kept under Inspection; and
   in particular to Penitentiary-Houses, Prisons, Houses of Industry, Work-Houses, Poor-Houses, Manufactures, Mad-Houses, Lazarettos, Hospitals, and Schools; with a Plan of Management adaptet to
   the principle: in a Series of Lettres, written in the year 1787, from Crecheff in White Russia, to a friend
   in England. By Jeremy Bentham. Dublin, printed: London, reprinted 1791.*

seher überwacht wird: zuwenig ist es, weil es darauf ankommt, daß er sich
ständig überwacht weiß; zuviel ist es, weil er nicht wirklich überwacht
werden muß. Zu diesem Zweck hat Bentham das Prinzip aufgestellt, daß
die Macht sichtbar, aber uneinsehbar sein muß; sichtbar, indem der Häftling ständig die hohe Silhouette des Turms vor Augen hat, von dem aus
er bespäht wird; uneinsehbar, sofern der Häftling niemals wissen darf, ob
er gerade überwacht wird; aber er muß sicher sein, daß er jederzeit überwacht werden kann. Damit die Anwesenheit oder Abwesenheit des Aufsehers verborgen bleibt, damit die Häftlinge von ihrer Zelle aus auch nicht
einen Schatten oder eine Silhouette wahrnehmen können, hat Bentham
nicht nur feste Jalousien an den Fenstern des zentralen Überwachungs-
saales vorgesehen, sondern auch Zwischenwände, die den Saal im rechten
Winkel unterteilen, und für den Durchgang von einem Abteil ins andere
keine Türen: denn das geringste Schlagen, jeder Lichtschein durch eine an-
gelehnte Tür hindurch könnten die Anwesenheit des Aufsehers verraten.[86]
Das Panopticon ist eine Maschine zur Scheidung des Paares Sehen/Gese-
henwerden: im Außenring wird man vollständig gesehen, ohne jemals zu
sehen; im Zentralturm sieht man alles, ohne je gesehen zu werden.[87]

Diese Anlage ist deswegen so bedeutend, weil sie die Macht automati-
siert und entindividualisiert. Das Prinzip der Macht liegt weniger in einer
Person als vielmehr in einer konzertierten Anordnung von Körpern, Oberflächen, Lichtern und Blicken; in einer Apparatur, deren innere Mechanismen das Verhältnis herstellen, in welchem die Individuen gefangen sind.
Die Zeremonien, Rituale und Stigmen, in denen die Übermacht des Souveräns zum Ausdruck kam, erweisen sich als ungeeignet und überflüssig,
wenn es eine Maschinerie gibt, welche die Asymmetrie, das Gefälle, den
Unterschied sicherstellt. Folglich hat es wenig Bedeutung, wer die Macht
ausübt. Beinahe jedes beliebige Individuum kann die Maschine in Gang
setzen: anstelle des Direktors auch seine Familie, seine Umgebung, seine
Besucher, seine Dienstboten sogar.[88] Ebensowenig spielt das Motiv eine

---

86 Im *Postscript to the Panopticon* von 1791 fügt Bentham dunkle, schwarz ausgemalte Galerien hinzu,
     die um das Überwachungsgebäude herumlaufen und jeweils zur Überwachung von zwei Zellen-
     Etagen bestimmt sind.

87 Vgl. Abb. 17. In seiner ersten Version des *Panopticon* hatte Bentham auch eine akustische Überwa-
     chung vorgesehen, und zwar mittels Horchröhren, die von den Zellen zum Zentralturm führen soll-
     ten. Im *Postscript* hat er darauf verzichtet, vielleicht weil er nicht in der Lage war, diese Überwa-
     chung asymmetrisch zu gestalten und die Häftlinge daran zu hindern, die Aufseher ebenso zu hören
     wie diese sie. Ein Versuch zur Entwicklung eines asymmetrischen Abhorchsystems wurde von
     N. H. Julius unternommen.

88 J. Bentham, op. cit., S. 45.

Rolle: die Zudringlichkeit eines Neugierigen, die Schalkhaftigkeit eines Kindes, der Wissensdurst eines Philosophen, der dieses Museum der menschlichen Natur durchwandern möchte, oder die Bosheit jener, denen das Bespähen und Bestrafen Vergnügen bereitet. Je zahlreicher diese anonymen und wechselnden Beobachter sind, um so größer wird für den Häftling das Risiko des Überraschtwerdens und um so unruhiger sein Bewußtsein des Beobachtetseins. Das Panopticon ist eine wundersame Maschine, die aus den verschiedensten Begehrungen gleichförmige Machtwirkungen erzeugt.

Eine wirkliche Unterwerfung geht mechanisch aus einer fiktiven Beziehung hervor, so daß man auf Gewaltmittel verzichten kann, um den Verurteilten zum guten Verhalten, den Wahnsinnigen zur Ruhe, den Arbeiter zur Arbeit, den Schüler zum Eifer und den Kranken zur Befolgung der Anordnungen zu zwingen. Bentham wunderte sich selber darüber, daß die panoptischen Einrichtungen so zwanglos sein können: es gibt keine Gittertore mehr, keine Ketten, keine schweren Schlösser; es genügt, wenn die Trennungen sauber und die Öffnungen richtig sind. Die Wucht der alten »Sicherheitshäuser« mit ihrer Festungsarchitektur läßt sich durch die einfache und sparsame Geometrie eines »Gewißheitshauses« ersetzen. Die Wirksamkeit der Macht und ihre Zwingkraft gehen sozusagen auf ihre Zielscheibe über. Derjenige, welcher der Sichtbarkeit unterworfen ist und dies weiß, übernimmt die Zwangsmittel der Macht und spielt sie gegen sich selber aus; er internalisiert das Machtverhältnis, in welchem er gleichzeitig beide Rollen spielt; er wird zum Prinzip seiner eigenen Unterwerfung. Aus diesem Grunde kann ihn die äußere Macht von physischen Beschwerden befreien. Die Macht wird tendenziell unkörperlich, und je mehr sie sich diesem Grenzwert annähert, um so beständiger, tiefer, endgültiger und anpassungsfähiger werden ihre Wirkungen: der immerwährende Sieg vermeidet jede physische Konfrontation und ist immer schon im vorhinein gewiß.

Bentham sagt nicht, ob er sich zu seinem Projekt von der Menagerie hat inspirieren lassen, die Le Vaux in Versailles erbaut hatte: es handelte sich um die erste Tierschau, die nicht wie früher üblich auf einen Park verstreut war.[89] In der Mitte stand ein achteckiger Pavillon, der im ersten Geschoß nur einen einzigen Raum enthielt, nämlich den Salon des Königs. Alle Sei-

---

[89] G. Loisel, *Histoire des ménageries*, 1912, Bd. II, S. 104-107. Vgl. Abb. 14.

ten öffneten sich durch breite Fenster auf sieben ummauerte Gehege (die achte Seite war dem Eingang vorbehalten), in denen verschiedene Arten von Tieren eingesperrt waren. Zur Zeit von Bentham war diese Menagerie bereits verschwunden. Aber im Programm des Panopticon findet man dieselbe Bemühung um individualisierende Beobachtung, um Charakterisierung und Klassifizierung, um analytische Aufteilung des Raumes. Das Panopticon ist eine königliche Menagerie, in der das Tier durch den Menschen ersetzt ist, die Gruppierung der Arten durch die Verteilung der Individuen und der König durch die Maschinerie einer sich verheimlichenden Macht. Von diesen Abweichungen einmal abgesehen, betreibt auch das Panopticon Naturforschung; es stellt die Unterschiede fest: bei den Kranken beobachtet es die Symptome eines jeden, ohne daß die Nähe der Betten, das Zirkulieren der giftigen Ausdünstungen und die Wirkungen der Ansteckung die klinischen Tableaus beeinträchtigt; bei den Kindern registriert es die Leistungen (ohne daß Nachahmen oder Abschreiben möglich ist), erfaßt die Fähigkeiten, schätzt die Charaktere ab, nimmt strenge Klassifizierungen vor und unterscheidet vor dem Hintergrund einer normalen Entwicklung »Faulheit und Trotz« von »unheilbarem Schwachsinn«; bei den Arbeitern registriert es die Fähigkeiten eines jeden, vergleicht die Arbeitszeiten und berechnet danach die Tageslöhne.[90]

Aber nicht nur als Garten, auch als Laboratorium kann das Panopticon dienen: als Maschine für Experimente, zur Veränderung des Verhaltens, zur Dressur und Korrektur von Individuen. Man kann Medikamente ausprobieren und ihre Wirkungen überprüfen; man kann an den Gefangenen verschiedene Bestrafungen versuchen, je nach ihrem Verbrechen und ihrem Charakter, und die wirksamsten heraussuchen; man kann den Arbeitern gleichzeitig verschiedene Techniken beibringen und feststellen, welche die beste ist; man kann pädagogische Experimente anstellen – und vor allem das berühmte Problem der Klausur-Erziehung wieder behandeln, wozu man Findelkinder verwendet; man könnte dann sehen, was geschieht, wenn man sie im Alter von 16 oder 18 Jahren mit anderen Menschen in Verbindung bringt; man könnte feststellen, ob, wie Helvetius denkt, jeder beliebige alles beliebige lernen kann; man könnte »die Genealogie jeder beobachtbaren Idee« verfolgen; man könnte verschiedene Kinder in verschiedenen Denksystemen aufziehen und einige glauben ma-

90 J. Bentham, op. cit., S. 60-64.

chen, daß zwei und zwei nicht vier ist und daß der Mond ein Käse ist, und
sie später, wenn sie 20 oder 25 Jahre alt sind, zusammenführen; man würde
dann Diskussionen erleben, welche die Predigten und Vorträge, für die
man soviel Geld ausgibt, durchaus aufwögen; man hätte jedenfalls Gelegenheit, Entdeckungen im Bereich der Metaphysik zu machen. Das Panopticon ist ein bevorzugter Ort für Experimente an den Menschen und
für die zuverlässige Analyse der Veränderungen, die man an ihnen vornehmen kann. Das Panopticon vermag sogar seine eigenen Mechanismen
zu kontrollieren. In seinem Zentralturm kann der Direktor alle Angestellten beobachten, die seinem Befehl unterstehen: Pfleger, Ärzte, Werkmeister, Lehrer, Wärter; er kann sie stetig beurteilen, ihr Verhalten ändern,
ihnen die besten Methoden aufzwingen; und er selbst kann ebenfalls leicht
beobachtet werden. Ein Inspektor, der unversehens im Zentrum des Panopticon auftaucht, kann mit einem Blick, ohne daß ihm etwas verborgen bleibt, darüber urteilen, wie die gesamte Anstalt funktioniert. Und
ist nicht der Direktor, der inmitten dieser architektonischen Anlage eingeschlossen ist, mit ihr auf Gedeih und Verderb verbunden? Der unfä-
hige Arzt, der die Ansteckung nicht unterbunden hat, der ungeschickte
Gefängnis- oder Fabrikdirektor – sie werden die ersten Opfer der Epidemie oder der Revolte sein. »Mein Geschick«, sagt der Herr des Panopticon, »ist mit allen Banden, die ich erfunden habe, an das Geschick der
Häftlinge geknüpft.«[91] Das Panopticon funktioniert als eine Art Laboratorium der Macht. Dank seinen Beobachtungsmechanismen gewinnt es an
Wirksamkeit und dringt immer tiefer in das Verhalten der Menschen ein;
auf jedem Machtvorsprung sammelt sich Wissen an und deckt an allen
Oberflächen, an denen sich Macht entfaltet, neue Erkenntnisgegenstände
auf.

Die Unterschiede zwischen der verpesteten Stadt und der panoptischen
Anstalt sind beträchtlich. Sie bezeichnen die Transformationen des Dis-
ziplinarprogramms über anderthalb Jahrhunderte hinweg. Das eine Mal
handelt es sich um eine Ausnahmesituation: die Macht formiert sich zur
Abwehr eines außerordentlichen Übels; sie macht sich überall gegenwärtig

---

91 J. Bentham, *Panopticon versus New South Wales*, in: *Works*, Bd. IV, S. 177. Originaltitel: *Panopticon
versus New South Wales; or, The panopticon penitentiary system and the colonization system compared.*
London 1812.

und sichtbar; sie erfindet neue Räderwerke; sie errichtet Barrieren und Blockaden, mit denen sie den Raum durchsetzt; sie baut für eine gewisse Zeit eine Gegengesellschaft auf, die zugleich vollkommene Gesellschaft ist; sie etabliert ein ideales Funktionssystem, das sich jedoch letzten Endes ebenso wie das von ihm bekämpfte Übel auf den einfachen Dualismus Leben/Tod reduziert: was sich noch regt, ist dem Tode verfallen und wird in den Tod gestoßen. Das Panopticon hingegen ist als ein verallgemeinerungsfähiges Funktionsmodell zu verstehen, das die Beziehungen der Macht zum Alltagsleben der Menschen definiert. Zwar wird es von Bentham als eine besondere, in sich geschlossene Institution präsentiert, weshalb man auch oft eine Utopie der perfekten Einsperrung daraus gemacht hat: gegenüber den verfallenden und von Gemarterten wimmelnden Kerkern Piranesis erscheint das Panopticon als ein unerbittliches und wohldurchdachtes Gehäuse: ein wissenschaftliches Gefängnis. Daß es bis heute zu zahlreichen projektierten oder realisierten Variationen Anlaß gab, beweist die Kraft seiner Einbildungsmacht seit bald zwei Jahrhunderten. Aber das Panopticon ist nicht als Traumgebäude zu verstehen: es ist das Diagramm eines auf seine ideale Form reduzierten Machtmechanismus; sein Funktionieren, das von jedem Hemmnis, von jedem Widerstand und jeder Reibung abstrahiert, kann zwar als ein rein architektonisches und optisches System vorgestellt werden: tatsächlich ist es eine Gestalt politischer Technologie, die man von ihrer spezifischen Verwendung ablösen kann und muß.

Das Panopticon ist vielseitig einsetzbar: es dient zur Besserung von Sträflingen, aber auch zur Heilung von Kranken, zur Belehrung von Schülern, zur Überwachung von Wahnsinnigen, zur Beaufsichtigung von Arbeitern, zur Arbeitsbeschaffung für Bettler und Müßiggänger. Es handelt sich um einen bestimmten Typ der Einpflanzung von Körpern im Raum, der Verteilung von Individuen in ihrem Verhältnis zueinander, der hierarchischen Organisation, der Anordnung von Machtzentren und -kanälen, der Definition von Instrumenten und Interventionstaktiken der Macht – und diesen Typ kann man in den Spitälern, den Werkstätten, den Schulen und Gefängnissen zur Anwendung bringen. Wann immer man es mit einer Vielfalt von Individuen zu tun hat, denen eine Aufgabe oder ein Verhalten aufzuzwingen ist, kann das panoptische Schema Verwendung finden. Unter dem Vorbehalt notwendiger Anpassungen erstreckt sich seine Anwendbarkeit »auf alle Anstalten, in denen innerhalb eines nicht allzu ausgedehnten Raumes eine bestimmte Anzahl von Personen unter Aufsicht zu halten ist«.[92]

In jeder dieser Anwendungen ermöglicht es die Perfektionierung der Machtausübung: weil es die Möglichkeit schafft, daß von immer weniger Personen Macht über immer mehr ausgeübt wird; weil es Interventionen zu jedem Zeitpunkt erlaubt und weil der ständige Druck bereits vor der Begehung von Fehlern, Irrtümern, Verbrechern wirkt; ja weil unter diesen Umständen seine Stärke gerade darin besteht, niemals eingreifen zu müssen, sich automatisch und geräuschlos durchzusetzen, einen Mechanismus von miteinander verketteten Effekten zu bilden; weil es außer einer Architektur und einer Geometrie kein physisches Instrument braucht, um direkt auf die Individuen einzuwirken. Es »gibt dem Geist Macht über den Geist«. Das panoptische Schema ist ein Verstärker für jeden beliebigen Machtapparat: es gewährleistet seine Ökonomie (den rationellen Einsatz von Material, Personal, Zeit); es sichert seine Präventivwirkung, sein stetiges Funktionieren und seine automatischen Mechanismen. Es ist eine Methode der Machterlangung »in einem bisher beispiellosen Ausmaß«, »ein großes und neues Regierungsinstrument ...; seine Außerordentlichkeit besteht in der großen Kraft, die es jeder Institution, auf welche man es anwendet, zu geben imstande ist«.[93]

Also so etwas wie ein Ei des Kolumbus im Bereich der Politik. Das Panopticon kann sich wirklich in jede Funktion integrieren (Erziehung, Heilung, Produktion, Bestrafung); es kann jede Funktion steigern, indem es sich mit ihr innig vereint; es kann ein Mischsystem konstituieren, in welchem sich die Macht-(und Wissens-)beziehungen genauestens und bis ins Detail in die zu kontrollierenden Prozesse einpassen; es kann eine direkte Beziehung zwischen der Machtsteigerung und der Produktionssteigerung herstellen. Die Machtausübung setzt sich somit nicht von außen, als strenger Zwang oder drückendes Gewicht, gegenüber den von ihr besetzten Funktionen durch, vielmehr ist die Macht in den Funktionen so sublim gegenwärtig, daß sie deren Wirksamkeit steigert, indem sie ihren eigenen Zugriff verstärkt. Die panoptische Anlage ist nicht einfach ein Scharnier oder ein Austauschregler zwischen einem Machtmechanismus

---

92 J. Bentham, op. cit., S. 40. Bentham hat das Beispiel der Strafanstalt vorrangig behandelt, weil diese Anstalt zahlreiche Funktionen wahrzunehmen hat (Überwachung, automatische Kontrolle, Einsperrung, Einsamkeit, Zwangsarbeit, Unterweisung).

93 J. Bentham, op. cit., S. 65.

und einer Funktion; sie bringt Machtbeziehungen innerhalb einer Funktion zur Geltung und steigert dadurch diese Funktion. Der Panoptismus ist imstande, »die Moral zu reformieren, die Gesundheit zu bewahren, die Ökonomie wie auf einen Felsen zu bauen, den gordischen Knoten der Armengesetze zu entflechten, anstatt zu durchhauen – und all das dank einer einfachen architektonischen Idee«.[94]

Noch dazu ist die Anordnung dieser Maschine eine solche, daß ihre Geschlossenheit eine ständige Anwesenheit der Außenwelt gar nicht ausschließt. Wir haben bereits gesehen, daß jeder beliebige kommen kann, um die Überwachungsfunktionen im Zentralturm wahrzunehmen, und daß er bei dieser Gelegenheit erahnen kann, wie diese Aufsicht funktioniert. Jede panoptische Institution, mag sie so geschlossen sein wie eine Strafanstalt, kann ohne weiteres diesen zufälligen und unaufhörlichen Inspektionen zugänglich sein, und zwar nicht nur für beauftragte Kontrolleure, sondern für das Publikum; jedes beliebige Mitglied der Gesellschaft hat das Recht, mit seinen eigenen Augen wahrzunehmen, wie die Schulen, die Spitäler, die Fabriken, die Gefängnisse funktionieren. Es besteht also keine Gefahr, daß die der panoptischen Maschine zu verdankende Machtsteigerung in Tyrannei entarten könnte; die Disziplinaranlage wird demokratisch kontrolliert, da sie für »den großen Ausschuß des Weltgerichts«[95] ständig zugänglich ist. Das Panopticon, das so sorgfältig geplant worden ist, damit ein Aufseher mit einem Blick so viele verschiedene Individuen beobachten kann, erlaubt es jedermann, den kleinsten Wächter zu überwachen. Die Sehmaschine, die eine Art Dunkelkammer zur Ausspähung der Individuen war, wird ein Glaspalast, in dem die Ausübung der Macht von der gesamten Gesellschaft durchschaut und kontrolliert werden kann.

Das panoptische Schema ist dazu bestimmt, sich im Gesellschaftskörper auszubreiten, ohne irgendeine seiner Eigenschaften aufzugeben; es ist dazu berufen, im Gesellschaftskörper zu einer verallgemeinerten Funktion zu werden. Die verpestete Stadt bildete ein Disziplinarmodell des Ausnahmezustandes: vollkommen und gewaltsam; der todbringenden Krankheit

---

94 J. Bentham, op. cit., S. 39.

95 Bentham stellte sich den steten Besucherstrom so vor, daß die Besucher durch einen unterirdischen Gang in den Zentralturm gelangen und von da aus die Kreislandschaft des Panopticon beobachten würden. Darum ist anzunehmen, daß er die Panoramen kannte, die gerade damals (das erste stammt aus dem Jahre 1787) von Barker erbaut wurden und in denen die Besucher von einem zentralen Punkt aus eine Landschaft, eine Stadt, eine Schlacht sich ausbreiten sahen. Die Besucher nahmen den Platz des souveränen Blicks ein.

setzte die Macht eine ständige Todesdrohung entgegen; das Leben war auf seinen elementarsten Ausdruck reduziert; gegen die Macht des Todes war es nur mehr die peinlich genaue Durchsetzung des Kriegsrechts. Das Panopticon hingegen hat verstärkend und steigernd zu wirken; nicht um der Macht willen und nicht, um einer bedrohten Gesellschaft das Leben zu retten, organisiert es die Macht und macht sie ökonomischer und wirksamer: es geht darum, die Gesellschaftskräfte zu steigern – die Produktion zu erhöhen, die Wirtschaft zu entwickeln, die Bildung auszudehnen, das Niveau der öffentlichen Moral zu heben; zu Wachstum und Mehrung beizutragen.

Wie läßt sich die Macht so verstärken, daß sie diesen Fortschritt nicht stört, durch Anforderung und Schwerfälligkeit nicht behindert, sondern ihn sogar erleichtert? Welcher Machtverstärker kann zugleich ein Produktionsmehrer sein? Wie kann die Macht durch Vermehrung ihrer Kräfte die Kräfte der Gesellschaft stärken, anstatt sie zu enteignen oder zu fesseln? Das Panopticon bietet dafür die Lösung an, daß die Produktionssteigerung der Macht nur möglich ist, wenn die Macht ohne Unterbrechung bis in die elementarsten und feinsten Bestandteile der Gesellschaft eindringen kann und wenn sie auf die jähen, gewalttätigen und lückenhaften Verfahren der Souveränität verzichtet. Der Körper des Königs mit seiner merkwürdigen materiellen und mythischen Gegenwart, mit seiner Kraft, die er selber entfaltet oder anderen überträgt, bildet den extremen Gegensatz zur neuen Physik der Macht, wie sie vom Panoptismus definiert wird; ihr Bereich ist jene Niederung der ungeordneten Körper mit ihren Einzelheiten und vielfältigen Bewegungen, mit ihren heterogenen Kräften und räumlichen Beziehungen; es handelt sich um Mechanismen, welche Verteilungen, Verschiebungen, Serien, Kombinationen analysieren und Instrumente einsetzen, um sichtbar zu machen, zu registrieren, zu differenzieren und zu vergleichen: es ist die Physik einer beziehungsreichen und vielfältigen Macht, die ihre größte Intensität nicht in der Person des Königs hat, sondern in den Körpern, die durch ebendiese Beziehungen individualisiert werden. Auf der Ebene der Theorie definiert Bentham einen Typ der Analyse des Gesellschaftskörpers und der ihn durchkreuzenden Machtbeziehungen; auf der Ebene der Praxis definiert er eine Prozedur der Unterordnung von Körpern und Kräften, welche die Nützlichkeit der Macht erhöht, indem sie sich den Fürsten erspart. Der Panoptismus ist das allgemeine Prinzip einer neuen »politischen Anatomie«, die es nicht mit dem Verhältnis der Souveränität, sondern mit den Beziehungen der Disziplin zu tun hat.

In seinem durchsichtigen kreisrunden Käfig auf dem hohen Turm von Wissen und Macht mag es Bentham darum gehen, eine vollkommene Disziplinarinstitution zu entwerfen; aber es geht auch um den Aufweis, wie man die Disziplinen »entsperren« und diffus, vielseitig, polyvalent im gesamten Gesellschaftskörper wirken lassen kann. Aus den Disziplinen, die im klassischen Zeitalter des 17. und 18. Jahrhunderts an bestimmten, relativ geschlossenen Orten – Kasernen, Kollegs, Manufakturen – ausgearbeitet worden sind und deren umfassenden Einsatz man sich nur im begrenzten und vorübergehenden Rahmen einer verpesteten Stadt vorstellen konnte, aus diesen Disziplinen ein die Gesamtgesellschaft lückenlos überwachendes und durchdringendes Netzwerk zu machen ist der Traum Benthams. Das Panopticon liefert die Formel für diese Verallgemeinerung. Es programmiert auf der Ebene eines einfachen und leicht zu übertragenden Mechanismus das elementare Funktionieren einer von Disziplinarmechanismen vollständig durchsetzten Gesellschaft.

Wir haben es also mit zwei entgegengesetzten Bildern von Disziplin zu tun: auf der einen Seite die Disziplin als Blockade, als geschlossene Anstalt, die innerhalb bestimmter Grenzen auf negierende Funktionen ausgerichtet ist: Bannung des Übels, Unterbrechung der Beziehungen, Aufhebung der Zeit. Auf der anderen Seite die Disziplin als panoptischer Betrieb, als Funktionszusammenhang, der die Ausübung der Macht verbessern, d.h. beschleunigen, erleichtern, effektiver machen soll: ein Entwurf subtiler Zwangsmittel für eine künftige Gesellschaft. Der Übergang von einem Projekt zum anderen, vom Modell der Ausnahmedisziplin zu dem der verallgemeinerten Überwachung, beruht auf einer historischen Transformation: der fortschreitenden Ausweitung der Disziplinarsysteme im Laufe des 17. und 18. Jahrhunderts, ihrer Vervielfältigung durch den gesamten Gesellschaftskörper hindurch, der Formierung der »Disziplinargesellschaft«.

Eine umfassende Verallgemeinerung der Disziplinen, die in Benthams Machtphysik zu Protokoll gegeben wird, hat sich im Laufe des klassischen Zeitalters vollzogen. Die Disziplinarinstitutionen haben sich vervielfältigt, ihr Netz ist immer umfassender geworden, und immer mehr sind sie aus ihrer Randlage herausgerückt: was einst eine Insel war, ein bevorzugter Platz, eine vorübergehende Maßnahme oder ein besonderes Modell, wird jetzt zur allgemeinen Formel. Die Reglementierungen der frommen protestantischen Heerscharen eines Wilhelm von Oranien oder eines Gustav

Adolf von Schweden sind zu den Reglements aller Armeen Europas geworden; in den Musterkollegs der Jesuiten oder in den Schulen eines Sturm, Batencour oder Demia zeichnen sich die allgemeinen Formen der Schuldisziplin ab; die Neuordnung der Hafen- und Militärspitäler dient der gesamten Reorganisation des Spitalwesens im 18. Jahrhundert als Vorbild.

Diese Ausweitung der Disziplinarinstitutionen ist jedoch nur der augenfälligste Aspekt verschiedener tieferer Prozesse:

1. *Die Funktionsumkehr bei den Disziplinen.* Erwartete man von den Disziplinen ursprünglich die Bannung von Gefahren, die Bindung unnützer oder unruhiger Bevölkerungen, das In-Schach-Halten großer Menschenansammlungen, so fordert man nun von ihnen, daß sie, wozu sie auch fähig werden, eine positive Rolle spielen und die mögliche Nützlichkeit von Individuen vergrößern. Die militärische Disziplin ist nicht mehr einfach ein Mittel, mit dem das Plündern, die Desertion und die Befehlsverweigerung verhindert werden sollen; sie wird zu einer technischen Voraussetzung dafür, daß die Armee nicht mehr als ein zusammengelesener Haufen existiert, sondern als eine Einheit, die gerade aus ihrer Einheit eine Steigerung ihrer Kräfte schöpft; die Disziplin vergrößert die Geschicklichkeit eines jeden, koordiniert diese Geschicklichkeiten, beschleunigt die Bewegungen, vervielfacht die Feuerkraft, erweitert die Angriffsfronten, ohne die Angriffskraft zu schwächen, stärkt die Widerstandskraft usw. Die Arbeitsdisziplin hat zwar weiterhin die Aufgabe, den Respekt der Reglements und Autoritäten zu sichern sowie Diebstähle und Verschwendung zu verhindern, aber sie soll auch die Fähigkeiten, die Geschwindigkeiten, die Arbeitserträge und damit die Gewinne erhöhen; sie hat die Verhaltensweisen sittlich zu heben, aber sie soll sie vor allem auf ihr Ziel ausrichten und die Körper in eine Maschinerie, die Kräfte in eine Ökonomie integrieren. Als sich im 17. Jahrhundert die Provinzschulen und die christlichen Elementarschulen entwickelten, verwies man zur Rechtfertigung vornehmlich auf Übelstände: die Armen, die nicht über die Mittel verfügten, um ihre Kinder zu erziehen, ließen diese »in Unwissenheit über ihre Verpflichtungen; da sie sich nur mit Mühe durchbringen, sind sie nicht imstande, eine gute Erziehung zu vermitteln, die sie selber nie genossen haben«; das führt zu drei bedeutenden Mißständen: Unwissenheit von Gott, Müßiggang (mitsamt Trunksucht, Unzucht, Diebstahl, Straßenraub) und die Entstehung jener Bettlerhorden, »die jederzeit öffentliche Unruhen heraufbeschwören und gerade gut genug sind, um die Vorräte des Hôtel-Dieu auf-

zubrauchen«.[96] Zu Beginn der Revolution hingegen erwartet man vom Elementarunterricht unter anderem, »den Körper zu entwickeln und zu stärken«, das Kind »für die Zukunft zu einer mechanischen Arbeit zu befähigen«, ihm »einen scharfen Blick, eine sichere Hand und nützliche Fertigkeiten« zu vermitteln.[97] Die Disziplinen werden immer mehr zu Techniken, welche nutzbringende Individuen fabrizieren. Darum rücken sie von den Rändern der Gesellschaft weg und von ihrer Rolle als Ausschließung oder Sühnung, Einsperrung oder Rückzug immer mehr ab; darum lösen sie allmählich ihre Verwandtschaft mit den religiösen Regeln und Klausuren. Und darum tendieren sie dazu, sich in die wichtigeren, zentraleren, produktiveren Bereiche der Gesellschaft, in ihre großen Hauptfunktionen einzuschalten: in die manufakturmäßige Produktion, die Vermittlung von Kenntnissen und Fähigkeiten, den Kriegsapparat. Daraus ergibt sich auch die im 18. Jahrhundert zu beobachtende Tendenz, die Zahl der Disziplinarinstitutionen zu vermehren und die bestehenden Apparate zu disziplinieren.

2. *Die Ausweitung der Disziplinarmechanismen.* Während sich auf der einen Seite die Disziplinarinstitutionen vervielfältigen, tendieren ihre Mechanismen dazu, sich über die Institutionen hinaus auszuweiten, sich zu »desinstitutionalisieren«, ihre geschlossenen Festungen zu verlassen und »frei« zu wirken. Die massiven und kompakten Disziplinen lockern sich zu weichen, geschmeidigen, anpassungsfähigen Kontrollverfahren auf. Gelegentlich handelt es sich um geschlossene Apparate, die neben ihrer spezifischen inneren Funktion auch nach außen hin eine Überwachungsrolle wahrnehmen, indem sie die Zone um sich herum kontrollieren. So muß die christliche Schule nicht einfach gelehrige Kinder heranbilden; sie hat auch zur Überwachung der Eltern beizutragen, indem sie sich über deren Lebensweise, Einkommensverhältnisse, Frömmigkeit und Sitten informiert. Die Schule bildet winzige Gesellschaftsobservatorien und übt auch über die Erwachsenen eine regelmäßige Kontrolle aus: das schlechte Betragen eines Schülers oder sein Fehlen berechtigt nach Demia dazu, bei den Nachbarn nachzufragen, vor allem, wenn man annehmen muß, daß die Familie nicht die Wahrheit sagt; dann fragt man die Eltern selbst, um herauszufinden, ob sie den Katechismus und die Gebete kennen, ob sie die Laster

---

96 Ch. Demia, *Règlement pour les écoles de la ville de Lyon,* 1716, S. 60 f.
97 Talleyrand vor der Verfassunggebenden Versammlung. Zit. in: A. Léon, *La Révolution française et l'éducation technique,* 1968, S. 106.

ihrer Kinder ausrotten wollen, wie viele Betten es gibt und wie man sich
nachts darin verteilt; am Ende eines solchen Besuchs steht vielleicht ein Almosen, ein geschenktes Bild oder die Zuteilung zusätzlicher Betten.[98] In
ähnlicher Weise wird das Spital immer mehr als Stützpunkt für die medizinische Überwachung der Bevölkerung aufgefaßt. Nach dem Brand des
Hôtel-Dieu im Jahre 1772 wollen einige die große Anstalt, die so schwerfällig und unübersichtlich war, durch eine Reihe kleinerer Spitäler ersetzt
wissen; diese sollen nicht nur die Kranken des Viertels aufnehmen, sondern auch Informationen sammeln, endemische oder epidemische Erscheinungen im Auge behalten, den Einwohnern Ratschläge und ambulante Behandlung erteilen und die Autoritäten bezüglich des Sanitätszustandes der
Region auf dem laufenden halten.[99]

Nicht nur von geschlossenen Institutionen, sondern auch von Kontroll-
punkten aus, die in der Gesellschaft verstreut sind, schwärmen die Disziplinarprozeduren aus. Lange Zeit haben religiöse Gruppen und Mildtätigkeitsvereine diese Rolle der Disziplinierung der Bevölkerung gespielt. Von
der Gegenreformation bis zur Juli-Monarchie haben sich die Initiativen
dieses Typs vervielfältigt; ihre Aufgaben waren religiös (Bekehrung und
Moralisierung), wirtschaftlich (Hilfeleistung oder Anhaltung zur Arbeit),
politisch (Kampf gegen Unzufriedenheit oder Aufruhr). Beispielshalber
sei aus den Reglements von Mildtätigkeitsvereinen in Pariser Pfarreien zitiert: das jeweils zu erfassende Territorium wird in Viertel und Kantone
gegliedert, welche die Mitglieder des Vereins auf sich verteilen; bei ihren
regelmäßigen Besuchen »arbeiten sie daran, verrufene Lokale und Spielhäuser zu überwachen und öffentliche Skandale, Gotteslästerungen, Ruch-
losigkeiten sowie andere Ruhestörungen zu verhindern«; sie müssen auch
Armenbesuche machen, um Erkundigungen einzuziehen, wie sie in den
Reglements vorgeschrieben sind: Zustand der Wohnung, Kenntnis der Gebete, Besuch der Sakramente, Ausbildung in einem Handwerk, Sittlichkeit
(und »ob sie nicht durch eigene Schuld in Armut geraten sind«); schließlich muß man sich »auf unverfängliche Weise danach erkundigen, wie sie
sich in ihrer Familie verhalten, ob sie in Frieden miteinander und mit ihren
Nachbarn leben, ob sie sich bemühen, ihre Kinder in Gottesfurcht zu erzie-

---

98 Ch. Demia, op. cit., S. 39 f.
99 In der zweiten Hälfte des 18. Jahrhunderts war es ein verbreiteter Gedanke, die Armee zur allgegenwärtigen Überwachung der Bevölkerung einzusetzen. Mußte die Armee im 17. Jahrhundert noch
   diszipliniert werden, so gilt sie nun als »disziplinierend«. Vgl. J. Servan, *Le soldat citoyen*, 1780.

hen ... ob sie nicht ihre großen Kinder verschiedenen Geschlechts miteinander oder bei sich schlafen lassen, ob sie nicht Liederlichkeiten und Liebkosungen in der Familie, vor allem bei den großen Töchtern, erlauben. Zweifelt man daran, daß sie verheiratet sind, so ist nach ihrem Trauschein zu fragen«.[100]

3. *Die Verstaatlichung der Disziplinarmechanismen.* In England haben private Gruppen religiöser Inspiration sehr lange die Funktionen gesellschaftlicher Disziplin wahrgenommen.[101] In Frankreich ist ein Teil dieser Aufgaben in den Händen von Wohltätigkeitsvereinen verblieben, doch der weitaus bedeutsamere Teil wurde ziemlich früh vom Polizeiapparat übernommen.

Die Organisation einer zentralisierten Polizei galt lange, auch in den Augen der Zeitgenossen, als der unmittelbarste Ausdruck des königlichen Absolutismus. Der Souverän wollte »eine ihm eigene Behörde, der er seine Befehle, seine Aufträge, seine Absichten anvertrauen konnte und die seine Anordnungen und Haftbefehle zu vollstrecken hatte«.[102] Tatsächlich war es so, daß die Polizeileutnantstellen und die sie krönende Generalleutnantstelle in Paris, indem sie eine Reihe bereits bestehender Funktionen (Verfolgung von Verbrechern, Stadtwache, wirtschaftliche und politische Kontrolle) übernahmen, sie damit in eine einheitliche und rigorose Verwaltungsmaschine überführten: »Alle Kraft- und Informationsstrahlen, die von der Peripherie ausgehen, müssen zum Generalleutnant führen ... Er setzt all die Räder in Bewegung, deren Gesamtheit die Ordnung und die Harmonie hervorbringt. Die Wirkungen seiner Verwaltung sind mit nichts besser zu vergleichen als mit der Bewegung der Himmelskörper.«[103]

Gewiß ist die Polizei als Staatsapparat organisiert und direkt ans Zentrum der politischen Souveränität angeschlossen worden. Aber ihr Machttyp, ihre Einsatzmechanismen und -bereiche sind von unverkennbarer Eigenart. Es handelt sich um einen Apparat, der mit dem gesamten Gesellschaftskörper koextensiv ist – und zwar nicht nur aufgrund seiner äußeren Grenzen, sondern aufgrund seines Eingehens auf jedes einzelne Detail. Die Polizeigewalt muß »alles« erfassen: allerdings nicht die Gesamtheit

100 Arsenal, Ms. 2565. Unter dieser Signatur findet man zahlreiche Reglements für Mildtätigkeitsvereine des 17. und 18. Jahrhunderts.
101 Vgl. L. Radzinovitz, *The English Criminal Law*, 1956, Bd. II, S. 203-214.
102 Diese Bemerkung von Duval, Sekretär der Polizeileutnantstelle, ist zitiert in: Funck-Brentano, *Catalogue des manuscrits de la bibliothèque de l'Arsenal*, Bd. IX, S. 1.
103 N. T. Des Essarts, *Dictionnaire universel de police*, 1787, S. 344, 528.

des Staates oder des Königreiches als des sichtbaren und unsichtbaren Körpers des Monarchen, sondern den Staub der Ereignisse, der Handlungen,
der Verhaltensweisen, der Meinungen – »alles, was passiert«.[104] Der Gegenstand der Polizei sind jene »Dinge eines jeden Augenblicks«, jene »geringfügigen Dinge«, von denen Katharina II. in ihrer Großen Instruktion
sprach.[105] Mit der Polizei befindet man sich in einer infinitesimalen Kontrolle, welche die oberflächlichsten und flüchtigsten Erscheinungen des
Gesellschaftskörpers zu erfassen sucht. »Der Dienst der Polizeibeamten
und -offiziere gehört zu den wichtigsten; seine Aufgabenbereiche sind gewissermaßen unbegrenzt und können nur in hinreichend detaillierter Prüfung wahrgenommen werden«[106]: das unendlich Kleine der politischen
Gewalt.

Zu ihrer Durchsetzung muß sich diese Macht mit einer ununterbrochenen, erschöpfenden, allgegenwärtigen Überwachung ausstatten, die
imstande ist, alles sichtbar zu machen, sich selber aber unsichtbar. Ein ge-
sichtsloser Blick, der den Gesellschaftskörper zu seinem Wahrnehmungsfeld macht: Tausende von Augen, die überall postiert sind; bewegliche und
ständig wachsame Aufmerksamkeiten; ein weites hierarchisiertes Netz,
das nach Le Maire allein in Paris 48 Kommissare, 20 Inspektoren, dann
die regelmäßig bezahlten »Beobachter«, die tageweise entlohnten Spitzel,
die für Sonderaufgaben eingesetzten Denunzianten und schließlich die
Prostituierten umfaßt. Und diese unaufhörliche Beobachtung muß in
einer Reihe von Berichten und Registern angehäuft werden; im 18. Jahrhundert versucht ein unermeßlicher Polizeitext die Gesellschaft mittels
einer komplexen dokumentarischen Organisation abzudecken.[107] Im Unterschied zur Gerichts- oder Verwaltungsschreiberei werden hier Verhaltensweisen, Einstellungen, Anlagen, Verdächtigkeiten von Individuen ununterbrochen registriert.

Wenngleich sich diese Polizeikontrolle insgesamt »in der Hand des Königs« befand, so funktionierte sie doch nicht nur in einer einzigen Richtung. Es handelt sich um ein System mit zwei Eingängen: einerseits hat
es den unmittelbaren Willensäußerungen des Königs Folge zu leisten, indem es den Justizapparat umgeht; es hat aber auch von unten kommenden

---

104 Le Maire in einer Denkschrift, die er auf Verlangen von Sartine verfaßte, um 16 Fragen von Joseph
     II. über die Pariser Polizei zu beantworten (veröffentlicht 1879 von Gazier).
105 *Instruction pour la rédaction d'un nouveau code*, 1769, § 535.
106 N. Delamare, *Traité de la police*, 1705, Vorwort.
107 Vgl. dazu M. Chassaigne, *La Lieutenance générale de police*, 1906.

Gesuchen zu entsprechen: in ihrer überwiegenden Mehrheit gingen die berüchtigten Haftbefehle, die lange Zeit das Symbol königlicher Willkür waren und die Praxis der Haft politisch disqualifizierten, auf Ansuchen von seiten der Familien, der Werkmeister, der Notablen, der Nachbarn, der Pfarrherrn zurück; diese Haftbefehle hatten eine »Sub-Delinquenz« durch Internierung zu sanktionieren: die Vergehen der Ruhestörung, des Aufruhrs, des Ungehorsams, des schlechten Benehmens – also die »Delikte der Nicht-Überwachung«, die Ledoux aus seiner architektonisch vollkommenen Stadt verbannen wollte. Im 18. Jahrhundert fungiert die Polizei nicht mehr nur als Hilfstrupp der Justiz bei der Verfolgung von Verbrechern und als Instrument der politischen Kontrolle von Aufstandsbewegungen oder Revolten; sie übernimmt auch eine Disziplinierungsfunktion. Diese Funktion ist komplex, weil sie die absolute Macht des Monarchen an die kleinsten in der Gesellschaft verstreuten Machtinstanzen knüpft und weil sie zwischen den geschlossenen Disziplinarinstitutionen (Werkstätten, Armee, Schulen) ein Verbindungsnetz spannt, das die von jenen offengelassenen Lücken füllt und die nichtdisziplinierten Räume diszipliniert, abdeckt, miteinander verbindet und mit ihrer bewaffneten Gewalt schützt: Interdisziplin und Metadisziplin. »Der Souverän gewöhnt das Volk durch eine kluge Polizey zur Ordnung und zum Gehorsam.«[108]

Die Organisation des Polizeiapparats im 18. Jahrhundert besiegelt eine die Dimensionen des Staates erreichende Verallgemeinerung der Disziplinen. Es wird nun verständlich, wie es möglich war, daß die Polizei, die unverhohlen der Seite der königlichen Macht nahestand, welche über die reguläre Justiz hinausging, mit einem Minimum an Modifikationen den Umbau der Justizgewalt überlebt hat und daß sie bis heute nicht aufgehört hat, der Justizgewalt ihr eigenes Übergewicht aufzuzwingen; gewiß ist sie der weltliche Arm der Justiz; aber vor allem ist sie kraft ihrer Reichweite und ihrer Mechanismen viel besser und viel enger als die Justiz ein Herz und eine Seele – oder vielmehr ein Körper – mit der Disziplinargesellschaft. Gleichwohl wäre es nicht ganz richtig zu glauben, daß die Disziplinarfunktionen ein für allemal von einem Staatsapparat konfisziert und absorbiert worden sind.

---

108 Emerie de Vattel, *Völkerrecht oder gründliche Anweisung wie die Grundsätze des natürlichen Rechts auf das Betragen und die Angelegenheiten der Nationen und Souveräne angewendet werden müssen. Ein Werk, welches Anleitung gibt, das wahre Interesse souveräner Mächte zu entdecken.* Aus dem Franz. übers. von J. Ph. Schulin. Frankfurt und Leipzig 1760, I, S. 261.

Die »Disziplin« kann weder mit einer Institution noch mit einem Apparat identifiziert werden. Sie ist ein Typ von Macht; eine Modalität der Ausübung von Gewalt; ein Komplex von Instrumenten, Techniken, Prozeduren, Einsatzebenen, Zielscheiben; sie ist eine »Physik« oder eine »Anatomie« der Macht, eine Technologie. Und sie kann von »spezialisierten« Institutionen (Strafanstalten oder Besserungshäuser des 19. Jahrhunderts) eingesetzt werden; oder von Institutionen, die sich ihrer zur Erreichung ganz bestimmter Ziele bedienen (Erziehungsheime, Spitäler); oder auch von vorgegebenen Institutionen, die ihre inneren Machtmechanismen damit verstärken oder verändern (so wird eines Tages zu zeigen sein, wie sich die innerfamiliären Beziehungen, vor allem in der Zelle Eltern/Kinder, »diszipliniert« haben, indem sie seit dem klassischen Zeitalter äußere Modelle (schulische, militärische, dann ärztliche, psychiatrische, psychologische Modelle) übernommen haben, wodurch die Familie zum Hauptort der Disziplinarfrage nach dem Normalen und Anormalen geworden ist); oder durch Apparate, die aus der Disziplin ihr inneres Funktionsprinzip gemacht haben (Disziplinarisierung des Verwaltungsapparats seit der napoleonischen Zeit); oder schließlich durch Staatsapparate, die nicht ausschließlich, aber wesentlich die Aufgabe haben, die Disziplin in einer ganzen Gesellschaft durchzusetzen (Polizei).

Eine Disziplinargesellschaft formiert sich also in der Bewegung, die von den geschlossenen Disziplinen, einer Art gesellschaftlicher »Quarantäne«, zum endlos verallgemeinerungsfähigen Mechanismus des »Panoptismus« führt. Es ist nicht so, daß die Disziplinarfunktion der Macht alle übrigen Funktionen ersetzt hätte; vielmehr hat sie sich in sie und zwischen sie eingeschlichen, und indem sie sie gelegentlich modifizierte, sie miteinander verband und sie erweiterte, ließ sie die Machtwirkungen bis in die feinsten und entlegensten Elemente dringen. Die Disziplinarfunktion gewährleistet eine infinitesimale Verteilung der Machtbeziehungen.

Wenige Jahre nach Bentham verfaßte Julius die Geburtsurkunde dieser Gesellschaft.[109] Vom panoptischen Prinzip sprechend sagte er, es sei »eine in der Geschichte, nicht allein der Baukunst, sondern des menschlichen Geistes überhaupt, höchst bemerkenswerte Erscheinung«. In der Lösung eines technischen Problems zeichnet sich ein Gesellschaftstyp ab. Die Antike war eine Zivilisation des Schauspiels gewesen. »... der Menge den An-

109 N. H. Julius, op. cit., S. 108 f.

blick und die Überschauung Weniger verschaffen« – diesem Problem wurde die Architektur der Tempel, der Theater, der Zirkusse gerecht. Mit dem Schauspiel dominierten die »öffentliche Lebensweise«, die Intensität der Feste, die sinnliche Nähe. In diesen von Blut triefenden Ritualen gewann die Gesellschaft ihre Kraft und bildete für einen Augenblick gleichsam einen einzigen großen Körper. Die neuere Zeit stellt das umgekehrte Problem: »Wenigen oder einem Einzelnen die Übersicht Vieler zu gewähren«. In einer Gesellschaft, in der die Hauptelemente nicht mehr die Gemeinschaft und das öffentliche Leben sind, sondern die privaten Individuen einerseits und der Staat anderseits, können die Beziehungen nur in einer Form geregelt werden, die dem Schauspiel genau entgegengesetzt ist. »Erst der neueren Zeit blieb es aufbehalten, mit der umfassenderen Lenkung des Staates, und dessen stets tieferem Eindringen in die Zustände und Verhältnisse des bürgerlichen Lebens, zu den Hilfsmitteln der Vervollständigung jener auch schon die auf Überschauung berechnete Bauart und Einrichtung für eine zahlreiche Menschenmenge bestimmter Wohn- und Aufenthaltsorte mitwirkend herbeizuziehen und in Anspruch zu nehmen.«

Julius verstand als einen historischen Prozeß, was Bentham als ein technisches Programm beschrieben hatte. Unsere Gesellschaft ist nicht eine des Schauspiels, sondern eine Gesellschaft der Überwachung. Unter der Oberfläche der Bilder werden in der Tiefe die Körper eingeschlossen. Hinter der großen Abstraktion des Tausches vollzieht sich die minutiöse und konkrete Dressur der nutzbaren Kräfte. Die Kreise der Kommunikation sind die Stützpunkte einer Anhäufung und Zentralisierung des Wissens. Das Spiel der Zeichen definiert die Verankerungen der Macht. Die schöne Totalität des Individuums wird von unserer Gesellschaftsordnung nicht verstümmelt, unterdrückt, entstellt; vielmehr wird das Individuum darin dank einer Taktik der Kräfte und der Körper sorgfältig fabriziert. Wir sind weit weniger Griechen, als wir glauben. Wir sind nicht auf der Bühne und nicht auf den Rängen. Sondern eingeschlossen in das Räderwerk der panoptischen Maschine, das wir selber in Gang halten – jeder ein Rädchen. Die Bedeutung Napoleons in der historischen Mythologie hat vielleicht darin einen ihrer Ursprünge: er steht an dem Punkt, wo sich der monarchische und rituelle Vollzug der Souveränität mit dem hierarchischen und steten Vollzug der unbegrenzten Disziplin trifft. Er ist derjenige, der alles mit einem einzigen Blick überragt, aber dem kein Detail, wie winzig es auch sein mag, jemals entkommt: »Sie können glauben, daß kein Teil des Reichs der Überwachung entgeht, daß kein Verbrechen, kein Vergehen, kein Verstoß ohne Verfolgung bleiben kann und daß das Auge des Genius, der alles zu erleuchten weiß, die Gesamtheit dieser riesigen Maschine umfaßt, ohne daß ihm doch das geringste Detail entrinnen kann.«[110] Im Augenblick ihres Hervortretens erscheint die Disziplinargesellschaft mit dem Kaiser noch im Gewande der Prunkherrschaft. Als Monarch, der gleichzeitig den alten Thron usurpiert und den neuen Staat organisiert, rafft er in einer symbolischen und letzten Gestalt einen langen Prozeß zusammen: das allmähliche Verlöschen der glänzenden Feste der Souveränität, das Verstummen der spektakulären Kundgebungen der Macht in einem alltäglichen Verfahren der Überwachung, im Panoptismus, in dem die Wachsamkeit der einander kreuzenden Beobachtungen den Blick des Adler-Sonnen-Auges bald überflüssig machen wird.

Die Formierung der Disziplinargesellschaft vollzieht sich innerhalb breiter historischer Prozesse, die ökonomischer, rechtlich-politischer und wissenschaftlicher Art sind.

1. Allgemein kann man sagen, daß die Disziplinen Techniken sind, die das Ordnen menschlicher Vielfältigkeiten sicherstellen sollen. Daran ist nichts charakteristisch, geschweige denn außerordentlich. Jedem Machtsystem stellt sich dasselbe Problem. Das Eigenartige der Disziplinen ist, daß sie versuchen, angesichts der Vielfältigkeiten eine Machttaktik zu definieren, die drei Kriterien entspricht: die Ausübung der Macht soll möglichst geringe Kosten verursachen (wirtschaftlich ist das möglich durch geringe Ausgaben; politisch durch Diskretion, geringes Aufsehen, relative Unsichtbarkeit, Erregung von möglichst wenig Widerstand); die Wirkung der gesellschaftlichen Macht soll möglichst intensiv sein und sich soweit wie möglich erstrecken, ohne Niederlagen oder Lücken zu riskieren; schließlich soll sich diese »ökonomische« Steigerung der Macht mit der Leistungsfähigkeit der Apparate verbinden, innerhalb deren sie ausgeübt wird (ob es sich um pädagogische, militärische, industrielle, medizinische Apparate handelt). Es gilt also gleichzeitig die Fügsamkeit und die Nützlichkeit aller Elemente des Systems zu steigern. Dieser dreifache Zweck der Disziplinen entspricht einer bekannten historischen Situation. Da ist einmal der demographische Wachstumsstoß des 18. Jahrhunderts: Vermehrung der nicht-

---

110 J. B. Treilhard, *Motifs du code d'instruction criminelle*, 1808, S. 14.

seßhaften Bevölkerung (eines der ersten Ziele der Disziplin ist das Festsetzen – sie ist ein gegen das Nomadentum gerichtetes Verfahren); rasche Vergrößerung der zu kontrollierenden und zu manipulierenden Gruppen
(vom Anfang des 17. Jahrhunderts bis zum Vorabend der Französischen
Revolution hat sich die Zahl der Schüler vervielfacht, ebenso die der
Krankenhausinsassen; am Ende des 18. Jahrhunderts zählte die Armee in
Friedenszeiten über 200 000 Mann). Der andere Aspekt der historischen
Konstellation ist das Anwachsen des Produktionsapparates, der immer ausgedehnter, komplexer, kostspieliger wird und dessen Rentabilität darum
gesteigert werden muß. Die Entwicklung der Disziplinarprozeduren entspricht diesen beiden Prozessen oder vielmehr der Notwendigkeit ihrer gegenseitigen Anpassung. Die Relikte der Feudalmacht, die Strukturen der
monarchischen Verwaltung oder die lokalen Kontrollmechanismen waren
zur Erfüllung dieser Aufgabe ebensowenig fähig wie die unsichere Verflechtung dieser Strukturen: dazu war die Ausdehnung ihres Netzes zu lük-
kenhaft und regellos, war ihr Funktionieren zu konfliktträchtig und war
vor allem die Art ihrer Machtausübung zu »kostspielig« im eigentlichen
Sinn des Wortes: nicht nur, weil sie die Staatskasse viel kostete; weil das System der käuflichen Ämter und der Verpachtungen auf der Bevölkerung
schwer lastete; weil sie aufgrund der Widerstände, die sie hervorrief, sich
ständig wieder verstärken mußte; weil sie sich wesentlich kraft »Enthe-
bung« durchsetzte: Eintreibung von Geld oder von Naturalien durch die
Steuererhebung des Monarchen, des Grundherrn, der Kirche; Beschlagnahme von Menschen oder ihrer Zeit durch Fronarbeit oder Aushebung;
Einsperrung oder Ausweisung von Landstreichern. Die Entwicklung der
Disziplinen markiert das Auftreten elementarer Machttechniken, die einer
ganz anderen Ökonomie zugehören: es handelt sich um Machtmechanismen, die nicht durch Abschöpfung wirken, sondern im Gegenteil durch
Wertschöpfung, indem sie sich in die Produktivität der Apparate, in die
Steigerung dieser Produktivität und in die Ausnutzung der Produkte vollständig integrieren. An die Stelle des Prinzips von Gewalt/Beraubung setzen die Disziplinen das Prinzip von Milde/Produktion/Profit. Die Disziplinen sind Techniken, die gemäß diesem Prinzip die Vielfältigkeit der
Menschen und die Vervielfachung der Produktionsapparate in Übereinstimmung bringen (wobei unter Produktion auch die Produktion von Wissen und Fähigkeiten in der Schule, die Produktion von Gesundheit in den
Spitälern, die Produktion von Zerstörungskraft mit der Armee zu verstehen ist).

Bei dieser Anpassungsaufgabe hat die Disziplin verschiedene Probleme zu lösen, für welche die alte Machtökonomie schlecht gerüstet war. Die Disziplin vermag die Widrigkeit der Massenphänomene zu verringern: sie kann an der Vielfältigkeit dasjenige reduzieren, was sie unhandlicher als eine Einheit macht; sie kann dasjenige einschränken, was sich der Ausnutzung ihrer Elemente sowie ihrer Summe widersetzt; sie kann alles reduzieren, was in ihr die Vorteile der Zahl zu vernichten droht; darum ist die Disziplin festsetzend; sie bringt Bewegungen zum Stillstand oder unter Regeln; sie löst Verwirrungen und kompakte Zusammenballungen in sichere Kreisläufe und kalkulierte Verteilungen auf. Sie muß auch all die Kräfte bewältigen, die sich mit der Bildung einer organisierten Vielfalt formieren; sie muß die Wirkungen der Gegenmacht neutralisieren, die der beherrschenden Macht Widerstand entgegensetzen: Unruhen, Aufstände, spontane Organisationen, Zusammenschlüsse – alle Formen horizontaler Verbindung. Darum treffen die Disziplinen die Vorkehrungen der Scheidewand und der Vertikalität; darum installieren sie zwischen den verschiedenen Elementen einer Ebene möglichst dichte Abschottungen; darum spannen sie enge Netze straffer Hierarchie: der inneren Widerstandskraft der Vielfältigkeit setzen sie das Verfahren der stetigen und individualisierenden Pyramide entgegen. Die Disziplinen müssen auch die besondere Nützlichkeit eines jeden Elements der Vielfältigkeit steigern, und zwar mit möglichst schnellen und kostensparenden Methoden – d. h. unter Verwendung der Vielfältigkeit selbst als Instrument dieser Steigerung: um aus den Körpern das Maximum an Zeit und an Kräften herauszuholen, werden die komplexen Methoden der Zeiteinteilung, der kollektiven Dressuren, der Übungen, der zugleich globalen und detaillierten Überwachung eingesetzt. Überdies müssen die Disziplinen den Nützlichkeitseffekt der Vielfältigkeiten steigern und jede von ihnen noch vorteilhafter machen, als es die bloße Summe ihrer Elemente wäre; zur Erhöhung der Nutzbarkeit des Vielfältigen definieren die Disziplinen Taktiken der Anordnung, der wechselseitigen Anpassung der Körper, der Gesten und Rhythmen, Taktiken der Differenzierung und wechselseitigen Koordinierung von Fähigkeiten im Hinblick auf Apparate oder Aufgaben. Schließlich hat die Disziplin die Machtbeziehungen nicht oberhalb der Vielfältigkeit ins Spiel zu bringen, sondern in deren eigenem Gewebe und so diskret wie möglich, möglichst gut eingefügt in die übrigen Funktionen dieser Vielfältigkeiten und möglichst kostensparend: dem entsprechen Machtinstrumente, die anonym und mit der von ihnen organisierten Vielfältigkeit koextensiv sind, wie die hierarchische Überwachung, die lückenlose Registrierung, die immerwährende Beurteilung und Klassifizierung. An die Stelle einer Macht, die sich durch das unübersehbare Auftreten der Machtausübenden manifestiert, setzen die Disziplinen eine Macht, welche die Objekte ihrer Machtausübung insgeheim heimtückisch vergegenständlicht; anstatt prunkvolle Zeichen von Souveränität zu entfalten, formieren sie ein Wissen von den unterworfenen Subjekten. Die Disziplinen sind also die Gesamtheit der winzigen technischen Erfindungen, welche die nutzbare Größe der Vielfältigkeiten vergrößern halfen, indem sie die nachteiligen Wirkungen der Macht verringerten, die sie beherrschen muß, um sie richtig nützlich zu machen. Eine Vielfältigkeit – ob es sich um eine Werkstätte oder um eine Nation, um eine Armee oder um eine Schule handelt – erreicht die Schwelle der Disziplin, wenn das Verhältnis zwischen ihrer nützlichen Größe und ihrem Machteinsatz vorteilhaft wird.

Wenn der ökonomische Aufstieg des Abendlandes auf die Verfahren zurückzuführen ist, welche die Akkumulation des Kapitals ermöglicht haben, so kann man vielleicht sagen, daß die Methoden zur Bewältigung der Akkumulation von Menschen die politische Überholung der traditionellen, rituellen, kostspieligen, gewaltsamen Machtformen ermöglicht haben, die alsbald obsolet wurden und von einer verfeinerten und kalkulierten Technologie der Unterwerfung/Subjektivierung abgelöst wurden. Die beiden Prozesse, Akkumulation der Menschen und Akkumulation des Kapitals, können indes nicht getrennt werden; das Problem der Anhäufung der Menschen wäre nicht zu lösen gewesen ohne das Anwachsen eines Produktionsapparates, der diese Menschen sowohl erhalten wie nutzbar gemacht hat; umgekehrt wird die Bewegung der Kapitalakkumulation von den Techniken beschleunigt, welche die angehäufte Vielfalt der Menschen nutzen. Insbesondere waren die technologischen Veränderungen des Produktionsapparats, die Arbeitsteilung und die Ausarbeitung von Disziplinarprozeduren sehr eng miteinander verflochten.[111] Jedes Element hat das andere möglich und notwendig gemacht und ihm als Modell gedient. Die Disziplinarpyramide hat die kleine Machtzelle gebildet, innerhalb deren die Teilung, die Koordinierung und die Kontrolle der Aufgaben durchgesetzt und wirksam gemacht wurden; und die analytische Einteilung der Zeit der Gesten, der

111 Vgl. K. Marx, *Das Kapital*, Buch I, 4. Abschn., 13. Kap.; und die sehr interessante Analyse von F. Guerry und D. Deleule, *Le Corps productif*, 1973.

Kräfte und der Körper hat ein Operationsschema gebildet, das man leicht
von zu unterwerfenden Gruppen auf die Mechanismen der Produktion
übertragen konnte; die massive Projektion von militärischen Methoden
auf die industrielle Organisation war ein Beispiel für diese Modellierung
der Arbeitsteilung durch Muster der Macht. Aber umgekehrt hat sich die
technische Analyse des Produktionsprozesses mit seiner maschinenmäßi-
gen Zerlegung auf die Arbeitskraft projiziert, die den Produktionsprozeß
sicherzustellen hatte: die Konstitution jener Disziplinarmaschinen, in denen die individuellen Kräfte zusammengefügt und damit erweitert werden,
ist das Ergebnis dieser Projektion. Wir können sagen, daß die Disziplin das
einheitliche technische Verfahren ist, durch welches die Kraft des Körpers
zu den geringsten Kosten als »politische« Kraft zurückgeschraubt und als
nutzbare Kraft gesteigert wird. Das Wachstum einer kapitalistischen Wirtschaft hat die Eigenart der Disziplinargewalt hervorgerufen, deren allgemeine Formeln, deren Prozeduren zur Unterwerfung der Kräfte und der
Körper, deren »politische Anatomie« in sehr unterschiedlichen politischen
Regimen, Apparaten oder Institutionen eingesetzt werden können.

2. Die panoptische Spielart der Macht – die auf einer elementaren, technischen, materiellen Ebene liegt – ist nicht direkt von den großen recht-
lich-politischen Strukturen einer Gesellschaft abhängig und bildet auch
nicht deren unmittelbare Verlängerung. Sie ist aber auch nicht ganz unabhängig davon. Der historische Prozeß, durch den die Bourgeoisie im Laufe
des 18. Jahrhunderts zur politisch dominierenden Klasse wurde, hat sich
hinter der Einführung eines ausdrücklichen, kodifizierten und formell ega-
litären rechtlichen Rahmens verstellt und ist als Organisation eines parla-
mentarischen und repräsentativen Regimes aufgetreten. Die Entwicklung
und Verallgemeinerung der Disziplinaranlagen bildeten jedoch die dunkle
Kehrseite dieser Prozesse. Die allgemeine Rechtsform, die ein System prinzipiell gleicher Rechte garantierte, ruhte auf jenen unscheinbaren, alltäglichen und physischen Mechanismen auf, auf jenen wesenhaft ungleichen
und asymmetrischen Systemen einer Mikromacht – den Disziplinen. Wenn
es das repräsentative Regime formell ermöglicht, daß der Wille aller, direkt oder indirekt, mit oder ohne Vermittlung, die fundamentale Instanz
der Souveränität bildet, so garantieren doch die Disziplinen im Unterbau
die Unterwerfung der Kräfte und der Körper. Die wirklichen und körperlichen Disziplinen bildeten die Basis und das Untergeschoß zu den formellen und rechtlichen Freiheiten. Mochte auch der Vertrag als ideale Grund-

legung des Rechts und der politischen Macht erdacht werden: der Panoptismus stellte das allgemein verbreitete technische Zwangsverfahren dar. Und er hat nicht aufgehört, an den Rechtsstrukturen der Gesellschaft von unten her zu arbeiten, um die wirklichen Machtmechanismen im Gegensatz zu ihrem formellen Rahmen wirken zu lassen. Die »Aufklärung«, welche die Freiheiten entdeckt hat, hat auch die Disziplinen erfunden.

Scheinbar sind die Disziplinen nichts anderes als ein Subsystem des Rechts. Sie scheinen die allgemeinen Rechtsformen auf die infinitesimale Ebene der Einzelexistenzen hin fortzuschreiben; oder sie erscheinen als Anlernmöglichkeiten, die das Individuum zur Integration in die allgemeinen Anforderungen befähigen. Somit würden sie die eine Rechtsform fortsetzen, indem sie sie auf Einzelfälle anwendeten und dabei kleinlicher und auch nachsichtiger würden. Tatsächlich sind die Disziplinen eher als eine Art Gegenrecht zu betrachten. Sie haben nämlich gerade die Aufgabe, unübersteigbare Asymmetrien einzuführen und Gegenseitigkeiten auszuschließen. Zunächst schafft die Disziplin zwischen den Individuen ein »privates« Band, das ein von der vertraglichen Verpflichtung gänzlich unterschiedenes Zwangsverhältnis ist; zwar kann die Zustimmung zu einer Disziplin durch Vertrag besiegelt werden; aber die Art ihrer Durchsetzung, die Spielregeln ihrer Mechanismen, die unumkehrbare Unterordnung der einen unter die anderen, die immer an eine Seite gebundene Übermacht, die ungleichen Positionen der verschiedenen »Partner« hinsichtlich der gemeinsamen Regelung setzen die Disziplinarbande dem Vertragsband scharf entgegen und führen zur systematischen Verfälschung des Vertragsbandes, sobald es einen Disziplinarmechanismus zum Inhalt hat. Es ist bekannt, wie viele wirkliche Verfahren die Rechtsfiktion des Arbeitsvertrages verbiegen: die Disziplin am Arbeitsplatz ist davon nicht die unwichtigste. Dazu kommt, daß die rechtlichen Systeme nach allgemeinen Normen Rechtssubjekte qualifizieren, während die Disziplinen charakterisieren, klassifizieren, spezialisieren; sie verteilen die Individuen entlang einer Skala, ordnen sie um eine Norm herum an, hierarchisieren sie untereinander, und am Ende disqualifizieren sie sie zu Invaliden. Wo sie und solange sie ihre Kontrolle ausüben und die Asymmetrien ihrer Macht ins Spiel bringen, vollziehen die Disziplinen jedenfalls eine Suspension des Rechts, die zwar niemals total ist, aber auch niemals ganz eingestellt wird. Wie geregelt und institutionalisiert sie auch sein mag, in ihrem tatsächlichen Mechanismus ist die Disziplin immer ein »Gegenrecht«. Und wenn das allgemeingültige

Rechtssystem der modernen Gesellschaft den Machtausübungen Grenzen zu setzen scheint, so hält doch ihr allgegenwärtiger Panoptismus im Gegensatz zum Recht eine sowohl unabsehbare wie unscheinbare Maschinerie in Gang, welche die Asymmetrie der Mächte unterstützt, verstärkt, vervielfältigt und die ihr gezogenen Grenzen unterläuft. Die unscheinbaren Disziplinen, die alltäglichen Panoptismen mögen unterhalb der großen Apparate und unterhalb der großen politischen Kämpfe liegen: in der Genealogie der modernen Gesellschaft bildeten sie zusammen mit der sie durchkreuzenden Klassenherrschaft das Gegenstück zu den Rechtsnormen der Machtverteilung. Zweifellos liegt hier der Grund dafür, daß man den kleinen Disziplinarprozeduren seit so langer Zeit eine solche Bedeutung zumißt: ihren kleinlichen listenreichen Erfindungen wie auch den Wissenschaften, die ihnen ein ehrenvolles Ansehen verschaffen; hier liegt auch der Grund dafür, daß man sich scheut, sie ersatzlos abzuschaffen; und daß man behauptet, sie bildeten die Grundlage für die Gesellschaft und ihr Gleichgewicht, wo ihre Mechanismen doch die Machtbeziehungen für immer und überall ins Ungleichgewicht bringen; und daß man sich hartnäckig darauf versteift, sie für die bescheidene, aber konkrete Form jeder Moral auszugeben, wo sie doch ein Bündel von physisch-politischen Techniken sind.

Um aufs Problem der gesetzlichen Strafen zurückzukommen: das Gefängnis mit seiner ganzen Besserungstechnik hat hier seinen Platz, wo sich die kodifizierte Strafgewalt in eine Disziplinargewalt der Überwachung verbiegt; wo die allgemeingültigen Gesetzesstrafen selektiv auf bestimmte Individuen und immer auf dieselben treffen; wo die Wiedereinbürgerung des Rechtssubjekts durch die Strafe zu einer nutzbringenden Abrichtung des Kriminellen wird; wo das Recht in sein Gegenteil umschlägt, indem es sich zu einer bloßen Form veräußert, deren tatsächlicher und institutionalisierter Inhalt das Gegenrecht wird. Die Verallgemeinerung der Strafgewalt beruht nicht auf dem universellen Gesetzesbewußtsein der Rechtssubjekte, sondern auf dem endlos weit gespannten und unendlich eng geknüpften Netz der panoptischen Verfahren.

3. Einzeln genommen haben die meisten dieser Verfahren eine eigene Geschichte hinter sich. Das Neue im 18. Jahrhundert liegt darin, daß sie durch ihre Zusammenfügung und Verallgemeinerung ein Niveau erreichen, auf dem die Formierung des Wissens und die Steigerung der Macht sich gegenseitig in einem geregelten Prozeß verstärken. Die Disziplinen tre-

ten damit über die Schwelle der »Technologie«. Zunächst das Spital, dann die Schule, noch später die Werkstatt: sie sind durch die Disziplinen nicht einfach »in Ordnung gebracht« worden; vielmehr sind sie dank ihnen solchermaßen zu Apparaten geworden, daß jeder Objektivierungsmechanismus darin als Subjektivierungs-/Unterwerfungsinstrument funktioniert und daß jede Machtsteigerung neue Erkenntnisse ermöglicht. Aufgrund dieser Verbindungen, die den technologischen Systemen eigen sind, konnten sich im Element der Disziplin die klinische Medizin, die Psychiatrie, die Entwicklungspsychologie, die pädagogische Psychologie, die Rationalisierung der Arbeit formieren. Es handelt sich also um einen zweifachen Prozeß: um eine epistemologische Enthemmung aufgrund einer Verfeinerung der Machtbeziehungen und um eine Vervielfältigung der Machtwirkungen dank der Formierung und Anhäufung neuer Kenntnisse.

Die Ausweitung der Disziplinarmethoden gehört in eine breite historische Strömung hinein: die ungefähr gleichzeitige Entwicklung anderer Technologien – agronomischer, industrieller, ökonomischer Technologien. Auffallend ist jedoch, daß man neben der Montanindustrie, neben der beginnenden Chemie, neben den Methoden der staatlichen Finanzverwaltung, neben den Hochöfen und der Dampfmaschine den Panoptismus nur wenig gefeiert hat. Man sieht in ihm kaum mehr als eine kleine bizarre Utopie, einen boshaften Traum – als wäre Bentham der Fourier einer Polizeigesellschaft gewesen, mit dem Panopticon als Lebensgemeinschaft. Und doch hatte man mit dem Panopticon die abstrakte Formel einer sehr wirklichen Technologie: der Technologie der Individuen. Daß man wenig Lobreden darauf verwandte, hat seine Gründe; der offensichtlichste Grund ist der, daß die vom Panopticon eröffneten Diskurse dieser Technologie außer für akademische Klassifikationen nur selten den Status von Wissenschaften erreicht haben; der entscheidendste Grund aber ist wohl der, daß die von ihr eingesetzte und gesteigerte Macht eine unmittelbare und physische Macht ist, welche die Menschen gegeneinander ausüben. Für ein ruhmloses Ende ein schwer einzugestehender Ursprung. Doch wäre es ungerecht, die Disziplinarprozeduren solchen Erfindungen wie der Dampfmaschine oder dem Mikroskop von Amici gegenüberzustellen. Sie sind viel weniger; in gewisser Weise sind sie allerdings viel mehr. Ein historisches Äquivalent oder zumindest ein Vergleichspunkt ließe sich eher in der Technik der »Inquisition« finden.

Hat das 18. Jahrhundert die Techniken der Disziplin und der Prüfung erfunden, so läßt sich vielleicht sagen, daß das Mittelalter die Gerichtsuntersuchung erfunden hat. Allerdings auf ganz anderen Wegen. Das Untersuchungsverfahren, eine alte Technik der Steuererhebung und Verwaltung, entwickelte sich vor allem mit der Reorganisation der Kirche und dem Anwachsen der Fürstenstaaten im 12. und 13. Jahrhundert. Damals konnte es in der Rechtsprechung der kirchlichen und dann der weltlichen Gerichtshöfe breiten Eingang finden. Die Untersuchung als autoritatives Erforschen einer festzustellenden oder zu bezeugenden Wahrheit setzte sich den alten Verfahren des Eides, des Gottesurteils, des Kampfgerichts oder auch des Vergleichs zwischen einzelnen entgegen. Mit der Untersuchung nahm die souveräne Macht das Recht in Anspruch, das Wahre mittels gewisser geregelter Techniken zu ermitteln. Wenn die Untersuchung seither (und bis heute) mit der abendländischen Justiz eng verknüpft ist, so sollte man doch nicht ihren politischen Ursprung, ihre Verbindung mit der Geburt der Staaten und der monarchischen Souveränität vergessen und ebensowenig ihre weitere Entwicklung und ihre Rolle bei der Formierung des Wissens. Tatsächlich war die Gerichtsuntersuchung der erste, aber grundlegende Ansatz zur Konstituierung der empirischen Wissenschaften; sie war die juristisch-politische Matrix des experimentellen Wissens, das am Ende des Mittelalters plötzlich entriegelt worden ist. Die Mathematik mag in Griechenland aus den Techniken des Messens entstanden sein; die Wissenschaften von der Natur sind jedenfalls zu einem Teil am Ende des Mittelalters aus den Techniken der Gerichtsuntersuchung hervorgegangen. Das große empirische Erkennen, das die Dinge der Welt überzogen hat und in die Ordnung eines unbegrenzten, die »Tatsachen« feststellenden, beschreibenden und sichernden Diskurses transkribiert hat (und das in dem Augenblick, in dem die abendländische Welt mit der ökonomischen und politischen Eroberung ebendieser Welt begann), dieses empirische Erkennen hat zweifellos sein Operationsmodell in der Inquisition – jener unermeßlichen Erfindung, die unsere moderne Verzärtelung in einer schattigen Ecke unseres Gedächtnisses abgestellt hat. Was nun damals die politisch-juristische Untersuchung, die Verwaltungs- und Kriminalerhebung, die religiöse und die weltliche Ermittlung für die Wissenschaften von der Natur bedeuteten, das bedeutete die Disziplinaranalyse für die Wissenschaften vom Menschen. Diese Wissenschaften, an denen sich unsere »Menschlichkeit« seit über einem Jahrhundert begeistert, haben ihren Mutterboden und ihr Muster in der kleinlichen und boshaften Gründlichkeit der Disziplinen und ihrer Nachforschungen. Diese spielen vielleicht für die Psychologie, die Psychiatrie, die Pädagogik, die Kriminologie und so viele andere seltsame Kenntnisse ebendie Rolle, die einst die schreckliche Macht der Inquisition für das ruhige Wissen von den Tieren, den Pflanzen, der Erde gespielt hat. Andere Macht, anderes Wissen. An der Schwelle zum klassischen Zeitalter hat Bacon, der Jurist und Staatsmann, versucht, für die empirischen Wissenschaften eine Methodologie der Untersuchung zu definieren. Welcher Großsiegelbewahrer und Oberaufseher wird die Methodologie der Prüfung für die Humanwissenschaften verfassen? Aber vielleicht ist das gar nicht möglich. Während sich nämlich die Untersuchung aus ihrer historischen Verwurzelung im Inquisitionsverfahren gelöst hat, um eine Technik der empirischen Wissenschaften zu werden, ist die Überprüfung der Disziplinarmacht, in der sie sich ausgebildet hat, ganz nahe geblieben. Sie ist immer noch ein inneres Element der Disziplinen. Gewiß scheint sie eine spekulative Läuterung erfahren zu haben, indem sie sich in Wissenschaften wie die Psychiatrie und Psychologie integriert hat. Und in der Form von Tests, Gesprächen, Befragungen oder Konsultationen scheint sie die Disziplinarmechanismen zu korrigieren: die Schulpsychologie muß die Strenge der Schule ebenso kompensieren, wie das ärztliche oder psychiatrische Gespräch die Wirkungen der Arbeitsdisziplin zu korrigieren hat. Aber man täusche sich nicht: diese Techniken verweisen das Individuum nur von einer Disziplinarinstanz zur anderen, und in konzentrierter oder formalisierter Spielart reproduzieren sie das jeder Disziplin eigene Schema von Macht/Wissen.[112] Die Untersuchung wurde zum Ort der Naturwissenschaften, indem sie sich von ihrem politisch-juristischen Modell löste. Die Prüfung hingegen ist immer noch in die Disziplinartechnologie integriert.

Das Untersuchungsverfahren wurde im Mittelalter von oben an die Stelle der alten Anklagejustiz gesetzt. Die Disziplinartechnik hingegen ist heimtückisch und gleichsam von unten in eine Strafjustiz eingedrungen, die immer noch zum Typ der Inquisition gehört. Alle großen und charakteristischen Entwicklungen der modernen Strafjustiz – die Problematisierung des Verbrechers hinter seinem Verbrechen, das Bemühen um eine Bestrafung, die bessert, heilt und normalisiert, sowie die Aufteilung des Urteilsaktes auf verschiedene Instanzen, die das Individuum messen, ab-

---

112 Vgl. dazu Michel Tort, *Q. I.*, 1974.

schätzen, diagnostizieren, heilen, umformen sollen – all das verrät das Eindringen der Disziplinarprüfung in die gerichtliche Inquisition.

Was sich nunmehr der Strafjustiz als ihr Zielpunkt, ihr »nützlicher« Gegenstand, anbietet, ist nicht mehr der gegen den Körper des Königs ausgespielte Körper des Schuldigen; und auch nicht das Rechtssubjekt eines idealen Vertrags; sondern das Disziplinarindividuum. Im Ancien régime war der Grenzfall der Strafjustiz die endlose Zerstückelung des Körpers des Königsmörders: die Manifestation der stärksten Macht am Körper des größten Verbrechers, dessen vollkommene Zerstörung das Verbrechen in seiner Wahrheit aufblitzen läßt. Der Idealfall des heutigen Strafsystems wäre die unbegrenzte Disziplin: eine Befragung ohne Ende; eine Ermittlung, die bruchlos in eine minutiöse und immer analytischer werdende Beobachtung überginge; ein Urteil, mit dem ein nie abzuschließendes Dossier eröffnet würde; die kalkulierte Milde einer Strafe, die von der erbitterten Neugier einer Überprüfung durchsetzt wäre; ein Verfahren, das sowohl andauerndes Messen des Abstandes zu einer unerreichbaren Norm wäre wie auch die asymptotische Bewegung, die endlos zur Einholung dieser Norm zwänge. Die Marter ist der logische Abschluß eines von der Inquisition angeordneten Verfahrens. Das »Unter-Beobachtung-Stellen« ist die natürliche Verlängerung einer von den Disziplinarmethoden und Überprüfungsverfahren erfaßten Justiz. Daß das Zellengefängnis mit seinem Zeitrhythmus, seiner Zwangsarbeit, seinen Überwachungs- und Registrierungsinstanzen, seinen Normalitätslehrern, welche die Funktionen des Richters fortsetzen und vervielfältigen, zur modernen Strafanlage geworden ist – was ist daran verwunderlich? Was ist daran verwunderlich, wenn das Gefängnis den Fabriken, den Schulen, den Kasernen, den Spitälern gleicht, die allesamt den Gefängnissen gleichen?

IV. Gefängnis

1. Totale und asketische Institutionen

Das Gefängnis ist doch nicht so jungen Datums wie die neue Strafgesetzgebung. Die Gefängnisform ist älter als der systematische Einsatz des Gefängnisses in der Strafjustiz. Sie hat sich außerhalb des Justizapparates konstituiert, als sich über den gesamten Gesellschaftskörper jene Prozeduren ausbreiteten, um die Individuen anzuordnen, zu fixieren und räumlich zu verteilen und zu klassifizieren, um das Höchstmaß an Zeit und das Höchstmaß an Kräften aus ihnen herauszuholen, um ihre Körper zu dressieren, ihr ganzes Verhalten zu codieren, sie in einer lückenlosen Sichtbarkeit festzuhalten, rund um sie einen Beobachtungs- und Registrierungsapparat aufzubauen, ein sich akkumulierendes und zentralisierendes Wissen über sie zu konstituieren. In der allgemeinen Form einer Apparatur des Gefügig- und Nützlich-Machens der Individuen durch minutiöse Arbeit an ihrem Körper hat sich die Gefängnis-Institution abgezeichnet, bevor sie durch das Gesetz zur Strafe schlechthin erklärt wurde. An der Wende vom 18. zum 19. Jahrhundert findet tatsächlich der Übergang zum System der Haftstrafe statt; das war etwas Neues. Doch handelte es sich darum, daß sich das Strafsystem anderswo bereits ausgearbeiteten Zwangsmechanismen öffnete. Die »Modelle« der Strafhaft – Gent, Gloucester, Walnut Street – markieren die ersten sichtbaren Punkte dieses Übergangs – und nicht so sehr Neuerungen oder Ausgangspunkte. Das Gefängnis als Hauptstück im Strafarsenal markiert zweifellos einen wichtigen Augenblick in der Geschichte der Strafjustiz: sie wird »menschlich«. Es markiert aber auch einen bedeutenden Moment in der Geschichte jener Disziplinarmechanismen, die von der neuen Klassenmacht entwickelt wurden: den Moment, in dem sie die Justiz kolonisieren. An der Wende zwischen den beiden Jahrhunderten definiert eine neue Gesetzgebung die Strafgewalt als eine allgemeine Gesellschaftsfunktion, die in gleicher Weise an allen Mitgliedern der Gesellschaft ausgeübt wird und in der jedes Mitglied der Gesellschaft gleichermaßen repräsentiert ist. Indem sie aber aus der Haft die Hauptstrafe macht, führt sie Herrschaftsverfahren ein, die für einen bestimmten Typ von Macht charakteristisch sind. Eine Justiz, die sich

»gleich« nennt, und eine Gerichtsbarkeit, die »autonom« sein will, jedoch
von den Asymmetrien der Disziplinarunterwerfungen durchsetzt ist –
das ist die Konstellation bei der Geburt des Gefängnisses: »der Strafe der
zivilisierten Gesellschaften«.[1]

Man kann verstehen, daß das Gefängnis als Strafe so rasch selbstverständlich wurde. In den ersten Jahren des 19. Jahrhunderts ist man sich seiner Neuheit noch bewußt. Aber die Gefängnisstrafe entsprach so tief dem
Getriebe der Gesellschaft, daß sie alle anderen von den Reformern des 18.
Jahrhunderts erdachten Bestrafungen der Vergessenheit anheimgab. Die
Gefängnisstrafe schien ohne Alternative und von der Bewegung der Geschichte selbst getragen zu sein: »Es ist kein Zufall und es ist keine Laune
des Gesetzgebers, daß die Inhaftierung zur Grundlage und beinahe zum
Gesamtgebäude unseres gegenwärtigen Strafwesens geworden ist: es ist
der Fortschritt der Ideen und die Vermenschlichung der Sitten.«[2] Seither
hat sich diese Selbstverständlichkeit zwar klimatisch etwas verändert, doch
ist sie nicht geschwunden. Man kennt alle Nachteile des Gefängnisses:
daß es gefährlich ist, daß es vielleicht sogar nutzlos ist. Und dennoch »sieht«
man nicht, wodurch es ersetzt werden könnte. Es ist die verabscheuungs-
würdige Lösung, um die man nicht herumkommt.

Diese Selbstverständlichkeit des Gefängnisses, von der wir kaum los-
kommen, beruht zunächst auf der Einfachheit der »Freiheitsberaubung«.
Wie sollte das Gefängnis nicht die Strafe par excellence in einer Gesellschaft sein, in der die Freiheit ein Gut ist, das allen gleichermaßen gehört
und an dem jeder mit einem »universalen und beständigen«[3] Gefühl
hängt? Ihr Verlust trifft darum alle gleich; in höherem Maße als die Geldbuße ist darum das Gefängnis »egalitär«. Das Gefängnis ist juristisch eine
klare Sache. Zudem erlaubt es die exakte Quantifizierung der Strafe nach
der Variable der Zeit. Die Lohn-Form verleiht ihm in den Industriegesellschaften seine ökonomische »Evidenz« und läßt es als Wiedergutmachung
erscheinen. Indem es dem Verurteilten seine Zeit nimmt, scheint das Gefängnis die Idee zu realisieren, daß der Verstoß nicht nur das Opfer, sondern die gesamte Gesellschaft getroffen hat. Das ist die ökonomisch-mo-
ralische Evidenz eines Strafsystems, welches die Bestrafungen in Tagen,
Monaten, Jahren zählt und zwischen Vergehen und Dauer quantitative

---

1 P. Rossi, *Traité de droit pénal*, 1829, III, S. 169.
2 Van Meenen auf dem Strafrechtskongreß in Brüssel, *Annales de la Charité*, 1847, S. 529 f.
3 A. Duport, Rede vor der Verfassunggebenden Versammlung, *Archives parlementaires*.

Äquivalenzen etabliert. Und darum sagt man so gern und in solcher Übereinstimmung mit der Funktionsweise der Bestrafungen (wenn auch im Widerspruch zur eigentlichen Rechtstheorie), daß man im Gefängnis ist, um »seine Schuld zu zahlen«. Das Gefängnis ist so »natürlich«, wie die Verwendung der Zeit zum Messen von Leistung und Gegenleistung »natürlich« ist.

Die Selbstverständlichkeit des Gefängnisses beruht aber auch auf seiner vorausgesetzten oder geforderten Rolle als Apparat zur Umformung der Individuen. Wie sollte das Gefängnis nicht unmittelbar akzeptiert werden, wo es doch, indem es einsperrt, herrichtet, fügsam macht, nur die Mechanismen des Gesellschaftskörpers – vielleicht mit einigem Nachdruck – reproduziert? Das Gefängnis ist eine etwas strenge Kaserne, eine unnachsichtige Schule, eine düstere Werkstatt, letztlich nichts qualitativ Verschiedenes. Diese zweifache Begründung – die juristisch-ökonomische und die technisch-disziplinäre – hat das Gefängnis als die einleuchtendste und zivilisierteste aller Strafformen erscheinen lassen, und diese zweifache Begründung hat ihm von Anfang an seine Dauerhaftigkeit verliehen. Eines steht ja fest: das Gefängnis war nicht zuerst eine Freiheitsberaubung, der man dann die technische Funktion der Besserung aufgebürdet hat. Die Gefängnisstrafe war immer schon eine »legale Haft« mit dem Zweck der Besserung bzw. ein Unternehmen zur Veränderung von Individuen, das durch die Freiheitsberaubung legalisiert wird. Seit dem Beginn des 19. Jahrhunderts ist die Strafhaft zugleich Freiheitsberaubung und technische Umformung der Individuen.[4]

Erinnern wir an einige Fakten. In den Gesetzbüchern von 1808 und 1810 und in den unmittelbar darauffolgenden Maßnahmen wird die Haft nie mit bloßer Freiheitsberaubung gleichgesetzt. Es geht in jedem Fall um einen differenzierten und zweckgerichteten Mechanismus. Der Mechanismus ist differenziert, weil er in seiner Form davon abhängig ist, ob es sich um einen Angeklagten oder um einen Verurteilten, um einen Besserungshäftling oder um einen Kriminellen handelt. Arrestlokal, Besserungshaus, Hauptgefängnis müssen diesen Unterschieden entsprechen und Bestrafungen sicherstellen, die sich nicht nur in der Intensität, sondern auch im Ziel

---

4 Das schillernde Hin und Her zwischen den beiden »Naturen« des Gefängnisses dauert bis heute. Erst vor kurzem hat der französische Staatspräsident an das »Prinzip« erinnert, daß die Haft nur eine »Freiheitsberaubung« sein dürfe – die reine Wesenheit der Haft ohne die Wirklichkeit des Gefängnisses. Und hat hinzugefügt, daß das Gefängnis nur durch seine »bessernden« oder resozialisierenden Wirkungen gerechtfertigt sein könne.

unterscheiden. Dem Gefängnis ist nämlich von vornherein ein Zweck gesetzt: »Das Gesetz, das schwerere und leichtere Strafen vorsieht, kann
nicht erlauben, daß der zu leichteren Strafen Verurteilte in denselben
Räumlichkeiten eingesperrt ist wie der Schwerverbrecher; ... die gesetzliche Strafe hat nicht nur die Wiedergutmachung des Verbrechens zum
Ziel, sondern auch die Besserung des Schuldigen.«[5] Und diese Umformung ist von den inneren Wirkungen der Einkerkerung zu erwarten. Das
Straf-Gefängnis ist ein Apparat-Gefängnis. »Die Ordnung, die in den
Zuchthäusern herrschen muß, kann zur Wiederherstellung der Schuldigen
gewaltig beitragen; die Laster der Erziehung, die Ansteckung schlechter
Beispiele, der Müßiggang ... haben die Verbrechen zur Welt gebracht. Versuchen wir denn, alle diese Quellen der Verderbnis zu schließen. In den
Zuchthäusern sollen die Regeln einer gesunden Moral verwirklicht werden; zu einer Arbeit gezwungen, die sie schließlich lieben, wenn sie ihre
Früchte einheimsen, gewöhnen sich die Verurteilten an die Beschäftigung,
finden Geschmack daran und machen sie sich zum Bedürfnis. Sie geben
einander das Beispiel eines arbeitsamen Lebens, das bald ein reines Leben
wird; rasch stellt sich das Bedauern über ihre Vergangenheit ein, das der
erste Vorläufer der Liebe zu den Pflichten ist.«[6] Die Besserungstechniken
gehören von Anfang an zur institutionellen Ausrüstung der Strafhaft.

Ferner ist daran zu erinnern, daß die Bewegung zur Reform des Gefängnisses, zur Kontrolle ihrer Leistung, nicht ein spät auftretendes Phänomen
ist; sie scheint nicht auf einen ordnungsgemäß festgestellten Mißerfolg hin
in Gang gekommen zu sein. Vielmehr ist die »Reform« des Gefängnisses
beinahe so alt wie das Gefängnis selbst. Sie ist gleichsam dessen Programm. Das Gefängnis befindet sich von Anfang an in einem Ensemble
von Begleitmaßnahmen, die anscheinend zu seiner Verbesserung beitragen
sollen, tatsächlich aber zu seinem inneren Getriebe zu gehören scheinen –
so eng waren sie immer mit ihm verknüpft. Sehr bald gab es eine geschwät-

---

5 *Motifs du Code d'instruction criminelle*, Rapport de G. A. Real, S. 244.
6 Ebd., Rapport de Treilhard, S. 8 f. In den vorausgehenden Jahren findet man häufig denselben Gedanken: »Die Haftstrafe hat vor allem das Ziel, die Individuen zu bessern, sie besser zu machen,
   sie durch mehr oder weniger lange Prüfungen darauf vorzubereiten, daß sie in der Gesellschaft ihren
   Platz wieder einnehmen, ohne sie zu mißbrauchen ... Die sichersten Mittel zur Besserung der Individuen sind Arbeit und Unterricht.« Dieser besteht nicht nur aus Lese- und Rechenunterricht, sondern auch darin, die Verurteilten »mit den Ideen der Ordnung, der Moral, der Achtung vor sich
   selbst und den anderen« zu versöhnen (Beugnot, Erlaß vom Frimaire des Jahres X). In den Berichten,
   die Chaptal von den Generalräten anforderte, wird häufig nach Gefängnissen verlangt, in denen
   man die Häftlinge arbeiten lassen kann.

zige Technologie des Gefängnisses. Untersuchungen: die von Chaptal bereits 1801 (als es darum ging, das Brauchbare für die Schaffung eines Gefängnisapparates in Frankreich zu ermitteln); die von Decazes 1819; das 1820 veröffentlichte Buch von Villermé; der Bericht von Martignac über die Hauptgefängnisse im Jahre 1829; die Untersuchungen, die 1831 von Beaumont und Tocqueville, 1835 von Demetz und Blouet in den Vereinigten Staaten von Amerika durchgeführt wurden; die Fragebögen, die Montalivet an die Gefängnisdirektoren und die Generalräte versandte, als die Diskussion über die Isolierung der Gefangenen in vollem Gang war. Es gab Gesellschaften, welche das Funktionieren der Gefängnisse kontrollierten und Vorschläge zu ihrer Verbesserung machten: 1818 wurde die sehr offizielle *Société pour l'amélioration des prisons* gegründet, etwas später die *Société des prisons* und verschiedene philanthropische Gruppen. Es gab unzählige Maßnahmen – Erlässe, Instruktionen oder Gesetze: von der Reform, die im September 1814 von der ersten Restauration geplant und niemals durchgeführt wurde, bis zum Gesetz von 1844, das von Tocqueville vorbereitet wurde und für einige Zeit eine lange Debatte über die Verbesserung des Gefängnisses abschloß. Es gab Programme zur Sicherstellung der Leistung der Gefängnis-Maschine,[7] Programme für die Behandlung der Häftlinge; Modelle für die materielle Ausstattung, von denen einige, wie die von Danjou, Blouet, Harou-Romain, nie über das Projektstadium hinausgelangten, während andere in Instruktionen (wie in der Verfügung vom 9. August 1841 über die Errichtung von Arresthäusern) oder in sehr wirklichen Architekturen (wie der Petite Roquette, dem ersten Zellengefängnis in Frankreich) Gestalt annahmen.

Hinzufügen sind noch die Publikationen, die mehr oder weniger direkt aus dem Gefängnis hervorgegangen sind und entweder von Philanthropen wie Appert oder etwas später von »Spezialisten« herausgegeben wurden (wie die *Annales de la Charité*)[8], oder auch von ehemaligen Häftlingen: *Pauvre Jacques* am Ende der Restauration oder die *Gazette de Sainte-Pélagie* am Beginn der Juli-Monarchie.[9]

---

7 Die bedeutendsten waren zweifellos die von Ch. Lucas, Marquet Wasselot, Faucher, Bonneville und etwas später von Ferrus vorgelegten Programme. Die meisten von ihnen waren übrigens nicht Philanthropen, welche die Gefängnisinstitution von außen kritisierten, sondern auf diese oder jene Weise Angehörige der Gefängnis-Administration, also offizielle Techniker.

8 In Deutschland gab N. H. Julius die *Jahrbücher für Straf- und Besserungs-Anstalten* heraus.

9 Obwohl sich diese Zeitschriften hauptsächlich der Verteidigung von Schuldgefangenen widmeten und sich mehrmals von den eigentlichen Delinquenten distanzierten, findet man auch die Aussage,

Das Gefängnis ist keine träge Institution, die von Zeit zu Zeit durch Reformbewegungen erschüttert wird. Die »Theorie des Gefängnisses« war eher eine ständige Gebrauchsanweisung als eine fallweise Kritik – eine der Funktionsbedingungen des Gefängnisses. Das Gefängnis stand immer in einem bewegten Feld, wo es von Projekten, Verbesserungen, Experimenten, theoretischen Diskursen, Zeugenberichten, Untersuchungen wimmelte. Rund um den Kerker herrschte ausschweifender Eifer. Die bloße Tatsache, daß man vom Gefängnis immer als einer düsteren und verlassenen Zone gesprochen hat, beweist vielleicht das Gegenteil. Indem das Gefängnis zur legalen Strafe geworden ist, hat es die alte rechtlich-politische Frage der Strafgewalt mit allen Problemen aufgeladen, mit allen Unruhen, die um die Technologie zur Besserung des Individuums kreisen.

»Totale und asketische Institutionen«, sagte Baltard.[10] Das Gefängnis muß ein erschöpfender Disziplinarapparat sein. Einmal muß es sämtliche Aspekte des Individuums erfassen: seine physische Dressur, seine Arbeitseignung, sein alltägliches Verhalten, seine moralische Einstellung, seine Anlagen. Viel mehr als die Schule, die Werkstatt oder die Armee, die immer eine bestimmte Spezialisierung aufweisen, ist das Gefängnis eine »Gesamtdisziplin«. Zudem hat das Gefängnis weder ein Außen, noch hat es Lücken; es kommt erst dann zum Stillstand, wenn seine Aufgabe zur Gänze erledigt ist; sein Einwirken auf das Individuum duldet keine Unterbrechung: unaufhörliche Disziplin. Schließlich verleiht es eine fast totale Macht über die Häftlinge; es hat seine inneren Unterdrückungs- und Züchtigungsmechanismen: despotische Disziplin. Das Gefängnis treibt die Prozeduren der anderen Disziplinaranlagen auf ihre äußerste Spitze. Es hat die gewaltigste Maschine zu sein, um dem verkommenen Individuum eine neue Form einzuprägen. Sein Vorgehen ist der Zwang einer totalen Erziehung: »Im Gefängnis kann die Regierung über die Freiheit der Person und über die Zeit des Häftlings verfügen. Von daher begreift man

daß »die Kolonnen des *Pauvre Jacques* sich nicht auf eine einzige Spezialität beschränken. Das furchtbare Gesetz des körperlichen Zwanges und seine unheilvolle Anwendung werden nicht die einzige Zielscheibe des Gefängnis-Journalisten sein ... Der *Pauvre Jacques* wird die Aufmerksamkeit seiner Leser in die Kerker, in die Zuchthäuser, in die Asyle führen; er wird nicht schweigen über jene Orte der Tortur, wo der Mensch gemartert wird, wo ihn das Gesetz doch nur zu Arbeiten verurteilt ...« (*Pauvre Jacques*, Jg. 1/7). Desgleichen kämpft die *Gazette de Sainte-Pélagie* für ein Strafsystem, das die »Besserung der Art« zum Ziel haben sollte, während jedes andere »Ausdruck einer noch barbarischen Gesellschaft ist« (21. März 1833).

10 L. Baltard, *Architectonographie des prisons*, 1829.

die Macht der Erziehung, die nicht nur an einem Tag, sondern in der Abfolge der Tage und selbst der Jahre für den Menschen die Zeit des Wachens
und die des Schlafes, der Tätigkeit und der Ruhe, die Zahl und die Dauer
der Mahlzeiten, die Qualität und die Menge der Speisen, die Natur und
das Produkt der Arbeit, die Zeit des Gebetes, den Gebrauch der Sprache
und sozusagen auch des Denkens regeln kann; diese Erziehung, die auf
den einfachen und kurzen Wegstrecken vom Speisesaal zur Werkstatt, von
der Werkstatt zur Zelle, die Bewegungen des Körpers regelt und bis in
die Augenblicke der Mahlzeiten hinein die Einteilung der Zeit bestimmt;
diese Erziehung kurzum, die sich des gesamten Menschen bemächtigt, aller seiner physischen und moralischen Fähigkeiten, die in ihm sind, und
der Zeit, in der er ist.«[11] Dieses integrale »Reformatorium« schreibt ein
Umcodieren der Existenz vor, das sowohl von der bloßen rechtlichen Freiheitsberaubung so sehr verschieden ist wie von der Mechanik der Vorstellungen, von der die Reformer der Ideologie-Epoche träumten.

1. Das erste Prinzip ist die Isolierung. Isolierung des Sträflings gegenüber der äußeren Welt, gegenüber allem, was die Gesetzesübertretung motiviert hat, gegenüber den Komplizenschaften, die sie erleichtert haben.
Und Isolierung der Häftlinge untereinander. Die Strafe muß nicht nur individuell sein, sondern auch individualisierend. Dies in zweierlei Hinsicht.
Zunächst muß das Gefängnis imstande sein, die verderblichen Folgen zu
bannen, die sich aus der Vereinigung sehr unterschiedlicher Sträflinge an
einem Ort ergeben: es muß alle Komplotte und Aufstände im Keim erstik-
ken; es muß verhindern, daß sich Komplizenschaften für die Zukunft bilden oder daß die Möglichkeit von Erpressungen (nach der Gefangenschaft)
entsteht; es muß der Unsittlichkeit so vieler »Geheimgesellschaften« entge-
genwirken. Das Gefängnis darf um keinen Preis aus den von ihm versammelten Missetätern eine einheitliche und solidarische Bevölkerung
machen: »Es existiert in diesem Augenblick unter uns eine organisierte Gesellschaft von Verbrechern ... Sie bilden eine kleine Nation im Schoße der
großen. Fast alle diese Menschen haben sich in den Gefängnissen kennengelernt oder treffen sich da wieder. Das ist die Gesellschaft, deren Mitglieder es zu zerstreuen gilt.«[12] Außerdem muß die Einsamkeit ein positives
Umformungsinstrument sein. Durch die Reflexion, die sie anregt, und

---

11 Ch. Lucas, *De la réforme des prisons*, 1838, II, S. 123 f.
12 A. de Tocqueville, *Rapport à la Chambre des Députés*, zit. in: Beaumont et Tocqueville, *Le Système
pénitentiaire aux États-Unis*, 1845, S. 392 f.

die Stimme des Gewissens, die nicht still bleiben kann: »In der Einsamkeit
denkt er nach. Allein mit seinem Verbrechen, lernt er es hassen, und wenn
sein Gemüt noch nicht durch das Schlechte ganz verderbt ist, werden ihn
in der Einsamkeit Gewissensbisse bedrängen.«[13] Die Einsamkeit bildet
auch eine Art Selbstregulierung der Strafe und ermöglicht eine spontane
Individualisierung der Züchtigung: je mehr der Verurteilte zur Reflexion
fähig ist, um so schuldiger wurde er durch das Begehen seines Verbrechens;
aber um so beißender wird auch der Gewissenswurm sein und um so
schmerzhafter die Einsamkeit; wenn er aber tief bereut hat und ohne Verstellung gebüßt hat, wird die Einsamkeit nicht mehr schwer auf ihm lasten: »Dieser bewundernswerten Disziplin zufolge tragen jede Intelligenz
und jede Moralität in sich das Prinzip und das Maß einer Ahndung, deren
Gewißheit und unveränderliche Gerechtigkeit durch keinen Irrtum und
keine menschliche Schwäche getrübt werden kann ... Ist das nicht wahr-
haftig das Siegel einer von Gott und der Vorsehung verbürgten Justiz?«[14]
Schließlich und vor allem gibt die Isolierung der Häftlinge die Gewähr,
daß man eine maximale, von keinem anderen Einfluß relativierte Macht
gegen sie ausüben kann. Die Isolierung ist die erste Bedingung der totalen
Unterwerfung: »Man stelle sich vor«, sagte Ch. Lucas in bezug auf die
Rolle des Direktors, des Lehrers, des Gefängnisgeistlichen und der »mild-
tätigen Personen« gegenüber dem isolierten Häftling, »man stelle sich
vor, mit welcher Macht das menschliche Wort in die schreckliche Disziplin des Schweigens einbricht, um zum Herzen, zur Seele, zur menschlichen Person zu sprechen.«[15] Die Isolierung erlaubt die traulichste Unmittelbarkeit zwischen dem Gefangenen und seinem Herrn.

Darüber wird die Diskussion geführt, in der die beiden amerikanischen
Inhaftierungssysteme – das von Auburn und das von Philadelphia – zur
Debatte stehen. Tatsächlich geht es in dieser ausgedehnten Diskussion[16]
nur um die Einführung einer von allen akzeptierten Isolierung.

---

13 G. v. Beaumont und A. von Tocqueville, *Amerikas Besserungs-System und dessen Anwendung auf
   Europa*. Aus dem Französischen ... von Dr. N. H. Julius. Berlin 1833, S. 39.
14 S. Aylies, *Du système pénitentiaire*, 1837, S. 132 f.
15 Ch. Lucas, *De la réforme des prisons*, I, 1836, S. 167.
16 Die Diskussion, die in Frankreich um 1830 einsetzte, war 1850 noch nicht abgeschlossen. Charles
   Lucas war Anhänger des Modells von Auburn und inspirierte den Erlaß von 1839, dem zufolge in
   den Gefängnissen gemeinschaftliche Arbeit und absolutes Stillschweigen eingeführt wurden. Die
   darauf folgende Welle von Revolten und vielleicht die allgemeine Unruhe im Lande um 1842-43
   führten 1844 zur Übernahme des pennsylvanischen Modells (absolute Isolierung), das von Demetz,
   Blouet, Tocqueville gepriesen wurde. Aber der Strafrechtskongreß von 1847 sprach sich gegen diese
   Methode aus.

Das Modell von Auburn schreibt die Einzelzelle während der Nacht vor sowie die Arbeit und die Mahlzeiten in Gemeinschaft, aber unter der Regel des absoluten Stillschweigens; die Häftlinge dürfen nur mit den Wärtern sprechen – mit deren Erlaubnis und mit leiser Stimme. Die Ähnlichkeit mit dem Kloster ist ebenso unverkennbar wie die mit der Arbeitsdisziplin. Das Gefängnis soll der Mikrokosmos einer vollkommenen Gesellschaft sein, in der die Individuen in ihrer moralischen Existenz isoliert sind und ihre Vereinigungen in einen starren hierarchischen Rahmen eingespannt sind; jede Beziehung nach der Seite ist unmöglich; Kommunikation gibt es nur im Sinne der Vertikalen. Nach Meinung seiner Anhänger liegt der Vorteil dieses Systems darin, daß es eine Wiederholung der Gesellschaft selbst ist. Der Zwang wird durch materielle Mittel sichergestellt, aber vor allem durch eine Regel, deren Respekt zu lernen ist und die durch Überwachung und Bestrafungen garantiert wird. Anstatt den Sträfling »wie ein wildes Tier in seinem Käfig hinter Schloß und Riegel zu halten«, soll man es mit den anderen vereinen, »sie gemeinsam an nützlichen Übungen teilnehmen lassen, sie gemeinsam zu guten Gewohnheiten anhalten, indem man der moralischen Ansteckung durch eine tätige Überwachung zuvorkommt und die Sammlung durch die Regel des Schweigens wahrt«; diese Regel gewöhnt den Häftling daran, »das Gesetz als ein geheiligtes Gebot zu betrachten, dessen Übertretung ein gerechtes Übel nach sich zieht«.[17] Dieses Zusammenspiel von Isolierung, »rein sächlichem Zusammensein ohne geistiges Band«[18] und durch ununterbrochene Kontrolle garantiertem Gesetz soll den Kriminellen wieder zu einem sozialen Individuum machen: es dressiert ihn zu einer »nützlichen und ergebenen Tätigkeit«;[19] es verleiht ihm wieder »gesellige Gewohnheiten«.[20]

In der absoluten Isolierung – wie in Philadelphia – erwartet man die Besserung des Kriminellen nicht von der Erfüllung eines gemeinsamen Gesetzes, sondern von der Beziehung des Individuums zu seinem eigenen Gewissen und zu dem, was es von innen her erleuchten kann.[21] »Allein in seiner Zelle, ist der Gefangene sich selbst ausgeliefert; im Schweigen seiner

---

17 K. Mittermaier, in: *Revue française et étrangère de législation*, 1836.
18 G. v. Beaumont und A. v. Tocqueville, op. cit., S. 43.
19 A. E. de Gasparin, *Rapport au ministre de l'Intérieur sur la réforme des prisons*.
20 G. v. Beaumont und A. v. Tocqueville, op. cit., S. 44.
21 »Jeder Mensch«, sagte Fox, »wird vom göttlichen Licht erleuchtet, und ich habe es in jedem Menschen durchscheinen sehen.« Auf der Linie der Quäker und von Walnut Street wurden nach 1820 die Gefängnisse von Pennsylvania, Pittsburgh, Cherry Hill organisiert.

Leidenschaften und der ihn umgebenden Welt steigt er in sein Gewissen hinunter, befragt es und spürt das moralische Gefühl in ihm erwachen, das im Herzen des Menschen niemals ganz abstirbt.«[22] Es ist also nicht ein äußerer Respekt vor dem Gesetz oder die bloße Furcht vor der Bestrafung, die hier auf den Gefangenen einwirken, sondern die Arbeit des Gewissens selbst. Es handelt sich nicht um eine oberflächliche Dressur, sondern um eine tiefe Unterwerfung; einen Wandel der »Sittlichkeit« und nicht bloß des Verhaltens. Im pennsylvanischen Gefängnis sind die einzigen Besserungsfaktoren das Gewissen und die stumme Architektur, an die jenes stößt. In Cherry Hill sind »die Mauern die Bestrafung des Verbrechens; die Zelle macht den Gefangenen ihm selber gegenwärtig; er ist gezwungen, auf sein Gewissen zu hören«. Die Arbeit ist darum eher eine Tröstung als eine Verpflichtung; die Aufseher haben keinen Zwang auszuüben, der ja von der Materialität der Dinge ausgeht, und ihre Autorität kann folglich akzeptiert werden: »Bei jedem Besuch fließen einige wohlwollende Worte aus diesem ehrenhaften Mund und schenken dem Herzen des Gefangenen mit der Anerkennung auch Hoffnung und Tröstung; er liebt seinen Wärter; und er liebt ihn, weil er mild und mitleidend ist. Die Mauern sind furchterregend, und der Mensch ist gut.«[23] In dieser geschlossenen Zelle, im vorübergehenden Grab, werden die Mythen der Auferstehung wieder lebendig. Nach Nacht und Schweigen neues Leben. Auburn war die Gesellschaft in ihren Lebenskräften. Cherry Hill ist das vernichtete und neu gewonnene Leben. Der Katholizismus nimmt diese Quäkertechnik rasch in seine Diskurse auf. »Ich sehe in eurer Zelle nur ein schauervolles Grab, in welchem anstelle von Würmern Gewissensbisse und Verzweiflung auf euch zukriechen, um an euch zu nagen und aus eurer Existenz eine vorweggenommene Hölle zu machen. Was aber für einen areligiösen Häftling nur ein Grab, ein abscheuliches Beinhaus ist, wird für den aufrichtig christlichen Gefangenen zur Wiege der glückseligen Unsterblichkeit.«[24]

Über dem Gegensatz zwischen diesen beiden Modellen sind zahlreiche

22 *Journal des économistes*, II, 1842.

23 Abel Blouet, *Projet de prisons cellulaires*, 1843.

24 Abbé Petigny, *Allocution adressée aux prisonniers, à l'occasion de l'inauguration des bâtiments cellulaires de la prison de Versailles*. Vgl. wenige Jahre später, in *Der Graf von Monte Cristo*, eine unverkennbar christologische Version der Auferstehung nach Einkerkerung; dort geht es aber nicht darum, im Gefängnis die Fügsamkeit gegenüber den Gesetzen zu erlernen, sondern durch ein geheimes Wissen die Macht zu erlangen, jenseits der Ungerechtigkeit der Behörden Gerechtigkeit zu üben.

Streitfragen entstanden: religiöse, medizinische, wirtschaftliche, architektonische und administrative Fragen. Muß die Bekehrung das Hauptstück der Besserung sein? Macht die vollständige Isolierung wahnsinnig? Welches System kostet am wenigsten? Welche Form garantiert die beste Überwachung? Aber das eigentliche Motiv der lange dauernden Diskussion war das Hauptziel der Gefangennahme: die zwanghafte Individualisierung durch den Abbruch jeder Beziehung, die nicht von der Macht kontrolliert oder hierarchisch geordnet war.

2. »Darauf, nachdem er leibliche Stärkung genossen, beginnt die Arbeit, die mit jener abwechselnd, ihn wieder bis zum Gebete des Abends als treuer Gefährte begleitet, worauf er von neuem in einen sanften, durch keine Schreckbilder der Einbildungskraft gestörten Schlaf versinkt. So ist das Tagewerk der Woche, dem am Sonntage eine allein dem Gebete, dem Unterricht und heilsamen Betrachtungen gewidmete Beschäftigung folgt. Auf diese Weise löset eine Woche die andere, ein Monat, ein Jahr, das andere ab, und der als Unsteter, nur in der Unregelmäßigkeit gleichförmiger, im Wechsel lasterhafter Neigungen suchender Missetäter Eingetretene ist auch durch äußere, allmählich zur anderen Natur gewordne Gewohnheit, mit der Arbeit und der aus deren Vollbringung entspringenden Befriedigung so vertraut geworden, daß er, ist sein Inneres durch hinreichende Reue und Lehre bezwungen und gestärkt, mit größerer Hoffnung den Versuchungen der ihm wieder geschenkten Freiheit entgegentreten kann.«[25] Seit dem Gesetzbuch von 1808 wird die Arbeit in Verbindung mit der Isolierung als Umformungsfaktor definiert: »Wenn die vom Gesetz verhängte Strafe die Wiedergutmachung des Verbrechens zum Ziel hat, so will sie auch die Besserung des Schuldigen, und dieser zweifache Zweck kann erfüllt werden, wenn der Übeltäter jedem unheilvollen Müßiggang entrissen wird, der ihn ins Gefängnis geworfen hat und ihn danach wieder ergreifen und auf die letzte Stufe der Verkommenheit schleudern würde.«[26]

25 N. H. Julius, *Vorlesungen über die Gefängnis-Kunde*, Berlin 1828, S. 129 f.
26 G. A. Real, *Motifs du Code d'instruction criminelle*. Zuvor hatten mehrere Instruktionen des Innenministeriums an die Notwendigkeit erinnert, die Häftlinge arbeiten zu lassen: Instruktionen vom 5. Fructidor des Jahres VI, vom 3. Messidor des Jahres VIII, vom 8. Pluviôse und vom 28. Ventôse des Jahres IX, vom 7. Brumaire des Jahres X. Bald nach den Gesetzbüchern von 1808 und 1810 erscheinen neue Instruktionen: am 20. Oktober 1811, am 8. Dezember 1812 und schließlich die ausführliche Instruktion des Jahres 1816: »Es ist von größter Wichtigkeit, die Häftlinge soweit wie möglich zu beschäftigen. Man muß in ihnen das Verlangen nach Arbeit entstehen lassen, indem man diejenigen, die sich beschäftigen, besser behandelt als jene, die müßig bleiben wollen: man gibt ihnen besseres Essen, bessere Lager.« Die Gefängnisse von Melun und Clairvaux wurden sehr bald als große Werkstätten organisiert.

Die Arbeit ist weder eine Zugabe zur Haft noch eine Korrektur an ihr: ob es sich um Zwangsarbeit, Zuchthaus oder Gefängnishaft handelt: die Arbeit ist vom Gesetzgeber immer als wesentliche Notwendigkeit vorgesehen. Aber es handelt sich um eine andere Notwendigkeit als diejenige, von der die Reformer des 18. Jahrhunderts sprachen, die aus der Arbeit ein Exempel für die Öffentlichkeit oder eine nützliche Wiedergutmachung für die Gesellschaft machen wollten. Im Kerkersystem herrscht eine andere Verknüpfung zwischen Arbeit und Strafe.

Die Auseinandersetzungen zur Zeit der Restauration und der Juli-Monarchie erhellen die Funktion der Arbeit als Strafe. Einmal geht die Diskussion über die Entlohnung. In Frankreich wurde für die Arbeit der Häftlinge Lohn gezahlt. Das Problem besteht nun darin, daß eine bezahlte Arbeit eigentlich keine Strafe ist, weshalb sie der Häftling verweigern kann. Zudem fördert der Verdienst die Geschicklichkeit der Arbeiter und nicht die Besserung des Schuldigen: »Die schlechtesten Subjekte sind fast immer die geschicktesten Arbeiter; sie werden am besten entlohnt und sind daher die Maßlosesten und Unbußfertigsten.«[27] Die nie ganz erloschene Diskussion brach in den Jahren 1840-45 wieder auf – in einer Epoche der ökonomischen Krise, der Arbeiterunruhen, aber auch des beginnenden Gegensatzes zwischen Arbeitern und Delinquenten.[28] Es gibt Streiks gegen die Gefängniswerkstätten: als ein Handschuhmacher aus Chaumont im Gefängnis von Clairvaux eine Werkstatt einrichten soll, protestieren die Arbeiter, erklären ihre Arbeit für entehrt, besetzen die Manufaktur und zwingen den Chef zum Verzicht auf sein Projekt.[29] In den Arbeiterzeitungen gibt es Pressekampagnen: gegen die Regierung, welche die Gefängnisarbeit begünstigt, um die »freien« Löhne niedrig zu halten; gegen die Arbeitslosigkeit, welche die Frauen in die Prostitution und damit ins Gefängnis stößt, wo diese Frauen, die in der Freiheit nicht mehr arbeiten konnten, denjenigen Konkurrenz machen, die noch Arbeit haben;[30] dagegen, daß man den Häftlingen die sichersten Arbeiten vorbehält: »Die Diebe arbeiten eifrig und ohne Sorge in der Hutmacherei und in der Tischlerei, während der arbeitslose Hutmacher in das Menschenschlachthaus gehen muß, um für zwei Franken den Tag Bleiweiß herzustellen«;[31] gegen die Philan-

27 J. J. Marquet Wasselot, Bd. III, S. 171.
28 Vgl. unten.
29 Vgl. J. P. Aguet, *Les Grèves sous la monarchie de Juillet*, 1954, S. 30-31.
30 *L'Atelier*, Jg. 3/4, Dezember 1842.
31 Op. cit, Jg. 6/2, November 1845.

thropie, die sich um die Arbeitsbedingungen der Häftlinge sorgt, aber jene
des freien Arbeiters mißachtet: »Wenn die Gefangenen mit Quecksilber
beschäftigt würden, fände die Wissenschaft gewiß schneller die Mittel,
mit denen man die Arbeiter vor der Gefahr der Ausdünstungen bewahren
könnte – ›die armen Sträflinge!‹ hört man von denjenigen, die für die Vergolder kaum ein Wort übrig haben; man muß eben gemordet oder geraubt
haben, um Mitleid oder Interesse zu erregen«; und vor allem gegen die Gefahr, daß man in das zur Werkstatt gemachte Gefängnis die Bettler und Arbeitslosen schickt und damit das alte Hôpital Général oder Workhouse
wiederherstellt.[32] Nach dem Gesetzesbeschluß von 1844 häuften sich dann
noch die Bittschriften und Briefe: die Kammer von Paris verwarf eine Bitt-
schrift, die es »unmenschlich fand, daß man Mörder, Totschläger, Diebe
zu Arbeiten einsetzt, die heute Tausenden von Arbeitern Brot geben; ...
die Kammer hat Barabbas uns vorgezogen«.[33] Buchdrucker schicken dem
Minister einen Brief, als sie erfahren, daß man im Gefängnis von Melun
eine Druckerei eingerichtet hat: »Ihnen obliegt die Entscheidung zwischen
den Verworfenen, die mit Recht vom Gesetz getroffen wurden, einerseits
und den Bürgern anderseits, die in Selbstverleugnung und Rechtschaffenheit ihre Tage ebenso der Existenz ihrer Familien wie dem Reichtum ihres
Vaterlandes opfern.«[34]

Die Antworten, die von seiten der Regierung und der Administration
auf diese Angriffe gegeben werden, sind immer die gleichen. Die Gefängnisarbeit kann nicht aufgrund der von ihr verursachten Arbeitslosigkeit
kritisiert werden: wegen ihrer geringen Ausdehnung und ihres geringen Er-
trages fällt sie für die Wirtschaft insgesamt nicht ins Gewicht. Ihr Nutzen
besteht nicht in ihrer Produktivität, sondern darin, daß sie in die menschliche Mechanik eingreift. Sie ist ein Prinzip der Ordnung und Regelmäßigkeit; durch ihre Anforderungen setzt sie kaum spürbar eine rigorose
Gewalt durch; sie unterwirft die Körper regelmäßigen Bewegungen, sie
schließt Unruhe und Zerstreuung aus, sie erzwingt eine Hierarchie und
eine Überwachung, die um so leichter akzeptiert werden und sich um so
tiefer in das Verhalten der Sträflinge einprägen, als sie ein und derselben
Logik angehören: mit der Arbeit »tritt die Regel in ein Gefängnis ein, sie
herrscht dort mühelos und ohne Anwendung von Unterdrückung oder

---

32 Ebd.
33 *L'Atelier*, Jg. 5/6, März 1845 und Jg. 4/9, Juni 1844; vgl. auch *La Démocratie pacifique*.
34 *L'Atelier*, Jg. 5/6, März 1845.

Gewalt. Indem sie den Häftling beschäftigt, gibt sie ihm die Gewohnheiten von Ordnung und Gehorsam; macht sie ihn, der einst faul war, eifrig
und tätig ... Mit der Zeit findet er in der regelmäßigen Bewegung des
Hauses und in den körperlichen Arbeiten, denen er unterworfen ist, ein sicheres Heilmittel gegen die Abweichungen seiner Einbildungskraft«.[35] Die
Zwangsarbeit ist an sich eine Maschinerie, die aus dem gewalttätigen, unruhigen, unüberlegten Gefangenen ein Stück macht, das seine Rolle mit
vollkommener Regelmäßigkeit spielt. Das Gefängnis ist keine Werkstatt,
sondern selber eine Maschine, deren Rädchen und deren Produkte die Ar-
beiter-Häftlinge sind. Diese Maschine »beschäftigt sie kontinuierlich –
und sei es auch nur zu dem einzigen Zweck, ihre Augenblicke auszufüllen.
Wenn sich der Körper rührt und der Geist auf einen bestimmten Gegenstand konzentriert, entfernen sich die ungelegenen Gedanken und die
Seele wird wieder ruhig«.[36] Und letzten Endes zeitigt die Gefängnisarbeit
doch einen ökonomischen Effekt, indem sie Individuen produziert, die
nach den allgemeinen Normen einer industriellen Gesellschaft mechani-
siert sind: »Die Arbeit ist die Vorsehung der modernen Völker; sie ersetzt
ihnen die Moral, sie füllt die von den verschwundenen Religionen hinterlassene Leere aus und gilt als das Prinzip alles Guten. Die Arbeit mußte
die Religion der Gefängnisse sein. Eine Maschinengesellschaft brauchte
rein mechanische Besserungsmittel.«[37] Fabriziert werden Maschinen-In-
dividuen, aber auch Proletarier. Wenn man nämlich nur »die Arme zum
Eigentum hat, kann man nur vom Ergebnis seiner Arbeit durch eine Be-
rufsausübung leben oder vom Ergebnis der Arbeit anderer durch das
Handwerk des Diebstahls. Würde nun das Gefängnis die Übeltäter nicht
zur Arbeit zwingen, so würde es über die Steuern die Ausbeutung der einen
durch die anderen wieder einführen: »Die Frage des Müßigganges stellt
sich hier genauso wie in der Gesellschaft: die Häftlinge müssen von der Arbeit der andern leben, wenn sie sich nicht durch eigene Arbeit erhalten.«[38]
Die Arbeit, mit welcher der Sträfling seine eigenen Bedürfnisse befriedigt,
macht aus dem Dieb einen fügsamen Arbeiter, und hier tritt der Nutzen
einer Entlohnung der Zwangsarbeit ein: sie zwingt dem Häftling die »moralische« Form des Lohns als Bedingung seiner Existenz auf. Der Lohn läßt

35 A. Bérenger, *Rapport à l'Académie des sciences morales*, Juni 1836.
36 E. Danjou, *Des prisons*, 1821, S. 180.
37 L. Faucher, *De la réforme des prisons*, 1838, S. 64. In England wurden zur mechanischen Diszipli-
    nierung der Gefangenen Tretmühlen und -pumpen eingesetzt – ohne jede produktive Leistung.
38 Ch. Lucas, *De la réforme des prisons*, II, 1838, S. 313 f.

»Liebe zur Arbeit und Gewöhnung an Arbeit«[39] aufkommen; er verleiht jenen Missetätern, die den Unterschied zwischen mein und dein nicht kennen, den Sinn für Eigentum und für das, »was man im Schweiße seines Angesichtes erworben hat«;[40] er bringt ihnen, die bisher in der Verschwendung gelebt haben, Voraussicht, Sparsamkeit, Zukunftsplanung bei;[41] indem er schließlich ein Maß der geleisteten Arbeit darstellt, ermöglicht er die Quantifizierung des Eifers und des Häftlings und der Fortschritte seiner Besserung.[42] Der Lohn für Gefängnisarbeit entlohnt nicht eine Produktion; er dient vielmehr als Motor und Maß der individuellen Transformationen: er bildet eine juristische Fiktion, da er nicht die »freie« Abtretung einer Arbeitskraft repräsentiert, sondern ein angeblich wirksames Element innerhalb der Besserungstechniken.

Was bezweckt die Arbeit im Gefängnis? Nicht Gewinn und auch nicht die Formierung einer nützlichen Fähigkeit, sondern die Bildung eines Machtverhältnisses, einer leeren ökonomischen Form, eines Schemas der individuellen Unterwerfung und ihrer Anpassung an einen Produktionsapparat.

Das Musterbild der Gefängnisarbeit ist die Frauenwerkstatt in Clairvaux. Die schweigsame Präzision der menschlichen Maschinerie schließt dort wieder an die Regelstrenge des Klosters an: »In einem Stuhl, über dem sich ein Kruzifix befindet, sitzt die Schwester; vor ihr verrichten die weiblichen Gefangenen, in zwei Reihen geordnet, die ihnen übertragene Arbeit; und da die Arbeit fast ausschließlich mit der Nadel verrichtet wird, ist die Stille vollkommen und ungestört ... In diesen Sälen scheint alles Buße und Sühne zu atmen. Man versetzt sich spontan in die Zeiten der heiligen Gewohnheiten jener altehrwürdigen Stätte. Man erinnert sich an jene freiwilligen Büßer, die sich hier eingeschlossen haben, um von der Welt Abschied zu nehmen.«[43]

3. Aber das Gefängnis geht über die bloße Freiheitsberaubung noch entscheidender hinaus. Es wird tendenziell zu einem Instrument der flexiblen

39 Ch. Lucas, op. cit., S. 243.
40 E. Danjou, *Des prisons*, 1821, S. 210; vgl. auch *L'Atelier*, Jg. 6/2, November 1845.
41 Ch. Lucas, op, cit. Ein Drittel des Tageslohnes wurde bis zur Entlassung auf die Seite gelegt.
42 E. Ducpétiaux, *Du système de l'emprisonnement cellulaire*, 1857, S. 30 f.
43 Vgl. dazu den Text von Faucher: »Treten Sie in eine Spinnerei ein; hören Sie die Gespräche der Arbeiter und das Sausen der Maschinen. Gibt es in der Welt einen schmerzlicheren Gegensatz als den zwischen der Regelmäßigkeit und Berechenbarkeit dieser mechanischen Bewegungen einerseits und der aus der Berührung so vieler Männer, Frauen und Kinder entstehenden Unordnung der Ideen und Sitten anderseits?« *De la réforme des prisons*, 1838, S. 20.

Strafbemessung: zu einem Apparat, der zwar das Urteil zu vollstrecken hat, aber es zumindest teilweise auch revidieren kann. Gewiß hat die Gefängnisinstitution dieses »Recht« im 19. und auch im 20. Jahrhundert nur ansatzweise erhalten (in Form von bedingten Freilassungen, von Halb-Freiheiten, Organisation von Reform-Gefängnissen). Jedenfalls ist es von den Verantwortlichen der Vollzugsadministration sehr bald gefordert worden, und zwar als Bedingung für das gute Funktionieren des Gefängnisses im Hinblick auf die ihm von der Justiz anvertraute Besserungsaufgabe.

Das gilt für die Dauer der Haft: damit läßt sich die Strafe genau quantifizieren und nach den Umständen abstufen: der gesetzlichen Strafe wird mehr oder weniger ausdrücklich die Form eines Lohnes gegeben. Die Strafdauer droht aber den Besserungs-Wert zu verlieren, wenn sie im Urteil ein für allemal festgelegt ist. Die Länge der Strafe darf nicht den »Tauschwert« des Vergehens messen, sondern sie muß zur »nützlichen« Umformung des Häftlings beitragen. Nicht Maß-Zeit, sondern Zweck-Zeit; nicht Entgelt, sondern Maßnahme. »Wie der kluge Arzt seine Behandlung abbricht oder fortsetzt, je nachdem der Kranke zur völligen Heilung gelangt ist oder nicht, so sollte auch die Strafe ein Ende nehmen, sobald die völlige Besserung des Sträflings erreicht ist; denn damit ist jede Haft unnütz geworden und folglich ebenso unmenschlich gegenüber dem Gebesserten wie verlustbringend für den Staat.«[44] Die richtige Dauer der Strafe muß sich darum nicht nur nach der Tat und ihren Umständen richten, sondern auch nach dem konkreten Verlauf der Strafe selbst. Die Individualisierung der Strafe geht nicht nur vom Verbrecher-Individuum aus, das Rechtssubjekt seiner Tat und verantwortlicher Urheber des Vergehens ist, sondern vor allem vom Sträflings-Individuum, das Gegenstand einer kontrollierten Transformation ist, das in einen Gefängnisapparat eingeschlossen ist, von diesem verändert wird und auf diesen reagiert. »Es geht nicht nur um die Umformung des Frevlers. Nach Abschluß dieser Umformung muß der Kriminelle wieder in die Gesellschaft eintreten.«[45]

Art und Inhalt der Haft können nicht einfach durch die Natur des Ver-

---

44 A. Bonneville, *Des libérations préparatoires*, 1846, S. 6. Bonneville schlug Maßnahmen einer »vorbereitenden Freiheit« vor – aber auch Zusatzstrafen für den Fall, »daß das Strafausmaß, das nach dem wahrscheinlichen Verhärtungsgrad des Delinquenten festgesetzt wurde, zur Herbeiführung des erwarteten Effekts nicht ausgereicht hat«. Diese Zugabe durfte ein Achtel der Strafe nicht übersteigen. Die vorbereitende Freiheit konnte nach dem Dreiviertel der Strafe gewährt werden. (*Traité des diverses institutions complémentaires*, S. 251 f.).

45 Ch. Lucas, zit. in: *Gazette des tribunaux*, 6. April 1837.

gehens bestimmt sein. Aus der Schwere eines Verbrechens läßt sich keineswegs eindeutig auf die Besserungsfähigkeit des Verurteilten schließen. Vor allem läßt sich die Unterscheidung zwischen Verbrechen und Vergehen, der das Gesetzbuch den Unterschied zwischen Gefängnis und Zuchthaus oder Zwangsarbeit zugeordnet hat, nicht im Hinblick auf Besserung operationalisieren. Das ist die Meinung, die anläßlich einer 1836 vom Ministerium durchgeführten Untersuchung fast einhellig von den Gefängnisdirektoren geäußert wird: »Die Besserungshäftlinge sind im allgemeinen die lasterhaftesten ... Unter den Kriminellen gibt es viele, die der Gewalt ihrer Leidenschaften oder den Bedürfnissen einer vielköpfigen Familie erlegen sind ... Das Verhalten der Kriminellen ist viel besser als das der Besserungshäftlinge; jene sind gehorsamer und fleißiger als diese, die zumeist Spitzbuben, Wüstlinge und Faulpelze sind.«[46] Daher die Idee, daß die Strenge der Strafe nicht einfach von der Schwere des Vergehens abhängen darf und daß sie nicht ein für allemal festgesetzt werden darf.

Als Besserungsmaßnahme hat die Haft ihre eigenen Erfordernisse und Verlaufsgesetze. Ihre Wirkungen müssen ihre Etappen bestimmen: ihre zeitweiligen Verschärfungen und ihre sukzessiven Erleichterungen. Ch. Lucas nannte das »die bewegliche Klassifizierung der Moralitäten«. Das fortschrittliche System, das in Genf seit 1825[47] in Anwendung war, wurde oft für Frankreich gefordert. Z. B. in der Form der drei Abteilungen: der Probeabteilung für die Allgemeinheit der Häftlinge, der Strafabteilung sowie der Belohnungsabteilung für diejenigen, die sich auf dem Weg der Besserung befinden.[48] Oder in der Form der vier Phasen: Einschüchterungsperiode (Verhinderung von Arbeit sowie jeder inneren oder äußeren Beziehung); Arbeitsperiode (Isolierung mit Arbeit, die nach dem erzwungenen Müßiggang als Wohltat empfunden werden sollte); Phase der Moralisierungsmaßnahmen (»Aussprachen« mit den Direktoren und den offiziellen Besuchern); Periode der gemeinschaftlichen Arbeit.[49] Zwar ist die Strafe im Prinzip Sache der Justiz – aber ihr Vollzug, ihre Eigenschaften, ihre Strenge gehören zu einem autonomen Mechanismus, der die Wirkun-

---

46 *Gazette des tribunaux.* Vgl. auch Marquet-Wasselot, *La Ville du refuge,* 1832, S. 74-76. Ch. Lucas bemerkt, daß die Besserungshäftlinge »zumeist aus der städtischen Bevölkerung stammen, während die Zuchthäusler mehrheitlich aus bäuerlichen Schichten kommen«. *De la réforme des prisons,* I, 1836, S. 46-50.

47 R. Fresnel, *Considérations sur les maisons de refuge,* Paris 1829, S. 29-31.

48 Ch. Lucas, *De la réforme des prisons,* II, 1838, S. 440.

49 L. Duras, Artikel in *Le Progressif,* zit. in: *La Phalange,* 1. Dezember 1838.

gen der Bestrafung innerhalb des sie produzierenden Apparates kontrolliert. Es handelt sich um ein ganzes System von Bestrafungen und Belohnungen, das nicht bloß die Befolgung des Gefängnis-Reglements erzwingt, sondern die Einwirkung des Gefängnisses auf die Häftlinge sicherstellt. Die Gerichtsbehörden sind damit sogar einverstanden: »Der Kassationshof, der anläßlich der Gesetzesvorlage über die Gefängnisse konsultiert worden war, bekannte sich zur Idee von Belohnungen, die in einer größeren Rücklage, in besserer Verpflegung oder in Strafkürzungen bestehen können. Wenn etwas imstande ist, im Geist der Häftlinge die Begriffe von Gut und Böse zu erwecken, sie zu moralischen Reflexionen zu führen und sie vor ihrem eigenen Gewissen zu heben, so ist es die Möglichkeit, Belohnungen zu erlangen.«[50]

Bei all diesen Verfahren, die den Ablauf der Strafe korrigieren, kommt den Gerichtsinstanzen keine unmittelbare Autorität zu. Es handelt sich nämlich um Maßnahmen, die erst nach dem Urteil getroffen werden können und sich nicht auf die Gesetzesübertretung beziehen. Daher die unverzichtbare Autonomie des Personals, das die individualisierende Strafhaft verwaltet: die Aufseher, der Gefängnisdirektor, der Gefängnisgeistliche oder -lehrer sind zur Wahrnehmung dieser Besserungsfunktion besser geeignet als die Inhaber der Justizgewalt. Es ist ihre Beurteilung (als Tatbestandsaufnahme, Diagnose, Charakterisierung, Präzisierung, differenzierende Klassifizierung), und nicht ein Schuld zuweisendes Urteil, die diese innere Abstufung der Strafe – ihre Erleichterung oder gar ihre Unterbrechung – stützen muß. Als Bonneville 1846 die bedingte Freiheit vorschlug, präsentierte er sie als »das Recht der Verwaltung, nach Stellungnahme von seiten der Gerichtsbehörde und nach Ablauf einer hinreichenden Sühnezeit den vollständig gebesserten Sträfling unter bestimmten Voraussetzungen bedingt zu entlassen – mit dem Vorbehalt, daß er bei der geringsten begründeten Klage dem Gefängnis wieder einverleibt wird.«[51] Die ganze Willkür, die im alten Strafsystem den Richtern die Abstufung der Strafe und den Fürsten ihre Aussetzung ermöglichte, diese ganze Willkür, welche die modernen Gesetze der Gerichtsautorität entzogen haben, wächst fortschreitend der Gewalt zu, welche die Bestrafung organisiert und kontrolliert. Wissende Souveränität des Wächters: »Dieser Beamte ist wahrhaft dazu berufen, im Haus souverän zu herrschen ... Er muß, um seiner Sendung

50 Ch. Lucas, op. cit., S. 441 f.
51 A. Bonneville, *Des libérations préparatoires*, 1846, S. 5.

nicht unwürdig zu sein, die herausragendste Tugend mit einer tiefen Wissenschaft von den Menschen verbinden.«[52]

Charles Lucas formuliert in aller Klarheit das Prinzip, das heute wenige Juristen ohne Zögern anerkennen würden, obgleich es die Hauptlinie des modernen Strafwesens markiert. Nennen wir es die Unabhängigkeitserklärung des Gefängnisses, das darin das Recht beansprucht, eine Gewalt zu sein, die nicht nur ihre Verwaltungsautonomie hat, sondern auch einen Teil der Strafsouveränität. Diese Unabhängigkeitserklärung des Gefängnisses macht folgendes geltend: das Strafurteil ist eine willkürliche Einheit, die zerlegt werden muß; die Verfasser der Strafgesetze haben mit Recht bereits die Ebene der Gesetzgebung (welche die Taten klassifiziert und ihnen Strafen zuordnet) und die Ebene des Gerichts (das Urteile fällt) unterschieden; heute ist diese letztere Ebene ihrerseits zu analysieren: es muß darin das unterschieden werden, was eigentlich Sache des Gerichts ist (Einschätzung der Täter und nicht so sehr der Taten, Ermessung der »Intentionalitäten, die den menschlichen Handlungen ihre verschiedenen Moralitäten verleihen«, und damit die Korrektur der Bewertungen des Gesetzgebers); und schließlich muß dem »Strafvollzugsurteil«, das vielleicht das wichtigste ist, seine Autonomie gegeben werden; im Verhältnis zu diesem ist ja die Einschätzung des Gerichts nur »eine Art Vorurteil«, denn die Moralität des Täters kann erst »auf dem Prüfstand ermessen werden. Der Richter bedarf darum einer notwendigen und korrigierenden Kontrolle seiner Schätzungen; diese Kontrolle hat das Straf- und Besserungsgefängnis zu liefern«.[53]

Es läßt sich also sagen, daß die Gefängnis-Strafe die Gerichts-Strafe vielfach überschreitet. Diese Überschreitung macht sich gleich nach der Geburt des Gefängnisses bemerkbar – sei es in Form von wirklichen Praktiken oder von Projekten. Sie hat sich nicht nachträglich eingestellt, denn das Gefängnis war von Anfang an eine große Haft-Maschinerie. Deren Autonomie mag sich in den »unnützen« Gewaltsamkeiten der Wärter ebenso zeigen wie im Despotismus einer Administration, welche die Privilegien des geschlossenen Ortes besitzt. Jedoch liegt die Wurzel dieser Autonomie gerade in der Tatsache, daß man vom Gefängnis erwartet, »nützlich« zu sein, in der Tatsache, daß die Freiheitsberaubung, die ein gesetzlicher Entzug eines idealen Gutes sein sollte, von Anfang an eine positive technische

52 A. Bérenger, *Rapport à l'Académie des sciences morales et politiques*, Juni 1836.
53 Ch. Lucas, *De la réforme des prisons*, II, 1838, S. 418-422.

Rolle zu spielen hatte: Transformationen an den Individuen vorzunehmen. Für diese Operation griff der Gefängnisapparat auf drei große Modelle zurück: das politisch-moralische Modell der individuellen Isolierung und der Hierarchie; das ökonomische Modell der zu Zwangsarbeit eingesetzten Kraft; das technisch-medizinische Modell der Heilung und der Normalisierung. Zelle, Werkstatt, Spital. Der Spielraum zwischen der rechtlichen Freiheitsberaubung und der über sie hinausgehenden Gefängnishaft wird von den Disziplinartechniken ausgefüllt. Diese Disziplinarzugabe nennt man »Besserungsstrafe« oder »Strafvollzug«.

Eine ganz problemlose Zustimmung fand dieser Strafzuschlag allerdings nicht. Es galt ja das Prinzip, daß die Strafe nichts weiter sein dürfe als Freiheitsberaubung. Wie unsere gegenwärtigen Regierenden sagte es auch Decazes – aber mit einer anderen Sprachgewalt: »Das Gesetz muß dem Schuldigen ins Gefängnis folgen, wohin es ihn geführt hat.«[54] Charakteristischerweise werden die Debatten aber sehr bald zu einem Kampf um die Aneignung der Kontrolle über den Strafzuschlag. Die Richter verlangen das Recht auf Einsicht in die Gefängnismechanismen: »Die Moralisierung der Häftlinge erfordert zahlreiche Mitarbeiter; nur durch Inspektionsvisiten, durch Überwachungskommissionen, durch Wohltätigkeitsvereine kann sie zum Erfolg geführt werden. Sie braucht also Hilfskräfte, die von der Gerichtsbehörde gestellt werden müssen.«[55] Seit jener Zeit hat der Strafvollzug ein solches Eigengewicht gewonnen, daß sich alle Seiten um ihn reißen. Der Richter, der sich nach dem Gefängnis sehnt, bringt hundert Jahre darauf ein geschwätziges und doch unförmiges Kind zur Welt: den Vollzugsrichter.

Wie aber konnte es geschehen, daß der Strafvollzug mit seinem »Überschuß« gegenüber der Freiheitsberaubung sich nicht nur durchsetzte, sondern der gesamten Strafjustiz eine Falle stellte und die Richter selber einsperrte? Es gelang ihm, die Strafjustiz in Wissensbeziehungen zu locken, die nun zu ihrem grenzenlosen Labyrinth geworden sind.

Als Ort des Vollzugs der Strafe ist das Gefängnis zugleich Ort der Beobachtung der bestraften Individuen. Und dies in zweierlei Sinne. Gewiß geht es um die Überwachung. Es geht aber auch um die Erkennung jedes

---

54 E. Decazes, *Rapport au Roi sur les prisons, Le Moniteur*, 11. April 1819.
55 Vivien, zit. in: G. Ferrus, *Des prisonniers*, 1850, S. VIII. Nach einer Verordnung von 1847 wurden Überwachungskommissionen geschaffen.

Häftlings, seines Verhaltens, seiner tiefen Anlagen, seiner fortschreitenden Besserung. Das Gefängnis ist der Ort, an dem sich ein klinisches Wissen über die Sträflinge formiert. »Das Gefängnissystem kann nicht eine Apriori-Konzeption sein, sondern nur eine Schlußfolgerung aus dem gesellschaftlichen Zustand. Es gibt moralische Krankheiten ebenso wie Gesundheitsstörungen, bei denen die Behandlung vom Sitz und von der Richtung des Übels abhängt.«[56] Daraus sind zwei wesentliche Folgerungen zu ziehen. Der Häftling muß unter einem ständigen Blick gehalten werden; alle Aufzeichnungen, die von ihm gemacht werden können, müssen registriert und verbucht werden. Der Gedanke des Panopticon – zugleich Überwachung und Beobachtung, Sicherheit und Wissen, Individualisierung und Totalisierung, Isolierung und Transparenz – hat im Gefängnis seinen bevorzugten Realisierungsort gefunden. Zwar waren die panoptischen Verfahren als konkrete Gewaltausübungsprozeduren in der Gesellschaft ziemlich verbreitet und zerstreut, aber nur in der Strafanstalt konnte Benthams Utopie massive Gestalt annehmen. Das Panopticon ist in den Jahren 1830-1840 zum architektonischen Programm der meisten Gefängnisprojekte geworden. Es bildete die direkteste Methode, »die Intelligenz der Disziplin in den Stein zu übertragen«;[57] die Architektur für die Handhabung der Macht transparent zu machen;[58] Gewalt und Zwang durch die sanfte Wirksamkeit einer bruchlosen Überwachung zu ersetzen; den Raum entsprechend der jüngsten Vermenschlichung der Gesetze und der neuen Straftheorie zu gestalten: »Sowohl die Autorität wie der Architekt müssen wissen, ob die Gefängnisse im Sinne einer Milderung der Strafen zu organisieren sind oder zur Besserung der Schuldigen und in Übereinstimmung mit einer Gesetzgebung, die, zum Ursprung der Volkslaster zurückgehend, ein Regenerationsprinzip der notwendigen Tugenden wird.«[59] Konstruiert werden soll also eine Gefängnismaschine[60] mit einer Sicht-

---

56 Léon Faucher, *De la réforme des prisons*, 1838, S. 6.
57 Ch. Lucas, *De la réforme des prisons*, I, 1836, S. 69.
58 »Behandelt man die Verwaltungsfrage unter Absehung von der Frage der Architektur, so läuft man Gefahr, Grundsätze aufzustellen, denen sich die Wirklichkeit entzieht. Hingegen kann ein Architekt mit ausreichender Kenntnis der administrativen Bedürfnisse sehr wohl das eine oder andere Gefängnissystem realisierbar machen, das von der Theorie als Utopie abgetan worden wäre.« (Abel Blouet, *Projet de prison cellulaire*, 1843, S. 1).
59 L. Baltard, *Architectonographie des prisons*, 1829, S. 4 f.
60 »Die Engländer zeigen in all ihren Werken den Genius der Mechanik ... und sie wollten, daß ihre Gebäude wie eine von einem einzigen Motor angetriebene Maschine funktionieren.« L. Baltard, op. cit., S. 18.

zelle, in der sich der Häftling wie »im Glashaus des griechischen Philosophen«[61] gefangen findet, und mit einem Zentralpunkt, von dem aus ein
ständiger Blick sowohl die Häftlinge wie das Personal kontrollieren kann.
Um diese zwei Anforderungen herum sind verschiedene Variationen möglich: Benthams Panopticon in seiner strengen Form, der Halbkreis, der
kreuzförmige Plan oder die sternförmige Anordnung.[62] Inmitten all dieser
Diskussionen erinnert der Innenminister 1841 an die grundlegenden Prinzipien: »Der zentrale Inspektionssaal ist der Angelpunkt des ganzen Systems. Ohne zentralen Inspektionspunkt ist die Überwachung nicht mehr
gesichert, stetig und allgemein; denn es ist unmöglich, ein vollständiges
Vertrauen in die Tätigkeit, den Eifer und die Intelligenz des unmittelbaren
Aufsehers über die Zellen zu setzen ... Der Architekt muß darum seine
ganze Aufmerksamkeit auf dieses Ziel richten, mit dem sowohl die Disziplin wie auch die Ökonomie auf dem Spiel steht. Je genauer und leichter
die Überwachung ist, um so weniger braucht man in der Gewalt der Gebäude Garantien gegen Ausbruchsversuche und gegen die Vereinigungen
unter den Gefangenen zu suchen. Die Überwachung wird vollkommen
sein, wenn der Direktor oder der Oberaufseher ohne Stellungswechsel
und ohne gesehen zu werden nicht nur den Eingang zu allen Zellen und
bei offener Tür sogar das Innere der meisten Zellen sieht, sondern auch
noch die Aufseher, denen die Bewachung der Gefangenen in allen Stockwerken obliegt ... Mit dem Modell der kreisförmigen oder halbkreisförmi-
gen Gefängnisse scheint es möglich, von einem einzigen Zentrum aus alle
Häftlinge in ihren Zellen sowie die Wächter in den Überwachungsgalerien
zu sehen.«[63]

Die panoptische Straf- und Besserungsanstalt ist jedoch auch ein lük-
kenloses individualisierendes Dokumentationssystem. Im selben Jahr, in
dem man die Variationen des Panopticon für den Bau der Gefängnisse
empfahl, machte man das System der »moralischen Buchführung« verbindlich: ein individuelles Bulletin, das einheitlich in allen Gefängnissen
Verwendung findet und in das der Direktor oder der Oberaufseher, der Gefängnisgeistliche und -lehrer ihre Beobachtungen über jeden Häftling eintragen sollen: »Es ist gewissermaßen das Vademekum der Gefängnisverwaltung, das sie in den Stand setzt, jeden Fall, jeden Umstand abzuschät-

---

61 N. P. Harou-Romain, *Projet de pénitencier*, 1840, S. 8.
62 Vgl. Abb. 18-26.
63 Ducatel, *Instruction pour la construction des maisons d'arrêt*, S. 9.

zen und sich in der Folge über die jedem Häftling individuell zu erteilende Behandlung aufzuklären.«[64] Viele andere und weit vollständigere Registratursysteme wurden geplant oder versucht.[65] In jedem Fall handelt es sich darum, aus dem Gefängnis den Konstitutionsort eines Wissens zu machen, das als regulatives Prinzip für die Durchführung des Besserungsvollzugs dienen muß. Das Gefängnis hat nicht nur die Entscheidung der Richter zu kennen und in Übereinstimmung mit den geltenden Reglements zu vollstrecken; es hat vom Häftling ständig ein Wissen zu erheben, mit dem sich aus der bloßen Strafmaßnahme eine Besserungsoperation machen läßt – und aus der durch das Vergehen notwendig gemachten Strafe eine für die Gesellschaft nützliche Modifikation des Häftlings. Die Autonomie des Kerkersystems und das von ihr ermöglichte Wissen vervielfältigen diese Nützlichkeit der Strafe, die vom Gesetzbuch zum Prinzip seiner Straf-Philosophie gemacht worden war: »Der Direktor darf keinen Häftling aus dem Auge verlieren. Ob der Häftling in eine Abteilung eintritt oder daraus ausscheidet oder darin verbleibt – der Direktor ist immer gehalten, die Motive für sein Verbleiben in einer Klasse oder für das Überwechseln in eine andere Klasse zu rechtfertigen. Es handelt sich um eine wahrhafte Buchführung. Jeder Gefangene ist in der Sphäre der individuellen Erziehung eine Kapitalanlage, die Besserungszinsen bringen soll.«[66] Vermittels der gelehrten Technologie der Vollzugspraxis wird das im Strafsystem und in der Errichtung schwerer Gefängnisse investierte Kapital gewinnbringend.

In Wechselwirkung dazu wird der Delinquent ein zu erkennendes Individuum. Dieser Wissensanspruch ist nicht zuerst im Richterspruch zum Tragen gekommen, um das Urteil besser zu begründen und das Maß der Schuld wahrheitsgemäß zu bestimmen. Erst als Verurteilter und als Zielscheibe der Bestrafungsmechanismen hat sich der Rechtsbrecher als Gegenstand eines möglichen Wissens konstituiert.

Das bedeutet jedoch, daß der Straf- und Besserungsapparat mitsamt seinem ganzen technologischen Programm eine merkwürdige Unterschiebung vornimmt: aus den Händen der Justiz übernimmt er einen Verurteilten; womit er sich aber zu beschäftigen hat, das ist nicht der Rechtsbruch

---

64 E. Ducpétiaux, *Du système de l'emprisonnement cellulaire*, 1847, S. 56 f.
65 Vgl. z. B. G. de Gregory, *Projet de Code pénal universel*, 1832, S. 99 ff. und Grellet-Wammy, *Manuel des prisons*, II, 1839, S. 25-32 und 199-203.
66 Ch. Lucas, *De la réforme des prisons*, II, 1838, S. 449 f.

und auch nicht eigentlich der Rechtsbrecher, sondern ein etwas anderer
Gegenstand, der durch Variablen definiert ist, welche im Urteilsspruch jedenfalls nicht von Anfang an berücksichtigt waren, weil sie nur für eine
Besserungstechnologie relevant sind. Diese andere Person, die der Strafund Besserungsapparat dem verurteilten Rechtsbrecher unterschiebt, ist
der *Delinquent*.

Der Delinquent unterscheidet sich vom Rechtsbrecher dadurch, daß
weniger seine Tat als vielmehr sein Leben für seine Charakterisierung entscheidend ist. Die Besserungsstrafe muß, wenn sie eine wahrhafte Umerziehung sein will, die Existenz des Delinquenten totalisieren, sie muß aus
dem Gefängnis ein künstliches und zwingendes Theater machen, in dem
die Existenz von Grund auf neu inszeniert werden muß. Die gesetzliche
Strafe bezieht sich auf eine Handlung. Die Vollzugstechnik bezieht sich
auf ein Leben; sie hat darum das Niedrigste und das Schlimmste im Wissen zu rekonstruieren; durch eine Zwangspraxis hat sie die Wirkungen dieses Wissens zu modifizieren und seine Lücken zu füllen. Biographische
Erkenntnis und technische Sanierung der Existenz. Die Beobachtung des
Delinquenten »muß nicht nur auf die Umstände, sondern auch auf die
Ursachen seines Verbrechens zurückgehen; sie muß sie in der Geschichte
seines Lebens unter dem dreifachen Gesichtspunkt der Organisation, der
gesellschaftlichen Stellung und der Erziehung aufsuchen, um die gefährlichen Anlagen der ersten, die mißlichen Folgen der zweiten und die schlimmen Vorfälle in der dritten zu erkennen und festzustellen. Diese biographische Untersuchung ist ein wesentliches Element des Gerichtsverfahrens
bei der Klassifizierung der Strafen und wird dann eine Bedingung des
Strafvollzugs bei der Klassifizierung der ›Moralitäten‹. Sie muß den Häftling vom Gericht ins Gefängnis begleiten, wo es die Pflicht des Direktors
ist, die Untersuchungsbefunde nicht nur zu sammeln, sondern im Laufe
der Haft auch zu vervollständigen, zu kontrollieren und zu korrigieren«.[67]
Hinter dem Rechtsbrecher, dem durch die Ermittlung der Tatsachen die
Verantwortung für ein Vergehen zugeschrieben werden kann, zeichnet sich
der Charakter des Delinquenten ab, dessen allmähliche Formierung durch
die biographische Nachforschung aufgezeigt wird. Die Einführung des
»Biographischen« ist von großer Bedeutung in der Geschichte des Strafwesens, weil sie den »Kriminellen« vor dem Verbrechen und letzten Endes so

---

67 Ch. Lucas, *De la réforme des prisons*, II, 1838, S. 440-442.

gar unabhängig vom Verbrechen schafft. Und weil von da aus eine psychologische Kausalität die juristische Zuweisung von Verantwortung begleitet und durcheinanderbringt. Man begibt sich damit ins Labyrinth der Kriminologie, aus dem man heute noch längst nicht herausgekommen ist: jede determinierende Ursache, welche die Verantwortung nur verringern kann, zeichnet den Urheber des Rechtsbruchs mit einer um so ungeheuerlicheren Kriminalität und macht um so strengere Straf- und Besserungsmaßnahmen notwendig. Und je mehr die Biographie des Kriminellen in der Gerichtspraxis die Analyse der Umstände ergänzt, um eine Einschätzung des Verbrechens zu ermöglichen, desto mehr verwischen sich die Grenzen zwischen dem Diskurs des Richters und dem Diskurs des Psychiaters: wo sie ineinander übergehen, bildet sich der Begriff des »gefährlichen« Individuums, der es erlaubt, über die gesamte Biographie ein Kausalitätsnetz zu ziehen und ein Besserungs-Straf-Urteil zu fällen.[68]

Der Delinquent unterscheidet sich vom Rechtsbrecher auch darin, daß er nicht bloß Urheber seiner Tat ist (verantwortlicher Urheber aufgrund bestimmter Kriterien von freiem und bewußtem Willen), sondern daß er an sein Verbrechen durch ein Bündel von komplexen Fäden geknüpft ist (Instinkte, Triebe, Tendenzen, Charakter). Die Technik der Besserungsstrafe hat es nicht mit dem Urheber einer Tat zu tun, sondern mit dem Verbrecher, der mit seinem Verbrechen verwandt ist. Der Delinquent, der die einzelne Manifestation des globalen Phänomens der Kriminalität ist, teilt sich in die »natürlichen« Klassen, die jeweils mit bestimmten Charakteren ausgestattet sind und eine spezifische Behandlung erheischen – was Marquet-Wasselot von der *Ethnographie der Gefängnisse* sprechen ließ: »Die Verurteilten sind ... ein anderes Volk innerhalb desselben Volkes: es hat seine eigenen Gewohnheiten, seine eigenen Instinkte, seine eigenen Sitten.«[69] Hier ist man noch den »pittoresken« Beschreibungen der Welt der

---

68 Es wäre zu untersuchen, wie sich mit der Konstituierung des delinquenten Individuums die Biographie in den Bestrafungsmechanismen ausgebreitet hat: Biographie oder Autobiographie der Häftlinge bei Appert; Gestaltung der biographischen Dossiers nach dem Modell der Psychiatrie; Verwendung der Biographie bei der Verteidigung von Angeklagten. Dazu könnte man die großen Verteidigungsschriften des späten 18. Jahrhunderts für die drei zum Rad Verurteilten oder für Jeanne Salmon mit den Verteidigungsreden aus der Zeit Louis Philippes vergleichen, z. B. mit der von Chaix d'Est-Ange für La Roncière: »So lange vor dem Verbrechen, vor der Anklage, können Sie das Leben des Angeklagten unter die Lupe nehmen, in sein Herz eindringen, seine verborgensten Falten durchforschen, alle seine Gedanken bloßlegen, seine gesamte Seele ...« (*Discours et plaidoyers*, III, S. 166).

69 J. J. Marquet-Wasselot, *L'Ethnographie des prisons*, 1841, S. 9.

Übeltäter nahe – einer alten Tradition, die in der ersten Hälfte des 19. Jahrhunderts wieder auflebt: in dem Augenblick, da die Wahrnehmung einer anderen Lebensform von der Wahrnehmung einer anderen Klasse und einer anderen menschlichen Spezies abgelöst wird. Was sich hier parodistisch abzeichnet, ist eine Zoologie von gesellschaftlichen Subspezies, eine Ethnologie von Übeltäter-Zivilisationen mit ihren Riten und ihrer Sprache. Dabei konstituiert sich jedoch eine neue Objektivität, in welcher der Kriminelle einer zugleich natürlichen und abweichenden Typologie zugehört. Als pathologische Verfehlung der menschlichen Spezies läßt sich die Delinquenz so analysieren wie ein Krankheitssyndrom oder eine Mißgeburt. In der Klassifikation von Ferrus liegt wohl eine der ersten Wendungen von der alten »Ethnographie« des Verbrechens zu einer systematischen Typologie der Delinquenten vor. Gewiß ist die Analyse dürftig, doch sieht man klar das Prinzip hervortreten, daß sich die Delinquenz weniger vom Gesetz als vielmehr von der Norm her spezifiziert. Es gibt drei Typen von Verurteilten: diejenigen, die »mit höheren intellektuellen Fähigkeiten ausgestattet sind als der von uns ermittelte Intelligenzdurchschnitt, die aber pervers geworden sind, sei es durch die Tendenzen ihrer Konstitution und eine angeborene Anlage, sei es durch eine verderbliche Logik und eine unbillige Moral oder eine gefährliche Einschätzung der gesellschaftlichen Pflichten«; für diese bedarf es der Isolierung bei Tag und Nacht, der einsamen Spaziergänge und, falls man sie unbedingt in Kontakt mit den anderen bringen muß, »einer leichten Maske aus Metallnetz, wie man sie beim Edelsteinschleifen oder beim Fechten verwendet«. Die zweite Kategorie besteht aus den »lasterhaften, beschränkten, abgestumpften, passiven Verurteilten, die durch Gleichgültigkeit gegenüber Ehre und Gut, durch Feigheit und sozusagen durch Faulheit, durch mangelnden Widerstand gegen schlechte Anreizungen ins Verbrechen hineingezogen worden sind«; die ihnen angemessene Behandlung ist weniger die Bestrafung als vielmehr die Erziehung, wenn möglich die wechselseitige Erziehung: Isolierung bei Nacht, gemeinsame Arbeit bei Tag; Erlaubnis zu Gesprächen, sofern sie laut geführt werden; gemeinsame Lesungen, die durch gegenseitige Befragungen unterbrochen werden, welche wiederum belohnt werden. Schließlich gibt es die »arbeitsunfähigen oder unzurechnungsfähigen« Verurteilten, die aufgrund einer unvollständigen Konstitution zu keiner Beschäftigung fähig sind, welche überlegte Anstrengungen und Willenskraft erfordert, und die darum die Arbeitskonkurrenz mit den intelligenten Ar-

beitern nicht durchstehen können und die weder genug Belehrung empfangen haben, um die gesellschaftlichen Pflichten zu kennen, noch genug
Intelligenz, um das Böse zu verstehen und ihre persönlichen Instinkte zu
bekämpfen. Bei diesen, die aufgrund ihrer Unfähigkeit ins Verbrechen hineingeraten sind, würde durch Einsamkeit ihre Trägheit nur noch verstärkt
werden; sie müssen darum in Gemeinschaft leben, aber sehr kleine Gruppen bilden, die ständig durch gemeinsame Beschäftigungen angeregt werden und einer strengen Überwachung unterworfen sind.[70] Auf diese Weise
greift eine »positive« Erkenntnis der Delinquenten und ihrer Arten fortschreitend um sich. Eine Erkenntnis, die sich sowohl von der juristischen
Qualifikation der Delikte und ihrer Umstände abhebt wie von der medizinischen Erkenntnis, welche den Wahnsinn des Individuums zur Geltung
bringt und folglich den Delikt-Charakter und die Strafbarkeit der Tat
zum Verschwinden bringt. Ferrus spricht das Prinzip deutlich aus: »Im großen und ganzen sind die Kriminellen nichts weniger als Wahnsinnige; es
wäre ungerecht gegen diese, wollte man sie mit bewußt perversen Menschen gleichsetzen.« In diesem neuen Wissen handelt es sich darum, die
Tat als Delikt und vor allem das Individuum als Delinquenten »wissenschaftlich« zu qualifizieren. Die Möglichkeit einer Kriminologie ist gegeben.

Hat es die Strafjustiz mit dem Rechtsbrecher zu tun, so entspricht dem
Vollzugsapparat der Delinquent. Der Delinquent als biographische Einheit, als Kern von »Gefährlichkeit«, als Repräsentant eines Typs von Anomalie. Hat das Gefängnis auf die vom Recht festgesetzte Freiheitsberaubung noch die Besserungshaft zugeschlagen, so hat diese ihrerseits eine
Zusatzperson eingeführt, die sich zwischen die vom Gesetz verurteilte Person und die dieses Gesetz vollstreckende Person schiebt. Wo der gebrandmarkte, zerstückelte, verbrannte, vernichtete Körper des Gemarterten verschwunden ist, ist der Körper des Häftlings erstanden – mitsamt seinem
Doppelgänger, der Individualität des Delinquenten, der kleinen Seele des
Kriminellen, die vom Strafapparat als Zielscheibe der Strafgewalt und als
Gegenstand der Vollzugswissenschaft hergestellt wird. Man sagt, daß das
Gefängnis Delinquenten produziert. Tatsächlich führt es fast schicksalhaft
diejenigen wieder vor die Gerichte, die ihm anvertraut waren. Aber es fa-
briziert sie auch in dem Sinn, daß es in das Spiel von Gesetz und Vergehen,

70 G. Ferrus, *Des prisonniers*, 1850, S. 182 ff. und 278 ff.

von Richter und Täter, von Verurteiltem und Henker, die unkörperliche Realität des Delinquenten eingeführt hat, die alle miteinander verbindet und seit anderthalb Jahrhunderten allen miteinander dieselbe Falle stellt.

Die Strafvollzugstechnik und der delinquente Mensch sind gewissermaßen Zwillingsbrüder. Man soll nicht glauben, die Entdeckung des Delinquenten durch eine wissenschaftliche Rationalität habe in den alten Gefängnissen die Raffinesse der Vollzugstechniken nach sich gezogen. Ebensowenig soll man meinen, die Ausarbeitung von Vollzugsmethoden habe schließlich die »objektive« Existenz einer Delinquenz ans Licht gebracht, welche die abstrakte Starrheit der Richter nicht wahrzunehmen gewußt hätte. Die Besserungsstrafe und der Delinquent sind zusammen und sich gegenseitig verlängernd als ein technologisches Ensemble zutage getreten – ein technologisches Ensemble, das den Gegenstand, auf den es seine Instrumente ansetzt, formiert und definiert. Und diese Delinquenz, die in den Untergeschossen des Justizapparates herangewachsen ist, in den Niederungen, von denen die Justiz ihren Blick abwendet, weil sie sich schämt, jene zu bestrafen, die sie verurteilt – diese Delinquenz beginnt nun, die heitere Klarheit der Gerichte und die erhabene Majestät der Gesetze heimzusuchen. Sie gilt es nun zu erkennen, abzuschätzen, zu messen, zu diagnostizieren, zu behandeln, wenn man Urteile fällt; sie, diese Anomalie, diese Abweichung, diese dumpfe Gefahr, diese Krankheit, diese Existenzform, muß nun in Rechnung gestellt werden, wenn man die Strafgesetze novelliert. Die Delinquenz ist die Rache des Gefängnisses an der Justiz. Die Rache ist so unheimlich, daß sie dem Richter die Rede verschlägt. Dafür erhebt sich die Stimme der Kriminologen.

Es muß aber festgehalten werden, daß das Gefängnis als die nüchterne Konzentration aller Disziplinen kein inneres Element des Strafsystems ist, wie es an der Wende vom 18. zum 19. Jahrhundert definiert worden war. Der Gedanke einer Straf-Gesellschaft und einer allgemeinen Zeichentechnik der Bestrafung, der von der »Ideologie« Beccarias und Benthams inspiriert war, verlangte nicht unbedingt den universellen Einsatz des Gefängnisses. Dieses Gefängnis kommt von woanders – von den Mechanismen der Disziplinargewalt. Trotz dieser heterogenen Herkunft haben sich die Mechanismen und die Wirkungen des Gefängnisses über das gesamte moderne Strafsystem ausgebreitet; schmarotzerisch fressen Delinquenz und Delinquente die ganze Strafjustiz auf. Es wird nach dem Grund dieser unheimlichen »Wirksamkeit« des Gefängnisses zu fragen sein. Aber eines läßt sich schon bemerken: in der im 18. Jahrhundert von den Reformern definierten Strafjustiz zeichneten sich zwei mögliche Linien der Objektivierung des Kriminellen ab: einmal die Serie der moralischen oder politischen »Monster«, die aus dem Gesellschaftsvertrag herausgefallen waren; und dann die Dimension des Rechtssubjekts, das durch die Bestrafung wiedereingebürgert wird. Der »Delinquent« verknüpft nun gerade diese beiden Linien und stellt unter dem Schutz der Medizin, der Psychologie oder der Kriminologie ein Individuum dar, in dem der Rechtsbrecher und das Objekt einer gelehrten Technik – beinahe – eins werden. Daß sich das Strafsystem gegen seine Einsperrung im Gefängnis nicht heftig zur Wehr gesetzt hat, muß viele Gründe haben. Ein Grund ist der, daß das Gefängnis durch die Fabrikation der Delinquenz der Strafjustiz ein einheitliches und von »Wissenschaften« autorisiertes Gegenstandsfeld und damit einen allgemeinen Horizont von »Wahrheit« zur Verfügung gestellt hat.

Das Gefängnis, diese düsterste Region im Justizapparat, ist der Ort, wo die Strafgewalt, die ihr Geschäft nicht mehr mit offenem Antlitz zu treiben wagt, stillschweigend ein Feld von Gegenständlichkeit organisiert, damit die Bestrafung als Therapie und das Urteil als Diskurs des Wissens öffentlich auftreten kann. Man versteht nun, daß die Justiz so umstandslos ein Gefängnis adoptiert hat, das doch nicht das Kind ihrer Gedanken war. Sie war ihm diese Anerkennung schuldig.

2. Gesetzwidrigkeiten und Delinquenz

In den Augen des Gesetzes mag die Haft bloße Freiheitsberaubung sein. Tatsächlich enthielt sie immer ein technisches Projekt. Der Übergang von den Martern mit ihren aufsehenerregenden Ritualen und ihrer reichen Kunst der Schmerzenszeremonie zu den Gefängnisstrafen, die hinter massiven Architekturen vergraben und durch das Geheimnis der Administration behütet sind, ist nicht der Übergang zu einem undifferenzierten, abstrakten und formlosen Strafsystem. Vielmehr der Übergang von einer Bestrafungskunst zu einer anderen, die nicht weniger gelehrt ist. Es handelt sich um eine technische Mutation. Ein Symptom und ein Resultat dieses Übergangs bildet die 1837 vorgenommene Ablösung der Sträflingskette durch den Zellenwagen.

Die auf die Zeit der Galeeren zurückgehende Kette gab es noch in der
Juli-Monarchie. Die Bedeutung, die sie zu Beginn des 19. Jahrhunderts
als Schauspiel erlangt zu haben scheint, hängt vielleicht damit zusammen,
daß sie die beiden Bestrafungsarten zu einer einzigen Manifestation verei-
nigte: der Weg in die Haft als Marterzeremonie.[71] Die Berichte von »der
letzten Kette« – von den letzten Ketten, die im Sommer 1836 Frankreich
durchzogen – und von ihren Skandalen lassen ihre Funktion erkennen,
die den Regeln der »Vollzugswissenschaft« sehr fremd ist. Der Ausgang
ist ein Schafottritual. Das Versiegeln der eisernen Halsringe und Ketten
im Hof von Bicêtre: der Sträfling hat das Genick auf einen Amboß gestützt; aber diesmal ist es die Kunst des hämmernden Henkers, den Schädel nicht zu zerschmettern; ist es seine Geschicklichkeit, den Tod nicht zu
geben. »Der große Hof von Bicêtre stellt die Marterwerkzeuge zur Schau:
mehrere Reihen von Ketten und Halseisen. Die *Artupane* (Wachtmeister)
arbeiten als zeitweilige Schmiede mit Hammer und Amboß. Im Gitter des
Wehrganges stecken all diese stumpfen oder kecken Köpfe, die der Werker
zusammenschweißen wird. Weiter oben in allen Stockwerken des Gefängnisses sieht man Schenkel und Arme durch die Stangen der Zellen hängen – einen Bazar von Menschenfleisch; das sind die Häftlinge, die der
Toilette ihrer bisherigen Genossen beiwohnen ... Diese verharren in der
Stellung des Opfers. Sie sitzen auf der Erde, nach dem Zufall und nach
der Größe zusammengefügt; die Eisen, von denen jeder acht Pfund tragen
muß, lasten auf ihren Knien. Der Werker geht sie durch, mißt ihre Köpfe
und paßt die riesigen Halsringe an, die einen Daumen dick sind. Um ein
Halseisen zusammenzuschweißen, müssen drei Henker zusammenarbei-
ten. Der eine stützt den Amboß; der andere hält die beiden Arme des eisernen Halsringes zusammen und mit seinen beiden ausgestreckten Armen
hält er den Kopf des armen Sünders fest; der dritte schlägt mit gewaltigen
Schlägen den Bolzen unter seinem schweren Hammer platt. Jeder Schlag
erschüttert den Kopf und den Körper ... Im übrigen denkt man nicht an
die Gefahr, die dem Opfer drohen würde, falls der Hammer fehlginge; dieser Eindruck ist nichtig oder vielmehr, er verschwindet vor dem tiefen und
schauerlichen Eindruck, den man verspürt, wenn man das Geschöpf Gottes in einer solchen Erniedrigung betrachtet.«[72] Dann tut sich die Dimen-

---

71 Faucher bemerkte, daß die Kette ein Volksschauspiel war, »vor allem, seit man die Schafotte fast
　gänzlich abgeschafft hatte«.

72 *Revue de Paris*, 7. Juni 1836. Dieser Teil des Schauspiels war 1836 nicht mehr öffentlich; nur einige

sion des öffentlichen Schauspiels auf: der *Gazette des tribunaux* zufolge sehen mehr als 100 000 Personen die Sträflingskette am 19. Juli Paris verlassen: »Der Abstieg von der Courtille zum Mardi Gras . . . .«[73] Die Ordnung und der Reichtum lassen den großen zusammengeketteten Nomadenstamm an sich vorüberziehen: jene andere Spezies, jene »abgesonderte Rasse, die das Privileg hat, die Zuchthäuser und die Gefängnisse zu bevölkern«. Die Zuschauer aus dem Volk tauschen so doppeldeutig wie zur Zeit der öffentlichen Hinrichtungen mit den Verurteilten Lästerungen, Drohungen, Ermutigungen, Schläge, Zeichen von Haß oder von Komplizenschaft aus. Etwas Gewaltsames erhebt sich und hört nicht auf, mit der ganzen Prozession mitzulaufen: Zorn gegen eine zu strenge oder zu nachsichtige Justiz; Schreie gegen verabscheute Verbrecher; Bewegungen zugunsten von Gefangenen, die man kennt und die man begrüßt; Zusammenstöße mit der Polizei: »Während des ganzen Weges von Fontainebleau ab stießen Gruppen von Rasenden Schreie der Entrüstung gegen Delacollonge aus: Nieder mit dem Pfaffen! Nieder mit diesem scheußlichen Menschen! Die Gerechtigkeit komme über ihn! Ohne die Energie und die Festigkeit der Stadtwache hätte es zu schweren Ausschreitungen kommen können. In Vaugirard trieben es die Frauen am ärgsten. Sie schrieen: Nieder mit dem falschen Priester! Nieder mit dem Monster Delacollonge! Die Polizeikommissare von Montrouge und Vaugirard und mehrere Bürgermeister eilten mit voller Schärpe herbei, um der Entscheidung der Justiz zum Respekt zu verhelfen. Unweit von Issy nahm François Herrn Allard und die Schutzmänner des Trupps wahr und warf mit seinem Holznapf nach ihnen. Da erinnerte man sich, daß die Familie einiger alter Kameraden dieses Verurteilten in Ivry wohnte. Von diesem Augenblick an verteilten sich die Aufseher über die Straße und folgten dem Wagen der Sträflinge aus der Nähe. Diejenigen aus der Pariser Kette warfen ausnahmslos ihre Holznäpfe auf die Köpfe der Aufseher, von denen einige getroffen wurden. In diesem Moment verspürte die Menge Alarmstimmung: einer warf sich auf den andern.«[74] Zwischen Bicêtre und Sèvres sollen zahlreiche Häuser während des Vorüberzugs der Kette geplündert worden sein.[75]

In diesem Fest des Aufbruchs der Sträflinge ist etwas von den Riten des

privilegierte Zuschauer waren zugelassen. Der Bericht in der *Revue de Paris* stimmt genau – manchmal sogar wörtlich – mit dem von 1829 in *Dernier jour d'un condamné* überein.

73 *Gazette des tribunaux*, 20. Juli 1836.
74 Ebd.
75 *La Phalange*, 1. August 1836.

Sündenbocks, den man schlägt, um ihn zu verjagen; etwas vom Fest der Wahnsinnigen, auf dem sich die Rollen vertauschen; etwas von den alten Schafott-Zeremonien, wo die Wahrheit auflodern muß; und auch etwas von den Volksspektakeln, auf denen man berühmte Persönlichkeiten oder altbekannte Gestalten wiedererkennt: Spiel der Wahrheit und der Verruchtheit, Vorbeimarsch der Bekanntheit und der Schande, Schmähungen gegen entlarvte Schuldige und fröhliches Eingeständnis von Verbrechen. Man sucht nach dem Gesicht der Verbrecher, die ihren Ruhm hatten; Fliegende Blätter erinnern an die Verbrechen jener, die man vorbeiziehen sieht; die Zeitungen geben im voraus ihren Namen bekannt und erzählen ihr Leben; gelegentlich geben sie ihre Personenbeschreibung, geben ihre Kleidung an, damit ihre Identität nicht entwischen kann: Programme für die Zuschauer.[76] Man betrachtet auch die Typen von Verbrechern und versucht, nach der Kleidung und dem Gesicht die »Profession« des Sträflings zu unterscheiden: Mörder oder Dieb. Es handelt sich um ein Spiel von Maskeraden und Marionetten, das für den geübteren Blick so etwas wie eine empirische Ethnographie des Verbrechens wird. Vom Straßentheater bis zur Gallschen Phrenologie setzt man je nach Milieu Zeichenlehren ins Werk: »Die Physiognomien sind ebenso unterschiedlich wie die Kostüme: hier ein majestätisches Haupt wie bei Murillo; dort ein lasterhaftes Gesicht, das von dichten Augenbrauen eingerahmt wird und die Energie des entschlossenen Frevlers verkündet ... Anderswo ein Araberkopf auf dem Körper eines Straßenjungen; hier weibliche und zarte Züge: das sind Komplizen; dort von Ausschweifung glänzende Gestalten: das sind die Hauslehrer.«[77] Diesem Spiel antworten die Verbrecher selber, die ihr Verbrechen zur Schau stellen: es ist dies eine der Funktionen der Tätowierung – Etikett ihrer Heldentat oder ihrer Bestimmung. »Sie tragen als Insignien entweder die tätowierte Guillotine auf dem linken Arm oder auf der Brust einen in ein blutendes Herz getauchten Dolch.« Sie spielen die Szene ihres Verbrechens, machen sich über die Richter oder die Polizei lustig,

---

76 Die *Gazette des tribunaux* veröffentlicht regelmäßig diese Kriminallisten und -notizen. Als Beispiel die Personenbeschreibung von Delacollonge: »Eine Hose von altem Tuch über Stiefeln, eine Mütze vom selben Stoff mit einem Schirm und eine graue Bluse ... ein Mantel von blauem Tuch« (6. Juni 1836). Später beschließt man, Delacollonge zu verkleiden, um ihn vor den Gewalttätigkeiten der Menge zu schützen. Die *Gazette des tribunaux* zeigt die Verkleidung alsbald an: »Eine gestreifte Hose, eine Bluse von blauem Leinen, ein Strohhut« (20. Juli).

77 *Revue de Paris*, Juni 1836. Vgl. Claude Gueux: »Tastet alle diese Schädel ab; jeder dieser Menschen hat unter sich einen tierischen Typ ... Hier ist der Hirschluchs, da die Katze, hier der Affe, da der Geier, dort die Hyäne.«

rühmen sich unentdeckter Untaten. François, der alte Komplize von Lacenaire, erzählt, daß er eine Methode erfunden habe, einen Menschen zu
töten, ohne daß dieser schreit und ohne einen Tropfen Blut zu vergießen.
Die große Wandermesse des Verbrechens hatte ihre Gaukler und ihre Masken, in denen die komische Bejahung der Wahrheit der Neugier und den
Schmähungen antwortete. In jenem Sommer 1836 gab es eine Reihe von
Szenen um Delacollonge. Sein Verbrechen (er hatte seine schwangere Geliebte in Stücke geschlagen) erregte aufgrund seiner Eigenschaft als Priester großes Aufsehen; sie bewahrte ihn anderseits vor dem Schafott. Er
scheint von einem großen Volkshaß verfolgt worden zu sein. Bereits im
Wagen, der ihn im Juni 1836 nach Paris führte, wurde er beschimpft und
konnte seine Tränen nicht zurückhalten; er hatte aber gar nicht im Wagen
transportiert werden wollen, weil er die Erniedrigung als Teil seiner Strafe
ansah. Beim Aufbruch von Paris »kann man sich nicht vorstellen, was die
Menge an tugendhafter Empörung, moralischem Zorn und Schändlichkeit auf diesen Menschen geworfen hat; er wurde mit Schmutz und Dreck
beworfen; die Steine flogen auf ihn zusammen mit den Schreien der öffentlichen Raserei ... Es war ein unerhörter Wutausbruch; vor allem die
Frauen, wahrhafte Furien, steigerten sich in einen unglaublichen Haß«.[78]
Um ihn zu schützen, läßt man ihn die Kleider wechseln. Einige getäuschte
Zuschauer glauben, ihn in François zu erkennen. Dieser läßt sich auf das
Spiel ein und übernimmt die Rolle; und der Komödie des Verbrechens,
das er nicht begangen hat, fügt er diejenige des Priesters hinzu, der er nicht
ist; mit der Erzählung »seines« Verbrechens vermischt er Gebete und große
Segnungsgesten, die er an die schmähende und lachende Menge richtet.
Einige Schritte davon entfernt ließ der wahre Delacollonge, »der ein Mär-
tyrer zu sein schien«, die zweifache Schmach über sich ergehen: die Be-
schimpfungen, die nicht an ihn gerichtet wurden, aber ihm galten, und
den Spott, der in der Gestalt eines anderen Verbrechers den Priester zum
Vorschein brachte, der er war und den er verbergen wollte. Sein Leiden
wurde vor seinen Augen von einem Mörder und Possenreißer gespielt,
mit dem er zusammengekettet war.

In alle Städte, durch die sie zog, brachte die Kette ihr Fest mit. Es waren
Saturnalien der Strafe, aus der damit ein Privileg wurde. Und in der Folge
einer merkwürdigen Tradition, die den ordentlichen Riten der öffent-

---

78 *La Phalange*, 1. August 1836.

lichen Hinrichtung zu entrinnen scheint, kam es bei den Verurteilten weniger zu den obligaten Zeichen der Reue als vielmehr zum Ausbruch einer
irren Freude, welche die Bestrafung verneinte. Dem Schmuck von Halsrin-
gen und Eisen fügten die Sträflinge selbst die Zierde von Bändern, Stroh-
geflecht, Blumen oder kostbarer Wäsche hinzu. Die Kette ist Reigen und
Tanz. Sie ist auch Paarung – die erzwungene Vermählung in verbotener
Liebe. Hochzeit, Fest und Weihe unter den Ketten: »Sie laufen den Eisen
entgegen, einen Strauß in der Hand, Bänder oder Strohquasten schmük-
ken ihre Mützen, und die Gewandtesten haben sich Zementarbeiterhelme
aufgesetzt ... Andere tragen modische Strümpfe in Holzschuhen oder eine
Weste nach der Mode unter einer Arbeiterbluse.«[79] Und während des ganzen Abends, der dem Zusammenschweißen der Kette folgte, bildete die
Sträflingskette eine große Farandole*, die sich ohne Unterlaß im Hof
von Bicêtre drehte: »Für die Aufseher wurde es gefährlich, wenn sich ihnen
die Kette näherte; sie umringte sie und erwürgte sie in ihren Ringen. Die
Sträflinge blieben bis zum Einbruch der Nacht Herren auf dem Schlachtfeld.«[80] Der Sabbatsreigen war die Antwort auf das Zeremoniell der Justiz.
Er kehrte die Ordnung der Macht und die Zeichen der Herrlichkeit und
die Gestalten der Lust um. Und so etwas wie ein politischer Hexensabbat
war nicht weit weg. Man mußte taub sein, wollte man nichts von diesen
neuen Tönen hören. Die Sträflinge sangen Marschlieder, die rasch berühmt wurden und oft wiederholt wurden. Gewiß ein Echo der Klagelieder, welche die Fliegenden Blätter den Verbrechern widmeten – Bejahung
des Verbrechens, schwarze Heldenverehrung, Erinnerung an die schreckliche Strafe und an den allgemeinen Haß: »Berühmtheit, uns die Trompeten ... Mut, Kinder, erdulden wir ohne Zittern das schreckliche Schicksal,
das über unseren Köpfen schwebt ... Unsere Eisen sind schwer, aber wir
werden sie tragen ... Für die Sträflinge erhebt sich keine Stimme: trösten

---

79 *Revue de Paris*, 7. Juni 1836. Der *Gazette des tribunaux* zufolge wollte der Kapitän Thorez, der
    Kette vom 19. Juli befehligte, diese Verzierungen beseitigen: »Es ist ungehörig, daß ihr auf dem Weg
    ins Zuchthaus, wo ihr eure Verbrechen büßt, die Unverfrorenheit bis zu einer herausgeputzten Fri-
    sur treibt, als handelte es sich für euch um einen Hochzeitstag.«
*   Provenzalischer Tanz.
80 *Revue de Paris*, 7. Juni 1836. Damals wurde die Kette gekürzt, um diese Farandole unmöglich zu
    machen, und die Soldaten erhielten den Auftrag, bis zum Abgang der Kette die Ordnung aufrecht-
    zuerhalten. Der Teufelssabbat der Sträflinge wird in *Dernier Jour d'un condamné* beschrieben.
    »Die Gesellschaft mochte in den Kerkermeistern und entsetzten Neugierigen vertreten sein: das
    Verbrechen bot ihr verächtlich die Stirn und machte aus der schrecklichen Strafe ein Familienfest.«

wir sie . . .« Gleichwohl klingt in diesen kollektiven Gesängen eine andere
Tonart durch; der Moralkodex, dem die meisten der alten Klagelieder gehorchten, ist umgestoßen. Die Marter führt nicht mehr zu Gewissensbis-
sen, sie feuert den Stolz an. Die Justiz, die das Urteil gefällt hat, wird zurückgewiesen; die Menge, die Reue und Erniedrigung sehen wollte, wird
gerügt: »So weit entfernt von unseren heimatlichen Herden ächzen wir
manchmal. Unsere strengen Stirnen werden unsere Richter erbleichen lassen . . . Begierig nach Unglücken suchen eure Blicke unter uns nach einer
verkommenen Rasse, die weint und sich erniedrigt. Aber unsere Blicke
sind stolz.« Man stößt auch auf die Behauptung, daß das Zuchthausleben
mit seinen Kumpaneien Freuden bietet, welche die Freiheit nicht kennt.
»Mit der Zeit finden wir auch wieder Vergnügungen. Hinter Schloß und
Riegel werden Festtage anbrechen . . . Die Vergnügen sind treulos. Sie fliehen die Henker und folgen den Liedern.« Und vor allem wird die gegenwärtige Ordnung nicht immer dauern; nicht nur werden die Verurteilten
befreit werden und ihre Rechte wiedererlangen, sondern ihre Ankläger
werden ihren Platz einnehmen. Eines Tages wird ein großes Gericht das
Urteil zwischen den Verbrechern und ihren Richtern umkehren: »Uns
Sträflingen gehört die Verachtung der Sterblichen. Uns gehört auch das
Gold, das sie vergöttern. Dieses Gold wird eines Tages in unsere Hände
übergehen. Wir kaufen es um den Preis unseres Lebens. Andere werden
diese Ketten wieder an sich bringen, die ihr uns heute tragen laßt; sie werden Sklaven werden. Wir werden die Fesseln sprengen, und das Gestirn
der Freiheit wird uns wieder leuchten . . . Adieu, denn wir spotten euren Eisen wie euren Gesetzen.«[81] Aus dem frommen Theater der Fliegenden
Blätter, auf dem der Verurteilte die Menge ermahnte, ihn niemals nachzuahmen, wird eine bedrohliche Szene, auf der die Menge aufgefordert wird,
entweder die Barbarei der Henker und die Ungerechtigkeit der Richter
oder das Unglück der heute besiegten, aber eines Tages triumphierenden
Verurteilten zu wählen.

Das große Schauspiel der Sträflingskette kommunizierte mit der alten
Tradition der öffentlichen Hinrichtungen; und es kommunizierte mit jener vielfältigen Repräsentation des Verbrechens in den Zeitungen und Flie-

---

81 Ein Lied derselben Art wird in der *Gazette des tribunaux* vom 10. April 1836 zitiert. Es war nach
der Melodie der Marseillaise zu singen. Das Lied des patriotischen Krieges wird zum Lied des sozialen Krieges: »Was will uns dieses schwachsinnige Volk, will es das Unglück schmähen? Es sieht
uns mit ruhigem Blick an. Unsere Henker jagen ihm keinen Schrecken ein.«

genden Blättern, bei den Gauklern und auf den Boulevardtheatern;[82] es
kommunizierte aber auch mit den Auseinandersetzungen und Kämpfen,
die in seinem Donnerrollen zu symbolischem Ausdruck kamen: die durch
das Gesetz niedergeschmetterte Armee der Unordnung verspricht wieder-
zukommen; was durch die Gewalt der Ordnung verjagt wurde, wird bei
seiner Wiederkunft den befreienden Umsturz bringen. »Ich war entsetzt,
in dieser Asche noch so viele Funken glühen zu sehen.«[83] In den Unruhen,
die immer um die öffentlichen Martern entstanden sind, beginnen nun
konkretere Drohungen mitzuschwingen. Die Juli-Monarchie hat ja die
Sträflingskette aus denselben – aber noch drängenderen – Gründen abgeschafft, die im 18. Jahrhundert zum Aussterben der Martern geführt hatten: »Es entspricht nicht unseren Sitten, Menschen auf diese Weise zu führen; man muß es vermeiden, den Städten, die der Zug durchzieht, ein so
abscheuliches Schauspiel zu liefern, das der Bevölkerung übrigens keine
Belehrung bietet.«[84] Darum ist es notwendig, mit diesen öffentlichen Riten zu brechen, die Verlegung der Gefangenen ebenso zu ändern wie die
Strafen und sie ebenfalls unter das Zeichen der administrativen Scham
zu stellen.

Was nun im Juni 1837 als Ersatz der Kette eingeführt wurde, war nicht
der schlichte überdachte Karren, von dem einen Augenblick lang die Rede
war, sondern eine sorgfältig ausgetüftelte Maschine: ein Wagen als rollen-
des Gefängnis, ein mobiler Ersatz für das Panopticon. Ein Mittelgang teilt
den Wagen in seiner ganzen Länge. Auf beiden Seiten je sechs Zellen, in
denen die Gefangenen sitzen. Ihre Füße steckt man in Ringe, die innen
mit Wolle verstärkt sind und miteinander durch Ketten verbunden sind,
die 18 Zoll stark sind. Die Schenkel stecken in metallenen Knieschützern.
Der Verurteilte sitzt auf »einer Art Trichter aus Zink und Eiche, der auf die

---

82 Es gibt eine Klasse von Schriftstellern, »die sich bemüht hat, Verbrecher auf die Scene zu bringen,
die mit einer erstaunlichen Geschicklichkeit in der Kentniß des Verbrechens begabt sind, lassen
sie die Hauptrolle spielen, und ihren Witzen, ihren Lazzi und ihrem schlecht verborgenen
Spott die Agenten der Behörde ... Preis giebt ... Jeder, der das Stück ›l'Auberge des Adrets‹ und ›Robert Macaire‹, die unter dem Volk berühmten Dramen, hat vorstellen sehen oder sie gelesen hat,
wird ohne Mühe die Richtigkeit meiner Bemerkungen erkennen ... Es ist der Triumph, die Apo-
theose der Kühnheit im Verbrechen. Die rechtschaffenen Leute und die öffentliche Gewalt werden
vom einen Ende bis zum andern in diesen zwei Dramen mystifiziert« (H. A. Fregier, *Über die gefährlichen Klassen der Bevölkerung in den großen Städten und die Mittel, sie zu bessern*, Coblenz
1840, II, S. 131).
83 *Le Dernier Jour d'un condamné*.
84 *La Gazette des tribunaux*, 19. Juli 1836.

Straße führt«. Die Zelle hat überhaupt kein Außenfenster; sie ist vollständig mit Blech verkleidet; nur ein Klappfenster aus durchlöchertem Blech
läßt »einen angemessenen Luftzug« durchziehen. Die Tür zum Gang hin
ist bei jeder Zelle mit einer Klappe ausgestattet, die zwei Abteilungen
hat: eine für die Verpflegung und eine zweite, vergitterte, für die Überwachung. »Die Klappen sind so angelegt, daß die Wächter jederzeit die Häftlinge im Auge haben und ihre leisesten Worte hören, ohne daß es diesen
gelingen könnte, sich gegenseitig zu sehen oder zu hören.« Auf diese Weise
»kann ein und derselbe Wagen ohne jede Unziemlichkeit gleichzeitig einen
Zuchthäusler und einen bloßen Angeklagten, Männer und Frauen, Kinder
und Erwachsene enthalten. Wie lang der Weg auch sein mag, die einen
werden ebenso wie die andern ihrem Geschick zugeführt, ohne einander
wahrgenommen oder gesprochen haben zu können«. Die beständige Überwachung durch die beiden Aufseher, die mit kleinen eichenen Knüppeln
»mit großen Stiften aus abgestumpften Diamanten« bewaffnet sind, dient
schließlich der Durchsetzung eines ganzen Systems von Bestrafungen gemäß dem inneren Reglement des Wagens: Wasser und Brot, Daumen-
schrauben, Entzug des Schlafkissens, Zusammenkettung der Arme. »Mit
Ausnahme von Moralbüchern ist jede Lektüre verboten.«

Hätte sich diese Maschine nur durch ihre Annehmlichkeit und Geschwindigkeit ausgezeichnet, so »würde sie der Empfindsamkeit ihres Urhebers schon alle Ehre gemacht haben«; ihr Verdienst ist es jedoch, ein ech-
ter Strafvollzugswagen zu sein, der aufgrund seiner äußeren Wirkungen
alle Vorzüge von Benthams Panopticon hat: »In dem raschen Vorbeiflug
dieses rollenden Gefängnisses, das auf seinen stummen und düsteren Seiten nur die Worte ›Transport von Sträflingen‹ trägt, liegt etwas von dem
Unheimlichen, das Bentham vom Strafvollzug der Häftlinge verlangt und
das im Geist der Beschauer einen heilsameren und dauerhafteren Eindruck
hinterläßt als der Anblick jener zynischen und fröhlichen Reisenden.«[85]
Die Strafmaschine hat auch innere Wirkungen: schon in den ersten Tagen
des Transportes (während dessen die Gefangenen nicht einen Augenblick
losgebunden werden) funktioniert sie als Besserungsapparat. Man ist in er-
staunlichem Maße zur Vernunft gebracht, wenn man ihn verläßt: »In moralischer Hinsicht ist dieser Transport, der doch nur 72 Stunden dauert,
eine gräßliche Marter, die wie es scheint, auf den Häftling eine nachhaltige

---

85 *Gazette des tribunaux*, 15. Juni 1837.

Wirkung ausübt.« Die Sträflinge bezeugen es selbst: »Wenn man im Zellenwagen nicht schläft, kann man nur denken. Durch das viele Denken
gelange ich dazu, meine Tat zu bereuen; ich habe aber Angst davor, besser
zu werden, und will nicht.«[86]

Die Geschichte des panoptischen Wagens ist kaum mehr als eine winzige Anekdote. Aber die Ablösung der Sträflingskette durch den Zellenwagen ist so etwas wie ein Brennpunkt, in dem sich der über ein Dreivierteljahrhundert dauernde Prozeß der Ablösung der Martern durch die Haft
konzentriert: die Haft als genau ausgeklügelte Technik zur Modifikation
der Individuen. Der Zellenwagen ist ein Reformapparat. Was an die Stelle
der Marter getreten ist, ist nicht eine massive Einschließung, sondern ein
sorgfältig angelegtes Disziplinarsystem. So jedenfalls im Prinzip.

Sehr bald nämlich erwies sich das Gefängnis aufgrund seiner sichtbaren
Wirklichkeit und Folgen als eine große Niederlage der Strafjustiz. Be-
fremdlicherweise folgt aber die Geschichte des Gefängniswesens nicht
einer wohlgeordneten Chronologie, dergestalt daß zuerst die Haftstrafe
eingeführt wurde, dann ihr Mißerfolg registriert wurde und sodann allmählich Reformprojekte auftauchten, welche die Strafvollzugstechnik
mehr oder weniger konsistent definierten und in die Wirklichkeit umsetz-
ten, und schließlich der Erfolg oder Mißerfolg festgestellt wurde. Was sich
in Wirklichkeit abspielte, war eine Ineinanderschiebung oder jedenfalls
eine ganz andere Verteilung dieser Elemente. Ebenso wie das Projekt einer
Besserungstechnik mit dem Prinzip einer Strafhaft Hand in Hand ging,
meldet sich die Kritik des Gefängnisses bereits in den Jahren 1820 bis
1845 zu Wort – in Formulierungen, die heute fast unverändert wiederholt
werden.

Die Gefängnisse tragen nicht zur Verminderung der Kriminalität bei:
wie sehr man sie auch ausbaut, vervielfacht oder reformiert, die Zahl der
Verbrechen und der Verbrecher bleibt stabil oder steigt sogar. »Man schätzt
in Frankreich die Zahl der zur Gesellschaft in offener Feindschaft stehenden Individuen auf etwa 108 000. Die Bestrafungsmittel, über die man verfügt, sind: das Schafott, das Halseisen, drei Zuchthäuser, 19 Staatsgefäng-

---

86 *Gazette des tribunaux*, 23. Juli 1837. Am 9. August meldet die *Gazette*, daß der Wagen bei Guin-
gamp umgestürzt ist: anstatt zu meutern, haben die Gefangenen »ihren Wächtern geholfen, ihr gemeinsames Fahrzeug wieder auf die Beine zu stellen«. Am 30. Oktober allerdings wird ein Ausbruch bei Valence vermeldet.

nisse, 86 Gefangenenhäuser, 362 Haftanstalten, 2800 Bezirksgefängnisse, 2238 Verwahrsame auf den Gendarmerieposten. Trotz dieser Reihe von Mitteln bewahrt das Laster seine Verwegenheit. Die Zahl der Verbrechen nimmt nicht ab; ... die Zahl der Rückfälle steigt eher, als daß sie sinkt.«[87]

Die Haft fördert den Rückfall; aus dem Gefängnis entlassen, hat man mehr Chance als vorher, wieder dahin zu kommen; die Verurteilten sind zu einem erheblichen Teil ehemalige Häftlinge; 38 % der aus den Staatsgefängnissen Entlassenen und 33 % der ehemaligen Zuchthäusler werden erneut verurteilt;[88] von 1828 bis 1834 waren von 35 000 verurteilten Verbrechern ungefähr 7400 Rückfällige (Verhältnis 4,7:1); von 200 000 wegen Vergehen Verurteilten waren 35 000 Rückfällige (6:1); insgesamt kam ein Rückfälliger auf 5,8 Verurteilte;[89] 1831 waren von den 2174 wegen Rückfall Verurteilten 350 aus dem Zuchthaus, 1682 aus den Staatsgefängnissen und 142 aus den diesen gleichgestellten vier Besserungshäusern hervorgegangen.[90] Und die Diagnose fällt im Laufe der Juli-Monarchie immer ungünstiger aus: 1835 zählt man 1486 Rückfällige auf 7223 verurteilte Verbrecher; 1839 zählt man 1749 auf 7858; 1844 zählt man 1821 auf 7195. Unter den 980 Gefangenen in Loos gab es 570 Rückfällige, in Melun waren es 745 von 1088.[91] Anstatt die gebesserten Individuen in die Freiheit zu entlassen, bringt das Gefängnis gefährliche Delinquenten unters Volk: »7000 Personen, die jedes Jahr der Gesellschaft übergeben werden, ... das sind 7000 Quellen von Verderbnis und Verbrechen, die über den Gesellschaftskörper verstreut werden. Und wenn man daran denkt, daß diese Population ohne Unterlaß wächst, daß sie um uns herum lebt und sich regt, daß sie bereit ist, alle Gelegenheiten der Ruhestörung zu ergreifen und sich alle Krisen der Gesellschaft zunutze zu machen, um ihre Kräfte zu erproben, kann man dann noch unempfindlich bleiben gegenüber einem solchen Schauspiel?«[92]

Das Gefängnis kann gar nicht anders, als Delinquenten zu fabrizieren. Es tut das durch die Existenzweise, die es den Häftlingen aufzwingt. Ob man sie in Zellen isoliert oder zu einer unnützen Arbeit anhält, für die

---

87 *La Fraternité*, 10. Februar 1842.

88 Diese Zahlen werden von G. de la Rochefoucauld im Laufe der Diskussion über die Reform des Strafgesetzes am 2. Dez. 1831 zitiert. *Archives parlementaires*, Bd. LXXII, S. 209 f.

89 E. Ducpétiaux, *De la réforme pénitentiaire*, 1837, III, S. 276 f.

90 Ebd.

91 G. Ferrus, *Des prisonniers*, 1850, S. 363-367.

92 E. de Beaumont et A. de Tocqueville, *Note sur le système pénitentiaire*, 1831, S. 22 f.

sie keine Anstellung bekommen werden – auf jeden Fall wird dabei »nicht an den Menschen in der Gesellschaft gedacht; es wird eine widernatürliche und gefährliche Existenz geschaffen«. Man will, daß das Gefängnis die Häftlinge erzieht; aber kann ein Erziehungssystem, das sich an den Menschen wendet, vernünftigerweise zum Ziel haben, gegen den Wunsch der Natur zu handeln?[93]

Das Gefängnis produziert auch Delinquenten, weil es den Häftlingen gewaltsame Zwänge auferlegt. Es soll die Gesetze anwenden und sie Respekt lehren; aber sein ganzer Betrieb beruht auf Machtmißbrauch. Die Verwaltung handelt willkürlich: »Das Gefühl der Ungerechtigkeit, das ein Häftling empfindet, ist eine der Ursachen, die den Charakter am ehesten unzähmbar machen können. Wenn er sich solchen Leiden ausgesetzt sieht, die das Gesetz nicht angeordnet und vorgesehen hat, gelangt er in einen Dauerzustand von Haß gegen seine ganze Umgebung; er sieht in den Vertretern der Autorität nur mehr Henker; er glaubt nicht mehr, schuldig zu sein; er klagt die Justiz selber an.«[94] Die Aufseher sind korrupt, ängstlich und unfähig: »1000 bis 1500 Verurteilte stehen unter der Überwachung von 30 bis 40 Aufsehern, die Sicherheit nur gewährleisten können, indem sie auf Denunziation zählen, also auf Korruption, die sie selbst ausstreuen. Wer sind diese Wächter? Entlassene Soldaten, Männer ohne Bildung und ohne Einsicht in ihren Dienst, die berufliche Übeltäter bewachen.«[95] Die Häftlinge werden durch eine Zwangsarbeit ausgebeutet, die unter diesen Umständen keinerlei Erziehungswert haben kann: »Man zieht gegen den Handel mit Negersklaven zu Felde. Werden nicht die Häftlinge ebenso wie diese von Unternehmern verkauft und von Fabrikanten gekauft? Lernen die Häftlinge bei dieser Gelegenheit Rechtschaffenheit kennen? Werden sie nicht durch diese Beispiele von abscheulicher Ausbeutung noch mehr demoralisiert?«[96]

Das Gefängnis ermöglicht, ja begünstigt die Organisation eines solidarischen und hierarchisierten Milieus von Delinquenten, die zu allen künftigen Komplizenschaften bereit sind: »Die Gesellschaft verbietet Assoziatio-

---

93 Ch. Lucas, *De la réforme des prisons*, I, 1836. S. 127 und 130.
94 F. Bigot Préameneu, *Rapport au conseil général de la société des prisons*, 1819.
95 *La Fraternité*, März 1842.
96 *L'Atelier*, Jg. 3/3, Oktober 1842. Der Text stammt von einem Arbeiter, der wegen Koalition eingesperrt war. Er konnte diesen Protest zu einer Zeit veröffentlichen, da dieselbe Zeitschrift gegen die Konkurrenz der Gefängnisarbeit zu Felde zog. In derselben Nummer findet sich zum selben Thema der Brief eines anderen Arbeiters. Vgl. auch *La Fraternité*, Jg. 1/10, März 1842.

nen von mehr als 20 Personen ... und sie bildet selber Assoziationen von 200, 500, 1200 Verurteilten in den Staatsgefängnissen, die sie ihnen zu diesem Zweck erbaut und die sie zu ihrer größeren Bequemlichkeit in gemeinsame Werkstätten, Höfe, Schlafräume, Speisesäle unterteilt ... Und sie vervielfältigt sie noch auf dem gesamten Territorium Frankreichs, so daß es überall, wo es ein Gefängnis gibt, eine Assoziation gibt ... überall dort bestehen antisoziale Klubs.«[97] Und in diesen Klubs spielt sich die Erziehung des jungen Delinquenten ab, der zum ersten Mal verurteilt ist: »Das erste Verlangen, das in ihm aufkommt, wird es sein, von den Erfahrenen zu lernen, wie man der Strenge des Gesetzes entkommt; die erste Lektion wird in der einfachen Logik der Diebe bestehen, die Gesellschaft als einen Feind zu betrachten; die erste Moral wird die Denunziation sein, das in den Gefängnissen zur Ehrensache erhobene Spitzelwesen; die erste Leidenschaft, die man bei ihm erregt, wird seine junge Natur in jene Ungeheuerlichkeiten stürzen, die in den Kerkern zur Welt kommen mußten und die zu nennen die Feder sich sträubt ... Dann hat er mit allem gebrochen, was ihn an die Gesellschaft gebunden hat.«[98] Faucher sprach von den »Kasernen des Verbrechens«.

Die Bedingungen, unter denen die entlassenen Häftlinge stehen, verurteilen sie unausweichlich zum Rückfall: weil sie unter Polizeiüberwachung stehen; weil ihnen ein bestimmter Wohnsitz zugewiesen oder untersagt ist; weil sie »aus dem Gefängnis nur mit einem Paß herauskommen, den sie überall vorweisen müssen und der ihre Verurteilung nachweist«.[99] Das Aufenthaltsverbot, die Unmöglichkeit, eine Arbeit zu finden, die Landstreicherei sind die häufigsten Ursachen des Rückfalls. Die *Gazette des tribunaux*, aber auch Arbeiterzeitungen berichten oft von solchen Fällen. So auch von dem jenes Arbeiters, der wegen Diebstahls verurteilt, in Rouen unter Überwachung gestellt, erneut wegen Diebstahls verhaftet wurde und keinen Advokaten zur Verteidigung fand; so ergreift er selbst das Wort vor dem Gericht, erzählt die Geschichte seines Lebens, erklärt, wie er nach Entlassung aus dem Gefängnis und unter Polizeiaufsicht seinen Beruf als Vergolder nicht mehr ausüben kann, da er als Sträfling überall abgelehnt wird; die Polizei hindert ihn, anderswo Arbeit zu suchen: er ist in Rouen

---

97 L. Moreau-Christophe, *De la mortalité et de la folie dans le régime pénitentiaire*, 1839, S. 7.
98 *L'Almanach populaire de la France*, 1839, S. 49-56.
99 F. de Barbé Marbois, *Rapport sur l'état des prisons du Calvados, de l'Eure, la Manche et la Seine Inférieure*, 1823, S. 17.

angekettet, um dank der drückenden Überwachung in Hunger und Elend zu sterben. Er hat beim Bürgermeisteramt um Arbeit nachgesucht; er wurde acht Tage lang für 14 Sous den Tag im Friedhof beschäftigt: »Aber«, sagte er, »ich bin jung, ich bin bei gutem Appetit, ich esse mehr als zwei Pfund Brot, das je fünf Sous kostet; wie soll ich mich mit 14 Sous ernähren, kleiden, unterbringen? Ich mußte verzweifeln, ich wollte wieder ein ehrlicher Mensch werden; die Überwachung hat mich ins Unglück gestürzt. Und in den Überdruß an allem. Da habe ich Lemaître kennengelernt, der ebenfalls im Elend war; wir mußten leben, und so verfielen wir wieder auf die schlechte Idee des Diebstahls.«[100]

Schließlich produziert das Gefängnis auf indirektem Wege Delinquenten, indem es die Familie des Häftlings ins Unglück fallen läßt: »Dasselbe Urteil, welches das Familienoberhaupt ins Gefängnis schickt, stürzt jeden Tag die Mutter in die Not, die Kinder in die Verlassenheit, die ganze Familie in die Landstreicherei oder in den Bettel. Solchermaßen droht das Verbrechen sich fortzupflanzen.«[101]

Diese beharrliche und monotone Kritik am Gefängnis geht in zwei Richtungen: dagegen, daß das Gefängnis nicht genug bessernd wirke, weil die entsprechende Technik nicht genug entwickelt sei, und dagegen, daß es vor lauter Bessernwollen seine Bestrafungsgewalt verliere,[102] wo doch die Strenge die beste Methode sei;[103] zudem beruhe das Gefängnis auf einem zweifachen ökonomischen Irrtum: direkt aufgrund der inneren Kosten seiner Organisation und indirekt aufgrund der Kosten der Delinquenz, die es nicht beseitigt.[104] Auf diese Kritiken gab es immer wieder nur dieselbe

100 *Gazette des tribunaux*, 3. Dez. 1829. Ähnliche Berichte in der *Gazette des tribunaux* vom 19. Juli 1839, in der *Ruche populaire* vom August 1840, in der *Fraternité* vom Juli-August 1847.

101 Charles Lucas, *De la réforme des prisons*, II, 1838, S. 64.

102 Diese Kampagne war sehr lebhaft vor und nach der neuen Reglementierung der Staatsgefängnisse im Jahre 1839. Diese Reglementierung war sehr streng (Stillschweigen, Entzug von Wein und Tabak, Reduzierung der Verpflegung) und hatte Revolten zur Folge. *Le Moniteur* vom 3. Oktober 1840: »Es war ein Skandal zu sehen, wie sich die Häftlinge mit Wein, Fleisch, Wild, Leckereien aller Art vollstopften und das Gefängnis für ein bequemes Hotel nahmen, wo sie sich alle Annehmlichkeiten verschafften, die ihnen der Zustand der Freiheit häufig vorenthielt.«

103 Im Jahre 1826 verlangen viele Generalräte, daß man die langjährige und wirkungslose Haft durch Deportation ersetze. 1842 fordert der Generalrat des Departements Hautes-Alpes, daß die Gefängnisse »wahrhaft Sühnestätten« werden müßten. Im selben Sinn äußern sich die Generalräte der Departements Drôme, Eure-et-Loire, Nièvre, Rhône und Seine-et-Oise.

104 So die 1839 befragten Direktoren der Staatsgefängnisse. Der Direktor von Embrun: »Das Übermaß an Wohlsein in den Gefängnissen trägt wahrscheinlich sehr stark zum entsetzlichen Anwachsen der Rückfälle bei.« Der Direktor von Eysses: »Das gegenwärtige System ist nicht streng genug; und wenn etwas gewiß ist, dann dies eine, daß für viele Häftlinge das Gefängnis seine Reize hat

Antwort: die Konzentration auf die unverrückbaren Grundsätze der Besserungsstrafe. Seit anderthalb Jahrhunderten wird das Gefängnis als sein eigenes Heilmittel verschrieben und angewandt; die Wiederbelebung der Strafvollzugstechniken als einziges Mittel, um deren unaufhörlichen Mißerfolg zu überwinden; die Realisierung des Besserungsprojektes als einzige Methode, um die Unmöglichkeit seiner Verwirklichung zu übersteigen.

Ein Hinweis zur Verdeutlichung: die Häftlingsrevolten der letzten Jahre in Frankreich wurden darauf zurückgeführt, daß die 1945 definierte Reform niemals wirklich durchgesetzt worden war; man müßte also auf ihre fundamentalen Prinzipien zurückgreifen. Diese Prinzipien aber, von denen man heute noch so wundersame Wirkungen erwartet, sind bekannt; sie bilden seit beinahe 150 Jahren die sieben Universalmaximen des »angemessenen Strafvollzugs«.

1. Die Haftstrafe muß vor allem zur Änderung des Verhaltens des Individuums führen: »Die Besserung als Hauptzweck der Strafe ist ein geheiligter Grundsatz, dessen ausdrückliches Auftreten im Gebiet der Wissenschaft und besonders in dem der Gesetzgebung jüngsten Datums ist.« (*Congrès pénitentiaire de Bruxelles*, 1847) Und im Mai 1945 wiederholt die Kommission Amor getreulich: »Die Strafe der Freiheitsberaubung hat als wesentliches Ziel die Besserung und die Resozialisierung des Verurteilten.« *Prinzip der Besserung.*

2. Die Gefangenen müssen isoliert oder zumindest nach der Schwere ihres Vergehens voneinander getrennt werden, vor allem aber nach ihrem Alter, ihren Anlagen, den bei ihnen eingesetzten Besserungstechniken, den Phasen ihrer Umgestaltung. Bei der Anwendung der Änderungsmittel muß den großen physischen und moralischen Ungleichheiten in der Konstitution der Verurteilten, dem Grad ihrer Perversität, den ungleichen Besserungschancen Rechnung getragen werden (Februar 1850). 1945: »Die Aufteilung der zu weniger als einem Jahr Verurteilten in den Strafanstalten hat sich nach dem Geschlecht, der Persönlichkeit und dem Grad der Perversion des Delinquenten zu richten.« *Prinzip der Klassifikation.*

3. Der Ablauf der Strafen muß in Abhängigkeit von der Individualität

---

und daß sie dort entartete Genüsse finden, die ganz nach ihrem Geschmack sind.« Der Direktor von Limoges: »Das augenblickliche Reglement der Staatsgefängnisse, die für die Rückfälligen wirklich nur Pensionate sind, hat nichts mit Bestrafung zu tun.« (Vgl. L. Moreau-Christophe, *Polémiques pénitentiaires*, 1840, S. 86). Vergleiche auch die Erklärungen, die im Juli 1974 von den Gewerkschaftsführern der Strafvollzugsbeamten zu den Wirkungen der Liberalisierung im Gefängnis gemacht wurden.

der Gefangenen, von den erzielten Resultaten, von den Fortschritten oder Rückfällen modifizierbar sein. »Da der Hauptzweck der Strafen die Umgestaltung des Schuldigen ist, wäre es wünschenswert, wenn man jeden Verurteilten freilassen könnte, sobald seine moralische Erneuerung hinreichend gewährleistet ist ...« (Ch. Lucas, 1836). 1945: »Ein progressives System findet Anwendung ..., um die Behandlung des Häftlings seiner Haltung und seinem Besserungsgrad anzupassen. Dieses System reicht von der Einzelhaft bis zur Halb-Freiheit ... Die Wohltat der bedingten Freiheit wird auf alle zeitlichen Strafen ausgedehnt.« *Prinzip der Flexibilität der Strafen.*

4. Die Arbeit muß eines der wesentlichsten Elemente der Umformung und der fortschreitenden Sozialisierung der Gefangenen sein. Die Zwangsarbeit »darf nicht als zusätzliche Erschwernis der Strafe betrachtet werden, sondern als eine nicht wegzudenkende Humanisierung«. Sie muß die Erlernung oder Ausübung eines Berufs ermöglichen und dem Gefangenen sowie seiner Familie den Lebensunterhalb sichern. (Ducpétiaux, 1857). 1945: »Jeder nach gemeinem Recht Verurteilte wird zur Arbeit angehalten ... Keiner kann zu Untätigkeit angehalten werden.« *Prinzip der Arbeit als Pflicht und als Recht.*

5. Die Erziehung des Gefangenen ist von seiten der öffentlichen Gewalt sowohl eine unverzichtbare Vorsichtsmaßnahme wie auch eine Verpflichtung gegenüber dem Gefangenen. »Die Erziehung allein kann als Straf- und Besserungsmittel dienen. Die Frage der Strafhaft ist eine Frage der Erziehung.« (Ch. Lucas, 1838). 1945: »Die dem Häftling erteilte Behandlung muß abseits von jeder verderblichen Promiskuität ... hauptsächlich auf seine allgemeine und berufliche Bildung sowie auf seine Besserung abzielen.« *Prinzip der Besserungsstrafe als Erziehung.*

6. Das Gefängnisleben muß zumindest teilweise unter der Kontrolle und Leitung eines spezialisierten Personals stehen, das die moralischen und technischen Fähigkeiten besitzt, über die gute Entwicklung der Individuen zu wachen. Ferrus im Jahre 1850 über den Gefängnisarzt: »Seine Mitarbeit ist in allen Formen der Gefängnishaft nützlich. Keiner vermöchte intimer als der Arzt das Vertrauen der Gefangenen zu besitzen, ihren Charakter besser zu erkennen, wirksamer auf ihre Gefühle Einfluß zu nehmen, indem er ihre physischen Übel lindert und diese Autorität ausnutzend ihnen strenge oder nützlich ermutigende Worte sagt.« 1945: »In jeder Strafanstalt fungiert ein Sozialdienst sowie ein medizinisch-psychologischer Dienst.« *Prinzip der technischen Kontrolle der Haft.*

7. Auf die Gefängnishaft müssen Kontroll- und Fürsorgemaßnahmen folgen, bis der ehemalige Häftling endgültig wiederangepaßt ist. Man muß ihn nicht nur beim Verlassen des Gefängnisses überwachen, »sondern ihm Hilfe und Beistand leihen« (Boulet und Benquot vor der Pariser Kammer). 1945: »Die Fürsorge wird den Häftlingen während und nach der Strafe gewährt, um ihre Resozialisierung zu erleichtern.« *Prinzip der Anschlußinstitutionen.*

Wort für Wort wiederholen sich von einem Jahrhundert zum andern dieselben Grundsätze und Vorschläge. Und jedesmal geben sie sich für die endlich erreichte, endlich akzeptierte Formulierung einer bis dahin immer versäumten Reform aus. Dieselben Sätze hätten anderen »fruchtbaren« Reformperioden entliehen werden können: dem Ende des 19. Jahrhunderts mit seiner »Bewegung der sozialen Verteidigung« oder den letzten Jahren mit den Häftlingsrevolten.

Es ist also nicht so, als wären die Einführung des Gefängnisses, seine »Niederlage« und seine mehr oder weniger gelungene Reform drei aufeinanderfolgende Phasen. Vielmehr handelt es sich um ein simultanes System, das sich historisch über die bloße Freiheitsberaubung gelegt hat. Vier Elemente konstituieren dieses System: der Disziplinar-»Zuschlag« des Gefängnisses – Element der Übermacht; die Herstellung einer Gegenständlichkeit, einer Technik, einer Rationalität des Strafvollzugs – Element des angeschlossenen Wissens; die tatsächliche Aufrechterhaltung oder gar Verstärkung einer Kriminalität, die eigentlich beseitigt werden sollte – Element der verkehrten Wirkung; und die ständige Wiederholung einer »Reform«, die trotz ihrer »Idealität« mit dem Disziplinarbetrieb des Gefängnisses identisch ist – Element der utopischen Verdopplung. Dieses komplexe Ganze bildet das »Kerkersystem« – und nicht bloß die Einrichtung des Gefängnisses mit ihren Mauern, ihrem Personal, ihren Reglementierungen und ihren Gewaltsamkeiten. Das Kerkersystem schließt Diskurse und Architekturen, Zwangsregelungen und wissenschaftliche Thesen, wirkliche gesellschaftliche Effekte und nicht aus der Welt zu schaffende Utopien, Programme zur Besserung der Delinquenten und Mechanismen zur Verfestigung der Delinquenz zu einem einzigen Komplex zusammen. Gehört nicht auch der angebliche Mißerfolg des Gefängnisses in seinen Funktionszusammenhang hinein? Ist er nicht in die Machteffekte einzureihen, die von der Zuchthauszucht und ihrer Technologie in den Justizapparat und darüber hinaus in die Gesellschaft eingeführt worden ist und die

man unter dem Begriff »Kerkersystem« zusammenfassen kann? Wenn sich
die Einrichtung des Gefängnisses so lange und so unerschütterlich gehalten hat, wenn das Prinzip der Strafhaft nie ernsthaft in Frage gestellt worden ist, so liegt das daran, daß dieses Kerkersystem so tief verwurzelt war
und so präzis funktionierte. Ein Zeugnis aus der jüngsten Vergangenheit:
das 1969 eröffnete Mustergefängnis von Fleury-Mérogis bildet in seiner
Anlage den panoptischen Stern nach, der 1836 dem Gefängnis Petite-Ro-
quette seine Strahlkraft verliehen hatte. Es handelt sich um ein und dieselbe Machtmaschinerie, die hier körperliche und symbolische Gestalt annimmt. Welche Rolle spielt sie?

Gehen wir davon aus, daß die Strafjustiz die vom Gesetz definierten Vergehen reduzieren soll und das Gefängnis das Instrument dazu ist, so ist der
Mißerfolg nicht zu übersehen. Anstatt nun aber die Auswirkungen der
Strafhaft auf das Gesamtniveau der Kriminalität zu ermessen, sollten wir
uns die Frage stellen, wie es möglich ist, daß seit 150 Jahren die Erfolglosig-
keit des Gefängnisses proklamiert wird und an diesem Gefängnis gleichwohl durchaus festgehalten wird. Die einzige wirkliche Alternative war
die Deportation, die England bis zum Beginn des 19. Jahrhunderts und
Frankreich dann noch unter Napoleon III. (als eine strengere und entfern-
tere Form der Haft) praktizierten.

Vielleicht aber sollte man das Problem umkehren und sich fragen, wozu
der Mißerfolg des Gefängnisses gut ist. Wem nützen die verschiedenen Erscheinungen, die von der Kritik regelmäßig denunziert werden – Fortbestand der Delinquenz, Rückfälligkeit, Umwandlung des Gelegenheits-
täters in einen Gewohnheitsdelinquenten, Organisation eines geschlossenen
Delinquentenmilieus? Vielleicht sollte man nach dem suchen, was sich
hinter dem offenkundigen Zynismus der Strafjustiz verbirgt, die den Verurteilten nach Abbüßung seiner Strafe mit einer Reihe von Stigmatisierun-
gen nachsetzt (Überwachung, die früher von Rechts wegen vorgesehen
war und heute faktisch durchgeführt wird; Zuchthäuslerpaß einst und
Strafregister heute) und damit denjenigen als Delinquenten verfolgt, der
als Täter seine Strafe verbüßt hat. Läßt sich darin nur ein Widerspruch sehen – oder auch eine Folgerichtigkeit? Man könnte dann annehmen, daß
das Gefängnis und überhaupt die Strafmittel nicht dazu bestimmt sind,
Straftaten zu unterdrücken, sondern sie zu differenzieren, sie zu ordnen,
sie nutzbar zu machen; daß sie weniger diejenigen gefügig machen sollen,
die Gesetze überschreiten, sondern daß sie die Überschreitung der Gesetze

in einer allgemeinen Taktik der Unterwerfungen zweckmäßig organisieren sollen. Die Strafjustiz wäre dann so etwas wie die »Verwaltung« der Gesetzwidrigkeiten: sie zieht die Toleranzgrenzen, gibt den einen Verstößen freien Raum, unterdrückt die anderen, schließt einen Teil davon aus, macht einen anderen nutzbar, neutralisiert die einen, zieht aus den andern Gewinn. Die Strafjustiz würde also die Gesetzwidrigkeiten nicht einfach »unterdrücken«, sondern sie differenzieren und ihre allgemeine »Ökonomie« sicherstellen. Und wenn man von einer Klassenjustiz sprechen kann, so nicht nur deswegen, weil das Gesetz oder seine Anwendung den Interessen einer Klasse dient, sondern weil die von der Justiz durchgesetzte Klassierung der Gesetzwidrigkeiten Herrschaftsmechanismen unterstützt. Die gesetzlichen Strafen sind Bestandteil einer globalen Strategie der Gesetzeswidrigkeiten. Die »Niederlage« des Gefängnisses ist von daher zu verstehen.

Die Reform des Strafsystems am Ende des 18. Jahrhunderts ging vom Kampf gegen die Gesetzwidrigkeiten aus. Das Gleichgewicht von Toleranzen, Unterstützungen und Interessen, das im Ancien régime die Gesetzwidrigkeiten der verschiedenen sozialen Schichten nebeneinander zugelassen hatte, war zerfallen. Damals entstand die Utopie einer allgemein und öffentlich strafenden Gesellschaft, in der ständig in Betrieb befindliche Strafmechanismen ohne Verzug, ohne Vermittlung und ohne Ungewißheit arbeiten sollten; ein Gesetz, das in seinen Berechnungen perfekt und in der Vorstellung eines jeden Bürgers verwurzelt sein sollte, sollte alle rechtswidrigen Praktiken von vornherein blockieren. Nun erhebt sich aber an der Wende vom 18. zum 19. Jahrhundert – und entgegen den neuen Strafgesetzen und -theorien – die Gefahr einer neuen volkstümlichen Gesetzwidrigkeit. Genauer gesagt: die volkstümlichen Gesetzwidrigkeiten erreichen neue Dimensionen, nämlich diejenigen, die von 1789 bis 1848 die gesellschaftlichen Konflikte, die Kämpfe gegen politische Regime, den Widerstand gegen die Industrialisierung, die Auswirkungen der wirtschaftlichen Krisen bestimmen. Dabei lassen sich drei Prozesse unterscheiden. Zunächst die Entwicklung der politischen Dimension der volkstümlichen Gesetzwidrigkeiten, wobei sich zwei Richtungen abzeichnen: einmal geht es um Praktiken, die bis dahin auf bestimmte Orte und sozusagen auf sich selber beschränkt waren (wie etwa die Verweigerung der Steuer, der Wehrpflicht, der Grundlasten; die gewaltsame Beschlagnahme von wucherisch aufgekauften Lebensmitteln; die Plünderung von Geschäfts- oder Lagerhäusern und der eigenmächtige Verkauf von Waren zum »gerechten Preis«; die Auseinandersetzungen mit den Vertretern der Macht) und sich während der Revolution zu eigentlich politischen Kämpfen ausgeweitet haben, die nicht bloß auf ein Einlenken der Macht, auf Rückgängigmachung einer unerträglichen Maßnahme abzielten, sondern auf den Wechsel der Regierung und der Machtstruktur selber. Und umgekehrt haben bestimmte politische Bewegungen an bestehende Formen der Gesetzwidrigkeit angeknüpft (so hat die royalistische Bewegung des Westens oder Südens Frankreichs den bäuerlichen Widerstand gegen die neuen Gesetze über das Eigentum, die Religion, die Wehrpflicht ausgenutzt); diese politische Dimension der Gesetzwidrigkeit wird noch komplexer und prägnanter in den Beziehungen zwischen der Arbeiterbewegung und den republikanischen Parteien. Im 19. Jahrhundert, im Übergang von den Arbeiterkämpfen (Streiks, verbotene Arbeiterzusammenschlüsse und -vereinigungen) zur politischen Revolution. Im Horizont dieser gesetzwidrigen Praktiken, die sich mit immer strengeren Gesetzgebungen vervielfachen, zeichnen sich politische Kämpfe im eigentlichen Sinn des Wortes ab. Es geht ihnen nicht immer direkt um den Sturz der Macht, aber in ihrer Häufung können sie dazu führen.

Zum andern zeichnen sich in der Ablehnung der Gesetze und der Reglements die Kämpfe gegen diejenigen ab, die sie ihren Interessen gemäß einrichten. Man schlägt sich nicht mehr gegen die Steuereinzieher, die Bankiers, die Agenten des Königs, gegen pflichtvergessene Offiziere oder schlechte Minister, also gegen alle Vertreter der Ungerechtigkeit; sondern gegen das Gesetz selbst und die Justiz, die es vollziehen soll: gegen die Grundbesitzer, die neue Rechte durchsetzen wollen; gegen Unternehmer, die sich untereinander verständigen, aber Zusammenschlüsse der Arbeiter verbieten; gegen Fabrikanten, die immer mehr Maschinen einstellen, die Löhne senken, die Arbeitszeit verlängern und ihre Reglements immer strenger machen. Gegen das neue System des Privateigentums an Grund und Boden, das von der Bourgeoisie im Zuge der Revolution eingeführt worden ist, haben die Bauern eine Gesetzwidrigkeit entwickelt, die zwischen dem Thermidor und dem Konsulat am gewaltsamsten war, aber dann noch weiter wirkte; gegen das neue System der erlaubten Ausbeutung von Arbeit sind zu Beginn des 19. Jahrhunderts von den Arbeitern Gesetzwidrigkeiten entwickelt worden, die von gewaltsamen Ausschreitungen wie Maschinenstürmerei über dauerhaftere Maßnahmen wie die Bildung von

Arbeitervereinen bis zu den alltäglichen Verstößen wie Wegbleiben oder Weggehen von der Arbeit, Landstreicherei, Betrug am Arbeitsmaterial, an der Quantität oder Qualität der Arbeit reichen. Eine ganze Reihe von Gesetzwidrigkeiten spielt sich in Kämpfen ab, mit denen man zugleich das Gesetz und die gesetzgebende Klasse angreift.

Und schließlich ist zu bemerken, daß sich zwar im Laufe des 18. Jahrhunderts die Kriminalität auf spezialisierte Formen, vor allem des Diebstahls, verlagert hatte und teilweise zur Sache von Außenseitern und Isolierten inmitten einer feindlichen Gesellschaft geworden war,[105] daß sich aber in den letzten Jahren des Jahrhunderts neue Beziehungen und Verbindungen angebahnt haben. Nicht weil die »Volksverhetzer«, wie die Zeitgenossen sagten, Kriminelle waren, sondern weil die neuen Rechtsformen, die strengen Reglementierungen, die Anforderungen des Staates, der Grundbesitzer und Unternehmer sowie die strafferen Überwachungstechniken die Gelegenheiten zu Delikten vermehrten und viele Individuen zu Rechtsbrechern machten, die unter anderen Umständen nicht kriminell geworden wären. Aufgrund der neuen Gesetze über das Eigentum sowie des Widerstandes gegen den Wehrdienst hat sich in den letzten Jahren der Revolution eine bäuerliche Gesetzwidrigkeit entwickelt, die Gewaltsamkeiten, Ausschreitungen, Diebstähle, Plünderungen und »politischen Straßenraub« beging; und gleichfalls aufgrund sehr strenger Gesetze oder Reglements (betreffend das Arbeitsbuch, die Löhne, die Arbeitszeiten, die Abwesenheiten) hat sich eine Arbeiter-Vagabondage entwickelt, die häufig in Delinquenz überging. Es gab eine ganze Reihe von gesetzwidrigen Praktiken, die sich im Laufe des 18. Jahrhunderts spezialisierten und voneinander isolierten, nun aber sich anscheinend wieder verbinden und eine neue Gefahr bilden.

Bei der dreifachen Verallgemeinerung der volkstümlichen Gesetzwidrigkeiten um die Jahrhundertwende (bei der wir von einer möglichen quantitativen Ausweitung absehen) handelt es sich also um ihre Einbeziehung in einen allgemeinen politischen Horizont, um ihre Verbindung mit sozialen Kämpfen sowie um die Wechselwirkung zwischen den verschiedenen Formen und Ebenen der Delikte. Gewiß haben sich diese Prozesse nicht voll entfaltet und haben auch nicht zu einer massiven politisch-sozialen Kriminalität geführt. Sie waren aber dennoch ausgeprägt genug,

---

105 Vgl. oben.

um die große Furcht vor einer insgesamt kriminellen und aufrührerischen Plebs zu schüren und den Mythos von der barbarischen, unmoralischen und gesetzlosen Klasse zu untermauern, der vom Empire bis zur Juli-Monarchie durch den Diskurs der Gesetzgeber, Philanthropen und Erforscher des Arbeiterlebens geistert. Diese Prozesse stehen hinter solchen der Straftheorie des 18. Jahrhunderts ganz fremden Behauptungen wie: daß das Verbrechen nicht eine Anlage ist, die Interesse und Leidenschaften in das Herz aller Menschen eingepflanzt haben, sondern daß es fast ausschließlich Sache einer bestimmten sozialen Klasse ist; daß die Kriminellen, die man einst in allen gesellschaftlichen Klassen fand, jetzt »fast alle aus dem letzten Rang der gesellschaftlichen Ordnung hervorgehen«;[106] daß »neun Zehntel der Mörder, Totschläger, Diebe und Verräter aus dem niederen Volk stammen«;[107] daß nicht das Verbrechen der Gesellschaft entfremdet, sondern daß das Verbrechen dadurch zustande kommt, daß man in der Gesellschaft ein Fremder ist, daß man jener »entarteten Rasse« angehört, von der Target sprach, jener »durch das Elend heruntergekommenen Klasse, deren Laster den großherzigen Regungen ein unüberwindliches Hindernis entgegensetzen«;[108] daß es unter diesen Bedingungen Heuchelei oder Naivität wäre zu glauben, daß das Gesetz für alle und im Namen aller geschaffen ist; daß es klüger ist anzuerkennen, daß es von einigen gemacht ist und auf andere anzuwenden ist; daß es zwar im Prinzip alle Bürger verpflichtet, sich aber in erster Linie an die zahlenmäßig stärksten und am wenigsten aufgeklärten Klassen richtet; daß die politischen und bürgerlichen Gesetze zwar für alle gleich sind, nicht aber ihre Anwendung;[109] daß in den Gerichten nicht die Gesamtgesellschaft über eines ihrer Mitglieder urteilt, sondern daß eine mit der Ordnung beauftragte Schicht über eine andere, die der Unordnung geweiht ist, zu Gericht sitzt: »An allen Orten, wo man richtet, wo man einsperrt, wo man tötet ... überall fällt eines auf: überall sind zwei wohlgeschiedene Menschenklassen zu sehen, wobei sich die einen immer auf den Sitzen der Ankläger und der Richter, die anderen auf den Bänken der Verdächtigen und Angeklagten finden« — was sich daraus erklärt, daß die letzteren aus Mangel an Mittel und Erziehung nicht »in den Grenzen der gesetzlichen Rechtschaffenheit zu blei-

106 Ch. Comte, *Traité de législation*, S. 149.
107 H. Lauvergne, *Les Forçats*, 1841, S. 337.
108 E. Buré, *De la misère des classes laborieuses en Angleterre et en France*, 1840, II, S. 391.
109 P. Rossi, *Traité de droit pénal*, 1829, I, S. 32.

ben«[110] wissen. Das geht so weit, daß die Sprache des Gesetzes, die allgemeingültig und -verständlich sein will, ebendeswegen unangemessen ist;
sie muß, will sie wirksam sein, der Diskurs einer Klasse gegenüber einer anderen sein, die weder dieselben Ideen noch dieselben Wörter hat wie sie:
»Mit unserer vorsichtigen, vornehmen, in ihrer Etikette befangenen Sprache ist es schwer, sich bei jenen verständlich zu machen, die nie etwas
anderes gehört haben als den rohen, armseligen, regellosen, aber lebhaften,
freimütigen und bilderreichen Dialekt des Marktes, der Wirtshäuser und
des Volksfestes ... Welcher Sprache, welcher Methode muß man sich bei
der Abfassung der Gesetze bedienen, um auf den ungebildeten Geist jener
wirksam Einfluß zu nehmen, die den Versuchungen des Verbrechens am
wenigsten widerstehen können?«[111] Das Gesetz und die Justiz zögern
nicht, ihre notwendige Klassenasymmetrie zu proklamieren.

Unter diesen Voraussetzungen verfehlt gerade das anscheinend »versa-
gende« Gefängnis keineswegs seinen Zweck. Es erreicht ihn vielmehr in
dem Maße, in welchem es unter den verschiedenen Formen von Gesetzwidrigkeiten eine aussondert, ins Licht rückt und als ein relativ geschlossenes, aber nicht undurchdringliches Milieu organisiert. Das Gefängnis läßt
eine sichtbare, stigmatisierte und weitgehend unverwüstliche Gesetzwidrigkeit entstehen, die insgeheim nützlich, weil zugleich widerspenstig und
fügsam ist. Das Gefängnis bezeichnet, isoliert und unterstreicht eine Form
der Gesetzwidrigkeit, die symbolisch alle anderen zu umfassen scheint, die
es ihm aber gerade gestattet, die anderen Formen zu übersehen oder zu tolerieren. Diese vom Gefängnis herausgehobene Form der Gesetzwidrigkeit
ist die Delinquenz. Die Delinquenz ist nicht unbedingt die intensivste und
die schädlichste Form der Gesetzwidrigkeit, die darum von der Strafjustiz
mit Hilfe des Gefängnisses niedergehalten werden müßte; sie ist eher ein
Effekt des Strafsystems (und zwar des Haftstrafsystems) und trägt zur
Differenzierung, Ordnung und Kontrolle der Gesetzwidrigkeiten bei. Gewiß stellt die Delinquenz eine Form der Gesetzwidrigkeit dar oder ist
zumindest darin verwurzelt. Aber es handelt sich bei ihr um eine Gesetzwidrigkeit, die vom »Kerkersystem« und seinen Verzweigungen besetzt,
unterteilt, isoliert, durchdrungen, organisiert, in ein bestimmtes Milieu
eingeschlossen und hinsichtlich der übrigen Gesetzwidrigkeiten mit einer
bestimmten Funktion ausgestattet ist. Während also der rechtliche Gegen-

110 Ch. Lucas, *De la réforme des prisons*, II, 1838, S. 82.
111 P. Rossi, op. cit, S. 33.

satz die Gesetzmäßigkeit von der gesetzwidrigen Praxis scheidet, zieht der strategische Gegensatz seine Grenze zwischen den Gesetzwidrigkeiten und der Delinquenz.

Anstatt von einem Versagen des Gefängnisses bei der Eindämmung der Kriminalität sollte man vielleicht davon sprechen, daß es dem Gefängnis sehr gut gelungen ist, die Delinquenz als einen spezifischen, politisch und wirtschaftlich weniger gefährlichen und sogar nützlichen Typ von Gesetzwidrigkeit zu produzieren; es ist ihm gelungen, die Delinquenz als ein anscheinend an den Rand gedrängtes, tatsächlich aber zentral kontrolliertes Milieu zu produzieren; es ist ihm gelungen, den Delinquenten als pathologisiertes Subjekt zu produzieren. Es ist die großartige Leistung des Gefängnisses, in den Kämpfen um Gesetz und Gesetzwidrigkeit eine »Delinquenz« auszubilden. Wir haben gesehen, wie das Kerkersystem den Rechtsbrecher durch den Delinquenten ersetzt hat und wie es an die Praxis der Justiz einen ganzen Horizont möglicher Erkenntnis angeschlossen hat. Hand in Hand mit diesem Prozeß, der die Delinquenz als Erkenntnisgegenstand konstituiert, geht nun eine politische Operation, welche die Gesetzwidrigkeiten spaltet und die Delinquenz heraushebt. Und das Gefängnis ist das Scharnier zwischen diesen beiden Mechanismen, das ihnen gestattet, sich gegenseitig zu verstärken, die Delinquenz hinter dem Verstoß zu erkennen sowie in der Bewegung der Gesetzwidrigkeiten dingfest zu machen. Der Erfolg des Gefängnisses ist so überwältigend, daß es nach anderthalb Jahrhunderten von »Mißerfolgen« noch immer existiert, daß es immer noch dieselben Wirkungen hervorruft und daß man die größten Skrupel hat, darauf zu verzichten.

Das Strafsystem produziert also eine geschlossene, abgesonderte und nützliche Gesetzwidrigkeit – und daher rührt auch seine Langlebigkeit. Der Kreislauf der Delinquenz ist nicht das Nebenprodukt eines Gefängnisses, das beim Bessern versagt; er ist vielmehr das unmittelbare Ergebnis eines Strafsystems, das zur Kontrolle der Gesetzwidrigkeiten einige davon in einen Mechanismus von »Bestrafung/Bewahrung« einschließt, dessen wichtigste Elemente die Verwahranstalten sind. Wie aber ist es möglich, daß das Gefängnis zur Herstellung einer Delinquenz bestimmt sein soll, die es doch angeblich zu bekämpfen hat?

Tatsächlich bietet eine als Delinquenz festgestellte Gesetzwidrigkeit einige Vorteile. Sie läßt sich kontrollieren, indem die Individuen markiert, die Gruppen unterwandert und das Denunziantentum organisiert werden. Das unübersichtliche Gewimmel von gelegentlichen und unvorhersehbaren rechtswidrigen Praktiken, die in einer Bevölkerung allgemein üblich sind, oder die unbeständigen Scharen von Landstreichern, die je nach den Umständen Arbeitslose, Bettler, Arbeitsverweigerer anwerben und die sich – wie etwa gegen Ende des 18. Jahrhunderts – zu gefährlichen Truppen der Plünderung und der Unruhestiftung verstärken können, ersetzt man durch eine relativ beschränkte und geschlossene Gruppe von Individuen, die sich einer stetigen Überwachung unterwerfen lassen. Zudem ist es möglich, diese isolierte Delinquenz auf Formen der Gesetzwidrigkeit umzuleiten, die am ungefährlichsten sind: durch den Druck der Kontrollen an den Rand der Gesellschaft geschoben, auf dürftige und unsichere Existenzbedingungen reduziert, ohne Verbindung mit der Bevölkerung (die sie, wie früher die Schleichhändler und andere Formen des Sozialbanditentums, unterstützt hätte),[112] werden die Delinquenten unweigerlich auf eine lokalisierte, unattraktive, politisch ungefährliche und wirtschaftlich folgenlose Kriminalität zurückgeworfen. Diese konzentrierte, kontrollierte und entwaffnete Gesetzwidrigkeit ist sogar nützlich. Sie ist es im Hinblick auf die übrigen Formen der Gesetzwidrigkeit, von denen sie isoliert ist: eingeschlossen in ihre inneren Organisationen, einer gewaltsamen Kriminalität verhaftet, der die armen Klassen zuerst zum Opfer fallen, von der Polizei umstellt und langen Gefängnisstrafen sowie anschließend einem »Sonderleben« geweiht, bildet die Delinquenz eine andere, gefährliche und häufig feindselige Welt, welche die übrigen gesetzwidrigen Praktiken (kleine Diebstähle und Gewaltsamkeiten, alltägliche Verletzungen oder Umgehungen des Gesetzes) einschränkt oder in Grenzen hält und am Einmünden in weitreichende und offenkundige Formen der Gesetzwidrigkeit hindert. Es ist, als ob man die Wirkung des abschreckenden Beispiels nicht mehr im Feuerwerk der Martern und auch nicht mehr in der Strenge der Bestrafungen, sondern in der sichtbaren und markierten Existenz der Delinquenz selber sähe. Indem sich die Delinquenz von den anderen Gesetzwidrigkeiten absetzt, schwebt sie als Drohung über ihnen.

Die Delinquenz kann aber auch von unmittelbarem Nutzen sein. Das Beispiel der Kolonisierung, das einem dabei einfällt, ist aber nicht das beweiskräftigste. Die Deportation von Kriminellen wurde zwar während

112 Vgl. Eric J. Hobsbawm, *Die Banditen*, Frankfurt 1972.

der Restauration mehrmals von der Deputiertenkammer oder von den Generalräten beantragt; aber dies geschah hauptsächlich zur Erleichterung
der Finanzlasten, die vom Gefängnisapparat benötigt wurden. Und obwohl in der Juli-Monarchie viele Pläne zur Beteiligung der Delinquenten,
der undisziplinierten Soldaten, der Prostituierten und Findelkinder an
der Kolonisierung Algeriens entwickelt worden sind, wurde dieses Vorhaben durch das Gesetz von 1854, das die Kolonial-Zuchthäuser schuf, ausdrücklich ausgeschlossen. Die Deportationen nach Guyana oder später
nach Neukaledonien hatten keine echte wirtschaftliche Bedeutung, obwohl die Sträflinge in der Kolonie, in der sie ihre Strafzeit verbüßt hatten,
mindestens ebenso viele Jahre weiter verbringen mußten (in einigen Fällen
mußten sie ihr ganzes Leben dort bleiben).[113] Die Auswertung der Delinquenz als abgesondertes und leicht zu handhabendes Milieu hat sich vor
allem an den Grenzen der Legalität vollzogen. Im 19. Jahrhundert hat man
so etwas wie eine untergeordnete Gesetzwidrigkeit installiert, deren Fügsamkeit dadurch sichergestellt wurde, daß man sie als Delinquenz mit allen dazugehörigen Überwachungen organisiert hat. Als gebändigte Gesetzwidrigkeit ist die Delinquenz ein Agent im Dienste der Gesetzwidrigkeit
der herrschenden Gruppen. Die Errichtung von Prostitutionsnetzen im
19. Jahrhundert ist charakteristisch dafür:[114] die Polizei- und Gesundheits-
kontrollen an den Prostituierten, deren regelmäßige Gefängnisaufenthalte,
die Organisation von geschlossenen Häusern, die sorgfältige Hierarchie innerhalb des Prostituiertenmilieus und dessen Unterwanderung durch Spitzel – all das gestattete die Kanalisierung und Aneignung enormer Gewinne
an der sexuellen Lust, die von einer immer nachdrücklicher werdenden
Moralisierung des Alltags in den Bereich des Geheimen und Kostspieligen
abgedrängt wurde. Bei der Bildung des Preises für das Vergnügen, bei der

113 Zum Problem der Deportation vgl. F. de Barbé-Marbois *(Observations sur les votes de 41 conseils
généraux)* und die Diskussion zwischen Blosseville und La Pilorgerie (bezüglich der Botany
Bay). Pläne zur Kolonisierung Algeriens mit Hilfe von Delinquenten wurden unter anderm von
Buré, Marengo und L. de Carné vorgelegt.

114 Einer der ersten Schritte war die Organisation von »Toleranzhäusern« unter der Kontrolle der
Polizei (1823), was über die Bestimmungen des Gesetzes vom 14. Juli 1791 (Überwachung der
Bordelle) weit hinausging. Vgl. dazu die Verfügung des Polizeipräfekten vom 14. Juni 1823:
»Die Errichtung von Bordellen muß natürlich jedem Menschen mißfallen, dem an der öffentlichen Moral liegt; und es wundert mich keineswegs, daß sich die Herren Polizeikommissare
mit allen Kräften der Errichtung solcher Häuser in ihren Distrikten widersetzen ... Die Polizei
würde glauben, sehr viel für die öffentliche Ordnung erreicht zu haben, wenn es ihr gelänge, die
Prostitution auf die tolerierten Häuser zu begrenzen, auf die sie einen beständigen und gleichbleibenden Einfluß hat und die ihrer Überwachung nicht entgehen könnten.«

Abschöpfung eines Profites an der unterdrückten Sexualität und bei der Eintreibung dieses Profites arbeitete das Delinquentenmilieu einem interessierten Puritanismus in die Hand: als ungesetzlicher Steuereinzieher im Bereich unerlaubter Praktiken.[115] Der Handel mit Waffen, in gewissen Ländern der Handel mit Alkohol oder neuerdings der Handel mit Drogen zeigen gleichfalls dieses Funktionieren der »nützlichen Delinquenz«: die Existenz eines gesetzlichen Verbots läßt ein Feld gesetzwidriger Praktiken entstehen, das der Kontrolle unterworfen wird und aus dem sich ein unerlaubter Profit ziehen läßt – und zwar mit Hilfe von Elementen, die selber gesetzwidrig sind, die man aber als Delinquenz organisiert und damit im Griff hat. Die Delinquenz ist ein Instrument zur Bewältigung und Ausbeutung der Gesetzwidrigkeiten.

Sie ist auch ein Instrument für die Gesetzwidrigkeit, die von der Machtausübung selber auf den Plan gerufen wird. Die politische Auswertung von Delinquenten – Denunzianten, Lockspitzeln – gab es bereits lange vor dem 19. Jahrhundert.[116] Aber nach der Revolution gewann diese Praxis ganz neue Dimensionen: die Unterwanderung von politischen Parteien und Arbeitervereinigungen, die Anwerbung von Helfershelfern gegen Streikende und Aufständische, die Organisation einer »Unterpolizei«, die mit der legalen Polizei zusammenarbeitete und zu einer Parallelarmee werden konnte – ein ganzer Bereich des außergesetzlichen Operierens der Macht wurde zum Teil durch eine Manövriermasse aus Delinquenten ermöglicht: Geheimarmee und Reservearmee der Macht. In Frankreich scheinen diese Praktiken mit der Revolution von 1848 und mit der Machtergreifung von Napoleon III. ihre Höhepunkte erreicht zu haben.[117] Man kann sagen, daß die vom Gefängnissystem dingfest gemachte Delinquenz eine Ablenkungsanlage für die ungesetzlichen Gewinn- und Macht-Schleichwege der herrschenden Klassen ist.

---

115 Parent-Duchatelets *Prostitution à Paris* (1836) bezeugt den von der Polizei und vom Justizapparat begünstigten Anschluß des Delinquentenmilieus an die Prostitution. Der Fall der italienischen Mafia, die in die Vereinigten Staaten verpflanzt worden ist und zur Eintreibung unerlaubter Gewinne sowie zu politischen Zwecken benutzt wird, ist ein schönes Beispiel für die Kolonisierung einer aus dem Volk stammenden Gesetzwidrigkeit.

116 Zu dieser Rolle der Delinquenten in der polizeilichen und vor allem politischen Überwachung vgl. die Denkschrift von Lemaire. Die Spitzel sind Leute, die »Nachsicht für sich selbst erwarten«; gewöhnlich handelt es sich um schlechte Subjekte, die dazu dienen, noch schlechtere Subjekte aufzudecken. Und wer einmal in das Polizeiregister aufgenommen ist, wird nicht mehr aus dem Auge verloren.

117 Vgl. K. Marx, *Der achtzehnte Brumaire des Louis Bonaparte*, Frankfurt 1971.

Die Organisation einer auf die Delinquenz beschränkten Gesetzwidrigkeit wäre ohne die Entwicklung der Polizeikontrollen nicht möglich gewesen. Die allgemeine Überwachung der Bevölkerung ist eine »stumme, geheimnisvolle, unbemerkte Wachsamkeit ... sie ist das ununterbrochen geöffnete und unterschiedslos über alle Bürger wachende Auge der Regierung, das sie gleichwohl keiner einzigen Zwangsmaßnahme unterwirft ... Sie muß nicht einmal im Gesetz niedergeschrieben sein.«[118] Eine besondere Überwachung sieht das Strafgesetzbuch von 1810 für die entlassenen Sträflinge und für diejenigen vor, die wegen schwerer Untaten einmal im Gefängnis waren und von denen angenommen werden muß, daß sie von neuem die Ruhe der Gesellschaft stören werden. Der Überwachung unterliegen aber auch als gefährlich geltende Milieus und Gruppen – und zwar werden sie von Spitzeln überwacht, die ehemalige Delinquenten sind und als solche ihrerseits von der Polizei überwacht werden. Die Delinquenz ist ein Objekt der polizeilichen Überwachung und gleichzeitig eines ihrer bevorzugten Instrumente. Alle diese Überwachungen setzen die Organisation einer teils offiziellen und teils geheimen Hierarchie voraus (in der Pariser Polizei war es hauptsächlich der »Sicherheitsdienst«, der neben den offenen Agenten – Gendarmerieinspektoren und -brigadieren – die geheimen Agenten sowie die Spitzel umfaßte, die aus Angst vor Bestrafung oder um einer Belohnung willen mitarbeiteten).[119] Außerdem setzen sie die Organisation eines Dokumentationssystems voraus, in dessen Zentrum die Auffindung und Identifizierung der Kriminellen stehen: obligatorische Personenbeschreibung bei Haftbefehlen; Steckbriefe in den Einlieferungsregistern der Gefängnisse; Übermittlung von Kopien der Gerichtsregister an die Ministerien für Justiz und allgemeine Polizei; etwas später die Organisation eines alphabetischen Gesamtverzeichnisses beim Innenministerium, das alle Register vereinigt; ab 1833 wird nach dem Vorbild der »Naturforscher, der Bibliothekare, der Händler, der Geschäftsleute« ein Karteisystem mit Einzelblättern eingeführt, mit dem sich neue Daten und zu jedem gesuchten Individuum gehörige Informationen leicht einbauen lassen.[120] Mit ihren heimlichen Agenten und ihren umfassenden Unterwanderungsmöglichkeiten bildet die Delinquenz ein Instrument zur stän-

---

118 A. Bonneville, *Des institutions complémentaires du système pénitencier*, 1847, S. 397-399.
119 Vgl. H. A. Fregier, op. cit., I, S. 101-182.
120 A. Bonneville, *De la récidive*, 1844, S. 92 f. Aufkommen der Karteikarte und Konstituierung der Humanwissenschaften: noch eine Erfindung, die von den Historikern wenig gefeiert wird.

digen Überwachung der Bevölkerung: über die Kontrolle der Delinquenten läßt sich das gesamte gesellschaftliche Feld kontrollieren. Die Delinquenz funktioniert als ein politisches Observatorium, dessen sich die Statistiker und Soziologen erst lange nach den Polizisten bedient haben.

Diese Überwachung konnte aber nur im Zusammenhang mit dem Gefängnis funktionieren. Indem das Gefängnis die Kontrolle der aus ihm Entlassenen erleichtert, indem es die Anwerbung von Spitzeln ermöglicht und das Denunziantentum fördert, indem es die Straftäter in Kontakt miteinander bringt, beschleunigt es die Bildung eines geschlossenen und leicht zu kontrollierenden Delinquentenmilieus. Und alle von ihm hervorgerufenen Entwurzelungen (Arbeitslosigkeit, Aufenthaltsverbot, Zwangsaufenthalt und -beschäftigung) eröffnen viele Möglichkeiten, den ehemaligen Häftlingen die gewünschten Aufgaben aufzuzwingen. Gefängnis und Polizei bilden eine doppelstrategische Anlage innerhalb des Gesamtfeldes der Gesetzwidrigkeiten und stellen zusammen die Differenzierung, die Isolierung und die Nutzbarmachung der Delinquenz sicher. Das System Polizei/Gefängnis sondert unter den Gesetzwidrigkeiten eine leicht zu handhabende Delinquenz aus, die in ihrer Eigenart eine Wirkung des Systems, aber auch ein Räderwerk und Instrument darin ist. Man könnte darum von einem Komplex aus drei Elementen sprechen (Polizei/Gefängnis/Delinquenz), die sich aufeinander stützen und einen ununterbrochenen Zirkel bilden. Die polizeiliche Überwachung liefert dem Gefängnis die Straftäter, die dieses zu Delinquenten transformiert, welche dann zu Zielscheiben und Hilfskräften der Polizei werden und einige aus ihren Reihen regelmäßig wiederum ins Gefängnis bringen.

Es ist eben nicht so, daß die Strafjustiz dazu bestimmt ist, alle Gesetzwidrigkeiten zu verfolgen, und zu diesem Zweck die Polizei als Hilfstruppe und das Gefängnis als Strafinstrument einsetzt – und dabei vielleicht eine unvermeidliche und unverbesserliche Delinquenz ausscheidet. Vielmehr spielt die Justiz gegenüber den Gesetzwidrigkeiten die Rolle der differenzierenden Kontrolle, der legalen Absicherung und Fortpflanzung. Sie ist (neben der Polizei, dem Gefängnis und der Delinquenz) eine Relaisstation innerhalb der allgemeinen Ökonomie der Gesetzwidrigkeiten. Die Besetzung der Justiz durch die Polizei und ihre Einschließung in das Kerkersystem – das sind keine neuen Entwicklungen im Sinne einer sklerotischen Verhärtung oder einer fortschreitenden Machtverschiebung, sondern Strukturmerkmale der Bestrafungsmechanismen in den modernen Gesellschaf-

ten. Was die Richter auch sagen mögen: die Strafjustiz mit ihrem spektakulären Apparat ist dazu da, den täglichen Anforderungen eines halb in Dunkel getauchten Kontrollapparates zu entsprechen, der Polizei und Delinquenz miteinander verzahnt. Die Richter sind die kaum widerspenstigen
Angestellten dieses Apparates.[121] Sie sind, so gut sie können, bei der Differenzierung der Gesetzwidrigkeiten und der Herausbildung einer Delinquenz, d. h. bei der Kontrolle, Kolonisierung und Nutzbarmachung
bestimmter Gesetzwidrigkeiten durch die Gesetzwidrigkeit der herrschenden Klasse, behilflich.

Dieser Prozeß, der sich in den ersten 30 oder 40 Jahren des 19. Jahr-
hunderts vollzogen hat, verkörpert sich in zwei Gestalten. Einmal in Vidocq.[122] Einem Mann der alten Gesetzwidrigkeiten, einem Gil Blas seiner
Zeit, der rasch dem Schlimmsten zutrieb: übermütige Streiche, Abenteuer,
Betrügereien, Schlägereien und Duelle; Einziehungen zum Militär und
Fahnenflucht; Begegnungen mit dem Milieu der Prostitution, des Spiels,
des Diebstahls und bald des großen Straßenraubs. Aber die fast mythische
Bedeutung, die er schon bei seinen Zeitgenossen gewann, liegt nicht an
dieser vielleicht beschönigten Vergangenheit und auch nicht an der Tatsache, daß hier zum ersten Mal in der Geschichte ein ehemaliger Zuchthäusler Polizeipräsident wurde. Eher rührt sie daher, daß mit ihm die Delinquenz ihre zweideutige Stellung (als Objekt und Instrument) gegenüber
einem Polizeiapparat gewonnen hat, der zugleich gegen sie und mit ihr arbeitet. Vidocq markiert den Augenblick, in welchem die von den übrigen
Gesetzwidrigkeiten abgesonderte Delinquenz von der Macht besetzt und
umfunktioniert wird. In diesem beunruhigenden Augenblick vollzieht sich
die direkte und institutionelle Zusammenschaltung von Polizei und Delinquenz: die Kriminalität wird zu einem Räderwerk der Macht. Waren die
vorausgehenden Epochen von der Gestalt des monströsen Königs, der
die Quelle aller Gerechtigkeit und doch von Verbrechen besudelt war,
heimgesucht worden, so steigt nun eine andere Furcht auf: die Furcht

121 Immerhin gibt es Widerstand von Juristen gegen ihren Einsatz in diesem Funktionssystem bereits
    zur Zeit der Restauration (was beweist, daß es sich nicht um eine Späterscheinung handelt). Vor
    allem die Auflösung oder vielmehr die Wiedereinstellung der napoleonischen Polizei hat Pro-
    bleme bereitet. Aber die Schwierigkeiten gingen weiter. Vgl. die Rede, mit der Belleyme 1825 sein
    Amt antrat und sich von seinen Vorgängern abzusetzen versuchte: »Die Wege des Gesetzes stehen
    uns offen ... Aufgezogen in der Schule der Gesetze, ausgebildet in einer so hervorragenden Beam-
    tenschule ... sind wir die Hilfskräfte der Justiz.« (Vgl. *Histoire de l'Administration* von M. de
    Belleyme). Vgl. auch das sehr interessante Pamphlet *De la liberté* von Molène.
122 Vgl. seine *Mémoires* sowie die *Histoire de Vidocq racontée par lui-même*.

vor einem versteckten und wirren Einverständnis zwischen denjenigen, die das Gesetz durchsetzen, und denjenigen, die es verletzen. Nach dem Zeitalter Shakespeares, in dem sich Souveränität und Abscheulichkeit in ein und derselben Person gegenüberstanden, beginnt nun bald das alltägliche Melodram der Polizeigewalt und der Komplizenschaften, die das Verbrechen mit der Macht eingeht.

Vidocq gegenüber steht sein Zeitgenosse Lacenaire. Sein für immer gesicherter Aufenthalt im Paradies der Ästheten des Verbrechens hat etwas Überraschendes: trotz seines guten Willens und seines schülerhaften Eifers hat er es nur zu wenigen armseligen Verbrechen gebracht. Bei seinen Mitgefangenen im Zuchthaus galt er als Spitzel, so daß er gegen ihre Mordabsichten geschützt werden mußte.[123] Und die Pariser Welt Louis-Philippes hat ihm vor seiner Hinrichtung ein Fest bereitet, dem gegenüber seine zahlreichen literarischen Auferstehungen nur akademische Ehrungen waren. Sein Ruhm verdankt sich nicht der Größe oder kunstvollen Erfindung seiner Verbrechen; das Erstaunliche an ihnen ist ja gerade ihr Stammeln. Sein Ruhm spiegelt das in seiner Existenz und in seinen Diskursen sichtbare Spiel zwischen Gesetzwidrigkeit und Delinquenz wider. Mit Hochstapelei, Desertion, Diebstahl, Gefängnis, Zellenfreundschaften, Erpressung und Rückfall bis zum letzten mißglückten Mordversuch ist Lacenaire der Typ des »Delinquenten«. Doch ging er auch mit Gesetzwidrigkeiten schwanger, die etwas früher noch gefährlich gewesen wären. Dieser ruinierte Kleinbürger, der in einem guten Kolleg erzogen worden war und sprechen und schreiben konnte, wäre eine Generation vorher Revolutionär, Königsmörder, Jakobiner gewesen;[124] als Zeitgenosse von Robespierre hätte er in seinem Kampf gegen die Gesetze unmittelbar in die Geschichte eingegriffen. Im Jahre 1800 geboren, trägt seine Persönlichkeit noch die Spur dieser Möglichkeiten an sich, die sich jedoch auf Diebstahl, Mord und Denunziantentum beschränkten. Aus allen diesen Möglichkeiten ist eine Delinquenz von recht bescheidener Größe geworden: in diesem Sinn ist Lacenaire eine beruhigende Persönlichkeit. Nur in seinem Diskurs über die Theorie des Verbrechens kommen jene Möglichkeiten wieder an die Oberfläche. Im Augenblick seines Todes manifestiert Lacenaire den Triumph der Delinquenz über die Gesetzwidrigkeit; oder genauer gesagt: er offen-

---

123 Die Anklage wird in den *Mémoires* von Canler (Neuausgabe 1968) erhoben.
124 Zu dem, was Lacenaire nach Meinung seiner Zeitgenossen hätte sein können, vgl. das Dossier, das Lebailly in seiner Ausgabe der *Mémoires* (S. 297-304) zusammengestellt hat.

bart die Gestalt einer Gesetzwidrigkeit, die einesteils in die Delinquenz eingefangen und andernteils auf eine Ästhetik des Verbrechens und damit auf eine Kunst der privilegierten Klassen verschoben worden ist. Lacenaire ist das Spiegelbild zu Vidocq, der in derselben Zeit dazu beigetragen hat, die Delinquenz kurzzuschließen und zu einem kontrollierbaren Milieu zu machen, indem er eine ganze Reihe delinquenter Praktiken in polizeiliche Techniken und damit in erlaubte Gesetzwidrigkeit der Macht verwandelte. Daß das Pariser Bürgertum Lacenaire feierte, daß sich seine Zelle berühmten Besuchern öffnete, daß er in den letzten Tagen seines Lebens mit Ehrungen überhäuft wurde – er, den der Zuchthauspöbel vor den Richtern töten wollte und der vor dem Gericht alles unternahm, um seinen Komplizen François aufs Schafott zu bringen –, das hat einen Grund: man feierte die symbolische Gestalt einer Gesetzwidrigkeit, die als Delinquenz unterworfen und als Diskurs überhöht und somit zweifach unschädlich gemacht worden war. Das Bürgertum erfand sich da ein neues Vergnügen, das es noch längst nicht ausgeschöpft hat. Man darf nicht vergessen, daß der aufsehenerregende Tod Lacenaires das Attentat Fieschis in den Schatten stellte – des letzten Königsmörders, der die Gegengestalt zum kleinen Kriminellen ist. Und ebensowenig darf man vergessen, daß er einige Monate vor dem Aufbruch der letzten Sträflingskette mit ihren so anstößigen Begleiterscheinungen stattfand. Diese beiden Feste haben sich in der Geschichte überschnitten, und François, der Komplize Lacenaires, war übrigens eine der auffälligsten Persönlichkeiten der Kette vom 19. Juli.[125] Das eine Fest setzte die uralten Rituale der Martern fort – mit der Gefahr, um die Kriminellen herum volkstümliche Gesetzwidrigkeiten zu beleben. Es wurde verboten, weil die Kriminalität nur noch im angeeigneten Raum der Delinquenz Platz finden durfte. Das andere Fest eröffnete das theoretische Spiel einer Gesetzwidrigkeit von Privilegierten; es markierte den Augenblick, in dem sich die politischen und ökonomischen Ge-

---

125 Der Reigentanz der Jahre 1835/36: Fieschi, gegen den die gemeinsame Strafe für Vater- und Königsmörder verhängt wurde, war einer der Gründe dafür, daß der Verwandtenmörder Rivière zum Tode verurteilt wurde – trotz eines Memoires (vgl. M. Foucault, Hrsg., *Der Fall Rivière*, Frankfurt 1975), dessen erstaunlicher Charakter allerdings durch das Aufsehen verdrängt wurde, das Lacenaire mit seinem Prozeß und mit seinen Schriften erregte. Diese Schriften wurden mit Erlaubnis des Polizeichefs (nicht ohne einige Zensuren) Anfang 1836 veröffentlicht – wenige Monate bevor sein Komplize François mit der Kette von Brest eines der letzten großen Jahrmarktsspektakel des Verbrechens geben sollte. Reigentanz der Gesetzwidrigkeiten und der Delinquenzen, Reigentanz der Diskurse des Verbrechens und über das Verbrechen.

setzwidrigkeiten, die das Bürgertum praktiziert, in einer theoretischen und ästhetischen Vorstellung zu überhöhen begannen: »Metaphysik des Verbrechens«, wie man über Lacenaire sagte. *Der Mord betrachtet als eine der schönen Künste* wurde 1849 veröffentlicht.

Wenn die Delinquenz vom Apparat der Strafjustiz hergestellt und eingeschlossen wird, so werden dabei doch nicht endgültige Resultate erzielt, vielmehr handelt es sich um Taktiken, die sich immer wieder verschieben, da sie ihr Ziel nie ganz erreichen. Die Abgrenzung der Delinquenz von den übrigen Gesetzwidrigkeiten, ihr Einsatz gegen bestimmte Gesetzwidrigkeiten und ihre Kolonisierung durch die herrschenden Gesetzwidrigkeiten – diese Effekte sind mit dem Funktionieren des Systems Polizei/Gefängnis immer verbunden; dennoch haben sie immer auch Widerstände hervorgerufen, Kämpfe provoziert und Reaktionen ausgelöst. Die Aufrichtung der Barriere zwischen den Delinquenten und den Volksschichten, aus denen sie hervorgegangen sind und mit denen sie verbunden blieben, war vor allem in den Städten eine schwierige Aufgabe, an der man lange und hartnäckig gearbeitet hat.[126] Bei der »Moralisierung« der armen Klassen, die sowohl vom ökonomischen wie vom politischen Standpunkt aus so wichtig war, hat man verschiedene Verfahren eingesetzt: das Eintrichtern einer »Grundgesetzlichkeit«, die unverzichtbar war, sobald das System des Strafgesetzbuches an die Stelle der Gewohnheitsrechte trat; das Beibringen der Grundregeln des Eigentums und des Sparens; das Abrichten zum Arbeitsgehorsam, zur Seßhaftigkeit usw. Zudem hat man spezielle Maßnahmen zur Vertiefung der Feindschaft zwischen dem Volk und den Delinquenten getroffen: indem man ehemalige Häftlinge als Denunzianten, Spitzel, Streikbrecher oder Helfershelfer benutzte. Man hat gewöhnliche Vergehen systematisch mit Verstößen gegen die Streik- und Koalitionsgesetzgebung vermengt, in denen es um die Anerkennung eines politischen Status für die Arbeiter ging.[127] Man hat den Arbeiterbewegungen regelmäßig unterstellt, von kriminellen Elementen inspiriert oder manipuliert zu sein.[128] Man hat häufig in Urteilen gegen Arbeiter eine größere Strenge an den

---

126 Am Ende des 18. Jahrhunderts vermittelt Colquoun eine Vorstellung von dieser Schwierigkeit in einer Stadt wie London: *Polizei von London*, Leipzig 1800.

127 »Keine andere Klasse ist einer ähnlichen Überwachung unterworfen; diese Überwachung ist fast mit der gleichzusetzen, die an den entlassenen Häftlingen praktiziert wird; sie scheint die Arbeiter in die Kategorie der sogenannten gefährlichen Klasse einzuordnen.« (*L'Atelier*, 5/6, März 1845).

128 Vgl. z. B. J. B. Monfalcon, *Histoire des insurrections de Lyon*, 1834, S. 142.

Tag gelegt als gegen Diebe.[129] Man hat in den Gefängnissen die beiden
Gruppen vermischt und den gewöhnlichen Kriminellen eine bessere Behandlung zuteil werden lassen, während die Journalisten und Politiker zumeist das Recht auf Absonderung hatten. Also eine Verwirrungstaktik, die
einen permanenten Konfliktzustand zum Ziel hatte.

Dazu kam eine lang angelegte Strategie, um der Wahrnehmung der Delinquenten ein Raster aufzuzwingen: um sie als nahe, überall gegenwärtig
und überall gefährlich erscheinen zu lassen. Das ist die Funktion der »Vermischten Nachrichten«, der Kriminalberichterstattung, die einen Teil der
Presse einnimmt und sich ihre eigenen Zeitungen schafft.[130] Durch ihre
tägliche Weitschweifigkeit macht die Kriminalberichterstattung die Justiz-
und Polizeikontrollen, welche die Gesellschaft durchkämmen, annehmbar;
sie berichtet Tag für Tag von dem inneren Kampf gegen einen antlitzlosen
Feind und stellt in diesem Krieg die tägliche Alarm- oder Siegesmeldung
dar. Der Kriminalroman, der sich in den Feuilletons und in der billigen Literatur zu entwickeln beginnt, spielt eine anscheinend entgegengesetzte
Rolle. Er hat vor allem zu zeigen, daß der Delinquent einer ganz anderen
Welt zugehört, ohne Beziehung zur täglichen und vertrauten Existenz. Diese Fremdheit war zunächst die der untersten Volksschichten (*Les Mystères
de Paris, Rocambole)*, dann die des Wahnsinns (vor allem in der zweiten
Hälfte des Jahrhunderts) und schließlich die des »glänzenden« Verbrechens, der vornehmen Delinquenz (Arsène Lupin). Kriminalberichterstattung und -literatur haben in über einem Jahrhundert eine alle Grenzen
sprengende Masse von »Verbrechergeschichten« hervorgebracht, in denen
die Delinquenz zugleich als sehr nahe und als sehr fremd erscheint, als eine
ständige Bedrohung des Alltags und als äußerst fern in ihrem Ursprung,
in ihren Triebkräften und in ihrem ebenso vertrauten wie exotischen Milieu. Durch die Bedeutung, die man ihr beimißt, und den diskursiven
Prunk, mit dem man sie umgibt, zieht man um sie eine Linie, die sie em-
porhebt und absondert. Welche Gesetzwidrigkeit sollte sich in dieser so gefährlichen, bedrohlichen und von einem so fernen Himmel kommenden
Delinquenz erkennen können? Diese vielschichtige Taktik ist nicht ohne
Wirkung geblieben: das zeigen die Kampagnen in den Volkszeitungen gegen die Gefängnisarbeit; gegen den »Komfort der Gefängnisse«; für den

---

129 Vgl. *L'Atelier*, Okt. 1840, oder *La Fraternité*, Juli-Aug. 1847.
130 Außer der *Gazette des tribunaux* und dem *Courrier des tribunaux* das *Journal des concierges*.

Einsatz der Häftlinge zu den härtesten und gefährlichsten Arbeiten;[131] gegen das übertriebene Interesse, das die Philanthropie den Delinquenten entgegenbringt; gegen die Literatur, die das Verbrechen verherrlicht;[132] das zeigt auch das Mißtrauen, das man in der Arbeiterbewegung ehemaligen Häftlingen entgegenbringt. »Zu Beginn des 20. Jahrhunderts schließt sich mit der Verachtung die stolzeste aller Mauern, schließt sich das Gefängnis endgültig um ein Volk, das seinem Volke fremd ist.«[133]

Doch ist diese Taktik weit davon entfernt, völlig triumphiert zu haben und den totalen Bruch zwischen den Delinquenten und den Volksschichten herbeigeführt zu haben. Die Beziehungen der armen Klassen zum Rechtsbruch sowie das Verhältnis zwischen dem Proletariat und der städtischen Plebs müßten analysiert werden. Aber eines ist sicher: um die Delinquenz und ihre Verfolgung gibt es in der Arbeiterbewegung der Jahre 1830 bis 1850 heftige Auseinandersetzungen. Hinter der Feindseligkeit gegenüber den Delinquenten wird eine Schlacht um die Strafjustiz geschlagen. Die Volkszeitungen liefern häufig eine politische Analyse der Kriminalität, die sich von der philanthropischen Schilderung (Armut – Zerstreuung – Faulheit – Trunkenheit – Laster – Diebstahl – Verbrechen) Punkt für Punkt abhebt. Den Ausgangspunkt der Delinquenz sehen sie nicht im kriminellen Individuum (das nur ihr Anlaß oder ihr erstes Opfer ist), sondern in der Gesellschaft: »Der Mensch, der tötet, ist nicht frei, es nicht zu tun. Der Schuldige ist die Gesellschaft oder richtiger: die schlechte Organisation der Gesellschaft.«[134] Weil diese nämlich nicht imstande ist, ihre grundlegenden Bedürfnisse zu befriedigen, oder weil sie Möglichkeiten, Strebungen und Anforderungen unterdrückt, die sich dann im Verbrechen Luft machen: »Die falsche Unterweisung, die mangelnde Ausbildung der Fähigkeiten und Kräfte, die Niederdrückung der Intelligenz und des Her-

---

131 Vgl. in *L'Atelier* vom Juni 1844 den Antrag an die Kammer von Paris, daß die Häftlinge mit »den schmutzigsten und gefährlichsten Arbeiten« betraut werden sollten; im April 1845 berichtet die Zeitung von einem Experiment in der Bretagne, wo eine große Zahl von Militärsträflingen, die bei Kanalisierungsarbeiten eingesetzt waren, an Fieber zugrunde gegangen sind. Im November 1845 wird gefragt, warum die Gefangenen nicht zu Arbeiten mit Quecksilber oder Bleiweiß herangezogen werden. Vgl. auch die *Démocratie politique* der Jahre 1844/45.

132 Im November 1843 reitet das *Atelier* eine Attacke gegen die *Geheimnisse von Paris*, weil sie das Pittoreske an den Delinquenten in ein zu günstiges Licht stellen und weil sie den schicksalhaften Charakter des Hanges zum Verbrechen zu sehr betonen. In der *Ruche populaire* findet man ähnliche Angriffe im Hinblick auf das Theater.

133 Michèle Perrot, *Délinquance et système pénitentiaire de France au XIXe siècle*, Ms.

134 *L'Humanitaire*, August 1841.

zens durch erzwungene Arbeit in einem zu zarten Alter.«[135] Aber indem diese aus Not und Unterdrückung geborene Kriminalität in so lauten Verruf gebracht wird, übertönt sie eine andere Kriminalität, die gelegentlich ihre Ursache und immer ihre Steigerung ist: die obere Gesetzwidrigkeit, das anstoßerregende Beispiel, die Quelle des Elends und der Revolte für die Armen. »Während das Elend eure Straßen mit Leichen übersät und eure Gefängnisse mit Dieben und Mördern füllt, sieht man bei den Hochstaplern der großen Welt ... Beispiele größter Korruption, den empörendsten Zynismus, den unverschämtesten Straßenraub ... Fürchtet ihr denn nicht, daß der Arme, den man auf die Anklagebank zerrt, weil er sich durch die Gitterstäbe einer Bäckerei ein Stück Brot genommen hat, eines Tages so aufgebracht sein wird, daß er Stein für Stein die Börse niederreißen wird, diese Räuberhöhle, in der man die Schätze des Staates und das Vermögen der Familien stiehlt?«[136] Diese dem Reichtum eigene Delinquenz nun wird von den Gesetzen toleriert, und sollte sie schon einmal in Konflikt mit ihnen geraten, so kann sie der Nachsicht der Gerichte und der Diskretion der Presse sicher sein.[137] Daher rührt die Idee, daß die Strafprozesse zum Anlaß politischer Auseinandersetzungen werden können, daß man Prozesse gegen Arbeiter dazu benutzen kann, das allgemeine Funktionieren der Strafjustiz zu denunzieren: »Die Stätte des Gerichts ist nicht mehr wie früher lediglich ein Ort der Zurschaustellung der Plagen und Wunden unserer Zeit, der traurigen Opfer unserer gesellschaftlichen Unordnung. Sie ist eine Arena, deren Mauern von den Schreien der Kämpfenden widerhallen.«[138] Daher auch die Idee, daß die politischen Gefangenen, da sie wie die Delinquenten eine unmittelbare Erfahrung des Strafsystems haben und zudem in der Lage sind, sich Gehör zu verschaffen, die Pflicht haben, die Wortführer aller Häftlinge zu sein: an ihnen ist es, »den guten Bürger Frankreichs aufzuklären, der niemals

---

135 *La Fraternité*, November 1845.
136 *La Ruche populaire*, November 1842.
137 Vgl. in der *Ruche populaire* vom Dezember 1839 eine Entgegnung von Vincard auf einen Artikel, den Balzac in *Le Siècle* geschrieben hatte. Balzac hatte gesagt, daß eine Anklage wegen Diebstahls mit Zurückhaltung und Diskretion geführt werden müsse, falls es sich um einen Reichen handle, bei dem die geringste Unehrenhaftigkeit sofort bekannt werde: »Hand aufs Herz, mein Herr: geschieht nicht gerade das jeden Tag? Findet man nicht bei einem großen Vermögen und bei einem hohen Rang in der Gesellschaft tausend Lösungen, tausend Mittel, um eine ärgerliche Affäre zu vertuschen?«
138 *La Fraternité*, November 1841.

die Strafen gekannt hat, die in den pompösen Anklagereden eines General-
staatsanwalts beantragt werden«.[139]

Für diese Infragestellung der Strafjustiz und der Grenze, welche diese
sorgfältig um die Delinquenz zieht, ist die Taktik der Gegen-Kriminal-
berichterstattung charakteristisch. Den Volkszeitungen geht es um eine
Kehrtwendung gegen die Ausschlachtung der Verbrechen und Prozesse
in den Zeitungen, die in der Art der *Gazette des tribunaux* »von Blut trie-
fen«, »vom Gefängnis leben« und jeden Tag »ein Rührstück auf dem Spiel-
plan haben«.[140] Die Gegennachrichten streichen systematisch die in der
Bourgeoisie vorkommenden Delikte heraus und zeigen, daß sie die Klasse
ist, die der »physischen Degeneration« und der »moralischen Fäulnis« an-
heimgefallen ist; an die Stelle der Berichte von den Verbrechen aus den
Reihen des einfachen Volkes setzen sie die Schilderung des Elends, in
das es von denen gestürzt wird, die es ausbeuten und im eigentlichen Sinn
aushungern und zu Tode peinigen;[141] anläßlich von Strafprozessen gegen
Arbeiter weisen sie darauf hin, welche Verantwortung den Unternehmern
und der Gesellschaft insgesamt angelastet werden muß. Es geht also um
eine Umkehrung jenes monotonen Diskurses über das Verbrechen, der es
als Monstrosität zu isolieren und gleichzeitig auf die ärmste Klasse abzu-
wälzen sucht.

Die Anhänger Fouriers gingen in dieser Polemik gegen die Strafjustiz sicherlich am weitesten. Sie haben wohl als erste eine politische Theorie entwickelt, die sich als eine positive Wertung des Verbrechens darstellt. Wenn
ihrer Ansicht nach das Verbrechen eine Zivilisationserscheinung ist, so ist
es gleichermaßen und ebendeshalb auch eine Waffe gegen diese »Zivilisation«. Das Verbrechen geht mit einer Kraft und mit einer Zukunft schwanger. »Die von einem schicksalhaften Druck beherrschte Gesellschaftsordnung hört nicht auf, durch den Henker oder durch die Gefängnisse
diejenigen zu töten, deren robuste Natur ihre Vorschriften verwirft oder
verschmäht, diejenigen, die zu stark sind, als daß sie in diesen beengenden
Windeln eingeschlossen bleiben möchten, und sie darum zerreißen und

---

139 *Almanach populaire de la France*, 1839, S. 50.
140 *Pauvre Jacques*, 1/3.
141 In der *Fraternité* vom März 1847 geht es um die Affäre Drouillard und um die Diebstähle in der
   Marineverwaltung von Rochefort. In der Nummer vom Juni 1847 gibt es Artikel über den Prozeß
   Boulmy und über die Affäre Cubière-Pellaprat; in der vom Juli-August 1847 über die Unterschla-
   gungsaffäre Benier-Lagrange-Jussieu.

zerfetzen: Menschen, die nicht immer Kinder bleiben wollen.«[142] Es gibt also nicht eine kriminelle Natur, sondern Kräftespiele, welche die Individuen je nach ihrer Klassenzugehörigkeit an die Macht oder ins Gefängnis bringen:[143] wären diejenigen, die heute Richter sind, Arme, so würden sie zweifellos die Zuchthäuser bevölkern; und die Zuchthäusler würden, wenn sie wohlgeboren wären, »auf den Richterstühlen sitzen und Recht sprechen«.[144] Im Grunde manifestiert die Existenz des Verbrechens glücklicherweise eine »Nicht-Unterdrückbarkeit der menschlichen Natur«. Anstatt einer Schwäche oder einer Krankheit ist in ihm eine Energie zu sehen, die sich aufrichtet, ein »unüberhörbarer Protest der menschlichen Individualität«, die ihm seine befremdende Anziehungskraft verleiht. »Ohne das Verbrechen, das bei uns eine Menge eingeschlafener Gefühle und halb erstorbener Leidenschaften weckt, würden wir noch länger in der Unordnung, d. h. in der Spannungslosigkeit, verbleiben.«[145] Es ist darum möglich, daß das Verbrechen ein politisches Instrument darstellt, das vielleicht für die Befreiung unserer Gesellschaft ebenso kostbar sein wird, wie es für die Befreiung der Negersklaven notwendig war; wäre es denn ohne Verbrechen zu dieser gekommen? »Das Gift, die Brandstiftung und manchmal sogar der Aufstand zeugen von den brennenden Qualen der sozialen Verhältnisse.«[146] Die Gefangenen sind »der unglücklichste und unterdrückteste Teil der Menschheit«. Die *Phalange* schloß sich gelegentlich der zeitgenössischen Ästhetisierung des Verbrechens an – aber für einen anderen Kampf.

Daraus ergibt sich eine Auswertung der Kriminalberichterstattung, die nicht einfach dem Gegner den Vorwurf der Unsittlichkeit zurückgibt, sondern das Spiel der gegensätzlichen Kräfte aufdeckt. Die *Phalange* analysiert die Kriminalaffären als eine von der »Zivilisation« codierte Auseinandersetzung; die großen Verbrechen nicht als Monstrositäten, sondern als

---

142 *La Phalange*, 10. Januar 1837.

143 »Die tolerierte Prostitution, der unmittelbare materielle Diebstahl, der Einbruchsdiebstahl, der Mord und der Straßenraub sind Sache der unteren Klassen; hingegen bilden die geschickten Plünderungen, der indirekte und raffinierte Diebstahl, die gelehrte Ausbeutung des menschlichen Viehs, die taktisch hochstehenden Verrätereien, die transzendenten Gaunereien und schließlich alle wirklichen lukrativen Laster und eleganten Verbrechen, die vom Gesetz nicht erfaßt werden, das Monopol der höheren Klassen.« (*La Phalange*, 1. Dez. 1838).

144 Ebd.

145 *La Phalange*, 10. Januar 1837.

146 Ebd.

die schicksalhafte Wiederkehr und Erhebung des Unterdrückten;[147] die kleinen Gesetzwidrigkeiten nicht als unvermeidliche Randerscheinungen der Gesellschaft, sondern als das Donnerrollen der Schlacht in ihrer Mitte.

Hier können wir, nach Vidocq und Lacenaire, noch eine dritte Persönlichkeit nennen. Ihr Erscheinen war von kurzer Dauer, ihre Berühmtheit währte kaum einen Tag. Es handelt sich um eine flüchtige Gestalt aus der Reihe der minderjährigen Delinquenten: ein Kind von dreizehn Jahren, ohne Wohnsitz und ohne Familie, der Landstreicherei angeklagt und durch eine Verurteilung zur Besserungshaft zweifellos für lange Zeit in die Kreisläufe der Delinquenz eingeschlossen. Dieses Kind hätte sicher keine Spur hinterlassen, hätte es nicht dem Diskurs des Gesetzes, der es zum Delinquenten stempelte (im Namen der Disziplinen viel mehr als im Namen der Strafgesetze), den Diskurs einer Gesetzwidrigkeit entgegengesetzt, welche gegen solche Zwänge widerspenstig blieb und die Nicht-Disziplin in einer systematisch zweideutigen Weise sowohl als ungeordnete Ordnung der Gesellschaft wie als Behauptung unverzichtbarer Rechte zur Geltung brachte. Alle Gesetzwidrigkeiten, die das Gericht als Verstöße betrachtet, hat der Angeklagte in die Bejahung einer lebendigen Kraft umformuliert: das Fehlen einer Wohnung in Herumvagieren, das Fehlen eines Lehrers in Autonomie, das Fehlen von Arbeit in Freiheit, das Fehlen einer Zeitplanung in die Fülle der Tage und der Nächte. Diese Konfrontation der Gesetzwidrigkeit mit dem System Disziplin/Strafjustiz/Delinquenz wurde von den Zeitgenossen oder vielmehr vom anwesenden Journalisten als komödienhafter Zusammenstoß zwischen dem Strafgesetz und den belanglosen Vorkommnissen der Nicht-Disziplin wahrgenommen. Und tatsächlich ist die Affäre charakteristisch für das Problem der gesetzlichen Strafen im 19. Jahrhundert. Die Ironie, mit welcher der Richter die Nicht-Disziplin der Majestät des Gesetzes unterwerfen will, und die Unverfrorenheit, mit welcher der Angeklagte die Nicht-Disziplin in die Grundrechte einordnet, stellen eine für die Strafjustiz exemplarische Szene dar.

Sie ist uns darum auch von der *Gazette des tribunaux*[148] überliefert worden: »Der Vorsitzende: Man muß zu Hause schlafen. – Béasse: Habe ich ein Zuhause? – Sie leben in ständiger Landstreicherei. – Ich arbeite, um meinen Lebensunterhalt zu verdienen. – Was ist Ihr Beruf? – Mein Beruf?

---

147 Vgl. etwa, was die *Phalange* von Dellacolonge oder von Elirabide sagt (1. August 1836 und 2. Oktober 1840).
148 *La Gazette des tribunaux*, August 1840.

Erstens habe ich mindestens 36 Berufe, und zweitens arbeite ich bei niemandem. Schon seit einiger Zeit habe ich meine Jobs. Ich habe meine Tage- und meine Nachtarbeiten. Am Tage verteile ich z. B. kleine kostenlose Druckwerke an alle Passanten; ich laufe hinter den ankommenden Postkutschen her, um das Gepäck zu tragen; oder ich mache auf der Avenue de Neuilly meine Kunststücke; in der Nacht habe ich die Theater; ich öffne die Wagentüren; ich verkaufe Kontrollkarten; ich bin voll beschäftigt. – Es wäre besser für Sie, in einem guten Haus untergebracht zu sein und dort die Lehre zu machen. – Ach was, ein gutes Haus, eine Lehre, das ist mir zu blöd. Und dann noch der Herr Meister, ein ewiges Murren und Brummen und keine Freiheit. – Fragt nicht Ihr Vater nach Ihnen? – Ich habe keinen Vater mehr. – Und Ihre Mutter? – Auch nicht mehr, weder Verwandte noch Freunde, frei und unabhängig.« Seine Verurteilung zu zwei Jahren Besserungshaft vernehmend, »macht Béasse ein trauriges Gesicht, gewinnt aber dann seinen Humor wieder: ›Zwei Jahre, das sind nur 24 Monate. Also, gehen wir.‹«

Diese Szene ist von der *Phalange* aufgegriffen worden. Die Bedeutung, die sie ihr zumißt, und die sorgfältige Demontage, die sie an ihr vornimmt, zeigen, daß die Anhänger Fouriers in einer so alltäglichen Affäre ein Spiel elementarer Kräfte sahen. Auf der einen Seite die »Zivilisation«, die vom Gerichtsvorsitzenden repräsentiert wird: »die leibhaftige Gesetzmäßigkeit, Geist und Buchstabe des Gesetzes«. Die Zivilisation hat ihr Zwangssystem, das anscheinend das Strafgesetzbuch und in Wirklichkeit die Disziplin ist. Man muß geortet, festgesetzt, eingerückt sein: »Man schläft zu Hause, sagt der Vorsitzende, weil für ihn eben alles ein Heim, eine Bleibe haben muß, egal, ob sie glänzend oder armselig ist; dafür hat er nicht zu sorgen, wohl aber hat er jedes Individuum dazu zu zwingen.« Außerdem muß man einen Beruf haben, einen Status, eine erkennbare Identität, eine ein für allemal fixierte Individualität: »Was ist Ihr Beruf? Diese Frage ist der einfachste Ausdruck der Gesellschaftsordnung, der dieses Herumstreunen zuwider und gefährlich ist; man muß eine feste Stellung haben, die für die Zukunft gesichert ist.« Und schließlich muß man einen Meister haben und in eine Hierarchie eingeordnet sein; man existiert nur innerhalb festgelegter Herrschaftsverhältnisse: »Bei wem arbeiten Sie? D. h., da Sie nicht Meister sind, müssen Sie Diener sein, egal, unter welchen Bedingungen; es geht ja nicht um die Befriedigung Ihrer Individualität, sondern um die Aufrechterhaltung der Ordnung.« Gegenüber der Disziplin, die sich als

Gesetz ausgibt, steht die Gesetzwidrigkeit, die sich als Recht behauptet. Der Bruch vollzieht sich weniger in der Übertretung des Gesetzes als in der Nichteinhaltung der Disziplin. Undiszipliniertheit der Sprache: die Fehlerhaftigkeit der Grammatik und der Ton der Erwiderungen »zeigen einen gewaltigen Riß zwischen dem Angeklagten und der Gesellschaft, die sich durch den Mund des Vorsitzenden in gepflegter Sprache an ihn wendet«. Undiszipliniertheit der urwüchsigen und unmittelbaren Freiheit: »Er spürt wohl, daß der Lehrling, der Arbeiter, ein Sklave ist und daß die Sklaverei traurig ist ... Diese Freiheit, diesen Bewegungsdrang, von dem er besessen ist, könnte er in der gewöhnlichen, in der ordentlichen Ordnung nicht mehr genießen ... Er hat die Freiheit lieber, auch wenn sie Unordnung ist. Es ist die Freiheit, also die spontanere Entwicklung seiner Individualität, eine wilde und damit rohe und unvollkommene Entwicklung, aber eine natürliche und instinktive Entwicklung.« Nicht-Disziplin in den Familienverhältnissen: es tut wenig zur Sache, ob dieses Kind verlassen worden ist oder selber davongelaufen ist; denn »es hat die Sklaverei der Erziehung bei den Eltern oder bei Fremden nicht mehr ertragen können«. Und durch alle diese belanglosen Disziplinlosigkeiten hindurch wird schließlich die gesamte »Zivilisation« verworfen, kommt die »Wildnis« zum Durchbruch: »Es ist Arbeit, es ist Nichtstun, es ist Sorglosigkeit, es ist Ausschweifung: es ist alles außer Ordnung; abgesehen von den Beschäftigungen und Ausschweifungen ist es das Leben des Wilden, ein Leben in den Tag hinein und ohne Morgen.«[149]

Gewiß stehen die Analysen der *Phalange* nicht ohne weiteres für die Diskussionen, die damals in den Volkszeitungen über die Verbrechen und die Strafjustiz geführt wurden. Aber sie gehören doch in den Kontext dieser Polemik. Und überdies waren die Lektionen der *Phalange* nicht gänzlich verloren. Sie fanden breiten Widerhall bei den Anarchisten, die in der zweiten Hälfte des 19. Jahrhunderts den Apparat der Strafjustiz attackierten und das politische Problem der Delinquenz aufwarfen. Die Anarchisten glaubten, in der Delinquenz die streitbarste Form der Ablehnung des Gesetzes zu erkennen; es ging ihnen weniger darum, die Revolte der Delinquenten zu heroisieren, sondern vielmehr darum, die Delinquenz aus ihrer Kolonisierung durch die bürgerliche Gesetzmäßigkeit und Gesetzwidrigkeit zu befreien; sie wollten die politische Einheit der volkstümlichen Gesetzwidrigkeiten wiederherstellen oder herstellen.

---

149 *La Phalange*, 15. August 1840.

3. Das Kerkersystem

Hätte ich das Datum festzusetzen, das den Abschluß der Formierung des Kerkersystems bezeichnet, würde ich nicht das Jahr 1810 mit dem Bürgerlichen Gesetzbuch nennen, auch nicht das Jahr 1844 mit der Einführung der Zellenhaft oder das Jahr 1838, das immerhin die Bücher von Lucas, Moreau-Christophe und Faucher über die Gefängnisreform erscheinen sah. Ich würde den 22. Januar 1840 wählen, das Eröffnungsdatum des »Rettungshauses« von Mettray. Oder noch besser jenen unbekannten, aber rühmenswerten Tag, an dem ein Kind von Mettray mit dem Tode kämpfend sagte: »Wie schade, daß ich die Kolonie so bald verlassen muß.«[150] Es war der Tod des ersten Gefängnis-Heiligen. Inzwischen sind ihm viele nachgefolgt, pflegten doch die Sträflinge die neue Körperstrafpolitik mit den Worten zu preisen: »Wir würden ja Schläge vorziehen, aber die Zelle ist besser für uns.«

Warum die Jugendstrafanstalt von Mettray? Weil wir es hier mit der intensivsten Zuchtform zu tun haben, in der sich alle Technologien des Verhaltenszwanges kombinieren und konzentrieren. Es ist da etwas »vom Kloster, vom Gefängnis, vom Kolleg, vom Regiment«. Die stark hierarchisierten Kleingruppen, auf welche die Häftlinge aufgeteilt sind, verweisen gleichzeitig auf fünf Modelle: das Modell der Familie (jede Gruppe ist eine »Familie«, die aus »Brüdern« und zwei »Älteren« besteht); das Modell der Armee (jede Familie wird von einem Chef kommandiert und teilt sich in zwei Sektionen mit je einem Unterchef; jeder Häftling hat eine Matrikelnummer und muß die grundlegenden militärischen Übungen lernen; eine Reinlichkeitsparade findet jeden Tag statt, eine Bekleidungsparade jede Woche und der Appell dreimal täglich); das Modell der Werkstätte (mit Meistern und Vorarbeitern, welche die Arbeit leiten und die Jungen anlernen); das Modell der Schule (täglich eine oder anderthalb Stunden Unterricht, der vom Lehrer und von den Unterchefs gegeben wird); und schließlich das Modell des Gerichts: jeden Tag wird im Sprechzimmer Recht gesprochen. »Der geringste Ungehorsam wird mit Strafe belegt, und das beste Mittel, schwere Vergehen zu verhindern, besteht in der strengen Bestrafung der leichtesten Verstöße: jedes überflüssige Wort wird in

---

150 E. Ducpétiaux, *De la condition physique et morale des jeunes ouvriers*, Bd. II, S. 383.

Mettray bestraft.« Die Hauptstrafe ist die Zellenhaft; denn »die Isolierung ist das beste Mittel, auf die Moral der Kinder einzuwirken; hier vor allem gewinnt die Stimme der Religion, mag sie auch noch nie zu ihrem Herzen gesprochen haben, ihre ganze Erschütterungsmacht«.[151] Jede Strafinstitution, die das Gefängnis ersetzen soll, gipfelt doch in der Zelle, auf deren Mauern in schwarzen Lettern geschrieben steht: »Gott sieht dich.«

Diese Überlagerung verschiedener Modelle läßt gleichwohl das Spezifische der darin stattfindenden Dressur hervortreten. Die Chefs und Unterchefs in Mettray sind weder einfach Richter noch Professoren, Werkmeister, Unteroffiziere oder »Eltern« – sondern von alledem nur etwas. Es handelt sich gewissermaßen um Verhaltenstechniker: Ingenieure der Menschenführung, Orthopäden der Individualität. Sie haben gelehrige und taugliche Körper herzustellen: sie kontrollieren die neun oder zehn Arbeitsstunden (in der Werkstätte oder auf dem Felde); sie führen mit dem Horn oder mit der Pfeife das Kommando bei den Paraden, bei den körperlichen Übungen, beim Abteilungsunterricht, beim Aufstehen und Zubettgehen, bei den Aufmärschen; sie lassen Gymnastik machen;[152] sie überwachen die Reinlichkeit, sie führen die Aufsicht beim Baden. Hand in Hand mit der Dressur geht eine ständige Beobachtung; über das tägliche Verhalten der Insassen wird ohne Unterlaß ein Wissen erhoben, werden pausenlos Schätzungen angestellt: »Beim Eintritt in die Anstalt unterzieht man das Kind einer Befragung, um sich zu vergewissern, wo es herkommt, wie es mit seiner Familie steht, aufgrund welcher Schuld es vor das Gericht gekommen ist und welche Vergehen seine kurze und oftmals traurige Existenz ausmachen. Diese Erkundigungen werden in ein Tableau eingetragen, wo dann nach und nach alles über den Insassen verzeichnet wird: sein Aufenthalt in der Anstalt und seine Unterbringung nach seiner Entlassung.«[153] Die Modellierung des Körpers bringt eine Erkenntnis des Individuums mit sich, die Erlernung von Techniken führt zur Annahme von Verhaltensweisen, und die Aneignung von Fähigkeiten verstrickt sich mit der Fixierung von Machtverhältnissen. Man bildet kräftige und geschickte Landwirte aus, und mit dieser technisch kontrollierten Arbeit produziert man untergebene Subjekte sowie ein verläßliches Wissen über sie. Die

---

151 E. Ducpétiaux, *De la condition physique et morale . . .*, op. cit., S. 377.

152 »Alles, was zur Ermüdung beiträgt, hilft die schlechten Gedanken verjagen. Also achtet man darauf, daß die Spiele aus gewaltsamen Übungen bestehen. Am Abend fallen die Kinder dann todmüde ins Bett.« (E. Ducpétiaux, op. cit, S. 375 f.). Vgl. Abb. 27.

153 E. Ducpétiaux, *Des colonies agricoles*, 1851, S. 61.

am Körper angewendete Disziplinartechnik hat zwei Effekte: eine Seele, die zu erkennen, und eine Unterwerfung, die zu vertiefen ist. Den Erfolg dieser Dressurarbeit bezeugt eine Tatsache: im Jahre 1848, als »das Revolutionsfieber« alle Gehirne erhitzte, als sich die Schulen von Angers, La Flèche, Alfort und selbst die Kollegs erhoben, waren die Insassen von Mettray doppelt ruhig.[154]

Das Exemplarische an Mettray liegt vor allem darin, daß man hier die Besonderheit der Dressur zur Geltung bringt. Die Dressurarbeit stützt sich zwar auf andere Formen der Kontrolle: Medizin, Erziehung, geistliche Führung; aber sie vermischt sich niemals mit ihnen. Und ebensowenig mit der eigentlichen Administration. Ob nun Familienchefs oder Unterchefs, Monitoren oder Werkmeister – das Personal hatte ganz in der Nähe der Insassen zu leben; es trug eine Uniform, die »fast genauso bescheiden« war wie die der Insassen; es verließ diese praktisch niemals, da es sie Tag und Nacht bewachte, und bildete unter ihnen ein ständiges Beobachtungsnetz. Zu seiner Ausbildung hatte man in der Kolonie sogar eine Spezialschule eingerichtet. Das Hauptelement ihres Programms bestand darin, das künftige Personal denselben Lehr- und Übungsprozeduren zu unterwerfen wie die Häftlinge: die Anwärter wurden »als Schüler ebender Disziplin unterworfen, die sie später als Wärter und Lehrer durchsetzen mußten«. In dieser ersten Normalschule der reinen Disziplin ist die Besserungsstrafe nicht einfach eine Maßnahme, die ihre Rechtfertigung in der »Humanität« oder in einer »Wissenschaftlichkeit« findet; sondern eine Technik, die sich erlernen und weitergeben läßt, da sie auf allgemeinen Normen beruht. Die Praxis, die das Verhalten der Undisziplinierten oder der Gefährlichen zwangsweise normiert, kann ihrerseits zu einer verfeinerten und rationellen Technik »genormt« werden. Die Disziplinartechnik wird zu einer »Disziplin«, die auch ihre Schule hat.

Die Historiker der Humanwissenschaften datieren die Geburt der Psychologie in ebendiese Jahre: damals begann Weber, seinen kleinen Kompaß auf die Messung der Empfindungen einzustellen. Was in Mettray geschieht (und etwas früher oder später in den anderen Ländern Europas), gehört zweifellos einer anderen Ebene an – es ist nämlich das Auftauchen oder vielmehr die institutionelle Ausprägung und gleichsam die Taufe eines neuen Typs von (Erkenntnis- und Macht-) Kontrolle über die Indivi-

154 G. Ferrus, *Des prisonniers*, 1850.

duen, die der Disziplinarnormierung widerstehen. Und dennoch bedeutet das Auftreten jener Spezialisten der Disziplin, der Normalität und der Unterwerfung eine entscheidende Schwelle in der Entstehung und Entwicklung der Psychologie. Die quantitative Erfassung der Empfindungsreaktionen konnte sich zwar auf das Ansehen der eben damals entstehenden Physiologie stützen und hat schon darum einen Platz in der Geschichte der Erkenntnisse. Aber die Normalitätskontrollen waren ihrerseits so tief in die Medizin oder Psychiatrie eingebettet, daß sie von daher einer »Wissenschaftlichkeit« teilhaftig wurden; und außerdem stützten sie sich auf den Justizapparat, der ihnen zu einer »Gesetzmäßigkeit« verhalf. Im Schutze dieser beiden mächtigen Vormundschaften, zwischen denen sie übrigens vermittelt, hat sich eine ausgeklügelte Technik der Normenkontrolle ungebrochen bis heute entwickelt. Die institutionellen Träger dieser Verfahren haben sich seit der kleinen Schule von Mettray vervielfacht; ihre Apparate haben sich vermehrt und vergrößert; ihre Anknüpfungspunkte und Querverbindungen haben sich mit den Spitälern, mit den Schulen, mit den öffentlichen Verwaltungen und den privaten Unternehmen vertausendfacht; ihre Agenten haben an Zahl, Macht und technischer Qualifikation zugenommen; die Spezialisten im Kampf gegen Disziplinlosigkeit sind fruchtbar und mehren sich. In der Normierung der Normalisierungsmacht, im Ausbau des die Individuen erfassenden Macht/Wissen-Komplexes war Mettray mit seiner Schule epochemachend.

Warum habe ich hier den Schlußpunkt der Entwicklung angesetzt, die zu einer bestimmten – nämlich in etwa noch zu unserer heutigen – Bestrafungskunst geführt hat? Eben weil diese Wahl ein bißchen ungerecht ist: weil sie das »Ende« des Prozesses in den Niederungen des Strafrechts ansiedelt. Weil Mettray ein Gefängnis ist, aber kein richtiges. Ein Gefängnis ist es, weil man darin dort junge Delinquenten, die von den Gerichten verurteilt waren, inhaftierte; und doch ist es etwas anderes, weil man auch Minderjährige aufnahm, die angeklagt waren und nach Artikel 66 freigesprochen wurden, sowie Zöglinge, die wie im 18. Jahrhundert kraft der väterlichen Zuchtgewalt in Verwahrung genommen wurden. Die Musterstrafanstalt Mettray liegt an der Grenze der Strafjustiz. Und sie war die berühmteste einer Reihe von Institutionen, die weit über die Grenzen des Strafrechts hinaus das ausgemacht haben, was man den Kerker-Archipel nennen könnte.

Die allgemeinen Grundsätze und die gesetzlichen Bestimmungen hatten es immer wieder gesagt: keine Inhaftierung außerhalb des Gesetzes, keine Haft ohne Entscheidung einer qualifizierten gerichtlichen Institution, Schluß mit den willkürlichen und massiven Einsperrungen des Ancien régime. Das Prinzip der außergerichtlichen Einkerkerung wurde aber in Wirklichkeit nie aufgegeben.[155] Das System der großen klassischen Einsperrung wurde zwar zum Teil (nur zum Teil) abgetragen, an einigen Punkten aber bald wieder erneuert, umgebaut, weiterentwickelt. Vor allem wurde es mittels des Gefängnisses vereinheitlicht: vom Gefängnis aus wurden die gesetzlichen Strafen auf der einen Seite und die Disziplinarmechanismen auf der andern einbezogen. Waren die Grenzen zwischen der Einsperrung, den Gerichtsstrafen und den Disziplinarinstitutionen im klassischen Zeitalter schon unscharf, so geht jetzt die Tendenz zur Auflösung der Grenzen – zu einem großen Kerker-Kontinuum, das die Bestrafungstechniken in die harmlosesten Disziplinen einführt und die Disziplinarnormen in das Herz des Strafsystems einpflanzt und die geringste Gesetzwidrigkeit ebenso wie die kleinste Regelverletzung, Abweichung oder Anomalie unter die Drohung der Delinquenz stellt. Ein feines und abgestuftes Kerkernetz, das sowohl aus kompakten Institutionen wie aus allgegenwärtigen Prozeduren besteht, hat die willkürliche, massive und schlecht integrierte Einsperrung des klassischen Zeitalters abgelöst.

Es kann hier nicht darum gehen, dieses ganze Netz, das die nähere und weitere Umgebung des Gefängnisses bildet, genau darzustellen. Um seine Tragweite und die Geschwindigkeit, mit der es geknüpft wurde, anzudeuten, seien nur einige Punkte und Daten genannt.

Es gab die Landwirtschaftsabteilungen der Staatsgefängnisse (1824 Gaillon und dann Fontevrault, Douaires, Boulard); die »Kolonien« für arme, verlassene, heimatlose Kinder (1840 Petit-Bourg, 1842 Ostwald); die Asyle und Heime für die gefallenen Mädchen, die »vor dem Gedanken zurückschrecken, in ein Leben der Unordnung zurückzukehren«, für die »armen unschuldigen Mädchen, die durch die Unsittlichkeit ihrer Mütter einer frühzeitigen Verkommenheit ausgesetzt sind«, und für die armen Mädchen, die man vor den Spitälern oder Wohnungen findet. Es gab die Strafanstalten, die durch das Gesetz von 1850 errichtet wurden: Minderjährige,

---

155 Man müßte die Auseinandersetzungen untersuchen, die während der Französischen Revolution um die Familiengerichte, die väterliche Zuchtgewalt und das Recht der Eltern, ihre Kinder einsperren zu lassen, geführt wurden.

die freigesprochen oder verurteilt wurden, sollten dort »gemeinsam unter einer strengen Disziplin erzogen werden, beschäftigt mit landwirtschaftlichen und daran anschließenden handwerklichen Arbeiten«; später sollten sich auch die schwererziehbaren Minderjährigen und »die lasterhaften und unbotmäßigen Mündel der öffentlichen Fürsorge dazugesellen«.[156] Die Kreise des Kerkersystems erweitern sich und entfernen sich immer mehr von der eigentlichen Strafjustiz, bis von der Gefängnisform nichts mehr übrigbleibt: die Anstalten für verlassene oder bedürftige Kinder, die Waisenhäuser (z. B. Neuhof oder Mesnil-Firmin), die Heime für Lehrlinge (z. B. in Reims oder Nancy); dann die Kloster-Fabriken (z. B. La Sauvagère, Tarare, Jujurieu), wo die Arbeiterinnen mit etwa 13 Jahren eintreten, Jahre hindurch eingeschlossen leben und nur unter Aufsicht ausgehen; sie erhalten einen Dienstmädchenlohn, der durch Fleiß- und Betragensprämien aufgebessert werden kann und erst beim Ausscheiden ausbezahlt wird. Darüber hinaus gab es noch eine Reihe von Einrichtungen, die nicht auf das »kompakte« Gefängnis zurückgreifen, sondern andere Kerkermechanismen einsetzen: Wohltätigkeitsgesellschaften, Sittlichkeitsvereine, Unterstützungs- und Überwachungsinstitutionen, Arbeitersiedlungen und -wohnungen, deren ursprüngliche Kargheit noch sehr deutlich die Spuren des Straf- und Besserungssystems an sich trägt.[157] Und alle in der Gesellschaft angelegten Disziplinareinrichtungen bilden zusammen das große Kerkernetz.

Wir haben gesehen, daß das Gefängnis das Strafverfahren innerhalb der Justiz in eine Vollzugstechnik umgewandelt hat; der Kerker-Archipel überträgt nun diese Technik vom Justizapparat auf den gesamten Gesellschaftskörper, was mehrere Folgen zeitigt.

1. Dieses gewaltige System installiert eine allmähliche, stetige und kaum wahrnehmbare Abstufung, in der man gleichsam auf natürlichem Wege von jedweder Verhaltensstörung zum Rechtsbruch und umgekehrt von der Übertretung des Gesetzes zur Abweichung von einer Regel, einem

---

156 Vgl. zu diesen Institutionen H. Gaillac, *Les Maisons de correction*, 1971, S. 99-107.

157 Zu den Arbeiterwohnungen, die in der Mitte des 19. Jahrhunderts in Lille errichtet wurden: »Die Sauberkeit ist an der Tagesordnung. Sie ist die Seele des Reglements. Dann noch einige strenge Bestimmungen gegen Krakeeler und Trunkenbolde, gegen Ruhestörungen aller Art. Ein schwerer Verstoß hat den Ausschluß zur Folge. An die Regeln von Ordnung und Sparsamkeit gewöhnt, verlassen die Arbeiter die Werkstätten montags nicht mehr ... Die Kinder, die besser überwacht werden, erregen keinen Anstoß mehr ... Für die Sauberhaltung der Wohnung, für gutes Betragen, für Ergebenheit und Aufopferung werden Prämien vergeben, auf die jedes Jahr viele Anspruch erheben.« Houzé d'Aulnay, *Des logements ouvriers à Lille*, 1863, S. 13-15.

Durchschnitt, einer Anforderung, einer Norm übergeht. Im klassischen Zeitalter gab es zwar eine allgemeine Bezugnahme auf die Schuld,[158] aber die Bereiche der Sünde, des Rechtsbruchs und des schlechten Betragens blieben insoweit voneinander getrennt, als sie unterschiedlichen Kriterien und Instanzen unterworfen waren (Buße, Gericht, Einsperrung). Die Einkerkerung mit ihren Überwachungs- und Bestrafungsmechanismen funktioniert hingegen in einer relativen Stetigkeit und Einheitlichkeit. Da ist einmal der Zusammenhang der Institutionen selber, die aufeinander verweisen (von der Fürsorge ins Waisenhaus, ins Besserungshaus, in die Strafanstalt, in das Strafbataillon, in das Gefängnis; von der Schule zur Wohltätigkeitsgesellschaft, in die Arbeitsstube, ins Asyl, ins Mädchenheim; von der Arbeitersiedlung ins Spital oder Gefängnis). Dann die kontinuierliche Abstufung der Bestrafungskriterien und -mechanismen, die von der einfachsten Störung ausgehend sowohl die Regeln wie die Sanktionen zunehmend verschärfen. Und die durchgängige Hierarchie der spezialisierten und kompetenten Autoritäten (auf der Ebene des Wissens wie auf der Ebene der Macht), die ohne Willkür aufgrund von Regelungen, Erhebungen und Messungen hierarchisieren, differenzieren, sanktionieren, strafen und die Sanktionen gegen Abweichungen bruchlos in Bestrafungen von Verbrechen übergehen lassen. Mit seinen vielfältigen diffusen oder kompakten Formen, seinen Kontroll- und Zwangsinstitutionen, mit seinen diskreten Überwachungs- und mit seinen nachdrücklichen Zwangsmaßnahmen stellt das Kerkersystem den qualitativen und quantitativen Zusammenhang zwischen den Züchtigungen her; es reiht oder verzweigt die kleinen und die großen, die milden und die strengen Strafen, die schlechten Noten und die geringfügigsten Verurteilungen. Die harmloseste Disziplin kann mit dem Zuchthaus drohen, und das schwerste Gefängnis notiert beim Lebenslänglichen die geringste Verhaltensabweichung. Die Allgemeinheit des Strafens, die das 18. Jahrhundert in der »ideologischen« Technik der Vorstellungen und Zeichen suchte, findet nun in der materiellen Ausdehnung und im komplexen – gestreuten, aber zusammenhängenden – Arsenal der verschiedenen Kerkeranlagen ihre Basis. Und auf dieser Grundlage zirkuliert eine gemeinsame Bedeutung zwischen der anfänglichsten Unregelmäßigkeit und dem äußersten Verbrechen: diese Bedeutung ist nicht

---

158 Vgl. dazu Muyart de Vouglans, *Réfutation des principes hasardés dans le traité des délits et des peines*, 1767, S. 108; *Les Lois criminelles de la France*, 1780, S. 3; Rousseaud de la Combe, *Traité des matières criminelles*, 1741, S. 1 f.

mehr die Schuld und auch nicht mehr die Verletzung eines allgemeinen Interesses, sondern die Abweichung und die Anomalie. Diese Bedeutung geistert durch die Schulen, die Gerichte, die Asyle und die Gefängnisse. Sie vereinheitlicht vom Sinn her die Funktion, die das Kerkersystem von der Taktik her vereinheitlicht und verallgemeinert. Aus dem Gegner des Souveräns und dann dem Feind der Gesellschaft ist ein Abweichler geworden, der durch Ausschreitung, Verbrechen oder Wahnsinn gefährlich ist. Das Kerkernetz verknüpft die beiden langen und vielfältigen Stränge des Strafsystems und des Anormalen.

2. Das weitverzweigte Kerkersystem gestattet die Ausmusterung der großen Delinquenten. Es organisiert »Disziplinarkarrieren«, indem es bei Ausschließungen und Verstoßungen ganze Arbeit leistet. Im klassischen Zeitalter öffnete sich die Gesellschaft an ihren Rändern und in ihren Spalten auf den verworrenen, toleranten und gefährlichen Bereich dessen, was außerhalb des Gesetzes oder zumindest dem direkten Zugriff der Macht entzogen war: ein unbestimmter Raum, der für das Verbrechen der Ort der Bildung und der Zuflucht war; da trafen sich in gewagtem Kommen und Gehen die Armut, der Bettel, die Arbeitslosigkeit, die verfolgte Unschuld, die List, der Kampf gegen die Mächtigen, die Ablehnung der Pflichten und Gesetze, das organisierte Verbrechen; das war der Raum für die Abenteuer von Gil Blas, Sheppard oder Mandrin. Das 19. Jahrhundert hat mit den Unterscheidungen und Verzweigungen des Disziplinarsystems Kanalisierungen angelegt, die im Herzen des Systems auf Gelehrigkeit dressieren und Delinquenz fabrizieren. Es gibt da so etwas wie eine Disziplinar-Ausbildung, die sowohl an einen Bildungsweg wie an eine berufliche Laufbahn erinnert. Es zeichnen sich da Karrieren ab, die ebenso sicher und ebenso tödlich sind wie Beamtenlaufbahnen: von Wohltätigkeitsvereinen oder Polizeiüberwachung in Strafkolonien oder -bataillone, dann in Gefängnisse, Krankenhäuser oder Asyle. Diese Laufbahnen waren schon zu Beginn des 19. Jahrhunderts genau abgesteckt: »Unsere Wohlfahrtseinrichtungen bilden ein wunderbar abgestimmtes Ganzes, das den Bedürftigen von der Wiege bis zur Bahre nicht einen Augenblick ohne Unterstützung läßt. Geboren wird der Unglückliche unter den Findelkindern; er kommt in die Kleinkinderbewahranstalt und von da ins Asyl; von da kommt er mit sechs Jahren in die Grundschule und später in die Erwachsenenschule. Wenn er nicht arbeiten kann, wird er von den Wohltätigkeitsbüros seines Bezirks aufgenommen; wenn er krank wird, kann er zwischen

zwölf Spitälern wählen ... Wenn der arme Pariser schließlich das Ende seiner Karriere erreicht, warten sieben Heime auf sein Alter; das gesunde Leben im Altersheim verlängert seine unnützen Tage häufig weit über die des Reichen hinaus.«[159]

Das Kerkernetz verstößt den Unanpaßbaren nicht in eine vage Hölle; es hat kein Außen. Wen es auf der einen Seite auszuschließen scheint, dessen nimmt es sich auf der andern Seite wieder an. Es geht mit allem haushälterisch um, auch mit seinem Sträfling. Und es will auch den nicht verlieren, den es disqualifiziert hat. In dieser panoptischen Gesellschaft, deren allgegenwärtige Strategie die Einkerkerung ist, ist der Delinquent kein »Gesetzloser«. Vielmehr steckt er von Anfang an mitten im Gesetz: mitten in den Mechanismen, die unmerklich zwischen Zucht und Gesetz, zwischen Abweichung und Rechtsbruch vermitteln. Wenn das Gefängnis die Delinquenz bestraft, so wird diese doch wesentlich in einer Kerkeranlage produziert, die vom Gefängnis gekrönt wird. Das Gefängnis, das die Delinquenz »sanktioniert«, ist nur der »natürliche« Gipfel einer Schritt für Schritt durchlaufenen Hierarchie. Der Delinquent ist das Produkt einer Institution. Daher ist es nicht verwunderlich, wenn die Biographie der Kriminellen zu einem beträchtlichen Teil eben durch die Mechanismen und Einrichtungen führt, von denen man angeblich glaubt, sie sollten das Gefängnis vermeidbar machen. Daher kommt ja der unverbesserliche Delinquentencharakter des Zuchthäuslers, daß er von seiner Besserungskindheit an im Kraftfeld des verallgemeinerten Kerkersystems stand. Auf der anderen Seite mag sich ein Lyriker des Außenseitertums am Bild des Geächteten begeistern, der als großer Nomade an den Rändern der fügsamen und eingeschüchterten Ordnung umherschweift. Die Kriminalität gedeiht keineswegs in den Exilen und Verbannungen, sondern in den immer strafferen Eingliederungen, unter immer zudringlicheren Überwachungen, unter immer konzentrierteren Disziplinarzwängen. Der in die Tiefen der Gesellschaft hineinreichende Kerker-Archipel macht es also möglich, daß sich die Delinquenz aus der Masse der Gesetzwidrigkeiten herauskristallisiert und dann gewisse Gesetzwidrigkeiten abschirmt.

3. Aber die bedeutsamste Wirkung des Kerkersystems und seiner Ausdehnung weit über die gesetzliche Haft hinaus liegt vielleicht darin, daß es die Strafgewalt zu etwas Natürlichem und Rechtmäßigem macht oder

---

159 Moreau de Jonnès, zit. in: H. du Touquet, *De la condition des classes pauvres*, 1846.

zumindest die Toleranzschwelle ihr gegenüber herabsetzt. Es läßt das Außerordentliche der Züchtigung zurücktreten, indem es ihre beiden Register geschickt kombiniert: das gesetzliche der Justiz und das außerge-
setzliche der Disziplin. In der Tat verschafft die große Kontinuität des
Kerkersystems seinen Disziplinarmechanismen, -entscheidungen und -sank-
tionen diesseits und jenseits der gesetzlichen Verfahren eine Art gesetzlichen Schutzbrief. Über das ganze Netz hinweg, das so viele »regionale«,
relativ autonome und unabhängige Institutionen umfaßt, überträgt sich
mit der Gefängnis-Form das Modell der Justiz. Die Reglements der »Zucht-
Häuser« können das Gesetz wiedergeben, die Sanktionen können die Ge-
richtsurteile und -strafen nachahmen, die Überwachung kann sich am
Modell der Polizei ausrichten; und das Gefängnis, das sich zu diesen vielfältigen Einrichtungen wie eine reine Form verhält, verschafft ihnen so etwas wie eine staatliche Bürgschaft. Das Kerkersystem, das vom eigentlichen Zuchthaus bis zu den diffusen und leichten Erfassungsprozeduren
reicht, kommuniziert einen Machttyp, den das Gesetz bestätigt und die Justiz als ihre bevorzugte Waffe einsetzt. Wie sollten die Disziplinen mit ihren Gewalten den Anschein von Willkür erwecken, wo sie doch nur die
Mechanismen der Justiz ins Spiel bringen und womöglich abschwächen?
Vielleicht verallgemeinern sie die Wirkungen der Justiz und tragen sie bis
in den letzten Winkel, um ihre Strenge vermeidbar zu machen? Das Kerker-Kontinuum und die Ausweitung der Gefängnisform legalisieren oder
legitimieren jedenfalls die Disziplinarmacht, die sich auf diese Weise alle
Ausschreitungen oder Mißbräuche erspart.

Umgekehrt verhilft die Kerkerpyramide der gesetzlichen Strafgewalt zu
einem Umfeld, in welchem sie von jeder Maßlosigkeit und Gewaltsamkeit
befreit erscheint. In der sorgfältigen Abstufung der Disziplinarapparate
und ihrer »Einlagerungen« stellt das Gefängnis nicht die Entfesselung einer ganz anderen Gewalt dar, sondern eben einen zusätzlichen Intensitäts-
grad innerhalb eines Mechanismus, der von den ersten Sanktionen an in
Betrieb war. Zwischen der letzten Besserungsanstalt, in die man aufgenommen worden ist, um dem Gefängnis zu entgehen, und dem Gefängnis, in
das man nach einem kodifizierten Verstoß eingeliefert worden ist, kann
kaum ein Unterschied sein. Eine strenge Ökonomie gestaltet die einzigartige Gewalt des Strafens so diskret wie nur möglich. Nichts an ihr erinnert
noch an die alte Maßlosigkeit der souveränen Macht, die sich am Körper
der Gemarterten rächte. Das Gefängnis setzt an den ihm Anvertrauten

eine Arbeit fort, die anderswo begonnen worden ist und von der gesamten
Gesellschaft mit unzähligen Disziplinarmechanismen an jedem einzelnen
fortgeführt wird. Dank dem Kerker-Kontinuum schleicht sich die Instanz,
die verurteilt, zwischen alle Instanzen ein, die kontrollieren, modifizieren,
korrigieren, bessern. Am Ende ließe sie sich gar nicht mehr unterscheiden,
wären da nicht der besonders »gefährliche« Charakter der Delinquenten,
die Schwere ihrer Abweichungen und die Notwendigkeit eines feierlichen
Ritus. Aber in ihrer Funktion ist diese Strafgewalt nicht wesentlich verschieden von der Heil- oder Erziehungsgewalt. Und sie erhält von diesen
und ihren bescheideneren Aufgaben eine zusätzliche Rückendeckung,
die nicht unwichtig ist, es handelt sich doch um die Rückendeckung der
Technik und der Rationalität. Das Kerkersystem »naturalisiert« die legale
Strafgewalt, wie es die technische Zuchtgewalt »legalisiert«. Indem es sie
solchermaßen homogenisiert und von Willkür bzw. Gewalt befreit, indem
es die Gefahr der Revolte vermindert und Erbitterung und Maßlosigkeit
überflüssig macht, indem es überall dieselben kalkulierten, mechanischen
und diskreten Methoden ins Spiel bringt, läßt das Kerkersystem jene große
»Ökonomie« der Macht wirklich werden, deren Formel das 18. Jahrhundert gesucht hatte, als das Problem der Akkumulierung und der nutzbringenden Handhabung der Menschen auftrat.

Das verallgemeinerte Kerkersystem, das in die Tiefe des Gesellschaftskörpers hineinwirkt und die Kunst des Besserns ständig mit dem Recht
zum Strafen vermengt, macht das Bestraftwerden natürlicher und erträg-
licher. Oft wird gefragt, wie man vor und nach der Revolution dem Strafrecht ein neues Fundament gegeben habe. Die Antwort ist zweifellos bei
der Vertragstheorie zu suchen. Man muß sich aber auch und vielleicht
vor allem die umgekehrte Frage stellen: Wie hat man es fertiggebracht,
daß die Leute die Strafgewalt akzeptieren oder ganz einfach das Bestraftwerden ertragen? Die Vertragstheorie kann darauf nur mit der Fiktion
eines Rechtssubjekts antworten, das den anderen die Macht gibt, an ihm
das Recht zu vollstrecken, das es ihnen gegenüber innehat. Wahrscheinlich
ist das große Kerker-Kontinuum, das die Macht der Disziplin mit der des
Gesetzes verbindet und sich bruchlos von den kleinsten Zwangsmaßnahmen bis zur großen Strafhaft erstreckt, wahrscheinlich ist dieses Kerker-
Kontinuum das technische und wirkliche, unmittelbar materielle Gegenstück zu jener schimärischen Abtretung des Strafrechts gewesen.

4. Mit dieser neuen Ökonomie der Macht hat das Kerkersystem, das de-

ren Grundinstrument ist, eine neue Form des »Gesetzes« zur Geltung gebracht: eine Mischung aus Gesetzmäßigkeit und Natur, aus Vorschrift
und Konstitution – die Norm. Daraus ergeben sich eine Reihe von Effekten: die innere Verschiebung der Richtergewalt; eine zunehmende Schwierigkeit beim Urteilen und gleichsam eine Scham vor dem Verurteilen; bei
den Richtern ein rasendes Verlangen nach dem Messen, Schätzen, Diagnostizieren, Unterscheiden des Normalen und Anormalen; und der Anspruch
auf die Ehre des Heilens oder Resozialisierens. Hierzu ist nicht das gute
oder schlechte Gewissen der Richter zu befragen, auch nicht ihr Unbewußtes. Ihr unersättlicher »Appetit auf Medizin«, der sich ohne Unterlaß
äußert – von der Anforderung psychiatrischer Gutachten bis zum Interesse
für die Geschwätzigkeit der Kriminologie – dieser Appetit bezeugt die
grundlegende Tatsache, daß die Macht, die sie ausüben, »denaturiert« ist;
daß sie zwar auf einer gewissen Ebene von den Gesetzen bestimmt wird,
daß sie aber auf einer anderen und fundamentaleren Ebene als eine Normierungsmacht funktioniert. Was die Richter durchsetzen, wenn sie »therapeutische« Urteile fällen und »Resozialisierungsstrafen« verhängen, ist
die Ökonomie der Macht und nicht die ihrer Skrupel oder ihres Humanismus. Empfinden die Richter immer mehr Unbehagen beim Verurteilen
um des Verurteilens willen, so hat sich doch anderseits die Tätigkeit des
Urteilens in dem Maße vervielfältigt, in welchem sich die Normierungsge-
walt gestreut hat. Getragen von der Allgegenwart der Disziplinaranlagen
und der Kerkerapparate, ist sie zu einer der Hauptfunktionen unserer Gesellschaft geworden. Die Normalitätsrichter sind überall anzutreffen. Wir
leben in der Gesellschaft des Richter-Professors, des Richter-Arztes, des
Richter-Pädagogen, des Richter-Sozialarbeiters; sie alle arbeiten für das
Reich des Normativen; ihm unterwirft ein jeder an dem Platz, an dem er
steht, den Körper, die Gesten, die Verhaltensweisen, die Fähigkeiten, die
Leistungen. In seinen kompakten und diffusen Formen, mit seinen Ein-
gliederungs-, Verteilungs-, Überwachungs- und Beobachtungssystemen war
das Kerkersystem in der modernen Gesellschaft das große Fundament
der Normalisierungsmacht.

    5. Das Kerkergewebe der Gesellschaft stellt sicher, daß der Körper wirk-
lich in Verwahrung genommen wird und daß er ständig unter Beobachtung gestellt wird. Aufgrund seiner inneren Eigenschaften ist es der Strafapparat, welcher der neuen Ökonomie der Macht am angemessensten ist,
sowie das Instrument zur Formierung des Wissens, dessen diese Öko-

nomie bedarf. Sein panoptischer Aufbau ermöglicht es ihm, diese Doppelrolle zu spielen. Dank seinen Festsetzungs-, Verteilungs- und Registrierungsverfahren war es lange Zeit die einfachste, materiellste, aber auch
unverzichtbarste Bedingung für die Entwicklung jener unermeßlichen Über-
prüfungstätigkeit, die das menschliche Verhalten vergegenständlicht hat.
Wenn wir nach dem Zeitalter der Untersuchungsjustiz in das der Überprü-
fungsjustiz eingetreten sind, wenn das Prüfungsverfahren ganz allgemein
die gesamte Gesellschaft so weitgehend erfaßt hat und den Wissenschaften
vom Menschen zum Durchbruch verholfen hat, so war eine Voraussetzung
dafür die Vielfältigkeit und das straffe Zusammenspiel der verschiedenen
Einkerkerungsmechanismen. Es handelt sich nicht um die Behauptung,
die Humanwissenschaften seien aus dem Gefängnis hervorgegangen. Aber
sie konnten sich nur formieren und die bekannten Umwälzungen in der
Episteme auslösen, weil sie von einer spezifischen und neuen Spielart der
Macht getragen waren. Eine bestimmte Politik des Körpers, eine bestimmte Methode, die Anhäufung der Menschen gefügig und nützlich zu machen, machte die Eingliederung bestimmter Wissensbeziehungen in die
Machtverhältnisse erforderlich; sie verlangte nach einer Technik zur Verflechtung der subjektivierenden Unterwerfung und der objektivierenden
Vergegenständlichung; sie brachte neue Verfahren der Individualisierung
mit sich. Das Kerkernetz bildet ein Arsenal dieses Komplexes aus Macht/
Wissen, der die Humanwissenschaften geschichtlich ermöglicht hat. Der
erkennbare Mensch (Seele, Individualität, Bewußtsein, Gewissen, Verhalten …) ist Effekt/Objekt dieser analytischen Erfassung, dieser Beherr-
schung/Beobachtung.

6. Das erklärt zweifellos die Unerschütterlichkeit des Gefängnisses, an
dem doch seit seiner Geburt soviel kritisiert worden ist. Wäre es nur ein
Verstoßungs- oder Unterdrückungsinstrument im Dienste eines Staatsapparates, so wäre es leichter gewesen, seine auffälligsten Formen zu ändern
oder einen rühmlicheren Ersatz zu finden. Da es aber so tief in Machtan-
lagen und -strategien eingebettet ist, setzt es jedem Veränderungswillen
ein großes Beharrungsvermögen entgegen. Eines ist charakteristisch: wenn
es um die Änderung des Haftsystems geht, kommt der Widerstand nicht
bloß von seiten der Justiz; Widerstand leistet nicht das Gefängnis als gesetzliche Strafe, sondern das Gefängnis mit allen seinen außerrechtlichen
Bestimmungen, Verbindungen und Wirkungen: das Gefängnis als Relaisstation in einem allgemeinen Netz der Disziplinen und Überwachungen,

das Gefängnis als Maschine in einem panoptischen System. Das soll nicht heißen, daß es nicht verändert werden kann oder daß es für eine Gesellschaft wie die unsrige ein für allemal unverzichtbar ist. Vielmehr lassen sich zwei Prozesse ausmachen, die seine Rolle erheblich einschränken und seinen inneren Betrieb verändern können – und die bereits auf breiter Ebene eingesetzt haben. Da ist der Prozeß, der die Nützlichkeit einer als spezifische, geschlossene und kontrollierte Gesetzwidrigkeit verwalteten Delinquenz herabsetzt (oder ihre Nachteile steigert). Wenn sich große Gesetzwidrigkeiten national oder international organisieren und direkt an die politischen und ökonomischen Apparate anschließen (Steuerhinterziehungen, Nachrichtendienste, Waffen- und Drogenhandel, Finanz- und Immobilienspekulationen), dann erweist sich das etwas schlichte und augenfällige Handwerk der Delinquenz als unwirksam; oder wenn sich die wirtschaftliche Ausbeutung der sexuellen Lust besser durch den Verkauf von Verhütungsmitteln oder auf dem Umweg von Druckwerken, Filmen, Schauspielen erreichen läßt, dann verliert die archaische Hierarchie der Prostitution einen guten Teil ihrer alten Nützlichkeit. Der zweite Prozeß ist das Anwachsen der Disziplinarnetze, die Vervielfältigung ihres Austauschs mit dem Justizapparat, die Steigerung ihrer Machtkompetenzen auf Kosten der Justiz. In dem Maße, in dem die Medizin, die Psychologie, die Erziehung, die Fürsorge, die Sozialarbeit immer mehr Kontroll- und Sanktionsgewalten übernehmen, kann sich der Justizapparat seinerseits zunehmend medizinisieren, psychologisieren, pädagogisieren; und in ebendiesem Maße verliert das Scharnier an Nützlichkeit, welches das Gefängnis darstellte, als es durch die Kluft zwischen seinem Besserungsdiskurs und seiner Wirkung als Delinquenzkonsolidierung die Strafgewalt mit der Disziplinargewalt verknüpfte. Inmitten dieser immer dichter werdenden Normalisierungsnetze verliert das Gefängnis an Bedeutung.

Wenn es einen politischen Kampf um das Gefängnis gibt, so geht es nicht darum, ob das Gefängnis bessernd wirkt oder nicht; ob die Richter, die Psychiater oder Soziologen mehr Macht haben als die Verwalter und Aufseher; es geht letzten Endes nicht einmal darum, ob es eine Alternative zum Gefängnis gibt. Das Problem liegt augenblicklich eher in dem großen Aufstieg der Normalisierungsanlagen: in der ungeheuren Ausweitung ihrer Machteffekte mit Hilfe neu eingesetzter Erkennungsmöglichkeiten.

Im Jahre 1836 schrieb ein Korrespondent der *Phalange*: »Moralisten, Philosophen, Gesetzgeber, Schmeichler der Zivilisation: hier ist der Plan eures geordneten Paris, der vollständige Plan, in dem alle Dinge zusammenstimmen. Im Zentrum und in der inneren Einfriedung: Spitäler aller Krankheiten, Asyle aller Miseren, Irrenhäuser, Gefängnisse, Zuchthäuser für Männer, Frauen und Kinder. Um die erste Einfriedung Kasernen, Gerichte, Polizeiverwaltung, Bullenquartier, Schafotte, Wohnung des Henkers und seiner Gehilfen. An den vier Eckpunkten Abgeordnetenhaus, Herrenhaus, Akademie der Wissenschaften und Palast des Königs. Draußen ist das, was die innere Einfriedung ernährt: der Handel mit seinen Betrügereien und Bankrotten; die Industrie mit ihren rasenden Kämpfen; die Presse mit ihren Trugschlüssen; die Spielhäuser; die Prostitution, das vor Hunger sterbende oder sich in Ausschweifungen wälzende Volk, das jederzeit bereit ist, auf den Genius der Revolutionen zu hören; die Reichen ohne Herz … schließlich der erbitterte Krieg aller gegen alle.«[160]

Bei diesem namenlosen Text mache ich halt. Wir sind nun weit weg von der Landschaft der Martern, die mit Rädern, Galgen, Prangern übersät war; wir sind auch weit entfernt von dem Traum, den die Reformer 50 Jahre zuvor geträumt hatten: der Strafbürgerschaft, in der Tausende von kleinen Theatern ohne Unterlaß die farbenprächtige Vorstellung der Justiz darbieten und auf schmucken Schafotten sorgfältig inszenierte Züchtigungen das Jahrmarktsfest des Bürgerlichen Gesetzbuches zum besten geben sollten. Die Kerkerstadt mitsamt ihrer imaginären »Geopolitik« unterliegt ganz anderen Prinzipien, von denen im Text der *Phalange* einige der wichtigsten genannt werden: im Herzen dieser Stadt und ihres Getriebes gibt es nicht ein »Machtzentrum« oder einen Mittelpunkt der Kräfte, sondern ein komplexes Netz aus unterschiedlichen Elementen – Mauern, Raum, Institutionen, Regeln, Diskursen. Das Modell der Kerkerstadt ist darum nicht der Körper des Königs mit seiner Ausstrahlung von Kräften und auch nicht die vertragliche Vereinigung der Willen, aus der sich ein individuell-kollektiver Körper bildet, sondern eine strategische Verteilung von verschiedenartigen und vielschichtigen Elementen. Das Gefängnis ist nicht das Kind der Gesetze oder des Justizapparates; es untersteht nicht dem Gericht als gelehriges oder ungeschicktes Instrument seiner Urteile und Anforderungen; vielmehr ist das Gericht dem Gefängnis angeschlossen und

---

160 *La Phalange*, 10. August 1836.

untergeordnet. Des weiteren steht das Gefängnis in seiner zentralen Position nicht allein, sondern ist mit einer Reihe anderer »Kerker«-Mechanismen verbunden, die anscheinend wohlunterschieden sind (da sie trösten, heilen, pflegen sollen), tatsächlich aber ebenso eine Normalisierungsmacht ausüben. Worauf diese Einrichtungen abzielen, das sind nicht die Überschreitungen in bezug auf ein »zentrales« Gesetz, sondern innerhalb des Produktionsapparates (»Handel« und »Industrie«) eine Vielzahl verschiedener Gesetzwidrigkeiten mit unterschiedlichen Rollen in der Profitbildung und mit unterschiedlichen Schicksalen in den Strafmechanismen. Und was allen diesen Mechanismen letzten Endes zugrunde liegt, ist nicht das einheitliche Funktionieren eines Apparates oder einer Institution, sondern die Notwendigkeit eines Kampfes und die Regeln einer Strategie. Die Begriffe der Unterdrückungs-, Verwerfungs-, Ausschließungs- oder Verdrängungsinstitutionen reichen folglich nicht aus, um zu beschreiben, wie sich im Zentrum der Kerkerstadt die hinterhältigen Menschlichkeiten, die uneingestehlichen Bosheiten, die kleinlichen Listen, die sorgfältig kalkulierten Verfahren, die Techniken, die »Wissenschaften« formieren, welche die Fabrikation des Disziplinarindividuums gestatten. In dieser zentralen und zentralisierten Humanität, die Effekt und Instrument komplexer Machtbeziehungen ist, sind Körper und Kräfte durch vielfältige »Einkerkerungs«-Anlagen unterworfen und für Diskurse objektiviert, die selber Elemente der Strategie sind. In dieser Humanität ist das Donnerrollen der Schlacht nicht zu überhören.[161]

---

161 Hier breche ich dieses Buch ab, das verschiedenen Untersuchungen über die Normierungsmacht und die Formierung des Wissens in der modernen Gesellschaft als historischer Hintergrund dienen soll.

4
Sexualität und Wahrheit

4.1
Der Wille zum Wissen

Aus dem Französischen von
Ulrich Raulff und Walter Seitter

Inhalt

Vorwort zur deutschen Ausgabe

1. Der vorliegende Band eröffnet eine Reihe von Untersuchungen, die weder eine geschlossene Einheit noch eine erschöpfende Behandlung des Themas sein wollen. Es geht darum, in einem vielschichtigen Boden einige Probebohrungen vorzunehmen. Die folgenden Bände können jetzt auch nur vorläufig angekündigt werden. Mein Traum wäre ein Arbeiten mit langem Atem, das sich im Laufe seines Fortgangs korrigierte, das für die von ihm hervorgerufenen Reaktionen ebenso offen wäre wie für die Konjunkturen, die es kreuzt, und vielleicht für neue Hypothesen. Was ich mir wünsche, ist eine gestreute und wandelbare Arbeit.

2. Leser, die erfahren möchten, wie die Menschen im Verlauf der Jahrhunderte geliebt haben oder wie es ihnen verboten worden ist (eine durchaus ernsthafte, wichtige und schwierige Frage), werden wohl enttäuscht. Ich wollte nicht die Geschichte der sexuellen Verhaltensweisen in den abendländischen Gesellschaften schreiben, sondern eine viel nüchternere und beschränktere Frage behandeln: wie sind diese Verhaltensweisen zu Wissensobjekten geworden? Auf welchen Wegen und aus welchen Gründen hat sich der Erkenntnisbereich organisiert, den man mit dem relativ neuen Wort »Sexualität« umschreibt? Es handelt sich hier um das Werden eines Wissens, das wir an seiner Wurzel fassen möchten: in den religiösen Institutionen, in den pädagogischen Maßnahmen, in den medizinischen Praktiken, in den Familienstrukturen, in denen es sich formiert hat, aber auch in den Zwangswirkungen, die es auf die Individuen ausgeübt hat, sobald man sie davon überzeugte, sie hätten in sich selber die geheime und gefährliche Kraft einer »Sexualität« zu entdecken.

3. Ich weiß, daß es unvorsichtig ist, gleichsam als Leuchtbombe ein Buch vorauszuschicken, das ständig auf kommende Veröffentlichungen anspielt. Die Gefahr ist groß, daß es den Anschein des Willkürlichen und Dogmatischen erweckt. Seine Hypothesen mögen sich wie Behauptungen ausnehmen, die kurzen Prozeß machen, und die vorgeschlagenen Analyseraster könnten als eine neue Lehre mißverstanden werden. So haben mir in Frankreich Kritiker, die plötzlich zu den Segnungen des antirepressiven Kampfes bekehrt waren (ohne daß sie bislang hier großen Eifer an den Tag

gelegt hatten), vorgeworfen, ich leugnete, daß die Sexualität unterdrückt
worden sei. Ich habe aber keineswegs behauptet, daß es keine Unterdrükkung der Sexualität gegeben habe. Ich habe mich nur gefragt, ob man
zur Entschlüsselung der Beziehungen zwischen der Macht, dem Wissen
und dem Sex die gesamte Analyse am Begriff der Repression orientieren
müsse; oder ob man diese Dinge nicht besser begreifen könnte, wenn
man die Untersagungen, die Verhinderungen, die Verwerfungen und die
Verbergungen in eine komplexere und globalere Strategie einordnet, die
nicht auf die Verdrängung als Haupt- und Grundziel gerichtet ist.

4. Bei den Begriffen »Sex« und »Sexualität« handelt es sich um intensive,
überladene, »heiße« Begriffe, die benachbarte Begriffe leicht in den Schatten stellen. Darum möchte ich unterstreichen, daß die Sexualität hier nur
ein Beispiel für ein allgemeines Problem ist, das ich seit über fünfzehn Jahren verfolge und das mich seit über fünfzehn Jahren verfolgt. Es ist das Problem, das fast alle meine Bücher bestimmt: wie ist in den abendländischen
Gesellschaften die Produktion von Diskursen, die (zumindest für eine bestimmte Zeit) mit einem Wahrheitswert geladen sind, an die unterschiedlichen Machtmechanismen und -institutionen gebunden?

I
Wir Viktorianer

Lange Zeit hindurch, heißt es, haben wir ein viktorianisches Regime ertragen, und wir leiden immer noch darunter. Im Wappen unserer Sexualität steht zuchtvoll, stumm und scheinheilig die spröde Königin.

Noch zu Beginn des 17. Jahrhunderts sei es freimütiger zugegangen, sagt man. Die Praktiken wurden kaum verheimlicht, die Worte wurden ohne übertriebene Zurückhaltung gesagt und die Dinge ohne übermäßige Verhüllung; man lebte in vertrautem und tolerantem Umgang mit dem Unziemlichen. Die Codes für das Rohe, Obszöne oder Unanständige waren recht locker, verglichen mit denen des 19. Jahrhunderts. Direkte Gesten, schamlose Reden, sichtbare Überschreitungen, offen zur Schau gestellte und bunt durcheinandergewürfelte Anatomien, gewitzte Kinder, die unter dem Gelächter der Erwachsenen ungeniert und ohne Aufsehen zu erregen herumstreunten: »radschlagende Körper«.

Dem lichten Tag sollte eine rasche Dämmerung folgen, endend in den monotonen Nächten des viktorianischen Bürgertums. Die Sexualität wird sorgfältig eingeschlossen. Sie richtet sich neu ein, wird von der Kleinfamilie konfisziert und geht ganz im Ernst der Fortpflanzung auf. Um den Sex breitet sich Schweigen. Das legitime, sich fortpflanzende Paar macht das Gesetz. Es setzt sich als Modell durch, es stellt die Norm auf und verfügt über die Wahrheit, es bewahrt das Recht zu sprechen, indem es sich das Prinzip des Geheimnisses vorbehält. Im gesellschaftlichen Raum sowie im Innersten jeden Hauses gibt es nur einen Ort, an dem die Sexualität zugelassen ist – sofern sie nützlich und fruchtbar ist: das elterliche Schlafzimmer. Der Rest schwindet ins Halbdunkel; die Anständigkeit der Haltungen weicht den Körpern aus, die Schicklichkeit der Worte übertüncht die Reden. Wo aber das Unfruchtbare weiterbestehen und sich zu offen zeigen sollte, erhält es den Status des Anormalen und unterliegt dessen Sanktionen.

Was nicht auf Zeugung gerichtet oder von ihr überformt ist, hat weder Heimat noch Gesetz. Und auch kein Wort. Es wird gleichzeitig gejagt, verleugnet und zum Schweigen gebracht. Es existiert nicht nur nicht, es darf

nicht existieren, und bereits in seinen geringfügigsten Äußerungen, seien
es Handlungen, seien es Reden, sucht man es zu beseitigen. So weiß
man natürlich, daß die Kinder keinen Sex haben: und hat damit einen
Grund, ihnen den Sex zu untersagen und ihnen die Rede davon zu verbieten, einen Grund, die Augen zu schließen und die Ohren zu verstopfen, wo
immer sie dennoch etwas davon zur Schau stellen sollten, einen Grund,
ein allgemeines und lastendes Schweigen durchzusetzen. Das Eigentümliche der Repression, das, was sie von den einfachen Verboten des Strafgesetzes unterscheidet, soll demnach darin bestehen, daß sie zugleich als
Verbannungsurteil und als Befehl zum Schweigen funktioniert, als Behauptung der Nicht-Existenz und – konsequenterweise – als Feststellung, daß
es bei alledem überhaupt nichts zu reden, zu sehen oder zu wissen gibt.
Mit solch hinkender Logik bewegt sich angeblich die Heuchelei unserer
bürgerlichen Gesellschaften fort. Wobei sie freilich nicht ohne einige Zuge-
ständnisse auskommt. Doch wenn man schon den gesetzwidrigen Sexualitäten einen Platz gewähren muß, so sollen sie ihren Lärm dort machen, wo
sie, wenn schon nicht in die Kreise der Produktion, so wenigstens in die
des Profits wieder eingegliedert sind. Das Bordell und die Klinik werden
diese Stätten der Toleranz sein: es scheint, als hätten die Prostituierte, ihr
Kunde und der Zuhälter, der Psychiater und seine Hysterische – diese »anderen Viktorianer«, wie Steven Marcus* sagen würde – die Lust, von der
man nicht spricht, verstohlen in die Ordnung jener Dinge überführt, die
sich bezahlt machen; erst genehmigt man heimlich die Wörter und Gesten, dann tauscht man sie zu hohen Preisen. Allein auf diesen Inseln, so
heißt es, hat der wilde Sex noch ein Recht auf Realisierungen und auf
heimliche, eng umschriebene und codierte Typen von Diskursen, während
überall sonst der moderne Puritanismus seine dreifache Verfügung von
Untersagung, Nicht-Existenz und Schweigen durchgesetzt hat.

Haben wir uns von diesen zwei langen Jahrhunderten, in denen die Geschichte der Sexualität in erster Linie als Chronik einer zunehmenden Unterdrückung gelesen werden muß, gelöst? So gut wie gar nicht, sagt man
uns. Ein wenig vielleicht seit Freud. Doch mit welcher Behutsamkeit, welcher ärztlichen Umsicht, welcher wissenschaftlichen Harmlosigkeitsgaran-
tie und welchem Aufwand an Vorsichtsmaßregeln, nur damit sich alles –
ohne Gefahr eines »Überfließens« – im sichersten und diskretesten Raum

---

* Vgl.: Steven Marcus, *Umkehrung der Moral. Sexualität und Pornographie im viktorianischen England,*
  Frankfurt 1979 (edition suhrkamp 903).

zwischen Couch und Diskurs abspielt: noch ein profitables Bettgeflüster. Und wie sollte es anders sein? Wenn die Repression, so wird uns erklärt, seit dem klassischen Zeitalter die grundlegende Art und Weise der Verbindung von Macht, Wissen und Sexualität gewesen ist, dann kann man sich nur um einen beträchtlichen Preis von ihr befreien: es braucht dazu nicht weniger als eine Überschreitung der Gesetze, eine Aufhebung der Verbote, einen Einbruch der Rede, eine Wiederherstellung der Lust im Wirklichen und eine vollkommen neue Ökonomie in den Mechanismen der Macht; denn schon das geringste Aufblitzen der Wahrheit steht unter politischen Bedingungen. Wirkungen dieser Art kann man natürlich weder von einer einfachen ärztlichen Praktik noch von einem theoretischen Diskurs erwarten, sei er auch noch so rigoros. Dementsprechend denunziert man den Konformismus Freuds, die Normalisierungsfunktionen der Psychoanalyse, soviel Ängstlichkeit unter den großen Ausbrüchen Reichs, die von der »Wissenschaft« vom Sex erzielten Integrationseffekte und die wenig zweideutigen Praktiken der Sexologie.

Er hält sich gut, dieser Diskurs über die moderne Unterdrückung des Sexes*. Zweifellos weil er leicht zu halten ist. Eine schwerwiegende historische und politische Bürgschaft stützt ihn: indem man das Zeitalter der Repression im 17. Jahrhundert beginnen läßt, nach Jahrhunderten offenen Umgangs und freien Ausdrucks, läßt man es zeitlich mit der Entwicklung des Kapitalismus zusammenfallen: die Repression ist der bürgerlichen Ordnung in Fleisch und Blut übergegangen. Die kleine Chronik des Sexes und seiner boshaften Späße geht über in die förmliche Geschichte der Produktionsweisen und verliert ihre Leichtfertigkeit. Ein Erklärungsprinzip beginnt sich abzuzeichnen: wenn der Sex mit solcher Strenge unterdrückt wird, so deshalb, weil er mit einer allgemeinen und intensiven Arbeitsordnung unvereinbar ist; wie konnte man in einer Epoche, wo man systematisch die Arbeitskraft ausbeutete, zulassen, daß sie sich in Lüsten erging – außer in jenen minimalen, die für ihre Reproduktion sorgten? Der Sex und seine Wirkungen mögen schwierig zu entschlüsseln sein, ihre Repres-

---

* Das umgangssprachliche Wort »Sex«, das erst kürzlich aus dem Amerikanisch-Englischen übernommen worden ist, deckt das Bedeutungsfeld des französischen »sexe« und des englischen »sex« nicht ab. Es hebt daraus das Betont-Lustvolle hervor (Sex-Appeal, sexy) und überläßt das »Naturhafte« des Sexus dem »Geschlecht«. Diese deutsche Begriffsspaltung ließe sich nur mit »sexus« umgehen, dessen Fremdwortcharakter aber wieder das Allgemein-Selbstverständliche des »sexe« unter den Tisch fallen läßt. In diesem Buch ist bei »Sex« das Reelle und Seriöse mitgemeint, das durch Wissenschaft und Gesellschaft garantiert wird. Anm. d. Übers.

sion dagegen läßt sich leicht analysieren. Und so sieht sich die Sache des
Sexes, die Sache seiner Freiheit, seiner Erkenntnis und des Rechtes, von
ihm zu sprechen, in schönster Rechtmäßigkeit mit einer ehrenwerten politischen Sache verbunden: auch der Sex steht auf der Seite der Zukunft. Ein
mißtrauischer Geist könnte sich allerdings fragen, ob dieser Aufwand an
Vorkehrungen, der Geschichte des Sexes eine derart ansehnliche Paten-
schaft zu verleihen, nicht noch die Spuren alter Schamhaftigkeiten verrät:
als bedürfte es unbedingt dieser wertsteigernden Beziehungen, damit dieser Diskurs gehalten oder empfangen werden kann.

Vielleicht aber gibt es einen anderen Grund dafür, warum es für uns so
einträglich ist, die Beziehungen des Sexes und der Macht in Begriffen der
Unterdrückung zu formulieren: das, was man den Gewinn des Sprechers
nennen könnte. Wenn der Sex unterdrückt wird, wenn er dem Verbot,
der Nichtexistenz und dem Schweigen ausgeliefert ist, so hat schon die einfache Tatsache, vom Sex und seiner Unterdrückung zu sprechen, etwas
von einer entschlossenen Überschreitung. Wer diese Sprache spricht, entzieht sich bis zu einem gewissen Punkt der Macht, er kehrt das Gesetz
um und antizipiert ein kleines Stück der künftigen Freiheit. Daher der feierliche Ernst, mit dem man heute vom Sex spricht. Als die ersten Demographen und Psychiater des 19. Jahrhunderts auf ihn zu sprechen kommen
mußten, meinten sie sich dafür entschuldigen zu müssen, daß sie die Aufmerksamkeit ihrer Leser auf derart niedrige und nichtige Gegenstände
lenkten. Wir dagegen sprechen seit einigen Jahrzehnten kaum noch vom
Sex, ohne uns ein wenig in die Pose zu werfen: Bewußtsein, der herrschenden Ordnung zu trotzen, Brustton der Überzeugung von der eigenen Sub-
versivität, leidenschaftliche Beschwörung der Gegenwart und Berufung
auf eine Zukunft, deren Anbruch man zu beschleunigen glaubt. Ein
Hauch von Revolte, vom Versprechen der Freiheit und vom nahen Zeitalter eines anderen Gesetzes schwingt mit im Diskurs über die Unterdrükkung des Sexes. Alte traditionelle Funktionen der Prophetie finden sich
hier wiederbelebt. Der gute Sex ist nahe. Weil man auf dieser Unterdrükkung des Sexes beharrt, kann man stillschweigend Dinge weiterhin koexistieren lassen, die sonst die meisten von uns aus Furcht vor der Lächerlichkeit oder der Bitterkeit der Geschichte auseinanderhalten: die Revolution
und das Glück oder die Revolution und ein anderer, ein jüngerer, ein schönerer Körper oder auch die Revolution und die Lust. Den Mächten widersprechen, die Wahrheit sagen und den Genuß versprechen; Aufklärung,

Befreiung und vervielfachte Wollüste aneinanderbinden; einen Diskurs halten, in dem die Wißbegierde, der Wille zur Änderung des Gesetzes und der erhoffte Garten der Lüste verschmelzen – ohne Zweifel liegen hier die Gründe für die Beharrlichkeit, mit der wir vom Sex in Begriffen der Unterdrückung sprechen, und vielleicht erklärt es auch den Marktwert, den nicht allein das besitzt, was sich vom Sex sagen läßt, sondern schon die einfache Tatsache, daß man bereitwillig denen Gehör schenkt, die seine Wirkungen erheben wollen. Alles in allem sind wir die einzige Zivilisation, in der eigene Aufseher dafür bezahlt werden, daß sie jedem zuhören, der sich ihnen über seinen Sex anvertrauen will: der Wunsch, vom Sex zu sprechen, und der Nutzen, den man sich davon verspricht, haben offenbar ein Ausmaß angenommen, das über die Möglichkeiten des Anhörens weit hinausgeht – weshalb bestimmte Leute schon ihre Ohren vermietet haben.

Wesentlicher aber als dieser ökonomische Effekt scheint mir für unsere Epoche die Existenz eines Diskurses zu sein, in dem der Sex, die Enthüllung der Wahrheit, die Umkehrung des Weltlaufs, die Ankündigung eines künftigen Tages und das Versprechen einer Glückseligkeit miteinander liiert sind. Der Sex dient heute als Stützpunkt jener alten Form, die dem Abendland so vertraut und wichtig ist, der Form der Predigt. Eine große sexuelle Predigt – die ihre scharfsinnigen Theologen und ihre populären Kanzelredner hat – durchzieht seit einigen Jahrzehnten unsere Gesellschaften, geißelt die alte Ordnung, denunziert die Heucheleien und besingt das Recht des Unmittelbaren und des Wirklichen; sie läßt uns von einem neuen Jerusalem träumen. Denken wir an die Franziskaner. Und fragen wir uns, wie es kommen konnte, daß die lyrische Begeisterung und die Religiosität, die lange Zeit das revolutionäre Projekt begleiteten, sich in den industriellen, abendländischen Gesellschaften weitgehend auf den Sex übertragen haben.

Die Idee vom unterdrückten Sex ist eben nicht nur eine theoretische Angelegenheit. Die Behauptung, daß die Sexualität nie härter unterworfen war als im Zeitalter einer heuchlerischen Bourgeoisie, die sich geschäftig und geschäftsfähig gibt, ist an einen emphatischen Diskurs gekoppelt, der bestimmt ist, die Wahrheit über den Sex zu sagen und seine Ökonomie im Wirklichen zu modifizieren, das Gesetz umzustürzen, das ihn regiert, und ihm eine neue Zukunft zu geben. Die Aussage von der Unterdrückung und die Form der Predigt verweisen aufeinander und verstärken sich gegenseitig. Die Aussage nun, daß der Sex nicht unterdrückt wird, oder besser, daß er nicht über die Unterdrückung an die Macht gebunden ist, läuft somit Gefahr, nichts weiter als ein unfruchtbares Paradox zu bleiben. Damit würde man nicht nur eine weithin akzeptierte These umstoßen. Man würde sich auch mit der gesamten Ökonomie, mit allen diskursiven »Interessen« anlegen, die jener These zugrunde liegen.

Genau an dieser Stelle möchte ich die Serie historischer Analysen ansiedeln, für die das vorliegende Buch gleichzeitig eine Einleitung und eine erste Übersicht liefert, indem es einige historisch signifikante Punkte markiert und bestimmte theoretische Probleme skizziert. Alles in allem geht es darum, den Fall einer Gesellschaft zu prüfen, die seit mehr als einem Jahrhundert lautstark ihre Heuchelei geißelt, redselig von ihrem eigenen Schweigen spricht und leidenschaftlich und detailliert beschreibt, was sie nicht sagt, die genau die Mächte denunziert, die sie ausübt, und sich von den Gesetzen zu befreien verspricht, denen sie ihr Funktionieren verdankt. Ich möchte mir nicht nur diese Diskurse von allen Seiten ansehen, sondern auch den Willen, der sie trägt, und die strategische Intention, die ihnen zugrunde liegt. Die Frage, die ich stellen möchte, lautet nicht: weshalb werden wir unterdrückt? sondern: weshalb sagen wir mit solcher Leidenschaft, mit solchem Groll gegen unsere jüngste Vergangenheit, gegen unsere Gegenwart und gegen uns selbst, daß wir unterdrückt werden? Durch welchen Spiralgang sind wir dahin gelangt, zu bejahen, daß der Sex verneint wird, ostentativ zu zeigen, daß wir ihn verbergen, zu sagen, daß wir ihn verschweigen – und das gerade dadurch, daß wir explizit darüber reden, daß wir ihn in seiner nacktesten Realität zu enthüllen suchen und daß wir ihn in der Positivität seiner Macht und seiner Wirkungen affirmieren? Sicher kann man sich rechtens fragen, warum man so lange Zeit den Sex und die Sünde verbunden hat – wobei man sich noch anzusehen hätte, auf welche Weise diese Verbindung hergestellt worden ist, statt global und vorschnell zu sagen, warum wir uns heute dermaßen dafür anschuldigen, ehedem eine Sünde aus ihm gemacht zu haben. Auf welchen Wegen sind wir dahin gekommen, gegenüber unserem Sex »in Schuld zu stehen«? Und eine reichlich sonderbare Zivilisation zu sein, die sich sagt, sie habe lange Zeit hindurch und bis auf den heutigen Tag durch Machtmißbrauch gegen den Sex »gesündigt«? Wie ist es zu der Verschiebung gekommen, die uns unter dem Vorwand einer Befreiung von der sündigen Natur des Sexes eine große historische Schuld zuschiebt, eine Schuld, die darin bestehen soll, daß wir uns eine schuldige Natur vorgestellt und aus diesem Glauben unheilvolle Konsequenzen gezogen haben?

Man wird mir entgegenhalten, daß heutzutage deshalb so viele Leute von der Unterdrückung reden, weil sie historisch evident ist. Und daß sie so lange schon und so beredt davon sprechen, weil die Unterdrückung tief verankert ist, weil sie feste Wurzeln und Gründe besitzt und weil sie dermaßen hartnäckig auf dem Sex lastet, daß wir uns nicht durch eine einzige Kündigung von ihr befreien können, sondern nur durch eine Arbeit, die lange dauern wird. Um so länger, als das Wesen der Macht – und zumal einer Macht, wie sie in unserer Gesellschaft funktioniert – darin besteht, repressiv zu sein und mit besonderer Aufmerksamkeit die überflüssigen Energien, die Intensität der Lüste und alle von der Regel abweichenden Verhaltensweisen zu unterdrücken. Man muß also damit rechnen, daß die Wirkungen einer Befreiung von dieser repressiven Macht nur langsam zutage treten werden; das Unterfangen, frei über den Sex zu sprechen und ihn in seiner Wirklichkeit zu akzeptieren, ist dem Lauf einer mittlerweile tausendjährigen Geschichte so fremd und steht den inneren Mechanismen der Macht so feindlich gegenüber, daß sie sicherlich lange auf der Stelle treten wird, bis sie endlich Erfolg haben kann.

Nun kann man gegen das, was ich als »Repressionshypothese« bezeichnen würde, drei schwerwiegende Einwände vorbringen. Erster Einwand: ist die Repression des Sexes tatsächlich historisch evident? Handelt es sich bei dem, was sich auf den ersten Blick zeigt – und was folglich eine Ausgangshypothese aufzustellen erlaubt –, tatsächlich um die Verschärfung oder gar Einrichtung eines Systems der Unterdrückung des Sexes seit dem 17. Jahrhundert? Die eigentlich historische Frage. Zweiter Einwand: gehört die Mechanik der Macht und zumal diejenige, die eine Gesellschaft wie die unsrige ins Spiel bringt, tatsächlich im wesentlichen zur Ordnung der Unterdrückung? Sind Verbot, Zensur und Verneinung tatsächlich die Formen, in denen sich die Macht, möglicherweise in jeder, sicherlich aber in unserer Gesellschaft entfaltet? Die historisch-theoretische Frage. Und schließlich der dritte Einwand: unterbricht der gegen die Unterdrückung gerichtete kritische Diskurs den Lauf eines bis dahin unangefochten funktionierenden Machtmechanismus, oder gehört er nicht vielmehr zu demselben historischen Netz wie das, was er anklagt (und zweifellos entstellt), indem er es als »Unterdrückung« bezeichnet? Gibt es wirklich einen historischen Bruch zwischen dem Zeitalter der Repression und der kritischen

Analyse der Repression? Die historisch-politische Frage. Indem ich diese
drei Einwände anführe, geht es mir nicht so sehr darum, symmetrisch ge-
baute Gegenhypothesen aufzustellen, ich will also nicht sagen: die Sexualität ist von den kapitalistischen und bürgerlichen Gesellschaften keineswegs unterdrückt worden, sie hat sich vielmehr dauernder Freiheit erfreut;
ich will auch nicht sagen: die Macht in Gesellschaften wie den unsrigen ist
eher tolerant als repressiv, und die Kritik der Unterdrückung bleibt, sosehr
sie sich auch den Anschein eines radikalen Bruchs geben mag, doch nur
ein Moment eines weit älteren Prozesses, wobei sie je nach dem Sinn,
den man diesem Prozeß unterlegt, als eine neue Episode in der Milderung
der Verbote oder als eine listigere und diskretere Form der Macht erscheint. Die Einwände, die ich gegen die Repressionshypothese erheben
möchte, zielen weniger auf den Nachweis, daß diese Hypothese falsch
ist, als vielmehr darauf, sie in einer allgemeinen Ökonomie der Diskurse
über den Sex anzusiedeln, wie sie seit dem 17. Jahrhundert im Innern
der modernen Gesellschaften herrscht. Warum hat man von der Sexualität
gesprochen, was hat man davon gesagt? Welche Machtwirkungen wurden
von dem Gesagten ausgelöst? Welche Verbindungen gab es zwischen den
Diskursen, den Machtwirkungen und den Lüsten, die sie besetzten? Welches Wissen bildete sich darüber? Kurz, es geht darum, das Regime von
Macht – Wissen – Lust in seinem Funktionieren und in seinen Gründen
zu bestimmen, das unserem Diskurs über die menschliche Sexualität unterliegt. Daher kommt es uns (zumindest in erster Linie) nicht so sehr darauf
an, zu wissen, ob man nun ja oder nein zum Sex sagt, ob man Verbote oder
Erlaubnisse ausspricht, ob man seine Bedeutung bejaht oder aber seine
Wirkungen verleugnet, ob man die Worte, mit denen man ihn bezeichnet,
zügelt oder nicht; vielmehr interessiert uns, *daß* man davon spricht, wer
davon spricht, interessieren uns die Orte und Gesichtspunkte, von denen
aus man spricht, die Institutionen, die zum Sprechen anreizen und das Gesagte speichern und verbreiten, kurz die globale »diskursive Tatsache«, die
»Diskursivierung« des Sexes. Daher wird es darauf ankommen, zu wissen,
in welchen Formen, durch welche Kanäle und entlang welcher Diskurse
die Macht es schafft, bis in die winzigsten und individuellsten Verhaltensweisen vorzudringen, welche Wege es ihr erlauben, die seltenen und unscheinbaren Formen der Lust zu erreichen, und auf welche Weise sie die
alltägliche Lust durchdringt und kontrolliert – und das alles mit Wirkungen, die als Verweigerung, Absperrung und Disqualifizierung auftreten

können, aber auch als Anreizung und Intensivierung; kurz, man muß die
»polymorphen Techniken der Macht« erforschen. Und schließlich wird
es nicht darauf ankommen zu bestimmen, ob die diskursiven Produktionen und die Machtwirkungen tatsächlich die Wahrheit des Sexes an den
Tag bringen oder aber Lügen, die sie verdunkeln, sondern darauf, den »Willen zum Wissen« freizulegen, der ihnen gleichzeitig als Grundlage und Instrument dient.

Damit keine Mißverständnisse aufkommen: ich unterstelle nicht, daß
der Sex seit dem klassischen Zeitalter nicht verboten, verschlossen, maskiert oder verkannt worden ist; ich behaupte auch nicht, daß sein Schicksal von da an leichter gewesen ist als in früheren Zeiten. Ich sage nicht, daß
das Verbot des Sexes eine Täuschung ist, behaupte aber, daß es eine Täuschung ist, wenn man es zu dem grundlegenden und konstitutiven Element macht, von dem ausgehend sich die Geschichte dessen schreiben
läßt, was seit Beginn der Moderne über den Sex gesagt worden ist. Alle
diese negativen Elemente – Verbote, Verweigerungen, Zensuren, Verneinungen –, die die Repressionshypothese in einem großen zentralen Mechanismus zusammenfaßt, der auf Verneinung zielt, sind zweifellos nur
Stücke, die eine lokale und taktische Rolle in einer Diskursstrategie zu
spielen haben: in einer Machttechnik und in einem Willen zum Wissen,
die sich keineswegs auf Repression reduzieren lassen.

Letzten Endes möchte ich die Analyse von jenen Privilegien lösen, die
man gewöhnlich der Ökonomie der Knappheit und den Prinzipien der
Verknappung einräumt, um statt dessen die Instanzen der diskursiven Produktion (die sicher auch Momente des Schweigens einsetzen), der Produktion von Macht (die manchmal Verbotsfunktionen besitzt) und der Wissensproduktionen (die oft Irrtümer und systematische Verkennungen in
Umlauf setzen) zu untersuchen. Die Geschichte dieser Instanzen und ihrer
Transformationen möchte ich schreiben. Schon die allererste Übersicht
von diesem Gesichtspunkt her scheint darauf hinzuweisen, daß seit Ende
des 16. Jahrhunderts die »Diskursivierung« des Sexes nicht einem Restriktionsprozeß, sondern im Gegenteil einem Mechanismus zunehmenden Anreizes unterworfen gewesen ist; daß die auf den Sex wirkenden Machttechniken nicht einem Prinzip strenger Selektion, sondern einem Prinzip der
Ausstreuung und der Einpflanzung polymorpher Sexualitäten gehorcht haben und daß der Wille zum Wissen nicht vor einem unaufhebbaren Tabu
haltgemacht, sondern sich vielmehr eifrigst bemüht hat – sei es auch durch

viele Irrtümer hindurch –, eine Wissenschaft von der Sexualität zu konstituieren. Dies sind die Bewegungen, die ich – gewissermaßen im Rücken
der Repressionshypothese und der Tatsachen von Untersagung und Ausschließung, auf die sie sich beruft – in schematischer Weise sichtbar machen möchte, indem ich von einigen historischen Fakten ausgehe, die als
Wegmarken dienen mögen.

II
Die Repressionshypothese

1 Die Anreizung zu Diskursen

17. Jahrhundert: hier soll also ein Zeitalter der Unterdrückung einsetzen, wie sie für die sogenannten bürgerlichen Gesellschaften typisch ist, ein Zeitalter, das wir angeblich immer noch nicht restlos hinter uns gebracht haben. Von diesem Augenblick an soll es schwieriger und kostspieliger geworden sein, den Sex beim Namen zu nennen. Als hätte der Sex, um im Wirklichen beherrschbar zu werden, zunächst auf dem Niveau der Sprache reduziert und in seinem freien Umlauf innerhalb des Diskurses kontrolliert werden müssen, als hätte man ihn aus dem Kreis der gesagten Dinge verjagen und alle Worte auslöschen müssen, die seine Nähe allzu spürbar werden ließen. Selbst noch diese Verbote, heißt es, haben Angst, ihn beim Namen zu nennen. Ohne ihn selbst erwähnen zu müssen, einzig und allein durch ein Spiel von Verboten, die alle aufeinander verweisen, erreicht so die moderne Schamhaftigkeit ihr Ziel, daß nicht mehr vom Sex gesprochen wird: Sprachlosigkeiten, die durch ihr eigenes Stummbleiben Schweigen gebieten. Zensur.

Betrachtet man aber diese drei letzten Jahrhunderte in ihren übergreifenden Transformationen, sehen die Dinge gleich ganz anders aus: um den Sex herum zündet eine diskursive Explosion. Wohlverstanden: es mag schon sein, daß eine Säuberung – und zwar eine unerbittliche Säuberung – des zugelassenen Vokabulars stattgefunden hat. Es mag auch sein, daß man eine ganze Rhetorik der Anspielung und der Metapher kodifiziert hat. Zweifellos haben neue Regeln des Anstandes die Worte gefiltert: Polizei der Aussagen. Und es gab auch eine Kontrolle der Äußerungen: man hat in sehr viel strengerer Weise festgelegt, wo und wann, in welcher Situation, zwischen welchen Gesprächspartnern und innerhalb welcher gesellschaftlichen Beziehungen es möglich war vom Sex zu sprechen; auf diese Weise hat man Bereiche geschaffen, in denen zwar kein absolutes Schweigen, wohl aber Takt und Diskretion herrschten: zwischen Eltern und Kindern zum Beispiel oder zwischen Herren und Bediensteten. In diesen Beziehungen hat mit ziemlicher Sicherheit eine restriktive Ökonomie geherrscht. Sie bildet einen Teil jener Politik der Sprache und der Rede, die – teils spontan, teils geplant – die gesellschaftlichen Neuverteilungen des klassischen Zeitalters begleitet hat.

Auf der Ebene der Diskurse und ihrer Bereiche allerdings stellt sich das Phänomen nahezu umgekehrt dar. Die Diskurse über den Sex – spezifische, gleichzeitig nach Form und Gegenstand unterschiedene Diskurse – haben unaufhörlich zugenommen: eine diskursive Gärung, die sich seit dem 18. Jahrhundert beschleunigt hat. Ich denke hier nicht so sehr an die Vervielfachung »unziemlicher«, frevlerischer Diskurse, die rücksichtslos, voller Spott für die neuen Schamhaftigkeiten, den Sex beim Namen nennen; wahrscheinlich hat die Verschärfung der Anstandsregeln im Gegenzug eine Aufwertung und Intensivierung der unanständigen Rede hervorgerufen. Das Wesentliche aber ist die Vermehrung der Diskurse über den Sex, die im Wirkungsbereich der Macht selbst stattfindet: institutioneller Anreiz, über den Sex zu sprechen, und zwar immer mehr darüber zu sprechen; von ihm sprechen zu hören und ihn zum Sprechen zu bringen in ausführlicher Erörterung und endloser Detailanhäufung.

Man sehe sich die Entwicklung der katholischen Pastoral und des Bußsakraments nach dem tridentinischen Konzil an. Nach und nach verhüllt man die Nacktheit der Fragen, welche die Beichtspiegel im Mittelalter und teilweise bis ins 17. Jahrhundert hinein gestellt hatten. Man vermeidet es, derart ins Detail zu gehen, wie es manche, etwa Sanchez und Tamburini, zuvor für eine vollständige Beichte für unabdingbar erachtet hatten: die Stellung der Partner zueinander, die Haltungen, die man eingenommen hatte, die Gesten und Berührungen, der genaue Augenblick der Lust – eine vollständige und spitzfindige Beschreibung des sexuellen Aktes in seinem Vollzug. Mit immer größerem Nachdruck empfiehlt man Diskretion. Hinsichtlich der widernatürlichen Sünden ist allergrößte Zurückhaltung geboten: »In dieser Sache will ich keine weitere Auseinandersetzung machen: denn sie gleicht einem Peche, das beschmutzt, man mag es berühren, wie man will; auch sogar, wenn man es wegzuschaffen gedenkt.«[1] Und Alphons von Liguori wird später vorschreiben, mit »ablenkenden und etwas unbestimmten« Fragen den Anfang zu machen – auch auf die Gefahr hin, vor allem bei Kindern damit nicht weiterzukommen.[2]

---

1 P. Segneri, *Unterricht für Beichtende*, dt. Übersetzung: Regensburg 1852, S. 126.
2 A. M. von Liguori, *Praktische Unterweisungen für Beichtväter*. Otter: *Homo apostolicus in deutscher Übersetzung*, Regensburg 1854. Vgl. 3. Band, S. 165 f.: »In Bezug hierauf muß aber der Beichtvater

Wie sehr man sich auch die Zunge abbeißen möchte: die Ausweitung des Geständnisses, des Geständnisses über das Fleisch, ist nicht aufzuhalten. Weil die Gegenreformation darauf hinarbeitet, den Rhythmus der Beichte in allen katholischen Ländern zu beschleunigen. Weil sie minutiöse Regeln der Selbstprüfung durchzusetzen sucht. Vor allem aber weil sie – möglicherweise auf Kosten anderer Sünden – der Buße für die Einflüsterungen des Fleisches immer mehr Bedeutung beimißt: Gedanken, Begehren, wollüstige Vorstellungen, Ergötzungen, verschlungene Regungen der Seele und des Körpers – all das muß fortan bis ins Detail genau ins Spiel der Beichte und der Seelenführung eintreten. Der neuen Pastoral zufolge darf der Sex nur noch vorsichtig beim Namen genannt werden, wogegen seine einzelnen Aspekte, seine Verbindungen und Wirkungen bis in ihre feinsten Verzweigungen verfolgt werden müssen: ein Schatten in einer Träumerei, ein Bild, das nicht schnell genug vertrieben wurde, eine Verschwörung zwischen der Mechanik des Körpers und der Willfährigkeit des Geistes: alles muß gesagt werden. Eine Doppelentwicklung zielt darauf, das Fleisch zur Wurzel aller Sünden zu machen und gleichzeitig das wichtigste Moment vom Akt selber auf jene so schwer wahrnehmbare und formulierbare Wirrnis des Begehrens zu verschieben. Geht es doch hier um ein Übel, das in den geheimsten Formen den ganzen Menschen heimsucht: »Erforsche alle deine Geisteskräfte, Gedächtnis, Verstand und Willen; erforsche alle deine Sinne, und besonders die beiden ersten: dein Sehen und dein Hören, und noch viel mehr dein Berühren. Erforsche in dieser Hinsicht die Gedanken, die Worte und die Werke. Erforsche sogar die Träume, ob du nicht vielleicht beim Erwachen daran irgendwie Wohlgefallen gehabt hast ... Halte endlich in dieser Sache keinen Fehler für gering.«[3] Ein obligatorischer und aufmerksamer Diskurs also muß über alle Umwege hinweg der Verbindungslinie des Körpers und der Seele folgen: unter der Oberfläche der Sünden läßt er das Geäder des Fleisches sichtbar werden. Unter dem Deckmantel einer gründlich gesäuberten Sprache, die sich hütet, ihn beim Namen zu nennen, wird der Sex von einem Diskurs in Beschlag genommen, der ihm keinen Augenblick Ruhe oder Verborgenheit gönnt.

---

sehr vorsichtig im Fragen sein. Er fange also mit allgemeinen Ausdrücken an ... Und je nach den Antworten gehe man zu neuen Fragen über: sed caveat ab exquirendo a puellis vel a pueris, an adfuerit seminis effusio; denn es ist bei Solchen besser, es an der materiellen Integrität der Beicht fehlen zu lassen, als daß man sie der Gefahr aussetze, zu lernen, was sie noch nicht wissen, oder daß man bei ihnen die Neugierde reize, es selbst kennen zu lernen.«
3 P. Segneri, *loc. cit.*, S. 126.

In diesem allgemeinen Zwang setzt sich vielleicht zum ersten Mal jenes Gebot durch, das dem modernen Abendland so eigentümlich ist. Ich meine damit nicht die Geständnispflicht, der die traditionelle Buße alle Vergehen gegen die Gesetze des Sexes unterwarf, sondern die quasi unendliche Aufgabe, sich selbst oder einem anderen so oft als möglich alles zu sagen, was zum Spiel der Lüste, der zahllosen Gefühle und Gedanken gehört, die in irgendeiner Weise den Körper und die Seele mit dem Sex verbinden. Das Projekt einer »Diskursivierung« des Sexes hatte sich lange zuvor in einer asketischen und klösterlichen Tradition formiert. Das 17. Jahrhundert erst hat daraus eine Regel für alle gemacht. Man wird einwenden, daß diese Regel höchstens auf eine sehr kleine Elite Anwendung finden konnte, weil sich die Masse der Gläubigen, die nur zu seltenen Anlässen zur Beichte ging, derart komplexen Vorschriften entzog. Festzuhalten bleibt aber, daß diese Pflicht einem jeden guten Christen zumindest als ideales Ziel ans Herz gelegt wurde. Es ist ein Imperativ errichtet worden, der fordert, nicht nur die gesetzwidrigen Handlungen zu beichten, sondern aus seinem Begehren, aus seinem gesamten Begehren einen Diskurs zu machen. Nichts soll mehr der Formulierung entgehen, auch wenn die Worte, deren sie sich bedient, sorgfältig neutralisiert sein müssen. Die christliche Seelsorge hat aus der Aufgabe, alles was sich auf den Sex bezieht, durch die endlose Mühle des Wortes zu drehen, eine fundamentale Pflicht gemacht.[4] Das Verbot bestimmter Wörter, die Schicklichkeit der Ausdrücke und alle Zensuren des Vokabulars können gegenüber dieser großen Unterwerfung nur als abgeleitet, zweitrangig begriffen werden: als Mittel, den Sex moralisch akzeptierbar und technisch nützlich zu machen.

Man könnte eine direkte Linie von der Pastoral des 17. Jahrhunderts hinüber zu ihrer Projektion in der Literatur, zumal in der »skandalösen« Literatur ziehen. Sag alles, wiederholen die Beichtväter: »nicht nur ... das vollständig vollbrachte unkeusche Werk ..., sondern ... auch alle unreinen Berührungen, alle unreinen Blicke und alle unehrbaren Reden ..., alle unkeuschen Gedanken.«[5] Sade verschärft diese Aufforderung in einer Spra-

---

4 Die reformierte Seelsorge hat ebenfalls, wenngleich in diskreterer Weise, Regeln für die Diskursivierung des Sexes aufgestellt. Dies soll im folgenden Band, *Das Fleisch und der Körper*, untersucht werden.

5 A. von Liguori, Sämtliche Werke, 3. Abtlg., 7. Band: *Der Katechet oder populäre Belehrungen über die Beobachtung der zehn Gebote und über den würdigen Empfang der heiligen Sakramente für Priester, die mit der Unterweisung des Volkes beauftragt sind*, Regensburg 1844.

che, die unmittelbar Traktaten der Seelenführung entnommen zu sein scheint: »Hat man Ihnen nicht gesagt, daß Sie Ihre Erzählungen möglichst detailliert und ausführlich bringen sollen, und daß wir nicht beurteilen können, welche Beziehung die Passion, die Ihr erzählt, zu den Sitten und zum Charakter des Mannes hat, wenn Ihr nicht auch die kleinsten Nebenumstände wiedergebt; daß übrigens die kleinsten Umstände unendlich zu dem beitragen, was wir von Euren Erzählungen für die Erregung unserer Sinne erwarten?«[6] Der gleichen Vorschrift hat sich noch der anonyme Autor von *My secret Life* am Ende des 19. Jahrhunderts unterworfen; zweifellos stellte er, zumindest nach außen hin, einen traditionellen Libertin dar; darüber hinaus aber war er von der Idee besessen, sein Leben, das er nahezu vollständig der sexuellen Aktivität widmete, durch die genaueste Erzählung jeder seiner Episoden zu verdoppeln. Manchmal entschuldigt er sich, indem er sich auf die Sorge um die Erziehung der Jugend beruft – ausgerechnet er, der sich elf Bände lang mit den geringsten Abenteuern, Lüsten und Empfindungen seines Sexes beschäftigte, um sie dann nur in ganz wenigen Exemplaren drucken zu lassen – glaubhafter wirkt er, wenn er in seinem Text die Stimme des reinen Imperativs erklingen läßt: »Ich berichte die Tatsachen, wie sie sich zugetragen haben und soweit ich mich ihrer erinnern kann; das ist alles, was ich tun kann«; »ein geheimes Leben kann keine Auslassung zulassen; es gibt nichts, dessen man sich schämen müßte ..., man kann niemals zuviel von der menschlichen Natur erkennen.«[7] Der Einzelgänger des *Geheimen Lebens* hat oft zu seiner Entschuldigung vorgebracht, daß seine seltsamen Praktiken sicherlich von Tausenden von Menschen auf der gesamten Erdoberfläche geteilt werden. Die allerseltsamste seiner Praktiken aber, die nämlich, sie alle im Detail und Tag für Tag zu erzählen, ist seit gut zwei Jahrhunderten im Herzen des modernen Menschen verankert worden. Statt in diesem ungewöhnlichen Mann den mutigen Ausbrecher aus dem Schweigen des »Viktorianismus« zu sehen, würde ich davon ausgehen, daß er in einer Epoche, die ansonsten von weitschweifigen Vorschriften über Takt und Schamgefühl beherrscht wurde, der direkteste und in gewisser Weise naivste Vertreter einer jahrhundertealten Einschärfung war, vom Sex zu sprechen. Der historische Unfall be-

---

6 Marquis de Sade, *Die hundertzwanzig Tage von Sodom oder die Schule der Ausschweifung*, Leipzig 1909, S. 103.
7 An., *My secret Life*, Neuauflage bei Grove Press, 1964. Eine kommentierte Auswahl daraus erschien 1968 in deutscher Sprache: Walter (Der englische Casanova), *Mein geheimes Leben*. Herausgegeben und kommentiert von Dr. Ph. Kronhausen und Dr. E. Kronhausen.

stünde demnach eher in den Schamhaftigkeiten des »viktorianischen Puritanismus«; auf jeden Fall aber bedeuteten sie einen Umschwung, eine Raffinierung, eine taktische Wendung in dem großen Prozeß der Diskursivierung des Sexes.

Weit eher als seine Königin kann dieser identitätslose Engländer zur zentralen Figur einer Geschichte der modernen Sexualität werden, die sich zu einem gut Teil bereits mit der christlichen Seelsorge herausbildet. Anders als für diese aber ging es für ihn darum, seine Gefühle durch das Aussprechen jedes ihrer Details zu steigern; wie Sade schrieb er im starken Sinne des Wortes »einzig um seiner Lust willen«; sorgfältig vermischte er das Schreiben und Lesen seines Textes mit erotischen Szenen, die auf diese Weise wiederholt, verlängert und stimuliert wurden. Letzten Endes aber suchte auch die christliche Pastoral spezifische Wirkungen auf den Sex zu erzielen, und zwar dadurch, daß sie ihn restlos und gründlich in Diskurs versetzte: sicher handelte es sich da um Wirkungen der Beherrschung und der Entsagung, ebensosehr aber auch um Wirkungen der geistlichen Erneuerung und der Rückkehr zu Gott, um die physische Wirkung des Schmerzes, den die Bisse der Versuchung dem Körper zufügen, und der Liebe, die der Versuchung widersteht. Das Wesentliche liegt darin, daß seit drei Jahrhunderten der abendländische Mensch an den Imperativ gebunden ist, alles über seinen Sex zu sagen; daß es seit dem klassischen Zeitalter zu einer ständigen Erweiterung und einer immer höheren Bewertung des Diskurses über den Sex gekommen ist und daß man von diesem sorgfältigen analytischen Diskurs vielfältige Wirkungen auf das Begehren selbst (Verschiebung, Verstärkung, Rückwirkung und Modifizierung) erwartet hat. Man hat nicht nur den Bereich dessen, was sich über den Sex sagen ließ, ausgebreitet und die Menschen dazu gezwungen, ihn beständig zu erweitern; man hat vor allem den Diskurs an den Sex angeschlossen, und zwar vermöge eines komplexen und vielfältig wirkenden Dispositivs*, das sich nicht in einem einzigen verbietenden Gesetz erschöpft. Zensur des Sexes? Eher hat man einen Apparat zur Produktion von Diskursen über den Sex installiert, zur Produktion von immer mehr Diskursen, denen es gelang, zu funktionierenden und wirksamen Momenten seiner Ökonomie zu werden.

---

* Der frz. Begriff ›dispositif‹ findet sich vornehmlich in juristischen, medizinischen und militärischen Kontexten. Er bezeichnet die (materiellen) Vorkehrungen, die eine strategische Operation durchzuführen erlauben. Anm. d. Übers.

Diese Technik wäre vielleicht an das Schicksal der christlichen Spiritualität oder die Ökonomie der individuellen Lüste gebunden geblieben, hätten nicht andere Mechanismen sie gestützt und aufgegriffen. In erster Linie ein »öffentliches Interesse«. Nicht eine kollektive Neugierde oder Sensibilität, keine neue Mentalität. Sondern Machtmechanismen, für deren Funktionieren der Diskurs über den Sex (aus Gründen, auf die zurückzukommen sein wird) wesentlich geworden ist. Um das 18. Jahrhundert herum entsteht ein politischer, ökonomischer und technischer Anreiz, vom Sex zu sprechen. Und das nicht so sehr in Form einer allgemeinen Theorie der Sexualität, sondern in Form von Analyse, Buchführung, Klassifizierung und Spezifizierung, in Form quantitativer oder kausaler Untersuchungen. Den Sex »in Rechnung« zu stellen, um einen nicht nur moralischen, sondern auch rationalen Diskurs darüber zu halten, war eine zunächst so neue Notwendigkeit, daß sie sich über sich selbst verwundern und nach Entschuldigungen suchen mußte. Wie konnte ein vernünftiger Diskurs über das da sprechen? »Selten nur haben die Philosophen einen festen Blick auf jene Gegenstände geworfen, die zwischen Abscheu und Lächerlichkeit liegen und bei denen es gleichzeitig die Heuchelei und den Skandal zu vermeiden gilt.«[8] Und noch ein Jahrhundert später gerät die Medizin, von der man geringere Betroffenheit angesichts dieser Dinge hätte erwarten können, im Augenblick des Sprechens ins Stottern: »Dunkelheit umhüllt dergleichen Handlungen, und sie erfüllen jedermann mit Scham und Widerwillen; das ist der Grund, warum sie zu allen Zeiten dem Blicke der Beobachter sich entzogen ... ich (habe) mich auch längere Zeit bedacht, ob ich das garstige Gemälde der Päderastie in diese Untersuchung aufnehmen sollte ...«[9] Doch liegt das Entscheidende nicht in diesen Skrupeln, in dem »Moralismus«, den sie verraten, oder in der Heuchelei, deren man sie verdächtigen könnte, sondern darin, daß die Notwendigkeit, sie überwinden zu müssen, anerkannt wird. Man muß vom Sex sprechen, und zwar öffentlich und in einer Weise, die sich nicht mehr der Teilung in Erlaubtes und Verbotenes beugt, auch wenn der Sprecher für sich selbst dieser Unterscheidung treu bleibt (und nur um das zu bezeugen, sind die feierlichen Erklärungen am Anfang da); man muß vom Sex sprechen wie von einer Sache, die man nicht einfach zu verurteilen oder

---

8 Condorcet, zitiert bei J.-L. Flandrin, *Familles*, 1976.
9 A. Tardieu, *Die Vergehen gegen die Sittlichkeit in staatsärztlicher Beziehung betrachtet*, Weimar 1860, S. 121 und 122 (frz.: *Étude médico-légale sur les attentats aux mœurs*, 1857, S. 114).

zu tolerieren, sondern vielmehr zu verwalten und in Nützlichkeitssysteme
einzufügen hat, einer Sache, die man zum größtmöglichen Nutzen aller regeln und optimal funktionieren lassen muß. Der Sex, das ist nicht nur eine
Sache der Verurteilung, das ist eine Sache der Verwaltung. Er ist Sache der
öffentlichen Gewalt, er erfordert Verwaltungsprozeduren, er muß analytischen Diskursen anvertraut werden. Der Sex wird im 18. Jahrhundert zu
einer Angelegenheit der »Polizei«. Allerdings im vollen und starken Sinne,
den das Wort zu dieser Zeit besaß – nicht Unterdrückung der Unordnung,
sondern verordnete Steigerung der kollektiven und individuellen Kräfte:
»Der Endzweck der Policey ist demnach, durch gute innerliche Verfassungen die Erhaltung und Vermehrung des allgemeinen Vermögens des Staats
zu bewirken; und gleichwie das allgemeine Vermögen des Staats nicht allein alle, der gesamten Republik und allen Mitgliedern derselben zuständige, Güther, sondern auch die Geschicklichkeiten und Fähigkeiten aller,
zu der Republik gehörigen, Persohnen unter sich begreift; so muß die Policey beständig bemühet seyn, den allgemeinen Zusammenhang aller dieser verschiedenen Güther vor Augen zu haben und eine jede Art derselben
zu Beförderung der gemeinschaftlichen Glückseeligkeit immer dienst-
licher und brauchbarer zu machen ... Dieser Endzweck der Policey kann
ohne eine vollkommene Kenntniß dieser verschiedenen Güther nicht errei-
chet werden.«[10]

Polizei des Sexes: das ist nicht das strikte Verbot, sondern die Notwendigkeit, den Sex durch nützliche und öffentliche Diskurse zu regeln.

Nur einige Beispiele. Eine der großen Neuerungen in den Machttechniken des 18. Jahrhunderts bestand im Auftreten der »Bevölkerung« als ökonomisches und politisches Problem: die Bevölkerung als Reichtum, die
Bevölkerung als Arbeitskraft oder Arbeitsfähigkeit, die Bevölkerung im
Gleichgewicht zwischen ihrem eigenen Wachstum und dem ihrer Ressourcen. Die Regierungen entdecken, daß sie es nicht nur mit Untertanen,
auch nicht bloß mit einem »Volk«, sondern mit einer »Bevölkerung« mit
spezifischen Problemen und eigenen Variablen zu tun haben wie Geburtenrate, Sterblichkeit, Lebensdauer, Fruchtbarkeit, Gesundheitszustand,
Krankheitshäufigkeit, Ernährungsweise und Wohnverhältnissen. Alle diese Variablen stehen am Kreuzungspunkt von Bewegungen, die dem Leben
eigen sind, und Wirkungen, die von den Institutionen ausgehen: »Die Staa-

---

10 J. H. G. von Justi, *Grundsätze der Policey-Wissenschaft*, 2., verm. Auflage, Göttingen 1759, S. 6.

ten bevölkern sich nicht gemäß dem natürlichen Gang der Fortpflanzung, sondern auf Grund ihrer Industrie, ihrer Produktionen und der verschiedenen Institutionen ... Die Menschen vermehren sich wie die Erträge des Bodens oder die Gewinne und Einkommen, die sie in ihrer Arbeit finden.«[11] Im Zentrum des ökonomischen und politischen Problems der Bevölkerung steht der Sex: man muß die Geburtenrate und das Heiratsalter analysieren, die Geschlechtsreife und die Häufigkeit der Geschlechtsbeziehungen, die Mittel, fruchtbar oder unfruchtbar zu machen, die Wirkungen von Ehelosigkeit und Verboten, die Auswirkungen empfängnisverhütender Praktiken – jener berühmten »unseligen Geheimnisse«, von denen die Demographen am Anbruch der Revolution wissen, daß sie auf dem Lande gang und gäbe sind. Sicherlich stand seit langem fest, daß ein Land, das Reichtum und Macht erstrebte, bevölkert sein mußte. Aber zum ersten Mal kommt eine Gesellschaft zu der dauerhaften Einsicht, daß ihre Zukunft und ihr Glück nicht nur von der Kopfzahl und Tugend der Bürger, nicht nur von den Regeln ihrer Heirat und Familienorganisation abhängen, sondern von der Art und Weise, wie ein jeder von seinem Sex Gebrauch macht. Von den rituellen Klagen über die unfruchtbaren Ausschweifungen der Reichen, der Junggesellen und der Libertins wechselt man über zu einem Diskurs, der das sexuelle Verhalten der Bevölkerung gleichzeitig zum Gegenstand der Analyse und zur Zielscheibe von Eingriffen macht; von den massiv populationistischen Thesen der merkantilistischen Epoche geht man über zu feineren und besser kalkulierten Regulierungsversuchen, die je nach den Zielen und Erfordernissen zwischen einer geburtensteigernden und einer geburtensenkenden Richtung schwanken. Durch die Politische Ökonomie der Bevölkerung hindurch bildet sich ein ganzer Raster von Beobachtungen über den Sex. An der Grenze des Biologischen und des Ökonomischen entsteht die Analyse der sexuellen Verhaltensweisen, ihrer Determinationen und Wirkungen. Es kommt nun auch zu jenen systematischen Feldzügen, die jenseits der traditionellen Mittel – moralische und religiöse Ermahnungen, fiskalische Maßnahmen – aus dem Sexualleben der Ehepartner ein ökonomisch und politisch abgestimmtes Verhalten zu machen versuchen. Gewisse Verankerungspunkte für die Rassismen des 19. und 20. Jahrhunderts haben hier ihren Ort. Der Staat muß wissen, wie es um den Sex der Bürger steht und welchen

11 C.-J. Herbert, *Essai sur la police générale des grains* (1753), S. 320 f.

Gebrauch sie davon machen. Aber auch jeder einzelne muß fähig sein, den Gebrauch, den er vom Sex macht, zu kontrollieren. Der Sex ist zum Einsatz, zum öffentlichen Einsatz zwischen Staat und Individuum geworden; ein ganzer Strang von Diskursen, von Wissen, Analysen und Geboten hat ihn besetzt. Das gilt auch für den Sex der Kinder, von dem man häufig sagt, er sei vom klassischen Zeitalter in ein Dunkel gedrängt worden, aus dem er erst seit den *Drei Abhandlungen* oder den segensreichen Ängsten des kleinen Hans wieder habe hervortreten können. Sicher stimmt es, daß eine frühere »Freiheit« der Sprache zwischen Kindern und Erwachsenen oder Schülern und Schulmeistern verschwunden ist. Kein Pädagoge des 17. Jahrhunderts hätte mehr öffentlich – wie Erasmus in seinen *Dialogen* – seinen Schüler in der Wahl einer guten Prostituierten unterwiesen. Und das schallende Gelächter, das so lange und offenbar in allen sozialen Klassen die frühreife Sexualität der Kinder begleitet hatte, ist nach und nach verstummt. Dennoch handelt es sich keineswegs um ein reines und einfaches Schweigegebot. Es handelt sich eher um ein neues Regime der Diskurse. Man sagt nicht weniger, im Gegenteil. Aber man sagt es anders, es sind andere Leute, die es sagen, von anderen Gesichtspunkten aus und um anderer Wirkungen willen. Die Stummheit selbst, die Sachen, die zu sagen man sich weigert oder die zu nennen man verbietet, die zwischen bestimmten Gesprächspartnern erforderte Diskretion bilden weniger die absolute Grenze des Diskurses, gleichsam die andere Seite, von der ihn eine scharfe Grenzziehung trennte, als vielmehr Elemente, die neben den gesagten Dingen, mit ihnen und im Verhältnis zu ihnen in Gesamtstrategien funktionieren. Man braucht keine binäre Teilung zwischen Gesagtem und Nichtgesagtem vorzunehmen; man müßte vielmehr die verschiedenen Arten, etwas nicht zu sagen, zu bestimmen versuchen, wie sich die, die darüber sprechen können, und die, die es nicht können, verteilen, welcher Diskurstyp autorisiert und welche Form der Diskretion jeweils erfordert wird. Es gibt eine Vielzahl von Schweigen, und sie sind integrierender Bestandteil der Strategien, welche die Diskurse tragen und durchkreuzen.

Man sehe sich die Bildungsanstalten des 18. Jahrhunderts an. Global betrachtet kann man zu dem Eindruck kommen, daß praktisch nicht mehr vom Sex geredet wird. Doch braucht man nur einen Blick auf die architektonischen Einrichtungen, auf die Disziplinarreglements und die gesamte innere Organisation zu werfen: unaufhörlich dreht sich alles um den Sex. Die Architekten haben daran gedacht, und zwar ganz ausdrücklich. Die

Organisatoren stellen ihn beständig in Rechnung. Alle, die eine gewisse Autorität innehaben, wachen unermüdlich darüber, daß die einmal getroffenen Anordnungen und Vorsichtsmaßnahmen, das Spiel der Strafen und Verantwortlichkeiten unablässig wiederholt und angewendet werden. Der Klassenraum, die Form der Tische, die Gewährung von Ruhepausen, die Unterteilung der Schlafsäle (mit Trennwänden oder ohne, mit Vorhängen oder ohne), die für die Überwachung des Zubettgehens und des Schlafes vorgesehenen Regeln, alles das verweist in der beredtesten Weise auf die Sexualität der Kinder.[12] Das, was man den internen Diskurs der Institution nennen könnte – der Diskurs, den sie sich selbst hält und den diejenigen halten, die sie funktionieren lassen –, beruht zum Großteil auf der Feststellung, daß diese Sexualität existiert: frühreif, aktiv und permanent. Aber es geht noch weiter: der Sex des Kollegiaten ist – in weit stärkerem Maße als der der Jugendlichen im allgemeinen – im Laufe des 18. Jahrhunderts zu einem öffentlichen Problem geworden. Die Ärzte wenden sich an die Anstaltsleiter und Lehrer, erteilen aber auch den Familien ihre Ratschläge; die Pädagogen entwickeln Pläne, die sie den Autoritäten unterbreiten; die Erzieher wenden sich ihren Schülern zu, geben ihnen Empfehlungen oder verfassen Schriften mit Ratschlägen, moralischen oder medizinischen Beispielen für sie. Um den Zögling und seinen Sex herum schießt eine ganze Literatur von Vorschriften, Ratschlägen, Beobachtungen, medizinischen Anweisungen, klinischen Fällen, Reformvorhaben und Plänen für ideale Anstalten aus dem Boden. Mit Basedow und der deutschen »philanthropischen« Bewegung hat die Diskursivierung des Sexes eine beträchtliche Ausdehnung gewonnen. Saltzmann hatte sogar eine Experimentalschule eingerichtet, deren Besonderheit in einer so ausgeklügelten Kontrolle und Erziehung des Sexes bestand, daß es nie zu der universellen Sünde der Jugend kommen sollte. Und in all diesen Maßnahmen sollte das Kind nicht nur das stumme und bewußtlose Objekt von Bemühungen sein, die einzig zwischen den Erwachsenen abgesprochen waren, sondern man zwang ihm

12 Polizeiverordnung für die Gymnasien (1809), Art. 67. »Während der Schul- und Arbeitsstunden überwacht immer ein Studienaufseher den Außenhof, um zu verhindern, daß die Zöglinge, die eines Bedürfnisses wegen hinausgegangen sind, stehenbleiben und sich versammeln.

68. Nach dem Abendgebet werden die Zöglinge in den Schlafsaal geführt und von den Aufsehern zu Bett geschickt.

69. Die Aufseher gehen erst zu Bett, nachdem sie sich überzeugt haben, daß jeder Zögling sich in seinem Bett befindet.

70. Die Betten werden durch Trennwände von zwei Meter Höhe getrennt. Die Schlafsäle sind während der Nacht beleuchtet.«

einen vernünftigen, begrenzten, anständigen und wahren Diskurs über den Sex auf – eine Art diskursiver Orthopädie. Das große, im Mai 1776 im *Philanthropinum* veranstaltete Fest mag hier zur Illustration dienen. In der Mischform von Prüfung, Floraspielen, Preisverteilung und Musterung war es die erste heilige Kommunion des jugendlichen Sexes und des vernünftigen Diskurses. Um die Erfolge der Sexualerziehung, die man den Schülern angedeihen ließ, zu demonstrieren, hatte Basedow alles eingeladen, was Deutschland an Berühmtheiten aufzubieten hatte (Goethe war einer der wenigen gewesen, die der Einladung nicht folgten). Vor versammeltem Publikum stellt Wolke, einer der Lehrer, den Schülern ausgewählte Fragen über die Mysterien des Sexes, der Geburt und der Fortpflanzung; er läßt sie Stiche kommentieren, die eine schwangere Frau, ein Paar, eine Wiege darstellen. Die Antworten sind aufgeklärt, frei von Scham und Zwang. Kein unschickliches Lachen unterbricht sie – außer von seiten eines erwachsenen Publikums, das offenbar kindischer ist als die Kinder selbst und von Wolke streng getadelt wird. Am Ende applaudiert man den pausbäckigen Knaben, die vor den Großen aus einem gewandten Wissen die Girlanden des Diskurses und des Wissens flechten.[13]

Es wäre unkorrekt zu sagen, daß die pädagogische Institution dem Sex der Kinder und Heranwachsenden in massiver Weise Schweigen geboten hat. Sie hat vielmehr seit dem 18. Jahrhundert die entsprechenden Diskursformen vervielfacht und verschiedenste Einpflanzungspunkte für ihn eingerichtet, sie hat die Inhalte codiert und die Sprecher qualifiziert. Vom Sex der Kinder sprechen, Erzieher, Ärzte, Beamte und Eltern davon sprechen lassen und sie in einen Raster aus Diskursen einschließen, die bald zu ihnen und bald über sie sprechen, bald ihnen kanonische Erkenntnisse aufzwingen und bald ein Wissen von ihnen bilden, das ihnen entgleitet – all das erlaubt, daß sich die Intensivierung der Mächte und die Vermehrung der Diskurse verbinden. Seit dem 18. Jahrhundert ist der Sex der Kinder und Jugendlichen zu einem wichtigen Einsatz geworden, um den herum zahllose institutionelle Dispositive und diskursive Strategien erstellt worden sind. Mag sein, daß man den Erwachsenen und Kindern eine bestimmte Art des Redens, die man als direkt, roh und grob disqualifiziert, entwendet hat. Allerdings war das nur das Gegenstück, möglicherweise die Bedingung für das Funktionieren anderer Diskurse, die sich überkreuzen, subtil abstufen und um ein Bündel von Machtbeziehungen gliedern.

13 J. Schummel, *Fritzens Reise nach Dessau* (1776), zit. bei A. Pinloche, *Geschichte des Philanthropinismus*, Leipzig 1896, S. 103-109.

Man könnte noch weitere Brennpunkte nennen, die vom 18. oder 19. Jahrhundert an begonnen haben Diskurse über den Sex hervorzubringen. Zunächst die Medizin, auf dem Weg über die »Geisteskrankheiten«, dann die Psychiatrie, die zuerst in der »Ausschweifung«, dann in der Onanie, in der Unbefriedigtheit und im »Betrug an der Natur« die Ätiologie der Geisteskrankheiten zu suchen beginnt, besonders aber von dem Augenblick an, wo sie die Gesamtheit der sexuellen Perversionen als ihr ureigenstes Gebiet annektiert; des weiteren die Strafjustiz, die lange Zeit mit der Sexualität vor allem in Gestalt der »ungeheuerlichen« oder widernatürlichen Verbrechen konfrontiert gewesen war und die sich nun, etwa seit Mitte des 19. Jahrhunderts, der kleinlichen Verurteilung der kleinen Verstöße, der geringfügigen Vergehen und unbedeutenden Perversionen hingibt; schließlich alle jene gegen Ende des vorigen Jahrhunderts entstandenen sozialen Kontrollen, die die Sexualität der Paare, der Eltern und Kinder, der gefährlichen und gefährdeten Jugendlichen filtern – diese Kontrollen suchen zu schützen, zu trennen und vorzubeugen, sie signalisieren überall Gefahren, rufen zur Wachsamkeit, fordern Diagnosen, häufen Berichte auf und organisieren Therapien; sie machen den Sex zum Ausstrahlungspunkt von Diskursen und steigern das Bewußtsein einer ständigen Gefahr, die ihrerseits wieder den Anreiz zum Sprechen verschärft.

An einem Tag im Jahre 1867 wird ein Landarbeiter aus dem Dorf Lapcourt, ein etwas einfältiger Mensch, den je nach Jahreszeit mal dieser und mal jener beschäftigt, der aus ein bißchen Mitleid und gegen harte Arbeit mal hier und mal da etwas zu essen bekommt und der in Scheunen und Ställen schläft, angezeigt: am Rande eines Feldes hatte er von einem kleinen Mädchen ein paar Zärtlichkeiten ergattert, wie er es früher schon getan und gesehen hatte, wie alle Burschen und Mädchen um ihn herum es taten, wenn sie am Waldrand oder im Graben der Straße, die nach Saint-Nicolas führt, das Spiel spielten, das man »Dickemilch« nannte. Er wird also von den Eltern beim Bürgermeister des Dorfes angezeigt, der Bürgermeister übergibt ihn den Gendarmen, die führen ihn vor den Richter, welcher ihn anklagt und einem ersten Arzt anheimgibt, dann zwei weiteren Experten, die einen Bericht abfassen und schließlich veröffentlichen.[14] Die Bedeutung dieser Geschichte? Die liegt gerade in ihrer Kleinheit, darin, daß dieses Alltagsereignis in der dörflichen Sexualität, diese

---

14 H. Bonnet et J. Bulard, *Rapport médico-légal sur l'état mental de Ch.-J. Jouy*, 4. Jan. 1868.

kleinen Lüste hinter den Büschen von einem bestimmten Augenblick an
zum Gegenstand nicht bloß einer kollektiven Intoleranz, sondern einer
juristischen Aktion, einer medizinischen Intervention, einer klinischen Prüfung und einer umfangreichen theoretischen Verarbeitung werden konnten. Die Bedeutung liegt darin, daß man diesen Unglücklichen, der bis dahin einen festen Bestandteil des bäuerlichen Lebens gebildet hatte, auf die
Maße seines Schädels und den Knochenbau seines Gesichtes hin zu untersuchen begann, daß man seine Anatomie nach möglichen Zeichen der
Degeneration musterte, ihn zum Sprechen brachte und nach seinen Gedanken, Neigungen, Gewohnheiten, Gefühlen und Urteilen befragte. Und
daß man am Ende, als man ihn keines Verbrechens schuldig fand, beschloß, ihn zu einem reinen Gegenstand der Medizin und des Wissens
zu machen – zu einem Gegenstand, den man bis ans Ende seines Lebens
im Hospital von Maréville begraben konnte, während man ihn durch eine
detaillierte Analyse der gelehrten Welt bekannt machte. Man kann wetten,
daß zur gleichen Zeit der Dorfschullehrer von Lapcourt der Dorfjugend
beibrachte, anständig und nur noch leise von all diesen Dingen zu reden.
Freilich war das gerade eine der Bedingungen dafür, daß die Institutionen
des Wissens und der Macht jenes kleine Alltagstheater mit ihrem feierlichen Diskurs überlagern konnten. Über diesen zeitlosen Gesten, diesen
kaum verhohlenen Lüsten zwischen einfältigen Seelen und aufgeweckten
Kindern hat unsere Gesellschaft – zweifellos als erste in der Geschichte –
einen ganzen Apparat zum Diskurrieren, Analysieren und Erkennen eingerichtet.

Zwischen dem englischen Libertin, besessen davon, sich die Einzelheiten seines geheimen Lebens zu beschreiben, und seinem Zeitgenossen, diesem Dorftrottel, der den kleinen Mädchen ein paar Sous gab für die Gefälligkeiten, die ihm die größeren verweigerten, besteht zweifellos eine tiefe
Gemeinsamkeit: hier wie dort ist der Sex zu einer Sache des Sagens geworden, und zwar des erschöpfenden Sagens, gelenkt von diskursiven Dispositiven, die zwar verschieden, aber alle auf ihre Art zwingend sind. Ob subtiles Bekenntnis oder autoritäres Verhör, der Sex, raffiniert oder bäurisch,
muß gesagt werden. Ein großer polymorpher Imperativ unterwirft gleichermaßen den anonymen Engländer wie den armen lothringischen Bauern,
von dem die Geschichte wollte, daß er Jouy hieß.

Seit dem 18. Jahrhundert hat der Sex unaufhörlich eine Art allgemeinen
diskursiven Erethismus hervorgerufen. Und die Diskurse über den Sex ha-

ben sich nicht außerhalb der Macht oder ihr zum Trotz vermehrt, sondern genau dort, wo sie sich entfaltete, und als ein Mittel zu ihrer Entfaltung; überall wurden Sprechanreize eingerichtet, Abhör- und Aufzeichnungsanlagen, Verfahren zum Beobachten, Verhören und Aussprechen. Man scheucht den Sex auf und treibt ihn in eine diskursive Existenz hinein. Von jenem sonderbaren Imperativ, der jeden dazu nötigt, aus seiner Sexualität einen permanenten Diskurs zu machen, bis hin zu den vielfältigen Mechanismen in den Ordnungen von Ökonomie, Pädagogik, Medizin und Justiz, die den Diskurs des Sexes anreizen, extrahieren, anordnen und institutionalisieren, hat unsere Zivilisation eine ungeheure Beredsamkeit gefordert und organisiert. Vielleicht hat nie ein anderer Gesellschaftstyp in einer so relativ kurzen Zeit eine derartige Menge von Diskursen aufgehäuft. Möglicherweise reden wir mehr vom Sex als von jeder anderen Sache; auf jeden Fall sind wir von dieser Aufgabe besessen und glauben (auf Grund eines seltsamen Skrupels) nie genug davon zu sagen, immer zu furchtsam und zu ängstlich zu sein, stets auf Grund unserer Trägheit oder Feigheit vor seiner Evidenz die Augen zu verschließen; wir glauben, daß uns das Wesentliche dauernd entgeht und wir darum stets aufs neue seine Spur aufnehmen müssen. In Sachen Sex dürfte die unermüdlichste und unersättlichste Gesellschaft wohl die unsere sein.

Doch zeigt dieser erste Überblick auch, daß es sich weniger um *einen* Diskurs als vielmehr um eine Vielheit von Diskursen über den Sex handelt, Produkte einer Serie von Apparaten, die innerhalb verschiedener Institutionen funktionieren. Das Mittelalter hatte um das Thema des Fleisches und die Praktik der Beichte einen weitgehend einheitlichen Diskurs organisiert. Im Laufe der letzten Jahrhunderte ist diese relative Einheit zerlegt, verstreut und vermehrt worden durch eine Explosion verschiedener Diskursivitäten, die in der Demographie, der Biologie, der Medizin, der Psychiatrie, der Psychologie, der Moral, der Pädagogik und der politischen Kritik Gestalt angenommen haben. Besser: das feste Band zwischen einer Moraltheologie der Begehrlichkeit und der Pflicht zum Geständnis (dem theoretischen Diskurs über den Sex und seiner Formulierung in der ersten Person), dieses Band ist wenn nicht zerrissen, so zumindest gelockert und verschoben: zwischen der Objektivierung des Sexes in vernünftigen Diskursen und der Veranlassung des einzelnen, von seinem Sex zu berichten, ist es seit dem 18. Jahrhundert zu einer Serie von Spannungen, Konflikten, Anpassungsmanövern und Übertragungsversuchen gekommen. Man darf

also nicht schlechthin von der fortgesetzten Zunahme dieses diskursiven
Wachstums reden, sondern muß darin eher eine Verstreuung der Brenn-
punkte, an denen diese Diskurse gehalten werden, eine Veränderung ihrer
Formen und eine komplexe Ausbreitung ihres Verbindungsnetzes sehen.
Was die hinter uns liegenden drei Jahrhunderte auszeichnet, ist weniger
das gleichförmige Anliegen, den Sex zu verbergen, weniger eine allgemeine
Schamhaftigkeit der Sprache, sondern vielmehr die breite Verstreuung von
Apparaten, die erfunden wurden, um vom Sex zu sprechen oder sprechen
zu lassen, um zu erreichen, daß er von sich selber spricht, und um alles anzuhören, aufzuzeichnen, zu übertragen und neu zu verteilen, was er von
sich sagt. Um den Sex zieht sich ein ganzer Strang verschiedenster, spezifischer und zwingender Diskurse: eine massive Zensur, seitdem das klassische Zeitalter uns das anständige Reden beigebracht hat? Es handelt sich
eher um einen geregelten und polymorphen Anreiz zum Diskurs.

Nun wird man sicher einwenden, daß die vielen Stimulationen und
Zwangsmechanismen, deren es bedurfte, um vom Sex zu sprechen, auf
die umfassende Herrschaft eines grundlegenden Verbotes verweisen; nur
sehr präzise Notwendigkeiten (ökonomische Erfordernisse und politische
Nützlichkeiten) konnten dieses Verbot außer Kraft setzen und dem Diskurs über den Sex gewisse, wenngleich stets beschränkte und streng codierte Freiräume gewähren. Wenn man also derart viel vom Sex spricht
und so viele Diskurse einrichtet, damit davon gesprochen wird, obgleich
nur unter strengen Bedingungen, beweist das dann nicht, daß der Sex immer noch verheimlicht wird und auch verheimlicht werden soll? Nun müßte man aber gerade die geläufige These in Zweifel ziehen, wonach der Sex
außerhalb des Diskurses steht und man nur über die Beseitigung eines
Hindernisses und den Bruch eines Geheimnisses den Weg zu ihm finden
kann. Gehört nicht diese These zu dem Imperativ, durch den man den
Diskurs hervortreibt? Läßt man nicht gerade um der endlosen Erweiterung und Erneuerung der Sprechanreize willen den Sex als äußerste Grenze jedes aktuellen Diskurses oder als das unbedingt zu lüftende Geheimnis
erscheinen? – als eine widerrechtlich zum Schweigen verurteilte Sache,
über die zu sprechen gleichzeitig schwierig und notwendig, gefährlich
und kostbar ist? Man darf nicht vergessen, daß die christliche Pastoral, indem sie den Sex zum Gegenstand des Geständnisses par excellence machte, ihn zugleich in die Rolle des beunruhigenden Geheimnisses versetzt
hat: der Sex ist nicht das, was sich hartnäckig zeigt, sondern das, was sich

überall verbirgt, die heimtückische Präsenz, die man leicht überhört, solange sie nur leise und verstellt spricht. Das Geheimnis des Sexes ist keineswegs die allen Sprechanreizen zugrunde liegende Realität – gleichgültig,
ob sie diese aufzubrechen oder aber durch ihr Reden wieder zu verfestigen
suchen. Eher handelt es sich um ein Thema, das zur Mechanik der Anreize
gehört, um eine Art und Weise, der Redeaufforderung eine Form zu geben,
eine für die grenzenlos wuchernde Ökonomie des Diskurses über den Sex
unentbehrliche Fabel. Die modernen Gesellschaften zeichnen sich nicht
dadurch aus, daß sie den Sex ins Dunkel verbannen, sondern daß sie unablässig von ihm sprechen und ihn als *das* Geheimnis geltend machen.

2 Die Einpflanzung von Perversionen

Nun kann man einwenden, daß es ein Irrtum ist, im Wuchern der Diskurse nur ein einfaches quantitatives Phänomen, gleichsam ein reines
Wachstum zu sehen, so als sei es gleichgültig, was man sagt, und als sei
die bloße Tatsache, daß man von ihm spricht, schon wichtiger als die Im-
perativformen, die man ihm damit auferlegt. Zielt denn nicht die Diskursivierung des Sexes darauf, jene Formen der Sexualität, die sich der strengen Ökonomie der Reproduktion nicht unterwerfen, aus der Wirklichkeit
zu vertreiben? Sucht sie nicht alle unfruchtbaren Aktivitäten zu negieren,
die Seiten-Lüste zu verbannen und die Praktiken, deren Ziel nicht die Fortpflanzung ist, zu verringern oder auszuschließen? Durch eine Unzahl von
Diskursen hat man die juristischen Verurteilungen der kleinen Perversionen vermehrt, hat man die sexuelle Abweichung mit der Geisteskrankheit
verkettet, hat man eine Norm der sexuellen Entwicklung von der Kindheit
bis ins Alter aufgestellt und sorgfältig alle möglichen Abweichungen charakterisiert, hat man pädagogische Kontrollen und medizinische Heilverfahren organisiert, und um der geringsten Phantasien willen haben die
Moralisten, aber auch und vor allem die Mediziner ein emphatisches Greu-
elvokabular aufgewärmt: sind das etwa nicht alles Mittel, um alle unfruchtbaren Lüste zugunsten einer genital zentrierten Sexualität aufzusau-
gen? Steht nicht die geschwätzige Aufmerksamkeit, die seit zwei oder drei
Jahrhunderten ihren Lärm um den Sex macht, im Dienste eines elementaren Bemühens, nämlich dem, das Bevölkerungswachstum zu sichern, Arbeitskraft zu produzieren, die Form der gesellschaftlichen Beziehungen

aufrechtzuerhalten, kurz: im Dienste der Absicht, eine ökonomisch nütz-liche und politisch konservative Sexualität zu bilden?

Ich weiß noch nicht, ob das letztlich das Ziel ist. Jedenfalls hat man es nicht durch Einschränkung zu erreichen gesucht. Das 19. und unser Jahr-hundert sind eher ein Zeitalter der Vermehrung gewesen: einer Verstreu-ung der Sexualitäten, einer Verstärkung ihrer verschiedenartigen Formen, einer vielfältigen Einpflanzung von »Perversionen«. Unsere Epoche war die Wegbereiterin sexueller Heterogenitäten.

Bis zum Ende des 18. Jahrhunderts haben – neben den Sittenvorschrif-ten und Meinungszwängen – drei große explizite Codes die sexuellen Prak-tiken beherrscht: kanonisches Recht, christliche Pastoraltheologie und Zivilrecht. Jedes von ihnen bestimmte auf seine Weise die Scheidung in Er-laubtes und Verbotenes. Alle waren um die ehelichen Beziehungen zen-triert: die eheliche Pflicht und das Vermögen, sie zu erfüllen, die Art, ihr Folge zu leisten, die Ansprüche und Gewalttätigkeiten, von denen sie be-gleitet wurde, die unnützen oder ungebührlichen Liebkosungen, denen sie einen Vorwand lieferte, ihre Fruchtbarkeit beziehungsweise die Verhü-tung der Fruchtbarkeit, die Augenblicke, in denen man diese Pflicht ein-forderte (gefährliche Perioden der Schwangerschaft und der Stillzeit, ver-botene Zeiten des Fastens oder der Enthaltsamkeit), ihre Häufigkeit oder Seltenheit – das eben war in erster Linie mit Vorschriften versehen. Der eheliche Sex war von Regeln und Empfehlungen umlagert und befand sich unter erhöhter Überwachung: war er mangelhaft, so mußte er sich zeigen und vor Zeugen beweisen. Der »Rest« nahm sich dagegen sehr viel ver-schwommener aus: man braucht sich nur die Unsicherheit gegenüber der Sodomie oder die Gleichgültigkeit gegenüber dem Sex der Kinder ins Ge-dächtnis zu rufen.

Darüber hinaus trafen die verschiedenen Codes keine klare Unterschei-dung zwischen Verstößen gegen die Regeln der Ehe und Abweichungen von der Genitalität. Die Gesetze der Ehe zu brechen oder andersartige Lü-ste zu suchen galt schlechterdings als verdammungswürdig. In der Liste der schweren, nur nach ihrer Bedeutung unterteilten Sünden standen Schändung (außereheliche Beziehungen), Ehebruch, Entführung, geisti-ger oder fleischlicher Inzest ebenso wie Sodomie oder die gegenseitige »Liebkosung«. Für die Gerichte bedeutete es kaum einen Unterschied, ob sie Homosexualität oder Untreue verurteilten, Heirat ohne Zustimmung der Eltern oder Sodomie. Worauf sich sowohl das Zivilrecht wie die kirchliche Ordnung richteten, war ein ganzer Komplex von Gesetzwidrigkeiten, innerhalb dessen die »Naturwidrigkeit« mit besonderem Abscheu bezeichnet war. Aber sie wurde nur als eine, wenngleich extreme Form der »Gesetzwidrigkeit« wahrgenommen: auch sie übertrat die Dekrete – Dekrete, die genauso heilig waren wie die der Ehe und die aufgestellt waren, um die Ordnung der Dinge und die Ortung der Wesen zu regieren. Die auf den Sex gerichteten Verbote waren wesentlich juridischer Natur. Die »Natur«, auf die man sie nun einmal stützte, war noch eine Art von Recht. Lange Zeit waren die Hermaphroditen Verbrecher oder Sprößlinge des Verbrechens, weil ihre anatomische Verfassung, ja allein ihr Sein schon das Gesetz verwirrte, das die Geschlechter schied und verband.

An diesem System, das auf die rechtmäßige Ehe zentriert war, nahm die diskursive Explosion des 18. und 19. Jahrhunderts zwei Veränderungen vor. Erstens kam es zu einer zentrifugalen Bewegung gegenüber der heterosexuellen Einehe. Sicherlich bleibt sie eine interne Regel für das Feld der Praktiken und Lüste. Doch spricht man immer weniger und mit wachsender Nüchternheit von ihr. Man verzichtet darauf, ihren Geheimnissen nachzujagen, man verlangt nicht mehr von ihr, sich Tag um Tag zu äußern. Das Ehepaar mit seiner ordentlichen Sexualität besitzt einen Anspruch auf mehr Diskretion. Es geht allmählich dazu über, wie eine Norm zu funktionieren, strenger vielleicht, aber auch verschwiegener. Umgekehrt wird nun die Sexualität der Kinder, der Irren und Kriminellen verhört, die Lust derer, die nicht das andere Geschlecht lieben, die Träumereien und Zwangsvorstellungen, die kleinen Manien und die großen Leidenschaften. All diese ehedem kaum wahrgenommenen Gestalten müssen nun vortreten, um das Wort zu ergreifen und zu gestehen, wer sie sind. Zweifellos verurteilt man sie nicht weniger. Aber man hört sie an, und sollte es jetzt noch einmal vorkommen, daß die ordentliche Sexualität befragt wird, so geschieht das in einer Art Rückfluß von den peripheren Sexualitäten her.

Von daher kommt es innerhalb des Feldes der Sexualität zur Heraushebung einer spezifischen Dimension der »Widernatur«. Gegenüber den anderen verurteilten Formen wie Ehebruch und Entführung (deren Verurteilung im übrigen nachläßt) treten neue autonome Formen auf: ob man eine nahe Verwandte heiratet oder Sodomie praktiziert, ob man eine Nonne verführt oder Sadismus ausübt, ob man seine Frau betrügt oder Leichen schändet – das werden nun vollkommen verschiedene Dinge. Das vom sechsten Gebot abgedeckte Feld beginnt sich zu zersetzen. Ebenso beginnt sich der unklare zivilrechtliche Begriff der »Ausschweifung« aufzulösen, der über ein Jahrhundert lang einer der häufigsten Gründe administrativer Einschließungsakte gewesen war. Aus den Überresten dieses Begriffes tauchen einerseits die Verstöße gegen das Gesetz (oder die Moral) der Ehe und Familie, andererseits die Regelverletzungen eines natürlichen Ablaufs auf (Verletzungen, die im übrigen vom Gesetz geahndet werden können). Möglicherweise liegt hier einer der Gründe für das Prestige eines Don Juan, das drei Jahrhunderte nicht haben tilgen können. Unter dem großen Verbrecher gegen die Regeln der Ehe – dem Frauenräuber und Jungfernverführer, dem Schänder der Familien und Beleidiger der Gatten und Väter – steigt eine andere Gestalt auf: der vom dunklen Wahnsinn des Sexes Getroffene. Unter dem Libertin der Perverse. Noch während er entschlossen das Gesetz bricht, führt so etwas wie eine verirrte Natur ihn weit fort von aller Natur; sein Tod ist der Augenblick, in dem die übernatürliche Wiederkehr von Schuld und Sühne sich mit der Flucht in die Wider-Natur kreuzt. Die zwei großen Regelsysteme, die das Abendland verfaßt hat, um den Sex zu regieren – das Gesetz der Ehe und die Ordnung der Begehren –, sie beide werden durch die Existenz Don Juans, der an ihrer gemeinsamen Grenzlinie aufgetaucht ist, umgekehrt. Überlassen wir den Psychoanalytikern die Frage, ob er homosexuell, narzißtisch oder impotent war.

Langsam und zögernd nur beginnen die Naturgesetze des Ehestandes und die immanenten Regeln der Sexualität sich in zwei verschiedene Register einzutragen. Eine Welt der Perversion zeichnet sich ab, die sich mit der Welt des gesetzlichen oder moralischen Verstoßes schneidet, ohne indes nur eine ihrer Spielarten zu sein. Es entsteht ein kleines Volk, das sich trotz gewisser entfernter Verwandtschaften von den herkömmlichen Libertins unterscheidet. Vom Ende des 18. bis in unser Jahrhundert hinein durchlaufen sie die Ritzen der Gesellschaft, meist verfolgt von den Gesetzen, oft in die Gefängnisse gesperrt, vielleicht kranke, aber immer skandalöse und gefährliche Opfer, Beute eines rätselhaften Übels, das nie frei ist von den Zügen des Lasters und des Verbrechens. Zu vorwitzige Kinder, frühreife Mädchen, verwirrte Zöglinge, zweifelhafte Dienstboten und Erzieher, grausame oder irre Gatten, einsame Sammler, Spaziergänger mit seltsamen Neigungen: sie bevölkern die Disziplinargerichte, Erziehungsheime, Strafkolonien, Gerichte und Irrenhäuser; ihre Schlechtigkeit schleppen sie vor die Ärzte und ihre Krankheit vor die Richter. Den Delinquenten benachbart, mit den Irren verschwägert, läßt die unübersehbare Familie der Perversen sich nieder. Im Laufe des Jahrhunderts haben sie nacheinander die Zeichen des »moralischen Wahnsinns«, der »Genital-Neurose«, der »Verwirrung des Zeugungssinnes«, der »Degeneration« und des »psychischen Ungleichgewichts« getragen.

Was bedeutet das Auftauchen all dieser peripheren Sexualitäten? Ist die Tatsache ihres Zutagetretens ein Zeichen dafür, daß die Regel sich lockert? Oder zeugt die Tatsache, daß man ihnen soviel Aufmerksamkeit zuwendet, von einer strengeren Ordnung und dem Bemühen um eine genauere Kontrolle? In Begriffen der Unterdrückung gefaßt, erscheinen die Dinge mehrdeutig. So etwa sieht es nach Milde aus, denkt man daran, wie beträchtlich sich die Gesetzesstrenge gegenüber sexuellen Vergehen im Lauf des 19. Jahrhunderts gemildert hat und wie oft die Justiz solche Fälle zugunsten der Medizin aus den Händen gegeben hat. Umgekehrt sieht es nach einer gerisseneren Version der alten Härte aus, denkt man an alle von Pädagogik und Therapeutik eingesetzten Kontrollinstanzen und Überwachungsmechanismen. Es kann schon sein, daß die Intervention der Kirche in die eheliche Sexualität und die Ablehnung des »Betruges« an der Natur seit zweihundert Jahren viel von ihrem Nachdruck verloren haben. Dafür ist allerdings jetzt die Medizin gewaltsam in die Lüste des Paares eingedrungen: sie hat eine ganze organische, funktionelle oder geistige Pathologie erfunden, die angeblich aus den »unvollständigen« sexuellen Praktiken hervorgeht; sie hat mit großer Sorgfalt alle damit verbundenen Lüste bestimmt und in die »Entwicklung« und die »Störungen« des Trieblebens eingereiht. Sie hat ihre Verwaltung übernommen.

Nun kommt es vielleicht nicht so sehr auf den Grad der Milde oder das Ausmaß der Unterdrückung, sondern eher auf die Form der sich entfaltenden Macht an. Wenn man durch Namengebung die ganze Vegetation der verschiedenartigen Sexualitäten ans Licht zu bringen sucht, geht es dann nur darum, sie aus dem Wirklichen auszuschließen? Es scheint eher, daß die Macht, die sich da entfaltet, nicht die Macht der Untersagung ist und daß es sich um vier von der einfachen Verhinderung sehr verschiedene Operationen handelt.

1. Man sehe sich die alten Verbote der Heirat zwischen Blutsverwandten an (so zahlreich und komplex diese Verbote auch sein mögen) oder die Verurteilung des Ehebruchs mit seiner unvermeidlichen Häufigkeit, und nun betrachte man die neueren Kontrollen, durch die man seit dem 19. Jahrhundert die Sexualität der Kinder besetzt und ihre »einsamen Ge-

wohnheiten« verfolgt hat. Offensichtlich handelt es sich nicht um den gleichen Machtmechanismus. Nicht weil es hier um Medizin und dort um das
Gesetz geht, hier um Abrichtung und dort um Strafe, sondern weil die jeweils angewandte Taktik nicht die gleiche ist. Auf den ersten Blick handelt
es sich in beiden Fällen um einen Vernichtungsversuch, der von vornherein zum Scheitern verurteilt und zum Neubeginn gezwungen ist. Aber
das Verbot der »blutschänderischen Akte« sucht sein Ziel durch asymptotische Verringerung dessen, was es verurteilt, zu erreichen; dagegen geschieht die Kontrolle der kindlichen Sexualität durch gleichzeitige Ausweitung ihrer eigenen Macht wie des Gegenstandes, auf den sie wirkt. Die
Pädagogen und die Mediziner haben die Onanie der Kinder wie eine Epidemie bekämpft, die es einzudämmen galt. Tatsächlich ging es in diesem
hundertjährigen Feldzug, der die Welt der Erwachsenen gegen den Sex
der Kinder auf die Beine brachte, darum, sich auf diese geringfügigen Lüste zu stützen, sie zu Geheimnissen zu machen (das heißt sie zu zwingen,
sich zu verstecken, damit man sie anschließend entdecken konnte), ihren
Lauf zurückzuverfolgen, ihnen vom Ursprung bis zu den Wirkungen zu
folgen und allem nachzustellen, was sie fördern oder auch nur dulden
könnte. Überall wo sie sich zu äußern wagten, hat man Überwachungsein-
richtungen und Fallen geschaffen, die sie zum Geständnis zwingen sollen,
hat man unerschöpfliche, korrigierende Diskurse durchgesetzt und die Eltern und Erzieher alarmiert, indem man in ihnen den Verdacht erweckte,
alle Kinder seien schuldig und mit ihnen alle Eltern und Erzieher, die sie
nicht genug verdächtigen; man hat sie zu ständiger Wachsamkeit vor dieser wiederkehrenden Gefahr gerufen, hat ihr Verhalten vorgeschrieben
und ihre Pädagogik recodiert, hat den Raum der Familie den Zugriffen
eines ganzen medizinisch-sexuellen Regimes unterworfen. Das »Laster«
des Kindes ist nicht so sehr ein Gegner als vielmehr ein Stützpunkt, doch –
selbst wenn man es als das zu unterdrückende Übel bezeichnet – das notwendige Scheitern des Vorhabens und der außerordentliche Eifer für eine
ziemlich aussichtslose Sache lassen den Verdacht aufkommen, daß man
eher sein Weiterbestehen und -wachsen bis an die Grenzen des Sichtbaren
und Unsichtbaren erwartet als sein Verschwinden für immer. Auf dieser
Grundlage schreitet die Macht voran, vermehrt ihre Relaisstationen und
Wirkungen, während dessen ihre Zielscheibe sich vergrößert, unterteilt,
verzweigt und genau wie die Macht selber tief in die Wirklichkeit eindringt. Scheinbar handelt es sich um ein Sperrdispositiv, tatsächlich aber
hat man rund um das Kind endlose *Durchdringungslinien* gezogen.

2. Die neue Jagd auf die peripheren Sexualitäten führt zu einer *Einkörperung der Perversionen* und einer neuen *Spezifizierung der Individuen*. Die Sodomie – so wie die alten zivilen oder kanonischen Rechte sie kannten – war ein Typ von verbotener Handlung, deren Urheber nur als ihr Rechtssubjekt in Betracht kam. Der Homosexuelle des 19. Jahrhunderts ist zu einer Persönlichkeit geworden, die über eine Vergangenheit und eine Kindheit verfügt, einen Charakter, eine Lebensform, und die schließlich eine Morphologie mit indiskreter Anatomie und möglicherweise rätselhafter Physiologie besitzt. Nichts von all dem, was er ist, entrinnt seiner Sexualität. Sie ist überall in ihm präsent: allen seinen Verhaltensweisen unterliegt sie als hinterhältiges und unbegrenzt wirksames Prinzip; schamlos steht sie ihm ins Gesicht und auf den Körper geschrieben, ein Geheimnis, das sich immerfort verrät. Sie ist ihm konsubstantiell, weniger als Gewohnheitssünde denn als Sondernatur. Man darf nicht vergessen, daß die psychologische, psychiatrische und medizinische Kategorie der Homosexualität sich an dem Tage konstituiert hat, wo man sie – und hier kann der berühmte Artikel Westphals von 1870 über »die conträre Sexualempfindung« die Geburtsstunde bezeichnen[15] – weniger nach einem Typ von sexuellen Beziehungen als nach einer bestimmten Qualität sexuellen Empfindens, einer bestimmten Weise der innerlichen Verkehrung des Männlichen und des Weiblichen charakterisiert hat. Als eine der Gestalten der Sexualität ist die Homosexualität aufgetaucht, als sie von der Praktik der Sodomie zu einer Art innerer Androgynie, einem Hermaphroditismus der Seele herabgedrückt worden ist. Der Sodomit war ein Gestrauchelter, der Homosexuelle ist eine Spezies.

So wie es alle jene kleinen Perversen sind, die die Psychiater des 19. Jahrhunderts wie Insekten aufreihen und auf seltsame Namen taufen: es gibt die Exhibitionisten von Lasègue, die Fetischisten von Binet, die Zoophilen und Zooerasten von Krafft-Ebing, die Auto-Monosexualisten von Rohleder; es wird die Mixoskophilen, die Gynekomasten, die Presbyophilen, die sexoästhetisch Invertierten und die dyspareunistischen Frauen geben. Diese schönen Häresiennamen bezeichnen eine Natur, die sich weit genug vergessen hat, um dem Gesetz zu entgehen, sich zugleich aber noch so weit ihrer selbst entsinnt, um weiterhin Arten zu produzieren, selbst wo es keine Ordnung mehr gibt. Die Mechanik der Macht, die dieses Disparate ver-

---

15 C. Westphal, *Die conträre Sexualempfindung*, in: Archiv für Psychiatrie und Nervenkrankheiten, 2, Berlin 1870, S. 73-108.

folgt, behauptet, es allein dadurch zu unterdrücken, daß sie ihm eine analytische, sichtbare und stetige Realität verleiht; tatsächlich hämmert sie sie
den Körpern ein, läßt sie in die Verhaltensweisen gleiten, macht sie zu
einem Klassierungs- und Erkennungsprinzip und konstituiert sie als Daseinsberechtigung und natürliche Ordnung der Unordnung. Handelt es
sich um eine Ausschließung dieser tausend abweichenden Sexualitäten?
Keineswegs, vielmehr um die Spezifizierung und regionale Verdichtung
einer jeden. Wenn man sie ausstreut, so geht es darum, das Wirkliche
mit ihnen zu durchsäen und sie dem Individuum einzukörpern.

3. Weit stärker als die alten Verbote verlangt die Entfaltung dieser Machtform konstante, aufmerksame und wißbegierige Präsenzen; sie setzt Nahverhältnisse voraus und vollzieht sich vermittels eingehender Prüfungen
und Beobachtungen; sie verlangt einen Austausch von Diskursen durch
Fragen, die Geständnisse abzwingen, und durch Bekenntnisse, die die Verhöre übersteigen. Sie impliziert eine physische Annäherung und ein Spiel
intensiver Empfindungen. Die Medizinisierung der sexuellen Abweichung
ist gleichzeitig Wirkung und Instrument dieser Erfordernisse. Eingelassen
in den Körper und zum festen Charakter der Individuen geworden, verweisen die Absonderlichkeiten des Sexes auf eine Technologie der Gesundheit
und des Pathologischen. Umgekehrt muß man, seit die Sexualität eine medizinische und medizinisierbare Angelegenheit geworden ist, sie als Läsion,
Dysfunktion oder Symptom auf dem Grund des Organismus, auf der
Oberfläche der Haut oder unter den Zeichen des Verhaltens aufspüren.
Die Macht, die sich auf diese Weise der Sexualität annimmt, macht sich
anheischig, die Körper zu streicheln; sie liebkost sie mit den Augen; sie intensiviert ihre Zonen; sie elektrisiert ihre Oberflächen; sie dramatisiert die
Augenblicke ihrer Verwirrung. Die Macht ergreift und umschlingt den
sexuellen Körper. Das steigert gewiß die Wirksamkeiten und die Ausdehnung des kontrollierten Gebietes. Zugleich führt es aber zu einer Versinn-
lichung der Macht und zu einem Gewinn an Lust. Was einen Doppelef-
fekt auslöst: die Macht bezieht einen Anstoß aus ihrer eigenen Entfaltung,
die überwachende Kontrolle wird von neuer Unruhe heimgesucht und vorangetrieben, die Intensität des Geständnisses weckt frische Wißbegierde
beim Befrager, die aufgespürte Lust strömt zurück zur sie umstellenden
Macht. Zahllose bohrende Fragen artikulieren und profilieren erst die
Lustempfindungen bei dem, der antworten soll; der Blick fixiert sie, die
Aufmerksamkeit isoliert und beseelt sie. Die Macht funktioniert als eine

Sirene, die die Fremdheiten, über denen sie wacht, heranlockt und zum Appell ruft. Die Lust verstreut sich über ebendie Macht, von der sie gehetzt wird; die Macht verankert die Lust, die sie aufgescheucht hat. Die medizinische Prüfung, die psychiatrische Untersuchung, der pädagogische Bericht, die familiären Kontrollen mögen durchaus global und augenscheinlich darauf zielen, alle abirrenden oder unproduktiven Formen der Sexualität zu verneinen, tatsächlich aber funktionieren sie als Doppelimpulsmechanismus: Lust und Macht. Lust, eine Macht auszuüben, die ausfragt, überwacht, belauert, erspäht, durchwühlt, betastet, an den Tag bringt; und auf der anderen Seite eine Lust, die sich daran entzündet, dieser Macht entrinnen zu müssen, sie zu fliehen, zu täuschen oder lächerlich zu machen. Macht, die sich von der Lust, der sie nachstellt, überwältigen läßt; und ihr gegenüber eine Macht, die ihre Bestätigung in der Lust, sich zu zeigen, einen Skandal auszulösen oder Widerstand zu leisten, findet. Erschleichung und Verführung, Konfrontation und gegenseitige Verstärkung: seit dem 19. Jahrhundert haben Eltern und Kinder, Erwachsene und Jugendliche, Erzieher und Schüler, Ärzte und Kranke, der Psychiater mit seiner Hysterischen und seinen Perversen nicht aufgehört, dieses Spiel zu spielen. Diese Appelle, Ausweichmanöver und Reizkreise haben um die Sexe und die Körper nicht unüberschreitbare Grenzen, sondern die *unaufhörlichen Spiralen* der Macht und der Lust gezogen.

4. Daher stammen die *Dispositive sexueller Sättigung*, die für den Raum und die Riten der Gesellschaft des 19. Jahrhunderts so charakteristisch sind. Häufig sagt man, die moderne Gesellschaft habe die Sexualität auf die des Paares – des heterosexuellen und nach Möglichkeit legitimen Paares – einzuschränken gesucht. Ebensogut aber kann man sagen, daß sie Gruppen mit vielfältigen Elementen und zirkulierender Sexualität wenn nicht erfunden, so doch zumindest sorgfältig angelegt und zum Wachsen gebracht hat: eine Verteilung hierarchisierter oder entgegengesetzter Machtpunkte; »gesuchte« – das heißt gleichzeitig begehrte und verfolgte Lüste; parzellarische Sexualitäten, die geduldet oder gefördert werden; Nahverhältnisse, die sich als Überwachungsverfahren ausgeben und als Intensivierungsmechanismen wirken; Induktionskontakte. Das gilt auch für die Familie, oder besser für das ganze Haus samt Eltern, Kindern und – in bestimmten Fällen – Dienstboten. Ist die Familie des 19. Jahrhunderts tatsächlich eine Zelle der Monogamie und der Ehe? In gewissem Maße schon. Aber sie ist auch ein Netz von Lust-Mächten, die sich an zahlrei-

chen Punkten und mit veränderlichen Beziehungen äußern. Die Trennung von Erwachsenen und Kindern, die zwischen Eltern- und Kinderzimmer erzeugte Polarität (die im Lauf des Jahrhunderts kanonisch wurde, als man begann, Wohnungen fürs Volk zu bauen), die Segregation von Jungen und Mädchen, die strengen Vorschriften zur richtigen Ernährung (Muttermilch, Hygiene), die über der kindlichen Sexualität erwachte Aufmerksamkeit, die der Masturbation unterstellten Gefahren, die der Pubertät beigemessene Bedeutung, die Überwachungsmethoden, die den Eltern empfohlen wurden, die Ratschläge, Geheimnisse und Ängste, die gleichzeitig geschätzte und gefürchtete Anwesenheit von Dienstboten, das alles macht aus der Familie, selbst in ihren kleinsten Dimensionen, ein komplexes, mit vielfältigen, bruchstückhaften und beweglichen Sexualitäten gesättigtes Netz. Reduziert man sie auf die Ehegemeinschaft, um diese sodann in Gestalt des verbotenen Begehrens auf die Kinder zu projizieren, so verfehlt man dieses Dispositiv, das diesen Sexualitäten weniger als ein Verbotsprinzip denn als ein Anreiz- und Vermehrungsmechanismus gegenübertritt. Die schulischen oder psychiatrischen Institutionen mit ihrer vielköpfigen Bevölkerung, ihrer Hierarchie, ihren räumlichen Anordnungen und ihrem Überwachungssystem bilden neben der Familie eine weitere Art und Weise, das Spiel der Mächte und Lüste zu organisieren; aber wie diese stecken auch sie Gebiete hoher sexueller Sättigung ab, mit privilegierten Räumen beziehungsweise Riten wie dem Klassenraum, dem Schlafsaal, der Visite oder der Konsultation. Hier werden die Formen einer nicht-ehelichen, nicht-heterosexuellen und nicht-monogamen Sexualität hervorgerufen und installiert.

Die »bürgerliche« Gesellschaft des 19. Jahrhunderts – zweifellos noch die unsere – ist eine Gesellschaft der blühendsten Perversion. Und zwar keineswegs auf heuchlerische Weise, denn nichts ist offenkundiger und beredter gewesen, nichts sichtbarer von den Diskursen und Institutionen aufgegriffen worden. Keineswegs weil diese Gesellschaft durch ihre zu strenge und zu generelle Blockade der Sexualität gerade die Perversionen und die endlose Pathologie des Sexualtriebes zum Sprießen gebracht hätte. Es geht eher um den Machttyp, den sie auf dem Körper und dem Sex funktionieren läßt. Nun besitzt diese Macht weder die Form des Gesetzes noch die Wirkungen des Verbots. Sie vollzieht sich statt dessen durch Vermehrung spezifischer Sexualitäten. Sie setzt der Sexualität keine Grenzen, sondern dehnt ihre verschiedenen Formen aus, indem sie sie auf unbegrenzten

Durchdringungslinien verfolgt. Sie schließt sie nicht aus, sondern schließt sie als Spezifizierungsmerkmal der Individuen in den Körper ein. Sie sucht ihr nicht auszuweichen, sondern zieht mit Hilfe von Spiralen, in denen Macht und Lust sich verstärken, ihre Varietäten ans Licht; sie errichtet keine Blockade, sondern schafft Orte maximaler Sättigung. Sie produziert und fixiert die sexuelle Disparität. Die moderne Gesellschaft ist pervers, aber nicht trotz ihres Puritanismus oder als Folge ihrer Heuchelei; sie ist wirklich und direkt pervers.

Wirklich. Die vielfältigen Sexualitäten – diejenigen, die auf verschiedenen Altersstufen auftreten (Sexualitäten des Säuglings oder des Kindes), diejenigen, die sich an Neigungen und Praktiken heften (Sexualität des Homosexuellen, des Gerontophilen, des Fetischisten . . .), diejenigen, die in diffuser Weise Beziehungen besetzen (Sexualität der Arzt-Patient-Beziehung, der Lehrer-Schüler- oder der Psychiater-Irrer-Beziehung), diejenigen, die in bestimmten Räumen ihr Unwesen treiben (Sexualität des Heimes, der Schule, des Gefängnisses) – sie alle bilden das Korrelat präziser Machtprozeduren. Man darf sich nicht vorstellen, daß alle diese bis dahin geduldeten Dinge plötzlich die Aufmerksamkeit auf sich gezogen und eine pejorative Bestimmung erhalten hätten, als man dem allein zur Reproduktion der Arbeitskraft und der Familienform fähigen Typ von Sexualität eine regulative Rolle zuweisen wollte. Diese polymorphen Verhaltensweisen sind wirklich aus Körper und Lüsten der Menschen extrahiert worden – oder besser: in ihnen verfestigt, von vielfältigen Machtdispositiven hervorgerufen worden; sie sind ans Licht gezerrt, isoliert, intensiviert und einverleibt worden. Das Anwachsen der Perversionen ist nicht ein moralisierendes Thema, von dem die skrupulösen Geister der Viktorianer besessen gewesen wären. Es ist das wirkliche Produkt des Einwirkens eines Machttyps auf die Körper und ihre Lüste. Mag sein, daß das Abendland nicht fähig gewesen ist, neue Lüste zu erfinden; sicher hat es keine neuen, ungeahnten Laster entdeckt. Wohl aber hat es dem Spiel der Mächte und Lüste neue Regeln gegeben: darin hat sich das erstarrte Antlitz der Perversionen abgezeichnet.

Direkt. Die Einpflanzung vielfältiger Perversionen ist nicht die hämische Rache der Sexualität an der Macht, die ihr ein Gesetz aufzwingt, das den Exzeß unterdrückt. Ebensowenig handelt es sich um paradoxe Formen der Lust, die sich umkehren, um die Macht in Form einer »Lust am Leiden« zu besetzen. Die Einpflanzung von Perversionen ist ein Instrument-Effekt: durch die Isolierung, Intensivierung und Verfestigung der peripheren Sexualitäten verästeln und vermehren sich die Beziehungen der Macht zum Sex und zur Lust, durchmessen den Körper und durchdringen das Verhalten. Und mit dem Vordringen der Mächte fixieren sich die verstreuten Sexualitäten und heften sich an ein Alter, einen Ort, einen Geschmack, einen Typ von Praktiken. Fortpflanzung der Sexualitäten durch Ausdehnung der Macht; Steigerung der Macht, der jede dieser regionalen Sexualitäten eine Angriffsfläche liefert: seit dem 19. Jahrhundert wird diese Verkettung von unabsehbaren ökonomischen Profiten gesichert, die dank der Vermittlung von Medizin, Psychiatrie, Prostitution und Pornographie sich gleichzeitig aus der analytischen Vermehrung der Lust und einer Steigerung der sie kontrollierenden Macht ableiten lassen. Lust und Macht heben sich nicht auf, noch wenden sie sich gegeneinander, sondern übergreifen einander, verfolgen und treiben sich an. Sie verketten sich vermöge komplexer und positiver Mechanismen von Aufreizung und Anreizung.

Zweifellos also muß man die Hypothese fallenlassen, wonach die modernen industriellen Gesellschaften ein Zeitalter verschärfter Sexualunterdrückung eingeleitet haben. Wir wohnen nicht nur einer sichtbaren Explosion der häretischen Sexualitäten bei. Sondern vor allem – und das ist der Punkt, auf den es ankommt – sichert hier ein Dispositiv, das sich – selbst wenn es sich örtlich auf Verbotsprozeduren stützt – erheblich vom Gesetz unterscheidet, durch ein Netz untereinander verketteter Mechanismen die Wucherung der Lustarten und die Vermehrung disparater Sexualitäten. Keine Gesellschaft, so heißt es, sei schamhafter gewesen, niemals haben sich die Instanzen der Macht sorgfältiger dumm gestellt gegenüber dem von ihnen Verbotenen, so als wollten sie unter gar keinen Umständen gemeinsame Sache mit ihm machen. Unsere erste allgemeine Übersicht erweist das Gegenteil: niemals gab es mehr Machtzentren, niemals mehr Berührungs- und Verbindungskreise, niemals mehr Brennpunkte, an denen sich die Intensität der Lüste und die Beharrlichkeit der Mächte entzünden, um weiter auszustrahlen.

III
Scientia sexualis

Ich gehe davon aus, daß man mir in den ersten beiden Punkten recht geben wird; ich nehme an, man wird bereit sein zu sagen, daß der Diskurs über den Sex seit mittlerweile drei Jahrhunderten eher vermehrt als verknappt worden ist und daß er trotz einiger Verbote, die er mit sich gebracht hat, in fundamentaler Weise die Verdichtung und Einpflanzung einer ganzen sexuellen Disparität geleistet hat. Dennoch bleibt es dabei, daß all das letztlich nur eine Verteidigungsrolle gespielt haben soll. Auch wenn man noch so viel von ihm redet und ihn vervielfältigt, abgeteilt und spezifiziert genau dort wiederentdeckt, wo man ihn eingesetzt hat – im Grunde suchte man doch nur den Sex zu verhüllen: Abschirm-Diskurs, Ausweich-Dispersion. Mindestens bis zu Freud hätte demnach der Diskurs über den Sex – der Diskurs der Gelehrten und Theoretiker – kaum aufgehört, seinen Gegenstand zu verdunkeln. Alle diese gesagten Dinge, die kleinlichen Vorsichtsmaßnahmen und detaillierten Analysen, könnte man für eine Reihe von Verfahren halten, mit denen man das Unerträgliche, die allzu bedrohliche Wahrheit des Sex zu vermeiden sucht. Allein die Tatsache, daß man vorgab, vom geläuterten und neutralen Gesichtspunkt einer Wissenschaft über den Sex zu sprechen, ist als solche schon bezeichnend. In der Tat handelte es sich um eine aus nichts als Ausweichmanövern bestehende Wissenschaft, deren Unfähigkeit oder Unwillen, vom Sex selber zu sprechen, sie dahin führte, sich in erster Linie seinen Verirrungen, Perversionen, Absonderlichkeiten, pathologischen Schwunderscheinungen und krankhaften Übersteigerungen zuzuwenden. Es handelte sich um eine Wissenschaft, die in ihrem Wesen den Imperativen einer Moral verpflichtet war, deren Teilungen sie unter dem Vorzeichen der medizinischen Norm wiederholte. Unter dem Vorwand der Wahrheit erweckte sie allerorten Ängste und sprach den geringfügigsten Schwankungen der Sexualität einen imaginären Stammbaum der Krankheiten zu, die sich über Generationen hinweg auswirken sollten. Sie erklärte die heimlichen Gewohnheiten der Schüchternen und die kleinen, einsamen Manien zu Gefahren für die gesamte Gesellschaft und stellte ans Ende der ungewöhnlichen Lüste nichts Geringeres als den Tod: den Tod der Individuen, den der Generationen, den der Spezies.

Auf diese Weise hat sie sich mit einer zudringlichen und indiskreten medizinischen Praktik verbunden, die wortgewandt ihren Abscheu hinausposaunte, stets bereit, dem Gesetz oder der Meinung Beistand zu leisten, den Ordnungsmächten williger ergeben als den Forderungen der Wahrheit. Ungewollt naiv in den besseren Fällen, weit häufiger aber willentlich verlogen, eine Komplizin dessen, was sie anprangert, trug sie hochmütig und speichelleckerisch eine ganze Zotensammlung des Morbiden zusammen. In Frankreich waren Ärzte wie Garnier, Pouillet und Ladoucette ihre ruhmlosen Schreiber und Rollinat ihr Sänger. Doch jenseits der wirren Lüste berief sie sich auf andere Mächte und bezog den souveränen Standpunkt der Hygieneimperative, indem sie die alten Ängste vor der Geschlechtskrankheit mit den neuen Themen der Asepsie und die großen evolutionistischen Mythen mit den jungen Institutionen der öffentlichen Gesundheitsfürsorge zusammenschloß. Sie gab vor, die physische Kraft und moralische Sauberkeit des gesellschaftlichen Körpers zu erhalten; sie versprach, die Träger der Schande, die Degenerierten und die entarteten Bevölkerungsteile auszumerzen. Im Namen einer dringenden biologischen und historischen Notwendigkeit rechtfertigte sie die drohend bevorstehenden Staatsrassismen. Sie begründete sie in »Wahrheit«.

Vergleicht man die Diskurse über die menschliche Sexualität mit der Physiologie der tierischen und pflanzlichen Fortpflanzung zur gleichen Epoche, so überrascht die Phasenverschiebung. Ihre Schwäche, nicht einmal was Wissenschaftlichkeit angeht, sondern ganz einfach das Fehlen jeder elementaren Rationalität, verleiht ihnen eine Sonderstellung in der Geschichte der Erkenntnisse. Sie bilden eine seltsam trübe Zone. Während des gesamten 19. Jahrhunderts scheint der Sex in zwei sehr verschiedene Register eingetragen zu sein: einer Biologie der Fortpflanzung, die sich durchgehend gemäß der allgemeinen wissenschaftlichen Normativität entwickelt hat, und einer Medizin des Sexes, die ganz anderen Formationsregeln gehorchte. Zwischen beiden gab es weder einen wirklichen Austausch noch eine gegenseitige Strukturierung; die erste hat für die zweite höchstens die Rolle einer abgelegenen und ziemlich fiktiven Garantie gespielt: eine umfassende Bürgschaft, unter deren Obhut sich moralische Hemmungen, ökonomische und politische Optionen und alle überkommenen Ängste wieder in ein wissenschaftlich klingendes Vokabular einschreiben konnten. Es sieht alles danach aus, als habe ein grundlegender Widerstand die Bildung eines rationalen Diskurses über den Sex und seine Beziehungen und Wirkungen behindert. Eine solche Störung aber wäre wiederum nur ein Zeichen dafür, daß es dieser Art von Diskurs nicht darum ging, die Wahrheit zu sagen, sondern einzig darum, ihr Aufkommen zu verhindern. Hinter der Differenz zwischen der Physiologie der Fortpflanzung und der Sexualmedizin müßte man also weit mehr sehen als einzig nur einen ungleichen wissenschaftlichen Fortschritt oder eine Störung in den Formen des vernünftigen Denkens; der eine Diskurs entstammte jenem ungeheuren Willen zum Wissen, der das Aufkommen des wissenschaftlichen Diskurses im Abendland getragen hat, der andere einem hartnäckigen Willen zum Nichtwissen.

Es ist nicht zu leugnen: der gelehrte Diskurs des 19. Jahrhunderts über den Sex war ebenso von zeitlosen Voreingenommenheiten wie von systematischen Blindheiten durchzogen: von einer Weigerung, zu sehen und zu hören, aber – und darauf kommt es zweifellos an – einer Weigerung, die sich selbst noch auf das erstreckte, was man an den Tag brachte oder gebieterisch zur Aussage rief. Denn ein Verkennen kann es nur auf der Grundlage einer fundamentalen Beziehung zur Wahrheit geben. Ihr auszuweichen, den Zutritt zu versperren, sie zu verhüllen, sind alles nur lokale Taktiken, gleichsam Überlagerungen, die nur auf Grund eines Winkelzuges im letzten Moment der eigentlichen Wissenssuche eine paradoxe Form verleihen. Nicht erkennen wollen, auch das ist noch eine Wendung des Willens zur Wahrheit. Die Salpétrière Charcots mag als Beispiel dienen: ein riesiger Beobachtungsapparat mit Prüfungen, Befragungen, Experimenten, zugleich aber auch eine Anreizungs-Maschinerie mit öffentlichen Vorstellungen, einem Theater der rituellen, sorgsam mit Äther oder Amylnitrat präparierten Krisen, einem Spiel von Dialogen, abtastenden und aufgelegten Händen, Haltungen, die auf ein Wort oder eine Geste der Ärzte hin entstehen oder verschwinden, und mit einer Hierarchie des Personals, das alles erspäht, organisiert, provoziert, notiert, berichtet und das eine ungeheure Pyramide von Beobachtungen und Dossiers anhäuft. Erst auf dem Hintergrund dieses unaufhörlichen Anreizes zum Diskurs und zur Wahrheit kommen die eigenen Mechanismen des Verkennens ins Spiel: so etwa die Geste Charcots, der eine öffentliche Konsultation an dem Punkt unterbricht, wo allzu offen »es« zur Sprache zu kommen droht, oder auch – weit häufiger – die in den Dossiers erfolgende Auslöschung dessen, was die

Kranken auf Veranlassung der Ärzte in Sachen Sex gesagt und gezeigt haben; Äußerungen, die die veröffentlichten Beobachtungen nahezu vollständig tilgen.[1] Worauf es bei dieser Geschichte ankommt, ist nicht, daß man sich blind und taub gemacht oder getäuscht hat, sondern vielmehr, daß man um den Sex herum einen unübersehbaren Apparat konstruiert hat, der die Wahrheit produzieren soll – wenn er sie auch im letzten Augenblick verhüllt. Entscheidend ist, daß der Sex nicht nur eine Angelegenheit von Gefühl und Lust, Gesetz und Verbot, sondern ebenfalls eine von wahr und falsch, daß die Wahrheit des Sexes eine wesentliche Sache, eine nützliche oder bedrohliche, wertvolle oder zweifelhafte Sache geworden ist, kurz, daß der Sex zum Einsatz im Wahrheitsspiel geworden ist. Also geht es nicht darum, eine neue Schwelle der Rationalität, mag sie nun Freud oder jemand anders entdeckt haben, abzustecken, sondern die fortschreitende Formation (samt ihren Transformationen) jenes Spiels der Wahrheit und des Sexes, das uns das 19. Jahrhundert vermacht hat und das wir vielleicht modifiziert, aber wohl kaum abgeschafft haben. Verkennungen, Schleichwege und Ausweichmanöver haben die Bedingungen ihrer Möglichkeit und ihrer Wirksamkeit nur vor dem Hintergrund dieses befremdenden Unterfangens finden können: die Wahrheit des Sexes zu sagen. Ein Unterfangen, das nicht erst ins 19. Jahrhundert datiert werden kann, selbst wenn ihm das Projekt einer »Wissenschaft« eine eigentümliche Form verliehen hat. Es stellt den Sockel aller dieser umhergeisternden Diskurse dar, in denen – ob sie nun naiv oder listig sind – sich das Wissen vom Sex lange verirrt zu haben scheint.

Historisch gesehen gibt es zwei große Verfahren, die Wahrheit des Sexes zu produzieren.

Auf der einen Seite die Gesellschaften – und ihrer waren viele: China, Japan, Indien, Rom, die arabisch-islamischen Gesellschaften –, die sich

---

1 Vgl. beispielsweise Bourneville, *Iconographie de la Salpêtrière*, S. 110 ff. Die unveröffentlichten Dokumente über die Vorlesungen von Charcot, die sich noch in der Salpêtrière finden, äußern sich hierüber noch offener als die veröffentlichten Texte. Ganz klar sind hier die Spiele der Anreizung und der Auslöschung abzulesen. Eine handschriftliche Notiz berichtet von der Sitzung vom 25. November 1877. Das Subjekt zeigt eine hysterische Lähmung; Charcot unterbricht eine Krise, indem er zunächst die Hände, dann das äußerste Ende eines Stabes auf die Eierstöcke legt. Er nimmt den Stab fort, und gleich setzt erneut die Krise ein, die er durch Einatmen von Amylnitrat beschleunigen läßt. Die Kranke verlangt nun den Sex-Stab mit Worten, die keinerlei Metapher benutzen: »Man läßt G. verschwinden, deren Delirium anhält.«

eine *ars erotica* gegeben haben. In der Kunst der Erotik wird die Wahrheit aus der Lust selber gezogen, sie wird als Praktik begriffen und als Erfahrung gesammelt. Nicht im Hinblick auf ein absolutes Gesetz des Erlaubten und des Verbotenen und nicht unter Bezugnahme auf ein Nützlichkeitskriterium wird die Lust gesehen, sondern zunächst und allererst in bezug auf sich selbst ist sie als Lust zu erkennen, also in ihrer Intensität, ihrer spezifischen Qualität, ihrer Dauer und ihren Ausstrahlungen im Körper und in der Seele. Besser: dieses Wissen muß mit Gleichmaß wieder in die sexuelle Praktik eingegossen werden, um sie gleichsam von innen zu gestalten und ihre Wirkungen auszudehnen. Auf diese Weise konstituiert sich ein Wissen, das geheim bleiben muß, nicht weil sein Gegenstand irgendeiner Schändlichkeit verdächtig wäre, sondern weil es mit größter Behutsamkeit aufbewahrt werden muß, verlöre es doch, wie die Überlieferung lehrt, bei leichtfertiger Ausbreitung seine Wirksamkeit und Tugendkraft. Grundlegend ist also die Beziehung zum Lehrer als dem Wahrer der Geheimnisse: er allein weiß es auf esoterische Weise weiterzugeben im Sinne einer Initiation, in der er wissend und mit unfehlbarer Strenge den Weg des Schülers lenkt. Die Wirkungen dieser Lehrmeisterkunst, die sehr viel großzügiger sind, als die trockenen Rezepte vermuten lassen, sollen zu einer Wandlung des von ihr Auserwählten führen: absolute Körperbeherrschung, einzigartige Wollust, Vergessen der Zeit und der Grenzen, Elixir des Lebens, Bannung des Todes und seiner Drohungen.

Unsere Zivilisation besitzt, zumindest auf den ersten Blick, keine *ars erotica*. Dafür ist sie freilich die einzige, die eine *scientia sexualis* betreibt. Beziehungsweise die einzige, die im Lauf von Jahrhunderten, um die Wahrheit des Sexes zu sagen, Prozeduren entwickelt hat, die sich im wesentlichen einer Form von Macht-Wissen unterordnen, die der Kunst der Initiationen und dem Geheimnis des Meisters streng entgegengesetzt ist: es handelt sich um das Geständnis.

Spätestens seit dem Mittelalter haben die abendländischen Gesellschaften das Geständnis unter die Hauptrituale eingereiht, von denen man sich die Produktion der Wahrheit verspricht: Regelung des Bußsakraments durch das Laterankonzil von 1215, die darauffolgende Entwicklung der Beichttechniken, in der Strafjustiz Rückgang der Klageverfahren, Verschwinden der Schuldbeweise (Eid, Duell, Gottesurteil) und Entwicklung von Vernehmungs- und Ermittlungsmethoden, Kompetenzerweiterung der königlichen Verwaltung bei der Verfolgung von Vergehen auf Kosten der

privaten Vergleichsverfahren, Einsetzung der Inquisitionsgerichte – all das
hat dazu beigetragen, dem Geständnis eine zentrale Rolle in der Ordnung
der zivilen und religiösen Mächte zuzuweisen. Die Entwicklung des Wortes »Geständnis«* und der von ihm bezeichneten Rechtsfunktionen ist in
sich schon charakteristisch: vom Geständnis als Garantie von Stand, Identität und Wert, die jemandem von einem anderen beigemessen werden, ist
man zum Geständnis als Anerkennen bestimmter Handlungen und Gedanken als der eigenen übergegangen. Lange Zeit hat sich das Individuum
durch seine Beziehung zu anderen und durch Bezeugung seiner Bindung
an andere (Familie, Gefolgschaft, Schirmherrschaft) ausgewiesen; später
hat man es durch den Diskurs ausgewiesen, den es über sich selbst halten
konnte oder mußte. Das Geständnis der Wahrheit hat sich ins Herz der
Verfahren eingeschrieben, durch die die Macht die Individualisierung betreibt.

Auf jeden Fall ist das Geständnis neben den Ritualen der Probe, neben
der Bürgschaft durch die Autorität der Überlieferung, neben den Zeugenaussagen, aber auch neben den gelehrten Verfahren der Beobachtung und
Beweisführung im Abendland zu einer der höchstbewerteten Techniken
der Wahrheitsproduktion geworden. Die Wirkungen des Geständnisses
sind breit gestreut: in der Justiz, in der Medizin, in der Pädagogik, in
den Familien- wie in den Liebesbeziehungen, im Alltagsleben wie in den
feierlichen Riten gesteht man seine Verbrechen, gesteht man seine Sünden,
gesteht man seine Gedanken und Begehren, gesteht man seine Vergangenheit und seine Träume, gesteht man seine Kindheit, gesteht man seine
Krankheiten und Leiden; mit größter Genauigkeit bemüht man sich zu sagen, was zu sagen am schwersten ist; man gesteht in der Öffentlichkeit und
im Privaten, seinen Eltern, seinen Erziehern, seinem Arzt und denen, die
man liebt; man macht sich selbst mit Lust und Schmerz Geständnisse,
die vor niemand anders möglich wären, und daraus macht man dann Bücher. Man gesteht – oder man wird zum Geständnis gezwungen. Wenn
das Geständnis nicht spontan oder von irgendeinem inneren Imperativ
diktiert ist, wird es erpreßt; man spürt es in der Seele auf oder entreißt es
dem Körper. Seit dem Mittelalter begleitet wie ein Schatten die Folter
das Geständnis und hilft ihm weiter, wenn es versagt: schwarze Zwillings-

---

* Foucault bezieht sich hier auf die Wortgeschichte von »aveu«, das sich vom lateinischen »advocare«
herleitet. Anm. d. Übers.

brüder.[2] Die waffenloseste Zärtlichkeit wie die blutigsten Mächte sind auf das Bekennen angewiesen. Im Abendland ist der Mensch ein Geständnistier geworden.

Von daher rührt zweifellos ein Formwandel in der Literatur: von einer Lust am Erzählen und Zuhören, die sich am heroischen oder wunderbaren Bericht von »Proben« der Tapferkeit oder der Heiligkeit entzündet hatte, ist man übergegangen zu einer Literatur, die sich der unendlichen Aufgabe annimmt, aus dem Grunde unserer selbst eine Wahrheit zwischen den Worten aufsteigen zu lassen, die schon die bloße Form des Geständnisses als unerreichbar vorspiegelt. Ebenfalls von daher rührt die andere Art des Philosophierens: nicht einfach den grundlegenden Bezug zum Wahren an sich suchen (in einem vergessenen Wissen oder einer bestimmten ursprünglichen Spur), sondern in der Selbstprüfung, die unter so vielen flüchtigen Eindrücken die grundlegenden Gewißheiten des Bewußtseins freilegt. Die Verpflichtung zum Geständnis wird uns mittlerweile von derart vielen verschiedenen Punkten nahegelegt, sie ist uns so tief in Fleisch und Blut übergegangen, daß sie uns gar nicht mehr als Wirkung einer Macht erscheint, die Zwang auf uns ausübt; im Gegenteil scheint es uns, als ob die Wahrheit im Geheimsten unserer selbst keinen anderen »Anspruch« hegte als den, an den Tag zu treten; daß es, wenn ihr das nicht gelingt, nur daran liegen kann, daß ein Zwang sie fesselt oder die Gewalt einer Macht auf ihr lastet, woraus folgt, daß sie sich letzten Endes nur um den Preis einer Art Befreiung wird äußern können. Das Geständnis befreit, die Macht zwingt zum Schweigen; die Wahrheit gehört nicht zur Ordnung der Macht, sondern steht in einem ursprünglichen Verhältnis zur Freiheit: das sind alles traditionelle Themen der Philosophie, die eine »politische Geschichte der Wahrheit« umkehren müßte, indem sie zeigte, daß die Wahrheit weder von Natur aus frei noch der Irrtum unfrei ist, sondern daß ihre gesamte Produktion von Machtbeziehungen durchzogen ist. Ein Beispiel dafür ist das Geständnis.

Man muß schon dieser inneren List des Geständnisses vollkommen auf den Leim gegangen sein, um der Zensur, der Untersagung des Sagens und Denkens eine grundlegende Rolle beizumessen; man muß sich schon eine reichlich verdrehte Vorstellung von der Macht machen, um glauben zu

---

2 Schon das griechische Recht hatte – zumindest für die Sklaven – die Folter und das Geständnis verbunden. Das kaiserliche römische Recht hatte die Praktik ausgedehnt. Diese Fragen werden in *Die Macht der Wahrheit* wiederaufgenommen.

können, daß von Freiheit alle jene Stimmen reden, die seit so langer Zeit das ungeheuerliche Gebot unserer Zivilisation wiederkäuen, sagen zu müssen, was man ist, was man getan hat, wessen man sich erinnert und was man vergessen hat, was man verbirgt und was sich verbirgt, woran man nicht denkt und was man nicht zu denken denkt. Ein ungeheures Werk, zu dem das Abendland Generationen gebeugt hat, während andere Formen von Arbeit die Akkumulation des Kapitals bewerkstelligten: die Subjektivierung der Menschen, das heißt ihre Konstituierung als Untertanen/ Subjekte. Man braucht sich bloß vorzustellen, wie unerhört zu Beginn des 13. Jahrhunderts die an alle Christen gerichtete Vorschrift erschienen sein muß, mindestens einmal im Jahr das Knie zu beugen, um ausnahmslos jeden ihrer Fehler zu gestehen. Und dann muß man an jenen unbekannten Partisanen sieben Jahrhunderte später denken, der sich tief im Gebirge dem serbischen Widerstand anschließen will; seine Vorgesetzten fordern ihn auf, sein Leben aufzuschreiben, und als er schließlich mit ein paar armseligen, während der Nacht zusammengekritzelten Blättern ankommt, sieht man sie gar nicht erst an, sondern sagt zu ihm: »Fang noch mal an und sag die Wahrheit.« Sollten die berühmten Sprachverbote, die man für so schwerwiegend hält, tatsächlich dieses tausendjährige Joch des Geständnisses übersehen lassen?

Nun bildete seit der christlichen Buße bis heute der Sex die privilegierte Materie des Bekennens. Er ist das, was man verbirgt, heißt es. Und wenn er nun das wäre, was man in ganz besonderer Weise gesteht? Wenn die Pflicht, ihn zu verbergen, nur ein Aspekt der Pflicht wäre, ihn zu gestehen (was dann hieße, ihn gut und sorgfältig zu verstecken, damit sein Geständnis um so wichtiger wird, ein um so strengeres Ritual erfordert und um so entscheidendere Wirkungen verspricht)? Wenn der Sex in unserer Gesellschaft nun schon seit mehreren Jahrhunderten unter der nimmermüden Herrschaft des Geständnisses stünde? Die Diskursivierung des Sexes, von der weiter oben die Rede war, und die Ausstreuung und Verstärkung sexueller Disparität sind möglicherweise Teile ein und desselben Dispositivs und verbinden sich damit im zentralen Element eines Geständnisses, das eine wahrhaftige Äußerung der sexuellen Besonderheit erzwingt – wie extrem sie auch sein mag. In Griechenland verbanden sich Wahrheit und Sex in der Form der Pädagogik, indem ein kostbares Wissen von Körper zu Körper weitergegeben wurde; der Sex diente den Einweihungen in die Erkenntnis als Lager. Für uns verbinden sich Wahrheit und Sex im Geständnis mittels des obligatorischen und erschöpfenden Ausdrucks eines individuellen Geheimnisses. Diesmal aber ist es die Wahrheit, die dem Sex und seinen Manifestationen zugrunde liegt.

Nun ist das Geständnis ein Diskursritual, in dem das sprechende Subjekt mit dem Objekt der Aussage zusammenfällt, und zugleich ist es ein Ritual, das sich innerhalb eines Machtverhältnisses entfaltet, denn niemand leistet sein Geständnis ohne die wenigstens virtuelle Gegenwart eines Partners, der nicht einfach Gesprächspartner, sondern Instanz ist, die das Geständnis fordert, erzwingt, abschätzt und die einschreitet, um zu richten, zu strafen, zu vergeben, zu trösten oder zu versöhnen; ein Ritual, in dem die Wahrheit sich an den Hindernissen und Widerständen bewährt, die sie überwinden mußte, um zutage zu treten; ein Ritual schließlich, wo die bloße Äußerung schon – unabhängig von ihren äußeren Konsequenzen – bei dem, der sie macht, innere Veränderungen bewirkt: sie tilgt seine Schuld, kauft ihn frei, reinigt ihn, erlöst ihn von seinen Verfehlungen, befreit ihn und verspricht ihm das Heil. Über Jahrhunderte hinweg ist die Wahrheit des Sexes weitgehend in dieser diskursiven Form erfaßt worden. Und nicht in der der Unterweisung (die Sexualerziehung wird sich auf die allgemeinen Prinzipien und die Regeln der Vorsicht beschränken) und ebensowenig in der der Initiation (die im wesentlichen eine stumme Praktik geblieben ist, welche durch den Akt der »Aufklärung« oder der Defloration allenfalls lächerlich oder gewaltsam gemacht wird). Es handelt sich, wie man sieht, um eine Form, die von der Kunst der Erotik weit entfernt ist. Auf Grund der ihm immanenten Machtstruktur kann der Geständnisdiskurs nicht mehr von oben und aus dem souveränen Willen eines Herrn kommen wie in der *ars erotica*, sondern von unten, als geforderte, willfährige Rede, die unter gebieterischem Zwang die Siegel der Zurückhaltung und des Vergessens sprengt. Das eigentümliche Geheimnis dieses Diskurses beruht nicht auf dem hohen Preis dessen, was er zu sagen hat, und der kleinen Zahl derer, die seiner würdig sind, sondern auf seiner obskuren Familiarität und seiner gemeinen Niedrigkeit. Seine Wahrheit wird weder von der erhabenen Autorität des Lehramtes noch von der Überlieferung verbürgt, sondern durch die Bindung, die wesentliche diskursive Verbindung des Sprechenden mit dem, wovon er spricht. Umgekehrt liegt die Herrschaft nicht mehr bei dem, der spricht (dieser ist der Gezwungene), sondern bei dem, der lauscht und schweigt; nicht mehr bei dem, der weiß und antwortet, sondern bei dem, der fragt und nicht als Wissender gilt. Und schließlich erzielt dieser Wahrheitsdiskurs seine Wirkung nicht bei dem, der ihn empfängt, sondern bei dem, dem man ihn entreißt. Mit diesen Geständniswahrheiten sind wir weit entfernt von den gelehrten Einweihungen in die Lust mit ihrer Technik und ihrer Mystik. Wir gehören statt dessen zu einer Gesellschaft, die das schwierige Wissen vom Sex nicht in der Weitergabe des Geheimnisses geordnet, sondern es um den langsamen Anstieg der Vertraulichkeit organisiert hat.

Das Geständnis war und ist bis heute die allgemeine Matrix, die die Produktion des wahren Diskurses über den Sex beherrscht. Allerdings hat es beträchtliche Transformationen erfahren. Für lange Zeit war es fest in die Praktik der Buße eingebaut. Nach und nach aber, mit dem Protestantismus, der Gegenreformation, der Pädagogik des 18. und der Medizin des 19. Jahrhunderts hat es seine rituelle und exklusive Lokalisierung verloren; es hat sich verstreut und ist in eine Serie von Beziehungen eingesetzt worden: Kinder und Eltern, Schüler und Pädagogen, Kranke und Psychiater, Delinquenten und Experten. Die Motivationen und Wirkungen, die man sich von ihm verspricht, haben sich ebenso vervielfältigt wie die Formen, die es annimmt: Verhöre, Konsultationen, autobiographische Berichte, Briefe; sie sind protokolliert, abgeschrieben, zu Dossiers zusammengestellt, publiziert und kommentiert worden. Vor allem aber öffnet sich das Geständnis wenn nicht anderen Bereichen, so zumindest neuen Methoden ihrer Erfassung. Es dreht sich nicht mehr nur darum zu sagen, was geschehen ist – der sexuelle Akt – und wie, sondern darum, in ihm und um ihn herum die Gedanken zu rekonstruieren, die ihn verdoppelt haben, die Zwangsvorstellungen, die ihn begleiten, die Bilder, die Begehren, die Modulationen und die Qualität der Lust, denen er Raum gibt. Zweifellos zum ersten Mal hat eine Gesellschaft sich dazu herabgelassen, das Bekenntnis der individuellen Lüste anzuregen und anzuhören.

Also Ausstreuung der Geständnisverfahren, vielfältige Lokalisierung ihres Zwanges, Ausweitung ihres Bereiches: ein großes Archiv der Lüste des Sexes hat sich so angesammelt. Lange Zeit hatte sich dieses Archiv nur realisiert, um sich sofort wieder aufzulösen. Es ging spurlos vorüber: so wollte es die christliche Beichte. Bis dann die Medizin, die Psychiatrie und die Pädagogik begannen, es festzuhalten: Campe, Salzmann, dann vor allem Kaan, Krafft-Ebing, Tardieu, Molle und Havelock Ellis haben sorgfältig die ganze armselige Lyrik der sexuellen Disparität gesammelt. Auf diese

Weise haben die abendländischen Gesellschaften begonnen, das unbegrenzte Register ihrer Lüste anzulegen. Sie haben das Herbarium der Lüste
aufgebaut und ihre Klassifikation begründet; sie haben die alltäglichen
Schwächen als Absonderlichkeiten oder bösartige Zustände beschrieben.
Ein wichtiger Augenblick: sich über die Psychiater des 19. Jahrhunderts lustig zu machen, die sich emphatisch für die Scheußlichkeiten entschuldig-
ten, die sie zur Sprache bringen mußten, indem sie die »Anschläge auf die
Sitten« oder die »Verirrungen des Zeugungssinns« beschworen, ist einfach.
Ich neige eher dazu, vor ihrer Ernsthaftigkeit den Hut zu ziehen: sie besaßen Sinn für das Ereignis. Es war der Augenblick, wo die sonderbarsten Lüste dazu aufgefordert wurden, einen wahren Diskurs über sich zu halten,
der nicht mehr wie ehedem an den Diskurs von der Sünde und vom Heil,
vom Tod und von der Ewigkeit anzuschließen hatte, sondern an den Diskurs vom Körper und vom Leben – an den Diskurs der Wissenschaft. Daher das Zittern und Beben der Wörter; es konstituierte sich nämlich diese
unglaubliche Sache: eine »Geständnis-Wissenschaft«, eine Wissenschaft,
die sich auf die Rituale des Geständnisses und seiner Inhalte stützt, eine
Wissenschaft, die von dieser vielfältigen und unablässigen Erpressung ausging und sich das Uneingestehlich-Gestandene als Gegenstand gab. Sicher
war es ein Skandal für den fest institutionalisierten wissenschaftlichen Diskurs des 19. Jahrhunderts, diesen ganzen niedrigen Diskurs übernehmen
zu müssen. Es war auch ein theoretisches und methodisches Paradox: die
langen Diskussionen über die Möglichkeit einer Wissenschaft vom Subjekt, die Gültigkeit der Introspektion, die Evidenz des Gelebten oder die
Selbstpräsenz des Bewußtseins antworteten zweifellos dem allen Wahr-
heitsdiskursen in unserer Gesellschaft innewohnenden Problem: kann man
die Produktion der Wahrheit nach dem alten juridisch-religiösen Modell
des Geständnisses ablaufen lassen und die Erzwingung des Bekenntnisses
nach der Regel des wissenschaftlichen Diskurses? Überlassen wir die Antwort denen, die daran glauben, daß die Wahrheit des Sexes nie rigoroser
ausgeschaltet worden ist als im 19. Jahrhundert, die an einen furchtbaren
Blockademechanismus und einen zentralen Mangel des Diskurses glauben. Tatsächlich gibt es alles andere als ein Defizit, nämlich Überladung,
Verdoppelung, eher zuviel als zuwenig Diskurs, und auf jeden Fall eine
Überlagerung zwischen beiden Modalitäten der Wahrheitsproduktion:
den Prozeduren des Geständnisses und der wissenschaftlichen Diskursivität.

Und statt die Rechnung der Irrtümer, Naivitäten und Moralismen aufzumachen, die die Diskurse des 19. Jahrhunderts über die Wahrheit des Sexes bevölkert haben, müßte man die Verfahren bezeichnen, durch die der
auf den Sex gerichtete Wille zum Wissen, der das moderne Abendland charakterisiert, die Rituale des Geständnisses in den Schemata der wissenschaftlichen Regelhaftigkeit hat funktionieren lassen; wie ist man dazu
gekommen, die maßlose und traditionsreiche Erpressung des sexuellen Geständnisses in wissenschaftlichen Formen zu konstituieren?

1. *Durch eine klinische Kodifizierung des »Sprechen-Machens«:* das Bekenntnis mit der Prüfung kombinieren, den Selbst-Bericht mit der Ausbreitung eines Komplexes von Zeichen und entschlüsselbaren Symptomen;
die Befragung, den exakten Fragebogen und die Hypnose mit dem Rück-
rufen der Erinnerungen, den freien Assoziationen: alles Mittel, um die Ge-
ständnisprozedur in ein Feld wissenschaftlich akzeptabler Beobachtungen
einzugliedern.

2. *Durch das Postulat einer allgemeinen und diffusen Kausalität:* alles sagen müssen, über alles verhören können – das wird seine Rechtfertigung in
dem Prinzip finden, daß der Sex mit einer unerschöpflichen und polymorphen Kausalmacht ausgestattet ist. Das diskreteste Ereignis im sexuellen
Verhalten – Unfall oder Abweichung, Mangel oder Exzeß – wird der unterschiedlichsten Konsequenzen im Lauf der Existenz für fähig gehalten; es
gibt kaum eine Krankheit oder physische Störung, für die das 19. Jahrhundert nicht eine zumindest teilweise sexuelle Ätiologie ersonnen hätte. Von
den schlechten Angewohnheiten der Kinder bis zu den Schwindsüchten
der Erwachsenen, den Schlaganfällen der Alten, den Nervenkrankheiten
und den Degenerationen der Rasse hat die Medizin ein ganzes Netz sexueller Kausalität gesponnen. Das mag uns wohl phantastisch erscheinen.
Doch das Prinzip des Sexes als »Ursache von allem und jedem« ist das theoretische Gegenstück eines technischen Erfordernisses: in einer wissenschaftlichen Praktik die Prozeduren eines Geständnisses funktionieren lassen, das gleichzeitig total, minutiös und stetig sein muß. Die unbegrenzten
Gefahren, die vom Sex her drohen, rechtfertigen die erschöpfende Inquisition, der man ihn unterwirft.

3. *Durch das Prinzip einer der Sexualität innewohnenden Latenz:* wenn
man die Wahrheit des Sexes durch die Technik des Geständnisses hervorzerren muß, so nicht allein deshalb, weil sie schwierig auszusagen oder
mit den Verboten des Anstands belegt ist, sondern weil das Funktionieren

des Sexes selbst dunkel ist; weil das Entschlüpfen zu seiner Natur gehört und weil seine Energie und seine Mechanismen sich entziehen; weil seine Kausalmacht zu einem Teil im geheimen arbeitet. Indem sie es dem wissenschaftlichen Diskurs eingliederte, hat das 19. Jahrhundert das Geständnis verschoben; allmählich erstreckt es sich nicht mehr bloß auf das, was das Subjekt verbergen möchte, sondern nur auf das, was ihm selbst verborgen ist und was nur in kleinen Schritten durch eine Geständnisarbeit, an der beide, Befrager und Befragter, von ihrer jeweiligen Seite her beteiligt sind, ans Licht gebracht werden kann. Das Prinzip einer wesenhaften Latenz der Sexualität gestattet es, den Zwang zu einem schwierigen Geständnis an eine wissenschaftliche Praktik anzuschließen. Man muß es hervorzerren, gewaltsam hervorzerren, weil es sich verbirgt.

4. *Durch die Methode der Interpretation:* wenn man gestehen muß, so nicht bloß weil der, dem man gesteht, die Macht, zu vergeben, zu trösten und zu leiten, besitzt, sondern weil die zur Produktion der Wahrheit nötige Arbeit, soll sie wissenschaftliche Geltung gewinnen, über diese Beziehung laufen muß. Sie ruht nicht einzig und allein im Subjekt, das sie vermöge seines Geständnisses in fertiger Form ans Licht bringt. Sie konstituiert sich zweiseitig: gegenwärtig, aber unvollständig und für sich selber blind beim Sprechenden – kann sie sich nur bei dem vollenden, der sie zusammenliest. Ihm obliegt es, die Wahrheit dieser dunklen Wahrheit zu sagen: die Enthüllung des Geständnisses muß er durch die Entzifferung seines Gehaltes verdoppeln. Der Zuhörende ist nicht mehr bloß der Herr der Verzeihung oder der verurteilende oder freisprechende Richter; er wird der Herr der Wahrheit sein. Seine Funktion ist hermeneutisch. In bezug auf das Geständnis besteht seine Macht nicht allein darin, es zu fordern, bevor es gemacht ist, oder eine Entscheidung zu fällen, nachdem es ausgesprochen ist; sie besteht darin, durch das Geständnis und seine Entschlüsselung hindurch einen Wahrheitsdiskurs zu konstituieren. Indem es aus dem Geständnis nicht länger eine Probe, sondern ein Zeichen und aus der Sexualität etwas zu Interpretierendes machte, hat das 19. Jahrhundert sich die Möglichkeit verschafft, die Geständnisprozeduren in der regelhaften Formation eines wissenschaftlichen Diskurses funktionieren zu lassen.

5. *Durch die Medizinisierung der Wirkungen des Geständnisses:* die Erlangung des Geständnisses und seine Wirkungen werden in Form therapeutischer Operationen recodiert. Was zunächst heißt, daß das Gebiet des Sexes nicht mehr ausschließlich unter das Register der Verfehlung

und der Sünde, des Exzesses oder der Überschreitung fallen wird, sondern unter das Regime des Normalen und des Pathologischen (das übrigens nur die Übertragung jenes Registers darstellt); zum ersten Mal definiert man eine dem Sexuellen eigene Krankhaftigkeit; der Sex erscheint als ein Feld hoher pathologischer Anfälligkeit: Spiegelungsfläche für die anderen Krankheiten, zugleich aber auch ein neuer Brennpunkt der Beschreibung von Krankheiten – des Triebes, der Neigungen und der Bilder, der Lust, des Verhaltens. Was aber auch heißt, daß das Geständnis seinen Sinn und seine Notwendigkeit unter den medizinischen Eingriffen finden wird: vom Arzt gefordert, notwendig für die Diagnose und durch sich selber wirksam in der Therapie: Das Wahre, rechtzeitig dem Richtigen gesagt, und zwar von dem, der es innehat und zugleich verantwortet, dieses Wahre heilt.

Halten wir uns an große historische Bezugspunkte: unsere Gesellschaft hat sich, mit den Traditionen der *ars erotica* brechend, eine *scientia sexualis* gegeben. Genauer gesagt hat sie es sich zur Aufgabe gemacht, wahre Diskurse über den Sex zu produzieren, und zwar dadurch, daß sie – nicht ganz reibungslos – das alte Verfahren des Geständnisses den Regeln des wissenschaftlichen Diskurses anpaßte. Die *scientia sexualis*, wie sie seit Beginn des 19. Jahrhunderts entwickelt worden ist, bewahrt in ihrem Kern paradoxerweise den eigentümlichen Ritus der obligatorischen, erschöpfenden Beichte, die im christlichen Abendland die erste Technik zur Produktion der Wahrheit des Sexes darstellte. Seit dem 16. Jahrhundert hatte sich dieser Ritus nach und nach vom Bußsakrament gelöst, um vermittelt über Seelenführung und Gewissenslenkung – *ars artium* – in die Pädagogik einzuwandern, in die Beziehungen von Erwachsenen und Kindern, in die familiären Verhältnisse, in die Medizin und die Psychiatrie. Auf jeden Fall ist seit knapp hundertfünfzig Jahren ein komplexes Dispositiv installiert, um wahre Diskurse über den Sex zu produzieren: ein Dispositiv, das die Geschichte weit umspannt, da es den alten Geständniszwang mit den Methoden des klinischen Abhorchens zusammenschaltet. Und erst auf Grund dieses Dispositivs hat als Wahrheit des Sexes und seiner Lüste eine Sache wie die »Sexualität« auf den Plan treten können.

Die »Sexualität«: Korrelat jener langsam entwickelten diskursiven Praktik, die die *scientia sexualis* darstellt. Die fundamentalen Merkmale dieser Sexualität übersetzen weder eine mehr oder weniger von Ideologie getrübte Vorstellung noch ein von Verboten fehlgeleitetes Verständnis; sie entsprechen den funktionellen Anforderungen eines Diskurses, der seine

Wahrheit produzieren muß. Am Kreuzungspunkt einer Geständnistechnik und einer wissenschaftlichen Diskursivität, dort wo es einige große Anpassungsmechanismen (Abhorchtechnik, Kausalitätspostulat, Latenzprinzip, Interpretationsregel, Medizinisierungsimperativ) zwischen beiden zu finden galt, hat die Sexualität sich in ihrer »Natur« bestimmt: ein für pathologische Prozesse offenes Gebiet, das dementsprechend nach therapeutischen oder normalisierenden Eingriffen ruft, ein Feld von zu entschlüsselnden Bedeutungen, ein Ort von durch spezifische Mechanismen verdeckten Prozessen, ein Brennpunkt unbestimmter Kausalitätsbeziehungen, eine dunkle Rede, der man gleichzeitig nachstellen und zuhören muß. Es ist die »Ökonomie« der Diskurse, ich will sagen, ihre innere Technologie, die Notwendigkeiten ihres Funktionierens, die Taktiken, die sie einsetzen, die Machtwirkungen, von denen sie unterstützt werden und die sie fördern – das ist es, was die fundamentalen Merkmale dessen bestimmt, was sie sagen, und nicht ein System von Repräsentationen. Die Geschichte der Sexualität – also die Geschichte dessen, was im 19. Jahrhundert als spezifischer Wahrheitsbereich funktioniert hat – muß in erster Linie vom Gesichtspunkt einer Geschichte der Diskurse angegangen werden.

Sprechen wir unsere allgemeine Arbeitshypothese aus. Die Gesellschaft, die sich im 18. Jahrhundert entwickelt – man mag sie bürgerlich, kapitalistisch oder industriell nennen –, hat dem Sex nicht eine fundamentale Erkenntnisverweigerung entgegengesetzt. Sie hat im Gegenteil einen ganzen Apparat in Gang gebracht, um wahre Diskurse über ihn zu produzieren. Sie hat nicht nur viel von ihm gesprochen und jeden gezwungen, von ihm zu sprechen, sondern ist angetreten, seine geregelte Wahrheit zu formulieren. Als verdächtigte sie ihn eines kapitalen Geheimnisses. Als sei sie auf diese Wahrheitsproduktion angewiesen. Als sei es ihr wesentlich, daß der Sex nicht nur einer Ökonomie der Lust, sondern auch einem System des Wissens eingeschrieben ist. Auf diese Weise ist er allmählich zum Gegenstand des großen Verdachts geworden; zum allgemeinen und beunruhigenden Sinn, welcher uns zum Trotz unser Verhalten und unsere Existenzen durchkreuzt; zum schwachen Punkt, von dem uns das Unheil droht; zum Stück Nacht, das jeder von uns in sich trägt. Allgemeine Bedeutung, universales Geheimnis, allgegenwärtige Ursache, Angst, die nie weicht. So daß sich am Ende in dieser »Frage« des Sexes (im zweifachen Sinn von Befragung und Problematisierung, von Geständnisforderung und Integration in ein Rationalitätsfeld) zwei Prozesse entwickeln, die

stets aufeinander verweisen: wir fordern den Sex auf, seine Wahrheit zu sagen (aber weil er das Geheimnis ist, das sich selbst entgeht, halten wir uns
damit zurück, die endlich aufgeklärte, die endlich entzifferte Wahrheit seiner Wahrheit zu sagen) oder vielmehr die Wahrheit, die tief unter jener
Wahrheit unser selbst vergraben liegt, die wir im unmittelbaren Bewußtsein zu haben vermeinen. Wir sagen ihm seine Wahrheit, indem wir entziffern, was er uns von sich sagt; er sagt uns die unsere, indem er befreit,
was sich davon entzieht. Aus diesem Spiel hat sich im Verlauf mehrerer
Jahrhunderte langsam ein Wissen vom Subjekt gebildet; nicht so sehr ein
Wissen von seiner Form, sondern von dem, was es spaltet, was es möglicherweise determiniert, vor allem aber sich selber stets entgehen läßt.
Das unerwartete Erscheinen ist aber kaum erstaunlich, denkt man an die
lange Geschichte der christlichen und gerichtlichen Beichte, an die Verschiebungen und Umformungen, die diese für das Abendland so entscheidende Form des Macht-Wissens, die das Geständnis ist, durchgemacht
hat: das Projekt einer Wissenschaft vom Subjekt hat immer engere Kreise
um die Frage des Sexes gezogen. Die Kausalität im Subjekt, das Unbewußte des Subjekts, die Wahrheit des Subjekts im anderen, der weiß, das
Wissen in ihm von dem, was es selber nicht weiß – all das hat im Diskurs
des Sexes seine Entfaltung finden müssen. Keineswegs jedoch auf Grund
eines Naturvermögens, das dem Sex innewohnt, sondern als Funktion
von Machttaktiken, die diesem Diskurs immanent sind.

Scientia sexualis gegen *ars erotica*, gewiß. Festzuhalten aber bleibt, daß die
ars erotica weder vollkommen aus der abendländischen Zivilisation verschwunden noch stets der Bewegung fremd gewesen ist, durch die man
die Wahrheit des Sexuellen zu produzieren suchte. Es hat in der christlichen Beichte, zumal in der Gewissensführung und -prüfung, in der Suche nach spiritueller Einheit und der Liebe zu Gott eine ganze Serie von
Prozeduren gegeben, die der Kunst der Erotik verwandt sind: Leitung
durch einen Lehrmeister auf einem Initiationsweg, Intensivierung der
Erfahrungen und – bis in ihre physischen Bestandteile – Steigerung der
Wirkungen durch den sie begleitenden Diskurs; die im Katholizismus
der Gegenreformation so verbreiteten Phänomene der Besessenheit und
der Ekstase waren zweifellos unkontrollierte Wirkungen, die die jener subtilen Wissenschaft des Fleisches innewohnende erotische Technik überschritten. Und man muß sich fragen, ob nicht seit dem 19. Jahrhundert

die *scientia sexualis* unter der dezenten Schminke ihres Positivismus – zumindest in einigen ihrer Dimensionen – wie eine *ars erotica* funktioniert. Vielleicht hat diese Wahrheitsproduktion, wie eingeschüchtert sie durch das wissenschaftliche Modell auch sein mag, ihre inneren Lüste vervielfacht, intensiviert oder gar erschaffen. Man sagt häufig, wir seien unfähig gewesen, uns neue Lüste zu ersinnen. Wir haben zumindest eine neue Lust erfunden: die Lust an der Wahrheit der Lust, die Lust, sie zu wissen, sie auszukleiden, sie zu enthüllen, sich von ihrem Anblick faszinieren zu lassen, sie zu sagen, andere mit ihr zu fangen und zu fesseln, sie im verborgenen mitzuteilen, sie listig aufzuspüren; die spezifische Lust am wahren Diskurs über die Lust. Weder in dem von der Medizin versprochenen Ideal einer gesunden Sexualität noch in der humanistischen Träumerei von einer vollkommenen, allseits entfalteten Sexualität und erst recht nicht in den Gesängen vom Orgasmus und den guten Gefühlen der Bioenergetik braucht man nach den wichtigsten Elementen einer Kunst der Erotik zu suchen, die an unser Wissen über die Sexualität geknüpft ist (handelt es sich dabei doch nur um ihren normalisierenden Gebrauch), sondern vielmehr in der Vermehrung und Intensivierung der Lüste, die an die Produktion der Wahrheit über den Sex gebunden ist. Die gelehrten Bücher, die man schreibt und liest, die Konsultationen und die Prüfungen, die Angst bei der Beantwortung der Fragen und die Wollust, sich interpretiert zu fühlen, so viele Erzählungen für sich und andere, soviel Neugier, so zahlreiche Bekenntnisse, in deren Wahrheitspflicht noch etwas vom Zittern des Skandals nachlebt, das Wuchern heimlicher Phantasien und das teuer erkaufte Recht, sie dem zu flüstern, der sie zu hören weiß – mit einem Wort, die ungeheure »Lust an der Analyse« (Analyse im weitesten Sinne des Wortes), die das Abendland seit mehreren Jahrhunderten gelehrt genährt hat –, all das bildet gleichsam die umhergeisternden Bruchstücke einer Kunst der Erotik, heimlich getragen vom Geständnis und der Wissenschaft vom Sex. Soll man glauben, daß unsere *scientia sexualis* nur eine besonders subtile Form der *ars erotica* ist, die abendländische, verwesentlichte Version dieser anscheinend verlorengegangenen Tradition? Oder muß man davon ausgehen, daß alle diese Lüste nur Nebenprodukte einer Sexualwissenschaft sind, eine Belohnung ihrer zahllosen Anstrengungen?

Jedenfalls scheint die Hypothese einer Unterdrückungsmacht, die unsere Gesellschaft aus ökonomischen Gründen über den Sex ausübt, entschieden zu kurz gegriffen, berücksichtigt man die ganze Serie von Verstärkungen und Intensivierungen, die schon eine erste Übersicht deutlich macht: rasche Zunahme von Diskursen, die sorgfältig auf Machterfordernisse abgestimmt sind; Festigung der sexuellen Disparität und Konstitution von Dispositiven, die nicht nur in der Lage sind, diese Disparität zu isolieren, sondern sie auch hervorzurufen und entstehen zu lassen, sie an Brennpunkten von Diskursen und Lüsten zu konstituieren; geforderte Produktion von Geständnissen und darauf aufbauende Einrichtung eines Systems legitimen Wissens und einer Ökonomie vielfältiger Lüste. Weit eher als um einen negativen Ausschließungs- und Verwerfungsmechanismus handelt es sich um ein feines Netz von Diskursen, Wissen, Lüsten, Mächten, das unter Strom gesetzt wird; es handelt sich nicht um eine Bewegung, die nur darauf aus wäre, den wilden Sex in irgendeine dunkle und unzugängliche Gegend zu verstoßen, sondern im Gegenteil um Prozesse, die ihn an der Oberfläche der Dinge und der Körper ausstreuen, die ihn anreizen, kundmachen und zum Sprechen bringen, ihn im Wirklichen einpflanzen und ihm einschärfen, die Wahrheit zu sagen: ein unübersehbares und flimmerndes Lichtermeer des Sexuellen, das sich in der Vielfältigkeit der Diskurse, der Hartnäckigkeit der Mächte und den Spielen des Wissens mit der Lust spiegelt.

Das alles sollte nur eine Illusion sein? Nichts als ein flüchtiger Eindruck, hinter dem ein sorgfältigerer Blick die bekannte große Mechanik der Repression wiederentdeckt? Wird man nicht jenseits dieser wenigen Irrlichter das düstere Gesetz wiederfinden, das stets verneint? Darauf wird – oder müßte die historische Untersuchung Antwort geben. Eine Untersuchung über die Art und Weise, in der sich seit gut drei Jahrhunderten das Wissen vom Sex gebildet hat, die Art, in der sich die Diskurse vermehrt haben, die ihn zum Gegenstand genommen haben, und die Gründe, derentwegen wir der Wahrheit, die sie zu produzieren meinten, einen so fabelhaften Preis zumessen. Vielleicht werden diese historischen Analysen am Ende das auflösen, was dieser erste Überblick nahezulegen scheint. Das Ausgangspostulat aber, das ich so lange wie möglich aufrechterhalten möchte, ist, daß die Dispositive von Macht und Wissen, von Wahrheit und Lüsten, diese von der Unterdrückung so verschiedenen Dispositive nicht unbedingt zweitrangig und abgeleitet sind und daß andererseits die Repression nicht in jedem Fall grundlegend und entscheidend ist. Es kommt also darauf an, diese Dispositive ernst zu nehmen und die Analyserichtung umzukehren: anstatt von einer allgemein anerkannten Repression und einer Ignoranz, die wir an dem messen, was wir zu wissen meinen, muß man von diesen positiven, wissenproduzierenden, diskursvermehrenden, lusterregenden und machterzeugenden Mechanismen ausgehen, ihre Erscheinungs- und Funktionsbedingungen verfolgen und die Verteilung der mit ihnen verknüpften Untersagungen und Verschleierungen erforschen. Insgesamt geht es darum, die Machtstrategien zu bestimmen, die diesem Willen zum Wissen immanent sind. Am Fall der Sexualität soll die »Politische Ökonomie« eines Willens zum Wissen dargestellt werden.

IV
Das Dispositiv der Sexualität

Worum es in dieser Serie von Untersuchungen geht? Die Fabel der *Indiskreten Kleinode* in Historie zu übersetzen.

In der Reihe ihrer Embleme führt unsere Gesellschaft das des sprechenden Sexes. Des Sexes, den man überrascht, den man verhört und der, gezwungen und redselig zugleich, unablässig antwortet. Ein bestimmter Mechanismus, der so märchenhaft ist, daß er sich selber unsichtbar macht, hat ihn eines Tages eingefangen. In einem Spiel, in dem die Lust mit dem Unfreiwilligen, das Einverständnis mit der Inquisition sich mischt, läßt er ihn die Wahrheit über sich und andere sagen. Wir alle leben seit Jahren im Reiche des Fürsten Mangogul: Beute einer ungeheuren Neugier auf den Sex, versessen darauf, ihn auszufragen, unersättlich darin, ihn sprechen zu hören, geschickt im Erfinden all der magischen Ringe, die seine Diskretion bezwingen können. So als sei es wesentlich für uns, aus diesem kleinen Bruchstück unser selbst nicht nur Lust, sondern auch Wissen zu ziehen und ein subtiles Spiel, das vom einen zum anderen geht: Wissen von der Lust, Lust, die Lust zu wissen, Lust-Wissen; und als habe dieses wunderliche Tier, das wir beherbergen, seinerseits ein genügend neugieriges Ohr, genügend wachsame Augen, eine so flinke Zunge und einen so gewandten Geist, daß es viel davon weiß und auch zu sagen imstande ist, reizt man es nur mit ein wenig Geschick. Zwischen einem jeden von uns und unserem Sex hat das Abendland eine unaufhörliche Wahrheitsforderung gespannt: wir müssen ihm seine Wahrheit entreißen, weil sie ihm entgeht, er muß uns die unsere sagen, weil er es ist, der sie im Schatten zurückhält. Der Sex soll verborgen sein? Von neuen Schamhaftigkeiten verschleiert, von den düsteren Forderungen der bürgerlichen Gesellschaft immer noch unter den Scheffel gestellt? Im Gegenteil, er ist lichterloh entflammt. Er steht seit mehreren Jahrhunderten im Zentrum einer ungeheuren *Nachfrage nach Wissen.* Einer doppelten Nachfrage, weil wir wissen sollen, was mit ihm los ist, während er verdächtigt wird zu wissen, was mit uns los ist.

Eine bestimmte Fallinie hat uns im Laufe einiger Jahrhunderte dahin gebracht, die Frage nach dem, was wir sind, an den Sex zu richten. Und zwar nicht so sehr an den Natur-Sex (als Element des Lebendigen, Gegenstand einer Biologie), sondern an den Geschichts-Sex, den Bedeutungs-Sex, den Diskurs-Sex. Wir haben uns unter das Zeichen des Sexes gestellt, aber eher unter das einer *Logik des Sexes* als das einer *Physik*. Man sollte sich nicht täuschen: unterhalb der großen Serie binärer Oppositionen (Körper – Seele, Fleisch – Geist, Instinkt – Vernunft, Triebe – Bewußtsein), die den Sex auf eine rein vernunftlose Mechanik zu beziehen schienen, hat das Abendland nicht nur und nicht in erster Linie den Sex einem Rationalitätsfeld zugeschlagen – was sicherlich nicht sonderlich bemerkenswert gewesen wäre, so sehr sind wir seit den Griechen an derartige »Eroberungen« gewöhnt –, sondern uns nahezu vollständig – uns, unseren Körper, unsere Seele, unsere Individualität, unsere Geschichte – unter das Zeichen einer Logik der Begierde und des Begehrens geraten lassen. Künftig dient sie uns als Universalschlüssel, wenn es darum geht zu wissen, wer wir sind. Seit mehreren Jahrzehnten begreifen die Genetiker das Leben nicht mehr als eine Organisation, die überdies die seltsame Fähigkeit besitzt, sich fortzupflanzen, sondern sehen gerade im Mechanismus der Reproduktion das, was in die Dimension des Biologischen einführt: Matrix nicht bloß des Lebendigen, sondern des Lebens. Aber schon seit Jahrhunderten hatten – zweifellos sehr viel weniger »wissenschaftlich« – die zahllosen Theoretiker und Praktiker des Fleisches aus dem Menschen das Kind eines gebieterischen und intelligiblen Sexes gemacht. Der Sex: Grund für alles.

Man braucht also nicht die Frage zu stellen: Warum ist der Sex so geheim? Was ist das für eine Kraft, die ihn so lange zum Schweigen gebracht hat und sich erst seit kurzem lockert, eine Kraft, die uns vielleicht erlaubt, ihn auszufragen, aber nie ohne den Weg über seine Unterdrückung zu gehen? In der Tat ist diese in unserer Epoche so oft wiederholte Frage nur die jüngste Form einer gewaltigen Behauptung und einer jahrhundertealten Vorschrift: dort unten liegt die Wahrheit, dort lauert ihr auf! *Acheronta movebo*: eine alte Entscheidung.

> *Ihr Weisen, hoch und tief gelahrt,*
> *Die ihr's ersinnt und wißt,*
> *Wie, wo und wann sich Alles paart?*
> *… Ihr hohen Weisen, sagt mir's an!*
> *Ergrübelt, was mir da,*

Ergrübelt mir, wo wie und wann,
Warum mir so geschah?[1]

Es ist also ratsam, vor allen Dingen zu fragen: was ist das für ein Imperativ? Wozu diese große Jagd auf die Wahrheit des Sexes, auf die Wahrheit im Sex?

In der Erzählung von Diderot entdeckt der gute Geist Cucufa auf dem Grunde seiner Tasche unter einigen Armseligkeiten – geweihte Körner, kleine Bleipagoden und verschimmeltes Zuckerwerk – den winzigen Silberring, der die Sexe, denen man begegnet, zum Sprechen bringt, wenn man seinen Edelstein auf sie richtet. Er gibt ihn dem neugierigen Sultan. An uns nun ist es zu wissen, welcher wundersame Ring bei uns eine ähnliche Mächtigkeit verleiht, am Finger welches Herrn er steckt, welches Machtspiel er ermöglicht oder voraussetzt und auf welche Weise jeder von uns gegenüber seinem eigenen und dem Sex der anderen zu einem wachsamen und unbesonnenen Sultan hat werden können. Diesen magischen Reif, dieses Kleinod, das so indiskret ist, wenn es darum geht, die anderen zum Sprechen zu bringen, und so verschwiegen, wenn es um seinen eigenen Mechanismus geht, diesen Reif muß man seinerseits redselig machen; von ihm muß man sprechen. Man muß die Geschichte dieses Willens zur Wahrheit schreiben, die Geschichte dieser Wissenssuche, die seit so vielen Jahrhunderten den Sex hat funkeln und schillern lassen: die Geschichte einer Hartnäckigkeit und einer Wut. Was verlangen wir vom Sex jenseits seiner möglichen Lüste, daß wir ihn uns so eigensinnig in den Kopf setzen? Was ist das für eine Geduld oder für eine Gier, aus ihm das Geheimnis, die allmächtige Ursache, den verborgenen Sinn, die ruhelose Furcht zu machen? Und wieso hat die Aufgabe, diese schwierige Wahrheit zu entdecken, sich am Ende umgewandelt in eine Einladung, die Verbote aufzuheben und die Fesseln zu lösen? Heißt das, daß die Arbeit so mühsam war, daß man sie mit diesem Versprechen betören mußte? Oder sollte der Preis für dieses Wissen – der politische, ökonomische, ethische Preis – so hoch getrieben sein, daß man paradoxerweise jedem die Befreiung versprechen mußte, damit er sich ihm unterwerfe?

Um die kommenden Untersuchungen zu orten, noch einige allgemeine Vorschläge zu dem, was bei dieser Arbeit auf dem Spiel steht, zu ihrer Methode, ihrem Bereich und den vorläufigen Periodisierungen.

---

1 G.-A. Bürger, zitiert von A. Schopenhauer, *Die Welt als Wille und Vorstellung*, 2. Band, Kap. 44: *Metaphysik der Geschlechtsliebe.*

1 Motiv

Warum diese Untersuchungen? Ich bin mir klar darüber, daß die obigen
Skizzen von einer Unsicherheit durchzogen waren, die für die geplanten
Einzelanalysen nichts Gutes erwarten läßt. Hundertmal habe ich wieder-
holt, daß die Geschichte der letzten Jahrhunderte in den abendländischen
Gesellschaften wenig vom Spiel einer wesenhaft repressiven Macht zeigt.
Außerdem habe ich meine Einwände gegen den Begriff der Repression
so vorgetragen, als wüßte ich nicht, daß von woanders eine viel radikalere
Kritik gekommen ist: eine Kritik, die von einer Theorie des Begehrens ausgeht. Daß der Sex nicht »unterdrückt« wird, ist in der Tat keine ganz neue
Behauptung. Schon vor geraumer Zeit haben es Psychoanalytiker gesagt.
Sie haben die kleine simple Maschinerie zurückgewiesen, die man sich
so gerne vorstellt, wenn man von Repression spricht. Die Idee einer rebelli-
schen Energie, die es zu drosseln gilt, schien ihnen unangemessen, die Art
und Weise der Ineinanderfügung von Macht und Begehren zu entschlüsseln. Sie sehen die Verbindung zwischen Macht und Begehren komplexer
und ursprünglicher denn als Spiel zwischen einer wilden, naturhaften
und lebendigen Energie, die ohne Unterlaß von unten heraufdrängt, und
einer Ordnung, die ihr von oben entgegenwirkt. Sie wehren sich gegen
die Vorstellung vom unterdrückten Begehren, da ja das Gesetz für das Begehren und den es begründenden Mangel konstitutiv ist. Das Machtverhältnis ist immer schon da, wo das Begehren ist: es in einer nachträglich
wirkenden Repression zu suchen ist daher ebenso illusionär wie die Suche
nach einem Begehren außerhalb der Macht.

Auf eine hartnäckig unklare Weise habe ich von *Repression*, von *Gesetz*,
von Verbot oder Zensur gesprochen, als handelte es sich um äquivalente
Begriffe. Ich habe – aus Starrsinn oder Nachlässigkeit – alle theoretischen
oder praktischen Implikationen dieser Begriffe übersehen. Und ich weiß,
man kann mir jetzt mit Recht entgegenhalten: indem Sie unablässig die
positiven Machttechnologien hervorheben, versuchen Sie, zwei Fliegen
mit einer Klappe zu schlagen; Sie drängen Ihre Gegner in die Ecke des
schwächsten unter Ihnen, und indem Sie sich nur mit der Repression aus-
einandersetzen, möchten Sie den Anschein erwecken, das Problem des Gesetzes bereits erledigt zu haben; und gleichwohl halten Sie vom Prinzip der
Gesetzes-Macht die wesentliche praktische Konsequenz fest (man kann

der Macht nicht entrinnen, weil sie immer schon da ist und gerade das begründet, was man ihr entgegenzusetzen sucht). Zum einen behalten Sie
von der Repressions-Macht das schwächste theoretische Moment zurück,
um es zu kritisieren, zum andern bewahren Sie von der Idee der Gesetzes-Macht die sterilisierendste politische Konsequenz, um sie zum eigenen
Gebrauch zu übernehmen.

In den vorgesehenen Untersuchungen wird es weniger um eine »Theorie« als um eine »Analytik« der Macht gehen: um die Definition des spezifischen Bereiches der Machtbeziehungen und die Bestimmung der Instrumente zu ihrer Analyse. Diese Analytik kann sich, wie mir scheint, nur
unter der Bedingung konstituieren, daß man reinen Tisch macht und sich
von einer bestimmten Vorstellung der Macht löst, die ich die »juridisch-
diskursive« nennen möchte – aus Gründen, die ich gleich anführen werde.
Diese Konzeption steht sowohl hinter dem Thema der Repression wie
auch hinter der Theorie von der Begründung des Begehrens durch das Gesetz. Die von der Repression der Triebe ausgehende Analyse unterscheidet
sich von der Analyse, die vom Gesetz des Begehrens ausgeht, gewiß in der
Art und Weise, wie die Natur und die Dynamik der Triebe verstanden werden – aber nicht hinsichtlich des Verständnisses der Macht. Beide berufen
sich auf eine gemeinsame Repräsentation der Macht, die je nach dem Gebrauch, den man von ihr macht, und nach der Stellung, die man ihr in bezug auf das Begehren zuweist, zu zwei entgegengesetzten Folgerungen
führt: entweder zum Versprechen einer »Befreiung« (sofern der Zugriff
der Macht auf das Begehren nur äußerlich ist) oder (sofern die Macht
für das Begehren selber konstitutiv ist) zur affirmativen Behauptung: ihr
seid ja immer schon in der Falle. Im übrigen sollten wir uns nicht einbilden, daß diese Vorstellung nur denen eigen ist, die sich mit der Beziehung
der Macht zum Sex beschäftigen. Sie ist viel allgemeiner; man findet sie
häufig in den politischen Analysen der Macht, und ihre Wurzeln reichen
tief in die Geschichte des Abendlandes.

Hier einige ihrer Hauptmerkmale:

– *Die negative Beziehung.* Zwischen Macht und Sex gibt es stets nur
ein negatives Verhältnis: Verwerfung, Ausschließung, Verweigerung, Versperrung, Verstellung oder Maskierung. Die Macht »vermag« über den
Sex und die Lüste nichts – außer nein zu ihnen zu sagen. Wenn sie etwas
hervorbringt, sind es Abwesenheiten oder Lücken; sie schaltet Elemente
aus, führt Diskontinuitäten ein, trennt das Verbundene, zieht Grenzen.

Ihre Wirkungen liegen auf der allgemeinen Linie der Schranke und des Mangels.

– *Die Instanz der Regel.* Die Macht ist wesenhaft das, was dem Sex sein Gesetz diktiert. Das heißt, daß der Sex unter einem binären Regime steht: ziemlich/unziemlich, erlaubt/verboten. Das heißt weiter, daß die Macht dem Sex eine »Ordnung« vorschreibt, die gleichzeitig als Erkenntnisschema funktioniert: der Sex läßt sich von seinem Verhältnis zum Gesetz her entschlüsseln. Und das heißt schließlich, daß die Macht handelt, indem sie die Regel ausspricht: der Zugriff der Macht auf den Sex vollzieht sich in der Sprache oder vielmehr durch einen Diskursakt, der bloß dadurch, daß er sich artikuliert, einen Rechtszustand schafft. Die Macht spricht, und das ist die Regel. Die reine Form der Macht ist somit in der Funktion des Gesetzgebers zu finden; und ihre Handlungsweise dem Sex gegenüber ist juridisch-diskursiver Art.

– *Der Zyklus der Untersagung:* du sollst nicht nahekommen, du sollst nicht berühren, du sollst nicht verzehren, du sollst nicht genießen, du sollst nicht sprechen, du sollst nicht erscheinen – letzten Endes sollst du gar nicht existieren, es sei denn im Schatten und im Geheimen. Zum Sex verhält sich die Macht nur, indem sie ein Sperrgesetz über ihn verhängt. Ihr Ziel: der Sex soll sich selber entsagen. Ihre Methode: die Androhung einer Strafe, die nichts als seine Auslöschung ist. Entsage dir selbst, oder du wirst ausgelöscht! Erscheine nicht, wenn du nicht verschwinden willst! Deine Existenz kann nur um den Preis deiner Nichtigkeitserklärung aufrechterhalten werden! Die Macht zwingt den Sex nur mit einem Verbot nieder, das mit der Alternative zwischen zwei Nichtexistenzen spielt.

– *Die Logik der Zensur.* Diese Untersagung soll drei Formen annehmen können: die Behauptung, daß das nicht erlaubt ist; die Verhinderung, daß das gesagt wird; die Verneinung, daß das existiert. Offenkundig schwer vereinbare Formen. Aber gerade darin vermutet man eine Art Kettenlogik, die für die Zensurmechanismen charakteristisch sein soll. Sie verbindet das Nichtexistente, das Nichterlaubte und das Nichtformulierbare so, daß jedes zugleich Prinzip und Effekt des anderen ist: vom Verbotenen darf man nicht sprechen, bis es im Wirklichen vernichtet ist; das Nichtexistierende hat auf keinerlei Äußerung ein Recht, nicht einmal im Bereich der Rede, die seine Nichtexistenz aussagt; und was man verschweigen muß, wird als das Untersagte schlechthin aus der Wirklichkeit verbannt. Die Logik der Macht über den Sex wäre somit die paradoxe Logik eines Gesetzes,

das sich als Einschärfung von Nichtexistenz, Nichtkundgabe und Schweigenmüssen äußert.

– *Die Einheit des Dispositivs.* Die Macht über den Sex vollzieht sich auf
allen Ebenen in gleicher Weise. Von oben bis unten, in ihren globalen Entscheidungen wie in ihren feinsten Eingriffen, in allen Apparaten und Institutionen, auf die sie sich stützt, handelt sie einheitlich und massiv. Sie
funktioniert in den einfachen und endlos wiederholten Räderwerken des
Gesetzes, des Verbotes und der Zensur: vom Staat bis zur Familie, vom
Fürsten bis zum Vater, vom hohen Gericht bis zum Kleingeld der alltäglichen Strafen, von den Instanzen der gesellschaftlichen Herrschaft bis zu
den konstitutiven Strukturen des Subjektes selber – auf allen Ebenen immer wieder die eine allgemeine Machtform. Diese Form ist das Recht –
mit dem Spiel des Erlaubten und des Verbotenen, der Überschreitung
und der Züchtigung. Ob man nun der Macht die Form des rechtsetzenden
Fürsten, des verbietenden Vaters, des Schweigen gebietenden Zensors oder
des gesetzgebenden Herrn verleiht – immer handelt es sich um eine juridische Form, deren Wirkungen man als Gehorsam bestimmt. Gegenüber
einer Macht, die Gesetz ist, ist das »Subjekt«, das zum Untertanen unterworfen ist, ein gehorchendes. Der formalen Homogenität der Macht
durch alle ihre Instanzen hindurch entspricht angeblich bei dem von ihr
Niedergezwungenen (beim Untertanen des Monarchen, beim Bürger des
Staates, beim Kind der Eltern, beim Schüler des Lehrers) die allgemeine
Form der Unterwerfung. Gesetzgebende Macht auf der einen Seite und gehorchendes Subjekt auf der anderen.

Hinter der allgemeinen These von der Unterdrückung des Sexes durch
die Macht ebenso wie hinter der Idee von der Begründung des Begehrens durch das Gesetz – beide Male findet man dieselbe Vorstellung von
Machtmechanik. Ihre Definition ist merkwürdig beschränkt. Diese Macht
wäre zunächst arm an Ressourcen, haushälterisch in ihrem Vorgehen, monoton in ihren Taktiken, unfähig zur Erfindung und gleichsam gezwungen, sich beständig zu wiederholen. Sodann wäre es eine Macht, deren
Mächtigkeit sich darin erschöpfte, nein zu sagen, außerstande, etwas zu
produzieren, nur fähig, Grenzen zu ziehen, wesenhaft Anti-Energie; ihre
Wirksamkeit bestünde in dem Paradox, daß sie nichts vermag, als dafür
zu sorgen, daß die von ihr Unterworfenen nichts vermögen, außer dem,
was die Macht sie tun läßt. Endlich handelt es sich um eine Macht, deren
Modell wesentlich juridisch ist, einzig und allein auf die Verkündung des

Gesetzes und das Funktionieren des Verbotes ausgerichtet. Alle Arten der Beherrschung, Unterwerfung und Verpflichtung laufen somit am Ende auf Gehorsam hinaus.

Warum akzeptiert man diese juridische Konzeption der Macht so ohne weiteres? Und läßt damit alles unter den Tisch fallen, was die produktive Effizienz, den strategischen Reichtum und die Positivität der Macht ausmacht? In einer Gesellschaft wie der unseren, in der die Apparate der Macht so zahlreich, ihre Rituale so sichtbar und ihre Institutionen letzten Endes so sicher sind, in dieser Gesellschaft, die jede andere an Erfindungsreichtum in subtilen und raffinierten Machtmechanismen übertrifft – woher kommt da die Tendenz, die Macht nur in der negativen und fleischlosen Form des Verbotes zur Kenntnis zu nehmen? Woher kommt die Neigung, die Dispositive der Herrschaft auf die Prozedur des Untersagungsgesetzes zu reduzieren?

Ein allgemeiner und taktischer Grund scheint sich von selbst zu verstehen: nur unter der Bedingung, daß sie einen wichtigen Teil ihrer selbst verschleiert, ist die Macht erträglich. Ihr Durchsetzungserfolg entspricht ihrem Vermögen, ihre Mechanismen zu verbergen. Würde die Macht akzeptiert, wenn sie gänzlich zynisch wäre? Das Geheimnis stellt für sie keinen Mißbrauch dar, sondern ist unerläßlich für ihr Funktionieren. Und zwar nicht nur, weil sie es den Unterworfenen aufzwingt, sondern weil es für diese ebenso unerläßlich ist: würden sie denn die Macht akzeptieren, wenn sie darin nicht eine einfache Grenze für ihr Begehren sähen, die ihnen einen unversehrten (wenn auch eingeschränkten) Freiheitsraum läßt? Reine Schranke der Freiheit – das ist in unserer Gesellschaft die Form, in der sich die Macht akzeptabel macht.

Vielleicht gibt es dafür einen historischen Grund. Die großen Machtinstitutionen, die sich im Mittelalter entwickelt haben, die Monarchie, der Staat mit seinen Apparaten, haben ihren Aufschwung auf dem Boden einer Vielfältigkeit vorgängiger Mächte und bis zu einem gewissen Grade gegen sie genommen: dichter, verwickelter, streitbarer Mächte, die an unmittelbare oder mittelbare Grundherrschaft, an Waffenbesitz, an Knechtschaft, an Bande von Oberhoheit und Vasallentreue geknüpft waren. Wenn sich die großen Institutionen einwurzeln konnten, wenn sie sich in vielfachen taktischen Allianzen akzeptierbar machen konnten, so liegt das daran, daß sie sich als Instanzen der Regelung, der Schiedsgerichtsbarkeit und der Grenzziehung präsentiert haben, als eine Art und Weise, zwischen jenen Mächten eine Ordnung einzuführen, sie zu zähmen, sie in Grenzen und in einer festen Hierarchie anzuordnen. Gegenüber jenen vielfältigen und kriegerischen Mächten und über ihren heterogenen Rechten haben sich die großen Machtformen als Prinzip des Rechts eingeschaltet: sie haben sich als einheitliches Ganzes konstituiert, haben ihren Willen mit dem Gesetz identifiziert und sich mittels Untersagungs- und Sanktionierungsmechanismen durchgesetzt. Ihre Formel *pax et iustitia* bringt ihren Anspruch zum Ausdruck: Friede als Verhinderung der feudalen und privaten Kriege und Gerechtigkeit als Suspension der privaten Streitschlichtung. Gewiß handelte es sich bei der Entwicklung der großen monarchischen Institutionen um etwas ganz anderes als um ein rein rechtliches Bauwerk. Aber das war die Sprache der Macht, das war die Repräsentation, die sie von sich gegeben hat und von der die gesamte Theorie des öffentlichen Rechts, die im Mittelalter entwickelt oder vom römischen Recht aus erneuert wurde, Zeugnis ablegt. Das Recht war nicht einfach eine geschickt geführte Waffe in der Hand der Monarchen; es war für das monarchische System die Weise seiner Kundgabe und die Form seiner Annehmbarkeit. Seit dem Mittelalter formuliert sich die Macht in den abendländischen Gesellschaften immer im Recht. Eine Tradition, die ins 17. oder ins 19. Jahrhundert zurückreicht, hat uns daran gewöhnt, die absolute monarchische Macht auf die Seite des Unrechts zu setzen: wir denken an die Willkür, die Mißbräuche, die Laune, die Gunst, die Privilegien und die Ausnahme, die beharrliche Fortschleppung von Zuständen. Aber dabei vergißt man die grundlegende historische Tatsache, daß die abendländischen Monarchien als Rechtssysteme entstanden sind, daß sie sich in Rechtstheorien reflektiert und ihre Machtmechanismen in der Form des Rechts durchgesetzt haben. Der alte Vorwurf, den Boulainvilliers gegen die französische Monarchie erhob – daß sie sich des Rechts und der Rechtsgelehrten bediente, um die Rechte abzuschaffen und den Adel zu erniedrigen, ist im großen und ganzen gewiß begründet. Diese Dimension des Juridisch-Politischen hat sich in der Entwicklung der Monarchie und ihrer Institutionen herauskristallisiert. Sicherlich entspricht sie nicht genau der Art und Weise, in der die Macht ausgeübt wurde und wird, aber sie ist der Code, in dem sie sich präsentiert und in dem sie vorschreibt, wie man sie denken soll. Die Geschichte der Monarchie ging Hand in Hand mit der Überdeckung der Machtfakten und -prozeduren durch den juridisch-politischen Diskurs.

Trotz aller Anstrengungen, das Juridische von der Monarchie abzulösen und das Politische vom Juridischen zu befreien, ist die Repräsentation der Macht in diesem System befangen geblieben. Zwei Beispiele: Im 18. Jahrhundert hat sich die Kritik der Monarchie in Frankreich nicht gegen das juridisch-monarchische System gewandt, sondern ist im Namen eines reinen und strengen Rechtssystems, in dem alle Machtmechanismen ohne Ausschreitungen und ohne Unregelmäßigkeiten ablaufen sollten, gegen eine Monarchie angetreten, die trotz ihrer Beteuerungen ständig das Recht verletzte und sich über die Gesetze stellte. Die politische Kritik hat sich also zur Verurteilung der Monarchie der gesamten juridischen Reflexion bedient, welche die Entwicklung ebendieser Monarchie begleitet hatte; sie hat keineswegs den Grundsatz in Frage gestellt, daß das Recht die Form der Macht sein muß und daß sich die Macht immer in Rechtsform vollziehen muß. Ein anderer Typ von Kritik an den politischen Institutionen ist im 19. Jahrhundert aufgetreten. Diese Kritik war viel radikaler, weil sie nicht nur zeigen wollte, daß die wirkliche Macht den Regeln des Rechts entgleitet, sondern daß das System des Rechts selber nur eine Art und Weise ist, die Gewalt auszuüben, sie zugunsten einiger zu annektieren und unter dem Anschein des allgemeinen Gesetzes die Asymmetrien und Ungerechtigkeiten einer Herrschaft funktionieren zu lassen. Aber auch noch diese Kritik des Rechts beruht auf dem Postulat, daß die Macht ihrem Wesen und Ideal nach einem grundlegenden Recht entsprechen muß.

Im Grunde ist die Repräsentation der Macht über die unterschiedlichen Epochen und Zielsetzungen hinweg doch im Bann der Monarchie verblieben. Im politischen Denken und in der politischen Analyse ist der Kopf des Königs noch immer nicht gerollt. Daher rührt die Bedeutung, die man in der Theorie der Macht immer noch dem Problem des Rechts und der Gewalt beimißt, dem Problem des Gesetzes und der Gesetzwidrigkeit, des Willens und der Freiheit und vor allem dem Problem des Staates und der Souveränität (auch wenn diese nicht mehr in der Person des Königs, sondern in einem kollektiven Wesen gesucht wird). Die Macht von diesen Problemen her zu denken heißt sie von einer historischen Form her zu denken, die unseren Gesellschaften eigentümlich ist: der rechtsförmigen Monarchie – einer sehr eigentümlichen und dennoch transitorischen Form. Denn wenn auch viele ihrer Elemente überlebt haben und noch immer bestehen, so ist sie doch allmählich von ganz neuen Machtmechanismen durchdrungen worden, die wahrscheinlich nicht auf die Repräsentation des Rechts zurückgeführt werden können. Wie wir noch sehen werden, gehören zu diesen Machtmechanismen auch diejenigen, die sich seit dem 18. Jahrhundert des Lebens der Menschen angenommen haben, der Menschen als lebender Körper. Und wenn es wahr ist, daß das Juridische in gewiß nicht erschöpfender Weise eine Macht repräsentieren konnte, die wesentlich an der Abschöpfung und am Tode orientiert war, so ist es doch den neuen Machtverfahren völlig fremd, die nicht mit dem Recht, sondern mit der Technik arbeiten, nicht mit dem Gesetz, sondern mit der Normalisierung, nicht mit der Strafe, sondern mit der Kontrolle, und die sich auf Ebenen und in Formen vollziehen, die über den Staat und seine Apparate hinausgehen. Seit einigen Jahrhunderten sind wir in einen Typ von Gesellschaft eingetreten, in dem das Juridische immer weniger die Macht codieren oder ihr als Repräsentationssystem dienen kann. Unsere Fallinie entfernt uns immer weiter von einem Reich des Rechts, das schon abzubröckeln begann, als ihm die Französische Revolution und das Zeitalter der Verfassungen und Kodifikationen eine blühende Zukunft zu versprechen schienen.

Diese juridische Repräsentation ist es, die in den zeitgenössischen Analysen der Beziehungen der Macht zum Sex immer noch am Werk ist. Das Problem ist aber nicht, ob das Begehren der Macht fremd ist, ob es, wie man sich oft vorstellt, dem Gesetz vorausgeht oder ob es nicht durch das Gesetz begründet wird. Hier liegt nicht der Punkt. Ob es nun mit dem Begehren so steht oder anders – auf jeden Fall begreift man es weiterhin im Verhältnis zu einer Macht, die immer juridisch und diskursiv ist und ihren Mittelpunkt in der Verkündigung des Gesetzes findet. Man hängt nach wie vor an einem bestimmten Bild der Gesetzes-Macht, der Souveränitätsmacht, das von den Theoretikern des Rechts und von der monarchischen Institution gezeichnet worden ist. Von diesem Bild, d.h. von der theoretischen Privilegierung des Gesetzes und der Souveränität, muß man sich lösen, wenn man eine Analyse der Macht durchführen will, die das konkrete und historische Spiel ihrer Verfahren erfassen soll. Man muß eine Analytik der Macht bauen, die nicht mehr das Recht als Modell und als Code nimmt.

Diese Geschichte der Sexualität oder vielmehr diese Reihe von Studien über die historischen Beziehungen zwischen der Macht und dem Diskurs über den Sex stellt insofern ein zirkelschlüssiges Unternehmen dar, als es sich um zwei Anstrengungen handelt, die sich wechselseitig bedingen. Versuchen wir uns einmal von einer juridischen und negativen Vorstellung der Macht zu lösen, verzichten wir darauf, sie in den Begriffen von Gesetz, Verbot, Freiheit und Souveränität zu denken: läßt sich dann analysieren, was sich in der jüngeren Geschichte mit jener Sache zugetragen hat, die anscheinend eine der verbotensten unseres Lebens und unseres Körpers ist – mit dem Sex? Wie – wenn nicht auf dem Wege der Versperrung und Verhinderung – hat die Macht Zugang zu ihm? Vermittels welcher Mechanismen, Taktiken oder Dispositive? Aber räumen wir einmal ein, daß eine etwas sorgfältigere Prüfung zeigt, daß die Macht in den modernen Gesellschaften die Sexualität tatsächlich nicht über das Gesetz und die Souveränität beherrscht hat; nehmen wir an, daß die historische Analyse das Vorhandensein einer wirklichen »Technologie« des Sexes enthüllt hat, die viel komplexer und vor allem viel positiver ist als eine bloße »Verteidigung«: zwingt dann nicht dieses Beispiel – das gewiß privilegiert ist, da die Macht hier mehr als irgendwo als Untersagung zu funktionieren schien – zu analytischen Grundsätzen hinsichtlich der Macht, die nicht vom System des Rechts und von der Form des Gesetzes herrühren? Es geht also zugleich darum, mit Hilfe einer anderen Theorie der Macht einen anderen Raster der historischen Entzifferung zu entwickeln und sich mit einem näheren Blick auf das historische Material Schritt für Schritt zu einer anderen Konzeption der Macht vorzuarbeiten. Den Sex ohne das Gesetz und die Macht ohne den König zu denken.

2 Methode

Wie sich ein bestimmter Typ des Wissens über den Sex gebildet hat, soll also nicht in Begriffen der Repression oder des Gesetzes, sondern in solchen der Macht analysiert werden. Aber der Begriff »Macht« könnte mancherlei Mißverständnisse mit sich bringen, Mißverständnisse über seine Identität, seine Form und seine Einheit. Unter Macht verstehe ich hier nicht die Regierungsmacht, als Gesamtheit der Institutionen und Apparate, die die bürgerliche Ordnung in einem gegebenen Staat garantieren. Ebensowenig verstehe ich darunter eine Unterwerfungsart, die im Gegensatz zur Gewalt in Form der Regel auftritt. Und schließlich meine ich nicht ein allgemeines Herrschaftssystem, das von einem Element, von einer

Gruppe gegen die andere aufrechterhalten wird und das in sukzessiven
Zweiteilungen den gesamten Gesellschaftskörper durchdringt. Die Analyse, die sich auf der Ebene der Macht halten will, darf weder die Souveränität des Staates noch die Form des Gesetzes, noch die globale Einheit
einer Herrschaft als ursprüngliche Gegebenheiten voraussetzen; dabei handelt es sich eher um Endformen. Unter Macht, scheint mir, ist zunächst zu
verstehen: die Vielfältigkeit von Kraftverhältnissen, die ein Gebiet bevölkern und organisieren; das Spiel, das in unaufhörlichen Kämpfen und Auseinandersetzungen diese Kraftverhältnisse verwandelt, verstärkt, verkehrt;
die Stützen, die diese Kraftverhältnisse aneinander finden, indem sie sich
zu Systemen verketten – oder die Verschiebungen und Widersprüche, die
sie gegeneinander isolieren; und schließlich die Strategien, in denen sie
zur Wirkung gelangen und deren große Linien und institutionelle Kristal-
lisierungen sich in den Staatsapparaten, in der Gesetzgebung und in den
gesellschaftlichen Hegemonien verkörpern. Die Möglichkeitsbedingung
der Macht oder zumindest der Gesichtspunkt, der ihr Wirken bis in die
»periphersten« Verzweigungen erkennbar macht und in ihren Mechanismen einen Erkenntnisraster für das gesellschaftliche Feld liefert, liegt nicht
in der ursprünglichen Existenz eines Mittelpunktes, nicht in einer Sonne der Souveränität, von der abgeleitete oder niedere Formen ausstrahlen;
sondern in dem bebenden Sockel der Kraftverhältnisse, die durch ihre Ungleichheit unablässig Machtzustände erzeugen, die immer lokal und insta-
bil sind. Allgegenwart der Macht: nicht weil sie das Privileg hat, unter ihrer unerschütterlichen Einheit alles zu versammeln, sondern weil sie sich
in jedem Augenblick und an jedem Punkt – oder vielmehr in jeder Beziehung zwischen Punkt und Punkt – erzeugt. Nicht weil sie alles umfaßt,
sondern weil sie von überall kommt, ist die Macht überall. Und »die«
Macht mit ihrer Beständigkeit, Wiederholung, Trägheit und Selbsterzeu-
gung ist nur der Gesamteffekt all dieser Beweglichkeiten, die Verkettung,
die sich auf die Beweglichkeiten stützt und sie wiederum festzumachen
sucht. Zweifellos muß man Nominalist sein: die Macht ist nicht eine Institution, ist nicht eine Struktur, ist nicht eine Mächtigkeit einiger Mächti-
ger. Die Macht ist der Name, den man einer komplexen strategischen Situation in einer Gesellschaft gibt.

   Heißt das, daß man die Formel umkehrend sagen muß: die Politik ist
die Fortsetzung des Krieges mit anderen Mitteln? Wenn man die Trennung zwischen Krieg und Politik unbedingt aufrechterhalten will, sollte

man vielleicht eher sagen, daß die Vielfältigkeit von Kraftverhältnissen –
teilweise und niemals vollständig – entweder in der Form des »Krieges«
oder in der Form der »Politik« codiert werden kann; wir hätten es also
mit zwei verschiedenen Strategien zur Integration ungleichgewichtiger, heterogener, instabiler, gespannter Kraftverhältnisse zu tun – zwei Strategien,
die jederzeit ineinander umschlagen können.

Auf dieser Linie ließen sich folgende Behauptungen aufstellen: Die
Macht ist nicht etwas, was man erwirbt, wegnimmt, teilt, was man bewahrt oder verliert; die Macht ist etwas, was sich von unzähligen Punkten
aus und im Spiel ungleicher und beweglicher Beziehungen vollzieht.

Die Machtbeziehungen verhalten sich zu anderen Typen von Verhältnissen (ökonomischen Prozessen, Erkenntnisrelationen, sexuellen Beziehungen) nicht als etwas Äußeres, sondern sind ihnen immanent. Sie sind einerseits die unmittelbaren Auswirkungen von Teilungen, Ungleichheiten und
Ungleichgewichten, die in jenen Verhältnissen zustande kommen, und
andererseits sind sie die inneren Bedingungen jener Differenzierungen. Die
Machtbeziehungen bilden nicht den Überbau, der nur eine hemmende oder
aufrechterhaltende Rolle spielt – wo sie eine Rolle spielen, wirken sie unmittelbar hervorbringend.

Die Macht kommt von unten, d. h., sie beruht nicht auf der allgemeinen Matrix einer globalen Zweiteilung, die Beherrscher und Beherrschte
einander entgegensetzt und von oben nach unten auf immer beschränktere
Gruppen und bis in die letzten Tiefen des Gesellschaftskörpers ausstrahlt.
Man muß eher davon ausgehen, daß die vielfältigen Kraftverhältnisse,
die sich in den Produktionsapparaten, in den Familien, in den einzelnen
Gruppen und Institutionen ausbilden und auswirken, als Basis für weitreichende und den gesamten Gesellschaftskörper durchlaufende Spaltungen
dienen. Diese bilden dann eine große Kraftlinie, die die lokalen Konfrontationen durchkreuzt und verbindet – aber umgekehrt bei diesen auch
Neuverteilungen, Angleichungen, Homogenisierungen, Serialisierungen
und Konvergenzen herbeiführen kann. Die großen Herrschaftssysteme
sind Hegemonie-Effekte, die auf der Intensität all jener Konfrontationen
aufruhen.

Die Machtbeziehungen sind gleichzeitig intentional und nicht-subjek-
tiv. Erkennbar sind sie nicht, weil sie im kausalen Sinn Wirkung einer anderen, sie »erklärenden« Instanz sind, sondern weil sie durch und durch
von einem Kalkül durchsetzt sind: keine Macht, die sich ohne eine Reihe

von Absichten und Zielsetzungen entfaltet. Doch heißt das nicht, daß sie aus der Wahl oder Entscheidung eines individuellen Subjekts resultiert. Suchen wir nicht nach dem Generalstab, der für ihre Rationalität verantwortlich ist. Weder die regierende Kaste noch die Gruppen, die die Staatsapparate kontrollieren, noch diejenigen, die die wichtigsten ökonomischen Entscheidungen treffen, haben das gesamte Macht- und damit Funktionsnetz einer Gesellschaft in der Hand. Die Rationalität der Macht ist die Rationalität von Taktiken, die sich in ihrem beschränkten Bereich häufig unverblümt zu erkennen geben – lokaler Zynismus der Macht –, die sich miteinander verketten, einander gegenseitig hervorrufen und ausbreiten, anderswo ihre Stütze und Bedingung finden und schließlich zu Gesamtdispositiven führen: auch da ist die Logik noch vollkommen klar, können die Absichten entschlüsselt werden – und dennoch kommt es vor, daß niemand sie entworfen hat und kaum jemand sie formuliert: impliziter Charakter der großen anonymen Strategien, die, nahezu stumm, geschwätzige Taktiken koordinieren, deren »Erfinder« oder Verantwortliche oft ohne Heuchelei auskommen.

Wo es Macht gibt, gibt es Widerstand. Und doch oder vielmehr gerade deswegen liegt der Widerstand niemals außerhalb der Macht. Soll man nun sagen, daß man notwendig »innerhalb« der Macht ist, daß man ihr nicht »entrinnt«, daß es kein absolutes Außen zu ihr gibt, weil man dem Gesetz unvermeidlich unterworfen ist? Oder muß man sagen, daß die Macht die immer obsiegende List der Geschichte ist – so wie die Geschichte die List der Vernunft ist? Das hieße den strikt relationalen Charakter der Machtverhältnisse verkennen. Diese können nur kraft einer Vielfalt von Widerstandspunkten existieren, die in den Machtbeziehungen die Rolle von Gegnern, Zielscheiben, Stützpunkten, Einfallstoren spielen. Diese Widerstandspunkte sind überall im Machtnetz präsent. Darum gibt es im Verhältnis zur Macht nicht den einen Ort der Großen Weigerung – die Seele der Revolte, den Brennpunkt aller Rebellionen, das reine Gesetz des Revolutionärs. Sondern es gibt einzelne Widerstände: mögliche, notwendige, unwahrscheinliche, spontane, wilde, einsame, abgestimmte, kriecherische, gewalttätige, unversöhnliche, kompromißbereite, interessierte oder opferbereite Widerstände, die nur im strategischen Feld der Machtbeziehungen existieren können. Aber das heißt nicht, daß sie gegenüber der eigentlichen Herrschaft eine Folgewirkung, eine Negativform darstellen, die letzten Endes immer nur die passive und unterlegene Seite sein wird. Die Widerstände rühren nicht von irgendwelchen ganz anderen Prinzipien her, aber ebensowenig sind sie bloß trügerische Hoffnung und notwendig gebrochenes Versprechen. Sie sind in den Machtbeziehungen die andere Seite, das nicht wegzudenkende Gegenüber. Darum sind auch sie unregelmäßig gestreut; die Widerstandspunkte, -knoten und -herde sind mit größerer oder geringerer Dichte in Raum und Zeit verteilt, gelegentlich kristallisieren sie sich dauerhaft in Gruppen oder Individuen oder stecken bestimmte Stellen des Körpers, bestimmte Augenblicke des Lebens, bestimmte Typen des Verhaltens an. Große radikale Brüche, massive Zweiteilungen? So was kommt vor. Aber weit häufiger hat man es mit mobilen und transitorischen Widerstandspunkten zu tun, die sich verschiebende Spaltungen in eine Gesellschaft einführen, Einheiten zerbrechen und Umgruppierungen hervorrufen, die Individuen selber durchkreuzen, zerschneiden und umgestalten, in ihrem Körper und in ihrer Seele abgeschlossene Bezirke abstecken. Wie das Netz der Machtbeziehungen ein dichtes Gewebe bildet, das die Apparate und Institutionen durchzieht, ohne an sie gebunden zu sein, so streut sich die Aussaat der Widerstandspunkte quer durch die gesellschaftlichen Schichtungen und die individuellen Einheiten. Und wie der Staat auf der institutionellen Integration der Machtbeziehungen beruht, so kann die strategische Codierung der Widerstandspunkte zur Revolution führen.

Versucht man eine Analyse der Machtbeziehungen in diesem Felde der Kraftverhältnisse durchzuführen, so vermag man dem System von Souverän und Gesetz zu entkommen, das das politische Denken so lange fasziniert hat. War Machiavelli einer der wenigen, die die Macht des Fürsten im Kontext von Kraftverhältnissen analysiert haben – darin liegt ja der Skandal seines »Zynismus« –, so muß man heute vielleicht einen Schritt weiter gehen und unter Verzicht auf die Figur des Fürsten die Machtmechanismen von einer den Kraftverhältnissen immanenten Strategie her entschlüsseln.

Hinsichtlich des Sexes und der Wahrheitsdiskurse, die sich seiner angenommen haben, geht es also nicht um die Frage, wie und warum innerhalb einer bestimmten staatlichen Struktur »die« Macht es nötig hat, ein Wissen über den Sex einzurichten. Es geht auch nicht um die Frage, welchem Herrschaftssystem das seit dem 18. Jahrhundert installierte Bemühen gedient hat, wahre Diskurse über den Sex zu produzieren. Noch um die Frage, welches Gesetz der Regelmäßigkeit des sexuellen Verhaltens und der Einheitlichkeit des Sprechens darüber zugrunde lag. Sondern um die Fragen: welches sind die ganz unmittelbaren, die ganz lokalen Machtbeziehungen, die in einer bestimmten historischen Form der Wahrheitserzwingung (um den Körper des Kindes, am Sex der Frau, bei den Praktiken der Geburtenbeschränkung usw.) am Werk sind? Wie machen sie diese Arten von Diskursen möglich, und wie dienen ihnen umgekehrt diese Diskurse als Basis? Wie wird das Spiel dieser Machtbeziehungen durch ihren Vollzug beeinflußt (durch die Verstärkung bestimmter Elemente, die Schwächung anderer, die Wirkungen von Widerständen und Gegenbesetzungen) – so, daß es keine ein für allemal gültige Unterwerfung gibt? Wie verbinden sich diese Machtbeziehungen miteinander zur Logik einer globalen Strategie, die sich im Rückblick wie eine einheitlich gewollte Politik ausnimmt? Anstatt all die infinitesimalen Gewaltsamkeiten gegen den Sex, alle wirren Blicke auf ihn und alle Hüllen, hinter denen man ihn unkenntlich macht, »der« einen großen Macht zuzuschreiben, soll die krebsartig wuchernde Produktion von Diskursen über den Sex in das Feld vielfältiger und beweglicher Machtbeziehungen getaucht werden.

Daraus lassen sich vier vorläufige Regeln herleiten, die aber nicht als Methodenimperative, sondern als Vorsichtsregulative zu betrachten sind.

1. *Regel der Immanenz.* Man kann nicht davon ausgehen, daß es einen bestimmten Bereich der Sexualität gibt, der eigentlich einer wissenschaftlichen, interesselosen und freien Erkenntnis zugehört, gegen den jedoch die – ökonomischen und ideologischen – Anforderungen der Macht Sperrmechanismen eingerichtet haben. Wenn sich die Sexualität als Erkenntnisbereich konstituiert hat, so geschah das auf dem Boden von Machtbeziehungen, die sie als mögliches Objekt installiert haben. Und wenn umgekehrt die Macht sie zur Zielscheibe nehmen konnte, so war das nur möglich, weil es Wissenstechniken und Diskursverfahren gab, die die Sexualität eingesetzt und besetzt haben. Zwischen Wissenstechniken und Machtstrategien besteht keine Äußerlichkeit, auch wenn sie jeweils ihre spezifische Rolle haben und sich von ihrer Differenz aus aneinanderfügen. Man wird sozusagen von »lokalen Herden« des Machtwissens auszugehen haben: z. B. von den Beziehungen zwischen Beichtkind und Beichtvater, Gläubigem und Seelenführer, wo unter dem Zeichen des zu beherrschenden Fleisches verschiedene Diskursformen (Selbstprüfungen, Befragungen, Geständnisse, Auslegungen, Gespräche) in einem ständigen Hin und Her Unterwerfungsformen und Erkenntnisschemata ventilieren. Einen ande-

ren »lokalen Herd« des Macht-Wissens bildete vor allem seit dem 18. Jahrhundert der überwachte Körper des Kindes, das in seiner Wiege, in seinem Bett oder Zimmer von einer ganzen Patrouille von Eltern, Ammen, Dienstboten, Erziehern, Ärzten umgeben war, die alle auf die geringsten Äußerungen seines Sexes lauerten.

2. *Regel der stetigen Variationen.* Die Frage ist nicht, wer im Bereich der Sexualität die Macht hat (die Männer, die Erwachsenen, die Eltern, die Ärzte) und wer ihrer beraubt ist (die Frauen, die Heranwachsenden, die Kinder, die Kranken ...); es geht auch nicht um die Frage, wer das Recht zum Wissen hat und wer gewaltsam in Unwissenheit gehalten wird. Vielmehr gilt es das Schema der Modifikationen zu suchen, das die Kraftverhältnisse in ihrem Spiel implizieren. Die »Machtverteilungen« und die »Wissensaneignungen« bilden immer nur momentane Querschnitte durch Prozesse wie die zunehmende Verstärkung des stärksten Elementes, die Umkehrung des Verhältnisses oder das gleichzeitige Anwachsen beider Pole. Die Beziehungen des Macht-Wissens sind nicht feste Verteilungsformen, sondern »Transformationsmatrizen«. Die Konstellation, die im 19. Jahrhundert der Vater, die Mutter, der Erzieher, der Arzt um das Kind und seinen Sex herum bildeten, wurde von unaufhörlichen Modifikationen und stetigen Verschiebungen durchkreuzt, zu deren spektakulärsten Resultaten eine merkwürdige Umkehrung gehört: während die Sexualität des Kindes am Anfang in einem direkten Verhältnis zwischen Arzt und Eltern (in der Form von Ratschlägen, Anweisungen zur Überwachung, Warnungen vor der Zukunft) problematisiert wurde, findet sich im Verhältnis des Psychiaters zum Kind zu guter Letzt die Sexualität der Erwachsenen selber in Frage gestellt.

3. *Regel des zweiseitigen Bedingungsverhältnisses.* Kein »lokaler Herd«, kein »Transformationsschema« könnte funktionieren, wenn es sich nicht letzten Endes über eine Reihe von sukzessiven Verkettungen in eine Gesamtstrategie einordnete. Und umgekehrt könnte keine Strategie zu globalen Wirkungen führen, wenn sie sich nicht auf ganz bestimmte und sehr beschränkte Beziehungen stützte, in denen sie nicht ihre Anwendung und Durchführung findet, sondern ihren Träger und ihren Ankerpunkt. Es handelt sich dabei nicht um eine Diskontinuität zwischen zwei verschiedenen Ebenen (der mikroskopischen und der makroskopischen) und auch nicht um die Homogenität zwischen der Grundbestimmung und ihrer vergrößerten Projektion oder ihrer Miniaturausgabe. Vielmehr muß man es

als ein zweifaches Bedingungsverhältnis denken, in dem eine Strategie durch besondere Taktiken ebenso ermöglicht wird, wie die Taktiken durch die Gesamtstrategie in Gang gesetzt werden. So ist der Vater in der Familie nicht der »Repräsentant« des Souveräns oder des Staates; und diese sind keinesfalls Projektionen des Vaters auf eine andere Ebene. Die Familie reproduziert sowenig die Gesellschaft, wie umgekehrt diese jene imitiert. Vielmehr konnte das Familiendispositiv gerade durch seine inselhafte Absetzung von den anderen Machtmechanismen zum Stützpunkt für die großen »Manöver« werden: für die malthusianische Geburtenkontrolle, für die bevölkerungspolitischen Anreize, für die Medizinisierung des Sexes und die Psychiatrisierung seiner nicht-genitalen Formen.

4. *Regel der taktischen Polyvalenz der Diskurse.* Was über den Sex gesagt wird, darf nicht als einfache Projektionsfläche jener Machtmechanismen analysiert werden. Eben weil sich Macht und Wissen im Diskurs ineinanderfügen, ist dieser als eine Serie diskontinuierlicher Segmente zu betrachten, deren taktische Funktion weder einheitlich noch stabil ist. Genauer: die Welt des Diskurses ist nicht zweigeteilt zwischen dem zugelassenen und dem ausgeschlossenen oder dem herrschenden und dem beherrschten Diskurs. Sie ist als eine Vielfältigkeit von diskursiven Elementen, die in verschiedenartigen Strategien ihre Rolle spielen können, zu rekonstruieren. Diese Verteilung, mit allem, was sie an gesagten und verborgenen Dingen, an geforderten und untersagten Äußerungen enthält, mit den Varianten und unterschiedlichen Wirkungen je nachdem, wer spricht, seiner Machtposition und seinem institutionellen Kontext, mit all ihren Verschiebungen und Wiederbenutzungen identischer Formeln zu entgegengesetzten Zwecken – diese Verteilung gilt es zu rekonstruieren. Die Diskurse ebensowenig wie das Schweigen sind ein für allemal der Macht unterworfen oder gegen sie gerichtet. Es handelt sich um ein komplexes und wechselhaftes Spiel, in dem der Diskurs gleichzeitig Machtinstrument und -effekt sein kann, aber auch Hindernis, Gegenlager, Widerstandspunkt und Ausgangspunkt für eine entgegengesetzte Strategie. Der Diskurs befördert und produziert Macht; er verstärkt sie, aber er unterminiert sie auch, er setzt sie aufs Spiel, macht sie zerbrechlich und aufhaltsam. Desgleichen sichern das Schweigen und das Geheimnis die Macht und ihre Untersagungen; aber sie lockern auch ihre Zugriffe und schaffen mehr oder weniger dunkle Spielräume. Man denke etwa an die Geschichte der »großen Sünde wider die Natur«. Die äußerste Zurückhaltung der Texte über die »Sodo-

mie« (diese so verworrene Kategorie), das nahezu allgemeine Schweigen darüber hatte lange Zeit eine doppelte Funktion: zum einen eine extreme Strenge (die Feuerstrafe fand noch im 18. Jahrhundert Anwendung, ohne vor der Mitte des Jahrhunderts auf ernsthaften Protest zu stoßen) und zum andern eine sicher sehr weite Toleranz (die man indirekt aus der Seltenheit gerichtlicher Verurteilungen schließen und direkt in Zeugnissen über Männergesellschaften in der Armee oder an Höfen wahrnehmen kann). Als dann in der Psychiatrie, in der Jurisprudenz, auch in der Literatur des 19. Jahrhunderts eine ganze Reihe von Diskursen über die Arten und Unterarten der Homosexualität, der Widernatürlichkeit, der Päderastie, des »psychischen Hermaphrodismus« aus dem Boden schossen, hat das gewiß zu einem starken Vormarsch der sozialen Kontrollen auf jenem Gebiet der »Perversitäten« geführt; es hat aber auch die Konstitution eines Gegen-Diskurses ermöglicht: die Homosexualität hat begonnen von sich selber zu sprechen, auf ihre Rechtmäßigkeit oder auf ihre »Natürlichkeit« zu pochen – und dies häufig in dem Vokabular und in den Kategorien, mit denen sie medizinisch disqualifiziert wurde. Es gibt nicht auf der einen Seite den Diskurs der Macht und auf der andern Seite den Diskurs, der sich ihr entgegensetzt. Die Diskurse sind taktische Elemente oder Blöcke im Feld der Kraftverhältnisse: es kann innerhalb einer Strategie verschiedene und sogar gegensätzliche Diskurse geben; sie können aber auch zwischen entgegengesetzten Strategien zirkulieren, ohne ihre Form zu ändern. Die Diskurse über den Sex sind nicht in erster Linie danach zu befragen, von welcher impliziten Theorie sie sich herleiten oder welche moralische Grenzziehung sie stützen oder welche – herrschende oder beherrschte – Ideologie sie repräsentieren. Zu befragen sind sie auf den beiden Ebenen ihrer taktischen Produktivität (welche Wechselwirkungen von Macht und Wissen sie gewährleisten) sowie ihrer strategischen Integration (welche Konjunktur und welches Kräfteverhältnis ihren Einsatz in dieser oder jener Episode der verschiedenen Konfrontationen notwendig macht). Es geht also darum, sich einer Machtkonzeption zuzuwenden, die das Privileg des Gesetzes durch den Gesichtspunkt der Zielsetzung ablöst, das Privileg des Verbotes durch den Gesichtspunkt der taktischen Effizienz, das Privileg der Souveränität durch die Analyse eines vielfältigen und beweglichen Feldes von Kraftverhältnissen, in denen sich globale, aber niemals völlig stabile Herrschaftswirkungen durchsetzen. Das strategische Modell soll also das Modell des Rechts ablösen. Und das nicht aufgrund einer spekulativen Wahl oder einer theoretischen Vorliebe, sondern weil es einer der grundlegendsten Züge der abendländischen Gesellschaften ist, daß die Kraftverhältnisse, die lange Zeit im Krieg, in allen Formen des Krieges, ihren Hauptausdruck gefunden haben, sich nach und nach in der Ordnung der politischen Macht eingerichtet haben.

3 Bereich

Die Sexualität ist nicht als eine Triebkraft zu beschreiben, die der Macht von Natur aus widerspenstig, fremd und unfügsam gegenübersteht – einer Macht, die sich darin erschöpft, die Sexualität unterwerfen zu wollen, ohne sie gänzlich meistern zu können. Vielmehr erscheint sie als ein besonders dichter Durchgangspunkt für die Machtbeziehungen: zwischen Männern und Frauen, zwischen Jungen und Alten, zwischen Eltern und Nachkommenschaft, zwischen Erziehern und Zöglingen, zwischen Priestern und Laien, zwischen Verwaltungen und Bevölkerungen. Innerhalb der Machtbeziehungen gehört die Sexualität nicht zu den unscheinbarsten, sondern zu den am vielseitigsten einsetzbaren Elementen: verwendbar für die meisten Manöver, Stützpunkt und Verbindungsstelle für die unterschiedlichsten Strategien.

Es gibt nicht die eine globale Strategie, die für die gesamte Gesellschaft gilt und sich einheitlich auf alle Manifestationen des Sexes erstreckt: die Vorstellung, daß man mit den verschiedensten Mitteln versucht hat, den gesamten Sex entweder auf seine Fortpflanzungsfunktion oder auf seine heterosexuelle und erwachsene Form oder auf seine eheliche Legitimität zurückzuführen, werden den vielfältigen Zielen und Mitteln der Sexualpolitiken nicht gerecht, in denen es um die beiden Sexe, die unterschiedenen Alter, die verschiedenen gesellschaftlichen Klassen geht.

Zunächst scheint es möglich, vom 18. Jahrhundert an, vier große strategische Komplexe zu unterscheiden, die um den Sex spezifische Wissens- und Machtdispositive entfalten. Sie sind damals nicht allesamt auf einmal entstanden, aber sie haben ihre Kohärenz gewonnen: auf der Ebene der Macht haben sie eine Effizienz und auf der Ebene des Wissens eine Produktivität erreicht, die sie in ihrer relativen Autonomie beschreibbar macht.

Die *Hysterisierung des weiblichen Körpers* ist ein dreifacher Prozeß: der

Körper der Frau wurde als ein gänzlich von Sexualität durchdrungener Körper analysiert – qualifiziert und disqualifiziert; aufgrund einer ihm innewohnenden Pathologie wurde dieser Körper in das Feld der medizinischen Praktiken integriert; und schließlich brachte man ihn in organische Verbindung mit dem Gesellschaftskörper (dessen Fruchtbarkeit er regeln und gewährleisten muß), mit dem Raum der Familie (den er als substantielles und funktionelles Element mittragen muß) und mit dem Leben der Kinder (das er hervorbringt und das er dank einer die ganze Erziehung währenden biologisch-moralischen Verantwortlichkeit schützen muß): die »Mutter« bildet mitsamt ihrem Negativbild der »nervösen Frau« die sichtbarste Form dieser Hysterisierung.

Die *Pädagogisierung des kindlichen Sexes* geht von der zweifachen Behauptung aus, daß sich so gut wie alle Kinder sexueller Aktivität hingeben oder hingeben können und daß diese ungehörige (sowohl »natürliche« wie auch »widernatürliche«) sexuelle Betätigung physische und moralische, kollektive und individuelle Gefahren birgt; die Kinder werden als »vorsexuelle« Wesen an der Schwelle der Sexualität definiert, die sich diesseits des Sexes und doch schon in ihm auf einer gefährlichen Scheidelinie bewegen; die Eltern, die Familien, die Erzieher, die Ärzte und später die Psychologen müssen diesen kostbaren und gefährlichen, bedrohlichen und bedrohten Sexualkeim in ihre stete Obhut nehmen; diese Pädagogisierung äußert sich vor allem im Krieg gegen die Onanie, der im Abendland fast zwei Jahrhunderte gedauert hat.

Die *Sozialisierung des Fortpflanzungsverhaltens* vollzieht sich als ökonomische Sozialisierung über »soziale« oder steuerliche Maßnahmen, die die Fruchtbarkeit der Paare fördern oder zügeln; als politische Sozialisierung durch Weckung der Verantwortlichkeit gegenüber dem gesamten Gesellschaftskörper (der ausgeweitet oder eingeschränkt werden muß); als medizinische Sozialisierung, die den Praktiken der Geburtenkontrolle krankheitserregende Wirkungen für Individuum und Art zuschreibt.

Und schließlich die *Psychiatrisierung der perversen Lust*: der sexuelle Instinkt ist als autonomer biologischer und psychischer Instinkt isoliert worden; alle seine möglichen Anomalien sind analysiert worden; man hat ihm eine normalisierende und pathologisierende Rolle für das gesamte Verhalten zugeschrieben; schließlich hat man nach einer Korrekturtechnik für diese Anomalien gesucht.

In der Besorgtheit um den Sex, die im Laufe des 19. Jahrhunderts im-

mer weiter um sich gegriffen hat, zeichnen sich vier Figuren ab, die privilegierte Wissensgegenstände sowie Zielscheiben und Verankerungspunkte
für die Machtunternehmungen sind: die hysterische Frau, das masturbie-
rende Kind, das familienplanende Paar und der perverse Erwachsene. Jede
dieser Figuren entspricht einer jener Strategien, die den Sex der Kinder,
der Frauen und der Männer je auf ihre Art durchkreuzt und eingesetzt
haben.

Worum geht es in diesen Strategien? Um einen Kampf gegen die Sexualität? Oder um eine Anstrengung, sie unter Kontrolle zu bringen? Um
einen Versuch, sie besser zu lenken und das Indiskrete, Grelle, Unfügsame
an ihr zu maskieren? Eine Methode, über sie genau den Teil des Wissens
zu formulieren, der eben annehmbar und nutzbringend ist? Tatsächlich
handelt es sich eher um die Produktion der Sexualität. Diese ist nämlich
nicht als eine Naturgegebenheit zu begreifen, welche niederzuzwingen die
Macht sich bemüht, und auch nicht als ein Schattenreich, das das Wissen
allmählich zu entschleiern sucht. »Sexualität« ist der Name, den man einem geschichtlichen Dispositiv geben kann. Die Sexualität ist keine zugrundeliegende Realität, die nur schwer zu erfassen ist, sondern ein großes
Oberflächennetz, auf dem sich die Stimulierung der Körper, die Intensivierung der Lüste, die Anreizung zum Diskurs, die Formierung der Erkenntnisse, die Verstärkung der Kontrollen und der Widerstände in einigen großen Wissens- und Machtstrategien miteinander verketten.

Man kann es für ausgemacht halten, daß die Sexbeziehungen in jeder Gesellschaft zu einem *Allianzdispositiv* Anlaß gegeben haben: einem
System des Heiratens, der Festlegung und Entwicklung der Verwandtschaften, der Übermittlung der Namen und der Güter. Dieses Allianzdispositiv,
zu dem stabilisierende Zwangsmechanismen und ein häufig komplexes
Wissen gehören, hat in dem Maße an Bedeutung eingebüßt, wie die ökonomischen Prozesse und die politischen Strukturen in ihm kein angemes-
senes Instrument oder keine hinreichende Stütze mehr finden konnten.
Die modernen abendländischen Gesellschaften haben insbesondere seit
dem 18. Jahrhundert ein neues Dispositiv entwickelt und durchgesetzt,
das das Allianzsystem überlagert und, ohne es abzulösen, seine Bedeutung
vermindert hat. Es handelt sich um das *Sexualitätsdispositiv*, das sich ebenfalls zwischen die Sexualpartner schaltet – aber auf eine ganz andere Weise.
Man kann die beiden Dispositive Punkt für Punkt gegenüberstellen. Das
Allianzdispositiv baut sich um ein Regelsystem auf, das das Erlaubte und

das Verbotene, das Vorgeschriebene und das Ungehörige definiert; das Sexualitätsdispositiv funktioniert vermittels mobiler, polymorpher und konjunktureller Machttechniken. Das Allianzdispositiv hat wesentlich die Aufgabe, das Spiel der Beziehungen zu reproduzieren und ihr Gesetz aufrechtzuerhalten; das Sexualitätsdispositiv hingegen führt zu einer permanenten Ausweitung der Kontrollbereiche und -formen. Ist für das eine das Band zwischen Partnern mit festgelegtem Status entscheidend, so geht es im anderen um die Empfindungen der Körper, die Qualität der Lüste, die Natur auch noch der feinsten oder schwächsten Eindrücke. Während sich schließlich das Allianzdispositiv durch die Rolle, die es bei der Weitergabe oder beim Umlauf der Reichtümer spielt, eng an die Ökonomie anschließt, verläuft der Anschluß des Sexualitätsdispositivs an die Ökonomie über zahlreiche und subtile Relaisstationen – deren wichtigste aber der Körper ist, der produzierende und konsumierende Körper. Man kann also sagen, daß das Allianzdispositiv einem festen Gleichgewicht des Gesellschaftskörpers zugeordnet ist, das er aufrechterhalten soll: daher kommt seine Privilegierung des Rechts; daher liegt seine Stärke in der »Reproduktion«. Das Sexualitätsdispositiv hat seine Daseinsberechtigung nicht darin, daß es sich reproduziert, sondern darin, daß es die Körper immer detaillierter vermehrt, erneuert, zusammenschließt, erfindet, durchdringt und daß es die Bevölkerungen immer globaler kontrolliert. Der These, daß die Sexualität durch die modernen Formen der Gesellschaft unterdrückt werde, sind demnach drei oder vier andere Thesen entgegenzusetzen: die Sexualität ist an Machtdispositive gebunden, die jüngeren Datums sind; sie hat sich seit dem 17. Jahrhundert zunehmend ausgeweitet; die ihr zugrunde liegende Konstellation ist nicht auf Reproduktion ausgerichtet, sondern war von Anfang an auf eine Intensivierung des Körpers – seine Aufwertung als Wissensgegenstand und als Element in den Machtverhältnissen – bezogen.

Es wäre ungenau zu sagen, das Sexualitätsdispositiv habe sich an die Stelle des Allianzdispositivs gesetzt. Mag sein, daß eines Tages das eine vielleicht das andere ersetzt haben wird. Aber wenn das Sexualitätsdispositiv heute dahin tendiert, das Allianzdispositiv zu überlagern, so hat es doch keineswegs dieses zum Verschwinden gebracht oder überflüssig gemacht. Historisch ist das Sexualitätsdispositiv übrigens auf dem Boden des Allianzdispositivs aufgetreten. Die Bußpraktik, die Gewissenserforschung und die geistliche Seelenführung bildeten den Ausgangspunkt. Wie wir gesehen haben[2], stand der Sex zunächst als Träger von Beziehungen vor dem Bußgericht. Es ging um den erlaubten oder verbotenen Verkehr (Ehebruch, außereheliches Verhältnis, Beziehung mit einer Person wider die Gesetze des Blutes oder Standes, Legitimität oder Illegitimität des Vereinigungsaktes). Im Zusammenhang mit der neuen Pastoraltheologie und ihrer Einschärfung in den Seminaren, Kollegs und Klöstern ist man von einer Problematik der Beziehungen zu einer Problematik des »Fleisches« übergegangen, d. h. zu einer Problematik des Körpers, der Natur der Empfindung, der Natur der Lust, der geheimsten Regungen, Bewegungen der Begehrlichkeit, der subtilen Formen der Ergötzung und Willfährigkeit. Es war die »Sexualität«, die sich damit aus einer Machttechnik entwickelte, die ursprünglich auf die Allianz eingestellt war. Und sie hat seither nicht aufgehört, sich auf ein Allianzsystem zu beziehen und zu stützen. Die im 18. Jahrhundert aufgewertete Familienzelle hat es ermöglicht, daß sich auf ihren beiden Hauptachsen (Mann – Frau und Eltern – Kinder) die Grundelemente des Sexualitätsdispositivs entwickeln (weiblicher Körper, kindliche Frühreife, Geburtenregelung und – in geringerem Maße – Klassierung der Perversen). Die zeitgenössische Familie ist nicht als eine soziale, ökonomische und politische Allianzstruktur zu verstehen, die die Sexualität ausschließt oder zumindest einengt und auf die nützlichen Funktionen einschränkt. Die Familie hat vielmehr die Sexualität zu verankern und ihren festen Boden zu bilden. Sie gewährleistet die Produktion einer Sexualität, die den Privilegien der Allianz nicht genau entspricht und die Allianzsysteme mit einer bis dahin unbekannten Machttaktik durchsetzt. Die Familie ist der Umschlagplatz zwischen Sexualität und Allianz: sie führt das Gesetz und die Dimension des Juridischen in das Sexualitätsdispositiv ein und transportiert umgekehrt die Ökonomie der Lust und die Intensität der Empfindungen in das Allianzregime.

Diese Verhäkelung von Allianz und Sexualität in der Familie macht einige Tatsachen verständlich: daß die Familie seit dem 18. Jahrhundert ein obligatorischer Ort von Empfindungen, Gefühlen, Liebe geworden ist; daß die Sexualität ihre bevorzugte Brutstätte in der Familie hat; und daß sie sich aus diesem Grunde »inzestuös« entwickelt. Mag sein, daß in den von den Allianzdispositiven beherrschten Gesellschaften das Inzestverbot eine funktionell unerläßliche Regel ist. Aber in einer Gesellschaft wie

---

2 Vgl. oben S. 42.

der unseren, in der die Familie der aktivste Brennpunkt der Sexualität ist und in der die Anforderungen der Sexualität die Existenz der Familie erhalten und verlängern, nimmt der Inzest aus ganz anderen Gründen und auf ganz andere Weise einen zentralen Platz ein: hier wird er ständig bemüht und abgewehrt, gefürchtet und herbeigerufen – unheimliches Geheimnis und unerläßliches Bindeglied. Sofern die Familie als Allianzdispositiv funktioniert, ist der Inzest streng verboten, und gleichzeitig wird er ständig in Anspruch genommen, damit die Familie der Dauerbrennpunkt für die Sexualität bleibt. Wenn sich das Abendland seit über einem Jahrhundert dermaßen für das Inzestverbot interessiert, wenn man darin fast einmütig ein gesellschaftliches Universale und einen notwendigen Durchgangspunkt zur Kultur sieht, so liegt das vielleicht daran, daß man hierin ein Mittel sah, um sich nicht gegen ein Inzestverlangen, sondern gegen die Ausweitung und die Konsequenzen des Sexualitätsdispositivs zu wehren, das man eingesetzt hatte, das aber neben vielen Wohltaten den Nachteil barg, die Gesetze und die Rechtsformen der Allianz zu ignorieren. Mit der Behauptung, daß jedwede Gesellschaft (und daher auch die unsere) dieser Regel aller Regeln unterworfen ist, hatte man die Garantie, daß dieses Sexualitätsdispositiv, dessen sonderliche Wirkungen (wie die affektive Intensivierung des Familienraumes) man zu handhaben begann, dem großen und alten System der Allianz doch nicht entrinnen konnte. Somit wäre das Recht auch für die neue Machttechnik gerettet. Denn das ist das Paradox dieser Gesellschaft, die seit dem 18. Jahrhundert so viele dem Recht fremde Machttechnologien erfunden hat: sie hat Angst vor ihren Wirkungen und Ausweitungen und sucht sie wieder in den Formen des Rechts zu codieren. Wenn das Inzestverbot die Schwelle aller Kultur ist, dann steht auch die Sexualität seit Anbeginn der Zeiten unter dem Zeichen des Gesetzes und des Rechtes. Die Ethnologie, die seit langem emsig an der transkulturellen Theorie des Inzestverbots arbeitet, hat sich um das gesamte moderne Sexualitätsdispositiv und die von ihm produzierten theoretischen Diskurse verdient gemacht.

Was sich seit dem 17. Jahrhundert abgespielt hat, kann man folgendermaßen dechiffrieren: das Sexualitätsdispositiv, das sich zunächst an den Rändern der familiären Institutionen (in der Seelenführung, in der Pädagogik) entwickelt hatte, konzentriert sich allmählich auf die Familie. Was es an Befremdlichem oder Bedrohlichem für das Allianzdispositiv enthalten mochte (das Bewußtsein dieser Gefahren manifestiert sich in

den häufigen Kritiken an der Indiskretion der Beichtväter und in der etwas
späteren Debatte um die private oder öffentliche, institutionelle oder familiäre Erziehung der Kinder)[3], das verleibt sich die Familie ein – eine neu-
organisierte Familie, die im Vergleich zu ihren Funktionen im Allianzdispositiv zweifellos konzentriert, intensiviert ist. Die Eltern, die Eheleute
werden in der Familie die Hauptagenten eines Sexualitätsdispositivs, das
sich außen auf die Ärzte, die Pädagogen, später die Psychiater stützt und
das im Innern die Allianzbeziehungen doubliert und alsbald »psychologisiert« oder »psychiatrisiert«. Neue Figuren treten damit auf den Plan: die
nervöse Frau, die frigide Gattin, die gleichgültige oder von mörderischen
Obsessionen gequälte Mutter, der impotente, sadistische oder perverse Gatte, die hysterische oder neurasthenische Tochter, das frühreife und bereits
erschöpfte Kind, der junge Homosexuelle, der die Ehe verweigert oder
seine Frau vernachlässigt. Diese Mischfiguren verbinden in sich die auf Ab-
wege geratene Allianz mit der anormalen Sexualität; sie führen die Störungen der Sexualität in die Ordnung der Allianz ein, und sie erlauben dem
System der Allianz, seine Rechte im Bereich der Sexualität zur Geltung
zu bringen. Eine unaufhörliche Nachfrage kommt von nun an aus der Familie: sie braucht Hilfe bei diesen unglückseligen Spielen zwischen Sexualität und Allianz; sie sitzt in der Falle desselben Sexualitätsdispositivs, dem
sie ihre Einsetzung und Verstärkung verdankt, und richtet nun an die
Ärzte, die Pädagogen, die Psychiater, die Priester und die Seelsorger, an alle
möglichen »Experten« wiederum die nicht enden wollende Klage ihres sexuellen Leidens. Es ist, als entdeckte sie plötzlich das fürchterliche Geheimnis dessen, was man ihr immerzu eingeredet und eingeschärft hatte:
sie, die altehrwürdige Bundeslade der Allianz, ist eigentlich der Keim aller
Mißgeschicke des Sexes. Seit der Mitte des 19. Jahrhunderts zumindest
lauert die Familie den geringsten Spuren von Sexualität auf, entreißt sie
sich die peinlichsten Geständnisse, fordert sie das Gehör derer, die Wissen
davon haben könnten, und gibt sich für immer der intimsten Prüfung hin.
Die Familie ist der Kristall im Sexualitätsdispositiv: sie scheint eine Sexualität zu verbreiten, die sie in Wirklichkeit reflektiert und bricht. Mit ihrer
Durchlässigkeit und ihren Verweisen nach außen ist sie für dieses Dispositiv eines der wertvollsten taktischen Elemente.

---

3 Der *Tartuffe* von Molière und der *Hofmeister* von Lenz repräsentieren in einem Abstand von über
   einem Jahrhundert die Überlagerung des Familiendispositivs durch das Sexualitätsdispositiv –
   zum einen in der geistlichen Seelenführung und zum andern in der Erziehung.

Aber das hat sich nicht ohne Spannung und Probleme eingespielt. Auch hier stellt Charcot eine zentrale Figur dar. Jahre hindurch war er der angesehenste unter jenen, bei denen die mit Sexualität übersättigten Familien Zuspruch und Hilfe suchten. Aus der ganzen Welt empfing er Eltern, die ihre Kinder brachten, Frauen mit ihren Gatten, Männer mit ihren Gattinnen – und da war es seine erste Sorge (die er seinen Schülern oft ans Herz legte), den »Kranken« von seiner Familie zu trennen und diese so wenig wie möglich anzuhören, um jenen besser beobachten zu können.[4] Er suchte den Bereich der Sexualität vom System der Allianz abzukoppeln, um ihn direkt einer medizinischen Behandlung zuzuführen, deren Technizität und Autonomie durch das Modell der Neurologie gewährleistet waren. Was die Medizin damit wieder in die Hand nahm und den Regeln eines spezifischen Wissens unterwarf, war eine Sexualität, die sie selber den Familien als eine wesentliche Aufgabe und eine große Gefahr eingeschärft hatte. Und Charcot bemerkt mehrmals, unter welchen Schwierigkeiten die Familien den Patienten an den Arzt »abtraten« – den Patienten, den zu ihm zu bringen sie doch gekommen waren; wie sie die Krankenhäuser belagerten, in denen der Betroffene isoliert war, und wie sie sich immer wieder störend in die Arbeit des Arztes einmischten. Dabei hatten sie gar keinen Grund zur Beunruhigung: der Eingriff des Therapeuten hatte ja das Ziel, ihnen Individuen zurückzugeben, die ins System der Familie sexuell integriert werden konnten. Zudem gestattete es sich dieser Eingriff bei aller Manipu-

4 Poliklinik vom 10. Januar 1888: »Unter uns gesagt, so lange sie mit Mann und Kindern zusammenlebt und mit der Sorge für's Hauswesen belastet ist, befindet sie sich unter Bedingungen, die für das Gelingen unserer Therapie recht ungünstig sind. In solchen Fällen spielt die Isolirung unter allen Heilmitteln die wichtigste Rolle. Alle anderen Mittel und Verfahren thun Wunder, wenn einmal die Isolirung durchgesetzt ist; und kann man nicht isoliren, so ist der Erfolg der übrigen Therapie geringfügig und unsicher. Ich weiß wohl, daß man den Aufenthalt in einem Spital nicht einer regelrechten Isolirung gleichstellen kann, wie es sich in manchen Heilanstalten in der Stadt durchführen lässt. Es wäre schon zu wünschen, daß der Staat uns eines Tages solche Anstalten zur Verfügung stellte, in denen eine wirkliche Isolirung von hysterischen und anderen Kranken, die man nicht zu den Geistesgestörten rechnen kann, möglich ist. Gegenwärtig gibt es solche Staatsanstalten nicht ... Wenn einmal die Isolirung vollzogen ist, so weint das hysterische Mädchen, das nun seiner Mutter beraubt ist, im Durchschnitt eine halbe bis zu einer ganzen Stunde, im Maximum vielleicht zwei Stunden. Ja es gibt Mädchen, die nach dieser Trennung überhaupt nicht weinen.« Poliklinik vom 21. Februar 1888: »Man bedarf hier zunächst und vor allem Anderen der Isolirung, und die Erfolge dieser Methode sind gerade bei der Hysterie der Knaben erstaunliche. Also lassen Sie sich's gesagt sein, trennen Sie zunächst die Kinder von ihren Müttern, solange die Mütter dabei sind, ist nichts zu machen. Die Gesellschaft des Vaters ist übrigens kaum weniger schädlich; – am Besten, Sie schütteln beide ab.« J. M. Charcot, *Poliklinische Vorträge*, Übers. von S. Freud. Leipzig und Wien 1894.

lation des sexuellen Körpers nicht, sich in einem expliziten Diskurs zu formulieren. Von den »genitalen Ursachen« spricht man nicht: das war der
nur leise ausgesprochene Satz, den das berühmteste Ohr unserer Epoche
eines Tages im Jahre 1886 aus dem Munde Charcots auffing.

In diesem Spielraum hat sich die Psychoanalyse niedergelassen, nicht
ohne die Konstellation der Verunsicherungen und Beruhigungen wesentlich zu ändern. Sie mußte anfänglich Mißtrauen und Feindseligkeit erwekken, weil sie die Lektion Charcots auf die Spitze treibend die Sexualität der
Individuen außerhalb der familiären Kontrolle durchforschte; sie brachte
diese Sexualität an den Tag, ohne sie mit dem neurologischen Modell zuzudecken; ja sie stellte sogar die von ihr analysierten Familienbeziehungen in
Frage. Aber wie sehr die Psychoanalyse mit ihren technischen Verfahren
das Eingeständnis der Sexualität von der Familiensouveränität unabhängig
zu machen schien – was sie im Herzen dieser Sexualität als Prinzip ihrer
Formierung und Chiffre ihrer Intelligibilität wiederfand, war das Gesetz
der Allianz, waren die Spiele von Hochzeit und Blutsverwandtschaft, der
Inzest. Die Garantie, daß man am Grunde der Sexualität eines jeden das
Verhältnis Eltern – Kinder wiederfinden würde, ließ in dem Augenblick,
wo alles auf den entgegengesetzten Prozeß zu verweisen schien, die Verhäkelung zwischen dem Sexualitätsdispositiv und dem Allianzsystem weiterbestehen. Es bestand keine Gefahr, daß die Sexualität von Natur aus dem
Gesetz fremd scheinen könnte: sie konstituiert sich ja nur durch dieses. Eltern, habt keine Angst, eure Kinder zur Analyse zu bringen: sie wird ihnen
beibringen, daß sie euch allein lieben! Kinder, beklagt euch nicht darüber,
daß ihr keine Waisen seid und daß ihr am Grunde euer selbst immer auf
euer Mutter/Objekt oder das souveräne Vater/Zeichen stoßt: durch sie erlangt ihr das Begehren! Daher kommt nach so vielen Zurückhaltungen der
unermeßliche Analysekonsum in den Gesellschaften, in denen das Allianzdispositiv und das Familiensystem Stärkung brauchen. Das Sexualitätsdispositiv hat ja mit der Technologie des »Fleisches« im klassischen Christentum auf dem Boden der Allianzsysteme und ihrer Regeln das Licht
der Welt erblickt; heute hingegen hält es das alte Allianzdispositiv am Leben. Von der Seelenführung zur Psychoanalyse haben sich die Dispositive der Allianz und der Sexualität in einem mehr als drei Jahrhunderte
währenden Prozeß langsam umeinander gedreht und ihre Positionen ge-
wechselt. In der christlichen Pastoral codierte das Gesetz der Allianz das
Fleisch, das man entdeckte, und zwang ihm von vornherein ein immer

noch rechtliches Vorzeichen auf; mit der Psychoanalyse ist es die Sexualität, die den Regeln der Allianz Leib und Leben verleiht, indem sie sie mit Begehren sättigt.

Der Bereich, der in den folgenden Studien zu analysieren sein wird, ist also dieses Sexualitätsdispositiv: seine vom christlichen Fleisch ausgehende Formierung; seine Entwicklung in den vier großen Strategien, die sich im 19. Jahrhundert durchgesetzt haben: Sexualisierung des Kindes, Hysterisierung der Frau, Spezifizierung der Perversen, Regulierung der Bevölkerungen. All diese Strategien verlaufen durch eine Familie hindurch, von der man klar sehen muß, daß sie nicht Untersagungsmacht, sondern Hauptfaktor der Sexualisierung gewesen ist.

Man könnte die Geschichte der Sexualität so sehen, daß eine erste Phase der Notwendigkeit entspricht, »Arbeitskraft« zu konstituieren (daher gibt es keine unnütze »Verausgabung« oder Energieverschwendung, alle Kräfte werden allein in die Arbeit gesteckt) und ihre Reproduktion zu sichern (Beschränkung auf Ehe und geregelte Kinderfabrikation). Eine zweite Phase würde dann der Epoche des *Spätkapitalismus*** entsprechen, in der die Ausbeutung der Lohnarbeit nicht mehr wie im 19. Jahrhundert gewaltsame und physische Zwänge erforderlich macht und die Politik des Körpers nicht mehr die Ausschaltung des Sexes oder seine Einschränkung auf bloße Reproduktion verlangt; statt dessen arbeitet sie mit seiner vielfältigen Kanalisierung in den kontrollierten Kreisläufen der Ökonomie: »repressive Entsublimierung«, wie man sagt.

Wenn aber die Politik des Sexes im wesentlichen nicht das Gesetz des Verbotes zur Wirkung bringt, sondern einen ganzen technischen Apparat, wenn es sich vielmehr um die Produktion der »Sexualität« handelt als um die Repression des Sexes, dann muß man eine solche Periodisierung aufgeben, muß man die Analyse vom Problem der »Arbeitskraft« abkoppeln und den verschwommenen Energetismus fallenlassen, der dem Gedanken einer aus ökonomischen Gründen unterdrückten Sexualität zugrunde liegt.

---

* Im Original deutsch. Anm. d. Übers.

4 Periodisierung

Konzentriert man die Geschichte der Sexualität auf die Mechanismen der Repression, so stößt man auf zwei Bruchstellen. Die erste liegt im 17. Jahrhundert: Geburt der großen Sperrmechanismen, Monopolisierung der erwachsenen und ehelichen Sexualität, Schicklichkeitsgebote, obligatorische Ausschaltung des Körpers, erzwungenes Schweigen und schamhaftes Sprechen. Im 19. Jahrhundert dann geht es weniger um einen Einbruch als um eine Neigung der Kurve: von diesem Moment an beginnen sich die Mechanismen der Repression aufzulockern; von drückenden Sexualverboten geht man zu einer gewissen Toleranz gegen vor- und außereheliche Beziehungen über; die Disqualifizierung der »Perversen« wird gemildert, ihre gesetzliche Verurteilung hört zum Teil auf; die Tabuisierung der Sexualität der Kinder wird zu einem gut Teil aufgehoben.

Man muß versuchen, der Chronologie dieser Vorgänge nachzugehen: den Erfindungen, den instrumentellen Mutationen, den Persistenzen. Es gibt aber auch den Kalender ihrer Anwendung, die Chronologie ihrer Verbreitung und ihrer Auswirkungen (Unterwerfung oder Widerstand). Diese vielfältigen Datierungen fallen gewiß nicht mit dem großen Repressionszyklus zusammen, den man gewöhnlich zwischen dem 17. und dem 20. Jahrhundert ansetzt.

1. Die Chronologie der Techniken reicht weit zurück. Ihr Entstehungsort muß in den Bußpraktiken des mittelalterlichen Christentums aufgesucht werden oder vielmehr in einer doppelten Reihe: in dem obligatorischen, erschöpfenden und periodischen Geständnis, das alle Gläubigen durch das Laterankonzil zur Pflicht gemacht wurde, und in den Methoden der Asketik, der geistlichen Übung und der Mystik, die seit dem 14. Jahrhundert mit einer besonderen Intensität entwickelt wurden. Die Reformation auf der einen Seite und der tridentinische Katholizismus auf der anderen bilden sodann eine wichtige Mutation und Spaltung in der »traditionellen Technologie des Fleisches«. Doch schließt die Tiefe der Spaltung einen gewissen Parallelismus in den katholischen und protestantischen Methoden der Gewissenserforschung und der Seelenführung nicht aus: auf beiden Seiten setzen sich mit unterschiedlichen Subtilitäten Prozeduren der Analyse und Diskursivierung der »Begehrlichkeit« durch. Eine üppige und raffinierte Technik, die sich seit dem 16. Jahrhundert in lang-

wierigen theoretischen Ausarbeitungen entwickelt und dann am Ende des 18. Jahrhunderts ihre gültige Formulierung im gemilderten Rigorismus des Alfons von Liguori sowie in der wesleyanischen Pädagogik findet.

Am Ende des 18. Jahrhunderts entstand aber auch (aus Gründen, die noch zu bestimmen sein werden) eine ganz neue Technologie des Sexes, die zwar von der Thematik der Sünde nicht ganz unabhängig war, sich jedoch im wesentlichen dem kirchlichen Bereich entzog. Vermittelst der Pädagogik, der Medizin und der Ökonomie machte sie aus dem Sex nicht nur eine Laiensache, sondern eine Staatssache. Oder besser: eine Angelegenheit, in der sich der gesamte Gesellschaftskörper und fast jedes seiner Individuen der Überwachung unterziehen mußten. Eine neue Technologie auch insofern, als sie sich auf drei Achsen entwickelte: der Pädagogik mit der spezifischen Sexualität des Kindes als Zielscheibe, der Medizin mit der sexuellen Physiologie der Frauen als Zielscheibe und der Demographie, deren Ziel die spontane oder geplante Geburtenregelung war. Die »Sünde der Jugend«, die »Nervenkrankheiten« und der »Betrug an der Natur« (wie man diese »unseligen Geheimnisse« später nennen sollte) bezeichnen so die drei bevorzugten Bereiche dieser neuen Technologie. Dabei greift sie gewiß vereinfachend auf Methoden zurück, die schon in den Kirchen entwickelt worden waren: die Sexualität der Kinder war bereits in der geistlichen Pädagogik des Christentums zum Problem gemacht worden (bezeichnenderweise stammt die erste Abhandlung über die Sünde der *Mollities* von dem Pädagogen und Mystiker Gerson im 15. Jahrhundert; und die im 18. Jahrhundert von Decker verfaßte Sammlung *Onania* übernimmt Wort für Wort ihre Beispiele aus der anglikanischen Pastoraltheologie). Im 18. Jahrhundert greift die Medizin der Nerven und der Vapeurs die so »indiskreten« Praktiken der Seelenführung und der geistlichen Prüfung in dem Augenblick auf, wo diese durch die Phänomene der Besessenheit bereits in eine schwere Krise gestürzt worden waren (das heißt nicht, daß die Nervenkrankheit die Wahrheit der Besessenheit ist, aber es heißt, daß die Medizin der Hysterie mit der alten Führung der »Besessenen« zusammenhängt). Und die Kampagnen in der Geburtenfrage bringen die Kontrolle der ehelichen Beziehungen, deren Prüfung das christliche Bußwesen mit solcher Hartnäckigkeit betrieben hatte, in eine andere Form und auf eine andere Ebene. Die sichtbare Kontinuität steht aber einer wesentlichen Transformation nicht entgegen: die Technologie des Sexes ordnet sich von nun an dem Gesundheitswesen und dem Normalitätsgebot unter. Nicht mehr der Tod und die ewige Strafe bilden ihr Problem, sondern das Leben und die Krankheit. Das »Fleisch« wird auf den Organismus reduziert.

Diese Mutation liegt an der Wende vom 18. zum 19. Jahrhundert, und sie hat vielen anderen Transformationen die Bahn geebnet. Eine davon hat die Medizin des Sexes von der allgemeinen Medizin des Körpers gelöst; sie hat einen sexuellen »Trieb« isoliert, der selbst ohne organische Veränderung konstitutive Anomalien, erworbene Abweichungen, Schwächen oder pathologische Prozesse aufweisen kann. Die *Psychopathia sexualis* von Heinrich Kaan aus dem Jahre 1846 kann uns zweckdienlicher Hinweis sein: von diesen Jahren an datieren die relative Autonomisierung des Sexes gegenüber dem Körper, das Auftreten einer entsprechenden Medizin, einer spezifischen »Orthopädie«, also mit einem Wort die Eröffnung des großen medizinisch-psychologischen Bereiches der »Perversionen«, der die alten moralischen Kategorien der Ausschweifung oder Hurerei ablösen sollte. Gleichzeitig rückte die Analyse der Vererbung den Sex (die sexuellen Beziehungen, die Geschlechtskrankheiten, die Ehebündnisse, die Perversionen) in die Position einer »biologischen Verantwortlichkeit« für das Menschengeschlecht. Der Sex konnte nicht nur von spezifischen Krankheiten befallen werden, sondern er konnte auch, wenn man ihn nicht kontrollierte, Krankheiten übertragen oder für die künftigen Generationen erzeugen. Er schien somit am Ursprung eines pathologischen Kapitals für die Gattung zu stehen. Daher das medizinische, aber auch politische Projekt einer staatlichen Verwaltung der Heiraten, der Geburten und der Lebensverlängerungen: der Sex und seine Fruchtbarkeit müssen administriert werden. Die Medizin der Perversionen und die Programme der Eugenik bildeten innerhalb der Technologie des Sexes die beiden großen Neuerungen der zweiten Hälfte des 19. Jahrhunderts.

Diese beiden Errungenschaften fügten sich gut zusammen, weil die Theorie der »Entartung« sie aufeinander verweist. Diese Theorie lieferte die Erklärung dafür, wie eine drückende Vererbung verschiedener Krankheiten (gleichgültig ob organischer, funktioneller oder psychischer Krankheiten) schließlich einen Sexualperversen hervorbringt (man braucht nur im Stammbaum eines Exhibitionisten oder Homosexuellen zu suchen: da findet sich immer ein halbseitig gelähmter Vorfahre, ein schwindsüchtiger Großvater oder ein schwachsinniger Onkel). Die Theorie der Entartung erklärt aber auch, wie eine sexuelle Perversion zu einer Erschöpfung der Nachkommenschaft führt (Rachitis der Kinder, Unfruchtbarkeit der künftigen Generationen). Der Komplex Perversion-Vererbung-Entartung bildete den festen Knotenpunkt der neuen Technologien des Sexes. Und es handelte sich beileibe nicht um eine wissenschaftlich unzureichende und übermäßig moralisierende medizinische Theorie. Ihre Streuung war breit und ihre Verwurzelung tief. Die Psychiatrie, aber auch die Jurisprudenz, die Gerichtsmedizin, die Instanzen der sozialen Kontrolle, die Überwachung der gefährlichen oder gefährdeten Kinder liefen lange Zeit auf der »Entartungstour«, nach dem System Vererbung-Perversion. Eine ganze gesellschaftliche Praktik, die im Staatsrassismus ihre äußerste und systematischste Form erlangte, hat dieser Technologie des Sexes eine ungeheure Macht und weitreichende Wirkungen verliehen.

Und die einzigartige Stellung der Psychoanalyse am Ende des 19. Jahrhunderts wäre schlecht zu verstehen, sähe man nicht den Bruch, den sie gegenüber dem System der Entartung vollzogen hat: sie nahm das Projekt einer medizinischen Technologie des sexuellen Instinktes auf, suchte es aber von seinen Verflechtungen mit der Vererbung und mit allen Rassismen und Eugeniken zu lösen. Natürlich kann man heute von Freuds Normalisierungswillen sprechen; kann man die Rolle denunzieren, die die psychoanalytische Institution seit Jahren spielt. Aber innerhalb der großen Familie der Technologien des Sexes, die so weit in die Geschichte des christlichen Abendlandes zurückreicht, und unter jenen Technologien, die im 19. Jahrhundert die Medizinisierung des Sexes durchgesetzt haben, war die Psychoanalyse bis in die vierziger Jahre des 20. Jahrhunderts diejenige, die sich den politischen und institutionellen Auswirkungen des Systems Perversion-Vererbung-Entartung hartnäckig widersetzt hat.

Wie man sieht, entspricht die Genealogie all dieser Techniken mit ihren Mutationen, Verschiebungen, Kontinuitäten, Brüchen nicht der Hypothese einer großen repressiven Phase, die im 17. Jahrhundert einsetzt und sich im Laufe des 19. Jahrhunderts allmählich schließt. Vielmehr gab es einen unaufhörlichen Erfindungsreichtum, ein ständiges Aus-dem-Boden-Schießen von Methoden und Verfahren, wobei in dieser fruchtbaren Geschichte zwei Momente besonders ergiebig waren: die Mitte des 16. Jahrhunderts mit der Entwicklung der Prozeduren der Seelenführung und Gewissenserforschung und der Beginn des 19. Jahrhunderts mit dem Auftreten der medizinischen Technologien des Sexes.

2. Aber das wäre nur eine Datierung der Techniken. Anders verläuft die Geschichte ihrer Ausweitung und Anwendung. Schreibt man die Ge-

schichte der Sexualität als eine Repressionsgeschichte und bezieht man
diese Repression auf die Ausnutzung der Arbeitskraft, so muß man natürlich davon ausgehen, daß die sexuellen Kontrollen gegenüber den armen
Klassen am intensivsten und strengsten waren; man muß sich einbilden,
daß sie den Linien der größten Herrschaft und der systematischsten Ausbeutung folgten: der junge, erwachsene Mann, der zum Leben nichts als
seine Kraft besitzt, hätte die erste Zielscheibe einer Unterwerfung sein
müssen, die die freien Energien von der nutzlosen Lust zur obligatorischen
Arbeit umleiten sollte. Nun hat es aber nicht den Anschein, als hätten sich
die Dinge so zugetragen. Im Gegenteil, die rigorosesten Techniken wurden zunächst in den ökonomisch privilegierten und politisch führenden
Klassen entwickelt und vor allem mit der größten Intensität eingesetzt.
Die Seelenführung, die Selbstprüfung, die ganze langwierige Erarbeitung
der Sünden des Fleisches, das skrupelhafte Aufspüren der Begehrlichkeit –
all das sind so subtile Verfahren, daß sie nur begrenzten Gruppen zugänglich sein konnten. Die Bußmethode des Alfons von Liguori, die von
Wesley den Methodisten vorgeschlagenen Regeln haben jenen Verfahren
gewiß eine größere Verbreitung gesichert – aber nur um den Preis einer beträchtlichen Vereinfachung. Dasselbe könnte man von der Familie als Ort
sexueller Kontrolle und Sättigung sagen: in der bürgerlichen oder »aristokratischen« Familie wurde die Sexualität der Kinder und Heranwachsenden zum ersten Mal problematisiert; in ihr wurde die weibliche Sexualität
medizinisiert; sie wurde zuerst wegen der möglichen Pathologie des Sexes,
wegen der Dringlichkeit seiner Überwachung und der Notwendigkeit
einer rationellen Besserungstechnologie alarmiert. Sie war der erste Ort
der Psychiatrisierung des Sexes. Sie verfiel zuerst in sexuelle Überreizung,
versah sich mit Ängsten, erfand sich Rezepte, rief nach gelehrten Techniken und unzähligen, endlos zu wiederholenden Diskursen. Das Bürgertum
hat damit begonnen, seinen eigenen Sex als wichtige Sache, zerbrechlichen
Schatz, unbedingt zu erkennendes Geheimnis zu betrachten. Die Person,
die als erste vom Sexualitätsdispositiv besetzt wurde und als eine der ersten
sexualisiert wurde, war die »müßige« Frau zwischen der »großen Welt«, in
der sie einen Wert darstellte, und der Familie, in der ihr zahlreiche neue
eheliche und elterliche Pflichten zugewiesen wurden: auf diese Weise
kam die »nervöse« Frau zustande, die von »Vapeurs« befallene Frau; hier
hat die Hysterisierung der Frau ihre Verankerung gefunden. Und der Her-
anwachsende, der in geheimer Lust seine künftige Substanz vergeudet, das

onanierende Kind, das die Ärzte und Erzieher vom Ende des 18. bis zum Ende des 19. Jahrhunderts so beunruhigte – das war nicht das Kind des Volkes, der künftige Arbeiter, dem man die Disziplinen des Körpers hätte beibringen müssen; das war der Kollegiat, das von Dienern, Hofmeistern und Gouvernanten umgebene Kind, das weniger physische Kräfte als intellektuelle Fähigkeiten zu verlieren drohte: eine moralische Aufgabe und die Verpflichtung, seiner Familie und seiner Klasse eine gesunde Nachkommenschaft zu sichern. Demgegenüber sind die unteren Volksschichten dem Dispositiv der »Sexualität« lange Zeit entgangen. Gewiß waren sie auf ihre Art dem Dispositiv der »Allianzen« unterworfen: Hochschätzung der rechtmäßigen Ehe und der Fruchtbarkeit, Ausschließung von Beziehungen zwischen Blutsverwandten, Vorschriften der sozialen und lokalen Endogamie. Aber es ist ziemlich unwahrscheinlich, daß die christliche Technologie des Fleisches für sie jemals von großer Bedeutung war. Von den Mechanismen der Sexualisierung wurden sie nur langsam durchdrungen, und zwar in drei aufeinanderfolgenden Etappen. Zuerst im Zusammenhang mit der Geburtenfrage, als man am Ende des 18. Jahrhunderts entdeckte, daß die Kunst, die Natur zu täuschen, nicht das Privileg von Städtern und Wüstlingen war, sondern daß sie bei denen bekannt und üblich war, die der Natur so nahestanden und jener Kunst mehr als andere hätten widerstreben müssen. Sodann, als man um 1830 in der Organisation der »kanonischen« Familie eine unerläßliche Instanz der politischen Kontrolle und der ökonomischen Regulierung für die Unterwerfung des städtischen Proletariats sah: große Kampagne für die »Moralisierung der armen Klassen«. Schließlich entwickelte sich am Ende des 19. Jahrhunderts die rechtliche und medizinische Kontrolle der Perversionen im Namen eines allgemeinen Schutzes der Gesellschaft und der Rasse. Auf diese Weise hat sich das Sexualitätsdispositiv, das in seinen komplexesten und intensivsten Formen für die privilegierten Klassen und von ihnen entwickelt worden war, im gesamten Gesellschaftskörper ausgebreitet. Aber es hat nicht überall dieselben Formen angenommen und dieselben Instrumente eingesetzt (die Rollen des Gesundheitswesens bzw. der Rechtspflege waren nicht überall dieselben, und ebensowenig hat die Medizin der Sexualität überall auf dieselbe Weise funktioniert).

Diese Erinnerungen an die Chronologie – ob es sich nun um die Erfindung der Techniken oder um den Kalender ihrer Verbreitung dreht – ha-

ben ihre Bedeutung. Sie machen die Idee eines Repressionszyklus zweifelhaft, der über eine Kurve von Wendepunkten von einem Anfang zu einem
Ende führen soll: es hat wahrscheinlich kein Zeitalter der sexuellen Re-
striktion gegeben. Und sie stellen auch die Homogenität des Prozesses auf
allen Ebenen der Gesellschaft und in allen Klassen in Frage: es hat keine
einheitliche Sexualpolitik gegeben. Vor allem aber machen sie den Sinn
des Prozesses und seine Gründe problematisch: das Sexualitätsdispositiv
scheint keineswegs von den traditionell so genannten »leitenden Klassen«
zur Einschränkung der Lust der anderen installiert worden zu sein. Vielmehr scheinen sie es zuerst an sich selbst versucht zu haben. Handelt es
sich um eine neue Wendung der bürgerlichen Askese, die im Zusammenhang mit der Reformation, der neuen Arbeitsethik und dem Aufschwung
des Kapitalismus so oft beschrieben worden ist? Es scheint sich gerade
nicht um eine Asketik im Sinne eines Verzichtes auf die Lust oder einer
Disqualifizierung des Fleisches zu handeln, sondern im Gegenteil um eine
Intensivierung des Körpers, eine Problematisierung der Gesundheit und
ihrer Funktionsbedingungen. Es handelt sich um neue Techniken der Ma-
ximalisierung des Lebens. Nicht um eine Unterdrückung am Sex der aus-
zubeutenden Klassen ging es, sondern um den Körper, die Stärke, die
Langlebigkeit, die Zeugungskraft und die Nachkommenschaft der »herrschenden« Klassen. Hier wurde in erster Instanz das Sexualitätsdispositiv
als neue Verteilung der Lüste, der Diskurse, der Wahrheiten und der Mächte etabliert. Es geht darin um die Selbstaffirmation einer Klasse und weniger um die Unterwerfung einer anderen: um eine Verteidigung, einen
Schutz, eine Verstärkung, eine Steigerung, die in der Folge – um den Preis
verschiedener Transformationen – als Mittel der ökonomischen Kontrolle
und der politischen Unterwerfung auf die anderen ausgedehnt wurden. In
dieser Investitur seines eigenen Sexes durch eine von ihm selbst erfundene
Macht- und Wissenstechnologie brachte das Bürgertum den hohen politischen Preis seines Körpers, seiner Empfindungen, seiner Lüste, seiner
Gesundheit, seines Überlebens zur Geltung. Was es in diesen Prozeduren
an Einschränkungen, Schamhaftigkeiten, Ausschaltungen oder Schweigen
geben mag, darf nicht isoliert und auf irgendeine konstitutive Untersagung
oder eine Verdrängung oder einen Todestrieb geschoben werden. Was sich
konstituiert hat, ist eine politische Disposition des Lebens – und zwar
nicht in einer Unterwerfung des anderen, sondern in einer Selbstaffirmation. Die Klasse, die im 18. Jahrhundert zur Hegemonie kam, dachte gar

nicht daran, ihren Körper eines Sexes zu berauben, der unnütz, kostspielig und gefährlich war, solange er nicht allein der Fortpflanzung dienstbar gemacht war. Im Gegenteil, sie hat sich einen Körper gegeben, den es zu pflegen, zu schützen, zu kultivieren, vor allen Gefahren und Berührungen zu bewahren und von den anderen zu isolieren galt, damit er seinen eigenen Wert behalte. Ein Mittel dazu war die Technologie des Sexes.

Der Sex ist nicht der Teil des Körpers, den das Bürgertum disqualifizieren oder auslöschen mußte, um die von ihm Beherrschten zur Arbeit anzuhalten. Er ist jenes Element seiner selbst, das es mehr als irgend etwas beunruhigt und beschäftigt hat, das alle seine Sorgen in Anspruch genommen hat und das es in einer Mischung aus Angst, Neugier, Ergötzen und Fieber kultiviert hat. Es hat seinen Körper dem Sex gleichgesetzt oder zumindest unterworfen, indem es diesem eine geheimnisvolle und unbegrenzte Macht über jenen zusprach.

Es hat sein Leben und seinen Tod an den Sex gehängt, indem es ihn für seine künftige Gesundheit verantwortlich machte; es hat in ihm seine Zukunft besetzt – in seine Zukunft investiert, da es von ihm unabwendbare Auswirkungen auf seine Nachkommenschaft erwartete; es hat ihm seine Seele übergeben, in der Annahme, daß er deren geheimstes und entschiedenstes Element bilde. Stellen wir uns kein Bürgertum vor, das sich symbolisch kastriert hat, um den anderen um so besser das Recht versagen zu können, einen Sex zu haben und davon nach Belieben Gebrauch zu machen. Es hat sich vielmehr seit der Mitte des 18. Jahrhunderts damit beschäftigt, sich eine Sexualität zu geben und sich von da aus einen spezifischen Körper, einen »Klassenkörper« mit einer eigenen Gesundheit, einer Hygiene, einer Nachkommenschaft, einer Rasse zu erschaffen: Selbstsexualisierung seines Körpers, Inkarnation des Sexes in seinen eigenen Körper, Endogamie zwischen dem Sex und dem Körper. Zweifellos gab es dafür mehrere Gründe.

Vom Adel verwendete Verfahren zur Markierung und Wahrung seines Standesunterschiedes wurden übernommen und in andere Formen übersetzt. Denn auch die Aristokratie hatte die Eigenart ihres Körpers behauptet; dies geschah in der Form des *Blutes*, d. h. des Alters der Aszendenzen und des Wertes der Allianzen. Die Bourgeoisie hingegen sah, um sich einen Körper zu geben, auf ihre Deszendenz und auf die Gesundheit ihres Organismus. Das »Blut« der Bourgeoisie war ihr Sex. Das ist kein Wortspiel – viele Elemente der adeligen Standeswahrung finden sich im Bürgertum des 19. Jahrhunderts wieder: hier allerdings als biologische, medizinische oder eugenische Vorschriften. Aus der Sorge um den Stammbaum wurde die Besorgnis um die Vererbung. Bei Heiraten achtete man nicht nur auf ökonomische Imperative und die Regeln der sozialen Homogenität, nicht nur auf die Aussichten der Erbschaft, sondern auf die Gefahren der Vererbung. Die bürgerlichen Familien führten und verbargen eine umgekehrte und dunkle Ahnentafel, deren beschämende »Adelstitel« die Krankheiten oder Belastungen der Verwandtschaft waren: die progressive Paralyse des Großvaters, die Nervenschwäche der Mutter, die Schwindsucht des Schwesterchens, die hysterischen oder liebestollen Tanten, die Vettern mit dem schlechten Lebenswandel. Aber in dieser Besorgnis um den sexuellen Körper hat das Bürgertum nicht nur Themen aus der Welt des Adels zu Zwecken seiner Selbstbehauptung umgesetzt. Es ging darüber hinaus um eine unbeschränkte Ausweitung der Kraft, der Stärke, der Gesundheit, des Lebens. Die Aufwertung des Körpers hängt sehr wohl mit der Steigerung und Etablierung der bürgerlichen Vorherrschaft zusammen: aber nicht aufgrund des Tauschwertes, den die Arbeitskraft gewonnen hat, sondern aufgrund des politischen, ökonomischen und auch historischen Repräsentationswertes, den die »Kultur« seines eigenen Körpers für die Gegenwart und die Zukunft des Bürgertums dargestellt hat. Zum Teil hing seine Herrschaft davon ab; sie war nicht nur eine Angelegenheit von Ökonomie oder Ideologie, sie war auch eine »physische« Angelegenheit. Dies bezeugen am Ende des 18. Jahrhunderts die zahlreichen Veröffentlichungen über die Hygiene des Körpers, die Kunst, das Leben zu verlängern, die Methoden, Kinder gesund zur Welt zu bringen und möglichst lange am Leben zu erhalten, die Verfahren zur Verbesserung der menschlichen Nachkommenschaft. Sie bezeugen auch den Zusammenhang zwischen dieser Sorge um den Körper und den Sex mit einem »Rassismus«. Doch ist dieser weit entfernt von demjenigen des Adels, der wesentlich konservativen Zwecken diente. Hier handelt es sich um einen dynamischen Rassismus, einen Rassismus der Expansion – auch wenn er sich noch im Embryonalzustand befindet und sich erst in der zweiten Hälfte des 19. Jahrhunderts anschickt, die Früchte zu tragen, von denen wir zu schmecken gekriegt haben.

Diejenigen, für die »Bürgertum« gleichbedeutend ist mit Ausschaltung des Körpers und Verdrängung der Sexualität und für die es im Klassenkampf um die Aufhebung dieser Verdrängung geht, mögen mir verzeihen.

Die »spontane Philosophie« des Bürgertums ist vielleicht nicht so idealistisch und kastrierend, wie man zu sagen pflegt. Eines seiner ersten Anliegen war es jedenfalls, sich einen Körper und eine Sexualität zu geben und sich der Stärke, des Fortbestandes und der Fortpflanzung dieses Körpers durch die Organisation eines Sexualitätsdispositivs auf Jahrhunderte hinaus zu versichern. Hand in Hand mit diesem Prozeß wollte das Bürgertum seine Differenz und seine Hegemonie zur Geltung bringen. Wenn die Affirmation des Körpers eine der Hauptformen des Klassenbewußtseins ist, so gilt dies gewiß für das Bürgertum des 18. Jahrhunderts, das das blaue Blut des Adels in einen kräftigen Organismus und eine gesunde Sexualität verwandelt hat. So wird auch verständlich, warum das Bürgertum so lange gezögert hat, bis es den anderen, eben von ihm ausgebeuteten Klassen einen Körper und einen Sex zuerkannt hat. Die Lebensbedingungen, die man dem Proletariat vor allem in der ersten Hälfte des 19. Jahrhunderts bereitete, zeigen, daß man weit davon entfernt war, sich um dessen Körper und Sex Sorgen zu machen[5]: egal ob diese Leute nun leben oder sterben – so was vermehrte sich sowieso von selbst. Damit das Proletariat mit einem Körper und mit einer Sexualität ausgestattet wurde, damit seine Gesundheit, sein Sex und seine Fortpflanzung zum Problem wurden, mußten Konflikte auftreten (vor allem im Zusammenhang mit dem Raum der Stadt: Zusammenwohnen, beengte Verhältnisse, Ansteckung, Epidemien wie die Cholera von 1832, Prostitution und Geschlechtskrankheiten); es bedurfte ökonomischen Druckes (Entwicklung der Schwerindustrie mit Bedarf an sicherer und qualifizierter Arbeitskraft, Kontrolle der Bevölkerungsbewegungen und demographische Regelungen); schließlich mußte eine Kontrolltechnologie installiert werden, um den Körper und die Sexualität, die man dem Proletariat endlich zuerkannte, unter Aufsicht zu halten. (Schule, Wohnungspolitik, öffentliche Hygiene, Fürsorge- und Versicherungsanstalten, die allgemeine Medizinisierung der Bevölkerung – ein ganzer administrativer und technischer Apparat machte es möglich, das Sexualitätsdispositiv gefahrlos in die ausgebeutete Klasse einzuführen, so daß es nicht der Klassenbehauptung gegen das Bürgertum dienen konnte, sondern ein Instrument von dessen Hegemonie blieb). Daher ohne Zweifel das Zögern des Proletariats bei der Übernahme dieses Dispositivs und seine Tendenz, diese ganze Sexualität für eine Sache des Bürgertums zu halten, mit der es nichts zu schaffen habe.

5 Vgl. K. Marx: ». . . das Kapital . . . in . . . seinem Werwolfs-Heißhunger nach Überarbeit«. *Das Kapital*, Buch I, III. Abschnitt, 8. Kapitel.

Nun glauben manche, zwei einander entsprechende Heucheleien gleichzeitig denunzieren zu können: die herrschende Heuchelei, die des Bürgertums, das seine eigene Sexualität verleugnet, und dann die des Proletariats, das seine Sexualität verwirft, weil es die Ideologie der Gegenseite übernimmt. Auf diese Weise verkennt man den Prozeß, in dem sich das Bürgertum in anmaßender politischer Selbstaffirmation mit einer geschwätzigen Sexualität ausgestattet hat, die das Proletariat lange Zeit abgewiesen hat, bis sie ihm schließlich aufgezwungen worden ist. Wenn die »Sexualität« das Ensemble von Auswirkungen ist, die in den Körpern, den Verhaltensweisen, den gesellschaftlichen Beziehungen durch das Dispositiv einer komplexen politischen Technologie herbeigeführt werden, so wirkt sich dieses Dispositiv nicht auf allen Seiten in gleicher Weise aus, führt es nicht überall zu denselben Effekten. Man muß darum wieder zu Formulierungen zurückkehren, die seit langem in Verruf sind. Man muß sagen, daß es eine bürgerliche Sexualität gibt, daß es Klassensexualitäten gibt. Oder vielmehr daß die Sexualität in ihrem historischen Ursprung bürgerlich ist und daß sie in ihren sukzessiven Verschiebungen und Übertragungen zu spezifischen Klasseneffekten führt.

Noch ein Wort. Wenn sich im Laufe des 19. Jahrhunderts das Sexualitätsdispositiv von einer Vormachtstellung aus verallgemeinert und damit letzten Endes der gesamte Gesellschaftskörper (wenn auch mit unterschiedlichen Methoden und Resultaten) mit einem sexuellen Körper ausgestattet wird – bedeutet das, daß die Sexualität tatsächlich etwas Universales wird? Hier sieht man ein neues Differenzierungselement eintreten. Hatte das Bürgertum am Ende des 18. Jahrhunderts dem edlen Blut der Aristokraten seinen eigenen Körper und seine kostbare Sexualität entgegengesetzt, so sucht es am Ende des 19. Jahrhunderts die Eigenart seiner Sexualität gegenüber derjenigen der anderen hervorzuheben und abzusetzen und eine Grenzlinie zu ziehen, die seinen Körper absondert und schützt. Diese Linie ist nicht mehr diejenige, die die Sexualität begründet, sondern eine, die die Sexualität absperrt. Die Differenzierung wird vom Verbot getragen oder zumindest von der Art und Weise seines Wirkens und der Strenge, mit der es durchgesetzt wird. Die Theorie der Repression, die das Sexualitätsdispositiv allmählich überziehen und ihm den Sinn eines verallgemeinerten Verbots geben sollte, hat da ihren Ursprung. Sie ist historisch an die Ausbreitung des Sexualitätsdispositivs gebunden. Auf der einen Seite rechtfertigt sie seine gebieterische und zwingende Ausdehnung, indem sie das Prinzip durchsetzt, daß alle Sexualität dem Gesetz zu unterwerfen ist, ja daß sie nur aufgrund des Gesetzes Sexualität ist: man muß nicht nur eure Sexualität dem Gesetz unterwerfen, sondern ihr habt eine Sexualität nur unter der Bedingung, daß ihr euch dem Gesetz unterwerft. Aber auf der anderen Seite kompensiert die Theorie der Repression die allgemeine Ausbreitung des Sexualitätsdispositivs durch ein analytisches Untersagungssystem, das nach Gesellschaftsklassen differenziert. Am Ende des 18. Jahrhunderts sagte man: »Es gibt in uns ein kostbares Element, mit dem man ängstlich und behutsam umgehen muß, wenn es uns nicht unabsehbare Übel einbringen soll ...« Nun ist man zu einem Diskurs übergegangen, der sagt: »Unsere Sexualität ist im Unterschied zu derjenigen der anderen einem so strengen Unterdrückungssystem unterworfen, daß darin die eigentliche Gefahr liegt. Zwar haben die Seelenführer und Moralisten, die Pädagogen und die Ärzte den vergangenen Generationen unablässig eingeschärft, daß der Sex ein unheimliches Geheimnis ist, dessen Wahrheit aufgescheucht werden muß – seine ungeheure Gefährlichkeit rührt aber vor allem daher, daß wir ihn allzulange – sei es aus Skrupeln, übertriebenem Sündenbewußtsein oder Heuchelei – zum Schweigen verurteilt haben.« Nunmehr verläuft die gesellschaftliche Differenzierung nicht mehr über die »sexuelle« Qualität des Körpers, sondern über die Intensität seiner Unterdrückung.

An dieser Stelle schaltet sich die Psychoanalyse ein, die sowohl eine Theorie der wesenhaften Zusammengehörigkeit von Gesetz und Begehren ist wie auch eine Technik zur Beseitigung der pathologischen Auswirkungen der Gesetzesstrenge. In ihrem historischen Auftreten ist die Psychoanalyse nicht zu trennen von der Verallgemeinerung des Sexualitätsdispositivs und den damit zusammenhängenden Differenzierungsmechanismen. Das Problem des Inzestes ist auch unter diesem Gesichtspunkt bedeutsam. Einerseits wird das Inzestverbot als absolut universales Prinzip angesehen, das sowohl das Allianzsystem wie auch das Sexualitätsregime zu denken gestattet; dieses Verbot gilt demnach in dieser oder jener Form für jede Gesellschaft und für jedes Individuum. Aber in ihrer Praktik macht sich die Psychoanalyse anheischig, bei denen, die sich ihre Hilfe leisten können, die Wirkungen jener Verdrängung aufzuheben; sie gestattet ihnen, ihr inzestuöses Begehren diskursiv zu artikulieren. Gerade zur selben Zeit aber setzte eine systematische Jagd auf inzestuöse Praktiken ein, wie sie auf

dem Land oder in bestimmten städtischen Milieus üblich waren – in solchen Milieus, zu denen die Psychoanalyse keinen Zutritt hatte. Ein enges
administratives und gerichtliches Verfolgungsnetz wurde geknüpft, um
diesen Praktiken ein Ende zu bereiten. Eine ganze Politik des Schutzes
der Kindheit oder der gerichtlichen Bevormundung von »gefährdeten«
Minderjährigen zielte unter anderem darauf ab, sie aus Familien zu entfernen, die man – wegen Platzmangels, zweifelhaften Zusammenlebens, gewohnheitsmäßiger Ausschweifung, »Primitivität« oder Entartung – inzestuöser Praktiken verdächtigte. Während das Sexualitätsdispositiv seit dem
18. Jahrhundert die Gefühlsbeziehungen und die körperliche Nähe zwischen Eltern und Kindern intensiviert hatte, während in der bürgerlichen
Familie ein ständiger Anreiz zum Inzest herrschte, zielt das auf die unteren
Klassen gerichtete Sexualitätsregime auf die Ausschließung der Inzestpraktiken oder zumindest auf ihre Verschiebung in andere Formen. Während
auf der einen Seite das Inzestverhalten verfolgt wird, arbeitet die Psychoanalyse bei denjenigen, die an der Strenge des Inzestverbotes leiden, daran,
den Inzest als Begehren an den Tag zu bringen und damit die Unerbittlichkeit der Verdrängung aufzuheben. Man darf nicht vergessen, daß die Entdeckung des Ödipus zeitlich mit den französischen Gesetzen von 1889
und 1898 zusammenfällt, die den Entzug des elterlichen Erziehungsrechts
regeln. In dem Augenblick, da Freud Doras Begehren aufdeckte und sprechen ließ, rüstete man sich, um in anderen Gesellschaftsschichten diesen
schimpflichen Nahverhältnissen ein Ende zu setzen. Auf der einen Seite
wurde der Vater zum Gegenstand obligatorischer Liebe erhoben; wenn er
aber seinerseits zum Liebhaber wurde, so wurde er durch das Gesetz abgesetzt. So spielte die Psychoanalyse als reservierte therapeutische Praxis in
einem mittlerweile verallgemeinerten Sexualitätsdispositiv eine differenzierende Rolle gegenüber anderen Prozeduren. Diejenigen, die das exklusive
Vorrecht der Sorge um ihre Sexualität eingebüßt haben, genießen nunmehr
das Privileg, stärker als andere die Verdrängung zu durchleiden und die
Methode zu deren Aufhebung zu besitzen.

   Die Geschichte des Sexualitätsdispositivs seit dem klassischen Zeitalter
kann als Archäologie der Psychoanalyse gelten. Wie wir gesehen haben,
spielt sie in diesem Dispositiv gleichzeitig mehrere Rollen: sie bindet die
Sexualität an das Allianzsystem; sie bildet eine Gegenposition zur Theorie
der Entartung; sie funktioniert als Differenzierungselement in der allgemeinen Technologie des Sexes. In ihr nimmt der seit langem etablierte Ge

ständnisdruck einen neuen Sinn an: Druck zur Aufhebung der Verdrängung. Das Gebot der Wahrheit ist nun an die Infragestellung des Verbotes gebunden.

Gerade das hat eine beträchtliche taktische Verschiebung ermöglicht: Neuinterpretation des gesamten Sexualitätsdispositivs als einer verallgemeinerten Unterdrückung; Zurückführung dieser Repression auf allgemeine Herrschafts- und Ausbeutungsmechanismen; Verbindung der entsprechenden Befreiungsprozesse. Auf diese Weise hat sich zwischen den beiden Weltkriegen und im Umkreis von Reich die historisch-politische Kritik der sexuellen Repression herangebildet. Der Wert dieser Kritik und ihre Auswirkungen in der Realität waren beträchtlich. Aber gerade die Möglichkeit ihres Erfolges war an die Tatsache geknüpft, daß sie sich immer noch innerhalb des Sexualitätsdispositivs abspielte und nicht außerhalb oder dagegen. Die Tatsache, daß sich so viele Dinge im sexuellen Verhalten der abendländischen Gesellschaften ändern konnten, ohne daß sich eine der von Reich daran geknüpften politischen Versprechungen oder Bedingungen verwirklicht hat, beweist zur Genüge, daß diese »Revolution« des Sexes, dieser ganze »antirepressive« Kampf nicht mehr – aber auch nicht weniger, und es ist nicht wenig – als eine taktische Verschiebung und Wendung im großen Sexualitätsdispositiv bedeutete. Man versteht aber auch, warum man von dieser Kritik nicht erwarten konnte, den Raster für eine Geschichte dieses Dispositivs abzugeben. Ebensowenig wie man von ihr erwarten kann, die Bewegung auszulösen, die dieses Dispositiv abträgt.

V
Recht über den Tod und Macht zum Leben

Eines der charakteristischsten Privilegien der souveränen Macht war lange Zeit das Recht über Leben und Tod. Es leitete sich von der alten *patria potestas* her, die dem römischen Familienvater das Recht einräumte, über das Leben seiner Kinder wie über das seiner Sklaven zu »verfügen«: er hatte es ihnen »gegeben«, er konnte es ihnen wieder entziehen. Bei den klassischen Theoretikern ist das Recht über Leben und Tod schon erheblich abgeschwächt. Als Recht des Souveräns gegenüber seinen Untertanen darf es nicht mehr absolut und bedingungslos ausgeübt werden, sondern nur für den Fall, daß sich der Souverän in seiner Existenz bedroht sieht: ein Recht der Gegenwehr. Wird er von äußeren Feinden angegriffen, die ihn stürzen oder seine Rechte bestreiten wollen? Also kann er rechtens einen Krieg führen und von seinen Untertanen verlangen, daß sie an der Verteidigung des Staates teilnehmen. Ohne sich ihren Tod direkt vorzunehmen, kann er sie »in Gefahr deß Lebens setzen«[1]: in diesem Sinne übt er ihnen gegenüber ein indirektes Recht über Leben und Tod aus. Ist es aber einer von ihnen, der sich gegen ihn erhebt und seine Gesetze verletzt, so kann er über sein Leben eine direkte Macht ausüben: zur Strafe wird er ihn töten. So verstanden ist das Recht über Leben und Tod kein absolutes Privileg mehr: es ist bedingt durch die Verteidigung des Souveräns und seines Überlebens. Soll man darin mit Hobbes eine Übertragung jenes Rechtes auf den Fürsten sehen, das im Naturzustand jedem erlaubt, sein Leben auch um den Preis der Tötung anderer zu verteidigen? Oder handelt es sich um ein spezifisches Recht, das erst mit der Entstehung des Souveräns als eines eigenartigen neuen Rechtswesens hervortritt?[2] Auf jeden Fall ist das Recht über

---

1 Herrn Samuel Freyherrn von Pufendorffs *Acht Buecher vom Natur- und Voelker-Rechte* (Frankfurt am Main 1711), Zweiter Teil, S. 739.

2 »Man weiß aber wohl, daß in natürlichen Dingen auß Mischung vieler Dinge solche Eigenschafften entstehen, die keines derselben insonderheit gehabt: Und solchergestalt kan auch die Gesellschafft vieler Menschen ein Recht haben, was doch keiner insonderheit vor seine eintzele Persohn in solcher Form und Gestalt besitzet und welches hernach durch derer vereinigten Obrigkeit außgeuebet werden mag. So wird niemand sagen, daß ein einzelner Mensch berechtiget sey, sich selbsten Gesetze zu geben, wenn aber doch viele ihren Willen eines anderen seinem Willen unterwerfen, so bekommt dieser recht allen und jeden Gesetze vorzuschreiben. Gleichergestalt kan das Haupt eines

Leben und Tod sowohl in seiner modernen relativen und beschränkten Form wie auch in seiner alten absoluten Form ein asymmetrisches Recht. Der Souverän übt sein Recht über das Leben nur aus, indem er sein Recht zum Töten ausspielt – oder zurückhält. Er offenbart seine Macht über das Leben nur durch den Tod, den zu verlangen er imstande ist. Das sogenannte Recht »über Leben und Tod« ist in Wirklichkeit das Recht, sterben zu *machen* und leben zu *lassen*. Sein Symbol war ja das Schwert. Und vielleicht ist diese Rechtsform auf einen historischen Gesellschaftstyp zu beziehen, in dem sich die Macht wesentlich als Abschöpfungsinstanz, als Ausbeutungsmechanismus, als Recht auf Aneignung von Reichtümern, als eine den Untertanen aufgezwungene Entziehung von Produkten, Gütern, Diensten, Arbeit und Blut vollzog. Die Macht war vor allem Zugriffsrecht auf die Dinge, die Zeiten, die Körper und schließlich das Leben; sie gipfelte in dem Vorrecht, sich des Lebens zu bemächtigen, um es auszulöschen. Nun hat das Abendland seit dem klassischen Zeitalter eine tiefgreifende Transformation dieser Machtmechanismen erlebt. Die »Abschöpfung« tendiert dazu, nicht mehr ihre Hauptform zu sein, sondern nur noch ein Element unter anderen Elementen, die an der Anreizung, Verstärkung, Kontrolle, Überwachung, Steigerung und Organisation der unterworfenen Kräfte arbeiten: diese Macht ist dazu bestimmt, Kräfte hervorzubringen, wachsen zu lassen und zu ordnen, anstatt sie zu hemmen, zu beugen oder zu vernichten. Nun verschiebt sich oder stützt sich jedenfalls das Recht über den Tod auf die Erfordernisse einer Macht, die das Leben verwaltet und bewirtschaftet, und ordnet sich diesen Erfordernissen unter. Der Tod, der auf dem Recht des Souveräns beruhte, sich zu verteidigen oder sich verteidigen zu lassen, wird nun zur banalen Kehrseite des Rechts, das der Gesellschaftskörper auf die Sicherung, Erhaltung oder Entwicklung seines Lebens geltend macht. Nie waren die Kriege blutiger als seit dem 19. Jahrhundert, und niemals richteten die Regime – auch bei Wahrung aller Proportionen – vergleichbare Schlachtfeste unter ihren eigenen Bevölkerungen an. Aber diese ungeheure Todesmacht kann sich zum Teil gerade deswegen mit solchem Elan und Zynismus über alle Grenzen ausdehnen, weil sie ja nur das Komplement einer positiven »Lebensmacht« darstellt, die das Leben in ihre Hand nimmt, um es zu steigern und zu vervielfältigen, um es im einzelnen zu kontrollieren und im gesamten zu regu-

sittlichen Coerpers Macht haben, ein jegliches Glied zu straffen, ob gleich solch Recht keinem einzelnen Menschen sonst zugestanden.« Pufendorff, loc. cit., S. 754.

lieren. Kriege werden nicht mehr im Namen eines Souveräns geführt, der zu verteidigen ist, sondern im Namen der Existenz aller. Man stellt ganze Völker auf, damit sie sich im Namen der Notwendigkeit ihres Lebens gegenseitig umbringen. Die Massaker sind vital geworden. Gerade als Verwalter des Lebens und Überlebens, der Körper und der Rasse, haben so viele Regierungen in so vielen Kriegen so viele Menschen töten lassen. Und in einer Rückwendung schließt sich der Kreis: je mehr die Kriegstechnologie die Kriege auf den Weg der restlosen Vernichtung geführt hat, desto stärker ist die Entscheidung zur Erklärung wie zur Beendigung eines Krieges zur nackten Überlebensfrage geworden. Die atomare Situation ist heute der Endpunkt dieses Prozesses: die Macht, eine Bevölkerung dem allgemeinen Tod auszusetzen, ist die Kehrseite der Macht, einer anderen Bevölkerung ihr Überleben zu sichern. Das Prinzip »Töten, um zu leben«, auf dem die Taktik der Gefechte beruhte, ist zum Prinzip der Strategie zwischen Staaten geworden: auf dem Spiel steht aber nicht mehr die juridische Existenz der Souveränität, sondern die biologische Existenz einer Bevölkerung. Wenn der Völkermord der Traum der modernen Mächte ist, so nicht aufgrund einer Wiederkehr des alten Rechts zum Töten, sondern eben weil sich die Macht auf der Ebene des Lebens, der Gattung, der Rasse und der Massenphänomene der Bevölkerung abspielt.

Ich hätte auch das Beispiel der Todesstrafe nehmen können, das auf einer anderen Ebene liegt. Sie war lange Zeit neben dem Krieg die zweite Spielart des Rechts des Schwertes: die Antwort des Souveräns auf die Verletzung seines Willens, seines Gesetzes, seiner Person. Immer seltener sind die geworden, die auf dem Schafott sterben – im Gegensatz zu denen, die in den Kriegen sterben. Aber aus ein und demselben Grunde sind diese zahlreicher geworden und jene weniger. Seit die Macht das Leben in seine Regie genommen hat, ist die Anwendung der Todesstrafe nicht durch humanitäre Gefühle, sondern durch die innere Existenzberechtigung der Macht und die Logik ihrer Ausübung immer mehr erschwert worden. Wie sollte eine Macht ihr höchstes Vorrecht in der Verhängung des Todes äußern, wenn ihre Hauptaufgabe darin besteht, das Leben zu sichern, zu verteidigen, zu stärken, zu mehren und zu ordnen? Für eine solche Macht ist die Hinrichtung Schranke, Skandal und Widerspruch in einem. Darum konnte man die Todesstrafe nur beibehalten, indem man statt der Enormität des Verbrechens die Monstrosität und Unverbesserlichkeit des Verbrechers sowie den Schutz der Gesellschaft in den Vordergrund schob.

Rechtens tötet man diejenigen, die für die anderen eine Art biologische Gefahr darstellen.

Man könnte sagen, das alte Recht, sterben zu *machen* oder leben zu *lassen*, wurde abgelöst von einer Macht, leben zu *machen* oder in den Tod zu *stoßen*. So erklärt sich vielleicht die Disqualifizierung des Todes, die heute im Absterben der ihn begleitenden Rituale zum Ausdruck kommt. Die Sorgfalt, mit der man dem Tode ausweicht, hängt weniger mit einer neuen Angst zusammen, die ihn für unsere Gesellschaften unerträglich macht, als vielmehr mit der Tatsache, daß sich die Machtprozeduren von ihm abgewendet haben. Mit dem Übergang von einer Welt zur anderen war der Tod die Ablösung einer irdischen Souveränität durch eine andere und ungleich mächtigere: der Prunk, der ihn umgab, war der einer politischen Zeremonie. Jetzt richtet die Macht ihre Zugriffe auf das Leben und seinen ganzen Ablauf; der Augenblick des Todes ist ihre Grenze und entzieht sich ihr; er wird zum geheimsten, zum »privatesten« Punkt der Existenz. Es ist nicht verwunderlich, daß der Selbstmord – der einst ein Verbrechen war, weil er das Recht über Leben und Tod, das allein dem Souverän (dem irdischen oder dem jenseitigen) zustand, an sich riß – eine der ersten Verhaltensweisen war, die im 19. Jahrhundert in das Feld der soziologischen Analyse gerieten. Er ließ am Rande und in den Ritzen der Macht über das Leben das individuelle und private Recht zum Sterben sichtbar werden. Dieses hartnäckige Sterbenwollen, das so fremd war und doch so regelmäßig und beständig auftrat und darum nicht durch individuelle Besonderheiten oder Zufälle zu erklären war, war eines der ersten Rätsel einer Gesellschaft, in der die politische Macht eben die Verwaltung des Lebens übernommen hatte.

Konkret hat sich die Macht zum Leben seit dem 17. Jahrhundert in zwei Hauptformen entwickelt, die keine Gegensätze bilden, sondern eher zwei durch ein Bündel von Zwischenbeziehungen verbundene Pole. Zuerst scheint sich der Pol gebildet zu haben, der um den Körper als Maschine zentriert ist. Seine Dressur, die Steigerung seiner Fähigkeiten, die Ausnutzung seiner Kräfte, das parallele Anwachsen seiner Nützlichkeit und seiner Gelehrigkeit, seine Integration in wirksame und ökonomische Kontrollsysteme – geleistet haben all das die Machtprozeduren der *Disziplinen: politische Anatomie des menschlichen Körpers*. Der zweite Pol, der sich etwas später – um die Mitte des 18. Jahrhunderts – gebildet hat, hat sich um den Gattungskörper zentriert, der von der Mechanik des Lebenden durch-

kreuzt wird und den biologischen Prozessen zugrunde liegt. Die Fortpflanzung, die Geburten- und die Sterblichkeitsrate, das Gesundheitsniveau,
die Lebensdauer, die Langlebigkeit mit allen ihren Variationsbedingungen
wurden zum Gegenstand eingreifender Maßnahmen und *regulierender
Kontrollen: Bio-Politik der Bevölkerung.* Die Disziplinen des Körpers und
die Regulierungen der Bevölkerung bilden die beiden Pole, um die herum
sich die Macht zum Leben organisiert hat. Die Installierung dieser großen
doppelgesichtigen – anatomischen und biologischen, individualisierenden
und spezifizierenden, auf Körperleistungen und Lebensprozesse bezogenen – Technologie charakterisiert eine Macht, deren höchste Funktion
nicht mehr das Töten, sondern die vollständige Durchsetzung des Lebens
ist. Die alte Mächtigkeit des Todes, in der sich die Souveränität symboli-
sierte, wird nun überdeckt durch die sorgfältige Verwaltung der Körper
und die rechnerische Planung des Lebens. Im Laufe des klassischen Zeitalters entwickeln sich rasch die Disziplinen: Schulen, Internate, Kasernen,
Fabriken. Auf dem Felde der politischen Praktiken und der ökonomischen
Beobachtungen stellen sich die Probleme der Geburtenrate, der Lebensdauer, der öffentlichen Gesundheit, der Wanderung und Siedlung; verschiedenste Techniken zur Unterwerfung der Körper und zur Kontrolle
der Bevölkerungen schießen aus dem Boden und eröffnen die Ära einer
»Bio-Macht«. Ihre beiden Entwicklungsstränge sind im 18. Jahrhundert
noch deutlich unterschieden. Auf seiten der Disziplin handelt es sich um
Institutionen wie die Armee oder die Schule; um Reflexionen über die
Taktik, über das Lehrverhältnis, über die Erziehung, über die Ordnung
der Gesellschaften; sie reichen von den rein militärischen Analysen des
Marschalls von Sachsen bis zu den politischen Träumen Guiberts oder Ser-
vans. Auf seiten der Bevölkerungsregulierungen handelt es sich um die Demographie, um die Abschätzung des Verhältnisses zwischen Ressourcen
und Einwohnern, um die Tabellierung der Reichtümer und ihrer Zirkulation, der Leben und ihrer wahrscheinlichen Dauer: Quesnay, Moheau,
Süssmilch. Die Philosophie der »Ideologen« als Theorie der Idee, des Zeichens, der individuellen Entstehung der Empfindungen, aber auch der gesellschaftlichen Zusammensetzung der Interessen, die Ideologie als Lehre
vom Lernen, aber auch vom Vertrag und von der geregelten Formierung
des Gesellschaftskörpers, bildet zweifellos den abstrakten Diskurs, in dem
man diese beiden Machttechniken durch eine allgemeine Theorie zu vereinigen suchte. Tatsächlich vollzieht sich ihre Verknüpfung nicht auf dem

Niveau eines spekulativen Diskurses, sondern in der Form konkreter Dispositionen, die die große Technologie der Macht im 19. Jahrhundert ausmachen werden. Eines von ihnen, und eines der wichtigsten, wird das Sexualitätsdispositiv sein.

Diese Bio-Macht war gewiß ein unerläßliches Element bei der Entwicklung des Kapitalismus, der ohne kontrollierte Einschaltung der Körper in die Produktionsapparate und ohne Anpassung der Bevölkerungsphänomene an die ökonomischen Prozesse nicht möglich gewesen wäre. Aber er hat noch mehr verlangt: das Wachsen der Körper und der Bevölkerungen, ihre Stärkung wie auch ihre Nutzbarkeit und Gelehrigkeit; er brauchte Machtmethoden, die geeignet waren, die Kräfte, die Fähigkeiten, das Leben im ganzen zu steigern, ohne deren Unterwerfung zu erschweren. Wenn die Entwicklung der großen Staatsapparate als Macht*institutionen* die Aufrechterhaltung der Produktionsverhältnisse ermöglicht hat, so haben die im 18. Jahrhundert entwickelten Ansätze zur politischen Anatomie und Biologie als Macht*techniken*, die auf allen Ebenen des Gesellschaftskörpers von den verschiedensten Institutionen (Familie und Armee, Schule und Polizei, Individualmedizin und öffentliche Verwaltung) eingesetzt wurden, auf dem Niveau der ökonomischen Prozesse und der sie tragenden Kräfte gewirkt. Sie haben auch durch ihr Einwirken auf die verschiedenen Kräfte und durch die Sicherung von Herrschaftsbeziehungen und Hegemonien als Faktoren der gesellschaftlichen Absonderung und Hierarchisierung gewirkt. Die Abstimmung der Menschenakkumulation mit der Kapitalakkumulation, die Anpassung des Bevölkerungswachstums an die Expansion der Produktivkräfte und die Verteilung des Profits wurden auch durch die Ausübung der Bio-Macht in ihren vielfältigen Formen und Verfahren ermöglicht. Die Besetzung und Bewertung des lebenden Körpers, die Verwaltung und Verteilung seiner Kräfte waren unentbehrliche Voraussetzungen.

Es ist bekannt, wie oft man die Rolle einer asketischen Moral im ersten Stadium des Kapitalismus betont hat. Was sich aber im 18. Jahrhundert im Zusammenhang mit der Entwicklung des Kapitalismus in einigen Ländern des Okzidents abgespielt hat, ist ein anderes Phänomen von möglicherweise größerer Tragweite als jene neue Moral, die den Körper zu disqualifizieren schien. Es war nichts Geringeres als der Eintritt des Lebens in die Geschichte – der Eintritt der Phänomene, die dem Leben der menschlichen Gattung eigen sind, in die Ordnung des Wissens und der Macht, in das Feld der politischen Techniken. Es geht hier nicht um die Behauptung, daß es damit zum ersten Kontakt zwischen dem Leben und der Geschichte gekommen sei. Im Gegenteil, der Druck des Biologischen auf das Historische war Jahrtausende hindurch äußerst stark; die Seuche und der Hunger bildeten die beiden dramatischen Formen dieses Verhältnisses, das unter dem Zeichen des Todes stand. Der Kreislaufprozeß der ökonomischen und vor allem landwirtschaftlichen Entwicklung des 18. Jahrhunderts und die Steigerung der Produktivität und der Ressourcen, die noch rascher vor sich ging als das von ihr begünstigte Bevölkerungswachstum, milderten jene elementaren Bedrohungen: das Zeitalter der verheerenden Hunger- und Pestkatastrophen ist – von einigen verspäteten Ausnahmen abgesehen – im großen und ganzen vor der Französischen Revolution zu Ende. Der Tod hört auf, dem Leben ständig auf den Fersen zu sein. Gleichzeitig trugen die Entwicklung der Kenntnisse über das Leben im allgemeinen, die Verbesserungen der landwirtschaftlichen Techniken, die Beobachtungen und Messungen am Leben und Überleben der Menschen zu dieser Lockerung bei: eine relative Herrschaft über das Leben beseitigte einige der Drohungen des Todes. In dem von ihnen gewonnenen und forthin organisierten und ausgeweiteten Spielraum nehmen Macht- und Wissensverfahren die Prozesse des Lebens in ihre Hand, um sie zu kontrollieren und zu modifizieren. Der abendländische Mensch lernt allmählich, was es ist, eine lebende Spezies in einer lebenden Welt zu sein, einen Körper zu haben sowie Existenzbedingungen, Lebenserwartungen, eine individuelle und kollektive Gesundheit, die man modifizieren, und einen Raum, in dem man sie optimal verteilen kann. Zum ersten Mal in der Geschichte reflektiert sich das Biologische im Politischen. Die Tatsache des Lebens ist nicht mehr der unzugängliche Unterbau, der nur von Zeit zu Zeit, im Zufall und in der Schicksalhaftigkeit des Todes ans Licht kommt. Sie wird zum Teil von der Kontrolle des Wissens und vom Eingriff der Macht erfaßt. Diese hat es nun nicht mehr bloß mit Rechtssubjekten zu tun, die im äußersten Fall durch den Tod unterworfen werden, sondern mit Lebewesen, deren Erfassung sich auf dem Niveau des Lebens halten muß. Anstelle der Drohung mit dem Mord ist es nun die Verantwortung für das Leben, die der Macht Zugang zum Körper verschafft. Kann man als »Bio-Geschichte« jene Pressionen bezeichnen, unter denen sich die Bewegungen des Lebens und die Prozesse der Geschichte überlagern, so müßte man von »Bio-Politik« sprechen, um den Eintritt des Lebens und seiner Mechanismen in den

Bereich der bewußten Kalküle und die Verwandlung des Macht-Wissens in einen Transformationsagenten des menschlichen Lebens zu bezeichnen. Natürlich ist es nicht so, daß das Leben in die es beherrschenden und verwaltenden Techniken völlig integriert worden wäre – es entzieht sich ihnen ständig. Außerhalb der abendländischen Welt herrscht der Hunger in einem größeren Ausmaß als je zuvor; und die biologischen Gefährdungen der Gattung sind vielleicht größer, auf jeden Fall ernster als vor der Geburt der Mikrobiologie. Aber die »biologische Modernitätsschwelle« einer Gesellschaft liegt dort, wo es in ihren politischen Strategien um die Existenz der Gattung selber geht. Jahrtausende hindurch ist der Mensch das geblieben, was er für Aristoteles war: ein lebendes Tier, das auch einer politischen Existenz fähig ist. Der moderne Mensch ist ein Tier, in dessen Politik sein Leben als Lebewesen auf dem Spiel steht.

Es ist nicht nötig, hier auf den Bruch einzugehen, der im Zusammenhang damit in der Ordnung des wissenschaftlichen Diskurses eintrat, oder darauf, wie die doppelte Problematik des Lebens und des Menschen die Ordnung der klassischen Episteme durchkreuzt und neuverteilt hat. Wenn sich die Frage des Menschen – in seiner Eigenart als Lebewesen und in seiner Eigenart gegenüber den Lebewesen – gestellt hat, so liegt der Grund dafür in dem neuen Verhältnis zwischen der Geschichte und dem Leben: in der Doppelstellung des Lebens zum einen außerhalb der Geschichte als ihr biologisches Umfeld und zum andern innerhalb der menschlichen Geschichtlichkeit, von deren Wissens- und Machttechniken sie durchdrungen wird. Ebensowenig ist hier auf die Expansion der politischen Technologien einzugehen, die von nun an den Körper, die Gesundheit, die Ernährung, das Wohnen, die Lebensbedingungen und den gesamten Raum der Existenz besetzen.

Eine andere Folge dieser Entwicklung der Bio-Macht ist die wachsende Bedeutung, die das Funktionieren der Norm auf Kosten des juridischen Systems des Gesetzes gewinnt. Das Gesetz kann nicht unbewaffnet sein, und seine hervorragendste Waffe ist der Tod. Denen, die es übertreten, antwortet es in letzter Instanz mit dieser absoluten Drohung. Hinter dem Gesetz steht immer das Schwert. Eine Macht aber, die das Leben zu sichern hat, bedarf fortlaufender, regulierender und korrigierender Mechanismen. Es geht nicht mehr darum, auf dem Feld der Souveränität den Tod auszuspielen, sondern das Lebende in einem Bereich von Wert und Nutzen zu organisieren. Eine solche Macht muß eher qualifizieren, messen, abschät-

zen, abstufen als sich in einem Ausbruch manifestieren. Statt die Grenzlinie zu ziehen, die die gehorsamen Untertanen von den Feinden des Souveräns scheidet, richtet sie die Subjekte an der Norm aus, indem sie sie um
diese herum anordnet. Ich will damit nicht sagen, daß sich das Gesetz auflöst oder daß die Institutionen der Justiz verschwinden, sondern daß das
Gesetz immer mehr als Norm funktioniert und die Justiz sich immer mehr
in ein Kontinuum von Apparaten (Gesundheits-, Verwaltungsapparaten),
die hauptsächlich regulierend wirken, integriert. Eine Normalisierungsgesellschaft ist der historische Effekt einer auf das Leben gerichteten Machttechnologie. Verglichen mit den Gesellschaften vor dem 18. Jahrhundert
befinden wir uns jetzt in einer Phase, in der das Rechtliche im Rückgang
ist. Lassen wir uns nicht täuschen durch die Einführung geschriebener Verfassungen auf der ganzen Welt seit der Französischen Revolution, durch
die zahllosen und ständig novellierten Gesetzbücher, durch eine unaufhörliche und lärmende Gesetzgebungstätigkeit: das alles sind Formen, die
eine wesenhaft normalisierende Macht annehmbar machen.

Und gegen diese Macht, die im 19. Jahrhundert noch neu war, haben
sich die Widerstand leistenden Kräfte gerade auf das berufen, was durch
diese Macht in Amt und Würden eingesetzt wird: auf das Leben und
den Menschen als Lebewesen. Seit dem vergangenen Jahrhundert werden
die großen Kämpfe, die das allgemeine Machtsystem in Frage stellen,
nicht mehr um eine Rückkehr zu den alten Rechten oder um einen Traum
vom Kreislauf der Zeiten oder von einem Goldenen Zeitalter ausgetragen.
Man wartet nicht mehr auf den Kaiser der Armen oder auf das Königreich
der letzten Tage oder auch nur auf die Wiederherstellung uralter Gerecht-
samkeiten. Was man verlangt und worauf man zielt, das ist das Leben verstanden als Gesamtheit grundlegender Bedürfnisse, konkretes Wesen des
Menschen, Entfaltung seiner Anlagen und Fülle des Möglichen. Egal ob
Utopie oder nicht: es handelt sich jedenfalls um einen wirklichen Kampf,
in dem das Leben als politisches Thema gewissermaßen beim Wort genommen und gegen das System gewendet wird, das seine Kontrolle übernommen hat. Weit mehr als das Recht ist das Leben zum Gegenstand der politischen Kämpfe geworden, auch wenn sich diese in Rechtsansprüchen
artikulieren. Das »Recht« auf das Leben, auf den Körper, auf die Gesundheit, auf das Glück, auf die Befriedigung der Bedürfnisse, das »Recht« auf
die Wiedergewinnung alles dessen, was man ist oder sein kann – jenseits
aller Unterdrückungen und »Entfremdungen«, dieses für das klassische

Rechtssystem so unverständliche »Recht« war die politische Antwort auf all die neuen Machtprozeduren, die ihrerseits auch nicht mehr auf dem traditionellen Recht der Souveränität beruhen.

Vor diesem Hintergrund wird die Bedeutung verständlich, die der Sex in den politischen Auseinandersetzungen gewonnen hat. Er bildet das Scharnier zwischen den beiden Entwicklungsachsen der politischen Technologie des Lebens. Einerseits gehört er zu den Disziplinen des Körpers: Dressur, Intensivierung und Verteilung der Kräfte, Abstimmung und Ökonomie der Energien. Andererseits hängt er aufgrund seiner Globalwirkungen mit den Bevölkerungsregulierungen zusammen. Er fügt sich gleichzeitig in beide Register ein: er gibt Anlaß zu unendlich kleinlichen Überwachungen, zu Kontrollen aller Augenblicke, zu äußerst gewissenhaften Raumordnungen, zu endlosen medizinischen oder psychologischen Prüfungen: zu einer ganzen Mikro-Macht über den Körper. Er gibt aber auch Anlaß zu umfassenden Maßnahmen, zu statistischen Schätzungen, zu Eingriffen in ganze Gruppen oder in den gesamten Gesellschaftskörper. Der Sex eröffnet den Zugang sowohl zum Leben des Körpers wie zum Leben der Gattung. Er dient als Matrix der Disziplinen und als Prinzip der Regulierungen. Darum wird die Sexualität im 19. Jahrhundert bis ins kleinste Detail der Existenzen hinein verfolgt; man lauert ihr in den Verhaltensweisen auf und jagt nach ihr in den Träumen; man vermutet sie in den geringsten Verrücktheiten und verfolgt sie bis in die ersten Jahre der Kindheit zurück; sie wird zur Chiffre der Individualität: das, was zugleich ihre Analyse erlaubt und ihre Dressur ermöglicht. Sie wird aber auch zum Thema politischer Operationen, ökonomischer Eingriffe (durch Förderung oder Einschränkung der Fortpflanzung), ideologischer Kampagnen, die die Moral oder das Verantwortungsgefühl heben sollen: man macht die Sexualität zum Dynamometer einer Gesellschaft, der sowohl ihre politische Energie wie ihre biologische Kraft anzeigt. Zwischen den beiden Polen dieser Technologie staffelt sich eine ganze Serie verschiedener Taktiken, die in wechselnder Proportion das Ziel der Körperdisziplin mit dem der Bevölkerungsregulierung kombinieren.

Daher die Bedeutung der vier großen Angriffsfronten, an denen die Politik des Sexes seit zwei Jahrhunderten im Vormarsch ist. Jede von ihnen verbindet auf ihre Weise die Disziplinartechniken mit den Regulierungsverfahren. Die beiden ersten haben sich auf die Erfordernisse der Regulierung gestützt (Arterhaltung, Nachkommenschaft, kollektive Gesundheit), um Wirkungen auf dem Niveau der Disziplin zu erzielen. Die Sexualisierung des Kindes vollzog sich in Form einer Kampagne für die Gesundheit der Rasse (die frühreife Sexualität ist vom 18. bis zum Ende des 19. Jahrhunderts als eine epidemische Gefahr hingestellt worden, die nicht nur die künftige Gesundheit der Erwachsenen, sondern auch die Zukunft der Gesellschaft und der gesamten Art bedroht). Die Hysterisierung der Frauen, die zu einer sorgfältigen Medizinisierung ihres Körpers und ihres Sexes führte, berief sich auf die Verantwortung, die die Frauen für die Gesundheit ihrer Kinder, für den Bestand der Familie und das Heil der Gesellschaft tragen. Umgekehrt läuft das Verhältnis bei der Geburtenkontrolle und bei der Psychiatrisierung der Perversen: hier waren die Eingriffe regulierender Natur, mußten sich aber auf die Notwendigkeit der individuellen Disziplinen und Dressuren stützen. Allgemein wird also der Sex am Kreuzungspunkt von »Körper« und »Bevölkerung« zur zentralen Zielscheibe für eine Macht, deren Organisation eher auf der Verwaltung des Lebens als auf der Drohung mit dem Tode beruht. Lange Zeit war das Blut ein wichtiges Element in den Mechanismen, Manifestationen und Ritualen der Macht. Für eine Gesellschaft, in der die Allianzsysteme, die politische Form der Souveränität, die Differenzierung in Stände und Ränge sowie der Wert der Abstammungen vorherrschend sind, in der der Hunger, die Seuchen, die Gewaltsamkeiten den Tod in dauernde und unmittelbare Nähe rücken – in einer solchen Gesellschaft stellt das Blut einen der wesentlichen Werte dar. Sein Wert liegt in seiner instrumentellen Rolle (Blut vergießen können), in seinem Funktionieren innerhalb der Ordnung der Zeichen (ein bestimmtes Blut haben, vom selben Blut sein, bereitwillig sein Blut wagen) und auch in seiner Gefährdetheit (es ist leicht zu vergießen und droht zu versiegen, es vermischt sich nur allzu leicht und verdirbt im Nu). Gesellschaft des Blutes oder richtiger des »Geblütes«: im Ruhm des Krieges und in der Angst vor dem Hunger, im Triumph des Todes, in der Souveränität des Schwertes, der Scharfrichter und der Martern spricht die Macht *durch* das Blut hindurch, das eine *Realität mit Symbolfunktion* ist. Wir hingegen leben in einer Gesellschaft des »Sexes« oder vielmehr der »Sexualität«: die Mechanismen der Macht zielen auf den Körper, auf das Leben und seine Expansion, auf die Erhaltung, Ertüchtigung, Ermächtigung oder Nutzbarmachung der ganzen Art ab. Wenn es um Gesundheit, Fortpflanzung, Rasse, Zukunft der Art, Lebenskraft des Gesellschaftskörpers geht, spricht die Macht *von* der Sexualität und *zu* der Sexualität, die nicht Mal oder Symbol ist, sondern Gegenstand und Zielscheibe. Und ihre Bedeutung beruht weniger auf ihrer Seltenheit oder Ungesichertheit als vielmehr auf ihrer aufdringlichen und heimtückischen Gegenwart, auf der Tatsache, daß sie überall gleichzeitig entfacht und gefürchtet wird. Die Macht ruft sie auf den Plan und setzt sie als expansiven Sinn ein, den sie immer wieder unter Kontrolle bringen muß, damit er ihr nicht entwischt. Die Sexualität ist ein *Effekt mit Sinnwert.* Ich will nicht sagen, daß die Ablösung des Blutes durch den Sex für sich allein von den Transformationen Rechenschaft ablegt, die die Schwelle unserer Modernität markieren. Es geht mir nicht darum, die Seele zweier Zivilisationen oder das Organisationsprinzip zweier Kulturen zum Ausdruck zu bringen. Ich suche nach den Gründen, aus denen die Sexualität in unserer zeitgenössischen Gesellschaft fortwährend hervorgerufen wird – anstatt unterdrückt zu werden. Es sind die neuen im Laufe des klassischen Zeitalters entwickelten und im 19. Jahrhundert voll eingesetzten Machtprozeduren, die unsere Gesellschaften von einer *Symbolik des Blutes* zu einer *Analytik der Sexualität* haben übergehen lassen. Es ist leicht zu sehen, daß das Blut auf der Seite des Gesetzes, des Todes, der Überschreitung, des Symbolischen und der Souveränität steht; die Sexualität hingegen gehört zur Norm, zum Wissen, zum Leben, zum Sinn, zu den Disziplinen und Regulierungen.

Sade und die ersten Eugeniker sind die Zeitgenossen dieses Übergangs vom »Geblüt« zur »Sexualität«. Während jedoch die ersten Träume von der Vervollkommnung der Art das gesamte Problem des Blutes in eine Zwangsbewirtschaftung des Sexes umschlagen lassen (Kunst der Bestimmung der guten Ehen, Herbeiführung der gewünschten Fruchtbarkeiten, Sicherung der Gesundheit und Langlebigkeit der Kinder), während also die neue Rassenidee die aristokratischen Besonderheiten des Blutes auszulöschen trachtet und die kontrollierbaren Effekte des Sexes beizubehalten trachtet, versetzt Sade die erschöpfende Analyse des Sexes wieder in die Exzeßmechanismen der Souveränitätsmacht und in die alten Zauber des Blutes zurück. Lang und breit strömt das Blut durch die Lust – Blut der Marter und der absoluten Macht, Blut des Standes, das man in sich achtet und doch in den Zeremonien des Vatermordes und der »Blutschande« feierlich fließen läßt, Blut des Volkes, das man nach Lust und Laune vergießt, weil, was in seinen Adern fließt, nicht einmal den Namen verdient. Der Sex ist bei Sade ohne Norm, ohne innere aus seiner Natur fließende Regel, doch ist er dem schrankenlosen Gesetz einer Macht unterworfen, die nur ihr eigenes Gesetz kennt. Wenn sich diese Macht die Ordnung sorgfältig disziplinierter Fortsetzungen gemäß der Abfolge der Tage auferlegt, so ist diese Übung nur der reinste Gipfel einer einzigen und nackten Souveränität: schrankenloses Recht der allmächtigen Monstrosität. Das Blut hat den Sex wieder aufgesaugt.

Wenngleich die Analytik der Sexualität und die Symbolik des Blutes zwei wohlunterschiedenen Machtregimen angehören, sind sie (ebensowenig wie die Machtsysteme selber) doch nicht ohne Überlappungen, Wechselwirkungen und Echos aufeinandergefolgt. Das Walten von Blut und Gesetz spukt seit fast zwei Jahrhunderten in der Verwaltung der Sexualität herum. Zwei dieser Interferenzen verdienen besondere Beachtung: die eine aufgrund ihrer historischen Bedeutung, die andere wegen der theoretischen Probleme, die sie aufwirft. Seit der zweiten Hälfte des 19. Jahrhunderts ist es dazu gekommen, daß die Thematik des Blutes beschworen wird, um den in den Sexualitätsdispositiven wirkenden Typ politischer Macht mit einer geschichtlichen Mächtigkeit zu unterlegen. An diesem Punkt formiert sich der Rassismus – der moderne, staatliche, biologisierende Rassismus: eine ganze Politik der Bevölkerung, der Familie, der Ehe, der Erziehung, der gesellschaftlichen Hierarchisierung, des Eigentums und eine lange Reihe ständiger Eingriffe in den Körper, in das Verhalten, in die Gesundheit, in das Alltagsleben haben ihre Färbung und ihre Rechtfertigung aus der mythischen Sorge um die Reinheit des Blutes und den Triumph der Rasse empfangen. Der Nazismus war zweifellos die naivste und ebendeshalb die heimtückischste Verquickung der Phantasmen des Blutes mit den Paroxysmen der Disziplinarmacht. Eine eugenische Reglementierung der Gesellschaft, die unter dem Deckmantel einer unbeschränkten Durchstaatlichung die Mikro-Mächte ausweitete und intensivierte, verband sich mit einem träumerischen Schwärmen von einem höheren Blut, das sowohl den systematischen Völkermord an anderen wie auch die Bereitschaft zur totalen Selbstaufopferung einschloß. Und die Geschichte hat es gewollt, daß die hitlerische Sexualpolitik eine lächerliche Episode geblieben ist, während sich der Mythos vom Blut in das größte Massaker verwandelte, dessen sich die Menschen bis heute erinnern können. Auf dem Gegenpol läßt sich ebenfalls seit dem Ende des 19. Jahrhun-

derts die theoretische Bemühung verfolgen, die Thematik der Sexualität
wieder in das System des Gesetzes, der symbolischen Ordnung und der
Souveränität einzuschreiben. Es macht die politische Ehre der Psychoanalyse – oder zumindest ihres konsistenten Kernes – aus, daß sie von Anfang
an (d. h. seit ihrem Bruch mit der Neuro-Psychiatrie der Entartung) dem
unaufhaltsamen Expansionismus der Machtmechanismen, die den Alltag
der Sexualität zu kontrollieren und zu verwalten vorgaben, mißtrauisch gegenüberstand. In Reaktion auf den zeitgenössischen Aufstieg des Rassismus bemühte sich Freud, der Sexualität das Gesetz zugrunde zu legen –
das Gesetz der Allianz, das Gesetz der verbotenen Blutschande, das Gesetz
des Vater-Souveräns. Um das Begehren sollte wieder die ganze alte Ordnung der Macht zusammengerufen werden. Dem verdankt es die Psychoanalyse, daß sie sich – im wesentlichen und mit wenigen Ausnahmen –
in theoretischer und praktischer Gegnerschaft zum Faschismus befand.
Aber diese Position der Psychoanalyse war an eine bestimmte historische
Konjunktur gebunden. Und nichts vermag zu verhindern, daß das Denken
der Ordnung des Sexuellen in den Begriffen des Gesetzes, des Todes, des
Blutes und der Souveränität – wie sehr man sich auch auf Sade und Bataille als Bürgen für »Subversion« berufen mag – letztlich nur eine nostalgi-
sche Rückwendung in die Geschichte ist. Man muß das Sexualitätsdispositiv von den Machttechniken her denken, die ihm zeitgenössisch sind.

Man wird mir entgegenhalten, daß ich einem eher hastigen als radikalen
Historismus verfalle; daß ich zugunsten einiger vielleicht variabler, gewiß
zerbrechlicher, zweitrangiger und oberflächlicher Phänomene die biolo-
gisch solide Existenz der sexuellen Funktionen umgehe; daß ich von der
Sexualität spreche, als gäbe es den Sex nicht. Und zu Recht könnte man
sagen: »Sie erheben den Anspruch, haargenau die Prozesse zu analysieren,
durch die der Körper der Frauen, das Leben der Kinder, die Familienbeziehungen und ein weites Netz von gesellschaftlichen Verhältnissen sexualisiert worden sind. Sie wollen den großen Aufstieg der sexuellen Besorgnis
seit dem 18. Jahrhundert beschreiben sowie unsere wachsende Versessenheit, überall den Sex zu vermuten. Gut, nehmen wir an, daß die Machtmechanismen tatsächlich immer mehr dazu eingesetzt worden sind, die Sexualität auf den Plan zu rufen und ›aufzureizen‹, als sie zu unterdrücken.
Aber sie sind doch dem, wovon Sie sich zweifellos absetzen wollten, sehr
nahe geblieben; im Grunde zeigen Sie Phänomene der Streuung, Veranke-

rung, Fixierung der Sexualität auf, versuchen Sie, die Organisation von
›erogenen Zonen‹ am Gesellschaftskörper sichtbar zu machen; vielleicht
übertragen Sie nur Mechanismen, die die Psychoanalyse auf der Ebene
des Individuums feststellen konnte, auf globale und diffuse Prozesse. Aber
im Gegensatz zur Psychoanalyse übersehen Sie das, wovon diese Sexualisierung ausgehen konnte – nämlich den Sex. Vor Freud suchte man die
Sexualität möglichst eng zu lokalisieren: im Sex, in seinen Fortpflanzungsfunktionen, in seinen unmittelbaren anatomischen Plazierungen; man beschränkte sich auf ein biologisches Minimum: Organ, Instinkt, Finalität.
Die Position, die Sie einnehmen, ist das seitenverkehrte Spiegelbild dazu:
für Sie gibt es nur Effekte ohne Basis, Verzweigungen ohne Wurzel, eine Sexualität ohne Sex. Wieder mal eine Kastration.«

    An dieser Stelle muß man zwei Fragen auseinanderhalten. Zum einen:
bedeutet die Analyse der Sexualität als »politisches Dispositiv« notwendigerweise die Ausschaltung des Körpers, der Anatomie, des Biologischen,
des Funktionellen? Diese erste Frage kann man, wie ich glaube, mit nein
beantworten. Ziel dieser Untersuchung ist es jedenfalls, zu zeigen, wie sich
Machtdispositive direkt an den Körper schalten – an Körper, Funktionen,
physiologische Prozesse, Empfindungen, Lüste. Weit entfernt von jeder
Ausradierung des Körpers geht es darum, ihn in einer Analyse sichtbar
zu machen, in der das Biologische und das Historische nicht wie im Evolutionismus der alten Soziologen aufeinanderfolgen, sondern sich in einer
Komplexität verschränken, die im gleichen Maße wächst, wie sich die modernen Lebens-Macht-Technologien entwickeln. Also nicht eine »Geschichte der Mentalitäten«, die an den Körpern nur die Art und Weise in
Rechnung stellt, in der man sie wahrgenommen und ihnen Sinn und Wert
verliehen hat. Sondern eine »Geschichte der Körper« und der Art und
Weise, in der man das Materiellste und Lebendigste an ihnen eingesetzt
und besetzt hat.

    Ganz anders die zweite Frage: wird hier auf eine andere Materialität Be-
zug genommen als die des Sexes, und ist es nicht paradox, eine Geschichte
der Sexualität auf dem Niveau der Körper schreiben zu wollen, ohne daß
vom Sex nur im geringsten die Rede sein soll? Zielt denn nicht die durch
die Sexualität hindurchwirkende Macht in erster Linie auf jenes Element
des Wirklichen, das der »Sex« ist – der Sex im allgemeinen? Daß die Sexualität gegenüber der Macht kein äußerer und von ihr erst zu bezwingender
Bereich ist, daß sie vielmehr Effekt und Instrument ihrer Dispositionen

ist – das mag noch hingehen. Aber ist nicht der Sex gegenüber der Macht das »Andere« – und gleichzeitig für die Sexualität der Brennpunkt ihrer Wirkungen?

Nun ist es gerade diese Idee *des* Sexes, die man nicht ungeprüft hinnehmen kann. Ist »der Sex« der wirkliche Ankerpunkt, der die Manifestationen »der Sexualität« trägt – oder ist er eine komplexe Idee, die sich historisch innerhalb des Sexualitätsdispositivs gebildet hat? Auf jeden Fall läßt sich zeigen, wie sich diese Idee »des Sexes« durch die verschiedenen Machtstrategien hindurch gebildet hat und welche Rolle sie in ihnen gespielt hat.

Im Verlauf der großen Entwicklungslinien des Sexualitätsdispositivs wird seit dem 19. Jahrhundert diese Idee herausgearbeitet, daß es noch etwas anderes gibt als Körper, Organe, somatische Lokalisierungen, Funktionen, anatomisch-physiologische Systeme, Empfindungen, Lüste; etwas anderes und darüber hinaus etwas, was seine inneren Eigenschaften und seine eigenen Gesetze hat: den »Sex«. Im Prozeß der Hysterisierung der Frau wurde der »Sex« dreifach definiert: als das, was dem Mann und der Frau gemeinsam ist; oder als das, was in erster Linie dem Mann gehört und was der Frau folglich fehlt; aber auch als das, was für sich allein den Körper der Frau ausmacht, indem es ihn gänzlich den Fortpflanzungsfunktionen unterwirft und den daraus folgenden Störungen; die Hysterie ist in dieser Strategie das Spiel des Sexes als das »eine« und das »andere«, das Ganze und der Teil, Grund und Mangel. In der Sexualisierung der Kindheit entwickelt sich die Idee eines Sexes, der anwesend (aufgrund der Anatomie) und abwesend (unter dem Gesichtspunkt der Physiologie) ist, vorhanden im Hinblick auf seine Aktivität und fehlend in bezug auf seinen Fortpflanzungszweck, aktuell in seinen Manifestationen, aber verborgen in seinen Wirkungen, deren pathologische Tragweite erst später an den Tag kommen wird; und wenn beim Erwachsenen noch der Sex des Kindes gegenwärtig ist, so in Form einer geheimen Kausalität, die den Sex des Erwachsenen zu vernichten droht (eines der Dogmen der Medizin des 18. und 19. Jahrhunderts war die Annahme, daß die Frühreife des Sexes später zu Sterilität, Impotenz, Frigidität, Unfähigkeit zur Lustempfindung, Unempfindlichkeit der Sinne führt); mit der Sexualisierung des Kindes hat man die Idee eines von Anwesenheit und Abwesenheit, Verborgenheit und Offenbarung geprägten Sexes geschaffen; die Masturbation mitsamt den ihr zugeschriebenen Folgen genießt das Vorrecht, dieses Spiel von Präsenz und Absenz, von Manifestem und Verstecktem besonders deutlich zu machen. In der Psychiatrisierung der Perversionen wurde der Sex auf biologische Funktionen und auf einen anatomisch-physiologischen Apparat bezogen, die ihm seinen »Sinn«, d. h. seine Finalität, geben; er wird aber auch auf einen Trieb bezogen, der in seiner eigenen Entwicklung in seinen möglichen Objektfixierungen das Auftreten perverser Verhaltensweisen möglich und ihre Genese erkennbar macht; so wird der »Sex« durch eine Verflechtung von Funktion und Trieb, von Finalität und Zeichenbedeutung definiert, und als solche manifestiert er sich nirgends besser als in der Modell-Perversion des »Fetischismus«, der zumindest seit 1877 den Leitfaden zur Analyse aller anderen Abweichungen abgegeben hat, weil man an seiner Triebfixierung auf ein Objekt gleichzeitig das historische Verhaftetsein und die biologische Unangemessenheit ablesen konnte. In der Sozialisierung des Fortpflanzungsverhaltens schließlich wird der Sex zwischen ein Realitätsgesetz (dessen unmittelbarste und schroffste Form die ökonomischen Zwänge sind) und eine Lustökonomie gestellt, die jenes Gesetz immer zu umgehen sucht, sofern sie es überhaupt zur Kenntnis nimmt; der berühmteste »Betrug«, der »coitus interruptus«, stellt den Punkt dar, an dem die Instanz der Realität dazu zwingt, der Lust ein Ende zu setzen, und die Lust trotz der ihr von der Realität vorgeschriebenen Ökonomie auch noch zum Zug kommt. Es ist also das Sexualitätsdispositiv, das in seinen verschiedenen Strategien diese Idee des »Sexes« installiert; in der Hysterie, in der Onanie, im Fetischismus und im coitus interruptus konstituiert die Sexualität den Sex als ein Spiel zwischen dem Ganzen und dem Teil, dem Grund und dem Mangel, der Abwesenheit und der Anwesenheit, der Ausschreitung und der Schwäche, der Funktion und dem Trieb, der Finalität und dem Sinn, der Realität und der Lust. Auf diese Weise hat sich Zug um Zug das Rüstzeug zu einer allgemeinen Theorie des Sexes formiert.

Die solchermaßen gezeugte Theorie hat innerhalb des Sexualitätsdispositivs bestimmte Funktionen übernommen, die sie unentbehrlich gemacht haben. Drei davon waren besonders wichtig. Einmal hat es der Begriff »Sex« möglich gemacht, anatomische Elemente, biologische Funktionen, Verhaltensweisen, Empfindungen und Lüste in einer künstlichen Einheit zusammenzufassen und diese fiktive Einheit als ursächliches Prinzip, als allgegenwärtigen Sinn und allerorts zu entschlüsselndes Geheimnis funktionieren zu lassen: der Sex als einziger Signifikant und als universales Signifikat. Indem sich der Sex darüber hinaus einheitlich als Anatomie und als Mangel, als Funktion und als Latenz, als Trieb und als Sinn ausgab, konnte er zur Berührungslinie zwischen einem Wissen von der menschlichen Sexualität und den biologischen Wissenschaften von der Fortpflanzung werden; aufgrund dieser Nachbarschaft konnte sich jenes Wissen, obwohl es diesen Wissenschaften außer einigen vagen Analogien und etlichen transplantierten Begriffen nichts Reelles entlieh, eine Garantie für »Wissenschaftlichkeit« borgen; und gleichzeitig wurden gewisse Inhalte der Biologie und der Physiologie zu Normalitätsprinzipien für die menschliche Sexualität. Schließlich hat der Begriff des Sexes eine wichtige Wendung ermöglicht: er erlaubt die Vorstellung von den Beziehungen der Macht zur Sexualität umzukehren, so daß diese nicht in ihrer wesenhaften und positiven Beziehung zur Macht erscheint, sondern als verankert in einer eigenartigen und selbständigen und von der Macht bedrohten Instanz; solchermaßen gestattet die Idee »des Sexes« gerade das auszublenden, was die Macht »macht«; gestattet sie es, die Macht nur als Gesetz und Verbot zu denken. Der Sex, diese Instanz, die uns zu beherrschen scheint, dieses Geheimnis, das allem, was wir sind, zugrunde zu liegen scheint, dieser Punkt, der uns fasziniert durch die Macht, die er offenbart, und durch den Sinn, den er verbirgt, von dem wir erwarten, daß er uns offenbart, was wir sind, und uns befreit, was uns definiert – der Sex ist doch nur ein idealer Punkt, der vom Sexualitätsdispositiv und seinem Funktionieren notwendig gemacht wird. Gehen wir ab von der Vorstellung, daß der Sex eine autonome Instanz ist, die dann an ihrer Berührungsfläche mit der Macht auch noch die vielfältigen Effekte der Sexualität hervorbringt. Der Sex ist das spekulativste, das idealste, das innerlichste Element in einem Sexualitätsdispositiv, das die Macht in ihren Zugriffen auf die Körper, ihre Materialität, ihre Kräfte, ihre Energien, ihre Empfindungen, ihre Lüste organisiert.

Man könnte hinzufügen, daß »der Sex« noch eine weitere Funktion erfüllt, die die anderen durchkreuzt und stützt. Diese Rolle ist eher praktischer als theoretischer Natur. Jeder Mensch soll nämlich durch den vom Sexualitätsdispositiv fixierten imaginären Punkt Zugang zu seiner Selbsterkennung haben (weil er zugleich das verborgene Element und das sinnproduzierende Prinzip ist), zur Totalität seines Körpers (weil er ein wirklicher und bedrohter Teil davon ist und überdies sein Ganzes symbolisch darstellt), zu seiner Identität (weil er an die Kraft eines Triebes die Einzigkeit einer Geschichte knüpft). Aufgrund einer Wende, die sich zweifellos schon seit langem, schon seit der christlichen Seelsorge des Fleisches einge-schlichen hat, haben wir es jetzt so weit gebracht, daß wir unsere Selbster-kennung von dem erwarten, was Jahrhunderte hindurch als Wahnsinn be-trachtet wurde, daß wir die Fülle unseres Körpers bei dem suchen, was lange Zeit sein Stigma und seine Wunde war, daß wir unsere Identität dort vermuten, wo man nur dunkles namenloses Drängen wahrnahm. Daher die Bedeutung, die wir ihm beimessen, die ehrfürchtige Angst, mit der wir ihn umgeben, die Sorgfalt, mit der wir uns um seine Erkenntnis be-mühen. Daher die Tatsache, daß er im Laufe der Jahrhunderte wichtiger geworden ist als unsere Seele, wichtiger beinahe als unser Leben; daher er-scheinen uns alle Rätsel der Welt so leicht im Vergleich zu diesem Geheim-nis, das in jedem von uns so winzig ist und doch seiner Dichte wegen schwerer wiegt als jedes andere. Der faustische Pakt, dessen Versuchung uns das Sexualitätsdispositiv ins Herz geschrieben hat, lautet: tausche das ganze Leben gegen den Sex, gegen die Wahrheit und die Souveränität des Sexes. Der Sex ist den Tod wohl wert. In diesem – rein historischen – Sinn ist der Sex heute vom Todestrieb durchkreuzt. Als das Abendland vor langer Zeit die Liebe entdeckte, hat es ihr einen Preis zugesprochen, der hoch genug war, den Tod wettzumachen. Heute beansprucht der Sex diese Gleichwertigkeit, diese höchste von allen. Und während das Sexualitätsdis-positiv den Techniken der Macht erlaubt, das Leben zu besetzen, übt der von diesem Dispositiv fingierte Fixpunkt des Sexes auf jeden einzelnen eine solche Faszination aus, daß man das Donnerrollen des Todes darin hören mag. Mit der Schaffung dieses imaginären Elementes »Sex« hat das Sexualitätsdispositiv eines seiner wesentlichsten inneren Funktions-prinzipien zustande gebracht: das Begehren nach Sex: ihn zu haben, zu ihm Zugang zu haben, ihn zu entdecken, ihn zu befreien, ihn diskursiv zu artikulieren, seine Wahrheit zu formulieren. Das Sexualitätsdispositiv hat »den Sex« als begehrenswert konstituiert. Und dieser »Begehrens-Wert« des Sexes bindet jeden von uns an den Befehl, ihn zu erkennen, sein Gesetz und seine Macht an den Tag zu bringen. Dieser Begehrens-Wert macht uns glauben, daß wir die Rechte unseres Sexes gegen alle Macht behaup-ten, während er uns in Wirklichkeit an das Sexualitätsdispositiv kettet, das aus unserer Tiefe wie eine Spiegelung, in der wir uns zu erkennen mei-nen, den schwarzen Blitz des Sexes hat auffahren lassen.

»Alles ist Sex«, sagt Kate in der *Gefiederten Schlange*, »alles ist Sex. Wie schön kann der Sex sein, wenn ein Mann ihn mächtig und heilig hält und wenn er die Welt erfüllt. Er ist wie die Sonne, die euch überschwemmt und euch mit ihrem Licht durchdringt.«

Es geht also nicht an, eine Geschichte der Sexualität an die Instanz des Sexes zu binden. Vielmehr ist zu zeigen, wie »der Sex« von der Sexualität historisch abhängig ist. Es geht nicht an, den Sex auf die Seite der Wirklichkeit und die Sexualität auf die Seite der verworrenen Ideen und Illusionen zu stellen; die Sexualität ist eine sehr wirkliche historische Figur, die zu ihrem Funktionieren ein spekulatives Element braucht und auf den Plan gerufen hat: den Begriff des Sexes. Glauben wir nicht, daß man zur Macht nein sagt, indem man zum Sex ja sagt; man folgt damit vielmehr dem Lauf des allgemeinen Sexualitätsdispositivs. Man muß sich von der Instanz des Sexes frei machen, will man die Mechanismen der Sexualität taktisch umkehren, um die Körper, die Lüste, die Wissen in ihrer Vielfältigkeit und Widerstandsfähigkeit gegen die Zugriffe der Macht auszuspielen. Gegen das Sexualitätsdispositiv kann der Stützpunkt des Gegenangriffs nicht das Sex-Begehren sein, sondern die Körper und die Lüste.

»Es hat soviel Aktivität in der Vergangenheit gegeben«, sagte D. H. Lawrence, »insbesondere sexuelle Aktivität, eine so monotone und ermüdende Wiederholung ohne eine entsprechende Entwicklung im Denken und Verstehen. Gegenwärtig ist es unsere Aufgabe, die Sexualität zu verstehen. Heute ist das voll bewußte Verstehen des sexuellen Triebes wichtiger als der sexuelle Akt.«

Vielleicht wird man sich eines Tages wundern. Man wird Mühe haben zu verstehen, daß eine der Entwicklung gewaltiger Produktions- und Destruktionsapparate verschriebene Zivilisation noch die Zeit und die unendliche Geduld gefunden hat, sich mit einer solchen Beklemmung zu fragen, was es mit dem Sex auf sich habe. Man wird vielleicht lächeln, wenn man sich daran erinnert, daß die Menschen, die wir gewesen sind, da eine Wahrheit zu finden glaubten, die mindestens ebenso kostbar sein sollte wie diejenige, nach der sie schon die Erde, die Sterne und die reinen Formen ihres Denkens befragt hatten. Man wird überrascht sein von der Hartnäckigkeit, mit der wir so getan haben, als müßten wir die Sexualität ihrer Nacht entreißen – eine Sexualität, die unsere Diskurse, unsere Gewohnheiten, unsere Institutionen, unsere Vorschriften, unsere Wissen am hellichten Tag produziert und immer wieder lautstark hochgespielt haben. Und man wird sich fragen, warum wir so sehr danach verlangt haben, ausgerechnet das vom Gesetz des Schweigens zu befreien, was unsere lärmendste Beschäftigung war. Vielleicht wird der Lärm in der Rückschau übertrieben erscheinen, seltsamer aber noch unsere Hartnäckigkeit, darin nur Redeverbot und Schweigenmüssen vernehmen zu können. Man wird sich fragen, was uns denn so anmaßend gemacht hat, daß wir uns das Verdienst zugeschrieben haben, gegen eine tausendjährige Moral als erste dem Sex die Bedeutung zuerkannt zu haben, die wir für die seine halten, und wie wir uns rühmen konnten, uns endlich im 20. Jahrhundert von einer Zeit langer und harter Repression befreit zu haben – von einer durch die Imperative der bürgerlichen Ökonomie verlängerten, umgebogenen, knausrig und kleinlich ausgenutzten christlichen Askese. Und wo wir heute die Geschichte einer mühsam beseitigten Zensur sehen, wird man vielleicht den jahrhundertelangen Aufstieg eines komplexen Dispositivs erkennen, das uns dazu disponiert hat, vom Sex zu reden, ihm unsere Aufmerksamkeit und unsere Sorge zu widmen, an die Souveränität seines Gesetzes zu glauben, wo wir doch in Wirklichkeit durch die Machtmechanismen der Sexualität geschleust werden.

Man wird sich über den Vorwurf des Pansexualismus lustig machen, den man Freud und der Psychoanalyse einmal gemacht hat. Aber als die Blinden werden weniger diejenigen dastehen, die den Vorwurf ausgesprochen haben, als vielmehr diejenigen, die ihn mit einer Handbewegung abgewiesen haben, so als drückte er nur die Ängstlichkeit einer altjüngferlichen Prüderie aus. Letzten Endes wurden jene nur von einem Prozeß überrascht, der seit langem eingesetzt hatte und von dem sie nicht gesehen hatten, daß er sie bereits an allen Ecken und Enden umgab; sie schrieben einzig dem bösen Genius Freuds zu, was von langer Hand vorbereitet war; sie irrten sich hinsichtlich der Installierung eines umfassenden Sexualitätsdispositivs in unserer Gesellschaft nur im Datum. Die zweiten hingegen haben sich über die Natur des Prozesses geirrt; sie haben geglaubt, daß Freud in einer plötzlichen Wendung endlich dem Sex wiedergab, was ihm gebührte und so lange verweigert worden war; sie haben nicht gesehen, daß Freud von seinem guten Geist an einen entscheidenden Punkt innerhalb der seit dem 18. Jahrhundert operierenden Wissens- und Machtstrategien gestellt worden war; und daß er mit einer bewundernswerten Effizienz, die der großen geistlichen Seelenführer der klassischen Epoche würdig gewesen wäre, der jahrhundertealten Einschärfung zur Erkennung und Diskursivierung des Sexes neuen Auftrieb gab. Man erinnert oft an die zahllosen Prozeduren, mit denen uns das alte Christentum den Körper verabscheuenswert gemacht haben soll. Aber denken wir doch ein bißchen an all die Hinterlistigkeiten, mit denen man uns seit Jahrhunderten den Sex liebenswert, seine Erkenntnis begehrenswert und alles, was sich davon sagen läßt, kostbar macht; mit denen man uns zur Entfaltung all unserer Geschicklichkeiten aufreizt, um ihn zu erwischen, und mit denen man uns an die Pflicht bindet, ihm die Wahrheit zu entlocken; mit denen man uns Schuld einredet, weil wir ihn so lange verkannt haben. Über diese Listen sollten wir uns heute wundern. Und träumen müssen wir davon, daß man vielleicht eines Tages, in einer anderen Ökonomie der Körper und der Lüste, nicht mehr recht verstehen wird, wie es den Hinterhältigkeiten der Sexualität und der ihr Dispositiv stützenden Macht gelingen konnte, uns dieser kargen Alleinherrschaft des Sexes zu unterwerfen; wie es ihnen gelingen konnte, uns an die endlose Aufgabe zu binden, sein Geheimnis zu zwingen und diesem Schatten die wahrsten Geständnisse abzuringen.

Ironie dieses Dispositivs: es macht uns glauben, daß es darin um unsere »Befreiung« geht.

4.2
Der Gebrauch der Lüste

Aus dem Französischen von
Ulrich Raulff und Walter Seitter

4.2

Inhalt

Einleitung

1 Modifizierungen

Diese Untersuchungen erscheinen später als vorgesehen und in einer ganz andern Form.

Warum? Es sollte weder um eine Geschichte der Verhaltensweisen noch um eine Geschichte der Vorstellungen gehen. Sondern um eine Geschichte der »Sexualität«: die Anführungszeichen haben ihre Bedeutung. Meine Absicht war nicht, eine Geschichte der sexuellen Verhalten und Praktiken in ihren sukzessiven Formen, ihrer Entwicklung und ihrer Verbreitung zu rekonstruieren. Ebensowenig wollte ich die – wissenschaftlichen, religiösen oder philosophischen – Ideen analysieren, in denen man sich diese Verhaltensweisen vorgestellt hat. Zunächst wollte ich vor diesem so alltäglichen, so jungen Begriff der »Sexualität« innehalten: Abstand von ihm gewinnen, seine offenkundige Vertrautheit umgehen, seinen theoretischen und praktischen Kontext analysieren. Der Ausdruck »Sexualität« ist ziemlich spät aufgetaucht, am Anfang des 19. Jahrhunderts. Das ist eine Tatsache, die weder unterschätzt noch überinterpretiert werden darf. Sie signalisiert nicht bloß eine Änderung des Vokabulars; sie markiert aber auch nicht die plötzliche Entstehung dessen, worauf sich der Ausdruck bezieht. Der Gebrauch des Wortes hat sich im Zusammenhang mit anderen Phänomenen etabliert: Entwicklung verschiedener Erkenntnisbereiche (die die biologischen Mechanismen der Reproduktion wie auch die individuellen und sozialen Varianten des Verhaltens betreffen); Einsetzung eines Ensembles von – teils traditionellen, teils neuen – Regeln und Normen, die sich auf religiöse, judiziäre, pädagogische, ärztliche Institutionen stützen; sowie Veränderungen in der Art und Weise, in der die Individuen ihrem Verhalten, ihren Pflichten, ihren Lüsten, ihren Gefühlen und Empfindungen, ihren Träumen Sinn und Wert beizulegen gehalten sind. Es ging mir also darum, zu sehen, wie sich in den modernen abendländischen Gesellschaften eine »Erfahrung« konstituiert hat, die die Individuen dazu brachte, sich als Subjekte einer »Sexualität« anzuerkennen, und die in sehr verschiedene Erkenntnisbereiche mündet und sich an ein System von Regeln und Zwängen anschließt. Das Projekt war also das einer Geschichte der Sexualität als Erfahrung – wenn man unter Erfahrung die Korrelation versteht, die in einer Kultur zwischen Wissensbereichen, Normativitätstypen und Subjektivitätsformen besteht.

Solchermaßen von der Sexualität zu sprechen schloß ein, daß man sich von einem seinerzeit sehr geläufigen Denkschema löst, welches aus der Sexualität eine Konstante macht und ihre besonderen historischen Erscheinungsformen auf die mannigfachen Repressionsmechanismen zurückführt, denen sie in jeder Gesellschaft ausgesetzt ist – was darauf hinausläuft, das Begehren und das Subjekt des Begehrens aus dem Feld des Historischen zu verweisen, und über das, was in der Sexualität historisch sein mag, nur die Form des Verbots befragen zu können. Aber die Ablehnung dieser Hypothese allein war noch nicht ausreichend. Von der »Sexualität« als einer historisch besonderen Erfahrung zu sprechen setzte auch voraus, daß man über geeignete Instrumente verfügt, um die drei Achsen dieser Erfahrung in ihrem je eigenen Charakter und in ihrem Zusammenhang zu analysieren: die Formierung der Wissen, die sich auf sie beziehen; die Machtsysteme, die ihre Ausübung regeln; und die Formen, in denen sich die Individuen als Subjekte dieser Sexualität (an)erkennen können und müssen. Für die beiden ersten Punkte hatten mir meine früheren Arbeiten – über die Medizin und die Psychiatrie, über die Strafmacht und die Disziplinarpraktiken – das nötige Handwerkszeug geliefert; die Analyse der Diskurspraktiken machte es möglich, der Formierung der Wissen nachzugehen, ohne in das Dilemma zwischen Wissenschaft und Ideologie zu geraten; die Analyse der Machtbeziehungen und ihrer Technologien machte es möglich, sie als offene Strategien ins Auge zu fassen, ohne die Macht entweder als Herrschaft konzipieren oder als Trugbild denunzieren zu müssen.

Hingegen machte mir die Untersuchung der Weisen, in denen die Individuen dazu gebracht werden, sich als sexuelle Subjekte anzuerkennen, viel mehr Schwierigkeiten. Der Begriff des Begehrens oder derjenige des begehrenden Subjekts bildete wenn schon nicht eine Theorie, so doch ein allgemein akzeptiertes Theoriethema. Schon dieser Umstand war befremdlich: denn dieses Thema fand sich – in verschiedenen Varianten – im Kern der klassischen Theorie der Sexualität, aber auch in den Konzeptionen, die sich davon loszumachen suchten; zudem schien es im 19. und 20. Jahrhundert von einer langen christlichen Tradition übernommen worden zu sein. Die Erfahrung der Sexualität mag sich zwar als eine besondere historische

Figur von der christlichen Erfahrung des »Fleisches« unterscheiden: jedoch scheinen beide von dem Prinzip des »Menschen des Begehrens« beherrscht zu sein. Jedenfalls schien es schwierig, die Bildung und Entwicklung der Erfahrung der Sexualität vom 18. Jahrhundert an zu analysieren, ohne eine historische und kritische Arbeit über das Begehren und das begehrende Subjekt zu leisten. Also: ohne eine Genealogie in Angriff zu nehmen. Damit meine ich nicht eine Historie der aufeinanderfolgenden Konzeptionen des Begehrens, der Begehrlichkeit oder der Libido, sondern eine Analyse der Praktiken, durch die die Individuen dazu angehalten worden sind, auf sich selber zu achten, sich als Begehrenssubjekte zu entziffern, anzuerkennen und einzugestehen und damit zwischen sich und sich selber ein gewisses Verhältnis einzuleiten, das sie im Begehren die Wahrheit ihres – natürlichen oder gefallenen – Seins entdecken läßt. In dieser Genealogie sollte es also darum gehen, herauszufinden, wie die Individuen dazu gebracht worden sind, über sich selber und über die andern eine Hermeneutik des Begehrens auszuüben, deren Anlaß, aber nicht deren ausschließlicher Bereich ihr sexuelles Verhalten gewesen ist. Um zu verstehen, wie das moderne Individuum die Erfahrung seiner selber als Subjekt einer »Sexualität« machen konnte, war es unumgänglich, zuvor die Art und Weise herauszuschälen, in der der abendländische Mensch sich jahrhundertelang als Begehrenssubjekt zu erkennen hatte.

Eine theoretische Verschiebung hatte sich mir aufgedrängt, um das zu analysieren, was man oft als den Fortschritt der Erkenntnisse bezeichnet: sie hatte mich dazu geführt, mich nach den Formen von Diskurspraktiken zu fragen, die das Wissen artikulieren. Es hatte einer weiteren theoretischen Verschiebung bedurft, um das zu analysieren, was man häufig als die Manifestationen der »Macht« beschreibt: diese Verschiebung hatte mich veranlaßt, mehr nach den vielfältigen Beziehungen, den offenen Strategien und den rationalen Techniken zu fragen, die die Ausübung der Mächte artikulieren. Jetzt schien es nötig, eine dritte Verschiebung vorzunehmen, um das zu analysieren, was als »das Subjekt« bezeichnet wird; es sollte untersucht werden, welches die Formen und die Modalitäten des Verhältnisses zu sich sind, durch die sich das Individuum als Subjekt konstituiert und erkennt. Nach dem Studium der Wahrheitsspiele in ihrem Verhältnis zueinander – am Beispiel einiger empirischer Wissenschaften im 17. und im 18. Jahrhundert – und nach dem Studium der Wahrheitsmechanismen im Verhältnis zu den Machtbeziehungen – am Beispiel der Strafpraktiken –

schien sich mir eine andere Arbeit aufzudrängen: das Studium der Wahrheitsspiele im Verhältnis seiner selber zu sich und der Konstitution seiner selber als Subjekt – im Einzugsbereich und Untersuchungsfeld dessen, was man die »Geschichte des Begehrensmenschen« nennen könnte.

Es war jedoch klar, daß mich das Unternehmen dieser Genealogie sehr weit von meinem ursprünglichen Projekt entfernen würde. Ich mußte wählen: entweder den vorgefaßten Plan beibehalten und eine rasche historische Prüfung dieses Themas des Begehrens anfügen. Oder die ganze Untersuchung um die langsame Formierung einer Selbsthermeneutik in der Antike herum neu ansetzen. Ich habe mich für den zweiten Weg entschieden, weil ich dachte, daß das Unternehmen, an das ich gehalten bin – an das ich mich seit vielen Jahren halten wollte –, darin besteht, einige Elemente zu einer Geschichte der Wahrheit herauszuschälen. Nicht zu einer Geschichte dessen, was es Wahres in den Erkenntnissen geben mag, sondern zu einer Analyse der »Wahrheitsspiele«, der Spiele des Wahren und des Falschen, in denen sich das Sein historisch als Erfahrung konstituiert, das heißt als eines, das gedacht werden kann und muß. Anhand welcher Wahrheitsspiele gibt sich der Mensch sein eigenes Sein zu denken, wenn er sich als Irren wahrnimmt, wenn er sich als Kranken betrachtet, wenn er sich als lebendes, sprechendes und arbeitendes Wesen reflektiert, wenn er sich als Kriminellen beurteilt und bestraft? Anhand welcher Wahrheitsspiele hat sich das Menschenwesen als Begehrensmensch erkannt und anerkannt? Es schien mir, daß ich, indem ich diese Frage so stellte und sie für eine von meinen einstmals vertrauten Horizonten so entfernte Epoche ausarbeitete, damit zwar den vorgefaßten Plan aufgeben würde, dafür aber der Fragestellung, um die ich mich seit langem bemühe, näher käme. Mochte mir diese Näherung auch einige Jahre zusätzlicher Arbeit abverlangen. Gewiß gab es Risiken bei diesem langen Umweg; aber ich hatte ein Motiv, und es schien mir, daß ich bei dieser Untersuchung einen gewissen theoretischen Gewinn erzielt habe.

Die Risiken? Sie lagen darin, das vorgesehene Publikationsprogramm zu verzögern und umzuwerfen. Ich danke denen, die den Wegen und den Umwegen meiner Arbeit gefolgt sind – ich denke an die Hörer des Collège de France –, und denen, die die Geduld hatten, ihren Abschluß abzuwarten – in erster Linie Pierre Nora. Was aber die angeht, die meinen, es müsse einer abgedankt haben, der sich Mühe gibt, anfängt und wieder anfängt, versucht, sich täuscht, alles von neuem aufrollt und noch immer auf

Schritt und Tritt zaudert, zurückgezogen und unruhig arbeitet: was also die angeht, nun wohl, wir sind ganz offenkundig nicht vom selben Planeten!

Es war auch gefährlich, Dokumente heranzuziehen, die mir zuwenig bekannt sind.[1] Ich riskierte, sie allzu unbedacht Analysen und Befragungen zu unterziehen, die von anderswo kommen und ihnen nicht angemessen sind. Die Arbeiten von P. Brown und von P. Hadot, die Gespräche, die ich mit ihnen zu wiederholten Malen hatte, und ihre Meinungen waren für mich sehr hilfreich. Andererseits lief ich auch Gefahr, in dem Bemühen, mit den Texten vertraut zu werden, den Faden der Fragen zu verlieren, die ich stellen wollte; H. Dreyfus und P. Rabinow in Berkeley haben mir mit ihren Reflexionen, ihren Fragen und ihrem Nachdruck eine Arbeit der theoretischen und methodologischen Neuformulierung ermöglicht. Wertvolle Ratschläge gab mir F. Wahl.

P. Veyne hat mich in diesen Jahren beständig unterstützt. Als wirklicher Historiker weiß er, was es heißt das Wahre suchen; aber er kennt auch das Labyrinth, das man betritt, sobald man die Geschichte der Spiele des Wahren und Falschen schreiben will; er gehört heute zu den wenigen, die die Gefahr auf sich nehmen, die die Frage der Geschichte der Wahrheit für jedes Denken mit sich bringt. Sein Einfluß auf diese Seiten wäre nur schwer einzugrenzen.

Das Motiv, das mich getrieben hat, ist sehr einfach. Manchen, so hoffe ich, könnte es für sich selber genügen. Es war Neugier – die einzige Art Neugier, die die Mühe lohnt, mit einiger Hartnäckigkeit betrieben zu werden: nicht diejenige, die sich anzueignen sucht, was zu erkennen ist, sondern die, die es gestattet, sich von sich selber zu lösen. Was sollte die Hartnäckigkeit des Wissens taugen, wenn sie nur den Erwerb von Erkenntnissen brächte und nicht in gewisser Weise und soweit wie möglich das Irregehen dessen, der erkennt? Es gibt im Leben Augenblicke, da die Frage, ob man anders denken kann, als man denkt, und anders wahrnehmen kann, als man sieht, zum Weiterschauen oder Weiterdenken unentbehrlich ist. Man wird mir vielleicht sagen, daß diese Spiele mit sich selber hinter

---

1 Ich bin weder Hellenist noch Latinist. Aber es schien mir, daß es unter der Voraussetzung einiger Sorgfalt, Geduld, Bescheidenheit und Aufmerksamkeit möglich sei, eine hinreichende Vertrautheit mit den Texten der griechischen und römischen Antike zu erlangen: eine Vertrautheit, meine ich, die es gemäß einer für die abendländische Philosophie konstitutiven Praktik gestattet, zugleich die Differenz zu befragen, die uns von einem Denken, in dem wir den Ursprung unseres eigenen erkennen, entfernt, sowie die Nähe, die trotz dieser von uns ständig vertieften Entfernung bleibt.

den Kulissen zu bleiben haben; und daß sie bestenfalls zu den Vorarbeiten gehören, die von selbst zurücktreten, wenn sie ihre Wirkungen getan haben. Aber was ist die Philosophie heute – ich meine die philosophische Aktivität –, wenn nicht die kritische Arbeit des Denkens an sich selber? Und wenn sie nicht, statt zu rechtfertigen, was man schon weiß, in der Anstrengung liegt, zu wissen, wie und wieweit es möglich wäre, anders zu denken? Es ist immer etwas Lächerliches im philosophischen Diskurs, wenn er von außen den andern vorschreiben und vorsagen will, wo ihre Wahrheit liegt und wie sie zu finden ist, oder wenn er ihnen in naiver Positivität vorschreiben will, wie sie zu verfahren haben. Aber es ist sein Recht, zu erkunden, was in seinem eigenen Denken verändert werden kann, indem er sich in einem ihm fremden Wissen versucht. Der »Versuch« – zu verstehen als eine verändernde Erprobung seiner selber und nicht als vereinfachende Aneignung des andern zu Zwecken der Kommunikation – ist der lebende Körper der Philosophie, sofern diese jetzt noch das ist, was sie einst war: eine Askese, eine Übung seiner selber, im Denken.

Die folgenden Untersuchungen gehören – ebenso wie andere, früher unternommene – dem Bereich der »Geschichte« an, in dem sie auch ihre Referenzen haben. Aber es sind nicht Arbeiten eines »Historikers«. Was nicht heißen soll, daß sie die Arbeit anderer resümierten oder synthetisierten. Sie sind – will man sie unter dem Gesichtspunkt ihrer »Pragmatik« betrachten – das Protokoll einer Übung, die langwierig und tastend war und die oft von neuem anfangen und sich berichtigen mußte. Es war eine philosophische Übung: es ging darum zu wissen, in welchem Maße die Arbeit, seine eigene Geschichte zu denken, das Denken von dem lösen kann, was es im stillen denkt, und inwieweit sie es ihm ermöglichen kann, anders zu denken.

Hatte ich recht, diese Risiken auf mich zu nehmen? Nicht ich habe das zu sagen. Ich weiß nur, daß ich, indem ich das Thema und die chronologischen Anhaltspunkte meiner Untersuchung so verschob, einen gewissen theoretischen Gewinn erzielt habe; es war mir möglich, zu zwei Verallgemeinerungen zu gelangen, die es mir ermöglicht haben, die Untersuchung in einen umfassenderen Horizont zu stellen sowie ihre Methode und ihren Gegenstand genauer zu präzisieren.

Indem ich so von der Moderne durch das Christentum hindurch zur Antike zurückstieg, schien es mir unvermeidlich, eine zugleich sehr einfache und sehr allgemeine Frage zu stellen: warum ist das sexuelle Verhalten, warum sind die dazugehörigen Betätigungen und Genüsse Gegenstand moralischer Sorge und Beunruhigung? Wieso diese ethische Sorge, die – jedenfalls zu gewissen Zeiten, in gewissen Gesellschaften oder in gewissen Gruppen – wichtiger erscheint als die moralische Aufmerksamkeit, die man auf andere wesentliche Bereiche im individuellen oder kollektiven Leben verwendet, etwa das Ernährungsverhalten oder die Erfüllung der staatsbürgerlichen Pflichten? Ich weiß, daß eine Antwort sofort parat ist: daß nämlich jene Tätigkeiten und Genüsse Gegenstand grundlegender Verbote sind, deren Übertretung als schweres Vergehen betrachtet wird. Aber damit wird die Frage selbst als Lösung ausgegeben; und vor allem wird verkannt, daß die ethische Sorge um das sexuelle Verhalten in ihrer Intensität und in ihren Formen mit dem System der Verbote nicht immer in direkter Verbindung steht; häufig kommt es vor, daß die moralische Beunruhigung dort intensiv ist, wo es gerade keine Verpflichtung und kein Verbot gibt. Das Verbot ist also eine Sache, die moralische Problematisierung ist eine andere. Die Frage, die als Leitfaden dienen sollte, schien mir also folgende zu sein: wie, warum und in welcher Form ist die sexuelle Aktivität als moralischer Bereich konstituiert worden? Warum diese so insistierende ethische Sorge, die gleichwohl in ihren Formen und in ihrer Intensität variiert? Warum diese »Problematisierung«? Schließlich ist das die Aufgabe einer Geschichte des Denkens – im Gegensatz zu einer Geschichte der Verhaltensweisen oder Vorstellungen: die Bedingungen zu bestimmen, in denen das Menschenwesen das, was es ist, was es tut, und die Welt, in der es lebt, »problematisiert«.

Indem ich diese allgemeine Frage stellte, indem ich sie an die griechische und griechisch-römische Kultur stellte, schien es mir, daß diese Problematisierung mit einer Reihe von Praktiken zusammenhing, die ein beträchtliches Gewicht in unseren Gesellschaften gehabt haben: man könnte sie die »Künste der Existenz« nennen. Darunter sind gewußte und gewollte Praktiken zu verstehen, mit denen sich die Menschen nicht nur die Regeln ihres Verhaltens festlegen, sondern sich selber zu transformieren, sich in ihrem besonderen Sein zu modifizieren und aus ihrem Leben ein Werk zu machen suchen, das gewisse ästhetische Werte trägt und gewissen Stilkriterien entspricht. Diese »Existenzkünste«, diese »Selbsttechniken« haben zwar einiges von ihrem Gewicht und von ihrer Autonomie verloren, als sie mit dem Christentum in die Ausübung einer Pastoralmacht integriert wurden und später in erzieherische, medizinische oder psychologische Praktiken. Nichtsdestoweniger wäre die lange Geschichte jener Ästhetiken der Existenz und jener Selbsttechnologien – wieder – in Angriff zu nehmen. Es ist lange her, daß Burckhardt ihre Bedeutung in der Renaissance unterstrichen hat; aber ihr Fortleben, ihre Geschichte, ihre Entwicklung sind damit nicht zu Ende.[2] Jedenfalls schien es mir, daß das Studium der Problematisierung des sexuellen Verhaltens in der Antike als ein Kapitel – eines der ersten Kapitel – dieser allgemeinen Geschichte der »Selbsttechniken« betrachtet werden kann.

Das ist die Ironie der Anstrengungen, die man macht, um seine Sichtweise zu verändern, um den Horizont des Bekannten zu modifizieren und um nach Möglichkeit etwas Abstand zu gewinnen. Haben sie wirklich dazu geführt, anders zu denken? Vielleicht haben sie höchstens dazu geführt, das, was man schon dachte, anders zu denken, und unter einem anderen Gesichtswinkel und in einem klareren Licht wahrzunehmen, was man ohnehin tat. Man meinte sich zu entfernen und findet sich in der Vertikale seiner selber. Die Reise verjüngt die Dinge und läßt das Verhältnis zu einem selber altern. Ich meine jetzt besser zu überschauen, wie ich – etwas blindlings und bald diesem, bald jenem Bruchstück nachgehend – in dieses Unternehmen einer Geschichte der Wahrheit hineingeraten bin: nicht die Verhaltensweisen zu analysieren und nicht die Ideen, nicht die Gesellschaften und nicht ihre »Ideologien«, sondern die *Problematisierungen*, in denen das Sein sich gibt als eines, das gedacht werden kann und muß, sowie die *Praktiken*, von denen aus sie sich bilden. Die archäologische Dimension der Analyse bezieht sich auf die Formen der Problematisierung selbst; ihre genealogische Dimension bezieht sich auf die Formierung der Problematisierungen ausgehend von den Praktiken und deren Veränderungen. Problematisierung des Wahnsinns und der Krankheit ausgehend von sozialen und ärztlichen Praktiken, die ein bestimmtes »Normalisierungsprofil« definieren; Problematisierung des Lebens, der Sprache und der Arbeit in Diskurspraktiken, die bestimmten »epistemischen« Regeln gehorchen; Problematisierung des Verbrechens und des kriminellen Verhaltens ausgehend von gewissen Strafpraktiken, die einem »disziplinären« Modell folgen. Und jetzt möchte ich zeigen, wie in der Antike die sexuellen Tätig-

---

2 Es stimmt nicht ganz, daß das Studium dieser Künste und dieser Ästhetik der Existenz seit Burckhardt völlig unterblieben wäre. Man denke an die Studie Benjamins über Baudelaire. Eine interessante Analyse kann man neuerdings bei S. Greenblatt finden: *Renaissance Self-Fashioning. From More to Shakespeare*, Chicago 1980.

keiten und Genüsse im Rahmen von Selbstpraktiken problematisiert worden sind, die den Kriterien einer »Ästhetik der Existenz« folgen.

Das sind also die Gründe, aus denen ich meine Untersuchung über die Genealogie des Begehrensmenschen von der klassischen Antike bis zu den ersten Jahrhunderten des Christentums insgesamt neu angeordnet habe. Ich folge einer einfachen chronologischen Ordnung: ein erster Band, *Der Gebrauch der Lüste*, ist der Art und Weise gewidmet, in der die sexuelle Aktivität in der klassischen griechischen Kultur im 4. Jahrhundert v. Chr. von den Philosophen und Ärzten problematisiert worden ist; *Die Sorge um sich* ist ebendieser Problematisierung in den griechischen und lateinischen Texten der beiden ersten Jahrhunderte unserer Zeitrechnung gewidmet; *Die Geständnisse des Fleisches*[3] handeln schließlich von der Heranbildung der Doktrin und der Pastoral des Fleisches. Die von mir herangezogenen Dokumente sind zumeist »präskriptive« Texte, also Texte, die, was immer ihre Form ist (Rede, Dialog, Abhandlung, Vorschriftensammlung, Briefe usw.), hauptsächlich Verhaltensregeln vorschlagen. Theoretische Texte über die Lehre vom Vergnügen und von den Leidenschaften ziehe ich nur heran, um Erläuterungen zu finden. Der Bereich, den ich analysiere, wird von Texten konstituiert, die Regeln, Hinweise, Ratschläge für richtiges Verhalten geben wollen: »praktische« Texte, die selbst Objekt von »Praktik« sind, sofern sie geschrieben wurden, um gelesen, gelernt, durchdacht, verwendet, erprobt zu werden, und sofern sie letzten Endes das Rüstzeug des täglichen Verhaltens bilden sollten. Diese Texte waren als Operatoren gedacht, die es den Individuen erlauben sollten, sich über ihr eigenes Verhalten zu befragen, darüber zu wachen, es zu formen und sich selber als ethisches Subjekt zu gestalten; ihnen kommt also eine »etho-poetische« Funktion zu – um ein Wort zu übertragen, das sich bei Plutarch findet.

Aber da sich diese Analyse des Begehrensmenschen am Schnittpunkt einer Archäologie der Problematisierungen und einer Genealogie der Selbstpraktiken befindet, möchte ich vorher noch bei diesen beiden Begriffen innehalten: die von mir festgehaltenen Formen der »Problematisierung« rechtfertigen, angeben, was man unter »Selbstpraktiken« verstehen kann, und erklären, welche Probleme und Schwierigkeiten mich dazu geführt haben, statt einer von den Verboten ausgehenden Geschichte der Moralsysteme eine von den Selbstpraktiken ausgehende Geschichte der ethischen Problematisierungen zu schreiben.

---

3 Titel des geplanten 4. Bandes. *A. d. Ü.*

2 Formen der Problematisierung

Gehen wir für einen Augenblick von so allgemeinen Kategorien wie »Heidentum«, »Christentum«, »Moral« und »Sexualmoral« aus. In welchen Punkten hat sich die Sexualmoral des Christentums am deutlichsten der Sexualmoral des alten Heidentums entgegengesetzt? Inzestverbot, Männerherrschaft, Unterwerfung der Frau? Dies sind wohl nicht die Antworten, die man zu hören bekäme: man kennt die Ausdehnung und die Beständigkeit dieser Phänomene in ihren verschiedenen Formen. Wahrscheinlicher würde man andere Unterscheidungspunkte anführen. Den Wert des sexuellen Aktes selber: das Christentum habe ihn mit dem Bösen, mit der Sünde, mit dem Fall, mit dem Tod verbunden, während die Antike ihn mit positiven Bedeutungen ausgestattet habe. Die Einschränkung des legitimen Partners: das Christentum habe ihn – im Gegensatz zu den griechischen oder römischen Gesellschaften – nur in der monogamen Ehe akzeptiert und ihm innerhalb dieser Ehelichkeit eine ausschließlich fortpflanzungsbezogene Rolle zugewiesen. Die Disqualifizierung der Beziehungen zwischen Individuen gleichen Geschlechts: das Christentum habe sie rigoros ausgeschlossen, während Griechenland sie gefeiert, Rom sie geduldet habe – zumindest zwischen Männern. Zu diesen drei Hauptunterschieden könnte man den hohen moralischen und spirituellen Wert hinzufügen, den das Christentum – im Unterschied zur heidnischen Moral – der strengen Enthaltsamkeit, der dauernden Keuschheit und der Jungfräulichkeit zugesprochen habe. In allen diesen Punkten, die so lange Zeit für so wichtig genommen wurden – Natur des Geschlechtsaktes, monogame Treue, homosexuelle Verhältnisse, Keuschheit –, scheint es, daß die Alten eher gleichgültig gewesen wären und daß nichts davon ihre Aufmerksamkeit sonderlich beansprucht oder für sie ein sehr akutes Problem dargestellt hätte.

Daß das kaum stimmt, läßt sich leicht zeigen. Man könnte es nachweisen, indem man die direkten Anleihen und die sehr engen Kontinuitäten aufzeigt, die man zwischen den ersten christlichen Lehren und der Moralphilosophie des Altertums feststellen kann: der erste große christliche Text, der der Sexualpraktik im Eheleben gewidmet ist – es ist das 10. Kapitel des Buches II des *Paidagogos* des Clemens von Alexandrien –, stützt sich auf einige Bibelstellen, aber auch auf zahlreiche Grundsätze und Ratschläge, die direkt der heidnischen Philosophie entliehen sind. In diesen stößt man bereits auf eine Verbindung zwischen der sexuellen Betätigung und dem Bösen, auf die Regel der Monogamie zum Zwecke der Fortpflanzung, auf die Verurteilung der gleichgeschlechtlichen Beziehungen, auf das Lob der Enthaltsamkeit. Ja, auch über einen viel längeren Zeitraum hinweg könnte man die Konstanz von Themen, Beunruhigungen und Anforderungen verfolgen, die zwar die christliche Ethik und Moral der modernen europäischen Gesellschaften geprägt haben, die aber bereits im Zentrum des griechischen oder griechisch-römischen Denkens deutlich präsent waren. Einige Zeugnisse dafür: die Äußerung einer Angst, ein Verhaltensmodell, das Bild einer disqualifizierten Haltung, ein Vorbild für Enthaltsamkeit.

1 Eine Angst

Die jungen Leute, die von Samenverlust befallen sind, »sind in der gesamten Körperhaltung von Hinfälligkeit und Alter gezeichnet; sie werden matt, kraftlos, starr, beschränkt, niedergedrückt, krumm, unfähig, bekommen eine fahle, weiße, weibische Hautfarbe, verlieren den Appetit und die Wärme, die Glieder werden schwerfällig, die Beine steif, sie werden äußerst schwach, mit einem Wort, fast gänzlich zerstört. Bei einigen führt diese Krankheit sogar zur Lähmung; wie sollte auch die Nervenkraft nicht angegriffen werden, wenn die Natur am Ort der Regeneration und an der Quelle des Lebens geschwächt ist? Diese an sich schon schändliche Krankheit ist gefährlich, weil sie zur Auszehrung führt, und schädlich für die Gesellschaft, insofern sie sich der Verbreitung der Art widersetzt; da sie in allen Beziehungen die Quelle einer Unzahl von Übeln ist, erfordert sie unverzügliche Hilfe.«[4]

In diesem Text erkennt man leicht die Ängste wieder, die von der Medizin und der Pädagogik seit dem 18. Jahrhundert um die bloße sexuelle Ver-

---

4 Arétée de Cappadoce, *Traité des signes, des causes et de la cure des maladies aigues et chroniques*, Paris 1834, II, S. 5. Die hier zugrunde liegende französische Übersetzung verändert den Sinn des griechischen Textes ein wenig. Diesen findet man in *Corpus Medicorum Graecorum II: Aretaeus*, IV, 5, Berlin 1958, S. 71. Der Übersetzer L. Renaud kommentiert die Passage folgendermaßen: »Die Gonorrhoe, von der hier die Rede ist, unterscheidet sich wesentlich von der Krankheit, die heute diesen Namen trägt und die man besser Blennoragie nennt ... Die wirkliche Gonorrhoe, von der Aretaios hier spricht, wird charakterisiert durch unfreiwilligen Abfluß des Samensaftes außerhalb des Beischlafes und vermischt mit Prostatasaft. Diese schmachvolle Krankheit wird oft durch die Masturbation hervorgerufen und ist eine Folge von ihr.« A. a. O., S. 163.

ausgabung – ohne Fruchtbarkeit und ohne Partner – gehegt worden sind; die fortschreitende Erschöpfung des Organismus, der Tod des Individuums, die Zerstörung seiner Rasse und schließlich die Schädigung der ganzen Menschheit sind in einer geschwätzigen Literatur einem jeden verheißen worden, der sein Geschlecht mißbraucht. Diese systematisch geschürten Ängste scheinen eine christliche Tradition, die die Lust dem Bereich des Todes und des Übels zuordnete, im medizinischen Denken des 19. Jahrhunderts »naturalistisch« und wissenschaftlich fortgesetzt zu haben.

Tatsächlich handelt es sich aber bei dieser Schilderung um eine – freie und dem Stil der Zeit angepaßte – Übersetzung eines im 1. Jahrhundert unserer Zeitrechnung von einem griechischen Arzt, Aretaios von Kappadokien, geschriebenen Textes. Und von dieser Angst vor dem sexuellen Akt, der, wenn er regellos geworden ist, auf das Leben des Individuums die schädlichsten Auswirkungen haben kann, ließen sich noch viele Zeugnisse aus derselben Epoche finden. Soranos meinte zum Beispiel, daß die sexuelle Aktivität in jedem Fall der Gesundheit weniger zuträglich sei als die völlige Enthaltsamkeit und die Jungfräulichkeit. Schon früher hatte die Medizin eindringlich zu Vorsicht und Sparsamkeit im Gebrauch der sexuellen Lüste geraten: ihren unzeitigen Genuß zu vermeiden; die näheren Umstände zu berücksichtigen, unter denen man sie praktiziert; sich vor ihrer eigentümlichen Gewalt sowie vor Irrtümern der Lebensführung zu hüten. Manche sagen gar: sich ihnen nur hinzugeben, »wenn man sich selber schaden will«. Also eine sehr alte Angst.

2 Ein Verhaltensschema

Franz von Sales ermahnte zur ehelichen Treue, indem er den Eheleuten einen natürlichen Spiegel vorhielt: das Modell des Elefanten und der guten Sitten, deren er sich mit seiner Gattin befleißigt. Er »ist nur ein plumpes Tier – und doch das würdevollste, das auf der Erde lebt, und das mit dem meisten Verstand ... Er wechselt nie das Weibchen und liebt zärtlich dasjenige, das er erwählt hat, mit dem sich jedoch nur einmal alle drei Jahre paart, und das nur fünf Tage und so versteckt, daß es bei diesem Akt nie gesehen wird; wohl aber läßt er sich am sechsten Tag sehen, an dem er sofort geradewegs zum Fluß geht, in dem er seinen ganzen Körper wäscht, ohne zur Herde zurückzukehren, bevor er sich nicht gereinigt hat.

Ist das nicht eine gute und rechtschaffene Art?«[5] Nun ist dieser Text eine Variation auf ein Thema, das in einer langen Tradition überliefert worden ist: über Aldrovandi, Gesner, Vincent de Beauvais und den berühmten *Physiologus*; man findet das Thema bereits bei Plinius, dem die *Anleitung zum frommen Leben* ziemlich genau folgt: »Aus Schamhaftigkeit begatten sich die Elefanten niemals außer im Verborgenen ...; sie tun es nur alle zwei Jahre und auch dann, wie man sagt, nie länger als fünf Tage; am sechsten baden sie sich in einem Fluß; vorher kehren sie nicht wieder zur Herde zurück. Ehebruch kennen sie nicht ...«[6] Gewiß beansprucht Plinius nicht, ein so ausdrücklich didaktisches Schema vorzutragen wie Franz von Sales; er bezog sich aber doch auf ein deutlich gewertetes Verhaltensmodell. Nicht etwa, daß bei den Griechen und Römern die gegenseitige Treue der Ehegatten ein allgemein akzeptierter Imperativ gewesen wäre. Aber sie wurde in gewissen philosophischen Strömungen wie dem späten Stoizismus eindringlich gelehrt. Solches Verhalten war auch geschätzt als eine Äußerung von Tugend, Seelenstärke und Selbstbeherrschung. Man lobte Cato den Jüngeren, der in dem Alter, da er sich zu vermählen beschloß, noch mit keiner Frau Beziehungen gehabt hatte, und mehr noch Laelius, der »sich in seinem langen Leben nur einer Frau näherte, der ersten und einzigen, die er geheiratet hatte.«[7] Man kann die Festsetzung dieses Modells wechselseitiger und treuer Ehelichkeit noch weiter zurückverfolgen. In der Rede, die ihm Isokrates in den Mund legt, zeigt Nikokles die moralische und politische Bedeutsamkeit, die er der Tatsache beimißt, seit seiner Heirat mit niemandem als mit seiner Frau sexuelle Beziehungen gehabt zu haben.[8] Und nach Aristoteles soll in der idealen Polis die Beziehung des Gatten mit einer anderen Frau oder der Gattin mit einem anderen Mann als »Schande« gelten, und zwar »schlechterdings und ausnahmslos«.[9] Die sexuelle »Treue« des Gatten gegenüber seiner legitimen Gattin wurde weder von den Gesetzen noch von den Bräuchen verlangt; gleichwohl war das eine Frage, die man aufwarf, und eine Form von Sittenstrenge, der einige Moralisten großen Wert beimaßen.

---

5 François de Sales, *Introduction à la vie dévote*, III, 39. Die deutschsprachigen Ausgaben der *Anleitung zum frommen Leben* (Eichstätt 1938, Wien-Düdingen 1947) lassen das Elefantenexempel aus – auch wenn sie vollständig zu sein beanspruchen. *A. d. Ü.*

6 C. Plinius Secundus, *Naturalis historia* liber VIII, 5, 13.

7 Plutarch, *Vitae. Cato Minor*, 7.

8 Vgl. Isokrates, *Nikokles*, 36.

9 Aristoteles, *Politik*, VII, 16, 1335b.

3 Ein Bild

In den Texten des 19. Jahrhunderts gibt es ein Typenporträt des Homosexuellen oder Invertierten: seine Gebärden, seine Haltung, seine Aufmachung, seine Koketterie, aber auch Form und Ausdruck seines Gesichts, seine Anatomie, die feminine Morphologie seines ganzen Körpers gehören regelmäßig zu dieser disqualifizierenden Beschreibung, die sich sowohl auf die Inversion der sexuellen Rollen als auf das natürliche Stigma dieses Verstoßes wider die Natur bezieht. Man glaubte, die Natur habe sich, wie es hieß, »selber zur Komplizin der sexuellen Lüge gemacht«.[10] Gewiß wäre die lange Geschichte dieses Bildes (dem in einem komplexen Spiel von Herausforderungen und Trotz wirkliche Verhaltensweisen entsprochen haben mögen) noch zu schreiben. In der so lebhaft negativen Intensität dieses Stereotyps würde man die in unseren Gesellschaften seit langem bestehenden Schwierigkeiten lesen, die beiden – übrigens unterschiedenen – Phänomene zu integrieren: die Inversion der sexuellen Rollen und die Beziehung zwischen Individuen gleichen Geschlechts. Mitsamt seiner abstoßenden Aura hat dieses Bild die Jahrhunderte durchlaufen. Es war schon in der griechisch-römischen Literatur der Kaiserzeit deutlich gezeichnet. Man findet es im Porträt des Effeminierten *(mollis)*, das der Autor einer anonymen *Physiognomonia* im 4. Jahrhundert gezeichnet hat; in der Beschreibung der Priester der Atargatis, über die sich Apuleius in den *Metamorphosen* lustig macht[11]; in der Symbolisierung, die Dion von Prusa in einer seiner Reden über die Monarchie vom *daímon* der Unmäßigkeit liefert[12]; in der flüchtigen Erwähnung der kleinen parfümierten und frisierten Rhetoren, die Epiktet in seiner Klasse fragt, ob sie eigentlich Männer seien oder Frauen.[13] Man könnte dieses Bild auch in dem Typ der dekadenten Jugend sehen, den Seneca der Ältere voller Abscheu um sich sieht: »Obszöne Sing- und Tanzleidenschaft erfüllt die Seele unserer Weibischen; sich die Haare wellen, mit hoher Stimme reden, um den schmeichlerischen Ton der Frauen zu erreichen, mit den Frauen in der Weichheit der Gebärden wetteifern, sich den schmutzigsten Nachforschungen hingeben: das ist das Ideal unserer Jugendlichen ... Von Geburt an verweichlicht und ent-

10 Hubert Lauvergne, *Les Forçats considérés sous le rapport physiologique, moral et intellectuel, observés au bagne de Toulon*, Paris 1841, S. 289.
11 Apuleius von Madaura, *Metamorphoseon* liber VIII, 26 ff.
12 Vgl. Dion von Prusa, *Reden*, IV, 101-105.
13 Vgl. Epiktet, *Gespräche*, III, 1.

kräftet, bleiben sie freiwillig so und sind immer bereit, die Scham der anderen zu verletzen und die eigene zu mißachten.«[14] Aber in seinen wesentlichen Zügen ist das Porträt noch älter. Die erste Rede des Sokrates im *Phaidros* spielt darauf an, wenn er die Liebe tadelt, die man den schlaffen, fein im Schatten aufgezogenen, mit Schmuck und Putz aufgemachten Knaben entgegenbringt.[15] Mit ebendiesen Zügen erscheint auch Agathon in den *Thesmophoriazusen:* blasser Teint, rasierte Wangen, Frauenstimme, Safrankleid, Haarnetz – so daß sich sein Gesprächspartner fragt, ob sein Gegenüber nun ein Mann oder eine Frau ist.[16] Es wäre nicht richtig, darin eine Verurteilung der Knabenliebe zu sehen oder dessen, was wir homosexuelle Beziehungen nennen: es handelt sich vielmehr um ausgesprochen negative Einschätzungen gewisser möglicher Aspekte der Beziehung zwischen Männern sowie um eine heftige Ablehnung von allem, was nach freiwilligem Verzicht auf Prestige und Erscheinung der männlichen Rolle aussieht. Der Bereich der Männerlieben mochte im griechischen Altertum wohl »frei« sein – jedenfalls viel freier, als er in den modernen europäischen Gesellschaften gewesen ist; nichtsdestoweniger zeichnen sich sehr früh starke Negativreaktionen und Formen der Disqualifizierung ab, die sich über lange Zeit fortsetzen werden.

4 Ein Modell von Enthaltsamkeit

Der Tugendheld, der fähig ist, sich von der Lust abzuwenden wie von einer Versuchung, der nicht zu verfallen er versteht, ist im Christentum eine vertraute Gestalt, ebenso wie die Vorstellung geläufig war, daß dieser Verzicht zu einer spirituellen Erfahrung der Wahrheit und der Liebe führen kann, die von der sexuellen Betätigung ausgeschlossen wird. Aber auch aus dem heidnischen Altertum ist die Gestalt jener Athleten der Mäßigung bekannt, die dermaßen Herren ihrer selber und ihrer Lüsternheiten sind, daß sie der sexuellen Lust entsagen. Lange vor einem Wundertäter wie Apollonios von Tyana, der ein für alle Mal Keuschheit gelobt und dann sein ganzes Leben keine Geschlechtsbeziehungen mehr hatte[17], waren in Griechenland ähnliche Modelle bekannt und geehrt. Bei einigen war diese äußerste

---

14 L. Annaeus Seneca Rhetor, *Controversiarum* liber I, praef., 8.
15 Vgl. Platon, *Phaidros*, 239 c-d.
16 Vgl. Aristophanes, *Thesmophoriazusen*, v. 130 ff.
17 Philostratos, *Leben des Apollonios von Tyana*, I, 13.

Tugend das sichtbare Zeichen der Herrschaft, die sie über sich selbst ausübten, und mithin der Macht, die über die andern zu erlangen sie würdig
waren: so berührte Xenophons Agesilaos »nicht nur nicht diejenigen, die
ihm kein Begehren einflößten«, sondern er verzichtete sogar darauf, den
Knaben zu umarmen, den er liebte; und er achtete darauf, nur in Tempeln
oder an öffentlichen Plätzen zu lagern, »damit alle Zeugen seiner Mäßigung sein könnten«.[18] Für andere war diese Enthaltung unmittelbar an
eine Weisheit geknüpft, die sie mit einem der menschlichen Natur überlegenen Element in Berührung brachte und ihnen das Sein der Wahrheit
selbst zugänglich machte: so im *Symposion* Sokrates, dem sich alle nähern
wollten, in den alle verliebt waren, dessen Weisheit sich alle anzueignen
suchten – jene Weisheit, die sich gerade darin offenbarte und bewährte,
daß er selber fähig war, seine Hand nicht an die herausfordernde Schönheit des Alkibiades zu legen.[19] Die Thematik eines Verhältnisses zwischen
der sexuellen Enthaltung und dem Zugang zur Wahrheit zeichnete sich bereits deutlich ab.

Indessen darf man diese wenigen Hinweise nicht überinterpretieren.
Man darf aus ihnen nicht den Schluß ziehen, die Sexualmoral des Christentums und die des Heidentums bildeten eine Kontinuität. Einige Themen, Prinzipien oder Grundbegriffe mögen sich in der einen wie in der
andern finden; sie haben darin aber nicht denselben Platz und nicht denselben Wert. Sokrates ist kein Wüstenvater, der gegen die Versuchung
kämpft, und Nikokles ist kein christlicher Ehemann; wenn Aristophanes
über den Transvestiten Agathon lacht, hat das wenig gemein mit der Disqualifizierung des Invertierten, die man viel später im medizinischen Diskurs antreffen wird. Zudem ist im Auge zu behalten, daß die Kirche und
die christliche Pastoral eine Moral zur Geltung gebracht haben, deren Vorschriften zwingend und deren Reichweite universal waren (was weder unterschiedliche Vorschriften für verschiedene Individuen ausschloß noch
die Existenz von asketischen Bewegungen mit eigenen Aspirationen). Hingegen waren im antiken Denken die Forderungen nach Zucht nicht in
einer vereinheitlichten, kohärenten, autoritären und allen gleich auferlegten Moral organisiert; sie waren eher eine Zugabe und sozusagen ein »Luxus« zur landläufigen Moral; im übrigen traten sie nur punktuell im Rahmen sehr verschiedener philosophischer oder religiöser Bewegungen auf;

18 Xenophon, *Enkomion auf Agesilaos*, 6.
19 Platon, *Symposion*, 217a-219e.

sie fanden ihr Entwicklungsmilieu in vielfältigen Gruppen; sie empfahlen – ohne sie zu erzwingen – Verhaltensstile der Mäßigung oder Sittenstrenge von jeweils eigener Physiognomie: die pythagoreische Strenge war nicht diejenige der Stoiker, die sich ihrerseits wieder stark von derjenigen unterschied, die Epikur empfahl. Aus den angedeuteten Annäherungen ist nicht zu schließen, daß die christliche Moral des Sexes im antiken Denken gewissermaßen »präformiert« gewesen wäre; es ist vielmehr anzunehmen, daß sich sehr früh in der Moralreflexion der Antike ein Themenfeld, ein Themenviereck der sexuellen Strenge formiert hat, das das Leben des Körpers, die Institution der Ehe, die Beziehungen zwischen Männern und die Existenz von Weisheit umfaßt. Und obwohl diese Thematik durch sehr unterschiedliche Institutionen, Vorschriftengruppen, Theoriezusammenhänge hindurchgegangen ist und viele Umarbeitungen erfuhr, hat sie eine gewisse Beständigkeit in der Zeit bewahrt: als hätte es seit dem Altertum vier Problematisierungspunkte gegeben, von denen aus sich – in häufig unterschiedlichen Modellen – die Sorge um die sexuelle Zucht formuliert hat.

Diese Thematisierungen der Strenge decken sich nun keineswegs mit den Grenzziehungen, wie sie von den großen sozialen, politischen oder religiösen Verboten vorgezeichnet waren. Man könnte ja annehmen, daß dort, wo die Verbote am grundlegendsten, wo die Gebote am zwingendsten sind, daß dort die Moralen die eindringlichsten Forderungen nach Strenge entwickeln. Der Fall kann eintreten, und die Geschichte des Christentums oder des modernen Europa könnte dafür Beispiele liefern.[20] Im Altertum jedoch scheint es nicht so gewesen zu sein. Das wird zunächst klar sichtbar in der Asymmetrie, die dieser ganzen moralischen Reflexion über das sexuelle Verhalten eigen ist: die Frauen sind im allgemeinen (und abgesehen von der Freiheit, die ihnen ein Status wie der der Kurtisane geben mag) äußerst strengen Zwängen unterworfen; und doch wendet sich diese Moral nicht an die Frauen; es sind nicht ihre Pflichten und Schuldigkeiten, die darin angemahnt, gerechtfertigt oder entfaltet werden. Es ist eine Männermoral: eine Moral, die von Männern gedacht, geschrieben, gelehrt wird und an Männer – natürlich freie – gerichtet ist. Folglich eine

---

20 Man kann annehmen, daß die Entwicklung einer Moral der Ehebeziehungen oder präziser die Entwicklung der Reflexionen über das sexuelle Verhalten der Gatten im Eheverhältnis (die in der christlichen Pastoral ein so großes Gewicht bekommen haben) aus der – übrigens langsamen, späten und schwierigen – Etablierung des christlichen Ehemodells im Laufe des Hochmittelalters folgt. Vgl. G. Duby, *Ritter, Frau und Priester. Die Ehe im feudalen Frankreich*, Frankfurt/M. 1985.

männliche Moral, in der die Frauen nur als Objekte oder bestenfalls als
Partner vorkommen, die es zu formen, zu erziehen und zu überwachen
gilt, wenn man sie in seiner Macht hat, und deren man sich zu enthalten
hat, wenn sie in der Macht eines andern (Vater, Gatte, Vormund) sind.
Das ist zweifellos einer der merkwürdigsten Punkte dieser Moralreflexion:
sie versucht nicht, ein Verhaltensfeld und einen Regelbereich – mit den nötigen Differenzierungen – für die beiden Geschlechter zu definieren; sie ist
eine Ausarbeitung des männlichen Verhaltens vom Standpunkt der Männer aus und mit dem Ziel, ihrer Lebensführung Form zu geben.

Ja, sie wendet sich an die Männer nicht wegen solcher Verhaltensweisen,
die von allgemein anerkannten, in den Gesetzbüchern, Gebräuchen oder
religiösen Vorschriften feierlich erinnerten Verboten betroffen sind. Sie
spricht bei ihnen vielmehr die Verhaltensweisen an, in denen sie gerade
von ihrem Recht, von ihrer Macht, von ihrer Autorität und von ihrer Freiheit Gebrauch zu machen haben: in den Lustpraktiken, die nicht verboten
sind; im Eheleben, wo keine Regel oder Sitte den Mann hindert, außereh-
liche sexuelle Beziehungen zu haben; in den Beziehungen mit Knaben,
die – jedenfalls in bestimmten Grenzen – zugelassen, geläufig und sogar
angesehen sind. Diese Thematisierungen der sexuellen Zucht sind nicht
so zu verstehen, als übersetzten oder kommentierten sie tiefliegende und
wesenhafte Verbote, sondern sie erarbeiteten und stilisieren eine Aktivität
in der Äußerung ihrer Macht und in der Ausübung ihrer Freiheit. Das
heißt nicht, daß diese Thematik der sexuellen Sittenstrenge bloß ein fol-
genloses Raffinement und eine Spekulation ohne bestimmtes Anliegen darstellte. Im Gegenteil, man sieht leicht, daß eine jede der großen Figuren
der sexuellen Strenge mit einer Erfahrungsachse und mit einem Bündel
konkreter Beziehungen zu tun hat: Beziehungen zum Körper mitsamt
der Frage der Gesundheit und dahinter dem ganzen Spiel von Leben und
Tod; Beziehung zum andern Geschlecht mit der Frage der Gattin als privilegierter Partnerin im Spiel der Familieninstitution und des damit geschaffenen Bandes; Verhältnis zum eigenen Geschlecht mit der Frage der Partner, die man da wählen kann, und dem Problem der Anpassung zwischen
sozialen und sexuellen Rollen; schließlich das Verhältnis zur Wahrheit, wo
sich die Frage der geistigen Bedingungen stellt, die den Zugang zur Weisheit verschaffen.

So schien es mir also notwendig, eine Umordnung vorzunehmen. Anstatt nach den Grundverboten zu suchen, die sich in den Strengeforderun-

gen verbergen oder zeigen, galt es zu fragen, von welchen Erfahrungsbereichen aus und in welchen Formen das sexuelle Verhalten problematisiert
worden ist, um Gegenstand von Sorge, Element für die Reflexion, Materie
für Stilisierung zu werden. Genauer gesagt ging es um die Frage, warum
die vier großen Bereiche von Beziehungen, in denen der freie Mann in
den alten Gesellschaften seine Aktivität anscheinend ohne größere Einschränkung entfalten konnte, warum gerade diese vier Bereiche die Orte
einer intensiven Problematisierung der sexuellen Praktik gewesen sind.
Warum ist die Praktik der Lüste gerade angelegentlich des Körpers, der
Gattin, der Knaben und der Wahrheit zum Problem geworden? Warum
ist die Einbeziehung der sexuellen Aktivität in diese Beziehungen zum Gegenstand von Unruhe, Debatte und Reflexion geworden? Wieso haben
diese Achsen der täglichen Erfahrung zu einem Denken geführt, das die
Verknappung des sexuellen Verhaltens, seine Mäßigung, seine Formung sowie die Definition eines strengen Stils in der Praktik der Lüste gesucht hat?
Wie ist das sexuelle Verhalten in seiner Verschränkung mit diesen unterschiedlichen Beziehungen als Bereich moralischer Erfahrung reflektiert
worden?

3 Moral und Selbstpraktik

Um auf diese Frage zu antworten, muß man einige Methodenbetrachtungen einführen – genauer gesagt: es empfiehlt sich, sich über den Gegenstand zu befragen, den man sich vornimmt, wenn man darangeht, die Formen und die Umformungen einer »Moral« zu studieren.

Man kennt die Zweideutigkeit des Wortes. Unter »Moral« versteht man
ein Ensemble von Werten und Handlungsregeln, die den Individuen und
Gruppen mittels diverser Vorschreibapparate – Familie, Erziehungsinstitutionen, Kirchen usw. – vorgesetzt werden. Es kommt vor, daß diese Regeln
und Werte sehr ausdrücklich in einer zusammenhängenden Lehre und in
einem ausführlichen Unterricht formuliert werden. Es kann aber auch
sein, daß sie in diffuser Weise übermittelt werden und daß sie kein systematisches Ganzes, sondern ein komplexes Spiel von Elementen bilden, die
sich kompensieren, korrigieren, stellenweise aufheben und dergestalt Kompromisse oder Ausflüchte gestatten. Unter solchen Vorbehalten kann man
diese präskriptiven Elemente »Moralcode« nennen. Unter »Moral« versteht

man aber auch das wirkliche Verhalten der Individuen in seinem Verhältnis zu den Regeln und Werten, die ihnen vorgesetzt sind: man bezeichnet
so die Art und Weise, in der sie sich mehr oder weniger vollständig einem
Verhaltensgrundsatz unterwerfen, einem Verbot oder einer Vorschrift gehorchen oder widerstehen, ein Wertensemble achten oder vernachlässigen.
Das Studium dieses Aspekts der Moral hat zu bestimmen, wie und mit
welchen Variations- oder Übertretungsspielräumen die Individuen oder
Gruppen sich zu einem Vorschriftensystem verhalten, das explizit oder implizit in ihrer Kultur gegeben ist und von dem sie ein mehr oder weniger
klares Bewußtsein haben. Nennen wir diese Ebene von Phänomenen »Moralverhalten«.

Das ist nicht alles. Eine Sache ist die Verhaltensregel; eine andere ist das
Verhalten, das man an dieser Regel messen kann. Ein Drittes ist die Art
und Weise, wie man sich führen und halten – wie man sich selber konstituieren soll als Moralsubjekt, das in bezug auf die den Code konstituierenden Vorschriften handelt. Ist ein Handlungscode gegeben sowie ein bestimmter Typ von Handlungen (die man nach ihrer Übereinstimmung
oder Abweichung im Verhältnis zum Code bestimmen kann), so gibt es
verschiedene Arten, moralisch »sich zu führen«, verschiedene Arten für
das handelnde Individuum, nicht bloß als Agent, sondern als Moralsubjekt jener Aktion zu operieren. Ist ein Code von sexuellen Vorschriften gegeben, der beiden Gatten eine strenge und symmetrische eheliche Treue
sowie einen beständigen Fortpflanzungswillen einschärft, so gibt es selbst
in einem derart strengen Rahmen viele Weisen, diese Sittenstrenge zu praktizieren, viele Weisen, »treu zu sein«. Diese Unterschiede können sich auf
mehrere Punkte beziehen.

Sie betreffen das, was man die *Bestimmung der ethischen Substanz* nennen könnte, das heißt die Art und Weise, in der das Individuum diesen
oder jenen Teil seiner selber als Hauptstoff seines moralischen Verhaltens
konstituieren soll. So kann man das Wesentliche der Treuepraktik in die
strenge Beachtung der Verbote und Gebote in den Akten selber legen.
Man kann aber auch das Wesentliche der Treue in der Beherrschung der
Begierden, im erbitterten Kampf gegen sie, in der Kraft des Widerstandes
gegen die Versuchungen bestehen lassen: dann bilden diese Wachsamkeit
und dieser Kampf den Gehalt der Treue; weit mehr als die Handlungen
in ihrer Ausführung werden dann die widersprüchlichen Bewegungen
der Seele die Materie der moralischen Praktik sein. Oder man kann sie

in der Intensität, in der Kontinuität, in der Gegenseitigkeit der Gefühle bestehen lassen, die man für den Gefährten empfindet, und in der Qualität der Beziehung, die die beiden Gatten dauernd verbindet.

Die Unterschiede können sich auch auf die *Unterwerfungsweise* beziehen, das heißt auf die Art und Weise, wie das Individuum sein Verhältnis zur Regel einrichtet und sich für verpflichtet hält, sie ins Werk zu setzen. Man kann beispielsweise die eheliche Treue praktizieren und sich der Vorschrift unterwerfen, die sie verbindlich macht, weil man sich als Teil der gesellschaftlichen Gruppe betrachtet, die sie akzeptiert, die sich lautstark auf sie beruft oder stillschweigend an ihr festhält. Man kann sie aber auch praktizieren, weil man sich als Erben einer geistigen Tradition betrachtet, für deren Bewahrung oder Wiederbelebung man verantwortlich ist. Man kann diese Treue auch vollziehen, indem man einem Ruf folgt, indem man sich als Vorbild hinstellt oder seinem persönlichen Leben eine Form zu geben sucht, die Kriterien von Glanz, Schönheit, Adel oder Vollkommenheit entspricht.

Mögliche Unterschiede gibt es auch in den Formen der *ethischen Arbeit* oder *Ausarbeitung*, die man an sich selber vornimmt – und zwar nicht nur, um sein Verhalten einer gegebenen Regel anzupassen, sondern um zu versuchen, sich selber zum moralischen Subjekt seiner Lebensführung umzuformen. So läßt sich die sexuelle Strenge in einer langen Arbeit des Lernens, Einprägens, Aneignens eines systematischen Ensembles von Vorschriften und vermittels einer regelmäßigen Verhaltenskontrolle praktizieren, die dazu dient, die eigene Regeltreue zu messen. Man kann sie aber auch in einer plötzlichen, umfassenden und endgültigen Absage an die Lüste praktizieren. Man kann sie in der Form eines ständigen Kampfes ausüben, dessen Wechselfälle – bis in vorübergehende Niederlagen – ihren Sinn und ihren Wert haben mögen. Oder sie vollzieht sich in einer möglichst sorgfältigen, beständigen und detaillierten Entzifferung der Bewegungen des Begehrens in allen Formen, auch den dunkelsten, in denen es sich verbirgt.

Andere Unterschiede betreffen schließlich das, was man die *Teleologie* des Moralsubjekts nennen könnte: denn eine Handlung ist nicht für sich allein genommen schon moralisch; sie ist es auch durch ihre Einfügung und ihren Platz im Ganzen einer Lebensführung, und sie markiert eine Etappe in deren Dauer, einen eventuellen Fortschritt in deren Kontinuität; sie ist ein Element und ein Aspekt dieser Lebensführung. Eine moralische Handlung strebt ihrer eigenen Erfüllung entgegen – aber dadurch zielt sie auch auf die Konstitution eines moralischen Lebenswandels, der das Individuum nicht bloß zu Handlungen führt, die Werten und Regeln immer entsprechen, sondern zu einer gewissen Seinsweise, die für das Moralsubjekt charakteristisch ist. Und in diesem Punkt sind viele Unterschiede möglich: die eheliche Treue kann zu einer moralischen Lebensführung gehören, die auf immer vollständigere Selbstbeherrschung zuläuft. Sie kann ein moralisches Verhalten sein, das eine plötzliche und radikale Lösung von der Welt bekundet. Sie kann auf vollkommene Stille der Seele zustreben, auf gänzliche Fühllosigkeit gegenüber den Regungen der Leidenschaften oder auf eine Reinigung, die das Heil nach dem Tode und die glückliche Unsterblichkeit gewährt.

Insgesamt kann sich also eine Handlung, um moralisch genannt zu werden, nicht auf einen Akt oder eine Reihe von Akten beschränken, die einer Regel, einem Gesetz oder einem Wert entsprechen. Gewiß enthält jede moralische Handlung ein Verhältnis zu dem Wirklichen, in dem sie sich abspielt, und ein Verhältnis zu dem Code, auf den sie sich bezieht; aber sie impliziert auch ein bestimmtes Verhältnis zu sich; dieses ist nicht einfach »Selbstbewußtsein«, sondern Konstitution seiner selber als »Moralsubjekt«, in der das Individuum den Teil seiner selber umschreibt, der den Gegenstand dieser moralischen Praktik bildet, in der es seine Stellung zu der von ihm befolgten Vorschrift definiert, in der es sich eine bestimmte Seinsweise fixiert, die als moralische Erfüllung seiner selber gelten soll; und um das zu tun, wirkt es auf sich selber ein, geht es daran, sich zu erkennen, kontrolliert sich, erprobt sich, vervollkommnet sich, transformiert sich. Es gibt keine einzelne moralische Handlung, die sich nicht auf die Einheit einer moralischen Lebensführung bezieht; keine moralische Lebensführung, die nicht die Konstitution als Moralsubjekt erfordert; und keine Konstitution des Moralsubjekts ohne »Subjektivierungsweisen« und ohne »Asketik« oder »Selbstpraktiken«, die sie stützen. Die moralische Handlung ist nicht zu trennen von diesen Formen der Einwirkung auf sich selber, die von einer Moral zur andern nicht weniger unterschiedlich sind als das System der Werte, Regeln und Verbote.

Diese Unterscheidungen müssen nicht nur theoretische Effekte haben. Sie haben auch ihre Konsequenzen für die historische Analyse. Wer die Geschichte einer »Moral« schreiben will, muß den verschiedenen Realitäten Rechnung tragen, die das Wort abdeckt. Geschichte der »Moralitäten« – die studiert, in welchem Maß die Handlungen bestimmter Individuen oder

Gruppen mit den Regeln und Werten, die von verschiedenen Instanzen vorgegeben werden, übereinstimmen oder davon abweichen. Geschichte der »Moralcodes« – die die verschiedenen Regel- und Wertesysteme studiert, die in einer Gesellschaft oder einer Gruppe eine Rolle spielen, die aber auch die entsprechenden Zwangsinstanzen und -apparate analysiert, die diese Regeln und Werte durchsetzen, und die schließlich die Formen ihrer Vielfältigkeit, ihrer Divergenzen oder ihrer Widersprüche betrachtet. Geschichte endlich der Art und Weise, in der die Individuen aufgerufen sind, sich als Subjekte von Moralverhalten zu konstituieren: die Geschichte also der Modelle für die Errichtung und die Entwicklung der Verhältnisse zu sich, für die Reflexion über sich, die Erkenntnis, die Prüfung, die Entzifferung seiner durch sich, die Transformationen, die man an sich selber vorzunehmen sucht. Das könnte man eine Geschichte der »Ethik« und der »Asketik« nennen – verstanden als Geschichte der Formen der moralischen Subjektivierung und der dazu bestimmten Selbstpraktiken.

Wenn es denn wahr ist, daß jede »Moral« im weiten Sinn die beiden angegebenen Aspekte enthält: den der Verhaltenscodes und den der Subjektivierungsformen; wenn es wahr ist, daß sie nie ganz voneinander getrennt werden können, sich aber zuweilen in relativer Autonomie entwickeln – dann wird man auch annehmen müssen, daß in bestimmten Moralen der Akzent vornehmlich auf dem Code liegt: seiner Systematizität, seinem Reichtum, seiner Fähigkeit, sich an alle möglichen Fälle anzupassen und alle Verhaltensbereiche abzudecken; in solchen Moralen ist das Wichtige auf seiten der Autoritätsinstanzen zu suchen, die diesem Code Geltung verschaffen, seine Erlernung und Beachtung durchsetzen, die Übertretungen sanktionieren; unter diesen Bedingungen vollzieht sich die Subjektivierung hauptsächlich in einer quasi juridischen Form, in der sich das Moralsubjekt auf ein Gesetz oder ein Ensemble von Gesetzen bezieht, denen es sich unterwerfen muß, widrigenfalls es einer Bestrafung verfällt. Es wäre verfehlt, die christliche Moral – man müßte eigentlich sagen: »die christlichen Moralen« – auf ein solches Modell zu reduzieren; wohl aber kann man annehmen, daß die Organisierung des Strafsystems zu Beginn des 13. Jahrhunderts und seine Weiterentwicklung bis zum Vorabend der Reformation eine sehr starke Verrechtlichung – eine sehr starke »Kodifizierung« im eigentlichen Sinn – der Moralerfahrung hervorgerufen haben: gegen sie haben viele spirituelle und asketische Bewegungen reagiert, die sich vor der Reformation entwickelt haben. Andererseits lassen sich Moralen

denken, in denen das starke und dynamische Element auf seiten der Subjektivierungsformen und Selbstpraktiken zu suchen ist. In diesem Fall
kann das System der Codes und der Verhaltensregeln ziemlich rudimentär
sein. Seine genaue Beachtung kann relativ unwesentlich sein – jedenfalls
im Vergleich zu dem, was vom Individuum verlangt wird, damit es sich
in seinem Verhältnis zu ihm selber, in seinen verschiedenen Handlungen,
Gedanken oder Gefühlen als Moralsubjekt konstituiert; der Akzent liegt
dann auf den Formen der Verhältnisse zu sich, auf den Prozeduren und
Techniken ihrer Erarbeitung, auf den Übungen, in denen man sich selber
als Erkenntnisgegenstand gibt, und auf den Praktiken zur Umformung seiner eigenen Seinsweise. Diese »zur Ethik orientierten« Moralen (die sich
nicht unbedingt mit denen der asketischen Entsagung decken) sind im
Christentum neben den »zum Code orientierten« Moralen sehr wichtig gewesen: beide haben gelegentlich nebeneinander existiert, gelegentlich hat
es Rivalitäten und Konflikte gegeben, manchmal auch Mischungen.

In einer ersten Annäherung scheint es nun, daß die moralischen Reflexionen der griechischen und griechisch-römischen Antike weit mehr auf
die Selbstpraktiken und die Frage der *áskesis* ausgerichtet waren als auf
die Verhaltenskodifizierungen und die strenge Definition des Erlaubten
und des Verbotenen. Nimmt man die *Politeia* und die *Nomoi* aus, so findet
man wenig Bezugnahmen auf das Prinzip eines Codes, der das geforderte
Verhalten bis in die Einzelheiten definiert, auf die Notwendigkeit einer Instanz, die seine Anwendung überwandt; auf die Möglichkeit von Strafen,
die die begangenen Übertretungen sanktionieren. Auch wenn die Notwendigkeit sehr oft unterstrichen wird, das Gesetz und die Bräuche – die *nó-
moi* – zu achten, so liegt das Wichtige weniger im Inhalt des Gesetzes
und in seinen Anwendungsbedingungen als in der Haltung, die dafür
sorgt, daß man sie achtet. Der Akzent wird auf das Verhältnis zu sich gelegt, welches es ermöglicht, daß man sich nicht von den Begierden und Lüsten fortreißen läßt, daß man ihnen gegenüber Herrschaft und Überlegenheit wahrt, daß man seine Sinne in einem Zustand von Ruhe hält, daß
man frei bleibt von jeder inneren Versklavung durch die Leidenschaften
und daß man zu einer Seinsweise gelangt, die durch den vollen Genuß seiner selber oder die vollkommene Souveränität seiner über sich definiert
werden kann.

Daher die Methode, die ich für diese Studie der Sexualmoralen des heidnischen und griechischen Altertums gewählt habe: die Unterscheidungen

zwischen den Code-Elementen und den Askese-Momenten einer Moral
im Auge zu behalten; weder ihre Koexistenz noch ihre Relationen, noch
ihre relative Autonomie, noch ihre unterschiedlichen Akzentuierungsmög-
lichkeiten zu vernachlässigen; alles zu berücksichtigen, was in jenen Moralen auf die Vorzugsstellung der Selbstpraktiken hinweist, auf das ihnen ent-
gegengebrachte Interesse, auf die Anstrengungen zu ihrer Entwicklung,
Vervollkommnung und Weitergabe, auf die Diskussionen über sie. So daß
man also die so oft gestellte Frage nach der Kontinuität (oder dem Bruch)
zwischen den philosophischen Moralen des Altertums und der christlichen
Moral folgendermaßen umzuformen hätte: statt sich zu fragen, welche
Code-Elemente das Christentum dem alten Denken entlehnen konnte
und welche es von sich aus hinzugefügt hat, um innerhalb einer als konstant vorausgesetzten Sexualität das Erlaubte und das Verbotene festzulegen, sollte man sich fragen, wie unterhalb der Kontinuität die Übertragung
oder die Modifizierung der Codes, die Formen des Verhältnisses zu sich
(und die damit verbundenen Selbstpraktiken) definiert, modifiziert, umge-
arbeitet und diversifiziert worden sind.

Weder sind die Codes bedeutungslos, noch sind sie einfach konstant.
Aber es erweist sich, daß sie letzten Endes um einige recht einfache und
wenige Verbote kreisen: vielleicht erfinden die Menschen im Bereich der
Verbote nicht viel mehr als in dem der Vergnügen. Auch ist ihre Beständigkeit ziemlich groß: die spürbare Vermehrung der Kodifikationen (bezüglich der erlaubten oder verbotenen Orte, Partner, Gesten) vollzieht sich
erst spät im Christentum. Hingegen scheint es – das ist jedenfalls die Hypothese, die ich hier prüfen will –, daß es ein komplexes und reiches Feld
von Geschichtlichkeit gibt, was die Weise angeht, in der sich das Individuum als Moralsubjekt des sexuellen Verhalten anerkennen soll. Es geht
also darum zu sehen, wie sich diese Subjektivierung vom klassischen griechischen Denken bis zur Konstituierung der christlichen Doktrin und Pastoral des Fleisches definiert und transformiert hat.

Im vorliegenden Band möchte ich einige allgemeine Züge hervorheben,
die die Art und Weise charakterisieren, in der das sexuelle Verhalten vom
klassischen griechischen Denken als Bereich moralischer Einschätzung
und moralischer Optionen reflektiert worden ist. Ich gehe von dem seinerzeit gängigen Begriff des »Gebrauchs der Lüste« – *chrêsis aphrodisiōn* – aus,
um die Subjektivierungsweisen, auf die er sich bezieht, herauszuarbeiten:
ethische Substanz, Unterwerfungstypen, Formen der Selbstausarbeitung

und der moralischen Teleologie. Indem ich jeweils von einer Praktik ausgehe, die in der griechischen Kultur ihre Existenz, ihren Status und ihre Regeln hatte (gesunde Lebensführung, Hauswesen, Liebeswerben), werde ich analysieren, wie das medizinische und philosophische Denken diesen »Gebrauch der Lüste« ausgearbeitet und einzelne Themen der Sittenstrenge formuliert hat, die auf vier großen Erfahrungsachsen wiederkehren sollten: Verhältnis zum Körper, Verhältnis zur Gattin, Verhältnis zu den Knaben und Verhältnis zur Wahrheit.

I
Die moralische Problematisierung der Lüste

Es wäre nicht leicht, bei den Griechen (wie übrigens auch bei den Lateinern) einen Begriff zu finden, der dem der »Sexualität« und dem des »Fleisches« entspräche. Also einen Begriff, der sich auf eine einzige Entität bezieht und als zugehörig zur selben Art, zum selben Ursprung und zum selben Kausalitätstyp mannigfache und anscheinend weit voneinander entfernte Phänomene zusammenfaßt: Verhaltensweisen, aber auch Empfindungen, Bilder, Begehren, Instinkte, Leidenschaften.[1]

Gewiß verfügen die Griechen über eine Reihe von Wörtern, um verschiedene Gesten oder Akte zu bezeichnen, die wir »sexuell« nennen. Sie verfügen über ein Vokabular, um bestimmte Praktiken zu bezeichnen. Sie haben vagere Ausdrücke, die das meinen, was wir sexuelle »Beziehung«, »Verbindung« oder »Verhältnisse« nennen: so *synousía, homilía, plesiasmós, mîxis, ocheía*. Aber die Gesamtkategorie, unter der diese Gesten, Akte und Praktiken subsumiert werden, ist viel schwerer zu fassen. Die Griechen gebrauchen gern ein substantiviertes Adjektiv: *tà aphrodísia*[2], das die Lateiner einigermaßen mit *venerea* übersetzen. »Liebesdinge«, »Liebesfreuden«, »Geschlechtsleben«, »Fleischeslüste« – man versucht, so gut es geht, einen entsprechenden Ausdruck zu finden, aber der Unterschied der Begriffsfelder macht die genaue Übersetzung schwierig. Unsere Idee von »Sexualität« deckt nicht bloß einen viel weiteren Bereich ab; sie zielt auf eine Realität anderen Typs; und sie hat in unserer Moral und in unserem Wissen ganz andere Funktionen. Andererseits verfügen wir über keinen Begriff, der dieselbe Grenzziehung und dieselbe Zusammenfassung vornähme wie derjenige der *aphrodísia*. Man sehe es mir also nach, wenn ich den griechischen Ausdruck öfters in seiner ursprünglichen Form stehenlasse.

Ich beanspruche in diesem Kapitel nicht, eine erschöpfende Darstellung

---

1 E. Leski, »Die Zeugungs- und Vererbungslehren der Antike und ihr Nachwirken«, in: *Abhandlungen der Akademie der Wissenschaften und Literatur* XIX, Mainz 1950, S. 1248.

2 Vgl. K. J. Dover, »Classical Greek Attitudes to Sexual Behaviour«, in: *Arethusa* 6/1 (1973), S. 59; ders., *Greek Popular Morality*, Oxford 1974, S. 205; ders., *Homosexualität in der griechischen Antike*, München 1983, S. 62 f.

oder auch nur ein systematisches Resümee der verschiedenen philosophischen oder medizinischen Lehren zu liefern, die vom 5. bis zum beginnenden 3. Jahrhundert die Lust im allgemeinen und die sexuellen Lüste im besonderen betreffen. Vor der Analyse der vier Haupttypen der Stilisierung des sexuellen Verhaltens, die in der Diätetik für den Körper, in der Ökonomik für die Ehe, in der Erotik bezüglich der Knaben und in der Philosophie bezüglich der Wahrheit entfaltet worden sind, will ich nur einige allgemeine Züge herausarbeiten, die den verschiedenen Reflexionen über die *aphrodísia* als gemeinsamer Rahmen gedient haben. Man mag die geläufige These annehmen, daß die Griechen jener Epoche gewisse sexuelle Verhaltensweisen viel leichter akzeptierten als die Christen des Mittelalters oder die Europäer der Moderne; man mag auch annehmen, daß Fehler und Fehlverhalten in diesen Bereichen weniger Anstoß erregten und weniger Reaktionen hervorriefen, zumal keine – seelsorgliche oder ärztliche – Institution zu bestimmen beanspruchte, was da erlaubt oder verboten, normal oder anomal sei; man mag sogar annehmen, daß die Griechen allen diesen Fragen weit weniger Bedeutung beimaßen als wir. Aber selbst wenn das alles einmal vorausgesetzt ist, so bleibt ein Punkt unerledigt: es hat Denker, Moralisten, Philosophen, Ärzte gegeben, die meinten, daß das, was die Gesetze der Polis vorschrieben oder untersagten oder was die allgemeinen Bräuche duldeten oder verwarfen, nicht ausreiche, um die sexuelle Lebensführung eines um sich selber besorgten Mannes zu regeln; sie sahen in diesem Bereich von Lustmöglichkeit ein moralisches Problem.

Was ich auf den folgenden Seiten bestimmen will, sind gerade die allgemeinen Aspekte, unter denen sie sich damit beschäftigt haben; das ist die allgemeine Form der Moralfrage, die sie in bezug auf die *aphrodísia* gestellt haben. Dazu werde ich auf einige sehr unterschiedliche Texte zurückgreifen – im wesentlichen die von Xenophon, Platon und Aristoteles. Ich will nicht den »Doktrinkontext« zu rekonstruieren versuchen, der jedem Text seinen besonderen Sinn und Wert geben kann, sondern das »Problematisierungsfeld«, das ihnen gemeinsam gewesen ist und sie alle möglich gemacht hat. Es wird darum gehen, in ihren allgemeinen Zügen die Konstitution der *aphrodísia* als Bereich der moralischen Sorge sichtbar zu machen. Ich werde vier Begriffe ins Auge fassen, die man in der Reflexion über die Sexualmoral häufig antrifft: den Begriff der *aphrodísia*, in dem man das fassen kann, was im sexuellen Verhalten als »ethische Substanz« betrachtet wurde; den Begriff der *chrêsis*, der Benützung oder Ausübung, mit dem sich der Unterwerfungstyp erfassen läßt, dem die Praktik jener Lüste unterzogen werden mußte, um moralisch gewertet werden zu können; den Begriff der *enkráteia*, der Beherrschung, der die Haltung definiert, die man zu sich selber haben muß, um sich als Moralsubjekt zu konstituieren; schließlich den Begriff der *sophrosýne*, der Mäßigung oder Weisheit, der das Moralsubjekt in seiner Vollendung definiert. So wird man fassen können, was die Moralerfahrung der sexuellen Lüste strukturiert – ihre Ontologie, ihre Deontologie, ihre Asketik und ihre Teleologie.

1 Aphrodísia

Die *Suda* schlägt die Definition vor, die Hesychios wiederholen sollte: die *aphrodísia* sind die »Werke«, die »Taten« Aphrodites – *érga Aphrodítes*. Gewiß ist von solchen Schriften keine strenge Begriffsbildung zu erwarten. Aber es steht fest, daß die Griechen weder in ihrem theoretischen Denken noch in ihrer praktischen Reflexion eine drängende Sorge gezeigt haben, zu definieren, was genau sie unter den *aphrodísia* verstehen: die Natur der bezeichneten Sache zu fixieren, den Umfang ihres Bereichs abzugrenzen oder den Katalog ihrer Elemente aufzustellen. Nichts jedenfalls, was jenen langen Listen möglicher Akte gleicht, die man in den Bußbüchern, in den Beichtspiegeln oder in den Werken der Psychopathologie finden wird; kein Tableau, welches das Rechtmäßige, das Erlaubte oder das Normale definiert und die weite Familie der verbotenen Gesten beschreibt. Nichts auch, was der für die Frage nach dem Fleisch oder nach der Sexualität so charakteristischen Sorge gleicht, unter dem Harmlosen oder Unschuldigen die hinterhältige Gegenwart einer Macht mit ungewissen Grenzen und vielfältigen Masken aufzudecken. Weder Klassifizierung noch Dechiffrierung. Man legt sorgfältig das Alter fest, in dem man am besten heiratet und Kinder bekommt, sowie die Jahreszeit, in der die sexuellen Beziehungen zu vollziehen sind. Aber man sagt nicht – wie ein christlicher Seelenführer –, welche Gebärde zu vollziehen oder zu vermeiden ist, welche vorbereitenden Zärtlichkeiten erlaubt sind, welche Stellung einzunehmen ist oder unter welchen Bedingungen man den Akt unterbrechen darf. Denen, die nicht hinreichend gerüstet waren, empfahl Sokrates, den Anblick eines schönen Knaben zu fliehen – auch um den Preis eines Exils für ein Jahr[3];

---

3 Vgl Xenophon, *Memorabilia*, I, 3, 13.

und der *Phaidros* sprach von dem langwierigen Kampf des Liebenden gegen sein eigenes Begehren: aber nirgendwo ist – wie später in der christlichen Spiritualität – die Rede von den Vorsichtsmaßnahmen, die zu ergreifen sind, damit das Begehren sich nicht heimlich in die Seele einschleicht oder damit seine geheimen Spuren nicht im Verborgenen bleiben. Merkwürdiger noch: die Ärzte, die ziemlich detailliert das Regime der *aphrodisia* vorschlagen, sagen fast nichts über die Formen, die die Akte selbst annehmen mögen; sie sagen kaum etwas – abgesehen von einigen Hinweisen auf die »natürliche« Stellung – über das, was dem Willen der Natur gemäß oder zuwider ist.

Scham? Vielleicht. Auch wenn man den Griechen eine große Freiheit der Sitten zuspricht: in den geschriebenen Werken – und selbst in der erotischen Literatur – wahrt die Darstellung der sexuellen Akte ziemlich große Zurückhaltung.[4] Und das im Unterschied zu den Schauspielen, die sie sich im Theater zeigen ließen, oder zu den bildlichen Darstellungen, die man hat finden können.[5] Jedenfalls spürt man, daß Xenophon, Aristoteles und später Plutarch es kaum für geziemend gehalten hätten, über die sexuellen Beziehungen mit der rechtmäßigen Gattin die peniblen und minutiösen Ratschläge zu verbreiten, mit denen sich die christlichen Autoren über die ehelichen Freuden ausgelassen haben. Sie waren nicht bereit, wie später die Seelenführer, die Spiele der Ansprüche und der Weigerungen, der ersten Zärtlichkeiten, der Modalitäten der Vereinigung, der Lustempfindungen und ihres Abschlusses zu regulieren.

Aber es gibt für das, was wir nachträglich als »Zurückhaltung« wahrnehmen mögen, einen positiven Grund. Die Weise, in der man die *aphrodisia* ins Auge faßte und befragte, war nämlich auf etwas anderes ausgerichtet als auf die Suche nach ihrer tiefen Natur, nach ihren kanonischen Formen oder nach ihrer geheimen Mächtigkeit.

1. Die *aphrodisia* sind Akte, Gesten, Berührungen, die eine bestimmte Form von Lust verschaffen. Wenn sich Augustinus in seinen *Bekenntnissen* an seine Jugendfreundschaften, an die Intensität seiner Zuneigungen, an das Vergnügen der gemeinsam verbrachten Tage, an ihre Gespräche, ihre Inbrunst und ihr Lachen erinnert, so fragt er sich, ob nicht das alles unter

---

4 K. J. Dover bemerkt eine Verschärfung dieser Zurückhaltung im Laufe des klassischen Zeitalters: *Greek Popular Morality*, a. a. O., S. 206 f.
5 Vgl. K. J. Dover, *Homosexualität in der griechischen Antike*, a. a. O., S. 14 ff.

dem Anschein von Unschuld zum Fleisch gehört und zu dem »Leim«, der uns daran festhält.[6] Wenn hingegen Aristoteles in der *Nikomachischen Ethik*[7] fragt, welche Vergnügen eigentlich »unmäßig« genannt werden können, so ist seine Definition sorgsam begrenzt. Der Unmäßigkeit, der *akolasía*, können nur die Vergnügen des Körpers verfallen – und davon muß man noch die des Gesichtes, des Gehörs und des Geruchs abziehen. Es ist nicht unmäßig, sich an den Farben, an den Gebärden, an den Zeichnungen, am Theater oder an der Musik zu erfreuen *(chaírein)*; auch vom Duft der Früchte, der Rosen und des Weihrauchs kann man sich ohne Unmäßigkeit verzaubern lassen; und wie die *Eudemische Ethik*[8] sagt, könnte man demjenigen, der sich so intensiv der Betrachtung einer Statue oder dem Anhören eines Gesanges hingibt, daß er darüber den Geschmack an der Liebe verlöre, so wenig Unmäßigkeit vorwerfen wie einem, der sich von den Sirenen verführen läßt; denn eine Lust ist der *akolasía* nur dort fähig, wo unmittelbare Berührung statthat: Berührung mit dem Mund, der Zunge und dem Gaumen (für die Vergnügen von Speise und Trank), Berührung mit anderen Teilen des Körpers (für die Lust des Geschlechts). Und weiter bemerkt Aristoteles, daß man auch gewisse Vergnügen an der Oberfläche des Körpers nicht der Unmäßigkeit zeihen sollte – wie die edlen Lustempfindungen, die im Gymnasion durch die Massagen und die Hitze hervorgerufen werden: »Denn beim Unmäßigen erstreckt sich die Berührung nicht auf den ganzen Körper; sie betrifft nur gewisse Teile.«[9]

Es wird einer der charakteristischen Züge der christlichen Erfahrung des »Fleisches« und später derjenigen der »Sexualität« sein, daß das Subjekt da immer wieder mißtrauisch einer geheimen, geschmeidigen und gefährlichen Macht nachzuspüren hat, die um so dringlicher zu dechiffrieren ist, als sie sich auch in vielen anderen Formen als in denen der sexuellen Akte verstecken kann. Ein solcher Verdacht steckt nicht in der Erfahrung der

6 Vgl. Augustinus, *Bekenntnisse*, IV; 8-10.
7 Vgl. Aristoteles, *Nikomachische Ethik*, III, 10 1118a-b.
8 Vgl. Aristoteles, *Eudemische Ethik*, III, 2, 8-9 1230b.
9 Aristoteles, *Nikomachische Ethik*, a. a. O.; vgl. auch ders., *Problemata*, XXVIII, 2. Von vielen griechischen Texten wird allerdings dem Blick und den Augen eine große Bedeutung für die Entstehung des Begehrens oder der Liebe zugeschrieben: aber nicht, weil die Lust des Blicks an ihm selber unmäßig wäre, sondern weil sie eine Öffnung darstellt, durch welche die Seele getroffen wird. Vgl. dazu Xenophon, *Memorabilia*, I, 3, 12-13. Der Kuß bzw. die Vereinigung wurde trotz der damit verbundenen Gefahr (vgl. Xenophon, ebd.) als körperliche Lust und Mitteilung der Seele sehr hoch gewertet. In der Tat wäre über den »Lustkörper« und seine Transformationen eine ganze historische Untersuchung anzustellen.

aphrodísia. Gewiß empfiehlt man in der Erziehung und Einübung der Mäßigung, daß man den Tönen, den Bildern, den Düften mißtraue. Aber
nicht, weil die Hingabe an sie die maskierte Form eines Begehrens wäre,
dessen Wesen sexuell sein soll; sondern weil es Musiken gibt, die durch ihren Rhythmus die Seele zu erweichen imstande sind, weil es Schauspiele
gibt, die die Seele wie ein Gift zu berühren vermögen; weil manche Düfte,
manche Bilder »die Erinnerung an die geliebte Sache« herbeirufen.[10] Und
wenn man über die Philosophen lacht, die nur die schönen Seelen der Knaben zu lieben behaupten, so verdächtigt man sie nicht wirrer Gefühle, die
ihnen vielleicht nicht bewußt sein mögen; man unterstellt ihnen einfach,
daß sie auf ein zärtliches Zusammensein mit dem Geliebten warten, um
ihre Hand unter seine Tunika zu schieben.[11]

Was ist die Form und die Vielfalt dieser Akte? Die Naturgeschichte liefert uns ihre Beschreibungen – jedenfalls sofern es sich um die Tiere handelt: die Vereinigung, bemerkt Aristoteles, ist nicht dieselbe bei allen und
vollzieht sich nicht auf dieselbe Weise.[12] In dem Teil des sechsten Buches
der *Historia animalium*, der den Säugetieren gewidmet ist, beschreibt er
die verschiedenen Formen der Kopulation, die man beobachten kann: sie
variieren nach der Form und nach der Lage der Organe, nach der Stellung
der Partner, nach der Dauer des Aktes; er erwähnt aber auch die Verhaltens-
typen, die die Zeit der Liebe kennzeichnen: die Wildschweine bereiten
sich auf den Kampf vor[13]; das Toben der Elefanten geht so weit, daß sie
das Haus ihres Herrn zerstören, und die Hengste sammeln ihre Weibchen,
indem sie einen großen Kreis um sie ziehen, bevor sie sich auf ihre Rivalen
stürzen.[14] Was nun das Menschengeschlecht betrifft, so mag die Beschreibung der Organe und ihres Funktionierens detailliert sein; doch die sexuellen Verhaltensweisen mit ihren möglichen Variationen werden kaum erwähnt. Das heißt nicht, daß es in der griechischen Medizin, Philosophie
oder Moral eine Zone des Schweigens und die sexuelle Betätigung der
Menschenwesen gäbe. Es ist nicht so, daß man sich hütet, von diesen Lusthandlungen zu sprechen: aber wenn man sie thematisiert, so macht man

---

10 Zu den Gefahren der Musik vgl. Platon, *Politeia*, III, 398e (die lydischen Harmonien sind selbst für
die Frauen gefährlich, erst recht aber für die Männer). Zur Erinnerungsfunktion des Geruchs und
des visuellen Bildes vgl. Aristoteles, *Nikomachische Ethik*, III, 10, 1118a.
11 Einen Vorwurf dieser Art findet man viel später bei Lukian: *Amores*, 53.
12 Aristoteles, *Historia animalium*, V, 2, 539b.
13 A. a. O., VI, 18, 571b.
14 A. a. O., VI, 18, 571b und 572b.

nicht ihre Form zum Problem, sondern die Aktivität, die sich in ihnen äußert. Ihre Dynamik also weit mehr als ihre Morphologie.

Diese Dynamik liegt in der Bewegung, die die *aphrodísia* untereinander verbindet, in der Lust, die mit ihnen verknüpft ist, und in dem Begehren, das sie erwecken. Die von der Lust hervorgerufene Anziehung und die zur Lust treibende Kraft des Begehrens bilden zusammen mit dem Akt der *aphrodísia* eine feste Einheit. Die – zumindest partielle – Auflösung dieses Zusammenhanges wird dann einer der grundlegenden Züge der Ethik des Fleisches und der Konzeption der Sexualität sein. Zu dieser Zersetzung wird einerseits eine gewisse »Auslassung« der Lust gehören (moralische Abwertung durch die Einschärfung der christlichen Pastoral, Lust nicht als Ziel der sexuellen Tätigkeit zu suchen; theoretische Abwertung, die sich in der Schwierigkeit zeigt, innerhalb der Konzeption der Sexualität dem Vergnügen Platz einzuräumen); andererseits wird zu ihr eine immer intensivere Problematisierung des Begehrens gehören (in dem man das ursprüngliche Mal der gefallenen Natur oder die dem Menschenwesen eigene Struktur sehen wird). In der Erfahrung der *aphrodísia* hingegen bilden Akt, Begehren und Vergnügen eine Gesamtheit, deren Elemente zwar unterschieden sind. Es ist gerade ihr festes Band, das diese Tätigkeitsform auszeichnet. Die Natur hat gewollt (aus Gründen, die wir gleich sehen werden), daß die Erfüllung des Aktes mit einem Vergnügen verbunden sei; und diese Lust erweckt das Begehren, die *epithymía:* eine Bewegung, die von Natur aus auf das hin gerichtet ist, was »Freude macht« – nach dem von Aristoteles erinnerten Grundsatz, daß das Begehren immer »Begehren der angenehmen Sache« ist *(he gàr epithymía toû hedéos estín).*[15] Es ist wahr – Platon kommt oft darauf zurück –, daß es kein Begehren geben kann ohne Beraubung, ohne Mangel der begehrten Sache und somit ohne Beimischung eines gewissen Leidens; aber das Streben, erklärt er im *Philebos,* kann nur durch die Vorstellung, das Bild oder die Erinnerung der Sache, die Vergnügen bereitet, hervorgerufen werden. Er schließt daraus, daß es Begehren nur in der Seele geben kann; denn der Körper ist zwar von der Beraubung betroffen, aber die Seele und nur die Seele vermag durch die Erinnerung die zu begehrende Sache gegenwärtig werden zu lassen und also die *epithymía* hervorzurufen.[16] Den Gegenstand der moralischen Re-

---

15 Aristoteles, *De partibus animalium*, 661b.
16 Vgl. Platon, *Philebos*, 44e ff.

flexion über die sexuelle Lebensführung bildet für die Griechen also nicht der Akt selbst (in seinen verschiedenen Modalitäten), nicht das Begehren (in seinem Ursprung und seiner Richtung) und nicht einmal das Vergnügen (mitsamt den Objekten und Praktiken, die es hervorrufen können) – sondern die Dynamik, die sie alle drei kreisförmig vereint (das Begehren, das zum Akt führt, der Akt, der mit Lust verbunden ist, und die Lust, die das Begehren weckt). Die ethische Frage heißt nicht: welche Begehren? welche Akte? welche Vergnügen? Sondern: mit welcher Kraft wird man »von den Vergnügen und den Begierden« getragen? Die Ontologie, auf die sich diese Ethik des sexuellen Verhaltens bezieht, ist nicht – zumindest nicht generell – eine Ontologie des Mangels und des Begehrens; auch nicht die einer Natur, die die Norm der Akte festsetzt; sondern die einer Kraft, die Akte, Lüste und Begehren untereinander verbindet. Es ist dieses dynamische Verhältnis, das sozusagen die Körnung der ethischen Erfahrung der *aphrodisía* bildet.[17]

Diese Dynamik wird auf zwei Variablen hin analysiert. Die eine ist quantitativ und betrifft den Aktivitätsgrad, der sich in der Zahl und Häufigkeit der Akte äußert. Was sowohl für die Medizin wie auch für die Moral die Menschen voneinander unterscheidet, ist nicht so sehr der Typ von Objekten, dem sie sich zuwenden, auch nicht die Modalität der sexuellen Praktik, die sie bevorzugen; es ist vor allem die Intensität dieser Praktik. Die Teilung verläuft zwischen dem Mehr und dem Weniger: Mäßigung oder Unenthaltsamkeit. Zeichnet man das Porträt einer Persönlichkeit, so spricht man selten von seiner Vorliebe für diese oder jene Form sexuellen Vergnügens[18]; hingegen ist es für die moralische Charakterisierung immer wichtig, ob jemand – in seinem Umgang mit Frauen oder Knaben – Maß zu halten wußte: wie Agesilaos, der die Mäßigung so weit trieb, daß

---

17 Häufig kommen Ausdrücke vor, die Lüste und Begierden verbinden und zeigen, daß es in der Moral der *aphrodisía* um die Kontrolle der dynamischen Gesamtheit geht, die von dem mit dem Akt verbundenen Begehren und Vergnügen gebildet wird. Das Paar *epithymíai-hedonaí* ist bei Platon sehr geläufig: *Gorgias*, 484d; *Symposion*, 196c; *Phaidros* 237d; *Politeia*, IV, 430e, 431c und d; IX, 571b; *Nomoi*, I, 647e; IV, 714a; VI, 782e; VII, 802e; 864b; X, 886b usw. Vgl. auch Aristoteles, *Nikomachische Ethik*, VII, 4, 1148a. Zahlreich sind auch die Ausdrücke, die von der Lust als überredender, mitreißender, triumphierender Kraft sprechen; so bei Xenophon, *Memorabilia*, I, 2, 23; I, 4, 14; I, 8; IV, 5, 3.

18 Es kommt vor, daß zur Vervollständigung einer Erzählung die besondere Neigung eines Mannes zu den Knaben erwähnt wird. So in der *Anabasis* von Xenophon, wo von einem gewissen Episthenes die Rede ist (VII, 4). Aber wenn Xenophon das Negativporträt Menons zeichnet (a. a. O., II, 6), wirft er ihm nicht diesen Geschmack vor, sondern eine schlechte Praktik solcher Vergnügen: zu jung, ein Kommando zu übernehmen; noch bartlos, einen zu alten Knaben zu lieben.

er die Umarmung des jungen Mannes, den er liebte, verweigerte[19]; oder ob
er sich wie Alkibiades oder Arkesilaos dem Treiben der Lüste überließ, die
man mit beiden Geschlechtern haben kann.[20] Dazu wäre die berühmte
Passage aus dem ersten Buch der *Nomoi* anzuführen. Zwar unterscheidet
Platon dort ganz klar das »der Natur entsprechende« Verhältnis, das den
Mann und die Frau zu Zwecken der Fortpflanzung verbindet, und die »widernatürliche« Beziehung des Männchens mit dem Männchen, des Weibchens mit dem Weibchen.[21] Aber diese von der Natürlichkeit her gedachte
Entgegensetzung wird von Platon auf die fundamentalere Unterscheidung
zwischen Enthaltsamkeit und Unenthaltsamkeit bezogen: die Praktiken,
die der Natur und dem Prinzip der Fortpflanzung zuwiderlaufen, werden
nicht auf eine anomale Natur oder auf eine besondere Form des Begehrens
zurückgeführt; sie sind nur die Folge der Maßlosigkeit: »die Unmäßigkeit
im Vergnügen« *(akráteia hedonês)* ist ihr Ursprung.[22] Und wenn Platon im
Timaios ausführt, daß die Ausschweifung nicht als Wirkung eines bösen
Willens der Seele, sondern einer Krankheit des Körpers zu begreifen sei,
so wird dieses Übel in einer großen Pathologie des Exzesses beschrieben:
anstatt im Mark und in seiner Knochenrüstung zu bleiben, sei der Samen
übergelaufen und durch den ganzen Körper geflossen; der sei damit einem
Baum ähnlich geworden, dessen gewaltige Vegetation jedes Maß überschritten habe: so werde das Individuum während eines großen Teils seiner Existenz »durch den Überschwang der Lüste und der Schmerzen«[23]
in den Wahnsinn getrieben. Daß die Unsittlichkeit der Geschlechtslüste
immer mit der Übertreibung, dem Übermaß, dem Exzeß zu tun hat, ist
eine Idee, die man im 3. Buch der *Nikomachischen Ethik* wiederfindet;
die einzigen Fehler, die man nach Aristoteles bei den natürlichen Begierden, die allen gemein sind, begehen kann, sind quantitativer Art: sie sind
ein »Mehr« *(tô pleîon)*. Während das natürliche Begehren in der Befriedigung des Bedürfnisses liegt, bedeutet »alles mögliche trinken und essen
bis zur Übersättigung, daß man in der Quantität *(tò pléthei)* das überschrei-

---

19 Vgl. Xenophon, *Enkomion auf Agesilaos*, V.
20 Zu Arkesilaos siehe Diogenes Laertios, *De clarorum philosophorum vitis, dogmatibus et apophtheg-*
matibus, lib. IV, 6. So wird Plutarch bemerken, daß Hypereides den *aphrodisía* zugetan war (*Vitae*
decem oratorum, 849d).
21 Vgl. Platon, *Nomoi*, I, 636e.
22 So findet man auch bei Dion von Prusa eine Erklärung der Knabenliebe aus einem Exzeß von Unmäßigkeit (*Reden*, VII, 150).
23 Platon, *Timaios*, 86c-e.

tet, was die Natur verlangt«. Zwar geht Aristoteles auch auf die besonderen Bedürfnisse der Individuen ein; es kommt vor, daß man verschiedenartige Fehler begeht: man gewinnt seine Lust nicht »da, wo es sich gehört«, oder man benimmt sich »wie die Menge«; oder man gewinnt die Lust nicht so, »wie es sich gehört«. Aber Aristoteles fügt hinzu: »die Unmäßigen übertreiben *(hyperbállusi)* auf jede solche Weise – sie gewinnen Lust aus Befriedigungen, die zu vermeiden sind, oder sie ziehen aus Handlungen, die erlaubt sind, mehr Lust als die meisten Leute«. Die Unmäßigkeit ist ein Exzeß in diesem Bereich, und »das ist etwas Schändliches«.[24] Die erste Scheidelinie im Bereich des sexuellen Verhaltens scheint also nicht von der Natur des Aktes samt seinen verschiedenen Varianten, sondern von der Aktivität und ihren quantitativen Abstufungen gezogen zu werden.

Die Praktik der Lüste unterliegt auch einer andern Variablen: der »Rolle« oder »Polarität«. Dem Ausdruck *aphrodísia* entspricht das Verb *aphrodisiázein*; es bezieht sich auf die sexuelle Tätigkeit im allgemeinen: so spricht man von dem Alter, in dem die Tiere fähig werden zu *aphrodisiázein*.[25] Es bezeichnet auch den Vollzug eines sexuellen Aktes: so erwähnt Antisthenes bei Xenophon, daß er manchmal zu *aphrodisiázein* wünscht.[26] Aber das Verb kann auch betont aktiv gebraucht werden: in dem Fall bezieht es sich besonders auf die sogenannte »männliche« Rolle im sexuellen Verhältnis und auf die »aktive« Funktion der Penetration. Umgekehrt kann man es in seiner passiven Form gebrauchen: dann bezeichnet es die andere Rolle in der sexuellen Vereinigung: die »passive« Rolle des Objekt-Partners. Diese Rolle ist diejenige, die die Natur den Frauen vorbehalten hat – Aristoteles spricht von dem Alter, in dem die Mädchen fähig werden *aphrodisiasthênai*[27]; das ist die Rolle, die jemandem gewaltsam aufgezwungen werden kann, der zum Objekt der Lust des andern gemacht wird[28]; es ist auch die Rolle, die vom Knaben oder vom Mann akzeptiert wird, der sich von seinem Partner penetrieren läßt – so fragt sich der Verfasser der *Problemata*, warum manche Menschen am *aphrodisiázesthai* Vergnügen finden.[29]

Im griechischen Wortschatz gibt es keinen Begriff, der das Spezifische

---

24 Aristoteles, *Nikomachische Ethik*, III, 11, 1118b. Allerdings ist zu bemerken, daß Aristoteles mehrmals die Frage der »schändlichen Lüste« aufwirft, die manche suchen (*Nikomachische Ethik*, VII, 5, 1148b; X, 3, 1173b). Zur Frage des Begehrens, seines natürlichen Gegenstandes und seiner Variationen vgl. Platon, *Politeia*, IV, 437d-e.

25 Vgl. Aristoteles, *Historia animalium*, VIII, 1581a.

26 Vgl. Xenophon, *Symposion*, IV, 38; Pseudo-Aristoteles, *De sterilitate*, V, 636b.

27 Vgl. Aristoteles, *Historia animalium*, X, 5, 637a; VII, 1, 581b.

28 Vgl. Xenophon, *Hieron*, III, 4.

29 Vgl. Pseudo-Aristoteles, *Problemata*, IV, 26.

der männlichen Sexualität und der weiblichen Sexualität zusammenfaßt.[30] Aber in der Praktik der sexuellen Lüste unterscheidet man klar zwei Rollen und zwei Pole, wie man sie auch in der Fortpflanzungsfunktion unterscheiden kann. Es handelt sich um zwei Stellenwerte: den des Subjekts und den des Objekts, den des Agenten und den des »Patienten« – wie Aristoteles sagt: »Das Weibchen als Weibchen ist ein passives Element, und das Männchen als Männchen ein aktives.«[31] Während die Erfahrung des »Fleisches« als eine den Männern und den Frauen gemeinsame Erfahrung betrachtet werden wird, auch wenn sie bei diesen nicht dieselbe Form annimmt wie bei jenen; während die »Sexualität« durch die große Zäsur zwischen männlicher und weiblicher Sexualität markiert sein wird, werden die *aphrodísia* als eine Tätigkeit gedacht, die zwei Täter einschließt, wobei jeder seine Rolle und seine Funktion hat: derjenige, der die Tätigkeit ausübt, und derjenige, an dem sie ausgeübt wird.

Insofern kann man sagen, daß in dieser Ethik (die wohlgemerkt eine Männermoral ist: gemacht von Männern und für Männer) die Grenzlinie hauptsächlich zwischen den Männern und den Frauen verläuft – aufgrund der starken Differenzierung zwischen der Welt der Männer und der Welt der Frauen in vielen alten Gesellschaften. Aber noch globaler verläuft sie eher zwischen denen, die man die »aktiven Akteure« auf der Bühne der Lüste nennen könnte, und den »passiven Akteuren«. Auf der einen Seite diejenigen, die Subjekte der sexuellen Aktivität sind (und die sie in gemessener und geeigneter Weise auszuüben haben); und auf der andern diejenigen, die die Objekt-Partner sind, an denen und mit denen sie vollzogen wird. Die ersten sind selbstverständlich die Männer – aber genauer: die erwachsenen und freien Männer; zu den anderen gehören, natürlich, die Frauen – die darin aber nur ein Element einer weiteren Menge bilden, auf die man sich manchmal bezieht, um die Objekte möglicher Lust zu bezeichnen: »die Frauen, die Knaben, die Sklaven«. In dem Text, der als hippokratischer Eid bekannt ist, verpflichtet sich der Arzt, sobald er ein Haus betritt, sich der *érga aphrodísia* mit jedweder Person, Frau, freiem Mann oder Sklaven, zu enthalten.[32] Sich in seiner Rolle halten oder sie verlassen, Subjekt der Aktivität sein oder ihr Objekt, auf die Seite derer übergehen, die sie er-

---

30 Vgl. P. Manuli, »Fisiologia e patologia del femminile negli scritti hippocratici«, in: *Hippocratica*, Paris 1980, S. 393 ff.

31 Aristoteles, *De generatione animalium*, I, 21, 729b.

32 Hippokrates, *Iusiurandum.*

leiden, obgleich man ein Mann ist, oder auf der Seite derer bleiben, die sie ausüben: das ist – nach der »Aktivitätsqualität« – die zweite große Variable, von der die moralische Einschätzung ausgeht. Der Exzeß und die Passivität sind für einen Mann die beiden Hauptformen der Immoralität in der Praktik der *aphrodísia*.

2. Wenn die sexuelle Aktivität solchermaßen moralisch differenziert und beurteilt werden muß, so liegt der Grund dafür nicht darin, daß der sexuelle Akt in sich ein Übel wäre; er trägt auch nicht das Mal eines Urfalls. Auch wenn die gegenwärtige Form der sexuellen Beziehung und der Liebe wie von Aristophanes im *Symposion* auf ein Ursprungsdrama – Hochmut der Menschen und Strafe der Götter – zurückgeführt wird, so werden doch weder der Akt noch die Lust als schlecht betrachtet; sie zielen vielmehr auf die Wiederherstellung dessen, was für die Menschenwesen die vollkommenste Seinsweise war.[33] Insgesamt wird die sexuelle Tätigkeit als natürlich (natürlich und unverzichtbar) angesehen, da durch sie die Lebenden sich reproduzieren können, die Gattung in ihrer Gesamtheit dem Tod entrinnt[34] und die Städte, die Familien, die Namen und die Kulte sich über die dem Verschwinden geweihten Individuen hinaus fortsetzen können. Die Begierden, die uns zu den *aphrodísia* treiben, zählt Platon zu den natürlichsten und notwendigsten[35]; und die Vergnügen, die sie uns verschaffen, beruhen nach Aristoteles auf den Notwendigkeiten, die den Körper und das Leben des Körpers überhaupt betreffen.[36] Die so tief und so natürlich in der Natur verankerte sexuelle Tätigkeit kann folglich nicht – Rufus von Ephesos wird daran wieder erinnern[37] – als schlecht angesehen werden. Darin unterscheidet sich die moralische Erfahrung der *aphrodísia* radikal von dem, was die Erfahrung des Fleisches sein wird.

Aber so natürlich und notwendig sie sein mag, sie ist nichtsdestoweniger der Gegenstand einer moralischen Sorge; sie erfordert eine Begrenzung, damit festgesetzt werde, bis zu welchem Punkt und in welchem Maß es tunlich ist, sie auszuüben. Wenn sie mit dem Guten und dem Schlechten zu tun hat, dann allerdings nicht trotz ihrer Natürlichkeit oder weil diese beschädigt worden wäre; sondern gerade aufgrund der Weise, in der sie

33 Vgl. Platon, *Symposion*, 189d-193d. Über eine mythische Zeit ohne sexuelle Fortpflanzung siehe Platon, *Politikos*, 271a-272b.

34 Vgl. Aristoteles, *De generatione animalium*, II, 1, 731b; vgl. ders., *De anima*, II, 4, 415a-b.

35 Vgl. Platon, *Politeia*, VIII, 559c.

36 Vgl. Aristoteles, *Nikomachische Ethik*, VII, 4, 2, 1147b.

37 Vgl. Rufus von Ephesos, *Œuvres*, herausgegeben von Daremberg und Ruelle, Paris 1878, S. 318.

von der Natur angelegt worden ist. Zwei Züge markieren das Vergnügen, mit dem sie verbunden ist. Erstens sein niedriger Charakter. Auch wenn für Aristippos und die Kyrenaiker »die Lüste sich voneinander nicht unterscheiden«[38], so wird doch die sexuelle Lust im allgemeinen zwar nicht als Träger von Bösem, so doch als ontologisch und qualitativ niedrigstehend charakterisiert: weil sie den Tieren und den Menschen gemeinsam ist (und nicht ein spezifisches Kennzeichen dieser ist); weil sie mit Beraubung und Leiden vermischt ist (und sich darin von den Vergnügen absetzt, die vom Sehen und vom Hören ausgehen); weil sie vom Körper und seinen Notwendigkeiten abhängt und weil sie der Organismus in seinen Zustand vor dem Bedürfnis zurückführen soll.[39] Andererseits ist diese bedingte, untergeordnete und niedere Lust ein äußerst lebhaftes Vergnügen. Wie Platon zu Beginn der *Nomoi* ausführt, hat es die Natur so eingerichtet, daß die Männer und die Frauen zueinander hingezogen sind, damit die Fortpflanzung möglich und das Überleben der Gattung gewährleistet sei.[40] Dieses Ziel ist aber so wichtig, und daß die Menschenwesen sich eine Nachkommenschaft geben, ist so wesentlich, daß die Natur mit dem Fortpflanzungsakt eine äußerst intensive Lust verbunden hat. Wie die Notwendigkeit, sich zu ernähren und so ihr individuelles Überleben sicherzustellen, den Tieren von der natürlichen Lust, die an die Nahrung und an den Trank geknüpft ist, in Erinnerung gerufen wird, so wird ihnen auch die Notwendigkeit, zu zeugen und eine Nachkommenschaft zu hinterlassen, ständig durch das Vergnügen und das Begehren, die mit der Vereinigung der Geschlechter verbunden sind, in Erinnerung gerufen. Die *Nomoi* sprechen so von der Existenz der drei großen grundlegenden Strebungen, die die Nahrung, das Trinken und die Zeugung betreffen: alle drei sind stark, gebieterisch, hitzig; aber die dritte ist, »obwohl sie als letzte aufkeimt, die lebhafteste unserer Neigungen«.[41] Seinen Gesprächspartner in der *Politeia* fragte Sokrates, ob er eine »größere und lebhaftere Lust kenne als die Liebeslust«.[42]

---

38 Diogenes Laertios, *De clarorum philosophorum vitis, dogmatibus et apophthegmatibus*, lib. II, 8.

39 Zur Gemeinsamkeit dieser Art von Lust mit den Tieren vgl. Xenophon, *Hieron*, VII; zum gemischten Charakter der physischen Lust: Platon, *Politeia*, IX, 583b ff.; *Philebos*, 44 ff.; dazu, daß die Lust die Wiederherstellung des vorherigen Zustandes des Körpers begleitet, siehe Platon, *Timaios*, 64d-65a; Aristoteles, *Nikomachische Ethik*, VII, 4, 1147b.

40 Vgl. Platon, *Nomoi*, I, 636c.

41 Platon, *Nomoi*, I, 636c.

42 Platon, *Politeia*, III, 403a.

Es ist ebendiese natürliche Lebhaftigkeit der Lust, die zusammen mit der Anziehung auf das Begehren die sexuelle Aktivität dazu treibt, die Grenzen zu überschreiten, die von der Natur dadurch gesetzt worden sind, daß sie aus dem Vergnügen der *aphrodísia* ein niedriges, untergeordnetes und bedingtes Vergnügen gemacht hat. Diese Lebhaftigkeit verleitet, die Hierarchie umzustoßen, diese Gelüste und ihre Befriedigung an erste Stelle zu setzen, ihnen absolute Macht über die Seele zu geben. Sie treibt auch dazu, die Lust über die Befriedigung der Bedürfnisse hinaus auch nach der Wiederherstellung des Körpers weiter zu suchen. Tendenz zur Revolte, zum Aufstand – das ist die »stasiastische« Virtualität des sexuellen Triebes; Tendenz zur Überschreitung, zum Exzeß – das ist seine »hyperbolische« Virtualität.[43] Die Natur hat diese notwendige und gefährliche Kraft, die immer bereit ist, über das ihr gesetzte Ziel hinauszuschießen, ins Menschenwesen gesetzt. Aus diesen Gründen erfordert die sexuelle Aktivität eine moralische Diskriminierung, von der wir gesehen haben, daß sie eher dynamisch als morphologisch war. Wenn man ihr, wie Platon sagt, die drei stärksten Zügel – die Furcht, das Gesetz und die wahre Rede[44] – anlegen muß, wenn die Kraft des Begehrens – nach Aristoteles – der Vernunft gehorchen muß wie das Kind den Befehlen seines Lehrers[45], wenn Aristippos, ohne aufzuhören, sich der Lüste zu »bedienen«, selber wollte, daß man darauf achte, sich von ihnen nicht hinreißen zu lassen[46], so liegt der Grund dafür nicht darin, daß die sexuelle Betätigung ein Übel wäre; und auch nicht darin, daß sie von einem kanonischen Modell abzuweichen drohte. Sondern darin, daß sie von einer Kraft, von einer *enérgeia*, rührt, die von sich aus zum Übermaß treibt. In der christlichen Doktrin vom Fleisch beruht die exzessive Kraft der Lust auf dem Fall und dem Fehl, der seither die menschliche Natur kennzeichnet. Für das klassische griechische Denken ist diese Kraft von Natur aus virtuell exzessiv, und die moralische Frage besteht darin, wie man dieser Kraft die Stirn bieten kann, wie sie zu meistern ist und wieweit man sie in einer angemessenen Ökonomie gewähren lassen kann.

---

43 Zur Übertreibung *(hyperbolé, hyperbállein)* der Vergnügen siehe zum Beispiel Platon, *Politeia*, III, 402e; *Timaios*, 86b; Aristoteles, *Nikomachische Ethik*, III, 11, 1118b; VII, 4, 1148a; VII, 7, 1150a; VII, 7, 1150b. Zum Aufstand *(epanástasis, stasiázein)*: Platon, *Politeia*, IV, 442d; IV, 444b; IX, 586e; *Phaidros*, 237d.

44 Vgl. Platon, *Nomoi*, VI, 783a.

45 Vgl. Aristoteles, *Nikomachische Ethik*, III, 12, 1119b.

46 Vgl. Diogenes Laertios, *De clarorum philosophorum vitis, dogmatibus et apophthegmatibus*, lib. VI, 8.

Daß die sexuelle Aktivität als ein Spiel von Kräften erscheint, die von der Natur eingerichtet sind, aber mißbraucht werden können, bringt sie in die Nähe der Ernährung und der damit aufgeworfenen moralischen Probleme. Diese Assoziation zwischen der Moral des Geschlechts und derjenigen der Tafel ist in der alten Kultur eine feststehende Tatsache, für die sich beliebig viele Beispiele finden ließen. Wenn Xenophon im ersten Buch der *Memorabilia* zeigen will, wie sehr Sokrates durch sein Beispiel und seine Reden seinen Schülern nützlich war, so legt er die Empfehlungen und das Verhalten seines Meisters im Hinblick auf »das Trinken, das Essen und die Freuden der Liebe«[47] dar. Wenn die Gesprächspartner der *Politeia* über die Erziehung der Wächter reden, so stimmen sie darüber darin überein, daß die Mäßigung, die *sophrosýne*, die dreifache Beherrschung der Vergnügen des Weines, der Liebe und der Speise *(pótoi, aphrodísia, edodaí)* erfordert.[48] Desgleichen Aristoteles: in der *Nikomachischen Ethik* sind die drei Beispiele, die er von den »gemeinen Vergnügen« gibt, die der Speise, des Tranks und – für die jungen Leute und die Männer in der Kraft des Alters – die »Lüste des Bettes«[49]; in diesen drei Formen der Lust sieht er ein und dieselbe Gefahr: die Gefahr des Übermaßes, das über das Bedürfnis hinausgeht; er ordnet ihnen sogar ein gemeinsames physiologisches Prinzip zu, da er sie als Lüste der Berührung betrachtet (Essen und Trinken erwecken ihm zufolge die ihnen eigene Lust erst in der Berührung mit der Zunge und vor allem der Kehle).[50] Im *Symposion* beansprucht der Arzt Eryximachos für seine Kunst die Kompetenz, Ratschläge darüber zu geben, wie man die Vergnügen der Tafel und des Bettes gebrauchen soll; die Ärzte sollen sagen, wie man aus dem Genuß des Essens Lust gewinnen kann, ohne sich krank zu machen; und denen, die die physische Liebe – »die gemeine« – praktizieren, sollen sie vorschreiben, wie sie ihren Genuß finden können, ohne daß daraus eine Störung entstünde.[51]

Es wäre sicherlich interessant, die lange Geschichte der Beziehungen zwischen Nahrungsmoral und Sexualmoral durch die Lehrmeinungen, aber auch durch die religiösen Riten und die diätetischen Regeln zu verfolgen; man müßte untersuchen, wie sich langfristig die Sexualmoral vom Mechanismus der Nahrungsvorschriften abgekoppelt hat: die Entwick-

---

47 Vgl. Xenophon, *Memorabilia*, I, 3, 15.
48 Platon, *Politeia*, III, 389d-e; vgl. auch IX, 580e.
49 Aristoteles, *Nikomachische Ethik*, III, 11, 1118b.
50 Vgl. a. a. O., III, 10, 1118a.
51 Vgl. Platon, *Symposion*, 187e.

lung ihres jeweiligen Gewichts, in der gewiß spät der Moment eintrat, in
dem das Problem der sexuellen Lebensführung dringlicher wurde als das
der Eßverhalten und die fortschreitende Differenzierung ihrer eigenen
Struktur (der Moment, in dem das sexuelle Begehren in anderen Begriffen
problematisiert wurde als das Nahrungsstreben). In der Reflexion der
Griechen der klassischen Epoche scheint jedenfalls die moralische Problematisierung der Speise, des Tranks und der sexuellen Aktivität in ziemlich
ähnlicher Weise vollzogen worden zu sein. Die Speisen, die Weine, die Beziehungen mit den Frauen und den Knaben bilden einen analogen ethischen Stoff; sie haben es mit natürlichen Kräften zu tun, die jedoch exzessiv zu werden drohen. Sie alle werfen dieselbe Frage auf: wie kann und wie
muß man sich dieser Dynamik der Lüste, der Begierden und der Akte »bedienen« *(chrêsthai)*? Frage des richtigen Gebrauchs. Wie es Aristoteles sagt:
Jeder zieht in einem bestimmten Maße Lust aus der Tafel, dem Wein und
der Liebe; aber nicht alle tun es, wie es sich ziemt *(uch' hos deî)*.[52]

2 Chrêsis

Wie hat man sein Vergnügen »geziemend«? Auf welches Prinzip soll man
sich beziehen, um diese Tätigkeit zu mäßigen, zu begrenzen, zu regeln?
Welche Art von Gültigkeit und Gefolgschaft können solche Prinzipien
für sich beanspruchen? Anders gesagt: welcher Unterwerfungstyp ist in
dieser moralischen Problematisierung der sexuellen Lebensführung impliziert?

   Die moralische Reflexion über die *aphrodísia* versucht weniger einen systematischen Code aufzustellen, der die kanonische Form der sexuellen
Akte festlegt, die Grenzlinie der Verbote zieht und die Praktiken auf die
beiden Seiten verteilt – sondern vielmehr die Bedingungen und die Modalitäten eines »Gebrauchs« auszuarbeiten: den Stil dessen, was die Griechen
die *chrêsis aphrodisíon*, den Gebrauch der Lüste, nannten. Der geläufige
Ausdruck *chrêsis aphrodisíon* bezieht sich allgemein auf die sexuelle Betätigung (so spricht man von den Jahreszeiten oder von dem Lebensalter, da es
gut ist *chrêsthai aphrodisíois*).[53] Aber der Ausdruck bezieht sich auch auf
die Art und Weise, in der ein Individuum seine sexuelle Tätigkeit vollzieht,

---

52 Aristoteles, *Nikomachische Ethik*, VII, 14, 1154a.
53 Vgl. Aristoteles, *Historia animalium*, VII, 1, 581b; *De generatione animalium*, II, 7, 747a.

auf seine Art, sich in diesem Bereich aufzuführen, auf die Ordnung, die es sich gestattet oder auferlegt, auf die Bedingungen, unter denen es die sexuellen Akte ausführt, auf den Stellenwert, den es ihnen in seinem Leben einräumt.[54] Es geht nicht um die Frage, was unter den Begierden, die man verspürt, oder den Akten, die man begeht, erlaubt oder verboten ist, sondern um die Klugheit, die Reflexion, den Kalkül in der Verteilung und Kontrolle seiner Handlungen. Im Gebrauch der Lüste gilt es zwar, die Gesetze und Bräuche des Landes zu achten, die Götter nicht zu beleidigen und sich an das zu halten, was die Natur will – aber die Moralregeln, denen man sich unterwirft, sind weit entfernt von einer Unterwerfung unter einen wohldefinierten Code.[55] Es geht vielmehr um eine flexible Anpassung, in der auf verschiedene Elemente Rücksicht zu nehmen ist: Zum einen das Bedürfnis und das von der Natur Benötigte; zum anderen das Element der Zeit, der Umstände, der Gelegenheit; zum dritten das des Standes des Individuums selber. Über die *chrêsis* ist in Rücksicht auf diese verschiedenen Aspekte zu entscheiden. Man kann in der Reflexion auf den Umgang mit den Lüsten eine dreifache Sorge-Strategie erkennen: die des Bedürfnisses, die des Moments, die des Status.

1. Die Strategie des Bedürfnisses. Diogenes' skandalöse Geste ist bekannt: wenn er das Bedürfnis hatte, seinen sexuellen Trieb zu befriedigen, erleichterte er sich selbst, auf öffentlichem Platz.[56] Wie viele kynische Provokationen ist auch diese zweifach zu verstehen. Die Provokation liegt im öffentlichen Charakter der Sache – was in Griechenland allen Bräuchen zuwiderlief. Als Grund, die Liebe nur in der Nacht zu praktizieren, führte man gern die Notwendigkeit an, sich den Blicken zu entziehen; und in dem Bemühen, sich bei diesen Beziehungen nicht sehen zu lassen, sah man ein Zeichen dafür, daß die Praktik der *aphrodísia* nicht etwas war, was dem Vornehmsten im Menschen Ehre macht. Gegen diese Regel der

---

54 Platon (*Politeia*, V, 451c) spricht von dem richtigen »Besitzen und Gebrauchen« (*ktêsis te kaì chreía*) der Frauen und Kinder; dabei handelt sich es um die Gesamtheit der Verhältnisse und Beziehungen zu ihnen. Polybios erwähnt die *chreía aphrodisíon*, die zusammen mit dem Luxus der Kleidung und der Speisen die Sitten der erblichen Herrscher kennzeichnet, die die Unzufriedenheit weckt und zur Revolution aufstachelt (*Historiae*, VI, 7).

55 Die *Rhetorik* von Aristoteles (I, 9) definiert Mäßigung als dasjenige, was uns in bezug auf die Lüste des Körpers so handeln läßt; »wie der *nómos* es will«. Über den Begriff *nómos* vgl. J. de Romilly, *La Loi dans la pensée grecque des origines à Aristote*, Paris 1971.

56 Vgl. Diogenes Laertios, *De clarorum philosophorum vitis, dogmatibus et apophthegmatibus*, lib. VI, 2, 46; Dion von Prusa, *Reden*, VI, 17-20; Galenus, *De locis affectis*, VI, 5.

Nicht-Öffentlichkeit richtet Diogenes seine »gestische« Kritik; Diogenes Laertios berichtet von seiner Gewohnheit, »alles in der Öffentlichkeit zu tun, das Essen und das Lieben«, sowie von seiner Überlegung: »Wenn es nicht schlecht ist zu essen, dann ist es auch nicht schlecht, in der Öffentlichkeit zu essen.«[57] Aber durch diese Annäherung an das Essen gewinnt die Geste des Diogenes auch noch eine andere Bedeutung: die Praktizierung der *aphrodísia*, die nicht schimpflich sein kann, weil sie ja natürlich ist, ist nicht mehr und nicht weniger als die Befriedigung eines Bedürfnisses. Und so wie der Kyniker die Nahrung suchte, die seinen Magen am einfachsten befriedigen konnte (er soll versucht haben, rohes Fleisch zu essen), so fand er in der Masturbation das direkteste Mittel, um sein Gelüst zu stillen; er bedauerte es sogar, daß es nicht möglich sei, Hunger und Durst ebenso einfach zu stillen: »Ach wenn es doch genügte, sich den Bauch zu reiben, um seinen Hunger zu stillen!«

Damit trieb Diogenes nur eine der Empfehlungen der *chrêsis aphrodisíon* auf die Spitze. Er trieb die Reduktion noch weiter als Antisthenes im *Symposion* von Xenophon: »Wenn ich von einem Liebesbegehren gereizt werde, so begnüge ich mich mit der nächstbesten, und die Frauen, an die ich mich wende, überhäufen mich mit Zärtlichkeiten, da keiner sonst sich ihnen nähern will. Und alle diese Genüsse erscheinen mir so lebhaft, daß ich sie mir keineswegs lebhafter wünsche; ich möchte sie eher weniger stark – so sehr überschreiten einige die Grenzen des Nützlichen.«[58] Diese Regel des Antisthenes ist in ihrem Prinzip (auch wenn die praktischen Konsequenzen ganz andere sind) nicht sehr weit entfernt von einigen Empfehlungen oder Beispielen, die – Xenophon zufolge – Sokrates seinen Schülern gab. Wenn er den gegen die Liebesvergnügen unzureichend Gerüsteten empfahl, den Anblick der schönen Knaben zu fliehen und notfalls sogar außer Landes zu gehen, so schrieb er doch nicht unbedingt eine gänzliche, endgültige und bedingungslose Enthaltsamkeit vor. »Die Seele« – so jedenfalls wird die sokratische Lektion von Xenophon präsentiert – »billigt diese Vergnügen nur, wenn das körperliche Bedürfnis dringend ist und ohne Schaden befriedigt werden kann.«[59]

Aber in diesem vom Bedürfnis regulierten Gebrauch der *aphrodísia* geht es nicht um die Auslöschung der Lust: vielmehr geht es darum, sie zu be-

---

57 Diogenes Laertios, *De clarorum philosophorum vitis, dogmatibus et apophthegmatibus*, lib. VI, 2. 69.
58 Xenophon, *Symposion*, IV, 38.
59 Xenophon, *Memorabilia*, I, 3, 14.

halten, und zwar durch das Bedürfnis, das das Begehren weckt; bekanntlich wird das Vergnügen stumpf, wenn es nicht einem lebhaften Begehren Befriedigung bietet: »Meine Freunde«, sagt die Tugend in der von Sokrates berichteten Rede des Prodikos, »genießen das Essen und Trinken mit Vergnügen *(hedeîa ... apólausis)* und ohne Mühe *(aprágmon):* denn sie warten, bis sie den Wunsch danach verspüren.«[60] Und in einer Diskussion mit Euthydemos erinnert Sokrates daran, daß »der Hunger, der Durst, das Liebesverlangen *(aphrodisíon epithymía),* die Nachtwachen die einzigen Ursachen des Vergnügens sind, das man hat, wenn man ißt, trinkt, liebt, sich hinlegt und schläft – sofern man diese Bedürfnisse ertragen und erwartet hat, bis ihre Befriedigung so angenehm wie möglich ist *(hos éni hédista).*«[61] Doch wenn die Lustempfindung erforderlich ist, um das Begehren aufrechtzuerhalten, so sind doch nicht umgekehrt die Begierden durch Lüste, die nicht in der Natur liegen, zu vermehren: die Ermüdung und nicht der freiwillige Müßiggang soll, wie es in der Rede des Prodikos heißt, den Wunsch nach Schlaf geben; und wenn sich die sexuellen Begierden zeigen, soll man sie befriedigen können, aber nicht neue Begierden schaffen, die über die Bedürfnisse hinausgehen. Das Bedürfnis ist das Leitprinzip in dieser Strategie, die, wie man sieht, nie die Form einer strengen Kodifizierung oder eines Gesetzes annehmen kann, das auf alle unter allen Umständen gleich anzuwenden wäre. Sie ermöglicht ein Gleichgewicht in der Dynamik des Vergnügens und des Begehrens: sie verhindert, daß man sich »überfahren« läßt und einem Überschwang verfällt, indem sie als innere Grenze die Befriedigung eines Bedürfnisses festsetzt; und sie verhindert, daß diese natürliche Kraft aufständisch wird und einen Platz usurpiert, der nicht der Ihre ist: denn sie gesteht nur das zu, was für den Körper notwendig und von der Natur gewollt ist – nicht mehr.

Diese Strategie erlaubt es, die Unmäßigkeit zu vermeiden, ein Verhalten, das seinen Rückhalt nicht im Bedürfnis hat. Die Unmäßigkeit kann zwei Formen annehmen, gegen die das moralische Reglement der Lüste zu kämpfen hat. Es gibt eine Unmäßigkeit der »Fülle« oder der »Ausfüllung«[62]: sie gestattet dem Körper alle möglichen Lüste, noch bevor er das Bedürfnis danach verspürt hat, da sie ihm keine Zeit läßt, »den Hunger, den Durst, das Liebesverlangen, die Müdigkeiten« zu empfinden, und da-

---

60 A. a. O., II, 1, 33.
61 A. a. O., IV, 5, 9.
62 Vgl. Platon, *Gorgias,* 492a-b, 494c; *Politeia,* VIII, 561b.

mit jede Lustempfindung erstickt. Es gibt auch eine Unmäßigkeit der
»Künstlichkeit«, die aus der ersten folgt: sie besteht darin, die Wollust in
der Befriedigung außernatürlicher Begierden zu suchen; »um mit Lust zu
essen, sucht sie nach Köchen, um mit Lust zu trinken, sucht sie nach teu-
ren Weinen, und im Sommer eilt sie, den Schnee zu suchen«; um neue Vergnügen in den *aphrodísia* zu finden, bedient sie sich »der Männer, als ob
sie Frauen wären«.[63] So verstanden, kann die Mäßigung keine Form von
Gehorsam gegenüber einem System von Gesetzen oder einer Kodifizierung von Verhaltensweisen sein; sie kann auch nicht Auslöschung der Vergnügen begründen; sie ist eine Kunst, eine Praktik der Lüste, die sich derjenigen Vergnügen zu bedienen versteht, die auf dem Bedürfnis beruhen,
und damit sich selber zu beschränken weiß: »Die Mäßigung ist es, sagt Sokrates, die allein uns die Bedürfnisse erträglich macht, von denen ich gesprochen habe, und die uns eine Lust verspüren läßt die der Erinnerung
wert ist.«[64] So ging in seinem Alltagsleben Sokrates selber damit um, wenn
wir Xenophon glauben dürfen: »Er nahm Nahrung nur dann zu sich, wenn
er Lust zu essen hatte, und er begab sich zum Mahl in einem Zustand, daß
ihm der Appetit als Würze diente. Jedes Getränk war ihm angenehm, da er
nie ohne Durst trank.«[65]

2. Eine andere Strategie besteht darin, den richtigen Moment, den *kairós*,
zu bestimmen. Das ist eines der wichtigsten und delikatesten Ziele innerhalb der Kunst, mit den Lüsten umzugehen. Platon erinnert daran in den
Nomoi: glücklich derjenige (ob es sich um einen einzelnen handelt oder
um einen Staat), der in diesem Bereich weiß, was er tun soll, »wann er es
tun soll und wieviel er tun soll«; derjenige hingegen, der handelt, »ohne
zu wissen wie *(anepistémos)*« und »außerhalb der richtigen Momente
(ektòs tôn kairôn)«, der hat »ein ganz anderes Leben«.[66]

Es ist festzuhalten, daß das Thema des »richtigen Moments« nicht nur
in der Moral, sondern auch in der Wissenschaft und Technik eine wichtige
Rolle gespielt hat. Die praktischen Wissen, als welche die Heilkunst, die
Regierung, die Steuermannskunst gern zusammengefaßt worden sind,
schließen auch ein, daß man nicht allein die allgemeinen Prinzipien kennt,

63 Xenophon, *Memorabilia*, II, 1, 30.
64 A. a. O., IV, 5, 9.
65 A. a. O., I, 3, 5.
66 Platon, *Nomoi*, I, 636d-e. Zum Begriff des *kairós* und seiner Rolle in der griechischen Moral vgl.
   P. Aubenque, *La prudence chez Aristote*, Paris 1963, S. 95 ff.

sondern auch fähig ist, den Moment zu bestimmen, in dem man eingreifen muß, und daß man weiß, wie man unter den jeweils gegebenen Umständen einzugreifen hat. Einer der wesentlichen Aspekte der Tugend der Klugheit besteht gerade in der Fähigkeit, die »Politik des Augenblicks« richtig zu betreiben – und zwar in den verschiedenen Bereichen, in denen es darauf ankommt, den *kairós* zu fassen –, ob es sich um die Gesellschaft oder das Individuum handelt, den Körper oder die Seele. Im Umgang mit den Lüsten ist die Moral auch eine Kunst des »Moments«.

Dieser Moment ist auf mehreren Skalen zu bestimmen. Es gibt die Skala des ganzen Lebens; die Ärzte halten es nicht für gut, zu jung mit der Praktik dieser Lüste anzufangen; sie meinen auch, es könne schädlich sein, sie in ein zu hohes Alter fortzusetzen. Sie hat ihre Zeit in der Zeit des Lebens: man legt sie zumeist auf eine Periode, in der die Fortpflanzung nicht nur möglich ist, sondern auch zu einer gesunden und wohlgestalteten Nachkommenschaft führt.[67] Dann gibt es die Skala des Jahres mit den Jahreszeiten: wie wir noch sehen werden, legen die Diätordnungen großen Wert auf die Korrelation zwischen der sexuellen Tätigkeit und der klimatischen Verschiebung zwischen dem Warmen und dem Kalten, zwischen der Feuchtigkeit und der Trockenheit.[68] Es gilt auch, die Tageszeit zu wählen: eines der Tischgespräche Plutarchs wird dieses Problem behandeln und eine Lösung vorschlagen, die traditionell gewesen zu sein scheint; diätetische Gründe, aber auch solche der Dezenz sowie religiöse Motive legen es nahe, den Abend vorzuziehen, die günstigste Zeit für den Körper; die Zeit, da das Dunkel die wenig schicklichen Bilder verhüllt und noch die ganze Nacht vor den religiösen Verrichtungen des nächsten Morgens liegt.[69] Die Wahl des Augenblicks – des *kairós* – hängt auch von den anderen Tätigkeiten ab. Wenn Xenophon seinen Kyros als Beispiel der Mäßigung zitieren kann, dann nicht, weil dieser auf die Lüste verzichtet hätte, sondern weil er sie auf dem Faden seiner Existenz zu verteilen verstand, ohne sich dadurch von seinen Beschäftigungen abhalten zu lassen, und indem er erst nach getaner Arbeit zu ehrenhaften Erholungen überging.[70]

---

67 Dieses Alter wurde später angesetzt; für Aristoteles bleibt der Samen bis zum 21. Jahr unfruchtbar. Aber das Alter, das ein Mann abwarten muß, um auf eine wohlgeratene Nachkommenschaft hoffen zu können, ist noch später: »Nach 21 Jahren sind die Frauen in guter Verfassung, um Kinder zu kriegen, während die Männer sich noch entwickeln müssen« (*Historia animalium*, VII, 1, 582a).
68 Das wird im folgenden Kapitel ausgeführt werden.
69 Vgl. Plutarch, *Quaestionum convivialium* lib. III, 6.
70 Vgl. Xenophon, *Kyrupaideia*, VIII, 1, 32.

Die Wichtigkeit des »richtigen Moments« in der Sexualethik erscheint klar in einem Abschnitt der *Memorabilia*, der dem Inzest gewidmet ist. Unzweideutig erklärt Sokrates, »die Untersagung der Beziehung zwischen einem Vater und seinen Töchtern, zwischen einem Sohn und seiner Mutter« stelle ein allgemeines und von Göttern gesetztes Gebot dar: den Beweis dafür sieht er darin, daß diejenigen eine Strafe empfangen, die dagegen verstoßen. Und diese Strafe besteht darin, daß ihre Nachkommenschaft mißraten wird, welches auch die inneren Eigenschaften der inzestuösen Eltern sein mögen. Warum? Weil sie das Prinzip des »Moments« mißachtet und den Samen der Erzeuger zur Unzeit vermischt haben, von denen der eine zwangsläufig viel älter ist als der andere: zeugen, wenn man nicht mehr »in der Blüte des Lebens« steht, bedeutet immer »sich unter schlechten Bedingungen fortpflanzen«.[71] Xenophon oder Sokrates sagen nicht, daß der Inzest nur wegen der »Unzeit« zu verurteilen wäre; doch bemerkenswert ist, daß das Übel des Inzests sich in derselben Weise und in denselben Wirkungen manifestiert wie die Verkennung der Zeit.

3. Die Kunst des Gebrauchs der Lust muß auch auf die Person des Verwenders, auf seinen Status Rücksicht nehmen. Darin erinnert nach dem *Symposion* der dem Demosthenes zugeschriebene *Erotikos:* jeder verständige Geist weiß, daß Liebesbeziehungen zu einem Knaben nicht »schlechthin tugendhaft oder unehrenhaft« sind, sondern »sich ganz und gar nach den Beteiligten unterscheiden«; es wäre also »unvernünftig, in allen Fällen demselben Grundsatz zu folgen«.[72]

Zweifellos variieren die Regeln der sexuellen Lebensführung in vielen Gesellschaften je nach Alter, Geschlecht und Stand der Individuen, und die Ge- und Verbote gelten nicht für alle in gleicher Weise. Aber in der christlichen Moral – um bei diesem Fall zu bleiben – vollzieht sich die Spezifizierung im Rahmen eines Gesamtsystems, das den Wert des sexuellen Aktes nach allgemeinen Grundsätzen festlegt und dann angibt, unter welchen Bedingungen er legitim ist oder nicht – je nachdem, ob man verheiratet ist oder nicht, durch Gelübde gebunden oder nicht usw.; es handelt sich dabei also um eine modulierte Universalität. Es scheint, daß in der alten Moral – mit Ausnahme einiger für jedermann geltender Gebote – die Sexualmoral immer zu einer Lebensweise gehört, die durch den erlangten

71 Xenophon, *Memorabilia*, VI, 4, 21-23.
72 Platon, *Symposion*, 180c-181a; 183d; Pseudo-Demosthenes, *Erotikos*, 4.

Status und die gewählten Ziele bestimmt ist. So wendet sich der Pseudo-Demosthenes des *Erotikos* an Epikrates, um ihm »Ratschläge zu geben, die seiner Lebensführung zu größerer Achtung verhelfen sollen«; er möchte nicht, daß der junge Mann über sich selber Entschlüsse faßt, »die nicht den besten Ansichten entsprechen«; und diese guten Ratschläge sollen nicht allgemeine Verhaltensregeln in Erinnerung rufen, sondern die legitime Differenz der moralischen Kriterien zur Geltung bringen: »ist einer von niedrigem Stande, so tadeln wir ihn nicht, auch wenn er sich in unehrenhafter Weise vergangen hat«; ist er aber, wie Epikrates selbst, »zu Ansehen gelangt, so bedeckt ihn die geringste Mißachtung eines Punktes, der die Ehre berührt, mit Schande«.[73] Es ist ein allgemein anerkanntes Prinzip, daß man – je mehr Ansehen man hat, je mehr man über die andern Autorität ausübt oder ausüben will, je mehr man aus seinem Leben ein glänzendes Werk zu machen sucht, das noch in fernen Ländern und Zeiten gerühmt werden wird – sich um so mehr strenge Grundsätze der sexuellen Lebensführung freiwillig auferlegen muß. Das war der Rat, den Simonides dem Hieron bezüglich »des Trinkens, des Essens, des Schlafes, der Liebe« gab: diese »Genüsse sind allen Tieren unterschiedslos gemein«, während das Verlangen nach Ehre und Lob gerade den Menschen eigen ist; und dieses Verlangen ist es, das Gefahren und Entbehrungen erdulden hilft.[74] Und so verhielt sich auch – Xenophon zufolge – Agesilaos zu den Lüsten, »von denen sich viele Menschen beherrschen lassen«; er meinte, ein Führer habe sich von den Gemeinen nicht durch Weichheit, sondern durch Ausdauer zu unterscheiden.[75]

Die Mäßigung wird stets zu den Qualitäten gezählt, die nicht jedem Beliebigen zukommen oder gehören sollten, sondern in erster Linie denen, die in der Polis Rang, Stand und Verantwortung innehaben. Wenn in den *Memorabilia* Sokrates dem Kritobulos das Porträt des Ehrenmannes zeichnet, dessen Freundschaft zu suchen nützlich ist, so setzt er die Mäßigung in das Tableau der Eigenschaften, die einen angesehenen Mann auszeichnen: einem Freund behilflich sein wollen, empfangene Wohltaten vergelten können, in den Geschäften entgegenkommend sein.[76] Seinem Schüler Aristippos, der »die Unordentlichkeit zum Exzeß« trieb, zeigt Sokrates – nach Xe-

73 Ebd.
74 Xenophon, *Hieron*, VII.
75 Xenophon, *Enkomion auf Agesilaos*, V.
76 Xenophon, *Memorabilia*, II, 6, 1-5.

nophon – die Vorteile der Mäßigung, indem er ihm die Frage stellt: wenn
er zwei Schüler auszubilden hätte, einen, der ein beliebiges Leben zu führen hat, und einen, der zum Befehlen bestimmt ist – welchen von beiden
würde er lehren, »Herr seiner Liebesbegierden« zu sein, damit sie ihn nicht
daran hindern, zu tun, was er zu tun hat?[77] Im übrigen, sagen die *Memorabilia*, ziehen wir Sklaven vor, die nicht unmäßig sind; wenn wir uns nun
gar einen Herrn wählten – »würden wir den wählen, von dem wir wissen,
daß er Sklave seines Bauches, des Weins, der Liebesvergnügen, der Verweichlichung und des Schlafes ist?«[78] Zwar will Platon dem gesamten Staat
die Tugend der Mäßigung geben; doch versteht er darunter nicht, daß alle
in gleicher Weise Mäßigung zeigen müßten; *sophrosýne* wird vielmehr den
Staat kennzeichnen, in dem diejenigen, die gelenkt werden müssen, gehorchen, und diejenigen, die befehlen müssen, tatsächlich befehlen; man wird
also eine Menge »Begierden, Lüste und Qualen« bei den Kindern, Frauen,
Sklaven und bei einer Masse von wertlosen Leuten finden; »aber die einfachen und gemäßigten Begierden, die der Vernunft zugänglich sind und
sich von der Einsicht und der richtigen Meinung leiten lassen«, wird man
nur »bei einer geringen Zahl von Leuten finden, denen nämlich, die mit
der schönsten Anlage die beste Erziehung verbinden«. Im mäßigenden
Staat werden die Leidenschaften der lasterhaften Menge von »den Leidenschaften und der Einsicht einer tugendhaften Minderheit«[79] beherrscht.

Man ist also weit entfernt von einer Strenge, die alle Individuen in gleicher Weise, die stolzesten wie die niedrigsten, einem allgemeinen Gesetz
zu unterwerfen suchte, wobei nur die Anwendung von einer Kasuistik moduliert würde. Hier ist alles eine Sache der Anpassung, der Umstände, der
persönlichen Stellung. Einige große gemeinsame Gesetze – der Polis, der
Religion oder der Natur – bleiben gegenwärtig, doch ziehen sie gleichsam
in der Ferne einen sehr weiten Kreis, innerhalb dessen das praktische Denken definieren muß, was zu tun ist. Und dazu bedarf es nicht eines maß-
geblichen Textes, sondern einer *téchne*, einer Praxis, einer Geschicklichkeit, die unter Beachtung der allgemeinen Grundsätze die Handlung in
ihrem Augenblick, in ihrem Kontext und im Hinblick auf ihre Ziele leitet.
In dieser Moral konstituiert sich also das Individuum nicht dadurch als
ethisches Subjekt, daß es die Regel seiner Handlung verallgemeinert; son-

77 A. a. O., II, 1, 1-4.
78 A. a. O., I, 5, 1.
79 Platon, *Politeia*, IV, 431c-d.

dern im Gegenteil durch eine Haltung und eine Suche, die seine Handlung individualisieren und modulieren und ihr sogar einen einzigartigen Glanz geben können, indem sie ihr eine rationale und reflektierte Struktur verleihen.

3 Enkráteia

Man stellt häufig die Innerlichkeit der christlichen Moral der Äußerlichkeit einer heidnischen Moral gegenüber, die die Handlungen nur in ihrer tatsächlichen Ausführung, in ihrer sichtbaren und offenkundigen Form, in ihrer Übereinstimmung mit Regeln und nach dem Ansehen anvisiert, das sie in der Meinung oder später in der Erinnerung gewinnen. Aber diese übliche Gegenüberstellung verfehlt vielleicht das Wesentliche. Was man die christliche Innerlichkeit nennt, ist ein besonderer Modus des Verhältnisses zu sich, der bestimmte Formen der Aufmerksamkeit, des Verdachts, der Dechiffrierung, der Verbalisierung, des Geständnisses, der Selbstbeschuldigung, des Kampfes gegen Versuchungen, der Entsagung, des geistigen Ringens und dergleichen enthält. Und das, was als die »Äußerlichkeit« der alten Moral bezeichnet wird, enthält ebenso das Prinzip einer Arbeit an sich – aber in einer ganz anderen Form. Die Entwicklung, die sich – übrigens sehr langsam – zwischen Heidentum und Christentum abspielt, besteht nicht in einer zunehmenden Verinnerlichung der Regel, des Aktes und der Schuld; sie bewirkt vielmehr eine Restrukturierung der Formen des Verhältnisses zu sich und seine Transformation der Praktiken und Techniken, auf die sich dieses Verhältnis stützt.

In der klassischen Sprache wird diese Form des Verhältnisses zu sich, diese »Haltung«, die notwendig ist für die Moral der Lüste und die sich in ihrem richtigen Gebrauch manifestiert, mit einem Ausdruck bezeichnet: *enkráteia*. Das Wort war lange der *sophrosýne* recht nahe: man findet beide Wörter oft zusammen oder abwechselnd beinahe synonym gebraucht. Um die Mäßigung zu bezeichnen – die mit der Frömmigkeit, der Weisheit, dem Mut, der Gerechtigkeit zu den fünf Haupttugenden gehört –, verwendet Xenophon bald das Wort *sophrosýne*, bald das Wort *enkráteia*.[80] Platon

---

80 Xenophon, *Kyrupaideia*, VIII, 1, 30. Über den Begriff *sophrosýne* und seine Entwicklung vgl. H. North, »Sophrosyne. Self-Knowledge und Self-Restraint in Greek Literature«, in: *Cornell Studies in Classical Philology* XXXV, Ithaca 1966, S. 123-132. Der Autor unterstreicht die Nähe der beiden Wörter *sophrosýne* und *enkráteia* bei Xenophon.

bezieht sich auf die Nähe beider Wörter, wenn Sokrates auf die Frage des Kallikles, was »sich selbst befehligen *(autòn heautû árchein)* sei, antwortet: dies bestehe darin, »weise zu sein und sich zu beherrschen *(sóphrona ónta kaì enkratê autòn heautû)*, den Vergnügen und Begierden in sich zu befehlen *(árchein tôn hedonôn kaì epithymiôn)*«.[81] Und wenn er in der *Politeia* die vier grundlegenden Tugenden – Weisheit, Mut, Gerechtigkeit und Mäßigung *(sophrosýne)* – abhandelt, so definiert er diese durch *enkráteia:* »Die Mäßigung *(sophrosýne)* ist eine Art Ordnung und Herrschaft *(kósmos kaì enkráteia)* über gewisse Vergnügen und Begierden.«[82]

Aber wenn die Bedeutungen beider Wörter auch sehr nahe sind, so sind sie doch nicht genau synonym. Jedes der beiden bezieht sich auf einen etwas anderen Modus des Verhältnisses zu sich. Die Tugend der *sophrosýne* wird eher als ein allgemeiner Zustand beschrieben, der dafür sorgt, daß man sich verhält, »wie es sich gehört gegenüber den Göttern und Menschen«, was bedeutet, nicht nur maßvoll, sondern auch ehrfürchtig, gerecht und mutig zu sein.[83] Hingegen zeichnet sich die *enkráteia* durch eine eher aktive Form der Selbstbeherrschung aus, mit der man im Bereich der Begierden und der Vergnügen abwehren oder kämpfen oder seine Herrschaft sichern kann. Nach H. North war Aristoteles der erste, der systematisch zwischen *sophrosýne* und *enkráteia* unterschieden hat.[84] Die erste wird in der *Nikomachischen Ethik* dadurch charakterisiert, daß das Subjekt überlegt vernunftgemäße Handlungsprinzipien wählt und sie befolgen und anwenden kann, daß es so in seinem Verhalten die »richtige Mitte« zwischen der Unempfindlichkeit und dem Überschwang einhält (die richtige Mitte ist keine Äquidistanz, denn die Mäßigung ist von diesem weiter entfernt als von jener) und daß es an seiner Mäßigung Freude hat; der *sophrosýne* setzt sich die Unmäßigkeit *(akolasía)* entgegen, in der man willentlich und bewußt schlechten Grundsätzen folgt, sich noch den schwächsten Begierden hingibt und sich dieses schlechten Verhaltens erfreut: der Unmäßige kennt kein Bedauern und keine mögliche Besserung. Die *enkráteia* situiert sich mit ihrem Gegensatz, der *akrasía,* auf der Achse des Kampfes und des Widerstandes: sie ist Zurückhaltung, Spannung, Enthaltung; die

---

81 Platon, *Gorgias,* 491d.
82 Platon, *Politeia,* IV, 430b. In der *Nikomachischen Ethik* (VII, 1 1145b) erwähnt Aristoteles die Meinung, daß derjenige, der *sóphron* ist, *enkratés* und *karterikós* sei.
83 Platon, *Gorgias,* 507a-b. Vgl. auch *Nomoi,* III, 697b: »die ersten und kostbarsten Güter der Seele besitzt man, wenn die Mäßigung darin wohnt«.
84 Vgl. H. North, a. a. O., S. 202 f.

enkráteia beherrscht die Lüste und die Begierden, sie muß aber kämpfen, um überlegen zu sein. Im Unterschied zum »Mäßigen« verspürt der »Enthaltsame« andere Lüste als diejenigen, die der Vernunft entsprechen; aber er läßt sich von ihnen nicht mehr hinreißen, und sein Verdienst wird um so größer sein, je stärker diese Begierden sind. Im Unterschied zur Unmäßigkeit ist *akrasía* keine überlegte Entscheidung für schlechte Prinzipien; sie ist eher mit den Städten zu vergleichen, die gute Gesetze haben, aber nicht fähig sind, sie anzuwenden; der Unenthaltsame läßt sich wider Willen und trotz seinen vernünftigen Grundsätzen hinreißen, sei es, weil er nicht die Kraft hat, sie anzuwenden, sei es, weil er nicht genügend reflektiert hat. Deswegen kann sich der Unenthaltsame bessern und zur Selbstbeherrschung gelangen.[85] In diesem Sinne ist die *enkráteia* die Bedingung der *sophrosýne*, sie ist die Arbeit und die Kontrolle, die das Individuum an sich selber vornehmen muß, um maßvoll *(sóphron)* zu werden.

Jedenfalls scheint sich der Ausdruck *enkráteia* im klassischen Vokabular auf die Dynamik einer Beherrschung seiner durch sich und auf die dabei erforderte Anstrengung zu beziehen.

1. Diese Herrschaftsausübung impliziert zunächst ein agonistisches Verhältnis. In den *Nomoi* erinnert der Athener den Klinias daran: wenn der für den Mut Begabteste ohne »Probe und Übung« nur »die Hälfte seiner selber« ist, dann wird man auch nicht maßvoll *(sóphron)* werden können, »ohne den Kampf gegen so viele Vergnügen und Begierden *(pollaîs hedonaîs kaì epithymíais diamemachemênos)* aufgenommen und den Sieg davongetragen zu haben – mittels Vernunft, Übung, Kunst *(lógos, érgon, téchne)*, sei es im Spiel, sei es im Handeln.«[86] Das sind fast die gleichen Worte wie die, die Antiphon der Sophist gebraucht hat: »Weise *(sóphron)* ist nicht, wer nicht das Gemeine und Schlechte begehrt hat *(epithymeîn)*, wer nicht davon versucht hat; denn dann hat er nichts, worüber er triumphiert hat *(krateîn)* und was ihm gestattet, sich als tugendhaft *(kósmios)* zu behaupten.«[87] Moralisch kann man nur leben, wenn man im Verhältnis zu den Lüsten eine Kampfhaltung einnimmt. Wie wir gesehen haben, sind die *aphrodísia* möglich und wünschbar, weil darin Kräfte wirken, die ihrem Ursprung und Zweck nach natürlich sind, die aber in ihrer eigenen Dynamik zur Re-

85 Vgl. Aristoteles, *Nikomachische Ethik*, III, 11 und 12, 1118b-1119a; VII, 849, 1150a-1152a.
86 Platon, *Nomoi*, I, 647e.
87 Antiphon in Stobaios, *Anthologion*, V, 33 (Fragment 16).

volte und zum Exzeß drängen. Den geziemenden maßvollen Gebrauch kann man von diesen Kräften nur machen, wenn man fähig ist, sich ihnen entgegenzusetzen, ihnen zu widerstehen und sie zu meistern. Gewiß muß man ihnen die Stirn bieten, weil es sich um niedere Strebungen handelt, die wir – wie den Hunger und Durst – mit den Tieren teilen[88]; aber diese Niedrigkeit wäre noch kein Grund, sie zu bekämpfen, bestünde nicht die Gefahr, daß sie über alles übrige den Sieg davontragen, ihre Herrschaft über das ganze Individuum ausweiten und es schließlich der Sklaverei unterwerfen. Mit anderen Worten: es ist nicht ihr inneres Wesen, ihre grundsätzliche Abwertung, die die »polemische« Haltung sich selber gegenüber erfordert, sondern ihr eventuelles Überhandnehmen und Imperium. Die moralische Lebensführung im Bereich der Lüste beruht auf einer Schlacht um die Macht. Diese Wahrnehmung der *hedonaí* und *epithymíai* als fürchterlicher und feindlicher Kraft und die entsprechende Konstitution seiner selber als wachsamer Gegner, der ihnen die Stirn bietet, gegen sie kämpft und sie zu zähmen sucht, drückt sich in einer Reihe gängiger Redewendungen aus, die die Mäßigung und die Unmäßigkeit charakterisieren: sich den Vergnügen und Begierden entgegensetzen, vor ihnen nicht zurückweichen, ihren Anstürmen widerstehen oder im Gegenteil sich von ihnen überwältigen lassen[89], sie besiegen oder von ihnen besiegt werden[90], gegen sie gewappnet und gerüstet sein.[91] Sie drückt sich auch in Metaphern aus wie der der Schlacht, die gegen bewaffnete Gegner zu führen ist[92], oder der Seele als Akropolis, die von einem feindlichen Heer angegriffen wird und sich mit einer starken Garnison verteidigen muß[93], oder im Bild von den Hornissen, die sich auf die weisen und gemäßigten Begierden stürzen, sie

---

88 Vgl. Xenophon, *Hieron*, VII; Aristoteles, *Nikomachische Ethik*, III, 10, 1117b.

89 Man findet da eine Reihe von Wörtern wie *ágein*, *ágesthai* (führen, geführt werden); Platon, *Protagoras*, 355a; *Politeia*, IV, 431e; Aristoteles, *Nikomachische Ethik*, VII, 7, 1150a; *kolázein* (in Schranken halten): *Gorgias*, 491e; *Politeia*, VIII, 559b; IX, 571b; *antiteínein* (sich widersetzen): *Nikomachische Ethik*, VII, 2, 1146a; VII, 7, 1150b; *emphrássein* (versperren): Antiphon, Fragment 15; *antéchein* (widerstehen): *Nikomachische Ethik* VII, 7, 1150a-b.

90 *Nikân* (siegen): Platon, *Phaidros*, 238c; *Nomoi*, I, 634b; VIII, 834b; Aristoteles, *Nikomachische Ethik*, VII, 7, 1150a; VII, 9, 1151a; Antiphon, Fragment 15; *krateín* (herrschen): Platon, *Protagoras*, 353c; *Phaidros*, 237e-238a; *Politeia*, IV, 431a-c; *Nomoi*, 840c; Xenophon, *Memorabilia*, I, 2, 24; Antiphon, Fragment 15 und 16; Aristoteles, *Nikomachische Ethik*, VII, 4, 1148a; VII, 5, 1149a; *hettâsthai* (unterliegen): *Protagoras*, 352e; *Phaidros*, 233c; *Nomoi*, VIII, 840c; 7. *Brief*, 351a; *Nikomachische Ethik*, VII, 6, 1149b; VII, 7, 1150a; VII, 7, 1150b: Isokrates, *Nikokles*, 39.

91 Xenophon, *Memorabilia*, I, 3, 14.

92 Vgl. Xenophon, *Oikonomikos*, I, 23.

93 Vgl. Platon, *Politeia*, VIII, 560b.

töten oder verjagen[94], wenn man sich ihrer nicht entledigt. Oder in der Rede von den wilden Kräften des Begehrens, die die Seele während ihres Schlafes überwältigen, wenn sie sich nicht vorher durch notwendige Maßnahmen zu schützen gewußt hat.[95] Das Verhältnis zu den Begierden und Vergnügen wird als ein Kriegsverhältnis gedacht: ihnen gegenüber muß man sich in die Position und die Rolle des Gegners begeben: entweder als Soldat, der sich schlägt, oder als Kämpfer in einem Wettbewerb. Vergessen wir nicht, daß der Athener der *Nomoi*, wenn er von der Notwendigkeit der Enthaltung spricht, um die drei großen grundlegenden Strebungen in Schranken zu halten, »die Hilfe der Musen und der Götter, die den Kampfspielen vorstehen *(theoì agónioi)*«[96], in Aussicht stellt. Die lange Tradition des geistigen Kampfes, der mannigfache Formen annehmen sollte, war im klassischen griechischen Denken schon klar vorgezeichnet.

2. Diese Kampfbeziehung mit Gegnern ist auch eine agonistische Beziehung mit sich selber. Die Schlacht, die zu führen, der Sieg, der zu erringen ist, die Niederlage, die man erleiden kann, sind Prozesse und Ereignisse, die zwischen sich und sich stattfinden. Die Gegner, die das Individuum bekämpfen muß, sind nicht einfach in ihm oder ihm ganz nahe. Sie sind ein Teil seiner selbst. Gewiß müßte man da verschiedene theoretische Ausarbeitungen berücksichtigen, die für diese Differenzierung zwischen dem Teil seiner selber, der kämpfen muß, und dem, der bekämpft werden muß, vorgeschlagen worden sind: Teile der Seele, die einander in einem bestimmten hierarchischen Verhältnis respektieren sollten? Körper und Seele, als zwei ursprünglich verschiedene Realitäten, von denen eine sich von der anderen zu befreien sucht? Kräfte, die nach unterschiedlichen Zielen streben und wie die zwei Pferde eines Gespanns miteinander ringen? Jedenfalls kann man als allgemeinen Stil dieser »Asketik« festhalten, daß der zu bekämpfende Gegner, wie unterschieden er auch von der Seele oder von der Vernunft oder Tugend sein mag, nicht eine andere, ontologisch fremde Macht darstellt. Es wird einer der wesentlichen Züge der christlichen Ethik des Fleisches sein, daß zwischen der Bewegung der Begehrlichkeit in ihren hinterhältigsten und geheimsten Formen und der Gegenwart des anderen mit seinen Listen und seiner Täuschungsmacht eine

94 Vgl. a. a. O., IX, 572d-573a.
95 Vgl. a. a. O., IX, 571d.
96 Platon, *Nomoi*, VI, 783a-b.

grundlegende Verbindung besteht. In der Ethik der *aphrodísia* hingegen liegt die Notwendigkeit und die Schwierigkeit des Kampfes darin, daß er sich als ein Zweikampf mit sich selber abspielt: »gegen die Begierden und die Vergnügen« kämpfen heißt sich mit sich messen.

In der *Politeia* kommt Platon darauf zu sprechen, wie merkwürdig, komisch und abgegriffen ein gängiger Ausdruck doch sei, den auch er selber öfters gebraucht[97]: die Rede nämlich, man sei »stärker« oder »schwächer« als man selber *(kreítton, hétton heautû)*. In der Tat ist es paradox zu behaupten, daß man stärker sei als man selber, weil man dann ja zugleich auch schwächer sein müßte, als man selber ist. Aber nach Platon beruht der Ausdruck darauf, daß er die Unterscheidung zwischen zwei Teilen der Seele voraussetzt: einem besseren und einem weniger guten, und daß man, wenn man von einem Sieg oder von einer Niederlage seiner selber spricht, den Standpunkt des besseren Teils einnimmt: »Wenn der Teil, der von Natur aus der bessere ist, den weniger guten unter seiner Herrschaft hält, so verwendet man den Ausdruck ›stärker sein als man selber‹, und das ist ein Lob. Wenn aber infolge schlechter Erziehung oder eines gewissen Umgangs der beste Teil schwächer ist und den Kräften des schlechten unterliegt, so sagt man von diesem Menschen, daß er ein Sklave seiner selber und ein Unmäßiger sei – und das ist ein Vorwurf und eine Schande.«[98] Daß dieser Antagonismus zwischen sich und sich selber die ethische Haltung des Individuums zu den Begierden und Vergnügen strukturieren soll, wird am Anfang der *Nomoi* klar ausgesprochen: der Grund dafür, daß es in jedem Staat eine Befehlsgewalt und eine Gesetzgebung gibt, liegt darin, daß sich alle Staaten sogar im Frieden miteinander im Kriegszustand befinden; so ist auch zu begreifen, daß, wenn »im öffentlichen Leben jeder Mann für jeden Mann ein Feind ist«, im privaten Leben »jeder zu sich selber einer ist«; und von allen Siegen, die man erringen kann, ist »der erste und rühmlichste« derjenige, den man »über sich selber« erringt, während »die schmählichste« der Niederlagen, »die feigste«, »darin besteht, von sich selber besiegt zu werden«.[99]

3. Eine solche »polemische« Haltung gegenüber sich selber zielt natürlich auf ein Ergebnis, das als Sieg zu begreifen ist – ein viel schönerer Sieg, sa-

---

97 Vgl. Platon, *Phaidros*, 232a; *Politeia*, VI, 430c; *Nomoi*, I, 626e, 633e; VIII, 840c; 6. *Brief*, 337a.
98 Platon, *Politeia*, VI, 431a.
99 Vgl. Platon, *Nomoi*, I, 626d-e.

gen die *Nomoi*, als die Siege der Ringerschule und der Wettkämpfe.[100] Es kommt vor, daß ein solcher Sieg zur vollständigen Ausrottung oder Austreibung der Begierden führt.[101] Aber häufiger besteht er in der Einrichtung eines festen und stabilen Zustands der Herrschaft seiner selbst über sich; die Lebhaftigkeit der Begierden und Vergnügen ist nicht verschwunden, aber das maßvolle Subjekt beherrscht sie so weit, daß es von der Gewalt niemals mitgerissen wird. Die berühmte Prüfung des Sokrates, der der Verführung des Alkibiades widersteht, erweist ihn nicht als gereinigt von allem Begehren nach den Knaben: sie zeigt vielmehr seine Fähigkeit, ihm zu widerstehen, wann immer er will und wie er will. Die Christen werden einen solchen Beweis schmähen, denn er bezeugt die aufrechterhaltene und in ihren Augen unmoralische Gegenwart des Begehrens; doch lange vor ihnen hatte sich Bion vom Borysthenes darüber lustig gemacht, indem er meinte, Sokrates sei, wenn er Verlangen nach Alkibiades gehabt habe, dumm gewesen, sich seiner zu enthalten; wenn er aber keines gehabt habe, so habe er sich auch kein Verdienst erworben.[102] So setzt auch in der Analyse des Aristoteles die als Beherrschung und Sieg definierte *enkráteia* die Gegenwart der Begierden voraus, und sie hat um so mehr Wert, je gewaltsamer die Begierden sind, die sie beherrscht.[103] Selbst die *sophrosýne*, die Aristoteles als einen Zustand der Tugend definiert, impliziert nicht die Unterdrückung der Begierden, sondern ihre Beherrschung: er setzt sie zwischen die Ausschweifung *(akolasía)*, in der man sich ganz seinen Lüsten hingibt, und die – übrigens sehr seltene – Unempfindlichkeit *(anaisthesía)*, in der man keinerlei Lust verspürt; der Mäßige ist nicht der, der keine Begierden mehr hat, sondern der »mit Maß« begehrt: »nicht mehr, als sich ziemt, nicht dann, wenn es sich nicht ziemt«.[104]

Im Bereich der Lüste gilt die Tugend nicht als ein Zustand der Reinheit, sondern als ein Verhältnis der Herrschaft, eine Beziehung der Meisterung. Das zeigen die Ausdrücke, die man – sei es bei Platon, Xenophon, Diogenes, Antiphon oder Aristoteles – verwendet, um die Mäßigung zu definieren: »die Begierden und die Lüste beherrschen«, »die Macht über sie aus-

---

100 Platon, *Nomoi*, VIII, 840c.

101 Vgl. Platon, *Politeia*, IX, 571b. In der *Nikomachischen Ethik* (II, 9, 1109b) ist die Rede davon, »die Lust zu verabschieden«, wie die Alten von Troja Helena »verabschieden« wollten.

102 Vgl. Diogenes Laertios, *De clarorum philosophorum vitis, dogmatibus et apophthegmatibus*, lib. IV, 7, 49.

103 Vgl. Aristoteles, *Nikomachische Ethik*, VII, 2, 1146a.

104 A. a. O., III, 11, 1119a.

üben«, »sie befehligen« *(kratein, árchein)*. Von Aristippos, der eine ganz andere Theorie von der Lust hatte als Sokrates, überliefert man gleichwohl folgenden Aphorismus, der ein allgemeines Verständnis der Mäßigung wiedergibt: »Das Beste ist, seine Lüste zu beherrschen und von ihnen nicht besiegt
zu werden – was nicht heißt: sie nicht zu gebrauchen *(tò kratein kaì mè hettâsthai hedonôn áriston, u tò mè chrêsthai)*«.[105] Um sich im Gebrauch, den es
von seinen Lüsten macht, als tugendhaftes und mäßigendes Subjekt zu konstituieren, muß also das Individuum ein Verhältnis zu sich herstellen, das
zum Typ »Herrschaft/Gehorsam«, »Befehl/Unterwerfung«, »Meisterung/
Gelehrigkeit« gehört (und nicht wie später in der christlichen Spiritualität
zum Typ »Durchleuchtung/Versagung«, »Dechiffrierung/Reinigung«). Das
ist es, was man die »heautokratische« Struktur des Subjekts in der moralischen Praktik der Lüste nennen könnte.

4. Diese heautokratische Form wird in mehreren Modellen entwickelt. Bei
Platon ist es das Gespann mit seinem Kutscher, bei Aristoteles das Modell
des Kindes mit dem Erwachsenen (unsere Begehrenskraft muß sich den
Vorschriften der Vernunft anpassen, »wie das Kind nach den Anordnungen
seines Erziehers leben muß«.[106] Vor allem aber wird sie auf zwei andere
große Modelle bezogen. Das des häuslichen Lebens: so wie das Hauswesen nur in Ordnung sein kann, wenn darin die Hierarchie und die Autorität des Herrn geachtet werden, so wird der Mensch in dem Maße maßvoll
sein, in dem er seinen Begierden wie Dienern zu befehlen weiß. Die Unmäßigkeit hingegen kann als ein schlecht geführtes Haus aufgefaßt werden.
Am Anfang des *Oikonomikos* – in dem es gerade um die Rolle des Hausherrn geht und um die Kunst, seine Gemahlin, sein Erbe, seine Diener
zu regieren – beschreibt Xenophon die ungeordnete Seele; sie ist ein Gegenbeispiel zu dem, was ein wohlgeordnetes Haus sein muß, und zugleich
ein Porträt jener schlechten Hausherren, die unfähig sind, sich selber zu
beherrschen, und ihr Erbe in den Ruin treiben; in der Seele des unmäßigen
Menschen führen »schlechte«, »ungefügige« Herren – nämlich Gefräßig-
keit, Trunksucht, Geilheit und Ehrsucht – denjenigen, der befehlen sollte,
in die Versklavung und bereiten ihm, nachdem sie ihn in seiner Jugend ausgebeutet haben, ein elendes Alter.[107] Um die Haltung der Mäßigung zu de-

---

105 Diogenes Laertios, *De clarorum philosophorum vitis, dogmatibus et apophthegmatibus*, lib. II, 8, 75.
106 Aristoteles, *Nikomachische Ethik*, VII, 2, 1119b. Vgl. auch Platon, *Politeia*, IX, 590e.
107 Vgl. Xenophon, *Oikonomikos*, I, 22-23.

finieren, greift man aber auch auf das Modell des politischen Lebens zurück. Platon vergleicht die Begierden gern mit einem niederen Volk, das sich erregt und immer zu revoltieren sucht, wenn man es nicht im Zaume hält[108]; die strenge Korrelation zwischen Individuum und Polis, die die Reflexion der *Politeia* trägt, ermöglicht eine ausführliche Entwicklung des politischen Modells der Mäßigung und ihres Gegenteils. Die Ethik der Lüste folgt derselben Ordnung wie die politische Struktur: »Wenn das Individuum der Polis gleicht, ist es dann nicht notwendig, daß sich in ihm dasselbe abspielt?« Der Mensch wird unmäßig, wenn die Machtstruktur, die *arché*, fehlt, die es ihm erlaubt, die niederen Mächte zu besiegen und zu beherrschen *(krateîn)*; dann wird »tiefste Knechtschaft und Niedertracht« seine Seele erfüllen; deren »ehrenhafteste« Teile werden in Sklaverei stürzen, und »eine Minderheit, die aus dem schlechtesten und ungestümsten Teil besteht, wird als Herrin befehlen«.[109] Am Ende des vorletzten Buches der *Politeia*, nachdem er das Modell der Polis aufgestellt hat, meint Platon, daß der Philosoph kaum Gelegenheit haben werde, in dieser Welt so vollkommene Staaten zu finden und darin seine Tätigkeit auszuüben; aber, so fügt er hinzu, das »Paradigma« der Polis befindet sich am Himmel, wo man es betrachten kann; und indem der Philosoph es betrachtet, wird er »sich selbst als Stadt gründen *(heautòn katoikízein)*«. »Ob jener Staat schon irgendwo Wirklichkeit ist oder noch zu verwirklichen bleibt: er wird seine Gesetze befolgen und keine andern.«[110] Die individuelle Tugend hat sich wie eine Polis zu strukturieren.

5. Für einen solchen Kampf sind Übungen nötig. Die Metapher des Zweikampfs, des sportlichen Wettbewerbs oder der Schlacht soll nicht nur die Natur des Verhältnisses bezeichnen, das man zu den Begierden und Vergnügungen hat, zu ihrer jederzeit aufständischen und aufbegehrenden Kraft; sie bezieht sich auch auf die Vorbereitung, aufgrund deren man diese Konfrontation zu bestehen vermag. Platon sagt es: man kann es mit ihnen nicht aufnehmen noch gar sie besiegen, wenn man *agýmnastos*[111] ist. Wie zum Erwerb irgendeiner anderen Technik ist auch in diesem Bereich Übung unerläßlich: die *máthesis* allein kann nicht genügen, sie muß sich

---

108 Platon, *Nomoi*, III, 689a-b: »Der leidende und genießende Teil ist in der Seele das, was in der Polis das Volk und die Menge sind.«
109 Platon, *Politeia*, IX, 577d.
110 A. a. O., IX, 592b.
111 Platon, *Nomoi*, I, 647d.

auf eine Übung, *áskesis*, stützen. Es ist dies eine der großen sokratischen
Lektionen: sie dementiert nicht den Grundsatz, daß man das Böse nicht
freiwillig und wissend tun könne; aber sie gibt diesem Wissen eine Form,
die sich nicht auf die bloße Kenntnis eines Grundsatzes beschränkt. Anläßlich der gegen Sokrates vorgebrachten Anklagen unterscheidet Xenophon seine Lehre von der Lehre der Philosophen – oder der »sogenannten
Philosophen«, für die der Mensch, wenn er einmal gelernt hat, was gerecht
oder maßvoll *(sóphron)* sein heißt, nicht ungerecht und ausschweifend werden kann. Wie Sokrates widersetzt sich Xenophon dieser Theorie: wenn
man seinen Körper nicht übt, kann man die Funktionen des Körpers *(tà
tû sómatos érga)* nicht erfüllen; ebenso kann man, wenn man die Seele
nicht übt, die Funktionen der Seele nicht erfüllen: man ist dann unfähig,
»zu tun, was man tun soll, und sich dessen zu enthalten, was man vermeiden muß«.[112] Darum wendet sich Xenophon dagegen, Sokrates für das
schlechte Verhalten des Alkibiades verantwortlich zu machen: dieser war
nicht das Opfer der empfangenen Lehre, sondern machte es nach all seinen Erfolgen bei Männern und Frauen und beim ganzen Volk, das ihn in
die Höhe hob, wie viele Athleten: nach dem Sieg glaubte er, er könne
»die Übung vernachlässigen *(ameleîn tês askéseos)*«.[113] Dieses sokratische
Prinzip der *áskesis* wird von Platon oft aufgegriffen. Er erinnert an Sokrates, der Alkibiades oder Kallikles klarmacht, daß sie nicht beanspruchen
können, sich um die Polis und um die Regierung der andern zu kümmern,
wenn sie nicht zuerst gelernt haben, was notwendig ist, und sich nicht
darin geübt haben: »Wenn wir diese Übung miteinander ausreichend vollzogen haben *(askésantes)*, werden wir, wenn es uns gut scheint, die Politik
in Angriff nehmen können.«[114] Und er verbindet mit dieser Forderung
nach Übung die Notwendigkeit, sich um sich selber zu kümmern: *epiméleia heautû*: die Aufmerksamkeit auf sich selber, die eine notwendige Vorbedingung dafür ist, sich um andere kümmern und sie lenken zu können,
bedeutet nicht nur die Notwendigkeit zu erkennen (was man nicht weiß;
daß man nichtwissend ist; was man ist), sondern auch die Notwendigkeit,
tatsächlich an sich zu arbeiten und sich zu üben und sich umzuformen.[115]
Die Lehre und die Praxis der Kyniker messen ebenfalls der *áskesis* ein gro-

---

112 Xenophon, *Memorabilia*, I, 2, 19.
113 A. a. O., I, 2, 24.
114 Platon, *Gorgias*, 527 d.
115 Zur Verbindung zwischen der Übung und der Sorge um sich vgl. *Alkibiades*, 123 d.

ßes Gewicht bei, so daß das kynische Leben insgesamt als eine Art Dauer-übung erscheinen kann. Diogenes wollte, daß man zugleich den Körper und die Seele trainiere: jede der beiden Übungen »ist ohnmächtig ohne die andere, denn Gesundheit und Kraft sind nicht weniger nützlich als das übrige, weil das, was den Körper angeht, auch die Seele betrifft.« Die-ses zweifache Training zielt sowohl darauf, Entbehrungen leidlos erdulden zu können, wenn sie sich einstellen, als auch darauf, Vergnügen ständig auf elementare Bedürfnisbefriedigung zu beschränken. Die Übung ist insge-samt Zurückführung auf die Natur, Sieg über sich und natürliche Ökono-mie eines Lebens wahrer Befriedigungen: »Man kann im Leben nichts tun, sagte Diogenes, ohne zu üben; und die Übung hilft den Menschen, alles zu überwinden *(pân eknikêsai)* ... Wenn wir von den flüchtigen Schmer-zen absehen, die wir uns selbst zufügen, und uns entsprechend der Natur üben, könnten und müßten wir glücklich leben ... Selbst die Mißachtung des Vergnügens würde uns, wenn wir uns darin übten, viel Befriedigung schaffen. Während diejenigen, die gewohnt sind, in den Vergnügungen zu leben, sogleich leiden, wenn sie ihr Leben ändern müssen, mißachten diejenigen, die sich im Ertragen von Unannehmlichkeiten geübt haben, mühelos die Vergnügen *(hédion autôn tôn hedonôn kataphronûsi)*«.[116]

Die Bedeutung des Übens wird in der späteren philosophischen Tradi-tion niemals vergessen, sondern sogar beträchtlich ausgeweitet: man wird die Übungen vervielfältigen, ihre Vorgehensweisen, ihre Ziele, ihre mög-lichen Varianten bestimmen; man wird ihre Wirksamkeit diskutieren; die *áskesis* in ihren verschiedenen Formen (Training, Meditation, Denkver-suche, Gewissenserforschung, Gedankenkontrolle) wird gelehrt und zum wesentlichen Instrument der Seelenführung werden. Demgegenüber fin-det man in den Texten der klassischen Epoche ziemlich wenig Details über die konkrete Form der moralischen *áskesis*. Wohl kannte man in der pytha-goreischen Tradition zahlreiche Übungen: Ernährungsdiät, Sammlung der Fehler am Ende des Tages, Meditationspraktiken vor dem Schlaf zur Bannung der bösen Träume und zur Begünstigung der Gesichte, die von den Göttern kommen: auf diese geistigen Abendvorbereitungen bezieht sich übrigens Platon in der *Politeia*, wo er von der Gefahr der Begierden spricht, die die Seele jederzeit überfallen können.[117] Aber außerhalb dieser

---

116 Diogenes Laertios, *De clarorum philosophorum vitis, dogmatibus et apophthegmatibus*, lib. VI, 2, 70.

117 Vgl. Platon, *Politeia*, IX, 571c-572b.

pythagoreischen Praktiken findet man kaum – sei es bei Xenophon, Platon, Diogenes oder Aristoteles – eine Spezifizierung der *áskesis* als Enthaltungstraining. Dafür gibt es wohl zwei Gründe. Der erste ist der, daß die Übung als Praxis dessen, worin man sich üben soll, begriffen wird; es gibt keine Eigenständigkeit der Übung gegenüber dem Ziel, das erreicht werden soll: durch Training gewöhnt man sich an das Verhalten, das man dann beibehalten soll.[118] So lobt Xenophon die spartanische Erziehung, in der man den Kindern beibringt, den Hunger auszuhalten, indem man ihre Nahrung rationiert, die Kälte zu ertragen, indem man ihnen nur ein Gewand gibt, das Leiden zu ertragen, indem man sie körperlichen Züchtigungen aussetzt, wie man ihnen auch die Enthaltung beibringt, indem man ihnen größte Bescheidenheit auferlegt (schweigend, mit gesenkten Augen und die Hände unter dem Mantel durch die Straßen gehen).[119] Desgleichen denkt Platon daran, die jungen Leute Mutproben auszusetzen, indem man sie mit fiktiven Gefahren konfrontiert; so könnten sie lernen, sich an Gefahr zu gewöhnen, sich zu vervollkommnen und zugleich ihren Wert abzuschätzen. Wie man die »Füllen in den Lärm und ins Getümmel« führt, »um zu sehen, ob sie furchtsam sind«, sollte man »unsere Krieger, wenn sie jung sind, unter schreckenerregende Dinge führen und dann wieder in Vergnügungen entlassen«; so könnte man »mit mehr Sorgfalt als bei der Erprobung des Goldes im Feuer« herausbringen, »ob sie den Verführungen widerstehen, ob sie in allen Umständen den Anstand wahren, ob sie treue Wächter ihrer selber und der ihnen beigebrachten Musik sind«.[120] In den *Nomoi* träumt er gar von einer Droge, die noch nicht erfunden ist: sie würde dem, der sie genommen hat, jede Sache als schrecklich erscheinen lassen; und man könnte sich ihrer bedienen, um sich zum Mut zu trainieren: entweder allein, wenn man denkt, daß »man sich erst sehen lassen kann, wenn man sich wieder gefaßt hat«; oder in der Gruppe oder gar in der Öffentlichkeit »mit vielen Gefährten«, um zu zeigen, daß man die »unvermeidliche Verwirrung durch den Trank«[121] beherrschen kann; nach diesem künstlichen und idealen Modell können die Gastmähler als Proben der Mäßigung akzeptiert und organisiert werden. Ein Wort von Aristoteles

---

118 Vgl. Platon, *Nomoi*, I, 643b: »Wer eines Tages – worin auch immer – glänzen will, muß sich dieser Sache von Kindheit an befleißigen *(melatân)*, indem er in allem, was sich darauf bezieht, sein Vergnügen und seine Beschäftigung findet.«

119 Vgl. Xenophon, *Der Staat der Spartaner*, 2 und 3.

120 Platon, *Politeia*, III, 413d ff.

121 Platon, *Nomoi*, I, 647e-648c.

zeigt die Zirkularität des moralischen Lernens und der gelernten Tugend: »Indem man sich von den Lüsten fernhält, wird man maßvoll; ist man aber maßvoll geworden, kann man sich von den Lüsten am besten fernhalten.«[122]

Der andere Grund dafür, daß es keine spezifische Kunst für die Übung der Seele gibt, liegt darin, daß die Beherrschung seiner selber und die Beherrschung der andern dieselbe Form haben sollen; da man sich selber so regieren soll, wie man sein Haus regiert und wie man seine Rolle in der Polis spielt, unterscheidet sich die Ausbildung der persönlichen Tugenden und besonders der *enkráteia* nicht von der Ausbildung, die dazu befähigt, die anderen Bürger zu übertreffen und sie zu leiten. Ein und dieselbe Ausbildung soll zur Tugend und zur Macht befähigen. Die Leitung seiner selber gewährleisten, die Verwaltung seines Hauses ausüben, an der Regierung der Polis teilnehmen – das sind drei Praktiken desselben Typs. Xenophons *Oikonomikos* zeigt die Kontinuität und den Isomorphismus zwischen diesen drei »Künsten« sowie die zeitliche Aufeinanderfolge, in der sie in der Existenz des einzelnen zur Geltung kommen. Der junge Kritobulos behauptet, er sei nunmehr in der Lage, sich selber zu beherrschen und sich nicht mehr von seinen Begierden und Lüsten hinreißen zu lassen (und Sokrates erinnert ihn daran, daß diese wie Diener sind, über welche Autorität zu behalten ist); also sei für ihn die Zeit gekommen, sich zu vermählen und mit seiner Gattin die Leitung des Hauses zu versehen; und diese häusliche Regierung – verstanden als Verwaltung eines Innern und Bewirtschaftung eines Besitzes, Erhaltung und Entwicklung eines Erbes – bildet, wie Xenophon mehrmals betont, wenn man sich ihr ordentlich widmet, ein physisches und moralisches Training für jeden, der seine Staatsbürgerpflichten erfüllen, seine öffentliche Autorität wahrnehmen und Befehlsgewalten ausüben möchte. Überhaupt dient alles, was der politischen Erziehung des Mannes als Bürger dient, auch seiner Einübung in die Tugend – und umgekehrt: beides geht Hand in Hand. Die moralische *áskesis* gehört zur *paideía* des freien Mannes, der in der Polis und gegenüber den andern eine Rolle zu spielen hat; sie hat keine andern Verfahren anzuwenden; die Gymnastik und die Geduldsproben, die Musik und die Erlernung der männlichen und kräftigen Rhythmen, die Ausübung der Jagd und des Waffenhandwerks, das Streben nach guter Haltung in der Öffentlichkeit, die Erwer-

---

122 Aristoteles, *Nikomachische Ethik*, II, 2, 1104a.

bung der *aidós*, die dafür sorgt, daß man durch die Achtung, die man dem
andern entgegenbringt, sich selber achtet – all das ist zugleich Ausbildung
des Mannes, der seiner Polis nützlich sein wird, und moralische Übung dessen, der sich selber beherrschen will. In den von ihm empfohlenen künstlichen Mutproben sieht Platon ein Mittel, unter den jungen Leuten diejenigen herauszufinden, die am fähigsten sein werden, »sich selber und dem
Staat nützlich zu sein«; das werden die sein, die regieren sollen: »Wir werden als Leiter und Wächter der Polis den bestellen, der alle Proben der Kindheit, der Jugend und des reifen Alters nacheinander durchgemacht hat und
unversehrt *(akératos)* daraus hervorgegangen ist.«[123] Und wenn der Athener
in den *Gesetzen* das definieren will, was er unter *paideía* versteht, so bestimmt er sie als das, was »von der Kindheit an zur Tugend« bildet und
»das leidenschaftliche Begehren einflößt, ein vollkommener Bürger zu werden, der nach der Gerechtigkeit zu befehlen und zu gehorchen weiß«.[124]

Im klassischen griechischen Denken und jedenfalls in der von Sokrates ausgehenden Tradition spielt also die *áskesis*, verstanden als praktische
Übung, die unerläßlich ist, damit sich das Individuum als moralisches Subjekt bilde, eine wichtige und nachdrückliche Rolle. Gleichwohl ist diese
»Asketik« nicht so organisiert und reflektiert, als wäre sie ein Korpus besonderer Praktiken, das eine bestimmte Kunst der Seele mit ihren Techniken, Verfahren und Rezepten bildete. Einerseits ist sie nicht unterschieden
von der Praktik der Tugend selbst; sie ist deren vorwegnehmende Wiederholung. Andererseits bedient sie sich derselben Übungen, die auch den
Staatsbürger formen; der Herr seiner selber und der anderen formiert sich
in einem. Bald wird diese Asketik allmählich ihre Unabhängigkeit oder zumindest eine teilweise und relative Autonomie erlangen. Und zwar in zweifacher Weise: die Übungen, mit denen man lernt, sich selber zu regieren,
lösen sich von der Ausbildung, die notwendig ist, um die andern zu regieren; außerdem verselbständigen sich die Übungen in ihrer eigenen Form
gegenüber der Tugend, der Mäßigung, der Enthaltsamkeit, zu denen sie
hinführen: ihre Verfahren (Proben, Prüfungen, Selbstkontrolle) entwik-
keln sich zu einer eigenen Technik, die komplexer ist als die Wiederholung
des moralischen Verhaltens, das erreicht werden soll. Die Kunst seiner selber wird dann eigene Gestalt gegenüber der *paideía* annehmen, die ihren
Kontext bildet, und gegenüber dem Moralverhalten, das ihr Ziel ist. Aber

---

123 Platon, *Politeia*, III, 413e.
124 Platon, *Nomoi*, I, 643e.

für das griechische Denken der klassischen Epoche gehört die »Asketik«, die dazu führt, daß man sich als Moralsubjekt konstituiert, auch in ihrer Form zur Übung und zur Ausübung eines tugendhaften Lebens, das auch das Leben eines »freien« Mannes im vollen, positiven und politischen Sinn ist.

4 Freiheit und Wahrheit

1. »Sag mir, Euthydemos, glaubst du, daß die Freiheit ein edles und vornehmes Gut ist – sei es nun diejenige eines einzelnen oder eines Staates? – Sie ist das schönste, das man haben kann, antwortete Euthydemos. – Aber derjenige, der sich von den Lüsten des Körpers beherrschen läßt und der dann unfähig ist, das Gute zu vollziehen – hältst du den für einen freien Mann? – Keineswegs, sagte er.«[125]

Die *sophrosýne*, der Zustand, zu dem man durch Übung der Beherrschung und durch Zurückhaltung in der Praktik der Lüste zu gelangen strebt, zeichnet sich durch Freiheit aus. Wenn es so wichtig ist, Begierden und Lüste zu beherrschen, wenn der Gebrauch, den man von diesen macht, eine solche moralische Bedeutung hat, so geht es nicht darum, eine ursprüngliche Unschuld zu bewahren oder wiederzufinden; es geht zumeist auch nicht – außer in der pythagoreischen Tradition – um die Erhaltung einer Reinheit[126]; es geht darum, frei zu sein und es bleiben zu können. Man könnte darin nötigenfalls den Beweis dafür sehen, daß im griechischen Denken die Freiheit nicht nur als Unabhängigkeit der gesamten Polis reflektiert wird, während die einzelnen Bürger nur Elemente ohne Individualität und Innerlichkeit wären. Die Freiheit, die aufzurichten und zu bewahren ist, ist wohl die der Bürger in ihrer Gesamtheit, sie ist aber auch für jeden eine bestimmte Form des Verhältnisses des Individuums zu ihm selber. Die Verfassung der Polis, der Charakter der Gesetze, die Formen der Erziehung, das Verhalten der Führer sind natürlich wichtige Faktoren

---

125 Xenophon, *Memorabilia*, IV, 5, 2-3.
126 Damit soll nicht gesagt sein, daß die griechische Moral der Lüste in der klassischen Epoche das Thema der Reinheit nicht kannte; bei den Pythagoreern hat es eine große Rolle gespielt; für Platon war es sehr wichtig. Aber in erster Linie scheint die Richtung des Moralverhaltens im Bereich der körperlichen Begierden und Vergnügen als Beherrschung reflektiert worden zu sein. Der Aufstieg und die Entwicklung einer Ethik der Reinheit mitsamt den zu ihr gehörigen Selbstpraktiken wird ein historisches Phänomen von großer Tragweite sein.

für das Leben der Bürger; aber umgekehrt ist die Freiheit der Individuen, verstanden als die Herrschaft, die sie über sich selber auszuüben vermögen, unabdingbar für den ganzen Staat. Hören wir Aristoteles in der *Politik:* »Eine Polis ist tugendhaft, sofern die an ihrer Regierung teilnehmenden Bürger selber tugendhaft sind; in unserem Staat nun haben alle Bürger Anteil an der Regierung. Zu betrachten ist also die Frage: wie wird ein Mann tugendhaft? Denn selbst wenn es möglich wäre, daß die Gesamtkörperschaft der Bürger tugendhaft, ohne daß irgendeiner es als einzelner wäre, so wäre doch die individuelle Tugend vorzuziehen, weil die Tugend des ganzen Gesellschaftskörpers logisch aus der Tugend eines jeden Bürgers folgt.«[127] Die Haltung des Individuums zu sich selber, die Art und Weise, in der es seine eigene Freiheit gegenüber seinen Begierden wahrt, die Souveränität, die es über sich ausübt, sind ein konstitutives Element des Glücks und der guten Ordnung der Polis.

Indessen darf diese individuelle Freiheit nicht als Unabhängigkeit eines freien Willens verstanden werden. Ihr Gegensatz ist weder ein naturhafter Determinismus noch der Wille einer Allmacht, sondern die Sklaverei, und zwar die Versklavung seiner durch sich. Frei sein im Verhältnis zu den Lüsten – das ist: nicht ihr zu Diensten stehen, nicht ihr Sklave sein. Die Gefahr, die mit den *aphrodísia* verbunden ist, ist weniger die Beschmutzung als die Versklavung. Diogenes sagte, daß die Diener Sklaven ihrer Herren und daß die Schlechten Sklaven ihrer Begierden seien *(tùs dè phaúlus taîs epithymíais duleúein).*[128] Vor dieser Knechtschaft warnte Sokrates Kritias am Anfang des *Oikonomikos*[129] ebenso wie Euthydemos in einem Dialog der *Memorabilia,* der ein Hymnus auf die Mäßigung als Freiheit ist: »Du glaubst wohl, daß frei sein bedeutet, das Gute zu tun, und daß Sklave sein heißt, Herren zu haben, die einen daran hindern? – Das denke ich tatsächlich, sagt er. – Es ist also für dich wahr, daß die Unmäßigen Sklaven sind ... Und welche ist nach deiner Meinung die schlimmste der Knechtschaften? – Ich glaube, es ist die, in der man die schlimmsten Herren hat. – Also ist die schlimmste der Knechtschaften diejenige der Unmäßigen ... – Wenn ich dich richtig verstehe, Sokrates behauptest du, daß der den Lüsten der Sinne unterworfene Mensch mit keiner Tugend etwas gemein

127 Aristoteles, *Politik*, VII, 14, 1332a.
128 Diogenes Laertios, *De clarorum philosophorum vitis, dogmatibus et apophthegmatibus*, lib. VI, 2, 66. Von der Versklavung durch die Lüste ist oft die Rede: Xenophon, *Oikonomikos*, I, 22; *Memorabilia*, IV, 5; Platon, *Politeia*, IX, 577d.
129 Xenophon, *Oikonomikos*, I, 1, 17 ff.

hat? – Ja Euthydemos, sagt Sokrates, denn worin ist der unmäßige Mensch dem dümmsten Tier überlegen?«[130]

Aber diese Freiheit ist mehr als eine Nicht-Sklaverei, mehr als eine Freilassung, die das Individuum unabhängig von jedem äußeren oder inneren Zwang machen würde; in ihrer vollen und positiven Form ist sie eine Macht, die man in der Macht über die anderen über sich selber ausübt. Wer nämlich unter der Autorität der andern steht, hat das Prinzip seiner Mäßigung nicht von sich selber zu erwarten; es genügt ihm, den Anordnungen und Vorschriften zu gehorchen, die man ihm gibt. Das erklärt Platon, indem er vom Handwerker spricht: »was diesen so entwürdigt, ist, daß der beste Teil seiner Seele von Natur aus so schwach ist, daß er seinen niederen Tieren nicht befehlen kann, daß er ihnen schmeichelt und nur vor ihnen kuschen kann«; was soll man nun aber tun, wenn man will, daß dieser Mann von einem vernünftigen Prinzip gelenkt wird wie dem, das »den höheren Menschen regiert«? Das einzige Mittel ist, ihn unter die Autorität und Macht des besten zu stellen: »Er sei Sklave dessen, bei dem das Göttliche befiehlt.«[131] Andererseits muß, wer die anderen lenken soll, fähig sein, vollkommene Autorität über sich selber auszuüben: einmal, weil er in seiner Stellung und mit seiner Macht alle seine Begierden leicht befriedigen und also sich ihnen hingeben könnte, aber auch, weil sich die Liederlichkeit seines Verhaltens auf alle anderen und auf das kollektive Leben der Polis auswirkt. Um nicht zügellos und gewaltsam zu sein, um dem Zirkel zu entrinnen, der zwischen der tyrannischen Autorität (über die anderen) und der (von ihren Begierden) tyrannisierten Seele verläuft, erfordert die Ausübung der politischen Macht als ihr inneres Regulationsprinzip die Macht über sich. Als ein Aspekt der Souveränität über sich ist die Mäßigung ebenso wie die Gerechtigkeit, der Mut oder die Klugheit eine qualifizierende Tugend dessen, der seine Herrschaft über die anderen auszuüben hat. Der Königlichste ist König seiner selber *(basilikótatos basileúon hautû).*[132]

Daher kommt in der Moral der Lüste zwei Figuren ein hoher Beispielwert zu. Einerseits dem schlechten Tyrannen: er ist unfähig, seine eigenen Leidenschaften zu meistern; deswegen ist er immer geneigt, seine Macht zu mißbrauchen und gegen seine Untertanen übermütig zu werden *(hybri-*

130 Xenophon, *Memorabilia*, IV, 5, 2-11.
131 Platon, *Politeia*, IX, 590c.
132 A. a. O., IX, 580c.

zein); er führt die Unordnung in einen Staat ein, und die Bürger erheben sich gegen ihn; die sexuellen Ausschreitungen des Despoten, der die Kinder – Knaben oder Mädchen – der Bürger entehrt, werden oft als Ausgangsmotiv der Verschwörungen genannt, mit denen die Tyranneien gestürzt und die Freiheit wiederhergestellt werden sollen: so bei den Peisistratiden in Athen, bei Periander in Ambrakia und bei anderen, die Aristoteles im 5. Buch der *Politik* erwähnt.[133] Auf der andern Seite zeichnet sich das positive Bild des Führers ab, der fähig ist, in seiner Autorität über die andern strenge Macht über sich selbst auszuüben; seine Herrschaft über sich mäßigt seine Herrschaft über den andern. Ein Beispiel ist Xenophons Kyros, der mehr als jeder andere seine Macht hätte mißbrauchen können und der doch an seinem Hof die Herrschaft über seine Gefühle sichtbar machte: »Ein solches Verhalten gab seinen Untergebenen bei Hofe ein genaues Gespür für ihren Rang, das ihnen Ergebung gegenüber ihren Vorgesetzten und Achtung und Höflichkeit gegenüber ihresgleichen einflößte.«[134] Auch wenn bei Isokrates Nikokles selber seine Mäßigkeit und seine eheliche Treue lobt, verweist er auf die Erfordernisse seiner politischen Stellung: wie sollte er den Gehorsam der andern erreichen können, wenn er die Unterwerfung der eigenen Begierden nicht zustande bringt?[135] Mit dem Argument der Klugheit empfiehlt Aristoteles dem absoluten Souverän, sich nicht jeder Ausschweifung hinzugeben; er muß darauf Rücksicht nehmen, daß die anständigen Menschen um ihre Ehre bedacht sind; deswegen wäre es unklug, sie der Erniedrigung körperlicher Strafen auszusetzen; aus demselben Grunde solle er sich hüten, »die Scham des jungen Alters zu verletzen«. »Seine intimen Beziehungen mit der Jugend seien durch Gründe des Gefühls geleitet und nicht durch die Idee, daß ihm alles erlaubt sei, und überhaupt gleiche er alles, was nach Vernachlässigung aussieht, durch höhere Ehren aus.«[136] Darum ging es auch in der Diskussion zwischen Sokrates und Kallikles: diejenigen, welche die andern regieren – sind sie im Verhältnis zu sich selber als »Regierende oder Regierte *(árchontas è archoménus)* zu betrachten – da doch die Regierung seiner selber darin besteht, *sóphron* und *enkratés* zu sein, das heißt, »den Vergnügen und Begierden in sich zu befehlen«?[137]

133 Vgl. Aristoteles, *Politik*, V, 10.
134 Xenophon, *Kyrupaideia*, VIII, 1, 30-34.
135 Isokrates, *Nikokles*, 37-39.
136 Aristoteles, *Politik*, V, 11, 1315a.
137 Platon, *Gorgias*, 491d.

Es wird der Tag kommen, da das häufigste Beispiel für die sexuelle Tugend die Frau oder das Mädchen sein wird, das sich gegen den Ansturm des Mächtigen verteidigt; die Bewahrung der Reinheit und der Jungfräulichkeit, die Treue zu Verpflichtungen und Gelöbnissen werden dann die typische Erprobung der Tugend bilden. Diese Figur ist zwar im Altertum nicht unbekannt; aber der Mann, der Führer, der Herr, der selber sein eigenes Verlangen in dem Augenblick meistern kann, da ihm seine Macht über den andern die Möglichkeit gibt, sich ihrer beliebig zu bedienen, repräsentiert für das griechische Denken besser das Wesen der Tugend der Mäßigung.

2. In diesem Verständnis von Herrschaft als aktiver Freiheit wird der »männliche« Charakter der Mäßigung behauptet. So wie im Haus der Mann befiehlt, so wie in der Polis die Ausübung der Macht weder den Sklaven noch den Kindern, noch den Frauen zukommt, sondern den Männern, allein den Männern, so muß auch gegenüber sich selber jeder seine Mannesqualitäten zur Geltung bringen. Die Selbstbeherrschung ist eine Art und Weise, Mann im Verhältnis zu sich selber zu sein, das heißt, dem zu befehlen, dem befohlen gehört, das zum Gehorsam zu zwingen, was nicht fähig ist, sich selber zu leiten, Vernunftprinzipien dem aufzuerlegen, dem sie mangeln; es handelt sich also darum, gegenüber dem, was von Natur aus passiv ist und es bleiben muß, aktiv zu sein. In dieser Männermoral, die für Männer gemacht ist, besteht die Erarbeitung seiner selber als Moralsubjekt darin, von sich selber zu sich selber eine Struktur von Männlichkeit zu errichten: indem man im Verhältnis zu sich Mann ist, wird man die Mannestätigkeit kontrollieren und meistern können, die man in der sexuellen Praxis anderen gegenüber ausübt. Im agonistischen Zweikampf mit sich selber und im Kampf um die Beherrschung der Begierden ist danach zu streben, daß das Verhältnis zu sich isomorph mit dem Herrschafts-, Hierarchie- und Autoritätsverhältnis wird, das man als Mann, als freier Mann, über seine Untergebenen herzustellen beansprucht. Aufgrund dieser »ethischen Männlichkeit« und entsprechend dieser »gesellschaftlichen Männlichkeit« kann man der Ausübung der »sexuellen Männlichkeit« das ihr zukommende Maß zuteilen. Im Gebrauch, den man von seinen Manneslüsten macht, muß man sich selber gegenüber männlich sein, wie man in seiner gesellschaftlichen Rolle männlich ist. Die Mäßigkeit ist im vollen Sinne eine Mannestugend.

Das heißt natürlich nicht, daß die Frauen nicht maßvoll zu sein hätten, daß sie der *enkráteia* nicht fähig wären oder die Tugend der *sophrosýne* nicht kennen würden. Aber diese Tugend ist bei ihnen immer in gewisser Weise auf die Männlichkeit bezogen. Sie ist institutionell darauf bezogen, weil ihnen die Mäßigung durch ihren Abhängigkeitsstatus gegenüber ihrer Familie und ihrem Gatten sowie durch ihre Fortpflanzungsfunktion auferlegt ist, welche die Fortdauer des Namens, die Weitergabe der Vermögen, das Überleben der Polis gewährleistet. Sie ist aber auch strukturell darauf bezogen, weil die Frau, um maßvoll sein zu können, zu sich selber ein Überlegenheits- und Herrschaftsverhältnis herstellen muß, das an sich männlich ist. Bezeichnenderweise erklärt Sokrates im *Oikonomikos* von Xenophon, nachdem Ischomachos die Verdienste der von ihm herangebildeten Gattin gerühmt hat, nicht ohne Anrufung der Göttin der Ehestrenge: »Bei Hera, das zeigt aber eine sehr männliche Seele bei deiner Frau *(andrikè diánoia)*.« Worauf Ischomachos seinen Bericht, wie er seine Gattin lehrte, alle Koketterie abzulegen, mit einer Erwiderung einleitet, in der die beiden wesentlichen Elemente der tugendhaften Männlichkeit der Frau ausgesprochen sind – persönliche Seelenstärke und Abhängigkeit vom Mann: »Ich möchte dir noch andere Züge ihrer Seelenstärke *(megalóphron)* nennen und dir zeigen, mit welcher Bereitschaft sie mir gehorchte, nachdem sie meine Ratschläge gehört hatte.«[138]

Aristoteles hat sich bekanntlich der sokratischen These einer wesenhaften Einheit der Tugend und damit ihrer Gleichheit bei den Männern und Frauen ausdrücklich widersetzt. Trotzdem beschreibt er keine weiblichen Tugenden, die nur weiblich sind; die Tugenden, die er den Frauen zuerkennt, definieren sich durch einen Bezug auf eine wesenhafte Tugend, die ihre volle und vollendete Form beim Mann findet. Den Grund dafür sieht er in der Tatsache, daß die Beziehung zwischen Mann und Frau »politisch« ist: es ist die Beziehung zwischen einer Regierung und einem Regierten. Zur guten Ordnung dieser Beziehung gehört zwar, daß beide an denselben Tugenden teilhaben; aber jeder hat in seiner Weise daran teil. Der Herrschende – also der Mann – »besitzt die ethische Tugend in ihrer Fülle«, während es für die Regierten – und für die Frau – genügt, »die ihnen zustehende Menge an Tugend« zu haben. Die Mäßigung und der Mut sind also beim Mann eine volle Tugend »der Herrschaft«; Mäßigung

---

138 Xenophon, *Oikonomikos*, X, 1.

und Mut der Frau sind hingegen Tugenden »der Unterordnung« – das heißt, sie haben im Mann ihr vollkommenes Modell und zugleich das Prinzip ihrer Verwirklichung.[139]

Daß die Mäßigung wesenhaft männlicher Struktur ist, hat noch eine andere – symmetrische und umgekehrte – Konsequenz: die Unmäßigkeit besteht in einer Passivität, die sie der Weiblichkeit annähert. Unmäßig zu sein heißt, sich gegenüber der Kraft der Lüste in einem Zustand von Nicht-Widerstand, in einem Zustand von Schwäche und Unterwerfung zu befinden; es bedeutet, unfähig zu sein zu jener Haltung von Männlichkeit sich selber gegenüber, die es ermöglicht, stärker zu sein als man selber. In diesem Sinn ist der Mann der Vergnügen und der Begierden, der Mann der Nicht-Beherrschung *(akrasía)* und der Unmäßigkeit *(akolasía)* ein Mann, den man weiblich nennen könnte – und zwar mehr noch sich selber als anderen gegenüber. In einer Erfahrung der Sexualität wie der unsrigen, in der eine grundlegende Skandierung das Männliche und das Weibliche entgegensetzt, wird die Weiblichkeit des Mannes in der effektiven oder virtuellen Überschreitung seiner Geschlechtsrolle gesehen. Von einem Mann, den die Liebe zu Frauen zum Exzeß treibt, würde niemand sagen, er sei weibisch – es sei denn, man unterzöge sein Begehren einer gründlichen Dechiffrierungsarbeit und stöberte die »latente Homosexualität« auf, die in seinen unbeständigen und zahlreichen Verhältnissen zu Frauen steckt. Hingegen ist für die Griechen der Gegensatz zwischen Aktivität und Passivität wesentlich und entscheidend für den Bereich der sexuellen Verhaltensweisen wie für den der moralischen Haltungen. So wird verständlich, warum ein Mann die männlichen Lieben vorziehen kann, ohne daß jemand daran dächte, ihn der Weiblichkeit zu zeihen – sofern er im sexuellen Verhältnis aktiv ist und ebenso aktiv in der moralischen Herrschaft über sich selber; hingegen wird ein Mann, der nicht ausreichend Herr seiner Lüste ist, unabhängig von seiner Objektwahl als »weiblich« betrachtet. Die Grenzziehung zwischen einem männlichen Mann und einem weibischen Mann deckt sich nicht mit unserer Entgegensetzung von Hetero- und Homosexualität; sie reduziert sich auch nicht auf den Gegensatz zwischen aktiver und passiver Homosexualität. Sie bezeichnet den Unterschied in der Haltung gegenüber den Lüsten. Und die traditionellen Zeichen dieser »Weiblichkeit« – Trägheit, Lässigkeit, Verweigerung etwas

---

139 Vgl. Aristoteles, *Politik*, I, 13, 1260a.

härterer Sportarten, Neigung zu Parfüm und Schmuck, Weichlichkeit ...
(malakía) – treffen nicht unbedingt den, den man im 19. Jahrhundert
den »Invertierten« nennen wird, sondern den, der sich den Vergnügen
überläßt, die ihn anziehen: er ist seinen eigenen Gelüsten ebenso unterworfen wie denen der andern. Angesichts eines allzu affektierten Knaben är-
gert sich Diogenes – aber er meint, daß so eine weibliche Haltung seine
Neigung zu Frauen ebenso wie zu Männern verraten kann.[140] Was in
den Augen der Griechen die ethische Negativität schlechthin darstellt, ist
nicht, daß man beide Geschlechter liebt; auch nicht, daß man sein eigenes
Geschlecht dem andern vorzieht; sondern daß man gegenüber den Lüsten
passiv ist.

3. Diese Mächtigkeit und Freiheit, die die Seinsweise des maßvollen Mannes charakterisiert, läßt sich nicht ohne Bezug zur Wahrheit verstehen.
Seine Lüste beherrschen und sie dem *lógos* unterwerfen ist ein und dasselbe: der Mäßige, sagt Aristoteles, begehrt nur, »was die rechte Vernunft
(orthòs lógos) vorschreibt«.[141] Man kennt die lange Debatte, die sich von
der sokratischen Tradition aus über die Rolle der Erkenntnis in der Tugend überhaupt und in der Mäßigung besonders entwickelt hat. In den
Memorabilia hat Xenophon an die These des Sokrates erinnert, wonach
man Wissenschaft und Mäßigung nicht trennen kann: denen, die die
Möglichkeit erwähnen, daß man weiß, was man tun soll, und doch anders
handelt, antwortet Sokrates, daß die Unmäßigen immer auch Unwissende
sind, denn die Menschen »wählen unter allen Handlungen immer die, die
sie für die vorteilhaftesten halten«.[142] Diese Grundsätze werden dann von
Aristoteles ausführlich diskutiert werden, ohne daß seine Kritik eine Debatte abgeschlossen hätte, die sich noch im Stoizismus und um ihn herum
fortsetzen wird. Aber ob man nun die Möglichkeit, das Böse wissend zu
tun, zuläßt oder nicht, und welches Wissen man auch denjenigen unterstellt, die den Prinzipien, die sie kennen, entgegenhandeln, ein Punkt wird
nicht bestritten: man kann die Mäßigung nicht praktizieren ohne eine
bestimmte Form des Wissens, die zumindest eine ihrer wesentlichen Bedingungen ist. Man kann sich im Gebrauch der Lüste nicht als Moralsub-

---

140 Vgl. Diogenes Laertios, *De clarorum philosophorum vitis, dogmatibus et apophthegmatibus*, lib. VI,
    2, 54.
141 Aristoteles, *Nikomachische Ethik*, III, 12, 1119b.
142 Xenophon, *Memorabilia*, III, 9, 4.

jekt konstituieren, ohne sich gleichzeitig als Erkenntnissubjekt zu konstituieren.

Das Verhältnis zum *lógos* in der Praktik der Lüste ist von der griechischen Philosophie des 4. Jahrhunderts in drei Hauptformen beschrieben worden. In einer strukturellen Form: die Mäßigung impliziert, daß der *lógos* im Menschenwesen in eine souveräne Stellung gebracht wird, damit er sich die Begierden unterwerfen und das Verhalten regulieren kann. Während beim Unmäßigen die begehrende Macht die Vorherrschaft an sich reißt und die Tyrannei ausübt, ist es beim *sóphron* die Vernunft, die befiehlt und vorschreibt, entsprechend der Struktur des Menschenwesens: »Ist es nicht Sache der Vernunft, fragt Sokrates, zu herrschen, da sie ja weise ist und den Auftrag hat, über die ganze Seele zu wachen?« Von da aus definiert er den *sóphron* als denjenigen, bei dem sich die verschiedenen Teile der Seele in Freundschaft und Harmonie befinden, weil sich der herrschende Teil und die gehorchenden Teile darin einig sind, daß die Vernunft zu befehlen hat und daß ihr die anderen Teile die Autorität nicht bestreiten.[143] Und trotz allen Differenzen, die die platonische Dreiteilung der Seele und die aristotelische Konzeption der *Nikomachischen Ethik* trennen, wird auch in diesem Text die *sophrosýne* als Überlegenheit der Vernunft über die Begierde charakterisiert: »Das Begehren nach Lust ist unersättlich, und beim vernunftlosen Wesen wird es von allem gereizt«; also wird das Begehren ins Ungemessene wachsen, »wenn man sich nicht der Autorität fügt und unterwirft«; und diese Autorität ist die des *lógos*, der sich die Begehrlichkeit *(tò epithymikón)* anpassen muß«.[144]

Aber die Ausübung des *lógos* in der Mäßigung wird auch in einer instrumentellen Form beschrieben. Sobald nämlich die Lüste so weit beherrscht werden, daß sie sich im Einklang mit den Bedürfnissen, Zeiten und Umständen gebrauchen lassen, bedarf es einer praktischen Vernunft, die, wie Aristoteles sagt, bestimmen kann, »was man tun soll, wie man es tun soll, wann man es tun soll«.[145] Platon unterstrich die Notwendigkeit sowohl für das Individuum wie für die Polis, »außerhalb der geeigneten Umstände *(ektòs tôn kairôn)* und ohne Wissen *(anepistemónos)* keinen Gebrauch von den Lüsten zu machen«.[146] Und in einem ähnlichen Sinn zeigte Xenophon,

143 Platon, *Politeia*, IV, 431e-432b.
144 Aristoteles, *Nikomachische Ethik*, III, 12, 1119b.
145 Ebd.
146 Platon, *Nomoi*, I, 636d-e.

daß der Mensch der Mäßigung auch der Mensch der Dialektik ist: fähig,
zu befehlen, zu diskutieren, der Beste zu sein – denn, wie Sokrates in
den *Memorabilia* erklärt, »die maßvollen Menschen allein können unter
den Dingen die besten schätzen, die praktisch und theoretisch einteilen,
die guten wählen und sich der schlechten enthalten«.[147]

Bei Platon erscheint schließlich die Ausübung des *lógos* noch in einer
dritten Form: in der Form der ontologischen Anerkennung seiner durch
sich. Es war ein sokratisches Thema, daß es notwendig ist, sich selber zu
erkennen, um die Tugend zu praktizieren und die Begierden zu meistern.
Aber zur Form dieser Selbsterkenntnis steuert die große Rede des *Phaidros*, in der die Reise der Seelen und die Geburt der Liebe erzählt werden,
Präzisierungen bei. In der antiken Literatur ist es zweifellos die erste Beschreibung dessen, was dann der »spirituelle Kampf« werden wird. Man
findet da – weit entfernt von den Unempfindlichkeits- und Enthaltsam-
keitsleistungen, die Sokrates im *Symposion* von Alkibiades zugesprochen
werden – eine ganze Dramaturgie der Seele, die mit sich selber und gegen
die Gewalt ihrer Begierden kämpft; diese verschiedenen Elemente werden
in der Geschichte der Spiritualität lange weiterleben: die Wirrnis, die sich
der Seele bemächtigt und die sie nicht einmal nennen kann, die Unruhe,
die sie wachhält, das geheimnisvolle Aufwallen, das Leid und die Lust,
die sich abwechseln und vermischen, die Bewegung, die einen fortreißt,
der Kampf zwischen entgegengesetzten Mächten, die »Fälle«, die Wunden,
die Leiden, endlich die Wiedergutmachung und Beruhigung. Im Laufe
dieser Erzählung nun, die sich als Offenbarung des Wesens der Seele –
der menschlichen wie der göttlichen – darstellt, spielt das Verhältnis zur
Wahrheit eine fundamentale Rolle. Nachdem die Seele »die Wirklichkeiten, die über dem Himmel sind«, betrachtet und ihren Widerschein in
einer irdischen Schönheit wahrgenommen hat, wird sie vom Liebeswahn
ergriffen, sich selbst entrückt und besitzt sich nicht mehr; aber auch, weil
ihre Erinnerungen sie »zur Wirklichkeit der Schönheit« tragen, weil sie »sie
wiedersieht, von der Weisheit begleitet und erhoben auf ihrem heiligen
Sockel«, übt sie Zurückhaltung, versucht sie, das körperliche Begehren
zu bändigen und sich von allem zu lösen, was sie beschweren und hindern
könnte, die Wahrheit wiederzufinden, die sie geschaut hat.[148] Das Verhältnis der Seele zur Wahrheit ist das, was dem Eros in seiner Bewegung, in sei-

147 Xenophon, *Memorabilia*, IV, 5, 11.
148 Vgl. Platon, *Phaidros*, 254b.

ner Kraft und in seiner Intensität zugrunde liegt und ihm zugleich hilft,
sich von jedem physischen Genuß zu lösen und zur wahrhaften Liebe zu
werden.

Ob es sich also um eine hierarchische Struktur des Menschenwesens
handelt oder um eine Praxis der Klugheit oder um eine Anerkennung
der Seele durch sie selber: das Verhältnis zum Wahren bildet ein wesentliches Element der Mäßigung. Es ist notwendig für den angemessenen Gebrauch der Lüste, notwendig für die Beherrschung ihrer Gewalt. Aber es
ist zu beachten, daß dieses Verhältnis zum Wahren nie die Form einer Dechiffrierung seiner durch sich und einer Hermeneutik des Begehrens annimmt. Zwar ist es konstitutiv für die Seinsweise des mäßigenden Subjekts; aber es verpflichtet dieses Subjekt nicht, Wahres über sich selbst zu
sagen; es öffnet die Seele nicht als einen möglichen Erkenntnisbereich,
in dem die kaum sichtbaren Spuren des Begehrens zu lesen und zu deuten
sind. Das Verhältnis zur Wahrheit ist eine strukturelle, instrumentelle und
ontologische Bedingung der Einrichtung des Individuums als eines mäßigenden und maßvoll lebenden Subjekts. Es ist nicht eine epistemologische
Bedingung dafür, daß sich das Individuum in seiner Besonderheit als be-
gehrendes Subjekt erkennt und sich vom so ans Licht gebrachten Begehren
reinigt.

4. Führt dieses für das sich mäßigende Subjekt konstitutive Verhältnis zur
Wahrheit nicht zu einer Hermeneutik des Begehrens wie später in der
christlichen Spiritualität, so eröffnet es statt dessen eine Ästhetik der Existenz. Darunter ist eine Lebensweise zu verstehen, deren moralischer Wert
nicht auf ihrer Übereinstimmung mit einem Verhaltenscode und auch
nicht auf einer Reinigungsarbeit beruht, sondern auf gewissen Formen
oder vielmehr auf gewissen allgemeinen formellen Prinzipien im Gebrauch
der Lüste, auf ihrer Aufteilung, Begrenzung und Hierarchisierung. Durch
den *lógos*, durch die Vernunft und durch das Verhältnis zum Wahren, von
dem es sich bestimmen läßt, fügt sich so ein Leben in die Erhaltung oder
die Reproduktion einer ontologischen Ordnung ein; andererseits empfängt es den Glanz einer Schönheit in den Augen derer, die es betrachten
oder in ihrer Erinnerung bewahren können. Über diese mäßigende Existenz, in der Wahrheit begründetes Maß gleichzeitig Respekt einer ontologischen Struktur und Profil einer sichtbaren Schönheit ist, haben sich
Xenophon, Platon und Aristoteles wiederholt geäußert. Im *Gorgias* zum

Beispiel beschreibt sie Sokrates, indem er sich anstelle des schweigsamen Kallikles seine Fragen selber beantwortet: »Die einem jeden Ding eigene Qualität – Möbel, Körper, Seele oder irgendein Tier – kommt ihm nicht zufällig zu: sie ergibt sich aus einer bestimmten Ordnung, einer bestimmten Richtigkeit, einer bestimmten Kunst *(táxis, orthótes, téchne)*, die der Natur des Dinges entspricht. Ist das wahr? Was mich anlangt, ich behaupte es. – Also die Tugend jeden Dinges besteht in einer Anordnung und in einer glücklichen Verteilung, die sich aus der Ordnung ergibt? Das würde ich sagen. – Also ist es eine Schönheit der Anordnung *(kósmos tis)*, die der Natur eines jeden Dinges eignet und die durch ihre Anwesenheit dieses Ding gut macht? Ich glaube es. – Ist also auch eine Seele, in der sich die Ordnung befindet, die der Seele zukommt, mehr wert als jene Seele, in der sich diese Ordnung nicht befindet? Notwendigerweise. – Also eine Seele, die die Ordnung besitzt, ist eine wohlgeordnete Seele? Zweifellos. – Und eine wohlgeordnete Seele ist mäßigend und weise? Unbedingt. – Eine mäßigende Seele ist also gut ... Ich behaupte es und halte es für gewiß. Wenn das wahr ist, scheint es mir, daß jeder von uns, um glücklich zu sein, die Mäßigung suchen und sich darin üben muß *(dioktéon kaì asketéon)*«.[149]

Wie ein Echo auf diesen Text, der die Mäßigkeit und die Schönheit einer Seele, deren Ordnung ihrer eigenen Natur entspricht, verbindet, wird die *Politeia* umgekehrt zeigen, wie sehr die Schönheit einer Seele und eines Körpers mit dem Übermaß und der Gewalt der Lüste unvereinbar ist: »Wenn einer zugleich einen schönen Charakter in seiner Seele *(kalà éthe)* und in seinem Äußeren Züge, die mit seinem Charakter übereinstimmen, verbindet, weil sie am selben Modell teilhaben, ist das nicht das schönste Schauspiel für jeden, der es sehen kann? – Weitaus das schönste. – Das schönste ist nun auch das liebenswürdigste *(erasmiótaton)*? – Ohne Widerrede ... – Aber sag mir, verträgt sich der Mißbrauch der Lust mit der Mäßigung? – Wie könnte das sein, da er die Seele nicht minder verwirrt als das Leid? Und mit der Tugend überhaupt? – Nein. – Und mit der Gewalt und der Unenthaltsamkeit *(hýbris, akolasía)*? – Mehr als mit allem andern. Aber kannst du ein größeres und lebhafteres Vergnügen nennen als das Liebesvergnügen? – Nein, es gibt kein wahnsinnigeres. – Aber die vernünftige Liebe *(ho orthòs éros)* ist doch weise, geordnet und schön? – Gewiß. – Also

149 Platon, *Gorgias*, 506d-507d.

ist die vernünftige Liebe weder mit dem Wahnsinn noch mit der Unmäßigkeit zu vergleichen.«[150]

Man kann sich auch an die ideale Beschreibung erinnern, die Xenophon vom Hof des Kyros gegeben hat. Dort nämlich lieferte der Hof sich selber das Schauspiel der Schönheit, indem ein jeder vollkommener Herrscher seiner selbst war; der Souverän legte eine Beherrschung und eine Zurückhaltung an den Tag, die auf alle ausstrahlte und dazu führte, daß jeder nach seinem Rang ein gemessenes Benehmen, Achtung vor sich und den anderen, sorgfältige Kontrolle der Seele und des Körpers sowie sparsame Gebärden zeigte, so daß keine ungewollte oder gewaltsame Bewegung eine schöne Ordnung störte, die allen bewußt zu sein schien: »Niemals hörte man einen vor Zorn oder vor Freude aufschreien oder laut loslachen, sondern wenn man sie sah, hätte man meinen können, die Schönheit selbst sei ihr Vorbild gewesen.«[151] Das Individuum vollendet sich als Moralsubjekt in der Plastik eines genau bemessenen Verhaltens, das allen sichtbar und eines langen Gedächtnisses würdig ist.

Das ist nur eine Skizze in vorläufiger Absicht: einige allgemeine Züge, die andeuten, wie man im klassischen griechischen Denken die sexuelle Praxis reflektiert und sie als Moralbereich konstituiert hat. Die Elemente dieses Bereiches – die »ethische Substanz« – bestanden in den *aphrodísia*, das heißt in Akten, die, von der Natur gewollt, von ihr mit einer intensiven Lust verbunden wurden und zu denen sie mit einer Kraft treibt, die jederzeit ausufern und aufständisch werden kann. Das Prinzip der Regulierung dieser Aktivität, die »Unterwerfungsweise«, war nicht durch eine universelle Gesetzgebung bestimmt, die die erlaubten und verbotenen Akte festgesetzt hätte; sondern eher durch eine Geschicklichkeit, eine Kunst, die die Modalitäten des Gebrauchs in Rücksicht auf verschiedene Variablen (Bedürfnis, Augenblick, Stand) vorschrieb. Die Arbeit, die das Individuum an sich selber vorzunehmen hatte, die nötige Askese, besaß die Form eines Kampfes, der zu führen ist, eines Sieges, der zu erringen ist, indem man nach dem Modell einer häuslichen oder politischen Macht eine Herrschaft seiner über sich errichtet. Die Seinsweise, der man sich schließlich durch diese Selbstbeherrschung nähert, wurde als eine aktive Freiheit charakterisiert, die auf einem strukturellen, instrumentellen und ontologischen Verhältnis zur Wahrheit beruht.

150 Platon, *Politeia*, III, 402d–403b.
151 Xenophon, *Kyrupaideia*, VIII, 1, 33.

Wie wir sehen werden, hat diese moralische Reflexion über den Körper, die Ehe und die Knabenliebe Themen der Sittenstrenge entwickelt, die den Vorschriften und Verboten späterer Zeiten nicht ganz unähnlich sind. Aber unter dieser vermeintlichen Kontinuität ist darauf zu achten, daß das Moralsubjekt nicht in derselben Weise konstituiert werden wird. In der christlichen Moral des sexuellen Verhaltens wird die ethische Substanz nicht durch die *aphrodísia* definiert, sondern durch einen Bereich von Begierden, die sich in den geheimen Kammern des Herzens verbergen, und eine Menge von Akten, die in ihrer Form und in ihren Bedingungen genau festgelegt sind; die Unterwerfung wird nicht die Form einer Geschicklichkeit annehmen, sondern die einer Anerkennung des Gesetzes und eines Gehorsams gegenüber der pastoralen Autorität; nicht so sehr die vollkommene Beherrschung seiner durch sich in der Ausübung einer männlichen Tätigkeit wird das Moralsubjekt charakterisieren, sondern eher die Selbstverleugnung und eine Reinheit, die ihr Vorbild in der Jungfräulichkeit findet. Von da aus läßt sich die Bedeutung verstehen, die in der christlichen Moral zwei entgegengesetzen und komplementären Praktiken zukommen wird: einer immer genauer werdenden Kodifizierung der sexuellen Akte und der Verfahren einer Dechiffrierung seiner selber.

Schematisch könnte man sagen, daß die Moralreflexion der Antike über die Lüste nicht auf eine Kodifizierung der Akte und nicht auf eine Hermeneutik des Subjekts abzielt, sondern auf eine Stilisierung der Haltung und eine Ästhetik der Existenz. Stilisierung – denn die Verknappung der sexuellen Aktivität stellt sich als eine Art offener Forderung dar. Man wird es leicht feststellen können: weder die Ärzte, die Diätratschläge geben, noch die Moralisten, die von den Gatten den Respekt ihrer Gattin fordern, noch diejenigen, die über das gute Benehmen in der Knabenliebe Ratschläge geben, werden sehr genau sagen, was im Bereich der sexuellen Akte oder Praktiken zu tun oder nicht zu tun ist. Und der Grund dafür liegt gewiß nicht in der Scham oder der Zurückhaltung der Autoren, sondern in der Tatsache, daß das Problem nicht dort liegt: die sexuelle Mäßigung ist eine Ausübung der Freiheit, die in der Selbstbeherrschung Gestalt annimmt; und sie manifestiert sich in der Weise, in der das Subjekt sich in der Ausübung seiner männlichen Tätigkeit hält und zurückhält; in der Weise, in der es sich zu sich selber verhält, indem es sich zu anderen verhält. Diese Haltung ist es – weit mehr als die Akte, die man vollzieht, oder die Begierden, die man verbirgt –, die Anlaß zu Werturteilen gibt. Der mo-

ralische Wert ist auch ein ästhetischer Wert und ein Wahrheitswert: denn
nur, wenn man die Befriedigung der wahren Bedürfnisse im Auge hat,
wenn man die wahre Hierarchie des Menschenwesens respektiert und
nie vergißt, was man in Wahrheit ist, wird man seiner Lebensführung die
Form geben können, die den Ruf wahrt und Erinnerung verdient.

Wir müssen nun sehen, wie sich einige der großen Themen der sexuellen Zucht, die weit über die griechische Kultur hinaus ein historisches
Schicksal haben sollten, im Denken des 4. Jahrhunderts geformt und entwickelt haben. Ich werde nicht von den allgemeinen Theorien der Lust
oder der Tugend ausgehen; ich werde mich auf bestehende und anerkannte
Praktiken stützen, in denen die Menschen versucht haben, ihrem Leben
Form zu geben: Praktik der Diätordnung, Praktik der häuslichen Regierung, Praktik des Liebeswerbens; ich werde zu zeigen versuchen, wie diese
drei Praktiken in der Medizin und Philosophie reflektiert worden sind und
wozu diese Reflexionen geführt haben: nicht zu Kodifizierungen der sexuellen Lebensführung, sondern zu »Stilisierungen«: in der Diätetik als
Kunst des Verhältnisses des Individuums zu seinem Körper; in der Ökonomik als Kunst des Verhaltens des Mannes als Oberhaupt der Familie; in
der Erotik als Kunst des wechselseitigen Benehmens des Mannes und des
Knaben in der Liebesbeziehung.[152]

---

152 Henri Joly, *Le Renversement platonicien. Logos, episteme, polis*, Paris 1974, zeigt, wie man im griechischen Denken die Beziehungen zwischen dem Bereich der Praktiken und der philosophischen
Reflexion analysieren kann.

II Diätetik

Die moralische Reflexion der Griechen über das sexuelle Verhalten suchte nicht Verbote zu rechtfertigen, sondern eine Freiheit zu stilisieren: diejenige, die der »freie« Mann in seiner Tätigkeit ausübt. Daraus ergab sich etwas, was auf den ersten Blick paradox scheinen mag: die Griechen haben die Beziehungen zwischen Männern und Knaben praktiziert, akzeptiert und als wertvoll eingeschätzt; gleichwohl haben ihre Philosophen dazu eine Moral der Enthaltung entworfen und konstruiert. Sie haben durchaus zugelassen, daß ein verheirateter Mann seine sexuellen Vergnügen außerhalb der Ehe suchte; und doch haben ihre Moralisten das Prinzip eines Ehelebens konzipiert, in dem der Gatte nur mit seiner eigenen Gattin verkehrt. Sie haben nie gemeint, daß das sexuelle Vergnügen als solches ein Übel sei oder zu den natürlichen Malen einer Schuld gehöre; und doch haben sich ihre Ärzte über den Zusammenhang zwischen sexueller Betätigung und Gesundheit Gedanken gemacht und eine ganze Reflexion über die Gefahren der sexuellen Praxis entwickelt.

Beginnen wir mit dem ersten Punkt. Da ist gleich zu bemerken, daß sich ihre Reflexion nicht in erster Linie auf die Analyse pathologischer Auswirkungen der sexuellen Aktivität bezog; sie suchte auch nicht einen Verhaltensbereich zu organisieren, in dem man normale und anormale oder pathologische Verhaltensweisen unterscheiden kann. Zwar fehlten diese Themen nicht gänzlich. Aber sie bildeten nicht die Hauptlinie der Problematisierung der Beziehungen zwischen den *aphrodísia*, der Gesundheit, dem Leben und dem Tod. Die Hauptsorge dieser Reflexion war es, den Gebrauch der Lüste – seine günstigen Bedingungen, seine nützliche Ausübung, seine nötige Verknappung – im Hinblick auf eine gewisse Sorge um den Körper zu definieren. Das Anliegen war mehr »diätetisch« als »therapeutisch«: es ging um ein Reglement, um ein »Regime«: um die Regulierung einer für die Gesundheit wichtigen Aktivität. Der ärztlichen Problematisierung des sexuellen Verhaltens ging es weniger darum, seine pathologischen Formen zu eliminieren, darum, es möglichst gut in die Rücksichtnahme auf die Gesundheit und in das Leben des Körpers zu integrieren.

1 Von der Lebensordnung im allgemeinen

Um zu sehen, welche Bedeutung die Griechen der Diät beimaßen, wie sie die »Diätetik« verstanden und wie sie ihre Praktizierung mit der Medizin verknüpften, kann man sich auf zwei Quellen beziehen; die eine findet sich im Corpus Hippocraticum, die andere bei Platon.

Der Autor des Traktates *De prisca medicina* ist weit davon entfernt, die Diät als einen Anhang der ärztlichen Kunst – als eine ihrer Anwendungen oder Fortsetzungen – zu behandeln; vielmehr läßt er die Medizin aus dem grundlegenden und wesentlichen Problem der Diät hervorgehen.[1] Die Menschheit hat sich ihm zufolge durch einen Bruch, der in der Diät bestand, vom tierischen Leben abgesetzt; am Anfang sollen die Menschen eine ähnliche Nahrung wie die Tiere zu sich genommen haben: Fleisch und Pflanzen roh und ohne Zubereitung. Diese Ernährung mochte die Stärksten abhärten, für die Schwächeren war sie unzuträglich: man starb entweder sehr jung oder sehr alt. Darum suchten die Menschen nach einer Diät, die »ihrer Natur« besser entspricht: diese Diät kennzeichnet noch die heutige Lebensweise. Dank dieser milderen Ernährungsweise führen die Krankheiten nicht mehr unmittelbar zum Tod; dann hat man gemerkt, daß die Nahrung der Gesunden den Kranken nicht zuträglich ist: für sie waren andere Speisen notwendig. Die Medizin hat sich nun als »Diät« für die Kranken herausgebildet, da man für sie eine besondere Ernährungsweise brauchte. In dieser Ursprungsgeschichte stand die Diätetik am Anfang: sie führt zur Medizin als einer ihrer besonderen Anwendungen.

Platon, der der Diätpraxis sehr mißtrauisch gegenübersteht, jedenfalls ihren Übertreibungen – aus politischen und moralischen Gründen, die wir noch sehen werden –, ist dagegen der Ansicht, daß das Problem der Diät aus einer Veränderung der ärztlichen Praxis erwachsen sei[2]: ursprünglich lehrte der Gott Asklepios die Menschen, wie sie durch drastische Heilmittel und wirksame Operationen Krankheiten und Verletzungen heilen können. Von dieser Praxis der einfachen Heilverfahren zeugt – nach Platon – Homer in seinem Bericht von den Heilungen des Menelaos und des Eurypylos auf den Mauern Trojas: man saugte das Blut der Verwundeten, goß einige Linderungsmittel auf ihre Wunden und gab ihnen mit

---

1 Vgl. Hippokrates, *De prisca medicina*, III.
2 Vgl. Platon, *Politeia*, III, 405e–408d.

Mehl und geriebenem Käse versetzten Wein zu trinken.[3] Erst später, als sich die Menschen vom harten und gesunden Leben der alten Zeiten entfernten, suchte man den Krankheiten »Schritt für Schritt« zu folgen und mit einer lange dauernden Diät denjenigen beizustehen, die an hartnäckigen Krankheiten litten, eben weil sie nicht richtig lebten. Die Diätetik erscheint also in dieser Entstehungsgeschichte als eine Art Medizin für verweichlichte Zeiten; sie war bestimmt für die schlechte Lebensführung von Menschen, die ihre Existenz zu verlängern suchen. Aber man sieht: wenn für Platon die Diätetik keine ursprüngliche Kunst ist, dann nicht, weil die Lebensweise, die *díaita*, unwichtig wäre; zur Zeit des Asklepios und seiner ersten Nachfolger hat man sich nicht um die Diätetik gesorgt, weil das von den Menschen tatsächlich befolgte »Regime«, die Weise ihrer Ernährung und ihrer Ertüchtigung, der Natur entsprach.[4] In dieser Perspektive ist die Diätetik wirklich eine Abzweigung der Medizin; aber sie ist zu dieser Fortsetzung der Heilkunst erst geworden, als sich die Lebensweise von der Natur getrennt hat; und auch jetzt noch muß die Medizin mit einer Diät einhergehen, weil man niemanden heilen kann, ohne die Lebensweise zu berichtigen, die den Kranken krank gemacht hat.[5]

Ob man aus dem Diätwissen eine ursprüngliche Kunst oder eine spätere Ableitung macht – es ist klar, daß die »Diät« als Lebensregel, als Lebensweise, eine fundamentale Kategorie ist, in der die menschliche Lebensführung gedacht werden kann; sie charakterisiert die Weise, in der man seine Existenz führt, und ermöglicht es, die Lebensführung mit Regeln auszustatten: eine Problematisierung des Verhaltens im Hinblick auf eine Natur, die man zu bewahren und der man sich anzupassen hat. Die Diät ist eine ganze Lebenskunst.

1. Der Bereich, den eine ausreichend reflektierte Diät abzudecken hat, wird durch eine Liste definiert, die mit der Zeit geradezu kanonisch geworden ist. Sie findet sich im sechsten Buch der *Epidemien* und umfaßt: »die Übungen *(pónoi)*, die Speisen *(sitía)*, die Getränke *(potá)*, de[n] Schlaf *(hýpnoi)*, die sexuellen Beziehungen *(aphrodísia)*« – lauter Dinge, die »gemessen« sein müssen.[6] Die diätetische Reflexion hat diese Aufzählung entwik-

---

3 Die Angaben Platons stimmen mit denen der *Ilias* (XI, 624 und 833) nicht genau überein.
4 Vgl. Platon, *Politeia*, III, 407c.
5 Zur Notwendigkeit der Diät für die Heilung der Krankheiten siehe auch *Timaios*, 89d.
6 Hippokrates, *Epidemien*, VI, 6, 1. Zu den verschiedenen Interpretationen, die dieser Text im Altertum erfahren hat, vgl. die Bemerkungen in Hippocrate, *Œuvres complètes*, übersetzt von E. Littré, Bd. V, Amsterdam 1962, S. 323 f.

kelt. Bei den Übungen unterscheidet man die natürlichen (gehen, spazieren) von den gewaltsamen (Lauf, Kampf); man legt fest, welche man machen soll, mit welcher Intensität, zu welcher Tageszeit, in welcher Jahreszeit, in welchem Lebensalter und in welchem Verhältnis zur Nahrungsaufnahme. An die Übungen kann man die Bäder anschließen, die mehr oder weniger warm sind und die ebenfalls von der Jahreszeit, vom Alter, von den anderen Aktivitäten und von den Mahlzeiten abhängen. Die Ernährungsweise – Speise und Trank – hat Art und Menge dessen zu berücksichtigen, was man aufnimmt, den Gesamtzustand des Körpers, das Klima, die Tätigkeiten, die man verrichtet. Die Entleerungen – Abführungen und Erbrechen – korrigieren die Nahrungsaufnahme und ihre Exzesse. Auch der Schlaf hat verschiedene Aspekte, die von der Lebensweise variiert werden können: die Zeit, die man ihm widmet, die Stunden, die man wählt, die Qualität des Bettes, seine Härte, seine Wärme. Die Diät hat also zahlreiche Elemente des physischen Lebens eines Mannes, jedenfalls eines freien Mannes, zu berücksichtigen; und das den ganzen Tag über – vom Aufstehen bis zum Schlafengehen. So gesehen enthält die Diät einen detaillierten Zeitplan: die Diätetik des Diokles folgt denn auch genau dem Lauf eines gewöhnlichen Tages vom Erwachen bis zum Abendessen und zum Einschlafen: die ersten Übungen, die Waschungen und das Abreiben des Körpers und des Kopfes, die Spaziergänge, die privaten Tätigkeiten und das Gymnasion, das Mittagessen, die Mittagspause, dann neuerlich das Spazierengehen und das Gymnasion, die Salbungen und die Einreibungen, das Abendessen. Die ganze Zeit über und für alle Tätigkeiten des Mannes problematisiert die Diät das Verhältnis zum Körper und entwickelt eine Lebensweise, deren Formen, Entscheidungen, Variablen von der Sorge um den Körper bestimmt sind. Aber es geht nicht allein um den Körper.

2. In den verschiedenen Bereichen, in denen sie nötig ist, hat die Diät ein Maß aufzurichten: »selbst ein Schwein würde wissen«, wie ein Gesprächspartner des (pseudo-)platonischen Dialogs *Anterastai*[7] meint, daß »für den Körper« das nützlich ist, »was im richtigen Maß ist«, und nicht, was zuviel oder zuwenig ist. Dieses Maß gilt aber nicht nur im Bereich des Körperlichen, sondern auch im Moralischen. Die Pythagoreer, die in der Entwicklung der Diätetik zweifellos eine wichtige Rolle gespielt haben, legten

---

7 Platon, *Anterastai*, 134a-d.

großen Wert auf den Zusammenhang zwischen der Pflege des Körpers und der Sorge um die Reinheit und Harmonie der Seele. Zwar erwarteten sie von der Medizin die Reinigung des Körpers und von der Musik die der Seele, aber sie sprachen dem Gesang und den Instrumenten auch wohltuende Wirkungen auf das Gleichgewicht des Organismus zu.[8] Die zahlreichen Speiseverbote, die sie sich gaben, hatten kultische und religiöse Bedeutungen; und ihre Kritik aller Mißbräuche beim Essen und Trinken, bei den Übungen und bei den sexuellen Aktivitäten galt sowohl als moralische Empfehlung wie als Vorschrift für die Gesundheit.[9]

Auch außerhalb des pythagoreischen Kontextes definiert sich die Diät häufig auf beiden Ebenen: derjenigen der guten Gesundheit und derjenigen der guten Seelenhaltung. Und zwar deswegen, weil sie einander beeinflussen, aber auch, weil die Entschlossenheit, eine angemessene und vernünftige Diät zu befolgen, und die dafür aufgewendete Anstrengung von sich aus auf eine unerläßliche moralische Festigkeit verweisen. Bei Xenophon macht Sokrates auf diesen Zusammenhang aufmerksam, wenn er den jungen Leuten empfiehlt, ihren Körper regelmäßig durch Gymnastik zu üben. Er sieht darin die Garantie dafür, sich im Krieg besser verteidigen zu können, als Soldat dem Vorwurf der Feigheit zu entgehen, seinem Vaterland besser zu dienen und hohe Ehren zu empfangen (und damit seinen Nachkommen Vermögen und Rang zu hinterlassen); er erhofft sich davon einen Schutz gegen die Krankheiten und Schwächen des Körpers. Aber er unterstreicht die guten Auswirkungen dieser Gymnastik auch dort, wo man sie am wenigsten erwartet: im Denken – denn ein Körper bei schlechter Gesundheit führt zu Vergeßlichkeit, Mutlosigkeit, schlechter Laune und Wahnsinn, so daß am Ende selbst die bereits erworbenen Erkenntnisse aus der Seele verjagt werden.[10]

Mit der Entschlossenheit, die zu ihrer Befolgung erfordert wird, verlangt die Zucht einer Leibordnung auch eine moralische Festigkeit, von

---

8 Vgl. die Bemerkung des Herausgebers in Hippocrate, *Du régime*, herausgegeben von R. Joly, Paris 1967, S. XI.

9 »Er hatte ... für die körperlichen Krankheiten Heilmelodien, mit denen er die Kranken wieder auf die Füße brachte. Andere ließen den Schmerz vergessen, beruhigten den Zorn, verjagten die zügellosen Begierden. Nun seine Diät: Honig zum Mittagessen, zum Abendessen Fladen, Gemüse, selten Fleisch ... So behielt sein Körper gleichmäßig denselben Zustand, ohne bald gesund und bald krank zu sein, ohne einmal fett und dick zu werden und dann wieder dünn und mager, und sein Blick verriet immer den gleichen Charakter *(tò hómoion êthos)* seiner Seele.« Porphyrios, *Vita Pythagorae*, 34. Pythagoras soll auch den Athleten Diätratschläge gegeben haben; ebd., 15.

10 Xenophon, *Memorabilia*, III, 12.

der sie ihrerseits wieder gestützt wird. In Platons Augen ist das sogar der wahre Grund für die Praktiken, mit denen man die Kraft, die Schönheit und die Gesundheit des Körpers zu erlangen sucht. Wie Sokrates im neunten Buch der *Politeia* sagt, wird sich der gescheite Mensch »nicht dem tierischen und unvernünftigen Vergnügen überlassen«, er wird »seine Anstrengungen nicht in diese Richtung« lenken; mehr noch: »Er wird auf seine Gesundheit nicht achten und sich nicht bemühen, stark, gesund und schön zu sein, wenn er damit nicht auch mäßigend werden muß.« Die Leibordnung muß sich dem Prinzip einer allgemeinen Ästhetik der Existenz unterordnen, in der das körperliche Gleichgewicht eine Bedingung der rechten Hierarchie der Seele ist: »er wird die Harmonie in seinem Körper schaffen, um seine Seele im Einklang zu halten« – damit er sich als wahrhafter Musiker *(musikós)*[11] aufführen kann. Die Leibordnung darf nicht zu sehr um ihrer selbst willen kultiviert werden.

Man erkannte durchaus, daß in der Diätpraktik eine Gefahr liegen konnte. Auch wenn ihr Ziel die Vermeidung von Exzessen ist, so kann doch die Bedeutung, die man ihr zugesteht, und die Autonomie, die man ihr läßt, ihrerseits wieder übertrieben werden. Dieses Risiko wird in zwei Formen wahrgenommen. Es gibt die Gefahr des »athletischen« Exzesses: dazu führen wiederholte Übungen, die den Körper übermäßig entwickeln und schließlich die Seele einschläfern, indem sie sie in eine zu mächtige Muskulatur einzwängen; Platon tadelt diese Übertreibung der Athleten öfter und erklärt, sie für die jungen Leute in seinem Staat nicht haben zu wollen.[12] Aber es gibt auch die Gefahr des übertriebenen »Kränkelns«: die ununterbrochene Aufmerksamkeit auf seinen Körper, seine Gesundheit, auf das geringste seiner Leiden. Das beste Beispiel dieser Übertreibung lieferte nach Platon der Gymnastiklehrer Herodikos, der als einer der Gründer der Diätetik galt; ganz damit beschäftigt, auch nicht die geringste Regel seiner Diät zu verletzen, habe er sich jahrelang nur noch am Rande des Todes dahingeschleppt. Dieser Haltung macht Platon zwei Vorwürfe. Sie ist eine Angelegenheit von Müßigen, die ihrer Polis nicht nützlich sind; man kann ihnen die ernsthaften Handwerker entgegenhalten, die sich nicht wegen angeblicher Migräne den Kopf verbinden lassen, weil sie ihre Zeit nicht mit derart kleinlichen Besorgnissen um die Gesundheit verlieren wollen.

---

11 Platon, *Politeia*, IX, 591c-d.

12 A. a. O., III, 404a. Auch Aristoteles kritisiert in der *Politik* die Exzesse des athletischen Regimes und gewisser Übungen (VIII, 16, 1335b; VIII, 4, 1338b-1339a).

Diese Haltung gibt es auch bei jenen, die nur ja nicht das Leben verlieren und mit allen Mitteln den von der Natur gesetzten Zeitpunkt hinausschieben wollen. Die Praktik der Diät bringt diese – moralische, aber auch politische – Gefahr mit sich, dem Körper eine übertriebene Sorge entgegenzubringen *(perittè epiméleia sómatos).*[13] Asklepios, der nur mit Becher und Messer heilte, war ein weiser Politiker: er wußte, daß in einem gut regierten Staat niemand Muße hat, sein Leben lang krank zu sein und sich pflegen zu lassen.[14]

3. Das Mißtrauen gegen übertriebene Diäten zeigt, daß die Diät nicht das Ziel hat, das Leben in seiner Dauer und in seinen Leistungen auf das äußerste zu steigern, sondern daß sie es vielmehr in den ihm gesetzten Grenzen nützlich und glücklich machen soll. Sie darf auch nicht die Bedingungen einer Existenz ein für allemal festlegen. Eine Diät ist nicht gut, wenn sie ein Leben nur an einem einzigen Ort und mit einer einzigen Art von Nahrung ermöglicht, ohne irgendwelche Veränderung zuzulassen. Die Nützlichkeit einer bestimmten Lebensweise liegt gerade darin, daß sie den Individuen die Möglichkeit gibt, sich in verschiedenen Lebensumständen zu bewähren. So stellt Platon die Diät der Athleten, die so streng ist, daß sie nicht ohne »schwere und gefährliche Krankheiten« davon abgehen können, derjenigen gegenüber, die er für seine Krieger vorsieht: wie Hunde müssen sie immer wach sein; sind sie auf dem Land, müssen sie »oft Wasser und Nahrung wechseln können«, »sich bald hier, bald dort der brennenden Sonne und dem Frost des Winters« aussetzen können und dabei an der Gesundheit keinen Schaden nehmen.[15] Gewiß haben Platons Krieger besondere Aufgaben und Pflichten. Aber auch allgemeinere Diäten gehorchen demselben Prinzip. Der Verfasser der hippokratischen Diätetik betont, daß er seine Ratschläge nicht an einige privilegierte Untätige richtet, sondern an die große Menge: an diejenigen, »die arbeiten, die reisen, die segeln, sich der Sonne und der Kälte aussetzen«.[16] Man hat darin ein besonderes Interesse für das aktive und berufliche Leben gesehen. Vor allem liegt darin der Wille – der übrigens der Moral und der Medizin ge-

---

13 Platon, *Politeia*, III, 406a-407b.
14 Vgl. a. a. O., 407c-e. Im *Timaios* (89b-c) behauptet Platon, daß die Lebensdauer für jedes Lebewesen vom Schicksal festgesetzt ist.
15 Platon, *Politeia*, III, 404a-b.
16 Hippokrates, *De victu*, III, 69. Vgl. dazu die Anmerkung von R. Joly in seiner Ausgabe: Hippocrate, *Du régime*, Paris 1967, S. 71.

meinsam ist –, das Individuum für die Vielfalt der möglichen Umstände zu rüsten. Man kann und darf von der Diät nicht verlangen, daß sie das Schicksal wendet oder die Natur beugt. Wohl aber erwartet man von ihr, daß sie gestattet, nicht blindlings auf unvorhergesehene Ereignisse zu reagieren. Die Diätetik ist eine strategische Kunst, insofern sie erlauben soll, auf die Umstände in einer ständigen, also nützlichen Weise zu antworten.

In ihrer Wachsamkeit gegenüber dem Körper und seinen Betätigungen verlangt die Diät beim Individuum zwei besondere Rücksichten. Sie verlangt eine »serielle« Aufmerksamkeit, eine Beachtung der Sequenzen: die Aktivitäten sind nicht an sich einfach gut oder schlecht; ihr Wert wird zum Teil von denen bestimmt, die ihnen vorausgehen, und von denen, die ihnen folgen, und dieselbe Sache (eine bestimmte Nahrung, eine bestimmte Übung, ein warmes oder kaltes Bad) ist ratsam oder nicht ratsam, je nachdem, welche andere Aktivität dann folgen wird oder muß (die aufeinanderfolgenden Tätigkeiten müssen sich in ihren Wirkungen kompensieren, doch darf der Kontrast zwischen ihnen nicht zu stark sein). Die Praxis der Diät erfordert eine »umständliche« Wachsamkeit, eine sowohl scharfe wie auch umfassende Aufmerksamkeit auf die Außenwelt, ihre Elemente, ihre Empfindungen: also das Klima, die Jahreszeiten, die Tagesstunden, Feuchtigkeit und Trockenheit, Wärme oder Frische, die Winde, die Besonderheiten einer Region, die Lage einer Stadt. Und die relativ detaillierten Angaben der hippokratischen Diätetik müssen demjenigen, der sich mit ihnen vertraut gemacht hat, dazu dienen, seine Lebensweise auf alle diese Variablen abzustimmen. Die Leibordnung ist nicht als ein Korpus allgemeiner und einförmiger Regeln zu betrachten; sondern eher als eine Anleitung, um auf die mannigfachen Situationen, in die man geraten kann, zu reagieren; eine Orientierung, um sein Verhalten den Umständen anzupassen.

4. Existenztechnik ist die Diätetik schließlich insofern, als sie sich nicht damit begnügt, die Ratschläge eines Arztes einem Individuum zu übermitteln, das sie passiv anzuwenden hat. Ohne hier in die Geschichte der Debatte zwischen Medizin und Gymnastik über ihre jeweilige Zuständigkeit für die Bestimmung der Diät einzutreten, muß man festhalten, daß die Diät nicht als nackter Gehorsam gegenüber dem Wissen des anderen konzipiert war; sie mußte auf seiten des Individuums eine reflektierte Praxis

seiner selber und seiner Körpers sein. Gewiß muß man, um einer zuträglichen Diät zu folgen, auf die hören, die wissen; aber dieses Verhältnis muß die Form einer Überzeugung annehmen. Die Diät des Körpers muß, um verständig zu sein, um sich an die Umstände und den Augenblick richtig anzupassen, auch eine Angelegenheit des Denkens, der Reflexion, der Klugheit sein. Während die Medikamente und die Operationen auf den Körper einwirken, der sie erleidet, wendet sich die Diät an die Seele und schärft ihr Prinzipien ein. So unterscheidet Platon in den *Nomoi*[17] zwei Sorten von Ärzten: solche, die für die Sklaven gut sind (und oft selbst diesem Stand angehören); sie beschränken sich darauf, Vorschriften zu geben, ohne sie zu erklären; und die Ärzte freier Herkunft, die sich an die Freien wenden; sie begnügen sich nicht damit, Rezepte auszuteilen, sie treten ins Gespräch ein, erkundigen sich beim Kranken und bei seinen Freunden; sie erziehen ihn, ermahnen ihn, überreden ihn mit Argumenten, die ihn, ist er einmal überzeugt, veranlassen, das geziemende Leben zu führen. Den freien Mann muß der wissende Arzt – über die eigentlichen Heilmittel hinaus – mit den Mitteln des Verstandes für seine gesamte Existenz rüsten.[18]

Ein kurzer Abschnitt der *Memorabilia* zeigt die Diät unter dem Gesichtspunkt einer konkreten und aktiven Praxis des Verhältnisses zu sich. Sokrates bemüht sich da, seine Schüler »fähig zu machen«, in ihrer jeweiligen Stellung »sich selber zu genügen«. Dazu schärft er ihnen ein, entweder bei ihm oder bei einem anderen Lehrer zu lernen, was ein anständiger Mann an nützlichem – und nur an nützlichem – Wissen braucht: das Nötige in der Geometrie, Astronomie, Arithmetik. Aber er fordert sie auch auf, »sich um ihre Gesundheit zu kümmern«. Zwar stützt sich diese Sorge auf ein Wissen, das vermittelt werden muß, doch es muß sich auch in einer wachen Aufmerksamkeit auf sich entfalten: Beobachtung seiner selber einschließlich schriftlicher Aufzeichnungen; »Jeder beobachte sich selber und notiere, welche Nahrung, welches Getränk, welche Übung ihm guttun und wie er sie nehmen muß, um die Gesundheit am besten zu erhalten.« Die gute Führung des Körpers muß, um zur Existenzkunst zu werden, in schriftlicher Form ausgeübt werden, eine Arbeit, die das Subjekt an sich selber zu vollziehen hat; dadurch wird er seine Autonomie erlangen kön-

---

17 Vgl. Platon, *Nomoi*, IV, 720b-e.
18 Vgl. Platon, *Timaios*, 89d, wo die Bemerkungen über die Diät folgendermaßen resümiert werden: »Damit nun genug mit dem Lebewesen überhaupt, seinem körperlichen Teil und mit der Weise, ihn zu regieren oder von ihm sich regieren zu lassen.«

nen und mit Vorbedacht wählen können, was gut und schlecht ist: »Wenn ihr euch so beobachtet«, sagt Sokrates zu seinen Schülern, »werdet ihr schwerlich einen Arzt finden, der besser als ihr entscheidet, was euch für eure Gesundheit nützt.«[19]

Die Praktik der Diät als Lebenskunst ist also etwas anderes als ein Ensemble von Vorsichtsmaßregeln zur Vermeidung von Krankheiten und zu ihrer Heilung. Es handelt sich darum, wie man sich als ein Subjekt konstituiert, das um seinen Körper die rechte, notwendige und ausreichende Sorge trägt. Eine Sorge, die das Alltagsleben durchläuft; die aus den größeren und kleineren Tätigkeiten der Existenz eine Angelegenheit der Gesundheit und der Moral macht; die zwischen dem Körper und den Elementen, die ihn umgeben, eine »umständliche« Strategie definiert; und die schließlich darauf abzielt, das Individuum selbst mit einem verständigen Verhalten zu rüsten. Welchen Platz wies man nun den *aphrodísia* in dieser verständigen und natürlichen Führung des Lebens zu?

2 Die Diät der Lüste

Zwei hippokratische Diätetiken sind uns überliefert. Die ältere ist auch die kürzere: *Peri diaites hygieines – De victu sano.* Sie galt lange als letzter Teil des Traktats *De natura hominis.*[20] Die zweite, *Peri diaites – De victu*, ist ausführlicher gehalten. Darüber hinaus hat Oreibasios in seinen *Collectiones medicae*[21] einen Text von Diokles – *Hygieina* – überliefert, der sehr detaillierte Anweisungen für das Alltagsleben gibt. Demselben Diokles – der am Ende des 4. Jahrhunderts lebte – hat man einen sehr kurzen Text zugeschrieben, der in den Werken des Paulus von Aigina[22] überliefert ist: darin finden sich Angaben darüber, wie man die ersten Krankheitszeichen an sich selber erkennt, sowie einige Regeln bei der Beachtung der Jahreszeiten.

19 Xenophon, *Memorabilia*, IV, 7.
20 Vgl. die Einleitung von W. H. S. Jones zum Band IV der Ausgabe Hippocrates, *Works*, Cambridge, Mass./London 1953.
21 Oribase, *Collection médicale*, herausgegeben von U. Bussemaker und Ch. Daremberg, Paris 1858, Bd. III, S. 168-182.
22 Paul d'Egine, *Chirurgie*, herausgegeben von R. Briau, Paris 1855. Zur klassischen Diätetik vgl. W. D. Smith, »The Development of Classical Dietetic Theory«, in: *Hippocratica*, Paris 1980, S. 439-448.

Während *De victu sano* zur Frage der *aphrodísia* kein Wort verliert, enthält *De victu* eine Reihe von Empfehlungen und Vorschriften dazu. Der erste Teil des Werkes ist eine Reflexion der allgemeinen Prinzipien, die über eine Diät zu bestimmen haben. Der Autor macht geltend, daß einige seiner zahlreichen Vorgänger gute Ratschläge zu diesem oder jenem Punkt geben mochten; aber keiner konnte eine vollständige Darstellung des Stoffs liefern; »um über die menschliche Diät richtig zu schreiben«, muß man nämlich die Natur des Menschen, seine ursprüngliche Konstitution *(he ex archês sýstasis)* und das Prinzip, das im Körper herrschen soll *(tò epikratéon en tô sómati)*[23], »kennen und erkennen« können. Als die beiden grundlegenden Elemente der Diät bezeichnet der Autor die Ernährung und die Übungen; diese führen zu den Verausgabungen, die durch Speise und Trank ausgeglichen werden müssen.

Der zweite Teil des Textes entfaltet die Praxis der Diätetik ausgehend von den Eigenschaften und Wirkungen der dazugehörigen Elemente. Nach der Betrachtung der Gegenden – die hoch oder tiefer gelegen, trocken oder feucht, diesem oder jenem Wind ausgesetzt sind – werden die Nahrungsmittel behandelt (Gerste und Weizen, Feinheit des Mahlens, Kneten des Teiges, Menge des zugesetzten Wassers; die verschiedenen Fleischsorten; die Obst- und Gemüsesorten); dann die Bäder (heiß oder kalt, vor oder nach den Mahlzeiten genommen); dann das Erbrechen, der Schlaf und die Übungen (die natürlichen wie Sehen, Hören, Sprechen, Denken oder Gehen; die anstrengenden wie der Schnellauf oder der Langlauf, Armbewegungen, Wettkämpfe am Boden, mit dem Ball, mit der Faust – im Staub oder mit eingeöltem Körper). In dieser Aufzählung der Elemente des »Regimes« wird die sexuelle Betätigung *(lagneía)* zwischen den Bädern und Salbungen einerseits und dem Erbrechen andererseits angeführt; und zwar wird sie nur wegen ihrer drei Effekte erwähnt. Zwei davon sind qualitativ: die Erhitzung wegen der Anstrengung der Übung *(pónos)* und wegen der Ausscheidung eines flüssigen Elementes; zum andern die Befeuchtung, weil die Betätigung das Fleisch zum Schmelzen bringt. Ein dritter Effekt ist quantitativ: die Entleerung führt zur Abmagerung. »Der Koitus macht mager, feucht und heiß; er erhitzt wegen der Aktivität und der Ausscheidung von Flüssigkeit; er macht mager aufgrund der Entleerung, und

---

23 Hippokrates, *De victu*, I, 2, 1.

er macht feucht, weil von dem geschmolzenen Fleisch, das durch die Übung entsteht, etwas im Körper bleibt.«[24]

Im dritten Teil von *De victu* findet man dann einige Vorschriften zu den *aphrodísia*. Dieser Teil beginnt wie ein großer Gesundheitskalender, ein Almanach der Jahreszeiten und der entsprechenden Diäten. Aber der Autor unterstreicht, es sei unmöglich, eine allgemeine Formel auszugeben, die das richtige Gleichgewicht zwischen Übungen und Speisen festlegen würde; er betont die Notwendigkeit, die Unterschiede zwischen den Dingen, den Individuen, den Gegenden, den Zeiten zu berücksichtigen[25]; der Kalender ist nicht als verbindliche Rezeptsammlung zu lesen, sondern als Zusammenstellung von strategischen Prinzipien, die man mit den Umständen abstimmen können muß. Während also der zweite Teil des Textes die Elemente der Diät mitsamt ihren jeweiligen Eigenschaften anführt (wo auch die *aphrodísia* erwähnt sind), widmet sich der dritte Teil zunächst vor allem den Situationsvariablen.

Das Jahr wird natürlich in vier Jahreszeiten eingeteilt. Aber diese werden wiederum in kürzere Perioden – von wenigen Wochen oder gar Tagen – untergliedert. Die Eigentümlichkeiten jeder Jahreszeit entwickeln sich nämlich häufig fortschreitend, und außerdem ist es immer gefährlich, die Lebensweise plötzlich zu ändern: wie die Exzesse sind auch die Brüche schädlich; »das Allmähliche *(tò katà mikrón)* ist eine sichere Regel – vor allem, wenn man von einer Sache zur andern wechselt«. Daraus folgt, daß »man in jeder Jahreszeit jedes Element der Diät allmählich *(katà mikrón)* modifizieren muß«.[26] So muß die Winterdiät wie die Jahreszeit selbst unterteilt werden in eine Periode von vierzig Tagen, die vom Untergang der Plejaden bis zur Sonnenwende reicht, dann eine ebenso lange Periode, der eine vierzehntägige Zeit der Milderung folgt. Der Frühling beginnt mit einer Periode von zweiunddreißig Tagen vom Aufgang des Arkturos und der Ankunft der Schwalben bis zur Tagundnachtgleiche; von da an teilt sich die Jahreszeit in sechs Perioden von je acht Tagen. Dann kommt der Sommer, der zwei Phasen umfaßt: vom Aufgang der Plejaden bis zur Sonnenwende und von da an bis zur Tagundnachtgleiche. Von diesem Moment an bis zum Untergang der Plejaden muß man sich achtundvierzig Tage lang auf die »Winterdiät« vorbereiten.

24 A.a.O., II, 58, 2.
25 A.a.O., III, 67, 1-2.
26 A.a.O., III, 68, 10. Im gleichen Sinn auch Hippokrates, *De natura hominis*, 9 und *Aphorismen*, 51. Dasselbe Thema findet sich auch bei Pseudo-Aristoteles, *Problemata*, XXVIII, 1 und bei Diokles: Oribase, *Collection médicale*, a.a.O., Bd. III, S. 181.

Der Autor liefert nicht für jede kleine Unterteilung eine vollständige Diät. Er definiert vielmehr anhand mehr oder weniger detaillierter Angaben eine Gesamtstrategie, die von den besonderen Eigenschaften einer jeden Zeit des Jahres abhängt. Diese Strategie folgt einem Prinzip der Entgegensetzung, der Abwehr oder zumindest der Kompensation: die Kälte einer Jahreszeit muß durch eine Diät der Erwärmung ausgeglichen werden, damit der Körper nicht allzu kalt werde; andererseits verlangt starke Hitze nach einer lindernden und kühlenden Diät. Diese Strategie muß aber auch einem Prinzip der Nachahmung und der Gleichförmigkeit folgen: einer milden und allmählich fortschreitenden Jahreszeit muß eine sanfte und allmähliche Lebensweise entsprechen; in der Zeit, in der die Pflanzen ihr Wachstum vorbereiten, müssen die Menschen es ihnen gleichtun und die Entwicklung ihres Körpers vorbereiten; und ebenso, wie sich in der Härte des Winters die Bäume verhärten und stark werden, werden es auch die Menschen, wenn sie die Kälte nicht scheuen, sondern sich ihr »mutig« aussetzen.[27]

In diesem allgemeinen Kontext wird der Gebrauch der *aphrodísia* geregelt, indem ihre Auswirkungen auf das Spiel des Heißen und Kalten, des Trockenen und Feuchten berücksichtigt werden, wie sie im zweiten Teil des Textes formuliert worden sind. Die Empfehlungen, die sich auf sie beziehen, stehen zwischen den Ernährungsvorschriften und den Ratschlägen, die die Übungen und die Entleerungen betreffen. Der Winter – vom Untergang der Plejaden bis zur Tagundnachtgleiche des Frühlings – ist eine Jahreszeit, in der die Diät trocknen und wärmen soll, da die Jahreszeit kalt und feucht ist: also eher gebratenes als gekochtes Fleisch, Weizenbrot, trockene Gemüse in geringer Menge, kaum verdünnter Wein, doch in geringen Mengen; zahlreiche Übungen aller Arten (Lauf, Wettkampf, Spaziergänge); Bäder, die nach den – stets erhitzenden – Übungen des Laufens kalt sein sollen und nach den anderen Übungen heiß; Geschlechtsverkehr häufiger vor allem für die älteren Männer, deren Körper zum Kälterwerden neigt; Brechmittel dreimal im Monat für die feuchten Temperamente; zweimal im Monat für die trockenen.[28] Während der Frühlingszeit, in der die Luft wärmer und trockener ist und man sich auf das Wachstum des Körpers vorzubereiten hat, muß man ebensoviel gekochtes wie gebratenes Fleisch sowie feuchtes Gemüse essen, Bäder nehmen und die Zahl der

27 Hippokrates, *De victu*, III, 68, 6 und 9.
28 A. a. O., III, 68, 5.

sexuellen Beziehungen und der Brechmittel einschränken; nur zweimal im
Monat erbrechen, später noch seltener, so daß der Körper »ein reines
Fleisch« bewahrt. Nach dem Aufgang der Plejaden, wenn der Sommer
kommt, muß die Lebensführung vor allem gegen die Trockenheit ankämp-
fen: dann empfiehlt es sich, leichte, weiße und verdünnte Weine zu trinken; Gerstenkuchen, gekochte oder rohe Gemüse zu essen, sofern sie nicht
zu erhitzen drohen; auf Brechmittel zu verzichten und die sexuellen Akte
so weit wie möglich zu reduzieren *(toîsi de aphrodisíoisin hékista)*. In dieser
Zeit sollte man die Übungen verringern, das Laufen, das den Körper austrocknet, ebenso wie das Gehen vermeiden und dafür den Kampf im
Staub vorziehen.[29] Wie man sich dem Aufgang des Arkturos und der Tagundnachtgleiche des Herbstes nähert, muß die Diät sanfter und feuchter
machen; über das Sexualregime wird im besonderen nichts gesagt.

Die Diätetik des Diokles ist weit weniger ausformuliert als die des Hippokrates. Gleichwohl geht sie sehr ins einzelne, was die Tageseinteilung betrifft, die einen großen Teil des Textes einnimmt: von den Abreibungen
gleich nach dem Aufstehen, die die Steife des Körpers vermindern sollen,
bis zu den Stellungen, die man im Bett einnehmen soll, wenn man schlafen
geht (»weder zu ausgestreckt noch stark gekrümmt« und vor allem nicht
auf dem Rücken), werden alle wesentlichen Momente des Tages behandelt – mit Bädern, Abreibungen, Salbungen, Entleerungen, Spaziergängen,
Nahrungsmitteln, die zuträglich sind.[30] Nur im Zusammenhang mit den
jahreszeitlichen Veränderungen wird die Frage der sexuellen Lüste und
ihrer Modulierung aufgeworfen, nachdem zuerst an die Bedeutung des
Gleichgewichts erinnert worden ist: »Es ist ein sehr wichtiger Punkt für
die Gesundheit, daß die Kraft unseres Körpers nicht durch eine andere
Kraft entwertet wird.« Doch der Autor beschränkt sich auf kurze Betrachtungen allgemeiner Art: daß keiner »häufigen und dauernden Gebrauch
vom Geschlechtsverkehr machen soll«; daß er den »kalten, feuchten, schwarz-
galligen und blähenden Menschen« besser bekommt und den mageren weniger gut; daß es Lebenszeiten gibt, in denen er schädlicher ist, für ältere
Leute etwa oder solche in dem Alter, das »von der Kindheit zur Jugend
führt«.[31] In dem späteren Text, der als Brief an König Antigonos bekannt
ist, schlägt Diokles eine Ökonomie der sexuellen Vergnügen vor, die derje-

---

29 A. a. O., III, 68, 11.
30 Oribase, *Collection médicale*, a. a. O., Bd. III, S. 168-178.
31 A. a. O., S. 181.

nigen des Hippokrates sehr nahekommt: zur Wintersonnenwende, während man am meisten zum Katarrh neigt, muß die sexuelle Tätigkeit nicht eingeschränkt werden. Während des Aufstiegs der Plejaden, zu einer Zeit, in der die bittere Galle im Körper vorherrscht, sollte man sich den sexuellen Akten mit viel mehr Maß hingeben. Ganz sollte man auf sie zur Sommersonnenwende verzichten, wenn die schwarze Galle im Organismus dominiert; und ganz enthalten sollte man sich der geschlechtlichen Betätigung wie auch des Erbrechens bis zur Tagundnachtgleiche des Herbstes.[32]

In dieser Ordnung der Lüste verdienen mehrere Züge festgehalten zu werden. Zuerst der beschränkte Platz, der dem Problem der sexuellen Beziehungen eingeräumt wird, vergleicht man ihn mit demjenigen, der den Übungen und vor allem der Nahrung zukommt. Das Problem der Nahrungsmittel hinsichtlich ihrer jeweiligen Eigenschaften und hinsichtlich der Umstände, unter denen man sie zu sich nimmt (sowohl die Jahreszeiten wie auch der augenblickliche Zustand des Organismus), ist für die diätetische Reflexion viel bedeutsamer als die sexuelle Aktivität. Andererseits ist zu bemerken, daß die Sorge der Diätetik nie die Form der Akte betrifft: man findet nichts über den Typ der sexuellen Beziehung, nichts über die »natürliche« Position oder die unziemlichen Praktiken, nichts über die Masturbation und nichts über die Fragen des *coitus interruptus* und der Verhütungsmaßnahmen, die später so wichtig werden sollten.[33] Die *aphrodísia* werden global ins Auge gefaßt: als eine Betätigung, in der es nicht auf die Verschiedenheit der Formen ankommt; es geht nur darum, ob und wie häufig sie in welchem Kontext stattfinden soll. Die Problematisierung bezieht sich hauptsächlich auf die Quantität und die Umstände.

Aber die Quantität wird nicht zahlenmäßig genau bestimmt. Es bleibt immer bei einer globalen Schätzung: von den Vergnügungen »mehr« *(pléon)* oder in geringerem Ausmaß *(elásson)* oder so wenig wie möglich *(hos hékista)* Gebrauch machen. Das heißt nicht, daß es nutzlos wäre, genauere Aufmerksamkeit darauf zu verwenden, sondern nur, daß es nicht möglich ist, ein für allemal den Rhythmus einer Aktivität zu bestimmen, die zwischen dem Körper und seiner Umgebung Qualitäten – das Trockene, das Warme, das Feuchte, das Kalte – zur Wirkung bringt. Die sexu-

---

32 In Paul d'Egine, *Chirurgie*, herausgegeben von R. Briau, Paris 1855. Dieser Jahreszeitenrhythmus in der Diät der Geschlechtsbeziehungen ist lange Zeit beibehalten worden. In der Kaiserzeit findet man ihn wieder bei Celsus.

33 Siehe aber bei Diokles die Bemerkungen über die Rückenlage, die im Schlaf zum nächtlichen Erguß führt: Oribase, *Collection médicale*, a. a. O., Bd. III, S. 177.

ellen Akte müssen diätetisch »gemäßigt« werden, weil sie durch die Bewegungen des Körpers und die Ausstoßung des Samens zur Erhitzung, Abkühlung, Austrocknung und Befeuchtung führen. Sie senken oder erhöhen das Niveau dieser Elemente, die das Gleichgewicht des Körpers ausmachen; sie modifizieren also auch das Verhältnis zwischen diesem Gleichgewicht und dem Spiel jener Elemente in der Außenwelt; die Austrocknung oder die Erhitzung, die für einen feuchten und kalten Körper gut sein können, werden weniger gut sein, wenn die Jahreszeit und das Klima selbst warm und trocken sind. Die Diät hat nicht Quantitäten und Rhythmen festzusetzen: sie hat innerhalb der Beziehungen, von denen nur die Gesamteigenschaften bestimmbar sind, die nötigen Veränderungen und Anpassungen auszuhandeln. Bei der Gelegenheit kann man bemerken, daß der Pseudo-Aristoteles der *Problemata* der einzige zu sein scheint, der aus einem der bekanntesten Grundsätze dieser qualitativen Physiologie (daß nämlich die Frauen im allgemeinen kalt und feucht sind, der Mann dagegen warm und trocken ist) die Konsequenz zieht, daß die Hochsaison der sexuellen Beziehungen für beide Geschlechter nicht dieselbe ist: im Sommer sind die Frauen dem Geschlechtsakt am meisten zugetan, im Winter neigen die Männer besonders dazu.[34]

So problematisiert die Diätetik die sexuelle Praxis nicht als ein Ensemble von Akten, die nach ihren Formen zu differenzieren und unterschiedlich zu bewerten sind, sondern als eine »Aktivität«, der insgesamt freier Lauf zu lassen oder ein Zaum anzulegen ist – je nach den zeitlichen Anhaltspunkten. Insofern ist diese Diät mit gewissen Regulierungen zu vergleichen, die man später in der christlichen Pastoral finden wird. Auch dort werden bestimmte Kriterien nach zeitlichen Gesichtspunkten angewandt, um die sexuelle Aktivität einzuschränken. Aber diese Kriterien werden nicht einfach präziser sein; sondern ganz anders funktionieren: sie werden Momente festsetzen, in denen die Praktik erlaubt ist, und andere, in denen sie verboten ist. Und diese strenge Grenzziehung wird unterschiedlichen Variablen folgen: dem liturgischen Jahr, den Menstruationszyklen, der Schwangerschaft oder der Zeit nach der Niederkunft.[35] In

---

34 Vgl. Pseudo-Aristoteles, *Problemata*, IV, 26 und 29 (vgl. Hippokrates, *De victu*, I, 24, 1).

35 Siehe dazu J.-L. Flandrin, *Un Temps pour embrasser*, Paris 1983, wo anhand von Quellen des 7. Jahrhunderts gezeigt wird, wie wichtig diese Teilungen zwischen erlaubten und verbotenen Momenten gewesen sind und wie viele Formen diese Rhythmik angenommen haben. Man sieht, wie sehr sich diese Einteilung der Zeit von den »umständlichen« Strategien der griechischen Diätetik unterscheidet.

den alten Diäten sind die Variationen hingegen stetig; anstatt sich nach der
binären Form des Erlaubten und des Verbotenen zu formen, empfehlen sie
ein ständiges Oszillieren zwischen dem Mehr und dem Weniger. Der sexuelle Akt wird nicht als erlaubte oder unerlaubte Praktik betrachtet – je
nach den zeitlichen Grenzen, innerhalb deren er stattfindet: er wird als
eine Aktivität aufgefaßt, die im Schnittpunkt zwischen dem Individuum
und der Welt, dem Temperament und dem Klima, den Eigenschaften des
Körpers und denen der Jahreszeit mehr oder weniger unheilvolle Folgen
nach sich ziehen kann und daher einer mehr oder weniger restriktiven
Ökonomie folgen muß. Es handelt sich um eine Praktik, die Reflexion
und Klugheit erfordert. Also geht es nicht darum, einförmig und ein für
allemal die »Werktage« der sexuellen Lust festzusetzen; sondern darum,
die günstigen Momente und die geeigneten Häufigkeiten möglichst gut
zu kalkulieren.

3 Risiken und Gefahren

Die Diät der *aphrodísia*, welche die Notwendigkeit einschließt, deren Praxis zu mäßigen, beruht nicht auf dem Postulat, daß die sexuellen Akte an
sich selber und von Natur aus schlecht wären. Sie werden nicht grundsätzlich abgewertet. Die Frage, die sich ihnen gegenüber stellt, ist die eines Gebrauchs, eines Umgangs, der je nach dem Zustand des Körpers und den
äußeren Umständen zu modulieren ist. Gleichwohl beruht die Notwendigkeit, die sexuelle Tätigkeit sorgfältig zu regulieren und wachsam zu beobachten, auf zweierlei Gründen, in denen sich eine gewisse Unruhe bezüglich der Auswirkungen dieser Tätigkeit äußert.

1. Diese Gründe betreffen einmal die Konsequenzen des sexuellen Aktes
für den Körper des Individuums. Zwar nimmt man an, daß es Temperamente gibt, für die die sexuelle Aktivität eher günstig ist: so für diejenigen,
die an zuviel Schleim leiden, denn sie führt zu einer Ausscheidung der
Flüssigkeiten, die, wenn sie verderben, jenes Temperament hervorrufen;
oder auch für diejenigen, die schlecht verdauen, deren Körper sich verzehrt und deren Bauch kalt und trocken ist.[36] Hingegen wirkt sie sich

---

36 Hippokrates, *De victu*, III, 80, 2.

bei anderen – deren Körper und Kopf mit Säften überfüllt sind – eher schädlich aus.[37]

Trotz dieser grundsätzlichen Neutralität und von den Umständen abhängigen Ambivalenz wird der sexuellen Aktivität ein beständiges Mißtrauen entgegengebracht. Diogenes Laertios überliefert einen Spruch von Pythagoras, der eine Jahreszeitenregel direkt mit einer Forderung nach Verknappung und einer Behauptung der Schädlichkeit verbindet: »Man muß sich den *aphrodísia* im Winter hingeben und nicht im Sommer; und sehr maßvoll im Frühling und im Herbst: davon abgesehen, sind sie zu jeder Jahreszeit lästig und schlecht für die Gesundheit.«[38] Und Diogenes erwähnt auch die Antwort des Pythagoras auf die Frage, welche Zeit für die Liebe vorzuziehen sei: »Wann man sich schwächen will.« Aber die Pythagoreer sind nicht die einzigen, die ein derartiges Mißtrauen hegen; die Regel »möglichst selten«, die Suche nach dem »geringeren Übel« findet man auch in rein medizinischen oder hygienischen Texten: die *Hygieina* des Diokles sucht die Bedingungen zu bestimmen, unter denen die Praxis der Lüste »möglichst wenig belästigt« *(hékista enochleî)*[39]; und die *Problemata* des Pseudo-Aristoteles, die die Wirkungen des Sexualaktes mit dem Ausreißen einer Pflanze vergleichen, das immer ihre Wurzeln verletzt, empfehlen den Geschlechtsverkehr nur im Fall dringenden Bedürfnisses.[40] In einer Diätetik, die zu bestimmen hat, wann die Praxis der Lüste nützlich und wann sie schädlich ist, zeichnet sich eine allgemeine Tendenz zu einer restriktiven Ökonomie ab.

Dieses Mißtrauen äußert sich in der Vorstellung, daß durch die sexuelle Aktivität viele Organe, darunter auch die wichtigsten, in Mitleidenschaft gezogen werden und bei ihrem Mißbrauch Schaden nehmen können. Aristoteles bemerkt, daß das Hirn das erste Organ ist, das die Folgen des sexuellen Aktes verspürt, denn es ist im ganzen Körper das »kälteste Element«; indem sie dem Organismus eine »reine und natürliche Wärme« entzieht, bewirkt die Ausstoßung des Samens eine allgemeine Abkühlung.[41] Zu den Organen, die vom Exzeß der Lust besonders betroffen sind, zählt Diokles die Blase, die Nieren, die Lunge, die Augen, das Rückenmark.[42]

---

37 A. a. O., III, 73, 2.
38 Diogenes Laertios, *De clarorum philosophorum vitis, dogmatibus et apophthegmatibus*, lib. VIII, 1, 9.
39 Oribase, *Collection médicale*, a. a. O., Bd. III, S. 181.
40 Pseudo-Aristoteles, *Problemata*, IV, 9, 877b.
41 Aristoteles, *De generatione animalium*, V, 3, 783b.
42 Oribase, *Collection médicale*, a. a. O., Bd. III, S. 181.

Nach den *Problemata* sind vor allem die Augen und die Lenden betroffen, sei es, weil sie entweder zum Akt mehr beitragen als die anderen Organe, oder aber, weil das Übermaß an Hitze zu einer Verflüssigung führt.[43]

Diese vielfältigen organischen Beziehungen erklären die pathologischen Effekte, die man der sexuellen Aktivität zuschreibt, wenn sie nicht den Regeln einer unentbehrlichen Ökonomie gehorcht. Man findet kaum eine Erwähnung von Störungen – jedenfalls nicht bei Männern[44], die durch eine vollständige Enthaltsamkeit hervorgerufen werden könnten. Die aus einer schlechten Verteilung der sexuellen Aktivität hervorgegangenen Krankheiten sind weit häufiger Krankheiten des Übermaßes. So die berühmte »Rückenmarkschwindsucht«, die von Hippokrates im Traktat *De morbis* definiert worden ist und die mit derselben Ätiologie die abendländische Medizin noch lange beschäftigen wird; es ist eine Krankheit, die »vor allem die jungen Eheleute« und die »zu sexuellen Beziehungen Neigenden« *(philólagnoi)* befällt; ihr Ursprung liegt im Rückenmark, das als der Körperteil betrachtet wird, in dem sich das Sperma befindet; sie gibt das Gefühl eines Kribbelns, das die ganze Wirbelsäule entlang heruntersteigt; das Sperma fließt spontan während des Schlafes, im Urin und im Stuhlgang ab; das Subjekt wird steril. Wenn die Krankheit Atembeschwerden und Kopfschmerzen nach sich zieht, kann man daran sterben. Eine lindernde und entleerende Nahrungsdiät kann zur Heilung führen – aber erst nach einem Jahr völliger Enthaltung vom Wein, von den Übungen und den *aphrodísia*.[45] Auch die *Epidemien* berichten von Subjekten, bei denen ein Mißbrauch der Lüste zu schweren Krankheiten geführt habe: bei einem Einwohner von Abdera riefen der Geschlechtsverkehr und das Trinken folgende Symptome hervor: Fieber, anfangs mit Ekel verbunden, Herzschmerzen, Durstgefühl, schwarzer Urin, belegte Zunge; die Heilung wurde am vierundzwanzigsten Tag nach mehrmaligem Nachlassen und Wiederkehren des Fiebers erreicht[46]; ein junger Mann aus Meliboia starb hingegen in völligem Wahnsinn nach einer vierundzwanzigtägigen Krankheit, die mit Verdauungs- und Atmungsstörungen begonnen hatte – nach langem Mißbrauch des Trinkens und der sexuellen Vergnügen.[47]

---

43 Vgl. Pseudo-Aristoteles, *Problemata*, IV, 2, 876a-b.

44 Wie wir noch sehen werden, wird die sexuelle Vereinigung für die Frau als förderlich für die Gesundheit betrachtet. Indessen bemerkt der Autor der *Problemata*, daß die starken und wohlgenährten Männer Gallenanfälle haben, wenn sie sich nicht geschlechtlich betätigen (IV, 30).

45 Hippokrates, *De morbis*, II, 51.

46 Vgl. Hippokrates, *Epidemien*, III, 17, 10.

47 Vgl. a. a. O., III, 18, 16.

Die Lebensweise der Athleten, der man oft ihre Übertreibungen vorwirft, wird hingegen als Beispiel für die wohltätigen Wirkungen der sexuellen Enthaltsamkeit zitiert. In diesem Sinne erinnert Platon in den *Nomoi* an Issos von Tarent, einen Olympiasieger: er war ehrgeizig und »besaß in seiner Seele die Technik und die Kraft und die Mäßigkeit«; sobald er sich seinem Training widmete; »rührte er – wie man erzählt – nie eine Frau oder einen Knaben an«. Dasselbe sagte man über Krison, Astylos, Diopompos.[48] Im Prinzip dieser Praxis kreuzten sich zweifellos mehrere Themen: die rituelle Enthaltsamkeit, die in den Wettkämpfen und in den Schlachten eine Bedingung des Erfolgs darstellte; der moralische Sieg, den der Athlet über sich selbst zu erringen hatte, wenn er fähig und würdig sein wollte, seine Überlegenheit über die andern zu behaupten; aber auch die für seinen Körper nötige Energie, damit er seine Kraft bewahre, die der Sexualakt verschleudern würde. Während die Frauen den Geschlechtsverkehr brauchen, um den für ihren Organismus notwendigen Ausfluß regelmäßig hervorzubringen, können die Männer – jedenfalls in gewissen Fällen – ihren ganzen Samen zurückhalten; die strenge Enthaltsamkeit schadet ihnen keineswegs, sondern erhält ihnen die Unversehrtheit ihrer Kräfte, speichert sie, konzentriert sie und steigert sie schließlich auf ein unvergleichliches Niveau.

Diese Diätproblematik hat also etwas Paradoxes: man sucht die gleichmäßige Verteilung einer Aktivität, die an sich nicht als schlecht zu betrachten ist, und zugleich eine restriktive Ökonomie, in der das »Weniger« immer besser zu sein scheint als das »Mehr«. Wenngleich es natürlich ist, daß der Körper eine Kraftsubstanz aufbaut, die zur Fortpflanzung geeignet ist, so kann doch der Akt, der sie dem Organismus entreißt und nach außen schleudert, in seinen Auswirkungen gefährlich werden, auch wenn er in seinem Prinzip der Natur entspricht; der ganze Körper mit seinen wichtigsten oder seinen empfindlichsten Organen läuft Gefahr, für diesen Verlust, den die Natur doch gewollt hat, einen hohen Preis zu zahlen. Diese Substanz zurückzuhalten, die dank ihrer eigenen Kraft zu entkommen sucht, kann ein Mittel sein, um dem Körper seine intensivste Energie zu geben.

48 Platon, *Nomoi*, VIII, 840a.

2. Auch die Sorge um die Nachkommenschaft motiviert die Wachsamkeit, die man im Gebrauch der Lüste üben muß. Die Natur hat die Vereinigung der Geschlechter organisiert, um die Nachkommenschaft der Individuen und das Überleben der Art sicherzustellen, und aus demselben Grund hat sie den Geschlechtsverkehr mit einer lebhaften Lust verbunden. Aber diese Nachkommenschaft ist – jedenfalls in ihrer Qualität oder in ihrem Wert – gefährdet. Es ist für das Individuum gefährlich, sich seine Lust aufs Geratewohl zu verschaffen; wenn es sich aufs Geratewohl und beliebig fortpflanzt, so steht die Zukunft seiner Familie auf dem Spiel. In den *Nomoi* betont Platon feierlich die Wichtigkeit der Vorkehrungen, die zu diesem Zweck zu treffen sind, an dem die Eltern und die ganze Polis interessiert sind. Da sind die Vorsichtsmaßnahmen, die beim ersten sexuellen Akt der Gatten bei der Hochzeit zu treffen sind. Alle Werte und alle Gefahren, die den ersten Handlungen herkömmlicherweise zugeschrieben werden, sind zu berücksichtigen: an diesem Tag, in dieser Nacht muß man jeden Fehler auf diesem Gebiet vermeiden, »denn der Anfang ist ein Gott, der sich bei den Menschen einrichtet und jede Sache schützt, wenn ihm jeder seiner Frommen die gehörige Ehre erweist.« Doch Vorsicht muß man jeden Tag und das ganze Eheleben lang walten lassen: keiner weiß nämlich, »in welcher Nacht und an welchem Tag« mit der Hilfe des Gottes eine Befruchtung vollzogen wird: so muß man »das ganze Jahr und das ganze Leben« und vor allem in der Zeit, in der man zur Fortpflanzung fähig ist, »darauf achten, nicht willentlich etwas Schädliches zu tun, nichts Maßloses oder Ungerechtes, denn das dringt durch und prägt sich der Seele und dem Körper des Kindes ein«; man riskiert, »ganz elende Wesen auf die Welt zu bringen«.[49]

Die Gefahren, die man fürchtet, und die Vorsichtsmaßregeln, die man empfiehlt, beziehen sich auf drei Hauptprobleme. Zuerst das Alter der Eltern. Das Alter, in dem der Mann die schönste Nachkommenschaft zeugen könne, ist relativ spät: nach Platon zwischen dem dreißigsten und fünfunddreißigsten Lebensjahr, während er die Heiratsfähigkeit der Mädchen zwischen sechzehn und zwanzig Jahren ansetzt.[50] Ein ähnlicher Altersabstand erscheint auch Aristoteles unerläßlich; er hält ihn für notwendig wegen

---

49 A. a. O., VI, 775e.

50 Vgl. a. a. O., IV, 721a-b und VI, 785b. In der *Politeia* (V, 460e) wird die Periode der »gesetzmäßigen« Fruchtbarkeit der Männer auf fünfundzwanzig bis fünfundfünfzig und die der Frauen auf zwanzig bis vierzig Jahre festgesetzt.

der Gesundheit der Nachkommenschaft; er kalkuliert, daß die beiden Gatten bei diesem Abstand gemeinsam in das Alter gelangen, in dem die Fruchtbarkeit abnimmt und in dem übrigens die Fortpflanzung nicht stattfinden sollte; außerdem bieten die in dieser Lebensperiode gezeugten Kinder den Vorteil, daß sie ihre Eltern genau dann ablösen können, wenn deren Kräfte abnehmen; »darum empfiehlt es sich, die Heirat der Mädchen auf das Alter von etwa achtzehn Jahren anzusetzen, die der Männer auf siebenunddreißig Jahre oder etwas weniger; in diesen Zeitgrenzen und während der Blütezeit des Körpers wird die Vereinigung der Geschlechter stattfinden.«[51]

Eine andere wichtige Frage ist die »Diät« der Eltern: Exzesse vermeiden, nicht im Zustand der Trunkenheit zeugen, aber auch eine ständige Diät einhalten. Xenophon rühmte die Gesetzgebung Lykurgs und die Maßnahmen, die getroffen wurden, um die Gesundheit der Eltern und damit den guten Zustand ihrer Nachkommenschaft zu sichern: die Mädchen, die Mütter werden sollten, durften keinen Wein trinken oder nur mit Wasser gemischten; Brot und Fleisch waren ihnen genau bemessen; sie sollten wie die Männer körperliche Übungen machen; Lykurg hatte sogar »Wettläufe und Kraftproben zwischen den Frauen wie zwischen den Männern« eingerichtet, »überzeugt, daß, wenn die beiden Geschlechter kräftig sind, sie auch kräftigere Nachkommen haben würden«.[52] Aristoteles wollte keine athletische und allzu strenge Diät; er zog diejenige vor, die einem Bürger gemäß ist und die für seine Tätigkeit nötige Disposition *(euexía politiké)* sicherstellt: »Das Temperament muß bis zur Ermüdung geübt worden sein, aber nicht durch gewaltsame Anstrengungen und auch nicht für eine einzige Art von Betätigung wie die der Athleten, sondern für die den freien Männern zukommenden Tätigkeiten.« Für die Frauen wünschte er eine Diät, die ihnen die gleichen Qualitäten verleiht.[53]

Den günstigsten Moment des Jahres oder der Jahreszeit zur Erzielung einer schönen Nachkommenschaft machte man von einer Reihe komplexer Elemente abhängig; auf solche Vorsichtsmaßnahmen sollten wohl auch

51 Aristoteles, *Politik*, VII, 16, 1355a. Zum Heiratsalter in Athen vgl. W. K. Lacey, *The Family in Classical Greece*, Ithaca 1968, S. 106 f. und 162.

52 Xenophon, *Der Staat der Spartaner*, I, 4. In den *Nomoi* unterstreicht Platon die schädlichen Auswirkungen der Trunkenheit der Eltern im Augenblick der Empfängnis (VI, 775c-d).

53 Aristoteles, *Politik*, VII, 16, 1335b. Um eine gesunde Nachkommenschaft zu haben, durften sich die jungen Eheleute in Sparta nicht oft begegnen: »Unter diesen Umständen begehren die Gatten einander mehr, und die Kinder, die geboren werden, sind kräftiger, als wenn die Gatten voneinander übersättigt sind« (*Der Staat der Spartaner*, I, 5).

die Aufseherinnen achten, die bei Platon über das gute Benehmen der Eheleute in den zehn Jahren wachen, in denen sie zeugen sollen und dürfen.[54]
Aristoteles erwähnt das Wissen, das die Ärzte seiner Zeit und die Kenner
der Natur darüber vermitteln können. Die Eheleute sollten sich ihm zufolge mit allen diesen Lehren vertraut machen: »Die Ärzte wissen nämlich
anzugeben, zu welchen Zeiten der Körper zur Fortpflanzung gut disponiert ist« (nach der üblichen Ansicht ist es der Winter); die ›Physiker‹ »ziehen die Winde des Nordens denen des Südens vor«.[55]

Man ersieht daraus, daß die Fortpflanzungspraxis, will man alle Gefahren, die sie bedrohen, vermeiden und den Erfolg sichern, den man von ihr
erwartet, große Sorgfalt erheischt, ja eine ganze moralische Haltung erfordert. Platon legt Wert darauf, daß beide Gatten im Sinn haben *(dianoeîs-
thai)* müssen, daß sie der Polis »möglichst schöne und gute Kinder« zu
geben haben. An diese Aufgabe müssen sie intensiv denken – denn den
Menschen gelingt, was sie unternehmen, »wenn sie nachdenken und ihren
Geist auf das richten, was sie tun«, während sie versagen, »wenn sie ihren
Geist nicht daran wenden oder wenn er ihnen mangelt«. Folglich »richte
der Gatte den Geist *(prosechéto tòn nûn)* auf die Gattin und die Zeugung,
desgleichen tue die Gattin, vor allem in der Zeit vor der ersten Geburt«.[56]
In diesem Zusammenhang kann man an die Bemerkung des Pseudo-Aristoteles in den *Problemata* erinnern: es kommt oft vor, daß die Kinder
der Menschen nicht ihren Eltern ähneln; das kommt daher, daß diese im
Moment des sexuellen Aktes an alles mögliche denken anstatt an das,
was sie gerade tun.[57] Später, in der Welt des »Fleisches«, wird es für die
Rechtfertigung des Sexualaktes notwendig sein, daß man ihn mit einer bestimmten Absicht ausführt, mit der Absicht der Fortpflanzung. Hier ist
eine solche Absicht nicht notwendig, damit die Beziehung der Geschlechter keine Todsünde sei. Aber damit sie ihren Zweck erreicht und dem Individuum gestattet, in seinen Kindern zu überleben und zum Heil der Polis
beizutragen, bedarf es einer Anstrengung der Seele: der ständigen Sorge,
die Gefahren zu vermeiden, die den Gebrauch der Lüste umgeben und
den Zweck, den ihnen die Natur gesetzt hat, bedrohen.[58]

---

54 Vgl. Platon, *Nomoi*, VI, 784a-b.
55 Aristoteles, *Politik*, VII, 16, 1335a.
56 Platon, *Nomoi*, VI, 783e.
57 Vgl. Pseudo-Aristoteles, *Problemata*, X, 10.
58 In den *Nomoi* will Platon, daß die schwangere Frau ein Leben ohne zu intensive Vergnügen und
     Mühen führe, um die sittliche Bildung des Kindes zu fördern (VII, 792d-e).

4 Der Akt, die Verausgabung, der Tod

Wenn der Gebrauch der Lüste im Verhältnis des Individuums zu seinem Körper und für die Festlegung seiner Leibordnung ein Problem darstellt, so ist das allerdings nicht nur darin begründet, daß man in ihm die Ursache bestimmter Krankheiten sieht oder seine Auswirkungen auf die Nachkommenschaft fürchtet. Der Sexualakt wird von den Griechen gewiß nicht als Übel betrachtet; er wird von ihnen nicht ethisch disqualifiziert. Aber die Texte zeugen von einer Unruhe, einer Besorgnis, die dieser Aktivität selbst gilt. Und diese Unruhe dreht sich um drei Brennpunkte: die Form des Aktes, die Kosten, die er verursacht, der Tod, mit dem er verbunden ist. Es wäre falsch, im griechischen Denken nur eine positive Bewertung des sexuellen Aktes zu sehen. Für die ärztliche und philosophische Reflexion bedroht er durch seine Gewaltsamkeit die Kontrolle und die Beherrschung, die man über sich ausüben sollte; er zehrt durch die von ihm hervorgerufene Erschöpfung an der Kraft, die das Individuum bewahren und erhalten soll; und er verweist auf die Sterblichkeit des Individuums, wenngleich er das Überleben der Art gewährleistet. Die Diät der Lüste ist nicht nur deswegen so wichtig, weil ein Übermaß eine Krankheit hervorrufen kann, sondern weil es in der sexuellen Aktivität überhaupt um die Beherrschung, um die Kraft und das Leben des Menschen geht. Verknappt und stilisiert man diese Aktivität in der Form eines diätetischen Regimes, so schützt man sich gegen künftige Übel; außerdem formt man sich, übt sich, bewährt sich als ein Individuum, das fähig ist, seine Gewalt zu kontrollieren und in die gehörigen Schranken zu verweisen, das Prinzip seiner Energie in sich zurückzuhalten und in Voraussicht der Geburt seiner Nachkommen den eigenen Tod anzunehmen. Das physische Regime der *aphrodísia* ist eine Gesundheitsmaßregel; zugleich ist es eine Existenzübung – *áskesis*.

1 Die Gewaltsamkeit des Aktes

Im Hinblick auf die *aphrodísia* beschreibt Platon im *Philebos* die Wirkungen der Lust, der viel Leiden beigemischt ist: die Lust »zieht den ganzen Körper zusammen, es kommt zu Verzerrungen und Zuckungen, zu allen möglichen Verfärbungen und Gestikulationen, zu Keuchen und Schnauben, zu besinnungslosen Aufschreien ... Und auf diese Weise kommt der Leidende dazu, von sich zu sagen – oder die andern von ihm, daß er alle Lüste auskostet, so daß er daran sterben möchte; also setzt er sie ständig um so heftiger fort, je weniger er Zurückhaltung und Mäßigung besitzt *(akolastóteros, aphronésteros)«*.[59]

Man hat Hippokrates die Behauptung zugeschrieben, der sexuelle Genuß habe die Form einer kleinen Epilepsie. Das berichtet jedenfalls Aulus Gellius: »Dies war über den Geschlechtsverkehr *(coitus venereus)* die Meinung des göttlichen Hippokrates. Er betrachtete ihn als einen Teil der schrecklichen Krankheit, die wir *morbus comitialis* nennen. Man überliefert von ihm das Wort: ›Die geschlechtliche Vereinigung ist eine kleine Epilepsie‹ *(tèn synusían eînai mikràn epilepsían).«*[60] Tatsächlich stammt die Formel von Demokrit. Der hippokratische Traktat *De generatione*, der auf seinen ersten Seiten eine detaillierte Beschreibung des Sexualaktes liefert, gehört eher zu einer anderen Tradition, der des Diogenes von Appolonia; diese Tradition (die noch von Clemens von Alexandrien bezeugt wird) bezog sich nicht auf das pathologische Modell der Epilepsie, sondern auf das mechanische einer erhitzten und schäumenden Flüssigkeit: »Einige nehmen an«, berichtet der *Paidagogos,* »daß der Samen des Lebewesens in seiner Substanz der Schaum des Blutes ist. Das bei den Umarmungen stark aufgewühlte, durch die natürliche Wärme des Männchens erhitzte Blut erzeugt Schaum und breitet sich in den Samenadern aus. Nach Diogenes von Apollonia soll dieses Phänomen den Namen *aphrodísia* erklären.«[61] Zu diesem Thema der Flüssigkeit, der Bewegung, der Hitze und der Ausbreitung des Schaums gibt das hippokratische *De generatione* eine Beschreibung, die ganz um das »Ejakulationsschema« herum organisiert ist; dieses Schema wird vom Mann auch auf die Frau übertragen; es dient dazu, die Beziehungen zwischen männlicher und weiblicher Rolle als Konfrontation und Zweikampf zwischen beiden, aber auch als Beherrschung und Regulierung der einen durch die andere zu deuten.

Der Sexualakt wird von Anfang an als eine gewaltsame Mechanik analysiert, die zum Ausbrechen des Spermas drängt.[62] Das Reiben des Geschlechts und die Bewegung des ganzen Körpers bewirken zunächst eine

---

59 Platon, *Philebos*, 47b.

60 Aulus Gellius, *Noctes atticae*, XIX, 2.

61 Clemens von Alexandrien, *Paidagogos*, I, 6, 48. Vgl. die »Notice« von R. Joly in der Ausgabe Hippocrate, *Œuvres*, a. a. O., Bd. XI, Paris 1970.

62 Hippokrates, *De generatione*, I, 1-3.

allgemeine Erhitzung; zusammen mit der Erregung führt diese dazu, daß der im Körper verbreitete Saft flüssiger wird und schließlich »schäumt« *(aphreîn)* – »wie alle bewegten Flüssigkeiten schäumen«. In dem Moment kommt es zu einer Absonderung *(apókrisis)*; »der kräftigste und fetteste Teil« *(tò ischyrótaton kaì piótaton)* dieses schäumenden Saftes wird zum Gehirn und zum Rückenmark befördert, von wo er bis zu den Lenden heruntersteigt. Dann geht der warme Schaum in die Nieren über und von dort über die Hoden in das Glied, aus dem er mit einer gewaltsamen Bewegung *(taraché)* ausgestoßen wird. Dieser Prozeß, der willentlich in Gang gesetzt wird, wenn es sich um sexuelle Vereinigung und »Reiben des Geschlechts« handelt, kann sich auch ganz unfreiwillig abspielen. Das geschieht im Fall des nächtlichen Ergusses, der in *De generatione* erwähnt wird: wenn die Arbeit oder eine andere Tätigkeit vor dem Schlaf eine Erhitzung des Körpers herbeigeführt hat, so beginnt der Saft spontan zu schäumen: er »führt sich auf wie beim Koitus«; und die Ejakulation vollzieht sich in Begleitung von Bildern eines Traums – gemäß dem bekannten Prinzip, daß die Träume oder jedenfalls einige von ihnen den augenblicklichen Zustand des Körpers ausdrücken.[63]

Zwischen dem Sexualakt des Mannes und dem der Frau besteht nach Hippokrates ein globaler Isomorphismus. Der Prozeß ist derselbe – mit der Ausnahme, daß der Ausgangspunkt der Erhitzung bei der Frau die Stimulierung der Gebärmutter durch das männliche Geschlecht im Laufe des Koitus ist: »wenn bei den Frauen das Geschlecht im Koitus gerieben und die Gebärmutter in Bewegung versetzt wird, so wird diese gleichsam gekitzelt, was dem übrigen Körper Lust und Wärme bringt. Auch die Frau ejakuliert aus ihrem Körper – sei es in die Gebärmutter, sei es nach außen.«[64] Es handelt sich um dieselbe Art von Substanz, die in gleicher Weise gebildet wird (ein aus dem Blut durch Erhitzung und Absonderung hervorgegangenes Sperma); um den gleichen Mechanismus und um den gleichen Schlußakt der Ejakulation. Aber der Autor führt einige Unterschiede an, die nicht die Natur des Akts betreffen, sondern seine eigentümliche Gewalt sowie die Intensität und die Dauer der begleitenden Lust. Im Akt selbst ist die Lust der Frau viel weniger stark als die des Mannes, weil sich bei diesem die Ausscheidung des Saftes plötzlich und viel gewaltsamer vollzieht. Hingegen beginnt bei der Frau die Lust mit dem Anfang des Ak-

63 A. a. O., I, 3.
64 A. a. O., IV, 1.

tes, und sie dauert ebensolang wie der Koitus. Ihre Lust hängt die ganze Zeit über vom Mann ab; sie hört erst auf, wenn »der Mann sie freigibt«; und wenn sie vor ihm zum Orgasmus kommt, so verschwindet ihre Lust trotzdem nicht; sie wird nur anders verspürt.[65]

Zwischen diesen beiden isomorphen Akten beim Mann und bei der Frau stellt der hippokratische Text eine Beziehung her, die zugleich eine Kausalitäts- und eine Rivalitätsbeziehung ist: ein Zweikampf gewissermaßen, in dem der Mann den Anstoß gibt und den Endsieg erringt. Um zu erklären, wie sich die Lust des Mannes auf die der Frau auswirkt, greift der Text – ebenso wie andere, ältere hippokratische Schriften – auf die beiden Elemente des Wassers und des Feuers und auf die Wechselwirkungen des Warmen und Kalten zurück; die männliche Flüssigkeit spielt bald die stimulierende, bald die abkühlende Rolle; das weibliche Element, das immer warm ist, wird einmal von der Flamme, einmal von einer Flüssigkeit dargestellt. Wenn sich die Lust der Frau verstärkt, »sobald der Samen in die Gebärmutter fällt«, dann geschieht das nach Art der Flamme, die plötzlich auflodert, wenn man Wein auf sie gießt; wenn jedoch die Ejakulation des Mannes die Lust der Frau beendigt, dann ist das, wie wenn man auf sehr heißes Wasser eine kalte Flüssigkeit gießt: das Sieden hört sofort auf.[66] So stoßen zwei ähnliche, mit analogen Substanzen wirkende, aber mit entgegengesetzten Qualitäten ausgestattete Akte in der sexuellen Vereinigung aufeinander: Kraft gegen Kraft, kaltes Wasser gegen siedendes, Alkohol auf die Flamme. Aber in jedem Fall ist es der männliche Akt, der bestimmt, reguliert, schürt, herrscht. Er bestimmt den Anfang und das Ende der Lust. Er gewährleistet auch die Gesundheit der weiblichen Organe, indem er ihr gutes Funktionieren sicherstellt: »Wenn die Frauen mit den Männern verkehren, so befinden sie sich wohler; wenn nicht, geht es ihnen weniger gut. Einerseits wird nämlich die Gebärmutter im Koitus feucht und nicht trocken; ist sie aber trocken, so zieht sie sich heftig zusammen – mehr als gut ist; und durch heftiges Zusammenziehen bereitet sie dem Körper Schmerzen. Andererseits erleichtert der Koitus die Menstruation, da er das Blut erhitzt und anfeuchtet; wenn aber die Monatsblutung nicht stattfindet, wird der Körper der Frauen krank.«[67] Die Penetration durch den Mann und die Aufnahme des Samens verschaffen dem Körper der Frau das Gleichgewicht ihrer Eigenschaften und den nötigen Ausfluß ihrer Säfte.

65 A. a. O., IV, 1.
66 A. a. O., IV, 2.
67 A. a. O., IV, 3.

Dieses »Ejakulationsschema«, mit dem man die gesamte sexuelle Aktivität – und zwar bei beiden Geschlechtern – wahrnimmt, zeigt unübersehbar die fast ausschließliche Herrschaft des männlichen Modells. Der weibliche Akt verhält sich dazu nicht genau komplementär; er ist eher das Doppel – aber in einer abgeschwächten Version, die sowohl im Hinblick auf die Gesundheit wie auf das Vergnügen von jenem abhängt. Indem man die ganze Aufmerksamkeit auf den Moment des Ausstoßes lenkt – denn das Verschleudern des Schaumes wird als das Wesentliche des Aktes betrachtet –, stellt man einen Prozeß in den Mittelpunkt, der durch seine Gewaltsamkeit, durch eine fast unwiderstehliche Mechanik und eine kaum beherrschbare Kraft charakterisiert ist; aber man wirft damit auch als wichtiges Problem im Gebrauch der Lüste eine Frage der Sparsamkeit und der Verausgabung auf.

2 Die Verausgabung

Der Sexualakt entreißt dem Körper eine Substanz, die fähig ist, das Leben weiterzugeben – aber nur, sofern sie an die Existenz des Individuums gebunden ist und diese mitträgt. Indem es seinen Samen ausstößt, gibt es nicht nur einen überschüssigen Saft ab: es beraubt sich solcher Elemente, die für seine eigene Existenz äußerst wertvoll sind.

Diesen kostbaren Charakter des Spermas erklären nicht alle Autoren in der nämlichen Weise. *De generatione* scheint sich auf zwei Konzeptionen der Herkunft des Samens zu beziehen. Nach der einen stammt der Samen aus dem Kopf: er bildet sich im Gehirn und gelangt durch das Rückenmark zu den unteren Teilen des Körpers. Das war nach Diogenes Laertios das Prinzip der pythagoreischen Auffassung: das Sperma galt »als ein Tropfen vom Gehirn, der einen heißen Dampf enthält«: aus diesem kleinen Gehirnteil bilde sich später der ganze Körper mit »den Nerven, den Fleischteilen, den Knochen, den Haaren«; aus seinem heißen Hauch entstehe die Seele des Embryons und seine Empfindung.[68] Dieses Privileg des Kopfes bei der Samenbildung greift der hippokratische Text auf und erinnert daran, daß diejenigen, denen man einen Einschnitt in der Nähe des Ohres zufügt, zwar weiterhin sexuell verkehren und ejakulieren könnten, daß sie aber einen spärlichen, schwachen und unfruchtbaren Samen hätten:

---

68 Diogenes Laertios, *De clarorum philosophorum vitis, dogmatibus et apophthegmatibus*, lib. VIII, I, 28.

»Denn der größte Teil des Spermas kommt vom Kopf, die Ohren entlang, zum Mark; und dieser Weg ist aufgrund des vernarbten Einschnitts verengt.«[69] Aber diese Wichtigkeit des Kopfes schließt im Traktat *De generatione* nicht aus, daß der Samen aus dem gesamten Körper hervorgeht: das Sperma des Mannes »stammt aus dem ganzen Saft, der sich im Körper befindet«, und zwar dank »den Adern und Nerven, die vom ganzen Körper zum Geschlecht führen«[70]; es bildet sich »aus dem gesamten Körper, aus seinen festen Teilen, aus seinen weichen Teilen und aus dem ganzen Saft« in seinen vier Arten[71], auch die Frau »ejakuliert aus ihrem ganzen Körper«[72]; und wenn die Knaben und Mädchen vor ihrer Pubertät keinen Samen ausstoßen können, so deshalb, weil in diesem Alter die Adern noch so fein und eng sind, daß sie »den Weg des Spermas behindern«.[73] Ob er nun aus dem ganzen Körper strömt oder größtenteils aus dem Kopf – der Samen gilt als Resultat eines Prozesses, der »den stärksten Teil« des Saftes separiert, isoliert, konzentriert: *tò ischyrótaton*.[74] Diese Kraft zeigt sich in der fetten und schäumenden Natur des Samens und in der Gewaltsamkeit seiner Ausstoßung; sie zeigt sich auch in der Schwäche, die man immer nach dem Koitus empfindet, wie gering auch die ausgeschiedene Menge gewesen ist.[75]

Tatsächlich ist die Herkunft des Samens in der ärztlichen und philosophischen Literatur ein Diskussionsgegenstand geblieben. Dabei mußten alle Erklärungen auch darüber Rechenschaft ablegen, daß der Samen das Leben weitergeben und ein anderes Lebewesen entstehen lassen kann; und woher soll die Samensubstanz ihre Macht nehmen können, wenn nicht aus den Lebensprinzipien, die sich bei dem Individuum befinden, aus dem sie kommt? Die Existenz, die sie verleiht, muß sie dem Lebewesen entleihen und von ihm abzweigen, aus dem sie stammt. Bei jedem Samenausstoß wird dem Individuum etwas von seinen kostbarsten Elementen entzogen. So hat die Demiurgie des *Timaios* den Samen des Menschen an der Verbindungsstelle zwischen dem Körper und der Seele, zwischen Tod und Unsterblichkeit angesetzt. Diese Verbindungsstelle ist das Mark

---

69 Hippokrates, *De generatione*, II, 2.
70 A. a. O., I, 1.
71 A. a. O., III, 1.
72 A. a. O., IV, 1.
73 A. a. O., II, 3.
74 A. a. O., I, 1 und 2.
75 A. a. O., I, 1.

(das in seinem runden Teil, im Schädel, den Sitz der unsterblichen Seele birgt, in seinem länglichen Teil, im Rücken, den der sterblichen Seele): »Die Bande des Lebens, mit denen die Seele an den Körper gefesselt ist, gehen vom Mark aus, um das sterbliche Geschlecht zu verwurzeln.«[76] Von dort fließt durch die zwei großen Rückenadern die Flüssigkeit, die der Körper braucht und die in ihm bleibt; von dort aber stammt auch der Samen, der durch das Geschlecht ausströmt, um ein anderes Individuum entstehen zu lassen. Das Lebewesen und seine Nachkommenschaft haben ein und dasselbe Lebensprinzip.

Die Analyse des Aristoteles unterscheidet sich von derjenigen Platons wie auch von der des Hippokrates in den Lokalisierungen und in den Mechanismen. Doch findet man auch bei ihm das Prinzip eines kostbaren Entzugs. In *De generatione animalium* wird das Sperma als Rückstand *(períttoma)* der Nahrung erklärt: Endprodukt, das in ganz kleinen Mengen konzentriert ist und so wertvoll ist wie die Wachstumssubstanzen, die der Organismus aus der Nahrung zieht. Für Aristoteles liefert die endgültige Verarbeitung der Nahrung einen Stoff, von dem sich ein Teil auf den gesamten Körper verteilt und ihn alle Tage unmerklich wachsen läßt, während der andere Teil auf die Ausstoßung wartet, die es ihm gestatten wird, in der Gebärmutter der Frau den Embryo zustande zu bringen.[77] Die Entwicklung des Individuums und seine Reproduktion beruhen mithin auf den gleichen Elementen und gehen von derselben Substanz aus; die Wachstumselemente und die Samenflüssigkeit sind Dubletten, die aus einer Nahrungsverarbeitung stammen, die sowohl das Leben eines Individuums wie auch die Geburt eines andern trägt. Unter diesen Umständen versteht man, daß die Ausscheidung dieses Samens für den Körper ein wichtiges Ereignis darstellt: sie entreißt ihm eine Substanz, die wertvoll ist, weil sie das letzte Resultat einer langen Arbeit des Organismus ist und weil sie die Elemente konzentriert, die aufgrund ihrer Natur »zu allen Teilen des Körpers gehen« können und also zu seinem Wachstum beitragen können, würden sie ihm nicht entzogen. So versteht man auch, warum diese Entleerung – die auch in einem Alter noch möglich ist, in dem der Mensch seinen Organismus nur noch reproduzieren, aber nicht mehr entwickeln muß – in der Jugend nicht stattfindet, in der alle Ressourcen der Nahrung für die Entwicklung verwendet werden; in diesem Alter »wird al-

76 Platon, *Timaios*, 73b.
77 Aristoteles, *De generatione animalium*, 724a-725b.

les sofort verbraucht«, sagt Aristoteles; und man versteht auch, daß sich im Alter die Samenproduktion verlangsamt: »Der Organismus leistet keine ausreichende Verdauung mehr.«[78] Durch das ganze Leben des Individuums hindurch – von der Jugend, die wachsen muß, bis zum Alter, das Mühe hat, sich zu erhalten – zeichnet sich die Komplementarität zwischen der Fortpflanzungsmacht und der Entwicklungs- oder Überlebensfähigkeit ab.

Ob der Samen vom gesamten Organismus abgeschöpft wird, ob er dort entspringt, wo sich der Körper und die Seele aneinanderfügen, oder ob er aus der langwierigen inneren Verarbeitung der Nahrung resultiert: der Sexualakt, der ihn ausstößt, stellt für das Lebewesen eine kostspielige Verausgabung dar. Mag ihn auch – wie die Natur es gewollt hat – die Lust begleiten, damit die Menschen daran denken, für eine Nachkommenschaft zu sorgen. Für das Lebewesen selbst ist er doch ein harter Stoß: das Aufgeben eines Teils, der das Ganze seine Seins enthält. So erklärt Aristoteles die »offensichtliche« Niedergeschlagenheit, die dem Geschlechtsverkehr folgt.[79] Und der Autor der *Problemata* erklärt so den Ekel der jungen Leute gegenüber der ersten Frau, mit der sie zum ersten Mal sexuell verkehrt haben.[80] In einer so kleinen Menge – die doch bei den Menschen verhältnismäßig größer ist als bei den anderen Tieren – beraubt sich das Lebewesen eines beträchtlichen Teils der Elemente, die für seine eigene Existenz wesentlich sind.[81] Man versteht, wieso die mißbräuchliche Verwendung der sexuellen Lüste manchmal – wie in dem von Hippokrates beschriebenen Fall von Rückenmarkschwindsucht – zum Tod führen kann.

3 Der Tod und die Unsterblichkeit

Aber nicht nur in der Angst vor der übermäßigen Verausgabung assoziiert die ärztliche und philosophische Reflexion die sexuelle Betätigung mit dem Tod. Sie verbindet sie auch im Prinzip der Reproduktion, insofern sie der Fortpflanzung den Zweck zuschreibt, den Tod des einzelnen Wesens zu lindern und der Art als ganzer die Ewigkeit zu geben, die dem einzelnen Individuum verwehrt ist. Die Tiere vereinigen sich geschlechtlich,

---

78 A. a. O., 725b.
79 Vgl. ebd.; vgl. auch Pseudo-Aristoteles, *Problemata*, IV, 22, 879a.
80 Vgl. Pseudo-Aristoteles, *Problemata*, IV, 11, 877b.
81 Vgl. a. a. O., IV, 4 und 22.

und diese Vereinigung gibt ihnen Nachkommen, damit die Art – wie es in den *Nomoi* heißt – den Gang der Zeit ohne Ende begleite; so entrinnt sie dem Tod: indem sie »Kinder und Kindeskinder« hinterläßt und doch dieselbe bleibt, »hat sie durch die Fortpflanzung an der Unsterblichkeit teil«.[82] Für Aristoteles wie für Platon liegt der Geschlechtsakt am Schnittpunkt eines individuellen Lebens, das dem Tod geweiht ist – eines Lebens, dem er übrigens einen Teil seiner wertvollsten Kräfte entzieht –, und einer Unsterblichkeit, die die konkrete Form eines Überlebens der Gattung annimmt. Zwischen diesen beiden Leben – um sie zu verbinden und um das erste am zweiten teilnehmen zu lassen – stellt der Geschlechtsakt, wie Platon sagt, einen »Kunstgriff« *(mechané)* dar, der dem Individuum einen »Abkömmling« seiner selbst *(apoblástema)* ermöglicht.

Bei Platon wird dieses zugleich künstliche und natürliche Band von dem jeder vergänglichen Natur eigenen Begehren getragen, sich zu verewigen und unsterblich zu sein.[83] Wie Diotima im *Symposion* bemerkt, gibt es ein solches Begehren bei den Tieren, die, wenn sie der Fortpflanzungswunsch ergreift, »von diesen Liebeszuständen krank werden« und »sogar ihr eigenes Leben zu opfern bereit sind, um ihren Nachwuchs zu retten«.[84] Es existiert auch beim Menschenwesen, das nicht nach dem Ende seines Lebens ein Toter ohne Auszeichnung und »ohne Namen« sein will[85]; dazu, sagen die *Nomoi*, muß es sich verheiraten und unter möglichst guten Bedingungen für eine Nachkommenschaft sorgen. Aber dasselbe Begehren erweckt bei einigen von denen, die die Knaben lieben, den glühenden Wunsch, ihre Saat in die Seele statt in den Körper zu legen und dort aufgehen zu lassen, was durch sich selber schön ist.[86] In einigen aristotelischen Frühschriften wie *De anima*[87] wird die Verbindung der sexuellen Aktivität mit dem Tod und der Unsterblichkeit etwas »platonisierend« durch den Wunsch nach Teilhabe am Ewigen hergestellt; in den späteren Texten wie *De generatione et corruptione*[88] oder *De generatione animalium* wird sie in Form einer Unterscheidung und Verteilung der Wesen in der natürlichen Ordnung gemäß ontologischen Prinzipien reflektiert, die das Sein,

---

82 Platon, *Nomoi*, IV, 721c.
83 Vgl. Platon, *Symposion*, 206e.
84 A. a. O., 207a-b.
85 Platon, *Nomoi*, IV, 721b-c.
86 Vgl. Platon, *Symposion*, 209b.
87 Vgl. Aristoteles, *De anima*, II, 4, 415a-b.
88 Vgl. Aristoteles, *De generatione et corruptione*, 336b.

das Nicht-Sein und das Beste betreffen. Um aus Finalursachen zu erklären, warum es bei den Tieren Zeugung und verschiedene Geschlechter gibt, beruft sich das zweite Buch von *De generatione animalium* auf einige Grundsätze, die die Verhältnisse der Vielfalt der Wesen zum Sein bestimmen: daß nämlich gewisse Dinge ewig und göttlich sind, während die anderen sein können oder auch nicht; daß das Schöne und Göttliche immer das Beste ist und daß das, was nicht ewig ist, am Besten und am Schlechtesten teilhaben kann; daß es besser ist, zu sein als nicht zu sein, zu leben als nicht zu leben, beseelt zu sein als unbeseelt zu sein. Daraus, daß die dem Werden unterworfenen Wesen nur in eingeschränkter Weise ewig sein können, wird gefolgert, daß es eine Fortpflanzung der Tiere gibt und daß diese, als Individuen von der Ewigkeit ausgeschlossen, als Gattung ewig sein können: »numerisch« kann das Lebewesen »nicht unsterblich sein, denn die Realität der Wesen liegt im einzelnen; und wäre es so, so wäre es ewig. Aber als Spezies kann es unsterblich sein.«[89]

Die sexuelle Aktivität ordnet sich also in den weiten Horizont von Tod und Leben, Zeit, Werden und Ewigkeit ein. Sie ist notwendig, weil das Individuum dem Sterben geweiht ist und damit es doch in gewisser Weise dem Tode entkommt. Zwar gehören diese philosophischen Spekulationen nicht direkt zur Reflexion über den Gebrauch der Lüste und deren Ordnung. Doch es fällt auf, wie feierlich sich Platon in seiner »überzeugenden« Ehe-Gesetzgebung darauf beruft: »Man wird mit dreißig oder fünfunddreißig Jahren heiraten – dessen eingedenk, daß dem Menschengeschlecht von der Natur ein Stück Unsterblichkeit verliehen würde und das Verlangen danach jedem Menschen schlechterdings angeboren ist. Denn der Ehrgeiz, sich einen Namen zu machen und nach dem Tode nicht ohne Ruf zu bleiben, beruht auf jenem Verlangen. Die Menschenrasse hat eine natürliche Nähe zum Ganzen der Zeit, die sie dauernd begleitet und begleiten wird; dadurch ist sie unsterblich, indem sie Kinder und Kindeskinder hinterläßt und so, dank der Beständigkeit ihrer bleibenden Einheit, durch die Fortpflanzung an der Unsterblichkeit teilhat.«[90] Die Gesprächspartner der *Nomoi* wissen wohl, daß so lange Betrachtungen bei Gesetzgebern nicht üblich sind. Aber der Athener merkt an, daß es in diesem Bereich so ist wie in der Medizin; wenn diese sich an verständige und freie Menschen richtet, kann sie sich nicht mit der Verschreibung von Rezepten begnügen;

89 Aristoteles, *De generatione animalium*, II, 1, 731b-732a.
90 Platon, *Nomoi*, IV, 721b-c.

sie muß erklären, Gründe angeben und überzeugen, damit der Kranke seine Lebensweise richtig regelt. Gibt man solche Erklärungen über das Individuum und die Gattung, über Zeit und Ewigkeit, Leben und Tod, dann dürften die Bürger »mit Sympathie und dank dieser Sympathie mit mehr Gelehrigkeit« die Vorschriften annehmen, die ihre sexuelle Tätigkeit und ihr Eheleben regeln sollen: das verständige Regime ihres maßvollen Lebens.[91]

Die griechische Medizin und die griechische Philosophie haben sich über die *aphrodísia* Gedanken gemacht und sich gefragt, welchen Gebrauch man von ihnen machen soll, wenn man für seinen Körper die rechte Sorge tragen will. Diese Problematisierung hat nicht dazu geführt, unter den Akten und ihren möglichen Formen diejenigen zu unterscheiden, die annehmbar sind, und diejenigen, die schädlich oder »anormal« sind. Sie hat die Akte insgesamt als Äußerungen einer Aktivität betrachtet und wollte die Grundsätze formulieren, die es dem Individuum gestatten, unter Berücksichtigung der Umstände die nützliche Intensität dieser Betätigung und ihre richtige Verteilung herzustellen. Gleichwohl verraten die eindeutig restriktiven Tendenzen dieser Ökonomie eine Besorgnis im Hinblick auf diese geschlechtliche Betätigung. Eine Besorgnis, die sich auf die eventuellen Auswirkungen von Mißbräuchen bezieht; aber auch und vor allem auf den Akt selbst, der immer in einem männlichen Schema der Ejakulation und des Paroxysmus wahrgenommen wurde – welches Schema auf die gesamte sexuelle Aktivität übertragen wurde. Die Bedeutung, die man dem Geschlechtsakt und seiner Einschränkung beimaß, ist also nicht nur in seinen negativen Auswirkungen auf den Körper begründet, sondern in dem, was er selbst und von Natur aus ist: Gewalt, die sich dem Willen entzieht, Verausgabung, die an den Kräften zehrt, Fortpflanzung, die an den künftigen Tod des Individuums gebunden ist. Der Sexualakt beunruhigt nicht, weil er von Übel wäre, sondern weil er das Verhältnis des Individuums zu ihm selber und seine Konstitution als Moralsubjekt stört und bedroht; wenn er nicht richtig bemessen und verteilt wird, führt er zur Entfesselung der unfreiwilligen Kräfte, zur Schwächung der Energie und zum Tod ohne ehrenhafte Nachkommenschaft.

Tatsächlich finden sich diese drei Themen der Beunruhigung nicht nur

---

91 A. a. O., IV, 723a.

in der antiken Kultur: auch an anderen Orten und zu anderen Zeiten ließen sich Anzeichen dieser Besorgnis finden, die den Sexualakt mit der
»männlichen« Form des Samenausstoßes identifiziert und mit Gewalt,
Auszehrung und Tod assoziiert. Van Guliks Sammlung von Dokumenten
über die alte chinesische Kultur scheint dieselbe Thematik zu bezeugen:
Angst vor dem nicht zu unterdrückenden und kostspieligen Akt, Furcht
vor seinen schädlichen Auswirkungen auf den Körper und die Gesundheit,
Vorstellung des Verhältnisses zur Frau als Zweikampf, Sorge um eine gute
Nachkommenschaft dank einer gut geregelten sexuellen Aktivität.[92] Aber
die altchinesischen »Schlafzimmer«-Traktate geben auf diese Besorgnis
eine ganz andere Antwort, als man sie im klassischen Griechenland findet;
die Angst vor der Gewaltsamkeit des Aktes und die Furcht, seinen Samen
zu verlieren, erfordern Maßnahmen der freiwilligen Zurückhaltung; die
Konfrontation mit dem andern Geschlecht gilt als eine Weise, mit dem Lebensprinzip in Kontakt zu treten, das in jenem liegt und das man aufnehmen und sich zunutze machen kann: so daß eine richtig betriebene sexuelle Aktivität nicht nur jede Gefahr ausschließt, sondern sogar zu einer
Stärkung und Verjüngung der Existenz führen kann. In diesem Falle beziehen sich Arbeit und Übung auf den Akt selbst, seinen Ablauf, das ihn tragende Kräftespiel und schließlich die mit ihm verbundene Lust; wenn man
seinen Höhepunkt vermeidet oder endlos hinausschiebt, so verleiht man
ihm den höchsten Grad der Lust und die größte Steigerung des Lebens.
In dieser *ars erotica* mit deutlichen ethischen Absichten, die die positiven
Effekte einer gemeisterten, reflektierten, vervielfachten und verlängerten
sexuellen Aktivität zu intensivieren sucht, wird die Zeit – die Zeit, die
den Akt beendet, den Körper hinfällig macht und den Tod näher bringt –
gebannt.

In der christlichen Doktrin des Fleisches lassen sich ohne weiteres ähnliche Angstthemen finden: die unfreiwillige Gewalt des Aktes, seine Verwandtschaft mit dem Übel und sein Platz im Spiel des Lebens und des Todes. Aber in der unbezwingbaren Kraft des Begehrens und des Sexualaktes
wird Augustinus eines der Hauptstigmen des Sündenfalls sehen (diese unfreiwillige Bewegung reproduziert im menschlichen Körper die Revolte
des Menschen gegen Gott); die Pastoral wird anhand eines präzisen Kalen-
ders und einer detaillierten Morphologie der Akte die Ökonomieregeln

---

92 R. H. van Gulik, *Sexual Life in Ancient China. A Preliminary Survey of Chinese Sex and Society from
    ca. 1500 B. C. till 1644 A. D.*, Leiden 1961.

festlegen, denen diese zu unterwerfen sind; schließlich wird die Lehre von der Ehe dem Fortpflanzungszweck die zweifache Rolle zuweisen, das Überleben oder gar die Vermehrung des Volkes Gottes zu sichern und die Individuen davor bewahren zu können, ihre Seele mit dieser Aktivität dem ewigen Tod zu weihen. Hier handelt es sich um eine juridisch-moralische Kodifizierung der Akte, der Momente und der Absichten, die eine mit negativen Werten behaftete Tätigkeit legitimieren; diese Akte werden auf zwei Ebenen kodifiziert: in den Institutionen von Kirche und Ehe. Die Beachtung des Ritus und der legitimen Fortpflanzung können diesen Akten ihren sündhaften Charakter nehmen.

Bei den Griechen haben dieselben beunruhigenden Themen (Gewaltsamkeit, Verausgabung und Tod) zu einer Reflexion geführt, die weder auf eine Kodifizierung der Akte noch auf die Entstehung einer *ars erotica* hinausläuft, sondern auf die Einrichtung einer Lebenstechnik. Diese Technik verlangt nicht, daß man den Akten ihre Natürlichkeit nimmt; sie nimmt sich auch nicht vor, ihre Lustwirkungen zu vergrößern; sie will sie vielmehr entsprechend den Erfordernissen der Natur verteilen und ordnen. Im Unterschied zur *ars erotica* beansprucht sie nicht, den Verlauf des Aktes zu gestalten; im Unterschied zum Christentum versucht sie auch nicht, die Bedingungen festzulegen, unter denen er institutionell legitim ist; vielmehr geht es um das Verhältnis seiner selber zu dieser Aktivität »überhaupt«, um die Fähigkeit, sie zu beherrschen, zu begrenzen und richtig zu verteilen; in dieser *téchne* geht es um die Möglichkeit, sich selber als Herr-Subjekt seines Verhaltens zu konstituieren, das heißt, sich – wie der Arzt gegenüber der Krankheit, der Steuermann zwischen den Klippen oder der Politiker im Verhältnis zur Polis[93] – zum geschickten und klugen Führer seiner selber zu machen, der das Maß und den Augenblick abschätzen kann. So läßt sich verstehen, warum die Notwendigkeit einer »Diät« für die *aphrodísia* so nachdrücklich unterstrichen wird, während die Störungen, zu denen ein Mißbrauch führen kann, ebensowenig spezifiziert werden wie das, was man tun soll oder nicht tun darf. Weil sie die gewaltigste aller Lüste ist, weil sie kostspieliger ist als die meisten physischen Aktivitäten, weil sie zum Spiel des Lebens und des Todes gehört, ist sie ein be-

---

93 Diese drei »Steuerkünste« werden oft miteinander verglichen, weil sie alle Wissen und Klugheit bezüglich der Umstände verlangen; und weil es sich um Wissensformen handelt, die mit einer Befehlskompetenz verbunden sind. Man bezieht sich auf sie, wenn jemand die Prinzipien oder die Autorität sucht, die ihm helfen, »sich zu führen«.

sonders wichtiger Bereich für die ethische Formierung des Subjekts: eines Subjekts, das sich durch die Fähigkeit auszeichnen soll, die Kräfte, die sich in ihm entfesseln, zu beherrschen, die freie Verfügung über seine Energie zu bewahren und aus seinem Leben ein Werk zu machen, das über seine vergängliche Existenz hinaus dauert. Die Leibordnung der Lüste und die von ihr auferlegte Ökonomie sind Bestandteil einer ganzen Kunst seiner selbst.

III
Ökonomik

1 Die Weisheit der Ehe

Wie, in welcher Form und aus welchem Anlaß sind die sexuellen Beziehungen zwischen dem Ehemann und seiner Frau im griechischen Denken »problematisch« geworden? Welchen Grund gab es in dieser so stark durch die Herrschaft der »freien Männer« gekennzeichneten Gesellschaft, das Verhalten des Ehemannes zu problematisieren, über seine notwendige Mäßigung zu reflektieren und daraus ein Thema moralischer Besorgnis zu machen? Anscheinend keinen oder kaum einen. Am Ende der Demosthenes zugeschriebenen Rede *Gegen Neaira* heißt es wie in einem Aphorismus: »Die Kurtisanen haben wir für das Vergnügen, die Konkubinen für die tägliche Bequemlichkeit; die Gattinnen haben wir, um eine legitime Nachkommenschaft und eine treue Hüterin des Herdes zu haben.«[1]

Mit dieser Formel und ihrer genauen Rollenverteilung sind wir denkbar weit entfernt von den Künsten des Ehevergnügens, wie sie nach van Gulik im alten China zu finden sind: dort besteht eine enge Verbindung zwischen den Vorschriften über den Gehorsam, den Respekt, die Hingabe der Frau, den Ratschlägen für das erotische Verhalten, die die Lust der Partner oder jedenfalls des Mannes steigern sollen, und den Empfehlungen zur Erlangung einer möglichst guten Nachkommenschaft.[2] Denn in jener polygamen Gesellschaft befand sich die Gattin in einer Konkurrenzsituation, in der ihr Status direkt von ihrer Fähigkeit abhing, Lust zu verschaffen; die Frage nach dem sexuellen Verhalten und den Formen seiner möglichen Vervollkommnung gehörten zur Reflexion auf die häusliche Existenz; eine geschickte Praxis der Lüste und das Gleichgewicht des Ehelebens gehörten zusammen. Ebenso weit entfernt ist die Formel aus *Gegen Neaira* von dem, was man später in der christlichen Doktrin und Pastoral finden wird – doch aus ganz anderen Gründen; in dieser streng monogamen Situation wird es dem Mann verboten sein, irgendeine andere Lust zu suchen als

---

1 Demosthenes, *Gegen Neaira*, 122.
2 Vgl. R. H. van Gulik, *Sexual Life in Ancient China. A Preliminary Survey of Chinese Sex and Society from ca. 1500 B. C. till A. D. 1644*, Leiden 1961, S. 98 ff.

die mit seiner rechtmäßigen Gattin; und selbst diese Lust wird viele Probleme aufwerfen, denn das Ziel der sexuellen Beziehungen soll nicht in der Wollust liegen, sondern in der Fortpflanzung; um diese zentrale Thematik herum wird die Frage nach dem Status der Lüste im Eheverhältnis konsequent weiterverfolgt werden. In diesem Fall geht die Problematisierung nicht aus der polygamen Struktur, sondern aus der Monogamiepflicht hervor; und sie sucht nicht, die Qualität des Eheverhältnisses an die Intensität der Lust und die Verschiedenheit der Partner zu knüpfen, sondern will vielmehr die Beständigkeit eines einzigen Eheverhältnisses von der Suche nach Lust ablösen.[3]

Die Formel aus *Gegen Neaira* scheint auf einem ganz anderen System zu beruhen. Dieses System bringt einerseits das Prinzip einer einzigen rechtmäßigen Gattin zur Geltung; andererseits setzt es den Bereich der Lüste außerhalb des Eheverhältnisses an. Die Ehe hat mit dem Geschlechtsverhältnis nur in seiner Fortpflanzungsfunktion zu tun, während das Geschlechtsverhältnis die Frage der Lust nur außerhalb der Ehe aufwirft. Folglich ist nicht zu sehen, warum die sexuellen Beziehungen im Eheleben ein Problem bilden sollten – höchstens insofern es darum geht, dem Gatten für eine rechtmäßige und glückliche Nachkommenschaft zu sorgen. Logischerweise findet man im griechischen Denken technische und medizinische Fragestellungen über die Unfruchtbarkeit und ihre Gründe[4], diätetische und hygienische Betrachtungen darüber, wie man gesunde Kinder[5] und eher Knaben als Mädchen bekommt, politische und soziale Reflexionen über die bestmögliche Wahl der Ehegatten[6], schließlich juridische Debatten über die Bedingungen, unter denen die Nachkommen als rechtmäßig betrachtet werden und in den Genuß des Bürgerrechts gelangen können (darum ging es in *Gegen Neaira*).

Warum sollte die Problematisierung der sexuellen Beziehungen zwischen Eheleuten noch andere Fragen aufwerfen, da der Status der Gatten

---

3 Man muß sich davor hüten, die christliche Lehre von den Ehebeziehungen schematisch auf den Zweck der Fortpflanzung und die Ausschließung der Lust zu reduzieren. Tatsächlich ist die christliche Lehre komplex, wird durchaus auch in Frage gestellt und kennt zahlreiche Varianten. Aber hier ist festzuhalten, daß die Frage nach der Lust im Eheverhältnis, nach dem Platz, der ihr einzuräumen ist, nach den Vorsichtsmaßregeln gegen sie und den Konzessionen, die man ihr (wegen der Schwäche des anderen und seiner Begehrlichkeit) machen muß, einen Brennpunkt ihrer Reflexion bildet.
4 Siehe den Traktat *De sterilitate*, den man Aristoteles zugeschrieben und lange Zeit als zehntes Buch der *Historia animalium* angesehen hat.
5 Vgl. oben, Kapitel II.
6 So Xenophon, *Oikonomikos*, VII, 11; Platon, *Nomoi*, 772d-773e.

und ihre wechselseitigen Verpflichtungen im klassischen Athen nun einmal so und nicht anders waren? Die Festlegung dessen, was die Institution
der Ehe den Eheleuten sexuell erlaubte, verbot oder auferlegte, war sehr
einfach und so eindeutig asymmetrisch, daß keine zusätzliche moralische
Regulierung nötig scheint. Einerseits sind die Frauen – als Ehefrauen –
rechtlich und gesellschaftlich gebunden; ihre ganze sexuelle Tätigkeit
muß sich innerhalb der Ehebeziehung abspielen, und ihr Gatte muß ihr
ausschließlicher Partner sein. Sie unterstehen seiner Macht; ihm müssen
sie Kinder schenken, die seine Erben sowie Bürger sein werden. Im Falle
des Ehebruchs werden private, aber auch öffentliche Sanktionen verhängt
(eine des Ehebruchs überführte Frau darf nicht mehr bei den Zeremonien
des öffentlichen Kultes erscheinen); nach Demosthenes will das Gesetz,
»daß die Frauen solche Furcht haben, daß sie anständig bleiben *(sophro-
neîn)*, sie keinen Fehler begehen *(medèn hamartánein)* und treue Hüterin-
nen des Herdes seien«; er weist sie darauf hin, daß sie, »wenn sie diese
Pflicht verletzen, sowohl aus dem Haus ihres Gatten wie vom Kult der Polis verstoßen würden.«[7] Die familiäre und bürgerliche Stellung der verheirateten Frau zwingt sie zu einer strikt ehelichen Sexualpraktik. Das heißt
nicht, daß die Tugend bei den Frauen unwichtig wäre; ihre *sophrosýne* soll
vielmehr gewährleisten, daß sie die ihnen auferlegten Regeln freiwillig und
verständig respektieren.

Was den Ehemann begrifft, so hat er gegenüber seiner Frau bestimmte
Pflichten (ein Gesetz Solons verlangte vom Gatten, daß er im Monat mindestens dreimal mit seiner Frau sexuell verkehre, wenn sie »Erbin« war[8]).
Aber nur mit seiner eigenen Frau sexuelle Beziehungen zu haben gehörte
keineswegs zu seinen Pflichten. Zwar muß jeder Mann, verheiratet oder
nicht, verheiratete Frauen (oder Mädchen in väterlicher Gewalt) respektieren – aber deswegen, weil sie der Macht eines anderen unterstehen; nicht
sein eigener Stand hält ihn zurück, sondern derjenige des Mädchens oder
der Frau, der er sich nähert; sein Vergehen richtet sich wesentlich gegen
den Mann, der über die Frau Macht hat; darum wird der Athener weniger
schwer bestraft, wenn er momentan von seiner Gier hingerissen vergewal-

---

7 Demostehens, *Gegen Neaira*, 122.
8 Plutarch, *Vita Solonis*, XX. Auch in der pythagoreischen Lehre findet man Hinweise auf Ehepflich-
   ten: »Hieronymos fügt dazu, daß Pythagoras zur Unterwelt abstieg ... und daß er die Qualen derer
   sah, die ihre ehelichen Pflichten vernachlässigt hatten« *(toùs mè thélontas syneînai taîs heautôn gy-
   naixí)*. Diogenes Laertios, *De clarorum philosophorum vitis, dogmatibus et apophthegmatibus*, lib.
   VIII, 1, 21.

tigt, als wenn er überlegt und hinterhältig verführt; wie Lysias in seiner Rede über die Ermordung des Eratotsthenes sagt, »verderben die Verführer die Seelen dermaßen, daß ihnen die Frauen der anderen intimer gehören als den Gatten; sie werden die Herren des Hauses, und man weiß nicht mehr, wem die Kinder gehören.«[9] Der Gewalttätige vergreift sich nur am Körper der Frau; der Verführer an der Macht des Mannes. Im übrigen ist dem Mann, der verheiratet ist, nur verboten, eine andere Ehe zu schließen; keine sexuelle Beziehung ist ihm aufgrund der eingegangenen Eheverbindung verwehrt; er kann ein Verhältnis haben, er kann die Prostituierten aufsuchen, er kann der Liebhaber eines Knaben sein – ganz abgesehen von seinen Sklaven, Männern und Frauen, die ihm zur Verfügung stehen. Die Ehe bindet einen Mann nicht sexuell.

In der Rechtsordnung hat das zur Folge, daß eine Untreue eines der beiden Gatten nicht zu einem Bruch des Ehebandes führen muß; um eine Vertragsverletzung handelt es sich nur, wenn eine verheiratete Frau mit einem Mann, der nicht ihr Gatte ist, eine Beziehung hat; es ist der eheliche Stand der Frau, niemals der des Mannes, der eine Beziehung zu einer ehebrecherischen macht. Darum kannten die Griechen in der Moral nicht die Kategorie der »gegenseitigen Treue«, die später eine Art »Sexualrecht« mit moralischer, juridischer und religiöser Bedeutung in das Eheleben einführen sollte. Das Prinzip eines doppelten Sexualmonopols, das aus den beiden Gatten exklusive Partner macht, rechnet nicht zur Ehebeziehung. Zwar gehört die Frau dem Gatten – aber der Gatte gehört nur sich selber. Die doppelte sexuelle Treue als Pflicht, Versprechen und Gefühl auf beiden Seiten bildet nicht die notwendige Garantie und auch nicht den höchsten Ausdruck des Ehelebens. Daraus könnte man nun schließen, daß, wenn die sexuellen Vergnügen ihre Probleme aufwerfen und das Eheleben die seinen, die beiden Problematisierungen sich kaum berühren. Jedenfalls konnte – aus den angegebenen Gründen – die Ehe unproblematisch bleiben, was die Ethik der sexuellen Lüste angeht; für den einen der Partner – die Frau – sind die Beschränkungen durch die Stellung, das Gesetz und die Bräuche festgelegt sowie durch Strafen oder Sanktionen garantiert; was den andern Partner – den Mann – betrifft, so schreibt ihm der Ehestand keine bestimmten Regeln vor – außer daß sie ihm diejenige Frau bezeichnen, von der er seine rechtmäßigen Erben zu erwarten hat.

9 Lysias, *De caede Eratosthenis*, 33. Vgl. S. Pomeroy, *Goddesses, Whores, Wives and Slaves. Women in Classical Antiquity*, New York 1975, S. 86-92.

Aber dabei kann man es nicht bewenden lassen. Zwar bildeten damals die Ehe und in der Ehe die sexuellen Beziehungen zwischen den Gatten keinen besonders empfindlichen Problempunkt; und man schien auch sein sexuelles Verhalten weniger in der Beziehung zur Gattin als in der Beziehung zum eigenen Körper oder, wie wir noch sehen werden, im Verhältnis zu den Knaben reflektieren zu wollen. Aber man würde es sich zu einfach machen, wenn man meinte, daß das Verhalten der Frau – als Gattin – allzu zwingend festgelegt gewesen wäre, als daß man darüber hätte nachdenken müssen, und daß das Benehmen des Mannes – als Gatte – zu frei gewesen wäre, als daß man sich darüber noch hätte Fragen stellen sollen. Es gibt viele Zeugnisse für die Gefühle sexueller Eifersucht; die Gattinnen machten ihren Männern ständig die Vergnügen zum Vorwurf, die diese anderswo suchten, und die flatterhafte Frau des Euphiletos wirft ihm seine Intimitäten mit einer kleinen Sklavin vor.[10] Überhaupt erwartete die allgemeine Meinung von einem Mann, der sich verheiratete, eine gewisse Änderung in seiner sexuellen Lebensführung; während der Ehelosigkeit der Jugend (die Männer heirateten oft erst mit dreißig Jahren) tolerierte man gern ein intensives und vielfältiges Lustleben, erwartete aber, daß dieses nach der Eheschließung eingeschränkt würde, auch wenn eine Heirat zu keiner formellen Begrenzung zwang. Neben diesen üblichen Verhaltensweisen und Einstellungen gab es auch eine reflektierte Thematik der ehelichen Zucht. Die Moralisten – jedenfalls einige – äußern deutlich den Grundsatz, daß sich ein anständiger Ehemann nicht die gleichen Vergnügen erlauben dürfe, wie wenn er nicht verheiratet wäre. In der Rede, die ihm Isokrates in den Mund legt, wird Nikokles nicht nur erklären, daß er seine Untertanen gerecht regiert, sondern auch, daß er seit seiner Heirat nur mit seiner eigenen Frau sexuelle Beziehungen gehabt habe. Und Aristoteles wird in der *Politik* vorschreiben, die Beziehungen »des Gatten mit einer andern Frau oder der Gattin mit einem andern Mann« seien als »Schande« zu betrachten. Handelt es sich um ein isoliertes und bedeutungsloses Phänomen? Oder schon um die Geburt einer neuen Ethik? Auch wenn diese Texte wenig zahlreich sind und von der sozialen Praxis und vom tatsächlichen Verhalten der Individuen weit entfernt gewesen sein mögen, ist eine Frage zu stellen: warum sorgte man sich in der Moralreflexion um das Sexualverhalten der verheirateten Männer? Worum sorgte man sich eigentlich – um welches Prinzip und welche Formen?

---

10 Vgl. a. a. O., 12; vgl. auch im *Symposion* von Xenophon (IV, 8) die Anspielung auf die List eines Ehemannes, der seine anderweitigen sexuellen Vergnügen zu verheimlichen sucht.

Es gilt hier zwei Interpretationen zu vermeiden, die beide unangemessen erscheinen.

Die eine ginge dahin, anzunehmen, daß das Verhältnis zwischen den Gatten für die Griechen der klassischen Epoche nur eine einzige Funktion hatte – nämlich den Kalkül, der zwei Familien, zwei Strategien, zwei Vermögen verbündete und der nur den Zweck verfolgte, eine Nachkommenschaft hervorzubringen. Der Aphorismus aus *Gegen Neaira*, der die Rollen, die die Kurtisane, die Konkubine und die Gemahlin im Leben eines Mannes zu spielen haben, so klar zu unterscheiden scheint, ist gelegentlich als eine Dreiteilung einander ausschließender Rollen aufgefaßt worden: sexuelle Lust, Alltagsleben und schließlich die Erhaltung des Stammes (allein mit der Gattin). Man muß aber den Kontext berücksichtigen, in dem jener anscheinend brutale Satz formuliert worden ist. Es ging in diesem Plädoyer darum, die scheinbar rechtmäßige Ehe eines Prozeßgegners sowie die Anerkennung des Bürgerrechts seiner Kinder aus dieser Ehe anzufechten; und die Argumente bezogen sich auf die Herkunft der Frau, ihre Vergangenheit als Prostituierte und ihren gegenwärtigen Status, der nur der einer Konkubine sein konnte. Der entscheidende Punkt lag nicht darin, zu zeigen, daß man die Lust anderswo als bei der rechtmäßigen Gattin sucht; sondern daß man rechtmäßige Nachkommenschaft nur mit der Gattin bekommt. Darum bemerkt Lacey zu diesem Text, daß da nicht drei verschiedene Rollen definiert werden, sondern daß es sich hier nur um eine sich steigernde Aufzählung handelt; die Lust ist das einzige, was eine Kurtisane spenden kann; die Konkubine kann darüber hinaus die Befriedigungen des Alltags gewähren; aber nur die Gattin kann eine Funktion erfüllen, die auf ihrer besonderen Stellung beruht: rechtmäßige Kinder zu schenken und die Kontinuität der Familie zu sichern.[11] In Athen war die Ehe nicht die einzige akzeptierte Form der Vereinigung; sie bildete eine besondere und privilegierte Verbindung, die allein zu einer vollgültigen Ehegemeinschaft und Nachkommenschaft führen konnte. Im übrigen gibt es genug Zeugnisse für die Wertschätzung der Schönheit der Gattin, für die Wichtigkeit sexueller Beziehungen mit ihr und für die Existenz gegenseitiger Liebe (wie etwa das Spiel von *Eros* und *Anteros*, das Nikeratos und seine Frau in Xenophons *Symposion*[12] eint). Die radikale Trennung zwischen der Ehe einerseits und dem Spiel der Vergnügungen und Leidenschaften ande-

---

11 W. K. Lacey, *The Family in Classical Greece*, Ithaca 1968, S. 113.
12 Xenophon, *Symposion*, VIII, 3.

rerseits ist gewiß keine Formel, die das Eheleben in der Antike vollständig charakterisieren könnte.

Löst man die griechische Ehe zu sehr von den affektiven und persönlichen Einschlüssen ab, die tatsächlich in der Folge noch mehr Gewicht bekommen sollten, unterscheidet man sie zu stark von den späteren Formen der Ehe, so verleitet das umgekehrt dazu, die strenge Moral der Philosophen zu sehr gewissen Prinzipien der christlichen Moral anzunähern. Die Texte, in denen das richtige Verhalten des Ehemannes als »sexuelle Treue« reflektiert, gewertet und vorgeschrieben wird, werden häufig als Vorstufe eines noch nicht existierenden Codes gedeutet: eines Codes, der die beiden Gatten gleichermaßen verpflichten wird, die sexuellen Beziehungen nur in der ehelichen Vereinigung zu praktizieren und die Fortpflanzung zum hauptsächlichen oder gar einzigen Zweck zu machen. Man neigt dazu, in den Ausführungen, die Xenophon oder Isokrates den Pflichten des Ehemannes gewidmet haben, »in Anbetracht der damaligen Sitten nur Ausnahmen«[13] zu sehen. Ausnahmen sind diese Texte, sofern sie selten sind. Aber muß man deswegen in ihnen die Vorwegnahme einer künftigen Moral oder die Ankündigung einer neuen Empfindungsweise sehen? Daß diese Texte nachträglich in ihrer Ähnlichkeit mit späteren Formulierungen wahrgenommen wurden, ist eine Tatsache. Aber genügt das, um diese moralische Reflexion und diese Forderung nach Sittenstrenge den Verhaltensweisen und Einstellungen der Zeitgenossen entgegenzustellen und darin die isolierte Vorwegnahme einer künftigen Moral zu sehen?

Betrachtet man in diesen Texten nicht das Moment der Kodifizierung, sondern die Weise, in der das Sexualverhalten des Mannes problematisiert wird, so erkennt man deutlich, daß diese Problematisierung nicht von der Ehegemeinschaft selbst und einer direkt daraus abzuleitenden symmetrischen Verpflichtung ausgeht. Gewiß hat der Mann als Ehemann seine Lüste oder zumindest die Zahl seiner Partner zu beschränken; aber verheiratet sein heißt vor allem, das Oberhaupt einer Familie zu sein, eine Autorität zu besitzen und eine Macht auszuüben, die im »Haus« ihren Ort hat, und dort Verpflichtungen zu haben, die auf seine Reputation als Bürger ausstrahlen. Darum hängt die Reflexion über die Ehe und das gute Verhalten des Ehemannes immer mit einer Reflexion über den *oîkos* (Haus und Haushalt) zusammen.

---

13 Vgl. die Anmerkung in der von G. Mathieu und E. Brémont besorgten Ausgabe: Isocrate, *Discours*, Bd. II, Paris 1956, S. 130.

Und man kann sehen, daß das Prinzip, das den Mann verpflichtet, keinen Partner außerhalb der Ehegemeinschaft zu haben, anderer Art ist als dasjenige, das der Frau eine analoge Pflicht auferlegt. Ihr ist diese Pflicht auferlegt, insofern sie unter der Macht ihres Gatten steht. Er dagegen muß seine sexuellen Beziehungen einschränken, weil er die Macht ausübt und in dieser Machtausübung Selbstbeherrschung beweisen muß. Das Gebot, nur mit ihrem Gatten zu verkehren, folgt für die Frau daraus, daß sie seiner Macht untersteht. Dagegen ist für den Mann das Gebot, nur mit seiner Gattin zu verkehren, die schönste Art, seine Macht über sie auszuüben. Es handelt sich hier also weniger um die Andeutung einer Symmetrie, die man in der späteren Moral finden wird, als um die Stilisierung der aktuellen Asymmetrie. Eine Beschränkung, die den beiden Gatten Analoges erlaubt oder verbietet, bedeutet für sie doch nicht dieselbe Art, »sich zu führen«. Das sieht man zum Beispiel an einem Text, in dem es darum geht, wie man sein Haus führt und sich als Hausherr aufführt.

2 Das Hauswesen des Ischomachos

Der *Oikonomikos* von Xenophon enthält die ausführlichste Erörterung des Ehelebens, die uns das klassische Griechenland hinterlassen hat. Der Text gibt eine Reihe von Empfehlungen dazu, wie man über sein Erbe regiert. Neben den Ratschlägen zur Verwaltung des Gutes, zur Leitung der Arbeiter, zur Wahl bestimmter Anbauweisen, zur Anwendung guter Techniken im richtigen Moment, zur richtigen Durchführung von Verkäufen und Ankäufen entwickelt Xenophon einige allgemeine Reflexionen: eine Reflexion über die Notwendigkeit rationeller Praktiken, die er bald mit dem Ausdruck Wissen *(epistéme)*, bald mit dem Ausdruck Kunst oder Technik *(téchne)* bezeichnet; eine Reflexion über die Zielsetzung (Erhaltung und Mehrung des Erbes), schließlich eine Reflexion über die Mittel dazu, das heißt über die Kunst des Befehlens – und dieses Thema kommt im Laufe des Textes immer wieder zur Sprache.

Diese Analyse stellt sich in eine ganz bestimmte gesellschaftliche und politische Landschaft. Es ist die kleine Welt der Grundbesitzer, die die Güter der Familie zu erhalten, zu mehren und denen weiterzugeben haben, die ihren Namen tragen. Xenophon stellt diese Welt ausdrücklich derjenigen der Handwerker entgegen, deren Leben weder ihrer eigenen Gesund-

heit (aufgrund ihrer Lebensweise) noch ihren Freunden (denen sie nicht zu
Hilfe kommen können), noch ihrer Polis guttut (da sie nicht die Muße haben, sich um deren Angelegenheiten zu kümmern).[14] Hingegen entfaltet
sich die Aktivität der Grundbesitzer sowohl auf dem öffentlichen Platz,
auf der Agora, wo sie ihre Pflichten als Freunde und als Bürger erfüllen
können, wie auch im *oîkos*. Aber der *oîkos* besteht nicht nur aus dem Haus
selbst; er umfaßt auch die Felder und überhaupt die Güter, wo immer sie
sich befinden (auch außerhalb der Grenzen der Polis): »das Haus eines
Mannes – dazu gehört alles, was er besitzt«[15]; er umfaßt eine Sphäre von
Aktivitäten, mit denen ein Lebensstil und eine ethische Ordnung verbunden ist. Die Existenz des Eigentümers, der sich richtig um sein Gut kümmert, ist zunächst gut für ihn selbst; sie erfordert Ausdauer und Training,
was wiederum gut für den Körper, seine Gesundheit und seine Kraft ist;
sie ermutigt auch zur Frömmigkeit, da sie reichliche Opfer für die Götter
ermöglicht; sie begünstigt die Freundschaftsbeziehungen, indem sie Gelegenheit gibt, sich großzügig zu erweisen, die Pflichten der Gastfreund-
schaft zu erfüllen und den Mitbürgern Gutes zu tun. Außerdem nützt
diese Aktivität der ganzen Polis, weil sie zu ihrem Reichtum beiträgt, vor
allem, weil sie ihr gute Kämpfer liefert: der Grundeigentümer, der an harte
Arbeiten gewöhnt ist, ist ein kräftiger Soldat, und die Güter, die er besitzt,
bringen ihn dazu, den Boden des Vaterlandes tapfer zu verteidigen.[16]

Alle diese persönlichen und staatsbürgerlichen Vorzüge des Lebens des
Grundbesitzers vereinigen sich im vortrefflichsten Wert der »ökonomischen« Kunst: sie lehrt die Praktik des Befehlens, von der sie nicht zu trennen ist. Den *oîkos* leiten heißt befehlen; und das Haus befehligen unterscheidet sich nicht von der Macht, die man in der Stadt auszuüben hat. In den
Memorabilia sagte Sokrates zu Nikomachides: »Verachte nicht die guten
Hauswirte; denn die Handhabung der privaten Angelegenheiten unterscheidet sich nur in der Zahl von derjenigen der öffentlichen Angelegenheiten; im übrigen gleichen sie sich ...; wer die öffentlichen Angelegenheiten
lenkt, verwendet keine anderen Menschen als jemand, der seinen privaten
Geschäften nachgeht; und wer die Menschen zu beschäftigen weiß, versteht
auch die privaten und die öffentlichen Angelegenheiten zu leiten.«[17] Der

---

14 Vgl. Xenophon, *Oikonomikos*, IV, 2-3.
15 A. a. O., I, 2.
16 Zu diesem Lob der Landwirtschaft und zur Aufzählung ihrer guten Wirkungen vgl. das 5. Kapitel
des *Oikonomikos*.
17 Xenophon, *Memorabilia*, III, 4.

Dialog über den *Oikonomikos* entfaltet sich wie eine große Analyse der Befehlskunst. Zu Beginn wird an Kyros den Jüngeren erinnert, der selbst über die Anbauten wachte, jeden Tag in seinem Garten pflanzte und der damit eine solche Geschicklichkeit beim Anleiten der Menschen erworben hatte, daß niemals einer seiner Soldaten im Krieg fahnenflüchtig wurde: lieber wollten sie auf seinem Leichnam sterben, als daß sie ihn verlassen hätten.[18] Entsprechend ist am Ende des Textes davon die Rede, daß man das Abbild dieses vorbildlichen Monarchen sowohl bei den »großen« Führern finden könne, denen ihre Armeen bedingungslos folgen, wie auch beim Hausherrn, dessen königliche Art allein schon die Arbeiter anspornt, sobald sie ihn sehen, ohne daß er zürnen, drohen oder strafen müßte. Die häusliche Kunst ist von derselben Art wie die politische oder die militärische Kunst – jedenfalls sofern es dort wie hier darum geht, die anderen zu regieren.[19]

Im Rahmen der Kunst der »Ökonomie« wirft Xenophon das Problem der Beziehungen zwischen Ehemann und Ehefrau auf. Denn als Hausherrin ist die Gattin eine wesentliche Person in der Verwaltung des *oîkos* und für seine gute Leitung. »Gibt es jemanden, dem du mehr wichtige Angelegenheiten anvertraust als deiner Frau?« fragt Sokrates Kritobulos und fügt wenig später hinzu: »Ich meinerseits bin der Ansicht, daß eine Frau, die eine gute Gefährtin für den Haushalt ist, für das gemeinsame Wohl ebenso wichtig ist wie der Mann.« »Wenn dies alles gelingt, dann gedeiht das Haus; andernfalls gerät es in Gefahr.«[20] Obwohl die Ehefrau so wichtig ist, spricht eigentlich alles dagegen, daß sie ihre Rolle wirklich spielen kann: in erster Linie ihr jugendliches Alter und ihre äußerst dürftige Erziehung (»als du sie heiratetest, war sie ein ganz junges Mädchen, das sozusagen noch nichts gehört oder gesehen hatte«), dann aber auch der seltene Umgang mit ihrem Gatten, mit dem sie sich nur selten unterhält (»gibt es Leute, mit denen du weniger sprichst als mit deiner Frau?«).[21] Aus diesem Grund ist es für den Ehemann nötig, mit seiner Frau Beziehungen herzustellen, die solche der Bildung und der Lenkung sind. In einer Gesellschaft, in denen die Töchter sehr jung – oft um fünfzehn Jahre herum – mit Männern verheiratet werden, die oft doppelt so alt sind, nimmt die Ehebeziehung, deren Träger und Feld der *oîkos* ist, die Form einer Pädago-

18 Vgl. Xenophon, *Oikonomikos*, IV, 18-25.
19 Vgl. a. a. O., XXI, 4-9.
20 A. a. O., III, 15.
21 A. a. O., III, 12-13.

gik und einer Steuerung der Verhaltensweisen an. Dort liegt die Verantwortung des Gatten. Wenn ihm das Benehmen der Frau statt Nutzen nur
Nachteile bringt, wem ist dann die Schuld zuzuschreiben? Dem Ehemann.
»Wenn ein Schaf in einem schlechten Zustand ist, so macht man meistens
den Hirten verantwortlich; und wenn ein Pferd nicht taugt, so zieht man
den Reiter zur Rechenschaft; wenn ein Ehemann seine Frau richtig anleitet und sie ihre Geschäfte doch schlecht verrichtet, so ist es gewiß richtig,
die Frau zur Verantwortung zu ziehen; aber wenn er eine Frau hat, die das
Richtige nicht weiß, weil er es ihr nicht beibringt, müßte man dann nicht
die Verantwortung auf den Gatten fallen lassen?«[22]

Die Beziehungen zwischen den Gatten werden also nicht an sich problematisiert; sie werden nicht als Beziehungen eines Paares aufgefaßt, das aus
einem Mann und einer Frau besteht und das sich eventuell außerdem um
ein Haus und eine Familie zu kümmern hat. Xenophon handelt ausführlich von der Ehebeziehung – aber indirekt, kontextuell und technisch; er
behandelt sie im Rahmen des *oîkos* als einen Aspekt der Führungsverantwortung des Ehemannes, um zu bestimmen, wie der Gatte aus seiner Frau
die Mitarbeiterin, die Teilhaberin, die *synergós* machen kann, die er für die
kluge Ökonomie braucht.

Daß diese Technik sich lehren läßt, soll Ischomachos unter Beweis stellen; und er kann sich bei seiner Lektion auf nicht mehr und nicht weniger
berufen, als daß er ein »anständiger Mann« ist; er befand sich einst in derselben Situation wie heute Kritobulos; er hat eine ganz junge Frau geheiratet – sie war fünfzehn Jahre alt und sie hatte in ihrer Erziehung kaum mehr
gelernt, als einen Mantel anzufertigen und den Spinnerinnen ihre Wolle
zuzuteilen[23]; aber er hat sie so gut gebildet und sie zu so einer wertvollen
Mitarbeiterin gemacht, daß er ihr jetzt die Sorge um das Haus überlassen
kann, während er seinen Geschäften nachgeht; sei es auf den Feldern, sei
es auf der *agorá* – also an den Orten, wo sich die männliche Tätigkeit vor
allem vollziehen soll. Ischomachos erläutert also für Kritobulos und Sokrates die »Ökonomie«: die Kunst, den *oîkos* zu leiten; bevor er Ratschläge für
die Verwaltung eines landwirtschaftlichen Gutes erteilt, handelt er vom
Haus im eigentlichen Sinn, dessen Führung gut geregelt sein muß, will
man die Zeit haben, sich um die Herden und um die Felder zu kümmern,
und wenn man nicht will, daß die ganze dort aufgewendete Mühe durch
häusliche Unordnung zunichte gemacht wird.

22 A. a. O., III, 11.
23 A. a. O., VII, 5.

1. Ischomachos ruft das Prinzip der Ehe in Erinnerung, wenn er anführt, was er einige Zeit nach der Heirat zu seiner jungen Frau gesagt hat, als sie mit ihrem Gatten »vertraut« war und »soweit gezähmt, daß sie sich unterhalten konnten«: »Warum habe ich dich geheiratet und warum haben deine Eltern dich mir gegeben?«; Ischomachos antwortet selbst: »Weil wir – ich für meinen Teil und deine Eltern für deinen – über den besten Gefährten nachgedacht haben, dem wir uns verbinden könnten für unser Haus und für unsere Kinder.«[24] Das Eheband wird also in der Asymmetrie seines Ursprungs – der Mann entscheidet für sich selber, während für das Mädchen die Familie entscheidet – und in seiner zweifachen Zwecksetzung – Haus und Kinder – charakterisiert; die Frage der Nachkommenschaft wird allerdings zunächst beiseite gelassen: bevor sie in ihre Funktion als Mutter eingeführt wird, muß die junge Frau eine gute Hausherrin werden.[25] Und Ischomachos zeigt, daß das eine Teilhaberrolle ist; nicht der besondere Beitrag eines jeden ist zunächst in Erwägung zu ziehen[26], sondern nur die beiderseitige Aktivierung für das gemeinsame Ziel – nämlich »ihr Hab und Gut im bestmöglichen Zustand zu erhalten und es mit ehrenhaften und rechtschaffenen Mitteln möglichst zu vermehren«.[27] Die Betonung liegt also auf der Auslöschung der anfänglichen Ungleichheiten zwischen den beiden Gatten und auf dem Bund, der zwischen ihnen hergestellt werden muß; allerdings beruht diese Gemeinschaft, diese *koinonía*, nicht auf der Beziehung zwischen den beiden Individuen, sondern auf der Vermittlung einer gemeinsamen Zwecksetzung, die das Haus ist: seine Erhaltung und auch die Dynamik seines Wachstums. Von dort aus lassen sich die Formen dieser »Gemeinschaft« und die Besonderheit der Rollen der beiden Gatten analysieren.

2. Um die jeweiligen Funktionen der beiden Gatten im Hauswesen zu bestimmen, geht Xenophon vom Begriff des »Daches« *(stégos)* aus: als sie das Menschenpaar schufen, hätten die Götter an die Nachkommenschaft und an die Erhaltung der Rasse gedacht, an die Unterstützung, die man im Alter braucht, und schließlich an die Notwendigkeit, nicht »wie das Getier im Freien zu leben«: die Menschenwesen »brauchen offensichtlich ein

---

24 A. a. O., VII, 11.
25 A. a. O., VII, 12.
26 Ischomachos besteht auf der Annullierung der Unterschiede, die auf dem besonderen Beitrag jeder Seite beruhen: VII, 13.
27 A. a. O., VII, 15.

Dach«. Auf den ersten Blick bekommt die Familie durch die Nachkommenschaft ihre zeitliche Dimension und durch das Dach ihre räumliche Organisation. Aber die Dinge sind etwas komplizierter. Das ›Dach‹, die ›Deckung‹, legt eine äußere und eine innere Region fest, wobei jene dem Mann und diese der Frau speziell zugeordnet ist; es ist aber auch der Ort, an dem man das Erworbene sammelt, speichert und bewahrt; bergen heißt vorsehen, um das Vorhandene über die Zeit hinweg richtig zu verteilen. Draußen ist also der Mann, der sät, anbaut, ackert, die Herden aufzieht; er bringt ins Haus, was er produziert, gewonnen oder getauscht hat; drinnen ist die Frau, die aufnimmt, aufbewahrt und jeweils nach den Bedürfnissen zuteilt. »die Tätigkeit des Mannes bringt die Güter zumeist ins Haus; ausgegeben aber werden sie in der Regel durch die Tätigkeit der Frau.«[28] Die beiden Rollen sind also komplementär, und das Fehlen der einen würde die andere nutzlos machen: »Was hätte ich aufzubewahren, sagt die Frau, wenn du nicht da wärest, um dafür zu sorgen, daß Vorräte von draußen hereinkommen?«; worauf der Gatte antwortet: wenn niemand da wäre, um aufzubewahren, was ins Haus gebracht wird, »wäre ich wie die lächerlichen Leute, die Wasser in einen Krug ohne Boden gießen«.[29] Es sind also zwei Orte, zwei Tätigkeitsformen und zwei Weisen, die Zeit zu organisieren: auf der einen Seite (des Mannes): die Produktion, der Rhythmus der Jahreszeiten, die Erwartung der Ernten, die Beachtung und Voraussicht des richtigen Augenblicks; auf der andern Seite (der Frau) das Aufbewahren und das Ausgeben; das Ordnen und das Verteilen zur rechten Zeit und vor allem das Aufstellen und Einordnen: was die Techniken des Ordnens im Raum des Hauses betrifft, so erinnert Ischomachos an all die Anweisungen, die er seiner Frau gab, damit sie finden könne, was sie aufbewahrt hat, und so aus ihrem Haus einen Ort der Ordnung und des Gedächtnisses mache.

Damit sie diese unterschiedlichen Funktionen gemeinsam erfüllen können, haben die Götter den beiden Geschlechtern besondere Qualitäten gegeben. Körpereigenschaften: den Männern, die im Freien »ackern, säen, pflanzen und das Vieh weiden« müssen, haben sie die Kraft gegeben, die Kälte, die Hitze und das Laufen zu ertragen; die Frauen, die im Schutz

28 A. a. O., VII, 19-35. Zur Bedeutung des Räumlichen in der häuslichen Ordnung vgl. J.-P. Vernant, »Hestia-Hermès. Sur l'expression religieuse de l'espace chez les Grecs«, in: *Mythe et Pensée chez les Grecs*, Paris 1966, S. 124-170.
29 Xenophon, *Oikonomikos*, VII, 39-40.

des Hauses arbeiten, haben einen weniger widerstandsfähigen Körper. Und Charakterqualitäten: die Frauen haben eine natürliche Angst, die jedoch positive Auswirkungen hat, sofern sie dazu neigen, sich um Vorräte zu kümmern, ihren Verlust zu fürchten, sich vor Verschwendung zu fürchten; der Mann hingegen ist tapfer, denn er muß sich draußen gegen alles wehren, was ihm schaden könnte. Also »hat die Gottheit von Anfang an die Natur der Frau an die Arbeiten und Geschäfte des Inneren angepaßt und die des Mannes an diejenigen des Äußeren«.[30] Sie hat sie aber auch mit gemeinsamen Qualitäten versehen: da sowohl der Mann wie auch die Frau »zu geben und zu empfangen« haben, da sie in ihrer verantwortlichen Tätigkeit für das Hauswesen zugleich einsammeln und austeilen müssen, haben sie gleichermaßen das Gedächtnis und die Aufmerksamkeit (*mnéme* und *epiméleia*) erhalten.[31]

Jeder der beide Gatten hat also eine Natur, eine Tätigkeitsform, einen Platz, die den Notwendigkeiten des *oîkos* entsprechen. Daß beide sich daran halten, das will »das Gesetz« – *nómos*: Gebrauch und Brauch, der den Absichten der Natur entspricht, die jedem seine Rolle und Stelle zuweist – und die festsetzt, was für jeden zu tun und nicht zu tun angemessen ist. Dieses »Gesetz« nennt schön (*kalá*) »die Beschäftigungen, für die die Gottheit einem jeden die meisten natürlichen Fähigkeiten gegeben hat«: so ist es für die Frau besser *(kállion)*, »im Haus zu bleiben, als ihre Zeit draußen zu verbringen«, und weniger gut für den Mann, »zu Hause zu bleiben, als sich draußen um die Arbeiten zu kümmern«. Diese Aufteilung zu verändern, von einer Tätigkeit zur andern überzugehen hieße, gegen diesen *nómos* zu verstoßen; es würde bedeuten, gegen die Natur zu verstoßen und seinen Platz zu verlassen: »Wenn einer gegen die Natur handelt, die die Gottheit ihm gab, indem er gleichsam seinen Posten verläßt *(ataktôn)*, entrinnt er dem Blick der Götter nicht und wird dafür bestraft, daß er die ihm zukommenden Arbeiten vernachlässigt und sich um die der Frau kümmert.«[32] Der »natürliche« Gegensatz von Mann und Frau, die Besonderheit ihrer Fähigkeiten sind von der Ordnung des Hauses nicht zu trennen; sie sind für diese Ordnung gemacht und werden von ihr wieder als Pflichten auferlegt.

30 A. a. O., VII, 22.
31 A. a. O., VII, 26.
32 A. a. O., VII, 31.

3. Dieser Text, der so ausführlich von der Verteilung der Aufgaben im Haus handelt, ist sehr zurückhaltend in der Frage der sexuellen Beziehungen – ob es um ihren Platz innerhalb des Verhältnisses zwischen den beiden Gatten geht oder um die Verbote, die aus dem Ehestand folgen können. Der Grund dafür liegt nicht darin, daß die Wichtigkeit der Nachkommenschaft gering-geschätzt würde; deren Bedeutung wird von Ischomachos mehrmals unter-strichen: er erklärt, daß sie einer der Hauptzwecke der Ehe ist[33]; er betont auch, daß die Natur die Frau mit einer besonderen Zartheit ausgestattet hat, damit sie sich um die Kinder kümmere[34]; desgleichen betont er, wie wert-voll es sei, wenn man altert, in seinen Kindern die Stützen zu haben, deren man bedarf.[35] Aber nichts sagt der Text über die Fortpflanzung selbst oder über die Bedingungen für eine möglichst schöne Nachkommenschaft: die Zeit ist noch nicht gekommen, solche Fragen mit der jungen Gattin anzu-schneiden.

Gleichwohl beziehen sich mehrere Abschnitte des Textes auf das sexu-elle Verhalten, auf die notwendige Mäßigung und auf die körperliche An-hänglichkeit zwischen Eheleuten. Zuerst ist an den Anfang des Dialogs zu erinnern, wo die beiden Gesprächspartner über die Ökonomie als ein Wissen zur Leitung des Hauses diskutieren. Sokrates erwähnt diejenigen, die die Talente und Mittel dazu hätten, sie aber nicht einsetzen, weil sie un-sichtbaren inneren Herren oder Herrinnen gehorchen: Trägheit, Weich-lichkeit, Sorglosigkeit oder – noch gefährlichere Herrinnen – Gefräßig-keit, Trunksucht, Geilheit, Ausschweifung und Verschwendung. Wer sich einem solchen Despotismus der Triebe unterwirft, weiht seinen Körper, seine Seele und sein Haus dem Ruin.[36] Aber Kritobulos nimmt für sich in Anspruch, diese Feinde schon besiegt zu haben: seine sittliche Bildung hat ihm eine hinreichende *enkráteia* vermittelt: »Wenn ich mich prüfe, so scheint mir, daß ich schon ziemlich Herr dieser Leidenschaften bin, so daß ich, wenn du mir rätst, was ich tun könnte, um mein Haus zu mehren, nicht meine, daran durch die von dir genannten Herrinnen gehindert zu werden.«[37] Das befähigt Kritobulos, nun also die Rolle des Hausherrn zu spielen und deren schwierige Aufgaben zu erlernen. Man muß verstehen,

---

33 Er erklärt weiter, daß die Gottheit den Mann und die Frau im Hinblick auf die Kinder verbindet und daß sie das Gesetz für den Haushalt vorschreibt: a. a. O., VII, 30.
34 Vgl. a. a. O., VII, 23.
35 Vgl. a. a. O., VII, 12.
36 Vgl. a. a. O., VII, 22-23.
37 A. a. O., II, 1.

daß die Ehe, die Funktionen des Familienoberhauptes, die Regierung des *oîkos* voraussetzen, daß man fähig geworden ist, sich selber zu regieren.

Bei der Aufzählung der verschiedenen Qualitäten, mit denen die Natur jedes der beiden Geschlechter ausgestattet hat, damit es seine häusliche Rolle jeweils erfüllen könne, erwähnt Ischomachos die Selbstbeherrschung *(enkráteia);* er macht daraus nicht eine Eigenschaft, die besonders dem Mann oder der Frau zukäme, sondern – wie aus dem Gedächtnis oder der Aufmerksamkeit – eine Tugend, die beiden Geschlechtern gemeinsam ist; individuelle Unterschiede mögen die Verteilung dieser Qualität modulieren; ihr hoher Wert im Eheleben zeigt sich daran, daß sie den besseren der beiden Gatten auszeichnet: sei es nun der Ehemann oder die Frau – der bessere ist derjenige, der mehr von dieser Tugend hat.[38]

Bei Ischomachos sieht man, wie seine Mäßigung sich als solche äußert und wie sie diejenige seiner Frau führt. Eine Episode des Dialogs bezieht sich ausdrücklich auf gewisse Aspekte des sexuellen Lebens der Gatten: es ist der Abschnitt, der von der Schminke handelt.[39] Ein wichtiges Thema in der alten Moral, denn die Verschönerung wirft das Problem der Beziehungen zwischen der Wahrheit und der Lust auf, und indem es die Spiele des Künstlichen in sie einführt, verwirrt sie die Prinzipien ihrer natürlichen Regulation. Die Frage der Koketterie bei der Gattin des Ischomachos berührt nicht ihre Treue (die immer wieder postuliert wird); sie betrifft auch nicht ihre Neigung zur Verschwendung: es geht darum, wie die Frau als Lustobjekt und Sexualpartner in der Ehebeziehung sich darbieten und von ihrem Gatten betrachtet werden kann. Diese Frage behandelt Ischomachos lehrhaft eines Tages, da seine Frau, um ihm zu gefallen (um einen scheinbar »helleren Teint«, »rosigere Wangen« und »eine schlankere Taille« zu haben als in Wirklichkeit), sich ihm auf hohen Sandalen stelzend und ganz mit Bleiweiß und Henna geschminkt präsentiert. Diesem Benehmen, das er mißbilligt, erteilt Ischomachos eine zweifache Lektion.

Die erste ist negativ; sie besteht in einer Kritik der Schminke als Täuschung. Diese Täuschung, die Fremde hintergehen kann, vermag einen Mann nicht zu beeindrucken, mit dem man lebt und der seine Gattin beim Aufstehen, im Schweiß, in Tränen oder beim Baden sehen kann. Aber vor allem kritisiert Ischomachos diesen Köder, sofern er ein funda-

---

38 Vgl. a. a. O., VII, 27.
39 Vgl. a. a. O., X, 1-8.

mentales Prinzip der Ehe verletzt. Xenophon zitiert zwar nicht den Spruch, den man lange Zeit und häufig findet und dem zufolge die Ehe eine Gemeinschaft *(koinonía)* der Güter, des Lebens und der Körper ist; aber es ist klar, daß sich das Thema dieser dreifachen Gemeinschaft durch den ganzen Text zieht: Gütergemeinschaft, zu der er bemerkt, daß jeder den Teil vergessen muß, den er beigebracht hat; Lebensgemeinschaft, die sich als eines ihrer Ziele das Gedeihen des Anwesens setzt; Körpergemeinschaft schließlich, die ausdrücklich unterstrichen wird *(somáton koinonésantes).* Die Gütergemeinschaft schließt nun jede Täuschung aus; der Mann würde sich gegenüber seiner Frau schlecht benehmen, wenn er ihr Reichtümer vorgaukelte, die er nicht besitzt; ebensowenig dürfen sie versuchen, einander über ihre Körper zu täuschen; er wird sich keinen Zinnober aufs Gesicht streichen; und sie darf sich nicht mit Bleiweiß verschönern. Die rechte Gemeinschaft der Körper hat diesen Preis. Im Verhältnis zwischen Eheleuten hat diejenige Anziehungskraft zu wirken, die von Natur aus bei allen Tieren zwischen Männchen und Weibchen verläuft: »Die Götter haben die Pferde zur angenehmsten Sache der Welt für die Pferde gemacht, die Rinder für die Rinder, die Schafe für die Schafe; desgleichen finden die Menschen nichts Angenehmeres als den Körper des Menschen ohne jede Zutat.«[40] Die natürliche Anziehung muß die sexuellen Beziehungen zwischen Eheleuten und ihre Körpergemeinschaft tragen. Die *enkráteia* des Ischomachos lehnt alle Künstlichkeiten ab, deren man sich bedient, um die Begierden und Lüste zu vermehren.

Aber eine Frage stellt sich: wie kann die Frau ein Objekt des Begehrens für ihren Gatten bleiben, wie kann sie sicher sein, nicht eines Tages von einer andern, die jünger und hübscher ist, ausgestochen zu werden? Die junge Frau des Ischomachos fragt tatsächlich: was soll sie tun, nicht nur um schön zu scheinen, sondern um schön zu sein und um ihre Schönheit zu bewahren?[41] Und in einer Weise, die uns überraschen mag, ist wieder das Haus und seine Lenkung der entscheidende Punkt. Nach Ischomachos ist die wirkliche Schönheit der Frau durch ihre Hausfrauenbeschäftigungen gewährleistet, wenn sie ihnen richtig nachgeht. Wenn sie nämlich die Aufgaben ihrer Verantwortung erfüllt, bleibt sie nicht sitzen – zusammengekauert wie eine Sklavin oder müßig wie eine Kokette. Sie hält sich aufrecht, sie wacht, sie kontrolliert, sie geht von Zimmer zu Zimmer, um

---

40 A. a. O., X, 7.
41 Vgl. a. a. O., X, 9.

die Arbeit zu überprüfen; der aufrechte Stand und der Gang geben ihrem Körper jene Haltung und Formung, die in den Augen der Griechen die Plastik des freien Individuums ausmachen (später wird Ischomachos zeigen, daß der Mann seine Stärke als Soldat und freier Bürger durch seine aktive Teilnahme an den Verantwortlichkeiten eines Werkmeisters ausbildet).[42] Desgleichen ist es gut für die Hausherrin, wenn sie den Teig knetet, wenn sie die Gewänder oder die Decken ausschüttelt und ordnet.[43] So formt sich und hält sich die Schönheit des Körpers; die Herrschaftsposition hat ihre physische Seite – und das ist die Schönheit. Darüber hinaus sind die Kleider der Gattin von einer Reinheit und Eleganz, die sie von ihren Dienerinnen unterscheiden. Schließlich wird sie letzteren gegenüber auch immer den Vorteil haben, daß sie freiwillig zu gefallen sucht, anstatt sich wie eine Sklavin gezwungenermaßen zu unterwerfen: Xenophon scheint damit auf das anderswo[44] erwähnte Prinzip anzuspielen, wonach das Vergnügen, das man sich gewaltsam holt, viel weniger angenehm ist als dasjenige, das gern geboten wird – und ebendieses Vergnügen kann die Gattin ihrem Mann verschaffen. Sowohl durch die physische Schönheit, die mit ihrer privilegierten Stellung zusammenhängt, wie auch durch den freien Willen, mit dem sie zu gefallen *(charízesthai)* sucht, wird die Hausherrin immer den Vorrang vor den andern Frauen des Hauses haben.

In diesem Text, der der »männlichen« Kunst, das Haus – die Frau, die Diener, das Anwesen – zu regieren, gewidmet ist, gibt es keine Anspielung auf die sexuelle Treue der Frau und auf die Tatsache, daß ihr Gatte ihr einziger Sexualpartner sein muß: das ist ein notwendiges und als geltend vorausgesetztes Prinzip. Was die mäßigende und weise Haltung des Ehemannes betrifft, so wird sie nie als Monopol definiert, das er seiner Frau auf alle seine sexuellen Aktivitäten einräumen würde. Worum es in dieser reflektierten Praktik des Ehelebens geht, worauf es für die gute Ordnung des Hauses, für seinen Frieden ankommt und was die Frau beanspruchen kann, ist, daß ihr als rechtmäßiger Gattin der hervorragende Platz vorbehalten bleibt, den ihr die Heirat gegeben hat: daß ihr keine andere vorgezogen wird, daß sie ihren Rang und ihre Würde nicht verliert, daß sie an der Seite ihres Gatten nicht durch eine andere ersetzt wird – darum geht es ihr vor allem. Denn die Bedrohung der Ehe kommt nicht von dem Vergnü-

---

42 Vgl. a. a. O., X, 10.
43 Vgl. a. a. O., X, 11.
44 Vgl. Xenophon, *Hieron*, 1.

gen, das der Mann da oder dort finden mag, sondern von den Rivalitäten, die zwischen der Gattin und den anderen Frauen um die Stellung und den Vorrang im Haus ausbrechen können. Der »treue« *(pistós)* Gatte ist nicht derjenige, der den Ehestand mit dem Verzicht auf jedes sexuelle Vergnügen mit einer andern verbindet; sondern derjenige, der seiner Frau die ihr durch die Ehe zugesprochenen Vorrechte bis zuletzt bewahrt. So verstehen es übrigens die »verratenen« Gattinnen, die in den Tragödien von Euripides auftreten. Medea klagt über Jasons »Untreue«: nach ihr hat er eine königliche Gemahlin genommen und wird eine Nachkommenschaft bekommen, die die Kinder, die er mit Medea gehabt hat, in die Erniedrigung und in die Knechtschaft stoßen wird.[45] Und was Kreusa als »Verrat« des Xuthos vermutet und beklagt, ist, daß sie – wie man ihr sagt – »ohne Kinder und einsam hausen soll« und daß in ihr Haus, das einst das des Erechtheus gewesen, »als Herr ohne Namen, ohne Mutter, schließlich der Sohn irgendeiner Sklavin einziehen wird«.[46]

Diese Vorrangstellung der Gattin, die der gute Gatte wahren muß, wird im Akt der Heirat begründet. Sie ist aber nicht ein für allemal erworben; sie ist nicht durch irgendeine moralische Verpflichtung des Ehemannes sichergestellt; selbst abgesehen von der Verstoßung oder der Scheidung kann sie *de facto* zurückgesetzt werden. Der *Oikonomikos* von Xenophon und im besonderen die Rede des Ischomachos zeigen nun, daß die Weisheit des Gatten – seine *enkráteia* sowie sein Wissen als Familienoberhaupt – zwar immer bereit ist, die Vorrechte der Gattin anzuerkennen, daß diese aber, um sie zu wahren, wiederum ihre Rolle im Haus und die damit verbundenen Aufgaben aufs beste erfüllen muß. Ischomachos verspricht seiner Frau nicht von vornherein eine »sexuelle Treue« in unserem Sinne, und er verspricht ihr nicht einmal, daß sie niemals eine andere Vorliebe zu fürchten haben wird; aber ebenso wie er ihr garantiert, daß ihre Tätigkeit als Hausherrin, ihre Gangart und ihre Haltung ihr eine größere Anmut geben werden als die einer Sklavin, versichert er ihr auch, daß sie bis ins Alter den höchsten Platz im Haus bewahren kann. Und er schlägt ihr eine Art Zweikampf mit ihm selber vor in gutem Verhalten und in der Sorge fürs Haus; und wenn sie gewinnt, wird sie nichts mehr von irgendeiner Rivalin, sei sie auch jünger, zu befürchten haben. »Aber das süßeste Vergnügen wirst du auskosten«, sagt Ischomachos zu seiner Frau,

---

45 Euripides, *Medea*, Vers 465 ff.
46 Euripides, *Ion*, V. 836 ff.

»wenn du dich als besser als ich erweisest und wenn du damit aus mir deinen Diener gemacht haben wirst; statt fürchten zu müssen, daß du mit fortschreitendem Alter im Hause weniger geachtet würdest, wirst du sicher sein, daß du mit zunehmendem Alter von deinem Gatten als Gefährtin und von deinen Kindern als Hausherrin noch mehr geschätzt werden wirst und daß dein Ansehen im Haus um so höher sein wird.«[47]

In dieser Ethik des Ehelebens ist die »Treue«, die dem Gatten empfohlen wird, etwas anderes als die sexuelle Ausschließlichkeit, die die Ehe der Frau auferlegt; sie betrifft die Beibehaltung der Stellung der Ehefrau, ihrer Vorrechte, ihres Vorranges vor den anderen Frauen. Eine gewisse Gegenseitigkeit im Verhalten zwischen Mann und Frau setzt sie in dem Sinn voraus, daß die männliche Treue nicht dem guten Sexualverhalten der Frau – das ohnehin vorausgesetzt ist – entspricht, sondern ihrer Haltung im Haus und in der Führung des Hauses. Also Reziprozität, aber wesentliche Asymmetrie – da die beiden Verhalten, obgleich sie aufeinander verweisen, nicht auf denselben Forderungen beruhen und nicht denselben Prinzipien gehorchen. Die Mäßigung des Gatten gehört zu einer Regierungskunst: der Kunst, sich zu regieren und eine Gemahlin zu regieren, sie zugleich zu zähmen und zu achten, weil sie gegenüber ihrem Gatten die gehorsame Herrin des Hauses ist.

3 Drei Politiken der Mäßigung

Auch andere Texte des 4. und beginnenden 5. Jahrhunderts entwickeln den Gedanken, daß der Ehestand vom Mann zumindest eine gewisse Form von sexueller Mäßigung erfordert. Drei verdienen besonders festgehalten zu werden: die Ausführungen, die Platon in den *Nomoi* den Regeln und Pflichten der Ehe widmet; eine Erörterung des Isokrates über die Art und Weise, in der Nikokles sein Leben als Ehemann führt; ein *Ökonomik*-Traktat, den man Aristoteles zugeschrieben hat und der gewiß aus seiner Schule stammt. Diese drei Texte gehen in ganz unterschiedliche Richtungen: der erste liefert ein System autoritärer Verhaltensregulierung im Rahmen einer idealen Polis; der zweite charakterisiert den persönlichen Lebensstil eines Autokraten, der sich selbst und die anderen achtet; der dritte

---

47 Xenophon, *Oikonomikos*, VII, 41-42.

sucht für einen beliebigen Mann Richtlinien zur Leitung seines Hauses festzulegen. Keiner dieser Texte bezieht sich wie der *Oikonomikos* von Xenophon auf die Lebensform eines Grundbesitzers und damit auch nicht auf die Aufgaben der Führung eines Anwesens, die er zusammen mit seiner Frau zu erfüllen hat. Trotz ihrer Unterschiedlichkeit formulieren die drei Texte – deutlicher als Xenophon – eine Forderung, die einem »beiderseitigen Sexualmonopol« nahekommt; sie scheinen sowohl für den Mann wie für die Frau die sexuelle Aktivität ausschließlich in der ehelichen Beziehung zulassen zu wollen: ebenso wie seine Gattin erscheint der Gatte als einer, der gehalten ist oder zumindest selber darauf hält, seine Lust bei niemand anderem als bei seiner Frau zu suchen. Gefordert wird also eine gewisse Symmetrie; und die Ehe wird tendenziell nicht nur als bevorzugter, sondern vielleicht sogar als ausschließlicher Ort der moralisch akzeptierbaren sexuellen Beziehung definiert. Allerdings zeigt die Lektüre der drei Texte, daß es nicht richtig wäre, in sie nachträglich eine »gegenseitige sexuelle Treue« zu projizieren, die späteren Formen der Ehepraxis als rechtlich-sittliches Rüstwerk dienen wird. Denn in allen diesen Texten beruht die Verpflichtung oder die Empfehlung einer Mäßigung des Ehemannes, die ihn dazu anhält, nur seine eigene Gattin als Sexualpartnerin zu haben, nicht auf einer persönlichen Verbindlichkeit, die er ihr gegenüber eingeht; sondern auf einer politischen Regulierung, die im Fall der platonischen Gesetze autoritär durchgesetzt wird oder die – bei Isokrates oder Pseudo-Aristoteles – sich der Mann selbst auferlegt, indem er seine Macht aus eigener Überlegung selbst begrenzt.

1. Die Vorschrift, sich im richtigen Alter (bei den Männern zwischen fünfundzwanzig und fünfunddreißig Jahren) zu verheiraten, Kinder unter den bestmöglichen Bedingungen zu zeugen und – ob als Mann oder als Frau – mit niemand anderem als mit dem Ehepartner zu verkehren: alle diese Einschärfungen nehmen in den *Nomoi* nicht die Form einer freiwilligen Moral, sondern einer zwingenden Reglementierung an. Zwar wird öfter unterstrichen, daß es schwierig sei, diesen Bereich durch Gesetzgebung zu regeln[48], und daß es vorteilhaft wäre, wenn gewisse Maßnahmen nur bei verbreiteter Unordnung oder bei überwiegender Maßlosigkeit durch Reglement verfügt würden.[49] Aber die Prinzipien dieser Moral werden im-

---

48 Vgl. Platon, *Nomoi*, VI, 773 c und e.
49 Vgl. Platon, a. a. O., VI, 785 a.

mer direkt von den Notwendigkeiten des Staates abgeleitet, ohne auf die inneren Erfordernisse des Hauses, der Familie oder des Ehelebens bezogen zu werden: die gute Ehe ist diejenige, die der Polis nützlich ist, und es ist zu deren Nutzen, daß die Kinder »möglichst schön und gut« sein sollen.[50] Verbindungen, die im Rahmen dessen, was für den Staat zuträglich ist, vermeiden, daß Reiche nur Reiche heiraten[51]; sorgfältige Inspektionen, die sicherstellen, daß sich die jungen Ehepaare gut auf ihre Fortpflanzungsaufgabe vorbereiten[52]; die mit Sanktionen ausgestattete Anordnung, nur die rechtmäßige Gattin zu besamen und in der ganzen Zeit, in der man zeugungsfähig ist, keinen anderen sexuellen Verkehr zu haben[53] – alles das hängt eng mit den Strukturen der idealen Polis zusammen und steht einem auf freiwilliger Bemühung beruhenden moderaten Verhaltensstil fern.[54]

Gleichwohl ist zu bemerken, daß Platon dem Gesetz nur begrenztes Vertrauen entgegenbringt, wo es um die Regulierung des sexuellen Verhaltens geht. Er ist nicht der Ansicht, daß das Gesetz hinreichende Wirkungen zeitigen wird, wenn man zur Beherrschung so gewaltsamer Begierden nur seine Vorschriften und Drohungen einsetzt.[55] Es bedarf da wirksamerer Überzeugungsmittel, und Platon zählt vier auf. Die Meinung: Platon bezieht sich auf den Inzest; wie ist es möglich, daß man nicht einmal ein Verlangen nach seinen Brüdern und Schwestern, seinen Söhnen und Töchtern verspürt, wie schön sie auch sein mögen? Eben weil man von jeher sagen hat hören, daß solche Akte »von der Gottheit gehaßt werden«, und weil darüber niemand je etwas anderes gehört hat; daher müßte bezüglich aller verwerflichen sexuellen Akte »die einmütige öffentliche Stimme« ebenso mit einem »religiösen Charakter« ausgestattet werden.[56] Der Ruhm: Platon erwähnt das Beispiel der Athleten, die sich einer strengen Enthaltsamkeit unterwerfen, weil sie bei den Spielen einen Sieg davontragen wollen, und während der ganzen Zeit ihres Trainings sich weder einer Frau noch einem Knaben nähern: der Sieg über diese inneren Feinde, welche die Lüste sind, ist aber noch

---

50 A. a. O., VI, 783e; vgl. IV, 721a, VI, 773b.
51 Vgl. a. a. O., VI, 773a-e.
52 Vgl. a. a. O., VI, 784a-c.
53 Vgl. a. a. O., VI, 784d-e.
54 Wenn das Alter der Zeugungsfähigkeit überschritten ist, »werden die keusch Lebenden *(sophrônôn kaì sophronûsa)* mit Ehren bekränzt werden, während die anderen den entgegengesetzten Ruf bekommen oder vielmehr ihre Ehre verlieren werden« (a. a. O., VI, 784e).
55 Vgl. a. a. O., VIII, 835e.
56 A. a. O., VIII, 838a-e.

schöner als derjenige, den man über seine Rivalen davontragen kann.[57] Die Ehre des Menschenwesens: Platon bringt hier ein Beispiel, das in der Folge noch oft gebraucht werden sollte; es handelt sich um die Tiere, die in Rudeln leben, von denen aber jedes einzelne »in der Enthaltsamkeit ein Leben ohne Paarung« führt; wenn für sie die Zeit der Fortpflanzung kommt, vereinzeln sie sich und bilden Paare, die sich nicht auflösen. Diese animalische Ehelichkeit wird nun nicht als ein universales Naturprinzip zitiert, sondern eher als eine Herausforderung, die die Menschen annehmen sollten: wie sollte die Erinnerung an eine solche Praktik die vernünftigen Menschenwesen nicht anspornen, sich »tugendhafter als die Tiere«[58] zu zeigen? Und schließlich die Schande: indem man die Häufigkeit der sexuellen Aktivität verringert, »wird sie ihre Tyrannei schwächen«; ohne daß man sie verbieten muß, sollen die Bürger »solche Akte geheimhalten« und es als »eine Schande« empfinden, sie offen sichtbar zu begehen – und zwar aufgrund »einer von der Gewohnheit und vom ungeschriebenen Gesetz geschaffenen Verpflichtung«.[59]

Platons Gesetzgebung stellt also sehr wohl eine Forderung auf, die gleichermaßen für den Mann und die Frau gilt. Weil sie für einen gemeinsamen Zweck eine bestimmte Rolle zu spielen haben – nämlich die von Erzeugern der künftigen Bürger –, sind sie in genau derselben Weise an dieselben Gesetze gebunden, die ihnen dieselben Einschränkungen auferlegen. Aber diese Symmetrie bedeutet keineswegs, daß die Eheleute aufgrund eines persönlichen Bandes, das der Ehebeziehung innewohnte und eine gegenseitige Verpflichtung darstellte, zur sexuellen Treue genötigt wären.

Die Symmetrie beruht nicht auf einer unmittelbaren und gegenseitigen Beziehung zwischen ihnen, sondern auf etwas, das sie beide beherrscht: Prinzipien und Gesetze, denen sie beide gleichermaßen unterworfen sind. Zwar sollen sie sich freiwillig und aus innerer Überzeugung unterwerfen; aber bei dieser geht es nicht um eine Hingabe, die sie füreinander aufbringen sollen, sondern um die Ehrerbietung, die man dem Gesetz schuldet, und die Sorge, die man um sich selber, um seinen Ruf, um seine Ehre haben soll. Das Verhältnis des Individuums zu ihm selber und zur Polis in der Form der Achtung oder der Schande, der Ehre oder des Ruhms – und nicht die Beziehung zum andern – gebietet diesen Gehorsam.

57 Vgl. a. a. O., VIII, 840a-c.
58 A. a. O., VIII, 840d-e.
59 A. a. O., VIII, 841a-b.

Bei seinem Vorschlag für das Gesetz über die »Liebeswahlen« faßt Platon zwei mögliche Formulierungen ins Auge. Nach der einen wäre es jedem verboten, eine Frau guter Herkunft und freien Standes, die nicht die rechtmäßige Gattin ist, zu berühren, außerhalb der Ehe zu zeugen sowie »in Verkehrung der Natur« bei Männern einen »unfruchtbaren Samen« zu verstreuen. Die andere Formulierung wiederholt bedingungslos die Untersagung der Männerlieben; was die außerehelichen Beziehungen betrifft, so sieht sie eine Bestrafung nur dann vor, wenn das Vergehen nicht »allen, Männern und Frauen«[60] verborgen geblieben ist. So wahr ist es, daß die beiderseitige Verpflichtung, die sexuellen Aktivitäten auf die Ehe zu beschränken, das Gleichgewicht der Polis, ihre öffentliche Sittlichkeit und die Bedingungen einer guten Fortpflanzung betrifft, aber nicht die gegenseitigen Verpflichtungen innerhalb einer Beziehung zwischen den beiden Gatten.

2. Der Text des Isokrates, der eine Ansprache des Nikokles an seine Mitbürger wiedergibt, verknüpft ganz deutlich seine Betrachtungen über die Mäßigung und die Ehe mit der Ausübung der politischen Macht. Diese Rede ist das Gegenstück zu derjenigen, die Isokrates an Nikokles richtete – bald nachdem dieser die Macht übernommen hatte: damals gab der Redner dem jungen Mann Ratschläge für die persönliche Lebensführung und für das Regieren, die ihm als bleibender Schatz dienen sollten, aus dem er hinfort schöpfen könne. Die Rede des Nikokles gilt als eine Ansprache des Monarchen, der seinen Untertanen erklärt, wie sie sich ihm gegenüber zu verhalten haben. Der erste Teil des Textes wird einer Rechtfertigung dieser Macht gewidmet: Vorteile des monarchischen Regimes, Rechte der herrschenden Familie, persönliche Qualitäten des Souveräns; nach diesen Rechtfertigungen werden der Gehorsam und die Zuneigung definiert, die die Bürger ihrem Führer schulden: dieser kann unter Verweis auf seine eigenen Tugenden die Unterwerfung seiner Untertanen verlangen. Nikokles legt dann ausführlich die Qualitäten dar, die er sich selber zuspricht: die Gerechtigkeit – *dikaiosýne*, die er im Bereich der Finanzen und in dem der Strafjustiz sowie außenpolitisch in den guten Beziehungen be-

---

60 A. a. O., VIII, 841c-d. In der ersten Formulierung des Gesetzes scheint Platon sagen zu wollen, daß dem verheirateten Mann nur die Frauen untersagt sind, die »frei« und »von guter Herkunft« sind. Das ist jedenfalls die Übersetzung von Diès. Robin interpretiert den Text so, daß dieses Gesetz nur für die freien und edlen Männer gilt.

wies, die er mit anderen Mächten hergestellt oder wiederhergestellt habe[61]; dann die *sophrosýne*, die Mäßigung, die er nur als Herrschaft über die sexuellen Lüste versteht. Und die Formen und Gründe dieser Mäßigung erörtert er in unmittelbarem Zusammenhang mit der Souveränität, die er in seinem Land ausübt.

Zuletzt führt er das Motiv an, das seine Herkunft und die Notwendigkeit eines Stammes ohne Bastarde betrifft; eines Stammes, der den Glanz einer vornehmen Geburt und die Kontinuität einer bis zu den Göttern reichenden Genealogie beanspruchen kann: »Über das Zeugen von Kindern hatte ich andere Ansichten als die meisten Könige; ich war nicht der Meinung, daß die einen dunkler Herkunft und die andern vornehmer Herkunft sein sollten; ich wollte nicht Kinder hinterlassen, von denen die einen Bastarde, die andern legitim sind; meiner Ansicht nach sollten alle dieselbe Natur haben und ihren Ursprung sowohl väterlicher- wie mütterlicherseits auf Sterbliche wie meinen Vater Euagoras, auf Halbgötter wie den Sohn des Aiakos, auf Götter wie Zeus zurückführen können, und keiner meiner Nachkommen sollte des Adels eines solchen Ursprungs beraubt sein.«[62]

Ein anderer Grund zur Mäßigung liegt für Nikokles in der Kontinuität und Homogenität zwischen der Regierung eines Staates und der eines Hauses. Diese Kontinuität wird zweifach definiert: durch das Prinzip, daß man alle Verbindungen *(koinoníai)* respektieren muß, die man mit einem andern eingegangen ist; Nikokles möchte nicht so handeln wie die Männer, die ihre anderen Verpflichtungen ernst nehmen, sich aber gegenüber ihrer Frau ins Unrecht setzen, mit der sie doch eine Gemeinschaft des ganzen Lebens *(koinonía pantòs tû bíu)* begründet haben: wenn einem die Ehefrau keinen Kummer bereiten soll, darf man auch ihr keinen machen durch das Vergnügen, das man sich gönnt; der Souverän, der gerecht sein will, muß seiner eigenen Frau gegenüber gerecht sein.[63] Es gibt aber auch einen Zusammenhang und eine Art Isomorphismus zwischen der guten Ordnung, die im Haus des Monarchen herrschen soll, und derjenigen, die in seiner öffentlichen Regierung vorwalten soll: »Die guten Souveräne müssen sich bemühen, einen Geist der Einigkeit nicht nur in den Staaten, die sie lenken, herrschen zu lassen, sondern auch in ihrem eigenen Haus und in

---

61 Vgl. Isokrates, *Nikokles*, 31-35.
62 A. a. O., 42.
63 A. a. O., 40.

den Anwesen, die sie bewohnen; denn jedes dieser Werke erfordert Selbstbeherrschung und Gerechtigkeit.«[64]

Der Zusammenhang zwischen Mäßigung und Macht, auf den sich Nikokles ständig bezieht, wird vor allem als ein wesentliches Verhältnis zwischen der Herrschaft über die anderen und der Herrschaft über sich bedacht – nach dem Grundsatz, der schon in der ersten an Nikokles gerichteten Rede ausgesprochen wird: »Übe deine Autorität über dich (archè sautû) genauso aus wie über die anderen und denke daran, daß das königlichste Verhalten darin liegt, keines Vergnügens Sklave zu sein und seinen Begierden noch mehr zu befehlen als seinen Landsleuten.«[65] Diese Selbstbeherrschung als moralische Bedingung für die Leitung der andern beginnt Nikokles unter Beweis zu stellen: im Unterschied zu so vielen Tyrannen hat er seine Macht nicht ausgenützt, um sich der Frauen oder der Kinder anderer zu bemächtigen; er hat sich daran erinnert, welchen Wert die Männer auf ihre Gattinnen und auf ihre Nachkommenschaft legen und wie oft die politischen Krisen und Revolutionen ihren Ursprung in derartigen Mißbräuchen hatten[66]; er hat also sorgfältig solche Annäherungen vermieden: von dem Tag an, an dem er die höchste Machtstellung erlangte, verkehrte er »mit niemand anderem als seiner Frau«.[67] Nikokles hat aber noch positivere Gründe zur Mäßigung. Erstens möchte er seinen Mitbürgern ein Beispiel geben; damit ist zwar nicht gemeint, daß er von den Bewohnern seines Landes eine gleiche sexuelle Treue wie die seinige verlangte; er will daraus wohl keine allgemeine Regel machen; die Strenge seiner Sitten soll als ein allgemeiner Ansporn zur Tugend und als ein Modell gegen die Erschlaffung, die einem Staat immer schadet, verstanden werden.[68] Diese globale Analogie zwischen den Sitten des Fürsten und denen des Volkes wurde in der Rede an Nikokles erwähnt: »Gib durch deine eigene Abwägung (sophrosýne) den andern ein Beispiel und denke daran, daß die Sitten (êthos) eines Volkes den Sitten dessen gleichen, der es regiert. Einen Beweis für den Wert deiner königlichen Autorität wirst du haben, wenn du feststellst, daß deine Untertanen aufgrund deiner Tätigkeit (epiméleia) geschickter und anständi-

---

64 A. a. O., 41.

65 A. a. O., 29.

66 Vgl. a. a. O., 36. Zu diesem geläufigen Thema siehe Aristoteles, *Politik*, V, 1311a-b. Allerdings erinnert Isokrates auch an die Nachsichtigkeit des Volkes für Fürsten, die sich ihr Vergnügen überall holen, aber gerecht zu regieren verstehen (a. a. O., 37).

67 A. a. O., 36.

68 Vgl. a. a. O., 37.

ger geworden sind *(euporotérus kaì sophronestérus gignoménus).«*[69] Aber Nikokles will sich nicht damit begnügen, die Menge ihm gleich zu machen;
gleichzeitig und ohne Widerspruch dazu möchte er sich von den andern unterscheiden, von der Elite und selbst von den Tugendhaftesten. Es handelt
sich um die moralische Formel des Vorbildes (ein Modell für alle sein, indem man besser als die besten ist) und zugleich um die politische Formel
der Konkurrenz um die persönliche Macht in einer Aristokratie sowie
um eine feste Basis für die weise und gemäßigte Tyrannei (in den Augen
des Volkes tugendhafter sein als die Tugendhaftesten): »Ich habe festgestellt,
daß die meisten im großen und ganzen Herren ihrer Taten sind, daß sich
aber die besten von den Begierden überwältigen lassen, die die Knaben
und die Frauen in ihnen erwecken. Wollte ich mich stark zeigen, mußte
ich nicht nur die Menge, sondern auch die überragen, die sich ihrer Tugend
rühmen.«[70]

Doch verdankt diese Tugend, die als Vorbild fungiert und eine Überlegenheit anzeigt, ihren politischen Wert nicht der schlichten Tatsache,
daß das Verhalten von allen als ehrenhaft angesehen wird. Vielmehr zeigt
sie den Regierten, welches Verhältnis der Fürst zu sich selbst einnimmt:
das ist das entscheidende politische Element, denn dieses Verhältnis zu
sich moduliert und reguliert den Gebrauch, den der Fürst von seiner
Macht über die anderen macht. Die Wichtigkeit dieses Verhältnisses liegt
sowohl in dem Glanz, in dem es sich zeigt, als auch in der Verstandes-
rüstung, die seine Bedingung ist. Darum erinnert Nikokles daran, daß
seine *sophrosýne* allen als Beweis gegolten hat; es gibt nämlich Umstände
und Lebensalter, in denen es nicht schwer ist zu zeigen, daß man gerecht
sein und auf Geld oder Vergnügen verzichten kann; aber wenn man in voller Jugend die Macht erlangt und dann Mäßigung an den Tag legt, ist das
ein qualifizierender Beweis.[71] Zudem betont er, daß seine Tugend nicht
nur eine Sache der Natur, sondern der Überlegung *(logismós)* ist: nicht aufgrund von Zufällen oder Umständen wird er sich richtig verhalten, sondern auf eine gewollte und beständige Weise.

Die Mäßigung des Fürsten, die in der gefährlichsten Situation erprobt
und durch die Beständigkeit der Vernunft garantiert ist, begründet so eine
Art Pakt zwischen dem Regierenden und den Regierten: sie können ihm,

69 A. a. O., 31.
70 A. a. O., 39.
71 Vgl. a. a. O., 47.

der Herr seiner selber ist, wohl gehorchen. Man kann von den Untertanen Gehorsam verlangen, wenn der Fürst die Gegenleistung seiner Tugend erbringt; in der Tat vermag er die Macht, die er über die andern ausübt, zu mäßigen, wenn er die Herrschaft über sich selber errichtet. Nachdem Nikokles von sich selber geredet hat, zieht er daraus den Schluß, seine Untertanen zum Gehorsam gegen ihn aufzufordern: »Ich habe über mich selber ausführlicher geredet . . ., um euch keinen Vorwand zu lassen, meine Ratschläge und Vorschriften nicht bereitwillig und eifrig auszuführen.«[72] Das Verhältnis des Fürsten zu ihm selber und die Art, in der er sich als Moralsubjekt konstituiert, bilden einen wichtigen Baustein im politischen Gebäude; seine Sittenstrenge gehört dazu und trägt zu seiner Festigkeit bei. Auch der Fürst muß sich enthalten und sich darin üben: »Schließlich gibt es einen Athleten, für den die Kräftigung seines Körpers eine ebenso große Verpflichtung wäre wie für einen König die Kräftigung seiner Seele; denn die Siegerpreise der Wettkämpfe sind nichts im Vergleich zu denjenigen, um die ihr Fürsten jeden Tag kämpft.«[73]

3. Die dem Aristoteles zugeschriebene *Ökonomik* wirft einige Datierungsprobleme auf. Der Text des ersten und zweiten Buches gilt allgemein als ein Text aus einer »guten Zeit« – sei es, daß er nach Aufzeichnungen eines unmittelbaren Schülers des Aristoteles herausgegeben wurde oder daß er das Werk einer frühen Generation der Peripatetiker ist. Jedenfalls kann man den dritten Teil einmal beiseite lassen oder zumindest den offensichtlich viel späteren lateinischen Text, der als eine »Version« oder »Adaption« des »verlorenen« dritten Buches der *Ökonomik* angesehen wurde. Ebenso wie Xenophons Text – aber viel kürzer und knapper – stellt sich das erste Buch als Reflexion über die Kunst *(téchne)* der Ökonomie dar; sie soll – im Bereich des Hauses – die Tätigkeiten des »Erwerbens« und des »Verwertens« *(ktésasthai, chrésasthai)*[74] definieren. Dabei geht es um die Kunst, nicht so sehr die Sachen als vielmehr die Menschen zu regieren – entsprechend einem von Aristoteles anderswo formulierten Prinzip, daß man sich in der *Ökonomik* mehr für die Personen als den Besitz unbeseelter Güter interessiert[75]; tatsächlich widmet die *Ökonomik*-Abhandlung ihre wesent-

---

72 Ebd.
73 Isokrates, *An Nikokles*, 11. Das Thema der privaten Tugend des Fürsten als politisches Problem würde eine eigene Untersuchung verdienen.
74 Pseudo-Aristoteles, *Ökonomik*, I, 1, 1343a.
75 Vgl. Aristoteles; *Politik*, I, 13, 125a-b.

lichen Ausführungen (ohne wie Xenophon auf die Anbautechniken einzugehen) den Aufgaben der Leitung, Überwachung und Kontrolle. Es ist ein
Handbuch des Hausherrn, der sich in erster Linie um seine Gattin »kümmern« *(epimeleîn)* muß.[76]

Dieser Text bringt etwa dieselben Werte wie der von Xenophon ins
Spiel: Lob der Landwirtschaft, die im Unterschied zu den Handwerksberufen »männliche« Individuen formen kann; Betonung ihres ursprünglichen und grundlegenden Charakters in der Natur und ihrer tragenden
Bedeutung für die Polis.[77] Er enthält aber auch spezifisch aristotelische
Momente: besonders die doppelte Betonung der natürlichen Verwurzelung
der Ehebeziehung und der Eigentümlichkeit ihrer Form in der menschlichen Gesellschaft.

Die Verbindung *(koinonía)* von Mann und Frau wird als etwas präsentiert, das »von Natur aus« existiert und dessen Vorbild man bei den Tieren
finden kann: »Ihre Verbindung entspricht einer absoluten Notwendigkeit.«[78] Das ist eine ständige These bei Aristoteles, der in der *Politik* diese
Notwendigkeit direkt an die Fortpflanzung knüpft[79] oder in der *Nikomachischen Ethik* den Menschen als ein von Natur aus »paariges« Wesen darstellt, das bestimmt ist, zu zweit zu leben.[80] Der Autor der *Ökonomik* erinnert aber daran, daß diese *koinonía* eine besondere Eigenschaft hat, die
man bei den Tierarten nicht findet: nicht etwa, weil die Tiere keine Formen der Verbindung kennen, die über die reine Fortpflanzungsvereinigung
hinausgehen[81], sondern weil bei den Menschen der Zweck des Bandes, das
den Mann und die Frau vereint, nicht nur – nach einer bei Aristoteles
wichtigen Unterscheidung – das »Sein«, sondern vielmehr das »Wohlsein«
(eînai, eû eînai) betrifft. Bei den Menschenwesen ermöglicht jedenfalls
die Existenz des Paares das ganze Leben lang gegenseitige Hilfe und Unterstützung. Und die Nachkommenschaft garantiert nicht nur das Überleben
der Art; sie dient auch »dem eigenen Interesse der Eltern«; denn »die Dienste, die sie im vollen Besitz ihrer Kraft schwachen Wesen geleistet haben,
erhalten sie in der Schwäche ihres hohen Alters von stark gewordenen We

76 Pseudo-Aristoteles, *Ökonomik*, I, 1, 1343b.
77 A. a. O., I, 2, 1343a-b.
78 A. a. O., I, 3, 1343b.
79 Vgl. Aristoteles, *Politik*, I, 2, 1252a.
80 Aristoteles, *Nikomachische Ethik*, VIII, 12, 1162a.
81 Vgl. Aristoteles, *Ökonomik*, I, 3, 1343b.

sen zurück«.[82] Und für diese Ergänzung des Besserlebens hat die Natur den
Mann und die Frau so eingerichtet; für das gemeinsame Leben »hat sie das
eine und das andere Geschlecht organisiert«. Das erste ist stark, das zweite
wird durch die Angst zurückgehalten; das eine findet sein Wohlergehen in
der Bewegung, das andere ist zu seßhaftem Leben geneigt; das eine bringt
die Güter ins Haus, das andere wacht über das, was sich dort befindet; das
eine ernährt die Kinder, das andere erzieht sie. Die Natur hat gewissermaßen die Ökonomie des Hauswesens und die Rollen der beiden Gatten programmiert. Ausgehend von aristotelischen Prinzipien schließt der Autor an
ein traditionelles Beschreibungsschema an, von dem Xenophon schon ein
Beispiel gegeben hat.

Nach dieser Analyse der natürlichen Ergänzungen befaßt sich die *Ökonomik* mit der Frage des sexuellen Verhaltens. Und zwar in einer kurzen
und sehr knapp formulierten Passage, die in ihrer Gesamtheit zitiert werden soll: »Die erste Pflicht ist, keine Ungerechtigkeit zu begehen: so wird
man selber keine erleiden. Gerade darauf läuft die gewöhnliche Moral hinaus: die Frau soll kein Unrecht erleiden, denn sie ist, wie die Pythagoreer
sagen, im Hause wie eine Bittstellerin und eine ihrem Vaterhaus entrissene
Person. Ein Unrecht von seiten des Gatten wären nun auswärtige Vereinigungen *(thýraze synusíai)*.«[83] Man muß sich nicht wundern, daß über das
Verhalten der Frau nichts gesagt wird, da die Regeln dafür bekannt sind
und da man es hier mit einem Handbuch für den Hausherrn zu tun hat:
um seine Handlungsweise geht es. Wie bei Xenophon ist auch nichts darüber gesagt, was das sexuelle Verhalten des Gatten zu seiner Frau sein soll,
über die Erfüllung der ehelichen Pflicht oder über die Regeln der Scham.
Aber das Wesentliche liegt anderswo.

Zunächst ist zu bemerken, daß die Frage der sexuellen Beziehungen in
den allgemeinen Rahmen der Rechtsbeziehungen zwischen dem Ehemann
und der Frau gestellt werden. Was sind das für Beziehungen? Welche Formen sollen sie haben? Obwohl im Text kurz vorher von der Notwendigkeit
die Rede ist, die »Beziehung« *(homilía)* zwischen dem Mann und der Frau
genau zu bestimmen, wird in der *Ökonomik* über die allgemeine Form und
über das Prinzip dieser Beziehung nichts gesagt. Aber in anderen Texten,
besonders in der *Nikomachischen Ethik* und in der *Politik*, antwortet Aristoteles auf diese Frage, wenn er die politische Natur des Ehelebens – das heißt

---

82 Ebd.
83 A. a. O., I, 4, 1344a.

den Typ der darin sich vollziehenden Autorität – analysiert. In seinen Augen ist die Beziehung zwischen Mann und Frau offensichtlich nicht egalitär, da es die Aufgabe des Mannes ist, die Frau zu regieren (die umgekehrte Situation, die mehrere Gründe haben kann, ist »gegen die Natur«).[84] Indessen muß diese Ungleichheit sorgfältig von drei anderen Ungleichheiten unterschieden werden: von der, die den Herrn vom Sklaven trennt (denn die Frau ist ein freies Wesen); von der, die den Vater von seinen Kindern trennt (und ihm die Autorität eines Monarchen einräumt); schließlich von der, die in einer Polis die regierenden Bürger von den regierten trennt. Obgleich die Autorität des Ehemannes über die Frau schwächer, weniger umfassend als in den beiden ersten Beziehungen ist, hat sie nicht den schlicht provisorischen Charakter der »politischen« Beziehung im eigentlichen Sinne, das heißt der Beziehung zwischen freien Bürgern in einem freien Staat; denn in einer freien Verfassung sind die Bürger abwechselnd Herrschende und Beherrschte, während im Haus der Mann ständig die Obergewalt bewahren muß.[85] Es ist die Ungleichheit zwischen freien Wesen – aber eine Ungleichheit, die endgültig und auf einem Naturunterschied begründet ist. In diesem Sinne ist die politische Form der Beziehung zwischen dem Ehemann und der Frau die Aristokratie: eine Regierung, in der stets der Beste befiehlt, in der aber jeder seine Autorität, seine Rolle und seine Funktionen im Verhältnis zu seinem Verdienst und seinem Wert erhält. Wie die *Nikomachische Ethik* sagt, »scheint die Macht des Ehemannes über die Frau aristokratischer Art zu sein; je nach Verdienst *(kat'axían)* übt der Mann die Autorität aus, und in den Bereichen, in denen es sich gehört, befiehlt er«; wie in jeder aristokratischen Regierung führt das dazu, daß er seiner Frau den Teil überläßt, in dem sie zuständig ist (wollte er alles selber tun, dann würde der Mann seine Macht in eine »Oligarchie« verwandeln).[86] Das Verhältnis zur Frau stellt sich so als eine Rechtsfrage dar, die direkt mit der »politischen« Natur des Ehebandes zusammenhängt. Zwischen einem Vater und einem Sohn, heißt es in den *Magna Moralia*, ist das Verhältnis nicht eines des Rechts, jedenfalls nicht, solange der Sohn seine Unabhängigkeit noch nicht erlangt hat, denn er ist nur »ein Teil seines Vaters«; von Recht und Gerechtigkeit kann auch nicht zwischen dem Herrn und den Dienern gespro-

---

84 Aristoteles, *Politik*, I, 12, 1259b. In der *Nikomachischen Ethik* (VIII, 10, 1161a) erwähnt Aristoteles die Autorität weiblicher Erben.
85 Vgl. Aristoteles, *Politik*, I, 12, 1259b.
86 Aristoteles, *Nikomachische Ethik*, VII, 10, 1152a.

chen werden – außer im Sinne eines Rechts, »das dem Haus innerlich und somit eigentlich ökonomisch« ist. Anders ist es mit der Frau: zwar ist und wird diese immer dem Mann untergeordnet sein, und das Recht, das die Beziehungen zwischen den Gatten regieren soll, kann nicht dasselbe sein wie das, das zwischen den Bürgern herrscht; aber aufgrund ihrer Ähnlichkeit müssen der Mann und die Frau in einem Verhältnis stehen, das »sich sehr dem politischen Recht annähert«.[87]

In der Passage der *Ökonomik*, die vom Sexualverhalten handelt, das der Ehemann haben soll, bezieht sich der Autor, wie es scheint, auf ein ganz anderes Recht; unter Berufung auf einen pythagoreischen Satz sagt der Autor, daß die Frau »im Hause wie eine Bittflehende und eine ihrem Vaterhaus entrissene Person« ist. Sieht man etwas näher hin, so scheint allerdings diese Bezugnahme auf die Bittflehende – und überhaupt darauf, daß die Frau in einem anderen Hause geboren ist und daß sie im Haus ihres Gatten nicht »zu Hause« ist – nicht dazu bestimmt, die Verhältnisse zwischen einem Mann und seiner Gattin allgemein festzulegen. In ihrer positiven Form und in ihrer Übereinstimmung mit dem ungleichen Recht, das sie bestimmen soll, waren diese Verhältnisse vorher indirekt erwähnt worden. Man kann vermuten, daß der Autor hier mit der Beschwörung der Figur der Bittflehenden daran erinnert, daß die Gattin nicht aufgrund der Ehe von ihrem Gatten die sexuelle Treue fordern kann; daß es aber dennoch in der Situation der verheirateten Frau etwas gibt, was von seiten des Gatten Zurückhaltung und Beschränkung erheischt; gerade ihre Schwäche macht sie vom guten Willen ihres Gatten abhängig – wie eine ihrem Elternhaus entrissene Bittflehende.

Was die Natur der unrechten Handlungen betrifft, so ist sie nach dem Text der Ökonomik nicht leicht zu bestimmen. Es handelt sich um *thýraze synusíai*, um »auswärtige Vereinigungen«. Das Wort *synusía* kann eine einzelne sexuelle Begegnung bezeichnen; es kann aber auch ein »Verhältnis«, eine »Beziehung« bezeichnen. Müßte man dem Wort hier seinen engsten Sinn geben, so wäre es jeder »außer Haus« vollzogene sexuelle Akt, der gegenüber der Gattin ein Unrecht darstellen würde: eine solche Anforderung erscheint wenig wahrscheinlich in einem Text, der sich ziemlich nahe an die geläufige Moral hält. Gibt man aber dem Wort *synusía* den weiteren Sinn von »Beziehung«, so ist wohl zu sehen, warum hier ein Unrecht in

---

87 Aristoteles, *Magna Moralia*, I, 31, 18.

der Ausübung einer Macht läge, die jedem seinen Wert, sein Verdienst und seinen Rang zukommen lassen soll: eine außereheliche Beziehung, ein Konkubinat und vielleicht illegitime Kinder bilden ernsthafte Verstöße gegen den Respekt, den man der Gattin schuldet; alles, was in den sexuellen Beziehungen ihres Gatten die privilegierte Stellung der Frau verletzt, ist – jedenfalls in der aristokratischen Regierung des Hauswesens – ein Anschlag auf deren notwendiges und wesentliches Recht. So verstanden ist die Formulierung der *Ökonomik* in ihrer konkreten Tragweite nicht weit von dem entfernt, was bei Xenophon Ischomachos seiner Frau versprochen hat, wenn sie sich gut aufführen werde: daß er nämlich nie gegen ihre Vorrechte und ihre Stellung verstoßen wolle[88]; übrigens werden in den folgenden Zeilen Themen behandelt, die Xenophon nahestehen: die Verantwortlichkeit des Gatten für die moralische Bildung seiner Gattin und die Kritik des Putzes *(kósmesis)* als Lüge und Täuschung, die zwischen Gatten zu vermeiden ist. Aber während Xenophon aus der Mäßigung des Gatten einen Stil des wachsamen und weisen Hausherrn macht, scheint der aristotelische Text sie in das vielfältige Spiel der unterschiedlichen Rechtsformen einzuschreiben, die die Verhältnisse der Menschenwesen in Gesellschaft regeln müssen.

Es wäre zweifellos verfehlt, genau die sexuellen Verhalten bestimmen zu wollen, die der Autor der Ökonomik dem anständigen Ehemann erlaubt oder verbietet. Aber es scheint, daß die Mäßigung des Gatten, welche auch ihre Form sei, sich nicht aus der persönlichen Verbindung zwischen den Gatten ableitet und daß sie ihm nicht wie ihr eine strenge Treue abverlangt. Der Ehemann muß seiner Frau im Kontext einer ungleichen Verteilung der Mächte und der Funktionen ein Privileg zuerkennen; und aufgrund einer freiwilligen Haltung – die auf Interesse oder Klugheit beruht – wird er, der eine aristokratische Macht auszuüben hat, jedem das Seine zuerkennen. Die Mäßigung des Gatten ist auch hier eine Ethik der Macht, die man ausübt, aber diese Ethik wird als eine Form von Recht und Gerechtigkeit gedacht. Das Verhältnis zwischen Ehemann und Frau und der Platz der Tugenden beider wird hier durchaus ungleich und formell definiert. Vergessen wir nicht, daß eine solche Konzeption der Eheverhältnisse keineswegs die Intensität ausschloß, die den Freundschaftsbeziehungen zuerkannt wur-

---

88 Allerdings ist zu bemerken, daß Ischomachos von den Situationen der Rivalität sprach, die von den Verhältnissen mit den Dienerinnen des Hauses provoziert werden können. Hier sind es die auswärtigen Verbindungen, die bedrohlich erscheinen.

de. Die *Nikomachische Ethik* vereinigt alle diese Elemente – die Gerechtigkeit, die Ungleichheit, die Tugend, die Form der aristokratischen Regierung; durch sie definiert Aristoteles den eigentümlichen Charakter der
Freundschaft des Gatten mit seiner Frau; diese *philía* des Gatten »ist diejenige, die man in der aristokratischen Regierung findet ... Sie bemißt sich
nach der Tugend; der Bessere hat mehr Vorteile, und im übrigen bekommt
jeder, was ihm zukommt. Das ist auch der Charakter der Gerechtigkeit.«[89]
Später fügt Aristoteles hinzu: »Sucht man danach, was das Verhalten des
Gatten gegenüber der Frau und überhaupt das des Freundes gegenüber
dem Freund sein soll, so sucht man offensichtlich danach, wie die Regeln
der Gerechtigkeit respektiert werden.«[90]

Im griechischen Denken der klassischen Epoche findet man also die
Elemente einer Moral der Ehe, die von beiden Gatten einen ähnlichen Verzicht auf jede sexuelle Betätigung außerhalb der Ehebeziehung zu verlangen scheint. Die Regel einer ausschließlich ehelichen Sexualpraxis, die der
Frau aufgrund ihrer Stellung von den politischen und familiären Gesetzen
auferlegt war, scheint von einigen auch auf die Männer angewendet zu
werden; jedenfalls hat es den Anschein, daß sich diese Lehre aus dem *Oikonomikos* von Xenophon und aus der *Ökonomik* des Pseudo-Aristoteles
oder aus gewissen Texten Platons und Isokrates' ergibt. Man kann zwar sagen, daß diese Texte inmitten einer Gesellschaft, in der weder die Gesetze
noch die Bräuche derartige Forderungen enthielten, sehr isoliert gewesen
seien. Dennoch dürfte es nicht möglich sein, darin die erste Ankündigung
einer Ethik der gegenseitigen ehelichen Treue oder den Anfang einer Kodifizierung des Ehelebens zu sehen, der das Christentum dann eine universelle Form, einen gebieterischen Wert und die Basis eines institutionellen
Systems geben sollte.

89 Aristoteles, *Nikomachische Ethik*, VIII, 11, 1161a.
90 A. a. O., VIII, 12, 1162a. Zu den Beziehungen zwischen der *philía* und der Ehe bei Aristoteles vgl.
J.-Cl. Fraisse, *Philia, la notion d'amitié dans la philosophie antique*, Paris 1974. In der von Aristoteles in der *Politik* beschriebenen idealen Polis werden die Beziehungen zwischen Ehemann und Frau
ziemlich ähnlich wie bei Platon definiert. Die Verpflichtung zur Fortpflanzung wird suspendiert,
wenn die Eltern zu alt sein könnten: »In den Jahren, die noch zu leben bleiben, wird man geschlechtliche Beziehungen nur aus Gesundheits- oder ähnlichen Gründen haben.« Die Beziehungen »des Ehemannes mit einer anderen Frau oder der Ehefrau mit einem andern Mann« sind als
eine schändliche Handlung *(mè kalón)* zu betrachten, »und zwar bedingungslos und ausnahmslos,
solange die Ehe besteht und man sich Gatte und Gattin nennt«. Aus verständlichen Gründen wird
dieses Vergehen gesetzliche Konsequenzen haben – die Entehrung, wenn es »in der Zeit, in der die
Fortpflanzung stattfinden kann«, begangen wird *(Politik*, VIII, 1135a-1136b).

Aus mehreren Gründen. Außer im Fall der platonischen Polis, wo dieselben Gesetze für alle in derselben Weise gelten, hat die Mäßigung, die vom Gatten gefordert wird, weder dieselben Fundamente noch dieselben Formen wie diejenige, die der Frau auferlegt ist: während sich diese direkt von einer Rechtslage und einer Abhängigkeitsstellung herleitet, die die Frau der Macht ihres Gatten unterwerfen, hängt die Mäßigung des Mannes von einer Wahl ab, von einem Willen, seinem Leben eine bestimmte Form zu geben. Sozusagen eine Stilfrage: der Mann ist aufgerufen, sein Verhalten zu mäßigen, weil er über sich selber eine Herrschaft ausüben will und weil er seine Herrschaft über die andern ebenfalls mäßigen will. Daher stellt sich diese Strenge – so bei Isokrates – als Verfeinerung dar, deren Vorbildlichkeit nicht die Form eines universalen Prinzips annimmt; daher wird der Verzicht auf jeden Verkehr außerhalb der ehelichen Beziehung von Xenophon und vielleicht auch von Pseudo-Aristoteles nicht ausdrücklich vorgeschrieben, und bei Isokrates erscheint er nicht als endgültige Verpflichtung, sondern eher als Heldentat.

Ob die Vorschrift symmetrisch ist (wie bei Platon) oder nicht: die vom Gatten verlangte Mäßigung beruht nicht auf der besonderen Natur und der eigentümlichen Form der Ehebeziehung. Zwar soll seine sexuelle Aktivität einige Beschränkungen erfahren und ein gewisses Maß annehmen, weil er verheiratet ist. Aber die Forderung beruht auf seiner Stellung als Ehemann und nicht auf seiner Beziehung zur Gattin: als Ehemann, der nach den Vorschriften der Polis verheiratet ist und ihr die Bürger liefern soll, die sie braucht (Platon); als Ehemann, der ein Haus zu führen hat, das in guter Ordnung gedeihen soll und dessen gute Führung allen das Bild und die Garantie einer guten Regierung bieten soll (Xenophon und Isokrates); als Ehemann, der innerhalb der Ungleichheit, die der Ehe und der Natur der Frau eignet, die Regeln der Gerechtigkeit durchzusetzen gehalten ist (Aristoteles). Persönliche Gefühle, Verbundenheit, Zuneigung und inständiges Bitten sind nicht ausgeschlossen. Aber nie wird die *sophrosýne* um seiner Frau willen oder um des Verhältnisses willen verlangt, das die beiden als Individuen verbindet. Der Gatte schuldet sie sich selber, insofern ihn das Verheiratetsein in ein besonderes Spiel von Pflichten oder Forderungen hineinführt, in dem es um seinen Ruf, um sein Glück, um sein Verhältnis zu den anderen, um sein Prestige in der Polis und um seinen Willen geht, eine schöne und gute Existenz zu führen.

So ist zu verstehen, warum die Mäßigung des Mannes und die Tugend der Frau zugleich gefordert sind und sich jeweils auf ihre Weise und in ihrer Form vom Ehestand herleiten; und daß dennoch die Frage der sexuellen Praktik als Element – als wesentliches Element der Ehebeziehung – sozusagen kaum gestellt wird. Später werden die sexuellen Beziehungen zwischen Eheleuten, die Form, die sie annehmen müssen, die Gesten, die darin erlaubt sind, die Scham, die sie wahren müssen, aber auch die Intensität der Verbindungen, die sie zeigen und steigern, ein wichtiges Element der Reflexion sein; in der christlichen Pastoral wird das ganze sexuelle Leben zwischen den Eheleuten einer – oft sehr detaillierten – Kodifizierung unterworfen werden; aber schon Plutarch wirft Fragen nicht nur über die Form der sexuellen Beziehungen zwischen Gatten, sondern über ihre Gefühlsbedeutung auf; und er unterstreicht die Bedeutung gemeinsamer Vergnügen für die gegenseitige Zuneigung der Eheleute. Was diese neue Ethik charakterisieren wird, ist nicht einfach dies, daß der Mann und die Frau gehalten sein werden, nur einen einzigen Sexualpartner zu haben – den Gatten; sondern auch die Problematisierung ihrer sexuellen Aktivität als eines wesentlichen, entscheidenden und besonders heiklen Elements ihrer persönliche Ehebeziehung. Nichts dergleichen ist in der Moralreflexion des 4. Jahrhunderts sichtbar; das heißt nicht, daß die sexuellen Vergnügen damals im Eheleben der Griechen und für das gute Einverständnis eines Paares nicht wichtig gewesen wären – jedenfalls ist das eine andere Frage. Aber um zu verstehen, wie das sexuelle Verhalten zu einem Moralproblem entwickelt worden ist, muß man unterstreichen, daß das Sexualverhalten der beiden Gatten im klassischen griechischen Denken nicht von ihrer persönlichen Beziehung aus problematisiert wurde. Was sich zwischen ihnen abspielte, war wichtig, sobald es darum ging, Kinder zu haben. Im übrigen wurde ihr gemeinsames sexuelles Leben weder reflektiert noch reglementiert: die Problematisierung zielte auf die Mäßigung, die jeder der beiden Eheleute aus Gründen und in Formen, die seinem Geschlecht und seiner Stellung entsprachen, an den Tag zu legen hatte. Die Mäßigung war nicht eine gemeinsame Sache zwischen ihnen, in der sich der eine um des anderen willen zu sorgen gehabt hätte. Insofern ist man weit entfernt von der christlichen Pastoral, in der jeder der beiden Gatten für die Keuschheit des anderen verantwortlich ist und ihn nicht zur Sünde des Fleisches verleiten darf – sei es durch zu unzüchtiges Verlangen, sei es durch zu strenge Verweigerung. Bei den griechischen Moralisten der klassischen Epoche war die Mäßigung beiden Partnern des Ehelebens vorgeschrieben; aber sie gehörte bei jedem von ihnen zu einem andersartigen Verhältnis zu sich. Die Tugend der Frau markierte und garantierte ein Unterwerfungsverhalten; die Strenge des Mannes charakterisierte eine Ethik der sich selbst begrenzenden Herrschaft.

IV
Erotik

1 Eine problematische Beziehung

Der Gebrauch der Lüste in der Beziehung zu Knaben war für das griechische Denken ein beunruhigendes Thema. Das ist paradox in einer Gesellschaft, die das, was wir die »Homosexualität« nennen, »toleriert« haben soll. Aber vielleicht sind diese beiden Begriffe hier nicht besonders angezeigt.

Tatsächlich ist der Begriff der Homosexualität kaum geeignet, eine Erfahrung, Bewertung und Grenzziehung zu bezeichnen, die von der unsrigen so weit entfernt ist. Die Griechen setzten die Liebe zum eigenen und die zum andern Geschlecht nicht als zwei einander ausschließende, radikal unterschiedene Verhaltensweisen gegenüber. Die Unterscheidungslinien folgten nicht einer solchen Grenze. Der Gegensatz zwischen einem Mann, der sich zu mäßigen und beherrschen weiß, und einem, der sich den Lüsten hingibt, war vom Gesichtspunkt der Moral aus viel wichtiger als der zwischen den verschiedenen Kategorien von Lüsten, denen man sich am liebsten widmen mochte. Lockere Sitten haben hieß, daß man weder den Frauen noch den Knaben widerstehen konnte, ohne daß dieses schwerwiegender gewesen wäre als jenes. Den tyrannischen Mann, der zuläßt, »daß der Tyrann Eros in seiner Seele die Herrschaft ergreift und alle ihre Bewegungen steuert«[1], zeichnet Platon unter zwei gleichwertigen Aspekten, in denen sowohl die Geringschätzung der wesentlichsten Verpflichtungen als auch die Unterwerfung unter die allgemeine Herrschaft der Lust zum Ausdruck kommt: »Wenn er sich in eine Kurtisane verliebt, die für ihn nur eine neue und überflüssige Bekanntschaft ist, wie wird er seine Mutter behandeln, die ihm die Natur als Freundin von jeher gegeben hat? Und wenn er für einen schönen Jüngling eine gestern entfachte und überflüssige Liebe empfindet, wie wird er dann seinen Vater behandeln?«[2] Und wenn man dem Alkibiades seine Ausschweifung vorwarf, dann nicht, weil er es lieber andersherum trieb, sondern weil er, wie Bion vom Borys-

---

1 Platon, *Politeia*, IX, 573d.
2 A. a. O., IX, 574b-c.

thenes sagte, »in seiner Jugend zuerst die Ehemänner ihren Frauen und dann die Frauen ihrem Gatten abspenstig machte«.[3]

Um andererseits die Enthaltsamkeit eines Mannes zu zeigen, wies man – wie Platon bei Ikkos von Tarent[4] – darauf hin, daß er sich sowohl der Knaben als auch der Frauen enthalten konnte; und nach Xenophon setzte Kyros deswegen Eunuchen für den Dienst am Hofe ein, weil sie sich weder an den Frauen noch an den Knaben vergreifen konnten.[5] So sehr schienen diese beiden Neigungen gleichermaßen wahrscheinlich zu sein und auch bei ein und demselben Individuum gleichzeitig auftreten zu können.

Bisexualität der Griechen? Wenn das heißen soll, daß ein Grieche gleichzeitig oder nacheinander einen Knaben und ein Mädchen lieben konnte, daß ein verheirateter Mann seine *paidiká* haben konnte, daß man sich in der Jugend häufig den Knaben und später den Frauen zuneigte, kann man wohl sagen, daß sie »bisexuell« waren. Wenn man aber darauf achtet, wie sie diese zweifache Praktik reflektierten, so ist zu bemerken, daß sie darin nicht zwei Arten von »Begehren«, zwei verschiedene oder konkurrierende »Triebe« sahen, die beide im Herzen der Männer gewohnt und sich ihr Gelüst geteilt hätten. Man kann von ihrer »Bisexualität« sprechen, wenn man daran denkt, daß sie zwischen beiden Geschlechtern wählen konnten; aber diese Möglichkeit war für sie nicht in einer zweifachen, ambivalenten und »bisexuellen« Struktur des Begehrens begründet. In ihren Augen konnte man einen Mann oder eine Frau begehren – einfach weil die Natur ins Herz des Menschen eine Neigung für diejenigen gepflanzt hat, die »schön« sind, welches auch ihr Geschlecht sei.[6]

Gewiß findet man in der Rede des Pausanias[7] eine Theorie der beiden Formen der Liebe, deren zweite – die himmlische – sich ausschließlich an die Knaben wendet. Aber die Unterscheidung verläuft nicht zwischen einer heterosexuellen und einer homosexuellen Liebe; Pausanias zieht die Grenzlinie zwischen der »Liebe, die die Männer von niederer Art empfinden« – sie richtet sich auf die Frauen ebenso wie auf die Knaben, zielt nur auf den Akt selbst *(tò diapráxasthai)* und vollzieht sich aufs Geratewohl – und der älteren, vornehmeren und verständigeren Liebe, die sich dem hingibt, was am meisten Kraft und Intelligenz zu haben vermag:

---

3 Diogenes Laertios, *De clarorum philosophorum vitis, dogmatibus et apophthegmatibus*, IV, 7, 49.
4 Platon, *Nomoi*, VIII, 840a.
5 Xenophon, *Kyrupaideia*, VII, 5.
6 Vgl. dazu K. J. Dover, *Homosexualität in der griechischen Antike*, München 1983, S. 64.
7 Platon, *Symposion*, 181b-d.

und da kann es sich natürlich nur um das männliche Geschlecht handeln. Das *Symposion* von Xenophon zeigt, daß die Verschiedenheit der Wahl zwischen Mädchen und Knaben keineswegs auf die Unterscheidung zwischen zwei Tendenzen oder auf den Gegensatz zwischen zwei Formen des Begehrens zurückgeht. Das Fest wird von Kallias zu Ehren des ganz jungen Autolykos gegeben, in den er verliebt ist; die Schönheit des Knaben ist so groß, daß er den Blick aller Gäste »wie ein Licht, das in der Nacht aufleuchtet« anzieht; »keiner ist …, dessen Seele nicht bei seinem Anblick bewegt wäre«.[8] Unter den Eingeladenen sind einige verheiratet oder verlobt wie Nikeratos – der für seine Frau eine Liebe hegt, die sie ihm erwidert, gemäß dem Spiel von *Eros* und *Anteros* – oder Kritobulos, der allerdings noch so jung ist, daß er sowohl Liebhaber wie auch Geliebte haben mag[9]; Kritobulos schwärmt selbst von seiner Liebe zu Klinias, einem Knaben, den er in der Schule kennengelernt hat, und in einem komischen Zweikampf macht er seine eigene Schönheit gegen die des Sokrates geltend; der Siegerlohn des Wettkampfes soll der Kuß eines Knaben und der eines Mädchens sein: diese gehören einem Syrakuser, der mit den beiden einen Tanz eingeübt hat, dessen Anmut und akrobatische Geschicklichkeiten alle entzücken. Er hat ihnen auch beigebracht, die Liebe von Dionysos und Ariadne nachzuahmen; und die Gäste, die gerade von Sokrates gehört haben, welcher Art die wahre Liebe zu den Knaben sein müsse, fühlen sich alle lebhaft »berührt« *(anepteroménoi)*, als sie sehen, wie dieser »so schöne Dionysos« und diese »wahrhaft bezaubernde Ariadne« ganz wirkliche Küsse austauschen; hört man sie ihre Schwüre aussprechen, so kann man wohl ahnen, daß die jungen Akrobaten »Verliebte sind, denen endlich gestattet ist, was sie seit langem ersehnten«.[10] So viele verschiedene Anreizungen zur Liebe treiben jeden zum Vergnügen: am Ende des Gastmahls besteigen die einen ihre Pferde, um zu ihren Frauen zurückzukehren, während Kallias und Sokrates weggehen, um den schönen Autolykos aufzusuchen. Dieses Gastmahl, bei dem sie gemeinsam die Schönheit eines Mädchens und den Liebreiz der Knaben genießen konnten, hat den Männern aller Altersstufen das Verlangen nach der Lust oder die ernsthafte Liebe neu entfacht – die die einen nun bei den Frauen, die andern bei den jungen Leuten suchen gehen.

8 Xenophon, *Symposion*, I, 9.
9 Vgl. a. a. O., II, 3.
10 A. a. O., IX, 5-6.

Gewiß war die Vorliebe für die Knaben und die Mädchen leicht als ein
Charakterzug erkennbar: die Männer konnten sich durch das Vergnügen,
dem sie mehr anhingen, unterscheiden[11]; das war eine Geschmacksfrage,
die zu Scherzen Anlaß bieten konnte, aber nicht eine Frage der Typologie,
die die Natur des Individuums, die Wahrheit seines Begehrens oder die natürliche Rechtmäßigkeit seiner Neigung beträfen. Man dachte nicht an
zwei unterschiedliche Gelüste, die sich auf verschiedene Individuen verteilten oder sich in einer einzigen Seele gegenüberstünden; vielmehr sah man
zwei Weisen des Lustgewinns, von denen eine bestimmten Individuen
mehr zusagte oder in bestimmten Augenblicken der Existenz besser paßte.
Der Verkehr mit Knaben und der mit Frauen bildeten keine klassifikatorischen Kategorien, auf die die Individuen verteilt worden wären; der Mann,
der die *paidiká* bevorzugte, erfuhr sich nicht als »anders« gegenüber denen,
die hinter den Frauen her waren.

Desgleichen sind auch die Begriffe »Toleranz« oder »Intoleranz« ziemlich unzureichend, um von der Komplexität der Phänomene Rechenschaft
abzulegen. Die Knaben lieben war eine »freie« Praxis in dem Sinn, daß sie
nicht nur durch die Gesetze erlaubt war (außer in bestimmten Umständen), sie war auch in der Meinung zugelassen. Ja, sie war in verschiedenen
Institutionen (militärischer oder religiöser Art) fest verankert. Sie hatte
auch religiöse Garantien in Riten und Festen, wo man um ihretwillen göttliche Mächte anrief, die sie schützen sollten.[12] Schließlich handelte es sich
um eine Praxis, die kulturell aufgewertet wurde durch eine Literatur, die
sie besang, und eine Reflexion, die ihre Vortrefflichkeit begründete. Doch
vermischten sich damit unterschiedliche Einstellungen: Verachtung für
allzu leichtfertige oder zu eindeutig interessierte junge Leute, Disqualifizierung der verweichlichten Männer, über die sich Aristophanes und die
anderen Komödienautoren so oft lustig machten[13], Verwerfung bestimmter schändlicher Verhaltensweisen wie der der Wüstlinge, die in den Augen
von Kallikles – trotz seiner Kühnheit und Offenheit – ein Beweis dafür war, daß nicht jedes Vergnügen gut und ehrenhaft sein konnte.[14] Es

---

11 Vgl. Xenophon, *Anabasis*, VII, 4, 7.
12 Vgl. F. Buffière, *Éros adolescent. La pédérastie dans la Grèce antique*, Paris 1980, S. 90 f.
13 So Kleisthenes in den *Acharnern* oder Agathon in den *Thesmophoriazusen* von Aristophanes.
14 Platon, *Gorgias*, 494e: »Sokrates: Das Leben der Wüstlinge *(tò tôn kinaídon bíos)*, ist es nicht
   schrecklich, schändlich und elend? Wagst du zu sagen, daß derartige Leute glücklich sind, wenn
   sie alles haben, was sie wünschen? – Kallikles: Schämst du dich nicht, Sokrates, auf so etwas zu sprechen zu kommen?«

scheint doch, daß diese zugelassene und geläufige Praxis von anderen Einschätzungen umgeben war und daß sie von einem so komplexen Spiel von
Aufwertungen und Abwertungen durchzogen war, daß die sie leitende Moral nur schwer herauszulesen ist. Und von dieser Komplexität hatte man
damals ein klares Bewußtsein: das jedenfalls geht aus der Rede des Pausanias hervor, wo er zeigt, wie schwierig es ist, zu wissen, ob man in Athen
einer solchen Form der Liebe günstig oder feindlich gesonnen ist. Einerseits akzeptiert man sie so sehr – ja, man bewertet sie so hoch, daß man
beim Verliebten Verhaltensweisen ehrt, die bei jedem anderen als Wahnsinn oder Schande gelten würden: Gebete, flehende Bitten, hartnäckige
Verfolgungen und all die falschen Schwüre. Aber andererseits sieht man
die Besorgnis, mit der die Väter ihre Söhne vor Intrigen zu schützen suchen
oder mit der sie von den Pädagogen verlangen, dergleichen zu unterbin-
den, während man die Gefährten einander Vorwürfe machen hört, daß
sie derartige Beziehungen akzeptieren.[15]

Lineare und einfache Schemata machen die besondere Aufmerksamkeit,
die man im 4. Jahrhundert der Knabenliebe zukommen ließ, kaum verständlich. Man muß versuchen, die Frage in anderen Begriffen als in denen der »Toleranz« gegenüber der »Homosexualität« neu zu stellen. Anstatt
zu fragen, inwieweit diese im alten Griechenland frei war (als handelte es
sich um eine unveränderliche und gleichförmige Erfahrung unterhalb
der zeitlich veränderlichen Repressionsmechanismen), empfiehlt es sich
zu fragen, wie und in welcher Form die unter Männern gewonnene Lust
zu einem Problem werden konnte; wie man darüber nachgedacht hat; welche besonderen Fragen sie aufgeworfen hat und in welche Debatte sie verstrickt worden ist; warum sie also – obwohl sie eine verbreitete Praxis war,
obwohl sie durch die Gesetze nicht verboten war, obwohl sie allgemein erlaubt und genehm war – zum Gegenstand einer besonderen und besonders
intensiven moralischen Problematisierung geworden ist, so daß sie mit
zahlreichen drängenden und speziellen Wertungen, Geboten, Forderungen, Regeln, Ratschlägen, Ermahnungen eingedeckt worden ist.

Um es sehr schematisch zu sagen: wir neigen heute zu der Meinung,
daß die Lustpraktiken, wenn sie zwischen zwei Partnern desselben Geschlechts stattfinden, einem Begehren von besonderer Struktur zugehören;
aber wir meinen – wenn wir »tolerant« sind –, daß das kein Grund sei, sie

---

15 Vgl. Platon, *Symposion*, 182a-183d.

einer Moral, noch weniger einer Gesetzgebung zu unterwerfen, die sich von der allgemeinen abhebt. Unsere Fragestellung richtet sich auf die Besonderheit eines Begehrens, das sich nicht ans andere Geschlecht wendet; und gleichzeitig sagen wir, daß man diesem Typ von Beziehungen keinen minderen Wert und auch keinen besonderen Status zusprechen dürfe. Es scheint nun, daß es bei den Griechen ganz anders war: sie dachten, daß sich das gleiche Begehren auf alles richte, was begehrenswert ist – Knabe oder Mädchen – mit der Einschränkung, daß diejenige Begierde vornehmer ist, die sich auf das bezieht, was schöner und ehrenhafter ist; aber sie dachten auch, daß dieses Begehren zu einem besonderen Verhalten führen müsse, wenn es in einer Beziehung zwischen zwei Individuen männlichen Geschlechts Platz greift. Die Griechen bildeten sich keineswegs ein, daß ein Mann eine »andere« Natur brauche, um einen Mann zu lieben; aber sie neigten zur Einschätzung, daß bei den Vergnügen, die man in einer solchen Beziehung genießt, eine andere moralische Form erforderlich sei, als wenn es darum geht, eine Frau zu lieben. Die Vergnügen eines solchen Verhältnisses verrieten bei dem, der sie genießt, nicht eine fremde Natur; aber ihr Gebrauch erforderte eine eigene Stilistik.

Und es ist eine Tatsache, daß die Männerlieben in der griechischen Kultur geradezu bombardiert worden sind mit Gedanken, Reflexionen und Diskussionen über die Formen, die sie annehmen sollten, oder über den Wert, der ihnen zuzusprechen sei. Es wäre unzureichend, in dieser Diskursaktivität nur die unmittelbare und spontane Übersetzung einer freien Praktik zu sehen, die sich natürlich ausdrücken konnte, so als ob es genügte, daß ein Verhalten nicht verboten ist, um zu einem Bereich von Fragen oder zu einem Brennpunkt von theoretischen und moralischen Problematisierungen zu werden. Aber es wäre auch nicht ganz richtig, in diesen Texten nur einen Versuch zu sehen, die Liebe zu den Knaben mit einer ehrenhaften Rechtfertigung zu bemänteln: was Verurteilungen oder Disqualifizierungen voraussetzen würde, die tatsächlich erst viel später vorgebracht wurden. Vielmehr gilt es herauszufinden, wie und warum diese Praktik zu einer so komplexen moralischen Problematisierung Anlaß gegeben hat.

Von dem, was die griechischen Philosophen über die Liebe im allgemeinen und über diese im besonderen geschrieben haben, ist uns nur wenig geblieben. Die Vorstellung, die man sich von jenen Reflexionen und von ihrer Thematik machen kann, muß ziemlich unsicher sein, da eine so begrenzte Anzahl von Texten erhalten geblieben ist; fast alle gehören übrigens zur sokratisch-platonischen Tradition, während uns die von Diogenes Laertios erwähnten Werke von Antisthenes, Diogenes dem Kyniker, Aristoteles, Theophrastos, Zenon, Chrysippos oder Krantor fehlen. Indessen können die von Platon mehr oder weniger ironisch übermittelten Reden einen gewissen Eindruck von dem geben, worum es in jenen Reflexionen und Debatten über die Liebe ging.

1. Zuerst ist zu bemerken, daß die philosophischen und moralischen Reflexionen über die männliche Liebe nicht den ganzen möglichen Bereich der sexuellen Beziehungen zwischen Männern abdecken. Die Hauptaufmerksamkeit konzentriert sich auf eine »privilegierte« Beziehung – Brennpunkt der Probleme und Schwierigkeiten, Gegenstand besonderer Sorge: eine Beziehung, die einen bestimmten Altersunterschied zwischen den Partnern und im Zusammenhang damit einen bestimmten Rangunterschied impliziert. Die Beziehung, für die man sich interessiert, über die man diskutiert und die man problematisiert, ist nicht diejenige, die zwei schon reife Erwachsene oder zwei gleichaltrige Buben verbindet; es ist diejenige, die sich zwischen zwei Männern entwickelt, die zwar beide recht jung sein mögen oder zwischen denen kein großer Altersunterschied bestehen muß, die aber doch zwei verschiedenen Altersklassen zugerechnet werden und von denen der eine, sehr junge, seine Bildung noch nicht vollendet und seinen endgültigen Status noch nicht erlangt hat.[16] Dieser Abstand kennzeichnet die Beziehung, über die sich die Philosophen und die Moralisten Gedanken machen. Aus dieser besonderen Aufmerksamkeit soll man keine voreiligen Schlüsse ziehen – weder über die sexuellen Verhaltensweisen der Griechen noch über die Besonderheiten ihrer Vorlieben (auch wenn viele Elemente der Kultur darauf verweisen, daß der ganz junge Mann als erotisches Objekt von hohem Wert galt). Jedenfalls sollte man nicht meinen, daß nur dieser eine Typ von Beziehungen praktiziert worden ist; man findet viele Hinweise auf Männerlieben, die nicht diesem Schema folgen und nicht dieses »Altersdifferential« zwischen den Partnern aufweisen. Es wäre

---

16 Wenn sich die Texte häufig auf diesen Alters- und Statusunterschied beziehen, so sind doch die Angaben über das wirkliche Alter der Partner häufig unbestimmt (vgl. F. Buffière, a. a. O., S. 605-607). Dazu kommt, daß manche Personen gegenüber den einen die Rolle des Liebhabers und gegenüber andern die Rolle des Geliebten spielen: so Kritobulos im *Symposion* von Xenophon, wo er seine Liebe zu Kleinias preist, den er von der Schule her kennt und der – wie er selbst – ein ganz junger Mann ist (über die beiden Knaben und ihren ganz geringfügigen Altersunterschied vgl. Platon, *Euthydemos*, 217b).

gleichermaßen unrichtig anzunehmen, daß diese anderen praktizierten Beziehungsformen ungern gesehen und regelrecht als unanständig angesehen worden wären. Die Beziehungen zwischen jungen Knaben galten als natürlich und sogar als Bestandteil ihrer Lebenslage.[17] Andererseits konnte man ohne Tadel von der lebhaften Liebe eines Männerpaares sprechen, die sich fortsetzt, nachdem beide das Jünglingsalter weit überschritten haben.[18] Aus Gründen, die wir noch sehen werden (und die mit der als notwendig geltenden Polarität von Aktivität und Passivität zusammenhängen), wird die Beziehung zwischen zwei gestandenen Männern leichter zum Gegenstand von Kritik und Ironie: der Verdacht einer ohnehin ungern gesehenen Passivität ist besonders schwerwiegend, wenn es sich um einen Erwachsenen handelt. Ob nun diese Beziehungen ohne weiteres akzeptiert oder eher beargwöhnt sind: es ist zu bemerken – und darauf kommt es hier zunächst an –, daß sie nicht Gegenstand einer moralischen Besorgnis oder eines bedeutenden theoretischen Interesses sind. Sie existieren und sie werden zur Kenntnis genommen – aber sie gehören nicht in den Bereich der aktiven und intensiven Problematisierung. Die Aufmerksamkeit und die Sorge konzentrieren sich auf Verhältnisse, von denen zu vermuten ist, daß es dabei um vielerlei ging: Verhältnisse zwischen einem Älteren, der seine Bildung vollendet hat und der sozial, moralisch und sexuell die aktive Rolle spielen soll – und dem Jüngeren, der seinen endgültigen Status noch nicht erreicht hat und der Hilfe, Ratschläge und Unterstützung braucht. Dieser Unterschied im Herzen der Beziehung machte diese letzten Endes wertvoll und denkbar. Seinetwegen schätzte man dieses Verhältnis, seinetwegen befragte man es; und wo er nicht offensichtlich war, suchte man nach ihm. So diskutierte man anläßlich der Beziehung zwischen Achilleus und Patroklos gern darüber, wie sie sich voneinander unterschieden und welcher von ihnen der Überlegene sei (da Homers Text in diesem Punkt zweideutig war[19]). Eine Männerbeziehung forderte zu theoretischer und moralischer Problematisierung heraus, wenn sie sich um jenen ziemlich schroffen Einschnitt organisiert, die den Jüngling vom Mann trennte.

---

17 Im *Charmides* (153c) beschreibt Platon die Ankunft des jungen Mannes, dem alle mit ihren Blicken folgen: Erwachsene, aber auch Knaben – »bis zu den kleinsten«.

18 Bekannt ist das Beispiel des Euripides, der Agathon noch liebte, als dieser schon ein rüstiger Mann war. F. Buffière, a. a. O., S. 613, Anm. 33, zitiert dazu eine von Ailianos (*Varia historia*, XIII, 5) erzählte Anekdote.

19 Homer sprach dem einen den Vorrang der Geburt, dem andern den des Alters zu; dem einen die Kraft, dem andern die Reflexion (*Ilias*, XI, 786). Zur Diskussion über ihr Rollenverhältnis vgl. Platon, *Symposion*, 180a-b; Aischines, *Gegen Timarchos*, 143.

2. Es hat nicht den Anschein, daß die Privilegierung dieses besonderen Beziehungstyps nur eine Sache der von pädagogischer Sorge beseelten Moralisten oder Philosophen war. Man pflegt die griechische Liebe zu den Knaben eng mit der Praxis der Erziehung und mit dem philosophischen Unterricht zu verbinden. Das wird nahegelegt durch die Person des Sokrates sowie durch ihre ständige Darstellung in der Antike. In Wirklichkeit war es ein sehr breiter Kontext, der zur Aufwertung und zur Ausarbeitung des Verhältnisses zwischen Männern und Jünglingen beigetragen hat. Die philosophische Reflexion darüber fußt auf verbreiteten, anerkannten und relativ komplexen sozialen Praktiken: anders als die übrigen sexuellen Beziehungen oder jedenfalls mehr als sie scheinen die Beziehungen, die den Mann und den Knaben über einen gewissen Alters- und Rangunterschied hinweg verbinden, von einer Art Ritualisierung bedacht worden zu sein, die ihnen einige Regeln auferlegte und ihnen Form, Wert und Interesse verlieh. Noch bevor sie von der philosophischen Reflexion thematisiert wurden, bildeten diese Beziehungen schon den Vorwand für ein gesellschaftliches Spiel.

Um sie herum hatten sich Praktiken des »Werbens« ausgebildet: diese hatten zwar nicht die Komplexität, die man in anderen Liebeskünsten findet wie denen, die dann im Mittelalter entwickelt werden; aber sie waren auch etwas anderes als der Brauch, der zu beachten ist, wenn man in gehöriger Form um die Hand eines Mädchens anhielt. Sie bilden ein Ensemble von anerkannten und anständigen Verhaltensweisen, die aus dieser Beziehung einen kulturell und moralisch bedeutsamen Bereich machen; diese Praktiken – deren Realität K. J. Dover anhand zahlreicher Dokumente nachgewiesen hat[20] – definieren das wechselseitige Verhalten und die jeweiligen Strategien, die die beiden Partner beachten müssen, um ihren Beziehungen eine »schöne«, ästhetisch und moralisch wertvolle Form zu geben. Sie fixieren die Rolle des *erastés* und die des *erómenos*. Der eine ist in der Position der Initiative, er verfolgt, und das gibt ihm Rechte und Pflichten: er hat seine Glut zu zeigen, er hat sie auch zu mäßigen; er hat Geschenke zu machen, Dienste zu erweisen; er hat gegenüber dem Geliebten Funktionen zu erfüllen; und all das berechtigt ihn, die angemessene Gegenleistung zu erwarten. Der andere, der geliebt und umworben wird, muß sich hüten, zu leicht nachzugeben; er darf auch nicht zu viele ver-

---

20 K. J. Dover, a. a. O., S. 86-93.

schiedene Ehrerbietungen annehmen, er darf seine Gunst nicht leichtsinnig, auf Gewinn bedacht und, ohne den Wert des Partners zu prüfen, gewähren; er muß sich auch für das, was der Liebhaber für ihn getan hat, erkenntlich zeigen. Aus dieser Praktik des Werbens geht also schon hervor, daß die sexuelle Beziehung zwischen Mann und Knaben »sich nicht von selbst verstand«: sie mußte sich mit Konventionen, mit Verhaltensregeln, mit »Manieren« und mit einem ganzen Spiel von Aufschüben und Umwegen versehen, die die Erfüllung hinauszögern und in eine Reihe angeschlossener Aktivitäten und Beziehungen integrieren sollten. Das heißt, daß diese Art von Beziehungen, die durchaus zugelassen war, doch nicht »gleichgültig« war. Würde man in all diesen Vorkehrungen und in ihrer Wichtigkeit nur den Beweis dafür sehen, daß diese Liebe frei war, so würde man den wesentlichen Punkt verfehlen; man würde den Unterschied verkennen, den man zwischen diesem sexuellen Verhalten und all den anderen machte, bei denen man sich kaum darum scherte, wie sie sich abspielen sollten. Alle diese Weisungen und Mahnungen zeigen klar, daß die Lustbeziehungen zwischen Männern und Jünglingen in der Gesellschaft bereits ein delikates Element darstellten, einen so neuralgischen Punkt, daß man das Verhalten der einen und der andern nicht einfach sich selbst überlassen konnte.

3. Aber man kann sogleich einen beträchtlichen Unterschied zu jenem anderen Interessen- und Problembrennpunkt erkennen, den das Eheleben bildet. Zwischen Männern und Knaben hat man es nämlich mit einem Spiel zu tun, das »offen« ist, jedenfalls bis zu einem gewissen Grade.

Es ist »räumlich« offen. In der Ökonomik und in der Kunst des Hauswesens hatte man es mit einer binären Raumstruktur zu tun, wo der Platz der beiden Gatten sorgfältig unterschieden war (das Äußere für den Ehemann, das Innere für die Gattin; das Quartier der Männer einerseits und das der Frauen andererseits). Mit dem Knaben spielt sich das Spiel in einem ganz andern Raum ab: es ist ein gemeinsamer Raum zumindest von dem Moment an, da das Kind ein gewisses Alter hat – der Raum der Straße und der Versammlungsorte, mit einigen wichtigen strategischen Punkten (wie das Gymnasion); aber es ist ein Raum, in dem sich jeder frei bewegt[21],

---

21 In den Schulen war diese Freiheit überwacht und begrenzt. Siehe dazu, was Aischines in *Gegen Timarchos* (9-10) über die Schulen und die Maßnahmen des Schulmeisters ausführt. Zu den Begegnungsorten vgl. F. Buffière, a. a. O., S. 561 ff.

so daß man den Knaben verfolgen muß, ihn jagen, ihm dort auflauern, wo er vorbeikommen mag, und ihn dort greifen, wo er sich befindet; für die Liebenden ist es ein Thema ironischer Klage, daß man durchs Gymnasion laufen muß, daß man mit dem Geliebten auf die Jagd gehen muß, daß man an Übungen, für die man nicht mehr gemacht ist, teilnehmend außer Atem gerät.

Aber das Spiel ist auch und vor allem darin offen, daß man über den Knaben – sobald er nicht von Herkunft Sklave ist – keine institutionelle Macht hat: er ist frei in seiner Wahl, in seinen Annahmen und Weigerungen, in seinen Vorlieben und seinen Entscheidungen. Um von ihm zu erhalten, was nicht zu gewähren er immer das Recht hat, muß man fähig zu sein, ihn zu überreden; wer seine Vorliebe gewinnen will, muß in seinen Augen eventuelle Rivalen aus dem Feld schlagen, und dazu muß er Vorteile, Qualitäten oder Geschenke vorweisen; aber die Entscheidung gehört dem Knaben selber: in der Partie, auf die man sich da einläßt, ist man nie sicher zu gewinnen. Und gerade darin liegt ihr Reiz. Dafür gibt es kein besseres Zeugnis als die hübsche Klage des Tyrannen Hieron, wie sie Xenophon berichtet.[22] Tyrann sein, erklärt er, macht weder die Beziehung mit der Gattin noch die mit dem Knaben angenehm. Denn ein Tyrann kann nur aus einer niedrigerstehenden Familie eine Frau nehmen und verliert damit alle Vorteile, sich mit »einer reicheren und mächtigeren Familie als seiner eigenen« zu verbinden. Mit dem Knaben – und Hieron ist in Dailochos verliebt – bringt die Tatsache, daß man über eine despotische Macht verfügt, andere Mißlichkeiten mit sich; Hieron legt Wert darauf, die Gunsterweise, die er so wünscht, aus Freundschaft und freiem Willen zu erhalten; »sie ihm mit Gewalt zu entreißen«, begehrt er nicht mehr, »als sich selber Schmerz zuzufügen«. Etwas dem Feind gegen seinen Willen wegnehmen ist das größte Vergnügen; aber was die Gunsterweise der Knaben anlangt, so sind die süßesten diejenigen, die sie freiwillig gewähren. Welche Lust ist es zum Beispiel, »Blicke mit einem Freund auszutauschen, der euch zurückzahlt! Welche Anmut in seinen Fragen! Welche Anmut in seinen Antworten! Selbst die Streitigkeiten und Zwistigkeiten sind voller Süße und Anziehung. Doch einen Knaben gegen seinen Willen genießen – das ist eher Piraterie als Freundschaft.« Im Fall der Ehe geht die Problematisierung der sexuellen Vergnügen und ihrer Praktiken von dem institutionalisierten Verhältnis

---

22 Vgl. Xenophon, *Hieron*, 1.

aus, das dem Mann die Macht gibt, die Frau, die anderen, den Besitz, das Anwesen zu regieren; die wesentliche Frage liegt in der Mäßigung dieser Macht. Im Fall des Verhältnisses mit den Knaben wird die Ethik der Lüste den Altersunterschieden mit delikaten Strategien beizukommen haben, die die Freiheit des anderen, seine Fähigkeit, nein zu sagen, und sein notwendiges Einverständnis berücksichtigen müssen.

4. In dieser Problematisierung des Verhältnisses zum Heranwachsenden ist die Frage der Zeit wichtig, aber sie wird auf besondere Weise gestellt; worauf es ankommt, ist nicht mehr wie in der Diätetik der richtige Augenblick des Aktes oder wie in der Ökonomik die Beständigkeit einer Beziehungsstruktur: eher ist es die schwierige Frage der prekären Zeit und der Vergänglichkeit. Sie drückt sich in verschiedenen Weisen aus – zunächst als ein Problem der Grenze: von welcher Zeit an muß ein Knabe als zu alt angesehen werden, um ein ehrenhafter Partner in der Liebesbeziehung zu sein? In welchem Alter ist es für ihn nicht mehr gut, die Rolle anzunehmen, bzw. für seinen Liebhaber, sie ihm aufdrängen zu wollen? Es handelt sich um die bekannte Kasuistik der Zeichen der Männlichkeit, die eine Schwelle markieren, die man um so mehr für unverletzlich erklärt, als sie häufig überschritten sein muß und man sich die Möglichkeit gibt, die zu tadeln, die sie überschreiten; der erste Bart galt bekanntlich als dieses schicksalhafte Mal, und das Rasiermesser, das ihn schnitt, mußte, wie man sagte, auch den Faden der Lieben brechen.[23] Jedenfalls muß man bemerken, daß man nicht die Knaben tadelte, die eine Rolle zu spielen bereit waren, die mit ihrer Männlichkeit nicht mehr im Verhältnis stand, sondern die Männer, die zu alte Knaben aufsuchten.[24] Die Stoiker wird man kritisieren, weil sie ihre Geliebten zu lange behalten – bis zum Alter von achtundzwanzig Jahren; aber ihr Argument, das in gewisser Weise das des Pausanias im *Symposion* fortsetzt (damit man sich nur jungen Leuten von Wert zuwende, solle das Gesetz die Beziehungen mit allzu jungen Knaben untersagen[25]), zeigt, daß diese Grenze weniger eine universale Regel als vielmehr ein Diskussionsthema mit recht unterschiedlichen Lösungen war.

Diese Aufmerksamkeit auf die Zeit der Jugend und ihre Grenzen hat

23 Vgl. Platon, *Protagoras*, 309a.
24 Vgl. die Kritiken an Menon in Xenophon, *Anabasis*, II, 6, 28.
25 Vgl. Platon, *Symposion*, 181d-e.

wohl die Sensibilität für den jugendlichen Körper, für seine besondere Schönheit und für die verschiedenen Zeichen seiner Entwicklung intensiviert; der Körper des Heranwachsenden wurde zum Objekt einer sehr drängenden kulturellen Wertung. Daß der männliche Körper auch nach seinem ersten Zauber schön sein kann, haben die Griechen weder übersehen noch vergessen; die klassische Standbildkunst beschäftigt sich lieber mit dem erwachsenen Körper; und in Xenophons *Symposion* wird daran erinnert, daß man als Zweigträger zu Ehren Athenes die schönsten Greise auswählte.[26] Aber in der Sexualmoral ist es der jugendliche Körper mit seinem eigentümlichen Zauber, der als das »gute Objekt« der Lust empfohlen wird. Und es wäre falsch anzunehmen, daß seine Eigenschaften aufgrund ihrer Verwandtschaft mit der weiblichen Schönheit geschätzt wurden. Sie wurden an sich selber oder in ihrer Nachbarschaft mit den Zeichen und Verheißungen einer sich ausbildenden Männlichkeit geschätzt: die Kraft, die Ausdauer, der Schwung gehörten ebenfalls zu dieser Schönheit: und es war gerade gut, daß die Übungen, die Gymnastik, die Wettkämpfe, die Jagd sie verstärkten und daß sie so garantierten, daß diese Anmut sich nicht ins Weichliche und Weibliche verkehrt.[27] Die weibliche Ambivalenz, die später (aber auch schon in der Antike) als eine Komponente – besser gesagt als der geheime Grund – der Schönheit des Jünglings wahrgenommen werden wird, war in der klassischen Epoche eher das, wovor der Knabe sich hüten mußte und wovor er behütet werden mußte. Es gibt bei den Griechen eine moralische Ästhetik des Körpers des Knaben; sie ist charakteristisch für seinen persönlichen Wert und für den Wert der Liebe, die man ihm entgegenbringt. Die Männlichkeit als physisches Mal darf da nicht vorkommen; nur als Vorform und Verheißung des Verhaltens muß sie dasein: sich schon als der Mann aufführen, der man noch nicht ist.

Aber mit dieser Sensibilität verbinden sich auch die Unruhe vor diesen raschen Veränderungen und der Nähe ihres Endes, das Gefühl der Flüchtigkeit dieser Schönheit und ihrer erlaubten Begehrbarkeit, die Angst, die so häufig geäußerte zweifache Angst: beim Liebhaber, daß er den Gelieb-

---

26 Vgl. Xenophon, *Symposion*, IV, 17.

27 Zum Gegensatz zwischen dem festen und dem weichlichen Knaben siehe Platon, *Phaidros*, 239c-d und *Anterastai*. Zum erotischen Wert des männlichen Knaben und zur Entwicklung des Geschmacks zu einem mehr weiblichen Äußeren, vielleicht schon im 4. Jahrhundert, vgl. K. J. Dover, a. a. O., S. 66-71. Jedenfalls wird das Prinzip, daß der Charme eines ganz jungen Knaben an eine ihm eigene Weiblichkeit gebunden ist, später ein geläufiges Thema werden.

ten seine Anmut verlieren sieht, und beim Geliebten, daß die Liebenden sich von ihm abwenden. Und die Frage, die sich dann stellt, ist die der möglichen, moralisch notwendigen und gesellschaftlich nützlichen Umwandlung des (dem Verschwinden geweihten) Liebesbandes in eine Beziehung der Freundschaft, der *philía*. Diese unterscheidet sich von der Liebesbeziehung, aus der sie hervorgehen kann und soll: sie ist dauerhaft, sie hat keine andere Grenze als das Leben selbst, und sie löscht die Asymmetrien aus, die im erotischen Verhältnis zwischen dem Mann und dem Jüngling impliziert waren. Es ist ein häufiges Thema in der Moralreflexion über derartige Beziehungen, daß sie sich von ihrer Unsicherheit lösen müssen: Unsicherheit, die aus der Unbeständigkeit der Partner und aus dem Altern des seinen Charme verlierenden Knaben folgt; die aber auch eine Vorschrift ist, da es nicht richtig ist, einen Knaben zu lieben, der ein bestimmtes Alter überschritten hat, wie es auch für ihn nicht richtig ist, sich dann noch lieben zu lassen. Diese Unsicherheit kann nur überwunden werden, wenn sich schon im Feuer der Liebe die *philía*, die Freundschaft, zu entwickeln beginnt: *philía* heißt die Ähnlichkeit des Charakters und der Lebensform, das Teilen der Gedanken und der Existenz, das wechselseitige Wohlwollen.[28] Diese Entstehung und diese Entwicklung der unzerstörbaren Freundschaft in der Liebe beschreibt Xenophon, wenn er das Porträt der beiden Freunde zeichnet, die einander ansehen, sich unterhalten, einander vertrauen, sich gemeinsam über Erfolge und über Niederlagen freuen oder ärgern und übereinander wachen: »Indem sie sich dergestalt benehmen, hören sie bis ins Alter nicht auf, ihre gegenseitige Zuneigung zu lieben und sich an ihr zu erfreuen.«[29]

5. Diese Problematisierung der Verhältnisse mit den Knaben mündet in eine Reflexion über die Liebe. Daraus ist aber nicht zu schließen, daß für die Griechen Eros nur in dieser Art von Verhältnissen seinen Platz haben und daß er die Beziehungen mit einer Frau nicht prägen könnte: Eros vermag Menschenwesen gleich welchen Geschlechts zu vereinen; bei Xenophon kann man sehen, daß Nikeratos und seine Frau miteinander durch

---

28 Zur Definition der *philía* vgl. J.-Cl. Fraisse, *Philia, la notion d'amitié dans la philosophie antique*, Paris 1974.

29 Xenophon, *Symposion*, VIII, 18. Dieser Passus der Rede des Sokrates (VIII, 13-18) ist sehr charakteristisch für die Beunruhigung über der Unsicherheit der Männerlieben und der Rolle, die die Beständigkeit der Freundschaft darin spielen soll.

die Bande des *Eros* und des *Anteros* vereinigt waren.[30] Der Eros ist nicht
unbedingt »homosexuell«, ebensowenig schließt er die Ehe aus; das Eheband unterscheidet sich von der Beziehung mit den Knaben nicht darin,
daß es mit der Kraft der Liebe und ihrer Gegenseitigkeit unvereinbar wäre.
Die Differenz liegt anderswo. Die Ehemoral, noch genauer die Sexualethik
des verheirateten Mannes, erfordert zu ihrer Ausbildung und zur Festlegung ihrer Regeln nicht die Existenz einer »erotischen« Beziehung (auch
wenn es sehr gut möglich ist, daß ein solches Band zwischen den Gatten
existiert). Wenn es hingegen darum geht, wie die Beziehung eines Mannes
und eines Knaben sein muß, damit die schönste und vollkommenste Form
erreicht werde, wenn es darum geht, welchen Gebrauch sie in ihrer Beziehung von ihren Lüsten machen können, dann wird der Bezug auf den Eros
notwendig: die Problematisierung ihres Verhältnisses gehört zur »Erotik«.
Zwischen den beiden Eheleuten sind es der mit dem Ehestand verbundene
Status, die Verwaltung des *oîkos*, die Sicherung des Nachwuchses, die die
Prinzipien des Verhaltens begründen, seine Regeln festlegen und die Formen der erforderten Mäßigung bestimmen können. Aber zwischen einem
Mann und einem Knaben, zwischen denen es keine Abhängigkeit und keinen institutionellen Zwang gibt, sondern ein offenes Spiel (mit Vorlieben,
Entscheidungen, Bewegungsfreiheit, ungewissem Ausgang), ist die Regulierung der Verhaltensweisen von der Beziehung selbst zu erwarten, von
der Natur der Bewegung, die die beiden einander zuführt, und von der Zuneigung, die sie miteinander verbindet. Die Problematisierung nimmt also
die Form einer Reflexion über die Beziehung selbst an: zugleich theoretische Fragestellung über die Liebe und vorschreibende Betrachtung über
das Lieben.

Doch richtet sich diese Liebeskunst an zwei Personen. Zwar fehlten die
Frau und ihr Verhalten nicht völlig in der Reflexion über die Ökonomik;
aber sie war nur als Ergänzung des Mannes da; sie war unter seine ausschließliche Autorität gestellt, und wenn es gut war, sie in ihren Vorrechten
zu respektieren, so nur in dem Maße, in dem sie sich dessen würdig zeigte
und in dem es wichtig war, daß das Oberhaupt einer Familie Herr seiner
selber bleibe. Hingegen mag der Knabe zwar zu einer Zurückhaltung
verpflichtet sein, die sein Alter nahelegt; aber mit seinen möglichen (ge-
fürchteten, aber ehrenhaften) Weigerungen und seinen eventuellen (ge-

---

30 Vgl. Xenophon, *Symposion*, VIII, 3.

wünschten, aber leicht verdächtigen) Gewährungen stellt er gegenüber
dem Liebenden ein unabhängiges Zentrum dar. Und die Erotik wird sich
in dieser Ellipse von einem Brennpunkt zum andern zu entfalten haben. In
der Ökonomik und in der Diätetik gründete sich die freiwillige Mäßigung
eines Mannes auf sein Verhältnis zu sich; in der Erotik ist das Spiel komplexer; es impliziert die Selbstbeherrschung des Liebenden; es impliziert aber
auch, daß der Geliebte fähig sei, ein Verhältnis der Herrschaft über sich selber herzustellen; und schließlich impliziert es in der überlegten gegenseitigen Wahl ein Verhältnis zwischen ihren beiden Mäßigungen. Man kann
sogar eine Tendenz feststellen, den Gesichtspunkt des Knaben zu bevorzugen; vor allem über sein Benehmen denkt man nach, und ihm gibt man
Hinweise, Ratschläge und Vorschriften: als ob es vor allem wichtig wäre,
eine Erotik des geliebten Objekts auszubilden, jedenfalls des geliebten Objekts, sofern es sich als Subjekt moralischen Verhaltens zu bilden hat; das
wird deutlich in einem Text wie dem Lob auf Epikrates, der Demosthenes
zugeschrieben wird.

2 Die Ehre eines Knaben

Gegenüber den beiden großen *Symposien* von Platon und Xenophon und
gegenüber dem *Phaidros* erscheint der *Erotikos* des Pseudo-Demosthenes
relativ dürftig. Als feierliche Rede ist er zugleich Lobpreisung eines jungen
Mannes und Ermahnung, die man an ihn richtet: das war ja die traditionelle Funktion der Lobrede, wie sie im *Symposion* von Xenophon erwähnt
wird – »den jungen Mann erfreuen« und ihn »zugleich belehren, was er
sein soll«.[31] Also Lob und Lektion. Trotz der Banalität der Themen und
ihrer Behandlung – es handelt sich um einen etwas verdünnten Platonismus – lassen sich einige gemeinsame Reflexionslinien über die Liebe
und die Problematisierung der »Lüste« herausarbeiten.

1. Den gesamten Text durchzieht eine Besorgnis. Sie äußert sich in einem
Vokabular, das sich sehr beständig auf das Spiel von Ehre und Schande bezieht. In der ganzen Rede geht es um die *aischýne*, um die Schande, die sowohl die Entehrung ist, mit der man gezeichnet werden kann, wie auch

---

31 Xenophon, *Symposion*, VIII, 12. Zu den Beziehungen zwischen Lobrede und Vorschrift vgl. auch
  Aristoteles, *Rhetorik*, I, 9.

das Schamgefühl, das einen davon abhält; es geht um das, was häßlich und schändlich *(aischrón)* ist und sich dem entgegensetzt, was schön oder zugleich schön und recht ist. Es ist auch viel die Rede davon, was Schimpf und Tadel einbringt *(óneidos, epitimé)* und was Ehre und Ansehen verschafft *(éndoxos, éntimos).* Von Anfang an unterstreicht der Liebhaber des Epikrates im *Erotikos* sein Ziel: daß das Lob dem Geliebten Ehre mache und nicht Schande, wie es der Fall ist, wenn Lobreden von indiskreten Verfolgern gehalten werden.[32] Und er betont immer wieder dieses Anliegen: es ist wichtig, daß sich der junge Mann daran erinnere, daß ihn aufgrund seiner Geburt und seiner Stellung die geringste Nachlässigkeit in bezug auf seine Ehre mit Schande zu bedecken droht; er muß als Vorbilder diejenigen im Gedächtnis behalten, die kraft ihrer Wachsamkeit ihre Ehre im Laufe eines Verhältnisses wahren konnten[33]; er muß darauf achten, »seine natürlichen Qualitäten nicht zu entehren« und die Hoffnungen derer, die auf ihn stolz sind, nicht zu enttäuschen.[34]

Das Benehmen eines jungen Mannes erscheint demnach als ein Bereich, der besonders empfindlich ist für die Grenzziehung zwischen dem, was schändlich ist, und dem, was sich ziemt, zwischen dem, was Ehre macht, und dem, was entehrt. Darum geht es denen, die über die jungen Leute, über die Liebe zu ihnen und über ihr richtiges Verhalten reflektieren wollen. Pausanias, der im *Symposion* von Platon die Verschiedenheit der Sitten und Bräuche in bezug auf die Knaben erörtert, gibt an, was in Elis, in Sparta, in Theben, in Jonien oder bei den Barbaren oder schließlich in Athen als »schändlich« oder »schön« gilt.[35] Und Phaidros erinnert an den Grundsatz, dem man in der Frage der Liebe zu den jungen Leuten wie im Leben überhaupt folgen soll: »Mit den häßlichen Dingen verbindet man die Schande; mit den schönen hingegen die Ehrliebe: das Fehlen des einen wie des andern verbietet jeder Polis und jedem einzelnen die Ausübung einer großen und schönen Tätigkeit.«[36] Man muß aber bemerken, daß diese Frage nicht nur von einigen anspruchsvollen Moralisten aufgeworfen wurde. Das Verhalten eines jungen Mannes, seine Ehre und seine Schande waren auch Gegenstand einer sozialen Neugier; man achtete dar-

---

32 Demosthenes, *Erotikos,* 1.
33 Vgl. a. a. O., 5.
34 A. a. O., 53. Die *Rhetorik* des Aristoteles (I, 9) zeigt die Wichtigkeit der Kategorien des *kalón* und des *aischrón* in der Lobrede.
35 Platon, *Symposion,* 182a-d.
36 A. a. O., 178d.

auf, man sprach davon, man erinnerte sich daran: und um Timarchos anzugreifen, scheut sich Aischinos nicht, das Gerede wiederzubeleben, das
Jahre vorher in Umlauf war, als sein Gegner noch ein junger Mann war.[37]
Im übrigen wird auch im *Erotikos* deutlich, mit welch ängstlicher Besorgnis ein Knabe natürlicherweise von seiner Umgebung behandelt wurde:
man beobachtet ihn, man belauert ihn, man kommentiert seine Haltung
und seine Beziehungen; böse Zungen sind um ihn herum; die böswilligen
Geister warten darauf, ihn zu tadeln, wenn er sich arrogant oder hochnäsig
zeigt; aber sie beeilen sich, ihn zu kritisieren, wenn er sich zu nachgiebig
zeigt.[38] Unwillkürlich muß man da an die Situation junger Mädchen in anderen Gesellschaften denken, in denen das Heiratsalter für die Frauen beträchtlich hinaufgesetzt war und ihr voreheliches Verhalten für sie selber
und ihre Familie zu einem wichtigen moralischen und sozialen Einsatz
wurde.

2. Aber für den griechischen Knaben betrifft die Bedeutsamkeit seiner
Ehre nicht – wie später für das europäische Mädchen – seine künftige
Ehe: sie berührt vielmehr seinen künftigen Rang, seinen Platz in der Polis.
Gewiß gibt es tausend Beweise, daß Knaben von zweifelhaftem Ruf später
hohe politische Funktionen ausüben konnten; es ist aber auch bezeugt,
daß ihnen gerade das vorgeworfen werden konnte – abgesehen von den beträchtlichen rechtlichen Konsequenzen, zu denen manches Fehlverhalten
führen konnten: die Affäre des Timarchos zeigt es. Der Autor des *Erotikos*
erinnert den jungen Epikrates nachdrücklich daran: ein Teil seiner Zukunft, der Rang, den er in der Stadt wird einnehmen können, hängt davon
ab, wie er sich – ehrenhaft oder nicht – heute zu benehmen weiß: sobald
die Polis nicht einfach auf die Nächstbesten zurückgreift, wird sie darauf
Rücksicht nehmen, wer sich welchen Ruf erworben hat[39]; und wer einen
guten Rat mißachtet hat, wird sein ganzes Leben für seine Verblendung bü
ßen. Über sein eigenes Verhalten zu wachen, solange man noch ganz jung
ist, aber auch, wenn man älter geworden ist, die Ehre der Jüngeren zu überwachen, sind mithin zwei notwendige Dinge.

Dieses Übergangsalter, in dem der junge Mann so begehrenswert ist
und seine Ehre so zerbrechlich, bildet also eine Probezeit: eine Zeit, in

---

37 Vgl. Aischines, *Gegen Timarchos*, 39-73.
38 Vgl. Demosthenes, *Erotikos*, 17-19.
39 Vgl. a. a. O., 55.

der sich sein Wert erprobt, in dem Sinne, daß er sich insgesamt zu formieren, zu üben, zu messen hat. Einige Zeilen am Ende des Textes zeigen den »Testcharakter«, den das Benehmen des Knaben in dieser Periode seines Lebens einnimmt. Der Autor der Lobrede, der Epikrates ermahnt, erinnert ihn daran, daß es einen Wettbewerb *(agón)* geben wird, wenn es um die *dokimasía*[40] gehen wird: mit diesem Wort bezeichnet man die Prüfung, nach der die jungen Leute in die Ephebie aufgenommen werden oder die Bürger in gewisse Ämter. Das moralische Verhalten des jungen Mannes ist so wichtig und verdient jedermanns Aufmerksamkeit deswegen, weil es von allen als qualifizierende Prüfung angesehen wird. Der Text sagt es übrigens ganz klar: »Ich denke ..., daß unsere Polis dich beauftragen wird, eines ihrer Ämter zu verwalten, und je auffälliger deine Begabung sein wird, um so mehr wird sie dich wichtiger Stellungen für würdig erachten, und um so schneller wird sie deine Fähigkeiten prüfen wollen.«[41]

3. Worauf genau bezieht sich die Prüfung? Und bei welchen Verhaltensweisen muß Epikrates darauf achten, die Unterscheidung zwischen dem, was ehrenhaft ist, und dem, was entehrend ist, vorzunehmen? Es geht um die wohlbekannten Punkte der griechischen Erziehung: die Haltung des Körpers (sorgfältige Vermeidung der *rhathymía*, dieser Verweichlichung, die immer ein schändliches Zeichen ist), die Blicke (in denen sich die *aidós*, die Scham, zeigt), die Art zu reden (sich nicht in die Leichtigkeit des Schweigens flüchten, sondern ernsthafte und spielerische Rede zu mischen wissen), die Qualität der Leute, mit denen man umgeht.

Aber vor allem auf dem Gebiet des Liebesverhaltens spielt die Unterscheidung zwischen dem Ehrbaren und Schändlichen eine Rolle. Dazu ist zunächst zu bemerken, daß der Autor – und hierin ist der Text zugleich ein Lobpreis der Liebe und eine Lobrede auf den jungen Mann – die Meinung kritisiert, die die Ehre des Knaben in die systematische Zurückweisung der Werbenden setzt: zwar besudeln einige Liebhaber die Beziehung selbst *(lymaínesthai tô prágmati)*[42]; aber man darf sie nicht mit denen verwechseln, die Mäßigung an den Tag legen. Der Text zieht die Grenze der Ehre nicht zwischen denen, die ihre Bewerber abweisen, und denen, die sie annehmen. Für einen griechischen Jüngling war es gewiß keine

40 A. a. O., 53.
41 A. a. O., 54.
42 A. a. O., 3.

Schande, von Liebhabern umworben zu sein: es war vielmehr das sichtbare
Zeichen seiner Qualitäten; die Zahl der Verliebten konnte zu erlaubtem
Stolz, aber auch zu eitler Ruhmsucht Anlaß geben. Aber auch die Liebesbeziehung anzunehmen, in das Spiel einzutreten (auch wenn man nicht genau das spielte, das der Verliebte vorschlug) wurde nicht als Schande betrachtet. Sein Lobredner gibt Epikrates zu verstehen, daß schön sein und
geliebt werden eine doppelte Chance darstellt *(eutychía)*[43]: allerdings komme es darauf an, sich ihrer richtig zu bedienen *(orthôs chrêsthai)*. Da liegt
der Punkt, auf dem der Text insistiert und wo er den »Ehrenpunkt« ansetzt: diese Dinge *(tà prágmata)* sind nicht an sich und absolut gut oder
schlecht; sie hängen von denen ab, die sie praktizieren *(parà tùs chromé-
nus)*.[44] Es ist der »Gebrauch«, der ihren moralischen Wert bestimmt – entsprechend einem anderswo oft geäußerten Grundsatz; die Formulierungen
gleichen jedenfalls solchen, die man im *Symposion* findet: »In dieser Materie gibt es nichts Absolutes; die Sache allein und an sich hat weder Schönheit noch Häßlichkeit; aber was sie schön macht, ist die Schönheit ihrer
Realisierung; was sie häßlich macht, ist deren Häßlichkeit.«[45]

Will man nun genau wissen, wo in der Liebesbeziehung die Grenze der
Ehre verläuft, so zeigt sich, daß der Text wenig Auskunft gibt. Die Rede
macht zwar Angaben darüber, was Epikrates tun soll oder getan hat, um
seinen Körper zu üben und seinen Mut auszubilden oder um sich das philosophische Wissen anzueignen, das er braucht; aber nichts ist darüber gesagt, was in der körperlichen Beziehung zugelassen oder verworfen ist.
Eines ist klar: nicht alles muß verweigert werden (der Jüngling »gewährt
seine Gunstbezeugungen«), aber es darf auch nicht alles akzeptiert werden:
»Niemand ist von deinen Gunstbezeugungen enttäuscht, wenn sie mit der
Gerechtigkeit und mit der Moral vereinbar sind; auf solche, die zur Schande gereichen, wagt keiner auch nur zu hoffen: so groß ist die Freiheit, die
deine Mäßigung all denen einräumt, die die besten Absichten haben; so
groß ist die Entmutigung, die sie denen einflößt, die sich erdreisten.«[46]
Die Mäßigung – *sophrosýne* –, die als eine der Haupteigenschaften von
den Knaben gefordert wird, bedeutet tatsächlich eine gewisse Diskriminierung in den körperlichen Kontakten. Aber aus diesem Text lassen sich die

43 A. a. O., 5.
44 A. a. O., 4.
45 Platon, *Symposion*, 183d; vgl. auch 181a.
46 Demosthenes, *Erotikos*, 20.

Akte und Gesten, die die Ehre zu verweigern gebietet, nicht erschließen. Man muß bemerken, daß im *Phaidros*, wo das Thema immerhin viel ausführlicher entwickelt wird, die Unbestimmtheit fast ebenso groß ist. In den beiden ersten Reden über die Nachgiebigkeit gegenüber dem, den man liebt, und gegenüber dem, den man nicht liebt, und in der großen Fabel vom Gespann der Seele mit seinem störrischen und seinem braven Pferd zeigt der Text Platons, daß die Frage der »ehrbaren« Praktik wesentlich ist: und dennoch werden die Akte immer nur mit Ausdrücken benannt wie »zu Gefallen sein« oder »seine Gunstbezeugungen gewähren« *(charízesthai)*, »es tun« *(diapráttesthai)*, »beim Geliebten möglichst viel Lust gewinnen«, »bekommen, was man will« *(peíthesthai)*, »Vergnügen haben« *(apolaúesthai)*. Handelt es sich um eine Diskretion, die derartigen Reden eigen ist? Ganz gewiß hätten es die Griechen unpassend gefunden, daß man in einer feierlichen Rede Dinge genau benennt, die auch in Polemiken und Anklagen nur entfernt angerührt werden. Man kann auch annehmen, daß es kaum notwendig war, auf Unterscheidungen zu insistieren, die allen bekannt waren: jeder mußte wissen, worauf einzugehen für einen Knaben ehrbar oder schimpflich ist. Aber man kann auch daran erinnern, was schon mit der Diätetik und mit der Ökonomik deutlich geworden ist: die Moralreflexion bemüht sich weniger darum, die zu respektierenden Codes und das Tableau der erlaubten und verbotenen Akte zu definieren, und viel mehr darum, den Typ der Haltung, des Verhältnisses zu sich selber zu charakterisieren.

4. Wenn der Text auch nicht die zu respektierenden Handlungsformen und die einzuhaltenden Körpergrenzen sichtbar macht, so läßt er doch das allgemeine Prinzip erkennen, das in diesem Bereich die Seinsweise, die Benehmensweise bestimmt. Das ganze Lob des Epikrates verweist auf einen agonistischen Kontext, in dem die Tugend und die Schönheit des Jünglings sich durch seine Überlegenheit über die anderen behaupten müssen. Das sind die Themen, die in derartigen feierlichen Reden üblich sind: daß derjenige, dessen Lob man singt, auch noch das Lob, das man singt, überbietet und daß die Wörter Gefahr laufen, weniger schön zu sein als der, von dem sie sprechen[47]; oder daß der Knabe allen übrigen durch seine physischen und moralischen Eigenschaften überlegen ist: seine Schön-

47 Vgl. a. a. O., 7, 33, 16.

heit ist unvergleichlich, wie wenn das Schicksal, indem es die mannigfal-
tigsten und entgegengesetztesten Eigenschaften miteinander verband, hätte allen »ein Beispiel geben«[48] wollen; nicht nur seine Gaben, sondern seine Unterhaltung stellen ihn über alle anderen[49]; von allen Übungen, in
denen man glänzen kann, hat er die vornehmste und die lohnendste gewählt[50]; seine Seele ist auf die »Wettkämpfe des Ehrgeizes« vorbereitet;
und indem er sich nicht damit begnügt, sich durch eine Qualität hervorzu-
tun, vereinigt er »all jene, in die ein verständiger Mann seinen Stolz setzen
könnte«.[51]

Aber das Verdienst des Epikrates liegt nicht nur in dieser Überfülle von
Qualitäten, die es ihm gestattet, alle seine Rivalen auszustechen und der
Ruhm seiner Eltern zu sein[52]; es besteht auch darin, daß er gegenüber denen, die sich ihm nähern, immer seinen überragenden Wert behauptet;
er läßt sich von keinem von ihnen beherrschen; alle möchten mit ihm in-
tim werden – das Wort *synétheia* bedeutet sowohl Zusammenleben überhaupt und sexuelles Verhältnis im besonderen[53]; aber er überragt sie auf
solche Weise, er gewinnt auf sie einen solchen Einfluß, daß sie ihr ganzes
Vergnügen in der Freundschaft finden, die sie für ihn empfinden.[54] Nicht
zurückweichen, sich nicht unterwerfen, der Stärkste bleiben, durch seine
Widerstandskraft, seine Festigkeit, seine Mäßigung *(sophrosýne)* die Wer-
ber und die Freier überragen: so behauptet der junge Mann seinen Wert
auf dem Gebiet der Liebe.

Hat man sich hinter diesem allgemeinen Hinweis einen präzisen Code
vorzustellen, der auf die den Griechen vertraute Analogie zwischen den Positionen im sozialen Feld einerseits (mit der Differenz zwischen den »Ersten«
und den anderen, den Mächtigen, die befehlen, und denen, die gehorchen,
den Herren und den Dienern) und der Form der sexuellen Beziehungen
andererseits (mit den herrschenden und den beherrschten Positionen, den
aktiven und passiven Rollen, der Penetration, die vom Mann ausgeführt
und von seinem Partner erlitten wird) gegründet ist?

Wenn man sagt, daß man nicht nachgeben soll, daß man die anderen

48 A. a. O., 8, 14.
49 Vgl. a. a. O., 21.
50 Vgl. a. a. O., 23, 25.
51 A. a. O., 30.
52 Vgl. a. a. O., 31.
53 A. a. O., 17.
54 Vgl. ebd.

nicht siegen lassen soll, daß man keine unterlegene Position akzeptieren soll, so schließt man wohl sexuelle Praktiken aus oder rät von solchen ab, die für den Knaben demütigend wären und durch die er in eine unterlegene Stellung gebracht würde.[55]

Aber es ist wahrscheinlich, daß sich das Prinzip der Ehre und der Wahrung der »Überlegenheit« – über einige bestimmte Vorschriften hinaus – auf so etwas wie einen allgemeinen Stil bezieht: es durfte nicht geschehen (vor allem durfte es nicht sichtbar werden), daß sich der Knabe »passiv« verhält, daß er sich behandeln und beherrschen läßt, daß er kampflos nachgibt, daß er der willfährige Partner der Gelüste des andern wird, daß er seine Launen befriedigt und daß er seinen Körper jedem Beliebigen und nach Belieben darbietet – aus Verweichlichung, Wollust oder Gewinnsucht. Das ist die Schande der Knaben, die den Nächstbesten akzeptieren, die sich skrupellos anbieten, die von Hand zu Hand gehen, die dem Meistbietenden alles gewähren. Das tut Epikrates nicht und wird er nicht tun – aus Sorge um die Meinung, die man von ihm hat, um den Rang, den er einzunehmen haben wird, und um die nützlichen Beziehungen, die er anknüpfen kann.

5. Es sei noch rasch die Rolle erwähnt, die der Autor des *Erotikos* der Philosophie in dieser Wahrung der Ehre und in diesen Überlegenheitsduellen zuspricht, zu denen als den Prüfungen seines Alters der Jüngling eingeladen ist. Diese Philosophie, deren Inhalt kaum anders als durch den Bezug auf das sokratische Thema der *epiméleia heautû* – der »Sorge um sich«[56] – und auf die ebenfalls sokratische Notwendigkeit, Wissen und Übung *(epistéme-meléte)* zu verbinden, bestimmt wird, diese Philosophie erscheint nicht als ein Prinzip zur Führung eines anderen Lebens und auch nicht zur Enthaltung von allen Lüsten. Sie wird von Pseudo-Demosthenes als unerläßliche Ergänzung der andern Prüfungen angefordert: »Sag', ist es nicht ganz unverständig, einerseits großen Wetteifer an den Tag zu legen und viele Prüfungen zu bestehen, um sein Verdienst, seine Körperkraft und alle derartigen Vorzüge zu vermehren ... und nicht die Mittel zur Vervollkommnung der Fähigkeit zu suchen, die allem übrigen vorangeht?«[57]

55 Über die Wichtigkeit des Nicht-Beherrschtwerdens und die Zurückhaltung gegenüber der passiven Sodomie und Fellatio in den homosexuellen Beziehungen vgl. K. J. Dover, a. a. O., S. 94-101.
56 Demosthenes, *Erotikos*, 39-43.
57 A. a. O., 38.

Die Philosophie kann nämlich zeigen, wie man »stärker als man selber«
wird, und wenn man es geworden ist, gibt sie außerdem die Möglichkeit,
die anderen zu überragen. Sie ist von sich aus ein Prinzip der Befehlsgewalt, denn sie und nur sie ist fähig, das Denken zu leiten: »In den menschlichen Angelegenheiten führt das Denken alles, und die Philosophie kann
ihrerseits das Denken zugleich lenken und üben.«[58] Man sieht, daß die Philosophie ein für die Weisheit des jungen Mannes notwendiges Gut ist; keineswegs, um ihn zu einer anderen Lebensform zu veranlassen, sondern um
ihm zu ermöglichen, im schwierigen Spiel der zu bestehenden Prüfungen
und der zu wahrenden Ehre die Selbstbeherrschung zu wahren und den
Sieg über die anderen davonzutragen.

Der ganze *Erotikos* dreht sich also um das Problem dieser zweifachen
Überlegenheit – über sich und über die anderen – in der schwierigen
Phase, in der die Jugend und die Schönheit des Knaben so viele Männer
anziehen, die versuchen, ihn zu »kriegen«. In der Diätetik ging es vor allem
um die Herrschaft über sich und über die Gewalt eines gefährlichen Aktes;
in der Ökonomik ging es um die Macht, die man in der Ausübung der
Macht über die Frau zugleich über sich selber ausüben muß. Hier in der
Erotik, die den Gesichtspunkt des Knaben einnimmt, ist das Problem,
wie er seine Herrschaft sichern kann, ohne den anderen nachzugeben. Es
geht nicht um das Maß, das man seiner eigenen Macht anzulegen hat, sondern um die beste Weise, sich mit der Macht der anderen zu messen, indem man seine eigene Herrschaft über sich selber wahrt. Das drückt sich
in einer kurzen Erzählung in der Mitte der Rede aus. Es handelt sich um
eine triviale Geschichte: die Erzählung von einem Wagenrennen. Aber
das kleine Sportdrama, das erzählt wird, wird direkt auf die öffentliche
Probe bezogen, die der Jüngling in seinem Benehmen gegenüber seinen
Werbern zu bestehen hat; Epikrates lenkt sein Gespann (die Bezugnahme
auf den *Phaidros* ist wahrscheinlich); er ist der Niederlage schon ganz
nahe, sein Gespann droht von einem entgegenkommenden Wagen zer-
schmettert zu werden; die Menge begeistert sich – trotz ihrer Vorliebe
für Unfälle – für den Helden, während er, »stärker noch als die Kraft seines
Gespanns, schließlich über die meistfavorisierten seiner Rivalen den Sieg
davonträgt.«[59]

58 A. a. O., 37.
59 A. a. O., 29-30.

Diese Rede auf Epikrates ist gewiß nicht eine der höchsten Formen der griechischen Reflexion über die Liebe. Aber gerade in ihrer Banalität läßt sie einige wichtige Aspekte des »griechischen Knabenproblems« sichtbar werden. Der junge Mann – zwischen dem Ende der Kindheit und dem Eintritt ins Mannesalter – stellt für die Moral und das Denken der Griechen ein delikates und diffiziles Element dar. Seine Jugend mit der ihr eigenen Schönheit (für die jeder Mann von Natur aus empfänglich ist) sowie seine künftige Stellung (auf die er sich mit der Unterstützung und mit der Gewähr seiner Umgebung vorbereiten muß) bilden einen »strategischen« Punkt, um den herum ein komplexes Spiel erfordert ist; es geht um seine Ehre, die zum Teil von dem Gebrauch abhängt, den er von seinem Körper macht, und die in einem gewissen Maß auch seinen künftigen Ruf und Rang bestimmt. Es ist das für ihn eine Erprobung, die Eifer und Übung erfordert – und die den anderen Gelegenheit zu Besorgnis und Beistand gibt. Ganz am Ende seines Lobes auf Epikrates erinnert der Autor daran, daß das Leben des Knaben, sein *bíos*, ein »gemeinsames« Werk sein muß; und als ginge es darum, ein Kunstwerk zu vollenden, appelliert er an alle, die Epikrates kennen, dieser kommenden Gestalt »den größtmöglichen Glanz« zu verleihen.

Später in der europäischen Kultur werden das junge Mädchen oder die verheiratete Frau mit ihrem Verhalten, mit ihrer Tugend, ihrer Schönheit und ihren Gefühlen bevorzugte Gegenstände der Sorge werden; eine neue Kunst, sie zu umwerben, eine hauptsächlich romanhafte Literatur, eine auf die Integrität ihres Körpers und auf die Festigkeit ihrer Ehebindung streng achtende Moral – all das wird die Neugierden und die Begierden auf sie ziehen. Welches auch die Unterlegenheit sein mag, in der sie in der Familie oder in der Gesellschaft gehalten wird, es wird eine Betonung, eine Aufwertung des »Problems« der Frau geben. Ihre Natur, ihr Benehmen, die Gefühle, die sie einflößt oder empfindet, das erlaubte oder verbotene Verhältnis, das man mit ihr haben kann, werden Themen der Reflexion, des Wissens, der Analyse, der Vorschriften werden. Hingegen hat es den Anschein, daß im klassischen Griechenland die Problematisierung am aktivsten im Hinblick auf den Knaben gewesen ist, indem sie um seine zerbrechliche Schönheit, seine körperliche Ehre, seine Weisheit und die erforderliche Bildung intensiv moralisch besorgt war. Die historische Besonderheit liegt nicht darin, daß die Griechen an den Knaben Gefallen fanden, und auch nicht darin, daß sie dieses Vergnügen als legitim akzeptierten.

Sie liegt darin, daß diese Annahme des Vergnügens nicht einfach war, daß sie Anlaß zu einer ganzen Kulturarbeit bot. Schematisch gesprochen geht es hier nicht darum, zu erfassen, warum die Griechen Geschmack an den Knaben fanden, sondern warum sie eine »Päderastie« hatten: das heißt, warum sie um diesen Geschmack eine Praktik des Liebeswerbens, eine Moralreflexion und, wie wir sehen werden, eine philosophische Asketik erarbeitet haben.

3 Das Objekt der Lust

Um zu verstehen, wie der Gebrauch der *aphrodísia* in der Reflexion über die Knabenliebe problematisiert wird, ist an ein Prinzip zu erinnern, das gewiß nicht nur der griechischen Kultur eigen ist, das aber dort eine große Bedeutsamkeit erlangt und in den moralischen Einschätzungen eine bestimmende Macht ausgeübt hat. Es handelt sich um das Prinzip des Isomorphismus zwischen sexueller Beziehung und gesellschaftlichem Verhältnis. Darunter ist zu verstehen, daß das sexuelle Verhältnis – immer vom Modell des Penetrationsaktes und von der Polarität zwischen Aktivität und Passivität aus gedacht – als etwas Gleichartiges wie das Verhältnis zwischen dem Oberen und dem Unteren, dem Herrschenden und dem Beherrschten, dem Unterwerfenden und dem Unterworfenen, dem Sieger und dem Besiegten wahrgenommen wird. Die Lustpraktiken werden mit denselben Kategorien reflektiert wie das Feld der sozialen Rivalitäten und Hierarchien: Analogie in der agonistischen Struktur, in den Entgegensetzungen und Differenzierungen, in den den jeweiligen Rollen der Partner zugesprochenen Werten. Von da aus läßt sich verstehen, daß es im sexuellen Verhalten eine Rolle gibt, die an sich ehrenhaft ist und uneingeschränkt positiv gewertet wird: ebenjene, die darin besteht, aktiv zu sein, zu beherrschen, zu penetrieren und so seine Überlegenheit durchzusetzen.

Daraus ergeben sich einige Konsequenzen für den Status derer, die die passiven Partner dieser Aktivität sein müssen. Die Sklaven stehen natürlich dem Herrn zur Verfügung: ihr Stand macht aus ihnen Sexualobjekte, die keine Fragen aufwerfen; das ging so weit, daß man sich darüber wunderte, daß ein und dasselbe Gesetz die Vergewaltigung der Sklaven und der Kinder untersagte; um diese Merkwürdigkeit zu erklären, meint Aischines, indem man die Vergewaltigung selbst an den Sklaven verboten habe, habe man zeigen wollen, was für eine schwerwiegende Sache sie sei, wenn sie sich gegen Kinder von guter Herkunft richte. Was die Passivität der Frau anlangt, so bedeutet sie wohl eine Unterlegenheit in Natur und Stellung; aber sie ist nicht als Verhalten zu tadeln, da sie ebendem entspricht, was von der Natur gewollt und vom Status her festgelegt ist. Doch alles, was im sexuellen Verhalten einem freien Mann – und noch dazu einem Mann, der kraft seiner Geburt, seines Vermögens, seines Ansehens die ersten Ränge unter den andern einnimmt oder einnehmen müßte – die Zeichen von Unterlegenheit, ertragener Herrschaft, akzeptierter Knechtschaft zuweist, kann nur als schändlich betrachtet werden: die Schande ist noch größer, wenn er sich als willfähriges Objekt der Lust des anderen darbietet.

In einem solchermaßen geregelten Spiel von Werten ist die Position des Knaben – des Knaben freier Herkunft – einigermaßen schwierig. Gewiß befindet er sich noch in einer »niedrigen« Position, insofern er weit davon entfernt ist, Rechte und Vollmachten zu genießen, die er haben wird. Und doch ist seine Stellung weder mit der eines Sklaven noch auch mit der einer Frau zu vergleichen. Das trifft bereits für den Rahmen des Hauswesens und der Familie zu. Ein Abschnitt in der *Politik* des Aristoteles sagt es klar. Wo er die der Familie eigenen Autoritätsbeziehungen und Regierungsformen behandelt, definiert Aristoteles im Verhältnis zum Familienoberhaupt die Position des Sklaven, die der Frau und die des (männlichen) Kindes. Die Sklaven regieren, sagt Aristoteles, heißt nicht freie Wesen regieren; eine Frau regieren heißt eine »politische« Macht ausüben, in der Verhältnisse von bleibender Ungleichheit bestehen; die Regierung der Kinder hingegen kann »königlich« genannt werden, weil sie »auf der Zuneigung und auf der Überlegenheit des Alters«[60] beruht. Beim Sklaven fehlt nämlich die überlegende Fähigkeit; bei der Frau ist sie wohl gegeben, aber sie übt bei ihr nicht die Entscheidungsfunktion aus; beim Knaben bezieht sich der Mangel nur auf den Grad der Entwicklung, die ihren Abschluß noch nicht erreicht hat. Und wenn die moralische Erziehung der Frauen wichtig ist, weil sie die Hälfte der freien Bevölkerung ausmachen, so ist die der männlichen Kinder noch wichtiger; denn sie betrifft künftige Bürger, die an der Regierung der Polis teilnehmen werden.[61] Man sieht also: der eigentümliche Charakter der Stellung eines Knaben, die besondere Form seiner Ab-

---

60 Aristoteles, *Politik*, I, 12, 1259a-b.
61 Vgl. a. a. O., I, 13, 1260b.

hängigkeit und die Weise, in der er behandelt werden muß – selbst in dem
Raum, in dem die beträchtliche Macht des Familienvaters ausgeübt wird –,
ist durch den Status bestimmt, den er in der Zukunft haben wird.

Bis zu einem gewissen Grad ist es ebenso im Spiel der sexuellen Beziehungen. Unter den verschiedenen »Objekten«, die erlaubt sind, nimmt
der Knabe eine besondere Position ein. Er ist gewiß kein verbotenes Objekt; in Athen schützen zwar bestimmte Gesetze die freien Kinder (gegen
die Erwachsenen, die jedenfalls eine Zeitlang die Schulen nicht betreten
dürfen; gegen die Sklaven, die den Tod riskieren, wenn sie sie zu verderben
suchen; gegen ihren Vater oder Vormund, die bestraft werden, wenn sie sie
prostituieren)[62]; aber nichts verhindert oder verbietet, daß ein Jüngling mit
dem Wissen aller der Sexualpartner eines Mannes ist. Und doch gibt es in
dieser Rolle so etwas wie eine innere Schwierigkeit: etwas, was daran hindert, genau zu bestimmen, worin diese Rolle in der sexuellen Beziehung eigentlich besteht, und was dennoch die Aufmerksamkeit auf diesen Punkt
zieht und dem, was da passieren soll oder nicht passieren soll, eine große
Wichtigkeit und viel Wert zuerkennen läßt. Es gibt da insgesamt so etwas
wie einen blinden Fleck und einen überbewerteten Punkt. Die Rolle des
Knaben ist ein Element, in dem sich viel Unsicherheit und ein intensives
Interesse verbinden.

In *Gegen Timarchos* beruft sich Aischines auf ein Gesetz, das von sich
aus sehr interessant ist, weil es die bürgerliche und politische Disqualifikation betrifft, die das schlechte Sexualverhalten eines Mannes – nämlich die
»Prostitution« – mit sich bringen kann, da es ihm in der Folge untersagt,
»in den Rang der neun Archonten aufgenommen zu werden, ein Priester-
amt auszuüben, die Funktionen eines öffentlichen Anwalts zu erfüllen«.
Wer sich prostituiert hat, wird kein Amt mehr in der Polis oder außerhalb
ausüben können – weder ein Wahlamt noch ein ausgelostes. Er wird weder
die Funktionen eines Schatzmeisters noch die eines Botschafters ausüben
können und wird auch weder Ankläger noch bezahlter Denunziant bei
einer Botschaft werden können. Schließlich wird er auch seine Meinung
vor dem Rat oder vor dem Volk nicht mehr äußern dürfen – auch wenn
er »der eloquenteste Redner«[63] wäre. Dieses Gesetz macht also aus der
männlichen Prostitution einen Fall von *atimía* – öffentlicher Entehrung,

---

62 Vgl. die von Aischines in *Gegen Timarchos* (9-18) zitierten Gesetze.
63 A. a. O., 19-20.

die den Bürger von gewissen Verantwortlichkeiten ausschließt.[64] Aber die Art, in der Aischines sein Plädoyer führt und durch die eigentlich juridische Diskussion hindurch seinen Gegner zu kompromittieren sucht, zeigt klar die »moralische« wie auch gesetzliche Unvereinbarkeit zwischen bestimmten sexuellen Rollen bei den Knaben und gewissen sozialen und politischen Rollen beim Erwachsenen.

Die juridische Argumentation des Aischines besteht darin, vom »schlechten Benehmen« des Timarchos auszugehen, das durch Gerüchte, Gerede und Zeugen belegt ist, und bestimmte Elemente der Prostitution nachzuweisen (Zahl der Partner, Fehlen eigener Wahl, Bezahlung für geleistete Dienste), während andere Elemente fehlen (er war nicht als Prostituierter registriert und hat nicht in einem Haus gewohnt). Als er jung und hübsch war, ging er durch zahlreiche und nicht immer sehr ehrbare Hände, denn man sah ihn mit einem Mann von unfreiem Stand leben oder bei einem notorischen Wüstling, der von Sängern und Zitherspielern umgeben war; er hat Geschenke angenommen, er hat sich aushalten lassen, er hat an den Extravaganzen seiner Beschützer teilgenommen; man weiß von Kedonides, Autokleides, Thersandros, Migolas, Antikles, Pittolakos, Hegesandros. Also ist es nicht möglich zu sagen, daß er nur buhlerisch *(hetairikôs)* gelebt hat, sondern daß er sich »prostituiert« *(peporneuménos)* hat: »denn wer sich, ohne zu wählen, solchen Praktiken hingibt, mit jedermann und gegen Belohnung, muß der sich nicht wegen dieses Vergehens verantworten?«[65]

Aber die Anklage bewegt sich auch auf einer moralischen Ebene, auf der sich nicht nur das Vergehen feststellen läßt, sondern auf der die Person des Gegners insgesamt und zumal politisch kompromittiert werden kann. Timarchos war vielleicht nicht formell ein professioneller Prostituierter; aber er ist doch auch weit entfernt von den ehrenhaften Männern, die ihren Geschmack an männlichen Lieben nicht verheimlichen und die mit freien Knaben ehrbare und für den jungen Partner wertvolle Beziehungen unterhalten: Aischines erklärt, daß er selber diese Art von Liebe gern teilt. Er beschreibt Timarchos als einen Mann, der sich in seiner Jugend in die niedere und demütigende Position eines Lustobjekts für die andern gesetzt und sich so allen gezeigt hat; er hat diese Rolle gewollt, er hat sie gesucht, er hat sich darin gefallen und hat daraus Gewinn gezogen. Und das, erklärt

---

64 K. J. Dover, a. a. O., S. 32, unterstreicht, daß nicht die Prostitution als solche zu verurteilen war, sondern der Verstoß gegen die aus ihr folgenden Einschränkungen.

65 Aischines, *Gegen Timarchos*, 52.

Aischines vor seinen Hörern, sei moralisch und politisch unvereinbar mit den Verantwortlichkeiten und der Ausübung der Macht in der Polis. Ein Mann, der durch die Rolle, in der er sich in seiner Jugend gefallen hat, gezeichnet ist, kann jetzt nicht ohne Skandal die Rolle dessen spielen, der in der Polis den anderen überlegen ist, ihnen Freunde gibt, sie in ihren Entscheidungen berät, sie leitet und sie repräsentiert. Was für die Athener kaum erträglich ist – dieses Gefühl versucht Aischines in der Rede gegen Timarchos zu schüren –, ist nicht der Gedanke, von jemandem regiert zu werden, der die Knaben liebt oder der in seiner Jugend von einem Mann geliebt worden ist; was man nicht akzeptieren kann, ist die Autorität eines Führers, der sich seinerzeit mit der Rolle des Lustobjekts für die anderen identifiziert hat.

An dieses Gefühl hatte übrigens Aristophanes in seinen Komödien oft genug appelliert; was zu Spott und zu Skandal Anlaß gab, war, daß diese Redner, diese angesehenen und geliebten Führer, diese Bürger, die das Volk zu verführen suchten, um sich über es zu stellen und um es zu beherrschen, Kleon von Kleisthenes oder Agyrrhios, bereit waren, für die anderen die Rolle passiver und willfähriger Objekte zu spielen. Aristophanes macht sich über diese athenische Demokratie lustig, in der man um so mehr Chancen hatte, von der Versammlung gehört zu werden, je mehr man an Vergnügen dieser Art Geschmack fand.[66] In derselben Weise und im selben Geist machte sich Diogenes über Demosthenes und seine Sitten lustig, der der Führer *(demagogós)* des athenischen Volkes zu sein beanspruchte.[67] Wenn man im Spiel der Lustbeziehungen die Rolle des Beherrschten spielt, so kann man im Spiel der bürgerlichen und politischen Aktivität nicht mehr zu Recht den Platz des Herrschenden einnehmen.

Es tut wenig zur Sache, was an diesen Satiren und Kritiken sachlich gerechtfertigt sein mag. Allein durch ihre Existenz verweisen sie klar auf eines: nämlich – in jener Gesellschaft, die die sexuellen Beziehungen zwischen Männern zuließ – auf die Schwierigkeit, die durch die Nachbarschaft einer Ethik der männlichen Überlegenheit und einer Konzeption jedes sexuellen Verhältnisses nach dem Schema der Penetration und der männlichen Herrschaft entstanden ist; es folgt daraus einerseits, daß die Rolle der »Aktivität« und der Herrschaft beständig positiv bewertet wird, andererseits aber, daß einem der Partner im Sexualakt die passive, unterlegene und niedere Posi-

---

66 Vgl. Aristophanes, *Ritter*, v. 428 ff.; *Ekklesiazusen*, v. 112 ff. Vgl. F. Buffière, a. a. O., S. 185 f.
67 Diogenes Laertios, *De clarorum philosophorum vitis, dogmatibus et apophthegmatibus*, lib. VI, 2, 34.

tion zugewiesen werden muß. Dabei gibt es kein Problem, wenn es sich um eine Frau oder um einen Sklaven handelt – aber ganz anders ist es, wenn es um einen Mann geht. Es ist gewiß die Existenz dieser Schwierigkeit, die zugleich das Schweigen erklärt, mit dem man dieses Verhältnis zwischen Erwachsenen umgeben hat, und die schreiende Disqualifizierung jener, die dieses Schweigen brachen und ihr Einverständnis oder gar ihre Vorliebe für diese »niedere« Rolle zeigten. Gleichfalls wegen dieser Schwierigkeit wurde die gesamte Aufmerksamkeit auf das Verhältnis zwischen Männern und Knaben konzentriert, da hier einer der beiden Partner aufgrund seiner Jugend und aufgrund der Tatsache, daß er den männlichen Status noch nicht erreicht hat, für eine Zeit, die, wie man weiß, kurz ist, ein zulässiges Lustobjekt sein kann. Doch wenn der Knabe aufgrund seines eigentümlichen Charmes für die Männer eine Beute sein kann, die sie verfolgen, ohne daß es einen Skandal oder ein Problem gäbe, so darf man nicht vergessen, daß er eines Tages ein Mann sein wird, der Vollmachten und Verantwortung ausüben muß und dann natürlich nicht mehr Lustobjekt sein kann: in welchem Maße wird er es gewesen sein dürfen?

Daher die »Antinomie des Knaben« in der griechischen Moral der *aphrodísia*. Einerseits wird der Jüngling als Lustobjekt angesehen – und sogar als das einzige ehrenhafte und rechtmäßige Objekt unter den männlichen Partnern des Mannes; nie wird man jemandem vorwerfen, einen Knaben zu lieben, danach zu verlangen und sich daran zu erfreuen – sofern die Gesetze und die Schicklichkeit respektiert werden. Aber andererseits kann der Knabe, da seine Jugend ihn dazu führen wird, ein Mann zu sein, nicht damit einverstanden sein, sich als Objekt in dieser Beziehung zu betrachten, die immer in der Form der Herrschaft gedacht wird: er kann und darf sich mit dieser Rolle nicht identifizieren. Er kann nicht mit seinem freien Willen, in seinen eigenen Augen und für sich selber dieses Lustobjekt sein, während der Mann ihn ganz natürlich als Lustobjekt zu wählen liebt. Wollust empfinden, Lustsubjekt sein mit einem Knaben ist für die Griechen nicht problematisch; doch Lustobjekt sein und sich als solches betrachten stellt für den Knaben eine beträchtliche Schwierigkeit dar. Das Verhältnis, das er zu sich herstellen muß, um ein freier Mann zu werden, Herr seiner selber und fähig, die anderen zu übertreffen, kann sich nicht mit einer Verhältnisform decken, in der er Lustobjekt für einen anderen wäre. Diese Inkongruenz ist moralisch notwendig.

Eine solche Schwierigkeit erklärt gewisse Züge der Reflexion über die Knabenliebe.

Zunächst ein für uns ziemlich rätselhaftes Schwanken in der Frage des natürlichen oder »widernatürlichen« Charakters dieser Liebe. Einerseits hält man es für ausgemacht, daß die Bewegung, die zu den Knaben hinzieht, so natürlich ist wie jede Bewegung, die das Schöne hervorruft. Und doch ist es keine bloße Ausnahme, wenn man die Behauptung findet, daß das Verhältnis zwischen zwei Männern oder allgemeiner zwischen zwei Individuen desselben Geschlechts *parà phýsin*, gegen die Natur, sei. Zwar könnte man annehmen, daß es sich da um zwei Meinungen handelt, die zwei Einstellungen kennzeichnen: eine geneigte und eine feindliche gegenüber dieser Art von Liebe. Aber die Möglichkeit dieser beiden Einschätzungen beruht wahrscheinlich auf dem Tatbestand, daß man es zwar für natürlich hält, mit einem Knaben Vergnügen zu finden, daß man es jedoch andererseits kaum als natürlich akzeptieren kann, einen Knaben zu einem Lustobjekt zu machen. So daß man dem Akt selbst, der sich zwischen den beiden männlichen Individuen vollzieht, vorwerfen kann, *parà phýsin* zu sein, da er den einen Partner *verweiblicht* – während das Begehren nach dem Schönen nichtsdestoweniger als natürlich betrachtet wird. Die Kyniker waren keine Gegner der Knabenliebe, auch wenn sie sich sehr bissig über alle Knaben lustig machten, die sich mit ihrer Passivität ihrer Natur berauben und sich »noch schlechter machen, als sie schon waren«.[68] Was Platon betrifft, so muß man nicht annehmen, daß er, in seiner Jugend ein Anhänger der Männerliebe, sich in der Folge so »geläutert« habe, daß er sie in seinen letzten Texten als widernatürliches Verhältnis verurteilte. Vielmehr ist zu bemerken, daß er sich zu Beginn der *Nomoi* – wenn er die Beziehung mit den Frauen als Element der Natur von der Beziehung zwischen Männern (oder zwischen Frauen) als Folge von Unbeherrschtheit *(akrasía)* absetzt – auf den Akt der Vereinigung selbst (der von der Natur für die Fortpflanzung vorgesehen ist) bezieht und daß er an die Institutionen denkt, die geeignet sind, die Sitten der Bürger zu fördern oder zu verderben.[69] In dem Abschnitt des achten Buches, wo er die Notwendigkeit – und die Schwierigkeit – eines Gesetzes über die sexuellen Beziehungen ins Auge faßt, beziehen sich seine Argumente ebenfalls auf den Schaden, der entstehen kann, wenn man Männer und junge Knaben in der sexuellen Vereinigung *(míxis aprhodisíon)* »wie Frauen gebraucht«: wie sollte sich bei dem, der verführt wird, »ein mutiger, männlicher Charakter« *(tò tês an-*

---

68 A. a. O., lib. VI, 2, 59 (vgl. auch 54 und 46).
69 Platon, *Nomoi*, I, 636b-c.

dreías êthos) bilden? Und beim Verführer »ein Geist der Mäßigung«? »Jedermann tadelt die Verweichlichung dessen, der den Lüsten nachgibt und
nicht widerstehen kann«, und »bei dem, der die Frau nachzuahmen sucht,
werden alle das allzu ähnliche Bild, das daraus entsteht, verwerfen«.[70]

Die Schwierigkeit, den Knaben als Lustobjekt zu denken, drückt sich
auch in einer Reihe deutlicher Zurückhaltungen aus. Man zögert, die
Rolle des Knaben in der sexuellen Beziehung direkt und ausdrücklich zu
benennen: bald verwendet man ganz allgemeine Ausdrücke wie »die Sache
machen« *(diapráttesthai tò prâgma)*[71], bald umschreibt man sie als gerade das Unnennbare[72] oder greift auf Ausdrücke zurück, die – und das ist
ganz bezeichnend für das von dieser Beziehung aufgeworfene Problem –
zu »agonistischen« oder politischen Metaphern gehören – »nachgeben«,
»sich unterwerfen« *(hyperetei̯n)*, »einen Dienst erweisen« *(therapeúein, hy-
purgei̯n)*.[73]

Man zögert aber auch zuzulassen, daß der Knabe Lust empfinden kann.
Diese »Verneinung« ist sowohl als die Behauptung zu verstehen, daß eine
solche Lust nicht existieren kann, aber auch als die Vorschrift, daß sie
nicht empfunden werden darf. Um zu erklären, warum die Liebe so oft
in Haß umschlägt, wenn sie über körperliche Beziehungen läuft, erwähnt
Sokrates im *Symposion* von Xenophon die Unannehmlichkeit, die es für
einen jungen Mann bedeuten kann, mit einem alternden Mann zu verkehren *(homilei̯n)*. Aber als allgemeines Prinzip fügt er auch hinzu: »Ein Knabe
nimmt übrigens nicht wie eine Frau an der Liebeslust eines Mannes teil,
sondern er bleibt der nüchterne Zuschauer seiner sinnlichen Glut.«[74] Zwischen dem Mann und dem Knaben gibt es nicht – kann es nicht und darf
es nicht geben – eine Gemeinschaft der Lust. Der Autor der *Problemata*
läßt deren Möglichkeit nur bei einigen Individuen aufgrund einer anatomischen Unregelmäßigkeit zu. Und niemand wird strenger verurteilt als
die Knaben, die durch ihre Nachgiebigkeit, durch die Vielzahl ihrer Verbindungen oder durch ihre Haltung, ihre Schminke, ihren Putz oder ihr
Parfum zeigen, daß sie an dieser Rolle Vergnügen finden.

Das heißt aber nicht, daß der Knabe, wenn er nachgibt, es gänzlich kalt

70 A. a. O., VIII, 836c-d. Im *Phaidros* wird die physische Form der Beziehung, in der sich der Mann
   »als Tier mit vier Füßen« aufführt, als »widernatürlich« bezeichnet (250e).
71 Oder *diapráttesthai*; vgl. *Phaidros*, 256c.
72 Vgl. Xenophon; *Symposion*, IV, 15.
73 Xenophon, *Hieron*, I und VII; oder Platon, *Symposion*, 184c-d. Siehe K. J. Dover, a. a. O., S. 47.
74 Xenophon, *Symposion*, VIII, 21.

tun müßte. Er darf sogar nur zu Gefallen sein, wenn er gegenüber seinem Liebhaber Gefühle der Bewunderung oder der Dankbarkeit und Zuneigung empfindet, die ihn wünschen lassen, gefällig zu sein. Das Verb *charízesthai* wird üblicherweise gebraucht, um die Tatsache zu bezeichnen, daß der Knabe »einwilligt« und »seine Gunst gewährt«.[75] Das Wort zeigt an, daß zwischen dem Geliebten und dem Liebhaber etwas anderes stattfindet als eine bloße »Hingabe«; der junge Mann »gewährt seine Gunst« aufgrund einer Regung, die einem Begehren und dem Verlangen des anderen zustimmt, die aber selber nicht von der gleichen Art ist. Es ist eine Antwort; es ist nicht die Gemeinsamkeit einer Empfindung. Der Knabe hat nicht physische Lust zu empfinden; er hat nicht einmal am Vergnügen des Mannes Vergnügen zu finden; er hat, wenn er nachgibt, wann er soll, das heißt weder zu voreilig noch zu mißmutig, eine Befriedigung darin zu finden, daß er dem anderen Vergnügen macht.

Das sexuelle Verhältnis mit dem Knaben erfordert also von seiten beider Partner besondere Verhaltensweisen. Aufgrund der Tatsache, daß sich der Knabe mit der Rolle, die er zu spielen hat, nicht identifizieren kann, wird er abweisen, widerstehen, fliehen, sich entziehen müssen[76]; wenn er dann zuletzt doch zustimmt, wird er dafür Bedingungen stellen müssen, die den betreffen, dem er nachgibt (seinen Wert, seine Stellung, seine Tugend), sowie den Gewinn, den er davon erwarten kann (der Gewinn ist eher schimpflich, wenn es sich nur um Geld handelt, aber ehrbar, wenn es um das Erlernen dessen geht, was es heißt, ein Mann zu sein, oder wenn es um soziale Protektion für die Zukunft oder um eine dauerhafte Freundschaft geht). Und gerade das sind die Wohltaten, die der Liebhaber gewähren muß – neben den eher formellen Geschenken, die zu machen sind (und deren Bedeutung und Wert mit der Lage der Partner variieren kann). So daß in der Beziehung zwischen einem Mann und einem Knaben der sexuelle Akt in ein Spiel von Verweigerung, Ausweichen, Flucht eingebunden ist, das ihn möglichst weit hinauszögert, aber auch in einen Prozeß von Tauschakten, der festlegt, wann und unter welchen Bedingungen er sich vollziehen soll.

Insgesamt hat also der Knabe aus Gefälligkeit, also nicht um seiner eigenen Lust willen, etwas zu geben, was sein Partner um der dabei zu gewinnenden Lust willen sucht: aber letzterer kann es nicht rechtmäßig verlan-

---

75 Platon, *Symposion*, VIII, 21.
76 Vgl. a. a. O., 184a.

gen ohne die Gegenleistung von Geschenken, Wohltaten, Versprechungen und Verpflichtungen, die von ganz anderer Art sind als die »Gabe«, die ihm zuteil wird. Daher die Tendenz, die in der griechischen Reflexion über die Knabenliebe so deutlich ist: wie kann man dieses Verhältnis in einen größeren Zusammenhang integrieren und es in eine Beziehung von anderer Art übergehen lassen: eine stabile Beziehung, in der die physische Beziehung keine Bedeutung mehr hat und in der die beiden Partner dieselben Gefühle und dieselben Güter teilen können? Die Liebe zu den Knaben kann moralisch nur ehrenhaft sein, wenn sie (dank verständigen Wohltaten des Liebhabers, dank der zurückhaltenden Gefälligkeit des Geliebten) die Elemente enthält, die die Fundamente einer Umformung dieser Liebe in eine endgültige und gesellschaftliche wertvolle Verbindung enthält, die der *philía*.

Es wäre falsch zu glauben, daß die Griechen, weil sie diese Art von Verhältnis nicht untersagten, sich über seine Implikationen nicht beunruhigt hätten. Mehr als jede andere sexuelle Beziehung »interessierte« sie diese, und alles weist darauf hin, daß sie ihnen Sorge machte. Man kann sagen, daß in einem Denken wie dem unsrigen das Verhältnis zwischen zwei Individuen desselben Geschlechts vor allem unter dem Gesichtspunkt des Subjekts des Begehrens befragt wird: wie ist es möglich, daß sich bei einem Mann ein Begehren ausbildet, das einen anderen Mann zum Objekt hat? Und bekanntlich wird man das Prinzip einer Antwort bei einer bestimmten Strukturierung dieses Begehrens (bei seiner Ambivalenz oder bei seinem Mangel) suchen. Hingegen bezog sich die Sorge der Griechen nicht auf das Begehren, das zu einer derartigen Beziehung führen mochte, ebensowenig auf das Subjekt dieses Begehrens; ihre Unruhe bezog sich auf das Objekt der Lust, genauer gesagt, auf dieses Objekt, insoweit es seinerseits Herr in der Lust werden sollte, die man mit den anderen gewinnt, sowie in der Macht, die man über sich selber ausübt.

An diesem Punkt der Problematisierung (wie ist aus dem Lustobjekt das Subjekt zu machen, das Herr seiner Lüste ist?) wird die philosophische Erotik, jedenfalls die sokratisch-platonische Reflexion über die Liebe, ihren Ausgang nehmen.

V Die wahrhafte Liebe

Auch in diesem Kapitel wird es noch um die Erotik als reflektierte Kunst der Liebe (und besonders der Liebe zu den Knaben) gehen. Aber sie wird nun als Rahmen betrachtet werden, in dem sich das vierte der großen Themen der Sittenstrenge entfaltet, die die Moral der Lüste während ihrer Geschichte in der abendländischen Welt durchlaufen haben. Nach dem Verhältnis zum Körper und zur Institution der Ehe, nach dem Verhältnis zum Knaben, zu seiner Freiheit und seiner Männlichkeit als Motiven der Problematisierung der sexuellen Aktivität geht es nun um das Verhältnis zur Wahrheit. Denn das ist einer der bemerkenswertesten Punkte der griechischen Reflexion über die Liebe zu den Knaben: sie zeigt nicht nur, wie diese Liebe aus den dargelegten Gründen einen schwierigen Punkt bildete, der eine Ausarbeitung des Verhaltens und eine ziemlich delikate Stilisierung des Gebrauchs der *aphrodísia* erforderte; sondern in ihrem Zusammenhang hat sich auch die Frage der Beziehungen zwischen dem Gebrauch der Lüste und dem Zugang zur Wahrheit entwickelt, und zwar in der Form, daß man über das, was die wahrhafte Liebe sein muß, nachgedacht hat.

In den christlichen und modernen Kulturen werden ebendiese Fragen – nach der Wahrheit, der Liebe und der Lust – viel eher auf die konstitutiven Elemente der Beziehung zwischen Mann und Frau bezogen: die Themen der Jungfräulichkeit, der geistlichen Hochzeit, der Seele als Braut werden bald zeigen, daß man aus einer wesentlich männlichen Landschaft – die vom Liebhaber und vom Geliebten bewohnt wird – in eine andere gezogen ist, die von den Gestalten der Weiblichkeit und des Verhältnisses zwischen den beiden Geschlechtern bestimmt ist.[1] Viel später wird *Faust* ein Beispiel dafür sein, wie die Frage der Lust und die des Zugangs zur Erkenntnis mit dem Thema der Liebe zur Frau, ihrer Jungfräulichkeit, ihrer Reinheit, ihres Falls und ihrer erlösenden Macht verbunden sind. Hingegen scheint bei den Griechen die Reflexion über die wechselseitigen Verbindungen zwischen dem Zugang zur Wahrheit und der sexuellen Zucht

---

1 Das heißt nicht, daß die Gestalten der Männerliebe gänzlich verschwunden wären. Vgl. J. Boswell, *Christianity, Social Tolerance and Homosexuality*, Chicago 1980.

hauptsächlich im Zusammenhang mit der Knabenliebe entwickelt worden
zu sein. Gewiß muß man in Rechnung stellen, daß uns nur weniges von
dem erhalten geblieben ist, was bei den Pythagoreern damals über die Beziehungen zwischen der Reinheit und der Erkenntnis gesagt und vorgeschrieben worden ist; man muß auch berücksichtigen, daß wir die Traktate über die Liebe nicht kennen, die von Antisthenes, Diogenes dem
Kyniker, Aristoteles oder Theophrast geschrieben worden sind. Es wäre
also unvorsichtig, die spezifischen Eigenheiten der sokratisch-platonischen Lehre zu verallgemeinern und anzunehmen, daß sie alle Formen
resümierte, die die Philosophie des Eros im klassischen Griechenland angenommen hat. Nichtsdestoweniger ist sie für lange Zeit ein Pol der Reflexion geblieben, was viele Texte beweisen – so der Dialog Plutarchs, die
Amores des Pseudo-Lukian und die Reden des Maximus von Tyros.

So, wie diese Lehre im *Symposion* und im *Phaidros* erscheint und wie sie
auf die anderen Erörterungen über die Liebe Bezug nimmt, läßt sie erkennen, welcher Abstand sie von der geläufigen Erotik trennt, die sich über
das richtige gegenseitige Verhalten des Jünglings und seines »Verfolgers«
Gedanken macht und darüber, wie es sich mit der Ehre vereinbaren läßt.
Man kann auch sehen, wie sie bei aller Verwurzelung in den traditionellen
Themen der Ethik der Lüste doch Fragen aufwirft, die in der Folge für die
Transformation dieser Ethik in eine Moral der Entsagung und für die Her-
ausbildung einer Hermeneutik des Begehrens sehr wichtig sein werden.

Weite Teile des *Symposions* und des *Phaidros* sind der »Reproduktion« –
Imitation oder Pastiche – der geläufigen Reden über die Liebe gewidmet:
so die Wiedergaben der Reden des Phaidros, des Pausanias, des Eryximachos, des Agathon im *Symposion* oder des Lysias im *Phaidros* sowie die
erste ironische Gegenrede, die Sokrates hält. Sie vergegenwärtigen den
Hintergrund der platonischen Lehre, den Rohstoff, den Platon verarbeitet
und transformiert, indem er die Problematik des »Werbens« und der Ehre
durch die der Wahrheit und der Askese ersetzt. In diesen Redewiederga-
ben ist ein Element wesentlich: mit dem Lob der Liebe, ihrer Macht, ihrer
Göttlichkeit taucht immer wieder die Frage der Einwilligung auf: soll der
Jüngling nachgeben – wem, unter welchen Bedingungen und welchen Garantien? Und der Liebende – darf er legitimerweise wünschen, daß er ohne
weiteres ans Ziel kommt? Charakteristische Frage einer Erotik, die als
Zweikampf zwischen dem Werbenden und dem Umworbenen konzipiert
ist.

Diese Frage taucht als ganz allgemeines und absichtlich tautologisches Prinzip in der ersten Rede des Symposions bei Agathon auf: »Mit den schändlichen Dingen *(aischroîs)* verbindet sich die Scham *(aischýne)*, mit den schönen die Ehrliebe.«[2] Pausanias greift es mit mehr Ernst auf, wenn er die zwei Lieben unterscheidet, diejenige, die »nur das Zustandekommen des Aktes bezweckt«, und diejenige, die vor allem die Seele erproben will.[3] Man kann noch anmerken, daß die beiden ersten Reden im *Phaidros* – von denen die eine in einer ironischen Reprise, die andere in einem rettenden Widerruf verworfen wird, jede auf ihre Weise die Frage stellen: »Wem nachgeben?«; und daß sie darauf antworten, daß man dem zu Gefallen sein soll, der nicht liebt, oder jedenfalls nicht dem, der liebt. Und alle diese ersten Reden berufen sich auf eine geläufige Thematik: die der flüchtigen Liebschaften, die abbrechen, wenn der Geliebte älter wird, und ihn im Stich lassen[4]; die der entehrenden Beziehungen, die den Knaben in die Abhängigkeit des Liebhabers bringen[5], die ihn in den Augen aller bloßstellen, ihn vor seiner Familie oder von ehrbaren Beziehungen, die ihm nützen könnten, entfernen[6]; die der Gefühle von Ekel und Verachtung, die der Liebhaber für den Knaben fassen könnte – wegen der Gefälligkeiten, die ihm dieser gewährt, oder wegen des Hasses, den der Jüngling für den alternden Mann empfindet, der ihm Beziehungen ohne Annehmlichkeit aufzwingt[7]; die der weiblichen Rolle, in die der Knabe getrieben wird, und der physischen und moralischen Verderbnis, die von derartigen Beziehungen hervorgerufen werden[8]; die der häufig aufwendigen Belohnungen, Wohltaten und Dienste, die sich der Liebhaber aufladen muß, denen er sich zu entziehen sucht, womit er seinen ehemaligen Freund der Schande und der Einsamkeit preisgibt.[9] Das alles bildet die elementare Problematik der Vergnügen und ihrer Praxis in der Knabenliebe. Diesen Schwierigkeiten suchen die Anstandsregeln, die Vorgehensweisen des Werbens, die geregelten Spiele der Liebe zu begegnen.

Man könnte meinen, daß die Rede des Aristophanes im *Symposion* eine

2 Platon, *Symposion*, 178d. Zu den Reden des *Symposions* vgl. L. Brisson, »Eros«, in: *Dictionnaire des mythologies*, Paris 1981.
3 Platon, *Symposion*, 181b-d.
4 Vgl. a. a. O., 183d-e; *Phaidros*, 231a-233a.
5 Vgl. Platon, *Symposion*, 182a; *Phaidros*, 239a.
6 Vgl. *Phaidros*, 231e-232a; 239e-240a.
7 Vgl. a. a. O., 240d.
8 Vgl. a. a. O., 239c-d.
9 Vgl. a. a. O., 241a-c.

Ausnahme macht; indem sie die durch den Zorn der Götter hervorgerufene Teilung der ursprünglichen Wesen und ihre Trennung in zwei Hälften (männliche und weibliche oder beide gleichgeschlechtlich, je nachdem, ob das ursprüngliche Individuum androgyn oder insgesamt männlich oder weiblich war) erzählt, scheint sie weit über die Probleme der Liebeskunst hinauszugehen. Sie wirft die Frage auf, was die Liebe eigentlich ist; und sie scheint eine gefällige Annäherung – ironischerweise Aristophanes, dem alten Gegner des Sokrates, in den Mund gelegt – an die Thesen Platons zu sein. Suchen nicht darin die Verliebten ihre verlorene Hälfte – wie die Seelen Platons die Erinnerung und die Sehnsucht nach ihrer Heimat bewahren? Hält man sich aber an die Teile der Rede, die die Männerliebe betreffen, so ist es klar, daß auch Aristophanes auf die Frage der Zustimmung zu antworten sucht. Und was die etwas skandalöse Besonderheit und die Ironie seiner Rede ausmacht, ist dies, daß seine Antwort ganz positiv ist. Ja, er erschüttert mit seiner mythischen Erzählung den allgemein angenommenen Grundsatz einer Asymmetrie des Alters, des Gefühls, des Verhaltens zwischen Liebhaber und Geliebtem. Er etabliert zwischen ihnen Symmetrie und Gleichheit, da er sie aus der Teilung eines einzigen Wesens hervorgehen läßt; dieselbe Lust, dasselbe Begehren treiben den Liebhaber und den Geliebten zueinander; natürlicherweise wird der Knabe, wenn er die Hälfte eines männlichen Wesens ist, die Männer lieben: er wird »Lust haben«, »mit den Männern zu schlafen« und »sie zu umarmen« *(sympeplegménoi)*.[10] Und damit offenbart er keineswegs eine weibliche Natur, sondern er zeigt, daß er nur die »Scherbe« eines gänzlich männlichen Wesens ist. Und Platon macht sich das Vergnügen, den Tadel, den Aristophanes in seinen Komödien so oft den Politikern Athens gemacht hatte, ins Gegenteil umzukehren – und zwar durch Aristophanes selbst: »Nur sie erweisen sich, wenn ihre Ausbildung abgeschlossen ist, als rechte Staatsmänner.«[11] In ihrer Jugend haben sie sich Männern hingegeben, weil sie ihre männliche Hälfte suchten; aus demselben Grund suchen sie, wenn sie erwachsen geworden sind, die Knaben. »Die Knaben lieben«, »die Liebhaber verwöhnen« *(paiderastés* sein und *philerastés* sein)[12] – das sind zwei Versionen desselben Seins. Auf die traditionelle Frage der Einwilligung gibt Aristophanes also eine direkte, einfache, völlig positive Antwort, die auch das

---

10 Platon, *Symposion*, 191e.
11 A. a. O., 192a.
12 A. a. O., 192b.

Spiel der Asymmetrien beseitigt, das die komplexen Beziehungen zwischen dem Mann und dem Knaben organisierte: die ganze Frage der Liebe und des richtigen Verhaltens geht nur noch darum, seine verlorene Hälfte wiederzufinden.

Die sokratisch-platonische Erotik ist aber eine ganz andere: nicht nur wegen der von ihr vorgeschlagenen Lösung, sondern auch und vor allem, weil sie die Frage ganz und gar anders stellt. Um zu wissen, was die wahrhafte Liebe ist, geht es nicht mehr darum, auf die Frage zu antworten: wen muß man lieben, und unter welchen Bedingungen kann die Liebe sowohl für den Geliebten als auch für den Liebhaber ehrenhaft sein? Jedenfalls werden alle diese Fragen einer andern untergeordnet, die die erste und grundlegende ist: was ist die Liebe in ihrem Wesen selbst?[13]

Um die Arbeit Platons und die Distanz zu ermessen, die sie von der geläufigen Erotik trennt, kann man daran erinnern, wie Xenophon auf diese Frage antwortet; er trägt die traditionellen Elemente vor: den Gegensatz zwischen der Liebe, die nur das Vergnügen des Liebenden sucht, und derjenigen, die sich für den Geliebten selber interessiert; die Notwendigkeit, die flüchtige Liebe in eine gleichwertige, wechselseitige und dauerhafte Freundschaft umzuformen. Im *Symposion* und in den *Memorabilia* präsentiert Xenophon einen Sokrates, der eine strenge Grenzlinie zwischen der Liebe zur Seele und der Liebe zum Körper zieht[14], der die Liebe zum Körper als solche disqualifiziert[15], aus der Liebe zur Seele die wahrhafte Liebe macht und in der Freundschaft, in der *philía*, das Prinzip sucht, das jeder Beziehung *(synusía)*[16] Wert verleiht. Daraus folgt, daß es nicht genügt, die Liebe zur Seele mit der zum Körper zu verbinden; man muß jede Zuneigung von ihren physischen Dimensionen lösen (wenn man »den Körper und die Seele zugleich« liebt, so überwiegt die erste, und das Verwelken der Jugend läßt die Freundschaft selber vergehen)[17]; man muß, wie Sokrates dartut, alle Berührungen fliehen, die Umarmungen meiden, die die Seele in Fesseln legen; man muß es sogar so weit bringen, daß der Körper nicht an den Körper rührt und nicht seinen »Biß« verspürt.[18] Hingegen

13 Zur Antwort des Sokrates an Aristophanes vgl. a. a. O., 205e.
14 Vgl. Xenophon, *Symposion*, VIII, 12.
15 Vgl. a. a. O., VIII, 25.
16 A. a. O., VIII, 13.
17 Vgl. a. a. O., 14.
18 Vgl. a. a. O., IV, 26; vgl. auch *Memorabilia*, I, 3.

muß jede Beziehung auf den konstitutiven Elementen der Freundschaft aufbauen: Wohltaten und Hilfsdienste, Anstrengungen zur Verbesserung des geliebten Knaben, gegenseitige Zuneigung und ein dauerndes und ein für alle Mal geknüpftes Band.[19] Heißt das, daß es für Xenophon (oder für den von ihm vorgeführten Sokrates) zwischen zwei Männern keinen Eros, sondern nur ein Verhältnis der *philía* geben dürfte? Tatsächlich glaubt Xenophon dieses Ideal im Sparta Lykurgs zu erkennen.[20] Ihm zufolge wurden die in Knabenkörper verliebten Männer dort für »infam« erklärt, während man die »ehrbaren« Erwachsenen lobte und ermutigte, die nichts anderes liebten als die Seele der jungen Leute und die nur deren Freunde sein wollten; so daß in Sparta »die Liebhaber in ihrer Liebe zu den Kindern nicht weniger zurückhaltend waren als die Väter gegenüber ihren Söhnen oder die Brüder gegenüber ihren Brüdern«. Aber im *Symposion* zeichnet Xenophon ein weniger schematisches Bild dieser Scheidelinie. Er skizziert eine Konzeption des Eros und seiner Vergnügen, die auf die Freundschaft selbst abzielt: aus der Freundschaft und dem, was sie an gemeinsamem Leben, gegenseitiger Aufmerksamkeit, Wohlwollen füreinander, geteilten Gefühlen mit sich bringt, macht Xenophon nicht das, was die Liebe ersetzen oder ablösen soll, wenn die Zeit gekommen ist; er macht daraus gerade das, was die Liebhaber lieben sollen: *erôntes tês philías* – sagt er mit einem charakteristischen Ausdruck, der den Eros und seine Kraft wahrt, ihm aber als konkreten Gehalt nur die wechselseitige und dauerhafte Zuneigung gibt, die zur Freundschaft gehört.[21] Die platonische Erotik ist ganz anders aufgebaut, auch wenn die Reflexion von der bekannten Frage ausgeht, welcher Platz den *aphrodísia* in der Liebesbeziehung einzuräumen ist. Aber Platon greift diese traditionellen Fragestellungen nur auf, um zu zeigen, wie voreilige Antworten das wesentliche Problem verfehlten.

Die beiden ersten Reden des *Phaidros*, die naive des Lysias und die spöttische des Sokrates, vertreten die Auffassung, daß ein Knabe dem, der ihn liebt, nicht zu Gefallen sein dürfte. Aber solche Reden, bemerkt Sokrates, können nicht wahr sein: »Es ist keine Wahrheit in einer Rede (*uk' ést' étymos lógos*), die sagt, daß man, wenn der Liebende da ist, eher dem, der nicht liebt, zu Gefallen sein soll, weil der erste rast, während der andere bei Ver-

---

19 Vgl. Xenophon, *Symposion*, VIII, 18.
20 Vgl. Xenophon, *Der Staat der Spartaner*, II, 12-15.
21 Xenophon, *Symposion*, VIII, 18.

stand ist.«[22] Die Reden vom Anfang des *Symposions* bemühen sich hingegen, die Liebe zu preisen und sie nicht zu schmähen, und sie betonen,
daß es schön ist, einem wertvollen Geliebten zu Gefallen zu sein, wenn
man es macht, wie es sich ziemt[23], daß daran nichts Unanständiges oder
Schändliches ist und daß man unterm Gesetz der Liebe »willig dem Willi-
gen gern sich verbindet«.[24] Doch sind diese Reden, auch wenn sie der
Liebe mehr Respekt entgegenbringen, nicht wahrer als die des Lysias
und seines ironischen Zensors im *Phaidros*.

Ihnen gegenüber erscheinen die Worte Diotimas, die im *Symposion* übermittelt werden, und die große Fabel, die im *Phaidros* von Sokrates selber
erzählt wird, als wahre Reden – die durch ihren Ursprung mit der Wahrheit, die sie sagen, verschwägert sind. Wieso eigentlich? Wo ist der Unterschied zu den vorausgehenden Lobreden oder Disqualifizierungen? Er
liegt nicht darin, daß Diotima oder Sokrates etwa strenger oder nüchterner
wären als die anderen Gesprächspartner; sie setzen sich von ihnen nicht ab,
weil diese etwa zu willfährig wären und den Körpern und Lüsten zuviel
Platz in einer Liebe einräumten, die sich nur auf die Seelen richten sollte.
Sie stechen von ihnen ab, weil sie das Problem anders stellen; gegenüber
dem Fragespiel, das in den Debatten über die Liebe üblich war, führen
sie eine Reihe wesentlicher Umformungen und Verschiebungen durch.

1 Übergang von der Frage des Liebesverhaltens zur Frage nach dem Wesen der Liebe

In der Debatte, wie sie anderweitig geführt wird, werden die Liebe und die
heftige Regung, die den Liebenden überwältigt, vorausgesetzt; da diese
Liebe »nun einmal gegeben ist«[25], geht es hauptsächlich um die Frage,
wie sich die beiden Partner verhalten müssen: wie, in welcher Form, bis
zu welchem Punkt, mit welchen Mitteln der Überzeugung oder mit welchem Freundschaftspfand der Verliebte suchen soll, das zu erreichen, »wonach er strebt«; und wie, unter welchen Bedingungen, nach welchen Widerständen und Erprobungen der Geliebte seinerseits nachgeben soll. Es
geht um eine Frage des Verhaltens vor dem Hintergrund einer schon exi-

---

22 Platon, *Phaidros*, 244a.
23 Vgl. Platon, *Symposion*, 184e; 185b.
24 A. a. O., 196c.
25 Platon, *Phaidros*, 244a.

stierenden Liebe. Wonach sich hingegen Diotima und Sokrates fragen, das
ist das Wesen dieser Liebe, ihre Natur und ihr Ursprung, das, was ihre
Kraft ausmacht und was sie mit einer solchen Hartnäckigkeit und einem
solchen Wahnsinn zu ihrem Gegenstand treibt: »Was ist die Liebe selbst,
welches ist ihre Natur, und welches sind dann ihre Werke?«[26] Es handelt
sich um eine ontologische Fragestellung und nicht mehr um eine Frage
der Deontologie. Alle anderen Gesprächspartner richten ihre Rede auf
das Lob oder die Kritik, auf die Teilung zwischen der guten und der
schlechten Liebe, auf die Abgrenzung zwischen dem, was zu tun ist, und
dem, was nicht zu tun ist; in der Suche nach der Schicklichkeit und in
der Entwicklung einer Liebeskunst liegt der vorrangige Gegenstand der
Reflexion im Verhalten bzw. im Spiel der wechselseitigen Verhaltensweisen. Zumindest vorläufig weist Platon diese Frage zurück und wirft jenseits
der Teilung von Gut und Böse die Frage auf, was das ist: lieben.[27]

Stellt man die Frage derart, so verschiebt man den Gegenstand der Rede. Dem Sokrates, in Wirklichkeit aber allen Rednern der vorausgehenden
Lobreden wirft Diotima vor, daß sie auf der Stelle des »geliebten« Elements
(tòn erómenon) das Prinzip dessen suchten, was von der Liebe zu sagen
wäre; sie haben sich also von der Anmut, von der Schönheit, von der Vollkommenheit des geliebten Knaben blenden lassen und diese Qualitäten
der Liebe selbst zugeschrieben; diese kann aber ihre eigene Wahrheit nur
äußern, wenn man sie nach dem befragt, was sie selbst ist, und nicht nach
ihrem Objekt. Man muß also vom Geliebten zu dem zurückkehren, was
liebt *(tò erôn)*, und dieses an ihm selbst befragen.[28] Das wird auch im *Phaidros* geschehen, wenn Sokrates, um auf die beiden ersten Gegen-Lobreden
zu antworten, den langen Umweg über die Theorie der Seelen macht. Aus
dieser Verschiebung folgt aber, daß die Rede über die Liebe Gefahr läuft,
nicht mehr eine »Lobrede« (als Vermischung und Verwischung einer Hul-
digung an die Liebe und den Geliebten) zu sein; sie wird vielmehr – wie im
Symposion – von der »Zwischennatur« der Liebe, von dem Mangel, der sie
zeichnet (da sie noch nicht im Besitz der schönen Dinge ist, die sie begehrt), der Verwandtschaft von Elend und List, von Unwissenheit und
Wissen, in der sie geboren wird, sprechen müssen; sie wird auch – wie

---

26 Platon, *Symposion*, 201d.
27 Nach den Reden des Phaidros erinnert Sokrates daran, daß im Denken des Sprechenden »eine
    Kenntnis der Wahrheit über das, wovon er redet«, sein muß (*Phaidros*, 259e).
28 Platon, *Symposion*, 204e.

im *Phaidros* – sagen müssen, wie sich in ihr das Vergessen und das Gedächtnis des überhimmlischen Schauspiels mischen und was der lange Lei-
densweg sein wird, der sie schließlich zu ihrem Objekt führt.

2 Übergang von der Frage nach der Ehre des Knaben zu derjenigen nach der Liebe zur Wahrheit

Sagt man mit Diotima, daß man seinen Blick besser vom Geliebten abwendet, um ihn auf das Liebende zu richten, so heißt das nicht, daß sich die
Frage nach dem Objekt nicht mehr stellte: im Gegenteil, die ganze Erörterung, die auf diese wesentliche Formulierung folgt, soll bestimmen, was
in der Liebe geliebt wird. Sobald man aber von der Liebe in einer Rede
spricht, die ihr Wesen sagen will, anstatt das Geliebte zu besingen, stellt
sich die Frage des Objekts in anderer Weise.

In der traditionellen Debatte lag der Ausgangspunkt beim Objekt der
Liebe: wenn feststeht, was man liebt und was derjenige sein soll, den
man liebt – die Schönheit nicht nur seines Körpers, sondern auch seiner
Seele, die für ihn erforderliche Bildung, der freie, vornehme, männliche,
mutige Charakter, den er erwerben soll –, welches ist dann die für ihn
und für den Liebhaber ehrenhafte Form der Liebe, die ihm entgegenzubringen ist? Es war die Achtung des Geliebten in seiner Realität, die den
Erwartungen des Liebhabers ihre eigene Form und ihren zurückhaltenden
Stil geben sollte. In der platonischen Fragestellung ist es hingegen die Betrachtung der Liebe selbst, die zur Bestimmung dessen führen soll, was
in Wahrheit ihr Objekt ist. Jenseits der verschiedenen schönen Dinge, denen sich der Verliebte hingeben kann, zeigt Diotima dem Sokrates, daß
die Liebe im Denken zu zeugen sucht und »das Schöne als solches« in
der Wahrheit seiner Natur, in seiner unvermischten Reinheit und in der
»Einzigkeit seiner Form« zu finden sucht. Und im *Phaidros* zeigt Sokrates
schließlich selber, wie die Seele, wenn sie sich an das, was sie über dem
Himmel gesehen hat, einigermaßen deutlich erinnert, wenn sie energisch
geführt wird und sich in ihrem Elan nicht von unreinen Strebungen ablenken läßt, sich dem geliebten Objekt nur um dessentwillen hingibt, was es
an Widerschein und Gleichnis der Schönheit selbst enthält.

Gewiß findet man bei Platon den Gedanken, daß sich die Liebe mehr
auf die Seele als auf ihren Körper richten soll. Aber das hat er nicht als erster oder als einziger gesagt. Mit mehr oder weniger strengen Konsequen-

zen war das ein häufig vorkommendes Thema in den traditionellen Debatten über die Liebe, dem Xenophon eine radikale Form gibt (indem er es Sokrates in den Mund legt). Das Eigentümliche bei Platon ist nicht diese Einteilung, sondern die Weise, in der er die Minderwertigkeit der Liebe zu den Körpern begründet. Nach ihm beruht sie nämlich nicht auf der Würde des geliebten Knaben und dem Respekt, den man ihm schuldet, sondern auf dem, was – im Liebenden selbst – das Wesen und die Form seiner Liebe bestimmt (sein Verlangen nach Unsterblichkeit, sein Streben nach dem Schönen in seiner Reinheit, die Erinnerung an das, was er über dem Himmel gesehen hat). Außerdem zieht er (darüber gibt es im *Symposion* und im *Phaidros* keinen Zweifel) keine klare, endgültige und unüberschreitbare Scheidelinie zwischen der schlechten Liebe zum Körper und der schönen Liebe zur Seele; wie abgewertet und minderwertig das Verhältnis zum Körper im Vergleich zu jener Bewegung zum Schönen auch sei, wie gefährlich es gelegentlich sein mag, da es diese Regung ablenken und aufhalten kann, so wird es doch weder von vornherein ausgeschlossen noch für immer verdammt. Von einem schönen Körper zu den schönen Körpern – nach der berühmten Formel des *Symposions* – und dann von diesen zu den Seelen, hierauf zu dem Schönen in »den Beschäftigungen«, »den Verhaltensregeln«, »den Erkenntnissen«, bis der Blick endlich »die weite Region des Schönen selbst«[29] erreicht – geht die Bewegung stetig vonstatten. Und der *Phaidros* preist zwar den Mut und die Vollkommenheit der Seelen, die standhaft blieben; aber er verurteilt nicht diejenigen, die, mehr der Ehre als der Philosophie zugetan, sich überrumpeln ließen und, überwältigt von ihrer Glut, »die Sache getan« haben; gewiß werden sie, wenn das Leben hier herunten an sein Ende kommt und ihre Seele ihren Körper verläßt, ohne Flügel sein (im Unterschied zu denen, die »Herren ihrer selber« geblieben sind); sie werden also nicht ganz hinauf kommen können; aber sie werden nicht zur unterirdischen Reise genötigt sein; gemeinsam werden die beiden Liebenden die Reise unter dem Himmel machen, bis sie ihrerseits »ihrer Liebe wegen« Flügel bekommen.[30] Nicht der Ausschluß des Körpers charakterisiert für Platon wesentlich die wahrhafte Liebe: sondern daß sie durch die Erscheinungen des Objekts hindurch Bezug zur Wahrheit ist.

29 A. a. O., 210c-d.
30 Platon, *Phaidros*, 256c-d.

3 Übergang von der Frage der Asymmetrie der Partner zu derjenigen nach der Konvergenz der Liebe

Üblicherweise galt die Annahme, daß der *Eros* vom Liebenden komme; der Geliebte konnte nicht ebenso wie der Liebhaber aktives Subjekt der Liebe sein. Gewiß wollte man von ihm eine Gegen-Zuneigung, einen *Anteros*. Aber die Natur dieser Erwiderung war problematisch: sie konnte nicht die genaue Entsprechung zu dem sein, wodurch sie hervorgerufen wurde; mehr als dem Begehren und der Lust des Liebhabers sollte der Knabe seinem Wohlwollen, seinen Wohltaten, seiner Fürsorge, seinem Vorbild antworten; und es galt die Zeit abzuwarten, da die Aufwallung der Liebe sich gelegt oder das Alter die Hitzen und damit die Gefahren gebannt hat, damit die beiden Freunde durch ein streng wechselseitiges Verhältnis miteinander verbunden sein könnten.

Doch wenn der Eros Bezug zur Wahrheit ist, können sich die beiden Liebenden nur treffen, sofern auch der Geliebte durch die Kraft desselben Eros zum Wahren getragen wurde. In der platonischen Erotik kann sich der Geliebte nicht auf eine Objektposition gegenüber der Liebe des anderen beschränken, indem er einfach – dank seinem Recht auf Austausch (da er der Geliebte ist) – die Ratschläge, die er braucht, und die Erkenntnisse, auf die er hofft, aufnimmt. Es kommt ihm zu, tatsächlich Subjekt in dieser Liebesbeziehung zu werden. Aus diesem Grunde vollzieht sich am Ende der dritten Rede des *Phaidros* die Umkehrung, die vom Liebenden wieder zum Geliebten führt. Sokrates hat den Weg, die Glut, die Leiden des Liebenden beschrieben und den harten Kampf, den er führen mußte, um sich zu zügeln. Nun spricht er vom Geliebten: seine Umgebung hatte dem jungen Knaben vielleicht zu verstehen gegeben, es sei nicht gut, einem Verliebten zu Gefallen zu sein; gleichwohl willigt er in den Verkehr mit seinem Liebhaber ein; dessen Gegenwart versetzt ihn außer sich; er fühlt sich seinerseits von der Woge des Begehrens emporgehoben, Flügel und Federn wachsen seiner Seele.[31] Zwar weiß er noch nicht, welches die wahre Natur dessen ist, wonach er trachtet, und es fehlen ihm die Worte, um sie zu nennen; aber er »wirft die Arme« um seinen Liebhaber und »gibt ihm Küsse«.[32] Dieser Moment ist wichtig: im Unterschied zu dem, was sich in der geläufigen Liebeskunst abspielt, fordert die »Liebesdialektik«

31 Vgl. a. a. O., 255b-c.
32 A. a. O., 255e-256a.

die beiden Liebenden zu zwei völlig gleichen Bewegungen heraus; die Liebe ist dieselbe, da sie für den einen wie für den andern die Bewegung ist, die sie zum Wahren trägt.

4 Übergang von der Tugend des geliebten Knaben zur Liebe zum Meister und seiner Weisheit

In der geläufigen Liebeskunst hatte der Liebhaber zu werben und zu jagen; auch wenn er die Selbstbeherrschung bewahren sollte, wußte man wohl, daß die bezwingende Kraft seiner Liebe ihn überwältigen mochte. Der feste Punkt des Widerstandes war die Ehre des Knaben, seine Würde, die vernünftige Hartnäckigkeit, mit der er sich widersetzen mochte. Sobald sich aber der Eros auf die Wahrheit richtet, wird derjenige, der auf dem Weg der Liebe an weitesten fortgeschritten ist, derjenige, der am wahrsten in die Wahrheit verliebt ist, den anderen am besten führen und dabei unterstützen können, sich nicht in alle niederen Vergnügungen wegzuwerfen. Wer in der Liebe das meiste Wissen besitzt, wird auch der Meister der Wahrheit sein; und es wird seine Aufgabe sein, den Geliebten zu lehren, wie er über seine Begierden triumphieren und »stärker als er selber« werden kann. In der Liebesbeziehung erscheint – infolge dieses Verhältnisses zur Wahrheit, das sie nunmehr strukturiert – eine neue Person: die des Meisters, der den Platz des Verliebten einnimmt, der aber kraft der vollkommenen Beherrschung, die er über sich selber ausübt, den Sinn des Spieles umkehrt, die Rollen vertauscht: indem er festsetzt, daß den *aphrodísia* zu entsagen ist, wird er für die jungen wahrheitsbegierigen Leute Liebesobjekt.

Das ist der Sinn der Beschreibung – auf den letzten Seiten des *Symposions* – der Beziehungen, die Sokrates nicht nur mit Alkibiades, sondern auch mit Charmides, dem Sohn des Glaukon, mit Euthydemos, dem Sohn des Diokles, und mit vielen andern unterhält.[33] Die Verteilung der Rollen ist gänzlich umgekehrt: es sind die jungen Knaben, die schönen und von so vielen Liebhabern verfolgten, die in Sokrates verliebt sind; sie folgen ihm Schritt für Schritt, sie suchen ihn zu verführen; sie wünschen, daß er ihnen seine Gunst erweise, das heißt, daß er ihnen den Schatz seiner Weisheit mitteile. Sie sind in der Position der Liebhaber, und er, der alte

---

33 Vgl. Platon, *Symposion*, 222b. Zu den Beziehungen zwischen Sokrates und Eros vgl. P. Hadot, *Exercices spirituels et philosophie antique*, Paris 1981, S. 69-82.

Mann mit dem unschönen Körper, ist in der Position des Geliebten. Aber was sie nicht wissen und was Alkibiades im Lauf der berühmten »Probe« entdeckt, ist, daß Sokrates von ihnen nur in dem Maße geliebt wird, in dem er ihrer Verführung widerstehen kann; das heißt nicht, daß er ihnen gegenüber ohne Liebe oder Verlangen wäre, sondern daß er von der Kraft der wahrhaften Liebe getragen wird und daß er das Wahre, das man lieben soll, wahrhaft zu lieben weiß. Diotima hatte es zuvor gesagt: unter allen ist er es, der wissend ist in der Sache der Liebe. Die Weisheit des Meisters (und nicht mehr die Ehre des Knaben) markiert nunmehr sowohl das Objekt der wahrhaften Liebe als auch das Prinzip, das der Willfährigkeit entgegensteht.

Hier ist Sokrates eine Gestalt, die mit den Mächten ausgestattet ist, die herkömmlicherweise dem *theîos anér* zugeschrieben werden: physische Ausdauer, Unempfindlichkeit, Fähigkeit, sich von seinem Körper abzusetzen und die ganze Energie seiner Seele in sich zu konzentrieren.[34] Doch muß man wissen, daß diese Mächtigkeiten hier in dem besonderen Spiel des Eros zur Wirkung gelangen; sie garantieren die Herrschaft, die Sokrates über sich selber auszuüben vermag; und damit qualifizieren sie ihn zugleich als das höchste Liebesobjekt, auf das sich die jungen Leute richten können, und auch als das einzige, das ihre Liebe bis zur Wahrheit führen kann. In dem Liebesspiel, in dem die verschiedenen Beherrschungen in Gegensatz zueinander gerieten (diejenige, die der Liebhaber über den Geliebten zu erringen sucht, die des Geliebten, der zu entrinnen sucht und durch diesen Widerstand den Liebhaber zum Sklaven macht), führt Sokrates einen anderen Typ von Herrschaft ein: diejenige, die vom Wahrheitslehrer ausgeübt wird und zu der er durch die Souveränität qualifiziert wird, die er über sich ausübt.

Die platonische Erotik kann somit unter drei Aspekten gesehen werden. Einerseits ist sie eine bestimmte Antwort auf eine Schwierigkeit, die in der griechischen Kultur den Beziehungen zwischen Männern und Knaben innewohnt: nämlich welche Stellung letzteren als Lustobjekten zu geben ist; unter diesem Gesichtspunkt scheint die Antwort Platons nur etwas komplexer und entwickelter als diejenigen, die in den verschiedenen »Debatten« über die Liebe oder unter dem Namen des Sokrates in den Texten Xenophons vorgelegt worden sind. Platon löst die Schwierigkeit des Objekts

---

34 Vgl. H. Joly, *Le Renversement platonicien. Logos, episteme, polis,* Paris 1974, S. 61-70.

der Lust, indem er die Frage vom geliebten Individuum auf die Natur der
Liebe selbst verlagert: indem er das Liebesverhältnis als ein Verhältnis zur
Wahrheit strukturiert; indem er dieses Verhältnis verdoppelt und es sowohl
beim Geliebten wie beim Liebenden ansetzt; und indem er die Rolle des
geliebten Jünglings austauscht und aus ihm den macht, der in den Wahrheitslehrer verliebt ist. Insofern kann man sagen, daß er die Herausforderung, die in der Fabel des Aristophanes lag, bestanden hat und dieser einen
wahren Gehalt gegeben hat; er hat gezeigt, daß tatsächlich eine Liebe in
ein und derselben Bewegung sowohl zum *paiderastés* wie auch zum *philerastés* machen kann. Die Asymmetrien, die Abstände, die Widerstände
und die Fluchten, die in der Praxis der ehrenhaften Liebe die immer
schwierigen Verhältnisse zwischen dem Liebhaber und dem Geliebten –
dem aktiven Subjekt und dem verfolgten Objekt – organisierten, haben
keine Daseinsberechtigung mehr; oder vielmehr können sie sich in einer
ganz anderen Richtung entwickeln, indem sie eine andere Form annehmen und ein anderes Spiel einleiten: das eines Weges, auf dem der Wahrheitslehrer den Knaben lehrt, was die Weisheit ist.

Ebendadurch führt die platonische Erotik – und das ist ihr anderes Profil – in das Liebesverhältnis als eine wesentliche Frage die Frage der Wahrheit ein. Und das in einer ganz anderen Form als in der des *lógos*, dem die
Begierden im Gebrauch der Lüste zu unterwerfen sind. Die Aufgabe des
Verliebten (die ihm gestatten wird, sein Ziel wirklich zu erreichen) besteht
darin zu erkennen, was die Liebe, die sich seiner bemächtigt hat, wahrhaft
ist. Und da transformiert die Erwiderung auf die Herausforderung des Aristophanes dessen Antwort; nicht die andere Hälfte seiner selbst sucht das
Individuum im andern; sondern das Wahre, mit dem seine Seele verwandt
ist. Folglich wird die ethische Arbeit, die er zu leisten haben wird, darin
bestehen, dieses Verhältnis zur Wahrheit, das die verborgene Basis seiner
Liebe war, unablässig aufzudecken und festzuhalten. So löst sich also die
platonische Reflexion von einer geläufigen Problematisierung, die um das
Objekt und die ihm zukommende Stellung kreiste, um eine Frage über
die Liebe zu eröffnen, die um das Subjekt und die Wahrheit kreisen wird,
deren es fähig ist.

Schließlich stellt die sokratische Erotik, wie sie von Platon dargestellt
wird, viele Fragen, die in den Diskussionen über die Liebe geläufig waren.
Aber sie sucht nicht das geziemende Verhalten zu definieren, in dem der
hinreichend lange Widerstand des Geliebten und die hinreichend wert-

volle Wohltat des Liebhabers zum Ausgleich kommen; sie versucht zu bestimmen, mit welcher eigenen Bewegung, mit welcher Anstrengung und welcher Arbeit an ihm selbst der Eros des Liebenden sein Verhältnis zum wahren Sein für immer aufdecken und festlegen kann. Anstatt ein für allemal die Linie zu ziehen, die das Anständige und das Unanständige scheidet, sucht sie den Weg – mit seinen Schwierigkeiten, seinen Wendungen, seinen Fehltritten – zu beschreiben, der zu dem Punkt führt, an dem er sein eigenes Sein findet. Das *Symposion* und der *Phaidros* zeigen den Übergang von einer Erotik, die am Werben des Liebhabers und an der Freiheit des Umworbenen orientiert ist, zu einer Erotik, die sich um eine Askese des Subjekts und um den gemeinsamen Zugang zur Wahrheit dreht. Folglich hat sich die Fragestellung verschoben: in der Reflexion über die *chrêsis aphrodisíon* richtete sie sich auf die Lust und ihre Dynamik, deren richtige Ausübung und Verteilung durch die Selbstbeherrschung erreicht werden sollte; in der platonischen Reflexion über die Liebe betrifft die Fragestellung das Begehren, das zu seinem wahrhaften Objekt (das die Wahrheit ist) zu führen ist, indem man es selbst als das erkennt, was es in seinem wahren Wesen ist. Das Leben der Mäßigung, der *sophrosýne*, wie es in den *Nomoi* beschrieben wird, ist eine Existenz, die »in jeder Hinsicht gutartig ist, mit ruhigen Schmerzen, ruhigen Lüsten, sanften Begierden *(eremaîai hedonaí, malakaì epithymíai)* und Lieben ohne Raserei *(érotes uk emmaneîs)*«[35]; hier befinden wir uns in einer Ökonomie der Lüste, die durch die Herrschaft, die man selbst über sich ausübt, gewährleistet ist. Auch hier wird der verliebten Seele, deren Irrwege und deren Glühen der *Phaidros* beschreibt, eine »geordnete Diät« *(tetagméne díaita)* verschrieben, damit sie ihren Lohn erlangt und ihre Heimat jenseits des Himmels erreicht; eine sichere Diät, weil die Seele »Herrin ihrer selbst« ist und um das Maß besorgt ist; weil sie »die Quelle des Lasters versklavt hat«, »die der Tugend hingegen befreit hat«.[36] Aber den Kampf, den sie gegen die Gewalt ihrer Begierden bestehen muß, kann sie nur in einem doppelten Bezug zur Wahrheit führen: Bezug zu ihrem eigenen, in seinem Wesen befragten Begehren, Bezug zu dem als wahres Sein erkannten Objekt ihres Begehrens.

So sieht man hier einen der Punkte hervortreten, an dem sich die Frage nach dem Menschen des Begehrens ausbilden wird. Das heißt nicht, daß die platonische Erotik mit einem Schlag und für immer eine Ethik der Lü-

35 Platon, *Nomoi*, V, 734a.
36 Platon, *Phaidros*, 256a-b.

ste und ihres Gebrauchs verabschiedet hätte. Man wird vielmehr sehen,
wie diese sich weiterentwickelt und transformiert hat. Aber die von Platon
ausgehende Denktradition wird eine wichtige Rolle spielen, wenn die Problematisierung des Sexualverhaltens viel später ausgehend von der begehr-
lichen Seele und der Entzifferung ihrer Geheimnisse neu aufgerollt werden
wird.

Diese philosophische Reflexion über die Knaben bringt ein historisches
Paradox mit sich. Dieser Liebe zu den Männern, genauer: dieser Liebe
zu den jungen Knaben und den Heranwachsenden, die in der Folge so lang
und so streng verurteilt sein wird, haben die Griechen eine Rechtmäßigkeit zuerkannt, in der wir gern den Beweis für die Freiheit sehen, die sie
sich in diesem Bereich gewährten. Und doch haben sie ihr gegenüber die
strengsten Forderungen gestellt – viel strenger als an die Gesundheit
(um die sie sich ebenfalls kümmerten), viel strenger auch als an die Frau
und die Ehe (über deren gute Ordnung sie doch wachten). Gewiß haben
sie sie – von Ausnahmen abgesehen – weder verurteilt noch untersagt.
Und doch zeichnet sich in der Reflexion über die Liebe zu den Knaben
das Prinzip einer »unbeschränkten Enthaltung« ab, das Ideal einer Entsagung, für die Sokrates durch seinen vollkommenen Widerstand gegen
die Versuchung ein Beispiel gibt, sowie der Gedanke, daß diese Entsagung
an sich einen hohen geistigen Wert enthält. In einer zunächst überraschenden Weise sieht man in der griechischen Kultur im Zusammenhang mit
der Knabenliebe einige Hauptelemente einer Sexualethik entstehen, die
diese Liebe gerade im Namen dieses Prinzips verwerfen sollte: Forderung
einer Symmetrie und Reziprozität in der Liebesbeziehung, Notwendigkeit
eines schwierigen und zähen Ringens mit einem selber, fortschreitende
Reinigung einer Liebe, die sich nur auf das reine Sein in seiner Wahrheit
richtet, und Befragung des Menschen über ihn selber als Begehrenssubjekt.
    Man würde das Wesentliche verfehlen, wenn man dächte, daß die Liebe
zu den Knaben ihr eigenes Verbot herbeigeführt oder daß eine der Philosophie eigene Zweideutigkeit ihre Realität nur akzeptiert hätte, um ihre
Überwindung zu fordern. Man muß im Auge behalten, daß dieser »Aske-
tismus« die Liebe zu den Knaben nicht disqualifizieren sollte; es ging im
Gegenteil darum, sie zu stilisieren und sie also, indem man ihr Form
und Gestalt gab, aufzuwerten. Gleichwohl bleibt es dabei, daß auch die

Forderung nach gänzlicher Enthaltung laut wurde und man der Frage des Begehrens besondere Beachtung schenkte. Mit dieser Frage kamen Elemente ins Spiel, für die sich in einer Moral, die um die Suche nach dem Gebrauch der Lüste organisiert war, nicht ohne weiteres Platz finden ließ.

Schluß

Im Feld der anerkannten Praktiken (der Diät, des Hauswesens, des Werbens um die Jünglinge) und in den Reflexionen zu ihrer Weiterentwicklung haben sich die Griechen über das Sexualverhalten als ein moralisches Problem befragt und nach der Form von Mäßigung gesucht, die dafür erforderlich schien.

Das heißt nicht, daß sich die Griechen für die sexuellen Vergnügen nur von diesen drei Gesichtspunkten aus interessiert hätten. Aus der Literatur wäre zu ersehen, daß sie uns viele Zeugnisse hinterlassen haben, die auf andere Themen und auf andere Beschäftigungen verweisen. Wenn man sich aber, wie ich es hier tun wollte, an die präskriptiven Diskurse hält, mit denen sie ihr Sexualverhalten zu reflektieren und zu regulieren suchten, so erscheinen diese drei Problematisierungsfelder als die mit Abstand wichtigsten. Um sie herum haben die Griechen Künste entwickelt zu leben, sich aufzuführen und »von den Lüsten Gebrauch zu machen« – und zwar nach anspruchsvollen und strengen Prinzipien.

Auf den ersten Blick kann man den Eindruck gewinnen, daß diese verschiedenen Reflexionsformen sehr nahe an die Formen von Sittenstrenge herangekommen sind, die man später in den abendländischen christlichen Gesellschaften finden wird. Jedenfalls kann man versucht sein, den noch immer recht geläufigen Gegensatz zu korrigieren, der auf die eine Seite ein heidnisches Denken stellt, das gegenüber der Praxis der »sexuellen Freiheit« »tolerant« gewesen wäre – und auf die andere Seite die traurigen und einengenden Moralen späterer Zeiten. In Wirklichkeit muß man sehen, daß das Prinzip einer strengen und sorgfältig praktizierten sexuellen Mäßigung eine Vorschrift ist, die gewiß nicht erst mit dem Christentum in die Welt gekommen ist, auch nicht mit der Spätantike und nicht einmal mit den rigoristischen Bewegungen, die es zum Beispiel mit den Stoikern in der hellenistischen und römischen Epoche gegeben hat. Seit dem 4. Jahrhundert findet man die Idee ganz klar formuliert, daß die sexuelle Aktivität an sich gefährlich und kostspielig ist und daß sie so eng an den Verlust der Lebenssubstanz gebunden ist, daß eine sorgfältige Ökonomie sie begrenzen muß, soweit sie nicht unbedingt nötig ist; man findet auch das

Modell einer Ehebeziehung, das von beiden Partnern gleichermaßen Enthaltung von aller »außerehelichen« Lust fordert; man findet schließlich den Gedanken einer Entsagung des Mannes gegenüber jedem physischen Verhältnis mit einem Knaben. Allgemeines Prinzip der Mäßigung, Verdächtigung der sexuellen Lust als eines Übels, Schema einer strikten monogamen Treue, Ideal strenger Keuschheit: nach diesem Modell haben die Griechen natürlich nicht gelebt; aber das philosophische, moralische und ärztliche Denken, das sich bei ihnen formiert hat – hat es nicht einige der grundlegenden Prinzipien formuliert, die spätere Moralen – und besonders diejenigen in den christlichen Gesellschaften – anscheinend nur aufzugreifen hatten? Gleichwohl kann man dabei nicht stehenbleiben; die Vorschriften mögen sehr ähnlich lauten: das belegt eigentlich nur die Armut und Monotonie der Verbote. Die Weise, in der die sexuelle Aktivität als eine moralische Angelegenheit konstituiert, anerkannt, organisiert wurde, ist nicht schon darum identisch, weil das, was erlaubt oder verboten ist, was empfohlen oder wovon abgeraten wird, identisch ist.

Wie wir gesehen haben, wird im griechischen Denken das sexuelle Verhalten als Bereich moralischer Praxis in der Form der *aphrodísia*, der Lusthandlungen, konstituiert, die zu einem agonistischen Feld schwer zu beherrschender Kräfte gehören; um zu einem vernünftig und moralisch annehmbaren Verhalten zu führen, brauchen sie den Einsatz einer Strategie des Maßes und des Augenblicks, der Quantität und der Gelegenheit; und der Ziel- und Endpunkt dieser Strategie ist eine strenge Selbstbeherrschung, in der das Subjekt »stärker« ist als es selber: auch noch in der Ausübung der Macht über die anderen. Die in der Konstitution des Subjekts als Herr seiner selber enthaltene Forderung nach Zucht stellt sich nicht in der Form eines universalen Gesetzes dar, dem sich alle und jeder unterwerfen müßten; sondern eher als ein Prinzip der Stilisierung des Verhaltens für diejenigen, die ihrer Existenz die schönste und vollendetste Form geben wollen, die nur möglich ist. Will man den großen Themen, die unsere Sexualmoral geprägt haben (Zugehörigkeit der Lust zum gefährlichen Bereich des Übels, Verpflichtung zu monogamer Treue, Ausschließung der gleichgeschlechtlichen Partner), einen Ursprung zuweisen, so darf man ihn nicht nur nicht in der Fiktion einer »jüdisch-christlichen« Moral sehen, erst recht darf man ihn nicht in einem überzeitlichen Verbot oder einem bleibenden Gesetz suchen. Die von der griechischen Philosophie früh empfohlene sexuelle Zucht wurzelt nicht in der Überzeitlichkeit eines

Gesetzes, das sukzessive die historisch unterschiedlichen Formen der Re-
pression annähme: sie gehört einer Geschichte an, die zum Verständnis
der Transformationen der Moralerfahrung entscheidender ist als die der
Codes: einer Geschichte der »Ethik«, verstanden als Ausarbeitung einer
Form des Verhältnisses zu sich, die es dem Individuum gestattet, sich als
Subjekt einer moralischen Lebensführung zu konstituieren.

Andererseits legte jede der drei großen Lebenskünste, jede der drei großen Selbsttechniken, die im griechischen Denken entwickelt wurden –
Diätetik, Ökonomik und Erotik –, wenn schon nicht eine eigene Sexualmoral, so doch eine besondere Abstimmung des sexuellen Verhaltens nahe.
In dieser Ausarbeitung der Forderungen nach Strenge haben die Griechen
nicht nur nicht einen Code für alle verbindlichen Verhaltensweisen zu definieren gesucht; sie haben auch nicht versucht, das sexuelle Verhalten als
einen Bereich zu organisieren, der in allen seinen Aspekten einem einzigen
Prinzipiengefüge untersteht.

Bei der Diätetik findet man eine Form der Mäßigung, die durch den ge-
messenen und gelegenen Gebrauch der *aphrodísia* bestimmt ist; die Ausübung dieser Mäßigung erforderte eine Aufmerksamkeit, die vor allem
auf die Frage des »Augenblicks« und auf den Zusammenhang zwischen
den veränderlichen Zuständen des Körpers und den wechselnden Eigenschaften der Jahreszeiten gerichtet war; und im Zentrum dieser Besorgnis
stand die Furcht vor der Gewalt, die Angst vor der Erschöpfung und die
zweifache Sorge um das Überleben des Individuums und die Erhaltung
der Art. Seitens der Ökonomik stößt man auf eine Mäßigung, die nicht
durch die wechselseitige Treue der Gatten definiert wird, sondern durch
eine bestimmte Privilegierung, die der Ehemann der rechtmäßigen Gattin,
über die er seine Macht ausübt, bewahrt; das Zeitproblem liegt dabei nicht
in der Ergreifung des gelegenen Augenblicks, sondern darin, während der
gesamten Existenz eine bestimmte Hierarchie zu bewahren, die der Organisation des Hauswesens eigen ist; um diese Beständigkeit zu gewährleisten, muß der Mann jeden Exzeß vermeiden und in der Herrschaft, die
er über die anderen ausübt, Selbstbeherrschung praktizieren. Schließlich
ist die durch die Erotik geforderte Mäßigung noch einmal anderer Art:
selbst wenn sie nicht die völlige Enthaltung verlangt, so tendiert sie doch
dahin und enthält das Ideal eines Verzichts auf jedes körperliche Verhältnis
mit den Knaben. Diese Erotik ist mit einer ganz anderen Zeitwahrneh-
mung verbunden als diejenige, die man im Verhältnis zum Körper oder

zur Ehe findet: es ist die Erfahrung einer flüchtigen Zeit, die unausweichlich zu einem baldigen Ende führt. Die Sorge, die sie leitet, ist diejenige der Achtung, die der Männlichkeit des Heranwachsenden und seiner künftigen Stellung als freier Mann gebührt: es geht für den Mann nicht mehr einfach darum, Herr seiner Lust zu sein; es geht darum zu wissen, wie man in der Herrschaft, die man über sich selber ausübt, und in der wahren Liebe, die man den anderen entgegenbringt – wie man also darin der Freiheit des anderen Platz einräumen kann. Und in dieser Reflexion über die Knabenliebe hat die platonische Erotik zuletzt die Frage der komplexen Beziehungen zwischen der Liebe, dem Verzicht auf die Lüste und dem Zugang zur Wahrheit aufgeworfen.

Man kann daran erinnern, was K. J. Dover jüngst schrieb: »Den Griechen war kein Glauben vorgegeben, der beinhaltete, daß eine göttliche Macht der Menschheit einen Gesetzeskodex enthüllt habe, der das Sexualverhalten regulieren sollte – und sie schufen auch keinen solchen; sie besaßen keine religiösen Institutionen, die mit der Autorität ausgestattet waren, sexuelle Verbote auszusprechen und ihre Befolgung zu erzwingen. Die Griechen, die mit älteren, reicheren und höherentwickelten Kulturen als der ihren konfrontiert waren ..., fühlten sich frei, auszuwählen, anzupassen, weiterzuentwickeln und – vor allem – zu erneuern.«[1] Die Reflexion über das Sexualverhalten als Moralbereich hatte bei ihnen nicht allgemeinverbindliche Verbote zu verinnerlichen, zu rechtfertigen oder zu begründen; eher ging es darum, für den kleinen Teil der Bevölkerung, der von den männlichen und freien Erwachsenen gebildet wurde, eine Ästhetik der Existenz, die reflektierte Kunst einer als Machtspiel wahrgenommenen Freiheit auszuarbeiten. Die Sexualethik, die zum Teil am Ursprung der unsrigen steht, beruht zwar auf einem sehr harten System von Ungleichheiten und Zwängen (besonders gegenüber den Frauen und Sklaven); aber im Denken ist sie für den freien Mann als das Verhältnis zwischen der Ausübung seiner Freiheit, den Formen seiner Macht und seinem Zugang zur Wahrheit problematisiert worden.

Aus einer etwas großzügigeren Perspektive läßt die Geschichte dieser Ethik und ihrer langfristigen Transformationen zunächst eine Akzentverschiebung erkennen. Es ist klar, daß das Verhältnis mit den Knaben im griechischen Denken den delikatesten und aktivsten Brennpunkt der Re-

---

1 K. J. Dover, *Homosexualität in der griechischen Antike*, München 1983, S. 177.

flexionsarbeit bildet; hier verlangt die Problematisierung nach den subtilsten Formen von Strenge. Im Laufe einer sehr langsamen Entwicklung sollte sich dieser Brennpunkt aber verschieben: allmählich sollten sich die Probleme um die Frau herum zentrieren. Das heißt nicht, daß die Knabenliebe nicht mehr praktiziert werden wird, daß sie sich nicht mehr artikulieren oder daß man sich über sie keine Gedanken mehr machen wird. Aber es ist die Frau und das Verhältnis zur Frau, die die Hauptmomente der moralischen Reflexion über die sexuellen Lüste markieren werden: sei es in der Form des Themas der Jungfräulichkeit, der Bedeutung des ehelichen Verhaltens oder des Wertes symmetrischer und gegenseitiger Beziehungen zwischen den Gatten. Eine neuerliche Verschiebung des Problematisierungsherdes (diesmal von der Frau zum Körper) kann man übrigens darin sehen, daß sich seit dem 17. und 18. Jahrhundert das Interesse auf die Sexualität des Kindes und überhaupt auf die Beziehungen zwischen Sexualverhalten, Normalität und Gesundheit verlagert hat. Gleichzeitig mit diesen Verschiebungen sollte sich eine gewisse Vereinheitlichung der Elemente vollziehen, die auf die verschiedenen »Künste«, die Lüste zu gebrauchen, verteilt waren. Es fand eine Vereinheitlichung in der Lehre statt – für die Augustinus einer der Operatoren war –, die in einem einzigen Theoriegefüge das Spiel zwischen Tod und Unsterblichkeit, die Institution der Ehe und die Bedingungen des Zugangs zur Wahrheit denkbar machte. Es gab aber auch eine Vereinheitlichung, die man »praktisch« nennen könnte und die die verschiedenen Künste der Existenz um die Selbstentzifferung, um Reinigungsprozeduren und Kämpfe gegen die Begehrlichkeit rezentriert hat. Mit einem Mal stand im Zentrum der Problematisierung des Sexualverhaltens nicht mehr die Lust mit der Ästhetik ihres Gebrauchs, sondern das Begehren und seine reinigende Hermeneutik.

Diese Veränderung sollte der Effekt einer ganzen Reihe von Transformationen sein. Von den Anfängen dieser Transformationen noch vor der Entfaltung des Christentums hat man das Zeugnis in der Reflexion der Moralisten, der Philosophen und der Ärzte in den beiden ersten Jahrhunderten unserer Zeitrechnung.

Literaturverzeichnis

Aischines, *Gegen Timarchos*, Text und französische Übersetzung V. Martin und G. de Budé, Paris (*Collection des universités de France*, in der Folge zitiert als CUF); Text und deutsche Übersetzung G. E. Benseler, Leipzig 1855-60.

Antiphon, *Reden*, Text und französische Übersetzung L. Gernet, Paris (CUF).

Apuleius von Madaura, *Metamorphosen*, Text und deutsche Übersetzung R. Helm, Berlin 1957.

Aretaios aus Kappadokien, *Peri aition kai semeion oxeon kai chronion pathon*, Text in: *Corpus Medicorum Graecorum*, Bd. II, Berlin 1958.

Aristophanes, *Die Acharner*, deutsche Übersetzung H.-J. Newiger, München 1968.

–, *Die Ekklesiazusen*, ebd.

–, *Die Ritter*, ebd.

–, *Die Thesmophoriazusen*, ebd.

Aristoteles, *De anima*, Text und französische Übersetzung E. Barbotin, Paris (CUF); deutsche Übersetzung P. Gohlke, Paderborn 1958.

–, *Eudemische Ethik*, Text und englische Übersetzung H. Rackham, London (*Loeb Classical Library*, in der Folge zitiert als LCL); deutsche Übersetzung P. Gohlke, Paderborn 1954.

–, *De generatione animalium*, Text und französische Übersetzung P. Louis, Paris (CUF); deutsche Übersetzung P. Gohlke, Paderborn 1959.

–, *De generatione et corruptione*, Text und französische Übersetzung Ch. Mugler, Paris (CUF); deutsche Übersetzung P. Gohlke, Paderborn 1958.

–, *Historia animalium*, Text und französische Übersetzung P. Louis, Paris (CUF); deutsche Übersetzung P. Gohlke, Paderborn 1958.

–, *Magna Moralia*, Text und englische Übersetzung H. Tredennik, London (LCL).

–, *Nikomachische Ethik*, Text und englische Übersetzung H. Rackham, London (LCL); deutsche Übersetzung O. Gigon, Zürich 1967.

–, *De partibus animalium*, Text und französische Übersetzung P. Louis, Paris (CUF); deutsche Übersetzung A. Karsch, Berlin 1907.

–, *Politik*, Text und englische Übersetzung H. Rackham, London (LCL); deutsche Übersetzung O. Gigon, Zürich 1971.

–, *Rhetorik*, Text und französische Übersetzung J. Voilquin und J. Capelle, Paris 1944; deutsche Übersetzung F. G. Sieveke, München 1980.

Pseudo-Aristoteles, *Ökonomik*, Text und französische Übersetzung A. Wartelle, Paris (CUF); deutsche Teilübersetzung U. Victor, Königstein 1983.

–, *Problemata*, Text und englische Übersetzung W. S. Hett, London (LCL).

Aubenque, P., *La prudence chez Aristote*, Paris 1963.

Augustinus, *Bekenntnisse*, Text und deutsche Übersetzung J. Bernhart, München 1960.

Aulus Gellius, *Noctes Atticae*, Text und französische Übersetzung R. Macache, Paris (CUF); deutsche Übersetzung F. Weiss, Leipzig 1875-76.

Boswell, J., *Christianity, Social Tolerance and Homosexuality*, Chicago 1980.
Brisson, L., »Eros«, in: *Dictionnaire des mythologies*, Paris 1981.
Buffière, F., *Éros adolescent. La pédérastie dans la Grèce antique*, Paris 1980.

Clemens von Alexandrien, *Paidagogos*, Text und französische Übersetzung M. Harl und Cl. Mondésert, Paris 1960-65.

Demosthenes, *Erotikos*, Text und französische Übersetzung R. Clavaud, Paris (CUF).
–, *Gegen Neaira*, Text und französische Übersetzung L. Gernet, Paris (CUF).
Diokles, *Epistole prophylaktike*, Text in: *Oribasii collectionum medicarum reliquiae*, IV, Amsterdam 1964.
–, *Hygieine diaita*, Text in: *Corpus Medicorum Graecorum*, IX, 2, Leipzig – Berlin 1921.
Diogenes Laertios, *De clarorum philosophorum vitis, dogmatibus et apophthegmatibus*, Text und englische Übersetzung R. D. Hicks, London (LCL); deutsche Übersetzung K. Reich und O. Apelt, Hamburg ²1967.
Dion von Prusa, *Reden*, Text und englische Übersetzung J.W. Cohoon, London (LCL); deutsche Übersetzung W. Elliger, Zürich 1967.
Dover, K. J., »Classical Greek Attitudes to Sexual Behaviour«, in *Arethusa*, 6, 1 (1973).
–, *Greek Popular Morality in the Time of Plato and Aristotle*, Oxford 1974.
–, *Homosexualität in der griechischen Antike*, München 1983.
Duby, G. *Ritter, Frau und Priester. Die Ehe im feudalen Frankreich*, Frankfurt/M. 1985.

Epiktet, *Dissertationes*, Text und französische Übersetzung J. Souilhé, Paris (CUF); deutsche Teilübersetzung W. Capelle, Zürich 1948.
Euripides, *Ion*, deutsche Übersetzung K. H. Eller, Stuttgart 1983.
–, *Medea*, ebd.

Flandrin, J.-L., *Un temps pour embrasser*, Paris 1983.
Fraisse, J.-Cl., *Philia, la notion d'amitié dans la philosophie antique*, Paris 1974.
François de Sales, *Introduction a la vie dévote*, hg. von Ch. Florisoone, Paris (CUF).

Greenblatt, S., *Renaissance Self-fashioning. From More to Shakespeare*, Chicago 1980.
van Gulik, R. H., *Sexual Life in Ancient China. A Preliminary Survey of China Sex and Society from ca. 1500 B. C. till 1644 A. D.*, Leiden 1961.

Hadot, P., *Exercices spirituels et philosophie antique*, Paris 1981.
Hippokrates, *Aphorismen*, Text und englische Übersetzung W. H. S. Jones, London (LCL).
–, *Epidemien*, Text und englische Übersetzung W. H. S. Jones, London (LCL); deutsche Übersetzung C. Wilhelm, Zürich 1984.
–, *De generatione*, Text und französische Übersetzung R. Joly, Paris (CUF).
–, *Iusiurandum*, Text und englische Übersetzung W. H. S. Jones, London (LCL).
–, *De morbis*, Text und französische Übersetzung J. Jouanna, Paris (CUF); deutsche Übersetzung R. Wittern, Hildesheim – New York 1974.
–, *De natura hominis*, Text und englische Übersetzung W. H. S. Jones, London (LCL).
–, *De prisca medicina*, Text und französische Übersetzung A.-J. Festugière, Paris 1948.

–, *De victu*, Text und französische Übersetzung R. Joly, Paris (CUF).
–, *De victu sano*, Text und englische Übersetzung W. H. S. Jones, London (LCL).

Isokrates, *An Nikokles*, Text und französische Übersetzung G. Mathieu und E. Brémond, Paris (CUF).
–, *Nikokles*, ebd.

Joly, H., *Le renversement platonicien. Logos, episteme, polis*, Paris 1974.

Lacey, W. K., *The Family in Classical Greece*, Ithaca 1968.
Lauvergne, H., *Les forçats considérés sous le rapport physiologique, moral et intellectuel, observés au bagne de Toulon*, Paris 1841.
Leski, E., »Die Zeugungs- und Vererbungslehren der Antike und ihr Nachwirken«, in: *Abhandlungen der Akademie der Wissenschaften und Literatur* XIX, Mainz 1950.
Lukian, *Amores*, Text und englische Übersetzung M. D. MacLeod, London (LCL).
Lysias, *De caede Eratosthenis*, Text und französische Übersetzung L. Gernet und M. Bizos, Paris (CUF).

Manuli, P., »Fisiologia e patologia del femminile negli scritti hippocratici«, in: *Hippocratica*, Paris 1980.

North, H., *Sophrosyne. Self-Knowledge and Self-Restraint in Greek Literature*, Ithaca 1966.

Philostratos, *Leben des Apollonios von Tyana*, Text und deutsche Übersetzung V. Mumprecht, München – Zürich 1983.
–, *Physiognomonia*, ebd.
Platon, *Alkibiades*, Text und deutsche Übersetzung Schleiermacher, hg. von G. Eigler, Darmstadt.
–, *Briefe*, ebd.
–, *Charmides*, ebd.
–, *Euthydemos*, ebd.
–, *Gorgias*, ebd.
–, *Nomoi*, ebd.
–, *Phaidros*, ebd.
–, *Philebos*, ebd.
–, *Politeia*, ebd.
–, *Politikos*, ebd.
–, *Protagoras*, ebd.
–, *Symposion*, ebd.
–, *Timaios*, ebd.
Pseudo-Platon, *Anterastai*, Text und französische Übersetzung J. Souilhé, Paris (CUF).
Plinius Secundus, C., *Naturalis historiae*, Text und deutsche Übersetzung R. König, München 1973 ff.
Plutarch, *Quaestionum vivialium libri IX*, Text und französische Übersetzung F. Fuhrmann (*Œuvres morales*, Bd. X).

–, *Vitae. Cato Minor*, Text und französische Übersetzung R. Flacelière und E. Chambry, Paris (CUF); deutsche Übersetzung J. F. S. Kaltwasser, Leipzig.

–, *Vitae. Solo*, Text und französische Übersetzung E. Chambry, R. Flacelière, M. Juneaux, Paris (CUF); deutsche Übersetzung J. F. S. Kaltwasser, Leipzig.

Polybios, *Historiae*, Text und französische Übersetzung R. Weil und Cl. Nicolet, Paris (CUF); deutsche Übersetzung H. Drexler, Zürich – Stuttgart 1961-63.

Pomeroy, S., *Goddesses, Whores, Wives and Slaves. Women in Classical Antiquity*, New York 1975.

Porphyrios, *Vita Pythagorae*, Text und französische Übersetzung É. des Places, Paris (CUF).

Romilly, J. de, *La Loi dans la pensée grecque des origines à Aristote*, Paris 1971.

Rufus von Ephesos, *Peri aphrodision*, in: *Œuvres*, Text und französische Übersetzung Ch. Daremberg und Ch.-E. Ruelle, Paris 1878.

Seneca Rhetor, L. A., *Controversiae et suasoriae*, französische Übersetzung H. Bornecque, Paris 1932.

Smith, W. D., »The Development of Classical Dietetic Theory«, in: *Hippocratica*, Paris 1980.

Suda, hg. von Ada Adler, Leipzig 1928-35.

Vernant, J.-P., *Mythe et pensée chez les Grecs*, Paris 1966.

Xenophon, *Anabasis*, Text und englische Übersetzung C. L. Brownson und O. J. Todd, London (LCL).

–, *Enkomion auf Agesilaos*, Text und englische Übersetzung E. C. Marchant, London (LCL).

–, *Hieron*, Text und englische Übersetzung E. C. Marchant und G. W. Bowersock, London (LCL).

–, *Kyrupaideia*, Text und französische Übersetzung M. Bizos und É. Delebecque, Paris (CUF); deutsche Übersetzung C. Woyte, Leipzig 1911.

–, *Memorabilia*, Text und deutsche Übersetzung P. Jaerisch, München 1962.

–, *Oikonomikos*, Text und französische Übersetzung P. Chantraine, Paris (CUF); deutsche Übersetzung K. Meyer, Westerburg 1975.

–, *Der Staat der Spartaner*, französische Übersetzung P. Chambry, Paris 1967.

–, *Symposion*, Text und englische Übersetzung C. J. Brownson und O. J. Todd, London (LCL).

Der Bibliothèque du Saulchoir und ihrem Direktor bin ich zu Dank verpflichtet. Ebenso danke ich Nicole und Louis Évrard sowie Hélène Monsacré, die bei der Fertigstellung dieses Buches wertvolle Hilfe geleistet hat.

4.3
Die Sorge um sich

Aus dem Französischen von
Ulrich Raulff und Walter Seitter

4.3

Inhalt

I
Von seinen Lüsten träumen

Ich werde mit der Analyse eines recht eigenartigen Textes beginnen. Es ist
ein Werk der Praxis und des Alltagslebens, nicht ein Text der Reflexion oder
der moralischen Vorschrift. Unter den Texten, die aus jener Zeit auf uns gekommen sind, ist er der einzige, der einen halbwegs systematischen Aufriß
der verschiedenen möglichen Formen sexueller Handlungen bietet; diese
Handlungen belegt er zwar im allgemeinen nicht direkt und explizit mit
moralischen Urteilen, doch läßt er allgemein akzeptierte Bewertungssche-
mata erkennen. Und von diesen läßt sich feststellen, daß sie den Grundsätzen nahe sind, welche bereits im klassischen Zeitalter die moralische Erfahrung der *aphrodísia* organisierten. Das Buch des Artemidor bildet also einen
Anhaltspunkt. Es zeugt von einem lange währenden Fortbestand. Es belegt
eine geläufige Denkweise. Gerade dadurch hilft es zu ermessen, was an der
zur selben Zeit unternommenen Arbeit der philosophischen oder medizinischen Reflexion über die Lüste und über das sexuelle Verhalten eigentümlich und teilweise neu war.

1 Die Methode des Artemidor

Das *Traumbuch* des Artemidor ist der einzige uns vollständig erhaltene Text
aus einer Literaturgattung, die in der Antike reichlich sproß, der Traumkritik. Artemidor, der im 2. Jahrhundert n.Chr. schreibt, zitiert selbst mehrere (zum Teil bereits alte) Werke, die zu seiner Zeit in Gebrauch waren:
die des Nikostratos von Ephesos[1] und des Panyassis von Halikarnassos[2],
das des Apollodoros aus Telmessos[3], die des Phoibos von Antiocheia[4],
des Dionysios von Heliopolis[5] und des Naturforschers Alexandros von

---

1 Artemidor, *Das Traumbuch*, I, 2.
2 A. a. O., I, 2; I, 64; II, 35.
3 A. a. O., I, 79.
4 A. a. O., I, 2; II, 9; IV, 48; IV, 66.
5 A. a. O., II, 66.

Myndos[6]; er erwähnt lobend den Aristandros aus Telmessos[7]; er bezieht sich auch auf die drei Bücher der Abhandlung des Geminos aus Tyros, auf die fünf Bücher des Demetrios aus Phaleron, auf die zweiundzwanzig Bücher des Artemon aus Milet.[8]

An den gewandt, dem sein Werk zugeeignet ist, einen gewissen Cassius Maximus – möglicherweise Maximos von Tyros oder dessen Vater[9], der ihn angehalten haben soll, »sein Wissen nicht dem Vergessen preiszugeben« –, behauptet Artemidor von sich, er habe sich »keiner anderen Aufgabe« hingegeben, sondern sich »immer, bei Nacht und bei Tag« mit der Traumdeutung befaßt.[10] Eine emphatische Behauptung, wie sie bei derartigen Eröffnungen üblich ist? Vielleicht. Artemidor jedenfalls hat etwas ganz anderes getan, als nur die berühmtesten Beispiele für Traumvorzeichen, die von der Wirklichkeit bestätigt wurden, zu sammeln. Er hat es unternommen, ein methodisches Werk zu schreiben, und das in zweifacher Hinsicht: es sollte ein in der Alltagspraxis brauchbares Handbuch sein; daneben sollte es eine theoretisch angelegte Abhandlung über die Gültigkeit der Deutungsverfahren sein.

Man darf nicht vergessen, daß die Analyse der Träume zu den Existenztechniken gehörte. Denn die Bilder des Schlafes, oder zumindest einige von ihnen, galten als Realitätszeichen oder Botschaften von Künftigem; sie zu entziffern war von hohem Wert: ein verständiges Leben konnte dieser Aufgabe nicht entraten. Das war eine sehr alte volkstümliche Tradition, aber auch eine Gewohnheit in den kultivierten Kreisen. War es notwendig, sich an die zahllosen Experten für die nächtlichen Bilder zu wenden, so war es doch auch gut, selber die Zeichen deuten zu können. Zahllose Zeugnisse belegen das Gewicht, das man der Traumanalyse als einer Lebenspraktik beimaß, deren man nicht nur bei großen Begebenheiten, sondern auch im alltäglichen Lauf der Dinge bedurfte. Im Schlaf nämlich geben die Götter Ratschläge, Winke und manchmal ausdrückliche Befehle. Doch selbst wenn der Traum nur ein Ereignis ankündigt, ohne etwas vorzuschreiben, selbst wenn man annimmt, daß sich am Ablauf der Dinge

6 A. a. O., I, 67; II, 9; II, 66.

7 A. a. O., I, 31; IV, 23; IV, 24.

8 A. a. O., I, 2; II, 44.

9 Vgl. A.-J. Festugière, »Introduction«, in: Artemidor, *La Clef des songes*, frz. Übersetzung von A.-J. Festugière, Paris 1975, S. 9, und C. A. Behr, *Aelius Aristides and the Sacred Tales*, Amsterdam 1968, S. 181 f.

10 Artemidor, *Traumbuch*, II, Schluß.

nicht rütteln läßt, ist es gut, im voraus zu wissen, was geschehen muß, um
sich dafür rüsten zu können: »Häufig geschieht es«, sagt Achilleus Tatios in
Leukippe und Kleitophon, »daß Gott den Menschen des Nachts die Zukunft mitteilt, nicht um ihnen Leiden zu ersparen – denn den Lauf des
Schicksals können sie nicht aufhalten –, sondern damit sie ihre Leiden
leichter ertragen. Denn das Unerwartete, das unversehens mit geballter
Wucht da ist, bringt den menschlichen Geist durch den plötzlichen Schlag
völlig aus der Fassung und wirft ihn stets zu Boden, während das Erwartete dadurch, daß man Zeit hat, sich darauf einzustellen, dem Schicksals-
schlag rechtzeitig die Spitze nimmt.«[11] Synesios wird später einen völlig
traditionellen Gesichtspunkt zum Ausdruck bringen, wenn er daran erinnert, daß unsere Träume ein Orakel darstellen, das »bei uns wohnt«, das
uns begleitet »auf unseren Reisen, im Kriege, bei den öffentlichen Ämtern,
bei den Arbeiten auf dem Felde, bei geschäftlichen Unternehmungen«; der
Traum ist gleich »einem stets bereiten Propheten, einem unermüdlichen
und stummen Ratgeber«; wir müssen somit alle darangehen, unsere Träume zu deuten, wer wir auch sein mögen, »Männer und Frauen, Junge und
Alte, Reiche und Arme, Privatleute und Staatsdiener, Bewohner der Stadt
und des Landes, Handwerker und Redner«, ohne Vorzug »weder von Geschlecht noch von Alter, von Vermögen noch Beruf.«[12] In diesem Sinne verfaßt Artemidor das *Traumbuch*.

Ihm kommt es darauf an, dem Leser eine Vorgehensweise zu verdeut-
lichen: wie fängt man es an, einen Traum in Elemente zu zerlegen und
den diagnostischen Sinn des Traumes auszumachen? Wie fängt man es
an, das Ganze von diesen Elementen her zu interpretieren und beim Entziffern der einzelnen Teile dieses Ganze im Auge zu behalten? Bezeichnend ist die Nähe zu den Weissagetechniken der Opferpriester, in die Artemidor sich stellt: auch sie wissen einerseits, »wohin jedes einzelne Zeichen
paßt«, und andererseits »schöpfen sie ihre Urteile ebensosehr aus jedem
einzelnen wie aus allen Zeichen zusammen.«[13] Es handelt sich also um
eine Anleitung *zum Deuten*. Indem es sich nicht auf die prophetischen
Wunderwerke der Träume, sondern vorrangig auf die *téchne* konzentriert,
sie richtig zum Sprechen zu bringen, wendet sich das Werk an mehrere Ar-

---

11 Achilleus Tatios, *Leukippe und Kleitophon*, I, 3.
12 Synesios, Übers. von Druon, 15-16.
13 Artemidor, *Traumbuch*, I, 12 und III, Schluß.

ten von Lesern. Artemidor will den Analysetechnikern und den Experten
ein Werkzeug an die Hand geben. Diese Hoffnung malt er seinem Sohn
aus, dem das vierte und fünfte Buch gewidmet ist: wenn »das Buch in seiner Hand bleibt« und er es für sich bewahrt, wird er »allen Traumdeutern
überlegen«[14] sein. Des weiteren will er denen helfen, die, enttäuscht von
den unzuverlässigen Methoden, an denen sie sich versucht haben, nahe
daran sind, dieser kostbaren Praktik den Rücken zu kehren: gegen jene
Irrtümer wird dieses Buch gleich einer heilsamen Medizin wirken – *thera-
peía soteriódes*.[15] Doch denkt Artemidor auch an den »Jedermanns-Leser«,
der eine leicht faßliche Unterweisung braucht.[16] Auf jeden Fall wollte er
ein Lebenshandbuch bieten, ein im Lauf der Existenz und ihrer Wechselfälle brauchbares Instrument: er war bestrebt, seine Analysen in »dieselbe
Ordnung und dieselbe Reihenfolge« zu bringen, »wie sie das Leben selbst
hat«.

Dieser Charakter eines »Handbuchs für das Alltagsleben« wird besonders spürbar, wenn man den Text Artemidors mit den *Reden* des Aristides
vergleicht – eines um seine Gesundheit besorgten Menschen, der Jahre damit zubrachte, auf den Gott zu horchen, der im Laufe der außerordentlichen Wechselfälle seiner Krankheit und der zahllosen Behandlungen, denen er sich unterzog, Träume eingab. Bei Artemidor, soviel steht fest,
kommt das religiöse Wunderbare so gut wie gar nicht vor; im Unterschied
zu vielen anderen Texten dieser Gattung steht das Werk Artemidors nicht
im Zusammenhang mit kultischen Heilverfahren, auch wenn er in einer
traditionellen Formel des daldäischen Apolls, seines »Stammgottes«, gedenkt, der ihm Mut zusprach, an sein Lager trat und ihm »geradezu den
Befehl gab, diese Bücher zu schreiben«.[17] Im übrigen distanziert er selbst
seine Arbeit von der von Traumdeutern wie Geminos aus Tyros, Demetrios aus Phaleros und Artemon aus Milet, die von Sarapis eingegebene Anweisungen und Kuren aufgezeichnet haben.[18] Der Typ von Träumer, an
den Artemidor sich wendet, ist nicht der zagend Fromme, der auf Gebote
von oben harrt. Er ist ein »gewöhnliches« Individuum: ein Mann zumeist
(auf Träume von Frauen wird nur am Rande eingegangen, als mögliche

14 A. a. O., IV, Vorwort.
15 A. a. O., IV. Widmung.
16 A. a. O., III, Schluß.
17 A. a. O., II, 70.
18 A. a. O., II, 44.

Varianten, wofern das Geschlecht des Subjekts den Sinn des Traums verändern kann); ein Mann, der eine Familie hat, Güter, sehr oft ein Geschäft (er handelt, er betreibt einen Laden); häufig hat er Dienerschaft und Sklaven (aber der Fall ist auch vorgesehen, daß er keine hat). Und seine Hauptsorgen gelten, neben seiner Gesundheit, dem Leben und Sterben der ihn Umgebenden, dem Erfolg seiner Unternehmungen, seiner Bereicherung, seiner Verarmung, der Heirat seiner Kinder, den in der Stadt eventuell auszuübenden Ämtern. Kurz, einer Klientel mittleren Standes. Artemidors Text enthüllt eine Existenzweise und einen Typ von Sorgen, wie gewöhnliche Leute sie haben.

Doch das Werk verfolgt auch eine theoretische Absicht, die Artemidor in der Widmung an Cassius anspricht: er will die Gegner der Traumdeutung widerlegen, er will die Skeptiker überzeugen, die an keine der Formen von Weissagung glauben, durch die man die Vorzeichen der Zukunft zu entziffern sucht. Seine Gewißheiten sucht Artemidor weniger durch bloßes Aufstellen der Resultate als durch überlegt vorgehende Untersuchung und methodische Erörterung darzutun.

Er hat nicht etwa vor, die älteren Texte zu übergehen, er hat sie gründlich gelesen, aber nicht, um sie, wie es oft geschieht, abzuschreiben; was ihn am »bereits Gesagten« anzieht, weit mehr als die verbürgte Autorität, ist die Erfahrung in ihrer Breite und Verschiedenheit. Und dieser Erfahrung ist er nicht bei ein paar großen Autoren nachgegangen, sondern dort, wo sie entsteht. Artemidor ist stolz – er sagt es in der Widmung an Cassius Maximus, er wiederholt es in der Folge – auf die Weite seiner Untersuchung. Nicht nur hat er zahllose Werke durchstudiert, sondern er ist geduldig die Läden der Traumleser und Wahrsager an allen Küsten des Mittelmeeres abgelaufen. »Was meine Person anbetrifft, so gibt es kein Buch über Traumdeutung, das ich nicht erworben hätte, weil ich in dieser Hinsicht von einem großen Ehrgeiz erfüllt bin. Außerdem habe ich viele Jahre hindurch mit Wahrsagern, die auf Märkten ihre Kunst anbieten, verkehrt, obwohl sie verschrien sind und von den Herren mit den ehrwürdigen Mienen und den hochgezogenen Augenbrauen Landstreicher, Schwindler und Bettelpack tituliert werden; ich gab aber nichts auf diese Verleumdung, ich verkehrte viele Jahre mit ihnen und unterzog mich in den Städten und auf den Volksversammlungen Griechenlands, in Kleinasien, Italien und auf den größten und meistbevölkerten Inseln der Mühe, alte Traumgesichte und ihre Ausgänge in Erfahrung zu bringen. Es war rein unmöglich, auf andere Weise Übung in dieser Kunst zu erwerben.«[19] Gleichwohl hütet sich Artemidor, irgend etwas ungeprüft weiterzugeben, sondern unterwirft es der »Erfahrung« *(peîra)*, die ihm »Richtschnur« und »Zeuge« aller seiner Aussagen ist.[20] Darunter ist zu verstehen, daß er die Informationen, auf die er sich bezieht, durch den Vergleich mit anderen Quellen, durch die Konfrontation mit seiner eigenen Praxis und durch die Arbeit des Überdenkens und der Darlegung überprüfen wird: auf diese Weise wird nichts »aufs Geratewohl« oder »aus dem Stegreif« gesagt sein. Wir stoßen hier auf Untersuchungsverfahren, auf Begriffe – wie den der *historía*, den der *peîra* –, auf Formen der Kontrolle und »Verifikation«, wie sie zu jener Zeit, unter dem mehr oder weniger direkten Einfluß des skeptischen Denkens, für die Wissenssammlungen im Bereich der Naturgeschichte oder der Medizin charakteristisch waren.[21] Der Text Artemidors bietet den erheblichen Vorzug, eine geschärfte Reflexion an eine breitangelegte traditionelle Dokumentation zu wenden.

In einem derartigen Dokument braucht man freilich nicht nach Formulierungen einer gestrengen Moral oder dem Auftauchen neuer Verbote hinsichtlich des sexuellen Verhaltens zu suchen; es liefert eher Hinweise auf gängige Bewertungsweisen und allgemein akzeptierte Haltungen. Gewiß ist dieser Text nicht frei von philosophischer Reflexion, und es finden sich recht deutliche Bezugnahmen auf zeitgenössische Probleme und Debatten; doch sie betreffen die Entzifferungsverfahren und die Deutungsmethode, nicht die Werturteile und die moralischen Gehalte. Der Stoff, auf den die Interpretationen gehen, die Traumszenen, die sie als Voraussage behandeln, die Situationen und die Ereignisse, die sie verkünden, gehören zum überlieferten Gemeingut. Artemidors Text eignet sich also dazu, Zeugnis abzulegen von einer ziemlich verbreiteten und vermutlich altehrwürdigen moralischen Tradition. Nur darf man nicht außer acht lassen, daß dieser Text, auch wenn er im Blick auf die Träume ein Tableau möglicher sexueller Handlungen und Beziehungen entwirft, dem kein anderes Werk der Epoche an Systematik gleichkommt, doch keineswegs eine Morallehre

---

19 A. a. O., Vorwort.
20 A. a. O., II, 70.
21 In seiner Einleitung in die englische Übersetzung Artemidors weist R. J. White auf mehrere Spuren empiristischen und skeptischen Einflusses auf Artemidor hin. Demgegenüber behauptet A. H. M. Kessels (»Ancient Systems of Dream Classification«, in: *Mnemosyne*, 1969, S. 391), Artemidor sei nur ein Praktiker gewesen, der bloß den Traum interpretierte, den er tagtäglich zu behandeln hatte.

ist, die vorrangig Urteile über diese Handlungen und Beziehungen fällen wollte. Einzig auf indirekte Weise, anhand der Deutungen der Träume, lassen sich die Schätzungen ausmachen, die den dort vorkommenden Szenen und Handlungen entgegengebracht werden. Die Grundsätze einer Moral werden nicht um ihrer selbst willen vorgebracht; sie lassen sich allein im Verlauf der Analyse erkennen: im Deuten der Deutungen. Deshalb muß man kurz auf die Entzifferungsverfahren, die Artemidor anwendet, eingehen, um alsdann die Moral, die den Analysen sexueller Träume unterliegt, entziffern zu können.

1. Artemidor unterscheidet zwei Formen nächtlicher Visionen. Da sind die Träume – *enhýpnia*; sie übersetzen die gegenwärtigen Affekte des Subjekts, diejenigen, welche »die Seele in ihrem Lauf begleiten«: man ist verliebt, man ersehnt die Gegenwart des geliebten Objekts, man träumt, es sei da; man ist ohne Nahrung, verspürt das Bedürfnis zu essen, man träumt, man nehme Speise zu sich; dagegen träumt einer, »der sich den Magen überladen hat, vom Erbrechen oder Ersticken«[22]; und der sich vor seinen Feinden fürchtet, träumt sich von ihnen umgeben. Diese Form von Traum hat einen einfachen diagnostischen Wert: sie hält sich an die Aktualität (von Gegenwart zu Gegenwart); sie tut dem schlafenden Subjekt seinen eigenen Zustand kund; sie übersetzt, was im Bereich des Körpers Mangel oder Überfluß und was im Bereich der Seele Furcht oder Begehren ist.

Anders die Traumgesichte, *óneiroi*. Ihr Wesen und ihre Funktion sieht Artemidor in den drei »Etymologien«, die er angibt. *Óneiros* ist das, was *tò òn eírei*, »was das Sein sagt«; es sagt das, was bereits in der Verkettung der Zeit ist und als Ereignis in einer mehr oder weniger nahen Zukunft eintreten wird. Es ist auch das, was auf die Seele wirkt und sie erregt – *orínei*; das Traumgesicht verändert die Seele, es formt und bildet sie; es versetzt sie in Stimmungen und ruft Bewegungen in ihr hervor, die dem entsprechen, was ihr gezeigt wird. Schließlich erkennt man in dem Wort *óneiros* noch den Namen des ithakischen Bettlers Iros, der die Botschaften überbrachte, die man ihm anvertraute.[23] So unterscheiden sich denn *enhýpnion* und *óneiros* in allen Stücken, das erste spricht vom Individuum, der zweite von den Ereignissen der Welt; das eine erwächst aus Zuständen des Kör-

---

22 Artemidor, *Traumbuch*, Vorwort.
23 A. a. O., I, 1. Vgl. *Odyssee*, XVIII, 7.

pers und der Seele, der andere greift voraus über den Ablauf der Zeit; das eine bekundet das Spiel des Zuviel und Zuwenig im Bereich der Gelüste und Abneigungen; der andere benachrichtigt die Seele und bildet sie zugleich. Auf der einen Seite sagen die Träume des Begehrens das Wirkliche der Seele in ihrem aktuellen Zustand; auf der anderen sagen die Traumgesichte des Seins die Zukunft des Geschehens in der Ordnung der Welt.

Eine zweite Aufspaltung innerhalb jeder der beiden Kategorien »nächtlicher Vision« ergibt sich aus der Unterscheidung zwischen dem, was sich klar und durchsichtig zeigt, ohne der Entzifferung und Deutung zu bedürfen, und dem, was sich nur in übertragener und bildlich verschobener Weise mitteilt. In den Zustandsträumen kann das Begehren sich durch die leicht erkennbare Gegenwart seines Objekts kundtun (man sieht im Traum die Frau, die man begehrt); es kann dies aber auch durch ein anderes Bild geschehen, das dem fraglichen Objekt weniger eng verschwistert ist. Ähnlich ist der Unterschied in den Ereignisträumen: einige von ihnen bezeichnen direkt, indem sie es selbst zeigen, was bereits im Modus der Zukunft existiert: im Traumgesicht sieht man das Schiff versinken, mit dem man alsbald Schiffbruch erleiden wird; man sieht sich von der Waffe getroffen, die einen morgen verletzen wird: das sind die sogenannten »theorematischen« Traumgesichte. In anderen Fällen hingegen ist die Beziehung des Bildes zum Ereignis indirekt: das Bild des an der Klippe scheiternden Schiffes braucht nicht einen Schiffbruch zu bezeichnen, nicht einmal ein Unglück; für den Sklaven, der diesen Traum hat, bedeutet er vielmehr seine baldige Freilassung; dies sind die »allegorischen« Traumgesichte.

Nun stellt das Spiel zwischen diesen beiden Unterscheidungen den Deuter vor ein praktisches Problem. Angenommen, im Schlaf stellt sich eine Vision ein: woran erkennt man, ob man es mit einem Zustandstraum oder mit einem Ereignistraum zu tun hat? Wie stellt man fest, ob das Bild direkt ankündigt, was es zeigt, oder ob es als Übersetzung von etwas anderem anzusehen ist? Indem er auf den ersten Seiten des (nach den drei ersten geschriebenen) Buches IV diese Schwierigkeit zur Sprache bringt, betont Artemidor, wie außerordentlich wichtig es ist, sich mit dem träumenden Subjekt selbst zu befassen. Es steht wohl fest, erklärt er, daß bei den »tugendhaften« Seelen keine Zustandsträume auftreten können; jene nämlich haben es verstanden, ihre unvernünftigen Regungen, also ihre Leidenschaften – Begehren oder Furcht – zu zügeln; sie wissen auch ihren Körper im Gleichgewicht zwi-

schen Mangel und Überfluß zu halten; folglich gibt es für sie keine Verwirrungen und also auch keine von diesen »Träumen« *(enhýpnia)*, die stets als
Ausdruck von Affekten anzusehen sind. Es ist übrigens ein beliebtes Thema
bei den Moralisten, daß die Tugend sich im Ausbleiben von Träumen zeigt,
welche im Schlaf die Gelüste oder unwillkürlichen Regungen der Seele und
des Körpers übersetzen. »Die Träume des Schläfers«, sagt Seneca, »sind
ebenso wirrnisreich, wie sein Tag es war.«[24] Plutarch stützte sich auf Zenon,
um daran zu erinnern, daß es einen Fortschritt bezeichnet, wenn man nicht
mehr träumt, Freude an Schandtaten zu empfinden. Und er verwies auf
jene Subjekte, die zwar im Wachzustand über genügend Kraft verfügen,
ihre Leidenschaften zu bekämpfen und zu bändigen, in der Nacht aber »sich
aller Ansichten und Gesetze entledigen«, ohne Scham zu empfinden: dann
erwacht in ihnen ihre unmoralische und liederliche Seite.[25]

Für Artemidor jedenfalls können die Zustandsträume, sofern sie auftreten, zweierlei Gestalt annehmen: bei den meisten Leuten bekunden sich
Begehren oder Abneigung direkt und unverstellt; doch bekunden sie sich
nur in Zeichen bei denen, die ihre eigenen Träume zu deuten wissen, weil
ihre Seele »ihnen immer gewitztere Streiche spielt.« So wird etwa ein in der
Traumkritik unerfahrener Mann im Traume die Frau sehen, die er begehrt, oder den heiß ersehnten Tod seines Herrn. Die mißtrauische oder
schlaue Seele des Erfahrenen wird es irgendwie vermeiden, ihm den Zustand des Begehrens, in dem er sich befindet, kundzutun; sie greift zu einer
List, und statt nun schlichtweg die Frau zu sehen, die er begehrt, wird der
Träumer das Bild von etwas sie Bezeichnendem sehen: »ein Pferd, einen
Spiegel, ein Schiff, das Meer, das Weibchen eines Tieres, ein Frauenkleid.«
Artemidor zitiert jenen Maler von Korinth, eine kundige Seele vermutlich,
der im Traum das Dach seines Hauses einstürzen und sich selbst enthauptet sah; das hätte man für das Zeichen eines künftigen Ereignisses halten
können, es war aber ein Zustandstraum: der Mann wünschte den Tod seines Herrn – welcher noch heute lebt, wie Artemidor beiläufig vermerkt.[26]

Was nun die Traumgesichte angeht, wie soll man die, welche durchsichtig und »theorematisch« sind, von denen unterscheiden, welche in allegorischer Weise von einem anderen Ereignis künden als dem, das sie zeigen?
Sieht man von den ganz ausgefallenen Bildern ab, welche geradezu nach

---

24 Seneca, *Briefe an Lucilius*, 56, 6.
25 Plutarch, *Quomodo quis suos in virtute sentiat profectus*, 12.
26 Artemidor, *Traumbuch*, IV, Vorwort.

Deutung rufen, so werden diejenigen, die ein Ereignis klar verkünden, alsbald von der Wirklichkeit bestätigt: das Ereignis folgt ihnen unverzüglich; der theorematische Traum öffnet sich auf das, wovon er kündet, und läßt der Deutung weder den möglichen Zugriff noch die nötige Muße. Die allegorischen Träume sind also leicht daran zu erkennen, daß sie nicht geradewegs wirklich werden: insofern lohnt es sich, sie zur Deutung heranzuziehen. Fügen wir noch hinzu, daß die tugendhaften Seelen – welche keine Zustandsträume, sondern allein Traumgesichte haben – zumeist nur die klaren Visionen der theorematischen Traumgesichte kennen. Dieses Privileg braucht Artemidor nicht zu erläutern: eine Tradition besagte, daß zu den reinen Seelen die Götter direkt sprächen. Erinnern wir uns an Platons Worte in der *Politeia*: ». . . wenn er diese beiden Teile der Seele [den des Begehrens und den des Zorns] beschwichtigt und nur den dritten in Bewegung gesetzt hat, welchem das Denken einwohnt, und sich dann endlich zur Ruhe begibt, so weißt du wohl, daß er in solchem Zustande mit der Wahrheit vorzüglich Verkehr hat.«[27] Und in dem Roman des Chariton aus Aphrodisias hat Kallirhoe in dem Augenblick, da sie endlich alle Prüfungen überstanden hat und ihr langer Kampf, um ihre Tugend zu bewahren, belohnt wird, ein »theorematisches« Traumgesicht, welches das Ende des Romans vorwegnimmt und gleichzeitig Voraussage und Versprechen von seiten ihrer Schutzgöttin bildet: »Sie sieht sich noch als Jungfrau in Syrakus, wie sie den Tempel der Aphrodite betritt, dann auf dem Heimweg, wie sie Chaireas erblickt, und schließlich am Hochzeitstage, die ganze Stadt girlandengeschmückt, sie selbst von ihrem Vater und ihrer Mutter bis zum Hause ihres Verlobten geleitet.«[28]

Die Beziehungen, die Artemidor zwischen den Typen von Träumen, ihren Beziehungsweisen und den Seinsweisen des Subjekts herstellt, lassen sich in einem Schema wiedergeben.

Das letzte Feld des Schemas – das der allegorischen Traumgesichte von Ereignissen – verzeichnet den Arbeitsbereich der *Traumkritik*. Dort ist die Deutung möglich, weil das Gesicht nicht transparent ist, sondern ein Bild für ein anderes steht; dort ist die Deutung nützlich, weil sie es ermöglicht, sich auf ein Ereignis vorzubereiten, das nicht augenblicklich eintritt.

27 Platon, *Politeia*, IX, 572a-b.
28 Chariton von Aphrodisias, *Die Abenteuer von Chaireas und Kallirhoe*, V, 5.

		Zustandsträume		Ereignisträume	
		Direkte	Durch Zeichen	Theorematische	Allegorische
In den tugendhaften Seelen		Niemals		Zumeist	
In den gewöhnlichen Seelen	Erfahrene	Zumeist			
	Unerfahrene	Zumeist			Zumeist

2. Die Auflösung der Traumallegorie geht den Weg der Analogie. Artemidor kommt mehrmals darauf zurück: die Kunst der Traumkritik fußt auf dem Gesetz der Ähnlichkeit; sie geschieht durch »die Gesellung von gleich zu gleich.«[29]

Diese Analogie stellt Artemidor auf zwei Ebenen her. Da ist zunächst die natürliche Analogie zwischen dem Bild des Traumgesichts und den Elementen der Zukunft, die es verkündet. Um diese Ähnlichkeit aufzuspüren, bedient sich Artemidor verschiedener Mittel: qualitative Identität (von einem Unbehagen träumen weist auf den künftigen »schlechten Zustand« der Gesundheit oder des Vermögens hin; von Schmutz träumen bedeutet, daß der Körper von schädlichen Stoffen verstopft sein wird); wörtliche Identität (der Widder gilt als Zeichen der Herrschaft wegen des Spiels *kriós – kreíon*)[30]; symbolische Verwandtschaft (von einem Löwen träumen heißt für den Athleten Sieg; von Stürmen träumen bedeutet Unglück); Vorliegen eines Glaubens, eines volkstümlichen Spruches, eines mythologischen Themas (der Bär bedeutet eine Frau wegen der Arkadierin Kallisto)[31]; Zugehörigkeit zu ein und derselben Existenzkategorie: so können im Traum Hochzeit und Tod einander wechselweise bedeuten, gelten doch beide als ein *télos*, ein Ziel oder Ende, für das Leben[32]; Ähnlichkeit

29 Artemidor, *Traumbuch*, II, 25.
30 A. a. O., II, 12. Vgl. die Anmerkung von A.-J. Festugière, a. a. O., S. 112.
31 A. a. O., II, 12.
32 A. a. O., II, 49 und 65.

von Praktiken (»eine Jungfrau heiraten bedeutet einem Kranken den Tod;
denn dieselben Bräuche, die bei einer Hochzeit geübt werden, kommen
auch bei einer Bestattung vor«).[33]

Es gibt auch die Analogie im Wert. Und sie ist von besonderer Wichtigkeit, insofern als die Traumkritik ja ausmachen soll, ob die Ereignisse, die
stattfinden werden, günstig sind oder nicht. Durch den gesamten Bereich
der Bedeutung des Traumgesichts im artemidorischen Text läuft die Kluft
einer binären Scheidung zwischen Gut und Böse, Heil und Unheil, Glück
und Unglück. Die Frage ist also: wie kann das Tun, das im Traumgesicht
vorgestellt ist, mit seinem eigenen Wert das kommende Ereignis ankündigen? Das Grundprinzip ist einfach. Ein Traum trifft eine günstige Voraussage, wenn die Tat, die er vorstellt, selbst gut ist. Doch wie soll man diesen
Wert bemessen? Artemidor nennt sechs Kriterien. Entspricht die vorge-
stellte Tat der Natur? Entspricht sie dem Gesetz? Entspricht sie der Sitte?
Entspricht sie der *téchne* – das heißt den Regeln und Praktiken, mittels deren ein Handeln sein Ziel erreicht? Entspricht sie der Zeit (was soviel heißt
wie: wird sie im rechten Augenblick und unter den rechten Umständen vollzogen?)? Und wie steht es schließlich mit ihrem Namen (trägt sie einen Namen, der von sich aus Glück verheißt?)? »Allgemein gilt also die Regel, daß
alles, was im Einklang mit Natur, Gesetz, Sitte, Kunst, Namen oder Zeit geschaut wird, von guter Vorbedeutung ist, während das Gegenteil davon Unheil und Schaden heraufbeschwört.«[34] Allerdings setzt Artemidor gleich
hinzu, daß dieses Prinzip nicht allgemeingültig ist und Ausnahmen zuläßt.
So kann etwa eine Art Wertumkehrung statthaben. Gewisse Traumgesichte, die »innen gut« sind, können »außen schlecht« sein: das im Traum vor-
gestellte Tun ist günstig (träumt man etwa, man speiste mit einem Gott, ist
das an sich positiv), doch das vorausgesagte Ereignis ist negativ (wenn nämlich der Gott der von seinen Söhnen gefesselte Chronos ist, bedeutet das
Bild, daß man hinter Schloß und Riegel kommt).[35] Andere Traumgesichte
hingegen sind »innen schlecht« und »außen gut«: ein Sklave träumt, er sei
im Krieg; darin kündet sich seine Freilassung an, denn ein Soldat kann
nicht Sklave sein. Die positiven oder negativen Zeichen und Bedeutungen
sind also von einer Randzone möglicher Variationen umgeben. Dabei handelt es sich nicht um eine Ungewißheit, die sich nicht ausräumen ließe, son-

33 A. a. O., II, 65.
34 A. a. O., IV, 2.
35 A. a. O., I, 5.

dern um einen komplexen Bereich, der verlangt, daß man auf alle Aspekte des geträumten Bildes sowie auf die Situation des Träumenden eingeht.

Bevor wir uns der von Artemidor praktizierten Analyse der sexuellen Traumgesichte zuwenden, mußten wir diesen Umweg gehen, um den Mechanismus der Deutungen zu begreifen und um auszumachen, wie sich die moralischen Einschätzungen der sexuellen Handlungen in der Deutung der sie betreffenden Träume äußern. Denn es wäre töricht, diesen Text als ein direktes Dokument über den Wert der sexuellen Handlungen und ihre Legitimität anzusehen. Artemidor sagt nicht, ob es gut ist oder nicht, moralisch oder unmoralisch, dies und das zu tun, sondern ob es gut ist oder schlecht, günstig oder bedrohlich, davon zu träumen, daß man es tue. Die Prinzipien, die sich ausmachen lassen, betreffen also nicht die Handlungen selbst, sondern vielmehr deren Urheber bzw. den sexuell Handelnden, insofern er in der Traumszene den Urheber des Traumes vertritt und ihn dergestalt das Gute oder Schlechte vorbedeuten läßt, das ihm widerfahren wird. Die beiden großen Regeln der *Traumkritik* – nämlich daß das Traumgesicht »das Sein sagt« und daß es dies in Gestalt eines Gleichnisses tut – gelten hier in folgender Weise: der Traum sagt das Ereignis, sagt das gute oder mißliche Geschick, das Glück oder Unglück, das im Realen die Seinsweise des Subjekts kennzeichnen wird, und er sagt es durch eine Analogiebeziehung zur – guten oder schlechten, günstigen oder ungünstigen – Seinsweise des Subjekts als Handelnden auf der sexuellen Szene des Traums. Suchen wir in diesem Text nicht nach einem Code dessen, was man tun und lassen soll, vielmehr die Anzeige einer Ethik des Subjekts, welche zur Zeit Artemidors noch gang und gäbe war.

2 Die Analyse

Artemidor widmet den sexuellen Träumen vier Kapitel[36] – wozu noch viele verstreute Bemerkungen hinzuzunehmen sind. Er gliedert seine Analyse nach drei unterschiedlichen Typen von Handlungen: denen, die dem Gesetz entsprechen *(katà nómon)*, denen, die ihm zuwiderlaufen *(parà nómon)*, und denen, die der Natur zuwider sind *(parà phýsin)*. Eine Unterscheidung, die alles andere als klar ist: keine dieser Gruppen ist näher bestimmt; weder

---

36 Kap. 77-80 des 1. Teils.

weiß man, wie die aufgeführten Kategorien zusammenhängen, noch, ob
das »Widernatürliche« nur eine Unterabteilung des »Widergesetzlichen« ist;
manche Handlungen tauchen unter zwei Rubriken zugleich auf. Erwarten
wir nicht eine strenge Klassifikation, die jede sexuelle Handlung einem der
Bereiche des Legalen, des Illegalen oder des Widernatürlichen zuwiese.
Geht man ihnen aber bis ins Einzelne nach, so zeigt sich in diesen Gruppierungen doch eine gewisse Intelligibilität.

1. Da sind zunächst die Handlungen »gemäß dem Gesetz«. Dieses Kapitel,
so erscheint es uns im Rückblick, vermischt ganz unterschiedliche Dinge:
die Ehe und den Ehebruch, den Besuch von Prostituierten, den Gebrauch
der Sklaven des Hauses, die Masturbation eines Dieners. Lassen wir die Bedeutung, die diesem Begriff von Gesetzmäßigkeit zukommt, einstweilen
dahingestellt. Eine Passage dieses Kapitels erläutert recht gut den Vorgang
der Deutung. Grundsätzlich gilt nach Artemidor, daß die im Traumgesicht
erscheinenden Frauen »die Bilder von Tätigkeiten (sind), die dem Träumenden zufallen sollen. Welche Frau es auch sei und in welcher Situation
sie auch erscheinen mag, es ist diese Situation, in die den Träumenden
seine Handlung versetzen wird.«[37] Was nämlich für Artemidor den prognostischen Sinn des Traumgesichts und somit in gewisser Weise den moralischen Wert des geträumten Tuns bestimmt, ist die Situation des Partners
oder der Partnerin und nicht das Tun als solches. Diese Situation muß
man weiter fassen: das ist der gesellschaftliche Stand des »anderen«; das
ist die Tatsache, ob er verheiratet ist oder nicht, Freier oder Sklave; das ist
die Tatsache, ob er jung oder alt ist, reich oder arm; das ist sein Beruf,
das ist der Ort, an dem man ihn trifft; das ist seine Stellung gegenüber
dem Träumenden (Gattin, Geliebte, Sklave, junger Schützling usw.). Unter der scheinbaren Unordnung wird der tatsächliche Ablauf des Textes
einsichtig: er folgt der Ordnung der möglichen Partner gemäß ihrem Stand,
ihrer Verbindung zum Träumenden, dem Ort, an dem dieser sie trifft.
   Die ersten drei Personen, von denen der Text spricht, reproduzieren die
traditionelle Reihe dreier Arten von Frauen, zu denen man Zugang haben
kann: die Gattin, die Geliebte, die Prostituierte. Träumen, man habe Verkehr mit seiner eigenen Frau, ist ein günstiges Zeichen, denn die Gattin
steht in einem natürlichen Analogieverhältnis zu den Geschäften und

---

37 A. a. O., I, 78.

zum Beruf; wie in diesen, so übt man auch an ihr eine anerkannte und legitime Tätigkeit aus; aus ihr zieht man Nutzen wie aus einer einträglichen Beschäftigung; die Lust, die man an ihrem fleischlichen Umgang hat, kündet von der Lust, die man an den Segnungen seiner Geschäfte haben wird. Zwischen der Frau und der Geliebten ist kein Unterschied. Anders verhält es sich bei den Prostituierten. Die Analyse, die Artemidor vorschlägt, ist recht seltsam: an sich hat die Frau als Objekt, aus dem man Lust zieht, einen positiven Wert; und diese – die in der Umgangssprache manchmal die »Fleißigen« heißen – sind ja da, um diese Lüste zu verschaffen, und »sie geben sich hin, ohne etwas zu verweigern«. Und doch ist es »eine Schande«, diese Frauen zu besuchen – Schande und auch Verausgabung; was dem Ereignis, von dem der Traum, in dem sie vorkommen, kündet, ein wenig an Wert nimmt. Es ist vor allem aber der Ort der Prostitution, der zu einer negativen Bewertung führt, und zwar aus zwei Gründen, von denen der eine sprachlicher Art ist: wohl wird das Bordell mit einem Wort bezeichnet, das Werkstatt oder Laden bedeutet (ergastérion) – was günstige Bedeutungen hat –, aber man nennt es auch, wie den Friedhof, den »Ort für alle«, den »Gemeinplatz«. Der andere rührt an einen der Punkte, den auch die Sexualethik der Philosophen und der Ärzte oft erwähnt: die nutzlose Verausgabung des Samens, sein Verlust, ohne den Profit der Nachkommenschaft, den die Frau doch gewähren kann. Zweifacher Grund dafür, daß der geträumte Gang zu den Prostituierten den Tod verkünden kann.

Ergänzend zur klassischen Trilogie Frau – Geliebte – Prostituierte spricht Artemidor von den Frauen, die man zufällig trifft. Der Traum gilt also gerade so viel für die Zukunft wie die Frau, die er vorstellt, gesellschaftlich »gilt«: ist sie reich, gut gekleidet, wohl versehen mit Schmuck, ist sie willig? Das Traumgesicht verheißt etwas Günstiges. Ist sie alt, häßlich, arm, bietet sie sich nicht von selbst an, so ist das Traumgesicht ungünstig.

Die Haushaltung liefert eine weitere Kategorie sexueller Partner, die Dienstboten und die Sklaven. Damit befindet man sich im Bereich des direkten Besitzes: die Sklaven haben nicht nur gleichnishaft mit dem Reichtum zu tun; sie sind ein Teil davon. Es versteht sich also von selbst, daß die Lust, die man im Traum mit dieser Art Personen hat, darauf hinweist, daß man »Lust an seinen Besitzungen haben wird und daß wahrscheinlich diese an Größe und Bedeutung zunehmen werden.« Man übt ein Recht aus; man profitiert von seinen Gütern. Günstige Träume also, die einen

Stand und eine Legitimität verwirklichen. Das Geschlecht des Partners, ob Knabe oder Mädchen, spielt kaum eine Rolle; Hauptsache, es handelt sich um einen Sklaven. Auf einen anderen Unterschied hingegen legt Artemidor Wert; er betrifft die Position des Träumenden im Sexualakt: ist er aktiv oder passiv? Sich »unter« seinen Diener legen, im Traum die soziale Hierarchie umkehren, ist ein schlechtes Vorzeichen; es bedeutet, daß man von diesem Untergebenen einen Schaden erleiden oder sich seine Verachtung zuziehen wird. Und zur Bestätigung, daß es sich dabei nicht um ein Vergehen wider die Natur, sondern um einen Anschlag auf die sozialen Hierarchien und eine Bedrohung richtiger Kräfteverhältnisse handelt, bemerkt Artemidor beiläufig den ebenso negativen Wert von Traumgesichten, in denen der Träumer von einem Feind oder von seinem eigenen, jüngeren oder älteren Bruder besessen wird (die Gleichheit ist gebrochen).

Es folgt die Gruppe der Beziehungen. Günstig ist das Traumgesicht, in dem man mit einer Frau verkehrt, die man kennt, wenn sie nicht verheiratet und wenn sie reich ist; denn eine Frau, die sich anbietet, gibt nicht nur ihren Körper, sondern auch die »zu ihrem Körper gehörigen« Dinge, solche, die sie mit sich trägt (Kleider, Schmuckstücke und im weiteren Sinne alle materiellen Güter, die sie besitzt). Das Traumgesicht ist hingegen ungünstig, wenn es sich um eine verheiratete Frau handelt, denn sie untersteht dem Gebot ihres Gatten; das Gesetz untersagt den Verkehr mit ihr und bestraft die Ehebrüche; und der Träumer muß in diesem Falle für die Zukunft mit Strafen derselben Art rechnen. Träumt man davon, Verkehr mit einem Mann zu haben? Ist der Träumende eine Frau (dies ist eine der seltenen Stellen des Textes, wo vom Traum der Frauen die Rede ist), so ist das Traumgesicht auf jeden Fall günstig, denn es ist im Einklang mit den natürlichen und gesellschaftlichen Rollen der Frau. Träumt dagegen ein Mann, er werde von einem anderen besessen, so liegt das Kriterium für den Wert des Traumgesichts in dem relativen Status der beiden Partner: das Gesicht ist gut, wenn man von einem besessen wird, der älter und reicher ist als man selbst (das verspricht Geschenke); es ist schlecht, wenn der aktive Partner jünger und ärmer ist – oder einfach nur ärmer: denn das bedeutet Ausgaben.

Eine letzte Abteilung der Träume, die dem Gesetz entsprechen, betrifft die Masturbation. Diese Traumgesichte hängen aufs engste mit dem Thema der Sklaverei zusammen: weil es sich um einen Dienst handelt, welchen man sich selbst erweist (die Hände sind gleich Dienern, die ausführen, was das Herren-Glied verlangt), und weil dasselbe Wort für »An-den-Pfahl-binden«, um den Sklaven auszupeitschen, auch das Einsetzen der Erektion bezeichnet. Ein Sklave, der geträumt hatte, er würde von seinem Herrn masturbiert, wurde in Wirklichkeit von diesem zur Peitsche verurteilt. Man sieht die extreme Weite des »Gesetzmäßigen«: es umfaßt sowohl eheliche Akte, Beziehungen mit einer Geliebten, wie den aktiven und passiven Verkehr mit einem anderen Mann oder schließlich die Masturbation.

2. Der Bereich dagegen, den Artemidor als »widergesetzlich« ansieht, wird hauptsächlich vom Inzest konstituiert.[38] Der Inzest wiederum wird ganz streng im Sinne des Verkehrs zwischen Eltern und Kindern verstanden. Was den Inzest mit den Brüdern und Schwestern betrifft, so wird er dem Verkehr Vater – Tochter gleichgestellt, wenn er zwischen einem Bruder und einer Schwester geschieht. Was hingegen den Inzest zwischen zwei Brüdern angeht – da scheint Artemidor zu zögern, ob er ihn zum Bereich des *katà nómon* oder zu dem des *parà nómon* schlagen soll. Jedenfalls erwähnt er diesen Fall in beiden Rubriken.

Träumt ein Vater, er habe Verkehr mit seiner Tochter oder seinem Sohn, so hat das praktisch immer eine ungünstige Bedeutung. Das kann unmittelbar physische Gründe haben: wenn das Kind ganz klein ist – noch nicht fünf oder zehn Jahre –, so läßt der körperliche Schaden, der aus dem Akt erwächst, auf Tod oder Erkrankung des Kindes schließen. Ist das Kind größer, so ist der Traum immer noch schlecht, weil er unmögliche oder verderbliche Beziehungen vorführt. Seinen Sohn gebrauchen, in ihn seinen Samen »verausgaben«, ist eine nutzlose Tat: eine fruchtlose Ausgabe, aus der man keinen Profit ziehen wird, sondern die vielmehr einen großen Geldverlust ankündigt. Sich mit ihm zu vereinigen, wenn er ganz erwachsen ist, wenn mithin Vater und Sohn nicht mehr ohne Streit im selben Hause leben können, da beide befehlen wollen, ist zwangsläufig ein schlechtes Omen. In einem einzigen Fall ist diese Art Traumgesicht gut: wenn der Vater mit dem Sohn eine Reise unternimmt und somit ein gemeinsames Geschäft mit ihm zu erledigen hat; verhält sich aber in solchen Träumen der Vater passiv (egal ob es der Vater oder der Sohn ist, der träumt), so sind die Bedeutungen unheilvoll: die Ordnung der Hierarchien, die Pole der Herrschaft und der Aktivität sind verkehrt. Der sexuelle »Besitz« des Vaters

---

38 A. a. O., I, 78 und 79.

durch den Sohn kündet von Feindschaft und Konflikt.[39] Träumen, daß man sich mit seiner Tochter vereinigt, ist für den Vater auch nicht besser. Entweder weissagt diese »Verausgabung« im Körper eines Mädchens, das eines Tages heiraten und auf diese Weise den Samen des Vaters einem anderen zuführen wird, einen großen Geldverlust. Oder dieser Verkehr weist, wenn die Tochter bereits verheiratet ist, darauf hin, daß sie ihren Gatten verlassen und nach Hause zurückkehren wird, so daß man für ihren Unterhalt aufkommen muß; der Traum ist nur in dem Falle günstig, wo ein armer Vater eine reiche Tochter zurückerhält, die nun ihrerseits den Vater unterhalten kann.[40]

Es mag befremden, daß der Inzest mit der Mutter (den Artemidor stets als Mutter-Sohn-Inzest und nie als Mutter-Tochter-Verhältnis auffaßt) oftmals Gutes weissagen kann. Muß man also, nach dem artemidorischen Prinzip der Übereinstimmung von prognostischem Wert und moralischem Wert, schließen, daß der Inzest Mutter – Sohn nicht als zutiefst schändlich angesehen wird? Oder liegt hier eine der von Artemidor vorgesehenen Ausnahmen von seiner allgemeinen Regel? Es unterliegt keinem Zweifel, daß er den Inzest Mutter – Sohn als moralisch verwerflich ansieht. Doch es fällt auf, daß er ihm des öfteren günstige prognostische Werte zuschreibt, indem er die Mutter zu einer Art Modell und gleichsam Matrix zahlreicher gesellschaftlicher Beziehungen und Handlungsformen macht. Die Mutter, das ist das Geschäft; sich mit ihr zu vereinigen bedeutet mithin Erfolg und Gewinn im Beruf. Die Mutter, das ist die Heimat: wer von einem Verkehr mit ihr träumt, darf erwarten, zu ihr zurückzukehren, wenn er verbannt ist, oder im politischen Leben erfolgreich zu sein. Die Mutter, das ist auch das fruchtbare Land, von dem man ausgegangen ist: führt man einen Prozeß zur Zeit des Inzesttraumes, so wird man den strittigen Besitz erhalten; ist man Landwirt, so wird man eine reiche Ernte haben. Gefahr aber droht den Kranken: sich in diese Mutter-Erde senken heißt, daß man sterben wird.

3. Die »widernatürlichen« Akte führen bei Artemidor zu zwei einander folgenden Entwicklungen: die eine betrifft das, was von der naturgegebenen

---

39 Demgegenüber besagt eine Deutung in Buch IV, 4: penetriert man seinen Sohn mit Lustgefühlen, bedeutet das, daß er leben wird; tut man es mit Leidensgefühlen, so heißt das, daß er sterben wird. In diesem Falle, stellt Artemidor fest, entscheidet das Moment der Lust über den Sinn.

40 A. a. O., I, 78.

Stellung abweicht (und diese Entwicklung ist an die Deutung der Inzest-
träume angehängt); die andere betrifft die Beziehungen, bei denen der
Partner aufgrund seiner eigenen »Natur« die Widernatürlichkeit des Aktes
vorgibt.[41]

Artemidor geht prinzipiell davon aus, daß die Natur jeder Spezies eine
ganz bestimmte Form von Sexualität vorgeschrieben hat: eine einzige natürliche Stellung, von der die Tiere nicht abweichen: »So gibt es Tiere,
die das Weibchen von hinten bespringen, wie das Pferd, der Esel, die
Ziege, das Rind, der Hirsch und die übrigen Vierfüßler. Andere vereinigen
zuerst ihre Münder wie Nattern, Tauben und Wiesel; die Weibchen der Fische sammeln den von den Männchen ausgestoßenen Samen.« In derselben Weise hat die Natur auch den Menschenwesen eine genau festgelegte
Weise der Vereinigung gegeben: sie wenden sich einander zu, der Mann
liegt auf der Frau. In dieser Form ist das sexuelle Geschäft ein Akt vollen
Besitzes: sofern sie »gehorcht« und »willig« ist, ist man Herr »des ganzen
Körpers seiner Gefährtin«. Alle anderen Stellungen sind »Erfindungen aus
Übermut, Zügellosigkeit und Unbeherrschtheit, die der Rausch gebar«.
Auf diesen unnatürlichen Beziehungen lastet stets das Omen mangelhafter
gesellschaftlicher Beziehungen (schlechte Gesellschaft, Feindschaft) oder
der Schatten eines wirtschaftlichen Versagens (man befindet sich unwohl,
man ist »schlecht dran«).

Ein besonderes Los trifft unter all diesen »Varianten« des Sexualaktes die
Oralerotik. Artemidors Abscheu – übrigens eine in der Antike oft belegte
Haltung[42] – ist heftig: »scheußliches Treiben«, »sittliche Verfehlung«, deren Vorstellung im Traum nur positiven Wert annehmen kann, wenn sie
mit der Berufstätigkeit des Träumenden in Zusammenhang steht (wenn
er Redner, Flötenspieler oder Rhetoriklehrer ist); als fruchtlose Entleerung
von Samen verkündet diese Praktik im Traumgesicht eine nutzlose Ausgabe. Als ein nicht naturgemäßes Treiben, das anschließend den Kuß und
das gemeinsame Mahl verhindert, weissagt es Zwietracht, Feindschaft, bisweilen den Tod.

Noch auf andere Weisen kann man in sexuellen Beziehungen außer Natur geraten: eben durch die Natur der Partner. Artemidor zählt fünf Mög-

---

41 A. a. O., I, 79-80.
42 P. Veyne, »Homosexualität im antiken Rom«, in: Ph. Ariès/A. Béjin/M. Foucault u. a., *Die Masken
des Begehrens und die Metamorphosen der Sinnlichkeit. Zur Geschichte der Sexualität im Abendland*,
Frankfurt/M. 1984, S. 44 f.

lichkeiten auf: Verkehr mit den Göttern, mit Tieren, mit Leichen, mit sich selbst, endlich Beziehungen zwischen zwei Frauen. Die Einreihung der beiden letzten Kategorien unter die widernatürlichen Akte ist rätselhafter als die der anderen. Die Beziehung zu sich selbst ist nicht als Masturbation zu verstehen, denn diese wird unter den »gesetzmäßigen« Akten erwähnt. Was beim widernatürlichen Verkehr mit sich selbst in Frage steht, ist das Eindringen des Gliedes in den eigenen Körper, des Kusses auf das eigene Geschlecht, des Aufnehmens des Gliedes in den Mund. Der erste Typ von Traumgesicht verkündet Armut, Jammer und Leid; der zweite verheißt, daß einem Kinder geschenkt werden, wenn man noch keine hat, oder daß man sie wiedersieht, wenn sie fern waren; der letzte bedeutet, daß die Kinder sterben werden, daß man ohne Frauen und Geliebte sein wird (denn man braucht keine Frauen, wenn man sich selbst bedienen kann) oder daß man von bitterer Armut ereilt wird.

Was die Beziehungen unter Frauen angeht, so mag man sich fragen, warum diese in der Sparte der »widernatürlichen« Akte auftauchen, während die Beziehungen unter Männern sich auf die anderen Rubriken (und vor allem die der gesetzmäßigen Akte) verteilen. Der Grund liegt offenbar in der Beziehungsform, die Artemidor vermißt, in der Penetration: durch irgendwelche Schliche bemächtigt sich eine Frau der Rolle des Mannes, nimmt mißbräuchlich dessen Stellung ein und besitzt die andere Frau. Zwischen zwei Männern ist die männliche Tat *par excellence*, die Penetration, nicht unbedingt eine Überschreitung der Natur (auch wenn es für einen der beiden als beschämend und unziemlich gelten mag, sie zu ertragen). Dagegen ist ein ähnlicher Akt zwischen zwei Frauen, ungeachtet dessen, was sie jeweils sind und welche Ausflüchte vorgebracht werden mögen, ebenso außer Natur wie die Beziehung eines Menschenwesens mit einem Gott oder einem Tier. Von solchen Akten träumen bedeutet, daß man fruchtlosen Tätigkeiten nachgeht, sich von seinem Gatten trennen oder Witwe werden wird. Der Verkehr zwischen den beiden kann auch die Mitteilung oder die Erkenntnis weiblicher »Geheimnisse« bedeuten.

3 Das Traumgesicht und der Akt

Zwei Züge sind für die gesamte Analyse des sexuellen Traumgesichts bei Artemidor kennzeichnend. Zum einen ist der Träumende in seinem eigenen Traumgesicht stets zugegen; die sexuellen Bilder, die Artemidor entziffert, bilden niemals eine reine und einfache Phantasmagorie, die der Träumende als Zuschauer erlebte und die vor seinen Augen, aber unabhängig von ihm, abliefe. Er nimmt stets teil, und zwar als Hauptakteur; was er sieht, ist er selbst in seiner sexuellen Aktivität: das von einer Handlung träumende Subjekt und das Subjekt der Handlung, wie es im Traumgesicht erscheint, decken sich genau. Zum anderen fällt auf, daß Artemidor in seinem gesamten Werk nur selten sexuelle Handlungen und Lüste als bedeutete oder geweissagte Elemente auftreten läßt; es ist eher die Ausnahme, daß irgendein im Traumgesicht vorkommendes Bild das Kommen eines sexuellen Aktes oder den Entzug einer Lust verkündet.[43] Vielmehr werden sie in den drei hier untersuchten Kapiteln als Bestandteile des Traumgesichts und Vorzeichen behandelt; Artemidor ordnet sie fast ausschließlich der Seite des »Signifikanten« und so gut wie nie der Seite des »Signifikats« zu: Bilder und nicht Bedeutung, Darstellung und nicht dargestelltes Ereignis. Die Deutung Artemidors wird sich also auf einer Linie ansiedeln, die den Akteur des sexuellen Akts mit dem Träumer des Traums verbindet, mithin von Subjekt zu Subjekt führt; und indem sie vom sexuellen Akt und der Rolle des Subjekts ausgeht, so wie es sich selbst in seinem Traum darstellt, wird die Arbeit der Deutung darauf zielen, zu entziffern, was dem Träumenden im Wachleben zustoßen wird.

Auf den ersten Blick scheint es so, als lese die Mantik Artemidors in der Regel aus den sexuellen Traumgesichten eine soziale Bedeutung heraus. Wohl kommt es vor, daß diese Träume einen Umschlag im Bereich der Gesundheit – Erkrankung oder Genesung – verkünden; zuweilen zeigen sie den Tod an. Zu einem weit größeren Teil aber verweisen sie auf Ereignisse wie Erfolg oder Mißerfolg in den Geschäften, Bereicherung oder Verarmung, Gedeihen oder drohendes Unheil der Familie, ein vorteilhaftes oder mißliches Unternehmen, günstige Ehen oder unselige Verbindungen, Streitigkeiten, Rivalitäten, Versöhnungen, gute oder schlechte Aussichten auf

---

43 In einer gewissen Zahl von Fällen tauchen sexuelle Elemente als Signifikat des Traumes auf; so in Buch IV, Kap. 37, 41, 46, 66 und in Buch V, Kap. 24, 44, 45, 62, 65, 67, 95.

öffentliche Ämter, Verbannung, Verurteilung. Das sexuelle Traumgesicht weissagt das Geschick des Träumenden im gesellschaftlichen Leben; der Akteur, der er auf der sexuellen Szene des Traumes ist, antizipiert die Rolle, die ihm auf der Szene der Familie, des Berufs, der Geschäfte und der Stadt zufallen wird.

Dafür gibt es zunächst zwei Gründe. Der erste ist ein völlig allgemeiner: er beruht auf einer Eigenheit der Sprache, von der Artemidor ausgiebig Gebrauch macht. Es gibt nämlich im Griechischen – wie übrigens in unterschiedlichem Maße in vielen Sprachen – einen stark ausgeprägten Doppelsinn zwischen dem sexuellen Sinn und dem ökonomischen Sinn bestimmter Ausdrücke. So bezieht sich das Wort *sôma*, das den Leib bezeichnet, auch auf die Reichtümer und die Güter; von daher kann sich eine Gleichwertigkeit herstellen zwischen dem »Besitzen« eines Körpers und dem Besitzen von Reichtümern.[44] *Usía* ist die Substanz, auch das Vermögen, ist aber ebenso der Samen und das Sperma: der Verlust dieses meint die Verausgabung jenes.[45] Der Ausdruck *blábe*, der Schaden, kann sich auf Schicksalsschläge oder auf Geldverluste beziehen, aber auch darauf, daß man das Opfer einer Gewalttat und das passive Objekt in einem sexuellen Akt wird.[46] Artemidor spielt auch auf der Vieldeutigkeit des Vokabulars der Verschuldung: die Wörter, die bezeichnen, daß man zu bezahlen gezwungen ist und sich freizumachen sucht, können ebensogut sagen, daß man von einem sexuellen Bedürfnis getrieben wird und, indem man es befriedigt, sich davon freimacht: das Wort *anankaîon*, mit dem das männliche Glied bezeichnet wird, steht im Schnittpunkt dieser Bedeutungen.[47]

Ein zweiter Grund liegt in der Form und der eigentümlichen Zielrichtung des artemidorischen Werkes: das Buch eines Mannes, das im wesentlichen Männern sagt, wie sie ihr Männerleben führen sollen. Man muß sich vor Augen führen, daß die Traumdeutung nicht als Sache schlichter persönlicher Neugier galt; sie ist eine nützliche Arbeit, um sein Leben zu meistern und sich auf die dräuenden Ereignisse einzustellen. Weil die

---

44 A. a. O., II, 77. Vgl. auch IV, 4 bezüglich der Gleichwertigkeit zwischen besitzen (beschlafen) und besitzen (erworben haben).

45 A. a. O., I, 78.

46 Ebd. Vgl. auch IV; 68, wo der Traum, daß man eine Brücke wird, bedeutet, daß man prostituiert werden wird: »Angenommen, eine Frau oder ein hübscher junger Mann sähen dieses Traumgesicht, so werden beide sich der lockeren Zunft verschreiben und viele über sich gehen lassen.« Ein Reicher, der denselben Traum gehabt hatte, geriet in eine Situation, wo er »verachtet und gewissermaßen mit Füßen getreten wurde«.

47 A. a. O., I, 79; vgl. auch I, 45.

Nächte sagen, woraus die Tage bestehen werden, ist es gut – will man seine Mannesexistenz als Hausherr, als Familienvater richtig führen –, wenn man die Träume der Nacht zu lesen weiß. Dem entspricht die Ausrichtung der artemidorischen Bücher: Führer, mit denen der verantwortliche Mann, der Herr des Hauses, seinen Weg im Alltag finden und dessen möglichen Vorzeichen folgen kann. Was er in den Bildern des Traumes wiederzufinden sucht, ist das Gewebe ebendieses Familien-, Wirtschafts- und Gesellschaftslebens.

Das ist indes nicht alles: die Deutungspraktik, so wie sie im Diskurs Artemidors am Werke ist, zeigt, daß der sexuelle Traum selbst als eine gesellschaftliche Szene wahrgenommen, geschildert und analysiert wird; wenn er »Gutes und Schlechtes« im Bereich des Berufs, des Erbes, der Familie, der politischen Laufbahn, der Stellung, der Freundschaften und der Schutzbeziehungen verkündet, so deshalb, weil die sexuellen Akte, die solche Fälle darstellen, aus denselben Elementen bestehen wie diese. Überschaut man die Analyseverfahren, die Artemidor benutzt, so sieht man deutlich, daß die Deutung der Traumgesichte von *aphrodisia* nach Gelingen oder Mißlingen, gesellschaftlichem Erfolg oder Mißerfolg eine Art Konsubstanzialität beider Bereiche unterstellt. Und das zeigt sich auf zwei Ebenen: bei den Elementen des Traumgesichts, die als Materialien der Analyse aufgegriffen werden, und bei den Prinzipien, nach denen diese Elemente einen Sinn (einen prognostischen »Wert«) erhalten können.

1. Welches sind die Aspekte des sexuellen Traumgesichts, die Artemidor aufgreift und in seiner Analyse geltend macht?

Zunächst die Personen. Beim Träumenden selbst zum Beispiel interessiert Artemidor weder dessen nahe oder ferne Vergangenheit, weder der Gemütszustand noch im allgemeinen die Leidenschaften, wohl aber die gesellschaftlichen Merkmale: die Altersklasse, der er zugehört, ob er Geschäfte macht oder nicht, ob er politische Verantwortung trägt, ob er seine Kinder zu verheiraten sucht, ob ihm der Ruin droht oder die Feindschaft der ihm Nächsten usw. Die im Traumgesicht vorgestellten Partner werden ebenfalls als Rollenträger aufgefaßt; die Traumwelt des artemidorischen Träumers ist von Individuen bevölkert, die so gut wie keine körperlichen Züge tragen und keine starken Bande des Gefühls oder der Leidenschaft zum Träumenden selbst zu unterhalten scheinen; sie erscheinen nur als Sozialprofile: Junge, Alte (sie sind in jedem Fall jünger oder älter als der Träu-

mende), Reiche oder Arme; es sind Leute, die Reichtümer bringen oder
Geschenke erbitten; es sind schmeichelhafte oder erniedrigende Beziehungen; es sind Höherstehende, denen man sich fügen sollte, oder Niedriger-
stehende, deren man sich rechtens bedienen kann; es sind Leute aus dem
Hause oder von außerhalb; es sind freie Männer, verheiratete Frauen, Sklaven oder berufsmäßige Prostituierte.

Hinsichtlich dessen, was sich zwischen diesen Personen und dem Träumenden abspielt, ist Artemidor von ganz bemerkenswerter Nüchternheit.
Keine Zärtlichkeiten, keine komplizierten Kombinationen, keine Phantasmagorie; bloß etliche schlichte Variationen zu einer Grundform, der Penetration. Sie scheint geradezu das Wesen der sexuellen Praxis auszumachen,
die einzige jedenfalls, die Erwähnung verdient und in der Analyse des Traumgesichts Sinn macht. Weit mehr als der Körper selbst mit seinen verschiedenen Teilen, weit mehr als die Lust mit ihren Qualitäten und Intensitäten
erscheint der Penetrationsakt mit seinen wenigen Stellungsvarianten und
zumal mit seinen beiden Polen von Aktivität und Passivität als Wertmesser
der sexuellen Akte. Wer wen penetriert – das ist die Frage, mit der Artemidor unentwegt alle Traumgesichte angeht. Ist das träumende Subjekt
(fast stets ein Mann) aktiv oder passiv? Ist er derjenige, der penetriert, beherrscht, Lust gewinnt? Ist er derjenige, der sich unterwirft oder besessen
wird? Ob es sich um Verkehr mit einem Sohn oder einem Vater, mit einer
Mutter oder einem Sklaven handelt, unvermeidlich kehrt die Frage wieder:
wie geschah die Penetration? Oder genauer: welche Stellung nahm das
Subjekt bei dieser Penetration ein? Bis auf den »lesbischen« Traum gibt
es keinen, der nicht unter diesem Gesichtspunkt und ausschließlich unter
ihm befragt wird.

Nun wird dieser Penetrationsakt – Kern der sexuellen Aktivität, Rohstoff der Deutung und Brennpunkt des Sinns für den Traum – unmittelbar
als Teil eines gesellschaftlichen Bühnenbildes aufgefaßt. Artemidor sieht
den Sexualakt in erster Linie als ein Spiel von Über- und Unterlegenheit:
die Penetration versetzt zwei Partner in ein Verhältnis von Beherrschung
und Unterwerfung; sie ist Sieg auf der einen Seite, Niederlage auf der anderen; sie ist beanspruchtes Recht für den einen der Partner, aufgezwungene Notwendigkeit für den anderen; sie ist Stand, den man geltend
macht, oder Bedingung, in die man sich schickt; sie ist Vorteil, den man
nutzt, oder Hinnahme einer Situation, deren Nutzen man den anderen
überläßt. Das berührt den anderen Aspekt des Sexualakts; Artemidor sieht

ihn auch als ein »ökonomisches« Spiel von Verausgabung und Gewinn. Gewinn ist die Lust, die man erfährt, die angenehmen Empfindungen, die man verspürt; Verausgabung ist die für den Akt erforderliche Energie, der Verlust von Samen, dieser kostbaren Lebenssubstanz, und die darauf folgende Mattigkeit. Weit mehr als alle Variablen, die sich aus den verschiedenen möglichen Gesten ergeben könnten oder aus den verschiedenen Empfindungen, die sie begleiten, weit mehr als alle möglichen Tableaus, die das Traumgesicht aufbieten könnte, sind es diese die Penetration als »strategisches« Spiel von Aufwand und Ertrag betreffenden Elemente, die Artemidor aufgreift, um seine Analyse zu entwickeln.

Von unserem Standpunkt aus mögen uns diese Elemente wohl ärmlich, schematisch, sexuell »ausgebleicht« vorkommen; festzuhalten bleibt aber, daß sie die Analyse von vornherein mit sozial profilierten Elementen sättigen; die Analyse Artemidors läßt Personen auftreten, die einer gesellschaftlichen Bühne entstammen, von der sie noch durchweg geprägt sind; und sie verteilt sie, ausgehend von einem wesentlichen Akt, der gleichzeitig auf der Ebene der körperlichen Vereinigungen, auf der der gesellschaftlichen Beziehungen von Über- und Unterlegenheit und auf der der wirtschaftlichen Aktivitäten von Ausgabe und Profit angesiedelt ist.

2. Wie kommt nun Artemidor, ausgehend von diesen herausgehobenen und die Analyse leitenden Elementen, dazu, den »Wert« des sexuellen Traums festzustellen? Und darunter ist nicht bloß der Ereignistyp zu verstehen, der in allegorischer Weise verkündet wird, sondern vor allem – darauf kommt es in einer praktischen Analyse an – seine »Qualität«, das heißt sein für das Subjekt günstiger oder ungünstiger Charakter. Besagte doch eines der methodischen Grundprinzipien, daß die prognostische Qualität des Traums (der günstige oder ungünstige Charakter des geweissagten Ereignisses) von dem Wert des weissagenden Bildes (dem guten oder schlechten Charakter der im Traum dargestellten Handlung) abhängt. Im Lauf der Analyse und der gegebenen Beispiele ergab sich nun, daß ein Sexualakt, der, vom Standpunkt Artemidors gesehen, »positiven Wert« hat, deswegen nicht unbedingt ein vom Gesetz erlaubter und von der öffentlichen Meinung und Sitte anerkannter ist. Wohl herrschen breite Übereinstimmungen: träumen, man verkehre mit der eigenen Gattin oder der eigenen Geliebten, ist gut; doch dann gibt es Abweichungen, die wichtig sind: der günstige Wert des geträumten Inzests mit der Mutter belegt das am schlagendsten. Man muß sich fragen: nach welcher anderen Weise werden da

die sexuellen Akte qualifiziert, nach welchen anderen Kriterien kann man sie »gut« im Traum und für den Träumer heißen, wo sie doch in der Wirklichkeit schändlich wären? Über den »Wert« eines geträumten Sexualakts bestimmt offenbar die Beziehung, die sich zwischen der sexuellen Rolle und der sozialen Rolle des Träumenden ergibt. Um es genauer zu sagen, empfindet Artemidor ein Traumgesicht als »günstig« und gutes Omen, in welchem der Träumende seine sexuelle Aktivität mit seinem Partner nach einem Schema abwickelt, das genauso ist, wie sein Verhältnis zu demselben Partner im sozialen und nichtsexuellen Leben ist oder sein soll; über die geträumte Sexualbeziehung entscheidet ihre Anpassung an die »wache« Sozialbeziehung.

Um »gut« zu sein, muß der Sexualakt, von dem man träumt, einem Grundprinzip des »Isomorphismus« gehorchen. Und dieses Prinzip tritt, schematisch gesprochen, in zwei Formen auf: als Prinzip einer »Analogie der Stellung« und als Prinzip einer »ökonomischen Übereinstimmung«. Dem ersten zufolge ist ein Sexualakt in dem Maße gut, wie das träumende Subjekt bei der sexuellen Aktivität mit seinem Partner eine Stellung einnimmt, welche der entspricht, die es in der Wirklichkeit demselben Partner (oder einem Partner desselben Typs) gegenüber innehat: »aktiv« sein mit einem Sklaven (gleich welchen Geschlechts) ist also gut, desgleichen aktiv sein mit einer oder einem Prostituierten, desgleichen aktiv sein mit einem jungen und armen Knaben; ist aber der Partner älter oder reicher als man selbst, dann ist es »gut«, passiv zu sein. Vermöge dieses Isomorphismusprinzips fallen dem Traum vom Inzest mit der Mutter so viele positive Werte zu: erweist sich doch das Subjekt dabei als aktiv gegenüber einer Mutter, die es zur Welt gebracht hat und die man nun umgekehrt pflegen, ehren, versorgen, erhalten und mehren muß wie einen Boden, eine Heimat, eine Polis. Soll aber der Sexualakt im Traum einen positiven Wert haben, so muß er auch einem Prinzip »ökonomischer Übereinstimmung« folgen; die »Ausgabe« und der »Nutzen« in Verbindung mit dieser Aktivität müssen hinlänglich geregelt sein: sowohl nach Quantität (hohe Ausgabe für wenig Lust ist nicht gut) als auch nach der Richtung (keine unnützen Ausgaben mit solchen, die nicht in der Lage sind, rückzuerstatten, zu ersetzen oder Gegenleistungen zu erbringen). Aufgrund dieses Prinzips ist es gut, vom Geschlechtsverkehr mit Sklaven zu träumen: man profitiert von seinem Gute; was man kaufte zum Nutzen der Arbeit, verschafft obendrein den der Lust. Darauf beruhen auch die vielfältigen Bedeutungen der Traumgesichte, in denen ein Vater mit seiner Tochter verkehrt: je nachdem, ob sie verheiratet ist oder nicht, ob der Schwiegersohn reicher ist oder ärmer als der Schwiegervater, bedeutet der Traum entweder Verausgabung hinsichtlich der Mitgift oder aber die Verpflichtung, sie nach ihrer Scheidung zu unterhalten.

Zusammenfassend kann man sagen, daß Artemidors Deutung, was den prognostischen Wert der sexuellen Träume angeht, in der Regel so verfährt, daß sie die sexuellen Träume in Elemente (Personen und Akte) zerlegt, die wesentlich gesellschaftliche Elemente sind, und daß sie bei der Qualifikation der Sexualakte darauf sieht, inwieweit das träumende Subjekt als Subjekt des geträumten Akts seine Stellung als gesellschaftliches Subjekt bewahrt. Damit sein Traum gut sei, muß der sexuelle Akteur (welcher stets der Träumende und praktisch immer ein erwachsener Mann ist) in der Szene des Traums seine Rolle als sozialer Akteur aufrechterhalten (auch wenn der Akt in der Wirklichkeit schandbar wäre). Vergessen wir nicht, daß alle sexuellen Träume, die Artemidor untersucht, von ihm als zur Kategorie des Traumgesichts (óneiros) gehörig betrachtet werden; sie sagen also »das, was sein wird«: und das wiederum, was »sein wird« und was im Traum »gesagt« ist, ist die Stellung des Träumenden als Handlungssubjekt – aktiv oder passiv, herrschend oder beherrscht, Sieger oder Besiegter, »oben« oder »unten«, profitierend oder ausgebend, Nutzen ziehend oder Verluste erleidend, Vorteile genießend oder Schäden hinnehmend. In der kleinen Dramaturgie der Penetration und der Passivität, der Lust und der Verausgabung sagt der sexuelle Traum die Seinsweise des Subjekts, wie das Schicksal sie bereithält.

Zur Bestätigung könnte man vielleicht eine Passage des *Traumbuchs* zitieren, in der die Verbindung zwischen dem, was das Individuum als aktives Subjekt in der sexuellen Beziehung konstituiert, und dem, was es im Feld der gesellschaftlichen Aktivitäten ansiedelt, deutlich zutage tritt. Es handelt sich um den Text in einem anderen Abschnitt des Buches, der von der Bedeutung der verschiedenen Teile des Körpers im Traumgesicht handelt. Das männliche Organ – jenes, das man *anankaîon* nennt (das »notwendige« Organ, dessen Bedürfnisse uns zwingen und durch dessen Kraft man die anderen zwingt) – steht für ein ganzes Bündel an Beziehungen und Aktivitäten, die die Stellung des Individuums in der Polis und in der Welt bestimmen; dazu gehören die Familie, der Reichtum, die Redetätigkeit, der Stand, das politische Leben, die Freiheit und endlich sogar

der Name des Individuums. »Das männliche Glied gleicht den Eltern, weil
es zum Samen in Beziehung steht, den Kindern, weil es deren Ursache ist;
der Gattin und der Geliebten, weil es für die Freuden der Liebe geschaffen
ist; den Brüdern und allen Blutsverwandten, weil vom Geschlechtsglied
das verwandtschaftliche Verhältnis der ganzen Familie abhängt. Sodann
bedeutet es Körperstärke und Manneskraft, weil es auch deren Urheber
ist; deshalb wird es von einigen ›Mannheit‹ genannt. Ferner bezeichnet es
die Rede und die Bildung, weil das Geschlechtsglied, ebenso wie das Wort,
das Allerzeugungsfähigste ist. (...) Ferner zeigt es Überfluß und Besitz an,
weil es sich bald vergrößert, bald wieder zurückgeht und gewähren oder
ausscheiden kann. (...) dann gleicht es Armut, Knechtschaft und Fesseln,
weil es ›das Notwendige‹ heißt und das Symbol von Not und Zwang ist.
Ferner gleicht es der Achtung, die ein hoher Rang einflößt: denn man
nennt es Scham und Achtung (...) Verdoppelt es sich, wird sich alles verdoppeln, mit Ausnahme der Gattin oder der Geliebten; diese verliert
man, denn zwei Geschlechtsglieder kann man nicht auf einmal gebrauchen. Ich kenne jemand, der als Sklave träumte, er habe drei Geschlechtsglieder. Er wurde freigelassen und erhielt statt des einen Namens ihrer
drei, indem er vom Freilasser zwei dazunahm. Dieser Fall ereignete sich jedoch nur einmal. Man hat aber bei den Deutungen nicht von den seltenen,
sondern von den Regelfällen auszugehen.«[48]

Das männliche Glied erscheint, wie man sieht, im Schnittpunkt all dieser Spiele der Beherrschung: Selbstbeherrschung, weil seine Forderungen
uns zu verknechten drohen, wenn wir uns von ihm zwingen lassen; Überlegenheit über die Sexualpartner, weil mit ihm die Penetration vollzogen
wird; Vorrechte und Stand, weil es das ganze Feld der Verwandtschaft und
der gesellschaftlichen Aktivität bedeutet.

Die Landschaft, die in den Kapiteln Artemidors, die von sexuellen Traumgesichten handeln, zutage tritt, ist der Antike wohlvertraut. Ohne weiteres
lassen sich darin Züge von Sitten und Gebräuchen ausmachen, für die sich
manche andere Zeugnisse anführen ließen, sowohl frühere als auch zeitgenössische. Wir sind in einer Welt, die aufs stärkste geprägt ist durch die
zentrale Stellung der männlichen Person und durch die der männlichen
Rolle in den Geschlechtsbeziehungen zuerkannte Wichtigkeit. Wir sind

48 A. a. O., I, 45.

in einer Welt, in der die Ehe genügend Wertschätzung genießt, um als der bestmögliche Rahmen für die sexuellen Lüste angesehen zu werden. In dieser Welt kann der verheiratete Mann auch seine Geliebte haben, über seine Diener – Knaben oder Mädchen – verfügen, er kann mit Prostituierten verkehren. In dieser Welt schließlich scheinen sich die Beziehungen zwischen Männern ganz von selbst zu verstehen, sieht man von gewissen Alters- und Standesdifferenzen ab.

Des weiteren läßt sich das Vorkommen etlicher Elemente eines Moralkodex feststellen. Doch man muß dazusagen, daß sie wenig zahlreich und recht diffus zugleich sind: einige große Verbote, die sich in der Form lebhafter Verabscheuungen bekunden: Fellatio, Verkehr zwischen Frauen und zumal Usurpation der männlichen Rolle durch eine von ihnen; eine sehr verengte Definition des Inzests, der wesentlich als Beziehung zwischen den Eltern und den Kindern aufgefaßt wird; eine Bezugnahme auf eine kanonische und natürliche Form des Geschlechtsakts. Aber nichts im Text Artemidors bezieht sich auf einen dauerhaften und vollständigen Raster von Klassifikationen zwischen den erlaubten Akten und denen, die verboten sind; nichts legt zwischen das, was von Natur, und das, was »wider Natur«, eine klare und endgültige Trennlinie. Vor allem aber, so scheint es, spielen diese kodifizierten Elemente nicht die wichtigste und entscheidende Rolle, wenn es darum geht, die »Qualität« – zumindest im Traum und in dessen weissagender Funktion – eines Geschlechtsakts zu bestimmen.

Umgekehrt zeichnet sich gerade im Verlauf der Deutung eine andere Weise der Befassung mit den sexuellen Akten und andere Bewertungsgrundlagen ab: nicht von dem in seiner mehr oder minder regulären Form betrachteten Akt, sondern vom Akteur her, von dessen Seinsweise, dessen besonderer Situation, dessen Beziehung und seiner jeweiligen Stellung zu anderen her. Die Grundfrage scheint sich weit weniger darauf zu richten, ob die Akte einer natürlichen Struktur oder einer positiven Regelung entsprechen, als vielmehr auf das, was man den »Aktivitätsstil« des Subjekts nennen könnte, und auf die Beziehung, die es zwischen der sexuellen Aktivität und den anderen Aspekten seiner familiären, sozialen, wirtschaftlichen Existenz schafft. Die Bewegung der Analyse und die Bewertungsverfahren gehen nicht vom Akt zu einem Bereich, etwa dem der Sexualität oder dem des Fleisches, in welchem göttliche, bürgerliche oder natürliche Gesetze die erlaubten Formen bezeichneten; sie gehen vom Subjekt als sexuellem Akteur zu den anderen Bereichen des Lebens, in denen es aktiv ist; und aus dem Verhältnis zwischen diesen verschiedenen Formen von Aktivität ergeben sich – nicht ausschließlich, aber im wesentlichen – die Maßstäbe zur Bewertung eines sexuellen Verhaltens.

Dabei stößt man rasch auf die Grundzüge der moralischen Erfahrung der *aphrodísia*, wie sie in den Texten der klassischen Epoche zutage getreten war. Und in dem Maße, wie es keine Ethik formuliert, sondern zur Deutung der Träume eine ihm zeitgenössische Wahrnehmungs- und Beurteilungsweise der sexuellen Lüste aufgreift, bezeugt das Buch Artemidors die Fortdauer und Stetigkeit dieser Erfahrungsform.

Wendet man sich hingegen Texten zu, deren Ziel es ist, über die sexuellen Praktiken selbst nachzudenken und diesbezüglich Verhaltensratschläge und Existenzrezepte zu erteilen, so lassen sich gegenüber den strengen Lehren, die in der Philosophie des 4. Jahrhunderts formuliert waren, etliche Modifikationen ausmachen. Brüche, radikale Veränderungen, Auftauchen einer neuen Form von Erfahrung der Lüste? Sicherlich nicht. Und doch, gewisse Wandlungen sind spürbar: eine lebhaftere Aufmerksamkeit, erhöhte Unruhe gegenüber dem sexuellen Verhalten, gesteigerte Bedeutung der Ehe und ihrer Erfordernisse und geringeres Interesse an der Knabenliebe: alles in allem ein strengerer Stil. Wir befinden uns im Bereich der langsamen Entwicklungen. Aber anhand von Themen, die aufkommen und allmählich um sich greifen, läßt sich eine Modifikation anderer Art beobachten: sie betrifft die Weise, in der das Moraldenken die Beziehung des Subjekts zu seiner sexuellen Aktivität definiert.

II
Die Kultur seiner selber

Mißtrauen gegenüber den Lüsten, Beharren auf den Wirkungen ihres Mißbrauchs auf den Körper und die Seele, Aufwertung der Ehe und der ehelichen Pflichten, schwindendes Interesse an den geistigen Bedeutungen, die der Knabenliebe beigelegt waren: im Denken der Philosophen und Ärzte der ersten beiden Jahrhunderte liegt eine Strenge, für die die Texte von Soranus und von Rufus von Ephesos, von Musonius oder Seneca, von Plutarch wie von Epiktet oder von Marc Aurel zeugen. Übrigens trifft es zu, daß die christlichen Autoren – explizit oder nicht – massive Anleihen bei dieser Moral gemacht haben; und die meisten heutigen Historiker weisen übereinstimmend darauf hin, daß solche Rufe nach sexueller Strenge zunehmend häufiger und nachdrücklicher wurden in einer Gesellschaft, die von ihren Zeitgenossen, meist in vorwurfsvoller Absicht, als unmoralisch und sittlich verwahrlost geschildert wurde. Übergehen wir die Frage, ob dieser Vorwurf berechtigt war: schaut man nur auf die Texte, die davon sprechen, und auf den Platz, den sie ihm einräumen, so gewinnt man den Eindruck, als sei »die Frage der Lüste« und genauer die Unruhe gegenüber den sexuellen Lüsten, dem Verhältnis, das man zu ihnen haben, und dem Gebrauch, den man von ihnen machen soll, drängender geworden. Intensivere Problematisierung der *aphrodísia*, für die es zugleich die besonderen Formen und die Motive ausfindig zu machen gilt.

Um sich auf diese neue Akzentuierung einen Reim zu machen, kann man auf verschiedene Erklärungen zurückgreifen. Man kann sie zu gewissen Moralisierungsbemühungen, die in mehr oder weniger autoritärer Weise von der politischen Macht unternommen wurden, in Beziehung setzen; am entschiedensten waren diese Bemühungen unter dem Prinzipat des Augustus. Und in diesem letzten Fall trifft es zu, daß neben gesetzgeberischen Maßnahmen, die die Ehe schützten, die Familie begünstigten, das Konkubinat reglementierten und den Ehebruch verurteilten, auch eine vielleicht nicht ganz künstliche Ideenbewegung herlief, die die erschlaffte Gegenwart zur Rückkehr zur Strenge der alten Sitten anhielt. Gleichwohl kann man bei diesem Hinweis nicht stehenbleiben, und es wäre unangemessen, in diesen Maßnahmen und Ideen den Anbruch einer mehrhundertjährigen Evolution zu sehen, die zu einer Ordnung führen sollte, in der die sexuelle Freiheit durch die Institutionen und die Gesetze, seien es weltliche oder kirchliche, strenger geregelt wäre. Diese politischen Anstrengungen waren schlichtweg zu sporadisch, hatten zu begrenzte Ziele und zu wenig breite und dauerhafte Wirkungen, als daß sie eine Tendenz zur Strenge, die sich in der moralischen Reflexion der ersten beiden Jahrhunderte so häufig bekundet, erklären könnten. Andererseits fällt auf, daß – von wenigen Ausnahmen abgesehen[1] – dieser Wille zur Strenge, den die Moralisten äußern, kaum die Form einer Forderung nach Eingriffen von seiten der öffentlichen Gewalt angenommen hat; bei den Philosophen findet sich kein Entwurf für eine durchgreifende gesetzliche Regelung der sexuellen Verhaltensweisen; zu strengerer Zucht rufen sie vielmehr die Individuen, die ein anderes Leben als das der »meisten« führen wollen; nach den Maßnahmen oder Strafen, die sie alle in gleichförmiger Weise dazu zwingen könnten, forschen sie nicht. Überdies: wenn man von einer vermehrten Strenge reden kann, so nicht in dem Sinne, daß schärfere Verbote angeregt worden wären: im großen und ganzen sind die ärztlichen Richtlinien des ersten und zweiten Jahrhunderts nicht viel strikter als die des Diokles; die von den Stoikern gesetzte eheliche Treue ist nicht strenger als die des Nikokles, wenn er sich rühmte, keine Beziehungen zu einer anderen Frau als der seinen zu haben; und Plutarch verfährt im *Amatorius* eher nachsichtiger mit den Knaben als der strenge Gesetzgeber der *Nomoi*. Was hingegen an den Texten der ersten Jahrhunderte auffällt – mehr denn neue Verbote bestimmter Akte –, ist der Nachdruck, mit dem gefordert wird, man möge auf sich selber aufpassen, ist die Art und Weise, das Ausmaß, die Dauer, die Exaktheit der geforderten Wachsamkeit, ist die Unruhe gegenüber allen Wirren des Körpers und der Seele, die es durch strenge Zucht zu vermeiden gilt, ist das Gebot, sich selbst zu respektieren, nicht nur in seinem Stand, sondern in seinem verständigen Sein, indem man den Entzug von Lüsten oder deren Einschränkung auf Ehe oder Fortpflanzung hinnimmt. Kurz – und in allererster Annäherung –, diese Vermehrung der sexuellen Sittenstrenge in der Moralreflexion äußert sich nicht in Form eines enger angezogenen Codes, welcher die verbotenen Akte definierte, sondern in Form einer Intensivierung des Selbstbezuges, durch den man sich als Sub-

---

1 So nennt etwa Dion von Prusa (*Reden* VII) gewisse Maßnahmen, die zu treffen wären, um die Tugend zu befördern – aber im Rahmen der Probleme, die die Armut stellte.

jekt seiner Handlungen konstituiert.[2] Und von einer solchen Form ist auszugehen, wenn man nach den Motivationen dieser strengeren Moral fragt.

Man kann auch an ein Phänomen denken, das oft erwähnt wird: das Anwachsen eines »Individualismus« in der hellenistischen und römischen Welt, der sich mehr und mehr den »privaten« Aspekten der Existenz, den Werten des persönlichen Benehmens und dem Interesse an einem selbst zuwendet. Das Aufkommen dieser strengen Moral läge also nicht an der Verstärkung der öffentlichen Gewalt, sondern vielmehr an der Schwächung des politischen und gesellschaftlichen Rahmens, in dem sich in der Vergangenheit das Leben der Individuen abspielte: weniger stark eingebunden in die Städte und Bürgerschaften, mehr voneinander isoliert und stärker voneinander abhängig, hätten sie in der Philosophie nach persönlicheren Verhaltensregeln gesucht. Nicht alles ist falsch an einem solchen Schema. Aber man kann sich fragen, wie weit es her ist mit der Realität dieses individualistischen Schubes und des sozialen und politischen Prozesses, der die Individuen aus ihren traditionellen Bindungen gelöst haben soll. Die staatsbürgerliche und politische Aktivität mag sich bis zu einem gewissen Punkt gewandelt haben; für die oberen Schichten ist sie ein wichtiger Teil der Existenz geblieben. Allgemein gesagt sind die alten Gesellschaften solche der Promiskuität geblieben, wo die Existenz »öffentlich« betrieben wurde, Gesellschaften auch, in denen jeder sich in starken Systemen lokaler Beziehungen, familiärer Bande, ökonomischer Abhängigkeiten, Klientel- und Freundschaftsverhältnisse ansiedelte. Zudem ist anzumerken, daß die Doktrinen, die am meisten auf Verhaltensstrenge setzten – allen voran die Stoiker –, auch diejenigen waren, die am nachdrücklichsten auf die Erfüllung der Pflichten gegenüber der Menschheit, den Mitbürgern und der Familie drangen und die nur zu gern alle Ansätze zum Rückzug als Erschlaffung und Selbstgefälligkeit beklagten.

Angesichts jenes »Individualismus« aber, den man so gern anführt, um – zu verschiedenen Zeiten – die verschiedensten Phänomene zu erklären, muß man eine allgemeine Frage aufwerfen. Unter einer solchen Kategorie vermengt man häufig ganz unterschiedliche Realitäten. Dabei sollte man drei Dinge auseinanderhalten: die individualistische Einstellung, gekennzeichnet durch den absoluten Wert, den man dem Individuum in seiner Einzigkeit beilegt, und durch den Grad an Unabhängigkeit, der ihm gegenüber

---

2 A. J. Voelke, *Les Rapports avec autrui dans la philosophie grecque, d'Aristote à Panétius*, Paris 1969, S. 183-189.

von der Gruppe, der es angehört, oder den Institutionen, denen es untersteht, zugestanden wird; die Hochschätzung des Privatlebens, das heißt
das Ansehen, in dem die familiären Beziehungen, die Formen der häuslichen Aktivität und der Bereich der Erbinteressen stehen; endlich die Intensität der Selbstbeziehungen, das heißt der Formen, in denen man sich
selbst zum Erkenntnisgegenstand und Handlungsbereich nehmen soll,
um sich umzubilden, zu verbessern, zu läutern, sein Heil zu schaffen. Freilich können diese Einstellungen miteinander verbunden sein; so kann es
vorkommen, daß der Individualismus zur Intensivierung der Werte des
Privatlebens führt, oder auch, daß die Betonung der Selbstbeziehungen
mit einer Übersteigerung der individuellen Einzigkeit einhergeht. Doch
diese Verbindungen sind weder konstant noch notwendig. Es ließen sich
Gesellschaften oder soziale Gruppen finden – wie etwa die militärischen
Aristokratien –, in denen das Individuum gefordert ist, sich durch Taten,
die es einzigartig werden lassen und über die anderen hinausheben, in seinem Eigenwert zu behaupten, ohne daß es seinem Privatleben oder seinen
Beziehungen zu ihm selbst sonderlich viel Bedeutung beizulegen hätte.
Ebenso gibt es Gesellschaften, in denen das Privatleben hohe Schätzung
genießt, in denen es sorgsam behütet und veranstaltet wird und in denen
es den Verhaltensweisen Prägung und Maßstab erteilt – dies ist, so scheint
es, bei den bürgerlichen Klassen der westlichen Länder des 19. Jahrhunderts der Fall; aber gerade deswegen ist der Individualismus dort schwach
und sind die Beziehungen von einem zu sich kaum entwickelt. Endlich
gibt es Gesellschaften oder Gruppen, in denen die Beziehung zu sich intensiviert und entwickelt ist, ohne daß die Werte des Individualismus oder des
Privatlebens entsprechend erhöht wären; das christliche Asketentum der
ersten Jahrhunderte hat sich als eine extrem starke Betonung der Selbstbeziehungen dargestellt und dabei gleichzeitig das Privatleben abgewertet;
als es aber die Form des Mönchtums annahm, hat es explizit alles abgetan,
was es in der Praxis der Anachorese an Individualismus geben mochte.

Die Forderungen nach sexueller Strenge, die in der Kaiserzeit erhoben
wurden, scheinen nicht Anzeichen eines zunehmenden Individualismus
gewesen zu sein. Ihren Kontext bezeichnet vielmehr ein Phänomen von
ziemlich langer historischer Tragweite, das aber zu diesem Zeitpunkt seinen Höhepunkt erreichte: die Entwicklung dessen, was man eine »Kultur
seiner selber« nennen könnte, in welcher die Beziehungen eines zu sich selber intensiviert und aufgewertet worden sind.

Charakteristisch für diese »Kultur seiner selber«[3] ist die Tatsache, daß hier die Kunst der Existenz – die *téchne tû bíu* in ihren unterschiedlichen Formen – von dem Prinzip beherrscht wird, wonach man »für sich selbst sorgen« muß; dieses Prinzip der Sorge um sich begründet ihre Notwendigkeit, lenkt ihre Entwicklung und organisiert ihre Praxis. Doch wir müssen präzisieren; die Vorstellung, daß man sich an sich selbst wenden, sich mit sich selbst beschäftigen *(heautû epimeleîsthai)* muß, ist nämlich ein ganz altes Thema in der griechischen Kultur. Es begegnet sehr früh als ein weitverbreiteter Imperativ. Kyros, dessen Idealbild von Xenophon stammt, glaubt nicht, daß nach all seinen Eroberungen auch seine Existenz vollendet sei; ihm bleibt noch – und dies ist das Kostbarste – sich um ihn selber zu kümmern: »Zwar kann ich den Göttern nicht den Vorwurf machen, daß sie uns bis zum heutigen Tage nicht all unsere Wünsche erfüllt hätten. Wenn jedoch große Erfolge einen nicht zu sich selbst kommen oder mit seinen Freunden des Lebens nicht froh werden lassen, so mag ich von diesem Glücke nichts wissen.«[4] Der Grund, so besagte ein lakedämonischer Aphorismus, den Plutarch überliefert, warum die Feldbestellung Sache der Heloten war, war der, daß die Bürger von Sparta sich lieber »um sich selbst kümmern wollten«[5]: damit war wohl die körperliche und kriegerische Ertüchtigung gemeint. In einem ganz anderen Sinne indes wird der Ausdruck im *Alkibiades* gebraucht, wo er ein Hauptthema des Dialogs bildet: Sokrates zeigt dem jungen Heißsporn, daß es von dessen Seite reichlich vermessen ist, sich der Polis annehmen, ihr Ratschläge erteilen und sich mit den Königen von Sparta und den Beherrschern Persiens anlegen zu wollen, wenn er nicht zuvor gelernt habe, was zum Regieren unabdingbar ist: erst muß er sich um sich selbst kümmern – und zwar sofort, solange er jung ist, denn »mit fünfzig Jahren wäre es wohl zu spät«.[6] Und in der *Apologie* stellt Sokrates sich seinen Richtern geradewegs als Meister der Sorge um sich hin: der Gott hat ihn berufen, die Menschen zu mahnen, daß sie sich sorgen, nicht um ihre Reichtümer, nicht um ihre Ehre, sondern um sich selbst und um ihre Seele.[7]

Dieses nun durch Sokrates geheiligte Thema der Sorge um sich hat die spätere Philosophie wieder aufgegriffen und schließlich ins Zentrum jener

---

3 Vgl. zu diesen Themen das Buch von P. Hadot, *Exercices spirituels et philosophie antique*, Paris 1981.
4 Xenophon, *Kyrupaideia*, VII, 5.
5 Plutarch, *Apophthegmata laconica*, 217a.
6 Platon, *Alkibiades*, 127d-e.
7 Platon, *Apologie*, 29d-e.

»Kunst der Existenz« versetzt, welche sie zu sein behauptet. Dieses Thema hat, seinen anfänglichen Rahmen überschreitend und seine ersten philosophischen Bedeutungen hinter sich lassend, allmählich die Dimensionen und die Formen einer wirklichen »Kultur seiner selber« angenommen. Damit soll gesagt sein, daß das Prinzip der Sorge um sich eine beträchtliche Tragweite gewonnen hat: die Vorschrift, man solle sich um sich selbst kümmern, ist jedenfalls ein Imperativ, der durch alle möglichen Lehren wandert; zudem hat er die Form einer Haltung, einer Weise des Sichverhaltens angenommen, hat er Lebensweisen durchtränkt; er hat sich in Prozeduren, in Praktiken und in Rezepten entwickelt, die man bedachte, betrieb, verbesserte und lehrte; so hat er eine gesellschaftliche Praktik konstituiert, die zu zwischenindividuellen Beziehungen, Austauschprozessen und Kommunikationen, ja manchmal zur Entstehung von Institutionen Anlaß gab; endlich hat er einer gewissen Weise des Erkennens und dem Aufbau eines Wissens stattgegeben.

In der langen Entwicklung der Lebenskunst im Zeichen der Sorge um sich können die beiden ersten Jahrhunderte der Kaiserzeit als Scheitelpunkt einer Kurve angesehen werden: eine Art Goldenes Zeitalter in der Kultur seiner selber, ein Phänomen, das freilich nur jene zahlenmäßig geringen sozialen Gruppen betraf, die Kulturträger waren und für die eine *téchne tû bíu* einen Sinn und eine Realität haben konnte.

1. Die *epiméleia heautoû*, die *cura sui* ist ein Gebot, auf das man in zahlreichen philosophischen Lehren stößt. Man trifft es bei den Platonikern: Albinos will, daß man das Studium der Philosophie mit der Lektüre des *Alkibiades* beginne, »auf daß man sich wende und rückwende auf sich selbst« und so erkenne, »was man zum Gegenstand seiner Sorgen machen müsse«.[8] Am Ende des *De deo Socratis* bekundet Apuleius sein Erstaunen angesichts der Nachlässigkeit seiner Zeitgenossen gegenüber ihnen selbst: »Die Menschen haben alle den Wunsch, das beste Leben zu führen, sie wissen alle, daß es kein anderes Organ des Lebens gibt als die Seele ..., dennoch pflegen sie sie nicht *(animum suum non colunt)*. Und doch muß jeder, der nach Scharfblick strebt, sich um die Augen kümmern, die zum Sehen dienen; wer behende laufen will, muß sich um die Füße kümmern, die zum Laufen dienen ... Dasselbe gilt von allen Körperteilen, um die sich jeder

---

8 Albinus, zit. bei A.-J. Festugière, *Etudes de philosophie grecque*, Paris 1971, S. 536.

seinen Vorlieben gemäß kümmern muß. Das sehen alle Menschen ohne weiteres ein; also frage ich mich zu Recht erstaunt, warum sie nicht auch ihre Seele mit Hilfe der Vernunft pflegen *(cur non etiam animum suum ratione excolant)*«.[9]

Für die Epikureer stellte der *Brief an Menoikeus* den Grundsatz auf, wonach die Philosophie als beständige Übung der Sorge um sich selbst zu gelten hatte. »Wer jung ist, soll nicht zögern zu philosophieren, und wer alt ist, soll nicht müde werden im Philosophieren. Denn für keinen ist es zu früh und für keinen zu spät, sich um die Gesundheit der Seele zu kümmern.«[10] Dieses epikureische Thema, daß man sich um sich selbst zu kümmern habe, greift Seneca in einem seiner Briefe auf: »Wie die Heiterkeit des im reinsten Glanze strahlenden Himmels keiner weiteren Klärung mehr fähig ist, so hat der Zustand des Menschen, der Körper und Geist in richtiger Pflege hält *(hominis corpus animumque curantis)* und beide der Gewinnung des höchsten Gutes dienstbar macht, seine Vollendung erreicht. Dem Menschen bleibt nichts mehr zu wünschen übrig, wenn die Seele von Leidenschaft und der Körper von Schmerz frei ist.«[11]

Seine Seele zu hüten war ein Rezept, das von Anfang an Zenon seinen Schülern mitgegeben hatte und das im 1. Jahrhundert Musonius in einem Satz wiederholen wird, den Plutarch zitiert: »Die aber sich retten wollen, müssen in beständiger Sorge um sich selbst leben.«[12] Es ist bekannt, wie ausführlich Seneca sich des Themas annimmt: ihm zufolge muß man, um sich mit einem selbst zu befassen, von den anderen Beschäftigungen lassen: so könnte man sich für sich selbst freimachen *(sibi vacare)*.[13] Doch diese »Vakanz« nimmt die Gestalt einer vielfältigen Aktivität an, die verlangt, daß man keine Zeit verliere und keine Mühe scheue, um »sich selbst zu machen«, »sich selbst umzubilden«, »zu sich zurückzukehren«. *Se formare*[14], *se sibi vindicare*[15], *se facere*[16], *se ad studia revocare*[17], *sibi applicare*[18],

---

9 Apuleius, *De deo Socratis*, XXI, 167-168.

10 Epikur, *Brief an Menoikeus*, 122.

11 Seneca, *Ad Lucilium epistulae*, 66, 45.

12 Musonius Rufus, *Reliquiae*, 36; zitiert bei Plutarch, *De ira*, 453d.

13 Seneca, *Ad Lucilium epistulae*, 17, 5; *De brevitate vitae*, 7, 5.

14 Seneca, *De brevitate vitae*.

15 Seneca, *Ad Lucilium epistulae*, 1, 1.

16 A. a. O., 13, 1; *De vita beata*, 24, 4.

17 Seneca, *De tranquillitate animi*, 3, 6.

18 A. a. O., 24, 2.

suum fieri[19], *in se recedere*[20], *ad se recurrere*[21], *secum morari*[22] – Seneca verfügt über einen breiten Wortschatz, um die verschiedenen Formen zu bezeichnen, welche die Sorge um sich und der Drang, mit dem man zu sich selbst zu kommen sucht, annehmen müssen *(ad se properare)*.[23] Auch Marc Aurel bekundet denselben Drang, sich mit sich selbst zu beschäftigen: weder Lesen noch Schreiben soll ihn künftig davon abhalten, sich direkt um sein eigenes Sein zu kümmern: »Irre nicht mehr umher! Du wirst ja weder dazu kommen, deine Aufzeichnungen zu lesen noch die Taten der alten Griechen und Römer noch die Auszüge aus ihren Schriften, die du dir für dein Alter beiseitegelegt hast. Eile daher zum Ziele; laß die eitlen Hoffnungen fahren und hilf dir selber, wenn dir dein Seelenheil lieb ist *(sautô boéthei eí tí soi mélei seautû)*, solange es dir noch vergönnt ist.«[24]

Philosophisch am weitesten ausgeführt ist das Thema wohl bei Epiktet. In den *Gesprächen* wird das menschliche Wesen definiert als eines, das der Sorge um sich anvertraut ist. Darin unterscheidet es sich grundlegend von den anderen Lebewesen: die Tiere finden alles »bereitgestellt«, was sie zum Leben brauchen, denn die Natur hat alles so eingerichtet, daß sie zu unserer Verfügung stehen, ohne daß sie sich um sich zu kümmern brauchen und ohne daß wir uns um sie zu kümmern brauchen.[25] Der Mensch hingegen muß auf sich selber achten: nicht etwa infolge eines Mangels, der ihn dem Tier gegenüber unterlegen sein ließe, sondern weil der Gott wollte, daß er frei über sich verfügen könne, und ihn zu diesem Zwecke mit der Vernunft begabte; diese ist nicht als Ersatz fehlender natürlicher Fähigkeiten zu verstehen, sie ist vielmehr die Fähigkeit, welche erlaubt, sich nach Bedarf und Gebühr der anderen Fähigkeiten zu bedienen; sie ist sogar jene einzigartige Fähigkeit, die sich ihrer selbst zu bedienen vermag: denn sie vermag »sich selbst und alles andere zu betrachten«.[26] Mit dieser Vernunft als Krönung all dessen, was uns von der Natur bereits gegeben ist, hat Zeus uns die Möglichkeit wie auch die Pflicht gegeben, uns um uns selbst zu kümmern. In dem Maße, wie er frei und vernünftig ist – und frei, vernünftig zu sein –,

19 Seneca, *Ad Lucilium epistulae*, 75, 118.
20 Seneca, *De tranquillitate animi*, 17, 3; *Ad Lucilium epistulae*, 74, 29.
21 Seneca, *De brevitate vitae*, 18, 1.
22 Seneca, *Ad Lucilium epistulae*, 2, 1.
23 Seneca, *Ad Lucilium epistulae*, 35, 4.
24 Marc Aurel, *Selbstbetrachtungen*, III, 14.
25 Epiktet, *Gespräche*, I, 16, 1-3.
26 Epiktet, *Gespräche* I, 1, 4.

ist der Mensch dasjenige Wesen in der Natur, dem es aufgegeben ist, für sich selbst zu sorgen. Der Gott hat uns nicht gebildet wie Pheidias seine marmorne Athene, auf deren Hand sich für immer mit ausgebreiteten Schwingen die Nike, der Sieg, niedergelassen hat. Zeus »hat dich nicht nur geschaffen, sondern dich auch dir allein anbefohlen«.[27] Die Sorge um sich selber ist für Epiktet ein Pflicht-Privileg, ein Gebot-Geschenk, das uns die Freiheit gewährt, indem es uns anhält, uns selber als Gegenstand aller unserer Bemühung zu nehmen.[28]

Doch daß die Philosophen dazu raten, sich um einen selber zu kümmern, heißt nicht, daß solcher Eifer denen vorbehalten wäre, die ein Philosophenleben wählen, oder sich auf die Zeit beschränkte, die man in ihrer Nähe verbringt. Es ist ein Prinzip, das für alle gilt, für alle Zeit und für das ganze Leben. Apuleius macht deutlich: vom Malen oder vom Zitherspiel nichts zu verstehen, das ist keine Schande; aber zu wissen, »wie man seine Seele mit Hilfe seiner Vernunft vervollkommnet«, ist eine Regel, »die allen Menschen gleichermaßen nottut«. Plinius eignet sich überhaupt als konkretes Beispiel: keiner Doktrin unterworfen, mit den üblichen Auszeichnungen versehen, ausgefüllt von seiner Tätigkeit als Anwalt und von seinen literarischen Arbeiten, lebt er keineswegs im Bruch mit der Welt. Und doch bekundet er im Laufe seines ganzen Lebens unermüdlich den Wunsch, sich um sich selbst als das vielleicht wichtigste Objekt aller Beschäftigung zu kümmern. Als er, ganz jung noch, in militärischer Funktion nach Syrien entsandt wird, ist seine erste Sorge die, sich zu Euphrates zu begeben, nicht nur, um dessen Unterricht zu folgen, sondern um allmählich vertraut mit ihm zu werden, »von ihm geliebt zu werden« und von dem Tadel eines Lehrmeisters zu profitieren, der die Laster zu bekämpfen weiß, ohne die Individuen anzugreifen.[29] Und wenn er sich später, in Rom, zur Muße in seine laurentinische Villa begibt, so um sich mit sich selbst beschäftigen zu können; »ich lese oder schreibe oder widme mich der Pflege des Leibes ... ich unterhalte mich allein mit mir und meinen Büchern«.[30]

Die Beschäftigung mit einem selber ist an kein Alter gebunden. »Für keinen ist es zu früh und für keinen zu spät, sich um die Gesundheit der Seele zu kümmern«, sagte bereits Epikur: »Wer behauptet es sei noch nicht Zeit

---

27 A. a. O., II, 8, 18-23.
28 Vgl. M. Spanneut, Art. »Epiktet«, in: *Reallexikon für Antike und Christentum*, Stuttgart 1962.
29 Plinius, *Briefe*, I, 10.
30 A. a. O., I, 9.

zu philosophieren, oder die Zeit sei schon vorübergegangen, der gleicht einem, der behauptet, die Zeit für die Glückseligkeit sei noch nicht oder nicht mehr da. Darum soll der Jüngling und der Greis philosophieren, der eine, damit er im Alter noch jung bleibe durch die Freude am Vergangenen, der andere, damit er gleichzeitig jung und alt sei durch die Furchtlosigkeit vor dem Künftigen.«[31] Sein ganzes Leben lang leben zu lernen – das war ein Aphorismus, den Seneca zitiert und der dazu aufforderte, die Existenz in eine Art permanente Übung zu verwandeln; und so, wie es gut ist, früh zu beginnen, ist es auch wichtig, nie nachzulassen.[32] Diejenigen, denen Seneca oder Plutarch ihre Ratschläge erteilen, sind freilich nicht mehr begierige oder schüchterne Jünglinge, die der Sokrates des Platon oder der des Xenophon dazu anhielt, sich mit sich selbst zu beschäftigen. Es sind Männer. Serenus, an den sich die Ratschrift *De tranquillitate animi* (sowie *De constantia*, vielleicht auch *De otio*) wendet, ist ein junger Verwandter, ein Schützling Senecas, aber alles andere als ein Schulbube; zu der Zeit von *De tranquillitate* ist er ein eben in Rom angelangter Provinzler, der sich über seinen Werdegang und seine Lebensweise noch nicht im klaren ist; gleichwohl hat er schon einen gewissen philosophischen Weg hinter sich, und seine Unsicherheit betrifft eher die Art und Weise, wie er ihn fortsetzen soll. Lucilius schließlich war allem Anschein nach nur wenige Jahre jünger als Seneca. Er ist Prokurator in Syrien, als sie, im Jahre 62, in den engen Briefwechsel treten, in dem Seneca ihm die Prinzipien und die Praktiken seiner Weisheit dartut, ihm von seinen eigenen Schwächen erzählt und von den Kämpfen, in denen er noch steckt, ihn sogar bisweilen um Hilfe ersucht. Er schämt sich nicht einmal, ihm zu sagen, daß er selbst noch mit über sechzig Jahren den Unterricht des Metronax besucht.[33] Die Adressaten von Plutarchs Traktaten – welche nicht bloß allgemeine Betrachtungen über die Tugenden und die Laster, über das Glück der Seele oder die Mißgeschicke des Lebens sind, sondern Verhaltensratschläge, und zwar oftmals genau auf einzelne Situationen abgestimmt –, diese Adressaten sind ebenfalls Männer.

Der Nachdruck, mit dem sich die Erwachsenen ihrer Seele annehmen, ihr Eifer altgewordener Schüler, die Philosophen aufzusuchen, damit sie

---

31 Epikur, *Brief an Menoikeus*, 122.

32 Zu diesem Thema vgl. etwa Seneca, *Ad Lucilium epistulae*, 82, 76; 90, 44-45; *De constantia*, 9, 13.

33 Seneca, *Ad Lucilium epistulae*, 76, 1-4. Vgl. A. Grilli, *Il problema della vita contemplativa nello mondo greco-romano*, Mailand und Rom 1953, S. 217-280.

sie den Weg des Glückes lehren, ärgerte Lukian und andere mit ihm. Er
spottet über Hermotimos, den man die Lektionen, die er nicht vergessen
darf, auf der Straße murmeln hört; dabei ist er nicht mehr der Jüngste:
zwanzig Jahre ist es her, daß er beschloß, sich von den elenden Menschen
abzukehren, und noch mal gut zwanzig Jahre, so schätzt er, wird er brauchen, um zur Glückseligkeit zu gelangen. Angefangen zu philosophieren
(er erwähnt es selbst ein wenig später) hat er mit vierzig Jahren. Also wird
er am Ende die letzten vierzig Jahre seines Lebens damit zugebracht haben,
unter der Leitung eines Meisters auf sich selbst zu achten. Und sein Gesprächspartner Lycinus tut zum Spaß so, als sei auch für ihn der Augenblick gekommen, die Philosophie zu lernen, weil er eben vierzig geworden
ist: »Sei mir eine Stütze«, sagt er zu Hermotimos, und »führe mich bei der
Hand«.[34] Diese gesamte Aktivität der Bewußtseinslenkung, bemerkt I. Hadot im Zusammenhang mit Seneca, gehört zum Bereich der *Erwachsenen-
erziehung.*[35]

2. Man muß sich klarmachen, daß diese Selbstzuwendung nicht bloß eine
allgemeine Einstellung, eine diffuse Aufmerksamkeit verlangt. Der Ausdruck *epiméleia* bezeichnet nicht einfach eine Hauptbeschäftigung, sondern ein ganzes Bündel von Beschäftigungen; von *epiméleia* spricht man,
um die Tätigkeiten des Hausherrn zu bezeichnen[36], die Aufgaben des Fürsten, der über seine Untertanen wacht[37], die Fürsorge, mit der man einen
Kranken oder Verletzten umgibt[38], oder auch die Dienste, die man den
Göttern oder den Toten erweist.[39]

Dazu bedarf es Zeit. Und es ist eines der großen Probleme dieser Kultur
seiner selber, den Anteil innerhalb des Tages oder innerhalb des Lebens,
der ihr gewidmet sein soll, festzulegen. Die verschiedensten Formeln bieten sich an. Man kann am Abend oder am Morgen einige Momente zur
Sammlung, zur Prüfung dessen, was zu tun ist, zur Vergegenwärtigung gewisser nützlicher Grundsätze, zum Überschauen des verronnenen Tages
einräumen; die morgendliche und abendliche Prüfung der Pythagoreer
stellt sich, freilich mit veränderten Inhalten, bei den Stoikern wieder ein;

---

34 Lukian, *Hermotimos*, 1-2.
35 I. Hadot, *Seneca und die griechisch-römische Tradition der Seelenleitung*, Berlin 1969, S. 160.
36 Xenophon, *Oikonomikos*, V, 1.
37 Dion von Prusa, *Reden*, III, 55.
38 Plutarch, *Regum et imperatorum apophthegmata*, 197d.
39 Platon, *Nomoi*, 717e.

Seneca[40], Epiktet[41], Marc Aurel[42] erwähnen jene Momente, die man benutzen soll, um sich einem selber zuzuwenden. Auch kann man von Zeit zu Zeit seine gewöhnlichen Geschäfte unterbrechen und sich zurückziehen, wie es, neben vielen anderen, Musonius lebhaft empfahl[43]: das ermöglicht es einem, ins Zwiegespräch mit sich selbst zu treten, sich auf seine Vergangenheit zu besinnen, sich das verflossene Leben als ganzes vor Augen zu stellen, sich durch Lektüre mit den Vorschriften und den Beispielen vertraut zu machen, an die man sich halten will, und endlich, durch ein nüchtern geführtes Leben, zu den Grundprinzipien eines vernünftigen Verhaltens zurückzufinden. Und möglich ist es auch, daß einer inmitten oder am Ende seiner Laufbahn seine verschiedenen Geschäfte abwirft und sich, den Verfall des Alters nutzend, da die Begehren stiller werden, wie Seneca in der philosophischen Arbeit oder Spurinna im Frieden einer angenehmen Existenz[44] ganz dem Besitze seiner selber widmet.

Diese Zeit ist nicht leer, sie ist erfüllt von Übungen, praktischen Aufgaben, verschiedenen Tätigkeiten. Sich um sich kümmern ist keine Sinekure. Da sind die Körperpflegen, die Gesundheitsregeln, die ausgewogenen körperlichen Übungen, die maßvolle Befriedigung der Bedürfnisse. Da sind die Meditationen, die Lektüren, die Aufzeichnungen über Gelesenes oder im Gespräch Vernommenes, auf die man später zurückgreift, das Überdenken von Wahrheiten, die man bereits kennt, aber sich noch besser zu eigen machen muß. Marc Aurel gibt solcherart ein Beispiel von »Anachorese in sich selbst«: eine lange Arbeit der Vergegenwärtigung allgemeiner Grundsätze und vernünftiger Argumente, die einen dazu anhalten, sich weder gegen die anderen noch gegen die Zufälle, noch gegen die Dinge aufreizen zu lassen.[45] Da sind sodann die Gespräche mit einem Vertrauten, mit Freunden, mit einem Führer oder Leiter, dazu kommt der Briefwechsel, in dem man seinen Seelenzustand dartut, Ratschläge erbittet oder austeilt, wo sie gebraucht werden – was übrigens dem, der sich Präzeptor nennt, sehr von Nutzen ist, denn dadurch ruft er sie sich auch ins Gedächtnis zurück[46]: um die Sorge um sich hat sich ein ganzer Rede- und Schreibbetrieb

40 Seneca, *De ira*, III.
41 Epiktet, *Gespräche* II, 21 ff.; III, 10, 1-5.
42 Marc Aurel, *Selbstbetrachtungen*, IV, 3; XII, 19.
43 Musonius Rufus, *Reliquiae*, 60.
44 Plinius, *Briefe*, III, 1.
45 Marc Aurel, *Selbstbetrachtungen*, IV, 3.
46 Vgl. Seneca, *Ad Lucilium epistulae*, 7, 99 und 109.

entwickelt, in dem die Arbeit eines an sich selber und die Kommunikation mit dem anderen verbunden sind.

Wir berühren hier einen der wichtigsten Punkte dieser einem selber gewidmeten Tätigkeit: sie bildet nicht eine Übung in Einsamkeit, sondern eine wahrhaft gesellschaftliche Praxis. Und das in mehrfacher Hinsicht. Tatsächlich hat sie oft in mehr oder weniger institutionalisierten Strukturen Form angenommen, so etwa in den neopythagoreischen Gemeinschaften oder noch in jenen epikureischen Gruppen, über deren Praktiken wir durch Philodemos einige Kunde haben: eine anerkannte Hierarchie beauftragte die Fortgeschrittensten damit, die anderen zu leiten (sei's individuell, sei's stärker kollektiv); doch gab es auch gemeinsame Übungen, in denen man bei der Sorge um sich die Hilfe der anderen in Anspruch nehmen durfte: die als *tò di' allélon sózesthai*[47] definierte Aufgabe. Epiktet seinerseits lehrte in einem Rahmen, der weit mehr dem einer Schule glich; er hatte mehrere Arten von Schülern: die einen nur vorübergehend, andere blieben lange, um sich auf die Existenz als gewöhnlicher Bürger oder auch auf bedeutende Tätigkeiten vorzubereiten, und wieder andere schließlich, die sich zu Philosophen von Beruf bestimmt hatten, mußten in die Regeln und Praktiken der Bewußtseinleitung eingewiesen werden.[48] Daneben fand sich – und speziell in Rom, in den aristokratischen Kreisen – die Praktik des privaten Ratgebers, der innerhalb einer Familie oder einer Gruppe als Existenzberater, politischer Mentor, möglicher Mittelsmann in einer Verhandlung diente: »es gab reiche Römer, die es nützlich fanden, einen Philosophen zu unterhalten, und Männer von Rang fanden diese Stellung nicht unter ihrer Würde«; »sie sollten ihren Herren und deren Familie moralische Ratschläge und Ermutigungen erteilen, während sie selbst aus deren Anerkennung Kraft bezogen«.[49] So war Demetrius der Seelenführer des Thrasea Paetus, der ihn der Aufführung seines Selbstmordes beiwohnen ließ, damit er ihm in diesem letzten Augenblick hülfe, seiner Existenz ihre schönste und vollkommenste Form zu geben. Übrigens waren diese verschiedenen Funktionen als Lehrer, Führer, Berater und persönlicher Vertrauter nicht immer geschieden, ganz im Gegenteil: in der Praxis der Kultur seiner selber ließen sich die Rollen oft untereinander vertauschen,

---

47 Philodemos, *Perì parrhesías*, 36.

48 Zu den Schulübungen vgl. B. L. Hijmans, *Askesis. Notes on Epictetus' Educational System*, Utrecht 1959, S. 41-46.

49 F. H. Sandbach, *The Stoics*, London 1975, S. 144; vgl. auch J. H. Liebeschütz, *Continuity and Change in Roman Religion*, Oxford 1979, S. 112 f.

und von Mal zu Mal konnte ein und dieselbe Person sie spielen. Musonius Rufus war der politische Berater von Rubellius Plautus gewesen; in der Verbannung, die auf dessen Tod folgte, versammelte er um sich Besucher und Getreue und hielt eine Art Schule; gegen Ende seines Lebens, nach einem zweiten Exil unter Vespasian, kehrte er nach Rom zurück, erteilte öffentlichen Unterricht und gehörte zur Umgebung Titus'.

Nun stützte sich diese Hinwendung auf sich selber aber nicht bloß auf das Vorkommen von Schulen, Unterricht und Fachleuten in Seelenlenkung; sie fand auch Halt in dem Gestränge der gewohnten Beziehungen von Verwandtschaft, Freundschaft oder Verpflichtung. Wenn man sich im Verfolg der Sorge um sich an einen anderen wendet, dem man zutraut, daß er zu leiten und Rat zu geben weiß, so übt man ein Recht aus; und eine Pflicht erfüllt man, wenn man seine Hilfe einem anderen angedeihen läßt oder wenn man dankbar die Lehren, die er einem erteilen kann, annimmt. In dieser Hinsicht ist Galens Text über die Heilung der Leidenschaften aufschlußreich: er rät jedem, der sich seiner selbst annehmen möchte, die Hilfe eines anderen zu suchen; gleichwohl empfiehlt er nicht einen für sein Urteil und sein Wissen bekannten Techniker, sondern ganz schlicht einen Mann von gutem Ruf, den man dabei auf seine rückhaltlose Offenheit erproben kann.[50] Doch kommt es auch vor, daß das Spiel zwischen der Sorge um sich und der Hilfe des anderen eingreift in bereits bestehende Beziehungen, denen es eine neue Tönung und eine größere Wärme verleiht. Die Sorge um sich – oder der Anteil, den man an der Sorge nimmt, die die anderen um sich selbst haben sollen – erscheint somit als eine Intensivierung der gesellschaftlichen Beziehungen. Aus der Verbannung spricht Seneca seiner Mutter Trost zu, um sie dieses Unglück und die schwereren Schicksalsschläge, die vielleicht noch kommen werden, leichter tragen zu lassen. Der Serenus, an den er die lange Denkschrift über die Gemütsruhe richtet, ist ein junger Verwandter vom Lande, der unter seiner Obhut steht. Sein Briefwechsel mit Lucilius vertieft eine bereits bestehende Beziehung zwischen zwei Männern geringen Altersunterschiedes, und er entwickelt sich allmählich von der geistigen Führung her in Richtung auf eine gemeinsame Erfahrung, aus der jeder für sich selber Nutzen ziehen kann. Seneca, der im Brief 34 dem Lucilius sagen kann: »Du gehörst mir an: du bist mein Werk«, setzt doch gleich hinzu: »Immer

---

50 Galen, *De propriorum animi cuisque affectuum dignotione et curatione*, III, 6-10.

noch treibe ich dich an, nur daß du jetzt schon in vollem Lauf bist und wechselseitig auch mich mahnst«, und im folgenden Brief spricht er vom Lohn der vollkommenen Freundschaft, in der jeder der beiden für den anderen jene beständige Zuflucht ist, von der der Brief 109 handelt: »Die bewährtesten Ringkämpfer stellen fortwährend gegenseitige Übungen an, auf den Tonkünstler wirkt fördernd derjenige, der das gleiche erlernt hat. Auch der Weise bedarf der regsamen Betätigung seiner Tugenden. So wird er denn, wie er selbst sich fördert, auch von einem anderen Weisen gefördert.«[51] Die Sorge um sich erscheint also zumindest an einen »Seelendienst« gebunden, dem die Möglichkeit spielerischen Tausches mit dem anderen und ein System gegenseitiger Verpflichtungen zugrunde liegen.

3. Einer Tradition gemäß, die weit in die griechische Kultur zurückreicht, steht die Sorge um sich in enger Verbindung mit dem medizinischen Denken und Handeln. Diese alte Verbindung hat zunehmend an Umfang gewonnen. Bis hin zu dem Punkt, wo Plutarch – zu Beginn der *Weisungen zur Gesundheitspflege* – sagen kann, daß Philosophie und Medizin »ein und denselben Bereich« *(mía chóra)*[52] verwesen. In der Tat verfügen sie über ein gemeinsames Begriffsspiel, dessen Kernstück der Begriff des »Pathos« ist; er bezeichnet ebensowohl die Leidenschaft wie die physische Krankheit, die Störung des Körpers wie die unfreiwillige Regung der Seele; und im einen wie im anderen Falle verweist er auf einen Zustand von Passivität, der für den Körper die Form einer Störung im Gleichgewicht seiner Säfte oder seiner Qualitäten und für die Seele diejenige einer Bewegung, die überhand über sie zu gewinnen vermag, annimmt. Von diesem gemeinsamen Begriff her ließ sich ein Analyseraster konstruieren, das für die Leiden des Körpers und der Seele gültig war. So das »nosographische« Schema der Stoiker, das die Entwicklung und den chronischen Verlauf der Leiden mit einer Gradeinteilung versieht: man unterscheidet zunächst die Veranlagung zu den Leiden, die *proclivitas*, die einen für mögliche Krankheiten anfällig macht; dann gibt es die Affektion, die Störung, die auf griechisch *páthos* und auf lateinisch *affectus* genannt wird; danach die Krankheit *(nósema, morbus)*, die festgestellt und erklärt wird, wenn die Störung sich im Körper und in der Seele festgesetzt hat; sodann, schwerer und

---

51 Seneca, *Ad Lucilium epistulae*, 109, 2. Über Seneca, seine Beziehungen und seine Tätigkeit als Leiter vgl. P. Grimal, *Sénèque ou la conscience de l'Empire*, Paris 1978, S. 393-410.
52 Plutarch, *De tuenda sanitate praecepta*, 122e.

langwieriger, die *aegrotatio* oder das *arrhóstema*, das einen Krankheits-
und Schwächezustand darstellt; endlich gibt es das hartnäckig festsitzende
Leiden *(kakía, aegrotatio inveterata, vitium malum)*, das keiner Heilung zugänglich ist. Die Stoiker haben auch Schemata vorgelegt, welche die verschiedenen Stadien oder die verschiedenen möglichen Formen der Heilung bezeichnen; so unterscheidet Seneca die ganz oder teilweise von ihren
Übeln geheilten Kranken, jene, die von ihren Krankheiten, aber noch
nicht von ihren Affektionen befreit sind; schließlich gibt es die, die ihre
Gesundheit wiedererlangt haben, aber noch empfindlich sind aufgrund
weiterbestehender Veranlagungen.[53] Diese Begriffe und diese Schemata
sollen der Körpermedizin und der Seelentherapeutik gleichermaßen dien-
lich sein. Sie ermöglichen nicht nur, denselben Typ theoretischer Analyse
auf physische Störungen und moralische Wirrungen anzuwenden, sondern
auch, denselben Weg einzuschlagen, um sie, die einen wie die anderen, zu
behandeln, zu versorgen, zu pflegen und eventuell zu heilen.

Eine ganze Reihe medizinischer Metaphern wird regelmäßig verwandt,
um die Operationen zu bezeichnen, deren die Pflege der Seele bedarf: das
Skalpell an eine Wunde legen, ein Geschwür öffnen, amputieren, überflüssige Säfte ablassen, Arzneien verordnen, bittere, beruhigende oder stärkende Medizin verschreiben.[54] Die Verbesserung, die Vervollkommnung der
Seele, die man in der Philosophie sucht, die *paideía*, die sie gewähren soll,
nimmt mehr und mehr medizinische Farben an. Sich bilden und sich pflegen sind verbundene Tätigkeiten. Epiktet beharrt darauf: seine Schule soll
nicht als bloße Bildungsstätte angesehen werden, in der man nützliche
Kenntnisse für den Berufsweg einheimsen kann, bevor man wieder nach
Hause geht, um Nutzen daraus zu ziehen. Man soll sie als eine »Ambulanz
der Seele« verstehen: »Die Schule eines Philosophen ist eine Arztpraxis
(iatreîon); wenn man hinausgeht, soll man nicht genossen, sondern gelitten
haben.«[55] Worauf er sehr bei seinen Schülern dringt: sie sollen ihre Befind-
lichkeit als einen pathologischen Zustand begreifen; sie sollen sich nicht in
erster Linie als Schüler betrachten, die Kenntnisse einholen von dem, der

---

53 Vgl. Cicero, *Tusculanae disputationes*, IV, 10; Seneca, *Ad Lucilium epistulae*, 75, 9-15. Vgl. hierzu I.
    Hadot, *Seneca und die griechisch-römische Tradition der Seelenleitung*, Berlin 1969, Teil II, 2. Kapitel.
54 Zu dem Vergleich zwischen Körpertherapeutik und Seelenmedizin vgl. etwa Seneca, *Ad Lucilium
    epistulae*, 64, 8.
55 Epiktet, *Gespräche*, III, 23, 30 und III, 21, 20-24; vgl. auch Seneca über jemanden, der den Kurs
    eines Philosophen besucht: *»Aut sanior domum redeat, aut sanabilior«* (*Ad Lucilium epistulae*,
    108, 4).

sie besitzt; sie sollen vielmehr als Kranke auftreten, so als hätte einer eine verrenkte Schulter, der andere ein Geschwür, der dritte eine Fistel, jener da Kopfschmerzen. Er wirft ihnen vor, zu ihm zu kommen, nicht um sich pflegen zu lassen *(therapeuthesómenoi)*, sondern um ihre Urteile richtigstellen zu lassen *(epanorthósontes)*. »Ihr wollt die Syllogismen lernen? Heilt zunächst eure Wunden; laßt eure Säfte zur Ruhe kommen, besänftigt euren Geist.«[56]

Seinerseits hält sich ein Arzt wie Galen für kompetent, nicht nur die großen Verwirrungen des Geistes (der Liebeswahn gehörte traditionell zum Bereich der Medizin) zu heilen, sondern auch die Leidenschaften (»fehlgeleitete Lebenskraft, die sich wider die Vernunft erhebt«) und die Irrtümer (die »aus einer falschen Meinung erwachsen«) zu kurieren; die einen wie die anderen »heißen im weiteren Sinne Irrtümer«.[57] In diesem Sinne unternimmt er es, einen Reisegefährten zu kurieren, der zum Jähzorn neigte. Oder er nimmt sich eines jungen Mannes aus seiner Bekanntschaft an, der ihn eines Tages um Rat angegangen war: dieser hatte sich nämlich eingebildet, gegen jede, noch die geringste Unruhe der Leidenschaften gefeit zu sein; nun hatte er einsehen müssen, daß ihn nichtige Dinge mehr beunruhigten als seinen Lehrer Galen große; so bat er ihn um Hilfe.[58]

Innerhalb der Kultur seiner selber, so scheint es, hat sich der Aufstieg der medizinischen Sorge in eine sowohl eigentümliche als auch intensive Form der Aufmerksamkeit für den Körper übersetzt. Diese Aufmerksamkeit unterscheidet sich sehr von dem, was sonst Schätzung körperlicher Kraft bedeutete, zu einer Zeit, da Gymnastik, sportliche und militärische Ertüchtigung feste Bestandteile der Erziehung eines freien Mannes bildeten. Zudem hat sie an sich etwas Paradoxes, weil sie, zumindest teilweise, einer Moral zugehört, die besagt, daß Tod, Krankheit und selbst körperliches Leiden keine wirklichen Übel bedeuten und daß man sich besser um seine Seele kümmert, als seine Mühe an den Erhalt des Körpers zu wenden.[59] Denn der Punkt, dem sich in diesen Selbstpraktiken die Aufmerksamkeit zuwendet, ist der, an dem die Übel des Körpers und der Seele sich mitteilen und austauschen können: dort, wo die schlechten Gewohnheiten der Seele körperliche Gebrechen nach sich ziehen können, während

---

56 Epiktet, *Gespräche*, II, 21, 12-22; vgl. auch II, 15, 15-20.
57 Galen, *De propriorum animi cuiusque affectuum dignotione et curatione*, I, 1.
58 A. a. O., IV, 16 und VI, 28.
59 Epiktet, *Gespräche*, I, 9, 12-17; I, 22, 10-12; *Handbüchlein*, 41.

die Exzesse des Körpers die Schwäche der Seele bekunden und befördern. Die Besorgnis gilt vor allem dem Durchgangspunkt der Erregungen und Störungen, ausgehend von der Annahme, daß man die Seele berichtigen muß, wenn man nicht will, daß der Körper sie beherrsche, und den Körper, wenn man will, daß sie ganz und gar über ihn verfüge. Auf diesen Kontaktpunkt als Schwachstelle des Individuums richtet sich die Aufmerksamkeit, die man den körperlichen Leiden und Gebrechen entgegenbringt. Der Körper, um den der Erwachsene sich kümmern muß, wenn er sich um sich sorgt, ist nicht mehr der junge Körper, den es durch die Gymnastik zu bilden galt; es ist ein empfindender, bedrohter, von kleinen Gebrechen unterminierter Körper, der nun wiederum die Seele weniger durch seine zu stürmischen Forderungen als durch seine eigenen Schwächen bedroht. Die Briefe Senecas böten manches Beispiel für diese Aufmerksamkeit auf die Gesundheit, die Ernährung, die Beschwerden und alle Störungen, die zwischen Körper und Seele auftreten können.[60] Der Briefwechsel zwischen Fronto und Marc Aurel[61] – nicht zu reden von den *Heiligen Reden* des Aelius Aristides, die dem Bericht von der Krankheit ganz andere Dimensionen und ihrer Erfahrung einen ganz anderen Wert verleihen – zeigt deutlich den Platz der Sorge um den Körper in diesen Selbstpraktiken, aber auch den Stil dieser Beschäftigung: die Furcht vor dem Exzeß, die Ökonomie der Diät, das Vermerken von Unwohlsein, die eingehende Aufmerksamkeit auf etwelche Störungen, die Berücksichtigung aller Elemente (Jahreszeit, Witterung, Ernährung, Lebensweise), die den Körper – und durch ihn die Seele – stören können.

Doch es gibt vielleicht noch Wichtigeres: die von dieser (praktischen und theoretischen) Annäherung zwischen Medizin und Moral ausgehende Aufforderung, sich als Kranken oder von Krankheit Bedrohten zu erkennen. Die Selbstpraktik impliziert, daß man sich in seinen eigenen Augen nicht schlicht und einfach als unvollkommenes, unwissendes Individuum darstellt, der Besserung, Formung und Erziehung bedürftig, sondern als Individuum, das an gewissen Übeln leidet und sie in Pflege nehmen muß, sei's von eigener Hand, sei's durch jemand, der dazu berufen ist. Jedermann muß entdecken, daß er im Stande der Bedürftigkeit ist, daß er Heilmittel und Hilfe nötig hat. »Die Philosophie«, sagt Epiktet, »beginnt damit, daß wir feststellen, wo sich unser beherrschender Teil befindet *(aísthesis tû*

---

60 Seneca, *Ad Lucilium epistulae*, 55, 57, 78.
61 Vgl. Fronto, *Briefwechsel.*

idíu hegemonikû pôs échei). Hat man seine Schwäche erkannt, möchte man ihn nicht mehr zu wichtigeren Dingen heranziehen. Heute aber kaufen Leute, die nicht den geringsten Bissen schlucken können, eine Abhandlung und schlingen sie in sich hinein. Sie erbrechen oder bekommen eine Verstopfung. Dann kommen die Koliken, die Katarrhe, die Fieber – sie hätten beizeiten an ihr Aufnahmevermögen denken sollen ...«[62] Und die Herstellung dieser Beziehung zu sich als einem Kranken ist um so notwendiger, als die Krankheiten der Seele – im Unterschied zu denen des Körpers – sich nicht durch Leiden ankündigen, deren man gewahr wird; nicht nur können sie lange Zeit unbemerkt bleiben, sie blenden auch diejenigen, die sie befallen. Plutarch bemerkt, daß sich die Störungen des Körpers im allgemeinen durch den Puls, die Galle, die Temperatur, die Schmerzen aufweisen lassen und daß im übrigen diejenigen körperlichen Krankheiten die schlimmsten sind, bei denen sich – etwa bei der Lethargie, der Epilepsie, dem Schlagfluß – das Subjekt nicht über seinen Zustand im klaren ist. Das Schlimme bei den Krankheiten der Seele ist, daß sie unbemerkt verlaufen oder daß man sie gar für Tugenden halten kann (den Zorn für Mut, die Liebesleidenschaft für Freundschaft, den Neid für Wetteifer, die Feigheit für Vorsicht). Was nun die Ärzte wollen, ist »nicht, daß man krank sei, sondern daß man es nicht verkenne, wenn man es ist«.[63]

4. In dieser zugleich persönlichen und gesellschaftlichen Praxis nimmt die Selbsterkenntnis offenkundig einen beträchtlichen Raum ein. Das delphische Prinzip wird oft beschworen, und doch griffe man zu kurz, wollte man darin nur den Einfluß des sokratischen Themas ausmachen. Eine ganze Kunst der Selbsterkenntnis nämlich ist entstanden, mit genauen Vorschriften, mit ausgeprägten Prüfungsformen und festgelegten Übungen.

a. Ganz schematisch und unter Vorbehalt einer eingehenderen Untersuchung kann man zunächst einmal herausheben, was man die »Erprobungsverfahren« nennen könnte. Ihre Doppelrolle besteht darin, den Erwerb einer Tugend zu befördern und zu ermessen, wie weit man damit schon gekommen ist: von daher ihre Progressivität, die Plutarch und Epiktet gleichermaßen betont haben. Vor allem aber halten diese Proben nicht dazu an, den Verzicht um seiner selbst willen zu praktizieren; vielmehr soll

62 Epiktet, *Gespräche*; vgl. auch II, 11, 1.
63 Plutarch, *Animine an corporis affectiones sint peiores*, 501a.

man in den Stand versetzt werden, auf das Überflüssige zu verzichten, indem man eine Souveränität über sich gewinnt, die vollkommen unabhängig ist von ihrer Anwesenheit oder Abwesenheit. Die Proben, denen man sich unterzieht, sind keine Stufen wachsenden Entzuges; sie sind eine Weise, die Unabhängigkeit zu messen und zu bestätigen, die man gegenüber alle dem, was nicht unverzichtbar und wesentlich ist, besitzt. Eine Zeitlang führt diese zurück zum Sockel der Grundbedürfnisse und zeigt anhand der Tatsachen all das, was überflüssig ist, und die Möglichkeit, davon zu lassen. In *De deo Socratis* berichtet Plutarch von einer Probe dieser Art, deren Wert von demjenigen behauptet wird, der im Dialog die Themen des Neopythagorismus vertritt; man begann damit, sich durch intensive sportliche Betätigung Appetit zu verschaffen, dann setzte man sich an Tische, beladen mit den üppigsten Mählern, und nachdem man sich in ihren Anblick vertieft hatte, überließ man sie den Dienern und begnügte sich selbst mit der Speise der Sklaven.[64]

Die Übungen zur Enthaltsamkeit finden sich bei den Epikureern wie bei den Stoikern, aber das Üben hatte nicht bei beiden denselben Sinn. In der Tradition Epikurs ging es darum zu zeigen, wie man in dieser Befriedigung der elementarsten Bedürfnisse eine vollere, reinere, beständigere Lust finden könne als in dem Gelüst an allem Überflüssigen; und die Probe diente dazu, die Schwelle zu bezeichnen, ab der der Entzug schmerzhaft werden konnte. Epikur, dessen Lebensführung doch von äußerster Nüchternheit war, nahm an gewissen Tagen nur eine verringerte Ration zu sich, um zu sehen, inwieweit seine Lust beschnitten ward.[65] Für die Stoiker ging es vor allem darum, sich auf eventuelle Entbehrungen vorzubereiten, indem man herausfand, wie leicht es schließlich wäre, auf all das zu verzichten, woran Gewohnheit, Meinung, Erziehung, Sorge um den Ruf, Prunkliebe uns gebunden haben; mit diesen Verknappungsproben wollten sie zeigen, daß wir das Unverzichtbare stets zu unserer Verfügung haben können und daß man sich vor jeder Bangigkeit beim Gedanken an mögliche Entbehrungen hüten soll. »Mitten im Frieden macht der Soldat seine Marschübungen, übt sich, ohne daß ein Feind in Sicht wäre, in Schanzarbeiten und plagt sich mit unnötigen Arbeiten ab, um den notwendigen genügen zu können. Wer im Ernstfall unverzagt bleiben soll, der muß vorher

---

64 Plutarch, *De deo Socratis*, 585a.
65 Seneca erwähnt diesen epikureischen Zug in den *Briefen an Lucilius*, 18, 9.

geübt haben.«[66] Und Seneca erinnert an eine Praktik, von der er auch in einem anderen Brief[67] spricht: allmonatlich kleine Probezeiten »fiktiver Armut« einlegen, während deren man, indem man sich freiwillig drei oder vier Tage lang »an den Rändern des Elends« aufhält, die Erfahrung des Armenlagers, des groben Kleides, des Brotes minderster Qualität macht: »nicht Spiel, sondern Erprobung« *(non lusus, sed experimentum)*. Nicht einen Augenblick lang versagt man sich etwas, um die künftigen Sinnesreize besser auszukosten, sondern um sich zu überzeugen, daß selbst das schlimmste Mißgeschick einem nicht das Nötigste nehmen wird und daß man ständig aushalten kann, was man hie und da zu ertragen weiß.[68]

Man macht sich mit dem Minimum vertraut. Dies eben will Seneca tun, einem Brief zufolge, den er kurze Zeit vor den Saturnalien des Jahres 62 schreibt. Rom ist »im Fieber«, und die Schwelgerei »darf ungestraft ihr Wesen treiben«. Seneca fragt sich, ob man an den Festlichkeiten teilnehmen solle oder nicht: es wäre ein Zeichen von Festigkeit, sich zurückzuhalten und dem allgemeinen Treiben fernzubleiben. Doch mit noch größerer moralischer Kraft handelte man, wenn man sich nicht absonderte; das beste wäre, »ohne sich mit der Menge gemein zu machen, dasselbe zu tun, aber auf andere Weise«. Und diese »andere Weise« ist die, auf die hin man sich im voraus durch freiwillige Übungen, Abstinenzkurse und Armutskuren bildet; sie ermöglichen einem, zu feiern wie alle anderen auch, ohne *in luxuriam* zu verfallen; dank ihr kann man mitten im Überfluß Gleichmut bewahren; »unser Reichtum wird sorgenfreier sein, wenn wir wissen, wie wenig schwer es ist, arm zu sein.«[69]

b. Neben diesen praktischen Übungen hielt man es für wichtig, sein Gewissen zu prüfen. Dieser Brauch war Teil der pythagoreischen Lehre[70], hatte sich aber sehr verbreitet. Allem Anschein nach diente die Prüfung am Morgen vor allem dazu, die Aufgaben und Pflichten des Tages zu bedenken, um ausreichend darauf vorbereitet zu sein. Die Prüfung am Abend dagegen gehörte viel eindeutiger der Rückerinnerung an den ver-

---

66 A. a. O., 18, 6.

67 A. a. O., 20, 11.

68 Vgl. auch Seneca, *Ad Helviam matrem de consolatione*, 12, 3.

69 Seneca, *Ad Lucilium epistulae*, 18, 1-8; vgl. Brief 17, 5: »Nicht kann wissenschaftliche Arbeit sich heilsam auswirken ohne Sorge für anspruchslose Lebensführung: Anspruchslosigkeit aber ist freiwillige Armut.«

70 Vgl. Diogenes Laertius, *De vitis, dogmatibus et apophthegmatibus clarorum philosophorum libri decem*, VIII, 1, 27. Porphyrios, *Vita Pythagorae*, 40.

gangenen Tag. Die detaillierteste Beschreibung dieser von vielen Autoren
regelmäßig empfohlenen Übung gibt Seneca in *De ira*.[71] Er berichtet von
der Praxis des Sextius, jenes römischen Stoikers, dessen Lehre ihm durch
Papirius Fabianus und Sotion bekannt war. So wie er sie darstellt, konzentrierte sie sich wesentlich auf eine Fortschrittsbilanz am Ende des Tages;
wenn er sich zur Nachtruhe sammelte, befragte Sextius seine Seele: »Welchen Mangel in dir hast du heute gutgemacht? Welchen Fehler hast du bekämpft? In welcher Beziehung hast du dich gebessert?« Auch Seneca
schreitet jeden Abend zu einer Prüfung dieser Art. Dunkelheit – »wenn
das Licht entfernt ist« – und Stille – »wenn meine Gattin verstummt ist« –
sind die äußeren Voraussetzungen. Aber auch die Absicht auf einen glücklichen Schlummer fehlt nicht bei Seneca: »Was kann es Schöneres geben
als diese Gewohnheit, den ganzen Tag zur Prüfung an sich vorüberziehen
zu lassen? Und was für ein Schlaf folgt auf diese Selbstschau, wie ruhig
(tranquillus), tief *(altus)* und frei *(liber)* ist er, wenn die Seele entweder
ihr Lob oder ihre Mahnung erhalten hat.« Auf den ersten Blick stellt die
Prüfung, der Seneca sich selbst unterzieht, eine Art kleiner Gerichtsszene
dar, woran Ausdrücke wie »vor den Richter fordern«, »sich Rechenschaft
geben über sein eigenes sittliches Verhalten«, »sich vor sich selbst verantworten« deutlich erinnern. Solche Wendungen scheinen die Spaltung eines
Subjekts in eine richtende Instanz und ein angeklagtes Individuum anzuzeigen. Gleichwohl läßt das gesamte Verfahren auch an eine Art verwal-
tungsmäßiger Kontrolle denken, bei der es um Maßnahmen hinsichtlich
einer abgeschlossenen Tätigkeit geht, um sich deren Prinzipien vor Augen
zu führen und ihre künftige Anwendung zu korrigieren. Die Rolle eines
Richters klingt also aus Senecas Worten, aber ebenso die eines Inspektors
oder die eines Hausherrn, der seine Konten überprüft.

Die Begriffe, die er gebraucht, sind bezeichnend. Den ganzen, soeben
vergangenen Tag will Seneca »überprüfen« (das Verb *excutere*, »ab-« oder
»ausklopfen«, gleichsam um Staub zu beseitigen, bezeichnet die Überprüfung, durch die man Irrtümer in einer Rechnung feststellt); er will »inspi-
zieren«; die getanen Taten, die gesprochenen Worte will er »nachmessen«
(remetiri, wie man es mit einer abgeschlossenen Arbeit tun kann, um festzustellen, ob sie dem Vorgesehenen entspricht). Das Verhältnis des Subjekts zu sich selbst gestaltet sich bei dieser Prüfung nicht so sehr in Form

71 Seneca, *De ira*, III, 36.

einer juristischen Beziehung, bei der der Angeklagte dem Richter gegenübersteht; es hat eher den Charakter einer Inspektion, bei der der Kontrol-
leur eine Arbeit, einen durchgeführten Auftrag bewerten will; der Begriff
speculator (man muß *speculator sui* sein) bezeichnet genau diese Rolle.
Überdies richtet sich die solcherart praktizierte Prüfung nicht, als handelte
es sich um eine Imitation des Gerichtsverfahrens, auf »Vergehen«, und sie
führt nicht zu einem Schuldspruch oder zu Selbstbestrafungsbeschlüssen.
In dem Beispiel, das er hier gibt, erwähnt Seneca Handlungen wie die,
daß man zu lebhaft mit Dummköpfen diskutiert, die sich doch nicht überzeugen lassen, oder daß man durch Vorwürfe einen Freund verärgert, den
man hätte fördern wollen. Mit diesen Verhaltensweisen ist Seneca insofern
unzufrieden, als die zum Erreichen der ganz richtig gewählten Zwecke angewandten Mittel nicht die richtigen waren: es ist gut, seine Freunde bessern zu wollen, sofern dies nötig ist; unmäßige Vorhaltungen aber verletzen, statt daß sie wohltun; es ist gut, diejenigen zu überzeugen, die nicht
wissen, aber wiederum muß man solche auswählen, die belehrbar sind.
Absicht der Prüfung ist also nicht, seine eigene Schuld bis in ihre feinsten
Verästelungen hinein aufzudecken. Wenn man »sich nichts verbirgt«, wenn
man »sich nichts durchgehen läßt«, so um sich die legitimen Zwecke einzuprägen und für später merken zu können – aber auch die Verhaltensregeln, nach denen man sie mit den passenden Mitteln erreicht. Die Prüfung
rührt nicht an die Verfehlung, um eine Schuld zuzuweisen oder Gewissensbisse hervorzurufen, sondern um ausgehend von der erinnerten und über-
dachten Feststellung eines Scheiterns die Ausstattung der Vernunft, die
für ein besonnenes Verhalten sorgt, zu verstärken.

c. Dazu kommt die Notwendigkeit einer Arbeit des Denkens an ihm selbst;
sie wird mehr sein müssen als eine Erprobung dessen, wozu man fähig ist;
sie wird auch etwas anderes sein müssen als das Abschätzen eines Fehlers
anhand der Regeln des Verhaltens; sie muß die Gestalt einer fortwähren-
den Filterung der Vorstellungen annehmen, muß sie prüfen, kontrollieren
und sortieren. Das ist mehr als eine in regelmäßigen Abständen ausgeführte Übung, das ist eine ständige Haltung, die man sich selbst gegenüber
einnehmen muß. Um diese Haltung zu kennzeichnen, gebraucht Epiktet
Metaphern, die auf lange Zeit das christliche Geistesleben begleiten werden; dort allerdings werden sie ganz andere Werte annehmen. Er fordert,
man solle sich selbst gegenüber die Stellung einer »nächtlichen Streife« einnehmen, die an den Toren der Städte oder der Häuser die Eingänge über-

prüft[72]; dann regt er an, man solle über sich selbst die Funktion eines
»Geldprüfers«, eines »Argyronomen«, ausüben, eines jener Geldwechsler,
die keine Münze annehmen, ohne sich vergewissert zu haben, was sie wert
ist. »Wo es um Geld geht . . ., haben wir uns als findig erwiesen; welche
Verfahren wendet nicht der Argyronom auf, um das Geld zu prüfen! Anschauen, befühlen, beriechen, schließlich horchen: er wirft den Taler und
lauscht auf seinen Klang; er läßt ihn nicht bloß einmal klingeln, sondern
wiederholt das mehrere Male, wie um sich ein Musikerohr zu schaffen.«
Leider, fährt Epiktet fort, lassen wir diese Vorkehrungen, die wir bereitwillig treffen, wenn unser Geld im Spiel ist, außer acht, wenn es um unsere
Seele geht. Aufgabe der Philosophie – ihr erstes und wichtigstes *érgon* –
wird es sein, diese Kontrolle auszuüben *(dokimázein)*.[73]

Zur Formulierung dessen, was gleichzeitig allgemeines Prinzip und Verhaltensschema ist, stützt sich Epiktet auf Sokrates und auf den in der *Apologie* ausgesprochenen Aphorismus: »Ein Leben ohne Selbstprüfung *(anéxe-
tastos bíos)* verdient nicht gelebt zu werden.«[74] Tatsächlich war die Prüfung,
von der Sokrates sprach, diejenige, der er sich selbst und die anderen hinsichtlich des Unwissens, des Wissens und des Nicht-Wissens jenes Unwissens unterziehen wollte. Die Prüfung, von der Epiktet spricht, ist ganz anders: es ist eine Prüfung, die die Vorstellung betrifft und sie »auf die Probe
stellen«, sie von anderen unterscheiden *(diakrínein)* und so vermeiden will,
daß man die »erstbeste« hinnimmt. »Eine sinnliche Vorstellung soll man
nicht ungeprüft in die Seele hereinlassen, sondern ihr sagen: ›Warte einmal! Laß sehen, wer du bist und woher du kommst!‹ Wie die nächtlichen
Polizeistreifen zu einem sagen: ›Zeige mir deine Papiere!‹ ›Hast du den
Ausweis von der Natur, den die Einlaß begehrende Vorstellung haben
muß?‹«[75] Genauer gesagt liegt der Ursprung der Kontrolle nicht im Ursprung oder etwa im Gegenstand der Vorstellung, sondern in der Billi-
gung, die man ihr erteilen soll oder nicht.

Wenn eine Vorstellung den Geist überkommt, besteht die Arbeit der
Diskrimination, der *diákrisis*, darin, den berühmten stoischen Kanon auf
sie anzuwenden, der trennt zwischen solchen, die nicht von uns abhängen,
und solchen, die von uns abhängen; die ersten nimmt man, da sie außer

72 Epiktet, *Gespräche*, III, 12, 15.
73 Epiktet, *Gespräche*, I, 20, 7-11; vgl. auch III, 3, 1-13.
74 Platon, *Apologie*, 38a.
75 Epiktet, *Gespräche*, III, 12, 15.

unserer Reichweite sind, nicht auf, empfängt sie nicht, sondern vertreibt sie, da sie nicht Objekte von »Begehren« oder »Abneigung«, von »Neigung« oder »Abscheu« werden sollen. Die Kontrolle ist eine Machtprobe und eine Freiheitsgarantie: eine Weise, sich beständig zu versichern, daß man sich nicht an das binden wird, was nicht unserer Herrschaft unterliegt. Beständig über seine Vorstellungen zu wachen oder ihre Kennzeichen zu überprüfen, so wie man eine Münze prüft, heißt nicht – wie es später im christlichen Geistesleben der Fall sein wird – sich über den tiefen Ursprung der auftauchenden Idee befragen; heißt nicht versuchen, unter der sichtbaren Vorstellung einen verborgenen Sinn zu entziffern; heißt vielmehr die Beziehung zwischen einem selbst und dem Vorgestellten einzuschätzen, um im Bezug zu sich selbst nur das zu akzeptieren, was von der freien und vernünftigen Wahl des Subjekts ausgehen kann.

5. Das gemeinsame Ziel dieser Selbstpraktiken bei all ihren offenkundigen Unterschieden läßt sich beschreiben als das ganz allgemeine Prinzip der Umkehr zu einem selber – der *epistrophè eis heautón*.[76] Die Formel klingt platonisch, umgreift aber zumeist deutlich verschiedene Bedeutungen. Zunächst ist sie als eine veränderte Tätigkeit zu verstehen: nicht daß man jede andere Form von Beschäftigung aufgeben müßte, um sich einzig und allein sich selber zu widmen; aber bei den Tätigkeiten, denen man nachgehen muß, sollte man vor Augen behalten, daß das Hauptziel, das man sich vorsetzen soll, in sich selbst, im Verhältnis seiner zu sich, zu suchen ist. Diese Umkehr impliziert einen veränderten Blick: dieser soll sich nicht in müßiger Neugier verstreuen, gleichviel, ob sie sich auf den Alltagstrubel und das Leben der anderen richtet (dieser *polypragmosýne* hat Plutarch eine ganze Abhandlung gewidmet) oder ob sie die Geheimnisse der Natur zu entdecken sucht, die der menschlichen Existenz und ihren Belangen am fernsten liegen (Demetrius, den Seneca zitiert, behauptete, die Natur verberge nur nutzlose Geheimnisse und habe alle Dinge, die der Mensch kennen müsse, ihm in Reichweite und vor Augen gestellt). Doch die *conversio ad se* ist auch eine Bahn; eine Bahn, über die man, alle Abhängigkeiten und alle Knechtungen vermeidend, am Ende sich selbst erreicht, wie einen sturmgeschützten Hafen oder eine von ihren Bollwerken gedeckte Zitadelle: »Jedem Ansturm gewachsen ist die Seele, die auf alles Äußere verzichtet hat

76 Die Ausdrücke *epistrophè eis heautón, epistropheîn eis heautón* finden sich bei Epiktet, *Gespräche*, I, 4, 18; III, 22, 39; III, 23, 37; III, 24-106; vgl. auch Epiktet, *Handbüchlein*, 41.

und in ihrer Burg sich zur Wehr setzt. Kein Geschoß kann bis zu ihrer Höhe dringen. Das Schicksal hat keine langen Arme, wie wir glauben; es überwältigt keinen, der sich nicht an es anklammert. Darum wollen wir so viel als möglich seiner Nähe ausweichen.«[77]

Diese Beziehung zu sich, die das Ziel der Umkehr und den Endzweck aller Selbstpraktiken ausmacht, folgt noch einer Ethik der Beherrschung. Gleichwohl begnügt man sich zu ihrer Kennzeichnung nicht damit, die agonistische Form eines Sieges über schwer zu bändigende Kräfte und ihre unanfechtbare Beherrschung zu beschwören. Öfters wird diese Beziehung nach dem juridischen Modell des Besitzes gedacht: man »gehört sich«, man ist »sein eigen« (*suum fieri, suum esse* sind Ausdrücke, die Seneca häufig gebraucht[78]); man untersteht nur sich selbst, man ist *sui iuris*; man übt über sich eine Macht aus, die nichts begrenzt noch bedroht; man hat die *potestas sui*[79] inne. Doch neben dieser eher politischen und juridischen Form wird die Beziehung zu sich auch als ein konkretes Verhältnis bestimmt, durch das man sich genießen kann wie ein Ding, das man zugleich in Besitz und vor Augen hat. Wenn Umkehren zu sich bedeutet, sich von den äußeren Umtrieben, den Sorgen des Ehrgeizes, der Furcht vor der Zukunft abzuwenden, so kann man sich nun zu seiner eigenen Vergangenheit zurückwenden, sie versammeln, sie nach Belieben vor seinen Augen ablaufen lassen und ein Verhältnis zu ihr unterhalten, das durch nichts gestört wird: »Über diesen Teil unserer Zeit ist die Weihe des himmlischen Friedens gebreitet, ist er doch allen menschlichen Zufällen entrückt und der Herrschaft des Schicksals entzogen, gesichert vor Mangel, vor Furcht, vor Krankheitsfällen; er kann nicht gestört, uns nicht entrissen werden; sein Besitz ist dauernd und frei von jedem Angstgefühl.«[80] Und die Selbsterfahrung, die sich in diesem Besitz bildet, ist nicht einfach die einer beherrschten Kraft oder einer Souveränität über eine aufrührerische Macht; es ist die Erfahrung einer Freude, die man an sich selber hat. Wer es vermocht hat, endlich Zugang zu sich selber zu finden, ist für sich ein Objekt der Freude. Nicht bloß gibt man sich zufrieden mit dem, was man ist, und fügt sich in die Beschränkung, sondern man »erfreut sich« an sich selber.[81]

---

77 Seneca, *Ad Lucilium epistulae*, 82, 5.
78 Seneca, *De brevitate vitae*, II, 4; *De tranquillitate animi*, XI, 2; *Ad Lucilium epistulae*, 62, 1; 75, 18.
79 Seneca, *De brevitate vitae*, V, 3 (*sui iuris*); *Ad Lucilium epistulae*, 75, 8 (*in se habere potestatem*); 32, 5 (*facultas sui*).
80 Seneca, *De brevitate vitae*, X, 4 und XV, 5.
81 Seneca, *Ad Lucilium epistulae*, 13, 1; vgl. auch 23, 2-3; Epiktet, *Gespräche*, II, 18; Marc Aurel, *Selbstbetrachtungen*, VI, 16.

Diese Freude, für die Seneca im allgemeinen die Worte *gaudium* oder *lae-titia* gebraucht, ist ein Zustand, der von keinerlei Störung im Körper und in der Seele begleitet noch gefolgt wird; ihn definiert, daß nichts uns pro-voziert, was unabhängig von uns und folglich unserer Macht entzogen wäre; er ersteht aus uns und in uns selber.[82] Ihn kennzeichnet auch, daß er weder Grad noch Wechsel kennt, sondern »ganz in einem Stück« gege-ben ist und, einmal gegeben, von keinem äußeren Ereignis angegriffen wer-den kann.[83] Darin läßt sich diese Art von Freude Punkt für Punkt dem ent-gegensetzen, was mit dem Wort *voluptas* bezeichnet wird; diese bezeichnet eine Freude, deren Ursprung außer uns liegt und in Objekten, deren Ge-genwart wir nicht sicher sind: mithin eine in sich prekäre Freude, unter-höhlt durch die Furcht vor dem Entzug und erstrebt mit der Kraft des Be-gehrens, dem Befriedigung versagt bleiben kann. An die Stelle dieser Art heftiger, ungewisser und kurzlebiger Freuden kann der Zugang zu einem selber eine Form von Freude setzen, welche man, heiter und auf immer, an sich selbst hat: »*Disce gaudere*, lerne dich freuen«, sagt Seneca zu Luci-lius; »geht es nach meinem Willen, so soll dir die Freude niemals fehlen. Ich will, daß sie dir daheim erwachse, und sie wird es, wenn sie nur in dir selbst ist. (...) Sie wird dir niemals versagen, wenn du einmal die Quelle gefunden hast, der sie entstammt. (...) halte deinen Blick auf das wahre Gut gerichtet und laß deine Freude dem entquellen, was dein ist *(de tuo)*. Was aber ist dieser Quell? Du selbst bist es, du mit deinem besten Teil.«[84]

Im Rahmen dieser Kultur seiner selber, ihrer Themen und ihrer Praktiken, haben sich in den ersten Jahrhunderten unserer Zeitrechnung die Reflexio-nen über die Moral der Lüste entwickelt, und sie muß man ins Auge fas-sen, will man die Transformationen begreifen, die jene Moral erfahren konnte. Was man auf den ersten Blick für erhöhte Schärfe, vermehrte Strenge, striktere Anforderung halten mag, ist tatsächlich nicht als Straf-fung der Verbote zu interpretieren; der Bereich dessen, was sich verbieten ließ, hat sich mitnichten erweitert, und man hat nicht versucht, autoritä-rere und wirksamere Prohibitionssysteme einzurichten. Weit eher betrifft

---

82 Seneca, *Ad Lucilium epistulae*, 72, 4.
83 A. a. O., 72. Vgl. auch *De vitae beata*, III, 4.
84 *Ad Lucilium epistulae*, 23, 3-6. Vgl. auch 124, 24. Über die Kritik der Lüsternheit: *De vita beata*, XI, 1-2.

die Änderung die Weise, in der das Individuum sich als Moralsubjekt konstituieren soll. Die Entwicklung der Kultur seiner selber hat sich nicht in der Verstärkung dessen, was das Begehren absperren kann, ausgewirkt, sondern in gewissen Modifikationen, die die konstitutiven Elemente der moralischen Subjektivität berühren. Bruch mit der traditionellen Ethik der Selbstbeherrschung? Sicherlich nicht, wohl aber Verlagerung, Ablenkung und unterschiedliche Gewichtung.

Die sexuelle Lust als ethische Substanz gehört nach wie vor zum Bereich der Kraft – der Kraft, mit der man ringen und gegen die das Subjekt seine Herrschaft behaupten muß; doch in diesem Spiel der Gewalt, des Exzesses, der Revolte und des Kampfes wird die Betonung mehr und mehr auf die Schwäche des Individuums gelegt, auf seine Zerbrechlichkeit, auf seine Bedürftigkeit zu fliehen, zu entrinnen, sich zu schützen und abzuschirmen. Nach wie vor verlangt die Sexualmoral, daß das Individuum sich einer gewissen Lebenskunst befleißige, welche die ästhetischen und ethischen Kriterien der Existenz definiert; doch diese Kunst bezieht sich mehr und mehr auf allgemeine Grundsätze der Natur oder der Vernunft, in die sich alle gleichermaßen schicken müssen, was immer auch ihr Stand sei. Auch die Bestimmung der Arbeit, die man an sich selber zu leisten hat, erfährt im Zuge der Kultur seiner selbst eine gewisse Veränderung: in den Übungen zur Abstinenz und Zügelung, welche die notwendige *áskesis* ausmachen, nimmt die Selbsterkenntnis einen wichtigeren Platz ein: die Aufgabe, sich zu erproben, sich zu überprüfen, sich in einer Reihe wohlbestimmter Übungen zu kontrollieren, versetzt die Frage der Wahrheit – der Wahrheit dessen, was man ist, dessen, was man tut, und dessen, was man zu tun vermag – ins Zentrum der Konstitution des Moralsubjekts. Schließlich wird auch der Zeitpunkt dieser Ausformung nach wie vor durch die Souveränität des Individuums über sich selbst definiert, doch diese Souveränität erweitert sich in eine Erfahrung, bei der das Verhältnis zu einem selber die Form nicht nur einer Beherrschung, sondern einer Wollust ohne Begehren und ohne Fehl annimmt.

Wir sind noch weit entfernt von einer Erfahrung der sexuellen Lüste, in der diese dem Bösen verbündet sind, in der das Verhalten sich der allgemeinen Form des Gesetzes wird unterwerfen müssen und in der die Entzifferung des Begehrens eine unerläßliche Bedingung dafür sein wird, zu einer geläuterten Existenz zu gelangen. Und doch kann man bereits sehen, wie die Frage des Bösen beginnt, das Thema der Kunst und der *téchne* abzulenken, wie die Frage der Wahrheit und das Prinzip der Selbsterkenntnis sich in den Praktiken der Askese entwickeln. Zuvor aber gilt es zu forschen, in welchem Kontext und aus welchen Gründen die Kultur seiner selber sich so entwickelt hat, und zwar genau in der Form, die wir eben sahen.

III
Man selber und die anderen

Für diese Entwicklung der Kultur seiner selber und die Ablenkung, die sich nun in der Ethik der Lüste vollzieht, bieten die Arbeiten der Historiker mehrere Motive. Zwei vor allem scheinen wichtig: Veränderungen in der Ehepraxis und Modifikationen in den Regeln des politischen Spiels. Ich werde mich in dem folgenden kurzen Kapitel darauf beschränken, auf vorliegende historische Untersuchungen zurückzugreifen und den Ansatz einer Gesamthypothese zu umreißen. Die neue Bedeutung der Ehe und des Paares, eine gewisse Umverteilung in den politischen Rollen – haben sie nicht in dieser Moral, die ihrem Wesen nach eine Männermoral war, eine neue Problematisierung des Selbstverhältnisses herbeigeführt? Nicht einen Rückzug auf sich selbst, wohl aber eine neue Weise, sich selbst in seinem Verhältnis zur Frau, zu den anderen, zu den bürgerschaftlichen und politischen Tätigkeiten und Ereignissen zu reflektieren, und eine neue Art, sich als Subjekt seiner Lüste zu betrachten, könnten sie hervorgerufen haben. Die Kultur seiner selber wäre deswegen nicht die notwendige »Konsequenz« dieser gesellschaftlichen Modifikationen, auch nicht ihr Ausdruck im Bereich der Ideologie. Sie bildete ihnen gegenüber eine originelle Antwort in Gestalt einer neuen Stilistik der Existenz.

1 Die Rolle der Ehe

Es ist schwierig zu sagen, wie weit die Ehepraxis in den verschiedenen Regionen und den verschiedenen sozialen Schichten der hellenistischen und römischen Zivilisation wirklich verbreitet war. Allerdings haben die Historiker – soweit die Quellenlage es gestattet – gewisse Transformationen ausgemacht, die entweder die institutionellen Formen oder die Organisation der ehelichen Beziehungen oder Bedeutung und moralischen Wert berühren, der ihnen zukommen konnte.

Zunächst der institutionelle Aspekt. Als privater, der Familie, ihrer Autorität und den von ihr praktizierten und anerkannten Regeln unterstehender

Akt verlangte die Eheschließung weder in Griechenland noch in Rom den Eingriff der öffentlichen Gewalten. Es gab in Griechenland eine Praktik, »dazu bestimmt, den Fortbestand des *oîkos* zu sichern«, deren zwei grundlegende und lebensnotwendige Akte zum einen die Übertragung der bisher vom Vater ausgeübten Vormundschaft auf den Ehemann, zum anderen die tatsächliche Übergabe der Ehefrau an ihren Gatten bezeichneten.[1] Sie stellte mithin eine »private Transaktion, ein zwischen zwei Familienoberhäuptern – einem wirklichen, dem Brautvater, und einem virtuellen, dem künftigen Gatten – abgeschlossenes Geschäft« dar; diese Privatsache war »ohne Verbindung zur politischen und gesellschaftlichen Organisation«.[2] Auch für die römische Ehe machen J. A. Crook und P. Veyne geltend, daß sie ursprünglich ein Tatbestand war, der nur »von der Absicht der Parteien abhängig« und »durch eine Zeremonie markiert« war und »Rechtsfolgen« hatte, ohne deswegen ein »Rechtsakt« zu sein.[3]

In der hellenistischen Welt tritt die Ehe zunehmend in die öffentliche Sphäre. Sie überschreitet so den Rahmen der Familie, was die paradoxe Wirkung hat, daß deren Autorität »öffentlich« bekräftigt, aber auch relativ beschränkt wird. Cl. Vatin zufolge stützt sich diese Entwicklung in der hellenistischen Welt auf den Einsatz der religiösen Zeremonien, die in gewisser Weise als Vermittler zwischen dem privaten Akt und der öffentlichen Institution wirken. Im Überblick über diese Transformation, deren Ergebnisse im 2. und im 1. Jahrhundert vor unserer Zeitrechnung zutage treten, schreibt er: »Es ist deutlich, daß die Ehe nun den Rahmen der familialen Institutionen verlassen hat, und die alexandrinische religiöse Ehe, in der vielleicht eine Spur der antiken privaten Ehe überlebt, ist auch eine bürgerliche Institution: ob durch einen Beamten oder durch einen Priester, stets ist es die ganze Stadt, die die Ehe sanktioniert.« Und indem er den Angaben für die Stadt Alexandria die für die ländliche Gesellschaft gegenüberstellt, fügt er hinzu: »Von Varianten abgesehen, beobachten wir in der *chóra* und in der Hauptstadt das Phänomen einer raschen Entwicklung von der Privatinstitution zur öffentlichen Institution.«[4]

Für Rom läßt sich eine Entwicklung feststellen, die in groben Zügen

---

1 J.-P. Broudehoux, *Mariage et famille chez Clément d'Alexandrie*, Paris 1970, S. 16 f.
2 Cl. Vatin, *Recherches sur le mariage et la condition de la femme mariée à l'époque hellénistique*, Paris 1970, S. 4.
3 J. A. Crook, *Law and Life of Rome*, London 1967, S. 99 f.; P. Veyne, »L'amour à Rome«, in: *Annales E. S. C.*, Paris 1978, 1, S. 39 f.
4 Cl. Vatin, a. a. O., S. 177 f.

dem entspricht, obwohl sie anders verläuft und obwohl die Ehe noch lange
im wesentlichen »eine private Zeremonie, ein Fest«[5] bleibt. Eine Reihe le-
gislativer Maßnahmen markiert nach und nach den Zugriff der öffentlichen Gewalt auf die eheliche Institution. Das berühmte Gesetz *de adul-
teriis* ist ein Ausdruck dieses Phänomens, der um so interessanter ist, als
das Gesetz, das für Ehebruch die verheiratete Frau bestraft, die mit einem
anderen Mann verkehrt, und den Mann, der mit einer verheirateten Frau
verkehrt (nicht aber den verheirateten Mann, der Beziehungen zu einer unverheirateten Frau unterhält), nichts Neues hinsichtlich der Beurteilung
der Tatsachen bringt. Es übernimmt genau die traditionellen Schemata
der ethischen Bewertung; es beschränkt sich darauf, der öffentlichen Gewalt eine Sanktion zu übertragen, die bis dahin in der Autorität der Familie
lag.

Diese fortschreitende »Öffentlichmachung« der Ehe geht einher mit etlichen anderen Transformationen, deren Wirkung, Verstärkung und Instrument sie zur gleichen Zeit ist. Soweit sich das aus den Urkunden erschließen läßt, scheint es, daß die Praxis der Ehe oder des regulären Konkubinats
sich verallgemeinert oder zumindest in weiten Bevölkerungskreisen ausgebreitet hat. In ihrer alten Form war die Ehe nur in dem Maße interessant
und sinnvoll, als sie, obzwar ein privater Akt, Folgen rechtlicher oder zumindest den Stand betreffender Art hatte: Übertragung eines Namens, Bestimmung von Erben, Errichtung eines Systems von Bündnissen, Vereinigung
von Vermögen. Was nur für diejenigen Sinn hatte, die in solchen Bereichen
Strategien entwickeln konnten. Dazu wiederum P. Veyne: »In der heidnischen Gesellschaft heirateten nicht alle, im Gegenteil ... Wenn man heira-
tete, entsprach die Ehe einem privaten Zweck: das Erbe auf die Nachkommen zu übertragen statt auf andere Mitglieder der Familie oder auf Söhne
von Freunden – und einer Kastenpolitik: die Kaste der Bürger zu erhalten.«[6]
Es handelt sich, um es mit J. Boswell zu sagen, um eine Ehe, die »für die
höheren Klassen weitgehend dynastisch, politisch und ökonomisch war«.[7]
Was die armen Klassen angeht, kann man, soweit man überhaupt über ihre
Heiratspraxis informiert ist, mit S. B. Pomeroy davon ausgehen, daß dabei
zwei widersprüchliche Faktoren im Spiel waren, die beide mit den ökonomischen Funktionen der Ehe zusammenhingen: die Gattin und die Kinder

---

5 P. Veyne, a. a. O.
6 P. Veyne, a. a. O.
7 J. Boswell, *Christianity, Social Tolerance, and Homosexuality*, Chicago 1980, S. 62.

konnten für den freien und armen Mann eine nützliche Arbeitskraft darstellen; auf der anderen Seite »gibt es ein wirtschaftliches Niveau, unterhalb dessen ein Mann nicht hoffen kann, eine Frau und Kinder zu unterhalten«.[8]

Die politisch-ökonomischen Imperative, denen die Ehe gehorchte (und die sie in manchen Fällen notwendig, in anderen unnötig machten), verloren zwangsläufig einiges an Bedeutung, als sich ergab, daß für die privilegierten Klassen Stand und Vermögen eher von der Nähe zum Fürsten, von der zivilen oder militärischen »Karriere«, vom Erfolg in den »Geschäften« abhingen als einzig und allein vom Bund zwischen Familiengruppen. Weniger mit diversen Strategien überfrachtet, wird die Ehe »freier«: frei in der Wahl der Gattin, frei auch in der Entscheidung zu heiraten und in den persönlichen Gründen, es zu tun. Es könnte auch sein, daß in den ärmeren Klassen die Ehe – über die ökonomischen Motive hinaus, die sie vielleicht erstrebenswert scheinen ließen – eine Form der Verbindung wurde, deren Wert darin lag, daß sie starke persönliche Beziehungen, gemeinsames Leben, gegenseitige Hilfe, moralischen Beistand einrichtete und erhielt. Die Erforschung von Grabinschriften jedenfalls hat die relative Häufigkeit und die Stabilität der Verbindungen in Milieus, die nicht zur Aristokratie gehörten, ergeben[9], und man besitzt Zeugnisse über die Heirat der Sklaven.[10] Wie die Antwort auf die Frage nach der Ausdehnung der Heiratspraxis auch ausfällt, es scheint, als sei diese leichter zugänglich geworden; die Schwellen, die sie »interessant« machen, wurden gesenkt.

Es folgt, daß die Ehe mehr und mehr als frei eingegangene Verbindung zwischen zwei Partnern erscheint, deren Ungleichheit bis zu einem gewissen Punkt zurückgeht, ohne doch ganz zu verschwinden. Es sieht ganz so aus, als habe (unter Berücksichtigung zahlreicher lokaler Unterschiede) in der hellenistischen Welt der Stand der Frau an Unabhängigkeit gewonnen gegenüber dem, was er in der klassischen Zeit war – und vor allem gegenüber der athenischen Situation. Diese relative Veränderung beruht zunächst darauf, daß die Stellung des Bürger-Mannes an politischem Gewicht verloren hat; sie beruht auch auf einer positiven Stärkung der Rolle der Frau – ihrer wirtschaftlichen Rolle und ihrer rechtlichen Unabhängigkeit. Einigen Historikern zufolge ergibt sich aus den Quellen, daß das Eingreifen

---

8 S. B. Pomeroy, *Goddesses, Whores, Wives, and Slaves. Women in Classical Antiquity*, New York 1975, S. 133.
9 S. B. Pomeroy, a. a. O., S. 209.
10 P. Veyne, a. a. O., S. 40; S. B. Pomeroy, a. a. O., S. 193.

des Vaters der Frau immer weniger entscheidend für die Ehe wird. »Es war üblich, daß ein Vater als der institutionelle Hüter seine Tochter zur Ehe gibt. Manche Verträge aber waren nur zwischen einem Mann und einer Frau geschlossen, die übereinkamen, ihr Leben zu teilen. Das Recht einer verheirateten Tochter, gegen die väterliche Autorität selbst zu entscheiden, wird allmählich anerkannt. Nach dem athenischen, römischen und ägyptischen Recht war der Vater befugt, die Ehe seiner Tochter gegen deren Willen aufzulösen. Später dagegen, im römischen Ägypten unter dem ägyptischen Gesetz, wurde die Autorität des Vaters über eine verheiratete Tochter durch Gerichtsentscheide bestritten, die davon ausgingen, daß der Wille der Frau ein entscheidender Faktor war. Wollte sie verheiratet bleiben, so konnte sie es.«[11] Die Ehe wird immer deutlicher als ein Vertrag geschlossen, den die beiden Gatten, die ihn persönlich eingingen, wollten. Die *ekdosis*, durch die das Mädchen von seinem Vater oder Vormund feierlich dem Gatten ausgeliefert wurde, »verschwindet allmählich«, und der im wesentlichen Finanzielles berührende Vertrag, der sie traditionellerweise begleitete, lebt schließlich nur noch im Falle der schriftlich verfaßten Ehe fort; ihm werden noch Klauseln bezüglich der Personen angehängt. Nicht nur erhalten die Frauen ihr Heiratsgut, über das sie zunehmend frei in der Ehe verfügen und von dem manche Verträge vorsehen, daß es ihnen im Scheidungsfalle rückerstattet wird, sondern sie beziehen auch ihren Teil vom Erbe.

Hinsichtlich der Pflichten, welche die Eheverträge den Gatten auferlegen, zeigt die Untersuchung von Cl. Vatin für das hellenistische Ägypten eine auffallende Entwicklung. In Urkunden vom Ende des 4. oder aus dem 3. Jahrhundert v. Chr. umfaßten die Verpflichtungen der Frau den Gehorsam gegen den Mann, das Verbot, ohne seine Erlaubnis auszugehen, weder bei Nacht noch bei Tage, den Ausschluß jeder sexuellen Beziehung zu einem anderen Mann, die Pflicht, das Haus nicht zu ruinieren und ihrem Mann keine Schande zu bereiten. Seinerseits mußte dieser seine Frau unterhalten, durfte keine Konkubine ins Haus nehmen, seine Gattin nicht mißhandeln und keine Kinder haben aus Verbindungen, die er außerhalb des Hauses unterhalten mochte. Später benennen die untersuchten Verträge sehr viel strengere Pflichten auf seiten des Mannes. Seine Verpflichtung, für die Bedürfnisse seiner Frau aufzukommen, wird präzisiert; schärfer gefaßt wird aber auch das Verbot, eine Mätresse oder einen Lustknaben

11 S. B. Pomeroy, a. a. O., S. 129.

zu haben oder ein anderes Haus zu besitzen (in dem er eine Konkubine unterhalten mochte). In dieser Art von Vertrag, bemerkt Cl. Vatin, »steht die
sexuelle Freiheit des Gatten in Frage; die Frau wird von nun an ebenso ausschließlich sein wie der Mann.« Die derart entwickelten Eheverträge versetzen den Mann und die Frau in ein System von Pflichten, die zwar nicht
gleich, wohl aber geteilt sind. Und diese Teilung geschieht nicht im Namen des Respekts, welcher der Familie, die ja in gewisser Weise jeder der
beiden Gatten im Ehestand repräsentiert, zukommt, sondern im Hinblick
auf das Paar, seinen Zusammenhalt und seine interne Regulierung.[12]

Solche ausdrücklich hervorgehobenen Verpflichtungen gebieten und
entdecken den Gatten Formen ehelichen Lebens, die enger sind, als sie
es früher waren. Die Vorschriften stünden nicht in den Verträgen, wenn
sie nicht bereits einer neuen Einstellung entsprächen; und zugleich müssen
sie doch so viel Druck auf jeden der Ehepartner ausgeübt haben, daß sie
ihrem Leben sehr viel deutlicher als früher die Realität des Paares einpräg-
ten. Die Institutionalisierung der Ehe kraft wechselseitiger Übereinkunft,
schreibt Cl. Vatin, »erweckt die Vorstellung, es gäbe eine eheliche Gemeinschaft, und diese durch das Paar gebildete Realität habe einen höheren
Wert als die ihrer Bestandteile.«[13] Eine etwas ähnliche Entwicklung hat
P. Veyne für die römische Gesellschaft festgestellt: »Unter der Republik
hatte jeder der Gatten eine bestimmte Rolle zu spielen. War diese Rolle
einmal erfüllt, so konnten die Gefühlsbeziehungen zwischen Ehegatten
sein, wie sie mochten ... Unter dem Kaiserreich ... gilt, daß das ganze
Funktionieren der Ehe auf gutem Verstehen und auf dem Gesetz des Herzens beruhe. So entsteht eine neue Vorstellung: das Paar aus dem Herrn
und der Herrin des Hauses.«[14]

Zahlreiche Paradoxa begleiteten mithin die Entwicklung dieser Ehepraxis. Sie sucht Rückhalt bei der öffentlichen Gewalt, und sie wird eine immer wichtigere Angelegenheit im Privatleben. Sie befreit sich von den wirtschaftlichen und gesellschaftlichen Zwecken, die ihren Wert ausmachten,
und zur gleichen Zeit verallgemeinert sie sich. Sie wird für die Gatten immer beengender und weckt gleichzeitig immer günstigere Einstellungen,
so als würde sie um so anziehender, je mehr sie forderte. Die Ehe würde
demnach allgemeiner als Praxis, öffentlicher als Institution, privater als

12 Cl. Vatin, a. a. O., S. 203 ff.
13 A. a. O., S. 274.
14 P. Veyne, a. a. O.

Existenzweise, stärker in ihrer Bindung der Gatten und somit effektiver in der Absonderung des Paares im Feld der anderen gesellschaftlichen Beziehungen. Freilich ist es schwer, die Ausdehnung dieses Phänomens genau zu bestimmen. Die verfügbaren Unterlagen betreffen einige privilegierte Gebiete und nur bestimmte Schichten der Bevölkerung. Daraus eine allgemeine und massive Bewegung zu machen wäre spekulativ, sosehr auch die Angaben, bei aller Lückenhaftigkeit und Verstreutheit, in dieselbe Richtung weisen. Glaubt man den anderen Texten der ersten Jahrhunderte unserer Zeitrechnung, so scheint jedenfalls für die Männer – denn nur über ihr Zeugnis verfügen wir – die Ehe ein Brennpunkt wichtigerer, intensiverer, aber auch schwierigerer und problematischerer Erfahrungen zu werden. Und unter Ehe darf man nicht nur die der Familie oder der Stadt nützliche Institution verstehen, auch nicht die häusliche Tätigkeit, die sich im Rahmen und nach den Regeln einer guten Hausgemeinschaft abspielt, sondern ebenden »Stand« der Ehe als Lebensform, geteilte Existenz, persönliches Band und Stellung der Partner in dieser Beziehung zueinander. Das heißt, wie wir sahen, nicht, daß das Eheleben nach seinem alten Schema etwa Nähe und Zuneigung zwischen Gatten ausgeschlossen hätte. Doch man hat den Eindruck, daß in dem von Xenophon entworfenen Ideal diese Empfindungen direkt an die Ausübung des Status des Gatten und an die ihm übertragene Autorität gebunden waren (was weder Ernsthaftigkeit noch Intensität ausschloß): ein wenig väterlich gegenüber seiner jungen Frau, lehrte Ischomachos sie mit Geduld, was sie zu tun hatte; und in dem Maße, wie sie tatsächlich die ihren Funktionen als Hausherrin entsprechende Rolle gut spielte, empfand er für sie Respekt und Zuneigung, die bis ans Ende ihrer Tage währen sollten. In der Literatur der Kaiserzeit stößt man auf Zeugnisse einer ungleich komplexeren Erfahrung der Ehe: und in den Reflexionen über die Rolle des Gatten, über die Natur und Form des Bandes, das ihn an seine Frau bindet, über das Spiel zwischen einer Überlegenheit von Natur sowohl als auch von Stand und einer Zuneigung, die bis zum Bedürfnis und zur Abhängigkeit gehen kann, äußert sich das Suchen nach einer »ehelichen Ehre«.

Man könnte an das Bild denken, das Plinius in einigen seiner Briefe von sich selbst als »verheiratetem Individuum« gibt, und es mit dem Porträt jenes anderen guten Ehemannes vergleichen, welcher Ischomachos war. So in dem berühmten Briefchen, das er an seine Gattin richtet, um deren Fernsein zu beklagen, und das den Eindruck vermittelt, dies sei nicht bloß,

wie in anderen Briefen, der Mann, der seine bewundernde und fügsame
Gattin zur Zeugin seiner literarischen Arbeiten und rednerischen Erfolge
nimmt; dies sei ein Mann, der eine intensive Bindung zu seiner Frau verspürt und ein so lebhaftes physisches Verlangen, daß er bei Tag und Nacht
sie suchen muß, auch wenn sie nicht mehr da ist: »Du glaubst gar nicht,
wie ich mich nach Dir sehne. Warum? Weil ich Dich lieb habe, und weil
wir es nicht gewohnt sind, getrennt zu sein. Daher kommt es auch, daß
ich einen großen Teil der Nacht wachend mit Deinem Bild vor Augen ver-
bringe; daher, daß mich bei Tage zu den Stunden, wo ich mich Dir zu widmen pflegte, wie man ganz richtig sagt, die Füße selbst zu Deinem Bou-
doir führen, und daß ich schließlich betrübt und niedergeschlagen, als
hätte man mich nicht eingelassen, Dein leeres Gemach verlasse. Nur die
Zeit, da ich mich auf dem Forum mit den Prozessen meiner Freunde ab-
plage, ist frei von diesen Qualen.

Danach kannst Du Dir ein Bild machen, was für ein Leben ich führe,
der ich Ruhe in der Arbeit, Trost in Kummer und Sorgen suchen muß.«[15]

Die Formeln dieses Briefes verdienen Aufmerksamkeit. Die Eigenart
einer persönlichen, intensiven und affektiven Ehebeziehung, unabhängig
sowohl von Gattenstand und -autorität als auch von den Verantwortlichkeiten des Hauses, tritt hier klar zutage; die Liebe wird sorgsam unterschieden von der üblichen Lebensgemeinschaft, auch wenn legitimerweise beide
dazu beitragen, die Gegenwart der Gattin kostbar und ihre Abwesenheit
schmerzhaft zu machen. Im übrigen führt Plinius etliche der traditionell
anerkannten Zeichen für Liebesleidenschaft auf: Bilder, die die Nacht
durchgeistern, unwillkürliches Hin- und Herlaufen, Suche nach dem verlorenen Objekt; doch diese Gebaren, die zum klassischen und negativen
Tableau der Leidenschaft gehören, werden hier in positivem Sinne angeführt – oder richtiger: der Schmerz des Gatten, die Leidenschaft, die ihn
überwältigt, die Tatsache, daß er von seinem Verlangen und seinem Kummer beherrscht wird, werden als die positiven Beweise der Gattenliebe gegeben. Und zwischen Eheleben und öffentlicher Tätigkeit schließlich stellt
Plinius nicht ein gemeinsames Prinzip auf, welches häusliches Regiment
und Autorität über die anderen vereint, sondern ein komplexes Spiel von
Ersetzung und Ergänzung: da er daheim das Glück nicht findet, welches
ihm seine Frau spendete, stürzt er sich in die öffentlichen Geschäfte; doch

15 Plinius, *Briefe*, VII, 5.

muß seine Wunde schmerzlich sein, daß er in den Verdrießlichkeiten des Lebens draußen Trost findet für seinen privaten Kummer.

Noch in manchen anderen Texten sieht man, wie die Beziehung zwischen Gatten sich von den ehelichen Funktionen, der standesbegründeten Autorität des Gemahls und der vernünftigen Leitung des Hauswesens löst, um sich als eine einzigartige Beziehung darzustellen, die ihre Probleme, ihre Schwierigkeiten, ihre Verpflichtungen, ihre Wohltaten und eigenen Freuden hat. Man könnte andere Briefe von Plinius zitieren und Hinweise bei Lukian oder Tacitus ausmachen; man könnte auch auf jene Poesie der ehelichen Liebe verweisen, für die Statius ein Beispiel bietet: dort erscheint der Ehestand als Verschmelzung zweier Schicksale in eine unvergängliche Leidenschaft, von der sich der Mann affektiv abhängig weiß: »Venus hat uns vereint in der Blüte unserer Jahre, Venus wird uns ihre Gunst bewahren auch über das Leben hinaus. Deinen Gesetzen war ich willig ergeben *(libens et docilis);* ich werde keines der Bande zerreißen, die ich täglich mehr spüre ... Diese Erde hat mich für dich geschaffen *(creavit me tibi)*: sie hat auf immer mein Schicksal mit dem deinen verkettet.«[16]

Freilich kann man von Texten wie diesen keinen Aufschluß darüber verlangen, wie denn das Eheleben in der Kaiserzeit wirklich ausgesehen hat. Die Aufrichtigkeit, die sie bekunden, macht noch kein Zeugnis aus. Es sind Texte, die ein Ideal von Ehelichkeit als freiwillig verwirklicht verkünden. Man muß sie nicht als Spiegelung einer Situation, sondern als Formulierung eines Anspruchs nehmen, und genau als das sind sie Teil des Realen. Sie zeigen, daß die Ehe als eine Lebensweise befragt wird, deren Wert nicht ausschließlich, vielleicht nicht einmal vorrangig an das Funktionieren des *oîkos* gebunden ist, sondern an eine Beziehungsweise zwischen zwei Partnern; sie zeigen auch, daß innerhalb dieser Bindung der Mann sein Verhalten nicht nur nach einem Stand, nach häuslichen Privilegien und Funktionen, sondern auch nach einer »Beziehungsrolle« gegenüber seiner Frau auszurichten hat; schließlich zeigen sie, daß diese Rolle nicht allein eine Leitungsfunktion zur Bildung, Erziehung, Lenkung ist, sondern einem komplexen Spiel affektiver Gegenseitigkeit und gegenseitiger Abhängigkeit zugehört. Bedenkt man nun, daß die moralische Reflexion über das gute Verhalten in der Ehe lange Zeit ihre Prinzipien aus einer Analyse des »Hauswesens« und dessen eigener Notwendigkeiten bezogen

16 Statius, *Silvae*, III, 3, v. 23-26 und 106-107.

hat, so begreift man, daß hier ein neuer Typ von Problemen auftaucht, wo es darum geht, die Art und Weise zu definieren, in der der Mann sich als Moralsubjekt in der Ehebeziehung wird konstituieren können.

2 Das politische Spiel

Der Niedergang der Stadtstaaten als autonomer Einheiten seit dem 3. Jahrhundert v. Chr. ist eine bekannte Tatsache. Häufig sieht man darin das Motiv für einen allgemeinen Rückgang des politischen Lebens dort, wo die stadtbürgerliche Wirksamkeit für die Bürger einen echten Beruf ausgemacht hatte; man erkennt darin den Grund für eine Dekadenz der traditionell herrschenden Klassen; und man sucht deren Folgen in einer Wendung auf sich selber, mit der die Vertreter dieser privilegierten Gruppen den effektiven Autoritätsverlust angeblich in einen freiwilligen Rückzug verwandelt hätten, um fortan immer mehr Wert auf die persönliche Existenz und das Privatleben zu legen. »Der Untergang des Stadtstaats war unvermeidlich. Die Leute hatten, ganz allgemein gesagt, das Gefühl, Weltmächten ausgeliefert zu sein, die sie weder kontrollieren noch beeinflussen konnten ... Der Zufall herrschte ... Die Philosophien der hellenistischen Zeit waren im wesentlichen Philosophien der Flucht, und das Hauptmittel dieser Flucht bestand darin, die Autonomie zu kultivieren.«[17]

Daß die Stadtstaaten – dort, wo sie existierten – seit dem 3. Jahrhundert wohl einen Teil ihrer Autonomie verloren haben, dürfte indes nicht Grund genug sein, um darauf praktisch alle Transformationen im Bereich der politischen Strukturen zurückzuführen die in der hellenistischen und römischen Zeit stattgehabt haben; es dürfte auch unangemessen sein, darin die Haupterklärung der Veränderungen zu suchen, die in der moralischen Reflexion und in der Praxis des Selbstseins aufgetreten sind. In der Tat läßt sich – und hier muß man sich an die Arbeiten der Historiker halten, die an der großen nostalgischen Figur des Stadtstaats, die das 19. Jahrhundert liebevoll gezeichnet hatte, schon recht kräftig gerüttelt haben – die Organisation der hellenistischen Monarchien, dann des römischen Kaiserreiches nicht einfach in den negativen Begriffen vom Niedergang des Bürgerlebens und von der Machtergreifung durch immer entrücktere staatliche Instan-

---

17 J. Ferguson, *Moral Values in the Ancient World*, London 1958, S. 135 ff.

zen analysieren. Man muß im Gegenteil unterstreichen, daß die Errichtung und Verstärkung dieser umfassenden Großstrukturen die lokale politische Aktivität nicht erstickt hat. Das Leben der Städte mit seinen institutionellen Regeln, seinen Einsätzen, seinen Kämpfen verschwindet nicht infolge der Erweiterung des Rahmens, in dem es sich abspielt, oder in Rückwirkung auf das Entstehen einer Macht monarchischen Typs. Die Angst vor einem übergroßen Universum, das seiner grundlegenden politischen Gemeinschaften verlustig gegangen ist, könnte durchaus ein Gefühl sein, das man den Menschen der griechisch-römischen Welt rückblickend unterschoben hat. Die Griechen der hellenistischen Welt brauchten nicht »die stadtlose Welt der Großreiche« zu fliehen – aus dem schlichten Grunde, weil »der Hellenismus eine Welt von Städten war«; und kritisch gegen die Vorstellung, nach dem Zusammenbruch des Städtesystems habe die Philosophie »eine Zuflucht vor dem Sturm« geboten, weist F. H. Sandbach darauf hin, daß in der Vergangenheit »die Stadtstaaten niemals Sicherheit geboten hatten« und daß sie weiterhin die erste und normale Form der gesellschaftlichen Organisation blieben, »auch nachdem die militärische Macht an die großen Monarchien übergegangen war«.[18]

Anstelle einer Verödung oder Vernichtung der politischen Aktivitäten durch die Auswirkungen eines zentralisierten Imperialismus muß man sich die Organisation eines komplexen Raumes denken: viel ausgedehnter, viel weniger zusammenhängend, viel weniger abgeschlossen, als es der Raum der kleinen Stadtstaaten sein konnte, zugleich viel geschmeidiger, viel differenzierter, weniger streng hierarchisiert, als es später das autoritäre und bürokratische Imperium sein wird, das man nach der großen Krise des 3. Jahrhunderts zu organisieren versucht. Es ist ein Raum, in dem die Machtzentren vielfältig, die Aktivitäten, die Spannungen, die Konflikte zahlreich sind, in dem sie sich nach mehreren Dimensionen hin entwickeln und in dem die Gleichgewichtszustände auf verschiedenen Transaktionen beruhen. Fest steht auf jeden Fall, daß die hellenistischen Monarchien viel weniger darauf aus waren, die lokalen Mächte abzuschaffen, zu bremsen oder von Grund auf umzuformen, als vielmehr sich auf sie zu stützen und sie als Zwischenglieder und Relais zur Erhebung regelmäßiger Tribute, zur Einziehung von Sondersteuern und zur Aufbringung des für die Armeen Nötigen zu benutzen.[19] Fest steht weiterhin, daß sich, generell ge-

---

18 F. H. Sandbach, *The Stoics*, London 1975, S. 23.
19 M. I. Rostovtzeff, *Die hellenistische Welt. Gesellschaft und Wirtschaft*, 3 Bde., Darmstadt 1955/56.

sehen, der römische Imperialismus eher um Lösungen dieser Art bemüht
hat als um die Ausübung einer direkten Verwaltung; die Politik der Kom-
munalisierung, die ziemlich konstant verfolgt worden ist, zielte darauf, das
politische Leben der Städte im weiteren Rahmen des Reiches zu stimu-
lieren.[20] Und wenn auch die Rede, die Dio Cassius dem Mäcenas in den
Mund legt, im Hinblick auf die dem Augustus empfohlene und von ihm
tatsächlich ausgeführte Politik gewisse Anachronismen aufweist, so gibt
sie doch gewisse der großen Tendenzen der kaiserlichen Regierung im
Lauf der beiden ersten Jahrhunderte richtig wieder: sich »Helfer und Verbündete« zu suchen, die Ruhe der an der Macht befindlichen führenden
Bürger zu sichern, »diejenigen, denen man befiehlt, spüren zu lassen, daß
man sie nicht wie Sklaven behandelt«, sondern sie an Vergünstigungen
und Autorität teilhaben läßt; und sie davon zu überzeugen, daß »sie nur
eine große Stadt bilden«.[21]

Kann man mithin füglich vom Niedergang der traditionellen Aristokratien, von der politischen Enteignung, die ihnen widerfahren, und von einem Rückzug auf sich sprechen, der daraus gefolgt sein soll? Allerdings
gab es ökonomische und politische Transformationsmomente: die Beseitigung der politischen Gegner und die Konfiszierung von Gütern haben dabei ihre Rolle gespielt. Es gab aber auch Stabilitätsmomente: die Bedeutung
der Liegenschaften innerhalb der Patrimonien[22] oder auch die Tatsache,
daß in Gesellschaften dieser Art Vermögen, Einfluß, Prestige, Autorität
und Macht ständig verbunden waren. Doch das wichtigste und bestim-
mendste Phänomen für die neuen Akzentuierungen der moralischen Reflexion liegt nicht im Verschwinden der traditionell führenden Klassen,
sondern in den veränderten Bedingungen der Machtausübung. Diese Veränderungen betreffen zunächst die Rekrutierung, die den Bedürfnissen
einer sowohl komplexen als ausgedehnten Verwaltung Rechnung tragen
muß; Mäcenas soll zu Augustus gesagt haben: man muß die Zahl der Sena-
toren und der Ritter so weit erhöhen, wie es nötig ist, um zu regieren, wann
und wie es richtig ist[23]; und bekanntlich haben sich diese Gruppen im Lauf
der ersten Jahrhunderte spürbar erweitert, auch wenn sie im Verhältnis zur
Gesamtbevölkerung stets nur eine winzige Minderheit gebildet haben.[24]

20 J. Gagé, *Les classes sociales à Rome*, Paris 1964, S. 155 f.
21 Dio Cassius, *Römische Geschichte*, LII, 19.
22 R. MacMullen, *Roman Social Relations, 50 B. C. to A. D. 284*, London 1974, S. 104 f.
23 Dio Cassius, ebd.
24 C. G. Starr, *The Roman Empire*, Oxford 1982, S. 64.

Veränderungen betrafen auch die Rolle, die ihnen zufiel, und den Platz, den sie im politischen Spiel einnehmen: gegenüber dem Kaiser, seiner Umgebung, seinen Ratgebern, seinen direkten Vertretern; im Innern einer Hierarchie, in der die Konkurrenz tobt, aber auf andere Weise, als es in einer agonistischen Gesellschaft der Fall sein mag; in Gestalt von auf Widerruf übertragenen Ämtern, die – häufig sehr direkt – von der Laune des Fürsten abhängen; und beinahe stets in der Position von Mittelsleuten zwischen einer höheren Macht, deren Befehle es zu übermitteln oder auszuführen gilt, und Individuen und Gruppen, deren Gehorsam es zu erreichen gilt. Was die römische Verwaltung braucht, ist eine *managerial aristocracy*, wie Syme sagt, eine Dienstaristokratie, welche die »zur Verwaltung der Welt« nötigen verschiedenen Kategorien von Beamten liefert – »Offiziere in der Armee, Fiskalbeamte und Provinzialstatthalter«.[25]

Und will man das Interesse verstehen, das diese Eliten der persönlichen Ethik, der Moral des alltäglichen Verhaltens, des Privatlebens und der Lüste entgegengebracht haben, braucht man nicht so sehr von Dekadenz, Frustration und verdrossenem Rückzug zu sprechen; vielmehr muß man darin die Suche nach einer neuen Weise sehen, die rechte Beziehung zu seinem Stand, seinen Funktionen, seinen Tätigkeiten und seinen Pflichten zu bedenken. Während die alte Ethik eine sehr enge Verbindung der Macht über sich und der Macht über die anderen implizierte und sich mithin auf eine Ästhetik des Lebens in Einklang mit dem Stand richtete, erschweren die neuen Regeln des politischen Spiels die Definition der Beziehungen zwischen dem, was man ist, dem, was man tun kann, und dem, was man vollbringen soll; die Konstitution seiner selbst als ethischen Subjekts seiner eigenen Handlungen wird problematischer.

R. MacMullen hat mit Nachdruck auf zwei wesentliche Eigenarten der römischen Gesellschaft hingewiesen: die Öffentlichkeit der Existenz und die sehr starke »Vertikalität« der Unterschiede in einer Welt, in der die Kluft zwischen der ganz kleinen Zahl der Reichen und der übergroßen Masse der Armen sich unaufhörlich verbreitete.[26] Wo diese beiden Linien sich schneiden, gewinnen naturgemäß die Unterschiede im Stand, ihre Rangordnung, ihre sichtbaren Zeichen, ihre gezielte Zurschaustellung größte Bedeutung.[27] Man kann annehmen, daß von dem Moment an, da die neu-

---

25 R. Syme, *Roman Papers*, Oxford 1979, Bd. II, S. 1576.
26 R. MacMullen, a. a. O., S. 93.
27 A. a. O., S. 110, unter Hinweise auf Seneca, *Briefe*, 31, 11; Epiktet, *Gespräche*, II, 14, 11; IV, 6, 4.

en Bedingungen des politischen Lebens die Beziehung zwischen Stand, Ämtern, Mächten und Pflichten modifizierten, zwei gegensätzliche Phänomene auftreten würden. Man findet sie in der Tat – und auch als Gegensätze – seit Beginn der Kaiserzeit. Auf der einen Seite eine Betonung all dessen, was dem Individuum dazu verhilft, seine Identität an seinen Stand und dessen sichtbare Bekundung zu binden; durch ein Ensemble von Zeichen und Marken, die Einstellung zu Körper, Kleidung und Wohnung, Gesten der Großzügigkeit und Magnifizenz, Umgang mit Ausgaben und dergleichen betreffen, sucht man sich seinem eigenen Stand so eng wie möglich anzupassen. MacMullen hat gezeigt, wie sehr solche Verhaltensweisen, durch die man sich behauptet, indem man sich anderen überlegen zeigt, in der römischen Aristokratie verbreitet waren und bis zu welch schwindelnder Höhe sie getrieben wurden. Im schroffen Gegensatz dazu aber findet sich die Einstellung, wonach das, was man ist, in ein reines Verhältnis zu sich selber zu binden ist: wieder geht es darum, sich als Subjekt seiner eigenen Handlungen zu konstituieren und zu erkennen – aber diesmal nicht durch ein System von Zeichen, die Macht über andere markieren, sondern durch eine Beziehung, die so unabhängig wie möglich vom Stand und dessen äußeren Formen ist, da sie nur in der Souveränität ruht, die man über sich selbst ausübt. Auf die neuen Formen des politischen Spiels und auf die Schwierigkeiten, sich selbst als handelndes Subjekt zwischen einer Geburt und gewissen Funktionen, Mächten und Pflichten, Aufgaben und Rechten, Prärogativen und Subordinationen zu denken, ließ sich entweder durch eine Intensivierung aller erkennbaren Standeszeichen oder durch die Suche nach einem adäquaten Verhältnis zu sich selbst antworten.

Die beiden Einstellungen sind oft als strikt gegensätzlich wahrgenommen und beschrieben worden. So von Seneca: »Es gilt, etwas zu suchen, das nicht Tag für Tag der Gewalt dessen verfällt, gegen das es keinen Widerstand gibt. Was ist das? Der Geist, aber einer von rechter Art, ein guter, großer. Welch anderen Namen hättest du für ihn als den eines im menschlichen Körper zu Gaste weilenden Gottes? Solch ein Geist kann seinen Sitz aufschlagen ebensowohl in einem Freigelassenen oder Sklaven wie in einem römischen Ritter. Denn was ist ein römischer Ritter oder Freigelassener oder Sklave? lauter Namen, die ihren Ursprung im Ehrgeiz oder im Unrecht haben. Auch aus verborgenem Winkel kann man den Sprung hinauf in den Himmel tun. Erhebe dich nur.«[28] Die gleiche Seinsweise nimmt

---

28 Seneca, *Ad Lucilium epistulae*, 31, 11; 47, 16; *De beneficus*, III, 18.

Epiktet für sich in Anspruch und hält sie gegen die eines fiktiven oder realen Gesprächspartners: »Dir liegt alles daran, in Marmorpalästen zu wohnen, von Sklaven und Klienten bedient zu werden, auffällige Kleider zu tragen, viele Jagdhunde, Zitherspieler und Tragöden zu haben. Meinst du etwa, ich bestritte dir das? Aber hast du etwa jemals über Urteile nachgedacht? über deine eigene Vernunft?«[29]

Man interpretiert häufig die Bedeutung, die dem Thema der Rückkehr zu sich oder der Aufmerksamkeit, die man sich selbst zu erweisen hat, im hellenistischen und römischen Denken zukommt, als die Alternative, die sich zur staatsbürgerlichen Tätigkeit und zu den politischen Verantwortungen bot. Wohl findet man in gewissen philosophischen Strömungen den Rat, sich von den öffentlichen Angelegenheiten, den Wirrungen und Leidenschaften, die sie hervorrufen, abzuwenden. Doch die prinzipielle Scheidelinie verläuft nicht zwischen Teilnahme und Enthaltung; und die Kultur seiner selber entwirft ihre Werte und Praktiken nicht im Gegensatz zum tätigen Leben. Weit eher sucht sie das Prinzip einer Beziehung zu sich zu definieren, von dem aus sich die Formen und Bedingungen bestimmen lassen, unter denen ein politisches Handeln, eine Teilhabe an den Lasten der Macht, die Ausübung einer Funktion möglich oder unmöglich, akzeptabel oder notwendig sein werden. Die bedeutenden politischen Transformationen, die in der hellenistischen und römischen Welt stattgefunden haben, mögen gewisse Rückzugsverhalten gefördert haben; viel breiter und entscheidender aber war die Problematisierung der politischen Tätigkeit, die sie bewirkt haben. Sie läßt sich folgendermaßen kurz charakterisieren.

1. Eine Relativierung. In dem neuen politischen Spiel ist das Ausüben der Macht auf zweierlei Weise relativiert. Zum einen identifiziert man sich, selbst wenn man von seiner Geburt her für gewisse Ämter bestimmt ist, nicht mehr genügend mit seinem Stand, als daß es noch selbstverständlich wäre, daß man sie übernimmt; sprechen nun doch viele und beste Gründe dafür, ein öffentliches und politisches Leben zu führen, so sollte man es eben um dieser Gründe willen und als Folge eines persönlichen Willensaktes tun. In dieser Hinsicht ist die Abhandlung, die Plutarch an den jungen Menemachos richtet, aufschlußreich: er verurteilt die Haltung, die aus der Politik eine Sache der Gelegenheit macht; doch er weigert sich, sie als

29 Epiktet, *Gespräche*, III, 7, 37-39.

gleichsam notwendige und natürliche Konsequenz eines Standes zu behandeln. Man darf, sagt er, die politische Tätigkeit nicht als eine Art Muße *(scholé)* ansehen, der man sich hingibt, weil man nichts anderes zu tun hat und weil die Umstände günstig sind, um sie dann hinzuwerfen, kaum daß es Schwierigkeiten gibt.[30] Die Politik, das ist »ein Leben« und eine »Praxis« *(bíos kaì prâxis).*[31] Der aber kann man sich nur durch freie Wahl und Willen hingeben: Plutarch gebraucht hier den technischen Ausdruck der Stoiker – *proairesis*; und diese Wahl muß auf Urteil und Vernunft *(krísis kaì lógos)*[32] gegründet sein: die einzige Art und Weise, sich allen auftretenden Problemen mit Festigkeit zu stellen. Die Ausübung der politischen Tätigkeit ist zwar ein »Leben«, das ein persönliches und dauerhaftes Engagement erfordert; doch die Grundlage, das Band zwischen einem selbst und der politischen Tätigkeit, das, was das Individuum als politisch Handelnden konstituiert, ist nicht – oder nicht nur – sein Stand; es ist, innerhalb des allgemeinen, durch Geburt und Rang definierten Rahmens, eine persönliche Tat.

Doch von Relativierung kann man auch in einem anderen Sinne sprechen. Sofern man nicht der Fürst selber ist, übt man die Macht innerhalb eines Netzes aus, in dem man eine Scharnierstellung innehat. Man ist stets in gewisser Weise Regierender und Regierter. In der *Politik*[33] erwähnte Aristoteles ebenfalls dieses Spiel, aber in Gestalt einer Abwechslung oder Rotation: bald ist man Regent, bald Regierter. Demgegenüber sieht Aristides in der Tatsache, daß man – kraft eines Spiels von gegebenen und empfangenen Befehlen, von Kontrollen, von Entscheidungszwängen – beides gleichzeitig ist, gerade das Prinzip der guten Regierung.[34] Im Vorwort zum vierten Buch der *Naturales Quaestiones* spricht Seneca diese »intermediäre« Situation des hohen römischen Beamten an: er erinnert Lucilius daran, daß die Macht, die er in Sizilien auszuüben hat, nicht eine souveräne Autorität ist, ein *imperium*, sondern die übertragene Macht einer *procuratio*, deren Grenzen man nicht überschreiten soll: was seines Erachtens die Bedingung dafür war, sich an der Ausübung eines solchen Amtes erfreuen und die Muße, die es lassen mochte, genießen zu können.[35] Plut-

---

30 Plutarch, *Praecepta gerendae reipublicae*, 798c-d.
31 Plutarch, a. a. O., 823c.
32 A. a. O., 798c-d.
33 Aristoteles, *Politik*, I, 12, 1259b.
34 Aelius Aristides, *Romrede*, 29-39.
35 Seneca, *Naturales Quaestiones*, IV, Vorwort.

arch bietet in gewisser Weise das Gegenstück zu dieser Situation; der junge
Aristokrat, an den er seine Ratschläge richtet, mag wohl in den Kreisen der
Seinen zu den Ersten gehören: er muß auch Beziehung zu den »Herrschenden« – *hegemónes* –, das heißt zu den Römern, haben. Plutarch kritisiert
diejenigen, die um der Festigung ihrer Macht willen sich servil gegen die
Vertreter der kaiserlichen Verwaltung erzeigen; er rät Menemachos, ihnen
gegenüber die schuldigen Pflichten zu erfüllen und nützliche Freundschaften mit ihnen zu knüpfen, ohne doch je sein Vaterland zu erniedrigen oder
für alles um Erlaubnis fragen zu müssen.[36] Wer die Macht ausübt, muß
sich in ein Feld komplexer Beziehungen einlassen, in dem er einen Durchgangspunkt besetzt[37]: sein Stand mag ihn dahin versetzt haben, aber sein
Stand bestimmt nicht die Regeln, die zu befolgen, und die Grenzen, die
zu beachten sind.

2. Politische Tätigkeit und moralisch Handelnder. Es war eines der beständigsten Themen des griechischen politischen Denkens, daß eine Polis nur
unter der Bedingung glücklich und wohlregiert sein könne, daß ihre Führer tugendhaft seien, und umgekehrt, daß die gute Verfassung der Stadt
und weise Gesetze entscheidende Faktoren für das gerechte Verhalten der
Beamten und der Bürger seien. Auch im politischen Denken der Kaiserzeit
gilt stets die Tugend des Herrschers als notwendig, aber aus etwas anderen
Gründen. Nicht als Ausdruck oder Wirkung der Harmonie des Ganzen ist
diese Tugend unabdingbar, sondern weil der Regierende – bei der schwierigen Kunst des Regierens und bei so vielen Fallstricken allerseits – sich an
seine persönliche Vernunft halten muß: kann er sich selbst führen, so kann
er auch die anderen richtig führen. Ein Mann, sagt Dion von Prusa, der
das Gesetz und die Gerechtigkeit achtet, der mutiger ist als die gemeinen
Soldaten, gewissenhafter bei der Arbeit als die dazu Gezwungenen, der
sich jede Art von Wollust versagt (man sieht: es dreht sich da um Aller-
weltstugenden, deren man sich aber befleißigen muß, wenn man nach höherer Befehlsgewalt strebt), dieser Mann hat einen *daímon*, der nicht bloß
für ihn selber, sondern auch für die anderen gut ist.[38] Die Rationalität der
Regierung über die anderen ist dieselbe wie die Rationalität der Regierung

---

36 Plutarch, *Praecepta gerendae reipublicae*, 814c.
37 Vgl. auch die Passage, in der sich Plutarch dazu äußert, wie man es anfängt, gewisse Detailaufgaben
    an untergeordnete Personen weiterzugeben: 811a-813a.
38 Dion von Prusa, *Reden*, III.

über sich selbst. Das erläutert Plutarch in seiner Abhandlung *An einen un-unterrichteten Fürsten*: man kann nicht regieren, wenn man nicht selbst regiert ist. Wer aber soll den Regierenden lenken? Das Gesetz, gewiß; allerdings darf man es nicht als das geschriebene Gesetz verstehen, sondern eher als die Vernunft, den *lógos*, der in der Seele des Regierenden lebt und ihn nie verlassen darf.[39]

In einem politischen Raum, in dem die politische Struktur des Stadtstaats und der Gesetze, die er gegeben hat, erheblich an Bedeutung verloren haben, auch wenn sie keineswegs gänzlich verschwunden sind, und in dem die entscheidenden Momente zunehmend bei den Menschen liegen, bei ihren Entscheidungen, der Weise ihrer Autoritätsausübung und der Klugheit, die sie im Spiel der Gleichgewichte und der Transaktionen an den Tag legen, da ergibt sich, daß die Kunst, sich selbst zu beherrschen, zu einem entscheidenden politischen Faktor wird. Man weiß, wie wichtig das Problem der Tugend der Kaiser, ihres Privatlebens und der Weisen, in denen sie ihre Leidenschaften beherrschen, genommen wurde: darin sieht man die Gewähr dafür, daß sie selbst ihre politische Machtausübung zu beschränken vermögen. Aber dieses Prinzip gilt für jeden Beliebigen, der herrschen muß: er muß sich mit sich selbst beschäftigen, seine eigene Seele führen, sein eigenes *êthos* ausbilden.

Die klarste Formulierung einer Erfahrung der politischen Macht, die einerseits die Form eines vom Stand unterschiedenen Geschäfts annimmt, andererseits aber eifriges Praktizieren persönlicher Tugenden verlangt, findet sich bei Marc Aurel. Von dem Kaiser Antoninus habe er, so heißt es in dem kürzeren der beiden Porträts, die er von ihm zeichnet, drei Lektionen empfangen: diejenige, sich nicht selbst mit der politischen Rolle zu identifizieren, die man ausübt (»hüte dich, daß du nicht verkaiserst oder angesteckt wirst«); diejenige, die Tugenden in ihren allgemeinsten Formen zu praktizieren (»erhalte dich einfach, gut, lauter, ernsthaft, prunklos, gerechtigkeitsliebend, gottesfürchtig, wohlwollend, liebreich und standhaft in Erfüllung deiner Pflichten«); endlich die, den Geboten der Philosophie zu folgen und die Götter zu ehren, den Menschen beizustehen und zu wissen, wie kurz das Leben ist.[40] Und als Marc Aurel zu Beginn seiner *Selbstbetrachtungen* ein ausführlicheres Porträt des Antoninus zeichnet, welches ihm selbst als Lebensregel gilt, zeigt er, wie ebendiese Prinzipien seine

39 Plutarch, *Ad principem ineruditum*, 780c-d.
40 Marc Aurel, *Selbstbetrachtungen*, VI, 30.

Weise der Machtausübung lenkten. Indem er die nutzlosen Auftritte, die Befriedigungen von Eitelkeit, die Gefühlswallungen und die Heftigkeit vermied, indem er sich gegen Rachsucht und Zweifel verschloß, indem er Schmeichler von sich fernhielt und sich nur mit klugen und freimütigen Ratgebern umgab, bewies Antoninus, wie fern ihm jeder »Cäsarismus« lag. Durch seine Übungen in Mäßigung (ob es sich um Speise, Kleidung, Lager oder Knaben handelte), durch den stets maßvollen Gebrauch, den er von den Annehmlichkeiten des Lebens machte, durch Gleichmut und Gerechtigkeit der Seele, durch die Pflege der von Unstetigkeit und Leidenschaft freien Freundschaftsbeziehungen bildete er sich zu der »Kunst, sich selbst zu genügen, ohne seine Heiterkeit zu verlieren«. Unter diesen Bedingungen kann die Wahrnehmung der kaiserlichen Verantwortungen als Ausübung eines ernsthaften, viel Arbeit erfordernden Berufes erscheinen: die Angelegenheiten sorgsam prüfen, keine Akte unabgeschlossen lassen, keine unnützen Ausgaben zulassen, seine Unternehmungen gut vorausbedenken und sich daran halten. Eine ganze Bearbeitung seiner durch sich ist notwendig für diese Ausgaben, die um so besser erfüllt werden, je weniger man sich demonstrativ mit den Merkmalen der Macht identifiziert.

Epiktet hatte ebenfalls die Prinzipien angegeben, die einen – relativ hochrangigen – Verantwortlichen bei der Verrichtung seiner Aufgaben leiten sollten. Einerseits mußte er seine Pflichten erfüllen, ohne an das zu denken, was sein Leben oder seine persönlichen Interessen sein könnten: »Du bist an leitende Stelle gesetzt, nicht an eine untergeordnete, du sitzt mit in der Ratsversammlung. Weißt du nicht, daß ein solcher sich nur wenig um seine häuslichen Verhältnisse kümmern kann, daß er viel auswärts ist, entweder als Befehlshaber oder unter anderem Befehl, im Auftrage eines Beamten oder im Felde oder Recht sprechend.«[41] Von seinem Privatleben und dem, was ihn daran bindet, muß somit der Beamte absehen; Leitung und Richtschnur bei seiner Herrschaft über andere sollen ihm seine persönlichen Tugenden als verständiger Mensch sein. »Einen Esel prügeln«, erklärt Epiktet einem Stadtaufseher, »heißt nicht Menschen lenken. Leite uns als verständige Wesen, zeige uns, was nützlich ist, und wir werden folgen. Zeige uns, was schädlich ist, und wir werden uns davon fernhalten. Strebe, uns zu eifrigen Nachahmern deiner Person zu machen ... Tu dies, laß das, sonst werfe ich dich ins Gefängnis: so lenkt man keine ver-

---

ständigen Wesen. Sondern so: tue wie Zeus befohlen, sonst wirst du Strafe und Schaden erleiden. Welchen Schaden? Keinen anderen als den, deine Pflicht nicht getan zu haben.«[42] Die Modalität des Vernunftwesens, nicht die Standesqualifikation begründet die Beziehungen zwischen Herrschenden und Beherrschten und soll ihre konkrete Form bestimmen.

Eine solche Modellierung der politischen Arbeit – ob es sich nun um den Kaiser handelt oder um einen Menschen, der irgendeine Verantwortung trägt – zeigt deutlich die Art und Weise, in der diese Tätigkeitsformen sich vom Stand lösen, um als eine zu erfüllende Funktion zu erscheinen; aber, und das ist nicht zu übersehen, diese Funktion wird nicht von den eigenen Gesetzen einer Kunst hergeleitet, die anderen zu regieren, so als handelte es sich um eine »Profession«, die ihre eigenen Kompetenzen und Techniken besäße. Um sie auszuüben, hat man vielmehr von einem »Rückgang des Individuums in es selber« auszugehen, das heißt von dem Verhältnis, das es zu sich selber herstellt in der ethischen Arbeit seiner an sich. Plutarch sagt das dem Fürsten, der noch nicht unterrichtet ist: sobald er die Macht nimmt, muß der Regierende »seiner Seele die rechte Richtung geben« und sein *êthos* angemessen regeln.

3. *Politische Tätigkeit und persönliches Geschick.* Der Wankelmut des Schicksals – sei es, daß ein Zuviel an Erfolg den Neid der Götter weckt, sei es, daß die Völker launisch ihre Gunst, die sie einen Augenblick gewährten, zurückziehen – war fraglos ein traditioneller Gegenstand des Nachdenkens. In der Reflexion über die politische Tätigkeit während der ersten Jahrhunderte der Kaiserzeit wird diese der Machtausübung eigentümliche Unbeständigkeit mit zwei Themen verbunden. Auf der einen Seite bringt man sie in Verbindung mit der Abhängigkeit, in der man sich dem anderen gegenüber befindet. Weniger der dem guten oder dem üblen Schicksal eigene Kreislauf erklärt diese Zerbrechlichkeit als vielmehr die Tatsache, daß man dem untersteht, was Seneca die *potentia aliena* oder die *vis potentioris* nennt.[43] In dem dichten Netz der Macht steht man nie allein seinen Feinden gegenüber; von allen Seiten ist man Einflüssen, Intrigen, Komplotten, Widrigkeiten ausgesetzt. Um in Sicherheit zu sein, müßte man dafür sorgen, »jeden Anstoß zu vermeiden. Bald ist es das Volk, welches wir zu fürchten haben, bald die in ihm einflußreichen Män-

---

42 A. a. O., III, 7, 33-36.
43 Seneca, *Ad Lucilium epistulae*, 14, 4, 3.

nern . . . bald einzelne, denen die Macht über das Volk und gegen das Volk übertragen worden ist. Diese alle zu Freunden zu haben wäre kaum durchführbar; es genügt, sie nicht zu Feinden zu haben«. Zwischen dem Fürsten, dem Senat und dem Volke, die ihre Gunst bald gewähren, bald entziehen, steht die Ausübung der Macht stets unter ungewissen Zeichen: »Du hast die höchsten Ehrenstellen bekleidet: etwa gar so hohe, so unverhoffte oder so umfassende wie Sejanus? An dem Tage, da ihm der Senat noch das Geleit gegeben hatte, zerriß ihn das Volk in Stücke; von ihm, auf den Götter und Menschen alles nur irgend Erdenkliche zusammengehäuft hatten, blieb nichts mehr übrig, was des Henkers Hand wert wäre.«[44]

Auf diese Schläge und auf die Beunruhigung, die sie hervorrufen mögen, muß man sich vorbereiten, und zwar zunächst dadurch, daß man den Ambitionen, die man nährt, selbst vorgreifend eine Schranke setzt: »Nichts aber wird uns sicherer schützen vor diesem wogenden Seelenzustand, als wenn wir seinem Anschwellen immer eine feste Grenze setzen und uns durch Beispiele davor warnen lassen, nicht dem Schicksal die Entscheidung über das Ablassen anheimzugeben, sondern aus eigenem Entschlusse schon lange zuvor haltzumachen.«[45] Und wenn die Gelegenheit sich bietet, soll man sich von seinen Tätigkeiten freimachen von dem Moment an, da sie uns stören und uns hindern, uns um uns selbst zu kümmern. Wenn jählings das Unheil zuschlägt, wenn man gestürzt und verbannt ist, soll man sich sagen – das ist der Rat, den Plutarch vermutlich demselben Menemachos erteilt, den er etliche Jahre zuvor ermutigt hatte, »nach freiem Entschluß«[46] Politik zu treiben –, daß man endlich befreit ist vom Gehorsam gegen die Herrschenden, den kostspieligen Liturgien, den schuldigen Diensten, den auferlegten Gesandtschaften, den steuerlichen Lasten.[47] Und dem Lucilius, obgleich er nicht bedroht ist, rät Seneca, sich nach und nach, zum rechten Zeitpunkt, wie Epikur verlangte, von seinen Aufgaben freizumachen, um sich ganz sich selbst zur Verfügung stellen zu können.[48]

Das Entscheidende der Haltung, die man gegenüber der politischen Tätigkeit einnehmen soll, liegt in dem Grundsatz, daß man das, was man ist, nicht kraft des Ranges ist, den man einnimmt, das Amtes, das man ausübt,

---

44 Seneca, *De tranquillitate animi*, XI, 11.
45 Seneca, *De tranquillitate animi*, X, 7.
46 Man nimmt an, daß die Abhandlung über das Exil an dieselbe Person gerichtet ist wie die *Praecepta gerendae reipublicae*.
47 Plutarch, *De exilio*, 602c-e.
48 Seneca, *Ad Lucilium epistulae*, 22, 1-12.

des Platzes, an dem man sich befindet – über oder unter den anderen. Was man ist und worum man sich als letzten Zweck zu kümmern hat, ist ein Prinzip, das einzigartig ist in seiner Ausprägung in einem jeden, aber allgemein durch die Form, die es bei allen bekleidet, kollektiv auch durch das Band von Gemeinschaft, das es zwischen den Individuen stiftet; solcherart ist, zumindest für die Stoiker, die menschliche Vernunft als in uns gegenwärtiges göttliches Prinzip. Doch diesen Gott, »Gast eines sterblichen Körpers«, findet man ebensogut in der Gestalt eines römischen Ritters wie im Körper eines Freigelassenen oder eines Sklaven. Vom Gesichtspunkt des Selbstverhältnisses her funktionieren die sozialen und politischen Identifikationen nicht wie die authentischen Merkmale einer Seinsweise; es sind äußerliche, künstliche und nicht begründete Zeichen; ein römischer Ritter, ein Freigelassener, ein Sklave sein? Damit verfügt man über Namen, die Ausgeburten des Hochmuts und der Ungerechtigkeit sind.[49] »Seinen Charakter gibt sich jeder selbst, über seine Dienste entscheidet der Zufall«.[50] Nach diesem Gesetz also muß man sich richten, wenn man seine Stelle ausfüllt oder sich von ihr befreit.

Man sieht: es wäre unzutreffend zu sagen, daß in der moralischen Reflexion die politische Tätigkeit vornehmlich in Gestalt einer einfachen Alternative – mitmachen oder sich enthalten – aufgefaßt worden wäre. Wohl ist die Frage des öfteren in ähnlichen Worten gestellt worden. Doch die Alternative hängt selbst von einer allgemeineren Problematisierung ab: diese betraf die Art und Weise, wie man sich als Moralsubjekt im Gesamtgefüge der gesellschaftlichen, bürgerlichen und politischen Tätigkeiten konstituieren sollte; sie betraf die Bestimmung derjenigen unter diesen Tätigkeiten, die obligatorisch oder fakultativ waren, natürlich oder konventionell, ständig oder vorübergehend, uneingeschränkt oder nur unter gewissen Bedingungen empfohlen; sie betraf auch die Regeln, die anzuwenden waren, wenn man sie ausübte, und die Art und Weise, wie man sich selbst zu regieren hatte, um seinen Platz unter den anderen einnehmen zu können, seinen legitimen Teil an Autorität beanspruchen und überhaupt sich in dem komplexen und beweglichen Spiel der Beziehungen von Befehlsgewalt und Unterordnung ansiedeln zu können. Die Frage der Wahl zwischen Rückzug und Tätigkeit stellte sich erst rückläufig von da aus. Doch die Worte, in denen sie gestellt wurde, und die Lösung, zu der man so häufig

49 Seneca, *Ad Lucilium epistulae*, 31, 11.
50 A. a. O., 47, 15.

griff, zeigen deutlich, daß es nicht schlicht und einfach darum ging, einen
allgemeinen Niedergang der politischen Tätigkeit in eine Moral der Umkehr zu übersetzen. Es ging darum, eine Ethik zu erarbeiten, die es erlaubte, sich selbst im Verhältnis zu diesen gesellschaftlichen, bürgerlichen und
politischen Tätigkeiten, welche verschiedene Formen sie auch annahmen
und in welchem Abstand man sich davon halten mochte, als Moralsubjekt
zu konstituieren.

Anhand dieser Veränderungen in der Heiratspraxis oder im politischen
Spiel läßt sich verfolgen, wie die Bedingungen, unter denen sich die traditionelle Ethik der Selbstbeherrschung behauptet hatte, transformiert worden sind. Diese beruhte auf einer engen Verbindung zwischen der Überlegenheit, mit der man über sich selbst verfügt, derjenigen, die man im
Rahmen des Hauswesens ausübt, und schließlich derjenigen, die man im
Feld einer agonistischen Gesellschaft ausübt; und es war die Ausübung
der Überlegenheit über sich selbst, die den maßvollen und vernünftigen
Gebrauch garantierte, den man von den beiden anderen machen konnte
und sollte.

Nunmehr befindet man sich in einer Welt, in der sich diese Beziehungen nicht mehr in derselben Weise abspielen können: die Beziehung der
im Hause und über die Gattin ausgeübten Überlegenheit muß gewisse Formen von Wechselseitigkeit und Gleichheit in sich aufnehmen; das agonistische Spiel, durch das man seine Überlegenheit über die anderen zu bekunden und zu sichern sucht, muß sich einem viel weiteren und komplexeren
Feld von Machtbeziehungen einfügen. Dergestalt, daß das Prinzip der
Überlegenheit über sich selbst als der wesentliche ethische Kern, die Gesamtform des »Heautokratismus«, umgebildet werden muß. Nicht, daß sie
verschwände; aber sie muß einem gewissen Gleichgewicht zwischen Ungleichheit und Wechselseitigkeit im Eheleben weichen; und im gesellschaftlichen, bürgerlichen und politischen Leben muß sie eine gewisse Aufspaltung zwischen der Macht über sich selber und der Macht über die
anderen zulassen. Die dem Problem des »man selber« zuerkannte Bedeutung, die Entwicklung der Kultur seiner selber im Verlauf der hellenistischen Periode und ihr Höhepunkt zu Beginn des Kaiserreiches zeugen von
dieser angestrengten Umarbeitung einer Ethik der Selbstbeherrschung.
Die Reflexion über den Gebrauch der Lüste, die ganz direkt an die enge
Verbindung zwischen den drei Herrschaften (über sich selber, über das

Haus und über die anderen) geknüpft war, wird bereits im Verlauf dieser
Bearbeitung einen Wandel durchmachen. Zunahme der öffentlichen
Zwänge und der Verbote? Individualistischer Rückzug, welcher die Aufwertung des Privatlebens begleitet? Eher muß man wohl an eine Krise
des Subjekts oder richtiger der Subjektivierung denken: an eine Schwierigkeit in der Art und Weise, wie das Individuum sich als moralisches Subjekt
seiner Verhaltensweisen konstituieren kann, und an Anstrengungen, um in
der Wendung auf sich das zu finden, was es ihm erlaubt, sich Regeln zu unterwerfen und seiner Existenz Ziele zu geben.

IV
Der Körper

Man hat oft betont, wie intensiv und weitverbreitet zur Zeit der Flavier und der Antoniner der Sinn für das Medizinische war. Weithin wurde die Medizin als Praktik von öffentlichem Interesse anerkannt.[1] Sie wurde zudem als eine hohe, der Rhetorik und der Philosophie benachbarte Form von Kultur anerkannt. Bowersock weist darauf hin, daß die medizinische Mode die Entwicklung der zweiten Sophistik begleitet hat und daß zahlreiche bedeutende Rhetoren eine medizinische Ausbildung erhalten oder Interessen in diesem Bereich bekundet hatten.[2] Was die Philosophie angeht, so stand seit langem fest, daß die Medizin ihr ganz nahe war, auch wenn die Grenzziehung Probleme der Lehre aufwarf und Kompetenzstreitigkeiten hervorrief. Aus den ersten Zeilen der *Vorschriften zur Gesundheitspflege* hallen diese Debatten wider: die Medizin, sagt Plutarch, irrt, wenn sie meint der Philosophie entraten zu können, und man wäre im Unrecht, würfe man den Philosophen vor, ihre Grenzen zu überschreiten, wenn sie sich um die Gesundheit und ihr Regime kümmern. Man muß bedenken, schließt Plutarch, daß die Medizin den freien Künsten (*eleútherai téchnai*) in nichts nachsteht an Eleganz, Auszeichnung und Befriedigung, die sie verleiht; denen, die sie studieren, gewährt sie ein Wissen von großer Wichtigkeit, weil es das Heil und die Gesundheit betrifft.[3]

Von daher wurde die Medizin nicht einfach als eine Eingriffstechnik aufgefaßt, die für Krankheitsfälle, Heilmittel und Operationen zuständig war. Als ein Korpus von Wissen und Regeln sollte sie auch eine Lebensweise definieren, eine Form des reflektierten Verhältnisses zu sich, zu seinem Körper, zur Nahrung, zum Wachen und Schlafen, zu seinen verschiedenen Tätigkeiten und zu seiner Umgebung. Die Medizin sollte in Form einer Diät eine freiwillige und rationale Verhaltensstruktur anbieten. Einer der Diskussionspunkte berührte die Frage, in welchem Grad und welcher

1 G. W. Bowersock, *Greek Sophists in the Roman Empire*, vgl. auch C. Allbut, *Greek Medicine in Rome*, London 1921, und J. Scarborough, *Roman Medicine*, Ithaca 1969.

2 G. W. Bowersock, a. a. O., S. 67. Im Vorwort seiner Abhandlung *Über die Arzneiwissenschaft* erklärt Celsus die Entstehung der Medizin aus der Entwicklung der *litterarum disciplina*.

3 Plutarch, *De tuenda sanitate praecepta*, 122d-e.

Form dieses medizinisch gerüstete Leben von der Autorität der Ärzte abhängig sein sollte. Die Art und Weise, in der sich die letzteren zuweilen der Existenz ihrer Klienten bemächtigten, um sie bis in die letzten Details hinein zu gängeln, rief Kritik hervor, geradeso wie die von den Philosophen ausgeübte Seelenleitung. Und Celsus, so überzeugt er auch vom hohen Vernunftwert der diätetischen Medizin war, wollte nicht, daß man sich einem Arzt unterwürfe, solange man bei guter Gesundheit sei.[4] Die diätetische Literatur ist dazu da, diese Autonomie zu fördern. Um nämlich die zu häufige Konsultation zu vermeiden – da sie nicht immer möglich und oftmals nicht wünschbar ist –, muß man sich selbst mit ärztlichem Wissen versehen, das man dann ständig zur Verfügung hat. So lautet der Rat, den Aretaios gibt: ausreichende Kenntnisse zu erwerben, wenn man jung ist, um sein Leben lang, jedenfalls unter gewöhnlichen Umständen, sein eigener Gesundheitsratgeber sein zu können: »Es ist für einen jeden nützlich, wenn nicht gar notwendig, neben den anderen Wissenschaften auch die Medizin zu studieren und die Vorschriften dieser Kunst zu vernehmen, damit wir zu Zeiten uns selbst beraten können, welche Dinge für die Gesundheit nützlich sind; denn es gibt kaum einen Augenblick bei Tag oder Nacht, da wir nicht der Medizin bedürfen. Ob wir spazierengehen oder ob wir sitzen, ob wir uns salben oder ein Bad nehmen, ob wir essen, ob wir trinken, ob wir schlafen oder wachen, mit einem Wort: was immer wir tun – das ganze Leben lang und bei allen damit verbundenen Beschäftigungen – brauchen wir Ratschläge für eine Lebensführung, die nützlich und ohne Ungemach ist. Es ist aber lästig und unmöglich, sich ständig wegen aller Einzelheiten an den Arzt zu wenden.«[5] Ohne weiteres erkennt man darin eines der Hauptprinzipien der Selbstpraktik wieder: gerüstet sein, um stets ein »hilfreiches Wort« bei der Hand zu haben, das man frühzeitig gelernt hat, das man sich oft wiederholt und über das man regelmäßig meditiert. Dazu gehört auch der medizinische *lógos*, der in jedem Augenblick die richtige Lebensführung vorschreibt.

---

4 Im Vorwort zu seiner Abhandlung über die Medizin unterscheidet Celsus eine Medizin, die mit der Diät *(victu)*, eine, die mit Arzneimitteln *(medicamentis)*, und eine, die mit Operationen *(manu)* arbeitet. »Die bei weitem berühmtesten Ärzte«, die die erste lehrten, »strebten danach, einiges auf eine noch höhere Stufe zu heben, und machten sich deshalb auch die Kenntnis der Natur zu eigen« (S. 21). Trotzdem braucht sich ein gesunder Mensch nicht den Ärzten zu unterwerfen.

5 Athenaios, in: Oreibasios, *Collection des médecins grecs et latins. Livres incertains*, XXI, übersetzt von V. C. Bussemaker und Ch. Daremberg, Paris 1851-1876, Bd. III, S. 164.

Eine vernünftige Existenz kann man nicht ohne »Gesundheitspraxis« – *hygieinè pragmateía* oder *téchne* – führen, die in gewisser Weise das ständige Gerüst des täglichen Lebens abgibt und einen in jedem Augenblick wissen läßt, was und wie etwas zu tun ist. Sie impliziert eine gewissermaßen medizinische Sicht der Welt oder zumindest des Raums und der Umstände, in denen man lebt. Die Elemente des Milieus werden als Träger positiver oder negativer Wirkungen für die Gesundheit wahrgenommen; zwischen dem Individuum und dem, was es umgibt, unterstellt man ein ganzes Gespinst von Interferenzen, wonach die und die Anlage, dieses Ereignis, jene Veränderung in den Dingen krankhafte Wirkungen im Körper hervorbringen werden; wonach umgekehrt bei der und der empfindlichen Konstitution des Körpers ein bestimmter Umstand zuträglich oder abträglich wirkt. Beständige und detaillierte Problematisierung der Umgebung; differentielle Bewertung dieser Umgebung hinsichtlich des Körpers und erhöhte Empfindlichkeit des Körpers gegen das, was ihn umgibt. Als Beispiel kann man die von Antyllos gebotene Analyse der verschiedenen medizinischen »Variablen« eines Hauses, seiner Architektur, seiner Ausrichtung und seiner Anlagen anführen. Da ist jedem Element ein diätetischer oder therapeutischer Wert beigelegt; ein Haus, das ist eine Reihe von Abteilungen schädlicher oder wohltätiger Art. Die Zimmer zu ebener Erde sind gut für die akuten Krankheiten, für Bluthusten und Kopfschmerzen; die höhergelegenen sind günstig für Schleimkrankheiten; wenn sie gen Mittag liegen, sind sie gut, außer für diejenigen, die der Abkühlung bedürfen; gen Westen sind sie schlecht, morgens, weil sie traurig sind, abends, weil sie Kopfschmerzen erzeugen; weißgekalkt sind sie zu grell, bunt ausgemalt machen sie denen, die im Fieberwahn liegen, Alpträume; Steinmauern sind zu kalt, Ziegelmauern sind besser.[6]

Nach derselben Auffassung tragen auch die verschiedenen Zeitmomente – Tage, Jahreszeiten und Alter – unterschiedliche medizinische Werte. Ein sorgsames Regime muß sehr genau die Beziehungen zwischen dem Kalender und der Pflege, die man sich selbst gönnen soll, festlegen können. So sehen Athenaios' Ratschläge, wie man dem Winter trotzen soll, aus: in der Stadt wie im Hause suche man die gedeckten und warmen Stellen auf; man trage dicke Kleider, »man halte sich beim Atmen einen Teil seines Kleides vor den Mund.« Was die Nahrung betrifft, wähle man solche,

---

6 Antyllos, in: Oreibasios, a. a. O., Bd. II, S. 307.

welche »die von Kälte erstarrten Körperteile erwärmen und die steif gewordenen Säfte lösen. Die Getränke seien Met, Honigwein, alter und wohlriechender Weißwein, überhaupt Substanzen, die Feuchtigkeit anzuziehen vermögen; doch vermindere man die Menge des Getränks; die trockene Speise sei leicht herzustellen, gut gegoren, gut gekocht, rein, und sei mit Fenchel und Ammi gemischt. Man nehme als Küchenkräuter Kohl, Spargel, Lauch, zarte gekochte Zwiebel und gekochten Meerrettich; als Fische Felsenfische, die sich leicht im Körper verteilen; als Fleisch Geflügel und, neben anderen Arten, Ziege und Jungschwein; als Saucen solche, die mit Pfeffer, Senf, Ölrauke, Garon und Essig bereitet sind. Man mache recht heftige Übungen, halte den Atem an, reibe sich kräftig ab, und vor allem tue man dies in der Nähe des Feuers. Wohltuend sind auch warme Bäder, ob man sie nun in einem Bade oder nur in einem kleinen Zuber nimmt, usw.«[7] Und die Diät für den Sommer ist nicht minder ausführlich.

Diese eingehende Befassung mit der Umgebung, den Orten und Zeitpunkten führt zu einer ständigen Aufmerksamkeit auf sich, auf den Zustand, in dem man sich befindet, und die Gesten, die man tut. An jene als besonders anfällig angesehene Kategorie von Leuten gewandt, die Stadtbewohner, zumal diejenigen, die sich dem Studium ergeben haben (litterarum cupidi), verordnet Celsus ihnen geschäftige Wachsamkeit: hat man gut verdaut, soll man früh aufstehen; hat man schlecht verdaut, ausruhen, und sollte man gezwungen sein, doch aufzustehen, soll man sich später wieder hinlegen; hat man gar nicht verdaut, sollte man vollständige Ruhe einhalten und »weder eine Arbeit noch Körperübungen, noch irgendein anderes Geschäft vornehmen«. Ob man gesund ist, weiß man am Morgen, »wenn der Urin früh hellgelb, späterhin rötlichgelb ist: ersteres deutet an, daß der Körper verdaut, letzteres, daß die Verdauung beendet ist«. Wird man den ganzen Tag von Geschäften in Anspruch genommen, soll man sich doch ein wenig Zeit für die curatio corporis nehmen. Die Übungen, die man ausführen soll, sind »lautes Lesen, Fechten, das Ballspiel, Laufen, Spazierengehen; letzteres wirkt noch besser, wenn es nicht auf durchaus ebenem Boden vorgenommen wird, denn das Auf- und Absteigen bewegt vermöge der dabei stattfindenden Abwechslung den Körper besser, es sei denn, der Körper sei zu schwach dazu. Ein Spaziergang unter freiem Himmel bekommt besser als in einem gedeckten Gange. Verträgt es der Kopf, so geht man mit

7 Athenaios, in: Oreibasios, Livres incertains, XXIII, a. a. O., Bd. III, S. 182 f.

mehr Nutzen in der Sonne als im Schatten; besser in einem Schatten, der
durch Mauern oder Bäume als durch ein Dach hervorgebracht wird. Besser
ist ein Spaziergang geradeaus, als in Krümmungen ... Auf eine solche körperliche Übung folgt passend bald eine Salbung in der Sonne oder am
Feuer, bald ein Bad, aber in einem möglichst hohen, hellen und geräumigen
Zimmer«.[8]

Im ganzen gesehen waren alle diese Themen der Diätetik seit der klassischen Zeit erstaunlich beständig geblieben; die allgemeinen Grundsätze
sind ersichtlich dieselben geblieben; sie wurden allenfalls entwickelt, verzweigt und verfeinert; sie bieten eine enger gefaßte Rahmung des Lebens
und fordern von denen, die sie beachten wollen, eine beständige wachsame
Aufmerksamkeit auf den Körper. Die Erwähnungen ihres Alltagslebens,
die man in den Briefen Senecas oder im Briefwechsel zwischen Marc Aurel
und Fronto finden kann, bezeugen diese Art von Aufmerksamkeit auf sich
selber und seinen Körper. Intensivierung eher denn radikale Veränderung;
wachsende Beunruhigung und nicht Disqualifikation des Körpers; Wert-
verschiebung bei den Elementen, auf die man achten muß, und nicht eine
andere Weise, sich als körperliches Individuum wahrzunehmen.

Innerhalb dieses Gesamtrahmens, der so stark durch die Fürsorge für
den Körper, die Gesundheit, die Umgebung und die Umstände geprägt
ist, stellt die Medizin die Frage nach den sexuellen Lüsten: nach ihrer Natur und ihrem Mechanismus, nach ihrem positiven und negativen Wert für
den Organismus und nach dem Regime, dem man sie unterwerfen soll.[9]

1 Galen

1. Galens Analysen der *aphrodísia* siedeln sich innerhalb der alten Thematik der Beziehungen zwischen Tod, Unsterblichkeit und Fortpflanzung an;
für ihn wie für eine ganze philosophische Tradition gründen die Notwendigkeit der Geschlechterteilung, die Intensitäten ihrer gegenseitigen Anziehung und die Möglichkeit der Zeugung in dem Mangel an Ewigkeit.
So lautet die allgemeine Erklärung, die der Traktat *De usu partium* gibt.[10]

8 Celsus, *De medicina*, I, 2.
9 Über diesen Gegenstand hat A. Rouselle soeben ein wichtiges Werk veröffentlich: *Porneia. De la
   maîtrise du corps à la privation sensorielle*, Paris 1983.
10 Galen, *De usu partium corporis humani*, XIV, 2.

Bei ihrem Werk ist die Natur auf ein Hindernis und eine ihrer Aufgabe gleichsam innerliche Sperre gestoßen. Ihr Bemühen, das, was sie erstrebte *(espoúdase)*, war ein unsterbliches Werk; das aber ließ die Materie, aus der sie das Werk schuf, nicht zu; sie konnte nicht Arterien, Nerven, Knochen, Fleische aus einem »unvergänglichen« Material bilden. Im Kern des demiurgischen Werks – des *demiúrgema* – macht Galen eine innere Grenze und gleichsam ein »Scheitern« aus, das auf der unvermeidlichen Unangemessenheit zwischen der im Vorhaben angezielten Unsterblichkeit und der Vergänglichkeit der aufgewandten Materie beruht. Der *lógos*, der die natürliche Ordnung errichtet, ist ein wenig in der Situation des Städtegründers: der mag nur immer Menschen zu einer Gemeinschaft zusammenziehen; sie wird verschwinden – und also verlorengehen –, wenn er nicht Wege findet, dieser Stadt über den Tod ihrer ersten Bürger hinaus Bestand zu geben. Ein Mittel ist notwendig, um diese grundlegende Schwierigkeit zu überwinden. Galens Vokabular ist eindringlich und bezeichnend zugleich. Es geht darum, eine Hilfe zu finden, eine Abhilfe *(boétheia)* zu schaffen, ein Verfahren *(téchne)* zu entdecken, einen Köder *(délear)* zu benutzen, um das Wohl und den Schutz der Gattung zu sichern. Kurz, etwas Sinn- und Listenreiches *(sóphisma)* ist erfordert.[11] Um sein Werk logisch fortsetzen zu können, mußte der Demiurg, da er die Lebewesen bildete und ihnen ein Mittel gab, sich fortzupflanzen, eine List anwenden: eine List des *lógos*, der die Welt lenkt, um die unvermeidliche Vergänglichkeit der Materie zu überwinden, aus der ebendiese Welt gemacht ist.

Diese List arbeitet mit drei Elementen. Zum ersten mit Organen, die allen Tieren gegeben sind und der Befruchtung dienen. Sodann mit einem Vermögen zur Lust, das außerordentlich und »sehr heftig« ist. Schließlich, in der Seele, mit dem Begehren *(epithymía)*, sich dieser Organe zu bedienen – erstaunliches und unsagbares Begehren *(árrheton)*. Das »Sophisma« des Geschlechts steckt also nicht bloß in einer subtilen anatomischen Anlage und in sorgfältig eingerichteten Mechanismen: es besteht auch in ihrer Verbindung mit einer Lust und einem Begehren, dessen einzigartige Kraft »über alle Worte« geht. Um die Unverträglichkeit zwischen ihrem Vorhaben und den Notwendigkeiten ihrer Werkstoffe zu überwinden, hatte die Natur das Prinzip einer Kraft, einer außerordentlichen *dýnamis*, in den Körper und die Seele des Lebewesens setzen müssen.

11 A. a. O., XIV, 2 und 3.

Weisheit also des demiurgischen Prinzips, das aus Kenntnis der Substanz seines Werkes und mithin von dessen Grenzen diesen Reizungsmechanismus, diesen »Stachel« des Begehrens erfunden hat. (Galen greift hier das traditionelle Bild auf, durch das man die ungezügelte Gewalt des Begehrens metaphorisiert[12]). Dergestalt, daß unter der Wirkung dieses Sporns selbst diejenigen Lebewesen, die nicht einzusehen vermögen, was das Ziel der Natur in ihrer Weisheit ist – weil sie jung sind, weil sie unverständig sind *(áphrona)*, weil sie ohne Vernunft sind *(áloga)* –, es dann doch verwirklichen.[13] Durch ihre Lebhaftigkeit dienen die *aphrodísia* einer Vernunft, welche die, die sie praktizieren, überhaupt nicht zu kennen brauchen.

2. Die Physiologie der sexuellen Akte bei Galen ist noch durch einige grundlegende Züge geprägt, die den älteren Traditionen entstammen.

Da ist zunächst der Isomorphismus dieser Akte beim Mann und bei der Frau. Galen geht dabei vom Prinzip einer Identität des anatomischen Apparates bei den beiden Geschlechtern aus: »Kehrt die Teile der Frau nach außen, stülpt die des Mannes nach innen um, und ihr werdet sie einander gänzlich gleich finden.«[14] Er nimmt Spermaausschüttung bei der Frau wie beim Mann an, wobei der Unterschied darin liegt, daß dieser Saft bei der Frau weniger vollkommen ausgebildet und weniger reif ist: das erklärt seine geringere Rolle bei der Bildung des Embryos.

Auch das traditionelle Modell des paroxystischen Prozesses der Ausscheidung, welcher den Körper durchläuft, ihn schüttelt und erschöpft, findet sich bei Galen wieder. Gleichwohl verdient seine Physiologie, mit der er ihn analysiert, festgehalten zu werden. Seine Analyse hat den doppelten Effekt, die Mechanismen des sexuellen Aktes aufs engste mit dem Gesamtorganismus zu verknüpfen und zugleich daraus einen Prozeß zu machen, in dem es um die Gesundheit des Individuums und letztlich gar sein Leben geht. Während sie ihn in einen dichten, zusammenhängenden physiologischen Strang einbettet, stattet sie ihn zugleich mit einem hohen Gefahrenpotential aus.

Das zeigt sich sehr deutlich in dem, was man eine »Physiologisierung« des Begehrens und der Lust nennen könnte. Das 9. Kapitel des Buches

12 Platon, *Nomoi*, VI, 782e-783a.
13 Galen, a. a. O., XIV, 2.
14 A. a. O., XIV, 6.

XVI *De usu partium* stellt die Frage: »Warum ist eine so lebhafte Wollust mit dem Gebrauch der Geschlechtsteile verbunden?« Sofort verwirft Galen die Vorstellung, daß die Heftigkeit und Intensität des Begehrens einfach durch den Willen der Schöpfergötter mit dem Geschlechtsakt verbunden worden wäre, als Anreiz, um die Menschen dazu zu bringen. Galen leugnet nicht, daß die demiurgische Kraft dafür gesorgt hat, daß es diese Lebhaftigkeit gibt, die uns hinreißt: er will sagen, daß sie nicht als ein Zusatz in die Seele eingefügt worden ist, sondern ganz und gar als Konsequenz in den Mechanismen des Körpers vorgezeichnet ist. Begehren und Lust sind direkt die Wirkungen anatomischer Anlagen und physischer Prozesse. Der Endzweck – der die Generationenfolge ist – wird mittels einer materiellen Ursache und eines organischen Gefüges verfolgt: »Daß dieses Begehren und daß diese Wollust bei den Tieren vorkommt, liegt nicht nur daran, daß die Götter, die den Menschen schufen, ihnen ein heftiges Begehren nach dem venerischen Akte eingeben oder eine vollendete Tat mit lebhafter Wollust lohnen wollten, sondern weil sie die Materie und die Organe gefügt haben, um diese Ergebnisse zu erzielen.«[15] Weder ist das Begehren eine einfache Seelenbewegung noch die Lust eine bloße Zusatzprämie. Es sind Effekte des Drucks und des plötzlichen Ausstoßes. In diesem Mechanismus sieht Galen mehrere Lustfaktoren. Da ist zunächst die Ansammlung eines Saftes, dessen Natur es ist, überall, wo er sich sammelt, lebhafte Empfindungen hervorzurufen. »Es vollzieht sich etwas, ähnlich dem, was oft infolge des Andrangs eines beißenden Saftes unter der Haut geschieht, dessen Bewegung ein Kitzeln und einen angenehmen Juckreiz hervorruft.«[16] Weiterhin muß man die Hitze bedenken, die im unteren Teil besonders heftig ist, und zumal in der rechten Hälfte wegen der Nähe der Leber und der Vielzahl von Gefäßen, die von dort ausgehen. Diese Dissymmetrie bei der Hitze erklärt, daß die Knaben sich eher in der rechten Gebärmutter bilden und die Mädchen in der linken.[17] Sie erklärt auch, daß die rechten Teile bevorzugt der Sitz der intensiven Lust sind. Jedenfalls hat die Natur den Organen dieser Gegend eine besondere Empfindlichkeit gegeben – eine weit größere Empfindlichkeit als die der Haut, trotz der Gleichheit der Funktionen. Endlich bildet der sehr viel feinere Saft, der aus den Drüsenkörpern kommt, die Galen »Parastaten« nennt, einen weiteren materiel-

---

15 A. a. O., XIV, 9.
16 Ebd.
17 A. a. O., XIV, 7.

len Faktor der Lust: dieser Saft macht, indem er die vom Geschlechtsakt
betroffenen Teile durchdringt, diese geschmeidiger und schürt die Lust,
die sie empfinden. Es gibt somit eine ganze anatomische Anlage und eine
ganze physiologische Einrichtung, die in den Körper und seine eigenen
Mechanismen die Lust eintragen mit ihrer unbändigen Kraft *(hyperochè
tês hedonês)*, gegen die sie nichts vermögen: die Lust ist *améchanos*.[18]

Wiewohl also die Ausbildung der Lust wohlverankert und lokalisiert ist,
erfaßt doch der Geschlechtsakt durch die Elemente, die er ins Spiel bringt,
und die Konsequenzen, die er bewirkt, den Körper als Ganzes. Galen
meint nicht, wie der hippokratische Autor von *De generatione*, daß das
Sperma sich aufgrund einer vom Blut ausgehenden Erregung bildet; er
denkt auch nicht, wie Aristoteles, daß es den Endzustand der Verdauung
darstellt. Er erkennt in ihm die Verbindung zweier Elemente: zum einen
das Produkt eines gewissen »Kochens« des Blutes, das in den Windungen
der spermatischen Kanäle geschieht (diese langsame Verfertigung gibt
ihm allmählich seine Farbe und seine Konsistenz); zum anderen die Anwesenheit des *pneûma*: dieses läßt die Geschlechtsorgane schwellen, heftig
drängt es aus dem Körper heraus und flüchtet im Sperma im Augenblick
der Ejakulation. Dieses *pneûma* nun bildet sich in dem komplexen Labyrinth des Gehirns. Wenn der Geschlechtsakt geschieht und er Sperma und
Pneuma fortnimmt, wirkt er auf die große Mechanik des Körpers, in der
alle Elemente »wie in einem Chore« verbunden sind. Und »wenn infolge
zügellosen Geschlechtsgenusses alles Sperma ausgeschüttet ist, ziehen die
Hoden aus den darüberliegenden Adern alles, was diese an Samenflüssigkeit enthalten; doch kommt diese Flüssigkeit nur in geringer Menge vor,
die dem Blut in Gestalt von Tau beigemischt ist«; die Adern nun, »die
durch die Hoden gewaltsam dieser Flüssigkeit beraubt worden, ziehen ihrerseits heftig die über ihnen liegenden Adern an, und diese wieder die ihnen zunächstliegenden, und die wieder die ihnen benachbarten; diese An-
ziehungsbewegung hört nicht auf, bevor sich nicht diese Wallung in alle
Teile des Körpers ausgebreitet hat«. Und wenn diese Ausgabe fortgeht,
wird der Körper nicht nur um seine Samenflüssigkeit gebracht, sondern
»alle Teile des Tieres werden ihres Lebensatems beraubt«.[19]

---

18 A. a. O., XIV, 9.
19 Galen, in: Oreibasios, XXII; a. a. O., Bd. III, S. 46 f.

3. Von daher kann man das Bündel der Beziehungen verstehen, die sich im Denken Galens zwischen dem Geschlechtsakt und den Phänomenen der Epilepsie und der Krämpfe ergeben: Beziehungen von Verwandtschaft, Analogie und Kausalität.

Kraft seines Mechanismus gehört der Geschlechtsakt zu der großen Familie der Konvulsionen, deren Theorie die Abhandlung *De locis affectis* bietet.[20] Darin analysiert Galen die Konvulsion als in ihrem Ablauf einer beliebigen freiwilligen Regung gleichartig; der Unterschied besteht darin, daß der vom Nerv auf den Muskel ausgeübte Zug seinen Ausgang nicht im Willen hat, sondern in einem gewissen Zustand von Austrocknung (der die Nerven spannt wie ein der Sonne ausgesetztes Seil) oder von Überfülle (der die Nerven anschwellen, schrumpfen und die Muskeln übermäßig anspannen läßt). Mit diesem letzten Typ von Mechanismus hängt der dem Geschlechtsakt eigene Krampf zusammen.

Innerhalb dieser großen Familie der Konvulsionen macht Galen eine eigentümliche Analogie zwischen Epilepsie und Geschlechtsakt aus. Für ihn wird die Epilepsie durch eine Schwellung des Gehirns hervorgerufen, das gänzlich von einem zähflüssigen Saft erfüllt wird: daher die Verstopfung der Kanäle, die von den Gehirnkammern ausgehen, in denen das *pneûma* seinen Sitz hat. Dieses ist folglich von jenem Andrang eingeschlossen, und es sucht zu entweichen, gerade so, wie es zu entkommen strebt, wenn es sich mit dem Sperma in den Hoden angesammelt hat. Dieses Streben steht am Ursprung der Erregung der Nerven und der Muskeln, die man, in unterschiedlichem Ausmaß, in den epileptischen Krisen oder bei der Gewinnung der *aphrodísia* feststellen kann.

Endlich besteht zwischen diesen und den konvulsivischen Krisen eine Kausalitätsbeziehung, die in der einen wie in der anderen Richtung verlaufen kann. Die epileptische Konvulsion kann einen Krampf in den Geschlechtsorganen bewirken: »die schweren Epilepsien«, sagt Galen in der Abhandlung *De usu partium*, »und das Gonorrhöe genannte Leiden können euch lehren, wie sehr diese Art Krampf, die zum Geschlechtsakt gehört, zum Ausstoßen des Spermas beiträgt. Tatsächlich wird bei den schweren Epilepsien, wenn der ganze Körper und mit ihm die Geschlechtsteile von einem heftigen Krampf befallen sind, Sperma ausgestoßen«.[21] Umgekehrt kann das Verschaffen sexueller Lüste zur Unzeit, indem es eine zu-

---

20 Galen, *De locis affectis*, III, 8.
21 Galen, *De usu partium*, XIV, 10.

nehmende Austrocknung und immer höhere Anspannung der Nerven bewirkt, Krankheiten konvulsivischer Art hervorrufen.

Innerhalb des großen Gebäudes der Galenschen Theorie treten die *aphrodísia* nach und nach auf drei Ebenen auf. Sie sind zunächst fest verankert
in der Ordnung der demiurgischen Vorsehung: sie werden ersonnen und
an ebenjenen Punkt gerückt, wo die Schöpferweisheit ihrer eigenen Wirk-
kraft zu Hilfe kam, um die Schranken zu überwinden, die sie im Tode
fand. Sodann sind sie in ein Spiel komplexer und konstanter Wechselbeziehungen mit dem Körper eingelassen, und zwar zugleich durch die genaue
anatomische Lokalisierung ihrer Prozesse und durch die Wirkungen, die
sie im Gesamthaushalt des *pneûma* hervorrufen, welches die Einheit des
Körpers gewährleistet. Endlich stehen sie in weitläufiger Verwandtschaft
mit einem Komplex von Krankheiten, mit denen sie Analogie- und Kausal-
beziehungen unterhalten. Ein deutlich sichtbarer Faden geht in den Analysen Galens von einer Kosmologie der Fortpflanzung zu einer Pathologie
der spasmischen Ausscheidungen; und von der Begründung der *aphrodísia*
in der Natur führt er zur Analyse der gefahrvollen Mechanismen, die ihre
innere Natur ausmachen und die sie den bedrohlichen Krankheiten annähern.

2 Sind sie gut, sind sie schlecht?

Diese Zweideutigkeit des medizinischen Denkens über die sexuellen Lüste
ist keine Eigenart Galens, auch wenn sie bei ihm deutlicher zutage tritt
als anderswo. Sie prägt die Mehrzahl der medizinischen Texte des 1. und
2. Jahrhunderts, die uns erhalten sind. Übrigens eher eine Zweiwertigkeit
als eine Zweideutigkeit: tatsächlich schneiden sich hier zwei antithetische
Wertungen.

   Auf seiten der positiven Wertungen steht zunächst die des Samens, des
Spermas – kostbare Substanz, zu deren Bildung die Natur in der Einrichtung des menschlichen Körpers so viele Vorsorgen getroffen hat: er versammelt, was es im Leben an Kraftvollstem gibt, er überträgt es, er macht es
möglich, den Tod zu umgehen; seine ganze Kraft und seine höchste Vollkommenheit findet er im Manne. Und er ist es, der ihm seine Überlegenheit gibt. Er befördert »die Gesundheit, die Lebenskraft des Körpers und

der Seele, die Zeugung«.[22] Der Vorzug des Mannes liegt darin, das samentragende Wesen *par excellence* zu sein. Gleiche Wertung auch des Aktes, für den die Organe bei den beiden Geschlechtern mit soviel Sorgfalt eingerichtet worden sind. Die geschlechtliche Verbindung ist Natursache; sie kann nicht als schlecht angesehen werden. Rufus von Ephesos gibt eine verbreitete Meinung wieder, wenn er sagt, daß der Geschlechtsverkehr ein natürlicher Akt ist und daß er folglich an sich nicht schädlich sein kann.[23]

Solcherart gewertet sind allerdings nur seine Möglichkeit, sein Prinzip. Denn kaum ereignet er sich, wird er, von seinem Ablauf und von innen her gesehen, als gefährlich betrachtet. Gefährlich, weil er der Verlust jener kostbaren Substanz ist, deren Anhäufung doch gerade dazu antrieb, ihn zu begehen: er läßt die gesamte Lebenskraft entweichen, die der Samen konzentriert hatte. Gefährlich auch deshalb, weil eben sein Ablauf ihn der Krankheit verschwägert. Aretaios hatte einen bezeichnenden Ausdruck: der Geschlechtsakt, sagt er, »trägt die *sýmbola*« der Epilepsie.[24] Caelius Aurelianus verglich Punkt für Punkt den Ablauf des Geschlechtsakts und die Entwicklung einer epileptischen Krise; er fand darin genau dieselben Phasen wieder: »Muskelbewegung, Keuchen, Schweißerguß, Augenverdrehen, Gesichtsröte, dann Erblassen und schließlich Schwäche des gesamten Körpers.«[25] Das ist das Paradox der sexuellen Lüste: das hohe Amt, mit dem die Natur sie betraut hat, der Wert der Substanz, die sie zu übertragen und also zu verlieren haben – gerade das verschwägert sie dem Übel. Die Ärzte des 1. und 2. Jahrhunderts waren weder die ersten noch die einzigen, die diese Ambivalenz formulierten. Doch sie haben sie mit einer ganzen Pathologie umgeben, die entwickelter, komplexer und systematischer ist als die, die früher bezeugt war.

1. Die Pathologie der sexuellen Aktivität selbst ist um zwei Elemente herum konstruiert, durch die man gemeinhin die Gefahren des Geschlechtsakts kennzeichnet: unwillkürliche Gewalt der Anspannung sowie unbegrenzte, erschöpfende Verausgabung.

Auf der einen Seite gibt es die Krankheit der unablässigen Erregung, die den Akt verzögert, indem sie den Mechanismus der Erregung unbegrenzt

---

22 Aretaios, *Von den Ursachen und Kennzeichen und der Therapie der akuten und der chronischen Krankheiten*, II, 5.
23 Rufus von Ephesos, *Opera*, Paris 1879, S. 320.
24 Aretaios, *Von den Ursachen* ... I, 4.
25 Caelius Aurelianus, *Passiones acutae et passiones chronicae*, I, 4.

verlängert. Bei der männlichen Version dieser Art krankhaften Zustandes –
welche man als Satyriasis oder Priapismus bezeichnet – sind alle Mechanismen, die den Geschlechtsakt und die Ejakulation vorbereiten (Spannungen, Bewegungen, Erhitzungen), beisammen und gehen ununterbrochen fort, ob es nun zur Ausscheidung von Sperma kommt oder nicht; dies
ist eine sexuelle Überreizung, die sich nie zu lösen vermag. Der Kranke ist
in einem Zustand permanenter Konvulsion, wird von schweren Krisen geschüttelt, die sich weitgehend der Epilepsie nähern. Aretaios' Beschreibung mag als Beispiel für die Art und Weise dienen, in der jene seltsame
Krankheit wahrgenommen wurde, bei der der Geschlechtsakt gewissermaßen ohne Zeit noch Maß sich selbst verfallen ist; seine konvulsivische und
epileptische Natur zeigt sich hier gleichsam nackt. »Es ist eine Krankheit,
die das Glied in Erektion versetzt ... Dieser Zustand ist ein unersättliches
Verlangen nach dem Koitus, welches auch die Stillung der Leidenschaft
nicht dämpfen kann; denn die Erektion dauert nach noch so vielen Liebes-
genüssen fort; alle Nerven befinden sich in Konvulsion, die Sehnen, die
Leisten und der Damm sind überdehnt; die Geschlechtsteile sind entzündet und schmerzen.« Dieser Dauerzustand wird von Krisen unterbrochen:
die Kranken kennen sodann »weder Scham noch Zurückhaltung in ihren
Reden und Taten; ... sie erbrechen, ihre Lippen sind von Schaum bedeckt
wie die des Bocks in Hitze; so riechen sie auch«; ihr Geist verfällt dem
Wahn, und sie kehren erst zur Vernunft zurück, wenn der Anfall vorüber
ist.[26] In seiner Schrift *De locis affectis* gibt Galen eine weit nüchternere Beschreibung der Satyriasis: »Der Priapismus ist eine Vergrößerung des gesamten Gliedes sowohl nach Länge als nach Umfang, ohne geschlechtliche
Erregung oder die natürliche Erhitzung, wie sie sich bei Personen einstellt,
die auf dem Rücken liegen. Man kann verkürzend sagen, daß es eine an-
dauernde Vergrößerung des Gliedes ist.«[27] Die Ursache dieser Krankheit
ist, Galen zufolge, von den Mechanismen der Erektion her zu verstehen;
man muß sie also in den »erweiterten Öffnungen der Arterien« oder in
der »Erzeugung eines *pneûma* im Nerv« suchen. Tatsächlich nimmt Galen
beide Ursachen und ihre Verbindung beim Zustandekommen der Symptome an; doch neigt er dazu, häufiger die Erweiterung der Arterien dafür
verantwortlich zu machen, da er sie für ein Phänomen hält, das häufiger
eintritt als das des *pneûma* »im Schwellnerv«. Diese Art von Krankheit fin-

26 Aretaios, *Von den Ursachen . . .*, II, 12.
27 Galen, *De locis affectis*, VI, 6.

det sich sowohl bei denen, die »viel Sperma haben« und sich wider ihre Gewohnheit »des Koitus enthalten« (sofern sie nicht ein Mittel finden, »ihr überschüssiges Blut in zahlreichen Tätigkeiten zu verbrauchen«), als auch bei denen, die, obgleich sie Enthaltsamkeit üben, sich infolge gewisser Schauspiele oder unter dem Eindruck von Erinnerungen sexuelle Lüste vorstellen.

Zuweilen wird auch die Satyriasis bei den Frauen erwähnt. Soranus stößt bei ihnen auf gleichartige Symptome; sie treten als »Juckreiz der Geschlechtsteile« auf. Die von diesem Übel befallenen Frauen treibt ein »sehr starker Drang« zum Geschlechtsakt, und »jeder Gedanke an Scham ist ihnen vergangen«.[28] Am besten stellt bei den Frauen freilich die Hysterie diejenigen Krankheiten dar, die durch unmäßige Anspannung der Geschlechtsorgane hervorgerufen werden. So jedenfalls beschreibt Galen einen Krankheitszustand, den er nicht als eine Verschiebung der Gebärmutter ansehen will; die Veränderungen, die einige glauben ließen, das ausgetrocknete Organ steige, auf der Suche nach Feuchtigkeit, gegen das Zwerchfell hinauf, beruhen ihm zufolge entweder auf der Stauung des Menstrualflusses oder der des Spermas: die Verstopfung der Gefäße bewirkt ihre Erweiterung und somit ihre Verkürzung; dadurch wird ein Zug auf die Gebärmutter ausgeübt. Doch nicht dieser Prozeß an sich ruft die sämtlichen anderen Symptome hervor; sie alle beruhen auf dem Stau der Säfte, der entsteht, wenn die Regel ausbleibt oder wenn die Frau ihre sexuellen Beziehungen abbricht: daher die Hysterie, die man bei den verwitweten Frauen feststellen kann, »zumal wenn sie, die vor ihrer Witwenschaft regelmäßige Periode hatten, fruchtbar waren und den Mann willig empfingen, um all das gebracht sind«.[29]

Den anderen Pol der Pathologie bildet die unbegrenzte Verausgabung. Das ist es, was die Griechen *gónorrhoia* und die Lateiner *seminis effusio* nennen. Galen definiert sie so: »eine unwillkürliche Ausscheidung von Sperma, von der man kein Bewußtsein hat und die ohne Erektion des Gliedes geschieht«. Während die Satyriasis den Penis befällt, betrifft die Gonorrhöe die Samengefäße, deren »Zurückhaltungsvermögen«[30] sie ausschaltet. Aretaios beschreibt sie in den *Anzeichen* ausführlich als Erschöpfung der Lebensquellen mit der dreifachen Wirkung einer allgemeinen Schwächung,

28 Soranus, *Gynaeciorum libri IV*, I, 51.
29 Galen, *De locis affectis*, VI, 5.
30 A. a. O., VI, 7.

vorzeitiger Alterung und Verweiblichung des Körpers. »Die jungen Leute, die von dieser Krankheit befallen sind, sind in der gesamten Körperhaltung von Hinfälligkeit und Alter gezeichnet; sie werden matt, kraftlos, starr, beschränkt, niedergedrückt, krumm, unfähig, bekommen eine fahle, weiße, weibische Hautfarbe, verlieren den Appetit und die Wärme, die Glieder werden schwerfällig, die Beine steif, sie werden gänzlich schwach, mit einem Wort fast gänzlich zerstört. Bei einigen ist diese Krankheit sogar ein Weg zur Lähmung; wie sollte auch die Nervenkraft nicht angegriffen werden, wenn die Natur am Ort der Regeneration und an der Quelle des Lebens geschwächt ist? Diese an sich selber schädliche Krankheit ist gefährlich, weil sie zur Abzehrung führt, und schädlich für die Gesellschaft, insofern sie sich der Verbreitung der Art widersetzt; da sie in allen Beziehungen die Quelle einer Unzahl von Übeln ist, erfordert sie unverzügliche Hilfe.«[31] Mit der Gonorrhöe geht die Manneskraft, geht der Lebensgrund durch das Geschlecht hinaus. Daher die Eigenheiten, die man traditionell mit ihr verbindet. Sie ist eine schändliche Krankheit: vermutlich weil sie häufig durch ein Zuviel an sexueller Betätigung entsteht; aber auch an sich durch die Wirkung von Entmännlichung, die sie hervorruft. Sie ist eine Krankheit, die zwangsläufig zum Tode führt; Celsus sagte, daß sie binnen kurzem den Kranken an Auszehrung umkommen lasse.[32] Endlich ist sie eine Krankheit, die nicht bloß das Individuum gefährdet, sondern laut Aretaios auch seine Nachkommenschaft.[33]

2. Jenseits der eigentlichen Sphäre ihrer Pathologie werden die Geschlechtsakte von der Medizin der beiden ersten Jahrhunderte in den Schnittpunkt einer komplexen Pathogenie versetzt. Einerseits sind die Geschlechtsakte in ihrem Ablauf und ihrem richtigen Vollzug störanfällig für eine Fülle verschiedener Faktoren: da ist das Temperament der Individuen, da ist das Klima, die Stunde, da ist die Nahrung, die man zu sich genommen hat, ihre Qualität und ihre Quantität. Sie sind so heikel, daß der geringste Fehltritt, die geringste Krankheit sie durcheinanderzubringen droht. Wie Galen sagt, müßte man, um die sexuellen Lüste zu genießen, sich in einem exakt mittleren Zustand befinden, am Nullpunkt gleichsam aller möglichen organischen Variationen: »sich hüten vorm Zuviel und vorm Zuwenig«,

31 Aretaios, *Von den Anzeichen*, II, 5.
32 Celsus, *De medicina*, IV, 28.
33 Aretaios, *Von den Ursachen . . .*, II, 5.

sich in acht nehmen vor »dem Hunger, der Völle und allem, was dem Menschen hinsichtlich seiner Gesundheit abträglich scheinen möchte.«[34]

Während aber die *aphrodísia* eine so heikle und empfindliche Tätigkeit darstellen, haben sie umgekehrt einen beträchtlichen und weitreichenden Einfluß auf den gesamten Organismus. Die Liste der Übel, Unbillen und Gebrechen, die von den sexuellen Lüsten ausgehen können, begeht man einen Fehltritt, sei es hinsichtlich des Zeitpunkts, sei es bezüglich des Maßes, ist praktisch offen. »Es ist nicht schwer zu erkennen«, sagt Galen, »daß die geschlechtlichen Beziehungen die Brust, die Lunge, den Kopf und die Nerven ermüden«.[35] Rufus bietet ein Tableau, auf dem als Wirkungen sexueller Verfehlungen nebeneinanderstehen: Verdauungsstörungen, Schwächung des Gesichts und des Gehörs, allgemeine Schwäche der Sinnesorgane und Gedächtnisverlust; konvulsivische Zuckungen, Gelenkschmerzen, Seitenstechen; Aphten im Munde, Zahnschmerzen, Halsentzündung, Bluthusten, Blasen- und Nierenkrankheiten.[36] Wo es um die Hysterie geht, erntet Galen Widerspruch von seiten derer, die nicht glauben können, daß so zahlreiche, weitreichende und heftige Symptome von der Zurückhaltung und dem Verderben einer kleinen Menge Saftes ausgehen können, welcher nach dem Aussetzen der Geschlechtsbeziehungen im Körper zurückbleibt. Worauf Galen antwortet, indem er die schädlichen Kräfte des verdorbenen Spermas mit denen jener starken Gifte vergleicht, wie sie in der Natur vorkommen: »Nach dem Biß einer giftigen Spinne sieht man den ganzen Körper erkranken, obgleich nur eine kleine Menge Gift durch eine winzige Öffnung eingedrungen ist.« Noch erstaunlicher ist die Wirkung, die der Skorpion hervorruft, denn die heftigsten Symptome treten auf der Stelle auf, während doch »das, was er ausspritzt, wenn er sticht, entweder sehr wenig oder gar nichts ist und der Stachel nicht eingedrungen zu sein scheint«; der Zitterrochen ist ebenfalls ein Beispiel dafür, daß »eine kleine Menge an Substanz große Schäden bewirken kann« durch den bloßen Kontakt. Und Galen schließt: »Bedenkt man, daß Erkrankungen, wie sie der Verabreichung eines Giftes folgen, unserem eigenen Körper entspringen können, dann ist es nicht verwunderlich, daß ein schlechtes, zurückgehaltenes und verdorbenes Sperma in Körpern, die zur Krankheit neigen, bösartige Symptome erzeugt.«[37] Die Geschlechtsorgane, -säfte und

34 Galen, in: Oreibasios, *Livres incertains*, VIII; a. a. O., Bd. III, S. 110.
35 A. a. O., S. 109.
36 Rufus von Ephesos, *Opera*, a. a. O., S. 318.
37 Galen, *De locis affectis*, VI, 5.

-akte bilden eine Aufnahmefläche mit besonderer Empfindlichkeit für alles, was den Organismus stören kann, und zugleich einen sehr starken, sehr aktiven Herd, von dem aus sich eine lange Reihe vielgestaltiger Symptome über den Körper ausbreiten kann.

3. Von der geschlechtlichen Aktivität gehen sowohl therapeutische Wirkungen als auch pathologische Konsequenzen aus. Ihre Zweiwertigkeit führt dazu, daß sie in manchen Fällen heilsam wirkt, in anderen hingegen Krankheiten stiftet; doch läßt sich nicht immer leicht bestimmen, welchen der beiden Effekte sie haben mag: das ist Sache des individuellen Temperaments, aber auch der jeweiligen Umstände und des wechselnden Körperzustands. Im allgemeinen folgt man der hippokratischen Lehre, daß »der Koitus wohltätig ist bei Krankheiten, die mit dem Schleim zu tun haben«; und Rufus kommentiert: »Viele von einer Krankheit ausgezehrte Individuen werden mittels dieser Praktik wieder gesund. Manchen verhilft sie zu einer leichten Atmung, wo diese gestört war, anderen zur Eßlust, die sie verloren hatten, bei wieder anderen unterbleiben die schädlichen nächtlichen Samenergüsse.«[38] Er erwartet ebenfalls von der Ausstoßung des Spermas günstige Wirkungen auf die Seele, wenn diese in Bedrängnis ist und nach Art des Körpers der Reinigung bedarf von dem, was sie belastet: der Koitus verscheucht die fixen Ideen und dämpft die Zorneswallungen; daher gibt es kein zweites Heilmittel, das so viel gegen die Melancholie und die Misanthropie vermag. Auch Galen schreibt den Geschlechtsbeziehungen etliche Heilwirkungen zu, sowohl auf die Seele als auf den Körper: »Dieser Akt stimmt die Seele ruhig; den melancholischen und rasenden Menschen versetzt er in einen vernünftigen Zustand, und bei einem verliebten Individuum dämpft er die übermäßige Brunst, auch wenn dieser Mann Beziehungen zu einer anderen Frau hat; ja, auch die Tiere, die wild sind, wenn sie geworfen haben, werden zahmer nach dem Koitus«[39]; was ihre Wirksamkeit auf den Körper betrifft, sieht Galen einen Beweis ihres Wirkens in der Tatsache, daß der Knabe, ist erst die Geschlechtstätigkeit erwacht, »behaart, groß, männlich« wird, während er zuvor »bartlos, klein und weiblich« war.

Doch Galen unterstreicht auch die gegensätzlichen Wirkungen, die die

---

38 Rufus von Ephesos, *Opera*, a. a. O., S. 320 f. Vgl. auch den Text in Oreibasios, VI, a. a. O., Bd. I, S. 541.

39 Galen, in Oreibasios, *Livres incertains*, VIII, a. a. O., Bd. III, S. 109.

Geschlechtsbeziehungen haben können, je nach den Bedingungen, unter denen sich das Subjekt befindet: »Der Koitus schwächt vollends, die nur geringe Kräfte haben, läßt aber unbeschadet, die bei Kräften sind oder am Schleime leiden«; augenblicklich »erwärmt er die Schwachen, danach aber kühlt er sie beträchtlich ab«; schließlich werden manche »von Jugend an nach dem Koitus schwach, während andere, wenn sie ihn nicht gewohnheitsmäßig ausüben, einen schweren Kopf bekommen, von Angst und Fieber heimgesucht werden, den Appetit verlieren und schlechter verdauen«.[40] Und Galen erwähnt sogar den Fall gewisser Temperamente, bei denen der Ausstoß des Spermas Krankheiten oder Unbillen verursacht, während doch sonst seine Zurückhaltung schädlich ist: »Manche Leute haben ein überreichliches und heißes Sperma, das unaufhörlich zur Ausscheidung drängt; haben sie es aber ausgestoßen, so empfinden die, welche sich in diesem Zustand befinden, Mattigkeit an der Öffnung des Magens, Erschöpfung, Schwäche und Dürre im ganzen Leibe; sie werden mager und hohläugig, und wenn sie sich nun, aufgrund dieser Folgen des Koitus, der Geschlechtsbeziehungen enthalten, so leiden sie unter Unwohlsein im Kopf und an der Magenöffnung, ihnen wird übel, und ihre Enthaltsamkeit bekommt ihnen nicht gut.«[41]

Über diese positiven oder negativen Wirkungen ist es zu mehreren Debatten gekommen, die von gewissen präzisen Fragen ausgingen. Etwa der der nächtlichen Samenergüsse. Rufus berichtet von der Meinung derer, für die diese Verluste von Samen während des Schlummers »weniger schlimm« sind; er hingegen widersetzt sich dieser Auffassung, weil er dafürhält, daß »die Samenergüsse den Körper, der im Schlummer bereits erschlafft ist, noch weiter erschlaffen lassen«.[42] Und Galen sieht keine Linderung bei denen, die sich um seiner schädlichen Wirkungen willen des Beischlafs enthalten und deswegen nächtlichen Ergüssen unterliegen.[43] Wichtiger war freilich der Streit um die Konvulsionen des Kindes und ihr Verschwinden im Augenblick der Pubertät. Es war – aufgrund der Verwandtschaft zwischen Ejakulation und Krampf – eine verbreitete Ansicht, daß Knaben, die unter Konvulsionen litten, beim Eintritt ins aktive Geschlechtsleben geheilt werden konnten; das behauptete auch Rufus, für den der Ge-

40 A. a. O., VI, 37, Bd. I, S. 537.
41 A. a. O., X, Bd. III, S. 113.
42 Rufus von Ephesos, in: Oreibasios, VI, 38, a. a. O., Bd. I, S. 542.
43 Galen, in: Oreibasios, *Livres incertains*, X, a. a. O., Bd. III, S. 113.

schlechtsakt Epilepsie und Kopfschmerzen beseitigt, wenn man in die Pubertät eintritt.[44] Als Heilmittel gegen solche Krämpfe empfahlen manche Ärzte, bei diesen Kindern das Alter der ersten Geschlechtsbeziehungen herabzusetzen. Aretaios kritisiert diese Methode, weil sie gegen die Einrichtungen der Natur verstößt, die selbst die richtigen Zeiten festgesetzt hat, und weil sie die Krankheit hervorruft oder verlängert, welche sie vermeiden will: die Ärzte, die solche Ratschläge erteilen, »wissen wohl nicht, daß die Natur eine Zeit bestimmt hat, da sie selbst ihre Arzneien anwendet, indem sie die gemäßen Veränderungen herbeiführt; so schafft sie für jedes Alter die nötigen Ausscheidungen für den Samen, den Bart und die Haare. Wo ist der Arzt, der so von Grund auf verändernd wirken könnte? Auf diese Weise scheitert man eher an der Klippe, die man zu umschiffen suchte, denn manche, die sich am Beilager zu früh ergeben haben, sind eben deswegen von jenem Leiden befallen worden«.[45] Wenn tatsächlich die Konvulsionen im Augenblick der Pubertät verschwinden, so liegt das nicht an der Ausübung der sexuellen Lüste, sondern an einer allgemeinen Veränderung im Gleichgewicht und in der Rolle der Säfte.

4. Am wichtigsten ist freilich die Tendenz, der geschlechtlichen Enthaltung positive Wirkungen beizulegen. Zwar weisen, wie wir sahen, die Ärzte auf Störungen hin, die sich aus der Enthaltsamkeit ergeben können; doch sie beobachten sie gemeinhin bei Subjekten, die zuvor häufigen Verkehr praktiziert hatten und bei denen der Abbruch einen jähen Wechsel der Lebensweise bewirkte: so der Fall eines Mannes, von dem Galen in der Schrift *De locis affectis* berichtet, welcher mit allen seinen früheren Gewohnheiten brach und auf die geschlechtliche Aktivität verzichtete[46]; man bemerkt sie auch bei Subjekten, deren Sperma Eigenschaften besitzt, die seine Ausstoßung notwendig machen. Galen sind Menschen vorgekommen, die infolge dieses Entzuges »träge und faul« geworden waren, und andere, die »grundlos mürrisch und niedergeschlagen« wurden; diese Beobachtungen haben ihm den Grundsatz eingegeben, daß »das Zurückhalten von Sperma den starken und jungen Individuen erheblich schadet, bei denen ein natürlicher Überschuß an Sperma herrscht, welches aus nicht vollkommen reinen Säften gebildet ist, die vielleicht ein zu müßiges Leben führen, die zu-

44 Rufus von Ephesos, *Opera*, a. a. O., S. 320.
45 Aretaios, *Von den Ursachen ...*, I, 4.
46 Galen, *De locis affectis*, VI, 5.

vor sehr häufigen Beischlaf pflegten und nun, auf einen Schlag, Enthaltsamkeit üben«.[47] Daß die Enthaltung von allem Geschlechtsverkehr dem
Organismus schade, wird also nicht als allgemeine Tatsache angesehen, die
sich bei jedem Beliebigen beobachten lasse, sondern eher als Konsequenz
bestimmter eigentümlicher Momente, die entweder mit dem Zustand des
Organismus oder mit einer bestimmten Lebensgewohnheit zusammenhängen. Rein für sich genommen gibt es keinen Grund, die Abstinenz, welche
die Spermasubstanz im Körper bewahrt, als ein Übel anzusehen.

Für die Männer hatte es der dem Spermasaft zuerkannte hohe Lebens-
wert lange Zeit erlaubt, der strengen Enthaltsamkeit positive Wirkungen
zuzuschreiben. Das Beispiel wird noch regelmäßig zitiert; und eben um
diesem Modell zu folgen, hatte ein Patient Galens beschlossen, sich jeder
geschlechtlichen Betätigung zu enthalten, nicht bedenkend, daß er bis dahin ein ganz anderes Leben geführt hatte und daß somit auch die Wirkungen dieser Enthaltung gänzlich andere sein würden. Aretaios, der die wohltätigen Wirkungen dieses »lebensspendenden Saftes«, welches das Sperma
ist, beschreibt – es macht männlich, tapfer, feurig, kräftig, gibt der Stimme
vollen Klang und dem Handeln Stärke –, stellt den Satz auf, daß ein
Mann, der sich mäßigt »und seinen Samen bewahrt«, ebendadurch »kräftig, tapfer, ja so kühn wird, daß er sich nicht scheut, seine Kraft mit den
wildesten Tieren zu messen«. Er erinnert an das Beispiel der Athleten oder
der Tiere, die um so stärker sind, als sie ihren Samen bewahren; mithin
»werden die von Natur aus stärksten Personen durch Nichtbeherrschung
(akrasía) schwächer als die Schwächsten; und die Schwächsten werden
durch Beherrschung *(enkráteia)* stärker als die Stärksten *(kreíttones)*«.[48]

Für die Frauen hingegen wurden die Werte der Enthaltsamkeit nicht so
leicht anerkannt, was daran liegt, daß sie als gesellschaftlich und physiolo-
gisch für die Ehe und die Fortpflanzung bestimmt angesehen wurden. Allerdings führt Soranus in seinen *Gynaeciorum libri* die Argumente einer
Diskussion über die Vor- und Nachteile der Jungfernschaft an, die zu seiner Zeit wichtig gewesen zu sein scheint. Die sie kritisieren, berufen sich
auf die Krankheiten, die von Säften herrühren, welche nicht fließen, und
auf die Begehren, die die Enthaltsamkeit nicht erstickt. Die Befürworter
der Jungfernschaft unterstreichen dagegen, daß die Frauen derart die Gefahren der Mutterschaft vermeiden, das Begehren nicht verspüren, weil

---

47 Ebd.
48 Aretaios, *Von den Ursachen ...*, II, 5.

sie die Lust nicht kennen, und die Kraft, die der Samen enthält, in sich bewahren. Soranus seinerseits gibt zu, daß die Jungfernschaft Nachteile haben kann, doch registriert er sie vor allem bei den Frauen, die »in den Tempeln eingeschlossen« leben und aller »nützlichen Übungen« beraubt sind. Grundsätzlich hält er dafür, daß beständige Jungfräulichkeit beiden Geschlechtern wohl tut.[49] In seinen Augen kann es also keine natürliche Rechtfertigung des Geschlechtsverkehrs von der Gesundheit der Individuen her geben; einzig die Pflicht, die menschliche Art zu erhalten, macht diese Praktik notwendig; »das gemeinsame Gesetz der Natur« erzwingt sie, nicht das persönliche Regime.

Freilich wird weder die geschlechtliche Enthaltung als ein Muß betrachtet noch der Geschlechtsakt als ein Übel hingestellt. Aber man sieht deutlich, daß sich in der Entwicklung der Themen, die das medizinische und philosophische Denken des 4. Jahrhunderts bereits explizit formuliert hatte, ein gewisser Knick vollzogen hat: Beharren auf der Zweischneidigkeit der Wirkungen der sexuellen Aktivität, Ausdehnung der ihr zugeschriebenen Wechselbeziehungen über den gesamten Organismus, Verstärkung der ihr eigenen Anfälligkeit und ihrer pathogenen Macht, Aufwertung der Spielarten von Enthaltsamkeit, und zwar für beide Geschlechter. Ehedem wurden die Gefahren des Geschlechtsverkehrs in der unwillkürlichen Gewalt und der unbesonnenen Verausgabung gesehen; jetzt werden sie eher als Wirkung einer allgemeinen Gebrechlichkeit des Menschenkörpers und seines Funktionierens gesehen.

Unter diesen Bedingungen versteht man, wieso das Regime der *aphrodísia* in der persönlichen Lebensführung solche Bedeutung erlangen konnte. Rufus hat hierfür einen bemerkenswerten Ausdruck, der in ganz expliziter Weise die Gefährlichkeit der sexuellen Betätigung und das Grundprinzip der Sorge um sich verbindet: »Diejenigen, die sich den Geschlechtsbeziehungen hingeben, und zumal diejenigen, die das ohne große Vorsicht tun, müssen in viel strengerer Weise auf sich selbst achten als die anderen, auf daß sie ihre Körper in der bestmöglichen Verfassung halten und so weniger die schädlichen Wirkungen dieser Beziehungen verspüren *(he ek tôn aphrodísion blábe).*«[50]

---

49 Soranus, *Gynaeciorum libri IV*, I, 7.
50 Rufus von Ephesos, in: Oreibasios, *Livres incertains*, III, a. a. O., S. 112.

3 Das Regime der Lüste

Die Geschlechtsakte müssen mithin einer äußerst umsichtigen »Diät« unterworfen werden. Doch dieses Regime unterscheidet sich stark von einem etwaigen Vorschriftensystem, das auf eine »natürliche«, legitime und akzeptable Form der Praktiken hinauswollte. Es fällt auf, daß in diesen Anleitungen so gut wie nichts gesagt ist über den Typ von Geschlechtsakten, die man begehen mag, auch nicht über die, welche die Natur mißbilligt. Rufus etwa spricht beiläufig die Beziehungen zu den Knaben an, er erwähnt auch die möglichen Stellungen der Partner: aber nur, um sogleich ihre Gefahren in quantitative Ausdrücke zu übersetzen; man verausgabe dabei mehr Kraft als bei den anderen.[51] Bemerkenswert ist auch der eher »konzessive« als »normative« Zuschnitt dieser Anleitungen. Nachdem er die pathogenen Folgen der sexuellen Betätigung – soweit sie nutzlos und übertrieben ist – aufgezählt hat, trägt Rufus seine »Diät« vor, wobei er zunächst grundsätzlich festhält, daß diese Akte »nicht absolut und in jeder Beziehung schädlich sind, soweit man nur auf den rechten Augenblick, auf das rechte Maß und auf den Gesundheitszustand der ihn vollziehenden Person achtet«.[52] Ebenfalls in restriktiver Weise wünscht Galen, daß man »den Leuten nicht völlig verbiete, Geschlechtsbeziehungen miteinander zu haben«.[53] Endlich handelt es sich um Anleitungen, die auf die Umstände eingehen und viele Vorkehrungen erfordern, um Bedingungen zu schaffen, unter denen der Geschlechtsverkehr möglichst ungestört abläuft, Bedingungen, unter denen er möglichst wenig ins Gefüge der Gleichgewichte einbricht. Vier Variablen werden aufgestellt: die des richtigen Augenblicks zur Zeugung, die des Alters des Subjekts, die des Zeitpunkts (am Tage oder in der Jahreszeit), die des individuellen Temperaments.

1. *Das Regime der* aphrodísia *und die Zeugung.* Es war ein durch und durch traditionelles Thema, daß eine schöne Nachkommenschaft – *euteknía* – nur zustande kommt, wenn man eine Anzahl von Vorkehrungen

---

51 Rufus von Ephesos, in: Oreibasios, VI, 38, a. a. O., Bd. III, S. 540 f. Rufus bemerkt ebenfalls, daß die aufrechte Stellung ermüdend ist.
52 A. a. O., S. 541.
53 Galen, in: Oreibasios, *Livres incertains*, VIII, Bd. III, S. 110. Demgegenüber hält sich Celsus mit seinem Urteil eher in der Mitte: »Man sei nicht zu begierig nach dem Beischlafe, doch scheue man ihn auch nicht allzusehr« (*De medicina*, I, 2).

trifft. Schludereien bei der Empfängnis rächen sich in den Nachkommen. Nicht bloß weil die Sprößlinge ihren Eltern gleichen, sondern weil sie die Male des Aktes tragen, der sie erschuf. Man erinnere sich der Empfehlungen Platons und Aristoteles.[54] Daß der Geschlechtsakt in seiner Zeugungsabsicht vieler Sorgfalt und gründlicher Vorbereitung bedarf, ist ein Prinzip, das man in den ärztlichen Diäten der Kaiserzeit regelmäßig findet. Sie beschreiben zunächst eine langfristige Vorbereitung; es geht um eine allgemeine Instandsetzung des Körpers und der Seele in der Absicht, bei dem Individuum diejenigen Eigenschaften, die den Samen auszeichnen und den Embryo prägen sollen, hervorzubringen oder zu erhalten; man muß sich selbst zum Vor-Bilde des Kindes machen, das man haben will. Eine Stelle bei Athenaios, die Oreibasios zitiert, ist diesbezüglich ganz deutlich: wer sich vornimmt, Kinder zu erzeugen, muß Leib und Seele im bestmöglichen Zustand haben; mit anderen Worten, die Seele muß ruhig und gänzlich frei von Schmerz, von ermüdenden Sorgen oder jeder anderen Regung sein; der Körper soll gesund und in keiner Weise geschädigt sein.[55] Es bedarf auch kurzfristiger Vorbereitung: einer gewissen Enthaltung, während deren das Sperma sich sammelt, häuft und seine Kraft gewinnt, während der Trieb die notwendige Heftigkeit annimmt (zu häufiger Geschlechtsverkehr läßt das Sperma nicht den Reifegrad erreichen, in dem es seine ganze Kraft hat); eine ziemlich strenge Diät wird empfohlen: weder zu heiße noch zu feuchte Speise, ein schlichtes »leichtes Mahl, das die für den Liebesakt notwendige Erregung fördert und nicht durch Völle beeinträchtigt«; keine schlechte Verdauung, kein Rausch; kurz, eine umfassende Reinigung des Körpers, welche die Seelenruhe schafft, die der Geschlechtsfunktion nottut; in dieser Weise »besät der Landmann sein Feld, nachdem er es von jedem Unkraute gereinigt hat«.[56] Soranus, der diese Ratschläge erteilt, glaubt jenen nicht, die um einer guten Nachkommenschaft willen vorschreiben, den Vollmond abzupassen; entscheidend ist, »den Augenblick zu wählen, da das Individuum sich seiner vollsten Gesundheit erfreut«, und das zugleich aus physiologischen Gründen (die schädlichen Säfte, die im Körper steigen, können verhindern, daß der Samen an der Gebärmutterwand haftet) und aus moralischen Gründen (der Embryo wird geprägt vom Zustand der Erzeuger).

54 Vgl. M. Foucault, *Sexualität und Wahrheit*. Zweiter Band: *Der Gebrauch der Lüste*, Frankfurt/M. 1986, Kapitel 3.

55 Athenaios, in: Oreibasios, *Livres incertains*, VII, a. a. O., Bd. III, S. 107.

56 Soranus, *Gynaeciorum libri IV*, I, 10.

Im Zyklus der Frau gibt es nämlich einen Moment, der günstiger ist als die anderen. Nach der bereits uralten Metapher, die im Christentum noch lange fortleben wird, »ist nicht jede Jahreszeit geeignet, die Saat aufgehen zu lassen, und so ist auch nicht jeder Augenblick günstig für den Samen, der beim Geschlechtsverkehr in den Uterus befördert wurde«.[57] Diesen günstigen Augenblick siedelt Soranus gleich nach der Menstruation an. Seine Argumentation beruht auf der (übrigens nicht ihm allein gehörigen) Metapher des Appetits[58]: die Gebärmutter ist gierig, sie schlingt, sie füllt sich mit Nahrung, bald aus Blut (das ist das Übliche), bald aus Samen (und das ist die Befruchtung). Um zeugend zu wirken, muß der Geschlechtsakt zu einem günstigen Augenblick innerhalb dieses Ernährungszyklus statt-finden. Nicht vor der Regel, »denn ebenso wie der speisegefüllte Magen dazu neigt, alles abzustoßen, was ihn überläd, alle Nahrung zu erbrechen und abzustoßen, so auch der blutüberfüllte Uterus«. Nicht während der monatlichen Entleerungen, die eine Art natürliches Erbrechen darstellen, welchem das Sperma leicht zum Opfer fallen könnte. Auch nicht, wenn der Ausfluß gänzlich versiegt ist: der Uterus ist dann ausgetrocknet, abge-kühlt und nicht mehr in der Lage, den Samen zu empfangen. Der günstig-ste Augenblick ist, wenn »der Ausfluß allmählich aufhört«, da der Uterus noch durchblutet und durchwärmt ist »und deshalb geschwellt von Appe-tit, das Sperma aufzunehmen«.[59] Dieser Appetit, der nach der Reinigung im Körper erwächst, bekundet sich bei der Frau in einem Begehren, das sie zum Geschlechtsverkehr drängt.[60]

Das ist aber noch nicht alles. Damit die Befruchtung unter guten Bedin-gungen geschieht und die Nachkommenschaft über alle möglichen Quali-täten verfügt, muß der Geschlechtsakt selbst unter gewissen Vorkehrungen durchgeführt werden. Soranus erklärt sich hierüber nicht weiter. Er weist nur auf die Notwendigkeit eines klugen und ruhigen Verhaltens, das allen Trubel vermeidet, alle Räusche, die sich dem Embryo einprägen könnten, der gleichsam ihr Spiegel und ihr Zeuge wäre: »Damit der Geist des Foetus nicht unangenehm beeindruckt werde durch den Anblick fremden Rau-sches«, ziemt es sich, daß »die Frau nüchtern sei bei den Umarmungen. Oftmals ähneln die Kinder ihren Eltern nicht allein dem Körper, sondern

---

57 Ebd.
58 Vgl. beispielsweise den Text Galens, zitiert bei Oreibasios, XXII, 3, a. a. O., Bd. III, S. 53.
59 Oreibasios XXII, 7, a. a. O., Bd. III, S. 70.
60 Soranus, *Gynaeciorum libri IV*, I, 10.

auch dem Geiste nach: es bedarf vollkommener Ruhe, damit der Foetus
nicht einem trunkenen oder irren Menschen gleiche.«[61] Während der
Schwangerschaft endlich sind die Geschlechtsbeziehungen nur äußerst gemäßigt zu betreiben: anfangs ganz zu unterlassen, denn der Koitus »versetzt den ganzen Körper in Bewegung, und keine Region bedarf mehr
der Ruhe als der Uterus und seine Umgebung: wie der Magen stößt er alles aus, was er enthält, sobald er geschüttelt wird«.[62] Manche indes, wie Galen, meinen, daß man sie während der Schwangerschaft wieder aufnehmen und maßvoll betreiben solle: »Die schwangeren Frauen sollen weder
fortwährend Beischlaf pflegen noch sich vollständig enthalten: denn Frau-
en, die sich enthalten, entbinden schwerer, während bei denen, die sich beständig dem Beischlaf hingeben, das Kind schwach ist; es kann sogar zur
Fehlgeburt kommen.«[63]

Es gibt also ein ganzes Regiment der *aphrodisia*, dessen Ziel und dessen
Zweck in der Vorbereitung des Nachwuchses liegt. Nicht daß ein Zwang
geherrscht hätte, Geschlechtsbeziehungen nur zu unterhalten, um Kinder
zu haben: wenn man die Umstände der wahrscheinlichen Fruchtbarkeit
sorgsam festlegt, so steckt man nicht die Grenzen des legitimen Aktes ab,
sondern erteilt einen Ratschlag dem, der sich um seine Nachkommenschaft sorgt. Und wenn man sich beträchtliche Sorge um diese macht, so
geschieht das um einer Pflicht willen, welche die Erzeuger ihr gegenüber
haben sollen; es ist aber auch eine Pflicht ihnen selbst gegenüber, weil es
vorteilhaft für sie ist, wohlgestalten Nachwuchs zu haben. Diese Pflichten,
die sich der Zeugung beigesellen, definieren eine Anzahl möglicher Irrtümer, welche gleichzeitig Verfehlungen sind. Und sie sind so zahlreich, sie
führen so viele verschiedene Faktoren ein, daß nur wenige Zeugungen gelungen wären, gäbe es nicht das Geschick der Natur, diese Mängel zu kompensieren und die ärgsten Schäden zu vermeiden. So jedenfalls rechtfertigt
Galen sowohl die Notwendigkeit, mannigfache Vorkehrungen zu treffen,
als auch die Tatsache, daß gleichwohl viele Geburten gutgehen: »Die Väter, die uns zeugen, und die Mütter, die uns in ihrem Schoße nähren, tun
selten wohl und begehen häufig Fehler im Zeugungsakt; Männer und
Frauen verbinden sich dermaßen in Rausch und Völle, daß sie selber nicht
mehr wissen, wo auf der Erde sie sich befinden. So ist die Frucht der Emp-

61 Ebd.
62 A. a. O., I, 14.
63 Galen, in: Oreibasios, *Livres incertains*, VI, a. a. O., Bd. III, S. 102.

fängnis bereits bei der Geburt verdorben. Hinzu kommen die Fehler der schwangeren Frau, die es aus Trägheit versäumt, maßvoll zu üben, die sich mit Speisen vollstopft, sich der Wut und dem Wein hingibt, übermäßig badet und dem Geschlechtsverkehr zur Unzeit *(akairíon aphrodisíon)* frönt. Und doch übersteht die Natur so viele Unbillen und heilt die meisten.« Die Bauern lassen Sorgfalt walten, »wenn sie ihre Felder besäen«, die Menschen aber, bemerkt Galen in Anknüpfung an die sokratischen Themen der Sorge um sich, die in ihrem eigenen Leben »wenig auf sich selbst halten«, kümmern sich auch nicht um ihren Nachwuchs.[64]

2. *Das Alter des Subjekts.* Der Genuß der *aphrodisia* soll weder zu lange andauern noch zu früh beginnen. Gefährlich werden die Geschlechtsbeziehungen, wenn man alt ist: sie erschöpfen einen Körper, der die Lebenskräfte, die ihm entzogen wurden, nicht mehr zu ersetzen vermag.[65] Doch sie schaden auch, wenn man zu jung ist. Sie hemmen das Wachstum und stören die Entwicklung der Zeichen der Pubertät – die aus der Entwicklung der Samenkräfte im Körper resultieren. »Nichts hemmt mehr die Entwicklung der Seele und des Körpers als vorzeitige und unmäßig ausgeübte Geschlechtsbeziehungen.«[66] Und Galen: »Viele junge Leute werden infolge von Geschlechtsbeziehungen von unheilbaren Krankheiten befallen, weil sie gegen die von der Natur vorgeschriebene Zeit verstoßen haben.«[67] Welches ist die »vorgeschriebene Zeit«? Ist es das Erscheinen oder die Bestätigung der Zeichen der Pubertät? Alle Mediziner sind sich darin einig, daß diese bei den Knaben bei etwa vierzehn Jahren liegt. Aber einig sind sich auch alle darin, daß der Zugang zu den *aphrodisia* so früh nicht erfolgen darf. Man findet keinerlei genauen Hinweis auf das Alter, in dem man die sexuellen Beziehungen beginnen soll. Mehrere Jahre sollen jedenfalls verrinnen, während deren der Körper die Samenflüssigkeiten bildet, ohne daß es ratsam wäre, sie auszuscheiden. Von daher die Notwendigkeit einer besonderen »Diät«, um die Abstinenz der Heranwachsenden zu gewährleisten. Die Ärzte verordnen, der Tradition entsprechend, ein Leben intensiver körperlicher Übungen. So Athenaios: »Weil in diesem Alter (mit vierzehn Jahren) die Erzeugung von Sperma einsetzt und die jungen Leute

---

64 Galen, *De usu partium*, XI, 10.
65 Galen, in: Oreibasios, *Livres incertaines*, VIII, a. a. O., Bd. II, S. 110.
66 Athenaios, in: Oreibasios, *Livres incertains*, XXI, a. a. O., Bd. III, S. 165.
67 Galen, in Oreibasios, *Livres incertains*, VIII, a. a. O., Bd. III, S. 111.

ein brennendes Verlangen nach Geschlechtsbeziehungen verspüren, soll
man sie sehr zahlreiche körperliche Übungen machen lassen, damit sie
von Anfang an lernen, die Seele und den Körper zu ermüden und ihre Begehren zu unterdrücken.«[68]

Bei den Mädchen liegt das Problem etwas anders. Die Praxis der Früh-
ehe leistete natürlich der Ansicht Vorschub, erste Sexualbeziehungen und
Mutterschaft könnten statthaben, sobald sich die Menstruation regelmäßig eingestellt habe.[69] Soranus ist dieser Ansicht und rät, sich zur Bestimmung des Heiratsalters auf organische Kriterien und nicht auf das Gefühl
der Mädchen selbst zu verlassen; dieses nämlich kann, aufgrund der Erziehung, vor dem Körper erwachen; »da der Samen zum Keim eines neuen
Wesens werden soll«, besteht Gefahr, wenn der Körper der Frau nicht die
für diese Aufgabe nötige Reife erlangt hat; folglich ist es gut, daß sie Jungfrau bleibe, bis daß die Menstruation sich von selbst eingestellt hat.[70] Andere Mediziner fassen einen viel späteren Zeitpunkt ins Auge. So meint
Rufus von Ephesos, daß eine Schwangerschaft unter achtzehn für die Mutter wie für das Kind von Nachteil sein könne. Er erinnert daran, daß dieses
Alter schon vor langer Zeit von Hesiod empfohlen wurde; er erinnert auch
daran, daß dieses – wie manche finden, reichlich späte – Alter in früherer
Zeit noch nicht die Nachteile aufwies, die sich seither einstellten: damals
führten die Frauen ein ebenso tätiges Leben wie die Männer; erst die über-
reichliche Ernährung und der Müßiggang bewirken Störungen bei den unverheirateten Mädchen und lassen Geschlechtsbeziehungen, welche den
Regelfluß erleichtern, wünschenswert werden. Die Lösung, die Rufus vorschlägt, sieht daher eine relativ späte Heirat (etwa mit 18 Jahren) vor, die
aber durch eine umfassende »Diät« vorbereitet wird, welche das Leben
des jungen Mädchens bereits vor der Pubertät begleitet; während der Kindheit sollen die Mädchen mit den Knaben zusammensein; wenn dann die
Zeit kommt, sie von ihnen zu trennen, soll man sie einer sorgfältigen Diät
unterwerfen: kein Fleisch, keine zu reichlichen Speisen, keinen oder sehr
wenig Wein, lange Spaziergänge, Übungen. Man muß bedenken, daß Müßiggang »für sie das Schädlichste ist, was es nur gibt«, und daß es »vorteilhaft ist, durch die Übungen die Hitze in Bewegung zu bringen und die Ge-

68 Athenaios, in: Oreibasios, *Livres incertains*, XXI, a. a. O., Bd. III, S. 164 f.
69 Über diese Beziehungen zwischen Heiratsalter und Problematisierungen der Gesundheit der Frau
vgl. A. Rousselle, *Porneia. De la maîtrise du corps à la privation sensorielle*. Paris 1983, S. 49 ff.
70 Soranus, a. a. O., IV, I, 8.

wohnheit des Körpers zu erwärmen, doch so, daß sie Frauen bleiben und nicht männliche Züge annehmen«. Die Teilnahme an Chören, bei denen man singt und tanzt, erscheint Rufus als die beste Form von Übung: »Die Chöre wurden nicht allein erfunden, um die Götter zu ehren, sondern auch um der Gesundheit willen.«[71]

3. *Der »günstige Augenblick«*. Über den *kairós* des Geschlechtsakts wird viel diskutiert. Hinsichtlich der längeren Zeiträume hält man sich meist an den traditionellen Kalender: Winter und Frühjahr sind die besten Jahreszeiten; den Herbst lassen einige gelten, andere nicht; im Sommer, so die allgemeine Auffassung, soll man sich möglichst enthalten.[72] Die Bestimmung der Tagesstunde hängt dagegen von verschiedenen Überlegungen ab. Außer religiösen Motiven, die Plutarch in einem der *Tischgespräche*[73] nennt, hängt die Frage des Augenblicks auch mit den Zeiten der Übungen, der Mahlzeiten und der Verdauung zusammen. Vor den Geschlechtsbeziehungen soll man tunlichst keine anstrengenden Übungen unternehmen, welche die Reserven, deren der Körper bedarf, anderen Teilen zuleiten; umgekehrt sind nach der Liebe Bäder und kräftigende Abreibungen empfohlen. Es ist nicht gut, *aphrodísia* vor der Mahlzeit zu genießen, wenn man hungrig ist, denn unter diesen Bedingungen wirkt der Akt nicht ermüdend, sondern er büßt an Kraft ein.[74] Doch soll man auch üppige Mähler und unmäßiges Trinken vermeiden. Stets schädlich ist die Zeit der Verdauung: »Mitten in der Nacht schadet der Koitus, weil dann die Speisen noch nicht verarbeitet sind; ebenso verhält es sich mit dem Koitus am Vormittag, denn da kann es sein, daß der Magen noch schlecht verdaute Speisen enthält und noch nicht alles Überflüssige mit dem Urin und dem Stuhl ausgeschieden ist.«[75] Letzten Endes ist somit der Moment nach einem mäßigen Mahl und vor dem Schlafe – eventuell auch vor der Mittagsruhe – der rechte für Geschlechtsbeziehungen; und laut Rufus hat die Natur selbst ihre Vorliebe für diesen Augenblick angezeigt, indem sie dem Körper dann seine stärkste Erregung verleiht. Will man übrigens Kinder ha-

---

71 Rufus von Ephesos, in: Oreibasios, *Livres incertains*, II, a. a. O., Bd. III, S. 82-85.
72 Celsus, *De medicina*, I, 3. Rufus von Ephesos, in: Oreibasios, VI, 38, a. a. O., Bd. I, S. 543; Galen, in: Oreibasios, *Livres incertains*, VIII, a. a. O., S. 110. Über diese jahreszeitliche Verteilung der Lüste vgl. M. Foucault, a. a. O., Kapitel II.
73 Plutarch, *Quaestionum convivalium libri IX*, III, 6, 1089a.
74 Rufus von Ephesos, in: Oreibasios, VI, 38, a. a. O., Bd. I, S. 540 f.
75 A. a. O., S. 547.

ben, so sollte der Mann »sich Geschlechtsbeziehungen hingeben, nachdem er wohl gespiest und wohl getrunken hat, während die Frau eine weniger stärkende Diät einhalten soll; denn es soll so sein, »daß der eine gibt und der andere empfängt«.[76] Derselben Ansicht ist Galen: er empfiehlt jenen Moment, da man eben in Schlummer fällt, nachdem man »ein kräftiges, aber nicht beschwerendes Mal« gehalten hat; dann ist genügend Nahrung da, um den Körper zu sättigen und zu stärken, und der Schlummer vertreibt die Mattigkeit; überdies ist es der beste Moment, um Kinder zu bekommen, »denn die Frau behält im Schlaf das Sperma besser«; endlich erweist die Natur selbst ihre Gunst für diese Stunde, indem sie ebendann das Begehren weckt.[77]

4. *Die individuellen Temperamente.* Rufus stellt den allgemeinen Grundsatz auf, daß die zum Beischlaf geeigneten Naturen diejenigen sind, »die mehr oder minder warm und feucht« sind; umgekehrt ist die geschlechtliche Betätigung den kalten und trockenen Konstitutionen ungünstig. Und um die warme Feuchtigkeit, deren man zu den *aphrodisia* bedarf, zu erhalten oder wiederherzustellen, gilt es, sich einem komplexen und stetigen Regime entsprechender Übungen und geeigneter Ernährung zu unterziehen. Um der geschlechtlichen Aktivität willen und um die Balance, die sie zu erschüttern droht, zu erhalten, muß man sich eine ganze Lebensweise verordnen. Es ist nützlich, Bleichert zu trinken, im Ofen gebackenes Kleiebrot zu essen (seine Feuchtigkeit dient der Vorbereitung oder Ausgleichung); als Fleisch verzehre man Hammel, Lamm, Hühner, Birkhähne, Feldhühner, Gänse, Ente; als Fisch Kraken und Mollusken; dazu Rüben, Bohnen, Dickbohnen und Kichererbsen (wegen ihrer Wärme), auch Trauben (wegen ihrer Feuchtigkeit). Als Tätigkeiten, die man unternehmen soll, empfehlen sich Spaziergänge zu Fuß oder zu Pferde, Laufen, doch weder zu schnell noch zu langsam, aber keine anstrengenden Übungen, keine heftigen Bewegungen wie beim Speerwerfen (welches den Nährstoff anderen Teilen des Körpers zuführt), keine zu heißen Bäder, keine Erhitzungen oder Abkühlungen; keine schweren Arbeiten; zudem ist alles zu vermeiden, was den Körper ermüdet – Zorn, übergroße Freude, Schmerz.[78]

76 A. a. O., S. 549.

77 Galen, in; Oreibasios, VIII, a. a. O., Bd. III, S. 111. Zu erwähnen wäre noch, daß Celsus der Nacht den Vorzug gibt: »Bei Tage ausgeübt, bekommt er schlechter, besser bei Nacht. Auf ersteren darf man nicht gleich eine Mahlzeit, auf letztere nicht gleich Arbeit und Nachtwachen folgen lassen« (*De medicina*, I, 2).

78 Rufus von Ephesos, in: Oreibasios, VI, 38, a. a. O., Bd. I, S. 543-546.

4 Die Arbeit der Seele

Die für die sexuellen Lüste empfohlene Diät scheint gänzlich auf den Körper gerichtet zu sein: seinen Zustand, seine Gleichgewichte, seine Gebrechen, seine ständigen oder vorübergehenden Befindlichkeiten erscheinen als die entscheidenden Variablen, nach denen sich das Verhalten zu richten hat. In gewisser Weise gibt der Körper dem Körper das Gesetz. Und doch hat auch die Seele ihre Rolle zu spielen, und die Ärzte führen sie ins Feld: sie ist es nämlich, die fortwährend den Körper von seiner eigenen Mechanik und seinen elementaren Bedürfnissen abzulenken droht; sie verleitet dazu, den ungeeigneten Augenblick zu wählen, unter verdächtigen Umständen zu agieren, den natürlichen Gegebenheiten zu widerstreben. Der Grund dafür, daß die Menschenwesen einer Diät bedürfen, die mit solch peinlicher Genauigkeit auf alle Elemente der Physiologie achthat, liegt darin, daß sie infolge ihrer Vorstellungen, ihrer Leidenschaften und Liebschaften beständig davon forttreiben. Selbst das Alter, in dem die Aufnahme geschlechtlicher Beziehungen wünschbar ist, schwankt bei den Mädchen ebenso wie bei den Knaben: Erziehung und Gewohnheiten können das Begehren zur Unzeit auftreten lassen.[79]

Die vernünftige Seele muß mithin eine doppelte Rolle spielen: sie muß dem Körper eine Diät zuweisen, die tatsächlich von seiner ihm eigenen Natur, von seinen Spannungen, seinem Zustand und seinen Lebensumständen ausgeht; doch wird sie sie ihm nur dann richtig zuweisen, wenn sie an ihr selber eine umfassende Arbeit vorgenommen hat: wenn sie die Irrtümer ausgeschaltet, die Vorstellungen gezügelt, die Begierden gemeistert hat, die sie das nüchterne Gesetz des Körpers verkennen lassen. Athenaios – bei dem der stoische Einfluß spürbar ist – definiert in sehr klarer Weise diese mühsame Arbeit der Seele an ihr selber als Bedingung einer guten somatischen Diät: »Was den Erwachsenen geziemt, ist eine vollständige Diät sowohl der Seele als des Körpers ... man muß streben, seine Triebe *(hormaí)* zu dämpfen und dafür zu sorgen, daß unsere Begehren *(prothymíai)* nicht über unsere Kräfte gehen.«[80] Es geht also bei dieser Diät nicht darum, einen Kampf der Seele gegen den Körper anzufachen, auch nicht darum, Mittel zu erstellen, durch die sie sich gegen ihn verteidigen

---

79 Soranus, a. a. O., I, 8.
80 Athenaios, in: Oreibasios, XXI, a. a. O., Bd. III, S. 165.

könnte; vielmehr soll sich die Seele selbst berichtigen, um den Körper nach einem Gesetz lenken zu können, welches sein eigenes Gesetz ist.

Diese Arbeit wird von den Ärzten anhand von drei Elementen beschrieben, die das Subjekt über die aktuellen Nöte des Organismus hinauszutreiben drohen: die Bewegung des Begehrens, die Gegenwart der Bilder, das Haften an der Lust.

1. Beim medizinischen Regime handelt es sich nicht darum, das Begehren auszuschalten. Die Natur selbst hat es in alle Lebewesen gelegt, wie einen Stachel, um jedes der beiden Geschlechter anzureizen und zum anderen hinzuziehen. Nichts wäre also der Natur mehr zuwider, nichts schädlicher, als die *aphrodísia* von der Naturkraft des Begehrens ablösen zu wollen oder, um die Schwäche des Alters zu betrügen, die Natur zwingen zu wollen. Keine Geschlechtsbeziehungen haben *áneu epithymeîn*, ohne Begehren zu spüren: das rät Rufus in der Abhandlung *Von der Satyriasis*. Doch dieses Begehren hat zwei Seiten: es erscheint im Körper, und es erscheint in der Seele. Und in ihrer genauen Abstimmung liegt das Problem der Diät. Man muß so verfahren, daß die Bewegungen hier wie dort so genau wie möglich koordiniert und angepaßt sind. Rufus hat eine bemerkenswerte Formel: »Am besten gibt der Mensch sich dann sexuellen Annäherungen hin, wenn er gleichzeitig vom Begehren der Seele und dem Bedürfnis des Körpers getrieben wird.«[81]

Es kommt vor, daß diese natürliche Korrelation von seiten des Körpers selbst gefährdet wird. Dieser betört sich gewissermaßen ganz allein. Nichts in der Seele entspricht seiner Erregung. Er gibt sich einer Art schierer Entfesselung hin. Der Geschlechtsakt wird geradezu »anfallartig«, wie Rufus sagt.[82] An diese rein körperliche Erregung scheint derselbe Rufus zu denken, wenn er von den *hormaí* spricht, welche die Vorzeichen der Manie oder der Epilepsie[83] begleiten. Sie tritt auch, allerdings in anderer Form, bei der Satyriasis oder bei der Gonorrhöe auf: bei der ersten entfachen sich die Geschlechtsorgane von ganz allein, bei der anderen »wird ohne Akt und ohne nächtliches Bild ein Schwall von Samen vergossen«; der Kranke, überwältigt von der gestörten Mechanik seines Körpers, erschöpft sich und »geht nach einiger Zeit an Auszehrung zugrunde«.[84]

81 Rufus von Ephesos, in: Oreibasios, VI, a. a. O., Bd. I, S. 549.
82 Rufus von Ephesos, *Œuvres*, a. a. O., S. 75.
83 Rufus von Ephesos, in: Oreibasios, VI, a. a. O., Bd. I, S. 549.
84 Celsus, *De medicina*, IV, 28.

Doch kann sich umgekehrt auch die Seele von den Formen und Grenzen des Begehrens, das sich im Körper kundtut, lösen. Der Ausdruck, mit dem Rufus und Galen diesen Exzeß belegen, ist bezeichnend: es ist der der *dóxa*. Die Seele, statt nur auf die Nöte und Bedürfnisse ihres Körpers achtzugeben, läßt sich von Vorstellungen hinreißen, die ihr eigen sind und keinerlei Entsprechung im Organismus haben. Eitle und leere *(kenaí)* Vorstellungen. Sowenig der Körper sich betören darf ohne das Gegenstück eines Begehrens in der Seele, sowenig darf diese über das hinausgehen, was der Körper verlangt und seine Bedürfnisse diktieren. Im ersten Falle aber handelt es sich um eine Krankheit, die durch Arzneien gebessert werden mag; im zweiten tut es vor allem not, sich eine sittliche Diät aufzuerlegen. Die Formel dazu liefert Rufus: »die Seele unterwerfen und sie dem Körper gehorchen lassen«.[85]

Ein paradoxes Wort, denkt man an das traditionelle Thema, wonach die Seele sich nicht von den Lockungen des Körpers soll betören lassen. Doch muß man es in seinem genauen theoretischen und medizinischen Kontext, der vielleicht vom Stoizismus inspiriert war, verstehen. Die freiwillige Unterwerfung unter den Körper muß verstanden werden als das Horchen auf eine Vernunft, die der natürlichen Ordnung vorausging und die zu ihren Zwecken die Mechanik des Körpers eingerichtet hat. Von dieser natürlichen Vernunft drohen die *dóxai* die Seele abzubringen und überschüssige Begehren hervorzurufen; auf sie muß die medizinische, vernünftige und wahrhaft auf die Kenntnis der lebendigen Wesen gegründete Diät die Aufmerksamkeit richten. Daher kann das Beispiel des Tieres, das so oft dazu gedient hatte, die Gelüste des Menschen abzuwerten, im Gegenteil nun ein Verhaltensmodell abgeben. Denn in ihrer Sexualordnung befolgen die Tiere die Anforderungen des Körpers, nichts mehr und nichts anderes; was sie lenkt, erklärt Rufus, und was also auch die Menschenwesen leiten soll, sind nicht die *dóxai*, sondern »die Vorspiele der Natur, die der Ausscheidung bedarf«. Ebenso werden für Galen die Tiere nicht zur geschlechtlichen Vereinigung getrieben durch die »Meinung« – *dóxa* –, daß »die Wollust eine gute Sache ist«; es drängt sie nur zu Geschlechtsbeziehungen, »um das Sperma abzustoßen, welches sie ermattet«; für sie gibt es keinen Unterschied zwischen dem, was sie zu Geschlechtsbeziehungen

---

85 Rufus von Ephesos, in: Oreibasios, VI, a. a. O., Bd. I, S. 550.

reizt, und dem, was »sie treibt, natürlicherweise die Exkremente oder den Urin auszuscheiden«.[86]

Das medizinische Regime legt also eine Art Animalisierung der *epithymía* nahe; darunter ist eine so streng wie möglich durchgeführte Unterordnung des Begehrens der Seele unter die Bedürfnisse des Körpers zu verstehen; eine Ethik des Begehrens, die sich an eine Physik der Ausscheidungen anlehnt; schließlich das Streben nach einem idealen Punkt, an dem die Seele, geläutert von all ihren eitlen Vorstellungen, sich nur noch um die strenge Ökonomie der organischen Entleerungen kümmert.

2. Von daher das generelle Mißtrauen der Ärzte gegenüber den »Bildern« *(phantasíai)*. In den Behandlungsempfehlungen kehrt das Thema regelmäßig wieder. So bei Rufus anläßlich der Satyriasis: die Kur, die er vorschlägt, hat zwei Aspekte; der eine betrifft die Nahrung, aus der alle erhitzenden Stoffe auszuschalten sind; der andere betrifft die Stimulationen der Seele: »Man vermeide alle venerischen Gespräche, Gedanken und Gelüste, und obendrein verbiete man sich das mit Augen Gesehene, denn alles das, selbst im Traume, reizt zum Beischlaf, wenn man Enthaltung praktiziert und saftige und üppige Mähler eingenommen hat.«[87] Aus demselben Grunde hatte Galen einem seiner Freunde eine zweifach kathartische Kur verordnet; dieser hatte auf seine sexuelle Aktivität verzichtet, doch befand er sich im Zustand beständiger Erregung. Galen rät ihm zunächst, sich körperlich freizumachen, indem er das angesammelte Sperma ausscheidet; sodann – ist der Körper erst gereinigt – nichts mehr in den Geist einzulassen, was dort Bilder hinterlassen könnte: »sich gänzlich von Schauspielen, Gedanken und Erinnerungen fernhalten, welche die venerischen Begehren zu erregen vermögen«.[88]

Diese furchtbaren Bilder, die in der Seele »leere« und mit den Bedürfnissen des Körpers unverbundene Begehren hervorrufen, umfassen mehrere Arten. Da sind natürlich die Bilder des Traums, um die sich die Ärzte vor allem dann zu bekümmern scheinen, wenn sie von Samenergüssen begleitet sind: daher der so oft wiederholte Rat, nicht auf dem Rücken zu schlafen, weder zuviel zu trinken noch zu essen vor dem Schlummer, den Geist beim Einschlafen in Ruhe zu halten. Rufus von Ephesos macht dar-

---

86 Galen, *De locis affectis*, VI, 5.
87 Rufus von Ephesos, *Œuvres*, a. a. O., S. 74 f.
88 Galen, *De locis affectis*, VI, 6.

aus einen wichtigen Artikel in der Diät für jene, die von Satyriasis befallen sind: »Auf der Seite schlafen statt auf dem Rücken ...«[89] Zu den Bildern, die man vermeiden muß, gehören die, welche man im Theater sehen kann, die, welche Lektüre, Gesang, Musik und Tanz hervorrufen und die sich im Geist einnisten, ohne daß ihnen etwas in den Bedürfnissen des Körpers entspräche. So hat Galen Phänomene von Satyriasis bei Subjekten beobachten können, »welche nicht den Gedanken an Sinnenlüste von sich fernhalten, wie es die von Natur aus keuschen und an Enthaltsamkeit gewöhnten Personen tun, sondern sich vielmehr solche Lüste vorstellen mit Hilfe aufreizender Schauspiele oder Erinnerungen. Die krankhafte Veranlagung, die sich bei diesen Individuen am Penis zeigt, ist völlig verschieden von derjenigen bei Leuten, die an Sinnenlüste überhaupt nicht gedacht haben.«[90]

Doch muß man unter diesem Ausdruck *phantasía*, seinem philosophischen Gebrauch entsprechend, auch die visuellen Wahrnehmungen verstehen. Es ist nicht nur gefährlich, sich *aphrodísia* vorzustellen oder in Erinnerung zu rufen, sondern auch sie anzusehen. Es ist ein sehr altes Thema der traditionellen Scham, daß die *aphrodísia* eher bei Nacht und im Dunkeln als im hellen Licht des Tages vonstatten gehen sollten. Doch derselben Vorschrift gibt man auch den Wert einer Diät: indem man nicht sieht, bewahrt man sich vor den Bildern, die sich in die Seele graben, sich dort festsetzen und unberufen wiederkehren könnten. Plutarch erwähnt dieses Problem anläßlich des *kairós*, des Moments der Geschlechtsakte; zu den Gründen, das Licht zu fliehen, zählt für ihn auch die Sorge, »die lüsternen Bilder« zu meiden, die beständig unser Begehren »erneuern«; »die Nacht hingegen entzieht unser Treiben samt all seiner möglichen Unersättlichkeit und Wildheit unseren Blicken, besänftigt die Natur und hütet sie davor, auf die Klippe der Unzucht zu geraten.«[91]

Man mag hier auch daran erinnern, daß die Frage der »Bilder« in der Liebesliteratur heiß umstritten war. Der Blick galt als das sicherste Vehikel der Leidenschaft; durch ihn geht sie ins Herz ein; durch ihn spricht sie und antwortet. Properz zufolge gewährt es nicht Genuß, »es verringert die Liebeslust, wenn man die Bewegungen nicht sieht. Falls du es noch nicht

---

89 Rufus von Ephesos, *Œuvres*, a. a. O., S. 74. Der Auffassung, daß das Schlafen auf dem Rücken die Geschlechtsteile erregt und nächtliche Samenergüsse hervorruft, begegnet man sehr häufig. Vgl. Galen, *De locis affectis*, VI, 6; Diokles, in: Oreibasios, III, 177.

90 Galen, *De locis affectis*, VI, 6.

91 Plutarch, *Quaestionum convivalium libri IX*, II, 6, 1089a.

weißt: in der Liebe gehen die Augen voran! ... Endymion, heißt es, habe die Schwester des Phoibos bezaubert, als er nackt lag und zu der nackten Göttin sich gesellt.«[92] Von daher wurden Blick, Licht, Bild als gefährlich angesehen. Gefährlich für die Sittenstrenge: derselbe Properz denkt, daß die Zuchtlosigkeit sich breitgemacht habe, seit man Bilder in die Häuser brachte.[93] Gefährlich auch für die Liebe selbst, die durch die Mißlichkeit der Bilder verletzt werden kann. Ovid mahnt den zur Vorsicht, der die Liebe wahren will: »Laß das Licht nicht durch die ganzen Fenster in das Schlafzimmer strömen; es ist passender, daß an eurem Körper vieles verborgen bleibe.«[94] Gerade deswegen kann das grausame Bild ein ausgezeichnetes Mittel sein, sich gegen die Leidenschaft zu schützen oder gar sie loszuwerden. Nichts ist stärker, sagt Ovid in den *Remedia amoris*, wenn man sich von einer Liebe befreien will, als im Augenblick des Geschlechtsverkehrs Licht zu machen; körperliche Mängel, Mäkel und Unreinheiten prägen sich dem Geist ein und erregen Abscheu. Gut ist auch, wenn man sich von seiner Geliebten abwenden will, morgens beim Erwachen ein Blick auf die Unordnung der Toilette.[95] Es gibt eine ganze Technik des Bildes, die sich für oder wider die Liebe anwenden läßt. Das ist übrigens einer der Aspekte der Sexualethik seit dem Ende der Antike, die sich am beständigsten gehalten haben: der Kampf gegen die inneren oder äußeren Bilder als Bedingung und Unterpfand der guten sexuellen Führung.

3. Bleibt noch die Lust, von der man weiß, daß sie von der Natur in den Prozeß der *aphrodísia* hineingelegt ist. Kann man sie auslöschen oder bewirken, daß man sie nicht mehr spürt? Davon ist nicht die Rede, weil sie direkt an die Regungen des Körpers und die Mechanismen von Zurückhaltung/Erektion geknüpft ist. Gleichwohl ist Galen der Ansicht, man könne verhindern, daß diese Lust in der Ökonomie der *aphrodísia* ein Grund von Maßlosigkeit werde. Das Verfahren, das er anrät, ist deutlich stoisch: man solle davon ausgehen, daß die Lust nur etwas ist, was den Akt begleitet, und nicht etwa der Grund, ihn auszuführen. »Daß die Lust etwas Gutes sei«, das ist, wie wir sehen, für Galen eine *dóxa*, die die Tiere nicht« haben (was ihrem Verhalten ein natürliches Maß sichert); umgekehrt geraten die-

---

92 Properz, *Elegien*, II, 15.
93 A. a. O., II, 6.
94 Ovid, *Ars amatoria*, III, 807 f.
95 Ovid, *Remedia amoris*, v. 399 ff.; vgl. auch v. 345 ff. Vgl. in *Ars amatoria*, III, 209, den Ratschlag an die Frauen, sich nicht bei der Toilette zu zeigen.

jenigen Menschen, die eine solche Meinung hegen, dahin, die *aphrodísia*
um der Lust willen zu suchen, die sie bereiten; sie kleben daran und suchen
sie stets zu erneuern.

Für eine vernünftige Diät besteht also die Aufgabe darin, die Lust als an-
gestrebtes Ziel auszuschalten: sich in seinem Verhalten gegenüber den
aphrodísia nicht von der Anziehung der Lust abhängig zu machen und
so zu tun, als gäbe es sie nicht. Das einzige Ziel, das die Vernunft sich setzen soll, ist dasjenige, das der Zustand des Körpers entsprechend seinen
eigenen Reinigungsbedürfnissen anweist. »Die keuschen Menschen *(tùs só-
phronas)* gebrauchen Sinnenlüste nicht um der damit verbundenen Wollust willen, sondern um eine Unpäßlichkeit zu kurieren, so als gäbe es in
Wirklichkeit keinerlei Wollust.«[96] So lautet die Lehre, die Galen aus der berühmten Geste des Diogenes zieht: ohne erst auf die Prostituierte zu warten, die er zu sich bestellt hatte, hatte der Philosoph sich selbst von dem
ihm lästigen Saft befreit; er wollte damit, so Galen, sein Sperma ausscheiden, »ohne die Lust zu erstreben, die diese Entleerung begleitet«.[97]

Man kann bei der Gelegenheit darauf hinweisen, welch diskrete Stelle
die Masturbation und die einsamen Vergnügen in diesen medizinischen
Leibordnungen einnehmen – wie überhaupt in der gesamten Moralreflexion der Griechen und der Lateiner über ihre sexuelle Aktivität. Wenn
die Masturbation erwähnt wird, was ziemlich selten ist, geschieht es in positiver Form: eine Geste natürlicher Abtuung, die zugleich als philosophische Lektion und notwendige Arznei gilt. Denken wir an den Bericht,
den Dion von Prusa von Diogenes gibt, der lachend das Lob der Geste
sang, die er vor aller Augen tat: eine Geste, die, zur rechten Zeit getan,
den Trojanischen Krieg unnötig gemacht hätte; eine Geste, die die Natur
selbst uns am Beispiel der Fische lehrt; eine vernünftige Geste, denn sie
hängt von uns allein ab, und wir brauchen niemand, um uns das Bein zu
kratzen; eine Geste schließlich, die wir den Göttern verdanken, denn es
war Hermes, der das Rezept dem Pan gab, hoffnungslos verliebt in die un-
erreichbare Echo; von Pan lernten es dann die Schäfer.[98] Es ist die Geste
der Natur selbst, die, fern von Leidenschaften oder Kunstgriffen, frei von
aller Abhängigkeit, dem schieren Bedürfnis entspricht. In der abendländischen Literatur bleibt – seit dem christlichen Mönchtum – die Masturba-

96 Galen, *De locis affectis*, VI, 5.
97 Ebd.
98 Dion von Prusa, *Reden*, VI, 19 f.

tion mit den Chimären der Einbildung und ihren Gefahren verknüpft; ja, sie ist die Form der außernatürlichen Lust, die die Menschen erfunden haben, um die ihnen gesetzten Grenzen zu überschreiten. In einer medizinischen Ethik, die, wie die der ersten Jahrhunderte unserer Zeitrechnung, besorgt war, die sexuelle Aktivität an die elementaren Bedürfnisse des Körpers zu binden, bildet die Geste der einsamen Reinigung die am strengsten vom Unnutz des Begehrens, der Bilder und der Lust gelöste Form.

1. So eingehend und komplex diese Regimes der sexuellen Aktivität auch sein mögen, darf man ihre relative Bedeutung doch nicht übertreiben. Der ihnen zugewiesene Platz ist beschränkt, verglichen mit den anderen Regimes – vor allem mit dem von Nahrung und Diät. Als Oreibasios im 5. Jahrhundert seine große Sammlung medizinischer Texte anlegt, widmet er vier ganze Bücher den Beschaffenheiten, Unzuträglichkeiten, Gefahren und Tugenden der verschiedenen möglichen Speisen und den Bedingungen, unter denen man sie nehmen oder lassen soll. Dem sexuellen Regime räumt er nur zwei Paragraphen ein, in denen er einen Text von Rufus und einen von Galen zitiert. Man könnte annehmen, daß diese Beschränkung in erster Linie einem Charakterzug Oreibasios' und seiner Epoche entspricht; es ist aber der gesamten griechischen und römischen Medizin gemeinsam, der Diätetik der Ernährung weit mehr Platz einzuräumen als der des Geschlechts. Essen und Trinken, das ist für sie die Hauptsache. Eine merkliche Evolution, die sich im christlichen Mönchtum ankündigt, wird stattfinden müssen, damit die Sorge um das Geschlecht gleichgewichtig wird derjenigen um die Nahrung; doch die Enthaltung von Speisen und das Fasten werden lange Zeit grundlegend bleiben. Und der Tag, an dem die Unruhe um das Geschlecht und sein Regime in signifikanter Weise über die Strenge der Speisevorschriften hinausgeht, wird ein wichtiger Augenblick für die Geschichte der Ethik in den europäischen Gesellschaften sein. In der römischen Epoche jedenfalls ist das Regime der sexuellen Lüste an einem relativ begrenzten Platz in Nachbarschaft zu der großen Speisediät angesiedelt, geradeso wie im moralischen Denken und in den gesellschaftlichen Riten diese Lüste selbst mit der Wollust von Essen und Trinken in Verbindung gebracht wurden. Direktes Zeugnis davon liefert – als gemeinschaftlicher Ort von Völlerei, Rausch und Liebe – das Bankett; indirekt bezeugt es auch der umgekehrte Ritus des philosophischen Banketts, bei dem die Nahrung stets gemessen ist, der Rausch noch zur Wahrheit fähig und die Liebe Gegenstand vernünftiger Reden.

2. In diesen ärztlichen Regimes zeigt sich das Aufkommen einer gewissen »Pathologisierung« des Geschlechtsakts. Wohlverstanden: es geht beileibe nicht um jene, die sich viel später in den abendländischen Gesellschaften ereignet hat, als das sexuelle Verhalten als Träger krankhafter Abweichungen erkannt wurde. Da wird es dann als ein Bereich organisiert werden, der seine normalen und seine kranken Formen, seine spezifische Pathologie, seine Nosographie und seine Ätiologie hat – eventuell auch seine Therapeutik. Die griechisch-römische Medizin verfährt anders; sie versetzt den Geschlechtsakt in ein Feld, in dem er jeden Augenblick von Störungen des Organismus befallen und beeinträchtigt werden kann und in das er umgekehrt ständig verschiedene nahe oder ferne Krankheiten hereinzutragen droht.

Von Pathologisierung kann man in zweierlei Hinsicht sprechen. Zum ersten, weil die Störwirkungen nicht ausschließlich den großen Exzessen im Gebrauch des Sexes zugeschrieben werden, sondern der Natur des Prozesses selbst – den Verausgabungen, Erschütterungen, Stößen, die er im Organismus hervorruft; vor allem aber, weil diese medizinischen Analysen dahin gehen, die Vorstellungen vom Geschlechtsakt als Aktivität, als Energie, deren Gewalt allein schrecklich ist, umzukehren. Sie beschreiben ihn eher als einen Prozeß, bei dem das Subjekt passiv von Mechanismen des Körpers überwältigt wird, von Regungen der Seele, bei denen es seine Herrschaft durch genauestes Eingehen auf die Bedürfnisse der Natur wiederherstellen muß. Festzuhalten ist, daß diese Medizin der *chrêsis aphrodisíon* nicht darauf aus war, die »pathologischen« Formen des sexuellen Verhaltens abzugrenzen: vielmehr hat sie in der Wurzel der sexuellen Akte ein Element von Passivität ausgemacht, das – der Doppelbedeutung des Wortes *páthos* entsprechend – auch ein Krankheitsprinzip ist. Der Geschlechtsakt ist nicht ein Übel; er zeigt einen permanenten Herd möglicher Übel an.

3. Eine derartige Medizin verlangt eine extreme Wachsamkeit gegenüber der sexuellen Aktivität. Doch führt diese Aufmerksamkeit nicht dahin, diese Aktivität nach ihrem Ursprung und ihrem Ablauf zu entziffern; es geht für das Subjekt nicht darum, genau zu wissen, woran es mit seinen eigenen Begehren ist, mit besonderen Regungen, die es zum Geschlechtsakt verleiten, mit Wahlen, die es trifft, Formen von Akten, die es begeht, oder Weisen von Lust, die es empfindet. Die Aufmerksamkeit, die verlangt wird,

geht dahin, ihm beständig die Regeln gegenwärtig zu halten, denen es
seine sexuelle Aktivität unterwerfen soll. Es muß nicht die dunklen Pfade
des Begehrens in ihm selbst auffinden, es muß die zahlreichen und komplexen Bedingungen einsehen, die beisammensein müssen, damit die Lustakte in geziemender Weise ohne Gefahr noch Schaden statthaben können.
Es muß sich selber eine »Wahrheits-Rede« halten; aber diese Rede soll
nicht dem Subjekt die Wahrheit über es selbst sagen; sie soll es lehren,
die Geschlechtsakte so zu betreiben, wie es deren eigener Natur am meisten, am genauesten entspricht. G. Canguilhem sagte, »der Grund der Heilung« für Aristoteles sei »die Form der Gesundheit innerhalb der ärztlichen
Tätigkeit«; daß es nicht der Arzt sei, sondern »die Krankheit, die den Kranken heilt«; und daß generell »die Verantwortung für eine technische Produktion nicht dem Kunstwerker zukommt, sondern der Kunst ...; der
Kunst, das heißt der nicht überlegenden Finalität eines natürlichen Logos«.[99] Analog dazu könnte man sagen, daß das Regime der *aphrodísia*,
daß das von der Medizin vorgeschlagene Regime ihrer Verteilung nicht
mehr und nicht weniger sein soll als die dem Denken gegenwärtige Form
ihrer Natur, auf daß ihre Wahrheit dem Verhalten als dessen beständige
Vorschrift innewohne.

4. Zwischen diesen diätetischen Empfehlungen und den Vorschriften, die
man später in der christlichen Moral und im medizinischen Denken findet, bestehen zahlreiche Analogien: Prinzip einer strengen, auf Knappheit
zielenden Ökonomie; Furcht vor individuellen Unglücken oder kollektiven Übeln, die aus einer Entregelung des sexuellen Verhaltens erwachsen
können; Notwendigkeit einer strengen Beherrschung der Begehren, eines
Kampfes gegen die Bilder und einer Annulierung der Lust als Ziel der sexuellen Verhältnisse. Diese Analogien sind keine entfernten Ähnlichkeiten.
Es lassen sich Kontinuitäten feststellen. Manche sind indirekt und laufen
über das Relais der philosophischen Lehren: die Regel, daß die Lust kein
Ziel sein soll, ist vermutlich mehr durch die Philosophen als durch die Mediziner ins Christentum gelangt. Doch gibt es auch direkte Kontinuitäten;
die Abhandlung des Basileios von Ankyra über die Jungfräulichkeit – ihr
Autor soll übrigens Arzt gewesen sein – bezieht sich auf offenkundig medizinische Überlegungen. Augustinus bedient sich Soranus' in seiner Pole-

99 G. Canguilhem, *Études d'histoire et de philosophie des sciences*, Paris 1968, S. 337 f.

mik gegen Julianus von Ekbane. Zu erinnern ist auch an die expliziten
Rückgriffe auf die lateinische und griechische Medizin, die im 18. und
in der ersten Hälfte des 19. Jahrhunderts vorgenommen wurden, zur Zeit
einer neuen großen Entwicklung der Pathologie des Geschlechts.

Schaut man nur auf diese Gemeinsamkeiten, so kann man den Eindruck haben, die dem Christentum oder gar dem modernen Abendland
zugeschriebene Sexualethik habe, zumindest in einigen ihrer Hauptstücke,
bereits zur Zeit der Hochblüte der griechisch-römischen Kultur bestanden. Das hieße jedoch fundamentale Unterschiede übersehen, die den
Typ des Selbstverhältnisses betreffen und die Form, in der diese Vorschriften in die Erfahrung, die das Subjekt von ihm selber macht, integriert werden.[100]

---

100 In diesem Kapitel habe ich mich auch auf das Werk von Jackie Pigeaud, *Le Maladie de l'âme.*
Etude sur la relation de l'âme et du corps dans la tradition médico-philosophique antique, Paris
1981, gestützt.

V
Die Frau

Die großen klassischen Texte, die von der Ehe handelten – der *Oikonomikos* Xenophons, die *Politeia* oder die *Nomoi* Platons, die *Politik* und die *Nikomachische Ethik*, die *Ökonomik* des Aristoteles –, stellten die Reflexion über die ehelichen Beziehungen in einen weiten Rahmen: die Polis samt den für ihren Bestand und Gedeih nötigen Gesetzen oder Sitten, das Hauswesen mit der Organisation, die seinen Erhalt oder Ausbau fördert. Aus dieser Unterordnung der Ehe unter Bürgerschafts- oder Familieninteressen sollte man indes nicht schließen, die Ehe selbst sei als ein Band ohne Bedeutung aufgefaßt worden und ohne weiteren Wert als den, Staaten und Familien profitablen Nachwuchs zu schaffen. Wir haben gesehen, welch anspruchsvolle Vorschriften Xenophon, Isokrates, Platon und Aristoteles den Ehegatten zur guten Führung in der Ehe auferlegten; das Vorrecht, das der Gattin zustand, die Gerechtigkeit, die man ihr schuldete, die Sorge, ihr ein Beispiel zu geben und sie zu bilden: all das wies auf eine Art von Beziehungen, die weit über die bloßen Zeugungsfunktionen hinausging. Doch die Ehe forderte vor allem in dem Maße einen besonderen Verhaltensstil, wie der verheiratete Mann ein Familienvorstand war, ein ehrenwerter Bürger oder ein Mann, der über die anderen eine zugleich politische und moralische Macht ausüben wollte; und es war die notwendige Selbstbeherrschung, die in dieser Kunst, verheiratet zu sein, dem Verhalten des klugen, maßvollen und gerechten Mannes seine besondere Form geben sollte.

In einem ganz anderen Licht erscheint die Ethik des ehelichen Verhaltens in einer Reihe von Texten, die sich über die beiden letzten vorchristlichen Jahrhunderte bis ins zweite Jahrhundert unserer Zeitrechnung hinziehen, über den gesamten Zeitraum also, für den sich eine gewisse Veränderung in der Ehepraxis ausmachen läßt; dazu gehören Antipaters *Peri gamû*, die lateinische Übersetzung eines griechischen Textes, den man lange für den letzten Teil der *Ökonomik* des Aristoteles ausgegeben hat, die verschiedenen, der Ehe gewidmeten Passagen bei Musonius, die *Coniugalia praecepta* Plutarchs und sein *Amatorius*, die Abhandlung über die Ehe von Hierokles, ganz zu schweigen von den Hinweisen, die man bei Seneca oder Epiktet und in manchen pythagoreischen Texten finden kann.[1]

Heißt das, daß die Ehe eine dringlichere und öfter als früher erörterte Frage geworden ist? Soll man annehmen, daß die Wahl des ehelichen Lebens und die Weise, sich darin richtig zu verhalten, zu dieser Zeit mehr Unruhe hervorgerufen haben und daß man sie mit mehr Sorge problematisiert hat? Vermutlich läßt sich darauf keine quantitative Antwort geben. Umgekehrt scheint es aber, daß die Kunst, das Eheleben zu führen, in etlichen wichtigen Texten auf relativ neue Weise überdacht und bestimmt worden ist. Neu scheint erstens dies zu sein, daß die Kunst der ehelichen Existenz, wiewohl sie weiterhin das Hauswesen und seine Führung, die Geburt und Erzeugung von Kindern angeht, zunehmend ein besonderes Stück aus dieser Gesamtheit heraushebt: die persönliche Beziehung zwischen den Gatten, das Band, das sie vereinen kann, ihr Betragen gegeneinander; und es scheint, als habe diese Beziehung, statt in den übrigen Anforderungen des Lebens eines Hausherrn aufzugehen, vielmehr als Haupt- und Kernstück gegolten, an das die anderen sich anlagern, von dem sie sich herleiten und von dem sie ihre Kraft beziehen. Somit wäre also die Kunst, sich in der Ehe zu verhalten, weniger durch eine Regierungstechnik bestimmt als vielmehr durch eine Stilistik der individuellen Bindung. Neu dürfte zweitens sein, daß sich bei einem verheirateten Mann das Prinzip eines gemäßigten Verhaltens eher mit den Pflichten der Gegenseitigkeit als mit der Herrschaft über andere verbindet beziehungsweise daß sich die Souveränität eines selber über sich mehr und mehr in der Wahrnehmung der Pflichten gegenüber den anderen und vor allem in einem gewissen Respekt gegenüber der Gattin bekundet; die Intensivierung der Sorge um sich geht einher mit der Aufwertung des anderen; die neue Weise, in der die Frage der sexuellen »Treue« bisweilen formuliert wird, bezeugt diese Veränderung. Schließlich, und das ist hier am wichtigsten, räumt diese Kunst der Ehe in der Form der Bindung und der Symmetrie den Problemen der sexuellen Beziehungen zwischen Gatten einen relativ bedeutenden Platz ein; zwar werden diese Probleme stets in diskreter und vorsichtig anspielender Weise erörtert, andererseits findet man bei Autoren wie Plutarch den Drang, das Tun und Treiben der Gatten in Dingen der

---

1 Vgl. H. Thesleff, *An Introduction to the Pythagorean Writings of the Hellenistic Period*, Abo 1961, und »The Pythagorean Texts of the Hellenistic Period«, in: *Acta Academiae Aboensis*, Serie A, Bd. 30, Nr. 1.

Lust zu regeln; das Interesse an der Fortpflanzung verbindet sich hierbei mit anderen Bedeutungen und anderen Werten, bei denen es um Liebe, Zuneigung, Einvernehmen und gegenseitige Sympathie geht.

Noch einmal: es wird nicht behauptet, daß solches Benehmen oder solche Gefühle zur klassischen Zeit unbekannt gewesen und erst später aufgetreten wären: derartige Veränderungen nachzuweisen verlangte ganz andere Belegstücke und ganz andere Analysen. Doch scheint es – glaubt man den verfügbaren Texten –, daß diese Einstellungen, diese Verhaltensweisen, diese Weisen des Tuns und Fühlens nun zu Themen der Problematisierung, zu Gegenständen philosophischer Debatte und zu Elementen einer durchdachten Kunst sich zu führen geworden sind.[2] Aus den traditionellen Rezepten der Eheführung löst sich eine Stilistik der Existenz zu zweit: sie zeigt sich in einer Kunst der ehelichen Bindung, in einer Lehre vom sexuellen Monopol und in einer Ästhetik der geteilten Lüste.

1 Der Gattenbund

Anhand etlicher dieser Reflexionen über die Ehe, insbesondere anhand der stoischen Texte der beiden ersten Jahrhunderte, läßt sich verfolgen, wie ein bestimmtes Modell von Gattenbeziehung entsteht. Nicht daß man darauf ausginge, der Ehe neue institutionelle Formen aufzuerlegen oder sie in einen anderen rechtlichen Rahmen zu versetzen. Ohne die traditionellen Strukturen anzutasten, sucht man gleichwohl nach einem Modus von Koexistenz zwischen Mann und Frau, einer Modalität von Beziehungen zwischen ihnen und einer Art des Zusammenlebens, die sich einigermaßen von dem unterscheiden, was die klassischen Texte vorgaben. Schematisch sehr vereinfacht und etwas anachronistisch gesprochen könnte man sagen, daß die Ehe nicht mehr nur als eine »matrimoniale« Form gedacht wird, welche die Rollenverteilung bei der Führung des Hauses festlegt, sondern auch und vor allem als »konjugales« Band und persönliche Beziehung zwischen dem Mann und der Frau. Die Kunst, verheiratet zu leben, definiert eine Beziehung, die *dual* in ihrer Form, *universal* in ihrem Wert und *spezifisch* in ihrer Intensität und in ihrer Kraft ist.

---

2 M. Meslin, *L'homme romain, des origines au 1er siècle de notre ère: essai d'anthropologie*, Paris 1978, S. 143 ff.

1. *Eine duale Beziehung*. Wenn es eine Sache gibt, die der Natur gemäß ist *(katà phýsin)*, sagt Musonius Rufus[3], dann die, zu heiraten. Und zu erweisen, daß das, was er über die Ehe zu sagen hat, von zwingender Notwendigkeit ist, führt Hierokles an, daß die Natur selbst unsere Gattung zu einer solchen Form von Gemeinschaft führt.[4]

Diese Prinzipien griffen nur eine ganz traditionelle Lehre wieder auf. Die Natürlichkeit der Ehe, wiewohl von gewissen philosophischen Schulen und zumal von den Kynikern bestritten, war gemeinhin auf eine Reihe von Dingen gegründet worden: das für die Fortpflanzung unabdingbare Zusammentreffen des Männchens und des Weibchens; die Notwendigkeit, diese Vereinigung in eine feste Bindung zu überführen, um die Aufzucht des Nachwuchses zu sichern; all der Beistand und die Annehmlichkeiten, die das Leben zu zweit, samt seinen Diensten und Pflichten, zu bieten hat; endlich die Bildung der Familie als Grundelement der Polis. Durch die erste dieser Funktionen unterstand die Einheit von Mann und Frau einem allen Tieren gemeinsamen Prinzip; durch die anderen bezeichnete sie die Formen einer Existenz, die allgemein als eigentlich menschliche und vernünftige angesehen wurde.

Dieses klassische Thema, daß die Ehe Sache der Natur ist durch ihren zweifachen Beitrag zur Fortpflanzung und zur Lebensgemeinschaft, greifen die Stoiker der Kaiserzeit wieder auf, wobei sie es aber in bezeichnender Weise verändern.

Zunächst Musonius. In seinen Formulierungen zeigt sich eine gewisse Akzentverschiebung vom Ziel der »Fortpflanzung« zum Zweck der »Gemeinschaft«. Ein Abschnitt der Abhandlung *Vom Zweck der Ehe* ist aufschlußreich.[5] Er beginnt mit der doppelten Absicht der Ehe: Nachkommen haben, ein Leben teilen. Sogleich aber setzt Musonius hinzu, daß die Fortpflanzung wohl eine wichtige Sache sein mag, von sich aus aber nicht die Ehe rechtfertigt. Er macht sich einen Einwand zu eigen, der von den Kynikern oft erhoben wurde: ginge es den Menschen einzig darum, Nachkommen zu haben, könnten sie es gerade so halten wie die Tiere: sich vereinigen und alsbald wieder trennen. Wenn sie es nicht tun, so deshalb, weil das Entscheidende für sie die Gemeinschaft ist: eine Le-

---

3 Musonius Rufus, *Reliquiae*, XIV. Vgl. C. Lutz, »Musonius Rufus«, in: *Yale Classical Studies*, X, 1947, S. 87 ff.

4 Hierokles, *Peri gamû*, in: Stobaios, *Anthologium*, 21, 17.

5 Musonius Rufus, *Reliquiae*, XIII A.

bensgemeinschaft, in der man füreinander sorgt und in Aufmerksamkeit und Wohlwollen füreinander wetteifert und in der die beiden Gatten vergleichbar sind zwei Tieren eines Gespanns, das nicht von der Stelle kommt, wenn jedes nach seiner Seite schaut. Damit ist nicht gesagt, daß Musonius den Beziehungen von Hilfe und Beistand den Vorzug gäbe gegenüber dem Ziel der Nachkommenschaft. Doch diese Ziele müssen in eine einzige Form eingehen, welche die des gemeinsamen Lebens ist; die liebevolle Fürsorge, die man sich gegenseitig erweist, und der Nachwuchs, den man gemeinsam aufzieht, sind zwei Aspekte dieser wesentlichen Form.

An anderer Stelle gibt Musonius an, wie diese Form von Einheit von der Natur jedem Individuum eingesenkt wurde. Die Abhandlung *Von der Ehe als Hindernis der Philosophie*[6] spricht von der ursprünglichen Scheidung des Menschengeschlechts in Männer und Frauen. Musonius denkt darüber nach, daß der Schöpfer, nachdem er die beiden Geschlechter geschieden, sie wieder hat zusammenführen wollen. Er hat sie wieder zusammengeführt, bemerkt Musonius, indem er jedem von ihnen ein »heftiges Verlangen« eingab, ein Verlangen, das gleichzeitig auf »Vereinigung« und auf »Bindung« geht – *homilía* und *koinonía*. Der erste der beiden Begriffe scheint sich auf die sexuelle Beziehung, der zweite auf die Lebensgemeinschaft zu beziehen. Es erweist sich also, daß es im Menschenwesen ein gewisses grundlegendes und ursprüngliches Verlangen gibt und daß dies Verlangen ebensowohl auf körperliche Annäherung wie auf gemeinsame Existenz geht. Aus dieser These folgt zweierlei: daß die außerordentliche Heftigkeit des Verlangens nicht nur für die Regung gilt, die zur Verbindung der Geschlechter führt, sondern auch für die, die nach Lebensgemeinschaft strebt; umgekehrt daß die Beziehung zwischen den Geschlechtern zum selben Vernunftplan gehört wie die Beziehungen, die Interesse, Zuneigung und Seelengemeinschaft zwischen zwei Individuen stiften. Dieselbe natürliche Neigung treibt mit gleicher Intensität und Vernünftigkeit zur Paarung der Existenzen und zur Verbindung der Körper.

Für Musonius ist die Ehe also nicht deshalb begründet, weil sie am Schnittpunkt zweier heterogener Neigungen steht: die eine körperlich und sexuell, die andere vernünftig und sozial. Sie wurzelt in einer anfänglichen und einzigen Tendenz, die direkt zu ihr als wesentlichem Ziel hin-

6 A. a. O., XIV.

führt und durch sie hindurch zu ihren beiden eigentlichen Wirkungen: Bildung gemeinsamer Nachkommen und Lebensgemeinschaft. Deshalb also konnte Musonius sagen, es sei nichts begehrenswerter *(prosphilésteron)* als die Ehe. Deren Natürlichkeit beruht nicht allein auf den Konsequenzen, die man aus ihrer Praxis ziehen kann; sie zeichnet sich bereits in der Existenz einer Neigung ab, die sie von Anfang an als wünschenswertes Ziel konstituiert.

In ganz ähnlicher Weise gründet Hierokles die Ehe auf die gleichsam »binäre« Natur des Menschen. Für ihn sind die Menschen »paarige« *(syndyastikoí)* Tiere.[7] Der Begriff stammt von den Naturforschern. Die unterschieden die in Herden lebenden Tiere (sie sind *synagelastikoí*) von denen, die in Paaren leben (sie sind *syndyastikoí*). Platon hatte sich übrigens auch in einem Abschnitt der *Nomoi* auf diese Unterscheidung bezogen: er empfahl den Menschen jene Tiere zum Beispiel, die keusch sind, solange sie in Scharen leben, aber sich zu zweit zusammentun und »paarige« Tiere werden, wenn die Zeit der Liebe kommt. Ebenso hatte Aristoteles in der *Politik* vom »syndyastischen« Charakter des Menschen gesprochen, um sowohl die Beziehungen des Herrn zum Sklaven als auch die der Gatten zu bezeichnen.[8]

Hierokles gebraucht den Begriff in anderer Absicht. Er bezieht ihn ausschließlich auf das Gattenverhältnis, das darin sein Prinzip und somit die Grundlage seiner Natürlichkeit finden soll. Das menschliche Wesen ist ihm zufolge von vornherein zwieschlächtig; es ist gemacht, zu zweit zu leben, in einer Beziehung, die ihm zugleich einen Nachwuchs und einen Lebensgefährten schafft. Für Hierokles wie für Musonius begnügt sich die Natur nicht damit, die Ehe möglich zu machen; sie reizt die Individuen dazu durch eine uranfängliche Neigung; sie treibt dazu einen jeden, wie sie den Weisen selbst dazu treibt. Die Natur und die Vernunft kommen überein in der Regung, die zur Ehe drängt. Dabei ist festzuhalten, daß Hierokles nicht den syndyastischen Charakter des Menschenwesens, der es als Paar leben, und den synagelastischen, der es als Herde leben läßt, gegeneinander ausspielt, so als handele es sich um zwei miteinander unverträgliche Möglichkeiten. Die Menschen sind gemacht, zu zweit zu leben, und ebenso, zu vielen zu leben. Der Mensch ist Paarwesen und Sozialwe-

7 Vgl. Hierokles, in Stobaios, *Anthologium*, 22.
8 Vgl. Aristoteles, *Politik*, I, 2, 1252a. Er gebraucht das Wort auch im Hinblick auf die Beziehung von Ehemann und -frau in der *Nikomachischen Ethik*, VIII, 12.

sen zugleich: die duale und die plurale Beziehung sind verbunden. Hierokles erklärt, daß eine Stadt aus Häusern gemacht ist, die ihre Elemente bilden; daß aber in einem jeden das Paar es ist, das zugleich Prinzip eines Hauses und dessen Vollendung ausmacht; so daß ein Haus erst vollständig ist, wenn es um ein Paar herum organisiert ist. Man findet also die Gattenzweiheit durch die gesamte menschliche Existenz und all ihre Aspekte hindurch: in der ursprünglichen Konstitution, die ihr die Natur gegeben hat, in den Pflichten, die dem Menschen als einem Vernunftgeschöpf zukommen, in der Form des Gesellschaftslebens, das ihn mit der Gemeinschaft seiner Mitmenschen verbindet. Als Lebewesen, als Vernunftwesen und als Individuum, das durch seine Vernunft an das Menschengeschlecht gebunden ist, ist der Mensch jedenfalls ein Gattenwesen.

2. *Eine universale Beziehung.* Lange Zeit war die Frage, ob man heiraten solle oder nicht, in der Reflexion über die Lebensweise umstritten gewesen. Nutzen und Nachteile der Ehe, der Gewinn, eine rechtmäßige Gattin zu haben und dank ihr zu ehrenwertem Nachwuchs zu kommen, Sorgen und Mühen andererseits, wenn man seine Frau unterhalten, seine Kinder hüten, für ihre Notdurft sorgen und manchmal ihre Krankheit oder ihren Tod hinnehmen muß – das waren unerschöpfliche Themen einer bald ernsthaften, bald ironischen und stets wiederkehrenden Debatte. Ihre Echos werden noch in der spätesten Antike hörbar sein. Epiktet und Clemens von Alexandrien, der Autor der Lukian zugeschriebenen *Amores* oder Libanios in der Abhandlung *Ei gametéon* werden aus diesem Argumentenschatz schöpfen, der sich im Laufe der Jahrhunderte kaum erneuert hatte. Die Epikureer und die Kyniker waren prinzipiell gegen die Ehe. Die Stoiker hingegen scheinen von Anfang an dafür gewesen zu sein.[9] Jedenfalls scheint die These, daß man heiraten solle, in der Stoa ganz gängig geworden zu sein und ihrer individuellen und sozialen Moral entsprochen zu haben. Was aber innerhalb der Geschichte der Moral die stoische Position so bedeutsam macht, ist dies, daß sie nicht als schlichte Präferenz für die Ehe wegen ihrer Vorteile und trotz ihrer Nachteile formuliert wird. Heiraten hat für Musonius, Epiktet oder Hierokles nichts mit einem »besser« oder »schlechter« zu tun; heiraten ist eine Pflicht. Das Eheband gilt als universale Regel. Dieses allgemeine Prinzip stützt sich auf zwei Arten von Über-

---

9 Vgl. Diogenes Laertius, *De vitis, dogmatibus et apophthegmatibus clarorum philosophorum libri decem*, VII, 121.

legung. Die Pflicht zum Heiraten ist für die Stoiker zunächst direkter Ausfluß des Prinzips, daß die Ehe naturgewollt ist und daß das Menschenwesen durch einen Antrieb zu ihr hingeführt wird, der, natürlich und vernünftig in einem, bei allen gleich ist. Doch sie ist auch als ein Element
im Gesamt der Aufgaben und Pflichten enthalten, denen das Menschenwesen sich nicht entziehen darf, soweit es sich als Mitglied einer Gemeinschaft und Teil des Menschengeschlechts erkennt; die Ehe ist eine jener
Pflichten, durch welche die besondere Existenz zum Wert für alle wird.

Die Diskussion Epiktets mit einem Epikureer zeigt deutlich diese Anerkennung der Ehe als universaler Pflicht für jedes Menschenwesen, das der
Natur entsprechend leben will, und als Funktion für das Individuum, das
nach einem Leben strebt, welches seiner Umgebung und der Menschheit
schlechthin von Nutzen ist. Der Epikureer, den Epiktet im siebten Gespräch des dritten Buches widerlegt, ist ein vornehmer Mann; er bekleidet
Ämter, ist »Stadtaufseher«; doch aus Treue zu seinen philosophischen
Grundsätzen lehnt er die Ehe ab. Wogegen Epiktet drei Argumente anführt. Das erste bezieht sich auf die unmittelbare Nützlichkeit und auf
die Unmöglichkeit, den Verzicht auf Ehe zu verallgemeinern: wenn jeder
sich weigert zu heiraten, »was soll dann daraus folgen? Woher sollen die Bürger kommen? Wer wird sie aufziehen? Wer die Jünglinge beaufsichtigen?
Wer wird Übungsleiter sein? Und worin soll ihre Erziehung bestehen?«[10]
Das zweite Argument richtet sich auf die sozialen Verpflichtungen, denen
niemand sich entziehen darf und zu denen neben den Pflichten, welche das
politische Leben, die Religion und die Familie betreffen, auch die Ehe gehört: »Seine Rolle als Bürger erfüllen, heiraten, Kinder haben, Gott ehren,
sich um seine Eltern kümmern«.[11] Das dritte schließlich bezieht sich auf die
Natürlichkeit eines Verhaltens, dem sich zu beugen die Natur gebietet: »Die
Lust sei unseren Pflichten untertan wie ein Diener, eine Magd, um unsere
Glut zu entfachen und um uns bei Akten zu halten, die der Natur gemäß
sind.«[12]

Man sieht: das Prinzip, heiraten zu müssen, ist vom Spiel der Vergleiche
zwischen Vorzügen und Mühsalen der Ehe gelöst; es drückt sich aus als an
alle gerichtete Aufforderung, ein Leben zu wählen, das sich die Form des
Allgemeinen, weil Naturgemäßen und allen Nützlichen gibt. Die Ehe bin-

10 Epiktet, *Gespräche*, III, 7, 19-20.
11 A. a. O., 26.
12 A. a. O., 28.

det den Menschen an ihn selbst, insofern er Naturwesen und Mitglied des Menschengeschlechtes ist. Epiktet sagt es zu seinem epikureeischen Gesprächspartner im Augenblick des Abschieds: wenn du nicht tust, was Zeus gebietet, »wirst du eine Strafe, einen Schaden erleiden. – Welchen Schaden? – Keinen anderen als den, deine Pflicht nicht getan zu haben. Du zerstörst in dir den treuen, würdigen, mäßigen Menschen. Einen schlimmeren Schaden suchst du vergebens.«[13]

Jedenfalls steht es mit der Ehe wie mit allen anderen Verhaltensweisen, die die Stoiker unter die *proegúmena*, die bevorzugten Dinge, reihten. Es können Umstände eintreten, unter denen man nicht dazu verpflichtet ist. So sagt Hierokles: »Heiraten ist von Vorzug (*proegúmenon*); somit ist es für uns ein Imperativ, wenn kein Umstand sich dem entgegenstellt.«[14] Genau in diesem Verhältnis zwischen der Pflicht zu heiraten und dem jeweiligen Stand der Dinge lag die Differenz zwischen den Stoikern und den Epikureern; für diese war keiner gehalten zu heiraten, außer die Umstände machten diese Form von Vereinigung wünschenswert; für jene konnten besondere Umstände eine Pflicht aufheben, der im Prinzip keiner entging.

Unter diesen Umständen ist einer, der lange Zeit Gegenstand der Diskussion war: es war die Wahl der philosophischen Existenz. Daß die Ehe des Philosophen seit der klassischen Zeit ein strittiges Thema gewesen ist, läßt sich aus mehreren Gründen erklären: aus der Heterogenität dieses Typs von Leben gegenüber den anderen Existenzformen; auch aus der Unverträglichkeit zwischen dem Ziel des Philosophen (Sorge um seine eigene Seele, Beherrschung seiner Leidenschaften, Streben nach Seelenruhe) und dem, was traditionell als Zank und Trubel des Ehelebens beschrieben ist. Kurz, es schien schwierig, den eigentümlichen Stil des philosophischen Lebens mit den Anforderungen einer in erster Linie über ihre Lasten definierten Ehe zu versöhnen. Zwei wichtige Texte allerdings zeigen eine ganz andere Art nicht nur in der Lösung der Schwierigkeit, sondern bereits in der Stellung des Problems.

Musonius ist der Autor des älteren. Er kehrt darin die Frage einer praktischen Unverträglichkeit zwischen dem Eheleben und der philosophischen Existenz um und ersetzt sie durch die Behauptung einer wesensmäßigen Zusammengehörigkeit des einen mit der anderen.[15] Wer Philosoph sein

---

13 A. a. O., 36.
14 Hierokles, in: Stobaios, *Anthologium*, 22.
15 Musonius Rufus, *Reliquiae*, XIV.

will, sagt er, muß heiraten. Er muß es deshalb, weil die erste Aufgabe der Philosophie darin besteht, ein naturgemäßes Leben und die Erfüllung aller Pflichten, die dieser Natur entspringen, zu ermöglichen; als »Herrn und Meister« wählt er, was ihm als Menschenwesen von Natur aus zukommt. Aber er muß es sogar mehr als irgendwer, denn die Rolle des Philosophen besteht nicht schlichtweg darin, nach der Vernunft zu leben; er muß für alle anderen ein Beispiel dieses vernünftigen Lebens sein und ein Meister, der dorthin führt. Der Philosoph darf nicht unter denen stehen, die er lehren und lenken soll. Entzöge er sich der Ehe, so erwiese er sich als denen unterlegen, die, der Vernunft gehorchend und der Natur gemäß, aus Sorge um sie selber und die anderen das Eheleben praktizieren. Statt mit der Philosophie unverträglich zu sein, bildet dieses für sie vielmehr eine doppelte Verpflichtung: gegenüber sich selber als die Pflicht, seiner Existenz eine allgemeingültige Form zu geben, gegenüber den anderen als die Notwendigkeit, ihnen ein Lebensmodell zu bieten.

Man könnte versucht sein, dieser Analyse jene gegenüberzustellen, die Epiktet bietet, wenn er das Idealbild des Kynikers entwirft, dessen, der sich zum Philosophieren bekennt, der allgemeiner Erzieher sein muß, der Herold der Wahrheit, der Bote des Zeus an die Irdischen, der den Schauplatz betritt, um die Menschen zu mahnen und ihnen ihre Lebensweise vorzuhalten. Dieser sollte »nicht Kleid noch Heim noch Herd« haben, »nicht Sklaven noch Vaterland«, auch »keine Mittel«. Er hat »weder Frau noch Kinder«, sondern »allein die Erde und den Himmel und einen alten Rock«.[16] Von der Ehe und ihren Drangsalen malt Epiktet ansonsten ein bekanntes Bild. In seinem banalen Witz entspricht es dem, was man seit langem von den »Plagen der Ehe« gesagt hatte, welche die Seele bedrängen und vom Nachdenken abhalten; als Verheirateter wird man von »privaten Pflichten« beansprucht: man muß den Kessel aufsetzen, die Kinder zur Schule bringen, seinem Schwiegervater zur Hand gehen, seiner Frau Wolle, Öl, ein Bett und ein Trinkgefäß schaffen.[17] Auf den ersten Blick handelt es sich dabei nur um die lange Liste der Pflichten, die den Weisen belästigen und daran hindern, sich um ihn selber zu kümmern. Doch der Grund, aus dem laut Epiktet der ideale Kyniker darauf verzichten soll zu heiraten, ist nicht der Wille, seine Sorgen einzig auf ihn selber zu konzentrieren; im Gegenteil ist es sein Auftrag, sich der Menschenwesen anzuneh-

16 Epiktet, *Gespräche*, III, 22, 47.
17 A. a. O., 70-71.

men, sie zu hüten, ihr Wohltäter zu sein; gleich einem Arzt soll er »seine
Runde machen« und »den Leuten den Puls fühlen«.[18] Hielten ihn nun
die Lasten eines Hauses (und vielleicht gar die eines armen Haushalts,
wie ihn Epiktet beschreibt) ab, so hätte er nicht die Muße, einer Aufgabe
nachzukommen, welche die ganze Menschheit umgreift. Sein Verzicht auf
all seine privaten Bindungen ergibt sich daraus, daß er, als Philosoph, Bindungen mit dem gesamten Menschengeschlecht unterhält. Er hat keine Familie, denn seine Familie ist die Menschheit; er hat keine Kinder, denn in
gewisser Weise hat er alle Männer und alle Frauen gezeugt. So verhält es
sich also: die Last der universalen Familie hält den Kyniker davon ab, sich
einem besonderen Haushalt zu widmen.

Doch Epiktet bleibt dabei nicht stehen. Er setzt dieser Unverträglichkeit
eine Grenze: die der gegenwärtigen Situation, dessen, was er die aktuelle
Beschaffenheit der Welt nennt. Befänden wir uns tatsächlich in einer Gesellschaft von Weisen, dann brauchten wir nicht mehr jene Männer, die
von den Göttern gesandt sind und die alles von sich werfen, um sich zu erheben und die anderen zur Wahrheit zu erwecken. Ein jeder wäre Philosoph: der Kyniker und sein rauher Beruf wären unnötig. Andererseits böte
bei diesem Stand der Dinge die Ehe nicht die gleiche Art von Schwierigkeiten wie heute, bei der gegenwärtigen Form der Menschheit; jeder Philosoph fände in seiner Frau, in seinem Schwiegervater, in seinen Kindern
Leute, die ihm gleich sind und gleich ihm erzogen.[19] Die Ehebeziehung
stellte den Weisen vor ein zweites Ich. Die Ablehnung der Ehe für den aktiven Philosophen bedeutet demnach nicht unbedingt das letzte Wort; sie
ist nur unter den gegebenen Umständen notwendig; der Zölibat des Philosophen entfiele, wenn alle Menschen imstande wären, eine ihrer eigentlichen Natur gemäße Existenz zu führen.

3. *Eine singuläre Beziehung.* Die Philosophen der Kaiserzeit haben die affektive Dimension des Eheverhältnisses freilich nicht erfunden; ebensowenig wie sie ihre Nutzträchtigkeit im individuellen, familiären oder politischen Leben ausgelöscht haben. Doch sie wollen diesem Verhältnis und
der Weise, in der es ein Band zwischen den Gatten stiftet, eine Form und
besondere Eigenschaften geben.

Aristoteles sprach dem Verhältnis unter Gatten viel Bedeutung und

18 A. a. O., 73.
19 A. a. O., 67-68.

Kraft zu. Als er aber die Bande analysierte, welche die Menschen aneinander binden, schien er die Blutsbande allen voranzustellen: keines war demnach intensiver als das der Eltern zu den Kindern, in denen sie gleichsam einen Teil ihrer selbst wiedererkennen konnten.[20] Die Hierarchie, die Musonius in der Abhandlung über *Die Ehe als Hindernis der Philosophie* bietet, sieht anders aus. Unter allen Gemeinschaften, die es unter Menschen geben kann, bezeichnet Musonius die Ehe als die höchste, die wichtigste und die ehrenwerteste *(presbytáte)*. Sie bindet stärker noch als Freundschaft, Bruderschaft oder Kindschaft. Sie ist stärker noch – da liegt der entscheidende Punkt – als das Band der Eltern zu ihrem Nachwuchs. Kein Vater, keine Mutter, schreibt Musonius, wird mehr Freundschaft für sein Kind empfinden als für seinen Gatten; und er zitiert das Beispiel des Admetos: wer war denn bereit, für ihn zu sterben? Nicht seine alten Eltern, sondern seine noch junge Gattin Alkestis.[21]

Solcherart als Verhältnis gedacht, das fundamentaler und enger ist als jedes andere, dient das Eheband dazu, eine ganze Existenzweise zu definieren. Das »matrimoniale« Leben war durch eine Zuteilung der Aufgaben und der Verhaltensweisen in der Form der Komplementarität gekennzeichnet gewesen; der Mann mußte tun, was die Frau nicht vermochte, und sie ihrerseits tat die Arbeit, die nicht ihrem Manne zukam; der Verfolg desselben Ziels (der Wohlstand des Hauses) verlieh diesen Aktivitäten und wesentlich verschiedenden Lebensweisen eine Einheit. Diese Anpassung der spezifischen Rollen verschwindet nicht aus den Lebensrezepten, die man den verheirateten Leuten geben kann: in seinem *Oikonomikos*[22] nennt Hierokles Regeln, die genauso schon bei Xenophon standen. Doch hinter dieser Zuteilung der das Haus, die Güter und das Erbe betreffenden Verhaltensweisen zeichnet sich die Forderung nach einem gemeinsamen Leben und gemeinschaftlicher Existenz ab. Die Kunst, verheiratet zu sein, bedeutet für die Gatten nicht bloß, daß sie – jeder auf seine Weise – im Hinblick auf ein Ziel handeln, das sie beide anerkennen und in dem sie sich verbinden; sie ist eine Art, als Paar zu leben und nur eins zu sein. Die Ehe verlangt einen gewissen Verhaltensstil, bei dem jeder der beiden Partner sein Leben als ein Leben zu zweit führt und beide zusammen eine gemeinsame Existenz bilden.

---

20 Aristoteles, *Nikomachische Ethik*, VIII, 12.
21 Musonius, Rufus, *Reliquiae*, XIV.
22 Hierokles, in: Stobaios, *Anthologium*, 21.

Dieser Existenzstil zeichnet sich zunächst durch eine bestimmte Kunst des Zusammenseins aus. Um seiner Geschäfte willen muß der Mann ausgehen, während die Frau zu Hause bleiben soll. Doch die guten Gatten werden streben, wieder zueinander zu kommen und so wenig wie möglich getrennt zu sein. Die Gegenwart des anderen, das Dasein von Angesicht zu Angesicht, das Leben Seite an Seite werden nicht als bloße Pflichten dargestellt, sondern als ein für das Band der Gattenliebe charakteristisches Trachten. Sie mögen jedes seine Rolle haben, sie können doch nicht ohne einander sein. Musonius unterstreicht das Bedürfnis, zusammenzusein, das die Gatten in einer guten Ehe empfinden. Er macht sogar aus der Schwierigkeit, sich zu trennen, das Kriterium ihrer einzigartigen Freundschaft: keine Abwesenheit, sagt er, ist so schwer zu ertragen wie die des Mannes für die Frau und die der Frau für den Mann; keine Gegenwart hat solche Macht, den Kummer zu lindern, die Freude zu mehren, das Mißgeschick zu wenden.[23] Die Gegenwart des anderen steht im Mittelpunkt des Ehelebens. Denken wir an Plinius, wie er seiner fernen Frau die Tage und Nächte beschreibt, da er sie vergebens sucht und ihr Gesicht sich vorzustellen sucht, um sich vorzumachen, sie sei da.[24]

Kunst des Zusammenseins, Kunst auch des Sprechens. Gewiß beschrieb Xenophons *Oikonomikos* ein gewisses Modell des Austauschs zwischen den beiden Gatten: der Mann sollte vor allem lenken, Rat erteilen, belehren, als der schlechthin Verantwortliche seine Gattin in ihrer Tätigkeit als Hausherrin anleiten; die Frau ihrerseits sollte erfragen, was sie nicht wußte, und dartun, was sie hatte ausrichten können. Die späteren Texte geben eine andere Art ehelichen Dialoges mit anderen Zielen vor. Nach Hierokles soll jeder der beiden Gatten dem anderen mitteilen, was er getan hat; die Frau wird ihrem Manne sagen, was im Hause geschieht, doch soll sie sich auch bei ihm nach dem erkundigen, was draußen vorgeht.[25] Plinius liebt es, daß Calpurnia sich über seine öffentliche Tätigkeit auf dem laufenden hält, daß sie ihn ermutigt und sich an seinen Erfolgen freut – was seit langem in den großen römischen Familien Tradition war. Doch er beteiligt sie direkt an seiner Arbeit, und umgekehrt speist sich ihre Freude an der schönen Literatur aus der Zärtlichkeit, die sie für ihren Mann hegt. Er macht sie zum Zeugen und Richter seiner literarischen Arbeiten: sie liest

23 Musonius Rufus, *Reliquiae*, XIV.
24 Plinius, *Briefe*, VII, 5.
25 Hierokles, in: Stobaios, *Anthologium*, 24.

seine Werke, lauscht seinen Reden und sammelt mit Freuden die Komplimente, die ihr zu Ohren kommen. Auf diese Weise wird, das hofft Plinius, die gegenseitige Zuneigung, die *concordia*, beständig sein und täglich noch zunehmen.[26]

Von daher die Idee, daß das Eheleben auch die Kunst sein solle, zu zweit eine neue Einheit zu bilden. Wir erinnern uns, wie Xenophon die verschiedenen Eigenschaften unterschieden hatte, mit denen die Natur den Mann und die Frau versehen hatte, auf daß sie im Hause ihre jeweilige Verantwortung übernehmen könnten; oder auch, wie Aristoteles dem Manne die Fähigkeit zusprach, Tugenden bis zur Perfektion zu treiben, die bei der Frau stets unfertig blieben und ihre Unterordnung rechtfertigten. Die Stoiker hingegen sprachen beiden Geschlechtern wenn nicht identische Begabungen, so doch zumindest das gleiche Tugendvermögen zu. Die gute Ehe beruht nach Musonius auf der *homónoia;* damit ist aber nicht bloß eine ähnliche Denkungsart zwischen den beiden Partnern gemeint; vielmehr geht es um eine Identität in der Art und Weise, vernünftig zu sein, in der moralischen Haltung und in der Tugend. Im Eheleben soll das Paar eine wirkliche ethische Einheit bilden. Diese Einheit beschreibt Musonius als das Resultat der Einfügung zweier Stücke in ein Gerüst; sie müssen genau aufeinander gerichtet sein, um ein festes Ganzes zu ergeben.[27] Doch es kommt auch vor, daß man zur Erfassung der substantiellen Einheit, die das Paar bilden soll, eine andere und viel stärkere Metapher als die von den einander zugerichteten Stücken wählt. Die einer vollständigen Verschmelzung, *di'hólon krâsis*, wie der der stoischen Physik entlehnte Begriff lautet.

Bereits die Abhandlung des Antipatros hatte auf dieses Modell zurückgegriffen, um die eheliche Zuneigung den anderen Formen von Freundschaft entgegenzusetzen.[28] Diese beschrieb er als Kombinationen, bei denen die Elemente voneinander unabhängig bleiben, wie die Körner, die man mischt und die aufs neue getrennt werden können: der Ausdruck *mîxis* bezeichnet diesen Typ von Gemenge durch Juxtaposition. Die Ehe hingegen soll zur Ordnung der totalen Verschmelzung gehören, so wie man sie bei Wein und Wasser beobachten kann, die durch ihre Mischung eine neue Flüssigkeit bilden. Derselbe Begriff einer ehelichen »Krasis« findet

---

26 Plinius, *Briefe*, IV, 19.
27 Musonius Rufus, *Reliquiae*, XIII B.
28 Antipatros, in: Stobaios, *Anthologium*, 25.

sich bei Plutarch wieder, im vierunddreißigsten der *Coniugalia praecepta:* dort dient er dazu, drei Typen von Ehe zu unterscheiden und untereinander zu hierarchisieren. Es gibt die Ehen, die nur um der Freuden des Bettes willen geschlossen werden: sie gehören zur Kategorie jener Gemenge, die getrennte Elemente versammeln, deren jedes seine Individualität bewahrt. Es gibt die Ehen, die aus Gründen von Interesse geschlossen werden; sie sind wie jene Kombinationen, bei denen die Elemente eine neue und feste Einheit bilden, sich aber stets wieder voneinander scheiden lassen: so auch die der Stücke in einem Gerüst. Die totale Verschmelzung hingegen – die »Krasis«, welche eine neue und unauflösliche Einheit stiftet – können nur die Liebesehen, bei denen die Gatten durch die Liebe gebunden sind, erreichen.[29]

Freilich können diese wenigen Texte allein nicht wiedergeben, was in den ersten Jahrhunderten unserer Zeitrechnung die Ehepraxis gewesen ist, ja nicht einmal die theoretischen Debatten, deren Anlaß sie war. Man muß sie in ihrer Stückhaftigkeit, in ihrer Zugehörigkeit zu gewissen Lehren und ziemlich begrenzten Milieus nehmen. Dann aber sieht man darin, und sei es nur fragmentarisch, den Entwurf eines »starken Modells« der ehelichen Existenz. In diesem Modell ist das Verhältnis zum anderen, das als das grundlegendste erscheint, weder die Beziehung des Blutes noch die der Freundschaft; es ist das Verhältnis zwischen einem Mann und einer Frau, wenn es sich in der institutionellen Form der Ehe organisiert und in dem gemeinsamen Leben, das sich darüber errichtet. Gewiß haben das Familiensystem oder das Netz der Freundschaften einen gut Teil ihrer gesellschaftlichen Bedeutung bewahrt; doch verlieren sie innerhalb der Kunst der Existenz ein wenig von ihrem Wert hinsichtlich des Bandes, das zwei Personen verschiedenen Geschlecht bindet. Ein natürliches, zugleich ontologisches und ethisches Privileg wird – auf Kosten aller anderen – dieser dualen und heterosexuellen Beziehung beigelegt.

Unter diesen Umständen begreift man, was vermutlich eine der Besonderheiten dieser Kunst des Verheiratetseins ausgemacht hat, nämlich daß die Aufmerksamkeit auf sich und die Hut des Lebens zu zweit in enger Verbindung stehen konnten. Wenn das Verhältnis zu einer Frau, die »die Frau«, »die Gattin« ist, wesentlich ist für die Existenz, wenn das Menschen-

---

29 Plutarch, *Coniugalia praecepta*, 34 (142e-143a). Die Regel 20 (140e-141a) vergleicht die gute Ehe auch mit einem Seil, das durch die Verschlingung der Fäden an Festigkeit gewinnt.

wesen ein paariges Individuum ist, dessen Natur sich in der Praxis des geteilten Lebens erfüllt, dann dürfte es keine grundlegende Unverträglichkeit geben zwischen dem Verhältnis, das man zu sich, und der Beziehung,
die man zum anderen herstellt. Die Kunst der Eheverbindung ist integraler
Bestandteil der Kultur seiner selber.

Doch wer sich um sich selbst kümmert, soll nicht bloß heiraten; er soll
seinem Eheleben eine reflektierte Form und einen besonderen Stil geben.
Dieser Stil samt der Mäßigung, die er verlangt, wird nicht durch bloße
Selbstbeherrschung und durch das Prinzip definiert, daß man sich selber
regieren muß, um andere lenken zu können. Er bestimmt sich auch durch
die Ausbildung einer gewissen Form von Gegenseitigkeit; innerhalb des
ehelichen Bandes, das so stark die Existenz eines jeden prägt, muß der
Gatte, jener privilegierte Partner, als ein mit einem selber identisches Wesen und als ein Element behandelt werden, mit dem man eine wesentliche
Einheit bildet. Das ist das Paradox dieser Thematik der Ehe in der Kultur
seiner selbst, wie eine ganze Philosophie sie entwickelt hat: die Gattin-
Frau wird zum anderen schlechthin aufgewertet; doch soll der Gatte sie
auch als die anerkennen, die eine Einheit mit ihm bildet. Gegenüber den
traditionellen Formen der matrimonialen Beziehungen war die Veränderung beträchtlich.

2 Die Frage des Monopols

Man könnte mutmaßen, daß die Traktate vom Eheleben der Ordnung der
sexuellen Beziehungen, die zwischen den Gatten herrschen soll, erhebliche
Bedeutung zumessen. Tatsächlich ist davon nur relativ wenig die Rede: als
sei die Thematisierung der konjugalen Beziehung derjenigen der sexuellen
Beziehungen, die darin statthaben, vorausgegangen, und zwar weit; als
ließe der ganze Eifer, den man dem Leben zu zweit entgegenbringen soll,
die Frage des ehelichen Sexes noch in einer Schattenzone.

Gewiß eine traditionelle Diskretion. Während er doch darangeht, diese
Materie in Gesetze zu bringen – die Vorkehrungen zu fixieren, die man
treffen muß, um schöne Kinder zu zeugen, den körperlichen und sittlichen
Zustand der künftigen Eltern vorzuschreiben, sogar Aufseherinnen einzusetzen, die sich in das Leben der jungen Ehe einmischen sollen –, unterstreicht Platon, wie schwierig es sein mag, eine Gesetzgebung hinzuneh-

men, die sich dieser Dinge annähme.[30] Ganz im Gegensatz zu dieser griechischen Diskretion wird sich vom Mittelalter an die peinlich genaue Gewissenhaftigkeit der christlichen Pastoral entwickeln: man wird sich daranmachen, alles zu regeln – Stellungen, Häufigkeit, Gesten, Seelenzustand eines jeden, Wissen um die Absichten des anderen Zeichen des Begehrens auf der einen Seite, der Bereitwilligkeit auf der anderen und so weiter. Die hellenistische und römische Moral sagt darüber wenig.

Allerdings finden sich in einigen dieser Texte etliche wichtige Prinzipien hinsichtlich des Gebrauchs der Lüste und des Ehelebens formuliert.

Traditionellerweise, so sahen wir, kam die Verbindung zwischen Geschlechtsakt und Ehe von der Notwendigkeit, eine Nachkommenschaft zu haben, her zustande. Dieses Fortpflanzungsziel zählte zu den Gründen zu heiraten; es machte die sexuellen Beziehungen in der Ehe notwendig; sein Fehlen konnte die eheliche Einheit auflösen; im Hinblick auf die bestmöglichen Fortpflanzungsbedingungen gab man den Verheirateten gewisse Empfehlungen, wie der eheliche Akt auszuführen sei (der richtige Augenblick, die vorangehende Leibordnung). Auch um die Mißlichkeiten illegitimer Nachkommen zu vermeiden, wandte man sich gegen außereheliche Verbindungen (und zwar nicht nur bei den Frauen, sondern auch bei den Männern). Sagen wir schematisch, daß in den klassischen Texten die Synthese von Eheband und Geschlechtsverkehr zugelassen war um der höheren Vernunft der Fortpflanzung willen; und daß – zumindest für die Männer – weder die Natur der sexuellen Akte noch das Wesen der Ehe an sich implizierten, daß es Lust ausschließlich im Rahmen der Ehe geben sollte. Abgesehen von der Frage der illegitimen Geburten und eingedenk des ethischen Gebots der Selbstbeherrschung bestand kein Grund, von einem Mann, auch einem verheirateten, zu verlangen, er solle all seine sexuellen Vergnügen seiner Frau und ihr allein vorbehalten.

In der strengen Moral der Ehe, wie sie in den ersten Jahrhunderten unserer Zeitrechnung formuliert wird, zeichnet sich deutlich etwas ab, was man als »Konjugalisierung« der Geschlechtsbeziehungen bezeichnen könnte – eine zugleich direkte und reziproke Konjugalisierung. Direkt, denn die Natur des Geschlechtsverkehrs soll ausschließen, daß man ihn außerhalb der Ehe betreibt. Reziprok, denn die Natur der Ehe und des Bandes, das sich zwischen den Gatten bildet, soll die sexuellen Vergnügen

---

30 Vgl. M. Foucault, *Sexualität und Wahrheit*, Band 2: *Der Gebrauch der Lüste*, Frankfurt/M. 1986, 3. Kapitel. Vgl. auch Platon, *Nomoi*, VI, 779e-780a.

ausschließen, die man anderswo finden könnte. Ehestand und sexuelle Aktivität sollen also zur Deckung kommen: und das mit vollem Recht, nicht bloß in Absicht auf eine legitime Nachkommenschaft. Diese Deckung – oder richtiger die Bewegung, die beides, nicht ohne etliche Verschiebungen und mögliche Ausfransungen zur Deckung bringen will – zeigt sich in der Ausbildung zweier Prinzipien: zum einen sollte die sexuelle Lust, wie sie nun einmal beschaffen ist, nicht außerhalb der Ehe zugelassen sein, was praktisch bedeutet, daß sie nicht einmal bei einem unverheirateten Individuum toleriert werden sollte; zum anderen bindet die Ehe so sehr, daß nicht nur der Verlust ihres Status, sondern schon der Umstand, daß ihr Mann mit anderen als mit ihr sein Vergnügen haben könnte, die Gattin zu verletzen droht.

1. Freilich findet sich nur selten das Prinzip formuliert, daß jegliches Geschlechtsverhältnis schandbar wäre, das nicht seinen Platz in seinem Eheverhältnis findet, welches es legitim macht. Vorausgesetzt, er wahrt das persönliche Maß und die Achtung vor den Sitten, den Gesetzen und dem Recht der anderen, kann ein unverheirateter Mann seiner Lust nachgehen, wie er will; und es wäre, selbst in dieser strengen Moral, sehr schwierig, ihm aufzuerlegen, sich gänzlich zu enthalten, solange er keine Ehe geschlossen hat. Es beruht laut Seneca auf großer persönlicher Tugend, daß der Sohn von Marcia alle Avancen der Frauen, die ihn begehrten, zurückgewiesen hat – so weit, daß er schon darüber, ihnen überhaupt gefallen zu haben, errötete wie über einen Fehltritt *(quasi pecasset)*.[31] Dion von Prusa zeigt sich sehr streng gegen die Prostitution und gegen die Weise, in der sie eingerichtet ist; zunächst, weil er in ihr eine »lieblose Form von Liebe« und eine der Aphrodite fremde Vereinigung sieht; sodann, weil ihre Opfer menschliche Wesen sind, die nicht willig sind. Und doch denkt er, obwohl er wünscht, daß eine wirklich gut regierte Stadt diese Institutionen abschaffen möge, nicht daran, sie sofort zu verbieten und ein derart altes Übel zu beseitigen.[32] Marc Aurel beglückwünscht sich zu seiner eigenen Nüchternheit in Sachen sexueller Lust: er hat »seine Jugend rein bewahrt« und »nicht vor der Zeit seine Manneskraft versucht«, ja, er hat »sogar noch eine Zeitlang damit gewartet«. An diesen Formulierungen zeigt sich: seine Tugend beweist sich nicht darin, daß er seine Lüste einzig für die Ehe aufgespart hat, sondern

---

31 Seneca, *Trostschrift an Marcia*, 24.
32 Dion von Prusa, *Reden*, VII.

daß er sich recht gut selbst beherrscht hat, um länger als üblich auf den Augenblick zu warten, da sich ihm die Freuden des Geschlechts eröffnen.[33] Auch Epiktet erwähnt wohl das Ideal, keine Geschlechtsbeziehungen vor der Eheschließung zu haben; aber er macht daraus den Inhalt eines Ratschlags; diesen Rat soll man nach Kräften befolgen, soll aber nicht aus der Keuschheit eine anmaßende Vorschrift machen: »Von Werken der Liebe halte dich vor der Ehe nach Kräften rein. Kostest du aber davon, so beschränke dich auf den erlaubten Genuß. Sei aber nicht denen lästig, die Gebrauch davon machen, und tadle sie nicht; und rede nicht viel davon, daß du selbst enthaltsam bist.«[34] Die extreme Zurückhaltung im Geschlechtsverkehr, die er fordert, rechtfertigt Epiktet nicht mit der Form der Ehe, den Rechten und Pflichten, die sie schafft, und den Verpflichtungen gegenüber der Gattin; er erklärt sie damit, daß man sich selber schuldig ist, weil man ein Fragment Gottes ist, weil man jenes Prinzip ehren soll, das auf einige Zeit in einem Körper wohnt, und weil man es Tag für Tag sein ganzes Leben lang respektieren soll. Die Erinnerung an das, was man ist, nicht so sehr das Wissen um die Verbundenheit mit dem anderen soll als ständige Richtschnur der Zucht dienen: »Willst du nicht daran denken, wenn du issest, wer du bist, der da ißt, und wen du ernährst? Wenn du Geschlechtsbeziehungen unterhältst, wer du bist, der dies tut? Wenn du mit andern Menschen verkehrst, Leibesübungen treibst, dich unterredest, weißt du nicht, daß du einen Gott nährst, einen Gott übst? (...) wo aber Gott selber in dir wohnt und all dein Tun und Lassen sieht und hört, da schämst du dich nicht, solche Dinge zu denken und zu tun, weil du keine Ahnung hast von deiner eigenen Natur, du Gottverworfener?«[35]

Demgegenüber scheint Musonius Rufus eine vollständige Konjugalisierung der sexuellen Aktivität vorzunehmen, da er jeglichen Geschlechtsverkehr verurteilt, der nicht im Rahmen der Ehe und zu deren Zwecken stattfindet. Der Abschnitt des Traktats über die *aphrodísia*, den Stobaios überliefert, beginnt mit der üblichen Kritik des lasterhaften Lebenswandels: ein Leben, das nicht fähig ist, sich selbst in die nötige Zucht zu nehmen, verliert sich in der endlosen Jagd nach ausgefallenen Lüsten und »schandbaren Verbindungen«. An diese banale Verurteilung hängt Musonius als positive Vorschrift eine Definition dessen an, was als *aphrodísia dí-*

---

33 Marc Aurel, *Selbstbetrachtungen*, I, 17.
34 Epiktet, *Handbüchlein*, XXXIII, 8.
35 Epiktet, *Gespräche*, II, 8 (12-14).

kaia, rechtmäßige Lüste, anzusehen ist: es sind dies, sagt er, diejenigen Lüste, die die Partner gemeinsam in der Ehe und zwecks der Geburt von Kindern erlangen *(tà en gámo kaì epì genései paídon syntelúmena)*. Und als nächstes nennt Musonius genau die beiden Hypothesen, die sich bieten können: entweder die außerehelichen Beziehungen werden im Ehebruch *(micheía)* gesucht und laufen dem Gesetz vollständig zuwider *(paranomótatai)*; oder man verschafft sie sich außerhalb jeglichen Ehebruchs: doch von dem Moment an, da sie »dessen beraubt sind, was sie gesetzmäßig macht«, sind sie an sich schon schandbar und gründen im Laster.[36] Für die sexuelle Aktivität ist Ehelichkeit Bedingung ihrer legitimen Ausübung.

Zwischen dem alten Thema, daß der zu intensive Verfolg der Lust der nötigen Selbstzucht zuwiderläuft, und dem Prinzip, daß es legitime Lust einzig im Rahmen der Eheinstitution geben kann, liegt ein wichtiger Schritt, den Musonius Rufus tut. Und er zieht die sich aufdrängende Konsequenz, auch wenn sie vielen seiner Zeitgenossen paradox erscheinen mag. Er selbst führt sie in Zusammenhang mit einem möglichen Einwand vor: sollte man eine sexuelle Beziehung als schändlich ansehen, die zwischen zwei freien und nicht von Ehebanden gehaltenen Personen spielte? »Ein Mann, der mit einer Kurtisane oder einer unverheirateten Frau verkehrt, verletzt kein Recht und bringt niemanden um die Hoffnung auf Nachwuchs.« Selbst unter diesen Umständen begeht man einen Fehler und eine Ungerechtigkeit, auch wenn man sonst niemand Unrecht tut: man beschmutzt sich, und »nach Art der Schweine suhlt man sich im eigenen Dreck«.[37] Unter die Implikationen dieser Konzeption der Zusammengehörigkeit von Ehe und sexueller Aktivität zählt auch Musonius Rufus' Ablehnung der Abtreibung. Diese Praktiken, sagt er in einem Text über die Frage, ob alle Kinder aufgezogen werden müssen, widerstreben den Gesetzen der Städte, die darauf achten, ihre Bevölkerung zu erhalten; sie schaden auch den Individuen, weil es so nützlich ist, einen Nachwuchs zu haben, aber sie sind auch ein Anschlag auf die universale Ordnung, welche die Götter wollten: »Sündigen wir nicht gegen unsere Stammgötter und gegen Jupiter, den Hüter der Familie, wenn wir solche Dinge tun? Denn so wie einer, der einen Gast mißhandelt, gegen Zeus, den Hüter des Gastrechts, sündigt, wie einer, der Unrecht tut an einem Freund, gegen Zeus, den Hüter der Freundschaft, sündigt, so sündigt einer, der Unrecht tut

36 Musonius Rufus, *Reliquiae*, XII.
37 Ebd.

an seinen Nachkommen, gegen seine Stammgötter und gegen Zeus, den Hüter der Familie.«[38]

Man könnte versucht sein, darin die Vorwegnahme der christlichen Vorstellung zu sehen, wonach die sexuelle Lust als solche eine Beschmutzung ist, welche einzig die legitime Form der Ehe mit ihrem eventuellen Nachwuchs akzeptabel machen könnte. Tatsache ist, daß Clemens von Alexandrien im zweiten Buch des *Paidagogos*[39] diese Passage aus Musonius benutzt hat. Aber auch wenn Musonius – wie die meisten der antiken Moralisten mit Ausnahme der Kyniker – dafürhält, daß die öffentliche Praktizierung derartiger Beziehungen schandbar ist, hieße es seine Lehre gründlich verfälschen, wenn man ihm die Vorstellung unterschöbe, daß die sexuelle Lust ein Übel sei und daß die Ehe eingerichtet wurde, um sie zu rehabilitieren und in einen strengen Rahmen zu stellen. Wenn Musonius jeglichen Geschlechtsverkehr außer der Ehe für schandbar hält, so nicht, weil die letztere dem ersten übergestülpt wurde, um ihm seine grundsätzliche Lasterhaftigkeit zu nehmen, sondern weil es für das vernünftige und gesellige Menschenwesen schlechthin zur Natur des Geschlechtsakts gehört, sich in die Ehebeziehung einzubetten und darin für legitimen Nachwuchs zu sorgen. Geschlechtsakt, Eheband, Nachwuchs, Familie, Stadt und darüber hinaus gar menschliche Gemeinschaft – das ergibt eine Reihe, deren Glieder verbunden sind und in der die Menschenexistenz ihre rationale Form findet. Die Lüste daraus abzuziehen, um sie aus dem Gattenbund zu lösen und ihnen andere Ziele anzuweisen, heißt allerdings einen Anschlag auf die Essenz des Menschseins führen. Die Beschmutzung liegt nicht im Geschlechtsakt an sich, sondern im »Laster«, welches ihn von der Ehe trennt, in der er seine natürliche Form und sein vernünftiges Ziel hat. In dieser Perspektive bildet die Ehe für das Menschenwesen den einzigen legitimen Rahmen der sexuellen Vereinigung und des Gebrauchs der *aphrodísia*.

2. Von dieser grundsätzlichen Zugehörigkeit der sexuellen Beziehungen und Lüste zur legitimen Ehe her läßt sich die neue Problematisierung des Ehebruchs und das Aufkommen der Forderung nach beiderseitiger sexueller Treue begreifen.

Der Ehebruch war bekanntlich juridisch verurteilt und moralisch geäch-

---

38 Musonius Rufus, *Reliquiae*, XV. Diesen Text zitiert und kommentiert J.T. Noonan, *Contraception et mariage*, Paris 1969, S. 66 f.
39 Clemens von Alexandrien, *Paidagogos*, II, 10.

tet als ein Unrecht, das ein Mann dem anderen, dem er die Frau entwandte, antat. Zugrunde lag dem also – bei einer sexuellen Beziehung außerhalb der Ehe – die Tatsache, daß die Frau verheiratet war; diese Tatsache und nichts weiter. Ob der Mann verheiratet war oder nicht, blieb außer Betracht. Somit waren der Betrug und der Schaden Sache zwischen den beiden Männern – dem, der die Frau an sich gebracht, und dem, der legitime Rechte auf sie hatte.[40] Diese Definition des Ehebruchs bloß durch die Verletzung des Rechts des Ehemanns war so geläufig, daß man sie selbst in einer so anspruchsvollen Moral wie der Epiktets wiederfindet.[41] Mitten in einem Gespräch über das Thema, daß »das Menschenwesen zur Treue *(pístis)* geboren ist«, taucht ein Mann auf – ein gebildeter Mensch *(philólogos)* –, der beim Ehebruch *in flagranti* erwischt wurde und der sich auf die Lehre des Archedamos vom Gemeinbesitz an den Weibern beruft. Die Vorhaltungen, die Epiktet ihm macht, drehen sich um zwei Punkte. Erstens hat der den Ehebruch verübende Mensch »das Treuegebot, dem wir von Geburt unterstehen«, überschritten. Doch diese »Treue« siedelt Epiktet nicht im Rahmen der Eheinstitution an; er erwähnt nicht einmal den Gattenbund als eine ihrer wesentlichen Formen. Er charakterisiert sie durch die Bande, die einen Mann mit seiner Nachbarschaft, seinen Freunden, seiner Stadt vereinen; und was in seinen Augen den Ehebruch zum Fehler stempelt, ist der Riß, den er diesem Gewebe von Beziehungen zwischen Menschen beigebracht hat, in dem ein jeder nicht nur die anderen respektieren, sondern sich selbst erkennen soll: »Wenn wir aber diejenige treulos verlassen, der wir von Natur aus Treue zu halten haben, und dem Weibe des Nachbarn nachlaufen, was tun wir da? Nichts anderes als vernichten und auflösen! Was? Die Treue, die Schamhaftigkeit und die Heiligkeit! Nur das? heben wir damit nicht auch die gute Nachbarschaft auf, die Freundschaft, die Bürgertugend? (...) als was soll ich dich noch betrachten, Mensch: als Nachbar, als Freund, als was? Etwa noch als Staatsbürger?«[42] Gegen ihn selbst und gegen die anderen Menschen als menschliche Wesen richtet sich der Ehebruch.

Gleichwohl findet man trotz und neben dieser traditionellen Auffassung des Ehebruchs in manchen Überlegungen zum Eheleben Forderungen, die in zweierlei Hinsicht sehr viel strenger sind, insofern sie zuneh-

---

40 Vgl. M. Foucault, ebd.
41 Epiktet, *Gespräche*, II, 4, 2-3.
42 A. a. O., II, 4, 2-3.

mend ein Symmetrieprinzip zwischen Mann und Frau geltend machen
und das mit dem Respekt begründen, den die persönliche Bindung zwischen den beiden Gatten erheischt. Im Hinblick auf diese »heilsamen
Wahrheiten«, um die man zwar dunkel weiß, die aber nicht genügend ein-
geprägt sind, um wirklich das Verhalten zu lenken, führt Seneca die Pflichten der Freundschaft und die einer streng symmetrischen ehelichen Treue
zusammen an: »Du weißt, daß Freundschaft heilig gehalten werden muß,
aber du handelst nicht demgemäß. Du weißt, daß es schimpflich ist, von
seiner Frau Keuschheit zu verlangen, während man selbst die Frauen anderer verführt; du weißt, daß, so wie es jenen untersagt ist, einen Liebhaber
zu haben, es dir verboten ist, eine Geliebte zu haben.«[43]

Die detaillierteste Behandlung des Prinzips einer symmetrischen ehelichen Treue findet sich bei Musonius.[44] Sie findet sich in der langen Passage der Abhandlung *Über die aphrodisia*, worin gezeigt wird, daß einzig
die Ehe das naturgemäße legitime Band der sexuellen Beziehungen bilden
kann. Musonius stößt auf das, was man »das Dienstbotenproblem« nennen
könnte. Die Sklavin war so weitgehend als zum Hauswesen gehöriges Se-
xualobjekt zugelassen, daß es unmöglich erscheinen mochte, einem verheirateten Mann ihren Genuß zu untersagen; aber gerade das will Musonius
verbieten, auch, bemerkt er, wenn diese Sklavin nicht verheiratet ist (was
vermuten läßt, daß eine Sklavenehe innerhalb eines Hauses einen gewissen Respekt genoß). Und um dieses Verbot zu begründen, führt Musonius
ein Symmetrieprinzip oder vielmehr ein relativ komplexes Spiel zwischen
einer Symmetrie im Bereich des Rechts und einer Überlegenheit in dem
der Pflichten ein. Wie sollte man einerseits zulassen, daß der Mann Beziehungen mit einer Dienerin hat, während man der Frau das Recht ab-
spricht, Beziehungen mit ihrem Diener zu haben? Das der einen Seite be-
strittene Recht kann nicht der anderen gewährt sein. Und wenn Musonius
es zugleich legitim und natürlich findet, daß der Mann in der Leitung der
Familie mehr Rechte hat als die Frau, so verlangt er im Bereich der sexuellen Beziehungen und Lüste eine exakte Symmetrie. Andererseits aber gehört zu dieser Symmetrie der Rechte die Notwendigkeit, im Bereich der
moralischen Herrschaft die Überlegenheit des Mannes herauszustellen.
Ließe man nämlich den Mann mit einer Dienerin tun, was man der Frau
untersagt, mit einem Sklaven zu tun, so unterstellte man, die Frau sei fähi-

---

43 Seneca, *Briefe an Lucilius*, 94, 26.
44 Musonius Rufus, *Reliquiae*, XII.

ger, sich selbst zu beherrschen und ihre Gelüste zu zügeln, als der Mann;
die doch im Hause geleitet werden soll, wäre also stärker als der sie Leitende. Damit nun der Mann wirklich der Überlegene sei, muß er aufhören
zu tun, was man einer Frau versagt. In dieser stoischen Kunst der Ehe, für
die Musonius ein so strenges Modell vorgelegt hat, wird eine Form von
Treue verlangt, die in derselben Weise den Mann und die Frau verpflichtet; sie verbietet nicht schlichtweg alles, was das Recht der anderen Männer beschneiden könnte; sie schützt auch nicht bloß die Gattin gegen
das, was ihren privilegierten Status als Hausherrin und Mutter gefährden
könnte; sie erweist das eheliche Band als ein System, das die Verpflichtungen im Genuß der Lüste ins genaue Gleichmaß bringt.

Diese vollständige »Konjugalisierung« der sexuellen Praxis, die man bei
Musonius antrifft, und ein der Ehe vorbehaltenes, strenges Monopol der
aphrodísia sind allerdings ungewöhnlich: man stößt dort an einen Punkt,
wo die Kunst des Ehelebens sich an dem formalen Prinzip eines zweiseitig
verbietenden Gesetzes auszurichten scheint. Doch bei Autoren, die sich
hüten, derart strenge Regeln zu formulieren, taucht ebenfalls ein Treuegebot auf, das Verhaltensänderungen und ein etwas anderes Betragen verlangt. Diese Autoren bemühen nicht ein ausdrückliches Verbot, sondern
die Sorge, das eheliche Band mit alledem, was es an individueller Beziehung, Anhänglichkeit, Zuneigung und persönlichem Respekt zwischen
den Gatten umschließen mag, zu wahren. Diese Treue bestimmt sich weniger durch ein Gesetz als durch den Stil der Beziehung zur Gattin, durch
eine Seins- und Benehmensweise ihr gegenüber. Der möglichst vollständige Verzicht auf außereheliche Beziehungen soll – von seiten des Gatten –
ein Bemühen um Zartgefühl in seinen Beziehungen bekunden; er soll sich
aus einem gleichzeitig geschickten und liebevollen Verhalten ergeben;
gleichwohl verlangt man von der Frau, tunlichst eine gewisse Nachsicht
zu üben.

Der ziemlich späte lateinische Text, der lange als eine Übersetzung der
aristotelischen *Ökonomik* gegolten hat, verbindet auf diese Weise eine traditionelle Sicht von der Würde der Gattin mit Ratschlägen zur Umsicht und
Anpassung. Einerseits schreibt der Autor dem Ehemann vor, sich sorgsam
einer Gattin anzunehmen, die die Mutter der Kinder werden soll, welche
er erhofft; er wird ihm auch vorschreiben, die Frau, die er geheiratet hat,
nicht der schuldigen Ehre zu berauben.[45] Aber er verlangt auch, daß die

---

45 Aristoteles, *Ökonomik*, III, 2.

beiden Gatten sich gegenseitig davon abhalten, Böses und Schändliches zu
tun; er empfiehlt dem Manne, sich seiner Gattin »nur mit Würde, Zurückhaltung und Scheu zu nähern« *(cum honestate, et cum multa modestia et
timore)*; er wünscht, daß der Ehemann »nicht achtlos noch streng« *(nec
neglegens nec severus)* sei: »das sind die Gefühle in den Beziehungen einer
Kurtisane und ihres Liebhabers«; seiner Frau hingegen wird der gute Ehemann Zuneigung, aber auch Zurückhaltung erweisen, welche die Gattin
mit Scham und Zartgefühl und mit »gleich großer« Zuneigung und Scheu
erwidern wird.[46] Bei aller Betonung des Wertes dieser Treue aber gibt der
Autor des Textes der Frau deutlich zu verstehen, daß sie den Fehlern ihres
Mannes gegenüber eine relativ nachgiebige Haltung einnehmen soll, »daß
sie vergessen möge, was der Mann ihr aus seelischem Ungestüm angetan
haben mag« *(si quid vir animae passione ad ipsam peccaverit);* »daß sie keine
Klage wider ihn führe und ihm nicht zürne für das, was er getan, sondern
alles der Krankheit, der Unerfahrenheit oder allfälligen Irrtümern an-
rechne«: worauf denn er, nach seiner Genesung, ihr seine Dankbarkeit be-
zeigen soll.[47]

In derselben Weise stellen die *Coniugalia praecepta* das Prinzip einer
wechselseitigen Treue auf. Doch formulieren sie es nicht als ein streng
und formal symmetrisches Gebot; wenn der Text, ohne das eigens erwähnen zu müssen, voraussetzt, daß die Frau ihrem Manne Treue schuldet,
so gibt er zu verstehen, daß das Streben nach anderen Lüsten ein Fehler
ist, der beim Ehemann häufig vorkommen mag, aber auch nur geringfügig
ist. Gleichwohl soll die Frage nicht von den Rechten und Vorrechten her,
sondern innerhalb des Ehebundes und von den Gefühlsbeziehungen zwischen den beiden Gatten her entschieden werden. Vom Gatten verlangt
Plutarch, keine Beziehungen mit anderen Frauen zu haben: nicht bloß
weil es eine Bedrohung für den Rang der legitimen Gattin wäre, sondern
weil es eine Verletzung wäre – eine natürliche und schmerzhafte Verletzung. Er erwähnt die Katzen, die der Geruch eines Duftes rasend macht;
genauso macht es die Frauen rasend, wenn ihr Mann mit anderen Frauen
verkehrt; mithin ist es ungerecht *(ádikon)*, ihnen einen so heftigen Kummer zu bereiten wegen einer Lust, die »ein Geringes« ist; und er rät, bei seiner Gattin dem Beispiel des Bienenzüchters zu folgen, der seinen Bienen
fernbleibt, wenn er bei den Frauen war.[48] Umgekehrt aber rät Plutarch

46 A. a. O., III, 3.
47 A. a. O., III, 1.
48 Plutarch, *Coniugalia praecepta*, 44, 144c-d.

den Ehefrauen, eine gewisse Toleranz zu üben; es ist nicht bloß besser, wenn sie die Augen schließen – ein wenig wie die Gattinnen der Perserkönige, die mit ihren Männern tafeln, aber sich zurückziehen, wenn der Rausch naht und man die Spielleute und die Kurtisanen ruft; sie sollten sich sagen, daß, wenn ihr Gatte seinen Lüsten bei einer Hetäre oder Dienerin nachgeht, er es aus Respekt vor ihnen tut und weil er sie nicht in seine Ausschweifung und Zügellosigkeit hineinziehen will.[49] So zieht die Ehe als Liebesband und Respektsbeziehung eher denn als Standesgefüge alle sexuellen Aktivitäten an sich und verurteilt diejenigen, die außerhalb ihrer stattfinden. Und wenn sie dahingeht, eine symmetrische Treue bei beiden Partnern zu fordern, so schafft sie auch einen Austauschort, wo die Anhänglichkeit des Mannes an die Frau und die Klugheit der Gattin gegenüber dem Manne sich verbinden können: die Fremdgänge des Mannes werden darin nicht mehr als anerkannte Folge seiner standesmäßigen Überlegenheit gelten, sondern als eine gewisse Schwäche, die der Mann um so mehr zügeln soll, als die Frau sie kraft eines Zugeständnisses toleriert, das ihre Zuneigung beweist, ohne ihrer Ehre zu schaden.

3 Die Freuden der Ehe

Die Definition der Ehe als möglichst exklusives Band für die Ausübung der *aphrodísia* wirft eine Anzahl Fragen auf (oder könnte sie aufwerfen), die die Integration, die Rolle, die Form und das Ziel der Lustakte innerhalb des Spiels der Gefühls- oder Standesbeziehungen zwischen Mann und Frau betreffen.

Allerdings muß man feststellen, daß selbst in den Formen von Reflexionen, in denen die Ehe einen wichtigen Platz einnimmt, die Ökonomie der Lüste im ehelichen Verhältnis mit extremer Zurückhaltung behandelt wird. In jener strengen Moral, die manche verkünden, verlangt die Ehe das Monopol der Lust; doch man sagt kaum, welche Lüste darin zugelassen und welche ausgeschlossen sind.

Zwei ganz allgemeine Prinzipien werden jedenfalls oft genannt. Zum einen betont man, daß die eheliche Beziehung dem Eros nicht fremd sein solle, jener Liebe, die manche Philosophen den Knaben vorbehalten woll-

49 A. a. O., 50, 140b.

ten; aber daß sie auch nicht Aphrodite ignorieren oder ausschließen solle. In dem Text, worin er zeigt, daß die Ehe keineswegs ein Hindernis, sondern vielmehr eine Pflicht für den Philosophen ist, macht Musonius die Größe und den Wert des Ehestandes geltend; und er nennt die drei großen Gottheiten, die über sie wachen: Hera, die wir »als Schutzherrin der Vermählung anrufen«, Aphrodite, weil man »den Verkehr des Gatten mit der Gattin *aphrodísion érgon* genannt« hat, und Eros (wo fände er seine angemessene Stätte, wenn nicht »in der legitimen Vereinigung des Mannes und der Frau«?). Gemeinsam verfolgen diese drei Mächte die Aufgabe, »die beiden Gatten zur Zeugung der Kinder zu verbinden«.[50] Diese Rolle der Aphrodite und des Eros für das, was den Ehebund ausmacht, behauptet auch Plutarch.[51]

Korrelativ zu diesem Eingang der Liebesleidenschaft und der Sinnenfreuden in die Ehe bringt man ein anderes, dem ersten zuwiderlaufendes, aber ebenfalls sehr allgemeines Prinzip ins Spiel: daß man nämlich seine Gattin nicht wie eine Mätresse behandeln und daß man sich in der Ehe als Gatte und nicht als Liebhaber aufführen soll.[52] Es versteht sich, daß das alte Prinzip der ehelichen Sittsamkeit um so mehr Geltung erlangt, als die Ehe zum einzigen zulässigen Ort für die Freuden des Geschlechts wird. In der Ehe sollen Aphrodite und Eros gegenwärtig sein und nirgends sonst; doch soll sich das eheliche Verhältnis auch von dem der Liebhaber unterscheiden. Dieses Prinzip trifft man in mehrfacher Gestalt. Etwa in Form einer wohl ganz traditionellen Mahnung: wer seine Frau zu intensive Lüste kosten läßt, lehrt sie Dinge, aus denen sie leicht falschen Nutzen ziehen wird, und man bereut, sie ihr beigebracht zu haben.[53] Oder etwa in Form von Ratschlägen an die beiden Gatten: daß sie einen Mittelweg zwischen übermäßiger Zucht und einem zu losen Lebenswandel finden sollen und daß der Mann immer daran denken soll, daß man »mit derselben Frau nicht gleichzeitig als Gattin und als Geliebter verkehren« kann *(hos gametè kaì hos hetaíra)*.[54] Oder auch in Form eines Grundsatzes: wer seine Frau zu glühend liebt, handelt ehebrecherisch.[55] Das Thema ist wichtig, denn man findet es in der christlichen Tradition wieder, wo es sehr früh auftaucht

---

50 Musonius Rufus, *Reliquiae*, XIV.
51 Plutarch, *Amatorius*, 759e-f.
52 Seneca, *Fragmenta* (ed. Haase), 85.
53 Plutarch, *Coniugalia praecepta*, 47, 144 f-145a; vgl. auch 17, 140c.
54 A. a. O., 29, 142a-c.
55 Seneca, *Fragmenta*, 85.

(Clemens von Alexandrien erwähnt es in den *Stromata*[56]) und sich sehr lange hält (Franz von Sales entwickelt seine Implikationen in der *Introduction à la vie dévote*).[57] Vermutlich muß man berücksichtigen, um sich den Sinn bei den Stoikern, die es formulieren, klarzumachen, daß für sie das natürliche und verständige Prinzip der Ehe dazu dient, zwei Existenzen zu verbinden, einen Nachwuchs zu erzeugen, der Stadt zu nützen und dem Menschengeschlecht insgesamt zu dienen; darin vor allem Lustempfindungen zu suchen hieße gegen das Gesetz zu handeln, die Ordnung der Zwecke umzustoßen und das Prinzip, einen Mann und eine Frau als Paar zu vereinen, zu überschreiten.

Auf konkretere Weise aber stellt sich die Frage, welche Stellung und welche Formen denn innerhalb der Ehebeziehungen die Praxis der Lüste annehmen und auf welche Prinzipien sich die Vorschriften zu ihrer internen Beschränkung werden gründen können. Wenn denn die Heirat ein eheliches Band stiftet, das zugleich ein hochbewertetes persönliches Verhältnis und der ausschließliche Ort der Lustbeziehungen sein soll, die bislang dem Mann an den Rändern seiner Ehe ziemlich frei erlaubt gewesen waren, wie wird dann diese Ehestruktur künftig ihre Rolle als regulierendes Prinzip spielen? Welche Zucht wird innerhalb dieser Ehe gefordert sein, wenn sie zugleich das stärkste der individuellen Bande und der einzige Ort der legitimen Lüste sein soll? Die Formulierungen sind zumeist ziemlich vage, so etwa wie die, die man im lateinischen Text findet, der als das dritte Buch der aristotelischen *Ökonomik* gilt. Der Verfasser verlangt dort vom Ehemann, sich seiner Frau mit »Würde« *(cum honestate)* zu nähern, mit »großer Zurückhaltung und Scheu« *(cum multa modestia et timore)*, er gebietet ihm, zu ihr zu sprechen »mit der Sprache eines Mannes von guter Erziehung, der sich nur gesetzmäßige und ehrbare Handlungen erlaubt«; er rät ihm, seine Gattin »mit Zurückhaltung und Zartgefühl« *(verecundia et pudore)* zu behandeln.[58]

Genauer betrachtet, wird die innereheliche Zucht von den beiden großen natürlichen und vernünftigen Zwecksetzungen, die mit der Ehe verbunden werden, gerechtfertigt. Erstens natürlich von der Zeugung. Man soll nicht – Seneca unterstreicht das, aber wir sahen, daß sich auch Ärzte in diesem Sinne äußerten – die Lust zum Zwecke eines Aktes machen,

56 Clemens von Alexandrien, *Stromata*, II, 143, 1.
57 Franz von Sales, *Introduction à la vie dévote*, III, 39.
58 Aristoteles, *Ökonomik*, III, 3.

den die Natur der Zeugung zugewiesen hat; und die Freuden der Liebe
sind den Menschen nicht gegeben, auf daß sie Wollust empfänden, sondern auf daß sie ihre Art fortpflanzen *(non voluptatis causa, sed propagandi
generis)*.[59] Aus diesem allgemeinen Prinzip zog Musonius die Folgerung,
daß die Geschlechtsbeziehungen legitimerweise nur dann statthaben könnten, wenn ihr Ziel die Zeugung wäre; diejenigen aber, die nur auf Lust-
gewinn aus sind, seien »unrecht und wider das Gesetz, selbst wenn sie in
der Ehe stattfinden«.[60] Mit dieser Regel, die sich auch bei den Neopytha-
goreern findet, scheinen einige traditionelle Verbote gerechtfertigt worden
zu sein: das des Verkehrs während der Regel (die den Ärzten zufolge leicht
den Samen fortschwemmt) und das des Verkehrs während der Zeit der
Schwangerschaft (nicht bloß, weil er dann unfruchtbar ist, sondern vor allem, weil er das Leben des Embryo gefährden kann). Neben diesen allgemeinen Empfehlungen scheint es aber, trotz der Identität des Prinzips,
nicht die Art von Befragungen gegeben zu haben, die man in der christlichen Pastoral antreffen wird: über die Legitimität des Verkehrs bei festge-
stellter Unfruchtbarkeit oder nach den Wechseljahren sowie nach den jeweiligen Absichten der beiden Partner vor oder sogar beim Akt selbst.
Der Ausschluß der Lust als Zweck taucht wohl bei den strengsten Moralisten als Forderung auf, doch diese Forderung war mehr eine prinzipielle
Setzung als ein Schema, mittels dessen man die Verhaltensweisen regeln
und genau die erlaubten oder verbotenen Formen kodifizieren konnte.

Die zweite große Zwecksetzung der Ehe – die Schaffung eines gemeinsamen und gänzlich geteilten Lebens – bildet das andere Prinzip, welches
zur Zucht innerhalb der Ehe aufruft. Ebensowenig wie der Zweck der Zeugung zieht dieses Prinzip einen klaren Trennstrich zwischen Erlaubtem
und Verbotenem. Aber einige Autoren – und allen voran Plutarch – geben
ihm bei der Verbindung von Lustbeziehungen und Ehebeziehungen eine
subtilere und komplexere Rolle. Zum einen nämlich macht die Pflicht,
die Gattin zur Gefährtin zu machen, der man seine Seele öffnet, es nötig,
ihr einen Respekt entgegenzubringen, der nicht bloß ihrem Ruf und
Stand, sondern ihrer persönlichen Würde gilt; da muß also das Regime
der *aphrodísia* ein internes Begrenzungsprinzip finden. Zum anderen ist
es einsichtig, daß, wenn die Ehe den Zweck hat, eine vollkommene Gemeinschaft – eine wahre »Existenzfusion« – zu stiften, die sexuellen Be-

---

59 Seneca, *Trostschrift an Helvia*, 13, 4.
60 Musonius Rufus, *Reliquiae*, XII.

ziehungen und die Lüste, werden sie geteilt und gemeinsam genossen, die
Gatten einander nahebringen. Der Genuß der *aphrodísia* hilft, ein Band zu
knüpfen und es weiter zu festigen. Daraus ergibt sich eine Aufwertung der
sexuellen Lüste (solange sie in den Rahmen der Ehe eingebettet bleiben),
verbunden mit dem Rat, sie zuchtvoll auszuüben, auf daß sie tatsächlich
jene positive Rolle innerhalb des Ehebundes spielen.

Diese Spirale von notwendiger Zucht und erwünschter Intensität zeigt
sich deutlich in den *Coniugalia praecepta*. Sie bildet sogar einen ihrer Leit-
fäden. Der Text greift manche der altbekannten Sätze über die Scham und
das Geheimnis, welche nicht nur den Zeugungsakt, sondern die einfachen
Gesten der Lust wie den Kuß und die Zärtlichkeiten umgeben sollen, wieder auf[61]; er erinnert auch, ein bekanntes Wort Herodots umformend,
daran, daß weder die Scham einer Gattin mit ihrem Kleide fallen noch
die Dunkelheit jedwedes Laster decken soll[62]; unter Hinweis auf eine Frau,
die Philipp mit der Bemerkung zu entkommen suchte, alle Frauen seien
gleich, sei erst das Licht gelöscht, sagt Plutarch, daß die Gattin gerade nicht
wie die anderen sein soll; sondern im Dunkel der Nacht, da man ihren Körper nicht sehen kann, soll sie die ihr eigene Tugend *(tò sôphron autês)* leuchten lassen. Die ihr eigene Tugend aber ist ebendas, was sie ausschließlich an
ihren Mann bindet und ihm allein bestimmt: »ihre Beständigkeit und ihre
Zuneigung«.[63]

Anhand dieses Prinzips einer nachgiebigen Zurückhaltung, einer
Scham, die für ausschließliche Zuneigung steht, entwickelt Plutarch eine
Anzahl von Ratschlägen, die ebenso kleinliche Sittenstrenge wie haltlose
Lockerheit ausschließen – und das sowohl von seiten des Mannes wie
der der Frau. Gewiß soll, nach dem Beispiel der jungen Spartanerin, das
er zitiert, eine gute Gattin ihrem Mann keine Avancen machen[64], doch ge-
nausowenig soll sie sich von den seinen belästigt zeigen; die erste Haltung
hätte etwas Freches und röche nach Kurtisane, in der zweiten läge eine un-
freundliche Anmaßung.[65] Da sieht man, sehr verschwommen noch, den
Ansatz zu jenen Regeln über die jeweiligen Initiativen und die auszutauschenden Zeichen, von denen die christliche Pastoral später soviel Aufhe-
bens machen wird. Plutarch mißt den Gefahren viel Bedeutung bei, die, in

---

61 Plutarch, *Coniugalia praecepta*, 13, 139e.
62 A. a. O., 10, 139c.
63 A. a. O., 46, 144e-f.
64 Vgl. auch Plutarch, *Mulierum virtutes*, 242b.
65 Plutarch, *Coniugalia praecepta*, 18, 140c.

den allerersten sexuellen Beziehungen einer Ehe, das spätere gute Verstehen und die Festigkeit des sich dann bildenden Bandes gefährden können. Er nennt das Risiko schlechter Erfahrungen, welche die junge Frau machen kann; er rät, nicht dabei stehenzubleiben, weil einem die Wohltaten der Ehe vielleicht erst später aufgehen: nicht so handeln wie die, die nach einem Bienenstich auf die ganze Honigernte verzichten.[66] Doch er fürchtet auch, daß zu heftige körperliche Lust am Beginn der Ehe die Zuneigung auslöschen kann, wenn die Lust vergeht; besser ist es, wenn sich die Liebe dem Charakter der Gatten und ihrer Geistesart verdankt.[67] Auch soll man das ganze Eheleben lang nicht zögern, der Ehe alles an Freundschaft zuzuführen, was ihr aus den Geschlechtsbeziehungen der Gatten zufließen mag. Für diese Funktion der affektiven Wiederbelebung – von der einer der Gesprächspartner der *Amatoriae narrationes* ausdrücklich spricht[68] – geben die *Coniugalia praecepta* zwei präzise Beispiele: vor allem soll man die Streitigkeiten vermeiden, die im Schlafzimmer stattfinden können: denn »Zwietracht und Vorwürfe, zu denen das Bett Anlaß gibt, legt man nicht leicht an einem anderen Orte bei«[69]; auch soll man, wenn man üblicherweise in einem Bette schläft, nicht ein getrenntes Zimmer nehmen, weil man Streit hat; im Gegenteil ist dies der Augenblick, Aphrodite anzurufen, »welche der beste Arzt bei dieser Art von Leiden ist«.[70]

Das Thema nimmt bei Plutarch selbst eine relativ wichtige Stelle ein. Man trifft es wieder in den *Amatoriae narrationes*, wo es als Hauptkriterium dient zwischen der Liebe zu den Frauen, in der die Lust mit einer positiven Rolle in die geistige Beziehung eingehen kann, und der Liebe zu den Knaben, bei der die körperliche Lust (von der man annimmt, sie sei nicht reziprok) keinen günstigen Faktor innerhalb der Beziehung abzugeben vermag. Dieses Thema wird auch im *Septem sapientium convivium* angesprochen, wo die Rede von den sexuellen Wonnen und ihrer Verbindung mit den beiden anderen körperlichen Lüsten ist, mit denen sie häufig einhergehen: dem Rausch und der Musik. Der Gesprächspartner Mnesiphilos weist darauf hin, daß in jeder Kunst oder Praktik das Werk nicht in der Handhabung der Werkzeuge oder Werkstoffe liegt, sondern in dem, was man machen will: das *érgon* des Architekten besteht nicht in dem Mör-

---

66 Plutarch, *Coniugalia praecepta*, 2, 138d-e.
67 A. a. O., 2, 138 f.
68 Vgl. unten, 6. Kapitel.
69 Plutarch, *Coniugalia praecepta*, 39, 143e.
70 A. a. O., 38, 143d.

tel, den er mengt, sondern in dem Tempel, den er baut; wenn die Musen
zur Leier oder Flöte greifen, kennen sie keine andere Aufgabe als »sittliche
Bildung und Besänftigung der Leidenschaften«.[71] Sowenig die Aufgabe
Dionysos' darin besteht, berauschenden Wein zu trinken, sowenig liegt
die Aufgabe Aphrodites *(érgon Aphrodítes)* in der bloßen Verbindung und
Vereinigung des Körpers *(synousía, mîxis):* sie liegt in dem Gefühl von
Freundschaft *(philophrosýne),* dem Bedürfnis *(póthos),* den gegenseitigen
Beziehungen *(homilía)* und Zuwendungen *(synétheia).* Innerhalb des Ehe-
lebens soll der Geschlechtsverkehr als Instrument zur Bildung und För-
derung symmetrischer und wechselseitiger Gefühlsbeziehungen dienen:
»Aphrodite«, sagt Plutarch, »ist die Kunstfertige, die Eintracht und Freund-
schaft *(homophrosýnes kaì philías demiurgós)* zwischen Männern und
Frauen stiftet, denn durch ihre Körper und vermöge ihrer Lust bindet
und verschmilzt sie zugleich die Seelen«.[72]

Diese Ratschläge mögen ziemlich dürftig scheinen. Dennoch gehören
sie unter die Präliminarien einer langen Geschichte der Kodifizierung
der moralischen Beziehungen zwischen den Gatten unter dem Doppel-
aspekt eines allgemeinen Zurückhaltungsgebots und einer komplexen Lektion affektiver Kommunikation mittels der sexuellen Lüste.

Ein monopolistisches Prinzip: keine sexuellen Beziehungen außerhalb
der Ehe. Eine Forderung nach »Enthedonisierung«: die sexuellen Vereinigungen der Gatten sollen nicht einer Ökonomie der Lust gehorchen. Eine
Ausrichtung auf die Zeugung: ihr Zweck soll die Geburt von Nachwuchs
sein. Das sind drei grundlegende Züge, wie sie die Ethik der ehelichen Existenz prägen, die manche Moralisten zu Beginn der Kaiserzeit entwickelt
haben und zu deren Ausformung die späte Stoa viel beigetragen hat.
Gleichwohl sind das keine Züge, die allein bei ihr vorkommen: ähnliche
Forderungen fanden sich auch schon in den Regeln, die Platon den Bürgern seines Staates auferlegt; später wird man sie in dem finden, was die
Kirche von einer guten christlichen Ehe verlangt. Diese drei Prinzipien
sind weit mehr als eine Erneuerung der stoischen Strenge, weit mehr als
ein für die Moral jener Zeit typischer Entwurf – sie haben über Jahrhun-

---

71 Plutarch, *Septem sapientium convivium,* 156c.
72 A. a. O., 156d. In *Plutarch et le stoicisme,* Paris 1969, S. 109, weist Babut darauf hin, daß Antipatros,
   Musonius und Hierokles »sich eher für die Ehe als für die Liebe interessieren; ihnen scheint es vor
   allem um den Nachweis zu gehen, daß die Ehe kein Hindernis für eine philosophische Lebensführung darstellt; außerdem findet man bei ihnen keine Spur von dem wichtigen Gedanken des *Amatorius,* wonach die Frau ebenso wie der Mann fähig ist, die Liebesleidenschaft zu entfachen.«

derte hinweg den Kernpunkt sexueller Zucht markiert, als den man die
Ehe sehen wollte.

Doch darf man von der Konstanz dieser drei Prinzipien nicht auf eine
schlichte und einfache Identität schließen. Eine gewisse stoisisierende Moral der Kaiserzeit hat sich nicht damit begnügt, den Code einer »monopo-
listischen«, zeugungsbestimmten und gegenüber der Lust mißtrauischen
Ehe von der platonischen Utopie an das Christentum weiterzureichen.
Sie hat ihm einige eigentümliche Wendungen beigebracht, die mit der damals erfolgten Entwicklung der Kultur seiner selber zusammenhängen.

Festzuhalten ist zunächst, daß eine der Hauptbegründungen für die
Pflicht, alle sexuellen Lüste in das Gefüge der Ehe einzubetten, wie sie
bei Platon ausgesprochen ist, in der Notwendigkeit lag, der Polis die Kinder zu liefern, deren sie um ihres Bestandes und ihrer Stärke willen bedurfte. Im Christentum dagegen wird das Band von Geschlechtsverkehr
und Ehe dadurch gerechtfertigt, daß der erste an sich alle Male der Sünde,
des Falls und des Übels trägt und daß allein die zweite ihm Legitimität zu
geben vermag; und selbst dann ist noch nicht sicher, ob sie seine Schuld
gänzlich tilgen kann. Bei Musonius, Seneca, Plutarch oder Hierokles nun
kommt, auch wenn Nützlichkeitsüberlegungen im Spiel, wenn die Wallun-
gen der Lust mit sehr scheelem Blick gesehen sind, das Band zwischen Ehe
und *aphrodísia* im wesentlichen nicht dadurch zustande, daß die sozialen
und politischen Ziele der Ehe vorangestellt werden oder daß ein Grund-
und Urübel der Lüste behauptet wird, sondern dadurch, daß man zwischen ihnen eine natürliche, vernünftige und wesensmäßige Zusammengehörigkeit stiftet. Sagen wir, um Unterschiede in der Position und Lehrva-
rianten zu berücksichtigen, daß das sexuelle Monopol, das man in dieser
Form von Ethik für die Ehe in Anspruch nehmen will, weniger um die »äußeren« Nutzen der Ehe oder die »innere« Negativität der Lust kreist als um
ein Bemühen, eine Anzahl von Beziehungen zur Deckung zu bringen: die
Verbindung zweier Sexualpartner, das duale Band der Gatten, die gesellschaftliche Rolle der Familie – und das in möglichst vollkommener Abstimmung mit der Beziehung zu sich.

Hier zeigt sich nun ein zweiter wichtiger Unterschied. Die Pflicht, den
Gebrauch seiner Lüste im Rahmen der Ehe zu halten, war auch für den
»Wächter« Platons, den »Befehlshaber« Isokrates' oder den »Bürger« Aristoteles' eine Weise, seine Herrschaft über sich selbst auszuüben, eine von seinem Stand und von der Autorität, die er innerhalb der Polis ausüben soll,

verlangte Herrschaft. Das Prinzip vollkommener ehelicher Treue wird in der christlichen Pastoral eine unbedingte Pflicht für jeden sein, der um sein Heil besorgt ist. Wenn man hingegen in dieser von der Stoa inspirierten Moral danach streben soll, seine sexuellen Lüste innerhalb der Ehe und gemäß deren Zwecken zu gebrauchen, so um den Anforderungen des Verhältnisses zu sich zu genügen, um nicht zu verletzen, was man natürlich und wesentlich ist, um sich selbst als Vernunftwesen zu ehren. Gewiß wird dies Prinzip, das dahingeht, den Geschlechtsverkehr außerhalb der Ehe auszuschließen – auch für die Männer – und ihn nur zu ganz bestimmten Zwecken gutzuheißen, einen der Stützpunkte der späteren Verrechtlichung der Ehebeziehungen und der Sexualpraxis abgeben; wie die der Frau wird, zumindest im Prinzip, auch die des verheirateten Mannes unters Auge des Gesetzes geraten; und sogar im Innern der Ehe wird ein präziser Code sagen, was zu tun, zu wollen oder gar zu denken erlaubt oder verboten ist. Doch diese Verrechtlichung – die in der Folge so spürbar wird – ist an die christliche Pastoral und an deren eigene Struktur gebunden. Dagegen bieten selbst die detailliertesten Texte über das Leben als Paar, wie etwa diejenigen Plutarchs, nicht eine Reglementierung, die das Erlaubte vom Verbotenen scheidet, sondern eine Seinsweise, einen Stil von Beziehungen. Die Ehemoral und die Ratschläge über das Eheleben sind zugleich Prinzipien, die allgemein gelten, und Regeln für die, die ihrer Existenz eine ehrbare und schöne Form geben wollen. Das ist die gesetzesfreie Allgemeinheit einer Ästhetik der Existenz, die freilich nur von einigen wenigen praktiziert wird.

Die »Konjugalisierung« der sexuellen Aktivitäten, die die Legitimität einzig in die Ehe zu verlegen sucht, bewirkt allem Anschein nach deren Einschränkung (zumindest was den Mann angeht, weil sie für die verheiratete Frau seit langem gilt). Zudem wird die Forderung nach einer Trennung zwischen dem Genuß dieser Lüste und der hedonistischen Zielsetzung zu einer internen Abwertung jener Aktivität selber führen. Man muß sich aber auch vor Augen halten, daß diese Einschränkungen und diese Abwertung von einem anderen Prozeß begleitet werden: einer Intensivierung des Werts und des Sinns der sexuellen Beziehungen im Innern der Ehe. Einerseits sind in der Tat die innerehelichen Geschlechtsbeziehungen nicht mehr bloß die Konsequenz und die Behauptung eines Rechts; sie müssen in ein Bündel von Beziehungen eingehen, die auf Zuneigung, Anhänglichkeit und Wechselseitigkeit beruhen. Und wenn andererseits die Lust als Zweck ausgeschaltet werden muß, so ist sie doch, zumindest in einigen der subtilsten Formulierungen dieser Ethik, als ein Element (Instrument und Garantie zugleich) im Spiel der Gefühlsausdrücke zwischen den Gatten zu gebrauchen.

Und eben im Namen dieser Intensivierung des Werts der *aphrodísia* in den Ehebeziehungen, aufgrund der Rolle, die man ihnen in der Kommunikation zwischen Gatten beilegt, beginnt man nun mit wachsendem Zweifel die Privilegien zu erörtern, die ehedem die Knabenliebe besaß.

VI
Die Knaben

Verglichen mit ihren hohen Formulierungen der klassischen Zeit, hat die Knabenliebe in den ersten Jahrhunderten unserer Zeitrechnung wenn nicht an Aktualität, so doch an Intensität, an Ernsthaftigkeit und an Glanz verloren. Wo sie sich bekundet, hat das leicht den Charakter einer Reprise: indem sie alle Themen – häufig die des Platonismus – anschlägt, partizipiert sie, allerdings in trüber Weise, an der Wiederbelebung der klassischen Kultur. Selbst wenn die Philosophie der Figur des Sokrates ihr früheres Prestige wiederzugeben sucht, bildet die Knabenliebe samt den ihr eigenen Problemen nicht einen aktiven und lebendigen Brennpunkt der Reflexion: die vier Reden des Maximos von Tyros über die sokratische Liebe geben kein Gegenargument ab.

Das soll nicht heißen, daß die Praktik verschwunden oder verfemt worden wäre. Aus allen Texten geht deutlich hervor, daß sie noch gängig war und als eine natürliche Sache angesehen wurde. Was sich anscheinend geändert hat, ist nicht der Geschmack an den Knaben, auch nicht die Beurteilung derjenigen, die diese Neigung haben, sondern die Weise, wie man sie erörtert. Obsoleszenz nicht der Sache selbst, sondern des Problems; Nachlassen des Interesses, das man ihr entgegenbringt; Schwinden der Bedeutung, die man ihr in der philosophischen und moralischen Debatte beilegt. Diese »Entproblematisierung« hat freilich viele Motive. Manche hängen mit dem Einfluß der römischen Kultur zusammen; das heißt nicht, daß die Römer weniger empfänglich für diese Art Lust gewesen wären als die Griechen. Aber im Rahmen ihrer Institutionen stellte sich die schwierige Frage der Knaben als Lustobjekte mit geringerer Schärfe als in dem einer griechischen Polis. Einerseits waren die Kinder von guter Geburt durch das Familienrecht und durch die öffentlichen Gesetze gut »geschützt«; die Familienväter wußten der Macht, die sie über ihre Söhne ausübten, Respekt zu verschaffen, und die berühmte *Lex Scantinia*, die – wie Boswell gezeigt hat[1] – nicht die Homosexualität verbot, verteidigte den

1 J. Boswell, *Christianity, Social Tolerance, and Homosexuality*, Chicago 1980, S. 61 f.

freien Jüngling gegen Mißbrauch und Gewalt. Andererseits und wohl auch ganz konsequent wurde die Knabenliebe vor allem mit jungen Sklaven praktiziert, über deren Status man sich nicht zu beunruhigen brauchte: »In Rom trat an die Stelle des freigeborenen Epheben der Sklave, der als Geliebter diente«, sagte P. Veyne.[2] Selbst das hellenisierte, das von Philosophie getränkte Rom, dessen Dichter so gern die Jünglinge besangen, hat sich der großen griechischen Spekulation über die Liebe zu den Knaben kaum angenommen.

Zudem machten es die Formen der pädagogischen Praxis und ihrer Institutionalisierung sehr viel schwerer, dem Verhältnis zu den Jünglingen einen pädagogischen Nutzen zuzuerkennen. Als Quintilian den Moment erwähnt, da der Knabe den Rhetoriklehrern anvertraut werden soll, betont er die Notwendigkeit, sich von dessen »Sitten« zu überzeugen: »Fast erwachsen übergibt man die Knaben diesen neuen Lehrern, und bei ihnen bleiben sie auch noch, wenn sie zu Jünglingen geworden sind. Deshalb ist dann noch größere Sorgfalt angebracht, damit die Makellosigkeit des Lehrenden das zartere Alter vor Unbill bewahre und auch die Würde seiner Erscheinung die Ungestümeren von mutwilligen Streichen abschrecke«; deshalb nehme der Lehrer »gegen seine Schüler die Gesinnung eines Vaters an und fühle sich so, als trete er an die Stelle derer, die ihm die Kinder anvertrauen.«[3] Darüber hinaus haben ein gewisser Bedeutungsschwund bei den persönlichen Beziehungen der *philía* sowie die Aufwertung der Ehe und des Gefühlsbandes zwischen Eheleuten sicher viel dazu beigetragen, daß die Liebesbeziehung zwischen Männern nicht länger den Kern einer intensiven theoretischen und moralischen Diskussion bildet.

Jedenfalls bleiben drei wichtige Texte: Plutarchs Dialog über die Liebe, dann der spätere, Lukian zugeschriebene, dann die vier Abhandlungen von Maximos von Tyros über die sokratische Liebe. Diesen letzten Text kann man beiseite lassen: nicht wegen seines rhetorischen und künstlichen Charakters – die *Amores* Lukians sind es nicht minder, und das Aufgreifen alter Themen in den akademischen Übungen ist ein Zug der Zeit. Doch der Text des Maximos von Tyros widmet sich im wesentlichen – und das macht ihn so traditionell – der Unterscheidung und dem Vergleich von

---

2 P. Veyne, »Homosexualität im alten Rom«, in: Ph. Ariès/A. Béjin/M. Foucault u. a., *Die Masken des Begehrens und die Metamorphosen der Sinnlichkeit. Zur Geschichte der Sexualität im Abendland*, Frankfurt/M. 1984, S. 43.

3 Quintilian, *Institutio oratoria*, II, 2.

zwei Arten Liebe innerhalb der Männerbeziehungen: einer, die schön und richtig, und einer, die es nicht ist.[4] Diese Unterscheidung setzt Maximos von Tyros gemäß der platonischen Tradition mit dem Gegensatz der wahrhaften Liebe und der bloß scheinbaren in eins. Und von daher entwickelt er den systematischen und traditionellen Vergleich der beiden Lieben. Nach ihren jeweiligen Qualitäten: die eine befördert Tugend, Freundschaft, Scham, Offenheit, Festigkeit; die andere befördert Ausschweifung, Haß, Schamlosigkeit, Untreue. Nach den sie bezeichnenden Seinsweisen: die eine ist hellenisch und männlich, die andere weibisch und barbarisch. Nach den Verhaltensweisen, in denen sie sich ausdrücken: die eine kümmert sich um den Geliebten, begleitet ihn ins Gymnasion, bei der Jagd und im Kampf; sie folgt ihm in den Tod, und sie sucht seine Gesellschaft weder bei Nacht noch im verborgenen; die andere hingegen flieht die Sonne, sucht die Nacht und die Verborgenheit und meidet es, mit dem Geliebten gesehen zu werden.[5]

Die Dialoge Plutarchs und Lukians über die Liebe sind ganz anders konstruiert. Wohl ist auch ihre Erotik binär und vergleichend: stets geht es darum, zwei Formen von Liebe zu unterscheiden und ihre Werte zu konfrontieren. Doch statt daß sich dieser Vergleich innerhalb eines beherrschten, wenn nicht gänzlich von der männlichen Liebe repräsentierten Eros abspielt, um davon zwei moralisch ungleiche Formen abzuspalten, geht er von zwei naturgemäß verschiedenen Beziehungsformen aus: der Beziehung zu den Knaben und der zu den Frauen (genauer gesagt derjenigen, die man zu seiner rechtmäßigen Gattin im Rahmen der Ehe haben kann); und diesen beiden als unterschiedlich gesetzten Formen wird man die Frage ihres Wertes, ihrer Schönheit und ihrer moralischen Überlegenheit stellen. Mit den diversen Konsequenzen, die die Frage der Erotik beträchtlich modifizieren: daß die Liebe zu den Frauen und zumal die Ehe völlig zu Recht zum Bereich des Eros und seiner Problematisierung gehören; daß diese sich auf den natürlichen Gegensatz zwischen der Liebe zum eigenen Geschlecht und der Liebe zum fremden stützt; daß schließlich die ethische Bewertung der Liebe nicht mehr unter Auslassung der körperlichen Lust vorgenommen werden kann.

Das ist das Paradox: über dieser Frage der Lust hatte sich die Reflexion über die Päderastie in der griechischen Antike entwickelt; über dieser sel-

4 Maximos von Tyros, *Philosophumena*, 24, 1 und 25, 1.
5 A. a. O., 25, 2-4.

ben Frage gerät sie nun in Regression. Die Ehe als individuelles Band, das in der Lage ist, die Lustbeziehungen zu integrieren und ihnen einen positiven Wert zu geben, wird den Hauptknotenpunkt für die Definition einer Stilistik des sittlichen Lebens abgeben. Die Knabenliebe wird darum nicht zu einer verfemten Gestalt werden. Weiterhin wird sie Weisen finden, sich in Dichtung und bildender Kunst auszudrücken. Doch sie wird eine Art philosophischen »Interessenabzugs« erfahren. Wenn man sie, statt in ihr eine der höchstmöglichen Formen der Liebe zu suchen, in Frage stellt, wird man ihr als ihr radikales Unvermögen vorhalten, den Lustbeziehungen keinen Raum geben zu können. Die Schwierigkeit, die Beziehungen zwischen dieser Form von Liebe und dem Gebrauch der *aphrodísia* denken zu können, hatte lange Zeit das Motiv ihrer philosophischen Wertschätzung abgegeben; jetzt wird sie der Grund, sie als einen Geschmack, eine Gewohnheit, ein Vorliebe zu sehen, die zwar ihre Tradition haben mögen, die aber nicht einen Lebensstil, eine Ästhetik des Verhaltens und eine ganze Modalität des Verhaltens zu sich, den anderen und der Wahrheit definieren können.

Der Dialog Plutarchs und derjenige Lukians zeugen von dieser immer noch anerkannten Legitimität der Knabenliebe und zugleich von ihrem fortschreitenden Abbau als lebendiges Thema einer Stilistik der Existenz.

1 Plutarch

Plutarchs *Amatorius* beginnt und endet im Zeichen der Ehe. Am Tage nach ihrer Hochzeit sind Plutarch und seine Frau auf Pilgerschaft nach Thespien gegangen: sie wollen dem Gotte opfern und ihn ihrem Bunde günstig stimmen, den ein Streit zwischen ihren Familien belastete. Bei ihren Gastgebern platzen sie mitten in eine kleine Aufregung hinein: soll der junge Bacchon, ein begehrter Jüngling, die Frau heiraten, die ihn verfolgt? Debatte, Umschwung, Entführung. Der Dialog endet damit, daß sich alle bereit machen, die Jungvermählten zu geleiten und dem huldvollen Gotte zu opfern. Der Dialog verläuft von einer Ehe zur anderen.[6]

6 H. Martin, »Amatorius«, in: H. D. Betz (Hg.), *Plutarch's Ethical Writings and Early Christian Literature*, Leiden 1978, bemerkt, daß der Dialog keine explizite Unterscheidung zwischen heterosexueller Liebe und Ehe trifft. Aus der Sicht des *Amatorius* und der *Coniugalia praecepta* betont L. Goessler die enge Verbindung von *gámos* und *éros* bei Plutarch, die gegenüber der traditionellen Behandlung der Ehe neu ist.

Er verläuft auch im Zeichen Eros', da eben die *Erotidia* stattfinden, die alle vier Jahre in Thespiai zu Ehren »der Liebe und der Musen« gefeiert werden. Von diesem Gott wollte Plutarch Schutz für seine Ehe erbitten, diesen Gott wird man für die umstrittene Heirat von Bacchon und Ismenodora anrufen: denn er scheint »allem günstig gesinnt, was sich vollendet«.[2] Zwischendurch wird Plutarch Muße gehabt haben, ein langes Lob auf Eros zu singen, auf seine Göttlichkeit, sein Alter, seine Macht, seine Wohltaten, auf die Kraft, mit der er die Seelen erhebt und anzieht; so wird er auch seinerseits zum Kult des Gottes beigetragen haben, den man zur selben Zeit in der ganzen festlichen Stadt feiert. Eros und Gamos, die Kraft der Liebe und das Band der Ehe in ihren wechselseitigen Beziehungen: das ist das Thema des Dialogs. Der Zweck der religiösen Riten, die ihm als Rahmen dienen, ist klar: die Macht des Eros, der zum Schutz des Paares angerufen wurde, möge die Zwietracht der Familien besiegen und das Glück der Ehen stiften. Das theoretische Ziel der Debatte entspricht dieser Frömmigkeitsübung, es gründet sie auf Vernunft: den Erweis, daß das Band der Ehe mehr als jede andere Beziehung fähig ist, die Kraft der Liebe aufzunehmen, und daß unter Menschen das Paar ihr bevorzugter Ort ist.

Der Vorwand für das Gespräch und für die äußeren Wechselfälle, die es vorantreiben, werden in feierlicher und ironischer Weise erzählt: es ist ein »pathetisches« Ereignis, das »ganz wie ein Drama« ist; um es wiederzugeben, bedürfte es »eines Chors« und man brauchte »eine Bühne«. tatsächlich handelt es sich um eine komische kleine Episode. Bacchon, der begehrenswerte Jüngling – er ist schön, er ist tugendhaft –, wird von einem Liebhaber, Peisias, verfolgt, aber auch von einer Witwe, die bedeutend älter ist als er. Sie war beauftragt gewesen, ihm eine passende Gattin auszusuchen; sie hatte nichts und niemand gefunden, der besser gewesen wäre als sie selbst; sie macht sich an den Jungen heran, stellt ihm nach, entführt ihn, bereitet vor den Augen des erst wütenden, dann sich ergebenden Liebhabers die Hochzeit vor. Der Dialog beginnt, als man bereits die Absichten der schrecklichen Witwe kennt, aber noch bevor sie ihren Gewaltstreich geführt hat. Das Kind steht also noch zwischen seinen beiden Verfolgern: es weiß nicht, welchen Weg es wählen soll; da es die Entscheidung seinen Vorfahren überlassen hat, machen die sich ans Beraten. Die Diskussion hat statt zwischen zwei Anhängern der Knabenliebe, Protogenes und Peisias, und zwei Anhängern der Frauenliebe, Anthemion und Daphneos. Sie spielt sich vor Plutarch ab, der bald schon die Rolle des Zeugen aufgibt, die Debatte in die Hand nimmt und zu einer allgemeinen Theorie der Liebe führt: nachdem die ersten Streiter für die beiden Lieben abgetreten sind, hat er Pemptides und vor allem Zeuxippos zu Gesprächspartnern und Gegnern, die sich von der Liebe eine materialistische und von der Ehe eine bissig kritische Vorstellung machen, auf die Plutarch antworten muß.

Hier ist eine der bemerkenswerten Stellen des Dialoges.

Er geht von dem – für mythische Gestalten wie für die moralische Kasuistik – traditionellen Schema aus: es gibt zwei Wege, welchen soll man wählen? Den der Knabenliebe oder den der Frauenliebe? Allerdings wirft die Debatte nicht genau dieses Problem auf: während in den platonischen Texten der männliche und edle Eros dem umtriebigen und körperlichen, gemeinen (offenbar dem, den man mit Knaben und Mädchen außerhalb der Ehe treiben kann) entgegensteht, liegt bei Plutarch die Wahl zwischen den Knaben einerseits und der Ehe andererseits, so als käme der Verkehr mit den Frauen nur da zustande.

Ein anderes Unterscheidungsmoment im Dialog Plutarchs liegt in der Gestalt der Frau, die den Knaben verfolgt. Alle ihre eigenen Züge sind bezeichnend. Sie ist älter als der Knabe, wiewohl sie selbst noch jung ist; sie ist reicher als er, sie ist von höherem Stande; das Leben hat ihr schon Erfahrungen beschert.[7] Diese Art Situation ist nicht außergewöhnlich in Griechenland – wegen der Frauenknappheit ebenso wie wegen der Heiratsstrategie. Dennoch begegnete man einer derartigen Verbindung mit Zurückhaltung; und der jüngere und ärmere Gatte befand sich gegenüber seiner Frau in einer etwas peinlichen Lage, weil die Ehebeziehungen die Überlegenheit des Mannes noch voraussetzten. In den Texten über das Eheleben finden sich übrigens zahlreiche Bemerkungen zu diesen Schwierigkeiten; im *Leben Solons* empfiehlt Plutarch dem Gesetzgeber, »wenn er in der Schlafkammer einer reichen Alten einen jungen Mann ausfindig macht, der da wie ein Steinhuhn gemästet wird . . ., ihn fort und zu einem jungen Mädchen (zu) bringen, das einen Mann braucht«.[8] Peisias säumt denn auch nicht, diese üblichen Befürchtungen den Befürwortern der Ehe Bacchons ins Gedächtnis zu rufen.[9] Ohne gänzlich ungewöhnlich zu sein, war dies doch eine paradoxe und gefährliche Verbindung, in der die Interessen des einen und die Gelüste der anderen zu sehr zutage traten,

---

7 A. a. O., 754c.
8 Plutarch, *Vita Solonis*, 20, 8.
9 Plutarch, *Amatorius*, 752e-f.

als daß sich eine glückliche und kluge Existenz ergeben könnte. Was also Bacchon – gegenüber der päderastischen Liebe – geboten wird, ist nicht die beste, sondern die am wenigsten gute der möglichen Ehen. Die Diskussion, welche sie rechtfertigen, und der Ausgang, der sie triumphieren lassen wird, besitzen also um so mehr Wert.

Doch noch auf einen weiteren paradoxen Zug ist hinzuweisen. Ismenodora, die glühende Witwe, ist eine Frau voll guter Eigenschaften: sie ist tugendhaft, sie führt ein »geregeltes Leben«, sie genießt allgemeines Ansehen, nie »ist ein schlechtes Wort über sie gefallen«, nie »hat der Verdacht einer unehrenwerten Handlung ihr Haus gestreift«.[10] Trotzdem hat sie sich schamlos auf den Jungen gestürzt; man hatte ihn ihr anvertraut, damit sie seine Heirat fördere, aber da sie soviel Gutes von ihm hörte, mit eigenen Augen seine Schönheit und Vorzüge sieht und feststellt, daß hochmögende Liebhaber ihn begehren, da liebt auch sie ihn. Mehr noch, sie stellt ihm nach, sie paßt ihn ab, wenn er vom Gymnasion kommt, in das sie ihn nicht begleiten durfte, und mit Hilfe einiger Freunde »entführt« sie ihn. Bekanntlich waren diese – teils wirklichen, teils auch arrangierten – »Entführungen« eine häufig vorkommende Sache, wenn nicht in der Wirklichkeit selbst, so doch zumindest in der päderastischen Literatur. Viele mythische und historische Erzählungen drehen sich um eine dieser gewaltsamen Episoden. In den Plutarch zugeschriebenen *Amatoriae narrationes*, in den der sokratischen Liebe gewidmeten *Reden* Maximos' von Tyros kommen sie vor.[11] Und wenn sich eine so tugendhafte Person wie Ismenodora zu einem solchen Anschlag hinreißen läßt, zeigt das, daß sie »einem göttlichen Triebe, stärker als die menschliche Vernunft«, unterlag. Alle diese Züge (der Altersunterschied, das anerkannte Verdienst, das Interesse an den moralischen Qualitäten und dem guten Ruf des Geliebten, der Anstoß zur Verfolgung, die Gewalt der göttlichen Eingebung) sind leicht zu erkennen: sie charakterisieren die Knabenliebe nach dem traditionellen päderastischen Modell. Ismenodora, so wie Plutarch sie beschreibt, nimmt genau die Position des Erasten ein. So daß Bacchon letzten Endes nicht wirklich zwischen zwei grundverschiedenen Formen von Liebe zu wählen hat – derjenigen, die zwischen einem begabten jungen Mann und einem älteren, der sich für die Schönheit seines Freundes interessiert, erwachsen kann, und derjenigen, die zwischen einem Mann und einer Frau entsteht,

---

10 A. a. O., 749d und 755d-e.
11 Plutarch, *Amatoriae narrationes*, 2, 772e; 3, 773 f.

die ein Erbe verwalten und Kinder aufziehen –, sondern zwischen den beiden Formen ein und derselben Liebe, mit dem einzigen Unterschied, daß es im einen Falle die Liebe eines Mannes, im anderen die einer Frau ist. Daß es sich um denselben Typ von Verhältnis handelt, macht Plutarch selbst in einer seiner Einlassungen zugunsten der Heirat Ismenodoras deutlich; niemand, sagt er, kann ohne Autorität auskommen noch von sich aus vollkommen sein; »der Knabe wird dem Übungsleiter unterstellt, der Jüngling dem Liebhaber, der Erwachsene dem Gesetz und dem Feldherrn ... Ist es dann anstößig, wenn eine gescheite und schon reife Frau das Leben ihres jungen Mannes lenkt und sich darin zugleich nützlich dank ihrer überlegenen Erfahrung *(tô phroneîn mâllon)* und angenehm dank ihrer Liebe *(tô phileîn)* und Zärtlichkeit erweist«?[12]

Offensichtlich liegen dem Dialog Plutarchs zwei Bewegungen zugrunde: einerseits der Verlauf der Diskussion selbst – die Frage der Wahl, die der Geliebte zwischen den beiden ihn Liebenden treffen soll, wird unter der Hand zur Frage der Liebe in ihren beiden möglichen Formen: zu den Knaben und zu den Mädchen – und andererseits die Übertragung, die durch die paradoxe Situation der Intrige bewirkt wird, welche die Beziehung zu einer Frau mit denselben ethischen Virtualitäten wie die zu einem Mann auflädt. In der kleinen Dramaturgie, nach der der Dialog abläuft, zeigt sich das Ziel der ganzen Debatte: es geht um eine Konzeption der einzigen Liebe, welche die der päderastischen Liebe eigenen Werte nicht verwirft, sondern sie im Gegenteil in eine Form einschließt, die umfassender ist, vollständiger und so geartet, daß einzig und allein die Beziehung zu den Frauen und genauer gesagt die zur Ehegattin sie erfüllen kann.

Es liegt nahe, in diesem Dialog Plutarchs einen der zahlreichen Rednerwettkämpfe zu sehen, bei denen man, um einen Sieger auszumachen, die Frauenliebe gegen die Knabenliebe antreten ließ. So betrachtet kann er als eines der glühendsten Plädoyers für eheliche Zuneigung und eheliche Lüste gelten; und es ist legitim, ihn neben die stoischen Abhandlungen über die Ehe zu stellen; mit ihnen hat er manche Themen und manche Formulierungen gemein. Doch es handelt sich bei diesem Text um etwas ganz anderes als um eine Argumentation zugunsten der Ehe und wider die Päderastie. Man kann darin den Niederschlag einer bedeutenden Veränderung in der antiken Erotik sehen. Diese Transformation läßt sich kurz umrei-

---

12 Plutarch, *Amatorius*, 754d.

ßen: während man im Genuß der *aphrodísia* kaum eine Diskontinuität oder unüberschreitbare Grenze, kaum ein bedeutendes Wertgefälle kannte, wies hingegen die Erotik deutlich dualistische Züge auf: obendrein Züge eines doppelten und in sich recht komplexen Dualismus, denn auf der einen Seite konfrontierte man die vulgäre Liebe (bei der die Akte Vorrang haben) und die edle, reine, züchtige, himmlische Liebe (bei der das Vorkommen derselben Akte wenn nicht bestritten, so doch kaschiert ist), und auf der anderen Seite hob man die Spezifik der Knabenliebe hervor, deren Streben, Form, Ziele und Wirkungen ihrer wahren Natur nach als verschieden von denen der anderen Lieben galten. Diese beiden Dualismen tendierten übrigens zur gegenseitigen Überlagerung, weil man behauptete, die »wahre« Liebe zu den Knaben könnte nur eine reine und von dem vulgären Streben nach *aphrodísia* (wie es in dem Verlangen nach Frauen oder im fehlgeleiteten Gelüst nach Knaben steckt) freie Liebe sein. Ein kontinuierlicher Bereich der *aphrodísia* und eine Erotik mit binärer Struktur: diese Konfiguration beginnt sich hier umzukehren. Der *Amatorius* Plutarchs kann für diese Bewegung stehen, die allerdings erst viel später zum Durchbruch kommt, als man eine absolut einheitliche Konzeption der Liebe errichtet, wohingegen die Praxis der Lüste eine schroffe Grenzziehung erfährt: zwischen den Verbindungen eines Geschlechts zum anderen und denen innerhalb desselben Geschlechts. Dieses Regime, das in groben Zügen noch heute das unsrige ist, gefestigt durch eine einheitliche Konzeption der Sexualität erlaubt die strenge Kennzeichnung der Zweiförmigkeit der Beziehungen und der differentiellen Struktur der Begehren.

In Plutarchs *Amatorius* sieht man das Bemühen, eine einheitliche Erotik auszubilden, die eindeutig am Modell der Beziehung Mann – Frau oder gar Ehemann – Frau ausgerichtet ist; gegenüber dieser einzigen Liebe (von der angenommen wird, daß sie dieselbe ist, ob sie sich an Frauen oder Knaben richtet) findet sich die päderastische Zuwendung zwar abgewertet, ohne daß eine strikte Grenzlinie zwischen den »homo-« oder »heterosexuellen« Akten gezogen wäre, wie es später geschieht. Das Hauptgewicht des Textes liegt auf dieser Vereinheitlichung der Erotik. Sie vollzieht sich durch eine kritische Diskussion (um den »Dualismus«), durch Ausbildung einer einheitlichen Theorie (der Liebe) und den Einsatz eines grundlegenden Begriffs (der *cháris*, der Gunst).

1. Darstellung und Kritik des traditionellen »Dualismus« lassen sich rasch zusammenfassen. Dieser Dualismus wird offenkundig von den Anhängern der Knabenliebe verteidigt. Protogenes und Peisias räumen übrigens bald den Schauplatz – sobald die Entführung Bacchons bekannt wird: ihre Zeit, ein letztes Mal die differentielle Erotik zu feiern, ist um. Nach dieser Erotik ist die Knabenliebe zugleich anders als die Frauenliebe und ihr überlegen – aus zwei Gründen: der eine betrifft ihre jeweilige Einstellung zur Natur, der andere die jeweilige Rolle der Lust.

Wohl lassen die Anhänger der Knabenliebe kurz das gängige Argument anklingen, das der Künstelei der Frauen (Schmuck und Parfums bei den einen, Rasierer, Filter und Schminke bei den Schamloseren) die Natürlichkeit der Knaben, die man auf der Palästra trifft, entgegenhält.[13] Was aber in ihren Augen viel stärker gegen die Frauenliebe spricht, ist, daß sie nichts weiter als eine Naturneigung ist. Denn die Natur, sagt Protogenes, hat uns ein Gelüst (*órexis*) eingegeben, das die Geschlechter zueinander treibt: wir mußten nämlich getrieben werden, uns fortzupflanzen, wie wir getrieben sind, uns zu ernähren. Dieselbe Art von Gelüst aber verspüren die Fliegen für die Milch und die Bienen für den Honig; sie verspürt wohl auch der Koch für die Hühnchen und die Kälber. Protogenes denkt nicht daran, all diesen Gelüsten den Namen Liebe zu geben.[14] Die Natürlichkeit des Hangs zum anderen Geschlecht verurteilt freilich nicht die unabdingbare Praktik, sich mit den Frauen zu vereinigen, doch beschränkt sie ihren Wert auf den eines Verhaltens, das man überall in der animalischen Welt antreffen kann und das in einer elementaren Notwendigkeit gründet. Der natürliche Charakter der Beziehungen zu den Frauen wird von Protogenes angeführt, um deren Unvollkommenheit anzuzeigen und den Unterschied zu einer Knabenliebe zu bezeichnen, welche solcher Notwendigkeiten nicht achtet und viel höher zielt. Allerdings führt er nicht aus, was für ihn diese Liebe jenseits der Natur ist: Plutarch wird diese platonischen Themen wieder aufgreifen, aber um sie, gegen die Liebhaber der Knaben, in eine einheitliche Konzeption der Liebe zu integrieren.

Der andere Unterschied liegt in der Rolle der Lust. Der Hang zu den Frauen kann davon nicht lassen; die Liebe zu den Knaben hingegen entspricht erst dann wirklich ihrem Wesen, wenn sie sich davon befreit. Die Argumentation, die Protogenes und Peisias zur Stützung dieser These auf-

---

13 Plutarch, *Amatorius*, 751a; 752d.
14 A. a. O., 750c-d.

wenden, ist eher stoisch. Sie machen geltend, daß die Beziehung zu den Frauen von der Natur wohl eingesetzt wurde zur Erhaltung der Art, doch sind die Dinge so eingerichtet, daß dieser Akt von Lust begleitet wird. Aus diesem Grunde können das Gelüst, der Trieb *(órexis, hormé)*, die uns dazu führen, stets heftig und zügellos werden: dann verwandeln sie sich in Begehren *(epithymía)*. So wird man auf zweierlei Art zu jenem natürlichen Objekt geführt, welches die Frau darstellt: durch das Gelüst, die Regung der Natur, die als vernünftiges Ziel das Überleben der Generationen erstrebt und sich der Lust als Mittel bedient; und durch das Begehren, die heftige und in sich unbändige Regung, die »Lust und Wonne als Zweck«[15] erstrebt. Wie man sieht, können weder die eine noch die andere die Liebe in ihrer Wahrheit sein: die erste nicht, weil sie natürlich und allen Tieren gemein ist, die zweite nicht, weil sie die Vernunftgrenzen überschreitet und die Seele an Sinnenlüste fesselt.

Aus der Beziehung zwischen Männern und Frauen ist also selbst die Möglichkeit des Eros auszuschließen. »Kein bißchen Liebe vermag ins Frauengemach zu gelangen«[16], sagt Protogenes in einer Formulierung, der die Anhänger der Knaben zwei Bedeutungen geben: die Natur des Begehrens, das einen Mann »durch das Geschlecht« an eine Frau bindet wie einen Hund an sein Weibchen, schließt die Liebe aus; und zum anderen wäre es für eine kluge und keusche Frau nicht schicklich, für ihren Ehemann »Liebe« zu empfinden und zu dulden, daß sie von ihm »geliebt wird« *(erân, erâsthai)*.[17] Es gibt also nur eine wirkliche Liebe, die zu den Knaben: weil die unwürdigen Lüste darin nicht vorkommen und weil sie notwendigerweise eine Freundschaft einschließt, die sich nicht von der Tugend scheiden läßt; und wenn der Liebhaber bemerkt, daß seine Liebe bei dem anderen keine »Freundschaft und Tugend« erweckt, dann läßt er von seinen Bemühungen und seiner Treue ab.[18]

Auf das traditionelle Argument folgt die prompte Antwort: Daphnaios nimmt sich die Heuchelei der Päderasten vor. Als habe nicht Achill unter Tränen Patroklos' Schenkel betrauert, als habe nicht Solon ob der Blüte der Knaben »die Süße ihrer Schenkel und Lippen« besungen, so gibt der Liebhaber der Knaben sich gern den Anstrich eines Philosophen und Wei-

15 A. a. O., 750d-e.
16 A. a. O., 750c.
17 A. a. O., 752b-c.
18 A. a. O., 750e.

sen, dabei wartet er nur auf eine Gelegenheit, und nachts, wenn alles schläft, »wie süß ist die Ernte, wenn der Wächter fort ist«. Man sieht das Dilemma: entweder sind die *aphrodisia* unvereinbar mit der Freundschaft und der Liebe, und in diesem Falle geht den Knabenliebhabern, die insgeheim die begehrten Körper genießen, die Würde der Liebe ab – oder man läßt zu, daß die Sinnenlüste in die Freundschaft und die Liebe eingehen, und dann gibt es keinen Grund, die Beziehung zu den Frauen aus diesen auszuschließen. Aber Daphnaios geht noch weiter, er erinnert auch an die andere große Alternative, die man oft dem Verhalten der Liebhaber und der Lust, die sie zu gewinnen versuchten, aufmachte: wenn der Geliebte tugendhaft ist, kann man dieser Lust nur teilhaftig werden, wenn man ihm Gewalt antut; ist er aber willig, dann heißt das doch, daß man mit einem Weibischen zu tun hat.[19]

Im Hang zu den Knaben soll man also nicht das Urmodell jeglicher Liebe suchen, eher soll man sie als »einen Spätkömmling, Kind zu alter Eltern, einen Bastard, Kind der Finsternis, das die legitime Liebe, ihren Vorfahr zu vertreiben sucht«[20], ansehen – sofern nicht, wie Daphneos suggeriert, der Hang zu den Knaben und der zu den Frauen im Grunde ein und dieselbe Sache ist.[21]

Doch die wirkliche Ausarbeitung der allgemeinen Theorie der Liebe beginnt erst nach dem Abgang der ersten Gegner und in ihrer Abwesenheit, so als müßte man, um zum Hauptgegenstand des Streites zu kommen, den Familienzwist beiseite lassen. Bisher, bemerkt Pemptides, ging der Streit um persönliche Fragen, jetzt muß man ihn auf allgemeine Themen lenken.

2. Das Zentralstück des Dialogs bildet ein Lob der Liebe nach dem traditionellen Modell des Lobes eines Gottes: man erweist seinen wahrhaft göttlichen Charakter (Plutarch widersetzt sich hier der epikureisch anmutenden Behauptung von Pemptides, wonach die Götter nichts weiter seien als unsere Leidenschaften, und er zeigt, daß die Liebe, die uns ergreift, die Wirkung einer notwendig göttlichen Kraft ist); man vergleicht seine Macht mit der der anderen Götter (wichtige Passage, weil sie zeigt, wie Eros ein notwendiges Komplement Aphrodites ist: ohne ihn wäre das Werk Aphrodites weiter nichts als schiere Sinnenlust, und man könnte es

19 A. a. O., 751d-e.
20 A. a. O., 751 f.
21 A. a. O., 751e.

für eine Drachme kaufen; auch ist er, anders als man sagt, mutiger und tapferer als Ares: weil sie einander lieben, stürzen sich im Kriege die Liebenden auf den Feind und kämpfen lieber kühn bis zum Tode, als daß sie in Schande fliehen); man beschreibt sein Wirken auf die Seele der Menschen, die er »großmütig, mitfühlend, freizügig macht und gänzlich überwältigt wie in göttlicher Besessenheit«. Schließlich endet das Lob unter Berufung auf ägyptische Mythen und mit einer Darstellung der platonischen Theorie.

Bemerkenswert an diesem Lob ist, daß alle seine Elemente aus der traditionellen Erotik der Päderastie stammen. Die Mehrzahl der Beispiele sind der Knabenliebe oder dem Beispiel Sapphos entlehnt (Alkestis und Admetos bilden so ziemlich die einzige Ausnahme). In der Tat erscheint Eros in den Lobreden, die man an ihn richtet, in der Gestalt des Gottes der Knabenliebe. Und doch wird dieser Gesang von Plutarch vorgetragen, der sich zugleich als »Choristen der Frauenliebe« bezeichnet und die von Daphnaios aufgestellte Behauptung belegen will: »Wenn wir nur auf die Wahrheit schauen, bemerken wir, daß der Hang zu den Knaben und der zu den Frauen von ein und derselben Liebe ausgeht.«[22]

Hier liegt anscheinend das Kernstück des Dialogs. Die kleine Komödie der »päderastischen« Entführung Bacchons durch Ismenodora dient ihm bloß als Rahmen und unmittelbare Illustration. Alles, was die Erotik der Knaben als dieser Form von Liebe eigentümlich (und im Gegensatz zur falschen Liebe zu den Frauen) in Anspruch nahm, wird hier wiederverwendet, ohne daß irgend etwas aus der großen päderastischen Tradition ausgeklammert würde. Aber sie soll als allgemeine Form herhalten, die fähig ist, die eine wie die andere Liebe zu umgreifen, und zudem soll sie nicht bloß für den Hang zu Frauen, sondern für den Gattenbund selbst gelten.

Nach einem Auftritt von Zeuxippos – den uns die Manuskripte nicht überliefert haben und der die eheliche Liebe kritisiert haben muß, nicht im Namen der Päderastie, sondern in epikureischen Begriffen – ergreift Plutarch wieder das Wort, um drei wesentliche Punkte darzutun. Wenn die Liebe, das unterstreicht er als erstes, das ist, was man gesagt hat, dann gibt sie ihre Gegenwart, ihre Macht und ihre Wirkungen ebenso in den Beziehungen zwischen den beiden Geschlechtern zu spüren wie in denen mit den Knaben. Nehmen wir für einen Augenblick die epikureische These an:

22 A. a. O., 751e-f.

die Bilder, die vom geliebten Körper ausgehen, die zu den Augen des Liebenden gelangen, die in seinen Körper dringen, bewegen und erregen ihn
bis zur Bildung von Sperma; es besteht kein Grund, daß dieser Mechanismus nur von den Knaben ausgelöst würde und nicht von den Frauen.[23]
Nehmen wir umgekehrt die platonische These an, der Plutarch zuneigt:
wenn man »vermöge der Frische und Anmut eines Körpers« die Schönheit
einer Seele erblickt und wenn diese, an das Schauspiel droben erinnernd,
unserer Seele Schwingen verleiht, weshalb soll dann der Geschlechtsunterschied eine Rolle spielen, wo es doch nur um »die Schönheit« und »das
über dem Natürlichen« geht?[24] Von diesem Element der Tugend – *areté* –,
durch das die traditionelle Erotik der Knaben einen ihrer wichtigen Unterschiede gegen den Hang zu Frauen markierte, zeigt Plutarch, daß es jeglichen Geschlechtsunterschied überschreitet: »Man hat gesagt, daß die
Schönheit die Blüte der Tugend ist. Es ist aber Unsinn zu behaupten, daß
die Frauen diese Blüte nicht hervorbringen und nicht nach Tugend streben
… Die beiden Geschlechter weisen die gleichen Merkmale auf.«[25]

Auch von der Freundschaft, die die Päderasten allein der Knabenliebe
vorbehalten wollen, zeigt Plutarch, daß sie die Beziehung eines Mannes
zu einer Frau prägen kann. Oder zumindest (und diese Einschränkung
ist freilich bedeutsam) die zu *seiner* Frau. Die Ehelichkeit und nur sie sichert die Form der Freundschaft in dem Band zwischen Geschlechtern.
Diese Ehelichkeit erwähnt Plutarch hier kurz in einigen Zügen, die an
die *Coniugalia praecepta* erinnern: sie impliziert eine gemeinschaftliche
Existenz ein ganzes gemeinsames Leben lang (Plutarch spielt mit den Worten *stérgein*, lieben, und *stégein*, hüten, bei sich bewahren); sie fordert ge-
genseitiges Wohlwollen *(eúnoia)*; sie verlangt die vollkommene Gemeinschaft, ja Einheit der Seelen in getrennten Körpern, eine so feste Einheit,
daß die Gatten »nicht mehr zwei sein wollen noch können«[26]; endlich fordert sie gegenseitige Mäßigung, die *sophrosýne*, die jede andere Bindung
überflüssig macht. In diesem letzten Aspekt ist die Übertragung der Theorie des Eros auf die Praxis des Ehelebens am interessantesten, denn sie
nährt eine ganz andere Auffassung des hohen Werts der Ehe als diejenige,
die man bei den Stoikern findet. Plutarch stellt der Mäßigung, die »von au-

23 A. a. O., 766e.
24 A. a. O., 766e-767a.
25 A. a. O., 767b-c.
26 A. a. O., 767d-e.

ßen« kommt, die nur Gesetzestreue ist und die von Schande und Furcht erwirkt ist, die Mäßigung entgegen, die das Werk des Eros ist: er spendet, wenn er die beiden Gatten füreinander entflammt, »Selbstbeherrschung, Zurückhaltung und Treue«, in die verliebte Seele der Gatten gießt er »Scham, Stille, Ruhe«; er gibt ihr »einen festen Rückhalt« und macht sie »aufmerksam für ein einziges Wesen«. Deutlich zeigen sich da die Züge des päderastischen Eros, der Tugend und Maß in die Seele der Liebenden bringt und der bei den Vollkommensten wie Sokrates das Prinzip jener Zurückhaltung darstellt, das ihn gegenüber denen, die er liebte, schweigen ließ und dazu brachte, sein Begehren zu meistern. Plutarch überträgt auf die eheliche Zweiheit die Züge, die lange Zeit der *philía* der Liebenden desselben Geschlechts vorbehalten gewesen waren.

Gleichwohl verläuft die Erstellung einer allgemeinen Theorie der Liebe, die für die Beziehung zu Frauen ebenso gilt wie für die zu Knaben, nicht geradlinig: Plutarch ist nicht, wie Daphneos es von ihm verlangte und wie er selbst vorgab, von einer besonderen Liebe zu einer allgemeineren Liebe übergegangen. Er hat der Knabenerotik ihre fundamentalen und traditionellen Züge entliehen, aber nicht um sie auf alle Formen von Liebe anzuwenden, sondern ausschließlich auf den Ehebund.

3. Das ist nämlich der Endzweck des Dialogs: zu zeigen, daß diese einzigartige Kette der Liebe, die in der Ehe ihre vollkommene Verwirklichung finden kann, sich in der Beziehung zu den Knaben nicht oder zumindest nicht vollständig einstellen kann. Nachdem diese Beziehung mit ihren traditionellen Werten der allgemeinen Konzeption der Liebe als Träger und Modell gedient hat, sieht sie sich letzten Endes entwertet und abgetan: unvollkommene Liebe, wenn man sie mit der der Gatten vergleicht.

Wo siedelt Plutarch diese Unvollkommenheit an? Solange man eine dualistische Erotik hatte, die die wahre – weil reine – Liebe von der falschen, trügerischen – weil körperlichen – Liebe unterschied, war das Fehlen der *aphrodísia* nicht bloß möglich, sie war notwendig, um aus dieser die Liebesbeziehung schlechthin zu machen. Doch die Erstellung einer allgemeinen Erotik, die Eros und Aphrodite fest verbindet, verändert die Problemlage; die Auslassung der *aphrodísia* hört auf, Voraussetzung zu sein, und wird zum Hindernis. Plutarch sagt es explizit: wenn Aphrodite ohne Eros nur eine flüchtige Lust bietet, die man für ein paar Drachmen kaufen kann, so ist Eros ohne Aphrodite nicht weniger unvollkommen, da ihm die körperliche Lust fehlt. Eine Liebe ohne Aphrodite ist »wie ein Rausch ohne Wein, hervorgerufen von einem Trank aus Feigen und Gerste; das kann nur eine Unruhe ohne Frucht *(ákarpon)* und ohne Fülle *(atelés)* sein, die rasch in Ekel und Abscheu übergeht«.[27]

Kann denn die Liebe zu einem Knaben die *aphrodísia* umfassen? Das Argument ist bekannt[28]: entweder werden dabei die sexuellen Beziehungen mit Gewalt erreicht, und der ihnen Unterworfene kann nur Wut, Haß und Rachsucht empfinden – oder er gewährt sie, weil er wegen seiner »Weichheit«, seiner »Weibischkeit« es »genießt, passiv zu sein« *(hedómenos tô páschein)* – eine »schändliche«, »widernatürliche« Sache, die ihn auf den niedrigsten Rang verweist.[29] Plutarch greift hier das »Dilemma des Geliebten« auf: wird er vergewaltigt, empfindet er Haß, und ist er willig, erregt er Verachtung. Für die traditionellen Gegner der Päderastie hat es sich damit. Plutarchs Analyse aber geht weiter und sucht auszumachen, was denn der Knabenliebe fehlt und sie daran hindert, wie die eheliche Liebe eine harmonische Verbindung von Eros und Aphrodite zu sein, in der das Band der Seelen mit der körperlichen Liebe verknüpft ist. Das, was fehlt, bezeichnet Plutarch mit einem Wort: die Knabenliebe ist *acháristos*.

Der Ausdruck *cháris*, der im Verlauf des Dialogs mehrfach auftaucht, scheint einer der Schlüssel der Reflexion Plutarchs zu sein. Jedenfalls wird er zu Beginn des Textes, vor der Aufstellung der großen Theorie der einheitlichen Liebe, sehr feierlich eingeführt. Daphnaios gebraucht ihn als erster als »allmächtiges« Argument zugunsten seiner These[30]: die Liebe zu den Frauen ist so, sagt er, daß sie, praktiziert man die sexuellen Beziehungen so, wie die Natur sie eingerichtet hat, durch die *cháris* hindurch zur Freundschaft *(eis philían)* führen kann. Und Daphnaios legt diesem Ausdruck so viel Bedeutung zu, daß er sogleich darangeht, ihn zu definieren und ihm einige große poetische Patenschaften zu geben: *cháris*, das ist die Einwilligung, die die Frau aus freien Stücken dem Manne gibt, Einwilligung, die erst mit der Heiratsfähigkeit auftreten kann, so Sappho, und deren Fehlen im Geschlechtsverkehr, so Pindar, zu unglücklichen Geburten führen kann: so war Hephaistos von Hera »*áneu charíton*« empfangen

27 A. a. O., 752b.
28 Plutarch nimmt hier das von Daphnaios entwickelte Argument auf, 751d-e.
29 A. a. O., 768d.
30 A. a. O., 751c.

worden.[31] Deutlich sieht man die Rolle, die dieser Einstimmung zugeschrieben wird: den Geschlechtsverkehr samt seinen beiden von der Natur
bestimmten Polen von Aktivität und Passivität in die wechselseitige Beziehung des Wohlwollens einzubetten und die körperliche Lust in die Freundschaft einzurücken.

Nach dieser einleitenden Vorstellung und nachdem die einheitliche
Lehre der Liebe aufgestellt ist, wird gegen Ende des Dialogs die Frage
der *cháris* vorherrschend; sie wird zum Scheidemittel zwischen der Frauenliebe und der Knabenliebe, da allein die erste fähig ist, diese vollständige
Form zu gewähren, bei der sich, dank der Milde der Einwilligung, die Lust
Aphrodites und die Tugend der Freundschaft verbinden. Diese Verbindung
begreift Plutarch nicht bloß als eine Toleranz, die innerhalb des Ehebundes den sexuellen Akten einen mehr oder minder nützlichen Platz (etwa
zur Fortpflanzung) einräumte. Vielmehr macht er sie zum Ausgangspunkt
der gesamten Gefühlsbeziehung, die den Gattenbund beseelen soll. Die
körperliche Lust kann, in ebendem Maße, wie die Milde der Einwilligung
alles an Gewalt, Trug und niederer Erbötigkeit ausschließt, am Ursprung
der zärtlichen Wechselseitigkeiten stehen, deren die Ehe bedarf: »Die körperliche Vereinigung mit einer Gattin ist Quelle von Freundschaft, gleich
einer gemeinsamen Teilhabe an großen Mysterien.« Die Wollust ist eine geringe Sache (das ist die stehende Redeweise bei den Gegnern der körperlichen Lust), aber, fährt Plutarch gleich fort, »sie ist gleichsam der Keim,
aus dem von Tag zu Tag die gegenseitige Achtung *(timé)*, das Wohlgefallen
(cháris), die Zuneigung *(agápesis)* und das Vertrauen *(pístis)* zwischen den
Gatten wachsen.«[32]

Dieser fundamentalen Rolle und dieser Keimfunktion der körperlichen
Lust gibt Plutarch eine feierliche historische Bürgschaft; er findet sie in der
Gesetzgebung Solons, die den Gatten vorschrieb, ihrer Frau »wenigstens
dreimal monatlich« beizuwohnen. Auch in der *Vita Solonis* erwähnt er
dieses Gesetz und weist darauf hin, daß es nur für die Ehe der Erbtöchter
galt: das Bedürfnis nach Nachkommen, denen man das Erbe übertragen
konnte, war der Grund dafür; aber, ergänzt Plutarch, es gab noch mehr:
denn in dem regelmäßigen Beiwohnen, auch wenn »es nicht zu Kindern
führt«, liegt »eine Ehrung einer sittsamen Frau«, ein »Zeichen von Zärtlichkeit, das jedesmal den angehäuften Ärger zerstreut und der Zerrüttung

31 A. a. O., 769a.
32 Ebd.

vorbeugt«.[33] Im *Amatorius* gibt Plutarch dieser Rolle des Geschlechtsverkehrs als Prinzip regelmäßiger Beiwohnung und Garantie des guten Verstehens eine noch feierlichere Formulierung. Er macht sie zu einer Bekräfti-
gung des Ehebundes, ähnlich wie bei einem Abkommen: »Gleich wie die
Staaten von Zeit zu Zeit ihre Verträge untereinander bekräftigen, so wollte
Solon, daß auch die Ehe gewissermaßen erneuert würde und durch dieses
Zeichen der Zärtlichkeit befestigt wider allen Ärger, der sich im alltäglichen Leben zu zweit ansammeln mag.«[34] Die sexuelle Lust steht also im
Zentrum der Ehebeziehung als Prinzip und Unterpfand der Liebes- und
Freundschaftsbeziehung. Sie begründet diese oder bekräftigt sie zumindest
wie einen Existenzpakt. Und wenn Plutarch davon spricht, daß die Geschlechtsbeziehungen in den Anfängen der Ehe für die Frau etwas »Verlet-
zendes« haben können, dann zeigt er auch, daß selbst in diesem »Biß« etwas Notwendiges für das Zustandekommen eines lebendigen, festen und
dauerhaften Ehebundes liegt. Er gebraucht drei Metaphern; die der Pflanze, die man pfropft und die man beschneiden muß, damit sie, mit dem
Pfropfreis, einen Baum abgibt, der die gewünschten Früchte zu tragen vermag; die des Kindes oder des jungen Mannes, dem man, nicht ohne
Schmerz für ihn, die ersten Stücke eines Wissens einschärfen muß, das
ihm später von Nutzen sein wird; endlich die der Flüssigkeit, die man in
eine andere gießt: nach einiger Zeit des Brodelns und Strudelns kommt
es zur Mischung, und so entsteht jene *di' hólon krâsis*, von der auch die
Coniugalia praecepta sprechen[35]; und gemeinsam bilden sie eine neue Flüssigkeit, deren beide Bestandteile niemand mehr herauszulösen vermöchte.
Ein gewisses Leiden, einige Unruhe und Unordnung sind unvermeidlich
zu Beginn der Ehebeziehungen; sie sind aber die Bedingung für das Entstehen einer neuen und festen Einheit.

Und so gelangt Plutarch zu der wesentlichen Formulierung: »In der Ehe
ist Lieben ein größeres Gut als Geliebtwerden.«[36] Die Formel ist insofern
wichtig, als die traditionelle Erotik in jeder Liebesbeziehung kraß die Polarität von Liebhaber und Geliebtem und die notwendige Asymmetrie zwischen dem einen und dem anderen markierte. Hier ist es die doppelte Liebesaktivität von seiten beider Gatten, die das wesentliche Element abgibt.

33 *Vita Solonis*, 20.
34 *Amatorius*, 769a-b.
35 A. a. O., 769e-f; vgl. *Coniugalia praecepta* 142e-143c.
36 *Amatorius*, 769d.

Und zwar aus Gründen, die sich leicht ausmachen lassen. Diese doppelte Liebesaktivität sorgt für Gegenseitigkeit: weil jedes der beiden das andere liebt, dessen Liebe annimmt, bereit ist, deren Zeichen zu empfangen, und also liebt, geliebt zu werden. Somit bewirkt sie auch Treue, kann doch jedes der beiden die Liebe, die es für das andere hegt, als Richtschnur seines Verhaltens und Grenzmarke seiner Wünsche nehmen. »Wenn man liebt, entgeht man allem, was den Ehebund verdirbt und verletzt.«[37] Dieser Bund verdankt seinen Wert und seine Festigkeit dem Schema der doppelten Liebe, in dem jedes der beiden, vom Gesichtspunkt des Eros her, und zwar fortwährend, aktives Subjekt ist; kraft dieser Reziprozität im Akt des Liebens können die sexuellen Beziehungen in die Form des gegenseitigen Zartgefühls und der gegenseitigen Einwilligung eingehen. Gegenüber diesem Beziehungsmodell kann die Praktik der Knabenliebe mit der krassen Unterscheidung des Liebhabers und des Geliebten, mit dem Dilemma der Passivität, mit der altersbedingten Empfindlichkeit, nur unangemessen sein. Ihr fehlt die doppelte und symmetrische Liebesaktivität, ihr fehlt mithin die innere Regulierung und die Festigkeit des Paares. Es fehlt ihr an jener »Gunst«, die es den *aphrodísia* erlaubt, in die Freundschaft einzurücken, um die vollständige und vollkommene Form des Eros zu bilden. Die Päderastie, könnte Plutarch sagen, ist eine Liebe, der »die Gunst« fehlt.

Insgesamt zeugt der Text Plutarchs von der Ausbildung einer Erotik, die in gewissen wesentlichen Punkten von der verschieden ist, die die griechische Zivilisation gekannt und entwickelt hatte. Nicht ganz und gar verschieden, denn, wie die große, dem Lob des Eros gewidmete zentrale Passage zeigt, spielen nach wie vor die traditionellen Begriffe eine wesentliche Rolle. Doch diese platonisierende Erotik wird von Plutarch benutzt, um andere Wirkungen hervorzubringen als die, mit denen sie üblicherweise verknüpft gewesen war. Lange Zeit hatte sie dazu gedient, die Existenz zweier verschiedener und gegensätzlicher Lieben (die eine niedrig, vulgär, auf die *aphrodísia* gerichtet; die andere erhoben, geistig, auf das Seelenwohl gerichtet) zu markieren, aber auch, um zwischen ihnen eine Art von Einheit wiederherzustellen, weil allein die zweite als wahr angesehen wurde, während die andere nur ihr irdischer Schatten und Trugbild war. Plutarch läßt diese beiden Begriffe in einer Erotik auftreten, die darauf zielt, einen ein-

37 A. a. O., 769d-e.

zigen Eros zu konstituieren, der in der Lage ist, Frauen- und Knabenlieben zu umfassen und darein die *aphrodísia* zu integrieren; doch im Namen einer solchen Einheit schließt diese Erotik letztlich die Liebe der Knaben wegen ihres Mangels an *cháris* aus. Ausgehend von der dualistischen Erotik, durchzogen von der Frage nach dem Wahren und dem Trugbild und dazu bestimmt, in erster Linie die Knabenliebe zu begründen, doch um den Preis des Wegfalls der *aphrodísia*, zeichnet sich nun bei Plutarch eine neue Stilistik der Liebe ab: sie ist monistisch, insofern sie die *aphrodísia* einschließt, doch sie macht aus dieser Einschließung ein Kriterium, das ihr erlaubt, nur die eheliche Liebe festzuhalten und die Beziehungen zu den Knaben auszuschließen um des Mangels willen, der ihnen eigen ist: sie können nicht länger statthaben in der großen einheitlichen und integrativen Kette, in der die Liebe sich aus der Reziprozität der Lust speist.

2 Pseudo-Lukian

Die Lukian zugeschriebenen *Amores* sind eindeutig später entstanden.[38] Sie präsentieren sich in der gängigen Form ineinander verschachtelter Dialoge. Theomnestes, dessen Frauen- und Knabenlieben nachwachsen, kaum daß die einen verschwunden sind, zahlreicher als die Köpfe der Hydra, beklagt sich über Aphrodite: seit dem Alter, da das Kind Jüngling geworden ist, verfolgt ihn der Zorn der Göttin; dabei ist er doch kein Abkömmling der Sonne, besitzt auch nicht die starke Naturwüchsigkeit des Hippolytos. Er fühlt sich gleichermaßen zu beiden Lieben hingezogen, ohne sich darüber klarwerden zu können, welcher der beiden er sich eher zuwenden sollte. Er bittet Lykinos – der seinerseits keiner dieser beiden Leidenschaften frönt –, als unparteiischer Schiedsrichter zu fungieren und ihm zu sagen, welches die bessere Wahl ist. Glücklicherweise hat Lykinos, wie in sein Gedächtnis eingraviert, den Dialog zweier Männer über ebendiese Sache bewahrt. Der eine liebte ausschließlich die Knaben und fand, daß die weibliche Aphrodite nur »ein Abgrund« wäre; den anderen zog es wie rasend zu den Frauen. Er wird also ihre Diskussion wiedergeben, aber Theomnestes soll sich nicht täuschen; mag er die Frage auch scherzhaft gestellt

---

38 Über diesen Text vgl. R. Bloch, *De Pseudo-Luciani Amoribus*, Argentorati 1907; MacLeod datiert ihn (in der *Introduction* zur Loeb-Ausgabe) auf das frühe 4. Jahrhundert; F. Buffière, *Eros adolescent*, Paris 1980, S. 481, rechnet ihn dem 2. Jahrhundert zu.

haben – Charikles und Kallikratidas, deren Worte wir nun hören werden, hielten sehr ernste Reden.

Unnötig zu sagen, daß dieser letzte Hinweis nur unter Vorbehalt gilt. Ernsthaft sind sicher die beiden Gegner, doch ironisiert der Pseudo-Lukian in den emphatischen und gewichtigen Erklärungen, die er sie abgeben läßt. An diesen Bravourstücken ist etwas vom Pastiche; jedes von ihnen liefert die typische Rede des Frauenfreundes und des Knabenliebhabers. Traditionelle Argumente, Pflichtzitate, Verweise auf große philosophische Ideen, rhetorische Ausschmückungen – der Autor lächelt, wenn er die Worte dieser unbeirrbaren Anwälte wiedergibt. Und so gesehen muß man feststellen, daß der päderastische Diskurs viel überladener, prätentiöser und »barokker« ist als der stoischere, sachlichere, der zugunsten der Frauen gehalten wird. Die Ironie am Schluß – Theomnestes wird daran erinnern, daß es doch bei alledem nur um Küsse geht, um Streicheleien, Hände, die sich unter Tuniken verirren – beißt vor allem ins Lob der Knabenliebe. Doch gerade diese Ironie weist auf das ernste Problem, das gestellt ist. Und wie sehr sich auch Pseudo-Lukian dabei amüsieren mag, wenn er das »theoretisch-diskursive« Porträt dieser beiden Liebhaber zeichnet – ihr rhetorisches, einigermaßen dick aufgetragenes Porträt –, so läßt sich darin doch ausmachen, worin zu jener Zeit und in seinen ausgeprägtesten Zügen der »erotische Argumentenschatz« bestand, der in der hellenistischen Kultur so lange im Schwange war.

Von Beginn des Dialoges an, den Lykinos wiedergibt, um seinen zwischen den beiden Lieben verwirrten Freund aufzuklären, wirkt eines erstaunlich: dieser Dialog, der (nicht ohne eine gewisse Zweideutigkeit) zugunsten der Knabenliebe ausgehen wird, steht nicht im Zeichen des Eros, der als die Schutzmacht dieser Art Neigung gilt, sondern in demjenigen Aphrodites: die Szene, an die sich Lykinos angeblich in allen Einzelheiten erinnert, findet in Knidos statt, nahe dem Tempel der Göttin, wo die berühmte Statue steht, die Praxiteles gemeißelt hatte. Was allerdings nicht verhindert, daß im Verlauf des Dialogs traditionsgemäß der Anwalt der Knaben und ihrer Liebhaber den Eros anruft, »den himmlischen Genius«, »den Oberpriester der Mysterien der Liebe«; der Fürsprecher der weiblichen Wonnen hingegen ruft naturgemäß Aphrodite um Unterstützung an. Daß die Göttin von Knidos diesem Streit gewissermaßen präsidiert, in dem sie doch zugleich gegen Eros, ihren traditionellen Partner-Gegner, antreten muß, läßt sich leicht erklären. Denn das Problem der Sinnenlust zieht sich durch den ganzen Dialog hindurch. Um sie, um die *aphrodísia*, geht es in der Sorge, die Theomnestes äußert, den gleichermaßen der Zauber der Mädchen und die Schönheit der Knaben lockt. Die Sinnenlust wird das letzte Wort haben und die verschämten Reden unter Gelächter ziehen lassen. Sie dient der Diskussion von Charikles und Kallikratidas als Vorwand, und das in Gestalt einer bezeichnenden Anekdote: ein junger Mann, verliebt in den Marmor des Praxiteles, hatte sich nachts im Tempel einschließen lassen, und er hatte die Statue befleckt, aber so, als wäre es die eines Knaben gewesen.[39] Die Erzählung dieser (ganz traditionellen) Geschichte löst den Streit aus: ist der frevlerische Akt, da er sich an Aphrodite richtet, eine Ehrung derjenigen, die die weiblichen Lüste hütet? Aber ist sie, in einer solchen Form erbracht, nicht ein Zeugnis wider jene Aphrodite? Zwiespältiger Akt. Soll man diese unfromme Ehrung, diese frevlerische Anbetung, der Frauenliebe oder der Knabenliebe anrechnen?

Und die Frage, die den ganzen Dialog durchzieht, auch wenn sie in den vergeistigteren Reden vergessen scheint, lautet: welchen Platz, welche Form soll man der sexuellen Lust in der einen und anderen Liebe geben? Die Antwort auf diese Frage wird als Scheidemittel dienen und die Knabenliebe in den Himmel der Philosophie erheben – ein Sieg, mit dem die Ironie des Realen leichtes Spiel hat.

Die Debatte ist streng aufgebaut. Die beiden Redner lösen einander ab, und jeder vertritt folgerichtig die Sache der jeweils bevorzugten Liebe; ein stummer Zeuge (nämlich Lykinos) wird über den Wettstreit urteilen und den Sieger bestimmen. Auch wenn die »Knaben-Rede« des Kallikratidas schmuckreicher und länger ist als die des Charikles, haben die beiden Plädoyers doch dieselbe Struktur; die Argumente sind in derselben Weise angeordnet und so, daß die der zweiten Rede jeweils auf die der ersten antworten. Jede der beiden Reden umfaßt zwei Teile; der erste beantwortet die Frage: wie steht es mit der Natur der in Rede stehenden Liebe, mit ihrem Ursprung und ihrem Grund in der Ordnung der Welt? Die zweite beantwortet die Frage: wie steht es mit der Lust, die man bei dieser Liebe oder bei der anderen findet? Wie soll ihre Form sein, und welches kann ihr Wert sein? Statt beide Entwicklungen in ihrem Zusammenhang zu verfolgen, wollen wir hier nacheinander diese beiden Fragen untersuchen, um die Weise aufzuzeigen, in der sie, jeder auf seine Art, der Anhänger der Frauenliebe und der Advokat der Knabenliebe beantworten.

---

39 Pseudo-Lukian, *Amores*, 16.

1. Die »Frauen-Rede« des Charikles stützt sich auf eine Konzeption der Welt, deren Grundtönung stoisch ist[40]: die Natur wird da als eine Gewalt bestimmt, die, durch Vermischung der Elemente, das Ganze zum Leben erweckt hat, indem es ihm eine Seele gab. Sie hat auch, fährt Charikles fort und spult mit bekannten Worten eine vertraute Lektion ab, die Folge der Generationen eingerichtet.[41] Wohl wissend, daß die Lebewesen aus »einem vergänglichen Stoff« gemacht sind und die jedem Wesen bestimmte Zeit kurz ist, hat sie die Dinge so eingerichtet *(emechanésato)*, daß die Zerstörung des einen die Geburt des anderen ist: so, durchs Spiel der Ablösung, können wir leben bis in Ewigkeit. Zu dem Zweck hat sie auch die Scheidung der Geschlechter eingerichtet, von denen das eine den Samen spenden, das andere ihn empfangen soll, und sie hat jedem von ihnen das Verlangen *(póthos)* nach dem anderen eingegeben. Aus dem Verhältnis dieser beiden verschiedenen Geschlechter kann die Folge der Generationen entstehen – aber nie aus der Beziehung zwischen Individuen desselben Geschlechts. So verankert Charikles die eigentümliche Natur jedes Geschlechts und die jedem zukommende Lust fest in der allgemeinen Ordnung der Welt, in der der Tod, die Zeugung und die Ewigkeit miteinander verbunden sind. »Das Weibliche« soll nicht widernatürlich das Männchen spielen, noch soll »das Männliche unziemlich sich verweichlichen«. Wollte man sich dieser Bestimmung entziehen, überschritte man nicht bloß die dem Individuum eigenen Merkmale, sondern griffe die Verkettung der universalen Notwendigkeit an.

Das zweite Kriterium für Natürlichkeit, das die Rede des Charikles anführt, ist der Stand der Menschheit bei ihrer Geburt.[42] Nähe zu den Göttern aus Tugend, Sorge, sich als ein Held zu führen, wohlerwogene Vermählungen und edle Sprößlinge: das waren die vier Züge, die diese hohe Existenz auszeichneten und mit der Natur in Einklang hielten. Dann kommt der Sturz; er geschah allmählich. Als Etappen innerhalb dieser Dekadenz sieht Charikles offenbar den Moment, da man, von der Lust ins Verderben geführt, nach »neuen Wegen und Abwegen« zur Wollust gesucht hat (sind darunter sexuelle Beziehungen ohne Fortpflanzung oder außereheliche Lüste zu verstehen?), dann den Moment, da man es ge-

---

40 Diese Rede findet sich in den Paragraphen 19-28. K. Praechter, in: *Hierokles der Stoiker*, Leipzig 1901, S. 148, betont den stoischen Charakter des Abschnitts. R. Bloch will darin neopythagoreische Themen wiedererkennen.

41 Pseudo-Lukian, *Amores*, 19.

42 A. a. O., 20-21.

schafft, »die Natur selbst zu überschreiten«: eine Frechheit, deren Hauptform – die einzige jedenfalls, die im Text erwähnt wird – darin besteht,
einen Mann wie eine Frau zu behandeln. Damit ein solcher Akt, der der
Natur so zuwider ist, möglich sei, mußte erst etwas in die Beziehung zwischen den Menschen dringen, das es möglich macht, Gewalt zu tun und
zu betrügen: Tyrannenmacht und Überredungskunst.

Die dritte Anzeige von Natürlichkeit entnimmt Charikles der tierischen
Welt[43]: »die Gesetzgebung der Natur« herrscht über sie uneingeschränkt
und ungeteilt: weder die Löwen noch die Stiere, noch die Widder, noch
die Wildschweine, noch die Wölfe, noch die Vögel, noch die Fische streben
ihrem eigenen Geschlecht zu; für sie »sind die Gebote der Vorsehung unumstößlich«. Dieser weisen Tierheit stellt der Redner des Pseudo-Lukian die
»perverse Bestialität« der Menschen gegenüber, die sie unter die anderen Lebewesen stellt, denen sie noch überlegen sein sollte. Mehrere bezeichnende
Ausdrücke markieren in der Rede des Charikles diese »Bestialität« des Menschen: Hitze, aber auch »fremde Krankheit«, »blinde Fühllosigkeit« (anaisthesía), Unfähigkeit, das Ziel zu erreichen, so daß man vernachlässigt, was
man betreiben, und betreibt, was man lassen sollte. Entgegen dem Verhalten
der Tiere, die dem Gesetz gehorchen und das Ziel verfolgen, das ihnen gesetzt ward, weisen die Männer, die mit Männern verkehren, alle Zeichen
des leidenschaftlichen Zustandes auf: unbeherrschte Heftigkeit, krankhafter Zustand, Blindheit gegen die Wirklichkeit der Dinge, Unvermögen, die
der menschlichen Natur gesetzten Zwecke zu erfüllen.

So wird die Knabenliebe nacheinander gegen die Natur als allgemeine
Ordnung der Welt, als frühen Zustand der Menschheit und als seinen
Zwecken vernünftig angepaßtes Verhalten gehalten: sie stört die Einrichtung der Welt, führt zu Gewalttat und Betrügerei und ist verderblich für
die Zwecke des Menschenwesens. Kosmologisch, »politisch«, moralisch
überschreitet dieser Beziehungstyp die Natur.

In dem Teil seiner Rede, der darauf antwortet, führt Charikles weniger
Argumente an, die seinen Gegner widerlegen, als eine ganz andere Auffassung von der Welt, der menschlichen Art, ihrer Geschichte und der
höchsten Bande zwischen den Menschen. Gegen die Vorstellung einer vor-
ausschauenden und »mechanischen« Natur, die durch den Sex die Fortpflanzung und die Generationenfolge einrichtete, um so der Menschenart

---

43 A. a. O., 22.

die Ewigkeit zu geben, die dem Individuum fehlt, setzt er die Vision einer aus dem Chaos gebildeten Welt. Eros hat diese ursprüngliche Unordnung überwunden, indem er in seiner Demiurgie alles schuf, was beseelt, und alles, was unbeseelt ist, indem er in den Körper der Menschen das Prinzip der Eintracht senkte und sie durch »die heiligen Gefühle der Freundschaft« einander verband. Charikles sah in den Beziehungen zwischen Mann und Frau eine geschickte Natur, die entlang der Zeit Reihen bildet, um den Tod zu umgehen. Kallikratidas erkennt in der Knabenliebe die Kraft des Bandes, welches bindend und verbindend über das Chaos triumphiert.[44]

In dieser Perspektive darf die Geschichte der Welt nicht als ein vorschnelles Vergessen der Gesetze der Natur und ein Eintauchen in die »Abgründe der Lust« gelesen werden, sondern eher als allmähliche Lockerung der anfänglichen Notwendigkeiten.[45] Am Anfang war der Mensch getrieben vom Bedürfnis; Techniken und Wissen (*téchnai* und *epistêmai*) haben ihm die Möglichkeit verschafft, diesen Zwängen zu entgehen oder besser zu widerstehen: man lernte Kleider zu weben, Häuser zu bauen. So, wie sich nun die Arbeit des Webers zum Gebrauch der Tierhäute, die Kunst des Architekten zum Schutz in Höhlen verhält, so verhält sich die Knabenliebe zum Verkehr mit Frauen. Dieser war anfangs unumgänglich, damit die Art nicht verschwand. Jene hingegen ist sehr spät zur Welt gekommen; nicht, wie Charikles behauptete, durch Niedergang, sondern im Gegenteil durch Erhebung der Menschen zu mehr Neugier und Wissen. Als nämlich die Menschen, nachdem sie so viele nützliche Fähigkeiten erworben hatten, dahin kamen, »nichts« mehr in ihrem Forschen zu übergehen, da trat die Philosophie auf und mit ihr die Päderastie. Der Redner des Pseudo-Lukian geht auf diese Zwillingsgeburt nicht weiter ein, doch seine Rede ist so reichlich mit vertrauten Hinweisen gespickt, daß er jedem Leser leicht verständlich ist. Er beruht implizit auf dem Gegensatz zwischen der Übertragung des Lebens durch den Verkehr mit dem anderen Geschlecht und der Übertragung der »Techniken« und »Wissen« durch Lehre, Ausbildung und die Beziehung des Schülers zum Meister. Als nun die Philosophie sich von allen Einzelkünsten löste und alle Dinge zu bedenken begann, da erfand sie, um die ihr eigene Wahrheit zu übertragen, die Knabenliebe – welche auch die Liebe der schönen, tugendfähigen Seelen ist. Unter diesen Bedin-

---

44 A. a. O., 32.
45 A. a. O., 33-35.

gungen ist es nicht verwunderlich, daß Kallikratidas die tierische Lektion, die ihm sein Gegner vorsetzte, nur mit schallendem Gelächter beantworten konnte[46]: was beweist denn die Tatsache, daß die Löwen nicht die Männchen ihrer Art lieben und die Bären sich nicht in Bären verlieben? Nicht, daß die Menschen eine Natur verdorben haben, die bei den Tieren noch intakt wäre, sondern daß vielmehr die Tiere nicht wissen, was »philosophieren« ist, noch, was die Freundschaft an Schönem zu geben hat.

Die Argumente des Kallikratidas sind offenkundig nicht origineller als die des Charikles. Gemeinplätze einer banalisierten Stoa einerseits, Gemisch von platonischen oder epikureischen[47] Elementen andererseits? Sicherlich. Es ist nicht zu übersehen, wie vieles in diesem Vergleich der beiden Lieben Vorwand zu rednerischen Variationen entlang traditioneller Argumente ist. Die (übrigens manchmal hübsch verzierte) Banalität der Erklärungen von Charikles und Kallikratidas zeigt recht gut, daß sie ein wenig wie philosophische Wappen funktionieren sollten: der Liebhaber der Knaben, eher platonisierend, in den Farben des Eros, und der Schildhalter der Frauen, eher Stoiker, im anspruchsvollen Zeichen der Natur. Was freilich nicht heißen soll, daß die Stoiker eine Päderastie verurteilten, die der Platonismus gerechtfertigt hätte, indem er die Ehe verwarf. Von den Lehren her gesehen verhielt es sich bekanntlich nicht so – oder zumindest lagen die Dinge längst nicht so einfach. Wohl aber kann man, von den vorliegenden Dokumenten her, so etwas wie eine »privilegierte Assoziation« feststellen. Wir sahen im vorangehenden Kapitel: die Kunst des Ehelebens ist in großen Stücken anhand einer stoischen Denkungsart entwickelt worden und in Beziehung zu einer gewissen Auffassung von der Natur, ihren fundamentalen Notwendigkeiten, dem Platz und der Funktion, die sie für alle Wesen vorsieht, sowie zu einem allgemeinen Plan der Geschlechterfolge und einem Zustand anfänglicher Vollkommenheit, von der eine perverse Dekadenz die menschliche Art abbringt. Aus einer Auffassung wie dieser schöpft später das Christentum, und zwar kräftig, als es eine Ethik des Eheverhältnisses errichten will. In derselben Weise hat die Knabenliebe, als Lebensweise praktiziert, jahrhundertelang eine ganz andere theoretische Landschaft gefestigt und reproduziert: kosmische und individuelle Kraft

---

46 A. a. O., 36.
47 K. Praechter, a. a. O., beharrt auf den epikureischen Zügen in der Rede des Kallikratidas. R. Bloch hingegen hält die Kosmogonie zu Beginn der Rede nicht für spezifisch epikureisch. Andererseits gibt es deutliche Bezugnahmen auf Platon, so im Paragraphen 49.

der Liebe, aufsteigende Bewegung, die dem Menschen erlaubt, den unmittelbaren Notwendigkeiten zu entkommen, Erwerb und Übertragung eines Wissens mittels der intensiven Formen und der geheimen Bande der Freundschaft. Der Streit der Frauenliebe mit der Knabenliebe ist mehr als ein literarisches Turnier; es ist nicht so sehr der Kampf der beiden Formen sexuellen Begehrens um die Vorherrschaft oder um ihr jeweiliges Recht auf Ausdruck; es ist der Zusammenstoß zweier Lebensformen, zweier Weisen, seine Lust zu stilisieren, und philosophischer Diskurse, die diese Entscheidungen begleiten.

2. Jede der beiden Reden – die des Charikles und die des Kallikratidas – entwickelt nach dem Thema der »Natur« die Frage der Lust. Eine Frage, die, wie wir sahen, stets einen schwierigen Punkt darstellt für eine päderastische Praktik, die sich in der Form der Freundschaft, der Zuneigung und des wohltätigen Wirkens einer Seele auf eine andere reflektiert. Dem Knabenliebhaber von »Lust« sprechen heißt schon ihm widersprechen. Charikles weiß das genau. Er beginnt die Diskussion über dieses Thema mit einer – durchaus traditionellen – Anklage der päderastischen Heuchelei: ihr stellt euch als Schüler des Sokrates hin, die nicht in Körper, sondern in Seelen verliebt sind. Wie kommt es dann, daß ihr nicht Greisen voller Weisheit, sondern Kindern, die noch nicht verständig denken können, nachstellt? Und wenn es doch um Tugend geht, wie kann man da, wie Platon tat, einen Phaidros lieben, der Lysias betrogen hat, oder, wie Sokrates tat, einen unfrommen Alkibiades, Feind seines Vaterlandes, gierig danach, Tyrann zu werden? Also muß man, wie Charikles, wider das Gerede von der Seelenliebe, »hinabsteigen« zur Frage der Lust und die Praxis der Knabenliebe mit derjenigen der Frauenliebe vergleichen.

Unter den Argumenten, die Charikles gebraucht, um die beiden »Praktiken« und den jeweiligen Stellenwert der Lust zu unterscheiden, ist das erste das des Alters und der Flüchtigkeit.[48] Bis an die Schwelle des Alters bewahrt eine Frau ihre Reize – ja erhöht sie noch durch ihre lange Erfahrung. Der Knabe hingegen ist nur einen Augenblick lang angenehm. Und Charikles stellt dem Körper der Frau, die, mit ihren gelockten Haaren, ihrer stets glatten und »flaumlosen« Haut, ein Gegenstand des Begehrens bleibt, den Körper des Knaben gegenüber, der sehr bald behaart und muskulös

---

48 Pseudo-Lukian, *Amores*, 25-26.

wird. Doch schließt Charikles aus diesem Unterschied nicht, wie es häufig geschieht, man könne einen Knaben nur kurze Zeit lieben und sei nur allzu bald bereit, ihn fallenzulassen, ungedenk all der Versprechen von unvergänglicher Liebe, die man ihm gemacht haben mag; im Gegenteil spricht er von dem, der fortfährt, einen Knaben von mehr als zwanzig Jahren zu lieben: der hängt dann einer »zwiespältigen Aphrodite« nach, bei der er die passive Rolle spielt. Die körperliche Veränderung der Knaben wird hier nicht als Prinzip der Flüchtigkeit der Gefühle, sondern der Umkehrung der sexuellen Rolle angeführt.

Zweiter Grund zugunsten der Frauenliebe: die Gegenseitigkeit.[49] Dies ist fraglos der interessanteste Teil der Rede des Charikles. Er verweist zunächst auf das Prinzip, daß der Mensch, als Vernunftwesen, nicht gemacht ist, allein zu leben. Davon leitet er indes nicht die Notwendigkeit ab, eine Familie zu haben oder einem Gemeinwesen anzugehören, sondern die Unmöglichkeit, ganz allein »seine Zeit zu verbringen«, und das Bedürfnis einer »Liebesgemeinschaft« *(philétairos koinonía)*, welche die guten Dinge angenehmer und die beschwerlichen leichter machen. Daß das gemeinsame Leben diese Rolle habe, ist eine Idee, die wir in den stoischen Abhandlungen über die Ehe regelmäßig angetroffen haben. Hier wird sie auf den besonderen Bereich der körperlichen Lüste angewandt. Charikles nennt zunächst die Mähler und Festessen, die man gemeinsam einnimmt, seines Erachtens deshalb, weil die Lüste, die man teilt, intensiver werden. Dann nennt er die sexuellen Lüste. Der traditionellen Behauptung zufolge kann der passive, also mehr oder weniger vergewaltigte *(hybrisménos)* Knabe keine Lust empfinden; niemand »wäre so verrückt«, das Gegenteil zu sagen; wenn er nicht mehr weint noch leidet, wird der andere ihm lästig. Der Liebhaber eines Knaben genießt und geht, er gibt nicht. Ganz anders ist es mit den Frauen. Charikles nennt nacheinander die Tatsache und die Regel. Bei der sexuellen Beziehung mit einer Frau gibt es, so behauptet er, »einen gleichen Austausch von Wollust«, und die beiden Partner trennen sich, nachdem sie einer dem anderen die gleiche Menge Lust gegeben haben. Dieser Naturtatsache entspricht ein Verhaltensprinzip: es ist gut, nicht einen egoistischen Genuß *(phílautos apolaûsai)* zu suchen, nicht die ganze Lust für sich nehmen zu wollen, indem man dem anderen ebensoviel verschafft, wie man selbst empfindet. Gewiß ist diese Gegenseitigkeit der Lust

---

49 A. a. O., 27.

ein altbekanntes Thema, das die Liebes- oder erotische Literatur oft benutzt hat. Interessant ist aber zu sehen, wie es hier gebraucht wird, um
auf »natürliche Weise« das Verhältnis zu den Frauen zu charakterisieren,
um eine Verhaltensregel in den *aphrodísia* zu definieren, um schließlich
das zu bezeichnen, was an nicht Natürlichem, Gewaltsamem, also Unge-
rechtem und Bösem im Verhältnis eines Mannes zu einem Knaben vorkommen kann. Die Gegenseitigkeit der Lust in einem Austausch, bei
dem man für den Genuß des anderen sorgt, indem man so streng wie möglich auf Gleichheit bei beiden Partnern achtet, führt in die sexuelle Praktik
eine Ethik ein, welche die des gemeinsamen Lebens fortführt.

An diese schwerwiegende Überlegung schließt Charikles zwei minder
gewichtige Argumente an, die sich aber beide auf den Austausch der Lüste
beziehen. Das eine gilt einem in der erotischen Literatur geläufigen Thema[50]: dem, der sich der Frauen zu bedienen weiß, vermögen sie alle Lüste
zu bieten, die die Knaben spenden können; aber diese können nicht die
verschaffen, die das weibliche Geschlecht birgt. Die Frauen sind also imstande, alle Formen von Wollust zu spenden, selbst die, die den Knabenliebhabern am meisten gefallen. Wenn man, so das andere Argument, die
Liebe unter Männern duldet, dann müßte man auch die Beziehung unter
Frauen dulden. Diese polemisch hergestellte Symmetrie zwischen den Beziehungen unter Männern und denjenigen unter Frauen ist interessant: zunächst weil sie, wie überhaupt der zweite Teil der Rede des Charikles, die
kulturelle, moralische, affektive, sexuelle Spezifik der Knabenliebe leugnet,
um sie unter die allgemeine Kategorie der Beziehung unter männlichen Individuen zu bringen; sodann, weil sie sich, um diese zu kompromittieren,
der traditionell skandalöseren – man »schämt sich«, davon zu sprechen –
Liebe zwischen Frauen bedient; und weil endlich Charikles diese Hierarchie umdreht und zu verstehen gibt, daß es noch schändlicher ist für einen
Mann, passiv zu sein nach Art einer Frau, als für eine Frau, die männliche
Rolle zu übernehmen.[51]

Der Teil der Rede des Kallikratidas, der auf diese Kritik antwortet, ist
der bei weitem längste. Mehr noch als im Rest der Debatte sind darin
die Züge eines rhetorischen Bravourstücks spürbar. Die päderastische Argumentation, die mit der sexuellen Lust an das problematischste Element

---

50 A. a. O., 28.
51 Ist es nicht besser, eine Frau spielt die Rolle des Mannes, »als daß ein Mann sich so weit erniedrigt,
die Rolle einer Frau zu spielen«? A. a. O., 28.

der Knabenliebe rührt, zieht dort all ihre Register und bietet ihre vornehmsten Referenzen. Aber sie werden aufgewendet anläßlich der Frage, die Charikles sehr deutlich gestellt hat: die Frage nach der Gegenseitigkeit der Lüste. In diesem Punkt bezieht sich jeder der beiden Gegner auf eine schlichte und kohärente Auffassung: für Charikles und die »Anhänger der Frauenliebe« ist es die Tatsache, die Lust des anderen erwecken zu können, auf sie achtzuhaben und darin selbst Lust zu finden, es ist diese *cháris*, wie Plutarch sagte[52], welche die Lust in der Beziehung zwischen Mann und Frau legitimiert und es erlaubt, sie in den Eros einzubinden; umgekehrt markiert und disqualifiziert ihr Fehlen das Verhältnis zu den Knaben. Wie es die Tradition dieser letzten Liebe will, setzt Kallikratidas ihr als Schlußstein nicht *cháris*, sondern *areté* – die Tugend. Sie soll, ihm zufolge, das Band erwirken zwischen »Lust« und »Liebe«; zwischen den Partnern soll sie gleichzeitig eine ehrenwerte und vernünftig bemessene Lust und die für die Beziehung zweier Wesen unabdingbare Gemeinschaft gewährleisten. Sagen wir, um es kurz zu machen, daß der »holden Gegenseitigkeit«, die, ihren Anhängern zufolge, nur die Lust mit den Frauen gewähren soll, ihre Gegner die »tugendhafte Gemeinschaft« gegenüberstellen, die allein der Knabenliebe eignen soll. Die Beweisführung des Kallikratidas geht zunächst dahin, diese Gegenseitigkeit, welche die Frauenliebe als ihr Spezifikum in Anspruch nimmt, als illusorisch zu kritisieren und ihr gegenüber, als einzig wahrheitsfähig, das tugendhafte Verhältnis zu den Knaben aufzubauen. So wird mit einem Streich das Privileg der gegenseitigen Lust, das den Frauenbeziehungen beigelegt war, bestritten und das Thema von der Widernatürlichkeit der Knabenliebe umgedreht.

Gegen die Frauen spult Kallikratidas voller Gehässigkeit eine Reihe von Gemeinplätzen ab.[53] Man braucht sich die Frauen nur von nahem anzusehen: sie sind »häßlich« von Grund auf, »in Wahrheit« *(alethôs);* ihr Körper ist »plump« und ihr Gesicht ungefällig wie das der Affen. Um diese Wirklichkeit zu maskieren, müssen sie sich alle Mühe geben: Schminke, Kleidung, Frisur, Schmuck, Putz; sie bieten den Betrachtern eine scheinbare Schönheit, die vor einem aufmerksamen Blick vergeht. Und dann hegen sie eine Neigung zu den Geheimkulten, die es ihnen ermöglicht, ihre Ausschweifungen ins Mysterium zu hüllen. Unnötig, all die satirischen Themen wiederzugeben, die, reichlich platt, aus dieser Passage widerhallen.

---

52 Charikles gebraucht das Wort nicht selbst.
53 Vgl. a. a. O., 39-42.

Weitere Beispiele mit verwandten Argumenten fände man in den Lobpreisungen der Päderastie. So läßt Achilleus Tatios in *Leukippe und Kleitophon* eine seiner Figuren, einen Knabenliebhaber, sagen: »Bei einer Frau ist alles geschminkt, ihre Worte genauso wie ihr Aussehen, und wenn sie schön zu sein scheint, so ist das der wichtigtuerische Kunstgriff der Salben. Ihre Schönheit beruht entweder auf Parfums oder auf gefärbten Haaren oder auf Schminke; entblößt man sie von diesen vielen Täuschungsmitteln, gleicht sie der von den Federn der Fabel entblößten Dohle.«[54]

Die Welt der Frau ist trügerisch, weil sie eine Geheimwelt ist. Die soziale Scheidung zwischen der Gruppe der Männer und derjenigen der Frauen, ihre gesonderte Lebensweise, die sorgfältige Trennung zwischen weiblichen Tätigkeiten und männlichen Tätigkeiten, all das hat wahrscheinlich viel dazu beigetragen, in der Erfahrung des hellenistischen Mannes diese Auffassung der Frau als mysteriöses und trügerisches Objekt auszuprägen. Mögliche Täuschung über den Körper, den der Putz verbirgt und der zu enttäuschen droht, wenn man ihn entdeckt; rasch verdächtigt man ihn geschickt maskierter Unvollkommenheiten, man fürchtet sich vor einem abstoßenden Makel; Geheimnis und Besonderheiten des weiblichen Körpers sind mit zwiespältigen Mächten besetzt. Wollt ihr euch, sagte Ovid, von einer Leidenschaft befreien? Dann betrachtet den Körper eurer Geliebten ein wenig mehr aus der Nähe.[55] Täuschung auch über die Sitten, bei jenem Leben im verborgenen und voll beunruhigender Mysterien, das die Frauen führen. In der Argumentation, die Pseudo-Lukian dem Kallikratidas beilegt, haben diese Themen eine präzise Bedeutung; sie ermöglichen ihm, das Prinzip der Gegenseitigkeit der Lüste im Verkehr mit den Frauen in Abrede zu stellen. Wie könnte es eine solche Gegenseitigkeit geben, wenn die Frauen betrügerisch sind, wenn sie ihre Lust für sich haben, wenn sie sich ohne Wissen der Männer geheimen Ausschweifungen hingeben? Wie könnte es echten Austausch geben, wenn die Lüste, die ihr Äußeres vermuten läßt, nur falsche Versprechen sind? So daß der übliche, dem Verkehr mit den Knaben gemachte Vorwurf – daß er nicht der Natur gemäß ist – sich genausogut auf die Frauen anwenden läßt und noch mit mehr Gewicht, denn sie wollen die Wahrheit dessen maskieren, was sie sind,

---

54 Achilleus Tatios, *Leukippe und Kleitophon*, II, 38.

55 Vgl. Ovid, *Remedia amoris*, v. 345-348; oder auch: »Dann ist mein dringender Rat, daß du die Fenster ganz öffnest und das helle Licht des Tages auf die Teile fallen läßt, die man lieber nicht nennt ... Sobald die Lust an das Ziel ihrer Wünsche gekommen ist ... präge die jeden Fehler ein, der sich an ihrem Körper findet, und halte deine Augen fest auf ihre Mängel gerichtet« (411-418).

sie lassen willentlich die Lüge ein. Das Argument der Schminke mag uns in diesem Streit der beiden Lieben nebensächlich erscheinen; für die Alten beruht es auf zwei ernsthaften Elementen: auf der Auffassung vom weiblichen Körper und auf dem philosophischen und moralischen Prinzip, daß eine Lust nur rechtmäßig ist, wenn das Objekt, das sie erweckt, wirklich ist. Die päderastische Argumentation kann in der Lust mit der Frau keine Gegenseitigkeit finden, denn in ihr ist zuviel Falschheit.

Die Lust mit den Knaben dagegen wird unter das Zeichen der Wahrheit gestellt.[56] Die Schönheit des jungen Mannes ist wirklich, denn sie ist ungeziert. Wie Achilleus Tatios eine seiner Figuren sagen läßt: »Die Schönheit der Knaben ist nicht von Parfümdüften und täuschenden, unechten Gerüchen getränkt, und lieblicher als alle die Wässerchen der Frauen duftet der Schweiß der Knaben.«[57] Gegen die trügerischen Verführungen der weiblichen Aufmachung stellt Kallikratidas das Bild des Knaben, der sich um keinen Putz schert: früh am Morgen springt er aus dem Bett, wäscht sich am klaren Wasser, er braucht keinen Spiegel, er kennt keinen Kamm, er wirft seinen Mantel über die Schulter, er eilt zur Schule, in der Palästra übt er aus voller Kraft, gerät in Schweiß, nimmt ein rasches Bad, und nachdem er die Weisheitslektionen, die man ihm gibt, vernommen hat, entschlummert er bald, wohlig erschöpft von den Anstrengungen des Tages.

Wie sollte man nicht wünschen, mit diesem truglosen Knaben sein ganzes Leben zu verbringen?[58] Weise Lust, die nicht bloß die flüchtige Zeit der Jugend dauerte; wenn sie sich nicht mehr auf die vergängliche körperliche Anmut richtet, kann sie das ganze Leben dauern: Alter, Krankheit, selbst das Grab können geteilt werden, »der Staub der Gebeine noch bleibt ungeschieden«. Das Thema der Freundschaften, die aus Jugendlieben erwachsen und das Leben bis zum Tode mit einer männlichen Zuneigung unterlegen, war freilich eine bekannte Sache. Diese Passage des Pseudo-Lukian erscheint wie eine Variation auf eines der Themen, die in Xenophons *Symposion* entwickelt waren; die Ideen sind dieselben, und sie werden in einer ähnlichen Reihenfolge und mit ähnlichen Wörtern dargetan: Lust, einander anzuschauen, zärtliches Gespräch, geteilte Empfindung in Glück und Leid, Pflege, wenn einer der beiden erkrankt; so kann Zuneigung herrschen zwischen den beiden Freunden bis hinein ins hohe Alter.[59] Der

56 Pseudo-Lukian, *Amores*, 44-45.
57 Achilleus Tatios, *Leukippe und Kleitophon*, II, 37.
58 Pseudo-Lukian, *Amores*, 46.
59 Xenophon, *Symposion*, VIII, 18.

Text des Pseudo-Lukian hebt vor allem einen wichtigen Punkt hervor. Bei dieser Zuneigung, die nach der Jugend andauert, geht es darum, daß eine Bindung ausgebildet wird, in der sich die Rollen des Liebhabers und des Geliebten nicht mehr unterscheiden lassen, so daß die Gleichheit vollkommen oder die Umkehrbarkeit total ist. So, sagt Kallikratidas, war es bei Orest und Pylades, bei denen man sich, wie bei Achill und Patroklos, traditionell fragte, welcher der Liebende und welcher der Geliebte war. Pylades wäre der Geliebte gewesen, als aber das Alter kommt und mit ihm die Zeit der Prüfung – die beiden Freunde müssen entscheiden, welcher von beiden sich dem Tod aussetzen soll –, verhält der Geliebte sich als Liebender. Das muß man als ein Modell ansehen. Genauso, sagt Kallikratidas, muß die Liebe voll Eifer und Ernst, die man dem jungen Knaben entgegenbringt (der berühmte *spudaîos éros*), sich verwandeln; sie muß in die männliche Form übergehen *(andrûsthai)*, wenn der Moment kommt, da die Jugend fähig wird, vernünftig zu denken. In dieser männlichen Zuneigung teilt der bisher Geliebte selbst Liebe aus, und zwar so weit, daß man kaum noch weiß, »welcher von beiden der Liebhaber ist«; die Zuneigung des Liebenden wird ihm vom Geliebten zurückgesandt wie ein Bild von einem Spiegel.[60]

Die Rückerstattung der empfangenen Zuneigung durch den Geliebten war stets Teil der päderastischen Ethik gewesen, sei es in Form der Hilfe im Unglück, der Pflege im Alter, der Gefährtenschaft durchs Leben oder des unvorhergesehenen Opfers. Doch in dem Beharren des Pseudo-Lukian auf Gleichstellung der beiden Liebenden und in seinen Worten, welche die eheliche Gegenseitigkeit charakterisieren, deutet sich das Bemühen an, die Männerliebe nach dem Modell des Lebens zu zweit zu formen, wie es die Ehe beschrieb und vorschrieb. Nachdem er ausführlich all das Schlichte, Natürliche, Opferlose des Körpers eines jungen Mannes geschildert und auf diese Weise die Lust, die er bereiten kann, »in Wahrheit« begründet hat, legt der Autor des Textes das ganze geistige Band nicht in das pädagogische Tun, nicht in die bildende Wirkung dieser Zuwendung, sondern in die genaue Gegenseitigkeit eines gleichen Austauschs. Sosehr in der Rede des Kallikratidas die Beschreibung der männlichen und der weiblichen Körper kontrastiert, so sehr scheint die Ethik des Lebens zu zweit die männliche Zuneigung dem Eheband anzunähern.

---

60 Pseudo-Lukian, *Amores*, 48.

Gleichwohl gibt es einen wesentlichen Unterschied. Denn wenn auch die Liebe zu den Knaben als die einzige bezeichnet wird, in der sich Tugend und Lust verbinden können, so wird doch diese niemals als sexuelle Lust bezeichnet. Zauber dieses jugendlichen Körpers ohne Schminke noch Trug, dieses regelmäßigen und klugen Lebens, der freundschaftlichen Gespräche, der erwiderten Zuneigung: alles wahr. Doch der Text sagt deutlich: auf seinem Lager ist der Knabe »ohne Gefährten«, auf dem Weg zur Schule sieht er niemand an, am Abend, matt von seiner Arbeit, schläft er gleich ein. Und den Liebhabern solcher Knaben gibt Kallikratidas einen strengen Rat: so keusch bleiben wie Sokrates, als er bei Alkibiades lag, sich ihnen enthaltsam *(sophrónos)* nähern, nicht um einer geringen Lust willen eine lange Zuneigung verschleudern. Und ebendiese Lehre wird gezogen, als der Streit beendet ist und Lykinos mit ironischer Feierlichkeit den Preis verleiht: er geht an die Rede, die das Lob der Knabenliebe gesungen hat, sofern diese von »Philosophen« praktiziert wird und auf »rechte und makellose« Freundschaftsbande ausgeht.

So endet der Streit zwischen Charikles und Kallikratidas mit einem »Sieg« der Knabenliebe. Sieg, der einem traditionellen Schema entspricht, das den Philosophen eine Päderastie vorbehält, bei der die körperliche Lust umgangen ist. Sieg indes, der allen nicht nur das Recht läßt zu heiraten, sondern die Pflicht dazu (nach einer Formel, die wir bei den Stoikern trafen: *(pantápasi gametéon)*. Das ist nun allerdings ein synkretistischer Schluß, der die Universalität der Ehe mit dem Privileg einer Knabenliebe – das denjenigen vorbehalten ist, die einer »vollkommenen Tugend« fähig sind, den Philosophen – überlagert. Doch man darf nicht vergessen, daß dieser Streit, dessen traditioneller und rhetorischer Charakter im Text selbst bezeichnet ist, in einen anderen Dialog eingelassen ist: in den des Lykinos mit Theomnestes, der ihn fragt, welche der beiden Lieben er wählen soll, da er sich von beiden gleichermaßen angezogen fühlt. Lykinos hat ihm also von dem »Urteil« berichtet, mit dem er Charikles und Kallikratidas beschieden hatte. Doch Theomnestes macht sich sofort über das lustig, was der Hauptpunkt des Streits und die Bedingung für den Sieg der päderastischen Liebe abgegeben hatte: diese siegt, weil sie an die Philosophie, die Tugend und mithin an die Ausschaltung der körperlichen Lust geknüpft ist. Soll man etwa glauben, daß dies wirklich die Art und Weise ist, in der man die Knaben liebt? Theomnestes empört sich nicht, wie Charikles tat, über die Heuchelei einer solchen Rede. Dort, wo die Anhänger der Knaben, um Lust und Tugend zu verknüpfen, die Abwesenheit jedes Sexualakts behaupteten, läßt er als wahres Motiv dieser Liebe die körperlichen Kontakte, die Küsse, die Zärtlichkeiten und die Wollust auftauchen. Man kann uns doch nicht weismachen, sagt er, daß die ganze Lust bei dieser Beziehung darin bestünde, einander in die Augen zu sehen und sich am gemeinsamen Gespräch zu entzücken. Gewiß erfreut der Blick, aber das ist doch nur der Anfang. Danach kommt die Berührung, die den ganzen Körper zur Wollust einlädt. Dann der Kuß, der, erst schüchtern, rasch willig wird. Die Hand bleibt unterdes nicht müßig; sie gleitet unter die Kleider, sie drückt ein wenig die Brust, fährt den festen Bauch hinab, findet »die Blüte der Mannbarkeit« und kommt endlich ans Ziel.[61] Weder Theomnestes noch der Autor des Textes verstehen diese Beschreibung als Ablehnung einer unzulässigen Praktik. Sie erinnern nur daran, daß es – ohne theoretische Verdrehungen – unmöglich ist, die *aphrodísia* aus dem Bereich der Liebe und ihrer Begründungen herauszuhalten. Die Ironie des Pseudo-Lukian geht nicht darauf aus, diese Lust, die man an den Knaben finden kann und die er lächelnd erwähnt, zu verurteilen; sie ist ein wesentlicher Einwand gegen die uralte Argumentation der griechischen Päderastie, die, um sie zu denken, formulieren, mit Rede und Vernunft versehen zu können, die manifeste Präsenz der körperlichen Lust umging. Er sagt nicht, daß die Frauenliebe besser ist, aber er zeigt die wesentliche Schwäche eines Diskurses über die Liebe, der den *aphrodísia* und den Beziehungen, die sich daran knüpfen, nicht stattgibt.

3 Eine neue Erotik

Zur selben Zeit, da die Reflexion über die Knabenliebe sich offenkundig als steril erweist, tauchen einige der Elemente einer neuen Erotik auf. Ihr bevorzugter Ort sind nicht die philosophischen Texte, und sie entnimmt ihre Hauptthemen nicht der Knabenliebe; sie entwickelt sich im Hinblick auf die Beziehung zwischen Mann und Frau, und sie drückt sich in jenen romanhaften Erzählungen aus, deren wichtigste uns verbliebene Beispiele die Abenteuer von *Chaireas und Kallirhoe*, verfaßt von Chariton von Aphrodisias, die von *Leukippe und Kleitophon*, erzählt von Achilleus Tatios, oder

---

61 A. a. O., 53.

die *Aithiopika* von Heliodor sind. Es stimmt, daß über diese Literatur viele
Ungewißheiten bleiben: sie betreffen die Bedingungen ihres Aufkommens
und ihres Erfolges, die Datierung der Texte und ihre eventuelle allegorische und spirituelle Bedeutung.[62] Dennoch lassen sich in diesen langen Erzählungen mit ihren zahllosen Umschwüngen einige Themen ausmachen,
die in der Folge ebenso die religiöse wie die profane Erotik kennzeichnen
werden: die Existenz einer »heterosexuellen« und durch einen männlichen
und einen weiblichen Pol geprägten Beziehung, die Forderung nach Enthaltung, die sich viel stärker an die jungfräuliche Integrität als an die politische und mannhafte Beherrschung der Begehren anlehnt, endlich die
Vollendung und Belohnung dieser Reinheit in einer Einheit, die die Form
und den Wert einer geistigen Ehe hat. In diesem Sinne, welchen Einfluß
immer der Platonismus auf diese Erotik gehabt haben mag, ist sie, wie
man sieht, weit entfernt von einer Erotik, die sich im wesentlichen auf
die mäßigende Liebe zu den Knaben und ihre Erfüllung in der beständigen
Form der Freundschaft bezog.

Wohl fehlt in dieser romanhaften Literatur die Knabenliebe nicht gänzlich. Nicht nur nimmt sie einen wichtigen Platz in den Erzählungen des
Petronius oder Apuleius ein, welche die Häufigkeit und die breite Hinnahme der Praktik belegen. Sie kommt auch in manchen Erzählungen
von Jungfernschaft, Verlobung und Heirat vor. In *Leukippe und Kleitophon*
etwa wird sie von Figuren vertreten, und zwar in ganz positiver Weise: Klinias, der versucht, seinen eigenen Liebhaber vom Heiraten abzubringen,
gibt gleichwohl dem Helden der Erzählung ausgezeichnete Ratschläge,
um in der Mädchenliebe Fortschritte zu machen.[63] Menelas hingegen bietet eine glückliche Theorie des Knabenkusses – weder raffiniert noch
weich, noch enthemmt wie der der Frauen, ein Kuß, der nicht der Kunst
entspringt, sondern der Natur: Nektar, geronnen und zur Lippe geworden,
das ist der schlichte Kuß eines Knaben im Gymnasion.[64] Doch das sind
nur beiläufige Themen am Rande, nie ist die Liebe eines Knaben der
Hauptgegenstand der Erzählung. Die gesammelte Aufmerksamkeit richtet
sich auf die Beziehung des Mädchens und des Knaben. Diese Beziehung
setzt stets mit einem Schlag ein, der beide trifft und sie mit symmetrischer

---

62 Vgl. dazu M. Grant, *Das Römische Reich am Wendepunkt*, München 1972, S. 144 ff., sowie Th.
    Hägg, *Narrative Technique in Ancient Greek Romances*, Stockholm 1971.
63 Achilleus Tatios, *Leukippe und Kleitophon*, I, 10.
64 A. a. O., II, 37.

Heftigkeit ineinander verliebt macht. Außer in dem Roman des Chariton von Aphrodisias, *Chaireas und Kallirhoe*, führt diese Liebe nicht sogleich zu ihrer Vereinigung: der Roman entrollt die lange Reihe der Abenteuer, die die beiden jungen Leute trennen und die bis ganz zuletzt sowohl die Liebe als auch den Genuß der Lust verhindern.[65] Diese Abenteuer sind soweit wie möglich symmetrisch; alles, was dem einen zustößt, hat sein Gegenstück in den Wechselfällen, die der andere durchmacht. Das erlaubt ihnen, denselben Mut, dieselbe Ausdauer, dieselbe Treue zu zeigen. Denn die Hauptbedeutung ihrer Abenteuer und ihr Durchhaltevermögen bis zur Auflösung beruhen darauf, daß die beiden Protagonisten sich in strengster Weise gegenseitig sexuell die Treue bewahren. Treue in dem Fall, wo die Helden verheiratet sind wie Chaireas und Kallirhoe, Jungfräulichkeit in anderen Erzählungen, wo die Abenteuer und Mißgeschicke nach der Entdeckung der Liebe und vor der Heirat ablaufen. Diese Jungfräulichkeit ist wohlgemerkt nicht eine bloße Enthaltung infolge einer Verlobung. Sie ist eine Lebenswahl, die in den *Aithiopika* sogar der Liebe vorangeht: Chariklea, von ihrem Ziehvater sorgfältig auf »die beste Lebensweise« hin erzogen, lehnte es ab, sich die Ehe auch nur vorzustellen. Der Vater, der ihr einen ehrenwerten Bewerber vorgeschlagen hatte, hatte sich darüber schon beklagt: »Weder durch Freundlichkeit noch durch Versprechungen oder durch Zureden habe ich etwas erreichen können. Was das Schlimmste ist, sie benutzt meine eigenen Waffen gegen mich. Sie läßt die ganze Schlagfertigkeit, die sie meiner Unterweisung verdankt, gegen mich spielen ... Sie preist die Jungfräulichkeit und erhebt sie beinahe in den Rang des Göttlichen.«[66] Symmetrisch dazu hatte Theagenes niemals irgendeine Beziehung zu einer Frau gehabt: »Er habe nie etwas von Frauen wissen sollen und Ehe und Liebe weit von sich gewiesen, wenn er davon hörte, bis ihm durch Charikleas Schönheit klar geworden sei, daß er durchaus nicht von Natur kalt sei, sondern nur bis auf diesen Tag nicht die Frau getroffen habe, die seine Liebe verdiente.«[67]

Demnach ist die Jungfräulichkeit nicht bloß eine der sexuellen Praktik voraufgehende Enthaltung. Sie ist eine Wahl, ein Lebensstil, eine hohe Existenzform, die der Held aus Sorge um ihn selbst wählt. Unter all den ab-

---

65 In *Chaireas und Kallirhoe* kommt es unmittelbar nach der Heirat zur Trennung, doch die beiden Gatten wahren durch all ihre Abenteuer hindurch ihre Liebe, ihre Reinheit und ihre Treue.
66 Heliodor, *Aithiopika*, II, 33.
67 A. a. O., III, 17.

sonderlichen Begebenheiten, die die beiden Helden trennen und in die
schlimmsten Gefahren bringen werden, wird die schwerste immer noch
die sein, der sexuellen Begehrlichkeit der anderen ausgesetzt zu sein; und
die höchste Probe ihres eigenen Wertes und ihrer gegenseitigen Liebe wird
sein, um jeden Preis zu widerstehen und diese wesentliche Jungfräulichkeit
zu retten. Wesentlich für das Verhältnis zu ihnen selbst, wesentlich für das
Verhältnis zum anderen. So läuft der Roman von Achilleus Tatios ab – eine
Art Odyssee der doppelten Jungfräulichkeit. Aufs Spiel gesetzte, angegriffene, beargwöhnte, verleumdete, gerettete Jungfräulichkeit – abgesehen von
einem kleinen ehrenwerten Fehltritt, den sich Kleitophon erlaubt hat –,
die endlich gerechtfertigt und beglaubigt wird in einer Art Gottesurteil,
kraft dessen von dem Mädchen bekundet wird, sie sei »bis zum heutigen
Tage geblieben, die sie war, als sie ihre Heimatstadt verließ. Es ziert sie,
daß sie umgeben von Piraten Jungfrau und wider alles Böse gut geblieben
ist.«[68] Und analog dazu kann Kleitophon von ihm selbst sagen: »Wenn es
eine männliche Jungfräulichkeit gibt, dann habe auch ich sie bewahrt.«[69]

Aber wenn auch Liebe und sexuelle Enthaltung das ganze Abenteuer
hindurch in eins fallen, muß man doch sehen, daß es nicht bloß darum
geht, sich gegen Dritte zu verteidigen. Diese Hut der Jungfräulichkeit gilt
auch innerhalb der Liebesbeziehung. Man bewahrt sich füreinander bis zu
dem Augenblick, da Liebe und Jungfräulichkeit ihre Erfüllung in der Ehe
finden. So daß die voreheliche Keuschheit, welche die beiden Verlobten
einander geistig nah sein läßt, sosehr sie auch getrennt und der Prüfung
der anderen ausgesetzt sein mögen, sie auch voreinander zurückhält und
enthaltsam sein läßt, wenn sie nach vielen Stürmen endlich wieder vereint
sind. Allein in einer Höhle, ganz ungestört, »umarmten und küßten sie
sich in rückhaltloser Hingabe. Alles um sich her vergessend, hielten sie sich
lange fest umschlungen, als wären sie miteinander verwachsen. In reiner
und unschuldiger Liebe mischten sie ihre heißen Tränen und tauschten
keusche Küsse. Wenn Chariklea merkte, daß Theagenes leidenschaftlicher
und kühner wurde, wies sie ihn zurück, indem sie ihn an sein gegebenes Wort erinnerte. Er fügte sich, Sklave der Liebe oder Herr über seine
Gefühle, ohne weiteres der Vernunft.«[70] Diese Jungfräulichkeit ist also
nicht als eine Haltung zu verstehen, die allen sexuellen Beziehungen, selbst

---

68 Achilleus Tatios, *Leukippe und Kleitophon*, VIII, 5.
69 A. a. O., V, 20; vgl. auch VI, 16.
70 Heliodor, *Aithiopika*, V, 4.

wenn sie in der Ehe statthaben, zuwiderliefe. Viel eher ist sie die auf diesen Bund vorbereitende Prüfung, die Bewegung, die auf ihn hinführt und in dem sie ihre Erfüllung findet. Liebe, Jungfräulichkeit und Ehe bilden ein Ganzes: die beiden Liebenden müssen ihre körperliche Integrität, aber auch ihre Herzensreinheit hüten bis zum Augenblick ihrer Vereinigung, die im körperlichen, aber auch im geistigen Sinne zu verstehen ist.

So entwickelt sich allmählich eine Erotik, die anders ist als diejenige, die von der Knabenliebe ausging, auch wenn in der einen wie in der anderen die Enthaltung von den sexuellen Lüsten eine wichtige Rolle spielt: sie bildet sich um das symmetrische und reziproke Verhältnis des Mannes und der Frau herum, um den hohen Wert, den die Jungfräulichkeit erhält, und die vollkommene Vereinigung, in der sie aufgehoben sein soll.

Schluß

In den beiden ersten Jahrhunderten unserer Zeitrechnung nimmt, so scheint es, in der gesamten Moralreflexion über die sexuelle Aktivität und ihre Lüste die Thematisierung strenger Zucht zu. Ärzte beunruhigen sich über die Wirkungen der sexuellen Praktik, empfehlen gern die Enthaltung und erklären, dem Genuß der Lüste die Jungfräulichkeit vorzuziehen. Philosophen verurteilen jede außereheliche Beziehung und schreiben strenge und ausnahmslose Treue zwischen den Gatten vor. Auf die Liebe zu den Knaben schließlich scheint ein Lehrverdikt zu fallen.

Soll man demnach in dem Schema, das sich solcherart abzeichnet, den Entwurf einer künftigen Moral sehen, nämlich der des Christentums, in der der Geschlechtsakt selbst als ein Übel angesehen wird, den man nur innerhalb des ehelichen Bandes für legitim erkennen wird, und in der die Knabenliebe als widernatürlich verurteilt wird? Soll man annehmen, daß innerhalb der griechisch-römischen Welt manche bereits dieses Modell der sexuellen Zucht vorausgeahnt haben, dem man dann in den christlichen Gesellschaften gesetzliches Rüstzeug und institutionellen Rückhalt geben wird? So gelangte man zu dem Entwurf einer anderen Moral, formuliert von einigen sittenstrengen Philosophen, isoliert inmitten einer Welt, die dies nicht mehr zu sein scheint, einer Moral, die bestimmt wäre, in den folgenden Jahrhunderten die beengendsten Formen und eine allgemeinere Geltung anzunehmen.

Die Frage ist wichtig, und sie steht in einer langen Tradition. Seit der Renaissance hat sie, im Katholizismus wie im Protestantismus, relativ ähnliche Scheidelinien bewirkt: auf der einen Seite diejenigen, die auf eine gewisse, dem Christentum nahestehende Moral setzten (das ist die These der *Manuductio ad stoicam philosophiam* von Justus Lipsius, die C. Barth radikalisiert hat, indem er aus Epiktet einen wirklichen Christen machte; das ist später, von katholischer Seite, die These von J.-P. Camus und vor allem des *Epictète chrétien* von Jean-Marie de Bordeaux); auf der anderen diejenigen, für die die Stoa nichts als eine zwar tugendhafte, aber unübersehbar heidnische Philosophie war (so Saumaise bei den Protestanten und Arnauld oder Tillemont seitens der Katholiken). Dabei ging es indes nicht bloß darum, gewisse alte Philosophen auf die Seite des christlichen Glaubens zu schaffen oder aber diesen vor jeder heidnischen Ansteckung zu bewahren; das Problem lag auch darin, zu bestimmen, welche Grundlagen man einer Moral geben sollte, deren Gebote und Verbote, bis zu einem gewissen Punkt, der griechisch-römischen Philosophie und der christlichen Religion gemeinsam schienen. Der Streit, der sich am Ende des 19. Jahrhunderts erhob, greift ebenfalls, auch wenn sich Probleme der historischen Methode darüberlegen, in diese Problematik ein. In seiner berühmten Rede[1] versuchte Zahn nicht, aus Epiktet einen Christen zu machen, sondern innerhalb eines Denkens, das im allgemeinen als stoisches galt, die Male einer Kenntnis des Christentums und die Spuren von dessen Einfluß aufzuspüren. Bonhöffers Werk, das darauf antwortete[2], suchte die Einheit eines Denkens auszumachen, ohne zur Erklärung einzelner Aspekte auf eine äußere Einwirkung zurückgreifen zu müssen. Aber es ging auch um die Frage, wo man die Grundlagen des moralischen Imperativs suchen sollte und ob es möglich wäre, einen gewissen Typ von Moral, der lange Zeit mit dem Christentum verbunden gewesen war, von ihm abzulösen. Die ganze Debatte scheint in mehr oder weniger konfuser Weise auf drei Vorannahmen beruht zu haben: der ersten zufolge wäre das Wesentliche einer Moral in den Gesetzeselementen zu suchen, die sie enthält; der zweiten zufolge hätte sich die philosophische Moral der Spätantike durch ihre strengen Vorschriften dem Christentum genähert – unter nahezu vollständigem Bruch mit der älteren Tradition; nach der dritten schließlich müßte man in der christlichen Moral so etwas wie eine Erhöhung und Reinigung der voraufgehenden Moral gewisser antiker Philosophen sehen.

Dabei kann man wohl kaum stehenbleiben. Zunächst einmal muß man sich vor Augen halten, daß die Grundsätze der sexuellen Sittenstrenge in der Kaiserzeit nicht zum ersten Mal definiert worden sind. Im griechischen Denken des 4. Jahrhunderts konnten wir auf Formulierungen stoßen, die kaum weniger anspruchsvoll waren. Nach alldem scheint, wie wir gesehen haben, der Geschlechtsakt seit sehr langer Zeit als gefährlich, schwer beherrschbar und kostspielig gegolten zu haben; seit langem hatte man das richtige Maß seiner Ausübung und seine Einfügung in ein aufmerksames Regime gefordert. Platon, Isokrates, Aristoteles empfahlen, jeder auf seine Art und aus verschiedenen Gründen, zumindest gewisse For-

---

1 Th. Zahn, *Der Stoiker Epiktet und sein Verhältnis zum Christentum*, Erlangen 1894.
2 A. Bonhöffer, *Epictet und das Neue Testament*, Gießen 1911.

men ehelicher Treue. Und der Knabenliebe mochte man den höchsten Wert beilegen, aber man verlangte auch von ihr, Enthaltsamkeit zu praktizieren, auf daß sie den geistigen Wert bewahre, den man von ihr erwartete. Seit langem also waren die Sorge um den Körper und die Gesundheit, das Verhältnis zur Frau und zur Ehe, die Beziehung zu den Knaben Motive für die Ausbildung einer strengen Moral gewesen. Und in einer gewissen Weise verankert sich die sexuelle Sittenstrenge, die man bei den Philosophen der ersten Jahrhunderte unserer Ära findet, in dieser alten Tradition, zumindest soweit sie eine künftige Moral ankündigt.

Gleichwohl wäre es nicht richtig, in diesen Reflexionen über die sexuelle Lust nur die Aufrechterhaltung einer alten medizinischen und philosophischen Tradition zu sehen. Es stimmt wohl, daß man nicht verkennen darf, wieviel sorgsam aufrechterhaltene Tradition, auch willentliche Wiederbelebung in diesem Denken der ersten Jahrhunderte lag, das so offenkundig noch von der klassischen Kultur geprägt war. Die hellenistische Philosophie und Moral haben, mit den Worten Marrous, »einen langen Sommer« erlebt. Nichtsdestoweniger sind einige Veränderungen spürbar: sie lassen es nicht zu, die Moral Musonius' oder Plutarchs als bloße Verschärfung der Lehren von Xenophon, Platon, Isokrates oder Aristoteles zu betrachten; sie verhindern auch, die Ratschläge des Soranus oder Rufus von Ephesos als Variationen auf die Prinzipien von Hippokrates oder von Diokles anzusehen.

Hinsichtlich der Diätetik und der Problematisierung der Gesundheit hat sich die Veränderung in einer gesteigerten Unruhe, einer umfassenderen und detaillierteren Definition der Beziehungen zwischen Sexualakt und Körper, einer geschärften Aufmerksamkeit auf die Ambivalenz seiner Wirkungen und auf seine störenden Folgen ausgedrückt. Und das ist nicht bloß eine größere Sorge um den Körper, das ist auch eine andere Weise, die sexuelle Aktivität aufzufassen und sie um ihrer sämtlichen Verwandtschaften mit den Krankheiten und dem Übel willen zu fürchten. Hinsichtlich der Frau und der Problematisierung der Ehe hängt die Veränderung vor allem mit der Aufwertung des Ehebandes und der zugrundeliegenden dualen Beziehung zusammen; das richtige Verhalten des Ehemannes, die Mäßigung, die er sich auferlegen soll, rechtfertigen sich nicht einfach aus Standeserwägungen, sondern aus der Natur des Bandes, seiner allgemeinen Form und den wechselseitigen Verpflichtungen, die sich daraus ergeben. Hinsichtlich der Knaben schließlich gilt die Notwendigkeit der Enthaltung immer weniger als eine Weise, Formen der Liebe die höchsten geistigen Werte zu geben, und immer mehr als das Zeichen eines ihr eigentümlichen Ungenügens.

Anhand dieser Modifikationen vorgegebener Themen läßt sich die Entwicklung einer von der Sorge um sich beherrschten Kunst der Existenz ablesen. Diese Selbstkunst beharrt nicht so sehr auf den Exzessen, denen man sich hingeben kann und die es zu meistern gilt, will man andere beherrschen; sie unterstreicht immer mehr die Anfälligkeit des Individuums gegenüber den diversen Übeln, welche die sexuelle Aktivität hervorrufen kann; sie unterstreicht auch die Notwendigkeit, diese in eine allgemeine und bindende Form zu bringen, die für alle Menschen zugleich natürlich und vernünftig begründet ist. Sie hebt die Wichtigkeit hervor, alle Praktiken und alle Übungen zu entwickeln, durch die man die Kontrolle über sich bewahren und am Ende zu einem reinen Genuß seiner selbst gelangen kann. Am Ursprung dieser Modifikationen in der Sexualmoral steht nicht die Verschärfung der Verbotsformen, sondern die Entwicklung einer Kunst der Existenz, die um die Frage nach sich kreist, nach seiner Abhängigkeit und seiner Unabhängigkeit, nach seiner allgemeinen Form und nach dem Band, das man zu den anderen knüpfen kann und muß, nach den Prozeduren, durch die man Kontrolle über sich ausübt, und nach der Weise, in der man die volle Souveränität über sich herstellen kann.

Und eben in diesem Kontext kommt es zu einem für diese Ethik charakteristischen Phänomen. Einerseits verlangt man eine gesteigerte Wachsamkeit für die sexuelle Praxis, für ihre Wirkungen auf den Organismus, für ihre Stelle innerhalb der Ehe und für ihre Rolle, ihren Wert und ihre Schwierigkeiten im Verhältnis mit den Knaben. Aber je weiter man darauf eingeht, je mehr Interesse man ihr entgegenbringt, um so eher erscheint sie als gefährlich und als Bedrohung des Selbstverhältnisses, das man zustande bringen will. Es erscheint zunehmend notwendig, ihr zu mißtrauen, sie zu kontrollieren, sie, soweit sich das machen läßt, ausschließlich in den Ehebeziehungen zu lokalisieren – um sie dann dort, im Eheverhältnis, mit intensiveren Bedeutungen zu beladen. Hand in Hand gehen Problematisierung und Unruhe, Infragestellung und Wachsamkeit. Diese ganze Bewegung der moralischen, medizinischen und philosophischen Reflexion lenkt so auf einen gewissen Stil sexuellen Verhaltens hin; er unterscheidet sich von dem, der im 4. Jahrhundert entworfen worden war, aber er unterscheidet sich auch von dem, den man in der Folge im Christentum finden wird. Hier gerät die sexuelle Aktivität durch ihre Form und ihre Wirkungen in die Nähe des Übels, doch sie ist nicht schon an sich und substantiell ein Übel. Sie findet ihre natürliche und vernünftige Erfüllung in der Ehe, aber diese ist nicht, von Ausnahmen abgesehen, die formale und unabdingbare Bedingung dafür, daß sie aufhört, ein Übel zu sein. Sie findet nur schwer ihren Platz in der Knabenliebe, aber diese wird deswegen nicht als Widernatur verurteilt.

So zeichnen sich denn in der Verfeinerung der Lebenskünste und der Selbstsorge einige Vorschriften ab, die jenen nahe scheinen, welche die späteren Moralen formulieren. Doch von dieser Analogie darf man sich nicht täuschen lassen. Diese Moralen werden andere Modalitäten des Selbstbezuges definieren: eine Charakterisierung der ethischen Substanz, ausgehend von der Endlichkeit, dem Sündenfall und dem Übel; eine Unterwerfungsweise in der Form des Gehorsams gegen ein allgemeines Gesetz, welches gleichzeitig Wille eines persönlichen Gottes ist; einen Typ von Arbeit an sich selbst, zu dem Seelenentzifferung und reinigende Hermeneutik der Begehren gehören; eine Weise ethischer Vervollkommnung, die nach Selbstentsagung strebt. Die Gesetzeselemente hinsichtlich der Ökonomie der Lüste, der ehelichen Treue, der Beziehungen unter Männern mögen durchaus analog bleiben. Sie werden auf einer tiefgehend umgebildeten Ethik beruhen – und auf einer anderen Weise, sich selbst als Moralsubjekt seiner sexuellen Verhaltensweisen zu konstituieren.

Literaturverzeichnis

1. Antike Autoren

Achilleus Tatios, *Leukippe und Kleitophon*, Text und englische Übersetzung S. Gaselee, London ²1947 *(Loeb Classical Library)* (in der Folge zitiert als LCL); deutsche Übersetzung K. Plepelits, Stuttgart 1980.

Aelius Aristides, *Romrede*, Text und deutsche Übersetzung R. Klein, Darmstadt 1983.

Antipatros, *Peri gamon*, in: Stobaios, *Anthologium*, hg. von C. Wachsmuth und O. Hense, Bd. IV, Berlin 1958, S. 507-512.

Antyllos, vgl. Oreibasios.

Apuleius, *De deo Socratis*, Text und französische Übersetzung J. Beaujeu, Paris (Collection des universités de France (in der Folge zitiert als CUF).

Aretaios, *Von den Ursachen und Kennzeichen und der Therapie der akuten und der chronischen Krankheiten*, Text in: *Corpus Medicorum Graecorum*, II, Berlin 1958.

Aristoteles, *Nikomachische Ethik*, Text und englische Übersetzung H. Rackham, London (LCL); deutsche Übersetzung E. Rolfes, Hamburg, ³1972.

–, *Politik*, Text und englische Übersetzung R. Rackham, London (LCL); deutsche Übersetzung E. Rolfes, Hamburg ⁴1981.

–, (Pseudo-), *Ökonomik*, Text und französische Übersetzung A. Wartelle, Paris 1968 (CUF).

Artemidor, *Traumbuch*, Text hg. von R. A. Pack, Leipzig 1963; französische Übersetzung A.-J. Festugière, Paris 1975; deutsche Übersetzung M. Kaiser, F. S. Krauss, Basel 1965.

Athenaios, vgl. Oreibasios.

Caelius Aurelianus, *Passiones acutae et passiones chronicae*, Text und englische Übersetzung J. E. Drabkin, 2 Bde., Chicago 1950.

Celsus, *De medicina*, Text und englische Übersetzung W. G. Spencer, London (LCL); deutsche Übersetzung E. Scheller, Darmstadt 1967.

Chariton von Aphrodisias, *Chaireas und Kallirhoe*, Text und französische Übersetzung G. Molinié, Paris (CUF); deutsche Übersetzung K. Plepelits, Stuttgart 1976.

Cicero, *Tusculanae disputationes*, Text und deutsche Übersetzung O. Gigon, Zürich ²1970.

Clemens von Alexandrien, *Paidagogos*, Text und französische Übersetzung M. Harl und Cl. Mondésert, Paris 1960-65.

–, *Stromata*, Text und französische Übersetzung Cl. Mondésert, Paris 1951-54.

Dio Cassius, *Römische Geschichte*, Text und englische Übersetzung E. Cary, London (LCL); deutsche Übersetzung L. Tafel, Stuttgart 1831 bis 1844.

Diogenes Laertius, *De vitis, dogmatibus et apophthegmatibus clarorum philosophorum liberi decem*, Text und englische Übersetzung R. D. Hicks, London (LCL); deutsche Übersetzung K. Reich, O. Apelt, Hamburg ²1967.

Dion von Prusa (Dion Chrysostomos), *Reden*, Text und englische Übersetzung J. W. Cohoon, London (LCL); deutsche Übersetzung W. Elliger, Zürich 1967.

Epiktet, *Gespräche*, Text und französische Übersetzung J. Souilhé, Paris (CUF); deutsche Teilübersetzung W. Capelle, Zürich 1948.

–, *Handbüchlein*, Text hg. von H. Schenkl, Leipzig 1916; deutsche Übersetzung W. Capelle, Zürich 1948.

Epikur, *Briefe und Maximen*, Text hg. von H. Usener, Leipzig 1887; deutsche Übersetzung O. Gigon, Zürich 1949.

Fronto, *Briefwechsel (The Correspondence of Marcus Cornelius Fronto)*, Text und englische Übersetzung C. R. Haines, 2 Bde., London 1928 (LCL).

Galen, *De usu partium corporis humani*, in: *Opera omnia;* Text und lateinische Übersetzung hg. von C. G. Kühn, 22 Bde., Leipzig 1821 bis 1833, Reprint Hildesheim 1964-65; hier Bd. III und IV; französische Übersetzung Ch. Daremberg, Paris 1856; englische Übersetzung M.T. May, Ithaca 1968.

–, *De locis affectis*, in: *Opera omnia*, hg. von C. G. Kühn, Bd. VIII; französische Übersetzung Ch. Daremberg, Paris 1856; englische Übersetzung R. E. Siegel, Basel 1976.

–, *De propriorum animi cuiusque affectuum dignotione et curatione*, in: *Opera ominia*, hg. von C. G. Kühn, Bd. V; französische Übersetzung R. van der Helst, Paris 1914.

Heliodor, *Aithiopika*, Text hg. von A. Colonna, Rom 1937; französische Übersetzung P. Grimal, Paris 1963; deutsche Übersetzung R. Reymer, Zürich 1950.

Hierokles, *Peri gamû*, in Stobaios, *Anthologium*, hg. von C. Wachsmuth und O. Hense, Bd. IV, Berlin 1958, S. 502-507.

Lukian, *Hermotimos*, Text und englische Übersetzung K. Kilburn, London (LCL); deutsche Übersetzung E. Ermatinger und K. Hoenn (nach Wieland), Zürich 1948.

–, (Pseudo-), *Amores*, Text und englische Übersetzung M. D. MacLeod, London (LCL).

Marc Aurel, *Selbstbetrachtungen*, Text und französische Übersetzung A.-I. Trannoy, Paris (CUF); deutsche Übersetzung W. Theiler, Zürich 1951.

Maximus von Tyros, *Philosophumena*, Text und lateinische Übersetzung Paris 1840.

Musonius Rufus, *Reliquiae*, Text hg. von O. Hense, Leipzig 1905.

Oreibasioas, *Collectionum medicarum reliquiae*, Text und französische Übersetzung U. C. Bussemaker und Ch. Daremberg, Paris 1851-1876.

Ovid, *Ars amatoria*, Text und deutsche Übersetzung F.W. Lenz, Berlin 1969.

–, *Remedia amoris*, Text und deutsche Übersetzung F.W. Lenz, Berlin 1969.

Philodemos, *Peri parrhesias*, hg. von A. Olivieri, Leipzig 1914.

Platon, *Alkibiades*, Text und deutsche Übersetzung (Schleiermacher) hg. von G. Eigler, Darmstadt 1977.

–, *Apologie*, Text und deutsche Übersetzung (Schleiermacher) hg. von G. Eigler, Darmstadt 1973.

–, *Nomoi*, Text und deutsche Übersetzung (Schleiermacher) hg. von G. Eigler, Darmstadt 1977.

–, *Politeia*, Text und deutsche Übersetzung (Schleiermacher) hg. von G. Eigler, Darmstadt 1971.

Plinius d. J., *Briefe*, Text und französische Übersetzung A.-M. Guillemin, Paris (CUF); deutsche Übersetzung H. Kasten, Zürich ⁵1984.

Plutarch, *Ad principem ineruditum*, in: *Moralia*, Text und englische Übersetzung F. C. Babbitt, Bd. X, London (LCL); deutsche Übersetzung O. Apelt, Leipzig 1927.

–, *Animine an corporis affectiones sint peiores*, in: *Moralia*, Text und englische Übersetzung F. C. Babbitt, Bd. II, London (LCL).

–, *Apophthegmata laconica*, in: *Moralia*, Text und englische Übersetzung F. C. Babbitt, Bd. III, London (LCL).

–, *Coniugalia praecepta*, in: *Moralia*, Text und englische Übersetzung F. C. Babbitt, Bd. II, London (LCL).

–, *De exilio*, Text und französische Übersetzung J. Hani (*Œuvres morales*, Bd. VIII), Paris (CUF).

–, *De tuenda sanitate praecepta*, in: *Moralia*, Text und englische Übersetzung F. C. Babbitt, Bd. II, London (LCL).

–, *Amatorius*, Text und französische Übersetzung R. Flacelière (*Œuvres morales*, Bd. X), Paris (CUF).

–, *De deo Socratis*, Text und französische Übersetzung J. Hani (*Œuvres morales*, Bd. VII), Paris (CUF); deutsche Übersetzung K. Ziegler, Zürich 1954.

–, *Amatoriae narrationes*, Text und französische Übersetzung R. Flacelière (*Œuvres morales*, Bd. X), Paris (CUF).

–, *Mulierum virtutes*, in: *Moralia*, Text und englische Übersetzung F. C. Babbitt, Bd. III, London (LCL).

–, *Praecepta gerendae reipublicae*, in *Moralia*, Text und englische Übersetzung F. C. Babbitt, Bd. X, London (LCL).

–, *Quaestionum convivialium libri IX*, Text und französische Übersetzung F. Fuhrmann (*Œuvres morales*, Bd. IX), Paris (CUF).

–, *Quomodo quis suos in virtute sentiat profectus*, in: *Moralia*, Text und englische Übersetzung F. C. Babbitt, Bd. I, London (LCL).

–, *Regum et imperatorum apophthegmata*, in: *Moralia*, Text und englische Übersetzung F. C. Babbitt, Bd. III, London (LCL).

–, *Vita Solonis*, Text R. Flacelière, E. Chambry und M. Juneaux, Paris (CUF); deutsche Übersetzung K. Ziegler, Zürich 1954.

–, *Septem sapientium convivium*, in: *Moralia*, Text und englische Übersetzung F. C. Babbitt, Bd. II, London (LCL); deutsche Übersetzung O. Apelt, Leipzig 1927.

Porphyrios, *Vita Pythagorae*, Text und französische Übersetzung E. des Places, Paris (CUF).

Properz, *Liebeselegien*, Text und deutsche Übersetzung G. Luck, Zürich 1964.

Quintilian, *Institutio oratoria*, Text und deutsche Übersetzung H. Rahn, 2 Bde., Darmstadt 1972.

Rufus von Ephesos, *Opera*, Text und französische Übersetzung Ch. Daremberg und E. Ruelle, Paris 1879.

Seneca, *Naturales Quaestiones*, Text und englische Übersetzung Th. H. Corcoran, 2 Bde., London 1972 (LCL).

–, *De beneficiis*, Text und französische Übersetzung F. Préchac, Paris (CUF); englische Übersetzung J. W. Basore, London (LCL).

–, *De brevitate vitae*, Text und französische Übersetzung A. Bourgery, Paris (CUF), deutsche Übersetzung O. Apelt, Leipzig 1923.

–, *De ira*, Text und französische Übersetzung A. Bourgery, Paris (CUF); deutsche Übersetzung O. Apelt, Leipzig 1923.

–, *Ad Helviam matrem de consolatione*, Text und französische Übersetzung R. Waltz, Paris (CUF); dt. Übersetzung O. Apelt, Leipzig 1923.

–, *Ad Marciam de consolatione*, Text und französische Übersetzung R. Waltz, Paris (CUF); deutsche Übersetzung O. Apelt, Leipzig 1923.

–, *De constantia sapientis*, Text und französische Übersetzung R. Waltz, Paris (CUF), deutsche Übersetzung O. Apelt, Leipzig 1923.

–, *Ad Lucilium epistulae*, Text und französische Übersetzung F. Préchac und H. Noblot, Paris (CUF); deutsche Übersetzung O. Apelt, Leipzig 1924.

–, *De tranquillitate animi*, Text und französische Übersetzung R. Waltz, Paris (CUF); deutsche Übersetzung O. Apelt, Leipzig 1923.

–, *De vita beata*, Text und französische Übersetzung A. Bourgery, Paris (CUF); deutsche Übersetzung O. Apelt, Leipzig 1923.

Soranus, *Gynaeciorum libri IV*, Text in: *Corpus Medicorum Graecorum*, Bd. IV, Leipzig 1927; französische Übersetzung F. J. Hergott, Nancy 1895; englische Übersetzung O. Temkin, Baltimore 1956.

Statius, *Silvae*, Text und französische Übersetzung H. Frère und H.-J. Izaak, Paris 1944 (CUF); deutsche Übersetzung R. Sebicht, Ulm 1902.

Synesios, *Über die Träume*, Text hg. von N. Terzaghi, Rom 1944; französische Übersetzung H. Druon, Paris 1878.

Xenophon, *Symposion*, Text und französische Übersetzung F. Ollier, Paris (CUF).

–, *Kyrupaideia*, Text und französische Übersetzung M. Bizos und E. Delebecque, Paris (CUF); deutsche Übersetzung C. Woyte, Leipzig 1911.

–, *Oikonomikos*, Text und französische Übersetzung P. Chantraine, Paris 1949 (CUF).

2. Moderne Autoren

Allbut, C., *Greek Medicine in Rome*, London 1921.

Babut, D., *Plutarque et le stoïcisme*, Paris 1969.

Behr, C. A., *Aelius Aristides and »the Sacred Tales«*, Amsterdam 1968.

Betz, H. D. (Hg.), *Plutarch's Ethical Writings and Early Christian Literature*, Leiden 1978.

Bloch, R., *De Pseudo-Luciani Amoribus*, Argentorati 1907.

Bonhöffer, A., *Epictet und die Stoa*, Stuttgart 1890.

–, *Die Ethik des Stoikers Epictet*, Stuttgart 1894.

–, *Epictet und das Neue Testament*, Giessen 1911.
Boswell, J., *Christianity, Social Tolerance, and Homosexuality*, Chicago 1980.
Bowersock, G.W., *Greek Sophists in the Roman Empire*, Oxford 1969.
Broudehoux, J.-P., *Mariage et famille chez Clément d'Alexandrie*, Paris 1970.
Buffière, F., *Éros adolescent. La pédérastie dans la Grèce antique*, Paris 1980.

Canguilhem, G., *Études d'histoire et de philosophie des sciences*, Paris 1968.
Crook, J. A., *Law and Life of Rome*, London 1967.

Ferguson, J., *Moral Values in the Ancient World*, London 1958.
Festugière, A.-J., *Études de philosophie grecque*, Paris 1971.

Gagé J., *Les Classes sociales dans l'Empire romain*, Paris 1964.
Grant, M., *Das Römische Reich am Wendepunkt*, München 1972.
Grilli, A., *Il problema della vita contemplativa nel mondo greco-romano*, Mailand/Rom 1953.
Grimal, P., *Sénèque ou la conscience de l'Empire*, Paris 1978.

Hadot, I., *Seneca und die griechisch-römische Tradition der Seelenleitung*, Berlin 1969.
Hadot, P., *Exercices spirituels et philosophie antique*, Paris 1981.
Hägg, Th., *Narrative Technique in Ancient Greek Romances. Studies of Chariton, Xenophon Ephesius and Achilles Tatius*, Stockholm 1971.
Hijmans, B. L., *Askésis: Notes on Epictetus' Educational System*, Utrecht 1959.

Kessels, A. H. M., »Ancient System of Dream Classification«, in: *Mnemosyne*, 4. Serie, Nr. 22, 1969.

Liebeschütz, J. H., *Continuity and Change in Roman Religion*, Oxford 1979.
Lutz, C., »Musonius Rufus«, *Yale Classical Studies*, Bd. X, 1947.

Macmullen, R., *Roman Social Relations, 50 B. C. to A. D. 284*, London/New Haven 1974.
Meslin, M., *L'Homme romain, des origines au Ier siècle de notre ère: essai d'anthropologie*, Paris 1978.

Noonam, J.T., *Contraception et mariage, évolution ou contradiction dans la pensée chrétienne*, Paris 1969.

Pigeaud, J., *La Maladie de l'âme; étude sur la relation de l'âme et du corps dans la tradition médico-philosophique antique*, Paris 1981.
Pomeroy, S. B., *Goddesses, Whores, Wives and Slaves. Women in Classical Antiquity*, New York 1975.
Praechter, K., *Hierokles der Stoiker*, Leipzig 1901.

Rostovtzeff, M. I., *Die hellenistische Welt. Gesellschaft und Wirtschaft*, 3 Bde., Darmstadt 1955-56.

Rousselle, A., *Porneia. De la maîtrise du corps à la privation sensorielle. IIe-IVe siècles de l'ère chrétienne*, Paris 1963.

Sandbach, F. H., *The Stoics*, London 1975.
Scarborough, J., *Roman Medicine*, Ithaca 1969.
Spanneut, M., »Epiktet«, in: *Reallexikon für Antike und Christentum*, Stuttgart 1962.
Starr, C. G., *The Roman Empire*, Oxford 1982.
Syme, R., *Roman Papers*, Oxford 1979.

Thesleff, H., *An Introduction to the Pythagorean Writings of the Hellenistic Period (Humaniora*, 24, 3, Abo, 1961).
–, »The Pythagorean Texts of the Hellenistic Period«, in: *Acta Academiae Aboensis*, Serie A, Bd. 30, Nr. 1.

Vatin, Cl., *Recherches sur le mariage et la condition de la femme mariée à l'époque hellénistique*, Paris 1970.
Veyne, P., »L'amour à Rome«, *Annales E. S. C.*, Nr. 1, 1978.
–, »Homosexualität im alten Rom«, in: Ph. Ariès/A. Béjin/M. Foucault u. a., *Die Masken des Begehrens und die Metamorphosen der Sinnlichkeit. Zur Geschichte der Sexualität im Abendland*, Frankfurt/M. 1984.
Voelcke, A. J., *Les Rapports avec autrui dans la philosophie grecque, d'Aristote à Panétius*, Paris 1969.

Zahn, Th., *Der Stoiker Epiktet und sein Verhältnis zum Christentum*, Erlangen 1894.

Anhang

Michel Foucault
Gespräch mit Ducio Trombadori

Ducio Trombadori: *Das Interesse, das die Ergebnisse Ihres Denkens vor allem in den letzten Jahren gefunden haben, ließe sich meiner Ansicht nach folgendermaßen erklären. Es dürfte kaum jemanden geben, der nicht bereit wäre – in welcher Sprache, aus welcher ideologischen Perspektive auch immer –, die fortschreitende und irritierende Zersetzung der Verbindungen zwischen den Wörtern und den Dingen in der heutigen Welt anzuerkennen. So rechtfertigt sich auch die thematische Orientierung unserer Erörterungen; sie zielen darauf, den Weg besser zu verstehen, den Sie bei Ihren Reflexionen und Forschungen durchlaufen haben, die Verschiebungen der Analysefelder, die Gewinnung neuer theoretischer Gewißheiten. Von der explorativen Suche nach einer ursprünglichen Erfahrung in* Wahnsinn und Gesellschaft *bis zu den jüngsten Thesen in* Der Wille zum Wissen *hat es den Anschein, daß Sie sprunghaft, nämlich über Verschiebungen der Forschungsebenen, vorgehen. Wenn ich eine Bilanz ziehen wollte, die zeigt, was das Wesentliche und Durchgängige Ihres Denkens ist, so könnte ich Sie zunächst fragen, was Sie – im Lichte der jüngsten Untersuchungen über die Macht und den Willen zum Wissen – in Ihren früheren Büchern für überholt halten.*

Michel Foucault: Vieles ist gewiß überholt. Mir ist durchaus bewußt, daß ich sowohl im Verhältnis zu den Dingen, für die ich mich interessiere, als auch zu dem, was ich bisher gedacht habe, meine Position verschiebe. Ich denke niemals völlig das gleiche, weil meine Bücher für mich Erfahrungen sind, Erfahrungen im vollsten Sinne, den man diesem Ausdruck beilegen kann. Eine Erfahrung ist etwas, aus dem man verändert hervorgeht. Wenn ich ein Buch schreiben sollte, um das mitzuteilen, was ich schon gedacht habe, ehe ich es zu schreiben begann, hätte ich niemals die Courage, es in Angriff zu nehmen. Ich schreibe nur, weil ich noch nicht genau weiß, was ich von dem halten soll, was mich so sehr beschäftigt. So daß das Buch ebenso mich verändert wie das, was ich denke. Jedes Buch verändert das, was ich gedacht habe, als ich das vorhergehende Buch abschloß. Ich bin ein Experimentator und kein Theoretiker. Als Theoretiker bezeichne ich jemanden, der ein allgemeines System errichtet, sei es ein deduktives oder ein analytisches, und es immer in der gleichen Weise auf unterschiedliche Bereiche anwendet. Das ist nicht mein Fall. Ich bin ein Experimentator in dem Sinne, daß ich schreibe, um mich selbst zu verändern und nicht mehr dasselbe zu denken wie zuvor.

Die Idee einer Arbeit als Erfahrung sollte immerhin einen methodologischen Bezugspunkt nahelegen oder wenigstens die Möglichkeit bieten, dem Verhältnis zwischen den verwendeten Mitteln und den erzielten Forschungsergebnissen methodologische Hinweise zu entnehmen.

Wenn ich ein Buch beginne, weiß ich nicht nur nicht, was ich bei seiner Vollendung denken werde; mir ist nicht einmal sonderlich klar, welche Methode ich verwenden werde. Jedes meiner Bücher ist eine Weise, einen Gegenstand zu konturieren und eine Methode zu seiner Analyse zu erfinden. Ist meine Arbeit beendet, so kann ich – gewissermaßen im Rückblick – aus der soeben gemachten Erfahrung eine methodologische Reflexion entwickeln, welche die Methode herausarbeitet, der das Buch hätte folgen sollen. So daß ich nahezu abwechselnd Bücher schreibe, die ich als explorative und als methodologische bezeichnen würde. Explorationen: *Wahnsinn und Gesellschaft, Die Geburt der Klinik* und so weiter. Methodologische Bücher: *Archäologie des Wissens.* Schließlich habe ich Sachen wie *Überwachen und Strafen* und *Der Wille zum Wissen* geschrieben.

Methodologische Überlegungen stelle ich auch in Artikeln und Interviews an. Das sind dann eher Reflexionen über ein fertiges Buch, die mir helfen sollen, eine andere mögliche Arbeit einzugrenzen. Es sind sozusagen Baugerüste, die als Übergang dienen zwischen einer Arbeit, die ich gerade abgeschlossen habe, und einer weiteren. Das ist keine allgemeine Methode, die für andere ebenso wie für mich definitiv gültig wäre. Was ich geschrieben habe, sind keine Rezepte, weder für mich noch für sonst jemand. Es sind bestenfalls Werkzeuge – und Träume.

Was Sie sagen, bestätigt den exzentrischen Aspekt Ihrer Position und erklärt in gewissem Sinne die Schwierigkeiten, auf welche Kritiker, Kommentatoren und Exegeten stoßen, wenn sie versuchen, Ihre Position zu systematisieren oder Ihnen im Rahmen des gegenwärtigen philosophischen Denkens einen Ort zuzuweisen.

Ich betrachte mich nicht als Philosoph. Weder betreibe ich eine bestimmte Art Philosophie, noch möchte ich andere davon abhalten, Philosophie zu betreiben. Die bedeutendsten Einflüsse, die – ich will nicht sagen: mich geprägt haben, sondern die es mir erlaubten, mich von meiner universitären Prägung zu befreien, gingen – abgesehen natürlich von einer Reihe persönlicher Erfahrungen – von Leuten wie Bataille, Nietzsche, Blanchot, Klossowski aus, die alle keine Philosophen im institutionellen Verständnis waren. Was mich an ihnen am meisten frappiert und fasziniert hat und ihnen diese zentrale Bedeutung für mich gegeben hat, war eben, daß ihr Problem nicht darin bestand, ein System zu konstruieren, sondern eine persönliche Erfahrung zu machen. An der Universität dagegen bin ich zur Aneignung jener großen philosophischen Maschinerien angeleitet, ausgebildet, hingedrängt worden, die da heißen: Hegelianismus, Phänomenologie ...

Sie sprechen von der Phänomenologie, aber das gesamte phänomenologische Denken beruht auf dem Problem der Erfahrung und stützt sich auf sie, um seinen eigenen theoretischen Horizont zu bezeichnen. In welchem Sinne unterscheiden Sie sich also davon?

Die Erfahrung des Phänomenologen ist im Grunde eine bestimmte Weise, einen reflektierenden Blick auf einen beliebigen Gegenstand des Erlebens, auf das Alltägliche in seiner vergänglichen Gestalt zu richten, um dessen Bedeutungen zu erfassen. Für Nietzsche, Bataille, Blanchot dagegen bestand Erfahrung in dem Versuch, an einen bestimmten Punkt des Lebens zu gelangen, der dem Nicht-Lebbaren so nahe wie möglich kommt. Gefordert wird das Äußerste an Intensität und zugleich an Unmöglichkeit. Die phänomenologische Arbeit liegt vielmehr darin, das gesamte Feld von Möglichkeiten zu entfalten, die mit der alltäglichen Erfahrung verbunden sind.

Darüber hinaus bemüht sich die Phänomenologie, die Bedeutung der alltäglichen Erfahrung zu erfassen, um herauszufinden, inwiefern das Subjekt, das ich bin, in seinen transzendentalen Funktionen tatsächlich grundlegend ist für diese Erfahrung und diese Bedeutungen. Dagegen dient die Erfahrung bei Nietzsche, Blanchot, Bataille dazu, das Subjekt von sich selbst loszureißen, derart, daß es nicht mehr es selbst ist oder daß es zu seiner Vernichtung oder zu seiner Auflösung getrieben wird. Ein solches Unternehmen ist das einer Ent-Subjektivierung.

Die Idee einer Grenzerfahrung, die das Subjekt von sich selbst losreißt – genau das war es, was bei meiner Lektüre Nietzsches, Batailles, Blanchots für mich wichtig war, und genau diese Idee hat mich dazu gebracht, meine Bücher – wie langweilig, wie gelehrt sie auch sein mögen – stets als unmittelbare Erfahrungen zu verstehen, die darauf zielen, mich von mir selbst loszureißen, mich daran zu hindern, derselbe zu sein.

Arbeit als Erfahrung in permanenter Entwicklung; äußerste Relativität der Methode; Spannung der Subjektivierung: das sind, wenn ich Sie recht begriffen habe, die drei wesentlichen Aspekte Ihrer Denkhaltung. Wenn man von diesem Ensemble ausgeht, stellt sich jedoch die Frage, welche Glaubwürdigkeit die Ergebnisse einer Forschung beanspruchen können und welches letztlich das Wahrheitskriterium ist, das aus gewissen Prämissen Ihrer Denkweise folgt.

Das Problem der Wahrheit dessen, was ich sage, ist für mich ein sehr schwieriges, ja sogar das zentrale Problem. Auf diese Frage habe ich bisher niemals geantwortet. Gleichzeitig benutze ich jedoch ganz klassische Methoden: die Beweisführung oder zumindest das, was in historischen Zusammenhängen als Beweis gelten darf – Verweise auf Texte, Quellen, Autoritäten und die Herstellung von Bezügen zwischen Ideen und Tatsachen; Schemata, die ein Verständnis ermöglichen, oder Erklärungstypen. Nichts davon ist originell. Insoweit kann alles, was ich in meinen Büchern sage, verifiziert oder widerlegt werden, nicht anders als bei jedem anderen historischen Buch.

Trotzdem sagen die Leute, die mich lesen, und besonders diejenigen, die von meiner Arbeit etwas halten, oft lächelnd: »Im Grunde weißt du genau, daß alles, was du sagst, nur Fiktion ist.« Ich antworte stets: »Natürlich; daß es etwas anderes wäre, davon kann gar keine Rede sein.«

Wenn ich zum Beispiel die Geschichte der psychiatrischen Institutionen in Europa zwischen dem siebzehnten und neunzehnten Jahrhundert hätte schreiben wollen, hätte ich natürlich kein Buch wie *Wahnsinn und Gesellschaft* schreiben dürfen. Mein Problem bestand jedoch nicht darin, die professionellen Historiker zufriedenzustellen. Mein Problem bestand darin, selbst eine Erfahrung zu machen und die anderen aufzufordern, vermittelt über einen bestimmten historischen Inhalt an dieser Erfahrung teilzunehmen: nämlich an der Erfahrung dessen, was wir sind und was nicht nur unsere Vergangenheit, sondern auch unsere Gegenwart ausmacht; an einer Erfahrung unserer Modernität, derart, daß wir verwandelt daraus hervorgehen. Das bedeutet, daß wir am Ende des Buches zu dem, um das es geht, in neue Beziehungen treten können: daß ich, der ich das Buch geschrieben habe, und diejenigen, die es gelesen haben, zum Wahnsinn, zu seinem heutigen Status und zu seiner Geschichte in der modernen Welt ein neues Verhältnis einnehmen können.

Die Wirksamkeit Ihres Diskurses entfaltet sich im Gleichgewicht zwischen seiner Beweiskraft und seiner Fähigkeit, auf eine Erfahrung zu verweisen, die zu einem Wandel der kulturellen Horizonte führt, innerhalb deren wir unsere Gegenwart beurteilen und erleben. Ich habe aber noch nicht verstanden, in welchem Verhältnis dieser Prozeß Ihrer Ansicht nach mit dem steht, was wir oben »Wahrheitskriterium« genannt haben. Das heißt, inwiefern stehen die Veränderungen, von denen Sie gesprochen haben, in einem Verhältnis zur Wahrheit? Inwiefern erzeugen sie Wahrheitseffekte?

Zwischen den Dingen, die ich geschrieben habe, und den Wirkungen, die sie hervorgerufen haben, besteht ein einzigartiges Verhältnis. Nehmen Sie das Schicksal von *Wahnsinn und Gesellschaft*: Das Buch wurde sehr gut aufgenommen von Leuten wie Maurice Blanchot, Roland Barthes und so weiter; von den Psychiatern wurde es anfangs mit etwas Neugier und einer gewissen Sympathie rezipiert, von den Historikern, für die es nicht interessant war, dagegen vollständig ignoriert. Dann allerdings erreichte die Feindseligkeit der Psychiater ziemlich rasch einen Punkt, an dem das Buch als Angriff auf die heutige Psychiatrie und als antipsychiatrisches Manifest verstanden wurde. Nun war das ganz gewiß nicht meine Absicht, aus wenigstens zwei Gründen: Als ich das Buch schrieb, 1958 in Polen, gab es in Europa noch keine Antipsychiatrie; und um einen Angriff auf die Psychiatrie handelte es sich schon ganz einfach deshalb nicht, weil es bei Ereignissen endet, die im frühen neunzehnten Jahrhundert liegen – das Werk Esquirols wird gerade noch angeschnitten, aber nicht vollständig analysiert. Trotzdem wurde dieses Buch in der Öffentlichkeit immer nur als Angriff auf die heutige Psychiatrie wahrgenommen. Warum? Weil das Buch für mich – und für diejenigen, die es gelesen und benutzt haben – eine Veränderung unseres (historischen, theoretischen, aber auch moralischen und ethischen) Verhältnisses zum Wahnsinn, zu den Irren, zur psychiatrischen Institution und sogar zur Wahrheit des psychiatrischen Diskurses bedeutete. Es ist also ein Buch, das dem, der es schreibt, ebenso wie dem, der es liest, als eine Erfahrung dient, viel eher denn als Feststellung einer historischen Wahrheit. Damit man, vermittelt über dieses Buch, eine solche Erfahrung machen kann, muß das, was darin gesagt wird, natürlich im Sinne akademischer Wahrheit wahr sein, das heißt historisch verifizierbar. Genau das kann ein Roman nicht. Trotzdem liegt das Wesentliche nicht in der Serie solcher wahren oder historisch verifizierbaren Feststellungen, sondern eher in der Erfahrung, die das Buch zu machen gestattet. Nun ist diese Erfahrung jedoch weder wahr noch falsch. Eine Erfahrung ist immer eine Fiktion, etwas Selbstfabriziertes, das es vorher nicht gab und das es dann plötzlich gibt. Darin liegt das schwierige Verhältnis zur Wahrheit, die Weise, in der sie in eine Erfahrung eingeschlossen ist, die mit ihr nicht verbunden ist und sie bis zu einem gewissen Punkt zerstört.

Ist dieses schwierige Verhältnis zur Wahrheit eine Konstante, die Ihre Forschung begleitet und die man auch in der Serie Ihrer Werke nach Wahnsinn und Gesellschaft *wiedererkennen kann?*

Das gleiche ließe sich von *Überwachen und Strafen* behaupten. Die Untersuchung endet ungefähr mit dem Jahr 1830. Trotzdem haben auch in diesem Falle die Leser, die kritischen wie die zustimmenden, das Buch als Beschreibung der gegenwärtigen Gesellschaft als Gesellschaft der Einschließung aufgefaßt. Ich habe das nirgendwo gesagt, auch wenn es richtig ist, daß das Schreiben dieses Buches mit einer gewissen Erfahrung unserer Moderne zusammenhing. Das Buch stützt sich auf wahre Dokumente, aber so, daß es, über sie vermittelt, möglich wird, nicht nur Wahrheiten festzustellen, sondern zu einer Erfahrung zu gelangen, die eine Veränderung erlaubt, einen Wandel in unserem Verhältnis zu uns selbst und zur Welt dort, wo wir bisher keine Probleme sahen (mit einem Wort, in unserem Verhältnis zu unserem Wissen).

So kann dieses Spiel zwischen Wahrheit und Fiktion – oder, wenn Sie möchten, zwischen Feststellung und Fabrikation – deutlich sichtbar machen, was uns – manchmal völlig unbewußt – mit unserer Modernität verbindet, und sie uns gleichzeitig verändert erscheinen lassen. Die Erfahrung, die es uns gestattet, bestimmte Mechanismen zu verstehen (zum Beispiel die Gefängnishaft, die Strafe usw.), und die Weise, in der wir fähig werden, uns von ihnen zu lösen, indem wir sie mit anderen Augen wahrnehmen, sind nur die beiden Seiten derselben Medaille. Dies ist in der Tat das Herz meines Unternehmens. Welche Konsequenzen hat das – oder vielmehr welche Implikationen? Die erste besteht darin, daß ich mich auf keinen gleichbleibenden und systematischen theoretischen Hintergrund stütze; die zweite lautet, daß es kein Buch gibt, das ich nicht, wenigstens zum Teil, aus einer unmittelbaren persönlichen Erfahrung heraus geschrieben hätte. Ich habe ein kompliziertes persönliches Verhältnis zum Wahnsinn und zur psychiatrischen Institution gehabt. Ich habe zur Krankheit und auch zum Tod ein gewisses Verhältnis gehabt. Ich habe über die *Geburt der Klinik* und die Einführung des Todes in das medizinische Wissen zu einem Zeitpunkt geschrieben, zu dem diese Dinge für mich eine gewisse Bedeutung hatten. Dasselbe gilt, aus anderen Gründen, für das Gefängnis und die Sexualität.

Dritte Implikation: Es handelt sich keinesfalls darum, persönliche Erfahrungen ins Wissen zu übertragen. Das Verhältnis zur Erfahrung muß im Buch eine Transformation gestatten, eine Metamorphose, die nicht einfach meine ist, sondern die einen gewissen Wert, gewisse Eigenheiten hat, die anderen zugänglich sind, so daß diese Erfahrung auch von anderen gemacht werden kann.

Viertens schließlich muß diese Erfahrung bis zu einem gewissen Grade mit einer kollektiven Praxis, mit einer Denkweise verknüpft sein. Das war beispielsweise bei einer Bewegung wie der Antipsychiatrie oder der Gefangenenbewegung in Frankreich der Fall.

Wenn Sie, wie Sie sagen, den Weg zu einer »Transformation« andeuten oder eröffnen, die an eine »kollektive Praxis« anzuknüpfen vermag, so bemerke ich bereits die Umrisse einer Methodologie oder einer bestimmten Art von Lehre. Glauben Sie nicht auch? Und wenn ja, scheinen Sie damit nicht in Widerspruch zu einer Forderung zu geraten, die Sie schon genannt haben, nämlich: den präskriptiven Diskurs zu meiden?

Ich lehne das Wort »Lehre« ab. Lehren enthielte ein systematisches Buch, das einer verallgemeinerbaren Methode folgen oder den Beweis einer Theorie liefern würde. Meine Bücher haben diesen Wert gerade nicht. Es sind eher Einladungen, öffentliche Gesten.

Aber muß sich eine kollektive Praxis nicht auf Werte, auf Kriterien, auf Verhaltensweisen beziehen, welche die individuelle Erfahrung überschreiten?

Eine Erfahrung ist etwas, was man ganz allein macht und dennoch nur in dem Maße uneingeschränkt machen kann, wie sie sich der reinen Subjektivität entzieht und andere diese Erfahrung – ich will nicht sagen: exakt übernehmen, aber sie doch kennenlernen und nachvollziehen können. Kehren wir für einen Augenblick zu dem Buch über die Gefängnisse zurück. In gewissem Sinne ist es ein rein historisches Buch. Geliebt oder gehaßt haben es die Leute aber, weil sie den Eindruck gewonnen hatten, es gehe darin um sie selbst oder um unsere jetzige, gegenwärtige Welt oder um ihre Beziehungen zur heutigen Welt in den Formen, in denen diese von allen akzeptiert wird. Man hatte das Gefühl, daß etwas Aktuelles in Frage gestellt worden war. Und in der Tat habe ich dieses Buch erst zu schreiben begonnen, nachdem ich mehrere Jahre lang an Arbeits-, Diskussions- und Kampfgruppen gegen die Strafinstitutionen teilgenommen hatte. Eine komplizierte, schwierige Arbeit, die zusammen mit den Gefangenen, den Familien, dem Aufsichtspersonal, mit Richtern, Staatsanwälten und so weiter unternommen wurde.

Als das Buch herauskam, haben verschiedene Leser – besonders Aufsichtsbeamte, Sozialarbeiter und so weiter – dieses sonderbare Urteil abgegeben: »Es ist lähmend; es mag ja richtige Beobachtungen enthalten, aber es hat gewiß auch Grenzen, weil es uns blockiert, weil es uns daran hindert, in unserer Tätigkeit wie bisher weiterzumachen.« Ich antworte, daß genau diese Reaktion beweist, daß die Arbeit erfolgreich war, daß sie so funktioniert hat, wie ich es vorhatte. Man liest das Buch demnach als eine verändernde Erfahrung, die es einem verwehrt, derselbe zu bleiben wie bisher oder zu den Dingen, zu den anderen, das gleiche Verhältnis zu unterhalten wie vor der Lektüre. Das zeigt, daß sich in dem Buch eine Erfahrung ausdrückt, die über die meinige weit hinausgeht. Es hat nichts weiter getan, als sich in etwas einzuschreiben, das in Wirklichkeit schon in Gang war; sagen wir vielleicht: in die Veränderung des heutigen Menschen gegenüber der Vorstellung, die er von sich selbst hat. Andererseits hat dieses Buch an jener Veränderung mitgearbeitet. Es hat sie, ein Stückchen weit, vorangetrieben. Genau das bezeichnet für mich ein Erfahrungs-Buch im Gegensatz zu einem Wahrheits-Buch oder einem Beweis-Buch.

An dieser Stelle unserer Analyse würde ich gern eine Bemerkung machen. Sie sprechen von sich und Ihrer Forschung, als ob diese fast unabhängig von dem historischen – und vor allem geistigen – Zusammenhang stattgefunden hätte, in dem sie entstanden ist. Sie haben Nietzsche, Bataille, Blanchot erwähnt: wie haben Sie sie entdeckt? Was war damals, in der Zeit Ihrer Ausbildung, ein Intellektueller in Frankreich, und welche theoretische Debatte stand im Vordergrund? Wie kamen Sie allmählich zu den wichtigsten Entscheidungen und Orientierungen Ihres Denkens?

Nietzsche, Blanchot und Bataille sind die Autoren, die es mir erlaubt haben, mich von denen zu lösen, unter deren Zeichen meine Universitätsausbildung zu Beginn der fünfziger Jahre stand: von Hegel und der Phänomenologie. Philosophie treiben hieß damals, wie übrigens heute auch, vor allem Geschichte der Philosophie treiben; und der Gang dieser Geschichte war, auf der einen Seite begrenzt durch die Systeme der Hegelschen Theorie und auf der anderen durch die Philosophie des Subjekts, geprägt von den Gestalten der Phänomenologie und des Existentialismus. Letztlich dominierte Hegel. Für Frankreich handelte es sich in gewisser Weise, nach den Arbeiten Jean Wahls und den Vorlesungen Hyppolites, um eine Neuentdeckung. Es war ein stark phänomenologisch und existentialistisch geprägter Hegelianismus, in dessen Mittelpunkt das Thema des unglücklichen Bewußtseins stand. Und das war im Grunde alles, was die französische Universität zum Verständnis der gegenwärtigen Welt im weitesten Sinne anzubieten hatte, kaum daß die Tragödie des Zweiten Weltkriegs und die großen vorangegangenen Umwälzungen – die russische Revolution, der Nazismus usw. – vorüber waren. Soweit sich der Hegelianismus als die Weise darstellen konnte, das Tragische rational zu denken, das die Generation unmittelbar vor uns erlebt hatte und das außerhalb der Universität immer noch drohte, war Sartre mit seiner Philosophie des Subjekts Mode. Im Schnittpunkt von universitärer philosophischer Tradition und Phänomenologie entwickelte Merleau-Ponty den existentiellen Diskurs in einem speziellen Bereich, dem der Erkennbarkeit der Welt, des Realen. Das war das intellektuelle Panorama, in dem meine Entscheidungen heranreiften: die Entscheidung, kein Historiker der Philosophie zu werden wie meine Professoren, sondern nach etwas ganz anderem zu suchen, das vom Existentialismus völlig verschieden wäre: das war die Lektüre Batailles, Blanchots und, über sie vermittelt, Nietzsches. Was stellten sie für mich dar? Zunächst eine Einladung, die Kategorie des Subjekts in Frage zu stellen, seine Suprematie, seine fundierende Rolle. Dann die Überzeugung, daß eine solche Operation keinen Sinn hätte, wenn sie auf Spekulationen beschränkt bliebe; das Subjekt in Frage stellen bedeutete, eine Erfahrung zu machen, die zu seiner realen Zerstörung, seiner Auflösung, seinem Zerbersten, seiner Verkehrung in etwas anderes führen würde.

War eine solche Orientierung einzig von der Kritik am herrschenden philosophischen Klima bedingt, oder entsprang sie darüber hinaus einem Räsonne-

ment über Aspekte der französischen Realität, wie sie sich am Ende des Krie-
ges darstellte? Ich denke an die Beziehungen zwischen Politik und Kultur
und an die Weise, in der die neuen Generationen von Intellektuellen die Po-
litik erlebten und interpretierten.

Für mich war die Politik Gelegenheit, eine Erfahrung à la Nietzsche
oder à la Bataille zu machen. Für jemanden, der am Ende des Zweiten Weltkriegs zwanzig Jahre alt war und der sich von der Moral des Krieges nicht
hatte mitreißen lassen – was konnte so jemandem die Politik bedeuten,
wenn es darum ging, zwischen dem Amerika Trumans und der Sowjetunion Stalins zu wählen? Zwischen der alten SFIO und den christlichen
Demokraten? Der Gedanke, in einer solchen Welt ein bürgerlicher Intellektueller zu werden, Professor, Journalist, Schriftsteller oder sonstwas,
erschien unerträglich. Die Erfahrung des Krieges hatte uns die Notwendigkeit und die Dringlichkeit einer Gesellschaft bewiesen, die radikal verschieden wäre von jener, in der wir lebten. Diese Gesellschaft, die den Nazismus zugelassen hatte, die vor ihm im Staub gelegen hatte und dann mit
fliegenden Fahnen zu de Gaulle übergelaufen war. Gegenüber alldem
empfand ein großer Teil der französischen Jugend tiefe Abscheu. Die Welt
und die Gesellschaft, die uns vorschwebte, wäre nicht nur eine andere
gewesen, sondern eine, in der auch wir andere gewesen wären; wir wollten
völlig andere sein in einer völlig anderen Welt. So konnte der Hegelianismus, der uns an der Universität angeboten wurde, mit seinem Modell durchgängiger Intelligibilität der Geschichte nicht mehr genügen;
und ebensowenig Phänomenologie und Existentialismus, die am Primat
des Subjekts und seinem grundlegenden Wert festhielten. Während umgekehrt das Nietzschesche Thema der Diskontinuität, eines Übermenschen,
der im Verhältnis zum Menschen ein ganz anderer wäre, und dann bei Bataille das Thema der Grenzerfahrungen, in denen das Subjekt sich selbst
überschreitet, an den Grenzen seiner eigenen Unmöglichkeit sich selbst
als Subjekt auflöst, ganz wesentliche Bedeutung hatten. Das war für mich
eine Art Ausweg zwischen dem Hegelianismus und der philosophischen
Identität des Subjekts.

Sie haben von dem »tragischen Erlebnis« des Zweiten Weltkriegs gesprochen
und von der Unmöglichkeit, mit den spekulativen Schemata der philosophi-
schen Tradition davon Rechenschaft zu geben. Warum aber soll sich dieses
Unvermögen auch auf die Reflexionen Jean-Paul Sartres erstrecken? Verkör-

perte er als Repräsentant des Existentialismus vor allem in Frankreich nicht ebenfalls eine Abwendung von der theoretischen Tradition, einen Versuch, die Stellung des Intellektuellen zu seiner Zeit erneut in Frage zu stellen?

In einer Philosophie wie derjenigen Sartres gibt das Subjekt der Welt Sinn. Dieser Punkt wurde nicht in Frage gestellt. Das Subjekt schreibt seine Bedeutungen zu. Die Frage lautete: Kann man sagen, daß das Subjekt die einzige mögliche Existenzform ist? Kann es nicht auch Erfahrungen geben, in deren Verlauf das Subjekt nicht mehr gegeben wäre in seinen konstitutiven Funktionen, in dem, was es an Mit-sich-Identischem hat? Gäbe es nicht also Erfahrungen, in denen das Subjekt sich auflösen, das Verhältnis zu sich zerbrechen, seine Identität verlieren könnte? Bestand nicht genau darin Nietzsches Erfahrung mit der ewigen Wiederkehr?

Wer außer den schon genannten Autoren beschäftigte sich denn damals kommentierend oder reflektierend mit den Werken Nietzsches?

Nietzsche habe ich außerhalb der Universität entdeckt. Da ihn die Nazis benutzt hatten, war er vom akademischen Unterricht vollständig ausgeschlossen. Dagegen war eine kontinuistische Lesart des philosophischen Denkens sehr in Mode, eine geschichtsphilosophische Haltung, die in gewisser Weise Hegelianismus und Existentialismus miteinander verknüpfte. Und offen gesagt, auch die marxistische Kultur teilte diese Geschichtsphilosophie.

Sie erwähnen erst jetzt den Marxismus und die marxistische Kultur, als ob sie die große Abwesende gewesen wäre. Aber mir scheint, das kann man nicht sagen.

Über die marxistische Kultur möchte ich erst später sprechen. Im Moment möchte ich auf eine eher kuriose Tatsache aufmerksam machen. Das Interesse an Nietzsche und Bataille bedeutete für uns keine Distanzierung vom Marxismus oder Kommunismus. Es war vielmehr der einzige Zugang zu dem, was wir vom Kommunismus erwarteten. Die Ablehnung der Welt, in der wir lebten, fand gewiß keine Erfüllung in der hegelianischen Philosophie. Wir waren auf der Suche nach anderen Möglichkeiten, uns zu jenem ganz anderen zu verhalten, das wir im Kommunismus verkörpert sahen. Das war der Grund, warum ich mich 1950 – ohne große Marx-Kenntnisse, aus Ablehnung des Hegelianismus und aus einem Gefühl des Unbehagens am Existentialismus – der französischen kommunistischen

Partei anschließen konnte. Ein »nietzscheanischer Kommunist« sein, das
war natürlich nicht praktikabel und, wenn Sie so wollen, lächerlich. Ich
wußte das wohl.

*Sie haben sich der KPF angeschlossen; Sie sind nach einem eigentümlichen
intellektuellen Weg bei der kommunistischen Partei angelangt. Inwieweit hatte
diese Erfahrung Einfluß auf Sie und auf die Entwicklungen Ihrer theoretischen Forschung? Welche Erfahrung haben Sie als kommunistischer Aktivist
gemacht? Wie sind Sie zu der Entscheidung gelangt, die Partei zu verlassen?*

In Frankreich ist die Durchlaufgeschwindigkeit der jungen Leute durch
die kommunistische Partei sehr hoch. Viele sind eingetreten, und viele haben sie verlassen, ohne daß mit einem solchen Schritt jeweils ein definiti-
ver Bruch verbunden gewesen wäre. Ich habe sie nach dem berühmten
Komplott der Ärzte gegen Stalin im Winter 1952 verlassen, und zwar unter
dem Eindruck eines anhaltenden Unbehagens. Kurz bevor Stalin starb,
verbreitete sich die Kunde, daß eine Gruppe jüdischer Ärzte ihm nach
dem Leben getrachtet habe. André Wurmser hielt eine Versammlung unserer studentischen Zelle ab, um uns zu erklären, wie diese Verschwörung abgelaufen sei. Obwohl wir nicht überzeugt waren, bemühten wir uns, daran
zu glauben.

Auch das gehört zu jener verhängnisvollen Art und Weise, zur Existenzweise von Parteimitgliedern: Die Tatsache, etwas vertreten zu müssen, das
in diametralem Widerspruch zu dem steht, was man für plausibel hält, war
ein Teil jenes Exerzitiums der Ich-Auflösung und der Suche nach dem
ganz anderen. Stalin stirbt. Drei Monate später erfährt man, daß es nie
ein Komplott der Ärzte gab. Wir schrieben an Wurmser und baten ihn,
uns zu erklären, wie es sich damit nun verhielt. Wir bekamen keine Antwort. Sie werden mir sagen: übliche Praxis, nebensächlicher Vorfall ...
trotzdem, das war der Moment, in dem ich die KPF verließ.

*Ich betrachte die Episode, die Sie mir da erzählen, in erster Linie als Dar-
stellung eines Szenarios der Vergangenheit, einer Tragik, die durchaus auch
ihre Entstehungsbedingungen hatte: kalter Krieg, Nervosität des Stalinismus,
ein bestimmtes Verhältnis zwischen Ideologie und Politik, zwischen Partei
und Aktivisten. In vergleichbaren oder sogar noch schlimmeren Situationen
wären andere trotzdem nicht den Weg gegangen, der von der Partei weg-*

führt, sondern den Weg des Kampfes und der Kritik. Ich glaube nicht, daß
Ihre Lösung die beste war.

Ich weiß wohl, daß ich allen Kommunisten Argumente liefere, mich
als ausgesprochen schlechten Kommunisten zu tadeln, als einen mit ganz
schlechten und falschen Motiven, als einen dreckigen Kleinbürger. Aber
ich sage diese Dinge, weil sie wahr sind und weil ich sicher bin, daß ich
nicht der einzige war, der in dieser Situation war, der aus schlechten Motiven dorthin gegangen ist, mit diesem etwas lächerlichen Bedürfnis nach
Bekehrung, Askese und Selbstauspeitschung, das – in Frankreich auch
heute noch – bei der Teilnahme vieler Studenten an der Tätigkeit der kommunistischen Partei eine wichtige Rolle spielt. Ich habe Intellektuelle gesehen, die in der Zeit der Tito-Affäre die Partei verlassen haben. Aber
ich kenne andere, die genau zu diesem Zeitpunkt und genau aus diesem
Grunde, gerade weil sich die Dinge so abgespielt haben, in die Partei eingetreten sind. Gewissermaßen sogar um denen zu antworten, die ihre Mit-
gliedskarte aus Enttäuschung zurückgegeben hatten.

Nachdem diese kurze Erfahrung in der kommunistischen Partei zu Ende
war, haben Sie nicht mehr an politischen Aktivitäten teilgenommen?

Nein, ich habe mein Studium abgeschlossen. Damals traf ich mich oft
mit Louis Althusser, der in der KPF aktiv war. Übrigens bin ich ein wenig
unter seinem Einfluß eingetreten. Und als ich die Partei verlassen hatte,
gab es von seiner Seite aus keinen Bannfluch; er wollte seine Beziehungen
zu mir darum nicht abbrechen.

Ihre Verbindungen oder zumindest eine gewisse intellektuelle Verwandtschaft
mit Althusser reichen weiter zurück, als man gewöhnlich annimmt. Ich möch-
te vor allem die Tatsache erwähnen, daß in den Polemiken um den Struk-
turalismus, die im Frankreich der sechziger Jahre die Bühne der theoretischen
Auseinandersetzung beherrschten, Ihr Name wiederholt mit dem Althussers
verknüpft wurde. Althusser war Marxist; Sie waren keiner; Lévi-Strauss
und andere ebensowenig; die Kritik hat Sie alle als »Strukturalisten« mehr
oder weniger in einen Topf geworfen. Wie erklären Sie sich das? Und welches
war der gemeinsame Boden Ihrer Forschungen, wenn es denn einen gab?

Es gibt einen gemeinsamen Punkt zwischen all denen, die in den letzten fünfzehn Jahren als »Strukturalisten« bezeichnet worden sind und –
mit Ausnahme von Lévi-Strauss – trotzdem keine waren, nämlich Althus-

ser, Lacan und ich. Worin lag der eigentliche Konvergenzpunkt? In einem
gewissen Nachdruck, die Frage des Subjekts neu und anders zu stellen, sich
von dem Grundpostulat zu befreien, das die französische Philosophie –
seit Descartes und verstärkt durch die Phänomenologie – niemals aufgegeben hatte. Aus psychoanalytischer Perspektive hatte Lacan die Tatsache
ins Licht gerückt, daß die Theorie des Unbewußten nicht mit einer Theorie des Subjekts (im cartesianischen, aber auch im phänomenologischen
Sinne) vereinbar ist. Sartre und Politzer hatten die Psychoanalyse abgelehnt, eben weil sie die Theorie des Unbewußten kritisierten, eben weil
sie diese Theorie für unvereinbar mit der Philosophie des Subjekts hielten. Lacan zog dagegen den Schluß, daß man gerade deshalb die Philosophie des Subjekts aufgeben und von einer Analyse der Mechanismen des
Unbewußten ausgehen müsse. Lévi-Strauss stützte sich auf andere Quellen, um die Philosophie des Subjekts in Frage zu stellen; ihm dienten die
Linguistik und die Analysen, die man an der Sprache vornehmen kann,
als rationaler Ausgangspunkt, und das war ein ganz anderer als die – sagen
wir: literarische oder spirituelle – Erfahrung eines Blanchot oder Bataille.
Althusser hat die Subjektphilosophie in Frage gestellt, weil der französische
Marxismus von etwas Phänomenologie und etwas Humanismus geprägt
war und weil die Theorie der Entfremdung aus dem menschlichen Subjekt
die theoretische Basis machte, die imstande war, die politisch-ökonomischen Analysen von Marx in eine philosophische Terminologie zu übersetzen. Die Arbeit Althussers bestand darin, die Analysen von Marx wiederaufzunehmen und sich zu fragen, ob in ihnen diese Konzeption der
menschlichen Natur, des Subjekts, des entfremdeten Menschen zum Ausdruck kommt, auf der die theoretischen Positionen bestimmter Marxisten
beruhten, etwa die Roger Garaudys. Wie man weiß, fiel seine Antwort völlig negativ aus.

   All das nannte man »Strukturalismus«. Doch der Strukturalismus oder
die strukturale Methode dienten allenfalls als Ausgangspunkt oder als Bestätigung für etwas viel Radikaleres: die Infragestellung der Theorie des
Subjekts.

*Sie lehnen es ab, sich als Strukturalist definieren zu lassen, und halten diese
Etikettierung für unangemessen. Statt dessen nehmen Sie lieber Bezug auf
das Thema der »Dezentrierung des Subjekts« und verweisen dabei vor allem
auf die Idee der Grenzerfahrungen, deren Abkunft sich von Nietzsche bis*

*Georges Bataille verfolgen läßt. Und trotzdem ist nicht zu leugnen, daß ein
großer Teil Ihrer Reflexion und die Herausbildung Ihres theoretischen Diskurses sich einem kritischen Durchgang durch die Probleme der Epistemologie und der Wissenschaftsphilosophie verdanken.*

Es ist richtig, die Geschichte der Wissenschaften, mit der ich mich
zu beschäftigen begann, liegt weit von dem entfernt, was ich bei Bataille,
Blanchot und Nietzsche kennengelernt hatte. Aber wie weit? Als ich Stu-
dent war, befand sich die Geschichte der Wissenschaften mitsamt ihren
theoretischen Debatten in einer strategischen Position.

Wenigstens von einer Seite aus betrachtet, war die Phänomenologie eine
Kritik der Wissenschaft und zog deren Grundlage, deren Rationalität, deren Geschichte in Zweifel. Den anderen Flügel, der sich der eher existentiellen Phänomenologie des Erlebens entgegenstellte, verkörperten die großen Texte Husserls und Koyrés. In vieler Hinsicht versuchte das Werk
Merleau-Pontys diese beiden Aspekte der Phänomenologie zusammenzuführen.

Ein ähnlicher Diskurs kam auch aus dem marxistischen Lager, in dem
Maße, wie der Marxismus in den Jahren nach der Befreiung nicht nur
auf theoretischem Gebiet, sondern auch im Alltag der jungen Studenten
und Intellektuellen erhebliche Bedeutung gewonnen hatte. Der Marxismus beanspruchte in der Tat, eine Wissenschaft oder zumindest eine allgemeine Theorie der Wissenschaftlichkeit der Wissenschaften zu sein; eine
Art Gerichtshof der Vernunft, der zu unterscheiden erlaubte zwischen
dem, was Wissenschaft, und dem, was Ideologie war; mit einem Wort, er
beanspruchte, ein allgemeines Rationalitätskriterium für jede Art Wissen
anzugeben. Dieses ganze Amalgam von Problemen, dieses ganze Feld
von Fragen drängte nach einer Untersuchung der Wissenschaft und ihrer Geschichte. Inwieweit konnte diese Geschichte die uneingeschränkt
rationale Fundierung der Wissenschaft in Zweifel ziehen oder erweisen?
Das war die Frage, welche die Geschichte der Wissenschaften an die Phänomenologie richtete. Umgekehrt stellte sich der Marxismus die folgende Frage: Inwieweit kann der Marxismus, wenn er mit seinen Schemata
eine Geschichte der Gesellschaft rekonstruiert, die Geschichte der Wissenschaften, die Entstehung und Entwicklung der Mathematik, der theoretischen Physik und so weiter erklären? Dieses dichte Problemgeflecht,
das ich eben summarisch beschrieben habe – und in dem Wissenschaftsgeschichte, Phänomenologie und Marxismus miteinander verquickt waren –,

stand damals absolut im Mittelpunkt; und dort brachen sich, gleichsam wie in einer kleinen Linse, die verschiedenen Probleme der Epoche. Und genau an diesem Punkt wurden Leute wie Louis Althusser, kaum älter als ich, oder Desanti, die meine Lehrer waren, für mich wichtig.

In welcher Weise ging die wissenschaftsgeschichtliche Problematik in die Ausbildung Ihres Denkens ein?

Paradoxerweise nicht viel anders als Nietzsche, Blanchot oder Bataille. Die Frage war: Inwieweit kann die Geschichte einer Wissenschaft deren Rationalität in Zweifel ziehen, sie beschränken, externe Elemente in sie einführen? Welche kontingenten Wirkungen durchdringen eine Wissenschaft von dem Augenblick an, in dem sie eine Geschichte hat, in dem sie sich in einer historisch determinierten Gesellschaft entwickelt? Andere Fragen schlossen sich an: Kann man eine Wissenschaftsgeschichte betreiben, die rational wäre? Läßt sich ein Prinzip der Intelligibilität finden, das die verschiedenen Umwege und gegebenenfalls auch die irrationalen Elemente erklärt, die sich in die Geschichte der Wissenschaften einschleichen?

Das waren, schematisch betrachtet, die Probleme, wie sie sich dem Marxismus ebenso wie der Phänomenologie stellten. Für mich dagegen stellten sich die Fragen etwas anders. An dieser Stelle gewann die Nietzsche-Lektüre für mich große Bedeutung: Es genügt nicht, eine Geschichte der Rationalität zu schreiben; was wir brauchen, ist eine Geschichte der *Wahrheit*. Statt also eine Wissenschaft daraufhin zu befragen, in welchem Maße ihre Geschichte sie der Wahrheit nähergebracht hat (oder ihr den Zugang zur Wahrheit verwehrt hat), müßte man sich nicht eher sagen, daß die Wahrheit in einem bestimmten Verhältnis besteht, die der Diskurs, das Wissen zu sich selbst unterhält, und sich fragen, ob dieses Verhältnis seinerseits eine Geschichte hat oder nicht?

An Nietzsche hat mich frappiert, daß für ihn eine Rationalität – die einer Wissenschaft, einer Praxis, eines Diskurses – sich nicht nach der Wahrheit bemißt, die diese Wissenschaft, dieser Diskurs, diese Praxis hervorbringen können. Die Wahrheit ist selbst Teil der Geschichte des Diskurses und ist gleichsam ein Effekt innerhalb eines Diskurses oder einer Praxis.

Der Diskurs Nietzsches über die Geschichte der Wahrheit und die Grenzen des theoretischen Menschen bedeutet ganz zweifellos eine Horizontverschie-

bung und einen Perspektivenwechsel gegenüber der klassischen Epistemologie, insofern er deren Prämissen aufhebt und die grundlegende »Unwahrheit des Erkennens« proklamiert. Aber ich wüßte gern: Wie kamen Sie dazu, die Analyse der Entstehung der Wissenschaft mit derjenigen der Grenzerfahrungen beziehungsweise der Erfahrung als Transformation zu verknüpfen?

Könnte man eine Wissenschaft nicht letztlich als eine Erfahrung analysieren und auffassen, das heißt als ein Verhältnis, das so beschaffen ist, daß das Subjekt im Zuge dieser Erfahrung verändert wird? Dann wäre es die wissenschaftliche Praxis, die das ideale Subjekt der Wissenschaft und zugleich das Objekt der Erkenntnis konstituiert. Und ließe sich die geschichtliche Wurzel einer Wissenschaft nicht in dieser reziproken Genese des Subjekts und des Objekts finden? Welcher Wahrheitseffekt stellt sich auf diese Weise ein? Es würde daraus folgen, daß es keine Wahrheit gibt. Was nicht heißt, daß diese Geschichte irrational und daß diese Wissenschaft trügerisch wäre, sondern im Gegenteil die Präsenz einer realen und intelligiblen Geschichte bekräftigt, die Präsenz einer Serie kollektiver rationaler Erfahrungen, die einer Gesamtheit präziser, angebbarer Regeln folgen und in deren Verlauf sich ebensowohl das erkennende Subjekt wie das erkannte Objekt herausbilden.

Um diesen Vorgang zu verstehen, hielt ich es für das beste, neue, nicht formalisierte Wissenschaften zu untersuchen, deren Konstitution noch nicht weit zurücklag, die ihren Ursprüngen noch nahe waren und bei denen der unmittelbare Bedarf, der sie herbeirief, noch spürbar war – Wissenschaften, deren Wissenschaftlichkeit in höchstem Maße fraglich schien und die das zu begreifen suchten, dessen Aufnahme in einen Bereich von Rationalität man am wenigsten erwartet hatte. Das galt für den Wahnsinn. Es ging darum, zu verstehen, wie der Wahnsinn in der abendländischen Welt erst vom achtzehnten Jahrhundert an ein präziser Gegenstand der Analyse und der wissenschaftlichen Erforschung werden konnte, während es vorher allenfalls medizinische Traktate gab, die in einigen kurzen Abschnitten die »Krankheiten des Geistes« behandelten. Auf diesem Wege konnte man beweisen, daß im selben Augenblick, in dem das Objekt Wahnsinn Gestalt annahm, sich zugleich das Subjekt herausbildete, das imstande war, den Wahnsinn zu erkennen. Der Konstruktion des Objekts Wahnsinn entsprach die eines vernünftigen Subjekts, das den Wahnsinn zu erkennen vermochte und das ihn verstand. In der *Geschichte des Wahnsinns* habe ich diese Art kollektiver, vielfältiger Erfahrung zu verstehen versucht, die – zwischen dem sechzehnten und neunzehnten Jahrhundert – geprägt ist von der Wechselwirkung zwischen der Geburt eines vernünftigen Menschen, der es versteht, den Wahnsinn zu identifizieren und zu erkennen, und der Geburt des Wahnsinns als Objekt, das verstanden und näher bestimmt werden kann.

Diese ursprüngliche Geste, welche die Trennung und Gegenüberstellung von Vernunft und Unvernunft kennzeichnet, mit all den Konsequenzen für das Schicksal der abendländischen Kultur, die Sie selbst analysiert haben, erschiene damit als wesentliche Vorbedingung für die geschichtliche Entwicklung beziehungsweise für die Entwicklung der Geschichte der modernen Vernunft. Hat sich diese Grenzerfahrung, welche die Möglichkeit der Geschichte eröffnet, in einer zeitlosen Dimension ereignet, außerhalb der Geschichte selbst?

Meine Arbeit bestand selbstverständlich nicht darin, den Wahnsinn gewissermaßen zu verklären; und es ging auch nicht um eine irrationalistische Geschichte. Ich wollte im Gegenteil zeigen, wie diese Erfahrung – die den Wahnsinn als Objekt und zugleich das Subjekt, das ihn erkennt, konstituiert hat – nur dann voll verstanden werden kann, wenn man sie rigoros mit bestimmten, durchaus bekannten historischen Prozessen in Zusammenhang bringt: mit der Entstehung einer gewissen Normalisierungsgesellschaft und ihren Praktiken der Einschließung; mit einer bestimmten ökonomischen und sozialen Situation, die der Phase der Urbanisierung und der Geburt des Kapitalismus entspricht, und der Existenz einer umherziehenden, verstreuten Population, mit der die neuen Anforderungen der Ökonomie und des Staates nicht vereinbar waren.

Ich habe also versucht, eine Geschichte der Konstitution eines Wissens zu schreiben, eine Geschichte, die so rational wie möglich ein neues Verhältnis zur Objektivität beschreibt, etwas, das man die »Wahrheit des Wahnsinns« nennen könnte.

Das bedeutet natürlich nicht, daß es – vermittelt über diesen Wissenstyp – nun tatsächlich gelungen wäre, Kriterien zu bestimmen, die es gestatten würden, den Wahnsinn in seiner Wahrheit zu entdecken; nein, es wurde vielmehr eine Erfahrung, die der Wahrheit des Wahnsinns, mit der Möglichkeit einer effektiven Erkenntnis und einer reziproken Entwicklung eines Subjekts versehen.

Treten wir einen Schritt zurück. In der Darstellung Ihrer intellektuellen Bildungsgeschichte, besonders was Ihre Beschäftigung mit epistemologischen Problemen angeht, haben Sie niemals den Namen Gaston Bachelard genannt. Und dennoch hat man – wie ich glaube, zu Recht – bemerkt, daß der rationale Materialismus Bachelards, gestützt auf die Dominanz einer wissenschaftlichen Praxis, welche die Objekte ihrer Analyse selbst zu konstruieren vermag, in gewisser Weise den Hintergrund der Forschungslinien abgibt, die Sie entfaltet haben. Meinen Sie nicht, daß es sich so verhält?

Ich war kein direkter Schüler Bachelards, doch ich habe seine Bücher gelesen; in seinen Überlegungen zur Diskontinuität in der Geschichte der Wissenschaften und in dem Gedanken, daß die Vernunft, indem sie die Gegenstände ihrer Analyse selbst konstituiert, an sich selbst arbeitet, gibt es eine ganze Reihe von Elementen, von denen ich profitieren konnte und die ich aufgenommen habe.

Auf dem Gebiet der Wissenschaftsphilosophie war jedoch Georges Canguilhem derjenige, der mich am meisten beeinflußt hat, wenngleich erst viel später. Er hat vor allem die Probleme der Wissenschaften vom Leben vertieft, indem er zu zeigen versuchte, wie sich der Mensch als lebendiges Wesen in dieser Erfahrung selbst in Frage gestellt hat.

Mit der Begründung der Wissenschaften vom Leben, mit der Konstitution eines bestimmten Wissens hat sich der Mensch als lebendiges Wesen verändert, indem er zum rationalen Subjekt wurde und sich die Möglichkeit schuf, auf sich selbst einzuwirken, die Bedingungen des Lebens und seines eigenen Lebens zu ändern; der Mensch konstruierte eine Biologie, die nichts anderes war als die Kehrseite einer Einbeziehung der Wissenschaften vom Leben in die allgemeine Geschichte der menschlichen Gattung. Dies ist bei Canguilhem eine äußerst wichtige Überlegung, die, wie ich glaube, eine Verwandtschaft mit Nietzsche erkennen läßt. Und mit dieser paradoxen Verwandtschaft stößt man, nicht zufällig wieder im Umkreis Nietzsches, gleichsam auf einen Berührungspunkt zwischen dem Diskurs über die Grenzerfahrungen, in denen es für das Subjekt darum geht, sich selbst zu transformieren, und dem Diskurs über die Transformation des Subjekts durch die Konstitution eines Wissens.

Wie entsteht Ihrer Auffassung nach eine Beziehung zwischen den Grenzerfahrungen, die in gewisser Weise der Konstitution der Vernunft vorausgehen, und dem Wissen, das im Gegensatz dazu die historische Grenze eines kulturellen Horizonts markieren würde?

Ich verwende das Wort »Wissen« in Abgrenzung von »Erkenntnis«. Mit
»Wissen« ziele ich auf einen Prozeß, der das Subjekt einer Veränderung
unterwirft, gerade indem es erkennt oder vielmehr bei der Arbeit des Erkennens. Es ist dieser Prozeß, der es gestattet, das Subjekt zu verändern
und gleichzeitig das Objekt zu konstruieren. Erkenntnis ist die Arbeit,
die es erlaubt, die erkennbaren Objekte zu vermehren, ihre Erkennbarkeit
zu entwickeln, ihre Rationalität zu verstehen, bei der jedoch das forschen-
de Subjekt fest und unverändert bleibt.

Bei der Idee einer Archäologie geht es genau darum, die Konstitution
einer Erkenntnis, das heißt einer Beziehung zwischen einem starren Subjekt und einem Bereich von Objekten, an ihren historischen Wurzeln zu
fassen, in der Bewegung des Wissens zu verfolgen, das die Erkenntnis ermöglicht. Im Grunde habe ich mich bis heute immer nur damit beschäftigt, wie die Menschen in den abendländischen Gesellschaften diese zweifellos grundlegenden Erfahrungen wahrgenommen haben: in den Prozeß
der Erkenntnis eines Objektbereichs einzutreten und dabei gleichzeitig sich
selbst als Subjekte mit einem festen und determinierten Status zu konstituieren. Zum Beispiel: mit der Erkenntnis des Wahnsinns sich als vernünftiges Subjekt zu konstituieren; mit der Erkenntnis der Krankheit sich als
lebendiges Subjekt zu konstituieren; mit der Erkenntnis der Ökonomie
sich als arbeitendes Subjekt zu konstituieren; in einer bestimmten Beziehung zum Gesetz sich als Individuum zu erkennen . . . Überall dieses Phänomen, daß der Mensch ins Innere seines eigenen Wissens eingeht. Ich
habe mich vor allem bemüht zu verstehen, wie der Mensch bestimmte
Grenzerfahrungen in Erkenntnisobjekte verwandelt hat: den Wahnsinn,
den Tod, das Verbrechen. Hier stößt man wieder auf Themen Georges Batailles, aber aufgenommen in eine kollektive Geschichte, die Geschichte
des Abendlands und seines Wissens. Immer geht es um Grenzerfahrungen und um eine Geschichte der Wahrheit.

Ich bin gefangen, gefesselt in diesem Knäuel von Problemen. Was ich
sage, hat keinen objektiven Wert, kann aber vielleicht dazu dienen, die Probleme, die ich zu stellen versucht habe, und den Gang der Dinge zu erhellen.

*Eine letzte Bemerkung zu den Elementen Ihrer intellektuellen Bildungsge-
schichte: ich möchte von der phänomenologischen Anthropologie sprechen
und von dem Versuch, Phänomenologie und Psychoanalyse zu verknüpfen.*

Eine Ihrer frühesten Schriften aus dem Jahre 1954 ist eine Einführung in Binswangers Traum und Existenz. *Sie nehmen dort den Gedanken auf, daß der Traum beziehungsweise das Imaginäre den ursprünglichen konstitutiven Raum des Menschen darstellt ...*

Die Lektüre dessen, was man »Existentialanalyse« oder »phänomenologische Psychiatrie« genannt hat, war für mich in der Zeit wichtig, als ich in psychiatrischen Krankenhäusern arbeitete und nach etwas suchte, was sich von den traditionellen Rastern des psychiatrischen Blicks unterschied: ein Gegengewicht. Gewiß hatten diese herrlichen Beschreibungen des Wahnsinns als einzigartige, unvergleichliche Grunderfahrung ihre Bedeutung. Ich glaube übrigens, daß auch Laing von alldem beeindruckt war; auch er hat sich lange an der Existentialanalyse orientiert (er auf eine mehr sartresche und ich auf eine mehr heideggersche Weise). Aber wir sind dabei nicht stehengeblieben. Laing hat in seiner ärztlichen Tätigkeit eine gewaltige Arbeit geleistet: er war, mit Cooper, der eigentliche Begründer der Antipsychiatrie, während ich nur eine kritische historische Analyse geliefert habe. Doch die Existentialanalyse hat uns geholfen, das Beklemmende und Unterdrückende im Blick und im Wissen der akademischen Psychiatrie schärfer und deutlicher zu erkennen.

Inwieweit haben Sie dagegen die Lehre Lacans aufgenommen und verarbeitet?

Zweifellos hat das, was ich von seinen Werken erfassen konnte, für mich eine Rolle gespielt. Aber ich habe seine Lehre nicht aus hinreichender Nähe verfolgt, um von ihr wirklich durchdrungen zu sein. Ich habe manche seiner Bücher gelesen; doch um Lacan zu verstehen, muß man ihn bekanntlich nicht nur lesen, sondern auch an seinem Unterricht teilnehmen, seine Seminare besuchen, eine Analyse absolvieren. Ich habe nichts davon getan. Ab 1955, als Lacan den wesentlichen Teil seiner Lehre lieferte, war ich schon im Ausland ...

Haben Sie lange außerhalb Frankreichs gelebt?

Ja, mehrere Jahre lang. Ich habe im Ausland als Assistent und Lektor an den Universitäten von Uppsala, Warschau, Hamburg gearbeitet. Das war genau in der Zeit des Algerienkrieges. Ich habe ihn ein wenig als Ausländer erlebt. Und da ich die Ereignisse als Ausländer beobachtete, fiel es mir leicht, ihre Absurdität zu erkennen und klar zu sehen, worauf dieser Krieg notwendig hinauslaufen würde. Natürlich war ich gegen den Konflikt. Aber weil ich im Ausland war und nicht unmittelbar erlebte, was in meinem Land vorging, war es für mich zwar nicht schwierig, einen klaren Blick zu behalten, doch ich mußte auch nicht viel Courage beweisen; ich habe an dieser Erfahrung, die zu den entscheidenden des modernen Frankreich gehört, persönlich nicht teilgenommen.

Als ich zurückkehrte, hatte ich gerade das Manuskript von *Wahnsinn und Gesellschaft* abgeschlossen. In gewisser Weise war das Buch ein Nachhall der unmittelbaren Erfahrung dessen, was ich in jenen Jahren erlebt hatte. Ich meine die Erfahrung der schwedischen Gesellschaft, einer übermedizinisierten, beschützten Gesellschaft, in der alle sozialen Gefahren in gewisser Weise durch subtile und ausgeklügelte Mechanismen abgemildert wurden – und die Erfahrung der polnischen Gesellschaft, wo die Mechanismen der Einschließung von ganz anderer Art waren ... Diese beiden Typen von Gesellschaften sollten in den kommenden Jahren zu einer Art Obsession der westlichen Gesellschaft werden. Aber für Frankreich lag das weitab; Frankreich war im Fieber des Krieges und wurde von den Problemen geschüttelt, die das Ende der Kolonialzeit aufwarf. Fern der französischen Realität entstanden und von dieser Ferne geprägt, wurde *Wahnsinn und Gesellschaft* von Blanchot, Klossowski, Barthes sofort günstig aufgenommen. Unter den Ärzten und Psychiatern waren die Reaktionen unterschiedlich: ein gewisses Interesse bei einigen liberal oder marxistisch orientierten, wie Bonnafé; völlige Ablehnung dagegen bei anderen, konservativeren. Doch wie ich Ihnen schon sagte, blieb meine Arbeit alles in allem unbeachtet: Gleichgültigkeit, Schweigen von seiten der Intellektuellen.

Wie reagierten Sie auf diese Haltung? Wenig später wurde Wahnsinn und Gesellschaft *selbst von denen, welche die Thesen des Buches nicht teilten, als ein Werk ersten Ranges anerkannt. Wie erklären Sie sich diese anfängliche Quasi-Gleichgültigkeit?*

Ich gestehe Ihnen, daß ich ein wenig überrascht war; aber ich hatte unrecht. Das intellektuelle Milieu Frankreichs stand noch unter dem Eindruck anderer Erfahrungen. Es dominierten Debatten über den Marxismus, über Wissenschaft und Ideologie. Ich glaube, die Rezeptionsvorbehalte gegenüber *Wahnsinn und Gesellschaft* erklären sich folgendermaßen: Erstens war es eine Arbeit historischer Forschung, und damals richtete sich die Aufmerksamkeit vor allem auf die Theorie, die theoretische Debatte; zweitens galt ein Gebiet wie das der Geisteskrankheiten, der psychiatrischen Medizin, als marginal, gemessen an der Komplexität der laufenden Debatte; und waren schließlich der Wahnsinn und die Irren nicht etwas, das sich am Rande der Gesellschaft befindet, etwas Marginales? Das waren, glaube ich, mehr oder weniger die Gründe für das Desinteresse derer, die sich auf der Höhe der ernsthaften politischen Diskussion glaubten. Ich war überrascht: ich hatte geglaubt, es gebe in diesem Buch Dinge, die hätten interessieren müssen, weil ich den Versuch unternommen hatte zu erforschen, wie sich ein Diskurs mit wissenschaftlichem Anspruch, die Psychiatrie, aus historischen Situationen heraus bildet. Ich hatte immerhin versucht, eine Geschichte der Psychiatrie zu schreiben ausgehend von den Veränderungen, die sich in den Produktionsweisen vollzogen und die die Bevölkerung in solcher Weise berührten, daß sich Probleme der Pauperisierung stellten, aber auch Unterscheidungen zwischen den verschiedenen Kategorien der Armen, Kranken und Irren zeigten. Ich war überzeugt, daß all das die Marxisten interessieren müßte. Statt dessen herrschte völliges Schweigen.

Was hat denn Ihrer Meinung nach das Interesse an Ihrem Text wiederaufleben lassen und sogar, wie wir wissen, heftige Polemiken ausgelöst?
Rückblickend läßt sich diese Rezeptionsgeschichte wahrscheinlich nachzeichnen. Die Reaktionen und Einstellungen änderten sich und wurden radikaler, als sich allmählich die Ereignisse von 1968 abzeichneten und dann eintraten. Die Probleme des Wahnsinns, der Einschließung, der Normalisierungsprozesse in einer Gesellschaft wurden ein dankbares Thema, besonders in den Kreisen der extremen Linken. Jeder, der es für nötig hielt, auf Distanz zu dem zu gehen, was sich zusammenbraute, nahm mein Buch als Zielscheibe und wies darauf hin, wie idealistisch es sei und wie es am Wesentlichen des Problems vorbeigehe. So beschloß *L'Évolution psychiatrique*, eine sehr wichtige Gruppe von Psychiatern in Frankreich, acht Jahre nach Erscheinen des Buches, in Toulouse einen ganzen Kongreß abzuhalten, um *Wahnsinn und Gesellschaft* zu »exkommunizieren«. Selbst Bonnafé, ein marxistischer Psychiater, der einer von denen gewesen war, die mein Buch mit Interesse aufgenommen hatten, als es herauskam, verurteilte es 1968 als ideologisches Werk. In dieser Konvergenz von Polemiken und dem wiederauflebenden Interesse für bestimmte Themen gewann *Wahnsinn und Gesellschaft* eine gewisse Aktualität.

Welche Folgen hatte die Reaktualisierung Ihres Diskurses in den Kreisen der
Psychiater? In jenen Jahren gewann eine regelrechte Protestbewegung gegen
die traditionelle Psychiatrie an Breite und brachte ein ganzes System stabil
austarierter kultureller Verhältnisse ins Wanken.

Kurz vor dem Krieg und vor allem in der Nachkriegszeit gab es eine regelrechte Bewegung, die die psychiatrische Praxis in Frage stellte, eine Bewegung, die unter den Psychiatern selbst entstand. Diese jungen Psychiater
stürzten sich nach 1945 in Analysen, Reflexionen und Projekte. Was man
»Antipsychiatrie« genannt hat, hätte also durchaus zu Beginn der fünfziger Jahre auch in Frankreich entstehen können. Wenn das nicht geschah,
so meiner Ansicht nach aus folgenden Gründen: Zum einen standen viele
dieser Psychiater dem Marxismus sehr nahe, wenn sie nicht gar Marxisten
waren, und wurden deshalb dazu gebracht, ihre Aufmerksamkeit auf das
zu konzentrieren, was in der Sowjetunion geschah, das heißt auf Pawlow
und die Reflexologie, auf eine materialistische Psychiatrie und ein ganzes
Bündel von theoretischen und wissenschaftlichen Problemen, mit dem
sie natürlich nicht sehr weit kommen konnten. Wenigstens einer von ihnen
unternahm in den Jahren 1954-1955 eine Studienreise in die Sowjetunion.
Aber ich wüßte nicht, daß er danach über diese Erfahrung gesprochen
oder über dieses Thema geschrieben hätte. Ich glaube auch, und ich sage
das ohne Aggressivität, daß das marxistische Klima sie zunehmend in eine
Sackgasse geführt hat. Andererseits glaube ich, daß der Status der Psychiater, die ja überwiegend in Institutionen angestellt sind, viele sehr rasch
dazu gebracht hat, die Psychiatrie im Jargon der gewerkschaftlichen Verteidigung von Arbeitnehmerrechten in Frage zu stellen. So gerieten diese
Leute, die von ihren Fähigkeiten, ihren Interessen und ihrer Offenheit für
so viele Dinge her imstande gewesen wären, die Probleme der Psychiatrie
zu stellen, in Sackgassen. Als sich in den sechziger Jahren die Antipsychiatrie rapide ausbreitete, nahmen sie ihr gegenüber eine ablehnende Haltung
ein, die immer schärfer wurde und sogar aggressive Züge annahm. In diesem Moment wurde mein Buch auf den Index gesetzt, als wäre es das Evan-
gelium des Teufels. Ich weiß, daß man in bestimmten Kreisen heute noch
über *Wahnsinn und Gesellschaft* mit unglaublicher Abscheu spricht.

Wenn wir an die Polemiken zurückdenken, die Ihre Schriften ausgelöst ha-
ben, möchte ich jetzt an diejenigen erinnern, die sich in den sechziger Jahren
an die hitzige Strukturalismus-Debatte anschlossen. Es gab damals eine an-

gespannte Diskussion, in deren Verlauf mit kühnen Behauptungen nicht ge-
spart wurde, zum Beispiel von seiten Sartres. Aber ich möchte Sie an andere
Urteile über Ihr Denken erinnern: Roger Garaudy sprach von »abstraktem
Strukturalismus«, Jean Piaget von »Strukturalismus ohne Strukturen«, Mi-
chel Dufrenne von »Neopositivismus«, Henri Lefebvre von »Neo-Eleatismus«,
Sylvie Le Bon von »verzweifeltem Positivismus«, Michel Amiot von »Kultur-
relativismus« oder »historisierendem Skeptizismus« und so weiter: ein gan-
zes Bündel von Bemerkungen und ein Gewirr verschiedener, sogar gegen-
sätzlicher Sprachen, die sich in der Kritik an Ihren Thesen trafen, ungefähr
nach der Veröffentlichung der Ordnung der Dinge. Aber dieses überhitzte
Klima der französischen Kultur war höchstwahrscheinlich eine Folge der um-
fassenderen Auseinandersetzung um den Strukturalismus. Wie schätzen Sie
heute diese Urteile und, allgemeiner gesprochen, die Bedeutung dieser Pole-
mik ein?

Diese Geschichte des Strukturalismus ist schwer zu entwirren, obgleich
das sehr interessant wäre. Lassen wir einstweilen eine ganze Serie polemi-
scher Erregungen beiseite mit all den theatralischen und manchmal gro-
tesken Zügen in ihren Formulierungen. Dazu würde ich ganz obenan die
bekannteste Äußerung Sartres über mich stellen, in der ich als »das letzte
ideologische Bollwerk der Bourgeoisie« bezeichnet wurde. Arme Bourgeoisie, wenn sie nur mich als Bollwerk hätte, so hätte sie die Macht längst verloren!

Dennoch muß man sich fragen, was in der Geschichte des Strukturalismus die Emotionen zu solcher Erbitterung steigern konnte. Ich halte
die Leute für durchschnittlich vernünftig, aber wenn selbst sie die Kontrolle über ihre Äußerungen verlieren, muß darin etwas Wichtiges enthalten sein. Ich habe dazu eine Reihe von Vermutungen angestellt. Gehen wir
zunächst von einer Beobachtung aus. Als »Strukturalisten« wurden Mitte
der sechziger Jahre Leute bezeichnet, die völlig unterschiedliche Forschungen betrieben hatten, denen allerdings eines gemeinsam war: Sie versuchten einer Form der Philosophie, der Reflexion und der Analysen ein Ende
zu setzen oder aus dem Wege zu gehen, die wesentlich um die Behauptung
des Primats des Subjekts kreiste. Das reichte vom Marxismus, der damals
ganz vom Begriff der Entfremdung beherrscht wurde, über den phänomenologischen Existentialismus, mit der gelebten Erfahrung im Mittelpunkt,
bis zu jenen Tendenzen der Psychologie, die in dem Bemühen, sich der
menschlichen Erfahrung anzuschmiegen – sagen wir: im Namen der Selbst-

erfahrung –, das Unbewußte ablehnte. Das konnte Zornesausbrüche hervorrufen.

Aber ich glaube, daß hinter diesem Gerangel doch etwas Tieferes lag, über das man damals wenig nachgedacht hat. Nämlich daß der eigentliche Strukturalismus offenkundig keine Entdeckung der Strukturalisten der sechziger Jahre und schon gar nicht eine französische Erfindung war. In Wirklichkeit geht er auf eine ganze Reihe von Forschungen zurück, die in den zwanziger Jahren in der Sowjetunion und in Mitteleuropa unternommen worden waren. Diese große kulturelle Expansion, die auf dem Gebiet der Sprachwissenschaft, der Mythologie, der Folklore usw. der russischen Revolution von 1917 vorausgegangen war und gewissermaßen mit ihr zusammenfiel, wurde von der stalinistischen Dampfwalze überrollt, von ihren Zielen abgelenkt und sogar unterdrückt. In der Folge zirkulierte die strukturalistische Kultur schließlich in Frankreich, vermittelt über mehr oder weniger unterirdische und jedenfalls kaum bekannte Netze: denken Sie an die Phonologie Trubetzkoys, an den Einfluß von Propp auf Dumézil und Lévi-Strauss und so weiter. Mir scheint also, daß in der Aggressivität, mit der beispielsweise bestimmte französische Marxisten sich den Strukturalisten der sechziger Jahre entgegenstellten, gleichsam ein historisches Wissen enthalten war, das wir nicht hatten: Der Strukturalismus war auf kulturellem Gebiet das große Opfer des Stalinismus gewesen, eine Möglichkeit, mit welcher der Marxismus nichts anzufangen gewußt hatte.

Ich glaube, Sie setzen da eine bestimmte kulturelle Strömung allzu hoch an, wenn Sie sie als Opfer bewerten. Die »stalinistische Dampfwalze«, wie Sie sagen, hat nicht nur den Strukturalismus von seinen Zielen abgeschnitten, sondern gleichermaßen eine ganze Reihe kultureller und ideologischer Tendenzen und Ausdrucksformen, denen die Oktoberrevolution Anstöße gegeben hatte. Ich glaube nicht, daß man da klar trennen könnte. Zum Beispiel wurde ja auch der Marxismus selbst auf ein doktrinäres Lehrgebäude reduziert, zum Nachteil seiner kritischen Beweglichkeit, seiner Offenheit ...

Trotzdem bleibt die erstaunliche Tatsache zu erklären, warum ein so spezielles Phänomen wie der Strukturalismus in den sechziger Jahren solche Leidenschaften entfachen konnte. Und warum hat man eine Gruppe von Intellektuellen als Strukturalisten definieren wollen, die keine waren oder zumindest dieses Etikett ablehnten? Ich bleibe dabei, daß man den Schwerpunkt der Analyse verschieben muß, um darauf eine befriedigende Antwort zu finden. Letztlich war das Problem des Strukturalismus in Europa nichts weiter als die Nachwirkung von Problemen, die sich in den osteuropäischen Ländern viel schärfer stellten. Dabei wären vor allem die Anstrengungen vieler sowjetischer, tschechoslowakischer usw. Intellektueller zu betrachten, die sich in der Epoche der Entstalinisierung bemühten, eine gewisse Autonomie gegenüber der politischen Macht zu gewinnen und sich von den offiziellen Ideologien zu befreien. Dafür stand ihnen nun genau diese gleichsam okkulte Tradition der zwanziger Jahre zur Verfügung, die ich erwähnt habe und die aus ihrer Perspektive einen doppelten Wert hatte: Einerseits handelte es sich um eine der großen Neuerungen, die der Osten der westlichen Kultur anzubieten hatte (Formalismus, Strukturalismus und so weiter); andererseits war diese Kultur unmittelbar oder mittelbar mit der Oktoberrevolution verbunden, und ihre Hauptvertreter hatten sich darin wiedererkannt. Der Nebel lichtet sich: Während der Entstalinisierung versuchten die Intellektuellen, ihre Autonomie wiederzugewinnen, indem sie an die Fäden dieser kulturell prestigereichen Tradition anknüpften, die aus politischer Sicht nicht als reaktionär oder westlich behandelt werden konnte. Sie war revolutionär, und sie war im Osten entstanden. Daher die Absicht, diese Tendenzen im Denken und in der Kunst wiederzubeleben und wieder zu verbreiten. Ich glaube, daß die sowjetischen Autoritäten die Gefahr ganz richtig gespürt haben und keine offene Konfrontation riskieren wollten, während viele intellektuelle Kräfte gerade darauf setzten.

Mir scheint, daß die Ereignisse in Frankreich ein wenig die blinde und unfreiwillige Nachwirkung all dessen gewesen sind. Die mehr oder weniger marxistischen Milieus, die kommunistischen oder vom Marxismus beeinflußten, müssen geahnt haben, daß der Strukturalismus, so wie er in Frankreich praktiziert wurde, etwas enthielt, das ein wenig wie das Totenglöcklein der traditionellen marxistischen Kultur klang. Eine linke, nichtmarxistische Kultur war im Werden. So werden gewisse Reaktionen verständlich, die gegen jene Forschungen zuerst den Technokratie- und dann den Idealismusvorwurf zu erheben suchten. Das Urteil der *Temps modernes* ähnelte bis aufs Haar dem Urteil der letzten Stalinisten oder den Urteilen, die zu Zeiten Chruschtschows über den Formalismus und den Strukturalismus vorgebracht wurden.

Ich glaube, daß Sie auch da wieder etwas zu weit gehen, insofern eine Ähn-
lichkeit im Urteil noch nicht bedeutet, daß die kulturellen oder gar politi-
schen Positionen konvergieren ...

Ich will Ihnen zwei Anekdoten erzählen. Ich bin mir nicht völlig sicher,
ob die erste authentisch ist; sie wurde mir 1974/75 von einem tschechischen Emigranten erzählt. Einer der größten westlichen Philosophen wurde Ende 1966 oder Anfang 1967 zu einem Vortrag nach Prag eingeladen.
Die Tschechen erwarteten ihn wie den Messias; es handelte sich um den
ersten großen nichtkommunistischen Intellektuellen, der in der Epoche
heftiger kultureller und sozialer Unruhe unmittelbar vor dem Prager Frühling eingeladen worden war. Man erwartete von ihm, daß er über das
sprechen würde, was in Westeuropa mit der traditionellen marxistischen
Kultur nicht konform ging. Und dafür machte nun dieser Philosoph von
Beginn seines Vortrages an jene Intellektuellengruppen verantwortlich,
die Strukturalisten, die im Dienste des Großkapitals stünden und versuchten, sich der großen ideologischen Tradition des Marxismus in den Weg
zu stellen. Wahrscheinlich glaubte er damit den Tschechen zu gefallen, indem er ihnen eine Art ökumenischen Marxismus anbot. In Wirklichkeit
untergrub er, was die Intellektuellen jenes Landes zu tun versuchten. Gleichzeitig lieferte er den tschechischen Behörden eine außerordentlich wirksame Waffe, indem er es ihnen erlaubte, einen Angriff gegen den Strukturalismus zu lancieren, der nun sogar von einem nichtkommunistischen
Philosophen als reaktionäre und bürgerliche Ideologie entlarvt worden war.
Wie Sie sich denken können, war die Enttäuschung groß.

Ich komme jetzt zu der zweiten Anekdote. Deren Hauptperson war ich
selbst, als ich 1967 eingeladen wurde, eine Reihe von Vorträgen in Ungarn
zu halten. Ich hatte vorgeschlagen, die Themen der Debatte zu behandeln,
die im Westen über den Strukturalismus im Gange war. Alle Themen wurden akzeptiert. Alle Vorträge fanden im Audimax der Universität statt. Als
jedoch der Moment kam, in dem ich über den Strukturalismus hätte sprechen müssen, wurde mir mitgeteilt, daß der Vortrag diesmal im Büro des
Rektors stattfinden solle; es sei ein so hochgestochenes Thema, sagte
man mir, daß man nicht mit großem Interesse rechnen könne. Ich wußte,
daß das eine Lüge war. Ich sprach darüber mit meinem jungen Dolmet-
scher, der mir sagte: »Es gibt drei Dinge, über die wir an der Universität
nicht reden können: der Nazismus, das Horty-Regime und der Strukturalismus.« Ich war bestürzt. Das ließ mich verstehen, warum das Problem

des Strukturalismus ein Problem des Ostens ist und daß die hitzigen und wirren Diskussionen, die in Frankreich zu diesem Thema stattfanden, nur die indirekte, gewiß von niemandem recht begriffene Nachwirkung eines viel ernsteren und viel härteren Kampfes waren, der in den Ländern des Ostens geführt wurde.

In welchem Sinne sprechen Sie von Nachwirkung? Hatte denn die Debatte, die in Frankreich geführt wurde, keine Eigenständigkeit, die über die Frage des Strukturalismus hinausginge?

All das macht besser verständlich, worum es bei der westlichen Debatte über den Strukturalismus eigentlich ging und warum sie mit solcher Heftigkeit geführt wurde. Mehrere wichtige Fragen wurden berührt: eine bestimmte Art, theoretische Probleme zu formulieren, in deren Mittelpunkt nicht das Subjekt stand; Analysen, die – obwohl völlig rational – doch keine marxistischen waren. Es war die Geburt eines theoretischen Reflexionstyps, der sich von der großen marxistischen Gehorsamspflicht löste. Die Werte, die im Osten umkämpft waren, und die dortigen Auseinandersetzungen wurden auf das übertragen, was im Westen stattfand.

Ich verstehe noch nicht recht den Sinn dieser Übertragung. Das wiedererwachende Interesse an der strukturalen Methode und ihrer Tradition in den östlichen Ländern hat doch sehr wenig mit der Linie des theoretischen Antihumanismus zu tun, dessen Repräsentanten die französischen Strukturalisten waren ...

Was sich im Osten und was sich im Westen abspielte, war durchaus miteinander verwandt. Es ging um folgendes: Inwieweit lassen sich Formen der Reflexion und der Analyse entwickeln, die weder irrational noch rechts sind, aber ebensowenig dem marxistischen Dogma gehorchen? Das war die Problematik, die von denen, die sich davor fürchteten, mit dem groben, Unterschiede verwischenden und Verwirrung stiftenden Ausdruck »Strukturalismus« diffamiert wurde. Und warum tauchte dieses Wort auf? Weil eben in der Sowjetunion und in den östlichen Ländern der Strukturalismus im Mittelpunkt der Debatte stand. Dort wie hier ging es darum, herauszufinden, inwieweit es möglich war, eine rationale, wissenschaftliche theoretische Forschung außerhalb der Gesetze und der Dogmatik des dialektischen Materialismus zu begründen.

Das spielte sich im Osten wie im Westen ab. Mit jenem Unterschied allerdings, daß es sich im Westen nicht um Strukturalismus im strengen Sinne handelte, während es in den Ländern des Ostens eben der Strukturalismus war, den man versteckt hat und den man nach wie vor versteckt. Das macht gewisse Bannflüche verständlicher ...

Seltsamerweise trafen diese Bannflüche aber auch Louis Althusser, obwohl dessen Forschung sich uneingeschränkt mit dem Marxismus identifizierte und sogar dessen getreueste Deutung zu sein beanspruchte. Wie erklären Sie sich dann, daß ein marxistisches Werk wie Das Kapital lesen *und Ihr Buch* Die Ordnung der Dinge, *beide Mitte der sechziger Jahre veröffentlicht, aber ganz unterschiedlich orientiert, zur Zielscheibe ein und derselben antistrukturalistischen Polemik werden konnten?*

Was Althusser angeht, kann ich es Ihnen nicht genau sagen. Was mich betrifft, glaube ich, daß man mir die Veröffentlichung von *Wahnsinn und Gesellschaft* heimzahlen wollte, indem man statt dessen *Die Ordnung der Dinge* angriff. *Wahnsinn und Gesellschaft* hatte ein gewisses Unbehagen geweckt: das Buch lenkte die Aufmerksamkeit von würdigen Themen auf minderwertige ab; statt von Marx zu sprechen, analysierte es so belanglose Dinge wie die Praktiken in Irrenhäusern. Der Skandal, zu dem es damals hätte kommen müssen, brach dann 1966 bei Erscheinen der *Ordnung der Dinge* los: Man bezeichnete das Buch als einen rein formalen, abstrakten Text. So etwas hätte man über mein erstes Buch über den Wahnsinn niemals sagen können. Hätte man sich wirklich aufmerksam mit *Wahnsinn und Gesellschaft* und danach mit der *Geburt der Klinik* beschäftigt, dann hätte man gemerkt, daß *Die Ordnung der Dinge* für mich keinesfalls ein »totales« Buch darstellte. Das Buch nahm eine bestimmte Perspektive ein, um eine Reihe von Fragen zu beantworten. Ich hatte weder meine ganze Methode dort hineingelegt noch alle Fragen darin behandelt, die mich beschäftigten. Im übrigen bekräftige ich am Schluß des Buches wiederholt, daß es sich um eine Analyse auf der Ebene von Transformationen des Wissens und der Erkenntnis handelt und daß die ganze Arbeit auf der Ebene einer tiefen kausalen Erklärung noch zu tun bleibt. Hätten meine Kritiker meine früheren Arbeiten gelesen oder sie nicht wenigstens vergessen wollen, so hätten sie erkennen müssen, daß ich dort einige dieser Erklärungen geliefert habe. Zumindest in Frankreich ist es eine fest verwurzelte Gewohnheit, ein Buch zu lesen, als wäre es gleichsam ein Absolutum; jedes Buch soll ganz für sich allein stehen. Dagegen habe ich meine

Bücher als Serie verfaßt: das erste läßt Probleme offen, auf denen das zweite gründet und die ein drittes anregen, ohne daß eine gerade Linie vom einen zum anderen führte. Sie kreuzen sich, sie schneiden sich.

Sie würden also ein methodologisches Buch wie Die Ordnung der Dinge *an explorative Bücher wie das über den Wahnsinn und das über die Klinik anschließen? Welche Probleme gaben Ihnen den Anstoß, zu einer systematischeren Erkenntnis überzugehen – aus der Sie den Begriff der Episteme gewonnen haben, jener Gesamtheit von Regeln, welche die diskursiven Praktiken in einer gegebenen Kultur oder einer bestimmten historischen Epoche beherrschen?*

In der *Ordnung der Dinge* habe ich eine Analyse der Klassifikations-, Tabellierungs- und Koordinationsverfahren im Bereich des Erfahrungswissens entwickelt. Ein Problem, auf das ich schon hingewiesen hatte, als ich ihm bei der Arbeit an der *Geburt der Klinik* begegnet war, und das die Probleme der Biologie, der Medizin und der Naturwissenschaften betraf. Auf das Problem der klassifikatorischen Medizin war ich dagegen schon gestoßen, als ich an *Wahnsinn und Gesellschaft* arbeitete, weil man begonnen hatte, eine analoge Methodologie im Bereich der Geisteskrankheiten zu verwenden. All diese Dinge verwiesen aufeinander, ähnelten ein wenig einer Figur auf einem Schachbrett, die man von Feld zu Feld schiebt, manchmal im Zickzack, manchmal springend, doch immer auf demselben Schachbrett: deshalb entschloß ich mich, in einem Text den komplexen Rahmen systematisch darzustellen, der im Zuge meiner Forschungen aufgetaucht war. So entstand *Die Ordnung der Dinge*: ein sehr technisches Buch, das sich vor allem an Techniker der Geschichte der Wissenschaften richtete. Ich hatte es im Anschluß an Diskussionen mit Georges Canguilhem verfaßt und wollte mich hauptsächlich an Forscher wenden. Doch eigentlich waren das nicht die Probleme, die mich am meisten in Atem hielten. Ich habe Ihnen von Grenzerfahrungen erzählt: das ist das Thema, das mich wirklich faszinierte. Wahnsinn, Tod, Sexualität, Verbrechen sind für mich erregendere Dinge. *Die Ordnung der Dinge* hingegen war für mich eine Art formaler Übung.

Trotzdem werden Sie mir nicht weismachen wollen, Die Ordnung der Dinge *sei für Sie nicht wichtig gewesen; mit diesem Text sind Sie in der Entwicklung Ihres Denkens einen großen Schritt vorangekommen. Das Unter-*

suchungsfeld war nicht mehr die ursprüngliche Erfahrung des Wahnsinns,
sondern es ging um die Kriterien und die Organisation der Kultur und der
Geschichte ...

Ich sage das nicht, um mich von den Ergebnissen zu distanzieren, zu denen ich in dieser Arbeit gelangt bin. Aber *Die Ordnung der Dinge* ist nicht mein zentrales Buch, sondern eher ein marginales, wenn ich an die Leidenschaft denke, die den anderen zugrunde liegt. Merkwürdigerweise ist *Die Ordnung der Dinge* jedoch das Buch, das beim Publikum den größten Erfolg erlebte. Die Kritik war, von einigen Ausnahmen abgesehen, unglaublich heftig, und es hat sich besser verkauft als irgendeines meiner anderen Bücher, obwohl es das schwierigste ist. Ich sage das, um auf das Mißverhältnis zwischen dem Konsum theoretischer Literatur und der Kritik dieser Bücher in den französischen Intellektuellenzeitschriften hinzuweisen, wie es für die sechziger Jahre typisch war.

Mir ging es in diesem Buch darum, drei wissenschaftliche Praktiken zu vergleichen. Unter wissenschaftlicher Praxis verstehe ich eine bestimmte Art, Diskurse zu regeln und zu konstruieren, die einen bestimmten Objektbereich definieren und zugleich den Platz des idealen Subjekts festlegen, das diese Objekte erkennen soll und kann. Ich fand es recht eigentümlich, daß drei unterschiedliche Bereiche, die in keinem praktischen Verhältnis zueinander stehen – Naturgeschichte, Grammatik und politische Ökonomie –, was ihre Regeln betrifft, mehr oder weniger im gleichen Zeitraum entstanden sind, Mitte des siebzehnten Jahrhunderts, und am Ende des achtzehnten die gleiche Art von Transformation erfahren haben. Das war eine Arbeit des reinen Vergleichs zwischen heterogenen Praktiken. Es sollte also zum Beispiel nicht darum gehen, das Verhältnis zu charakterisieren, das möglicherweise zwischen dem Auftauchen der Analyse der Reichtümer und der Entwicklung des Kapitalismus besteht. Das Problem lag nicht darin, herauszubekommen, wie die politische Ökonomie entstand, sondern gemeinsame Punkte zwischen verschiedenen diskursiven Praktiken zu finden: eine komparative Analyse der Prozeduren, die innerhalb des wissenschaftlichen Diskurses ablaufen. Das war ein Problem, für das man sich damals, abgesehen von einigen Wissenschaftshistorikern, wenig interessierte. Grob gesagt, lautete und lautet bis heute die entscheidende Frage: Wie kann ein bestimmter Wissenstyp mit wissenschaftlichem Anspruch innerhalb einer realen Praxis auftauchen? Das ist auch heute noch ein aktuelles Problem, während die anderen nebensächlich erscheinen.

Das entscheidende Problem ist die Herausbildung eines Wissens aus einer sozialen Praxis, die in der Ordnung der Dinge *gleichwohl im Schatten blieb. Zu den schärfsten Spitzen der Kritik an dem Buch gehört, wie mir scheint, der Vorwurf des strukturalen Formalismus oder der Reduktion des Problems der Geschichte und der Gesellschaft auf eine Serie von Diskontinuitäten und Brüchen innerhalb der Struktur des Erkennens.*

Denen, die mich tadeln, daß ich dieses Problem nicht gestellt und mich ihm nicht gestellt habe, antworte ich, daß ich *Wahnsinn und Gesellschaft* geschrieben habe, damit man weiß, daß ich es nicht ignoriere. In der *Ordnung der Dinge* war davon nicht die Rede, einfach weil ich ein anderes Thema gewählt hatte. Man kann sich über die Berechtigung der Vergleiche streiten, die ich zwischen den verschiedenen diskursiven Praktiken angestellt habe, aber man muß dabei im Auge behalten, daß es mir darum ging, eine Reihe von Problemen sichtbar zu machen.

In der Ordnung der Dinge *reduzieren Sie den Marxismus letztlich auf eine Episode innerhalb der Epistemologie des neunzehnten Jahrhunderts. Es habe bei Marx keinen epistemologischen Bruch gegeben, der den Horizont einer ganzen Kultur verwandelte. Diese Unterbewertung des Marxschen Denkens und seiner revolutionären Tragweite rief lebhafte kritische Reaktionen hervor...*

Über diesen Punkt gab es in der Tat eine heftige Auseinandersetzung: das war gleichsam eine Verletzung. In einer Zeit, in der es so sehr Mode geworden ist, Marx zu den schlimmsten Verantwortlichen der Gulags zu rechnen, könnte ich Anspruch darauf erheben, einer der ersten gewesen zu sein, die das gesagt haben. Aber das trifft nicht zu: ich habe meine Analyse auf die Marxsche politische Ökonomie beschränkt. Ich habe niemals vom Marxismus gesprochen, und wenn ich diesen Ausdruck gebraucht habe, so um damit die Theorie der politischen Ökonomie zu bezeichnen. Im Grunde glaube ich nicht, daß ich eine große Dummheit begangen habe mit der Behauptung, die marxistische Ökonomie gehöre – was ihre Grundbegriffe und die allgemeinen Regeln ihres Diskurses angeht – zu einem Typ diskursiver Formationen, der sich ungefähr zur Zeit Ricardos herauskristallisiert hat. Marx jedenfalls hat selbst gesagt, daß seine politische Ökonomie in ihren Grundprinzipien in der Schuld Ricardos steht.

Was war das Ziel dieser eigentlich nur marginalen Bezugnahme auf den Marxismus? Haben Sie nicht den Eindruck, daß es ein bißchen zu hastig war, das Urteil über den Marxismus im beschränkten Rahmen einer Abschweifung von höchstens zehn oder zwölf Seiten zu fällen?

Ich wollte auf eine gewisse hagiographische Verherrlichung der marxistischen politischen Ökonomie reagieren, die sich aus dem historischen Schicksal des Marxismus als einer politischen Ideologie erklärt, die im neunzehnten Jahrhundert entstand und ihre Wirkungen im zwanzigsten hatte. Dennoch gehorcht der ökonomische Diskurs von Marx den Formationsregeln, die für wissenschaftliche Diskurse im neunzehnten Jahrhundert eigentümlich waren. Das zu sagen ist nichts Ungeheuerliches. Es ist merkwürdig, daß die Leute das nicht ertragen haben. Die traditionellen Marxisten wollten nicht im mindesten dulden, daß man irgend etwas sagte, das Marx womöglich nicht die Position eines Gründervaters zugebilligt hätte. Aber sie waren damals gar nicht einmal die aggressivsten Kritiker; ich glaube sogar, daß diejenigen Marxisten, die sich am meisten für Fragen der ökonomischen Theorie interessierten, über meine Behauptungen gar nicht so empört waren. Wirklich schockiert waren die Neomarxisten, die sich damals gerade formierten und das im allgemeinen gegen die traditionellen Intellektuellen der französischen kommunistischen Partei taten. Verstehen wir darunter diejenigen, die in den Jahren nach 1968 zu Marxisten-Leninisten oder gar Maoisten werden sollten. Für sie war Marx Gegenstand eines höchst wichtigen theoretischen Kampfes, der natürlich gegen die bürgerliche Ideologie, aber auch gegen die kommunistische Partei geführt wurde, an der man ihre theoretische Trägheit und ihr Unvermögen kritisierte, irgend etwas außer Dogmen zu vermitteln.

Das war bei dieser ganzen Generation KP-oppositioneller Marxisten so, daß sie Marx als das Höchste verherrlichten und als Schwelle absoluter Wissenschaftlichkeit bewerteten, mit der sich die Weltgeschichte verändert habe. Sie haben mir nicht verziehen und schickten mir beleidigende Briefe...

Wenn Sie von Marxisten-Leninisten oder von Maoisten sprechen, an wen denken Sie insbesondere?

An diejenigen, die nach dem Mai 68 hypermarxistische Diskurse führten und dafür sorgten, daß die Mai-Bewegung in Frankreich ein von Marx erborgtes Vokabular verbreitete, wie man es vorher nie gehört hatte, und die dann nach ein paar Jahren alles fallenließen. Mit anderen Worten, den Ereignissen des Mai 68 ging eine maßlose Marx-Begeisterung voraus, eine umfassende Hypermarxisierung, für die das, was ich schrieb, unerträglich war, und sei es auch nur die eng begrenzte Feststellung: daß es sich um eine politische Ökonomie ricardianischen Typs handelt.

Trotzdem war diese Verweigerungshaltung unter den schon aufgezählten anscheinend die letzte, wenn man sie der Reihe nach betrachtet: das Thema Strukturalismus, die Widerstände einer bestimmten marxistischen Tradition, die Dezentrierung gegenüber der Philosophie des Subjekts ...

Und, wenn Sie so wollen, auch die Tatsache, daß man einen im Grunde nicht allzu ernst nehmen konnte, der sich einerseits mit dem Wahnsinn beschäftigte und andererseits eine Geschichte der Wissenschaften auf eine so bizarre und merkwürdige Weise rekonstruierte, gemessen an den Problemen, die man für wertvoll und wichtig hielt. All diese Gründe kamen zusammen und führten zu der großen Exkommunikation, dem Bannfluch, der von allen Seiten gegen *Die Ordnung der Dinge* geschleudert wurde: von *Les Temps modernes*, *Esprit*, *Le Nouvel Observateur*, von rechts, von links, von der Mitte. Von allen Seiten gab es Prügel. Eigentlich hätten sich von dem Buch nur zweihundert Exemplare verkaufen dürfen; tatsächlich waren es Zehntausende.

Die zweite Hälfte der sechziger Jahre stellt einen entscheidenden Punkt in der Geschichte der europäischen Kultur dar, wenn man an die Umwälzungen denkt, die damals in der Luft lagen. Von einem historischen Verständnis dieser Zeit sind wir heute noch weit entfernt. War der Hypermarxismus wirklich ein Zeichen dafür, daß Marx für bestimmte Zwecke eingespannt wurde, oder eine authentische Wiederaufnahme des Marxschen Diskurses? Welche realen Prozesse liefen damals ab? Welcher Werthorizont tauchte damals auf? All das sind offene Probleme, die vielleicht noch nicht in den Begriffen formuliert worden sind, die man dafür braucht.

Wenn man gründlicher verstehen will, was sich vor und nach 1968 abgespielt hat, muß man gewiß auch Überlegungen anstellen, wie Sie sie angedeutet haben. Ich würde sagen, wenn ich an diese Zeit zurückdenke, daß die damaligen Ereignisse nicht ihre richtige Theorie, ihr richtiges Vokabular gefunden hatten. Die Veränderungen, die im Gang waren, betrafen eine bestimmte Art Philosophie, eine bestimmte Art allgemeiner Reflexion, sogar eine bestimmte Art Kultur, grob gesagt: die der ersten Hälfte unseres Jahrhunderts. Die Dinge lösten sich auf, und es gab kein geeignetes Vokabular, um diesen Prozeß auszudrücken. Vielleicht war es so, daß die Leute in der *Ordnung der Dinge* etwas wiedererkannt haben, das irgendwie anders war, während sie gleichzeitig empört darüber waren, daß es nicht das Vokabular der aktuellen Ereignisse war.

Und was ereignete sich? Zum einen erlebte Frankreich das Ende der Kolonialepoche; und daß Frankreich im Machtgefüge der Weltordnung nur noch Provinz war, ist ein Punkt, den man nicht vernachlässigen darf in einem Land, dessen Kultur so stark auf nationale Begeisterung ausgerichtet war. Zum anderen die Desillusionierung über die Sowjetunion; immer deutlicher trat all das hervor, was man seit Tito, seit der Entstalinisierung, seit Budapest möglichst hatte vertuschen wollen. Es vollzog sich eine fortschreitende Umwälzung der Schemata und Werte, vor allem in den Milieus der Linken. Schließlich ist an den Algerienkrieg zu erinnern. Die meisten derer, die den Krieg am radikalsten bekämpften, waren bei uns Mitglieder der kommunistischen Partei oder standen ihr zumindest sehr nahe. Aber sie wurden bei diesen Aktionen von der Partei nicht unterstützt, die sich während des Krieges uneindeutig verhielt. Und dafür zahlte sie einen hohen Preis: indem sie zunehmend die Kontrolle über die jungen Leute, die Studenten, verlor, so daß es schließlich zu den großen Oppositionsbewegungen 1968-1970 kam. Mit dem Algerienkrieg ging übrigens in Frankreich eine lange Periode zu Ende, in der man auf der Linken naiv geglaubt hatte, kommunistische Partei, gerechter Kampf und gerechte Sache seien ein und dasselbe. Bis dahin kam man, selbst wenn man die Partei kritisierte, trotz allem zuletzt doch immer zu einer positiven Bilanz. Und das galt, alles in allem, auch für die Sowjetunion. Nach Algerien wurde diese Art unbedingter Gefolgschaft brüchig. Natürlich war es nicht einfach, diese neue kritische Position zu formulieren, weil es an einem geeigneten Vokabular fehlte, sofern man nicht dasjenige übernehmen wollte, das die Kategorien der Rechten anboten.

Vor diesem Problem stehen wir noch immer. Und das ist einer der Gründe dafür, daß so viele Fragen durcheinandergerieten und daß die theoretischen Debatten ebenso hitzig wie konfus geführt wurden. Ich will damit sagen: den Stalinismus, die Politik der Sowjetunion, die Schwankungen der KPF in kritischen Begriffen zu denken, ohne dabei in die Sprache der Rechten zu verfallen – das war keine einfache Sache.

Ich würde Ihnen zustimmen. Aber was das Vokabular angeht: Mit der Ar- chäologie des Wissens *nahmen Sie an der bis dahin erarbeiteten Begrifflich- keit der Episteme und der diskursiven Formulierungen eine nachträgliche Verschiebung vor, und zwar durch die Einführung des Begriffs der Aussage als der materiellen oder institutionellen Bedingung des wissenschaftlichen Dis- kurses. Glauben Sie nicht, daß dieser spürbare Orientierungswechsel – der auch Ihr gegenwärtiges Forschungsfeld noch zu bestimmen scheint – sich in gewisser Weise auch dem Klima, den theoretischen und praktischen Umwäl- zungen verdankt, die sich in den Jahren 1968-1970 vollzogen haben?*

Nein. Ich habe die *Archäologie des Wissens* vor 1968 geschrieben, auch wenn sie erst 1969 veröffentlicht wurde. Diese Arbeit war ein Echo auf die Diskussionen über den Strukturalismus, der – wie mir schien – in den Köpfen arge Verwirrung angerichtet hatte. Sie haben etwas weiter oben die Kritik Piagets an mir erwähnt. Nun, ich erinnere mich, daß gerade da- mals ein Schüler Piagets mir einen seiner Texte zusandte, in dem er dar- legte, inwiefern bei mir eine Theorie des Strukturalismus fehle, auch wenn ich durchaus eine strukturale Analyse durchgeführt hätte. Einige Monate später veröffentlichte Piaget seinerseits ein Buch, in dem er von mir als einem Theoretiker des Strukturalismus sprach, bei dem freilich die Ana- lyse der Strukturen fehle. Also genau das Gegenteil dessen, was sein Schü- ler meinte. Sie sehen, wenn nicht einmal ein Lehrer und sein Schüler sich darüber einigen können, was Strukturalismus und Struktur bedeuten, dann geht die Diskussion in die Irre und wird nutzlos. Selbst die Kritiker meiner Arbeiten wußten nicht recht, wovon sie redeten. Dabei habe ich selbst zu zeigen versucht, wie sich meine sämtlichen Arbeiten um eine Reihe ganz ähnlicher Probleme drehten: nämlich wie es möglich wäre, dieses eigen- artige Objekt – die diskursiven Praktiken im Bezugssystem ihrer internen Regeln und der Bedingungen ihres Auftauchens – zu analysieren. So ent- stand die *Archäologie des Wissens*.

Mit dem Jahr 1968 gewann eine andere theoretische Strömung an Wert und behauptete sich als Bezugspunkt von beträchtlicher Bedeutung für die Kul- tur der Jugend. Ich meine die Frankfurter Schule – Adorno, Horkheimer und vor allem Marcuse standen mit ihren Werken im Mittelpunkt der ideo- logischen Auseinandersetzungen der Studenten. Kampf gegen die Repression, Antiautoritarismus, Flucht aus der Zivilisation, radikale Negation des Sy- stems: lauter Schlagworte, mit denen die Massen der jungen Leute in mehr oder weniger konfusen Debatten um sich warfen. Ich wüßte gern, wie sich Ihr Denken zu dieser theoretischen Strömung stellt, nicht zuletzt weil mir scheint, daß Sie diesen Punkt niemals direkt behandelt haben.

Man müßte genauer in Erfahrung bringen, wie es geschehen konnte, daß die Frankfurter Schule in Frankreich so lange ignoriert werden konnte, obwohl mehrere ihrer Vertreter in Paris gearbeitet haben, nachdem der Nazismus sie von den deutschen Universitäten vertrieben hatte.

Erst im Zusammenhang mit dem Marcuseschen Denken und mit seinem »Freudomarxismus« begann man mit einem gewissen Nachdruck von der Frankfurter Schule zu reden. Was mich betrifft, wußte ich wenig darüber. Ich hatte einige Texte von Horkheimer gelesen, die aus einem breiteren Diskussionszusammenhang hervorgegangen waren; ich begriff nicht recht, worum es dabei ging, verspürte darin aber eine gewisse Nachlässigkeit im Umgang mit dem analysierten historischen Material. Ich begann mich für die Frankfurter Schule zu interessieren, nachdem ich ein sehr bemerkenswertes Buch von Otto Kirchheimer über die Mechanismen der Bestrafung gelesen hatte, das in den USA geschrieben worden war.

Heute habe ich begriffen, daß die Repräsentanten dieser Schule – früher als ich – Thesen vertraten, die auch ich seit Jahren geltend zu machen versuche. Das erklärt sogar eine gewisse Irritation bei einigen Leuten, als sie sahen, daß in Frankreich wenn nicht die gleichen, so doch ganz ähnliche Dinge getan wurden; schon um der Aufrichtigkeit und der theoretischen Fruchtbarkeit willen hätte man die Frankfurter Schule in Frankreich viel gründlicher zur Kenntnis nehmen und studieren müssen. Was mich betrifft, so glaube ich, daß die Philosophen dieser Schule Probleme gestellt haben, mit denen wir uns noch immer abmühen: insbesondere das der Machteffekte in Verbindung mit einer Rationalität, die sich historisch, geographisch, im Abendland vom sechzehnten Jahrhundert an, definiert hat. Ohne die Einübung dieser bestimmten Form von Rationalität hätte das Abendland seine eigentümlichen ökonomischen und kulturellen Erfolge nicht haben können. Wie wäre nun aber diese Rationalität von den Mechanismen, den Prozeduren, den Techniken, den Effekten der Macht zu trennen, die mit ihr einhergehen und die uns so unerträglich sind, daß wir sie als typische Form der Unterdrückung in den kapitalistischen und vielleicht auch in den sozialistischen Gesellschaften bezeichnen? Könnte man daraus nicht schließen, daß sich das Versprechen der Aufklärung, durch Ausübung der Vernunft die Freiheit zu gewinnen, in eine Herrschaft ebendieser Vernunft verkehrt hat, die immer mehr den Platz der Freiheit usurpiert? Das ist ein Grundproblem, mit dem wir uns alle herumschlagen, das sich vielen stellt, ob es nun Kommunisten sind oder nicht. Bekanntlich war es Horkheimer, der vor allen anderen dieses Problem herausgearbeitet und kenntlich gemacht hat; und es war die Frankfurter Schule, die von dieser Hypothese aus die Frage gestellt hat, wie sich Marx dazu verhält. Hat nicht Horkheimer behauptet, die klassenlose Gesellschaft, wie Marx sie sich vorgestellt habe, ähnele einer riesigen Fabrik?

Sie legen dieser Denkströmung große Bedeutung bei. Worauf führen Sie es zurück, daß die Frankfurter Schule die theoretischen Resultate, die Sie eben kurz zusammengefaßt haben, vorwegnehmen beziehungsweise diese Einsichten gewinnen konnte?

Ich glaube, die Philosophen der Frankfurter Schule hatten bessere Möglichkeiten in Deutschland, das, was in der Sowjetunion geschah, ganz aus der Nähe zu erkennen und zu analysieren. Und das im Rahmen eines heftigen und dramatischen politischen Kampfes, als der Nazismus die Weimarer Republik zu Grabe trug, in einer kulturellen Welt, in welcher der Marxismus und die theoretische Reflexion über Marx mehr als fünfzig Jahre lang Tradition hatten.

Wenn ich die Verdienste der Philosophen der Frankfurter Schule anerkenne, so tue ich es mit dem schlechten Gewissen von jemandem, der ihre Bücher früher hätte lesen, sie früher hätte verstehen sollen. Hätte ich ihre Bücher gelesen, so hätte ich eine Menge Dinge nicht sagen müssen, und mir wären Irrtümer erspart geblieben. Vielleicht wäre ich, wenn ich die Philosophen dieser Schule in meiner Jugend kennengelernt hätte, von ihnen so begeistert gewesen, daß ich nichts weiter hätte tun können, als sie zu kommentieren. Man weiß nicht, soll man über solche retrospektiven Einflüsse sich nun freuen oder betrübt sein, über Leute, die man erst nach der Zeit entdeckt, in der sie Einfluß auf einen hätten ausüben können?

Bis jetzt haben Sie mir nur gesagt, was Sie an der Frankfurter Schule so fasziniert; doch ich wüßte gern, wie und warum Sie sich von ihr unterscheiden. Zum Beispiel stammt von den Frankfurter Philosophen und ihrer Schule eine deutliche Kritik am französischen Strukturalismus – ich erinnere Sie etwa an die Schriften von Alfred Schmidt zu Lévi-Strauss, zu Althusser und auch zu Ihnen, in denen Sie als jemand bezeichnet werden, der alles in allem »die Geschichte leugnet«.

Gewiß gibt es Differenzierungen. Schematisch und vorläufig könnte man behaupten, daß die Konzeption des Subjekts, welche die Frankfurter Schule vertrat, eine ziemlich traditionelle, ihrem Wesen nach philosophische war; sie war weitgehend geprägt vom marxistischen Humanismus. Auf diese Weise erklärt sich ihre spezielle Anknüpfung an bestimmte Freudsche Begriffe, etwa das Verhältnis zwischen Entfremdung und Repression, zwischen Befreiung und der Aufhebung von Entfremdung und Ausbeutung. Ich glaube nicht, daß die Frankfurter Schule zugeben könnte, daß wir nicht unsere verlorene Identität wiederzufinden, unsere gefangene Natur zu befreien, unsere fundamentale Wahrheit herauszustellen haben, sondern vielmehr auf etwas ganz anderes zugehen müssen.

Wir umkreisen da einen Satz von Marx: Der Mensch erzeugt den Menschen. Wie ist das zu verstehen? Meiner Ansicht nach ist das, was erzeugt werden soll, nicht der Mensch, so wie ihn die Natur vorgezeichnet hat oder wie sein Wesen es vorschreibt; wir haben etwas zu schaffen, das noch nicht existiert und von dem wir nicht wissen können, was es sein wird.

Ich stimme, was das Wort »erzeugen« [*produire*] angeht, nicht mit denen überein, welche die Produktion des Menschen durch den Menschen nach dem Muster der Produktion des Wertes, der Produktion des Reichtums oder eines ökonomischen Gebrauchsgegenstands verstehen würden; es geht ebensosehr um die Zerstörung dessen, was wir sind, und um die Schöpfung von etwas ganz anderem, einer völligen Innovation. Nun scheint mir, daß die Vorstellung, die sich die Vertreter der Frankfurter Schule von dieser Erzeugung des Menschen durch den Menschen machten, wesentlich darin bestand, zu meinen, es müsse all das befreit werden, was in einem System, das Rationalität mit Repression verbindet, oder in einem Ausbeutungssystem, das mit einer Klassengesellschaft verbunden ist, den Menschen von seinem eigentlichen Wesen entfremdet hat.

Der Unterschied liegt wahrscheinlich in der Weigerung oder in der Unfähigkeit der Philosophen dieser Schule, den Ursprung des Menschen in einem historisch-genealogischen Sinne statt in metaphysischen Begriffen zu denken. In Frage steht dabei das Thema beziehungsweise die Metapher vom Tod des Menschen.

Wenn ich vom Tod des Menschen spreche, möchte ich allem ein Ende setzen, das dieser Erzeugung des Menschen durch den Menschen eine feste Erzeugungsregel, ein wesentliches Ziel vorgeben will. Als ich in der *Ord-*

nung der Dinge diesen Tod als etwas dargestellt habe, das sich in unserer Epoche vollzieht, habe ich mich getäuscht. Ich habe zwei Aspekte miteinander verwechselt. Der erste ist ein eher untergeordnetes Phänomen: die Feststellung, daß in den verschiedenen Humanwissenschaften, die sich entwickelt haben – eine Erfahrung, in die der Mensch seine eigene Subjektivität hineingelegt und in der er diese Subjektivität zugleich transformiert hat –, der Mensch am Ende seiner langen und verschlungenen Wege niemals sich selbst begegnet ist. Wenn es das Versprechen der Humanwissenschaften war, uns den Menschen zu entdecken, so haben sie es gewiß nicht gehalten; es handelte sich dabei eher um eine allgemeine kulturelle Erfahrung, nämlich die Konstitution einer neuen Subjektivität, vermittelt durch eine Operation, die das menschliche Subjekt auf ein Erkenntnisobjekt reduziert.

Der zweite Aspekt, den ich mit dem ersten verwechselt habe, besteht darin, daß die Menschen im Laufe ihrer Geschichte niemals aufgehört haben, sich selbst zu konstruieren, das heißt ihre Subjektivität beständig zu verschieben, sich in einer unendlichen und vielfältigen Serie unterschiedlicher Subjektivitäten zu konstituieren. Diese Serie von Subjektivitäten wird niemals zu einem Ende kommen und uns niemals vor etwas stellen, das ›der Mensch‹ wäre. Der Mensch ist ein Erfahrungstier: Er tritt ständig in einen Prozeß ein, der ihn als Objekt konstituiert und ihn dabei gleichzeitig verschiebt, verformt, verwandelt – und der ihn als Subjekt umgestaltet. Das war es, was ich sagen wollte, als ich undeutlich und vereinfachend vom Tod des Menschen sprach; aber ich gebe nichts Grundsätzliches auf. An dieser Stelle besteht eine Unvereinbarkeit mit der Frankfurter Schule.

Wie schlägt sich der Abstand zu den Vertretern der Frankfurter Schule, der sich im Verhältnis zum antihumanistischen Diskurs äußert, in der Art des Geschichtsverständnisses und in der Art der historischen Analyse nieder?

Das Verhältnis zur Geschichte ist etwas, was mich an den Vertretern der Frankfurter Schule enttäuscht hat. Mir schien, daß sie wenig Geschichte im eigentlichen Sinne treiben, daß sie sich auf Forschungen beziehen, die andere unternommen haben, auf die bereits vorliegende und beglaubigte Geschichtsschreibung einer Reihe guter, vorwiegend marxistisch gesinnter Historiker, die sie als Erklärungshintergrund anbieten. Einige von ihnen behaupten, ich leugnete die Geschichte. Sartre behauptet das, glaube ich, ebenfalls. Man könnte ihnen entgegnen, daß sie die Geschichte gierig ver-

schlingen, die ihnen andere zubereitet haben. Sie verschlingen sie unzer-
kaut, als fertiges Produkt. Ich will damit nicht sagen, jeder müsse selbst
die Geschichte konstruieren, die seinen Bedürfnissen entspricht; aber tatsächlich ist es so, daß ich mit den Arbeiten der Historiker nie ganz zufrieden war. Auch wenn ich auf viele historische Studien Bezug genommen
und mich ihrer bedient habe, habe ich mir immer vorbehalten, in den Bereichen, die mich interessierten, die historischen Analysen selbst vorzunehmen.

Ich glaube, daß die Philosophen der Frankfurter Schule dagegen einem
anderen Gedankengang folgen, wenn sie von der Geschichte Gebrauch machen; und zwar nehmen sie an, daß die Arbeit des Berufshistorikers ihnen
gewissermaßen das materielle Fundament liefert, das Phänomene eines anderen Typs zu erklären vermag, solche zum Beispiel, die sie als soziologische oder psychologische bezeichnet haben. Eine derartige Haltung unterstellt zweierlei: Zum einen fällt das, worüber die Philosophen sprechen,
nicht unter dieselbe Kategorie wie die erlebte Geschichte (was sich im
Kopf von jemandem abspielt, ist ein soziales Phänomen, das ihm nicht zugehört); andererseits hat eine historische Darstellung, sobald man eingeräumt hat, daß sie gut gemacht ist und von der Ökonomie spricht, von sich
aus bereits den Wert einer Erklärung.

Eine solche Argumentation ist jedoch allzu bescheiden und gleichzeitig allzu leichtgläubig. Zu bescheiden, denn letztlich gehört das, was sich
im Kopf eines einzelnen oder einer Reihe von Individuen abspielt und was
in ihren Diskursen geschieht, ebensowohl zur Geschichte: etwas sagen ist
ein Ereignis. Einen wissenschaftlichen Diskurs halten, das ist nichts, was
in einen Bereich oberhalb oder außerhalb der Geschichte fiele, sondern
gehört zur Geschichte ebenso wie eine Schlacht, die Erfindung einer
Dampfmaschine oder eine Epidemie. Natürlich sind das Ereignisse unterschiedlichen Typs, aber es sind Ereignisse. Wenn irgendein Arzt dummes
Zeug über den Wahnsinn äußert, gehört das ebenso zur Geschichte wie
die Schlacht von Waterloo.

Zudem scheint mir – welche Bedeutung ökonomischen Analysen auch
immer zukommen mag – die Annahme naiv, eine Analyse, die sich auf Veränderungen der ökonomischen Basis stützt, habe als solche bereits den
Wert einer Erklärung (nebenbei gesagt, eine typische Naivität von Leuten,
die keine Berufshistoriker sind). Das muß absolut nicht so sein. Ich nenne
ein Beispiel: Vor einigen Jahren hat man sich mit einem gewissen Interesse

gefragt, warum sich während des achtzehnten Jahrhunderts die Verbote auf sexuellem Gebiet so sehr vermehrt haben, insbesondere Verbote, welche die Masturbation bei Kindern betreffen. Manche Historiker wollten das Phänomen mit dem Hinweis darauf erklären, daß sich seinerzeit das Heiratsalter verschoben habe und die jungen Leute länger zölibatär leben mußten. Nun ist diese demographische Tatsache, die natürlich mit ökonomischen Gründen eng zusammenhängt, gewiß wichtig, sie erklärt aber nicht das Verbot: Warum sollte man einerseits im Jahr unmittelbar vor der Heirat mit der Masturbation beginnen? Und selbst wenn man zugibt, daß die Verschiebung des Heiratsalters große Massen junger Leute jahrelang zur Ehelosigkeit zwang, versteht man andererseits nicht, warum die Reaktion darauf eine Verschärfung der Repression sein mußte und nicht etwa größere sexuelle Freiheit. Es mag sein, daß das höhere Heiratsalter nebst allem, was diese Verzögerung mit der Produktionsweise verbinden mag, unentbehrlich ist, wenn es darum geht, das Phänomen verständlich zu machen. Doch wenn es sich um so komplexe Phänomene wie die Produktion eines Wissens oder eines Diskurses mit seinen inneren Mechanismen und Regeln handelt, ist eine solche Verständlichkeit viel schwieriger herzustellen. Wahrscheinlich wird man nicht zu einer einzigen, ausschließlichen Erklärung gelangen, die mit dem Begriff der Notwendigkeit operiert. Es wäre schon viel, wenn man eine Verbindungen zwischen dem, was man zu analysieren versucht, und einer ganzen Serie damit zusammenhängender Phänomene nachweisen könnte.

Meinen Sie denn, daß die Ausführung einer theoretischen Reflexion immer mit einer bestimmten Ausarbeitung des historischen Materials verknüpft ist? Wäre Denken also nichts anderes als eine Weise, Geschichte zu schreiben oder zu interpretieren?

Die Art von Verständlichkeit, die ich herstellen möchte, läßt sich nicht auf die Projektion einer Geschichte – sagen wir: einer ökonomisch-sozialen Geschichte –, auf ein kulturelles Phänomen reduzieren, etwa so, daß dieses Phänomen als notwendiges und äußeres Produkt jener Ursache erkennbar würde. Es gibt keine einseitige Notwendigkeit: auch das kulturelle Produkt ist Teil des historischen Gewebes. Das ist der Grund, warum ich mich auch gehalten fühle, selbst historische Analysen anzustellen. Mich als jemanden darstellen, der die Geschichte leugnet, ist wirklich amüsant. Ich schreibe nichts als Geschichte. Die Geschichte zu leugnen heißt für sie, nicht jene unantastbare, heilige und alles erklärende Geschichte zu verwenden, die sie in Anspruch nehmen. Natürlich hätte ich, wenn ich gewollt hätte, in meinen Arbeiten auch die eine oder andere Seite eines Mathiez oder eines anderen Historikers zitieren können. Ich habe es nicht getan, weil ich nicht dieselbe Art von Analyse praktiziere. Das ist alles. Diese Vorstellung, ich lehnte die Geschichte ab, stammt weniger von Fachhistorikern als aus philosophischen Kreisen, wo man nicht sonderlich viel von dem gleichzeitig distanzierten und respektvollen Verhältnis versteht, das eine solche historische Analyse erfordert. Da sie ein solches Verhältnis zur Geschichte nicht gutheißen können, ziehen sie den Schluß, ich leugnete die Geschichte.

Während des Mai 68 und unmittelbar danach nahmen in Paris zahlreiche französische Intellektuelle an den studentischen Kämpfen teil; eine Erfahrung, welche die Frage des Engagements, des Verhältnisses zur Politik, der Möglichkeiten und Grenzen kultureller Aktivitäten erneut und in neuen Begriffen stellte. Unter diesen Intellektuellen taucht Ihr Name nicht auf. Zumindest bis 1970 nahmen Sie an der Debatte nicht teil, die andere Gestalten der französischen intellektuellen Welt damals sehr berührte. Wie haben Sie den Mai 68 erlebt, und was hat er für Sie bedeutet?

Im Mai 68 war ich, ebenso wie während des Algerienkrieges, nicht in Frankreich: immer ein bißchen zeitversetzt, am Rande. Wenn ich nach Frankreich zurückkehre, dann immer mit einem etwas fremden Blick, und was ich sage, findet nicht immer Anklang. Ich erinnere mich, daß Marcuse einmal in tadelndem Ton fragte, was Foucault während der Barrikaden des Mai gemacht habe. Nun, ich war in Tunesien. Und ich muß hinzufügen, daß das eine wichtige Erfahrung war.

Ich hatte im Leben Glück: In Schweden sah ich ein gut funktionierendes sozialdemokratisches Land; in Polen eine schlecht funktionierende Volksdemokratie. Ich habe die Bundesrepublik Deutschland während ihrer ökonomischen Expansion Anfang der sechziger Jahre unmittelbar erlebt. Und schließlich habe ich, zweieinhalb Jahre lang, in einem Land der dritten Welt gelebt, in Tunesien. Eine beeindruckende Erfahrung: Kurz vor dem französischen Mai gab es dort sehr heftige Studentenrevolten. Es war März 1968: Streiks, Vorlesungssprengungen, Festnahmen und einen Generalstreik der Studenten. Die Polizei drang in die Universität ein, knüppelte zahlreiche Studenten nieder, verletzte mehrere von ihnen und warf sie ins Gefängnis. Manche wurden zu acht, zehn und sogar vierzehn Jahren Gefängnis verurteilt. Einige sind immer noch dort. In meiner Stellung als Professor, als Franzose, war ich in gewisser Weise vor den örtlichen Autoritäten sicher, was es mir leichtgemacht hat, eine Reihe von Aktionen zu unternehmen und gleichzeitig aufmerksam zu beobachten, wie die französische Regierung auf all das reagierte. Ich hatte eine genaue Vorstellung von dem, was in den Universitäten der Welt geschah.

Ich war tief beeindruckt von diesen Mädchen und diesen Jungen, die sich erheblichen Risiken aussetzten, wenn sie ein Flugblatt verfaßten, es verteilten oder zum Streik aufriefen. Das war für mich eine wirkliche politische Erfahrung.

Wollen Sie sagen, daß Sie eine direkte politische Erfahrung gemacht haben?

Ja. Von meiner Mitgliedschaft in der KPF ist mir an politischer Erfahrung – über all die Ereignisse hinweg, die im Laufe der Jahre folgten und über die ich mit Ihnen sprach – nur ein bißchen höchst spekulative Skepsis geblieben. Ich verhehle es nicht. Auch während des Algerienkrieges habe ich nicht direkt an politischen Aktionen teilnehmen können, und wenn ich es getan hätte, dann hätte ich damit nicht meine persönliche Sicherheit aufs Spiel gesetzt. In Tunesien dagegen sah ich mich veranlaßt, den Studenten Unterstützung zu leisten, aus nächster Nähe etwas ganz anderes kennenzulernen, etwas, das sich von all dem Brummen der Institutionen und der politischen Diskurse in Europa unterschied.

Ich denke beispielsweise an das, was der Marxismus bedeutete, die Art, wie er bei uns funktionierte, als wir in den Jahren 1950-1952 Studenten waren; ich denke an das, was er in einem Land wie Polen darstellte, wo ihn die meisten jungen Leute (unabhängig von ihren sozialen Verhältnissen) total verabscheuten, wo man ihn als Katechismus lehrte; ich erinnere mich auch an die kalten akademischen Diskussionen über den Marxismus, an denen ich Anfang der sechziger Jahre in Frankreich teilgenommen habe. In Tunesien dagegen beriefen sich alle auf den Marxismus, mit radikaler Gewalt und Intensität und mit beeindruckendem Elan. Für die jungen Leute stellte der Marxismus nicht nur eine bessere Weise dar, die Realität zu analysieren, sondern zugleich eine Quelle moralischer Energie, das Bekenntnis zu ihm war gleichsam ein existentieller Akt von außerordentlicher Tragweite. Ich fühlte mich überwältigt von Bitterkeit und Enttäuschung, wenn ich an die Diskrepanz dachte zwischen der Art, wie die tunesischen Studenten Marxisten waren, und dem, was ich vom Funktionieren des Marxismus in Europa (in Frankreich, Polen und in der Sowjetunion) wußte.

Sehen Sie, das bedeutete Tunesien für mich: ich mußte in die politische Debatte eintreten. Nicht im Mai 68 in Frankreich, sondern im März 68 in einem Land der dritten Welt.

Sie räumen dem Charakter eines existentiellen Akts, der mit einer politischen Erfahrung verbunden ist, große Bedeutung ein. Warum? Haben Sie vielleicht den Eindruck, daß darin die einzige Gewähr für Authentizität liegt, und glauben Sie nicht, daß für die jungen Tunesier eine Verbindung zwischen ihrer ideologischen Wahl und der Entschlossenheit bestand, mit der sie handelten?

Was kann in der heutigen Welt bei einem Individuum die Lust, die Neigung, die Fähigkeit und die Möglichkeit zu einem unbedingten Opfer wecken? Ohne daß man darin den geringsten Ehrgeiz oder den geringsten Wunsch nach Macht und Gewinn vermuten könnte? Das war es, was ich in Tunesien gesehen habe, den Beweis für die Notwendigkeit des Mythos, einer Spiritualität, die Unerträglichkeit bestimmter Situationen, die Kapitalismus, Kolonialismus und Neokolonialismus hervorrufen.

In einem solchen Kampf war die Frage des direkten, existentiellen, ich möchte sagen: physischen Engagements unumgänglich. Ich glaube nicht, daß die theoretische Bezugnahme dieser Kämpfe auf den Marxismus das entscheidende war. Ich will sagen: die marxistische Schulung der tunesischen Studenten reichte nicht sehr tief, und sie bemühten sich auch nicht um deren Vertiefung. Die eigentliche Debatte zwischen ihnen über die Wahl von Taktik und Strategie, über das, wofür sie sich entscheiden mußten, ging an den verschiedenen Deutungen des Marxismus vorbei. Wichtig war etwas ganz anderes. Ohne eine politische Ideologie oder eine politische Weltanschauung wäre der Kampf zweifellos nicht ausgebrochen; dagegen waren die Exaktheit der Theorie und ihre Wissenschaftlichkeit völlig zweitrangige Fragen, die eher als Trugbild dienten denn als Anweisung zu korrektem und richtigem Verhalten.

Fanden Sie nicht auch in Frankreich die Zeichen dieser lebendigen und unmittelbaren Teilnahme, die Sie in Tunesien erfahren hatten? Welche Beziehungen haben Sie zwischen diesen beiden Erfahrungen hergestellt? Was brachte Sie nach dem Mai zu dem Entschluß, mit den studentischen Kämp-

fen in Kontakt zu treten, einen Dialog zu entwickeln, Vergleiche zu ziehen, die Sie schließlich dazu veranlassen sollten, bei verschiedenen Gelegenheiten Stellungnahmen abzugeben und sich direkt in Bewegungen wie derjenigen der Groupe d'information sur les prisons *über die Situation in den Gefängnissen zu engagieren – an der Seite von Intellektuellen wie Sartre, Jean-Marie Domenach und Maurice Clavel?*

Als ich im November-Dezember 1968 nach Frankreich zurückkehrte, war ich eher überrascht, erstaunt und sogar enttäuscht, gemessen an dem, was ich in Tunesien erlebt hatte. Wie gewaltsam, wie leidenschaftlich die Kämpfe auch geführt worden sein mögen, sie hatten doch niemals denselben Preis, kosteten niemals dieselben Opfer. Es gibt keinen Vergleich zwischen den Barrikaden des Quartier Latin und dem realen Risiko, wie in Tunesien, fünfzehn Jahre Gefängnis zu bekommen. In Frankreich war die Rede von Hypermarxismus, von Entfesselung der Theorien, von Verdammungen, von Sektenbildung. Das war genau das Gegenteil, das Umgekehrte, der Gegensatz zu dem, was mich in Tunesien so leidenschaftlich erregt hatte.

Das erklärt vielleicht die Einstellung, mit der ich von da an die Dinge zu betrachten versucht habe, meinen Abstand zu jenen unendlichen Diskussionen, jener hypertrophen Marxisierung, jener nicht zu stillenden Diskursivität, die 1969 das universitäre Leben kennzeichnete, vor allem in Vincennes. Ich habe versucht, Dinge zu tun, welche ein persönliches, physisches und reales Engagement voraussetzten und die Probleme in konkreten, präzisen, situativ definierten Begriffen stellten.

Erst aus dieser Perspektive könnte man sich an die erforderlichen Analysen machen. Ich habe mit der Arbeit in der G. I. P. über die Probleme der Gefangenen versucht, eine Grunderfahrung zu machen. Ein bißchen war es für mich auch die Gelegenheit, an dem weiterzuarbeiten, was mich in Untersuchungen wie *Wahnsinn und Gesellschaft, Die Geburt der Klinik* und während meiner Erfahrungen in Tunesien beschäftigt hatte.

Wenn Sie den Mai 68 ins Gedächtnis zurückrufen, sprechen Sie darüber immer in einem Ton, der dazu neigt, die Tragweite dieses Ereignisses herunterzuspielen; Sie scheinen an ihm nur die groteske, ideologisierende Seite zu sehen. Auch wenn es richtig ist, seine Grenzen zu betonen, vor allem die Beschränktheiten der Sektenbildung, glaube ich doch nicht, daß man das Phänomen dieser Massenbewegung, die sich in fast ganz Europa gezeigt hat, unterbewerten dürfte.

Der Mai 68 hat, ohne jeden Zweifel, ganz außerordentliche Bedeutung
gehabt. Ohne den Mai 68 hätte ich gewiß niemals geschrieben, was ich
über das Gefängnis, die Delinquenz, die Sexualität geschrieben habe. In
dem Klima vor 1968 war das nicht möglich. Ich wollte nicht sagen, der
Mai 68 habe für mich keine Bedeutung gehabt; aber manche seiner besonders ins Auge stechenden, ganz oberflächlichen Aspekte Ende 1969 und
Anfang 1969 waren mir völlig fremd. Was wirklich im Spiel war und was
die Dinge wirklich verändert hat, war in Frankreich und in Tunesien im
Grunde das gleiche. Nur endete die Sache in Frankreich damit, daß der
Mai 68 sich gewissermaßen gegen sich selbst kehrte und verschüttet wurde
unter der Bildung von Sekten und der Pulverisierung des Marxismus in
kleine Dogmengebäude, die einander in Grund und Boden verdammten.
Aber letztlich hatten sich die Dinge in einer solchen Weise geändert, daß
ich mich bei der Rückkehr nach Frankreich diesmal wohler fühlte als in
den Jahren 1962 und 1966. Die Sachen, mit denen ich mich beschäftigte,
begannen Gemeingut zu werden. Probleme, die in der Vergangenheit kein
Echo gefunden hatten, allenfalls in der englischen Antipsychiatrie, gewan-
nen Aktualität. Doch um weiterzukommen, um den Diskurs zu vertiefen,
mußte ich zuerst diese zugleich harte und zerspaltene Kruste der Grüpp-
chen und der unendlichen theoretischen Diskussionen durchstoßen. Mir
schien künftig eine neue, veränderte Art von Beziehungen und von gemeinsamer Arbeit zwischen Intellektuellen und Nicht-Intellektuellen möglich.

*Aber auf welchen Grundlagen, mit welchen Diskursen und welchen Inhal-
ten wurde dieses Verhältnis hergestellt, nachdem es keine gemeinsame Sprache
mehr gab?*
Es stimmt, ich habe nicht das Vokabular benutzt, das damals am meisten *en vogue* war. Ich bin anderen Wegen gefolgt. Und trotzdem gab es
in gewissem Sinne Berührungspunkte: es gelang, sich auf der Ebene konkreter Sorgen, realer Probleme verständlich zu machen. So kam es, daß
sich eine Menge von Leuten leidenschaftlich erregten, wenn von den Irren-
anstalten, vom Wahnsinn, von den Gefängnissen, von der Stadt, von der
Medizin, vom Leben, vom Tod, von all den ganz konkreten existentiellen
Aspekten die Rede war, die so viele theoretische Fragen aufwarfen.

Ihre Inauguralvorlesung am Collège de France, die danach unter dem Titel Die Ordnung des Diskurses *veröffentlicht wurde, datiert von 1970. Ausgehend von einer Analyse der Ausschließungsverfahren, die den Diskurs kontrollieren, beginnen Sie in dieser akademischen Abhandlung damit, deutlicher als zuvor das Verhältnis zwischen Wissen und Macht zu bestimmen. Die Frage der Herrschaft, welche die Macht auf die Wahrheit ausübt, also die Frage nach dem Willen zur Wahrheit, bezeichnet eine neue, wichtige Etappe Ihres Denkens. Wie kamen Sie dazu, dieses Problem in diesen Begriffen zu stellen oder vielmehr zu lokalisieren? Und wie, glauben Sie, traf sich die Thematik der Macht, so wie Sie sie entwickelt haben, mit den Bestrebungen der Bewegung der jungen Leute von 1968?*

Worum ging es mir während meines ganzen bisherigen Lebens? Was bedeutete dieses tiefe Unbehagen, das ich in der schwedischen Gesellschaft verspürte? Und das Unbehagen, das ich in Polen empfand? Viele Polen gaben durchaus zu, daß die materiellen Lebensbedingungen gegenüber früheren Zeiten besser geworden seien. Ich frage mich auch, was dieser Elan einer radikalen Revolte bedeuten sollte, den die Studenten von Tunis gezeigt hatten.

Worum ging es dabei jedesmal? Um die Art und Weise der Machtausübung, nicht nur der Staatsmacht, sondern auch derjenigen, die sich über andere Institutionen oder Formen des Zwangs durchsetzt, eine Art permanenter Unterdrückung im Alltagsleben. Was man kaum ertrug, was unablässig in Frage gestellt wurde, was jenes Unbehagen hervorrief und worüber man seit zwölf Jahren nicht gesprochen hatte, das war die Macht. Und nicht nur die Staatsmacht, sondern diejenige, die im Inneren des Gesellschaftskörpers ausgeübt wird, über ganz unterschiedliche Kanäle, Formen und Institutionen. Man wollte nicht mehr regiert werden – im weiten Sinne des Wortes Regierung. Ich spreche nicht von der Staatsregierung in dem Sinne, den der Ausdruck im öffentlichen Recht hat, sondern von jenen Menschen, die unser alltägliches Leben mit Hilfe von Befehlen, Anweisungen, direkten oder indirekten Einflüssen – etwa denen der Medien – lenken. Als ich *Wahnsinn und Gesellschaft* schrieb, als ich an der *Geburt der Klinik* arbeitete, glaubte ich eine genealogische Geschichte des Wissens zu schreiben. Aber der eigentliche rote Faden war dieses Problem der Macht.

Im Grunde habe ich nichts anderes unternommen als den Versuch, zu verfolgen, wie eine bestimmte Anzahl von Institutionen, die im Namen von Vernunft und Normalität zu funktionieren beginnen, ihre Macht auf Gruppen von Individuen ausgeübt haben, auf deren Verhaltensweisen, Seinsweisen, Weisen des Handelns und Sprechens, die als Anomalie, Wahnsinn, Krankheit und so weiter konstituiert werden. Im Grunde habe ich nichts anderes geschrieben als eine Geschichte der Macht. Heute sind sich alle einig, daß es sich beim Mai 68 um eine Rebellion gegen eine ganze Reihe von Formen der Macht gehandelt habe, die mit besonderer Intensität auf bestimmte Altersklassen in bestimmten sozialen Milieus ausgeübt wurde. Aus all diesen Erfahrungen, meinen eingeschlossen, tauchte ein Wort auf, ähnlich denen, die mit unsichtbarer Tinte geschrieben wurden und auf dem Papier sichtbar werden, wenn man es mit dem richtigen Reagens behandelt: das Wort Macht.

Seit Beginn der siebziger Jahre bis heute haben Sie Ihren Diskurs über die Macht und die Machtbeziehungen in Artikeln, Interviews, Dialogen mit Studenten, jungen linksradikalen Aktivisten, Intellektuellen präzisiert. Diese Serie von Reflexionen haben Sie dann auf einigen Seiten des Buches Der Wille zum Wissen *zusammengefaßt. Ich möchte Sie fragen, ob wir hier ein neues Erklärungsprinzip des Realen vor uns haben, wie viele bemerkt haben, oder ob es sich um etwas anderes handelt.*

Es gab grobe Fehldeutungen, vielleicht habe ich mich aber auch schlecht ausgedrückt. Ich habe niemals behauptet, die Macht sei das, was alles erklärt. Mein Problem bestand nicht darin, an die Stelle einer ökonomischen Erklärung eine Erklärung durch die Macht zu setzen. Ich habe versucht, die verschiedenen Analysen, die ich zur Frage der Macht angestellt habe, zu koordinieren, zu systematisieren, ohne ihnen das zu rauben, was an ihnen noch empirisch, das heißt, was an ihnen gewissermaßen noch blind war.

Für mich ist die Macht das, was es zu erklären gilt. Wenn ich mir die Erfahrungen vergegenwärtige, die ich in den heutigen Gesellschaften gemacht habe, oder die historischen Forschungen, die ich durchgeführt habe, stoße ich immer wieder auf die Frage der Macht. Kein theoretisches System – sei es die Geschichtsphilosophie, die allgemeine Theorie der Gesellschaft oder sogar die politische Theorie – vermag diese Frage angemessen zu behandeln, jene Machttatsachen, Machtmechanismen, Machtbeziehungen zu erklären, die im Problem des Wahnsinns, der Medizin, des Gefängnisses und so weiter am Werk sind. Mit den Machtbeziehungen, diesem

Bündel empirischer Tatsachen, auf die noch wenig Licht gefallen ist, habe ich mich herumzuschlagen versucht: als etwas, was erklärungsbedürftig war, und gewiß nicht als Erklärungsprinzip für alles andere. Doch ich bin erst am Anfang meiner Arbeit, ich bin damit natürlich noch nicht fertig. Auch deshalb verstehe ich nicht, wie man hat sagen können, für mich sei die Macht eine Art abstraktes Erklärungsprinzip, das sich als solches aufzwingt, für das ich aber selbst wiederum keinerlei Rechenschaft gebe.

Aber das hat bisher niemand getan. Ich gehe schrittweise vor, prüfe nacheinander verschiedene Bereiche, um zu sehen, wie sich eine allgemeine Konzeption der Beziehungen zwischen der Konstitution eines Wissens und der Ausübung von Macht entwickeln ließe. Ich stehe erst ganz am Anfang.

Eine der Bemerkungen, die man über die Art und Weise machen könnte, wie Sie das Thema der Macht angehen, lautet folgendermaßen: Die extreme Parzellierung oder Lokalisierung der Fragen führt letztlich dazu, daß jeder Übergang von einer, sagen wir, korporativen Dimension in der Analyse der Macht zu einer Gesamtschau, in der das spezielle Problem seinen Platz findet, unmöglich wird.

Das ist eine Frage, die mir häufig gestellt wird: Sie werfen begrenzte Probleme auf, beziehen aber niemals Stellung zu Gesamtentscheidungen. Gewiß, die Probleme, die ich formuliere, betreffen immer begrenzte und spezielle Fragen. Das gilt für den Wahnsinn und die psychiatrischen Institutionen oder auch für die Gefängnisse. Wenn wir Probleme streng, präzise und in einer Weise stellen wollen, in denen sie sich ernsthaft untersuchen lassen, muß man sie dann nicht gerade in ihren eigentümlichsten und konkretesten Formen aufsuchen? Mir scheint, daß keiner der vorliegenden großen Diskurse über die Gesellschaft überzeugend genug ist, daß man ihm vertrauen könnte. Wenn man andererseits wirklich etwas Neues errichten will oder jedenfalls möchte, daß sich die großen Systeme einer Reihe von realen Problemen öffnen, muß man die Gegebenheiten und die Fragen dort suchen, wo sie sind. Und im übrigen bezweifle ich, daß der Intellektuelle mit seinem Buchwissen und seiner akademisch-gelehrten Forschung allein die wirklichen Probleme der Gesellschaft, in der er lebt, formulieren kann. Im Gegenteil, eine der ersten Formen der Zusammenarbeit mit Nicht-Intellektuellen besteht gerade darin, ihre Probleme anzuhören und mit ihnen an der Formulierung dieser Probleme zu arbeiten: Was sagen die Irren? Wie sieht das Leben in einem psychiatrischen Krankenhaus? Welche Arbeit tut ein Krankenpfleger? Wie reagieren sie?

Vielleicht habe ich mich schlecht ausgedrückt. Ich bestreite nicht die Notwendigkeit, begrenzte und, wenn es sein muß, sogar radikal begrenzte Probleme zu stellen. Erst recht bin ich empfänglich für das, was Sie über die intellektuelle Arbeit sagen. Trotzdem scheint mir, daß eine gewisse partikularisierende Behandlungsweise der Probleme am Ende die Möglichkeit beseitigt, sie mit anderen zu einem Gesamtbild einer bestimmten historischen und politischen Situation zusammenzufügen.

Man kommt aus theoretischen und politischen Gründen nicht darum herum, die Probleme zu lokalisieren. Aber das bedeutet nicht, daß sie keine allgemeinen Probleme wären. Was wäre letztlich in einer Gesellschaft allgemeiner als die Art, wie sie ihr Verhältnis zum Wahnsinn bestimmt? Wie sie sich als vernünftig reflektiert? Wie sie der Vernunft und ihrer Vernunft Macht verleiht? Wie konstituiert sie ihre Rationalität, und wie bringt sie es fertig, diese für die Vernunft schlechthin auszugeben? Wie etabliert sie im Namen der Vernunft die Macht der Menschen über die Dinge? Immerhin ist das eine der allgemeinsten Fragen, die man einer Gesellschaft nach ihrem Funktionieren und ihrer Geschichte stellen kann. Oder: Wie grenzt man das, was legal ist, von dem ab, was es nicht ist? Die Macht, die dem Gesetz verliehen ist, die Effekte der Aufteilung, die das Gesetz in eine Gesellschaft einführt, die Zwangsmechanismen, die das Funktionieren des Gesetzes stützen, gehören ebenso zu den allgemeinsten Fragen, die man einer Gesellschaft stellen kann. Es ist gewiß richtig, daß ich die Probleme in lokalen Begriffen formuliere; aber ich glaube, daß es mir dadurch möglich wird, Probleme sichtbar werden zu lassen, die mindestens ebenso allgemein sind wie diejenigen, die man als solche zu betrachten gewohnt ist. Ist die Herrschaft der Vernunft letztlich nicht ebenso allgemein wie die Herrschaft der Bourgeoisie?

Wenn ich von einem Gesamtbild sprach, so meinte ich damit im wesentlichen die politische Dimension eines Problems und seine notwendige Eingliederung in eine Aktion oder in ein Programm, die einerseits breiter angelegt, andererseits mit bestimmten historisch-politischen Kontingenzen verbunden sind.

Die Allgemeinheit, die ich sichtbar zu machen versuche, ist von anderer Art. Und wenn man mir vorwirft, nur lokale Probleme zu formulieren, so verwechselt man den lokalen Charakter meiner Analysen, die Probleme sichtbar machen sollen, mit einer bestimmten Allgemeinheit, die gewöhnlich die Historiker, die Soziologen, die Ökonomen und so weiter ansetzen.

Die Probleme, die ich formuliere, sind nicht weniger allgemein als jene, die von den politischen Parteien oder von den großen theoretischen Institutionen formuliert werden, die festlegen, welches die großen gesellschaftlichen Probleme sind. Es ist zum Beispiel nie vorgekommen, daß die kommunistischen oder die sozialistischen Parteien bei ihrer Arbeit die Analyse der Macht der Vernunft über die Unvernunft auf die Tagesordnung gesetzt hätten. Vielleicht ist das nicht ihre Aufgabe. Aber wenn das nicht ihr Problem ist, ist das ihre nicht unbedingt meines.

Was Sie sagen, ist völlig akzeptabel. Aber mir scheint, Sie bestätigen eine gewisse Abgeschlossenheit oder einen gewissen Unwillen dagegen, Ihren Diskurs genau zur Ebene der Politik hin zu öffnen ...

Aber wie kommt es, daß die großen theoretisch-politischen Apparate, welche die Kriterien für den Konsens in unserer Gesellschaft festlegen, niemals auf so allgemeine Probleme reagiert haben, wie ich sie formuliere? Wenn ich das Problem des Wahnsinns aufgeworfen habe, das ein generelles Problem in jeder Gesellschaft und ein besonders wichtiges in der Geschichte der unsrigen ist: wie kommt es, daß man darauf zuerst mit Schweigen und dann mit ideologischer Verdammung reagiert hat? Wenn ich, neben anderen, versucht habe, in Zusammenarbeit mit denen, die aus dem Gefängnis kamen, in Zusammenarbeit mit Bewährungshelfern und mit den Familien von Inhaftierten, das Problem des Gefängniswesens in Frankreich konkret zu stellen – wissen Sie, wie die KPF darauf geantwortet hat? Eine ihrer lokalen Tageszeitungen aus der Pariser Banlieue hat die Frage gestellt, warum wir noch nicht ins Gefängnis gesteckt worden seien, wir, die wir diese Arbeit taten, und welche Beziehungen wir zur Polizei haben müßten, wenn diese uns tolerierte.

Darum sage ich: »Wie kann man mir vorwerfen, keine allgemeinen Probleme zu formulieren, niemals Stellung zu beziehen zu den großen Fragen, die von den großen politischen Parteien aufgeworfen werden?« In Wirklichkeit formuliere ich allgemeine Probleme, und man überhäuft mich mit Bannflüchen; und wenn man dann merkt, daß Bannflüche nichts bewirken, oder wenn man vielmehr zugestehen muß, daß die aufgeworfenen Problemen eine gewisse Bedeutung haben, dann hält man mir vor, nicht imstande zu sein, eine ganze Reihe von Fragen eben in allgemeinen Begriffen zu stellen. Aber ich lehne diese Art von Allgemeinheit ab, die im übrigen, so wie sie angelegt ist, in erster Linie dazu dient, entweder mich in die Probleme einzumauern, die ich formuliere, oder mich von der Arbeit auszuschließen, die ich tue. Ich bin es, der ihnen die Frage stellt: Warum verweigert ihr euch den Problemen, die ich aufwerfe?

Ich kenne die Episode nicht, die Sie mir eben über Ihre Arbeit an den Problemen des Gefängniswesens berichtet haben. Jedenfalls ging es mir nicht um Ihre Beziehungen zur französischen Politik, insbesondere zur Politik der KPF. Meine Frage war allgemeiner. Jedes lokalisierte Problem erfordert stets Lösungen, seien sie auch provisorisch und nicht von Dauer, in politischen Begriffen. Daraus erwächst die Notwendigkeit, die Sichtweise einer bestimmten Analyse am Maßstab der realen Möglichkeiten zu überprüfen, so daß sich zwischen beiden ein Veränderungs- und Transformationsprozeß entwickeln kann. In dieser Balance zwischen lokalisierter Situation und allgemeinem Rahmen liegt die Aufgabe der Politik.

Auch das ist eine Bemerkung, die mir gegenüber oft gemacht wird: »Sie sagen nie, was Ihre konkreten Lösungen für die Probleme wären, die Sie formulieren; Sie machen keine Vorschläge. Die politischen Parteien sind dagegen gezwungen, sich zu dieser oder jener Situation zu verhalten; Sie, mit Ihrer Haltung, helfen ihnen dabei nicht.« Ich werde darauf antworten: Aus Gründen, die zutiefst mit meiner politischen Wahl – im weiten Sinne des Wortes – zusammenhängen, will ich auf keinen Fall die Rolle von jemandem spielen, der Lösungen vorgibt. Ich bin der Ansicht, daß die Rolle des Intellektuellen heute nicht darin besteht, das Gesetz zu machen, Lösungen vorzuschlagen, zu prophezeien; denn in dieser Funktion trägt er zwangsläufig dazu bei, eine bestimmte Machtsituation zu zementieren, die meines Erachtens kritisiert werden muß.

Ich verstehe, warum die politischen Parteien es vorziehen, Beziehungen zu Intellektuellen zu unterhalten, die Lösungen anbieten. Auf diese Weise können sie mit ihnen Beziehungen von gleich zu gleich herstellen; der Intellektuelle macht einen Vorschlag, die Partei kritisiert ihn oder formuliert einen anderen. Ich lehne das Funktionieren des Intellektuellen als Alter ego, als Double und zugleich als Alibi der politischen Partei ab.

Aber glauben Sie nicht, daß Ihnen – mit Ihren Schriften, Ihren Artikeln, Ihren Interviews – eine Rolle zukommt, egal welche, und welche wäre das?

Meine Rolle besteht darin, effektiv und möglichst rigoros Fragen zu stellen; Fragen, die so komplex und so diffizil sind, daß eine Lösung nicht mit einem Schlag aus dem Kopf irgendeines reformerischen Intellektuellen oder aus dem Kopf des Politbüros einer Partei entspringen kann. Die Fragen, die ich zu stellen versuche und die so verwickelt sind wie das Verbrechen, der Wahnsinn, der Sex, Dinge zudem, die unser alltägliches Leben berühren, sind nicht leicht zu lösen. Es bedarf jahrelanger, jahrzehntelanger Arbeit an der Basis mit den direkt Betroffenen, die das Recht haben müssen, selbst das Wort zu ergreifen, und es bedarf politischer Phantasie. Vielleicht wird es dann gelingen, eine Situation zu erneuern, die – so, wie sie heute formuliert wird – nur in Sackgassen und Blockaden führt. Ich hüte mich, Gesetze zu geben. Ich versuche eher, Probleme zu formulieren, sie wirken zu lassen, sie in einer Komplexität darzustellen, welche die Propheten und die Gesetzgeber zum Schweigen bringt, all jene, die für die anderen und vor den anderen sprechen. Folglich kann auch erst dann die Komplexität des Problems in seiner Verbindung mit dem Leben der Leute sichtbar werden, und erst dann kann sich auch die Legitimität einer gemeinsamen Arbeit erweisen – über konkrete Fragen, schwierige Fälle, Revolten, Reflexionen, Zeugnisse der Betroffenen. Es geht darum, wenn nicht Lösungen zu finden, so doch Schritt für Schritt spürbare Modifikationen zu bewirken, zumindest die Gegebenheiten des Problems zu verändern.

Es ist eine gesellschaftliche Arbeit, der ich den Weg bahnen möchte, eine Arbeit innerhalb des Körpers der Gesellschaft und an der Gesellschaft. Ich möchte selbst an dieser Arbeit teilnehmen, ohne Verantwortung an irgendeinen Spezialisten zu delegieren, an mich sowenig wie an andere. So handeln, daß sich im Inneren der Gesellschaft selbst die Gegebenheiten des Problems verändern und die Sackgassen sich öffnen. Kurz, Schluß machen mit den Wortführern.

Ich will Ihnen ein konkretes Beispiel nennen. Vor zwei oder drei Jahren war die italienische Öffentlichkeit erschüttert über den Fall eines Jungen, der seinen Vater getötet und damit einer tragischen Geschichte von Schlägen und Erniedrigungen ein Ende gesetzt hatte, denen er und seine Mutter ausgesetzt waren. Wie wäre über diesen Mord zu urteilen, in diesem Falle begangen von einem Minderjährigen auf dem Höhepunkt einer Serie unerhörter väter-

licher Gewalttaten? Ratlosigkeit der Richter und Staatsanwälte, die öffent-
liche Meinung tief gespalten, hitzige Diskussionen. Das ist eine Situation,
in der man eine Lösung finden muß, gewiß eine vorläufige, für ein höchst
delikates Problem. Und da kommt es nun darauf an, Gegensätzliches ab-
zuwägen und eine politische Wahl zu treffen. Der minderjährige Mörder
erhielt, gemessen an den geltenden Strafbestimmungen, eine verhältnismä-
ßig niedrige Strafe; und natürlich streitet man immer noch darüber. Müßte
man nicht in derartigen Situationen Stellung beziehen?

Ich wurde von Italien um Erklärungen zu dieser Affäre gebeten. Ich
habe geantwortet, daß ich die Situation nicht kennte. Aber etwas Ähnliches ist in Frankreich passiert. Ein junger Mann von dreißig Jahren hatte
zuerst seine Frau getötet, dann ein zwölfjähriges Mädchen zum Analver-
kehr gezwungen und ihm dann mit Hammerschlägen den Rest gegeben.
Nun hatte der Mörder mehr als fünfzehn Jahre in psychiatrischen Anstalten verbracht (ungefähr vom zehnten bis zum fünfundzwanzigsten Lebensjahr): die Gesellschaft, die Psychiater, die medizinischen Institutionen
hatten ihn für unzurechnungsfähig erklärt, indem sie ihn in Verwahrung
nahmen und ihn sein Leben unter abscheulichen Bedingungen führen ließen. Er kam heraus und beging zwei Jahre später jenes schreckliche Verbrechen. Also jemand, der, bis gestern für unzurechnungsfähig erklärt, nun
mit einemmal verantwortlich sein soll. Aber das erstaunlichste an dieser
Affäre ist, daß der Mörder erklärte: »Es stimmt, ich bin verantwortlich;
ihr habt aus mir ein Ungeheuer gemacht, und da ich ein Ungeheuer bin,
schlagt mir folglich den Kopf ab.« Er wurde zu »lebenslänglich« verurteilt.
Nun war es so, daß ich in meinem Seminar am Collège de France mehrere Jahre lang die Probleme psychiatrischer Gutachten behandelt hatte;
einer der Anwälte des Mörders, der mit mir zusammengearbeitet hatte,
bat mich, in der Presse zu intervenieren und zu diesem Fall Stellung zu
nehmen. Ich habe abgelehnt, ich hätte mich nicht wohl dabei gefühlt. Welchen Sinn hätte es gehabt, Prophezeiungen zu machen oder den Richter
zu spielen? Ich habe meine politische Rolle gespielt, indem ich das Problem in seiner ganzen Komplexität sichtbar gemacht habe, indem ich
Zweifel geweckt und Unsicherheiten hervorgerufen habe, so daß sich heute kein Reformer, kein Präsident einer psychiatrischen Standesvereinigung
mehr hinstellen und sagen kann: »Das und das ist zu tun.« Heute stellt
sich das Problem unter Bedingungen, wie sie noch über Jahre hinweg wirken und Unbehagen schaffen werden. Dabei werden viel radikalere Ver-

änderungen herauskommen, als wenn man mich gebeten hätte, an der Ausarbeitung eines Gesetzes mitzuwirken, das die Frage der psychiatrischen Gutachten regelt.

Das Problem ist komplizierter und reicht tiefer. Es hat den Anschein einer technischen Frage; aber dabei ist nicht nur das ganze Problem der Beziehungen zwischen Medizin und Justiz im Spiel, sondern auch das der Beziehungen zwischen dem Gesetz und dem Wissen, das heißt der Art und Weise, wie ein wissenschaftliches Wissen innerhalb eines Systems, des juristischen Systems, funktionieren kann. Ein gewaltiges, ungeheures Problem. Ich meine: Was bedeutet es, wenn man die Tragweite dieses Problems darauf reduziert, daß man irgendeinem Gesetzgeber – handele es sich um einen Philosophen oder einen Politiker – die Aufgabe zuweist, ein neues Gesetz abzufassen? Entscheidend ist, daß der kaum überwindliche Konflikt zwischen dem Gesetz und dem Wissen so lange durchgespielt und im Innersten der Gesellschaft ausgetragen wird, bis sie ein anderes Verhältnis zum Gesetz und zum Wissen definiert.

Ich wäre nicht so optimistisch, was die Chancen eines solchen Automatismus angeht, den Sie sich wünschen und der dazu führen müßte, die Balance zwischen dem Gesetz und dem Wissen neu auszutarieren, vermittelt durch eine Bewegung innerhalb der bürgerlichen Gesellschaft ...

Ich habe nicht von bürgerlicher Gesellschaft gesprochen. Ich halte den theoretischen Gegensatz zwischen Staat und bürgerlicher Gesellschaft, an dem die politische Theorie seit hundertfünfzig Jahren laboriert, für nicht sonderlich fruchtbar. Einer der Gründe, die mich dazu bewogen haben, die Frage der Macht gewissermaßen in ihrem eigenen Milieu zu stellen, dort, wo sie ausgeübt wird, ohne nach einer allgemeinen Formel oder nach den Grundlagen der Macht zu suchen, ist gerade der, daß ich den Gegensatz zwischen einem Staat, der als Besitzer der Macht seine Souveränität über die bürgerliche Gesellschaft ausübt, und einer Gesellschaft, die eigentlich nur Inhaber solcher Machtprozesse ist, ablehne. Nach meiner Hypothese ist die Opposition zwischen Staat und bürgerlicher Gesellschaft nicht relevant.

Wie dem auch sei, fürchten Sie nicht, daß Ihr Vorschlag, indem er in gewisser Weise der politischen Dimension ausweicht, letztlich eine Art Ablenkung von den kontingenten und komplexen Einsätzen darstellt, die sich in der

Gesellschaft stellen, die sich aber auch auf der Ebene der Institutionen und der Parteien unmittelbar niederschlagen?

Ein alter Tadel linker Sekten: Wenn Sie nicht dasselbe tun wie wir, betreiben Sie ideologische Diversion. Die Probleme, mit denen ich mich beschäftige, sind allgemeine Probleme. Wir leben in einer Gesellschaft, in der die Bildung, die Zirkulation und Konsumtion des Wissens eine fundamentale Gegebenheit sind. Wenn die Kapitalakkumulation eines der Grundmerkmale unserer Gesellschaft war, so verhält es sich mit der Wissensakkumulation nicht anders. Nun sind aber die Anwendung, die Produktion, die Akkumulation des Wissens nicht zu trennen von den Mechanismen der Macht, mit denen sie komplexe Beziehungen unterhalten, die analysiert werden müssen. Seit dem sechzehnten Jahrhundert hat man stets angenommen, daß die Entfaltung der Formen und Inhalte des Wissens eine der größten Freiheitsgarantien für die Menschheit sei. Dies ist eines der großen Postulate unserer Zivilisation, die sich über die ganze Welt verbreitet hat. Dennoch hat bereits die Frankfurter Schule festgestellt, daß die Formulierung der großen Wissenssysteme auch Unterwerfungseffekte hatte und Herrschaftsfunktionen ausübte. Das führt zu einer vollständigen Revision des Postulats, dem zufolge die Entwicklung des Wissens einen Garanten der Freiheit darstellt. Ist das etwa kein allgemeines Problem?

Glauben Sie, Probleme dieser Art zu stellen heiße, von denen abzulenken, welche die politischen Parteien stellen? Zweifellos lassen sie sich demjenigen Typus von Allgemeinheiten, welche die politischen Parteien formulieren, nicht ohne weiteres assimilieren. Die Parteien akzeptieren im Grunde nur Allgemeinheiten, die so kodiert sind, daß sie in ein Programm eingehen können, um die herum sich ihre jeweilige Klientel sammeln kann und die zu der Wahltaktik der betreffenden Partei passen. Aber man kann nicht hinnehmen, daß Probleme als marginal, als lokal betrachtet und der ideologischen Diversion verdächtigt werden, nur weil sie nicht im Filter der von den politischen Parteien akzeptierten und kodifizierten Allgemeinheiten hängenbleiben.

Wenn Sie die Frage der Macht behandeln, nehmen Sie offenbar nicht direkt Bezug auf den Unterschied zwischen den Wirkungen, in denen sich die Macht im Inneren der Staaten und der verschiedenen Institutionen äußert. In diesem Sinne ist behauptet worden, die Macht habe für Sie kein Gesicht, sei allgegenwärtig. Sollte es also keinen Unterschied etwa zwischen einem totalitären Regime und einem demokratischen Regime geben?

In *Überwachen und Strafen* habe ich zu zeigen versucht, wie ein bestimmter Machttyp, der über die Erziehung und über die Persönlichkeitsbildung auf die Individuen wirkt, im Abendland nicht nur mit der Geburt einer Ideologie, sondern auch einer Regierungsform liberalen Typs einhergeht. In anderen politischen und sozialen Systemen – in der bürokratischen Monarchie oder im Feudalsystem – wäre keine derartige Ausübung von Macht über die Individuen möglich gewesen. Ich analysiere stets sehr genaue und genau lokalisierte Phänomene: zum Beispiel die Bildung von Disziplinensystemen im Europa des achtzehnten Jahrhunderts. Ich tue das nicht, um zu sagen, die westliche Zivilisation sei in jeder Hinsicht eine Zivilisation der Disziplinierung. Die Disziplinensysteme werden von bestimmten Leuten auf bestimmte andere angewandt. Ich mache einen Unterschied zwischen Regierenden und Regierten. Ich bemühe mich zu erklären, warum und wie diese Systeme in welcher Zeit, in welchem Land, zur Erfüllung welcher Bedürfnisse entstanden sind. Ich spreche nicht von Gesellschaften, die weder Geographie noch Kalender haben. Ich sehe wirklich nicht, wie man mir vorhalten könnte, ich träfe keine Unterscheidung beispielsweise zwischen totalitären Regimes und solchen, die es nicht sind. Im achtzehnten Jahrhundert gab es keine totalitären Regimes im modernen Sinne.

Wenn man aber Ihre Forschung als eine Erfahrung der Modernität betrachten wollte, welche Lehre könnte man daraus ziehen? Denn indem die großen Fragen des Verhältnisses zwischen Wissen und Macht – als in den demokratischen Gesellschaften und in den totalitären Gesellschaften gleichermaßen ungelöste Fragen – reformuliert werden, würde letztlich keine substantielle Unterscheidung zwischen diesen und jenen getroffen. Anders gesagt, die Machtmechanismen, die Sie analysieren, sind in allen Gesellschaftstypen der modernen Welt dieselben oder fast dieselben.

Wenn man einen solchen Einwand gegen mich erhebt, muß ich an jene Psychiater denken, die nach der Lektüre von *Wahnsinn und Gesellschaft* – ein Buch, das Argumente aus dem achtzehnten Jahrhundert behandelt – sagten: »Foucault greift uns an.« Es ist nun wahrlich nicht meine Schuld, wenn sie sich in dem, was ich geschrieben hatte, wiedererkannten. Das beweist ganz einfach, daß sich eine ganze Reihe von Dingen nicht geändert hat.

Als ich das Gefängnisbuch schrieb, machte ich selbstverständlich keiner-

lei Anspielung auf die Gefängnisse der Volksdemokratien oder der Sowjetunion; mein Thema war das Frankreich des achtzehnten Jahrhunderts, genau gesagt: zwischen 1760 und 1840. Die Analyse endet im Jahre 1840.
Trotzdem wird mir entgegengehalten: »Sie machen keinen Unterschied
zwischen einem totalitären Regime und einer demokratischen Regierungsform!« Wie kommen Sie darauf? Eine solche Reaktion beweist nur, daß
das, was ich sage, letztlich als aktuell betrachtet wird. Sie können es in
die Sowjetunion oder in ein westliches Land verlegen, darauf kommt es
nicht an, das ist Ihre Sache. Ich dagegen bemühe mich zu zeigen, wie sehr
es sich um historische, in einer bestimmten Epoche situierte Probleme handelt.

Davon abgesehen glaube ich allerdings, daß die Techniken der Macht
im Laufe der Geschichte übertragbar sind, von der Armee zur Schule und
so weiter. Ihre Geschichte ist relativ autonom gegenüber der Entwicklung
der ökonomischen Prozesse. Denken Sie an die Techniken, die in den Skla-
venkolonien in Lateinamerika eingesetzt wurden und die man im Frankreich oder im England des neunzehnten Jahrhunderts wiederfinden kann.
Es besteht also eine relative, keine absolute Autonomie der Machttechniken. Aber ich habe niemals behauptet, daß ein Machtmechanismus genüge, um eine Gesellschaft hinreichend zu charakterisieren.

Die Konzentrationslager? Man sagt, sie seien eine englische Erfindung;
aber das heißt nicht und legitimiert nicht die Behauptung, England sei ein
totalitäres Land. Wenn es in der europäischen Geschichte ein Land gibt,
das nicht totalitär war, dann gerade England. Aber es hat die Konzentrationslager erfunden, die eines der wichtigsten Instrumente der totalitären
Regimes waren. Da haben Sie ein Beispiel für eine Übertragung von
Machttechniken. Aber ich habe nie gesagt und nie auch nur mit dem Gedanken gespielt, die Existenz von Konzentrationslagern in demokratischen
wie in totalitären Ländern könne bedeuten, es gebe zwischen diesen und
jenen keine Unterschiede.

*Einverstanden. Aber denken Sie einen Augenblick an die politische Funktio-
nalisierung, an die Rückwirkungen Ihres Diskurses auf die Bildung des gesunden Menschenverstandes. Führt nicht vielleicht die strenge, aber derart
begrenzte Analyse der Technologien der Macht zu einer Art »Indifferentis-
mus« gegenüber den Werten, den großen Entscheidungen zwischen den verschiedenen politischen und sozialen Systemen unserer Zeit?*

Es gibt eine gewisse Tendenz, ein bestimmtes politisches Regime im Namen der Prinzipien, von denen es sich leiten läßt, von allem freizusprechen, was es zu tun imstande ist. Die Demokratie oder vielmehr ein bestimmter im neunzehnten Jahrhundert entstandener Liberalismus hat Techniken extremen Zwangs entwickelt, die gewissermaßen das Gegengewicht zu der ansonsten eingeräumten ökonomischen und sozialen Freiheit bildeten. Natürlich konnte man die Individuen nicht befreien, ohne sie zu dressieren. Ich sehe nicht, wieso man die Besonderheit einer Demokratie verkennen sollte, wenn man sagt, wie und warum sie diese Techniken brauchte. Daß diese Techniken von Regimes totalitären Typs vereinnahmt wurden, die sie in einer bestimmten Weise einsetzten, ist möglich und führt nicht dazu, den Unterschied zwischen den beiden Regimes zu nivellieren. Man kann nicht von einem Unterschied der Werte sprechen, wenn dieser sich nicht in einer analysierbaren Differenz äußert. Es geht nicht, zu sagen: »Dies ist besser als jenes«, wenn man nicht sagt, worin dies besteht und worin jenes.

Als Intellektueller will ich weder Prophezeiungen machen noch den Moralisten spielen und verkünden, die westlichen Länder seien besser als die des Ostens oder dergleichen. Die Leute sind politisch und moralisch erwachsen geworden. Es ist ihre Sache, individuell und kollektiv eine Wahl zu treffen. Es ist wichtig zu sagen, wie ein bestimmtes Regime funktioniert, worin es besteht, und eine ganze Reihe von Manipulationen und Mystifikationen zu verhindern. Aber die Wahl müssen die Leute selbst treffen.

Vor zwei oder drei Jahren hat sich die Mode der »neuen Philosophen« in Frankreich ausgebreitet: eine kulturelle Strömung, die man mit einem Wort vielleicht so charakterisieren könnte, daß sie sich auf einer Linie der Politikverweigerung ansiedelt. Wie standen Sie zu ihnen? Wie beurteilten Sie sie?

Ich weiß nicht, was die neuen Philosophen vertreten. Ich habe nicht viel von ihnen gelesen. Man schreibt ihnen die These zu, es gebe keinen Unterschied: die Herren blieben immer die Herren, und wir säßen in der Falle, was auch immer geschehe. Ich weiß nicht, ob das wirklich ihre These ist. Jedenfalls ist es absolut nicht meine. Ich versuche, möglichst präzise und differenzierte Analysen vorzunehmen, um zu zeigen, wie sich die Dinge verändern, transformieren, verschieben.

Wenn ich die Machtmechanismen studiere, versuche ich sie in ihrer Spezifität zu studieren; nichts ist mir fremder als der Gedanke eines Herrn, der Ihnen sein eigenes Gesetz aufzwingt. Ich akzeptiere weder die Vorstellung der Herrschaft noch der Universalität des Gesetzes. Ich bin vielmehr bestrebt, Mechanismen der effektiven Machtausübung zu erfassen; und ich tue es, weil diejenigen, die in diese Machtbeziehungen eingebunden sind, die in sie verwickelt sind, in ihrem Handeln, in ihrem Widerstand und in ihrer Rebellion diesen Machtbeziehungen entkommen können, sie transformieren können, kurz, ihnen nicht mehr unterworfen sein müssen. Und wenn ich nicht sage, was zu tun ist, so nicht, weil ich glaubte, es gebe nichts zu tun. Im Gegenteil, ich denke, daß es tausend Dinge zu tun, zu erfinden, zu planen gibt von denen, die – in Kenntnis der Machtbeziehungen, in die sie verwickelt sind – beschlossen haben, ihnen zu widerstehen oder ihnen zu entkommen. So gesehen beruht meine gesamte Forschung auf dem Postulat eines unbedingten Optimismus. Ich unternehme meine Analysen nicht, um zu sagen: seht, die Dinge stehen so und so, ihr sitzt in der Falle. Sondern weil ich meine, daß das, was ich sage, geeignet ist, die Dinge zu ändern. Ich sage alles, was ich sage, damit es nützt.

Ich möchte Sie jetzt an den Inhalt eines Briefes erinnern, den Sie am 1. Dezember 1978 an L'Unità *geschickt haben; Sie äußern darin vor allem Ihre Bereitschaft zu einer Begegnung und einer Diskussion mit italienischen kommunistischen Intellektuellen über eine ganze Reihe strittiger Fragen. Ich zitiere aus Ihrem Brief: »Funktionsweise der kapitalistischen und der kommunistischen Staaten, die Gesellschaftstypen, die diesen verschiedenen Ländern eigen sind, das Ergebnis der revolutionären Bewegungen in der Welt, die Organisation der Strategie der Parteien in Westeuropa, die Entwicklung der Repressionsapparate, die mehr oder weniger überall stattfindet, der Sicherheitsinstitutionen, das schwierige Verhältnis zwischen lokalen Kämpfen und globalen Einsätzen . . .« Eine solche Diskussion solle nicht polemisch sein und auch nicht dazu dienen, Gräben zwischen den Lagern und den Rednern aufzureißen, die Differenzen, die sie trennen, hervorzukehren und folglich die unterschiedlichen Dimensionen ihrer Forschung ins Licht zu rücken. Ich möchte Sie fragen, ob Sie den Sinn Ihres Vorschlags präzisieren könnten.*

Es handelt sich um Themenvorschläge als Grundlage einer möglichen Diskussion. Mir scheint in der Tat, daß sich hinter der gegenwärtigen ökonomischen Krise und den großen Gegensätzen und Konflikten, die zwischen reichen und armen Nationen (industrialisierten und nichtindustrialisierten Ländern) absehbar werden, eine Krise der Regierung abzeichnet.

Unter Regierung verstehe ich die Gesamtheit der Institutionen und Praktiken, mittels deren man die Menschen lenkt, von der Verwaltung bis zur Erziehung. Diese Gesamtheit von Prozeduren, Techniken, Methoden, welche die Lenkung der Menschen untereinander gewährleisten, scheint mir heute in die Krise geraten zu sein, und zwar sowohl in der westlichen wie in der sozialistischen Welt. Auch dort empfinden die Leute die Weise, wie man sie lenkt, immer unbehaglicher, schwieriger, unerträglicher. Dieses Phänomen äußert sich in Formen des Widerstands, manchmal der Revolte, und richtet sich auf Fragen, die ebensowohl alltägliche Dinge wie große Entscheidungen betreffen: den Bau von Atomfabriken oder die Einordnung der Leute in einen ökonomisch-politischen Block, in dem sie sich nicht wiedererkennen. Ich glaube, daß man in der Geschichte des Abendlands eine Periode finden kann, die der unseren ähnelt, auch wenn sich die Dinge natürlich nicht wiederholen, nicht einmal die Tragödien in Form der Komödie: nämlich das Ende des Mittelalters. Vom fünfzehnten zum sechzehnten Jahrhundert bemerkt man eine völlige Reorganisation der Regierung der Menschen, jenen Aufruhr, der zum Protestantismus geführt hat, zur Bildung der großen Nationalstaaten, zur Konstitution der autoritären Monarchien, zur Verteilung der Territorien unter der Autorität der Verwaltungen, zur Gegenreformation, zu der neuen weltlichen Präsenz der katholischen Kirche. All das war gewissermaßen eine große Umgestaltung der Art und Weise, wie die Menschen regiert wurden, sowohl in ihren individuellen wie in ihren sozialen, politischen Beziehungen. Mir scheint, daß wir uns erneut in einer Krise der Regierung befinden. Sämtliche Prozeduren, mit denen die Menschen einander führen, sind erneut in Frage gestellt worden, natürlich nicht von denen, die die Führung innehaben, die regieren, selbst wenn sie nicht umhinkönnen, die Schwierigkeiten zur Kenntnis zu nehmen. Wir stehen vielleicht am Beginn einer großen krisenhaften Neueinschätzung des Problems der Regierung.

Bei solcher Art Forschung sind, wie Sie bemerkt haben, »die Instrumente der Analyse unzuverlässig, wenn sie nicht gar fehlen«. Und die Ausgangspunkte, von denen aus bestimmte Analysen durchgeführt, von denen aus Orientierungen gewonnen und Urteile getroffen werden können, sind völlig unterschiedlich. Andererseits wünschen Sie sich eine Konfrontation, die über Polemiken hinausginge.

Ich war Zielscheibe manchmal heftiger Angriffe von seiten französischer und italienischer kommunistischer Intellektueller. Da ich nicht Italienisch spreche und oft nicht verstehe, worauf ihre Kritiken hinauswollen, habe ich ihnen nie geantwortet. Aber heute, da sie den Willen erkennen lassen, auf bestimmte stalinsche Methoden in den theoretischen Diskussionen zu verzichten, möchte ich ihnen vorschlagen, jenes Spiel aufzugeben, in dem der eine etwas sagt, was der andere als Aussage eines Ideologen der Bourgeoisie, eines Klassenfeindes denunziert, und statt dessen eine ernsthafte Debatte zu beginnen. Wenn man zum Beispiel anerkennt, daß das, was ich über die Krise der Technik des Regierens [*gouvernementalité*] sage, ein wichtiges Problem darstellt, warum sollte man das nicht als Ausgangspunkt einer vertieften Debatte benutzen? Davon abgesehen glaube ich, daß die italienischen Kommunisten mehr als die französischen bereit sind, eine ganze Reihe von Problemen aufzunehmen, die beispielsweise die Medizin, die lokale Verwaltung der ökonomischen und sozialen Probleme, also konkrete Probleme betreffen, die auf das allgemeinere Problem des Verhältnisses zwischen Gesetzgebung und Normalisierung, Gesetz und Norm, Justiz und Medizin in den gegenwärtigen Gesellschaften verweisen. Warum sollte man darüber nicht miteinander sprechen?

Aber noch einmal zur Frage der Polemik: Sie haben gleichfalls darauf hingewiesen, daß Sie jene Art von Diskussionen nicht lieben und nicht hinnehmen wollen, »die den Krieg imitieren und die Justiz parodieren«. Können Sie genauer erklären, was Sie damit meinen?

Das Modell des Krieges sitzt wie ein Parasit auf den Diskussionen über politische Themen: Wer abweichende Ideen hat, wird als Klassenfeind identifiziert, gegen den man kämpfen muß bis zum Sieg. Dieses große Thema des ideologischen Kampfes bringt mich zum Lächeln, wenn ich bedenke, daß die theoretischen Bindungen eines jeden, in ihrer Geschichte betrachtet, eher konfus und schwankend sind und nicht die Klarheit einer Grenze haben, hinter die man den Feind zurücktreiben möchte. Dieser Kampf, den man gegen den Feind zu führen versucht, dient er nicht letztlich dazu, den kleinen, eher belanglosen Reibereien ein wenig Ernst zu verleihen? Ist es nicht so, daß sich die Intellektuellen vom ideologischen Kampf ein politisches Gewicht erhoffen, das ihre reale Bedeutung übersteigt? Bestünde Ernsthaftigkeit nicht vielmehr darin, daß alle sich der Forschung widmen, einer neben dem anderen, ohne daß sich die Standpunkte genau decken? Wer lange genug proklamiert: »Ich kämpfe gegen einen Feind«, wird der diesen »Feind« dann nicht auch als solchen behandeln, wenn es – was jederzeit geschehen kann – tatsächlich zu einer kriegerischen Situation kommt? Diese Bahn führt geradewegs in die Unterdrückung, sie ist gefährlich. Ich verstehe durchaus, daß ein Intellektueller den Wunsch hegen kann, von einer Partei oder in einer Gesellschaft ernst genommen zu werden, indem er gegen einen ideologischen Gegner Krieg spielt. Aber das scheint mir gefährlich. Man sollte lieber annehmen, daß diejenigen, mit denen man uneinig ist, sich getäuscht haben oder daß man selbst nicht verstanden hat, worauf sie hinauswollten.

Nachwort

Axel Honneth/Martin Saar

Geschichte der Gegenwart
Michel Foucaults Philosophie der Kritik

1. Foucault lesen

Das Werk des französischen Philosophen und Historikers Michel Foucault, auf den die Gegenwart nur wenige Jahrzehnte nach seinem Tod schon als einen Klassiker zurückblickt, hat die Landschaft der Humanwissenschaften der letzten Jahrzehnte so tiefgreifend geprägt wie nur wenige seiner Generation. Aber der Einfluß, den seine Arbeiten auf so vielfältige Disziplinen wie die Philosophie, die Literatur- und Kulturwissenschaften, die Soziologie, Pädagogik und Geschichtsschreibung ausgeübt haben, hat dennoch nie dazu geführt, daß er der Bezugspunkt einer Schule im engeren Sinne geworden wäre. Zu vielfältig und facettenreich ist das Werk, und zu vielstimmig, zu heterodox sind die Deutungsversuche derer, die sich heute um die Auslegung seiner Schriften bemühen. Es sind vor allem zwei Eigenarten von Foucaults Schriften, die einer nachträglichen Systembildung im Wege stehen und damit jede Eindeutigkeit wirkungsgeschichtlicher Kontinuitäten schon im Keim ersticken. Die Bücher, Essays und Aufsätze, die er in den mehr als fünfunddreißig Jahren seines schriftstellerischen Lebens verfaßt hat, besitzen jeweils eine ihnen eigene Identität, die sich – mit den Worten des Foucault-Interpreten Gary Gutting – treffend auf eine unnachahmliche Synthese von »Spezifizität« und »Marginalität« zurückführen läßt.

Auf eine charakteristische Weise »spezifisch« sind die Schriften Foucaults darin, daß jede Abhandlung eine Sprache und Methodologie besitzt, die nur auf den in ihr untersuchten Gegenstandsbereich zugeschnitten ist. Zwar mögen die verschiedenen Studien jeweils dem einen, übergeordneten Ziel dienen, zu den etablierten, unausweichlich scheinenden Diskursformationen indirekt eine befreiende Alternative aufzuspüren; aber im Ton, in der Begrifflichkeit und Methode unterscheiden sie sich alle doch erheblich voneinander, weil sie jeweils nur in der Spezifik eines einzigen thematischen Feldes beheimatet sind. Foucault hat nur selten in einem seiner Bücher auf eigene frühere Studien zurückverwiesen; wo er doch einmal zum Mittel der Selbstkommentierung gegriffen hat, da vor allem, um im Kontrast zum Alten eine neue, veränderte Methode anzukündigen.

Zu dieser Spezifik der Schriften Foucaults tritt hinzu, was sich mit Recht als ihre »Marginalität« bezeichnen läßt; es ist derselbe methodische Tatbestand, der auch gemeint ist, wenn von der Außenperspektive seiner Studien, ihrem geradezu ethnologischen Charakter die Rede ist. Denn obgleich die Untersuchungen Foucaults ihrer ganzen Anlage nach jeweils auf die Besonderheit einer bestimmten Form des Wissens zugeschnitten sind, betreiben sie doch alles andere als deren internes wissenschaftliches Geschäft; der Autor versucht vielmehr stets, sich durch eine bestimmte Beschreibungstechnik an die Ränder eines Wissensfeldes zu begeben, um von dort aus diejenigen Voraussetzungen freizulegen, durch die dessen Identität als wissenschaftliche Disziplin gesichert ist. Auf diese Weise trägt Foucault nicht zum theoretischen Fortschritt einer Wissensformation, sondern im Gegenteil zu deren radikaler Entzauberung bei: Indem der paradigmatische Kern einer Disziplin, sei es die der Psychoanalyse, der Sexualwissenschaft oder der Kriminologie, von außen analysiert wird, verliert er schlagartig den Charakter der Evidenz, den er aus der Innenperspektive wie selbstverständlich zu besitzen schien. Insofern waren die historischen Untersuchungen von Foucault nicht dazu angetan, den Nährboden zu bereiten, auf dem sich Lernprozesse innerhalb einer wissenschaftlichen Disziplin vollziehen konnten; und wer nach Begrifflichkeiten verlangte oder Konzepte suchte, mit deren Hilfe sich innerdisziplinäre Fortschritte erzielen lassen sollten, war hier an der falschen Adresse.

So haben die »Spezifizität« und die »Marginalität« seiner Schriften es verhindert, daß das Werk im ganzen zum Kern einer Traditionsbildung oder gar zum Stoff einer positiven Rezeption in den Einzelwissenschaften werden konnte: Die Spezifizität der einzelnen Analysen ließ es nicht zu, aus dem Korpus der Bücher den Ansatz einer geschlossenen, generellen Theorie herauszudestillieren, die Marginalität der Perspektive, die in den Untersuchungen eingenommen wurde, schloß eine rein positive Rückwirkung auf den Wissensstand innerhalb der humanwissenschaftlichen Disziplinen nahezu aus. Zusammengenommen könnte man sagen, daß diese beiden Merkmale der Foucaultschen Schriften Facetten der Tatsache sind, daß sie eine Form von Kritik präsentieren, die sich sogar in der Darstellungsweise niederschlägt. Der je spezifische, gegenstandsbezogene Zugriff unterminiert jede abstrakte und verallgemeinernde Universalitätsbehauptung, die sich nicht der korrigierenden und irritierenden Bewährung am historischen Fall aussetzt. Die marginale, skeptische Geste beharrt am Einzelfall darauf, daß sich hier keine generelle Wahrheit zeigt, sondern eher eine Invarianz oder Diskontinuität der Wahrheit selbst, die ihrerseits nicht verallgemeinerbar sein muß.

In dem ungewöhnlichen Umstand, daß sich ein philosophisches Werk in einer kritischen und exzentrischen Stellung sowohl zu seinen Gegenständen als auch zu seinen möglichen wissenschaftlichen Aneignungen befindet, liegt aber die anhaltende Anziehungskraft von Foucaults Schriften, die weit über das jeweilige akademische Fachpublikum hinaus wirkt. Gerade weil sie immer von neuem ansetzen, eine historische Problematik von Grund auf vermessen und nur auf sie zugeschnittene Methodenbegriffe einführen, sind seine Bücher zugänglicher als die meisten anderen geistes- oder sozialwissenschaftlichen Klassiker des 20. Jahrhunderts. Dies liegt daran, daß diesen Texten bei aller Nüchternheit im Ton und Kühle in der Darstellungsweise anzumerken ist, inwiefern sie selbst leidenschaftliche Produkte methodisch angeleiteter Distanzierung vom bisher Geltenden und einer aktiv herbeigeführten Verfremdung des Gewohnten sind. Es ist die Intensität eines forschenden Schreibens auf der Suche nach Alternativen zu den geltenden Einschätzungen und Klassifizierungen, die sich auch Leserinnen und Lesern mit völlig verschiedenen Hintergründen und Interessen mitteilt. In einem langen, biographisch orientierten Gespräch, das Ducio Trombadori Ende 1978 mit Foucault geführt hat und das im Anhang dieser Ausgabe wiedergegeben ist, hat dieser seine eigenen Bücher als »Erfahrungen« bezeichnet: »Eine Erfahrung ist etwas, aus dem man verändert hervorgeht.« Das Schreiben verändert, weil es Erkenntnisse und Einstellungen revidiert und transformiert. Deshalb, so Foucault, hoffe er jedes Mal, »daß das Buch ebenso mich verändert wie das, was ich denke. Jedes Buch verändert das, was ich gedacht habe, als ich das vorhergehende Buch abschloß. Ich bin ein Experimentator und kein Theoretiker«.[1]

Die vorliegende Ausgabe versammelt die großen und in der Rezeption

---

1 »Michel Foucault: Gespräch mit Ducio Trombadori« (1978), im vorliegenden Band S. 1585. Im Folgenden beziehen sich alle Seitenangaben im Text auf die vorliegende Ausgabe.

einflußreichsten von Foucaults zahlreichen Monographien. Sie sind seine »Hauptwerke« in dem Sinn, daß sie seinen wissenschaftlichen Ruhm begründet haben und die großen Linien seiner historisch-philosophischen Arbeit von den mittleren sechziger Jahren bis kurz vor seinem Tod gültig dokumentieren. Sie zeigen eher den Historiker und Philosophen als den Zeitdiagnostiker und kritischen, ja militanten Intellektuellen, der er auch war; ebensowenig lassen sie den engagierten Hochschullehrer zu Wort kommen, der über Jahrzehnte hinweg allwöchentlich am *Collège de France* Studierende an seinen neuesten Arbeitsergebnissen teilhaben ließ. Diese Facetten seines Wirkens lassen sich einerseits anhand der zahlreichen Sammlungen seiner kleinen Texte und Interviews und andererseits anhand der veröffentlichten Fassungen seiner Vorlesungen aus den Jahren 1970 bis 1984 nachvollziehen. Aber bei aller Geschlossenheit, welche die monographische Form suggeriert, gilt auch für die hier versammelten Texte, daß sie Dokumente einer unruhigen Theoriebildung, eines suchenden Denkens in Bewegung sind. Weit weniger als die »Summe« einer intellektuellen Biographie sind sie Ausschnitte und Etappen einer radikalen Selbstbefragung, die Einblicke in ein Labor des Denkens eröffnen.

2. Stationen eines Lebens

Paul-Michel Foucault wird am 15. Oktober 1926 in Poitiers als Sohn einer traditionsreichen Arztfamilie geboren.[2] Er besucht die Schule in Poitiers und erhält die Zulassung zur *École normale supérieure* in Paris; dort hört er Vorlesungen von Louis Althusser und Maurice Merleau-Ponty und erwirbt akademische Abschlüsse in Philosophie und Psychologie. Neben der Philosophie beschäftigt er sich mit Psychopathologie und Psychiatrie, engagiert sich vorübergehend in kommunistischen Studentengruppen und begeistert sich für zeitgenössische Musik und den Surrealismus. Er beschäftigt sich intensiv mit den Werken von Nietzsche, Bataille, Blanchot und Beckett und besucht das Seminar von Jacques Lacan. Seine ersten wissenschaftlichen Texte handeln von der Wissenschaftsgeschichte der Psychologie; mit *Maladie mentale et personnalité* erscheint 1954 sein erstes Buch.

---

2 Die ausführlichste biographische Darstellung, an der sich auch die folgenden Angaben orientieren, findet sich bei Daniel Defert, »Zeittafel«, in: Michel Foucault, *Schriften in vier Bänden. Dits et Écrits*, hg. von Daniel Defert und François Ewald unter Mitarbeit von Jacques Lagrange, Frankfurt am Main 2001-2005 (= *Schriften*), Bd. 1, S. 15-105.

Wegen fehlender Aussichten auf eine interessante wissenschaftliche Position in Frankreich wird Foucault 1955 für drei Jahre Lektor an der Universität Uppsala und Leiter der *Maison de France*; die nächsten Stationen seiner zunächst kulturpolitischen Karriere führen ihn für jeweils ein Jahr nach Warschau und nach Hamburg. Er reicht ein umfangreiches Manuskript über die Geschichte des Wahnsinns, an dem er jahrelang gearbeitet hat, als Dissertation ein, das 1961 unter dem Titel *Folie et déraison* (dt. *Wahnsinn und Gesellschaft*) erscheint und in einem kleineren Kreis für Aufsehen sorgt. Zwischen 1960 und 1966 unterrichtet er Psychologie und Philosophie an der Universität Clermont-Ferrand, bewegt sich aber zugleich in den Pariser Intellektuellenkreisen um die Zeitschrift *Critique* und die Gruppe *Tel Quel*. Ein medizingeschichtliches Buch, *Naissance de la clinique* (dt. *Die Geburt der Klinik*), und ein längerer literaturkritischer Essay, *Raymond Roussel*, erscheinen 1963.

Von 1966 bis 1968 ist Foucault Gastprofessor in Tunis. Sein 1966 erschienenes Buch *Les mots et les choses* (dt. *Die Ordnung der Dinge*) wird ein phänomenaler Erfolg bei Publikum und Kritik und steht im Zentrum der heftigen öffentlichen Debatten um den Strukturalismus, zu dessen Protagonisten man ihn nun neben Claude Lévi-Strauss, Althusser, Barthes und Lacan zählt. Mit einem Schlag ist Foucault zu einem der sichtbarsten französischen Intellektuellen seiner Generation geworden; sein Plädoyer für die Abkehr von der existentialistischen und phänomenologischen Orientierung der Humanwissenschaften führt aber auch zu erbitterten Polemiken (u. a. von Jean-Paul Sartre). Unter anderem die brutalen Reaktionen auf die Studentenproteste in Tunesien führen zu einer zunehmenden Politisierung Foucaults; zugleich hält er engen Kontakt zu einigen Protagonisten des Pariser Mai 68. Er kehrt nach Paris zurück und ist an der Gründung der Reformuniversität in Vincennes beteiligt, an der sich viele dem Marxismus nahestehende Wissenschaftler versammeln und die das Zentrum heftiger politischer Auseinandersetzungen ist. Mit *L'Archéologie du savoir* (dt. *Archäologie des Wissens*) erscheint 1969 sein einziges Buch, das sich in erster Linie methodischen Fragen widmet.

Im Dezember 1970 übernimmt Foucault eine Professur mit dem von ihm selbst gewählten Titel »Geschichte der Denksysteme« am *Collège de France*, der prestigeträchtigsten akademischen Institution Frankreichs; seine vielbeachtete Antrittsvorlesung wird unter dem Titel *L'Ordre du discours* (dt. *Die Ordnung des Diskurses*) veröffentlicht und gibt seinen zukünftigen Arbeiten eine neue machttheoretische Ausrichtung. In den frühen siebziger Jahren ist er gemeinsam mit seinem Lebensgefährten Daniel Defert politisch aktiv in einer Initiative, die über die Zustände im französischen Strafvollzug und die Lage der Inhaftierten informiert, beteiligt sich an zahlreichen Initiativen gegen Polizeigewalt und Justizmißbrauch und betätigt sich unermüdlich publizistisch. Seit Ende der sechziger Jahre auch im Ausland bekannt geworden, unternimmt er zahlreiche Vortragsreisen, u. a. nach Brasilien, Japan, Kanada und in die USA; ab Mitte der siebziger Jahre unterrichtet er regelmäßig in Berkeley.

Mit *Surveiller et punir* (dt. *Überwachen und Strafen*) erscheint 1975 das erste seiner Bücher, das ebenso wie viele seiner Vorlesungen am *Collège de France* der siebziger Jahre die Frage der Macht zum zentralen Thema hat. *La volonté de savoir* (dt. *Der Wille zum Wissen*) eröffnet ein Jahre später eine auf sechs Bände angelegte »Geschichte der Sexualität«; zwei weitere Bände wird er erst kurz vor seinem Tod fertigstellen. Ende 1978 unternimmt Foucault für die italienische Tageszeitung *Corriere della Sera* zwei Reisen in den Iran, um über die islamische Revolution zu berichten; seine Reportagen lösen in Frankreich eine heftige Kontroverse aus.

Foucaults Vorträge und Vorlesungen ab den späten siebziger Jahren wenden sich zunehmend dem Verhältnis von Wahrheit und Subjektivität zu und behandeln vornehmlich antike Texte und Autoren. Er engagiert sich für die vietnamesischen *Boat People* und unterstützt die polnische *Solidarność*-Bewegung. In mehreren Interviews kommentiert er die politischen und ethischen Dimensionen der Homosexualität und spekuliert über die Möglichkeit einer heutigen »Ästhetik der Existenz«. Ab Ende 1983 verschärft sich seine gesundheitliche Lage. Im Frühjahr 1984 erscheinen mit *L'Usage des plaisirs* (dt. *Der Gebrauch der Lüste*) und *Le souci de soi* (dt. *Die Sorge um sich*) der zweite und dritte Band der »Geschichte der Sexualität«. Ein vierter Band (*Les aveux de la chair*) ist fast abgeschlossen und bleibt unveröffentlicht. Am 25. Juni 1984 stirbt Foucault in Paris an den Folgen einer HIV-Infektion.

3. Phasen eines Werks

Um die schwer überschaubare Landschaft des Foucaultschen Werks übersichtlicher zu machen, ist es üblich geworden, drei große Werkphasen zu unterscheiden, die sich auf jeweils drei verschiedene thematische Schwerpunkte beziehen. Ihnen entsprechen zugleich wechselnde methodische Ausrichtungen, die sich nicht immer leicht miteinander vereinbaren lassen. Läßt man die kürzeren frühen Texte außer acht und bezieht sich vor allem auf die Monographien, so lassen sich die Arbeiten der sechziger Jahre dem Themenfeld des Wissens zuordnen, das mit Hilfe einer zugleich wissenschaftshistorischen wie epistemologischen Begrifflichkeit und Methodologie erschlossen wird, die Foucault in Anlehnung an eine Metapher von Freud »Archäologie« nennt und die er, gewissermaßen nachträglich, in seinem Buch *Archäologie des Wissens* als methodisch strenge Form einer immanenten Analyse von Diskursen ausarbeitet.

Mit den Texten und Vorlesungen nach Antritt der Professur am *Collège de France* verändern sich sowohl der Ton wie der Fokus seiner Arbeiten. Schon in der Antrittsvorlesung finden sich Verweise auf die Notwendigkeit, neben den synchronen Beziehungen zwischen Äußerungen historische Veränderungen von Diskursen zu analysieren, und besonders in den kürzeren Texten der frühen siebziger Jahre nimmt er immer wieder auf Nietzsche als Stichwortgeber für das methodische Programm der »Genealogie« Bezug.[3] Mit den beiden Monographien *Überwachen und Strafen* und *Der Wille zum Wissen* kulminiert diese Werkphase, deren zentrales Thema die Machtverhältnisse sind, in Schriften, die eine ganz eigene Art der kritischen Geschichtsschreibung von Formen und Mechanismen der Macht erproben und die nichts Geringeres als eine alternative Geschichte der europäischen Moderne vorschlagen.

Ab Anfang der achtziger Jahre verschiebt sich der Schwerpunkt Foucaults, wie seine Vorträge und Vorlesungen dokumentieren, sowohl thematisch wie historisch erneut auf spürbare Weise. Er untersucht nun antike und spätantike Texte und Praktiken auf ihre Thematisierung von Selbstverhältnissen hin. Dabei interessiert ihn vor allem, wie sich in einer spezifischen Epoche Weisen herausbilden, sich selbst als ethisches Subjekt zu konstituieren und sich zu sich selbst zu verhalten. Den Kern dieser Prozesse findet Foucault weniger in den herrschenden Machtverhältnissen oder in den geltenden moralischen Regeln als vielmehr in den Vorschriften und Vorstellungen, auf welche Weise, in welchem Stil und mit welchem Ethos sich das Subjekt selbst führen und transformieren soll. In dieser Phase stehen somit die Praktiken und »Technologien« des Selbst im Vor-

---

3 Michel Foucault, »Nietzsche, die Genealogie, die Historie« (1971), in: *Schriften* II, Nr. 84, S. 166-191.

dergrund, die eine Technik oder »Ästhetik der Existenz« begründen können. Die beiden zuletzt erschienenen Bände der *Geschichte der Sexualität*
bieten jeweils Ausschnitte aus einer sehr viel umfassenderen Geschichte
der Selbstpraktiken. Damit wird immer deutlicher, daß trotz der in seinen
frühen Werken entwickelten »Subjektkritik« in Foucaults letzter Werkphase die Dimension der Erfahrung und individuellen Handlungsfähig-
keit zunehmend an Bedeutung gewinnt und sogar das eigentliche Zentrum dieser letzten Arbeiten ausmacht.

Die Einteilung mit Hilfe der drei Themenbereiche »Wissen«, »Macht«
und »Selbstpraktiken« und der drei korrespondierenden Methodenbegriffe einer diskursanalytischen »Archäologie«, einer machtanalytischen »Genealogie« und einer subjektanalytischen »Geschichte der Ethik und der
Selbsttechnologien« scheint nun ein bequemes Schema zu bieten, um die
Vielfältigkeit der von Foucault behandelten Phänomene und die methodische Beweglichkeit seiner verschiedenen Arbeiten zu ordnen. Für die
in diesem Auswahlband versammelten Werke gilt in der Tat, daß *Die Ordnung der Dinge* eindeutig Systeme des Wissens zum Thema hat, die mit
Hilfe der in der *Archäologie des Wissens* entworfenen Methode einer rein
synchronen Diskursanalyse bearbeitet werden. *Überwachen und Strafen*
und *Der Wille zum Wissen* folgen dagegen einer eindeutig diachronen, ra-
dikalhistorischen Darstellungsweise, die keine Diskurse als solche, sondern die historischen Prozesse der Bildung und Transformation von »Dispositiven« der Macht zum Thema hat. Und die beiden letzten Bände der
Geschichte der Sexualität widmen sich denjenigen präskriptiven antiken
Diskursen rings um Körper- und Sexualpraktiken, in denen verhandelt
wird, in welcher Weise sich Subjekte durch Übungen und Selbsttechniken
selbst formen und transformieren sollen.

Dennoch greift dieses Schema, das eine radikale Diskontinuität der Un-
tersuchungsgegenstände und -perspektiven suggeriert, zu kurz. Denn weder wird es der internen Komplexität der Werke noch ihrem Verhältnis
untereinander gerecht. Schon für *Wahnsinn und Gesellschaft* läßt sich die
Reduktion auf die Frage des Wissens nur schwer rechtfertigen; zu deutlich
sind schon hier – mit den Themen Ausschließung und soziale Kontrolle –
Topoi aus dem Register der Machtanalytik angeschnitten. Auch *Die Geburt der Klinik* verfolgt immer wieder Fragestellungen, die genau auf der
Schwelle zwischen Epistemologie und sozialer Dynamik liegen. Und für
die »genealogischen« Werke wird man umgekehrt zugeben müssen, daß

sie dem Wissen eine zentrale Bedeutung einräumen, selbst wenn sie es in seiner Rolle im Rahmen von »Macht/Wissen«-Komplexen immer in seiner Funktion für Machtstrategien betrachten. Schließlich ist aus den späten Werken die Bezugnahme auf Macht und Wissen nicht etwa verschwunden; Foucault kann und will nicht in Abrede stellen, daß die präskriptiven Diskurse der Antike selbst auf etablierten Formen des (medizinischen, praktischen) Wissens aufruhen und immer schon in soziale Bezüge und damit Machtverhältnisse (wie etwa die Verhältnisse zwischen Sklaven und Freien oder Männern und Frauen) eingebettet sind. Die Unterscheidung nach Untersuchungsgegenständen kann also nur einen Wechsel der Akzentsetzung und Konzentration anzeigen, keine ausschließliche und abrupte Ersetzung sein: Die Werke innerhalb einer bestimmten Phase betrachten zwar vorrangig und methodisch isoliert einen der drei Bereiche, blenden die anderen also vorübergehend aus, leugnen aber nicht deren Bedeutung.

Schließlich suggeriert das Drei-Phasen-Schema eine Schlüssigkeit, die viele wichtige Fragen offenläßt. Denn gerade für die Übergangs- und Schwellentexte wie *Die Ordnung des Diskurses* oder die wichtigen Vorlesungen zur *Geschichte der Gouvernementalität* (1977-1979) gilt, daß sie sich nicht eindeutig zuordnen lassen, aber gerade deshalb zu den faszinierendsten Dokumenten von Foucaults immer wieder neu ansetzender Forschungstätigkeit gehören. Denn in ihnen wird deutlich, daß es gerade die Verhältnisse und Bezüge zwischen Macht, Wissen und Selbstverhältnissen sind, die seine systematischen und historischen Untersuchungen vor herausfordernde Probleme stellt. Foucault selbst hat in späten Texten Hinweise darauf gegeben, daß die allzu klare Unterscheidung vermeintlich in sich geschlossener Phasen und die Suggestion von radikalen Neuansätzen und Umbrüchen in seinem Werk auf einem von ihm zwar mitverschuldeten, aber eindeutigen Mißverständnis beruhen, welches nicht hat sehen lassen, daß »das Subjekt« das »umfassende Thema« aller seiner Bücher gewesen sei, weil es ihm immer darum gegangen sei zu klären, »auf welche Weise ein Mensch zum Subjekt wird«.[4] Macht-, Wissens- und Selbstpraktiken sind demnach die drei möglichen Felder, in denen sich »Subjektivierungen« vollziehen, die sich aber in ihren Medien und Formen unterscheiden und auf verschiedene Weise untersucht werden müssen.

Diese – sehr harmonisierende – Selbstinterpretation Foucaults findet

---

4 Michel Foucault, »Subjekt und Macht« (1982), in: *Schriften* IV, Nr. 306, S. 269-294, hier: S. 270.

sich auch in seiner Rede von drei möglichen »Achsen« seiner historischen Analysen, die er mit den Schlagworten »Wissen«, »Macht« und »Selbstbeziehung« benennt.[5] Diese Metapher kann helfen zu verstehen, daß es ihm offensichtlich zumindest in der nachträglichen Selbstbeschreibung weniger um voneinander vollständig getrennte Phänomenbereiche und um jeweils neue methodische Zugänge als vielmehr um methodisch isolierbare Teilbereiche und um jeweils entlang einer »Achse« organisierbare Darstellungen von Ausschnitten einer Realität ging, in der sich die Linien immer überkreuzen und schneiden. Damit ist nicht gesagt, daß die vermeintliche »Einheit« der Forschungsperspektive auch schon im voraus festgestanden hätte. Die historischen Analysen sind vielmehr immer wieder auf irreduzible Unterschiede in den Phänomenen gestoßen und haben den Autor somit genötigt, ihren methodischen Rahmen immer weiter zu differenzieren.

Vermeidet man die Extreme einer Lesart, die allein die Diskontinuität der Werkgeschichte betont oder nachträglich eine innere Kohärenz aller Schriften konstruiert, so fällt es leichter, sowohl die Singularität als auch die methodische Anschlußfähigkeit der einzelnen historischen Untersuchungen Foucaults zu würdigen. Gerade in ihrer Detailversessenheit und ihrem radikalen Historismus sind sie eine Kritik an Formen eines verallgemeinernden Wissens (wie an bestimmten Varianten der Philosophie des 20. Jahrhunderts), in denen sinnhafte Bezüge, unabänderliche Entwicklungen und Totalitätsstrukturen behauptet werden, als hätte es nicht anders sein können. Andererseits lassen sich auf der Basis historischer Analysen Hypothesen darüber entwickeln, wie bestimmte Gestalten des Wissens, spezifische Machtverhältnisse und partikulare Formen von Subjektivität überhaupt erst möglich wurden. In dieser doppelten kritischen Absetzung – von der Annahme der Notwendigkeit des Gewordenen und von der Unterstellung ihrer Alternativlosigkeit – liegt der kleinste gemeinsame Nenner von Foucaults Hauptwerken.

4. Die Ordnung der Dinge

Die Ordnung der Dinge beginnt mit einer verstörenden Szene, einem Gedankenexperiment des Nichtverstehens. Foucault zitiert aus einem Essay von Jorge Luis Borges, der eine chinesische Enzyklopädie erwähnt, in der

---

5 Michel Foucault, »Zur Genealogie der Ethik: Ein Überblick über die laufende Arbeit« (Gespräch mit H. Dreyfus und P. Rabinow, 1983), in: *Schriften* IV, Nr. 344, S. 747-776, hier: S. 759.

die verschiedenen Tierarten auf ungewöhnliche Weise klassifiziert werden:»a) Tiere, die dem Kaiser gehören, b) einbalsamierte Tiere, c) gezähmte, d) Milchschweine, e) Sirenen, f) Fabeltiere, g) herrenlose Hunde, h) in
diese Gruppierung gehörige, i) die sich wie Tolle gebärden, k) die mit
einem ganz feinen Pinsel aus Kamelhaar gezeichnet sind, l) und so weiter«
(S. 21). Eine solche phantastische Klassifikation bezeichnet in der Tat»die
Grenze unseres Denkens« (ebd.), sie zeigt die Unmöglichkeit an, im Rahmen unserer Kategorien und Rationalitätsstandards alleine auch nur die
Sinnhaftigkeit einer alternativen Kategorisierung anzuerkennen.

   Diesem Denkbild der Unverständlichkeit des Fremden ganz am Anfang
des Buchs entspricht die Sonderstellung, die Foucault ganz am Ende der
Disziplin der Ethnologie zuspricht. Die Ethnologie greift tiefer als andere
Disziplinen, da sie die kulturellen Voraussetzungen von wissenschaftlichen
Erfahrungen überhaupt zu Bewußtsein bringt; das läßt sie als Theorie des
»kulturellen Unbewußten« (S. 455) aus dem Kanon der übrigen Humanwissenschaften herausragen und eine nur der Psychoanalyse vergleichbare
Sonderrolle einnehmen: »Die Ethnologie befragt wie die Psychoanalyse
nicht den Menschen selbst, so wie er in den Humanwissenschaften erscheinen kann, sondern sie befragt jenes Gebiet, das im allgemeinen ein Wissen
über die Menschen möglich macht« (S. 453). Foucault hat offensichtlich
die strukturale Anthropologie Claude Lévi-Strauss' vor Augen, wenn er
die Ethnologie als»Gegenwissenschaft« (S. 455) einführt, die wie die Psychoanalyse auf ein das menschliche Handeln unbewußt bestimmendes System von Regeln abzielt und so indirekt die naive Gegenstandsgewißheit
der Humanwissenschaften problematisiert. Denn Lévi-Strauss war es, der
die Untersuchung archaischer Gesellschaften einem wissenschaftlichen
Verfahren unterstellte, das die ethnologisch interessierenden Phänomen-
reiche des Heiratsverhaltens oder der Mythenerzählung zunächst sprach-
theoretisch als in sich geschlossene Zeichensysteme erfaßt, diese dann in
einem zweiten Schritt in ihre jeweils kleinsten Sinnelemente zergliedert
und schließlich in der Rekonstruktion ihrer je spezifischen Verknüpfungs-
regeln ein Stück der unbewußten Logik einer Kultur freilegt.[6]

   Für Foucault ist jedoch weniger die methodologische Charakterisierung
der Ethnologie als einer Wissenschaft des kulturellen Unbewußten nicht-
westlicher Zivilisationen von Interesse; er präsentiert sie vielmehr als eine

---

6 Vgl. Claude Lévi-Strauss, *Strukturale Anthropologie I*, Frankfurt am Main 1967, besonders Kap. 2, 3
   und 11.

allgemeine Wissenschaft des »System[s] einer gegebenen Kultur« (S. 455). Nur in diesem weiten Sinn ist Foucaults methodische und systematische Grundidee in seinem frühen Werk noch ethnologisch, und sie verdankt sich ebenso seinem Interesse für die literarischen Erfahrungen des nachsurrealistischen Romans wie für die theoretischen Leitgedanken des sozialwissenschaftlichen Strukturalismus. Sie zielt auf eine artifizielle Verfremdung der eigenen Gewißheiten, einer »Ethnologie der Kultur, der wir selbst angehören«, einer gewissermaßen von außen vorgenommenen Untersuchung der »Bedingungen unserer Rationalität«.[7] Der theoretische Gewinn, den Foucault sich von einem derartigen Versuch verspricht, ist leicht zu ermessen: Die elementaren Bestandteile eines kulturellen Lebenszusammenhangs sollen dadurch, daß sie aus der Außenperspektive wahrgenommen werden, gleichermaßen unvoreingenommen und roh in den Blick treten können – die Eigenart einer Kultur enthüllt sich uns erst in dem Maße, in dem wir aus ihrem uns zunächst selbstverständlichen Wahrnehmungshorizont herauszutreten und also den Blickpunkt eines gleichsam entfremdeten Beobachters einzunehmen lernen.

Aber wie kann man nun aus dem Gewohnten des abendländischen Denkens historisierend heraustreten? Foucault schlägt ein neues Verfahren der Beschreibung vor, das er »Archäologie« nennt (S. 29). Ziel dieses Verfahrens ist die systematische Freilegung der Bezeichnungs- und Repräsentationsregeln, die ein »positives Unbewußtes des Wissens« (S. 15) enthüllen soll. Wie sich im Fortgang des Buches zeigt, besteht die Einlösung dieses Programms weniger in der Angabe eines formalen Kalküls für die jeweiligen Denksysteme der Epochen als im überaus materialreich geführten Nachweis, daß sich die verschiedenen Formen des Wissens vom Menschen und seiner zentralen Seinsweisen (nämlich: Sprache, Leben und Arbeit) seit der frühen Neuzeit um die grundverschiedenen Metaprinzipien der Ähnlichkeit, der Repräsentation und der Historizität zentriert haben.[8]

Die »Episteme« (griechisch für »Wissen«), d. h. die zentrale Wissensform

---

7 »Wer sind Sie, Professor Foucault?« (Gespräch mit P. Caruso, 1967), in: *Schriften* I, Nr. 50, S. 770-793, hier: S. 776.

8 In diesen methodologischen Grundentscheidungen ist deutlich Foucaults Anlehnung an die durch Georges Canguilhem und Gaston Bachelard vertretene französische Schule der historischen Wissenschaftstheorie zu erkennen. Vgl. Gary Gutting, *Michel Foucault's Archeology of Scientific Reason*, Cambridge 1989, und Arnold I. Davidson, »Über Epistemologie und Archäologie. Von Canguilhem zu Foucault«, in: Axel Honneth/Martin Saar (Hg.), *Michel Foucault. Zwischenbilanz einer Rezeption. Frankfurter Foucault-Konferenz 2001*, Frankfurt am Main 2003, S. 192-211.

der Moderne oder, genauer gesagt, der Zeit, die ungefähr mit Kant oder Hegel um 1800 anbricht, erläutert Foucault als Einbruch der Geschichte und des Subjekts des Wissens in die Positivitäten der einzelnen Wissenschaften vom Menschen. Während vorher die Ordnungen des Wissens gewissermaßen objektiv begründet waren in Gesetzen der Ähnlichkeit der Wissenselemente miteinander bzw. in Repräsentationsverhältnissen untereinander, stellt sich für das moderne Denken das Wissen als konstitutive Tätigkeit eines Subjekts in bezug auf ein Objekt dar; und es stellt sich so ein entscheidendes Problem, das paradigmatisch in der Philosophie Kants auftritt: Wie kann der Mensch als Subjekt und zugleich als Objekt des humanwissenschaftlichen Wissens gedacht werden und als Gegenstand einer Erkenntnis auftauchen, deren Bedingung er doch selbst ist?

Die »Lösung« ist, Foucault zufolge, der Struktur nach diejenige, die Kant in seiner Philosophie gibt und die den um die Sattelzeit 1800 herum neu entstehenden empirischen Wissenschaften vom Menschen (der historischen Philologie, Naturgeschichte und politischen Ökonomie) ihre eigentümliche Gestalt gibt: Sie führt »den Menschen« nun nicht mehr nur als eine weitere Figur unter anderen, sondern als zentrales und begründendes Element in den Raum des Wissens ein. Diese epistemologische Operation mündet in die Bildung des modernen Subjektbegriffs; der moderne Mensch, verstanden als Subjekt, ist also nach der berühmten Formulierung von der Schlußseite des Buchs eine relativ »junge Erfindung« (S. 463). Erst mit dem modernen Wissen wird der Mensch als Subjekt und in Absetzung von den Dingen begriffen; dies hat zur Folge, daß seither alle Versuche, humanwissenschaftliches Wissen zu begründen, einen Rekurs auf die »empirisch-transzendentale Dublette [...], die man den *Menschen* nannte«, einschließen und sich in der Form einer »Analytik der Endlichkeit« (S. 387) vollziehen müssen. Weil diese konstruktive Lösung in ihren Konsequenzen unhinterfragt bleibt und der zwitterhafte Status des Menschen zwischen empirischer und konstitutiver Rolle ungelöst fortbesteht, bleiben die vielfältigen philosophischen und humanwissenschaftlichen Projekte der Moderne in einem »anthropologische[n] Schlaf« befangen (S. 411).

Aber auch wenn durch dieses Dilemma das moderne Denken unauflöslich markiert bleibt, zeichnen sich doch Tendenzen zu seiner Überwindung ab – und aus diesem Grund konnte man *Die Ordnung der Dinge* später als einen frühen Beitrag zur Diagnose und Theorie der Postmoderne lesen. Das Buch endet mit der Beschwörung eines Zeitalters nach dem

Menschen, das »vielleicht« bald schon heraufziehen könnte, wenn das »Ereignis« einer »Veränderung in den fundamentalen Dispositionen des Wissens« (S. 463) einträte, wie Foucault sie schon für die zwei vorherigen Epochenbrüche (um 1650 und um 1800) diagnostiziert hat. Der verfremdend-externe Blick von außen auf die Geschichte der europäischen Wissensformen hat also Differenzen und Diskontinuitäten festgestellt, die es unmöglich machen, sie als Traditions- und Kontinuitätszusammenhang zu begreifen. Er hat aber auch die – sich erst schwach abzeichnende – Aussicht auf einen erneuten Bruch in den Wissensformen eröffnet, in der ein Denken und Leben jenseits der für die europäische Moderne konstitutiven Figuren und Grenzen möglich würde.

5. Archäologie des Wissens

Der phänomenale Erfolg der *Ordnung der Dinge*, die von verschiedenen Seiten vereinnahmt wird, die scharfe Kritik an ihrem Grundprogramm, dem niemand Geringerer als Sartre eine formalistische »Leugnung der Geschichte« vorwirft,[9] aber auch die pauschale Zurechnung zum Strukturalismus sind die Kontextbedingungen, auf die Foucault mit seinem drei Jahre später erschienenen Buch *Archäologie des Wissens* reagiert. Man kann es als seinen nachgereichten (und in der Werkgeschichte einzigen) *discours de la méthode* zu den materialen Analysen des früheren Buchs verstehen, der allerdings mit der nun entworfenen Theorie des Diskurses in vielen Punkten über die wissenshistorische Konzeption der *Episteme* hinausgeht. Denn die bisher vorgeführte archäologisch-historische Zurückweisung des modernen Subjektbegriffs wird nun auf der Basis einer allgemeinen Theorie der Sprache und der Aussagen reformuliert, und die Kritik an der transzendentalen Konzeption konstitutiver Subjektivität, wie sie laut Foucault in der Philosophie der Moderne von Kant bis zur Phänomenologie Husserls vorherrschend ist, wird nun nicht mehr bloß als Moment einer im Verschwinden begriffenen Epoche des Denkens verstanden, sondern als theoretisches Mißverständnis, das der Autonomie der Sprache nicht gerecht wird.

Schon ganz am Anfang stellt Foucault sein Vorgehen unter die Formel einer Transformation der »Dokumente in Monumente« (S. 480): Anstatt

---

9 »Jean-Paul Sartre répond« (Interview mit Bernard Pingaud), in: *L'Arc* 30 (1966), S. 87-96.

historische Spuren als sinnhafte Zeugnisse und Ablagerungen von subjektiven Intentionen und sozialen Kontexten zu lesen, sei es »heutzutage« Aufgabe, sich der »immanenten Beschreibung des Monuments« (ebd.) zu widmen und die Beziehungen zwischen einzelnen sprachlichen Aussagen und dem gesamten System der Aussagen, für das Foucault den Begriff »Archiv« (S. 613) vorschlägt, in den Vordergrund zu stellen. Ein solches ambitioniertes und dezidiert antihermeneutisches »Vorhaben einer *reinen Beschreibung der diskursiven Ereignisse*« (S. 500) wurde in einem gewissen Sinn schon in der *Ordnung der Dinge* praktiziert, die ja am Material der diversen Wissenschaftsfelder die Umrisse von drei Grundvarianten der Formen des Wissens vom Menschen herausgearbeitet hatte. Das Wissen einer Zeit stellte sich als gewissermaßen planes, objektives Tableau von Bezeichnungsweisen dar, das man ohne Rekurs auf ihre Rolle als Elemente faktischer Kommunikation und Interaktion betrachten kann.

Die Leitfrage der *Archäologie des Wissens* nach den »Aussagen« führt nun die dort ausgeblendete Ebene der Autoren und Erzeuger der Diskurse wieder ein, aber auch sie sollen nun nichtsubjektiv mit Hilfe einer Methode analysiert werden, die »von jedem Anthropologismus frei ist« (S. 490) und sich »außerhalb jeder Interpretation hält« (S. 591). Gegen die Unterstellungen eines verborgenen Sinns oder freizulegender subjektiver Intentionen beharrt sie auf der »Positivität« (S. 609) dessen, was sie untersucht. Das Zentralmotiv des Buches ist also semiologischer Herkunft, denn es bestimmt die objektiv gegebene Ordnung der Zeichen und möglichen Zeichenverknüpfungen als die eigentliche Voraussetzung subjektiv möglicher Erfahrung. Deshalb bestehen – bei aller ironischen Abgrenzung Foucaults von der »wiedergekäuten Frage des Strukturalismus« (S. 688) – methodische Analogien zu dem, was Roland Barthes die grundlegende »strukturalistische Tätigkeit« genannt hat, die in einer Doppelbewegung von Zerlegung und Neuarrangement besteht.[10] Die für jede traditionelle historische Analyse bedeutsamen Kategorien des »Werks« oder des »Autors« hören auf, einheits- und sinnstiftende Leitideen zu sein, da sie das neutrale Feld tatsächlicher Aussagen auf eine voreingenommene, subjektfixierte Weise reduzieren. Diese Einheiten werden vielmehr aufgebrochen und zerlegt, damit von einer höheren Ebene aus die einzelnen Aussagen neu arrangiert werden können gemäß den sich abzeichnenden »diskursiven Regelmäßig-

---

10 Roland Barthes, »Die strukturalistische Tätigkeit«, in: *Kursbuch* 5 (1966), S. 190-196.

keiten« (S. 493) innerhalb von »diskursiven Formationen« (S. 504) und zwischen ihnen.

Die *Archäologie des Wissens* läßt also erkennen, wie sich Foucault zur Durchführung seines Projekts einer Ethnologie der eigenen Kultur der Denkanstöße des semiologischen Strukturalismus bedient, dem zufolge die sinnhaften Leistungen des Subjekts in Abhängigkeit von der subjektunabhängigen Ordnung von Zeichen- und Bedeutungssystemen vorzustellen sind. Zugleich sollen aber die Beziehungen nicht nur im Innern von, sondern auch zwischen einzelnen solcher Systeme beschreibbar werden; hierzu dient Foucault der Begriff des Diskurses, der – nach einer vorläufigen Definition – »eine Menge von sprachlichen Performanzen« (S. 588) bezeichnen soll, die eine gewisse Regelmäßigkeit teilen. Damit deutet sich schon an, daß sich die Begrenzung auf die reine Immanenz des Archivs, wie sie die wissenshistorische Perspektive der *Ordnung der Dinge* noch zum alleinigen Objekt hatte, für ein Projekt der neutralen, »archäologischen« Neubeschreibung der Wissensordnungen, wie es Foucault im Laufe der sechziger Jahre entwirft, als zu enges Korsett erweist. Denn nicht nur die abgelagerten Archivspuren, sondern auch das faktische und dynamische Diskursgeschehen selbst soll erläutert werden. Die *Archäologie des Wissens* entpuppt sich so weniger als bloße Zusammenfassung schon etablierter Forschungsmaximen, sondern vielmehr als ein experimenteller Text, der eine Vielzahl origineller methodischer Begriffe und systematischer Perspektiven erprobt, in deren Fluchtpunkt eine Art des wissenschaftlichen Denkens liegt, das den Versuchungen der tröstenden Kontinuitäten der Tradition und des philosophischen Humanismus nicht erliegt, sondern versucht, der Kontingenz und Anonymität des Sprechens Rechnung zu tragen.

6. *Überwachen und Strafen*

Die historischen Untersuchungen, die der archäologischen Methode verpflichtet sind, hatten bis dahin bei allem deskriptiven Reichtum unentschieden gelassen, ob die Entdeckung neuer Wissensgehalte auf das geschichtlich zufällige Zusammentreffen institutioneller und kognitiver Bedingungselemente oder auf eine historisch einzigartige Konstellation sozialer Problemlagen zurückzuführen sind: Was in Foucaults Arbeit nach seiner eigenen Auskunft fehlte, war eine Analyse des Zustandekommens »der diskursiven Ordnung« und der dem Wissen »eigenen Machtwirkungen«.[11] Dies erfordert einen Wechsel in der methodischen Einstellung, und ihm entspricht eine Veränderung des wissenschaftlichen Gegenstands: An die Stelle der bisher immanent betrachteten Ordnung des Wissens treten die gesellschaftliche Ordnung der Macht und ihre institutionellen und kognitiven Strategien, deren stabilisierende Wirkung für die Gesellschaften des modernen Europa analysiert werden sollen.

Überwachen und Strafen tritt zunächst als das Beispiel einer perfekt montierten singulären, aber theoretisch verallgemeinerten und im Anschluß an Nietzsche »Genealogie« (S. 725) genannten Historie auf, die nach dem Muster eines sozialen Konfliktnarrativs erzählt ist. In ihr ist der epochenübergreifende Wandlungsprozeß, dem der Strafvollzug in der Modernisierung Europas von der mittelalterlichen Körperstrafe bis zur heute vorherrschenden Gefängnisstrafe unterliegt, ein exemplarischer sozialgeschichtlicher Entwicklungsvorgang, an dem sich die historische Herausbildung der gegenwärtigen Herrschaftsordnung verfolgen läßt. Ausgangs- und Endpunkt des historischen Entwicklungsvorgangs, den Foucault als einen Ausschnitt aus dem umfassenden Prozeß der Herausbildung des modernen Machtsystems behandelt, sind durch zwei Bilder in der Einleitung und am Schluß seines Buches markiert: die detaillierte Darstellung einer grausamen Vierteilung im Jahre 1757 in Paris, eines »Fests der Martern« (S. 734), und die Wiedergabe eines 1836 verfaßten Planes für eine als minutiöses Überwachungssystem angelegte, durchrationalisierte »Kerkerstadt« (S. 1018).

Um zeigen zu können, daß die »Geburt des Gefängnisses« als ein institutioneller Beitrag zur Etablierung des modernen Machtsystems anzusehen ist, muß Foucault nachweisen, daß sich in der Einführung der Gefängnisstrafe als »einer der allgemeinsten Formen der Bestrafung« (S. 823), die doch zunächst eine drastische Abmilderung des physischen Leidens der Betroffenen zur Folge hat, nicht ein Vorgang der Humanisierung, sondern ein Prozeß der fast technologischen Optimierung sozialer Kontrollverfahren vollzieht; das, was sich hinter der schrittweisen Reform des Strafvollzugs verbergen würde, wäre demzufolge eine stete Effektivierung gesellschaftlicher Machttechniken. Das alte, klassische Strafsystem untersucht Foucault nun für das 17. und 18. Jahrhundert in einer Weise, die vor allem die auf den Körper des Delinquenten als Ort der Wahrheitsermittlung ge-

---

11 »Gespräch mit Michel Foucault« (mit A. Fontana und P. Pasquino, 1976), in: *Schriften* III, Nr. 192, S. 186-213, hier: S. 191.

richteten Behandlungspraktiken hervortreten läßt. Die historisch folgende Epoche der Strafrechtsreformen, die philosophisch ihre Wurzeln in den bürgerlichen Vertragstheorien haben und praktisch in der zweiten Hälfte des 18. Jahrhunderts wirken, setzt den »Menschen« als Legitimitätsgrenze der Strafgewalt. Foucault indes bezieht den Katalog von Reformvorschlägen, der auf der Basis dieser moralphilosophischen Argumentation entwikkelt wird, auf ein machttechnisches Kalkül zurück, das die Einschränkung der richterlichen Willkür des Monarchen und die Verfeinerung der Instrumente sozialer Kontrolle zum Ziel hat. Damit entpuppt sich die vom Geist der Aufklärung getragene Strafjustizreform des ausgehenden 18. Jahrhunderts als eine straftechnische Umbruchphase, die in der Kritik der königlichen Strafwillkür und ihrer Prinzipienlosigkeit nur den Boden bereitet für eine durchrationalisierte, alle Rechtswidrigkeiten präzis erfassende Sozialkontrolle.

In dem Versuch einer Explikation dieses Vorgangs unternimmt es Foucault im ersten Schritt, jenen sozialen Problemdruck zu identifizieren, der im ausklingenden 18. Jahrhundert eine so zügige Umstellung der gesellschaftlichen Straftechniken auf das Instrument der Gefängnisstrafe erzwingen konnte. Dem zweiten Schritt gilt der umfangreichste und zweifellos imponierendste Teil der Studie; er besitzt die Gestalt eines systematisierten Überblicks über den historischen Prozeß, in dem sich die Techniken der methodisch geschulten Körperdisziplinierung in der europäischen Neuzeit herausbildete, die »›Erfindung‹ [einer] neuen politischen Anatomie« (S. 840). All seine Akribie verwendet Foucault nun darauf, das Arsenal an Methoden, Techniken und Erkenntnissen zu beschreiben, das seit dem 16. Jahrhundert von den verschiedenen Disziplinierungsinstanzen innerhalb und außerhalb der Gefängnisse ausgebildet wurde, um das menschliche Körperverhalten zu standardisieren und abzurichten.

Foucault läßt seinen historischen Überblick in der Darstellung der »Prüfung« gipfeln, die zugleich »ein normierender Blick, eine qualifizierende, klassifizierende und bestrafende Überwachung« (S. 890) ist, und dies nicht nur, weil er darin eine geregelte Kombination aller anderen Kontrollverfahren am Werke sieht, sondern vor allem deswegen, weil er in ihr nun gewissermaßen die institutionelle Quelle jener neuzeitlichen Denkweise erblickt, die den Menschen als ein individuiertes Subjekt begreift. Somit ist dies die Stelle in *Überwachen und Strafen*, an der die Absichten einer Institutionengeschichte so mit denjenigen einer Wissens- und Subjektivitätsgeschichte verknüpft werden, wie es unter dem Titel der »Genealogie« programmatisch angekündigt worden war. Die spektakulärsten und provokantesten Formulierungen, die die kontroverse Wirkungsgeschichte dieses Buchs maßgeblich geprägt haben, gelingen Foucault hierbei beim Versuch, aus der »Geschichte dieser ›Mikrophysik‹ der Strafgewalt«, d.h. der administrativen Zwangsmittel, scheinbar problemlos eine »Genealogie der modernen ›Seele‹« hervorgehen zu lassen, ja, im menschlichen Selbstbewußtsein nichts anderes zu sehen als den »Bezugspunkt einer bestimmten Technologie der Macht über den Körper« (S. 732). Damit erscheint die menschliche Subjektivität als solche als das artifizielle Produkt eines sozial auferlegten Bekenntniszwanges und technischer Apparate der Unterwerfung.

Die Geschichte der Entstehung der Disziplinen an verschiedenen Orten der Gesellschaft im allgemeinen und neuer Formen des Strafens im besonderen zeigt also gegenüber der alten Macht des Souveräns das generelle »Heraufkommen einer neuen Spielart der Macht« an (S. 898), die durch ebendie Art von Wirksamkeit gekennzeichnet ist, welche die Analyse der neuen Kontroll-, Arbeits- und Individualisierungstechniken ans Licht gebracht hat. Die »Disziplinargesellschaft« (S. 899) ist nun diejenige Gesellschaft, in der diese dezentrale, kapillare »disziplinarische« Macht oder »Disziplinarmacht« (S. 857) die – wie Foucault immer wieder suggeriert: bis heute – vorherrschende Form der Machtausübung abgibt.[12] Das Problem der herkömmlichen politischen Analyse und Kritik ist es, daß sie mit einer weiterhin an Gesetz und Recht orientierten Begrifflichkeit diese Wirksamkeiten nicht fassen kann. Die Vision eines sozialen Körpers, in dem Benthams architektonisches Modell eines allumfassenden »Panopticons« (S. 905) der internalisierten Überwachung allmählich zum allgemeinen Organisationsprinzip wird, ist das drastische Bild einer Gesellschaft, in der die Prinzipien einer Rundum-Kontrolle und -Überwachung von Subjekten bei gleichzeitigem Effizienz- und Normalisierungsdruck auch die Sphären außerhalb des Strafsystems erreicht hat.

---

12 Zur umstrittenen Zeitdiagnose Foucaults vgl. Jean Baudrillard, *Oublier Foucault*, München 1983 und Gilles Deleuze, »Postskriptum über die Kontrollgesellschaften«, in: ders., *Unterhandlungen 1972-1990*, Frankfurt am Main 1993, S. 254-262.

7. Der Wille zum Wissen

Auf dem Rückentext der französischen Erstauflage von *Histoire de la sexualité 1: La volonté de savoir*, das auf Foucaults Vorschlag in der deutschen Übersetzung leicht modifiziert *Der Wille zum Wissen. Sexualität und Wahrheit 1* heißen wird, werden fünf nie geschriebene Folgebände angekündigt. Geplant sind Monographien mit den Titeln »Das Fleisch und der Körper«, »Der Kinderkreuzzug«, »Die Frau, die Mutter und die Hysterikerin«, »Die Perversen«, »Bevölkerungen und Rassen«. Diese Reihe von Untersuchungen wäre in direkter Fortsetzung der in *Überwachen und Strafen* und den Vorlesungen dieser Zeit erarbeiteten Perspektive auf die Machtordnungen der europäischen Gesellschaften ab dem 17./18. Jahrhundert eine Serie historischer Studien zu Teilbereichen einer Geschichte der modernen Komplexe von »Macht/Wissen« (S. 730) geworden. Der allgemeine Rahmen dieser projektierten Untersuchungen ist die Frage, wie und in welchem Maße die individuellen und kollektiven Körper seit der frühen Moderne ein Schauplatz der Macht geworden sind. Denn der theoretische und praktische Zugriff auf den sexuellen Körper und die Konstitution des Bewußtseins einer vermeintlichen Geschlechtsidentität oder »Wahrheit des Sexes« (S. 1053) bilden, wie Foucault nachweisen will, ebenso eine maßgebliche Strategie moderner, »produktiver« Macht wie schon die körperdisziplinierenden Strafmaßnahmen, Erziehungsmethoden und Arbeitsverhältnisse.

Für diese Form der Macht schlägt Foucault nun den Oberbegriff der »Bio-Macht« vor, der die beiden »Pole« oder »Entwicklungsstränge« zum einen der in *Überwachen und Strafen* untersuchten disziplinierend-individualisierenden Unterwerfung der Körper und zum anderen die nun thematische administrativ-totalisierende »Bio-Politik« oder »Kontrolle der Bevölkerungen« (S. 1134) zusammenfaßt.[13] Die theoretische Bemühung besteht also darin, »das Regime von Macht – Wissen – Lust in seinem Funktionieren und in seinen Gründen zu bestimmen, das unserem Diskurs über die menschliche Sexualität unterliegt« (S. 1034). Dies beginnt mit einer fulminanten und polemischen Zurückweisung der von Foucault so genannten »Repressionshypothese« (S. 1035), der freudianisch-marxistischen Vorstel-

---

13 Zum Stand der Debatte um Bio-Macht und Bio-Politik vgl. Petra Gehring, *Was ist Biomacht? Vom zweifelhaften Mehrwert des Lebens*, Frankfurt am Main/New York 2006, und Thomas Lemke, *Gouvernementalität und Biopolitik*, Wiesbaden 2007.

lung, ein grundlegender, mit dem Aufstieg des Kapitalismus verbundener Verdrängungsapparat habe durch Verbote und Tabubelegung die natürliche Sexualität domestiziert und dienstbar gemacht; dagegen komme es darauf an, durch Befreiung von diesen Verboten ein ursprüngliches, machtfreies und befreiendes Verhältnis zum Körper wiederherzustellen.

Foucault weist nun ganz im Gegenteil in einer Skizze der Geschichte des Diskurses über die Sexualität seit dem 18. Jahrhundert darauf hin, daß sich einerseits statt erzwungenem Schweigen eine Diskursanhäufung, »eine Explosion verschiedener Diskursivitäten« (S. 1053), und andererseits statt unterdrückender Selektion ein »Prinzip der Ausstreuung und der Einpflanzung polymorpher Sexualitäten« (S. 1037) beobachten lassen. Der moderne Zwang, sich über seine Sexualität zu verständigen und zu definieren, den Foucault in der zeitgenössischen Konjunktur der Psychoanalyse kulminieren sieht, erscheint dann nicht als Widerstandsgeste gegenüber einem mächtigen Sprechverbot, sondern im Gegenteil als Effekt einer immer effizienteren Strategie des Zugriffs auf die sich sexuell selbstdefinierenden Subjekte. Als historischen »Entstehungsort« (S. 1116) des Anreizes oder Zwangs, das Sexuelle auszusprechen und zu offenbaren, die Wahrheit über die eigene Sexualität zu sagen, macht er die mittelalterlichen Beicht- und Geständnispraktiken aus. Darauf aufbauend kann er behaupten, daß sich im Zuge der Modernisierung der Körperverhältnisse ein umfassender Apparat aus Machtpraktiken zur Überwachung und Kontrolle des sexualisierten Subjekts mit einer sich gleichzeitig installierenden wissenschaftlichen Sexualpsychopathologie bildet, zusammengenommen ein aus Machtpraktiken und Wissensformen zusammengesetztes institutionell-epistemisches »Dispositiv der Sexualität« (S. 1086).

Die historische Konzentration auf Sexualität und den sexualisierten Körper als Durchgangs- und Materialisationspunkt von Machtpraktiken dient Foucault zur Ausarbeitung und Verfeinerung seiner genealogischen Machtanalytik. In berühmtgewordenen Formulierungen, die die Debatte um einen sinnvollen sozialwissenschaftlichen Machtbegriff für Jahrzehnte beschäftigt haben,[14] umreißt er definitorisch sein radikal relationales Verständnis von Macht als »der Vielfältigkeit von Kräfteverhältnissen, die ein Gebiet bevölkern und organisieren«, die sich »in unaufhörlichen Kämpfen und Auseinandersetzungen« transformieren und sich manchmal »zu Systemen

14 Vgl. Thomas E. Wartenberg, *The Forms of Power: From Domination to Transformation*, Philadelphia 1990.

verketten« (S. 1098). Aus dieser Beschreibung folgt direkt, daß man von
einer »Allgegenwart der Macht« (ebd.) auszugehen hat und selbst der »Widerstand niemals außerhalb der Macht« (S. 1100) liegen kann.

Diese These von der Machtdurchzogenheit noch der kleinsten Winkel
der sozialen Welt, die natürlich nur um den Preis der Aufgabe der herkömmlichen mit dem Machtbegriff verknüpften normativen Unterscheidungen zu haben ist, grundiert den ersten Band von *Sexualität und Wahrheit*. Unter der Voraussetzung, daß der »Sex« der Individuen – im weiten
Sinn des französischen Ausdrucks *le sexe*, der auch das biologische Geschlecht bezeichnet – vom Sexualitätsdispositiv konstituiert ist, kann es
nur eine Ironie der Geschichte sein, daß etwas so radikal Modernes und
Konstruiertes wie unsere vermeintlich natürliche Geschlechtsidentität für
etwas unverdorben Ursprüngliches gehalten wird, an dem sich »unsere
Selbsterkennung« (S. 1148) orientieren soll. Da das Band zwischen Machtwirkungen, Wissensformen und dem Selbstverständnis moderner Subjekte
aber so eng gezogen wird, daß bestimmte Weisen der Identifizierung und
ein bestimmtes Vokabular der Selbstthematisierung als bloße Elemente
eines umfassenden strategischen Prozesses der Entfaltung und Herrschaft
anonymer Dispositive erscheinen, wirkt der Tonfall des Buchs fast apo-
kalyptisch. Die einzige Öffnung auf eine Perspektive außerhalb der herrschenden Denk- und Machtordnung erscheint in einer leicht ironischen,
rätselhaften Wendung auf der allerletzten Seite des Buches, wo Foucault
zumindest andeutet, daß »vielleicht eines Tages« diese Ordnung im Rückblick als nur eine Möglichkeit unter anderen durchschaubar wird, die allein auf der Grundlage eines Machtgefüges lebensfähig war, das nicht alter-
nativlos ist. Ihre Überschreitung ist aber nur um den Preis einer radikal
verschiedenen, »anderen Ökonomie der Körper und der Lüste« (S. 1151)
denkbar, die die tiefe Komplizenschaft mit den modernen Machtverhältnissen aufgekündigt hätte.

8. Der Gebrauch der Lüste

Das Projekt einer *Geschichte der Sexualität* nimmt einen anderen Weg, als
ihn Foucault angekündigt hatte. Die zahlreichen kleinen Schriften der
Jahre 1978-1982 und vor allem die Dokumentationen der Vorlesungen
Foucaults am *Collège de France* aus dieser Phase zeigen, wie früh sich sowohl der zeitliche als auch der thematische Rahmen verschoben haben.

Foucault zeigt sich unzufrieden mit dem erreichten Standpunkt seiner Machtanalytik und mit dem Versuch, die Geschichte der Macht der »Hypothese Nietzsches« folgend am Leitfaden der Konflikt- oder Kriegsförmigkeit des Sozialen zu schreiben.[15] Er experimentiert mit den Begriffen der »Regierung«, »Führung« und »Selbstführung« und »Gouvernementalität«, um eine Begrifflichkeit zu entwickeln, die einerseits der Wirkung von Regulierung und Verhaltenssteuerung, andererseits aber auch stärker als bisher der Tatsache Rechnung tragen sollen, daß Machtbeziehungen keine vollständige Determination des Handelns bedeuten, sondern gerade auch die Hervorbringung eines handlungsfähigen Gegenübers der Macht: »Macht kann nur über ›freie Subjekte‹ ausgeübt werden, insofern sie ›frei‹ sind«.[16]

Es ist nicht zuletzt diese Fähigkeit von Subjekten, in einem bestimmten Sinn und aufgrund einer bestimmten Praxis »frei« zu sein, sich selbst zum Objekt der Reflexion zu machen und zur Bestimmung des eigenen Handelns zu bringen, die Foucaults Aufmerksamkeit in den langen Jahren zwischen dem Erscheinen des ersten und der beiden letzten Bände der *Geschichte der Sexualität* beschäftigt. *Der Gebrauch der Lüste* und *Die Sorge um sich*, kurz vor seinem Tod erschienen, dokumentieren die beiden Endpunkte einer Denkbewegung, deren einzelne Schritte nur über die kleineren Texte nachzuvollziehen sind.[17] Diese aber geben zu erkennen, wie Foucault im Rahmen eines schon bestehenden thematischen Projekts einige zentrale Weichenstellungen so verändert hat, daß sich seiner historischen Analyse Phänomenbereiche erschließen, die bisher ausgeblendet waren.

Die Neuausrichtung zeigt sich schon im Vorwort von *Der Gebrauch der Lüste*, wenn Foucault erstens von seinem theoretischen Interesse an Sexualität als einer »historisch besonderen Erfahrung« (S. 1158) und nicht mehr als einer spezifischen Form von »Macht/Wissen« oder dem Effekt des »Sexualitätsdispositivs« spricht. Sie kündigt sich zweitens darin an, daß er seine Abkehr vom zeitlichen Rahmen der bisherigen Arbeit und die Hinwendung zur antiken Vorgeschichte neuzeitlicher Wissens- und Praxisformen damit rechtfertigt, daß dieser Rückgang »von der Moderne

---

15 Michel Foucault, *In Verteidigung der Gesellschaft. Vorlesung am Collège de France (1975-1976)*, hg. von Mauro Bertani und Alessandro Fontana, Frankfurt am Main 1999, S. 33.

16 Foucault, »Subjekt und Macht«, a. a. O., S. 287.

17 Vgl. den Auswahlband *Ästhetik der Existenz. Schriften zur Lebenskunst*, ausgew. von Martin Saar, Frankfurt am Main 2007.

durch das Christentum hindurch zur Antike« (S. 1162) es möglich macht, die moderne Erfahrung in einen größeren Rahmen zu stellen und damit zu relativieren. Schließlich ist es drittens ein neuer Phänomenbereich, der nun das Objekt der historischen Untersuchung wird, nämlich die »Künste der Existenz« (S. 1163), die »Selbsttechniken« oder »Selbstpraktiken« (S. 1165). Diese Künste oder Techniken sind nach einer früheren Definition zu verstehen als »Verfahren zur Beherrschung oder Erkenntnis seiner selbst, mit denen der Einzelne seine Identität festlegen, aufrechterhalten oder im Blick auf bestimmte Ziele verändern kann oder soll«.[18] Der historische und thematische Ausschnitt, den Foucault exemplarisch analysiert, nämlich die antiken und spätantiken Diskurse um die Sexualmoral, bietet den interessanten Fall einer tiefgreifenden Transformation dessen, was diese Diskurse als empfehlenswerte Form der Beziehung vorgeben, bei nahezu gleichbleibenden expliziten Regeln bzw. konstantem »Moralcode« (S. 1175).

Die zentrale Deutungsthese Foucaults lautet, daß die antike Moral (zumindest der freien, besitzenden, männlichen Subjekte) weniger als System von verbindlichen Regeln denn als »eine Stilisierung der Haltung und eine Ästhetik der Existenz« (S. 1234) verstanden werden muß. Denn »Moral« umfaßt für ihn dreierlei: Neben dem tatsächlichen, beobachtbaren Verhalten und dem »Moralcode« schließt sie auch das Verhältnis zu diesen Ge- und Verboten ein, die subjektive Disposition, ihnen zu folgen. Zur Moral gehört also die »Art und Weise, wie man sich führen und halten – wie man sich selber konstituieren soll als Moralsubjekt, das in bezug auf die den Code konstituierenden Vorschriften handelt« (S. 1176). Mit einem raffinierten Kategoriengerüst macht sich Foucault nun an die Analyse der ethischen Vorschriften rings um das antike Sexualverhalten; er expliziert die diversen Techniken und Praktiken, die dem ethischen Subjekt anempfohlen werden, und untersucht in großer Nähe zum historischen Material für verschiedene Lebensbereiche (Diätetik, Ökonomik und Erotik) die für

18 Michel Foucault, »Subjektivität und Wahrheit« (Vorlesungszusammenfassung, 1980/81), in: *Schriften* IV, Nr. 304, S. 258-264, hier: S. 259. Zentrale Anregungen zur Konzeptualisierung der »Selbstpraktiken« hat Foucault aus der historischen Literatur zur Antike etwa von Paul Veyne und Peter Brown, vor allem aber aus dem Werk des Althistorikers Pierre Hadot erhalten, der die Rolle der »geistigen Übungen« (*exercices spirituels*) in der antiken Philosophie untersucht hat. Vgl. Hadot, *Philosophie als Lebensform. Geistige Übungen in der Antike*, Berlin 1991, und seine Bemerkungen zu Foucaults Vorschlägen in »Überlegungen zum Begriff der ›Selbstkultur‹«, in: François Ewald/Bernhard Waldenfels (Hg.), *Spiele der Wahrheit. Michel Foucaults Denken*, Frankfurt am Main 1991, S. 219-227.

diese Ethiken spezifischen Problematisierungen und Warnungen. Das Buch endet mit einer ausführlichen Interpretation von Platons Theorie der Liebe, in der sich schon der »Übergang [...] zu einer Erotik, die sich um eine Askese des Subjekts und um den gemeinsamen Zugang zur Wahrheit dreht« (S. 1359), ankündigt.

Man muß zugeben, daß es der ruhige, archivarische Stil, in dem sich *Der Gebrauch der Lüste* präsentiert, schwerer macht als im Fall der anderen Schriften, das Argumentationsziel Foucaults klar zu bestimmen. Während er sich in seinen beiden letzten Monographien rein als sachlicher Diskurshistoriker präsentiert, gibt er in den kleineren Texten und Interviews sehr viel deutlicher – und ungeschützter – zu erkennen, daß für ihn die Frage einer »Ästhetik der Existenz« und einer aktiven Stilisierung des eigenen Lebens, wie er sie als Kern der klassischen Ethiken der Selbstherrschung herausgeschält hat, nicht bloß von historischem Interesse ist. Auch wenn er immer wieder betont, daß die ethische »Lösung eines anderen Problems, das in einer anderen Epoche von anderen Leuten gestellt wurde«,[19] keine Handreichung für gegenwärtige Fragestellungen sein kann, hilft der Umweg über die Geschichte der Selbstpraktiken dabei, die Historizität von Subjektivitätsmodellen und damit auch die möglichen Alternativen zu gegenwärtigen Formen der Subjektivierung zu erkennen.

Die antike Lektion ist also nicht, wie es einige Kommentatoren im Anschluß an Foucault vorgeschlagen haben, der Vorschlag eines spezifischen Modells oder eine »neue Ethik«,[20] sondern die Einsicht in die kreative, praktische Verfaßtheit des Bezugs des Selbst zu sich: »man muß begreifen, daß die Selbstbeziehung wie eine Praxis strukturiert ist, die ihre Modelle, ihre Konformitäten, ihre Varianten, aber auch ihre Schöpfungen hat«.[21] Die antike »Ästhetik der Existenz« bleibt eine historische Figur, und Foucault redet auch keiner Ästhetisierung des Alltags das Wort; aber er besteht darauf, daß die heutige Macht- und Wissensordnung und die heutigen Möglichkeiten und Weisen, ein Subjekt zu sein, nicht das letzte Wort sind, sondern daß sich Spielräume denken lassen, sich selbst heute anders zu verstehen und sich anders zu sich zu verhalten.

---

19 Foucault, »Zur Genealogie der Ethik«, a. a. O., S. 751.
20 Vgl. James Bernauer, *Michel Foucault's Force of Flight: Towards an Ethics for Thought*, Atlantic Highlands 1990; Wilhelm Schmid, *Auf der Suche nach einer neuen Lebenskunst. Die Frage nach dem Grund und die Neubegründung der Ethik bei Foucault*, Frankfurt am Main 1991; ders. *Philosophie der Lebenskunst*, Frankfurt am Main 1999.
21 Foucault, »Zur Genealogie der Ethik«, a. a. O., S. 758.

9. Die Sorge um sich

In den Diskussionen um die *Geschichte der Sexualität* nimmt das Modell einer »Ästhetik der Existenz« eine dominantere Position ein als die Figur der »Selbstkultur«, wie sie Foucault in seiner letzten Monographie analysiert. Denn die hier verhandelten Materialien sind fast noch spezialisierter. Historisch führt der dritte Band das historische Narrativ weiter; fehlende Rückbezüge weisen allerdings darauf hin, daß die beiden Bände in einer anderen Reihenfolge geschrieben wurden. Die hellenistisch-römische Tradition der »Sorge um sich« interpretiert Foucault als Radikalisierung einzelner Motive der klassischen Ethik; hierbei interessieren ihn weiterhin die Problematik der Beherrschbarkeit der sexuellen Lust, die Beziehung zum eigenen Körper, das Eheverhältnis und die Frage der Homosexualität. Auch für die spätantiken ethischen Diskurse gilt, daß sie sich stärker auf Fragen der Haltung und des Ethos als auf einen umfassenden Katalog erlaubter und verbotener Handlungen konzentrieren. Allerdings wird die Bindung der ethischen Vorschriften an die soziale Position des ethischen Subjekts schwächer, und eine zunehmende »Intensivierung des Selbstbezuges« (1406) gibt ihm eine stärker private als öffentliche Bedeutung.

Das berühmte Traumdeutungsbuch von Artemidor aus der zweiten Hälfte des 2. Jahrhunderts v. Chr. benutzt Foucault als Einstieg in die Konturierung der spätantiken Sexualethik, in der sich »alles in allem ein strengerer Stil« (1404) ankündigt. Die historisch ältere Idee einer notwendigen und aufmerksamen Sorge um sich erlebt eine neue Blüte; es entsteht eine neue Praxis der Reflexion auf die Gebrechlichkeit der menschlichen Natur und eine verstärkte Suche nach objektiven Grundsätzen der Lebensführung, die mit entsprechender Expertise zu verfolgen sind. Foucault entdeckt in der Sexualethik sogar schon die Ansätze einer »Pathologisierung des Geschlechtsakts« (S. 1495), ohne daß es sich hier um eine im heutigen Sinn medizinische Klassifikation sexueller Handlungen handeln würde. Vielmehr wird dieser schon in dieser Zeit als »permanente[r] Herd möglicher Übel« (ebd.) gesehen, der eines wachsamen, argwöhnischen Blicks bedarf.

Analog zur Struktur von *Der Gebrauch der Lüste* endet auch *Die Sorge um sich* mit der Analyse der ethischen Problematik der erotischen Beziehung zwischen älteren und jüngeren Männern. Foucault sieht »Elemente einer neuen Erotik« (S. 1567) entstehen, deren Themen die Existenz einer wesentlich durch einen männlichen und einen weiblichen Pol geprägten

Beziehung und die Forderung nach Enthaltung mit einer neuen Auszeichnung der »Reinheit« (S. 1568) sind. Damit kündigen sich Modifikationen in den ethischen Grundeinstellungen an, die vom frühen Christentum dann weiter radikalisiert werden. Mentalitätsgeschichtlich ist also ein weiter Weg zurückgelegt worden von einer selbstsicheren Ethik der mäßigenden Selbstbeherrschung zu einer Erotik der Reinheit. Ein Blick auf den »Moralcode«, den Kodex des möglichen erlaubten Handelns, hätte bloß eine weitgehende Übereinstimmung zwischen der klassischen und der spätantiken Ethik feststellen können. Was sich geändert hat und was nur in Foucaults Analyseraster einer Geschichte der Selbstpraktiken sichtbar werden konnte, sind die veränderten Rollen und Eigenschaften, die dem sexuellen Subjekt zugeschrieben werden, die Vorschriften, wie es sich zu den moralischen Bedrohungen und Versuchungen zu verhalten hat und an welchen ethischen Idealen es sich orientieren soll.

Anders als die in der Rezeption von Foucaults späten Schriften populär gewordene Idee einer »Lebenskunst« oder »Ästhetik der Existenz« ist Foucaults Nachzeichnung der spätantiken Selbstsorgekultur nicht leicht auf gegenwärtige Interessen zu beziehen. Sie bleibt eine Übergangsfigur, die besonders im Kontrast zur klassisch-antiken und zur frühchristlichen Ethik von Bedeutung ist.[22] Außerdem ist die Kontur dieser Ethosform weniger scharf, und sie scheint stärker abhängig von konkreten Praktiken und sozialen Institutionen zu sein, deren Wiederbelebung nicht zur Debatte steht. Gleichzeitig hat sich aber auch das faszinierende Moment von spielerischer Kreativität im Selbstbezug verflüchtigt, das die »Ästhetik der Existenz« so attraktiv hat aussehen lassen. Es ist aber genau diese historistische Nüchternheit, welche die systematische Pointe der späten Werke Foucaults deutlicher zum Vorschein bringt als Versuche, dem historischen Material einen unmittelbaren Gegenwartsbezug abzupressen.

Denn es ist ein in erster Linie historiographisches Projekt, das Foucault mit seiner Geschichte der Ethik verfolgt, die »eine von den Selbstpraktiken ausgehende Geschichte der ethischen Problematisierungen« (1494) ist, wie es in der allgemeinen Einleitung in die beiden letzten Bände der *Geschichte der Sexualität* heißt. Diese Historie bringt ans Licht, auf wie

22 Zum frühen Christentum vgl. Michel Foucault, »Von der Regierung der Lebenden« (Vorlesungszusammenfassung, 1979/80), in: *Schriften* IV, Nr. 289, S. 154-159; ders., »Technologien des Selbst« (1982), in: *Schriften* IV, Nr. 363, S. 966-999; und die Hinweise zu *Les aveux de la chair* von Gilles Deleuze, *Foucault*, Frankfurt am Main 1992, S. 148 f., und Didier Eribon, *Michel Foucault. Eine Biographie*, Frankfurt am Main 1991, S. 458-473.

viele verschiedene Weisen es in der Geschichte des Abendlandes möglich war, sich selbst zum Subjekt einer aktiven Lebensführung zu machen und das Zentrum möglicher Erfahrungen zu werden. In diesem Sinne sind die beiden letzten Monographien mustergültige Beispiele für historische Analysen, die nach Foucaults schon zitiertem Schema entlang der »dritten« Achse organisiert sind und die deshalb die Formen der Beziehung zu sich methodisch weitgehend isoliert von den Ordnungen des Wissens und der Macht untersuchen. Manche Interpreten haben hierin eine veritable »Wende« vermutet und Foucaults Interesse für die Selbststilisierungen und Freiheitspraktiken als Widerlegung seiner eigenen früheren Fokussierung der Bedingtheit und Geformtheit der Subjekte durch Macht- und Wissensformen gesehen.[23] Diese Lesart ist nicht zwingend. Der Umweg über die Antike hat Foucault vielmehr dazu geführt, das analytische Instrumentarium zu verfeinern, weil selbst die vermeintliche Einheit namens »Subjekt« in historischer Perspektive in eine Vielzahl von Formen zersplittert ist. Das Graben in der Vorgeschichte der neuzeitlichen Subjektivität hat keine besseren oder schöneren, sie hat andere Arten und Weisen, ein Subjekt zu werden und zu sein, freigelegt. Damit hat sie, und das ist kein geringes Ergebnis, auch für die Gegenwart gezeigt, daß sich die Frage stellt, ob wir für immer die sein müssen, die wir geworden sind, und welche Wege durch eine »permanente Kritik unserer selbst« noch offenstehen könnten.[24]

10. Folgen einer Theorie

Der lange Weg von Borges' chinesischer Enzyklopädie, mit der Foucault 1966 *Die Ordnung der Dinge* eröffnet, bis zu den Details der spätantiken Formen der Gewissensprüfung, mit denen er 1984 den dritten Band seiner *Geschichte der Sexualität* schließt, ist kein Entwicklungsgang. Denn weder entfaltet sich in der Gesamtheit des Werks von Foucault ein einziger zentraler Grundgedanke, dessen Implikationen für verschiedene Fälle oder Anwendungsbereiche durchgespielt würden, noch sammeln sich einzelne Argumente oder Materialien, um in einer umfassenden Theorie integriert zu werden. Zu häufig wechseln die zentralen Begriffe und Kategorien zur Beschreibung singulärer historischer Phänomene, und zu ungeklärt bleibt

23 Vgl. Peter Dews, »The Return of the Subject in Late Foucault«, in: *Radical Philosophy* 51 (1989), S. 37-41; Eric Paras, *Foucault 2.0: Beyond Power and Knowledge*, New York 2006.
24 Michel Foucault, »Was ist Aufklärung?« (1984), in: *Schriften* IV, Nr. 339, S. 687-707, hier: S. 700.

letztlich das Verhältnis der großen methodologischen Programme, die Foucault immer wieder von neuem entwirft, verfeinert und dann doch in einem nächsten Schritt zur Disposition stellt, um noch einmal an einer anderen Stelle neu anzufangen. Selbst der eher formal argumentierende Deutungsversuch, die verschiedenen historischen Studien als Ausschnitte einer generellen historischen Theorie der Herausbildung von Subjektivität in der dreifachen Rahmung durch Wissensordnungen, Machtpraktiken und Selbstbeziehungsmuster zu lesen, läßt noch viele Fragen offen, die vor allem die Interaktionen und Interferenzen dieser drei »Achsen« betreffen. Und letztlich unterstellt auch dieser Vorschlag den theoretischen Bemühungen Foucaults noch eine Einheitlichkeit, welcher der faktische Modus seines historisch-philosophischen Arbeitens gewissermaßen performativ widerspricht.

Deshalb könnte es aussichtsreich sein, die Gemeinsamkeit der »Hauptwerke« Foucaults nicht in einem einheitlichen inhaltlichen Motiv, sondern eher in ihrem Stil oder ihrer Form zu sehen. Was seine diversen Schriften vorschlagen und was sein unabgeschlossenes »Werk« hinterläßt, ist dann weniger ein theoretisches Programm als eine bestimmte Weise, Philosophie zu betreiben, eine besondere Praxis des Philosophierens. Die wichtigste Signatur dieses Denkens ist sein Verhältnis zur Zeit und zur Geschichte. Denn es versteht sich zum einen als Denken des »Heute« und der Gegenwart; es ist damit im Kern Zeitdiagnostik. Es versteht sich zum anderen zugleich als Versuch, die historischen Bedingungen der gegenwärtigen Verhältnisse und Problemlagen zu untersuchen; es ist damit wesentlich Geschichtsschreibung. Es liegt am internen Zusammenhang dieser beiden Ausrichtungen, daß das Foucaultsche Werk insgesamt eine Haltung zu den etablierten Wissensbeständen und geltenden Normen einnimmt, die man »kritisch« nennen kann, da es fordert, Geltungen und Gültigkeiten außer Kraft zu setzen. Denn einerseits ist die Befragung der Geschichte von der Position des Heute aus und auf ihre Bedeutung und Relevanz für die Gegenwart hin Kritik an der vermeintlichen Unschuld und Notwendigkeit von Tradition und Herkunft. Und andererseits ist die Relativierung der Gegenwart durch ihre historische Kontextualisierung und Erläuterung aus spezifischen Entstehungskontexten eine Kritik an den gegenwärtig geltenden und nur vermeintlich alternativlosen epistemischen, sozialen und ethischen Normen. Dieser »kritische Historismus« ist aber selbst weniger eine philosophische Metatheorie als eine skeptische

Haltung; er ist der Modus eines Denkens, das den Selbstgewißheiten einer sich selbst für universell haltenden Wissenschaft ebenso mißtraut wie den Tröstungen der Tradition.

Es versteht sich fast von selbst, daß eine solche Art der Theoriebildung keine Schule im engeren Sinn gemacht hat. Aber Spuren im wissenschaftlichen Feld, die ihresgleichen suchen, hat sie gleichwohl hinterlassen. Dennoch waren diese selbst oft auch in dem Sinne kritisch, als sie bestimmte herrschende wissenschaftliche Orientierungen in Frage gestellt und sich eher am Rand der etablierten Disziplinen ergeben haben. Weiten Teilen der akademischen Philosophie war der historisierende Zug des Foucaultschen Denkens so fremd, daß sie es lange noch nicht einmal als die Herausforderung für viele ihrer eigenen Prämissen erkannt haben, die es sicherlich stets war. Erst im Zuge der – oft nicht ganz glücklich gerahmten – Debatte um die »Postmoderne« wurde Foucault als philosophischer Gesprächspartner im Streit um die Form und die Grenzen abendländischer Rationalität anerkannt und oft genug als radikaler Vernunftkritiker perhorresziert. Aber nur durch die Überwindung dieser Frontstellungen ist Raum entstanden für eine Neubewertung des möglichen Beitrags seiner Schriften für eine historisch sensible Wissenschaftstheorie, für die Sprach- und Sozialphilosophie und nicht zuletzt für eine reflexive Geschichtsschreibung der Philosophie selbst als einer Denkform.[25]

In den französischen Geschichtswissenschaften waren Foucaults historische Schriften von Beginn an Gegenstände kontroverser Debatten, und es erscheinen bis heute jährlich zahlreiche medizin-, rechts- und sozialgeschichtliche Publikationen, die sich entweder um die Zurückweisung oder Bestätigung seiner ursprünglichen historischen Thesen bemühen. War die Berufung auf Foucault ab den späten siebziger Jahren vornehmlich eine Möglichkeit, gewissen Hegemonien entweder der klassisch-ideengeschichtlichen oder der sozialstrukturgeschichtlichen Ansätze in Richtung einer allgemeinen Kulturgeschichte zu entkommen, so haben seine Schriften in den achtziger und neunziger Jahren eine wichtige und polarisierende Rolle in den Grundlagendebatten um die Methodologie der Geschichtsschreibung eingenommen. Inzwischen hat sich aber in so diversen Feldern wie der Geschlechter-, Körper-, Medien-, Sozial- und Wissenschaftsgeschichte

---

25 Vgl. exemplarisch Ulrich Johannes Schneider, *Die Vergangenheit des Geistes. Eine Archäologie der Philosophiegeschichte*, Frankfurt am Main 1990; Ian Hacking, *Historical Ontology*, Cambridge 2002.

die Fruchtbarkeit von Foucaults nichttraditioneller Praxis von Historiographie auch längst für Felder bewährt, die ihm selbst nie vor Augen gestanden haben.[26]

In der Soziologie und Politikwissenschaft konnten Impulse aus den Schriften Foucaults dazu beitragen, die kategorialen Voraussetzungen zu hinterfragen, die sich auf ganz verschiedene Weise im Zuge eines an Max Weber, am Marxismus oder an der Theorie der *Rational Choice* orientierten Selbstverständnisses der Sozialwissenschaften etabliert hatten. Mit der Entwicklung einer an Foucault orientierten, dezidiert sozialwissenschaftlichen Diskursanalyse konnte zudem eine Forschungsmethodologie entwickelt werden, die weder einem methodischen Individualismus noch einer Institutionenzentriertheit verfällt und die der fundamentalen Rolle der Sprache als Medium der Vermittlung sozialer Normen Rechnung trägt. Innerhalb der politischen Theorie konnte die Orientierung an Foucaults bahnbrechender Machtanalytik dazu beitragen, die politische Rolle von Identitätsbildung neu zu artikulieren und mit der Theorie der Subjektivierung das Instrumentarium einer kritischen Analyse der Gesellschaft und einer politischen Theorie zeitgenössischer Machtverhältnisse zu schärfen. Schließlich hat sich mit den *Governmentality Studies* ein breitangelegtes Forschungsfeld etabliert, in dem zeitdiagnostische Fragen nach der heutigen Weise des Regierens und der Souveränität neu gestellt werden.[27]

Für die poststrukturalistisch orientierte feministische Theorie und für die *Queer Studies* war und ist die Bezugnahme auf Foucault zentral. Denn in der Weiterentwicklung seiner Vorschläge läßt sich eine Kritik der geschlechtlichen und sexuellen Normierungen formulieren, die sowohl die körperlichen wie psychologischen Dimensionen ohne Reduktionen einbeziehen kann.[28] Innerhalb der Kultur- und Literaturwissenschaften waren die Vorschläge von Foucault ein Weg unter anderen, um sowohl der Fixierung auf »große Werke« und die Sphäre der Hochkultur als auch den Verkürzungen der traditionellen Ideologiekritik zu entkommen und statt dessen die Überschneidungen von kulturellen Formen mit den anderen Wis-

---

26 Joan Scott, *Gender and the Politics of History*, New York 1988; Philipp Sarasin, *Reizbare Maschinen. Eine Geschichte des Körpers 1765-1914*, Frankfurt am Main 2001.

27 Wendy Brown, *States of Injury: Power and Freedom in Late Modernity*, Princeton 1995; Ulrich Bröckling/Susanne Krasmann/Thomas Lemke (Hg.), *Gouvernementalität der Gegenwart. Studien zur Ökonomisierung des Sozialen*, Frankfurt am Main 2000.

28 Sabine Hark, *Deviante Subjekte. Die paradoxe Politik der Identität*, 2. Aufl. Opladen 1999; Judith Butler, *Psyche der Macht. Das Subjekt der Unterwerfung*, Frankfurt am Main 2001.

sensformen in den Blick zu nehmen.[29] Für die Kunstgeschichte konnte sich die Perspektive in Richtung einer allgemeinen Analyse der visuellen Kultur öffnen, der sich auch die bildlichen Medien der Herrschaft erschließen.[30] Und schließlich konnten sich mit der Historischen Anthropologie, den *Critical Legal Studies*, den *Science and Technology Studies* und den *Postcolonial Studies* neue heterodoxe Subdisziplinen an den Grenzen der etablierten Wissenschaftsformationen bilden, die auf die eine oder andere Weise zentrale Impulse aus den Foucaultschen Schriften beziehen.

Alle diese hier nur kursorisch und unvollständig aufgezählten Felder der manifesten und auch subkutanen Folgen und Einflüsse belegen vor allem die Vielfalt einer Wirkungsgeschichte, die sich längst nicht mehr nur auf das philosophische und historische Denken begrenzen. In ihr spiegelt sich die Heterogenität des Werks von Foucault ebenso wie seine vielfache Anschlußfähigkeit an ganz unterschiedliche systematische und methodologische Programme. Was diese verschiedenen Projekte und Perspektiven aber doch gemeinsam haben, ist ein Interesse an der Analyse und Kritik der Bedingungen heutiger Lebensformen. Für alle von ihnen ist die Geschichte der Raum, in dem sich in der Differenz zur Gegenwart deren Bedingungen und mögliche Alternativen abzeichnen. Damit wird aber die theoretische Untersuchung der vergangenen und der heutigen Ordnungen des Wissens, Regime der Macht und Formen des Selbst auch zu einer praktischen Übung an den Grenzen unserer Identität. Deshalb teilen und aktualisieren die vielfältigen wissenschaftlichen Aneignungen und Fortführungen von Foucaults historisch-philosophischer Arbeit den Stil und Grundzug seines Denkens: Sie stellen sich der »kritischen Frage nach der Gegenwart und nach uns selbst«.[31]

---

29 Stephen Greenblatt, *Renaissance Self-Fashioning: From More to Shakespeare*, Chicago 1980; Joseph Vogl, *Kalkül und Leidenschaft. Poetik des ökonomischen Menschen*, München 2002.
30 Tom Holert (Hg.), *Imagineering. Visuelle Kultur und Politik der Sichtbarkeit*, Köln 2000.
31 Foucault, »Was ist Aufklärung?«, a. a. O., S. 706.

Literaturhinweise

Brieler, Ulrich, *Die Unerbittlichkeit der Historizität. Foucault als Historiker*, Köln 1998.

Burchell, Graham/Colin Gordon/Peter Miller (Hg.), *The Foucault Effect: Studies in Governmentality*, Chicago 1991.

Detel, Wolfgang, *Macht, Wissen, Moral. Foucault und die klassische Antike*, Frankfurt am Main 1998.

Dreyfus, Hubert L./Paul Rabinow, *Michel Foucault. Jenseits von Strukturalismus und Hermeneutik*, 2. Aufl. Weinheim 1994.

Erdmann, Eva/Rainer Forst/Axel Honneth (Hg.), *Ethos der Moderne. Foucaults Kritik der Aufklärung*, Frankfurt am Main/New York 1990.

Ewald, François/Bernhard Waldenfels (Hg.), *Spiele der Wahrheit. Michel Foucaults Denken*, Frankfurt am Main 1991.

Fink-Eitel, Hinrich, *Michel Foucault zur Einführung*, 4. Aufl., Hamburg 2002.

Gros, Frédéric (Hg.), *Foucault: Le courage de la vérité*, Paris 2002.

Gutting, Gary (Hg.), *The Cambridge Companion to Michel Foucault*, 2. Aufl. Cambridge 2005.

Honneth, Axel, *Kritik der Macht. Reflexionsstufen einer kritischen Gesellschaftstheorie*, 2. Aufl. Frankfurt am Main 1989.

Honneth, Axel/Martin Saar (Hg.), *Michel Foucault. Zwischenbilanz einer Rezeption. Frankfurter Foucault-Konferenz 2001*, Frankfurt am Main 2003.

Krasmann, Susanne/Michael Volkmer (Hg.), *Michel Foucaults »Geschichte der Gouvernementalität« in den Sozialwissenschaften. Internationale Beiträge*, Bielefeld 2007.

Lemke, Thomas, *Eine Kritik der politischen Vernunft. Foucaults Analyse der modernen Gouvernementalität*, Hamburg 1997.

Macey, David, *The Lives of Michel Foucault: A Biography*, New York 1993: Pantheon.

Nealon, Jeffrey T., *Foucault Beyond Foucault: Power and its Intensifications since 1984*, Stanford 2008.

Potte-Bonneville, Mathieu, *Michel Foucault: L'Inquiétude de l'histoire*, Paris 2004.

Purtschert, Patricia/Katrin Meyer/Yves Winter (Hg.), *Gouvernementalität und Sicherheit. Zeitdiagnostische Beiträge im Anschluss an Foucault*, Bielefeld 2008.

Rajchman, John, *Michel Foucault: The Freedom of Philosophy*, New York 1985.

Saar, Martin, *Genealogie als Kritik. Geschichte und Theorie des Subjekts nach Nietzsche und Foucault*, Frankfurt am Main/New York 2007.

Sarasin, Philipp, *Michel Foucault zur Einführung*, Hamburg 2005.

Schneider, Ulrich Johannes, *Michel Foucault*, Darmstadt 2004.

Veyne, Paul, *Foucault, sa pensée, sa personne*, Paris 2008.

Veyne, Paul, *Foucault. Die Revolutionierung der Geschichte*, Frankfurt am Main 1992.

Visker, Rudi, *Michel Foucault: Genealogie als Kritik*, München 1991.

Vita

1926 Am 15. Oktober in Poitiers als Sohn einer Arztfamilie geboren.

1946 Zulassung zur *École normale supérieure* in Paris. Freundschaften zu seinen Mitschülern Maurice Pinguet, Pierre Bourdieu und Paul Veyne. Vorlesungen bei Maurice Merleau-Ponty, Jean Hyppolite und Louis Althusser.

1948 Abschluß in Philosophie. Psychologiestudium, Auseinandersetzung mit Psychopathologie und Psychiatrie. Versuch eines Selbstmords.

1949 Abschluß in Psychologie.

1951 Staatsexamen in Philosophie. Repetitor für Psychologie, später für Philosophie an der *École normale*.

1952 Diplom in Psychopathologie. Arbeit in einem psychologischen Labor. Assistent für Psychologie an der Universität Lille. Enge Freundschaft zu dem Zwölftonmusiker Jean Barraqué.

1953 Übersetzung von »Traum und Existenz« des Schweizer Psychiaters Ludwig Binswanger.

1954 *Maladie mentale et personnalité.*

1955 Durch Vermittlung von Georges Dumézil Lektor an der Universität Uppsala und Leiter der dortigen *Maison de France*. Beginn der Freundschaft mit Roland Barthes.

1958 Direktor des *Centre culturel français* an der Universität Warschau.

1959 Direktor des *Institut français* in Hamburg.

1960-66 Dozent, dann Professor für Psychologie und Philosophie an der Universität Clermont-Ferrand.

1961 Promotion in Paris mit *Folie et déraison: Histoire de la folie à l'âge classique* (dt. *Wahnsinn und Gesellschaft. Eine Geschichte des Wahns im Zeitalter der Vernunft*, 1969), einer kleinen Schrift über Kant und einer Übersetzung von dessen *Anthropologie*, unter der Betreuung von Georges Canguilhem, Jean Hyppolite und Daniel Lagache.

1962 Völlig veränderte Neuausgabe seines ersten Buchs unter dem Titel *Maladie mentale et psychologie* (dt. *Psychologie und Geisteskrankheit*, 1968). Beginn der Freundschaft mit Gilles Deleuze.

1963 *Naissance de la clinique. Une archéologie du regard médical* (dt. *Die Geburt der Klinik. Eine Archäologie des ärztlichen Blicks*, 1972) und *Raymond Roussel* (dt. *Raymond Roussel*, 1989). Beginn der lebenslangen Beziehung zu Daniel Defert. Anfang der Mitarbeit an der Zeitschrift *Critique*. Beginn der Kontroverse mit seinem früheren Schüler Jacques Derrida über Descartes. Kontakte zur Gruppe *Tel Quel*.

1964 Vortrag »Nietzsche, Freud, Marx« (dt. »Nietzsche, Freud, Marx«, 2001) beim Nietzsche-Kolloquium in Royaumont. Bekanntschaft mit Pierre Klossowski.

1966-68 Gastprofessur an der Universität Tunis. Unterstützung der oppositionellen tunesischen Studierenden.

1966 *Les mots et les choses: Une archéologie des sciences humaines* (dt. *Die Ordnung der Dinge. Eine Archäologie der Humanwissenschaften*, 1971) wird ein großer Publikums-

erfolg. Scharfe Kritik an Foucault u. a. von Jean-Paul Sartre. Heftige Auseinandersetzungen um den Strukturalismus.

1967 Lektüre Wittgensteins und der analytischen Philosophie. Kontakte zur Antipsychia-
trie-Bewegung.

1968-70 Kontakt zu einigen Protagonisten des Pariser Mai 68. Beteiligung an der politisch
kontroversen Gründung und am Aufbau der Reformuniversität in Vincennes, wo
auch Alain Badiou, Etienne Balibar, François Châtelet, Hélène Cixious, Jacques
Rancière und Michel Serres lehren.

1969 *L'Archéologie du savoir* (dt. *Archäologie des Wissens*, 1973). Vortrag »Qu'est-ce qu'un
auteur?« (dt. »Was ist ein Autor?«, 1974).

1970-84 Professor für »Geschichte der Denksysteme« am *Collège de France*. Vielbeachtete
Antrittsvorlesung *L'Ordre du discours* (dt. *Die Ordnung des Diskurses*, 1972).

1971 Gemeinsam mit Daniel Defert Gründung des *Groupe d'information sur les prisons*,
der sich für die Rechte der Inhaftierten einsetzt. Umfangreiches politisches Engagement. Erste Einladungen in die USA. Japan-Aufenthalt. Zahlreiche Kooperationen
mit Gilles Deleuze.

1973 Vorträge in Rio de Janeiro über »La vérité et les formes juridiques« (dt. »Die Wahrheit und die juristischen Formen«, 2002). Herausgabe von *Moi, Pierre Rivière, ayant
égorgé ma mère, ma sœur et mon frère: Un cas de parricide au XIXᵉ siècle* (dt. *Der Fall
Rivière. Materialien zum Verhältnis von Psychiatrie und Strafjustiz*, 1975).

1975 *Surveiller et punir: Naissance de la prison* (dt. *Überwachen und Strafen. Die Geburt
des Gefängnisses*, 1976). Erster Kalifornien-Aufenthalt. Engagement gegen das Fran-
co-Regime in Spanien.

1976 *Histoire de la sexualité I: La volonté de savoir* (dt. *Der Wille zum Wissen. Sexualität
und Wahrheit 1*, 1977). Debatte um die »Neuen Philosophen«.

1978 Beginn der Vorlesungen über »Gouvernementalität« und die Geschichte der Regierungskunst. Berlin-Besuch. Japanaufenthalt. Reisen in den Iran, wo Foucault für
den *Corriere della Sera* über die Revolte gegen das Schah-Regime berichtet. Vortrag
»Qu'est-ce que la critique? (critique et *Aufklärung*)« (dt. *Was ist Kritik?*, 1990). Herausgabe von *Herculine Barbin, dite Alexina B.* (dt. *Über Hermaphroditismus*, 1998).

1979 *Tanner Lectures* an der Stanford University mit dem Titel »Omnes et singulatim:
Towards a Criticism of Political Reason« (dt. »›Omnes et singulatim‹. Zu einer Kritik
der politischen Vernunft«, 1988). Diskussionen mit Hubert Dreyfus und Paul Rabinow. Heftige Angriffe in der französischen Presse wegen Foucaults Iran-Reportagen.

1980 *Howison Lectures* in Berkeley und Vorträge am *Dartmouth College* über Wahrheit
und Subjektivität.

1981 Vorträge in Belgien über die Rolle des Geständnisses in der Strafjustiz. Engagement
für die vietnamesischen *Boat People*.

1982 Polenreise, Unterstützung der *Solidarność*-Bewegung. Herausgabe (mit Arlette Farge)
von *Le desordre des familles: Lettres de cachet des archives de la Bastille au XVIIIᵉ
siècle* (dt. *Familiäre Konflikte. Die »lettres de cachet«*, 1989). Diskussionen mit seinem Kollegen Pierre Hadot vom *Collège de France*.

1983 Vorträge in Berkeley. Diskussionen mit Habermas in Paris. Zusammenarbeit mit
französischen Gewerkschaftsvertretern. Kontakte zur Regierung Mitterrand.

1984 *Histoire de la sexualité II: L'usage des plaisirs* (dt. *Der Gebrauch der Lüste. Sexualität
und Wahrheit 2*, 1986). *Histoire de la sexualité III: Le souci de soi* (dt. *Die Sorge um*

sich. Sexualität und Wahrheit 3, 1986). Der vierte Band, *Les aveux de la chair*, bleibt unveröffentlicht. Letzte Vorlesungen am Collège de France über das »Wahrsprechen«. Tod am 25. Juni an den Folgen einer HIV-Infektion.